D1693540

BROCKHAUS · DIE ENZYKLOPÄDIE

1796

Zweihundert Jahre
Brockhaus-Lexika

1996

BROCKHAUS
DIE ENZYKLOPÄDIE

in vierundzwanzig Bänden

Zwanzigste, überarbeitete und
aktualisierte Auflage

Zwölfter Band
KIR – LAGH

F. A. Brockhaus Leipzig · Mannheim

Dieser Band enthält die Schlüsselbegriffe

Klimaänderungen
Konfliktregelung
Konjunktur
Konsum
Korruption
Kosmologie
Krebs
Kultur
künstliche Intelligenz

Die Deutsche Bibliothek - CIP-Einheitsaufnahme

Brockhaus - Die Enzyklopädie: in 24 Bänden. -
20., überarb. und aktualisierte Aufl. -
Leipzig; Mannheim: Brockhaus.
  19. Aufl. u. d. T.: Brockhaus-Enzyklopädie
  ISBN 3-7653-3100-7
  Bd.12. KIR-LAGH. - 1997
    ISBN 3-7653-3112-0

Namen und Kennzeichen, die als Marken
bekannt sind und entsprechenden Schutz genießen,
sind beim fett gedruckten Stichwort durch das
Zeichen ® gekennzeichnet.
Handelsnamen ohne Markencharakter sind
nicht gekennzeichnet. Aus dem Fehlen des
Zeichens ® darf im Einzelfall nicht geschlossen
werden, dass ein Name oder Zeichen frei ist.
Eine Haftung für ein etwaiges Fehlen des Zeichens ®
wird ausgeschlossen.
Das Wort BROCKHAUS ist für den Verlag
F. A. Brockhaus GmbH als Marke geschützt.
Das Werk wurde in neuer Rechtschreibung verfasst.

Das Werk einschließlich aller seiner Teile ist
urheberrechtlich geschützt. Jede Verwertung
außerhalb der Grenzen des Urheberrechtsgesetzes ist
ohne Zustimmung des Verlages unzulässig und
strafbar. Das gilt insbesondere für Vervielfältigungen,
Übersetzungen, Mikroverfilmungen und die
Speicherung und Verarbeitung in elektronischen
Systemen.

© F. A. Brockhaus GmbH, Leipzig-Mannheim 1997
ISBN für das Gesamtwerk: 3-7653-3100-7
Band 12: 3-7653-3112-0

Typographische Beratung: Hans Peter Willberg,
Eppstein, und Friedrich Forssman, Kassel,
unter Mitwirkung von Raphaela Mäntele, Heidelberg

Satz: Bibliographisches Institut & F. A. Brockhaus AG
(PageOne Siemens Nixdorf) und Mannheimer Morgen
Großdruckerei und Verlag GmbH
Druck: ColorDruck, Leimen
Papier: 120 g/m² holzfreies, alterungsbeständiges
und chlorfrei gebleichtes Offsetpapier der Papeteries
de Condat, Paris
Einband: Großbuchbindereien Lachenmaier,
Reutlingen, und Sigloch, Künzelsau
Printed in Germany

KIR

Kir [nach dem Kanonikus FÉLIX KIR, *1876, †1968, 1945–68 Bürgermeister von Dijon] *der, -s/-(s)*, alkohol. Mixgetränk aus weißem Burgunder und Cassislikör (im Verhältnis 3:1); **Kir royal** wird mit Champagner statt Wein bereitet.

Kiṟal, Erden, türk. Filmregisseur, *Gölcük 1942; Autor und Herausgeber von Filmzeitschriften, dreht seit 1969 Kurz- und seit 1978 Spielfilme; übersiedelte 1983 nach Berlin (West).
Filme: Das fruchtbare Land (1980); Eine Saison in Hakkari (1983); Der Spiegel (1984); Dilan (1987, Fernsehfilm); Jagdzeit (1988).

Kiranti, Kirati, zusammenfassende Bez. für altnepal., mongolide Bergbauernvölker in O-Nepal, Sikkim und Bhutan, rd. 700 000 Angehörige. Ihre tibetobirman. Sprachen zeigen Anklänge an die austroasiat. Sprachen. Die K. siedeln in mittleren Höhenlagen und leben vom Pflugbau (Hauptanbauprodukt: Mais). Hauptgruppen sind die →Limbu und →Rai. Die Religion der K. ist eine Mischung aus hinduist. und lamaist. Vorstellungen. Viele K. taten früher Dienst in den Gurkharegimentern der Briten und Inder.

Kiṟat *das, -(s)/-,* **Qiṟat,** arab. Einheit: 1 K. als Längeneinheit = 2,85 cm; 1 K. als Masseneinheit = 188 mg; 1 K. als Flächeneinheit = 175 m².

Kirby [ˈkəːbi], William, kanad. Schriftsteller, *Kingston upon Hull 13.10.1817, †Niagara (Prov. Ontario) 23.6.1906; kam 1832 in die USA und 1839 nach Kanada; Loyalist; Herausgeber des ›Niagara Mail‹ (1871–95). K. schrieb patriot. und histor. Gedichte und Erzählungen. Sein Roman ›The golden dog‹ (1877), eine romantisierende Darstellung Quebecs im 18. Jh., ist ein bekanntes Zeugnis der frühen kanad. Literatur.

Kirchberg, Name von geographischen Objekten:
1) Kirchberg, Stadt im Landkreis Zwickauer Land, Sa., 350–500 m ü. M., am N-Rand des Westerzgebirges, 8 900 Ew.; Betrieb für Fahrzeugzulieferindustrie, Möbelwerk. – K., gegen 1310 gegr. und 1320 erstmals urkundlich erwähnt, erhielt 1317 Stadtrechte. Mit dem Rückgang des Bergbaus entstand seit dem 15. Jh. das Tuchmacherhandwerk (Textilindustrie bis 1991).
2) Kirchberg am Wagram, Markt-Gem. im Bez. Tulln, Niederösterreich, 224 m ü. M., 3 200 Ew.; Weinbau; in der Donau beim Ortsteil Altenwörth Staustufe mit Kraftwerk (328 MW). – Pfarr- und (seit Ende 18. Jh.) Wallfahrtskirche Maria Trost (vor 1726 barockisiert). – Seit 1493 ist K. Markt.
3) Kirchberg am Wechsel, Markt-Gem. im Bez. Neunkirchen, Niederösterreich, in der Buckligen Welt, 581 m ü. M., 2 400 Ew.; erzbischöfliches Seminar; Ludwig-Wittgenstein-Museum, Burgenmuseum; Tropfsteinhöhle (Hermannshöhle). – Spätgot. Kirche St. Wolfgang, barocke Pfarrkirche (1754/55); Chorfrauenstift (von 1657; 1782 aufgehoben).
4) Kirchberg an der Jagst, Stadt im Landkreis Schwäbisch Hall, Bad.-Württ., auf einem Hochflächensporn über der Jagst, 384 m ü. M., 4 400 Ew.; Erholungsort. – Schloss (16.–18. Jh., heute Altersheim) und Stadt werden von einer Wehrmauer umschlossen; zahlr. Wohnbauten aus dem 18. Jh. sind erhalten; Lateinschule (1748), heute Museum (erzgebirg. Volkskunde u. a.); ev. Stadtkirche nach Brand 1929 erneuert, Fassade von 1731. Im Ortsteil Gaggstatt die ev. Pfarrkirche, ein 1904/05 von T. FISCHER errichteter Jugendstilbau. In der Nähe Burg Hornberg (13. Jh.). – K. wurde bei einer im 13. Jh. gegründeten Burg angelegt und erhielt 1373 Stadtrecht. 1591–1861 war es hohenlohesche Residenz.

Kirchberg 4): Schlossanlage; 16.–18. Jh.

5) Kirchberg (Hunsrück), Stadt im Rhein-Hunsrück-Kreis, Rheinl.-Pf., im Hunsrück, 420 m ü. M., 3 800 Ew.; Kunststoffverarbeitung, Glasveredelungswerk, Kunststeinfabrik. – Spätgot. Pfarrkirche aus dem 15. Jh.; histor. Markt- und Kirchplatz. – Erstmals 372 als röm. Straßenstation an der Straße Trier–Mainz erwähnt; 1259 Verleihung des Stadtrechts durch die Grafen von Sponheim; 1708 fiel K. an Baden; später unter frz. und preuß. Verwaltung.
6) Kirchberg in Tirol, Gem. westlich von Kitzbühel, Österreich, an der Einmündung des Spertentals ins Brixental, 837 m ü. M., 3 300 Ew.; Fremdenverkehr.
7) Kirchberg (SG), Gem. im Bez. Alttoggenburg, Kanton St. Gallen, Schweiz, südlich von Wil, 7 700 Ew.; Möbelherstellung und Fleischfabrik.

Kirchbichl, Gem. im Inntal südlich von Kufstein, Tirol, Österreich, 515 m ü. M., 5 400 Ew.; Fremdenverkehr, Moorbad; Zementwerk; Kraftwerk.

Kirchdorf an der Krems, Bezirkshauptstadt an der oberen Krems, Oberösterreich, am Alpennordrand, 450 m ü. M., 4 100 Ew.; Metall verarbeitende Industrie, Landmaschinenbau, Zementwerk. – Pfarrkirche St. Georg (15. Jh.), im Innern eine Verbindung zw. Gotik (u. a. Marienaltar) und Moderne (Balkendecke, Buntglasfenster). – Südlich von K. an d. K., in Micheldorf, Burg Altpernstein (Wehrbau des frühen 16. Jh.) und Kremsquelle; nördlich das ehem. Zisterzienserkloster →Schlierbach. – K., 1140 erstmals als Kirche erwähnt, war bamberg. Besitz. 1437 wurde es Marktort. Im 17. Jh. kam der Ort an das Stift Kremsmünster, später an das Stift Schlierbach. 1795 konnte sich K. freikaufen.

Kirche [ahd. kiricha, von spätgriech. kyrikón ›Gotteshaus‹, zu älter kyriakón, eigtl. ›das zum Herrn ge-

Kirche

hörende (Haus)‹, zu kýrios ›Herr‹], griech. **Ekklesia,** lat. **Ecclesia, 1)** Gebäude, in dem sich Christen zum Gottesdienst versammeln (→Kirchenbau); nach kath. Kirchenrecht ein durch Konsekration oder Benediktion dem öffentl. (andernfalls nur Oratorium) Gottesdienst gewidmetes Gebäude (c. 1217 CIC).
2) Im Deutschen wird die Bez. K. (wie im Engl. ›church‹) auch auf die K. als strukturierte Gestalt christl. Religionsgemeinschaften übertragen; umgekehrt bezeichnen im Lat. und in den roman. Sprachen das Fremdwort Ecclesia und seine späteren Varianten zunächst die Religionsgemeinschaft, dann auch das Gottesdienstgebäude. Die theolog. Lehre von der K. wird als **Ekklesiologie** bezeichnet.

Theologische Grundlegung

Begründung der K. im theolog. Sinn ist das in Apg. 2 geschilderte Pfingstwunder (→Pfingsten), das sie als vom Hl. Geist gestiftet ausweist, der sie nach ihrer Auffassung auch leitet und ihr beisteht. Ihre Glieder, die Christen, verstehen sich als Jünger, die in der →Nachfolge CHRISTI stehen und die weltweite Gemeinschaft der an JESUS CHRISTUS Glaubenden bilden. Im traditionellen theolog. Sprachgebrauch wird dies ausgedrückt durch die vier Wesensmerkmale der K.: Einheit, Heiligkeit, Katholizität, Apostolizität. Die Zugehörigkeit wird durch die Taufe begründet (→Kirchenmitgliedschaft) und in der christl. Gemeinschaft gelebt. Ihre ersten geschichtl. Ausprägungen fand diese in der →Urgemeinde in Jerusalem und im →Urchristentum. Zu einer K.-Bildung im eigentl. Sinn kam es im 2. Jh. durch Zusammenschluss der Einzelgemeinden im Röm. Reich zur (früh-)kath. K. Die Verbindung miteinander manifestierte sich in der gemeinsamen Benutzung des A.T., neutestamentl. Schriften und Bekenntnisformeln sowie in personellem Austausch und sozialer Unterstützung der Gemeinden untereinander. Seit dem 3. Jh. wurden die für alle Gemeinden verbindlichen so genannten ›Normen der Orthodoxie‹ (einheitl. Taufbekenntnis, ›Kanon des N.T., Bischofsamt [in apostol. Sukzession]) festgelegt. CYPRIANUS von Karthago befasste sich als erster Theologe systematisch mit der Frage der Einheit der K. Mit der zunehmenden Etablierung der K. fand diese Einheit ihren institutionellen Ausdruck in großräumigen Organisationsformen (Bistümern, Patriarchaten) und sollte durch regionale und ökumen. Konzilien gesichert werden, wobei die Bischöfe von Rom Ende des 4. Jh. den Anspruch auf den gesamtkirchl. Jurisdiktionsprimat erhoben, diesen jedoch nur in der →lateinischen Kirche durchsetzen konnten.

Im Lauf der K.-Geschichte sind zahlr. regional, kulturell, theologisch und institutionell unterschiedlich geprägte K. entstanden, sodass man K. heute theologisch als das Mit- und Ineinander der universalen K. aller Christen und ihrer verschiedenen geschichtl. Gestaltwerdungen beschreiben kann, die als ›Teil-K.‹ meist in der Folge theolog. und/oder kirchenpolit. Auseinandersetzungen entstanden sind. So bildeten sich in den Auseinandersetzungen um den →Monophysitismus nach dem Konzil von Chalkedon (451) in Lehre und Organisation eigenständige oriental. K. aus. 1054 trennten sich die vier ostkirchl. Patriarchate von der lateinisch-abendländ. (kath.) K. (→Morgenländisches Schisma). Die kirchl. Einheit der lat. K. brach mit der Reformation auseinander, in deren Ergebnis sich mit den prot. K. und der anglikan. K. eigenständige Zweige des abendländ. Christentums bildeten. Nach dem 1. Vatikan. Konzil (1869–70) trennten sich die Altkatholiken in Europa ab. K. Seit Anfang des 20. Jh. entstanden und entstehen in Afrika, Asien und Ozeanien zahlr. so genannte →unabhängige Kirchen.

Die heutige *kath. Theologie* beschreibt die K. als das ›Volk Gottes‹; als solches ist K. die vom Hl. Geist gestiftete Gemeinschaft der Heiligen, vereint unter dem gleichen Bekenntnis, den gleichen Sakramenten und der in der apostol. Nachfolge stehenden Hierarchie. Die *orth. Theologie* begreift K. bes. als den (myst.) Leib CHRISTI, der sich in der zeitl. irdischen K., die Abbild der ewigen himml. K. ist, in Raum und Zeit entfaltet. Für das *luther. Verständnis* ist K. ›die Versammlung der Glaubenden, in der das Evangelium unverfälscht verkündet und die Sakramente (Taufe und Abendmahl) in rechter Weise verwaltet werden‹ (→Augsburgisches Bekenntnis). Für die *ref. K.* und die *Frei-K.* ist – in der Tradition des N.T. – die um Wort und Sakrament versammelte Gemeinde K. im vollgültigen Sinn. Grundlage aller K. ist die in den gemeinsamen Wurzeln begründete christl. Glaubenslehre in ihrer Gesamtheit, wodurch sich die K. von den im Kontext des Christentums entstandenen und durch Sonderlehren und ›Neuoffenbarungen‹ geprägten →Sekten mit ›christl.‹ Selbstverständnis unterscheiden. Theologisch ist diese Abgrenzung allerdings in manchen Fällen, z.B. bei den →unabhängigen Kirchen, schwierig durchzuführen.

Soziologische Merkmale

Religionssoziologisch sind für K. folgende Merkmale kennzeichnend: eine interne Rollendifferenzierung, v.a. die Differenzierung in geistl. Amtsträger (Kleriker) und Laien; der rationale Charakter ihrer Organisation, d.h. die weitgehende Eliminierung nichtrationaler, z.B. ekstat. Elemente; eine religiöse Sozialisierung des Individuums während seines ganzen Lebens; einen universalen Geltungsanspruch, indem die K. sich als Organisationsmöglichkeit prinzipiell jedes Individuums verstehen und die in ihnen herrschenden Normen als grundsätzlich allgemein gültig ansehen.

Geschichtliche Entwicklung

Die Rückbindung an Jesus Christus: Heute nahezu unumstritten ist die Auffassung, dass JESUS selbst keine K. gründen wollte; er verstand sich vielmehr als Reformer des ›ganzen‹ Israel. Deutlich wird dies etwa in der Berufung der zwölf Apostel in Analogie zu den zwölf Stämmen Israels. Das von JESUS verkündigte (nahe) ›herbeigekommene Reich Gottes‹ (Mk. 1, 15), dessen Anbruch seine Jünger noch zu ihren Lebzeiten erwarteten, ließ Vorstellungen einer dauerhaften Institutionalisierung und universalen Ausbreitung der Jüngerschaft zunächst nicht aufkommen. Als äußere Organisation der Christen entstand die K. erst nach dem Tod JESU in Reaktion auf sein Wirken, wobei die Erfahrung der →Auferstehung CHRISTI zum entscheidenden Moment ihrer Gründung wurde und ihre grundlegende theolog. Dimension bildet.

Die Entstehung kirchl. Ämter: Die nach dem Tod JESU entstandenen christl. Gemeinden besaßen noch keine feste organisator. Struktur, lehnten allerdings das sakrale Opferpriestertum ab, da nach dem christl. Glauben allein JESUS CHRISTUS der Mittler (›Hohepriester‹) zw. Gott und den Menschen ist (Hebr. 9). Auch der Kreis der zwölf Apostel kann nicht als früheste ›Amtsstruktur‹ angesehen werden. In der Gründungsphase der frühen Gemeinden entwickelten sich jedoch bald bestimmte, für das Gemeindeleben notwendige Ämter (1. Kor. 12, 28–30): Apostel, die als Missionare das Christentum weiterverbreiteten, Lehrer, Propheten sowie Männer und Frauen, die Hilfs- und Verwaltungsdienste innehatten. Ein Amt der Gemeindeleitung bildete sich zunächst noch nicht heraus, da angesichts der nahen Erwartung des Reiches Gottes solche Überlegungen unnötig schienen. Erst mit dem Ausbleiben der →Parusie trat das Problem der zukünftigen Gemeindeleitung in den Vordergrund. Modelle dafür fanden sich in der nichtchristl. Umwelt (hellenist. Gemeinden mit ihren ›Vorstehern‹)

sowie in den jüd. Synagogengemeinden, die von einem Kollegium von Ältesten (griech. ›presbyteroi‹) geleitet wurden. In Anlehnung an die Synagogenverfassung setzte sich dann im letzten Drittel des 1. Jh. in vielen christl. Gemeinden eine kollegiale Presbyterialverfassung durch. Dabei gewann der Sprecher oder Vors. des Presbyterkollegiums, für den das Wort Episcopus (griech: ›Aufseher‹; →Bischof) gebräuchlich wurde, immer größere Bedeutung. In der Folge entwickelte sich ein ›monarch. Episkopat‹, der im Laufe der Zeit (in Rom im 1. Drittel des 2. Jh.) die kollegiale Gemeindeleitung durch die Presbyter verdrängte, die jetzt mit den übrigen Gemeindeämtern dem Bischof unterstellt waren. Die Einsetzung in ein kirchl. Amt (→Weihe) erfolgte in der im Röm. Reich verbreiteten Form der →Handauflegung; zunächst durch die Mitpresbyter, später durch den Bischof oder durch Nachbarbischöfe.

Parallel dazu kam es – unter dem Einfluss der jüd. und hellenist. Umwelt – zur Übertragung kultischpriesterl. Vorstellungen auf die christl. liturg. Feiern und ebenso auf das Priester- und Bischofsamt. Während es noch zur Zeit des PAULUS üblich war, die Eucharistie im häusl. Kreis zu feiern, wobei der Hausvater den Vorsitz übernahm, wurde die Leitung der Eucharistiefeiern jetzt ausschließlich Aufgabe der Priester und Bischöfe.

Die Entwicklung nach der konstantin. Wende: Mit zunehmender Ausbreitung bildete die K. eine komplexe organisator. Struktur aus, die weitgehend der Verwaltungsstruktur des Röm. Reichs entsprach. Das Christentum war in den ersten Jahrhunderten eine Stadtreligion; Bischöfe leiteten mit ihren Presbytern die Stadtgemeinden, von denen aus das Umland allmählich missioniert wurde. Entsprechend der Verwaltungsstruktur des Röm. Reiches konnten die Bischofssitze größerer Städte kirchl. Mittelpunkte für eine Reihe umliegender Bistümer werden (Metropolitansitze). Bischöfe in kulturellen und polit. Zentren (zuerst Antiochia, Alexandria, Rom, Jerusalem und später Konstantinopel) herrschten über große Provinzen (Patriarchate). Die →konstantinische Wende (313) führte zur rechtlichen Gleichstellung des Christentums mit den übrigen Religionen; es wurde in der Folge von den Kaisern (mit Ausnahme von JULIAN [›APOSTATA‹]) durch die Vergabe von Privilegien massiv gefördert. Die Kaiser ihrerseits griffen in theolog. Diskussionen ein, beriefen Konzile ein und leiteten sie. Der endgültige Durchbruch zum Staatskirchentum erfolgte unter THEODOSIUS I. und schuf für die K. eine grundsätzlich neue Situation. Den Christen boten sich nun vielfältige Möglichkeiten der Einflussnahme auch auf das öffentl. Leben; gleichzeitig war der Wandel des Christentums zur ›Massenreligion‹ auch mit einer Veräußerlichung des Glaubens verbunden, da sich unter den neuen gesellschaftl. Zwängen viele taufen ließen, die kein unmittelbares Interesse am Christentum hatten.

Kultur und Wissenschaften im Röm. Reich waren in den ersten christl. Jahrhunderten von griech. Denken und der griech. Sprache bestimmt; entsprechend war auch das griechisch geprägte Christentum mit seinen Zentren in der östl. Reichshälfte innerkirchlich dominierend und brachte die wesentl. Dogmen der christl. Antike hervor (→Christologie, Lehre von der →Trinität). Eine lat. Theologie entwickelte sich zunächst (seit 200) in Nordafrika. Nach der Erhebung von Byzanz zur Reichshauptstadt (330) verließ die Griechisch sprechende Elite Rom, sodass sich dort die (im ›Volk‹ lebendig gebliebene) lat. Sprache wieder durchsetzen konnte. So bildete sich in der Folge das lateinisch-westl. (abendländ.) Christentum heraus, dessen Eigenart in herausragender Weise durch AUGUSTINUS und Papst LEO I. geprägt worden ist.

Das wachsende Ansehen Roms als der führenden christl. Gemeinde des Westens wurde gefestigt, als Kaiser KONSTANTIN I. dem röm. Bischof den kaiserl. Lateranpalast als Residenz schenkte. Die röm. K. wurde mehr und mehr zum religiösen und – v. a. seit dem Zerfall des Röm. Reiches im 5. Jh. – auch polit. Zentrum des Westens. Innerhalb der abendländ. K. setzte sich gegen die Konkurrenz des →Arianismus sowie des keltisch geprägten Christentums (→iroschottische Kirche) die römisch-lat. Theologie und K.-Struktur mit dem Primat des röm. Bischofs als ›Papst‹ unter den Germanen und (romanisierten) Kelten durch, endgültig dann in der angelsächs. Mission unter BONIFATIUS und in der karoling. Zeit. Unterschiede in Sprache und Mentalität sowie dogmat. Differenzen (→Filioque, →Bilderstreit) führten zu einer zunehmenden Entfremdung zw. der abendländ. und der – v. a. durch die islam. Eroberungen seit dem 7. Jh. geschwächten – byzantin. K., deren Schlusspunkt 1054 die formelle Trennung durch das →Morgenländische Schisma bildete.

Die abendländ. Kirche im MA.: Charakteristisch für die abendländ. K. des frühen MA. ist das enge Verhältnis von K. und Staat. Das Bündnis des Papstes mit den fränk. Königen führte zur Schaffung des →Kirchenstaates und damit zur Sicherung einer weitgehenden polit. Unabhängigkeit Roms. Durch die in röm. und german. Rechtsauffassungen begründete Einrichtung der →Eigenkirche war auch auf den mittleren und unteren Ebenen, zw. Fürsten und Bischöfen sowie zw. Adel und Pfarrklerus oder Klöstern, eine enge Verbindung gegeben: Fürsten und Könige hatten geistl., der Klerus auch weltl. Aufgaben; v. a. seit OTTO I. wurden viele Bischöfe und Äbte auch zu Landesherren (ottonisch-salisches →Reichskirchensystem).

Das damit angelegte Spannungsverhältnis zw. weltl. und geistl. (Macht-)Ansprüchen trat in der Folge in den Auseinandersetzungen zw. dem röm. (dt.) Königtum und dem Papsttum immer stärker hervor und erfuhr im →Investiturstreit und der Bannung HEINRICHS IV. durch Papst GREGOR VII. seine schärfste Zuspitzung. Unter dem Leitbegriff der ›Libertas ecclesiae‹ (›Freiheit der K.‹) wollte GREGOR den von Cluny ausgehenden Reformideen (→kluniazensische Reform) in der Gesamt-K. Geltung verschaffen (→gregorianische Reform) und strebte die Überwindung der Vergabe kirchl. Ämter und der Einweisung in sie durch weltl. Herren (Laieninvestitur) sowie der in der K. allg. üblich gewordenen Käuflichkeit kirchl. Ämter (Simonie) und der Priesterehe an.

Innerkirchlich wurden Simonie und – auf dem Laterankonzil 1139 – die bis dahin zwar verpönte, aber geduldete und allg. verbreitete Priesterehe verboten und für ungültig erklärt (→Zölibat), nach außen führte der Investiturstreit nach langen Auseinandersetzungen im Wormser Konkordat (1122) zu einem Kompromiss, der den Interessen von Kaiser und Papst gerecht werden sollte. Im Verlauf dieser Auseinandersetzungen kam es erstmals zu einer deutl. Unterscheidung von geistl. und weltl. Bereich, von Staat und K., wenn auch ihr Verhältnis noch lange umstritten blieb und Papst (›geistl. Schwert‹) und Kaiser (›weltl. Schwert‹) weiterhin um die Oberhoheit im Hl. Röm. Reich kämpften.

Das Papsttum erreichte den Höhepunkt seiner weltl. Macht unter BONIFATIUS VIII., der in der Bulle ›Unam sanctam‹ (1302) den Vorrang der geistl. vor der weltl. Macht postulierte, geriet jedoch im Ergebnis der Auseinandersetzungen mit den stauf. Kaisern in eine weitgehende Abhängigkeit vom frz. Königtum. Frankreich erzwang die Umsiedlung der Päpste von Rom nach Avignon (Avignonisches Exil, 1309–76). Zwei Jahre später, 1378 kam es im Gefolge einer Doppelwahl von Päpsten zum →Abendländischen Schisma als einer schweren Krise des Papsttums.

Kirc Kirche

Das 15. Jh. stand im Zeichen innerkirchlicher, von den →Reformkonzilien getragener Bestrebungen, die auf eine geistl. Erneuerung der K. abzielten, jedoch die mit weltl. Machtansprüchen der K. permanent gegebene Krise (›Verweltlichung‹) nicht überwinden konnten. Kirchenkrit. Impulse waren seit dem 13. Jh. auch von den Armutsbewegungen (→Armut) ausgegangen, die z. T. radikale Kritik an der K. übten und alternative Modelle des Christseins praktizierten. Einige dieser Bewegungen wurden als häretisch bekämpft (v. a. die Katharer), andere, wie die →Bettelorden, konnten in die K. integriert werden. Die Anliegen dieser sich auf die Bibel berufenden krit. Strömungen lebten in den Reformbewegungen des Spät-MA. wieder auf und mündeten in die Reformation.

Die Konfessionalisierung der Neuzeit: In der →Reformation zerfiel die Einheit der abendländ. K. Ein eher zufälliger Anlass, die Ablasspredigt zur Finanzierung der Peters-K. in Rom, veranlasste M. LUTHER zu einer grundsätzl. Kritik an der K., die bald zur förml. Trennung, zur Entstehung von ev. Gemeinden und, ab 1525, luther. Landes-K. führte. In der dt. Schweiz (Zürich) hatte ab 1519 die Reformation durch U. ZWINGLI Fuß gefasst, dessen Bewegung später in den Sog des Genfer Reformators J. CALVIN geriet. Der Kalvinismus breitete sich v. a. in Frankreich (→Hugenotten), im nordwestl. Europa und auch in Dtl. aus. Ein weiteres Schisma entstand 1535 durch die Loslösung der →Kirche von England, die einerseits kath. Traditionen weiterführte, mehr und mehr aber auch reformator. Gedankengut aufnahm.

Die Reformatoren kritisierten die Missstände in der kirchl. Praxis, wollten jedoch zunächst keine neue K. gründen, sondern über ihre ›Reform an Haupt und Gliedern‹ die dem Evangelium gemäße K. wiederherstellen. Theologisch stellten sie dabei die Bibel als die einzige Offenbarungsquelle (sola scriptura), JESUS CHRISTUS als den alleinigen Heilsgrund (solus CHRISTUS) in den Mittelpunkt und hoben die →Rechtfertigung des Menschen allein aus Gnade (sola gratia) und seine ›Gerechtigkeit‹ allein im Glauben (sola fide) sowie das allgemeine →Priestertum der Gläubigen hervor.

Demgegenüber bekräftigte auf kath. Seite das Konzil von Trient (1545–63), durch das eine theolog. Neubesinnung und Reform in der kath. K. eingeleitet wurde, die Notwendigkeit eines besonderen Priestertums und die hierarch. K.-Struktur, die weiter in den Spezifikum des kath. Bekenntnisses ist und als auf ›göttl. Recht‹ gegründet angesehen wird. Eine tiefer gehende theolog. Durchdringung der durch die Reformation angestoßenen ekklesiolog. Fragen – bes. das Amt des Papstes betreffend – wurde vom Konzil von Trient jedoch noch nicht geleistet. Dies erfolgte erst auf den beiden Vatikan. Konzilien.

Charakteristisch für die K. der Neuzeit ist ihre zunehmende Konfessionalisierung. Die einzelnen K. gründen als →Konfessionen auf ihren jeweiligen Bekenntnissen, die mit unterschiedl. K.-Verfassungen verbunden sind. Seit dem 16. Jh. haben sie – mit in den versch. Epochen wechselnder Intensität – gerade die Unterscheidungslehren in den Mittelpunkt gestellt, während das Gemeinsame zurücktrat. Die konfessionellen Spannungen führten in der 2. Hälfte des 16. und im 17. Jh. zu Kriegen und Bürgerkriegen (Kampf gegen die Hugenotten in Frankreich, der Dreißigjährige Krieg in Dtl., blutige Auseinandersetzungen in England, den Niederlanden, in Ungarn, Polen und Schweden). Unter dem Einfluss der Aufklärung sowie (im ev. Raum) des Pietismus trat das konfessionalist. Denken ein wenig zurück, lebte aber im 19. Jh. erneut auf.

Für die kath. K. mit ihren weitgehend auf ihrer Autonomie bestehenden National-K. (→Gallikanismus, →Febronianismus, →Josephinismus) brachten die Frz. Revolution und die Politik NAPOLEONS I. große Veränderungen. Im frz. Konkordat von 1801 (ähnlich im Konkordat für die ›Italienische Republik‹, 1803) erzwang NAPOLEON die Absetzung des gesamten frz. Episkopats durch den Papst und eine Neugliederung der Bistümer. Im Reichsdeputationshauptschluss (1803) wurde die dt. kath. K. praktisch enteignet (→Säkularisation). 1809 wurde der Kirchenstaat Frankreich angegliedert. Die Neuordnung Europas auf dem Wiener Kongress (1815) ließ die Säkularisation bestehen und sprach kath. Gebiete (Paderborn, Münster, Rheinland) Preußen zu, stellte aber den Kirchenstaat wieder her. Viele Katholiken, die unter prot. Landesherren lebten, suchten jetzt eine Stütze im Papsttum; ähnlich orientierten sich auch geschwächte frz. K. und kath. Minderheiten in Ländern wie Großbritannien und den Niederlanden an Rom. Neben dieser auf Rom und den Papst ausgerichteten Bewegung des →Ultramontanismus verbreitete sich im Katholizismus Europas, gefördert durch die Päpste, eine defensive Haltung gegenüber allen Neuerungen und ein restauratives Beharren auf alten Mentalitäten und Formen. Vor diesem Hintergrund konnte Papst PIUS IX. auf dem 1. Vatikan. Konzil 1869–70 die Dogmatisierung von Primat und Unfehlbarkeit des Papstes durchsetzen, was allerdings zur Abspaltung der Altkatholiken führte.

Die konfessionalist. Neubelebung im Protestantismus ist in besonderer Weise mit der im 18. Jh. einsetzenden →Erweckungsbewegung verbunden, aus der heraus v. a. im engl. Sprachraum unabhängige Gemeinschaften entstanden (→Methodisten, →Adventisten, →Katholisch-Apostolische Gemeinden, →Mormonen) und sich zu eigenständigen K. und Religionsgemeinschaften entwickelt haben. Im dt. Protestantismus wurde der konfessionelle Gedanke bes. durch das →Neuluthertum und die →Altlutheraner repräsentiert.

Neuere und gegenwärtige Entwicklungen: Die Entwicklung der interkonfessionellen Beziehungen im 20. Jh. ist eng mit der der →ökumenischen Bewegung verbunden, der die kath. K. – ungeachtet einzelner katholisch-ökumen. Initiativen – bis in die 1950er-Jahre offiziell ablehnend gegenüberstand. Dabei wurde die theolog. Berufung auf die Schlüsselgewalt PETRI mit dem Anspruch verbunden, allein die zum Heil notwendige (›allein selig machende‹) K. zu repräsentieren. Die ökumen. Öffnung der kath. K. wurde durch das 2. Vatikan. Konzil vollzogen, das in ihren Grundsätzen im Dekret über den →Ökumenismus formuliert. Auf seiner Grundlage begreift sich die kath. K. seither selbst als Teil der ökumen. Bewegung. Auf institutioneller Ebene wurde 1960 das ›Päpstl. Sekretariat für die Einheit der Christen‹ geschaffen, aus dem der heutige ›Päpstl. Rat zur Förderung der Einheit der Christen‹ hervorgegangen ist. In Verbindung mit der Ausrufung des Jahres 2000 zum hl. Jahr hat sich Papst JOHANNES PAUL II. für eine Erneuerung und höhere Qualität der Beziehungen zw. den K. ausgesprochen und 1995 in der Ökumeneenzyklika ›Ut unum sint‹ (›Dass alle eins seien‹) sowie in dem an die Ost-K. gerichteten Apostol. Schreiben ›Orientale lumen‹ (›Licht aus dem Osten‹) formuliert. Dem besseren gegenseitigen Verstehen der K. untereinander dienen zahlr. seit Ende der 1960er-Jahre durchgeführte interkonfessionelle (Lehr-)Gespräche. Dem in ihrem Zusammenhang vielfach geäußerten Wunsch nach größerer K.-Gemeinschaft und künftiger kirchl. Einheit stehen als Hauptprobleme die unterschiedl. K.-Begriffe und die Frage der gegenseitigen Anerkennung der Ämter, dabei v. a. der nach römisch-kath. Verständnis mit dem Bischofsamt verbundene Anspruch auf Unfehlbarkeit und Jurisdiktionsprimat, sowie die nach wie vor weiter bestehenden theolog. Lehrdifferenzen (z. B. Sakramentenverständnis, Frauenordination) entgegen. Die mögl. Bedeutung des Papstamtes in einer künftigen geeinten K. ist seit Mitte der 1990er-Jahre Gegenstand der ökumen. Diskussion geworden und dabei im Grundsatz als ›Petrusdienst an der Einheit aller Getauften‹ beschrieben worden.

Kirchlich und theologisch gegenläufige Bestrebungen haben ihre Basis in der kath. K. in traditionalist. Gemeinschaften wie dem ›Engelwerk‹ (→Opus Angelorum) und innerhalb der prot. K. in den so genannten fundamentalist. Sammlungsbewegungen und Gruppierungen, die bes. in den USA über einen hohen Organisationsgrad verfügen. Die in jüngster Zeit zu beobachtenden antiökumen. Tendenzen innerhalb der orth. K. stehen im unmittelbaren Zusammenhang mit der Rekonstitution und Neuordnung der kirchl. Strukturen der kath. K. in den ehem. kommunist. Staaten Mittel-, SO- und O-Europas und der nach 1990 dort einsetzenden prot. Mission. Seite als ›Errichtung kirchl. Parallelstrukturen‹ und ›Proselytenmacherei‹ in traditionell ihren K. zugehörigen Territorien angesehen werden.

Die innere Entwicklung der K. in den früheren klass. Missionsgebieten Afrika, Asien und Ozeanien, wo heute zahlr. selbstständige →junge Kirchen und →unabhängige Kirchen in geschichtlich und soziokulturell ganz unterschiedlich geprägten Lebensräumen bestehen, wird zunehmend durch die theologische Reflexion der geschichtl., kulturellen, sozialen, polit. und wirtschaftl. Gegebenheiten ihrer Lebensräume (→Kontextualisierung) sowie durch eigene Formen des gottesdienstl. und gemeindl. Lebens bestimmt. In den Ländern, in denen die K. in einer Minderheits- oder Diasporasituation leben, tritt die Notwendigkeit des Dialogs und einer Kooperation zw. den Religionen als ein wesentl. Moment hinzu.

⇒ *Abendland · Christentum · Evangelische Kirche in Deutschland · Jesus Christus · katholische Kirche · Kirchenkampf · Mission · Ökumene · Ostkirchen · Papsttum · Protestantismus · Staat und Kirche*

De ecclesia. Beitr. zur Konstitution über die K. des Zweiten Vatikan. Konzils, hg. v. G. BARAÚNA, 2 Bde. (1966); H. DE LUBAC: Die K. (a.d.Frz., 1968); D. BONHOEFFER: Sanctorum communio. Eine dogmat. Unters. zur Soziologie der K. (⁴1969); W. PANNENBERG: Thesen zur Theologie der K. (²1974); J. MOLTMANN: K. in der Kraft des Geistes. Ein Beitr. zur messian. Ekklesiologie (1975); H. KÜNG: Die K. (Neuausg. 1977); J. RATZINGER: Das neue Volk Gottes. Entwürfe zur Ekklesiologie (Neuausg. ²1977); U. KÜHN: K. (1980); Streiten für eine K., bearb. v. H. FRIES u.a. (1987); K. – Ort des Heils. Grundl., Fragen, Perspektiven, hg. v. W. SEIDEL (1987); M.M. GARIJO-GUEMBE: Gemeinschaft der Heiligen. Grund, Wesen u. Struktur der K. (1988); K. BERGER u.a.: K., in: Theolog. Realenzyklopädie, hg. v. GERHARD MÜLLER u.a., Bd. 18 (1989); H. SCHÜTTE: K. im ökumen. Verständnis. K. des dreieinigen Gottes (²1991); J. WERBICK: K. Ein ekklesiolog. Entwurf für Studium u. Praxis (1994); W. THÖNISSEN: Gemeinschaft durch Teilhabe an Jesus Christus. Ein kath. Modell für die Einheit der Kirchen (1996); J. RATZINGER: Salz der Erde. Christentum u. kath. K. an der Jahrtausendwende (1997). – *Weitere Literatur* →Kirchengeschichtsschreibung.

Kirche des Reiches Gottes, Menschenfreundliche Gesellschaft e.V., auf einer eigenständigen Bibelauslegung beruhende weltanschaul. Gemeinschaft. 1920 von ALEXANDRE FREYTAG (*1870, †1947), einem früheren Zeugen Jehovas, in Cartigny (bei Genf) gegr., versteht sich die K. d. R. G. als christl. Gemeinschaft, deren Mitgl. durch die Befolgung des Universalgesetzes (›Weltallgesetzes‹), das nach der Lehre FREYTAGS die Grundlage des Evangeliums bildet, am Aufbau des Reiches Gottes auf Erden mithelfen wollen. Die K. d. R. G. hat nach eigenen Angaben (1997) rd. 20 000 Mitgl. in zehn Ländern; im dt. Sprachraum etwa 5 000.

Kirche Jesu Christi der Heiligen der letzten Tage, Selbst-Bez. der →Mormonen.

Kirchen|ältester, →Presbyter.

Kirchen|amt, in der *kath. Kirche* ein auf Dauer eingerichteter kirchl. Dienst mit bestimmten Aufgaben, der nach Maßgabe des kirchl. Rechts von der zuständigen Autorität übertragen wird. Kirchl. Grundämter bedürfen neben der rechtl. Einrichtung auch einer konkreten Errichtung (z.B. Pfarramt). Sie werden i.d.R. auf Lebenszeit übertragen.

In den *ev. Kirchen* ist K. im ursprüngl. Kirchenverständnis der Reformation das ›geistl. Amt‹ der Wortverkündigung und Sakramentsverwaltung, das ungeachtet des allgemeinen Priestertums aller Gläubigen in besonderer Weise durch Pfarrer, Presbyter, Diakone und Lehrer getragen wird; i.w.S. dienen als Inhaber kirchl. Ämter alle, die von der Gemeinde für bestimmte Tätigkeiten im Rahmen der der Kirche insgesamt obliegenden Aufgaben beauftragt werden.

Kirchen|anwalt, *kath. Kirchenrecht:* Bez. für den ›Promotor iustitiae‹, der im gerichtl. Bereich der kath. Kirche bei Streit- und Strafsachen das öffentl. Interesse vertritt (c. 1430 CIC), insofern dem Staatsanwalt im weltl. Recht vergleichbar. In kirchl. Strafverfahren (→kirchliche Gerichtsbarkeit) kann nur der K. Anklage erheben. Er ist gegenüber dem Bischof weisungsgebunden.

Kirchen|asyl, die Praxis einzelner (v.a. ev.) Kirchengemeinden in Dtl., Asylbewerbern, die nach der Ablehnung ihrer Asylanträge unmittelbar von der Abschiebung bedroht sind, bei besonderen Härtefällen in kirchl. Gebäuden vorübergehend Zuflucht zu gewähren, um in dieser Zeit ein (dauerndes) Bleiberecht für sie zu erwirken. Der Begriff ›K.‹ wurde Ende 1993 im Zusammenhang mit der ›Asylrechtsdebatte‹ von den Medien geprägt und ist von dem religionsgeschichtl. Begriff des →Asylrechts zu unterscheiden. Das K. führte zu Kontroversen zw. Kirchenvertretern und staatl. Stellen. Die Befürworter des K. sehen in ihm kein Sonderrecht neben dem staatl. Recht, sondern weisen auf die besondere Pflicht der Christen hin, Fremden und Verfolgten Schutz zu gewähren.

Kirchenaustritte in Deutschland 1991–1996		
Jahr	kath. Kirche	ev. Landeskirchen
1991	167 900	320 000
1992	192 700	361 000
1993	154 000	285 000
1994	155 800	290 000
1995	168 200	298 000[1]
1996	150 000[2]	200 000[2]

[1] einschließlich Übertritte zu anderen christlichen Kirchen. –
[2] Schätzungen aufgrund vorläufiger kirchlicher Angaben.

Kirchenaustritt, die staatskirchenrechtlich gegebene Möglichkeit der Trennung des Einzelnen von der Kirche. Sie hat zur Folge, dass der Betreffende nicht mehr zur Kirchensteuer herangezogen und – sofern es sich um Schüler handelt – hinsichtlich des Religionsunterrichts nicht mehr seiner Kirche zugerechnet wird. Öffentlich-rechtlich wirksam wird der K. durch eine Erklärung vor dem Amtsgericht oder Standesamt. Die Möglichkeit zum K. ist mit der Religionsmündigkeit gegeben (→religiöse Erziehung). – Nach kath. Verständnis ist jedoch ein K. ebenso wie der Ausschluss aus der Kirche weder theologisch noch kirchenrechtlich möglich. Er gilt innerkirchlich als gemeinschaftswidriges Verhalten und schwere Verfehlung, ggf. (im Einzelfall zu prüfen) als Apostasie, die die Exkommunikation nach sich zieht.

Kirchenbann, frühere Bez. für →Exkommunikation.

Kirchenbau, Sakralbau, dem christl. Gottesdienst bzw. der Kultausübung dienender Bau. Nach Rang und Funktion unterscheidet man Bischofskirchen (Dom, Münster, Kathedrale), Pfarr- und Klosterkirchen, Kapellen, Oratorien, Wallfahrtskirchen u. a. Der K. in der abendländ. Baukunst wird bestimmt durch die aus der Spätantike übernommenen Formen der →Basilika und des →Zentralbaus, gelegentlich durch Verbindungen beider Formen. Neben einfachen Saalkirchen mit Rechteckchor oder Apsis entwickelten sich seit karoling. Zeit neue Bautypen: Zum Langhaus traten die hierzulande geläufigste Form West- und Ostapsis, Westtürme, zwei Querschiffe mit Vierungstürmen. In der Romanik herrschte das →gebundene System vor; die Kirche wurde oft durch eine Krypta oder Unterkirche erweitert. Besondere Bauregeln entwickelten die Orden (→Bettelordenskirchen, →Hirsauer Bauschule, →Jesuitenbaukunst, →Zisterzienserbaukunst). In der Gotik überwog das mehrschiffige Langhaus mit Querschiff und Chor mit Kapellenkranz, in der Spätgotik die →Hallenkirche. Der in der ital. Renaissance bevorzugte Zentralbau und dessen Verbindung mit dem Langhaus wurde bes. im dt.-österr. Raum während des Barocks weiterentwickelt. Im dt. prot. K. errichtete man häufig Predigtkirchen (mit Kanzelaltar). Z. Z. des Historismus bevorzugte der kath. K. barocke Formen; dem prot. K. empfahl das ›Eisenacher Regulativ‹ (1861) den got. Stil.

Nach dem Ersten Weltkrieg suchte man auch im K. nach neuen Ausdrucksformen. Bezeichnend dafür sind der Entwurf der ›Sternkirche‹ (1921) und der Bau der Kirche auf der Pressa in Köln (1928) von O. BARTNING sowie die Kirche Notre-Dame (1923) in Le Raincy bei Paris von A. PERRET in Stahlbeton mit Betonmaßwerk. A. GAUDÍ nahm mit der Anwendung der neuen Materialien Stahl, Stahlbeton und Glas für seine Bauten viele erst später verwirklichte Gedanken (z. B. paraboloide Schalen) vorweg. RUDOLF SCHWARZ suchte mit dem Bau der Fronleichnamskirche in Aachen (vollendet 1930) allein durch Proportion und Lichtführung den Raum als Sinnbild des liturg. Geschehens zu gestalten. Neben SCHWARZ trat v. a. D. BÖHM als Kirchenbauer hervor. Die Errichtung von Notkirchen und gemeindenahen gottesdienstl. Räumen nach dem Zweiten Weltkrieg leitete über zu neuen Lösungen, die die Flexibilität der Räume akzentuieren. In der Folgezeit profilierten sich auf dem Gebiet des K. in Dtl. v. a. die Architekten H. STRIFFLER, E. EIERMANN, G. BÖHM und E. STEFFANN, in Österreich C. HOLZMEISTER. In Frankreich errichtete LE CORBUSIER mit der Wallfahrtskirche in Ronchamp (1950-54) den bedeutendsten K. nach 1945. In der Perret-Nachfolge bauten KARL MOSER, sein Schüler F. METZGER und H. BAUR in der Schweiz. Gewichtige moderne K. entwarfen ferner EERO SAARINEN, A. AALTO, O. NIEMEYER (Kathedrale in Brasília, 1960), P. C. JOHNSON (Crystal Cathedral in Garden Grove bei Los Angeles, Calif., 1980), MARCEL FERRIER (griechisch-orthodoxe Kirche in Zürich, 1995 eingeweiht) und M. BOTTA (Kathedrale in Évry, 1991-95, 1996 geweiht).

O. BARTNING: Vom neuen Kirchbau (1919); Kirchen. Hb. für den K., hg. v. W. WEYRES u. a. (1959); G. MERKLE: K. im Wandel (1973); H. SCHNELL: Der K. des 20. Jh. in Dtl. (1973); B. KAHLE: Dt. Kirchenbaukunst des 20. Jh. (1990); H. SEDLMAYR: Die Entstehung der Kathedrale (1993); G. BANDMANN: Mittelalterl. Architektur als Bedeutungsträger (^{10}1994); D. CONRAD: K. im MA. Bauplanung u. Bauausführung (^{2}1997).

Kirchenbeiträge, österr. Form der →Kirchensteuer.

Kirchenbücher, die in den Pfarreien geführten Register, in denen Taufen, Konfirmationen, Firmungen, Trauungen, Todesfälle verzeichnet werden; vielfach ergänzt durch Pfarrkarteien. Die K. und die beglaubigten Auszüge aus ihnen sind kirchl. Urkunden. Die Führung von K. begann schon im Früh-MA., wurde seit dem 14. Jh. zunehmend vorgeschrieben und seit dem 16. Jh. allgemein. Für den Nachweis von K.-Eintragungen aus den ehem. dt. Gebieten östlich der →Oder-Neiße-Linie und den dt. Auslandsgemeinden bestehen das Kath. Kirchenbuchamt in München und das Archivamt der Ev. Kirche in Dtl. (EKD) in Hannover. – Für familiengeschichtl. Forschungen bilden die K. eine der wesentl. Quellen. Vor der Einführung staatl. Register über den Personenstand (im Dt. Reich 1. 1. 1876) dienten sie zugleich als staatl. Urkunden.

E. HENNINER u. C. WEGELEBEN: K. Bibliogr. gedruckter Tauf-, Trau- u. Totenregister sowie der Bestandsverzeichnisse im dt. Sprachgebiet (1991).

Kirchenbund, →Deutscher Evangelischer Kirchenbund.

Kirchenburg, Kirchenanlage, bei der der Kirchhof (Friedhof) von einer hohen Mauer (meist mit Türmen) umgeben ist, an die sich innen Vorratsverschläge anschließen. K. wurden im MA. meist in ländl. Gebieten zur Verteidigung angelegt, v. a. in Siebenbürgen, aber auch in Dtl., u. a. in Franken (z. B. Mönchsondheim, Ostheim v. d. Rhön). In anderen Teilen Dtl.s (v. a. im N) und in Skandinavien entsprechen ihnen die →Wehrkirchen. (BILD →Ostheim v. d. Rhön)

Kirchenchor, freie Sängervereinigung (meist gemischter Chor) zur Ausgestaltung oder direkten Mitwirkung bei der gottesdienstl. Feier. Die K. entstanden im 19. Jh. im Zuge der Restauration und des →Caecilianismus. Vorläufer waren einerseits die aus Klerikern gebildeten liturg. Chöre (→Schola Cantorum), andererseits die Schulchöre (→Kurrende) und Kantoreien. In der kath. Kirche vertritt der K. die nicht singende Gemeinde, oder er singt im Wechsel mit ihr; auch in der ev. Kirche ist er Vertreter der Gemeinde oder übernimmt einen Teil der Wortverkündigung. Die K.-Arbeit wird auf kath. Seite im ›Allgemeinen Cäcilien-Verband für die Länder der Dt. Sprache‹ (gegr. 1868), auf ev. Seite im ›Verband der ev. Kirchenchöre Dtl.s‹ (gegr. 1883) koordiniert.

In den *orth.* Kirchen führte das Verbot der Instrumentalmusik im Gottesdienst zu verstärkter Bedeutung der Chöre bei der Feier der Liturgie. In den griech. und oriental. Kirchen werden die Chöre nur von Männern und Knaben gebildet (Ausnahmen sind die Chöre in Frauenklöstern). In der russisch-orth. Kirche ist seit dem 19. Jh. auch der gemischte Chor durch das Aufkommen der Mehrstimmigkeit üblich geworden.

W. BLANKENBURG: Der gottesdienstl. Liedgesang der Gemeinde, in: Leiturgia, hg. v. KARL F. MÜLLER u. a., Bd. 3 (1961); C. MAHRENHOLZ: Richtlinien für die Tätigkeit des Chores im Gottesdienst, dgl. der Orgel, in: DERS.: Kompendium der Liturgik des Hauptgottesdienstes (1963); Musik in der feiernden Gemeinde, hg. v. H. HUCKE u. a. (1974).

Kirchendiebstahl, ein i. d. R. bes. schwerer Fall des →Diebstahls (§ 243 Abs. 1 Nr. 4 StGB).

Kirchenfahnen, bei Prozessionen der kath. Kirche und der Ostkirchen verwendete Fahnen; aufgekommen im 10. Jh., in der Form auf das röm. Vexillum und das Labarum zurückgehend; das i. d. R. mit religiösen Emblemen und Bildern geschmückte Fahnentuch hängt an einer Querstange.

In der *Heraldik* werden die K. mit drei herabhängenden Streifen dargestellt, von denen der mittlere meist etwas länger ist. Eine K. kommt z. B. im Wappen von Feldkirch vor.

Kirchenfunk, Bez. für Einzelsendungen oder geschlossene Programme in Hörfunk und Fernsehen, deren Inhalte durch kirchliche, kirchenpolit., religiöse und theolog. Themen bestimmt sind. In Dtl. der überkonfessionellen Berichterstattung über die Religionsgemeinschaften verpflichtet und inhaltlich durch eigene ›Kirchenredaktionen‹ verantwortet, ist die K. ein spezielles Informationsangebot, dient jedoch auch als ein Mittel der Verkündigung, z. B. durch die Übertragung von Gottesdiensten oder regelmäßige geistl.

Ansprachen (›Wort zum Sonntag‹). Im öffentlichrechtl. Rundfunk in Dtl. sind Amtsträger der christl. und jüd. Religionsgemeinschaften in den Aufsichtsorganen der Hörfunk- und Fernsehanstalten vertreten, allerdings ohne direktes Mandat. In einigen Ländern (u. a. USA; →Fernsehkirche) betreiben Kirchen und Religionsgemeinschaften eigene Hörfunk- und Fernsehgesellschaften.

G. BAUER: Kirchl. Rundfunkarbeit 1924–1939 (1966); H. GLÄSSGEN: Kath. Kirche u. Rundfunk in der Bundesrep. Dtl. 1945–1962 (1983).

Kirchengebote, *kath. Kirche:* i. w. S. alle Vorschriften des Kirchenrechts; i. e. S. die für alle kath. Christen verbindlich vorgeschriebenen fünf grundlegenden Gebote des kirchl. Lebens: Sonntags- und Feiertagsheiligung, Messbesuch, Einhaltung der Fasttage, jährl. Beichte und Osterkommunion.

Kirchengeschichte, 1) die auf der Jüngerschaft JESU und die Erfahrung seiner Auferstehung gründende und in der Jerusalemer Urgemeinde ihren Anfang nehmende Geschichte der →Kirche und des →Christentums; 2) die wiss. Erforschung dieser histor. Entwicklung. Ob die K. eine genuin theolog. Wiss. oder eher ein histor. Teildisziplin ist, wird kontrovers diskutiert. Einzeldisziplinen der K. sind u. a. Frömmigkeits-, Papst-, Reformations-, Missionsgeschichte, K. der einzelnen Länder.

Kirchengeschichtsschreibung, die schriftl. Darstellung der Kirchengeschichte; theologisch verstanden als Darstellung der Wirkungen des Evangeliums in den jeweils konkreten gesellschaftl., polit. und kulturellen Zusammenhängen der Zeit. In der frühen Kirche unkritisch und apologetisch, nach der Reformation im Sinne des Konfessionalismus oft polem. Charakters, ist die heutige K. meist um krit. (aus kirchl. Sicht selbstkrit.) Reflexion der histor. Entwicklung der Kirchen bemüht.

Erste Ansätze zu einer K. finden sich bereits in der Apostelgeschichte des N. T. Nach chronist. Vorarbeiten von JULIUS AFRICANUS und HIPPOLYT gilt als Beginn einer eigentl. K. die ›Ekklesiastike historia‹ des EUSEBIOS VON CAESAREA. Ihren Hintergrund bildet die Aufwertung des Christentums unter Kaiser KONSTANTIN I., der von EUSEBIOS rückhaltlos verehrt und unterstützt wurde. Seine K. ist dementsprechend rein apologetisch motiviert und hat das Ziel, durch die Darstellung des wunderbaren Verlaufs der christl. Geschichte – mit der Anerkennung durch KONSTANTIN I. als Höhepunkt – die Wahrheit des Christentums gegenüber Juden und Heiden zu erweisen. Die 325 vollendete, zehn Bücher umfassende K. des EUSEBIOS, die trotz ihrer apologet. Tendenz v. a. durch die Verwendung mittlerweile verlorener Quellen aus den ersten drei Jahrhunderten von besonderem Wert ist, bildete ein Jahrtausend lang die Grundlage jegl. K. Das Werk wurde im 5. Jh. von RUFINUS ins Lateinische übersetzt und im O u. a. durch SOKRATES SCHOLASTIKOS, SOZOMENOS und THEODORETOS VON KYRRHOS weitergeführt. An diese schlossen sich im 6. Jh. im W die lat. Kompilation des CASSIODOR, im O die Fortsetzung des JOHANNES VON EPHESOS an; JOHANNES MALALAS (* um 491, † um 577) eröffnete die Reihe der byzantin. Chronisten. Im Abendland erweiterte OROSIUS im Gefolge des AUGUSTINUS 417/418 die K. zu einer apologet. Weltgeschichte. Ihm folgten viele Chroniken des MA., das keine eigenständige Konzeption der K. entwickelte, sondern die aus dem Altertum überkommenen Werke, meist ohne krit. Reflexion, fortschrieb. Eine umfassende theolog. Deutung der Geschichte bot das chiliast. Geschichtsmodell des JOACHIM VON FIORE.

Die Konfessionalisierung im Gefolge der Reformation führte zur Herausbildung der K. i. e. S. Ausschlaggebend waren zunächst wiederum apologet. Tendenzen. Ein für die luther. Orthodoxie grundlegendes Werk zur K. entstand seit 1559 unter der Leitung von M. FLACIUS (→Magdeburger Zenturien). Auf kath. Seite begründete im Gegenzug der Oratorianer CAESAR BARONIUS (* 1538, † 1607; Kardinal und Präfekt der Vatikan. Bibliothek) mit seinen ›Annales ecclesiasticae‹ (1588–1607, 12 Bde.) einen kath. Typ von K., der v. a. die Entwicklung der kirchl. Hierarchie und ihr Wirken zum Thema hatte. Das zunehmende kirchenhistor. Interesse zeigte sich dann im 17./18. Jh. in umfangreichen Quellensammlungen wie den Kirchenväterausgaben der →Mauriner und den Acta Sanctorum der →Bollandisten.

Nachdem der Pietist G. ARNOLD seine ›Unparteiische Kirchen- und Ketzerhistorie ...‹ (1699–1700, 2 Bde.) herausgegeben und darin v. a. die von der kath. Kirche verfolgten Ketzer und Schwärmer als die wahren Christen dargestellt hatte, legte J. L. VON MOSHEIM eine erste umfassende, von der Aufklärung beeinflusste Darstellung der Geschichte der Kirche als ›menschl.‹ Größe vor, deren Entwicklung von innerweltl. Vorgängen bestimmt wird. Von der Geschichtsauffassung der Romantik beeinflusst sind die Schriften K. VON HASES, vom hegelschen Geschichtsbegriff die Arbeiten F. C. BAURS.

Im Zuge des Aufblühens der histor. Wiss. im 19./20. Jh. gewann auch die K. größeres Gewicht, im Vergleich zur Aufklärung jedoch wieder in stärkerer konfessioneller Ausrichtung. Ein Schwerpunkt der Forschung beider Konfessionen war die Geschichte der frühen Kirche. Es entstanden umfangreiche Quelleneditionen (v. a. die von J.-P. MIGNE herausgegebenen ›Patrologiae‹), Gesamtdarstellungen, themat. Monographien und Lehrbücher. Bedeutende deutschsprachige Kirchenhistoriker waren auf kath. Seite J. I. VON DÖLLINGER, C. J. VON HEFELE, F. X. VON FUNK, A. EHRHARD, KARL BIHLMEYER (* 1874, † 1942), WILHELM NEUSS (* 1880, † 1965), F. X. SEPPELT, L. VON PASTOR, H. GRISAR, J. LORTZ, H. JEDIN, auf ev. Seite A. VON HARNACK, K. HAUCK, K. HEUSSI, KARL MÜLLER (* 1911), H. VON SCHUBERT (* 1859, † 1931), K. HOLL, H. LIETZMANN, F. LOOFS, A. RITSCHL, E. TROELTSCH.

Die orth. K. ist weitgehend von dem Gedanken bestimmt, dass an den Ergebnissen der ersten sieben ökumen. Konzile festzuhalten sei, und lehnt alle späteren Neuerungen (Neoterismoi) gerade im Bereich der westl. Kirchen ab. Im 19. und 20. Jh. hat sich die kirchengeschichtl. Arbeit v. a. in der russ. Orthodoxie verstärkt.

Die Kirche in ihrer Gesch., hg. v. KURT D. SCHMIDT u. a., auf zahlr. Bde. ber. (1961 ff.); Gesch. der Kirche, hg. v. L. J. ROGIER u. a., 6 Bde. (a. d. Frz., 1963–77); K. BIHLMEYER: Kirchengesch., 3 Bde. (¹⁸1966–83); P. MEINHOLD: Gesch. der kirchl. Historiographie, 2 Bde. (1967); K. HEUSSI: Altertum, MA. u. Neuzeit in der Kirchengesch. (Neuausg. 1969); Quellenbuch zur Kirchengesch., hg. v. H. SCHUSTER, 3 Bde. (⁹1971–76); H. KUPISCH: Kirchengesch., 5 Bde. (1973–75); Kirchengesch. in Einzeldarstellungen, hg. v. G. HAENDLER u. a., auf zahlr. Bde. ber. (1978 ff.); Kirchen- u. Theologiegesch. in Quellen, hg. v. H. A. OBERMANN, 5 Bde. (¹⁻³1979–85); Christentum u. Gesellschaft, auf zahlr. Bde. ber. (1980 ff.); P. EICHER: Zur Ideologiekritik der Kirchengesch., in: Kairos, Jg. 23 (Salzburg 1981); Gestalten der Kirchengesch., hg. v. M. GRESCHAT, 14 Bde. (1981–85); K.-V. SELGE: Einf. in das Studium der Kirchengesch. (1982); Ökumen. Kirchengesch., hg. v. R. KOTTJE u. a., 3 Bde. (³⁻⁴1983); C. ANDRESEN u. G. DENZLER: dtv-Wb. der Kirchengesch. (²1984); V. CONZEMIUS: Kirchengesch., in: Neues Hb. theolog. Grundbegriffe, hg. v. P. EICHER, Bd. 2 (1984); Hb. der Kirchengesch., hg. v. H. JEDIN, 11 Bde. (Neuausg. 1985); Atlas zur Kirchengesch., hg. v. DEMS. (Neuausg. 1987); C. UHLIG: Funktion u. Situation der Kirchengesch. als theolog. Disziplin (1985); W.-D. HAUSCHILD: Lb. der Kirchen- u. Dogmengesch., Bd. 1: Alte Kirchen u. MA. (1995); H. LEPPIN: Von Constantin dem Großen zu Theodosius II. Das christl. Kaisertum bei den Kirchenhistorikern Socrates, Sozomenus u. Theodoret (1996).

Kirchengewalt, in der *kath. Kirche* die Vollmacht, die Kirche zu leiten (Jurisdiktionsgewalt) und die gottesdienstl. Handlungen zu vollziehen, die eine sakramentale Weihe erfordern (Weihegewalt).
In den *ev. Kirchen* die Verw. des →Kirchenamtes durch die dazu in besonderer Weise durch →Ordination Beauftragten und die Befugnisse der Kirchenleitungen. (→Hierarchie, →Summepiskopat)

Kirchengut, das →Kirchenvermögen.

Kirchen in der DDR. Die Neuordnung der kirchl. Verhältnisse auf dem Gebiet der SBZ setzte unmittelbar nach dem 8. 5. 1945 ein; bis 1969 blieben die acht ev. Landeskirchen Glieder der am 31. 7. 1945 in Treysa konstituierten und gesamtdeutsch orientierten Ev. Kirche in Dtl. (EKD; Grundordnung von Eisenach vom 13. 7. 1948).

Kirchen in der DDR: Die Entwicklung der kirchlichen Mitgliederzahlen (in %) in der SBZ und in der DDR[1)]

Jahr	Mitglieder der ev. Landeskirchen	Mitglieder der kath. Kirche	Mitglieder anderer christlicher Kirchen	Mitglieder der christlichen Kirchen insgesamt
1946	81,5	12,2	0,4	94,1
1950	80,5	11,0	0,7	92,2
1964	59,4[2)]	8,1[2)]	0,7	68,2
1990	24,0[3), 4)]	4,6[3)]	2,2[3)]	30,8

[1)]bezogen auf die Gesamtbevölkerung. – [2)]Ergebnisse der Volks- und Berufszählung 1964. – [3)]Mittelwert verschiedener kirchlicher Schätzungen. – [4)]Personen im Alter ab 18 Jahren.

Das rechtliche Verhältnis von Staat und Kirchen

In rechtl. Hinsicht erhielten die ev. Landeskirchen und die kath. Kirche in der SBZ im Rückgriff auf die Weimarer Reichs-Verf. (deren staatskirchenrechtl. Art. auch die erste Verf. der DDR von 1949 in den Art. 40–48 z. T. wörtlich übernahm), d. h. bei grundsätzl. Trennung von Staat und Kirche, den Status von Körperschaften des öffentl. Rechts, während sich die Freikirchen und übrigen Religionsgesellschaften traditionell nach dem Vereinsrecht reorganisierten. Die beiden großen Kirchen hatten das Recht, kirchl. Religionsunterricht in den öffentl. Schulen abzuhalten; der Einzug der Kirchensteuer erfolgte durch die Finanzämter (beides bis 1952). Der kirchl. Grundbesitz blieb von der Bodenreform 1945 unberührt. Seit 1949 vertrat H. GRÜBER als ›Bevollmächtigter‹ die EKD bei der Reg. der DDR (bis 1958). Die Beziehungen des Staates zu den Kirchen und Religionsgemeinschaften regelte seit 1957 ein ›Staatssekretariat für Kirchenfragen‹.

Eine Neugestaltung der staatskirchenrechtl. Verhältnisse war mit der Verf. von 1968 verbunden. Diese betrachtete im Art. 39 formell garantierte Recht eines jeden Bürgers der DDR, ›sich zu einem religiösen Glauben zu bekennen und religiöse Handlungen auszuüben‹, als Individualrecht im Rahmen des sozialist. Staatsverständnisses, nach dem Religion ›Privatsache‹ des einzelnen Bürgers sei und damit die Rechtsgestalt der Kirchen als Körperschaften des öffentl. Rechts ihre Grundlage verloren habe. Das polit. Ziel der sozialist. Staatsmacht blieb die gesellschaftl. Marginalisierung der Kirchen als einziger vom Staat unabhängiger Institution bzw. deren Neutralisierung als gesellschaftl. Kraft. Trotz ihres Macht- und Meinungsmonopols, trotz Überwachung, Einflussnahme und ›Zersetzung‹ seitens des Staatssicherheitsdienstes (MfS) gelang es letztlich nicht, die Kirchen aus dem öffentl. Leben zu verdrängen. Ein nicht geringer Teil der Bev. hielt trotz Benachteiligung im öffentl. Leben und Alltag – wenn auch auf sehr verschiedene Weise – die Verbundenheit mit den Kirchen aufrecht.

Kirchenpolitik und Kirchen

Das bis 1949 auf der offiziellen Ebene weitgehend konfliktfreie Verhältnis zw. der SMAD und den staatl. (Länder-) Behörden auf der einen und den *ev. Landeskirchen* als der größten Glaubensgemeinschaft im Gebiet der SBZ auf der anderen Seite wurde nach Gründung der DDR (1949) zunächst von deren Reg. fortgeführt. Dabei sahen sich die ev. Christen durch die EKD weiterhin mit dem westl. Teil Dtl.s verbunden, was bis 1961 eindrucksvoll in den Kirchentagen als großen gesamtdt. Foren zum Ausdruck kam.

Im Zusammenhang mit der von der SED seit 1950 auf der Grundlage der Ideologie des Marxismus-Leninismus proklamierten Umgestaltung von Staat und Gesellschaft nach sowjet. Vorbild nahm das Verhältnis des Staates zu den Kirchen deutlich an Spannungen zu. U. a. kam es 1952 zur Beschränkung des kirchl. Religionsunterrichts auf kirchl. Räume. Mit dem ›Neuen Kurs‹ im Vorfeld des Siebzehnten Juni 1953 begann die SED ihre Kirchenpolitik langfristig und systematisch auf Beeinflussung und Kontrolle auszurichten; zahlr. ›Junge Gemeinden‹ und Studentengemeinden wurden als ›imperialist. Tarnorganisationen‹ der Agententätigkeit beschuldigt, was zu Exmatrikulationen und auch zu Verhaftungen führte. Nach dem Abschluss des ›Militärseelsorgevertrages‹ zw. der Bundesrepublik Dtl. (K. ADENAUER) und der EKD (O. DIBELIUS), dem auch die Mehrheit der Synodalen aus der DDR zugestimmt hatte (1957), ging die SED verstärkt zur Konfrontation über.

Eine besondere Dimension erreichten die massiven staatl. Verdrängungsmaßnahmen mit den Auseinandersetzungen um die →Jugendweihe. Wurden Anfang der 1950er-Jahre noch fast alle Kinder konfirmiert, so nahm ab 1958 parallel zur Zunahme der Jugendweiheteilnehmer die Zahl der Konfirmanden ab: Die Zahl der Jugendweihe-Teilnehmer stieg von 17,7 % (1955) auf 90,3 % (1961) und lag 1989 bei über 97 % aller Jugendlichen. Korrespondierend zu dieser von der SED in besonderer Weise geförderten Ablösung der Konfirmation führte die verschiedene Elemente (v. a. in der Bildungs- und Jugendpolitik) umfassende Kirchenpolitik in einem relativ kurzen Zeitraum zu einer ausgeprägten religiösen Desozialisation.

Entschieden traten einige ev. Bischöfe dem Totalanspruch des Staates auf die Lebensbereiche seiner Bürger entgegen, u. a. DIBELIUS, in Greifswald FRIEDRICH-WILHELM KRUMMACHER (* 1901, † 1974), in den 1970er-Jahren in Görlitz HANS JOACHIM FRÄNKEL (* 1909, † 1996). Andere, von Ideen des religiösen Sozialismus geprägt, suchten den Dialog mit dem Marxismus, u. a. E. FUCHS, ERICH HERTZSCH (* 1902, † 1995) sowie KARL KLEINSCHMIDT (* 1902, † 1978); in den 1970er-Jahren kritisierte Propst HEINO FALCKE (* 1929) gerade wegen des von ihm vertretenen Konzepts eines demokrat. Sozialismus öffentlich gesellschaftl. Fehlentwicklungen. Von theologisch konservativer Seite strebte der Thüringer Landesbischof M. MITZENHEIM auch in Zeiten kirchenpolit. Konfrontation ein möglichst konfliktfreies Verhältnis zw. der Kirche und dem sozialist. Staat (als der ›von Gott gesetzten Obrigkeit‹) an; er erreichte in einem Gespräch mit W. ULBRICHT auf der Wartburg (18. 8. 1964) erste menschl. Erleichterungen nach dem Bau der Berliner Mauer (Besuchsreisen von Rentnern in die Bundesrepublik Dtl.). Er stand jedoch mit seinen theolog. Positionen und seinem kirchenpolit. Kurs (›Thüringer Weg‹) allein. Insgesamt blieb das Verhältnis der überwiegenden Mehrheit der ev. Pfarrer und großer Teile der Gläubigen zum Staat in den 1960er-Jahren distanziert bis ablehnend.

Zu einer kirchl. Neubestimmung des Verhältnisses der ev. Kirchen zum ›sozialist. Staat‹ kam es nach der unter starkem polit. Druck erfolgten Gründung des →Bundes der Evangelischen Kirchen in der DDR (BEK) 1969, deren Realisierung sich in der Folge gleichsam als ein Mittelweg in der Spannung zw. Verweigerung und Anpassung darstellte (führend v. a. A. SCHÖNHERR, M. STOLPE). Ihren prägnanten Ausdruck fand diese Position in der 1971 vom BEK geprägten Formel, man wolle ›Kirche nicht neben‹ und ›nicht gegen, sondern im Sozialismus‹ sein. Diese Formel von der **Kirche im Sozialismus** wurde allerdings z. T. scharf kritisiert bzw. völlig abgelehnt (trag. Höhepunkt: Selbstverbrennung des Pfarres O. BRÜSEWITZ am 18. 8. 1976). Ausdruck der mühsamen Bestrebungen, einen beiderseitig akzeptablen Status quo zw. ev. Kirchen und Staat auszuhandeln, war in besonderer Weise das Gespräch zw. der Leitung des BEK und E. HONECKER am 6. 3. 1978. Dessen Ergebnisse waren u. a. erweiterte Veranstaltungsmöglichkeiten, eine selbst verantwortete Fernsehsendung und die Ermöglichung von Kirchenneubauten im Rahmen des ›Kirchlichen Sonderbauprogramms‹ der EKD. Vor dem Hintergrund sich verschlechternder Staat-Kirche-Beziehungen in den 1980er-Jahren wies die SED wiederholt auf den konstruktiven ›Geist des 6. März‹ hin.

Seit den 70er/80er-Jahren boten einige ev. Gemeinden und wenige Kirchenleitungen, inbesondere mit ihrer ›offenen Jugendarbeit‹, Schutzraum für alternatives polit. Engagement. Auch Jugendliche ohne christl. Prägung, die den offiziellen Sinnfindungsangeboten ablehnend bzw. kritisch gegenüberstanden, suchten so Beistand ›unter dem Dach der Kirche‹. Zunächst wurden die kirchl. Basisgruppen der →Friedensbewegung öffentlich wirksam. Diese Gruppen (z. B. ›Kirche von Unten‹), die sich ab 1983/84 thematisch von der Friedens- und Umwelt- zur Menschenrechts- und Demokratieproblematik umorientierten und zunehmend gesellschaftskritischer wurden, begannen nach ihrer organisator. Stabilisierung (um 1985/86) Gegenöffentlichkeit auch ausserhalb der Kirchen zu suchen, erlangten aber dennoch vor 1989 nur periphere gesellschaftl. Bedeutung: Nach MfS-Akten existierten im Mai 1989 etwa 150 kirchl. Basisgruppen mit 2 500 aktiven Mitgl., v. a. in Berlin, Leipzig und Dresden.

Der Staat kritisierte zwar mit wachsender Schärfe die Duldung dieser politisch alternativen Gruppen, war aber auch an ihrer Eingrenzung im kirchl. Umfeld interessiert. Dem Druck von beiden Seiten ausgesetzt, versuchten die Kirchenleitungen bis 1989 eine vermittelnde Position einzunehmen; am wenigsten mit Vorbehalten den Basisgruppen gegenüber wirkte u. a. Bischof GOTTFRIED FORCK (*1923, †1996). – Der den alternativen Gruppen auf diese Weise über Jahre praktisch gewährte Schutz trug wesentlich zu ihrer Umwandlung in gefestigte Oppositionsbewegungen im Sommer 1989 bei (Formierung als →Bürgerbewegung). 1989/90 stellten sich zahlreiche ev. und kath. Amtsträger als Moderatoren in den neu gebildeten Gremien zur Verfügung, u. a. dem vom 7. 12. 1989 bis 12. 3. 1990 fungierenden Zentralen Runden Tisch in Berlin.

Die *kath. Kirche* befand sich in dem konfessionell überwiegend protestantisch geprägten Gebiet in einer Minderheitssituation (Diaspora). Neben wenigen Gebieten mit kath. Bevölkerungsmehrheit wie dem Eichsfeld und dem Siedlungsgebiet der kath. Sorben in der Oberlausitz bestanden große kath. Gemeinden bis 1945 nur in den Großstädten. Das einzige kath. Bistum, dessen Territiorium vollständig auf dem Gebiet der SBZ/DDR lag, war das Bistum Meißen (seit 1979 Dresden-Meißen). Große Teile des Bistums Berlin lagen in den nun polnisch verwalteten ehem. dt. Ostgebieten. Die zu den Bistümern Fulda, Würzburg und Osnabrück und den Erzbistümern Paderborn und Breslau gehörenden Gebietsteile in der SBZ wurden durch Bischöfl. Kommissare in Erfurt, Meiningen, Schwerin und Magdeburg und einen Kapitularvikar in Görlitz verwaltet. Nach 1945 kam es infolge der Vertreibung der Deutschen aus dem Gebiet östlich der Oder-Neiße-Linie zu einer nachhaltigen Veränderung der Konfessionsstruktur in der SBZ, wobei die kirchl. Integration der Heimatvertriebenen (v. a. aus Schlesien) mit einem starken Wachstum der bestehenden kath. Gemeinden verbunden war. Vor dem Hintergrund anfänglich von den sowjet. Besatzungsbehörden unternommener Versuche, auch kirchl. Amtsträger für die in der SBZ in Gang gesetzten ›gesellschaftl. Umbruchsprozess‹ zu gewinnen, untersagte der Bischof von Berlin, Kardinal KONRAD Graf von PREYSING, 1947 in einem Runderlass den Seelsorgern in der SBZ die polit. Tätigkeit, um sie vor polit. Vereinnahmung zu schützen. Dieser Grundsatz blieb für die Priester in der DDR bis in die 1980er-Jahre bindend. Das Recht, im Namen der kath. Kirche zu (polit.) Zeitfragen Stellung zu nehmen, wurde allein von den Bischöfen wahrgenommen, seit den 1970er-Jahren v. a. in Form von Hirtenbriefen und Eingaben an staatl. Stellen. In den 1980er-Jahren verließ die kath. Kirche in einem langsamen Prozess die bisherigen Positionen größtmöglicher polit. Zurückhaltung, wobei die Bischöfe und die Laien den in der DDR gesellschaftlich vorgegebenen Entwicklungsrahmen zunehmend kritisch hinterfragten. Foren der Kritik bildeten jedoch fast ausschließlich die Gemeinden, aus denen heraus während des gesellschaftl. Umbruchs 1989/90 zahlr. kath. Christen den Weg in die Politik gingen.

Den *Kontakten der DDR mit dem Hl. Stuhl* lag seit Anfang der 1970er-Jahre das Bestreben zugrunde, analog zu der auf ev. Seite mit der Bildung des BEK eingeleiteten kirchenpolit. Entwicklung auch die Angleichung der kath. Bistumsgrenzen an die DDR-Staatsgrenze und damit verbunden eine Bistumsneuordnung auf dem Gebiet der DDR zu erreichen. Der v. a. in Hinblick auf die Gebietsteile der Bistümer Fulda, Würzburg und Osnabrück sowie des Erzbistums Paderborn im Staatsgebiet der DDR gestellten Forderung kam der Hl. Stuhl mit der Ernennung Apostol. Administratoren mit den Vollmachten residierender Bischöfe in Erfurt, Magdeburg und Schwerin (1973) und der Errichtung einer eigenen (Berliner) →Bischofskonferenz (1976) nur teilweise entgegen. Die Bistumsneuordnung erfolgte erst 1994.

Die größten *ev. Freikirchen* und *religiösen Gemeinschaften* bildeten die Neuapostol. Kirche mit (1989) rd. 90 000 Mitgl., die ›Ev.-methodist. Kirche in der DDR‹ (rd. 22 000 Mitgl.), der ›Bund Ev.-Freikirchl. Gemeinden in der DDR‹ (Baptisten) mit rd. 20 000 und die ›Gemeinschaft der Siebenten-Tags-Adventisten‹ mit rd. 9 700 getauften Mitgl. Die Adventisten, Baptisten und Methodisten unterhielten eigene Ausbildungsstätten und karitative Einrichtungen. Das Verhältnis zw. den Freikirchen und religiösen Gemeinschaften und dem Staat war weitgehend spannungsfrei. Ausnahmen bildeten die Zeugen Jehovas, die 1950 (u. a. unter dem Vorwurf ›imperialist. Agententätigkeit‹) verboten wurden, und die Heilsarmee, die ihre Tätigkeit 1953 einstellen musste. Im März 1990 wurden beide Gemeinschaften wieder zugelassen. Auf der anderen Seite erfuhr die Errichtung des ersten Tempels der Mormonen (rd. 4 600 Mitgl. in der DDR) im sozialist. Land 1985 in Freiberg/Sachsen – der auch der erste dt. Mormonen-Tempel war – starke internat. Beachtung.

Mit der krit. Aufarbeitung ihrer ambivalenten Gratwanderung in der DDR sowie der Problematik der MfS-Verstrickung einzelner kirchl. Amtspersonen und von Gläubigen sind die Kirchen seit 1990 wiederholt konfrontiert worden.

Kirchen u. Gesellschaft in beiden dt. Staaten, hg. v. G. HELWIG u. D. URBAN (1987); Die Legitimität der Freiheit. Politisch alternative Gruppen in der DDR unter dem Dach der Kirche, hg. v. D. POLLACK (1990); Zur Freiheit berufen. Die Kirche in der DDR als Schutzraum der Opposition 1981–1989, hg. v. J. ISRAEL (1991); A. SCHÖNHERR: Gratwanderung. Gedanken über den Weg des Bundes der Ev. Kirchen in der Dt. Demokrat. Rep. (²1992); G. BESIER: Der SED-Staat u. die Kirche. Der Weg in die Anpassung (1993); J. BRAUN: Kath. Kirche im sozialist. Staat DDR (1993); Kath. Kirche – Sozialist. Staat DDR. Dokumente u. öffentl. Äußerungen 1945–1990, hg. v. G. LANGE u. a. (²1993); R. MAU: Eingebunden in den Realsozialismus? Die Ev. Kirche als Problem der SED (1994); D. POLLACK: Kirche in der Organisationsgesellschaft. Zum Wandel der gesellschaftl. Lage der ev. Kirchen in der DDR (1994); Sozialgesch. der DDR, hg. v. H. KAELBLE u.a. (1994); G. BESIER: Der SED-Staat u. die Kirche 1983–1991. Höhenflug u. Absturz (1995); R. F. GOECKEL: Die ev. Kirche u. die DDR. Konflikte, Gespräche, Vereinbarungen unter Ulbricht u. Honecker (a. d. Amerikan., 1995); Materialien der Enquete-Kommission ›Aufarbeitung von Gesch. u. Folgen der SED-Diktatur in Dtl.‹, hg. vom Dt. Bundestag, Bd. 6, 2 Tle.: Rolle u. Selbstverständnis der Kirchen in den versch. Phasen der SED-Diktatur (1995); Erlebt in der DDR. Berichte aus dem Bund Ev.-Freikirchl. Gemeinden, hg. v. U. MATERNE u. G. BALDERS (1995); Die Kirchenpolitik von SED u. Staatssicherheit, hg. v. C. VOLLNHALS (1996).

Kirchenjahr, seit dem 16. Jh. übl. Bez. für die Gesamtheit der auf ein Jahr verteilten kirchl. Feste. Grundlage des K. ist das wöchentl. Gedächtnis des Todes und der Auferstehung JESU CHRISTI am Sonntag, dem ›Tag des Herrn‹, der schon von den ersten Christen als solcher gefeiert wurde. Seit dem 2. Jh. wird zusätzlich das Osterfest als Jahrgedächtnis begangen, das im 3. Jh. zu einem **Osterfestkreis** mit der Himmelfahrt CHRISTI (40 Tage nach Ostern) und Pfingsten (50 Tage nach Ostern) als Abschluss und einer vorausgehenden Fastenzeit (Beginn: Aschermittwoch) erweitert wurde. Analog dazu bildete sich in der abendländ. Kirche mit der Einführung von Weihnachten und Epiphanie als Jahrgedächtnis der Geburt und Offenbarung JESU im 3./4. Jh., denen seit dem 5. Jh. der Advent als weihnachtl. Vorbereitungszeit vorausgeht, ein eigener **Weihnachtsfestkreis** heraus. Das K. begann im Laufe der Kirchengesch. zu versch. Terminen (z. B. an Ostern). Gegenwärtig gilt in den Kirchen abendländ. Tradition der 1. Advent, in den Ostkirchen der 1. 9. (Indiktion [Gedenken an das erste Auftreten JESU in Nazareth]) als Beginn des Kirchenjahres.

A. ADAM: Das K. mitfeiern (³1983); K.-H. BIERITZ: Das K. (Neuausg. 1987).

Kirchenkampf. Die Bez. K. entstand zunächst 1933/34 in der innerkirchl. Auseinandersetzungen um den ›evangeliumsgemäßen‹ Weg, v. a. zur Abwehr des Führungsanspruchs der →Deutschen Christen (DC) seitens der entstehenden →Bekennenden Kirche, zu benennen; zunehmend wurde der Begriff dann ausgeweitet auf den allgemeinen Kampf der Kirchen gegen Ideologie und Praxis des Nationalsozialismus. Er gilt heute (nicht unumstritten) als Bez. für die Geschichte der Kirchen im natsoz. Dtl. (1933–45).

Nationalsozialismus und Kirchen

Trotz ideolog. Vorbehalte waren die Kirchen 1933 bereit, sich weitgehend in die polit. Interessen des nat.-soz. Staates (als Wiederaufrichtung eines christlich-konservativen Staatsgefüges begriffen) einbinden zu lassen und dessen Kampf gegen den ›gottlosen‹ Bolschewismus zu unterstützen. Der Nationalsozialismus sah aber im Christentum einen unliebsamen Widerpart, der ihn bei seiner systemat. Indoktrinierung der Bev. zu behindern vermochte.

Mit der ab 1934 propagierten ›Entkonfessionalisierung‹ des öffentl. Lebens‹ kam es zu sich verschärfender Diskriminierung von Christentum und Kirchen (u. a. Unterdrückung und Zerschlagung der den Kirchen angeschlossenen Vereine und Verbände sowie der kirchl. Presse, Verfolgung von Ordensangehörigen durch Devisen- und Sittlichkeitsprozesse [1935–37], Überwachung von Gottesdiensten und Verhaftung von Pfarrern [1935 z. B. 700]). Die Kirchen galten, wo sie sich nicht anpassten, als ein Hort polit. Unbotmäßigkeit. Ab 1938 setzten sich in der natsoz. Kirchenpolitik immer stärker antikirchl. Kräfte durch; diese gingen von der Unvereinbarkeit von Christentum und Nationalsozialismus aus und propagierten die Trennung von Staat und Kirche (M. BORMANN, J. GOEBBELS, R. HESS, A. ROSENBERG). V. a. SS, SD und Gestapo forcierten fortan den K. (bes. H. HIMMLER und R. HEYDRICH). Die Kirchen wurden endgültig auf den innerkirchl. Wirkungsraum beschränkt (u. a. Aufhebung des Religionsunterrichts). 1940 verkündete HITLER einen ›Burgfrieden‹ mit der Kirche für die Dauer des Krieges und verschob die Lösung der Kirchenfrage auf die Zeit nach dem Zweiten Weltkrieg.

Die Kirchen traten dem Vorwurf der Staatsfeindlichkeit entgegen und betonten ihre grundsätzliche polit. Loyalität. Ihr Kampf gegen den Nationalsozialismus war v. a. ein Kampf um die eigene Freiheit und Autonomie. Dennoch protestierten sie nicht nur um ihrer Selbstbehauptung und Verfolgung willen, sondern griffen vereinzelt in Hirtenbriefen oder Eingaben an staatl. Stellen auch die Ideologie, v. a. die Rassenlehre, und die offenkundigen Menschenrechtsverletzungen des Regimes direkt an (u. a. Denkschrift der 2. Vorläufigen Leitung der Bekennenden Kirche 1936, Enzyklika PIUS' XI. ›Mit brennender Sorge‹ 1937, ›Menschenrechtshirtenbrief‹ 1942, Hirtenbrief über die Zehn Gebote 1943). Die Kirchen sahen ihre Distanzierung von Maßnahmen des natsoz. Regimes nicht als polit. Widerstand an; einige kirchl. Amtsträger und einzelne Christen schlossen sich jedoch der Widerstandsbewegung an (z. B. D. BONHOEFFER, A. DELP, E. GERSTENMAIER). Trotz des gemeinsamen Gegners kam es zu keiner engeren Zusammenarbeit der Kirchen. Das ambivalente Verhalten der Amtskirche gegenüber der natsoz. Genozidpolitik (Holocaust) wurde nach 1945 häufig als Versagen kritisiert.

Die evangelische Kirche im Kirchenkampf

Der K. entbrannte an der Umbildung des →Deutschen Evangelischen Kirchenbundes (DEK) und war im Wesentlichen ein komplexes innerkirchl. Ringen um Wesen, Auftrag und Ordnung (Verf.) der Kirche. Schon ab Mai 1933 kam es zu schweren Auseinandersetzungen, die die natsoz. Kirchenpartei der DC in der →Deutschen Evangelischen Kirche der Verschmelzung von Christentum und Nationalsozialismus propagierte und in ihr die Führung beanspruchte. Mit massiver Unterstützung durch HITLER und die NSDAP erreichten die DC im Sommer und Herbst 1933 den natsoz. Durchbruch in der ev. Kirche und konnten die Schlüsselpositionen besetzen (u. a. 27. 9. 1933 Wahl und Einsetzung des ›Reichsbischofs‹ L. MÜLLER). Immer mehr Pfarrer und Gemeinden sahen jedoch ihr Vorgehen als mit dem Wesen und dem Bekenntnis der Kirche unvereinbar an. Im September 1933 rief M. NIEMÖLLER zur Gründung eines Pfarrernotbundes auf (Januar 1934 schon 7000 Mitgl.), in einigen der von den DC beherrschten Landeskirchen traten freie Bekenntnissynoden zusammen; die Landeskirchen Bayern, Hannover und Württemberg, in denen allein sich die bisherigen Landesbischöfe (H. MEISER, A. MARAHRENS, T. WURM) hatten halten können, brachen mit der Führung der Reichskirche. Die versch. Kreise und Gruppen der kirchl. Opposition vereinigten sich im Frühjahr 1934 zur Bekennenden Kirche, die auf ihrer ersten Bekenntnissynode die →Barmer Theologische Erklärung verabschiedete (29. 5. 1934). Im Oktober 1934 trat die Bekenntnissynode ein zweites Mal zusammen und proklamierte das kirchl. Notrecht: Alle bekennenden Gemeinden und

Kirchen sollten eigene Leitungsorgane (Bruderräte) bilden und die Beziehungen zu dem offiziellen DC-Kirchenregiment abbrechen. Am 16. 7. 1935 berief HITLER einen Reichskirchenminister (H. KERRL), der das Gegeneinander konkurrierender Kirchenleitungen in der ev. Kirche beseitigen und auf diese Weise den K. beenden sollte. Zu diesem Zweck wollte KERRL die bisherigen Kirchenleitungen überall durch – von ihm gebilligte – ›Kirchenausschüsse‹ ersetzen. Das gelang jedoch nur auf Reichsebene (→Reichskirchenausschuss; Vorsitz: W. ZOELLNER) und für die Landeskirchen Preußen, Sachsen, Hessen-Nassau, Kurhessen-Waldeck und Schleswig-Holstein. In den übrigen Landeskirchen konnten sich die ›intakten‹ oder die deutsch-christl. Kirchenleitungen halten. KERRL verbannte die Bruderräte (auf Landes- und Reichsebene) endgültig in die Illegalität; verhaftet wurde u. a. R. VON THADDEN-TRIEGLOFF (1937).

Die Ausschusspolitik KERRLS und ZOELLNERS führte zu tief greifenden Konflikten innerhalb der Bekennenden Kirche. Einige der Bruderräte lehnten aus grundsätzl. Erwägungen unter Berufung auf das kirchl. Notrecht jegl. Zusammenarbeit mit den Kirchenausschüssen ab und setzten eine eigene – wiederum illegale – 2. Vorläufige Leitung der Bekennenden Kirche dagegen (12. 3. 1936). Die kompromissbereiteren ›intakten‹ Landeskirchen bildeten demgegenüber den ›Rat der Ev.-Luther. Kirche Dtl.s‹ als gemeinsame geistl. Leitung (18. 3. 1936), der sich auch Bruderräte aus luther. Landeskirchen unterstellten. Als sich zeigte, dass die Ausschusspolitik ZOELLNERS auch im Kirchenministerium keinen Rückhalt mehr hatte, trat der Reichskirchenausschuss im Februar 1937 zurück. Mit weiteren Neuordnungsversuchen kam KERRL nicht mehr zum Zuge; das Leitungsschisma in der ev. Kirche blieb bis zum Ende des Zweiten Weltkrieges bestehen. Der K. fand sein Ende mit der Neuordnung des ev. Kirchenwesens 1945/48 (→Evangelische Kirche in Deutschland).

Die katholische Kirche im Kirchenkampf

Der dt. Katholizismus verfügte in der Weimarer Rep. mit der Zentrumspartei und der Bayer. Volkspartei über ein eigenes Instrument zur Wahrung seiner kirchlich-polit. Interessen. Als HITLER im März 1933 zusicherte, den Einfluss der kath. Kirche im öffentl. Leben und den Rechtsstatus der Kirche zu wahren, war das Zentrum bereit, dem Ermächtigungsgesetz zuzustimmen und damit die Weimarer Reichs-Verf. zu suspendieren. Auch der Episkopat bekundete seinen Willen zu staatsbürgerl. Gehorsam und zu polit. Mitarbeit, obwohl einige Bischöfe den Nationalsozialismus vor 1933 lehramtlich verurteilt hatten.

Die Unterzeichnung des Reichskonkordats am 20. 7. 1933 stärkte HITLERS außenpolit. Prestige, brachte ihn aber auch einem innenpolit. Ziel näher, indem es Geistlichen und Ordensleuten jegl. polit. Betätigung verbot und damit den ›polit. Katholizismus‹ ausschaltete. Der kath. Kirche verschaffte das Konkordat andererseits auch notwendige Absicherungen gegenüber den zu befürchtenden totalitären Übergriffen des Nationalsozialismus, die sich bereits ankündigten, als die Konkordatsverhandlungen noch im Gange waren (Vorgehen gegen kath. Verbände). Spätestens ab Herbst 1933 wurde deutlich, dass HITLER nicht daran dachte, seine Zusicherungen einzuhalten. Der K. der kath. Kirche wurde somit zum Abwehrkampf gegen natsoz. Übergriffe. Dabei zeigte sich der Katholizismus geschlossener als der Protestantismus. Deutschchristl. Theorien fanden im Katholizismus keinen Widerhall, die Organisation der kath. Kirche blieb im Ganzen intakt. Allerdings bestanden innerhalb der kath. Abwehrfront Meinungsverschiedenheiten über die angemessene Strategie. Der Berliner Bischof K. Graf VON PREYSING befürwortete einen offensiveren Konfrontationskurs, während der Vorsitzende der Fuldaer Bischofskonferenz, der Breslauer Kardinal A. J. BERTRAM, an einer defensiveren Eingabenpolitik festhielt. Seit 1938, verstärkt aber in den Kriegsjahren, waren insbesondere kath. Amtsträger (z. B. die Hälfte der 21 000 kath. Weltpriester) von Zwangsmaßnahmen des natsoz. Regimes bis hin zu Inhaftierung und Einlieferung in KZs, v. a. nach Dachau, betroffen (etwa 170 wurden hingerichtet oder starben in der Haft); 1941 wurden 123 Ordenskomplexe aufgelöst und enteignet (Aktion ›Klostersturm‹). Am offensten stellten sich Kardinal M. VON FAULHABER und Bischof C. A. Graf VON GALEN gegen die natsoz. Vernichtungspolitik. Darüber hinaus beteiligten sich Katholiken an Widerstandsgruppen wie der ›Weißen Rose‹ bzw. leisteten gegenüber der natsoz. Indoktrination Widerstand und/oder starben als angebliche ›Hochverräter‹ (u. a. B. LICHTENBERG, M. J. METZGER, J. C. ROSSAINT, A. M. WACHSMANN).

Geschichtsschreibung

Die Geschichtsschreibung über den K. begann in beiden Kirchen schon bald nach 1945. Bis heute ist innerhalb der Forschung umstritten, wie das Verhalten der Kirchen zw. Anpassung, Selbstbehauptung und Widerstand einzuordnen und zu bewerten ist.

Eine bedeutsame Förderung erfuhr die Geschichtsschreibung durch die Gründung spezieller kirchl. Forschungskommissionen: der ev. ›Kommission für die Geschichte des K.‹ (gegr. 1955; seit 1971 ›Ev. Arbeitsgemeinschaft für kirchl. Zeitgeschichte‹) und der kath. ›Kommission für Zeitgeschichte‹ (gegr. 1962). Beachtung fand zuletzt die Erforschung des kirchl. Widerstandes und die Haltung zum Holocaust.

Arbeiten zur Gesch. des K., begr. v. KURT D. SCHMIDT u. a., 30 Bde. (1958–84), Ergänzungsreihe (1964 ff.); G. LEWY: Die kath. Kirche u. das Dritte Reich (a. d. Amerikan., 1965); Veröff. der Kommission für Zeitgesch. bei der Kath. Akad. in Bayern, hg. v. K. REPGEN, Reihe A: Quellen (1965 ff.), Reihe B: Forschungen (1965 ff.); F. ZIPFEL: K. in Dtl. 1933–1945 (1965); Dokumente zur Kirchenpolitik des Dritten Reiches, hg. v. G. KRETSCHMAR, 2 Bde. (1971–74); Arbeiten zur kirchl. Zeitgesch., hg. v. DEMS. u. a., Darstellungen (1975 ff.), Reihe A: Quellen (1984 ff.); KURT MEIER: Der ev. K., 3 Bde. (1976–84); K. SCHOLDER: Die Kirchen u. das Dritte Reich, 2 Bde. (1977–85); H.. HÜRTEN: Verfolgung, Widerstand u. Zeugnis. Kirche im Nationalsozialismus (1987); E. WEINZIERL: Prüfstand. Österreichs Katholiken u. der Nationalsozialismus (Mödling 1988); Die Katholiken u. das Dritte Reich, hg. v. K. GOTTO u. K. REPGEN (³1990); H. HÜRTEN: Dt. Katholiken 1918–1945 (1992); KURT MEIER: Kreuz u. Hakenkreuz. Die ev. Kirche im Dritten Reich (1992); G. DENZLER u. V. FABRICIUS: Christen u. Nationalsozialisten (Neuausg. 1993); A. KERSTING: Kirchenordnung u. Widerstand. Der Kampf um den Aufbau der Bekennenden Kirche... (1994); Priester unter Hitlers Terror. Eine biograph. u. statist. Erhebung, bearb. v. U. VON HEHL u. a., 2 Bde. (³1996); B. M. KEMPNER: Priester vor Hitlers Tribunalen (Neuausg. 1996).

Kirchenkonferenz, neben Synode und Rat das dritte Organ der →Evangelischen Kirche in Deutschland.

Kirchenkreis, früher **Diözese,** *ev. Kirchen:* mittlere Verwaltungseinheit, in der mehrere Kirchengemeinden unter eigenen Leitungs- und Verfassungsorganen (Superintendent, Dekan, Kreissynode) zusammengefasst sind; entspricht dem kath. Dekanat.

Kirchenlamitz, Stadt im Landkreis Wunsiedel i. Fichtelgebirge, Bayern, 598 m ü. M., 4 450 Ew.; Werkzeug-, Porzellan-, Sportartikelfabrik, Kunststoffverarbeitung, Granitwerk.

Kirchenlehrer, lat. **Doctores Ecclesiae,** im Unterschied zu den auf altchristl. Zeit beschränkten →Kirchenvätern Bez. für bestimmte normgebende (rechtgläubige) Theologen und dogmat. Autoritäten aus allen Zeiten der Kirche. Im Verlaufe der Lehrstreitigkeiten um Arianismus und Monophysitismus

Kirc Kirchenlied – Kirchenmusik

Kirchenlehrer			
Albertus Magnus	Bernhard von Clairvaux	Isidor von Sevilla	Alfons von Liguori
Ambrosius	Bonaventura	Johannes Chrysostomos	Petrus Chrysologus
Anselm von Canterbury	Petrus Canisius	Johannes vom Kreuz	Petrus Damiani
Antonius von Padua	Ephräm der Syrer	Johannes von Damaskus	Theresia von Ávila
Athanasios	Franz von Sales	Katharina von Siena	Thomas von Aquino
Augustinus	Gregor I.	Kyrill von Alexandria	Theresia von Lisieux
Basilius d. Gr.	Gregor von Nazianz	Kyrill von Jerusalem	
Beda	Hieronymus	Laurentius von Brindisi	
Roberto Bellarmino	Hilarius von Poitiers	Leo I.	

ging die Kirche erstmals dazu über, den Nachweis der Rechtgläubigkeit durch Zitatensammlungen von K. zu erbringen. – Im 16. Jh. setzte von den Hintergrund der aufstrebenden theolog. Fakultäten und Orden eine vom Papsttum gesteuerte Reihe von Ernennungen von K. als Repräsentanten kirchl. Lehre ein (beginnend mit THOMAS VON AQUINO, 1567). In neuester Zeit gab man die ehem. Beschränkung des Titels auf Kleriker auf: 1970 wurden mit THERESIA VON ÁVILA und KATHARINA VON SIENA erstmals Frauen zu K. erhoben. Gegenwärtig werden 33 K. verehrt.

Kirchenlied, das von der Gemeinde im christl. Gottesdienst gesungene strophische volkssprachliche Lied. Seine Abgrenzung gegen das geistl. Lied (im geistl. Spiel oder geistl. Brauchtum in Haus und öffentl. Gemeinschaft) ist vielfach schwer zu bestimmen. Erhaltene Belege gehen bis in das 9. Jh. zurück (Freisinger ›Petruslied‹) und erweisen sich im früheren MA. neben der eigenständigen Form der Leisen (→Leis) vielfach als volkssprachl. Umdichtungen von lat. Hymnen und Sequenzen. Die enge Verbindung mit ihnen zeigt sich bei K. wie ›Christ ist erstanden‹ (12. Jh., zu ›Victimae paschali laudes‹) oder ›Komm, Heiliger Geist‹ (zu ›Veni sancte spiritus‹). Lieder aus Mysterienspielen fanden Verwendung als K. ebenso wie deutsch-lat. Mischpoesien (z. B. ›In dulci jubilo‹), die mit Dreiklangsmelodik dem Volkslied nahe stehen. Große Bedeutung erlangte vor allem eine v. a. an die Klöster gebundene myst. K.-Poesie, die bis zum Anfang des 16. Jh. lebendig war.

In den Anfängen der Reformation gab, angeregt von der böhm. Cantio (meist einstimmigen lat. Lied) des 14./15. Jh., T. MÜNTZER einen von LUTHER sofort aufgegriffenen Anstoß, in dessen Folge das K. zu einem im Volk schnell verbreiteten Träger des neuen Glaubensgutes wurde. Die Übernahme, Ausweitung und Umdichtung bereits bekannter K. (z. B. ›Wir glauben all an einen Gott‹) stand neben einer zunehmenden Neuschöpfung, die in die Gesangbücher Eingang fand. Ein eigener Strang ging von den Genfer Psalmliedern (Hugenottenpsalter von C. MAROT und T. BEZA) aus, die im dt.-sprachigen Bereich der ev. Kirchen von P. SCHEDE MELISSUS (1572) und A. LOBWASSER (1573) übernommen und für die kath. Psalmlieder von KASPAR ULENBERG (1582) maßgebend wurden. Das kath. K. des 17. Jh. war zunächst durch die auf mittelalterl. Leisen und Rufe stark zurückgreifenden Sammlungen von NIKOLAUS BEUTTNER (16./17. Jh.) und DAVID GREGOR CORNER (* 1585, † 1648), v. a. aber durch das jesuit. Liedgut der Gegenreformation geprägt (seit 1607, u. a. ›Trutznachtigall‹ von F. VON SPEE , 1648). Im ev. K. setzte um 1600 eine myst. Verinnerlichung ein (P. NICOLAI), die sich in einseitiger Betonung des religiösen Gefühls (›Ich-Lieder‹) zur Jesusfrömmigkeit des Pietismus (N. VON ZINZENDORF) wendete, aber gültige Höhepunkte bei J. HEERMANN, J. RIST, JOHANN FRANCK (* 1618, † 1677) und v. a. P. GERHARDT erreichte. Im Musikalischen spiegelte sich diese Entwicklung im Übergang von überwiegend schlichter Melodik zu einer nahezu ariosen Gestaltung. Für das K. beider Konfessionen bedeuteten sowohl die Aufklärung mit ihren nüchternen Aussagen als auch die Romantik einen Niedergang, dem die konfessionelle Singbewegung mit noch heute wirkenden Bemühungen und historisierenden Rückgriffen zu begegnen suchte. – Nach den Einheitsgesangbüchern der ev. und der kath. Kirche gibt es Bestrebungen, ein für alle christl. Religionen verbindl. K.-Repertoire zu erstellen. (→Gospelsong)

P. WACKERNAGEL: Das dt. K. von der ältesten Zeit bis zu Anfang des 17. Jh., 5 Bde. (1864–77, Nachdr. 1964); E. E. KOCH: Gesch. des K. u. Kirchengesangs der christl., insbesondere der ev. Kirche, 8 Bde. (³1866–76, Nachdr. 1973); W. BÄUMKER: Das kath. dt. K. in seinen Singweisen, 4 Bde. (1883–1911, Nachdr. 1962); J. ZAHN: Die Melodien der dt. ev. K., 6 Bde. (1889–93, Nachdr. 1963); Das dt. ev. K. des 17. Jh., hg. v. A. F. W. FISCHER, 6 Bde. (1904–16, Nachdr. 1964); P. GABRIEL: Das dt. ev. K. von M. Luther bis zur Gegenwart (³1956); Das dt. K., hg. v. K. AMELN, auf mehrere Bde. ber. (1975ff.); Das prot. K. im 16. u. 17. Jh., hg. v. A. DÜRR u. a. (1986); H. ÜHLEIN: K. u. Textgesch. (1995). – *Zeitschrift:* Jb. für Liturgik u. Hymnologie (1955ff.).

Kirchenmitgliedschaft, Kirchengliedschaft, die Zugehörigkeit zu einer →Kirche; in ihrer theolog. Dimension die durch die Taufe begründete Zugehörigkeit zur universalen Kirche JESU CHRISTI; kirchenrechtlich die mit bestimmten Rechten und Pflichten verbundene Zugehörigkeit zu einer bestimmten christl. Religionsgemeinschaft (Kirche). Die K. im theolog. Sinn kann durch den Menschen nicht beendet werden; die K. im kirchenrechtl. Sinn wird durch →Kirchenaustritt, Übertritt in eine andere christl. Kirche (→Konversion) oder den Tod beendet. Nach kath. Verständnis ist ein Kirchenaustritt auch kirchenrechtlich nicht möglich und wird als schwere Verfehlung, ggf. als Glaubensabfall (Apostasie) angesehen. Voraussetzungen für die K. sind in der *kath. Kirche* neben der Taufe das Bekenntnis des gleichen Glaubens, die Gemeinschaft des gleichen Sakramente und die Unterordnung unter die →Hierarchie; in den *ev. Kirchen* das ev. Bekenntnis, die Zugehörigkeit zu einer Landeskirche bzw. bei Freikirchen die Beitrittserklärung. Die Ostkirchen unterscheiden in frühchristl. Tradition nicht zw. der K. im theolog. und kirchenrechtl. Sinn. Die K. in den *orth. Kirchen* hat allein die Taufe und die unmittelbar mit ihr verbundene Firmung (Myronsalbung) zur Voraussetzung.

Kirchenmusik, die für den christl. Gottesdienst bestimmte liturg. und außerliturg. Musik in ihrer Bindung an den Kirchenraum (im Unterschied zur geistl. Musik). Sie bekundet sich in den Formen liturg. Gesanges, des Kirchenlieds, vokaler und vokalinstrumentaler Mehrstimmigkeit wie auch reiner Instrumentalmusik (v. a. Orgelmusik).

Nach der Epoche der →frühchristlichen Musik wurde mit der Ausbildung des einstimmigen Kirchengesangs im 4. bis 6. Jh. der →gregorianische Gesang als Grundlage der kath. K. geschaffen. Mit dem →Organum beginnt um 900 die Gesch. der mehrstimmigen K., die zunächst nur für einzelne Stücke der Liturgie (Sequenzen, Gradualien) und bei besonderen Anlässen gepflegt wurde. Hoch ausgebildet sind die Organa der →Notre-Dame-Schule (um 1200); durch syllab. Textunterlegung entstand in der →Ars antiqua des 13. Jh. die →Motette als eine der wichtigsten Gattungen der K. Den musikal. Neuerungen der →Ars nova nach 1300 stellte Papst JOHANNES XXII. 1324/25 die älteren Mehrstimmigkeitsarten als verbindlich gegenüber. Nach den früheren mehrstimmigen Vertonungen einzelner Messteile brachte das 14. Jh. die ersten vollständigen Kompositionen des Ordinarium Missae. Messe und Motette blieben die dominierenden kirchenmusikal. Formen des 15. Jh., wobei sich das Schwergewicht des Schaffens von Frankreich und Italien in den burgundisch-niederländ. Kulturraum verschob. Bei den führenden Komponisten (u. a. J. DUNSTABLE, G. DUFAY, J. OCKEGHEM, J. OBRECHT, JOSQUIN DESPREZ) stehen an Zahl wie an Bedeutung die Werke der K. an erster Stelle. Mit dem Wirken A. WILLAERTS in Venedig kündigte sich eine Schwerpunktverlagerung nach Italien an (A. und G. GABRIELI, O. DI LASSOS Tätigkeit in Italien und im nach S orientierten München). Als vorbildlich für die mehrstimmige kath. K. wurde der Stil G. P. DA PALESTRINAS erklärt.

Die ev. K. ist geprägt durch den hohen gottesdienstl. Rang, den M. LUTHER der Musik eingeräumt hat. Im Mittelpunkt stehen hier der dt.-sprachige Choral und der Gemeindegesang. Mit J. WALTERS ›Geystl. gesangk Buchleyn‹ von 1524 und dessen Kompositionen über prot. Kirchenliedmelodien begann die bes. für Dtl. bedeutende Tradition der ev. K., die durch LUTHER ihre Wesensprägung erhielt. In ihren wechselnden Formen und Stilen stand das Kirchenlied im Mittelpunkt. Neben die traditionellen Formen (bes. die Motette) traten im neuen Generalbassstil des 17. Jh. die Formen von Kantate, geistl. Konzert, Oratorium und Passion. Während sie im kath. S zum Gegenstand prächtiger Klangentfaltung einer zunehmend konzertanten K. wurden, stand im prot. Dtl. (H. SCHÜTZ, D. BUXTEHUDE, J. S. BACH) wie auch in Frankreich (bes. bei M.-R. DELALANDE) eine bewusste Bindung an das Wort im Vordergrund.

Das Vordringen von Elementen aus Oper und Instrumentalmusik kennzeichnet die K. des 18. Jh. und der Klassik ebenso wie die Werke des 19. Jh., in denen (wie etwa bei A. BRUCKNER) das Orchester einen beherrschenden Part einnahm. Demgegenüber haben C. ETT, FRANZ XAVER HABERL, FRANZ XAVER WITT und auf ev. Seite bes. C. VON WINTERFELD auf die eigentl. Aufgaben und die Vorbilder der K. im 16. Jh. hingewiesen und eine Restauration einzuleiten versucht. (→Caecilianismus).

Die Publikation von Gesamtausgaben (bes. J. S. BACH, SCHÜTZ, PALESTRINA) und die Bemühungen der Benediktiner von Solesmes um die Urgestalt des gregorian. Gesangs schufen Voraussetzungen für die Erneuerungsbestrebungen seit dem beginnenden 20. Jh. Auf ev. Seite führten sie zu einer Orientierung der K. an der Reformation und zu einer Erneuerung des kirchenmusikal. Amtes. Neben dem Hinweisen zu den alten Meistern zeigen sich in beiden Konfessionen Bemühungen um eine den liturg. Ansprüchen entsprechende zeitgenöss. K., die neben gottesdienstl. Gebrauchsmusik auch Werke von künstler. Rang hervorgebracht haben (I. STRAWINSKY, D. MILHAUD, L. DALLAPICCOLA, H.-W. FORTNER, O. MESSIAEN, K. HUBER, H.-W. ZIMMERMANN, K. PENDERECKI u. a.). Im Mittelpunkt der zeitgenöss. ev. K. steht nach wie vor der Choral. Die Einführung von Jazz, elektron. Musik, Rock- und Popmusik in den Kirchenraum wird diskutiert und erprobt.

F. BLUME: Die ev. K. (1931, Nachdr. 1979); Hb. der ev. K., hg. v. K. AMELN, auf mehrere Bde. ber. (1941 ff.); Hb. der kath. K., hg. v. H. LEMACHER u. a. (1949); H. MOSER: Die ev. K. in Dtl. (1954); Gesch. der kath. K., hg. v. K. G. FELLERER, 2 Bde. (1972–76); O. URSPRUNG: Die kath. K. (Neuausg. 1979); C. BENSDORFF-ENGELBRECHT, Gesch. der ev. K., 2 Bde. (1980); A. SCHARNAGL: Einf. in die kath. K. (1980); Musik im Gottesdienst. Ein Hb. für die Grundausbildung in kath. K., hg. v. H. MUSCH, 2 Bde. (⁴⁻⁵1994).

Kirchenmusikschulen, Ausbildungsstätten für Kirchenmusiker. Die älteste dt. kath. K. wurde 1874 in Regensburg gegründet; weitere kath. K. gibt es u. a. in Rottenburg am Neckar, Aachen, Berlin (Bischöfl. K.), in Wien und Luzern. Ausbildungsstätten für ev. Kirchenmusik gibt es in Bayreuth, Dresden, Heidelberg, Herford und Halle (Saale). Den Abschluss bilden für den nebenberuflichen kirchenmusikal. Dienst die C-, für den hauptberufl. Dienst die B- und A-Prüfung.

Kirchen|ordnungen, in den christl. Kirchen zur Regelung des Lebens in den Kirchengemeinden und des Gottesdienstes auf der Grundlage der Kirchenverfassungen erlassene Bestimmungen; schon früh zu Textsammlungen zusammengefasst.

Ansätze zu K. finden sich bereits im N. T. (v. a. in den Pastoralbriefen). Von besonderem Einfluss waren die Didache, die von HIPPOLYT verfasste ›Traditio apostolica‹ (um 215), die Didaskalie und die ›Apostol. K.‹ aus dem 4. Jh. Aufgrund ihrer offensichtl. themat. Überschneidungen wurden diese Texte zu Sammlungen kompiliert, deren bekannteste und umfangreichste die Apostol. Konstitutionen sind. Die K. wurden bald durch die synodale Recht der Bischofsversammlungen ersetzt.

Als Reaktion auf das kanon. Recht des Papsttums griff die Reformation auf die deskriptive K. zurück, um innere und äußere Verfassung der Gemeinde (Gemeindeleben, Bekenntnis, Kult, Schulwesen) zu regeln. So entstand eine Reihe in Umfang und Verbindlichkeit sehr unterschiedl. Ordnungen, z. B. die norddt. K. des J. BUGENHAGEN und die hess. K. des F. LAMBERT VON AVIGNON. Sie trugen den Charakter von Landesgesetzen, denen der Landesherr Rechtskraft verlieh.

Die ev. K. des 16. Jh., hg. v. E. SEHLING u. a., 15 Bde. (Leipzig 1902–77, teilw. Neudr. 1970 ff.).

Kirchenpatron, 1) der Schutzheilige einer kath. Kirche.
2) Inhaber eines →Patronats.

Kirchenpräsident, Bez. für das geistl. Leitungsamt in den ev. Landeskirchen von Hessen-Nassau, der Pfalz und von Anhalt und Amtstitel ihrer Leiter.

Kirchenprovinz, in der *kath. Kirche* die Zusammenfassung mehrerer benachbarter Diözesen zu einem teilkirchl. Mittelglied zw. Gesamt- und Einzelkirche. Die Hauptdiözese einer K. ist eine Erzdiözese, ihr Bischof ist Leiter der K. (Metropolit).

In der *Ev. Kirche der altpreuß. Union* entsprachen die K. als regionale kirchl. Verwaltungseinheiten den staatl. Verwaltungseinheiten der preuß. Prov.; 1945 wurden die K. selbstständige Gliedkirchen (Landeskirchen) der EKD.

Kirchenrat, *ev. Kirchen:* 1) in manchen Gemeinden Bez. für den Kirchenvorstand; 2) in einzelnen Landeskirchen die kirchl. Verwaltungsbehörde **(Landes-** oder **Ober-K.);** 3) Amts-Bez. für Mitgl. der kirchlichen Verwaltung.

Kirchenrecht, lat. **Ius ecclesiasticum,** 1) die Gesamtheit der von den christl. Kirchen zur Regelung des innerkirchl. Lebens erlassenen Vorschriften. Im Unterschied zum →Staatskirchenrecht ist das K. eigenständiges (nichtstaatliches) Recht. Vom Selbstverständnis der einzelnen Kirche abhängig, ist das K. unterschiedlich ausgestaltet und greift in den Einzelkirchen auf unterschiedl. Rechtsquellen zurück.

Das *kath. K.* **(kanonisches Recht)** wurde seit dem 2. Vatikan. Konzil überarbeitet und liegt seit 1983 in der erneuerten Fassung des →Codex Iuris Canonici vor. Quellen des kath. K. sind ferner der Acta Apostolicae Sedis sowie für das partikulare K. in Dtl., Österreich und der Schweiz die Amtsblätter der einzelnen Diözesen. – Die Kodifizierung des Rechts der unierten Ostkirchen im Rahmen eines ostkirchenrechtl. Gesamtkodex befindet sich (1997) im Stadium des abschließenden Konsultationsprozesses.

Kirc Kirchenregiment – Kirchenstaat

Das *ev. K.* ist keine einheitl. Größe. Allg. wird es bestimmt und begrenzt durch die im A. T. und N. T. als ›Gesetz und Evangelium‹ enthaltenen Weisungen. Konkretisiert wird es durch die Bekenntnisschriften und Ordnungen der Landeskirchen. Gesetze und Verordnungen der ev. Kirchen finden sich in Amtsblättern, Rechtssammlungen und Schreiben kirchlicher Behörden.

In den *Ostkirchen* ist das kanon. Recht vom K. zu unterscheiden. Ersteres erstreckt sich auf das innere Leben der Kirche, ihren Aufbau unbeschadet ihrer staatsrechtl. Stellung, das Zweite betrifft die äußere Ordnung in dem staatlich-gesellschaftl. Rahmen. Aus den einzelnen Kanones (kirchl. Bestimmungen) entstand der griech. →Nomokanon. Er bildete die Grundlage aller kirchenrechtl. Einzelordnungen der versch. orth. Kirchen. Die →Autokephalie der orth. Kirchen bewirkt, dass es Rechtsquellen gibt, die der gesamten Orthodoxie angehören, andere dagegen, die nur für den Bereich einer einzelnen Kirche gelten.

P. HINSCHIUS: Das K. der Katholiken u. Protestanten in Dtl., 6 Bde. (1869–97); R. SOHM: K., 2 Bde. (1923, Nachdr. 1970); W. PLÖCHL: Gesch. des K., 5 Bde. ($^{1-2}$1960–70); A. STEIN: Ev. K. (1980); Hb. des kath. K., hg. v. J. LISTL u. a. (1983); Münster. Komm. zum Codex iuris canonici, hg. v. K. LUDICKE u. a. (1985 ff.; Losebl.); P. KRÄMER: K., 2 Bde. (1992–93); Das Recht der Kirche, hg. v. G. RAU u. a., auf 3 Bde. ber. (1994 ff.).

2) die theolog. Disziplin, die die kirchl. Rechtsordnung wissenschaftlich (historisch und systematisch) behandelt; in der kath. Theologie auch **Kanonistik**.

Kirchenregiment, die in den *ev. Landeskirchen* in Dtl. bis 1918 ausgeübte Kirchenleitung durch die Landesherrn; →Summepiskopat.

Kirchenschatz, Begriff aus der Gnadenlehre der mittelalterl. Theologie. Die damit verbundene – oft verrechtlichte – Vorstellung besagt, dass durch das Leben und Sterben JESU CHRISTI so viel Gnade erwirkt wurde, dass der einzelne Gläubige (z. B. durch einen Ablass) zur Tilgung seiner Sündenstrafen auf diesen der Kirche anvertrauten Schatz zurückgreifen kann.

Kirchenschluss, Plagalschluss, *Musik:* die Kadenz mit der Klangfolge Subdominante–Tonika. (→plagal)

Kirchenschriftsteller, Bez. für die theolog. Schriftsteller des christl. Altertums: meint oft i. e. S. im Ggs. zu Kirchenvätern und -lehrern jene Verfasser, deren kirchl. Rechtgläubigkeit oder ›Heiligkeit‹ nach kath. Auffassung nicht unbestritten ist, denen aber trotzdem besondere Bedeutung für die theologiegeschichtl. Entwicklung zukommt (z. B. KLEMENS VON ALEXANDRIA, TERTULLIAN, ORIGENES).

Kirchen (Sieg), Gem. im Landkreis Altenkirchen (Westerwald), Rheinl.-Pf., 230–527 m ü. M., 10 200 Ew.; Kunststoffverarbeitung.

Kirchenslawisch, die Sprache der kirchl. und weltl. Literatur der orth. Slawen vom 9./10. bis zum 18. Jh., im 18./19. Jh. durch die Herausbildung der modernen slaw. Nationalsprachen und -literaturen auf den kirchlich-liturg. Bereich eingedrängt. Das K. entwickelte sich aus den Übersetzungen der Slawenapostel →KYRILLOS und METHODIOS, die diese für ihre Missionstätigkeit in Mähren (863–885) anfertigten. Beide stammten aus Saloniki, waren griechisch-slawisch zweisprachig und erhoben ihren südslaw. Heimatdialekt zur Schriftsprache, für die sie eine eigene Schrift, die →Glagoliza, erfanden. In der ältesten Periode des K. (**Alt-K.** oder **Altbulgarisch**) spricht ein Teil der Forschung aufgrund der tschech. Spracheigenheiten des ältesten Denkmals (›Kiewer Blätter‹, 9.–10. Jh.) von einer mähr. Variante, jedoch sind die meisten klass. Denkmäler der bulgarisch-makedon. Variante zuzurechnen (›Codex Zographensis‹, ›Codex Marianus‹, ›Codex Assemanianus‹, ›Euchologium Sinaiticum‹, ›Psalterium Sinaiticum‹). Im 10.–11. Jh. wurde die Glagoliza im Osten durch die →Kyrilliza ersetzt, und seit dem 12. Jh. wurde das K. mehr und mehr zu einer überregionalen Schriftsprache, die jedoch regionale Färbungen annahm. Man spricht daher auch vom Bulgarisch-K. oder Mittelbulgarischen, vom Serbisch-K. und Russisch-K.; das Tschechisch-K. endete bereits Ende des 11. Jh. Bei den kath. Kroaten hat sich die Glagoliza in liturg. Büchern z. T. bis heute erhalten; bei den orth. Rumänen existierte im 14.–18. Jh. eine Form des K., die auf der bulgar. oder einer russisch-ukrain. Variante mit wenigen rumän. Elementen beruhte.

Die *Literatur* des Bulgarisch-K., Russisch-K. und Serbisch-K. entwickelte sich aus Übersetzungen aus dem byzantin. Griechisch. Neben den zunächst übersetzten bibl., homilet., patrist. und apokryphen Schriften wurde bald auch kanon., dogmat., historiograph., naturkundl. und erzählende Lit. übersetzt. Relativ früh entstand auch ein eigenständiges kirchenslaw. Schrifttum (die Viten von KYRILLOS und METHODIOS, Traktat des Mönches CHRABAR zur Verteidigung des Slawischen, histor. Prosa, Lobreden u. a.). Nach einer gewissen Differenzierung des K. in den lokalen Traditionen im 12.–13. Jh. kam es im 14.–15. Jh. durch die starke Ausstrahlung der bulgar. Schule von Tarnowo und der serb. Schule von Resava zu einer südslaw. Reorientierung auch im Ostslawischen (›zweiter südslaw. Einfluss‹). Heute lebt das K. nur noch als liturg. Sprache (**Neu-K.**) in zwei Typen fort: der russ. Typ in der Orthodoxie, der kroat. Typ in der Liturgie der Orthodoxen und Unierten, der kroat. Typ in der röm. Liturgie bei Kroaten und Tschechen.

V. JAGIĆ: Entstehungsgesch. der kirchenslaw. Sprache (Neuausg. 1913); N. VAN WIJK: Gesch. der altkirchenslav. Sprache (1931); L. SADNIK u. R. AITZETMÜLLER: Hwb. zu den altkirchenslav. Texten (1955); Slovník jazyka staroslověnského. Lexicon linguae palaeoslovenicae, hg. v. J. KURZ u. a., auf 5 Bde. ber. (Prag 1966 ff.); R. AITZETMÜLLER: Altbulgar. Gramm. als Einf. in die slav. Sprachwiss. (1978); A. LESKIEN: Hb. der altbulgar. (altkirchenslav.) Sprache (^{10}1990); H. TRUNTE: Sloven'ski jazyk. Ein prakt. Lb. des K. in 30 Lektionen, auf mehrere Bde. ber. (^{4}1994 ff.).

Kirchenspaltung, →Schisma.

Kirchenstaat, Bez. für das ehem. Herrschaftsgebiet des Papstes in Mittelitalien; seit dem 6. Jh. auch **Patrimonium Petri** (Vermögen des Petrus) genannt. Kern war der Grundbesitz der Kirche in Rom und in anderen ital. Gebieten, der aus Schenkungen und Vermächtnissen an die Kirche herrührte. Schon im 6. Jh. galt der Papst als Bischof von Rom mit einem 85 Quadratmeilen großen Gebiet als reichster Grundbesitzer in Italien. Papst GREGOR D. GR. richtete für den Gesamtbesitz eine zentrale Verw. ein. Nach Auseinandersetzungen mit den oström. Kaisern und den langobard. Königen schmolz das Gebiet auf den byzantin. Verw.-Bez. (Dukat) von Rom zusammen. Die Expansionspolitik des Langobardenkönigs AISTULF bewog Papst STEPHAN II. zum Bündnis mit dem Fränk. Reich. Als Gegenleistung für die kirchl. Legitimierung der Karolinger erwarb er in der Pippinschen Schenkung (754, 756 gegen die Langobarden durchgesetzt) – bestätigt und erweitert unter KARL D. GR. (Karolingische Schenkung) – das Exarchat Ravenna, die Pentapolis und die Emilia, teile Tusziens und die Sabina, während die ehemals päpstl. Besitzungen in Unteritalien und Sizilien von Byzanz konfisziert wurden. Obwohl die röm. Bischöfe seit der Völkerwanderungszeit mehr und mehr öffentl. Aufgaben (z. B. Versorgung der Bev., militär. Verteidigung) übernahmen, erkannten sie bis zu Papst HADRIAN I. (772–795) die byzantin. Oberhoheit an. Nach dem Zusammenbruch der byzantin. Macht in Italien versuchten die Päpste, v. a. unter Berufung auf die →Konstantinische Schenkung, ihre Macht- und Besitzansprüche durchzusetzen und die Oberhoheit der dt. Kaiser abzuschütteln. INNO-

das einstige Patrimonium Petri reduziert und 1870 dem ital. Nationalstaat einverleibt, woraufhin sich PIUS IX. (1846–78) als ›Gefangener des Vatikans‹ betrachtete. Die Röm. Frage der päpstl. Souveränität auf päpstl. Territorium (→Vatikanstadt) wurde erst in den →Lateranverträgen 1929 gelöst.

I. VON DÖLLINGER: Kirche u. Kirchen, Papstthum u. K. (1861, Nachdr. 1969); Quellen zur Entstehung des K., hg. v. H. FUHRMANN (1968); N. MIKO: Das Ende des K., 4 Bde. (Wien 1962–70); G. DENZLER: K. – Lateranverträge – Konkordatsrevision – Hl. Stuhl, in: Kirche u. Staat auf Distanz, hg. v. DEMS. (1977); C. WEBER: Die Territorien des K. im 18. Jh. (1991).

Kirchensteuer, eine öffentlich-rechtl. Zwangsabgabe, die die als Körperschaften des öffentl. Rechts anerkannten Religionsgemeinschaften zur Finanzierung ihrer Aufgaben von ihren Mitgl. erheben. Rechtsgrundlagen für die Erhebung der K. sind in Dtl. Art. 140 GG in Verbindung mit Art. 137 Abs. 6 Weimarer Reichsverfassung, die Verf. und K.-Gesetze der Länder und die Konkordate und Kirchenverträge auf Bundes- und Landesebene. Kirchl. Rechtsquellen der K. (einschließlich der Steuersätze) sind v. a. die (staatlich anerkannten bzw. genehmigten) K.-Gesetze und VO der Landeskirchen und Diözesen. Die K. wird fast durchweg als Zuschlag zu staatl. Steuern (›Maßstabsteuern‹) erhoben, und zwar in erster Linie als Zuschlag zur Einkommen- bzw. Lohnsteuer in Höhe von (1996) 8% oder 9% (je nach Bundesland). Von der Möglichkeit der direkten Bemessung nach dem Einkommen mithilfe eines kircheneigenen Steuertarifs wird derzeit kein Gebrauch gemacht. Ferner besteht (außer in Bremen und Hamburg) die Möglichkeit, eine K. vom Grundbesitz nach Maßgabe des Grundsteuermeßbeträge bzw. (Niedersachsen und Saarland) des Einheitswertes des Grundbesitzes zu erheben (›K.-Grundsteuer‹). In allen Bundesländern ist in den K.-Gesetzen überdies die Erhebung eines **Kirchgeldes** in Form eines festen oder gestaffelten Geldbetrages vorgesehen (v. a. bei glaubensverschiedenen Ehen). Die K. ist bei der Einkommensteuer unbeschränkt als Sonderausgabe abzugsfähig. Meist ist eine Begrenzung der K. auf einen bestimmten maximalen Prozentsatz (3%, 3,5% oder 4%) des zu versteuernden Einkommens vorgesehen **(K.-Kappung).** Eine Kappung findet z. T. nur auf Antrag des Steuerpflichtigen statt.

Gläubiger der K. sind überwiegend die Landeskirchen bzw. Diözesen, seltener (v. a. in den ev. Landeskirchen Rheinland und Westfalen) die örtl. Kirchengemeinden. Steuerpflichtig sind nur die Mitgl. der steuererhebenden Religionsgemeinschaft. Das bedeutet z. B., daß bei Ehepartnern, von denen nur einer einer steuererhebenden Kirche angehört, die K. sich nur nach dem Einkommen des kirchensteuerpflichtigen Ehepartners richtet. Eine dem einkommensteuerl. Splitting entsprechende Halbteilung des ehel. Gesamteinkommens findet bei derartigen glaubensversch. Ehen also nicht statt, wohl aber bei Ehepartnern, die beide Mitgl. versch. steuererhebender Religionsgemeinschaften sind (konfessionsversch. Ehen). Mit Ausnahme von Bayern wird die Verw. (Veranlagung, Einziehung, Zwangsbeitreibung) der K.-Einkommensteuer durch die staatl. Finanzämter durchgeführt. Die staatl. Finanzverwaltungen erhalten dafür zw. 2% und 5% des jeweiligen K.-Aufkommens, das 1995 8382 Mio. DM bei der ev. Kirche und 8391 Mio. DM bei der kath. Kirche betrug (jeweils netto, abzüglich Erhebungskosten).

In *Österreich* finanzieren sich die Kirchen nach vereinsrechtl. Muster auf der Grundlage des staatl. Ges. vom 28. 4. 1939 und nach Maßgabe kirchl. Beitragsordnungen durch **Kirchenbeiträge.** Dabei handelt es sich nicht um öffentlich-rechtl. Zwangsleistungen, sondern um privatrechtl. Pflichtleistungen. Der Kir-

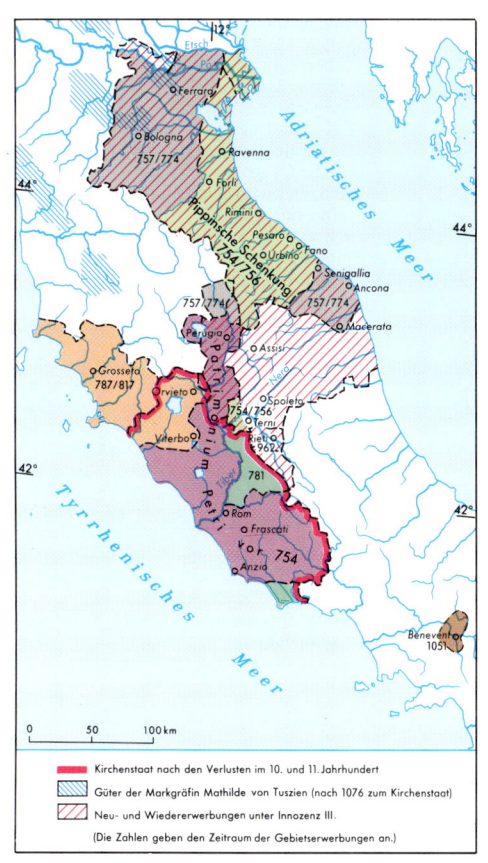

Kirchenstaat: Territoriale Entwicklung des Kirchenstaates vom 8. bis 13. Jh.

ZENZ III. (1198–1216) entschied so den Streit um die Güter der Markgräfin MATHILDE von Tuszien († 1115) zugunsten des K. gegen den Anspruch des Kaisers. Den Aufstieg des Papstes vom geistl. Hirten zum Territorialfürsten förderte die Goldbulle von Eger (1213), in der König FRIEDRICH II. den K. offiziell anerkannte, der sich aber wegen der 70-jährigen Abwesenheit der Päpste von Rom (Avignon. Exil) nicht konsolidieren konnte. Die Wiederherstellung der päpstl. Autorität gelang erst nach der Überwindung des Abendländ. Schismas mit dem Auftreten der Renaissancepäpste, die endgültig zu Herren des K. wurden. V. a. JULIUS II. (1503–13), in dessen Zeit der K. die größte Ausdehnung – wenn auch nur kurzfristig – erreichte, bemühte sich um eine zentralist. Organisation. Er wird als der eigentl. Begründer eines ›Staates‹ der Kirche angesehen. Der Versuch einer selbstständigen Außenpolitik des Papsttums seit der Mitte des 15. Jh. scheiterte jedoch. Wie die übrigen ital. Staaten blieb der K. in der Folge bis Ende des 18. Jh. von den Großmächten (z. B. Spanien, Österreich) abhängig, die um die Vorherrschaft in Italien rangen. Im Verlauf der Frz. Revolution und der napoleon. Kirchenpolitik wurde der durch Gebietsabtretungen stark verkleinerte K. am Ende des 18. Jh. zur Röm. Republik erklärt und 1809 dem Königreich Italien eingegliedert (Exkommunikation der ›Räuber des Patrimonium Petri‹ durch PIUS VII.). Nachdem der Wiener Kongress (1815) ihn nochmals in den Grenzen von 1797 bestätigt hatte, er aber politisch, wirtschaftlich und militärisch unhaltbar war, wurde der K. 1860 auf

chenbeitrag der kath. Kirche beträgt seit 1992 1,5% des steuerpflichtigen Einkommens.

In der *Schweiz* steht die K.-Hoheit den Kantonen zu. Drei Kantone (Genf, Neuenburg und Waadt) sehen keine oder nur eine fakultative K. vor, in den übrigen Kantonen werden K. durch die Kirchengemeinden als Zuschlag zur staatl. Einkommen- oder Vermögensteuer erhoben. In 20 Kantonen sind auch jurist. Personen kirchensteuerpflichtig. – Viel beachtet wurde in der K.-Diskussion in jüngster Zeit das 1990 in Italien eingeführte System der Teilzweckbindung der Einkommensteuer (ähnlich Spanien), bei dem der Steuerzahler wählen kann, ob ein Teil seiner Lohn- und Einkommensteuer entweder einem für soziale und humanitäre Zwecke bestimmten staatl. Konto oder einem kirchl. Konto gutgeschrieben wird.

Geschichte: Die älteste kirchl. Zwangsabgabe, der Zehnt, wurde unter den fränk. Königen auch reichsrechtlich anerkannt, verlor im Hoch-MA. aber mehr und mehr ihren kirchensteuerl. Charakter. Die K. in ihrer heutigen Form entstanden, nachdem im Gefolge der Säkularisation nach dem Reichsdeputationshauptschluss (1803) die Kirchen ihre Kirchengüter und endgültig auch das Zehntrecht verloren und die begünstigten Landesfürsten die Verpflichtung zu finanziellen Ausgleichszahlungen übernommen hatten. Nach ersten Ansätzen in Lippe (1827), Oldenburg (1831) und Sachsen (1838) wurden in der 2. Hälfte des 19. Jh. in den meisten dt. Staaten K.-Gesetze erlassen.

H. ENGELHARDT: Die K. in den neuen Bundesländern (1991); H. MARRÉ: Die Kirchenfinanzierung in Kirche u. Staat der Gegenwart (³1991); J. GILOY u. W. KÖNIG: K.-Recht in der Praxis (1993).

Kirchenstrafen, Maßnahmen der →Kirchenzucht.

Kirchentag, Deutscher Evangelischer K., 1) Versammlung von Theologen und führenden Personen des kirchl. Lebens mit dem Ziel, einen engeren Zusammenschluss der dt. ev. Landeskirchen zu schaffen. Ein erster K. fand 1848 in Wittenberg statt, bis 1872 folgten 15 weitere. Der K. von 1919 (Dresden) bereitete die Gründung des →Deutschen Evangelischen Kirchenbunds (1922) vor. 2) Bez. für die seit 1949 (i. d. R. alle zwei Jahre, abwechselnd mit dem Katholikentag) stattfindenden Großveranstaltungen ev. Christen in Dtl. Rechtlich in der Trägerschaft des ›Vereins zur Förderung des Dt. Ev. K. e. V.‹ organisiert, wurde die von R. VON THADDEN-TRIEGLAFF begründete K.-Bewegung zu einem wichtigen Teil der ev. Laienbewegung in Dtl. und versteht sich v. a. als offenes Forum für das Gespräch über theolog., gesellschaftspolit. und ökumen. Fragen der Zeit. In der Tradition der **regionalen K.** der DDR stand der erste gemeinsame K. ev. Kirchen und der kath. Kirche 1996 in Eisleben.

Zeitansage. 40 Jahre Dt. Ev. K., hg. v. R. RUNGE u. a. (1989); W. KREFT: Die K. von 1848–1973 (1994).

Kirchenton|arten, Kirchentöne, Modi, Ausschnitte im Oktavumfang aus einer auf A aufbauenden, zwei Oktaven umfassenden diaton. Skala. Man unterscheidet **authentische** und **plagale Modi.** Besondere Bedeutung für den einzelnen Modus haben die Finales (Endton, Zielton), die für je einen authent. und einen plagalen Modus dieselben sind, und der Tenor (Tuba, Reperkussionston), der bei den authent. Modi eine Quinte, bei den plagalen eine Terz oder eine Quarte über der Finalis liegt. Die authent. Modi bauen sich über der Finalis auf, bei den plagalen liegt die Finalis in der Mitte des Skalenausschnittes. Eine frühe Überlieferung der K. und ihrer Benennung findet sich in der ›Musica disciplina‹ des AURELIANUS REOMENSIS aus der 1. Hälfte des 9. Jh. (Protus authentus, Protus plagalis usw.); die Nummerierung der K. mit I–VIII kam im 9. Jh. auf, die jüngere Benennung mit den Namen der antiken Tonarten verbreitete sich im 10. Jahrhundert.

Die K. liegen den Melodien der Gregorianik zugrunde. Sie sind keine Tonleitern im modernen Sinn, sondern Skalenausschnitte, die das Tonmaterial von modellartig verwendeten Melodien enthalten. Nicht in erster Linie die Anordnung der Ganz- und Halbtonschritte in den versch. Skalenausschnitten, sondern bestimmte melod. Floskeln kennzeichnen die einzelnen Kirchentonarten. Von den antiken Tonarten, denen ebenfalls Melodievorstellungen, aber wesentlich anderer Art zugrunde lagen, unterscheiden sich die K. durch die Bezogenheit auf eine Finalis. Dem System der acht K. fügte H. GLAREANUS in seinem ›Dodekachordon‹ (1547) die K. äolisch (mit hypoäolisch) und ionisch (mit hypoionisch) hinzu, die den Skalen des modernen a-Moll und C-Dur nahe kommen.

Die K. entsprachen mit ihrer paarweisen Zusammengehörigkeit von vier authent. und vier plagalen Tonfolgen dem byzantin. →Oktoechos. Die Musiktheorie des MA. baute auf dem System der K. auf. Seit dem ausgehenden 16. Jh. wurde das System der K. zunehmend durch das bis ins 20. Jh. gültige Dur-Moll-System abgelöst. – Vielfach gehen ev. Choralmelodien auf Kirchentöne zurück, was sich auch auf die mehrstimmigen Choralbearbeitungen, darüber hinaus auf die Kunstmusik allgemein auswirkt (z. B. ›Dor. Toccata‹ BWV 538 von J. S. BACH). Dagegen ist bei der Verwendung der lyd. Tonart etwa in BEETHOVENS Streichquartett a-Moll op. 132 eine archaische Wirkung beabsichtigt. In der Tendenz, die harmon. Dur- und Molltonarten zu überwinden, und auch angeregt vom europ. Volkslied sowie von der außereurop. Musik wurden an die K. anklingende Strukturen in die Kunstmusik des späteren 19. und bes. des 20. Jh. einbezogen.

P. WAGNER: Einf. in die gregorian. Melodien, 3 Bde. (²⁻³1911–21, Nachdr. 1970); L. DIKENMANN-BALMER: Tonsystem u. Kirchentöne bei Johannes Tinctoris (Bern 1935, Nachdr. 1978); O. GOMBOSI: Studien zur Tonartenlehre des frühen MA., in: Acta musicologica, Bd. 10 (1938) u. 11 (1939); S. HERMELINK: Dispositiones modorum. Die Tonarten in der Musik Palestrinas ... (1960); BERNHARD MEIER: Die Tonarten der klass. Vokalpolyphonie (Utrecht 1974); M. MARKOVITS: Das Tonsystem der abendländ. Musik im frühen MA. (Bern 1977).

Kirchenväter, seit dem 4. Jh. aufkommender Ehrentitel für zahlr. Kirchenschriftsteller des 2. bis 7. Jh., die sich durch theolog. Gelehrsamkeit und Rechtgläubigkeit auszeichneten und kirchl. Anerkennung erfuhren. Durch die K. wurde die beginnende christl. Theologie dauerhaft mit dem Erbe der griechisch-röm. Kulturwelt verschmolzen. Ihre Autorität wurde – neben der Hl. Schrift – bes. im MA. zur Untermauerung theolog. Thesen oder zum Erweis der Rechtgläubigkeit von Lehrinhalten herangezogen (Autoritätsbeweis) und bildet einen wesentl. Pfeiler der kirchl. – später kath. – Lehre von der Tradition. Die Väterzeit endet im lat. Westen mit ISIDOR VON SEVILLA und BEDA, im Osten mit JOHANNES VON DAMASKUS.

Bibliothek der K., hg. v. O. BARDENHEWER u. a., 83 Bde. in 2 Reihen (1911–38); H. KRAFT: K.-Lex. (1966); DERS.: Einf. in die Patrologie (1991); Die Schriften der K., hg. v. N. BROX, 10 Bde. (1983–86); B. ALTANER u. A. STUIBER: Patrologie (Neuausg. 1993); H. VON CAMPENHAUSEN: Griech. K. (⁸1993); DERS.: Latein. K. (⁷1995).

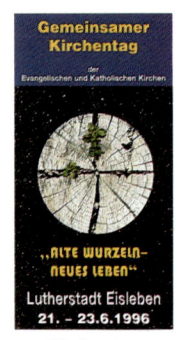

Kirchentag: Plakat des ersten gemeinsamen Kirchentages der ev. und kath. Kirchen in Deutschland

Kirchentonarten

Modus	ältere Benennung	jüngere Benennung	Skalenausschnitt	Finalis	Tenor
I	Protus authentus	dorisch	d-d^1	d	a
II	Protus plagalis	hypodorisch	A-a	d	f
III	Deuterus auth.	phrygisch	e-e^1	e	(h)c^1
IV	Deuterus plag.	hypophrygisch	H-h	e	(g)a
V	Tritus auth.	lydisch	f-f^1	f	c^1
VI	Tritus plag.	hypolydisch	c-c^1	f	a
VII	Tetrardus auth.	mixolydisch	g-g^1	g	d^1
VIII	Tetrardus plag.	hypomixolydisch	d-d^1	g	(h)c^1

Kirchenverfassung, die Grundordnung der christl. Kirchen. Aufgabe der K. in der *kath. Kirche* ist die (immer auf die Heilszusage Gottes bezogene) rechtl. Ordnung des nach kath. Verständnis in der kath. Kirche sichtbar zusammengeschlossenen und vom Hl. Geist geleiteten ›Volkes Gottes‹ und seiner →Charismen. Das Gottesvolk gilt aufgrund seines gemeinsamen Sendungs- und Zeugnisauftrages, des →Priestertums der Gläubigen, vor allen Unterscheidungen in der K. als priesterl. Gemeinschaft Gleicher, die von dem geistl. Dienst geweihter Amtsträger (→Klerus) geleitet wird. Die ›göttlich-rechtl.‹ Gebietseinteilung kennt nur die Diözesen und die Gesamtkirche; die Einzelgemeinden (Pfarreien) sind nur eine kirchlich-rechtl. Untergliederung der Diözese. Nach kirchl. Recht stehen zw. Gesamtkirche und Diözese noch Mittelgliederungen: die Kirchenprovinz, das Gebiet einer Bischofskonferenz, das (ostkirchl.) Patriarchat. Das kirchl. Recht kennt auch Vorformen einer Diözese (Apostol. Vikariat, Präfektur, Administratur) sowie rein personal begründete Gliederungen wie Kirchen eines bestimmten Ritus (lat., orientalisch), religiöse Gemeinschaften (z. B. Orden, Kongregationen) oder die Militärseelsorge.

Einzelinhaber kirchl. Leitungsgewalt (Jurisdiktion) sind Papst, Bischöfe und die übrigen Ordinarien. Kollegiale Jurisdiktionsträger sind Konzilien, Synoden und die Bischofskonferenzen. ›Göttlich-rechtl.‹ Leitungsgewalt für die Gesamtkirche haben der Papst und das ökumen. Konzil sowie für die einzelnen Diözesen der jeweilige Bischof.

Charakteristisch für die Verfassung der *ev. Kirchen* war die Leitung und Verw. der Landeskirchen durch landesfürstl. Behörden. Unmittelbarer Leiter der Gemeinden war der Superintendent. Seit dem 19. Jh. wurde dieses Grundmodell konsistorialer Kirchenleitung durch synodale und episkopale Momente ergänzt. Nach 1945 erfolgte in den meisten ev. Landeskirchen eine Neuordnung der K.; 1948 wurde die heute noch geltende Grundordnung der EKD verabschiedet. Den Synoden obliegen die Gesetzgebung, die Genehmigung neuer Agenden und Gesangbücher, die Mitwirkung bei der Wahl höherer kirchl. Amtsträger und Finanzentscheidungen. Die geistl. Leitung der Landeskirchen liegt beim (Landes-)Bischof, Landessuperintendenten, Kirchenpräsidenten oder Präses. (→Kirchenordnungen, →Kirchenrecht)

Kirchenverfolgung, alle Maßnahmen zur Zerschlagung christl. Kirchen oder zur Unterdrückung von Minderheitenkirchen, um ihren Einfluss auf Staat, Gesellschaft und Kultur auszuschalten. Die Unterdrückung nicht anerkannter christl. Kirchen ist oft Begleiterscheinung des Staatskirchentums gewesen. Aus dem christl. Altertum ist die Verfolgung der Donatisten, aus dem MA. die Bekämpfung der Katharer und Waldenser zu nennen. Ebenso haben Reformation und Gegenreformation zu K. geführt (u. a. Verfolgung der Täufer). Die radikal kirchenfeindl. Tendenzen der frz. Aufklärung kamen in der Jakobinerherrschaft zum Tragen. In neuerer Zeit waren Urheber von K. meist totalitäre Regierungen; so im Zeichen atheist. Staatsideologien in bes. schwerer Weise in den 1930er-Jahren in der Sowjetunion, nach 1967 in Albanien und während der ›Kulturrevolution‹ (1966–69) in China.

Kirchenvermögen, Kirchengut, die Gesamtheit der im Eigentum kirchlicher jurist. Personen stehenden Vermögenswerte (Grundbesitz und Kapitalvermögen). Das K. ist durch eine Garantie des staatl. Verfassungsrechts (Art. 140 GG in Verbindung mit Art. 138 Abs. 2 Weimarer Reichsverfassung) vor Entzug und Zweckentfremdung gesichert. Es setzt sich zusammen aus Stiftungen, Pfründenvermögen, Kollekten, regelmäßigen – z. T. als Kirchensteuer erhobenen – Beiträgen sowie Staatsleistungen.

Kirchenvertrag, öffentlich-rechtl. Vertrag zw. einer oder mehreren ev. Kirchen und dem Staat. K. enthalten insbesondere Regelungen über Ämterbesetzungen, theolog. Fakultäten, Religionsunterricht, Lehrerausbildung, Anstaltsseelsorge, Militärseelsorge, Rechtsform der Kirchen und ihrer Gliederungen, Staatsleistungen, Kirchensteuer. Die K. entsprechen ihrem Gegenstand nach vielfach den Konkordaten, haben aber keinen völkerrechtl. Rang. – Als erstes neues Bundesland schloss Sachsen-Anhalt 1993 einen K. mit den ev. Landeskirchen ab, deren Territorien in sein Gebiet hineinreichen. 1994 folgten K. in Mecklenburg-Vorpommern und in Sachsen. Der K. in Brandenburg klammert ausdrücklich den Religionsunterricht aus (→Lebensgestaltung–Ethik–Religionskunde).

Kirchenvorstand, das bei der Leitung und Verwaltung der Kirchengemeinde mitwirkende kollegiale Organ. Der K. wird von den wahlberechtigten Gemeinde-Mitgl. gewählt. – In der *kath. Kirche* ist er Beratungsorgan des Pfarrers; in Dtl. aufgrund des Staatskirchenrechts (auch **Kirchenverwaltung** gen.) unter Leitung des Pfarrers kollegiales Beschlussorgan über das Kirchenvermögen. Für Fragen der Seelsorge ist der Pfarrgemeinderat zuständig. – In den *ev. Kirchen* obliegt es dem K. **(Gemeindekirchenrat, Presbyterium),** in gemeinsamer Verantwortung mit dem Pfarrer die Kirchengemeinde zu leiten und das Ortskirchenvermögen zu verwalten.

Kirchenzucht, von den Kirchen gegenüber ihren Mitgl. ausgeübte Disziplinargewalt (Kirchenstrafen) bei vorsätzl. Verstößen gegen die Kirchenordnung oder das Kirchenrecht. In der *kath. Kirche* wird zw. Beugestrafen (Exkommunikation, Interdikt, Suspension), Sühnestrafen (z. B. Entzug von kirchl. Ämtern) und Strafbußen unterschieden. In den *ev. Kirchen* sind nach vorangegangener Ermahnung der Ausschluss vom Abendmahl, die Aberkennung kirchl. Rechte (z. B. Patenamt) und die Versagung von Amtshandlungen (z. B. kirchl. Trauung und kirchl. Begräbnis) gebräuchlich; möglich ist auch der Verlust des kirchl. Wahlrechts.

Kircher, Athanasius, Universalgelehrter, * Geisa 2. 5. 1602, † Rom 27. 11. 1680; seit 1618 Jesuit und seit 1629 Prof. für Mathematik, Philosophie und oriental. Sprachen in Würzburg, 1631–33 in Avignon, seit 1633 in Rom. Hier lehrte er an der Gregoriana Mathematik, Hebräisch und Syrisch. Auf ihn gehen die Urform der Laterna magica, eine der ältesten Rechenmaschinen, die erste im Druck erschienene kartograph. Aufzeichnung der wichtigsten Meeresströmungen und einer der ältesten Mondkarten zurück. Als Erster führte K. Blutuntersuchungen mit dem Mikroskop durch und verwies auf einen möglichen Pestbazillus. Für seine naturgeschichtl. Sammlungen bestand bis 1876 das ›Museum Kircherianum‹ in Rom. K.s Vorarbeiten zu einer kopt. Grammatik wurden von J. F. Champollion benutzt; seine Theorie über die Bedeutung der Hieroglyphen war jedoch unzutreffend. In der Bibliothek des Klosters San Salvatore auf Malta fand er 1637 die durch Notenschrift bezeugte Melodie zu Pindars erster pyth. Ode (gilt heute als Fälschung). 1650 erschien seine ›Musurgia universalis‹, eines der einflussreichsten Werke zur Musiktheorie.

Weiteres Werk: Neue Hall- u. Thonkunst oder mechan. Gehaim-Verbindung der Kunst u. Natur (1684).
Ausgabe: Selbstbiographie des P. A. K. aus der Ges. Jesu, übers. v. N. Seng (1901).
C. Reilly: A. K. Master of a hundred arts 1602–1680 (Wiesbaden 1974); Universale Bildung im Barock. Der Gelehrte A. K., bearb. v. R. Dieterle u. a., Ausst.-Kat. (1981); O. Hein u. R. Mader: A. K. S. J. in Malta (1997).

Kirche und Sport, zw. 1960 und 1970 in der ev. und kath. Kirche sowie auf ökumen. Basis auf Bun-

Athanasius Kircher (Ausschnitt aus einem anonymen Kupferstich; 1664)

des-, Landes- und z. T. auf Ortsebene zus. mit den Sportverbänden institutionalisierte Arbeitskreise mit dem Ziel, die Entfaltung des ganzen Menschen (Körper–Seele–Geist) zu unterstützen. Neben der Förderung des Spitzen- und Breitensports und der Jugendarbeit versuchen die Kirchen, benachteiligten gesellschaftl. Gruppen (z. B. Behinderten, ausländ. Mitbürgern, Senioren, Kranken, Strafgefangenen) sportl. Betätigung zu ermöglichen. In enger Partnerschaft mit den Sportorganisationen wollen die Kirchen solidarisch und zugleich konstruktiv-kritisch sein. Dies gilt v. a. für den sporteth. Bereich. Als eine neue Form dieser Zusammenarbeit wurde in den 90er-Jahren das Angebot der →Sportexerzitien entwickelt. Die →Deutsche Jugendkraft und der →Eichenkreuz-Sport im CJVM-Gesamtverband in Deutschland sind die beiden konfessionell orientierten Sportorganisationen. Beide Kirchen haben Sportpfarrer als Beauftragte für K. u. S. bestellt.

K. u. S. Eine Materialsamml., hg. v. G. HRABĚ DE ANGELIS (1989); T. STERNBERG: Sport mit Leib u. Seele (1993).

Kirche und Staat, →Staat und Kirche.

Kirche unter dem Kreuz, Bez. für die ersten selbstständigen kalvinist. Gemeinden am Niederrhein (seit 1566), die sich zu drei Synoden zusammenschlossen: der kleveschen, bergischen und jülichschen. Sie lebten meist in ›heimlichen‹ Gemeinden ›unter dem Kreuz‹, zeichneten sich durch intensives Gemeindeleben und eine presbyterial-synodale Verfassung aus.

R. BRÄMIK: Die Verf. der luther. Kirche in Jülich-Berg, Cleve-Mark-Ravensberg in ihrer geschichtl. Entwicklung (1964).

Kirche von England, anglikanische Kirche, engl. **The Church of England** [ðə ˈtʃɜːtʃ əv ˈɪŋglənd], **Established Church** [ɪsˈtæblɪʃd-], **Anglican Church** [ˈæŋglɪkən-], die engl. Staatskirche und ›etablierte Nationalkirche‹ Englands; Mutterkirche der aus ihr hervorgegangenen Kirchen der →Anglikanischen Kirchengemeinschaft. Oberhaupt (›Supreme governor‹) der K. v. E. ist der regierende Monarch. In seinem Namen ernennt der Premier-Min. (aus den von der Kirche vorgeschlagenen Kandidaten) die Bischöfe, an deren Spitze der Erzbischof von Canterbury (seit 1990 G. L. CAREY) als Primus inter Pares steht. Ihm folgen im Rang der Erzbischof von York, Diözesan-, Suffragan- und Hilfsbischöfe. Der Erzbischof von Canterbury ist auch Vors. der Vollversammlung der anglikan. Bischöfe (→Lambeth-Konferenz). Grundlage für Gottesdienst und Bekenntnis bilden die Bibel und das →Common Prayer Book. Die K. v. E. gliedert sich in die Provinzen Canterbury (31 Diözesen) und York (13 Diözesen); zur Provinz Canterbury gehört auch die Diözese Gibraltar. Die beiden Erzbischöfe sowie 24 Bischöfe haben von Amts wegen Sitz im Oberhaus. 1996 betrug die Zahl der eingetragenen (erwachsenen) Kirchen-Mitgl. rd. 1,76 Mio.; rd. 25 % der in England geborenen Personen werden in der K. v. E. getauft.

Geschichte: Die K. v. E. entstand in ihrer äußeren und jurist. Gestalt, als HEINRICH VIII. sich 1534 vom Papst lossagte und durch das Parlament in der Suprematsakte zum ›ird. Oberhaupt der K. v. E., gen. Anglicana Ecclesia‹ erklären ließ. Dieser Bruch erfolgte zunächst aus persönl. und polit. Gründen (Anlass war seine Scheidung von KATHARINA VON ARAGONIEN), an theolog. Neuerungen war der König selbst nicht interessiert. Unter der Reg. EDUARDS VI. erhielten Verf. und Theologie der K. v. E. jedoch durch den Einfluss des Erzbischofs von Canterbury, T. CRANMER, schon bald eine kalvinist. Prägung. Nach einer kurzen Restauration des Katholizismus unter MARIA I. wurde die K. v. E. unter ELISABETH I. im Sinne der reformator. Lehre endgültig gefestigt. Grundlage für Gottesdienst und Bekenntnis wurden die urspr. von CRANMER verfasste Common Prayer Book in seiner Gestalt von 1552 (mit wenigen Änderungen) und die Thirty-nine Articles (›39 Glaubensartikel‹), die z. T. wörtlich an das Augsburg. Bekenntnis und die Confessio Virtembergica anklingen, aber auch kalvinist. (Prädestination und Abendmahl) und episkopale (Gliederung in Erzbischöfe, Bischöfe, Priester und Diakone) Züge zeigen. Ungeachtet der ev. Ausrichtung ihres Bekenntnisses verstand sich die K. v. E. als Teil der kath. Kirche und behielt auch kath. Traditionen bei, so v. a. die Theologie der hierarch. Ämter und der dazu notwendigen Ordination und den Anspruch, mit dem Bischofsamt in der apostol. Sukzession zu stehen. Die Fortführung kath. Formen führte zu schweren Auseinandersetzungen: 1567 begann die Separation der →Puritaner, die auf eine ›Reinigung von den Resten der röm. Götzendienstes‹ drangen. Ihr Programm verband sich mit der polit. Forderung der Demokratie. Nach heftigen kirchl. und polit. Kämpfen siegte die puritan. Richtung unter Führung O. CROMWELLS über die staatskirchl. (1649 Enthauptung KARLS I.) und setzte eine presbyterianisch-republikan. Herrschaftsform durch. Die K. v. E. war offiziell abgeschafft. Unter der Restauration KARLS II. setzte das Parlament die K. v. E. in ihre durch ELISABETH I. fixierte Stellung wieder ein; die bischöfl. Verf. und das Common Prayer Book (in der mehr oder weniger bis heute gültigen Fassung von 1662, die trotz vieler Zusätze und Veränderungen im Wesentlichen die gleiche wie 1552/59 ist) bildeten erneut den Angelpunkt des Lebens der K. v. E. Durch die Toleranzakte von 1689 wurde Protestanten (Presbyterianern, Baptisten, Kongregationalisten) Glaubensfreiheit gewährt. Im 18. Jh. trennte sich unter J. und C. WESLEY der von LUTHER und dem dt. Pietismus beeinflusste →Methodismus von der Staatskirche. Seit 1791 wurden auch die röm. Katholiken, seit 1813 die Unitarier toleriert. Durch Erneuerungsbewegungen im 19. Jh., die evangelikale →Erweckungsbewegung und die an der kath. Tradition orientierte →Oxfordbewegung, wurden sowohl die durch ein evangelikales Selbstverständnis geprägte **Low Church** als auch die das kath. Erbe bewahrende **High Church** innerhalb der K. v. E. gestärkt. Als eine dritte Richtung entwickelte sich unter dem Einfluss der historisch-krit. Theologie die liberale **Broad Church Party**, die religiöse Toleranz forderte und v. a. ethisch und sozial orientiert war. Alle drei Richtungen prägen bis heute die K. v. E. Das Staatskirchentum besteht auch heute prinzipiell fort, wobei es jedoch in einzelnen Bereichen zunehmend formalen Charakter angenommen hat. Beschlüsse der Generalsynode zu Fragen der theolog. Lehre und der Liturgie bedürfen seit 1974 nicht mehr der Zustimmung des Parlaments. Grundlegende Entscheidungen in der jüngsten Geschichte der K. v. E. waren die Aufnahme des Dialogs mit der kath. Kirche, der 1966 durch den Besuch des Erzbischofs von Canterbury ARTHUR MICHAEL RAMSEY (* 1904, † 1988) bei Papst PAUL VI. in Rom offiziell eingeleitet wurde, die 1980 erfolgte Einführung des ›Alternative Service Book‹ als alternativer Gottesdienstordnung zum Common Prayer Book (vorerst bis zum 31. 12. 2000) und die von der Generalsynode der K. v. E. 1992 getroffene Entscheidung, Frauen zum Priesteramt zuzulassen. Nachdem das Unterhaus dieser Entscheidung 1993 zugestimmt hatte, wurden am 12. 3. 1994 erstmals Frauen zu Priesterinnen geweiht, was innerhalb der K. v. E. zu heftigen Spannungen führte. Die kath. Kirche und die orth. Kirchen sehen in der Frauenordination eine Belastung ihrer Beziehungen zur K. v. E. und ein Hindernis für die mögl. Einheit der Kirchen.

The study of Anglicanism, hg. v. S. SYKES u. a. (Philadelphia, Pa., 1988); H. CHADWICK: K. v. E., in: TRE, Bd. 18 (1989); J. R. H. MOORMAN: A history of the church in England (Neudruck Harrisburg, Pa., 1994); C. P. THIEDE: Religion in England (1994).

Kirche von Utrecht, von Rom getrennte niederländ. Kirche jansenist. Prägung, →Utrechter Kirche.

Kirchgeld, →Kirchensteuer.

Kirch-Gruppe, eine der größten europ. Filmhandelsgesellschaften, gegründet 1954 von Leo Kirch (* 1926); Sitz: Ismaning (bei München). Wesentl. Unternehmen und Beteiligungsgesellschaften der K.-G. sind: TaurusFilm und BetaFilm (Einkauf und Vertrieb von Programmrechten, Produktion von Filmen und Serien), Unitel (Film- und Fernsehmusik), IdunaFilm (Produktionsgesellschaft), CBM-Filmproduktion, Defa Studio für Dokumentarfilme, Johannisthal Synchron, Neue Constantin Film Verleih, Neue Dt. Filmgesellschaft (7,5%). Mit einer direkten Beteiligung von 43% und indirekt 20% über den Axel Springer Konzern (mit 40,05% ist die K.-G. heute maßgebl. Kapitaleigner) hat die K.-G. beim Privatsender SAT 1 die Führungsrolle; weiterhin ist sie beteiligt an der ISPR (Internat. Sportverwertungsgesellschaft; 50%). Weitere Beteiligungen im Privatfernsehen: DSF (24,5%), Premiere (25%), Gestevisión Tele Cinco (25%), Telepiù (45%), Teleclub (40%), Teletip/Televizia (49%). Die Kooperation mit S. Berlusconi wurde 1995 intensiviert durch den Erwerb eines Anteils (5,4%) an dessen Zwischenholding Mediaset SpA (→Fininvest S. p. A.). Die K.-G. betreibt seit 1996 den digitalen Fernsehsender DF 1. Über den Privatsender Pro 7 ist L. Kirchs Sohn Thomas Kirch (* 1957) am Sender Kabel 1 beteiligt (45%). Die K.-G. ist auch Betreiber von Filmtheaterbetrieben (z. B. Obelisk, Constantin Film Verleih, Cinetrade AG, Zürich). Sie produziert Videos (Taurus Video-Gruppe) und ist mit Radio Arabella (15%) u. a. im privaten Hörfunk aktiv. Der K.-G. gehören über 15 000 Stunden Spielfilme und rd. 50 000 Stunden Fernsehprogramme. Bilanzen des Unternehmens werden nicht veröffentlicht, der Umsatz wurde (1996) auf rd. 4,26 Mrd. DM geschätzt, die Beschäftigtenzahl lag 1997 bei rd. 1 400. – Für den 1. 1. 1997 wurde die Umwandlung in eine Holding sowie die Gründung einer gemeinnützigen Stiftung für Wiss., Forschung und Kunst bekannt gegeben.

Kirchhain, Stadt im Landkreis Marburg-Biedenkopf, Hessen, im N des Amöneburger Beckens am Zusammenfluss von Ohm und Wohra, 200–380 m ü. M., 17 100 Ew.; Tapetenfabrik, Papierindustrie und Metall verarbeitende Industrie. – Ev. Stadtpfarrkirche (14. Jh.); spätgot. Rathaus, ein Fachwerkbau mit steinernem Treppenturm (1562); gut erhaltene Wohnhäuser des 16./17. Jh. (›Blauer Löwe‹, 1612). Im Ortsteil Langenstein ev. Pfarrkirche aus dem 14. Jh., im Chor Netzgewölbe (1522), an der Kirchenummauerung ein 4 m hoher Menhir. In Stausebach Dorfkirche aus dem 15. Jh. – K. fiel 1234 an den Dt. Orden. 1344 im Besitz der Landgrafen von Hessen, wurde es zum Stützpunkt gegen das mainz. Amöneburg ausgebaut und erhielt 1352 Stadtrecht.

Kirchhain: Fachwerkrathaus mit steinernem Treppenturm (1562)

Kirchheim 2): Rathaus; 1722–24

Kirchheim, Name von geographischen Objekten:

1) Kirchheim i. Schw., Gem. (Markt) im Landkreis Unterallgäu, Bayern, 560–580 m ü. M., auf der Iller-Lech-Platte, 2 800 Ew. – K. kam 1551 in den Besitz der Fugger, die das Renaissanceschloss (1578–85) mit dem ›Zedernsaal‹ (Kassettendecke 1585) und gleichzeitig die Schlosskirche errichten ließen.

2) Kirchheim unter Teck, Große Kreisstadt im Landkreis Esslingen, Bad.-Württ., vor dem Rand der mittleren Schwäb. Alb, 311 m ü. M., 38 500 Ew.; Städt. Museum (im ehem. Kornhaus, 15. Jh.) und Literar. Museum. Industriestandort mit Maschinenfabriken, Elektro- und Textilindustrie, Papierverarbeitung; Fremdenverkehr; Segelfluggelände. – Planmäßige Anlage nach Brand 1690, gut erhaltenes Straßenbild und histor. Innenstadt mit einheitl. Giebelfronten des 17. und 18. Jh., u. a. das Rathaus (1722–24); Renaissanceschloss (1538–56); spätgot. Stadtkirche (15. Jh., mit Kanzel von 1691). – Das 960 erstmals urkundlich erwähnte K. erhielt um 1220–30 Stadtrecht. Es war vom 14. Jh. bis 1938 Amtsstadt.

Kirchheimbolanden, Kreisstadt des Donnersbergkreises im Reg.-Bez. Rheinhessen-Pfalz, Rheinl.-Pf., 250 m ü. M., im Nordpfälzer Bergland, 7 300 Ew.; Herstellung von Schuhen, Spezialfahrzeugen, Containern, Spielzeug und Wurstwaren, Glasverarbeitung, Hartsteinbrüche. – Ev. Pfarrkirche St. Peter (17. Jh.); St. Paul, ehem. Schlosskirche (1739–44) mit Fürstengruft und Orgel (1745) von J. M. Stumm. Vom ehem. Schloss (1738–40) ist nur der O-Flügel erhalten. Teile der Stadtbefestigung (14. Jh.) mit Wehrgang, zwei Türme sowie die beiden Stadttore blieben erhalten. – K., bereits in karoling. Zeit erwähnt, kam Ende des 12. Jh. an die Herren von Bolanden. 1368 erhielt es Stadtrecht. K. war Hauptort der Herrschaft Bolanden, Dannenfels und Stauf, die 1574–1797 zu Nassau-Weilburg gehörte.

Wörter, die man unter K vermisst, suche man unter C, Ch, G, H oder Q

Kirchhellen, seit 1976 Stadtteil von Bottrop.

Kirchhoff, 1) Alfred, Geograph, *Erfurt 23. 5. 1838, †Mockau (heute zu Leipzig) 8. 2. 1907; 1873–1904 Prof. in Halle (Saale). K. bemühte sich um die Neugestaltung des Geographieunterrichts in den Schulen und förderte v. a. die dt. Landeskunde; seit 1887 Hg. der ›Forschungen zur dt. Landes- und Volkskunde‹.

2) Bodo, Schriftsteller, *Hamburg 6. 7. 1948; studierte Psychologie und Pädagogik. In seinen Schauspielen, Hörspielen, Essays und Erzählungen spielen psycholog. Perspektiven eine große Rolle, v. a. Fragen nach den Bedingungen von Lust und Begierde, nach dem Verständnis von Sprache, Fantasie und Wirklichkeit.

Werke: Stücke: Das Kind oder die Vernichtung von Neuseeland (1978); Body-Building (1979); Der Ansager einer Stripteasenummer gibt nicht auf (1994). – *Romane:* Zwiefalten (1983); Infanta (1990); Der Sandmann (1992). – *Novellen und Erzählungen:* Ohne Eifer, ohne Zorn (1979); Die Einsamkeit der Haut (1981); Mexikan. Novelle (1984); Dame u. Schwein (1985); Ferne Frauen (1987); Gegen die Laufrichtung (1993). – *Essays:* Herrenmenschlichkeit (1994); Legenden um den eigenen Körper. Frankfurter Vorlesungen (1995).

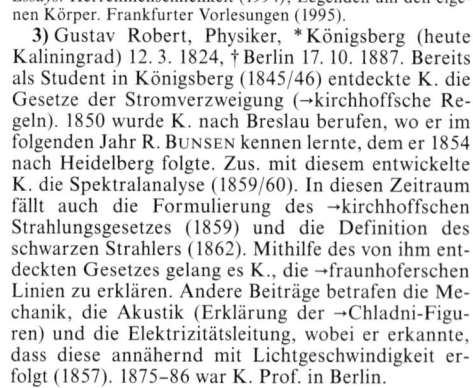

3) Gustav Robert, Physiker, *Königsberg (heute Kaliningrad) 12. 3. 1824, †Berlin 17. 10. 1887. Bereits als Student in Königsberg (1845/46) entdeckte K. die Gesetze der Stromverzweigung (→kirchhoffsche Regeln). 1850 wurde K. nach Breslau berufen, wo er im folgenden Jahr R. BUNSEN kennen lernte, dem er 1854 nach Heidelberg folgte. Zus. mit diesem entwickelte K. die Spektralanalyse (1859/60). In diesen Zeitraum fällt auch die Formulierung des →kirchhoffschen Strahlungsgesetzes (1859) und die Definition des schwarzen Strahlers (1862). Mithilfe des von ihm entdeckten Gesetzes gelang es K., die →fraunhoferschen Linien zu erklären. Andere Beiträge betrafen die Mechanik, die Akustik (Erklärung der →Chladni-Figuren) und die Elektrizitätsleitung, wobei er erkannte, dass diese annähernd mit Lichtgeschwindigkeit erfolgt (1857). 1875–86 war K. Prof. in Berlin.

Werk: Vorlesungen über mathemat. Physik, 4 Bde. (1876–94).

4) Paul, mexikan. Altamerikanist und Ethnologe dt. Herkunft, *Hörste, heute zu Halle (Westf.) 17. 8. 1900, †Mexiko 12. 9. 1972; zunächst am Berliner Museum für Völkerkunde tätig, dann an versch. ausländ. Forschungsprojekten beteiligt (1939 Ausbürgerung aus Dtl.), 1955–65 an der Escuela Nacional de Antropología e Historia, Mexiko. Hauptforschungsgebiet waren die Indianer Süd- und Nordamerikas sowie bes. (mit Einschluss der Archäologie) N- und NO-Mexikos. In einem 1943 publizierten Aufsatz prägte K. den kulturgeograph. Begriff →Mesoamerika.

G. KUTSCHER: P. K. (1900–1972), in: Indiana. Beitr. zur Völker- u. Sprachenkunde, Bd. 2 (1975).

Kirchhoff-Integral [nach G. R. KIRCHHOFF], **Kirchhoff-Formel,** der fundamentale Ausdruck der skalaren (kirchhoffschen) Theorie der →Beugung, durch den der räuml. Anteil u_P der Lichtschwingung in einem Aufpunkt P als Integral der Lichtschwingung über eine geschlossene Fläche σ dargestellt wird, die den Aufpunkt umschließt, nicht aber den Quellpunkt Q. Für eine Kugelwelle mit in der Zeit harmon. Schwingung lautet das K.-I.

$$u_P = \frac{1}{4\pi} \int_\sigma \left(u\mathbf{n} \cdot \mathrm{grad}\, \frac{e^{ikr}}{r} - \frac{e^{ikr}}{r} \mathbf{n} \cdot \mathrm{grad}\, u \right) d\sigma.$$

Dabei ist r der Abstand des Flächenelements $d\sigma$ von P, u die Amplitude der Lichtschwingung am Ort des Flächenelements, $\mathbf{n}$ dessen Normale und $k = 2\pi/\lambda$ die Wellenzahl des Lichts. Das K.-I. dient zur Berechnung von Beugungserscheinungen. So kann z. B. beim Durchgang von Licht durch eine Öffnung in einem undurchsichtigen Schirm angenommen werden, dass die Lichtschwingung überall auf dem als unendlich ausgedehnt angenommenen Schirm null ist und auf einer vom Rand des Schirms begrenzten Fläche über der Öffnung diejenigen Werte hat, die sie auch bei Abwesenheit des Schirms hätte. Mit diesen Annahmen ist das K.-I. eine mathemat. Formulierung des huygens-fresnelschen Prinzips (→huygenssches Prinzip).

kirchhoffsche Regeln [nach G. R. KIRCHHOFF], Sätze zur Berechnung der quasistationären Strom- und Spannungsverteilung in elektr. Leitersystemen:
1) **Knotenregel (Knotenpunktsatz):** In jedem Verzweigungspunkt (Knoten) ist die Summe der zufließenden Ströme gleich der Summe der abfließenden, sodass für die Ströme I_ν allg. gilt:

$$\sum_{\nu=1}^n I_\nu = 0.$$

2) **Maschenregel:** In jedem geschlossenen Stromkreis (Masche) ist die Summe der Urspannungen E_ν der in der Masche enthaltenen Stromquellen gleich der Summe aller Spannungsabfälle IR (I Stromstärke, R Widerstand); d. h., die vorzeichenrichtige Summe aller Teilspannungen U_ν bei einem geschlossenen Umlauf durch die Masche ist null, sodass allg. gilt:

$$\sum_{\nu=1}^n E_\nu = \sum_{\nu=1}^n I_\nu R_\nu \text{ bzw. } \sum_{\nu=1}^n U_\nu = 0.$$

kirchhoffsches Strahlungsgesetz [nach G. R. KIRCHHOFF], allgemein gültige Beziehung zw. Emissions- und Absorptionseigenschaften von →Temperaturstrahlern. Das k. S. besagt, dass der Quotient aus spektraler →Strahldichte L_λ und spektralem Absorptionsgrad α (→Absorption) für alle Temperaturstrahler gleich ist und nur von der Wellenlänge λ der Strahlung und der Temperatur T des Strahlers abhängt: $L_\lambda(\lambda, T)/\alpha(\lambda, T) = L_{\lambda S}(\lambda, T)$. Dabei ist $L_{\lambda S}(\lambda, T)$ die spektrale Strahldichte des →schwarzen Strahlers, deren Abhängigkeit von λ und T durch das →plancksche Strahlungsgesetz beschrieben wird.

Kirchhundem, Gem. im Kr. Olpe, NRW, im südl. Sauerland, 300–700 m ü. M., 13300 Ew.; Landesanstalt für Ökologie, Bodenordnung und Forsten, Landesamt für Agrarordnung NRW (Dezernate für Fischerei), Forstbaumschulen; Holzverarbeitung, Papier-, Elektro- und Metallwarenindustrie; Fremdenverkehr, Wild- und Freizeitpark, Luftkurort K.-Oberhundem. – Neugot. kath. Pfarrkirche St. Peter und Paul (1915–17) mit silbervergoldetem Renaissance-Ziborium (Ende 16. Jh.); im Ort Fachwerkhäuser v. a. aus dem frühen 19. Jh.

Kirchlengern, Gem. im Kr. Herford, NRW, im Ravensberger Hügelland, 53–148 m ü. M., 16200 Ew.; Metall-, Holz-, Glas-, Verpackungs-, Möbel-, graf. Industrie, Herstellung von Fördertechnik. – Wasseranlage **Haus Oberbehne** mit eingeschossigem Herrenhaus in Hufeisenform (um 1791).

kirchliche Entwicklungshilfe, der Beitrag der christl. Kirchen zur Entwicklungshilfe. In der BRD wurden Ende der 1950er-Jahre versch. Einrichtungen zur k. E. gegründet: u. a. in der kath. Kirche 1958 das bischöfl. Hilfswerk →Misereor und 1959 die ›Arbeitsgemeinschaft für Entwicklungshilfe‹, von den ev. Kirchen im gleichen Jahr die Aktion ›Brot für die Welt und 1960 →Dienste in Übersee – Arbeitsgemeinschaft evangelischer Kirchen in Deutschland e. V. (DÜ). Für die Zusammenarbeit mit der Bundesregierung, die sich bereit erklärte, die k. E. mit Bundesmitteln zu fördern, gründeten beide Kirchen 1962 je eine Zentralstelle für Entwicklungshilfe (Sitz: Aachen [kath.] bzw.

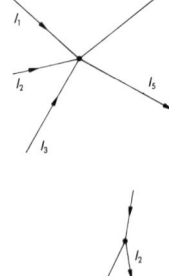

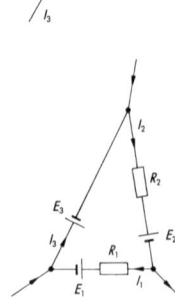

---

kirchhoffsche Regeln: oben Die Summe der in den Knoten fließenden Ströme I_1, I_2 und I_3 ist gleich der Summe der abfließenden Ströme I_4 und I_5 ($I_1 + I_2 + I_3 = I_4 + I_5$); unten Die Summe der Spannungsabfälle IR an den Widerständen R_1 und R_2 ist gleich der Summe der Urspannungen E_1, E_2 und E_3 ($I_1R_1 + I_2R_2 = E_1 + E_2 + E_3$)

Gustav Robert Kirchhoff

Bonn [ev.]). 1968 beschlossen die Gliedkirchen der EKD, ihre entwicklungspolit. Arbeit gemeinschaftlich wahrzunehmen, und gründeten den ›Kirchl. Entwicklungsdienst‹ (EKD/KED), wobei sie sich verpflichteten, mindestens 2% ihrer Haushaltsmittel für die k. E. zur Verfügung zu stellen. Seit 1970 arbeiten auf ev. Seite ›Brot für die Welt‹, DÜ, die Ev. Zentralstelle für Entwicklungshilfe (EZE), EKD/KED und das →Evangelische Missionswerk in Deutschland e. V. in der ›Arbeitsgemeinschaft Kirchl. Entwicklungsdienst‹ (AG KED; Sitz: Stuttgart) arbeitsteilig zusammen. Entwicklungspolit. Bedeutung kommt außerdem der Not- und Katastrophenhilfe des Dt. Caritas-Verbandes e. V. und des Diakon. Werkes (das auch Entwicklungsprojekte fördert) sowie den kath. Hilfswerken →Adveniat (für Lateinamerika) und →Missio (für Afrika, Asien und Ozeanien) zu. Als gemeinsames entwicklungspolit. Gremium der kath. Kirche und der AG KED besteht die ›Gemeinsame Konferenz Kirche und Entwicklung‹ (GKKE) mit einer kath. und einer ev. Geschäftsstelle in Bonn. – Gesamtkirchlich wird die kath. k. E. von dem 1971 gegründeten päpstl. Rat ›Cor unum‹ koordiniert. Absprachen über Projektplanung leistet die ›Internat. Arbeitsgemeinschaft für sozial-ökonom. Entwicklung‹ (›Coopération Internationale pour le Développement Socio-Économique‹ [CIDSE] mit Sitz in Brüssel, die 1965 als internat. Dachverband in der Entwicklungsarbeit tätiger kath. Organisationen gegründet worden ist. Ihm entspricht auf ev. Seite seit 1990 die ›Vereinigung Prot. Entwicklungsorganisationen in Europa‹ (›Association of Protestant Development Organizations in Europe‹ [APRODEV]), die ihren Sitz ebenfalls in Brüssel hat.

kirchliche Gerichtsbarkeit, *kath. Kirchenrecht:* die Entscheidung von Rechtsstreitigkeiten, an denen zur Kirche gehörende (auch jurist.) Personen beteiligt sind und die geistl. (oder gemischte) Sachen, bes. Ehesachen, betreffen (Zivilgerichtsbarkeit); die Verhängung oder Feststellung von Kirchenstrafen (Strafgerichtsbarkeit); eine auf Kleriker beschränkte Verwaltungsgerichtsbarkeit. Für die Ausübung der k. G. besteht ein kirchl. Gerichtswesen mit drei Instanzen: bischöfl. (→Offizialat), Metropolitan- und päpstl. Gericht (→Rota, →Apostolische Signatur).

Das *ev.* Kirchenrecht kennt gegenüber den Gemeindegliedern und Gemeinden keine k. G., jedoch sehen die kirchl. Grund- und Lebensordnungen Möglichkeiten der Kirchenzucht oder des Vorgehens auf dem Verwaltungswege vor. Für Lehrzucht- oder Disziplinarmaßnahmen sind bei der EKD und der EKU Disziplinarkammern und ständig, bei der VELKD ein Senat für Lehrfragen und für innerkirchl. Streitfragen der Schiedsgerichtshof der EKD.

kirchliche Hochschulen, von den Kirchen errichtete und in ihrer Rechtsträgerschaft getragene Hochschulen zur Ausbildung von Geistlichen und auch von Laien in den theolog. und in anderen Wissenschaftsdisziplinen. Die ältesten k. H. sind die **päpstlichen Universitäten** in Rom, darunter am bedeutendsten die 1551 gegründete →Gregoriana. Zu den ›Atenei Romani‹ (›Röm. [kirchl.] Hochschulen‹) gehören weiterhin drei päpstl. Hochschulen, drei päpstl. theolog. Fakultäten und vier päpstl. wiss. (Spezial-)Institute (Pontificio Istituto). Außerhalb Roms bestehen (1997) weltweit 51 päpstl. bzw. kath. Univ. Bekannte **katholische Universitäten** sind die Univ. in Löwen (gegr. 1425) und in Paris (›Institut Catholique de Paris‹; 1875). Die kath. Univ. Lublin (1918) – die einzige kirchl. Univ. im ehem. Ostblock – konnte auch im kommunist. Polen ihren Lehrbetrieb aufrechterhalten. In Dtl. besteht seit 1980 eine kath. Univ. in Eichstätt. **Katholische k. H.** bestehen im *dt. Sprachraum* in folgenden Städten: Frankfurt am Main (›Philosophisch-Theolog. Hochschule St. Georgen – Theolog. Fakultät SJ‹, k. H. der Jesuiten), Fulda, Paderborn, Trier, Erfurt (›Philosophisch-theolog. Studium‹); Linz; Chur und Luzern. Außerdem bestehen in Dtl. noch sechs **Ordenshochschulen:** der Jesuiten in München (›Hochschule für Philosophie – Philosoph. Fakultät SJ‹), der Pallottiner in Vallendar, der Salesianer in Benediktbeuern, der Franziskaner und Kapuziner in Münster, der Redemptoristen in Hennef (Sieg) und der Steyler Missionare in Sankt Augustin.

Die älteste **evangelische k. H.** in Dtl. ist die Kirchl. Hochschule Bethel (1905 von F. VON BODELSCHWINGH gegr.). Weitere ev. k. H. sind die ›Kirchl. Hochschule Wuppertal‹ (gegr. 1935 von den Bruderräten der Bekennenden Kirche) und die ›Augustana Hochschule‹ in Neuendettelsau (gegr. 1947). Die ›Selbständige Ev.-Luth. Kirche‹ unterhält die ›Luther. Theolog. Hochschule‹ Oberursel (Taunus).

Die 1935 von der Bekennenden Kirche gegründete ›Kirchl. Hochschule in Berlin‹ und die in der DDR bestehenden ev. k. H. in Berlin (Ost; ›Sprachenkonvikt‹), Leipzig (›Ev.-Luther. Missionshaus‹) und Naumburg (›Katechet. Oberseminar‹) wurden 1993 aufgelöst, nachdem sie 1990 die staatl. Anerkennung als Hochschulen erhalten hatten.

kirchliche Öffentlichkeits|arbeit, die an die Öffentlichkeit gerichtete Informations- und Kommunikationstätigkeit der christl. Kirchen in den Medien. Die ›klass. Medien‹ der k. Ö. sind die kirchl. Publizistik und die kirchl. Programmangebote in Hörfunk und Fernsehen. Neben sie treten in den 1990er-Jahren zunehmend über die modernen Telekommunikationsnetze vermittelte Informationsangebote der Kirchen (z. B. im Internet). – Überregionale Organisationen der k. Ö. sind in der kath. Kirche die 1964 errichtete ›Päpstl. Kommission für die soziale Kommunikation‹ (seit 1988 ›Päpstl. Rat ...‹) sowie in Brüssel der ›Office Catholique International du Cinéma et de l'Audiovisuel‹ (OCIC) und die →UNDA (für Hörfunk und Fernsehen). Daneben besteht als weltweite Organisation der christl. Kommunikation die 1975 gegründete ›World Association for Christian Communication‹ (WACC, Sitz: London). (→evangelische Presse, →katholische Presse, →Kirchenfunk)

Kirche in der Informationsgesellschaft. Perspektiven kirchl. Öffentlichkeitsarbeit u. Publizistik, hg. v. H. REICHARDT (1988); Öffentlichkeitsarbeit der Kirche, hg. v. H. TREMEL u. R. LANGE (³1995).

kirchliches Begräbnis, in den *christl. Kirchen* die mit einer gottesdienstl. Feier verbundene Bestattung eines verstorbenen Christen (in der kath. Kirche die →Exequien), wobei die Erdbestattung als der ›Normalfall‹ angesehen wird. Grundsätzlich haben alle verstorbenen Christen Anspruch auf ein k. B., das allerdings von den Kirchen unter bestimmten Voraussetzungen verweigert werden kann. Das *kath. Kirchenrecht* sieht die Verweigerung für offenkundig vom Glauben Abgefallene, für Häretiker und für Schismatiker sowie für diejenigen vor, die sich aus Gründen, die der christl. Glaubenslehre widersprechen, für eine Feuerbestattung entschieden haben. Ebenso kann das k. B. ›öffentl. Sündern‹ (z. B. wieder verheirateten Geschiedenen) verweigert werden, wenn diese vor ihrem Tod keine Zeichen der Reue gezeigt haben bzw. wenn das Begräbnis nicht ohne öffentl. Ärgernis bei den Gläubigen gewährt werden kann. Getauften Nichtkatholiken kann das k. B. in Ausnahmefällen gewährt werden (cc. 1176ff. CIC). Nach *ev. Kirchenrecht* wird das k. B. unterlassen bei Verstorbenen, die sich bis zuletzt bewusst und eindeutig von der kirchl. Gemeinschaft und vom christl. Glauben abgewandt haben.

kirchliches Benefizium, Pfründe, nach früherem kath. Kirchenrecht ein Kirchenamt, das mit einer Vermögensausstattung (Land, Geldvermögen u. a.) verbunden war, deren Erträge zum Unterhalt des

Amtsinhabers (**Benefiziat; Pfründner**) bestimmt waren. Mit dem Beginn der Neuzeit zerfiel das bis dahin eine rechtl. Einheit bildende Ortskirchenvermögen in zwei getrennte Vermögensmassen: in das Gotteshausvermögen (zur Sicherung des Sachbedarfs des Gottesdienstes und zum Unterhalt der Kirchengebäude und Dienstwohnungen) und in das Benefizialvermögen (Pfründengut), das als Stellenvermögen den Unterhalt des Klerus sichert.

kirchliche Schulen, Schulen in kirchl. Rechtsträgerschaft; sie haben in Dtl. den Status von Privatschulen. Kath. Schulen werden z. B. von Orden und Bistümern unterhalten, ev. Schulen von Landeskirchen, Kirchenkreisen und Stiftungen. (→Ordensschulen; →Konfessionsschulen)

kirchliches Lehr|amt, in der *kath. Kirche* die ›Instanz‹, der als Verkörperung der Lehrautorität, die den Aposteln von JESUS CHRISTUS selbst zugesprochenen worden ist, die authent. Bewahrung, Weitergabe, Entfaltung und Auslegung der Glaubensinhalte in letzter Verbindlichkeit obliegt. Träger des k. L. sind der Papst, das ökumen. Konzil und die regierenden Bischöfe, die es durch kirchl. Sendung (→Missio canonica) auch an die mit Lehr- und Verkündigungsaufgaben Beauftragten delegieren (z. B. Priester, Theologieprofessoren, Katecheten). Zur Beratung des Hl. Stuhles in wichtigen Lehrfragen besteht seit 1969 bei der Glaubenskongregation und unter dem Vorsitz ihres Präfekten die ›Internat. theolog. Kommission‹ (›Commissione Teologica Internazionale‹).

Das Selbstverständnis der *ev. Kirchen* schließt ein k. L. nach kath. Verständnis aus. Richtschnur für Verkündigung und Erklärung der Lehre sind das Evangelium und die Bekenntnisschriften. Praktisch ist jedoch auch in den ev. Kirchen der Lehrverkündigung der Autorität der kirchenleitenden Organe (v. a. des Bischofs) unterworfen.

W. A. VISSER'T HOOFT: Lehrer u. Lehramt der Kirche (a. d. Engl., 1986); HANS-JOACHIM SCHULZ: Bekenntnis statt Dogma. Kriterien der Verbindlichkeit der kirchl. Lehre (1996).

Kirchlich-Soziale Konferenz, Freie K.-S. K., →Evangelisch-sozialer Kongress.

Kirchner, 1) Alfred, Theaterregisseur, *Göppingen 22. 5. 1937; tätig v. a. als Oberspielleiter, u. a. in Stuttgart (1972–79), Bochum (1979–86) und am Burgtheater Wien (1986–90), auch an der Oper in Frankfurt am Main, an der Hamburg. und Wiener Staatsoper, in Santa Fe (USA) und New York; 1990–93 Generaldirektor der Staatl. Schauspielbühnen Berlin.

Alfred Kirchner

2) Ernst Ludwig, Pseud. **Louis de Marsalle,** Maler, Grafiker, Bildhauer, Fotograf, *Aschaffenburg 6. 5. 1880, †(Selbstmord) Frauenkirch (heute zu Davos) 15. 6. 1938. K. studierte 1901–05 in Dresden Architektur und gründete dort 1905 mit E. HECKEL und K. SCHMIDT-ROTTLUFF die Künstlergemeinschaft →Brücke. Seit 1911 arbeitete er in Berlin, ab 1918 nach schwerer Erkrankung in Frauenkirch. 1937 wurden in Dtl. seine als ›entartet‹ diffamierten Werke beschlagnahmt. K. war ein Hauptvertreter und der führende Grafiker des Expressionismus. In den frühen Gemälden kommt in heftigen Farb- und Formkontrasten die Daseinsproblematik der Zeit zum Ausdruck. Um 1911/12 mäßigten sich seine Farben, die Strichführung wurde erregter, die Formen splitternd. Hauptthema war das Großstadtleben (Straßen- und Varietészenen). In den ab 1918 entstandenen schweizer. Landschaften gelangte er zu einer neuen Farbigkeit und Monumentalität. Das Spätwerk der 30er-Jahre steht unter dem Einfluss P. PICASSOS. Bezeichnend sind nun eine Ornamentalisierung der figuralen Kompositionen und die Reduktion auf abgegrenzte, homogene Farbflecke. K.s graf. Hauptwerk ist die Folge von 47 Holzschnitten zu G. HEYMS ›Umbra vitae‹ (1924). Seine bedeutendsten bildhauer. Arbeiten (v. a. Skulpturen aus Holz)

Ernst Ludwig Kirchner: Fünf Frauen auf der Straße; 1913 (Köln, Museum Ludwig)

entstanden in der Schweiz. 1994 konnten die Staatl. Kunstsammlungen Dresden die Holzskulptur ›Liegende‹ (um 1911/12) aus Privatbesitz erwerben. Die größte öffentlich zugängl. Sammlung von Werken des Künstlers beherbergt das K.-Museum in Davos (Neubau 1989–92, BILD →schweizerische Kunst). Weitere BILDER →Expressionismus, →Holzbildhauerei.

Weitere Werke: Selbstbildnis mit Modell (1907; Hamburg, Kunsthalle); Vier Badende (1909; Wuppertal, Von der Heydt-Museum); Akte im Strandwald (1913; Halle [Saale], Staatl. Galerie Moritzburg); Fünf Frauen auf der Straße (1913; Köln, Museum Ludwig); Davos im Schnee (1923; Basel, Kunstmuseum); Die Maler der Künstlergemeinschaft Brücke (1925/26; Köln, Museum Ludwig; BILD →Brücke).

E. L. K., bearb. v. W. GROHMANN u. a. (1958); E. W. KORNFELD: E. L. K. (Bern 1979); A. u. W.-D. DUBE: E. L. K. Das graph. Werk, 2 Bde. (²1980); E. L. K. Holzschnittzyklen, bearb. v. G. GERCKEN u. a. (1980); E. L. K. Meisterwerke der Druckgraphik, bearb. v. M. M. MOELLER, Ausst.-Kat. Brücke-Museum Berlin (1990); K.-Museum Davos. Kat. der Slg., hg. v. W. HENZE u. G. LOHBERG, 2 Bde. (Davos 1992–94); E. L. K. Von Jena nach Davos, hg. v. A.-M. EHRMANN u. V. WAHL, Ausst.-Kat. Stadtmuseum Göhre in Jena (1993); E. L. K. Zeichnungen u. Aquarelle, bearb. v. M. M. MOELLER, Ausst.-Kat. Brücke-Museum Berlin (1993); E. L. K., Kunst u. Technik der Radierung, hg. v. G. LOHBERG, Ausst.-Kat. K.-Museum Davos (Davos 1994); E. L. K. Zeichnungen u. Pastelle, hg. v. R. N. KETTERER (²1995); L. GRISEBACH: E. L. K. 1880–1938 (1995).

3) Ignaz, Schauspieler, *Andernach 13. 7. 1948; hatte 1971 sein Bühnendebüt; es folgten Engagements an der Freien Volksbühne Berlin (1973–74), in Stuttgart (1974–78), Bremen (1978–81), an den Münchner Kammerspielen (1982–86) und in Köln (1983–84). Ab 1987 hatte er große Erfolge am Wiener Burgtheater, v. a. unter der Regie von G. TABORI; seit 1992 am Dt. Theater Berlin.

4) Joachim, Bibliothekar, *Berlin 22. 8. 1890, †Gauting 22. 11. 1978; legte mit seinen Schriften ›Die Grundlagen des dt. Zeitschriftenwesens ... bis zum Jahr 1790‹ (1928–31, 2 Bde.) und ›Das dt. Zeitschriftenwesen ...‹ (1942–62, 2 Bde.) einen umfassenden kulturhist. Abriss zur Gesch. der Zeitschriften vor. Er betätigte sich auch auf dem Gebiet der mittelalterl. Handschriftenkunde.

5) Volker David, Komponist, *Mainz 25. 6. 1942; studierte 1959–63 in Köln bei G. KEHR und T. VARGA (Violine und Viola) und bei G. RAPHAEL (Komposition); war 1966–88 als Bratschist Mitgl. des Sinfonie-Orchesters des Hess. Rundfunks in Frankfurt am Main, daneben als Komponist tätig. K.s Musik bewegt sich ständig zw. eingängigen, dissonanzfreien Dur- und Moll-Klängen und ganztönigen Klangballungen sowie chromat. Reibungen. Themen seiner musikdramat. Werke der letzten Jahre sind v. a. myst. Weltflucht und Gegenwartsklage.
Werke: Die fünf Minuten des Isaak Babel (1979; szen. Requiem in 12 Bildern); Das kalte Herz (1980; szen. Ballade für Musik, Neufassung als Musikdrama 1988); 1. Sinfonie ›Totentanz‹ (1980); Streichquartett (1983); Belshazar (1986; Musikdrama); 2. Sinfonie (1988); Euphorion (1988; lyr. Szene für Orchester); Erinys (1989; Threnos in zwei Teilen); Streichsextett (1994); Exil (1995; Quartett für Klarinette, Violine, Violoncello u. Klavier); Dybuk (1996; für Marimbaphon).

Kirchschläger, Rudolf, österr. Politiker, *Obermühl (heute zu Kirchberg ob der Donau, Oberösterreich) 20. 3. 1915; zunächst Richter; nahm an den Abschlussverhandlungen über den Österr. Staatsvertrag 1955 in Moskau teil und ist Mitautor des österr. Neutralitätsgesetzes. 1956 übernahm K. die Leitung der Völkerrechtsabteilung des Außenministeriums; vertrat sein Land bei vielen internat. Konferenzen. Er war 1963–66 Kabinettschef der Außen-Min. B. KREISKY und L. TONČIĆ-SORINJ, 1967–70 Gesandter in Prag sowie 1970–74 Außen-Min. in der Reg. unter B. KREISKY. Als Kandidat der SPÖ wurde K. (parteilos) im Juni 1974 zum Bundespräs. gewählt; im Mai 1980 wieder gewählt, amtierte er bis Juli 1986.

Kirchspiel, Kirchsprengel, ältere Bez. für Kirchengemeinde (→Gemeinde).

Kirchweih, niederdt. **Kirmes,** fränk. **Kirbe, Kirwe,** hess., pfälz. **Kerb, Kerwe,** schweizer. **Kilbe, Chilbi,** österr.-bair. **Kirta,** Fest zur Erinnerung an die →Kirchweihe. Seit dem 9. Jh. wurde der Jahrestag der Kirchweihe auch weltl. Fest. Die K. hatte Jahrmärkte an sich gezogen, dazu Schaustellungen fahrender Leute und volkstüml. Vergnügungen. Seit dem frühen 16. Jh. setzte sich die gemeinsame Feier der K. aller Kirchen eines Bistums durch. Als Termin wurde der Herbst bevorzugt, sodass die K. vielfach mit der Erntefeier zusammenfiel; später als Volksfest (Tanz, Jahrmarkt) begangen. – Allg. üblich wurde zu Beginn des Festes der K.-Friede durch die Territorialherrschaft ausgerufen. Zugleich wurde die K.-Fahne aufgezogen, und in rechtsbräuchl. Zeremoniell begann der K.-Tanz im Freien. Er kreiste um die Dorflinde, einen K.-Baum oder den K.-Maien, einen bis zum Wipfelbuschen entasteten hohen Stamm. Dem Niederlegen des Baumes bei Beendigung der Marktzeit wurde vielfach unter scherzhaften Trauerzeremonien eine Kirmespuppe begraben.

Kirchweihe, in der *christl. Liturgie* die feierl. Handlung, mit der eine Kirche ihrer Bestimmung übergeben wird. In den ersten Jh. der Kirchengesch. geschah die K. allein durch die festl. Feier einer ersten Messe durch den Bischof (erstmals 314 für die Bischofskirche in Tyros durch EUSEBIOS VON CAESAREA bezeugt). Mit der Ausweitung des Märtyrerkultes wurde es üblich (seit dem 8. Jh. verpflichtend), in oder unter dem Altar Reliquien zu bergen, deren Einholung und Beisetzung zur Voraussetzung, in einem nächsten Schritt zum Bestandteil einer K. wurde. Durch Aufnahme gall. Elemente in die röm. Liturgie entstand um 1000 in der abendländ. Kirche ein äußerst komplizierter K.-Ritus, der in der *kath. Kirche* erst 1977 im Rahmen der Liturgiereform entscheidend vereinfacht wurde. Die erste Eucharistiefeier ist demnach wieder die wichtigste und allein notwendige Handlung der Weihe. Ein besonderes Weihegebet über Kirche und Altar, Salbung und Beräucherung des Altars und der Wände sowie das festl. Anzünden aller Lichter in der Kirche sollen die Bedeutung des Gebäudes hervorheben. Reliquien können, müssen aber nicht mehr unter dem Altar beigesetzt werden. Die K. und ihr Jahrestag werden als liturg. Hochfeste begangen. – In der *orth. Kirche* ist die Aufbewahrung von Reliquien im Altar bindende Voraussetzung für die K. Der ersten Feier der Göttl. Liturgie gehen im Rahmen eines Morgengottesdienstes die Weihwasserbesprengung, Myronsalbung und Beräucherung des Altars und das feierl. Auflegen des →Antimensions und des Evangelienbuches voraus. – In den *ev. Kirchen* erfolgt die K. im Rahmen eines feierl. Gottesdienstes anlässlich der Übernahme des Gebäudes durch die Gemeinde.

Kirdorf, Emil, Unternehmer, *Mettmann 8. 4. 1847, †Mülheim a. d. Ruhr 13. 7. 1938; 1892–1926 Generaldirektor der Gelsenkirchener Bergwerks-AG, gründete 1893 das Rheinisch-Westfäl. Kohlensyndikat und 1926 die Vereinigten Stahlwerke AG. – K. unterstützte schon vor der großen Wirtschaftskrise A. HITLER und die NSDAP.

Kirejewskij, Kireevskij [-ˈreje-]**, Iwan** Wassiljewitsch, russ. Philosoph, *Moskau 22. 3. 1806, †Sankt Petersburg 10. 6. 1856. Nach Studien in Dtl. bei G. W. F. HEGEL, F. W. J. VON SCHELLING und F. D. E. SCHLEIERMACHER (1831) wandte er sich 1834 den Lehren der orth. Kirche zu und vertrat das Slawophilentum. Seine Überlegungen kreisten u. a. um den Zwiespalt zw. Wissen und Glauben, den er im Denken der orth. Kirchenväter überwunden sah.
Ausgabe: Polnoe sobranie sočinenij, 2 Bde. (hg. 1911).
EBERHARD MÜLLER: Russ. Intellekt in europ. Krise (1966).

Kirgisen, früher **Karakirgisen,** mongolides turksprachiges Volk im Gebiet der Hochgebirge Zentralasiens (Tienschan, Kunlun Shan, Pamir, Alaigebirge), etwa 2,7 Mio. Menschen, davon 2,23 Mio. in Kirgistan, 0,3 Mio. in anderen GUS-Staaten, v. a. in den angrenzenden Gebieten Usbekistans, Tadschikistans (Pamir) und Kasachstans, sowie 0,14 Mio. in China im autonomen Gebiet Sinkiang. Von den in Afghanistan (im Wachangebiet des Pamir) lebenden K., Nachkommen von Flüchtlingen aus der Zeit der bolschewist. Zwangssesshaftmachung, sind viele seit dem Bürgerkrieg nach Pakistan und in die Türkei geflohen.
Früher lebten die K. als Nomaden (bes. Schaf- und Pferde-, in jüngerer Zeit auch Rinderzucht) mit kurzen Wanderwegen. Ein Zwang zum Feldbau ergab sich oft durch Verlust der Herden, im 19. Jh. auch durch Einschränkung der Weidegebiets als Folge russ. Kolonisation. Traditionelle Wohnweise war die Filzjurten, seit dem 19. Jh. gibt es feste Lehmhäuser bei den Winterweiden. Früher wurden auch die Kasachen oft irrtümlich als K. bezeichnet.
Die K. waren früher in zahlr. Stämme untergliedert, die v. a. zwei größeren Gruppen (rechter und linker Flügel) oder dem Ichkilike zugeordnet waren. Daneben standen einige kleinere Stämme heterogener Herkunft, die z. T. bis heute gewisse Besonderheiten bewahren. Ihre eher oberflächl. Bekehrung zum sunnit. Islam (ursprüngl. Glaubensvorstellungen blieben erhalten) war erst im 19. Jh. vollendet.
Das Volk der K. entstand seit der Mongolenzeit aus der Vereinigung von Turkstämmen und mongol. Stämmen. Unklar ist, ob ein den Chinesen seit dem 1. Jh. v. Chr. bekanntes, von ihnen Kien-K'un genanntes Volk mit den archäologisch bezeugten Jennissej-K. identisch ist und als direkter Vorfahr der heutigen K. gelten kann. Die als Hirtennomaden geschilderten Jennissej-K. siedelten urspr. zw. dem oberen Jennissej und dem Altai, vernichteten im 9. Jh. das Uigurenreich und wanderten während der Mongolenherrschaft (seit dem 13. Jh.) weiter westlich in den Tienschan, wo sich schließlich die heutige K.-Nation herausbildete. Zur *Geschichte* →Kirgistan.

Rudolf Kirchschläger

Kirg Kirgisensteppe – Kirgistan

Die kirgis. *Sprache* (früher auch Karakirgisisch) gehört (aufgrund des kasach. Einflusses nach 1917) einerseits zur NW-Gruppe der Turksprachen, andererseits ist sie durch ältere Merkmale mit den sibir. Turksprachen, bes. mit dem Altaischen, verbunden. Sie umfasst nördl. (Basis der Schriftsprache) und südl. Dialekte; Letztere zeigen Einflüsse des Usbekischen. Die Schriftsprache entwickelte sich nach 1917 und wurde bis 1939 und wieder seit 1992 in lat., dazwischen in kyrill. Schrift geschrieben.

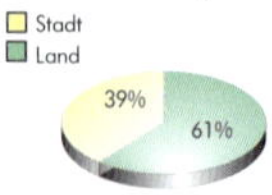

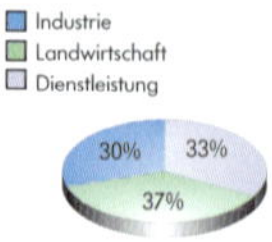

Literatur: Zur Volksdichtung gehört das →Manas-Epos. Einige Volksdichter wie TOGOLOK MOLDO (* 1860, † 1942) und TOKTOGUL SATYLGANOW (* 1864, † 1933, offiziell als Begründer der kirgis. Sowjetliteratur betrachtet) versuchten, das traditionelle Moment mit zeitgenöss. Thematik zu verbinden. Im Rahmen der Sowjetliteratur entwickelten sich bes. die realist. Prosa (z. B. bei TÜGELBAJ SYDYBEKOW, * 1912) und die Lyrik. Herausragender Autor der Moderne ist T. AJTMATOW.

K. H. MENGES in: Philologiae Turcicae Fundamenta, hg. v. J. DENY u. a., Bd. 1 (1959); Očerki istorii kirgizskoj sovetskoj literatury, hg. v. T. SYDYBEKOV u. a. (Frunse 1961); R. J. HEBERT: Kirghiz manual (Neuausg. Bloomington, Ind., 1964); G. IMART: Le kirghiz (Aix-en-Provence 1981).

Kirgisensteppe, Bez. für die Steppen-, Halbwüsten- und Wüstengebiete in Kasachstan.

Kirgistan
Fläche 198 500 km²
Einwohner (1996) 4,545 Mio.
Hauptstadt Bischkek
Amtssprache Kirgisisch
Nationalfeiertag 31. 8.
Währung 1 Kirgistan-Som (K. S.) = 100 Tyin
Uhrzeit 16⁰⁰ Bischkek = 12⁰⁰ MEZ

Kirgistan, amtlich kirgisisch **Kyrgyzstan Respublikasy,** auch **Kirgisi|en, Kirgisistan, Kyrgysstan, Kyrgyzstan,** Republik in Mittelasien, mit 198 500 km² Gebietsfläche zweitkleinste der mittelasiat. GUS-Republiken, grenzt im N an Kasachstan, im O und SO an China, im SW schiebt sich K. mit der Turkestankette tief in tadschik. Staatsgebiet vor (KARTE →Kasachstan), stark gegliedert ist auch die Grenze zu Usbekistan im W; (1996) 4,545 Mio. Ew., Hauptstadt ist Bischkek (früher Frunse). Staatssprache ist Kirgisisch. Russisch ist als zweite Amtssprache anerkannt, ebenso sind andere hier gesprochene Sprachen im Siedlungsgebiet der jeweiligen Ethnien Amtssprachen. Währung ist seit 1993 der Kirgistan-Som (K. S.) = 100 Tyin. Uhrzeit: 16⁰⁰ Bischkek = 12⁰⁰ MEZ.

STAAT · RECHT

Verfassung: Die Verf. vom 5. 5. 1993 (durch Volksentscheide vom 22. 10. 1994 und vom 10. 2. 1996 maßgeblich verändert) kennzeichnet K. als souveräne, unitar. und demokrat. Rep., die auf den Grundsätzen des weltl. Rechtsstaates beruht; nach der Staatsform ist K. eine präsidiale Republik. Der Grundsatz des Laizismus ist nicht nur in der sowjet. Tradition des Atheismus, sondern v. a. als Absage an islamisch-fundamentalist. Strömungen zu sehen. Deshalb sind auch polit. Parteien auf religiöser Grundlage verboten. Um die Herausbildung eines Staatsvolkes zu erleichtern, wurde allen Landesbewohnern durch das Staatsangehörigkeits-Ges. vom 16. 10. 1990 die kirgis. Staatsangehörigkeit zugesprochen.

Staatsoberhaupt und Oberbefehlshaber der Streitkräfte ist der auf fünf Jahre direkt gewählte Präs. (nur einmalige Wiederwahl in direkter Folge möglich). Der Präs. bestimmt die Richtlinien der Politik, ist Inhaber der Notstandsgewalt und verfügt namentlich auf dem Gebiet der Außen-, Innen- und Sicherheitspolitik über weit reichende Befugnisse. Er hat das Recht der Gesetzesinitiative, kann gegen Gesetzesbeschlüsse sein Veto einlegen und verfügt über ein selbstständiges Verordnungsrecht, das nur durch den Vorrang der Gesetze beschränkt ist. Die Legislative liegt beim Zweikammerparlament, bestehend aus der Gesetzgebenden Versammlung (35 Abg.) und der Versammlung der Volksvertreter (70 Abg.). Die Legislaturperiode beträgt fünf Jahre; die Wahl der Abg. erfolgt im System der Mehrheitswahl in Einzelwahlkreisen. Der Gesetzgebenden Versammlung obliegt die laufende Gesetzgebung, während die seltener tagende Versammlung der Volksvertreter für grundlegende Sach- und Personalentscheidungen zuständig ist. Für Verf.-Änderungen ist eine Zweidrittelmehrheit beider Kammern erforderlich. Die Ausübung der vollziehenden Gewalt ist Aufgabe der Reg. unter Vorsitz des Premier-Min. Der Reg.-Chef und auf dessen Vorschlag die übrigen Mitgl. des Kabinetts werden vom Präs. ernannt und entlassen. Die Ernennung, nicht aber die Entlassung des Premier-Min. bedarf der Zustimmung der Versammlung der Volksvertreter. Wird ein vom Präs. vorgeschlagener Premier-Min. dreimal abgelehnt, bleibt die Ernennung wirksam, und die Versammlung wird aufgelöst. Die Reg. hat in ihrem Aufgabenbereich ein eigenes Verordnungsrecht, doch können ihre Verordnungen vom Präs. jederzeit aufgehoben werden.

Das Verf.-Gericht besteht aus neun Richtern, die auf Vorschlag des Präs. von der Versammlung der Volksvertreter für 15 Jahre gewählt werden; eine Wiederwahl ist zulässig. Hauptaufgabe des Gerichts ist die abstrakte und konkrete Normenkontrolle; eine Verf.-Beschwerde ist nicht vorgesehen. Entscheidungen des Verf.-Gerichts können beim Hohen Justizrat angefochten werden, der aus den Präs. des Verf.-Gerichts, des Obersten Gerichts und den Höchsten Arbitragegerichts sowie je zwei Richtern dieser drei Gerichte besteht, die vom Hohen Justizrat auf Vorschlag des Präs. kooptiert werden.

Parteien: Nach der Verabschiedung des Ges. über öffentl. Organisationen am 1. 2. 1991 entstand eine Vielzahl polit. Parteien und soziopolit. Bewegungen, z. B. Sozialdemokrat. Partei K.s (gegr. 1993), Republikan. Volkspartei K.s (gegr. 1993; sozialdemokratisch), Agrarpartei (gegr. 1993), Ata Meken (Mutterlandpartei; gegr. 1992; nationaldemokratisch), Partei der Kommunisten K.s (gegr. 1993 als Nachfolgeorganisation der im August 1991 suspendierten KP K.s). Sie spielen allerdings eine untergeordnete Rolle; im 1995 gewählten Parlament dominieren ›unabhängige‹ Abg., die vielfach aus der früheren KP-Nomenklatur kommen und dem derzeitigen gemäßigt reformer. Staatspräs. nahe stehen.

Wappen: Das Wappen, vom Charakter her mehr ein Staatssiegel, stammt aus dem Jahr 1993. Es zeigt im oberen Teil eine aufgehende Sonne über den Bergen des Tienschan, seinen Vorbergen und dem Issykkul, im unteren Teil eine weiße Taube mit ausgebreiteten Flügeln. Umgeben wird das Wappen von oben und unten von der offiziellen Staatsbezeichnung in kyrill. Buchstaben, an den Seiten von den wichtigsten Anbaufrüchten des Landes, Baumwolle und Weizen.

Nationalfeiertag: 31. 8., erinnert an die Unabhängigkeitserklärung 1991.

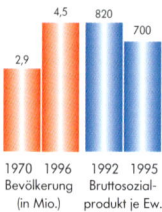

Verwaltung: K. gliedert sich in sechs Gebiete und die Hauptstadt Bischkek; die Gebiete sind in 40 Kreise (›rajon‹) und 21 Städte untergliedert. In den Landkreisen bestehen rd. 430 Kommunen (Städte, Siedlungen, Dörfer). Die Staatsverwaltung ist nach dem Statthaltersystem hierarchisch aufgebaut. An der Spitze des unter der Aufsicht der Reg. stehenden Verwaltungsapparats steht in den Gebieten und Landkreisen jeweils ein auf Vorschlag des Premier-Min. vom Präs. ernannter Verw.-Chef. Die Räte der Gebiete und Landkreise, die als Beschlussorgane in Selbstverwaltungsangelegenheiten fungieren, werden von den kommunalen Räten und diese wiederum von der Bev. gewählt.

Recht: Die für Zivil-, Straf- und Verwaltungssachen zuständige Gerichtsbarkeit besteht aus Kreis- und Stadtgerichten, Gebietsgerichten und dem Obersten Gericht. Die Arbitragegerichte in den Gebieten sowie das Höchste Arbitragegericht sind für wirtschafts- und verwaltungsrechtl. Streitigkeiten der Unternehmen zuständig. Eine Sonderstellung nimmt die Militärstrafgerichtsbarkeit ein. Die Richter der beiden obersten Gerichte werden auf Vorschlag des Staatspräs. von der Versammlung der Volksvertreter für 15 Jahre gewählt. Die übrigen Richter werden auf Vorschlag des Hohen Justizrats vom Staatspräs. zuerst für drei und danach für sieben Jahre ernannt. Unterhalb der staatl. Gerichtsbarkeit können auf kommunaler Ebene die traditionellen Schiedsgerichte der Dorfältesten (Aksakal) in vermögens- und familienrechtl. Sachen wirksam werden. Ihre Entscheidungen sind gerichtlich anfechtbar. Die Staatsanwaltschaft ist nicht nur Strafverfolgungsbehörde, sondern auch für eine umfassende Rechtsaufsicht über die Verw. zuständig.

Streitkräfte: Nach dem Auseinanderfallen der Sowjetunion verblieben auf dem Territorium von K. bis auf weiteres russ. Truppen. Seit 1992 sind eigene nat. Streitkräfte im Aufbau. Diese umfassen fast ausschließlich Heerestruppen in einer Stärke von etwa 9 000 Mann, die in eine motorisierte Schützendivision mit je einem Panzer-, Artillerie- und Luftabwehrregiment gegliedert sind. Die Ausrüstung besteht im Wesentlichen aus ca. 200 Kampfpanzern vom Typ T-72 sowie aus etwa 500 gepanzerten Fahrzeugen. Der Grenzschutz wird bis zur Aufstellung eigener Einheiten von russ. Truppen gewährleistet. An paramilitär. Einheiten ist bis 1999 die Aufstellung einer Sicherheitstruppe, einer Grenztruppe sowie einer Nationalgarde geplant.

LANDESNATUR · BEVÖLKERUNG

K. ist überwiegend ein Hochgebirgsland (die ›mittelasiat. Schweiz‹), dessen Fläche zur Hälfte zw. 1 000 und 3 000 m ü. M., zu einem Drittel über 3 000 m ü. M. liegt. Das Land befindet sich in einer erdbebenreichen Zone. Im N prägen die durchschnittlich 3 000 bis 4 000 m hohen Bergketten des westl. Tienschan (Pik Pobeda, 7 439 m ü. M.), im S und SW das Alai- und Transalaigebirge (Pik Lenin, bis 7 134 m ü. M.), beide durch das Alaital getrennt, die Oberfläche. Zum Gebirgssystem des Tienschan, der sich im W fächerartig aufgliedert, gehören als Hauptgebirgszüge von N nach S die teilweise vergletscherte Kirgisenkette, die Talaskette, die Kungej- und Terskej-Alatau im N des Landes, die Koksha-Alatau-Kette im SO an der Grenze zu China, die Tschatkalkette im W und die Feranakette im Zentrum. Die weiter im S gelegene Turkestankette an der Grenze zu Tadschikistan wird teilweise schon zum Hissar-Alai-System gerechnet. Die z. T. stark vergletscherten Gebirgsketten umschließen Längstäler und Becken (Issykkul-, Feranabecken). Offen ist das Land nur im N (Tschu- und Talastal) zur Sandwüste Mujunkum in Kasachstan und zum Feranabecken, das größtenteils zu Tadschikistan und Usbekistan gehört. Den Gebirgsketten entströmen zahlreiche gefällereiche, von Gletschern und Schneefeldern gespeiste Flüsse (Naryn im mittleren, Talas im westl. und Tschu im nördl. Landesteil) mit jahres- und

Kirgistan: Der abflusslose Gebirgssee Issykkul

im Sommer auch tageszeitlich stark schwankender Wasserführung, die große Bedeutung für Bewässerung und Energieerzeugung haben. Die größten Wasserkraftreserven besitzt der Naryn, der zum Toktoguler Stausee aufgestaut ist. Die intramontanen Senken sind mit abflusslosen, salzhaltigen Seen angefüllt. Größter See ist der Issykkul.

Klima: Das Klima ist ausgeprägt kontinental und trocken mit deutlich erkennbarer Höhenstufung. Größere Niederschlagsmengen empfangen lediglich die im Staubereich der NW- und SW-Winde liegenden Gebirgsteile (800–1 000 mm/Jahr). Am geringsten sind die Niederschläge in den zentralen Becken und Tälern des Tienschan (180–300 mm/Jahr) und im W-Teil des Issykkulbeckens (100 mm/Jahr). Die mittlere Julitemperatur beträgt in den niedrigeren Lagen 20 bis 27 °C (das Januarmittel liegt bei −1,5 bis −8 °C), in den mittelhohen 15 bis 17 °C (−8 bis −20 °C) und in den Hochgebirgslagen bei 10 bis 12 °C (−20 bis −27 °C). Im S K.s sind die Sommer heißer, die Winter milder als im N, sodass es nicht immer zur Ausbildung einer geschlossenen Schneedecke kommt.

Vegetation: Bis 1 500 m ü. M. herrschen Wüsten, Halbwüsten, Gras- und Buschsteppen vor, die 50 % der Fläche K.s einnehmen. Landwirtschaftl. Nutzung ist meist nur mittels Bewässerung möglich. Zw. 1 500 und 4 000 m ü. M. gibt es trockene Bergsteppen, die mit zunehmender Höhe in Wiesensteppen und subalpine und alpine Wiesen mit eingestreuten Hainen aus Tienschanfichten und versch. Wacholderarten übergehen. Die Waldfläche umfasst nur noch 1 % des Landes. Größere zusammenhängende Gehölze kommen nicht mehr vor (im Vergleich zu den 1930er-Jahren hat sich dort rücksichtslose Abholzung die Waldfläche bis heute halbiert), lediglich am Rand des Feranabeckens gibt es noch tausendjährige Walnusswälder. Die Abholzung der Wälder führt im Zusammenhang mit Überweidung zu Erosionsschäden an den Steilhängen der Gebirge und nach Erdbeben häufig zu Erdrutschen und Murenabgängen. Oberhalb 4 000 m ü. M. (an den S-Hängen des Alaigebirges oberhalb 4 800 m ü. M.) beginnt die Firn- und Gletscherregion.

Bevölkerung: Die Bev.-Zahl wuchs von (1897) 0,7 Mio. über (1926) 1,0 Mio., (1959) 2,1 Mio. und (1979)

Wörter, die man unter K vermisst, suche man unter C, Ch, G, H oder Q

3,5 Mio. auf (1996) 4,6 Mio. an. Nach Schätzungen aus dem Jahr 1993 stellen die Kirgisen mit 56,5% den größten Bev.-Anteil (1959: 40,5%; 1979: 47,9%), gefolgt von den Russen mit 18,8% (1959: 30,2%; 1979: 25,9%), Usbeken (13,3%), Ukrainern (2,1%), Tataren (2,0%) und Deutschen (1995: 0,8%). Außerdem wohnen auch Kasachen, Dunganen, Tadschiken und Uiguren sowie etwa weitere 70 Ethnien in K. Der Mangel an Ackerland, ungeklärte Besitzansprüche sowie die Bevorteilung der Kirgisen führten zu ethn. Spannungen zw. der kirgis. und nichtkirgis. Bev., v. a. im Ferganatal zw. den Kirgisen und den mehrheitlich hier wohnenden Usbeken. Seit 1990 kam es zur Abwanderung nichtkirgis. Bev.-Gruppen, bes. von Russen und Deutschen. Um die Russen, die viele Facharbeiter in K. stellen, im Land zu halten, wurde Russisch wieder als zweite Amtssprache eingeführt. Die Deutschen genießen inzwischen volle Autonomierechte.

Die mittlere Bev.-Dichte beträgt 22,9 Ew./km², jedoch ist die Bev.-Verteilung im Land naturbedingt sehr unterschiedlich. Das gebirgige Relief lässt wenig Raum für eine dichtere Besiedlung. Weite Teile sind nahezu menschenleer und werden nur gelegentlich von nomadisierenden Schafhirten durchstreift. Siedlungsschwerpunkte mit 100–200 Ew./km² sind das Tschu- und Talastal, die Randzone des Ferganabeckens, das Naryn- und Alaital sowie die östl. Uferzone des Issykkul. Das durchschnittliche jährliche natürl. Bev.-Wachstum betrug 1985–94 4,7%, die mittlere Lebenserwartung lag 1994 bei 69 Jahren. Der Verstädterungsgrad ist mit (1994) nur 39% städt. Bev. vergleichsweise gering. Größte Städte (1991) sind Bischkek (631 300 Ew.), Osch (219 100 Ew.), Dschalalabad (79 900 Ew.), Tokmak (71 200 Ew.), Karakol (früher Prschewalsk, 64 300 Ew.) und Kara-Balta (55 000 Ew.).

Religion: Es besteht Religionsfreiheit. Staat und Religion sind nach der Verf. getrennt. Der sunnit. Islam (überwiegend der hanefit. Rechtsschule) ist die größte Religionsgemeinschaft, der mit den Kirgisen, Usbeken und den übrigen turksprachigen Nationalitäten nominell rd. 70% der Bev. angehören. Die geistl. Verwaltungsstruktur der Sowjetunion, die die kirgis. Muslime der geistl. Leitung des Muftiats in Taschkent unterstellte, besteht offiziell weiter. Zahlr. Muslime fühlen sich dem mystisch orientierten Volksislam verbunden. – Von den rd. 8% Christen gehören über 90% der orth. Kirche an. Für die orth. Christen (Russen und Ukrainer) in K., Tadschikistan, Turkmenistan und Usbekistan besteht das russ.-orth. Erzbistum Taschkent. Die geistl. Betreuung der kath. Christen erfolgt durch die Apostol. Administratur Kasachstan (Sitz: Karaganda), die Lutheraner, wie die Katholiken überwiegend Angehörige der dt. Minderheit, gehören zur Eparchie K. der →Evangelisch-Lutherischen Kirche in Russland und anderen Staaten. Daneben bestehen sehr kleine Gemeinden der Adventisten, Baptisten und Pfingstler. – Elemente des alten schamanist. Erbes haben sich unter der islam. Bev. erhalten. – Buddhisten und Juden bilden sehr kleine religiöse Minderheiten.

Bildungswesen: Die Bev. verfügt über einen guten Bildungsstandard, vielfach auch über die Erwachsenenbildung erworben. Die Schulzeit der allgemein bildenden Mittelschule beträgt neun Jahre. Die vollständige Mittelschule umfasst noch eine zwei Schuljahre dauernde Oberstufe; das Abitur kann auch an mittleren Fachschulen nach zwei- bis vierjähriger Schulzeit abgelegt werden. Daneben bestehen berufliche techn. Schulen (Facharbeiterausbildung, techn. und medizin. Hilfsberufe). Unterrichtssprache in Primar- und Sekundarstufe ist zu 61% Kirgisisch, 26% Russisch, 12% Usbekisch und 1% Tadschikisch. Die Forschung ist an der Kirgis. Akad. der Wiss.en organisiert. K. hat eine Univ. (1951 gegr.), TH, landwirtschaftl., Kunst-, medizin. Hochschule sowie drei weitere Hochschulen, alle in Bischkek, ferner Kunsthochschulen sowie 48 pädagog. Lehranstalten.

Publizistik: Presse: 1993 erschienen 143 Zeitungen und Zeitschriften, davon 81 in Kirgisisch. Die wichtigsten Zeitungen sind ›Wetschernij Bischkek‹ (Auflage 50 000, in Russ.), ›Pyramida‹ (50 000), ›Asaba‹ (40 000), ›Kyrgyz Tuusu‹ (22 000), ›Slowo Kirgistana‹ (15 000, in Russ.). – *Nachrichtenagentur* ist ›Kyrgyzkabar‹. – *Hörfunk* und *Fernsehen* sind staatlich organisiert.

WIRTSCHAFT · VERKEHR

Gemessen am Bruttosozialprodukt (BSP) je Ew. von (1994) 610 US-$ fällt K. in die Kategorie der Entwicklungsländer mit mittlerem Einkommen. Es besteht ein großer Unterschied im wirtschaftl. Entwicklungsstand zw. dem nördl. und südl. Landesteil. Das Auseinanderfallen der UdSSR hat K. stärker als andere ehem. Sowjetrepubliken getroffen, da es als eine der ärmsten Sowjetrepubliken von jeher von Subventionen aus Moskau abhängig war, die rd. 13% des Bruttoinlandsprodukts (BIP) ausmachten. Nach 1990 begann in K. eine offenere Wirtschaftspolitik, der Übergang zur Marktwirtschaft. Methoden erfolgte schneller als in anderen mittelasiat. GUS-Staaten. Verabschiedet wurden Gesetze zur Privatisierung, zur Gestaltung des neuen Bankensystems, zu Bodennutzung und Bodenreform. Große staatl. Betriebe wurden in Aktiengesellschaften umgewandelt und bis 1995 zu 55% privatisiert. Trotz der eingeleiteten Wirtschaftsreformen ist K. stark von der Transformationskrise betroffen. Das BIP ging 1991–95 im Jahresdurchschnitt um 14,3% zurück und stieg erst 1996 wieder leicht an. Der Austritt K.s aus der Rubelzone und die Einführung einer stabilen, konvertiblen Nationalwährung im Mai 1993 koppelte zwar das Land von dem starken Einfluss der Wirtschaften Russlands und der übrigen GUS-Länder ab und festigte die wirtschaftl. Eigenständigkeit, schwächte aber die gewachsenen wirtschaftl. Verbindungen der Betriebe und erschwerte die Zufuhr der von ihnen benötigten Rohstoffe. Die hohe Inflationsrate (1991: 85%, 1993: 1 190%, 1994: 87%) konnte bis Anfang 1996 durch Senkung der Staatsausgaben auf 19% gesenkt werden. Die Auslandsverschuldung betrug 1996 384 Mio. US-$, die steigenden Preise können durch die Einkommen nicht mehr gedeckt werden, was zur Verarmung weiter Teile der einkommensschwachen Bev. führt (etwa 40% der Bev. leben unterhalb der Armutsgrenze). Im Ggs. zur Industrieproduktion, die wegen zu hoher Produktionskosten, geringer Arbeitsproduktivität, veralteter Technologie und geringer Investitionen weiterhin zurückgeht, zeichnet sich seit 1995 im Agrarbereich eine positivere Produktionsentwicklung ab. Durch eine verstärkte Zusammenarbeit mit den anderen GUS-Staaten, die 1993 erfolgte Gründung der Wirtschaftsgemeinschaft mittelasiat. Staaten und die 1994 mit Kasachstan und Usbekistan geschlossene Vereinbarung über einen einheitl. Wirtschaftsraum und wirtschaftl. Zusammenarbeit sowie mit Unterstützung des IWF, der Weltbank u. a. ausländ. Banken soll die ökonom. Entwicklung in positivere Bahnen gelenkt werden. Bes. der Gold-, Erdöl-, Erdgas- und Agrarsektor sowie das Bankenwesen sollen ausgebaut werden. Die Begünstigung von Auslandsinvestitionen vergrößert das noch ungenügend vertretene ausländ. Kapital im Land, das eine wichtige Rolle bei der Umstrukturierung der Wirtschaft erfüllt. Der Privatsektor umfasste 1994 30%, in ihm waren 1993 28,5% der Beschäftigten tätig.

Landwirtschaft: Kennzeichnend ist der Mangel an Ackerland (nur 6,5% der Landesfläche, davon 72%

bewässert: u.a. vom Großen Tschukanal und den Staubecken von Toktogul und Orto-Tokoj). Unsachgemäße Bewässerungsmethoden und unkontrollierte Anwendung von Mineraldünger im Baumwollanbau (auf 33 000 ha) führten zu erhebl. ökolog. Problemen in den Bewässerungsgebieten, bes. im Ferganabecken. 1995 arbeiteten 47% der Erwerbstätigen im Agrarbereich. Kolchosen und Sowchosen sind noch mit etwa 90% an der landwirtschaftl. Produktion beteiligt, obwohl nach 1991 23 200 private Bauernwirtschaften gegründet wurden, die aber wegen Kapitalmangel meistens uneffizient sind. Durch die Auflösung von Kolchosen werden bes. auf dem Land viele Menschen arbeitslos, die in die Städte abwandern und dort oft in der Schattenwirtschaft (bes. Handel mit chin. Waren und Drogen) tätig werden. Wichtigster Sektor ist die Viehwirtschaft; etwa 85% der landwirtschaftl. Nutzfläche sind Viehweiden und Heuschläge. Neben der überragenden Bedeutung der Schafzucht (1996: 4,3 Mio. Schafe, das entspricht 55% des gesamten Tierbestandes) ist auch die Mastrinder-, Ziegen- und Pferdehaltung sowie die Seidenraupenzucht (Naturseideerzeugung) relevant. Wichtigste Anbauprodukte sind Baumwolle und Weizen, Tabak, Kartoffeln, Gemüse, Melonen, Futterpflanzen, Obst und Wein. In den Bergen wird vielfach illegal Rauschgift (Haschisch und Marihuana) angebaut. Wirtschaftl. Bedeutung besitzen die Walnuss- und Wildobstbäume im SW von K. Anfang 1994 waren 34% des Agrarlandes privatisiert.
Bodenschätze: K. verfügt im Vergleich zu den anderen mittelasiat. Staaten über relativ wenige Rohstoffe, jedoch sind bes. im SW einige wertvolle Bodenschätze vorhanden, v.a. Gold. Bei dessen Gewinnung (1993: rd. 2 t) wird mit ausländ. Firmen kooperiert (die Kumtor-Mine im SO des Landes ist weltweit die achtgrößte Goldmine). Wirtschaftl. Bedeutung haben auch Antimon-, Quecksilber-, Blei-, Zink-, Arsen-, Uranerze, Wismut, Stein- und Braunkohle, Erdöl und Erdgas (Ferganabecken), Aluminium, Asbest, Schwefelkies und Salz sowie Marmor.
Energiewirtschaft: Sie gehört zu den führenden Wirtschaftszweigen. Da der Erdöl- und Erdgasbedarf bei weitem nicht durch die heim. Förderung gedeckt werden kann, ist K. auf Einfuhren aus Usbekistan, Russland u.a. GUS-Staaten angewiesen. 1994 wurden 12,7 Mrd. kWh Elektrizität erzeugt, davon etwa vier Fünftel durch die 18 Wasserkraftwerke im Gebirge (bes. der Narynkaskade). Wärmekraftwerke arbeiten z.T. auf Erdgasbasis. Im Tienschan bilden Windkraftwerke örtl. Versorgungsbasen.
Industrie: Führende Industriezweige sind die Buntmetallurgie, der Maschinenbau und die Leicht- (Herstellung von Baumwollfasern, -geweben, Wolle, Seide, Trikotagen, Leder und Schuhen) und Lebensmittelindustrie. Der Maschinenbau ist infolge des Fehlens einer landeseigenen Eisenmetallurgie auf Metall sparende, arbeitsintensive Zweige des Geräte-, Anlagenbaus und der elektrotechnisch-elektron. Industrie ausgerichtet. Bedeutsam ist auch der Landmaschinenbau. Einen starken Anteil hat die Rüstungsindustrie. 1994 waren 40% des industriellen Sektors privatisiert.
Außenwirtschaft: Die Außenhandelsbilanz ist weithin ausgeglichen. Russland als ehem. wichtigster Handelspartner wurde mittlerweile von China verdrängt. Außerdem sind die USA, Kanada, Dtl., Großbritannien, die Türkei und Frankreich bedeutend. 1993 waren am Export Brennstoffe, Elektrizität, Minerale und Metalle mit 59% und Industriegüter, Produkte der Leicht- und Nahrungsmittelindustrie, mit 38% beteiligt. Importiert wurden Industriegüter und Brennstoffe (47% des Einfuhrwertes), Nahrungsmittel (38%) und Rohstoffe (15%).
Verkehr: Hauptbedeutung hat der Kraftverkehr. Obwohl K. größtenteils gebirgig ist, verfügt es über ein gut ausgebautes Verkehrsnetz. Wenig erschlossen ist das Landesinnere. An Eisenbahnstrecken besteht im Wesentlichen eine 340 km lange Verbindung in Nord-K., die über Kasachstan an das russ. Eisenbahnnetz angebunden ist. Einige Städte an der Grenze zu Usbekistan (v.a. Osch) sind über Stichbahnen an usbek. Eisenbahnlinien angeschlossen. Das (1991) 28 400 km lange Straßennetz ist über gut ausgebaute Fernstraßen mit Kasachstan und Usbekistan verknüpft. Hauptmagistralen sind der Ostpamirtrakt, Osch–Chorog, der Große Kirgisientrakt Bischkek–Osch mit 2,5 km langem Gebirgstunnel und die Ringstraße um den Issykkul. Schiffsverkehr wird auf dem Issykkul betrieben. Nat. Fluggesellschaft ist die Kyrgyzstan Aba Scholdoru. Internat. Flughäfen bestehen bei Bischkek und Osch. Der Binnenflugverkehr ist für die Personen- und Güterbeförderung in schwer zugängl. Gebirgsgebiete unerlässlich.

GESCHICHTE

Die ersten menschl. Spuren auf dem Territorium K.s werden dem Paläolithikum zugeordnet (Periode Aschel, etwa 400 000–100 000 v.Chr.; Grabungsfunde im Gebiet Osch). Ackerbau und Viehzuchtkulturen konnten durch zahlr. Ausgrabungen (v.a. am Issykkul) für das Bronzezeitalter nachgewiesen werden (2 000–1 000 v.Chr.). Neben den (so in pers. Quellen bezeichneten) Saken (7.–3. Jh. v.Chr.) dominierte der Stammesbund der Usunen (3./2. Jh. v.Chr. bis 4. Jh. n.Chr.) im Gebiet Tienschan, Alai und Teilen des Siebenstromlandes. Es kam zu einer Differenzierung zw. Ackerbaukulturen und städt. Siedlungsweise (v.a. im S, Gebiet Fergana, Osch) sowie oftmals krieger. Nomadenstämmen. Im 5./6. Jh. gehörte das Territorium zum Reich der Hephthaliten; nach seinem Zerfall errichteten altaische Turkstämme (Türküt) ein in vier Khanate untergliedertes Nomadenimperium, das bis 582 bestand und in dessen NW sich das kirgis. Gebiet befand. Im 10./11. Jh. gehörte es zum Reich der Karachaniden; städt. Kulturen, Handel und Gewerbe entwickelten sich in engem Zusammenhang mit dem Ausbau der Bewässerungssysteme und der Landwirtschaft; Lehnswesen und Militäraristokratie waren charakteristisch. Der Islam wurde zur offiziellen Religion, ohne traditionelle Glaubensvorstellungen zu verdrängen. Mitte des 12. Jh. fielen tungusisch-mongol. Nomadenstämme ein, 1219 eroberten Reiterverbände des DSCHINGIS KHAN das Land (Zerstörung zahlr. Städte). Turkomongolen drängten in das Gebiet, welches schließlich unter die Söhne DSCHINGIS KHANS und seine Kriegsherren aufgeteilt wurde und regionalspezif. Entwicklungen nahm. Der Zerfall der Goldenen Horde war begleitet vom Aufstieg der Timuriden (14.–15. Jh.); ein kasachisch-kirgis. Militärbündnis zu Beginn des 16. Jh. schuf günstige Bedingungen für eine gewisse Eigenständigkeit kirgis. Stammesbünde, deren staatl. Formierung jedoch durch ständige Eroberungszüge (1591 Mongolen, 1643, 30er-/40er-Jahre des 18. Jh. Dschungaren) gestört wurde. In der ersten Hälfte des 19. Jh. gerieten die Kirgisen in Abhängigkeit vom usbek. Khanat von Kokand. Zahlr. Aufstände der Kirgisen (u.a. 1856/57) führten zu einer Verstärkung russ. Einflusses. Nach Zerschlagung des Khanats von Kokand (1876) durch russ. Truppen gehörte K. zum Gen.-Gouv. Turkestan mit Sitz in Taschkent. Neben Widerständen gegen die zarist. Siedlungs- und Steuerpolitik beteiligten sich die Kirgisen 1916 am großen antizarist. Aufstand gegen die Einbeziehung der Muslime in die Wehrpflicht. Infolge der Niederschlagung wanderten Tausende mit ihren Herden nach Westchina aus.

Nach der Errichtung der Sowjetmacht 1917–18 gehörte K. zunächst zur Turkestan. ASSR, am 14.10. 1924 wurde K. als Autonomes Kara-Kirgis. Gebiet

Kiri Kiribati

der RSFSR zugeordnet (25. 5. 1925 Umbenennung in Kirgis. Autonomes Gebiet, 1. 2. 1926 Umbildung in Kirgis. ASSR). Am 5. 12. 1936 erhielt K. den Status einer Unionsrepublik. Den folgenschwersten Einschnitt stellte die Zwangskollektivierung ab 1929 dar. Die Zwangsansiedlung der Nomaden, die ›Entkulakisierung‹, die hier zugleich die Vertreibung der Sippenoberhäupter bedeutete und die Erweiterung der Baumwollanbauflächen führte nicht nur zum Wiederaufleben des erst 1926 zerschlagenen Widerstandes der Basmatschen, sondern zu Flucht und Reduzierung der kirgis. Bev. und ihrer Viehbestände. Widerstand in den Reihen der kirgis. Intelligenz einschließlich des Parteiapparates wurde mit ›Säuberungen‹ beantwortet (Reduzierung der Mitgl.-Zahl der KP um 51%). Der Ausbau der Transportwege und die einsetzende Industrialisierung förderten einen Zustrom von Arbeitskräften aus den europ. Teilen der UdSSR, der Zweite Weltkrieg und die Aufnahme deportierter Völkerschaften verstärkten diesen Prozess. Die relative Liberalisierung unter N. S. CHRUSCHTSCHOW schuf zugleich Freiräume für die Durchsetzung nat. Interessen, 1961–85 stand TUDAKUN USSUBALIJEW an der Spitze der kirgis. KP. In dieser Zeit konnten sich ethn. Kirgisen wieder verstärkt in Partei- und Staatsfunktionen etablieren, wobei sich traditionelle Loyalitätsstrukturen (Sippe, Stamm, Klientel) reproduzierten und innerkirgis. Auseinandersetzungen bis heute prägen. Zugleich erweiterte sich die soziale Basis für die Entwicklung eines kirgis. Nationalgefühls, welches zunehmend Missstände der Sowjetisierung (Russifizierung, kommando-administratives Eingreifen Moskaus, Umweltvergehen) v. a. seit 1987 öffentlich reklamierte. Zwar siegte bei den Parlamentswahlen im Februar 1990 noch eine kommunist. Mehrheit, aber vor dem Hintergrund blutiger ethn. Auseinandersetzungen zw. Kirgisen und Usbeken im Gebiet von Osch (Ferganatal) mit Hunderten von Toten erfolgte eine Polarisierung politischer Kräfte (zugleich tribaler und regionaler Machtgruppierungen), die im Oktober zur Einführung eines Staatspräsidentenamtes führte. Als Kompromisskandidat konnte sich der Wissenschaftler ASKAR AKAJEW (* 1944) am 13. 10. 1990 (und durch Wahlen am 24. 12. 1995 im Amt bestätigt) durchsetzen, der K. am 31. 8. 1991 in die Unabhängigkeit führte. Im Dezember 1991 trat K. der GUS bei und wurde im März 1992 Mitgl. der UNO. Im Juni 1992 nationalisierte K. alle auf seinem Territorium stationierten Streitkräfte und trat am 1. 6. 1994 dem NATO-Programm Partnerschaft für den Frieden bei. Seit dem 29. 3. 1996 gehört K. (neben Russland, Weißrussland und Kasachstan) zu den Mitunterzeichnern des Vertrages über die Gründung einer ›Gemeinschaft Integrierter Staaten‹.

Innenpolitisch leitete AKAJEW nach der Auflösung der KP 1991 eine abgewogene Demokratisierungs- und wirtschaftl. Reformpolitik ein, die jedoch die krisenhafte Entwicklung mit sozialen Härten nicht verhindern konnte. Mit der Annahme einer neuen Verf. am 5. 5. 1993 wurden Pluralismus, Demokratie, Marktwirtschaft und Rechtsstaatlichkeit, Recht auf Privateigentum (Grund und Boden allerdings nur in Erbpacht) als Grundwerte festgeschrieben, vorher (1. 1. 1993) war K. von der OECD offiziell als Entwicklungsland anerkannt worden. Nach der Absetzung der unter Korruptionsverdacht stehenden Reg. im Dezember 1993 war es zu einer ersten Krise gekommen, die mit einem Vertrauensvotum (Referendum am 30. 1. 1994) für AKAJEW und seine Reformpolitik endete. Nachdem per Volksabstimmung die Einführung eines Zweikammerparlaments (Schogorku-Kenesch) beschlossen worden war, endeten die Parlamentswahlen am 5. und 19. 2. 1995 mit einer deutl. Mehrheit (90 der 105 Mandate) unabhängiger, AKAJEW nahe stehender Kandidaten. Zugleich forderte der Präs. größere Handlungsbefugnisse, ein Anliegen, über das per Referendum im Februar 1996 positiv entschieden wurde.

Kyrgyz republic, hg. v. J. MORRISON (Wash., D. C., 1993); Foreign investment and privatisation in the Kyrgyz Republic, hg. v. W. E. BUTLER (London ²1994).

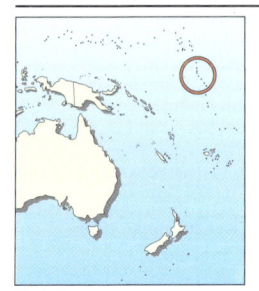

Kiribati

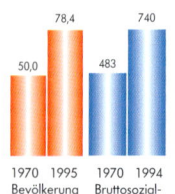

Fläche 811 km²
Einwohner (1995) 78 400
Hauptstadt Bairiki
Amtssprachen Gilbertesisch, Englisch
Nationalfeiertag 12. 7.
Währung 1 Australischer Dollar/Kiribati ($A/K) = 100 Cents (c)
Uhrzeit 23⁰⁰ Bairiki = 12⁰⁰ MEZ

Kiribati [-ˈbas], amtl. engl. **Republic of K.** [rɪˈpʌblɪk əv-], Staat im Pazifik, zw. 4° 43′ n. Br. und 10° 30′ s. Br. sowie 169° 32′ ö. L. und 150° w. L., 811 km² (davon 717 km² Landgebiet), (1995) 78 400 Ew. Hauptstadt ist Bairiki (auf Tarawa), Amtssprachen sind Gilbertesisch (I-Kiribati, eine austrones. Sprache) und Englisch; Währung: 1 Austral. Dollar/Kiribati ($A/K) = 100 Cents (c). Mit einer W-O-Ausdehnung von 3 870 km erstreckt sich K. beiderseits der Datumsgrenze über mehrere Zeitzonen. Uhrzeit: 23⁰⁰ Bairiki = 12⁰⁰ MEZ.

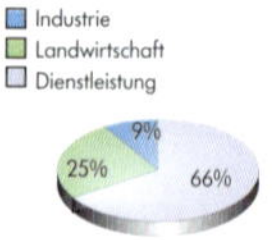

STAAT · RECHT

Verfassung: Nach der am 12. 7. 1979 verkündeten Verf. ist K. eine präsidiale Rep. im Commonwealth. Staatsoberhaupt und Regierungschef ist der auf vier Jahre direkt gewählte Präs. (›Beretitenti‹). Das Parlament als Legislative besteht aus 39 für vier Jahre vom Volk gewählten Abg., einem Repräsentanten der Insel Banaba und dem Generalstaatsanwalt. Aus der Mitte der Abg. ernennt der Präs. sein dem Parlament verantwortliches Kabinett.
Parteien: Einflussreichste der stark von traditionellen Sippenverbänden geprägten Parteien sind die Maneaban Te Mauri (MTM) und die National Progressive Party (NPP).
Wappen: Das Wappen (das ursprüngl. Wappen der Gilbert- und Ellice-Inseln) zeigt auf rotem Grund eine über einem blauweißen wellengeteilten Wellenschildfuß aufgehende goldene Sonne und über dieser einen goldenen Fregattvogel. Der Wahlspruch auf dem am 12. 7. 1979 hinzugefügten Spruchband lautet übersetzt ›Glück, Friede und Wohlstand‹.
Nationalfeiertag: 12. 7., erinnert an die Erlangung der Unabhängigkeit 1979.
Recht: Es existiert ein abgestuftes Gerichtssystem mit dem Hochgericht an der Spitze und zahlr. Amtsgerichten auf unterster Ebene. Die Ernennung der Richter obliegt dem Präsidenten.
Streitkräfte: K. unterhält keine Streitkräfte und ist auch in kein Militärbündnis integriert. Die innere Sicherheit wird von einer kleinen Polizeitruppe gewährleistet.

LANDESNATUR · BEVÖLKERUNG

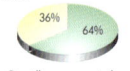

Der Staat K. mit seinen 33 Koralleninseln (Atollen) erstreckt sich beiderseits des Äquators in einem Meeresgebiet von rd. 5 Mio. km² (3 870 km W-O- und 2 050 km N-S-Ausdehnung). Er umfasst (von W nach O): Banaba (Ocean Island; bei 169° 35′ ö. L. und 0° 52′ s. Br.; 6 km², 1990: 280 Ew.), die Gilbertinseln (zw. 172° 58′ und 176° 49′ ö. L. sowie 3° 17′ n. Br. und 2° 38′ s. Br.; 16 Atolle mit zus. 286 km² und 67 500 Ew., davon 29 000 auf Tarawa), die Phönixinseln (acht Atolle ohne ständige Bewohner) sowie acht der 11 Linieninseln; bewohnt sind nur die drei nördlichen: Teraina (früher Washington Island) mit 930 Ew., Tabuaeran (früher Fanning Island) mit 1 300 Ew. und Kiritimati (früher Christmas Island) mit 2 500 Ew. Mit Ausnahme von Banaba, einer herausgehobenen Koralleninsel (bis 81 m ü. M.), sind alle übrigen niedrige Koralleninseln und -eilande, die i. d. R. nur 1–3 m über Fluthöhe liegen, keine Flüsse und nur wenige Süßwasserseen haben und meist zu unregelmäßigen, oft kettenförmigen Atollen zusammengeschlossen sind. Kiritimati ist mit 575 km^2 (Landfläche: 388 km^2) eines der größten Atolle des Pazifiks. Das Atoll Tarawa (Landfläche 23 km^2) der Gilbertinseln besteht aus 15 Inseln, die alle an der Süd- oder Ostseite des dreieckförmigen Atolls liegen.

Klima: K. hat ein heißes, trop. Klima mit sehr geringen jahreszeitl. Temperaturschwankungen. Tagsüber erreicht die Temperatur Werte von 27 °C bis 34 °C. Die Inseln liegen im Bereich der äquatorialen Zenitalregen mit starken Schwankungen der jährl. Regenmengen: Die Regenzeit dauert von Oktober bis März. Von März bis Oktober herrscht der Nordwestpassat vor, in der übrigen Zeit können Stürme vorkommen. Auf den nördl. und südl. Inseln fallen mehr Niederschläge als auf den äquatornahen, wo regelmäßig Dürreperioden eintreten (Steigungsregen können mangels Gebirgen nicht auftreten). Die durchschnittl. jährl. Niederschlagsmenge beträgt 2 500 bis 3 000 mm auf den nördlichsten und südlichsten Inseln und rund 1 000 mm am Äquator, auf der Hauptinsel Tarawa etwa 1 500 mm.

Vegetation: Auf den meisten Inseln wachsen Kokospalmen; wichtig, aber seltener ist der Schraubenbaum (Pandanus). Beide Arten liefern den Inselbewohnern den Baustoff für ihre Kegelhäuser.

Bevölkerung: 97,4 % der Bev. sind Mikronesier und leben überwiegend auf den Gilbertinseln (Gilbertesen), v. a. auf dem Tarawa-Atoll. Die ursprüngl. Bewohner von Banaba wurden 1945 wegen des ausgedehnten Phosphattagebaus auf die zu Fidschi gehörende Insel Rabi (östlich von Vanua Levu) umgesiedelt. Sie selbst betrachten sich ethnisch nicht den Gilbertesen zugehörig. Auf den Linieninseln leben Polynesier. Die städt. Bev. beträgt (1995) 36 %; die durchschnittliche jährl. Wachstumsrate der Bev. (1985–94) 1,5 %. Die gesellschaftl. Organisation basiert auf der Familienstruktur, bei der die traditionell stark ausgeprägte soziale Hierarchie noch vorhanden ist. Der Boden ist i. d. R. Eigentum von Familien.

Religion: Es besteht Religionsfreiheit. Über 93 % der Bev. sind Christen; rd. 53 % gehören der kath. Kirche an (Bistum Tarawa und Nauru; Bischofssitz: Bairiki [Suffraganbistum von Suva]), etwa 40 % prot. Kirchen und Gemeinschaften (Kongregationalisten, Church of God, Adventisten). Die wenigen anglikan. Christen gehören zur anglikan. Kirche der Prov. Neuseeland. Weitere Religionsgemeinschaften bilden die Bahais (über 2 100) und die Mormonen (rd. 1 400).

Bildungswesen: Schulpflicht besteht vom 6. bis 14. Lebensjahr. Einer sechsjährigen Primarstufe folgt eine fünfjährige Sekundarstufe. 92 % aller Kinder zw. sechs und zwölf Jahren bekommen eine Grundschulausbildung. Demzufolge beträgt die Analphabetenquote nur 4 %. Auf Tarawa (in Bairiki) gibt es ein Univ.-College (Außenstelle der University of the South Pacific in Suva [Fidschi]).

WIRTSCHAFT · VERKEHR

Die natürl. Ressourcen K.s sind äußerst gering. Nach der Einstellung des Phosphatabbaus im Jahr 1979 (die Vorkommen auf Banaba waren seit 1900 ausgebeutet) hat die Wirtschaftskraft K.s stark nachgelassen. Das Land zählt heute mit einem Bruttosozialprodukt je Ew. von (1994) 720 US-$ zu den wenig entwickelten Ländern. Wichtigste Wirtschaftszweige sind Landwirtschaft und Fischerei. Fast die gesamte nutzbare Bodenfläche der Inseln wird von Kokospalmen eingenommen. Kopra ist das einzige landwirtschaftl. Exportprodukt (Kopragewinnung 1994: 8 000 t). Die meisten Inselbewohner betreiben Subsistenzlandwirtschaft und Fischerei. Der Algenanbau (für Nahrungsmittel- und Pharmaindustrie) gewinnt an Bedeutung. Die städt. Bev. ist auf Nahrungsmittellieferungen angewiesen. Mit einer 3,5 Mio. km^2 umfassenden 200-Seemeilen-Zone verfügt K. weltweit über eines der größten Fanggebiete. Die Fangmenge der einheim. Fischerei beträgt (1991) 30 000 t. Eine wichtige Devisenquelle ist die Vergabe von Fischereirechten v. a. an jap. und südkorean. Unternehmen. Der Tourismus hat bisher geringe Bedeutung.

Außenwirtschaft: Seit Einstellung des Phosphatexports, dessen Exportanteil (1979) 90 % betrug, ist die Außenhandelsbilanz stark defizitär (Import 1993: 22,7 Mio. US-$, Export 4 Mio. US-$). Bei der Ausfuhr dominieren Kopra und Fischereiprodukte. Die Zahlungsbilanz kann jedoch einen Überschuss ausweisen, v. a. dank der Zinseinkünfte aus dem Phosphatfonds und der Einkünfte aus den Fischereilizenzen. Die wichtigsten Handelspartner sind Australien, die USA und Japan.

Verkehr: Das Straßennetz hat eine Länge von 640 km. Für K.s Inselwelt ist die Seeschifffahrt das wichtigste Bindeglied. Wichtigster Überseehafen ist Betio auf Tarawa. Auch der internat. Flughafen Bonriki Airport liegt auf Tarawa.

GESCHICHTE

Mit den schon in prähistor. Zeit hierher vorgedrungenen austrones. Siedlern vermischten sich im 14. Jh. Tongaer und Fidschianer. Einige der Gilbertinseln wurden 1765, andere 1788 von engl. Seefahrern (unter ihnen THOMAS GILBERT, nach dem die Inselgruppe später benannt wurde) entdeckt; seit 1837 kamen die ersten ständigen europ. Siedler, 1857 begann die christl. Missionierung. 1892 wurden die Gilbert- und die Ellice-Inseln brit. Protektorat, 1916 Kronkolonie (›Gilbert and Ellice Islands‹), der 1919 Christmas Island (heute Kiritimati) angeschlossen wurde, 1937 auch die Phönixinseln, deren Besitz wie der Kiritimatis bis 1979 zw. Großbritannien und den USA strittig blieb, sowie die übrigen Linieninseln (mit Ausnahme von drei unter amerikan. Verw. verbliebenen unbewohnten Atollen). Die Kronkolonie war während des Zweiten Weltkriegs 1942–43 von Japan besetzt; Tarawa wurde zum Schauplatz eines der heftigsten Kämpfe zw. Japanern und Amerikanern im Pazifikkrieg (von US-amerikan. Truppen durch ein verlustreiches Landungsunternehmen vom 20.–23. 11. 1943 erobert). 1975/76 löste die brit. Reg. die Ellice-Inseln unter dem Namen Tuvalu aus der gemeinsamen Verwaltung. Die übrigen Inseln (Gilbert Islands Colony) erhielten im Januar 1977 innere Selbstverwaltung und wurden am 12. 7. 1979 als K. in die Unabhängigkeit entlassen. 1979–91 stand IEREMIA TABAI als Präs. an der Spitze von Staat und Reg., 1991–94 TEATAO TEANNAKI. Nach dem Sturz TEANNAKIS im Mai 1994 wählte die Bev. im September 1994 TEBURORO TITO zu seinem Nachfolger.

Kirijenko-Woloschin, Maksimilian Aleksandrowitsch, russ. Lyriker, →Woloschin, Maksimilian Aleksandrowitsch.

Kırıkkale [kəˈrəkkɑlɛ], Provinzhauptstadt in Zentralanatolien, Türkei, (1990) 203 700 Ew. (1965: 57 700, 1975: 137 900 Ew.); Stahlwerk, chemische Fabriken, Traktorenbau, Lkw-Montage, Waffen- und Munitionsfabrik.

Kirilica [-tsa], die kyrill. Schrift, →Kyrilliza.

Kirin, Stadt und Prov. in China, →Jilin.

Kirischi, Stadt im Gebiet Leningrad, Russland, am Wolchow südöstlich von Sankt Petersburg, 55 000 Ew.; Erdölraffinerie, biochem. Werk.

Kiritamukuta [Sanskrit ›Diadem‹, ›Helm‹] *das oder der, -(s)/-s,* in der ind. Kunst Name einer hohen, zylindr., nach oben leicht verjüngten, stets juwelen- und girlandengeschmückten Krone (Tiara); Symbol eines übergeordneten königl. Status und in der religiösen Kunst v. a. Kennzeichen des Vishnu und einiger Bodhisattvadarstellungen.

Kiritimati [kırıs'ma:s], früher **Christmas Island** ['krısməs 'aılənd, engl.], **Weihnachts|insel,** eine der nördl. Linieninseln, Kiribati, im W des Pazif. Ozeans, Atoll von 575 km² (Landfläche: 388 km²), 2 500 Ew.; Kokospalmenplantagen; Flugplatz; Naturschutzgebiet für Vögel. – Am 24. 12. 1777 von JAMES COOK entdeckt; 1856 von den USA beansprucht, seit 1888 zu Großbritannien (seit 1919 als Teil der Kronkolonie Gilbert and Ellice Islands), seit 1936 zw. den USA und Großbritannien umstritten, 1956–62 Operationsbasis für amerikan. und brit. Kernwaffenversuche; seit 1979 Teil von Kiribati.

Kiriwina|inseln, die →Trobriandinseln, Papua-Neuguinea.

Kirk, 1) Hans Rudolf, dän. Schriftsteller, * Hadsund (Nordjütland) 11. 1. 1898, † Kopenhagen 16. 6. 1962; brach seine jurist. Laufbahn zugunsten einer Tätigkeit als Literaturkritiker (seit den 30er-Jahren v. a. für kommunist. Zeitungen) ab. Sein Roman ›Fiskerne‹ (1928; dt. ›Die Fischer‹) gilt als bedeutende Milieustudie von hohem literar. Rang.

Weitere Werke: Romane: Daglejerne (1936); Slaven (1948; dt. Der Sklave). – *Novellen:* Borgmesteren gaar af (1941). – *Essay:* Kristendom og kommunisme (1948). – *Autobiographisches:* Gader og mennesker i min barndom (1961).

F. BÜCHMANN-MØLLER: H. K. En bibliografi (Kopenhagen 1974); J. JENSEN: Folkelighed og utopi. Brydninger i H. K.s forfatterskab (ebd. 1981).

2) [kə:k], Roland, amerikan. Jazzmusiker (Saxophonist, Flötist), * Columbus (Oh.) 7. 8. 1935, † Bloomington (Ind.) 5. 12. 1977; trat seit den 50er-Jahren als Multiinstrumentalist hervor, der dem Jazz u. a. durch das simultane Spiel mehrerer Saxophone sowie durch die Entwicklung neuartiger Blastechniken wesentl. Impulse vermittelte.

Kirkby ['kə:kbi, 'kə:bi], Stadt in der Metrop. Cty. Merseyside, England, nordöstlich von Liverpool, 43 000 Ew.; Metall-, chem., Baustoff-, Textil- und Nahrungsmittelindustrie, Industrieparks.

Kirkcaldy [kə:'kɔ:di], Stadt im Verw.-Distrikt Fife, O-Schottland, an der N-Küste des Firth of Forth, 47 200 Ew.; sozialhistor. Museum; Linoleum-, ferner Leinen-, Möbel- und elektrotechn. Industrie; Hafen.

Kirke, lat. **Circe,** *griech. Mythos:* in der ›Odyssee‹ die Tochter des Helios auf der Insel Aia, eine Zauberin; sie verwandelte alle Fremden in Tiere (die Gefährten des Odysseus z. B. in Schweine). Odysseus überwand sie durch den Gegenzauber des Krautes Moly; ihm gebar K. den Telegonos, nach anderer Version den Latinus. – In der Antike sind die Szenen mit Odysseus seit dem 6. Jh. v. Chr. auf griech. Vasen, später auch auf Wandbildern nachweisbar. – K.s Name wurde sprichwörtlich für eine verführer. Frau, die Männer ›bezirzt‹.

K. KERÉNYI: Töchter der Sonne (Zürich 1944).

Kirkeby, Per, dän. Künstler, * Kopenhagen 1. 9. 1938; seit 1988 Lehrer an der Städelschule in Frankfurt am Main; nahm als Geologe an Expeditionen u. a. nach Grönland, Mittelamerika, Zentralasien und Australien teil und hielt seine Eindrücke in Fotografien und Filmen fest. Daran knüpfen auch die ersten, in den 60er-Jahren entstandenen Bildzyklen in Misch-

Per Kirkeby: Ohne Titel; 1981 (Humlebæk, Louisiana-Museum)

technik und quadrat. Format an. 1977 wandte er sich der Ölmalerei zu, die zunehmend neoexpressionist. Züge annahm. Er schuf ferner u. a. Zeichnungen, Bronzeplastiken und architekton. Skulpturen aus Backsteinen; auch literarisch tätig (u. a. Essays und Gedichte). 1994 errichtete er ein aus drei miteinander verbundenen Backstein-Rundbögen bestehendes jüd. Mahnmal an der Alten Synagoge in Paderborn.

P. K. – Retrospektive, Ausst.-Kat. (1987); P. K., hg. v. K. GALLWITZ, Ausst.-Kat. Städtische Galerie im Städelschen Kunstinstitut, Frankfurt am Main (1990); P. K. – Stein, Papier, Schere, bearb. v. T. JØRGENSEN u. A. SCHNACK (a. d. Dän., 1991); P. K., hg. v. F. ULLRICH, Ausst.-Kat. Kunsthalle Recklinghausen (1994).

Kirkenes ['çirkəne:s], Ort in N-Norwegen, an einem Nebenarm des Varangerfjords nahe der russ. Grenze, Teil der Gemeinde Sør-Varanger, Verw.-Gebiet Finnmark; Endpunkt der Schifffahrtslinie Hurtigrute. Im 10 km südlich liegenden **Bjørnevatn** wird Eisenerz (Fe-Gehalt 33–35 %) gefördert, das in K. auf 65–67 % Fe-Gehalt angereichert wird (jährlich werden 1–1,5 Mio. t Konzentrat verschifft); K. besitzt außerdem Werft, chem., Holz- und Zementindustrie, Kupferwerk, sowie einen Flughafen, Garnison. – K. entstand als Verschiffungshafen für das seit 1910 geförderte Eisenerz. 1944 wurde K. völlig zerstört; in moderner Bauweise wieder aufgebaut.

Kirkland, Gelsey, amerikan. Ballerina, * Bethlehem (Pa.) 29. 12. 1952; tanzte 1968–74, zuletzt als erste Solistin, beim New York City Ballet, war dann bis 1984 mit Unterbrechungen Ballerina des American Ballet Theatre und trat danach verschiedentlich (u. a. beim Royal Ballet London) als Gastballerina auf.

Werke: Dancing on my grave. An autobiography (1986); The shape of love (1990, mit G. LAWRENCE).

Kirkpatrick [kə:k'pætrık], Ralph, amerikan. Cembalist, * Leominster (Mass.) 10. 6. 1911, † Guilford (Conn.) 13. 4. 1984; studierte u. a. bei WANDA LANDOWSKA, NADIA BOULANGER und G. RAMIN und war

Ralph Kirkpatrick

1965–76 Prof. an der Yale University. Er trat bes. als Interpret vorklass. und zeitgenöss. Cembalomusik hervor; schrieb u. a. ›Domenico Scarlatti‹ (1953; dt.) und gab die Klavierwerke SCARLATTIS heraus.

Kirkuk, Kerkuk, Stadt in NO-Irak, 959 000 Ew.; Verw.-Sitz der Prov. Tamin; Zentrum bedeutender Erdölfelder mit Erdölraffinerie; Umschlagplatz einer landwirtschaftl. (Regenfeldbau) Umgebung. – Seit dem 3. Jt. v. Chr. als **Arrapchum** bezeugt, später **Arrapcha** gen., das im 15. und 14. Jh. v. Chr. Hauptstadt eines hurrit. Kleinkönigtums war; danach in babylon., dann assyr. Besitz (zeitweilig Prov.-Zentrum). Das Gebiet um K. war noch in griechisch-röm. Zeit als ›Arrapachitis‹ bekannt. Die Stadt, die historisch Kurdistan zuzurechnen ist, fiel mit dem Irak 1638 an das Osman. Reich und wurde im Ersten Weltkrieg von brit. Truppen besetzt. 1927 entdeckte man hier das größte irak. Erdölfeld.

Kirkwall [ˈkɔːkwɔːl], Hauptstadt der Orkneyinseln (Orkney Islands Area), Schottland, auf Mainland, 7 000 Ew.; Handelshafen, Bootsbau, Whiskyherstellung; Versorgungszentrum für die Nordseeölfelder. – Ehem. Kathedrale Saint Magnus (1137 begonnen) mit normann. Bauteilen; Ruinen des mittelalterl. bischöfl. und des fürstl. Palastes (um 1600). – K. war im MA. Sitz der Bischöfe und Grafen von Orkney; 1486 erhielt es Stadtrecht.

Kirkwood-Lücken [ˈkɔːkwʊd-], *Astronomie:* nach ihrem Entdecker, dem amerikan. Astronomen DANIEL KIRKWOOD (* 1814, † 1895), benannte Minima **(Kommensurabilitätslücken)** in der Häufigkeitsverteilung der →Planetoiden bezüglich ihres Abstandes von der Sonne.

Kirlian-Fotografie [nach dem russ. Techniker SEMJON D. KIRLIAN], **Hochspannungsfotografie,** Verfahren zur Registrierung von Hochspannungsentladungsmustern. Zw. einer flächigen Elektrode und einem geerdeten Objekt befindet sich ein lichtempfindl. Aufzeichnungsmaterial. Bei der Entladung tritt blaues Licht auf, das von der lichtempfindl. Schicht registriert wird. Je nach Art und Form des Objektes werden verschiedene, charakterist. Muster erzeugt.

Kirlian-Fotografie eines Margeritensprosses

Kirman, Stadt und Prov. in Iran, →Kerman.
Kirmes [mhd. kirmesse, eigtl. ›Messe zur Einweihung der Kirche‹], niederdt. für →Kirchweih.
Kirn, Stadt im Landkreis Bad Kreuznach, Rheinl.-Pf., 209 m ü. M., an der Nahe, 9 700 Ew.; Lederwarenindustrie, Kunststoffverarbeitung, Steinbrüche. – Mittelalterl. ev. Pfarrkirche, ehem. Stiftskirche St. Pankratius, mit neugot. Langhaus, im Chor Grabdenkmäler der Wild- und Rheingrafen aus dem 15.–16. Jh. Die Repräsentativbauten der Stadt wurden Ende des 18. Jh. errichtet. Unter den Bürgerhäusern Fachwerkensembles, z. T. aus dem späten 16. Jh. Oberhalb K.s die Kyrburg, 1128 erstmals erwähnt, 1734 zerstört. – Bereits in vorgeschichtl. Zeit besiedelt, 841 erstmals erwähnt, war K. seit dem 10. Jh. Sitz und Verwaltungsmittelpunkt der als Grafen im Nahegau eingesetzten Emichonen, deren Hauptzweig sich nach 1100 Wildgrafen nannte. Später an die Wild- und Rheingrafen gefallen, blieb K. deren Residenz und ihr Verwaltungszentrum der rhein. Besitzungen. K. wurde 1857 Stadt.

Kirow [nach S. M. KIROW], bis 1934 **Wjatka,** Gebietshauptstadt im europ. Russland, an der Wjatka, 491 000 Ew.; landwirtschaftl. und techn. Hochschule; Museen; Maschinen-, Autobusbau, elektrotechn., chem., Holz-, Schuh-, Spielwarenindustrie, Musikinstrumentenbau; Flusshafen, Eisenbahnknotenpunkt. – Der Ende des 12. Jh. entstandene und im 13. Jh. befestigte Ort wird unter dem Namen **Chlynow** 1457 erstmals erwähnt. 1781 in **Wjatka** umbenannt, seit 1797 Gouv.-Hauptstadt; im 19. Jh. Verbannungsort.

Kirow, Sergej Mironowitsch, eigtl. **S. M. Kostrikow,** sowjet. Politiker, * Urschum im Gouv. Wjatka (Russland) 27. 3. 1886, † (ermordet) Leningrad 1. 12. 1934; schloss sich 1904 den Bolschewiki an und leitete seit 1909 die illegale bolschewist. Organisation in Wladikawkas; wurde 1919 Vors. des Revolutionären Militärkomitees von Astrachan und war während des Bürgerkriegs führend an den Kämpfen der Roten Armee im Süden beteiligt. 1920 stand K. an der Spitze der sowjet. Delegation für den Friedensschluss mit Polen, 1921 leitete er die Arbeit des Konstituierenden Kongresses der nordkaukas. ›Autonomen Sozialist. Sowjet. Berg-Republik‹. 1921 wurde er Sekr. des ZK der aserbaidschan. KP, 1923 Mitgl. des ZK der KPR (B). Als enger Mitarbeiter STALINS führte er seit 1926 als Erster Sekr. die Leningrader Parteiorganisation, 1930 wurde er auch Mitgl. des Politbüros, 1934 ZK-Sekretär der KPdSU (B). Seine Ermordung durch LEONID WIKTOROWITSCH NIKOLAJEW, einen verbitterten Kommunisten und ehem. Mitgl. der Wachmannschaft im Leningrader Smolny, löste die große Säuberung (→Tschistka) aus. Das Attentat soll mit Wissen STALINS und des NKWD ausgeführt worden sein.

Sergej Mironowitsch Kirow

Kirowabad [nach S. M. KIROW], 1935–89 Name der aserbaidschan. Stadt →Gäncä.
Kirowakan [nach S. M. KIROW], 1935–91 Name der armen. Stadt →Wanadsor.
Kirowbahn, die →Murmanbahn.
Kirow-Ballett [nach S. M. KIROW], **Ballett des Staatlichen Akademischen Marien-Theaters Sankt Petersburg,** neben der Truppe des Moskauer Bolschoi-Theaters führendes russ. Ballettensemble, dessen Aufführungsstätte seit 1860 das Marien-Theater in Sankt Petersburg ist; ging aus einer 1738 von JEAN-BAPTISTE LANDÉ († 1748) in Petersburg für die Kinder der Bediensteten des Hofes gegründeten Ballettschule hervor. Unter M. PETIPA erlangte das Petersburger Ballett Weltruhm mit den spätromant. Balletten von P. I. TSCHAIKOWSKY und A. K. GLASUNOW. Aus seiner Schule gingen M. M. FOKIN, ANNA PAWLOWA, S. DIAGHILEW, G. BALANCHINE, GALINA ULANOWA, J. N. GRIGOROWITSCH, R. G. NUREJEW, WA-

Kiro Kirowograd – Kirsche

LERI M. PANOW, NATALIA MAKAROWA und M. N. BARISCHNIKOW hervor. Seit 1977 ist O. M. WINOGRADOW Chef des K.-B.; zu den profiliertesten Solisten gehören derzeit ALTYNAI ASSYLMURATOWA, JULIA MACHALINA und FARUCH RUSIMATOW.

Kirowograd [nach S. M. KIROW], ukrain. **Kirowohrad**, bis 1924 **Jelisawetgrad, Elizavetgrad** [jeliza-], 1924–36 **Sinowjewsk**, 1936–39 **Kirowo**, Gebietshauptstadt in der Ukraine, am Ingul, 281 000 Ew.; Hochschule für Landwirtschaftstechnik; Landmaschinenbau, Zuckerfabrik. – Der Ort, 1764 in der Nähe einer 1754 gegen die Tataren errichteten Festung gegründet, entwickelte sich im 18. Jh. zu einem wichtigen Handelszentrum.

Kirowo-Tschepezk, Stadt im Gebiet Kirow, Russland, an der Wjatka, etwa 85 000 Ew.; Metallverarbeitung, Spielwarenfabrik.

Kirowsk [nach S. M. KIROW], bis 1934 **Chibinogorsk** [x-], Stadt im Gebiet Murmansk, Russland, in den südl. Chibinen, 43 000 Ew.; neben Apatity ist K. Zentrum des Bergbaus auf reichen Apatit-Nephelin-Lagerstätten der Halbinsel Kola, mit Aufbereitungsanlagen.

kirren, *Jägersprache:* Wild durch ausgelegtes Futter oder Köder an einen ›Kirrplatz‹ anlocken.

Kirsanow, Semjon Issaakowitsch, russ. Lyriker, *Odessa 18. 9. 1906, †Moskau 10. 12. 1972; Mitarbeiter der Zeitschrift ›LEF‹; schrieb durch Fantastik, Stilisierung und experimentelle Sprachgestaltung gekennzeichnete Gedichte in der Nachfolge W. W. MAJAKOWSKIJS, später auch philosophisch orientierte Versdichtungen (›Sem' dnej nedeli‹, 1956); übersetzte u. a. L. ARAGON, P. NERUDA und B. BRECHT.
Ausgabe: Sobranie sočinenij, 4 Bde. (1974–76).

Kirsch, 1) Hans-Christian, Schriftsteller, →Hetmann, Frederik.
2) Rainer, Schriftsteller, *Döbeln 17. 7. 1934; war 1958–68 ⚭ mit SARAH KIRSCH. K. gehörte in den 60er-Jahren zu der Lyrikergeneration, die einen neuen, subjektiven und krit. Ton in die Dichtung der DDR brachte und damit in Konflikt mit der Kulturpolitik der SED geriet. Auf scharfe Kritik (Ausschluss aus der Partei) stieß K.s Komödie ›Heinrich Schlaghands Höllenfahrt‹ (1973). K. schreibt v. a. Gedichte, Essays sowie poet. Kinderbücher und -stücke; bedeutende Nachdichtungen aus dem Russischen.
Weitere Werke: Lyrik: Ausflug machen (1980); Kunst in Mark Brandenburg (1988); Anna Katarina oder Die Nacht am Moorbusch (1991). – *Erzählung:* Sauna oder die fernherwirkende Trübung (1985). – *Essays:* Kopien nach Originalen (1974); Das Wort u. seine Strahlung. Über Poesie u. Übersetzung (1976); Amt des Dichters (1979). – *Kinderbücher:* Die Perlen der grünen Nixe (1975); Vom Räuberchen, dem Rock und dem Ziegenbock (1978); Der kleine lila Nebel (1985). – *Sammlung:* Auszug das Fürchten zu lernen (1978).
3) Sarah, geb. **Ingrid Bernstein**, Schriftstellerin, *Limlingerode (Landkreis Nordhausen) 16. 4. 1935; begann mit Gedichten, Reportagen, Kinderbüchern und Übersetzungen, wobei sie, wie für den Gedichtband ›Gespräch mit dem Saurier‹ (1965), z. T. mit RAINER K. zusammenarbeitete. Sie gehörte zu den Unterzeichnern des Protests gegen die Ausbürgerung von W. BIERMANN (1976), übersiedelte in der Folge 1977 nach Berlin (West), lebt seit 1983 in Schleswig-Holstein. K.s unpathetische, assoziationsreiche Lyrik bezieht ihre Motive aus den Beziehungen bzw. Mensch und Natur, unverkennbar ist immer die weibliche Perspektive (›Erdreich‹, 1982; ›Katzenleben‹, 1984). Weibl. Erfahrungen arbeitet sie auch in ihren Prosawerken auf (›Die Pantherfrau‹. Fünf unfrisierte Erzählungen aus dem Kassetten-Recorder‹, 1973). K. erhielt u. a. 1976 den Petrarca-Preis (zus. mit E. MEISTER) und 1996 den Georg-Büchner-Preis.
Weitere Werke: Lyrik: Landaufenthalt (1967); Zaubersprüche (1973); Rückenwind (1976); Drachensteigen (1979);

Schneewärme (1989); Erlkönigs Tochter (1992); Bodenlos (1996). – *Prosa:* La Pagerie (1980); Irrstern (1986); Allerlei-Rauh. Eine Chronik (1988); Das simple Leben (1994). – *Erzählungen:* Die ungeheuren bergehohen Wellen auf See (1973).
Ausgaben: Hundert Gedichte (1985); Landwege. Eine Ausw. 1980–1985 (1985).
H. WAGENER: S. K. (1989).

Kirschbaum im Winter, Ein, Roman von KAWABATA YASUNARI; jap. 1954.

Kirschblütenmotte, Argyresthia ephippiella, eine Gespinstmotte, deren Raupen Blütenknospen von Stein- und Kernfrüchten ausfressen.

Kirsche [ahd. chirsa, zu lat. cerasus ›Kirschbaum‹, von griech. kérasos ›Süßkirschbaum‹], Bez. für mehrere zur Rosengewächsgattung Prunus zählende Steinobstgehölze.
Die in Europa, W-Sibirien und Vorderasien vorkommende **Vogel-** oder **Süß-K.** (Prunus avium) ist ein bis 20 m hoher Baum mit grob gezähnten, länglich ovalen, zugespitzten Blättern (Blattstiel mit zwei Drüsen), weißen, lang gestielten Blüten in Dolden und kleinen, hell- bis dunkelroten, bittersüß schmeckenden Steinfrüchten. Die anfangs graubraune oder rotgraue, glatte Rinde wird im Alter schwärzlich und löst sich in horizontalen Streifen ab (Ringelborke). Das im Kern goldbraune, im Splint rötlich weiße, feinfaserige, harte Holz (**Kirschbaum**) ist gut zu bearbeiten und wird zu Furnieren, Instrumenten, Ziergegenständen u. a. verarbeitet. Die Kulturformen besitzen größere, süße Früchte; sie werden grob in **Herz-K.** (Prunus avium var. juliana) mit weichfleischigen, roten oder schwarzen Früchten und **Knorpel-K.** (Prunus avium var. duracina) mit hartfleischigen, gelben oder roten Früchten unterteilt.
Die **Sauer-K. (Weichsel-K.,** Prunus cerasus) kommt im Kaukasus und in Kleinasien wild oder verwildert vor und wird auf der N-Halbkugel in vielen Varietäten und Sorten als Obstbaum kultiviert. Sie ähnelt stark der Süß-K., besitzt aber hell- oder dunkelrote, säuerl. Früchte. Die wichtigsten Kulturformen gehören zu zwei Unterarten: Eine fast strauchige Zwergform mit kleinen, sauren, schwarzroten Früchten ist die **Schattenmorelle (Strauchweichsel,** Prunus cerasus ssp. acida). Die anderen Formen gehören als Varietäten zur Unterart Prunus cerasus ssp. cerasus. Hier sind zu nennen: die **Glas-K. (Amarelle, Baumweichsel,** var. cerasus), vermutlich aus einer Kreuzung mit der Süß-K. entstanden und daher mit nur mäßig sauren Früchten, die **Morelle (Süßweichsel,** var. austera) mit färbendem Saft und die für die Herstellung von Maraschino verwendete, v. a. in SO-Europa gepflanzte **Maraska-K.** (var. marasca).
Die Früchte werden frisch verzehrt oder zu Konfitüre, Saft, Fruchtdessertweinen u. a. verarbeitet.
Als Zierpflanzen kultiviert werden u. a. die einheim. →Traubenkirsche und die →Japanischen Blütenkirschen.
Krankheiten und *Schädlinge:* Wichtigster Schädling ist die Kirschfliege, deren Made in Steinnähe frisst, die Bekämpfung erfolgt mit bienenungefährl. Insektiziden. Gegen Moniliablütenfäule und Moniliaspitzendürre bei Sauer-K. wirken Blütenspritzungen mit Fungiziden. Anzeichen für Nährstoffmangel (Kalium, Zink, Magnesium) sind die Verfärbung der Blattflächen zw. den Adern, Kalküberschuss bewirkt Chlorose. Bei Virusbefall (Ringfleckenkrankheit, Pfeffinger- und Stecklenbergerkrankheit) müssen die befallenen Bäume gerodet werden. Im Frühjahr kann an Blüten, Blättern und Früchten Bakterienbrand auftreten und im Spätsommer pilzl. Sprühfleckenkrankheit, die rotviolette Blattflecken verursacht.
Kulturgeschichte: Die Süß-K. ist seit vorgeschichtl. Zeit in fast ganz Europa verbreitet. In Kleinasien kannte man veredelte Süß-K. wohl schon im 4. Jh.

Sarah Kirsch

Kirsche:
oben Blüten der Süßkirsche;
unten Zweig mit Früchten (Büttners Rote Knorpelkirsche)

v. Chr. Die Römer brachten Süßkirschenarten nach Germanien. Die Sauer-K., von der antike Autoren nichts berichten, kam wohl etwas später zu den Griechen und Römern. Kerne wurden im Schachtbrunnen der Saalburg gefunden. Im MA. erfuhr die K.-Zucht in Mitteleuropa eine intensive Entwicklung.

Kirschenblattwespe, Eriocampoides limacina, schwarze Pflanzenwespe, deren nacktschneckenähnl. Larven Kirschblätter skelettieren.

Kirschfliege, Kirschfruchtfliege, Rhagoletis cerasi, schwarze, 3–5 mm lange Fruchtfliege mit vier bläulich schwarzen Flügelquerbinden. Die Larve **(Kirschenmade),** jeweils eine pro Frucht, ernährt sich vom Fruchtfleisch bes. der Süßkirsche; sie verpuppt sich im Boden.

Kirschlorbeer, Lorbeerkirsche, Prunus laurocerasus, aus SO-Europa und Kleinasien stammendes Rosengewächs; immergrüner Strauch oder kleiner Baum mit lederartigen, glänzenden Blättern, weißen Blüten in aufrechten, 5–12 cm langen Trauben und schwarzroten Früchten. Der K. ist wegen seines Gehalts an Blausäureglykosiden in allen seinen Teilen giftig (v. a. Blätter und Samen). Er wird in zahlr. Sorten als Zierstrauch kultiviert.

Kirschon, Kiršon [-ʃ-], Wladimir Michajlowitsch, russ. Dramatiker, *Naltschik 19. 8. 1902, †(hingerichtet) 28. 7. 1938; behandelt in seinen Dramen aktuelle Themen wie die Probleme der Jugend in der nachrevolutionären Zeit (›Konstantin Terechin‹, 1926), die Bedeutung des ersten Fünfjahresplanes für das bäuerl. Russland sowie die Liquidierung der Kulaken« (›Chleb‹, 1930); schrieb auch die Komödie ›Čudesnyj splav‹ (1934; dt. ›Die wunderbare Legierung‹). Ende der 30er-Jahre geriet er in die stalinschen ›Säuberungen‹ und wurde, des Trotzkismus beschuldigt, hingerichtet; 1957 rehabilitiert.

L. G. TAMAŠIN: V. K. Očerk tvorčestva (Moskau 1965).

Kirschwasser, Kirsch, schweizer. **Chriesiwasser** [x-], Obstbrand, hergestellt aus versch. Süßkirschenarten ohne andere Zusätze; Alkoholgehalt mindestens 38 Vol.-%.

Kirschweng, Johannes, Schriftsteller, *Wadgassen (Landkreis Saarlouis) 19. 12. 1900, †Saarlouis 22. 8. 1951; nach Theologiestudium 1924 Priesterweihe, bis 1934 Kaplan. Heimatliebe und christlich-kath. Lebenshaltung prägen seine histor. Romane und Novellen; Heimatdichter des Saarlandes.

Werke: *Lyrik:* Lieder der Zuversicht (1940); Spät in der Nacht (1946). – *Erzählungen:* Zw. Welt u. Wäldern (1933); Ernte eines Sommers (1938); Der ausgeruhte Vetter (1942). – *Romane:* Feldwache der Liebe (1936); Der Neffe des Marschalls (1939); Das Tor der Freude (1940).

Ausgabe: Ges. Werke, 11 Bde. (1974–86).

J. K. Bilder u. Dokumente, hg. v. P. NEUMANN u. a. (1980).

Kırşehir [kirʃɛhir], Provinzhauptstadt in Inneranatolien, Türkei, 990 m ü. M., zw. Ankara und Kayseri, 74 500 Ew.; Teppichherstellung.

Kirst, Hans Hellmut, Schriftsteller, *Osterode (heute Ostróda) 5. 12. 1914, †Bremen 23. 2. 1989; Verfasser von erfolgreichen zeitbezogenen Unterhaltungsromanen. K. wurde v. a. bekannt durch seine Romantrilogie ›08/15‹ (1954–55).

Weitere Werke: *Romane und Erzählungen:* Kameraden (1961); Die Nacht der Generale (1962); 08/15 heute (1963); Alles hat seinen Preis (1974); Der Nachkriegssieger (1979); Eine Falle aus Papier (1981); Der Autor u. sein Werk. Information, Zeugnis, Kritik, hg. v. H. PUKNUS (1979).

Kirsten, 1) Ernst, Altertumswissenschaftler, *Chemnitz 2. 9. 1911, †Bonn 11. 2. 1987; wurde 1951 Prof. für histor. Geographie in Bonn, 1970 in Wien; arbeitete bes. auf historisch-landeskundl. Gebiet, v. a. des Mittelmeerraums.

Werke: Griechenlandkunde (1955, mit W. KRAIKER); Die griech. Polis als historisch-geograph. Problem des Mittelmeerraumes (1956); Nordafrikan. Stadtbilder (1961). – Hg.: Die griech. Landschaften, 4 Bde. in 8 Tlen. (1951–59, mit A. PHILIPPSON u. a.).

2) Wulf, Schriftsteller, *Klipphausen (Landkreis Meißen) 21. 6. 1934; arbeitete als Bergarbeiter und Buchhalter, dann Pädagogikstudium, Lehrtätigkeit; 1965–88 Verlagslektor in Weimar. Schreibt v. a. an J. BOBROWSKI und P. HUCHEL geschulte Naturlyrik, die enge Bindungen an seine sächsisch-thüring. Heimat erkennen lässt.

Werke: *Lyrik:* Poesiealbum (1968); Satzanfang (1970); Ziegelbrennersprache (1974); Don Juan überm Sund. Liebesgedichte (1975); Der Landgänger (1976); Der Bleibaum (1977); Veränderte Landschaft (1979); Die Erde bei Meißen (1987); Veilchenzeit (1989); Stimmenschotter (1993). – Die Schlacht bei Kesselsdorf. Ein Bericht (1984).

Kiruna, nördlichste Stadt Schwedens mit einer Gemeindefläche von 19 447 km², im Verw.-Gebiet Norrbotten, 500–570 m ü. M. am Luossajärvi, 26 300 Ew.; Polarlichtforschungszentrum der ESA; bedeutender Eisenerzbergbau (Magnetit mit 60–70% Fe-Gehalt), Bau von Förderanlagen. Die Stadt liegt zw. **Kirunavaara** (urspr. 748 m hoher Erzberg im S, Vorkommen seit 1736 bekannt, Förderung seit 1900, bis 1962 im Tagebau, heute im Tiefbau) und **Luossavaara** (urspr. 729 m hoher Erzberg im N). Im Gemeindeteil **Svappavaara** (40 km südöstlich des Zentrums von K.) wurde 1964 ein Eisenerztagebau eröffnet und 1969 eine Pelletierungsanlage eingeweiht. Eisenbahnverbindung besteht mit dem norweg. Hafen Narvik (168 km lange, eingleisige Erzbahn seit 1902) und mit Gällivare. K. besitzt einen Flughafen. – 1899 wurde im Gebiet der Gemeinde **Jukkasjärvi** die Siedlung K. gegründet, 1908 zum Flecken und 1948 unter Eingemeindung von Jukkasjärvi zur Stadt erhoben.

Kirundi, afrikan. Sprache, →Rundi.

Kirwan [ˈkɜːwən], Richard, irischer Jurist und Chemiker, *Cloughballymore (Cty. Galway) 1. 8. 1733, †Dublin 22. 6. 1812; Rechtsanwalt in London und Dublin, seit 1777 Privatgelehrter in London, 1799 bis 1812 Präs. der Royal Irish Academy in Dublin. K. stellte 1780 die erste Tabelle der spezif. Wärmekapazitäten (bezogen auf Wasser = 1) auf und führte Untersuchungen über die Neutralisationsäquivalente durch. Von K. stammt das erste systemat. Lehrbuch der Mineralogie (›Elements of mineralogy‹, 1784).

Kiruna mit dem Kirunavaara im Hintergrund

Kirschfliege: oben Imago (Länge 3–5 mm); unten Kirschenmade in einer Frucht (Länge etwa 6 mm)

Kirschlorbeer (Höhe bis 6 m); unten Früchte

Wörter, die man unter K vermisst, suche man unter C, Ch, G, H oder Q

Kiry Kiryū–Kishiwada

Danilo Kiš

Egon Erwin Kisch
(Federzeichnung)

Kiryū, Stadt auf Honshū, Japan, 123 300 Ew.; Mittelpunkt der altjap. Seidenweberei.

Kiš [-ʃ], Danilo, serb. Schriftsteller, * Subotica 22. 2. 1935, † Paris 15. 10. 1989; lebte seit 1979 in Paris; behandelte in seinen von einer poet., subjektiven Weltsicht geprägten Romanen und Erzählungen häufig jüd. Schicksale.
Werke: Romane: Mansarda (1962; dt. Die Dachkammer); Bašta, pepeo (1965; dt. Garten, Asche); Rani jadi (1970; dt. Frühe Leiden); Peščanik (1972; dt. Sanduhr); Grobnica za Borisa Davidoviča (1976; dt. Ein Grabmal für Boris Dawidowitsch); Čas anatomije (1978). – *Erzählungen:* Enciklopedija mrtvih (1983; dt. Enzyklopädie der Toten); Lauta i ožiljci (hg. 1994; dt. Der Heimatlose).
Ausgabe: Djela, 10 Bde. (1984); Homo poeticus. Gespräche u. Essays, hg. v. I. RAKUSA (1994).

Kisalföld [ˈkiʃɔlføld], →Ungarisches Tiefland.

Kisangani, bis 1966 **Stanleyville** [stanleˈvil], Regionshauptstadt in der Demokrat. Rep. Kongo, am Kongo, 428 m ü. M., 373 400 Ew.; Erzbischofssitz, Univ. (gegr. 1963), Inst. Pasteur, Regionalmuseum; Nahrungsmittel- (Brauereien, Reismühle), Textil- und pharmazeut. u. a. Industrie; wichtiger Verkehrsknotenpunkt und Umschlagplatz am Beginn der Schifffahrt auf dem Kongo und Endpunkt der die Stanleyfälle umgehenden Eisenbahnlinie von Ubundu; Flughafen. – K. wurde Ende des 19. Jh. von Europäern gegründet.

Kisapostaggruppe [ˈkiʃɔpɔʃtɔg-], nach dem Fundort Kisapostag, südlich von Dunaújváros, benannte frühbronzezeitl. Kulturgruppe in W-Ungarn, die v. a. durch Urnengräberfelder mit Hunderten von Bestattungen nachgewiesen ist. Typisch sind formenkundlich einheitl. Leichenbrandbehälter aus Ton mit Deckschalen und Beigefäßen sowie gehämmerter Bronzeschmuck (18. Jh. v. Chr.).

Kisch, altmesopotam. Stadtstaat in Babylonien, östlich von Babylon, heute ein Ruinenfeld mit einer Reihe von kleinen Ruinenhügeln, u. a. der im Westteil gelegene Tell el-Oheimir mit der Ruine der roten Zikkurat von einst 27 m Höhe aus neubabylon. Zeit (zw. 612 und 539 v. Chr. errichtet). Die älteste Stadt lag im O des Ruinenfelds. Nach der sumer. Königsliste war K. Sitz der 1. Dynastie des Zweistromlandes nach der Sintflut. Seit der Mitte des 3. Jt. v. Chr. wird die alte Vormachtstellung der Stadt durch die Führung des Titels ›König von K.‹ durch Herrscher anderer Stadtstaaten zum Ausdruck gebracht. Ausgrabungen legten einen Friedhof (um 2500 v. Chr.) aus der frühdynast. Zeit mit Wagenbestattungen (zwei- und vierrädrige Streitwagen) sowie Reste von Siedlung, Palast, Tempel des Enlil, der Ninlil und Inanna und Doppelzikkurat in W aus neubabylon. Zeit außer der roten Zikkurat Reste der Befestigungsanlage und des durch NEBUKADNEZAR II. erneuerten Tempels aus babylon. Zeit für den Stadtgott Zababa (Zamama), ferner parth. Befestigungen und einen Palast aus sassanid. Zeit frei.

Kisch, Kīsh [-ʃ], iran. Insel am Eingang zum Pers. Golf, etwa 100 km²; seit 1993 Freihandelszone, wird als Handelszentrum und für den Fremdenverkehr ausgebaut (Flughafen). Der Freihafen soll für die Einfuhr des iran. Festlands die Rolle von Dubai übernehmen.

Kisch, Egon Erwin, tschech. Journalist und Schriftsteller, * Prag 29. 4. 1885, † ebd. 31. 3. 1948; schrieb in dt. Sprache, war Reporter in Prag, Wien und Berlin; Mitbegründer des ›Bundes proletarisch-revolutionärer Schriftsteller Dtl.s‹, wurde 1933 in die Tschechoslowakei abgeschoben, kämpfte 1937/38 für das republikanische Spanien. 1939 Emigration in die USA, danach bis zur Rückkehr nach Prag 1940–46 in Mexiko. Ausgedehnte Reisen führten ihn nach allen Kontinenten. Die Reportagen darüber erhoben die journalist. Form in literar. Rang. Der Titel seiner Sammlung ›Der rasende Reporter‹ (1925) wurde zum Synonym für K. selbst.
Weitere Werke: Roman: Der Mädchenhirt (1914). – *Erzählungen:* Geschichten aus sieben Ghettos (1934). – *Reportagen und Berichte:* Die Abenteuer in Prag (1920); Soldat im Prager Korps (1922, auch u. d. T. Schreib das auf, Kisch); Hetzjagd durch die Zeit (1926); Wagnisse in aller Welt (1927); Zaren, Popen, Bolschewiken (1927); China geheim (1933); Abenteuer in fünf Kontinenten (1936); Landung in Australien (1937); Entdeckungen in Mexiko (1945).

Kischi, Kiži [-ʒi], Insel im Onegasee, in Karelien, Russ. Föderation; bedeutende Werke russ. Holzbaukunst (UNESCO-Weltkulturerbe): Verklärungs- (Preobraschenskij-)Kirche mit 22 Kuppeln (1714), Glockenturm (1874), Kirche zu Mariä Schutz und Fürbitte (Pokrowkirche, 1764) u. a.; Freilichtmuseum mit etwa 60 histor. Holzbauten.

Kischinjow, Kišnev [kiʃiˈnjɔf], Hauptstadt von Moldawien, →Chișinău.

Kischm [keʃm], **Qishm,** iran. Insel, →Keschm.

Kiselevsk [kisɪˈljɔfsk], Stadt in Russland, →Kisseljowsk.

Kisfaludy [ˈkiʃfɔludi], Károly, ungar. Schriftsteller, * Tét (bei Raab) 5. 2. 1788, † Pest (heute zu Budapest) 21. 11. 1830; wurde v. a. durch seine patriot. Dramen populär, verfasste jedoch auch Lyrik und Prosa. Als Redakteur förderte und organisierte er das im Aufbau befindliche literar. Leben in Ungarn.

Kishi [-ʃ-], Nobusuke, eigtl. **Satō Nobusuke,** jap. Politiker, * in der Präfektur Yamaguchi 13. 11. 1896, † Tokio 7. 8. 1987; älterer Bruder von SATŌ EISAKU; trat als Jurist in den Staatsdienst ein. Bereits 1939/40 stellv. Min. für Handel und Industrie, war K. im Kriegskabinett TŌJŌ HIDEKIS 1941/42 Handels- und Industrie-Min. und 1943/44 Vize-Min. des Munitionsministeriums. Er widersetzte sich der Politik Tōjōs, den Krieg um jeden Preis fortzusetzen. 1945 von den Besatzungsbehörden der USA inhaftiert, wurde K. 1948 ohne Gerichtsverfahren aus der Haft entlassen. 1953 wurde er Abg., 1955 Gen.-Sekr. der Liberaldemokrat. Partei und war 1956/57 Außen-Min. Als Min.-Präs. (1957–60) förderte er die Zusammenarbeit mit den USA (1960 Erneuerung des jap.-amerikan. Sicherheitsvertrages) und suchte die Beziehungen zu den Staaten S- und SO-Asiens zu verbessern.

Kishiwada, Stadt auf Honshū, Japan, an der Bucht von Ōsaka, 190 000 Ew.; Eisen verarbeitende und Textilindustrie.

Kischi: Glockenturm (1874), Verklärungskirche (1714) und Kirche zu Mariä Schutz und Fürbitte (1764) in Holzbauweise

Kishon [-ʃ-], Ephraim, eigtl. **Ferenc Hoffmann**, israel. Schriftsteller und Journalist, *Budapest 23. 8. 1924; seit 1949 in Israel; wurde durch (in viele Sprachen übersetzte) satirische Erzählungen und Theaterstücke bekannt und verfasste auch Hörspiele und Filmdrehbücher.

Werke (Auswahl) (hebr., alle auch dt.): *Roman:* Der Fuchs im Hühnerstall (1955). – *Lustspiel:* Es war die Lerche (1977). – *Satiren:* Drehn Sie sich um, Frau Lot (1962); Arche Noah, Touristenklasse (1963); Der seekranke Walfisch oder Ein Israeli auf Reisen (1965); Wie unfair, David (1967); Nicht so laut vor Jericho (1970); Salomons Urteil, zweite Instanz (1972); Kein Applaus für Podmanitzki (1973); Kein Öl, Moses? (1974); In Sachen Kain u. Abel (1976); Mein Freund Jossele (1977); ... und die beste Ehefrau von allen. Ein satir. Geständnis (1981); Das Kamel im Nadelöhr (1982); Abraham kann nichts dafür (1984); Beinahe die Wahrheit (1985); Total verkabelt (1989); Ein Apfel ist an allem schuld. Gebrauchsanweisung für die Zehn Gebote (1994); Picassos süße Rache (1995). – *Autobiographie:* Nichts zu lachen. Die Erinnerungen (1993). – Picasso war kein Scharlatan. Randbemerkungen zur modernen Kunst (1986).

Kishtmand [-ʃ-], Sultan Ali, afghan. Politiker, *1935; Angehöriger der Hazara, 1965 Mitgründer der kommunistisch orientierten ›Demokrat. Volkspartei‹, nach dem Umsturz vom April 1978 Mitgl. des Revolutionsrates und Min. für Wirtschaftsplanung. Wegen Verschwörung gegen Min.-Präs. HAFISOLLAH AMIN zum Tode verurteilt, später jedoch begnadigt. Nach dem Einmarsch sowjet. Truppen (Ende 1979) war er bis 1981 stellv. Min.-Präs., 1981–88 sowie 1989/90 Min.-Präs. und 1990/91 Vize-Präsident.

Kisielewski [kiɕɛ-], **1) Jan August**, poln. Dramatiker, *Rzeszów 8. 2. 1876, †Warschau 29. 1. 1918. Seine in der Tradition des realist. Theaters stehenden Dramen (›W sieci‹, 1899; ›Karykatury‹, 1899) waren v. a. durch die desillusionierende Ironie der Darstellung erfolgreich; bedeutender Theaterkritiker.

2) Stefan, Pseud. **S. Kisiel** ['kiɕɛl], poln. Schriftsteller, Komponist und Theaterkritiker, *Warschau 7. 3. 1911, †ebd. 27. 9. 1991; Feuilletonist des kath. ›Tygodnik Powszechny‹; publiziert seit 1967 (unter dem Pseud. **Tomasz Staliński**) Romane im Ausland, in denen seine gesellschaftskrit. und oppositionelle Haltung deutlich wird. Als Komponist gehört K. dem Neoklassizismus an (Ballette, Orchesterwerke, Kammermusik, Chöre, Lieder); als Publizist setzt er sich für die neueren Richtungen in der poln. Musik ein.

Werke: *Romane:* Widziane z góry (1967; dt. Am Abgrund der Macht); Śledztwo (1974); Ludzie w akwarium (1976); Przygoda w Warszawie (1976).

Kisili, Gusili, Gizili [-z-], **Kosova**, Bantuvolk in SW-Kenia, im Hochland südlich des Kavirondogolfs des Victoriasees, etwa 1,6 Mio. Angehörige; Anbau von Bananen, Hirse, Mais; Viehhaltung.

Kisili, Stadt in der Prov. Nyanza, Kenia, im Gebiet des gleichnamigen Bantuvolks, 1 800 m ü. M., 44 000 Ew.; Anbau von Kaffee, Tee, Gewinnung von Pyrethrum.

Kisilbasch, Kizilbash [-ʃ], **Kysylbasch**, schiit. Minderheit in den Städten Afghanistans, (1983) 93 000 K. Sie sind Nachkommen einer türkisch-pers. Population, die im Gefolge pers. Herrscher (Schah NADIR) in das Gebiet des heutigen Afghanistan kam. Die meisten K. leben von Handel und Handwerk.

Kisil Kala, Qizil Qala [k-], auch **Sher Khan Bandar** [ʃ-, x-], afghan. Flusshafen am Amudarja; Schiffstransport bis zum usbek. Eisenbahnanschluss Termes.

Kisimaju, Stadt in Somalia, →Kismaju.

Kišinev [kiʃiˈnjɔf], Hauptstadt von Moldawien, →Chișinău.

Kiskunfélegyháza [ˈkiʃkunfeːlɛdjhaːzɔ], Stadt im Bez. Bács-Kiskun, S-Ungarn, 33 800 Ew.; Metallindustrie, traditionelle Nahrungsmittelindustrie.

Kiskunhalas [ˈkiʃkunhɔlɔʃ], Stadt im Bez. Bács-Kiskun, S-Ungarn, 29 900 Ew.; Spitzenmuseum (Sammlung von ›Halaser Spitzen‹, die in und um K. gefertigt wurden), Spitzenherstellung; Geflügelzucht, ferner Gemüse-, Wein- und Obstbau.

Kiskunság [ˈkiʃkunʃaːg], ungar. für Kleinkumanien (→Kumanien).

Kislaja Guba *die*, Bucht der Barentssee an der N-Küste der Halbinsel Kola, Russland, bei Murmansk; Versuchsgezeitenkraftwerk (seit 1968; 800 kW).

Kisling, Moïse, frz. Maler poln. Herkunft, *Krakau 22. 1. 1891, †Sanary-sur-Mer (Dép. Var) 29. 4. 1953; Vertreter der École de Paris. K. kam 1910 nach Paris, wo er sich bes. mit Impressionismus und Kubismus auseinandersetzte. Nach 1918 näherte sich sein Stil der Neuen Sachlichkeit. Er malte Figurenbilder (v. a. Akte), auch Stillleben und Landschaften.
K., bearb. v. J. KESSEL (1971).

Kislowodsk, Stadt in der Region Stawropol, Russland, 720–1060 m ü. M., in geschützter Lage am N-Abfall des Großen Kaukasus, 119 000 Ew.; größter Kurort der Region Kaukas. Mineralbäder mit stark kohlensäurehaltigen Mineralquellen (Trink- und Bäderkuren, Inhalationen); N.-A.-Jaroschenko-Museum; Mineralwasserabfüllung (›Kislowodsker Narsan‹); künstl. See (70 ha) mit 1,5 km langem Sandstrand. – 1803 als Festung gegründet; seit 1830 Stadt.

Kismaju, amtl. **Kismaayo, Kismayo**, ital. **Chisimaio** [k-], alte Handelsstadt in S-Somalia, an der Mündung des Juba in den Ind. Ozean, 70 000 Ew.; moderner Tiefwasserhafen (Bananenausfuhr), Flughafen. – Schon im MA. eine bedeutende Handelsstadt der Suahelikultur, kam K. nach 1500 unter port. Einfluss, wurde Ende des 17. Jh. von Arabern aus Oman erobert und war nach 1850 Teil des Sultanats Sansibar. Großbritannien, seit 1890 Schutzmacht über Sansibar, trat K. mit einem Landstreifen am Jubafluss 1924 an Italien ab, wodurch die Stadt 1960 zu Somalia kam.

Kismet [arab.-türk. ›Zugeteiltes (Los)‹] *das, -s,* im Islam das dem Menschen von Allah zugeteilte, unabänderl. Schicksal. In der islam. Theologie als Erfahrung der Souveränität Gottes durch den Menschen beschrieben, die seinem Handeln und Trachten einerseits Grenzen setzt, andererseits jedoch von ihm verantwortetes Handeln erwartet, ist für die islam. Volksfrömmigkeit jedoch überwiegend eine fatalist. Betrachtungsweise des K. kennzeichnend.

Kisogebirge, jap. **Kiso-Sanmyaku**, Gebirge im zentralen Teil der Insel Honshū, Japan, bis 2 956 m ü. M.

Kiss, August Karl Eduard, Bildhauer, *Paprotzan (bei Pleß) 11. 10. 1802, †Berlin 24. 3. 1865; arbeitete 1825–40 im Atelier von C. D. RAUCH und war ab 1830 Ziselierlehrer am Königl. Gewerbeinstitut in Berlin. K. spezialisierte sich auf Großplastiken; sie weisen ihn v. a. als begabten Tierbildhauer aus.

Werke: Amazone zu Pferd im Kampf mit einem Tiger (1841 vollendet; Berlin, Museumsinsel, Altes Museum); Reiterdenkmal Friedrichs d. Gr. in Breslau (1847).

Kisseljowsk, Kiselevsk [kisɪˈljɔfsk], Stadt im Gebiet Kemerowo, Russland, in W-Sibirien im Kusnezker Steinkohlenbecken, 126 000 Ew.; Kohlenbergbau, Maschinenbau (Fördermaschinen).

Kissenlava, Pillowlava [ˈpɪləʊ-, engl.], durch Austritt unter Wasserbedeckung (v. a. im Meer) entstandene Lava von meist wulst-, röhren- bis schlauchartiger, aber auch sack- bis kissenartiger Form (Durchmesser meist 0,5–1 m, z. T. bis mehrere Meter); infolge der Abkühlung des heißen Magmas im kalten Meerwasser von einer glasigen, geschichteten Kruste umgeben und von radialen Schwundrissen durchsetzt. K. treten v. a. in den vulkanisch aktiven Zonen der mittelozean. Rücken aus.

Kissenmoose, Grimmiales, Ordnung der Laubmoose mit vier Familien, 29 Gattungen und 550 Ar-

Ephraim Kishon

Wörter, die man unter K vermisst, suche man unter C, Ch, G, H oder Q

Kiss Kissi–Kißlegg

ten. Die polsterförmig aufrecht wachsenden Moose kommen meist auf Gestein in der gemäßigten bis subarkt. Zone und in den Tropen nur in den höheren Gebirgslagen vor.

Kịssi, Gịssi, Kịsi, Ghịzi, 1) Volksgruppe im Dreiländereck Guinea–Liberia–Sierra Leone, etwa 600 000 Angehörige, davon 440 000 in Guinea. Die K. treiben Feldbau auf Rodungsinseln (Reis, Maniok) sowie Viehhaltung, wohnen in Kegeldachhäusern (auf Lehmsockeln) und sprechen eine westatlant. Klassensprache; ihr Verwandtschaftssystem ist patrilinear. – Im K.-Gebiet wurden kleine Specksteinfiguren gefunden, die meist Menschen in sitzender, kauernder Haltung zeigen, aber auch Tiere oder liegende und reitende Gestalten. Diese Pomtan (Sg. Pomdo) ähneln den →Nomoli der Sherbro und werden wie diese den alten sakralen Königreichen Bullom und Temne des 15./16. Jh. zugeschrieben; beide Figurentypen werden auf dem Kunstmarkt auch K. genannt.

2) Bantustamm in Tansania, nahe dem Njassasee, heute weitgehend von den Nyakyusa absorbiert.

Henry A. Kissinger

Kissingen 1): Kurhaus

Kịssingen, Bad K., 1) Große Kreisstadt im Landkreis Bad K., Bayern, 200 m ü. M. an der Fränk. Saale, am Naturpark Bayer. Rhön, 24 400 Ew.; Mineral- und Moorheilbad (Staatsbad; Heilanzeigen bei Magen-, Darm-, Leber-, Gallen-, Herz- und Gefäßerkrankungen, Stoffwechselkrankheiten, Rheuma, Nerven- und gynäkolog. Erkrankungen); Spielbank. – Klassizist. Pfarrkirche St. Jakob (1772–75); Barockrathaus (1709) von J. DIENTZENHOFER. Die Kuranlagen, urspr. 1738 von B. NEUMANN (nicht erhalten), 1834–38 von F. VON GÄRTNER neu erbaut, wurden 1907–13 in Jugendstilformen von MAX LITTMANN (* 1862, † 1931) erweitert; Kurtheater (1904). – K., 801 erstmals urkundlich bezeugt, gewann durch die seit 823 nachgewiesene Salzgewinnung aus zwei Salinen wirtschaftl. Bedeutung und wurde im 13. Jh. zur Stadt ausgebaut. Bereits im 16. Jh. wurden die Quellen auch zu Heilzwecken genutzt. Nach 1737 nahm der Badebetrieb einen raschen Aufschwung; 1803 fiel K. (ab 1883 ›Bad K.‹) an Bayern.

Während eines längeren Kuraufenthaltes in K. diktierte O. VON BISMARCK am 15. 6. 1877 seinem Sohn HERBERT formelhaft seine Auffassungen zur künftigen Außenpolitik des Dt. Reiches **(Kissinger Diktat)**: sein Ziel sei eine europ. Mächtekonstellation, ›... in welcher alle Mächte außer Frankreich unser bedürfen, und von Koalitionen gegen uns durch ihre Beziehungen zueinander nach Möglichkeit abgehalten werden‹.

2) Landkreis im Reg.-Bez. Unterfranken, Bayern, 1 137 km², 108 400 Ew. Der Kreis liegt beiderseits der Fränk. Saale. Im NW erstreckt er sich über die waldreiche Südrhön (Buntsandstein) bis auf die Schwarzen Berge (834 m ü. M.) und die Dammersfeldkuppe (928 m ü. M.) in der Hohen Rhön (Basalt), reicht im O, jenseits von Bad K., über die mehr offene Wern-Lauer-Platte (Muschelkalk) bis ins Grabfeld. Neben der Forstwirtschaft spielt die Landwirtschaft nur im S (Löss) eine gewisse Rolle (v. a. Weizen, Roggen, Gerste; im Saaletal auch Weinbau). Die Industrie hat nur geringe Bedeutung. Wichtig ist der Fremdenverkehr, v. a. der Kurbetrieb von Bad K., daneben auch Bad Brückenau und Bad Bocklet; in der Hohen Rhön Wintersport (Skilifte, Loipen). Garnisonen und Truppenübungsplätze befinden sich in der Hohen Rhön bei Wildflecken sowie südlich von Hammelburg und sind ebenfalls wirtschaftlich bedeutend. Neben Hammelburg, dem Zentrum des nördlichsten Anbaugebietes des Frankenweins, hat auch Münnerstadt Stadtrecht.

Kịssinger [engl. ˈkɪsɪndʒə], Henry Alfred, amerikan. Politiker und Politikwissenschaftler dt. Herkunft, * Fürth (Bayern) 27. 5. 1923; emigrierte 1938 mit seinen jüd. Eltern in die USA, wurde 1943 naturalisiert und diente 1943–46 als amerikan. Soldat; lehrte 1954–71 an der Harvard University, seit 1977 an der Georgetown University in Washington (D. C.). Ab 1961 war K. zeitweilig als Berater der Präs. J. F. KENNEDY und L. B. JOHNSON tätig. Als Sicherheitsberater (1969–75) und Außen-Min. (1973–77) bestimmte er maßgeblich die Sicherheits- und Außenpolitik der Präs. R. M. NIXON und G. R. FORD. Seine auf dem Konzept des Gleichgewichts basierende Politik zielte v. a. auf Entspannung und Rüstungskontrolle im Ost-West-Konflikt, eine Annäherung der USA an die VR China und eine Beendigung des amerikan. Engagements im Vietnamkrieg ab. Der von ihm mit LE DUC THO ausgehandelte Waffenstillstand (1973), für den beide den Friedensnobelpreis erhielten, ermöglichte den Abzug der amerikan. Truppen aus Vietnam und Kambodscha. Im Nahostkonflikt, v. a. während und nach dem israelisch-arab. Krieg vom Oktober 1973, suchte K. im Rahmen einer intensiven Reisediplomatie zu vermitteln (Truppenentflechtungsabkommen, 1974). 1982 gründete er die Beratungsfirma ›K. Associates, Inc.‹, die Reg. und Unternehmen weltweit Informationen und Analysen anbietet. Er trat nach den gesellschaftl. Umbrüchen von 1989–91 in Mittel- und Osteuropa (Zusammenbruch der dortigen kommunist. Regime) und dem damit verbundenen Ende des Kalten Krieges (Aufhebung der Bipolarität der Welt) v. a. für eine Bewahrung und Festigung der transatlant. Beziehungen zw. Europa und den USA, für eine rasche Wiedervereinigung Dtl.s sowie eine Fortsetzung der europ. Integration ein und forderte – angesichts der Globalisierung der Wirtschaft und der durch zahlr. Konflikte unruhiger gewordenen Welt – eine Neubestimmung der polit. Ziele der USA und der westl. Staaten. – 1987 erhielt er den Internat. Karlspreis der Stadt Aachen.

Werke: A world restored. Castlereagh, Metternich and the restoration of peace 1812–22 (1957; dt. Großmacht Diplomatie. Von der Staatskunst Castlereaghs u. Metternichs, 1986 Neuausg. u. d. T. Das Gleichgewicht der Großmächte); American foreign policy (1969; dt. Amerikan. Außenpolitik); The White House years (1979; dt. Memoiren); For the record (1981); Years of upheaval (1982, dt. Memoiren 1973–1974, 3 Bde.); Die sechs Säulen der Weltordnung (dt. 1992); Diplomacy (1994; dt. Die Vernunft der Nationen).

G. SCHWEIGLER: Von K. zu Carter (1982); C. HACKE: Die Ära Nixon-K.: 1969–74 (1983); S. M. HERSH: The price of power. K. in the Nixons White House (New York 1983); W. ISAACSON: K. Eine Biogr. (a. d. Amerikan., 1993).

Kịssinger Diktạt, →Kissingen.

Kịßlegg, Gem. und Luftkurort im Landkreis Ravensburg, Bad.-Württ., im Allgäu, 590–739 m ü. M., 8 500 Ew. – Die kath. Pfarrkirche St. Gallus (im Kern mittelalterlich, 1734–38 im Barockstil umgebaut) besitzt den einzigartigen Augsburger Silberschatz. Altes

Schloss (1560–70) mit vier runden Ecktürmen und Treppengiebeln; Neues Schloss (1721–27, beherbergt ein Museum internat. Musikinstrumente und die Ausstellung ›Expressiver Realismus‹ mit über 100 Gemälden), eine dreiflügelige Barockanlage mit reicher Stuckdekoration und gediegener Ausstattung, im Treppenhaus Figuren (Sibyllen) von J. A. FEUCHTMAYER.

Kissling, Richard, schweizer. Bildhauer, * Wolfwil (Kt. Solothurn) 15. 4. 1848, † Zürich 19. 7. 1919; lebte 1870–83 in Rom, danach in Zürich, wo er v. a. populäre Denkmäler sowie Porträtbüsten und Bauplastik schuf. Sein Hauptwerk ist das Denkmal für Wilhelm Tell in Altdorf (1895).

Kistna [-nə] *die,* Fluss in Indien, →Krishna.

Kistophoros [griech. kístē ›Kasten‹ und phoreīn ›tragen‹] *der, -/...'phoren,* lat. **Cistophorus,** Bez. für eine antike Münze, die von versch. kleinasiat. Städten (z. B. Ephesos, Pergamon) als Nominal zu drei att. Drachmen seit dem Beginn des 2. Jh. v. Chr. geprägt wurde. Der Name stammt von der Darstellung der Kista mystica (geflochtener Deckelkorb, aus dem eine Schlange herauskriecht) auf der Vorderseite des K. Unter röm. Herrschaft wurden bis zu Kaiser HADRIAN auch weiterhin K. zu drei Denaren ausgegeben, die jedoch andere Münzbilder zeigen.

C. H. V. SUTHERLAND: The cistophori of Augustus (London 1970); F. S. KLEINER u. S. P. NOE: The early cistophoric coinage (New York 1977); W. E. METCALF: The cistophori of Hadrian (ebd. 1980).

Kisuaheli, afrikan. Sprache, →Suaheli.

Kisumu, früher **Port Florence** [pɔːt 'flɔrəns], Provinzhauptstadt in Kenia, Handels- und Umschlagplatz am Kavirondogolf des Victoriasees, 1 146 m ü. M., 185 100 Ew.; kath. Erzbischofssitz, landwirtschaftl. Handelszentrum, Baumwollverarbeitung, Zuckerfabrik, Fischerei. Im Hafen Umschlag von Gütern aus Uganda, die von hier per Bahn zum Exporthafen Mombasa transportiert werden; Flughafen.

Kiswa [arab. ›Verkleidung‹] *die, -,* schwarze Brokatverkleidung der Kaaba in Mekka.

Kitabatake Chikafusa [-tʃ-], jap. Hofbeamter, * Kyōto 1293, † Yoshino 10. 5. 1354; unterstützte z. Z. der Spaltung des Kaiserhauses als Hofbeamter und Heerführer den ›Süd-Hof‹. In seinem histor. Überblick ›Jinnō-shōtōki‹ (1339, ergänzt 1343) vermittelte er die Einzigartigkeit Japans und begründete die Legitimität seines (entsprechend der Mythologie) von den Göttern abstammenden Kaiserhauses. Sein Werk wurde eine der Grundlagen des jap. Nationalverständnisses.

Ausgaben: Jinnô-shôtô-ki. Buch von der wahren Gott-Kaiser-Herrschafts-Linie, übers. v. H. BOHNER, 2 Bde. (1939); A chronicle of gods and sovereigns: Jinnô shôtôki of K. C., übers. v. H. P. VARLEY (1980).

Kitagawa, jap. Zeichner für Holzschnitt und Maler, →Utamaro.

Kitaj ['kɪtɑːʒ], Ronald B., eigtl. **Ronald Brooks,** amerikan. Maler und Grafiker, * Chagrin Falls (Oh.) 29. 10. 1932; studierte in Wien und Oxford, ab 1960 in London, wo er die engl. Pop-Art mitprägte. In montageartig angelegten Kompositionen, die eine Vielfalt von Assoziationen hervorrufen, befasst er sich zumeist mit gesellschaftspolit. Themen. Ab 1975 entstand eine Reihe von Pastellbildern und Kohlezeichnungen. Zugleich begann K. eine intensive Auseinandersetzung mit dem Schicksal der europ. Juden und seiner eigenen Existenz als Jude.

Schrift: First Diasporist Manifesto (1988; dt. Erstes Manifest des Diasporismus).

M. LIVINGSTONE: R. B. K. (Oxford 1985); R. B. K.: a retrospective, hg. v. R. MORPHET, Ausst.-Kat. Tate Gallery London (London 1994).

Kitajenko, Dmitrij Georgijewitsch, russ. Dirigent, * Leningrad 18. 8. 1940; studierte in Leningrad, Moskau und Wien, war seit 1970 Chefdirigent am Stanislawskij-Nemirowitsch-Musiktheater in Moskau und leitete 1976–90 das Sinfonieorchester der Moskauer Staatl. Philharmonie. 1990–96 war er Chefdirigent des Radio-Sinfonie-Orchesters Frankfurt am Main, daneben ist er seit 1991 Chefdirigent des Berner Symphonieorchesters.

Kitakamibergland, Kitakami-Sanchi [-santʃi], Gebirge an der Pazifikküste N-Honshūs, Japan, bis 1 914 m ü. M.; aus Graniten und paläozoischen Sedimentgesteinen aufgebaut.

Kitakyūshū, Hafenstadt an der N-Küste von Kyūshū, Japan, 1,02 Mio. Ew.; entstanden 1963 durch Zusammenschluss der Städte Yahata (Jawata), Kokura, Moji, Tobata und Wakamatsu; TH; Eisen- und Stahlindustrie (v. a. in Yahata), Schiff-, Maschinen- und Fahrzeugbau, elektrotechn., chem., Papier-, Baustoff-, Glas-, Textil- und Nahrungsmittelindustrie; im Hinterland Kohlenbergbau. Mit Shimonoseki auf Honshū ist K. durch zwei untermeer. Eisenbahntunnel und einen Straßentunnel (→Kammontunnel) sowie eine Straßenbrücke verbunden; Flughafen.

Kitale, Stadt in W-Kenia, am Ostfuß des Elgon, 1 895 m ü. M., 28 400 Ew.; Nationalmuseum von W-Kenia; Zentrum eines ertragreichen Anbau- und Viehzuchtgebiets (ehem. europ. Besiedlung) mit Mais-, Weizen-, Tee-, Kaffeeanbau, Gewinnung von Pyrethrum; Endstation der 50 km langen Stichbahn Eldoret–Kitale; Flugplatz.

Kitamigebirge, Kitami-Sanchi [-santʃi], Gebirgskette im N der Insel Hokkaidō, Japan, im Teshio bis 1 558 m ü. M.; im O ist das Kitamibecken (474 km²) eingesenkt.

Kitan, chin. **Qidan, Chi-tan,** seit dem 5. Jh. namentlich bekannter hirtennomad. Stämmeverband der südl. Mandschurei. Anthropologisch sind die K. Mongolide; die sprachl. Zuordnung ist unklar.

Nach mehreren erfolglosen Vorstößen gegen das Tangreich eroberten die K. zu Beginn des 10. Jh. unter der Führung ihres Häuptlings APAOKI (chin. ABAOJI, A-PAO-CHI) die Region um Peking. Das 907 von APAOKI gegründete Reich, das 937 den chin. Namen Liao annahm und auf seinem Höhepunkt von Korea bis in die westl. Mongolei reichte, fiel 1125 einem Zangenangriff der tributpflichtigen Dschurdschen und der Song zum Opfer. Die in die Mongolei geflüchteten Reste der K. gründeten zw. 1129 und 1141 unter der Führung von YELÜ DASHI (YEH-LÜ TA-SHIH) – im Westen als ›Priesterkönig Johannes‹ bekannt – in West- und Ostturkestan das Reich Kara-Kitai (›Schwarze K.‹; Hauptstadt: Balasaghun), das 1218 von den Mongolen erobert wurde. Von den K. leitet

Kistophoros
(Tralleis, Kleinasien, 57/56 v. Chr.; Durchmesser 26 mm)

Vorderseite

Rückseite

Ronald B. Kitaj: Malta; 1974 (Privatbesitz)

Wörter, die man unter K vermisst, suche man unter C, Ch, G, H oder Q

Kita

Kitara–Kitsch

sich die zentralasiatisch-osteurop. Bezeichnung Kitai für China ab.

K. A. WITTFOGEL u. FÊNG CHIA-SHÊNG: History of Chinese society: Liao, 907–1125 (Philadelphia, Pa., 1949).

Kitạra, vorkolonialer Staat im Gebiet der großen Seen Ostafrikas, wohl die früheste Gründung der einwandernden Hima (16. Jh.?), Keimzelle u. a. von Bunyoro und Buganda.

Kitasato, Shibasaburō, jap. Bakteriologe, * Oguni (Präfektur Kumamoto) 20. 12. 1856, † Nakanojō (Präfektur Gunma) 13. 6. 1931; Schüler und Mitarbeiter R. KOCHS in Berlin; züchtete erstmals den Tetanusbazillus in Reinkultur (1889). Mit E. VON BEHRING entdeckte er die Diphtherie- und Tetanusantitoxine (1890) und schuf damit die Grundlagen der Serumtherapie. 1894 fand K. den Pestbazillus, 1898 entdeckte er den Erreger der Ruhr.

Kitchener ['kɪtʃɪnə], bis 1916 **Berlin** ['bɜ:lɪn], Stadt in der Prov. Ontario, Kanada, 100 km westlich von Toronto, 168 300 Ew.; die Metrop. Area, zu der →Waterloo gehört, hat 356 400 Ew.; Nahrungs- und Genussmittel-, Möbelindustrie, Maschinenbau, Herstellung von Gummireifen. – Die Gründung der Siedlung (1824) geht auf deutschsprachige Mennoniten zurück, die aus Pennsylvania geflüchtet waren.

Kitchener ['kɪtʃɪnə], Horatio Herbert, 1. Earl (seit 1914) **K. of Khartoum and of Broome** [-əv kɑːˈtuːm ənd əv ˈbruːm], brit. Feldmarschall (seit 1909), * Crotter House bei Listowel (Cty. Kerry, Irland) 24. 6. 1850, † vor den Orkney-Inseln 5. 6. 1916; wurde 1871 brit. Offizier, diente seit 1874 in Palästina, Zypern und Ägypten. 1886–88 war er Gen.-Gouv. von Ostsudan. Als Oberbefehlshaber der ägypt. Armee (seit 1892) eroberte K. 1896–98 den Sudan (im September 1898 Entscheidungsschlacht bei Omdurman und Einnahme von Khartum) und erreichte in der →Faschodakrise den frz. Rückzug. Im Burenkrieg (1899–1902) war er zunächst Generalstabschef, dann Oberbefehlshaber, 1902–09 Oberbefehlshaber der brit. Truppen in Indien, dann der brit. Seestreitkräfte im Mittelmeer, 1911–14 brit. Generalkonsul in Ägypten. Nach Ausbruch des Ersten Weltkriegs organisierte er als Heeres-Min. ein neues Freiwilligenheer, 1916 setzte er die allgemeine Wehrpflicht durch. Auf einer diplomat. Reise nach Russland fand er beim Untergang des Panzerkreuzers ›Hampshire‹ den Tod.

G. C. A. ARTHUR: Life of Lord K., 3 Bde. (London 1920); P. M. MAGNUS: K. (ebd. 1958); G. H. CASSAR: K. Architect of victory (ebd. 1977).

Kitfuchs [zu engl. kitten ›Tierjunges‹], **Vulpes macrotis,** in den Steppen und Prärien Nordamerikas vorkommende Art der Füchse (Körperlänge 34–45 cm), die auf kurzen Strecken als eines der schnellsten Säugetiere gilt. Der K. lebt in meist selbst gegrabenen Bauen und ernährt sich v. a. von Kleintieren, selten auch pflanzlich. – Die Felle **(Kitfuchs)** werden naturell oder gefärbt zu Großkonfektion, Besätzen und Kopfbedeckungen verarbeitet.

Kithara [griech.] die, -/-s und ...ren, ein seit dem 7. Jh. v. Chr. nachweisbares Saiteninstrument, das zur Familie der Leiern gehört. Die K. wurde offenbar schon im Altertum nicht eindeutig von der Lyra unterschieden, doch galt die Bez. K. wohl hauptsächlich einem großen, siebensaitigen Instrument mit einem eckigen, sich nach oben leicht verbreiternden Schallkasten und dicken Jocharmen, die durch ein (aus akust. Gründen?) kompliziert gestaltetes Zwischenstück mit dem Schallkasten verbunden sind. Das tief sitzende dünne Querjoch ist mit Wülsten für die obere Saitenbefestigung und je einer kleinen Scheibe an den beiden Enden versehen. Das Instrument wurde wegen seiner Schwere durch ein um den linken Unterarm geschlungenes Band gehalten; mit den Fingern der linken Hand wurden die Saiten gegriffen, mit der rechten Hand die Saiten gezupft oder mit einem an einer Schnur befestigten Plektron angerissen. Die K. wurde bis zum 5. Jh. v. Chr. zum Virtuoseninstrument mit 11–12 Saiten. Sie lässt sich bis in die Spätantike hinein verfolgen. – Das kunstvolle Spiel auf der K. wird **Kitharistik** genannt, **Kitharodie** bezeichnet den auf der K. kunstvoll begleiteten lyr. Sologesang.

M. WEGNER: Die Musikinstrumente des alten Orients (1950); DERS.: Griechenland (Leipzig ²1970); Die Musik des Altertums, hg. v. A. RIETHMÜLLER u. a. (1989).

Kithäron der, Kalkgebirge zw. Böotien und Attika, Griechenland, bis 1 409 m ü. M.

Kịtikmeot Region [- ˈriːdʒən], Verwaltungsregion der Northwest Territories, Kanada, 4 400 Ew., Hauptort ist Cambridge Bay (1 100 Ew.).

Kịtimat [-mæt], Ort in der Prov. British Columbia, Kanada, am Ende des Douglas Channel (Fjord in den Coast Mountains), 11 300 Ew.; das Aluminiumwerk, das bei seiner Fertigstellung (1954) das drittgrößte der Erde war, verarbeitet importierten Bauxit; ferner Papier-, Methanolfabrik. – K. wurde 1948 beim Bau des Aluminiumwerkes gegründet.

Kịtion, antike Stadt auf Zypern, heute →Larnaka.

Kitsch [wohl zu mundartlich kitschen ›streichen‹, ›schmieren‹, ›zusammenscharren‹, also eigtl. ›Geschmiertes‹], ein Begriff, der nach 1870 im Münchner Kunsthandel auftauchte, als sich die Nachfrage nach billigen, sentimentalen, ›soßig braunen‹ Modebildern häufte. Der Begriff K. enthält insbesondere dann, wenn er von ›Kunst‹ abgegrenzt wird, eine negative Wertaussage. Seit den 20er-Jahren tritt er damit auch in der Funktion auf, jeweils anerkannte ›hohe‹ Kunst (bildende Kunst, Literatur und Musik) von Trivial-, Massen- und Modekunst abzusetzen. Während in der älteren Forschung v. a. anthropolog. Betrachtungsweisen K. als Ausdruck einer bestimmten Welthaltung und bestimmter Charaktereigenschaften ansahen (unreflektierter Genuss von Stimmungen, passive Aufnahme der Welt ohne eigenen Gestaltungswillen, Hang zur bequemen Wunscherfüllung), bemühten sich literatur- und kunstwissenschaftlich ausgerichtete Betrachtungen darum, formale und wirkungsästhet. Eigenschaften des K. herauszuarbeiten. Diese Versuche waren v. a. darauf ausgerichtet, Kunst von K. abzusetzen, blieben aber gerade bei der Bestimmung der jeweils typ. Merkmale eine deutl. Grenzziehung schuldig. Die hieran anschließende stärker soziologisch orientierte Betrachtung berücksichtigte auch die Produktionsbedingungen von K., so ABRAHAM A. MOLES (* 1920, † 1992), der K. als ›Kunst‹ der Mittelklasse in einer Überflussgesellschaft bestimmte, während, basierend auf der marxschen Warenanalyse, in gesellschaftskrit. Versuchen K. als Ware besonderer Art (Gefühl als Ware) aufgefasst wurde. Im Anschluss an das (Ende der 60er-Jahre einsetzende) Interesse an Massen- und populärer Kultur sowie in der Folge der gleichzeitig beginnenden sozialhistor. und ideologiekrit. Betrachtungen der tradierten normativen Kunstvorstellung gehen gegenwärtige K.-Bestimmungen von einer Verbindung sozialhistor. und semiot. Ansätze aus. K. wird damit wie andere artifizielle Produkte als ›Botschaft‹ verstanden, deren besonderer Charakter in einer v. a. auf die Gefühle zielenden harmonisierenden und affirmativen Objektgestaltung und Rezipientenansprache besteht, die aber gleichermaßen in ihrer konkreten Ausgestaltung von sozialhistor., psycholog. und ästhet. Rahmenbedingungen der jeweiligen Kommunikationssituation bestimmt wird. K. tritt in dem Maße in Erscheinung, in dem sich (seit dem 18. Jh.) einerseits ästhetisch-künstlerisch ›anspruchsvolle‹ Kodes verfestigen und im Zuge der Verbreitung formaler Bildung und bürgerl. Wertvorstellungen auch auf andere soziale Gruppen und Schichten übergreifen und andererseits eine

Horatio Herbert Kitchener

auf einen Markt orientierte Produktion künstler. Produkte zunimmt. Entsprechend der Ausbildung eines auf ›hohe‹ Kunst bezogenen Kanons und der Ausdehnung des Kunstmarktes entsteht die Bez. K. zum einen für das aus diesem Kanon Auszugrenzende, zum anderen für das, was durch das Ansprechen ›schöner‹ Gefühle ausschließlich dem Markt- und Konsuminteresse dient. K. bezeichnet nun jenen Gebrauch von Mitteln, Formen und Inhalten, durch den bereits Etabliertes ›gefühlskräftigen‹ Affirmation und Vervielfältigung eines bereits vorhandenen Harmoniebedürfnisses eingesetzt wird.

Die Definition von K. ist damit an die Möglichkeit einer Definition von ›hoher‹ Kunst gekoppelt. Jedoch fördern gerade jüngste Tendenzen, die einerseits die Marktmechanismen in Richtung auf eine Kulturindustrie universalisierten und andererseits die tradierten Kodifizierungen infrage stellen (Museumswürdigkeit der K.; intellektuelle Vorlieben für K.), nicht nur eine zunehmende Verbreitung von K., sondern machen auch den Gebrauch des Wortes K. in seinem historisch bestimmten Sinn (Unterscheidung zu Kunst) fast unmöglich. Daneben wird auch der Standpunkt vertreten, dass die der ›hohen‹ Kunst zugeschriebenen Wirkungen wie Anstöße zur Reflexion, Erschütterung, Erheiterung und sogar (Selbst-)Erkenntnisprozesse ebenso von K. ausgehen können (U. Eco).

L. Giesz: Phänomenologie des K. (²1971); A. A. Moles: Psychologie des K. (a. d. Frz., 1972); Dt. K., hg. v. W. Killy (⁸1978); Literar. K., hg. v. J. Schulte-Sasse (1979); W. F. Haug: Kritik der Warenästhetik (⁸1983); K., soziale u. polit. Aspekte einer Geschmacksfrage, hg. v. H. Pross (1985); K. Deschner: K. Konvention u. Kunst. Eine literar. Streitschrift (Neuausg. 13.-15. Tsd. 1987); U. Eco: Apokalyptiker u. Integrierte. Zur krit. Kritik der Massenkultur (aus dem Ital., Neuausg. 5.-8. Tsd. 1987); G. Fuller: K. art. Wie K. zur Kunst wird (1992); K. Rosenkranz: Ästhetik des Hässlichen (²1996).

Kitt, Eartha Mae, amerikan. Tänzerin, Sängerin und Schauspielerin, * North (S. C.) 26. 1. 1928; internat. Star in Nachtklubs, auf der Bühne (u. a. am Broadway in dem Schauspiel ›Mrs. Patterson‹, 1954) und in Filmen (u. a. ›Accused‹, 1957; ›Dragonard‹, 1987; ›Boomerang‹, 1991); 1993 gastierte sie in der Frankfurter Aufführung der ›Dreigroschenoper‹.

Kittas [griech. kissa, kitta ›Häher‹], *Sg.* **Kitta** *die,* -, Sammel-Bez. für die acht Arten der zu den Rabenvögeln gehörenden Gattungen *Cissa* und *Urocissa,* die vom Himalaja bis nach Java und Borneo verbreitet sind. In ihrem bunten Gefieder überwiegen Blau- und Grüntöne wie z. B. bei der hauptsächlich grünen **Jagdelster** (*Cissa chinensis*), die immergrüne Wälder und gebüschreiches Gelände von N-Indien bis Sumatra bewohnt.

Kittdrüsen, bei Insekten weit verbreitete Anhangsdrüsen der Geschlechtsorgane, die an der Luft erhärtende Kittsubstanzen ausscheiden; bei Männchen zur Umhüllung von →Spermatophoren, bei Weibchen zur Umhüllung und Anheftung der Eier.

Kitte [ahd. kuti, quiti, urspr. ›Harz‹], Dichtungsmassen aus Bitumen-, Kunststoff- oder (nur noch selten) Ölbasis, die zunächst plastisch sind und nach einiger Zeit zu festen, mehr oder weniger elastischen Massen erhärten, wobei sie eine gewisse Plastizität beibehalten. Je nach Anforderung werden **Kleb-** und **Füll-K.** unterschieden.

Kittel, 1) Gerhard, ev. Theologe, * Breslau 23. 9. 1888, † Tübingen 11. 7. 1948, Sohn von 3); Prof. für N. T. in Leipzig (1921), Greifswald (seit 1921), Tübingen (seit 1926), 1939–1943 vertretungsweise in Wien; wurde 1945 wegen seiner theologisch und politisch fragwürdigen Haltung gegenüber Judentum und Nationalsozialismus suspendiert. – K. erforschte die eth. Aussagen Jesu unter Heranziehung der zeitgenöss. rabbin. Literatur und forderte angesichts der Verwandtschaft beider die Abkehr vom christlich begründeten Antijudaismus. Den Nationalsozialismus begrüßte K., der inzwischen – v. a. seit 1932 als Herausgeber des ›Theolog. Wörterbuchs zum N. T.‹ – internat. Ansehen genoss, in der Hoffnung auf eine Verbindung staatl. und kirchlich-religiöser Interessen. Gleichzeitig sah er sich als Vermittler zw. dem natsoz. Regime und der jüd. Bevölkerung. Die weitgehende Assimilierung des liberalen Judentums unter weitgehender Preisgabe seiner religiösen Identität fasste K. als Moment der Unheilsgeschichte auf, in der sich das Judentum durch die Verwerfung durch Gott befinde und aufgrund derer auch eine Diskriminierung der Juden als Fremde berechtigt sei. K. warnte zwar vor Übergriffen und Pogromen; sein Vermittlungsversuch, der polit. und religiöse Motive miteinander verband, blieb jedoch äußerst missverständlich.

Werke: Die Probleme des palästinens. Spätjudentums u. das Urchristentum (1926); Jesus u. die Juden (1926); Die Religionsgesch. u. das Urchristentum (1932); Die Judenfrage (1934); Ein theolog. Briefwechsel (1934, mit Karl Barth).

L. Siegele-Wenschkewitz: Neutestamentl. Wiss. vor der Judenfrage. G. K.s theolog. Arbeit im Wandel dt. Gesch. (1980); R. P. Ericksen: Theologen unter Hitler (1986).

2) Helmuth, ev. Religionspädagoge, * Potsdam 11. 4. 1902, † Münster 20. 1. 1984; war 1931–37 und 1946–63 Prof. an versch. pädagog. Hochschulen, 1937–45 und seit 1963 an der Univ. Münster; lieferte grundlegende Beiträge zum ev. Religionsunterricht, zur Lehrerhaltung und bes. zur Idee und Entwicklung der pädagog. Hochschule.

Werke: Die Entwicklung der Pädagog. Hochschulen 1926–1932 (1957); Ev. Religionspädagogik (1970); 50 Jahre Religionspädagogik. Erlebnisse u. Erfahrungen, hg. v. B. Albers (1987).

3) Rudolf, ev. Theologe, * Eningen unter Achalm 23. 3. 1853, † Leipzig 20. 1. 1929, Vater von 1); Prof. für A. T. in Berlin (seit 1888) und Leipzig (1898–1924); wurde – neben literar. Studien und historisch-archäog. Untersuchungen zur Gesch. Israels – v. a. durch eine Neuausgabe des hebr. A. T. bekannt. Die exeget. Fragestellungen K.s, der sich von J. Wellhausens Konzentration auf literar. Aspekte des A. T. und von H. Gunkels formgeschichtl. Methode distanzierte, sind gekennzeichnet durch sein Interesse am geistigen Leben Israels und an der systemat. Darstellung der israelit. Religion.

Werke: Gesch. des Volkes Israel, 3 Bde. (1888–1929); Die Religion des Volkes Israel (1921); Die Zukunft der alttestamentl. Wiss. (1921); Gestalten u. Gedanken in Israel (1925); Autobiographie, in: Die Religionswiss. der Gegenwart in Selbstdarstellungen, hg. v. E. Stange, Bd. 1 (1925). – **Hg.:** Beiträge zur Wiss. vom A. T. u. N. T. (1908 ff.).

H.-J. Kraus: Gesch. der historisch-krit. Erforschung des A. T. (³1982).

Kittelsen, Theodor Severin, norweg. Zeichner und Maler, * Kragerø (Prov. Telemark) 27. 4. 1857, † Jeløya (Prov. Østfold) 21. 1. 1914; trat nach Studien in Oslo und München v. a. mit Illustrationen zu Abenteuererzählungen und Sagen hervor, ferner mit Aquarellen und Pastellen mit Motiven der norweg. Landschaft.

Kittim, im A. T. erwähntes Volk (z. B. 1. Mos. 10, 4), das in Jes. 23, 1.12 mit (seinem Mutterland ?) Tyrus in Verbindung gebracht wird. Wie Funde aus Arad im südl. Palästina erkennen lassen, wurde als K. auch ein griech. Söldner bezeichnet. Der Name ließe sich daher von der Stadt Kition auf Zypern ableiten. Andererseits bezieht sich in Dan. 11, 30 K. auf die Römer, sodass angesichts dieses und anderer Zitate aus den Schriftrollen von Qumran unklar bleibt, welche Völker oder Volksgruppen (des Mittelmeerraums ?) der Name K. umfasst.

Kittleisten, *Zytologie:* Interzellularverbindung von Epithelzellen, die einen Hohlraum auskleiden (z. B. Darm, Nierenkanälchen), zur festen Verbindung

Kittas: Jagdelster (Größe 38 cm)

Gerhard Kittel

Rudolf Kittel

benachbarter Zellen und zur Abdichtung des Hohlraums.

Kittner, Dietrich, Kabarettist, *Oels 30. 5. 1935; gründete 1959 in Göttingen das Kabarett ›Die Leid-Artikler‹, ist seit 1966 mit eigener Bühne, ›Kittners Kritisches Kabarett‹, in Hannover als Solokabarettist tätig. K. erhielt 1984 den Dt. Kleinkunstpreis.

Kitt Peak [-pi:k], Berg in Arizona, USA, 90 km südwestlich von Tucson, 2095 m ü. M. Das auf dem Gipfel gelegene **K. P. National Observatory** (u. a. mit einem 4-m-Spiegelteleskop und dem derzeit weltweit größten Sonnenteleskop ausgestattet) gehört zu den bedeutendsten astronom. Observatorien der Erde.

Kittsee, Markt-Gem. im äußersten N des Burgenlandes, Österreich, 138 m ü. M., 2000 Ew.; im Schloss (17. Jh., von 1730–40 umgebaut, gegen 1900 erweitert) ethnograph. Museum (Ost- und Südosteuropa); Acker-, Obst- und Weinbau.

Kitwe, Bergbau- und Industriestadt im Copperbelt, N-Sambia, in einem Flussbogen des Kafue, 1350 m ü. M., mit 348 600 Ew. die drittgrößte Stadt des Landes; Technikum, forstwiss. Institut, jährl. Landwirtschaftsschau. K. ist das Wirtschaftszentrum des Copperbelts; Kupfermine und -hütte im Stadtteil Nkana, vielseitige Industrie (Metall-, Holz-, Getränkeindustrie, Druckerei); Bahnstation, Flughafen. – K. wurde 1936 als Bergbausiedlung gegründet.

Kitz [ahd. chizzi(n), wohl urspr. Lockruf], *Jägersprache:* Bez. für das Junge von Reh, Gämse, Steinwild, seltener Damwild. Das männl. K. heißt **Bock-K.,** das weibl. **Geiß-K.,** die die K. führende Geiß (Ricke) **K.-Geiß.**

Kitzberg, August, estn. Schriftsteller, *Laatre (bei Pärnu) 29. 12. 1855, †Dorpat 10. 10. 1927. In seinem Werk vollzog sich der Übergang vom Volksstück zum künstler. Drama (›Libahunt‹, 1911); schrieb auch humoristische Dorfgeschichten (›Külajutud‹, 1915–21, 5 Bde.) und kulturgeschichtlich wertvolle Memoiren.

Kitzingen 1): Blick auf die Stadt mit der katholischen Pfarrkirche Sankt Johannes (15. Jh.), dem Marktturm und der evangelischen Pfarrkirche (1686–93; von links); rechts die steinerne Mainbrücke (17./18. Jh.).

Kitzbühel, Bezirkshauptstadt in den Kitzbüheler Alpen, Tirol, Österreich, im Tal der Kitzbüheler Ache zw. Hahnenkamm (1668 m ü. M.) und Kitzbüheler Horn (1996 m ü. M.), 8100 Ew.; Heimatmuseum, Tiroler Bauernmuseum (in Hinterobernau); Herstellung von Wintersportartikeln. K. ist einer der wichtigsten Fremdenverkehrsorte der Ostalpen (vier Seilbahnen, zahlr. Sessellifte, v. a. für den Wintersport (u. a. inter-

Kitzbühel

nat. Hahnenkammrennen); am kleinen Schwarzsee Moorbad. – Das maler. Stadtbild wird durch die bunten Barockfassaden geprägt. Spätgot. Pfarrkirche St. Andreas (1435–1506; Inneres z. T. barockisiert, mit Schnitzaltar von S. B. FAISTENBERGER von 1663); Liebfrauenkirche (14.–15. Jh.; Doppelkapelle, Oberkapelle um 1738 barockisiert). Nahebei die Kapsburg (1615 erwähnt) und Schloss Lebenberg (16./17. Jh.). – Der 1165 erstmals urkundlich erwähnte Ort erhielt 1271 Stadtrecht. 1504 kam K. von den bayer. Herzögen an Tirol. Im 16./17. Jh. bestimmte der Erzbergbau das Wirtschaftsleben. Ende des 19. Jh. entwickelte sich K. zu einem Winterkurort.

Kitzbüheler Alpen, Teil der Ostalpen in Tirol und Salzburg, Österreich, zw. Zillertal (im W) und Zeller See (im O), im S zum Gerlostal und Pinzgau abfallend; im Kreuzjoch (im SW) bis 2558 m ü. M. Die K. A. sind Teil der Schiefer- und Grauwackenzone und zeigen meist sanft gerundete Formen, von Wald und Grasfluren bedeckt (›Grasberge‹); wichtiges Almwirtschafts- und Fremdenverkehrsgebiet, v. a. Wintersport (Zentrum Kitzbühel mit dem Hahnenkamm). Die K. A. werden von der Straße über den Pass Thurn (1274 m ü. M.) gequert; dem Brixental im N folgt die Westbahn.

G. BLEIER u. K. KETTNER: K. A. Ein Führer für Täler, Hütten u. Berge (²1984).

Kitzeck, Weinbau-Gem. im →Sausal.

Kitzel|empfindung, vom Jucken und der Berührungsempfindung zu unterscheidende Sinnesmodalität der Haut, die durch (meist) schwache, bewegte Berührungsreize ausgelöst wird. Es wird vermutet, dass die K. durch mechanosensible freie Nervenendigungen in der Haut vermittelt wird.

Kitzingen, 1) Kreisstadt des Landkreises K., Bayern, 186–220 m ü. M., am Main, Große Kreisstadt mit 22 000 Ew.; Fachschulen, Lehr- und Versuchsanstalt für Geflügelzucht, Rebveredelungsanstalt, Dt. Fastnachtmuseum (im Falterturm), Stadtmuseum; bedeutender Weinbau und -handel, Maschinen-, Metall-, Textil-, Farben- u. a. Industrie; Hafen. – Ev. Pfarrkirche (ehem. Ursulinenklosterkirche im Stil des ital. Barock, 1686–93); got. Hallenkirche St. Johannes (15. Jh.); Rathaus, ein dreigeschossiger Renaissancebau (1561–63); ehem. Kapuzinerkirche (1652 geweiht) mit ausgezeichneten Barockaltären. Teile des mittelalterl. Mauerrings sind erhalten (Falterturm, 1469 ff.). Am linken Mainufer liegt die überkuppelte Heiligkreuzkapelle von B. NEUMANN (1741–45). – Nahe einem 745–1544 bestehenden Benediktinerinnenkloster wurde im 12./13. Jh. die Stadt K. zum Schutz einer

Kitzler – Kiwus **Kiwu**

Mainfurt planmäßig angelegt. Sie gehörte zum Hochstift Würzburg und fiel 1802 an Bayern.
2) Landkreis im Reg.-Bez. Unterfranken, 684 km^2, 86 900 Ew.; erstreckt sich über offene, lössbedeckte Gäuplatten des Muschelkalks beiderseits des mittleren Maintals sowie über Sand- und Mergelflächen im östlich anschließenden Vorland des Steigerwalds bis zum Schwanberg (Keupersandsteinstufe des Steigerwalds). Vorherrschend in der Bodennutzung ist der Anbau: neben Getreide, Zuckerrüben, Obst (im Steigerwaldvorland und bei Volkach Zwetschgen) und Gemüse (bei Volkach und K. Spargel) spielt der Weinbau eine herausragende Rolle; der Kreis K. ist ein Hauptanbaugebiet des Frankenweine. Die Kreisstadt und die vielen Kleinstädte (Dettelbach, Iphofen, Mainbernheim, Marktbreit, Marktsteft, Prichsenstadt, Volkach) treten weniger als Industriestandorte, sondern v. a. als Anziehungspunkte des Fremdenverkehrs hervor. Zahlr. Arbeitnehmer sind Auspendler nach Würzburg.

Kitzler, Klitoris, Clitoris, das dem Penis homologe, jedoch sehr viel kleinere, vor bzw. oberhalb der Harnröhrenmündung liegende, aus dem ›Geschlechtshöcker‹ hervorgegangene, erektile Geschlechtsglied der weibl. Säugetiere. – Bei der *Frau* besteht der K. (als wichtigste erogene Zone) aus zwei Schwellkörpern und der Eichel. Die Vorhaut wird durch die zusammenstoßenden kleinen Schamlippen gebildet.

Kitzlochklamm, Klamm der Rauriser Ache im →Pinzgau.

Kitzsteinhorn, Berg in den Hohen Tauern, →Kaprun.

Kiukiang, Stadt in China, →Jiujiang.

Kiuschu, jap. Insel, →Kyūshū.

Kiva [indian.] *die, -/-s,* Bez. für eingetiefte runde oder rechteckige Kultstätten der Puebloindianer im SW der USA; in ihnen wurden Zeremonien vorbereitet, Altäre errichtet und Götterfiguren aufgestellt. Die K. entstanden aus dem Grubenhaus der frühen Anasazikultur und werden bis heute benutzt.

Kivi, Aleksis, urspr. **A. Stenvall,** finn. Schriftsteller, *Nurmijärvi (Prov. Uusimaa) 10. 10. 1834, †Tuusula (Prov. Uusimaa) 31. 12. 1872. K., dessen Leben von Unstetigkeit, v. a. aber seit 1870 durch eine unheilbare Geisteskrankheit bestimmt war, leitete die moderne Literatur in finn. Sprache ein und gilt heute als deren Klassiker. Er ist deren erster, an W. SHAKESPEARE, M. DE CERVANTES SAAVEDRA und L. VON HOLBERG geschulter Dramatiker (›Kullervo‹, 1864) und ein bedeutender Romancier von humorvollem Realismus, v. a. in der Charakterkomödie ›Nummisuutarit‹ (1864; dt. ›Die Heideschuster‹) und seinem Hauptwerk, dem z. T. dialog. Roman ›Seitsemän veljestä‹ (1870; dt. ›Die sieben Brüder‹). Mit Letzterem führte er das Volkstümliche als grundlegendes Element in die finn. Literatur ein. Starke und ursprüngl. Ausdruckskraft besitzt seine reimlose Lyrik.
Weitere Werke: Dramen: Kullerris (1864); Kihlaus (1866; dt. Die Verlobung); Lea (1869); Margareta (1871).
Ausgabe: Kootut teokset, hg. v. E. KAUPPINEN u. a., 4 Bde. (^{5}1984).
M. P. HEIN: Die Kanonisierung eines Romans. A. K.s ›Sieben Brüder‹, 1870–1980 (Helsinki 1984); V. TARKIANEN: A. K. (Helsinki 1984).

Kivik [ˈtçiːviːk], an der O-Küste von Schonen südlich Kristianstad, Schweden, gelegener Fundort eines bronzezeitl. Hügelgrabes, dessen Grabhügel mit 75 m Durchmesser und heute noch 3,5 m Höhe einer der mächtigsten in Skandinavien ist. Das K.-Grab wurde bereits 1748 geöffnet und ausgeräumt, Grabbeigaben sind unbekannt geblieben. Eine zentral im Hügel liegende Steinkiste (3,25 m × 1 m × 1 m) trägt auf den Innenseiten der Steinplatten gegenständl. und mythollog. Bildgravierungen der nord. Bronzezeit (Schiffe, Prozessionen, Lurenbläser, Streitwagenfahrer, Zeremonialäxte u. a.).

Kivu|see, See in Ostafrika, →Kiwusee.

Kiwanis International [kɪˈwænɪs ɪntəˈnæʃnl; von indian. *nunc keewanis* ›Ausdruck seiner eigenen Persönlichkeit‹], internat. Serviceklub mit rd. 320 000 Mitgl. in etwa 7 000 autonomen Klubs, die in Divisionen und Distrikten zusammengefasst sind. Die Mitgl. eines Klubs bemühen sich unter dem Motto ›we build‹ (wir bauen auf) um einen gezielten und wirkungsvollen humanitären Einsatz v. a. auf kommunaler Ebene. – Der erste Kiwanis-Klub wurde 1915 in Detroit (Mich.), der erste in Europa 1963 in Wien gegründet. 1968 schlossen sich die europ. Gliederungen zur Föderation **K. I.-Europe** mit eigenen Statuten zusammen, blieben jedoch der Dachorganisation K. I. (Sitz des Generalsekretariats: Indianapolis, Ind.) angegliedert.

Kiwi [aus Maori, engl. kiwi, kurz für: kiwi fruit, kiwi berry] *die, -/-s,* **Chinesische Stachelbeere,** Bez. für die essbare Frucht des Chinesischen Strahlengriffels (Actinidia chinensis), eines in China beheimateten, bis 8 m hoch rankenden, Wärme liebenden sommergrünen, windenden Strauches mit großen, behaarten Blättern und zweihäusig verteilten, weißl. Blüten. Die K. sind länglich oval und bis über 8 cm groß. Ihre dünne, braune Schale ist relativ hart und behaart. Das grüne, saftig säuerl. Fruchtfleisch weist zahlreiche kleine, fast schwarze Samen auf. K. sind gut lagerfähig. Sie werden roh (geschält) verzehrt (mit den Samen) oder zu Getränken, Konfitüren u. Ä. verarbeitet. Die nach Dtl. importierten Früchte stammen häufig aus Neuseeland. Weitere Anbauländer sind u. a. Kalifornien, Frankreich, Italien und China. Wird heute auch in Dtl. kultiviert.

Kiwis [Maori, lautm.], *Sg.* **Kiwi** *der, -s,* **Schnepfenstrauße, Apterygidae,** Familie bis 35 cm hoher, flugunfähiger, nachtaktiver Laufvögel mit drei Arten in den Wäldern Neuseelands. Das graubraune Gefieder wirkt durch fehlende Federstrahlen strähnig. Im Ggs. zu den meisten anderen Vögeln besitzen K. einen ausgezeichneten Geruchssinn. Die 1–2 weißen Eier werden in Bodennestern ausgebrütet; die Jungen sind erst nach etwa 5–6 Jahren geschlechtsreif. K. können bis 25 Jahre alt werden; sie stehen unter Naturschutz.

Kiwis: Streifenkiwi (Körperlänge etwa 54 cm)

Kiwu-Nationalpark, Wildschutzgebiet im O der Demokrat. Rep. Kongo, an der Grenze zu Ruanda und Uganda; erstreckt sich vom N-Ufer des Kiwusees über die Virungavulkane und den Rutanzigesee bis zum Ruwenzori, 8 000 km^2; Reservat für Zebras, Pferdeantilopen, Impalas und Wasservögel.

Kiwus, Karin, Lyrikerin, *Berlin 9. 11. 1942; arbeitete u. a. als Verlagslektorin. Ihr schmales lyr. Werk artikuliert Alltagserfahrungen aus subjektivem, ori-

Aleksis Kivi

Kiwi: Früchte und Blätter des Chinesischen Strahlengriffels (Zuchtform)

Wörter, die man unter K vermisst, suche man unter C, Ch, G, H oder Q

ginellem Blickwinkel, wobei sie mit versch. lyr. Ausdrucksmöglichkeiten experimentiert.

Werke: *Lyrik:* Von beiden Seiten der Gegenwart (1976); Angenommen später (1979); 39 Gedichte (1981); Das chin. Examen (1992).

Kiwu|see, Kivu|see, See im Zentralafrikan. Graben, 1460 m ü. M., 2650 km², bis 496 m tief, mit reich gegliederten und bewaldeten Ufern, fischarm. Der K. wurde durch vulkan. Aufschüttungen aufgestaut; er entwässert nach S durch den Rusisi zum Tanganjikasee. Unter dem See befindet sich ein Methangaslager. Der W (einschließlich der 250 km² großen Insel Idjiwi) gehört zur Demokrat. Rep. Kongo, der O zu Ruanda; Schiffsverkehr.

Kiyonaga: Verabschiedung bei Nacht; Farbholzschnitt aus ›12 Monate im Süden‹, 1784

Kiyonaga, eigtl. **Torii Kiyonaga,** jap. Farbholzschnittkünstler, * Uraga 1752, † Edo (heute Tokio) 1815; adoptiertes Mitgl. der Torii-Familie. Als Schüler von TORII KIYOMITSU (1735, † 1785) vierter und bekanntester Meister aus der Spätzeit dieser Schule. K. schuf Ukiyo-e-Serien über das Leben in Edo. Er gilt als einer der Schöpfer des Landschaftsdruckes. Seine stilisierten Frauenfiguren beeinflussten u. a. auch UTAMARO.

Kiyonobu, eigtl. **Torii Kiyonobu,** jap. Maler und Holzschnittmeister, * Ōsaka 1664, † Edo (heute Tokio) 1729; Gründer der Torii-Schule des Ukiyo-e-Holzschnitts, die sich bes. der Theatergrafik widmete. Zu einem Begriff wurden seine Einblattdrucke und Buchillustrationen mit Schauspielerdarstellungen. Drastik und dramat. Linienschwung zeichnen seine frühen Werke aus. Später sind seine Arbeiten nicht mehr mit Sicherheit von denen des K. II (* 1702, † 1752?) zu unterscheiden.

Kiži [-ʒi], Insel im Onegasee, →Kischi.

Kizil [-z-], **Kyzil, Qizil** [k-], bei Kuqa im chin. Autonomen Gebiet Sinkiang gelegenes Dorf. – Bei K. entdeckten dt. Archäologen 1902–14 buddhist. Höhlenklöster mit den ältesten Malereien (um 500 n. Chr.) der nördl. Seidenstraße. (→zentralasiatische Kunst)

Kizilbạsh [-ʃ], →Kisilbasch.

Kızılırmak [kɑˈzɔlɑrmɑk], türk. ›roter Fluss‹ *der*, mit 1355 km längster Fluss der Türkei, seine beiden Quellflüsse entspringen östlich von Sivas am KIZIL DAĞ und am DUMANLI DAĞ. Der K. fließt in einem großen Bogen (Halysbogen) durch das östl. Zentralanatolien, bricht in mehreren Engtälern nach N durch das Pont. Gebirge und mündet bei Bafra mit großem Delta (Bafra Ovası) ins Schwarze Meer, Einzugsgebiet rd. 80 000 km². Zur Energiegewinnung und Wasserregulierung entstanden 1959–66 die Talsperren von Hirfanlı (6 Mrd. m³ Fassungsvermögen) und Kesikköprü (0,6 Mrd. m³). – Der K. ist der →Halys der Antike.

Kjær [çæːr], Nils, norweg. Literaturkritiker und Schriftsteller, * Holmestrand (Prov. Vestfold) 11. 9. 1870, † Son (Prov. Akershus) 9. 2. 1924; beeinflusst von A. STRINDBERG schrieb K. v. a. bühnenwirksame Dramen (›Mimosas hjemkomst‹, 1907; ›Det lykkelige valg‹, 1913) und zeitkrit. Satiren sowie geistvolle und einfallsreiche Essays (›Fremmede forfattare‹, 1895; ›Capriccio‹, 1898, dt.; ›Siste epistler‹, 1924).

Ausgabe: Samlede skrifter, 5 Bde. (1921–22).

Kjeldahl [ˈkɛl-], Johan Gustav Christoffer Thorsager, dän. Chemiker, * Jægerspris (Amt Frederiksborg) 16. 8. 1849, † Tisvilde (bei Frederiksværk) 18. 7. 1900; seit 1876 Direktor der chem. Abteilung des Carlsberg-Laboratoriums in Kopenhagen. K. arbeitete über Kohlenhydrate in Gerste und Malz sowie über Enzyme und entwickelte ein genaues Verfahren zur Stickstoffbestimmung in organ. Stoffen.

Kjeldahl-Kolben [ˈkɛl-; nach J. KJELDAHL], ein birnenförmiger Kolben mit langem Hals aus schwer schmelzbarem Glas oder Quarz, der zum Aufschluss organ. Substanzen bei der Stickstoffbestimmung benutzt wird.

Kjellgren [ˈtçɛl-], Josef, schwed. Schriftsteller, * auf Mörkö (heute zu Södertälje) 13. 12. 1907, † Stockholm 8. 4. 1948; gehörte der literar. Gruppe Fem Unga an, einer Gruppe junger Modernisten, die der schwed. Literatur neue Wege weisen wollten. Als sozialkrit. Arbeiterdichter schildert K. in Prosa und an W. WHITMAN orientierter Lyrik realistisch und eindrucksvoll das harte Leben der Seeleute.

Werke: *Lyrik:* Fyrsken (1931); Occident (1933). – *Romane:* Människor kring en bro (1935; dt. Begegnungen an einer Brücke); Smaragden (1939); Guldkedjan (1940); Kamratskap mellan män (1947); Nu seglar jag (1948).

R. MATSSON: J. K. (Stockholm 1957).

Kjökkenmöddinger [ˈkøː-], dän. **Køkkenmøddinger** [ˈkøː-, ›Küchenabfälle‹] *Pl.,* vorgeschichtl. →Muschelhaufen.

Kjuchelbẹker, Wilgelm Karlowitsch, eigtl. **Wilhelm Küchelbecker,** russ. Schriftsteller dt. Abkunft, * Sankt Petersburg 21. 6. 1797, † Tobolsk 23. 8. 1846; aus dt.-balt. Adelsfamilie, Schulfreund A. S. PUSCHKINS, dessen Dichterkreis er angehörte. K. vertrat in seinen Werken den Stil der ›Archaisten‹, die die geschliffene Sprache zugunsten von Kirchenslawismen und Archaismen zurückdrängten; er experimentierte in Lyrik und Prosa und versuchte sich in versch. Gattungen. In seinen polit. Ansichten revolutionär, wurde er als Teilnehmer am Dekabristenaufstand (1825) zunächst zum Tode verurteilt, dann aber (bis zu seinem Tod) nach Sibirien verbannt.

Ausgaben: Izbrannye proizvedenija, 2 Bde. (1967); Putešestvie. Dnevnik. Stat'i (1979).

I. M. SEMENKO: Poėty puškinskoj pory (Moskau 1970).

Kjui, Zesar Antonowitsch, **César Cui** [kyˈi], russ. Komponist frz. Herkunft, * Wilna 18. 1. 1835, † Petrograd 26. 3. 1918; kam durch M. A. BALAKIREW zur ›Gruppe der Fünf‹. Seine Kompositionen (u. a. mehrere Opern, Orchester-, Kammer- und Klaviermusik sowie etwa 200 Lieder) zeigen Einflüsse R. SCHUMANNS und A. S. DARGOMYSCHSKIJS; schrieb ›La musique en Russie‹ (1880).

Kjustendil, Stadt in der Region Sofia, W-Bulgarien, 500 m ü. M., im Tal der Struma, 55 200 Ew.; Forschungsinstitut für Obstbau; histor. Museum, Kunstgalerie; Heilbad mit Schwefelthermen (bis 76 °C). Die heißen Quellen werden auch zur Beheizung von Glashäusern mit Gemüsekulturen genutzt. K. ist außerdem Mittelpunkt eines bedeutenden Obstbaugebietes,

Kjeldahl-Kolben

es hat Nahrungsmittelindustrie, eine Schuh-, eine Kondensatorenfabrik sowie Holzplattenwerke. – K., das antike **Pautalija**, wurde 1019 in byzantin. Quellen als **Welbaschd (Wellbuschd)** erstmals erwähnt; 1372 von den Türken eingenommen und Mittelpunkt eines Sandschaks, erhielt es im 15. Jh. seinen heutigen Namen und entwickelte sich bis zum 18. Jh. zu einem Handels- und Handwerkerzentrum.

KK, *Waffenkunde:* Abk. für →**K**leinkaliber.

k. k., Abk. für kaiserlich-königlich, →**k. u. k.**

KK-Gewehr, KK-Standardgewehr, *Schießsport:* Handfeuerwaffe vom Kaliber 5,6 mm und bis zu 5,5 kg Gewicht, die nach festgelegten Maßen serienmäßig produziert sein muss; Veränderungen sind nicht statthaft. Das KK-G. wird beim **Dreistellungskampf** (liegend, stehend, kniend) über 60 Schuss (3 × 20) in 150 min, Entfernung 50 m, eingesetzt (→freies KK-Gewehr). – Dreistellungskampf ist seit 1984 olympisch und seit 1986 WM-Disziplin für Frauen. *Organisationen:* →Schießsport.

KKH, Abk. für →**K**aufmännische **K**rankenkasse.

KK-Schnellfeuerpistole, *Schießsport:* →Schnellfeuerpistole.

KKW, Abk. für →**K**ern**k**raft**w**erk.

KL, im natsoz. Dtl. offizielle Abk. für →**K**onzentrationslager.

Klaatsch, Hermann, Anatom und Anthropologe, *Berlin 10. 3. 1863, †Eisenach 5. 1. 1916; war 1895–1907 Prof. in Heidelberg, danach in Breslau; betrieb vergleichende Anatomie. Studien über Primaten und beschäftigte sich mit der Stammes- und Rassengeschichte des Menschen, u. a. über Australier. Seine Idee, wonach die Europäer vom Schimpansen, die Afrikaner vom Gorilla und die Asiaten vom Orang-Utan abstammten, ist völlig abwegig.

Klabautermann [niederdt., wohl zu kalfatern], **Kalfatermann, Klabattermann**, Name des Schiffskoboldes, der Segelschiffe begleitet und mit seinem Kalfathammer auf Schäden hinweist oder sie selbst ausbessert. Der K. ist meist gutartig, doch neckt und stört er zuweilen die Besatzung. Verlässt er das Schiff, ist es dem Untergang geweiht. Die Form K. steht seit 1828 fest. Die Vorstellung von einem K. ist dagegen alt. Im mittelhochdt. ›Ortnit und Wolfdietrich‹ (1230/50) sitzt Alberich bei der Fahrt über das Mittelmeer unsichtbar auf dem Mastbaum. Legenden aus dem Schwarzmeergebiet berichten vom Schiffspatron Phokas.

Kläber, Kurt, Schriftsteller, →**Held**, Kurt.

Klabund, eigtl. **Alfred Henschke**, Pseudonym auch **Jucundus Fröhlich**, *Crossen (Oder) 4. 11. 1890, †Davos 14. 8. 1928. Bereits mit 16 Jahren an Tuberkulose erkrankt, war er zu häufigem Aufenthalt in Sanatorien gezwungen, Erfahrungen, die er in ›Die Krankheit‹ (1917) zum Gegenstand einer Erzählung machte. K.s Werk, seiner stark erot. und pazifistisch-sozialist. Themen wegen häufig angegriffen, steht zw. Impressionismus und Expressionismus. Seine Lyrik im Stil F. VILLONS zeichnet sich durch Farben- und Formenreichtum aus, ist bald ekstatisch aufgewühlt, bald volksliedhaft schlicht. Als Erzähler schuf K. expressionist., in Zyklen zusammengefasste Kurzromane. Daneben entstanden einfühlsame Nachdichtungen fernöstl. Lyrik (nach dt., engl. und frz. Übersetzungen); bekannt wurde seine Bearbeitung des chin. Dramas ›Der Kreidekreis‹ (1925).

Weitere Werke: *Lyrik:* Morgenrot! Klabund! Die Tage dämmern! (1913); Die Himmelsleiter (1916); Der himml. Vagant (1919); Dreiklang (1920); Die Harfenjule (1927). – *Romane:* Moreau (1916); Mohammed (1917); Bracke (1918); Franziskus (1921); Borgia (1928); Rasputin (hg. 1929).
Ausgabe: Ges. Werke in Einzelausg., 6 Bde. (1930).
S. L. GILMAN: Form u. Funktion. Eine strukturelle Unters. der Romane K.s (1971); K. in Davos. Texte, Bilder, Dokumente, bearb. v. P. RAABE (Zürich 1990).

Kladde [niederdt., eigtl. ›Schmiererei‹], Buch für erste Eintragungen (Vorbuch); in der Buchführung (auch **Strazze**) das Buch für die erste, kurze Niederschrift laufender Geschäftsvorgänge, die dann in Grund- und Hauptbücher übertragen wird.

Kladderadatsch, 1848–1944 in Berlin herausgegebenes politisch-satir., nat. ausgerichtetes Wochenblatt, gegründet u. a. von D. KALISCH; bedeutend v. a. durch seine Mitarbeiter E. DOHM, J. TROJAN und den Zeichner W. SCHOLZ, bes. zur Zeit BISMARCKS, dessen Politik er unterstützte. 1970 wieder begründet, erscheint der K. als ›Das dt. Magazin für Unpolitische‹ in Sonderausgaben zu speziellen Themen in Bonn.
KLAUS SCHULZ: K. (1975).

Kladno, Stadt im Mittelböhm. Gebiet, Tschech. Rep., westlich von Prag, 71 800 Ew.; Stahlwerke, Kokereien; in der Umgebung Steinkohlenbergbau. – Neues Schloss von K. I. DIENTZENHOFER (1740). – K., 1318 erstmals urkundlich erwähnt, seit 1561 Markt, nahm in der 2. Hälfte des 19. Jh. durch den Bergbau großen wirtschaftl. Aufschwung.

Kladodium [zu griech. *kládos* ›Trieb‹, ›Zweig‹] *das, -s/... dien, Botanik:* →Flachspross.

Kladruber *der, -s/-,* in der Tschechischen Rep. beheimatete Pferderasse neapolitanisch-andalus. Herkunft; ein großrahmiges, ausdrucksvolles Kutschpferd mit starkem, hoch aufgesetztem Hals und hoher Aktion (starkes Anwinkeln der Vorderbeine v. a. im Trab); tritt nur als Schimmel oder Rappe auf. Zuchtstätte der K.-Schimmel ist Kladruby (Westböhm. Gebiet), eines der ältesten Gestüte der Erde (gegr. 1572), das durch seine Lieferungen an den kaiserl. Hof in Wien bekannt wurde; K.-Rappen werden nach der Aufgabe der Zucht in den 1930er-Jahren heute wieder im Gestüt Slatiňany (Ostböhm. Gebiet) gezüchtet.

Klaeber, Friedrich, Anglist, *Beetzendorf (Kr. Klötze) 1. 10. 1863, †Bad Kösen 4. 10. 1954; war 1896–1931 Prof. an der University of Minnesota, wurde 1932 Honorar-Prof. in Berlin; K. trat durch Forschungen zur altengl. Literatur (›Beowulf and the fight at Finnsburg‹, 1922) und Textausgaben (›The later Genesis and other Old English and Old Saxon texts‹, 1913) hervor.
Studies in English philology. A miscellany in honor of F. K., hg. v. K. MALONE u. a. (Minneapolis, Minn., 1929).

Klaffmoose, **Andreaeidae**, Unterklasse der Laubmoose mit zwei Familien (oft auch als eine Familie angesehen) und etwa 100 Arten, meist in exponierten Lagen der Gebirge; charakterist. Merkmal ist die vierklappige Öffnungsweise der Kapseln.

Klaffmuscheln, *Mya*, Muschelgattung, bei deren Arten die Schalen am Austritt des sehr langen Atem- und Aftersiphos (bis 20 cm) auseinander klaffen; z. B. die in Nord- und Ostsee häufige, bis zu 12 cm lange **Sand-K.** oder **Strandauster** (Mya arenaria), die bis 30 cm tief im Watt eingegraben lebt und eine beliebte Speisemuschel ist.

Klaffschnäbel, Gattung der →Störche.

Klafki, Wolfgang, Erziehungswissenschaftler, *Angerburg 1. 9. 1927; 1963–92 Prof. in Marburg, bildete die didakt. Ansätze der geisteswiss. Pädagogik zur Theorie der kategorialen Bildung und zu einer kritisch-konstruktiven Erziehungs-Wiss. weiter; beschäftigt sich mit Fundierungs- und Methodenfragen der Erziehungs-Wiss. sowie mit pädagog. Gegenwartsproblemen (v. a. Schulorganisation, Lehrplan).

Werke: Das pädagog. Problem des Elementaren u. die Theorie der kategorialen Bildung (1959); Studien zur Bildungstheorie u. Didaktik (1963); Funk-Kolleg Erziehungswiss., 3 Bde. (1972, mit H. J. FINCKH u. a.); Aspekte kritisch-konstruktiver Erziehungswiss. (1976); Geisteswiss. Pädagogik, 4 Tle. (1978); Der Erziehungs-, Bildungsprozeß u. das Problem der pädagog. Methoden in der Sicht der geisteswiss. Pädagogik, 4 Tle. (1981–82); Die Pädagogik Theodor Litts (1982); Neue Studien zur Bildungstheorie u. Didaktik (1985). – *Hg.:*

Klabund
(Ausschnitt aus einem Holzschnitt)

Klaffmuscheln: Strandauster (Länge bis 12 cm)

Wolfgang Klafki

Schulnahe Curriculumentwicklung u. Handlungsforsch. (1981); Verführung – Distanzierung – Ernüchterung. Kindheit u. Jugend im Nationalsozialismus (1988).

J. EBERT: Kategoriale Bildung (1986).

Klafter [ahd. kläftra, eigtl. ›Armvoll‹] *der*, auch *das*, *-s/-*, veraltet *die*, *-/-n*, alte dt. Einheit: als Längeneinheit unterteilt in 6 oder 10 Fuß, z. B. in Baden 1,8 m, in Hannover 1,75 m, in Österreich 1,9 m, in der Schweiz 3 m; als Volumeneinheit für Holz in Preußen 3,339 m^3 (6 × 4,5 × 4 Fuß), in Baden und Nassau 3,888 m^3.

Klage, im gerichtl. Verfahren (mit Ausnahme des Strafprozesses, →Anklage, →Privatklage) das Gesuch um Gewährung von Rechtsschutz durch richterliche Entscheidung. Die K. ist beim Gericht in Form eines Schriftsatzes einzureichen, der im Verfahren vor dem Landgericht und in bestimmten amtsgerichtl. Verfahren vor dem Familiengericht von einem dort zugelassenen Rechtsanwalt abgefasst und unterschrieben sein muss. Im Amtsgerichts-, Arbeits-, Sozial-, Verwaltungs- und Finanzgerichtsprozess kann die K. auch mündlich zu Protokoll des Urkundsbeamten der Geschäftsstelle gebracht werden. Die **K.-Schrift** muss enthalten: die Bez. des angerufenen Gerichts und der Parteien, die bestimmte Angabe des **K.-Gegenstands** und des Grundes des erhobenen Anspruchs (**K.-Grund**), d. h. die Tatsachen, die notwendig sind, um Gegenstand des Prozesses festzulegen, sowie einen bestimmten **K.-Antrag** (→Antrag); dieser muss eindeutig sein und darf nicht unter einer Bedingung gestellt werden. Im Zivilprozess soll der Kläger auch den Streitwert und im Landgerichtsprozess etwaige Gründe angeben, die einer Übertragung der Sache auf den Einzelrichter entgegenstehen. Die K.-Schrift wird dem Gegner von Amts wegen zugestellt, erst damit ist die K. erhoben (§ 253 ZPO), es tritt ihre ›Rechtshängigkeit‹ (§ 261 ZPO) ein. Eine bestimmte **K.-Frist** zur K.-Erhebung ist im Zivil- und Arbeitsprozess nur ausnahmsweise, z. B. bei Wiederaufnahmeverfahren, einzuhalten. Sozial-, Verwaltungs- und Finanzprozess regeln die K.-Fristen in ihren Prozessordnungen (§ 87 Sozialgerichts-Ges., § 74 Verwaltungsgerichtsordnung, § 47 Finanzgerichtsordnung). Das weitere rechtl. Schicksal der K. hängt von der →Einlassung des Beklagten ab, die ggf. zur K.-Abweisung führt.

Die K. unterbricht die Verjährung eines Anspruchs (bei alsbaldiger Zustellung mit Rückwirkung auf die Zeit der Einreichung) und begründet eine verschärfte Haftung des Beklagten hinsichtlich des Streitgegenstands sowie die Übertragbarkeit und Vererblichkeit eines klageweise geltend gemachten Anspruchs auf Schmerzensgeld.

Das Prozessrecht, insbesondere das Zivilprozessrecht, kennt mehrere **K.-Arten:** Bes. bedeutsam ist die →Leistungsklage (Verurteilungs-K.), die zur Durchsetzung eines vom Kläger behaupteten Anspruchs ein vollstreckbares Urteil erstrebt; der Anspruch kann auch auf ein Unterlassen gerichtet sein, sodass sich die Unterlassungs-K. als ein Unterfall der Leistungs-K. darstellt. Nur unter besonderen Voraussetzungen kann →Feststellungsklage oder →Gestaltungsklage erhoben werden. Der Ehescheidungsprozess wird durch den Scheidungsantrag eingeleitet, der aber den für eine K. notwendigen Inhalt und zusätzl. Angaben (§§ 622, 630 ZPO) enthalten muss. Im Verwaltungs-, Sozial- und Finanzprozess gibt es besondere Arten der Leistungs- und Gestaltungs-K.; eine Unterart der Leistungs-K. ist dort die Verpflichtungs-K., mit welcher die Verurteilung zum Erlass eines abgelehnten oder unterlassenen Verwaltungsaktes erstrebt wird, während die Anfechtungs-K., durch die Aufhebung eines Verwaltungsakts erstrebt wird, ein Unterfall der Gestaltungs-K. ist.

Der Kläger kann in einer K. mehrere Streitgegenstände gegen denselben Beklagten verbinden, wenn das Gericht für sämtl. Gegenstände zuständig und dieselbe Prozessart zulässig ist (**objektive K.-Häufung**, § 260 ZPO). Die objektive K.-Häufung kann kumulativ oder eventualiter (d. h. Stellung eines Hilfsantrags nach dem Hauptantrag, falls der Kläger mit diesem nicht durchdringt) erfolgen, nicht dagegen alternativ. Klagen mehrere Personen gemeinsam oder wird gegen mehrere geklagt, liegt eine **subjektive K.-Häufung** (→Streitgenossenschaft) vor, für die besondere Regeln gelten. Eine **K.-Änderung** als Änderung des K. geltend gemachten Streitgegenstands ist zulässig, wenn der Gegner einwilligt oder wenn sie sachdienlich ist (§ 263 ZPO). Ergänzungen oder Berichtigungen im Tatsächlichen oder Rechtlichen, Erweiterungen oder Beschränkungen des K.-Antrags sowie der Übergang auf einen Ersatz für den zunächst geforderten Gegenstand werden nicht als K.-Änderung angesehen (§ 264 ZPO). In der Revision ist eine K.-Änderung nicht mehr möglich, in der Berufung meist nicht sachdienlich. Die **K.-Rücknahme** beendet den Prozess ohne Entscheidung über den K.-Antrag; bei ihr hat der Kläger immer die Prozesskosten zu tragen. Nach Beginn der mündl. Verhandlung bedarf sie der Einwilligung des Beklagten (§ 269 ZPO). Die **K.-Erledigung** in der Hauptsache tritt bei nachträgl. Wegfall der K.-Voraussetzungen ein und führt bei Einverständnis der Parteien zu bloßer Kostenentscheidung (§ 91 a ZPO), sonst zu einem Urteil über die Frage der Erledigung. Ein **K.-Verzicht** des Klägers hat auf Antrag des Beklagten die Abweisung der K. als unbegründet ohne Anspruchsprüfung zur Folge (§ 306 ZPO); in diesem Fall kann dieselbe K. nicht nochmals erhoben werden. **K.-Abweisung** erfolgt bei Unbegründetheit des K.-Antrags sowie (als unzulässig) bei Fehlen von Prozessvoraussetzungen; anderenfalls wird die K. ganz oder teilweise entsprochen. Möglich ist auch eine Beendigung des K.-Verfahrens durch Prozessvergleich (→Vergleich).

Österreich hat im Wesentlichen dieselben Grundsätze wie die dt. ZPO. Der Termin zur mündl. Verhandlung heißt ›Tagsatzung‹ (§§ 226ff. ZPO).

In der *Schweiz* ist das Prozessrecht weitgehend Sache der Kantone. I. A. gelten ähnl. Grundsätze wie in Dtl.; Anwaltszwang besteht nirgends.

Klage, Die, mittelhochdt. Dichtung in vierhebigen Reimpaaren und mehr als 4 300 Versen. Die K. ist vermutlich um 1200 in räuml. (Passau?) und zeitl. Nähe zum Nibelungenlied entstanden und stets zus. mit ihm überliefert als eine Art alternativer Gestaltung des Nibelungenstoffes. Das trag. Geschehen wird hier aus höfisch-christl. Sicht als Folge der ›superbia‹, der ›übermüete‹, der Nibelungen und des Hagens gedeutet. In immer neuen Klagen werden die Toten beweint, zunächst am Etzelhof, wo sie auch bestattet werden, dann in Bechelaren, Passau und Worms, wohin Boten die traurige Kunde bringen.

Ausgabe: Die K., mit den Lesearten sämtl. Hss., hg. v. K. BARTSCH (1875, Nachdr. 1964).

W. HOFFMANN: Das Nibelungenlied (^{5}1982); A. GÜNZBURGER: Studien zur Nibelungenklage (1983); M. CURSCHMANN: ›Nibelungenlied‹ u. ›Klage‹, in: Die dt. Lit. des MA., begr. v. W. STAMMLER, hg. v. K. RUH u. a., Bd. 6 (^{2}1987).

Klage|erzwingungsverfahren, Verfahren, in dem der durch eine Straftat verletzte Anzeigeerstatter die Erhebung der öffentl. Klage betreiben kann, wenn die Staatsanwaltschaft das Verfahren eingestellt hat (§§ 172–177 StPO). Wenn der Verletzte die Strafverfolgung beantragt hat, ist er von einer Einstellung unter Angabe der Gründe zu benachrichtigen und über die Möglichkeit einer Anfechtung zu belehren. Er kann dann binnen zwei Wochen an den vorgesetzten Beamten der Staatsanwaltschaft Beschwerde einlegen und, wenn diese erfolglos bleibt, innerhalb eines weiteren Monats die Entscheidung des Oberlandesgerichts be-

Klagemauer in Jerusalem

antragen. Wenn das Gericht – ggf. nach weiteren Ermittlungen – den Antrag für begründet hält, beschließt es die öffentl. Klage; die Staatsanwaltschaft ist dann verpflichtet, eine Klage einzureichen. Bei Privatklagedelikten und in den meisten Fällen des Opportunitätsprinzips ist das K. ausgeschlossen.

A. WEHNERT: Rechtl. u. rechtstatsächl. Aspekte des K. (1988).

Klagefrauen, Klageweiber, →Totenklage.

Klagelieder, griech. **Threnoi,** lat. **Lamentationes,** Abk. **Klgl.,** Buch des A.T., das die Zerstörung des Tempels (587 v. Chr.), den Verlust der staatl. Unabhängigkeit Judas und die Gefangenschaft seiner Einwohner in Babylonien zum Thema hat. In der hebr. Bibel ist es Bestandteil der Festrollen (Megillot) und wird am Gedenktag der Tempelzerstörung (dem neunten →Aw) verlesen. Die K., die wahrscheinlich kurz nach 587 v. Chr. entstanden sind, wurden lange Zeit dem Propheten JEREMIA zugeschrieben. Wegen seiner Verschleppung nach Ägypten (Jer. 43, 1–7) kommt er aber als Verfasser der K. wohl nicht infrage.

H. J. BOECKER: K. (Zürich 1985); H. GROSS: K. (1986).

Klagemauer, Westmauer, frei liegende Wand des Jerusalemer Tempelplatzes; heilige Stätte des Judentums; 18 m hoch, urspr. 485 m lang, wovon 170 m bisher freigelegt sind. Die ersten sieben Steinlagen über dem Boden stammen aus herodian., die folgenden vier aus spätröm. Zeit, die übrigen 15 aus späteren Epochen. Unter dem heutigen Niveau des Platzes reichen weitere 19 Steinlagen (21 m) in die Tiefe. Die K. ist Ort der Klage über die Zerstörung des Tempels und Stätte des Gottesdienstes und Gebets: Männern und Frauen ist dabei jeweils ein eigener, deutlich abgegrenzter Bereich zugewiesen. In den Fugen der K. stecken zahlr. zusammengerollte Zettel mit den Gebeten und Bitten der Gläubigen. Der Zugang zur K. wurde den Juden immer wieder verwehrt, so z. B. nach dem Bar-Kochba-Aufstand (135), unter den Kreuzfahrern, zuletzt 1949–67 durch Verbot seitens der jordan. Behörden.

Klagenfurt, Hauptstadt der österr. Bundeslandes Kärnten, im Klagenfurter Becken östlich des Wörther Sees, 446 m ü. M., Stadt mit eigenem Statut, 120 km², 90 600 Ew.; Sitz von Landtag, Landesregierung und aller Landesbehörden, des Landesgerichtes, der Post- und Telegraphendirektion für Kärnten sowie des Bischofs des Bistums Gurk; Univ. für Bildungswiss.en, Höhere Bundeslehranstalt für Land- und Hauswirtschaft, Landeskonservatorium, mehrere höhere und berufsbildende Schulen, darunter ein Bundesgymnasium für Slowenen, Volkssternwarte; Landestheater, Kärntner Landesmuseum und Landesgalerie, Diözesanmuseum, Bergbaumuseum (in einem ehem. Stollen), Koschat-, Ingeborg-Bachmann- und Robert-Musil-Museum, Eisenbahnmuseum mit Museumsbahnen, Park Minimundus (mit Modellen berühmter Bauwerke), botan. Garten, Wildpark.

K. ist Handels- und Dienstleistungszentrum mit jährl. Fachmesse für Gastronomie, Klagenfurter Messe und Holzmesse sowie ein bedeutender Industriestandort, v. a. Metallverarbeitung, Nahrungsmittel-, chem., Elektro- und Elektronikindustrie, Lederindustrie, graf. Gewerbe; Straßen- und Bahnknotenpunkt, Flughafen (Annabichl, im N); auf dem Wörther See (Badesee) Ausflugsschifffahrt.

Stadtbild: Dom St. Petrus und Paulus (1582–91), urspr. der größte prot. Sakralbau Österreichs (1604 kath. Pfarrkirche, 1787 Dom), mit reichen Stuckaturen; barocke Emporenkirche St. Egyd (1692–97) mit zahlr. Grabmälern seit dem 16. Jh.; Heiligeistkirche, urspr. gotisch (14. Jh.), 1630–39 barock umgebaut; Marienkirche (1613–24), Ausstattung v. a. 18. Jh. Ein repräsentativer Profanbau ist das Landhaus (1574 ff. an der Stelle der mittelalterl. Burg; der Renaissancecharakter seines offenen Innenhofs mit zweigeschossigen Laubengängen ist erhalten, die Außenfassade wurde 1740 barockisiert; im großen Wappensaal Deckengemälde von 1739/1810 und 665 gemalte Wappen der Landstände. Wahrzeichen von K. ist der Lindwurmbrunnen (Lindwurm 1593, Herkulesstatue 1636 vollendet) auf dem Neuen Platz; am Alten Platz findet sich eine noch weitgehend intakte Bebauung aus dem 16.–18. Jh., z. T. mit Laubenhöfen. In der Kramergasse Geschäftshäuser des frühen 20. Jh.: Nr. 7 (1903, von KARL HAYBÄCK) und Nr. 8 (1906, von MAX SCHMIDT). FERDINAND FELLNER und HERMANN HELMER errichteten das Stadttheater (1908–10) in der Formensprache von Jugendstil und Historismus. Städtebaulich wichtig ist außerdem die Anlage des dreiseitig frei stehenden Künstlerhauses (1911–14) von FRANZ BAUMGARTNER. ROLAND RAINER schuf 1970–71 den Vorstufenbau der Univ. in Fertigteilbauweise. In der gleichen Zeit entstand das Geschäftshaus Franke am Alten Platz von GÜNTHER DOMENIG. Die Kapelle der Kreuzschwestern (1980) ist ein Werk von C. HOLZMEISTER. Den schlichten Kubus der Kunsthalle für den Verleger HELMUT RITTER (1992 eröffnet) entwarf FRANZ ERHARD WALTHER. Ebenfalls als Kubus konzipiert (von LAURIDS ORTNER) ist das ›Europ. Design Depot‹ (EDD) im Technologiepark (1994). – Im äußeren Stadtbereich zahlr. Schlösser und Ansitze (16.–19. Jh.).

Geschichte: An einer Furt durch die Glan entstand der um 1195 erstmals urkundlich erwähnte Markt K. Um 1250 ließ Herzog BERNHARD von Kärnten an der Stelle des heutigen ›Alten Platzes‹ eine neue Siedlung anlegen, die um 1270 Stadtrecht erhielt. 1514 brannte K. völlig nieder. Auf Bitten der Stände Kärntens schenkte Kaiser MAXIMILIAN I. ihnen 1518 die Stadt,

Klagenfurt
Stadtwappen

Hauptstadt des österr. Bundeslandes Kärnten
·
im Klagenfurter Becken östlich des Wörther Sees
·
446 m ü. M.
·
90 600 Ew.
·
Universität für Bildungswissenschaften
·
Klagenfurter Messe
·
Altstadt mit Lindwurmbrunnen
·
Landhaus mit Wappensaal

Klagenfurt: Zweigeschossige Laubengänge im Innenhof des Landhauses; 1574 ff.

die sie bis 1848 in ihrem Besitz hielten und 1543-91 als ständ. Verw.-Zentrum mit Münzstätte zur Festung (1810 geschleift) ausbauten. Im 16. Jh. nahm K. großen wirtschaftl. Aufschwung, der im 18. Jh. durch den Bau einer Handelsstraße über den Loiblpass nochmals gesteigert wurde. Nach dem Ersten Weltkrieg erhob das neu gegründete Königreich der Serben, Kroaten und Slowenen u.a. Anspruch auf K., der in der Volksabstimmung vom 10. 10. 1919 abgewiesen wurde. Jugoslaw. Ansprüche nach dem Zweiten Weltkrieg wurden 1949 von den Alliierten zurückgewiesen.

T. POLLEY u. P. RASCH: K. Gesch., Kultur, Atmosphäre (1983).

Klagenfurter Becken, Talweitung der Drau in Kärnten, Österreich, größtes intramontanes Becken der Ostalpen (rd. 1750 km², größtenteils 450 m ü. M.), zw. Villacher Alpe im W, Gurktaler Alpen im N und Saualpe im O sowie Karawanken im S; im W hügelig und seenreich (Ossiacher See, Wörther See), im O und S Schotterflächen und Moränenhügel (Zollfeld, Krappfeld, Jauntal) mit z.T. intensiver landwirtschaftl. Nutzung. Klimatisch ist das K. B. durch hohe Sommer- (nächtl. Abkühlung) und tiefe Wintertemperaturen (Bildung eines Kaltluftsees infolge extremer Temperaturumkehr) gekennzeichnet; die Niederschläge erreichen rd. 700 mm jährlich. – Das K. B. ist der Kernraum Kärntens mit den Zentren Villach und Klagenfurt.

Klagenfurt-Land, Bez. in Kärnten, Österreich, 765 km², 56 500 Ew., Verw.-Sitz ist Klagenfurt.

Klages, 1) Helmut, Soziologe, * Nürnberg 15. 4. 1930; 1964-74 Prof. an der TU Berlin, seit 1975 an der Hochschule für Verwaltungswiss.en Speyer, befasst sich u.a. mit den sozialen Phänomenen des Berufswechsels und des Berufswandels sowie mit Fragen der nachbarschaftl. Kommunikation, zeitweilig auch der Marxismusforschung zugewandt; darüber hinaus Untersuchungen zum Wandel von Staatsverständnis und -handeln sowie zum Entstehen von Unruhepotenzialen in modernen Gesellschaften.

Werke: Gesch. der Soziologie (1969); Die unruhige Gesellschaft (1975); Wertedynamik (1988); Werte u. Wandel. Ergebnisse u. Methoden einer Forschungstradition (1991; mit H.-J. HIPPLER u. W. HERBERT). – **Hg.:** Wertwandel u. gesellschaftl. Wandel (1979; mit P. KMIECIAK).

2) Ludwig, Philosoph und Psychologe, * Hannover 10. 12. 1872, † Kilchberg (bei Zürich) 29. 7. 1956. Nach vielseitigen Studien gründete K. 1905 in München das ›Psychodiagnost. Seminar‹, das er 1920 als ›Seminar für Ausdruckskunde‹ in Kilchberg erneuerte. 1899 bis 1908 gehörte er der Redaktion der ›Grapholog. Monatshefte‹ an. K. wurde u. a. als Psychologe mit seinen Beiträgen auf den Gebieten der Charakterkunde und Ausdrucksdeutung, bes. der Graphologie, bekannt. Als Vertreter einer Metaphysik des Lebens forderte er die Begründung einer selbstständigen Erscheinungswiss. und Lebensdeutung, die der auf Kausalerklärung beruhenden Sachwiss. gegenüberstehen. Die Wirklichkeit verstand K. als eine ›Wirklichkeit der Bilder‹. Bilder sind prägende, wirkende seelische Mächte. In den Organismen (Pflanze, Tier, Mensch) wirken sie stoffgestaltend in Form von Wachstum, Reifung und Lebenserhaltung. Sie sind aber weder im teleolog. Sinne zweckhaft wirkende Kräfte, noch können sie kausal bzw. chemisch-physikalisch erklärt werden. Tatsachen sind für die Erscheinungswiss. lediglich Zeichen, die auf die nur erlebbare sinnhafte Wesenserscheinung hinweisen. Während Leib und Seele nach K. in einem polaren Verhältnis stehen, ist der Geist eine akosm. Macht, die die Pole spaltet; sein Wesen zeigt sich im Willen. Infolge einer fortschreitenden Emanzipation des Wollens vom Leben wird nach K. der Geist zur Gefahr für die Menschheit und das planetare Leben.

Ludwig Klages

Werke: Ausdrucksbewegung u. Gestaltungskraft (1913); 1936 u. d. T. Grundlegung der Wiss. vom Ausdruck); Handschrift u. Charakter (1917); Der Geist als Widersacher der Seele, 3 Bde. (1929-32).

Ausgabe: Sämtl. Werke, hg. v. E. FRAUCHIGER u. a., 10 Bde., 1 Reg.-Bd. u. 1 Suppl.-Bd. (1964-82).

H. KASDORFF: L. K. Werk u. Wirkung, 2 Bde. (1969-74); DERS.: L. K. im Widerstreit der Meinungen (1978).

Klageweiber, oft leicht abwertende Bez. für Frauen, die berufsmäßig die →Totenklage halten.

klaglos stellen, Verhalten des Beklagten, mit dem er einer rechthängigen →Klage den Boden entzieht, indem er den Kläger befriedigt, aufrechnet oder den Klageanspruch auf sonstige Weise zum Erlöschen bringt. Die Klaglosstellung führt zur →Erledigung der Hauptsache.

Klaipėda [-peːda, litauisch], russ. **Klajpeda,** Stadt in Litauen, →Memel.

Klaj, 1) Johannes, latinisiert **Clajus,** Grammatiker, * Herzberg/Elster 24. 6. 1535, † Bendeleben (bei Sondershausen) 11. 4. 1592; Lehrer und Pfarrer in Bendeleben. In seiner ›Grammatica germanicae linguae‹ (1578) stellte er die dt. Betonungslehre und die Syntax auf der Grundlage von LUTHERS Bibelübersetzung dar.

2) Johannes, d. J., latinisiert **Clajus,** Schriftsteller, * Meißen 1616, † Kitzingen 16. 2. 1656; studierte ev. Theologie, war Lehrer und Pfarrer. Er führte mit G. P. HARSDÖRFFER die Schäferdichtung in Nürnberg ein und gründete mit ihm 1644 den ›Pegnes. Blumenorden‹ (→Nürnberger Dichterkreis). K. schrieb Andachts- und Kirchenlieder und war ein Wegbereiter des Oratoriums (›Redeoratorien und Lobrede der teutschen Poetery‹, 1644, Nachdr. 1965).

Ausgaben: Friedensdichtungen u. kleinere poet. Schriften, hg. v. C. WIEDEMANN (1968); M. KELLER: J. K.s Weihnachtsdichtung. Das Freudengedichte vom 1650 (1971).

A. FRANZ: J. K. (1908, Nachdr. New York 1968); C. WIEDEMANN: J. K. u. seine Redeoratorien (1966).

Klamath Mountains [ˈklæməθ ˈmaʊntɪnz], Gebirge in N-Kalifornien und SW-Oregon, USA, Teil der Coast Ranges, bis 2751 m ü. M.; Nadel- und Mischwälder (Holzwirtschaft).

Klamm [mhd. klam, zu klemmen] die, -/-en, schmale, von einem Gebirgsbach tief eingeschnittene Schlucht mit senkrechten, stellenweise überhängenden Felswänden (Höllental-, Breitachklamm, Via Mala u.a.); meist in geologisch sehr junger Zeit (i. d. R. Quartär) entstanden.

Klammer, 1) *Chirurgie:* **Wund-K.,** K. aus korrosionsfreiem Metall zum Vereinigen der Hautränder von Operationswunden (v. a. im Bauch- und Brustbereich) oder von Hautverletzungen (z. B. bei Platzwunden am Kopf) mittels eines Klammergeräts.

2) *Mathematik:* paarweise verwendete Zeichen, z. B. runde (), eckige [], spitze ⟨⟩, geschweifte {} K., zu versch. Angaben benutzt (z. B. →Intervall, →Folge); in der Elementarmathematik v. a. als Anweisung dafür, dass die in der K. stehende Operation vor der anderen ausgeführt werden soll.

3) *Sprachwissenschaft:* →Satzklammer.

4) *Technik:* Vorrichtung zur schnellen, einfachen und i. d. R. lösbaren Verbindung zweier oder mehrerer Teile, z. B. Heft-, Büro-K. Eine besondere Art sind die in der Bautechnik zum Verbinden von Holzbalken, Stämmen u. a. benutzten Stahl-K. aus Rund- oder Flachstahl mit rechtwinklig abgebogenen und gespitzten Enden.

Klammer, Franz, österr. alpiner Skiläufer, * Mooswald (Kärnten) 3. 12. 1953; 1974 Weltmeister in der alpinen Kombination; 1976 in Innsbruck Olympiasieger im Abfahrtslauf; gewann fünfmal den (Abfahrts-)Weltcup (1975-78, 1983); siegte in 25 Weltcupabfahrtsläufen.

Klammer|affen, Ateles, Gattung 30-60 cm körperlanger Neuweltaffen (Schwanzlänge etwa 60-90 cm), die mit vier Arten in den Wäldern Mittel- und Südamerikas verbreitet sind. K. sind tagaktive Baumkletterer, die sich mithilfe ihres Greifschwanzes vorwiegend schwingend fortbewegen. Ihre Nahrung besteht v. a. aus reifen Früchten sowie Blättern, Knospen, Rinde, Holz. K. haben keine festen Fortpflanzungszeiten; sie bringen nach etwa 220 Tagen Tragzeit ein Junges zur Welt.

Klammerdarstellung, *Sprachwissenschaft:* eine Schreibkonvention zur Darstellung (und eindeutigen Zuordnung) syntakt. Strukturen, z. B. (französische [Zigaretten und Zeitschriften]), ([französische Zigaretten] und Zeitschriften). Werden die grammat. Kategorien der Konstituenten angegeben, spricht man von **indizierter Klammerung.** (→Konstituentenanalyse)

Klammerform, *Sprachwissenschaft:* mehrgliedrige Wortzusammensetzung, bei der Binnenglieder weggelassen wurden, z. B. ›Apfel(baum)blüte‹.

Klammern, *Boxen:* Umfassen des Gegners mit den Armen; führt zu einer Ermahnung und bei mehrmaliger Wiederholung zu einer Verwarnung durch den Ringrichter.

Klammer|reflex, bei vielen Jungtieren, v. a. baumbewohnender *Säugetiere,* und bei Säuglingen vorkommendes reflektor. Greifen und Sichanklammern an den elterl. Körper (aber auch an andere Gegenstände). Der K. ist als **Handgreifreflex** bes. typisch für Primaten, wo er durch Berühren der Hand- bzw. Fußinnenfläche ausgelöst werden kann. Er dient dem Festhalten der Jungen im Fell der Mutter. Charakteristisch ist die von sonstigen Zugreifen abweichende Abfolge der Finger- bzw. Zehenbewegungen. Beim *Säugling* ist der K. in den ersten Lebenswochen noch rudimentär vorhanden (Frühgeborene können sich u. U. im Handhang selber halten); die Reaktion ist bes. stark auf die Berührung von Haaren sowie während des Saugens. – Einen K. zeigen auch paarungsbereite Männchen der *Froschlurche,* die das Weibchen mit den Vorderbeinen vom Rücken her umklammern; durch den Druck der Daumenschwiele wird die Eiablage ausgelöst, die austretenden Eier werden durch das Männchen besamt.

Klammerschwanzaffen, Atelinae, Unterfamilie der Kapuzinerartigen Affen mit drei Gattungen. Gemeinsames Merkmal der K. ist der Greifschwanz, der an der Unterfläche der Spitze einen Tastfleck trägt; dieser trägt Hautleisten, die bei jedem Individuum anders ausgebildet sind. Zu den K. gehören die →Klammeraffen, die →Wollaffen und die →Murikis.

Klampe [mnd. ›Klammer‹, ›Haken‹], *seemännisch:* 1) Vorrichtung an Bord zum Festmachen **(Beleg-K.)** oder Führen **(Lipp-, Rollen-K.)** von Tauwerk; 2) auf Deck stehende Stütze für Beiboote **(Boots-K.);** 3) griffartige Vorrichtung an der Bordwand oder an der Kaimauer **(Vertäu-K.).**

Klampfe [südd., zu mhd. klimpfen ›zusammendrücken‹, ›zusammenziehen‹], Musikinstrument, →Gitarre.

Klan der, -s/-e, 1) eindeutschend für →Clan. 2) *Ethnosoziologie:* eine permanente Gruppe, deren Zusammengehörigkeitsgefühl auf der mythisch begründeten Abstammung von einem gemeinsamen Ahnen (oft einem übernatürl. Wesen oder Totem) beruht und sich in aktiver Solidarität (gegenseitige Hilfe, gemeinsamer Ahnenkult) ausdrückt. K. sind unilineare Abstammungsgruppen (→Abstammung). Von den →Lineages unterscheiden sie sich dadurch, dass die gemeinsame Abstammung vorausgesetzt, nicht aber genealogisch nachkonstruiert wird. Meist bedingt ein Verbot von Heiraten der Mitgl. eines K. untereinander. K. unterstehen einem Ältesten (Häuptling), oft bilden sie auch Siedlungseinheiten. Die Begriffe K., →Gens und →Sippe werden nicht immer klar unterschieden.

E. SCHLESIER: Die Grundlagen der K.-Bildung (1956); M. H. FRIED: The classification of corporate unilineal descent groups, in: Journal of the Royal Anthropological Institute of Great Britain and Ireland, Bd. 87 (London 1957); G. P. MURDOCK: Social structure (Neuausg. New York 1969).

Klang, *Akustik:* ein Hörschall, der aus Grund- und Obertönen besteht, wobei unter einem (reinen) Ton ein Sinuston zu verstehen ist. Es wird unterschieden zw. einem **einfachen (harmonischen) K.,** der nur aus **Grundton** und einer Reihe zugehöriger →Obertöne besteht (zum Grundton gehörende harmon. Töne), d. h. aus Teiltönen, deren Frequenzen ganzzahlige Vielfache der Frequenz des Grundtons (des tiefsten Teiltons) sind, und einem **K.-Gemisch** (oder **mehrfachen K.**), das aus mehreren einfachen K. besteht. Als **K.-Spektrum** wird die relative Verteilung der Schallintensität auf die Frequenzen der Teiltöne bezeichnet. Die empfundene Höhe eines (einfachen) **K. (K.-Höhe)** ist die des Grundtons, während die Empfindung der **K.-Farbe** vom K.-Spektrum abhängt, d. h. von Art, Zahl und Intensität der Teiltöne.

In der *Musik* ist K. allg. ein für den K.-Erzeuger typ. K.-Gemisch mit typ. Geräuschanteilen. Der K.-Charakter eines Musikinstruments wird durch folgende Vorgänge bestimmt: 1. mit der K.-Anregung verbundene charakterist. Geräusche (Anblasen, -zupfen, -streichen usw.), 2. das Einschwingen, d. h. das Verteilen der Schwingungsenergie auf die einzelnen Teiltöne, 3. der (bei manchen Instrumenten bzw. Tönen verschwindend kurze) quasistationäre Zustand, 4. der Ausklingvorgang. Der K. baut sich nach Beginn der Anregung schnell auf, wobei die Teiltöne einzeln einsetzen. Die Einschwingzeit reicht je nach Instrument, Tonhöhe und Art der Anregung von Millisekunden **(harter K.-Einsatz,** z. B. bei gezupften Saiten, Lippenpfeifen) bis zu einer Sekunde **(weicher K.-Einsatz,** z. B. bei gestrichenen Saiten, großen Orgelpfeifen). Während des stationären Zustands behält der K. mit seinen Geräuschanteilen bei gleich bleibender Erregung seinen Charakter bei. Diejenigen Frequenzgebiete, in denen hierbei Obertöne in einer für einen bestimmten K. bzw. für ein Musikinstrument charakterist. Weise hervortreten, werden als →**Formanten** (auch **Formantengebiet)** bezeichnet. Zu ihrer Bildung trägt bei Blasinstrumenten bes. das Mundstück bei, während sie in Streichinstrumenten hauptsächlich durch Resonanzen im Korpus entstehen. Im Unterschied zu **fest stehenden Formanten** ändert sich bei **gleitenden (umlaufenden) Formanten** die Frequenzlage mit der gespielten Tonhöhe. In der quasistationären Phase spielen gewisse Schwankungen im K.-Aufbau eine Rolle, die entweder vom Instrument selbst herrühren (z. B. Mitschwingen bestimmter Teile) oder durch den Interpreten bedingt sind (z. B. Fingerhaltung, Bogenstrich). Diese Schwankungen sowie Schwebungen, die sich beim Zusammenspiel (z. B. in einem Orchester) aufgrund einer immer vorhandenen geringfügigen Verstimmung einzelner Instrumente ergeben, verleihen den Naturinstrumenten ihre große Lebendigkeit im K.-Aufbau. Während des Ausklingvorgangs wird die im Resonatorteil gespeicherte Energie an das Schallfeld abgegeben, sodass der K. nicht abrupt abbricht. Die Länge der Ausklingzeit hängt von der Bedämpfung (auch durch Abstrahlung: Strahlungsdämpfung) ab. Die kürzesten Ausklingzeiten haben Blasinstrumente, die längsten gezupfte Saiten. Weil die höheren Frequenzen i. Allg. stärker bedämpft sind, ist der Ausklingvorgang dunkler gefärbt. – Im allgemeinen Sprachgebrauch bezeichnet K. auch das klangl. Ereignis insgesamt, z. B. den K. eines Orchesters, einer bestimmten Musik oder eines musikal. Stils (K.-Stil, K.-Bild, →musikalische Aufführungspraxis).

Durch **K.-Analyse,** eine Form der →harmonischen Analyse, werden je nach Verfahren die Teiltöne eines

K. und ihre Intensität, also das K.-Spektrum, ermittelt (→Schallanalyse). Die relative Phasenlage der Teiltöne spielt hierbei keine Rolle, da sie für einen K.-Eindruck unerheblich ist. Die **K.-Synthese** (Umkehrung der K.-Analyse) bewirkt die Erzeugung eines K. durch das Überlagern von Sinustönen. Sie ist z. B. auf dem Gebiet der elektron. Musik (→elektronische Musikinstrumente, →Synthesizer) von Bedeutung.

E. SCHUMANN; Die Physik der K.-Farben (1929); F. WINCKEL: Klangwelt unter der Lupe (1952).

Klang, früherer Name der malays. Stadt →Kelang.

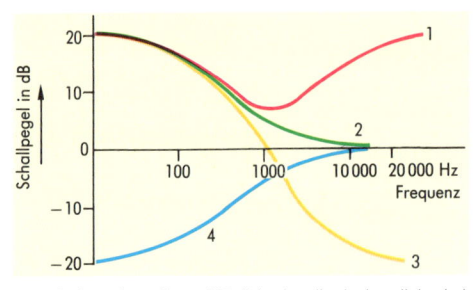

Klangfarbeneinstellung: Mögliche Amplitudenkennlinien bei einem Fächerentzerrer; 1 Höhen- und Tiefeneinsteller offen; 2 Tiefeneinsteller offen, Höheneinsteller Mittelstellung; 3 Tiefeneinsteller geschlossen, Höheneinsteller Mittelstellung; 4 Tiefeneinsteller offen, Höheneinsteller geschlossen

Klangfarbeneinstellung, Klangeinstellung, Klangregelung, Einstellen der als optimal empfundenen Klangfarbe der Schallwiedergabe bei elektroakust. Anlagen durch Beeinflussung des Amplitudengangs. Die K. erfolgt mittels im Verstärker eingebauter Klangregeleinrichtungen; einfachste Form ist die **Klangblende (Tonblende),** ein Tiefpass mit variabler Grenzfrequenz zur Absenkung der Lautstärke von Tonsignalen hoher Frequenz. I. d. R. besitzen die elektroakust. Anlagen jedoch einen getrennten Höhen- und Tiefeneinsteller zur Absenkung oder Anhebung der tiefen und hohen Frequenzen (**Fächerentzerrer**). Klangregeleinrichtungen oder selbstständige Geräte mit mehr als zwei Klangeinstellern werden auch als →Equalizer bezeichnet.

Klangfarbenkomposition, Komposition, in der die Klangfarbe (→Klang) alle anderen musikal. Wahrnehmungsbereiche wie Tonhöhe oder Tondauer zurückdrängt. Eine K. schuf z. B. G. LIGETI in seinem Orchesterwerk ›Atmosphères‹ (1961), das auf dyna-

Konrad Klapheck: Athletisches Selbstporträt; 1958 (Aachen, Neue Galerie – Sammlung Ludwig)

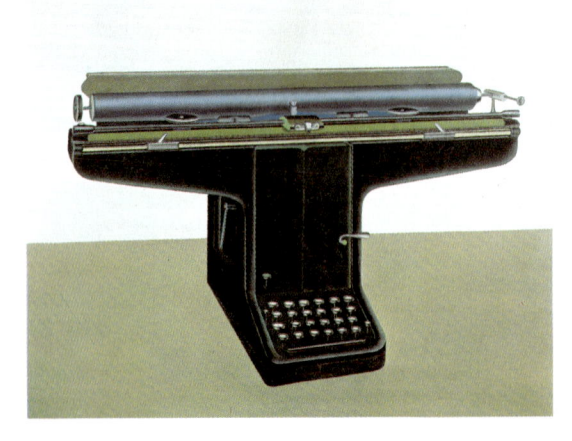

misch geschichteten Klangflächen beruht. Als man mit elektron. Mitteln in das Spektrum der Klänge bewusst eingreifen konnte, erhielt die Idee der K. neue Möglichkeiten der Verwirklichung. Der →Synthesizer und ein meditatives Hören haben ›Klangfarbenmusik‹ auch im Bereich von Rock, Jazz und Popmusik heimisch werden lassen.

Klangfarbenmelodie, von A. SCHÖNBERG (›Harmonielehre‹, 1911) geprägte Bez. für die Aufeinanderfolge wechselnder Klangfarben eines Tons oder Akkords in Analogie zu den wechselnden Tonhöhen einer Melodie aus Tönen, erstmals verwirklicht in seinen ›Fünf Orchesterstücken‹ (1909, Nr. 3: ›Der wechselnde Akkord‹). Der K. verwandt ist die →Klangfarbenkomposition.

Klangfiguren, *Akustik:* →Chladni-Figuren.

Klangholz, Resonanzholz, Tonholz, Bez. für Nadelholz (bes. Fichte), das für die Verwendung im Musikinstrumentenbau geeignet ist; untere Stammstücke mit bes. gleichmäßigem Jahrringaufbau und Astfreiheit.

Klangmalerei, die →Lautmalerei.

Klangprüfung, Verfahren der zerstörungsfreien Werkstoffprüfung, bei dem die zu prüfenden Erzeugnisse angeschlagen werden (z. B. frei aufgehängte Gussstücke mit dem Hammer, Glaswaren mit dem Finger), wobei sich Risse durch ein klirrendes Geräusch bemerkbar machen.

Klangstufen, *Musik:* →Stufenbezeichnung.

Klapheck, Konrad, Maler, * Düsseldorf 10. 2. 1935. Seine Darstellungen von Maschinen und techn. Elementen verdichten sich in ihrer sachl. Präzision und konzeptionellen Pointierung zu Metaphern menschl. Verhaltens und allgemeinen Vorstellungen des Lebens. K.s Bilder waren 1955 eines der entschiedensten Signale für die Rückkehr zur gegenständl. Malerei.

K. K., hg. v. W. HOFMANN, Ausst.-Kat. Kunsthalle Hamburg (1985).

Klapka [ˈklɔpkɔ], György (Georg), ungar. Revolutionsgeneral und Militärschriftsteller, * Temesvar 7. 4. 1820, † Budapest 17. 5. 1892; bis 1848 österr. Offizier, im Januar 1849 siegreicher Führer des oberungar. Armeekorps, verteidigte bis September 1849 die Festung Komorn. Im Exil stellte er 1859 mit L. KOSSUTH in Italien und 1866 in Oberschlesien eine ungar. Legion auf, um mit Militäraktionen die österr. Reg. zur Gewährung einer Selbstverwaltung für Ungarn zu bewegen. Nach der Amnestie 1867 mehrfach Abg. im ungar. Reichstag.

Werke: Der Nationalkrieg in Ungarn u. Siebenbürgen, 2 Bde. (1851); Der Krieg im Orient (1855); Aus meinen Erinnerungen (1887).

A. KIENAST: Die Legion K. (Wien 1900).

Klappe, 1) *Anatomie:* →Valva, →Valvula.

2) *Musikinstrumentenbau:* bei Blasinstrumenten der mit kleinen Hebeln versehene Verschlussdeckel der Tonlöcher. Zu unterscheiden sind offene K., die erst durch Hebeldruck geschlossen werden, und geschlossene K., die durch Hebeldruck geöffnet werden. K. werden angebracht, wenn die Finger die Tonlöcher nicht erreichen können oder die Zahl der Tonlöcher die der Finger übersteigt. Sie finden sich seit dem 16. Jh. v. a. an Holzblasinstrumenten (Flöte, Oboe, Klarinette, Fagott), selten und auf das 19. Jh. beschränkt an Blechblasinstrumenten (→Klappenhorn).

3) *Technik:* plattenförmiges Absperrorgan, das um eine in der Klappenebene liegende Achse drehbar ist; die Betätigung erfolgt mechanisch (z. B. Drossel-K.) oder selbsttätig (z. B. Rückschlag-K.) durch das Strömungsmedium.

Klappenhorn, Blechblasinstrument mit Tonlöchern und Klappen, ein Bügelhorn mit zunächst fünf, später sechs (auch bis zu zwölf) Klappen; seit etwa

1810 bis in die zweite Hälfte des 19. Jh. in Gebrauch, danach vom Ventilhorn verdrängt. Das K. mit fünf Klappen wurde angeblich von EDUARD AUGUSTUS Herzog VON KENT (* 1767, † 1820) in die engl. Armee eingeführt, deshalb auch **Kenthorn** genannt. Die Klappen ermöglichten eine Ausfüllung der Naturtonskala. K. wurden meist in C (Umfang h–c^3), in B (Umfang a–b^2) oder in F (Umfang e–f^2) gebaut. Ein K. ist auch die →Ophikleide.

Klappenschorf, durch Pseudopeziza-Arten hervorgerufene Pilzkrankheit bei Futterleguminosen (v. a. Klee, Luzerne). Symptome sind braunschwarze, runde, etwa 1–3 mm große Flecken auf den Blättern; diese fallen vorzeitig ab und dienen dem Pilz zur Überwinterung. Bekämpfung durch frühzeitigen Schnitt, um die Ausreifung der Sporen zu verhindern.

Klappentext, Bez. für den auf der vorderen und hinteren Klappe des Schutzumschlages gedruckten Werbetext für das betreffende Buch; enthält meist Kurzangaben über Verfasser und Inhalt.

Klapper, ein in vielen Arten über die ganze Erde verbreitetes Rhythmusinstrument. Es besteht aus zwei Teilen gleicher Bauart und gleichen Materials (Fruchtschalen, Muscheln, Knochen, Holz, Ton, Metall), die gegeneinander geschlagen werden (Gegenschlagidiophon). Handförmige K. sind bereits seit der Mitte des 3. Jt. v. Chr. aus Ägypten bekannt. Zu den K. zählen u. a. Claves und Kastagnetten.

Klappergrasmücke, Sylvia curruca, Grasmückenart (Größe bis 13 cm), die v. a. in offenen, gebüschreichen Landschaften und lichten Mischwäldern Eurasiens verbreitet ist. Die K. unterscheidet sich von der sehr ähnlichen Dorngrasmücke durch dunklere Wangen, eine weißl. Unterseite und den graueren Rücken sowie durch den charakterist. Gesang, ein leises Zwitschern, das mit lautem, schnellem Klappern abschließt.

Klappernuss, die →Pimpernuss.

Klapperschlangen, Crotalus, Gattung der Grubenottern; mit etwa 27 Arten vorwiegend in trockenen Gebieten Nordamerikas, südlich bis Mexiko verbreitet, zwei Arten in Südamerika. Die Größe variiert von 40 cm bis 2,5 m; der dreieckige Kopf ist deutlich vom Rumpf abgesetzt. K. sind meist graubraun gefärbt mit rautenförmigen, dunklen, hell umrandeten Flecken. Charakteristisch ist die Schwanzklapper oder -rassel, mit der durch schnelles Vibrieren ein schwirrendes Warngeräusch erzeugt wird. Die Rassel besteht aus ineinander greifenden, frei gegeneinander beweglichen Hornsegmenten und wird mit jeder Häutung um ein weiteres Segment verlängert. K. sind nachtaktive Bodenschlangen und ernähren sich v. a. von Säugetieren und Vögeln. Alle K. sind gefährl. Giftschlangen. Das Gift der K. wirkt vorwiegend auf Blut und Gewebe, nur das der in Südamerika vorkommenden **Tropischen K.** oder **Cascavel** (Crotalus durissus; Länge bis 2,1 m) enthält zusätzlich Nervengifte. Weitere Vertreter der K. sind u.a.: **Diamant-K.** (Crotalus adamanteus) im SO der USA, mit 2,5 m die größte Art; sie gehört zu den gefährlichsten Giftschlangen, da sie bei großer Bisstiefe hohe Giftmengen (mehr als 1 g) produziert; die im SW der USA und in Mexiko vorkommende **Texas-K.** (Crotalus atrox; Länge bis 2,2 m), die als sehr beißfreudig und angriffslustig gilt, weiterhin die **Seitenwinder-K.** (Crotalus cerastes) in Kalifornien und Mexiko. Das größte Verbreitungsgebiet hat die **Prärie-K.** (Crotalus viridis), die von Kanada bis Mexiko vorkommt. – Nicht zu dieser Gattung gehören die ebenfalls mit einer Schwanzrassel ausgestatteten →Zwergklapperschlangen.

Klapperschwamm, Laubporling, Polyporus frondosus, Polypilus frondosus, dem →Eichhasen stark ähnelnder Pilz, wird aber größer, und die einzelnen Hüte sind im Ggs. zum Eichhasen seitlich gestielt. Der K. wächst verstreut meist am Grund alter Eichen und ist in jungem Zustand essbar.

Klapperstein, der →Adlerstein.

Klappertopf, Rhinanthus, Gattung der Rachenblütler mit etwa 45 teilweise nur schwer zu gliedernden Arten auf der N-Halbkugel; Blattgrün enthaltende Halbschmarotzer an Wurzeln v. a. von Wiesenpflanzen. In reifen Früchten klappern die losen Samen beim Schütteln. In Dtl. ist die verbreitetste Art der **Kleine K.** (Rhinanthus minor), eine 10–50 cm hohe Pflanze, deren bis 15 mm lange, meist hellgelbe Blüten an der Oberlippe bläul. Zähne aufweisen.

Klappflügel, Flugzeugtragflügel, der zur Raumersparnis beim Abstellen des Flugzeuges ganz oder teilweise an den Rumpf oder nach oben geklappt werden kann; bes. bei Bordflugzeugen auf Flugzeugträgern.

Klapphornverse, scherzhafte Vierzeiler nach dem angeblich von dem Göttinger Universitätsnotar F. DANIEL (* 1809, † 1899) geprägten Muster ›Zwei Knaben gingen durch das Korn, der andere blies das Klappenhorn, er konnt' es zwar nicht richtig blasen, doch blies er's wenigstens einigermaßen‹; erstmals 1878 in den Münchener ›Fliegenden Blättern‹ erschienen. (→Unsinnsliteratur)

Klappläufer, eine einscheibige →Talje.

Klappmütze, Art der Hundsrobben (→Seehunde).

Klappmützentaler, sächs. Guldengroschen, die zw. 1500 und 1525 aus dem Silber der erzgebirg. Gruben undatiert geprägt wurden. Die K. waren die ersten Talermünzen, die am Geldumlauf nennenswert beteiligt waren. Ihren Namen erhielten sie nach der Kopfbedeckung der beiden Herzöge auf der Rückseite.

Klappnasen, Maussschwanz-Fledermäuse, Rhinopomatidae, in Afrika und S-Asien beheimatete Familie der Fledermäuse mit fast körperlangem, nicht mit der Schwanzflughaut verbundenem Schwanz und blattartigem Wulst über den Nasenlöchern.

Klappschildkröten, Kinosternon, Gattung der Schlammschildkröten mit etwa 15 Arten in Amerika. Vorder- und Hinterteil des Bauchpanzers sind über Quergelenke mit dem starren Mittelstück verbunden und können zum perfekten Verschluss hochgeklappt werden.

Klappschute, Wasserfahrzeug zum Transport von Baggergut vom Bagger- zum Löschplatz. Das Baggergut wird durch Öffnen der im Fahrzeugboden befindl. Klappen gelöscht. Bug-, Heck- und Seitentanks verhindern das Sinken der Schute beim Transport und Verklappen.

Klappstuhl, der →Faltstuhl.

Klaproth, 1) Heinrich Julius, Orientalist und Forschungsreisender, * Berlin 11. 10. 1783, † Paris 28. 8. 1835, Sohn von 2); wurde 1804 in Sankt Petersburg Adjunkt an der Akad. der Wiss.en, 1807 geadelt (bis zum Entzug seiner Titel 1817 zum russ. Dienstadel gehörend). 1805 einer russ. China-Gesandtschaft zugeteilt, bereiste er nach deren Scheitern Innerasien;

Klapperschlangen: Texasklapperschlange

Klappergrasmücke (Größe bis 13 cm)

Klappertopf: Kleiner Klappertopf (Höhe 10–50 cm)

Klappmützentaler (1500; Durchmesser 40 mm)

Vorderseite

Rückseite

Martin Klaproth

Klarinette in B mit deutschem Klappensystem

1807/08 unternahm er eine Expedition zur Erforschung des Kaukasus und Georgiens. K. lebte seit 1815 in Paris; 1816 Ernennung zum Prof. für asiat. Sprachen und Literaturen durch den preuß. König mit der Erlaubnis, in Paris zu bleiben. Unter seinen zahlr. Werken über die großen west- und ostasiat. Kulturen sind die Reiseberichte und Übersetzungen noch heute von Bedeutung.
Werke: Reise in den Kaukasus ..., 2 Bde. (1812–14); Asia polyglotta (1823); Mémoires relatifs à l'Asie, 3 Bde. (1824–28).

2) M a r t i n Heinrich, Chemiker, *Wernigerode 1. 12. 1743, †Berlin 1. 1. 1817, Vater von 1); zunächst Apotheker, 1787 Prof. an der Artillerieschule Berlin, seit 1810 an der neu gegründeten Univ. ebenda. K. untersuchte die meisten damals bekannten Minerale und fand u. a. das nur aus dem Pflanzenreich bekannte Kalium im Leucit. Er entdeckte mehrere neue Elemente, meist in Oxidform (als ihre ›Erden‹), u. a. 1789 Zirkonium und Uran, 1795 Titan (unabhängig von W. GREGOR), 1797 Chrom (unabhängig von N. L. VAUQUELIN), und hatte (neben S. F. HERMBSTAEDT) entscheidenden Anteil daran, dass die Phlogistontheorie in Dtl. von der antiphlogist. Lehre A. L. DE LAVOISIERS abgelöst wurde.

klar, seemännisch: svw. in Ordnung, fertig, so in Verbindungen wie seeklar, klar Schiff zum Gefecht.

Klara, K. von Assisi, Gründerin der Klarissen, *Assisi 1194, †San Damiano (heute zu Assisi) 11. 8. 1253; aus adliger Familie, verließ sie 1212 ihr Elternhaus, um sich FRANZ VON ASSISI anzuschließen und wie dieser und die ›Minderen Brüder‹ in Armut ein dem Dienst an den Menschen und der Verkündigung des Glaubens gewidmetes Leben zu führen. Schon früh wurden jedoch diese Bestrebungen teils durch FRANZ VON ASSISI selbst, teils durch die röm. Kurie unterbunden und K. und die um sie in San Damiano gesammelte Frauengemeinschaft zu einem monast. Leben hinter Klostermauern gedrängt. Jahrzehntelang kämpfte K. für ihre Gemeinschaft um die päpstl. Anerkennung einer den franziskan. Armutsideal verpflichteten Regel, die ihr schließlich kurz vor ihrem Tod von INNOZENZ IV. gewährt wurde. Die Beschränkung auf ein rein kontemplatives Leben in strenger Klausur blieb erhalten und wurde – entgegen dem franziskan. Ideal – zum Charakteristikum der →Klarissen. – Heilige (Tag: 11. 8.).
Leben u. Schriften der hl. K. v. A., hg. v. E. GRAU (⁶1988); C. A. LAINATI: Die hl. K. v. A. (1987); A. ROTZETTER: K. v. A. Die erste franziskan. Frau (³1994).

Klarälv *der,* in Norwegen **Trysilelv,** Zufluss des Vänersees in Schweden, 397 km lang (davon 132 km in Norwegen); entfließt dem Femundsee (663 m ü. M.) in Norwegen, mündet bei Karlstad; Flößerei, Kraftwerk.

Kläranlage, eine Anlage zur →Abwasserreinigung.

Klareis, 1) *Meteorologie:* Form der Nebelfrostablagerung: glatte, kompakte, i. Allg. durchsichtige und sehr fest anhaftende Eisablagerung; entsteht bei Lufttemperaturwerten zwischen 0 °C und −3 °C durch langsames Anfrieren von unterkühlten Nebeltröpfchen an Gegenständen. K. kann zu schweren Eislasten, z. B. an Flugzeugen, anwachsen.
2) *Technik:* →Eiserzeugung.

Klären, das Beseitigen von Verunreinigungen (suspendierte Schwebstoffteilchen, ›Trübstoffe‹) aus flüssigen Substanzen durch Absetzen (Sedimentieren), Aufschwimmen (Flotation), Filtrieren oder Zentrifugieren. Zur Beschleunigung des Klärvorgangs werden häufig **Klärmittel** zugesetzt, die mit den suspendierten Teilchen leicht absetzbare Verbindungen bilden u. a. Flockungsmittel wie Leim oder Stärke, Absorbenzien wie Aktivkohle oder Kieselgur.

Klarer, farbloser Trinkbranntwein ohne Zusatz von Geschmacksstoffen (meist aus Getreidemaische destilliert); enthält 40 Vol.-% Alkohol.

klarieren [von lat. clarare ›deutlich machen‹], die Zollformalitäten beim Ein- und Auslaufen eines Schiffes erledigen.

Klarinette [frz. clarinette, von ital. clarinetto, Verkleinerung von clarino ›hohe Trompete‹, zu lat. clarus ›klar‹, ›hell tönend‹] *die, -/-n,* Holzblasinstrument mit einfachem, aufschlagendem Rohrblatt und zylindrisch gebohrtem Rohr (meist aus Grenadillholz). Sie setzt sich zusammen aus dem Mundstück (Schnabel), der etwas erweiterten ›Birne‹, dem Ober- und Unterstück und dem trichterförmigen Schallstück (Becher). Das Rohrblatt wird mit einer Metallzwinge (Blattschraube) oder mittels einer Schnur unterseits an den oberseits schräg abgeflachten Schnabel gepresst; beim nicht gespielten Instrument wird es durch eine Kapsel geschützt. Beim Überblasen entstehen nur die ungeradzahligen Naturtöne, und zwar zunächst die Duodezime. Am gebräuchlichsten ist die B-Stimmung (Umfang des/d–b³; eine große Sekunde über dem Klang notiert), daneben sind Instrumente in A- und C-Stimmung verbreitet. Ferner gibt es tiefere K., so das →Bassetthorn (Hauptstimmung F), die Bass-K. (Hauptstimmung B; Umfang C/D–f²; mit abgebogenem Schallstück und s-förmigem Metallrohr zw. Schnabel und Tonröhre), die Kontrabass-K. (Hauptstimmung Es; Umfang ₁F–b¹) sowie höhere K. in D und Es. – Die K., deren Vorläufer bis in vorchristl. Zeit zurückgehen, wurde vermutlich um 1700 von JOHANN CHRISTOPH DENNER aus dem ›Chalumeau‹ entwickelt. Die Klappenzahl wurde von zwei allmählich auf 13 erhöht. 1839 erhielt die K. durch die Franzosen HYACINTHE ELÉONORE KLOSÉ und LOUIS AUGUSTE BUFFET den von T. BOEHM für die Querflöte erdachten Klappenmechanismus, der damit zur Grundlage für das in Frankreich, England und Amerika gebräuchl. Klappensystem wurde. In Dtl. setzte sich nach 1900 das System OSKAR OEHLERS mit 22 Klappen und fünf Ringen durch. Die K. gehört seit Mitte des 18. Jh. zur Standardbesetzung des Orchesters und wird daneben vielfach solistisch (Konzerte von W. A. MOZART, L. SPOHR, C. M. VON WEBER, P. HINDEMITH, A. COPLAND u. a.) und kammermusikalisch (z. B. K.-Quintette von MOZART und J. BRAHMS) eingesetzt. Im Jazz (v. a. im New-Orleans-Jazz, Dixieland, Swing) war die K. ein bevorzugtes Melodieinstrument, wurde aber in neuerer Zeit vom Saxophon in den Hintergrund gedrängt.
O. KROLL: Die K., bearb. v. D. RIEHM (1965, Nachdr. 1978); J. BRYMER: Die K. (Zug 1978).

Klarissen, Klarissinnen, lat. **Ordo Sanctae Clarae,** Abk. **OSCl,** kontemplativer kath. Frauenorden, Zweiter Orden der Franziskaner; hervorgegangen aus der von KLARA VON ASSISI nach 1212 gegründeten Frauengemeinschaft. In ihrer Regel 1253 legte sie den Schwerpunkt auf das Leben nach dem Evangelium in vollkommener Armut, schwesterl. Gemeinschaft und in Klausur. Heute (1997) bestehen weltweit rd. 920 Klöster mit insgesamt rd. 17000 Nonnen. – Aus einer auf URBAN IV. zurückgehenden neu gefassten Regel von 1263 (Aufhebung der kommunitären Armutsverpflichtung, Pointierung des Klausurgedankens, Differenzierung zw. Chor- und Laienschwestern) entwickelte sich der Zweig der **Urbanistinnen** (heute rd. 90 Klöster). Reformzweige der K. späterer Zeit sind die K. der hl. COLETTA von Corbie (**K.-Colettinen**), heute rd. 650 Klöster, sowie die **K.-Kapuzinerinnen** (→Kapuziner), heute rd. 180 Klöster. Die K.-Klöster sind selbstständig, unterstehen i. d. R. der Jurisdiktion der Diözesanbischöfe und werden von auf Zeit gewählten Äbtissinnen geleitet.
E. WAUER: Entstehung u. Ausbreitung des K.-Ordens, bes. in den dt. Minoritenprovinzen (1906); A. RÖTTGER u. P. GROSS: K. Gesch. u. Gegenwart einer Ordensgemeinschaft (1994).

Klarluftturbulenz, Clear-Air-Turbulenz [ˈklɪəˈeə-, engl.], Abk. **CAT** [kæt], heftige, turbulente Luftbewegungen im wolkenfreien Raum der Troposphäre, die zur Gefährdung von Luftfahrzeugen durch Überbeanspruchung oder durch Verursachung nicht mehr beherrschbarer Fluglagen führen können. K. kann entstehen durch vertikale therm. Konvektionsströmungen, durch Leewellenströmungen hinter Gebirgszügen oder Windscherungen in den Randbezirken der hohen →Jetstreams.

Klaros, altes kleinasiat. Orakelheiligtum (später Apollonheiligtum) bei →Kolophon.

Klärschlamm, bei der →Abwasserreinigung in den Absetzbecken der Kläranlagen aus Abwässern zurückbleibender Schlamm, eine wässrige Suspension mit etwa 5% Trockenmasse. In der kommunalen Klärtechnik hat sich die anaerobe Schlammfaulung in Faultürmen bewährt. Bei diesem Prozess bildet sich Klärgas (etwa 65% Methan und 35% Kohlendioxid), das zur Erwärmung des K. und zur Energieversorgung der Anlage verwendet wird. Der ausgefaulte Schlamm wird in kleineren Anlagen in Trockenbeeten, bei größeren Anlagen mit Maschinen bis zur Stichfestigkeit getrocknet und dann z. T. als Bodenverbesserungsmittel in der Landwirtschaft eingesetzt. Bei Großanlagen, bes. auch bei biolog. Kläranlagen für industrielle Abwässer, wird man aus Zeit- und Platzgründen der therm. Entwässerung den Vorzug geben.

Zunehmend treten Probleme im Zusammenhang mit dem Verbleib der festen Rückstände auf. Die Menge des anfallenden Faulschlamms übersteigt den landwirtschaftl. Bedarf bei weitem. Von den in Dtl. anfallenden 60 Mio. m³ pro Jahr werden 10–15% des kommunalen K. verbrannt; über 60% werden unverbrannt deponiert, nur etwa 25% werden genutzt. Aufgrund der im K. enthaltenen Schwermetalle und organ. Schadstoffe (polyzyklische aromat. Kohlenwasserstoffe, chlorierte Kohlenwasserstoffe) ist die Verwendung von K. v. a. in städt. Gebieten nicht unproblematisch.

In der am 1. 7. 1992 neu gefassten **K.-Verordnung** (seit 1. 4. 1983 in Kraft) wurden gegenüber früheren Verordnungen deutlich reduzierte Grenzwerte für Schadstoffe in K. festgesetzt und verschärfte Bedingungen für das Aufbringen von K. auf land- und forstwirtschaftl. und gärtner. Flächen gestellt.

Klarschrift, *Datenverarbeitung:* aus Buchstaben, Ziffern und Sonderzeichen bestehende Schrift, die mittels eines →Klarschriftlesers sowie geeigneter Software in eine computerinterne Darstellung (Maschinencode) umgesetzt werden kann. Dabei wird zw. Norm- und Universalschriften unterschieden. Normschriften sind im Wesentlichen die OCR-Schriften (→OCR), Universalschriften die Maschinenschriften (alle bei Druckern und Schreibmaschinen üblichen Schriftarten) sowie die Handblockschrift.

Klarschriftbeleg, *Datenverarbeitung:* ein in Klarschrift erstellter →Beleg, der auf optoelektron. Weg abgetastet und in eine rechnerinterne Darstellung umgesetzt werden kann.

Klarschriftleser, *Datenverarbeitung:* Lesegerät für die (halbdirekte) Dateneingabe von einem Klarschriftbeleg. Dabei wird der Beleg zunächst gescannt, indem mit einem Lichtstrahl die Vorlage abgerastert und dabei ein binäres, pixelorientiertes Abbild der Zeichen erzeugt wird (→Scanner). Anschließend wird das gespeicherte Bitmuster mit geeigneter Software interpretiert. Für die unterschiedl. Belegform haben sich entsprechende Geräteklassen herausgebildet. **Streifenleser** dienen zum Erfassen von auf Papierstreifen gedruckten Daten (z. B. von Registrierkassen). **Beleglesern** werden einheitlich strukturierte Einzelbelege zugeführt (z. B. Schecks). **Blattleser** (auch Seitenleser) lesen unstrukturierte Texte von Einzelblättern.

Mit **Handlesern** können manuell Zeilen auf Belegen oder Seiten abgetastet werden.

Klartext, ein unverschlüsselter, für jeden Menschen normal lesbarer Text.

Klarwasserflüsse, Flüsse mit relativ klarem, durchsichtigem, gelb- bis olivgrünem Wasser im Amazonastiefland, mit geringem Gehalt an Schwebstoffen; z. B. Rio Tapajós, Rio Xingu. Die K. kommen von den alten, stark abgetragenen Massiven Zentralbrasiliens und Guayanas, die verhältnismäßig wenig Verwitterungsmaterial liefern, außerdem im wechselfeuchten Klima liegen, wo sich die Flusswässer in der Trockenzeit klären können.

Klarwasserseen, Seen, deren Wasser nicht oder kaum durch Huminstoffe gefärbt ist. Zu den K. zählen die oligotrophen und i. w. S. auch die eutrophen Seen. – Ggs.: dystrophe Seen (→dystroph).

Klarwerkspitze, *Handarbeit:* echte Stickereispitze, deren Grundstoff ein feines Gewebe bildet.

Klärwert, Clearancewert [ˈklɪərəns-, engl.], →Clearance.

Klasen, Karl, Bankfachmann, *Hamburg 23. 4. 1909, †ebd. 22. 4. 1991; 1948–62 Präs. der Landeszentralbank Hamburg, 1952–57 Vorstands-Mitgl. der Norddt. Bank (einem Nachfolgeinstitut der dezentralisierten Dt. Bank AG), 1957–67 Vorstands-Mitgl. und ab 1967 als Nachfolger von H. J. Abs einer der Sprecher der Dt. Bank AG. 1970–77 war K. Präs. der Dt. Bundesbank, deren geldpolit. Instrumentarium er konsequent zur Inflationsbekämpfung einsetzte.

Klasse [von lat. classis ›Abteilung‹], 1) *allg.:* Gruppe von Lebewesen oder Dingen mit gemeinsamen Merkmalen.

2) *Biologie:* **Classis,** in der biolog. Systematik Bez. für eine taxonom. Einheit zw. Stamm und Ordnung.

3) *Mathematik* und *Logik:* meist gleichbedeutend mit →Menge. Eine K. in diesem Sinne ist eine Zusammenfassung mehrerer Elemente zu einem Ganzen (der K. dieser Elemente). Sie heißt **echte K.,** wenn sie umfangreicher ist als für Mengen möglich. – Zerlegt man eine Menge M in zueinander elementfremde nichtleere Mengen, so erhält man eine **K.-Zerlegung (K.-Einteilung)** von M; die einzelnen Teilmengen heißen K. Beispiel: Ist $M = \{1, 2, 3, 4, 5\}$, dann ist $M = \{1, 2\} \cup \{3, 4\} \cup \{5\}$ eine Zerlegung von M in drei K. Wichtige K.-Zerlegungen sind die durch eine Äquivalenzrelation definierten Zerlegungen in →Äquivalenzklassen.

In der traditionellen Logik treten K. als Begriffsumfänge so genannter K.-Begriffe auf, die in der →Klassenlogik untersucht werden.

4) *Pädagogik:* **Schul-K.,** Unterrichtsorganisation, nach der Schüler mit möglichst gleichem Wissensstand (meist innerhalb einer Jahrgangs- und Jahres-K.) in für alle verbindl. Lehrstoff gemeinsam unterrichtet werden. Die Benennung der K. der unterschiedl. Schularten ist seit dem Hamburger Abkommen (1964) vereinheitlicht worden (Durchzählung von K. 1–13). In Gesamtschulen ist der K.-Verband in der Sekundarstufe I zugunsten eines Kernkurssystems (→Kernunterricht) aufgegeben, in der gymnasialen Oberstufe wurde 1972 ein System von Grund- und Leistungskursen von jeweils halbjähriger Dauer eingeführt.

5) *Politik* und *Gesellschaftstheorie:* Gruppe der Gesellschaft, deren Mitgl. durch eine gemeinsame wirtschaftl. und soziale Lage und somit durch gemeinsame Interessen verbunden sind.

In der röm. Antike wurde die röm. Bev. nach der Höhe ihres Einkommens und ihres Vermögens (d. h. nach ihrer Steuerleistung) in ›classes‹ eingeteilt. Im 18. Jh. übernahmen u. a. A. Ferguson und A. Smith den bis dahin bes. in den Naturwissenschaften übl. Begriff der ›K.‹ zur Bez. einer sozialen Gruppe. Während in der feudalistisch geprägten Gesellschaftsordnung der Begriff des Standes Auskunft gab über die soziale Aufgliederung der Gesellschaft, gewann der Begriff der K. im 19. Jh. Geltung für die Kennzeichnung der Sozialstrukturen und Konflikte in der industriellen Gesellschaft. Der frz. Sozialtheoretiker C. H. ROUVROY Graf VON SAINT-SIMON sah die Zeit der Frz. Revolution von 1789 bestimmt durch drei K.: die Adligen, die Bürgerlichen und die Industriearbeiter, die Zeit danach nur noch durch die beiden Letzteren. In seiner ›Geschichte der sozialen Bewegung in Frankreich von 1789 bis auf unsere Tage‹ (1850) stellt L. VON STEIN zwei einander bekämpfende K. fest.

K. MARX entwickelte als Erster eine K.-Theorie, indem er über die Beschreibung der Gesellschaft seiner Zeit hinaus den Begriff der K. einführt zur Kennzeichnung jeder geschichtl. Gesellschaftsform (→Marxismus). Im geschichtl. Wandel des gesellschaftl. Produktionsprozesses bilden sich soziale Gruppen (›K.‹), deren Mitgl. aufgrund ihrer gemeinsamen Lebenslage (›K.-Lage‹) ein gemeinsames Existenzbewusstsein (›K.-Bewusstsein‹) entwickeln; die ›K.-Lage‹ bemisst sich dabei nach dem Verhältnis des Einzelnen zu den Produktionsmitteln, nach seiner Rolle in der gesellschaftl. Organisation der Arbeit und nach der Art und Größe seines Anteils am gesellschaftl. Reichtum (v. a. am erarbeiteten ›Mehrwert‹); ›K.-Bewusstsein‹ zeigt sich im ›richtigen Bewusstsein‹ des Einzelnen von seiner ›objektiven‹, d. h. tatsächlich gegebenen sozialen Lage. Jede Gesellschaft ist für MARX und jene, die gedanklich auf ihm aufbauen (bes. LENIN), eine ›K.-Gesellschaft‹, jeder Staat ein ›K.-Staat‹, jede Gerichtsbarkeit eine ›K.-Justiz‹. Gleichsam als geschichtsimmanentes Gesetz bestimmt der →Klassenkampf, d. h. die unversöhnl. Auseinandersetzung zw. der jeweils ›herrschenden‹ K. und der von ihr ›unterdrückten‹ und ›ausgebeuteten‹ K., die gesellschaftl. Entwicklung. Im Zuge dieser sich zur Revolution steigernden Auseinandersetzung übernimmt eine aufsteigende K. auf einer ›höheren‹ gesellschaftshistor. Ebene der Herrschaft in Staat und Gesellschaft. Nach der revolutionären Beseitigung der historisch letzten Ausbeuterphase, dem von der →Bourgeoisie getragenen Kapitalismus, durch das →Proletariat vollzieht sich im Sozialismus mithilfe der Diktatur des Proletariates der allmähl. Übergang zur →klassenlosen Gesellschaft.

Auch nichtmarxist. Gesellschaftsanalytiker benutzen den Begriff der K. zur Analyse moderner Gesellschaften. In krit. Aufnahme der marxschen K.-Theorie unterscheidet M. WEBER zw. ›Besitz-K.‹ und ›Erwerbs-K.‹; er schuf sich damit die Möglichkeit, die unterschiedl. Lebenschancen innerhalb der ›Kapitalbesitzergruppe‹ oder der ›Lohnarbeitergruppe‹ systematisch darzustellen, und zwar im Hinblick auf die ungleiche Ausgangslage auf dem Güter- und Arbeitsmarkt. G. MOSCA und R. DAHRENDORF nehmen zwar das durch den unüberbrückbaren Gegensatz zweier K. bestimmte marxist. K.-Modell auf – so stellt MOSCA der herrschenden K. eine beherrschte K., DAHRENDORF ›den Autoritätsbesitzern‹ die ›Autoritätslosen‹ gegenüber –, sie verneinen aber die Möglichkeit einer endgültigen Lösung des K.-Konfliktes in einer ›klassenlosen Gesellschaft‹.

K.-Theorien nichtmarxist. Gesellschaftswissenschaftler sehen das menschl. Dasein nicht allein abhängig von den gesellschaftl. Produktionsverhältnissen: Neben wirtschaftl. Merkmalen (Vermögen, Einkommen) kennzeichnen auch andere Kriterien eigengewichtig eine K., z. B. die Zugehörigkeit zu bestimmten Familien, ethn. oder religiösen Gruppen, Beruf, Bildung oder Umwelt (Stadt oder Land). Für viele Gesellschaftsanalytiker ist im Ggs. zum Marxismus die K. nicht mehr ein fest gefügtes, ›starres‹ Gebilde; Übergänge von einer K. zur anderen erscheinen ihnen möglich; Aufstiegschancen, Angleichung der K.-Gegensätze, Nivellierung des Lebensstils fördern eine starke soziale Mobilität. Auch aus diesem Grund wird heute zunehmend von sozialer →Schichtung statt von K. gesprochen.

T. GEIGER: Die K.-Gegensätze im Schmelztiegel (1949); Nachdr. New York 1975); R. DAHRENDORF: Soziale K. u. K.-Konflikt in der industriellen Gesellschaft (1957); D. HERZOG: K.-Gesellschaft ohne K.-Konflikt (1965); T. B. BOTTOMORE: Die sozialen K. in der modernen Gesellschaft (a. d. Engl., 1967); J. K. GALBRAITH: Die moderne Industriegesellschaft (1970); H. RÖDER: Abschied vom K.-Begriff (1972); M. DJILAS: Die neue K. (a. d. Amerikan., Neuausg. 1976); J. HANDL u. a.: K.-Lagen u. Sozialstruktur (1977); M. MAUKE: Die K.-Theorie von Marx u. Engels (^{5}1977); K. in der europ. Sozialgesch., hg. v. H.-U. WEHLER (1979); T. HERZ: K., Schichten, Mobilität (1983); K. MARX: Zur Kritik der Polit. Ökonomie (Neuausg. Berlin-Ost ^{11}1987); G. LUKÁCS: Gesch. u. K.-Bewußtsein (^{10}1988); M. WEBER: Wirtschaft u. Gesellschaft (Neuausg. ^{5}1990); H. MARCUSE: Der eindimensionale Mensch (a. d. Engl., Neuausg. 1994).

6) *Sport:* Einteilungskategorie für Sportler und Sportgeräte nach verschiedenen Kriterien zur Gewährleistung von Chancengleichheit im Wettkampf. Für Sportler gibt es Alters-, Gewichts- und Leistungs-K., bei Sportgeräten richtet sich die Einteilung nach techn. Kriterien. Die K.-Einteilung ist in den Regelwerken der jeweiligen Sportarten festgelegt. Von **offener K.** spricht man, wenn für die Wettkampfteilnahme keinerlei Beschränkungen bestehen. – Auch Bez. für die Spiel-K., in der die qualifizierten Vereinsmannschaften eines bestimmten Gebietes zusammengefasst sind (z. B. Bezirks-, Kreis-K.).

7) *Sprachwissenschaft:* durch ein gemeinsames Merkmal charakterisierte sprachl. Elemente, z. B. die durch Stimmhaftigkeit gekennzeichneten Konsonanten b, d, g. (→Klassifikation)

8) *Statistik:* ein Zahlen- bzw. Wertebereich, in den die Merkmalswerte einer Häufigkeitsverteilung sinnvoll eingeteilt werden können. Ein typ. Beispiel für die Bildung solcher K. **(Klassierung)** sind die Einkommensstatistiken, in denen K. z. B. in 500-DM- und 1 000-DM-Schritten festgelegt werden.

Klassem das, -s/-e, *Sprachwissenschaft:* 1) einer Gruppe von Wörtern gemeinsames semant. Merkmal, z. B. ›Lebewesen‹; 2) einer Gruppe von in einer bestimmten Leerstelle einsetzbaren Elementen gemeinsames Merkmal, z. B. ›Farbadjektiv‹ in dem Satz: ›Er trug einen (grünen) Hut.‹

Klassement [klas(ə)'mã:, auch -'mɛnt] *das*, -s/-s und (bei dt. Aussprache) -e, Einteilung, Ordnung, Rangliste, Tabelle (v. a. im Sport).

Klassenbewusstsein, marxist. Begriff, →Klasse.

Klassenkampf, zentraler Begriff der marxist. Geschichtsauffassung, bezeichnet die im geschichtl. Prozess fortwährend sich vollziehende kämpfer. Auseinandersetzung zw. den Klassen (→Klasse) einer Gesellschaft. Bestimmt von den unversöhnl. Widersprüchen der Klassengesellschaft (→Antagonismus), vollzieht sich der K. zw. der jeweils herrschenden Klasse und den beherrschten Klassen.

In der Entfaltung der histor. Prozesses von der Urgesellschaft über Sklavenhaltergesellschaft und Feudalismus zum Kapitalismus hat auf jeder dieser Produktionsstufen jene Klasse die Führung inne, die den fortschrittlichsten Zweig der Produktion vertritt. Die von den Interessen der herrschenden Klasse bestimmten Produktionsverhältnisse führen objektiv zur Unterdrückung der Bedürfnisse und zur Ausbeutung der beherrschten Klassen und lösen den K. aus. Die gesellschaftl. Widersprüche, die durch den dynamischen technolog. Fortschritt der Produktionsmittel (z. B. Erfindung von Maschinen zur Massenproduktion) und durch den Wechsel des richtungweisenden Erwerbszweiges der Gesellschaft und dessen wirtschaftl. Kontrolle durch eine bisher nicht führende Klasse hervorgerufen werden, verschärfen den K. und drängen auf eine Änderung der Produktionsverhältnisse durch eine Revolution. Mit ihrem Sieg in der Revolution stellt die auf der Grundlage des neuen fortschrittl. Produktionszweiges aufgestiegene Klasse auf einer höheren Gesellschaftsstufe die Kongruenz von ökonom. Entwicklung und polit. Ordnung wieder her, ruft aber im weiteren Verlauf des histor. Prozesses neue Widersprüche hervor, die den K. bis zur nächsten Revolution treiben.

Nach dem Sieg des Proletariats über die Bourgeoisie in der proletar. Revolution entschärft sich unter der Diktatur des Proletariats in einer sozialist. Gesellschaftsordnung der K. allmählich; im evolutionären Übergang von der sozialist. zur kommunist. Gesellschaft entsteht nach dem völligen Schwund des K. eine in sich widerspruchsfreie klassenlose Gesellschaft. Nach marxistisch-leninist. Auffassung vollzieht sich diese Entwicklung unter Führung der ›Partei neuen Typs‹, der kommunist. Partei.

Klassenlage, marxist. Begriff, →Klasse.

Klassenlehrer, Lehrkraft, die in der Grundschule den überwiegenden Teil des Unterrichts (mindestens in den Hauptfächern) erteilt; in den weiterführenden Schulen ist der **Klassenleiter** für die organisator. und pädagog. Betreuung einer Klasse verantwortlich, der Unterricht ist unter →Fachlehrern aufgeteilt (in einigen Ländern unter Stufenlehrern, zu denen auch der Klassenleiter gehört.

Klassenlogik, derjenige Teil der Logik, der sich mit den durch Prädikaten beschriebenen Klassen und ihren Beziehungen beschäftigt. Bevorzugter Gegenstand der traditionellen K. war die Syllogistik. Heute versteht man unter K. auch die verbandstheoretisch orientierte Untersuchung der mengentheoret. Operationen (→boolesche Algebra).

klassenlose Gesellschaft, im Marxismus das Entwicklungsstadium, in dem die Klassenstruktur der Gesellschaft und der →Klassenkampf zugunsten einer in sich widerspruchsfreien kommunist. Gesellschaft verschwunden sind; der Staat als Instrument der Herrschaft von Menschen über Menschen ist der ›freien Assoziation der Produzenten‹ gewichen, in der es nur noch eine Verwaltung von Sachen gibt.

Klassensprachen, Sprachen, deren herausragendes morpholog. Merkmal in der Einteilung der Nomina in Kategorien (Klassen) besteht. Mit diesen Nominalklassen verbinden sich Unterscheidungen im Numerus (z. B. Singular, Plural, Dual, Kollektiv) sowie semant. Unterschiede (z. B. Personen, Sachen, Tiere, Abstrakta, Großes, Kleines). Die Klassen werden durch Präfixe (z. B. in den Bantusprachen), Suffixe (z. B. in den Gur-Sprachen) oder beides (z. B. in einigen Westatlant. Klassensprachen und bei den Tiv) gekennzeichnet. Im Satz stehen abhängige Wörter in Konkordanz zur Klasse des herrschenden Nomens. In Afrika ist der Typus der K. weit verbreitet (Khoisan-Sprachen, Kordofan-Sprachen, Niger-Kongo-Sprachen). Eine der ausgeprägtesten K. ist die Sprache der Fulbe.

Klassensteuer, eine Steuer, bei der sich die Steuerschuld nicht nach den individuellen Verhältnissen (z. B. Einkommen) des Steuerpflichtigen, sondern nach der gesellschaftl. Stellung (Standessteuer) oder der Zugehörigkeit zu bestimmten Berufsgruppen bestimmt. Die K. steht damit entwicklungshistorisch zw. einer einfach zu erhebenden Kopfsteuer und der komplizierten, nach dem individuellen Einkommen bemessenen modernen Einkommensteuer. So sollte die preuß. K., die 1820 eingeführt wurde, bewusst ein ›Eindringen in die Geheimnisse des Eigentums‹ überflüssig machen, indem die Steuerpflichtigen nach bestimmten sozialen und wirtschaftl. Merkmalen gruppiert und in unterschiedl. Höhe zur Besteuerung herangezogen wurden. – In jüngerer Zeit spielt die K. noch eine gewisse Rolle in Ländern der Dritten Welt.

Klassenzeichen, *Segeln:* im Großsegel geführte, internat. festgelegte Zeichen (jeweils Figur, Zahl oder ein oder zwei Buchstaben) zur Kennzeichnung der Bootsklasse. (→Segelzeichen).

Klassierung, Auftrennung feinkörniger Feststoffgemische nach der Korngröße. K. kann durch Sieben **(Sieb-K.)** oder durch Ausnutzung der unterschiedl. Sinkgeschwindigkeit verschieden großer Teilchen in einem Luft- **(Aero-K., Windsichten)** oder Wasserstrom **(Strom-K., Hydro-K.)** oder durch Fliehkraft erreicht werden.

Klassifikation [frz., zu lat. classis ›Abteilung‹ und facere, in Zusammensetzungen -ficare, ›machen‹] *die, -/-en,* **1)** *allg.:* die systemat. Einordnung in Klassen. **2)** *Logik:* die Einteilung eines Gegenstandsbereiches (z. B. ›Bäume‹) in Klassen (›Nadelbäume‹, ›Laubbäume‹). Die K. ist ein wichtiges Hilfsmittel des Erkenntnisgewinnes, weil sie Übersichtlichkeit herstellt. In der Tradition der abendländ. Wiss. sind zahlreiche K.-Systeme vorgeschlagen worden. Als Musterbeispiel gelten auch heute noch die von C. VON LINNÉ geschaffenen K. des Pflanzen- und Tierreiches. Auf HUGO VON SANKT VICTOR geht eine v. a. in der enzyklopäd. Tradition wirksam gewordene K. der Wiss. zurück. Im Bibliotheks- und Dokumentationswesen dienen K. zur sachl. Literatur- und Bestandserschließung (z. B. für Bibliographien, Sachkataloge in Bibliotheken). Es wurden zahlreiche K.-Systeme entwickelt, so z. B. die noch heute verwendete →Dezimalklassifikation. In der Gegenwart gewinnt das Problem der K. von Wissen im Zusammenhang mit der Wissensrepräsentation in Computern (→Datenbanksystem) und der Definition hierfür geeigneter Wissensrepräsentationssprachen eine neue Dimension.

B. BUCHANAN: Bibliothekar. K.-Theorie (a. d. Amerikan., 1989).

3) *Schiffbau:* →Klassifikationsgesellschaften, →Schiffsklassifikation.

4) *Sprachwissenschaft:* neben der →Segmentierung eine der beiden Grundoperationen der strukturalist. Linguistik. →Strukturalismus. Die in einem ersten Analyseschritt durch Zerlegung von Äußerungen gewonnenen Segmente (Phoneme, Morpheme, Silben, Konstituenten) werden in einem zweiten Schritt aufgrund bestimmter Eigenschaften bzw. Merkmale klassifiziert, d. h. zu Klassen zusammengefasst, um auf dieser Grundlage, der strukturalist. Auffassung entsprechend, Sprachsysteme als Systeme von Einheiten, die in bestimmten Beziehungen zueinander stehen, beschreiben zu können.

Klassifikationsgesellschaften, staatl. oder halbamtl. Unternehmen, die u. a. die Bauausführung und den Erhaltungszustand von Schiffen überwachen und beurteilen; z. B. in Dtl. der German. Lloyd (GL), in Frankreich das Bureau Veritas (BV), in Großbritannien Lloyd's Register of Shipping (LR), in Italien Registro Italiano Navale (RINa), in Norwegen Det norske Veritas (DNV), in den USA das American Bureau of Shipping (ABS).

Klassik [zu klassisch gebildet] *die, -,* Epochen- und Stilbegriff, der historische, normative und ästhetische Bedeutungsebenen besitzt, die z. T. in Überlagerung und Wechselverhältnis zueinander stehen (→klassisch).

Als K. im normbildenden, kanon. Sinne betrachtete bereits die Antike die griech. Literatur und Kunst. In der Renaissance verstand man unter K. einerseits allg. die gesamte griechisch-röm. Antike, andererseits im Besonderen deren Höhepunkte: für das griech. Altertum die Epoche des PERIKLES, im röm. Altertum die Zeit der ›goldenen‹ Latinität unter AUGUSTUS. Dieses an Maßhalten, Harmonie und Vorbildlichkeit von Kunst und Literatur v. a. der Griechen im 5. und 4. Jh. v. Chr. orientierte Verständnis wurde später auch auf andere geschichtl. Räume, Völker und Kulturepochen übertragen: so auf die Blütezeit der mittelhochdt. höf. Dichtung (ca. 1170–1250), auf die Renaissance in Italien (von DANTE ALIGHIERI bis T. TASSO), auf die Zeit von P. CALDERÓN DE LA BARCA und M. DE CERVANTES SAAVEDRA in Spanien, auf das Elisabethan. Zeitalter (SHAKESPEARE) in England und in Frankreich auf die Epoche LUDWIGS XIV. (von P. CORNEILLE bis J. RACINE). In Dtl. bezeichnet der Begriff für die Zeit um 1800 die →Weimarer Klassik, hier insbesondere auf das Schaffen GOETHES und SCHILLERS bezogen.

Musik: Im engeren geschichtl. Sinn wird die Musik zw. etwa 1780 und 1830 im dt.-sprachigen Raum als K. bezeichnet, die ihren Höhepunkt im Schaffen J. HAYDNS, W. A. MOZARTS und L. VAN BEETHOVENS fand (→Wiener Klassik). Zu vollendeter Einheit verbanden sich hier die Verständlichkeit der musikal. Umgangssprache (Lied- und Tanzhaftigkeit) mit höchster kompositor. Kunst, das Spiel der Form mit dem Ausdruck von Charakteren, die Unnachahmlichkeit mit dem bleibend Mustergültigen. Während Oper, Oratorium und Messe vom Ideal der Humanität durchdrungen wurden, erlangte die reine Instrumentalmusik ihre Vormachtstellung als höchste Form der Tonsprache, die auch von der gleichzeitigen dt. Romantik als Inbegriff der Musik apostrophiert wurde. – An dem Stilwandel, der im Zusammenhang mit dem Entstehen eines öffentlichen bürgerl. Musiklebens als →Vorklassik vom Barock zur musikal. K. führte, waren alle europ. Länder beteiligt, wobei die Schwerpunkte in Italien sowie in der →Mannheimer Schule, der →Berliner Schule und der →Wiener Schule lagen.

Im weiteren, normativen Sinn kann auch jede in sich vollendete und vorbildl. Musik als klassisch bezeichnet werden, so z. B. spricht man von ›Alt-K.‹ in Bezug auf die Musik J. S. BACHS und seiner Zeit oder vom ›klass.‹ Palestrina-Stil des späten 16. Jh.

Umgangssprachlich verwendet man heute den Begriff ›klass. Musik‹ im Sinne von ›ernster Musik‹ und in Abgrenzung zum ebenso unscharf umrissenen Komplex der Unterhaltungsmusik.

K. H. HALBACH: Zu Begriff u. Wesen der K., in: Festschr. für Paul Kluckhohn u. Hermann Schneider ... (1948); FRANZ SCHULTZ: K. u. Romantik der Deutschen, 2 Tle. (^{3}1959); W. REHM: Griechentum u. Goethezeit (^{4}1968); Begriffsbestimmung der K. u. des Klassischen, hg. v. H. O. BURGER (1972); G. STORZ: K. u. Romantik (1972); R. BRAY: La formation de la doctrine classique en France (Neuausg. Paris 1978).

Klassiker, *Straßenradsport:* Bez. für die internat. bekanntesten Eintagsrennen der Elite-Fahrer (→Straßenradsport), die stets auf dem (nahezu) gleichen Kurs ausgetragen werden, z. B. **Lüttich–Bastogne–Lüttich** (Belgien, seit 1894, 205–302 km), **Paris–Roubaix** (Frankreich, seit 1896, 244–280 km), **Lombardei-Rundfahrt** (Italien, seit 1905, Start und Ziel: Monza, 184–266 km), **Mailand–San Remo** (Italien, seit 1907, 269–297 km), **Flandern-Rundfahrt** (Belgien, seit 1913, Start und Ziel: bei Gent, 198–324 km), **Meisterschaft von Zürich** (Schweiz, seit 1914, 100–273 km). – Ein ›jüngerer K.‹ ist **Rund um den Henninger-Turm** (Dtl., seit 1962, Start und Ziel: Frankfurt am Main, 210–255 km).

klassisch. Als ›civis classicus‹ wurde in Rom der Angehörige der höchsten Vermögensklasse (›classis prima‹) bezeichnet; ›classicus‹ nahm dabei die Bedeutung ›ersten Ranges‹ an und wurde auch auf andere Bereiche übertragen. Im 18. Jh. wurde der Begriff erstmals in dt. Sprache für vorbildhafte antike Schriftsteller gebraucht, dann auch für Meister und Meisterwerke der dt. Sprache. Heute wird er in folgenden, sich z. T. überlagernden Bedeutungen verwendet:

1) historisch im Sinne von antik, bezogen auf antike Autoren und Künstler, weiter auf die antiken Sprachen (Griechisch, Latein) und auf die Wiss., die sich mit der Literatur der Antike beschäftigt (klass. Philologie); 2) analog normativ für erstklassige, aufgrund bestimmter Normen den antiken Klassikern gleichgestellte neuzeitl. Autoren und Künstler; 3) als Stilbegriff in der Bedeutung von harmonisch, maßvoll, vollendet; 4) in allgemeinem Sinne von mustergültig, vorbildhaft, überragend, auch in übertragenem Sinne, z. B. klass. Beispiel; 5) als Bez. für den Teilbereich einer Wiss., der vor einer umwälzenden neuen Theorie bzw. ohne die dieser zugrunde liegenden Vorstellungen entwickelt wurde, z. B. die klass. Physik.

klassische Nationalökonomie, Klassik, Bez. v. a. für die brit. Volkswirtschaftslehre des 18. und 19. Jh., durch deren Lehren die Nationalökonomie zu einer selbständigen Disziplin der Wiss. mit eigenem Forschungsobjekt und eigener Forschungsmethode wurde. Die k. N. beginnt in der zweiten Hälfte des 18. Jh. mit A. SMITH, dessen Hauptwerk ›An inquiry into the nature and causes of the wealth of nations‹, 1776) eine erste allg. akzeptierte Systematik und erste Grundsätze der Wirtschaftswissenschaften enthält. Den Höhepunkt bilden mit ihren Werken D. RICARDO, T. R. MALTHUS, J. S. MILL in Großbritannien, J. B. SAY und F. BASTIAT in Frankreich, J. H. VON THÜNEN und H. H. GOSSEN in Dtl. Bisweilen wird auch K. MARX zu den Klassikern gezählt.

Die Lehre der k. N. ist die von der natürl. Wirtschaft, von den natürl. Gesetzen der Produktion und der Verteilung, die automatisch den Wohlstand der Nation bewirken, wenn sich die Privaten nur möglichst autonom, d. h. von staatl. Kontrolle und Weisung möglichst frei, entfalten können. Die klass. Lehre nimmt im Ggs. zur dirigist. Ökonomie des Merkantilismus eine liberale Position ein (z. B. Manchestertum). Danach fällt dem Staat lediglich die Aufgabe zu, Ordnungs- und Schutzfunktionen auszuüben (z. B. Herstellung und Garantie der Rechtssicherheit) und die Möglichkeiten des Einzelnen übersteigende Aufgaben wahrzunehmen (z. B. Verteidigung, Verkehrswege). Eine darüber hinausgehende Wirtschaftspolitik wird abgelehnt (›laissez faire, laissez aller‹), da durch die freie Konkurrenz Preise, Beschäftigung, Einkommen bzw. Produktion und Verteilung sowie Konsum, Sparen und Investition wie von einer ›unsichtbaren Hand‹ (A. SMITHS ›invisible hand‹) in natürl. Gleichgewicht gebracht werden (→saysches Theorem). Als Voraussetzung dafür betont die k. N. die Freiheit des wirtschaftlich selbstverantwortlich und im Eigeninteresse handelnden Individuums (→Homo oeconomicus), die in der Forderung nach dem Recht auf Eigentum, dem Recht auf dessen freie Verfügung sowie nach den Rechten der Vertragsfreiheit ihren konkreten Ausdruck findet.

Zweifel an der Gültigkeit der natürl. Ordnungs- und Funktionsgesetze der Wirtschaft erhob in Bezug auf die Vollbeschäftigung bereits T. R. MALTHUS. Die Annahme der automat. Herstellung eines wirtschaftl. Gleichgewichts bei Vollbeschäftigung war Hauptkritikpunkt für J. M. KEYNES (→Keynesianismus), der alle Vertreter einer solchen Auffassung der k. N. zurechnet. Nach einem engeren Begriff von k. N. ist ihr letzter Vertreter bereits J. S. MILL, der das Bestehen einer natürlichen harmon. Ordnung teilweise bezweifelte und staatl. Maßnahmen zur Milderung der Einkommensunterschiede für erforderlich hielt.

Die Fortentwicklung klass. Ansätze in der **Neoklassik** wird auf die Zeit von 1870 bis 1930 datiert. Hauptvertreter sind A. MARSHALL, L. WALRAS, W. S. JEVONS und C. MENGER. Modelltheoret. Analysen der Bestimmungsgründe der Nachfrage und der Tauschverhältnisse rücken in den Vordergrund. In neuester

Zeit wurde die klass. Lehre in der →neuen klassischen Makroökonomik weiterentwickelt.
⇨ *Liberalismus · Marktwirtschaft · Volkswirtschaftslehre · Wettbewerb*

klassischer Stil, *nord. Skisport:* Bez. für den herkömml. Laufstil beim Langlauf, bei dem das eine Bein abstößt, während das andere mit dem Ski gleitet. Jeder Schritt wird durch einen Stockschub mit dem gegenüberliegenden (diagonalen) Arm unterstützt. (→Skatingtechnik)

klassischer Tanz, →akademischer Tanz.

Klassizismus *der, -,* **1)** *Kunst:* Stilbegriff zur Bez. von wiederkehrenden Kunstströmungen, die sich bewusst auf antike, meist griech. Vorbilder berufen. In der Architektur lassen sich klassizist. Richtungen seit dem 16. Jh. in Frankreich (→Classicisme), England und den Niederlanden (→Palladianismus) nachweisen, die um 1770 zum vorherrschenden Stil in der europ. und amerikan. Kunst wurden. Klassizist. Tendenzen, oft nur schwer abgrenzbar vom Historismus und meist als Neoklassizismus bezeichnet, finden sich um 1870, im ersten Viertel des 20. Jh. und wieder in der postmodernen Architektur seit 1970.

K. im Besonderen ist die Stilepoche zw. 1750 und 1830, der die Stile Biedermeier, Directoire, Empire und Louis-seize untergeordnet sind. Die einsetzende wiss. Erforschung der antiken Kunst und Architektur bildete die Grundlage für die Rezeption antiker Vorbilder in allen Bereichen der Kunst. Anstöße gaben u. a. die frühen Ausgrabungen von Herculaneum und Pompeji und die Schriften des Grafen Caylus (›Recueil d'antiquités ...‹, 7 Bde., 1752–57) und v. a. J. J. Winckelmanns (›Gedanken über die Nachahmung der griech. Werke in der Malerei und Bildhauerkunst‹, 3 Tle., 1755; ›Geschichte der Kunst des Altertums‹, 2 Tle., 1764), ferner die architekturtheoret. Werke von M.-A. Laugier (›Essai sur l'architecture‹, 1753, 1755 erweitert) und J.-F. Blondel (›L'architecture française‹, 4 Bde., 1752–56).

Seine deutlichste Ausprägung erfuhr der K. in Architektur und Stadtplanung fürstl. Residenzen des aufgeklärten Absolutismus. Bezeichnend sind blockartige, streng gegliederte Bauformationen mit vorgesetzten Säulenordnungen. Zur Frühphase gehören das Petit Trianon (1764–68) in Versailles von J.-A. Gabriel, in England die Landsitze von W. Chambers und den Brüdern Adam, in Dtl. das Schloss Wörlitz bei Dessau (1769–73) von F. W. von Erdmannsdorff, das Brandenburger Tor (1788–91) in Berlin von C. G. Langhans und der Entwurf eines Denkmals für Friedrich d. Gr. (1796) von F. Gilly. Im

Klassizismus 1): Leo von Klenze, ›Die Propyläen in München‹; 1848 (München, Stadtmuseum)

Kirchenbau sind Sainte-Geneviève (heute Panthéon) in Paris, 1764–90 nach Plänen von J.-G. Soufflot, und die Abteikirche Sankt Blasien im Schwarzwald von P. M. d'Ixnard (1770–83) zu nennen. Als vorbildl. Stadtanlage entstand in Dtl. im letzten Jahrhundertviertel das neue Kassel (mit Museum Fridericianum, 1769–76 von S. L. Du Ry); in Frankreich entwarf C.-N. Ledoux die Salinenstadt Chaux (→Revolutionsarchitektur). Die noch stärker antiken Vorbildern verpflichtete zweite Phase des K. setzte um 1800 mit einer Anzahl bedeutender städtebaul. Projekte ein. In London führte J. Nash, in München L. von Klenze (weiteres Bild →deutsche Kunst), in Karlsruhe F. Weinbrenner, in Sankt Petersburg A. D. Sacharow, in Washington (D. C.) P. C. L'Enfant größere Stadterweiterungen mit jeweils einheitlich gestalteten Bebauungen aus. Griech. Tempel und Tempelfassaden dienten als Vorbilder für den Umbau der Kirche Sainte-Madeleine in Paris (1806–42) von P. Vignon, die Neue Wache (1816–18) und das Alte Museum (1822–30) in Berlin von K. F. Schinkel, das Brit. Museum (1823–47) in London von R. Smirke sowie das Custom House in Boston, Mass., (1804) von J. B. Young. J.-F.-T. Chalgrin ließ sich beim Plan des Arc de Triomphe in Paris (1806 begonnen) bes. von der hellenist. Architektur inspirieren. Die Entwürfe von P. F. L. Fontaine und C. Percier waren bestimmend für das Empire. Ab 1820 lassen sich aufgrund der Übernahme von Formelementen der ital. Renaissance erste historist. Tendenzen erkennen, die den K. nur schwer gegen die Neurenaissance abgrenzen lassen. Der Nachweis der Polychromie griech. Tempel durch J. I. Hittorf führte zu einer verstärkten Farbigkeit in der Architektur, die bes. durch verschiedenfarbige Materialien erreicht wurde und dem Stil eine romant. Note gab. Die wichtigsten Vertreter dieser Zeit sind G. Semper in Dresden, F. von Gärtner in München, C. F. Harsdorff und die Brüder H. C. und T. Hansen in Kopenhagen, Athen und Wien, G. Laves in Hannover und C. R. Cockerell in England.

In der Plastik lässt sich für Frankreich seit dem mittleren 18. Jh. in den Werken von E. Bouchardon, M.-A. Slodtz und G. Coustou d. J. eine Abkehr von der durch G. L. Bernini eingeleiteten barocken Tradition beobachten. Einen Höhepunkt bilden im letzten Viertel des Jahrhunderts die unpathet., an griech. Statuen geschulten Werke J.-A. Houdons. Aus der Schule von A. Canova ging der Däne B. Thorvaldsen hervor. In England folgte auf J. Nollekens und T. Banks J. Flaxman als bedeutendster engl. Vertre-

Klassizismus 1): Antonio Canova, ›Amor und Psyche‹; Höhe 55 cm, 1787 (Paris, Louvre)

Klas Klassizismus

Klassizismus 1): Karl Friedrich Schinkel, ›Neue Wache‹ in Berlin; 1816–18

ter der klassizist. Bildhauerkunst, der sich in Dtl. J. H. DANNECKER, G. SCHADOW (BILD →deutsche Kunst) und C. D. RAUCH, in Schweden J. T. SERGEL, in den USA H. GREENOUGH und in Russland I. P. MARTOS verschrieben.

Für die Malerei des K. bedeutet das Deckengemälde ›Parnaß‹ (1761) von A. R. MENGS in der Villa Albani in Rom den programmat. Anfang, an den u. a. seine Schüler H. F. FÜGER und ANGELICA KAUFFMANN anknüpften. J. P. HACKERT und v. a. J. A. KOCH traten mit heroischen Landschaften hervor. A. J. CARSTENS orientierte sich bei seinen Umrisszeichnungen an antiken Vasenbildern. Gestaltungsprinzipien einer scharfen Linienführung und klaren Farbgebung wurden in Frankreich in den Gemälden von J.-L. DAVID und J. A. D. INGRES weiterentwickelt; das Historienbild galt als wichtigste Gattung. In England fand G. HAMILTON ein wichtiger Wegbereiter des K., keine ebenbürtige Nachfolge. Die Werke des dort lebenden Schweizers J. H. FÜSSLI und W. BLAKES wurzeln der Form nach im K., stehen inhaltlich mit ihrer Tendenz zum Irrationalen jedoch in Widerspruch zu ihm. Die strengen Umrisszeichnungen FLAXMANS fanden in ganz Europa Anerkennung.

D. DOLGNER: Die Architektur des K. in Dtl. (Dresden 1971); The age of Neoclassicism, Ausst.-Kat. (London 1972); F. BAUMGART: Vom K. zur Romantik. 1750–1832 (1974); O. HEDERER: K. (1976); The triumph of the classical, bearb. v. D. WATKIN, Ausst.-Kat. (Cambridge 1977); H. VON EINEM:

Klassizismus 1): Jean Auguste Dominique Ingres, ›Die Apotheose Homers‹; 1827 (Paris, Louvre)

Dt. Malerei des K. u. der Romantik: 1760–1840 (1978); B. HARDTWIG: Nach-Barock u. K. (1978); H. J. WÖRNER: Architektur des Früh-K. in Süd-Dtl. (1979); K. in Bayern, Schwaben u. Franken, hg. v. W. NERDINGER, Ausst.-Kat. (1980); Ideal u. Wirklichkeit in der bildenden Kunst im späten 18. Jh., hg. v. H. BECK u. a. (1984); D. H. FEIST: Gesch. der dt. Kunst 1760–1848 (Leipzig 1986); G. LAMMEL: Dt. Malerei des K. (ebd. 1986); R. MIDDLETON u. D. WATKIN: K. u. Historismus, 2 Bde. (a. d. Ital., 1987); K. LANKHEIT: Revolution u. Restauration (Neuausg. 1988); Skulptur aus dem Louvre. 89 Werke des frz. K. 1770–1830, bearb. v. J.-R. GABORIT, Ausst.-Kat. (1989); K., bearb. v. D. DOLGNER (1991); W. NITSCHE: Das Schaffen der hochklassizist. dt. Bildhauer. Akademismus, Romerlebnis, Innovation u. Antikerezeption (1992).

2) *Literatur:* Der K. als bewusst postulierte normative Orientierung an den poetolog. und dichter. Werken der Klassik wurzelt in dem sich in die Form- und Stilmittel der Antike zum Vorbild nehmenden Renaissancehumanismus. Regelhaftigkeit und Gesetzmäßigkeit sollten eine kunstgerechte Poesie ermöglichen (M. G. VIDA, J. C. SCALIGER).

In Italien schrieb 1515 G. TRISSINO mit ›Sofonisbe‹ (erschienen 1524) die erste Tragödie nach dem Vorbild des klass. Dramas (Einhaltung der drei →Einheiten). L. CASTELVETRO übersetzte die Poetik des ARISTOTELES (1570) und machte somit auf breiter Ebene die wichtigste theoret. Quelle zugänglich. Einen zweiten Höhepunkt erreichte der ital. K. um die Wende vom 18. zum 19. Jh. mit den Tragödien, Oden und Hymnen von V. MONTI sowie dessen Übertragung der ›Ilias‹ (1810).

In Frankreich sind im 16. Jh. klassizist. Tendenzen im Sinne einer bewussten Anlehnung an antike Formen z. B. in der Dichterschule der Pléiade zu beobachten. Der (wenn auch erst spät geprägte) Epochenbegriff ›classicisme‹ wird v. a. mit Bezug auf die frz. Literatur des 17. Jh. (i. e. S. seit 1660) verwendet, soweit sie Regelhaftigkeit auf der Grundlage der antiken Poetik in ihr ästhet. Programm einbezog (P. CORNEILLE, J. RACINE). Auch die Literatur der Frz. Revolution bis in die Zeit des Empire (A.-M. CHÉNIER) ist klassizistisch geprägt.

Ähnl. Bewegungen vollzogen sich in Dtl., wo im 17. Jh. M. OPITZ nach frz., niederländ. und ital. Vorbildern eine schulmäßige Zusammenstellung der vermeintlich auf die Autorität der Antike zurückgehenden Normen für die Herstellung kunstgerechter Poesie verfasste. Es gehörte zu der aus der Überzeugung von der Gültigkeit und Anwendbarkeit eines Kanons von Mustern und Regeln, dass die Poesie für lehrbar und erlernbar gehalten wurde; der K. trug so bes. durch OPITZ, im 18. Jh. durch J. C. GOTTSCHED zur Säuberung, Straffung und Disziplinierung der Dichtung dt. Sprache bei und schuf die Voraussetzungen für klassisch-schöpfer. Epochen. GOTTSCHED griff dabei v. a. auf die frz. klassizist. Dichtung und deren Auffassung von der aristotel. Poetik zurück. Aus G. E. LESSINGS Polemik gegen GOTTSCHED erwuchsen die Fundamente für →Sturm und Drang und →Weimarer Klassik. An diese anknüpfend, entwickelte sich im 19. Jh. ein das Formale und Ästhetische bewusst betonender epigonaler K., so z. B. bei A. VON PLATEN und dem →Münchner Dichterkreis, im 20. Jh. v. a. bei S. GEORGE und dem →Neuklassizismus.

Auch in England enwickelten sich eine an der Antike orientierten Ästhetik und literar. Praxis, zunächst z. B. bei B. JONSON und J. DRYDEN. Die Literatur des sich auf das ›goldene Zeitalter‹ Roms besinnenden ›Augustan Age‹ (spätes 17. Jh. bis etwa 1760) spiegelt in ihrer Ausrichtung auf klaren Stil, gewählten Ausdruck und Regelhaftigkeit sowie in ihrem Bemühen um moralisch bessernde Wirkung die gesellschaftl. Entwicklung, die, unter dem Einfluss eines rationalist. Welt- und Menschenbildes, geprägt war vom Streben nach einem harmon. Gesellschaftsgefüge. Hauptvertreter des engl. K. war A. POPE, in dessen Werk Lehrgedicht und Satire dominieren und der HOMER übersetzte. Er und J. GAY verfassten daneben rokokohaft verspielte Versepen. S. JOHNSON schrieb Verssatiren, verfasste das normstiftende engl. Wörterbuch und, ebenso wie schon J. ADDISON und R. STEELE, moralisch belehrende Essays, deren Stil als vorbildlich galt. J. SWIFTS satir. Prosa wird, ungeachtet der Schärfe ihres Witzes und ihrer eher pessimist. Weltsicht, ebenfalls der klassizist. Literatur zugerechnet. J. THOMSONS Versgedicht ›The seasons‹ (1726–30, endgültige Fassung 1746) weist trotz seiner dem K. verpflichteten poet. Diktion auf die Romantik voraus.

In Russland setzte der aufklärer. K., von frz. und dt. Vorbildern ausgehend, in den 40er-Jahren des 18. Jh. als erste Epoche der neuruss. Literatur ein (A. CANTEMIR, M. W. LOMONOSSOW, A. P. SUMAROKOW, G. R. DERSCHAWIN, D. I. FONWISIN).

F. ERNST: Der K. in Italien, Frankreich u. Dtl. (1924); A. HEUSSLER: Klassik u. K. in der dt. Lit. (Bern 1952, Nachdr. Nendeln 1970); G. STRATMANN: Engl. Aristokratie u. klassizist. Dichtung (1965); D. SCHENK: Studien zur anakreont. Ode in der russ. Lit. des K. und der Empfindsamkeit (1972); F. RAUHUT: Die klassizist. u. romant. Lyrik der Franzosen (1977).

3) In der *Musik* wird der Begriff K. in seinem auf Klassik rückbezügl. Sinn auf Kompositionen des 19. Jh. angewandt, die sich betont an ältere Vorbilder anlehnen. Das gilt z. B. für Instrumentalwerke von F. MENDELSSOHN BARTHOLDY und J. BRAHMS, in denen Formprinzipien der Wiener Klassik aufgegriffen werden, oder für Chorwerke des →Caecilianismus, die sich an der ›klass.‹ Vokalpolyphonie G. P. PALESTRINAS orientieren. Im 20. Jh., bes. in dritten und vierten Jahrzehnt, beziehen einige Komponisten ausdrücklich Stilmittel, Gattungsmerkmale oder ganze Werkteile älterer Stilepochen aus einer antiromant. Haltung heraus in ihre Kompositionen ein (F. BUSONI, P. HINDEMITH, v. a. I. STRAWINSKY). →Neoklassizismus

klastische Gesteine [zu griech. klán ›(ab)brechen‹], **Klastite, Trümmergesteine,** aus den Bruchstücken älterer Gesteine gebildete →Sedimentgesteine; nach der Korngröße unterschieden in grobklast. (**Psephite;** über 2 mm Korndurchmesser), mittelklast. (**Psammite;** 0,02–2 mm) und feinklast. Gesteine (**Pelite;** unter 0,02 mm).

Klatovy [-vi], Stadt in der Tschech. Rep., →Klattau.

Klatschdruck, in der Lithographie die Übertragung der Konturen und Farbgrenzen vom Konturenstein auf mehrere Steinplatten zur Herstellung der einzelnen Farbteilplatten.

Klatschmohn, Art der Pflanzengattung →Mohn.

Klatschpräparat, Abklatschpräparat, Präparat zur mikroskop. Untersuchung von Mikroorganismen, das durch kurzes Aufdrücken eines Objektträgers oder Deckglases auf ein Substrat (z. B. Lebensmittel mit der zu untersuchenden Organismen) hergestellt wird. Die auf diese Art ›abgeklatschten‹ Objekte werden fixiert und gefärbt oder (für die Lebenduntersuchung) mit Nährsubstanz versehen.

Klatschrose, Art der Pflanzengattung →Pfingstrose.

Klatt, Fritz, Pädagoge, * Berlin 22. 5. 1888, † Wien 25. 7. 1945; war der Jugendbewegung verbunden und bes. in Erwachsenenbildung und Volkshochschulwesen tätig; seit 1931 Prof. an der Pädagog. Akademie in Altona.

Werke: Die schöpfer. Pause (1921); Freizeitgestaltung (1929); Lebensmächte (1939).

Klattau, tschech. **Klatovy** [-vi], Stadt im Westböhm. Gebiet, Tschech. Rep., 409 m ü. M., am Fuß des Böhmerwaldes, 23 300 Ew.; Lederwarenindustrie, Herstellung von Baumaschinen, Käserei. – Mit rechtwinkligem Straßennetz und großem Marktplatz angelegt; got. Pfarrkirche (14.–15. Jh.); ›Schwarzer Turm‹ (1547–57, 75 m hoch); spätgot. Rathaus (16. Jh., im 18. und 19. Jh. verändert). Die ehem. Jesuitenkirche St. Maria, 1654–56 erbaut, wurde nach Brand im frühen 18. Jh. erneuert (Portal nach Plan von K. I. DIENTZENHOFER). – Das im 13. Jh. gegründete K. erhielt vermutlich 1235 Stadtrecht.

Klau [niederdt., eigtl. ›Klaue‹] *die, -/-en, Segelschiff:* gabelartige Holz- oder Metallklaue, in der die Gaffel am Mast gleitet.

Klaue [ahd. klāwa, eigtl. ›die Packende‹], **1)** *Maschinenbau:* hakenförmiger Ansatz an einem Maschinenteil, der bei Einrücken oder Eingreifen in eine entsprechende (korrespondierend geformte) Vertiefung oder Aussparung an einem anderen mit diesem eine lösbare, formschlüssige Verbindung herstellt.

2) *Zoologie:* 1) das dem Huf entsprechende Endglied der beiden Zehen der Paarhufer; 2) am Fußende vieler Gliederfüßer (v. a. bei Insekten) ausgebildeter paariger, hakenartiger Fortsatz.

Klauenkäfer, die →Hakenkäfer.

Klauer, Martin Gottlieb, Bildhauer, * Rudolstadt 29. 8. 1742, † Weimar 4. 4. 1801; seit 1773 Hofbildhauer in Weimar; schuf v. a. lebensnahe, monumentale Porträtbüsten von Mitgl. des Goethe-Kreises (J. W. VON GOETHE, C. M. WIELAND, J. G. VON HERDER) in klassizist. Stil, auch Grab- und Gartenmonumente.

Klaus, 1) Georg, Philosoph, * Nürnberg 28. 12. 1912, † Berlin (Ost) 29. 7. 1974; während des Zweiten Weltkriegs als KPD-Mitgl. im Konzentrationslager Dachau; 1950 Prof. in Jena, ab 1953 in Berlin (Ost). K., der als der führende Philosoph der DDR galt, hat v. a. Beiträge im Grenzgebiet zw. Erkenntnistheorie, Kybernetik, Logik und Wissenschafts- sowie Gesellschaftstheorie geleistet.

2) Josef, österr. Politiker, * Mauthen (Kärnten) 15. 8. 1910; Rechtsanwalt; war von 1934 bis zum ›Anschluss‹ Österreichs an das Dt. Reich (1938) in der Gewerkschaftsbewegung tätig. Nach Errichtung der Zweiten Rep. Österreich (1945) kehrte er ins polit. Leben zurück und schloss sich der ÖVP an. 1949–61 war er Landeshauptmann von Salzburg, 1952–63 dort zugleich Landesobmann seiner Partei. Als Exponent eines Reformkurses wurde er 1961 Finanz-Min., trat aber nach Meinungsverschiedenheiten bes. mit Bundeskanzler A. GORBACH 1963 zurück. Gegen dessen Willen wählte ihn der Parteitag der ÖVP k. 1963 zum Bundesobmann. Nach dem Rücktritt GORBACHS wurde K. am 2. 4. 1964 zum Bundeskanzler einer Koalitions-Reg. aus ÖVP und SPÖ gewählt; 1966–70 führte er die – bisher einzige – Allein-Reg. der ÖVP. Er bemühte sich um ein Abkommen Österreichs mit der EWG sowie um die Lösung des Südtirolproblems (Abschluss eines Vertrages mit Italien: ›Südtirolpaket‹, 1969). 1970 zog sich K. aus dem polit. Leben zurück. Er schrieb: ›Macht und Ohnmacht in Österreich‹ (1971).

3) Václav, tschech. Politiker, * Prag 19. 6. 1941; Volkswirtschaftler; November 1989 Mitbegründer, Oktober 1990 bis Februar 1991 Vors. des ›Bürgerforums‹; Dezember 1989 bis Juni 1992 Finanz-Min. der ČSFR; seit April 1991 Vors. der Demokrat. Bürgerpartei (ODS), seit Juli 1992 Min.-Präs. der Tschech. Rep. (seit 1. 1. 1993 des eigenständigen Landes).

Klause [ahd. klusa, von lat. clusa ›(Kloster-)Zelle‹, zu claudere ›(ver)schließen‹], **1)** *allg.:* 1) Behausung eines Einsiedlers; 2) Klosterzelle; 3) kleinere Wohnung, Zimmer (als Ort der Ruhe, des Ungestörtseins).

2) *Botanik:* einsamiges Teilfrüchtchen der Spaltfrucht bei Lippenblütlern und Raublattgewächsen. Der aus zwei Fruchtblättern bestehende Fruchtknoten zerfällt bei der Reife längs und quer in insgesamt vier Klausen.

3) *Geomorphologie:* frz. **Cluse** [klyz], ital. **Chiusa** [k-], Name für Engtalstrecken, bes. in den Alpen (z. B.

Martin Gottlieb Klauer: Goethe; Fragment einer Tonbüste, um 1790 (Weimar, Nationale Forschungs- und Gedenkstätten der klassischen deutschen Literatur in Weimar)

Georg Klaus

Josef Klaus

Václav Klaus

Wörter, die man unter K vermisst, suche man unter C, Ch, G, H oder Q

Salurner K.). Eine besondere Form ist die →Kluse im Schweizer Jura.

Klausel [lat. clausula ›Schluss(satz)‹, ›Schlussformel‹, ›Gesetzesformel‹] *die, -/-n,* **1)** *allg.:* zumeist als Einschränkung eingefügte oder hinzugesetzte Bestimmung, Bedingung, v. a. in einem Vertrag.
2) *antike Rhetorik* und *Kunstprosa:* durch den Wechsel der Quantitäten geformter Schluss eines Satzes oder einer Periode. Die wichtigsten K. setzen sich aus einem Kretikus und einer Trochäuskadenz zusammen. Sie wurden von den griech. Rednern und Sophisten des 5. und 4. Jh. v. Chr. ausgebildet und sind ein Gestaltungsmerkmal der griech. und lat. Kunstprosa.
3) *Musik:* melod. Schlusswendung, auch musikal. Abschnitt. Im MA. bezeichnet **Clausula** im Sinne von Abschnitt ein Formglied des Chorals, in Bezug auf das Organum der Notre-Dame-Schule einen mehrstimmigen Abschnitt. Seit dem 15./16. Jh. sind die K. genormte Schlusswendungen der einzelnen Stimmen des mehrstimmigen Satzes, die zus. den Schluss formieren. Seit dem 17./18. Jh. regelt die Kadenz als Schlussfolge von Akkorden die melod. Abläufe.
4) *Recht:* jede im Rahmen eines Rechtsgeschäfts (Vertrag, Testament) getroffene Einzelbestimmung. Besondere K. sind z. B. die Freizeichnungs-K., die die Haftung eines Vertragspartners einschränkt, oder die Preisänderungs-K., die bestimmt, dass der Preis einer verkauften Sache den bis zu ihrer Lieferung gestiegenen Preisen angepasst werden darf. Vielfach werden auch Kurzformen verwendet, z. B. die K. ›gekauft wie besichtigt‹ beim Kauf, die die Gewährleistung für erkennbare Mängel ausschließt. In allgemeinen Geschäftsbedingungen sind bestimmte K. unzulässig oder unwirksam; so z. B. die überraschenden K., die nach den Umständen, insbesondere nach dem äußeren Erscheinungsbild des Vertrages, so ungewöhnlich sind, dass mit ihnen nicht gerechnet werden muss (z. B. wenn der Käufer einer Kaffeemaschine verpflichtet wird, zehn Jahre lang Kaffee vom Verkäufer zu beziehen). →Generalklausel, →Verwirkungsklausel, →Wertsicherungsklausel.

Klausen, 1) Wallfahrtsort im Moseltal, bei Wittlich, Rheinl.-Pf., 1 200 Ew. – Ehem. Augustinerchorherren-Stiftskirche (1502 geweiht), ein bedeutender Bau der Spätgotik mit reicher Ausstattung, darunter v. a. ein geschnitzter Antwerpener Hochaltar (um 1480).
2) ital. **Chiusa** [k-], Gem. in der Prov. Bozen, Südtirol, Italien, 525 m ü. M., 4400 Ew.; einst bedeutender befestigter Engpass im verkehrswichtigen Eisacktal; Weinbau, Fremdenverkehr. – Pfarrkirche St. Andreas (1480–94), Apostelkirche (um 1450), in eine Häuserfront integriert, Sebastianskapelle (Zentralbau, urspr. zweigeschossig; Anfang 13. Jh.), Kapuzinerkirche (1701 geweiht) mit Loretokapelle und Schatzkammer. – Das um 1027 erstmals urkundlich erwähnte K. wurde 1308 erstmals als Stadt bezeichnet. K. war Grenzstadt und Zollstätte des Bistums Brixen. Das Stadtrecht von 1485 gewährte K. eine beschränkte Selbstverwaltung.

Klausenburg: Die dreischiffige Hallenkirche Sankt Michael; um 1350 ff.

Klausenburg, rumän. **Cluj-Napoca** [ˈkluʒnaˈpoka], bis 1974 **Cluj,** ungar. **Kolozsvár** [ˈkoloʒvaːr], Hauptstadt des Kr. Cluj (Klausenburg), Rumänien, in NW-Siebenbürgen, 345 m ü. M., am O-Rand des Westsiebenbürg. Gebirges, am Kleinen Szamos, 328 600 Ew. (mit größerem ungar. Bevölkerungsanteil); Mittelpunkt der in Rumänien lebenden Ungarn; Sitz eines rumänisch-orth., eines ref. und eines unitar. Bischofs; Univ. (gegr. 1872), polytechn., landwirtschaftl. Hochschule, Kunsthochschule, Konservatorium, Hochschule für Medizin und Pharmazie, Zweigstelle der Rumän. Akad., Hygieneinstitut der Akad. für Medizinwissenschaften; zoolog. Museum, Museen für die Geschichte und für die Volkskunde Siebenbürgens, Kunstmuseum, drei Theater, Philharmonie, zwei Opern; botan. Garten. Industriezentrum mit Schweranlagen-, Fahrzeugbau (Schienen- und Straßenfahrzeuge), elektrotechn., pharmazeut., Möbel-, Schuh-, Bekleidungs- und Nahrungsmittelindustrie; Verkehrsknotenpunkt, Flughafen.
Stadtbild: Das bedeutendste Baudenkmal des MA. ist die got. Kirche St. Michael, eine vierjochige, dreischiffige Hallenkirche (begonnen um 1350, Renaissanceportal an der Sakristei von 1528). Die ehem. Minoritenkirche, heute ref. Kirche, wurde 1486 gegr. unter dem ungar. König MATTHIAS I. CORVINUS, dessen spätgot. Geburtshaus heute Museum ist. Die ref. Kirche (1494 vollendet, im 17. Jh. restauriert) ist die größte spätgot. Saalkirche Siebenbürgens (Renaissancekanzel von 1646). Erhalten sind auch Reste der Stadtbefestigung des 15. Jh. mit Schneiderbastei (urspr. 1475, jetziger Zustand von 1629). Das Rathaus entstand im 16.–18. Jh. Frühester siebenbürg. Barockbau ist die ehem. Jesuitenkirche (1718–24). Im spätbarocken Bánffy-Palast (1773–85) befindet sich heute das Kunstmuseum. Das Nationaltheater (1903) und die orth. Kathedrale (1923–33) gehören zur historist. Architektur der Stadt.
Geschichte: In der Nähe des in einer dak. Siedlung angelegten röm. Militärlagers **Napoca** entstand im

Klausen 2): Blick auf die Stadt mit der Pfarrkirche Sankt Andreas (1480–94); im Hintergrund Burg Branzoll und Kloster Säben

12. Jh. um die Komitatsburg K. (**Castrum Clus**) eine überwiegend dt. Siedlung (seit 1405 königlich-ungar. Freistadt), die sich auch unter türk. Oberherrschaft (seit 1541) zum polit., kulturellen und wirtschaftl. Zentrum Siebenbürgens entwickelte. Seit 1569 Sitz des Landtags des Fürstentums Siebenbürgen, wurde K. im 16. Jh. überwiegend reformiert-unitarisch und dadurch magyarisiert (bis 1945 Mittelpunkt der siebenbürg. Magyaren). 1790–1848 und 1861–67 war K. Hauptstadt des Kronlandes Siebenbürgen. Nach dem Anfall an Rumänien (1. 12. 1918), im Vertrag von Trianon (1920) bestätigt, wurde K. im 2. Wiener Schiedsspruch wieder Ungarn zugeschlagen (1940–44) und im Pariser Frieden (1947) der Verbleib bei Rumänien bestätigt.

Klausener, Erich, kath. Politiker, * Düsseldorf 25. 1. 1885, † Berlin 30. 6. 1934; wurde als Vors. der Kath. Aktion in Berlin und offener Gegner der natsoz. Kirchen- und Rassenpolitik anlässlich des →Röhm-Putsches ermordet.

Klausenpass, Pass in den Schweizer Alpen, 1 948 m ü. M.; die Straße über den K. (Klausenstraße) verbindet Altdorf (Kt. Uri) mit Linthal (Kt. Glarus).

Klauser, Theodor, kath. Theologe, * Ahaus 25. 2. 1894, † Bonn 24. 7. 1984; 1937–62 in Bonn Prof. für alte Kirchengesch., Liturgiegesch., Kultur- und Religionsgesch. des Altertums und christl. Archäologie. K. war führend am Aufbau der Dt. Forschungsgemeinschaft beteiligt und leitete 1950–54 den neu gegründeten Dt. Akademischen Austauschdienst. 1955 gründete er das der Univ. Bonn angegliederte ›Franz Joseph Dölger-Institut zur Erforschung der Spätantike‹. K. war Mitbegründer und Herausgeber des ›Reallexikons für Antike und Christentum‹ (1941 ff.) und des ›Jahrbuchs für Antike und Christentum‹ (1958 ff.).
Werke: Die Cathedra im Totenkult der heidn. u. christl. Antike (1927); Das röm. Capitulare evangeliorum (1935); Abendländ. Liturgiegesch. (1949); F. J. Dölger: 1879–1940 (1980).
Ausgabe: Ges. Arbeiten zur Liturgiegesch., Kirchengesch. u. christl. Archäologie, hg. v. E. DASSMANN (1974).

Klausner, Einsiedler, die sich zu Askese oder Gebet in eine Zelle (Klause) zurückziehen; oft svw. Inklusen.

Klausner, Joseph Gedaliah, israel. Religions- und Literaturhistoriker, * Olkieniki (Litauen) 15. 8. 1874, † Jerusalem 27. 10. 1958; gehörte der zionist. Bewegung an und ging 1919 nach Palästina, wo er seit 1925 als Prof. für neuhebr. Literatur, später auch für jüd. Geschichte an der Hebr. Univ. Jerusalem wirkte. Mit seinen Arbeiten zur Entstehung des Christentums, in denen er JESUS vom Kontext des Judentums her interpretierte, setzte er Maßstäbe für das jüd. Jesusbild der Gegenwart.
Werke (hebr.): Gesch. der messian. Idee im Judentum (1909; z. T. dt. als Diss. u. d. T. Die messian. Vorstellungen des jüd. Volkes im Zeitalter der Tannaiten); Jesus von Nazareth (1922; dt.); Gesch. der modernen hebr. Literatur, 6 Bde. (1930–50; engl. A history of modern Hebrew literature); Von Jesus zu Paulus, 2 Bde. (1939–40; dt.); Gesch. des 2. Tempels, 5 Bde. (1949–51).
S. KLING: J. K. (New York 1970).

Klaustrophilie [zu lat. claustrum ›Schloss‹, ›Gewahrsam‹ und griech. philía ›(Vor)liebe‹] *die, -/...'li*₁*en*, **Claustrophilie,** krankhafter Drang, sich in einem Raum einzuschließen oder die Wohnung nicht zu verlassen; Symptom bei Demenz und Verfolgungswahn.

Klaustrophobie [zu lat. claustrum ›Schloss‹, ›Gewahrsam‹ und griech. phóbos ›Furcht‹] *die, -/...'bi*₁*en*, **Claustrophobie,** (neurot.) Furcht vor dem Aufenthalt in geschlossenen Räumen.

Klausur [spätlat. ›Einschließung‹, zu lat. claudere, clausum ›(ab-, ver)schließen‹] *die, -/-en*, **1)** *kath. Ordenswesen:* Bez. für den Bereich innerhalb eines Klosters, zu dem Außenstehende, v. a. Personen des anderen Geschlechts, keinen oder nur beschränkten Zutritt haben und den – je nach Strenge der Ordensregel – die Ordensangehörigen nicht oder nur unter bestimmten Bedingungen verlassen dürfen. Die K. wurde seit jeher als wesentl. Schutz der klösterl. Gemeinschaft vor störenden Einflüssen durch die Außenwelt angesehen.
Das *kath. Kirchenrecht* von 1983 schreibt nur noch für die rein kontemplativen Nonnenklöster die ›päpstl. K.‹ vor, die den Nonnen das Verlassen der K. nur aus dringenden Gründen erlaubt; die Form der K. in den übrigen Klöstern soll deren jeweiliger Eigenart angepasst sein (c. 667 CIC).
2) *Pädagogik:* K.-Arbeit, schriftl. Prüfungsarbeit unter Aufsicht.

Klaviatur [zu Klavier] *die, -/-en*, **Tastatur**, bei den Tasteninstrumenten Bez. für die Gesamtheit der Tasten eines Manuals oder des Pedals. Üblich ist die geteilte Anordnung der Tasten in einer diaton. (C-Dur-)Reihe (Untertasten, beim Klavier meist weiß) und einer diese ergänzenden chromat. Reihe (Obertasten, meist schwarz).

Klavichord [-ˈkɔrd; mlat. clavic(h)ordium, zu clavis ›Taste‹ und griech. chordḗ ›Saite‹] *das, -(e)s/-e*, **Clavichord,** ein im 14. Jh. aus dem →Monochord entwickeltes Tasteninstrument, dessen quer zur Tastatur verlaufende Saiten von Metallstiften (Tangenten) angeschlagen werden (Tangentenmechanik). Die auf dem hinteren Tastenende sitzenden Tangenten bleiben so lange in Kontakt mit der Saite, wie der Spieler die Taste niederdrückt. Die Saite schwingt nur zw. Steg und Tangente, ihr anderer Teil wird durch einen Tuch- oder Filzstreifen am Schwingen gehindert. Die Tonhöhe hängt daher von der Anschlagstelle ab, sodass dieselbe, meist zweichörige Saite für verschiedene Tonhöhen (bis zu fünf) verwendet werden kann. Dabei wirkt die Tangente wie ein Bund (**gebundenes Klavichord**). Seit dem 17. Jh. gibt es Instrumente, bei denen jeder Taste ein Saitenchor zugeordnet ist (**bundfreies Klavichord**). Der zarte Ton des Instruments kann durch wechselnden Druck des Fingers auf den Tasten-

Erich Klausener

Theodor Klauser

Klavichord von Christian Gottlob Hubert, Ansbach 1772 (Bad Krozingen, Sammlung Fritz Neumeyer); vorn links die Tastatur, darüber die quer dazu verlaufenden Saiten; unter den Saiten befinden sich die verlängerten Tastenhebel mit jeweils einer Tangente am Ende; rechts der geschwungene Steg und die Stimmstifte

Wörter, die man unter K vermisst, suche man unter C, Ch, G, H oder Q

Klav Klavicitherium – Klavier

hebel zum Vibrieren gebracht werden (→Bebung). Das K. ist ein Hausmusik- und Studieninstrument und war bes. beliebt im 18. Jh. in der Zeit der Empfindsamkeit; Werke speziell für K. schrieben C. P. E. BACH, C. G. NEEFE und D. G. TÜRK.

R. RUSSELL: The harpsichord and clavichord (London ²1973); H. NEUPERT: Das K. (³1977); H. HENKEL: Clavichorde (Leipzig 1981).

Klavicitherium [lat.-griech.] *das, -s/...ri|en*, **Clavicytherium,** ein vom 16. bis zum 18. Jh. gebautes Cembalo mit aufrechtem Korpus und vertikal verlaufendem Saitenbezug.

Klavier [frz. ›Tastenreihe‹, zu mlat. clavis ›Taste‹, von lat. clavis ›Schlüssel‹] *das, -s/-e*, in urspr. Bedeutung die →Klaviatur, dann Sammel-Bez. für →Tasteninstrumente; im 18. Jh. bes. Bez. für das Klavichord. Seit 1800 ist K. die Bez. für Tasteninstrumente, deren Saiten durch Hämmerchen (**Hammer-K.**) angeschlagen werden; wegen der Möglichkeit des Laut-leise-Spiels werden diese auch **Fortepiano** oder **Pianoforte** (Kurzform: Piano) genannt. Heute sind grundsätzlich zwei Hauptformen zu unterscheiden: der Flügel und das Pianino, das seit der zweiten Hälfte des 19. Jh. auch als ›K.‹ schlechthin gilt.

Der **Flügel** hat ein waagerecht auf Beinen ruhendes Gehäuse in Flügelform. Seine Hammermechanik, eine Repetitionsmechanik, hat doppelte Auslösung. Am Tastenhebel ist die Pilote befestigt, die über das Hebeglied und die Stoßzunge den Hammer gegen die Saite führt. Bevor jedoch der Hammerkopf die Saite erreicht hat, gibt die bewegl. Stoßzunge ihren Angriffspunkt am Hammerstiel frei, d. h., sie ›löst aus‹. Der Hammer steigt allein durch den erhaltenen Schwung weiter auf bis zum Schlag gegen die Saite und wird nach dem Rückprall vom Fänger festgehalten. Durch ein kompliziertes, mittels Schrauben regulierbares Hebel- und Federsystem rückt die Stoßzunge wieder unter ihren Angriffspunkt am Hammerstiel; ohne große Fingerbewegung kann der Anschlag wiederholt (›repetiert‹) werden. Die Dämpfung gibt beim Niederdrücken der Taste die Saite zum Schwingen frei und hindert sie beim Loslassen am Weiterschwingen. Durch das rechte Pedal kann die Dämpfung aller Saiten gleichzeitig aufgehoben werden. Der gesamte Zug der Metallsaiten (bis zu 20 000 kg) wird durch einen in einem Stück gegossenen Eisenrahmen aufgefangen. Im Bass sind für jeden Ton eine oder zwei dicke, mit Draht umsponnene Saiten vorhanden, für die höheren Töne je drei Saiten. Durch das linke Pedal (Pianopedal, Verschiebung) kann die Mechanik etwas verschoben werden, sodass der Hammer statt auf drei nur auf zwei Saiten trifft. Der Umfang des Flügels reicht von $_2$A bis c^5. Unter den Saiten liegt der Resonanzboden, eine Holzplatte, die die Schwingungen der Saiten aufnimmt und abstrahlt. Die Saiten kreuzen sich über dem Resonanzboden; auf diese Weise können die schräg geführten Saiten länger sein, die bes. schwingungsfähige Mitte des Resonanzbodens wird besser ausgenutzt, und bei aufgehobener Dämpfung regen sich die übereinander liegenden Saiten zu bestimmten Schwingungen an. – Neben dem Konzertflügel mit mehr als drei Metern Länge gibt es (in abnehmender Größe) den Salon-, den Stutz- und den Kleinflügel mit etwa 117–135 cm Länge. – Hohe, aufrechte Flügelformen des 18. und 19. Jh. sind der Pyramiden-, der Giraffen- und der Lyraflügel.

Das **Pianino** ist ein K. in niedriger, aufrechter Form (Höhe um 1,30 m). Seine Hammermechanik hat wie die des Flügels eine Auslösung; ein Bändchen führt den Hammer in eine Position zur sofortigen Wiederholung des Anschlags zurück. Die Bez. Pianino wird heute gewöhnlich auf die Kleinform des Instruments (Höhe wenig mehr als ein Meter) angewandt.

Eine Hammermechanik für ein besaitetes Tasteninstrument kannte schon HEINRICH ARNAULT VON ZWOLLE († 1466). Größere Bedeutung gewann die K.-Mechanik, deren Konstruktion B. CRISTOFORI 1709 abschloss. Bei ihr handelte es sich bereits um eine Stoßmechanik, wie sie heute allgemein üblich ist, d. h., Stoßzungen schleudern die an einer Leiste befestigten Hämmerchen gegen die Saiten. CRISTOFORIS Mechanik hatte ferner eine einfache Auslösung, die zwar Repetition nur mit relativ großen Spielbewegungen erlaubte, aber bereits einen kontrollierten, von Nebengeräuschen freien Anschlag ermöglichte. Der Hammerflügel des 18. Jh. war klanglich schwach und, verglichen mit dem Klavichord, wenig modulationsfähig. Er vermochte sich erst durchzusetzen, nachdem J. A. STEIN die ›dt.‹ oder ›Wiener Mechanik‹ (um 1775),

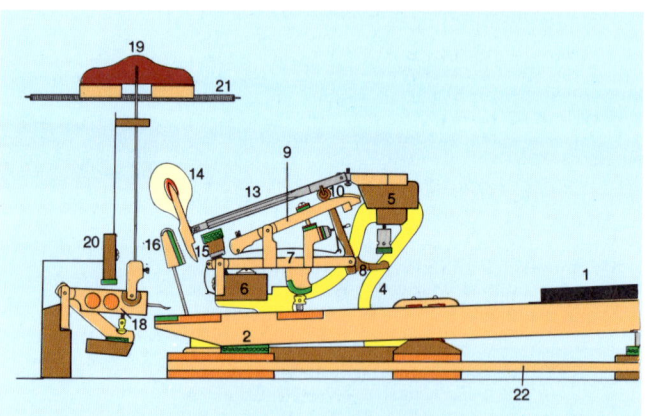

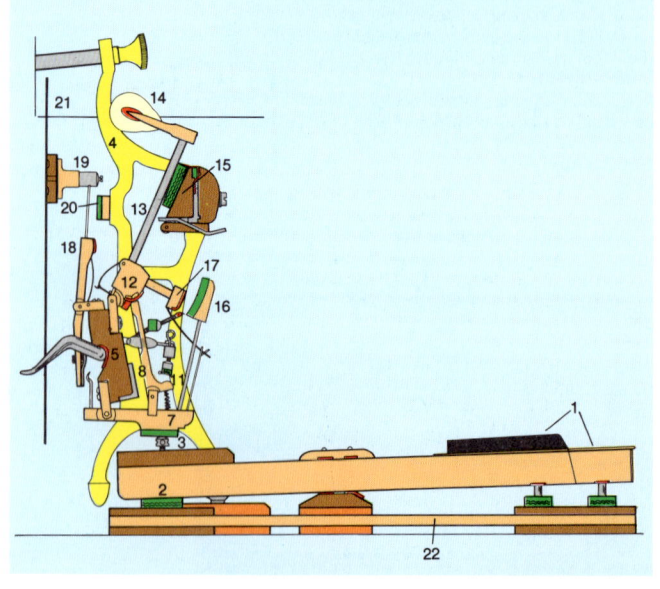

Klavier: Mechanik eines Flügels (oben) und eines Pianos (unten); 1 Tasten, 2 Polsterstreifen, 3 Pilote, 4 Mechanikbacken, 5 Mechanikbalken, 6 Hebegliedleiste, 7 Hebeglied, 8 Stoßzunge, 9 Repetierschenkel, 10 Hammerrolle, 11 Auslösepuppe, 12 Hammernuss mit Leder- und Filzpolsterung, 13 Hammerstiel, 14 Hammerkopf mit Hammerfilz, 15 Hammerruheleiste (Klappleiste), 16 Fänger mit Filz- bzw. Lederbezug, 17 Gegenfänger mit Bändchen, 18 Dämpfarm, 19 Dämpfer, 20 Dämpferprallleiste mit Prallleistenfilz, 21 Saite, 22 Klaviaturrahmen

eine Prellmechanik mit Befestigung der Hämmerchen auf den Tastenhebeln, entwickelt hatte. Die seit dem letzten Drittel des 18. Jh. in England gebaute ›englische Mechanik‹, die der Konstruktion CRISTOFORIS ähnelt, ermöglichte einen kräftigeren Anschlag. Die heutige Repetitionsmechanik entwickelte S. ÉRARD vor 1821. 1825 wurde der erste massive Eisenrahmen gegossen, 1826 der Belag der Hammerköpfe mit Filz eingeführt, um 1830 kam der kreuzsaitige Bezug auf. Das Hammer-K. mit waagerechtem Korpus in Rechteckform (ähnlich dem Klavichord) war das Tafelklavier, das um 1820 vom Pianino verdrängt wurde. Das erste Pianino mit ausgebildeter (Stoßzungen-)Mechanik (fälschlich ›frz.‹ Mechanik gen.) baute ROBERT WORNUM (London 1826).

Während die bautechn. Entwicklung des K. bzw. Flügels mit der Pariser Weltausstellung 1867 als im Wesentlichen abgeschlossen gilt, zeichnet sich im Zuge der musikelektron. Entwicklung in den letzten Jahrzehnten auch im K.-Bau eine ›Revolution‹ ab, für die die digitalen K. der 1980er-Jahre eine erste Station darstellen. Sie basieren auf der elektron. Speicherung und Umwandlung analoger Klänge in digitale Werte, die auf Tastendruck abgerufen und, in analoge Signale zurückverwandelt, elektronisch verstärkt und über Lautsprecher wiedergegeben werden. So lässt sich z. B. der spezif. Klang bekannter Klaviermarken quasi synthetisch realisieren. Hiervon zu unterscheiden sind Bestrebungen zur Wiederbelebung der Anfang des 20. Jh. erfolgreichen Künstler-Reproduktions-K. durch die Firma Bösendorfer (Wien). Der Flügel ist in normaler Weise bespielbar. Für Zwecke der Reproduktion werden Tastendruck, Bewegungsablauf der Hämmer und Pedalbewegungen optoelektronisch registriert, digitalisiert und gespeichert. Die Wiedergabe erfolgt durch automat. Betätigen der Tasten mithilfe von Stößeln, die durch Magnetspulen bewegt werden. Durch Rückkopplung der Bewegungssteuerung wird erreicht, dass die Wiedergabe mit dem Original praktisch identisch ist. Das seit 1989 von der jap. Firma Yamaha auf dem europ. Markt eingeführte ›Disklavier‹ ist die Kombination eines herkömml. K. mit den Möglichkeiten digitaler Speichertechnik.

K. WOLTERS: Das K. (1969); L. KENTNER: Das K. (Zug 1975); E. M. RIPIN: Keyboard instruments (Neuausg. New York 1977); Der Piano- u. Flügelbau, hg. v. H. JUNGHANNS u. a. (⁵1979); F. J. HIRT: Meisterwerke des K.-Baus (Dietikon ²1981).

Klavierauszug, seit Mitte des 18. Jh. Bearbeitung eines zunächst nicht für das Klavier komponierten Musikstücks (Sinfonie, Kammermusik, Oper u. a.) zur Wiedergabe auf dem Klavier, um z. B. ein Werk bei Proben ohne Orchester begleiten zu können. Bei dem zum Studium dienenden K. größerer Vokalwerke ist nur der Instrumentalteil für Klavier bearbeitet; die Singstimmen werden unverändert darüber gesetzt; auch die Originalinstrumentation kann ein K. andeutungsweise vermitteln. Für sinfon. Musik gibt es auch K. in der Bearbeitung für vier Händen.

Klaviermusik, bis etwa 1750 die Musik für Tasteninstrumente (Klavierinstrumente im weiteren Sinne) wie Orgel, Cembalo, Virginal, Klavichord, Hammerklavier, doch ist eine Differenzierung zw. Orgelmusik und K. schon seit dem ausgehenden 16. Jh. zu bemerken. Die frühesten Beispiele für K. sind Übertragungen von Vokalmusik und Tänzen in Handschriften des 14./15. Jh. Die Tabulaturbücher der dt. Orgelmeister aus dem frühen 16. Jh. enthalten auch eigenständige Klavierstücke. Formen rein instrumentalen Charakters (Ricercar, Fantasie, Toccata u. a.) wurden im 16. Jh. v. a. in Spanien (A. DE CABEZÓN) und Italien (C. MERULO, A. und G. GABRIELI, G. FRESCOBALDI) ausgebildet. Bedeutende Orgelmusik schufen im Anschluss hieran der Niederländer J. P. SWEELINCK und seine dt. Schüler J. PRAETORIUS D. J., S. SCHEIDT und H. SCHEIDEMANN. Die ersten Sammlungen mit Kompositionen ausdrücklich für besaitete Tasteninstrumente finden sich in der engl. Virginalmusik. Eine spezielle Cembalokunst entwickelten im 17. Jh. die frz. Clavecinisten. J. CHAMPION DE CHAMBONNIÈRES gilt neben dem Deutschen J. J. FROBERGER als Schöpfer der Klaviersuite. L. COUPERIN und v. a. sein Neffe F. COUPERIN führten die von der frz. Lautenmusik auf das Cembalo übertragene ›kleine Form‹ zur Vollendung und schufen das Charakterstück. D. SCARLATTI entwickelte formal und technisch die ital. Klaviersonate, die dann J. KUHNAU in die dt. K. einführte. G. F. HÄNDEL und J. S. BACH pflegten bes. die Suite und als Erste das Orgel- und Klavier-(Cembalo-)Konzert. Bes. in BACHS K., die die nat. Traditionen in sich vereinigte, sind klavierist. Themengestaltung und Spieltechnik mit einzigartiger Formgebung verbunden. C. P. E. BACH verschaffte der freien Fantasie und dem Rondo erhöhte Geltung; durch seine Konzerte und Sonaten und diejenigen J. HAYDNS und v. a. W. A. MOZARTS wird der Rang der K. als einer der repräsentativen Kompositionsbereiche der Vorklassik und der Wiener Klassik bis hin zur Romantik begründet. L. VAN BEETHOVENS Musik für das Hammerklavier zeichnet sich aus durch Brillanz und Virtuosität, kompositor. Dichte und höchste Ausdruckskraft. Die Romantiker (F. SCHUBERT, R. SCHUMANN, auch F. MENDELSSOHN BARTHOLDY und J. BRAHMS) bevorzugten neben Konzert und Sonate das kleine lyr. Klavierstück (Moment musical, Impromptu, Intermezzo) sowie das Charakterstück. F. CHOPIN und F. LISZT schufen virtuose K. (u. a. Etüde, Prélude, Nocturne, Fantasie) von hohem Rang. Daneben waren im 19. Jh. →Salonmusik sowie Unterrichtsliteratur sehr verbreitet. Um 1900 knüpfte M. REGER bei BRAHMS an, während sich C. DEBUSSY, M. RAVEL und A. SKRJABIN an CHOPIN und LISZT orientierten. Bes. DEBUSSY entwickelte einen impressionist. Klavierstil, dem A. SCHÖNBERG (›Drei Klavierstücke‹ op. 11, 1909) mit expressionist., I. STRAWINSKY (Sonate fis-Moll, 1903/1904) mit klassizist. und B. BARTÓK mit folklorist. folgten; von A. WEBERN erlangten die zwölftönigen ›Variationen‹ op. 27 (1936) Bedeutung. O. MESSIAEN, der zahlr. Werke unter Verarbeitung von Vogelgesang komponierte (›Catalogue d'oiseaux‹, 1956–58), bereitete mit vier Etüden (1949/50) die serielle K. vor, als deren Repräsentanten in der zweiten Hälfte des 20. Jh. P. BOULEZ und K. STOCKHAUSEN gelten; beide schufen auch Modelle aleator. K. (›Troisième Sonate‹, 1957/58; ›Klavierstück XI‹, 1956). STOCKHAUSEN erweiterte den Klavierklang durch liveelektron. Ringmodulation (›Mantra‹ für zwei Pianisten, 1970).

Neue Wege der Klangerzeugung, die heute Allgemeingut sind, beschritten H. COWELL (Tastenanschlag durch Handfläche oder Unterarm, →Cluster) und J. CAGE (präpariertes Klavier, z. B. ›Sonatas and interludes‹, 1946–48), der auch sein Verfahren der Zufallskomposition in der K. anwendete. Durch seinen kurztönigen, perkussiven Klangcharakter zur Erzeugung schneller Repetitionsketten prädestiniert, wurde das Klavier in den 1960er-Jahren eines der bevorzugten Instrumente der Minimalmusic (u. a. S. REICHS ›Piano phase‹, 1966, und ›Six pianos‹, 1973). Inwieweit die heutige K. neben den wachsenden Einflüssen des Jazz und der fernöstl. Musik auch durch die Verwendung elektr. oder digitaler Klaviere stilbildend geprägt wird, ist noch nicht abzusehen.

M. SEIFFERT: Gesch. der K. ... bis um 1750 (1899, Nachdr. 1966); G. SCHÜNEMANN: Gesch. der K. (²1956); W. APEL: Gesch. der Orgel- u. K. bis 1700 (1967); W. GEORGII: K. (Zürich ⁵1976); K. WOLTERS: Hb. der Klavierlit. K. zu zwei Händen (²1977); K. A–Z, hg. v. C. RÜGER (Leipzig 1979); O. SCHU-

MANN: Hb. der K. (²1979); P. HOLLFELDER: Gesch. der K., 2 Bde. (1989).

Klavier- und Cembalobauer [-ˈtʃɛm-], Ausbildungsberuf des Handwerks und der Industrie für Frauen und Männer. Aufgaben sind v. a. der Zusammenbau des Rahmens, vielfältige Holzarbeiten, Einbau der Einzelteile bis hin zum Aufziehen der Saiten.

Klazomenai, bedeutende ion. Stadt am S-Ufer des Golfs von İzmir, Türkei, gelangte durch Handel zu Wohlstand. Während die vorgriech. Siedlung direkt am Ufer lag, wurde die archaische griechisch-ion. Siedlung mit Akropolis etwas weiter im Landesinnern angelegt und im frühen 5. Jh. v. Chr. auf die vorgelagerte Insel verlegt, um vor den Persern sicherer zu sein. K. wurde Mitgl. des 1. Att. Seebunds; 386 v. Chr. persisch. ALEXANDER D. GR. eroberte K. dann, indem er 334 v. Chr. einen Damm vom Festland zur Insel sichtbar) in K. sind bemalte Tonsarkophage des späten 6. und frühen 5. Jh. v. Chr. **(Klazomenische Sarkophage)** gefunden worden. Eine Gattung schwarzfiguriger Keramik aus der zweiten Hälfte des 6. Jh. v. Chr. wurde vermutlich in K. hergestellt **(Klazomenische Vasen).** – K. ist der Geburtsort des griech. Philosophen ANAXAGORAS.

Kleanthes, griech. Philosoph, *Assos um 331 v. Chr., †232/231; Schüler und Nachfolger in der Schulleitung (262) des ZENON VON KITION; vertrat in zahlreichen Schriften zur Ethik die Positionen der Stoa, deren Aufspaltung er nicht verhindern konnte. Setzte sich mit der Philosophie des DIODOROS KRONOS auseinander. Er schrieb u. a. einen Zeushymnus.

Klebe, Giselher Wolfgang, Komponist, *Mannheim 28. 6. 1925; studierte bei B. BLACHER in Berlin und übernahm 1957 (seit 1962 Prof.) eine Kompositionsklasse an der Detmolder Musikakademie. In seinen Werken geht er von der Zwölftontechnik und der seriellen Musik aus. Dabei entwickelt er eine Tonsprache von differenzierter Klanglichkeit und starker Expressivität. In seinen ›Literaturopern‹ (fast alle Libretti wurden von K. nach literar. Vorlagen verfasst) legt er durch die kantable Führung der Singstimmen besonderen Wert auf die Verständlichkeit des Textes.

Werke: *Opern:* Die Räuber (1957; nach F. SCHILLER); Die tödl. Wünsche (1959; nach H. DE BALZAC); Die Ermordung Cäsars (1959; nach W. SHAKESPEARE); Alkmene (1961; nach H. VON KLEIST); Figaro läßt sich scheiden (1963; nach Ö. VON HORVÁTH); Jakobowsky und der Oberst (1965; nach F. WERFEL); Das Märchen von der schönen Lilie (1969; nach J. W. VON GOETHE); Ein wahrer Held (1975; nach J. M. SYNGES ›The playboy of the western world‹); Der jüngste Tag (1980; nach Ö. VON HORVÁTH); Die Fastnachtsbeichte (1983; nach C. ZUCKMAYER) Gervaise Macquart (1995; nach É. ZOLAS ›Der Totschläger‹). – *Orchesterwerke:* 6 Sinfonien (1953–96); Konzerte für Violine, Violoncello und Orchester (1954), für Violoncello (1957, 1990), für Klarinette (1988), für Harfe (1988).

Klebebänder, selbstklebende Bänder, die in Haushalt und Büro (z. B. zum Verschließen von Paketen), aber auch in industriellen Bereichen (z. B. in der Auto- und Elektronikindustrie) vielfältige Anwendung finden. K. bestehen meist aus einer Trägerfolie und dem Klebstoff, dessen Verankerung durch einen Primer verbessert werden kann. Als Material für Trägerfolien werden z. B. Cellulose, Celluloseacetat, Polyvinylchlorid, Polypropylen, Vliesstoff und Papier verwendet; als Klebstoffe werden Kautschuk, zus. mit Harzen in Heptan oder Toluol gelöst, nicht vergilbende Polyacrylate oder Silicone eingesetzt. **Transferbänder** sind trägerlose K. auf Trennfolien oder Trennpapier.

Klebebinden, *graf. Technik:* Buchbindeverfahren, bei dem lose Blätter oder im Rücken geschlitzte Bogen (Buch- oder Broschürenblocks) durch Auftragen eines Klebstoffs auf den aufgerauten Rücken miteinander verbunden werden (fadenloses Binden). Das Verfahren erlaubt eine hochproduktive Fließfertigung und wird auf Klebebindeautomaten ausgeführt.

Klebelsberg zu Thumburg, Raimund von, österr. Geologe, *Brixen 14. 12. 1886, †Innsbruck 6. 6. 1967; ab 1921 Prof. in Innsbruck; bedeutender Glaziologe und Alpengeologe.

Werke: Geologie von Tirol (1935); Hb. der Gletscherkunde u. Glazialgeologie, 2 Bde. (1948–49).

Kleber, Klebereiweiß, im Mehlkörper des Weizen-, Mais- und (nur wenig) Roggenkornes enthaltenes Eiweiß, das die Backfähigkeit des Mehles (Gerüstbildung) beim Brotbacken bedingt.

Kléber [kleˈbɛːr], Jean-Baptiste, frz. General, *Straßburg 9. 3. 1753, †(ermordet) Kairo 14. 6. 1800; kämpfte ab 1792 in den Frz. Revolutionskriegen und schlug 1793 den royalist. Aufstand in der Vendée nieder. 1798 zog er mit NAPOLEON nach Ägypten (→ägyptische Expedition), schlug die Türken 1799 in Syrien und erhielt im August 1799 selbst den Oberbefehl; er eroberte Kairo und schlug die Türken bei Heliopolis (20. 3. 1800).

Klebfadenweberinnen, Ecribellatae, Gruppe von Spinnen, denen ein Kräuselkamm (Calamistrum) und Spinnsieb (Cribellum) fehlen.

Klebkraut, Art der Pflanzengattung →Labkraut.

Klebs, Georg, Botaniker, *Neidenburg 23. 10. 1857, †Heidelberg 15. 10. 1918; war Prof. für Botanik in Basel (1887), Halle [Saale] (1889) und Heidelberg (1907). K. gilt als Begründer der Entwicklungsphysiologie der Pflanzen.

Werk: Die Fortpflanzung der Gewächse, in: Hwb. der Naturwiss., Bd. 4 (1913).

Klebsamengewächse, Pittosporaceae, Pflanzenfamilie mit etwa 240 Arten in neun Gattungen, verbreitet in den trop. und wärmeren Gebieten der Alten Welt und Australiens; meist Sträucher und Halbsträucher, deren Blüten mit Ausnahme des Fruchtknotens fünfzählig sind. Die bekannteste Gattung ist der **Klebsame** (Pittosporum), von dem mehrere Arten als Kalthaus- oder (im südl. Europa) als Heckenpflanzen kultiviert werden.

Klebschiefer, →Kieselgur.

Klebsiella [nach dem Bakteriologen EDWIN KLEBS, *1834, †1919] *die,* -/...len, Gattung der Enterobakterien. Saprophyt K., die in Böden und Gewässern weit verbreitet sind, spielen als opportunistisch-pathogene Bakterien bei nosokomialen (im Krankenhaus erworbenen) Infektionen eine wichtige Rolle. Stämme von **K. pneumoniae,** insbesondere der Kapseltyp 1, verursachen eine schwere Form der Lungenentzündung. Dieses Bakterium hat auch in der Molekularbiologie und Bakteriengenetik als Untersuchungsobjekt Bedeutung erlangt. Es besitzt die Fähigkeit, elementaren Stickstoff zu assimilieren; die dafür verantwortlichen ›nif-Gene‹ lassen sich auf Escherichia coli durch Konjugation übertragen.

Klebstoffe, nichtmetall. Werkstoffe, die Körper durch Oberflächenhaftung (Adhäsion) und innere Festigkeit (Kohäsion) verbinden können, ohne das Gefüge der Körper wesentlich zu verändern. Alltägl. Begriffe wie Leim, Kleister und Kleber sind eingeschlossen. Die Grenze zw. K., Dichtungsstoffen und Bindemitteln kann nicht eindeutig gezogen werden, da anwendungstechnisch oftmals gleichzeitig klebende und abdichtende Eigenschaften gefordert werden. Je nach Material bzw. Einsatzgebiet bzw. zu klebenden Substrate unterscheidet man Holz-K., Metall-K., Papier- bzw. Möbel-K., Automobil-K., Verpackungs-K., Belags-K., Fliesen-K. usw.

Als **Leime** werden bevorzugt K. auf der Basis natürl. Stoffe bezeichnet, die aber auch synthet. Stoffe wie Celluloseäther und Polyvinylalkohol enthalten können. Zu den Leimen zählen die aus Häuten oder Knochen gewonnenen Glutinleime (tier. Leime) und die aus Milcheiweiß hergestellten Kaseinleime. Pflanzl. Leime sind Stärkekleister (→Kleister), →Dextrine,

Giselher Klebe

Klebsamengewächse:
Chinesischer Klebsame

→Gummiarabikum, Naturharze (→Harze) und Latex (→Kautschuk). **K.-Lösungen** und **K.-Dispersionen** binden dadurch ab, dass das Lösungsmittel oder Dispergiermedium verdunstet und/oder in das zu klebende Substrat wandert. Beispiele sind Lösungen von Polychloropren, Polyurethan oder Polyvinylacetat in Estern, Ketonen oder Kohlenwasserstoffen (wegen ihrer vielseitigen Verwendbarkeit häufig ›Alleskleber‹ gen.) und wässrige Kunststoffdispersionen z. B. auf Basis von Polyvinylacetat, Acrylat oder Polyurethan. Diese lösungsmittelfreien wässrigen Systeme decken heute nahezu alle Anwendungsgebiete (Papier, Holz, Textilien u. a.) ab. Beim Kleben von Kunststoffen mit lösungsmittelhaltigen K., z. B. auf Basis von Aceton (Polystyrol) oder Methyläthylketon (Polycarbonat), werden die Oberflächen der zu klebenden Substrate angelöst. Durch Diffusion der Makromoleküle und Verdunsten des Lösungsmittels tritt die Klebung ein. **Haft-K.** sind dauerklebrige K., meist auf Kautschuk-, Acrylat- oder Äthylen-Vinylacetat-Basis, die unter geringem Druck haften (pressure sensitive), bei dauernder Last aber zum Verformen (Kriechen) neigen. Sie werden für Haftetiketten, Klebefolien und Klebebänder, aber auch im Hygienebereich (Windeln, Pflaster) verwendet. **Kontakt-K.** eignen sich bes. zum Verkleben von Leder und Textilien. Sie werden auf beide zu verklebende Oberflächen aufgetragen. Nach einer Vortrocknung erfolgt die Klebung durch kurzes, starkes Zusammenpressen der Substrate. Dabei findet eine Rekristallisation der Polymermoleküle statt. Verwendet werden Lösungen von Polychlorbutadien, Copolymeren von Butadien mit Styrol oder Acrylnitril u. a. **Schmelz-K.** (hot melts) werden in der Wärme als Schmelze aufgetragen und bilden beim Erstarren die Klebverbindung. Verwendet werden u. a. Äthylen-Vinylacetat-Copolymere, ataktisches Polypropylen, Kautschuk oder Polyamide. Eine breite Anwendung finden diese Systeme im Bereich der Möbelfertigung, der Verpackungsindustrie und im graf. Gewerbe (Buchbindung). Diese Gruppe schließt die Heißsiegel-K. ein, die z. B. zum Verschließen von Jogurtbechern dienen. Reaktive Schmelz-K. erreichen ihre sehr hohen Festigkeiten durch eine Vernetzung des Polyurethansystems, die durch Luftfeuchtigkeit hervorgerufen wird. **Reaktions-K.** binden durch chem. Reaktionen ab. Zweikomponenten-K. enthalten v. a. Epoxid-, Polyurethan-, Harnstoff- oder Phenolharze. Sie eignen sich bes. für hochfeste Verbindungen von Konstruktionselementen. Bei Einkomponenten-K. wird die Abbindereaktion durch Wärme, UV-Strahlung oder Luftfeuchtigkeit (z. B. bei Cyanacrylat-K., so genannten Sekundenklebern) ausgelöst. Anorgan. K. wie Wasserglas haben nur untergeordnete Bedeutung.
Geschichte: Asphalt wurde bereits 4000 v. Chr. zu Bauzwecken in Mesopotamien eingesetzt. Etwa 3000 v. Chr. stellten die Sumerer Leime her. Eine Tafel Hautleim, welche im Grab des Königs Tut-ench-Amun gefunden wurde, beweist, dass die Ägypter schon 1500 v. Chr. tier. Leime für Furnierarbeiten verwendeten. Im Talmud wird über Kaseinanwendungen als Bindemittel für Pigmente berichtet. Um 1100 diente Schwefel zum Befestigen von Messerklingen. Die erste Leimfabrik wurde 1690 in Holland gegründet; 1794 in England das erste Patent auf einen Fischleim erteilt. Den ersten gebrauchsfertigen Pflanzenleim erfand Ferdinand Sichel, Hannover, 1899. Das Zeitalter der K. auf der Basis synthetisch hergestellter Rohstoffe begann mit den Patenterteilungen für ein Verfahren zur Phenolharzherstellung 1909 und für ein Produktionsverfahren zur Herstellung von Polyvinylacetat im Jahr 1914.

Klebverbindung, unlösbare, stoffschlüssige Verbindung gleicher oder verschiedenartiger nichtmetall. (z. B. Holz, Glas, Kunststoff, Gummi) oder metall. Werkstoffe (v. a. Leichtmetalle) mittels geeigneter Klebstoffe. Vorteile der K. gegenüber anderen Fügeverfahren wie Schweißen, Löten, Nieten sind v. a. die geringere therm. und mechan. Beanspruchung sowie die Möglichkeit, unterschiedl. Werkstoffe zu verbinden. Wichtigste Kenngrößen der K. sind die geringe Zug- und hohe Scherfestigkeit. Bei langzeitiger Dauerbelastung neigen K. dazu, sich zunehmend zu verformen (Kriechen); sie sind stoß- und schlagempfindlich und besitzen eine geringe Warm- (bis etwa 150°C) und Scherfestigkeit. Weitere Einflussfaktoren sind die Art der Verbindung (vorwiegend Überlappungsverbindungen), die Klebflächenbeschaffenheit und -vorbehandlung, die Fugendicke sowie die Dicke und das Material der zu verklebenden Teile. K. finden u. a. Anwendung im Maschinen- und Apparatebau, im Fahrzeugbau (z. B. beim Befestigen von Brems- und Kupplungsbelägen), im Flugzeugbau (Sandwichbauweise) sowie in der Elektro-, Bau- und Feinwerktechnik.

Klecki [ˈklɛtski], **Klętzki,** Paweł (Paul), schweizer. Dirigent poln. Herkunft, *Lodz 21. 3. 1900, †Liverpool 5. 3. 1973; wirkte u. a. in Berlin, Liverpool, Dallas (Tex.) und Bern und war 1967–70 Chefdirigent des Orchestre de la Suisse Romande. Er ist mit Orchesterwerken (u. a. drei Sinfonien) und Kammermusik auch als Komponist hervorgetreten.

Klecksbilder, *Testpsychologie:* →Formdeutetests.

Klee, Trifolium, Gattung der Schmetterlingsblütler mit etwa 240 Arten in der gemäßigten und subtrop. Zone; ausdauernde oder einjährige, meist niedrige Kräuter mit häufig dreizähligen Blättern (selten vier oder mehr) und i. d. R. traubigen, kopfigen oder doldigen Blütenständen. In Mitteleuropa kommen mehr als 20 Arten vor. Wirtschaftlich wichtig als Futter- und Gründüngungspflanzen sind v. a. folgende Arten: Im Ackerbau wird vorwiegend der 5–70 cm hohe, rot blühende **Wiesen-K.** (**Rot-K.,** Trifolium pratense) kultiviert, ebenso der 30–50 cm hohe **Schweden-K.** (**Bastard-K.,** Trifolium hybridum), mit rosafarbenen oder anfangs weißen, später rosenroten Blüten. Der **Weiß-K.** (**Kriechender K.,** Trifolium repens) ist gegen Tritt unempfindlich und daher eine weit verbreitete Weidefutterpflanze. Er besitzt weiße Blüten in eiförmigen Köpfchen und niederliegende, 5–30 cm lange Stängel. Weitere wichtige Futterpflanzen sind der 20–50 cm hohe **Inkarnat-K.** (Trifolium incarnatum), mit blutroten Blüten in dichten Trauben, und der in Fettweiden der subalpinen bis alpinen Stufe vorkommende, bis 15 cm hohe **Braun-K.** (Trifolium badium), mit zuerst goldgelben, dann braunen Blüten. Ebenfalls in diese Gattung gehört der →Hasenklee.
Krankheiten und *Schädlinge:* Bes. häufig sind durch Pilze hervorgerufene Krankheiten, wie Wurzelbräune, Mehltau, Rost, Klappenschorf, Stängelbrenner sowie der durch den Schlauchpilz Sclerotinia trifoliorum verursachte K.-Krebs, bei dem das weißl. Myzel des Pilzes die Blätter überzieht, während die blauschwarzen Dauerorgane des Pilzes (Sklerotien) am Wurzelhals sitzen. Ein Nachlassen der Erträge (K.-Müdigkeit) ist oftmals Folge eines Befalls mit Nematoden (K.- oder Stängelälchen); Verhütung ist durch geeignete Fruchtfolge möglich. Als Schmarotzerpflanzen treten auf: K.-Seide, die mit fadenartigen Trieben den K. überzieht, sowie der K.-Teufel (K.-Würger), der an den schuppigen, spargelähnl. Trieben zu erkennen ist.
Kulturgeschichte: K. diente bereits in der Antike als Futterpflanze, einige Arten wurden auch zu medizin. Zwecken genutzt. Der Anbau von K. ist in Europa seit dem Spät-MA. nachweisbar (Wiesen-K. in Spanien und N-Italien). In Dtl. wurde die Pflanze im 15. Jh. bekannt, ihr Anbau kam hier jedoch während des Dreißigjährigen Krieges zum Erliegen und wurde erst nach

Klee:
Wiesenklee
(Höhe 5–70 cm)

Paul Klee

1750 wieder aufgenommen. – Im *Volksglauben* gelten vierzählige K.-Blätter als Glück bringend, siebenzählige als Unglück bringend.

Klee, 1) Bernhard, Dirigent, * Schleiz 19. 4. 1936; studierte in Leipzig und Köln, war nach Stationen u. a. in Salzburg und Lübeck 1976–79 Chefdirigent der Radio-Philharmonie des NDR in Hannover, 1977–87 Generalmusikdirektor der Düsseldorfer Symphoniker, 1985–89 erster Gastdirigent des BBC Philharmonic Orchestra in Manchester und übernahm 1991 wieder die Radio-Philharmonie in Hannover.

2) Paul, Maler und Grafiker, * Münchenbuchsee (bei Bern) 18. 12. 1879, † Muralto (bei Locarno) 29. 6. 1940; studierte u. a. bei F. VON STUCK in München. 1901 hielt er sich in Italien auf, 1906 ließ er sich in München nieder. 1911 lernte er A. KUBIN, A. MACKE und die Künstler des →Blauen Reiters kennen. Er befreundete sich mit W. W. KANDINSKY und F. MARC und beteiligte sich 1912 an der Ausstellung des Blauen Reiters. Im selben Jahr reiste er nach Paris, wo er sich bes. mit den Werken H. ROUSSEAUS, R. DELAUNAYS, G. BRAQUES und P. PICASSOS auseinander setzte. 1914 reiste er mit MACKE und L. R. MOILLET nach Tunis und Kairouan. 1921–31 lehrte er am Bauhaus in Weimar und Dessau. 1931 wurde er Prof. an der Düsseldorfer Kunstakademie. 1933 übersiedelte er nach seiner Entlassung nach Bern. 1937 wurden in Dtl. viele seiner Werke als ›entartet‹ diffamiert.

K. hinterließ etwa 9000 Werke. Das Frühwerk umfasst v. a. Handzeichnungen und Druckgrafik von linearer Dynamik bei z. T. primitivierender Reduzierung der Gegenstandswiedergabe (Illustrationen zu VOLTAIRES ›Candide‹, 1911–12, erschienen 1920). Die Tunisreise wurde ausschlaggebend für den Durchbruch der Farbe. In der Folgezeit befasste sich K. mit einer Vielzahl maler. Techniken, die er in subtiler Differenzierung anwandte. Seine Kompositionen reichen ikonographisch von relativer Gegenständlichkeit über poet. Traumassoziationen und ironisch-skurrile Themen bis zu reiner Abstraktion. Im Spätwerk ist die künstler. Ausdrucksweise auf eine elementare Symbol- und Zeichensprache reduziert. K. übte, nicht zuletzt auch durch seine kunstpädagog. Schriften, bedeutenden Einfluss auf die Kunst des 20. Jh. aus. (Weiteres BILD →deutsche Kunst)

Schriften: Pädagog. Skizzenbuch (1925); Über die moderne Kunst (hg. 1945); Das bildner. Denken (hg. 1956); Unendl. Naturgesch. (hg. 1970).

Ausgaben: Schriften. Rezensionen u. Aufsätze, hg. v. C. GEELHAAR (1976); Beitr. zur bildner. Formenlehre, hg. v. J. GLAESEMER, 2 Bde. (1979); Kunst-Lehre. Aufsätze, Vorträge, Rezensionen u. Beitr. zur bildnerischen Formlehre, hg. v. G. REGEL (³1995); Tagebücher 1898–1918, hg. v. F. KLEE (1995).

E. W. KORNFELD: Verz. des graph. Werkes von P. K. (Bern 1963); Handzeichnungen, hg. v. J. GLAESEMER, 3 Bde. (1973–84); Die farbigen Werke im Kunstmuseum Bern, hg. v. DEMS. (Bern 1976); C. GEELHAAR: P. K. Leben u. Werk (Neuausg. 1977); P. K. 1879–1940, Ausst.-Kat. (1981); O. K. WERCKMEISTER: Versuche über P. K. (1981); J. M. JORDAN: P. K. and cubism (Princeton, N. J., 1984); R. VERDI: K. and nature (London 1984); P. K. als Zeichner 1921–1933, hg. v. P. HAHN, Ausst.-Kat. (1985); W. SCHMALENBACH: P. K. Die Düsseldorfer Samml. (1986); W. KERSTEN: P. K. Zerstörung der Konstruktion zuliebe (1987); P. K., hg. v. C. LAUCHNER, Ausst.-Kat. (Boston, Mass., 1987); P. K. Leben u. Werk, bearb. v. J. GLAESEMER u. a., Ausst.-Kat. (1987); P. K. Die Sammlung Berggruen im Metropolitan Museum of Art, N. Y., ..., bearb. v. S. REWALD (a. d. Engl., 1989); P. K., Spätwerk, bearb. v. T. OSTERWOLD, Ausst.-Kat. Württembergischer Kunstverein Stuttgart (1990); C. GIEDION-WELCKER: P. K. Mit Selbstzeugnissen u. Bilddokumenten (72.–75. Tsd. 1991); U. BISCHOFF: P. K. (1992); P. K. – im Zeichen der Teilung. Die Gesch. zerschnittener Kunst P. K.s 1883–1940, bearb. v. W. KERSTEN u. O. OKUDA, Ausst.-Kat. Kunstsammlung Nordrhein-Westfalen, Düsseldorf (1995); P. K., Bilder träumen, bearb. v. J. VON SCHEMM, Ausst.-Kat. Städtische Kunsthalle Mannheim (1996).

Kleefarn: Vierblättriger Kleefarn (Höhe 5–18 cm)

Kleiber: Sitta europaea (Größe 14 cm)

Paul Klee: Die Zwitscher-Maschine; 1922 (New York, Museum of Modern Art)

Kleeälchen, das →Stängelälchen.
Kleefalter, die →Gelblinge.
Kleefarn, Marsilea, Gattung der K.-Gewächse (Marsileaceae) mit etwa 65 Arten in den gemäßigten und trop. Gebieten; Sumpfpflanzen mit vierteiligen, kleeartigen Blättern und von modifizierten Blattfiedern eingeschlossenen Sporenbehältern (Sporokarpienbildung).
Kleekrankheit, Kleeausschlag, Luzerneausschlag, nach Verfütterung einiger Klee- und Luzernearten bes. bei Wiederkäuern unter Einfluss von Sonnenbestrahlung auftretende Hautentzündungen.
Kleekrebs, Pilzkrankheit des →Klees.
Kleene [kli:n], Stephen Cole, amerikan. Mathematiker und Logiker, * Hartford (Conn.) 5. 1. 1909; Prof. in Amherst (Mass.) und an der Univ. von Wisconsin; wichtige Beiträge zur Rekursionstheorie, zur Automatentheorie und zu anderen Gebieten der mathemat. Grundlagenforschung. Seine Lehrbücher ›Introduction to metamathematics‹ (1952) und ›Mathematical logic‹ (1967) fanden weite Verbreitung.
Kleesalz, →Oxalsäure.
Kleeseide, die Pflanzengattung →Seide.
Kleeteufel, Kleewürger, Art der Pflanzengattung →Sommerwurz.
Klei, entwässerter, fester, älterer →Schlick.
Kleiber [vielleicht zu mhd. kleiber ›jemand, der eine Lehmwand herstellt‹], **Sittidae,** Familie der Sperlingsvögel mit 25 Arten, 10–18 cm lang, oberseits blaugrau, unterseits weiß bis rostbraun. K. klettern an Baumstämmen oder Felswänden, ohne ihren Schwanz als Stütze zu gebrauchen; anders als Spechte können sie sich deshalb auch kopfvoran stammabwärts bewegen. Die **Echten K.** (Unterfamilie Sittinae) bewohnen Eurasien und Nordamerika. Die meisten brüten in Baumhöhlen, einige verkleinern den Einschlupf mit Lehm, so der einheim. K. (Sitta europaea), während der **Felsen-K.** (Sitta neumayer) ein geschlossenes Mörtelnest an Felswände klebt. Von den Echten K. äußerlich sehr verschieden sind die **Mauerläufer** (Tichodromadinae), die mit einer einzigen Art (Tichodroma muraria) die eurasiat. Hochgebirge bewohnen.

Umstritten ist die Zugehörigkeit der drei in Neuguinea und Australien lebenden Arten der **Spiegel-K.** (Neosittinae), die auf Bäumen offene Napfnester bauen. Sie werden häufig als eigene Familie betrachtet.

Kleiber, 1) Carlos, argentin. Dirigent, * Berlin 3. 7. 1930, Sohn von 2); war Kapellmeister am Theater in Potsdam, an der Dt. Oper am Rhein in Düsseldorf und am Züricher Opernhaus, kam 1966 als Gastdirigent an die Stuttgarter, 1968 an die Münchner Staatsoper. Schwerpunkte seines Repertoires bilden Opern von C. M. VON WEBER, R. WAGNER, G. VERDI und R. STRAUSS sowie der ›Wozzeck‹ von A. BERG und sinfon. Werke der Wiener Klassik und der Romantik.

2) Erich, argentin. Dirigent österr. Herkunft, * Wien 5. 8. 1890, † Zürich 27. 1. 1956, Vater von 1); war nach Stationen u. a. in Darmstadt, Mannheim und Düsseldorf 1923-34 Generalmusikdirektor der Berliner Staatsoper (Uraufführung von A. Bergs ›Wozzeck‹, 1925); nach seiner Emigration 1936-49 v. a. am Teatro Colón in Buenos Aires tätig; ab 1947 trat er wieder in Europa auf. K., der zu den hervorragendsten Dirigenten seiner Zeit zählt, wurde bes. als Interpret der Wiener Klassik, aber auch romant. und Neuer Musik bekannt.

Kleiboden, →Marsch.

Kleid [mhd. kleit, wohl eigtl. ›das mit Klei gewalkte (Tuch)‹], i. w. S. die gesamte Bekleidung eines Menschen. Seit dem 12. Jh. belegt, bezeichnete K. noch im 16. Jh. die Gesamtheit männl. und weibl. Kleidungsstücke, ehe sich der heutige Gebrauch als Frauen-K. herausbildete. In diesem Sinne bezeichnet K. die durchgehende Oberbekleidung der Frau.

Kleideraffe, Art der Stumpfnasenaffen (→Schlankaffen).

Kleiderlaus, Pediculus corporis, Art der Läuse, z. T. auch als Unterart aufgefasst (Pediculus humanus humanus), ebenso wie die nah verwandte **Kopflaus** (Pediculus capitis oder Pediculus humanus capitis). Die K. ist etwa 3 mm groß, einheitlich grau; lebt bevorzugt in der Haut anliegenden Bekleidung des Menschen und ernährt sich vom menschl. Blut, das sie mehrmals am Tag saugt. Der entstehende Juckreiz wird durch Speichelsekret verursacht, der die Blutgerinnung verhindern. Im Laufe der 30-tägigen Lebenszeit legen die Weibchen 150-300 Eier (Nissen) an Stofffasern und Haaren ab. Die überwiegend die Kopfbehaarung bevorzugte Kopflaus ist in ihrer Lebensweise der K. sehr ähnlich. Beide kommen v. a. bei unzureichenden hygien. Verhältnissen vor und sind gefährl. Überträger von Krankheiten wie Fleckfieber, Fünftagefieber, Rückfallfieber.

Kleidermotte, Tineola bisselliella, Art der Echten Motten mit gelben Vorderflügeln (Spannweite etwa 12-16 mm). Die Weibchen legen bis zu 200 Eier; die bis 1 cm langen, weißen Raupen leben in beidseitig offenen Gespinströhren auf Nährsubstrat meist tier. Herkunft wie Wolle, Felle, Pelze, Polstermaterial aus Haaren (wo sie erhebl. Schaden anrichten können), seltener pflanzl. Herkunft.

Kleiderordnungen, obrigkeitl. Erlasse über Zuschnitt, Material, Ausstattung der Kleidung, auch über die zulässige Anzahl, über Farben und Anlässe zum Tragen einzelner Kleidungsstücke. Bestimmungen z. B. über Rangabzeichen oder die Wahl besonderer Farben lagen bereits dem →Clavus im Röm. Reich zugrunde. 808 erließ KARL D. GR. Kapitularien über die Kleidung. In Frankreich, Spanien und Italien gab es verbindl. K. seit dem 13. Jh., in Dtl. seit der Mitte des 14. Jh.; sie waren bis zum Ende des 17. Jh. ein ständig wiederkehrender Teil der städt. oder landesherrl. Gesetzgebung. Mod. Übertreibungen wurden untersagt, übermäßiger Luxus und Schmuck eingeschränkt. Bes. seit dem 16. Jh. wurden zur Wahrung der Unterschiede zw. den einzelnen Ständen und Bev.-Gruppen (Patriziat, Kaufleute, Handwerker; Aussätzige, Prostituierte, Juden) K. festgelegt. Im 18. Jh. traten zunehmend wirtschaftlich begründete Luxusverbote und Einfuhrbeschränkungen ausländ. Modeartikel in den Vordergrund, sodass die traditionellen K. aufgegeben wurden, noch ehe die Frz. Revolution vielerorts auch die gesetzl. Schranken zw. den Ständen beseitigte.

L. C. EISENBARTH: K. der dt. Städte zw. 1350 u. 1700 (1962); G. HAMPEL-KALLBRUNNER: Beitr. zur Gesch. der K. (Wien 1962); V. BAUR: K. in Bayern vom 14. bis zum 19. Jh. (1975).

Kleidung, die Bedeckung des menschl. Körpers zum Schutz gegen Nässe, Kälte, Hitze, zum Verhüllen, zum Schmuck.

K. besteht hauptsächlich aus gewebten, gewirkten oder gestrickten Faserstoffen, ferner aus Leder und Pelzwerk. Rohmaterialien sind Wolle, Baumwolle oder Seide sowie verschiedene Chemiefasern, die rein oder miteinander vermischt verarbeitet werden, um bestimmte Trageeigenschaften zu erreichen. Bestimmte Web-, Wirk-, Strick- und Ausrüstungstechniken unterstützen die Fasereigenschaften zusätzlich.

Geschichte der Kleidung

Die K. ist Teil der materiellen Kultur einer Gesellschaft und wird von deren Gewohnheiten und Möglichkeiten bestimmt. Für die Kenntnis histor. K. stehen neben Originalkostümen bildl., schriftl., aus jüngerer Zeit auch mündl. Quellen zur Verfügung. Die historisch-systemat. Beschäftigung mit der K. nahm im späten 18. Jh. ihren Anfang. Dieser weitgehend auf das Erscheinungsbild der K. gerichteten ›Kostümkunde‹ stellt die histor. K.-Forschung heute das Bemühen um eine möglichst authent. Darstellung früherer K.-Gewohnheiten gegenüber.

Erste Felsbilder von Frauen in glockig geformten Röcken (wohl Tierfelle) stammen aus der mittleren *Steinzeit*. Erst in der Jungsteinzeit lernte der Mensch, Woll- und Leinenstoffe zu weben. Als Grundtyp lassen sich für die Frauen-K. gewickelte oder genähte Röcke, Hemden, lange Mäntel, Schnur- oder Grasröcke (entlehnt aus Anatolien) sowie Pelzmäntel für ganz Europa in der Jungstein-, Bronze- und Eisenzeit erschließen. Aus dän. Baumsargbestattungen (u. a. Fund von Egtved) kennt man für Frauen fußlangen Rock, Bluse, Schnurrock u. a., für Männer Rock, Bluse und Filzkappe. In der Eisenzeit erscheint von O her die Hose als Kleidungsstück für Männer.

Die K. der *Ägypter* bestand beim Mann aus einem Lendenschurz, bei der Frau aus einem bis zur Brust reichenden langen Gewand (später von beiden Geschlechtern getragen). Dazu kam ein Ringkragen aus bemaltem Stoff, in Schmelzarbeit oder aus Tonperlen. Zum Zeremonialkostüm gehörten bei Königen und Würdenträgern ein künstl. Kinnbart, eine Stirnbinde mit Uräusschlange oder die →Sphinxhaube, im Neuen Reich die helmartige, blaue Königskrone (Cheperesch). Die Königin trug die →Geierhaube.

Die K. der *Sumerer* und *Akkader* war ein Hüftrock (→Falbelgewand), die *Assyrer* kleideten sich in kurzärmeliges Hemdgewand mit Schulternaht, das bei den Vornehmen bis auf die Füße reichte. Darüber wurde in Schrägwindungen ein langrechteckiges Tuch gewickelt. Beim König und bei Würdenträgern war dieses eine über die Schultern gelegte Fransenschärpe, später ein Umhang mit Fransenbesatz. Die königl. Kopfbedeckung bildete eine abgeflachte Kegelmütze mit vergoldeter Spitze (Tiara). Die K. der Frauen bestand ebenfalls aus einem langem, engärmeligem Hemdgewand und Umhang mit Fransenbesatz.

Von den *Persern* wurden Anregungen der Meder übernommen, aber die herkömml. K. weithin beibehalten: knielanger, enger Rock und lange, um die

Carlos Kleiber

Erich Kleiber

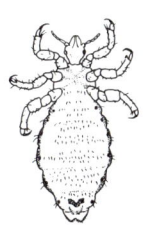

Kleiderlaus (Größe etwa 3 mm)

Kleidermotte (Körperlänge etwa 4-8 mm)

Klei Kleidung

Knöchel gebundene Hosen. Den Kopf bedeckte eine gewölbte Mütze. Der König trug die steife, kegelförmige →Kidaris mit Kronreif am unteren Rand.

Die langen Hosen waren bei den kleinasiat. *Phrygern* und *Lydern* strumpfartig eng. Dazu trugen sie ein langärmeliges Untergewand und ein weites, knielanges, gegürtetes Obergewand mit kurzen Ärmeln. Das langärmelige lange Frauengewand war reicher gemustert und vorn und seitlich bordiert. Als Kopfbedeckung aller diente die →phrygische Mütze.

Bei den *Griechen* bildete das Hauptgewand der hemdartige →Chiton. Darüber trug die Frau den wollenen →Peplos. Obergewänder des Mannes waren die umhangartige →Chlaina, das schräg um den Körper gewickelte →Himation oder die auf der rechten Schulter gefibelte →Chlamys. Im Hellenismus stieg die Gürtung des Frauenchitons bis unter die Brust. Der schwere Peplos wurde im Hellenismus durch die auf den Schultern gefibelte →Peronatris ersetzt. Als Kopfbedeckung diente der flache, breitrandige →Petasos, die unteren Stände trugen den kegelförmigen →Pilos, dazu die kurze gegürtete →Exomis.

Die Hauptgewänder der *Römer* entsprachen denen der Griechen. Beide Geschlechter trugen die →Tunika. Beim Verlassen des Hauses hüllte sich der freie Römer in die →Toga, die Frau in die →Palla. Der Soldat trug der Chlamys ähnliche →Lacerna, später das →Sagum, denen beim Feldherrn das →Paludamentum entsprach. Als Wetter- und Reisemantel diente die auch von den unteren Ständen getragene →Paenula. In spätröm. Zeit wurde die Toga durch das kleinere und leichtere →Pallium ersetzt. Eine längere und weitere Frauentunika war die →Stola, die weibl. Kopfbedeckung der Schleier.

Zur K. der indogerman. Völker finden sich zahlr. Angaben bei antiken Autoren, so z. B. bei TACITUS zu den →Germanen. In der Zeit der *Völkerwanderung* vermischten sich die K.-Formen. Kelt. und byzantin. Einflüsse kamen hinzu. Die europ. Tracht des frühen *Mittelalters* bestand beim Mann aus Unterhose (→Bruch), zwei knielangen Schlupfkitteln, langen Hosen, Beinbinden, Schlupf- oder Schnürschuhen (dem →Bundschuh bei den unteren Ständen) sowie aus einem auf einer Schulter zusammengehaltenen Mantel oder einer Pelzjacke im Winter. Frauen trugen zwei verschieden lange, meist langärmelige Schlupfgewänder übereinander.

Textilfunde des 10. Jh. zeigen, dass bereits Zuschnitte nach Körperformen, Abnäher und Fältelungen verwendet wurden. Farben, Borten und Besätze der K. kennzeichneten den sozialen Rang des Trägers. Im 12. und 13. Jh. erfolgte eine Annäherung der Gewandformen bei Männern und Frauen. Die oberen Stände trugen lange, tunikaartige Gewänder als Unterkleidung (Surkot) sowie als Oberbekleidung (Colte), bisweilen an Ärmel und Seiten durch eingesetzte Keile (Geren) erweitert, darüber einen über der Brust zusammengehaltenen →Tasselmantel oder wie die unteren Stände eine →Glocke oder →Kappe. Die Frauen-K. entsprach mit eng anliegenden geschnürten Oberteilen, weiten Hängeärmeln und langen Schlepprocken dem höf. Schönheitsideal der Zeit. Das →Gebände gehörte zur Kopfbedeckung der verheirateten Frau. Männerhüte waren Schutzkleidung oder Standeszeichen (→Pfauenhut). Zu den alltäglichen Kopfbedeckungen zählten →Gugel und →Bundhaube.

Seit der Mitte des 14. Jh. nahm die Kleidervielfalt zu. In dt. Städten traten erste Kleiderordnungen in Kraft. Der lange Männerrock wurde kürzer und enger, sodass um 1350 die Schecke als Grundtypus von Wams und Leibrock entstand. Aus den →Beinlingen entwickelten sich strumpfhosenartige Kleidungsstücke. Der Schuh verlängerte sich zum spitzen →Schnabelschuh. Die Ausschnitte an Hals und Armen der engen Frauengewänder wurden größer, die Schleppen länger. Gürtel, Schließen und Knöpfe setzten dekorative Akzente. Durch Fältelungen wurde der Schleier zum →Kruseler. Für beide Geschlechter trat an die Stelle des Tasselmantels der nur noch mit einer Schließe gehaltene →Nuschenmantel.

Die Entwicklung der K. der europ. Neuzeit beeinflussten seit dem 15. Jh. bes. die →burgundische Mode sowie die K. des städt. ital. Bürgertums, dessen charakterist. halblange bis lange, häufig pelzgefütterte füllige Obergewänder zeitweise als Rock, Schaube und Hussecke bezeichnet wurden. Mäntel blieben selten. Halblange Hosen und daran anschließende Strümpfe lösten einteilige Beinkleider ab. Dazu trug man breite Schuhe (›Kuhmäuler‹ und ›Bärentatzen‹). Als Kopfbedeckung beider Geschlechter trat das häufig mit Netz-, Gold- oder Haarhauben kombinierte →Barett verstärkt neben Hut und Haube. Kragen- oder jackenartige Goller (→Koller) wurden Bestandteil einer stets mehrteiligen Oberkleidung. Bereits im späten 15. Jh. setzte die langlebige Mode der teils andersfarbig unterlegten Dekorationsschlitze ein. Die über die Kleiderordnungen erlassenen Material-, Farb- und Gebrauchsvorschriften spiegeln die soziale Hierarchie der frühneuzeitl. Stadtgesellschaft wider.

In der zweiten Hälfte des 16. Jh. gewann das mod. Vorbild des span. Hofes an Einfluss. Die →Schaube des Mannes verkürzte sich bis in Schenkel- oder Gesäßhöhe (Harzkappe). Umhangartig getragene Mäntel gewannen an Bedeutung. Die halblangen, geschlitzten, mit auffälligen Schamkapseln (Braguettes) versehenen Hosen erreichten um die Jahrhundertmitte als Pluderhosen ihre reichsten Formen, bevor kürzere, teils kugelig ausgepolsterte Hosenbeine (Heerpauke) die span. Mode ebenso kennzeichneten wie weit ausladende Hemdkragen (Kröse, Mühlsteinkrause) und hochgeschlossene, im Bauchbereich bisweilen gepolsterte Wämser (Gansbauch). Hohe Hüte drängten das Barett zurück. In der Frauenkleidung wurde eine strenge geschlossene Silhouette aktuell, die den Körper hinter kegelförmigen Reifröcken und hohen, versteiften, flachbusigen Miedern zurücktreten ließ. Ein Oberkleid trug man entweder lose über dem stets sichtbaren Unterkleid, oder es folgte dessen Konturen. Hohe Spitzenkragen, das zur steifen →Toque gewandelte Barett und mod. Beiwerk kamen in der festl. K. hinzu.

Zu Beginn des 17. Jh. setzte erneut eine Auflockerung der K. ein. Die Männer-K. übernahm während des Dreißigjährigen Krieges Elemente der Soldatenkleidung wie Lederkoller, Schärpe und Ärmelrock. Die Taille des Wamses rückte nach oben, die Schöße wurden länger. Unter den lang geschlitzten Ärmeln und in breiten, weich fallenden Schulterkragen trug man wieder Hemden. Die erneut knielangen Hosen waren mit Bändern, Borten, Spitzen und Knöpfen sehr schmuckfreudig; der Rhingrave z. B. wirkte durch weite, bandverzierte Hosenbeine fast rockartig. Mäntel gehörten inzwischen zur vollständigen K., ebenso Absatzschuhe mit dekorativen Rosetten (Schuhrosen), Stulpenstiefel und weiche breitkrempige Hüte mit Federzier. Auch in der Frauen-K. fanden Spitzen und Bänder reiche Anwendung. Neu waren Schoßmieder und Ärmeljacke. Das Oberkleid wurde ringsum in Höhe der Taille gerafft und ließ den zuerst noch über Hüftpolster, dann natürlich fallenden Rock des Unterkleides frei. Breite Hüte und Spitzenhauben waren bevorzugte Kopfbedeckungen.

Das frz. Hofkostüm wurde vorbildlich für die oberen Stände. Vom Soldatenrock hatte die zivile K. den halblangen, auf Figur geschnittenen Rock (→Justaucorps) übernommen, der die Männerkleidung über Frack und Gehrock lange Zeit begleitete. Den Anzug vervollständigten →Culotte und die noch mit Ärmeln und Schößen versehene Weste, das ehemalige Wams. An den Ärmeln und im Westenausschnitt wurde das Hemd sichtbar, das an Handgelenk und Brustschlitz mit einer Krause (→Jabot) abschloss. Um den Hals lag im späten 17. Jh. ein langes, geknotetes Halstuch (→Steenkerke), im 18. Jh. eine eng gefaltete Halsbinde. Die Beinbekleidung bestand aus weißen Strümpfen nebst Strumpfbändern und Schuhen (mit Schnallen und hohem Absatz), die im späten 17. Jh. noch bis über die Knöchel reichten, im 18. Jh. jedoch niedriger und flacher wurden. Die immer üppigere Lockenfrisur führte nach 1680 zur →Perücke, bis 1720 zur langen →Allongeperücke, danach zur gepuderten →Stutzperücke. Am Hinterkopf wurde die Perücke oder das eigene Haar in einem Haarbeutel (Crapaud) aufgebogen oder zum Zopf gedreht. Die Kopfbedeckung war der Dreispitz. Als Mantel diente bis ins späte 18. Jh. meist ein weiter, faltiger Umhang. Im letzten Viertel gelangte engl. Einfluss in die Herrenmode: schmuckloser Frack mit Überschlagkragen und eckig geschnittenen Schößen, Reithosen bis über das Knie, Stulpenstiefel und runder Hut. Das Frauenkostüm bestand aus engem Schnürleib und versteiftem Mieder mit Brustlatz (Stecker), Oberkleid (Manteau) und Rock (Jupe). Ein künstl. Reifengestell (→Panier) unter dem Rock führte um 1720 zurück zum →Reifrock. Der Manteau fiel in der ersten Jahrhunderthälfte in freien Falten herab (→Watteaufalte). Schlichter war die Schoßjacke →Caraco der bürgerl. K. Den tiefen Miederausschnitt und die Halbärmel umrandeten Rüschen aus Spitze oder Leinen (→Engageantes). Am spitzen Halbschuh oder Pantoffel erhöhte sich der Absatz (→Stöckelschuh). Im letzten Jahrhundertdrittel förderten Klassizismus und Aufklärung ein neues Ideal der Schlichtheit und Natürlichkeit, das parallel zum offiziellen Hofstil bereits vor der Frz. Revolution eine gräzisierende Mode begründete. Die Aufklärung löste auch ein Umdenken auf dem Gebiet der Kinder-K. aus, die bis ins 18. Jh. i. d. R. der der Erwachsenen entsprochen hatte. Lange, bequem geschnittene Knabenhosen mit hemdartigen Oberteilen und ohne Korsett und Schnürbrust zu tragende Mädchenkleider wurden als kindgerecht gefordert.

Mit der Frz. Revolution verlor der Hof seinen Führungsanspruch in der Mode. Die auch noch von der Empiremode unter NAPOLEON I. favorisierte →Chemise folgte auf Reifrock und Schnürbrust. Bei den Männern lösten lange Hosen (Pantalons) die Culottes ab. Perücken und gepuderte Haare verschwanden, und auch der Zweispitz (eine spätere Variante des Dreispitzes) wich in der zivilen K. dem Zylinder. Dick gebundene Halstücher, die in extremer Form die Modefigur des →Incroyable kennzeichneten, kurze, schoßlose Westen (Gilet), Frack oder ein halblanger Gehrock und der darüber getragene, leicht taillierte Mantel (Redingote) vervollständigten die nun stark englisch geprägte Männer-K. mit den für die Folgezeit bestimmend bleibenden Elementen.

In den 20er-Jahren des 19. Jh. kehrte die Frauenmode mit Unterröcken, Volants, später erneut Reifröcken zur geschnürten Taille zurück, die durch breite Schulterkragen und Keulenärmel (Schinkenärmel, Gigot) umso schmaler erschien. Den Kopf zierten Blumen und Bänder, breitrandige Hüte und die charakterist. Schute.

Die Männer-K. wurde bei gleichzeitiger anlassgebundener Differenzierung versachlicht (dunkel gehaltener Anzug aus Hose, Weste und Sakko für den Tag, Frack, Gehrock, Cut und seit dem Ende des Jahrhunderts Smoking für gesellschaftl. Anlässe). Als Überkleidung dienten Kragenmantel (→Carrick), Pelerinenmantel (→Havelock) und in der zweiten Hälfte des Jahrhunderts der →Paletot und der →Gehpelz. Die Halsbinde wandelte sich zur →Krawatte. Der Hemdkragen wurde vom Hemd gelöst und versteift. Zum Zylinder kam 1848 der Kalabreser.

Nach 1840 gerieten die Argumente einer kindgerechten Kleidung bei einem auf Stand und Repräsentation bedachten Bürgertum erneut in Vergessenheit: Söhne wurden zu Miniaturausgaben der Väter; bei den Töchtern führten Fischbeinkorsett und die für die Frauenmode wieder entdeckte Reifrock des Rokoko zu Gesundheitsschäden und behinderten Spiel und Bewegung. Bes. die Festgarderoben der Frauen erinnerten an die vergangene höf. Pracht. Die Tageskleidung war hochgeschlossen, mit halblangen Schoßjacken, Capes, Tüchern und Umhängen. Schuhe und Stiefel besaßen kleine Absätze. Um 1865 bis 1890 entwickelte sich die →Krinoline zur rückseitigen →Turnüre, um 1880 zum tiefer sitzenden ›Cul de Paris‹.

Als Gegenbewegung zum offiziellen Frauenbild propagierten Frauenrechtlerinnen, Sozialreformer und Ärzte eine emanzipator. Reform der Frauen-K. Die Amerikanerin AMELIA JENKS BLOOMER (* 1818, † 1894) schlug bereits 1851 Hosen für die Frau vor, die ohne Korsett, jedoch mit einem knielangen Rock darüber zu tragenden ›Bloomers‹. Schnürmieder und Reifröcke sollten natürlich fallenden Kleidern weichen (→Reformkleidung). Bis zur Jahrhundertwende hatte sich auch mit Samt- und Matrosenanzügen, Spitzenkleidern und kindl. Hängern mit Smokpassen eine eigene Kindermode herausgebildet. Gleichzeitig war die Kluft zu ärmlich gekleideten Arbeiterkindern unübersehbar geworden.

Mit der Einführung der →Haute Couture (1859) und des sich ausbreitenden Konfektionskleidung waren die Weichen für das K.-Verhalten des 20. Jh. gestellt worden. Reifengestelle und Polster verschwanden endgültig. Die Betonung lag nun auf einer schmalen, nach unten glockig erweiterten Silhouette. Das Schneiderkostüm kam auf. Rock und Bluse wurden immer beliebter. 1911 kreierte P. POIRET den ersten Hosenrock und auch den engen ›Humpelrock‹.

Weiter veränderten Sport und Freizeit die K. Turn- und Radfahrkostüme griffen die Reformgedanken des vergangenen Jahrhunderts auf (→Knickerbocker und Gürteljacke, zum Tennis weiße lange Hosen und Klubjacke). Die Tages- und Gesellschafts-K. hielt unter der Führung Englands weiterhin an den nach Anlass festgelegten Anzugtypen fest. Das Tragen des Zylinders wurde auf bestimmte Gelegenheiten beschränkt. Hüte für den tägl. Gebrauch waren ›Homburg‹, →Bowler (Melone), →Canotier (Kreissäge), flachköpfiger Filzhut. Bis zum Zweiten Weltkrieg erlebte die Herren-K. nur geringfügige Veränderungen, und auch nach der Zäsur der Kriegsjahre dauerte es bis in die 60er-Jahre, ehe Jugend- und Studentenbewegung, Protest- und Gesinnungskleidungen sowie die Bedürfnisse einer mit mehr Freizeit ausgestatteten Gesellschaft auch die männl. K.-Gewohnheiten beeinflussten (v. a. in der Freizeit- und Sportmode).

Für die Frau bewirkte eine veränderte soziale Stellung nach dem Ersten Weltkrieg einschneidende Veränderungen der K.-Gewohnheiten. Berufstätigkeit und Emanzipation erforderten eine funktionelle K., die in den 20er-Jahren das Modebild bestimmte: Kostüme, kurze Röcke, gerade geschnittene Hängekleider und Hemdblusenkleider, deren Verbreitung wegweisend durch die Entwürfe COCO CHANELS wurde (Garçonnemode). Die von ihr verarbeiteten Wirkstoffe (Jersey) brachten den Trägerinnen eine neuartige Bewegungsfreiheit. Die Schlichtheit der Tages-K. erfuhr für den Abend durch Schmuck und z. T. andere Materialien variationsreiche Abwandlungen.

1947 setzte C. DIOR mit den stoffreichen und langen Röcken des ›Newlook‹ ein der allgemeinen Aufbruchsstimmung entsprechendes Modesignal, dem zahlr. rasch wechselnde Modelinien folgten. (→Mode)

Kleidung der Naturvölker

Bei Naturvölkern sind die Grenzen zw. K. und Körperschmuck oft fließend, i. w. S. umfasst der Begriff K. jede künstl. Veränderung des Äußeren, also auch Bemalung, Tatauierung und Körperdeformationen. In den trop. Gebieten der Erde ging man vorzugsweise nackt oder legte ein symbol. Kleidungsstück (Schamschnur, Penisschnur, Hüftschnur) an. Allgemein gelten Schambinden, Tangas und Hüftschurze (Lendenschurze) aus Leder, Fell oder Rindenstoff als älteste ›echte‹ Kleidungsstücke. Aus der Schambinde dürfte die Hose, eine Kombination aus Schurz und Beinlingen (Leggings), wie bei vielen nordamerikan. Indianern üblich, hervorgegangen sein, aus dem Hüftschurz der Rock. Als Oberbekleidung dienten (oft gegürtete) Hemden und Kittel, offene Mäntel (z. B. Kaftan), Überwürfe mit zentraler Kopföffnung (Ponchos) und in den kalten Breiten das Ärmelwams. Unterkleider sind bei den Naturvölkern kaum bekannt. Auch die Fußbekleidung ist vom Klima abhängig (Leder- und Fellstiefel, Schnür-, Zehenriemen- und Holzsandalen mit Zehenzapfen); in vielen Gegenden geht man nach wie vor barfuß. Manche Kopfbedeckungen und die Ausgestaltung der K. geben Auskunft über Rang und Verdienste des Trägers, verweisen auf Jungfräulichkeit oder Ehestand, dienen dem Imponiergehabe oder unterstreichen persönl. Reichtum.

Religiöse Kleidungsformen

In archaischen Denkweisen waren die sozialen Rollen religiös begründet (Träger von ›mana‹, göttl. Kraft), sodass auch der K. neben ihren prakt. und ästhet. Funktionen eine religiöse Kraft (so z. B. auch in Mt. 9, 20 f.) und Bedeutung (Kleideropfer oder Kleidertausch) zukam. In den alten Hochreligionen tragen die Götter sowie die für sie zuständigen Priesterinnen und Priester (oft nach Rang und Klassen) festgelegte Trachten, ebenso die (sakralen) Herrscher. In den universalen Religionen symbolisieren das Ablegen der profanen K. und das Anziehen besonderer priesterl. oder mönchischer Gewänder den Eintritt in neue, religiöse Daseinsformen. Während die jüd. Priester festgelegte K. trugen (2. Mos. 28, 2–43; 39, 1–43), kannte das frühe Christentum zunächst keine priesterl. Tracht; erst mit der Ausbildung fester Amtsformen und des Mönchtums im 3. Jh. bildeten sich spezif. Merkmale der K. heraus. Heute ist die kath. Kirche eine sehr differenzierte Kleiderordnung in allen Orden und für das kirchl. Amt; hierzu zählen liturg. Gewänder, bestimmte Insignien (z. B. Ring, Brustkreuz und Mitra der Bischöfe), Kopfbedeckungen (z. B. Birett, Mitra, Tiara) sowie festgelegte Alltags-K. (z. B. Soutane oder schwarzer Anzug mit Kollar). Eine vergleichbare Vielfalt kennen die orth. Kirchen, während die ev. Kirchen – abgesehen von den nord. Kirchen, in denen die alte Kleiderordnung beibehalten wurde – nur eine vereinfachte Amtstracht kennen (z. B. Talar mit Beffchen oder Radkrause).

⇨ *Haartracht · Haube · Hose · Hut · Kleiderordnungen · Maschenware · Rock · Sandale · Schuhe · Volkstrachten*

W. REIMPELL: Gesch. der babylon. u. assyr. K. (1921); O. ŠRONKOVÁ: Die Mode der got. Frau (a.d.Tschech., Prag 1954); DIES. u. P. PAUL: Die Mode von der Renaissance bis zum Rokoko (a.d.Tschech., ebd. 1959); K. SCHLABOW: Gewebe u. Gewand zur Bronzezeit (1962); DERS.: Trachten der Eisenzeit (⁸1981); W. BRUHN u. M. TILKE: Kostümgesch. in Bildern (Neuausg. 1973); J. ARNOLD: Patterns of fashion, 3 Bde. (Neuausg. New York 1983–85); Cloth and clothing in Medieval Europe, hg. v. N. B. HARTE u. a. (London 1983); A visual history of costume, 6 Bde. (London 1983–86); H. BROST: Kunst u. Mode. Eine Kulturgesch. vom Altertum bis heute (1984); E. LARRASS: Mode – Tracht – Kostüm (Neuausg. 1984); E. THIEL: Gesch. des Kostüms (⁶1985); I. WEBER-KELLERMANN: Der Kinder neue Kleider (1985); A. HOFER: Textil- u. Mode-Lex. (⁶1988); P. J. LEHMANN: Die K., unsere zweite Haut (³1992); W. SCHIERBAUM: Bekleidungs-Lex. (³1993); I. LOSCHEK: Reclams Mode- u. Kostüm-Lex. (³1994); DIES.: Mode im 20. Jh. Eine Kulturgesch. unserer Zeit (⁵1995); A. HOLLANDER: Anzug u. Eros. Eine Gesch. der modernen K. (a.d.Engl., 1995); M. VON BOEHN: Die Mode. (Neuausg. ⁵1996); J. PEACOCK: Kostüm u. Mode – das Bildhandbuch. Von den frühen Hochkulturen bis zur Gegenwart (a.d. Engl., Bern ²1996).

Kleie [ahd. kli(w)a, eigtl. ›klebrige Masse‹], Rückstand beim Mahlen des gereinigten Getreidekorns, besteht aus Schalen- und Randschichten und Keimlingen des Korns. K. enthält neben 15–18 % Eiweiß die Vitamine B₁ und E und dient (früher ausschließlich) als Viehfutter. K. wird heute auch zur Eiweiß-, Ballaststoff- und Vitaminanreicherung der menschl. Ernährung verwendet (z. B. in bestimmten Brotsorten) oder als Speise-K. in Rohkostform angeboten.

Kleienflechte, eine Hautkrankheit, →Pityriasis.

Kleihues [-hu:s], Josef Paul, Architekt, * Rheine 11. 6. 1933; studierte in Stuttgart, Berlin (bei P. POELZIG und H. SCHAROUN) und Paris; seit 1962 als selbstständiger Architekt in Berlin tätig, seit 1973 Prof. in Dortmund, ab 1994 an der Kunstakademie Düsseldorf. 1979–87 war er Planungsdirektor für die Neubaugebiete der Internat. Bauausstellung Berlin (IBA) 1987; 1986–91 Prof. an der Cooper Union New York. Seine Bauten sind von der Auseinandersetzung mit der →rationalen Architektur und dem preuß. Klassizismus der Schinkel-Zeit geprägt. K. ist v.a. an den derzeitigen Bauvorhaben in Berlin mit zahlr. Projekten vertreten (u. a. Checkpoint Charlie, Gendarmenmarkt, Pariser Platz, Friedrichstraße).

Weitere Werke: Hauptwerkstatt der Berliner Stadtreinigung (1969–79); Krankenhaus in Berlin-Neukölln (1973–81); Zentrum Wulfen in Dorsten (1975–79); Museum für Vor- u. Frühgesch. in Frankfurt am Main (1980–89); Museum Lütze u. Städt. Galerie in Sindelfingen (1986–89); Museum Henninger u. Städt. Galerie in Kornwestheim (1987–89); Umbau der Deichtorhallen zu Ausstellungshallen in Hamburg (1988–89); Museum of Contemporary Art in Chicago (1991–95); Hochhaus am ›Kantdreieck‹ in Berlin (1992–94); Umbau u. Erweiterung des Hamburger Bahnhofs zu einem Museum für Gegenwart in Berlin (1992–96).

A. MESECKE u. T. SCHEER: Das Kantdreieck. J. P. K. (1995); J. P. K., hg. v. DENS. (Basel 1996, dt. u. engl.).

Klein, 1) Abraham Moses, kanad. Schriftsteller, * Ratno (Ukraine) 14. 2. 1909, † Montreal 21. 8. 1972;

Josef Paul Kleihues: Innenhof des Museums für Vor- und Frühgeschichte in Frankfurt am Main; 1980–89

kam 1910 nach Montreal, wo er später als Jurist und für die zionist. Bewegung tätig war. K. schrieb Gedichte und Prosa unter dem Einfluss jüd. Tradition und neuerer engl. Literatur, v. a. von J. JOYCE.

Werke: *Lyrik:* Hath not a Jew ... (1940); Poems (1944); The Hitleriad (1944); The rocking chair and other poems (1948). – *Roman:* The second scroll (1951).

Ausgaben: The collected poems (1974); Collected works, hg. v. M. W. STEINBERG, 3 Bde. (1982–87).

M. WADDINGTON: A. M. K. (Toronto 1970); U. CAPLAN: Like one that dreamed. A portrait of A. M. K. (ebd. 1982).

2) Calvin Richard, amerikan. Modeschöpfer und Unternehmer, * New York 19. 11. 1942; gründete 1968 sein eigenes Unternehmen C. K. Ltd. Er gehörte zu den ersten amerikan. Modedesignern, die die kreativen Ideen der Pariser Mode in der amerikan. Modeszene durchsetzen konnten. Mit seinen Designerjeans gab er dem Jeansmarkt neue Impulse. Neben Kleidung kreiert er auch Parfüm.

3) Christian Felix, Mathematiker, * Düsseldorf 25. 4. 1849, † Göttingen 22. 6. 1925; ab 1872 Prof. in Erlangen, 1875 in München, 1880 in Leipzig und ab 1886 in Göttingen. K.s Arbeitsgebiete waren v. a. die Funktionentheorie und die Geometrie. Sein 1872 vorgelegtes →Erlanger Programm schuf, gestützt auf den bei seinem Lehrer C. JORDAN entlehnten Gruppenbegriff, Ordnung in der Vielzahl der Geometrien. 1871 und 1873 publizierte K. zwei wichtige Arbeiten zur nichteuklid. Geometrie, in denen er das heute nach ihm benannte projektive Modell derselben entwickelte. Die nachfolgenden Jahre galten der Auflösung der Gleichung fünften Grades mit transzendenten Mitteln sowie der Entwicklung der Theorie der ellipt. und automorphen Funktionen. In den 90er-Jahren setzte sich K. verstärkt mit den Anwendungen der Mathematik auseinander und schrieb mit A. SOMMERFELD ein Werk über den Kreisel. Zunehmend wurde K. auch wissenschaftsorganisatorisch tätig. Nach 1900 setzte er sich für die Modernisierung des mathemat. Unterrichts an Schule und Hochschule ein.

Werke: Vorlesungen über das Ikosaeder u. die Auflösung der Gleichungen vom fünften Grade (1884); Über die Theorie des Kreisels, 4 Bde. (1897-1910, mit A. SOMMERFELD); Vorlesungen über die Theorie der automorphen Functionen, 2 Bde. (1897-1912, mit R. FRICKE); Elementarmathematik vom höheren Standpunkte aus, 2 Bde. (1908-09); Vorlesungen über die Entwicklung der Mathematik im 19. Jh., 2 Bde. (hg. 1926-27).

Ausgabe: Ges. mathemat. Abh., 3 Bde. (1921-23, Nachdr. 1973).

R. TOBIES: F. K. (Leipzig 1981); I. M. JAGLOM: F. K. and Sophus Lie. Evolution of the idea of symmetry in the nineteenth century (a.d. Russ., Boston, Mass., 1988); K. H. PARSHALL u. D. E. ROWE: The emergence of the American mathematical research community, 1876-1900. J. J. Sylvester, F. K. and H. E. Moore (Providence, R. I., 1994).

4) Hans, Politiker, * Mährisch-Schönberg 11. 7. 1931, † Bonn 26. 11. 1996; Journalist; wurde 1968 Pressesprecher der Olymp. Spiele in München 1972. Ab 1975 Mitgl. der CSU, ab 1976 MdB, war K. 1987-89 Bundes-Min. für wirtschaftl. Zusammenarbeit, 1989/90 Bundes-Min. für besondere Aufgaben und Reg.-Sprecher sowie ab 1990 einer der Vize-Präs. des Dt. Bundestages.

5) Johann Adam, Maler und Grafiker, * Nürnberg 24. 11. 1792, † München 21. 5. 1875; hielt sich 1819–22 in Italien auf und war 1823–37 in Nürnberg, dann in München tätig. K. stellte v. a. ländl. Szenen mit Pferden und anderen Haustieren dar. Wichtig sind bes. seine Zeichnungen.

R. FREITAG-STADLER: J. A. K., 1792-1875, Zeichnungen u. Aquarelle (1975); J. A. K. Gemälde im Besitz der Stadt Nürnberg, bearb. v. K. H. SCHREYL (1995).

6) Lawrence Robert, amerikan. Volkswirtschaftler, * Omaha (Nebr.) 14. 9. 1920; seit 1958 Prof. an der University of Pennsylvania in Philadelphia, beschäftigt sich v. a. mit der Konjunkturtheorie, erhielt 1980 für die Konstruktion ökonometr. Konjunkturmodelle und deren Verwendung bei Analyse der Wirtschaftspolitik den Nobelpreis für Wirtschaftswissenschaften. K. war für verschiedene Unternehmen, Wirtschaftsforschungsinstitute, Organisationen (z. B. UNCTAD, UNIDO) und Politiker (z. B. J. CARTER) als Berater tätig; Hauptvertreter des Keynesianismus.

Werke: The Keynesian revolution (1947); A textbook of econometrics (1953); An introduction to econometrics (1962; dt. Einf. in die Ökonometrie); An introduction to econometric forecasting and forecasting models (1980, mit R. M. YOUNG); The economics of supply and demand (1983). – **Hg.:** Econometric model performance. Comparative simulation studies of the U. S. economy (1976, mit E. BURMEISTER); Economic theory and econometrics (1985); A quest for more stable world economic system (1993).

Felix Klein

7) Melanie, österr. Psychoanalytikerin, * Wien 30. 3. 1882, † London 22. 9. 1960; Schülerin der Psychoanalytiker S. FERENCZI und K. ABRAHAM, lebte seit 1926 in London. Unter der Annahme, dass Kinder in Spiel auf symbol. Weise Fantasien, Wünsche und Erfahrungen mitteilen, entwickelte K. ihre ›Spieltechnik‹ und ›Spielanalyse‹, die neue Möglichkeiten zur psychoanalyt. Behandlung von Kindern eröffneten.

Ausgabe: Ges. Schriften, hg. v. R. CYCON, auf 4 Bde. ber. (1995 ff.).

8) Oskar Benjamin, schwed. Physiker, * Stockholm 15. 9. 1894, † ebd. 5. 2. 1977; 1930–62 Prof. in Stockholm; Arbeiten v. a. zur Quantenmechanik (→Klein-Gordon-Gleichung, →Klein-Nishina-Formel), zur Theorie der Kernkräfte und der Elementarteilchen, über die allgemeine Relativitätstheorie und Kosmologie sowie die Entstehung der chem. Elemente.

Lawrence R. Klein

9) [klɛ̃], Yves, frz. Künstler, * Nizza 28. 4. 1928, † Paris 6. 6. 1962; schuf ab 1949 monochrome Bilder, bes. in leuchtendem Blau. Seine Experimente mit den verschiedensten Materialien und Techniken (›Feuerbilder‹, seit 1957; ›Anthropometrien‹, Körperabdrücke, seit 1958; ›Cosmogenien‹ mit Spuren von Wind, Regen und Pflanzen, seit 1960) gaben der zeitgenöss. Kunst starke Impulse. K. war Mitbegründer des →Nouveau Réalisme.

P. RESTANY: Y. K. (a.d. Frz., 1982); J. STÖHR: Y. K. u. die ästhet. Erfahrung (1993); Y. K., hg. v. S. FRÖHLICH, Ausst.-Kat. Museum Ludwig Köln (1994).

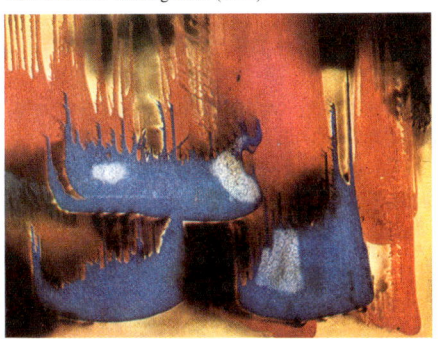

Yves Klein: Feuerbild; 1961/62 (Privatbesitz)

Kleinakti|en, i. w. S. Aktien mit geringem Nennbetrag (z. B. 50 DM); i. e. S. Aktien, die auf den durch § 8 Aktien-Ges. vorgeschriebenen Mindestnennbetrag von 5 DM (bis 1994 50 DM) lauten. Zugelassen wurden K. im Zusammenhang mit den Währungsumstellungen von 1923 und 1948.

Kleinaktionär, Inhaber von Aktien, der nur über einen kleinen Anteil an den insgesamt von der betreffenden Gesellschaft ausgegebenen Aktien und deshalb nur über geringen Einfluss auf die AG verfügt.

Kleinasi|en, die nach W vorspringende Halbinsel Asiens, Gebietsteil der Türkei, zw. Schwarzem Meer,

Marmarameer, Ägäischem Meer und östl. Mittelmeer; umfasst den westl. und mittleren Teil des heutigen →Anatolien.
Vorgeschichte: Altsteinzeitl. Funde gibt es bisher nur vom Rande der Ebene von Antalya (SW-Türkei). Die älteste Phase der Jungsteinzeit mit Dauersiedlungen, aber noch ohne Keramik (›akeram. Neolithikum‹) ist in →Hacılar und →Çatal Hüyük (7. Jt. v. Chr.) bezeugt. Die Funde der darauf folgenden Epoche in Çatal Hüyük zeigen ein bemerkenswert hohes Kulturniveau. Die Weiterentwicklung dieser Kultur im frühen Chalkolithikum ist am besten wieder in Hacılar zu beobachten, die anschließenden Epochen in →Beycesultan. Die Kulturentwicklung von der Jungsteinzeit bis zum mittleren Chalkolithikum an der östl. Südküste K.s spiegelt die Schichtenfolge in →Mersin wider, die anschließenden Phasen bis zum Ende der späten Bronzezeit sind in →Tarsus repräsentiert. Der wichtigste Fundplatz von der frühen bis zum Ende der späten Bronzezeit in West-K. ist →Troja. Die letzte Phase der frühen Bronzezeit in K. (zweite Hälfte des 3. Jt. v. Chr.) ist durch bes. reiche Funde als Blütezeit ausgewiesen (→Alişar Hüyük, →Horoztepe, →Tilmen Hüyük).
Geschichte: Für die mittlere Bronzezeit stehen mit den Archiven der Kaufleute aus Assyrien (→Kanisch) sowie den Tontafeln der Hethiter aus →Hattusa auch histor. Quellen zur Verfügung. Das Ende der späten Bronzezeit fällt mit dem Zusammenbruch des Hethiterreiches, dem einschneidendsten Bruch in der älteren Geschichte K.s, zusammen (um 1200 v. Chr.).
Danach wanderten neue Völker ein, von denen die Phryger ein größeres Reich (Hauptstadt →Gordion) bildeten, das zu Beginn des 7. Jh. v. Chr. von den Kimmeriern zerstört wurde. Vom frühen 7. Jh. v. Chr. an ist Lydien mit seiner Hauptstadt Sardes bis zur Eroberung durch die Perser 546 v. Chr. die Hauptmacht in K. Noch vor 1000 v. Chr. siedelten Griechen an der W-Küste. Alexander d. Gr. ersetzte 334 v. Chr. die pers. Herrschaft in K. durch die makedonische. Griech. Sprache und Kultur setzten sich in der Folgezeit in ganz K. durch, nachdem alteingesessene Völker (Lykier, Karer, Pisidier, Pamphylier) lange ihre Sprachen bewahrt hatten. Im 3. Jh. v. Chr. entstand das →Pergamenische Reich, das 133 v. Chr. an die Römer fiel, die daraus die Prov. Asia schufen und dann ganz K. eroberten. Später gehörte K. zum Byzantin. Reich, im 11. Jh. kam es unter die Herrschaft der Seldschuken, im 14. Jh. an die Osmanen.
Über *Sprachen* K.s →altkleinasiatische Sprachen, →anatolische Sprachgruppe, →armenische Sprache, →türkische Sprache.

Kleinaspergle, frühkelt. Fürstengrabhügel in Asperg, gegenüber dem Hohenasperg; Grabkammer mit Gold- und Silberschmuck, Bronzegefäßen, goldenen Trinkhörnern und zwei attischen Trinkschalen aus dem 5. Jh. v. Chr. Das Zentralgrab wurde wohl bereits im MA. ausgeraubt. In der Nähe liegt der Fürstengrabhügel Grafenbühl (frühe La-Tène-Zeit), in dessen hölzerner Grabkammer wahrscheinlich ein Mann mit reichen Beigaben bestattet war.
W. Kimmig: Das Kleinaspergle. Studien zu einem Fürstengrabhügel der frühen Laténezeit bei Stuttgart (1988).

Kleinbären, Procyonidae, Familie kleiner Bären (Kopf-Rumpf-Länge 30–65 cm) mit buschigem, schwarz gebändertem Schwanz und sowohl marder- als auch bärenähnl. Merkmalen; die v. a. nachtaktiven K. sind ausschließlich in der Neuen Welt verbreitet; sie sind gute Baumkletterer und ernähren sich vorwiegend von Kleintieren und Früchten. Zu den K. gehören etwa 17 Arten mit etwa 87 Unterarten in fünf (oder sechs) Gattungen: →Katzenfrette, →Makibären, →Waschbären, →Nasenbären und →Wickelbären.

Kleinbetrieb, Produktionseinheit mit geringem Personal- und Kapitaleinsatz sowie geringem Produktionsumfang. K. zeichnen sich i. Allg. durch hohe Flexibilität und Kundennähe aus. Die relativ einfache Organisationsstruktur ermöglicht eine effiziente Führung. Nachteile ergeben sich aus der geringen Marktmacht, vielfach geringem Eigenkapital und der geringen Eignung zur Automatisierung. Betriebswirtschaftlich hängt die Größe eines K. vom Produktionszweig ab. Rechtlich lassen sich nach dem Betriebsverfassungsgesetz Betriebe mit 5–20 Arbeitnehmern als K. klassifizieren. Bei der steuerl. Außenprüfung gelten Umsatz- und Gewinngrenzen als Abgrenzungskriterium (z. B. 200 000 DM Gesamtumsatz oder 36 000 DM steuerl. Gewinn bei Industrie- und Handelsbetrieben). →Großunternehmen.

Kleinbildkamera, →fotografische Kameras.

Kleinblittersdorf, Gem. im Stadtverband Saarbrücken, Saarland, an der Saar, die hier die Grenze zu Frankreich bildet, 13 000 Ew.; Kunststoffverarbeitung, Sektkellerei.

Kleinbronzen [-brɔ̃-], **1)** *bildende Kunst:* kleinformatige figürl. Bronzeplastik; am Anfang des künstler. →Bildgusses standen in kleinen offenen Formschalen (Herdguss) hergestellte, einseitig gestaltete Erzeugnisse aus Bronze, dazu trat (abgesehen von einfachen Vollgüssen in zwei Schalenformen) der Vollguss im Wachsausschmelzverfahren. Die ältesten vollplast. Statuetten stammen anscheinend aus Alaca Hüyük (2200–2000 v. Chr.), vielleicht etwa gleichzeitig entstanden Vollgüsse in der Harappakultur. Aus dem 2. Jt. v. Chr. sind dann u. a. hethit. und die K. der minoischen Kultur auf Kreta zu nennen; z. T. waren K. das wesentliche künstler. Erzeugnis (→Luristanbronzen). K. wurden nach der Mitte des 2. Jt. v. Chr. in fast allen Kulturen der Bronze- und Eisenzeit gegossen. Der Hohlguss kam wohl ebenfalls aus Vorderasien. In der griech. Kunst wurden anfangs Hohl- und Vollguss verbunden (geometr. Bronzeplastik eines Hengstes, Bild griechische Kunst), die archaischen Statuetten von Dodona sind Hohlgüsse. K. waren in der etrusk., italischen, kelt. und skyth. Kunst beliebt; sie behaupten sich z. T. auch neben Großplastik aus Bronze. Verbreitet waren K. dann bes. wieder im Hellenismus und in Rom. Edelmetallarbeiten stellten Konkurrenten für K. dar (→Goldschmiedekunst), Bronze wurde deshalb auch meist poliert oder auch vergoldet. Besondere Wertschätzung erlangten K. wieder in der Renaissance. (→Bronzekunst, →Kleinplastik)
2) *Münzkunde:* Sammler-Bez. für die antiken röm. Semis- (= $^{1}/_{2}$ As) und Quadransmünzen (= $^{1}/_{4}$ As). Auch die seit dem Ende des 3. Jh. n. Chr. geprägten →Follis werden häufig als K. bezeichnet.

Kleinbürgertum, in der vor- und frühindustriellen Gesellschaft derjenige Teil der Stadtbevölkerung, der gegenüber dem Großbürgertum nur über geringen Besitz und Bildungsstand und dementsprechend wenig soziale Aufstiegschancen und polit. Einfluss verfügte. Seit der zweiten Hälfte des 19. Jh. erlangte das K. begrenzte polit. Wirkungsmöglichkeiten durch die Entstehung bürgerl. Parteien. – Heute ist Kleinbürger eine meist abwertende Bez. für Menschen, die einen mit Kleinbesitz und ›Halbbildung‹ verbundenen Lebensstil pflegen, die zur Wahrung privater Besitzinteressen gerichtetes konservatives Bewusstsein entwickeln, soziale Reformen in ihrer Gesellschaft fürchten und daher zu Vorurteilen und Denken in Stereotypen neigen.
D. Jung: Vom K. zur dt. Mittelschicht. Analyse einer Sozialmentalität (1982); B. Ehrenreich: Angst vor dem Absturz. Das Dilemma der Mittelklasse (a. d. Amerikan., Neuausg. 1994).

Kleindeutsche, im 19. Jh., v. a. in der Frankfurter Nationalversammlung 1848/49 die Befürworter einer Lösung der dt. Frage (im Unterschied zu den Großdeutschen) durch einen Bundesstaat unter preuß. Führung und unter Ausschluss Österreichs (auch

→Erbkaiserliche gen.). 1849/50 unterstützten die →Gothaer die preuß. Unionspolitik (›Erfurter Unionsparlament‹). Nach der Reichsgründung 1870/71 erfuhr der Begriff **kleindeutsch** einen Wandel in ›preußisch-deutsch‹. – In der Geschichtsschreibung jener Zeit profilierte sich H. VON TREITSCHKE als Protagonist der kleindt. Idee. Auch J. G. DROYSEN und H. VON SYBEL waren Anhänger der kleindt. Richtung.

Kleine, Friedrich Karl Berthold, Tropenarzt, *Stralsund 14. 5. 1869, †Johannesburg (Südafrika) 22. 8. 1951; ab 1924 Prof. für Hygiene in Berlin, ab 1933 auch Präs. des dortigen Robert-Koch-Instituts für Infektionskrankheiten; erforschte die zykl. Entwicklung des Erregers der Schlafkrankheit (›Trypanosomenstudien‹, 1911; mit M. TAUTE) und führte deren Behandlung mit Germanin ein.

Kleine Antillen, aus den →Inseln über dem Winde und den →Inseln unter dem Winde bestehende Inselgruppe der Karibik.

Kleine Brüder Jesu, frz. **Petits Frères de Jésus** [ptit ˈfrɛːr də ʒoˈzyːz], kath. Kongregation; als geistl. Gemeinschaft 1933 in der Sahara zur Verbreitung des christl. Glaubens im Sinne der Missionstätigkeit C. DE FOUCAULDS gegründet; 1968 als Kongregation päpstl. Rechts anerkannt. Meist Laien und heute in zahlreichen Ländern tätig, leben die K. B. J. in kleinen Gemeinschaften bes. mit armen und sozial ausgegrenzten Menschen zusammen, um sie durch ihr Beispiel für den christl. Glauben zu gewinnen. Dem gleichen Anliegen ist die unabhängig von den K. B. J. 1939 gegründete Gemeinschaft der **Kleinen Schwestern Jesu** (frz. **Petites Sœurs de Jésus**) verpflichtet.

Kleine Donau, Name für zwei Nebenarme der Donau: der nördliche begrenzt die →Große Schütt in der Slowak. Rep., der südliche die →Kleine Schütt in Ungarn.

Kleine Eiszeit, Bez. für die Periode der Klimaverschlechterung in Europa, die um 1400 begann und, unterbrochen durch mildere Abschnitte und einzelne sehr warme Jahre, bis etwa 1900 dauerte, mit Tiefpunkten um 1600 und 1850. Sie war insgesamt gekennzeichnet durch kühle, feuchte Sommer und kalte, schneereiche Winter, durch starke Vorstöße von Gletschern (Schneegrenze in den Alpen um 150–200 m tiefer als heute) und Treibeis (bis zu den Färöern und W-Norwegen); die Jahresdurchschnittstemperatur war i. Allg. 1–1,5 °C niedriger als heute (die des Meerwassers im Europ. Nordmeer um 3–5 °C), die Vegetationsperiode um bis zu 6 Wochen verkürzt. Das Klima war durch höhere Variabilität bestimmt; das Vorherrschen meridionaler Luftströmungen (polare Kaltluft), v. a. im Westwindgürtel der mittleren Breiten der Nordhalbkugel, führte auch zu höheren Niederschlägen im Mittelmeergebiet und in den Randtropen (u. a. in der Sahelzone). Die Klimaverschlechterung hatte erhebliche ökolog. Auswirkungen: u. a. Missernten, Viehsterben, Hungersnöte, Epidemien, Bevölkerungsrückgang in Europa. Instrumentelle meteorolog. Beobachtungsreihen liegen erst seit etwa 1750 vor, im Übrigen beruht der v. a. für die Nordhalbkugel erbrachte klimatolog. Nachweis auf indirekten Klimazeugen (→Klimaschwankungen).

C. PFISTER: Klimagesch. der Schweiz 1525–1860 (Bern 1984); J. M. GROVE: The little ice age (London 1988, Nachdr. ebd. 1990). – Weitere Literatur →Klimaschwankungen.

Kleine Entente [-ãˈtɛːt], polit. und militär. Bündnissystem zw. der Tschechoslowakei und dem späteren Jugoslawien (14. 8. 1920) sowie Rumänien (23. 4. 1921), ergänzt durch den Bündnisvertrag zw. Rumänien und Jugoslawien (7. 6. 1921), mit dem Ziel, den durch die Pariser Vorortverträge 1919/20 im Donauraum geschaffenen Status quo zu sichern. Auf Betreiben des tschechoslowak. Außen-Min. E. BENEŠ abgeschlossen, sollten die bilateralen Defensivverträge der drei Länder vornehmlich die ungar., aber auch die bulgar. und ital. Revisionsforderungen abwehren, eine Restauration der Habsburger verhindern sowie die militär. und wirtschaftliche Kooperation vertiefen. Frankreich betrachtete aufgrund seines Bündnisvertrages mit der Tschechoslowakei (25. 1. 1924) die K. E. als einen wesentl. Teil seiner Sicherheitspolitik in Europa. Da die Einbeziehung Polens in das Bündnissystem nicht gelang, erreichte es nicht die angestrebte Bedeutung. Zwar gaben sich die Staaten der K. E. angesichts der wachsenden dt. und ital. Gefahr am 16. 2. 1933 im ›Organisationspakt‹ ein neues Organisationsstatut, aber bereits am 17. 3. 1934 schloss Italien mit Österreich und Ungarn einen gegen die K. E. gerichteten Konsultativpakt (→Römische Protokolle); Jugoslawien und Rumänien vereinigten sich mit Griechenland und der Türkei im Balkanpakt vom 9. 2. 1934. Die Erweiterung des französisch-sowjet. Beistandspaktes auf die Tschechoslowakei (16. 5. 1935) höhlte die K. E. weiter aus, deren Mitgl. zunehmend mit den Forderungen ihrer nat. Minderheiten konfrontiert wurden. Unter der sich ändernden Mächtekonstellation zerbrach die K. E., ebenso wie das kollektive Sicherheitssystem des Völkerbundes, im September 1938 bei HITLERS Zerschlagung der Tschechoslowakei (›Sudetenkrise‹; Münchener Abkommen).

P. KISZLING: Die militär. Vereinbarungen der K. E. 1929–1937 (1959); G. REICHERT: Das Scheitern der K. E. (1971); A. A. JAZ'KOVA: Malaja Antanta v evropejskoj politike (Moskau 1974).

kleine Fahrt, in der dt. Schifffahrt Einsatzbereich eines Schiffes, der die gesamte Ostsee, die Nordsee bis zu 61° n. Br. (entlang der norweg. Küste bis zu 64°) und 7° w. L. und die Fahrt zu den Häfen Großbritanniens, Irlands und der frz. Atlantikküste umfasst.

Kleine Fatra, slowak. **Malá Fatra** [ˈmala:-], Gebirgszug der Westkarpaten in der Slowak. Rep., von der Waag durchbrochen, bis 1 709 m ü. M.; Baumgrenze bei etwa 1 400 m ü. M.; Fremdenverkehr, Wintersport.

Kleine Freiheit, Die, 1951 von TRUDE KOLMAN in München gegründetes politisch-literar. Kabarett (bestand bis 1969); Autoren waren u. a. ERICH KÄSTNER und M. MORLOCK, die sich kritisch (mit resignativem Unterton) mit der restaurativen Politik der 50er-Jahre auseinander setzten. 1957–61 führte F. HOLLAENDER hier neue Kabarettrevuen auf.

Kleine Heidelberger Liederhandschrift, älteste der drei oberdt. →Liederhandschriften (Sigle A), wohl Ende des 13. Jh. im Elsass entstanden. Sie besteht aus 45 in got. Minuskeln, im Hauptteil von einer Hand eng beschriebenen Pergamentblättern im Quartformat. Erstmals nachweisbar in der Mitte des 16. Jh. in der →Palatina, heute in der Univ.-Bibliothek Heidelberg. Enthält in 34 mit Autorennamen (oder auch nur Sammlernamen) bezeichneten, fortlaufend eingetragenen Abschnitten mittelhochdt. Minnelyrik aus dem Ende des 12. und dem Anfang des 13. Jahrhunderts.

L. VOETZ: Überlieferungsformen mittelhochdt. Lyrik, in: Codex Manesse, hg. v. E. MITTLER, Ausst.-Kat. (1988).

Kleine Kampfschiffe, Gattungs-Bez. für Kriegsschiffe bis zu etwa 300 t Standardwasserverdrängung. Zu den K. K. gehören die Untergattungen ›Flugkörperschnellboote‹, ›U-Jäger‹, ›Schnellboote‹, ›Wachfahrzeuge‹, ›Flusskampfschiffe‹.

Kleine Karpaten, slowak. **Malé Karpaty** [ˈmalɛ ˈkarpati], Gebirgszug der Westkarpaten in der Slowak. Rep., erstreckt sich von der Donau bei Preßburg rd. 100 km in nordöstl. Richtung, 10–15 km breit, bis 768 m ü. M.

kleine Nachtmusik, Eine, W. A. MOZARTS Bez. für die Streicherserenade G-Dur KV 525 (1787).

kleine Prinz, Der, frz. ›Le petit prince‹, Märchen von A. DE SAINT-EXUPÉRY; frz. 1943.

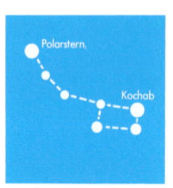

Kleiner Bär:
Der Kleine Wagen im Sternbild Kleiner Bär

Kleine Propheten, →Zwölfprophetenbuch.
Kleiner, 1) Juliusz, poln. Literaturwissenschaftler, * Lemberg 24. 4. 1886, † Krakau 23. 3. 1957; bedeutender Romantikforscher der geistesgeschichtl. Schule; Verfasser des Handbuchs ›Die poln. Literatur‹ (1930).
2) Salomon, Zeichner und Kupferstecher, * Augsburg 12. 4. 1703, † Wien 15. 3. 1761; war als Vedutenzeichner tätig und lebte ab 1727 in Wien; erlangte Bedeutung aufgrund der genauen Wiedergabe der süddt. und der Wiener Barockbauten und -gärten in seinen Werken.
Kleiner Bär, lat. **Ursa Minor,** Abk. **UMi,** ein in unseren Breiten immer sichtbares (zirkumpolares) Sternbild des nördl. Himmels, in dem der Himmelspol liegt. Die von den sieben hellsten Sternen des K. B. gebildete Figur wird **Kleiner Wagen** (auch **Kleiner Himmelswagen**) genannt. Die beiden hellsten Sterne des Kleinen Wagens sind der Polarstern (am äußersten Ende der ›Deichsel‹) und der Kochab. (→Alignement)
Kleiner Belt, ein Teil der →Beltsee.
Kleiner Chingan [-tʃiŋgan], chin. **Xiao Hinggan Ling** [çiao-], Gebirge in China, →Chingan.
Kleiner Feldberg, Berg im Taunus, →Feldberg.
Kleiner-gleich-Relation, Formelzeichen ≦ oder ≤, eine →Ordnungsrelation, bei der im Unterschied zur →Kleinerrelation auch die Gleichheit zugelassen ist.
kleiner Grenzverkehr, nachbarl. Verkehr von Personen, die in den Grenzgebieten von Nachbarstaaten ansässig sind. Für den k. G. bestehen aufgrund zwischenstaatl. Abkommen pass-, ausweis- und zollrechtl. Erleichterungen. Das dt. Außenwirtschaftsrecht regelt Genehmigungsbefreiungen im Verkehr zw. Personen, die in benachbarten, durch zwischenstaatl. Abkommen festgelegten Grenzzonen oder in benachbarten Grenzräumen mit Drittländern (Staaten, die nicht Mitgl. der EG sind) ansässig sind. Genehmigungsfrei sind danach die Ein- und Ausfuhr der von Grenzgebietsbewohnern mitgeführten Waren bis zu einem Wert von täglich 1000 DM, soweit sie nicht zum Handel bestimmt sind; die Ein- und Ausfuhr von Waren, die diesen Personen als Teil des Lohnes (bei Ausfuhr: Lohn für Arbeit im Gebiet der EG) oder aufgrund von gesetzl. Unterhalts- oder Altenteilsverpflichtungen gewährt werden (§§ 19 Abs. 2, 32 Abs. 1 Außenwirtschafts-VO). – Grenznaher Verkehr zw. der BRD und der DDR →innerdeutsche Beziehungen.
Kleiner Heuberg, Bergland vor dem Trauf der Schwäb. Alb, westlich von Balingen, Bad.-Württ., bis 680 m ü. M.; aus Schichten des unteren und mittleren Jura aufgebaut.
Kleiner Hund, dt. Name des Sternbildes Canis Minor (→Hund).
Kleiner Löwe, lat. **Leo Minor,** Abk. **LMi,** ein Sternbild des nördl. Himmels, nördlich an das Sternbild →Löwe angrenzend.
Kleiner Mann – was nun?, Roman von H. FALLADA, 1932.
Kleiner Norden, Großlandschaft in →Chile.
Kleinerrelation, Formelzeichen <, eine spezielle →Ordnungsrelation im Bereich der reellen Zahlen; eine reelle Zahl r heißt **kleiner** als eine reelle Zahl s (in Zeichen: $r < s$), wenn es eine positive Zahl t gibt, sodass $r + t = s$ gilt, z. B. $6 < 10$, da $6 + 4 = 10$.
Kleiner Sankt Bernhard, frz. **Petit-Saint-Bernard** [pətisɛ̃bɛr'naːr], ital. **Piccolo San Bernardo,** Alpenpass zw. Savoyer und Grajischen Alpen, 2188 m ü. M. Über den Pass verläuft die französisch-ital. Grenze. Die Passstraße verbindet das Isère- mit dem Aostatal. (→Alpen ÜBERSICHT, Alpenstraßen, Alpenbahnen, Alpenpässe).
Kleiner Sklavensee, engl. **Lesser Slave Lake** [ˈlesə ˈsleɪv ˈleɪk; nach den Slave, einem Indianerstamm], See in der Prov. Alberta, Kanada, 577 m ü. M., 1168 km², entwässert über den Lesser Slave River zum Athabasca.
Kleiner Süden, Großlandschaft in →Chile.
Kleiner Wagen, Kleiner Himmelswagen, *Astronomie:* Teil des Sternbildes →Kleiner Bär.
Kleine Scheidegg, Pass im Berner Oberland, Schweiz, 2061 m ü. M., Scheitelstation der Wengernalpbahn (Zahnradbahn; seit 1893) von Grindelwald über Wengen nach Lauterbrunnen und Ausgangsstation der Jungfraubahn; Seilbahn aufs Lauberhorn; Hotelsiedlung, Fremdenverkehr.
Kleine Schütt, ungar. **Szigetköz** [ˈsigɛtkøz], Flussinsel in NW-Ungarn, zw. der Donau und der Kleinen Donau, ungar. Mosoni-Duna, 275 km²; Gemüseanbau. Die Auenwälder der K. S. sind ein bedeutendes mitteleurop. Tier- und Pflanzenreservoir.
Kleines Haff, der westl. Teil des →Stettiner Haffs.
kleine Stücke, 1) Zusatz zu Börsenkursen, der darauf hinweist, dass kleine Aufträge bei der Kursfeststellung unberücksichtigt sein können (k. S. ohne Umsatz oder k. S. nur beschränkt gehandelt); 2) bei Schuldverschreibungen Stücke unter einem Nennbetrag von 500 DM.
Kleine Sundainseln, Teil des Malaiischen Archipels, Indonesien, mit den Hauptinseln (von W nach O) Bali, Lombok, Sumbawa, Sumba, Flores und Timor.
Kleines Ungarisches Tiefland, Teil des →Ungarischen Tieflands.

Kleines Walsertal: Blick in das Tal und zum Hohen Ifen

Kleines Walsertal, Kleinwalsertal, Talschaft der Breitach (Quellfluss der Iller) oberhalb der Breitachklamm, in den Allgäuer Alpen, gehört zu Vorarlberg, Österreich, ist jedoch wegen seiner Lage dt. Zollanschlussgebiet; umfasst die Gem. Mittelberg mit den Orten Riezlern, Hirschegg, Mittelberg und am Talende Baad (1251 m ü. M.), 97 km², 5100 Ew.; bedeutendes Fremdenverkehrsgebiet (auch Wintersport), Bergbahnen u. a. auf die Kanzelwand, das Walmendinger Horn und den Hohen Ifen. Der NW – jenseits des Schwarzwasser – ist Naturschutzgebiet. Gebirgswege nach Vorarlberg u. a. über Gemstel- (1971 m ü. M.), Hochalp- (1938 m ü. M.) und Üntschenpass (1854 m ü. M.).
Kleine Syrte, Bucht des Mittelmeers mit breitem Schelf an der tunesisch-libyschen Küste, Nordafrika, zw. Kap Bon und Tripolis, mit den tunes. Hafenstädten Sousse und Sfax und der Insel Djerba; Fischerei; im Schelfgebiet Erdölvorkommen.
Kleinfeuerungsanlagenverordnung, →Feuerung.
Kleinfleckkatze, Art der →Pardelkatzen.
Kleingärten, kleine Wirtschaftsgärten, die der nichterwerbsmäßigen gärtner. Nutzung, insbesondere

zur Gewinnung von Obst und Gemüse für den Eigenbedarf, und zur Erholung dienen. K. sind in Anlagen mit gemeinschaftl. Einrichtungen (bes. Wege, Spielflächen, Vereinshäuser) zusammengefasst. Keine K. sind u. a. Eigentümer-, Wohnungs- und Arbeitnehmergärten. Dauer-K. sind im Bebauungsplan als solche ausgewiesenen Flächen. K. sollen nicht größer als 400 m² sein; sie werden oft auch **Schrebergärten** genannt (nach dem Arzt und Erzieher D. SCHREBER). Das K.-Recht ist im Bundeskleingarten-Ges. vom 28. 2. 1983 zusammengefasst worden, das seit dem 3. 10. 1990 auch in den neuen Ländern gilt. § 20 a Bundeskleingarten-Ges. enthält Überleitungsregelungen für die neuen Länder, u. a. auch Vorschriften über mögl. Pachtzinserhöhungen.

Kleingefieder, die Deckfedern und Dunen des →Gefieders.

Klein-Gordon-Gleichung [-ˈgɔːdn-; nach O. KLEIN und W. GORDON], relativistisch invariante Gleichung für Teilchen ohne Spin (Mesonen). Sie lautet für ein Teilchen mit der Masse m und der Ladung e in einem elektromagnet. Feld mit dem Skalarpotenzial φ und dem Vektorpotenzial A (c ist die Vakuumlichtgeschwindigkeit, $\hbar$ das durch 2π geteilte plancksche Wirkungsquantum h):

$$\left[\left(-\frac{\hbar}{i}\frac{\partial}{\partial t}-e\varphi\right)^2-\left(\frac{\hbar}{i}\nabla-eA\right)^2 c^2-m^2c^4\right]\psi=0.$$

Ihre Eigenwertlösungen ergeben (bis auf Strahlungskorrekturen) die richtigen Energieniveaus (z. B. für π^--Mesonen im Feld eines Kerns). Die K.-G.-G. ist keine Wellengleichung wie die Schrödinger-Gleichung, da sie von zweiter Ordnung in der Ableitung nach der Zeit ist und daher keine positiv definite Wahrscheinlichkeitsdichte mit der Funktion ψ gebildet werden kann. (→Quantenelektrodynamik)

Kleingruppenforschung, empir. und z. T. experimentell ausgerichtete Forschungsrichtung der (Mikro-)Soziologie und Sozialpsychologie. K. entwickelte sich im Anschluss an K. LEWIN (Vorläufer: G. SIMMEL und L. VON WIESE) in den USA der 1940er-Jahre und untersucht v. a. Fragen der Entstehung sozialer Kleingruppen (Phasen, Rollenzuteilungen, Zieldefinitionen), die Auswirkungen von Gruppenerfahrungen auf den Einzelnen (Konformitätsdruck einerseits, Stabilisierung andererseits), die in einem Gruppenzusammenhang stattfindenden und auf ihn zurückwirkenden Wahrnehmungs- und Kommunikationsvorgänge (→Gruppendynamik, →Soziometrie), die damit verbundenen leistungssteigernden oder -hemmenden Faktoren, schließlich die auch politisch bedeutsame Frage der Führung von →Gruppen, z. B. in Bezug auf Führungsstil, Autorität und Manipulation. U. a. aufgrund der überschaubaren wiss. Handhabbarkeit und der vielfältigen Verwendungsmöglichkeiten spielte dieser Ansatz bis weit in die 70er-Jahre eine große Rolle. Seit den 1980er-Jahren hat sich das sozialwiss. Interesse von der K. zur Untersuchung ›sozialer Netzwerke‹ (HEINER KEUPP, *1943) und alltägl. Interaktionszusammenhänge (Lebensweltsoziologie) verschoben, während das Gruppenkonzept v. a. in der psychotherapeutisch orientierten Beratungspraxis seine Anziehungskraft behalten hat (→Gruppentherapie).

M. S. OLMSTED: Die Kleingruppe (a. d. Amerikan., ²1974); H.-D. SCHNEIDER: K. (1975); T. M. MILLS: Soziologie der Gruppe (a. d. Amerikan., ⁵1976); R. ZOLL u. E. LIPPERT: Die soziale Gruppe. Grundformen menschl. Zusammenlebens. Ein Lese- u. Arbeitsbuch, 2 Bde. (Neuausg. 1979–81). – Weitere Literatur →Gruppe.

Kleinheubach, Gem. im Landkreis Miltenberg, Bayern, am linken Mainufer, 3 400 Ew. – Dreiflügeliges Barockschloss mit Mittelpavillon (1723–32 von L. R. DE LA FOSSE und J. DIENTZENHOFER) der Fürsten von Löwenstein-Wertheim-Rosenberg, v. a. klassizist. Innenausstattung; Park im engl. Stil; ev. Pfarrkirche (1706-10, Westturm 15. Jh.).

Kleinhirn, Teil des →Gehirns.

Kleinhirnbrückenwinkeltumor, im Bereich der Hirnbasis, zw. dem Kleinhirn und der Brücke gelegene Geschwulst. Die weitaus häufigsten K. sind Akustikusneurinome (→Neurinom). Da K. meist einseitig auftreten, findet sich anfangs v. a. eine einseitige Hörminderung, eventuell kommt es auch zu Ohrgeräuschen. Fortschreitendes Wachstum des K. führt zu Gesichtslähmungen (→Fazialislähmung), später zu Gefühlsstörungen und Schmerzen im Gesicht sowie zum Auftreten von Doppelbildern (Abduzenslähmung). Allgemeinsymptome wie Kopfschmerzen, Schwindel und Gleichgewichtsstörungen treten dann hinzu. Bei ausgedehntem Tumor finden sich die typ. Zeichen des →Gehirndrucks. Ein frühzeitiger Nachweis des K. ist mittels Kernspintomographie möglich. Die Behandlung erfolgt operativ.

Kleinkaliber, Abk. **KK,** bes. bei Sport- und Jagdwaffen verwendetes Kaliber von 5,6 mm = 0,22 Zoll (Zeichen: .22). **K.-Schießen,** im Schießsport Wettbewerbe für kleinkalibrige Sportwaffen (K.-Waffen), z. B. Sportpistole, Schnellfeuerpistole, KK-Gewehr.

Kleinkampfmittel, marinespezif. Sammel-Bez. für Seekriegsmittel geringerer Größe. Zu den K. gehören v. a. Kleinst-U-Boote (mit ein oder zwei Mann Besatzung), Einmanntorpedos (Trägertorpedo mit jeweils einem Gefechtstorpedo) und fernlenkbare Sprengboote. – Die ersten vereinzelten Einsätze von K. erfolgten im Ersten Weltkrieg, stärkere Verwendung fanden sie im Zweiten Weltkrieg.

Kleinkatzen, Gattungsgruppe der →Katzen.

Kleinkern, Mikronukleus, bei den Wimpertierchen und manchen Foraminiferen vorkommender winziger Kern, der im Rahmen eines Kerndualismus neben einem →Großkern vorliegt und als generativer Kern ausschließlich während der geschlechtl. Fortpflanzung in Tätigkeit tritt (→Konjugation).

Kleinkirchheim, Bad K., Kurort mit Bez. Spittal an der Drau, Kärnten, Österreich, in den westl. Gurktaler Alpen (Nationalpark Nockberge), 1 100 m ü. M., umfasst 74 km², 1 900 Ew.; Thermalbad, Sommerfrische und Wintersportort; Bergbahnen.

Kleinklein, Ortsteil der Markt-Gem. Großklein, Bez. Leibnitz, Steiermark, Österreich; Fundort von Fürstengrabhügeln der Hallstattkultur (Grabbeigaben, u. a. zwei Hände aus Bronzeblech, Bronzepanzer, -gefäße und -totenmaske, ähnlich den Funden von →Trebeništa) mit Einflüssen der Estekultur.

Kleinklima, das →Mikroklima.

Kleinkredit, Personalkredit (persönl. K.) von relativ geringer Höhe, bes. an Konsumenten (als Anschaffungsdarlehen) zum Erwerb langlebiger Gebrauchsgüter (→Konsumentenkredit).

Kleinkreis, Nebenkreis, jede Schnittlinie einer Kugel mit einer Ebene, die kein →Großkreis ist; z. B. stellen die Breitenkreise vom Gradnetz der Erde K. dar.

Kleinkunst, 1) *bildende Kunst:* unterschiedlich gebrauchter kunstwissenschaftlicher Begriff im 19./20. Jh. für kunstgewerbl. Arbeiten verwendet, dann eher zur Abgrenzung von Werken kleineren Formats von hoher künstler. Qualität gegenüber der breiteren Masse von Erzeugnissen des Kunsthandwerks. Der Begriff K. kann auch auf den intimen Charakter einer Kunstgattung hinweisen (z. B. Buchmalerei, Buchillustration und Grafik, Kleinplastik, Siegel, Medaillen und Münzen).

2) *darstellende Kunst:* seit dem 19. Jh. gebräuchl. Begriff für Darbietungen von Schauspielern, die im Ggs. zur ›großen Kunst‹ im Theater die ›kleine Kunst‹ (in Varieté, Singspielhallen u. a.) darbieten. Seit Entstehung der ersten dt. Kabaretts (1901) Sammel-Bez.

für alle dort dargebotenen dramat., literar. und musikal. Formen (Artistik, Bänkelsang, Chanson, Pantomime, Posse, Puppentheater, Rezitation, Singspiel, Sketch, Zauberkunst u.a.). Abgeleitet davon ist die Bez. **K.-Bühne** für alle Bühnen, die K. bieten. – Verstärkt seit Anfang der 1970er-Jahre werden **K.-Preise** verliehen, u.a. der ›Dt. K.-Preis‹ (seit 1972, vom Mainzer Forum Theater ›unterhaus‹), der ›Salzburger Stier‹ (seit 1982, von ARD, ORF und SRG) und das ›Scharfrichterbeil‹ (seit 1984, vom ›Scharfrichterhaus‹ in Passau).

Kleinlibellen, Zygoptera, mit rd. 1 200 Arten weltweit verbreitete Unterordnung der Libellen, davon in Mitteleuropa rd. 30 Arten; im Ggs. zu den →Großlibellen meist langsam fliegende Insekten mit sehr schlankem Körper und fast gleichförmigen Vorder- und Hinterflügeln. Die Eier werden an Wasserpflanzen abgelegt. Fünf rezente Familien, darunter die →Schlanklibellen, die **Prachtlibellen** (Seejungfern, Calopterygiidae), die in Mitteleuropa mit zwei bis 7 cm spannenden Arten aus der Gattung **Schönjungfern** (Calopteryx) vertreten sind, und die **Teichjungfern** (Lestidae), die weltweit bes. an Tümpeln und Teichen verbreitet sind; metallisch grün, bronze- oder kupferfarben; Flügel farblos, werden in Ruhe schräg nach hinten ausgebreitet. Einheim. Gattungen dieser Familie sind **Binsenjungfer** (Lestes) und **Winterlibellen** (Sympecma), deren Arten die einzigen einheim. Libellen sind, die in Mitteleuropa als Vollinsekten überwintern.

Kleinmachnow [-no], Gem. im Landkreis Potsdam-Mittelmark, Bbg., am Teltowkanal, 11 300 Ew.; Biolog. Bundesanstalt für Land- und Forstwirtschaft; Kokillengießerei. – Villenvorort Berlins.

Kleinmariazell, Ortsteil der Markt-Gem. Altenmarkt an der Triesting, Bez. Baden, Niederösterreich, mit ehem. Benediktinerkloster (1782 aufgehoben) und kath. Pfarrkirche St. Mariä Himmelfahrt, der ehem. Stiftskirche (12. Jh.; nach 1750 barockisiert) mit Ausmalung mit Szenen aus dem Marienleben (1764/65) und zwei roman. Portalen.

Kleinmeister, nach ihren kleinformatigen Stichen benannte Gruppe von Kupferstechern und Radierern bes. der ersten Hälfte des 16. Jh. in der Nachfolge A. Dürers und A. Altdorfers, die v.a. Ornamentstiche sowie Darstellungen mytholog. und bibl. Szenen nach dem Vorbild der ital. Renaissance schufen. Zu ihnen gehörten die Brüder H. S. und B. Beham, G. Pencz, D. Hopfer, H. Aldegrever, J. Binck, H. Brosamer, V. Solis und P. Flötner.

Kleinmeisterschalen, kleine griech. Trinkschalen auf hohem Fuß, um 560–530 v.Chr., v.a. aus Attika und Ionien mit friesartig angeordnetem, miniaturhaftem Dekor, wobei Rand- und Bandschalen unterschieden werden.

Klein-Nishina-Formel [-niʃ-; nach O. Klein und Nishina Yoshio, *1890, †1951], Relation für den differenziellen →Wirkungsquerschnitt der Compton-Streuung (→Compton-Effekt):

$$\frac{d\sigma}{d\Omega} = \frac{r_e^2}{2}\left(\frac{v'}{v}\right)^2\left[\frac{v}{v'}+\frac{v'}{v}\sin^2\vartheta\pm\left(\frac{v}{v'}-\frac{v'}{v}\right)\cos\vartheta\right].$$

Dabei ist $r_e = 2{,}8\cdot 10^{-15}$ m der klass. →Elektronenradius, v und v' die Frequenz der Strahlung vor bzw. nach der Streuung unter dem Winkel ϑ. Zw. v und v' gilt die Beziehung

$$hv' = \frac{m_e c^2}{1+\cos\vartheta + m_e c^2/hv}$$

(h plancksches Wirkungsquantum, m_e Ruhemasse des Elektrons, c Vakuumlichtgeschwindigkeit). Die Wahl des Vorzeichens des letzten Terms der K.-N.-F. hängt davon ab, ob die einfallenden Photonen rechts- oder linkszirkular polarisiert sind; für unpolarisierte Photonen entfällt dieser Term. Die K.-N.-F. ist das Resultat einer der frühesten Anwendungen der relativist. Quantenmechanik.

Klein|od *das, -(e)s/-e* und *...'odi|en,* 1) *allg.:* 1) *Pl.* ...'odi|en, kostbares Schmuckstück; 2) *Pl. -e,* Kostbarkeit.
2) *Heraldik:* die →Helmzier.

Kleinoffsetdruck, kleinformatiger Offsetdruck, *graf. Technik:* Flachdruckverfahren, das auf Druckmaschinen bis zum Papierformat von etwa DIN A 2 ausgeführt wird und überwiegend der Herstellung von Druckerzeugnissen in kleineren bis mittleren Auflagen für Büro und Verwaltung dient.

Kleinpferde, urspr. Bez. für Pferde mit einem Stockmaß zw. 120 cm und 148 cm; seit 1985 werden unter der Bez. K. unabhängig vom Stockmaß die Rassen Haflinger, Fjordpferde und Islandpferde zusammengefasst.

Kleinplaneten, kleine Planeten, die →Planetoiden.

Kleinplastik, kleinformatige figürl. Erzeugnisse der Bildhauerkunst und des Kunsthandwerks. K. gehört zu den ältesten künstler. Äußerungen. Venusstatuetten, Idole und Tierplastiken werden seit der Steinzeit in Europa und in außereurop. Kulturen v.a. aus Stein, Elfenbein und Terrakotta hergestellt. Kleine Tonplastik kommt auch oft als Grabbeigabe vor, im alten Ägypten z.B. als Dienerfiguren, im China der Hanzeit als Hofstaat en miniature. Auch kleine Götterbilder oder Weihgaben aus Terrakotta waren verbreitet; in der sumerischen und der minoischen Kultur ebenso wie in China fanden sich selbst Haus- und Tempelmodelle. Mit dem Aufkommen von Bronze wurden vielfach künstler. →Kleinbronzen hergestellt. Bronze nahm vielfach einen besonderen Platz in der K. ein, jedoch wurden z.T. auch andere Materialien bevorzugt, in China genoss Jade hohe Wertschätzung, in Ägypten auch für K. Granit, in Syrien Elfenbein. In der buddhist. Kunst hatte K. (aus Bronze, Stein, Holz, Ton oder Stuck) einen hervorragenden Platz inne (Indien, Korea, China, Japan). In der hellenist. und röm. Kunst lehnte sich die K. an die Großplastik an, zeigte aber doch Eigengesetzlichkeiten bei bestimmten öffentl. Aufgaben (Konsulardiptychen) oder K. für eher private Verwendung.

Im MA. entwickelte sich K. v.a. in der Holzbildhauerei an Chorgestühl und Schnitzaltar, als Andachtsbild sowie in kleinen Aktfiguren (Luxuria, Adam und Eva). Es wurden Elfenbeinschnitzereien u.a. für Buchdeckel angefertigt, Bildwerke in Blei gegossen, Kruzifixe, Ziborien, Reliquiare u.a. liturg. Gerät aus Edelmetall geschaffen. In der zweiten Hälfte des 15. Jh. griffen ital. Künstler die Gattung der antiken Kleinbronzen auf (Bertoldo di Giovanni, A. del Pollaiuolo, A. Riccio). Im 16. Jh. wurde die K. von B. Cellini, Giambologna u.a. zu begehrten Sammelobjekten. Dazu kamen Plaketten und Medaillen (z.T. als Bleiguss). In Dtl. schuf C. Meit weibl. Aktfiguren und Büsten aus Alabaster, Marmor und Holz, P. Vischer d. J. Kleinbronzen. Vom Manierismus gingen der Goldschmied W. Jamnitzer und der Bronzeplastiker H. Gerhard aus. Das 17. Jh. bevorzugte Elfenbein-K., auch Alabasterarbeiten, das 18. Jh. wandte sich Porzellanfiguren und -gruppen zu.

⇨ *Elfenbeinschnitzerei · Goldschmiedekunst · Jadekunst · Porzellan · Siegel*

Kleinpolen, poln. **Małopolska** [mau̯ɔ-], lat. **Polonia Minor,** seit dem 13. Jh. üblicher, seit dem 19. Jh. amtl. Name des ›jüngeren‹ Teils des Königreichs Polen (im Unterschied zum ›älteren‹ →Großpolen) mit den Woiwodschaften Krakau, Sandomir und Lublin sowie – seit 1569 – Rotreußen, Podlachien, Wolhynien und Podolien.

Kleinlibellen: Männchen der Gebänderten Prachtlibelle (Spannweite 7 cm, Körperlänge 5 cm)

Kleinrussen, →Ukrainer.
Kleinrussland, russ. **Malorossija,** vom 17. bis zum Beginn des 20. Jh. offizielle Bez. für die Ukraine, im Unterschied zum alten Staatsgebiet des Großfürstentums Moskau (→Großrussland).
kleinsche Flasche [nach C. F. KLEIN], **kleinscher Schlauch,** *Mathematik:* eine geschlossene einseitige Fläche, die sich selbst durchdringt.
kleinsche Vierergruppe [nach C. F. KLEIN], eine abelsche →Gruppe der Ordnung 4, in der jedes Element zu sich selbst invers ist.
Kleinschmetterlinge, Microlepidoptera, frühere Bez. für eine ehem. Unterordnung der Schmetterlinge; heute volkstüml. Begriff für verschiedene Motten wie Blatt-, Tüten-, Sack- und Zwergmotten.
Kleinschmidt, 1) Otto, Theologe und Vogelforscher, * Kornsand (heute zu Trebur) 13. 12. 1870, † Wittenberg 25. 3. 1954; Pfarrer in Wittenberg (ab 1927); bekannter Ornithologe, Begründer der Formenkreislehre (→Formenkreis).
Werke: Die Singvögel der Heimat (1913); Die Formenkreislehre u. das Weltwerden des Lebens (1926); Die Raubvögel der Heimat (1934).
2) Paul, Maler und Grafiker, * Pommern 31. 7. 1883, † Bensheim 2. 8. 1949; malte in expressiven Farben und mit pastosem Farbauftrag v. a. Motive aus der Zirkus- und Theaterwelt und der Berliner Halbwelt. K. emigrierte 1932 (Aufenthalte in den USA, Frankreich), wurde jedoch 1943 zwangsrepatriiert.
P. K., hg. v. G. WIRTH (1988).

Kleinsiedlung, Stadtrandsiedlung, Nebenerwerbssiedlung in offener Bauweise am Stadtrand. Durch Zuteilung von Parzellen (600–1 000 m² je Haus; vor 1965 war der Bau von Kleinviehställen zwingend) sollte die teilweise ernährungswirtschaftl. Selbstversorgung des Siedlers gesichert werden. – K. wurden v. a. nach 1918, in der Weltwirtschaftskrise nach 1930 und nach 1945 zur Unterbringung von Flüchtlingen bes. öffentlich gefördert; nach 1967 verloren sie an Bedeutung.
Kleinspecht, Dendrocopos minor, mit 14,5 cm Länge kleinste Art der →Spechte; verbreitet in Europa, Asien bis N-Japan sowie in NW-Afrika; der Rücken ist schwarzweiß gebändert, das Männchen hat einen roten, das Weibchen einen weiß. Scheitel. Der K. ist ein Stand- und Strichvogel, er lebt in Laub- und Mischwäldern.
Kleinstaat, Staat, dessen Größe (Territorium, Bev.-Zahl) oder Machtpotenzial (Wirtschafts- und Militärkraft) bes. im Vergleich zu einer →Großmacht stark abfällt. Gemäß dem völkerrechtl. Grundsatz der Staatengleichheit besitzen auch die K. Anspruch auf uneingeschränkte Achtung ihrer Souveränität, auf Gleichbehandlung in internat. Beziehungen und Organisationen, auf Unverletzlichkeit ihrer Gebiets- und Personalhoheit sowie auf aktive Verteidigung. Um sich im internat. Kräftefeld zu behaupten, betreiben sie oft eine aktive Bündnis- oder Neutralitätspolitik, internat. Garantien sichern darüber hinaus häufig ihre Existenz ab.
Seit ihrer Teilnahme an den Haager Friedenskonferenzen (1899 und 1907) erfuhren die K. z. B. im Rahmen des Völkerbundes und der UNO eine starke Aufwertung. Sie treten bei internat. Verhandlungen oft als Vermittler hervor.
Kleinstadt, in der amtl. dt. Statistik seit 1887 eine Stadt mit 5 000–20 000 Ew. In der Gliederung der →zentralen Orte gehören K. häufig zu den Klein- und Unterzentren.
Kleinstbildkamera, →fotografische Kameras.
kleinstes gemeinsames Vielfaches, Abk. **k. g. V.,** die kleinste natürl. Zahl, die durch zwei oder mehrere vorgegebene natürl. Zahlen ohne Rest teilbar ist. Man kann das k. g. V. mithilfe der →Primfaktorzerlegung bestimmen. So erhält man z. B. für die Zahlen 4 (= 2^2), 6 (= $2 \cdot 3$) und 15 (= $3 \cdot 5$) das k. g. V. 60 (= $2^2 \cdot 3 \cdot 5$).
Klein-Tibet, Bez. für →Baltistan und für →Ladakh.
Kleintierzucht, bes. auf die Verstärkung oder Erhaltung besonderer rassetyp., häufig äußerl. Merkmale ausgerichtete Züchtung von Kleintieren (Hunde, Katzen, Pelztiere und andere vorwiegend zur Freizeitgestaltung gehaltene Heimtiere) sowie Kleinvieh (Ziegen, Kaninchen, Bienen, Seidenraupen, Geflügel).
Kleinwasserzuschlag, Abk. **KWZ,** Zuschlag zum Beförderungspreis (Fracht) der Binnenschifffahrt zum Ausgleich der höheren Kosten je Gewichtseinheit des Ladegutes, die sich bei niedrigeren Wasserständen durch geringere Beladung der Schiffe ergeben.
Kleinwuchs, Form des Minderwuchses, eine unter der Altersnorm liegende →Körpergröße.
Kleinzikaden, die →Zwergzikaden.
Kleist, pommersches Uradelsgeschlecht, das 1263 erstmals urkundlich erscheint. – Bedeutende Vertreter:
1) Ewald von, Generalfeldmarschall (seit 1943), * Braunfels 8. 8. 1881, † Lager Wladimirowka im Oktober 1954; befehligte während des Zweiten Weltkriegs 1940 eine Panzergruppe im Frankreichfeldzug; führte bis 1942 im Balkan- und Russlandfeldzug die Panzergruppe 1; 1942–44 Oberbefehlshaber der Heeresgruppe A. Am 30. 3. 1944 wurde K. von HITLER seines Postens enthoben. 1945 geriet er in amerikan. Gefangenschaft und wurde ein Jahr später an Jugoslawien übergeben (im August 1948 zu 15 Jahren Zwangsarbeit verurteilt). Kurz darauf an die Sowjetunion ausgeliefert, starb er in der Lagerhaft.
2) Ewald von K.-Schmenzin, Widerstandskämpfer, * Groß Dubberow (bei Belgard [Persante]) 22. 3. 1890, † (hingerichtet) Berlin-Plötzensee 9. 4. 1945; Gutsbesitzer; bekämpfte aus altpreußisch-konservativer, christl. Gesinnung den Nationalsozialismus. Über Gespräche mit R. VANSITTART und W. CHURCHILL (1938) suchte er die brit. Reg. zur Aufgabe der Appeasement-Politik zu bewegen und damit in Dtl. Umsturzpläne gegen HITLER zu fördern. Monarchistisch gesinnt, erstrebte er die Wiederherstellung eines dt. Rechtsstaates im Sinne der altpreuß. Staatsidee. Nach dem Attentat vom 20. 7. 1944, an dem er unmittelbar nicht beteiligt war, wurde er zum Tode verurteilt.
3) Ewald Christian von, Schriftsteller, * Zeblin (bei Köslin) 7. 3. 1715, † (an den Folgen einer Verwundung in der Schlacht von Kunersdorf) Frankfurt (Oder) 24. 8. 1759; studierte ab 1731 in Königsberg (heute Kaliningrad) Jura, Philosophie und Mathematik. Er wurde 1736 dän. Offizier; in preuß. Diensten ab 1740 auf österr., frz. und russ. Kriegsschauplätzen. In Leipzig schloss K. 1758 Freundschaft mit G. E. LESSING; mit J. W. GLEIM, K. W. RAMLER und F. NICOLAI stand er in naher Verbindung. Er ist der Adressat der von LESSING verfassten ›Briefe, die neueste Litteratur betreffend‹ (1759–65, 23 Tle.) und das Vorbild für die Figur des Tellheim in LESSINGS ›Minna von Barnhelm‹. K. begann mit Gedichten im Stil der Anakreontik. Unter dem Einfluss F. G. KLOPSTOCKS und J. THOMPSONS schuf K. die bukol. Idylle ›Der Frühling‹ (1749); daneben entstanden auch vaterländ. Gedichte, Oden und Versepik.
Weitere Werke: *Lyrik:* Der Frühling (1749); Neue Gedichte ... (1756); Ode an die preuß. Armee (1757). – *Epos:* Cissides und Paches (1759).
Ausgaben: Werke, hg. v. A. SAUER, 3 Bde. (Neuausg. 1968); Sämtl. Werke, hg. v. J. STENZEL (Neuausg. 1980); Ihn foltert Schwermut, weil er lebt. Gedichte, Prosa, Stücke u. Briefe, hg. v. G. WOLF (1983).
4) Ewald Georg (Jürgen) von, Physiker, * Gut Vietzow (bei Belgard [Persante]) 10. 6. 1700, † Köslin 11. 12. 1748; war 1722–47 Domdechant zu Cammin

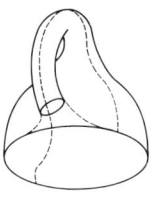

kleinsche Flasche

Ewald Christian von Kleist

auf Wollin, danach Präs. des Königl. Hofgerichts in Köslin und Mitgl. der Preuß. Akad. der Wiss.en. K. erfand (unabhängig von P. van Musschenbroek) beim Experimentieren 1745 das Prinzip der →Leidener Flasche und stattete erstmals eine Elektrisiermaschine mit Saugkamm aus.

5) Friedrich, Graf K. von Nollendorf, preuß. Generalfeldmarschall, * Berlin 9. 4. 1762, † ebd. 17. 2. 1823; wegen seiner ungewöhnlichen militär. Begabung eine der herausragenden Persönlichkeiten der Befreiungskriege, führte im Herbstfeldzug 1813 das 2. preuß. Korps in der Hauptarmee Schwarzenberg. Bei Kulm und Nollendorf (bei Aussig) vereitelte er am 30. 8. 1813 den Ausbruchsversuch der eingekesselten frz. Armee Vandamme und schuf die Voraussetzungen für den ersten Sieg der Verbündeten gegen Napoleon I., wurde wegen seiner Verdienste in der Schlacht bei Nollendorf in den preuß. Grafenstand erhoben.

6) Hans Hugo von K.-Retzow [-o], preuß. Politiker, * Kieckow (bei Belgard [Persante]) 25. 11. 1814, † ebd. 20. 5. 1892; von pietist. Konservativismus getragen, war er einer der Wortführer der Reaktion während der Revolutionsjahre 1848/49; leitete 1848 das Junkerparlament, gehörte zum Gründerzirkel der ›Kreuzzeitung‹, vertrat 1848–52 die äußerste Rechte im preuß. Abg.-Haus. 1851–58 suchte er als Ober-Präs. der Rhein-Prov. den dort vorherrschenden liberalen Tendenzen die Spitze zu nehmen. 1877–92 war er MdR (Deutschkonservative Partei).

Heinrich von Kleist: Anonymes Gemälde aus der Zeit der Gefangenschaft in Frankreich, 1807 (Marbach, Schiller-Nationalmuseum/ Deutsches Literaturarchiv)

7) Heinrich von, Schriftsteller, * Frankfurt (Oder) 18. 10. (nach eigener Angabe 10. 10.) 1777, † (Selbstmord) am Kleinen Wannsee (heute zu Berlin) 21. 11. 1811, ältester Sohn eines preuß. Hauptmanns und Großneffe von 3). Früh verwaist, trat er 1792, der Familientradition gemäß, in das Potsdamer Garderegiment ein und machte 1794 den Rheinfeldzug mit. Er quittierte 1799 den ungeliebten Dienst, um sich einem selbst aufgestellten ›Lebensplan‹ zu widmen: Er verlobte sich mit Wilhelmine von Zenge (* 1780, † 1852) und begann in Frankfurt (Oder) das Studium der Physik, Philosophie, Mathematik und Staatswissenschaften, das er schon 1800 abbrach. Die ›Kantkrise‹ (1801), das Zerbrechen seines rationalist. Weltbildes und die damit verbundene Hinwendung zu Subjektivismus und Irrationalismus, bezeichnet die endgültige Wendung K.s von der Wissenschaft zur Dichtung. Einer von der Familie gewünschten Anstellung im Staatsdienst entzog er sich 1801 durch eine Reise mit der Stiefschwester Ulrike von K. (* 1774, † 1849) nach Dresden und Paris. Anschließend reiste K. allein weiter in die Schweiz, wo er mit H. Zschokke, L. Wieland und Heinrich Gessner (* 1768, † 1813) in freundschaftl. Verbindung trat. K. bezog 1802 (das Verlöbnis war aufgelöst worden) ein Häuschen auf der Aare-Insel bei Thun und begann die Arbeit an den Trauerspielen ›Die Familie Schroffenstein‹ (1803) und ›Robert Guiskard, Herzog der Normänner‹ (unvollendet, 1808 in seiner Monatsschrift ›Phöbus‹ gedruckt). Auf Einladung von C. M. Wieland verbrachte K. den Winter 1802/03 auf dessen Gut Oßmannstedt bei Weimar, wo er u. a. Goethe und Schiller begegnete, dann auch in Dresden dem Satiriker J. D. Falk, dessen Arbeit am Amphitryonstoff K. zu ›Amphitryon, ein Lustspiel nach Molière‹ (1807) anregte. K.s zweites Lustspiel, ›Der zerbrochne Krug‹ (gedruckt 1811), entstand aus einem Wettstreit unter Freunden. Erneute Reisen führten ihn 1803 u. a. nach Paris. Dort kam es aufgrund seines labilen seel. Zustands zur Krisis und zum Zusammenbruch (Brief an Ulrike vom 5. 10.: ›Ich kann nicht mehr‹). K. verbrannte sein ›Guiskard‹-Manuskript und wanderte, von Selbstmordgedanken gequält, an die frz. Nordküste, um in Napoleons I. Landungskorps gegen England ›den schönen Tod der Schlachten zu sterben‹. Er wurde jedoch nach Paris zurückgebracht und nach Dtl. abgeschoben. Nach schwerer Erkrankung (in Mainz) bewarb K. sich im Sommer 1804 in Berlin um Anstellung im preuß. Finanzdepartement und kam danach als Diätar an die Domänenkammer in Königsberg (heute Kaliningrad), wo er erneut sein Studium aufnahm; doch ließ er sich im Sommer 1806 krankheitshalber beurlauben und schrieb intensiv an seinen Dichtungen. Auf dem Weg nach Dresden (1807) wurde er in Berlin unter Spionageverdacht von den Franzosen verhaftet, zum Fort de Joux und dann in das Gefangenenlager Châlons-sur-Marne gebracht, aus dem er erst sechs Monate später nach dem Frieden von Tilsit entlassen wurde. Im kulturell aufblühenden Dresden, im Kreis von A. H. Müller, Otto August Rühle von Lilienstern (* 1780, † 1847), G. H. Schubert, K. F. G. Wetzel, K. A. Böttiger, Ferdinand Hartmann (* 1774, † 1842), G. von Kügelgen, C. G. Körner und L. Tieck begann K.s fruchtbarste Schaffensperiode. Mit Müller, der zuvor den ›Amphitryon‹ herausgegeben hatte, redigierte er die anspruchsvolle Zeitschrift ›Phöbus‹ (einziger Jahrgang 1808), in der u. a. Proben der Dramen ›Penthesilea‹ und ›Das Käthchen von Heilbronn, oder Die Feuerprobe‹ sowie der Erzählungen ›Die Marquise von O...‹ und ›Michael Kohlhaas‹ erschienen. Noch im selben Jahr verlegte J. F. Cotta das Amazonendrama ›Penthesilea‹, dessen Übersteigerungen die Zeitgenossen, nicht zuletzt Goethe, schockierten. Auch die durch Goethe angeregte Aufführung von ›Der zerbrochne Krug‹ in Weimar (1808) wurde ein Misserfolg.

Nach dem Scheitern seiner literar. Bemühungen wurde K. zum politisch engagierten Autor. Mit dem Tendenzdrama ›Die Hermannsschlacht‹ (gedruckt 1821) wollte er zum Kampf gegen Napoleon I. aufrufen. Zu Beginn der österr. Erhebung plante er in Prag die Herausgabe einer polit. Wochenschrift ›Germania‹, musste jedoch nach der Niederlage bei Wagram (6. 7. 1809) diese Hoffnung aufgeben. Nach schwerer Erkrankung ging er Ende 1809 zurück nach Berlin, wo er im Kreis um A. von Arnim, F. de la Motte Fouqué, Müller und C. Brentano verkehrte. Seine Cousine, Marie von K., suchte wiederholt, das preuß. Königshaus auf K. aufmerksam zu machen. Das in Wien uraufgeführte ›große histor. Ritterschauspiel‹ ›Das Käthchen von Heilbronn‹ wurde vom Berliner Schauspieldirektor A. W. Iffland abgelehnt. K. ließ das Stück 1810 drucken, zugleich mit einem Band früher verfasster Erzählungen und Novellen (neben den schon genannten ›Das Erdbeben von Chili‹ u. a.). Von Oktober 1810 bis März 1811 gab K. die ›Berliner Abendblätter‹ heraus, die erste Tageszeitung Berlins; hier erschienen u. a. seine mustergültigen Anekdoten und der bedeutende programmat. Essay ›Über das Marionettentheater‹. Nach anfängl. Erfolg kam das Unternehmen durch Behördenschikanen zum Erliegen. Auch sein letztes Schauspiel, ›Prinz Friedrich von Homburg‹, fand keine Anerkennung. Durch den Tod der Königin LUISE von Preußen hatte er die letzte kleine Rente verloren. Ohne Existenzgrundlage, nahm er sich gemeinsam mit der schwer kranken HENRIETTE VOGEL (*1773), deren Bekanntschaft er erst am 21. 11. 1811 gemacht hatte, das Leben. Das Manuskript eines möglicherweise autobiographisch aufschlussreichen Romans hatte er zuvor, vermutlich mit anderen Schriften, verbrannt.

Mit L. TIECKS Herausgabe der ›Hinterlassenen Schriften‹ (1821), denen 1826 die ›Gesammelten Schriften‹ (3 Bde.) folgten, begann das Verständnis für die überragende Gestaltungskraft des Dichters. Seine extremen Situationen ausgesetzten Figuren treffen ihre Entscheidungen allein nach ihrem innersten Gefühl, ohne Rücksicht auf die Gesellschaft: die populärste, Michael Kohlhaas, wird aufgrund des kompromisslosen Rechtsgefühls zum Räuber und Rebellen. Mit K. gewann die dt. Novelle ihren konzentriert-dramat. Charakter. K.s Dichtung ist keiner literar. Schule zuzurechnen, sie weist auf die Moderne voraus und nimmt, v.a. durch die spannungsreiche Sprache, in manchem den Expressionismus vorweg. Werk und trag. Biographie des Dichters regen bis in die Gegenwart Schriftsteller zu neuem künstler. Gestalten an (u.a. ELISABETH PLESSEN, CHRISTA WOLF).

Ausgaben: Sämtl. Werke u. Briefe, hg. v. I.-M. BARTH u.a., auf 4 Bde. ber. (1987ff.); Sämtl. Werke, hg. v. R. REUSS u.a., auf zahlr. Bde. ber. (1988ff.); Sämtl. Werke u. Briefe, hg. v. H. SEMBDNER, 2 Bde. (Neuausg. ²1994).

E. ROHE: K.-Bibliogr. 1945–1960, in: Jb. der Dt. Schillergesellschaft (1961); H. SEMBDNER: K.-Bibliogr. 1803–1862. H. v. K.s Schriften in frühen Drucken u. Erstveröffentlichungen (1966); K. Leben u. Werk im Bild, hg. v. E. SIEBERT (1980); H. ARETZ: H. v. K. als Journalist (1983); H. F. WEISS: Funde u. Studien zu H. v. K. (1984); E. BORCHARDT: Myth. Strukturen im Werk H. v. K.s (1987); B. FISCHER: Iron. Metaphysik. Die Erzählungen H. v. K.s (1988); H. v. K. Studien zu Werk u. Wirkung, hg. v. D. GRATHOFF (1988); DERS.: K.s Geheimnisse. Unbekannte Seiten einer Biogr. (1993); H. SEMBDNER: In Sachen K. Beitr. zur Forschung (³1994); H. v. K., hg. v. G. NEUMANN (1994); C. HOHOFF: H. v. K. (166.–168. Tsd. 1995). – K.-Jb., hg. v. H. J. KREUTZER (1982ff.)

Kleister [mhd. klīster, eigtl. ›klebrige Masse‹], Bez. für pastöse Papierklebstoffe, die durch Einwirkung von Basen auf Stärkesuspensionen (›alkal. Verkleisterung‹) bei gleichzeitigem geringem oxidativem Abbau der Stärkemoleküle gewonnen werden. Sie enthalten meist zusätzlich Tenside und Konservierungsmittel.

Kleisthenes, griech. **Kleisthḗnes**, griech. Staatsmänner:

1) **Kleisthenes**, Tyrann von Sikyon (um 600 bis etwa 570 v. Chr.), Großvater von 2); nahm am 1. Heiligen Krieg teil. Bei der Brautwerbung um seine Tochter AGARISTE, zu der Freier aus der ganzen hellen. Welt kamen, errang der Alkmaionide MEGAKLES den Preis.

2) **Kleisthenes**, athen. Staatsmann des 6. Jh. v. Chr., aus dem Haus der →Alkmaioniden, Sohn des MEGAKLES und der AGARISTE, Enkel von 1); bewirkte mithilfe des Orakels von Delphi die Vertreibung des HIPPIAS (510) und schuf 508/507, nach Vertreibung des ISAGORAS, durch eine neue Verf. die Grundlagen der athen. Demokratie. Die in Demen (→Demos) gegliederte Bürgerschaft wurde in zehn neue →Phylen zusammengefasst, von denen jede aus je einem Bezirk (Trittys) der Stadt, der Küste und des att. Binnenlandes bestand. Jede Phyle entsandte 50 Mitgl. in den neuen Rat der Fünfhundert. Auch der →Ostrakismos geht wohl auf K. zurück.

P. LÉVÊQUE u. P. VIDAL-NAQUET: Clisthène l'Athénien (Neuausg. Paris 1973); CHRISTIAN MEIER: Die Entstehung des Politischen bei den Griechen (1980); P. SIEWERT: Die Trittyen Attikas u. die Heeresreform des K. (1982); J. BLEICKEN: Die athen. Demokratie (1986).

Kleistogamie [zu griech. kleistós ›verschlossen‹ und gameīn ›heiraten‹] die, -, eine Form der →Blütenbestäubung.

Kleistokarpie [zu griech. kleistós ›verschlossen‹ und karpós ›Frucht‹] die, -, Botanik: 1) Bez. für das bei einigen Laubmoosen, z. B. bei den Urmoosen (Archidiales), vorkommende Fehlen einer besonderen Einrichtung der Mooskapsel zum Ausstreuen der Sporen. Hier zerfällt die reife Kapsel und setzt somit die Sporen frei; 2) Ausbildung von Früchten bei kleistogamen Blüten.

Kleist-Preis, ein von FRITZ ENGEL (*1867, †1935), Redakteur des ›Berliner Tageblatts‹, 1911 zum 100. Todesjahr H. VON KLEISTS angeregter und von der dafür gegründeten Kleiststiftung zw. 1912 und 1932 an junge dt. Dichter verliehener Förderpreis, der als höchste dt. literar. Auszeichnung galt. Preisträger waren: H. BURTE und R. J. SORGE (1912), H. ESSIG und O. LOERKE (1913), F. VON UNRUH und H. ESSIG (1914), R. MICHEL und A. ZWEIG (1915), AGNES MIEGEL und H. LERSCH (1916), W. HASENCLEVER (1917), L. FRANK und P. ZECH (1918), ANTON DIETZENSCHMIDT (*1893, †1955) und KURT HEYNICKE (*1891, †1985; 1919), H. H. JAHNN (1920), P. GURK (1921), B. BRECHT (1922), W. LEHMANN und R. MUSIL (1923), E. BARLACH (1924), C. ZUCKMAYER (1925), A. LERNET-HOLENIA und A. NEUMANN (1926), GERHARD MENZEL (*1894, †1966) und HANS MEISEL (*1900, †1991; 1927), ANNA SEGHERS (1928), A. BRUST und EDUARD REINACHER (*1892, †1968; 1929), R. GOERING (1930), Ö. VON HORVÁTH und E. REGER (1931), R. BILLINGER und ELSE LASKER-SCHÜLER (1932). Unter der natsoz. Herrschaft wurde die Kleiststiftung aufgelöst. Vergeben wurde der K.-P. erstmals wieder 1985 auf der Jahrestagung der 1962 neu gegründeten Heinrich-von-Kleist-Gesellschaft. Der vom Bundesministerium des Innern und einigen Verlagen gestiftete, mit 40000 DM (ab 1996) dotierte Preis wird alle zwei Jahre (bis 1994 noch jährlich) auf Vorschlag eines von der Jury zum Vertrauensmann gewählten Schriftstellers oder Kritikers für Arbeiten vergeben, ›die sich auf Gebieten bewegen, auf denen KLEIST selbst tätig war‹. Preisträger waren bisher A. KLUGE (1985), DIANA KEMPFF (*1945; 1986), T. BRASCH (1987), ULRICH HORSTMANN (*1949; 1988), E. AUGUSTIN (1989), HEINER MÜLLER (1990), G. SALVATORE (1991), M. MARON (1992), E. JANDL (1993), HERTA MÜLLER (1994), HANS JOACHIM SCHÄDLICH (1996).

kleistsche Flasche, die →Leidener Flasche.

Kleitarchos, Klitarch, griech. Geschichtsschreiber gegen Ende des 4. Jh. v. Chr.; verfasste eine im Altertum häufig zitierte, rhetorisch und romanhaft gefärbte Geschichte ALEXANDERS D. GR. (erhaltene Bruchstücke in: F. JACOBY: Die Fragmente der griech. Historiker, Tl. 2 B, Lfg. 1, 1927, Nachdr. 1986).

Kleitias, griech. Vasenmaler, →Klitias.

Kleitos, Name zweier Feldherren ALEXANDERS D. GR.:

1) **Kleitos**, gen. **der Schwarze**, †Samarkand 328 v. Chr., Bruder der Amme ALEXANDERS D. GR., rettete diesem in der Schlacht am Granikos (334 v. Chr.) das Leben. Im Winter 328 tötete ihn ALEXANDER bei einem Gelage im Streit.

2) **Kleitos**, gen. **der Weiße**, †318 v. Chr.; kämpfte unter ALEXANDER D. GR. als Truppenführer in Indien. 324 nach Makedonien zurückgeschickt, besiegte er 322 v. Chr. die athen. Flotte bei Amorgos. Nach dem Verlust seiner 321 erhaltenen Satrapie Lydien an ANTIGONOS I. siegte er 318 im Bosporus über die Flotte KASSANDERS unter NIKANOR, wurde aber kurz

Klematis [kleˈmaːtɪs, ˈkleːmatɪs; griech. ›biegsame Ranke‹] *die, -/-,* die →Waldrebe.

Klemens, Clemens, Herrscher:
Köln: **1) Klemens August,** Erzbischof und Kurfürst (seit 1723), * Brüssel 17. 8. 1700, † Ehrenbreitstein (heute zu Koblenz) 6. 2. 1761, vierter Sohn des Kurfürsten MAXIMILIAN II. EMANUEL von Bayern, Bruder Kaiser KARLS VII., letzter Wittelsbacher; 1719 Fürstbischof von Paderborn und Münster, zugleich 1724 von Hildesheim, 1728 von Osnabrück, 1732 Hochmeister des Deutschen Ordens. In seiner Außenpolitik schwankte er zwischen den europ. Mächten (Österr. Erbfolgekrieg). Aus Subsidiengeldern baute er das Rathaus und die Residenz in Bonn, die Schlösser Brühl, Clemenswerth (bei Sögel, Landkreis Emsland), Arnsberg und Paderborn.
Clemens A. Fürstbischof, Jagdherr, Mäzen, bearb. v. H.-G. ASCHOFF u. a., Ausst.-Kat. (1987).

Trier: **2) Klemens Wenzeslaus,** Erzbischof und Kurfürst (1768-1803), * Hubertusburg 28. 9. 1739, † Marktoberdorf 27. 7. 1812, Sohn FRIEDRICH AUGUSTS II. von Sachsen; wurde nach militär. Laufbahn 1763 Bischof von Freising und Regensburg, 1768 unter Verzicht auf beide Ämter Kurfürst und Erzbischof von Trier sowie Fürstbischof von Augsburg. Als Kirchenfürst zw. Aufklärung und strengster Kirchlichkeit schwankend, richtete er seine Außenpolitik an Österreich und Frankreich aus. Er ließ 1777-86 das Koblenzer Schloss erbauen. Nach Ausbruch der Frz. Revolution (1789) nahm K. W. frz. Emigranten auf und zog damit die Heere der Frz. Republik ins Land, die ihn zur Flucht nach Augsburg zwangen. Durch die Säkularisation (1803) verlor er seine Stellung als Landesherr, der große Verdienste im Bildungs-, Sozial- und Wirtschaftsbereich hatte.
H. RAAB: Clemens W. von Sachsen u. seine Zeit. 1739-1812 (1960).

Klemens, Päpste:
1) Klemens I. (90/92-101?), auch **Clemens Romanus,** nach altkirchl. Überlieferung dritter Nachfolger des PETRUS nach LINUS und ANAKLET I. als Bischof von Rom; gilt als Verf. des 1. Klemensbriefes. - Heiliger (Tag: 23. 11.).
K. BEYSCHLAG: Clemens Romanus u. der Frühkatholizismus (1966); J. HOFMANN: Unser hl. Vater K. Ein röm. Bischof im Kalender der griech. Kirche (1992).

2) Klemens II. (1046-47), früher **Suitger von Bamberg,** † bei Pesaro 9. 10. 1047; aus sächs. Adel, seit 1040 Bischof von Bamberg; zum Papst gewählt unter dem Einfluss HEINRICHS III., den er an seinem Inthronisationstag zum Kaiser krönte. Mit ihm begann die Frühphase der gregorian. Reform; 1047 erließ er Strafbestimmungen gegen die Simonie; beigesetzt im Bamberger Dom.

3) Klemens (III.), Gegenpapst (1080-1100), früher **Wibert von Ravenna,** * Parma um 1025, † Civita Castellana 8. 9. 1100; seit 1054 am dt. Hof, 1058 Kanzler HEINRICHS IV. für Italien, seit 1072 Erzbischof von Ravenna; im Verlauf des Investiturstreits von GREGOR VII. 1076 gebannt. Durch HEINRICH IV. wurde er 1080 auf der Synode von Brixen zum Gegenpapst gegen GREGOR VII. aufgestellt, nach der Eroberung Roms 1084 inthronisiert (gleichzeitig Kaiserkrönung HEINRICHS IV.); residierte anschließend in Ravenna; 1098 durch die Pierleoni vertrieben.
J. ZIESE: Wibert von Ravenna. Der Gegenpapst Clemens III. (1084-1100) (1982).

4) Klemens III. (1187-91), früher **Paolo Scolari,** † Rom Ende März 1191; Römer; Im Vertrag von Straßburg (1189) erhielt er von HEINRICH VI. den Kirchenstaat zurück. Bedingung war die Wahrung der Reichsrechte sowie die Zusage der Kaiserkrönung.

5) Klemens IV. (1265-68), früher **Guido Fulcodi,** * Saint-Gilles-du-Gard, † Viterbo 29. 11. 1268; urspr. verheiratet; als Berater am Hof LUDWIGS IX. tätig, wurde nach dem Tod seiner Frau (um 1256) Priester, 1257 Bischof von Le Puy, 1259 Erzbischof von Narbonne, 1261 Kardinal, 1265 in Abwesenheit zum Papst gewählt; arbeitete politisch mit Frankreich zusammen, belehnte 1265 KARL I. VON ANJOU mit Sizilien, bannte 1268 den Staufer KONRADIN.

6) Klemens V. (1305-14), früher **Bertrand de Got** [dəˈgoː], * in der Gascogne, † Roquemaure (bei Avignon) 20. 4. 1314; seit 1295 Bischof von Comminges, 1299 Erzbischof von Bordeaux; stand unter dem Einfluss PHILIPPS DES SCHÖNEN, residierte seit 1309 in Avignon (Beginn des Avignones. Exils der Kirche). Er konnte den vom frz. König geforderten Ketzerprozess gegen den verstorbenen Papst BONIFATIUS VIII. nur mit Mühe abwenden und stimmte auf dem Konzil von Vienne (1311/12) der Aufhebung des Templerordens zu. Vergeblich bemühte er sich, einen weiteren Kreuzzug durchzusetzen. Seine Ergänzung der Dekretalen (Klementinen) wurde erst von JOHANNES XXII. herausgegeben.
L. THIER: Kreuzzugsbemühungen unter Papst Clemens V. (1973).

7) Klemens VI. (1342-52), früher **Pierre Roger** [rɔˈʒe], * Maumont (bei Égletons, Dép. Corrèze) um 1292, † Avignon 6. 12. 1352; Benediktiner; Studium in Paris, 1326 Abt von Fécamp, 1328 Bischof von Arras, 1329 Erzbischof von Sens, seit 1330 von Rouen, Kanzler des frz. Königs PHILIPP VI., seit 1338 Kardinal. Er verfestigte durch den Kauf der Grafschaft Avignon (1348) und durch die Fertigstellung des päpstl. Palastes das Avignones. Exil; ließ 1350 in Rom das Hl. Jahr feiern; Gegner der Franziskanerspiritualen; förderte anfangs COLA DI RIENZO.

8) Klemens (VII.), Gegenpapst (1378-94), früher **Robert von Genf,** * Genf 1342, † Avignon 16. 9. 1394; wurde 1361 Bischof von Thérouanne (bei Saint-Omer), 1368 von Cambrai, 1371 Kardinal; nach der für ungültig erklärten Wahl URBANS VI. von der frz. Partei unter den Kardinälen zum Gegenpapst gewählt. Er baute in Avignon eine eigene Kurie auf (Beginn des Abendländ. Schismas. Anerkannt wurde er außer von Frankreich auch von Spanien, Schottland, Neapel und einem Teil der dt. Fürsten.

9) Klemens (VIII.), Gegenpapst (1423-29), früher **Gil Sánchez Muñoz** [ˈmuɲɔθ], * Teruel um 1380, † Mallorca 28. 12. 1446; als Nachfolger BENEDIKTS (XIII.) in Peñíscola (Aragonien) gewählt; musste am 26. 7. 1429 abdanken, da König ALFONS V. von Aragonien ihm seine Unterstützung entzog.

10) Klemens VII. (1523-34), früher **Giulio de' Medici** [-ˈmeditʃi], * Florenz 26. 5. 1478, † Rom 25. 9. 1534; seit 1513 Erzbischof von Florenz und Kardinal. Sein Versuch, gegen die Vorherrschaft KARLS V. in Italien anzugehen, führte 1527 zur Erstürmung Roms (→Sacco di Roma). K. wurde gefangen genommen, musste 1529 den Frieden von Barcelona schließen und 1530 KARL V. in Bologna zum Kaiser krönen. Vor dem Hintergrund der beginnenden Reformation lehnte er die Einberufung eines von den dt. Reichsständen geforderten allgemeinen Konzils ab, was in der Folge (als vergebene Möglichkeit zur Bewahrung der kirchl. Einheit) ein wesentl. Grund für die konfessionelle Spaltung der abendländ. Kirche werden sollte. Die Loslösung der engl. Kirche von Rom durch HEINRICH VIII. konnte K. nicht verhindern.

11) Klemens VIII. (1592-1605), früher **Ippolito Aldobrandini,** * Fano 24. 2. 1536, † Rom 5. 3. 1605; Jurist der Kurie, 1585 Kardinal, 1588 Legat in Polen. Als Papst gelang ihm die Aussöhnung mit Frankreich (Absolution HEINRICHS IV. 1595), die →Brester Union, die Vermittlung des Friedens von Vervins (1598) zw.

Papst Klemens II.
(Teil einer Grabplatte im Bamberger Dom)

Papst Klemens VII.
(Medaille: 1534)

Papst Klemens VIII.

Frankreich und Spanien und – mit Unterstützung HEINRICHS IV. – die Wiedervereinigung Ferraras mit dem Kirchenstaat (1598). Er förderte die auf dem Konzil von Trient angebahnte innerkirchl. Reform und festigte die Autorität des Papsttums. Die unter SIXTUS V. erstellte lat. Bibelausgabe (Vulgata) wurde von K. 1592 in wenig überarbeiteter Form neu herausgegeben (›Sixtina-Clementina‹).

Das Papsttum, die Christenheit u. die Staaten Europas 1592-1605. Forschungen zu den Hauptinstruktionen Clemens' VIII., hg. v. G. LUTZ (1987).

12) Klemens IX. (1667-69), früher **Giulio Rospigliosi** [rɔspiʎʎ-], * Pistoia 28. 1. 1600, † Rom 9. 12. 1669; war 1644-53 Nuntius in Spanien, seit 1657 Kardinal; unter ALEXANDER VII. Staatssekretär; ordnete die kirchl. Verhältnisse in Portugal und bemühte sich um Frieden zw. Frankreich und Spanien. Der Streit um den Jansenismus wurde durch den so genannten ›Klementin. Frieden‹ (1669) nur scheinbar beigelegt.

13) Klemens X. (1670-76), früher **Emilio Altieri**, * Rom 13. 7. 1590, † ebd. 22. 7. 1676; war 1626/27 Bischof von Camerino, später Nuntius in Neapel und Polen, seit 1669 Kardinal; unterstützte im Polnisch-Türk. Krieg JOHANN III. SOBIESKI finanziell. Wegen seines hohen Alters war K. jedoch kaum fähig, seine Aufgaben wahrzunehmen, die Kurialpolitik leitete Kardinal PALUZZI DEGLI ALBERTONI.

14) Klemens XI. (1700-21), früher **Giovanni Francesco Albani**, * Urbino 22. 7. 1649, † Rom 19. 3. 1721; seit 1687 Kardinal. Im Span. Erbfolgekrieg neigte er Frankreich zu, geriet darüber mit Kaiser JOSEPH I. in Streit (1708/09) und wurde gezwungen, den Sohn Kaiser LEOPOLDS I., Erzherzog KARL, als KARL III. anzuerkennen, was ihn mit dem bereits regierenden Bourbonen PHILIPP V. entzweite. Im →Ritenstreit entschied er gegen die Jesuiten. Mit der Bulle ›Unigenitus‹ (1713) verurteilte er den Jansenismus.

15) Klemens XII. (1730-40), früher **Lorenzo Corsini**, * Florenz 16. 4. 1652, † Rom 8. 2. 1740; seit 1691 Nuntius in Wien, seit 1706 Kardinal. Bedeutung erlangte K. als Förderer von Kunst und Wissenschaft; u. a. ließ er den Palazzo Corsini bauen, die Vatikan. Bibliothek erweitern und berief führende Gelehrte an den Vatikan. 1738 erließ er die erste päpstl. Stellungnahme gegen die Freimaurerei.

L. P. RAYBAUD: Papauté et pouvoir temporel sous les pontificats de Clément XII et Benoît XIV, 1730-1758 (Paris 1963).

16) Klemens XIII. (1758-69), früher **Carlo della Torre Rezzonico**, * Venedig 7. 3. 1693, † Rom 2. 2. 1769; seit 1737 Kardinal, seit 1743 Bischof von Padua. Sein Pontifikat war innerkirchlich geprägt von der unter dem Einfluss der Aufklärung entstandenen Diskussion über die Kirchenverfassung und den Primat des Papstes (Gallikanismus, Febronianismus). In der Jesuitenfrage (Verbot des Ordens in Portugal, Frankreich und Spanien) setzte sich K. für die Jesuiten ein.

J. BURKHARDT: Abschied vom Religionskrieg. Der Siebenjährige Krieg u. die päpstl. Diplomatie (1985).

17) Klemens XIV. (1769-74), früher **Giovanni Vincenzo Antonio** (Ordensname: **Lorenzo**) **Ganganelli**, * Sant'Arcangelo (bei Rimini) 31. 10. 1705, † Rom 22. 9. 1774; seit 1723 Franziskanerkonventuale, seit 1759 Kardinal. 1773 hob er unter dem Druck der von Bourbonen regierten Staaten den Jesuitenorden auf. Er förderte Kunst und Wissenschaft und begründete in Rom das ›Museo Clementino‹.

Klemens, K. von Alexandria, Titus Flavius Clemens, Theologe und Philosoph, * Athen (?) um 140/150, † in Kleinasien um 215; Schüler des PANTAINOS in Alexandria; Begründer der **alexandrinischen Theologie** i. e. S. und theolog. ›Wegbereiter‹ des ORIGENES. Von PLATON, der Stoa und PHILON VON ALEXANDRIA beeinflusst, verstand K. das Christentum als die ›wahre Philosophie‹, zu deren Erkenntnis die vorchristl. Philosophie hinführe. Er entwickelte den Gedanken einer abgestuften – vom göttl. Logos durchwirkten – Heilsgeschichte, deren Ziel die Erziehung des Menschen sei. In Abgrenzung zum Gnostizismus seiner Zeit zeichnete er das Ideal einer christl. Gnosis, in der JESUS CHRISTUS als Logos erst die Fülle der Erkenntnis und damit das Heil bringt. Der in der Taufe empfangene Hl. Geist ermögliche es dem Menschen, den einfachen Glauben durch Askese und Orientierung am Vorbild JESU CHRISTI zu überschreiten. So könne der Christ zu einem ›im Fleische wandelnden Gott‹ werden. Hauptwerke K.' sind der ›Protreptikos‹, eine Mahn- und Werberede an gebildete Heiden, der ›Paidagogos‹, in dem der Logos als vernunftgemäßer Lehrer des Christentums dargestellt wird, und die ›Stromata‹, in denen am deutlichsten seine Lehrtätigkeit greifbar wird.

D. WYRWA: Die christl. Platonaneignung in den Stromateis des Clemens v. A. (1983); E. F. OSBORN: Anfänge christl. Denkens (a. d. Engl., 1987); C. RIEDWEG: Mysterienterminologie bei Platon, Philon u. K. von Alexandrien (1987).

Klemensbriefe, Clemensbriefe, Klementinen, zwei Schriften der frühen Kirche; gewöhnlich zu den →apostolischen Vätern gerechnet. Der 1. Klemensbrief, abgefasst wahrscheinlich um 96-98 in Rom, möglicherweise von Papst KLEMENS I., war an die Christen von Korinth gerichtet. Sein Anlass waren Konflikte in der dortigen Gemeinde, die der Brief mit Warnungen vor Zwietracht und Eifersucht, Aufforderungen zum Glauben und aufrichtigen Leben sowie mit Reflexionen über die Notwendigkeit des kirchl. Amtes zu beeinflussen suchte. – Der 2. Klemensbrief, ebenfalls an die Korinther gerichtet, verfasst um 150, ist kein Brief, sondern eine Predigt über die Bedeutung der Menschwerdung, Leiden, Tod und Auferstehung JESU CHRISTI für das Heil der Menschen.

Ausgaben: Didache. Barnabasbrief. Zweiter K., hg. v. K. WENGST (1984); Die apostol. Väter, hg. v. J. A. FISCHER (⁹1986).

G. BRUNNER: Die theolog. Mitte des ersten K. (1972).

Klemensschwestern, Barmherzige Schwestern von der allerseligsten Jungfrau und schmerzhaften Mutter Maria, karitativ tätige kath. Ordensgemeinschaft, 1808 im Geiste des hl. VINZENZ VON PAUL von C. A. Freiherr VON DROSTE ZU VISCHERING gegründet und 1858 als Kongregation päpstlich anerkannt. Tätigkeitsfelder: Krankenpflege, Gemeinde- und Krankenhausseelsorge, Heilpädagogik, Kleinkinder- und Kindererziehung, Sozialarbeit in Sozialstationen, Mitarbeit in Hospizaufgaben u. a. – Sitz der Generaloberin in Münster; (1997) rd. 75 Niederlassungen mit 754 Schwestern (v. a. in Nordwest-Dtl. und in Kaduha [Ruanda]).

Klementine [wohl nach dem ersten Züchter, dem frz. Trappistenmönch Père CLÉMENT] die, -/-n, Kulturform der →Mandarine.

Klementinen, 1) die →Klemensbriefe.

2) eine Sammlung von Dekretalen des Papstes KLEMENS V. (1305-14), die 1317 publiziert und später in das Corpus Iuris Canonici aufgenommen wurde.

Klemke, Werner, Grafiker, * Berlin 12. 3. 1917, † ebd. 26. 8. 1994; lehrte seit 1951 an der Hochschule für bildende und angewandte Kunst in Berlin-Weißensee. Mit seinen Illustrationen u. a. zu BOCCACCIOS ›Dekameron‹, 1958; ›Hirsch Heinrich‹, 1960; ›Kinder- und Hausmärchen der Brüder Grimm‹, 1962), die sich durch eine virtuose Handhabung graf. Techniken auszeichnen, war er einer der bedeutendsten Buchkünstler der DDR. 1954-90 gestaltete er die Titelblätter für die Monatszeitschrift ›Magazin‹. Auch mit Plakaten, Schallplattenhüllen, Briefmarken, Theaterprospekten und Figurinen bewies er seine Vielseitigkeit als Gebrauchsgrafiker.

Papst Klemens XIV.
(Ausschnitt aus einem zeitgenössischen Punktierstich)

W. K., bearb. v. K. KRENZLIN u. a., Ausst.-Kat. (Berlin-Ost 1987); Das große Bilderbuch, hg. v. S. KAHANE u. J. KÖHLER (1996).

Klemm, 1) Friedrich, Technikhistoriker, *Mulda/Sa. (Landkreis Freiberg) 22. 1. 1904, †München 16. 3. 1983; war seit 1932 Bibliothekar am Dt. Museum in München, 1950–69 dort Bibliotheksdirektor, seit 1959 Prof. für Geschichte der exakten Naturwissenschaften und der Technik in München.
Werke: Große Erfinder (1952); Technik. Eine Gesch. ihrer Probleme (1954); Große Naturforscher der Antike, des MA. u. der Renaissance (1957); Kurze Gesch. der Technik (1961); Gesch. der naturwiss. u. techn. Museen (1973); Naturwiss.en u. Technik in der Frz. Revolution (1977).

2) Hanns, Flugzeugbauer, *Stuttgart 4. 4. 1885, †Fischbachau (Landkreis Miesbach) 30. 4. 1961; wurde als Chefkonstrukteur in dem 1918 gegründeten Daimler-Flugzeugbau in Sindelfingen zum Schöpfer des Leichtflugzeugs, bes. mit der L 20 (zweisitziger Tiefdecker mit 20-PS-Mercedes-Flugmotor, 1924), der als bekannteste Typen L 25, K131, 32, 35 folgten. Diese wurden in der 1926 gegründeten Firma **Leichtflugzeugbau K. GmbH** in Böblingen gebaut (1945 erloschen).

3) Wilhelm, Pseudonym **Felix Brazil** [ˈbraːziːl], Schriftsteller, *Leipzig 15. 5. 1881, †Wiesbaden 23. 1. 1968; durch das Erlebnis des Ersten Weltkriegs geprägter expressionist. Lyriker. Seine Gedichte erschienen bis 1918 v. a. in F. PFEMFERTS ›Aktion‹. Nach 1922 veröffentlichte er nicht mehr, erst 1964 erschien wieder eine kleine Lyriksammlung u. d. T. ›Geflammte Ränder‹.
Weitere Werke: *Lyrik:* Gloria! (1915); Verse u. Bilder (1916); Aufforderung (1917); Entfaltung (1919); Ergriffenheit (1919); Traumschutt (1920); Die Satanspuppe (1922).
Ausgabe: Ich lag in fremder Stube. Ges. Gedichte, hg. v. H.-J. ORTHEIL (1981).

4) Wilhelm Karl, Chemiker, *Guhrau 5. 1. 1896, †Danzig 24. 10. 1985; Prof. für anorgan. Chemie in Hannover, Danzig, Kiel und seit 1951 in Münster; entwickelte maßgebend die Magnetochemie; arbeitete ferner u. a. über Feststoffchemie, seltene Erden, Übergangselemente und Fluorverbindungen.

Hanns Klemm: Zweisitziger Tiefdecker L 20 von 1924; Länge 7 m, Spannweite 13 m, Reisegeschwindigkeit 95 km/h

Klemme, *Elektrotechnik:* Vorrichtung zum lösbaren Anschließen oder Verbinden elektr. Leitungen. K. besitzen im Wesentlichen ein Anschlussstück zur Aufnahme des Leiters sowie ein Druckstück, das den Kontakt zum Leiter herstellt.

Klemmenspannung, Klemmspannung, die Spannung zw. den Klemmen (Polen) einer elektr. Spannungsquelle oder eines Vierpols. Sind die Klemmen mit einem äußeren Widerstand belastet, dann ist die K. gleich der Differenz zw. Quellenspannung U_q und dem Produkt aus Stromstärke I und innerem Widerstand R_i der Spannungsquelle (**innerer Spannungsabfall**): $U = U_q - R_i I$. Bei Leerlauf, d. h. unbelasteter Spannungsquelle, ist die K. die Quellenspannung U_q.

Klemmschaltung, Clamping-Schaltung [ˈklæmpɪŋ-, engl.], Transistor- oder Diodenschaltung zum Erhalt oder zur Wiederherstellung des Gleichspannungsmittelwertes eines periodischen Signals, der z. B. bei der Übertragung der Impulsfolge durch ein kapazitives Koppelglied verändert wurde. Die K. wird bes. in der Fernsehtechnik zur Einstellung des horizontalen Austastsignals zu Beginn jeder Zeile auf den →Schwarzwert verwendet. Dabei bewirkt sie zu genau festgelegten Zeiten (gesteuert durch mit dem Synchronsignal fest gekoppelte horizontalfrequente Klemmimpulse) die Umladung des Koppelkondensators auf den Schwarzwert, unabhängig davon, welche Aufladung er während der vorangegangenen Zeilenperiode erhalten hat.

Werner Klemke: Illustration zu Jurij Brězans Erzählung ›Die schwarze Mühle‹; 1968

Klemperer, 1) Otto, Dirigent, *Breslau 14. 5. 1885, †Zürich 6. 7. 1973; studierte u. a. bei H. PFITZNER und kam nach Stationen in Prag, Barmen, Straßburg, Köln und Wiesbaden 1927 als Leiter der Kroll-Oper nach Berlin, nach deren Auflösung (1931) an die dortige Staatsoper. 1933 emigrierte er in die USA, wo er u. a. bis 1939 das Los Angeles Philharmonic Orchestra leitete. 1955 wurde er Chefdirigent des (New) Philharmonia Orchestra London. K. war ein außergewöhnl. Interpret der Musik der Wiener Klassik und der Werke G. MAHLERS und setzte sich auch für die Neue Musik ein. Mit u. a. sechs Sinfonien, neun Streichquartetten und Vokalmusik ist er auch als Komponist hervorgetreten.
P. HEYWORTH: Gespräche mit K. (a. d. Engl., 1974); Über Musik u. Theater. Erinnerungen, Gespräche, Skizzen, hg. v. S. STOMPOR (Berlin-Ost 1982).

2) Victor, Romanist, *Landsberg (Warthe) 9. 10. 1881, †Dresden 11. 2. 1960; war 1920–35 Prof. in Dresden (wegen seiner jüd. Herkunft amtsenthoben), 1947 Prof. in Greifswald, 1948 in Halle (Saale), seit 1951 in Berlin (Ost). Sein literaturwiss. Werk wird begleitet von ausführl. Tagebuchaufzeichnungen, wichtigen Zeugnissen v. a. für den alltägl. Terror in natsoz. Zeit (›Ich will Zeugnis ablegen bis zum letzten‹, Tagebücher 1933–45, 2 Bde., hg. 1995). Als sein wichtigstes Werk gilt ›LTI. Lingua Tertii Imperii‹ (1947); dieses ›Notizbuch eines Philologen‹ erhellt durch Beobachtung und Analyse der Sprache die faschist. Denkstrukturen.
Weitere Werke: Montesquieu, 2 Bde. (1914–15); Einf. in das Mittelfrz. (1921); Gesch. der frz. Lit. von Napoleon bis zur Gegenwart, 4 Tle. (1925–31, 1956 u. d. T. Gesch. der frz. Lit. im 19. u. 20. Jh., 2 Bde.); Pierre Corneille (1933); Gesch. der frz. Lit. im 18. Jh., 2 Bde. (1954–66).

Ausgabe: Curriculum vitae. Erinnerungen 1881–1918, hg. v. W. NOWOJSKI, 2 Bde. (Neuausg. 1996).

3) Wolfgang, Flugpionier, * Dresden 18. 1. 1893, † Los Angeles (Calif.) 25. 3. 1965; baute seit 1920 Segelflugzeuge (›Schwarzer Teufel‹ und ›Blaue Maus‹, mit der er 1921 13 Minuten lang flog), ging 1924 in die USA, wo er im Luftschiffbau (Goodyear Zeppelin Corp.), später im Gerätebau für Flugzeuge und Flugkörper (Douglas Aircraft Co.) tätig war.

Klenau, Paul August von, dän. Komponist und Dirigent, * Kopenhagen 11. 2. 1883, † ebd. 31. 8. 1946; studierte in Berlin (M. BRUCH) und München (L. THUILLE), wirkte als Dirigent in Kopenhagen und Wien. Seine Opern (u. a. ›Michael Kohlhaas‹, 1933; ›Rembrandt von Rijn‹, 1937; ›Elisabeth von England‹, 1939) stehen in der Nachfolge von R. STRAUSS, seine übrigen Werke (sieben Sinfonien, Kammer- und Vokalmusik) nehmen v. a. Einflüsse von A. SCHÖNBERG auf, kehren jedoch zu einem tonalen Stil zurück, der neoklassizist. Tendenzen einbezieht.

Klengel, 1) Johann Christian, Maler und Radierer, * Kesselsdorf 5. 4. 1751, † Dresden 19. 12. 1824; wurde mit seinen auf sorgfältiger Naturbeobachtung beruhenden Landschaftsbildern mit religiöser und mytholog. Staffage ein Wegbereiter der romant. Landschaftsdarstellung.

2) Julius, Violoncellist, * Leipzig 24. 9. 1859, † ebd. 27. 10. 1933; war Solovioloncellist im Gewandhausorchester Leipzig, Mitgl. des Gewandhausquartetts und Prof. am Leipziger Konservatorium. Zu seinen Schülern zählten E. FEUERMANN, P. GRÜMMER, L. HOELSCHER und G. PIATIGORSKY. Mit Stücken für sein Instrument (u. a. drei Violoncellokonzerte und ein Doppelkonzert für Violine und Violoncello) ist er auch als Komponist hervorgetreten.

3) Wolf Caspar, Baumeister, * Dresden 8. 6. 1630, † ebd. 10. 1. 1691; wurde nach Studienaufenthalten in den Niederlanden, Frankreich und Italien 1656 Oberlandbaumeister in Dresden. K. gilt als Begründer des von der ital. Baukunst beeinflussten Dresdner Barock. Von seinen Hauptwerken in Dresden (Komödienhaus, 1664–67; Neues Ballhaus, 1668/69; Schießhaus, 1672/73) ist nur der Umbau des Schlossturms (1674–76) im Stil des niederländ. Barock erhalten.

Klengen, Darren, Samengewinnung aus Nadelbaumzapfen, auch Erlenzapfen, durch Wärmeeinwirkung und mechan. Abtrennung, z. B. auf Rüttelsieben, in speziell konstruierten, als **Klenge** oder **Samendarre** bezeichneten Anlagen.

Leo von Klenze: Königsbau der Residenz am Max-Joseph-Platz in München; 1826–35

Klenze, Franz Karl Leo von (seit 1833), Baumeister, Maler und Zeichner, * Schladen (Landkreis Wolfenbüttel) 29. 2. 1784, † München 27. 1. 1864; Vertreter des Klassizismus, ausgebildet in Berlin (u. a. bei F. GILLY), Paris (u. a. bei P. F. L. FONTAINE, C. PERCIER) und Italien. 1808–13 war er in Kassel Hofarchitekt des Königs JÉRÔME von Westfalen, ab 1816 des späteren Königs LUDWIG I. von Bayern (seit 1819 Hofbauintendant), in dessen Auftrag er Plätze und Straßen in München einheitlich gestaltete (Königsplatz, Ludwigstraße, Odeonsplatz, Teile der Brienner Straße). Er erbaute die Walhalla bei Regensburg (1830–42), die Neue Eremitage in Sankt Petersburg (1839–52) und vollendete die von F. VON GÄRTNER begonnene Befreiungshalle bei Kelheim (1842–63). Sein Baustil entfaltete sich aus Elementen der antiken griech. Baukunst und Formen der ital. Hochrenaissance. In diplomat. Mission reiste K. 1834 an den Hof OTTOS I. in Athen, wo er die Aufsicht über die antiken Denkmäler (Einrichtung von archäolog. Zonen, Verzicht auf die Akropolis als Festung) erhielt und öffentl. Gebäude sowie einen Bebauungsplan für die Stadt entwarf. K. schuf zahlr. Zeichnungen und ab 1824 auch Gemälde (v. a. Landschaften mit architekton. Motiven).

Weitere Werke: Leuchtenberg-Palais in München (1816 bis 1821); Glyptothek, ebd. (1816–30; BILD →deutsche Kunst); Festsaalbau (1823–42) und Königsbau (1826–35) der Residenz, ebd.; Alte Pinakothek, ebd. (1826–36); Allerheiligen-Hofkirche, ebd. (1826–37); Monopteros im Engl. Garten, ebd. (1833–35); Ruhmeshalle, ebd. (1843–54); Propyläen, ebd. (1846–60).

L. v. K. als Maler u. Zeichner, bearb. v. I. FEUCHTMAYR u. a., Ausst.-Kat. (1977); N. LIEB u. F. HUFNAGEL: L. v. K. Gemälde u. Zeichnungen (1979); O. HERDERER: L. v. K. (²1981); L. v. K. u. die Samml. architekton. Entwürfe, bearb. v. F. HUFNAGEL (1983); Ein griech. Traum. L. v. K., der Archäologe, bearb. v. P. FRESE u. a., Ausst.-Kat. (1985).

Kleobis und Biton, nach HERODOT die Söhne der Kydippe, einer Herapriesterin zu Argos, die deren Wagen 45 Stadien zum Gottesdienst im Tempel der Göttin Hera zogen und auf das Gebet ihrer Mutter um den schönsten Lohn vom Schlaf im Tempel nicht mehr erwachten. – Von den ihnen nach Delphi geweihten Statuen haben sich die von POLYMEDES signierten (sicher lesbar nur: ...medes) archaischen Standbilder (Marmor, um 590 v. Chr.; Delphi, Museum) erhalten.

Kleobulos, Tyrann von Lindos auf Rhodos um die Mitte des 6. Jh. v. Chr., einer der →sieben Weisen.

Kleomedes, griech. Astronom, lebte um die Zeitenwende; Verfasser der kosmologisch-astronom. ›Kreistheorie der Himmelskörper‹; in ihr machte er Angaben zur Berechnung des Erdumfangs, behauptete die Kugelform der Erde und erklärte die Mondphasen und -finsternisse. K. war ab dem 12. Jh. ein viel gelesener Autor. Eine erste lat. Übersetzung seines Werkes erschien 1605.

Kleomenes, griech. **Kleoménes,** Name mehrerer Könige von Sparta aus dem Geschlecht der Agiaden; u. a.:

1) Kleomenes I., König (seit etwa 525 v. Chr.), † um 488 v. Chr.; vertrieb 510 v. Chr. den Tyrannen HIPPIAS aus Athen, musste aber 508/507 mit ISAGORAS vor den Anhängern des KLEISTHENES aus Attika weichen. Um 494 siegte er über Argos und geriet später in Konflikt mit den Ephoren, v. a. nach Ausschaltung seines Mitkönigs DEMARATOS. K. floh aus Sparta und versuchte vergeblich, die Arkader gegen dieses aufzuwiegeln. Bald nach seiner Rückkehr starb er auf ungeklärte Weise.

2) Kleomenes III., König (seit 235 v. Chr.), * um 260 v. Chr., † Alexandria 219 v. Chr.; schuf 226 durch Vergrößerung der spartan. Bürgerschaft (Ergänzung der stark gesunkenen Anzahl der Spartiaten durch Periöken) und Abschaffung des Ephorats die Grundlage für den Wiederaufstieg Spartas, unterlag aber im Kampf um die Vorherrschaft auf der Peloponnes 222

Leo von Klenze

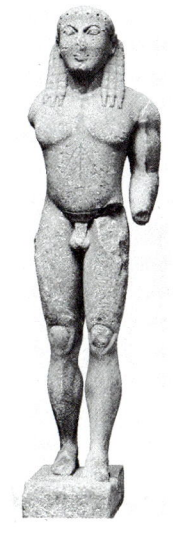

Kleobis und Biton: Marmorstatuen, wahrscheinlich von Polymedes; Höhe ohne Basen 2,18 und 2,16 m, um 590 v. Chr. (Delphi, Museum)

Kleo Kleon – Klephten

v. Chr. ANTIGONOS III. DOSON von Makedonien und dem Achaiischen Bund. Er floh nach Ägypten, wo er nach missglücktem Umsturzversuch ums Leben kam (Biographie von PLUTARCH).

B. SHIMRON: Late Sparta. The Spartan Revolution 243–146 B.C. (Buffalo, N.Y., 1972); S. GRUNAUER-VON HOERSCHELMANN: Die Münzprägung der Lakedaimonier (1978); U. BERNINI: Archidamo e Cleomene III, in: Athenaeum, Jg. 59 (1981) u. 60 (1982).

Kleon, athen. Staatsmann und Demagoge in der ersten Hälfte des Peloponnes. Krieges, † (gefallen) bei Amphipolis (Thrakien) 422 v. Chr. Als Gerbereibesitzer erster nichtadliger Politiker Athens, war er Gegner des PERIKLES und des NIKIAS und schärfster Vertreter der Kriegspartei. Er vereitelte 425 einen Frieden mit Sparta und eroberte 424 die Insel Sphakteria. Zur Finanzierung des Krieges erhöhte er die Tribute der athen. Bundesgenossen. 422 fiel er im Kampf gegen den Spartaner BRASIDAS, der ebenfalls fiel. Durch beider Tod wurde der Weg frei zum Frieden des NIKIAS.

W. R. CONNOR: The new politicians of fifth-century Athens (Princeton, N. J., 1971).

Kleopatra VII., die Große, griech. **Kleopatra, K. Philopator** [›die Vaterliebende‹], ägypt. Königin (51–30 v. Chr.) aus makedon. Geschlecht (→Ptolemäer), *69 v. Chr., † Alexandria 30 v. Chr., Tochter PTOLEMAIOS' XII.; regierte zunächst mit ihrem Brudergemahl PTOLEMAIOS XIII. († 47 v. Chr.). Von ihm vertrieben, wandte sie sich an CAESAR, der nach dem Tod des POMPEIUS in Alexandria landete und nach schweren Kämpfen (Alexandrin. Krieg) K. zusammen mit ihrem jüngeren Bruder PTOLEMAIOS XIV. († 44 v. Chr.) die Herrschaft zurückgab. 46–44 lebte K. in Rom und kehrte nach CAESARS Tod nach Ägypten zurück, wo sie ihren von CAESAR stammenden Sohn KAISARION als PTOLEMAIOS XV. zum Mitregenten erhob. Im Bürgerkrieg von 43/42 neutral, gewann K. 41 ANTONIUS, den damaligen Herrscher des Ostens, für sich, mit dem sie seit 37 (Eheschließung) verbunden blieb. Ihr Ziel, dem Land und ihrer Dynastie neuen Glanz zu geben, wurde von ANTONIUS gefördert, der ihr einige früher zu Ägypten gehörende Nebenländer überließ und ihre gemeinsamen Kinder ALEXANDER HELIOS (*40, †30 v. Chr.), KLEOPATRA SELENE (*40) und PTOLEMAIOS PHILADELPHOS (*36, †30 v. Chr.) im Jahre 34 zu Königen über Armenien, Medien, Kyrene und Syrien, sie selbst zur ›Königin der Könige‹ proklamieren ließ. 32 v. Chr. erklärte ihr OCTAVIAN (der spätere Kaiser →AUGUSTUS) den Krieg und führte den Kampf gegen den mit ihr verbündeten ANTONIUS offiziell nur gegen sie. Nach der Schlacht bei Aktium (31) floh K. nach Ägypten und tötete sich selbst durch einen Schlangenbiss. Von ihren Kindern überlebte sie nur KLEOPATRA SELENE, die um 20 v. Chr. mit JUBA II. von Mauretanien vermählt wurde.

Literar. Behandlung: Hauptmotiv des beliebten Stoffes wurde das trag. Ende mit dem Tod des Liebespaares ANTONIUS und K.: Dramen von É. JODELLE (›Cléopâtre captive‹, 1522), G. GIRALDI (›Cleopatra‹, 1555), H. SACHS (›Die Königin Cleopatra mit Antonio dem Römer‹, 1560), R. GARNIER (›Marc-Antoine‹, 1578), W. SHAKESPEARE (›Antony and Cleopatra‹, um 1607), D. C. VON LOHENSTEIN (›Cleopatra‹, 1661) und V. ALFIERI (›Antonio e Cleopatra‹, 1775) gingen von dem überlieferten Bild K.s als einer skrupellosen Buhlerin aus; nur wenige Autoren zeichneten sie als hingebende Geliebte (J. DRYDEN, ›All for love‹, 1678). Ränkereich erscheint K. in den Dramen über ihr Verhältnis zu CAESAR (F. BEAUMONT/J. FLETCHER, ›The false one‹, 1620; P. CORNEILLE, ›La mort de Pompée‹, 1643; G. B. SHAW, ›Caesar and Cleopatra‹, 1899).

H. VOLKMANN: K. Politik u. Propaganda (1953); I. BECHER: Das Bild der K. in der griech. u. lat. Lit. (Berlin-Ost 1966); H. HEINEN: Rom u. Ägypten von 51 bis 47 v. Chr. (Diss. Tübingen 1966); M. GRANT: K. (a. d. Engl., Neuausg. 1981); M. CLAUSS: K. (1995).

Kleophonmaler, griech. Vasenmaler des klass. rotfigurigen Stils, um 440–420 v. Chr. in Athen tätig. Seine hoch gewachsenen, in sich versunkenen Gestalten entsprechen der Parthenonplastik des PHIDIAS.

Kleophrạdesmaler, 510–470 v. Chr. in Athen tätiger griech. Vasenmaler, durch Signatur auf einer typisch bemalten Vase als EPIKTET gesichert; Schüler des EUTHYMIDES, war neben dem BERLINER MALER im frühen 5. Jh. v. Chr. in Athen führend; wichtig für die Entwicklung des Ausdrucks in der rotfigurigen Vasenmalerei, stellte monumentalisierte, von innerer Spannung erfüllte Einzelfiguren von klarer, bestimmter klass. Form dar. Bekannt sind u. a. die Münchner Spitzamphora mit Dionysos und Gefolge (um 500; BILD Dionysos) oder die Vivenziohydria in Neapel (um 480) mit der Zerstörung Trojas (Iliupersis).

Kleọstratos, K. von Tẹnedos, griech. Naturphilosoph des ausgehenden 6. Jh. v. Chr.; wahrscheinlich der erste Grieche, der auf der Grundlage babylon. Daten genaue astronom. Beobachtungen anstellte.

Klẹphten [neugriech. ›Räuber‹], griech. Freischärler, die nach der Unterwerfung Griechenlands durch die Osmanen in den Gebirgsgegenden einen Kleinkrieg gegen die Fremdherrschaft, aber auch reinen Straßenraub betrieben. Die gegen sie eingesetzten →Armatolen gingen häufig zu ihnen über. Die Abenteuer der K. werden in den in der europ. Romantik beliebten lyrisch-ep. **Klephtenliedern** geschildert.

Klepper, Jochen, Schriftsteller, * Beuthen/Oder 22. 3. 1903, † Berlin 11. 12. 1942; studierte Theologie, war dann als Journalist in Berlin tätig. Unter dem polit. Druck der natsoz. Herrschaft beging er mit seiner jüd. Frau und seiner Stieftochter Selbstmord. Sein literar. Schaffen ist von tiefer prot. Frömmigkeit geprägt. K. schrieb bedeutende christlich-histor. Romane (›Der Vater‹, 1937) und schlichte geistl. Lieder. Seine Tagebuchaufzeichnungen (›Unter dem Schatten deiner Flügel‹, hg. 1956; ›Überwindung‹, hg. 1958) sind erschütternde Zeitdokumente.

Weitere Werke: *Romane:* Der Kahn der fröhl. Leute (1933); Der Soldatenkönig u. die Stillen im Lande (1938); Das ewige Haus (hg. 1951, Fragment). – *Lyrik:* Ziel der Zeit. Die ges. Gedichte (hg. 1962).

D. BLOCK: Daß ich ihn leidend lobe. J. K. – Leben u. Werk (²1993).

Klepsch, Egon Alfred, Politiker, * Bodenbach (heute zu Tetschen) 30. 1. 1930; Historiker, wurde 1951 Mitgl. der CDU, war 1963–69 Bundes-Vors. der Jungen Union, 1965–80 MdB, widmete sich im Bundestag bes. Fragen der Verteidigungspolitik. Ab 1973 delegiertes, ab 1979 direkt gewähltes MdEP, war K. u. a. 1977–92 Vize-Präs. der EVP, 1977–82 sowie 1984–92 Vors. der christlich-demokrat. Fraktion (ab 1979 der EVP-Fraktion), 1982–84 Vize-Präs. und 1992–94 Präs. des Europ. Parlaments.

Kleps|hydra [griech., zu *kléptein* ›stehlen‹ und *hýdor* ›Wasser‹] *die, -/...'hydren,* in der klass. Antike ein erstmals von EMPEDOKLES erwähntes, pipettenähnl. Gerät zur Entnehmen von Flüssigkeiten (→Heber). Hiervon abgeleitet ist K. die altgriech. Bez. für wassergefüllte Auslaufgefäße zur Bemessung der Redezeit in der Gerichtspraxis sowie zur sonstigen Zeitmessung; heute allg. Bez. für die →Wasseruhr.

Kleptomanie [zu griech. *kléptein* ›stehlen‹] *die, -,* auf einer impulsgesteuerten Störung beruhende Unfähigkeit, dem Drang zum Stehlen (Stehlsucht) zu widerstehen. In der forens. Psychologie und in der Kriminologie wird K. teilweise als triebhaftes Stehlen oder als Stehlen ohne Zueignungsabsicht mit dem Schwerpunkt auf dem Stehlakt (als der Befreiung aus einem Unruhe- und Spannungszustand) in einer bestimmten Situation verstanden. Triebhaftes Stehlen wird auch beobachtet im Zusammenhang mit Reifungsstörungen Jugendlicher, neurot. Fehlhaltungen bei Entwicklungsstörungen u. a., gehirnorgan. Erkrankungen und biolog. Krisenzeiten wie Schwangerschaft und Klimakterium. Soweit K. Krankheitswert besitzt und das Unrechtsbewusstsein trübt, kann sie strafmildernd berücksichtigt werden (§ 21 StGB).

J. GLATZEL: Zur psychiatr. Begutachtung von Ladendieben, in: Strafverteidiger, Jg. 2 (1982); Dissozialität, hg. v. T. R. PAYK (1992).

Klerides, Glafkos John, griechisch-zypriot. Politiker, * Nikosia 24. 4. 1919; diente während des Zweiten Weltkriegs bei der brit. Royal Air Force (1942–45 in dt. Kriegsgefangenschaft); studierte danach Jura in London und kehrte 1951 nach Zypern zurück, war bis 1960 Anwalt (Verteidigung von Widerstandskämpfern vor brit. Sondergerichten); lehnte den Anschluss an Griechenland (Enosis) ab und wurde mit der Organisation der Untergrundbewegung in Nikosia beauftragt (Deckname ›Yperides‹). In der Übergangsperiode bis zur Entlassung Zyperns in die Unabhängigkeit war er 1959/60 Justiz-Min., anschließend 1960–76 Parlaments-Präs. und nach dem Scheitern des Militärputsches von Juli bis Dezember 1974 provisor. Präs. Zyperns. Nach der türk. Besetzung der nördl. Inselhälfte (1974) bis 1976 Verhandlungsführer der griech. Zyprioten und 1976 führend an der Gründung der ›Demokrat. Sammlung‹ (Abk. DISY) beteiligt, trat er für eine polit. Lösung des Zypernproblems ein. Im Februar 1993 wurde er zum Staatspräs. gewählt.

klerikal [kirchenlat. ›priesterlich‹], i. w. S. streng kirchlich gesinnt; i. e. S. zum Klerus gehörend, dem Klerus eigentümlich.

klerikale Standesprivilegi|en, Bez. für bestimmte Vorrechte des Klerus, die sich geschichtlich herausgebildet hatten: kirchenrechtl. Schutz vor Realinjurien, Gerichtsstand in Zivil- und Strafsachen nur vor dem kirchl. Gericht, Befreiung vom Militärdienst und allen öffentl. Aufgaben und Ämtern, die dem Klerikerstand fremd sind (Immunität). Der CIC von 1983 erhält diese k. S. nicht mehr aufrecht, wünscht jedoch, dass Kleriker von einer möglichen Befreiung vom Militärdienst und von der Übernahme öffentl. Ämter Gebrauch machen. Diese Immunität ist in Dtl. durch das Reichskonkordat von 1933 geltendes Recht.

Klerikalismus, politischer K., *der, -,* polem. Bez. für vom (insbesondere kath.) Klerus getragene Bestrebungen, die vorrangig die Interessen und Auffassungen der (kath.) Amtskirche in Staat und Gesellschaft durchzusetzen suchen (z. B. über die Gesetzgebung). Der Begriff K. wurde im 19. Jh. in den Auseinandersetzungen zw. Staat und Kirche geprägt; er wurde seitdem bes. von Liberalen, Sozialisten und entschieden die Staatsautorität verfechtenden Konservativen auf Kräfte angewandt, die ihrer Auffassung nach Weisungen und Dogmen der (kath.) Amtskirche im politisch-gesellschaftl. Raum umzusetzen suchten, z. B. auf das →Zentrum im Dt. Reich. In der Zeit des ›Kulturkampfes‹ wurde diese Partei darüber hinaus des Ultramontanismus, d. h. der direkten Abhängigkeit von den Weisungen des Papstes, beschuldigt. In der Verbindung mit einem faschist. Gesellschafts- und Staatssystem findet man für K. auch die Bez. **Klerikalfaschismus;** so u. a. für das Gesellschafts- und Staatssystem in Österreich zw. 1934 und 1938 sowie in Portugal zw. 1933 und 1974. – Im Ggs. zum K. steht der →Laizismus.

Kleriker *der, -s/-,* Angehöriger des Klerus.

Klerk, 1) Frederik Willem de, südafrikan. Politiker, * Johannesburg 18. 3. 1936; Rechtsanwalt; Mitgl. der National Party (NP), seit 1972 Parlaments-Mitgl., u. a. 1982–85 Innen-, 1984–89 Erziehungs-Min., 1989 bis 1997 Vors. seiner Partei; 1989–94 Staatspräs., 1994–96 Vize-Präs., 1996/97 Oppositionsführer. Er setzte als Partei-Vors. und Staatspräs. seit 1990, z. T. gegen heftigen Widerstand der rechten weißen Opposition, eine Wende in der Rassenpolitik der Rep. Südafrika durch. Beginnend mit der Freilassung des seit 1962 inhaftierten N. MANDELA, der Wiederzulassung des ANC und der Aufhebung des Ausnahmezustands brachte er Reformen auf den Weg, die, bald in enger Absprache mit MANDELA und dem ANC vorangetrieben, letztlich zur Abschaffung der Apartheidgesetzgebung und zum friedl. Übergang Südafrikas zu einer pluralist. und gemischtrassigen Demokratie führten. Dafür erhielt er zus. mit MANDELA 1993 den Friedensnobelpreis.

2) Michel de, niederländ. Architekt, * Amsterdam 24. 11. 1884, † ebd. 24. 11. 1923; Vertreter des Expressionismus. Charakteristisch für seine Wohnhausblocks und Reihenhäuser in Amsterdam sind plastisch gegliederte Backsteinfassaden und abwechslungsreiche Gruppierungen (Wohnbauten ›Spaarndammerbuurt‹, 1913–19). K. entwarf auch Möbel. (BILD S. 88, weiteres BILD →Expressionismus).

S. S. FRANK: M. de K. 1884–1923 (Ann Arbor, Mich., 1984); F. VAN BURKOM: M. de K. (Rotterdam 1990).

Klerksdorp, Stadt in der Prov. Nord-West, Rep. Südafrika, 131 800 Ew.; Sitz der größten Getreide-

Jochen Klepper

Glafkos John Klerides

Frederik de Klerk

Michel de Klerk: Wohnbauten ›Spaarndammerbuurt‹ in Amsterdam; 1913–19

Thomas Klestil

Klette: Große Klette (Höhe 30–180 cm)

Susanne Katharina von Klettenberg

genossenschaft des Landes; Gold- und Uranerzbergbau. – K. wurde 1838 von Voortrekkern gegründet.

Kleros [griech. ›Los‹] *der, -/...roi,* in altgriech. Staaten das dem Einzelnen zugewiesene Landlos. In Sparta war der K. erblich und, mindestens in älterer Zeit, unverkäufl. Familienbesitz, auf dem das Vollbürgerrecht der Spartiaten beruhte. Einen erbl. K. hatten auch die **Kleruchen**, von Athen in abhängigem Gebiet Angesiedelte, die attische Bürger blieben, Kriegsdienst leisteten und so eine Stütze der athen. Herrschaft bildeten. In hellenist. Zeit bezeichnete K. ein vom König als eine Art Lehen vergebenes Landgut, in Ägypten auch das Landstück, mit dem Soldaten entlohnt wurden, die ebenfalls als Kleruchen bezeichnet wurden.

M. ROSTOVTZEFF: Gesellschafts- u. Wirtschaftsgesch. der hellenist. Welt, 3 Bde. (a. d. Engl., 1955–56).

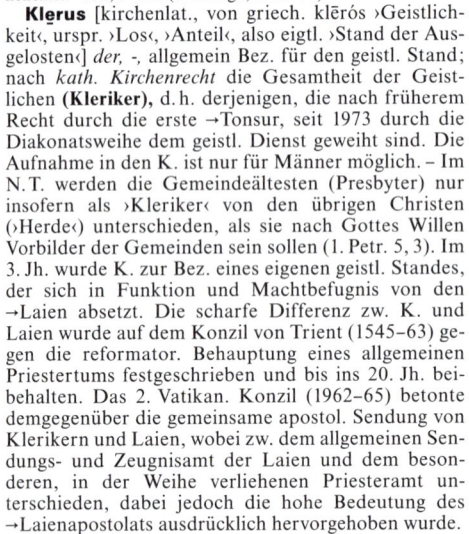

Klerus [kirchenlat., von griech. klēros ›Geistlichkeit‹, urspr. ›Los‹, ›Anteil‹, also eigtl. ›Stand der Ausgelosten‹] *der, -,* allgemeine Bez. für den geistl. Stand; nach **kath. Kirchenrecht** die Gesamtheit der Geistlichen **(Kleriker),** d. h. derjenigen, die nach früherem Recht durch die erste →Tonsur, seit 1973 durch die Diakonatsweihe dem geistl. Dienst geweiht sind. Die Aufnahme in den K. ist nur für Männer möglich. – Im N. T. werden die Gemeindeältesten (Presbyter) nur insofern als ›Kleriker‹ von den übrigen Christen (›Herde‹) unterschieden, als sie nach Gottes Willen Vorbilder der Gemeinde sein sollen (1. Petr. 5, 3). Im 3. Jh. wurde K. zur Bez. eines eigenen geistl. Standes, der sich in Funktion und Machtbefugnis von den →Laien absetzt. Die scharfe Differenz zw. K. und Laien wurde auf dem Konzil von Trient (1545–63) gegen die reformator. Behauptung eines allgemeinen Priestertums festgeschrieben und bis ins 20. Jh. beibehalten. Das 2. Vatikan. Konzil (1962–65) betonte demgegenüber das gemeinsame apostol. Sendung von Klerikern und Laien, wobei zw. dem allgemeinen Sendungs- und Zeugnisamt der Laien und dem besonderen, in der Weihe verliehenen Priesteramt unterschieden, dabei jedoch die hohe Bedeutung des →Laienapostolats ausdrücklich hervorgehoben wurde.

Mit der Aufnahme in den K. wird der Betreffende gleichzeitig einer Diözese oder Ordensgemeinschaft zugeordnet (Inkardination). Er ist zum Dienst in der Kirche und zu einer bestimmten Lebensweise verpflichtet (z. B. zu Stundengebet, Zölibat). Die Unterscheidung von Klerikern niederer (Minoristen) und höherer Weihen (Majoristen) wurde 1972 aufgehoben.

U. SCHNELL: Das Verhältnis von Amt u. Gemeinde in neueren Katholizismus (1977); G. GRESHAKE: Priestersein. Zur Theologie u. Spiritualität des priesterl. Amtes (⁴1985).

Klesl, Khlesl, Melchior, Bischof von Wien, Kardinal (seit 1615) und Direktor des kaiserl. Geheimen Rates, * Wien 19. 2. 1552, † Wiener Neustadt 18. 9. 1630, Sohn eines prot. Bäckers, früh katholisch geworden; wurde u. a. als kaiserl. Generalreformator für Österreich (1590) sowie als Rektor der Univ. Wien (1591) zum stärksten Förderer der kath. Restauration. 1590–1601 am Prager Hof Kaiser RUDOLFS II., wurde er 1599 Berater des Erzherzogs MATTHIAS, bestimmte dessen Politik sowohl zur Ausschaltung RUDOLFS als auch gegenüber Ungarn. Seit 1612 suchte K. als leitender Staatsmann zur Stärkung des habsburg. Einflusses und zur gemeinsamen Abwehr der Türken eine auf Ausgleich bedachte Verständigungspolitik mit den prot. Fürsten im Reich zu betreiben, wurde aber nach Ausbruch des Böhm. Aufstandes auf Veranlassung des späteren Kaisers FERDINAND II. verhaftet (20. 7. 1618), nach Rom gebracht (1622) und in päpstl. Gewahrsam gehalten. Erst 1627 durfte K. nach Österreich zurückkehren, erhielt seine Diözese zurück, gewann jedoch keinen polit. Einfluss mehr.

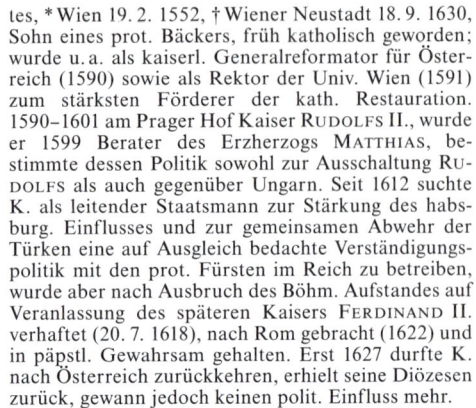

J. RAINER: Der Prozeß gegen Kardinal K., in: Röm. Histor. Mitteilungen, Bd. 5 (1961/62); DERS.: Vom Gegenreformator zum Ausgleichspolitiker, in: Röm. Quartalsschr. für christl. Altertumskunde u. Kirchengesch., Bd. 59 (1964).

Klestil, Thomas, österr. Diplomat und Politiker, * Wien 4. 11. 1932; Diplomkaufmann, 1966–69 im Bundeskanzleramt tätig, 1969–74 Generalkonsul in Los Angeles (Calif.), leitete 1974–78 im Außenministerium die Abteilung für Internat. Organisationen; 1978–82 österr. Vertreter bei der UNO, 1982–87 Botschafter in Washington (D. C.) und 1987–92 Gen.-Sekr. des Außenministeriums. Der parteilose K. wurde als Kandidat der ÖVP am 24. 5. 1992 zum Bundes-Präs. gewählt.

Klett, Ernst K. AG, Verlagsgruppe, Sitz: Stuttgart; entstanden aus der 1844 gegründeten ›Buchdruckerei zu Gutenberg‹, die 1867 von dem Drucker und Verleger CARL GRÜNINGER und 1897 von ERNST KLETT (* 1863, † 1947) übernommen wurde; 1944 Schließung, ab 1945 Neuanfang. 1977 Kauf der ›J. G. Cotta'schen Buchhandlung Nachf.‹, die heute unter der Bez. **Verlag Klett-Cotta** belletristisch-wiss. Werke veröffentlicht. 1989 erfolgte die Gründung des **Ernst Klett Verlags für Wissen und Bildung** (1995 Fusion mit dem **Ernst Klett Schulbuchverlag** zum **Ernst Klett Verlag**), der **Klett Edition Deutsch** und die Trennung vom Druckereigeschäft. Zur Gruppe gehört seit 1992 außerdem u. a. die **Justus Perthes Verlag Gotha GmbH.** 1995 wurde die **Ernst Klett GmbH & Co.** in eine AG umgewandelt. Seit 1996 besteht in Leipzig ein zweiter Hauptstandort mit eigenem Verlagshaus und Sitz von sechs Tochtergesellschaften und Filialen; das Familienunternehmen besitzt außerdem mehrere Tochtergesellschaften und Beteiligungen in Ungarn, Spanien, der Tschech. Republik, Polen und Österreich. Hauptgeschäftsfelder sind Schule, Erwachsenenbildung, Information und Werbung. Der Umsatz der Klett-Gruppe betrug 1995 rd. 385 Mio. DM, beschäftigt werden rd. 1 540 Mitarbeiter.

Klette, Arctium, Gattung der Korbblütler mit zehn Arten in den gemäßigten Zonen der Alten Welt. Die häufigste Art ist die auf Schuttplätzen, Ödland, an Wegrändern und Ufern vorkommende graufilzig behaarte **Große K.** (Arctium lappa) mit bis 4 cm großen, rötlich bis purpurfarbenen Blütenköpfchen, deren Hüllblätter mit einer hakigen Stachelspitze versehen sind. Aus der Wurzel werden Blutreinigungs- und Haarpflegemittel hergestellt.

Kletten, die →Klettfrüchte.

Klettenberg, Susanne Katharina von, Schriftstellerin, * Frankfurt am Main 19. 12. 1723, † ebd. 13. 12. 1774; Mitgl. der Herrnhuter Brüdergemeine und eng befreundet mit GOETHES Mutter. K. nahm sich des jungen GOETHE während dessen schwerer körperl. und seel. Krise 1768/69 und auch später noch an. In

Erinnerung an K., die einen mystisch-pietist. Einfluss auf ihn ausübte, schrieb GOETHE die ›Bekenntnisse einer schönen Seele‹ im 6. Buch des ›Wilhelm Meister‹. Sie selbst verfasste v.a. empfindsame geistl. Lyrik (›Neue Lieder‹, 1756) und erbaul. Schriften.

Kletterbeutler, Phalangeridae, Familie der Beuteltiere mit rd. 50 maus- bis fuchsgroßen Arten in Australien und Neuguinea; überwiegend gut kletternde Baumbewohner mit häufig als Greiforgan entwickeltem Schwanz. Zu den K. gehören neben dem →Koala und den →Flugbeutlern u.a. die Vertreter der Gattungen **Kusus** (Trichosurus; u.a. mit dem →Fuchskusu), **Kuskuse** (Phalanger; ratten- bis katzengroß; nachtaktiv; mit rundem Kopf, großen, vorstehenden Augen und spitzer Schnauze) und **Wyulda** mit dem Schuppenschwanzkusu.

Kletterfische:
Eigentlicher Kletterfisch
(Körperlänge bis 30 cm)

Kletterfische, Anabantidae, zu den Labyrinthfischen gestellte Familie bis 30 cm langer Knochenfische mit rd. 25 Arten in Afrika, S- und SO-Asien; K. können durch ein zusätzl. Atmungsorgan (Labyrinthorgan; →Labyrinthfische) atmosphär. Sauerstoff aufnehmen, z. B. der bis 30 cm lange **Eigentliche Kletterfisch** (Anabas testudineus; Südasien), der bei Austrocknung seines Gewässers mithilfe der Brustflossen und Kiemendeckeldornen aufs Ufer klettert und an Land längere Strecken bis zum nächsten Tümpel zurückzulegen vermag. Diese Fähigkeit ist den **Buschfischen** (Ctenopoma), einer afrikan. Gattung, von der mehrere Arten als Warmwasseraquarienfische gehalten werden, verloren gegangen.

Klettergarten, *Bergsteigen:* in einer Felsgruppe gelegenes Übungsgelände, in dem Kletter- und Seiltechniken erlernt werden können.

Klettern, 1) *Botanik:* →Kletterpflanzen.
2) *Sport:* →Bergsteigen, →Freeclimbing.
3) *Zoologie:* Fortbewegungsart, die sich aus dem Gehen (oder Laufen) ableitet. Voraussetzung für die Fähigkeit zu klettern sind Halte- oder Hafteinrichtungen an den Füßen, die das Festhalten an mehr oder weniger senkrechten Flächen ermöglichen, z. B. Krallen (u.a. bei Eidechsen, Eichhörnchen, Katzen) oder Lamellen mit mikroskopisch kleinen Häkchen an den Sohlen (z. B. bei Geckos); auch die Adhäsion mittels Klebesubstanzen aus speziellen Drüsen (z. B. bei Fliegen) ist weit verbreitet. Beim **Greifklettern** mithilfe eines Greiffußes oder einer Greifhand werden Äste mit Zehen (z. B. bei Spechten, Papageien, Chamäleons) oder/und Fingern (z. B. bei Affen; darunter der Orang-Utan als Hangelkletterer, die Gibbons als Schwungkletterer und Schwungspringer) umfasst, oft unterstützt von einem Greifschwanz.

Kletternattern, Elaphe, Gattung der Nattern mit etwa 50 Arten in Eurasien und Nordamerika. Die beiderseitig nach oben geknickten Bauchschilder bilden eine Längsschiene, die eine gute Kletterhilfe darstellt. Die Nahrung der K. besteht aus kleinen Wirbeltieren und Eiern. Vertreter der K. in Europa ist z. B. die Äskulapnatter, in Nordamerika u.a. die Kornnatter.

Kletterpflanzen, Lianen, Pflanzen, die z. B. an Mauern, Felsen und anderen Pflanzen emporwachsen, um das Licht besser ausnützen zu können, ohne selbst einen Stamm auszubilden. Man unterscheidet vier Typen: Die **Spreizklimmer** (z. B. Brombeere, Kletterrosen) verankern sich mit rückwärts gerichteten Seitentrieben, Stacheln, Dornen oder Kletterhaaren, die **Wurzelkletterer** (z. B. Efeu) entwickeln Haftwurzeln als Kletterhilfen, die **Rankenpflanzen** (z. B. Erbse, Weinrebe) umfassen auf einen Berührungsreiz hin sich anbietende Stützen mit →Ranken, und die **Schlingpflanzen** (**Windepflanzen**, z. B. Hopfen, Bohne) umwinden die Stützen durch kreisende Wachstumsbewegungen der sich verlängernden Sprossachse.

Klettertrompete, Trompetenblume, Campsis, Gattung der Bignoniengewächse mit zwei Arten in Ostasien und Nordamerika; sommergrüne, mit Luftwurzeln kletternde Sträucher mit gefiederten Blättern. In wärmeren Gebieten Europas wird v.a. die nordamerikan. Art **Campsis radicans** mit trichterförmigen, roten bis gelben Blüten als Kletter- und Spalierstrauch kultiviert.

Klettfrüchte, Kletten, mit Widerhaken (Borsten oder Stacheln) besetzte Früchte, die sich entweder im Boden oder am Schlammgrund von Gewässern verankern oder, am Fell oder Gefieder von Tieren haftend, verschleppt werden (bei vielen Korbblütlern; z. B. Klette, Zweizahn).

Klettgau, Landschaft im Bereich des Schwäbisch-Fränk. Schichtstufenlandes, südlichste der Gäulandschaften, erstreckt sich zw. dem südl. Schwarzwald und dem Randen in Bad.-Württ. und im schweizer. Kt. Schaffhausen; wird von der Wutach zum Rhein entwässert. Der schweizer. Anteil umfasst die Bez. Unter- und Ober-K. (zus. 8 500 Ew.) mit den Hauptorten Hallau bzw. Neunkirch, ein wichtiges Weinbaugebiet (370 ha Rebland; v.a. Spätburgunder). – Der K., in karoling. Zeit eine Grafschaft, gehörte ab 1282 als Landgrafschaft den Grafen von Habsburg-Laufen; 1408 kam er an die Grafen von Sulz, die 1656 seine obere Hälfte der Stadt Schaffhausen überließen. 1687 fiel der restl. Teil den Fürsten von Schwarzenberg zu. Baden erwarb 1805/06 die Landeshoheit. Die schwarzenberg. Eigengüter kamen 1812/13 an Baden.

Kletzki, Paul, schweizer. Dirigent und Komponist, →Klecki, Paweł.

Klettertrompete:
Campsis radicans
(Höhe 10 cm)

Kleukens, 1) Christian Heinrich, Schriftgestalter und Drucker, *Achim 7. 3. 1880, †Darmstadt 7. 4. 1954, Bruder von 2); war seit 1907 an der →Ernst-Ludwig-Presse in Darmstadt beschäftigt, die er ab 1914 leitete; gründete die K.-Presse in Nieder-Ramstadt bei Darmstadt (1919–23, nach R. G. BINDING) und die Mainzer Presse des Gutenberg-Museums (1927–45). 1929–48 war K. Dozent an der Mainzer Staatsschule für Kunst und Handwerk.

Schriften: Die Handpresse (1927); Die Kunst Gutenbergs (1940); Die Kunst der Letter (1940); Fabeln (1951).

2) Friedrich Wilhelm, Buch- und Schriftgestalter, Grafiker, *Achim 7. 5. 1878, †Nürtingen 22. 8. 1956, Bruder von 1); 1900 Mitbegründer der ›Steglitzer Werkstatt‹ in Berlin, 1903–16 Lehrer an der Akad. für graph. Künste und Buchgestaltung in Leipzig; wurde 1906 in die Darmstädter Künstlerkolonie berufen und war Leiter der →Ernst-Ludwig-Presse. 1919 richtete er in Darmstadt die Ratio-Presse ein, auf der er vorwiegend Bücher mit eigenen Illustrationen und Schriften herstellte. Seit 1924 war er künstler. Leiter der Schriftgießerei D. Stempel in Frankfurt am Main.

Darmstadt. Ein Dokument dt. Kunst 1901–76, Ausst.-Kat. (1977).

Kleurlinge [klø:r-; afrikaans ›Farbige‹], →Farbige.

Kleutgen, Joseph, kath. Theologe, *Dortmund 9. 4. 1811, †Sankt Anton (heute zu Kaltern) 13. 1. 1883; wurde 1834 Jesuit und war seit 1843 meist in Rom tätig, 1850–69 Prof. an der Gregoriana; gehörte zu den Begründern der →Neuscholastik und hatte entscheidenden Einfluss auf die dogmat. Beschlüsse des 1. Vatikan. Konzils (1869/70).

Werke: Theologie der Vorzeit verteidigt, 5 Bde. (1853–70); Philosophie der Vorzeit verteidigt, 2 Bde. (1860–63).
Ausgabe: Kleinere Werke, 5 Bde. (1869–74).

Klev Kleve – Klicpera

Kleve 1): Blick auf die Schwanenburg

Kleve 1) Stadtwappen

K. DEUFEL: Kirche u. Tradition. Ein Beitr. zur theolog. Wende im 19. Jh. am Beispiel des kirchlich-theolog. Kampfprogramms J. K.s (1976).

Kleve, 1) Kreisstadt in NRW, nahe dem linken unteren Niederrhein am Nordrand des Reichswaldes, 46 m ü. M., 48 300 Ew.; Nahrungsmittel- (Margarine) und Lederindustrie, Maschinenbau, Herstellung von Spektralanalysegeräten und magnet. Datenträgern, Technologiezentrum. – Die barocken Garten- und Parkanlagen (17. Jh., im 18. und 19. Jh. umgestaltet, teilweise erhalten) werden seit 1978 z. T. wiederhergestellt und neu gestaltet. Teile der Schwanenburg (erste Anlage 10. Jh., heutiger Bestand v. a. 15.–17. Jh., Handlungsort der Lohengrinsage) sind wieder aufgebaut, Bauplastik aus dem Umkreis des SAMSONMEISTERS. Die ehem. Stiftskirche St. Mariä Himmelfahrt (auf roman. Vorgängerbau 1341–1426, nach Zerstörung 1944/45 wieder aufgebaut, eine got. Stufenhalle, ist die Grablege der Herzöge von K. (u. a. Doppelgrabmal, Anfang 15. Jh.) und besitzt vorzügl. niederrhein. Schnitzaltäre. Weitere historisch bedeutende Baudenkmale sind die Minoritenkirche (um 1440, zweischiffige Hallenkirche) mit got. Chorgestühl (1474) und das klassizist. Wohnhaus des niederländ. Malers B. C. KOEKKOEK. Von den Kuranlagen des 19. Jh. wurden u. a. das Friedrich-Wilhelm-Bad restauriert und umgestaltet (heute Sitz des Stadtarchivs); das Badehotel wurde 1992–97 zu dem modernen Museumskomplex ›Kurhaus K.‹ (v. a. künstler. Nachlass E. MATARÉS, Werke von J. BEUYS, Kollektion Ackermans mit zeitgenöss. Kunst) umgebaut, im benachbarten Badehaus befindet sich das Atelier (1957–63) von BEUYS. – Unterhalb der Schwanenburg entstand vermutlich bereits im 9. Jh. ein Burgort mit Markt. Nahebei gründeten die Burggrafen eine Stadt (1242 Stadtrecht), die bald mit dem Burgort zusammenwuchs. In den ersten Jahren des 15. Jh. wurde K. durch einen Kanal mit dem Rhein verbunden, wodurch der Fernhandel, neben der Tuchherstellung bedeutendster Wirtschaftsfaktor der Stadt, gefördert wurde. Unter dem brandenburg. Statthalter und niederländ. Feldherrn JOHANN MORITZ von Nassau-Siegen erlebte K. nach 1647 eine erneute wirtschaftl. und kulturelle Blütezeit. Mit Entdeckung einer Heilquelle entwickelte sich K. nach 1742 zu einem Badeort. Im Oktober 1944 wurde die Stadt bei Luftangriffen zu über 80 % zerstört; im Zuge der kommunalen Neugliederung 1969 durch zahlreiche Eingliederungen erheblich vergrößert.

2) Kreis im Reg.-Bez. Düsseldorf, NRW, 1 231 km², 288 100 Ew.; beiderseits des Niederrheins an der Grenze zu den Niederlanden. Die Fläche wird vorwiegend land- und forstwirtschaftlich genutzt (insgesamt 85 %). Grünland- und Rinderwirtschaft dominieren. Unter den Industrien herrschen Nahrungsmittelverarbeitung, Metall- und leichterer Maschinenbau vor. Großflächige Abgrabungen von Kies und Sand ließen Wasserflächen zurück, die heute meist Teil von Erholungsgebieten sind.

3) Cleve, histor. Territorium. Der Kern der um 1020 entstandenen Grafschaft K. (K., Kalkar, Monreberg) wurde auf Kosten des Heiligen Röm. Reichs und des Erzbistums Köln, v. a. nach dessen Niederlage in der Schlacht von Worringen (1288), erweitert. Im 13. Jh. griff K. auch auf das rechte Rheinufer über und erwarb Wesel, die Herrschaft Dinslaken sowie die Reichspfandschaft über Duisburg. Rheinzölle erbrachten erhebl. Einkünfte. Nach dem Aussterben des ersten Grafenhauses (1368) setzte sich ADOLF III. von der Mark († 1394) durch. 1417 wurde die Grafschaft K. Herzogtum. Die enge Verbindung mit Burgund im 15. Jh. brachte territoriale Gewinne (1424 Geldern, 1429 Emmerich). 1444–49 erwarb K. in der Soester Fehde Soest und Xanten von Kurköln. Nach der Vereinigung mit Jülich-Berg durch Heirat (1511/21, Personalunion) fiel K. 1614 nach dem Jülich-Kleveschen Erbfolgestreit an Brandenburg. Im Frieden von Basel 1795 verzichtete Preußen auf die linksrhein. K.; 1807 verlor es den Rest an Frankreich, erhielt jedoch 1815 einen Teil zurück.

Klevener, Klevner, Rebsorte, →Clevner.

Kley, Heinrich, Maler und Zeichner, *Karlsruhe 15. 4. 1863, †München 8. 2. 1945; malte v. a. Hafenansichten und Industriewerke. Seine humorist. Zeichnungen von vermenschlichten Tiergestalten erschienen im ›Simplicissimus‹, in der ›Jugend‹ und auch in Sammelbänden.

H. K. Scharfe Striche. Die Skizzenbücher I/II, bearb. v. U. LUCKHARDT (1986).

Klezmer [ˈklɛsmər; hebr./jidd. ›Musiker‹] *die* oder *der -*, traditionelle Instrumentalmusik der jiddischsprachigen Juden Osteuropas zu Hochzeiten und Festen, üblicherweise in der Besetzung Klarinette, Cimbalom (Hackbrett), Geige (auch mehrfach), Bratsche, Violoncello, Kontrabass, Blechblasinstrumente und kleine Trommel. Die K. kam mit den Auswanderungswellen zw. 1881 und 1924 nach New York und fand dort an der Lower East Side eine neue Heimstatt. Lange Zeit fast vergessen, erlebte sie in den 1980er-Jahren eine Renaissance und hat heute ihren Platz auf den internat. Konzertpodien. Mit Gruppen wie ›Brave Old World‹ und ›The Klezmatics‹ ist sie auch auf den Popmusikmarkt vorgedrungen. Zu den bekanntesten Vertretern dieser Musik gehört der Klarinettist G. FEIDMAN.

Kliachit *der, -s,* Mineral, →Alumogel.

Klibi, Chedli, tunes. Politiker, *Tunis 6. 9. 1925; studierte in Paris Philosophie und arab. Literatur. 1958–61 leitete er als Direktor des tunes. Rundfunk, betreute als Minister 1961–78 (mit Unterbrechungen) v. a. die Ressorts Kultur und Information und war 1979–90 Gen.-Sekr. der Arab. Liga.

Klič [klitʃ], **Klietsch,** Karl, tschech. Maler und Grafiker, *Arnau (Ostböhm. Gebiet) 31. 3. 1841, †Wien 16. 11. 1926; erfand 1879 die Heliogravüre und um 1890 den Rakeltiefdruck, ferner die **Kličotypie,** eine Art Kornhochätzung.

Klicpera [ˈklitspɛra], Václav Kliment, tschech. Schriftsteller, *Chlumec nad Cidlinou (Ostböhm. Gebiet) 23. 11. 1792, †Prag 15. 9. 1859; schrieb histor. Dramen im romantisch-patriot. Geist der Zeit (›Libušin soud‹, 1821; ›Soběslav selský kníže‹, 1839), auch Lustspiele (›Veselohra na mostě‹, 1828; dt. ›Lustspiel auf der Brücke‹) und Lokalpossen mit lebhafter Handlung und bes. von W. SCOTT beeinflusste histor. Erzählungen sowie heitere, witzige Lyrik.

V. JUSTL: V. K. K. (Prag 1960).

Klien, Erika Giovanna, österr. Malerin und Grafikerin, *Borgo Valsugana (Prov. Trient) 12. 4. 1900, †New York 19. 7. 1957; wichtigste Vertreterin des ›Wiener Kinetismus‹, der eine von kubistisch-futurist. Elementen mitbestimmte konstruktiv-bewegte Ordnung anstrebte. Ab 1929 lebte sie in den USA.
E. G. K., 1900–1957, bearb. v. S. Neuburger, Ausst.-Kat. (Wien 1987).

Klient [lat. cliens, clientis ›Höriger‹, eigtl. ›Schutzbefohlener‹] *der, -en/-en,* **1)** *allg.:* Kunde eines Rechtsanwalts, Steuerberaters o. Ä.
2) *Rechtsgeschichte:* in der röm. Königszeit Bez. für einen Halbfreien; in späterer Zeit wurden K. politisch den Plebejern gleichgestellt. Sie waren vermögensfähig, standen aber in einem Abhängigkeitsverhältnis (mit gewissen Gehorsams- und Dienstleistungspflichten) zu einem Patron, dessen Gefolgschaft (Klientel) sie bildeten.

Kli|entel [lat. ›Gesamtheit der Hörigen‹; ›Schutzgenossenschaft‹] *die, -/-en,* Gesamtheit der Klienten.

klientenzentrierte Psychotherapie, die →Gesprächstherapie.

Kliesche, Art der →Schollen.

Kliff [mnd. klif ›schroffer Fels‹] *das, -(e)s/-e,* fachsprachlich *-s,* an Felsküsten der von der Brandung durch Abrasion geschaffene (unterspülte) Steilabfall des Landes. Dem K. ist meist eine flache Strandplatte, die **Schorre,** vorgelagert.
L. Ellenberg u. M. Sturm: K. Geomorphologie aktiver Steilküsten (1986).

Klikspaan, Pseud. des niederländ. Schriftstellers Johannes →Kneppelhout.

Klima [von griech. klima, klimatos ›Neigung‹ (des Einstrahlungswinkels der Sonne, wodurch sich die Erdoberfläche unterschiedlich erwärmt)] *das, -s/-s* und (fachsprachlich) *...'mate,* statist. Beschreibung der relevanten K.-Elemente (z. B. Temperatur, Niederschlag), die für einen Standort (Station), eine Region oder global für eine nicht zu kleine zeitl. Größenordnung (i. Allg. mehrere Jahre) die Gegebenheiten und Variationen der Erdatmosphäre (→Atmosphäre) hinreichend ausführlich charakterisiert (nach C.-D. Schönwiese), nach früherer Auffassung lediglich ›der mittlere Zustand und gewöhnl. Verlauf der Witterung an einem gegebenen Orte‹ (W. Köppen). Da aber ›nicht nur solche Bedingungen, die als durchschnittlich oder normal bezeichnet werden können, sondern auch die Extreme und alle Variationen‹ (H. H. Lamb) zu berücksichtigen sind, definiert die WMO (Weltorganisation für Meteorologie) K. als die ›Synthese des Wetters über ein Zeitintervall, das im Wesentlichen lang genug ist, um die Festlegung der statist. Ensemblecharakteristika (Mittelwerte, Varianzen, Wahrscheinlichkeiten extremer Ereignisse) zu ermöglichen und das weitgehend unabhängig bezüglich irgendwelcher augenblickl. Zustände ist.

Somit ist es eine zeitl. Einschränkung, das K. vom →Wetter (charakterist. Zeit: Stunden bis Tage) und von der →Witterung (Tage bis Monate) als darüber hinausgehender Langzeitvorgang unterscheidet. Die Beobachtungszeit zur Ermittlung der K.-Phänomene sollte nach WMO-Richtlinien nicht unter 30 Jahren liegen, und demgemäß werden so genannte **K.-Normalwerte** (engl. climate normal, Abk. CLINO) festgelegt. Die letzte CLINO-Periode war 1961–90, die vorangehende 1931–60 usw.; somit ist z. B. der Ablauf von Temperatur und Bewölkung an einem bestimmten Tag ein Wetterphänomen, in einer bestimmten Jahreszeit (z. B. Sommer) ein Witterungsphänomen und gemittelt über 30 Jahre (bzw. ein anderes mehrjähriges Zeitintervall, einschließlich mittlerer Variationen wie Tages- und Jahresgang bzw. Häufigkeiten von Extremereignissen) ein K.-Phänomen. Die Erwärmung im 20. Jh., die von verbreiteten Gletscherrückzügen begleitet ist (→Gletscher) oder eine →Eiszeit zählen bereits in ihrer Einmaligkeit zu den K.-Phänomenen.

K.-Elemente sind Mess- bzw. Beobachtungsgrößen wie Lufttemperatur, Luftfeuchtigkeit (Feuchte), Niederschlag, Luftdruck, Wind, Bewölkung, Sichtweite, wie sie an Wetter- bzw. K.-Stationen zu bestimmten Terminen festgestellt werden. Sie können aber auch über sehr lange Zeitspannen mithilfe der indirekten Methoden der →Paläoklimatologie rekonstruiert werden. Je nach erfasster räuml. Größenordnung spricht man vom **Mikro-K.** (auch Lokal-K., z. B. an einer Blattoberfläche oder einer Messstation), **Meso-K.** (auch Regional-K., z. B. Dtl. oder Europa) bzw. **Makro-K.** (z. B. gemäßigte →Klimazonen) oder auch **Global-K.** (mit jeweils unterschiedlicher räuml. Auflösung in Form von z. B. Gitterpunkten bei →Klimamodellen oder der Isolinien von Temperatur, Niederschlag bei der K.-Diagnose). Als genauere, aber willkürl. Grenzziehungen sind 2 km (Mikro-/Meso-K.) und 2 000 km (Meso-/Makro-K.) vorgeschlagen worden (J. Orlanski). Solche Grenzen gelten aber nicht strikt, da es vielfältige Wechselbeziehungen über die räuml. Größenordnungen hinweg gibt.

Mit der wiss. Erforschung des K., insbesondere seiner Variationen und Ursachen, befasst sich die →Klimatologie. Sie kann sich derzeit auf ein globales Messnetz von etwa 9 600 Bodenbeobachtungsstationen (K.-Stationen), rd. 950 Radiosondenstationen (bis in die →Stratosphäre aufsteigende Ballons mit Temperatur-, Feuchte- und Druckmessung; Windbestimmung indirekt über →Radar), eine wechselnde Zahl von Schiffs- und Bojenmessungen sowie Raketen-, Radar- und Satellitenbeobachtungen stützen (→Satellitenmeteorologie, →Wetterdienst). Hinzu kommen die vielfältigen Informationsquellen der histor. Klimatologie (→Klimaänderungen) und Paläoklimatologie.

Ursächlich ist das K. eine Folge der Wechselbeziehungen in und Einflüssen auf das **K.-System.** Dieses besteht aus den Komponenten Atmosphäre, Hydrosphäre, Kryosphäre, Pedosphäre, Lithosphäre und Biosphäre. Die innerhalb und zw. diesen Komponenten ablaufenden (internen, intrinsischen) Wechselwirkungsprozesse sind überaus vielfältig, kompliziert und nur z. T. verstanden. Hinzu kommen noch diverse

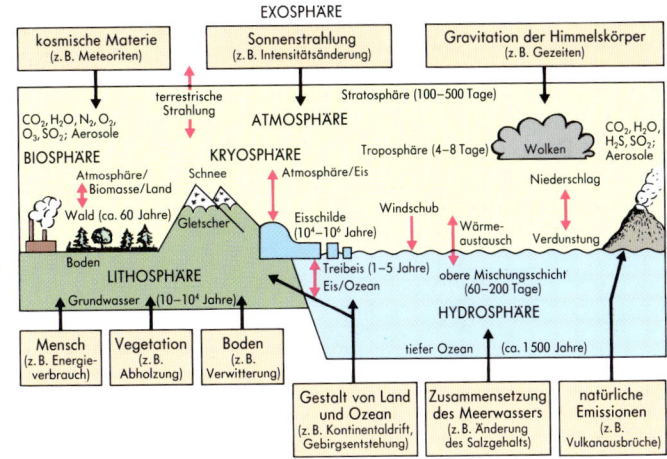

Klima: Schematische Darstellung des Klimasystems mit den Komponenten Atmosphäre, Hydrosphäre, Kryosphäre, Lithosphäre (einschließlich Pedosphäre) und Biosphäre; die Pfeile weisen auf einige interne Wechselwirkungen bzw. externe Einflüsse hin (rot intern, schwarz extern) und die Zeitangaben beziehen sich auf die mittlere Partikelverweildauer

Klim Klima – Klimaänderungen

Einflüsse, die dann als extern bezeichnet werden, wenn sie innerhalb der betrachteten Zeitskala keine Wechselbeziehungen darstellen (z. B. Kontinentaldrift und Vulkanausbrüche, da diese zwar das K. verändern, jedoch nicht selbst von K. beeinflusst werden; auch anthropogene K.-Beeinflussungen werden meist als extern aufgefasst, obwohl das problematisch ist).

Eine zentrale ursächl. Bedeutung für das K. haben die solare Einstrahlung (→Strahlung), die Strahlungsprozesse in der Atmosphäre, die →Strahlungsbilanz aus solarer Ein- und terrestr. Ausstrahlung, die Zusammensetzung der Atmosphäre, die →Zirkulation der Atmosphäre sowie deren Kopplung mit der Zirkulation des Ozeans (→Meeresströmungen). Letztlich sind aber alle physikochem. Prozesse im K.-System, gleich ob intern oder extern, für das K. von Bedeutung. Verallgemeinernd bzw. abstrahierend werden auch bestimmte **K.-Faktoren** definiert wie z. B. geograph. Breite (mit entsprechend unterschiedlicher solarer Einstrahlung), Höhe, Nähe bzw. Ferne zum Ozean (maritimes bzw. kontinentales K.), Relief (z. B. Luv- und Lee-Effekte), Existenz und Art der Vegetation, Bodenart sowie menschl. Eingriffe (z. B. durch Bebauung, →Stadtklima; Emissionen klimawirksamer Spurengase, →Treibhauseffekt).

Als Folge der solaren Einstrahlung und Zirkulation der Atmosphäre haben sich bestimmte K.-Zonen etabliert, die nach unterschiedl. Gesichtspunkten klassifiziert werden. Stationsbezogen dienen, meist auf die Jahresgänge von bodennaher Lufttemperatur und Niederschlag beschränkt, →Klimadiagramme dem Vergleich der Gegebenheiten in den unterschiedl. K.-Zonen. Ist dabei der Niederschlag größer als die Verdunstung, spricht man vom humiden (bei überwiegendem Schneefall vom nivalen, andernfalls vom ariden K. (Letzteres z. B. in Hitzewüsten wie Nordafrika). Alle diese Gesichtspunkte betreffen den so genannten gegenwärtigen **K.-Zustand**, der i. d. durch Mittelung (z. B. über eine CLINO-Periode oder aber z. B. über eine Eiszeit) mehr oder weniger willkürlich definiert ist (trotz Einschluss von Varianz, Häufigkeiten von Extremereignissen u. a.), da er die Tatsache außer Acht lässt, dass sich K.-Änderungen in allen Größenordnungen der charakterist. Zeit abspielen. Andererseits ist das Konzept des K.-Zustandes als Arbeitshypothese aber durchaus hilfreich. Beides, nämlich K.-Zustände sowie K.-Änderungen, wird mithilfe von K.-Modellen simuliert, die in der modernen Klimatologie eine wegweisende Bedeutung erlangt haben.

W. KÖPPEN: Die Klimate der Erde (1923); General climatology, Beitrr. v. H. FLOHN u. a., 3 Bde. (Amsterdam 1969–85); DERS.: Arbeiten zur allg. Klimatologie (1971); DERS.: Vom Regenmacher zum Wettersatelliten (Neuausg. 1974); World survey of climatology, hg. v. H. E. LANDSBERG u. a., 16 Bde. (Amsterdam 1969–95); H. H. LAMB: Climate: present, past and future, 2 Bde. (London 1972–77, tlw. Nachdr.); J. BLÜTHGEN: Allg. K.-Geographie, neu bearb. v. W. WEISCHET (³1980); Das K., hg. v. H. OESCHGER u. a. (1980); W. BACH: Gefahr für unser K. (1982); Zahlenwerte u. Funktionen aus Naturwiss.en u. Technik N. S., hg. v. K.-H. HELLWEGE u. O. MADELUNG, Bd. 4: Meteorologie, hg. v. G. FISCHER, 4 Tle. (1987–89); Das K.-System der Erde, hg. v. P. HUPFER (1991); E. HEYER: Witterung u. K. (⁹1993); H. MALBERG: Meteorologie u. Klimatologie (²1994); C.-D. SCHÖNWIESE: Klimatologie (1994); W. LAUER: Klimatologie (Neuausg. ²1995); W. WEISCHET: Einf. in die allg. Klimatologie (⁶1995); Risiko K. Der Treibhauseffekt als Herausforderung für Wiss. u. Politik, hg. v. J. KOPFMÜLLER u. R. COENEN (1997).

Klíma, Viktor, österr. Politiker, * Wien 4. 6. 1947; Manager; Mitgl. der SPÖ, wurde 1992 Bundes-Min. für Wirtschaft und öffentl. Verkehr, im Januar 1996 Finanz-Min., im Januar 1997 Bundeskanzler, im April 1997 Vors. der SPÖ.

Klíma, 1) Ivan, tschech. Schriftsteller, * Prag 14. 9. 1931; schildert in Theaterstücken, Romanen und Erzählungen kritisch, z. T. satirisch-bitter den tschech. Alltag; schrieb ferner Reportagen über die Slowakei sowie einen Essay über K. ČAPEK (1962), dem er im Finden von ›Wundern im Alltag‹ literarisch verwandt ist. 1971 hatte er wegen seiner scharfen Gesellschaftskritik Publikationsverbot erhalten; 1989 beteiligt am politischen Umbruch; seit 1990 Generalsekretär des tschech. P.E.N.-Zentrums.

Werke: *Dramen:* Zámek (1964; dt. Ein Schloß); Klára a dva páni (1968, Einakter-Samml.; dt. Klara u. zwei Herren, Konditorei Myriam, Ein Bräutigam für Marcella u. a.); Porota (1968; dt. Die Geschworenen); Spiele (dt. UA 1975). – *Romane:* Hodina ticha (1963); Milostné léto (1973; dt. Ein Liebessommer); Machtspiele (1977, aus dem tschech. Ms. übers.); Der Gnadenrichter (1979, aus dem tschech. Ms. übers.); Soudce z milosti (1986; dt. Richter in eigener Sache); Láska a smetí (1988; dt. Liebe u. Müll); Čekání na tmu, čšání na světlo (1993; dt. Warten auf Dunkelheit, Warten auf Licht). – *Erzählungen:* Liebende für einen Tag – Liebende für eine Nacht (1971, erw. 1993; dt. Ausw.); Má veselá jitra (1979; dt. Meine fröhlichen Morgen).

2) Ladislav, tschech. Schriftsteller und Philosoph, * Taus 22. 8. 1878, † Prag 19. 4. 1928; Autodidakt, Vertreter eines radikalen subjektiven Idealismus, der, von A. SCHOPENHAUER, F. NIETZSCHE und G. BERKELEY ausgehend, v. a. die Aktivität des Menschen betonte (›Existentismus‹, ›Egodeismus‹); verfasste neben philosoph. Werken (›Svět kak vědomí a nic‹, 1904; ›Traktáty a diktáty‹, 1922; ›Vteřina a věčnost‹, 1927) auch Romane (unvollendet) und Erzählungen (›Soud boží‹, 1928; ›Utrpení knížete Sternenhocha‹, 1928, dt. ›Die Leiden des Fürsten Sternenhoch‹).

Klimaänderungen, Sammel-Bez. für alle zeitl. Veränderungen der Klimaelemente (z. B. Lufttemperatur, -feuchtigkeit, -druck, Wind, Niederschlag, Bewölkung, Sicht, Sonnenscheindauer) in der für das Klima typischen, relativ großen charakterist. Zeitskala, gleich welcher statist. Natur (Änderungen von Mittelwerten, Varianzen, Häufigkeiten u. a.) und räuml. Größenordnung (regionale, globale K.). Im engeren Sinn wird eine K. auch als ein statistisch signifikanter Übergang von einem Klimazustand in einen anderen definiert (z. B. anhand 30-jähriger Bezugsintervalle), aber auch über geolog. Zeitskalen spielen sich K. ab (→Paläoklimatologie).

Statistisch lassen sich K. klassifizieren nach den Erscheinungsformen eines linearen oder nichtlineareren Trends, eines Sprungs, d. h. eines relativ abrupten Übergangs, einer Wende zw. zwei unterschiedl. Trends (i. Allg. unterschiedl. Vorzeichens, d. h. fallend in steigend oder umgekehrt), und schließlich in Schwankungen, die stets mehrere relative Maxima und Minima umfassen. Da ein streng period. Verhalten (wie z. B. bei einer Sinusschwingung) im Klimageschehen nicht vorkommt, lassen sich K. nur nach dem **zyklischen Typ** (relativ geringe Variationen der Periode, beliebige Variationen der Amplitude) und dem **stochastischen Typ** (völlig unregelmäßig) unterscheiden, wobei stochast. Schwankungen für reine Zufallsvorgänge charakteristisch sind. Schwankungen um einen Mittelwert nennt man auch Fluktuationen, um mehrere sich abrupt oder allmählich ändernde Mittelwerte Vakillationen (nach →WMO). Außerdem wird prinzipiell jede Abweichung vom Mittelwert eines definierten Zeitintervalls (z. B. 30-jährige CLINO-Periode, →Klima) als Anomalie bezeichnet.

Informationsquellen

Die Informationen über K. entstammen sehr unterschiedl. Quellen. Unter Beschränkung auf die wichtigsten Klimaelemente Temperatur, Niederschlag und Druck liegen mehr oder weniger flächende-

Schlüsselbegriff

Viktor Klima

ckende direkte, bodennahe Messungen seit etwa 100–140 Jahren vor (mit größeren Lücken über den Ozeanen, insbesondere der Südhemisphäre, und gravierenden Repräsentanzproblemen beim Niederschlag); max. reichen solche neoklimatol. Informationsquellen bis zum Jahr 1659 zurück (längste quasikontinuierl. Messreihen der bodennahen Lufttemperatur im zentralen England). Daten einer dreidimensionalen Erfassung der →Atmosphäre mittels Radiosonden liegen dagegen erst seit Mitte des 20. Jh. vor.

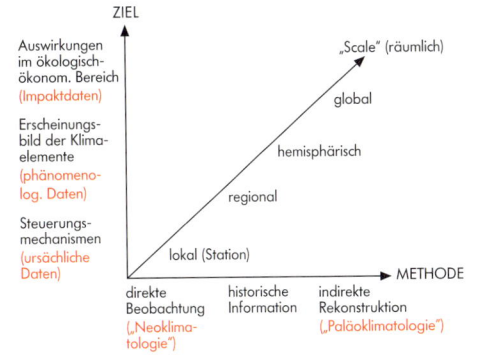

Klimaänderungen: ›Dimensionen‹ der Klimadaten nach der Erfassungsmethode (unten), dem Ziel der Rekonstruktion (links) und der räumlichen Größenordnung (›Scale‹); das methodisch unterschiedlich erfasste Erscheinungsbild der Klimaelemente (Temperatur, Niederschlag usw.; Klima) ist der Ausgangspunkt für die Bestandsaufnahme der Klimaänderungen (nach C.-D. Schönwiese).

Ergänzt werden können diese Daten anhand vieler historisch-klimatolog. Quellen wie Witterungstagebücher bestimmter Persönlichkeiten, Berichte und Chroniken über Seegefrörnis, Hochwasser, Sturmfluten, Weinqualität, Blühbeginn bestimmter Pflanzen usw., wobei die Umsetzung in quantitative Klimadaten jedoch meist sehr schwierig und daher ungenau ist. Als älteste histor. Informationsquellen der Klimatologie gelten die Aufzeichnungen über den Wasserstand des Nils, die bis zu 5 000 Jahre zurückreichen, daneben auch versch. prähistor. Höhlenzeichnungen (z. B. über Tiere in heutigen Wüstengebieten). Äußerst umfangreich, vielfältig und z. T. sehr genau sind die indirekten Informationen der Paläoklimatologie, die derzeit um 200 000 Jahre (polare Eisbohrungen), maximal 3,8 Mrd. Jahre (Sedimente) zurückreichen. Aussagen über K. der frühesten Zeit der Erdgeschichte, die vor etwa 4,6 Mrd. Jahren begonnen hat, sind dagegen derzeit nur gestützt auf geo- bzw. astrophysikal. Modellvorstellungen möglich.

Klimageschichte

Global bzw. nordhemisphärisch mittelnd und auf die bodennahe Lufttemperatur bezogen ergibt sich hieraus das folgende Bild der Klimageschichte: Nachdem sich die anfangs sehr heiße Erdoberfläche rasch abkühlte, entstanden vor 3,2 Mrd. Jahren die Ozeane und vor 2,3 Mrd. Jahren die ersten polaren Eisbildungen. Da solche eisbegünstigenden Klimazustände (→Eiszeitalter) zunächst offenbar nur sehr episodisch eingetreten waren, waren etwa 90 % der Klimageschichte vom akryogenen Warmklima (d. h. Klima ohne Eisbildung) beherrscht. So lag noch vor etwa 100 Mio. Jahren die bodennahe Erdmitteltemperatur um 10 °C über dem heutigen Wert (15 °C). Mit Beginn des Tertiärs setzte jedoch eine markante Abkühlung ein (dabei u. a. das Aussterben der Dinosaurier), die schließlich vor 2–3 Mio. Jahren in ein neues, das noch andauernde quartäre Eiszeitalter mündete. Dieses ist, ähnlich dem permokarbonischen (vor etwa 300 Mio. Jahren), so ausgeprägt, dass beide geograph. Polargebiete vereist sind, während z. B. im ordovizisch-silur. Eiszeitalter (vor etwa 440 Mio. Jahren) nur der Südpol vereiste (an dem damals aufgrund der Kontinentaldrift das heutige Nordafrika lag).

Innerhalb der Eiszeitalter findet offenbar ein Wechselspiel zwischen bes. kalten Unterepochen, den Kaltzeiten (›Eiszeiten‹, Glazialen), und relativ warmen Klimazuständen, den Warmzeiten, statt (›Zwischeneiszeiten‹, Interglazialen, wobei die Bez. Zwischeneiszeit insofern irreführend ist, als während solcher Klimazustände die Eisbedeckung nicht verschwindet, sondern lediglich eine deutlich geringere Flächenbedeckung aufweist). Zuletzt hat dieser Kaltzeit-Warmzeit-Zyklus zu der noch andauernden Neowarmzeit (›Nacheiszeit‹, Postglazial, geolog. Holozän) geführt, deren Höhepunkt vor etwa 5 000 Jahren überschritten wurde. In ungefähr 60 000 Jahren wird der Tiefpunkt der nächsten Kaltzeit erwartet. Insgesamt sind im quartären Eiszeitalter nach heutigem Forschungsstand mindestens 20 Kalt- und Warmzeiten aufgetreten.

In der gegenwärtigen Neowarmzeit liegen die Variationen der bodennahen Lufttemperatur bei etwa 1–2 °C, wobei sich ein ungefähr 1 000-jähriger Zyklus andeutet. Die in dieser Zeitskala auftretenden relativ warmen Klimaabschnitte werden als **Klimaoptimum** (z. B. in der Römerzeit sowie vor rd. 1 000 Jahren), die relativ kalten als **Klimapessimum** bezeichnet (zuletzt die →Kleine Eiszeit, von 1400 bis 1900, mit Tiefpunkten um 1600 und 1850). Solche K. dürfen nicht generell als bes. ›günstige‹ bzw. ›ungünstige‹ interpretiert werden, da etwa die regional durchaus begünstigenden relativ hohen Temperaturen in anderen Regionen bzw. Jahreszeiten vermehrte Dürren, Stürme u. a. auslösen können. K. sind somit stets als ambivalent zu betrachten, wobei die negativen Auswirkungen aufgrund von Anpassungsverzögerungen umso gravierender ausfallen, je rascher die betreffenden Klimaänderungen verlaufen.

Für die letzten 100–140 Jahre, die am besten hinsichtlich ihrer K. belegt sind, wurde u. a. eine global gemittelte Erwärmung um etwa 0,5 °C in den letzten rd. 100 Jahren festgestellt. Diese ist zwar hinsichtlich des Trends nord- wie südhemisphärisch sehr ähnlich verlaufen, weist aber regional-jahreszeitlich erhebl. Unterschiede auf. Einher ging die Erwärmung mit einem global gemittelten Meeresspiegelanstieg von etwa 10–25 cm in der gleichen Zeit (bedingt durch die therm. Expansion des oberen Ozeans und teilweises Rückschmelzen außerpolarer Gebirgsgletscher). Die Niederschlags- und Windänderungen sind aufgrund ihrer großen räumlich-zeitl. Variabilität wesentlich schwieriger zu erfassen. In den letzten Jahrzehnten deuten sich Niederschlagsabnahmen (und somit häufigere Dürreperioden) im Übergangsbereich zw. der subtrop. und gemäßigten →Klimazone an (z. B. Mittelmeergebiet, Teilbereiche der USA), während in den Polargebieten der Niederschlag und daher auch die Eisakkumulation zunehmen. Erst bei Temperaturerhöhungen in diesen Regionen um mehr als 20 °C könnte ein Rückschmelzen einsetzen, das aufgrund der Trägheit der Kryosphäre einige Jahrtausende dauerte. In Mitteleuropa zeichnet sich ein Trend zu niederschlagsreicheren Wintern und trockeneren Sommern ab, Letzteres wegen z. T. zunehmenden episod. Starkniederschlägen weniger ausgeprägt als Ersteres.

Klim Klimaänderungen

Für den nordatlantisch-europ. Raum ist eine Häufigkeits- und Intensitätszunahme der Winterstürme festzustellen; weltweit haben sich die Sturmschäden vervielfacht. Versicherungsschäden sind dabei allerdings insofern nicht klimatologisch eindeutig interpretierbar, als mehr und mehr gefährdete Gebiete bebaut werden. So ist etwa eine Zunahme der trop. Wirbelstürme bisher nicht generell belegt; vielmehr scheinen Fluktuationen und regionale Besonderheiten zu überwiegen. Auch lässt sich die häufig behauptete zunehmende Neigung zu Extremereignissen wissenschaftlich bisher nicht nachweisen.

Ursachen

Ebenso vielfältig wie die K. sind ihre Ursachen. Je nach betrachteter räumlich-zeitl. Größenordnung sind unterschiedl. Ursache-Wirkungszusammenhänge zu berücksichtigen. So treten z. B. Eiszeitalter nur dann ein, wenn sich Landgebiete an einem oder besser beiden geograph. Polen bzw. in der Nähe befinden. Dann bleibt dort fallender Schneeniederschlag liegen und führt aufgrund der sehr effektiven Eis-Albedo-Rückkopplung (Eis und Schnee reflektieren mehr Sonneneinstrahlung als schneefreier Boden; →Strahlung) zur gegenseitigen Verstärkung von Abkühlung und Eisausdehnung: ein Eiszeitalter beginnt. Dagegen haben sich z. Z. des akryogenen Warmklimas die geograph. Pole im offenen Meer befunden, was wegen des höheren Meeranteils an der Erdoberfläche überwiegend der Fall ist. Der Wechsel von Kalt- und Warmzeiten innerhalb eines Eiszeitalters steht primär mit den Änderungen der Erdumlaufbahn um die Sonne (so genannte Orbitalparameter mit Zykluszeiten zw. rd. 20000 und 100000 Jahren) und den dadurch indirekt bewirkten Änderungen der Sonneneinstrahlung in Verbindung. Außerdem wird er vermutlich durch Gebirgsbildungen, Vulkanismus u.a. beeinflusst. Vulkanausbrüche sind im Klimasystem als externe klimagenetische Effekte von Bedeutung, v.a. wenn es sich um große explosive Ausbrüche handelt, bei denen neben vulkanischem Lockermaterial (Staub) große Mengen magmatischer Gase (Schwefeldioxid, Kohlendioxid, Wasserdampf u.a.) bis in die Stratosphäre gelangen. Durch photochemische Prozesse bilden sich hier hauptsächlich sulfatische Teilchen, die sich in der stratospärischen Aerosolschicht anreichern. Von großen Vulkanausbrüchen herrührende stratosphärische Staubschichten führen zu einer Schwächung der Sonneneinstrahlung und können deshalb ein geringes Absinken der globalen Mitteltemperaturen um mehrere Zehntel °C in der unteren Atmosphäre (besonders in hohen Breiten der Nordhalbkugel) bewirken.

Für die **natürlichen K.**, wie sie auf der säkularen Zeitskala (letzte und nächste etwa 100 Jahre) erfasst werden, sind wiederum der Vulkanismus, zusätzlich die Sonnenaktivität und verschiedene Phänomene wie die →Zirkulation der Atmosphäre verantwortlich, darunter auch das El-Niño-Phänomen (→Niño), das sich in episod. Erwärmungen der trop. Ozeane äußert und mit Luftdruckschwankungen der Südhemisphäre gekoppelt ist. Eine Vielzahl von K. ist freilich bislang noch ungeklärt; es ist davon auszugehen, dass sie teilweise zufälliger Natur sind (**stochastische K.**).

Zunehmend führen menschl. Aktivitäten zu **anthropogenen K.**; regional haben solche Eingriffe schon vor Jahrtausenden mit Waldrodungen begonnen (z. B. im Mittelmeergebiet zur Römerzeit, in Mitteleuropa im MA.). Im Industriezeitalter, d. h. seit rd. 100–150 Jahren, ist jedoch durch vielfältige und ständig angestiegene Emissionen klimawirksamer bzw. tox. Spurenstoffe (Gase und Partikel) eine neue Situation entstanden, die im Kontext der gesamten globalen Umweltbelastung zu sehen ist (→Luftverschmutzung). So verstärken klimawirksame Spurengase, wie Kohlendioxid (CO_2), Methan (CH_4), FCKW, Stickstoffmonoxid (N_2O), bodennahes Ozon (O_3) u. a., den natürl. →Treibhauseffekt, was globale K. zur Folge hat. Tox. Stoffe (Gase wie z. B. Schwefeldioxid [SO_2], Stickoxide [NO_x] oder Aerosole) schädigen die gesamte Biosphäre – einschließlich der menschl. Gesundheit –, indem sie zu Smog, saurem Regen, Photooxidantien usw. führen. Diesen Prozessen entsprechend ist auch die Zerstörung der Ozonschicht kein eigentl. klimat., sondern ein luftchem. Vorgang, wenngleich Verbindungen zum Treibhauseffekt bestehen (z. B. sind FCKW-Gase sowohl klimawirksam als auch für den Ozonabbau in der Stratosphäre verantwortlich). Eine weitere Querverbindung zw. dem luftchemisch-tox. und klimatolog. Wirkungskreis ist im Zusammen-

Klimaänderungen: Übersicht der Änderungen der bodennahen nordhemisphärischen Mitteltemperatur in verschiedenen zeitlichen Größenordnungen (von der letzten Jahrmilliarde, oben, bis zum letzten Jahrtausend, unten)

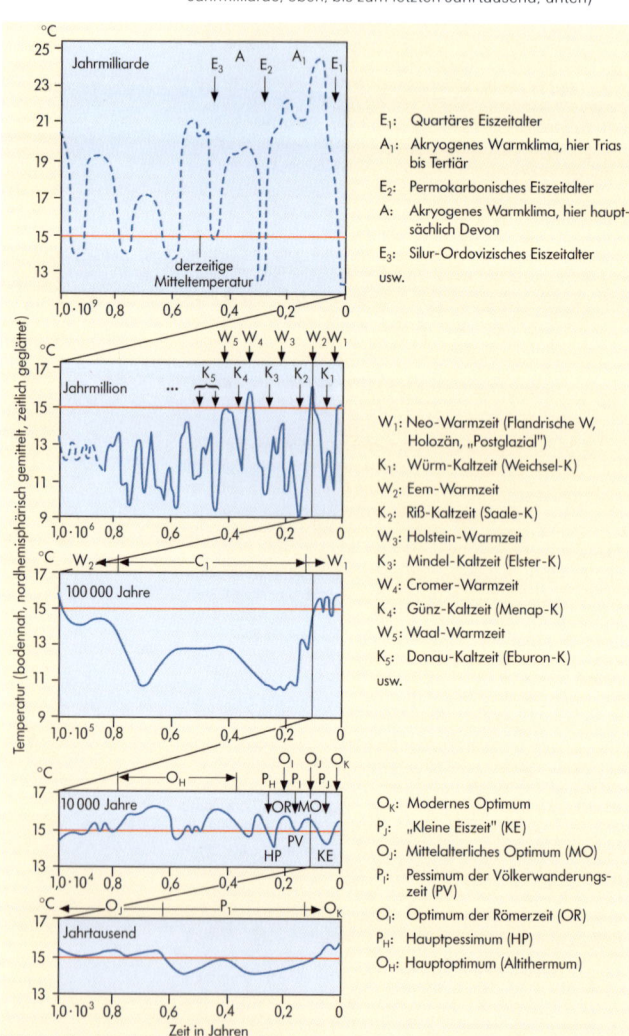

E_1: Quartäres Eiszeitalter
A_1: Akryogenes Warmklima, hier Trias bis Tertiär
E_2: Permokarbonisches Eiszeitalter
A: Akryogenes Warmklima, hier hauptsächlich Devon
E_3: Silur-Ordovizisches Eiszeitalter
usw.

W_1: Neo-Warmzeit (Flandrische W, Holozän, „Postglazial")
K_1: Würm-Kaltzeit (Weichsel-K)
W_2: Eem-Warmzeit
K_2: Riß-Kaltzeit (Saale-K)
W_3: Holstein-Warmzeit
K_3: Mindel-Kaltzeit (Elster-K)
W_4: Cromer-Warmzeit
K_4: Günz-Kaltzeit (Menap-K)
W_5: Waal-Warmzeit
K_5: Donau-Kaltzeit (Eburon-K)
usw.

O_K: Modernes Optimum
P_J: „Kleine Eiszeit" (KE)
O_J: Mittelalterliches Optimum (MO)
P_I: Pessimum der Völkerwanderungszeit (PV)
O_I: Optimum der Römerzeit (OR)
P_H: Hauptpessimum (HP)
O_H: Hauptoptimum (Altithermum)

hang der SO$_2$-Emissionen von Bedeutung, die in der unteren Troposphäre zur Bildung von Sulfatpartikeln (SO$_4^{2-}$) führen, die ihrerseits eine abkühlende Wirkung besitzen und somit der anthropogenen Verstärkung des Treibhauseffektes entgegenwirken.

Allgemein überlagern sich bei K. natürl. und anthropogene Vorgänge in höchst komplizierter Art und Weise. Da es sich hierbei um vielfältig vernetzte Mechanismen handelt, die beteiligten physikochem. Gesetze meist nichtlinear sind und zudem selbstverstärkende (z. B. Eis-Albedo-Rückkopplung) bzw. selbstabschwächende Rückwirkungen auftreten können, ist auch mithilfe höchst aufwendiger →Klimamodelle nur ein partielles Verständnis der K. und ihrer Ursachen möglich.

Die in der wiss. Diskussion vertretenen Auffassungen der K. hängen wesentlich ab von der Einschätzung der Zuverlässigkeit und Aussagekraft der Klimamodelle, der indirekten Klimarekonstruktionen, der statist. Datenanalyse sowie der Interpretation des Zusammenwirkens der versch. Ursachen. So werden z. B. die zahlr., sich teilweise widersprechenden Hypothesen zur Wirkung der Sonnenaktivität unterschiedlich bewertet, bestehen Differenzen hinsichtlich des Nachweises des anthropogenen Treibhauseffektes und seiner Prognose. Während damit viele dieser wiss. Kontroversen ihre Ursache in der Bewertung der quantitativen Resultate der Klimatologie finden, sind öffentl. Auseinander-

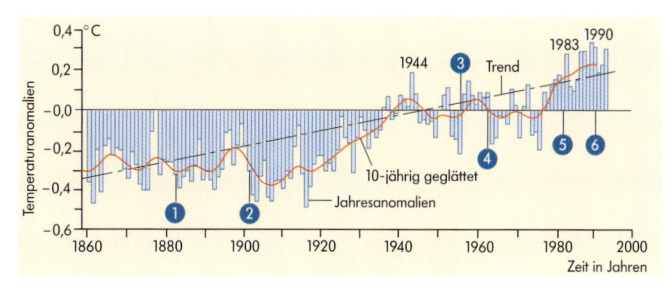

Klimaänderungen: Anomalien, d. h. relative Abweichungen von einem Referenzmittelwert (hier rd. 15°C), wie sie für die bodennahe Weltmitteltemperatur ermittelt worden sind, mit zehnjährig geglätteter Kurve und linearem Trend. Die Zahlen weisen auf explosive Vulkanausbrüche hin, die neben anderen Mechanismen zu relativ kurzfristigen Abkühlungen geführt haben (1: Krakatau, 1883; 2: Santa Maria, 1902; 3: Bezymianny, 1956; 4: Agung, 1963; 5: El Chichón, 1982; 6: Pinatubo, 1991).

Das Ende des blauen Planeten? Der Klimakollaps: Gefahren u. Auswege, hg. v. P. J. CRUTZEN u. a. (³1991); C.-D. SCHÖNWIESE u. B. DIEKMANN: Der Treibhaus-Effekt. Der Mensch ändert das Klima (Neuausg. 22.–26. Tsd. 1991); P. FABIAN: Atmosphäre u. Umwelt (⁴1992); B. FRENZEL u. a.: Atlas of paleoclimate and paleoenvironment of the northern hemisphere (1992); C.-D. SCHÖNWIESE: Klima im Wandel (Neuausg. 1994); DERS.: K. Daten, Analysen, Prognosen (1995); DERS. u. J. RAPP: Clima trend atlas of Europe based on observations 1891–1990 (Dordrecht 1997); I. T. HOUGHTON u. a.: Climate change (1995); Science of climate change, report of the UN Intergovernmental Panel on Climate Change (Cambridge 1996). – *Zeitschrift:* Climatic change (Dordrecht 1978 ff.).

Klima|**anlage, Airconditioning** [ˈɛəkəndɪʃnɪŋ] *das, -s/-s,* raumlufttechn. Anlage, die das Raumklima während des ganzen Jahres selbsttätig auf vorgegebenen Werten hält, und zwar in einem Betriebsbereich, der durch definierte Grenzwerte für die Wärme- und Feuchteentwicklung im Raum sowie durch festgelegte Grenzwerte der Temperatur und Feuchte der Außenluft gekennzeichnet ist. Eine K. besitzt daher Einrichtungen zum Filtern, Erwärmen, Kühlen, Befeuchten und Entfeuchten der Luft sowie mess- und regeltechn. Bauelemente.

Die Luftaufbereitung erfolgt i. d. R. außerhalb des zu klimatisierenden Raumes in einer Klimazentrale. Diese enthält alle für eine umfassende Luftaufbereitung erforderl. Anlageteile einschließlich der Steuer- und Schalteinrichtungen. Soweit die aus dem Raum abgeführte Abluft nicht als Fortluft ins Freie gelangt, wird sie in der Mischkammer mit Außenluft vermischt. Im Luftfilter wird die Luft von Verunreinigungen befreit. Der Vorwärmer dient zur Erwärmung der gereinigten Mischluft, und zwar so weit, dass die Luft ausreichend aufnahmefähig wird für Wasser bei der anschließenden Befeuchtung. Im Sommerbetrieb tritt an die Stelle der Vorwärmung die Temperaturerniedrigung im Luftkühler. In der Düsenkammer (Befeuchter) wird die Luft durch Wasserzerstäubung befeuchtet und dabei nochmals in gewissem Maß gereinigt und gekühlt (Verdunstungskühlung); die Luftbefeuchtung kann auch durch Dampfeinspritzung erfolgen. Im Luftnacherhitzer wird die erforderl. Zulufttemperatur eingestellt. Über Luftkanäle wird die aufbereitete Luft als Zuluft dem Raum zugeführt und die verbrauchte Luft als Abluft aus dem Raum abgeführt, wobei diese über Geräte zur Wärmerückgewinnung auch zur Erwärmung der angesaugten Außenluft herangezogen werden kann. Zu- und Abluftventilatoren sorgen für den Transport der Luft in den entsprechenden Kanalleitungen. Die Bez. **Niederdruck-** oder

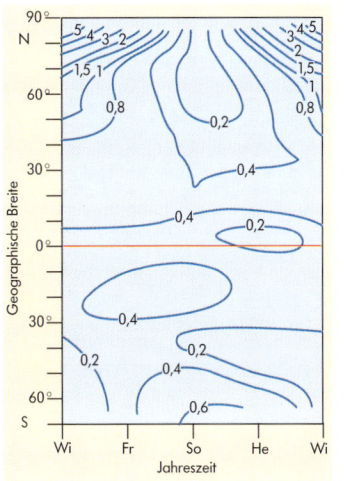

Klimaänderungen: Lineare Trends der bodennahen Lufttemperatur in °C, wie sie im Jahrhundert 1891–1990 beobachtet worden sind, aufgeschlüsselt nach der geographischen Breite und Jahreszeit (Daten NASA, USA, J. Hansen und S. Lebedeff, Analyse C.-D. Schönwiese u. a.).

zungen oft von mangelndem Wissen um die komplizierten Klimaprozesse und partiellen Interessen geprägt. Extrempositionen wie die Behauptung, es drohe eine ›Klimakatastrophe‹, aber auch die Verharmlosung der Problematik anthropogener K., erscheinen aus diesem Grund unangebracht.

H. VON RUDOLFF: Die Schwankungen u. Pendelungen des Klimas in Europa seit Beginn der regelmäßigen Instrumenten-Beobachtungen (1967); W. BACH: Gefahr für unser Klima (1982); R. S. BRADLEY: Quaternary paleoclimatology (Boston, Mass., 1985); H. FLOHN: Das Problem der Klimaschwankungen in Vergangenheit u. Zukunft (1985); The changing carbon cycle, hg. v. J. R. TRABALKA u. a. (New York 1986); The Greenhouse effect, climatic change, and ecosystems, hg. v. B. BOLIN u. a. (Chichester 1986, Nachdr. ebd. 1991); Sustainable development of the biosphere, hg. v. W. C. CLARK u. a. (Cambridge 1986); Anthropogene Beeinflussung der Ozonschicht, hg. v. D. BEHRENS u. a. (1988); E. KEPPLER: Die Luft, in der wir leben (1988); Recent climatic change. A regional approach, hg. v. S. GREGORY (London 1988); Atmospheric ozone research and its policy implications, hg. v. T. SCHNEIDER u. a. (Amsterdam 1989);

Klim Klimabehandlung – Klimageräte

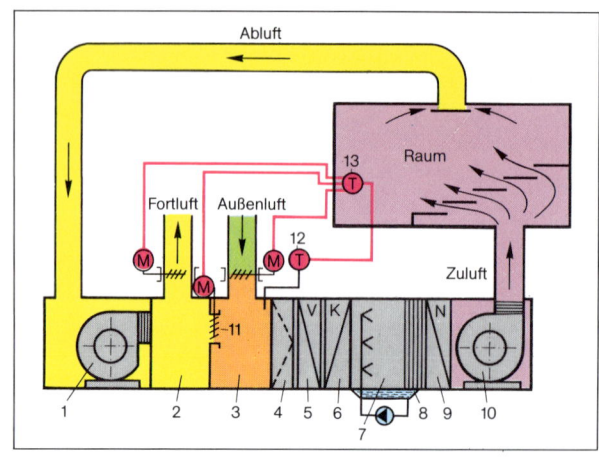

Klimaanlage: Einkanalklimaanlage mit Luftführung von unten nach oben; 1 Abluftventilator, 2 Trennkammer, 3 Mischkammer, 4 Luftfilter, 5 Luftvorerhitzer (V), 6 Luftkühler (K), 7 Düsenkammer, 8 Tropfenabscheider, 9 Luftnacherhitzer (N), 10 Zuluftventilator, 11 Umluftklappe mit Stellmotor (M), 12 Mischkammerthermostat, 13 Raumthermostat (T)

Hochdruck-K. bezieht sich auf den Förderdruck der Ventilatoren, von dem die Luftgeschwindigkeit in den Luftkanälen abhängt (bei der Niederdruck-K. etwa 5 bis 10 m/s); bei der Hochdruck-K. (bis zu 30 m/s) können größere Luftströme in kleinen Kanalquerschnitten transportiert werden.

Einkanal- und **Zweikanal-K.** unterscheiden sich nach der Anzahl parallel geführter Zuluftkanäle. Bei der Einkanalanlage wird nur ein Zuluftstrom dem Raum zugeführt. Bei der Zweikanalanlage befinden sich warme und kalte Zuluft in getrennten Kanälen, wobei durch entsprechende Mischung beider Luftströme den einzelnen Räumen Luft mit unterschiedl. Temperaturen zugeführt werden kann. Bei **Induktions-K. (Primärluftanlagen)** wird nur die für Lüftungszwecke mindestens erforderl. Primärluft zentral aufbereitet und den Induktionsgeräten im klimatisierten Raum zugeführt. Dort wird ein Mehrfaches der Primärluft als Sekundärluft aus dem Raum angesaugt und dezentral erwärmt oder gekühlt. Die Induktions-K. bietet den Vorteil der Einzelraumregelung bei kleinen Abmessungen der Luftkanäle.

In **VVS-Anlagen** (Anlagen mit variablen Volumenströmen) erfolgt die Regelung des Raumluftzustandes weniger durch Veränderung von Temperatur und Feuchte als vielmehr durch eine mengenmäßige Anpassung der Luftströme an die jeweiligen Betriebsverhältnisse. VVS-Anlagen zeichnen sich bes. durch ihre geringeren Betriebskosten aus.

Literatur →Klimatechnik.

Klimabehandlung, Klimatherapie, Klimakur, die Ausnutzung der Reiz- oder Schonwirkung klimat. Wirkungskomplexe auf den Organismus zur Verhütung oder Besserung von Erkrankungen. Bestimmten Klimakomplexen bzw. -zonen werden bes. Heilwirkungen zugeschrieben, z. B. dem *thermisch-hygr. Klimakomplex* eine verbesserte Regulation der Hautdurchblutung und eine Steigerung der Widerstandsfähigkeit gegen Erkältungskrankheiten; dem *photoaktin. Komplex* (UV-Strahlung ohne wirksamen therm. Anteil) bei bestimmten entzündl. Hauterkrankungen und degenerativen Leiden; dem *luftchem. Komplex* (durch Fehlen von Luftverunreinigungen und Allergenen) bei bestimmten Erkrankungen der Atemwege; dem *Schonklima* der Mittelgebirge bei Herz- und Kreislaufkrankheiten; dem *Hochgebirgsklima* (Reizwirkung durch niedrigen Sauerstoffpartialdruck und starke UV-Strahlung) zur Ekzembehandlung und Ausheilung einer Lungentuberkulose; dem *Meeresküstenklima* (mit stark jod- und kochsalzhaltigem Brandungsaerosol) bei chron. Erkrankungen der Atemwege; dem *Wüstenklima* bei manchen Nierenkrankheiten.

Klimabelastung, Beeinträchtigung der →Behaglichkeit des Menschen durch bioklimat. Wirkungsfaktoren, v.a. durch Schwüle und Hitze **(Wärmebelastung, thermische Belastung)** sowie u.a. durch intensive →atmosphärische Gegenstrahlung, Luftstagnation, Bodennebel, Nasskälte. (→Akklimatisation)

Klima-Bergverordnung, *Bergbau:* nach genau definierten, unter Tage herrschenden Klimabedingungen (Klimagrenzen nach Trocken-, Feucht- und Effektivtemperatur) festgelegte Arbeitszeiten für alle unter Tage arbeitenden Menschen. Die Aufenthaltsdauer vor Ort darf z. B. bei einer Effektivtemperatur bis 32 °C täglich fünf Stunden nicht überschreiten (Beschäftigung ohne Unterbrechung höchstens vier Monate); für den Salzbergbau gelten andere Werte. Die K. enthält außerdem Pläne für arbeitsmedizin. Vorsorgeuntersuchungen.

Klimadiagramm, Darstellung von gemessenen Klimawerten (v. a. Temperatur und Niederschlag) in Form eines Diagramms. Ein K. veranschaulicht z. B. den zeitl. Ablauf, die tägl. oder jährl. Periode eines Klimaelements oder auch die Beziehung zw. zwei Elementen, womit u. a. Eigenheiten bestimmter Klimatypen aufgezeigt werden können. Es werden u. a. Darstellungen im rechtwinkligen Koordinatensystem, Säulendiagramme und Isoplethen verwendet.

Klimageographie, der auf die Geographie entfallende Anteil an der Klimatologie; die Wiss. von den klimat. Erscheinungen unter geograph. Gesichtspunkten, unterschieden in allgemeine und regionale Klimageographie.

Klimageräte, Sammel-Bez. für alle Einrichtungen zur Klimatisierung (Heizung, Kühlung, Be- und Entfeuchtung) von Räumen, in denen oder in deren Nähe

Klimadiagramm: Jahresgang der Lufttemperatur (in °C; rote Linie) und des Niederschlags (in mm; blaue Fläche)

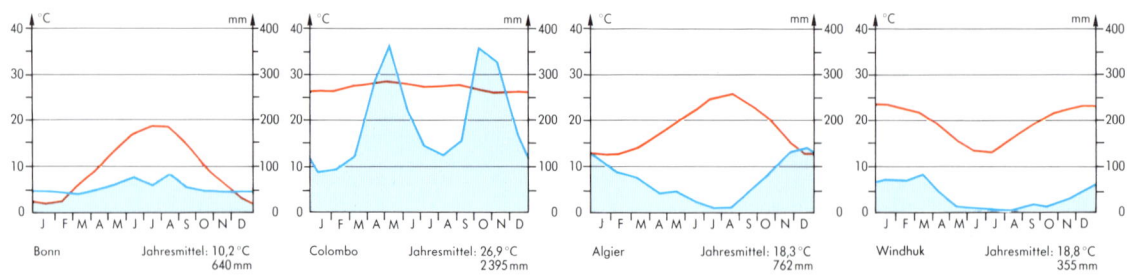

Bonn Jahresmittel: 10,2 °C 640 mm

Colombo Jahresmittel: 26,9 °C 2395 mm

Algier Jahresmittel: 18,3 °C 762 mm

Windhuk Jahresmittel: 18,8 °C 355 mm

sie aufgestellt sind. Je nach Größe, Ausführung und Anordnung unterscheidet man **Klimatruhen, Klimaschränke** oder **Fenster-K.** Wird von den K. nur ein Teil der zur Klimatisierung erforderl. Aufgaben erfüllt, so handelt es sich um **Luftkühl-, Luftheiz-, Be-** oder **Entfeuchtungsgeräte.**

Klimagipfel, →Klimakonferenz.

Klimaimpakt [von engl. climate impact], Komplex der ökolog., ökonom. und sozialen Auswirkungen von Klimaänderungen.

Klimakammer, geschlossener Raum, in dem mit Mitteln der Klimatechnik einzelne physikal. Größen der Luft wie Temperatur, Feuchte, Druck, Geschwindigkeit und ihre elektr. und chem. Eigenschaften in allen Stufen zw. trop. und polarem Klima künstlich eingestellt werden können. Die K. wird angewendet bei Materialprüfung, bei physiolog. Untersuchungen an Pflanzen und Tieren, medizinisch v. a. zur Behandlung des Bronchialasthmas und des Keuchhustens.

Klimakarten, kartograph. Darstellungen der Verteilung von Klimaelementen und Witterungsabläufen aufgrund langjähriger meteorolog. Beobachtungen, gegliedert in **analytische K.,** die einzelne Klimaelemente (z. B. Temperatur-, Niederschlagsverteilung) veranschaulichen, und **synthetische K.,** die die Verbreitung von Klimatypen darstellen.

Klimakonferenz, Klimagipfel, Weltklimakonferenz, während der UN-Konferenz über Umwelt und Entwicklung 1992 in Rio de Janeiro als Folge der →Klimarahmenkonvention vereinbarte erste Vertragsstaatenkonferenz, die vom 28. 3. bis 7. 4. 1995 in Berlin stattfand. Vertreten waren 170 Staaten sowie als Beobachter 165 Nichtregierungsorganisationen (NGO). Ziele der K. waren Maßnahmen zur Reduzierung klimaschädigender Treibhausgase und zur Eindämmung des globalen Treibhauseffekts. Auf ein ›Klimaprotokoll‹, das den Staaten Maßnahmen und Ziele zum Schutz des Klimas vorgibt, konnte sich die K. nicht einigen. Dabei sollten die Emissionen von Treibhausgasen bis zum Jahr 2000 auf den Stand von 1990 zurückgeführt werden. Verabschiedet wurde statt dessen das ›Berliner Mandat‹, ein Auftrag zur Erstellung eines verbindl. Klimaprotokolls. Dieses soll auf der dritten Folgekonferenz 1997 in Kyōto verabschiedet werden. Die Verantwortung für den Klimaschutz wurde als gemeinsame und doch unterschiedl. Aufgabe definiert, an sich die Entwicklungsländer im Rahmen ihrer Möglichkeiten beteiligen sollen; die Hauptlast müssten jedoch die Industriestaaten als Hauptverursacher klimaschädigender Effekte tragen. Der Forderung der →AOSIS-Staaten nach Reduzierung der Kohlendioxidemissionen durch die Industrieländer um mindestens 20 % bis zum Jahr 2005 (gegenüber 1990) wurde nicht stattgegeben. Zur gemeinsamen Umsetzung der Konventionsverpflichtungen →Joint Implementation wurde eine Pilotphase vereinbart.

Klimakterium [zu griech. klimaktḗr ›Stufenleiter‹] *das, -s, Medizin:* die →Wechseljahre.

Klimamodell, mathematisch formuliertes Gleichungssystem, womit man mithilfe physikal. bzw. physikochem. Beziehungen →Klima und →Klimaänderungen näherungsweise simulieren kann. Der häufig verwendete Typ eines **physikalischen K.** umfasst ein sehr breites Spektrum, beginnend mit nulldimensionalen (d. h. nur die bodennahe Erdmitteltemperatur wird betrachtet) **Energiebilanzmodellen** (EBM; Berechnung der Bilanz aus solarer Ein- und terrestr. Ausstrahlung; →Strahlung), über **Strahlung-Konvektion-Modelle** (nähere Betrachtung von Wärmeflüssen, insbesondere in Zusammenhang mit der Konvektion) bis hin zu dreidimensionalen Modellen der Zirkulation der Atmosphäre, meist als **allgemeine Zirkulationsmodelle** bezeichnet. Dabei werden bei globalen Modellen in einem System von erdumspannenden Gitterpunktsystemen (typ. Abstand 500 km, Entwicklungstrend in Richtung 200 km), die von der bodennächsten Schicht bis in die →Stratosphäre reichen (etwa 10–20 ›Schichten‹, eigentl. Flächen), die meist nur iterativ lösbaren Gleichungen für die wichtigsten Klimaelemente in Zeitschritten (meist 30–60 Minuten pro Zeitschritt) mithilfe von Großrechneranlagen berechnet und damit zunächst der gegenwärtige Klimazustand (als Kontrollexperiment) und dann entweder frühere oder künftige Klimazustände und somit Klimaänderungen abgeschätzt. Neuerdings werden atmosphär. Zirkulationsmodelle (AGCM) mit entsprechenden Modellen der ozean. Zirkulation (OGCM) gekoppelt, die auch die ozean. Tiefenzirkulation mit einbeziehen. Boden (Pedosphäre) und Eisgebiete (Kryosphäre) werden dagegen in diesem allgemeinen Zusammenhang meist nur sehr marginal eingeschlossen. Die Biosphäre ist Gegenstand spezieller Modelle (Impaktmodelle; →Klimaimpakt), die insofern mit K. gekoppelt werden können, als z. B. die Reaktion der Vegetationsgebiete der Erde auf Klimaänderungen (meist noch ohne Rückkopplung mit dem Klima) abgeschätzt werden. Prinzipiell unterscheidet man bei K. **Gleichgewichtssimulationen,** bei denen eine stabile bzw. quasistabile Reaktion des Klimazustandes auf eine eingegebene Störung bzw. Änderung der Klimaantriebsfaktoren angestrebt wird (zeitlich mittelnd), von **transienten Simulationen,** die in ihrer detaillierten zeitl. Entwicklung, einschließlich der dabei auftretenden Zeitverzögerungen der Effekte, betrachtet werden. In beiden Fällen können physikal. K. mit chem. Reaktionsmodellen kombiniert werden. Direkt auf den Beobachtungsdaten beruhen dagegen **statistische K.** wie Regressionsgleichungen zw. Ursachen und Effekten oder →neuronale Netze. Solche Modelle gestatten wegen ihrer wesentlich kürzeren Rechenzeiten die simultane Betrachtung von nicht nur einzelnen, sondern vielen variierenden Einflüssen (multiples K.), liefern wegen des fehlenden physikal. Hintergrunds aber lediglich Hypothesen über Klimaänderungen.

A. S. MONIN: An introduction to the theory of climate (a. d. Russ., Dordrecht 1986); J. P. PEIXOTO u. A. H. OORT: Physics of climate (New York 1992); Climate system modeling, hg. v. K. E. TRENBERTH (Cambridge 1992, Nachdr. ebd. 1995); Climate change 1995, ..., hg. v. J. T. HOUGHTON u. a. (ebd. 1996).

Klimamorphologie, Klimageomorphologie, →Geomorphologie.

Klimaoptimum, →Klimaschwankungen.

Klimapessimum, →Klimaschwankungen.

Klimarahmenkonvention, Abk. KRK, auf der UN-Konferenz über Umwelt und Entwicklung in Rio de Janeiro 1992 (›Erdgipfel‹) von 159 Staaten unterzeichnete Konvention zum Schutz des Erdklimas. Damit wurde eine völkerrechtlich verbindl. Grundlage zum globalen Klimaschutz geschaffen. Am 21. 3. 1994 konnte die Konvention in Kraft treten, nachdem über 50 Staaten sie ratifiziert hatten; bis Mai 1997 wurde die K. von 166 Staaten ratifiziert. Ziel des Übereinkommens (laut Art. 2) ist die Stabilisierung der Treibhausgaskonzentrationen in der Atmosphäre auf einem Niveau, das eine gefährl. Störung des Klimasystems verhindert. Dieses Niveau soll innerhalb eines Zeitraums erreicht werden, in dem die Ökosysteme sich auf natürl. Weise den Klimaänderungen anpassen können.

Wegen ihrer besonderen Verantwortung als Hauptverursacher des Treibhauseffekts haben die Industrieländer die Zielsetzung akzeptiert, die Emissionen von Kohlendioxid u. a. Treibhausgasen auf das Niveau von 1990 zurückzuführen. Eine konkrete Zeitvorgabe für die Rückführung festzuschreiben war wegen der blockierenden Haltung der USA bei den Verhandlungen jedoch nicht gelungen. Der Konventionsentwurf blieb somit hinter den Vorstellungen der Europ. Union zurück, die eine Stabilisierung der CO_2-Emissionen bis zum Jahr 2000 auf der Basis von 1990 und anschließende Reduzierung forderte. Eine Reduzierung der Emissionen in den Industrieländern ist notwendig, da die globalen Emissionen aufgrund der wirtschaftl. Entwicklung der Schwellen- und Entwicklungsländer (z. B. Brasilien, China, Indien) weiter wachsen werden. – Die KRK legt einen Folgeprozess fest, der durch regelmäßige Konferenzen der Vertragsparteien (Vertragsstaatenkonferenzen) konkretisiert wird. (→Klimakonferenz)

Klimaregeln, *Biologie:* Regeln, die physiolog. und morpholog. Anpassungen an die herrschenden klimat. Verhältnisse beschreiben, u. a. die →allensche Regel, die →Bergmann-Regel und die →glogersche Regel. Die K. beziehen sich nur auf Warmblüter.

Klimascheide, Landschaft, die das Klima der weiteren Umgebung beeinflusst und dabei Räume mit versch. Klimaten trennt. Bes. wirksam sind höhere Gebirge, die sich in Richtung der Breitenkreise oder parallel zu Küstenlinien erstrecken. Die Gebirgsseiten weisen unterschiedl. Verhältnisse hinsichtlich Luftdruck, Temperatur, Luftfeuchte und Niederschlag auf; der horizontale Luftaustausch wird unterbunden.

Klimaschutzsteuer, →Umweltabgabe.

Klimaschwankungen, der Anteil der →Klimaänderungen, der relative Maxima und Minima aufweist und dem daher ein zykl. Verhalten zugeschrieben werden kann. Beispiele sind die sich zyklisch abwechselnden Warm- und Kalt-(›Eis‹)Zeiten eines Eiszeitalters oder die **Klimaoptima** (relativ warme Klimaepochen) und **Klimapessima** (relativ kalte Klimaepochen) des →Holozän (letzte etwa 11 000 Jahre). Da es exakt period. Variationen im Klimageschehen nicht gibt, auch nicht beim bes. deutlich in Erscheinung tretenden Tages- und Jahreszyklus der Klimaelemente (→Klima), und sich meist K. verschiedener **Zykluslängen** mit unregelmäßigen Variationen überlagern, ist deren Entdeckung mithilfe mathematisch-statist. Methoden schwierig und häufig sogar fragwürdig. In der säkularen Zeitskala werden u. a. K. mit Zykluslängen von rd. 2,2 Jahren (quasi zweijährige Schwankung, in der trop. Windsystem der →Stratosphäre gut ausgeprägt, aber auch bei vielen Klimaelementen bodennah auftretend), etwa 3 bis 8 Jahren (entsprechend den El-Niño-Ereignissen [→Niño], aber nicht immer in sicherem Zusammenhang damit), 11 bis 15 Jahren (Zusammenhang mit dem quasi elfjährigen Zyklus der →Sonnenflecken oft, aber kontrovers diskutiert), etwa 25 und etwa 80 Jahren (u. U. ebenfalls solar bedingt) erfasst.

Klimastation, meteorolog. Station, an der dreimal täglich zu festen Uhrzeiten, den **Klimaterminen** (7^{00}, 14^{00} und 21^{00} mittlerer Ortszeit), möglichst homogene und repräsentative Klimabeobachtungen durchgeführt werden. Die Ausrüstung einer K. umfasst i. Allg. eine Thermometerhütte, Thermometer für Erdbodenminimum, Erdbodenthermometer für versch. Tiefen, Niederschlagsmesser und Niederschlagsschreiber, Schneepegel, Verdunstungsmesser, Windmesser, Sonnenscheinautograph, Stationsbarometer, Barograph.

Klimatechnik, Raumlufttechnik, Fachrichtung der Ingenieurwiss.en, die die Erzeugung vorgegebener klimat. Umgebungszustände in geschlossenen Räumen (Raumluftzustand, Raumklima) zum Gegenstand hat. Das Raumklima ist bes. abhängig von der Raumlufttemperatur, der Strahlungstemperatur der Raumumgrenzungsflächen, der Luftfeuchte sowie von der Bewegung und Zusammensetzung (z. B. Staubgehalt) der Raumluft und kann durch Änderung dieser Faktoren beeinflusst werden. Die das Gesamtgebiet der K. beherrschenden Bereiche sind daher Heizung, Kühlung, Lüftung, Be- und Entfeuchtung sowie Entstaubung; darüber hinaus sind Thermodynamik, Strömungs-, Mess- und Regelungstechnik, Akustik und Hygiene wesentl. Bestandteile der K. Es lassen sich vonseiten des Raumklimas zwei Gebiete abgrenzen, von denen sich das eine mit der Entwicklung von Humanklimaanlagen befasst. Diese passen die klimat. Verhältnisse in Aufenthalts- und Arbeitsräumen den menschl. Bedürfnissen an. Der Bereich der dabei herzustellenden Luftzustände entspricht den physiolog. Vorgängen und hygien. Ansprüchen, die je nach Jahreszeit unterschiedlich sein können (Temperaturbereich 20–26 °C, Feuchtebereich 35–65 % relative Luftfeuchte). Während innerhalb der genannten Grenzen jede gewünschte Temperatur mit einer Toleranz von $\pm 0,5–1$ °C eingehalten sein muss, kann die Luftfeuchte ohne unmittelbar merkl. Einfluss auf das Behaglichkeitsempfinden in den genannten Grenzen weitgehend frei gewählt werden. Für den Winterbetrieb genügt gewöhnlich eine Feuchteregelung, die ein Unterschreiten der relativen Feuchte von 35 % verhindert.

Das andere Gebiet befasst sich vorwiegend mit der Entwicklung von Anlagen für Werk-, Lager-, Laborräume sowie Reinräume (Industrieklimaanlagen), die vorzugsweise den Bedürfnissen zu lagernder oder zu verarbeitender Stoffe oder bestimmter Verarbeitungsprozesse angepasst sind. In den meisten Fällen muss sowohl eine genaue Temperaturregelung als auch eine präzise Feuchteregelung gefordert werden, wobei häufig sogar an die Luftfeuchte höhere Ansprüche als an die Raumtemperatur gestellt werden. Die Temperatur- und Feuchtebereiche sind wesentlich größer als bei Klimaanlagen für Aufenthaltsräume. In Industrieklimaanlagen müssen Temperaturen von etwa −40 °C (in Kaltlagerräumen) bis etwa +40 °C (z. B. bei der Oxidation des Leinöls in der Linoleumindustrie) und relative Luftfeuchten von 10 % (z. B. in der pharmazeut. Industrie) bis etwa 95 % (z. B. beim Konditionieren von Garn und Gewebe in der Textilindustrie) beherrscht werden. Reinräume, die vorwiegend bei der Chipfertigung in der Elektronikindustrie notwendig sind, stellen zusätzlich extrem hohe Anforderungen an die Staubfreiheit der Raumluft (→Reinraumtechnik).

H. E. STEINACHER: Theorie u. Praxis der VVS-Anlagen. Klimaanlagen mit variablem Volumenstrom (1981); K. Heizen, Kühlen, Be- u. Entfeuchten in raumlufttechn. Anlagen, hg. v. H. LOEWER (1982); H. RÖTSCHER: Grundl. der Lüftungs- u. Klimaanlagen (1982); Jb. der Gebäudetechnik (1988ff.; zweijährl.); C. IHLE: K. mit Kältetechnik (^{3}1996); F. REINMUTH: Raumlufttechnik (1996).

klimatische Geomorphologie, →Geomorphologie.

Klimatologie die, -, **Klimakunde,** Wissenschaft vom Klima, der →Klimaänderungen und deren Auswirkungen; primär Teilgebiet der →Meteorologie, in den erdkundl. Bezügen und Auswirkungen auch der Geographie (Klimageographie), bezüglich der paläoklimatolog. (→Paläoklimatologie) Rekonstruktionen auch der Geologie, Glaziologie und Biologie, in den Grundlagen auch der Physik und Chemie u. a., somit ausgeprägt interdisziplinär.

Inhaltlich gliedert sich die K. in die **klimatologische Informationserfassung** (Erfassung von Klimadaten, neo- bzw. paläoklimatologisch bzw. historisch, Klimaänderungen, Paläoklimatologie), die **Klimadiagnostik**, welche die mathematisch-statist. Analyse der räumlich-zeitl. Strukturen dieser Klimadatei besorgt (hinsichtlich Klimazuständen, Klima und Klimaänderungen) und abgrenzbare physiochem. Klimaprozesse untersucht (→Strahlung, →Zirkulation der Atmosphäre u. a.), die **Klimamodellierung** (→Klimamodelle) zur näherungsweisen Simulation des Zusammenwirkens der Klimaprozesse sowie die Betrachtung der ökologisch-ökonomisch-sozialen Auswirkungen von Klima und Klimaänderungen, der **Klimawirkungsforschung.**

In den letzten Jahrzehnten sind insbesondere die Möglichkeiten und Ergebnisse der Paläoklimatologie sowie der Klimamodellierung enorm angewachsen; aber auch die Methoden der statistisch-mathemat. Klimadiagnose haben sich wesentlich weiterentwickelt, wobei ein Übergang von der mehr oder weniger reinen **Mittelwerts-K.** zur **Schwankungs-K.** oder **Variations-K.** festzustellen ist, welche die ganze Vielfalt der Klimaänderungen mit einbezieht. Räumlich werden die Mikro-K. von der Meso-K. und Makro-K. unterschieden (→Klima).

Die überaus vielfältigen und komplizierten Prozesse im Klimasystem haben eine besondere **physikalische K.** entstehen lassen; weiterhin ist auch die Luftchemie für die K. von Bedeutung. Da ein vollständiges Verständnis der Klimaprozesse in absehbarer Zeit als unmöglich angesehen wird, ist die (vorwiegend physikal.) Klimamodellierung ein besonders wichtiges Hilfsmittel der K., was durch die Entwicklung der elektron. Datenverarbeitung und entsprechenden Großrechenanlagen erst möglich geworden ist. Dabei bestehen Querverbindungen zu den in der synopt. Meteorologie übl. Methoden und Modellen der Wettervorhersage.

Die **angewandte K.** ist für folgende Bereiche bedeutsam: Bauwesen und Bautechnik (techn. K.; z. B. Wärmedämmung von Gebäuden, Auslegung von Heizungs- und Klimaanlagen, Kanalisation, Berücksichtigung der Windbelastung usw.), Verkehr (z. B. Flugzeugbau, Flugwege, Schiffahrtsrouten, Landverkehrstrassen), Energiewesen (Nutzung von Wasser-, Wind- und Sonnenenergie), Wasserwirtschaft (→Hydrometeorologie; z. B. Planungen zum Hochwasserschutz und zur Wasserverfügbarkeit), Landwirtschaft (Bio-K.; →Agrarmeteorologie, z. B. Anbauoptimierung, Frostschutz), Forstwirtschaft (z. B. Abschätzung klimatischer Stressfaktoren, Vorbeugung gegen Hangrutsch), Wirtschaft allg. (Wirtschafts-K., z. B. Energiebedarf, umweltschonende Produkte), Gesundheitswesen (z. B. Hitze- und Kältebelastung, Schadstoffbelastung, Höhentherapie), →Luftreinhaltung, umweltbezogene Standort-, Stadt-, Regional- und Landesplanung, Politik (nat. und internat. Gesetze bzw. Konventionen zum Umwelt- bzw. Klimaschutz; →Klimarahmenkonvention).

Geschichte: Der Begriff Klima wurde von EUDOXOS VON KNIDOS zur Bez. jener astronomisch-mathematisch bestimmten Breitenkreise eingeführt, die zur Abgrenzung der um 400 v. Chr. eingeführten fünf mathemat. oder solaren Klimazonen der Erde dienten. Von POSEIDONIOS wurden die Klimazonen mit der Verbreitung der Menschenrassen, Tiere und Pflanzen verknüpft, sodass man seit dieser Zeit von einer – wenn auch vorwiegend spekulativen – K. sprechen kann. Die wiss. K. setzte erst nach Erfindung meteorolog. Messinstrumente im 17. und 18. Jh. sowie nach Einrichtung von Beobachtungsnetzen ein (erster Vorschlag von O. VON GUERICKE um 1600; erstes Netz von Beobachtungsstationen durch die 1780 in Mannheim gegründete →Societas Meteorologica Palatina). Um die moderne Entwicklung der K. (gegen Ende des 19. Jh.) machten sich bes. G. HELLMANN, J. Edler VON HANN und W. KÖPPEN verdient. (→Meteorologie)

Literatur →Klima.

Klimax [griech. ›Leiter‹, ›Treppe‹] *die, -/-e (Pl. selten),* 1) *bildungssprachlich* für: Höhepunkt.
2) *Medizin:* seltenere Bez. für die →Wechseljahre.
3) *Rhetorik:* im Sinn einer stufenweisen Steigerung angeordnete Wort- oder Satzreihe, z. B. ›veni, vidi, vici‹, ›ich kam, ich sah, ich siegte‹. (→Antiklimax)
4) *Vegetationsgeographie:* **K.-Gesellschaft,** die durch das gegenwärtige Klima bedingte Schlussgesellschaft der Vegetationsentwicklung auf einer bestimmten Fläche ohne Einwirken des Menschen. In Mitteleuropa z. B. sommergrüner Laubwald. (→Sukzession)

Klimazeugen, →Paläoklimatologie.

Klimazonen, großräumige Gebiete der Erde, in denen das Klima gleichartig oder relativ einheitlich ist. K. können nach den Strahlungsverhältnissen (**solare K.;** ausgehend von der Abnahme der von der Sonne zugeführten Strahlungsenergie vom Äquator zu den Polen), nach therm., hygr. oder dynam. Merkmalen, schließlich nach den Auswirkungen des Klimas, z. B. auf die Vegetation, festgelegt werden.

Die einfachste Unterteilung der solaren K. geht von den beiden Wendekreisen (23° 27′ n. Br. bzw. s. Br.), zw. denen sich die Tropen befinden, und von den Polarkreisen (66° 30′ n. Br. bzw. s. Br.) aus. Für die Zwischenzonen gibt es eine weitere Unterteilung in Subtropenzone und Mittelbreitenzone (Zone der gemäßigten Breiten).

Die so gebildeten K. lassen sich wie folgt charakterisieren (→Zirkulation der Atmosphäre):

1) *Tropen:* Die Tageslänge schwankt im gesamten Bereich nur wenig. Die tageszeitlichen Schwankungen der Lufttemperatur dominieren gegenüber den weitgehend gleich bleibenden Temperaturverhältnissen im Jahresverlauf (Tageszeitenklima). Trotz der einheitl. Sonneneinstrahlung stellen sich innerhalb der Tropen entsprechend den Niederschlagsverhältnissen klimat. Unterschiede ein, die zur Unterteilung in die immerfeuchten inneren Tropen (vollhumides Klima; Äquatorialzone) und die sommerfeuchten äußeren Tropen (semihumides Klima; Abnahme der Niederschlagsaktivität im Bereich der Passate) führen.

2) *Subtropen:* In dieser K. findet man sowohl den Bereich der subtrop. Hochdruckgürtel mit der Wurzelzone der Passate (arides Klima) als auch die Einflussgebiete zyklonalen Wettergeschehens in der subtrop. Winterregenzone (semihumides Klima).

3) *hohe Mittelbreiten (gemäßigte Breiten):* Im Ggs. zu den Tropen gibt es große jahreszeitl. Unterschiede der Lufttemperatur mit teilweise sehr tiefen Extremwerten (Jahreszeitenklima). Das humide Klima wird bestimmt durch die Austauschvorgänge in der planetar. Frontalzone sowie regional durch das Vorherrschen maritimer bzw. kontinentaler Einflüsse.

4) *Polargebiete:* Diese extreme Klimazone mit Polarnacht und -tag sowie mit tiefen Werten der Lufttemperatur und geringen, meist als Schnee fallenden Niederschlägen wird vielfach noch unterteilt in subpolare, subarkt. oder boreale Zone (subnivales polares Klima) und in hochpolare oder polare Zone (nivales Klima).

Die am weitesten verbreitete Klimaklassifikation stammt von W. KÖPPEN und wurde von R. GEIGER (* 1894, † 1981) modifiziert. Sie unterscheidet fünf K. und elf Klimatypen, die durch eine Buchstabenkombination (Klimaformel) gekennzeichnet sind, und berücksichtigt auch die Auswirkungen des Klimas auf die Vegetation.

Klimaklassifikationen nach Wladimir Köppen

A: tropisches Klima ohne kalte Jahreszeit
    Af = tropisches Regenwaldklima
    Aw = Savannenklima
B: Trockenklima
    BS = Steppenklima
    BW = Wüstenklima
C: warmgemäßigtes Klima
    Cw = warmes wintertrockenes Klima
    Cs = warmes sommertrockenes Klima
    Cf = feuchtgemäßigtes Klima
D: boreales oder Schnee-Wald-Klima
    Dw = wintertrockenkaltes Klima
    Df = winterfeuchtkaltes Klima
E: Schneeklima
    ET = Tundrenklima
    EF = Klima ewigen Frostes

Klim Klimazonen

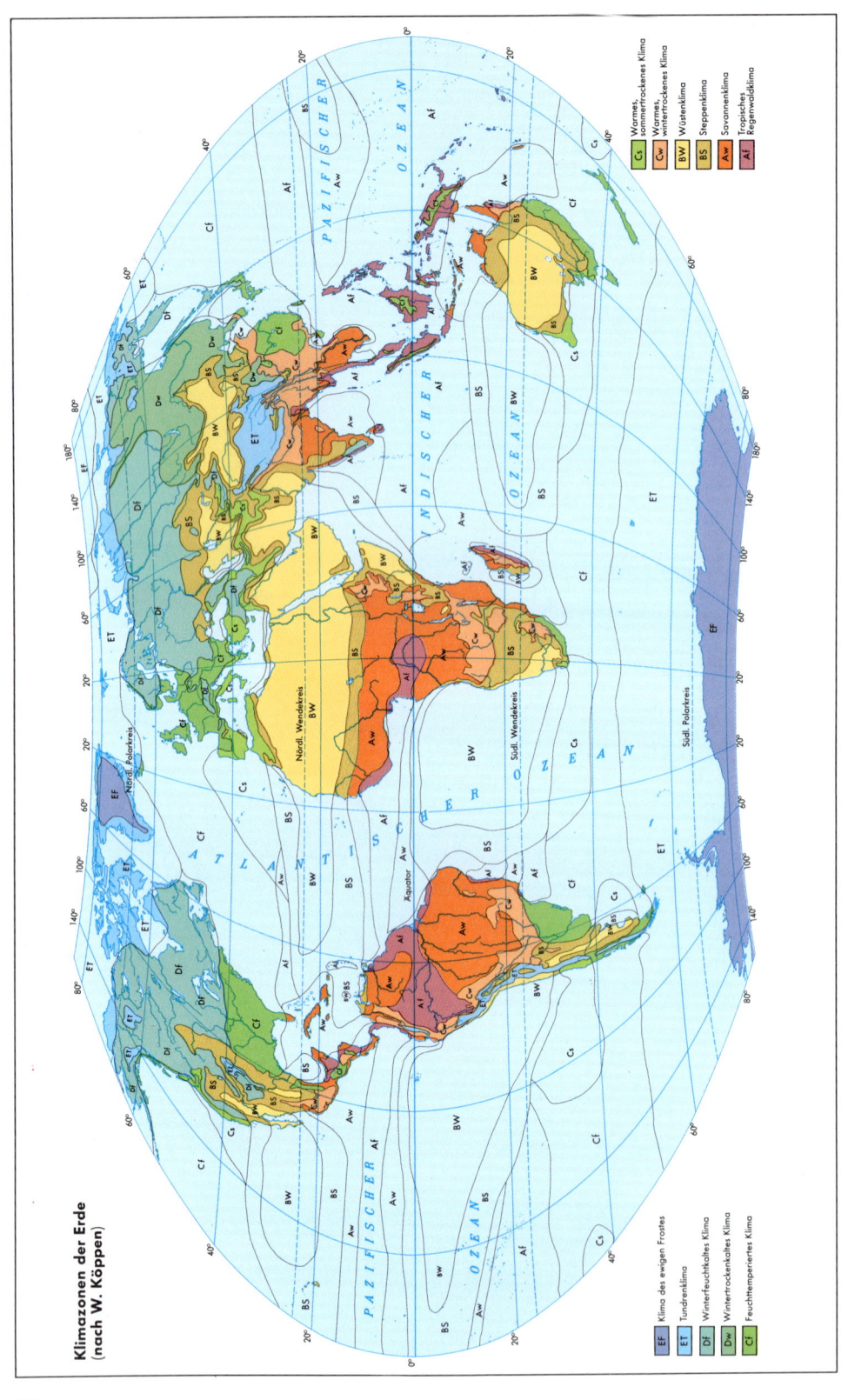

Klimazonen der Erde
(nach W. Köppen)

Um den Äquator befindet sich die Region der trop. Regenwaldklimate mit jahreszeitlich variablen, aber für die Vegetation ganzjährig ausreichenden Niederschlägen. Die Temperatur hat hier bei einer Tagesamplitude um 12 °C fast gleich bleibende Monatsmittelwerte über 18 °C. Zu den Wendekreisen hin steigt die Jahresamplitude allmählich an, anfangs mit einem Maximum im Frühjahr und einem im Herbst. Das während der Regenzeit durch erhöhte Verdunstung und verminderte Sonneneinstrahlung entstehende Minimum im Sommer verschwindet mit abnehmendem Niederschlag zu den Subtropen hin. Hier finden sich die Wüstengebiete, in denen bei einer Temperaturdifferenz zw. wärmstem und kältestem Monat von 20 °C der Tagesgang 50 °C überschreiten kann. Zus. mit den sie umgebenden Savannen und Steppen bilden die Wüsten die Zone der Trockenklimate, in denen die mögl. Verdunstung den Niederschlag stets übertrifft. Zw. 15° und 30° Breite reicht sie von der Mitte der Ozeane über die W-Küsten bis in die Zentren der Kontinente, wo sie z. T. über 40° hinaus polwärts vordringt. In dieser geograph. Breite herrscht an den Küsten warmgemäßigtes Klima, an der W-Seite verbunden mit trockenen, heißen Sommern und milden, niederschlagsreichen Wintern (im Sommer unter dem Einfluss des nach N verlagerten Hochdruckgürtels der Subtropen, im Winter durch die Tiefdruckgebiete der Westwindzone geprägt: Etesien-, mediterrane, Mittelmeerklimate), an der O-Seite mit ganzjährigem Niederschlag und Sommermaximum. Letzteres kennzeichnet zus. mit dem in höheren Breiten überwiegenden Jahresgang der Temperatur auch die zu den Polarkreisen hin anschließenden kontinentalen Klimate. Das entsprechende maritime Klima zeigt thermisch wie hygrisch einen ausgeglicheneren Verlauf. Obwohl die jährl. Niederschlagssumme in beiden Bereichen, verglichen mit den Tropen, gering ist, übersteigt sie wegen der tieferen Temperatur (Mittel des wärmsten Monats unter 22 °C) gewöhnlich die Verdunstung. Monatsmittel unter 10 °C haben die Schnee- oder Eisklimate der Polargebiete. Die trop. Hochgebirge wurden von W. KÖPPEN den Polarklimaten zugeordnet.

Kliment, K. Ochridski, K. von Ohrid, altbulgar. Schriftsteller und Übersetzer, *um 840, †27. 7. 916; fand als Schüler von →KYRILLOS und METHODIOS nach langer Tätigkeit in Mähren Zuflucht am bulgar. Hof in Preslaw, von wo ihn Zar BORIS I. 886 als Lehrer und Bischof (seit 893) in die Prov. Kutmitschewiza an die westl. Grenze des Bulgar. Reiches entsandte. Ihm werden die Ausarbeitung des neuen kyrill. Alphabets (→Kyrilliza) und auch die Viten des KONSTANTINOS (KYRILLOS) und des MICHAEL (METHODIOS) zugeschrieben. Er verfasste neben Übersetzungen zahlr. Predigten, Belehrungen und Lobreden. Die Univ. von Sofia trägt heute seinen Namen.
Ausgabe: Sabrani sačinenija, 3 Bde. (1970–77).

Kliment, Alexandr, eigtl. A. **Klimentiev** [-tief], tschech. Schriftsteller, *Turnau 30. 1. 1929; behandelt in psycholog. Romanen und Erzählungen moral. und gesellschaftliche Probleme (hatte nach 1969 Publikationsverbot); daneben schreibt er Lyrik, Dramen, Kinderbücher.
Werke: *Romane:* Nuda v Čechách (1979; dt. Die Langeweile in Böhmen); Basic love (1981). – *Erzählungen:* Marie (1960; dt. Eine ahnungslose Frau); Hodinky s vodotryskem (1965); Bezúhonní (1968; dt. Anständige Leute).

Klimke, Reiner, Dressurreiter, *Münster 14. 1. 1936; mit sechs Olympiasiegen (im Mannschaftswettbewerb 1964, 1968, 1976, 1984, 1988; als Einzelreiter 1984) und zwei Bronzemedaillen (im Einzel 1968 und 1976) bislang erfolgreichster dt. Olympionike. K. errang auch wiederholt die Europameisterschaft (1967, 1973, 1985) sowie den Weltmeistertitel (im Einzel 1974, 1982, mit der Mannschaft 1966, 1974, 1982, 1986).

Klimme, die Pflanzengattung →Cissus.

Klimmzug, *Turnen:* Grundübung zur Erlangung größerer Armkraft und besserer lokaler Muskelausdauer. Der gestreckte Körper wird mit den Armen an einer Stange emporgezogen, bis das Kinn die Griffhöhe erreicht. Der Griff ist beliebig.

Klimow, Klimov, Elem Germanowitsch, russ. Filmregisseur, *Stalingrad 11. 11. 1933; 1986–90 Erster Sekretär des sowjet. Filmverbandes; stellte sich gegen Bürokratie und Zensur.
Filme: Rasputin – Gott u. Satan/Agonia (1974 fertig gestellt, UA 1981); Abschied von Matjora (begonnen 1979 von K.s Frau LARISSA J. SCHEPITKO, †1979, fertig gestellt 1983); Komm u. sieh! (1985).

Klimsch, Fritz, Bildhauer, *Frankfurt am Main 10. 2. 1870, †Freiburg im Breisgau 30. 3. 1960; Mitbegründer der Berliner Sezession (1898), 1921–35 Prof. an den Vereinigten Staatsschulen in Berlin. K. war ein bedeutender Vertreter des Jugendstils. Er schuf Figuren (›Tänzerin‹, 1898; Berlin, Nationalgalerie), Denkmäler (›Virchow-Denkmal‹ in Berlin, 1906–10) und Grabmäler.
H. BRAUN: F. K. Werke, Ausst.-Kat. (1980).

Gustav Klimt: Der Kuß; 1907/08 (Wien, Österreichische Galerie)

Klimt, Gustav, österr. Maler, *Baumgarten (heute zu Wien) 14. 7. 1862, †Wien 6. 2. 1918; Hauptvertreter des österr. Jugendstils, leitete 1897–1905 die von ihm mitbegründete ›Wiener Secession‹. Eine enge Freundschaft verband ihn mit der Wiener Modeschöpferin EMILIE FLÖGE (*1874, †1952). Nach seinen frühen von H. MAKART beeinflussten Werken malte K. Landschaftsbilder und zartfarbene Kompositionen meist symbol. Bedeutung, in deren flächenhaft-›byzantin.‹ Stil sich Figürliches mit ornamentalen Elementen zu raffiniert dekorativen Wirkungen verbindet. Er war ein bedeutender Porträtist. Bei seinen zahlr. Zeichnungen dominieren wie in seinen Gemälden erot. Motive (BILD →erotische Kunst). K. gab der modernen österr. Kunst wichtige Impulse. – 1995 wurden in der ehemal. Sommerresidenz der rumän. Könige, Schloss Peleș in Sinaia, zahlr. Gemälde und vier Friese mit der Signatur des Künstlers, der sich um 1890 dort aufhielt, entdeckt.
Weitere Werke: Deckenbilder für die Wiener Univ. (Philosophie, Medizin, Jurisprudenz, 1900–03, von den Nationalsozialisten zerstört); Bildnis Emilie Flöge (1902; Wien, Histor. Museum); Bildnis Margarethe Stonborough-Wittgenstein (1905; München, Neue Pinakothek); Beethovenfries für die

14. Ausstellung der Wiener Secession (1902; Wien, Secessionsgebäude); Wandbilder für das Palais Stoclet in Brüssel (1905–09); Der Kuß (1907/08; Wien, Österr. Galerie); Die drei Lebensalter (1908; Rom, Galleria Nazionale d'Arte Moderna).

F. Novotny u. J. Dobai: G. K. (Salzburg ²1975); M. Bisanz-Prakken: G. K. Der Beethovenfries (Neuausg. 1980); G. K. Die Zeichnungen, hg. v. A. Strobl, 4 Bde. (Salzburg 1980–89); J. Dobai: G. K., die Landschaften (ebd. 1981); Emilie Flöge u. G. K. Doppelporträt in Ideallandschaft, Ausst.-Kat. (Wien 1988); N. Börnsen: Das G.-K.-Album. Leben u. Werk in Daten u. Bildern (²1991); G. Frodl: K. (a. d. Frz., 1992); G. K., hg. v. T. Stooss u. C. Doswald, Ausst.-Kat. Kunsthaus Zürich (1992); G. K., von der Zeichnung zum Bild, bearb. v. C. M. Nebehay (Wien 1992); C. Brandstätter: G. K. u. die Frauen (Wien 1994); P. Renneke: Körper, Eros u. Tod. G. K. im Kontext der Ästhetik des Fin de Siècle (1995); Sehnsucht nach Glück. Wiens Aufbruch in die Moderne: K., Kokoschka, Schiele, hg. v. Sabine Schulze (1995); G. Fliedl: G. K. (Neudr. 1997).

Klin, Stadt im Gebiet Moskau, Russland, am N-Rand der **Klin-Dmitrower Höhe** (bis 285 m ü. M.), 95 000 Ew.; Tschaikowsky-Museum; Chemiefaserwerk, Thermometer-, Laborgeräte-, Werkzeugmaschinen-, Glasfabrik. – K., 1234 erstmals erwähnt, kam 1482 mit dem Fürstentum Twer zu Moskau; Stammsitz der Romanows.

Klinaugite [zu griech. klínein ›neigen‹ und Augit], Sg. **Klinaugit** der, -s, **Klinopyroxene,** ältere Sammel-Bez. für die monoklinen →Pyroxene.

Klindworth, Karl, Pianist und Komponist, * Hannover 25. 9. 1830, † Stolpe (bei Oranienburg) 27. 7. 1916; studierte bei F. Liszt, lebte zunächst in London, wo er R. Wagner kennen lernte, war dann Prof. am Moskauer Konservatorium und mit J. Joachim und F. Wüllner Dirigent der Philharmon. Konzerte in Berlin. Er eröffnete dort eine (1893 mit dem Scharwenka-Konservatorium vereinigte) Klavierschule und richtete Klavierauszüge der Opern R. Wagners ein. K. schrieb auch Lieder und Klaviermusik.

Kline [griech.] die, -/-n, in der griech. Antike das Bett, seit dem 7./6. Jh. als Liegemöbel für Bankette; die K. konnte an einer oder beiden Schmalseiten erhöhte Auflagen haben. Die K. wurde von Etruskern und Römern übernommen (lat. lectus), die nach der Funktion Schlaf-, Ess- und Arbeits-K. unterschieden.

Kline [klaɪn], **1)** Franz, amerikan. Maler, *Wilkes-Barre (Pa.) 23. 5. 1910, †New York 13. 5. 1962; gehört zu den führenden Vertretern des →abstrakten Expressionismus in den USA mit vorwiegend großformatigen, bis Mitte der 50er-Jahre ausschließlich auf Schwarzweißkontrasten aufgebauten Werken.

F. K., 1910–1962, bearb. v. J. Gordon, Ausst.-Kat. (New York 1968).

2) Kevin, amerikan. Schauspieler, *Saint Louis (Mo.) 24. 10. 1947; hatte schon Theatererfolge, als er 1982 zum Film kam und sich dort mit kom. sowie vielseitigen Charakterrollen einen Namen machte.

Filme: Sophies Entscheidung (1982); Silverado (1985); Schrei nach Freiheit (1987); Ein Fisch namens Wanda (1988); Grand Canyon (1991); Dave (1992); French Kiss (1995); Fierce Creatures (1996).

3) T. F., Pseud. der austral. Schriftstellerin Gwen →Harwood.

Klinefelter-Syndrom [ˈklaɪnəfɛltə-; nach dem amerikan. Arzt Harry Klinefelter, *1912], genetisch bedingte Störung der Keimdrüsenentwicklung beim Mann (Hypogonadismus), deren Häufigkeit bei etwa 1‰ unter männl. Neugeborenen liegt; sie wird durch eine Chromosomenanomalie in Form eines überzähligen X-Chromosoms verursacht, durch das es zu einer Chromosomenzahl von 47 mit drei Geschlechtschromosomen (47, XXY) anstatt der regulären Anlage von 46 mit zwei Geschlechtschromosomen (46, XY) kommt. Das Y-Chromosom bestimmt die Entwicklung des männl. Phänotyps, wobei Hormonstörungen nach der Pubertät zu einer verminderten Ausprägung der sekundären Geschlechtsmerkmale führen. Als Ursache wird ein fehlendes Auseinanderweichen der Geschlechtschromosomen während der ersten Reifeteilung (Meiose) angesehen. Das zusätzl. X-Chromosom kommt in gleicher Häufigkeit vom Vater wie von der Mutter. Die Symptome, die meist erst während oder nach der häufig verspäteten Pubertät in Erscheinung treten, bestehen in einer Unterentwicklung der Hoden (Hodenhypoplasie) mit überwiegend ausbleibender Bildung von Spermien (Azoospermie) und entsprechender Sterilität bei normal ausgeprägtem Penis. Die zunehmend gestörte Produktion von männl. Geschlechtshormon (Testosteron) führt bei einem Teil der Patienten zu eunuchoiden Merkmalen (Gynäkomastie, Hochwuchs mit gestörten Körperproportionen, schwache Muskulatur, breites Becken, weibl. Form der Geschlechtsbehaarung) und z. T. schon im vierten Lebensjahrzehnt beginnender Osteoporose mit Gefahr der Frühinvalidität; auch leichte Intelligenzstörungen sind vereinzelt beschrieben. Die *Behandlung* besteht in einer möglichst frühzeitigen Zufuhr von Testosteron, wodurch Potenzstörungen (jedoch meist nicht die Sterilität) und Knochenbeschwerden günstig beeinflusst werden.

Kling, Thomas, Schriftsteller, *Bingen 5. 6. 1957; schreibt assoziationsreiche experimentelle Lyrik, die er durch eigenen Vortrag populär macht.

Werke: Erprobung herzstärkender Mittel (1986); geschmacksverstärker (1989); brennstamm (1991); nacht. sicht. gerät (1993); morsch (1996).

Franz Kline: Monitor; 1956 (Privatbesitz)

Klinge, 1) *Geomorphologie:* kurzes, schmales, jedoch gefällstarkes Tälchen ohne Talboden; eine Sonderform des Kerbtales.

2) *vorgeschichtl. Archäologie:* durch Schlag oder Druck von einem vorbereiteten Kernstein abgespaltene lange, dünne Teile (Abschläge). Sie wurden direkt, z. B. als Schneidegeräte, verwendet oder zu Schabern verarbeitet. Diese Verarbeitung ist in Europa zuerst im Mittelpaläolithikum (Levalloisien, Moustérien) belegt. In Mesoamerika wurden von speziell präparierten Kernsteinen (Obsidian) dünne, parallelseitige K. abgespalten, u. a. als Einsatzstücke für Holzschwerter.

3) *Waffenwesen:* der geschliffene und gehärtete Metallteil der Hieb- und Stichwaffen. Die ein- oder zweischneidigen K. der Hiebwaffen sind breiter und stärker als diejenigen der Stichwaffen und können auch (z. B. beim Säbel) mehr oder weniger stark gekrümmt sein. Die K. der Stichwaffen (z. B. beim Degen) sind gerade und meist zweischneidig. – Das Anfertigen von K. war seit dem Altertum eine z. T. streng gehütete, hohe Handwerkskunst. Bes. die K. aus Damaskus (Damaszener-K.), Toledo und Solingen zeichneten sich durch Schärfe, Härte und Biegsamkeit aus.

4) *Werkzeugkunde:* scharfer Teil schneidender oder hackender Geräte.

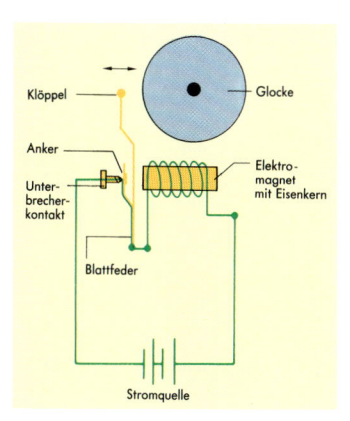

Klingel: Funktionsprinzip einer elektrischen Klingel; bei geschlossenem Stromkreis wird der Anker durch den Elektromagneten angezogen und der Stromkreis unterbrochen, dadurch schnellt der Anker zum Unterbrecherkontakt zurück und der Stromkreis wird wieder geschlossen

Klingel, akust. Signalgerät, z. B. kleine Glocke, i. e. S. einfache elektroakust. Signalvorrichtung, auch **Wecker** gen., die mit Gleichstrom oder Wechselstrom betrieben wird. Bei dem nach dem Prinzip des wagnerschen Hammers (→Unterbrecher) arbeitenden **Rasselwecker** schwingt der Unterbrecherkontakt hin und her, solange der Stromkreis durch Druck auf den K.-Knopf geschlossen bleibt; die Glocke wird dauernd angeschlagen. Im Unterschied hierzu wird beim **Einschlagwecker** bei jedem Druck auf den K.-Knopf die Glocke nur einmal angeschlagen. – In Fernsprechern verwendete **Wechselstromwecker** enthalten einen drehbar gelagerten Permanentmagneten, der im magnet. Wechselfeld eines vom Rufstrom durchflossenen Elektromagneten im Takt der Rufstromfrequenz hin- und herpendelt.

Klingelberger, in der Ortenau lokaler Name der Rebsorte →Riesling.

Klingelbeutel, im *christl. Gottesdienst* zum Einsammeln der Kollekte verwendeter Beutel, oft an einem Stab befestigt und mit einer Glocke versehen.

Klingeln, bei Ottomotoren das →Klopfen.

Klingemann, Ernst August, Schriftsteller, *Braunschweig 31. 8. 1777, †ebd. 25. 1. 1831; studierte Philosophie und Jura in Jena, wo er C. Brentano kennen lernte. Als Theaterdirektor in Braunschweig führte er am 19. 1. 1829 erstmals öffentlich den 1. Teil von Goethes ›Faust‹ vollständig auf. Er schrieb u. a. romant. Dramen und Ritterromane. Die neuere Forschung nennt ihn als den Autor des früher u. a. K. F. G. Wetzel zugeschriebenen Romans ›Nachtwachen. Von Bonaventura‹ (1804).

Weitere Werke: *Romane:* Die Ruinen im Schwarzwalde, 2 Bde. (1791–99); Wildgraf Eckhard von der Wölpe (1795). – *Dramen:* Die Maske (1797); Das Kreuz im Norden (1818). – Vorlesungen für Schauspieler (1818); Kunst u. Natur. Blätter aus meinem Reise-Tagebuche, 3 Bde. (1819–28).

J. Schillemeit: Bonaventura, der Verf. der ›Nachtwachen‹ (1973); R. Haag: Noch einmal. Der Verf. der Nachtwachen von Bonaventura, 1804, in: Euphorion, Bd. 81 (1987).

Klingen, Walther von, mittelhochdt. Dichter, →Walther, W. von Klingen.

Klingenberg, Gerhard, österr. Theaterleiter und Regisseur, *Wien 11. 5. 1929; ab 1968 Regisseur des Burgtheater Wien, 1971–76 dessen Direktor; 1977–82 Direktor des Schauspielhauses Zürich; 1985–94 Intendant des Renaissance-Theaters in Berlin; auch Fernseharbeit.

Klingenberg am Main, Stadt im Landkreis Miltenberg in Unterfranken, Bayern, 128 m ü. M., im Durchbruchstal des Mains zw. Odenwald und Spessart, 6 200 Ew.; Weinbaumuseum; Weinbau; Lackfabrik, Herstellung von Thermometern und Druckmessgeräten, keram. Industrie (Tonabbau seit 1567 belegt). – K., im 13. Jh. urkundlich erwähnt, wird seit 1276 als Stadt bezeichnet.

Klingenheben, August, Afrikanist und Semitist, *Barmen 11. 5. 1886, †Hamburg 26. 1. 1967; war seit 1930 Prof. in Leipzig, seit 1936 in Hamburg; er unternahm Forschungsreisen nach N-Afrika, Liberia, Nigeria und Äthiopien und widmete sich v. a. der Erforschung der Sprache der Fulbe, Hausa und Vai sowie des Amharischen.

Werke: Die Laute des Ful (1927); Der Bau der Sprache der Vai in W-Afrika (1933); Die Suffixklassen des Ful (1941); Die Sprache der Ful (1963); Dt.-amhar. Sprachführer (1966).

Klingenkulturen, *Vorgeschichte:* Bez. für altsteinzeitl. Kulturgruppen, die durch in Klingentechnik hergestellte Werkzeuge gekennzeichnet sind. (→Klinge).

Klingenmünster, Gem. im Landkreis Südliche Weinstraße, Rheinl.-Pf., am Rande der Haardt und des Naturparks Pfälzerwald, 2 300 Ew.; Erholungsort, Weinbau. – Kath. Pfarrkirche St. Michael, ehem. Klosterkirche einer Benediktinerabtei (um 1100, nur teilweise erhalten, barocker Neubau 1735–37). Westlich von K. die Reichsburg **Landeck** (1. Hälfte 13. Jh.) mit Buckelquaderringmauer und Bergfried sowie die spätroman. Nikolauskapelle (nach 1200).

Klingenthal/Sa., Stadt im Vogtlandkreis, Sa., 554 m ü. M., im oberen Vogtland auf der Südabdachung des Westerzgebirges, am Fuße des Aschbergs, an der Grenze zur Tschech. Rep., 11 400 Ew.; Stadtorchester, im benachbarten **Zwota** Forschungsinstitut für Musikinstrumentenbau und Akustik; Bau von Musikinstrumenten (bes. Akkordeon; mit Schaumanufaktur); Erholungsort und Wintersportplatz (Vogtlandschanze). Nordwestlich von K. Topasfelsen **Schneckenstein** (890 m ü. M.; einziger Topasfundort in Europa). – Die Stadtkirche ›Zum Friedefürst‹ (1736/37) mit barocker Ausstattung ist der erste oktogonale Bau im sächs. Gebiet. Das Rathaus wurde 1914, das Gebäude der 1843 gegründeten Musikschule 1929 errichtet. 1974–83 entstand das Wohnviertel ›An der Huth‹. – Ende des 16. Jh. entwickelte sich die ursprüngl. Bergmannssiedlung K. (seit 1604 so gen.) um einen 1591 errichteten Eisenhammer. Neben den Bergbau (Kupfer, Zinn, Eisen) traten 1659 der Geigenbau und 1829 die Herstellung von Zieh- und Mundharmonikas (seit Ende des 19. Jh. in Fabriken). Stadtrecht erhielt K. 1919. Nach dem Ersten Weltkrieg entwickelte es sich zu einem Wintersportzentrum. K. war 1952–94 Kreisstadt.

Klinger, 1) Friedrich Maximilian von (seit 1780), Schriftsteller, *Frankfurt am Main 17. 2. 1752, †Dorpat 9. 3. 1831. K., aus ärml. Verhältnissen stammend, studierte 1774–76 an der Univ. Gießen Jura, Theologie und Philologie, u. a. auch unterstützt von seinem Jugendfreund Goethe, den er 1776 in Weimar besuchte. Danach reiste er zunächst als Schauspieler und Theaterdichter mit der Truppe von A. Seyler, trat 1778 in den österr. Militärdienst ein und wurde dann russ. Offizier; seit 1801 war er Direktor des zarist. 1. Kadettenkorps in Sankt Petersburg, zwei Jahre später Kurator der Univ. Dorpat (bis 1817) und 1811 Generalleutnant. Neben J. M. R. Lenz ist K. der bedeutendste und fruchtbarste Dramatiker des Sturm und Drang, dem er mit seinem gleich lautenden Drama (1776; ursprüngl. Titel ›Wirrwarr‹, auf Anraten von C. Kaufmann umbenannt) die Epochen-Bez. gab. Die Themen seiner frühen Dramen waren ebenso neu wie deren stilist. Gestaltung; elementare Leidenschaftsausbrüche manifestieren sich in einer übersteigerten Sprache und in revolutionärer Form (›Die Zwillinge‹, 1776). Später bemühte sich K., der sich

Gerhard Klingenberg

Klingenthal/Sa. Stadtwappen

Friedrich Maximilian von Klinger (Zeichnung von Johann Heinrich Lips)

Wörter, die man unter K vermisst, suche man unter C, Ch, G, H oder Q

auch in zarist. Diensten für liberale Reformen eingesetzt hatte, um einen harmon. Ausgleich; unter dem Einfluss der Ideen J.-J. ROUSSEAUS entstanden mehrere philosoph. Romane (›Geschichte eines Teutschen der neuesten Zeit‹, 1798; ›Betrachtungen und Gedanken über versch. Gegenstände der Welt und der Litteratur‹, 3 Bde., 1803–05).

Weitere Werke: *Dramen:* Das leidende Weib (1775); Otto (1775); Die neue Arria (1776); Der Derwisch (1780). – *Romane:* Fausts Leben, Thaten u. Höllenfahrt (1791); Geschichte Giafars des Barmeciden, 2 Bde. (1792–94).

Ausgaben: Sämmtl. Werke, 12 Bde. (1842, Nachdr. 1976, 4 Bde.); Werke. Histor.-krit. Gesamtausg., hg. v. S. L. GILMAN u. a., auf 18 Bde. ber. (1978 ff.).

H. SEGEBERG: F. M. K.s Romandichtung. Unters. zum Roman der Spätaufklärung (1974); F. OSTERWALDER: Die Überwindung des Sturm u. Drang im Werk F. M. K.s (1979); MICHAEL MÜLLER: Philosophie u. Anthropologie der Spätaufklärung. Der Romanzyklus F. M. K.s (1992).

2) Kurt, österr. Schriftsteller, * Linz 11. 7. 1928; war Dramaturg u. a. in Frankfurt am Main (1964–69), Hannover (1970–73), Graz und Zürich (1975–77), Herausgeber und leitender Redakteur der Zeitschrift ›Literatur und Kritik‹. In seinen Dramen (›Odysseus muß wieder reisen‹, Uraufführung 1954), Hörspielen und Gedichten zeichnet K. die Unsicherheiten menschl. Existenz; auch Übersetzungen und Essays.

Weitere Werke: *Lyrik:* Harmonie aus Blut (1951); Entwurf einer Festung (1970); Löwenköpfe (1977); Auf dem Limes (1980); Das Kirschenfest (1984). – *Erzählungen:* Die vierte Wand (1967); Erinnerungen an Gärten (1989). – *Essays:* Konfrontationen (1973); Theater u. Tabus (1984).

3) Max, Maler, Radierer und Bildhauer, * Leipzig 18. 2. 1857, † Großjena, heute zu Naumburg (Saale) 4. 7. 1920; Vertreter des Symbolismus, ausgebildet 1874–76 an den Kunstakademien in Karlsruhe und Berlin. 1888–93 hielt er sich in Italien auf. 1897 wurde er zum Prof. der Akademie der Graph. Künste in Leipzig ernannt. K.s Schaffen war nachhaltig vom Einfluss A. BÖCKLINS geprägt. Seine künstler. Ausdrucksmittel reichen vom Klassizismus über die Romantik bis zum Jugendstil. Seine bedeutendste Leistung sind seine technisch virtuosen Radierungen. Er schuf ferner meist großformatige Gemälde mit antiken und christl. Motiven sowie Porträts und einige Landschaftsbilder. Als Bildhauer suchte er durch Verwendung von verschiedenfarbigem Marmor u. a. Materialien (Bronze, Elfenbein, Alabaster) die farbige Wirkung antiker Plastiken zu realisieren.

Werke: *Radierfolgen:* Eva und die Zukunft (1880); Paraphrase über den Fund eines Handschuhs (1881); Ein Leben (1884); Dramen (1884); Vom Tode I. Teil (1889); Brahmsphantasie (1894); Vom Tode II. Teil (1898). – *Gemälde:* Das Urteil des Paris (1886–87; Wien, Kunsthistor. Museum); Die Kreuzigung Christi (1890; Leipzig, Museum der bildenden Künste); Christus im Olymp (1889–97; erhaltene Teile ebd.). – *Skulpturen:* Die neue Salome (1893; Leipzig, Museum der bildenden Künste); Kassandra (1895; ebd.); Elsa Asenijeff (um 1900; München, Neue Pinakothek); Beethovendenkmal (1886–1902; Leipzig, Neues Gewandhaus); Brahmsdenkmal (1905–09; Hamburg, Musikhalle).

M. K., Leben u. Werk in Daten u. Bildern, hg. v. S. W. MATHIEU (1976); M. K. – Wege zum Gesamtkunstwerk, bearb. v. M. BOETZKES u. a., Ausst.-Kat. (1984); C. HERTEL: Studien zu M. K.s graph. Zyklus ›Paraphrase über den Fund eines Handschuhs‹, 1878–1881 (1987); H. TAUBER: M. K.s Exlibriswerk (1989); H. W. SINGER: M. K. Radierungen, Stiche u. Steindrucke (San Francisco, Calif., 1991); U. KERSTEN: M. K. u. die Musik, 2 Tle. (1993); C. BEYER: M. K. – The late graphic work. Das späte graph. Werk. 1909–1919 (San Francisco, Calif., 1994); M. K. Bestands-Kat. der Bildwerke, Gemälde u. Zeichnungen im Museum der bildenden Künste Leipzig, hg. v. H. GURATZSCH (1995).

Klingler, Karl, Violinist, * Straßburg 7. 12. 1879, † München 18. 3. 1971; Schüler von J. JOACHIM, war Violinlehrer an der Berliner Musikhochschule. 1905/06 gründete er ein wegen seiner klangl. und techn. Brillanz berühmtes Streichquartett. Er schrieb ›Über die Grundlagen des Violinspiels‹ (1921).

Max Klinger: Beethovendenkmal, Marmor, Bronze und Elfenbein; 1886–1902 (Leipzig, Neues Gewandhaus)

Klingner, Friedrich, klass. Philologe, * Dresden 7. 7. 1894, † München 26. 1. 1968; wurde 1925 Prof. in Hamburg, 1930 in Leipzig, 1947 in München. K. widmete sich der röm. Literatur, bes. den augusteischen Klassikern, wobei er deren künstler. Form herauszuarbeiten suchte.

Werke: De Boethii consolatione philosophiae (1921); Röm. Geisteswelt. Essays über Schrifttum u. geistiges Leben im alten Rom (1943); Studien zur griech. u. röm. Lit. (1964). – *Hg.:* Quinti Horatii Flacci carmina (1939); Virgil. Bucolica, Georgica, Aeneis (1967).

Klingsor, mächtiger Zauberer im ›Parzival‹ (um 1210; **Clinschor**) WOLFRAMS VON ESCHENBACH; in der um 1260 entstandenen Spruchdichtung ›Der Sängerkrieg auf der Wartburg‹ ist K. als König von Ungarn der mit dunklen Mächten verbundene Gegner WOLFRAMS; auch Figur im Drama ›Merlin‹ (1832) von K. L. IMMERMANN und in der Oper ›Parsifal‹ (1882) R. WAGNERS.

Klingspor, Karl, Schriftgießer, * Gießen 25. 6. 1868, † Kronberg im Taunus 1. 1. 1950; übernahm 1892 die von seinem Vater CARL erworbene Rudhard'sche Schriftgießerei, Offenbach am Main, gegr. 1842; 1895 Eintritt seines Bruders WILHELM in die Firma, 1906 Umfirmierung in ›Gebr. K.‹. Durch Zusammenarbeit mit bedeutenden Schriftkünstlern (O. ECKMANN, P. BEHRENS, O. HUPP, R. KOCH, W. TIEMANN, R. SPEMANN u. a.) belebte K. die künstler. Druckschrift in Dtl. neu.

Klingspor-Museum, 1953 gegründetes Museum der internat. Buch- und Schriftkunst des 20. Jh. in Offenbach am Main, entstanden aus der Privatsammlung von K. KLINGSPOR. Sammelgebiete: illustrierte Bücher, Pressendrucke, Typographie, Schriftproben, Kalligraphie, Bucheinbände, Plakate, Bilderbücher. Das Museum besitzt eine umfangreiche Fachbibliothek sowie zahlr. Nachlässe berühmter Buch- und Schriftkünstler. Seit 1958 besteht die internat. Vereinigung ›Freunde des Klingspor-Museums e. V.‹.

Klingstein, das Gestein → Phonolith.

Klinik [lat.-griech. ›Heilkunst für bettlägrige Kranke‹, zu griech. klínē ›Bett‹] *die, -/-en,* Medizin: 1) Krankenhaus mit Spezialeinrichtungen, z. B. als Fach-K. (Frauen-, Kinder-, chirurg. K.), v. a. im universitären Bereich; dort als Poli-K. auch zur ambulanten Versorgung von Patienten; im englischsprachigen Raum als **Clinic** auch Bez. für von einem zentralen Krankenhaus geleitete Krankenstationen zur ambulanten Versorgung; 2) *nur Sg.,* Sammel-Bez. für Symptome und Verlauf einer Krankheit; auch der ärztl. Unterricht am Krankenbett.

Kliniker *der, -s/-,* 1) in einer Klinik tätiger Arzt; 2) Student in den klin. Semestern (prakt. Ausbildung).

Klinikum *das, -s/...ka,* 1) Hauptteil der prakt. ärztlichen Ausbildung im Krankenhaus; 2) Sammel-Bez. für die Kliniken einer Universität.

klinische Psychologie, Teilgebiet der Psychologie, das sich mit der Entstehung, Beschreibung und Feststellung, Beeinflussung, Heilung und Vorbeugung von Störungen des Erlebens und Verhaltens befasst. Psych. Störungen werden dabei vorwiegend als Fehlentwicklungen des sozialen Lernens verstanden, die verändert werden können. – Für die Praxis bemüht sich die k. P. um die Erstellung wiss. Klassifikationssysteme zur Erfassung solcher Störungen und die Entwicklung verbesserter diagnost. (Tests, Interviews, Beobachtung) und therapeut. Verfahren (Verhaltens-, Kommunikationstherapie).

Klin. Psychologen sind u. a. in psychiatr. Krankenhäusern, öffentl. Beratungsstellen (Erziehungs-, Ehe- und Familien-, Drogenberatung), Schulen, Gefängnissen, Rehabilitationseinrichtungen tätig.

K. P. Trends in Forschung u. Praxis, hg. v. U. BAUMANN u. a., 6 Bde. (Bern 1978–84); Methoden der klinisch-psycholog. Diagnostik, hg. v. W. WITTLING (1980); Lb. der k. P., hg. v. LOTHAR R. SCHMIDT (²1984); G. C. DAVISON u. J. M. NEALE: K. P. (a.d.Engl., ⁴1996).

Klinkaart *der, -(s)/-e,* holländ. Goldmünze (Goldener Schild) WILHELMS VI. (1404–17) im Wert von 40 Groot.

Klinke, ein- oder zweiarmiger Hebel, der die Bewegung eines Maschinenteils hemmt **(Sperr-K.)** oder weiterleitet **(Schalt-K.);** auch der auf den Hebel wirkende Griff (z. B. Türklinke).

Klinkenstecker, *Elektroakustik:* zwei- oder mehrpoliger Steckverbinder, dessen Kontaktkopf aus zwei oder mehreren zylindr. und isoliert axial hintereinanderliegenden Kontaktstücken besteht; die Anschlüsse für das Anschlusskabel werden von einem isolierenden Griff umschlossen. Die zugehörige Klinkenkupplung oder -buchse enthält die Kontaktfedern und teilweise weitere gesonderte Schaltkontakte, die beim Steckvorgang ausgelöst werden.

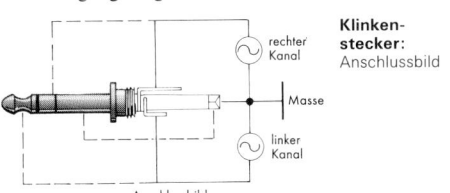

Klinkenstecker: Anschlussbild

Klinker [zu niederländ. klinken ›klingen‹ (wegen des hellen Klanges, der beim Anschlagen entsteht)], hellgelber, brauner oder bläulich roter bis schwarzer, dichter Ziegel aus einem Tongemisch von feuerfesten und, zur besseren Durchsinterung, leicht schmelzbaren Bestandteilen, die bei 1100–1400 °C glasartig gebrannt werden. K. sind druckfest und widerstandsfähig gegen Säuren und Laugen. Das farbige Aussehen beruht auf einer durch den Eisengehalt gegebenen Ausschmelzung von Glasflüssen. In oxidierenden Flammen brennen sie rot, in reduzierenden Flammen blaurot bis schwarz **(Eisen-K.).** K. werden nach Aussehen und Form z. B. zur Fassadenverblendung, zur Herstellung stark belasteten Mauerwerks, beim Bau von Wasser- und Abwasseranlagen sowie im Straßenbau zur Gestaltung von Plätzen und Fußgängerbereichen verwendet. **Spalt-K.** sind längs gelochte K., die, vor der Verarbeitung gespalten, zwei K.-Platten ergeben. Sie werden wie K.-Platten zur Verkleidung von Wänden und Fußböden benutzt. – Als K. wird auch das gebrannte ungemahlene Rohstoffgemisch zur Zementherstellung **(Zement-K.)** bezeichnet.

Klinkerbeplankung, →Bootsbau.

Klinochlor [zu griech. klínein ›neigen‹ (wegen der monoklinen Kristallform)], zu den →Chloriten gehörendes, bläulich grünes bis gelbl., monoklines Mineral mit ähnl. Zusammensetzung wie der →Chamosit, aber geringem Eisengehalt; Härte nach MOHS 2–2,5, Dichte 2,61–2,78 g/cm³; Vorkommen v. a. in Chloritschiefern.

Klinometer [zu griech. klínein ›neigen‹] *das, -s/-,* 1) *Geologie:* →Geologenkompass.

2) *Schifffahrt:* Gerät zur Bestimmung des Krängungswinkels eines Schiffes, meist als kleines Pendel an einem Querschott angebracht.

Klínovec [ˈkliːnɔvɛts, tschech.], höchster Berg des Erzgebirges, →Keilberg.

Klint, schwed. für →Glint.

Klio, griech. **Kleio,** →Musen.

Kliometrie [griech. ›Geschichtsmessung‹, nach der Muse Klio] *die, -,* die Erschließung histor. Quellen mithilfe quantifizierender Methoden.

Klippdachse, Gattung der →Schliefer.

Klippe, 1) *Geologie:* tektonische K., →Decke.

2) *Geomorphologie:* für die Schifffahrt gefährl. Felsen wenig unter oder über einer Wasseroberfläche, bes. häufig an Steilküsten (K.-Küsten). K. entstehen im Meer durch Brandungserosion, in Flussbetten werden durch schnell strömendes Wasser härtere Gesteine aus umgebenden, weniger widerstandsfähigen herausgewaschen.

Klippe [zu schwed. klippa ›schneiden‹], *Münzkunde:* Sammelbegriff für eckige Münzen und Medaillen. Vor allem Belagerungsmünzen und Schießprämien wurden vom 16. bis in das 18. Jh. häufig in dieser Form angefertigt, aber auch Münzen zu Geschenkzwecken.

Klippenbarsch, Art der →Lippfische.

Klipper [engl. clipper, zu to clip ›schneiden‹] *der, -s/-,* **Clipper,** schlank gebautes, schnelles Segelschiff mit drei oder vier hohen Masten und einer großen Segelfläche; meist als Vollschiff getakelt. Die um die Mitte des 19. Jh. gebauten K. wurden v. a. für den Transport von Tee und verderbl. Gütern eingesetzt; ihre Tonnage lag zw. 470 und 4500 t. Sie erreichten z. T. Durchschnittsgeschwindigkeiten von 18 kn und mehr (die höchste Segelschiffsgeschwindigkeit von 22 kn erzielte 1853 die ›Sovereign of the Seas‹).

Klippfisch, gesalzener, (urspr. auf Klippen) getrockneter Kabeljau, Seelachs, Schellfisch u. a.

Klippschliefer, Gattung der →Schliefer.

Klippspringer, Art der →Böckchen.

Klippwerk, *Münzkunde:* →Prägen.

Klirrfaktor, Maß für die nichtlinearen Verzerrungen, die ein Übertragungsglied (z. B. Mikrofon, Verstärker, Lautsprecher) bei sinusförmiger Eingangsspannung verursacht. Bedingt durch Nichtlinearitäten innerhalb der Übertragungsglieder entstehen Oberwellen mit der doppelten, dreifachen, vierfachen usw. Frequenz der Eingangsspannung, die sich als Verzerrungen (z. B. bei der Wiedergabe von Klängen) bemerkbar machen können. Der Gesamt-K. wird bestimmt aus dem Verhältnis des Effektivwerts der Oberwellenspannung zum Effektivwert der gesamten Signalspannung am Ausgang:

$$k = \sqrt{\frac{U_2^2 + U_3^2 + U_4^2 + \ldots}{U_1^2 + U_2^2 + U_3^2 + U_4^2 + \ldots}}$$

(U_1 Effektivwert der Grundwelle, U_2 der 1. Oberwelle, U_3 der 2. Oberwelle usw.). Der K. ist abhängig von der

Klippe vom Stralsunder Taler (Diagonale 51 mm; 1623)

Vorderseite

Rückseite

Aussteuerung (d. h. der eingespeisten Signalspannung) und von der Frequenz; üblicherweise gibt man den K. in Prozent und auf eine definierte Frequenz (i. d. R. 1000 Hz) und Aussteuerung bezogen an. Hochwertige elektroakust. Anlagen weisen einen K. unter 1% auf (bei der Sprachwiedergabe macht sich erst ein K. von über 5% störend bemerkbar).

Klischee [frz. cliché ›Abklatsch‹] *das, -s/-s,* 1) *bildungssprachlich* für: unschöpfer. Nachbildung; eingefahrene, überkommene Vorstellung.

2) *Drucktechnik:* falsche, jedoch noch häufig gebrauchte Bez. für sämtl. Arten von Hochdruckplatten und Druckstöcken. Eigentlich ist K. lediglich zutreffend für Druckstockabformungen, z. B. Stereos, nicht aber für Originaldruckplatten.

Klischograph, *der, -en/-en, graf. Technik:* elektronisch gesteuerte Graviermaschine (→Reproduktionstechnik).

Klistier [zu griech. klystérion ›Spülung‹, ›Reinigung‹] *das, -s/-e,* **Klysma,** das Einbringen kleiner Flüssigkeitsmengen durch den After in den Dickdarm mithilfe einer Gummi- oder K.-Spritze zur Stuhlentleerung, im Unterschied zum →Einlauf; bes. zur Behandlung von Stuhlverstopfungen bei Säuglingen und Kleinkindern angewendet.

Klitarch, griech. Geschichtsschreiber, →Kleitarchos.

Klitgaard ['klidgɔ:r], Mogens, dän. Schriftsteller, *Kopenhagen 23. 8. 1906, †Århus 23. 12. 1945; führte ein unruhiges Wanderleben in Europa. Als Mitgl. der Widerstandsbewegung musste er 1943 nach Schweden flüchten. K. beobachtete in seinem Werk mit nüchternem Realismus Menschen und Probleme unter sozialem Blickwinkel.

Werke: *Romane:* Der sidder mand i en sporvogn (1937); Gud mildner luften for de klippede faar (1938; dt. Gott mildert die Luft für geschorene Schafe); Ballade paa nytorv (1940; dt. Ballade auf dem Neumarkt); De røde fjoer (1940; dt. Die roten Federn); Den guddomelige hverdag (1942).

Klitias, Kletias, Kleitias, griech. Vasenmaler, um 580–560 v. Chr. tätig. Mit dem Töpfer ERGOTIMOS signierte er die →Françoisvase; in seiner kraftvollen und detailreichen, hocharchaischen schwarzfigurigen Vasenmalerei löste er die Bilderzählung von den ornamentalen Einbindungen und legte das Hauptgewicht auf die Figurenszenen. Vergleiche mit der ältesten panathenäischen Amphore (566 v. Chr.) machen die Entstehung der Françoisvase, die traditionell auf 560 v. Chr. datiert wurde, vor Beginn der panathenäischen Spiele (566) denkbar.

Klitoris [griech. kleitorís, eigtl. ›kleiner Hügel‹] *die, -/- und ...rides,* **Clitoris,** *der →Kitzler.

Klitzing, Klaus von, Physiker, *Schroda (poln. Środa, Wwschaft Poznań) 28. 6. 1943; 1980–84 Prof. an der TU München, seit 1985 Mitgl. des Direktorenkollegiums am Max-Planck-Inst. für Festkörperphysik und Prof. in Stuttgart. Bei seinen Arbeiten zur Festkörperphysik, insbesondere über den Hall-Effekt in MOS-Feldeffekttransistoren (1980), entdeckte K. den →Quanten-Hall-Effekt (auch K.-Effekt gen.), wofür er 1985 den Nobelpreis für Physik erhielt.

Klivie, die Pflanzengattung →Clivia.

Kljasma *die,* **Kljaz'ma** [-z-], linker Nebenfluss der unteren Oka in Russland, 686 km lang, entspringt in den Smolensk-Moskauer Höhen, wird im Oberlauf vom Moskaukanal gequert (in diesem Bereich ist die K. gestaut).

Kljujew, Nikolaj Aleksejewitsch, russ. Lyriker, *Koschtug (bei Wytegra, Gouv. Olonez) 10. 10. 1884, †(in sibir. Verbannung) erschossen zw. dem 23. und 25. 10. 1937; schloss sich zunächst den Symbolisten an, wurde dann – neben S. A. JESSENIN – zum führenden Vertreter der ›neuen Bauerndichtung‹; nach kurzer Revolutionsbegeisterung Gegner des Systems (Verserzählung ›Pogorel'ščina‹). Seine Lyrik ist geprägt von Dialektismen, Folklore und den volkstüml. religiösen Überlieferungen seiner nordruss. Heimat sowie von Motiven der russ. Natur, des bäuerl. Lebens, des Leidens und religiöser Enderwartung. 1933 wurde er verhaftet und verbannt; 1957 rehabilitiert.

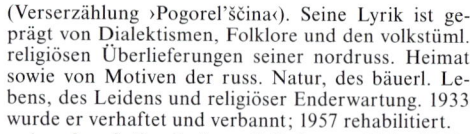

Ausgaben: Sočinenija, hg. v. G. P. STRUVE, 2 Bde. (1969); Stichotvorenija i poėmy (1977).

W. SCHENTALINSKI: Das auferstandene Wort. Verfolgte russ. Schriftsteller in ihren letzten Briefen, Gedichten u. Aufzeichnungen. Aus den Archiven sowjet. Geheimdienste (a. d. Russ., 1996).

Kljutschewskaja Sopka *die,* **Ključevskaja Sopka** [kljutʃ-], **Kljutschewskoj,** höchster tätiger Vulkan Russlands, auf der Halbinsel →Kamtschatka, (1995) 4835 m ü. M.; seit Ende des 17. Jh. mehr als 80 Ausbrüche, letzte größere Eruption 1994.

Kljutschewskij, Ključevskij [-tʃ-] Wassilij Ossipowitsch, russ. Historiker, *Wosnessenskoje (Gebiet Pensa) 28. 1. 1841, †Moskau 25. 5. 1911; war seit 1882 Prof. für russ. Geschichte in Moskau. Sein ›Kurs russkoj istorii‹ (5 Bde., 1904–10; dt. ›Geschichte Rußlands‹, 4 Bde.; 4. und Nachlassband als ›Geschichte Rußlands von Peter dem Großen bis Nikolaus II.‹, 2 Bde.) versteht den Verlauf der russ. Geschichte vornehmlich sozialgeschichtlich und ist bedeutend durch die Originalität der Interpretation eines umfangreichen, vielfach neu erschlossenen Quellenmaterials.

Weitere Werke: Drevnerusskija žitija svjatych kak istoričeskij istočnik (1871); Bojarskaja duma v Drevnej Rusi (1882); Istorija soslovij v Rossii (1886).

Ausgaben: Sočinenija, 8 Bde. (1956–59); Pis'ma. Dnevniki. Aforizmy i mysli ob istorii (1968).

M. V. NEČKINA: V. O. K. Istorija žizni i tvorčestva (Moskau 1974).

KLM, Abk. für **Koninklijke Luchtvaart Maatschappij N. V.** ['koːnəŋləkə 'lyxtfaːrt maːtsxaˈpɛj-], niederländ. Luftverkehrsgesellschaft, gegr. 1919; Sitz: Amstelveen. KLM ist die älteste Fluggesellschaft der Erde, ab 1920 beflog sie die Strecke Amsterdam–London und dehnte ihre Route 1929 bis Java aus. Hauptaktionär ist der niederländ. Staat (38,2%). KLM unterhält planmäßige Liniendienste für Passagiere und Fracht von Amsterdam zu 153 Städten in 83 Ländern. Die KLM beförderte 1995/96 mit einem Flugpark von 111 Flugzeugen und mit 31312 Beschäftigten 11,7 Mio. Passagiere.

Kloake [lat. ›Abzugskanal‹, zu cluere ›reinigen‹] *die, -/-n,* 1) *allg.:* ein (meist) unterird. Abzugskanal für Abwässer; Senkgrube.

2) *Zoologie:* bei Haifischen, Lurchen, Reptilien, Vögeln, Kloakentieren und wenigen Wirbellosen der meist erweiterte Endabschnitt des Darmes, in den die Ausführungsgänge der Geschlechts- und Ausscheidungsorgane münden.

Kloakentiere, Eierlegende Säugetiere, Monotremata, urtüml. Ordnung der Säugetiere mit insgesamt drei Arten in zwei Familien: →Ameisenigel und →Schnabeltiere. Ihre Entwicklung verläuft i. d. R. ohne Bildung von Chorion und Plazenta. Eines der urtümlichsten Merkmale der K. ist der Schultergürtel, der im Bau stark von dem der übrigen Säugetiere abweicht und zu einer festeren und steiferen Verbindung von Schulter und Brust führt; dadurch stehen die Extremitäten wie bei den Reptilien seitlich vom Körper ab. Weitere Reptilienmerkmale sind u. a. die großen, dotterreichen, weichschaligen Eier und die Kloake, durch die Harn, Kot und die Eier des Weibchens den Körper verlassen. Typ. Säugermerkmale sind z. B. die Milchdrüsen, die Behaarung und die Fähigkeit, die (mit 31–32 °C niedrige) Körpertemperatur nahezu konstant zu halten. Die Übergangsstellung der K. zw. Säugetieren und Reptilien wird unterstrichen durch den Bau der Chromosomen und der Spermien sowie Besonderheiten im Blutkreislauf. – K. sind schon seit

Klaus von Klitzing

KLM

der frühen Kreide in Australien (und nur dort) nachgewiesen.

Kloben, 1) *Bauwesen:* 1) am Tür- bzw. Fensterrahmen oder Mauerwerk angebrachter Beschlag zum Einhängen von Türen und Fenstern; 2) Einrastvorrichtung (**Schließ-K.**) für einfache Türschlösser mit hebender Falle.
2) *Fertigungstechnik:* Vorrichtung zum Einspannen kleiner Werkstücke zur Bearbeitung, z. B. Feilkloben.
3) *Fördertechnik:* Bez. für die Flaschen bei einem →Flaschenzug.
4) *Forstwirtschaft:* **K.-Holz, Scheitholz,** meist gespaltenes Rundholzstück von 1 m Länge und mehr als 14 cm Durchmesser; allg. auch grober Holzklotz.

Klöch, Markt-Gem. im SO der Steiermark, Österreich, nahe der slowen. Grenze, am O-Hang des Seindl (424 m ü. M.), 1 300 Ew.; Zentrum des Klöcher Weinbaugebietes (230 ha Rebland; Klöcher Weinstraße).

Klöckner-Humboldt-Deutz AG, Abk. **KHD,** Maschinenbauunternehmen, Sitz: Köln, hervorgegangen aus der 1864 durch N. A. OTTO und E. LANGEN als erste Motorenfabrik der Welt gegründeten N. A. Otto & Cie, 1872 Umbenennung in Gasmotoren-Fabrik Deutz AG, in der N. A. OTTO 1876 den ersten Viertaktmotor der Welt entwickelte. 1921 Umfirmierung in Motorenfabrik Deutz AG, aus der 1930 durch Fusion mit der Maschinenbauanstalt Humboldt AG (gegr. 1856) und der Motorenfabrik Oberursel (gegr. 1892) die Humboldt-Deutzmotoren AG entstand; seit 1938 KHD, nachdem ein Organvertrag (1953 wieder aufgehoben) mit der Klöckner-Werke AG geschlossen wurde. Großaktionär ist die Dt. Bank AG (rd. 47%). Umsatz (1995): 3,3 Mrd. DM, Beschäftigte: rd. 9 400.
1996 war die KHD aufgrund von Bilanzmanipulationen bei der Tochtergesellschaft KHD Humboldt-Wedag AG in eine Existenzkrise geraten. Das Sanierungskonzept sieht eine Konzentration auf das Motorengeschäft und den Verkauf des Industrieanlagenbereichs vor. Seit 1. 1. 1997 firmiert das Unternehmen als **Deutz AG.**

Klöckner & Co AG, Handels- und Dienstleistungskonzern, der v. a. Handel und Distribution in den Bereichen Stahl, PC-Produkte, Chemie, Energie, Textilien und mobile Bauten betreibt, gegr. 1906 von PETER KLÖCKNER (* 1863, † 1940), 1984 in eine Kommanditgesellschaft auf Aktien umgewandelt, seit Ende 1988 AG; Sitz: Duisburg. Bis zur Übernahme durch die VIAG AG war das Unternehmen die Stammgesellschaft eines komplizert verschachtelten Konzerns, in den versch. Stiftungen einbezogen waren, u. a. die Peter-Klöckner-Familienstiftung und die gemeinnützige Peter-Klöckner-Stiftung. Seit 1990 gehört das Unternehmen zur Logistiksparte der VIAG AG; nach der Übernahme entwickelte sich das Unternehmen vom Handelshaus zu einem internat. Distributionsspezialisten mit der K. & Co AG als Holdinggesellschaft und den Führungsgesellschaften Klöckner Stahl- und Metallhandel GmbH, Computer 2000 AG, Klöckner Chemiehandel GmbH, Klöckner Energiehandel GmbH, Wilh. Ispert AG & Co KG (Textilien) sowie Röder Zeltsysteme und Service AG. – Konzernumsatz (1996): 15,37 Mrd. DM, Beschäftigte: rd. 12000.

Klöckner-Werke AG, Unternehmen der Kunststoffverarbeitung und des Maschinenbaus, gegr. 1897, heutiger Firmenname seit 1923, als PETER KLÖCKNER (* 1863, † 1940) in diesem Unternehmen seine industriellen Interessen zusammenfasste; Sitz: Duisburg. Hauptaktionär ist die Klöckner & Co AG (13%); Umsatz (1996): 4,5 Mrd. DM, Beschäftigte: rd. 18 300.

Klodnitz [ˈkloː-, auch ˈklɔd-] *die,* poln. **Kłodnica** [ku̯ɔdˈnitsa], rechter Nebenfluss der Oder in Polen, Oberschlesien, 75 km lang, entspringt südlich von Kattowitz, mündet bei Kędzierzyn-Koźle. Der zw. 1792 und 1822 neben der K. angelegte **K.-Kanal** wurde später zum Gleiwitzkanal (→Gleiwitz) ausgebaut.

Kłodt von Jürgensburg, Clodt von Jürgensburg, Pjotr Jakow Karlowitsch, russ. Bildhauer, * Sankt Petersburg 5. 6. 1805, † Gut Chalala (Finnland) 18. 11. 1867; trat v. a. mit Pferde- und Reiterskulpturen hervor, mit denen er sich vom Klassizismus entfernte und dem Naturalismus näherte (›Pferdebändiger‹, 1839, Sankt Petersburg, Anitschkowbrücke). Sein Sohn MICHAIL PETROWITSCH (* 1835, † 1914) war Genremaler und Radierer.

Kłodzko [ˈku̯ɔtsko], poln. Name für →Glatz.

Klon [engl., von griech. klōn ›Sprössling‹] *der, -s/-e,* durch wiederholte mitot. Zellteilungen aus einer Elternzelle entstandene Ansammlung genetisch ident. Zellen. Z. B. stellt ein Tumor einen derartigen Zell-K. dar. Auch die Nachkommen ganzer Organismen, die sich ungeschlechtlich fortpflanzen, sind als K. anzusehen. In der Pflanzenzucht hat das Klonen durch Ableger, Ausläufer und Pfropfung eine lange Tradition. Menschen-K. sind theoretisch denkbar. Als Sciencefictionmotive finden sie sich oft in Verbindung mit der Wahl eines bestimmten Genotyps. (→Klonen).
In der →Gentechnologie wird eine selektiv vervielfältigte Nukleinsäure als K. bezeichnet.

Klondike [ˈklɔndaɪk] *der,* rechter Nebenfluss des Yukon River im Yukon Territory, NW-Kanada, etwa 150 km lang, mündet bei →Dawson. Der Goldfund am 16. 8. 1896 am Bonanza Creek, einem kurzen Nebenfluss des K., löste einen Goldrausch aus. Bereits wenige Jahre später setzte am K. und seinen Nebenflüssen der maschinelle Abbau der Goldseifen ein, er wurde 1966 eingestellt.

Klonen, Klonieren, das Herstellen einer größeren Anzahl gleichartiger, genetisch ident. Nachkommen eines Individuums (→Klon). Die moderne Biologie arbeitet mit versch. Verfahren: 1) Selektion und Vermehrung eines einzelnen Bakteriums, das Träger für eine bestimmte Mutation ist; 2) Anregung einzelner Lymphozyten des Immunsystems zu Zellteilungen auf einen Reiz durch ein Antigen hin; 3) Vermehrung von DNA-Stücken, d. h. von Genen (→Genklonierung); 4) Züchtung von vollständigen, normalen Pflanzen aus isolierten Zellen in einem Nährmedium mithilfe bestimmter Wuchsstoffzusätze; 5) Ersatz der Zellkerne in unbefruchteten Eizellen durch Kerne aus Körperzellen eines anderen Tierembryos (v. a. Frösche, Mäuse). Das K. eines Säugers aus Somazellen (Körperzellen) eines erwachsenen Tieres gelang erstmals 1996 in einem schott. Labor unter Leitung von IAN WILMUT und ist 1997 der Öffentlichkeit in Gestalt eines sieben Monate alten Schafes vorgestellt worden. Hierbei wurde die entkernte Eizelle eines Schafes mit einer Körperzelle aus dem Euter eines anderen Schafes verschmolzen. Die so manipulierte Eizelle teilte sich, ein Embryo wuchs heran, den man einem dritten Schaf in die Gebärmutter einpflanzte. Geboren wurde ein genetisch ident. Ebenbild des Schafes, dem die Körperzelle aus dem Euter entnommen worden war. Um das Ergebnis zu erreichen, wurden insgesamt 277 entkernte Eizellen mit Euterzellen fusioniert, von denen 29 transplantierbare Embryonen erhalten wurden. Nur in einem Fall führte das zur erfolgreichen Geburt eines gesunden Schafes. Bei Weiterentwicklung dieses Verfahrens könnten genmanipulierte Tiere, die Medikamente (z. B. menschl. Blutgerinnungsfaktoren) produzieren und mit ihrer Milch abgeben, oder Tiere, die gegen bestimmte Krankheiten resistent sind, ungeschlechtlich vermehrt werden; bei der natürl. Fortpflanzung geht das aufwendig eingesetzte Fremdgen häufig wieder verloren. Durch das K. würden somit Herden genetisch ident. Tiere entstehen, die von besonderem wirtschaftl. Interesse sind. Auch könnten Schweine, die Xenotransplantate

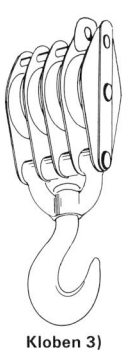

Kloben 3)

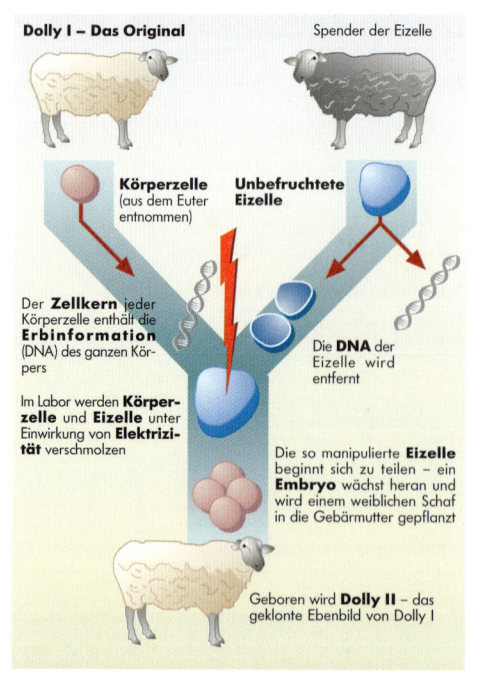

Klonen: Verschmelzung einer unbefruchteten entkernten Eizelle mit der Körperzelle eines erwachsenen Schafes

(→Gentechnologie) für den Menschen produzieren, durch K. vervielfältigt werden. Es dürften jedoch noch intensive Forschungen nötig sein, bis genügend Informationen vorhanden sind, um einen internat. Konsens über Risiken und Vorzüge dieser neuen Techniken finden zu können. Vorsicht und Umsicht sind geboten; so zeigt das Beispiel der Rinderseuche BSE, wie leicht Artschranken unter bestimmten Bedingungen durch Krankheitserreger überwunden werden können. Auch kann es sich langfristig als Schaden für den Menschen und die von ihm genutzten Tier- und Pflanzenarten erweisen, den evolutionären Vorteil der geschlechtl. Fortpflanzung, die Rekombination der Gene, für einen gewissen Teil der Population auszuschalten.

Das erste erfolgreiche K. aus Körperzellen eines erwachsenen Tieres löste eine lebhafte internat. Debatte aus. Mehrheitlich empfahlen Wissenschaft und Politik, etwaige Versuche zum Herstellen menschl. Klone aus eth. Gründen per Gesetz verbieten zu lassen. Während in Dtl. das Embryonenschutzgesetz in gewissem Rahmen bereits ein Verbot des K. von Menschen enthält, sind solche Versuche in anderen Ländern, z. B. in den USA und Kanada, gegenwärtig noch nicht untersagt. Aus eth. Sicht wird die gezielte Erzeugung menschl. Klone (z. B. mit bestimmten Eigenschaften, als ›Wiedergeburt‹ eines Verstorbenen oder gar als Organspender) als Instrumentalisierung des Menschen und damit als Verletzung der Menschenwürde abgelehnt und einerseits vor der Gefahr kriminellen Missbrauchs, andererseits vor einer Überbewertung der Gene für die Formung der Persönlichkeit gewarnt. Ein menschl. Klon wäre äußerlich zwar mit seinem Vorgänger identisch, nicht aber in seinen persönl. Eigenschaften, die neben dem Erbgut durch Erziehung, Bildung und Umwelt geprägt werden.

Klong *der, -(s)/-s,* **Khlong,** thailänd. Bez. für Kanal, Graben, z. B. in Bangkok.

Klonieren, das →Klonen.

klonisch, *Medizin:* →Klonus.

Klonorchiase [zu griech. klōn ›Sprößling‹ und órchis ›Hoden‹] *die, -/-n,* durch →Leberegel hervorgerufene Krankheit.

Klonowic [-vits], Sebastian Fabian, Pseud. **Acernus,** poln. Dichter, *Sulmierzyce um 1545, †Lublin 29. 8. 1602; bedeutender Satiriker, in lat. und poln. Sprache, das Leben seiner Zeit kritisch beschrieb (v. a. Adelssatire ›Victoria deorum‹, zw. 1587 und 1600).

Klonus [zu griech. klónos ›heftige, verworrene Bewegung‹] *der, -/...ni, Medizin:* 1) **klonischer Muskelkrampf,** Schüttelkrampf mit rasch und unregelmäßig aufeinander folgenden, ruckartigen Muskelkontraktionen und Muskelerschlaffungen (Ggs.: ton. Muskelkrampf); 2) durch plötzl. Dehnung auslösbare, längere Zeit anhaltende, rhythm. Muskelkontraktion.

Kloos, Willem Johannes Theodorus, niederländ. Schriftsteller und Essayist, *Amsterdam 6. 5. 1859, †Den Haag 31. 3. 1938; debütierte 1880 mit dem lyrisch-dramat. Werk ›Rhodopis‹, das, wie die ebenfalls zu den Frühwerken zählenden epischen Gedichte ›Sappho‹ (1880) und ›Okeanos‹ (1894), Fragment blieb; befreundet mit J. PERK und nach dessen Tod Mitherausgeber seiner Werke. Führender Theoretiker und Mitbegründer der Bewegung der →Tachtigers; auch als Kritiker und Mitbegründer der Zeitschrift ›De Nieuwe Gids‹ (1885) bedeutend. K.' dichter. Werk ist gekennzeichnet durch hohen ästhet. Anspruch, Formstrenge (v. a. Sonette) und virtuose Sprachbeherrschung.

Weitere Werke: *Lyrik:* Verzen (1894); Nieuwe verzen (1895). – *Kritiken:* De onbevoegdheid der Hollandsche literaire kritiek (1886, mit A. VERWEY); Veertien jaar literatuur-geschiedenis, 2 Tle. (1896); Nieuwere literatuur-geschiedenis, 3 Bde. (1905–14).

P. KRALT: De dichter, zijn geliefden en zijn muze. Over de vroege poëzie van W. K. (Leiden 1985); Zelfportret, hg. v. H. G. M. PRICK (Amsterdam 1986).

Klootschießen, [von mnd. klōt ›Kugel‹, ›Ball‹], niederländ. **Klootschieten,** engl. **Bowlplaying** [ˈbəʊlpleɪɪŋ], bes. an der niederländ. (v. a. um Twente und in der Prov. Friesland) und norddt. Küste (u. a. in den ostfries. Landkreisen sowie in den oldenburg. Landkreisen Ammerland, Friesland und Wesermarsch), aber auch in Irland (bes. in der Cty. Cork und im Distr. Armagh) betriebenes, dem ›Boßeln verwandtes Kugelwurfspiel für Frauen und Männer. Spielgerät ist eine durchbohrte, mit Blei ausgegossene Hartholzkugel (**Klootkugel** bzw. [der] **Kloot**), die 58 mm Durchmesser und 475 g Gewicht aufweist (für Frauen 55 mm bzw. 375 g). In Irland werden Eisenkugeln verwendet. – Europ. Meisterschaften werden seit 1969 (seit 1980 alle vier Jahre) ausgetragen, und zwar zw. den Niederlanden, Irland und Dtl. in den Disziplinen Standwettkampf, Feldwettkampf und Straßenboßeln. K. wird in Dtl. (1997: rd. 46 000 Aktive) regional vom Fries. Klootschießer-Verband (FKV; gegr. 1902, Sitz: Süd-Victorbur [bei Aurich]) organisiert. In den Niederlanden besteht der Nederlandse Klootschieters Bond (NKB, gegr. 1967) und in Irland der Bol Chumann Na h Eireann (BC, gegr. 1954). Internat. Dachverband ist die International Bowlplaying Association (IBA, gegr. 1969).

Klopeiner See, See im Hügelland SO-Kärntens, Österreich, südlich des Völkermarkter Stausees der Drau, 446 m ü. M., 1 800 m lang, 900 m breit, bis 48 m tief; rund um den viel besuchten Badesee entstanden mehrere Fremdenverkehrszentren.

Klopfbremsen, die →Antiklopfmittel.

Klöpfelnächte, die drei Donnerstagnächte vor Weihnachten. Die seit Anfang des 15. Jh. bezeugte Benennung bezieht sich auf den gebietsweise heute noch in den Alpenländern bestehenden Brauch, wonach vermummte Kinder an Türen und Fenster klopfen und dazu **Klopfanverse** (paargereimte, meist 4–10 Verszeilen umfassende Gruß- und Heischesprüche) aufsagen. In älterer Zeit waren in den K. auch Orakelbräuche in Hinblick auf Liebe und Ehe, beim Gesinde auf den Wechsel des Dienstes hin üblich. K. werden regional unterschiedlich benannt (z. B. österr. **Klöckelnächte**, schweizer. **Bosselnächte**).

H. SIUTS: Überlegungen zur Tradition u. Deutung des Anklopfens als jahreszeitl. Brauchtum, in: Volkskultur u. Gesch., hg. v. D. HARMENING u. a. (1970).

Klopfen, Klingeln, *Verbrennungsmotoren:* eine spontane, unkontrollierte Verbrennung bei Ottomotoren. Nach der Zündung breitet sich von der Zündkerze eine Flammenfront aus, die eine Geschwindigkeit von etwa 20–30 m/s erreicht. Das noch vor der Flammenfront befindl. Gemisch wird durch den Druckanstieg verdichtet und erwärmt, wobei es ggf. spontan zünden und explosionsartig verbrennen kann. Dabei entstehen Druckwellen, deren Auftreffen auf die Brennraumwände ein klopfendes oder klingelndes Geräusch erzeugt. Kurzzeitiges K. beim Beschleunigen (**Beschleunigungs-K.**) ist weniger gefährlich als das ›Hochgeschwindigkeits-K.‹, das im Fahrgeräusch untergeht. Durch den steilen Druckanstieg tritt eine erhöhte therm. und mechan. Belastung auf, die nach kurzer Zeit zu schweren Schäden führen kann. K. wird durch die Zusammensetzung des Benzins, den Zündzeitpunkt und durch die Gestaltung des Brennraums beeinflusst. **Klopfsensoren** sind Körperschallgeber, die auf die Klopffrequenzen reagieren und über ein elektron. Regelgerät eine Zurücknahme des Zündzeitpunktes bewirken.

Klöpfer, Eugen, Schauspieler und Theaterleiter, *Talheim (bei Heilbronn) 10. 3. 1886, †Wiesbaden 3. 3. 1950; spielte ab 1918 in Berlin; 1936–44 Intendant der Volksbühne Berlin. K., der bes. erfolgreich mit realist. Charakterrollen (z. B. Götz, Falstaff) war, arbeitete ab 1918 auch für den Film, u. a. in ›Jud Süß‹ (1940) und ›Friedemann Bach‹ (1941).

U. SCHERZER: E. K. (Wien 1960).

Klopffestigkeit, die Eigenschaft eines Ottokraftstoffs, ohne Klopfen zu verbrennen. Die K. wird mit dem →CFR-Motor bestimmt und als →Oktanzahl angegeben. Je höher das Verdichtungsverhältnis eines Motors ist, umso höher muss die K. des Kraftstoffs sein. Hohe K. wird durch klopffeste Kraftstoffkomponenten (z. B. verzweigte Kohlenwasserstoffe, Aromaten, Methanol, Methyl-tert.-butyläther) oder →Antiklopfmittel erreicht.

Klopfhengst, der →Klopphengst.

Klopfkäfer, Nagekäfer, Pochkäfer, Anobiidae, zu den Bohrkäfern zählende Familie mit rd. 1 500 Arten (in Mitteleuropa 70), 2–6 mm lang, walzenförmig, meist dunkel. Die Larven (›Holzwürmer‹) ähneln kleinen Engerlingen, bohren in Holz, Baumschwämmen und trockenen pflanzl. Substanzen. Manche K. schädigen Bauholz, Möbel, Skulpturen, andere Rohtabak (Tabakkäfer), Backwaren (→Brotkäfer). Einige K. erzeugen Klopfgeräusche durch Aufschlagen des Kopfes auf die Unterlage.

Klöppeln [mitteld. **Klöppel** ›Glockenschwengel‹ (wegen der Ähnlichkeit)], ein Drehen und Kreuzen von Fäden (in so genannten Schlägen) um Stecknadeln, die nach vorgezeichneten Muster, dem **Klöppelbrief**, der auf einem **Klöppelkissen** befestigt ist, gesteckt werden. Die Entstehung der **Klöppelspitze** wird als Weiterentwicklung und Kombination der Flechtarbeit und der kunstvollen Nähspitze angesehen (z. B. →Mechelner Spitzen). Als Materialien werden alle Textilfasern verwendet.

Das zu verarbeitende Material wird auf Holzspulen (**Klöppel**) aufgewickelt, deren Anzahl sich nach der Feinheit der Spitze und ihrem Motiv richtet. So kann die **Valenciennes-Spitze** auf wenigen Zentimetern Breite bis zu 150 Klöppel benötigen. Die einzelnen Klöppelarbeiten unterscheiden sich nach ihrem Fond, der durch die versch. Schläge, wie Formen-, Netz-, Leinen-, Löcher-, Gimpen- oder Tüllschläge, entsteht. Für die Kanten wird der einfache und doppelte Randschlag benutzt. Die Musterungen aus floralen, geometr., ornamentalen und naturalist. Motiven, z. T. mit starkem Faden konturiert, sind v. a. durch ihre Herstellungsorte gekennzeichnet.

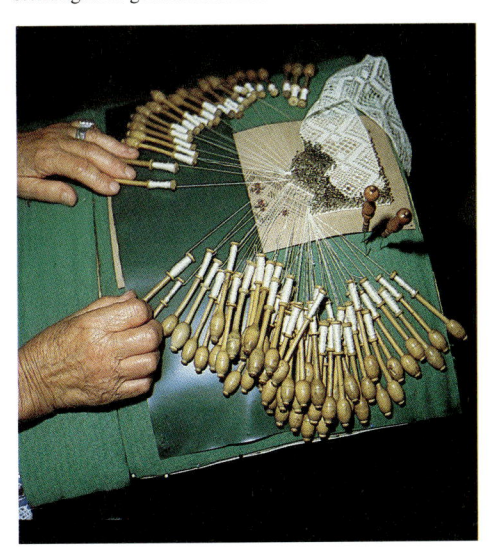

Klöppeln

K., aus dem Posamentierhandwerk hervorgegangen, zählt zu den klass. Handarbeiten. Im 16. Jh. verbreitete es sich von Italien aus über ganz West- und Mitteleuropa. 1561 wurde es von BARBARA UTTMANN als Heimarbeit im Erzgebirge eingeführt.

M. SCHUETTE: Alte Spitzen. Nadel- u. Klöppelspitzen (^{5}1981); S. M. LEVEY: Lace. A history (London 1983); B. M. COOK: Hb. der Klöppeltechnik (a. d. Engl., Bern ^{2}1995).

Klopphengst, Klopfhengst, Spitzhengst, ein Hengst mit →Leistenhoden. Die Tiere zeigen Hengstmanieren, sind teilweise schwer umgänglich und werden, bes. im Alter, häufig bösartig.

Klops, gebratener oder gekochter Fleisch- oder Fischkloß. – **Königsberger Klopse** bestehen je zur Hälfte aus Rind- und Schweinefleisch, gewürzt und gekocht, und werden in mit Sardellen, Kapern, Eigelb und Zitronensaft abgeschmeckter weißer Soße serviert.

Klopstock, Friedrich Gottlieb, Dichter, *Quedlinburg 2. 7. 1724, †Hamburg 14. 3. 1803. Nach pietist. Erziehung im Elternhaus besuchte K. das Gymnasium Quedlinburg und die Fürstenschule Schulpforta (1739–45). Danach studierte er Theologie in Jena (1745/46) und Leipzig (1746–48), wo er sich dem Kreis um die →Bremer Beiträge anschloss. 1748–50 war er Hauslehrer in Langensalza; seine Liebe zu seiner Cousine MARIA SOPHIA SCHMIDT (*1731, †1799), die als ›Fanny‹ in sein Werk einging, blieb unerfüllt. 1750 lud ihn J. J. BODMER nach Zürich ein, jedoch kam es bald zur Entfremdung. Auf Einladung des Reformers und Ministers J. H. E. Graf VON BERNSTORFF ging K. 1751 nach Kopenhagen, wo ihm der König eine Lebensrente gewährte. K. wurde dort zum Mittelpunkt eines deutsch-dän. Dichter- und Aufklärerkreises, zu dem u. a. J. B. BASEDOW, J. A. CRAMER, H. W. VON GERSTENBERG, J. E. SCHLEGEL, H. P. STURZ und

F. L. Reichsgraf zu STOLBERG-STOLBERG gehörten. 1754 heiratete K. die Hamburgerin META MOLLER (* 1728, † 1758), die ›Cidli‹ seiner Oden. 1759–63 Aufenthalte in Halberstadt, Braunschweig und Quedlinburg, 1764–70 war K. wieder in Dänemark, danach lebte er in Hamburg, wohin er BERNSTORFF nach dem Tod König FRIEDRICHS V. gefolgt war.

Friedrich Gottlieb Klopstock (Gemälde von Jens Juel; 1780)

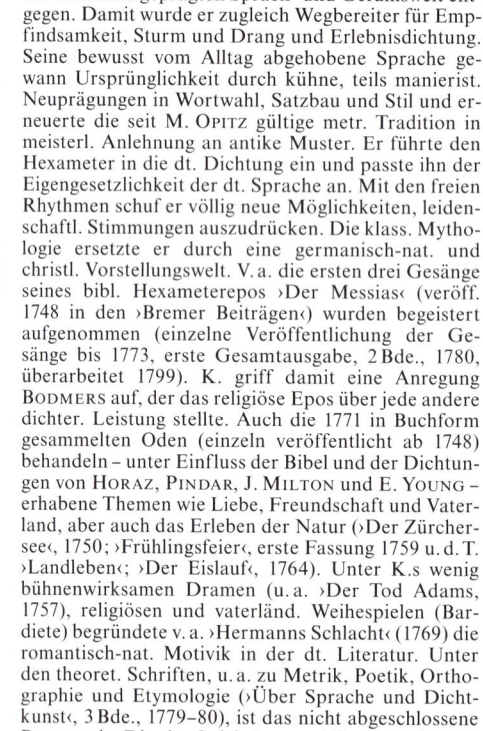

K. setzte den spätbarocken, moralisch-rationalen und pietistisch-theolog. Dichtübungen nach zeitgenöss. Mode die individuelle Identität des Dichters einer irrational geprägten Sprach- und Gefühlswelt entgegen. Damit wurde er zugleich Wegbereiter für Empfindsamkeit, Sturm und Drang und Erlebnisdichtung. Seine bewusst vom Alltag abgehobene Sprache gewann Ursprünglichkeit durch kühne, teils manierist. Neuprägungen in Wortwahl, Satzbau und Stil und erneuerte die seit M. OPITZ gültige metr. Tradition in meisterl. Anlehnung an antike Muster. Er führte den Hexameter in die dt. Dichtung ein und passte ihn der Eigengesetzlichkeit der dt. Sprache an. Mit den freien Rhythmen schuf er völlig neue Möglichkeiten, leidenschaftl. Stimmungen auszudrücken. Die klass. Mythologie ersetzte er durch eine germanisch-nat. und christl. Vorstellungswelt. V. a. die ersten drei Gesänge seines bibl. Hexameterepos ›Der Messias‹ (veröff. 1748 in den ›Bremer Beiträgen‹) wurden begeistert aufgenommen (einzelne Veröffentlichung der Gesänge bis 1773, erste Gesamtausgabe, 2 Bde., 1780, überarbeitet 1799). K. griff damit eine Anregung BODMERS auf, der das religiöse Epos über jede andere dichter. Leistung stellte. Auch die 1771 in Buchform gesammelten Oden (einzeln veröffentlicht ab 1748) behandeln – unter Einfluss der Bibel und der Dichtungen von HORAZ, PINDAR, J. MILTON und E. YOUNG – erhabene Themen wie Liebe, Freundschaft und Vaterland, aber auch das Erleben der Natur (›Der Zürchersee‹, 1750; ›Frühlingsfeier‹, erste Fassung 1759 u. d. T. ›Landleben‹; ›Der Eislauf‹, 1764). Unter K.s wenig bühnenwirksamen Dramen (u. a. ›Der Tod Adams‹, 1757), religiösen und vaterländ. Weihespielen (Bardiete) begründete v. a. ›Hermanns Schlacht‹ (1769) die romantisch-nat. Motivik in der dt. Literatur. Unter den theoret. Schriften, u. a. zu Metrik, Poetik, Orthographie und Etymologie (›Über Sprache und Dichtkunst‹, 3 Bde., 1779–80), ist das nicht abgeschlossene Prosawerk ›Die dt. Gelehrtenrepublik, ihre Einrichtung, ihre Gesetze ...‹ (1774) am bedeutendsten. Hier entwickelt K., der anfänglich mit den Zielen der Frz. Revolution sympathisierte und 1792 zum Ehrenbürger der frz. Nationalversammlung ernannt worden war, sich dann aber 1793 unter dem Eindruck des Terrors enttäuscht abgewandt hatte, das Prinzip der Freiheit von dichter. Regelzwängen, postulierte den Zusammenschluss der dt. Intelligenz zur Durchsetzung bürgerl. Forderungen und griff damit auch Gedanken von G. W. LEIBNIZ, C. THOMASIUS und J. C. GOTTSCHED auf. Als K., dessen Werk die Gründung eigener K.-Gesellschaften und Zirkel veranlasst hatte, im Jahre 1803 starb, wurde sein Begräbnis zu einer nat. Feier.

Ausgaben: Sämmtl. Werke, 12 Bde. (1798–1817); Werke u. Briefe. Histor.-krit. Ausg. (Hamburger K.-Ausg.), begr. v. A. BECK u. a., hg. v. H. GRONEMEYER u. a., auf 36 Bde. ber. (1974 ff.); Ausgew. Werke, hg. v. K. A. SCHLEIDEN, 2 Bde. (⁴1981).

F. MUNCKER: F. G. K. Gesch. seines Lebens u. seiner Schriften (²1900); K. A. SCHLEIDEN: K.s Dichtungstheorie als Beitr. zur Gesch. der dt. Poetik (1954); K. L. SCHNEIDER: K. u. die Erneuerung der dt. Dichtersprache im 18. Jh. (²1965); G. KAISER: K. Religion u. Dichtung (²1975); F. G. K., hg. v. H. L. ARNOLD (1981); H. ZIMMERMANN: Freiheit u. Geschichte. F. G. K. als histor. Dichter u. Denker (1987); H.-U. RÜLKE: Gottesbild u. Poetik bei K. (1991); K. an der Grenze der Epochen. Mit K.-Bibliogr. 1972–1992, bearb. v. K. RIEGE, hg. v. K. HILLIARD u. K. KOHL (1995).

Klos, Vladimir, Tänzer tschech. Herkunft, * Prag 1. 7. 1946; seit 1981 dt. Staatsbürger; tanzte beim Prager Studio-Ballett, seit 1968 (1973 Solist) beim Ballett der Stuttgarter Staatstheater klass. und moderne Rollen, so u. a. in J. NEUMEIERS ›Kameliendame‹ und ›Endstation Sehnsucht‹ sowie H. VAN MANENS ›Sonntag‹.

Klose, 1) Friedrich, schweizer. Komponist, * Karlsruhe 29. 11. 1862, † Ruvigliana (heute zu Castagnola) 24. 12. 1942; Schüler von A. BRUCKNER, lehrte 1907–19 an der Akad. der Tonkunst in München. Seine Oper ›Ilsebill‹ (1903) ist der Versuch, einem Musikdrama die Form einer Sinfonie zugrunde zu legen. Er schrieb ferner u. a. sinfon. Dichtungen, Oratorien, Messen, Kammermusik; veröffentlichte: ›Meine Lehrjahre bei Bruckner‹ (1925).

2) Hans-Ulrich, Politiker, * Breslau 14. 6. 1937; zunächst im öffentl. Dienst tätig, 1973–74 Innensenator, 1974–81 Erster Bürgermeister in Hamburg, seit 1983 MdB (SPD). K., 1987–91 Schatzmeister der SPD, November 1991–November 1994 Vors. der SPD-Fraktion im Dt. Bundestag, wurde im November 1994 zu einem der Vize-Präs. des Dt. Bundestages gewählt.

Hans-Ulrich Klose

3) M a r g a r e t e Frida, Sängerin (Alt), * Berlin 6. 8. 1902, † ebd. 14. 12. 1968; debütierte 1923 in Berlin als Konzert-, 1927 in Ulm als Opernsängerin und wirkte 1931–61 an der Staatsoper bzw. der Städt. Oper in Berlin. Sie sang auch bei Festspielen (Bayreuth, Salzburg) und wurde bes. als Wagner- und Verdi-Interpretin bekannt.

Kloß, oberdt. **Knödel,** meist kugelförmige Beilage aus Kartoffeln (roh oder gekocht), Grieß, Mehl, Semmeln, Hefeteig, auch aus Fleisch oder Fisch; in Salzwasser gekocht oder gedämpft. – Im Handel sind zahlr. Halbfertig- und Fertigprodukte erhältlich.

Klossowski, Pierre, frz. Schriftsteller und Zeichner, * Paris 9. 8. 1905; Bruder des Malers BALTHUS, verbindet in seinen u. a. unter dem Eindruck des Surrealismus, F. NIETZSCHES und D.-A.-F. DE SADES stehenden Werken Realität und Imagination sowie Sexualität und Theologie. Er trat auch als Übersetzer (u. a. F. HÖLDERLIN, F. KAFKA, F. NIETZSCHE, J. G. HAMANN, SUETON, AUGUSTINUS, VERGIL) und Filmschauspieler hervor. – K. widmet sich seit den 70er-Jahren fast ausschließlich seinem zeichner. Werk, v. a. großformatigen Farbstiftzeichnungen mit erot. Figuren (z. T. zu eigenen schriftsteller. Arbeiten).

Werke: *Romane:* Les lois de l'hospitalité (1965, Trilogie; dt. Die Gesetze der Gastfreundschaft); Le Baphomet (1965; dt. Der Baphomet); La monnaie vivante (1970; dt. Lebendes Geld). – *Essays:* Sade, mon prochain (1947); Le bain de Diane (1956; dt. Das Bad der Diana); Nietzsche et le cercle vicieux (1969; dt. Nietzsche u. der Circulus vitiosus).

Kloster [ahd. klōstar, über mlat. clostrum von lat. claustrum ›abgeschlossener Raum‹], lat. **Monasterium,** griech. **Koinobion,** der gegenüber der Außenwelt abgeschlossene Lebens- und Kultbereich einer Nonnen- oder Mönchsgemeinschaft. Als religionsgeschichtlich gewachsene Institutionen haben K. wie das Mönchtum überhaupt ihre Grundlage in dem Bedürfnis von Menschen, ein ausschließlich religiös ausgerichtetes Leben führen zu wollen. Dies soll durch ein der Askese verpflichtetes Leben erreicht werden, das für die Mitgl. der K.-Gemeinschaften (Orden) durch verbindliche (kultisch-rituelle) Regeln geordnet ist. Der gegenüber der ›Welt‹ prinzipiell abgeschlossene Raum der K. dient dabei der geistl. Konzentration auf die Aufgaben, die sich die K.-Gemeinschaften (auch in der ›Welt‹) gewählt haben, und wird in dieser geistl. Funktion als ein gegen äußere Beeinflussungen (›Versuchungen‹) geschützter Raum verstanden.

Religionsgeschichtlich sehr früh schon kam es zu Zusammenschlüssen von Asketen in Gruppen (nachweisbar in Indien, im Alten Orient, ansatzweise auch in Mittelamerika), aus denen sich allmählich Gemeinschaften herausbildeten. Daneben finden sich ebenfalls schon früh klosterähnl. Gebäude für kult. Sonderbünde (z. B. das Männerhaus bei ›Naturvölkern‹, das Haus der Junggesellen in Mexiko oder das der Sonnenjungfrauen in Peru, Haus der Vestalinnen in Rom). In den Universalreligionen wurden diese Linien unterschiedlich stark aufgegriffen und weiterentwickelt. Der *Buddhismus,* dem es in seiner strengen Version (Hinayana) um eine völlige Lösung des Menschen von allen Bindungen an Welt und Geschichte geht, ist urspr. eine Mönchsreligion. In ihm wurden K. zu Zentren der Spiritualität wie auch des kulturellen und polit. Lebens (in bes. ausgeprägter Weise im tibet. und mongol. Lamaismus). Im jap. und chin. Buddhismus wie auch in dem vom Buddhismus beeinflussten Taoismus in China gibt es ebenfalls zahlreiche K. Auch im *Hinduismus* haben sich aus dem Zusammenleben ›heiliger Männer‹ klösterl. Gemeinschaften entwickelt, die häufig mit Tempeln verbunden und bis heute spirituelle Mittelpunkte sind. *Die jüd. Religion* hat urspr. keine monast. Tradition; aus der apokalypt. Naherwartung heraus entstand jedoch im Frühjudentum die ordensähnl. Gemeinschaft der Essener und die wohl von jüd. Reformgruppen (›Qumran-Leuten‹) bewohnte klosterähnl. Anlage in Qumran am Toten Meer. Auch der *Islam,* eigtl. mönch. Vorstellungen abgeneigt, brachte unter syrisch-christl. Einfluss ein die äußere Welt verachtendes Asketentum hervor, das sich ab etwa 750 in eine myst. Bewegung wandelte (Sufismus). Seit Ende des 8. Jh. entstanden mit den →Derwischorden auch muslim. Klöster.

Die *christl.* K. haben ihre Wurzeln im frühchristl. →Mönchtum. Das K. im eigentl. Sinn, als Mönchsgemeinschaft unter einer für alle verbindl. Regel, wurde durch PACHOMIUS begründet (→Koinobion). Die wichtigsten Regeln wurden im Osten die des BASILIUS D. GR. und im Westen die des BENEDIKT VON NURSIA (→Benediktregel), die zur Hauptordnung der europ. K. wurde. Verbreitet, wenn auch nicht unumstritten, waren in der alten Kirche und im MA. auch →Doppelklöster. Eine besondere Form des K.-Wesens entstand in der Ostkirche mit der →Idiorrhythmie. V. a. im MA. waren die K. kulturelle und wirtschaftl. Zentren und übten entscheidenden Einfluss auf die Entwicklung der sie umgebenden Regionen aus. In der kath. Kirche und in den orth. Kirchen haben die K.

Kloster: Schematische Darstellung einer christlichen Klosteranlage nach dem Idealplan von Sankt Gallen

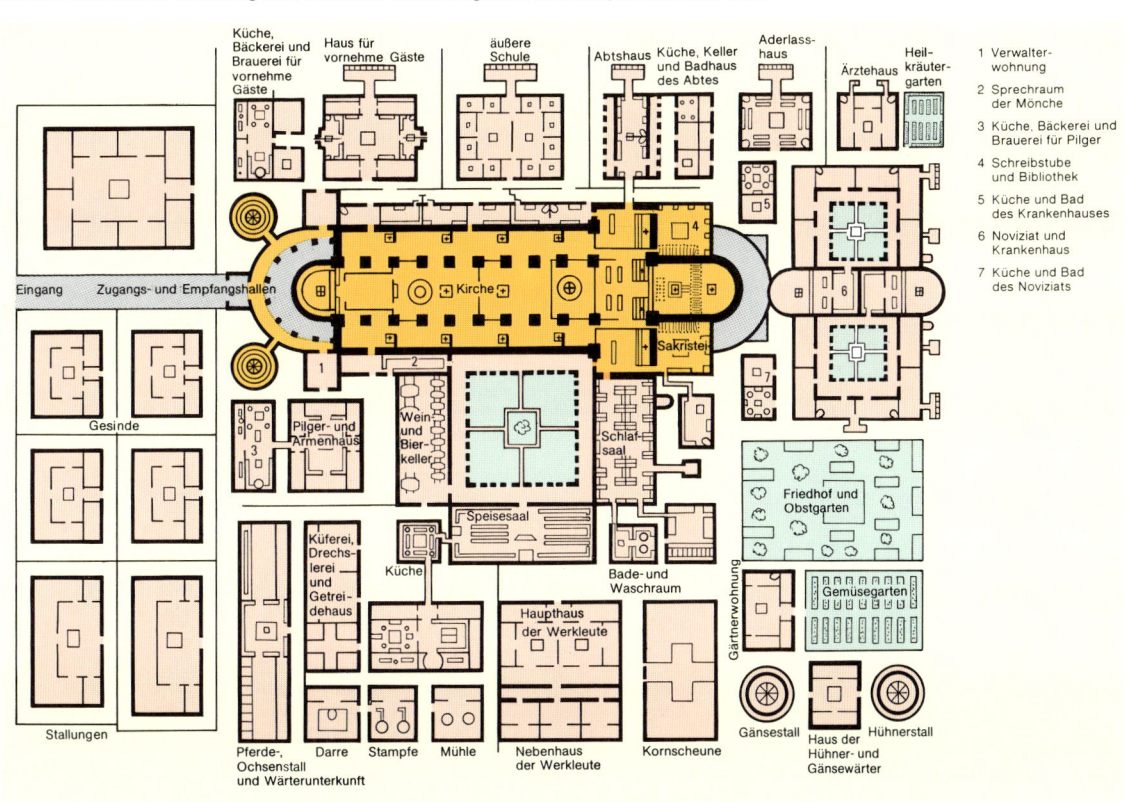

1 Verwalterwohnung
2 Sprechraum der Mönche
3 Küche, Bäckerei und Brauerei für Pilger
4 Schreibstube und Bibliothek
5 Küche und Bad des Krankenhauses
6 Noviziat und Krankenhaus
7 Küche und Bad des Noviziats

auch heute nach wie vor eine große, v. a. geistl., sozialdiakon. und missionar. Bedeutung. Innerhalb der abendländ. Kirche waren K. Ausgangspunkte kirchliche Reformbewegungen (Cluny u.a.). Seit dem Hoch-MA. schlossen sich K. oft in größeren Kongregationen zusammen; es entstanden zentral geleitete Orden, in denen das Einzel-K. an Bedeutung verlor. Neben dem Leben im K. findet sich seit den Anfängen des Christentums auch die Askese (allein oder in Gruppen) ohne strengen Abschluss von der Welt. Diese Lebensform gewann seit dem Spät-MA. und v. a. durch die kath. Reformorden des 16. Jh. (z. B. Jesuiten, Ursulinen) immer mehr an Gewicht. Die Reformation lehnte das K.-Wesen als unbiblisch ab und hob die K. in den ev. Gebieten nahezu vollständig auf. Dennoch gibt es heute auch im ev. Raum und in der anglikan. Kirche klosterähnl. geistl. Gemeinschaften (→Kommunitäten).

Architektur und *Kunst:* Baugeschichtlich ist das K. hervorgegangen aus den Einsiedlerkolonien, die sich seit Beginn des 4. Jh. in Ägypten und Palästina bildeten. Diese machte schon der Kopte PACHOMIUS († 346) durch Umschließung mit einer Mauer, den Einbau einer Kirche, gemeinsame Speise-, Wohn-, Bücherräume zu einem K. Bereits im 5. Jh. gab es mächtige Anlagen (Kalat Siman in Syrien, Tebessa in Nordafrika, Abu Mena in Ägypten). Gemeinsame Anlageprinzipien sind nur i. Allg., Abhängigkeiten von hellenist. Planungen hingegen deutlich zu erkennen. Auch später behielt das K. der Ostkirche eine gewisse Regellosigkeit, in der nur Kirche und Trapeza (Speisesaal) Mittelpunkte bildeten.

Das abendländ. K. unterscheidet sich infolge der Benediktregel durch eine straffer organisierte Gesamtanlage. Das älteste erhaltene Zeugnis ist der Plan von Sankt Gallen (um 820). An die Südseite der die Anlage beherrschenden Kirche schließt sich ein Umgangshof an (→Kreuzgang), den die der Klausur unterworfenen Bauten des gemeinsamen Lebens umgeben: das Refektorium (Speisesaal, meist gegenüber der Kirche und parallel zu ihr), der Kapitelsaal, das Parlatorium (Sprechraum) und das Dormitorium (Schlafsaal, später manchmal über dem Kapitelsaal). Diese bilden mit der Kirche eine architekton. Einheit. Außerdem zeigt der Sankt Galler Plan viele Bauten und Anlagen (Abts-, Arzt-, Schul-, Novizen-, Gäste-, Krankenhaus, Werkstätten u. a., Wirtschaftsgebäude, Schuppen, Ställe, Gärten, Friedhof), die das K. zu einer selbstständigen Wirtschaftseinheit machen. In welchem Umfang die Benediktiner diesem Idealplan nachkamen, ist nicht nachzuprüfen. Das Prinzip des abendländ. K. war aber in ihm festgelegt und blieb in Abwandlungen für die meisten Orden verbindlich.

Die K.-Architektur nahm an der allgemeinen architekton. Entwicklung oft führend teil (dritter Bau der K.-Kirche von →Cluny, der an Größe mit Sankt Peter in Rom wetteiferte), konnte sich aber auch durch das programmat. Bekenntnis zur Schlichtheit, das meist nur in den Anfangszeiten der einander ablösenden Reformorden durchgehalten wurde, von den Bischofskirchen unterscheiden (Verzicht auf Türme, Wölbungen, Chorumgänge u. a. bei Zisterziensern und Bettelorden). Bedeutungsvoll war die K.-Architektur auch dadurch, dass sie nicht mit der Sakralarchitektur, sondern durch ihre Wohn- und Wirtschaftsbauten im engsten Zusammenhang auch mit der Profanarchitektur blieb. Die Notwendigkeit dazu steigerte sich mit der Verschärfung und Ausdehnung der Klausur, die schon bei den Kluniazensern einsetzte und bei den Zisterziensern durch die Aufnahme der Laienbrüder in die Umfriedung des K. zu dessen förml. Teilung führte, sodass die Laienbrüder eigene Plätze in der Kirche, Speise- und Schlafsäle sowie Werkstätten erhielten. Die ›Häuser‹ des Dt. Ordens waren Burgen und K. zugleich. Die Benediktiner errichteten ihre K. gern auf Höhen, die Zisterzienser in abgelegenen Tälern. Die Bettelorden (Franziskaner, Dominikaner) waren die Ersten, die K. in Städten gründeten; da der landwirtschaftl. und handwerkl. Betrieb bei ihnen wegfiel, konnten sie sich auf das K. i. e. S. beschränken. Ihre die Predigt architektonisch berücksichtigenden Kirchen wurden bedeutungsvoll für die städt. Pfarrkirchen, ihre Säle für die Versammlungen der Bürger. Kamaldulenser und Kartäuser hingegen waren nur auf das mönch. Einzelleben eingestellt. Ihre K. gaben jedem Mönch eine Einzelzelle mit einem Gärtchen. Einzelzellen wurden in dem zum Individualismus neigenden Spät-MA. auch in anderen K. eingebaut. Die Renaissance stand dem K.-Gedanken eher skeptisch gegenüber, obwohl in dieser Zeit K. wie San Marco in Florenz oder die Certosa di Pavia entstanden sind. Erst mit der Gegenreformation gewann der K.-Gedanke wieder Gewicht. Die K.-Architektur der Fürstabteien war der gleichzeitigen Palastarchitektur angeglichen. Die engste Verbindung von Palast und K. ist in San Lorenzo el Real de El Escorial in Spanien verwirklicht; weltoffener kam sie in den dt. Benediktiner-K. des Barock zum Ausdruck (z. B. Melk, Ottobeuren, Weingarten).

Im 20. Jh. bot sich nur noch selten Gelegenheit, den traditionellen K.-Plan in den Formen der modernen Architektur auszudrücken. Wegweisende Beispiele sind die Benediktinerabtei Saint John in Collegeville (Minn.) von M. BREUER und H. SMITH (1953–61), das Dominikaner-K. La Tourette bei Lyon von LE CORBUSIER (1957–60) und das Kartäuser-K. Marienau bei Leutkirch im Allgäu von E. STEFFANN (1962–64).

Die Klöster der Christenheit, bearb. v. L. LURINE (1860, Nachdr. 1996); G. BAZIN: Paläste des Glaubens, 2 Bde. (a. d. Frz., 1980); C. BROOKE u. W. SWAAN: Die große Zeit der Klöster 1000–1300 (a. d. Engl., ⁴1982); M. UNTERMANN: Kirchenbauten der Prämonstratenser (1984); E. BADSTÜBNER: K.-Kirchen im MA. (²1985); G. BINDING u. M. UNTERMANN: Kleine Kunstgesch. der mittelalterl. Ordensbaukunst in Dtl. (1985); W. BRAUNFELS: Abendländ. K.-Baukunst (⁵1985); A. LÄPPLE: Klöster u. Orden in Dtl. (1985); W. JACOBSEN: Der Klosterplan von St. Gallen u. die karoling. Architektur (1992); G. DUBY: Der hl. Bernhard u. die Kunst der Zisterzienser (a. d. Frz., Neuausg. 4.–5. Tsd. 1993); K. S. FRANK: Gesch. des christl. Mönchtums (⁵1993); Die Kultur der Abtei Sankt Gallen, hg. v. W. VOGLER (Zürich ³1993); Mönchtum, Orden, Klöster. Von den Anfängen bis zur Gegenwart. Ein Lex., hg. v. G. SCHWAIGER (²1994); Die Kultur der Klöster, bearb. v. R. GRÉGOIRE u. a. (a. d. Ital., Neuausg. 1995); K.-Führer. Christl. Stätten der Besinnung im deutschsprachigen Raum (³1996).

Kloster, Ostseebad auf →Hiddensee.

Klosterbibliotheken, im MA. die Hauptträger der Wiss. und Literatur. In den K. wurden lat. und kirchl. Literatur, histor. Quellen und ein großer Teil der Nationalliteratur der Nachwelt erhalten. Die Vermehrung des Bestandes geschah v. a. in eigenen Skriptorien; sie waren zugleich die Zentren mittelalterl. Buchkunst. Die bedeutendsten K. waren in Italien Bobbio und Montecassino; in Frankreich Tours, Corbie, Fleury, Cluny, Saint-Victor und Saint-Germain-des-Prés in Paris; in Dtl. des MA. Sankt Gallen, Reichenau, Fulda, Murbach, Lorsch, Corvey, Hersfeld, Werden (heute zu Essen). Im Zuge der Reformation wurden viele K. aufgelöst. Im Barock entstanden kunstvoll ausgestaltete K. u. a. in Ottobeuren, Weingarten, Wiblingen (heute zu Ulm) und Waldsassen. Die Bestände der meisten K. gingen jedoch durch die Säkularisation nach der Frz. Revolution in öffentl. Besitz über. In Österreich gibt es noch große K. in Markt Sankt Florian, Kremsmünster, Admont, Lambach, Klosterneuburg und Melk; in der Schweiz neben Sankt Gallen in der Abtei Maria Einsiedeln. (→Bibliothek)

L. BUZÁS: Dt. Bibliotheksgesch. des MA. (1975); Stifts- u. K., bearb. v. M. BERNHARD (1983).

Klosterbischof, 1) der Abtbischof oder der dem Abt unterstellte Mönchsbischof der iroschott. Kirche; 2) der Abtbischof in den exemten fränk. Mönchsklöstern des 7. und 8. Jahrhunderts.

Klosterkammer Hannover, →Hannoverscher Klosterfonds.

Klosterlausnitz, Bad K., Gem. im Saale-Holzland-Kreis, Thür., 320 m ü. M., auf der waldreichen Saale-Elster-Platte, 3 200 Ew.; Kur- und Erholungsort (Heilbad). – Ehem. Augustinerchorfrauenstift (1132 gegr.); die Klosterkirche, eine dreischiffige roman. Pfeilerbasilika (1152–80), seit dem 16. Jh. verfallen, wurde 1863–66 wieder aufgebaut.

Klosterlechfeld, Gem. im Landkreis Augsburg, Bayern, 2 550 Ew. – Wallfahrtskirche Maria Hilf, zu einem 1630 gegründeten Franziskanerkloster gehörig; der Rundbau, 1603 von E. HOLL begonnen, wurde 1656–59 erweitert.

Klostermann, Karel, tschech. Schriftsteller, *Haag am Hausruck (Oberösterreich) 15. 2. 1848, †Štěkeň (bei Strakonitz) 16. 7. 1923; schrieb realist. Erzählungen und Romane (›Skláři‹, 1897, dt. ›Die Glasmeister‹; ›Ecce homo‹, 1915) über das Leben im Böhmerwald.

Klostermann GmbH, Vittorio, wiss. Verlag in Frankfurt am Main, gegr. 1930 von VITTORIO KLOSTERMANN (*1901, †1977); Schwerpunkte der Verlagsarbeit: Philosophie, Rechtsgeschichte, Bibliographie, Bibliothekswesen, Anthroposophie, Literaturwissenschaft.

Klosterneuburg, Stadt im Bez. Wien-Umgebung, NÖ, am rechten Ufer der Donau und im anschließenden Wienerwald, nordwestlich von Wien, 192 m ü. M., umfasst 76 km² mit 30 200 Ew.; Außenstelle der Bezirkshauptmannschaft, Höhere Bundeslehr- und Versuchsanstalt für Wein- und Obstbau mit Inst. für Bienenkunde; Augustinerchorherrenstift mit Bibliothek, Stiftsmuseum und archäolog. Museum; Stadtmuseum, Mährisch-Schles. Heimatmuseum. Die Industrie umfasst Maschinenbau, Nahrungsmittel- und Baustoffindustrie sowie Herstellung von Kunststoffen, Kabeln, chem. und pharmazeut. Produkten. – Die Stiftskirche des ehem. Klosters ist im Kern romanisch (1136 geweiht) und wurde im 17. Jh. von G. B. CARLONE barockisiert. In der anschließenden Leopoldskapelle, dem ehem. Kapitelsaal, befindet sich der Verduner Altar (1181; in Grubenschmelztechnik), in der Sebastianikapelle der Albrechtsaltar (um 1438/39); im ehem. Refektorium das Lapidarium, u. a. mit ›Klosterneuburger Madonna‹ (1310); got. Kreuzgang (13./14. Jh.). Der barocke Stiftsneubau (begonnen 1730), von Kaiser KARL VI. als Residenz nach dem Vorbild des span. Escorial geplant, wurde nur z. T. verwirklicht. – Die Siedlung **Neuburg,** an der Stelle eines röm. Kastells gelegen, wurde Anfang des 12. Jh. Residenz von Markgraf LEOPOLD III. von Österreich (1095–1136), der das 1133 an Augustinerchorherren übergehende Kloster gründete. Die Ortschaft wurde nach 1218 geteilt: ›Neuburg markthalben‹ wurde Korneuburg, ›Neuburg klosterhalben‹ zu dem 1298 mit Wiener Stadtrecht ausgestatteten K.; 1938–54 gehörte K. zu Wien.

F. RÖHRIG: Stift K. u. seine Kunstschätze (Sankt Pölten 1984).

Klosterneuburger Fridericuskarte, mittelalterl. Karte von Mitteleuropa, die auf der Grundlage von Itineraren in der 1. Hälfte des 15. Jh. von Mönchen (vermutlich in Klosterneuburg) angefertigt wurde. Die Originalkarte konnte bisher nicht aufgefunden werden. Nach 1932 in München vorgefundenen Listen mit 703 Orten, Entfernungs- und Richtungsangaben sowie einzelnen Gewässernetzskizzen wurde eine Rekonstruktion ermöglicht.

Klosterneuburger Mostwaage, Abk. **KMW,** v. a. in Österreich gebrauchtes Aräometer zur Bestim-

Klosterneuburg: Das über der Stadt gelegene Stift

mung des Zuckergehaltes im Traubenmost, →Mostwaagen.

Klosterpfanne, ein →Dachziegel.

Kloster Pflege, Kamenzer Pflege, der zw. Schwarzer Elster und Schwarzwasser gelegene Teil des →Lausitzer Gefildes in Sachsen.

Klosterreichenbach, Ortsteil von Baiersbronn, Bad.-Württ., mit der ehem. Benediktinerabtei →Reichenbach.

Klosters, Luftkur- und Wintersportort im Prättigau, Kt. Graubünden, Schweiz, 1 125–1 313 m ü. M., als Gem. **K.-Serneus,** die das Einzugsgebiet der oberen Landquart (in der Silvretta) umfasst, 3 900 Ew.; Heimatmuseum im Nuttli-Hüsli (Bauernhaus des 16. Jh.); Almwirtschaft, Elektrizitätswerke; Bergbahnen auf die Albeina (1 887 m ü. M.) und den Gotschnagrat (2 285 m ü. M.). – Ref. Kirche (1493 ff.) mit roman. Turm der Klosterkirche. – K. wurde nach einem 1222 gegründeten Prämonstratenserkloster (St. Jakob, 1525 aufgehoben) benannt. 1973 Zusammenschluss der beiden Gemeinden Klosters und Serneus.

Klosterschulen, im MA. die an den Klöstern (Orden) bestehenden Schulen. Im 6./7. Jh. in den irischen und angelsächs. Klöstern aufgekommen, waren die K. Hauptträger des frühmittelalterl. Schulwesens. Urspr. nur zur Ausbildung des geistl. Nachwuchses gedacht (Kleriker, Novizen, die der geistl. Laufbahn geweihten Knaben [pueri oblati, Oblaten; Donaten]) sowie für den weibl. Ordensnachwuchs, nahm man seit dem 9. Jh. auch Laienschüler in die K. auf. Die Oblaten lebten im Alumnat; körperl. Züchtigung war üblich. Gelehrt wurden, neben dem Elementarunterricht (Latein, Rechnen, Gesang), die Fächer des Triviums, in einigen K. auch die des Quadriviums (→Artes liberales). Der Hauptakzent lag auf der lat. Grammatik (nach DONATUS, PRISCIANUS und ALEXANDER DE VILLA DEI). Bedeutende K. waren Fulda, Reichenau, Sankt Gallen, Melk u. a.; im Laufe des MA. verlagerte sich die weiterführende Bildung i. d. R. an die →Domschulen. In der Reformationszeit wurden in einigen aufgehobenen Klöstern →Landesschulen eingerichtet. Zahlreiche Schulen wurden von den in der Zeit der Gegenreformation entstandenen Orden (v. a. Ursulinen und Jesuiten) gegründet; die Ordensschulen haben heute den Status von Privatschulen.

Klostertal, Talschaft der Alfenz (rechter Nebenfluss der Ill, mündet bei Bludenz) in Vorarlberg, Ös-

Klos Kloster Zinna – Klucht

Kloster Zinna: Backsteinbauten des Siechen- und Gästehauses (14. Jh.; links) und der Neuen Abtei (15. Jh.; rechts) mit Staffelgiebeln

Klothoide

terreich, zw. Lechtaler Alpen und Verwallgruppe. Durch das K. verlaufen Straße und Eisenbahnlinie über den Arlberg; der 14 km lange Arlbergtunnel verbindet das K. mit Sankt Anton in Tirol; Fremdenverkehr, Kraftwerke (u. a. Spullersee-Kraftwerk).

Kloster Zinna, Gem. im Landkreis Teltow-Fläming, Bbg., im Niederen Fläming, 1 100 Ew. – Von dem 1170 gegründeten ehem. Zisterzienserkloster Zinna sind die spätroman. Kirche (1226 geweiht), eine dreischiffige Pfeilerbasilika aus Granit, und die Backsteinbauten des Siechen- und Gästehauses aus dem 14. Jh. sowie der Neuen Abtei (heute Museum mit brandenburg. Zisterzienserforschung) aus dem 15. Jh. mit reich gegliederten Staffelgiebeln erhalten. – Der Kern des Ortes war eine unter FRIEDRICH II. von Preußen angelegte Kolonie, geometrisch um einen oktogonalen Marktplatz geordnet.

Kloten, Gem. nördlich von Zürich, Schweiz, 435 m ü. M., 15 800 Ew.; Wohnvorort mit dem internat. Flughafen von Zürich; Ortsmuseum Büecheler Hus. – Die ref. Kirche ist ein im Stil des Spätrokoko erbauter, zum Altar quer gerichteter Predigtraum von 1785/86.

Klotho, griech. **Klothṓ,** *griech. Mythos:* eine der Moiren (→Moira).

Klothoide [zu griech. klṓthein ›einen Faden spinnen‹] *die, -/-n,* auch **Cornu-Spirale** [kɔrˈny-, nach A. CORNU], ebene Kurve, deren Krümmungsradius ϱ in jedem Punkt zu ihrer (vom Nullpunkt des Koordinatensystems aus gemessenen) Bogenlänge s umgekehrt proportional ist: $\varrho = a^2/s$ (a = const); Anwendung z. B. im Straßenbau zur Konstruktion von Kurven.

Klotz, 1) Christian Adolf, Gelehrter, * Bischofswerda 13. 11. 1738, † Halle (Saale) 31. 12. 1771; Prof. der Philosophie und Beredsamkeit in Göttingen und Halle (Saale), Herausgeber einflussreicher Zeitschriften (›Acta litteraria‹, 1764–73; ›Dt. Bibliothek der schönen Wissenschaften‹, 1767–72); bekannt auch durch Erläuterungen antiker Dichter, archäolog. Schriften, Satiren, lat. Verse; griff G. E. LESSING und J. G. HERDER an und wurde selbst von diesen wieder scharf kritisiert.
Werke: Opuscula poetica (1761); Über das Studium des Alterthums (1766).

2) Mathias, auch **M. Kloz,** Geigenbauer, * Mittenwald 11. 6. 1653, † ebd. 16. 8. 1743; ließ sich nach einer längeren Lehrzeit (u. a. in Padua) ab 1683 wieder in Mittenwald nieder, gilt als Begründer des dortigen Geigenbaus. K. baute Geigen nach dem Stainer-Modell. – Wegen ihres kräftigen Tones werden heute auch bes. Instrumente seines Sohnes SEBASTIAN K. (* 1696, † um 1775) und seines Enkels EGIDIUS K. D. J. (* 1733, † 1805) geschätzt.

Klotzbüchse, mittelalterl. leichtes Geschütz, dessen Ladung abwechselnd aus Pulver und durchbohrten metallenen Kugeln (Klötzen) bestand. Die Bohrungen leiteten die Zündung von vorn nach hinten weiter, sodass sich die Kugeln nacheinander selbsttätig abschossen.

Klötze, Stadt im Altmarkkreis Salzwedel, Sa.-Anh., 55 m ü. M., in der Altmark, 6 200 Ew.; Fruchtsaft- und Obstweinkellerei. – Nahe einer Burg (seit 1311 bezeugt) entstand um 1330 die Ortschaft K., 1334 als Flecken erwähnt. 1845 wurde K. Stadt, 1952–94 war K. Kreisstadt.

Kluane National Park [ˈkluːeɪn ˈnæʃnl pɑːk], Nationalpark im SW des Yukon Territory, Kanada, in den Saint Elias Mountains, 22 000 km²; mit dem höchsten Berg Kanadas (Mount Logan, 5 959 m ü. M.), ausgedehnter Vergletscherung sowie reicher Tier- und Pflanzenwelt (alpine Wiesen, Tundra, in den Tälern Baumbestände). – Eingerichtet 1972.

Klub [engl. club, von mittelengl. clubbe, eigtl. ›Keule‹, ›Knüppel‹, wohl zu altisländ. klubba ›(Kerb)stock‹, ›Knüppel‹ (nach dem alten Brauch, Einladungen zu Zusammenkünften durch Herumsenden eines Kerbstocks oder einer Keule zu übermitteln)] *der, -s/-s,* **1) Club** [engl. klʌb], eine auf freiwilliger Mitgliedschaft basierende Gemeinschaft mit einem unterschiedlich starken Organisationsgrad, dient der Förderung gemeinsamer Interessen (z. B. Ambassador Club, Rotary International, Lions International, Kiwanis International) oder der Gestaltung von Freizeitbeziehungen (z. B. Sport-K., Automobil-K., Fan-K.). Für den geselligen Kontakt zw. den Mitgl. verfügen K. zumeist über spezielle Räumlichkeiten (K.-Haus, K.-Lokal). Oft etablieren sich K. als auf Exklusivität bedachte Gruppe, deren Mitgl. derselben sozialen Schicht entstammen und die in diesem Rahmen gemeinsame gesellschaftl. und polit. Ziele verfolgen. Innerhalb gleich orientierter gesellschaftl. Gruppen spielt die K. bei der vertraul. Meinungs- und Willensbildung eine wichtige Rolle. Gruppen dieser Art folgen gern einem geschriebenen oder ungeschriebenen Ehrenkodex.

Geschichte: Im 16. Jh. traten K., z. B. in England, als ›Männerbünde‹ hervor. Im 18. Jh. standen die K. im Mittelpunkt des Gesellschaftslebens der engl. ›Beaus‹ und Dandys und wurden in vielen Ländern nachgeahmt. Zu den exklusivsten K. gehörten ›White's‹ und ›Brooks's‹. In der Folgezeit kamen K. hinzu, die eine Mitgliedschaft schon bei geringen Beitragszahlungen ermöglichten. In Frankreich entstanden in der Zeit der Aufklärung und der Revolution von 1789 K. (z. B. Jakobiner-K.). Zur Tarnung polit. Versammlungen wurden im Vormärz versch. gesellige K. gegründet. Die Burschenschaften entgingen oft der staatl. Verfolgung, indem sie sich die Bez. ›Clubb‹ zulegten. Nach 1850 entstanden vielerlei unpolit. Geselligkeits-K. Zu Anfang des 20. Jh. bildeten sich polit. K. auf konservativer Grundlage (›Juni-‹ oder ›Herren-K.‹). – Von den angelsächs. Ländern ausgehend, hat der K.-Gedanke in neuerer Zeit wesentliche erzieher. Aufgaben erhalten (Schüler-, Jugendklubs).

2) in Österreich Bez. für →Fraktion.

Kluchoripass, Pass im westl. Hochgebirgskaukasus, auf der Grenze zw. der Rep. Karatschaio-Tscherkessien (Russ. Föderation) und der Rep. Abchasien (Georgien), 2 781 m ü. M.; über den K. führt die Suchum. Heerstraße.

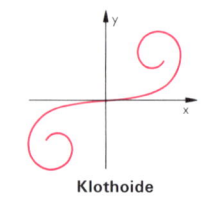

Klucht [klyxt] *das, -s/-en,* **1)** niederländ. Possenspiel des späten MA. und der frühen Neuzeit (Nachspiel zu den →Abele Spelen des 14. Jh., meist als **Sotternie** bezeichnet); 2) Possenspiel der →Rederijkers des 15. und 16. Jh. Die K. sind kurze, formal anspruchslose Stücke, die stofflich der mittelalterl. Schwankliteratur verpflichtet sind; sie wurden, nach ihrem Niedergang im 17. Jh., durch die Komödie des Klassizismus abgelöst.

Kluckhohn, 1) ['klʌkhəʊn], Clyde Kay Maben, amerikan. Ethnologe und Ethnopsychologe, *Le Mars (Ia.) 11. 1. 1905, †Santa Fe (Mex.) 28. 7. 1960; seit 1946 Prof. an der Harvard University. K. gilt als führender Kenner der Navajoindianer (›Navaho witchcraft‹, 1944; ›The Navaho‹, 1946, mit D. LEIGHTON). Von einem psychoanalyt. Ansatz aus versuchte er, für alle Kulturen gemeinsame Erlebnis- und Handlungsweisen aufzuzeigen.
Weitere Werke: Mirror for man (1949; dt. Spiegel des Menschheit); Universal categories of culture, in: Anthropology today, hg. v. A. L. KROEBER (1953); Culture and behavior (1962).

2) Paul, Literaturwissenschaftler, *Göttingen 10. 4. 1886, †Tübingen 25. 5. 1957; wurde 1920 Prof. in Münster, 1925 in Danzig, 1927 in Wien, 1931 in Tübingen. K. vertrat in seinen zahlr. Veröffentlichungen v. a. zur dt. Romantik einen geistes- und ideengeschichtl. Ansatz. 1923 war er Mitbegründer der ›Dt. Vierteljahrsschrift für Literaturwissenschaft und Geistesgeschichte‹.
Werke: Die Auffassung der Liebe in der Lit. des 18. Jh. u. in der dt. Romantik (1922); Das Ideengut der dt. Romantik (1941).

Kluczbork ['kludʒbɔrk], Stadt in Polen, →Kreuzburg.

Kluft, Riss oder Fuge im Gestein; sie ist manchmal zu einem Spalt erweitert, in dem K.-Minerale auskristallisiert sein können. K. ohne Verschiebung der Gesteinsteile werden **Diaklasen,** mit Verschiebung **Paraklasen** genannt. K. entstehen v. a. durch tekton. Zug oder Druck sowie bei der Erstarrung magmat. Gesteine (→Absonderung). Diese **Klüftung** erfolgt meist in bestimmten Richtungen (**K.-Systeme**). K. bilden sich auch bei der Druckentlastung, wenn infolge der Abtragung der auf dem Gestein lastende Überlagerungsdruck nachlässt und sich daher mächtige Gesteinsschalen an meist oberflächenparallel verlaufenden Flächen ablösen (**Druckentlastungsklüfte**).

Kluftwasser, Spaltenwasser, das in den z. T. zu Spalten erweiterten Klüften fester Gesteine zirkulierende, häufig in **Spaltenquellen** zutage tretende Grundwasser.

Klug, Aaron, brit. Biochemiker südafrikan. Herkunft, *Johannesburg 11. 8. 1926; seit 1962 am Laboratorium für Molekularbiologie des Medical Research Council in Cambridge (Großbritannien) tätig. Seine Arbeiten umfassen v. a. Untersuchungen der Struktur von Nukleinsäure-Protein-Komplexen, bes. der Chromosomen der Zellkerne, wobei K. von der Röntgenstrukturanalyse her bekannte kristallograph. Methoden anwendete und ein genaueres Modell der molekularen Chromosomenstruktur gewann. Hierfür erhielt er 1982 den Nobelpreis für Chemie.

Kluge, 1) Alexander, Schriftsteller und Filmregisseur, *Halberstadt 14. 2. 1932; Jurist; zeigt in literar. Veröffentlichungen und Filmen protokollartig Einzelschicksale mit exemplar. Charakter.
Werke: *Filme:* Abschied von gestern (1966); Gelegenheitsarbeit einer Sklavin (1973); In Gefahr u. größter Not bringt der Mittelweg den Tod (1974); Der starke Ferdinand (1976); Die Patriotin (1979); Die Macht der Gefühle (1983); Der Angriff der Gegenwart auf die übrige Zeit (1985); Vermischte Nachrichten (1986). - *Roman:* Schlachtbeschreibung (1964, 1969 u. d. T. Der Untergang der Sechsten Armee). - *Erzählungen:* Lernprozesse mit tödl. Ausgang (1973); Neue Geschichten. Hefte 1-18. Unheimlichkeit der Zeit (1977). - *Andere Prosa und Schriften:* Lebensläufe (1962, erw. 1974); T. Fontane, H. von Kleist u. Anna Wilde (1987); Maßverhältnisse des Politischen

(1992, mit O. NEGT); ›Ich schulde der Welt einen Toten‹. Gespräche (1995, mit HEINER MÜLLER); Ich bin ein Landvermesser. Gespräche, neue Folge (1996, mit HEINER MÜLLER).
A. K., hg. v. T. BÖHM-CHRISTL (1983); A. K., hg. v. H. L. ARNOLD (1985); S. CARP: Kriegsgeschichten. Zum Werk A. K.s (1987).

2) Friedrich, Germanist und Anglist, *Köln 21. 6. 1856, †Freiburg im Breisgau 21. 5. 1926; seit 1884 Prof. in Jena, 1893 in Freiburg im Breisgau; Arbeiten bes. zu Sprachgeschichte und Wortforschung.
Werke: Etymolog. Wb. der dt. Sprache (1883); Seemannssprache (1911).

3) Hans Günther von, Generalfeldmarschall (seit 1940), *Posen 30. 10. 1882, †(Selbstmord) bei Metz 18./19. 8. 1944; im Zweiten Weltkrieg 1939-41 Befehlshaber der 4. Armee, 1941-43 der Heeresgruppe Mitte im Osten; seit Anfang Juli 1944 Oberbefehlshaber West, ab dem 17. 7. zugleich auch der Heeresgruppe B, die die Kämpfe gegen die Alliierten an der Invasionsfront führte. Wegen seiner Mitwisserschaft an den Vorbereitungen des Aufstandsversuchs vom 20. 7. 1944 wurde K. am 17. 8. durch HITLER abgesetzt.

4) Kurt, Schriftsteller und Bildhauer, *Leipzig 29. 4. 1886, †Eben-Emael (bei Maastricht) 26. 7. 1940; war seit 1921 Prof. für Erzgießerei an der Berliner Akad. der bildenden Künste (Forschungen auf dem Gebiet der Metallkunde). Erst 1929 begann er sein schriftsteller. Werk, das, von JEAN PAUL und W. RAABE geprägt, in der Tradition des bürgerl. Realismus steht. Sein Hauptwerk ist der Roman ›Der Herr Kortüm‹ (1938), in welchem er einen kauzigen Sonderling schildert.

Kluge, Die, ›Die Geschichte von dem König und der klugen Frau‹, Oper von C. ORFF, Text vom Komponisten; Uraufführung 20. 2. 1943 in Frankfurt am Main.

Klügel, Georg Simon, Mathematiker und Physiker, *Hamburg 19. 8. 1739, †Halle (Saale) 4. 8. 1812; Prof. in Helmstedt und Halle (Saale). K.s Dissertation (1763), die eine Analyse aller damals bekannten Beweisversuche des Parallelenaxioms enthielt, stellte eine entscheidende Anregung zur Entwicklung der nichteuklid. Geometrie dar (u. a. für J. H. LAMBERT). K. leistete wichtige Beiträge zur Trigonometrie und verfasste das meistbenutzte deutschsprachige Nachschlagewerk der Mathematik im 19. Jh.
Werk: Mathemat. Wb., ..., fortgeführt v. C. B. MOLLWEIDE u. a., 5 Bde. u. 2 Suppl. (1803-36).

kluge und törichte Jungfrauen, Gleichnis des N. T., →Jungfrauen, kluge und törichte.

Klugheit, verständige Überlegenheit richtigen Verhaltens in schwierigen Situationen (z. B. polit. K.), als **Lebens-K.** eng mit der charakterl. Eigenart des Menschen verbunden; umgangssprachlich im Sinne von Zweckrationalität häufig nicht genau von den mehr abwertend verwendeten Begriffen Schläue, Cleverness, takt. Handeln unterschieden. - Im Unterschied zur Weisheit als in sich ruhender Grundgewissheit des Bezuges von Ich und Welt realisiert K. sich durch angemessenes Handeln im konkreten Einzelfall, unter Berücksichtigung aller für die Situation konstitutiven Faktoren und der individuellen Handlungsziele, wobei auch sittl. Einsichten wirksam werden können. In der Philosophie seit PLATON bis in die Neuzeit gehört K. (griech. ›phronesis‹, lat. ›prudentia‹) zu jeder moral. Tugend. ARISTOTELES rechnete die K. den dianoet., den Verstandestugenden, zu und definierte sie als Fähigkeit der richtigen Urteilsfindung und Planung im Bereich menschl. Handelns mit Blick auf ›das gute Leben‹ im Ganzen (Glückseligkeit). I. KANT, der das Vermögen, das Handeln leitende Zwecke zu bestimmen (kategor. Imperativ der Sittlichkeit), von dem Vermögen, geeignete Mittel zur Verwirklichung von Zielen zu finden (hypothet. Imperativ der Geschick-

Aaron Klug

Alexander Kluge

lichkeit), unterschied, definierte K. als ein pragmat. Wissen um die zur Beförderung der eigenen Glückseligkeit dienl. Mittel.

Klumpenverfahren, *beschreibende Statistik:* →Auswahlverfahren.

Klumpfische, anderer Name der →Mondfische.

Klumpfuß, →Fußdeformitäten.

Klumphand, Manus vara, meist angeborene Fehlbildung der Hand, bei der es v. a. durch Unterentwicklung oder Fehlen der Speiche (Ektromelie) zu einer dauernden Abwinklung nach innen kommt; Ursache ist eine Schädigung des Keimes (Embryopathie) zu Beginn der Schwangerschaft durch Gifte oder Viruserkrankungen (z. B. Mumps) der Mutter. Die erworbene K. geht auf verletzungsbedingte Wachstumshemmungen zurück. Die *Behandlung* besteht im Versuch einer Korrektur durch Gipsverbände und Schienen, nach Abschluss des Wachstums in chirurg. Maßnahmen.

Klungkung, Stadt in O-Bali, Indonesien, nordöstlich von Denpasar. – Der Fürstenpalast von K. wurde 1908 bei einem Aufstand weitgehend zerstört, jedoch z. T. wiederhergestellt oder restauriert, v. a. die offene Gerichtshalle ›Kerta Gosa‹ mit ihren farbenprächtigen Deckenmalereien. – K. war mehr als 300 Jahre, bis zur Inbesitznahme der Insel durch die Niederländer (1908), Hauptstadt und künstler. Zentrum des bedeutendsten Kleinfürstentums der Insel.

kluniazensische Reform, cluniazensische Reform, von der Benediktinerabtei Cluny im 10. Jh. ausgegangene monast. Reformbewegung. Die Gründung der Abtei (910) war verbunden mit dem Privileg der freien Abtswahl – unabhängig vom Einfluss des weltl. Herrscher wie auch des Bischofs – und der unmittelbaren Unterstellung unter den Schutz des Papstes (Exemtion). Die damit gegebene Sicherung gegen weltl. und geistl. Übergriffe ließ in Cluny ein weitgehend unabhängiges Klosterleben entstehen. Im Geist der ›libertas ecclesiae‹ (Freiheit der Kirche) wurden unter der Observanz von Cluny neue Klöster gegründet und schon bestehende reformiert. Unter Abt Hugo d. Gr. war der ›Ordo cluniacensis‹ mit rd. 200 Abteien, Prioraten und klösterl. Eigenkirchen der größte Klosterverband seiner Zeit. Ziel der Kluniazenser, die großen Einfluss am frz. Königshof und der päpstl. Kurie ausübten, war eine grundlegende Reform und geistige Erneuerung des Mönchtums und dadurch mittelbar eine Vervollkommnung und Heiligung der Welt. Das klösterl. Leben wurde nach den kluniazens. Consuetudines (›Gewohnheiten‹) neu geregelt. Wichtige Punkte der k. R. waren die Forderung des Zölibats und die Ablehnung der Simonie; zur liturg. Erneuerung gehörten die Förderung der Marien- und Kreuzverehrung, die tägl. Feier der Messe und die besondere Ausgestaltung des Totengedächtnisses (Feier von Allerseelen). Zugunsten der religiösen Verinnerlichung wurden die Mönche durch Laienbrüder (Konversen) von Feld- und Handarbeit entlastet. Die einzelnen Klöster wurden von Prioren geleitet, die dem Abt von Cluny unterstellt waren. – Die ursprüngl. geistl. Erneuerungsbewegung war eine der bedeutendsten monast. Reformbewegungen des MA. und bildete den Ausgangspunkt der von versch. Päpsten unterstützten kirchl. Reformbewegung des 11. und 12. Jh. (→gregorianische Reform). Unmittelbaren Einfluss hatte die k. R. auf das Kloster Hirsau; die →Hirsauer Reform beruhte im Wesentlichen auf den Consuetudines Clunys. Die Auswirkungen der k. R. auf die benediktin. Frauenklöster sind noch nicht ausreichend untersucht. 18 Konvente unterstanden zwar Cluny, aber keiner erlangte die Bedeutung der Männerklöster. – Seit dem 12. Jh. führten innere Krisen, v. a. die Tendenz zur Dezentralisierung, und wachsende Konflikte mit den Zisterziensern, die monastisch, wirtschaftlich und politisch andere Reformvorstellungen entwickelten, zu einem Bedeutungsverlust der Kluniazenser.

E. Sackur: Die Cluniazenser in ihrer kirchl. u. allgemeingeschichtl. Wirksamkeit bis zur Mitte des 11. Jh., 2 Bde. (1892–94, Nachdr. 1971); Neue Forsch. über Cluny u. die Cluniazenser, hg. v. G. Tellenbach (1959); H. E. Cowdrey: The Cluniacs and the Gregorian reform (Oxford 1970); Cluny. Beitr. zu Gestalt u. Wirkung der cluniazens. Reform, hg. v. H. Richter (1975); W. Teske: Laien, Laienmönche u. Laienbrüder in der Abtei Cluny, in: Frühmittelalterl. Studien, Jg. 10 (1976); K. Hallinger: Überlieferung u. Steigerung im Mönchtum des 8.–12. Jh., in: Studia Anselmiana, Bd. 68 (Rom 1979); Die Cluniazenser in der Schweiz, hg. v. H.-J. Gilomen (Basel 1991); J. Wollasch: Cluny – ›Licht der Welt‹. Aufstieg u. Niedergang der klösterl. Gemeinschaft (Zürich 1996).

Klunkerkranich, Art der →Kraniche.

Kluppe, *Metallbearbeitung:* die →Schneidkluppe.

Kluse [mhd. kluse, zu Klause], schweizerdt. **Klus,** *Geomorphologie:* enger Taldurchbruch durch eine Antiklinale, bes. gut ausgeprägt und häufig im Schweizer Jura. Es handelt sich dort um kurze Quertäler, in denen die Flüsse die Bergketten durchbrechen. Die Flüsse waren schon vor der Entstehung des Jura vorhanden und konnten sich, der (langsamen) Hebung entgegenwirkend, einschneiden (Antezedenz).

Klüse [wohl zu niederländ. kluis ›enge Öffnung‹], eine verstärkte Öffnung im Deck, im Schanzkleid, in der Reling oder in der Außenhaut eines Schiffes zum Durchziehen von Ketten oder Trossen, z. B. Anker-, Bug-, Heck-K., Panama-K. (für das Passieren des Panamakanals).

Klusil [zu lat. clusilis ›sich leicht schließend‹] *der, -s/-e, Phonetik:* Verschlusslaut, →Laut.

Klute, Fritz, Geograph, *Freiburg im Breisgau 29. 11. 1885, †Mainz 7. 2. 1952; ab 1921 Prof. in Gießen, ab 1947 in Mainz; arbeitete bes. über Klima und Eiszeit sowie Länderkunde Afrikas; gab das ›Hb. der Geograph. Wissenschaft‹ (1930–50, 12 Bde.) heraus.

Klutert|höhle, Höhle im Stadtgebiet von →Ennepetal, NRW, im devon. Massenkalk des Sauerlands.

Klütz, Stadt im Landkreis Nordwestmecklenburg, Meckl.-Vorp., in der fruchtbaren welligen Grundmoränenlandschaft **Klützer Winkel,** im Hinterland der Lübecker und Wismarer Bucht, 3 500 Ew.; Ferienort. – Am Ortsrand das 1726–32 erbaute Schloss Bothmer, eine weitläufige barocke Anlage mit großem Park. – K., 1230 erstmals erwähnt, wurde 1938 Stadt.

Klüver [niederländ., zu kluif ›Klaue‹ oder kluiven ›von etwas abtrennen‹, also eigtl. ›Keilförmiges‹] *der, -s/-,* auf kleineren Segelschiffen dreieckiges Stagsegel, das zw. Fockmast und **K.-Baum,** der vorderen Verlängerung des Bugspriets, gesetzt wird; auf Großseglern (bis zu drei) Stagsegel vor dem Vorstengestagsegel.

Klymeni|en, eingedeutschte Schreibweise für die →Clymenien.

Klysma [griech.] *das, -s/...men,* das →Klistier.

Klystron [engl., zu griech. klýzein ›anbranden‹] *das, -s/...'trone* oder *-s,* lineare →Laufzeitröhre zur Hochfrequenzverstärkung zw. 0,3 und 100 GHz.

Klytämnestra, griech. **Klytaimestra,** lat. **Clytaemnestra,** *griech. Mythos:* Tochter des Tyndareos und der Leda, Frau des Agamemnon, Mutter von Iphigenie, Elektra, Chrysothemis und Orest. Während der Abwesenheit des Agamemnon z. Z. des Trojan. Krieges lebte sie mit Ägisth in einem ehebrecher. Verhältnis; den heimkehrenden Agamemnon ermordet sie mithilfe des Ägisth (nach anderen Versionen lässt sie ihren Gatten ermorden, oder ihre Beteiligung am Mord bleibt im Unklaren) und wird deshalb später von Orest erschlagen. Die Gestalt spielt – mit unterschiedl. Charakterisierungen – in fast allen literar. Verarbeitungen des Atridenmythos eine zentrale Rolle.

Klytschkow, Klyčkov [-tʃ-], Sergej Antonowitsch, eigtl. **S. A. Leschonkow,** russ. Schriftsteller,

Knabenkraut:
Geflecktes
Knabenkraut
(Höhe bis 65 cm)

* Dubrowki (Gouv. Twer) 13. 7. 1889, † (in Haft) 21. 1. 1940; begann mit Lyrik, in der er Stoffe und Formen der russ. Volksdichtung mit Techniken und Themen des Symbolismus verband; gehörte nach der Revolution zum Kreis der Bauerndichter um N. A. Kljujew und S. A. Jessenin. Seine Prosa, von der Fantastik und Groteske N. W. Gogols beeinflusst, preist in bildreichen Szenen traditionelles Bauerntum und bäuerl. Dämonenwelt und wendet sich gegen die von Fabriken und Maschinen beherrschte nachrevolutionäre Welt; seiner ›rückwärts gewandten‹ Einstellung wegen 1937 verhaftet, 1956 rehabilitiert.

Werke: *Romane:* Sacharnyj (1925); Čertuchinskij balakir' (1926); Poslednij Lel' (1927); Knjaz' mira (1928).

Ausgabe: Stichotvorenija (Neuausg. 1985).

M. Stepanenko: Proza S. K. (Rockville, Md., 1973); M. Niqueux: S. K. et Sergej Esenin. Entre le Symbolisme et l'Aggelisme, in: Cahiers du monde russe et soviétique, Jg. 18 (Paris 1977).

km, Einheitenzeichen für Kilometer; 1 km = 1 000 m.

Kmentt, Waldemar, österr. Sänger (Tenor), * Wien 2. 2. 1929; debütierte 1950 in Wien als Konzert-, 1951 als Opernsänger und gehört seitdem der Wiener Staatsoper an. Er wirkte auch bei Festspielen (Salzburg, Bayreuth) mit und machte sich als vielseitiger Interpret einen Namen.

K-Mesonen, *Elementarteilchenphysik:* die →Kaonen.

KMK, Abk. für →**K**ultus**m**inister**k**onferenz.

KMW, Abk. für **K**losterneuburger **M**ost**w**aage, →Mostwaage.

kn, Einheitenzeichen für →Knoten.

kN, Einheitenzeichen für Kilonewton, 1 kN = 1 000 N (→Newton).

Kn, Formelzeichen für die →Knudsen-Zahl.

KNA, Abk. für **K**atholische **N**achrichten-**A**gentur GmbH, konfessionell orientierter Nachrichten- und Informationsdienst, gegr. 1953 in München, Sitz der Geschäftsleitung und Zentralredaktion in Bonn, verbreitet landes- und bundesweit Texte über Satellit und als Briefdienste; produziert auch sendefertige Hörfunkbeiträge. Aktuelles Bildmaterial bietet die Tochterfirma **KNA-Pressebild GmbH** an, gegr. 1953, Sitz: Frankfurt am Main.

Knab, Armin, Komponist, * Neuschleichach (heute zu Oberaurach, Landkreis Haßberge) 19. 2. 1881, † Bad Wörishofen 23. 6. 1951; studierte Jura und Musik und wirkte u. a. seit 1934 als Lehrer an der Hochschule für Musikerziehung und Kirchenmusik in Berlin. Sein komposit. Schaffen war v. a. dem Klavier-, Lauten- und Chorlied gewidmet, das er durch Annäherung von Volks- und Kunstlied zu erneuern suchte. Eine Auswahl seiner Aufsätze erschien unter dem Titel ›Denken und Tun‹ (1959).

O. Lang: A. K. (²1981).

Knaben, Ort in der Landschaft Fjotland, Prov. Vest-Ägder, S-Norwegen; größtes Molybdänvorkommen Europas, mit geringem Erzinhalt (0,2% MoS₂); Abbau 1885–1973).

Knabenkraut [nach den hodenähnl., als Überdauerungs- und Speicherungsorganen fungierenden unterird. Wurzelknollen], Bez. für bodenbewohnende Orchideenarten, die auf feuchten Wiesen und in lichten Wäldern der N-Halbkugel, häufig zusammengefasst in drei Gattungen: 1) **Orchis,** von deren über 35 Arten 23 in Europa vorkommen, darunter das bis 80 cm hohe, Kalk liebende **Purpur-K.** (**Purpurorchis,** Orchis purpurea), dessen Blüten (bilden vielblütige Trauben) aus einem meist rotbraunen Helm und einer weißen oder hellrosafarbenen, braun getüpfelten Lippe bestehen. 2) **Dactylorhiza,** mit 30 Arten, davon 13 in Europa, u. a. das bis 65 cm hohe, vielgestaltige **Gefleckte K.** (Dactylorhiza maculata), mit gefleckten Blättern und hellrosafarbenen, selten weißen Blüten. 3) **Traunsteinera,** mit zwei Arten, darunter das **Rote Kugel-K.** (**Kugelorchis,** Traunsteinera globosa), ein v. a. auf feuchten Wiesen der Alpen vorkommendes, bis 50 cm hohes K., mit kleinen, rosafarbenen, purpurgefleckten Blüten in fast kugeligem Blütenstand. – In Dtl. stehen alle K.-Arten unter Naturschutz.

Kulturgeschichte: Die versch. K. werden seit der Antike als Aphrodisiaka und zu allerlei Liebeszauber verwendet (Theophrast). Beim Fest der Demeter trugen Knaben Kränze aus K. Das Gefleckte K. sollte, am Johannistag herausgerissen, vor Krankheit und bösem Blick schützen, die Zuneigung der Menschen, Glück im Spiel sowie Geld verschaffen; es galt als Frija-, später als Marienpflanze.

Knabenlese, im Osman. Reich die Aushebung eines Teils der christl. jungen Männer, die zu Muslimen erzogen und als ›Janitscharen eingesetzt sowie zum Verwaltungs- und Hofdienst herangezogen wurden (14.–17./18. Jh.).

B. D. Papoulia: Ursprung u. Wesen der ›K.‹ im osman. Reich (1963).

Knabenliebe, die →Päderastie.

Knäckebrot, dünnfladiges →Brot.

Knackfuß, Hermann, Maler und Kunstschriftsteller, * Wissen 11. 8. 1848, † Kassel 17. 5. 1915; malte Historien- und Landschaftsbilder. Ab 1880 lehrte er an der Akademie in Kassel. Er war Herausgeber und z. T. auch Verfasser der ›Künstler-Monographien‹ (1895–1941, 122 Bde.).

Knacklaut, *Phonetik:* →Glottisverschluss.

Knackstörungen, *Elektroakustik:* kurzzeitige Störsignale in der Tonwiedergabe bei elektroakust. Geräten, die in Form von Knacken oder Krachen auftreten. K. können z. B. bei Schallplatten durch Staubpartikel oder Kratzer auf der Oberfläche oder durch elektrostat. Aufladung verursacht oder allg. durch Störungen aus der Umgebung (z. B. Funkenentladungen an Lichtschaltern oder anderen kontaktgebenden Bauteilen) hervorgerufen werden.

Knagge, 1) *Bautechnik:* drei- oder mehrkantiges Holzstück oder an Stahlstützen angeschweißtes starkes Stahlblech als Stütze eines anderen Konstruktionsteils.

2) *Maschinenbau:* Blech- oder Winkelstück, das zum Aufspannen (z. B. an der Planscheibe einer Drehbank) oder zum Zusammenziehen von Werkstücken (z. B. beim Schweißen) dient; auch ein Vorsprung an Maschinenteilen, der als Anschlag für andere Teile verwendet wird.

Knäk|ente [lautmalend nach dem Ruf bes. des Männchens], **Anas querquedula,** Art der Schwimmenten (Größe etwa 38 cm), die an Süßgewässern und Küsten N-Eurasiens beheimatet ist. Charakteristisch ist der rotbraune Kopf mit hellem, breitem Überaugenstreif (Männchen) und die blaugraue Vorderflügel (beide Geschlechter). Die K. überwintert im S Eurasiens und in N-Afrika.

Knall, ein Schallimpuls, vornehmlich von großer Stärke (→Impuls).

Knallgas, allg. ein Gemisch aus Wasserstoff (oder anderen brennbaren Gasen) und Sauerstoff (oder Luft), das nach Zündung explosionsartig verbrennt; i. e. S. Gemisch aus Wasserstoff und Sauerstoff im Verhältnis 2 : 1. – In einem nach dem Prinzip des →daniellschen Hahns arbeitenden **K.-Gebläse** werden Wasserstoff und Sauerstoff unter Druck getrennt zur gemeinsamen Öffnung des Brenners geführt, wo sie explosionsartig verbrennen. Das Gebläse liefert Temperaturen bis zu 3 300 °C und eignet sich bes. zum Be- und Verarbeiten von schwer schmelzbarem Glas, von Quarz und Metallen. Die hohen Temperaturen der **K.-Flamme** sind auf die mit der Bildung von Wasser (Dampf) aus K. verbundene hohe Energiefreisetzung

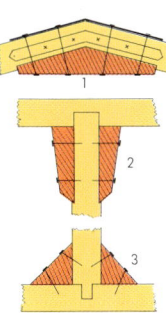

Knagge 1):
1 Druckstoß mit Knagge und Flachbandstahl,
2 und 3 Druckstoß mit seitlicher Knagge

Knäkente
(Männchen; Größe etwa 38 cm)

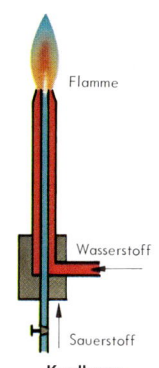

Knallgas:
Knallgasgebläse

Knal Knallkörper–Knauf

zurückzuführen $(2H_2 + O_2 \rightarrow 2H_2O + 485 kJ)$. Diese K.-Reaktion läuft beim Erhitzen des Gasgemisches auf 500–600°C spontan und explosionsartig ab, kann aber in Gegenwart von geeigneten Katalysatoren auch bei Raumtemperatur und kontrolliert vor sich gehen (›kalte Verbrennung‹ in der →Brennstoffzelle).

Knallkörper, in versch. Formen (als Knallerbsen, Knallbonbons u. a.) hergestellte Scherzartikel, die bei Druck- oder Temperaturerhöhung unter heftigem Knall explodieren. Hauptbestandteile waren früher roter Phosphor und Kaliumchlorat, heute wird Kaliumchlorat mit Aluminium oder Bariumnitrat mit Aluminium und Schwefel verwendet.

Knallsäure, Fulminsäure, mit →Cyansäure isomere Säure der chem. Formel HCNO. K. ist eine giftige, sich leicht zersetzende gasförmige Substanz, die mit mehreren Metallen explosive Salze (**knallsaure Salze** oder **Fulminate**) bildet, z. B. Knallquecksilber, Quecksilberfulminat (→Quecksilberverbindungen), Knallsilber, Silberfulminat (→Silberverbindungen).

Knalltrauma, akute Gehörschädigung, →akustisches Trauma.

Knapp, Georg Friedrich, Volkswirtschaftler, * Gießen 7. 3. 1842, † Darmstadt 20. 2. 1926, Vater von ELLY HEUSS-K.; Prof. in Leipzig (1869–74) und Straßburg (1874–1919). K. gehörte zur jüngeren histor. Schule der Nationalökonomie; Beiträge zur Statistik, Geschichte der Agrar-Verf. und Geldtheorie.

Werke: Über die Ermittlung der Sterblichkeit aus den Aufzeichnungen der Bev.-Statistik (1868); Die Bauern-Befreiung u. der Ursprung der Landarbeiter in den älteren Theilen Preußens, 2 Bde. (1887); Staatl. Theorie des Geldes (1905).

Knappe, im MA. ein junger Mann von edler Geburt, der im persönl. Dienst eines Ritters als **Schild-K.** oder **Edel-K.** zur Schwertleite geführt wurde. – Die Bez. wurde später auf Lehrlinge versch. Berufe übertragen und war auch Berufs-Bez. für den Bergmann.

Knappensee, künstl. See in der Oberlausitz, im Landkreis Kamenz, Sa., südöstlich von Hoyerswerda, angelegt in einem ehem. Braunkohlentagebau; etwa 300 ha groß, bis 40 m tief; Erholungsgebiet.

Knappertsbusch, Hans, Dirigent, * Elberfeld (heute zu Wuppertal) 12. 3. 1888, † München 25. 10. 1965; kam u. a. über Leipzig und Dessau 1922 als Generalmusikdirektor an die Münchner Staatsoper. 1936 übernahm er, von den Nationalsozialisten entlassen, die kommissar. Leitung der Wiener Staatsoper und war nach 1945 als Gastdirigent (u. a. in München und Bayreuth) tätig. In seinem von der Wiener Klassik bis zu R. STRAUSS reichenden Repertoire bildete das Schaffen von R. WAGNER und A. BRUCKNER den Schwerpunkt.

Knappheit, *Wirtschaftstheorie:* das Missverhältnis zw. den i. d. R. als fast unbegrenzt angesehenen Bedürfnissen eines Wirtschaftssubjekts und dem zu ihrer Befriedigung vorhandenen beschränkten Güterangebot. Güter, die nicht in beliebiger Menge vorhanden sind und daher Preise haben, werden im Ggs. zu freien Gütern als knappe Güter oder wirtschaftl. Güter bezeichnet. (→Gut)

Knappschaft, Bergknappschaft, Knappschaftsverein, die Gesamtheit der in einem Bergwerk tätigen Bergleute (Knappen), seit dem 13. Jh. deren zunftmäßiger Zusammenschluss, der die Fürsorge für die Mitgl. bei Unfall und Krankheit übernahm und dafür besondere Einrichtungen schuf (K.-Kassen). In Dtl. sind die Mitgl. in der **Bundes-K.,** Sitz: Bochum, zusammengeschlossen, die am 28. 7. 1969 durch Gesetz gegründet wurde.

Die Bundes-K., die Träger der K.-Versicherung ist, führt die Kranken-, Pflege- und Rentenversicherung für Arbeiter und Angestellte in knappschaftl. Betrieben durch. Bei der **K.-Krankenversicherung** und der **K.-Pflegeversicherung** bestimmen sich Personenkreis,

Beiträge und Leistungen grundsätzlich nach den Vorschriften des SGB V bzw. XI. Für die **knappschaftliche Rentenversicherung,** die 1957 neu geordnet und den Neuregelungs-Ges. für die Rentenversicherungen der Arbeiter und Angestellten vom 23. 2. 1957 weitgehend angepasst wurde, ist seit 1. 1. 1992 das SGB VI die gesetzl. Grundlage. Die Rentenleistungen berücksichtigen die Schwere der Bergmannsarbeit und die vorzeitige Minderung der Leistungsfähigkeit der Bergleute (Rente für Bergleute →Bergbau, Soziales). K.-Mitglieder, die mindestens sechs Jahre unter Tage gearbeitet haben, erhalten zusätzl. Entgeltpunkte, die sich bei der Rentenberechnung in einer Besserstellung auswirken (§ 85 SGB VI). Der so genannte Rentenartfaktor der K.-Versicherung liegt um ein Drittel über dem Niveau desjenigen der Arbeiter- und Angestelltenrentenversicherung (§ 82 SGB VI). Aufgrund der relativ großen Zahl von Rentnern und der relativ geringen Zahl von Beschäftigten im Bergbau kann die knappschaftl. Rentenversicherung ihre Ausgaben nur zu rund 20% decken, 80% ihres Finanzbedarfs werden hauptsächlich durch Bundeszuschüsse und durch andere Versicherungsträger ausgeglichen. K.-Ausgleichsleistungen werden unter bestimmten Voraussetzungen an Bergleute gezahlt, die wegen Rationalisierung ihren Arbeitsplatz verloren haben (§ 239 SGB VI).

Knapstruper (Stockmaß zwischen 150 und 165 cm)

Knapstruper, *Pferdezucht:* dem →Frederiksborger in Typ und Kaliber ähnliche, v. a. als Zirkus- und Freizeitpferde verwendete dän. Pferderasse (Stockmaß zw. 150 und 165 cm). Rassetypisch ist die Tigerscheckung mit regelmäßig über den ganzen Körper verteilten braunen, roten oder schwarzen Flecken. K. werden seit Anfang des 19. Jh. gezüchtet; 1978 erschien der erste Band des Körregisters für Knapstruper.

Knarre, →Ratsche.

Knaster [zu span. canasto ›aus Rohr geflochtener Korb‹], niederländ. **Kanaster,** urspr. guter Pfeifentabak im Krüllschnitt (bis 2,25 mm breit), der im 18. Jh. in Körben gehandelt wurde; heute umgangssprachlich für übel riechenden Tabak, ›Kraut‹.

Knaths [knæðz], Karl, amerikan. Maler, * Eau Claire (Wis.) 21. 10. 1891, † Hyannis (Mass.) 9. 3. 1971; malte zunächst Landschaften und Stillleben in einem vom Kubismus abgeleiteten Stil; spätere Werke (ab 1930) zeigen bis zur Abstraktion vereinfachte Naturformen.

Knäuelgras, Knaulgras, Dactylis glomerata, einzige, sehr vielgestaltige Art der Süßgräsergattung Dactylis. Das horstbildende Gras ist in Eurasien beheimatet, heute aber weltweit verbreitet und vielfach eingebürgert. Seine in Rispen stehenden Ährchen sind knäuelartig zusammengezogen. Das K. ist ein gutes Weide- und Futtergras.

Knauf, kugel-, birnen-, scheiben- oder pilzförmiges Griffende, z. B. bei blanken Waffen.

Hans Knappertsbusch

Knäuelgras (Höhe 40–140 cm)

Knaur Nachf., Th., →Droemersche Verlagsanstalt Th. Knaur Nachf. GmbH & Co.

Knaus, 1) Hermann Hubert, österr. Gynäkologe, *Sankt Veit an der Glan 19. 10. 1892, †Graz 22. 8. 1970; ab 1930 Prof. in Graz, ab 1934 Direktor der Frauenklinik an der Dt. Univ. in Prag, ab 1950 Chefarzt in Wien-Lainz; Arbeiten zur Physiologie und Pathologie von Gebärmutter und Eierstock.

2) Ludwig, Maler, *Wiesbaden 5. 10. 1829, †Berlin 7. 12. 1910; studierte 1846–48 an der Düsseldorfer Akademie. K. erhielt bei Aufenthalten in Willingshausen (Schwalm-Eder-Kr.) und im Schwarzwald Anregungen zur Darstellung von Motiven aus dem bäuerl. Milieu. 1874–82 war er Prof. an der Akademie in Berlin; geschätzter Genremaler und Porträtist.

L. K., 1829–1910, hg. v. Ulrich Schmidt (1979).

Knaus-Ogino-Methode [nach H. H. Knaus und dem jap. Gynäkologen Ogino Kynsaku, *1882, †1975], natürl. Methode der →Empfängnisverhütung.

Knautie [nach dem dt. Arzt und Botaniker Christian Knaut, *1654, †1716] *die, -/-n,* **Witwenblume, Knautia,** Gattung der Kardengewächse mit 60 Arten in Europa (einschließlich Mittelmeerraum), mehrjährige Pflanzen, deren Blüten denen der Skabiosen ähneln. Sie besitzen jedoch vierzählige, verwachsene Blütenkronen, und die Böden der Blütenköpfchen sind ohne Spreublätter. Die in Mitteleuropa am häufigsten vorkommende Art ist die auf trockenen Äckern und Wiesen verbreitete, bis 1,5 m hohe **Acker-K.** (Knautia arvensis) mit meist fiederspaltigen Blättern und hellen bis rotviolettten Blüten.

Knautschzone, bei Kraftfahrzeugen Teil der →Karosserie. Die K. wandelt bei Unfällen die kinet. Energie in Verformungsenergie um. Durch günstige Auslegung der K. soll dabei das Eindringen von Fahrwerksteilen (z. B. der Lenksäule) in die Fahrgastzelle verhindert werden.

Knebel, Karl Ludwig von, Schriftsteller, *Schloss Wallerstein (bei Nördlingen) 30. 11. 1744, †Jena 23. 2. 1834; war nach abgebrochenem Jurastudium in Halle (Saale) zunächst Offizier in Potsdam (Bekanntschaft mit J. W. L. Gleim, K. W. Ramler, M. Mendelssohn und F. Nicolai), dann 1774–78 Prinzenerzieher in Weimar, eng mit Goethe befreundet (hatte wesentl. Anteil an dessen Berufung nach Weimar, Mitarbeiter an den ›Horen‹. K. verfasste Gedichte und Epigramme sowie Übersetzungen aus dem Lateinischen und Italienischen.

Ausgabe: Briefwechsel zw. Goethe u. K., hg. v. G. E. Guhrauer, 2 Bde. (1851).

Knebelsee [nach dem dt. Geologen Walther von Knebel, *1880, †1907], See auf Island, →Askja.

Knebelspieß, Stangenwaffe, deren Klinge durch einen unterhalb der Spitze angebrachten Querstab aus Holz oder Eisen (Knebel) gegen ein zu tiefes Eindringen in den Körper gesichert ist. In der *Heraldik* kommt der K. vorwiegend als Schildfigur in den Wappen des pommerschen Adels vor.

Knebelungsvertrag, Vertrag, durch den ein Vertragspartner in seiner wirtschaftl. oder persönl. Freiheit so beschränkt wird, dass er in Abhängigkeit von anderen Vertragspartner gerät. K. sind sittenwidrig und damit nichtig nach § 138 BGB. Ein K. ist z. B. ein Bierbezugsvertrag, der den Gastwirt verpflichtet, mehr als 20 Jahre lang das Bier einer bestimmten Brauerei abzunehmen.

Knecht, 1) im MA. der →Knappe, später auch für gemeine Söldner gebräuchlich (**Lands-K.**); 2) in Verbindung mit Berufs-Bez. veraltete Bz. für Gehilfe oder Geselle (z. B. Mühl-K. oder Mühlknappe; Gerichts-K.); zuletzt nur noch im landwirtschaftlichen Bereich üblich.

Knecht Ruprecht, pelzvermummte Gestalt im weihnachtl. Brauchtum, die den Kindern mit Rute, Kette und Sack erscheint, Gaben spendet und ermahnt; seit dem späten 17. Jh. im Gefolge des Christkinds und im 18. Jh. als Begleiter des Nikolaus am Vorabend des 6. Dezember. Im Ggs. zu diesem ist K. R. urspr. eine Schreckgestalt. Die landschaftlich unterschiedl. Namen (Beelzebub, Pelzmärtel, Krampus, schwarzer Piet) sind mittelalterl. Bez. für den Teufel. Weitere landschaftl. Bez. sind z. B. Pelznickel (v. a. am Mittelrhein) und Bartel (in Österreich).

Knecht|sände, Wattengebiet in der Nordsee (**Kleine K., Großer Knechtsand**), zw. Weser- und Elbmündung südlich der Insel Neuwerk, Teil des Nationalparks Niedersächs. Wattenmeer. Nach Rückgabe →Helgolands (1952) zunächst Bombenzielgebiet der brit. Luftwaffe, dann (ab 1957) niedersächs. Naturschutzgebiet (bes. für den Vogelschutz).

Knechtsteden, ehem. Prämonstratenserabtei (1130 gegr.) im Stadtgebiet von Dormagen, NRW, mit roman. doppelchöriger Gewölbebasilika (1138 bis um 1162); Ostchor gotisch (1477); bedeutende Kapitellplastik, monumentale Fresken in der Westapsis (um 1160); Missionsmuseum (Plastiken und Geräte aus Afrika und der Südsee).

Knef, Hildegard Frieda Albertine, Schauspielerin und Chansonsängerin, *Ulm 28. 12. 1925; 1944 erster Filmauftritt, Star des dt. Nachkriegsfilms, ab 1950 auch internat. Karriere; Theatererfolge hatte sie bes. ab 1954 am Broadway in dem Musical ›Silk stockings‹ von C. Porter; ab 1963 Sängerin von z. T. selbst verfassten Chansons; schrieb ihre Erinnerungen ›Der geschenkte Gaul‹ (1970), ferner u. a. den Roman ›So nicht‹ (1982); auch Malerin.

Filme: Die Mörder sind unter uns (1946); Film ohne Titel (1947); Die Sünderin (1950); Entscheidung vor Morgengrauen (1950); Schnee am Kilimandscharo (1952); Alraune (1952); Die Dreigroschenoper (1963); Jeder stirbt für sich allein (1975); Fedora (1978); Flügel und Fesseln (1984); Tödliches Erbe (1995, Fernsehfilm); Für mich soll's rote Rosen regnen (1995, autobiograph. Musikfilm).

Kneffel, Karin, Malerin, *Marl 17. 1. 1957; Meisterschülerin von G. Richter. Ihre Malerei (v. a. Tierdarstellungen, Früchtestillleben, Feuerbilder) benutzt das Abbildhafte und Konventionelle, um über die Darstellung der Stofflichkeit des Gegenstandes eine ideelle Distanz zu schaffen und ihn in seinem Wesen zu begreifen.

K. K., bearb. v. K. H. Kohrs, Ausst.-Kat. Städtische Kunsthalle Düsseldorf (1993).

Kneifer, Klemmer, Zwicker, Sehhilfe aus zwei Brillengläsern, die durch einen Steg verbunden sind; ohne Ohrenbügel (→Brille).

Kneip, Jakob, Schriftsteller, *Morshausen (Rhein-Hunsrück-Kr.) 24. 4. 1881, †Mechernich 14. 2. 1958; gründete 1912 mit J. Winckler und W. Vershofen den ›Bund der Werkleute auf Haus Nyland‹ (→Nylandgruppe). Heimatliebe, Religiosität und positive Einstellung zur modernen Arbeitswelt bestimmten sein literar. Schaffen.

Werke: Hampit der Jäger (1927); Porta Nigra oder die Berufung des Martin Krimkorn (1932); Feuer vom Himmel (1936); Der Apostel (1955). – *Lyrik:* Bekenntnis (1927); Der neue Morgen (1958).

H. Knebel: J. K. (1982).

Kneipp, Sebastian, kath. Geistlicher und Naturheilkundiger, *Stephansried (bei Ottobeuren) 17. 5. 1821, †Bad Wörishofen 17. 6. 1897; bis zum 21. Lebensjahr Weber, dann Theologiestudent in Dillingen a. d. Donau und München; wurde 1852 Priester und 1880 Stadtpfarrer in Bad Wörishofen. K. entwickelte nach und nach vielfältige (allerdings nur z. T. neue) Anwendungen kalten und warmen Wassers und gab darüber hinaus Anregungen zu naturgemäßer, gesunder Lebensweise, die er neben der Abhärtung als Hauptbedingung von Gesunderhaltung und Heilung ansah. K.s Schriften (u. a. ›Meine Wasser-Kur‹, 1886;

Knautie:
Ackerknautie
(Höhe bis 1,5 m)

Hildegard Knef

Sebastian Kneipp

Wörter, die man unter K vermisst, suche man unter C, Ch, G, H oder Q

›So sollt ihr leben!‹, 1889) erreichen bis heute hohe Auflagen; sie wurden in viele Sprachen übersetzt. Seine Naturheilverfahren, die trotz anfangs scharfer Ablehnung durch die Schulmedizin die moderne physikal. Therapie und Balneologie wesentlich beeinflusst haben, wurden v. a. von der Wörishofener Ärzteschule weiterentwickelt.

Ausgabe: Ges. Schr., 4 Bde. (1898–99).

A. BAUMGARTEN: S. K. Biograph. Studie (1898); E. SCHOMBURG: S. K. 1821–1897. Die Lebensgesch. eines außergewöhnl. Mannes (^{5}1985).

Kneipp-Behandlungen, die von S. KNEIPP ausgearbeiteten Behandlungen mit kaltem Wasser. Bei den **Kneipp-Güssen** wird der Kältereiz eines kräftigen Wassergusses von der Peripherie einer Gliedmaße langsam herzwärts weitergeführt. Die Gießung geht dann wieder zur Peripherie zurück und wird noch einmal wiederholt. Bei Obergüssen fließt das Wasser breitflächig über den Rücken; der Kneipp-Blitzguss ist dagegen eine kurzfristig einwirkende kalte Strahldusche auf Rücken und Oberschenkel. K.-B. sind auch das kurze, kalte Armbad, das Wassertreten, die versch. Wickel und Packungen. In Kneipp-Kurorten werden ferner auch warme, ansteigende und wechselwarme Wasseranwendungen durchgeführt.

W. STAGE: Das Kneipp-Tb. (1968); Das große Kneippbuch. Hb. der naturgemäßen Lebens- u. Heilweise, begr. v. S. KNEIPP u. B. REILE, hg. v. J. H. KAISER (^{11}1996).

Kneißl, Max, Geodät, *München 9. 9. 1907, †ebd. 15. 9. 1973; ab 1949 Prof. in München und ab 1951 Direktor des Dt. Geodät. Forschungsinstituts, 1954–57 Vors. der Dt. Union für Geodäsie und Geophysik, 1955–73 Ständiger Sekr. der Dt. Geodät. Kommission bei der Bayer. Akad. der Wissenschaften. K. war Herausgeber der 10. Auflage des ›Handbuchs der Vermessungskunde‹ von W. JORDAN u. a. (^{10}1956–72, 11 Bde.).

Kneller [engl. 'nɛlə], Sir (seit 1691) Godfrey, eigtl. **Gottfried Kniller,** engl. Maler dt. Herkunft, *Lübeck 8. 8. 1646, †London 19. 10. 1723; ausgebildet im Atelier des Rembrandtschülers F. BOL in Amsterdam. 1672 reiste er nach Rom und Venedig. 1675 ließ er sich in London nieder, wo er nach dem Tod P. LELYs (1680) dessen künstler. Stellung einnahm und Hofmaler wurde. 1711 gründete er eine Kunstakademie, die er bis 1716 leitete. K. gehörte zu den begehrtesten Porträtisten seiner Generation (›Sir I. Newton‹, 1689; London, Kensington Palace) und unterhielt eine große Werkstatt.

J. D. STEWART: G. K., Ausst.-Kat. (London 1971).

Knepler, Georg, Musikforscher österr. Herkunft, *Wien 21. 12. 1906; studierte in Wien Musikwissenschaft u. a. bei G. ADLER und E. WELLESZ, Klavier bei E. STEUERMANN und Dirigieren bei H. GÁL, emigrierte 1934 nach England, kehrte 1946 nach Wien zurück, leitete 1950–59 die Dt. Hochschule für Musik in Berlin, war 1959–70 Prof. für Musikwissenschaft an der Humboldt-Universität.

Werke: Musikgesch. des 19. Jh., 2 Bde. (1961); Gesch. als Weg zum Musikverständnis (1977); Gedanken über Musik (1980); Wolfgang Amadé Mozart (1991).

Kneppelhout, Johannes, niederländ. Schriftsteller, *Leiden 8. 1. 1814, †Oosterbeek 8. 11. 1885; schrieb zuerst in frz., später, v. a. unter dem Pseud. **Klikspaan,** in niederländ. Sprache. Verfasser zunächst von humorist. Realismus geprägter, später stark moralisierender Skizzen des Studentenlebens (›Studententypen‹, 1841; ›Studentenleven‹, 1844).

Kneser, Adolf, Mathematiker, *Grüssow (Landkreis Müritz) 19. 3. 1862, †Breslau 24. 1. 1930; wurde 1889 Prof. in Dorpat, wirkte ab 1900 an der Bergakademie in Berlin und 1905–28 in Breslau. Beiträge zur Theorie der ellipt. Funktionen, der linearen Differenzialgleichungen und der Integralgleichungen sowie zur Geometrie; K.s wichtigstes Arbeitsgebiet war die Variationsrechnung (›Lb. der Variationsrechnung‹, 1900).

Knesset [hebr., eigtl. ›Versammlung‹] die, -, **Knesseth, Kneset,** das Parlament im Staat Israel.

Kniaźnin ['knjaz-], Franciszek Dionizy, poln. Dichter, *Witebsk im Oktober 1749 oder 1750, †Końskowola (bei Puławy) 25. 8. 1807; Vertreter eines empfindsamen Klassizismus; verfasste nach dem Vorbild von ANAKREON, HORAZ, S. GESSNER und der ossian. Dichtung lyr. und dramat. Dichtungen in lat. und poln. Sprache.

Knick der, -s/-s, Gebüschstreifen in Schlesw.-Holst., häufig auf Erdwällen. Die K. dienen der Feld- oder Flurbegrenzung, auch dem Windschutz. (→Heckenlandschaft)

Knickerbocker ['nɪkəbɔkə], Diedrich, Pseud. des amerikan. Schriftstellers W. →Irving. Nach dem fiktiven Erzähler in der von ihm verfassten Chronik ›A history of New York‹ (1809, 2 Bde.) wurden die landesübl. Kniehosen der holländ. Siedler New Yorks benannt; seit Ende des 19. Jh. als sportl. Kniehose mit Kniebund und Überfall getragen, deren Weite und Länge je nach Mode variierten.

Die Figur des Erzählers wurde zudem namengebend für die **K.-Gruppe,** einer lockeren Assoziation von New Yorker Schriftstellern im frühen 19. Jh., zu der neben IRVING selbst u. a. W. C. BRYANT, JAMES KIRKE PAULDING (*1778, †1860), JOSEPH RODMAN DRAKE (*1795, †1820) und FITZ-GREENE HALLECK (*1790, †1867) gehörten. Sie fühlten sich dem Geist und stilist. Vorbild ihres Namensgebers verpflichtet, veröffentlichten häufig im K. Magazine (›The K., New York Monthly Magazine‹, 1833–66) und wandten sich spezifisch amerikan. Themen zu.

Knickfuß, →Fußdeformitäten.

Knickhorizont, *Bodenkunde:* der →K-Horizont.

Knickmarsch, eine Form der →Marsch.

Knicksicherheit, Sicherheit eines Bauteils gegen →Knickung; sie errechnet sich aus dem Verhältnis der Knicklast F_K zu der tatsächlich das Bauteil belastenden Längskraft F_{vorh} oder auch aus dem Verhältnis der Knickspannung σ_K zur vorhandenen Druckspannung σ_{vorh}. Im Maschinenbau soll die K. im elast. Bereich Werte zw. 5 und 10, im unelast. Bereich zw. 3 und 8 einnehmen.

Knick|spant, *Schiffbau:* eine Spantform mit einem winkligen Übergang von Seitenwand- in den Bodenbereich; v. a. bei Segeljollen, Motorbooten und einfachen Gebrauchsfahrzeugen. Die K.-Bauweise fördert von einer bestimmten Mindestgeschwindigkeit an den widerstandsgünstigen Gleiteffekt (z. B. beim Gleitboot).

Knickung, seitl. Abweichen von der Symmetrieachse eines im Verhältnis zu seinen Querschnittsabmessungen langen Stabes unter dem Einfluss von in seiner Längsrichtung wirkenden Druckkräften (Biege-K.). Die hierzu mindestens erforderl. Belastung heißt **Knicklast (Knickkraft)** F_K, die Druckspannung, bei der das Ausbiegen gerade beginnt, **Knickspannung** σ_K, wobei $\sigma_K = F_K/A$ (A Ausgangsquerschnitt des Stabes) gilt. Nach L. EULER sind bei der K. i. Allg. vier **Knickfälle** zu unterscheiden, die von den Einspannverhältnissen bzw. der freien Beweglichkeit beider Stabenden abhängen: 1) ein Stabende eingespannt, das andere frei beweglich; 2) beide Enden gelenkig, Stab in Achsrichtung geführt; 3) Stab an einem Ende fest eingespannt, am anderen Ende gelenkig in Achsrichtung geführt; 4) beide Enden fest eingespannt. – Nach den Bewegungsgleichungen für die Rotation eines starren Körpers (eulersche Gleichungen) nimmt die vorher gerade Stabachse beim Ausknicken die Form einer Sinuslinie an. Die Stablänge, an der beim Ausknicken infolge der gegebenen Einspannverhältnisse eine Halbwelle einer Sinusfunktion auftreten würde, wird als freie Knicklänge l_K bezeichnet. Für alle vier Belastungsfälle gilt dann einheitlich die Formel $F_K = E \cdot J \cdot \pi^2 / l_K^2$ (dabei ist $E \cdot J$ die →Biegesteifigkeit des Stabes, E der Elastizitätsmodul des Werkstoffs, J das axiale Flächenträgheitsmoment des Querschnitts).

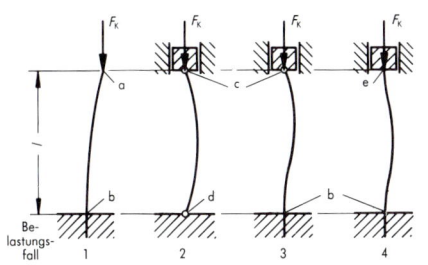

Knickung: Belastungsfälle nach Leonhard Euler; F_K Knicklast, a frei, b eingespannt, c gelenkig geführt, d gelenkig, e eingespannt geführt

Die eulerschen Gleichungen gelten nur im Bereich des hookeschen Gesetzes, d.h., wenn $\sigma_K \leq \sigma_P$ (σ_P Spannung an der Proportionalgrenze). Der **Schlankheitsgrad**, d.h. das Verhältnis von freier Knicklänge l_K zum Trägheitsradius $i = \sqrt{J/A}$, bei dem $\sigma_K = \sigma_P$ ist, wird Grenzschlankheitsgrad λ_0 genannt. Er trennt den Bereich der elast. K. ($\lambda \geq \lambda_0$) vom Bereich der unelast. K. ($\lambda \leq l_0$). Für den unelast. Bereich gelten für prakt. Berechnungen die von LUDWIG VON TETMAJER (* 1850, † 1905) aus zahlr. Versuchen entwickelten tetmajerschen Gleichungen der Form $\sigma_K = a - b\lambda + c\lambda^2$ (mit den stoffspez. Konstanten a, b und c). Diese Berechnungsverfahren werden im Hoch-, Kran- und Brückenbau durch das →Omega-Verfahren ersetzt.

Neben dem reinen Ausbiegen kann der Stab unter dem Einfluss einer Längskraft und/oder eines Drehmomentes auch eine räumlich gekrümmte und verdrehte Lage einnehmen (Biegedrill-K. oder reine Drill-K. ohne Durchbiegung). Bei reiner Druckbeanspruchung kann Biegedrill-K. auftreten, wenn der Schubmittelpunkt und der Schwerpunkt des druckbeanspruchten Querschnitts nicht zusammenfallen, sodass die im Schubmittelpunkt angreifende innere Schubkraft und die im Schwerpunkt angreifende äußere Schubkraft ein Kräftepaar bilden.

Knickversuch, *Mechanik:* Belastung eines Bauteils zur Ermittlung der Knickfestigkeit, d.h. der Belastung, die ein bestimmtes Bauteil gerade noch ertragen kann, ohne dass →Knickung eintritt.

Knidos, antike Stadt auf der türk. Halbinsel Reşadiye südöstlich der Insel Kos, Stätte der Wissenschaft (Ärzteschule seit dem 5. Jh. v. Chr.; astronom. Observatorium des EUDOXOS VON KNIDOS) und Kunst. Die urspr. von Dorern auf der äußersten W-Spitze (Kap Triopion) gegründete Stadt wurde in der 1. Hälfte des 4. Jh. v. Chr. verlegt. Ausgrabungen legten Bauten dieser neuen Gründung frei: Stadtmauer, ein hippodam. System angelegte Wohnquartiere mit Läden, Podium des Rundtempels der Aphrodite, weitere Tempel, zwei Theater, Molen. Für das Aphroditeheiligtum schuf PRAXITELES die **Knidische Aphrodite** (nur in Kopien überliefert); in dem Bezirk des Demeterheiligtums wurde eine griech. Originalskulptur aus parischem Marmor des 4. Jh. v. Chr. gefunden, eine Sitzstatue der Demeter (BILD, →Demeter); ein Kopffragment im Brit. Museum, London, wird für Kore (Persephone) oder auch Aphrodite in Anspruch genommen. K. war bis ins 7./8. Jh. n. Chr. bewohnt.

Knie, 1) *Anatomie:* →Kniegelenk.
2) *Technik:* →Kniehebel.

Knie, Friedrich, österr. Artist, * 1784 (1783?), † Burgdorf (Schweiz) 1850; Stammvater der Zirkusdynastie K.; übernahm um 1806 einen Zirkus, der von seinen Nachkommen (ab 1900 Schweizer) weitergeführt wurde. 1919 wurde der ›Schweizer National-Circus K.‹ gegründet.
A. A. HÄSLER: K. – Gesch. einer Zirkus-Dynastie (Bern 1968).

Kniebis *der,* Buntsandsteinhochfläche des nördl. Schwarzwalds bei Freudenstadt, bedeckt mit Wald, Hochmoor und Heide; die höchste Stelle (971 m ü. M.) liegt bei der Alexanderschanze. Über den K. führt die Schwarzwald-Hochstraße Baden-Baden–Freudenstadt; beliebtes Ausflugs- und Wintersportgebiet.

Kniefall, im 18. Jh. gebildetes Wort für das Niederknien auf beide oder auf ein Knie als Zeichen der Ehrerbietung. Wahrscheinlich ist der K. oriental. Ursprungs (→Proskynese), bei den Germanen wurde er erst mit dem Christentum bekannt. Als rechtsrituelle Formhandlung reicht der K. vom Zeichen der Unterordnung unter eine höhere Macht bis zur völligen Demütigung und Erniedrigung.

Kniefalte, *Geologie:* seltene Bez. für →Flexur.

Kniegelenk, Articulus genu, Knie, beim Menschen und den Wirbeltieren Gelenk zw. Oberschenkelknochen und Schienbein (→Bein).
Der Raum zw. den Gelenkhöckern des Oberschenkels und den beiden Gelenkflächen des Schienbeins wird von halbrunden, im Querschnitt keilförmigen Knorpelscheiben **(Menisken)** ausgefüllt. Von der Rinne zw. den Gelenkhöckern ziehen zwei sich überkreuzende starke, bei jeder Stellung des Knies sich anspannende und damit dieses sichernde Bänder **(Kreuzbänder)** nach vorn und hinten zu dem Mittelrand des Schienbeins. In die durch Bänder verstärkte Gelenkkapsel ist vorn die **Kniescheibe** (Patella) eingelassen. Durch mehrere Schleimbeutel werden bes. belastete Stellen des K. gegen Druck und Reibung geschützt. Die vom Oberschenkel zum Unterschenkel ziehenden Blutgefäße und Nerven liegen von Fettgewebe umhüllt in der durch Muskeln und Sehnen rautenförmig begrenzten **Kniekehle.** Außer der Beuge- und Streckbewegung kann der Unterschenkel in Beugestellung um die Längsachse nach innen (um 15–20°) und außen (um etwa 40°) gedreht werden.

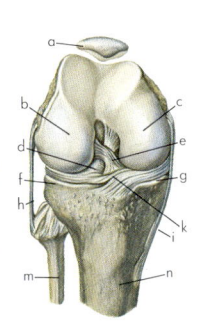

Kniegelenk: Ansicht von vorn; a Kniescheibe (hochgeschoben), b äußerer Gelenkhöcker, c innerer Gelenkhöcker, d hinteres Kreuzband, e vorderes Kreuzband, f äußerer Meniskus, g innerer Meniskus, h äußeres Seitenband, i inneres Seitenband, k Querband, m Wadenbein, n Schienbein

Kniegelenkentzündung, Gonarthritis, Gonitis, infektiöse oder nichtinfektiöse, akute oder chron. Entzündung des Kniegelenks. Infektiöse K. werden durch Bakterien hervorgerufen, die auf dem Blutweg (hämatogen) oder durch Eröffnen des Gelenks (Operation, Punktion, Verletzung) in das Gelenk gelangen. Spezif. K. bei Tuberkulose, Tripper oder Syphilis sind heute zunehmend seltener zu beobachten. Nichtinfektiöse K. finden sich insbesondere bei Erkrankungen des rheumat. Formenkreises, aber auch bei Gicht oder Psoriasis (→Gelenkkrankheiten).

Kniegrotte, Höhle in einem Zechsteinriff bei Döbritz östlich von Pößneck, im Saale-Orla-Kreis, Thür.; in altsteinzeitl. Fundschichten (Magdalénien) entdeckte man 1930 zahlr. Artefakte sowie Gravierungen und Skulpturen aus Rengeweih.
R. FEUSTEL: Die K. Eine Magdalénien-Station in Thüringen (Weimar 1974).

Kniehebel, Mechanismus, der aus zwei einarmigen, durch ein Gelenk **(Knie)** miteinander verbundenen Hebeln besteht, die an ihren (dem gemeinsamen Gelenk abgewandten) Enden ebenfalls gelenkig gelagert sind. Wirkt auf das Knie des K. senkrecht zur

Verbindungslinie seiner äußeren Endpunkte eine Kraft F, so entstehen an den Enden in Richtung der Verbindungslinie Kräfte F', die umso größer sind, je kleiner der Winkel α zw. Verbindungslinie und Hebel ist: $F' = F/(2\tan\alpha)$. Anwendung bei Pressen (**K.-Presse**), Schneidgeräten u. a.

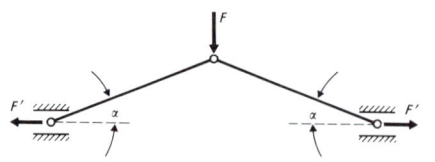

Kniehebel: Die senkrecht einwirkende Kraft F verursacht die beiden Kräfte F', deren Größe abhängig vom Winkel α ist

Kniehebelwerk, *Münzkunde:* →Prägen.

Knieholz, Krummholz, i. e. S. durch Schneedruck, Wind- und Kälteeinwirkung niedrig bleibendes Gestrüpp der Latsche (→Kiefer) oberhalb der Waldgrenze; i. w. S. jedes natürlich krumm und gebogen gewachsene Holz (wird u. a. im Schiffbau verwendet).

Kniehose, halblange, knapp über oder unter dem Knien endende Hose, die um 1500 die einteilige Beinkleidung des Mannes ablöste. Seither in vielen Varianten nachweisbar, u. a. Pluderhose, Rhingrave, Culotte, Knickerbocker, Bundhose.

Knielauf, in der Siegel- und Reliefkunst des Altertums (seit der akkad. Kunst) und der Antike (archaische Zeit) sowie auf antiken Münzen, z. B. den Dareiken, dargestellte Haltung des Menschen, bei der ein Knie aufgestützt zu sein scheint; sie gibt eine Bewegungsphase des Laufens wieder.

Kniemontierung, *Astronomie:* eine äquatoriale →Fernrohrmontierung.

Kniep, Christoph Heinrich, Maler, getauft Hildesheim 29. 7. 1755, †Neapel 11. 7. 1825; seit 1781 in Rom, später in Neapel. Von hier aus begleitete er GOETHE als Zeichner nach Sizilien.

Knies, Karl Gustav Adolf, Volkswirtschaftler, *Marburg 29. 3. 1821, †Heidelberg 3. 8. 1898; 1865–96 Prof. in Heidelberg; einer der Begründer der histor. Schule der Volkswirtschaftslehre.
Werke: Die polit. Ökonomie vom Standpuncte der geschichtl. Methode (1853, u.d.T. Die polit. Ökonomie vom geschichtl. Standpunkte, 2 Tle., ²1881–83); Geld u. Kredit, 3 Bde. (1873–79).

Knie|sehnenreflex, Kniescheibenreflex, Patellarreflex, reflektor. Streckbewegung des Unterschenkels, wenn bei entspannter Haltung des Beins ein Schlag mit dem ›Reflexhammer‹ gegen die Patellarsehne des vierköpfigen Schenkelstreckers (Musculus quadriceps femoris) unterhalb der Kniescheibe geführt wird. Der K. ist ein wichtiges diagnost. Zeichen; er fehlt z. B. bei Nervenentzündungen; übernormal ausgeprägt ist er bei Pyramidenbahnerkrankungen.

Kniestock, *Bautechnik:* der →Drempel.

Kniestück, Porträttypus, der den Dargestellten bis zu den Knien zeigt. K. ist gleichzeitig ein Ausdruck aus der Atelierpraxis, die den Preis für Porträtaufträge vom Kopfbild zur Ganzfigur staffelte.

Knietsch, Rudolf Theophil Josef, Chemiker, *Oppeln 13. 12. 1854, †Ludwigshafen am Rhein 28. 5. 1906; entwickelte 1888–98 die großtechn. Durchführung des Kontaktverfahrens zur Herstellung von Schwefelsäure, arbeitete über Kontaktgifte.

Knigge, Adolph Franz Friedrich Freiherr von, Pseudonyme u. a. **Josephus Aloisius Maier, J. C. Meywerk, Melchior Spießglas,** Schriftsteller, *Bredenbeck am Deister 16. 10. 1752, †Bremen 6. 5. 1796; wurde, nach Jurastudium 1769–72 in Göttingen und Assessortätigkeit in Kassel, 1777 auf Vorschlag GOETHES weimar. Kammerherr; 1790 Oberhauptmann in Bremen. 1780–84 führendes Mitgl. des aufklärer. Illuminatenordens. K. wurde v. a. bekannt durch sein Werk ›Über den Umgang mit Menschen‹ (1788, 2 Bde., kurz ›Knigge‹ gen.), in welchem er, im Konversationston und z. T. minutiös belehrend, vielfältige Lebensregeln bietet. K. schrieb daneben witzig-iron. Romane, Satiren, Dramen und z. T. bedeutende politisch-pädagog. Werke; außerdem übersetzte er ital. und frz. Werke (so die ›Confessions‹ von J.-J. ROUSSEAU).
Weitere Werke: Romane und Schriften: Gesch. des armen Herrn von Mildenburg, 3 Bde. (1789–90); Des seligen Herrn Etatsraths Samuel Konrad von Schaafskopf hinterlassene Papiere (1792); Die Reise nach Braunschweig (1792); Polit. Glaubensbekenntniss ... (1792). – *Dramen:* Theaterstücke, 2 Bde. (1779–80). – *Autobiographisches:* Der Roman meines Lebens. In Briefen, 4 Bde. (1781–83).
Ausgaben: Schriften, 12 Bde. (1804–06); Sämtl. Werke, hg. v. P. RAABE, 24 Bde. (Neuausg. 1992–93).

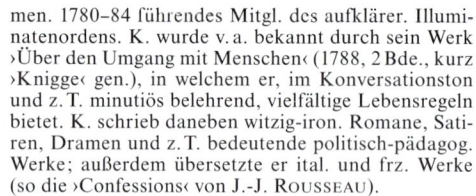

K. MITRALEXI: Über den Umgang mit K. Zu K.s ›Umgang mit Menschen‹ u. dessen Rezeption u. Veränderungen im 19. u. 20. Jh. (1984); P. KAEDING: A. von K. Begegnungen mit einem freien Herrn (1991).

Knight [naɪt; engl., von altengl. cniht ›Knecht‹, ›Knappe‹] *der, -s/-s,* ein vom brit. Souverän (durch ›Ritterschlag‹) für eine Reihe von Verdiensten um Krone und Vaterland verliehener, nichterbl. Adelstitel; urspr. Bez. für einen berittenen Krieger (entsprechend dem frz. Chevalier und dem dt. Ritter). Sind keine anderen Titel vorhanden, wird der K. als ›Sir‹ (vor dem Ruf- und Nachnamen), seine Gemahlin als ›Lady‹ (vor dem Nachnamen) angesprochen. Die K.-Würde steht oft in Verbindung mit der Verleihung bestimmter Orden, z. B. des Bathordens, des Distelordens, des Hosenbandordens, des Ordens des Brit. Empire und des Viktoriaordens. Der entsprechende Titel weibl. Würdenträger ist ›Dame‹.

Knielauf: Relief eines jungen Mannes im Lauf (zusammenbrechend?) oder beim Waffentanz; Höhe 1 m, 520 v. Chr. (Athen, Archäologisches Nationalmuseum)

Knight [naɪt], John Shively, amerikan. Verleger, *Bluefield (W. Va.) 26. 10. 1894, †Akron (Oh.) 16. 6. 1981; war seit 1919 Journalist, erbte 1933 die Zeitungen seines Vaters, des Verlegers und Politikers CHARLES LANDON K. (*1867, †1933), und baute sie aus zum Mehrmedienunternehmen **Knight Newspapers, Inc.,** seit 1974 **Knight-Ridder Newspapers, Inc.** (mit rd. 40 Tageszeitungen, Samstags- und Wochenblättern und fünf Fernsehgesellschaften). Für seine Blätter schrieb er bis 1976 die wöchentl. Kolumne ›The Editor's Notebook‹, für die er 1968 einen Pulitzerpreis erhielt.

Knights of Labor [naɪts əv ˈleɪbə; engl. ›Ritter der Arbeit‹], erste bedeutende nat. Gewerkschaftsorganisation in den USA; begründet 1869 in Philadelphia (Pa.) durch U. S. STEPHENS unter dem Namen **Noble**

Adolph Franz Friedrich Freiherr von Knigge

Order of the K. of L.; urspr. eine Geheimorganisation, um die Mitgl. vor Repression durch Arbeitgeber zu schützen und den Zusammenhalt zu fördern. Sie gewann nach ihrer Reorganisation (1879, T. V. POWDERLY) in Arbeitskämpfen der 1880er-Jahre erhebl. Bedeutung. Die K. of L. wurden jedoch zu keiner echten Arbeiterbewegung, sodass die American Federation of Labor (→AFL) ihnen seit 1886 den Rang ablief.

Kniphofia [nach dem dt. Botaniker J. J. KNIPHOF, * 1704, † 1765] *die, -/...fien,* wiss. Bez. der Pflanzengattung →Fackellilie.

Knipperdolling, Knipperdollinck, Bernhard (Bernt), Täufer, * Münster um 1490, † ebd. 22. 1. 1536; urspr. Tuchhändler; einer der Führer der Täuferbewegung in Münster und seit 1534 Bürgermeister von Münster; festigte die von J. BOCKELSON errichtete Herrschaft der →Täufer (das ›neue Reich Zion‹) in Münster; wurde wie er nach der Erstürmung Münsters durch bischöfl. Truppen hingerichtet; K.s Leichnam wurde in einem eisernen Käfig am Turm der Lambertikirche aufgehängt.

Knipper-Tschechowa, Knipper-Čechova [ˈknipɪrˈtʃɛxɔva], Olga Leonardowna, russ. Schauspielerin, * Glasow 21. 9. 1868, † Moskau 22. 3. 1959; ab 1898 Mitgl. des →Moskauer Künstlertheaters. Hervorragend v. a. in Rollen von A. P. TSCHECHOW, den sie 1901 heiratete.

Kniprode, Winrich von, Hochmeister des Dt. Ordens, →Winrich, W. von Kniprode.

Knistersalz, Steinsalz, das Gaseinschlüsse enthält, die beim Auflösen der Kristalle die dünn werdenden Wände unter hörbarem Knistern durchbrechen.

Knittel, John, eigtl. **Hermann K.,** schweizer. Schriftsteller, * Dharwar (Indien) 24. 3. 1891, † Maienfeld (Kt. Graubünden) 26. 4. 1970. K., Sohn eines Missionars aus Basel, wuchs in Großbritannien auf und war u. a. als Bankbeamter und Theaterleiter in London tätig. Begründer und bis 1938 Leiter des Institute of Oriental Psychology. K. schrieb, zunächst in engl., später in dt. Sprache zahlr. viel gelesene und z. T. verfilmte Liebes-, Gesellschafts- und Abenteuerromane sowie einige Dramen (›Sokrates‹, 1941).

Weitere Werke: Romane: The travels of Aaron West (1921; dt. Kapitän West); A traveller in the night (1924; dt. Der Weg durch die Nacht); Therese Etienne (1927); Der blaue Basalt (1929); Abd-el-Kader (1930); Via mala (1934); Amadeus (1939); Terra magna, 2 Bde. (1948); Arietta (1959).

Knittelfeld, Bezirkshauptstadt in der Obersteiermark, Österreich, an der Mur, 645 m ü. M., 14 200 Ew.; Arbeitsgericht; Schulstadt; Eisenbahnreparaturwerkstätten, Emaillierwerk, Anlagen-, Maschinen- und Werkzeugbau, Molkerei. – Die urspr. spätgotische kath. Stadtpfarrkirche Christus als König wurde 1945 z. T. zerstört, erhalten blieben Sakristei und Teile des Chors, das Langhaus wurde 1950–57 neu errichtet. – Das planmäßig angelegte K. wird 1224 erstmals erwähnt und ist seit 1302 Stadt. Mit dem Anschluss K.s an das Eisenbahnnetz (1868) setzte seine eigentl. Entwicklung ein.

Knittelvers, Knüttelvers, Knüppelvers, Klüppelvers, Klippelvers, Knittel, Bez. für eine auf den altdt. Reimpaarvers zurückgehende Versform; zunächst im 17. Jh. auf →leoninische Verse, dann aber auch auf →Alexandriner mit Zäsur- und Endreim angewandt. Beide Formen galten als regelwidrig und waren daher in der Poetik des 17./18. Jh. verpönt (M. OPITZ). Sie wurden in der volkstüml. Dichtung abgedrängt oder, z. B. von J. C. GOTTSCHED, für die kom. Dichtung empfohlen. Die Blütezeit des K. liegt im 16. Jh., wo er das charakterist. Versmaß der Werke von H. SACHS, H. FOLZ, H. ROSENPLÜT, S. BRANT, T. MURNER, P. GENGENBACH und J. FISCHART war. Seine Wiederbelebung erfolgte in der 2. Hälfte des 18. Jh. (u. a. GOETHE in ›West-östl. Divan‹, SCHILLER in ›Wallensteins Lager‹). Bes. populär wurde der K. noch einmal durch W. BUSCH. Seit dem Ende des 19. Jh. begegnet der K. v. a. im Drama, so im Prolog zu F. WEDEKINDS ›Der Erdgeist‹ (1895), in H. VON HOFMANNSTHALS ›Jedermann‹ (1911) und G. HAUPTMANNS ›Festspiel in dt. Reimen‹ (1913).

knitter|arm, knitterfest, Eigenschaft von Textilien aus Cellulosefasern (Baumwolle, Viskosespinnfasern u. a.), deren Knitterneigung durch Einlagern von Kunstharzen und Vernetzen der Cellulosemoleküle verringert wird. Durch diese Ausrüstung werden die Wasseraufnahme- und Quellfähigkeit vermindert, der Griff etwas härter, die Scheuerfestigkeit geringer.

Knittergold, das →Rauschgold.

Knittlingen, Stadt im Enzkreis, Bad.-Württ., im südöstlichen Kraichgau, 191 m ü. M. 7 400 Ew.; Faust-Museum und -archiv. – Der 835 erstmals erwähnte Ort wurde mehrfach niedergebrannt; 1840 erhielt K., bereits 1504 als Städtchen bezeichnet, wieder Stadtrecht. – In K. wurde J. FAUST geboren.

Knivskjelodden [ˈkniːvʃɛˈlɔdən], Nordspitze der Insel Magerøy, Nordnorwegen, und nördlichster Punkt Europas, 71° 11′ 08″ n. Br. und 25° 43′ ö. L. Nur 1,5 km südlicher liegt das bekanntere →Nordkap.

Knjaschnin, Knjažnin [-ʒ-], Jakow Borissowitsch, russ. Dramatiker, * Pleskau 14. 10. 1742 (1740 ?), * Sankt Petersburg 25. 1. 1791; schrieb spätklassizist. Tragödien und Komödien (›Čudaki‹, postum 1793). Seine Tragödie ›Vadim Novgorodskij‹ (postum 1793), wegen ihrer Kritik an der zarist. Autokratie verboten und öffentlich verbrannt, beeinflusste die Literatur der Dekabristen. K. übersetzte u. a. P. CORNEILLE und VOLTAIRE.

KNN, künstl. Intelligenz: Abk. für **k**ünstliche **n**euronale **N**etze (→neuronale Netze).

Knobelbecher, Soldatensprache: Militärstiefel mit kurzem Schaft.

Knobelsdorff, Georg Wenzeslaus von, Baumeister, Gartenarchitekt und Maler, * Gut Kuckädel, heute zu Bobrowice, bei Crossen (Oder) 17. 2. 1699, † Berlin 16. 9. 1753; beendete 1729 seine Offizierslaufbahn und studierte Malerei (bei A. PESNE) und Architektur. 1740 wurde er nach Reg.-Antritt FRIEDRICHS II. Oberintendant der königlichen Schlösser und Gärten sowie aller Bauten der königlichen Provinzen.

Georg von Knobelsdorff: Schloss Sanssouci in Potsdam; 1744–48

John Knittel

Wörter, die man unter K vermisst, suche man unter C, Ch, G, H oder Q

Knoblauch
(Höhe bis 70 cm)

Knoblauchkröte
(Größe bis 8 cm)

Knoblauchsrauke:
Gemeine
Knoblauchsrauke
(Höhe 20–100 cm)

K. ist der Hauptvertreter des →friderizianischen Rokoko. Er verband in seinen Werken Einflüsse der zeitgenöss. frz. und ital. Baukunst mit Elementen des →Palladianismus. Er berücksichtigte bei seinen Plänen Entwürfe FRIEDRICHS II. Die Goldene Galerie in dem von ihm errichteten Neuen Flügel (1740–46; nach 1945 rekonstruiert) von Schloss Charlottenburg weist ihn als hervorragenden Innendekorateur aus. K. entwarf auch die Parkanlage von Schloss Sanssouci (1744–48) in Potsdam und den Berliner Tiergarten (1741 begonnen).

Weitere Werke: Schloss Rheinsberg, Umbau (1737–39); Opernhaus in Berlin (heute Dt. Staatsoper Berlin, 1741–43); Stadtschloss in Potsdam (1744–51, im Zweiten Weltkrieg zerstört); Schloss Sanssouci in Potsdam (1744–48, unter Mitwirkung von FRIEDRICH II.; im Zweiten Weltkrieg z. T. zerstört, wieder aufgebaut).

KnobiBonbonKabarett [-bõbõ-], erstes türk. Kabarett in Dtl.; 1986 von ŞINASI DIKMEN (* 1945) und MUSHIN OMURCA (* 1959) in Ulm gegründet; Beiträge v. a. zur sozialen Situation von Asyl Suchenden.

Knoblauch [spätahd. cnufloch, dissimiliert aus ahd. chlobilouh, eigtl. ›gespaltener Lauch‹], **Allium sativum,** stark riechendes, ausdauerndes Liliengewächs der Gattung →Lauch mit flachen Blättern, doldigem Blütenstand (Blüten häufig reduziert oder durch Brutknospen ersetzt) und einer Zwiebel, die (reif) von vielen Gruppen kleiner Brutzwiebeln (**K.-Zehen**) umgeben ist. Diese bestehen aus nur einem fleischig verdickten Niederblatt, welches den Vegetationskegel birgt und von einem häutigen, weißen Hüllblatt eingeschlossen ist. Gebildet werden die Brutzwiebeln am Grund derber, weißer Blätter, die wegen der Stauchung der Sprossachse nahezu nebeneinander rings um die Achse stehen und die Zwiebel und die Brutzwiebeln umschließen. Nach dem Fruchten stirbt die Hauptzwiebel ab; aus den Brutzwiebeln entstehen neue Pflanzen. – Der K. ist seine in Zentralasien beheimatete, heute in vielen Ländern angebaute Gewürz- und Heilpflanze. Die K.-Zehen enthalten 0,1–0,4% schwefelhaltige Aromastoffe (v. a. die für den charakterist. Geruch verantwortl. Verbindungen Diallyldisulfid und Allicin), die nach dem Verzehr z. T. durch die Haut wieder ausgeschieden werden. Das aus den Zwiebeln durch Destillation gewonnene, gelbe bis bräunl. **K.-Öl** wird in der Nahrungsmittelindustrie für die Herstellung von Fleischgewürzen, Salatdressings u. a. verwendet. Medizinisch wird K. – meist in Drageeform – u. a. bei Arteriosklerose, hohem Blutdruck, Darmkatarrh sowie bei Leber- und Gallenleiden verwendet (v. a. antibiot. und antithrombot. Wirkung).

Knoblauch, Eduard, Baumeister, * Berlin 25. 9. 1801, † ebd. 29. 5. 1865; errichtete zahlr. Wohnhäuser in Berlin. Die von ihm in Eisenkonstruktion entworfene Neue Synagoge in der Oranienburger Straße (1857 ff.) mit maur. und mittelalterl. Stilelementen gilt als sein Hauptwerk (mit F. A. STÜLER, 1866 vollendet, 1938 beschädigt, 1943 zerstört; Wiederaufbau 1988 ff., 1995 – umgestaltet und teilweise restauriert – als Centrum Judaicum eingeweiht).

Knoblauchkröte, Pelobates fuscus, bis 8 cm lange Art der Krötenfrösche in Mitteleuropa und Westasien, v. a. in Gebieten mit lockerem sandigem Boden. K. sind nachtaktiv und graben sich in der Morgendämmerung mithilfe einer Hornschaufel an der Fußinnenseite in den Boden ein. Bei Erregung sondern sie ein knoblauchartig riechendes Hautsekret ab. Die Larven können bis zu 18 cm lang werden.

Knoblauchschwindling, Küchenschwindling, Marasmius scorodonius, in Fichten- und Kiefernwäldern relativ häufiger Ständerpilz mit etwa 2,5 cm breitem, braunrotem Hut. Der K. ist ein geschätzter Würzpilz, der im Handel unter der Bez. ›Echter Mousseron‹ bekannt ist.

Knoblauchsrauke, Knoblauchshederich, Lauchhederich, Alliaria, Gattung der Kreuzblütler mit fünf in Eurasien beheimateten Arten. In Mitteleuropa kommt häufig die **Gemeine K.** (**Koblauchskranz,** Alliaria petiolata) vor, eine besonders an Wald- und Gebüschrändern auf stickstoffreichen Böden wachsende Pflanze mit herzförmigen, nach Knoblauch riechenden Blättern und kleinen, weißen Blüten.

Knobloch, Johann, Sprachwissenschaftler, * Wien 5. 1. 1919; 1963–84 Prof. in Bonn und Direktor des Sprachwiss. Instituts. Hauptarbeitsgebiete sind u. a. kulturgeschichtl. Wortforschung, indogerman. Etymologie und Altertumskunde, Schriftgeschichte, Romanforschung und Psycholinguistik.

Werk: Sprache u. Religion, 3 Bde. (1979–86). – **Hg.:** Innsbrucker Beitr. zur Kulturwiss. (1953–63); Romani-Texte aus dem Burgenland (1953); Sprachwiss. Wb., auf mehrere Bde. ber. (1961 ff.).

Knoche, Ulrich, klass. Philologe, * Berlin 5. 9. 1902, † Hamburg 24. 7. 1968; wurde 1939 Prof. in Hamburg, 1948 in Köln, 1950 erneut in Hamburg. Schwerpunkte seiner Arbeiten waren die röm. Satire (bes. JUVENAL) und Komödie (bes. TERENZ) sowie die Werke der augusteischen Klassiker und SENECAS.

Werke: Der Philosoph Seneca (1933); Die röm. Satire (1949); Vom Selbstverständnis der Römer (1962).

Ausgabe: Ausgew. kleine Schr., hg. v. W.-W. EHLERS (1986).

Knöchel, Malleoli, bei Mensch und höheren Affen die beiden Knochenvorsprünge an der äußeren und inneren Seite des oberen Sprunggelenks (→Fuß, →Bein). Der innere K. gehört dem Schienbein, der äußere K. dem Wadenbein an. Beide K. begrenzen die **K.-Gabel,** die das Sprungbein umfasst und mit diesem sowie einem straffen Bandapparat das obere Sprunggelenk bildet.

Knöchelbruch, Malleolarfraktur, durch indirekte Gewalteinwirkung (v. a. Umknicken) hervorgerufene Verletzung der Sprunggelenkgabel, meist mit Beteiligung der Bänder; häufigster Knochenbruch der unteren Gliedmaßen. Bei Abknickung nach außen (Supination) kommt es zur Abscherung des Innenknöchels, häufig auch Mitverletzung des Außenbandes und -knöchels; bei Abknickung nach innen (Pronation) zum hohen Bruch des Außenknöchels mit Innenbandverletzung. Die *Behandlung* erfordert eine exakte Einrenkung und Gipsverband, ggf. eine Osteosynthese, da bleibende Funktionsstörungen zu Gelenkschäden und Versteifung führen können.

Knochen [mhd. knoche, zu knochen ›drücken‹, ›pressen‹, eigtl. ›das, womit man gegen etwas schlägt‹

Knochen: Schematische Darstellung vom inneren Bau eines Röhrenknochens; in dem sektorartigen Ausschnitt ist links das Maschenwerk aus Knochenbälkchen (Spongiosa), rechts die kompakte Rindenzone dargestellt; drei äußere Generallamellen sind plastisch herausgehoben, ebenso drei Osteonen; die Linien in der Wandung der Lamellen kennzeichnen den Fibrillenverlauf; an der rechten Seite ist die faserige Knochenhaut (Periost) mit ihren Gefäßen dargestellt.

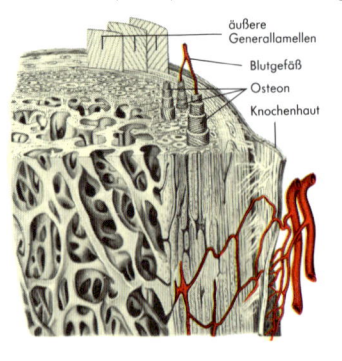

äußere Generallamellen
Blutgefäß
Osteon
Knochenhaut

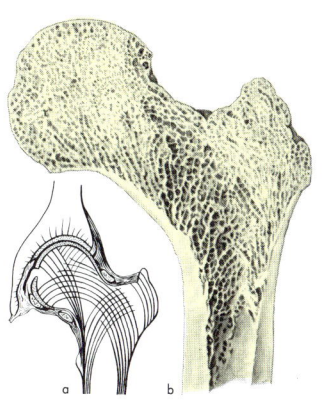

Knochen: Funktionsanpassung von Knochenbälkchen im oberen Ende des Oberschenkelknochens;
a Hauptspannungslinien des in die Hüftgelenkpfanne eingefügten Oberschenkelkopfes (schematisch);
b Entsprechende Anordnung der Knochenbälkchen in einem Schittpräparat

(urspr. lautmalend)], **Ossa,** Stützelemente der Wirbeltiere (einschließlich Mensch), die meist über Gelenke miteinander verbunden sind und in ihrer Gesamtheit das Skelett bilden.

Die **K.-Bildung (Verknöcherung, Osteogenese, Ossifikation)** geht von bestimmten Mesenchymzellen, den K.-Bildnern **(Osteoblasten),** aus, die als Interzellularsubstanz kollagene Fibrillen, die den K.-Leim ergeben, in einer sich verfestigenden Kittsubstanz ausbilden. In dieses Gewebe, das der organ. Gerüstsubstanz **Ossein** des K. entspricht, werden anorgan. Verbindungen (v. a. Calciumphosphat und Kalksalze) eingelagert. Aus den Osteoblasten werden die **K.-Zellen** (Osteozyten), die nun, durch harte K.-Substanz voneinander getrennt, in Hohlräumen **(K.-Höhlen)** eingeschlossen liegen, jedoch über (in K.-Kanälchen verlaufende) Ausläufer miteinander in Verbindung stehen. Nach dem Feinbau der K.-Substanz unterscheidet man die (immer zuerst angelegten) **Faser-K.** (mit groben, meist ein Geflecht bildenden Kollagenfibrillenbündeln; v. a. bei kleineren Tieren) und **Lamellen-K. (Schalen-K.)** mit feinen, parallel zueinander angeordneten Fibrillenbündeln, die Schichten bzw. Lamellen oder Schalen mit abwechselnder Fibrillenrichtung bilden.

Die Ossifikation kann im Unterschied zur direkten K.-Entstehung (desmale K.-Bildung; bei →Deckknochen) auch im Anschluss an die Entstehung und den Wiederabbau (durch knorpelzerstörende Zellen; **Chondroklasten)** von Knorpelgewebe (→Knorpel) erfolgen (chondrale K.-Bildung; bei →Ersatzknochen). Dies ist v. a. bei den langen K. der Gliedmaßen, den Röhren-K., der Fall. Bei ihnen verknöchert das röhrenförmige Mittelteil (Diaphyse), das zw. den Gelenkenden (Epiphyse) und einer Knorpelfuge (Epiphysenfuge) liegt, einerseits über die Bildung einer allmählich sich verdickenden K.-Manschette von außen, von der Knorpel- und Knochenhaut her **(perichondrale K.-Bildung, periosteale K.-Bildung),** andererseits erfolgt die Verknöcherung, nach Auflösung der Knorpelzellen, von innen her **(enchondrale oder endochondrale K.-Bildung)** unter Ausbildung konzentrisch angeordneter Lamellen und der K.-Säulchen **(Osteonen).** Dieses sehr feste K.-Gewebe wird als **Kompakta** bezeichnet. Im Inneren der Diaphyse entsteht durch Auflösung des Knorpelgewebes die primäre **Markhöhle,** die dann von →Knochenmark erfüllt wird, das noch von einem lockeren, als **Spongiosa** bezeichneten Maschenwerk aus feinen **K.-Bälkchen** durchsetzt werden kann. Die K.-Bälkchen sind entsprechend den stat. Anforderungen verteilt und bilden je nach Zug- und Druckbelastung **Spannungslinien (Trajektorien).** Die K. sind von einer derben, gefäß- und nervenreichen Bindegewebshülle umgeben, der **K.-Haut (Beinhaut, Periost).** Von ihr geht die embryonale K.-Bildung und nach Verletzungen auch die Regeneration des K. aus.

Beim Umbau der urspr. angelegten K.-Struktur wird durch knochenzerstörende, vielkernige Riesenzellen **(Osteoklasten)** K.-Substanz auch wieder aufgelöst (z. B. beim Übergang vom Faser-K. in den Lamellenknochen).

K. haben die gleiche Elastizität wie Eichenholz und die gleiche Zugfestigkeit wie Kupfer. Die Druckfestigkeit ist sogar größer als die des Sandsteins, die Biegefestigkeit ist mit der des Flussstahls vergleichbar.

Störungen und Erkrankungen im Bereich der K. treten außer in Form der →Gelenkkrankheiten und der →Knochenbrüche in Gestalt von Wachstums- und Stoffwechselstörungen (→Marmorknochenkrankheit, →Osteodystrophie, →aseptische Knochennekrose, →Knochenerweichung), der von K.-Haut oder K.-Mark ausgehenden Entzündungen (→Knochenentzündung) und von spezif. Infektionskrankheiten (→Knochentuberkulose), degenerativen Vorgängen (→Knochenatrophie, →Osteoporose, →Osteochondrose) sowie Wucherungen und Geschwulstbildungen (→Exostose, →Knochentumoren) auf. Als **Osteopathien** werden v. a. systemisch auftretende (das gesamte Skelett oder einen größeren Teil betreffende) Erkrankungen bezeichnet.

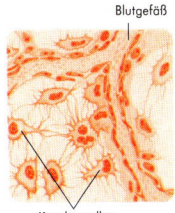

Knochen: Feinbau des Knochengewebes bei starker Vergrößerung; die in der Umgebung eines Blutgefäßes entstehenden, stark verzweigten Knochenzellen sind miteinander verbunden

Knochen|atrophie, Knochenschwund, der Schwund des verkalkten Knochengewebes der kompakten Rinde wie der Bälkchen, im Unterschied zur Demineralisierung bei der Knochenerweichung. Die K. betrifft als →Osteoporose die Struktur des in der Gesamtform unveränderten Knochens, als →Osteolyse die herdförmige Auflösung von Knochenteilen.

Knochen|auswuchs, Bez. für die →Exostose.
Knochenbank, Einrichtung zur Tiefkühlkonservierung (−70 °C) von menschl. oder tier. Knochen zur →Knochentransplantation.
Knochenbreccie [-brɛtʃə], Geologie: →Bonebed.
Knochenbruch, Fraktur, Trennung des natürl. Gewebezusammenhanges eines Knochens durch direkte, örtlich begrenzte, oder indirekte, fortgeleitete Gewalteinwirkungen, die zu einer über die Elastizitätsgrenze hinausgehenden Belastung führen. Beim **kompletten K.** entstehen zwei oder mehrere Bruchstücke (Fragmente) unterschiedl. Größe (bis zum Trümmer- oder Splitterbruch), beim **Serienbruch** sind mehrere Knochen gleichzeitig betroffen. Der **inkomplette K.** tritt als Haarbruch (Fissur), Spaltbildung ohne Trennung des Zusammenhangs (Infraktion), bei Schädelknochen als Eindellung (Impression), in jugendl. Alter als →Grünholzbruch ohne Durchtrennung der Knochenhaut auf. Sonderfälle sind der →Ermüdungsbruch, der bei Kindern hervorgerufene Epiphysenlösung (→Epiphyse) und die durch krankhafte Knochenveränderungen (Osteoporose, Knochenzysten, -tumoren) bedingte, bei geringfügigen Belastungen auftretende **Spontanfraktur** (patholog. Bruch).

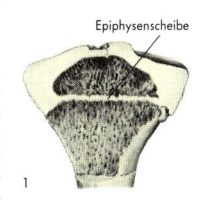

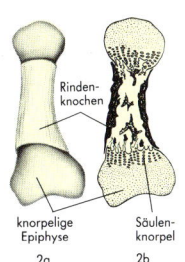

Knochen: 1 Längsschnitt durch das obere Gelenkende des Schienbeins eines 6½-jährigen Jungen; der Knochenkern der Epiphyse ist von der Diaphyse noch durch die knorpelige Epiphysenscheibe getrennt; 2 Röhrenknochen vom Fuß eines fünf Monate alten Embryos (2a von außen, 2b im Längsschnitt); die Gelenkenden sind noch knorpelig, der Schaft ist verknöchert; an der Grenze zwischen Schaft und Epiphyse entsteht aus dem Säulenknorpel später die Epiphysenscheibe

Wörter, die man unter K vermisst, suche man unter C, Ch, G, H oder Q

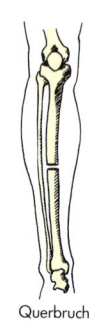

Knoc Knochenbrüchigkeit – Knochenkohle

Die Einteilung der K. richtet sich nach den betroffenen Körper- oder Knochenteilen (z. B. Schädel-, Unterarm-, Gelenkbruch), nach der Ursache (z. B. Schussbruch), nach der Form der Gewalteinwirkung (z. B. Biegungs-, Dreh-, Kompressions-, Abrissbruch, Abscherfraktur), nach Verlaufsrichtung und Form der Bruchlinie (Quer-, Schräg-, Spiral- oder Schraubenbruch). Weist eine Bruchstelle mehrere Bruchlinien auf, wird der K. nach der Ähnlichkeit mit den Buchstaben als T-, V- oder Y-Bruch bezeichnet. Beim **einfachen (geschlossenen)** K. bleibt die umgebende Weichteilbedeckung intakt, beim **komplizierten (offenen)** K. liegt infolge Durchspießung oder Zerreißung unterschiedl. Schweregrads mit Nebenverletzungen auch von Muskeln, Nerven, Organen und größeren Blutverlusten die Bruchstelle offen, wodurch es zu Infektionen kommen kann. Weitere Komplikationen sind Schock, Fettembolie und Knochenmarkentzündung. Bes. schwerwiegende Formen mit neurolog. Komplikationen können beim Wirbelbruch auftreten.

Zu den (unsicheren) *Symptomen* eines K. gehören Schwellungen und Blutergüsse, heftiger Druckschmerz, Gebrauchseinschränkung oder -unfähigkeit durch schmerzhafte Bewegungshemmung; sichere Hinweise stellen die anomale Lage und Beweglichkeit von Gliedmaßen, Knochenreiben bei Bewegung (→Crepitatio) und das Röntgenbild dar.

Nach der unmittelbaren Versorgung durch die Maßnahmen der →ersten Hilfe (ÜBERSICHT) werden Form und Ausmaß des K. durch Röntgenuntersuchungen in mehreren Ebenen geklärt, ggf. auch durch Zusatzuntersuchungen wie Computer- oder Kernspintomographie. Die weitere *Behandlung* besteht in der bei örtl. Betäubung oder Allgemeinnarkose vorgenommenen Einrenkung der Bruchstücke (Reposition) durch Handgriffe (teils unter Einsatz von Streckapparaten) unter Sichtkontrolle im Röntgenbild und der Ruhigstellung in korrekter Lage (Retention) durch Anlegen eines Gipsverbandes, ggf. auch durch Dauerzugbehandlung (→Drahtextension) sowie entsprechende Lagerungsschienen zur Vermeidung von Verkürzungen durch starken Muskelzug. Bei komplizierten Brüchen kann eine chirurg. Wundbehandlung mit Stabilisierung der Bruchstücke durch Maßnahmen der →Osteosynthese erforderlich sein. Die Heilung des K. vollzieht sich bei eng aufeinander liegenden Bruchflächen durch direkte Verknöcherung (Kontaktheilung); bei Bestehen eines Bruchspalts kommt es durch den Reiz, den der Bluterguss an der Bruchstelle bewirkt, zur Sprossung und Vermehrung von Bindegewebezellen mit Bildung eines Frakturkallus, der durch zunehmende Kalkeinlagerung zum belastungsfähigen Knochen umgewandelt wird. Bei einer Störung der K.-Heilung kann es zu einer Falschgelenkentwicklung (Pseudarthrose) kommen. Die Heilungszeit eines K. liegt zw. 3 Wochen (z. B. Finger- und Zehenbruch) und 16 Wochen (z. B. Schenkelhalsbruch); in höherem Lebensalter kann sie verzögert sein. Der Rehabilitation nach K. dienen krankengymnast. Bewegungsübungen sowie, wenn möglich, frühzeitige funktionelle Belastung, bei ruhig gestellten Gliedmaßen vorwiegend isomet. Muskeltraining.

Die Frakturenbehandlung bei Kindern u. Jugendlichen, hg. v. B. G. WEBER (Neuausg. 1979); B. KALTWASSER u. a.: Chirurgie der Knochen u. Gelenke (1981); E. JONASCH: K.-Behandlung bei Kindern (1982); R. MCRAE: Praxis der Frakturenbehandlung (a. d. Engl., ³1995).

Knochenbrüchigkeit, abnorme Bruchanfälligkeit der Knochen als Folge von Veränderungen der Knochensubstanz (Knochenatrophie, Osteoporose) oder von Entwicklungsstörungen des Knochens (z. B. Osteogenesis imperfecta).

Knochendichtemessung, die →Osteodensitometrie.

Knochen|entzündung, Ostitis, Osteitis, bakterielle Entzündung des Knochens, bei der die Keime entweder auf dem Blutweg (hämatogen) oder von außen (offene Verletzung, Operationen) in den Knochen gelangen. Begünstigend wirken starke Gewebezerstörungen sowie eine allgemeine Abwehrschwäche. Bes. ungünstig sind Infektionen in der Umgebung von eingebrachten Metallimplantaten, da diese oftmals erst nach Entfernung der Implantate ausheilen. Symptome sind Schmerzen, Fieber und Blutbildveränderungen, in fortgeschrittenem Stadium auch typische röntgenolog. Veränderungen. Die *Behandlung* umfasst Ruhigstellung, Antibiotikagaben und eventuell auch chirurg. Maßnahmen.

Knochen|erweichung, Osteomalazie, der Rachitis ähnl. Veränderungen am Skelett des Erwachsenen, die in einer unzureichenden Mineralisation der Knochengrundsubstanz infolge Calcium- und Phosphatmangels und -entzugs bestehen. Häufige Ursache war früher ein Vitamin-D-Mangel, heute meist eine Störung des Vitamin-D-Stoffwechsels bei chron. Niereninsuffizienz, Malabsorptionssyndrom oder Phosphatdiabetes. Symptome sind Glieder- und Kreuzschmerzen, Skelettverformungen v. a. im Bereich des Beckens und der Wirbelsäule (Skoliose, Kyphose, Keil- und Fischwirbel), X- und O-Beine. Die *Behandlung* wird meist mit hoch dosierten Vitamin-D-Gaben durchgeführt.

Knochenfische, Osteichthyes, Klasse der Wirbeltiere, bei der im Ggs. zu den Knorpelfischen das Skelett teilweise oder vollständig verknöchert ist; 424 Familien mit rd. 20000 Arten, weltweit im Süß- und Meerwasser. Bei den Echten K. (Teleostei) ist auch die Wirbelsäule verknöchert. Primitive K. sind die →Lungenfische, →Quastenflosser und →Strahlenflosser. Fast alle K. haben eine Schwimmblase. Ihre Haut ist i. d. R. mit Schuppen bedeckt oder durch Knochenplatten verstärkt (Panzerwelse). BILD →Fische.

Knochengano|iden, Holoste|i, zu den →Strahlenflossern gestellte Überordnung der Knochenfische mit z. T. verknöchertem Skelett; Schuppen vielfach mit Ganoinüberzug (Ganoidschuppen); im Mesozoikum artenreich und weit verbreitet, heute nur noch die zwei Ordnungen →Knochenhechte und Kahlhechte (mit der einzigen Art →Schlammfisch).

Knochengeräte, aus Knochen und Horn hergestellte Geräte, die (z. T. bis heute) als Werkzeuge (Bohrer, Schaber, Messer, Ahlen, Nadeln, Harpunen, Angelhaken u. a.) und Waffen (Lanzen-, Speer- und Pfeilspitzen) verwendet werden, ferner auch Schmuck (Perlen, Ringe, Reifen u. a.). Einzelne K. fanden sich im Acheuléen von Torralba (Spanien) und in Salzgitter-Lebenstedt. Häufiger treten K. erst in der jüngeren Altsteinzeit auf.

Knochengeschwülste, die →Knochentumoren.

Knochenhaut|entzündung, Periostitis, infektiöse und nichtinfektiöse (z. B. durch Überlastung), akute oder chron. Entzündung der Knochenhaut, die durch Schmerzen und schmerzhafte Funktionsstörung, bei Infektionen auch durch Schwellung, Fieber und entzündl. Blutbildveränderungen gekennzeichnet ist. Letztere treten oft im Rahmen infektiöser K. auf und werden wie diese behandelt. Die *Behandlung* umfasst Schonung, lokale Injektionen, eventuell auch operative Maßnahmen.

Knochenhechte, Lepiste|iformes, Ordnung der Knochenganoiden mit nur einer Gattung, deren Arten in Süßgewässern Nord- und Mittelamerikas verbreitet sind. K. besitzen Ganoidschuppen und eine gekammerte Schwimmblase, die als Lunge dienen kann. Zu den K. gehören u. a. der bis 3 m lange **Kaimanfisch** (Lepisosteus spatula) sowie der **Gefleckte Alligatorhecht** (Lepisosteus tristoechus).

Knochenkohle, →Aktivkohle.

Querbruch

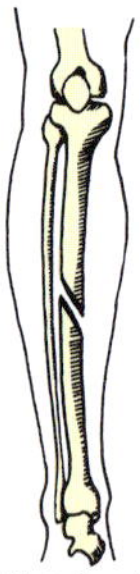

Schrägbruch

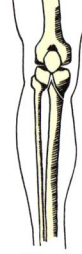

Y-Bruch

Drehungsbruch

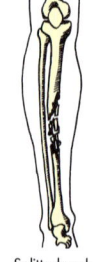

Splitterbruch

Knochenbruch: Bruchformen

Knochenleim, ein meist auf der Basis entfetteter, gebleichter, entmineralisierter Rinderknochen hergestellter Glutinleim (→Glutin).

Knochenleitung, Schalleitung zum Innenohr (Corti-Organ) über die Schädelknochen unter Umgehung des Mittelohrs, im Unterschied zur Luftleitung; die Prüfung der K. (z. B. mittels Stimmgabel, K.-Hörer) dient der Unterscheidung von Mittelohr- und Innenohrschwerhörigkeit.

Knochenmark, Medulla ossium, die Spongiosalücken und Knochenhohlräume (Markhöhlen) der höheren Wirbeltiere ausfüllendes retikuläres Bindegewebe. Das K. gehört zum Monozyten-Makrophagen-System, es ist beim erwachsenen Organismus Ausgangsort der Blutbildung (und damit auch der Bildung von Immunzellen; **rotes K.**); die K.-Zellen besitzen die Fähigkeit zur Phagozytose von Fremdkörpern. Mit zunehmendem Alter wird das K. v. a. in den großen Röhrenknochen durch Verfetten der Retikulumzellen gelb (**gelbes K., Fettmark**); es kann bei Bedarf (z. B. Sauerstoffmangel im Gebirge) wieder in das Blut bildende rote K. umgewandelt werden.

Knochenmark|aplasie, Verminderung der Blut bildenden Zellformen aufgrund von Reifungs- und Teilungshemmungen der Knochenmarkzellen als Folge von Strahlen- oder Arzneimittelschäden; führt zu Panzytopenie im Blut.

Knochenmarkbiopsie, Untersuchung der Knochenmarkzellen zur Diagnose von Blutkrankheiten, die mit einer Störung der Blutbildung verbunden sind, auch zur Verlaufskontrolle bei deren Behandlung. Das Gewebematerial wird v. a. durch Knochenmarkpunktion gewonnen.

Knochenmark|entzündung, Osteo|myelitis, akute oder chron. Entzündung des Knochenmarks, die meist durch Ausbreitung von Eitererregern (Staphylococcus aureus) auf dem Blutweg hervorgerufen wird und von Furunkeln oder anderen Herdinfekten ausgeht (**hämatogene K.**); auch durch direkten Keimbefall im Zusammenhang mit offenen Knochenbrüchen oder chirurg. Eingriffen (Osteosynthese, Gelenkersatz) ist eine Entstehung möglich (**posttraumatische K.**), wobei Hospitalkeime (→Hospitalismus) eine wesentl. Rolle spielen. Meist werden die langen Röhrenknochen (Schienbein-, Oberschenkel-, Oberarmknochen) befallen. Symptome der akuten K. sind hohes Fieber, Schüttelfrost und heftige, rheumaähnl. Schmerzen. Meist kommt es zur Beteiligung von Knochenhaut und Weichteilmantel mit Schwellungen, eitriger Sekretion, Bildung von Knochenfisteln nach Knochenzerstörung, bei weiterem Verlauf auch zum Absterben abgegrenzter Knochenteile (Sequester), die sich durch Ummantelung mit Granulationsgewebe abheben (Totenlade). Als gefährl. Komplikation kann eine allgemeine Sepsis auftreten. Eine abgeschwächte chron. Form stellt der →Brodie-Abszess dar. Die *Behandlung* besteht in der Anwendung von Antibiotika, Ruhigstellung der Gliedmaße im ›gefensterten‹ Gipsverband, meist auch in einer chirurg. Ausräumung der Entzündungsherde mit Drainage.

Knochenmarkpunktion, Punktion des Knochenmarkraums im Rahmen der →Knochenmarkbiopsie, auch zur Einbringung von Arzneimitteln oder Durchführung einer Knochenmarktransplantation. Dabei wird das Brustbein (Sternalpunktion) in Höhe der dritten Rippe, der Beckenkamm oder der Lumbalwirbeldornfortsatz angestochen.

Knochenmarktransplantation, Übertragung von Zellen des Knochenmarks, die durch Punktion markreicher platter Knochen (Brustbein, Beckenkamm) von einem Spender gewonnen und nach Aufschwemmung in Nährlösung intravenös injiziert werden. Sie enthalten die unreifen Stammzellen des Immunsystems und des Blutes, die im Empfänger zu funktionstüchtigen Zellen ausreifen. Eine K. wird bei angeborenen oder erworbenen Funktionsstörungen des Knochenmarks vorgenommen (z. B. Knochenmarkaplasie, aplast. Anämie, Strahlenschäden). Die wichtigste Indikation ist die Behandlung einiger Leukämien (Blutkrebs) nach hoch dosierter zytostat. oder Strahlenbehandlung, bei der versucht wird, alle Tumorzellen zu eliminieren, wobei auch das gesunde Knochenmark zerstört wird. Knochenmark enthält auch reife Lymphozyten. Aufgrund immunolog. Reaktionen ist bei K. eine hohe Übereinstimmung des →HLA-Systems zw. Empfänger und Spender erforderlich, die bei sehr nahen Verwandten gegeben ist. Häufigste Komplikation bei einer K. ist die →Graft-versus-Host-Reaktion, bei der sich die übertragenen Lymphozyten gegen das Gewebe des Empfängers richten (v. a. Magen-Darm-Kanal, Leber, Haut) und die tödlich enden kann. Diese Reaktion versucht man durch Anreicherung der Stammzellen mit der Abtrennung reifer Lymphozyten aus dem Transplantat zu mindern. Außerdem ist eine Behandlung des Empfängers mit →Immunsuppressiva notwendig.

In jüngster Zeit wird die K. zunehmend durch die Gabe von aus dem Blut hoch angereicherten Stammzellen, die das Oberflächenmerkmal CD34 tragen, ersetzt (**Stammzellentransplantation**). Diese Behandlung weist geringere immunolog. Komplikationen auf und lässt dadurch auch Nichtverwandte als Spender zu. Eine inzwischen seltenere Komplikation stellt das Nichtangehen des Transplantats dar. Bei allen Patienten besteht bis zur vollen Funktionstüchtigkeit des Immunsystems, das nach einigen Wochen erreicht wird, eine Immunschwäche mit Gefährdung durch Infektionskrankheiten, v. a. in Form auch tödlich verlaufender Lungenentzündungen. Die Immunschwäche erfordert in dieser Zeit die Isolierung in sterilen Räumen. Eine Sonderform der K. ist die **autologe K.,** bei der z. B. einem Leukämiepatienten Knochenmarkzellen vor einer hoch dosierten Tumortherapie entnommen, konserviert und nach Abschluss der Behandlung zurückgegeben werden. Sie führt nicht zu immunolog. Komplikationen; da aber das Knochenmark meist auch Tumorzellen enthält, auch nicht zu einem langfristigen Rückgang der Krankheitserscheinungen.

Knochenmehl, in einer Knochenmühle durch sehr feines und splitterfreies Zerkleinern von entfetteten Knochen und Absieben gewonnenes, an Mineralstoffen (bes. an Phosphaten, Kalk und Stickstoffverbindungen) reiches Futtermittel (nicht entleimtes K.). Bei der Gewinnung von Leim (Gelatine) aus dem beim Absieben zurückbleibenden gröberen Knochenschrot fällt entleimtes K. an, das als Düngemittel verwendet wird; es enthält 30–35 % Phosphorsäureverbindungen in einer von Pflanzen leicht aufnehmbaren Form.

Knochennagelung, Verfahren der →Osteosynthese.

Knochennekrose, Osteonekrose, örtlich begrenztes Absterben von Knochengewebe durch Entzündungsvorgänge (z. B. Knochenmarkentzündung), physikal. wie auch chem. Schadwirkungen (Strahlenschäden, Erfrierungen, Verbrennungen, Phosphorvergiftung) oder lokale Ernährungsstörungen (Knochengefäßinfarkt und →aseptische Knochennekrose).

Knochenhechte: Gefleckter Alligatorhecht (Länge bis 4 m)

Wörter, die man unter K vermisst, suche man unter C, Ch, G, H oder Q

Knochenporzellan, engl. **Bone China** [bəʊn 'tʃaɪnə], Porzellan hoher Transparenz und Weiße, das neben Ton, Kaolin, Quarz und Feldspat etwa 40% Knochenasche (hauptsächlich Calciumphosphat) enthält; seit Mitte des 18. Jh. u. a. in den Manufakturen Sèvres, Chelsea, Derby und Worcester hergestellt.

Knochenschädel, Osteocranium, Bez. für alle knöchernen Schädelelemente, im Unterschied zum Knorpelschädel der Elasmobranchii und dem Primordialcranium der Wirbeltiere.

Knochenschwund, die →Knochenatrophie.

Knochentransplantation, Übertragung von frisch entnommenem (autogene K.) oder in einer Knochenbank konserviertem menschl. (allogene K.) oder tier. (xenogene K.) Knochengewebe; die Knochenentnahme erfolgt meist am Beckenkamm, Schien- oder Wadenbein oder am großen Rollhügel des Oberschenkels. Die K. dient der Auffüllung von Knochendefekten bei Entzündungen, Tumoren, Falschgelenken, aber auch bei Versteifungen von Gelenken und Teilen der Wirbelsäule.

Knochenzüngler: Arapaima (Länge bis 4,5 m)

Knochentuberkulose, meist im Gefolge einer Lungentuberkulose durch Aussaat der Erreger (Tuberkelbakterien) auf dem Blutweg entstehende Knochenerkrankung, die heute zumindest in Europa sehr selten geworden ist. Betroffen ist bes. das Knochenmark, in dem sich Granulationsgewebe mit zahlr. Tuberkeln entwickelt, das den benachbarten Knochen einschmilzt und zu Verkäsung und Eiterbildung mit Weichteilabszessen und Fisteln führt **(exsudativ-verkäsende K.);** bei anderen Formen überwiegt die Bildung von schwammigem Granulationsgewebe **(produktive K.).** Ein Durchbruch in benachbarte Gelenke ruft Gelenktuberkulose hervor. Der Befall der Wirbelsäule kann durch Wirbelverschmelzung in der Ausheilungsphase zur Ausbildung eines Buckels (Gibbus) führen, K. der Finger ist mit starker Auftreibung der Knochenhaut verbunden (Spina ventosa oder Winddorn). Die *Behandlung* ist äußerst langwierig und besteht in der Anwendung von Tuberkulostatika, ggf. in einer chirurg. Entfernung der Knochenherde.

Knochentumoren, Knochengeschwülste, von Knochen, Knorpel oder Knochenmark ausgehende Geschwulstbildungen; unterschieden werden gutartige (Osteome, Knochenfibrome), semimaligne, zur Entartung befähigte (Riesenzelltumoren) und bösartige Geschwülste (Chondrosarkom, Osteosarkom, Ewing-Sarkom). V. a. die bösartigen K. können zu krankhaften Wucherungen oder aber auch zur Zerstörung des Knochens mit der Gefahr von Spontanbrüchen führen. Von den primären bösartigen K. sind die Skelettmetastasen als Absiedelung anderer Primärtumore zu trennen (bes. maligne Tumoren der weibl. Brustdrüse, Prostata, Schilddrüse, Bronchien und der Nieren).

Knochenzüngler, Osteoglossidae, Familie lang gestreckter, vorwiegend räuber. Knochenfische mit sechs Arten in Süßgewässern der alt- und neuweltl. Tropen. Mit bis 4,5 m Länge ist die größte Art der **Arapaima** oder **Barramunda** (Arapaima gigas) im Amazonas und seinen Nebenflüssen; gekennzeichnet durch große, meist grünl. Schuppen, eine karmesinrote Schwanzwurzel und eine lange, blutgefäßreiche Schwimmblase, die bei Sauerstoffmangel wie eine Art Lunge wirkt. Das getrocknete Fleisch der Arapaimas kommt in gerollten Bündeln auf den Markt. Bis 60 cm lang werden die seitlich abgeflachten **Gabelbärte** (Osteoglossum; Gattung mit zwei Arten in demselben Areal), deren Unterkiefer zwei Barteln aufweisen. Zu gleitenden Luftsprüngen befähigt ist der bis 10 cm lange →Schmetterlingsfisch.

Knochenzyste, Hohlraumbildung im Knocheninneren (echte oder Pseudozyste); Ursachen sind Verletzungen mit Blutungen ins Knochenmark, entzündl. und degenerative Vorgänge, Tumoren, Aneurysmen; die Entstehung der **juvenilen K.** der langen Röhrenknochen (Metaphysen) im Kindesalter ist ungeklärt. Die *Behandlung* besteht in operativer Ausräumung und Knochentransplantation.

Knock-down [nɔk'daʊn; zu engl. to knock down ›niederschlagen‹] *der, -(s)/-s, Boxen:* schwerer Treffer, nach dem der getroffene Boxer zu Boden geht und angezählt wird.

knock-out [nɔk'aʊt; engl. to knock out, eigtl. ›bewusstlos schlagen‹], Abk. **k. o.,** *Boxen:* nach einem Niederschlag kampfunfähig und besiegt, k. o. sein. (→Boxen)

Knoebel ['knø-], Imi, eigtl. **Wolf K.,** Künstler, * Dessau 31. 12. 1940; studierte 1964–71 an der Düsseldorfer Akad. unter J. BEUYS. K. arbeitete zunächst mit Videoprojektionen. Anfang der 70er-Jahre entwickelte er eine Weiß-in-Weiß-Malerei, die zunehmend auf eine kontemplative Raumwirkung abzielte. Später erprobte er völlig frei geschnittene Formgebilde und Farbe in breitester Palette (Installation ›Genter Raum‹, 1980). Er gelangte von geometr. zu gestischen Darstellungen von starker Expressivität.
I. K., hg. v. M. BLOEM u. H. GASSNER, Ausst.-Kat. Haus der Kunst München (1996).

Knoevenagel ['knøvə-], Heinrich Emil Albert, Chemiker, * Linden (heute zu Hannover) 18. 6. 1865, † Berlin 11. 8. 1921; seit 1900 Prof. in Heidelberg, entdeckte die Kondensationsreaktion der Aldehyde mit Verbindungen, die eine aktive Methylengruppe enthalten, in Gegenwart organ. Basen wie Pyridin **(K.-Kondensation).**

Knöffel, Johann Christoph, Baumeister, * Dresden 1686, † ebd. 6. 3. 1752; Oberintendant alt königl. Gebäude in Dresden, wo er eine Reihe von Palais errichtete und 1748 die Hofkirche vollendete. 1743–51 leitete er den Umbau von Schloss →Hubertusburg. K.s Bauten sind mit ihrer ausgewogenen Gliederung und dem dezenten Ornamentschmuck bezeichnend für den Übergang vom Rokoko zum Klassizismus. (BILD →Hubertusburg)
Weitere Werke: (alle in Dresden): Palais Wackerbarth (1723–28, 1945 zerstört); Palais Kurländer (1728–29, 1945 zerstört, Wiederaufbau geplant); Palais Brühl (1737–51, 1900 abgebrochen); Palais Cosel (1744–46, 1945 zerstört, Wiederaufbau geplant).
W. HENTSCHEL u. W. MAY: J. C. K. (Berlin-Ost 1973).

Knokke-Heist [-hɛjst], Nordseebad in der Prov. Westflandern, Belgien, 32 300 Ew. – **Knokke** und **Heist-aan-Zee** waren bis 1971 selbstständige Seebäder.

Knole [nəʊl], Landsitz südöstlich von London, Cty. Kent, S-England; Sitz von Lord SACKVILLE. K., das 1456 begonnen und 1603–08 erweitert wurde, gilt als eines der größten engl. Herrenhäuser; nahezu unverändert erhalten, hervorragende Ausstattung v. a. des 17. und 18. Jh.; ausgedehnte Parkanlagen.

Knoll, Joachim Heinrich, Erziehungswissenschaftler, * Freystadt in Niederschlesien 23. 9. 1932; ab 1961 Prof. in Bonn, seit 1964 in Bochum; arbeitet bes. über polit. Bildung und Erwachsenenbildung, für die er ein Modell mit Qualifikationen entwickelte.
Werke: Probleme der polit. Bildung (1967); Erwachsenenbildung, Erwachsenenqualifizierung (1968, mit H. SIEBERT); Einf. in die Erwachsenenbildung (1973); Bildung international (1980); Erwachsenenbildung u. berufl. Weiterbildung in der Bundesrepublik Deutschland (1980); Continuing education in

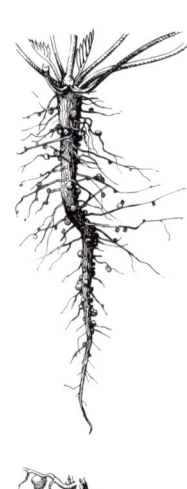

Knöllchenbakterien: oben Wurzel der Esparsette mit Wurzelknöllchen; unten Knöllchen in etwas größerer Darstellung

Knop

higher education (1993, mit C. TITMUS u. J. WITTPOTH); Gewalt u. Spiele. Gewalt u. Videospiel im Widerstreit der Meinungen (1993). – **Hg.:** Lebenslanges Lernen (1974).

Knöllchenbakterien, Bakterien, die in knöllchenartigen Verdickungen von Pflanzenwurzeln leben und Stickstoff aus der Luft aufnehmen. Im Wesentlichen versteht man unter K. die gramnegativen, symbiotisch in Hülsenfrüchtlern lebenden K. der Gattung Rhizobium, bei denen in neuerer Zeit z. T. auch zw. schnell wachsenden K. (Gattung Rhizobium) und langsam wachsenden K. (Gattung Bradyrhizobium) unterschieden wird. Im Boden befindl. K. werden durch Ausscheidungen der Pflanzen angelockt und dringen häufig über die Wurzelhaare in die Wurzeln ein. Dort bilden sie durch Teilung und Vergrößerung einen Infektionsschlauch. Auch angeregt durch bakterielle Wuchsstoffe, beginnen Rindenzellen zu wuchern, wobei die Knöllchen entstehen. Schließlich dringen die K. in Rindenzellen ein und wandeln sich zu unregelmäßig geformten Zellen (Bakterioiden) um. Danach bildet sich ein enger symbiot. Stoffwechsel aus. Die K. fixieren elementaren Stickstoff (oft ein Mangelfaktor für die Pflanzen) und werden ihrerseits mit Assimilationsprodukten der Pflanze versorgt. Mit dem Altern der Pflanze lässt die Stickstofffixierung allmählich nach, ein Teil der Bakterien wird verdaut. Mit dem Absterben der Pflanze gelangen die K. wieder in den Boden. – Wegen ihrer Symbiose mit K. (Stickstoffbindung) eignen sich Hülsenfrüchte bes. gut zur Gründüngung. Bei Fehlen der spezif. K. können die Böden hierfür mit kommerziellen Präparaten geimpft werden.

Bei trop. Rötegewächsen und bei Myrsinengewächsen werden symbiot. Blattknöllchen gebildet. Diese K. können auch in Blüten und Samenanlagen eindringen und mit den Samen verbreitet werden. (→Wurzelknöllchen)

Knolle, rundlich bis eiförmig verdicktes, ober- oder unterird. Speicherorgan für Reservestoffe bei versch. mehrjährigen Pflanzen. **Spross-K.** entstehen durch Verdickung des Hypokotyls (**Hypokotyl-K.,** z. B. Alpenveilchen, Radieschen) oder eines oder mehrerer Sprossinternodien, wobei sowohl die Hauptachse (z. B. Kohlrabi) als auch (meist unterird.) Nebenachsen (z. B. Kartoffel) betroffen sind. **Wurzel-K.** sind dagegen Verdickungen sprossbürtiger Wurzeln (z. B. Dahlie, Batate). Sie unterscheiden sich von den Spross-K. durch das Fehlen von Blattanlagen, das Vorhandensein von Wurzelhauben und ihren anatom. Bau (homolog zu den Nebenwurzeln).

Knollenblätterpilz, Bez. für mehrere Arten der Ständerpilzgattung Amanita. Allen gemeinsam sind eine deutl. Knolle am Grunde des Stiels, weißl. Lamellen (›Blätter‹) an der Unterseite des Hutes und ein häutiger Ring am Stiel. Zu den K. gehören die gefährlichsten einheim. Giftpilze, der **Grüne K.** (**Grüner Giftwulstling, Grüner Wulstling,** Amanita phalloides) mit weißem bis olivgrünl., 8–12 cm breitem Hut, und die beiden auch unter der Bez. **Weißer K.** bekannten Arten **Frühlings-K.** (Amanita verna) mit weißem, 3–10 cm breitem Hut und **Spitzhütiger K.** (Amanita virosa) mit spitzkegeligem oder glockigem, ebenfalls weißem, 4–10 cm breitem Hut. Ihre Gefährlichkeit beruht v. a. darauf, dass die Giftwirkung des an sich ›wohlschmeckenden‹ Pilzes häufig erst nach 10–20 Stunden einsetzt und das Gift dann schon vollständig vom Körper aufgenommen worden ist. Die Vergiftung äußert sich in starken Leibschmerzen, Erbrechen und schweren Durchfällen. Die Giftstoffe (Amatoxine, v. a. α- und β-Amanitin und versch. Phallotoxine) bewirken nach einer scheinbaren Besserung in einer zweiten Phase Leberschäden. Häufig tritt trotz Behandlung in tiefer Bewusstlosigkeit der Tod ein. Die *Therapie* besteht in der Entfernung des Giftes durch Hämodialyse oder Austauschtransfusionen, Verhinderung oder Begrenzung der Toxinaufnahme durch die Leberzellen durch Chemotherapie (Silymarin) und symptomat. Behandlung des Wasser- und Elektrolytverlustes sowie der Folgen der Leberschäden. Über 90% aller tödlich verlaufenden Pilzvergiftungen gehen auf K. zurück.

Knollenkerbel, Art der Pflanzengattung →Kälberkropf.

Knollenmergel, Mergel mit Einlagerung von Kalkknollen; sind diese linsenförmig ausgebildet, spricht man von Flaserkalken (→Flasertextur), überwiegen die tonigen Anteile von **Kalkknotenschiefer.** K. neigen zu Hangbewegungen (Rutschungen, Bergschlipfe), da sie bei Austrocknung schrumpfen und bei Wasseraufnahme unter Druckwirkung auf die Umgebung stark quellfähig sind.

Knollennase, das →Rhinophym.

Knoller, Martin, österr. Maler, *Steinach (Tirol) 8. 11. 1725, †Mailand 24. 7. 1804; Schüler von P. TROGER und der Wiener Akademie. 1755 trat er in Rom in Beziehung zu A. R. MENGS und J. J. WINCKELMANN. 1765 wurde er in Mailand Hofmaler des österr. Statthalters Graf FIRMIAN. K. malte v. a. Deckenfresken für Kirchen in Tirol und Süd-Dtl., auch Altarbilder und Porträts. Sein Werk ist zunächst noch dem bayer. Rokoko verhaftet, nähert sich jedoch zunehmend dem Klassizismus.

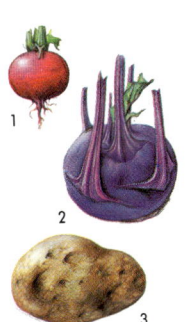

Knolle: 1–3 Sprossknollen; 1 Radieschen, 2 Kohlrabi, 3 Kartoffel; 4 Wurzelknollen einer Dahlie

Werke: Fresken im Palazzo Vigioni-Firmian in Mailand (1759), in der Klosterkirche Ettal (1769), in St. Augustinus in Bozen (1771–75), in der Abteikirche Neresheim (1775), im Palazzo Belgioso in Mailand (1781–83).

E. BAUMGARTL: M. K. (1725–1804) als Deckenmaler (1986).

Knonauer Amt, noch gebräuchl. Bez. für die Gebiete des heutigen Bezirks →Affoltern, Kt. Zürich, Schweiz.

Knoodt, Franz Peter, altkath. Theologe und Philosoph, *Boppard 6. 11. 1811, †Bonn 27. 1. 1889; seit 1835 Priester, 1841–43 Studium bei A. GÜNTHER in Wien; seit 1847 Ordinarius für kath. Lehrstuhls für Philosophie in Bonn, 1848/49 Mitgl. der Frankfurter Nationalversammlung; verteidigte den Günthesianismus und Hermesianismus und wandte sich gegen die jesuit. Neuscholastik. Nach 1870 gehörte er zu den ersten Altkatholiken, 1878 wurde er Generalvikar des altkath. Bischofs J. H. REINKEN.

Werke: Günther u. Clemens, 3 Bde. (1853–54); Anton Günther, 2 Bde. (1881).

A. FRANZEN: Die Kath.-Theolog. Fakultät Bonn im Streit um das Erste Vatikan. Konzil (1974).

Knoop, Gut in der Gem. Altenholz bei Kiel, Schlesw.-Holst.; das Herrenhaus (1792–1800) gehört zu den Hauptwerken des norddt. Klassizismus. Innenausstattung der Repräsentationsräume mit dekorativen Landschaftsbildern (um 1800).

Knoop, Franz, Biochemiker, *Schanghai 20. 9. 1875, †Tübingen 2. 8. 1946; 1908–28 Prof. in Freiburg im Breisgau, danach in Tübingen; arbeitete v. a. über Stoffwechselchemie, entdeckte 1905 die β-Oxidation der Fettsäuren im Organismus; 1937 Mitentdecker des Zitronensäurezyklus.

Knopf [ahd. ›Knoten‹, urspr. ›Zusammengeballtes‹], Kleidungsverschluss aus unterschiedl. Material. Die Größe wird nach Linien (''') gemessen. 1''' entspricht rd. $^2/_3$ mm. **Blinde K.** können nicht geknöpft werden; sie dienen nur als Schmuck. **Montage-K.** aus

Knollenblätterpilz: oben Grüner Knollenblätterpilz (Hutbreite 8–12 cm); Mitte Frühlingsknollenblätterpilz (Hutbreite 3–10 cm); unten Spitzhütiger Knollenblätterpilz (Hutbreite 4–10 cm)

Knop Knopfbusch – Knorr

Metallteilen werden mit passendem Stoff überzogen. – **K.-Löcher** können mit Stoffstreifen besetzt **(Paspelknopflöcher)** oder umnäht **(Flachloch-** oder **Wäscheknopflöcher)** sein. **Augenknopflöcher** haben am Vorderende eine Rundung für den K.-Stiel.

K. wurden von alters her, ohne durchgehend bekannt gewesen zu sein, als Zierde und z. T. auch als Verschluss von Kleidungsstücken eingesetzt. Aus der Jungsteinzeit sind K. aus Knochen und Bernstein mit v-förmiger Bohrung bekannt. Für den Kittel der Germanen wurde der Bronze-K. verwendet, meist wurden die Gewänder durch die →Fibel geschlossen. Die Phryger zogen gestielte Leinwandbällchen durch Schlingen. Im MA. (Mitte des 14. Jh.) trat der K. erneut auf (an Schecke und Wams der Männerkleidung). Neben stoffbezogenen K. und solchen aus Metall werden seit dem 18. Jh. vermehrt Schmuck-K. aus Juwelen, Glas, Porzellan, Perlmutt, auch mit figürl. Darstellungen, hergestellt. Seit dem 19. Jh. werden Horn, Steinnuss und Kunststoffe verwendet. (→Druckknopf)

L. S. ALBERT u. K. KENT: The complete button book (Garden City, N. Y., 1949); M. TRENKLE: Der Perlmutter-K. (^{4}1958); P. PEACOCK: Buttons for the collector (Newton Abbot 1972); 1 000 Knöpfe. Alles über ein schönes Accessoire u. seine Verwendung, bearb. v. J. WHITTEMORE (a. d. Engl., 1992); Auf u. Zu. Von Knöpfen, Schnüren, Reißverschlüssen..., bearb. v. G. MENTGES u. E.-M. KLEIN, Ausst.-Kat. Museum für Volkskultur in Württemberg, Waldbruch (1994).

Knopfbusch, Knopfblume, Cephalanthus, Gattung der Rötegewächse mit sechs Arten, v. a. in den amerikan. Tropen und Subtropen; meist Sträucher oder kleine Bäume mit gegenständig oder quirlig angeordneten Blättern. Einige Arten werden als Zierpflanzen kultiviert, so z. B. die Art **Cephalanthus occidentalis,** ein bis 2 m hoher Strauch mit weißlich gelben Blütenköpfchen.

Knopfhornblattwespen, Keulenhornblattwespen, Cimbicidae, Familie der Blattwespen mit etwa 140 Arten, davon 25 in Mitteleuropa; bis 3 cm lang, mit keulenförmig verdickten Fühlern; die raupenähnl. Larven fressen v. a. an Laubblättern, auf dem Blattrand sitzend.

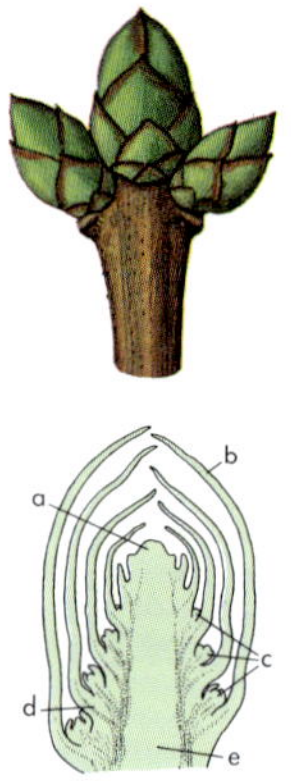

Knopfkraut, Franzosenkraut, Galinsoga, Gattung der Korbblütler mit 14 Arten in Amerika. Nach Mitteleuropa wurden im frühen 19. Jh. zwei Arten eingeschleppt, darunter das **Kleinblütige K.** (Galinsoga parviflora), ein Acker- und Gartenunkraut mit zahlr., etwa 5 mm großen Köpfchen aus gelben Röhren- und weißen Zungenblüten.

Knopfspießer, *Jägersprache:* Bez. für einen Rehbock oder Hirsch mit kurzem, knopfförmigem Gehörn oder Geweih.

Knopfzelle, *Elektrotechnik:* kleine, runde, völlig geschlossene Primärzelle (→Batterie) mit Zellspannungen i. Allg. zw. 1,35 und 3,6 V als Stromquelle für Taschenrechner, Digitaluhren, Hörgeräte, Fotoapparate u. a. Nach dem eingesetzten Elektrodenmaterial unterscheidet man insbesondere Silberoxid-, Quecksilberoxid-, Silberchlorid-Magnesium-Zelle und Lithiumbatterie.

Knopit [nach dem Mineralogen ADOLF KNOP, *1828, †1893] *der, -s/-e,* Mineral, ein →Perowskit mit 4–5% Cererde.

Knöpken, Andreas, Reformator, *bei Küstrin um 1468, †Riga 18. 2. 1539; wirkte v. a. in Riga; wandte sich früh der Reformation zu und stand in enger Verbindung mit J. BUGENHAGEN; verfasste einen Römerbriefkommentar (1524), zu dem MELANCHTHON ein Vorwort schrieb; auch Verfasser zahlreicher niederdt. Kirchenlieder.

Knorpel, Knorpelgewebe, Cartilago, vorwiegend aus Chondroitinsulfat bestehendes Stützgewebe, das bei Tintenfischen (Kopfkapsel) und niederen Wirbeltieren (Cyclostomata, Knorpelfische) das gesamte Skelett bildet und bei den höheren Wirbeltieren embryonal angelegt ist (aus bestimmten Zellen des Mesenchyms, den **Chondroblasten**) und in der Folge durch **Chondroklasten** wieder abgebaut wird; ist auf bestimmte Knochenverbindungen, Gelenkflächen sowie Nasen-K., Ohr-K., Kehlkopf-K. u. a. beschränkt. K. ist gekennzeichnet durch Zellarmut, große Mengen zäh-gallertiger Interzellularsubstanz (Elastin, Kollagen, Mukopolysaccharide) und fehlende Gefäßversorgung. Je nach Beschaffenheit der Interzellularsubstanz unterscheidet man: 1) druckfesten **hyalinen K.,** der im embryonalen Skelett, in Gelenk- und Rippen-K. sowie in den K. der Nase, des Kehlkopfes, der Luftröhre und der größeren Bronchien vorkommt; 2) biegungsfesten **elastischen K.,** der noch zusätzlich elast. Fasernetze (Netz-K.) enthält, z. B. im Ohr-K., Kehldeckel, in einigen Abschnitten des Kehlkopf-K. und in den Bronchien (kleinste Bronchial-K.); 3) zugelastische **Faser-** oder **Bindegewebe-K.,** bei die kollagenen Bindegewebefasern überwiegen, u. a. in Zwischenwirbel- und Zwischengelenkscheiben.

Knorpelfische, Chondrichthyes [ç-], Klasse der Wirbeltiere, bei der im Ggs. zu den Knochenfischen ein knorpeliges Innenskelett vorhanden ist. Zumeist befinden sich zahnartige Plakoidschuppen auf der Haut, die Kiefer sind mit Zähnen besetzt und das Maul ist unterständig. Zur Vergrößerung der Darmoberfläche ist eine Spiralklappe oder -falte (Spiraldarm) ausgebildet. Die K. werden in die beiden Unterklassen **Elasmobranchii** (→Haie und →Rochen) und **Holocephali** (→Seedrachen) eingeteilt.

Knorpelganoiden, Chondrostei [ç-], Überordnung der Strahlenflosser mit z. T. knorpeligem Skelett und Schuppen mit Ganoinüberzug. Einzige rezente Ordnung sind die Störartigen (→Stör).

Knorpelgeschwulst, das →Chondrom.

Knorpelkirsche, Varietät der Süßkirsche (→Kirsche).

Knorpellattich, Knorpelsalat, Chondrilla [ç-], Gattung der Korbblütler mit etwa 25 Arten im gemäßigten Eurasien; ausdauernde Kräuter mit rutenförmigen, wenig beblätterten Zweigen und zahlr., relativ kleinen, meist gelben Blütenköpfchen in Doldenrispen oder Ähren. In Mitteleuropa kommt v. a. der **Große K.** (**Binsen-K.,** Chondrilla juncea) in Dünen und Sandtrockenrasen vor.

Knorpelschädel, Chondrocranium [ç-], i. e. S. der aus Knorpel bestehende Schädel der Elasmobranchii (→Haie, →Rochen), i. w. S. Bez. für alle diejenigen Schädelelemente, die aus knorpeligen Vorläufern gebildet wurden (z. B. das Primordialcranium der Wirbeltiere).

Knorpeltang, das →Irländische Moos.

Knorpelwerk, Ornamentform des 17. Jh., die sich aus ohrmuschelförmigen, sich knorpelartig verdickenden Gebilden und maskenhaften Motiven zusammensetzt. Das K. tauchte zunächst in Stichen auf und wurde bald zur plast. Gestaltung von Bauelementen und Möbeln herangezogen, v. a. in den Niederlanden, in Dtl. und Frankreich. (→Ohrmuschelstil)

Knorr, 1) Georg, Ingenieur, *Lekarth (Westpreußen) 19. 10. 1859, †Davos 15. 4. 1911; schuf 1900 die Knorr-Einkammerschnellbremse, die bei den dt. Bahnen die Westinghouse-Bremse fast völlig verdrängte.

2) Ludwig, Chemiker, *München 2. 12. 1859, †Jena 5. 6. 1921; Prof. für organ. Chemie in Würzburg und seit 1889 in Jena. K. arbeitete über Tautomerieerscheinungen, v. a. beim Acetessigester, und entwickelte mehrere Synthesewege zur Herstellung stickstoffhaltiger Heterozyklen wie Pyrrol, Pyrazol und

---

Knopfkraut:
Kleinblütiges Knopfkraut
(Höhe 10–80 cm)

Knospe: oben Knospen des Flieders; unten Knospe im Längsschnitt; a Bildungsgewebe, b Blattanlagen, c Anlagen der Seitensprosse, d Leitgewebe, e Mark

Knossos:
Stierkopfrhyton,
16. Jh. v. Chr.
(Heraklion,
Archäologisches
Museum)

Chinolin (**K.-Synthesen**). 1883 stellte K. das Antipyrin, das erste schmerzstillende und fiebersenkende Arzneimittel aus der Gruppe der Pyrazolone, her.

Knospe, *Botanik:* Bez. für den von jugendl. Blattanlagen umhüllten Sprossscheitel. Man unterscheidet zw. Blatt-, Blüten- und gemischten K., je nachdem, ob aus ihnen Blätter, Blüten oder beide hervorgehen. Am Ende des Hauptsprosses befindet sich die **End-** oder **Gipfel-K.,** die bei einigen Pflanzen enorme Größe erreichen kann (z. B. Köpfe von Weiß-, Rot- und Wirsingkohl). In den Achseln von Laubblättern bilden sich **Achsel-K. (Seiten-K.),** von denen die Verzweigung des Sprosssystems ausgeht.

Treiben die K. im Jahr der Bildung aus, so nennt man sie **Bereicherungs-K.** Bei Holzgewächsen entsteht jedoch ein Großteil der K. im Sommer, treibt aber erst im nächsten Frühjahr aus. Diese **Erneuerungs-** oder **Winter-K.** sind durch ledrige **K.-Schuppen (Tegmente;** entsprechen Niederblättern) geschützt, die nur selten (z. B. beim Schneeball) fehlen (›nackte K.‹). Manche K. können bis zu 100 Jahre lang als ›schlafende Augen‹ ruhen (z. B. bei Buche, Eiche). Pflanzenhormone (Auxine, Gibberelline, Abscisinsäure) und äußere Faktoren (v. a. Tageslänge, Temperatur) beenden diese K.-Ruhe, und die K. beginnen auszutreiben.

Knospenstrahler, Blastoidea, ausgestorbene Klasse mariner Stachelhäuter mit melonen- bis birnenförmigem Kelch (Theka) mit fünf Ambulakren, an denen zahlr. dünne Fangarme (Brachiolen) saßen; sie waren mit einem Stiel (mit Wurzeln) am Meeresboden festgewachsen. Die K. lebten vom Ordovizium bis zum Perm.

Knospung, Sprossung, Gemmatio, Form der ungeschlechtl. Fortpflanzung; u. a. bei Algen, Pilzen, vielen Schwämmen, Hohltieren, Moostierchen und Manteltieren sowie bei den Finnen mancher Bandwürmer. Dabei werden besondere Zellkomplexe als Körperauswüchse (**Knospen**) mehr oder weniger abgeschnürt (es entstehen **Tochterindividuen**). Verbleiben diese am Mutterorganismus, so entstehen Kolonien bzw. Tierstöcke.

Knossos, Stadt des minoischen Kreta, 5 km südöstlich des heutigen Heraklion. Hier befindet sich an der Stelle einer neolith. Siedlung (etwa 6000 v. Chr.; Kulturschichten bis zu 7 m Höhe) der größte minoische Palast, der nach dem Mythos von Daidalos im Auftrag des Königs Minos für den Minotauros, ein Menschen fressendes Ungeheuer, gebaut worden ist. Seine Bez. als Labyrinth rührt von einem Kultsymbol der Minoer, der Labrys genannten Doppelaxt, her. Der Palast ist auch Schauplatz der Sage von Theseus und Ariadne.

Nach Ausgrabungen seit 1900 (begonnen durch A. J. Evans) lassen sich mehrere Bauperioden unterscheiden, die auf mehrfache Neu- und Umbauten zurückgehen. Man unterscheidet i. Allg. eine ältere Palastzeit von etwa 2100 bis 1700 und eine jüngere Palastzeit von 1700 bis etwa 1400 v. Chr.; dazwischen liegt die tief greifende Zerstörung des Palastes, vermutlich verursacht durch Erdbeben. Der heute v. a. sichtbare Palast entstand auf dem alten Grundriss in der Blütezeit der minoischen Kultur im 17./16. Jh. v. Chr. und bedeckte eine Fläche von etwa 2 ha. Rings um den Palast dehnt sich die minoische Stadt aus, deren Einwohnerzahl auf über 50 000 geschätzt wird.

Die Hauptgebäude des z. T. aufgrund originaler Bestandteile von Evans rekonstruierten Komplexes (die Rekonstruktionen sind umstritten) waren zwei- bis fünfstöckig und umschlossen einen rechteckigen Mittelhof (26 × 53 m) mit Steinplattenpflasterung, der vielleicht für Stierspiele diente. Die Räume des Palastes waren durch enge Korridore und prunkvolle Treppenanlagen verbunden und umfassten Verwaltungs-

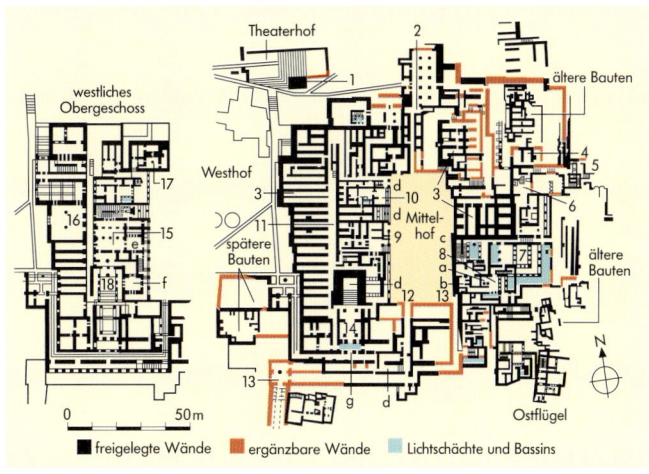

Knossos: Grundriss vom westlichen Obergeschoss, vom Erdgeschoss des West- und vom unteren Stock des Ostflügels des Palastes; 1 Baldachinplattform, 2 nördliche Eingangsrampe (Stierfresko), 3 und 4 Magazine, 5 Treppenweg zum Kairatostal, 6 Werkstätten, 7 so genannte Gemächer des Königs und der Königin (8), 9 dreiteiliges Heiligtum, 10 Vorraum des so genannten Thronsaals, 11 Korridor der Magazine, 12 Südzugang (Fresko: Prinz mit Federkrone), 13 Rampenabstieg zur Bachbrücke, 14 südliches Treppenhaus, 15 und 16 Haupthallen des Oberstocks, 17 Raum der Miniaturfresken, 18 obere Propyläen (später überbaut durch Rheatempel); a Bad, b Toilette, c großes Treppenhaus (unter Hofniveau), d Treppen zum Oberstock, e und f Loggien zum Mittelhof, g abgestürzter Korridor

und Repräsentationsräume sowie herrschaftl. Wohnräume. Vom W-Flügel des Palastes ist das Erdgeschoss erhalten, dessen größten Teil Magazine einnahmen (die nach neuesten Berechnungen 420 Pithoi aufnehmen konnten, jedes dieser Tongefäße fasste 586 Liter; hier fanden sich auch bes. viele Tontäfelchen); zum Hof gerichtet lag hinter einem Vorraum des ›Thronsaals‹ (mit einem Greifenfresko) sowie ein dreiteiliges Heiligtum mit versch. weiteren Räumen. Im südl. Teil dieses Flügels führte ein monumentales Treppenhaus zum Obergeschoss, wo sich Pfeilersäle mit Lichthöfen und zum Innenhof offene Vorräume (›Loggien‹) befanden. Hier wurden ein Archiv und ein Kultschrein mit Schatzkammer (Steingefäße) gefunden. Der O-Flügel enthielt im N-Teil Werkstätten und

Knossos: Palastanlage

Knöt Knötchen – Knotentang

Großmagazine, im S-Teil Wohnräume; das (rekonstruierte) Treppenhaus war zugleich Lichtschacht; im untersten Stockwerk liegen ein Säulensaal (Fundort eines Tontafelarchivs) und zwei ineinander übergehende, nur von Steinpfeilern getrennte Säle, die ›Gemächer des Königs‹ oder ›Halle der Doppeläxte‹ genannt, sowie die ›Gemächer der Königin‹ mit einem Baderaum mit tönerner Sitzbadewanne und (am Ende eines Korridors) Klosett mit Wasserspülung. Vom Wand- und Deckenschmuck (Fresken und Stuckreliefs) sind bedeutende Reste erhalten (Originale in Heraklion, Archäolog. Museum). Die Ursache der Zerstörung des Palastes ist umstritten. Infrage kommt eine Brandkatastrophe (durch krieger. Einwirkungen?) um 1400/1375. Umstritten ist auch die Frage, ab welchem Zeitpunkt Träger der myken. Kultur die Herrschaft über K. übernommen haben und inwieweit nach der Zerstörung ein Wiederaufbau stattfand.

Als Hafenplatz für K. dienten Amnisos und ein Platz an der Stelle des heutigen Heraklion. In nordöstl. Richtung vom großen Palast lagen der ›kleine Palast‹ und die so genannte königl. Villa, am S-Rand der Siedlung das Tempelgrab von K., das Vorhalle, Hof und zweistöckigen Kultbau besaß, dessen eigentl. Grabkammer jedoch in Fels gehauen war. – In K. wurde eine Linearschrift (Linear B; →kretische Schriften) verwendet.

Über Teilen des Palastes stand in geschichtl. Zeit ein Tempel der Rhea, vielleicht auch ein Teil der Stadt, die Dorer aus Argos her um 1000 v. Chr. gründeten.

L. R. Palmer: A new guide to the Palace of K. (London 1969); H. E. L. Mellersh: The destruction of K. (ebd. 1970); S. Mirié: Das Thronraumareal des Palastes von K. (1979); R. Bichler u. P. W. Haider: Kreta (1988); A. Braune: Menes, Moses, Minos. Die Altpalastzeit auf Kreta u. ihre geschichtl. Ursprünge (1988).

Knötchen, *Medizin:* die →Papel.

Knötchenflechte, der →Lichen.

Knote, Heinrich, Sänger (Heldentenor), *München 26. 11. 1870, †Garmisch-Partenkirchen 12. 1. 1953; debütierte 1892 in München, war Mitgl. u. a. der Münchener Oper, sang 1904–08 an der Metropolitan Opera in New York; einer der führenden Wagner-Interpreten seiner Zeit.

Knoten, 1) *allg.:* Verschlingung von Fäden, Seilen, Tauen u. a. In der Schifffahrt spielen in bestimmter Weise fachgerecht mit Tauen ausgeführte K. (**Seemanns-K., Schiffer-K., Steks**), die durch Reibung umso fester halten, je stärker sie belastet werden, sich aber bei Entlastung leicht wieder lösen lassen, eine wichtige Rolle. In der Textiltechnik unterscheidet man **Verbindungs-K.** zum Verknüpfen von Garn- oder Fadenenden, **Zier-K.** zur Effektbildung und **Teppich-K.** zur Florbildung, beim Orientteppich z. B. der →Ghordesknoten.

K., Fancywork u. Spleiße, bearb. v. F. Hin u. a. (a. d. Holländ., [6]1995); E. Sondheim: K., Spleißen, Takeln ([18]1995); J. T. Burgess: Die prakt. K.-Fibel (a. d. Engl., [7]1996); Das K.-Buch, bearb. v. M. Bigon u. G. Regazzoni (a. d. Ital., [2]1996); C. W. Ashley: Das Ashley-Buch der K. (a. d. Engl., [5]1997).

2) *Astronomie:* die Schnittpunkte der Bahn eines Himmelskörpers mit der Grundebene eines Koordinatensystems (meist die Ebene der Ekliptik oder des Himmelsäquators). Der K., in dem der Himmelskörper die Grundebene in nördl. Richtung durchstößt, wird **aufsteigender K.** genannt (Zeichen ☊), derjenige, in dem der Durchstoß von der Nordseite nach der Südseite erfolgt, **absteigender K.** (Zeichen ☋). Die Verbindungslinie der K. bezeichnet man als **K.-Linie.** Die K. der Körper des Sonnensystems liegen nicht fest, sondern sie bewegen sich infolge gegenseitiger Störungen vor- oder rückwärts in der Grundebene, d. h. im gleichen Sinn wie der Himmelskörper oder entgegengesetzt. Sonnen- oder Mondfinsternisse treten nur ein, wenn der Mond in einem der K. seiner Bahn oder in dessen unmittelbarer Nähe steht.

3) *Botanik:* Bez. für die meist verdickten Blattansatzstellen (Nodien) an der Sprossachse.

4) *Mathematik:* die Ecken eines →Graphen.

5) *Medizin:* krankhafte, bei oberflächl. Lage tastbare Gewebeverdickung von fester, auch harter Beschaffenheit unterschiedl. Ursache (z. B. als Gicht-K. oder Tumor-K.).

6) *Physik:* bei stehenden Wellen diejenigen Orte, an denen die Schwingungsamplitude den Wert null hat. Je nach Zahl der Freiheitsgrade der Schwingung ergeben sich **K.-Punkte** (z. B. Saite, Lecher-Leitung), **K.-Linien** (z. B. Membranen, Chladni-Figuren) oder **K.-Flächen** (z. B. Hohlleiter).

7) *See-* und *Luftfahrt:* Einheitenzeichen **kn,** Geschwindigkeitseinheit für die Bewegung eines Schiffes oder eines Flugzeugs, meist relativ zum betreffenden Medium (Wasser oder Luft). 1 kn = 1 sm/h (Seemeile/Stunde) = 1,852 km/h = 0,514444 m/s. Die Bez. geht auf das seemänn. Handlog zurück, dessen Leine zur Festlegung der in der Zeiteinheit zurückgelegten Entfernung mit Knoten markiert war.

Knoten|ameisen, Stachel|ameisen, Myrmicidae, mit rd. 3000 Arten weltweit verbreitete Familie der Ameisen (etwa 100 Arten in Mitteleuropa) mit einem gut ausgebildeten Giftstachel, dessen Stich u. U. auch für den Menschen unangenehm sein kann. Zw. Brust und Hinterleib befindet sich ein zweigliedriges, knotenartiges Hinterleibsstielchen. Zu den K. gehören u. a. Rasenameisen, Pharaoameisen, Blattschneiderameisen und Ernteameisen.

Knotenblume, Leucojum, Gattung der Amaryllisgewächse mit neun Arten in Europa und Vorderasien; Zwiebelpflanzen mit schmalen, grundständigen Blättern und weitglockigen, meist hängenden, weißen oder rosafarbenen Blüten. In Mitteleuropa kommt in feuchten Laubwäldern und auf Bergwiesen die 10 bis 35 cm hohe, geschützte **Frühlings-K. (Märzenbecher,** Leucojum vernum) vor. Ihre Blüten sind weiß, mit grünlich gelben Malen am Blütensaum, die Blütenstiele meist ein-, selten zweiblütig. Ähnl. Blüten besitzt die ebenfalls in Mitteleuropa (auf feuchten und nassen Wiesen) vorkommende und geschützte **Sommer-K.** (Leucojum aestivum). Ihre Blütenstiele sind 3- bis 7-blütig, und sie wird bis 60 cm hoch. Beide Arten werden häufig als Gartenzierpflanzen kultiviert.

Knotenpunkt, 1) *Bautechnik:* bei Fachwerkträgern die Punkte, in denen die Stäbe des Fachwerkes zusammenlaufen.

2) *Optik:* diejenigen Punkte K (Objekt-K.) und K′ (Bild-K.), in denen ein von einem Objektpunkt ausgehender Strahl und der konjugierte (dazugehörige) Strahl zu dem entsprechenden Bildpunkt die opt. Achse unter dem gleichen Winkel schneiden. Sind die Medien in Objekt- und Bildraum optisch gleich, fallen die K. mit den Hauptpunkten zusammen. Die K. gehören zu den →Kardinalelementen eines abbildenden opt. Systems.

3) *Verkehr:* der Zusammenlauf mehrerer Verkehrswege (z. B. Autobahn-K., Eisenbahn-K.).

Knotenregel, *Elektrotechnik:* →kirchhoffsche Regeln.

Knotensäule, roman. Säulenform, bei der sich die Schäfte gekuppelter Säulen in halber Höhe zu einem Knoten verschlingen (Würzburg, Dom; Lucca, San Michele).

Knotenschiefer, →Fleckschiefer.

Knotenschnur, →Quipu.

Knotentang, Ascophyllum nodosum, im Gezeitengürtel des Nordatlantiks häufige, bis zu 1,5 m lange

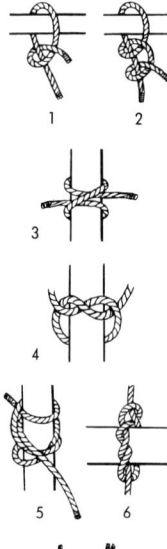

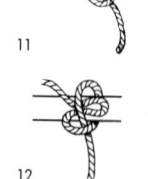

Knoten 1): 1 halber Schlag; 2 zwei halbe Schläge; 3 Webeleinstek; 4 Überhandknoten; 5 Stopperstek; 6 Zimmermannsstek; 7 Palstek; 8 laufender Palstek; 9 Schotstek; 10 Kreuzknoten; 11 Achtknoten; 12 Slipstek

Knöterich:
Schlingknöterich
(Höhe bis 15 m)

Braunalgenart mit knotenartigen Gasblasen in den Hauptachsen.

Knotentheorie, Teilgebiet der →Topologie.

Knotenwespen, Gattung der →Grabwespen.

Knöterich, Polygonum, mit rd. 150 Arten weltweit verbreitete Gattung der zweikeimblättrigen Pflanzenfamilie K.-Gewächse (Polygonaceae); aufrechte oder niederliegende Kräuter mit an den Knoten verdickten Stängeln, ganzrandigen Blättern und meist unscheinbaren Blüten in Büscheln oder Scheinähren. Häufigere Arten sind der meist nur 30 cm hohe, v. a. in Rasengesellschaften höherer Gebirgslagen vorkommende **Knöllchen-K.** (Polygonum viviparum) mit weißen Blüten in Scheinähren, an deren Grund rötl., knollenartige Brutknospen sitzen; der in Trittpflanzen- und Ackerunkrautgesellschaften verbreitete, vielgestaltige **Vogel-K.** (Polygonum aviculare) mit kleinen, grünl., weiß berandeten Blüten; der bis 1 m hohe, auf Feuchtwiesen und in Auwäldern vorkommende **Wiesen-K.** (**Schlangen-K.,** Polygonum bistorta) mit rötl. Blüten in dichten Scheinähren. Eine beliebte Zierpflanze zum Begrünen von Mauern, Zäunen u. a. ist der aus W-China stammende, schnell wachsende **Schling-K.** (Polygonum aubertii, Fallopia aubertii) mit weißen Blütenrispen.

Knotten|erze, bergmänn. Bez. für knötchenförmig in Sandsteinen angereicherte Blei- (v. a. Bleiglanz) u. a. Sulfiderze (v. a. von Zink und Silber), u. a. bei Mechernich und Maubach in der N-Eifel. Die K. sind während der Ablagerung der Sande oder bald danach durch Zufuhr metallhaltiger Lösungen unter Beteiligung von Schwefelbakterien gebildet worden.

Know-how [nəʊˈhaʊ; engl. ›wissen, wie‹] *das, -(s),* das Wissen, wie man eine Sache praktisch verwirklicht oder anwendet.

Know-Nothings [ˈnəʊ ˈnʌθɪŋz; engl. ›Nichtswisser‹], Spitzname des 1849 in New York als Geheimgesellschaft gegründeten **Order of the Star Spangled Banner** (Hoher Orden vom Sternenbanner), dessen Mitgl. jede Auskunft zu verweigern hatten (engl. I know nothing ›Ich weiß nichts‹). Die seit 1854 als **Amerikanische Partei** auch offiziell auftretende K.-N. waren eine Reaktion auf die große irisch-mitteleurop. Einwanderungswelle seit Mitte der 1840er-Jahre. Sie profitierten u. a. bei lokalen Wahlen von der verbreiteten Unzufriedenheit mit den beiden großen Parteien zu Anfang der 1850er-Jahre, zerbrachen aber wie diese an der Sklavereifrage und verloren nach ihrem Misserfolg bei den Präsidentschaftswahlen von 1856 rasch wieder an Einfluss. Ihre histor. Bedeutung liegt in der Manifestation des seither zur Tradition gewordenen militant antikath. amerikan. Nativismus.

R. A. BILLINGTON: The Protestant crusade, 1800–1860. A study of the origins of American nativism (Neuausg. New York 1952); W. B. HESSELTINE: Third-party movements in the United States (Princeton, N. J., 1962); S. J. MANDELBAUM: The social setting of intolerance. The K.-N., the Red scare, and McCarthyism (Chicago, Ill., 1964).

Knox [nɔks], John, schott. Reformator, * Giffordgate (heute zu Haddington, Lothian Region) 1513(?), †Edinburgh 24. 11. 1572; war Priester, wirkte seit 1546 als Prediger und später als ihr maßgebl. Organisator für die Reformation in Schottland. Er war am Aufstand gegen D. BEATON beteiligt und geriet in frz. Kriegsgefangenschaft (1547–49), wirkte dann in Berwick, Newcastle und London, musste aber 1554 nach dem Reg.-Antritt MARIAS I., DER KATHOLISCHEN, aus England fliehen, nahm in Genf CALVINS Lehre auf und kehrte 1559 nach Schottland zurück. 1560 wurde er Prediger an Saint Giles in Edinburgh, stand in jahrelangem Kampf mit MARIA STUART und wurde noch zweimal vertrieben. Die ›Confessio Scotica‹ ist sein Werk, ebenso das ›Book of discipline‹ (beide 1560). Wichtig für sein Verständnis ist die stark autobiograph. ›History of the Reformation in Scotland‹ (1559–64).

Ausgabe: Works, hg. v. D. LAING, 6 Bde. (1854–95; Nachdr. 1966); History of the Reformation in Scotland, hg. v. W. C. DICKINSON, 2 Bde. (1949).

P. JANTON: J. K. L'homme et l'œuvre (Paris 1967); J. RIDLEY: J. K. (Oxford 1968).

Knoxküste [nɔks-], engl. **Knox Coast** [ˈnɔks ˈkəʊst], Küstenabschnitt von Wilkesland, Antarktis, zw. 100° und 110° ö. L.; im Bereich der K. liegt die →Bungeroase. 1840 von C. WILKES entdeckt.

Knoxville [ˈnɔksvɪl], Stadt in O-Tennessee, USA, im Großen Appalachental am Tennessee River, 169 300 Ew.; die Metrop. Area hat 631 100 Ew.; Univ. (gegr. 1794); seit 1933 Sitz der →Tennessee Valley Authority; Maschinenbau, chem., Bekleidungs-, Marmorindustrie; Tabakmarkt. – K. wurde 1786 als White's Fort als Grenzposten gegen die Indianer gegründet und 1791 nach General HENRY KNOX (* 1750, † 1806) in K. umbenannt. 1792–96 war Hauptstadt des Gebietes südlich des Ohio, 1796–1812 und 1817–19 des Bundesstaates Tennessee.

Knudsen, 1) [-t-], Gunnar, norweg. Politiker, * Salterød (bei Arendal) 19. 9. 1848, † Borgestad (bei Porsgrunn) 1. 12. 1928; Reeder und Großindustrieller, 1892–1921 (mit Unterbrechungen) Mitgl. des Stortings, 1905 Finanz-Min. und 1908–10 sowie 1913–20 Min.-Präs. Er suchte während des Ersten Weltkriegs die norweg. Neutralität zu wahren.

2) [ˈknusən], Jakob Christian Lindberg, dän. Schriftsteller, * Rødding (Jütland) 14. 9. 1858, † Birkerød (Seeland) 21. 2. 1917; wuchs in einer von den Bildungs- und Glaubensidealen N. F. S. GRUNDTVIGS geprägten Familie auf und wurde, wie sein Vater, zuerst Lehrer und war dann 1890–96 Pfarrer. Nach der Scheidung seiner Ehe und der Niederlegung seines Amtes unterrichtete er an Volkshochschulen, ab 1901 lebte er als freier Schriftsteller. Die Spannung zw. Normen und Ansprüchen der Gesellschaft und dem Handeln nach eigenen religiösen Überzeugungen sowie Fragen nach dem Schuldigwerden des Einzelnen, eingebettet in Schilderungen v. a. des bäuerl. Milieus, sind charakteristisch für sein Werk.

Werke: *Romane und Erzählungen:* Den gamle Præst (1899; dt. Der alte Pfarrer); Afklaring (1902); Sind (1903); For livets skyld (1905; dt. Um des Lebens willen); Angst (1912; dt.); Jyder, 2 Bde. (1915–17).

Ausgaben: Romaner og fortællinger, 5 Bde. (1917); Digte (1938).

R. ANDERSEN: J. K. (Kopenhagen 1958); POVL SCHMIDT: Drømmens dør (Odense 1984).

Knudsen-Zahl [ˈknusən-; nach dem dän. Physiker MARTIN KNUDSEN, * 1871, † 1949], Formelzeichen *Kn*,

Knotenblume:
Frühlingsknotenblume
(Höhe 10–35 cm)

Knöterich:
Wiesenknöterich
(Höhe bis 1 m)

John Knox

dimensionslose Kennzahl, die ein Maß für die Dichte einer Gasströmung ist, definiert als $Kn = \lambda/l$, wobei λ die →mittlere freie Weglänge ist und l eine charakterist. Länge (Bezugslänge). Die K.-Z. ist proportional zum Quotienten aus Mach-Zahl und Reynolds-Zahl. Eine Strömung mit $Kn \ll 1$ ist eine Kontinuumströmung, die nach den Gesetzen der Gasdynamik bzw. der Hydrodynamik behandelt werden kann. Bei $Kn \gg 1$ liegt ein hoch verdünntes Gas vor, d.h. ein Gas, bei dem z. B. die mittlere freie Weglänge groß gegen die Gefäßabmessungen ist, sodass die Moleküle praktisch nur mit den Wänden, nicht aber untereinander in Wechselwirkung stehen. Ein solches Gas wird als **Knudsen-Gas** bezeichnet. Bei Knudsen-Gasen erfolgt der Druckausgleich durch Molekularströmung, die in der Hochvakuumphysik von großer Bedeutung ist. Beim Übergang zur freien Molekularströmung unterscheidet man eine **Übergangs-** und eine **Schlüpfströmung**, die zus. als Nichtkontinuum- oder **Knudsen-Strömung** bezeichnet werden.

Für zwei Knudsen-Gase (Indizes 1 und 2), die durch ein Rohr verbunden sind, dessen Durchmesser klein gegen die mittlere freie Weglänge ist, gilt (p Druck, T absolute Temperatur):

$$p_1/p_2 = \sqrt{T_1/T_2}.$$

Aus dieser Beziehung folgt, dass unter den gegebenen Umständen das Gas aus dem kälteren Gefäß in das wärmere strömt. Dieser Effekt wird als **Knudsen-Effekt** bezeichnet. Sind die beiden Volumina durch eine Kapillare verbunden, längs derer ein Temperaturgradient vorhanden ist, so reichert sich die leichtere Komponente am kalten, die schwerere Komponente am heißen Ende der Kapillare an.

Knüll *der*, basalt. Mittelgebirge, Teil des Osthess. Berglandes zw. Fulda und Schwalm, dessen waldreiche Plateauflächen durch den K. überragt werden. Höchste Erhebungen sind Eisenberg (636 m ü. M.) und Knüllköpfchen (634 m ü. M.).

Knüpfen [zu Knopf], eine der ältesten Handarbeitstechniken, bei der Fäden durch Verschlingungen und Knoten miteinander verbunden werden; dient zur Herstellung von Netzen (auch solchen für Filetarbeiten), Spitzen und Fransen. Im Altertum sollen z. B. in Ägypten Handschuhe und bei den Germanen Haarnetze nach dieser Technik angefertigt worden sein. In der Neuzeit wird bes. die aus Arabien stammende Knüpfarbeit des →Makramee weitergeführt.

Als K. wird auch der wesentl. Arbeitsgang bei der Herstellung von Knüpfteppichen bezeichnet (→Orientteppich).

Knüpfer, Nicolaus, niederländ. Maler dt. Herkunft, * Leipzig oder Asch (?) um 1603 (?), begraben Utrecht 15. 10. 1655; ab 1630 in Utrecht ansässig. Er war Schüler von A. BLOEMAERT. Sein Werk (Historienbilder und Bilder mit bibl.-und mytholog. Motiven) wurde nachhaltig von REMBRANDT und der →Utrechter Schule geprägt.

Knüppeldamm, Bohlenweg, bereits im Altertum als befahrbarer Behelfsweg, in neuerer Zeit zur Überwindung schlammigen oder sumpfigen Geländes verwendet.

Knüppelstereophonie, *Elektroakustik:* die tontechn. Verteilung einer monophon aufgenommenen akust. Darbietung auf zwei Stereokanäle derart, dass sich eine stereoähnl. Richtungsverteilung der Schallquellen ergibt; auch abwertende Bez. für eine Stereoaufnahme mit übertriebenem ›Rechts-links-Effekt‹.

Knurów [ˈknuruf], Stadt in der Wwschaft Katowice (Kattowitz), Polen, in Oberschlesien, etwa 45 000 Ew.; Steinkohlenbergbau, chem. Industrie.

Knurrhähne, Seehähne, Triglidae, Familie der Knochenfische (Ordnung Panzerwangen); der Kopf besteht aus einem festen Knochenpanzer, oft mit Stacheln besetzt. Die unteren Strahlen der Brustflossen werden fingerartig bewegt und dienen zum Laufen auf dem Meeresboden. Viele Arten können mithilfe der Schwimmblase knurrende Töne erzeugen. An der europ. Atlantikküste kommen bes. der bis 50 cm lange **Graue K.** oder **Gurnard** (Eutrigla gurnardus) und der etwas längere **Rote K.** (Trigla lucerna) vor.

Knut, Herrscher:

Dänemark: **1) Knut der Große,** dän. **Knud den Store,** König von Dänemark (seit 1018), England (seit 1016) und Norwegen (seit 1028), * um 995, † Shaftesbury (Cty. Dorset) 12. 11. 1035; setzte den Kampf seines Vaters SVEN GABELBART um das engl. Königtum fort, war seit 1016 Mitkönig EDMUNDS II. IRONSIDE, nach dessen Tod alleiniger König Englands. Durch ein Bündnis mit Kaiser KONRAD II. gegen Polen sicherte er sich Schleswig. Das von ihm gegründete Großreich zerfiel nach seinem Tod.

2) Knut der Heilige, dän. **Knud den Hellige,** König (seit 1080), * um 1040, † (ermordet) Odense 10. 7. 1086; setzte sich für eine Stärkung der Kirchenorganisation in Dänemark ein; wurde in der Vorbereitungsphase eines Feldzugs gegen England ermordet; Schutzheiliger Dänemarks (Tag: 10. 7.).

3) Knut VI., König (seit 1182), * 1163, † 12. 11. 1202; Sohn König WALDEMARS I.; regierte mithilfe seines Bruders WALDEMAR (II.) und des Erzbischofs ABSALON, setzte die Expansionspolitik Dänemarks im südl. Ostseeraum fort, nannte sich nach Unterwerfung der Fürsten von Pommern als erster dän. Herrscher ›König der Wenden‹.

England: **4) Knut,** →Knut 1).

Knuth, Gustav, Schauspieler, * Braunschweig 7. 7. 1901, † Zollikon (bei Zürich) 1. 2. 1987; Charakterdarsteller; spielte 1922–25 in Basel, 1933–36 (und 1945–49) am Dt. Schauspielhaus Hamburg, 1936–45 am Staatstheater Berlin; ab 1949 am Schauspielhaus Zürich. Seine erste Filmrolle übernahm er 1935, ab den 60er-Jahren beliebter Fernsehschauspieler. 1974 veröffentlichte K. seine Erinnerungen ›Mit einem Lächeln im Knopfloch‹.

Knutt, Art der →Strandläufer.

Knýtlinga saga [›Geschichte der Nachkommen Knuts‹], um die Mitte des 13. Jh. in Island entstandene Geschichte der dän. Könige. Der Hauptteil behandelt König KNUT DEN HEILIGEN; die Darstellung beginnt mit seinen Vorfahren HARALD BLAUZAHN, KNUT D. GR. und HARALD HEIN und endet mit KNUT VI. Die K. s. stützt sich v. a. auf die →Heimskringla des Isländers SNORRI STURLUSON und die →Gesta Danorum des Dänen SAXO GRAMMATICUS.

Ausgaben: Ex historiis Islandicis, hg. v. F. JÓNSSON, in: Monumenta Germaniae Historica. Scriptores, Bd. 29 (1892, Nachdr. 1975); Die Gesch. von den Orkaden, Dänemark u. der Jomsburg, übers. v. W. BAETKE, in: Thule, Bd. 19 (Neuausg. 1966).

ko..., Präfix, →kon...

k. o., *Boxen:* Abk. für →knock-out.

Ko, Volk in SO-Asien, →Akha.

Ko, Ho, *Messwesen:* alte chin. Volumeneinheit, 1 Ko = 0,103 Liter. 1 000 Ko = 1 Tschi (Chi) = 10 To (Tow) = 100 Sheng (Shing).

KO, Abk. für **K**onkurs**o**rdnung (→Konkurs).

Koadjutor [lat. ›Mitgehilfe‹] *der, -s/...'toren,* kath. *Kirchenrecht:* ein Titularbischof, der in päpstl. Auftrag und mit besonderen Vollmachten ausgestattet einem Bistum oder Diözesanbischof zugeordnet wird. Er hat

Knurrhähne:
Roter Knurrhahn
(Länge 25–75 cm)

Koala
(Größe bis 82 cm)

bei Vakanz des bischöfl. Stuhls das Recht der Nachfolge (cc. 403–411 CIC).

Koagulanti|en [zu lat. coagulare ›gerinnen machen‹], *Sg.* **Koagulans** *das, -,* die →blutgerinnungsfördernden Mittel.

Koagulation [lat. ›das Gerinnen‹] *die, -/-en,* **Ausflockung,** *Biochemie, Chemie, Physik:* die Ausscheidung von kolloidal dispersen Substanzen aus Flüssigkeiten in Form von flockigen Niederschlägen durch chem., physikal. oder therm. Einflüsse (**Koagulieren, Ausflocken**). Ein kolloidales Sol koaguliert z. B. durch den Zusatz von Elektrolyten, von entgegengesetzt geladenen Kolloiden oder durch Wärmeeinwirkung zu einem unlösl. Gel. Der ausgeflockte Stoff wird **Koagulat** genannt. – Die Anwendung von K.-Vorgängen in der *Technik* wird als →Flockung bezeichnet. Ein spezielles, in der *Medizin* verwendetes Verfahren der therm. K. ist die →Elektrokoagulation.

Koagulogramm *das, -s/-e,* der →Gerinnungsstatus.

Koagulopathie *die, -/...thi|en, Medizin:* die →Gerinnungsstörung.

Koagulum [lat. ›das Gerinnen‹, ›Geronnenes‹] *das, -s/...la,* Blutgerinnsel aus Fibrin und roten Blutkörperchen.

Koala [aus einer Sprache der austral. Ureinwohner] *der, -s/-s,* **Beutelbär, Phascolarctus cinereus,** baumbewohnendes Beuteltier in Australien; bis 82 cm groß, mit silbergrauem, wolligem Fell und einer Greifhand, die mit spitzen Krallen versehen ist. K. ernähren sich ausschließlich von Blättern und Rinde ganz bestimmter Eukalyptusarten (etwa 20 Arten), ein erwachsener K. benötigt pro Tag rund 600–1 250 g Blätter. Beobachtungen lassen vermuten, dass K. nie trinken, sondern ihren tägl. Wasserbedarf durch die sehr wasserreichen (bis 67%) Blätter decken. Entsprechend der Pflanzennahrung ist der Blinddarm der K. ungewöhnlich lang (bis 2,5 m). K. sind überwiegend nachtaktiv. – Die Fortpflanzungszeit liegt im austral. Sommer; nach einer Tragzeit von rd. 35 Tagen bringen die Weibchen meist ein Junges zur Welt, das etwa sieben Monate im nach hinten geöffneten Beutel getragen wird. Gegen Ende dieser Zeit wird das Junge durch Zufüttern mit Blinddarmbrei auf die Blattnahrung vorbereitet.

Der K. gilt als das Vorbild für den Teddybären und ist das Symboltier Australiens. Früher waren die weichen, dauerhaften Felle der K. sehr begehrt, sodass sie durch die Bejagung stark dezimiert wurden; mittlerweile sind sie unter strengsten Schutz gestellt.

Koalition [engl.-frz., von mlat. coalitio, eigtl. ›das Sichvereinigen‹] *die, -/-en,* **1)** in den *internat. Beziehungen* eine Verbindung mehrerer Staaten zur Durchsetzung gemeinsamer Interessen, v.a. zur gemeinsamen Durchführung eines Krieges (**K.-Krieg**). Ziel und Dauer der K. werden oft in einem **K.-Vertrag** festgelegt. – Der Begriff K. war v. a. im 17. und 18. Jh. gebräuchlich; so wurden die Bündnisse zw. Österreich, Russland und Preußen gegen Frankreich (zw. 1792 und 1807) als K., ihre verbündeten Armeen als **K.-Armee** bezeichnet. Im 19. Jh. wurde der Begriff der K. meist durch den der Allianz (→Bündnis) ersetzt. – Im Hinblick auf das Bündnis zw. Großbritannien, USA und UdSSR im Zweiten Weltkrieg gegen Dtl. wird oft von der ›Anti-Hitler-K.‹ gesprochen.

2) *Politik:* in der Innenpolitik der parlamentar. Demokratien die Verbindung selbstständiger Parteien zur Bildung einer gemeinsamen Reg. (**K.-Regierung**). Eine K.-Regierung dieser Art ist immer zeitlich begrenzt und kann jederzeit von jedem K.-Partner (**K.-Partei**) aufgekündigt werden. In **K.-Vereinbarungen** (**K.-Abkommen**), die von den maßgebl. Parteigremien und den Parlamentsfraktionen der K.-Partner gebilligt werden müssen, verständigen sich die K.-Partner über gemeinsame sachl. Ziele und über die personelle Aufteilung der Ämter. Zur Koordinierung ihrer Politik und zur Beilegung eventueller Streitigkeiten bilden sie oft einen **K.-Ausschuss**.

Der Zwang zur Bildung von K. besteht i. d. R. in parlamentar. Demokratien mit Mehrparteiensystem, da dort eine Partei bei Parlamentswahlen selten die zur Regierungsbildung notwendige absolute Mehrheit erringen kann. Die **Allparteien-K.** umfasst alle im Parlament vertretenen Parteien; der von ihr gebildeten Reg. steht keine Opposition entgegen. Die **große K.,** meist von den beiden stärksten parlamentar. Gruppierungen gebildet, weiß eine relativ hohe Mehrheit von Abg. hinter sich; die von ihr getragene Reg. sieht sich nur mit einer schwachen Opposition konfrontiert. Die **kleine K.** stützt sich auf eine relativ schwache Mehrheit; die von ihr gebildete Reg. wird parlamentarisch von einer starken Opposition kontrolliert. In der parlamentarisch-demokrat. Praxis ist die kleine K. der Normalfall. Allparteien-K. und große K. werden v. a. gebildet zur Bewältigung schwerer Krisen, zur Überwindung tief greifender (oft historisch bedingter) Gegensätze oder zur Lösung von Grundsatzfragen, die eines breiten Konsenses bedürfen.

3) *Wirtschaft:* die Vereinigung von Angehörigen einer bestimmten Berufsgruppe zur Wahrung ihrer Interessen (→Koalitionsfreiheit).

Koalitionsfreiheit, als Sonderform der Vereinigungsfreiheit das Recht jedes Einzelnen, insbesondere der Arbeitnehmer und Arbeitgeber, zur Wahrung und Förderung der Arbeits- und Wirtschaftsbedingungen Vereinigungen zu bilden (Art. 9 Abs. 3 GG; Koalitionsrecht). Sie umfasst das Recht des Einzelnen, bei der Bildung der Vereinigung mitzuwirken und ihr beizutreten, aber auch das Recht der Vereinigung (Koalition) selbst (also z. B. der Arbeitgeberverbände, der Gewerkschaften), sich für die genannten Ziele einzusetzen. Ein wesentlicher Bestandteil der K. nach Art. 9 Abs. 3 GG ist das Recht, Tarifverträge abzuschließen und Arbeitskämpfe unter Einsatz bestimmter Arbeitskampfmittel zu führen. Dieser **positiven K.** steht die **negative K.** als das Recht des Einzelnen gegenüber, einer K. fernzubleiben; nach vorherrschender Auffassung ist auch die negative K. durch Art. 9 Abs. 3 GG geschützt. Maßnahmen, die darauf gerichtet sind, die K. zu beeinträchtigen, sind unwirksam (Drittwirkung der K.); grundsätzlich darf daher einem nicht organisierten Arbeitnehmer aus der Tatsache seiner Nichtzugehörigkeit zu einer Gewerkschaft kein Nachteil erwachsen. In Dtl. führte erstmals die Gewerbeordnung von 1869 die K. (mit Einschränkungen) ein.

In *Österreich* genießen gemäß Art. 12 Staatsgrundgesetz alle Staatsbürger das Grundrecht, ideelle Vereine, also auch entsprechende Arbeitgeber- und Arbeitnehmervereine, aufgrund des Vereinsgesetzes von 1951 zu bilden. Ausdrücklich ist allen Menschen in Österreich ferner das Recht, zum Schutze ihrer Inte-

Kobalt (Cobalt)		
chem. Symbol: Co	Ordnungszahl	27
	relative Atommasse	58,9332
	Häufigkeit in der Erdrinde	0,0037 %
	natürliche Isotope (stabil)	nur ^{59}Co
	radioaktive Isotope	^{50}Co bis ^{58}Co, ^{60}Co bis ^{69}Co
	längste Halbwertszeit (^{60}Co)	5,271 Jahre
	Dichte (bei 20°C)	8,9 g/cm^3
	Schmelzpunkt	1495 °C
	Siedepunkt	2927 °C
	spezif. Wärmekapazität (bei 25°C)	0,421 J/(kg·K)
	elektr. Leitfähigkeit (bei 20°C)	1,6 · 10^7 S/m
	Wärmeleitfähigkeit (bei 27°C)	100 W/(m·K)

ressen Gewerkschaften zu bilden und diesen beizutreten, durch Art. 11 Abs. 1 der Europ. Menschenrechtskonvention verfassungsgesetzlich gewährleistet. – In der *Schweiz* ist den Bürgern die K. durch Art. 56 der Bundes-Verf. garantiert; rechtswidrige oder staatsgefährdende Vereinigungen sind nicht geschützt.

Koalitionskriege, vier Kriege wechselnder europ. Verbündeter zw. 1792 und 1807 gegen das revolutionäre bzw. das unter der Herrschaft NAPOLEONS stehende Frankreich (→Französische Revolutionskriege; →Napoleonische Kriege). Der 1. K., 1792–97, wurde mit den Frieden von Basel (1795) und Campoformio (1797), der 2. K., 1798–1801/02, durch den Frieden von Lunéville, der 3. K., 1805, durch den Frieden von Preßburg und der 4. K., 1806–07, durch den Frieden von Tilsit beendet.

Koalitionsrecht, das Recht, die →Koalitionsfreiheit auszuüben.

Kōami, jap. Familie von Lackmeistern (v. a. Relieflack und Takamaki-e). Gründer der Familie, der bereits am Kaiserhof, Shōgune und mächtige Daimyō (Fürsten) tätig war, ist KŌAMI MICHINAGA (*1408, †1478); ein Hauptmeister ist KŌAMI NAGASHIGE (*1599, †1651).

Kōan [jap. ›öffentl. Bekanntmachung‹], im jap. Zen-Buddhismus Bez. für Aussprüche, Fragen und Antworten der Zen-Meister, deren Zentrum jeweils ein der Vernunft unzugängl. Paradoxon bildet. Die K. werden den Schülern vorgelegt, damit sie über deren Meditation in einer Ebene jenseits log. Aussagen und formaler Widersprüche ›Erleuchtung‹, die ›Erkenntnis‹ der Einheit allen Seins (Satori), erfahren. Der jap. Zen-Meister HAKUIN EKAKŪ (*1685, †1768) hat die K. in Kategorien und in ein System eingeordnet.

Koartikulation, *Phonetik:* das Vorwegnehmen des folgenden Lautes durch die Artikulation des vorangehenden, z. B. die stimmhafte Aussprache des Konsonanten in engl. ›of‹ [ɔv, əv] vor folgendem stimmhaftem Konsonant (z. B. bei ›of mine‹) gegenüber einer stimmlosen Artikulation [ɔf, əf] vor folgendem stimmlosem Konsonant (z. B. bei ›often‹). Die K. liegt allen Arten von →Assimilation zugrunde.

koaxial, eine gemeinsame Achse besitzend.

Koaxialleitung, elektr. Doppelleitung, bestehend aus einem zylindr. Rohr oder Drahtgeflecht als Außenleiter und einem koaxialen Innenleiter (Draht oder Litze). Zw. Außen- und Innenleiter befindet sich ein verlustarmes Dielektrikum, in dem die elektromagnet. Wellen geführt werden. Vorteil der K. ist die gute Abschirmung des Feldes nach außen. Die K. wird überwiegend zur Fortleitung elektr. Energie in der Nachrichtentechnik verwendet; sie eignet sich bes. zur Übertragung breiter Frequenzbänder.

Koaxialluftschrauben, zwei auf koaxialen Wellen angeordnete →Luftschrauben mit gegenläufiger Drehrichtung. K. erlauben kleinere Luftschraubendurchmesser, kompensieren unerwünschte Kreiselmomentwirkungen auf die Flugzeugzelle und ermöglichen eine drall- und damit verlustarme Abströmung des Schraubenstrahles.

Kobalt [Umbildung von Kobold (da das Mineral urspr. als wertlos galt und die Bergleute früher die Schädigung wertvoller Erze durch nichtnutzbare den Berggeistern zuschrieben)] *das, -s,* chemisch fachsprachlich **Cobalt,** chem. Symbol **Co,** ein chem. Element aus der achten Nebengruppe des Periodensystems. K. ist ein stahlgraues, glänzendes, ferromagnet. Schwermetall (Curie-Punkt 1 121 °C); es existiert in zwei allotropen Formen, die sich nur sehr langsam ineinander umwandeln (unterhalb etwa 400 °C überwiegt die hexagonale β-, darüber die kub. α-Modifikation). In seinem chem. Verhalten ist es dem Nickel und dem Eisen sehr ähnlich; in seinen Verbindungen tritt es meist zwei- oder dreiwertig auf (→Kobaltverbindungen). Von feuchter Luft und nicht oxidierenden verdünnten Säuren wird K. nur langsam angegriffen, bei Behandlung mit konzentrierter Salpetersäure wird es ähnlich wie Eisen passiviert (→Passivierung). K. kommt (außer in Meteoriten) nie gediegen, sondern bes. in Verbindungen mit Arsen oder Schwefel in Form von Mineralen vor, v. a. →Erythrin, →Kobaltarsenkiese, →Kobaltglanz, →Linneit, →Safflorit, →Speiskobalt; daneben ist K. in vielen Nickel-, Eisen- und Kupfererzen enthalten. Größere K.-Erzlagerstätten finden sich v. a. in Kongo (Kinshasa), in den USA, auf Kuba, Neukaledonien und in Australien. Als Spurenelement kommt K. in den meisten Böden und in stark variierendem Maße in Pflanzen vor. Das für den menschl. und tier. Stoffwechsel wichtige Vitamin B_{12} (→Cobalamin) ist eine komplexe K.-Verbindung.

Die *Gewinnung* des K. wird dadurch erschwert, dass die Erze vielfach nur 0,1–0,5% K. enthalten; sie müssen daher zunächst durch Flotation angereichert werden. Technisch gewonnen wird K. durch Reduktion der beim Rösten der Minerale entstehenden K.-Oxide mit Koks (oder aluminothermisch). Insgesamt umfasst die Gewinnung des K. alle auch in der Metallurgie des Nickels notwendigen Schritte zur Anreicherung, Trennung, Reduktion und Raffination. *Verwendung* findet K. bes. als Legierungsbestandteil, in Dauermagneten, korrosionsbeständigen Legierungen und Hartmetallen sowie als Katalysator. Das K.-Isotop ^{60}Co, ein energiereicher Gammastrahler, wird zur Materialprüfung und in der medizin. Strahlentherapie eingesetzt. Verbindungen des K. werden bes. zur Blaufärbung von Glasschmelzen verwendet.

Geschichte: Durch K.-Verbindungen blau gefärbte Gläser und Töpferwaren waren schon lange vor der Zeitenwende bekannt. Das Element K. wurde 1735 von dem schwed. Chemiker GEORG BRANDT (*1694, †1768) entdeckt und 1780 von T. BERGMAN in reiner Form isoliert und in seinen Eigenschaften beschrieben. Techn. Bedeutung erlangte das Metall jedoch erst nach 1910, als man begann, K. als Bestandteil bes. harter Legierungen zu benutzen.

Kobalt|arsenkiese, Minerale, kobalthaltige →Arsenopyrite; Abarten sind **Danait** mit 6–12% Kobalt und **Glaukodot** mit mehr Kobalt als Eisen; K. sind wichtige Kobalterze.

Kobaltbestrahlung, Verfahren der medizin. Radiologie zur Behandlung bösartiger Tumoren mittels ^{60}Co als künstlich aktiviertem Gammastrahler hoher spezif. Aktivität (→Hochvolttherapie); die K. wird als →Telecurietherapie durchgeführt. Da im Unterschied zur konventionellen Röntgenbestrahlung das Dosismaximum in der Tiefe liegt, ist eine Tumorbehandlung unter weitgehender Schonung der darüber liegenden Haut möglich. Die erforderliche therapeut. Gesamtdosis wird auf einen Zeitraum von 5 bis 6 Wochen verteilt (Dosisfraktionierung).

Kobaltblau, →Kobaltpigmente.

Kobaltblüte, Mineral, →Erythrin.

Kobaltglanz, Cobaltin, silberweißes bis stahlgraues (mit rötl. Stich), muschelig brechendes, kub.

Kobaltglanz: Kristalle

Mineral der chem. Zusammensetzung CoAsS; Härte nach Mohs 5–6, Dichte 6,0–6,5 g/cm³; kontaktpneumatolytisch (in metamorphen Gesteinen, z. T. in Form von →Fahlbändern) oder hydrothermal (in Gold-Quarz- u. a. Erzgängen) entstanden; wichtiges Kobalterz.

Kobaltglas, durch Kobaltverbindungen (Kobaltoxid) blau gefärbtes →Farbglas; wird wegen seiner spezif. Rotdurchlässigkeit bei der Prüfung der Flammenfärbung auf Kalium benutzt (absorbiert das störende gelbe Natriumlicht).

Kobaltkies, Mineral, →Linneit.

Kobaltlegierungen, Gruppe von Legierungen mit Kobalt als Hauptbestandteil (30–65%), deren gute Warmfestigkeitseigenschaften der kubisch-raumzentrierten Mischkristallbildung herrühren. Weitere wichtige Bestandteile sind Chrom, Eisen, Nickel und Wolfram. **Hochwarmfeste K.** enthalten bis zu 54% Kobalt, sie haben Zeitstandfestigkeiten von 1 000 °C und werden deshalb für Gasturbinenschaufeln, Turbolader, Schubdüsen von Flugtriebwerken u. a. eingesetzt. Andere K. finden als Schneidmetalle oder weichmagnet. Werkstoffe Anwendung.

Kobaltnickelkiese, Gruppe meist hydrothermal gebildeter Sulfidminerale, v. a. →Linneit und →Siegenit.

Kobaltpigmente, farbige Kobaltverbindungen, die als Pigmente für die Malerei und in der Glas-, Email- und keram. Industrie verwendet werden; hergestellt durch Glühen von Kobaltverbindungen mit anderen Metallverbindungen. Wichtige K. sind **Kobaltblau, Thenard-Blau,** ein Kobaltaluminat (Spinell), $CoO \cdot Al_2O_3$ oder $CoAl_2O_4$, **Kobaltgrün, Rinmann-Grün,** ein Zinkkobaltat, $ZnO \cdot Co_2O_3$ oder $ZnCo_2O_4$, **Smalte,** ein Kobaltkaliumsilikat, hergestellt aus Quarzsand, Pottasche und 2–7% Kobalt(II)-oxid und **Coelinblau,** ein Kobaltstannat, gewonnen durch Glühen von Kobalt(II)-sulfat mit Kreide und Zinnsalz.

Kobaltverbindungen. Kobalt tritt in Verbindungen v. a. in den Oxidationsstufen +2 und +3 auf, wobei in den einfachen Verbindungen die zweiwertige Stufe, in den komplexen Verbindungen die dreiwertige bevorzugt wird. K., in denen Kobalt in den Oxidationsstufen −1, 0, +1, +4 und +5 vorliegt, sind ebenfalls bekannt.

Kobalt(II)-oxid, CoO, ein olivgrünes Pulver, entsteht durch Glühen von **Kobalt(II)-hydroxid,** $Co(OH)_2$, oder **Kobalt(II)-carbonat,** $CoCO_3$, unter Luftabschluss. In feuchtem Zustand oxidiert es zu braunem **Kobalt(III)-oxidhydroxid,** CoO(OH), beim Glühen unter Luftzutritt entsteht blauschwarzes **Kobalt(II,III)-oxid,** Co_3O_4, mit Spinellstruktur. Braunschwarzes (instabiles) **Kobalt(III)-oxid,** Co_2O_3, wird durch Fällen aus Kobalt(II)-Salzlösung mit Alkali nach Entwässern des Hydrats gewonnen. Das aus Kobalt(II)-oxid und Aluminiumoxid, Al_2O_3, sich bildende tiefblaue Doppeloxid, $CoO \cdot Al_2O_3$ **Kobaltblau (Thenard-Blau)** und das Doppeloxid mit Zinkoxid, $ZnO \cdot Co_2O_3$ **Kobaltgrün (Rinmann-Grün),** werden als Farbpigmente verwendet (→Kobaltpigmente). Kobaltoxide lösen sich mit tiefblauer Farbe in Schmelzen von Phosphaten, Boraten und Silikaten auf, worauf Nachweis und vielfältige Anwendungen beruhen (Kobaltglas, Kobaltpigmente). Blaues **Kobalt(II)-hydroxid,** $Co(OH)_2$, geht an der Luft in das braune **Kobalt(III)-oxidhydrat,** $Co_2O_3 \cdot xH_2O$, über. Mit Oxidationsmitteln entsteht das schwarze **Kobalt(IV)-oxidhydrat,** $CoO_2 \cdot xH_2O$.

Die einfachen Salze des zweiwertigen Kobalts sind in Lösung und als Hydrat blassrosarot gefärbt, in wasserfreiem Zustand sind sie blau (Anwendung für Geheimtinte und für Wetterbilder und -blumen). In wässriger Lösung liegt das **Hexaaquakobalt(II)-Ion,** $[Co(H_2O)_6]^{2+}$, vor. Mit Chloridionen bildet sich blaues **Tetrachlorokobaltat,** $[CoCl_4]^{2-}$. Aus wässrigen Lösungen kristallieren **Kobalt(II)-chlorid,** $CoCl_2 \cdot 6H_2O$, und **Kobalt(II)-nitrat,** $Co(NO_3)_2 \cdot 6H_2O$, in Form roter Kristalle, **Kobalt(II)-sulfat,** $CoSO_4 \cdot 7H_2O$ **(Kobaltvitriol),** als dunkelrote Kristalle aus. Aus Lösungen der Kobalt(II)-Salze entsteht mit Schwefelwasserstoff schwarzes **Kobalt(II)-sulfid,** CoS, das frisch gefällt in verdünnter Salzsäure löslich ist. Unter Luftzutritt geht es in das säureunlösl. **Kobalt(III)-sulfid,** Co_2S_3, über.

Während die meisten einfachen Kobalt(III)-Salze unbeständig sind, ist in Koordinationsverbindungen das dreiwertige Kobalt außerordentlich stabil. Es weist darin stets die Koordinationszahl 6 auf. Neben Ammoniak, NH_3, treten als Liganden v. a. Halogenidionen, Cyanidionen, Nitritionen und Wasser auf. Auf diese Weise ist eine Vielzahl von Komplexverbindungen möglich (allein mit Ammoniak sind etwa 2000 **Kobaltammine** oder **Kobaltiake** bekannt). Viele dieser Verbindungen wurden früher nach ihrer Farbe benannt, z. B. die **Purpureosalze** mit dem Kation $[Co(Cl)(NH_3)_5]^{2+}$, die **Roseosalze** mit dem Kation $[Co(H_2O)(NH_3)_5]^{3+}$. – Eine organ. K. ist das Vitamin B_{12} (→Cobalamin).

Koban *der, -(s)/-(e),* jap. Goldmünze, geprägt zw. 1599 und 1868, von lang gestreckter ellipt. Form. Ihr Goldgehalt sank gegen Ende des Tokugawashogunats bis auf etwa 560/1000. Als beliebte Handelsmünze zirkulierte sie nicht nur in Japan.

Kobankultur [nach dem Dorf Koban bei Wladikawkas in Nordossetien, Russ. Föderation], spätbronze- bis früheisenzeitl. Kulturgruppe im Kaukasien. Die teilweise reichhaltigen Ausstattungen der Flachgräber- und Kurganfriedhöfe lassen sich seit etwa dem 11. Jh. v. Chr. mit gleichartigem Formengut Aserbaidschans und NW-Irans verknüpfen. Steppenspezifisches spiegelt sich v. a. in den bronzenen Streitäxten mit eingravierten Tierbildern. Der Beginn der Früheisenzeit im 6. Jh. v. Chr. ist chronologisch durch neu auftretende Bronzedolche skythoiran. Form markiert; die K. hatte bis ins 4. Jh. v. Chr. Bestand.

Kobayashi [-ʃi], **1) Hideo,** jap. Essayist und Literaturkritiker, *Tokio 11. 4. 1902, †ebd. 1. 3. 1983; gilt als Begründer der modernen Literatur- und Kulturkritik in Japan. Er wandte sich gegen die proletar. Literaturbewegung und gegen die Tradition des jap. Ichromans (Shishōsetsu).
Werke (jap.): Das Leben Dostojewskijs (1939); Mozart (1946); Meine Lebensauffassung (1949; dt.); Echtes und Gefälschtes (1951; dt.).

2) Masaki, jap. Filmregisseur, *auf Hokkaidō 14. 2. 1916, †Tokio 5. 10. 1996; v. a. bekannt durch seine Trilogie über den Zweiten Weltkrieg ›Barfuß durch die Hölle‹, ›Die Straße zur Ewigkeit‹, ›Und dann kam das Ende‹ (1958–60).
Weitere Filme: Harakiri (1962); Kwaidan (1964); Rebellion (1966); Kaseki (1973); Der Prozeß von Tokio (1984, jap.).

Kobdo, 1) mongol. **Chovd,** Hauptstadt des Aimak Kobdo im W der Mongolei, 1 395 m ü. M., am Fuß des Mongol. Altai, (1993) 20 000 Ew. (1959: 5 800 Ew.); Verarbeitung tier. Produkte, Autoreparaturwerk.; 1731 gegr. als Kloster, seit 1763 feste Siedlung.
2) *der,* mongol. **Chovd,** Fluss im W der Mongolei, 516 km lang, entspringt im Mongol. Altai, mündet in einen abflusslosen See (Char Us Nuur).

Kōbe, Hauptstadt der Präfektur Hyōgo auf der Insel Honshū, Japan, 1,48 Mio. Ew.; malerisch, wenn auch gedrängt zwischen mit 25 km Längenausdehnung zw. dem Rokkōgebirge (932 m ü. M.) und der Ōsakabucht der Inlandsee gelegen; zwei Univ., Hochschule der Handelsmarine, Wirtschaftshochschule, Fachschulen; Kunstmuseen, Sakebrauereimuseum, meteorolog. Observatorium; zweitgrößter Seehafen Japans (Hafengemeinschaft Hanshin zus. mit Ōsaka) und bedeu-

---

Koban
(Gold, Größe 35 × 65 mm; 1736)

Vorderseite

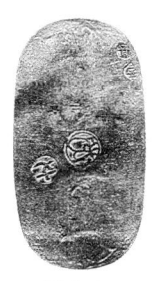

Rückseite

Kōbe
Stadt in Japan, auf Honshū

·

1,48 Mio. Ew.

·

zwei Universitäten (beide 1949 gegründet)

·

wichtiger Industriestandort

·

zweitgrößter Seehafen Japans

·

mehrere buddhist. Tempel und Schreine

·

Port Tower (1963)

Kobe Kobel–Kober

Kōbe: Stadtübersicht mit Port Island

tendes Handels- und Industriezentrum: Eisen- und Stahlindustrie, Schiff-, Maschinenbau, Herstellung von Gummiwaren, Metall-, Textil-, Nahrungsmittel- u. a. Industrie, Sakebrauereien; U-Bahn. Hafen- und Industriegelände sind teilweise dem Meer abgewonnenes Neuland (u. a. Port Island, 436 ha, mit Sport- und Kongresszentrum sowie Ausstellungsgelände). Schwere Zerstörungen durch Erdbeben 1995. – Mehrere buddhist. Tempel und Schreine aus dem 3. (angeblich), 8., 9. und 14. Jh., z. T. nach Kriegszerstörung wiederhergestellt; Rathaus (1957); Port Tower (1963; 108 m hoch, mit Schifffahrtsmuseum). ANDO TADAO schuf 1980–86 die Terrassensiedlungen Rokkō I und II. – Bis zur erzwungenen Öffnung Japans 1867 war K. ein unbedeutendes Fischerdorf nördlich des alten Handelszentrums und zeitweiligen Reg.-Sitzes Hyōgo. Mit seiner Bestimmung zum Ausländerwohnbezirk wuchs K. rasch an und wurde Ende des 19. Jh. mit Hyōgo zusammengelegt. Der Ausbau des Hafens ab 1906 förderte den Seehandel und festigte K.s Ruf als Industriestandort.

Kobel, Koben, Kofen, *Jägerspr.:* Nest des Eichhörnchens, des Marders und anderer Tiere.

Kobell [koˈbɛl, ˈkoːbəl], **1)** Ferdinand, Maler und Radierer, *Mannheim 7. 6. 1740, †München 1. 2. 1799, Vater von 4), Bruder von 3); Schüler von P. A.

Ferdinand Kobell: Mainbrücke; 1786 (München, Bayerische Staatsgemäldesammlungen)

VERSCHAFFELT in Mannheim, studierte 1768–70 in Paris, u. a. bei J. G. WILLE die Technik der Radierung. 1793 floh er vor den Franzosen aus Mannheim nach München, wo er 1798 Galeriedirektor wurde. K. folgte in seinen Landschaftsbildern zunächst niederländ. Meistern und CLAUDE LORRAIN und wurde nach 1780, bes. mit seinen Aschaffenburger Veduten, zum Wegbereiter der realist. Landschaftsmalerei des 19. Jahrhunderts.
    M. BIEDERMANN: F. K. Das maler. u. zeichner. Werk (1973).

2) Franz Ritter von, Mineraloge und Schriftsteller, *München 19. 7. 1803, †ebd. 11. 11. 1882; Erfinder der Galvanographie (ein Tiefdruckverfahren); schrieb ›Gedichte in hochdt., oberbayer. und pfälz. Mundart‹ (1839–41, 2 Bde.) sowie Volksstücke (›G'schpiel‹, 1868) und Jagdgeschichten (›Wildanger‹, 1859).

3) Franz Innocenz Josef, Maler, Zeichner und Radierer, *Mannheim 23. 11. 1749, †München 14. 1. 1822, Bruder von 1); lebte nach Studien in Italien (1779–84) ab 1785 in München. K. malte in Anlehnung an CLAUDE LORRAIN und N. POUSSIN Ideallandschaften in tonigem Kolorit und schuf zahlr. Sepiazeichnungen.

4) Wilhelm Alexander Wolfgang von (seit 1817), Maler und Radierer, *Mannheim 6. 4. 1766, †München 15. 7. 1855(?), Sohn von 1); wichtiger Vertreter des Biedermeier in München. Er wurde dort 1792 Hofmaler, 1814 Prof. an der Akademie. Seine Frühwerke entstanden unter dem Einfluss niederländ. Vorbilder (N. BERCHEM, P. WOUVERMAN). K. gelangte zu einer realist. Darstellungsweise, für die Vordergründe mit fein beleuchteter, formklar modellierter Staffage und atmosphär., weiträumige Landschaften im Hintergrund charakteristisch sind. 1808–15 schuf er für den bayer. Kronprinzen LUDWIG eine Reihe von Bildern mit Szenen aus den Napoleon. Kriegen (›Die Belagerung von Kosel‹, 1808; München, Neue Pinakothek). Bedeutend sind auch seine Radierungen.
    W. LESSING: W. v. K. (Neuausg. 1966); S. WICHMANN: W. v. K. (1970); M. GOEDL-ROTH: W. v. K. Druckgraphik (1974).

Kobelt, Karl, schweizer. Politiker, *Marbach (Kt. St. Gallen) 1. 8. 1891, †Bern 5. 1. 1968; Bauingenieur, Mitgl. der Freisinnig-Demokrat. Partei (FDP), 1933–39 Mitgl. des St.-Galler Regierungsrates, 1939–54 Abg. im Nationalrat, leitete 1941–54 als Bundesrat das Militärdepartement; 1946 und 1952 amtierte K. als Bundespräsident.

København [købənˈhaun], dän. Name von →Kopenhagen.

Kober, 1) Leopold, österr. Geologe, *Pfaffstätten (Verw.-Bez. Baden) 21. 9. 1883, †Hallstatt 6. 9. 1970; ab 1923 Prof. in Wien; lieferte wesentl. Beiträge zur

Geologie der Alpen, zur Deckentheorie und zu anderen Fragen der allgemeinen Geotektonik.
Werke: Bau u. Entstehung der Alpen (1923); Die Orogentheorie (1933); Der geolog. Aufbau Österreichs (1938); Tekton. Geologie (1942).

2) **Theodor,** Luftschiffkonstrukteur, *Stuttgart 13. 2. 1865, †Friedrichshafen 20. 12. 1930; konstruierte mit Graf VON ZEPPELIN 1892–94 das erste Zeppelin-Luftschiff; gründete 1912 die Firma Flugzeugbau Friedrichshafen, die bes. im Ersten Weltkrieg Wasserflugzeuge baute.

Koberger, Koburger, Anton, Drucker, Buchhändler und Verleger, *Nürnberg um 1440, †ebd. 3. 10. 1513; seit 1470 als Drucker in Nürnberg nachweisbar. Seine Offizin entwickelte sich seit etwa 1478 zu einem Großbetrieb, in dem rd. 220 Druckwerke (z.T. mit Holzschnitten) in Auflagen bis zu 1 600 Exemplaren erschienen, u. a. eine dt. Bibel (1483), ein ›Heiligenleben‹ (1488) und H. SCHEDELS ›Weltchronik‹ in lat. und dt. Ausgabe (1493). K., der auch Auflagen anderer Druckereien zum Weiterverkauf aufkaufte, gehörte um 1500 zu den leistungsfähigsten Druckern und Verlegern seiner Zeit. Von Nürnberg aus leitete er Niederlassungen in Lyon, Paris, Leipzig, Regensburg, Breslau, Krakau und Frankfurt am Main, von denen aus der Vertrieb bis nach Spanien und Italien organisiert war. K.s Nachfolgern gelang es jedoch nicht, Druckerei und Verlag erfolgreich weiterzuführen; bis 1533 wurden sämtl. Betriebe geschlossen.

O. HASE: Die Koberger (²1885; Nachdr. Amsterdam 1967); A. SCHRAMM: Der Bilderschmuck der Frühdrucke, Bd. 17: Die Drucker in Nürnberg. A. K. (1934; Nachdr. 1981).

Koberling, Bernd, Maler, *Berlin 4. 11. 1938; seit 1988 Prof. in Berlin; verbindet einen ursprüngl. dynamisch-expressiven Malgestus in nord. Landschaften mit ruhiger Flächenmalerei. Durch Überspannungen der Bilder mit einer dünnen Nesselschicht suchte er (1965–73) Transparenz, atmosphär. Reiz, Dunst und Wässriges zu erfassen. Seit etwa 1980 werden Darstellungen von Tieren (Kormorane, Wale, Seehunde) und menschl. Figuren einbezogen, wie Großaufnahmen in den Vordergrund geholt und durch kraftvollen Farbauftrag sowie großzügige, verwischende Pinselführung expressiv gesteigert.

B. K. Bilder 1991–93, Beitr. v. E. BRITSCH, Ausst.-Kat. (1993, dt. u. engl.).

Kobernaußer Wald, SW-Teil des →Hausrucks, Oberösterreich.

Kobern-Gondorf, Gem. im Landkreis Mayen-Koblenz, Rheinl.-Pf., am linken Ufer der Mosel nahe Koblenz, 3 100 Ew. – In Kobern spätgot. Friedhofskapelle mit Ausmalung von 1420–30, die neuroman. Pfarrkirche St. Lubentius (1827–29 von J. C. v. LASSAULX), das Fachwerkhaus Simonis (um 1320) sowie auf der Höhe neben der Oberburg (Ende 12. Jh., Bergfried erhalten) die Matthiaskapelle (nach 1221, sechseckiger Zentralbau), ein Hauptwerk der rhein. Spätromanik am Übergang zur Gotik. In Gondorf auf einer Felszunge am Moselufer die weiträumige Anlage von Schloss Oberburg (14.–16. Jh., nach 1806 neugotisch ausgebaut; seit 1876 trennt die Eisenbahnlinie Trier–Koblenz Vorburg und Hauptburg voneinander), der Stammsitz der Fürsten von Leyen.

Wilhelm von Kobell: Isarlandschaft; 1819
(München, Neue Pinakothek)

Koberstadt, östlich von Langen, Landkreis Offenbach, Hessen, gelegene Waldflur mit zahlr. Grabhügeln und einem 300 m langen Erdwall, gedeutet als fünftorige Befestigungsanlage mit Doppelgraben. Die Befestigung wird heute als geolog. Phänomen betrachtet. K. ist namengebender Fundort für die **Koberstadter Kultur,** eine hallstattzeitl. Regionalgruppe in Mittel- und Südhessen (7./6. Jh. v. Chr.) mit z.T. bemalter und kerbschnittverzierter Keramik.

Købke [ˈkøbgə], Christen Schjellerup, dän. Maler und Lithograph, *Kopenhagen 26. 5. 1810, †ebd. 7. 2. 1848; galt als die größte kolorist. Begabung unter den Schülern von C. W. ECKERSBERG. Er malte Landschaften Italiens und der Umgebung Kopenhagens, ferner Porträts. 1844–45 war er an der Dekoration des Thorvaldsen-Museums in Kopenhagen beteiligt.

Koblenz, *das, -, Geologie:* älterer Name der Ems-Stufe (Emsium, →Devon).

Koblenz, 1) kreisfreie Stadt in Rheinl.-Pf., Hauptstadt des Reg.-Bez. Koblenz und Verw.-Sitz des Kreises Mayen-Koblenz, 60 m ü. M., an der Mündung der Mosel in den Rhein (→Deutsches Eck), (1996) 109 400 Ew. (1939: 88 900, 1950: 70 100 Ew.). In K. haben zahlreiche öffentl. Institutionen ihren Sitz, u. a. Bundesamt für Wehrtechnik und Beschaffung, Bundesanstalt für Gewässerkunde, Bundesgrenzschutzdirektion, Bundesarchiv, Landeshauptarchiv, Oberfinanzdirektion, Oberlandes-, Oberverwaltungs-Ger., Landesvermessungs-, Landesversorgungs-, Landesveterinäruntersuchungsamt. Zu den Bildungseinrichtungen gehören die Univ. Koblenz-Landau, Abteilung Koblenz, die Fachhochschule Koblenz, die Verwaltungs- und Wirtschaftsakademie, die Verwaltungsschule der Stadt K., die Landesfeuerwehrschule und die Fachschule für Hotelbetriebswirtschaft. Die 1984 in K. gegründete private Wiss. Hochschule für Unterneh-

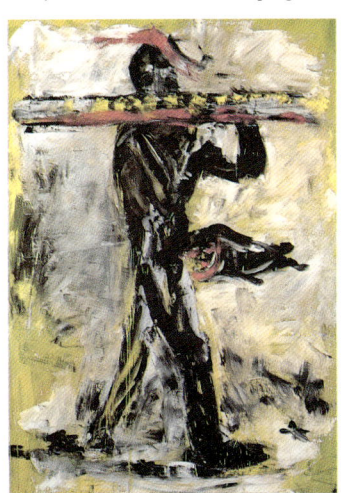

Bernd Koberling: Strand I; 1984 (Privatbesitz)

Koblenz 1)
Stadtwappen

Stadt in Rheinl.-Pf.
·
an Mosel und Rhein
(Deutsches Eck)
·
60 m ü.M.
·
109 400 Ew.
·
Universität
·
Bundesarchiv
·
Kirchen mit Doppeltürmen
·
Festung Ehrenbreitstein
·
röm. Gründung

Koblenz 1): Sankt Kastor (Gründungsbau 836 geweiht)

mensführung wurde 1988 nach Vallendar verlegt. Außer dem Landesmuseum K. mit der ›Staatl. Sammlung techn. Kulturdenkmäler‹ (in der Festung Ehrenbreitstein) und dem Mittelrhein-Museum besitzt K. das Ludwig Museum im Deutschherrenhaus (1306), das Rheinmuseum, die Wehrtechn. Studiensammlung sowie eine Beethoven-Gedenkstätte. K. ist einer der größten Standorte der Bundeswehr (rd. 5 000 Soldaten), u. a. mit dem Zentrum für Innere Führung und dem Zentralkrankenhaus. Die Industrie stellt Waschmittel, Datenverarbeitungsanlagen, Schrauben, Bremsen, Stoßdämpfer, Aluminiumhalbfabrikate, Konservendosen und Papierprodukte her; es gibt Sekt- und Weinkellereien, Druckereien, Brauereien. K. ist eine Fremdenverkehrsstadt und ein Verkehrsknotenpunkt (Rhein- und Moselbrücken) mit Rhein- und Moselhafen.

Stadtbild: Die großen Kirchen zeichnen sich durch monumentale Doppelturmfassaden aus: St. Kastor (Gründungsbau 836 geweiht, heutige hochroman. Kirche 1208 geweiht, spätgot. Einwölbung 1496–99; versch. Grabmäler); St. Florin (roman. Pfeilerbasilika um 1100, got. Chor um 1350); Liebfrauenkirche (spätroman. Emporenbasilika des 12./13. Jh., Chor und Einwölbung in der Spätgotik 1404 ff.). Von der Jesuitenkirche (1613–17) ist nur die Giebelfassade erhalten, der Erweiterungsbau (1649) des am 1585 errichteten Kollegs dient heute als Rathaus. Ehem. kurfürstl. Burg (1277 begonnen, im 16./17. Jh. erweitert) mit charakterist. Ecktürmen, nahebei die Moselbrücke mit Bögen von 1343. Versch. Bürgerhäuser und Adelshöfe v. a. des 17. und 18. Jh. sind erhalten. Das Schloss (1777–91 nach Plänen von M. D'IXNARD und A. F. PEYRE) ist der erste bedeutende frühklassizist. Bau im Rheinland; Theater 1786/87. 1902/03 wurde die ev. Christuskirche in der Formensprache von Neugotik und Jugendstil errichtet; D. und G. BÖHM bauten 1953/54 die kath. Pfarrkirche St. Elisabeth. Gegenüber der Moselmündung liegt die Festung →Ehrenbreitstein; unterhalb der Festung das Dikasterialgebäude (1739–48 von B. NEUMANN und J. SEITZ). Im Vorort Güls die alte Servatiuskirche (Emporenbasilika vom Anfang des 13. Jh.) mit originaler Farbgebung; im Stadtteil **Moselweiß** eine spätroman. Gewölbebasilika (1201 begonnen) mit spätgot. Steinkanzel (1467). Zu K. gehört auch das Schloss →Stolzenfels.

Geschichte: Nach 12 v. Chr., spätestens mit dem Tod von N. C. DRUSUS (9 v. Chr.), wurde am Zusammenfluss von Rhein und Mosel (**Confluentes**) eine röm. Militärsiedlung angelegt; ein röm. Auxiliarlager ist aus der Spätzeit Kaiser TIBERIUS' (14–37 n. Chr.) belegt. Aus strateg. und wirtschaftsgeograph. Gründen wurden eine Rhein- und eine Moselbrücke gebaut

Koboldmakis: Celebes-Koboldmaki (Kopf-Rumpf-Länge etwa 15–18 cm; Schwanzlänge etwa 22–25 cm)

(1. Jh. n. Chr.) sowie ein Limeskastell in (heute) K.-Niederberg angelegt. Wohl Anfang des 4. Jh. erfolgte die Errichtung des spätantiken Kastells **Confluentes**, das zur Keimzelle der mittelalterl. Stadt wurde. Den im 5. Jh. errichteten Königshof schenkte Kaiser HEINRICH II. 1018 dem Trierer Erzbischof POPPO. Die Siedlung war seit der 2. Hälfte des 15. Jh. erzbischöfl. Residenz. Frz. Truppen eroberten 1794 die nach 1652 befestigte Stadt (bis 1813/14 zum frz. Rhein-Mosel-Dép. gehörig); 1815 fiel K. mit den Rheinlanden an Preußen und wurde Sitz des Oberpräsidiums sowie des Generalkommandos der Rhein-Prov. – Von Dezember 1946 bis Mai 1950 war K. Sitz der Landes-Reg. Rheinland-Pfalz. (→Deutsches Eck)

2000 Jahre K., hg. v. H. BELLINGHAUSEN (²1973); Gesch. der Stadt K., bearb. v. I. BÁTORI, 2 Bde. (1992–93).

2) Reg.-Bez. in Rheinl.-Pf., 8 093 km², 1 495 100 Ew.; umfasst die kreisfreie Stadt K. sowie die Landkreise Ahrweiler, Altenkirchen (Westerwald), Bad Kreuznach, Birkenfeld, Cochem-Zell, Mayen-Koblenz, Neuwied, Rhein-Hunsrück-Kreis, Rhein-Lahn-Kreis und Westerwaldkreis.

Koblenz, Babette, Komponistin, * Hamburg 22. 8. 1956; studierte an der Hamburger Musikhochschule u. a. bei G. LIGETI. Wesentlich für ihr kompositor. Schaffen ist die Suche nach neuen Formen des Musiktheaters sowie nach neuen Möglichkeiten musikal. Zeiteinteilung (›flexible beats‹).

Werke: *Musiktheater:* Hexenskat (1984; mag. Oper); Alla testa (1985; Hologramm-Lichttheater); Altdorfer auf Atlantis (1985; mag. Oper); Ikarus (1990; Figurentheater, mit H.-C. von Dadelsen). – *Orchesterwerke:* Radar (1988; für Klavier u. Orchester); Al fondo negro (1993). – *Kammermusik:* Streichtrio (1988); Schofar (1989; für acht Instrumente); Bläserquintett (1990); Le monde (1992; Klaviertrio). – *Vokalmusik:* Messe française (1991; für Chor u. Orchester).

Kobo, Abk. **k,** Münznominal in Nigeria, 100 K. = 1 Naira.

Kobold [mhd. kobolt, eigtl. etwa ›Hausverwalter‹, ›Stallverwalter‹], im Volksglauben ein Hausgeist; früher bisweilen als Holz- oder Strohfigur dargestellt und mit Butter gesalbt; in neuerer Zeit meist als unsichtbar gedacht. K. haben örtlich versch. Namen, z. B. Butz, Doggeli, Wicht, auch Kosenamen wie Hänschen, Heinzelmännchen. K. bringen Wohlstand, beaufsichtigen das Gesinde und geben Ratschläge, sie sind u. a. aber auch tückisch und verursachen Krankheiten. Ihr seemänn. Gegenstück ist der Klabautermann.

Koboldkärpfling, Art der →Lebendgebärenden Zahnkarpfen.

Koboldmakis, Gespenstaffen, Gespensttiere, Tarsier, Tarsiidae, Familie der Halbaffen mit drei Arten in einer Gattung (**Tarsius**), die in den Wäldern der Sundainseln und der Philippinen verbreitet sind. K. sind nachtaktiv, mit entsprechenden Anpassungen: unabhängig voneinander bewegl. Ohren, große, sehr leistungsstarke Augen, beiderseits bis zu 180° drehbarer Kopf. Sie ernähren sich von Insekten und anderen Kleintieren. Fortpflanzungszeit ist das ganze Jahr über; es wird ein Junges mit entwickeltem Fell und offenen Augen geboren.

Kobras [port. cobra (de capelo) ›(Kappen-)Schlange‹, von lat. colubra ›Schlange‹], *Sg.* **Kobra** *die,* -, **Hutschlangen,** Gattungsgruppe der →Giftnattern in Afrika und Asien. Bei Erregung zeigen die meisten Arten ein typ. Drohverhalten: Der vordere Körperabschnitt wird aufgerichtet und der Hals durch Abspreizen der Rippen zum so genannten Hut oder Schild abgeflacht. Einige Arten können Angreifern Gift mehrere Meter weit entgegenspritzen (z. B. Spei-K.). Die Giftwirkung ist stark bis sehr stark, meist auch für den Menschen sehr gefährlich.

Zu den **Eigentlichen K.** (Gattung Naja) gehört u. a. die in Südasien, auf den Sundainseln und den Philippinen verbreitete **Brillenschlange** (Naja naja; Länge

1,4–1,8 m) mit deutl. Brillenzeichnung auf der Rückseite des Schildes; die Färbung ist von hellbraun bis fast schwarz sehr variabel. Sie ernährt sich von kleinen Wirbeltieren; ihr gefährlichster Feind ist der Mungo. Zu den afrikan. K. zählen u. a. die in Trockengebieten lebende **Uräusschlange (Ägyptische K.,** Naja haje; Länge bis 2 m) und die ebenfalls bis etwa 2 m lange, südlich der Sahara verbreitete **Spei-K. (Schwarzhals-K.,** Naja nigricollis). Nah verwandt mit der Gattung Naja sind →Königskobra, die →Ringhalskobra und die →Wasserkobras.

K. sind die von Schlangenbeschwörern bevorzugt verwendeten Schlangen. Die wie alle Schlangen tauben K. tanzen nicht zum Flötentönen, sondern folgen in Abwehr- bzw. Angriffshaltung den Bewegungen des Schlangenbeschwörers. Manche Schlangenbeschwörer arbeiten mit K., denen die Zähne ausgebrochen oder die Mundspalten vernäht wurden.

Kobro, Katarzyna, poln. Bildhauerin lett. Herkunft, * Riga 26. 1. 1898, † Łódź 26. 2. 1951; übersiedelte nach dem Studium in Moskau 1922 mit ihrem Mann W. STRZEMIŃSKI nach Polen, wo sie an der poln. Avantgardebewegung teilnahm. Sie war Mitgl. wichtiger Künstlergruppen (u. a. ›Blok‹, Abstraction-Création). Nach konstruktivist. und kubist. Anregungen entwickelte sie aus Flächen und Bögen zusammengesetzte Raumkompositionen aus Stahlblech.

Kobsa [russ.] *die, -/-s,* rumän. **Cobză** [-zə], eine im Moldaugebiet, in Rumänien und Ungarn verbreitete Kurzhalslaute mit vier bis fünf teils in Oktaven angeordneten Saitenchören, meist mit Plektron gespielt.

Kobyljanska, Ol'ha Julianiwna, ukrain. Schriftstellerin, *Gura-Gumora (bei Suceava, Rumänien) 27. 11. 1863, † Tschernowzy 21. 3. 1942; schrieb, anfangs in dt. Sprache, impressionistisch gestimmte Erzählungen und Romane aus dem Leben der Bauern und der Intelligenzschicht ihrer Heimat, die bes. durch die feine psycholog. Zeichnung der Charaktere (v. a. der Frauen) geprägt sind.

Ausgabe: Vybrani tvory (1974).

Kocaeli [-dʒ-], Stadt in der Türkei, →İzmit.

Kocagöz [kɔˈdʒagœz], Samim, türk. Schriftsteller, * Söke (Prov. Aydın) 1916; selbst Gutsbesitzer, schildert er in realist., von sozialem Engagement geprägten Kurzgeschichten und Romanen u. a. die Probleme der Land-Bev. seiner westanatol. Heimat.

Kocbek [ˈkɔts-], Edvard, slowen. Schriftsteller, * Sveti Jurij (bei Maribor) 27. 9. 1904, † Ljubljana 3. 11. 1981; nahm als Vertreter der christl. Sozialisten in führender Position am Partisanenkampf teil. Nach dem Zweiten Weltkrieg bekleidete er hohe polit. Ämter, von denen er 1952 zurücktrat, als sein kulturpolit. Programm und die Forderung nach geistigem Pluralismus nicht angenommen wurden. Seine spiritualistisch-philosoph. Lyrik gestaltet polit. Themen sowie die Erfahrung der Einsamkeit; die existenzialistisch geprägten Novellen setzen sich mit moral. Konfliktsituationen im Partisanenkrieg auseinander.

Werke: Lyrik: Zemlja (1934); Groza (1963); Poročilo (1969); Dichtungen (1978, dt. Ausw.). – *Erzählungen:* Tovarišija (1949); Strah in pogum (1951); Slovensko poslanstvo (1964).

Ausgaben: Zbrane pesmi, 2 Bde. (1977); Aschenglut. Gedichte, übers. v. K. D. OLOF (1996).

Kočevje [kɔˈtʃeːvjɛ], dt. **Gottschee,** Stadt in Slowenien, 460 m ü. M., im S der Krain, am Rand eines breiten Beckens an der Rinža, 18 000 Ew. – Nahe K. liegt die Friedrichsteiner Eishöhle. – K., Anfang des 14. Jh. von den Grafen von Ortenburg mit Bauern aus Oberkärnten und Osttirol gegründet, fiel 1641 an die Grafen von Auersperg und wurde 1792 von Kaiser FRANZ II. zum Herzogtum erhoben. Bis zum Zweiten Weltkrieg war K. Mittelpunkt einer dt. Sprachinsel, gen. die **Gottschee;** nach der Umsiedlung von 15 000 Gottscheern 1941 erfolgte 1945 die Vertreibung.

A. HAUFFEN: Die dt. Sprachinsel Gottschee (Graz 1895, Nachdr. 1979); H. OTTERSTÄDT: Gottschee. Verlorene Heimat dt. Waldbauern (1962).

Katarzyna Kobro: Raumkomposition 4; Metall, bemalt, Höhe 64 cm; 1929 (Lodz, Kunstmuseum)

Koch, Ausbildungsberuf der Industrie für Frauen und Männer. K. arbeiten v. a. in Küchen von Restaurants, Hotels, Krankenhäusern, Heimen und Kantinen; sie verrichten alle Arbeiten, die zur Herstellung von Speisen gehören, wie v. a. Planung, Einkauf von Lebensmitteln und Zutaten, Vorbereitung, Lagerhaltung. Sie kennen die Rezepte für Gerichte aller Art, stellen den Speiseplan zusammen, kochen, braten, backen und garnieren. Die traditionelle europ. Küche in der Gastronomie leitet der **Küchenchef (Chef de Cuisine;** frz.), d. h. ein K. mit Meisterprüfung; ihm unterstehen für die versch. Gerichte oder Zubereitungsarten Abteilungs-K.: **Entremetier** für Suppen und kleinere Zwischengerichte, **Gardemanger** für kalte Speisen (v. a. kalte Büfetts), **Saucier** für Soßen, **Rotisseur** für Bratengerichte, **Poissonier** für Fischgerichte, **Légumier** für Gemüsegerichte, **Patissier** für Süßspeisen und **Glacier** für Eisgerichte.

Koch [-tʃ], **Kotsch,** ehem. Stamm in NO-Indien. Die K. nennen sich heute als Land besitzende Hindukaste in Assam z. T. **Rajbansi,** im nördl. Bengalen **Kshatriya (Kschatrija).** Urspr. vermutlich den Hauptstämmen der Bodo zuzurechnen, sind sie heute stark vermischt. Im 16. Jh. schufen sie ein mächtiges Reich (Cooch Behar), dessen letzte Reste erst von der Rep. Indien aufgelöst wurden.

Koch, 1) **Eoban,** Humanist und neulat. Dichter, →Hessus, Helius Eobanus.

2) **Erich,** Politiker, * Elberfeld (heute zu Wuppertal) 19. 6. 1896, † Barczewo 12. 11. 1986; kaufmänn. Ange-

Kobras: Brillenschlange (Länge 1,4–1,8 m)

Wörter, die man unter K vermisst, suche man unter C, Ch, G, H oder Q

stellter; wurde 1922 Mitgl. der NSDAP, 1928 Gauleiter seiner Partei in Ostpreußen. Seit 1933 Ober-Präs. der Prov. Ostpreußen, beteiligte sich K. als von HITLER ernannter Reichskommissar in der Ukraine und Verwaltungschef des Gebietes Ciechanów-Białystok (1941–44) maßgeblich und rücksichtslos an der Unterdrückung, Deportation und Zwangsgermanisierung der ukrain. Bev. sowie der Verfolgung der Juden (Holocaust). 1945 in den Westen Dtl.s geflüchtet, lieferten ihn die brit. Besatzungsbehörden an Polen aus. In einem Prozess (1958/59) wurde er dort zum Tode verurteilt (Schuld am Tod von mindestens 400 000 Menschen in Polen), später zu lebenslängl. Haft begnadigt.

3) Heinrich, Regisseur, * Bad Godesberg (heute zu Bonn) 22. 11. 1911; Schüler von H. HILPERT und E. ENGEL, 1946/47 und in den 50er-Jahren am Dt. Schauspielhaus Hamburg, wo er die ›K.-Platte‹ (eine Bühnenscheibe) einsetzte; 1957–68 Schauspieldirektor in Frankfurt am Main, danach Gastregisseur (u. a. bei den Ruhrfestspielen).

4) Heinrich Gottfried, Schauspieler und Theaterleiter, * Gera 9. 1. 1705 (1703?), † Berlin 3. 1. 1775; wirkte bei versch. Truppen (NEUBERIN, F. L. SCHRÖDER), leitete ab 1749 eine eigene Gesellschaft in Leipzig, führte später bis 1763 die ›Schönemannsche Truppe‹; eröffnete in Leipzig das neue Schauspielhaus. Seit 1771 spielte er in Berlin (1774 Uraufführung von GOETHES ›Götz von Berlichingen‹). K. bevorzugte Molière-Rollen, bemühte sich um histor. Kostüme.

5) [kɔk], **Nils Fabian Helge von**, schwed. Mathematiker, * Stockholm 25. 1. 1870, † ebd. 11. 3. 1924; ab 1905 Prof. in Stockholm; arbeitete v. a. über die Theorie unendl. Systeme linearer Gleichungen und der davon abgeleiteten Matrizen. Heute noch oft zitiert wegen der für die Fraktalgeometrie interessanten K.-Kurve.

6) Joseph Anton, österr. Maler und Radierer, * Obergiblen (heute zu Elbigenalp, Tirol) 27. 7. 1768, † Rom 12. 1. 1839; war ab 1785 Zögling der Karlsschule in Stuttgart, entfloh aus ihr 1791 nach Straßburg und ging 1792 in die Schweiz. Ab 1794 lebte K. meist in Italien. In Rom schloss er sich B. THORVALDSEN, v. a. aber A. J. CARSTENS an, dessen Arbeiten er bei seinen gezeichneten Figurenkompositionen zum Vorbild nahm (Illustrationen zu Werken HOMERS, W. SHAKESPEARES, DANTE ALIGHIERIS ›Göttl. Komödie‹ und J. MACPHERSONS Ossian-Dichtung). An-

Joseph Anton Koch: Dantes Traum von den wilden Tieren und seine Rettung durch Vergil; Fresko im Dantesaal des Casino Massimo in Rom; 1824–29

geregt durch den Maler G. SCHICK konzentrierte sich K. ab 1803 auf die Ölmalerei und malte unter dem Einfluss der Werke CLAUDE LORRAINS und N. POUSSINS Landschaften, die er mit architekton. Strenge aus klar geschiedenen Gründen aufbaute und mit farblich akzentuierender Staffage versah. Er wählte v. a. Motive aus den Alpen, der Campagna sowie aus den Albaner und Sabiner Bergen. Nach einem Aufenthalt in Wien (1812–15) wurde K. zum Mittelpunkt der Deutschrömer. Den Höhepunkt seiner langjährigen Beschäftigung mit der Dichtung DANTE ALIGHIERIS bilden die von ihm 1824–29 ausgeführten Fresken im Casino Massimo in Rom. – Das verschollen geglaubte Bild ›Bianciotto Malatesta überrascht seinen Bruder Paolo bei Francesca‹ (1803) ist 1996 aus Privatbesitz wieder aufgetaucht und konnte von der Staatsgalerie Stuttgart erworben werden.

Weitere Werke: Gebirgslandschaft (1796; Köln, Wallraf-Richartz-Museum); Heroische Landschaft mit Regenbogen (1. Fassung 1805, Karlsruhe, Kunsthalle, BILD →deutsche Kunst; 2. Fassung 1804–15, München, Neue Pinakothek; 3. Fassung 1824, Berlin, Märk. Museum bis 1991, jetzt Privatbesitz); Schmadribachfall (1. Fassung 1805–11, Leipzig, Museum der bildenden Künste; 2. Fassung 1821–22, München, Neue Pinakothek); Berner Oberland (1805; Wien, Österr. Galerie im Belvedere); Tibergegend bei Rom (1818; Basel, Kunstmuseum); Landschaft nach einem Gewitter (um 1830; Stuttgart, Staatsgalerie).

O. R. LUTTEROTTI: J. A. K. (Wien 1985); C. VON HOLST: J. A. K. 1768–1839, Ansichten der Natur (1989).

7) Karl, ev. Theologe, * Witten 6. 10. 1876, † Bielefeld 28. 10. 1951; seit 1927 Superintendent in Bad Oeynhausen und bis 1948 Präses der westfäl. Provinzialsynode. K. war 1919–33 Mitgl. des preuß. Landtages, 1930–32 des Reichstags (DNVP). Im Kirchenkampf leitete er die westfäl., die altpreuß. und die Bekenntnissynoden der Dt. Ev. Kirche und war 1934–36 Mitgl. der 1. Vorläufigen Leitung der Bekennenden Kirche.

W. NIEMÖLLER: K. K. Präses der Bekenntnissynoden (1956); W. DANIELSMEYER: Präses Doktor K. K. (1976).

8) [kɔtʃ], **Kenneth Jay**, amerikan. Schriftsteller, * Cincinnati (Oh.) 27. 2. 1925; schreibt Gedichte, die sich durch Witz und Sprachspiele auszeichnen, sowie Dramen für Off-Broadway-Bühnen. K. wird, zus. mit J. L. ASHBERY und F. O'HARA, der New York School of Poets zugerechnet, die in den 50er-Jahren ebenso wie die Autoren der Beatgeneration moderne, expressive, den städt. Lebensrhythmus spiegelnde Ausdrucksformen anstrebte.

Werke: *Lyrik:* Poems (1953); Thank you and other poems (1962; dt. Vielen Dank. Gedichte u. Spiele); The art of love (1975); On the edge (1986); Seasons on earth (1987). – *Theaterstücke:* Bertha and other plays (1966); One thousand avant garde plays (1988). – *Roman:* The red robins (1975).

9) [kɔk], **Lauge**, dän. Geologe und Arktisforscher, * Kjærby (heute zu Kalundborg) 5. 7. 1892, † Kopenhagen 1964; war seit 1913 an der Erforschung Grönlands führend beteiligt, z. B. 1916–18 an der 2. Thule-Expedition K. RASMUSSENS, 1920–23 an der Hans-Egede-Jubiläums-Expedition (W- und N-Küste); 1926–27 erforschte er die O-Küste (Scoresbysund), 1931–34 und 1936–39 O- und N-Grönland, 1938 flog er über NO-Grönland nach Pearyland, 1947–59 leitete er weitere dän. Grönlandexpeditionen.

10) [kɔk], **Martin**, schwed. Schriftsteller und Journalist, * Stockholm 23. 12. 1882, † Hedemora (Verw.-Bez. Kopparberg) 22. 6. 1940. K. wurde unter dem Einfluss A. STRINDBERGS und É. ZOLAS zu einem der wichtigsten Vertreter der schwed. Arbeiterliteratur. Seine Romane sind von naturalist. Schärfe in Themenbehandlung und Sprache. Sein bedeutendstes Werk, ›Guds vackra värld‹ (1916), ist eine erschütternde Darstellung des Schicksals dreier Generationen einer Bauernfamilie im Schatten der Industrialisierung. K.s Auseinandersetzung mit religiösen Fragen zeigt sich

v. a. in seiner Studie ›Fromma människor‹ (1918) und dem Roman ›Legend‹ (1920).

11) Robert, Bakteriologe, *Clausthal (heute zu Clausthal-Zellerfeld) 11. 12. 1843, †Baden-Baden 27. 5. 1910; begann als Kreisphysikus in Wollstein (heute Wolsztyn, Wwschaft Posen) seine bahnbrechenden Arbeiten, wobei er die wichtigsten method. Grundlagen der bakteriolog. Forschung (Züchtung und Färbung der Bakterien) schuf und 1876 im Milzbrandbazillus zum ersten Mal einen lebenden Mikroorganismus als spezif. Ursache einer Infektionskrankheit nachwies. 1880–1904 war er in Berlin als ordentl. Mitgl. des Kaiserl. Gesundheitsamtes, Direktor des Hygien. Inst. der Univ. und des neu gegründeten Inst. für Infektionskrankheiten (→Robert-Koch-Institut) tätig; 1882 entdeckte er das Tuberkulosebakterium, 1883 den Choleraerreger. K. erforschte ferner die Schlafkrankheit, die Malaria und die Tuberkulose und untersuchte die Möglichkeiten zur Verhütung und Bekämpfung dieser Seuchen. Mit seinen Arbeiten beeinflusste er die moderne Medizin entscheidend und wurde der Hauptbegründer der Bakteriologie. 1905 erhielt er für seine Forschungen über die Tuberkulose den Nobelpreis für Physiologie oder Medizin.

Ausgaben: Ges. Werke, hg. v. J. SCHWALBE, 2 Bde. (1912); Briefe an Wilhelm Kolle, hg. v. K. KOLLE (1959).

B. MÖLLERS: R. K. Persönlichkeit u. Lebenswerk (1950); J. KATHE: R. K. u. sein Werk (Berlin-Ost 1961); R. BOCHALLI: R. K. Der Schöpfer der modernen Bakteriologie (²1982).

12) Rudolf, Grafiker und Schriftkünstler, *Nürnberg 20. 11. 1876, †Offenbach am Main 9. 4. 1934; arbeitete seit 1906 für die Schriftgießerei der Gebrüder Klingspor in Offenbach am Main. 1911–24 gab er mit RUDOLF GERSTUNG die ›Rudolfin. Drucke‹ heraus, in kunstvoller Schrift gedruckte Bücher (z. T. mit Holzschnitten, nach Art der Blockbücher) mit kurzen Texten. K. entwarf rd. 30 Druckschriften, u. a. die Koch-Antiqua (1916) und die Offenbacher Schrift (1927). Seit 1921 leitete er an der Techn. Lehranstalt Offenbach eine Schreibwerkstatt. Außerdem befasste er sich seit 1920 mit sakralem Kunsthandwerk.

Werke: Das Schreiben als Kunstfertigkeit (1921); Das Schreibbüchlein (1930); Das Kirchengerät im ev. Gottesdienst (1931); Christl. Symbole, 10 Tle. (1932–34); Das ABC Büchlein (1934, mit B. WOLPE).

13) Ulrich, Bratschist, *Braunschweig 14. 3. 1921, †Tokio 7. 6. 1996; war Solobratschist im Sinfonieorchester des Südwestfunks Baden-Baden und Mitgl. der Cappella Coloniensis des Westdt. Rundfunks Köln; wirkte als Solist bei zahlr. Uraufführungen von Kompositionen für Viola solo und Orchester; war 1956–90 als Lehrer in Freiburg, seit 1990 als Gastprofessor in der Musashino-Musik-Akad. in Tokio tätig.

14) Werner, Schriftsteller und Journalist, *Mülheim a. d. Ruhr 4. 8. 1926, †Köln 31. 3. 1992; war 1956–61 Dramaturg in Köln, danach Kulturredakteur beim Westdt. Rundfunk in Köln. In seinen Erzählungen und Romanen versuchte K., histor. und v. a. bibl. Themen in die Gegenwart zu transponieren; auch Essays und Sachbücher; Fernseharbeiten.

Werke: *Romane:* Sondern erlöse uns von dem Übel (1955); Pilatus. Erinnerungen (1959); Jenseits des Sees (1979); Diesseits von Golgatha (1986). – *Erzählungen:* Intensivstation (1983); Altes Kloster (1990). – *Bericht:* Der Prozeß Jesu. Versuch eines Tatsachenberichts (1966).

Kochab, der Stern β im Sternbild Kleiner Bär. Seine Entfernung zur Erde beträgt rd. 95 Lj, seine scheinbare visuelle Helligkeit 2$\overset{m}{,}$08.

Kochanowski, Jan, poln. Dichter, *Sycyna (bei Radom) 1530, †Lublin 22. 8. 1584; studierte in Krakau, Königsberg (heute Kaliningrad) und Padua. K. ist der bedeutendste poln. Dichter der Renaissance und Begründer der nat. poln. Dichtung. Sein an antiken und humanist. Traditionen orientiertes lyr. Werk schöpfte zum ersten Mal die dichter. Möglichkeiten der poln. Sprache aus und blieb wegen seines hohen künstler. Ranges bis zur poln. Romantik unerreichtes Vorbild. Zu seinen Werken gehören die Versübersetzung der Psalmen (›Psałterz Dawidów‹, 1579), die Klagelieder auf den Tod seiner Tochter (›Treny‹, 1580; dt. ›Threnodien und andere Gedichte‹), die später auch als Muster für polit. Klagedichtungen (z. B. auf die Teilung Polens) dienten, die thematisch vielfältigen ›Pieśni‹ (1584) und die Scherzgedichte (›Fraszki‹, 1584). K. schuf die erste poln. Renaissancetragödie: ›Odprawa posłów greckich‹ (1578; dt. ›Die Abfertigung der griech. Gesandten‹). Er schrieb auch lat. Gedichte (›Lyricorum libellus‹, 1580; ›Elegiarum libri IV‹, 1584).

Ausgaben: Dzła polskie, 2 Bde. (⁸1976); Dzła wszystkie, auf mehrere Bde. ber. (1982 ff.). – Eine Auslese aus seinem Werk, hg. v. S. WUKADINOVIĆ (1937); Ausgew. Werke, hg. v. W. HOEPP (1980).

M. JASTRUN: Poet u. Hofmann. Ein Bild des poln. Dichters J. K. (a. d. Poln., Berlin-Ost 1957); J. K. – Ioannes Cochanovius, hg. v. R. FIEGUTH (Freiburg 1987); J. PELC: J. K. Szczyt renesansu w literaturze polskiej (Warschau ²1987); J. K. Interpretacje, hg. v. J. BŁOŃSKI (Krakau 1989).

Kochel a. See, Gem. und Luftkurort im Landkreis Bad Tölz-Wolfratshausen, Oberbayern, 605 m ü. M., 4000 Ew.; am Ostufer des am Fuß des Herzogstands gelegenen **Kochelsees** (5,9 km², 599 m ü. M., bis 66 m tief, von der Loisach durchflossen); Franz-Marc-Museum; Walchenseekraftwerk (→Walchensee), Keramikmaschinenbau; Bade- und Freizeitzentrum.

Köchelverzeichnis, Abk. **KV**, ›Chronologischthemat. Verzeichnis sämtl. Tonwerke W. A. MOZARTS‹ von LUDWIG Ritter VON KÖCHEL (*1800, †1877), hg. 1862 (²1905 bearbeitet von P. Graf VON WALDERSEE; ³1937 bearbeitet von A. EINSTEIN, Neuaufl. 1947; ⁶1964 bearbeitet von F. GIEGLING, A. WEINMANN, G. SIEVERS); ›Der kleine Köchel‹, hg. von H. VON HASE, erschien 1951 (¹¹1987).

Kochen, das Erhitzen bis zum Siedepunkt (**Sieden**); speziell das Garen roher tier. und pflanzl. Nahrungsmittel in siedendem Wasser, wodurch sie leichter verdaulich und schmackhaft werden, das Zellgewebe gelockert wird, Nährstoffe freigelegt, Geschmacksstoffe gebildet, Mineralstoffe und Zucker gelöst werden, Fett verflüssigt, Eiweiß gefällt und Stärke verkleistert wird. Nicht unwesentlich beim K. ist auch die Bakterien tötende Wirkung der Siedehitze. I. w. S. wird unter K. auch das Braten, Schmoren, Grillen, Backen, Dünsten und Dämpfen von Lebensmitteln verstanden. Wichtigstes Gerät zum K. ist der →Herd. Die **Kochkunst** umfasst neben der Wahl des geeigneten Garverfahrens zur schmack- und nahrhaften, leicht verdaul. Zubereitung auch die Zusammenstellung harmonierender Lebensmittel, die Auswahl und Dosierung von Gewürzen sowie das appetitanregende Anrichten und die wirtschaftl. Verarbeitung. Wichtigstes Prinzip der Kochkunst ist neben dem Erzeugen und Erhalten von Wohlgeschmack das Bewahren der in den Lebensmitteln enthaltenen Nährstoffe, wobei die moderne Kochkunst durch Ernährungsphysiologie eine stärkere wiss. Grundlage erhalten hat. – Als erstes Inst. der Welt zur Förderung der Kochkunst wurde 1909 vom Verband der Köche in Frankfurt am Main das **Kochkunstmuseum** mit einer Schau- und Lehrmittelsammlung, einer gastronom. Bücherei, einer Speisekartensammlung und einer Lehrküche gegründet. Das Museum wurde im Zweiten Weltkrieg zerstört. Im Mai 1966 wurde in Villeneuve-Loubet bei Nizza ein neues Kochkunstmuseum im Geburtshaus von G. A. ESCOFFIER eröffnet.

Geschichte: Erste Zeugnisse des K. geben die aus der Jungsteinzeit stammenden hohlen Kochsteine, die später von Kochgeschirren aus Ton, Bronze und Eisen abgelöst wurden. Ägypter, Babylonier und Perser führten die Kunst des K. auf einen hohen Standard,

Robert Koch

den die Griechen übernahmen und an die Römer vermittelten; v.a. griech. Köche verfeinerten und übersteigerten die Kochkunst zur Blütezeit des Röm. Reiches. Die Zubereitungsarten der Germanen und Gallier waren einfacher. Den mittelalterl. kulturellen Zentren, den Klöstern, oblag auch die Pflege und Weiterentwicklung der Kochkunst; bekannt ist u.a. die auf gesunde Ernährung hin angelegte Küche der HROTSVITH VON GANDERSHEIM. In der Renaissance wandte man sich wieder pompösen Gelagen zu. Von Italien gingen zu dieser Zeit erste Anstöße aus, die Kochkunst durch den Verzicht auf die übermäßige Verwendung von Gewürzen in einfachere Bahnen zu lenken. Mit KATHARINA VON MEDICI kamen neben diesem Ideengut auch ital. Köche nach Frankreich, wo die Kochkunst unter LUDWIG XIV. und LUDWIG XV. einen Höhepunkt erreichte. Nach einem Rückschlag während der Frz. Revolution kam sie im 19. Jh. in Paris zu einer erneuten Blüte (J. A. BRILLAT-SAVARIN). Um die Jahrhundertwende bereitete G. A. ESCOFFIER der modernen Kochkunst den Weg.

Die älteste bekannte Rezeptsammlung trug Ende des 5. Jh. v. Chr. der Koch MITHAIKOS aus Syrakus zusammen. Das bekannteste **Kochbuch** der Antike (›Coquo ergo sum‹) wird M. GAVIUS APICIUS (um die Zeitwende) zugeschrieben (hg. v. E. ALFÖLDI-ROSENBAUM, Zürich ⁸1988). Seine ›De re coquinaria libri decem‹ dürften aber erst im 3. Jh. zusammengestellt worden sein und wurden 1503 erstmals in Venedig gedruckt. Als erstes gedrucktes Kochbuch gilt ›De honesta voluptate‹ (1474) von BARTOLOMEO SACCHI. 1485 erschien in Ulm mit ›Kuchenmaistrey‹ das erste deutschsprachige Kochbuch. Das erste frz. Werk, 1370 vom Küchenmeister der Könige KARL V. und KARL VI. verfasst, wurde 1490 gedruckt; die älteste engl. Rezeptsammlung ›The Forme of Cury‹, 1390 auf Pergament geschrieben, erschien 1780 als gedrucktes Werk. – Als Standardwerke gelten unter Berufsköchen trotz der mittlerweile vollzogenen Hinwendung zu einer zeitgemäß-leichten Küche: A. CARÊME: ›L'art de la cuisine française au XIXᵉ siècle‹ (1833), G. A. ESCOFFIER: ›Le guide culinaire‹ (1902, dt. ›Kochkunstführer‹) sowie das von M. C. BANZER und C. FRIEBEL begründete Handbuch ›Die Hotel- und Restaurationsküche‹ (fortgeführt von H. KLINGER, ⁹⁻¹⁰1980–86, 2 Bde.); daneben steht eine Vielzahl von Kochbüchern v. a. für Hobbyköche.

Kochendwassergerät, ein →Heißwasserbereiter.
Kochenille [kɔʃəˈnɪljə, frz.], →Koschenille.
Kocher der, rechter Nebenfluss des Neckars, Bad.-Württ., 180 km lang; entspringt auf der Schwäb. Alb bei Oberkochen, durchfließt nach NW das Keuperbergland und dann in tief in den Muschelkalk eingeschnittenem Tal die Hohenloher Ebene nach W bis zu seiner Mündung bei Bad Friedrichshall.
Kocher, Emil Theodor, schweizer. Chirurg, * Bern 25. 8. 1841, † ebd. 27. 7. 1917; ab 1872 Prof. in Bern; bekannter Kropfoperateur; beschrieb 1883 als erster die Cachexia thyreopriva (→Kachexie) und förderte die Kenntnis über die Schilddrüsenkrankheiten. K. entwickelte zahlr. Instrumente (z. B. die **K.-Klemme** zum Abklemmen, bes. von Arterien) und gilt als einer der Begründer der Bauchchirurgie. Für seine Verdienste um die Schilddrüsenforschung erhielt er 1909 den Nobelpreis für Physiologie oder Medizin.
E. BONJOUR: T. K. (Bern 1950).
Köcher, meist röhrenartiger, längl. Behälter zum Aufbewahren von Pfeilen für Bogen, Armbrust und Blasrohr; wurde bereits bei den Völkern des Altertums und den mittelalterl. Bogen- und Armbrustschützen verwendet. Bei den Völkern im trop. Südamerika, in Indonesien und Ozeanien ist er i. d. R. aus Holz oder Bambus angefertigt, in S- und O-Afrika, Asien und Nordamerika dagegen aus Leder oder Fell.

Köcherbaum
(Höhe 6–10 m)

Köcherbaum, Drachenbaumalo|e, Alo|e dichotoma, Liliengewächs in SW-Afrika; 6–10 m hohe, vielfach gabelig verzweigte Baumaloe mit gelben Blüten, bis 25 cm langen, schmalen (an den Astenden schopfig gehäuften) Blättern und bis 1 m dickem Stamm. Die ausgehöhlten Äste wurden von den Buschleuten als Köcher verwendet.
Köcherblume, die Gattung →Höckerblume.
Köcherfliegen, Haarflügler, Frühlingsfliegen, Trichoptera, in die Nähe der Schmetterlinge gestellte Insektenordnung mit vollständiger Verwandlung; weltweit verbreitet mit über 7000 Arten, davon. rd. 300 in Mitteleuropa; 2–60 mm lang, mottenähnlich, mit vielgliedrigen Fühlern. Die Nahrungsaufnahme erfolgt leckend-saugend; die Flügel sind fein behaart und meist unscheinbar gemustert. K. leben v.a. an Gewässern, viele Arten fliegen nachts, manche bilden bisweilen riesige Schwärme. Die Larven (Kärder, Sprock, Sprockwürmer) besitzen beißende Mundgliedmaßen; sie entwickeln sich im Wasser, viele stecken in selbst gebauten Köchern, manche bauen Fangnetze. Bekannte einheim. Familien sind die **Phryganeidae** (auch Frühlingsfliegen) und die **Hydropsychidae** (Wassermotten). K. stellen die Hauptnahrung der Fische in Fließgewässern dar; sie sind Vorbild für viele Kunstfliegen der Angler.
Kochersberg, Landschaft im Elsass, Frankreich, nordwestlich von Straßburg; Zuckerrüben-, Hopfen- und Tabakanbau auf Lössböden.
Koch-Gotha, Fritz, Karikaturist und Illustrator, * Eberstädt (heute zu Sonneborn, Landkreis Gotha) 5. 1. 1877, † Rostock 16. 6. 1956; zeichnete seit 1904 v. a. für die ›Berliner Illustrirte Zeitung‹ Blätter von gutmütigem bis beißendem und treffend charakterisierendem Spott über Großstadttypen und Großstadtleben; illustrierte Bücher für Erwachsene und Kinder (›Die Häschenschule‹, 1924; Text v. ALBERT SIXTUS).
Koch-Grünberg, Theodor, Ethnologe, * Grünberg 9. 4. 1872, † Vista Alegre (Brasilien) 8. 10. 1924; ab 1913 Prof. in Freiburg im Breisgau, 1915–24 Direktor des Linden-Museums in Stuttgart; unternahm Forschungsreisen in Brasilien und Venezuela: 1898–99 am Xingu; 1903–05 in NW-Brasilien; 1911–13 im Bergland von Guayana (Roraima) und am Orinoco.
Werke: Zwei Jahre unter den Indianern, 2 Bde. (1909/10); Vom Roroima zum Orinoco, 5 Bde. (1916–28).
Kōchi [-tʃi], Hauptstadt der Präfektur K., Japan, Hafen an der S-Küste von Shikoku, 317 000 Ew.; Kunst-, histor. Museum; Papier-, chem., Zement-, Nahrungsmittelindustrie, Metallverarbeitung; Flug-

Theodor Kocher

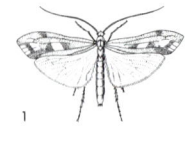

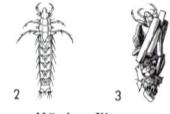

Köcherfliegen:
Limnophilus lunatus;
1 Imago; 2 Larve;
3 Larvengehäuse
(Köcher)

hafen. – Die ehem. Burgstadt, 1603 erbaut (der fünfgeschossige Turmbau 1753 wieder aufgebaut), gehört zu den wenigen jap. Burgbauten mit histor. Substanz. Der Godaisan-Park mit dem Tempel Chikurinji wurde 724 gegründet.

Kochkunst, →Kochen.

Koch-Kurve [nach N. F. H. VON KOCH], **Schneeflockenkurve,** *Fraktalgeometrie:* Kurve, die unendlich lang und überschneidungsfrei ein endl. Gebiet berandet und Grenzkurve einer Folge immer gezackterer werdender stückweise gerader Kurven ist. Bei der Konstruktion der K.-K. geht man von einem gleichseitigen Dreieck aus und erzeugt schrittweise neue Vielecke, indem man jede Seite des zuletzt konstruierten Vielecks durch einen Linienzug erzeugt, dessen mittleres Drittel durch ein nach außen zeigendes gleichseitiges Dreieck ersetzt wurde.

Koc Holding [kotʃ 'hǝʊldɪŋ], türk. Handels- und Finanzgruppe; Sitz: Istanbul, gegr. 1927 von VEHBI KOÇ. Zur Gruppe gehören über 100 Unternehmen, die in den Bereichen Kfz, Energie, Nahrungsmittel, Finanzwesen und Tourismus tätig sind; Umsatz (1996): 18,6 Mrd. DM, Beschäftigte: rd. 36 300.

Kochowski, Wespazjan Hieronim, poln. Dichter und Historiograph, * Gaj (bei Kielce) 1633, † Krakau 6. 6. 1700; gilt als führender Vertreter der poln. Spielart des Barock (›sarmat.‹ Barock, mit stark patriot. Zügen); schrieb panegyr. Dichtungen, Kriegslieder, Epigramme, religiöse und historiograph. Werke. Bedeutend ist die Sammlung von Gedichten und Epigrammen ›Niepróżnujące próżnowanie‹ (1674). In seinem Hauptwerk, der Psalmensammlung ›Psalmodia polska‹ (1695) verbindet er Biblisches mit aktuellen Ereignissen in Polen. Als Historiograph im Dienst König JOHANNS III. SOBIESKI verfasste K. eine Geschichte Polens: ›Annalium Poloniae‹ (1683–98, 3 Tle.).

Ausgabe: Poezje wybrane (1977).

Kochsalz, Salz, Bez. für im Handel befindl., aus natürl. Vorkommen gewonnenes, mehr oder weniger reines Natriumchlorid (NaCl). K. ist meist bis zu 3% mit anderen Salzen (Magnesium- und Calciumchlorid, Sulfate des Magnesiums, Calciums und Natriums) gemischt, von denen Magnesiumchlorid das Feuchtwerden des K. bewirkt (reines NaCl ist nicht hygroskopisch); außerdem enthält es versch. Spurenelemente. K. bildet farblose, in Wasser leicht lösl. Kristalle (bei 25°C lösen sich 36 g K. in 100 g Wasser); es kommt in der Natur als →Steinsalz in →Salzlagerstätten, gelöst in Solen und Salzseen sowie im Meerwasser (durchschnittl. Anteil 2,7%) vor. Gewonnen wird K. durch Vermahlen von bergmännisch abgebautem Steinsalz oder durch Eindampfen von gesättigten Solen in flachen Siedepfannen **(Sole-** oder **Sudsalz),** wobei man die natürl. oder (z. B. durch Herauslösen verunreinigten Steinsalzes mit Wasser gewonnenen) künstl. Solen entweder direkt verkocht oder vorher über Gradierwerke leitet und dadurch an Natriumchlorid anreichert. Bei 60°C erhält man das **Grobsalz,** das durch Zentrifugieren von der restl. Sole getrennt und dann getrocknet wird, bei Siedehitze das weiße, feinkörnige **Siedesalz,** das vorwiegend als **Speisesalz (Tafelsalz)** verwendet wird. Verunreinigungen der Sole (Gips u. a.) scheiden sich zus. mit dem Natriumchlorid (Anteil über 90%) als **Salz-** oder **Pfannenstein** ab; dieser wird als Düngemittel oder als Lecksalz für Vieh verwertet. Durch Eindunsten von Meerwasser in großen, flachen Becken **(Salzgärten, Salinen)** gewinnt man in wärmeren Ländern das **Meer-, See-** oder **Baysalz** (mit 96% NaCl).

K. wird technisch zur Herstellung von Natriumverbindungen (u. a. Ätznatron, Natronlauge, Soda) sowie von Salzsäure und Chlor verwendet; es dient als Konservierungsmittel (u. a. zum Einsalzen und Pökeln)

Koch-Kurve: Stufen der Konstruktion einer Koch-Kurve

und wird außerdem in Kältemischungen, für medizin. Zwecke (bei Soleinhalationen und Salzbädern) sowie als Speisesalz (Tafelsalz) verwendet, wobei es gleichzeitig als Mineralstoff und als Würzmittel dient. Zur Erhaltung der Streufähigkeit dürfen dem Speisesalz ohne Kenntlichmachung z. B. bis zu 10 g kolloide Kieselsäure pro kg zugesetzt werden. Zur prophylakt. Bekämpfung von Schilddrüsenerkrankungen wird K. mit Jodverbindungen versetzt **(jodiertes Speisesalz,** →Jodierung). Auch **fluoridiertes Speisesalz** zur Kariesprophylaxe ist seit 1991 im Handel; es enthält je 1 000 g Salz 250 mg Fluorid und 15 mg Jodid.

Das für techn. Zwecke, zur Viehfütterung u. a. verwendete K. wird durch Denaturierung für den menschl. Genuss untauglich gemacht **(denaturiertes K.),** z. B. Viehsalz durch Zugabe von Eisenoxid (0,25%).

Physiologie: K. ist für Mensch und Tier der mengenmäßig wichtigste Mineralstoff zur Deckung des Bedarfs an Na^+- und Cl^--Ionen. Es wird dem Körper mit der Nahrung zugeführt und über den Darm ins Blut aufgenommen. Na^+- und Cl^--Ionen spielen bei der Konstanthaltung der ionalen Zusammensetzung der Körperflüssigkeiten eine wichtige Rolle (→Osmoregulation). Ihre Konzentrationen bestimmen das Volumen der extrazellulären Flüssigkeit. Der durchschnittl. Tagesbedarf für einen Erwachsenen beträgt 3–5 g und kann bei starken Verlusten, z. B. durch Schwitzen, auf bis zu 20 g ansteigen. – In großen Mengen aufgenommen wirkt K. auf als Organismus giftig; beim Menschen sind außerdem Zusammenhänge zw. der Entstehung von Bluthochdruck und zu hoher K.-Zufuhr in der Nahrung festgestellt worden. Daher wird die **kochsalzarme Diät** bei allen Formen der Hochdruckkrankheit und (wegen der hygroskop. Eigenschaften des K.) bei Erkrankungen, die mit Ödembildungen verbunden sind, sowie bei bestimmten Nierenkrankheiten verordnet.

Zur *Geschichte* und *Wirtschaft* →Salz.

Kochsalzbad, →Heilbäder.

Kochsalzlösung, →physiologische Kochsalzlösung.

Kochsalzquellen, muriatische Quellen, Natriumchloridquellwässer mit über 1 g gelösten Salzbestandteilen (hauptsächlich NaCl) pro Liter; bei mehr als 15 g/l als **Solbäder** bezeichnet.

Kochtla-Jarwe, Stadt in Estland, →Kohtla-Järve.

Koch-Weser, Erich, bis 1927 E. **Koch,** Politiker, * Bremerhaven 26. 2. 1875, † Fazenda Janeta (Paraná, Brasilien) 19. 10. 1944; Rechtsanwalt, 1913–19 Oberbürgermeister von Kassel und 1913–18 Mitgl. des preuß. Herrenhauses. Im November 1918 beteiligte er sich an der Gründung der ›Dt. Demokrat. Partei‹ (DDP). 1919–20 war er Abg. in der Weimarer Nationalversammlung, 1920–30 MdR, 1919–21 Reichsinnen-, 1928–30 Reichsjustizminister. Unter seinem Vorsitz (1929–30) schloss sich die DDP 1930 mit der ›Volksnat. Reichsvereinigung‹ zur ›Dt. Staatspartei‹ (DSTP) zusammen. K.-W. trat für eine Reichsreform im Sinne eines dezentralisierten Einheitsstaates ein. 1933 emigrierte er nach Brasilien.

Kočić ['kɔtʃɪɕ], Petar, serb. Schriftsteller, * Stričići (bei Banja Luka) 29. 6. 1877, † Belgrad 27. 8. 1916; nationalistisch-antihabsburg. Politiker, war mehrmals in Haft; schrieb realist. Erzählungen über das Leben der bosn. Bauern sowie das beliebte Drama ›Jazavac pred

Kock Kock – Kodifikation

sudom‹ (1904), in dem er Mängel der Justiz satirisch-humorvoll aufdeckt.

Ausgabe: Sabrana dela, 3 Bde. (1967).

Kock, Charles Paul de, frz. Schriftsteller niederländ. Herkunft, * Passy (heute zu Paris) 21. 5. 1793, † Paris 29. 8. 1871; schilderte in seinen zahlr. populären Romanen die Welt des Kleinbürgertums; auch Vaudevilles, Melodramen und Opernlibretti.

Werke (Auswahl): *Romane:* Gustave ou le mauvais sujet, 3 Bde. (1821; dt. Gustav, der Bruder Liederlich); La pucelle de Belleville, 2 Bde. (1834; dt. Die Jungfrau von Belleville); Mœurs parisiennes, 4 Bde. (1837–38; dt. Pariser Sitten); L'homme aux trois culottes (1841; dt. Der Mann mit drei Hosen).

Kockelskörner, die →Fischkörner.

Kocor ['kɔtsɔr], Korla Awgust, dt. **Karl August Katzer,** sorb. Komponist, Lehrer und Kantor, * Berge (heute zu Großpostwitz/O.L., Landkreis Bautzen) 3. 12. 1822, † Kittlitz (Landkreis Löbau-Zittau), 19. 5. 1904; wurde mit seinen melodisch einprägsamen, volkstüml. Kompositionen zum Begründer der sorb. Kunstmusik; schrieb u. a. die sorb. Nationalhymne und die erste sorb. Oper ›Jacub a Katha‹, 1871), ferner Singspiele (u. a. ›Wodźan‹, 1896), weltl. Oratorien, Kunstlieder, ›Sorbisches Requiem‹ (1894).

Kocsis ['kotʃiʃ], Zoltán, ungar. Pianist und Komponist, * Budapest 30. 5. 1952; Schüler von P. KADOSA und G. KURTÁG, lehrt seit 1976 an der Franz-Liszt-Musikakademie in Budapest; international erfolgreicher Interpret, in dessen Repertoire, das von J. S. BACH bis zu zeitgenöss. Musik reicht, die Klavierwerke B. BARTÓKs einen besondern Platz einnehmen. In seinem kompositor. Schaffen ist er an der neueren ungar. Musik orientiert.

Koda [ital., eigtl. ›Schwanz‹, von gleichbedeutend lat. cauda] *die, -/-s,* **Coda, 1)** *Literatur:* 1) Abgesang in der Stollenstrophe der provenzal. (→Kanzone) und ital. Dichtung; 2) im ital. Serventese caudato die Kurzzeile (Fünf-, später auch Siebensilber) als Strophenende, die den Reim der nächsten Strophe vorwegnimmt; 3) im ital. Sonetto caudato das nach der zweiten Terzine stehende Geleit.
2) *Musik:* der Schlussteil einer Komposition, wenn dieser als ein angehängtes, zusammenfassendes, steigerndes oder ausklingendes Formglied gestaltet ist. Eine K. kann bei vielen Formen auftreten, z. B. als Abschluss von Tanzzyklen, Rondo- oder Variationsformen (seltener bei der Fuge). Besondere Bedeutung erlangte sie in der Sonatensatzform, v. a. seit L. VAN BEETHOVEN, der sie häufig bes. gewichtete (z. B. 3. Sinfonie, ›Eroica‹, 1. Satz, 1804).

Kodály ['koda:j], Zoltán, ungar. Komponist, * Kecskemét 16. 12. 1882, † Budapest 6. 3. 1967; studierte an der Musikhochschule in Budapest und wurde hier 1907 Lehrer für Musiktheorie, dann für Komposition. K. war seit 1963 Präs. des International Folk Music Council (IFMC), 1961–67 Chefredakteur der Zeitschrift ›Studia musicologica‹ sowie Leiter des ungar. Komponistenverbands. Auf musikpädagog. Gebiet trug er wesentlich zur Entwicklung des ungar. Musiklebens nach 1945 bei, bes. im Hinblick auf Lied- und Chorgesang. K. beteiligte sich auch an der von seinem Freund B. BARTÓK initiierten Volksliedforschung und sammelte seit 1905 über 3 500 ungar. Volkslieder, deren Eigenart er zu bestimmen suchte. Für sein von der Tradition der Wiener Klassik ausgehendes kompositor. Schaffen hat er ähnlich wie BARTÓK starke Anregungen aus der nat. Folklore geschöpft, so im ›Liederklang‹ op. 1. Von diesem Liedstil sind auch seine instrumentalen Werke durchdrungen. Seine Sinfonik im ›Psalmus Hungaricus‹, dem ›Te Deum‹ und der ›Missa brevis‹ bildet sich aus der in vokalem und instrumentalem Klang einheitlich gegebenen Melodik zu eindrucksvoller Expressivität.

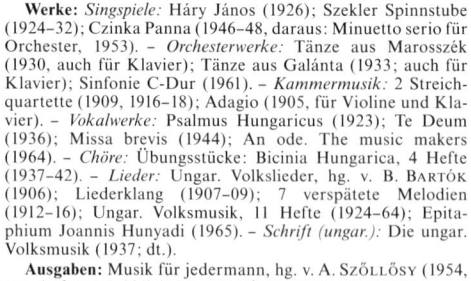

Zoltán Kodály

Werke: *Singspiele:* Háry János (1926); Szekler Spinnstube (1924–32); Czinka Panna (1946–48, daraus: Minuetto serio für Orchester, 1953). – *Orchesterwerke:* Tänze aus Marosszék (1930, auch für Klavier); Tänze aus Galánta (1933; auch für Klavier); Sinfonie C-Dur (1961). – *Kammermusik:* 2 Streichquartette (1909, 1916–18); Adagio (1905, für Violine und Klavier). – *Vokalwerke:* Psalmus Hungaricus (1923); Te Deum (1936); Missa brevis (1944); An ode. The music makers (1964). – *Chöre:* Übungsstücke: Bicinia Hungarica, 4 Hefte (1937–42). – *Lieder:* Ungar. Volkslieder, hg. v. B. BARTÓK (1906); Liederklang (1907–09); 7 verspätete Melodien (1912–16); Ungar. Volksmusik, 11 Hefte (1924–64); Epitaphium Joannis Hunyadi (1965). – *Schrift (ungar.):* Die ungar. Volksmusik (1937; dt.).

Ausgaben: Musik für jedermann, hg. v. A. SZŐLLŐSY (1954, ges. Aufs.); Rückblick, hg. v. F. BÓNIS, 2 Bde. (1964); Wege zur Musik. Ausgew. Schr. u. Reden, hg. v. F. BÓNIS (1983).

L. EŐSZE: Z. K., sein Leben u. sein Werk (a. d. Ungar., Budapest 1964); DERS.: Z. K. Sein Leben in Bilddokumenten (a. d. Ungar., ebd. ²1982); P. M. YOUNG: Z. K., a Hungarian musician (London 1964); E. HALMOS: Die musikpädagog. Konzeption Z. K.s im Vergleich mit modernen curricularen Theorien (1977); J. BREUER: A guide to K. (Budapest 1990).

Kode [ko:t], eindeutschende Schreibung für →Code.

Kodein, das →Codein.

Köderflugkörper, von strateg. Angriffsflugzeugen (Bombern) gestartete und diesen vorausfliegende →Flugkörper, welche die gegner. Luftverteidigung täuschen und auf sich lenken (ködern) sollen.

Köderwurm, Sandwurm, Sandpier, Arenicola marina, bis 40 cm langer, zu den Vielborstern gehörender Ringelwurm, der u-förmige Röhren im Schlick der europ. Küsten gräbt. Die Nahrung (Mikroorganismen, Detritus) wird mit Sand aufgenommen, der unverdaute Sand wird am Röhreneingang als geringelte Kotwurst abgesetzt. Der K. dient als Angelköder.

Kodex *der, -es* und *-/-e* und *...dizes,* 1) andere Schreibung für →Codex.
2) 1) Sammlung von Normen und Regeln; 2) *Pl. -e,* Verhaltensregeln.
3) *Buchwesen:* Bez. für die aus Lagen bestehende und mit einem Deckel versehene Handschrift der Antike und des MA., die die →Buchrolle im 2. bis 4. Jh. ablöste. Vorformen waren mit Wachs überzogene zusammengebundene Holztafeln (→Diptychon), die schon bei HOMER bezeugt sind, und zu Lagen (Heften) zusammengefügte Pergamentblätter seit mindestens dem 1. Jh. v. Chr. Wenn mehrere solcher Lagen zusammengefügt sind, spricht man i. e. S. von einem K. Der K. konnte aus Papyrus- wie aus Pergamentblättern bestehen. Viele bibl. Texte aus der Frühzeit des Christentums sind in K.-Form überliefert, ebenso jurist. Bücher und schöne Literatur.

T. KLEBERG: Buchhandel u. Verlagswesen in der Antike (a. d. Schwed., ³1969); B. BISCHOFF: Paläographie des röm. Altertums u. des abendländ. MA. (²1986); Die Textüberlieferung der antiken Lit. u. der Bibel, bearb. v. H. HUNGER u. a. (Neuausg. 1988).

Kodiakbär, Unterart des Braunbären (→Bären).

Kodiak Island ['kəʊdɪæk 'aɪlənd], gebirgige, fjordreiche Insel vor der S-Küste Alaskas, USA, 16 738 km², 14 900 Ew. (16 % Indianer, Eskimo, Aleuten). Der Hauptort **Kodiak** (an der O-Küste) ist einer der größten Fischereihäfen der USA. – Beim Ausbruch des Mount Katmai von 1912 fiel vulkan. Asche auf die Insel. 1964 wurde sie von einem Erdbeben betroffen.

Kodifikation [zu Codex und lat. facere, in Zusammensetzungen -ficere ›machen‹, ›bewirken‹] *die, -/-en,* nach Plan und Regelungsabsicht des Gesetzgebers neu gestaltete, die Rechtsfragen grundsätzlich abschließend regelnde Gesamtdarstellung einzelner oder mehrerer Rechtsgebiete in einheitl. Gesetzbüchern, im Unterschied zur bloßen Zusammenfassung bereits bestehender Regeln und zu den (nur einzelne Rechtsverhältnisse regelnden) Einzel- oder Gelegenheitsgesetzen. Das Zeitalter der K. war die Zeit des späten Naturrechts (Preuß. Allgemeines Landrecht, 1794; frz. Code civil, 1804; österr. Allgemeines Bürgerl. Gesetzbuch, 1811).

Kodikologie die, -, die →Handschriftenkunde.

Kodizill [mlat., eigtl. ›kleines Schriftstück‹] das, -s/-e, im röm. Recht eine privatrechtl. letztwillige Verfügung, die allerdings keine Erbeinsetzung oder Enterbung enthalten durfte und die entweder in Ergänzung oder ohne Bezug zu einem förml. Testament abgefasst war. Im spätröm. Zeit wurde für das K. eine testamentsähnl. Form vorgeschrieben, wobei fünf Zeugen hinzuzuziehen waren. Als K. bezeichnet heute noch das österr. ABGB (§ 553) eine letztwillige Anordnung, die keine Erbeinsetzung, sondern nur andere Verfügungen enthält.

Kodjo [kɔˈdʒo], Edem, togoles. Politiker, * Sokodé 23. 5. 1938; besuchte die École Nationale d'Administration‹ (ENA) in Paris und übernahm hohe Beamtenstellungen in Togo. 1967–71 war er Gen.-Sekr. des ›Rassemblement du Peuple Togolais‹ (RPT), 1973–76 Finanz- und Wirtschafts-, 1976–78 Außen-Min. und 1978–84 Gen.-Sekr. der Organization of African Unity (OAU), seit 1994 Min.-Präs. Togos.

Kodok, bis 1905 **Faschoda,** Ort in der Rep. Sudan, am Weißen Nil unterhalb von Malakal. – K. war Schauplatz der →Faschodakrise.

Kodros, myth. König von Athen, der bei einem Einfall der Peloponnesier Athen rettete, indem er, einen Orakelspruch nutzend, durch seinen Opfertod den Sieg der Feinde verhinderte.

Kodrosmaler, att. Vasenmaler des rotfigurigen Stils, tätig zw. 440 und 420 v. Chr. Sein Name bezieht sich auf eine Schale mit der Darstellung des Königs Kodros, die sich im Museo Civico in Bologna befindet. Weitere Schalen wie ›Themis und Aigeus‹ (Berlin, Antikensammlung), ›Dionysos und Ariadne‹ (Würzburg, Martin von Wagner-Museum) sowie ›Taten des Theseus‹ (London, Brit. Museum) weisen den K. als einen Meister der ausgehenden Klassik aus, hoch differenziert in Ausdruck und Komposition.

Koebe [ˈkøː-], Paul, Mathematiker, * Luckenwalde 15. 2. 1882, † Leipzig 6. 8. 1945; Prof. in Jena und Leipzig, löste 1907 unabhängig von H. POINCARÉ das Uniformisierungsproblem für beliebige algebraische Funktionen. Andere Arbeiten galten den konformen Abbildungen, den schlichten Funktionen (›Entzerrungssatz von K.‹) und den mehrfach zusammenhängenden Gebieten.

Koeberg [ˈkuː-], Standort eines Kernkraftwerks mit zwei Blöcken nördlich von Kapstadt, Rep. Südafrika; seit 1984 bzw. 1985 in Betrieb, elektr. Gesamtbruttoleistung 1 844 MW.

Koebner-Phänomen [ˈkøː-; nach dem Dermatologen HEINRICH KOEBNER, * 1838, † 1904], das Auftreten neuer Herde bei einer Hautkrankheit (z. B. Psoriasis) aufgrund unspezif. Hautreize (z. B. Kratzen).

Koechlin-Thurneysen [ˈkœ-], Alphons, schweizer. ev. Theologe, * Basel 6. 1. 1885, † ebd. 8. 5. 1965; war 1921–54 Frühprediger in Basel; 1933–54 Präs. des ev.-ref. Kirchenrats Basel; 1941–54 Präs. des Schweizer. Ev. Kirchenbundes; 1934–59 Präs. der Basler Missionsgesellschaft. Zudem war K.-T. als Mitgl. des Exekutivkomitees des Ökumen. Rats der Kirchen (1948–61) führend in der Ökumene tätig.

Koeckert [ˈkœ-], Rudolf Josef, Violinist, * Großpriesen (Velké Březno, Nordböhm. Gebiet) 27. 6. 1913; war Konzertmeister beim Dt. Philharmon. Orchester in Prag und 1. Konzertmeister beim Symphonieorchester des Bayer. Rundfunks in München. 1939 gründete er das Sudetendeutsche (später Prager) Streichquartett, seit 1947 **K.-Quartett,** dessen Repertoire v. a. Werke der dt. Quartettliteratur umfasst. Er brachte Kompositionen u. a. von G. BIALAS, P. HINDEMITH, E. KŘENEK und W. ZILLIG zur Uraufführung.

Ko|edukation [ˈko-, -ˈtsjoːn; engl., zu kon... und lat. educatio ›Erziehung‹] die, -, die gemeinsame Erziehung von Jungen und Mädchen in der Schule, im Ggs. zur Geschlechtertrennung. Den für beide Geschlechter gemeinsam erteilten Unterricht nennt man auch **Koinstruktion.** Die K. wurde in Dtl. um die Jahrhundertwende bes. von der Reformpädagogik gefordert, in der BRD jedoch erst in den 1960er-Jahren – bei unterschiedlicher pädag., psycholog., soziolog. und religiös-eth. Einschätzung (z. T. unter dem Einfluss der Frauenbewegung) – aus verwaltungstechn. Gründen nach und nach verwirklicht. Im höheren Schulwesen wurde zunächst der Zugang zu seltenen Schultypen (humanist. Gymnasium) für (einzelne) Mädchen geöffnet. Die Schulen in der DDR waren grundsätzlich koedukativ. Heute ist K. der Regelfall. Die Länder können zwar getrennte Schulen einrichten, sie müssen dann aber gleichwertig sein.

Von der K. wurde und wird i. Allg. die Verwirklichung der Chancengleichheit für Mädchen und Jungen erwartet. Neuere Untersuchungen geben ein differenzierteres Bild bis hin zu dem Urteil, dass die Koinstruktion Mädchen eher benachteiligt: Sie lassen sich im Unterricht von Jungen zurückdrängen, ihre Beiträge werden von Mitschülern oft von vornherein als weniger gut eingestuft (Tests mit Stimmenvertauschung), und ihre Schullaufbahn verläuft in koedukativen Schulen z. T. schlechter als an Mädchenschulen, wo die Ermutigung, anspruchsvolle Kurse zu wählen, anscheinend größer ist. Prozentual werden an Mädchenschulen Fächer wie Mathematik, Chemie oder Geschichte/Politik häufiger gewählt und besser abgeschlossen. Es bestehen heute Überlegungen, im Rahmen der K. zumindest phasenweise geschlechtshomogenen Unterricht einzuführen; Erfahrungen mit derartigem Computerunterricht waren sehr ermutigend.

Abschied von der K., hg. v. H. FAULSTICH-WIELAND (1987); DIES.: K. Enttäuschte Hoffnungen? (1991).

Ko|effizient [zu kon... und lat. efficere ›bewirken‹] der, -en/-en, **1)** *Mathematik:* konstanter Faktor, mit dem in einem Term oder in einer Gleichung eine Variable multipliziert wird. K. können Zahlen oder Terme in einer (oder mehreren) neuen Veränderlichen sein; in der Gleichung $3x^2 + ax$ z. B. sind 3 und a die K. zu der Variablen x.

2) *Physik* und *Technik:* Kenngröße für eine bestimmte Eigenschaft eines Stoffes oder eines Systems. K. vermitteln in den entsprechenden Formeln den Zusammenhang zw. Ursache und Wirkung, z. B. Temperatur-K. oder Absorptions-K. (→Absorption).

3) *Wirtschaft:* Verhältnis von Faktoreinsatz und Produktion (z. B. Arbeits-K., Kapital-K.). K. geben an, wie hoch der Einsatz an Produktionsfaktoren je Produktionseinheit im Durchschnitt ist. Der Kehrwert ist die →Produktivität.

Koehler [ˈkøː-], Otto, Zoologe und Verhaltensforscher, * Insterburg 20. 12. 1889, † Freiburg im Breisgau 7. 1. 1974; wurde 1923 Prof. in München, 1925 in Königsberg (heute Kaliningrad), 1946 in Freiburg im Breisgau. Mit dem Ziel, die Grenze zw. Mensch und Tieren zu finden, konnte er in sinnreichen Experimenten an Vögeln und Säugetieren den Nachweis intellektueller Leistungen von Tieren erbringen; er befasste sich v. a. mit dem Begriffsbildungsvermögen auf der vorsprachl. Stufe, z. B. konnte er bei Tieren Begriffsabstraktionen für Zahlen nachweisen. 1936 gründete K. mit C. KRONACHER die ›Zeitschrift für Tierpsychologie‹.

Werke: Der Vogelgesang als Vorstufe von Musik u. Sprache, in: Journal für Ornithologie, Jg. 93 (1951); Filme vom unbenannten Denken, in: ebd., Jg. 94 (1953); Von der Grenze zw. Mensch u. Tieren (1961).

Koekkoek [ˈkuːkuːk], Barend Cornelis, niederländ. Maler, * Middelburg 11. 10. 1803, † Kleve 5. 4. 1862;

Alphons Koechlin-Thurneysen

Koel Koeleria – Koeppen

malte, an die Tradition der niederländ. Malerei des 17. Jh. anknüpfend, Wald-, Heide-, v. a. Winterlandschaften, die viele Nachahmer fanden.

G. DE WERD: B. C. K. (1983).

Koeleria [kø-], wiss. Name der Gattung →Schillergras.

Koelle [ˈkœ-], Sigismund Wilhelm, Missionar und Sprachforscher, * Cleebronn (bei Heilbronn) 14. 7. 1823, † London 18. 2. 1902; wurde 1847 Pfarrer und lebte seitdem in Freetown (Sierra Leone). Zwischen 1847 und 1853 verfasste er eine umfangreiche linguist. Dokumentation, in der er sich v. a. mit den Sprachen Vai und Kanuri beschäftigte. 1854 erschien sein Hauptwerk, die ›Polyglotta Africana‹, eine Kompilation von rd. 300 Wörtern und Sätzen in über 100 afrikan. Sprachen. 1855 wurde er in den Vorderen Orient entsandt, wo er bis zu seiner Rückkehr nach Großbritannien in Damiette, Haifa und Konstantinopel missionarisch tätig war und sich dem Studium der türk. Sprache widmete.

Weitere Werke: Outlines of a grammar of the Vei language, together with a Vei-English vocabulary (1853); Grammar of the Bórnu or Kānurī language (1854).

Koenig [ˈkø-], **1)** Alexander, russisch-dt. Ornithologe und Zoologe, * Sankt Petersburg 8. 2. 1858, † Blücherhof (zu Klocksin, Landkreis Müritz) 16. 7. 1940; lebte seit 1867 in Dtl. und promovierte 1884 in Marburg mit einer Arbeit über Federlinge. Beschrieb die auf zahlr. Forschungsreisen, u. a. nach Tunis, Ägypten, Spitzbergen, gemachten Naturbeobachtungen (bes. über ornitholog. Themen). Seine reichen Erfahrungen in krit. Freilandbeobachtung und wiss. Sammeltechnik bewogen ihn zur Gründung des Zoolog. Forschungsinstituts und Museums Alexander Koenig, Bonn (später Sitz des ersten Parlaments der Bundesrepublik Deutschland).

2) Alma Johanna, Pseudonym **Johannes Herdan**, österr. Schriftstellerin, * Prag 18. 8. 1887, † Minsk ? (deportiert am 27. 5. 1942, seitdem verschollen); Verfasserin expressionist. Gedichte und ausdrucksstarker Prosawerke vor histor. und psycholog. Hintergrund.

Werke: *Lyrik:* Die Windsbraut (1918); Die Lieder der Fausta (1922); Sonette für Jan (hg. 1946). – *Novellen:* Schibes (1920); Sahara (hg. 1951). – *Romane:* Leidenschaft in Algier (1932); Der jugendl. Gott (1947, Neuausg. u. d. T. Nero. Der jugendl. Gott, 1985).

3) Friedrich, Buchdrucker, * Eisleben 17. 4. 1774, † Oberzell (heute zu Zell a. Main, Landkreis Würzburg) 17. 1. 1833; wirkte seit 1806 in London und entwickelte mit ANDREAS FRIEDRICH BAUER (* 1783, † 1860) die Schnellpresse (→Hochdruckmaschinen). K. ging 1817 nach Dtl. zurück, wo er in Oberzell mit BAUER die Schnellpressenfabrik **Koenig & Bauer** gründete.

4) Fritz, Bildhauer, * Würzburg 20. 6. 1924; ausgebildet 1946–52 an der Akad. in München, lehrte er 1964–95 plast. Gestalten an der TU in München. K. fasste in seinen freiplast. Arbeiten aus Bronze seit Mitte der 50er-Jahre figurale Elemente durch rhythm. Wiederholung zu Gruppen, Reihen und Mengen zusammen (Rinderherden, Reiter u. a.). Seit den 60er-Jahren geht er in seinen Kompositionen von Elementarformen aus (Serie der Karyatiden, Epitaphe).

Werke: Hauptportal des Würzburger Doms (1962–67); Brunnenskulptur vor dem World Trade Center in New York (1967–72).

F. K. Skulptur u. Zeichnung, hg. v. P.-K. SCHUSTER, Ausst.-Kat. (1988).

5) Gottfried Michael, Komponist, * Magdeburg 5. 10. 1926; realisierte 1954–64 als ständiger Mitarbeiter im Studio für elektron. Musik am Westdt. Rundfunk in Köln neben eigenen Arbeiten auch Kompositionen von M. KAGEL, G. LIGETI, H. POUSSEUR, K. STOCKHAUSEN u. a. 1964–87 war er Leiter des Inst. für Sonologie der Univ. Utrecht. Er entwickelte Computerprogramme für musikal. Komposition.

Werke: Streichquartett (1959); Projekt 1/Version 1 und Projekt 1/Version 3 (1966/67); Orchesterstück 1 (1961), 2 (1962) und 3 (1963); Segmente 1–7 für Klavier (1982), 92–98 für Violine und Violoncello (1983) und 99–105 für Violine und Klavier (1982). – *Elektron. Musik:* Klangfiguren I (1955) und 2 (1956); Essay (1960); Terminus I (1963), II (1967) und X (1967); Funktion Grün (1968), Gelb (1968), Orange (1968), Rot (1968); Output (1979).

6) Julius, ungar. Mathematiker, * Raab 16. 12. 1849, † Budapest 8. 4. 1914; Prof. in Budapest, entwickelte in der Algebra die Methoden L. KRONECKERS (Theorie der Ideale in einem Polynomring, Diskriminanten, Eliminationstheorie) weiter und beschäftigte sich nach 1905 mit der Mengenlehre und ihren Antinomien, die er durch ein logistisch orientiertes Programm überwinden wollte (›Neue Grundlagen der Logik, Arithmetik und Mengenlehre‹, hg. 1914).

7) [køˈnig], Marie Pierre, frz. General und Politiker, * Caen 10. 10. 1898, † Neuilly-sur-Seine 2. 9. 1970; schloss sich 1940 General C. DE GAULLE an. Seit 1941 gehörte er zu den militär. Verbänden des →Freien Frankreich (u. a. erfolgreich in N-Afrika als Kommandeur der 1. freifrz. Brigade). 1944 war K. Oberbefehlshaber der ›Frz. Streitkräfte des Inneren‹, 1945–49 Oberbefehlshaber der frz. Besatzungstruppen in Dtl. und zugleich Militär-Gouv. der frz. Besatzungszone in Dtl. 1949 wurde er Generalinspekteur der frz. Truppen in N-Afrika und 1950 Vize-Präs. des Obersten Kriegsrats; schied kurz darauf aus dem Militärdienst aus. – 1951–58 war er Abg. der Nationalversammlung, 1954 und 1955 Verteidigungsminister.

Koenigswald [ˈkø-], Gustav Heinrich Ralph von, Paläontologe und Anthropologe, * Berlin 13. 11. 1902, † Bad Homburg v. d. Höhe 10. 7. 1982; 1948–68 Prof. in Utrecht, danach Leiter der paläanthropolog. Forschungsabteilung des Senckenberg-Museums in Frankfurt am Main. K. entdeckte (v. a. auf Java und in China) und beschrieb versch. fossile höhere Primaten, u. a. Gigantopithecus (1935) und Meganthropus palaeojavanicus (1941), sowie fossile Menschenformen.

Koeppen [ˈkœ-], Wolfgang, Schriftsteller, * Greifswald 23. 6. 1906, † München 15. 3. 1996; unruhige Jugend; nach einigen Studiensemestern (Theaterwissenschaft, Germanistik) Theaterarbeit in Würzburg und Berlin (bei PISCATOR), 1931–33 Feuilletonredakteur, danach freier Schriftsteller, ging 1934 in die Niederlande (Scheveningen), lebte nach der Rückkehr nach Dtl. (1938) in Berlin und München, entzog sich dem Kriegsdienst durch Untertauchen. K. schrieb zunächst zeitkrit. Romane. Mit der Trilogie ›Tauben im Gras‹ (1951), ›Das Treibhaus‹ (1953) und ›Der Tod in Rom‹ (1954) wurde er der Chronist der 50er-Jahre in der BRD, er setzte sich darin v. a. mit dem Überdauern jener Verhaltens- und Denkweisen auseinander, die zum Nationalsozialismus geführt haben. Die Ro-

Friedrich Koenig (zeitgenössischer Holzstich)

Wolfgang Koeppen

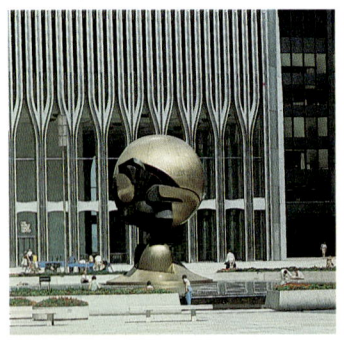

Fritz Koenig: Brunnenskulptur vor dem World Trade Center in New York; 1967–72

mane stießen beim Publikum auf wenig Zustimmung, wohl auch durch die modernen erzähler. Mittel, die er als einer der ersten Schriftsteller der dt. Nachkriegsliteratur verwendete. In der Folgezeit schrieb K. vorwiegend Reiseessays (u. a. ›Nach Rußland und anderswohin‹, 1958; ›Amerikafahrt‹, 1959). Wichtigstes Spätwerk ist die autobiograph. Erzählung ›Jugend‹ (1976). K.s Prosa zeugt in ihrer radikal subjektiven Sicht immer von der nonkonformist. Haltung des Autors. 1962 erhielt er den Georg-Büchner-Preis.

Weitere Werke: *Romane:* Eine unglückl. Liebe (1934); Die Mauer schwankt (1935, 1939 u. d. T. Die Pflicht); Morgenrot (1987). – *Erzählungen:* Aufzeichnungen aus einem Erdloch (1948, veröffentlicht unter dem Pseud. Jakob Littner); Romanisches Café (1972). – *Essayist. Prosa:* Reisen nach Frankreich (1961); Die elenden Skribenten (1981); Ich bin gern in Venedig warum (1994). – *Drehbuch:* Es war einmal in Masuren (1991).

Ausgabe: Ges. Werke, hg. v. M. REICH-RANICKI, 6 Bde. (1986); ›Einer der schreibt‹. Gespräche u. Interviews, hg. v. H.-U. TREICHEL (1995).

W. K., hg. v. H. L. ARNOLD (1972); H. BUCHHOLZ: Eine eigene Wahrheit. Über W. K.s Romantrilogie Tauben im Gras, Das Treibhaus u. Der Tod in Rom (1982); B. FETZ: Vertauschte Köpfe. Studien zu W. K.s erzählender Prosa (Wien 1994).

Koerbecke [ˈkœ-], Johann, Maler, * Münster oder Coesfeld um 1415, † Münster 13. 6. 1491; Vertreter des spätgot. Frührealismus, ab 1443 in Münster tätig. Sein aus der heim. westfäl. Tradition erwachsener Stil vereinigt zugleich Einflüsse von S. LOCHNER und der zeitgenöss. niederländ. Malerei.

Werke: Langenhorster Altar (zw. 1440 und 1450; Münster, Westfäl. Landesmuseum); Marienfelder Altar (vor 1443 begonnen, 1456/57 vollendet; Tafeln u. a. in Münster, Westfäl. Landesmuseum, Berlin, Gemäldegalerie, Nürnberg, German. Nationalmuseum).

Koerber [ˈkœ-], Ernest von, österr. Politiker, * Trient 6. 9. 1850, † Baden (bei Wien) 5. 3. 1919; trat nach jurist. Studium in den Staatsdienst, war 1897/98 Handels-Min., 1899 Innen-Min. und 1900–04 Min.-Präs., wobei er seit 1902 auch das Justizministerium leitete. K. scheiterte bei dem Versuch, den Nationalitätenstreit in Böhmen verfassungsmäßig beizulegen. 1915/16 übernahm er nochmals das Finanzministerium der Gesamtmonarchie und stand ihr vom 31. 10. bis zum 13. 12. 1916 als Min.-Präs. vor.

Kōetsu: Kalligraphie; etwa zwischen 1606 und 1615 (Berlin, Museum für Ostasiatische Kunst)

Koerfer [ˈkœ-], Thomas, schweizer. Filmregisseur, * Bern 23. 3. 1944; versucht den Illusionscharakter des Films zu durchbrechen; debütierte mit dem parabelhaften Film ›Der Tod des Zirkusdirektors‹ (1972), bekannt v. a. durch Literaturverfilmungen für Kino und Fernsehen.

Filme: Der Gehülfe (1976); Alzire oder Der neue Kontinent (1977); Die Leidenschaftlichen (1981); Glut (1983); Konzert für Alice (1985, Fernsehfilm); Die Dollarfalle (1987, Fernsehfilm); Noch ein Wunsch (1989, Fernsehfilm). Le Film du Cinéma Suisse (1988–91); Gesichter der Schweiz (1991); Der grüne Heinrich (1993).

Ko|erzitivfeldstärke [zu lat. coercere ›zusammenhalten‹], fälschlich auch **Ko|erzitivkraft,** die Feldstärke H_c eines an einen ferromagnet. Stoff angelegten magnet. Gegenfeldes, die dessen nach →Magnetisierung bis zur Sättigung zurückbleibende Remanenz (Restmagnetisierung) wieder beseitigt, d. h. den Stoff unmagnetisch macht. Stoffe hoher K. bzw. Remanenz werden als **hartmagnetisch** bezeichnet und sind für Dauermagnete geeignet, Stoffe geringer K. bzw. Remanenz heißen **weichmagnetisch** und werden für Spulen, Transformatoren und Elektromagnete genutzt.

Koestler [ˈkœstlər, engl. ˈkestlə], Arthur, engl. Schriftsteller ungar. Herkunft, * Budapest 5. 9. 1905, † (Selbstmord) London 3. 3. 1983. Nach dem Studium der Naturwissenschaften in Wien ging K. 1926 als Zionist nach Palästina; journalist. Tätigkeit im Nahen Osten, in Paris und Berlin, 1931–37 Mitgl. der KP, 1936/37 Berichterstatter auf republikan. Seite im Span. Bürgerkrieg. Von den Faschisten gefangen genommen und zum Tode verurteilt, wurde er durch brit. Intervention ausgetauscht und in Frankreich interniert, floh 1940 nach Großbritannien (Einbürgerung 1948). Später arbeitete er als Korrespondent für engl. und amerikan. Zeitungen. – Sein bewegtes Leben hielt er in mehreren autobiograph. Berichten fest (›Spanish testament‹, 1937, dt. ›Ein span. Testament‹, nur teilweise identisch mit der engl. Ausg.; ›The scum of the earth‹, 1941, dt. ›Abschaum der Erde‹). Als Romanautor (›Darkness at noon‹, 1940; dt. ›Sonnenfinsternis‹) und Essayist (›The yogi and the commissar‹, 1945; dt. ›Der Yogi und der Kommissar‹) setzte er sich mit dem Kommunismus der Stalinära auseinander. Andere Studien beschäftigen sich mit der Rolle des Individuums in einer durch Vernichtung bedrohten Welt, der menschl. Selbstbehauptung und der künstler. und wiss. Kreativität (›The act of creation‹, 1964, dt. ›Der göttl. Funke‹; ›The ghost in the machine‹, 1967, dt. ›Das Gespenst in der Maschine‹).

Weitere Werke: Stranger in the square (1980; dt. Auf fremden Plätzen. Bericht über die gemeinsame Zeit; mit CYNTHIA K.). – *Studie:* The sleepwalkers (1959; dt. Die Nachtwandler. Entstehungsgesch. unserer Welterkenntnis). – *Autobiographisches:* Arrow in the blue, 2 Bde. (1952–54; dt. Pfeil ins Blaue); The invisible writing (1954; dt. Die Geheimschrift).

Ausgabe: A. K. A collection of critical essays, hg. v. M. A. SPERBER (1977).

P. A. HUBER: K. Das literar. Werk (Zürich 1962); J. CALDER: Chronicles of conscience. A study of George Orwell and A. K. (London 1968); Astride the two cultures. A. K. at 70, hg. v. H. HARRIS (ebd. 1975); M. LEVENE: A. K. (New York 1984).

Kōetsu, eigtl. **Honami K.,** jap. Maler, Kalligraph, Töpfer, Gestalter von Lackarbeiten, Keramik und Gärten, * Kyōto 1558, † Takagamine (bei Kyōto) 1637. Auf seinem Lehen Takagamine gründete K. 1615 eine Kolonie für Künstler und Handwerker, die er nach seinen Entwürfen und Anregungen arbeiten ließ. Er schuf die Grundlagen eines neuen dekorativen Stils, ausgehend von den Motiven des Yamato-e, die er meisterhaft mit der →Kalligraphie in Einklang brachte. Er schrieb Gedichte auf Pflanzen- und Landschaftsdarstellungen, die mit Gold- und Silberbrei gemalt waren und meist SŌTATSU zugeschrieben werden. Im gleichen Stil dekorierte er Lackarbeiten und fertigte Teekeramik an. Nach seinen Schriftzügen wurden bewegl. Holzlettern für den Buchdruck angefertigt (Saga-Drucke, 1605–16).

Ko|existenz [ˈko-, -ˈtɛnts; mlat. ›gleichzeitiges Bestehen‹, zu kirchenlat. coexistere ›zugleich vorhanden sein‹], das Nebeneinander unterschiedl. geistiger, öko-

Arthur Koestler

nom., polit. und gesellschaftl. Systeme. – Histor. Bedeutung erlangte die These von der **friedlichen K.**, die nach Übernahme der sowjet. Parteiführung durch N. S. Chruschtschow (1953) – unter Bezug auf Lenin – zur außenpolit. Leitlinie der UdSSR und der von ihr geführten Staaten (→Ostblock) wurde. Basierend auf der im Kalten Krieg auf beiden Seiten gewachsenen Einsicht, dass im Atomzeitalter und einer bipolaren Welt ein Krieg mit nuklearen Waffen zur totalen Vernichtung führen muss, ging das Prinzip der friedl. K. von der Vermeidbarkeit von Kriegen zw. den Staaten unterschiedl. gesellschaftl. Systeme aus. Hauptanliegen und Ziel der Forderung nach polit. K. war es deshalb, den Ost-West-Konflikt abzubauen bzw. ohne den Einsatz militär. Mittel auszutragen. Dieser K.-Gedanke wurde deshalb von einer Reihe von Ländern begrüßt, v. a. von den →blockfreien Staaten. Bei Anerkennung des Status quo (d. h. der gegenseitigen Interessensphären) sowie friedl. ökonom. Wettbewerb und Handelsverkehr (u. a. Erwerb westlicher Technologien) zielte die Politik der friedl. K. auf →Entspannung zw. den Staaten unterschiedl. Gesellschaftsordnung durch Verhandlungen (u. a. Abrüstung, KSZE; →kollektive Sicherheit). Aus Gründen des eigenen Machterhalts war man allerdings östlicherseits der Meinung, dass gerade mit der K.-Politik der ideolog. Kampf, der ›Klassenkampf‹, auf internat. Ebene fortgesetzt, wenn nötig, verschärft werden müsse. Friedl. K. in diesem Sinne ließ so ›revolutionäre Volkserhebungen‹ und ›nat. Befreiungskriege‹ gegen ›kapitalist.‹ und ›imperialist.‹ Systeme zu. Die Weigerung der VR China unter Mao Zedong, die Politik der friedl. K. gegenüber den westl. Staaten mitzutragen, war ein Bestandteil des ideologisch-machtpolit. Konflikts zw. China und der UdSSR ab der zweiten Hälfte der 50er-Jahre. – In Dtl. beeinflusste der K.-Gedanke die in den 1960er-Jahren eingeleitete neue →Ostpolitik, begleitet durch einen Ausbau der →innerdeutschen Beziehungen. – Über die Wirkung der Politik der friedl. K. bestehen auch nach dem Ende der Blockkonfrontation und des Kalten Krieges unterschiedliche Auffassungen.

Ko|extrusion [zu kon... und Extrusion], **Co-extrusion**, Mehrschichtextrusion von thermoplast. Kunststoffen unterschiedl. Eigenschaften und Aufgaben zu Platten, Schlauch- oder Flachfolien.

Kofel, in Bayern und Tirol Bez. für Bergkuppe.

Koffein [zu engl. coffee ›Kaffee‹] *das, -s,* **Coffein**, in den Samen des Kaffeestrauchs, den Blättern des Teestrauchs (hier früher **Thein** gen.) und der Matepflanze, den Früchten des Kakaobaums und des Kolabaums (oft zus. mit Theophyllin und Theobromin) sowie in den Samen des Guaranastrauchs vorkommendes Alkaloid (chemisch das 1,3,7-Trimethylxanthin). K. wird v. a. durch Extraktion von Kaffeebohnen (›Entkoffeinieren‹, →Kaffeestrauch) sowie von Teeblättern gewonnen; es ist auch synthetisch herstellbar. Reines K. bildet weiße, in Wasser und Alkohol schwer lösl., bitter schmeckende Kristallnadeln.

Pharmakolog. Wirkung: K. erregt in der übl. Mengen (etwa 0,1 g) das Zentralnervensystem, bes. die Großhirnrinde (klarerer Gedankenfluss, schnellere Assoziationsfähigkeit, Verzögerung oder Unterdrückung des Müdigkeitsgefühls). Es wirkt außerdem auf das Atem- und Gefäßzentrum im verlängerten Mark sowie herzkranzgefäßerweiternd, ferner verstärkt es die Kontraktionskraft des Herzmuskels und die Herzfrequenz und wirkt schließlich harntreibend. Größere Mengen führen zu einer **K.-Vergiftung** mit Unruhe, Gedankenflucht, Herzklopfen, Zittern, Übelkeit, Schweißausbruch, Schwindelgefühl, extrem hohe Dosen zu (manchmal tödl.) Krämpfen. Langfristige regelmäßige Einnahme kann eine leichte Abhängigkeit (**Koffeinismus**) hervorrufen.

Koffein

Kofferdamm, *Schiffbau:* 1) schmaler leerer Trennraum zw. Tanks mit unterschiedlichem Inhalt oder zw. Tanks und Maschinen- oder Besatzungsraum; 2) schachtartiges Rohr zum Leerpumpen gesunkener, nicht zu tief liegender Schiffe.

Kofferfische, Ostraciontidae, zu den Haftkiefern gehörende Familie etwa 10–50 cm langer Knochenfische in trop. Küstengebieten, bes. in Korallenriffen. Körper kastenförmig mit einem aus sechseckigen Platten bestehenden Knochenpanzer, Bauchflossen fehlen. Einige K. sind Seewasseraquarienfische, z. B. der **Gehörnte K.** oder **Kuhfisch** (Lactoria cornuta) und der **Schwarze K.** (Ostracion meleagris).

Kofferfische: Schwarzer Kofferfisch

Koffka, Kurt, Psychologe, *Berlin 18. 3. 1886, †Northampton (Mass.) 22. 11. 1941; war 1918–24 Prof. in Gießen, danach an versch. amerikan. Universitäten. K.s Bedeutung liegt v. a. in der systemat. Anwendung gestaltpsycholog. Prinzipien auf die Bereiche der Wahrnehmungs-, Lern- und Entwicklungspsychologie (›Principles of gestalt psychology‹, 1935). Er gehört zu den wichtigsten Vertretern der Berliner Schule.

Ko|finanzierung, gemeinsame Finanzierung von Entwicklungsvorhaben durch mehrere Darlehensgeber (Länder, internat. Organisationen), meist unter Beteiligung von Entwicklungsländern im Rahmen der finanziellen Zusammenarbeit. Bei der K. werden Kapital und Erfahrungen für wichtige Vorhaben gebündelt und mögl. Risiken verteilt. K. bestehen z. B. mit der Weltbank, den regionalen Entwicklungsbanken, dem Europ. Entwicklungsfonds oder mit einzelnen Ländern, d. h. mit Regierungen und Regierungsstellen (K. bei der öffentl. Entwicklungshilfe), aber auch mit Exportkreditorganisationen sowie privaten Finanzinstitutionen (bes. Geschäftsbanken), d. h. als Kombination von öffentl. und privater Entwicklungsfinanzierung (→Mischfinanzierung). Die vertragl. Ausgestaltung ist unterschiedlich.

Köflach, Stadt im Bez. Voitsberg, Steiermark, Österreich, in einer Talweitung des Sallabaches (Nebenfluss der Kainach), 450 m ü. M., 11 300 Ew.; Stadtmuseum; bedeutender Standort im W der Industrieregion K.-Voitsberg mit Braunkohlenbergbau (für Wärmekraftwerke), Metallverarbeitung, Glasindustrie, Schuhfabrik; östl. Endpunkt der Straße über die Stubalpe. Im N das Gestüt **Piber** mit Lipizzanerzucht. – Pfarr- und Dekanatskirche St. Magdalena, nach Blitzschlag Neubau 1643–49 unter Verwendung des got. Turms. – Das seit 1470 als Markt bezeugte K. erhielt 1939 Stadtrechte; seit 1768 Bergbau auf Kohle.

Kofler, 1) Leo, Pseudonym **Stanisław Waryński** [vaˈriĩski], Philosoph und Soziologe, *Chocimierz (bei Bütow) 26. 4. 1907, †Köln 29. 7. 1995; kam in den 1920er-Jahren in Wien zur sozialist. Arbeiterbewegung und wurde maßgeblich durch M. Adler und G. Lukács beeinflusst. 1938 zur Emigration gezwungen, ging K. in die Schweiz. 1947 wurde er als Prof. für Geschichtsphilosophie nach Halle (Saale) berufen, verlor den Lehrstuhl aber 1950 wegen regimekrit. Äußerungen. Von einem marxist. Denkansatz ausgehend, kritisierte K. den Stalinismus und die mit ihm verbundene Entstellung des Sozialismus und des originären Marxismus, dessen humanist. Dimension und emanzipator. Anliegen er auch nach seiner Flucht in die Bundesrepublik Dtl. (1950) verteidigte. 1972–75 war er Prof. in Bochum. Schwerpunkte seines wiss. Werkes bilden Arbeiten zur marxist. Geschichtsauffassung und zur Entwicklung des polit. Denkens.

Werke: Zur Gesch. der bürgerl. Gesellschaft (1948); Marxist. oder stalinist. Marxismus? (1951); Das Wesen und die Rolle der stalinist. Bürokratie (1952); Zur Theorie der modernen Lit. (1962); Aggression u. Gewissen (1973); Soziologie des Ideologischen (1975); Geistiger Verfall u. progressive Elite (1981); Der Alltag zw. Eros u. Entfremdung (1982).

2) Ludwig, österr. Pharmakognost, *Dornbirn, 30. 11. 1891, †Innsbruck 23. 8. 1951; ab 1921 Prof. in Innsbruck; arbeitete über Saponine und den Gehalt an äther. Ölen in Drogen; entwickelte ein Gerät zur Schmelzpunktbestimmung **(Kofler-Heizbank).**

3) Werner, österr. Schriftsteller, *Villach 23. 7. 1947; lebt seit 1968 als freier Schriftsteller in Wien, schreibt von T. BERNHARD beeinflusste Erzählungen (›Am Schreibtisch. Alpensagen/Reisebilder/Racheakte‹, 1988) und experimentelle Prosa (›Konkurrenz‹, 1984), z. T. mit autobiograph. Charakter wie in dem seine Jugend in Kärnten thematisierenden Werk ›Guggile‹ (1975) oder ›Aus der Wildnis‹ (1980) über Erlebnisse eines Dichters im österreich. Bundesheer. Durch satir. Blick sucht er alltägl. Wahnsinn sichtbar zu machen. Schreibt auch Hörspiele.

Weitere Werke: *Romane:* Ida H. Eine Krankengeschichte (1978); Konkurrenz (1984). – *Prosa:* Der Hirt auf dem Felsen (1991); Herbst, Freiheit. Ein Nachtstück (1994).

Koforidua, Stadt in SO-Ghana, an der Bahnlinie Accra–Kumasi, 91 700 Ew.; Verw.-Sitz der Ostregion; Handel mit Kakao, Holz; Bauxitlager.

Kōfu, Hauptstadt der Präfektur Yamanashi, Japan, auf Mittel-Honshū, 199 800 Ew.; Zentrum des wichtigsten japanischen Weinbaugebietes, Seidenweberei (im Umkreis bedeutende Seidenraupenzucht), Holzindustrie, Herstellung von Kristallglas, Edelsteinschleifereien.

Kofunperiode, Epoche der →japanischen Kunst.

Kogălniceanu [kogǎlni'tʃeanu], **Cogălniceanu**, Mihail, rumän. Politiker und Historiker, *Jassy 18. 9. 1817, †Paris 2. 7. 1891; beteiligte sich 1848 an der revolutionären Bewegung in der Moldau und schloss sich der rumän. Einigungsbewegung an. Als Min.-Präs. (1860–61, 1863–65) des Fürsten A. CUZA führte er die Säkularisierung des kirchl. Grundbesitzes, eine Agrarreform und – zur Entmachtung der konservativen Opposition – den Staatsstreich vom 14. 5. 1864 durch. Auch unter KARL I. erwarb sich K. als liberaler Innen-Min. (1868–70, 1879–80) und Außen-Min. (1876–78) internat. Ansehen, das er bei der Proklamierung der Unabhängigkeit Rumäniens am 9. 5. 1877 geschickt zu nutzen wusste.

N. IORGA: M. K. (Bukarest 1921); V. IONESCU: M. K. (ebd. 1963); A. ZUB: M. K., 1817–1891 (ebd. 1971).

Kogan, Leonid Borissowitsch, russ. Violinist, *Dnjepropetrowsk 14. 11. 1924, †Moskau 17. 12. 1982; wirkte als Solist der Moskauer Philharmonie und lehrte am Moskauer Konservatorium. Ihm gewidmet wurden u. a. das Violinkonzert von T. N. CHRENNIKOW und die Konzertrhapsodie von A. I. CHATSCHATURJAN. K. war auch Triopartner von M. L. ROSTROPOWITSCH und E. GILELS.

Køge ['kø:-], Stadt und Groß-Gem. im Amt Roskilde, Dänemark, an der K.-Bucht der O-Küste Seelands, 38 500 Ew.; Museum; Seifen-, Gummi-, Holz- u. a. Industrie. Naherholungsort von Kopenhagen. – Nikolaikirche (15. Jh., unter Verwendung älterer Teile, Kanzel von 1624); Fachwerkhäuser (16./17. Jh.). – K., vermutlich eine Gründung des 13. Jh., erhielt 1288 Stadtrechte.

Kogel, südd. und österr. Bez. für einen kegelförmigen Berg.

Kögel, Gustav, Photochemiker, *München 16. 1. 1882, †Karlsruhe 27. 11. 1945; urspr. Priester (seit 1906) und Benediktinermönch (bis 1922). K. wandte sich schon früh der Physik und der Chemie zu. 1913 erfand er die Palimpsestfotografie (mit UV-Licht) und veranlasste der Gründung des Palimpsest-Inst. in Beuron. Seit 1922 Prof. an der TH Karlsruhe, leitete er das Inst. für techn. Photochemie.

Kogge [mnd., wohl eigtl. ›kugelförmiges Schiff‹], hochbordiger, klinkerbeplankter, bauchiger, seetüchtiger Kriegs- und Handelsschiffstyp des 13.–15. Jh., bes. der Hanse; urspr. nur einmastig, später zwei- oder dreimastig und mit Vor- und Achterkastell für Bewaffnung. Das Ruderblatt war erstmals am Hintersteven angebracht; Tragfähigkeit zw. 100 und 300 t. Die K. wurde mit Beginn des 15. Jh. von der →Hulk (häufig regional auch als K. bezeichnet) und dann durch die Karavelle abgelöst.

Kogi, Bundesstaat von →Nigeria.

Kognak ['kɔɲak; nach der frz. Stadt Cognac] *der, -s/-s,* umgangssprachl. Bez. für Weinbrand.

Kognaten [lat., eigtl. ›Mitgeborene‹], *Sg.* **Kognat** *der, -en,* 1) *Rechtsgeschichte* und *Genealogie:* blutsverwandte Personen, die mindestens einen gemeinsamen Vorfahren haben, ohne Rücksicht darauf, ob die Abstammung durch Frauen oder Männer vermittelt wird; so bes. im german. Recht der Verwandtschaft, die durch Eheschließung (Zugehörigkeit zur ›wechselnden Sippe‹) neu begründet werden konnte; 2) im röm. Recht die Blutsverwandten, die nicht unter derselben Patria Potestas standen. (→Agnaten)

Kognition [lat. ›das Erkennen‹, ›Kennenlernen‹] *die, -,* Sammelbegriff für alle Prozesse und Strukturen, die mit dem Wahrnehmen und Erkennen zusammenhängen (Denken, Erinnerung, Vorstellen, Gedächtnis, Lernen, Planen u. a.). – **kognitiv**, die Erkenntnis be-

Køge: Das Køge Museum im ›Spindehus‹, einem Fachwerkbau aus der 1. Hälfte des 17. Jh.

Leonid Borissowitsch Kogan

Kogge: Rekonstruktionsmodell der Bremer Kogge (Bremerhaven, Deutsches Schiffahrtsmuseum)

Wörter, die man unter K vermisst, suche man unter C, Ch, G, H oder Q

Eugen Kogon

treffend. – **kognitivistisch,** kognitive Theorien betreffend.

Kognitionspsychologie, kognitive Psychologie, in den 1960er-Jahren entstandene Richtung der Psychologie, die sich mit den Prozessen und Resultaten der Kognition, dem Aspekt der Informationsaufnahme und -verarbeitung (→Denken) beschäftigt; u. a. von Bedeutung für die Persönlichkeitsforschung durch ihre Beiträge zu den interindividuellen Unterschieden, wie Informationen umzugehen (›kognitive Stile‹, z. B. Routineverhalten).

Kognitionswissenschaft, kognitive Wissenschaft, Cognitive Science [ˈkɒgnɪtɪv ˈsaɪəns, engl.], Bez. für eine in den Humanwiss.en und der Computerwiss. bedeutsame Forschungsstrategie, die wiss. Fragestellungen unter kognitiven Kategorien (z. B. Repräsentation, Computation, Informationsverarbeitung, Programm, Code) zu beschreiben bzw. zu erklären versucht. Sie erstreckt sich sowohl auf menschl. als auch auf tier. und maschinelle Intelligenzleistungen. Die K. ist um 1960 in den USA entstanden und wurde v. a. durch Behaviorismus, die genet. Epistemologie J. PIAGETS, die Gestaltpsychologie, Denkpsychologie und Kybernetik beeinflusst.

H. GARDNER: The mind's new science. A history of the cognitive revolution (New York 1985); Wb. der K., hg. v. G. STRUBE u. a. (1996).

kognitive Anthropologie, moderne Richtung der amerikan. Kulturanthropologie, die kognitive Bezugssysteme in menschl. Kulturen erfasst und analysiert. Ihre Vertreter (S. A. TYLOR, D. KAPLAN u. a.) gehen davon aus, dass sich hinter den sichtbaren Aspekten einer Kultur (Handlungen, Ereignisse, Verhaltensweisen, Gemütsbewegungen u. a.) ein Regelkodex verbirgt, der (vergleichbar einer Grammatik) vom Individuum erlernt werden muss, damit es sich in seiner Gruppe ›korrekt‹ verhält. Der nach dieser Methode vorgehende Ethnologe muss sich folglich fragen, wie bestimmte Phänomene der untersuchten Kultur in das Bewusstsein der Menschen eingebettet sind, d. h. in ein log. System gebracht werden.

E. RENNER: Die Grundlinien der kognitiven Forschung, in: Ethnologie. Eine Einf., hg. v. H. FISCHER (³1992).

kognitive Dissonanz, von LEON FESTINGER (*1919, †1989) im Rahmen einer sozialpsycholog. Theorie zum menschl. Entscheidungsverhalten entwickelter Begriff zur Bez. eines emotionalen Zustands, der darauf zurückzuführen ist, dass Wahrnehmungen, Gefühle, Einstellungen u. a. logisch unvereinbar sind und/oder mit früher gemachten Erfahrungen nicht übereinstimmen. Da k. D. als unangenehm empfunden wird, werden unter Umständen Tatsachen und Informationen negiert. Die k. D. kann aber auch zu einer Anpassung oder Modifikation der Gefühle und des Verhaltens führen.

kognitive Linguistik, neuerer, von der →generativen Grammatik wesentlich beeinflusster Forschungsansatz in der Sprachwissenschaft, der Sprache als mentales Phänomen untersucht, das nur im Rahmen einer Gesamttheorie der menschl. Geistes, der Kognition, zu verstehen ist. Dementsprechend bestehen enge Beziehungen der k. L. zur Psychologie, Biologie und Anthropologie, aber auch zu den Computerwiss.en, insbesondere der →künstlichen Intelligenz. Ziel der k. L. ist die Beschreibung und Erklärung mentaler Sprachstrukturen und -prozesse, v. a. der Struktur der Sprachkenntnis, des sprachl. Wissens, einschließlich seiner Beziehungen zu anderen kognitiven Systemen, des Spracherwerbsprozesses sowie der Sprachproduktion und Sprachrezeption (Sprachverstehen).

Hinsichtlich des Status der Sprache innerhalb des Gesamtsystems der Kognition werden in der k. L. zwei unterschiedl. Positionen vertreten: Im Rahmen des modularen Ansatzes, der eng mit der generativen Grammatik verbunden ist, wird Sprache als autonomes Kenntnissystem (Modul) innerhalb der Kognition aufgefasst, das bei der Sprachverwendung mit anderen, deutlich abgegrenzten kognitiven Systemen interagiert. Demgegenüber kommt der Sprache im holist. (ganzheitl.) Ansatz, der u. a. im Rahmen der kognitiven Grammatik vertreten wird, kein eigenständiger Status zu; die Struktur der Sprachkenntnis wird hier auf allgemeine Kognitionsprinzipien zurückgeführt.

G. RICKHEIT u. H. STROHNER: Grundl. der kognitiven Sprachverarbeitung (1993); M. SCHWARZ: Einf. in die k. L. (²1996).

Kogon, Eugen, Publizist und Politikwissenschaftler, *München 2. 2. 1903, †Falkenstein (zu Königstein im Taunus) 24. 12. 1987; 1927–34 bei der katholisch-konservativen Wochenzeitschrift ›Schöne Zukunft‹ in Wien tätig, stand dem Wiener Kreis um O. SPANN nahe. Nach dem ›Anschluss‹ Österreichs an das Dt. Reich (1938) als Gegner des Nationalsozialismus inhaftiert, war er 1939–45 im Konzentrationslager Buchenwald. Nach seiner Befreiung (April 1945) gab er seit 1946 zus. mit W. DIRKS die ›Frankfurter Hefte‹ heraus. 1946 erschien sein zeitgeschichtlich bedeutsames Werk ›Der SS-Staat. Das System der dt. Konzentrationslager‹, das sich wie seine weiteren Publikationen auch öffentl. Äußerungen für eine krit. Auseinandersetzung mit der dt. Vergangenheit einsetzt. 1949–53 war K. (der erste) Präs. der Europa-Union in Dtl., 1951–68 Prof. für wiss. Politik an der TH Darmstadt.

Weitere Werke: Die unvollendete Erneuerung. Dtl. im Kräftefeld 1945–1963 (1964). – Hg.: Nationalsozialist. Massentötungen durch Giftgas. Eine Dokumentation (1983).

Koguryŏ, eines der ›Drei Königreiche‹ der korean. Frühzeit (→Korea, Geschichte), gegr. 37 v. Chr. (?), erstmals erwähnt in chin. Dokumenten am Ende des 1. Jh. v. Chr.; entstand aus dem Zusammenschluss von fünf Stammeseinheiten im Grenzgebiet der Mandschurei und Koreas am Mittellauf des Flusses Yalu. Rasche territoriale Entwicklung setzte im 4. Jh. n. Chr. ein, was mehrfach zu Konflikten mit den Chinesen führte. 427 verlegte das Reich seine Hauptstadt von Hwando (Kungnaesŏng) am Mittellauf des Yalu nach Pjöngjang. 668 wurde K. durch das mit dem chin. Tang-Reich verbündete →Silla unterworfen.

Kohabitation [kirchenlat. ›das Beisammenwohnen‹] die, -/-en, andere Bez. für Koitus (→Geschlechtsverkehr).

kohärent [lat.], 1) bildungssprachlich für: zusammenhängend.

2) *Physik:* Kohärenz zeigend.

kohärente Einheiten, die aus den Basiseinheiten des →Internationalen Einheitensystems ohne Verwendung von Zahlenfaktoren abgeleiteten Einheiten.

kohärente Optik, Kohärenzoptik, Teilgebiet der Optik, das sich mit der lichtopt. Abbildung durch zeitlich und räumlich kohärente Strahlungsfelder beschäftigt. Neben der Charakterisierung der Kohärenzeigenschaften der elektromagnet. Strahlung sowie den experimentellen Messmethoden zu ihrer Untersuchung sind auch die Methoden zur Erzeugung kohärenter Strahlung (→Laser) sowie die wiss. und techn. Nutzung der durch die hohe Kohärenz des Lichts hervorgerufenen Effekte Gegenstand der k. O.

Der grundlegende Unterschied gegenüber inkohärentem Licht besteht darin, dass sich bei der Überlagerung (→Interferenz) zweier kohärenter Strahlen die komplexen Amplituden der Lichtwellen und nicht allein die Intensitäten addieren. Daher können nicht nur die Intensitätsverteilungen im Strahlungsfeld, sondern auch die Phasen der Wellen, z. B. durch Überlagerung mit einem kohärenten Hintergrundsignal, registriert oder gespeichert werden. Hierauf beruht die große Flexibilität kohärenter opt. Systeme bei der Bildverarbeitung, die u. a. bei Kommunikationssystemen, in der

Holographie sowie bei zahlr. Anwendungen holograph. Verfahren in der Messtechnik, automat. Zeichenerkennung oder Datenverarbeitung ausgenutzt wird.

Kohärentgefüge, *Bodenkunde:* ein →Bodengefüge, dessen Bodenteilchen, durch Kohäsionskräfte zusammengehalten, nur locker aneinander haften; v. a. im Unterboden von Schluff-, Lehm- und Tonböden. Eine Sonderform bildet das für Ortstein-, Raseneisenstein- und Kalkanreicherungshorizonte typ. **Hüllengefüge,** dessen Bodenteilchen mittels der umhüllenden Häutchen aus Eisenoxiden, Carbonaten und organ. Stoffen zusammengehalten werden.

Kohärenz [lat.] *die, -,* **1)** *bildungssprachlich* für: Zusammenhang.
2) *Physik:* das Vorliegen zeitlich unveränderl. Beziehungen (Korrelationen) zw. den Phasen eines Wellenfeldes an versch. Orten, allg. zw. den Zufallsvariablen von beliebigen stochast. Prozessen.
Die K. von Wellenfeldern hat deren Interferenzfähigkeit (→Interferenz) zur Folge und ist deshalb in der Optik von großer Bedeutung. Natürl. Licht ist aufgrund seiner Entstehung durch spontane Emission stochastisch, Phase und Amplitude ändern sich unregelmäßig. Es repräsentiert den Grenzfall inkohärenten Lichtes mit →Kohärenzlängen in der Größenordnung der Wellenlänge. Dagegen sind Phase und Amplitude des Wellenfeldes eines →Lasers wegen der dominierenden induzierten Emission weitgehend konstant, Laserlicht ist daher fast vollkommen kohärent.
Zur Charakterisierung der K.-Eigenschaften des emittierten Wellenfeldes wird zw. **räumlicher** und **zeitlicher K.** unterschieden, sofern die Schwingungen der elektr. Feldstärke an beliebigen Punkten bzw. an einem beliebigen Punkt zu beliebigen Zeiten eine konstante Phasenbeziehung haben. Räuml. K. ist quantitativ durch die longitudinale (L_l) und die transversale (L_t) K.-Länge charakterisiert. Das **K.-Volumen** $V_c = L_t^2 \cdot L_l$ ist das Volumen, in dem die Phase der Welle als konstant betrachtet werden kann. Zeitl. K. ist nur mit der longitudinalen K.-Länge verknüpft. Die Zeit, in der sie das Licht durchläuft, heißt **K.-Zeit** $\tau_c = L_l/c$ (c Lichtgeschwindigkeit); sie ist durch die Breite der Frequenzverteilung $\Delta \nu$ der Welle bestimmt: $\tau_c = 1/(2\pi\Delta\nu)$.
K. ist keine unveränderl. Eigenschaft einer Lichtquelle, sondern eine veränderbare Eigenschaft des emittierten Wellenfeldes; z. B. kann durch Verwendung von Monochromatoren $\Delta \nu$ verkleinert und damit L_l vergrößert oder durch Verringerung des Raumwinkels eines Lichtbündels dessen transversale K.-Länge vergrößert werden, sodass Interferenzexperimente auch mit Licht natürl. Quellen möglich sind.
3) *Wissenschaftstheorie:* Bez. für solche widerspruchsfreien Theorien, die einen organ. Zusammenhang bilden, die also keine isolierten Sätze enthalten. Die **K.-Theorie** der Wahrheit betont, dass das Prädikat ›wahr‹ nicht isolierten Aussagen, sondern immer nur Aussagen in einem Komplex von Aussagen zugesprochen werden kann. Das **K.-Prinzip** der Ontologie behauptet, dass alles Seiende eine zusammenhängende Einheit bildet.

Kohärenzlänge, 1) *Supraleitung:* die mittlere Ausdehnung eines →Cooper-Paares, die durch den Abstand, über den die anziehende Wechselwirkung zw. zwei Leitungselektronen in einem Supraleiter wirksam ist, festgelegt wird. Da in einem reinen Supraleiter die K. (0,1–1 µm) groß gegen den mittleren Abstand von zwei Leitungselektronen ist, überlappen sich die Cooper-Paare stark.
2) die Strecke in einem stochast. Wellenfeld (insbesondere in einem Lichtbündel), längs derer die Phase zeitlich unveränderlich ist (→Kohärenz); in der Wellenoptik i. Allg. definiert als größter Gangunterschied zweier aus einem Wellenfeld erzeugter Wellenzüge, bei dem gerade noch Interferenz auftreten kann. Es wird zw. **longitudinaler K.** L_l und **transversaler K.** L_t unterschieden. Die longitudinale K. bezieht sich auf die Ausbreitungsrichtung der Welle und kann mit dem →Michelson-Interferometer gemessen werden, die transversale K. beschreibt die Korrelationen senkrecht zur Ausbreitungsrichtung der Welle. Sie hängt vom Öffnungswinkel des Lichtbündels ab und ist mithilfe von Beugungsexperimenten messbar. Beide K. können auch über Photonenzählung bestimmt werden (→Quantenoptik).

Kohäsion [zu lat. *cohaerere, cohaesum* ›zusammenhängen‹], allg. das Wirken von anziehenden zwischenmolekularen Kräften, den **K.-Kräften,** zw. den Atomen oder Molekülen ein und desselben Stoffs; insbesondere der dadurch bewirkte Zusammenhalt der Atome, Ionen oder Moleküle in festen Körpern und Flüssigkeiten.

Kohäsionsfonds [-fɔ̃], von den Mitgl.-Staaten der EG 1993 im Maastrichter Vertrag (Art. 130d) beschlossenes und 1994 in Kraft getretenes strukturpolit. Instrument zur Förderung des wirtschaftl. und sozialen Zusammenhalts (Kohäsion) in der Gemeinschaft. Zielsetzung des K. ist es, den Mitgl.-Ländern mit dem größten Entwicklungsrückstand den Übergang zur Europ. Wirtschafts- und Währungsunion zu erleichtern. Gefördert werden Staaten, deren in Kaufkraftparitäten ausgedrücktes Bruttosozialprodukt je Ew. weniger als 90 % des EU-Durchschnitts beträgt und die ein Programm zur Erfüllung der im Vertrag aufgestellten Konvergenzkriterien aufweisen können. Bis Ende 1999 können nach diesem Kriterium Griechenland, Irland, Portugal und Spanien über den K. unterstützt werden. Die Finanzmittelausstattung beträgt 1993–99 15,15 Mrd. ECU (rd. 30 Mrd. DM). Gefördert werden ausschließlich Projekte in den Bereichen Umwelt und transeurop. Netze zur Verbesserung der Verkehrsinfrastruktur.

Koh-e Baba, Gebirgskette in Afghanistan, →Kuh-e Baba.

Koh-e Daman, Landschaft in Afghanistan, →Kuh-e Daman.

Kohelet [hebr. ›Prediger‹], **Qohelet,** Abk. **Koh.,** in der Septuaginta **Ekklesiastes,** in der Vulgata **Ecclesiastes,** in der Lutherbibel **Prediger Salomo,** Buch des A. T.; von der jüd. Tradition König SALOMO (dem Vater der Weisheit) zugeschrieben, obwohl dieser namentlich nicht genannt wird; entstanden im 3. Jh. v. Chr. und verwandt mit der altoriental. Weisheitsliteratur (→Weisheit). K. besteht aus sieben Spruchsammlungen, in denen eine skept. Weltsicht (›es ist alles ganz eitel‹ [1, 2; ›es geschieht nichts Neues unter der Sonne‹ [1, 9]) mit prakt. Lebensklugheit verbunden wird. In Erwartung eines Jenseits in der Unterwelt (9, 7–10) empfiehlt das Buch K. den ird. Lebensgenuss als eine Gabe Gottes. In der hebr. Bibel ist es Bestandteil der Festrollen (Megillot) und wird am Laubhüttenfest verlesen.

N. LOHFINK: K. (³1986); D. MICHEL: Qohelet (1988); DERS.: Unterss. zur Eigenart des Buches Qohelet (1989); A. LANGE: Weisheit u. Torheit bei K. u. in seiner Umwelt (1991).

Kohima [kəʊˈhiːmə], Hauptstadt des Bundesstaates Nagaland, NO-Indien, 53100 Ew.; Marktort.

Kohinoor [-ˈnuːr], pers. ›Berg des Lichts‹, **Koh-i-Nur,** berühmter Diamant (109 Kt), seit 1849 im brit. Kronschatz.

Koh Ker, Ruinenstätte in Kambodscha, nordöstlich von Angkor; zeitweise (921–944) Hauptstadt des Khmerreiches.

Kohl [ahd. kol(i), von lat. *caulis* ›Kohl‹, eigtl. ›Strunk‹, ›Stiel‹], **Brassica,** Gattung der Kreuzblütler mit etwa 30 meist ein- oder zweijährigen Arten (v. a. im Mittelmeergebiet). Der K. i. e. S. ist der **Gemüse-K.**

(**Garten-K.,** Brassica oleracea), eine zwei- oder mehrjährige (als Kulturform auch einjährige) Pflanze mit kräftigem Stiel, dicken Blättern und schwefelgelben (seltener weißen) Blüten in locker verzweigtem, traubigem Blütenstand. Der Gemüse-K. ist eine alte Kulturpflanze mit zahlr. Zuchtformen, die sich morphologisch in →Blätterkohl (Grünkohl), →Stammkohl (z. B. Kohlrabi), →Kopfkohl (z. B. Weißkohl) und →Infloreszenzkohl (z. B. Blumenkohl) unterscheiden lassen. Weitere K.-Arten und -Sorten in Kultur sind →Pekingkohl, →Raps, →Rübsen.

Krankheiten und *Schädlinge:* Pilzbefall im Saatbeet und an Setzlingen führt zu Wurzelbrand (v. a. durch Pythium), schwärzl. Verfärbung des Stängelgrunds (Schwarzbeinigkeit, z. B. durch Phoma lingam) oder zum Umfallen der Pflanze (Umfallkrankheit, z. B. durch Olpidium brassicae). Verhütung ist durch Saatgutbeizung möglich. Durch Plasmodiophora brassicae wird die durch kropfartige Wurzelverdickungen gekennzeichnete Kohlhernie verursacht. Falscher Mehltau kann die Blätter befallen. Eine bakterielle Erkrankung ist die durch Xanthomonas campestris hervorgerufene Schwarzadrigkeit der Blattadern. Tier. Schädlinge sind die weißl. Maden der Kohlfliegen, die die Wurzeln zerfressen (Eiablage kann durch rechtzeitige Bedeckung der Bestände mit Schutznetzen verhindert werden), sowie versch. Schmetterlingsraupen (Kohlweißling, Kohlmotte, Kohleule), die von Mai bis September an den Blättern fressen (›Fensterfraß‹); Insektizidbehandlung ist erforderlich, bevor die Raupen in die Köpfe eindringen. Weitere tier. Schädlinge sind u. a. Mehlige Blattlaus, Drehherzmücke, Kohlwanze, Kohlgallenrüssler, Kohlschotenrüssler. Wachstumsstörungen und verkrümmte Herzblätter (Klemmherzigkeit) werden durch Molybdän- oder Bormangel verursacht. An eingelagertem Winterkohl treten Grauschimmel- und bakterielle Strunkfäule auf.

Geschichtliches: In Mitteleuropa war K. schon zur Jungsteinzeit ein verbreitetes Nahrungsmittel. Nach Ägypten gelangte er erst im 6. Jh. durch die Griechen. THEOPHRAST und PLINIUS D. Ä. kannten versch. Sorten; DIOSKURIDES empfahl K. als gesunde Speise und Arznei. Griechen und Römer aßen ihn gerne roh. CATO D. Ä. hielt K. für das beste Gemüse und ein Allheilmittel. COLUMELLA gab Anweisungen für Zucht und Verwendung des K. Germanen und Kelten war er schon in vorröm. Zeit bekannt. Das ›Capitulare de villis‹ KARLS D. GR. (um 794) unterscheidet K. (Caulos) von Kohlrabi (Ravacaulos).

Helmut Kohl

Kohl, Helmut, Politiker, * Ludwigshafen am Rhein 3. 4. 1930; studierte 1950–58 Gesch., Rechts- und Staatswissenschaften, war 1959–69 Referent des Industrieverbandes Chemie. Seit 1947 Mitgl. der CDU, erwarb er erste polit. Erfahrungen als Abg. und Fraktions-Vors. im Stadtrat von Ludwigshafen am Rhein (1960–66) sowie als MdL von Rheinl.-Pf. (1959–76; seit 1963 als Vors. der Landtagsfraktion) und Landes-Vors. seiner Partei (1966–74). 1969 zum Min.-Präs. von Rheinl.-Pf. gewählt, regierte ab 1971 mit absoluter Mehrheit bis 1976. Ab 1964 Mitgl. des Bundesvorstandes der CDU, ab 1969 stellv. Bundes-Vors. seiner Partei, leitete er 1969–70 ihre Programmkommission. Nachdem er noch im Oktober 1971 R. BARZEL bei der Bewerbung um den Bundesvorsitz der CDU unterlegen war, wählte ihn die Partei am 12. 6. 1973 zu ihrem Bundes-Vors.; seit Dezember 1976 war er auch Vors. der CDU/CSU-Fraktion im Dt. Bundestag. Bei den Bundestagswahlen konnte er als Kandidat für das Amt des Bundeskanzlers trotz des bis dahin zweitbesten Ergebnisses für die CDU/CSU den Reg.-Wechsel nicht erreichen. Er sah sich häufig der Kritik des CSU-Vors. F. J. STRAUSS ausgesetzt. Bei den Bundestagswahlen von 1980 musste er diesem die Kanzlerkandidatur für die Union überlassen.

Am 1. 10. 1982 wählte der Bundestag K. im Zuge eines von der CDU/CSU-Fraktion und der Mehrheit der FDP-Fraktion getragenen konstruktiven Misstrauensvotums gegen Bundeskanzler H. SCHMIDT (SPD) zu dessen Nachfolger. K. trat an die Spitze einer Regierungskoalition aus CDU, CSU und FDP, die bei den Bundestagswahlen von 1983 und 1987 bestätigt wurde. Programmatisch stellte K. Selbstverantwortung und Stärkung des individuellen Leistungswillens in den Vordergrund seiner Regierungspolitik. Mit starkem persönl. Engagement setzte er sich trotz aller außerparlamentar. Kritik für die Durchführung des NATO-Doppelbeschlusses von 1979 ein (Dezember 1983) und stimmte der sog. ›doppelten Nulllösung‹ zum Abbau der Mittelstreckenraketen zu (1987). Die Deutschland- und Ostpolitik der sozialliberalen Koalition führte er zus. mit Außen-Min. H.-D. GENSCHER im Grundsatz fort. Im Frühjahr 1989 sah er sich auch mit starker innerparteil. Kritik an seinem Führungsstil konfrontiert. Vor dem Hintergrund der polit. Krise (Sommer 1989) und der nationaldemokrat. Revolution in der DDR (Herbst 1989) sowie der in diesem Zusammenhang geführten Diskussion um die Gestaltung der zukünftigen innerdt. Beziehungen legte K. am 28. 11. 1989 einen (zeitlich nicht befristeten) Zehn-Punkte-Stufenplan (mit konföderativen Zwischenzielen) zu einer bundesstaatl. Vereinigung beider Staaten vor. Bereits Ende 1989 (Besuch in Dresden; 19.–20. 12.) erkannte er die auch aufgrund der rasanten polit. Entwicklung in der DDR günstigen Chancen für die sofortige Herstellung der ›deutschen Einheit‹ und setzte sich 1990 mit Nachdruck für deren zügige Verwirklichung sowie außenpolit. Absicherung (v. a. in den ›Zwei-plus-Vier-Gesprächen‹, Mai bis September 1990) ein; bes. mit seinen Initiativen zur Wirtschafts-, Sozial- und Währungsunion (1. 7. 1990) sowie dem Einigungsvertrag zw. beiden Staaten (31. 8. 1990) trieb K. diesen Prozess maßgeblich voran. Im Zuge der Eingliederung der ostdt. CDU-Verbände in die Gesamtorganisation der Partei (1.–2. 10. 1990) wurde er gesamtdt. Partei-Vors. Ab 3. 10. 1990 erster Kanzler des geeinten Dtl. (am 17. 1. 1991 vom Dt. Bundestag gewählt, erneut am 15. 11. 1994), suchte er das wieder vereinigte Dtl. trotz großer wirtschaftl. und sozialer Herausforderungen infolge des Vereinigungsprozesses und der weltwirtschaftl. Veränderungen zu konsolidieren sowie als demokrat. und stabiles wirtschaftl. Element im Prozess der europ. Integration zu verankern. Die von seiner Reg. – schon 1986/87 – eingeleiteten und von ihm selbst mit Nachdruck vertretenen Steuer- und Gesundheitsreformen sowie die weitgehend erfolglosen Bemühungen um Reduzierung der wachsenden Arbeitslosigkeit stießen immer wieder auf vehemente Kritik. Schon vor 1989/90 in der Europapolitik um neue Impulse für den europ. Einigungsprozess bemüht (u. a. Internat. Karlspreis 1988, zus. mit F. MITTERRAND), setzt er sich seitdem im gleichen Maße für die Erweiterung der Europ. Union und die Unterstützung der Reformprozesse in O-Europa ein. – K. schrieb: ›Ich wollte Deutschlands Einheit‹ (1996).

Köhl, Hermann, Flieger, * Neu-Ulm 15. 4. 1888, † München 7. 10. 1938; führte im Ersten Weltkrieg ein Bombergeschwader, war dann Nachtflugleiter bei der Dt. Lufthansa. Am 12./13. 4. 1928 gelang ihm mit E. G. Freiherr VON HÜNEFELD und JAMES FITZMAURICE (* 1898, † 1965) die erste Non-Stop-Nordatlantiküberquerung in Ost-West-Richtung.

Kohlberg [ˈkəʊlbəːg], Lawrence, amerikan. Sozialpsychologe und Pädagoge, * Bronxville (N. Y.) 25. 10. 1927, † (ertrunken) Massachusetts Bay 5./6. 4. 1987; seit 1959 Prof. an der Yale University, ab 1962 in Chicago (Ill.), seit 1968 an der Harvard University; lieferte im Anschluss an J. DEWEY und J. PIAGET grundlegende Beiträge zu Entwicklungsstufen des Gewissens und zu Fragen der sittl. Erziehung. Sein Stufenmodell der moral. Entwicklung fand bes. im Rahmen der Ethik Beachtung (K.-O. APEL, J. HABERMAS).

K. KÜRZDÖRFER: Pädagogik des Gewissens (1982); C. GILLIGAN: Die andere Stimme. Lebenskonflikte u. Moral der Frau (a. d. Amerikan., 1984).

Kohlbrügge, Kohlbrugge, Hermann Friedrich, niederländ. ev. Theologe, *Amsterdam 15. 8. 1803, †Elberfeld (heute zu Wuppertal) 5. 3. 1875. K., der als luther. Hilfsprediger in Amsterdam zunächst zur luther. Kirche, dann auch zur ref. Kirche seines Landes in Gegensatz geriet, trat 1833 mit den Reformierten in Elberfeld in Verbindung, übernahm 1845 deren geistl. Betreuung und wurde 1848 Pfarrer der von ihnen gegründeten freien ›Niederländisch-ref. Gemeinde‹. In seinen Predigten betonte er das Heilswerk JESU CHRISTI als den alleinigen, alle anderen ›Gründe‹ ausschließenden Grund christl. Existenz und richtete sich gegen jegliche christl. (auch theolog.) Selbstgerechtigkeit. In dt., niederländ., frz. und engl. Sprache erschienen, wurde K. über Dtl. hinaus bekannt.

E. MOLTMANN-WENDEL: Theologie u. Kirche bei H. F. K. (1957).

Kohle, 1) zusammenfassende Bez. für alle kohlenstoffreichen festen Brennstoffe, die durch (therm.) Zersetzung (Verkohlung) organ. Stoffe entstanden sind (z. B. Holz-K.). I. e. S. bezeichnet man als K. die brennbaren Überreste von Pflanzen und anderen organ. Substanzen, die über das Stadium des →Torfs in langen geolog. Zeiträumen durch den Vorgang der →Inkohlung in braune bis schwarze Sedimentgesteine verwandelt wurden. Von K. spricht man, wenn die brennbare Substanz mehr als 50% ausmacht; einen geringeren Gehalt haben die **Brandschiefer**, mit K.-Substanz durchsetzte Schiefertone.

Entstehung und *Einteilung:* Nach Art der organ. Ausgangsstoffe unterscheidet man Humus- und Sapropel-K., zw. denen aber Übergänge bestehen. **Humus-K.** sind aus dem Lignin und der Cellulose von Pflanzen hervorgegangen, **Sapropel-K.** (Bitumen-K.) aus den Eiweiß- und Fettstoffen des Faulschlamms. Die Humus-K. machen über 80% aller K. aus.

Nach dem Inkohlungsgrad und anderen damit in Zusammenhang stehenden Merkmalen teilt man die K. in zwei Gruppen ein, **Braun-K.** und **Stein-K.**, diese wiederum in versch. Arten. Bei der **Weichbraun-K.** (von Baumstümpfen und Baumstämmen durchsetzt) unterscheidet man erdige (weiche) und stückige Sorten, bei der **Hartbraun-K.** die schwarzbraune, dichte **Mattbraun-K.** und die schwarze, harte, durch muscheligen und glänzenden Querbruch charakterisierte **Glanzbraun-K.** (letztere wird in Bayern **Pech-K.** genannt). Die einzelnen Arten der Stein-K. (mit zunehmendem Inkohlungsgrad) sind: **Flamm-K., Gasflamm-K., Gas-K., Fett-K., Ess-K., Mager-K.** und **Anthrazit.** Im engl. Sprachgebrauch (ähnlich im frz.) werden Weich- und (z. T.) Mattbraun-K. als **Lignit** (im dt. Sprachgebrauch frühere Bez. für den Xylit, die Holzsubstanz der Weichbraun-K.) bezeichnet, Glanzbraun-K. als **subbituminöse K.**, Stein-K. (außer Anthrazit) als **bituminöse Kohle.**

Die Sapropel-K. entwickelten sich aus Faulschlamm (Sapropel) und faulschlammähnlichen Schlammablagerungen (Gyttja) nährstoffreicher Seen. Sie entstanden unter ständigem oder zeitweisem Sauerstoffabschluss und bilden meist nur flözförmige Einlagerungen in der Braun- oder Stein-K. Zu diesen Sapropel-K. gehören die blättrig-schiefrig ausgebildete **Blätter-, Papier-** oder **Schiefer-K.** (→Dysodil), die derbe, mattglänzende Kerzen- oder **Kännelkohle**, die aus reinen Algenablagerungen entstandene →Bogheadkohle und der tiefschwarze, dichte, polierfähige Jet oder →Gagat. Aus Wachs, Harz, Blatthäuten und Pollen, also schwer verwesl. Pflanzenbestandteilen, gingen die **Liptolithe** hervor. Ihr wichtigster Vertreter ist die **Schwel-K.;** sie tritt in der Form von Bänken oder Streifen in der Braunkohle auf. Die reinste Form der Liptolithe stellt die **Wachs-K. (Pyropissit)** dar; sie bildet knollen- und nesterförmige Einlagerungen in Schwelkohlenflözen. Auch der Bernstein, ein fossiles Harz, kann hierzu gerechnet werden.

Bei mikroskop. Untersuchung lassen sich unterschiedl. Gefügebestandteile unterscheiden, die Hinweise auf die Materialien geben, aus denen die K. entstanden sind, und auch Rückschlüsse auf die chem. Zusammensetzung (und damit die Eignung der K. zur techn. Verwendung) zulassen. Derartige Gefügebestandteile, die **Mazerale,** treten meist vergesellschaftet, in streifenförmigen Lagen angeordnet auf und bilden in unterschiedl. Zusammensetzung die Streifenarten oder →Mikrolithotypen. K. bildet mehr oder weniger dicke Schichten, die **Flöze,** die in Sedimentsteinschichten eingelagert sind; sie können bis über 50 m, bei Braun-K. bis über 100 m mächtig sein. Flöze, die für den Abbau von zu geringer Mächtigkeit sind, bezeichnet man als **Schmitze,** die durch tekton. Beanspruchung in der Stein-K. entstandenen Klüfte als **Schlechten.** Die Struktur der K., eingelagerte Baumstümpfe und Wurzeln u. a. lassen erkennen, dass die meisten K.-Vorkommen aus waldreichen Flachmooren oder Sumpfwäldern sowie Riedmooren durch Vermoderung (Zersetzung der Pflanzenstoffe unter teilweisem Sauerstoffzutritt) und v. a. Vertorfung (Zersetzung unter anfängl. Sauerstoffzutritt und späterem völligem Luftabschluss) hervorgegangen sind. Die Mächtigkeit der K.-Lager lässt auf eine üppige Vegetation, d. h. auch auf ein warmfeuchtes Klima (tropisch, subtropisch, seltener auch gemäßigt) schließen. Mächtige Torfschichten, wie sie den großen K.-Vorkommen zugrunde liegen, können nur entstanden sein, wenn die Moore über lange Zeit hinweg bei gleichem Grundwasserstand höher gewachsen sind; also muss sich der Untergrund ständig, rhythmisch oder

Zusammensetzung von Kohle (deutsche Einteilung)						
	Wassergehalt (frisch gefördert) in %	flüchtige Bestandteile in %	Kohlenstoff*) in %	Wasserstoff*) in %	Sauerstoff*) in %	Heizwert in kJ/kg
Weichbraunkohle	45–60	70–50	65–70	5–9	18–30	25 100–26 800
Hartbraunkohle	10–30	64–45	70–75	5–6	12–18	26 800–28 500
Flammkohle	4–7	45–40	75–82	5,8–6,0	>9,8	bis 32 850
Gasflammkohle	3–6	35–40	82–85	5,6–5,8	9,8–7,3	bis 33 900
Gaskohle	3–5	28–35	85–87	5,0–5,6	7,3–4,5	bis 35 000
Fettkohle	2–4	19–28	87–89	4,5–5,0	4,5–3,2	bis 35 000
Esskohle	2–4	14–19	89–90	4,0–4,5	3,2–2,8	35 400
Magerkohle	1–3	10–14	90–91,5	3,75–4,0	2,8–2,5	bis 35 600
Anthrazit	<2	6–10	>91,5	<3,75	<2,5	bis 36 000

*) in wasser- und aschefreier Substanz

Kohl Kohle

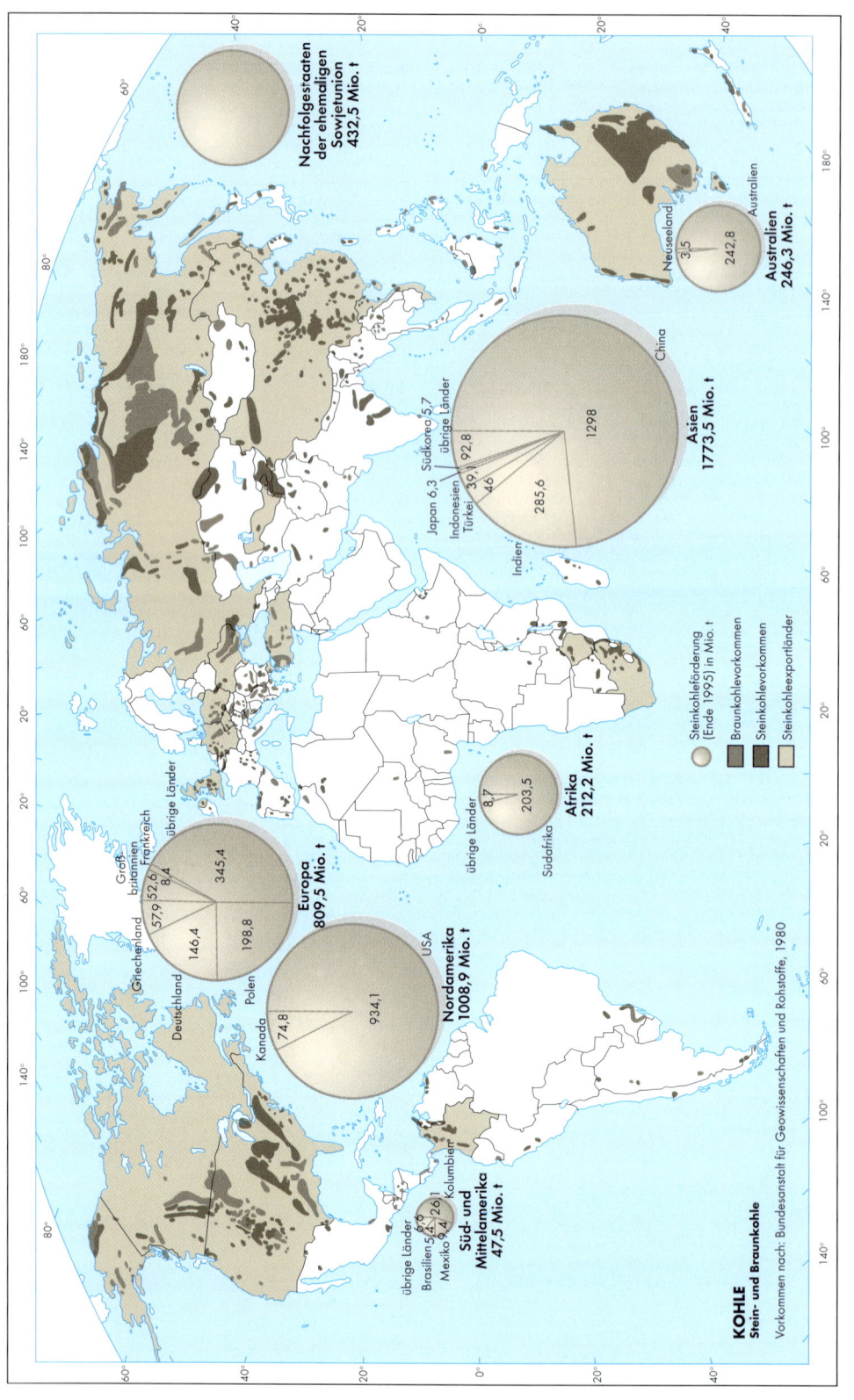

KOHLE
Stein- und Braunkohle
Vorkommen nach: Bundesanstalt für Geowissenschaften und Rohstoffe, 1980

Steinkohleförderung (Ende 1995) in Mio. t
Braunkohlevorkommen
Steinkohlevorkommen
Steinkohleexportländer

Nachfolgestaaten der ehemaligen Sowjetunion 432,5 Mio. t

Asien 1773,5 Mio. t
- China 1298
- Indien 285,6
- Türkei 46
- Indonesien 39,1
- Japan 6,3
- Südkorea 5,7
- übrige Länder 92,8

Australien 246,3 Mio. t
- Australien 242,8
- Neuseeland 3,5

Afrika 212,2 Mio. t
- Südafrika 203,5
- übrige Länder 8,7

Europa 809,5 Mio. t
- Deutschland 146,4
- Polen 198,8
- Frankreich 345,4
- Großbritannien 57,9
- Griechenland 52,8
- übrige Länder 8,4

Nordamerika 1008,9 Mio. t
- USA 934,1
- Kanada 74,8

Süd- und Mittelamerika 47,5 Mio. t
- Kolumbien 26,1
- Mexiko 9,4
- Brasilien 5,6
- übrige Länder 5,4

zyklisch, gesenkt haben. Solche Senkungen sind typisch für die Vortiefen von Geosynklinalen; daher sind die K.-Becken oft gürtelartig ausgebildet. Man rechnet, dass die Bildung einer 1 m mächtigen Schicht Braun-K. etwa 2500–5000 Jahre beanspruchte, einer 1 m mächtigen Schicht Stein-K. etwa 10000 Jahre (wegen der stärkeren Kompression).

Viele K.-Vorkommen (z. B. die des Ruhrgebiets) zeigen einen Wechsel von einzelnen K.-Flözen und marinen Sedimenten (Sande, Tone). Diese **paralischen K.** sind in Küstennähe entstanden; zeitweise war die Senkung des Landes so stark, dass das Meer die Moore überflutete; **limnische K.** nennt man dagegen die K., die in Becken innerhalb eines Festlands, ohne Einfluss des Meeres, gebildet wurden (z. B. die Stein-K. des Saarlandes). In tekton. Gräben und Becken, wie im Rhein. Braunkohlenrevier und im frz. Zentralmassiv (paläozoische Stein-K.), können, manchmal auch durch unterird. Salzauslaugung bedingt, bes. mächtige K.-Vorkommen gebildet werden.

Alle Humus-K. sind praktisch unter völligem Luftabschluss durch Vertorfung entstanden; man nennt sie auch autochthon, da die Moorpflanzen am Bildungsort der K. gewachsen sind, wie Wurzelböden und aufrecht stehende Baumstümpfe zeigen. Die Sapropel-K. dagegen sind allochthone Bildungen; sie sind aus zusammengeschwemmtem Pflanzenmaterial entstanden (wirre Lagerung, viele Gerölle und Sandkörner). Da dieses lange Zeit der Luft ausgesetzt war, besteht es nur aus den widerstandsfähigeren Bestandteilen wie Sporen, Blatthäuten, Harzen und Wachs.

K.-Vorkommen sind über die ganze Erde verbreitet; sie entstanden v. a. im Jungpaläozoikum (Karbon, Perm) und im Tertiär, aber auch im Mesozoikum (z. B. Kreide). Die ältesten K.-Bildungen stammen aus dem Präkambrium, so der aus Algen gebildete anthrazit. **Schungit**, die ältesten K.-Flöze aus dem Oberdevon (Bäreninsel). Voraussetzung war die Entwicklung höherer Sporenpflanzen in der oberkarbon. Waldmooren v. a. baumförmige Farnpflanzen (Sigillarien u. a. Bärlappgewächse, Calamiten und Farne) sowie Samenfarne und Cordaites. Die Steinkohlenwälder der Südhalbkugel (Gondwana) zeigen den Einfluss der permokarbon. Vereisung (Glossopterisflora). Torfbildner der tertiären Braun-K. waren Angiospermen-Koniferen-Mischwälder; an den feuchtesten Standorten u. a. Wasserfichten, Erlen und Farne.

Da die jungpaläozoischen K. eine längere Bildungsperiode durchlaufen haben und meist von mächtigen Deckschichten überlagert wurden, handelt es sich bei ihnen meist um Stein-K., bei den tertiären K. dagegen meist um Braun-K.; es gibt aber auch karbon. Braun-K. (z. B. im Moskauer Becken) und tertiäre Stein-K. (z. B. in Japan, vulkan. Einfluss). Die geringe Mächtigkeit der Deckschichten bei Braun-K. lässt meist den Tagebau zu, deren große Mächtigkeit bei Stein-K. erfordert in der Regel den Tiefbau (Ausnahme z. B. in Simbabwe). Mit den heute verfügbaren Verfahren ist K. (Stein-K.) technisch bis zu einer Tiefe von etwa 1500 m abbaubar, jedoch nicht wirtschaftlich; mittlere Tiefe im Ruhrgebiet etwa 900 m. Um noch tiefer liegende K. nutzen zu können, wendet man in Einzelfällen eine →Untertagevergasung an. Seit etwa 15 Jahren wird in den USA mit staatl. Förderung Untertagevergasung durchgeführt; jährlich werden dabei etwa 22 Mrd. m³ an Flözgas gewonnen. Auch in Dtl. findet im Ruhr- und im Saargebiet im Rahmen von Forschungsprojekten Untertagevergasung Anwendung. Die gesamten abbaubaren K.-Reserven der Welt wurden (1995) auf 1032 Mrd. t geschätzt, darunter 519,4 Mrd. t Stein-K. 1995 wurden auf der Erde insgesamt 3,5 Mrd. t Stein-K. (davon rd. 1,3 Mrd. t allein in China) und 949,5 Mio. t Braun-K. gefördert.

Zusammensetzung: Die chem. Zusammensetzung der K. ist äußerst kompliziert. Bei der Stein-K. liegen nur 10% des Kohlenstoffs frei vor; der Rest ist in einem Verbindungsgemisch enthalten, das v. a. aus aliphat. und aromat. Kohlenwasserstoffen besteht, in denen außer Sauerstoff z. T. auch Schwefel und Stickstoff chemisch gebunden sind. Bei Braun-K. bestehen die organ. Bestandteile aus dem Bitumenanteil (v. a. Harze und Wachse) sowie aus Huminstoffen. Daneben enthält jede K. anorgan. unverbrennbare Ballaststoffe (Aschebestandteile, ›Berge‹): außer Tonmineralen und Quarzkörnern u. a. diagenetisch ausgeschiedene Carbonat- und Pyritkristalle (der Schwefelgehalt stammt z. T. aus dem Eiweiß der Pflanzen, z. T. von Schwefelbakterien) sowie Flözknollen (**Coalballs**) von Torfdolomit (→Dolomit), Calcit und Kohleneisenstein (Siderit, in limn. K.). Gelegentlich sind Anteile von Metallen (Kupfer, Uran) vorhanden, von wirtschaftl. Bedeutung kann Germanium sein. Das in den K.-Flözen enthaltene →Grubengas ist bei der Inkohlung frei geworden, die Kohlensäure größtenteils zugewandert (vulkan. Ursprungs).

Wirtschaftl. Bedeutung: →Braunkohle, →Steinkohle.

G. B. FETTWEIS: Weltkohlenvorräte (1976); Rohstoff K. Eigenschaften, Gewinnung, Veredelung, bearb. v. F. BENTHAUS u. a. (1978); Analytical methods for coal and coal products, hg. v. C. KARR, 3 Bde. (New York 1978/79); A. BUCH: K. Grundstoff der Energie (1979); F. KRAUS-WEYSSER: K. (1981); Stach's textbook of coal petrology, begr. v. E. STACH (Berlin ³1982); M. WOLF: Torf u. K., in: Sedimente u. Sedimentgesteine, hg. v. H. FÜCHTBAUER (⁴1988); H. PÄTZ u. a.: K. – ein Kapitel aus dem Tagebuch der Erde (Leipzig ²1989).

2) Carbo medicinalis, →medizinische Kohle.

Kohlechemie, Teilgebiet der Chemie, das sich mit der chem. Struktur von Kohlen oder mit der chem. Umwandlung von Kohlen und der Weiterverarbeitung der dabei entstehenden Produkte (z. B. Teer, Rohbenzol) beschäftigt. Als erster Bestandteil des Steinkohlenteers wurde 1819 Naphthalin von dem brit. Chemiker ALEXANDER GARDEN († 1829) entdeckt. Mit der systemat. Isolierung aromat. Verbindungen (z. B. Anilin) aus Steinkohlenteer beschäftigte sich in der Mitte des 19. Jh. A. W. HOFMANN. W. H. PERKIN stellte 1856 den ersten synthet. Farbstoff (Mauvein) aus Kohleanilin her. Nach 1910 entwickelte sich in Dtl. die Acetylenchemie auf Kohlebasis (Herstellung von Acetaldehyd 1916–18, von Butadien ab 1925, Reppe-Synthese ab 1928). Durch →Kohlevergasung lässt sich →Synthesegas erzeugen, das zu Ammoniak, Methanol, Oxoprodukten und Kohlenwasserstoffen (→Fischer-Tropsch-Synthese) umgesetzt werden kann. Die Gewinnung chem. Produkte aus Kohle ist auch über die →Kohlehydrierung möglich. Mit dem Aufstieg der →Petrochemie nach dem Zweiten Weltkrieg verlor die K. an Bedeutung. Der Rohstoff Kohle hat gegenüber dem Rohstoff Erdöl den Nachteil, dass die Verfahren zur Herstellung chem. Produkte i. Allg. komplizierter und umweltbelastender sind und mit geringeren Ausbeuten ablaufen. Bedeutung hat die K. heute v. a. für die Herstellung von wasserstoffarmen Grundchemikalien wie Kokereibenzol und Steinkohlenteer. Etwa 15% des Benzols, über 90% des Naphthalins, 25% des Rußes und nahezu die gesamte Produktion an Anthracen, Chinolin und Elektrodenpech werden aus Kohle hergestellt. Seit 1973 werden Verfahren der K. neu und weiterentwickelt, die Wirtschaftlichkeit ist bei ihnen aber derzeit in den meisten Fällen nicht gegeben.

Kohle|entschwefelung, zusammenfassende Bez. für techn. Verfahren, die den Schwefelgehalt von Kohlen und damit die Emission von Schwefeldioxid bei der Verbrennung vermindern. Kohle enthält Schwefel organisch gebunden und in Form von Pyrit (FeS_2). In der Entwicklung sind v. a. Verfahren zur Entfernung des Pyritschwefels. Die **mechanische K.** basiert auf der größeren Absetzgeschwindigkeit der Pyritpartikel, wenn fein gemahlene Kohle mit Wasser aufgeschlämmt oder mit Luft verwirbelt wird. Eine **chemische K.** ist z. B. das Herauslösen des Pyrits mit Eisensulfatlösung. Bei der **mikrobiellen K.** wird Pyrit durch geeignete Mikroorganismen (z. B. Thiobacillus ferrooxidans) in lösl. Eisensulfat umgewandelt, sodass ein Auswaschen möglich wird.

Kohlehydrierung, Verfahren zur Herstellung flüssiger Kohlenwasserstoffe (Benzin, Heizöle) aus Kohle und Wasserstoff. Die K. wurde von F. BERGIUS 1913 erstmals durchgeführt und von M. PIER bei der I. G. Farbenindustrie unter Verwendung von Katalysatoren zur techn. Reife entwickelt (**Bergius-Pier-Verfahren, IG-Verfahren**). Dabei wurden Kohlen (und Kohleprodukte) bei bis zu 460 °C und 700 bar mit Wasserstoff umgesetzt; der techn. Prozess verlief in zwei Stufen (›Sumpfphasenhydrierung‹, ›Gasphasenhydrierung‹). Zw. 1927 und 1945 wurden in Dtl. zwölf Hydrierwerke betrieben. Nach 1945 war die K. wegen der niedrigen Rohölpreise unwirtschaftlich. – Erste Neuentwicklungen gab es in den USA bereits in den 60er-Jahren. Die in Dtl. Anfang der 80er-Jahre in Demonstrationsanlagen betriebene K. erwies sich als nicht wirtschaftlich. Bei diesem **DT-Verfahren** (DT Abk. für **D**eutsche **T**echnologie) wird gemahlene Kohle nach Zusatz von Rotschlamm als ›verlorener‹ Katalysator mit Ölen aus dem Prozess angemaischt und bei 475 °C und 300 bar mit Wasserstoff behandelt. Nichtflüchtige Öle und Feststoffe (Katalysator, Kohlereste) werden im Heißabscheider abgetrennt und durch Vergasung in den für die Hydrierung erforderlichen Wasserstoff umgewandelt (→Kohlevergasung). Die im Kaltabscheider gewonnenen Öle (Syncrude) werden einer hydrierenden Raffination (→Hydrotreating) unterworfen. Dabei werden Sauerstoff-, Schwefel- und Stickstoffverbindungen abgebaut und aromat. Verbindungen weitgehend hydriert. Durch Integration der Raffination in die K. lässt sich die Ölausbeute verbessern (**IGOR-Verfahren;** IGOR Abk. für **I**ntegrierte **G**esamt-**O**el-**R**affination). Als **Coprocessing** wird die gemeinsame hydrierende Verflüssigung von Kohle mit schweren Erdölfraktionen bezeichnet. – Auch aus weiteren Ländern (u. a. Australien, Japan, Südafrika) wurden Versuche zur Neuentwicklung der K. bekannt.

Kohlekraftwerk, *Energietechnik:* ein Wärmekraftwerk zur Elektrizitäts- und ggf. Wärmeerzeugung, bei dem die zur Dampferzeugung notwendige therm. Energie durch Verbrennen von Stein- und Braunkohle gewonnen wird. Konventionelle K. bestehen im Wesentlichen aus Kohletransport- und Mahlanlage und Maschinenhaus mit Turbine und Generator, den Rauchgasreinigungsanlagen (Entschwefelungs-, Entstickungs- und Entstaubungsanlagen, Schornstein), meist einem Kühlturm sowie dem Brennstofflager (Kohlebunker, Kohlelagerplatz). Die Art der Verbrennung ist sehr unterschiedlich, sie hängt insbesondere stark von der Kohleart und -qualität ab. Man unterscheidet im Wesentlichen Rostfeuerung und die in Großkraftwerken ausschließlich eingesetzte Staubfeuerung (Trockenfeuerung, Schmelzfeuerung). Bei Letzterer wird der Kohlenstaub mit der Verbrennungsluft in den Brennraum eingeblasen und bei Temperaturen zw. 1 100 und 1 500 °C verbrannt. Bei der Trockenfeuerung fällt die Asche staubförmig an und wird durch →Elektrofilter aus dem Rauchgas entfernt. Bei der Schmelzfeuerung wird durch die sehr hohen Temperaturen die Asche verflüssigt und durch Abkühlung als granulierte Schlacke unter dem Dampfkessel abgezogen. Die gewonnene therm. Energie wird von den heißen Rauchgasen an den Wasser-Dampf-Kreislauf übertragen. Zunehmendes Interesse hat in den letzten Jahren die Wirbelschichtfeuerung gefunden. Dabei wird gebrochene Kohle durch aufwärts gerichtete starke Luftströme über einem Düsenboden (Wirbelbett) in einen Schwebezustand versetzt und wallt so ähnlich wie kochendes Wasser. Durch die ständige Bewegung der Kohlepartikel und deren lange Verweildauer im Feuerraum erfolgt die Verbrennung bereits bei Temperaturen ab 850 °C. Dadurch wird die Stickoxidbildung unter die Grenzwerte gesenkt, sodass K. mit Wirbelschichtfeuerung keine Entstickungsanlagen benötigen. Da außerdem durch Zugabe von Kalk zur Kohle eine direkte Entschwefelung der Rauchgase möglich ist, entfallen auch zusätzl. Entschwefelungsanlagen. K. mit ›stationärer‹ Wirbelschichtfeuerung werden mit 0,5–200-MW-Turbinen als Industrie- und Heizkraftwerke gebaut. Eine Weiterentwicklung ist die zirkulierende Wirbelschichtfeuerung: Die mit dem Rauchgas mitgerissenen noch brennbaren Kohlepartikel werden über Zyklone ausgetragen und wieder der Verbrennung zugeführt. K. mit dieser Feuerung werden mit 30–500-MW-Turbinen als Industrie- und Heizkraftwerke ausgerüstet. Mit der Wirbelschichtfeuerung unter Druck (druckaufgeladene Wirbelschichtfeuerung) erhofft man sich weitere Fortschritte. 1995 waren in Dtl. sechs Anlagen mit 80 MW und zwei Anlagen mit 300 MW elektr. Leistung in Betrieb. K. mit stationärer druckaufgeladener Wirbelschichtfeuerung werden bis 1 000 MW (auch als Heizkraftwerke) gebaut. In der Entwicklung befinden sich K. mit zirkulierender druckaufgeladener Wirbelschichtfeuerung. Bei der (allerdings zeitlich beschränkten) gleichzeitigen Erzeugung von Elektrizität und Fernwärme bzw. industrieller Prozesswärme sind Nutzungsgrade von 80 bis 85 % der eingesetzten Primärenergie möglich (→Kraft-Wärme-Kopplung).

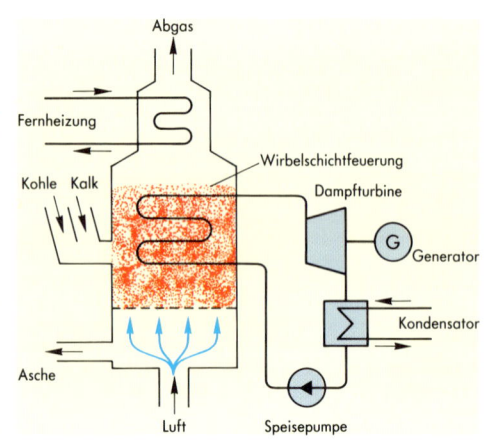

Kohlekraftwerk: Schematische Darstellung eines Kohlekraftwerks mit Wirbelschichtfeuerung zur Stromerzeugung und für die Fernheizung

K. decken weltweit etwa 40 % des Stromverbrauchs (Tendenz steigend). Konventionelle K. mit Wasser-Dampf-Kreislauf und einfacher Zwischenüberhitzung können unter Berücksichtigung der Aufwendungen für Entschwefelungs- und Entstickungsanlagen Nettowirkungsgrade von rd. 40 % erreichen. Einen auf 46 % verbesserten Wirkungsgrad erwartet man von dem Gas-und-Dampf-Kraftwerk (GUD) mit integrierter Kohlevergasung, bei dem die heißen Abgase einer mit zuvor gereinigtem Kohlegas betriebenen Gasturbine zur Erzeugung von Frischdampf für eine nachgeschaltete Dampfturbine dienen (**Kohlevergasungskraftwerk**). Im April 1993 wurde im niederländ. Buggenum (Prov. Limburg) das mit einer elektr. Leistung von 253 MW größte Kraftwerk dieser Art zu Versuchszwecken in Betrieb genommen. Der Kohlevergaser arbeitet nach einem vom Unternehmen Shell entwickelten Verfahren. Mit einem elektr. Wirkungsgrad von 43% erreicht es den Wert moderner konventionell befeuerter Steinkohlekraftwerke, birgt dabei aber noch ein gewisses Potenzial zur Wirkungsgradsteigerung in sich. Aufgrund des Energieaufwands für die Kohlevergasung wird der Wirkungsgrad aber immer unter dem eines erdgasbefeuerten Gas- und Dampfturbinenkraftwerks liegen (→Gasturbinenkraftwerk). Der Vorteil des Kohlevergasungskraftwerks besteht im Vergleich zum konventionellen K. im emissionsärmeren Betrieb. Nachteilig sind hingegen die höheren Investitionskosten.

In Puertollano (Spanien) geht zurzeit ein weiteres, von der Europ. Union gefördertes Kohlevergasungskraftwerk auf Steinkohlebasis mit einer elektr. Leistung von 305 MW in Betrieb, an dem mehrere dt. Unternehmen beteiligt sind und das zur →Kohlevergasung das Prenflo-Verfahren einsetzt.

Während die Rauchgasreinigungsanlagen eine Entstaubung, Entstickung und Entschwefelung der Rauchgase erlauben, gibt es bisher keine großtechn. Möglichkeit, das bei der Verbrennung der Kohle entstehende Kohlendioxid (CO_2) abzuscheiden, das als Hauptursache für den Treibhauseffekt angesehen wird. Die Erzeugung einer Kilowattstunde Elektrizität in K. führt zu einer Emission von etwa 1 kg CO_2.

Steinkohlekraftwerke sind teilweise auch mit Verbrennungseinrichtungen für Erdöl und Erdgas ausgerüstet. Man spricht dann von bi- oder trivalenten Feuerungen bzw. von Steinkohle-Mischfeuerungs-Kraftwerken.

Die gesamte installierte Bruttoengpassleistung aller Steinkohlekraftwerke (einschließlich aller Steinkohle-Mischfeuerungs-Kraftwerke) in Dtl. belief sich 1994 auf: Kraftwerke der öffentl. Elektrizitätsversorgung 26 192 MW, des Bergbaus und verarbeitenden Gewerbes 5 910 MW, der Dt. Bahn AG 655 MW. Die entsprechenden Werte für die Braunkohlekraftwerke sind: Werke der öffentlichen Elektrizitätsversorgung 10 983 MW, des Bergbaus und des verarbeitenden Gewerbes 541 MW.

Insgesamt wurden 1994 etwa 1 298,1 PJ Steinkohle eingesetzt, der Braunkohleeinsatz betrug etwa 815,6 PJ. Die Elektrizitätserzeugung durch Steinkohle betrug 1994 insgesamt etwa 143,4 TWh, durch Braunkohle etwa 83,0 TWh, bei einer gesamten Elektrizitätserzeugung von 452,9 TWh. – Zur Erzeugung von 1 kWh Strom werden 0,35–0,6 kg Steinkohle oder 1,2–2,5 kg Braunkohle benötigt.

Kohlendioxid, Kohlenstoffdioxid, CO_2, das Anhydrid der →Kohlensäure, häufig ungenau selbst Kohlensäure genannt; ein farbloses, nicht brennbares, in kleinen Konzentrationen ungefährliches Gas von etwas säuerl. Geschmack, das Atmung und Verbrennung nicht unterhält; K. wirkt in geringen Konzentrationen stimulierend auf das Atemzentrum; 4–5% in der Atemluft wirken betäubend, 8% K. führen nach wenigen Minuten zum Tod durch Ersticken. Seine Dichte ist etwa 1,5-mal so groß wie die der Luft; K. sammelt sich daher an vertieften Stellen in der Nähe seiner Entstehung an (Erstickungsgefahr in Gärkellern; Hundsgrotte bei Neapel). Bei −78,5 °C und Normaldruck geht K. unmittelbar in den festen Zustand über. Unter Druck kann es auch verflüssigt werden. Die krit. Temperatur des K. liegt bei 31,04 °C, der krit. Druck bei 73,83 bar. Die (grau gestrichenen) Stahlflaschen des Handels enthalten flüssiges K. unter einem Druck von rd. 57 bar bei 20 °C (techn. Verflüssigung meist bei 10–20 bar und −40 bis −20 °C). Infolge des starken Wärmeverbrauchs bei der Verdunstung von flüssigem K. erstarrt ausströmendes, flüssiges K. teilweise zu einer weißen Masse von festem K. (**Kohlen-**

Kohlekraftwerk Römerbrücke in Saarbrücken (seit 1988 in Betrieb)

säureschnee). Festes K. kommt in Blöcke gepresst als **Trockeneis** in den Handel und dient als Kühlmittel. K. ist in Wasser gut löslich (Löslichkeit bei 0 °C 1,7 l, bei 20 °C 0,9 l pro l Wasser), die Lösung reagiert schwach sauer infolge Bildung der eigentlichen Kohlensäure. – K. kommt frei in der Luft (etwa 0,03 Vol.-%) und gelöst in vielen Mineralwässern sowie v. a. im Meerwasser vor. In gebundenem Zustand ist es in Form von Carbonaten (v. a. Calcium- und Magnesiumcarbonat in Kalkstein, Magnesit, Dolomit u. a.) weit verbreitet.

K. ist Endprodukt der Verbrennung von Kohlenstoff und allen organ. Substanzen. Die grünen Pflanzen führen mittels Lichtenergie das K. der Luft in organ. Verbindungen über (→Assimilation, →Calvin-Zyklus), die durch den Stoffwechsel von Mensch, Tier und v. a. Mikroorganismen wieder in K. zurückverwandelt werden (→Kohlenstoffkreislauf). Im Stoffwechsel wird K. v. a. durch Decarboxylierung von α-Ketosäuren gebildet. Es befindet sich somit in der intra- und extrazellulären Flüssigkeit aller Organismen sowie bes. in der Ausatmungsluft. K. ist daher lebensnotwendig für praktisch alle Lebewesen.

Der natürl. Kreislauf des Kohlenstoffs wird in zunehmendem Maße durch die steigende Verbrennung fossiler Brennstoffe gestört und führt zu einer Erhöhung des K.-Gehaltes der Atmosphäre. 1995 betrug der globale K.-Ausstoß 23,1 Mrd. t. Verursacher der K.-Emissionen waren zu 65% die Industriestaaten und zu 35% die Entwicklungsländer. Zusätzlich trägt auch die Abholzung von Waldflächen zur Erhöhung des K. in der Atmosphäre bei. Wegen der dadurch bewirkten verstärkten Absorption der von der Erdoberfläche abgestrahlten Infrarotstrahlung erhöht sich die Temperatur der Lufthülle (etwa 0,5 Grad in den letzten 100 Jahren; **K.-Hypothese**). – Im März 1994 trat die von 159 Staaten unterzeichnete Klimarahmenkonvention in Kraft, die eine Stabilisierung der K.-Emissionen auf einem bestimmten Niveau vorsieht. Bis zur dritten Vertragsstaatenkonferenz 1997 in Japan soll dazu für den Zeitrahmen ein Ergänzungsprotokoll verabschiedet werden. Die Bundesregierung hatte schon 1990 beschlossen, die K.-Emission bis zum Jahr 2005 um 25% zu reduzieren. 1995 war eine Reduktion von 13% erreicht. Weiter hat Dtl. vorgeschlagen, dass sich die Industriestaaten zu einer Reduktion von 10% bis zum Jahr 2005 und von 15–20% bis zum Jahr 2010 verpflichten. Auf der zweiten Vertragsstaatenkonferenz 1996 in Genf gab es jedoch dazu kein Ergebnis. (→Treibhauseffekt, →Klimaänderungen)

Kohl Kohlendisulfid – Kohlenhydratstoffwechsel

Im Laboratorium erhält man K. durch Zersetzung von Carbonaten mit Säuren; technisch wird K. v. a. aus Verbrennungsabgasen, als Nebenprodukt beim Kalkbrennen und als Nebenprodukt bei alkohol. Gärprozessen, ferner auch aus natürl. Gasquellen (**Quellkohlensäure**) gewonnen. Verwendung findet K. als Kühlmittel, als Feuerlöschmittel, als Inertgas, als Treibgas sowie als Lösungsmittel, ferner zur Herstellung kohlensäurehaltiger Getränke und als Rohstoff in der chem. Industrie (u. a. bei der Herstellung von Soda und Harnstoff). – K. wurde schon zu Beginn des 17. Jh. durch J. B. VAN HELMONT entdeckt.

Kohlendisulfid, der →Schwefelkohlenstoff.
Kohlenformation, frühere Bez. für das →Karbon.
Kohlenhobel, *Bergbau:* Maschine zur schälenden Gewinnung von Kohle.

Kohlenhydrate, Kohlenstoffhydrate, Saccharide, Sammel-Bez. für eine weit verbreitete Gruppe von Naturstoffen, zu der z. B. alle Zucker-, Stärke- und Celluloseheaten gehören. Sie haben die allg. Summenformel $C_n(H_2O)_m$ (n und m entweder gleich oder nur wenig verschieden) und wurden früher fälschlich als ›Hydrate des Kohlenstoffs‹ aufgefasst. K. sind jedoch in Wirklichkeit mehrwertige Alkohole, bei denen eine primäre oder eine sekundäre Hydroxylgruppe zur Aldehydgruppe bzw. Ketogruppe oxidiert ist (Polyhydroxyaldehyde oder Polyhydroxyketone).

Entsprechend der Molekülgröße unterscheidet man Mono-, Oligo- und Polysaccharide. Die **Monosaccharide** stellen die Grundbausteine der K. dar; sie bestehen aus jeweils einem Polyhydroxyaldehyd oder -keton und werden entsprechend in Aldosen und Ketosen unterteilt; das ihnen zugrunde liegende Kohlenstoffgerüst enthält meist fünf oder sechs Kohlenstoffatome; man unterscheidet danach v. a. →Pentosen (z. B. Ribose) und →Hexosen (z. B. Glucose, Fructose) mit den Summenformeln $C_5H_{10}O_5$ bzw. $C_6H_{12}O_6$. Diese Verbindungen besitzen (meist mehrere) asymmetr. Kohlenstoffatome und treten in zahlr. Stereoisomeren auf. Bei einem Monosaccharid mit der allg. Formel $CH_2OH-(CHOH)_4-CHO$ (einer Aldohexose) sind bereits $2^4 = 16$ sterisch versch. Formen möglich (zu ihnen gehören D- und L-Glucose, D- und L-Mannose sowie D- und L-Galaktose). Als Bezugssubstanz für die Zugehörigkeit der Monosaccharide zur D- und L-Reihe gilt der Glycerinaldehyd, der in einer D- und einer L-Form auftritt. Näheres zur Struktur der Monosaccharide und zur Konfigurationszuordnung →Monosaccharide.

Beim Zusammenschluss von zwei oder mehreren Monosacchariden (durch Wasserabspaltung und unter Ausbildung einer glykosid. Bindung) entstehen **Disaccharide** (z. B. Saccharose mit der Summenformel $C_{12}H_{22}O_{11}$), **Trisaccharide** usw., allg. **Oligosaccharide**, die zus. mit den Monosacchariden wegen ihres (meist) süßen Geschmacks auch als Zucker bezeichnet werden. Die Namen dieser Verbindungen werden zusammenfassend durch die Endung -ose gekennzeichnet. – Vereinigen sich zahlr. Monosaccharideinheiten miteinander, so entstehen die höher- bis hochmolekularen **Polysaccharide** (z. B. Glykogen, Stärke, Cellulose). – Auch Abwandlungsprodukte der einfachen Monosaccharide mit z. T. abweichender Zusammensetzung der Struktur werden zu den K. gezählt, u. a. die →Aminozucker, die →Uronsäuren und die →Zuckeralkohole, von denen einige auch als Bausteine von Polysacchariden auftreten (Aminozucker z. B. in Chitin und Mukopolysacchariden). Durch chem. Abwandlung gelingt es, Derivate der K. herzustellen, von den Monosacchariden z. B. die ›Anhydrozucker‹ (innere Anhydride), die als Weichmacher vorgeschlagen wurden, und Zuckerester, die z. B. grenzflächenaktive Eigenschaften haben. Technisch bes. wichtig sind die →Celluloseäther und →Celluloseester.

K. sind in jeder tier. und pflanzl. Zelle enthalten und stellen mengenmäßig den größten Anteil der auf der Erde vorkommenden organ. Verbindungen dar. Sie sind u. a. ein Hauptbestandteil der Nahrung des Menschen und der Tiere, dienen pflanzl. (Stärke) und tier. (Glykogen) Organismen als Reservestoffe, sind Bestandteile der Nukleinsäuren, dienen als Stütz- und Gerüstsubstanzen (Cellulose, Glykosaminoglykane), sind wichtige Bestandteile der Zellmembranen (Glykoproteine und Glykolipide). →Kohlenhydratstoffwechsel

K. sind neben Proteinen und Fetten eine der drei für den Menschen wichtigsten Nährstoffgruppen, wobei die K. die wichtigsten Energielieferanten der Zellen darstellen. Der Bedarf an K. leitet sich ab von der ernährungsphysiol. Bedeutung der K. als Energielieferanten und als Lieferanten von C-Atomen für Biosynthesen im Intermediärstoffwechsel; v. a. das Gehirn deckt seinen Energiebedarf fast ausschließlich über Glucose, dementsprechend ist der Minimalbedarf an K. im Wesentlichen durch den Gehirnstoffwechsel bedingt (100–150 g/Tag); quer gestreifte Muskulatur sowie Leber, Herz, Nieren hingegen können bei K.-Mangel auf Fettsäureverbrennung ausweichen. – In der Ernährung sollen K. etwa 50–55% der gesamten Energiezufuhr ausmachen. Der größte Anteil der vom Menschen aufgenommenen K. ist pflanzl. Ursprungs (davon etwa 40% aus Getreideerzeugnissen) und besteht hauptsächlich aus Stärke sowie aus Cellulose, Hemicellulosen, Pektin u. a.; Letztere können nur in geringem Maße durch mikrobielle Tätigkeit im Dickdarm verwertet werden, haben aber als →Ballaststoffe Bedeutung. An zweiter Stelle stehen zuckerreiche Erzeugnisse. Höhermolekulare K. müssen im Rahmen der Verdauung in niedermolekulare Produkte (Glucose, Galaktose, Fructose) zerlegt werden, da nur diese im Darm resorbiert werden können. Mehr als 60% der resorbierten K. dienen der Energiegewinnung, ein weiterer Teil wird als Glykogen vorwiegend in Muskulatur und Leber (insgesamt etwa 300–400 g beim Erwachsenen) gespeichert.

The carbohydrates. Chemistry and biochemistry, hg. v. W. PIGMAN u. a., 4 Tle. in 2 Bdn. (New York ²1970–80); D. J. CANDY: Biological functions of carbohydrates (Glasgow 1980); Biology of carbohydrates, hg. v. V. GINSBURG u. a., auf mehrere Bde. ber. (New York 1981 ff.); Carbohydrate metabolism. Quantitative physiology and mathematical modelling, hg. v. C. COBELLI u. R. N. BERGMAN (Chichester 1981); The polysaccharides, hg. v. G. O. ASPINALL, 3 Bde. (New York 1982–85); J. LEHMANN: K. Chemie u. Biologie (²1996).

Kohlenhydratstoffwechsel, Gesamtheit aller Stoffwechselprozesse, die am Auf- und Abbau der Kohlenhydrate sowie an deren wechselseitigem Umbau beteiligt sind. Bei Pflanzen ist der wichtigste Syntheseweg zur Neubildung von Kohlenhydraten die CO_2-Fixierung an Ribulose-1,5-diphosphat mit sich anschließendem Aufbau von Glucose im →Calvin-Zyklus unter Nutzung der in der Photosynthese gewonnenen Energie. Über den →Glyoxylsäurezyklus können Pflanzen und Mikroorganismen Glucose aus Acetyl-Coenzym A (und somit letztlich aus Fetten) aufbauen sowie über die →Gluconeogenese aus Pyruvat, wodurch u. a. die Umwandlung von (glucoplast.) Aminosäuren in Glucose möglich wird. Die Gluconeogenese ist der einzige dieser Synthesewege, der auch bei tier. Organismen vorkommt. Die wichtigsten an der wechselseitigen Umwandlung der Monosaccharide beteiligten Reaktionen sind Epimerisierungen und Isomerisierungen (z. B. Glucose-6-phosphat in Fructose-6-phosphat in der Glykolyse), die Übertragung von Molekülfragmenten durch Transaldolasen und Transketolasen (z. B. im Calvin-Zyklus) sowie Oxidations- und Decarboxylierungsreaktionen.

Zentraler Abbauweg der Kohlenhydrate ist die →Glykolyse; über vorgeschaltete Ab- oder Umbaureaktionen, bei denen Glucose-6-phosphat, Dihydroxyacetonphosphat oder Fructose-6-phosphat entstehen, können auch andere Monosaccharide (Fructose, Mannose, Galaktose) sowie Disaccharide (Maltose, Lactose, Saccharose) und Polysaccharide (Glykogen, Stärke) abgebaut werden. Während der Ab- und Aufbau von Monosacchariden meist unter Beteiligung der Zuckerphosphate anstelle der freien Zucker verläuft, sind am Aufbau der Oligo- und Polysaccharide i. d. R. Nukleosiddiphosphatzucker als aktivierte Monosaccharideinheiten beteiligt. Oligo- und Polysaccharide werden entweder durch hydrolyt. (Hydrolasen) oder phosphorolyt. (Phosphorylasen) Spaltung abgebaut.

Kohlenkalk, *Geologie:* kalkige Fazies des Unterkarbons in Mitteleuropa, im Ggs. zum →Kulm; marine, graue Kalksteine, die im Schelfbereich am Rand der varisk. Geosynklinale über dem →Oldred-Kontinent abgelagert wurden.

Kohlenoxid, Kohlenmonoxid, Kohlenstoffmonoxid, CO, farb- und geruchloses, in Wasser kaum lösl., sehr giftiges Gas, das bei $-191,5\,°C$ flüssig und bei $-204,0\,°C$ fest wird. K. verbrennt mit bläul. Flamme zu Kohlendioxid, CO_2. Es entsteht bei der Verbrennung von kohlenstoffhaltigen Materialien bei unzureichender Luftzufuhr und ist auch in den Abgasen von Benzinmotoren (Ottomotoren) enthalten (im Leerlauf bis 10%; zur Entfernung aus Autoabgasen →Katalysator). Technisch hergestellt wird K. in Form von →Generatorgas und →Wassergas durch Umsetzung von Kohlenstoff mit Luft oder Wasserdampf bei höherer Temperatur (Kohlevergasung, →Ölvergasung). Im Laboratorium kann K. aus Ameisensäure, HCOOH, durch Wasserabspaltung mithilfe von konzentrierter Schwefelsäure hergestellt werden: $HCOOH \rightarrow H_2O + CO$.

K. ist Ausgangsprodukt vieler großtechn. Synthesen, z. B. Oxosynthese, Fischer-Tropsch-Synthese, Synthese von Methanol. Eine große Rolle spielt K. auch bei der Reduktion von Metalloxiden im Hochofen (→Eisen). Mit zahlr. Metallen verbindet sich K. zu →Carbonylen.

Nach Überführung in Kohlendioxid lässt sich K. mit versch. Verfahren nachweisen und bestimmen. Durch physikal. Messung **(Infrarotabsorption)** kann K. auch direkt in Gasgemischen mit großer Empfindlichkeit nachgewiesen werden.

K. wird von Methanbakterien aus Methan gebildet und durch K.-Bakterien zu Kohlendioxid entgiftet. Manche Tange erzeugen K. als Auftriebsgas in ihren Schwimmblasen; auch Hohltiere, einige Pilze und höhere Pflanzen scheiden K. aus. Höhere Pflanzen erzeugen K. nur bei Licht, vermutlich im Zusammenhang mit der →Lichtatmung; sie vermögen auch K. in geringer Menge zu Kohlendioxid zu oxidieren, können jedoch nicht zu wirksamer Entgiftung der Atmosphäre von K. beitragen. Spuren von K. entstehen auch im menschl. Organismus als Nebenweg des Pyrrolfarbstoffabbaus. In allen Organismen hemmt K. die Gewebsatmung, was den Tod zur Folge haben kann (→Kohlenoxidvergiftung).

Kohlenoxidsulfid, Kohlenstoffoxidsulfid, Carbonylsulfid, COS, giftiges, farbloses, nur in reinem Zustand geruchloses, gewöhnlich übel riechendes brennbares Gas; entsteht in der Hitze aus Kohlenoxid und Schwefeldampf; wird durch Umsetzen mit Wasserstoff oder Wasser in Schwefelwasserstoff überführt.

Kohlenoxidvergiftung, Kohlenmonoxidvergiftung, Gasvergiftung durch Einatmen von Kohlenoxid. Zu K. kommt es u. a. infolge defekter oder vorzeitig geschlossener Zimmeröfen, durch Auspuffgase in geschlossenen Räumen (›Garagentod‹), Hochofengase, Gruben-, Explosions- und Pulvergase, Schwelbrände. Der Vergiftungsgrad hängt von Einwirkungszeit und Konzentration ab; die höchste zulässige Arbeitsplatzkonzentration (MAK-Wert) liegt bei 30 ppm oder 33 mg/m^3 in der Atemluft; bei 100 ppm treten nach mehreren Stunden Kopfschmerzen, Schwindel, Brechreiz auf, eine Konzentration von 1 000–2 000 ppm (0,1–0,2 Vol.-%) führt nach etwa einer halben Stunde zum Tod, bei noch höheren Konzentrationen in wenigen Minuten.

Die K. beruht auf einer Sauerstoffverarmung des Blutes (Hypoxämie) infolge der gegenüber Sauerstoff 200–300fach stärkeren Bindungsneigung des Gases an das Hämoglobin der roten Blutkörperchen, die dadurch für den Sauerstofftransport ausfallen. Symptome sind Kopfschmerzen und Benommenheit, Schwindel, Ohrensausen, Augenflimmern, Übelkeit, Erbrechen, Atemnot, auch Krämpfe, Steigerung der Puls- und Atemfrequenz, Bewusstlosigkeit, der Tod tritt infolge Atemlähmung und Herzversagen ein. Wegen der Eigenfarbe des Kohlenoxidhämoglobins (CO-Hb) weisen Haut und Schleimhäute bei Vergifteten eine charakterist. hellrote Färbung auf. Mögl. Folgen einer überstandenen K. sind Lungenentzündung, Herzmuskel- und Hirnschäden mit Sinnes- und auch psych. Störungen. Chron. K. kann eine Berufskrankheit sein. – Die Sofortmaßnahmen zur Rettung bestehen in künstl. Beatmung, Sauerstoffüberdruckbehandlung, Frottieren der Glieder und Schutz vor Wärmeverlust.

Kohlenpetrologie, Teilgebiet der angewandten Geologie und Lagerstättenkunde, das sich mit der makro- und mikroskop. Untersuchung (im Auf- und Durchlicht) der Struktur der Kohlen, v. a. des Gefüges (→Mazerale, →Mikrolithotypen) befasst; dient u. a. der Unterscheidung der einzelnen Kohlenarten, der stratigraph. Einordnung der Flöze und des Grades der →Inkohlung und liefert somit wichtige Hinweise für die Gewinnung und Verarbeitung der Kohle.

Kohlensack, *Astronomie:* eine Dunkelwolke im Gebiet der südl. Milchstraße, die durch Absorption des Lichts der dahinter befindl. Sterne den Eindruck einer scheinbaren Sternleere hervorruft.

Kohlensäure, H_2CO_3, eine schwache, nur in wässriger Lösung bekannte Säure; auch gemeinsprachliche und in der Technik übliche Bez. für ihr Anhydrid, das →Kohlendioxid. K. entsteht beim Einleiten von Kohlendioxid in Wasser, wobei sich ein Gleichgewicht zwischen physikalisch gelöstem Kohlendioxid und sich bildender K. gemäß der Reaktion $CO_2 + H_2O \rightleftharpoons H_2CO_3$ einstellt, das zu 99,9% auf der linken Seite liegt (nur 0,1% des Kohlendioxids reagiert zu K.). – Als zweibasige Säure bildet K. zwei Reihen von Salzen, die **Hydrogencarbonate** (primäre Carbonate, saure Carbonate, früher Bicarbonate), allg. Formel $M^I HCO_3$, z. B. Natriumhydrogencarbonat, $NaHCO_3$ (Natron), und die (sekundären oder neutralen) **Carbonate,** allg. Formel $M^I_2CO_3$, z. B. Natriumcarbonat, Na_2CO_3 (Soda). Alle Carbonate, außer denen der Alkalimetalle, sind in Wasser schwer löslich. Die Hydrogencarbonate sind meist leichter löslich und oft nur in Lösung beständig. Nachgewiesen wird K. durch Bildung von schwer lösl., weißem Bariumcarbonat, $BaCO_3$. Die **Ester der K.** mit der allgemeinen Formel $CO(OR)_2$ (R = Alkyl- oder Arylrest) werden meist durch Umsetzen von Alkoholen (bzw. von Phenolen) mit Phosgen hergestellt. Technisch wichtig ist v. a. der **K.-Diäthylester (Diäthylcarbonat),** $CO(OC_2H_5)_2$, eine farblose, angenehm riechende, flüssige Substanz, die u. a. zur Herstellung von Polycarbonaten sowie als Lösungsmittel verwendet wird. – Aminoderivate der K. sind die →Carbamidsäure und der →Harnstoff.

Kohlensäurebad, bes. bei Herz- und Gefäßleiden angewendetes medizin. Bad, das Kohlendioxid in gelöster, übersättigter Form enthält, das sich an der Haut des Badenden in Form von Gasbläschen abscheidet und dort unter Erweiterung der Hautgefäße teilweise resorbiert wird.

Kohlensäuredüngung, Zufuhr von Kohlendioxid in Gewächshäusern oder Frühbeeten zur Steigerung des Pflanzenertrags.

Kohlensäure-Maische-Gärung, gelegentlich gebrauchte dt. Bez. für die →Macération carbonique.

Kohlensäureschnee, festes →Kohlendioxid.

Kohlenstaub, in Aufbereitungsanlagen abgetrennte oder auch durch Zerkleinerung hergestellte staubförmig-feinkörnige Kohle, die zur Befeuerung, v. a. von →Kohlekraftwerken, dient. – Bei der Kohlengewinnung und -förderung in Bergwerken entstehender K. wird aus hygien., bes. aber aus Sicherheitsgründen bekämpft (durch Kohlenstoßtränkung, Staubabsaugung oder Wasserbedüsung). K.-Luft-Gemische sind durch eine heiße Flamme entzündbar **(K.-Explosion)**; Ursache ist meist eine Schlagwetterexplosion, deren Druckwelle den in der Grube abgelagerten K. aufwirbelt.

Kohlenstaubmotor, ein Motor, der nach dem Dieselverfahren arbeitet, aber nicht mit flüssigem Kraftstoff, sondern mit Kohlenstaub (der mit Druckluft in den Zylinder eingeblasen wird) betrieben wird. Bereits von R. DIESEL vorgeschlagen, 1911 von RUDOLF PAWLIKOWSKI (* 1868, † 1942) verwirklicht. Der K. erreichte keine Betriebsreife, da durch Asche und Kohleteilchen ein hoher Verschleiß an Kolben, Kolbenringen und Zylindern auftrat.

Kohlenstoff, lat. **Carboneum,** chem. Symbol **C,** ein →chemisches Element aus der vierten Hauptgruppe des Periodensystems. K. ist ein Nichtmetall, das in reiner Form in zwei Modifikationen, als kub. →Diamant und als hexagonaler →Graphit, vorkommt; eine weitere Modifikation (→Carbine) gilt als umstritten. Diamant wandelt sich beim Erhitzen unter Luftabschluss bei 1 650–1 800 °C spontan in den bei normalem Druck stabilen Graphit um; der umgekehrte Prozess ist nur bei hohem Druck (35–50 kbar) und hoher Temperatur (1 200–1 600 °C) möglich (→Diamantsynthese). Künstl. Graphit bildet sich stets bei der therm. Zersetzung kohlenstoffreicher Substanzen wie Kohle, Erdöl, Erdgas oder deren Produkte (je nach Verfahren bei 600–3 000 °C). Technisch wichtig sind bes. der aus Petrolkoks hergestellte und für Elektroden von Elektrostahlöfen und für Schmelzflusselektrolyseverfahren verwendete Elektrographit sowie der durch therm. Zersetzung von gasförmigen Kohlenwasserstoffen (Methan, Propan, Propen) bei 800–3 000 °C gewonnene, u. a. für therm. Isolationen in der Raketentechnik sowie zum Beschichten von Kernbrennstoffteilchen verwendete Pyrographit. Graphitstruktur haben auch die durch Pyrolyse organ. Fasern hergestellten →Kohlenstofffasern. Fein vernetzte Graphitkristallchen versch. Größe und Struktur liegen im →Glanzkohlenstoff, im →Ruß und im →Koks (bis etwa 98 % K.) vor, bes. feinkristalliner, porenreicher, z. T. amorpher K. in der →Aktivkohle. Die natürlich vorkommenden Kohlen enthalten dagegen nur wenig reinen K. und bestehen im Wesentlichen aus komplizierten Verbindungen des K. mit Wasserstoff und Sauerstoff. (→Kohle, TABELLE)

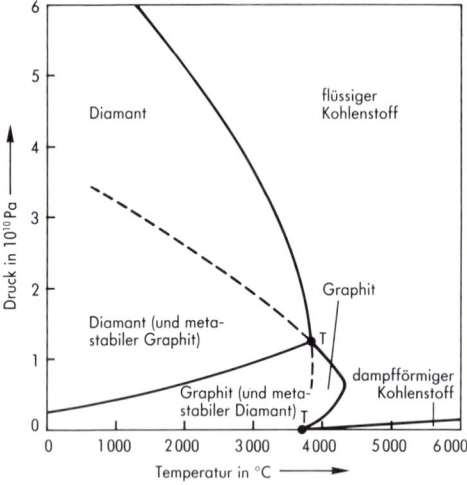

Kohlenstoff: Zustandsdiagramm; T Tripelpunkte

K. ist chemisch sehr reaktionsträge. Bei normaler Temperatur reagiert er nur mit Fluor, bei höherer Temperatur setzt er sich mit zahlr. Elementen und Verbindungen um, z. B. mit Sauerstoff (→Kohlenoxid, →Kohlendioxid) und Schwefel (→Schwefelkohlenstoff) sowie mit Silicium, Bor und versch. Metallen (→Carbide). In den **K.-Verbindungen** liegt der K. (mit wenigen Ausnahmen, z. B. bei den salzartigen Carbiden) in kovalenter Bindung (→chemische Bindung) vor, wobei er entsprechend seinen vier Außenelektronen vier Bindungen eingehen kann. Von überragender Bedeutung für die Entstehung der K.-Verbindungen ist die Fähigkeit des K., durch Einfach-, Doppel- oder Dreifachbindungen mit sich selbst Ketten und Ringe von beliebiger Länge und Anordnung zu bilden. Diese Eigenschaft stellt die Grundlage der →organischen Chemie mit ihren unübersehbar zahlr. Verbindungen dar. Grundkörper der organ. Verbindungen sind die →Kohlenwasserstoffe, von denen sich durch Ersatz von Wasserstoffatomen durch →funktionelle Gruppen die weiteren Verbindungsgruppen wie Alkohole, Aldehyde, Ketone, Carbonsäuren, Amine, auch Kohlenhydrate, Fette, Proteine usw. ableiten. Zu den K.-Verbindungen, die in den Bereich der anorgan. Chemie gehören, zählen Kohlenmonoxid, Kohlendioxid, Kohlensäure, Schwefelkohlenstoff, die Carbide und die Carbonyle.

K. kommt in der Natur in elementarem Zustand als Diamant und als Graphit vor, jedoch sind Lagerstätten sehr selten. Chemisch gebunden findet sich K. als Hauptbestandteil von Kohle, Erdöl und Erdgas. In Form von Kohlendioxid kommt K. frei in der Atmosphäre, v. a. aber gelöst im Meerwasser vor (→Kohlenstoffkreislauf). Die Hauptmenge des K. liegt gebunden in Form von gesteinsbildenden Carbonatmineralen vor (in der Erdkruste in den Sedimentgesteinen), z. B. als Calciumcarbonat, $CaCO_3$ (Kalkstein), Magnesiumcarbonat, $MgCO_3$ (Magnesit), und Calciummagnesiumcarbonat, $CaMg(CO_3)_2$ (Dolomit).

Die Masse des Isotops ^{12}C, das 98,89 % des natürlichen K. bildet, wird seit 1961 als Bezugsmasse für die

Kohlenstoff		
chem. Symbol:	Ordnungszahl	6
	relative Atommasse	12,011
	Häufigkeit in der Erdrinde	0,087 %
C	natürliche Isotope (mit Anteil in %)	^{12}C (98,9), ^{13}C (1,1)
	insgesamt bekannte Isotope	^8C bis ^{20}C
	davon radioaktiv	11
	längste Halbwertszeit (^{14}C)	5 715 Jahre
	Dichte (bei 20 °C) Graphit	2,26 g/cm³
	Diamant	3,51 g/cm³
	Sublimationstemperatur Graphit	3825 °C
	Schmelzpunkt Diamant	> 3550 °C
	Siedepunkt	4827 °C
	spezif. Wärmekapazität (bei 25 °C) Graphit	0,709 J/(g · K)
	Diamant	0,519 J/(g · K)
	elektr. Leitfähigkeit (bei 0 °C) Graphit	7,27 · 10⁴ S/m

→Atommasse verwendet. Das Isotop ^{14}C, das sich aus Stickstoff ^{14}N unter dem Einfluss der Höhenstrahlung bildet, ist ein radioaktiver Betastrahler (Halbwertszeit 5 730 Jahre); es wird zur Altersbestimmung nach der →Radiokarbonmethode verwendet.

Geschichte: 1772 verbrannte A. L. DE LAVOISIER Diamanten unter einem Brennglas und fand, dass der Diamant chemisch der Kohle gleicht. 1779 zeigte K. W. SCHEELE, dass auch Graphit wie Kohle zu Kohlendioxid verbrannt werden kann. Da Diamant und Graphit kristallographisch sehr verschieden sind, suchte man intensiv nach möglichen chem. Unterschieden. Erst nach Arbeiten der brit. Wissenschaftler WILLIAM ALLEN (*1770, †1843) und WILLIAM HASELDINE PEPYS (*1775, †1856), um 1807, sowie von H. DAVY, um 1814, galt als gesichert, dass Diamant und Graphit aus reinem K. bestehen.

Kohlenstoffbrennen, allg. übliche, wenn auch nicht exakte Bez. für die in einer späten Phase der →Sternentwicklung massereicher Sterne bei Temperaturen über 500 Mio. K ablaufende Reaktion von Kohlenstoffkernen.

Kohlenstoffdioxid, das →Kohlendioxid.

Kohlenstoffdisulfid, der →Schwefelkohlenstoff.

Kohlenstofffasern, Carbonfasern, Fasern, die aus graphitähnlich miteinander verknüpften Kohlenstoffringen aufgebaut sind. Die Herstellung erfolgt überwiegend aus textilen Fasern (z. B. Polyacrylnitrilfasern) oder Pechfasern. Durch Oxidieren der Textilfasern bei mittleren Temperaturen in einer speziellen Sauerstoffatmosphäre werden die Kohlenstoffringe (BSU, Abk. für engl. **b**asic **s**tructural **u**nit) miteinander vernetzt und die Fasern damit unschmelzbar. Die Faserdurchmesser werden im Wesentlichen durch die Sauerstoffdiffusion begrenzt (auf etwa 7 μm). Die molekulare Ordnung (LMO, Abk. für engl. **l**ocal **m**olecular **o**rder) wird durch den Grad der Ordnung der Grundstruktureinheiten bestimmt. Beispielsweise können die C-Ringe ohne oder mit Drehung um die z-Achse gestapelt sein, planare Bereiche bilden sich über die Seiten unter Kippwinkeln mit Nachbarzellen verbinden (Modell des zerknüllten Papiers). Bestimmte chem. Elemente an den Ringecken können die Ausbildung der LMO fördern oder beeinträchtigen. Bei hohen Temperaturen werden die Fasern gestreckt, mit dem Ziel, eine Umordnung der BSU zu größerer lokaler molekularer Ordnung zu ermöglichen. Die sich einstellende Vorzugsausrichtung der BSU unterstützt die bevorzugte Einleitung der äußeren Kräfte in die starken chem. Bindungen, sodass die schwachen Bindungen zw. den Ebenen kaum in Anspruch genommen werden. Die HT (Abk. für engl. **h**igh **t**enacity)- und die HM (Abk. für engl. **h**igh **m**odulus)-Fasern zeigen Unterschiede in der lokalen molekularen Ordnung, die durch die Streckung verursacht werden. Der Grad der Graphitisierung steigt mit der Carbonisierungstemperatur. Bei Temperaturen bis etwa 1 600 °C bilden sich K. mit sehr hohen Festigkeiten und Bruchdehnungen. Erhitzen auf 2 500–3 000 °C führt unter bestimmten Voraussetzungen zu stark graphitierten K. mit sehr hohem Elastizitätsmodul und hoher Steifigkeit. HM-Fasern entstehen auch bei der Pyrolyse von Pechschmelzen, in denen das Graphitgitter vorgebildet ist (Kohlenstoffmesophase).

Aufgrund der ausgezeichneten mechan. Eigenschaften, ihrer unter bestimmten Voraussetzungen (z. B. Einsatz in nicht oxidierenden Atmosphären) sehr guten Temperaturbeständigkeit, ihrer niedrigen Dichte und ihrer preisgünstigen Verfügbarkeit haben die K. insbesondere bei der Herstellung von →Verbundwerkstoffen große Bedeutung erlangt (Eigenschaftsverbesserung, Gewichtseinsparung). So werden beispielsweise durch Tränken von K.-Bündeln (Rovings), Geweben oder dreidimensionalen Gebilden mit Polymeren (z. B. Phenolen oder Epoxidharzen) carbonfaserverstärkte Kunststoffe (→CFK) hergestellt. Auch andere Verbundwerkstoffe werden mit K. als Verstärkungselementen erzeugt, z. B. C/C-Verbundwerkstoffe (carbonfaserverstärkte Carbonmatrix-Verbunde), carbonfaserverstärkte Ceramicmatrix-Verbundwerkstoffe, z. B. C/SiC (Siliziumkarbid)-Verbunde. Die zunächst für die Luft- und Raumfahrt entwickelten carbonfaserverstärkten Verbundwerkstoffe haben inzwischen eine immer breitere techn. Anwendung gefunden, z. B. bei der Herstellung von Sportgeräten, Implantaten, Fahrzeugbremsen, Lagern und Hochtemperaturwärmetauschern.

Kohlenstoffgruppe, Sammel-Bez. für die Elemente der vierten Hauptgruppe im Periodensystem der chem. Elemente: Kohlenstoff, Silicium, Germanium, Zinn und Blei. Der metall. Charakter der Elemente dieser Gruppe nimmt in der angegebenen Reihenfolge zu; Kohlenstoff ist ein Nichtmetall, Silicium und Germanium sind Halbmetalle, Zinn und Blei Metalle. Die Elemente der K. sind durchweg zwei- und vierwertig, wobei die Beständigkeit der zweiwertigen Stufe mit steigender Atommasse stark zu-, die der vierwertigen Stufe dagegen abnimmt.

Kohlenstoffkreislauf, Kohlendioxidkreislauf, zykl. Umsetzung des Kohlenstoffs und seiner Verbindungen in der Natur. Der auf etwa $26 \cdot 10^{15}$ t geschätzte Gesamtvorrat der Erde an Kohlenstoff liegt fast vollständig in Form anorgan. Verbindungen vor, davon der Hauptanteil im Sedimentreservoir (Carbonatgesteine mit etwa 18 % biogenem Anteil); der Rest findet sich als gelöstes Kohlendioxid (CO_2) sowie in Form von Hydrogencarbonat- bzw. Carbonationen in Gewässern und als gasförmiges CO_2 in der Atmosphäre. Der organisch gebundene Anteil (0,05 %) ist zu etwa zwei Dritteln in fossilen Lagerstätten (Torf, Kohle, Erdöl, Erdgas), zu knapp einem Drittel in organ. Abfällen (Tier- und Pflanzenreste, Humus) und nur zu einem sehr geringen Prozentsatz in der Biomasse zu finden.

Der K. wird im Wesentlichen durch die Organismen in Gang gehalten. CO_2 dient den grünen Pflanzen als Substrat für die Erzeugung organ. Substanzen und wird bei der Veratmung dieser Stoffe in den Zellen von allen Lebewesen (nachts auch von den meisten Pflanzen) freigesetzt. Der Mensch z. B. atmet in 24 h rd. 1 kg CO_2 aus, das aus dem oxidativen Abbau organ. Substanz stammt. Die Hauptmenge des CO_2 wird jedoch durch Mikroorganismen (Bakterien, Pilze) produziert, die als ›Destruenten‹ die organ. Ausscheidungsprodukte (Exkremente) sowie tote Biomasse (Kadaver, Laubabfälle u. a.) in anorgan. Stoffe umset-

Kohlenstofffasern: Unbeschichtete (400fache Vergrößerung; oben) und metallbeschichtete Kohlenstofffasern (1 000fache Vergrößerung; unten)

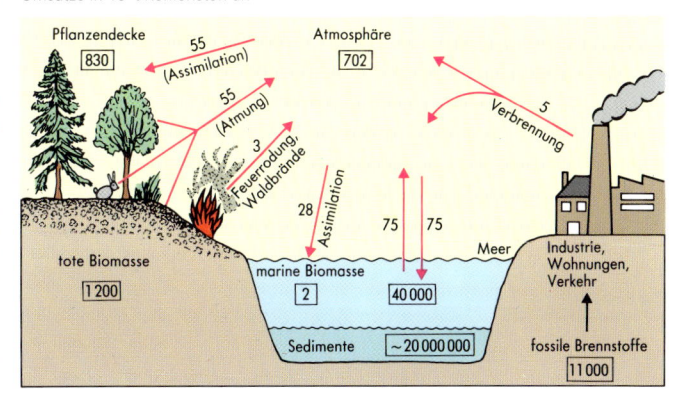

Kohlenstoffkreislauf: Die Kästchen geben die Reservoirgrößen in 10^9 t Kohlenstoff, die Pfeile die jährlichen Umsätze in 10^9 t Kohlenstoff an

zen; diese werden dann wiederum von Pflanzen als Nährstoffe umgesetzt. In jedem Kubikzentimeter guten Ackerbodens leben mehrere Mrd. Bakterien, die pro Hektar und Stunde etwa 2–5 kg CO_2 produzieren. Der K. ist über Atmung, Photosynthese und Verbrennungsvorgänge jeder Art eng mit dem Kreislauf des Sauerstoffs verbunden.

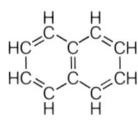

Kohlenstoffmonoxid, das →Kohlenoxid.

Kohlenstoffoxidsulfid, das →Kohlenoxidsulfid.

Kohlenstoffsterne, C-Sterne, Sterne der →Spektralklasse C, welche die nach der älteren Harvard-Klassifikation als R- und N-Sterne bezeichneten Sterne umfasst. K. sind rote Riesensterne mit hohem Kohlenstoff- und niedrigem Sauerstoffanteil. Ihre Spektren zeigen starke Bänder von Kohlenstoffverbindungen, darunter C_2, CN und CH.

Kohlenstoff-Stickstoff-Sauerstoff-Zyklus, der →Bethe-Weizsäcker-Zyklus.

Kohlenstoffverbindungen, die chem. Verbindungen des →Kohlenstoffs. (→organische Chemie)

Kohlensuboxid, Kohlenstoffsuboxid, C_3O_2, farbloses, sehr stechend riechendes, giftiges Gas, das in unreinem Zustand zu einer roten amorphen Substanz polymerisiert. K. entsteht aus Malonsäure durch Wasserentzug mit Phosphorpentoxid (bildet mit Wasser wieder Malonsäure).

Kohlenwald, lat. **Silva carbonaria,** früher in N-S-Richtung sich erstreckendes Waldgebiet in S-Belgien, galt in merowing. Zeit als Westgrenze →Austrasiens. Die Bedeutung des K.s für die Ausbildung der germanisch-roman. Sprachgrenze während der fränk. Landnahme im 5./6. Jh. wird heute nicht mehr so hoch eingeschätzt wie früher.

Kohlenwasserstoffe, KW-Stoffe, große Gruppe chem. Verbindungen, die nur aus den Elementen Kohlenstoff (C) und Wasserstoff (H) bestehen und die als Grundkörper der organ. Verbindungen anzusehen sind. Bei den K. sind die (vier Bindungen ausbildenden) C-Atome untereinander durch Einfachbindungen (**gesättigte K.**) oder Doppel- und Dreifachbindungen (**ungesättigte K.**) zu einem stabilen Kohlenstoffgerüst verknüpft, während die noch frei bleibenden Valenzen der C-Atome mit H-Atomen verbunden sind. – Nach der Art des Kohlenstoffgerüsts werden offenkettige (lineare oder verzweigte) **aliphatische (azyklische) K.** und ringförmige (zyklische) **K.** unterschieden. Bei den aliphat. K. unterscheidet man weiter die gesättigten (auch **Paraffine** genannten) →Alkane sowie die ungesättigten →Alkene und →Alkine; aliphat. K. mit verzweigtem Kohlenstoffgerüst werden als **Isoparaffine** von den geradkettigen Paraffinen unterschieden. Zu den ringförmigen K. gehören einerseits die K. aus der Gruppe der alizykl. Verbindungen (z. B. →Cycloalkane, →Cycloalkene), die in ihren Eigenschaften den aliphat. K. nahe stehen (**alizyklisch** = aliphatisch-zyklisch), andererseits die K. aus der Gruppe der →aromatischen Verbindungen, die aufgrund ihrer anderen Bindungsverhältnisse ein unterschiedl. Reaktionsverhalten zeigen (z. B. Benzol, Naphthalin). **Polyzyklische K.** enthalten mehrere Ringsysteme. Sind bei ihnen mindestens zwei gesättigte oder ungesättigte Ringe über mindestens zwei gemeinsame C-Atome miteinander verbunden, spricht man von **kondensierten K.** In **Spiro-K.** sind zwei Ringe über ein einziges C-Atom miteinander verbunden. In Analogie zu den fünf platon. Körpern werden K. mit einem C-Gerüst in dieser geometr. Form als **platonische K.** bezeichnet, z. B. Cuban, Dodecahedran.

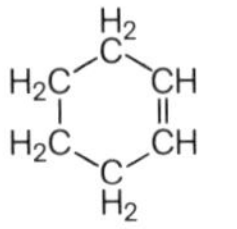

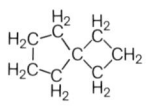

K. mit bis zu vier C-Atomen sind bei Raumtemperatur und Atmosphärendruck Gase. Mit steigender C-Zahl bilden K. zunächst leicht bewegliche, dann ölige Flüssigkeiten und schließlich Feststoffe. Alle K. lassen sich zu Kohlendioxid und Wasser verbrennen. – K. sind Bestandteile von Erdgas, Erdöl und Steinkohlenteer. Bestimmte K. kommen auch im Pflanzen- (z. B. Terpen-K.) und Tierreich (z. B. Steroide) vor. – K. spielen als Bestandteile von Kraftstoffen, Heizölen, Lösungsmitteln sowie als chem. Rohstoffe (→Petrochemie) eine große Rolle.

Umweltaspekte: K. werden in der Natur beim Auf- und Abbau organ. Substanzen gebildet und sind überall in der Atmosphäre verbreitet. Weltweit betragen die Emissionen von K. etwa 2 600 Mio. t pro Jahr; anthropogen verursacht (u. a. bei Erdölverarbeitung und -verbrauch, Kohleverbrennung, Lösungsmittelverbrauch, Abfallverbrennung) werden 90 Mio. t pro Jahr; der Anteil an den Gesamtemissionen beträgt 3 %. Als umweltbelastende Stoffe treten K. bes. in Abgasen auf (in diesem Zusammenhang meist als →CH bezeichnet). In der Umwelt spielen als Schadstoffe bes. die aromat. K. (Aromaten, z. B. das →Benzol) und die →Chlorkohlenwasserstoffe eine Rolle. Polyzyklische aromat. K. (z. B. →Benzopyren) entstehen v. a. bei unvollständiger Verbrennung fossiler Brennstoffe und organ. Verbindungen; sie sind auch in Steinkohlenteer, Tabakrauch, in Auto- und Heizungsabgasen sowie in Ruß und einigen Mineralölen enthalten. Sie gelangen über die Luft in das Oberflächenwasser. Da sie sich in den Nahrungsketten anreichern und eine Krebs erzeugende Wirkung haben, müssen sie bei der Trinkwasseraufbereitung beachtet werden.

Bestimmte Mikroorganismen können K. als alleinige Kohlenstoff- und Energiequelle nutzen; dies ist zunehmend wichtig für die mikrobielle Eiweißproduktion und für den Abbau von K., die in die Umwelt gelangt sind (→Erdölbakterien).

Kohlepapier, Pauspapier, ein meist einseitig mit einer farbabgebenden Schicht (urspr. nur Kohlenruß mit einem Bindemittel) behaftetes dünnes Papier, das als Zwischenlegepapier bei Schreibarbeiten die Herstellung von Kopien gleichzeitig mit dem Original ermöglicht; heute kaum noch verwendet und durch →Reaktionsdurchschreibpapier ersetzt.

Kohlepfennig, umgangssprachl. Bez. für eine durch das 3. Verstromungs-Ges. vom 13. 12. 1974 eingeführte Ausgleichsabgabe auf den Stromverbrauch, die von den Elektrizitätsversorgungsunternehmen zu entrichten und von ihnen an die Verbraucher weitergegeben wurde. Mit dem Aufkommen aus dem K. wurde über einen speziellen Ausgleichsfonds außerhalb des Bundeshaushalts der Einsatz der im Vergleich zu Importkohle erheblich teureren dt. Steinkohle finanziell gefördert. Mit Beschluss vom 11. 10. 1994 hat das Bundesverfassungsgericht den K., der in den alten Bundesländern zuletzt mit einem Satz von 8,5 % erhoben wurde (Aufkommen 1994: 5,97 Mrd. DM), als verfassungswidrige Sonderabgabe gewertet; er darf ab dem 1. 1. 1996 nicht mehr erhoben werden. Die Kohlesubventionierung muss seither aus allgemeinen Haushaltsmitteln bestritten werden. Im Zusammenhang mit dem Auslaufen des ›Jahrhundertvertrags‹ war bereits 1994 festgelegt worden, die Subventionierung der Verstromung dt. Steinkohle auf 7,5 Mrd. DM im Jahr 1996 und für den Zeitraum 1997 bis 2000 auf jährlich 7 Mrd. DM zu begrenzen. Im Frühjahr 1997 wurden nach längeren Auseinandersetzungen weitere Kürzungen bis zum Jahr 2005 festgelegt.

Kohler, Josef, Jurist, *Offenburg 9. 3. 1849, †Berlin 3. 8. 1919; seit 1878 Prof. in Würzburg, ab 1888 in Berlin. Als Gelehrter von breit gefächerter Bildung und großer Schaffenskraft (seine Bibliographie zählt 2 100 Titel aus allen Rechtsgebieten) gilt er als einer der bedeutendsten Juristen der Zeit.

Werke: Dt. Patentrecht ... (1878); Das Recht des Markenschutzes (1884); Shakespeare vor dem Forum der Jurisprudenz (1884); Hammurapis Gesetz (1904); Der unlautere Wettbewerb (1914); Internat. Strafrecht (1917).

Köhler, Art der →Dorsche.

Köhler, 1) Alban, Radiologe, * Petsa (heute zu Rositz, Landkreis Altenburg) 1. 3. 1874, † Niederselters (heute zu Selters/Taunus, Landkreis Limburg-Weilburg) 26. 2. 1947; erwarb sich Verdienste um die Röntgendiagnostik des Skelettsystems. Nach K. heißen die asept. Nekrosen des Kahnbeins der Fußwurzel und des 2. Mittelfußknochens **Köhler-Krankheit**.

2) Erich, Romanist, * Langenau 9. 3. 1924, † Freiburg im Breisgau 3. 6. 1981; wurde 1958 Prof. in Heidelberg, 1970 in Freiburg im Breisgau; Forschungsschwerpunkte waren die altfrz. und altprovenzal. Literatur, wobei er u. a. die literatursoziol. Aspekte herausarbeitete. 1977 begründete er die ›Romanist. Zeitschrift für Literaturgeschichte‹.
Werke: Ideal u. Wirklichkeit der höf. Epik (1956); Trobadorlyrik u. höf. Roman (1962); Der literar. Zufall, das Mögliche u. die Notwendigkeit (1973); Vermittlungen. Romanist. Beitr. zu einer historisch-soziolog. Literaturwiss. (1976); Vorlesungen zur Gesch. der frz. Lit., 6 Bde. in 11 Tlen. (hg. 1983–87).

3) Erich, Schriftsteller, * Karlsbad 28. 12. 1928; seit 1950 in der DDR, arbeitete in versch. Berufen, studierte 1958–61 am Leipziger Literaturinstitut, seither freier Schriftsteller. K. veröffentlichte Erzählungen und Romane, die mit fantast. Mitteln vor Veränderungen der DDR-Gesellschaft unter utopisch-sozialist. Vorzeichen plädierten (›Der Krott oder Das Ding unterm Hut‹, 1976). K. schreibt auch Theaterstücke und Kinderbücher (›Der Schlangenkönig‹, 1975).
Weitere Werke: *Erzählungen:* Die Teufelsmühle (1958); Nils Harland (1968); Hartmut u. Joana oder Geschenk für Kinder (1981); Kiplag-Geschichten (1981). – *Romane:* Schatzsucher (1964); Hinter den Bergen (1976); Sture u. das dt. Herz. Ein Trollroman (1990).

4) Georges Jean Franz, Immunologe, * München 17. 4. 1946, † Freiburg im Breisgau 1. 3. 1995; arbeitete seit 1984 am Max-Planck-Inst. für Immunbiologie in Freiburg im Breisgau, seit 1985 Abteilung ›Molekulare Immunologie‹. K. revolutionierte die theoret. und angewandte Immunforschung mit den von ihm erstmals hergestellten monoklonalen Antikörpern. Hierfür erhielt er 1984 mit N. K. Jerne und C. Milstein den Nobelpreis für Physiologie oder Medizin.

5) Oswin Reinhold Albin, Afrikanist, * Tiefthal (bei Erfurt) 14. 10. 1911; wurde 1962 Prof. in Köln. Neben Arbeiten über Gur-, Bantu- und nilot. Sprachen widmet er sich v. a. der Erforschung der Buschmannsprachen und -kulturen des südl. Afrika.
Werke: Gesch. der Erforschung nilot. Sprachen (1955); Gur languages in the Polyglotta Africana, in: Sierra Leone Language Review, Jg. 3 (Freetown 1964); Gesch. u. Probleme der Gliederung der Sprachen Afrikas. Von den Anfängen bis zur Gegenwart, in: Die Völker Afrikas u. ihre traditionellen Kulturen, hg. v. H. Baumann, Bd. 1 (1975); La langue kxoe, in: Les langues dans le monde ancien et moderne, hg. v. J. Perrot, Bd. 1 (Paris 1981).

6) Siegfried, Dirigent und Komponist, * Freiburg im Breisgau 30. 7. 1923; war nach Stationen in Köln und Saarbrücken 1974–88 Generalmusikdirektor in Wiesbaden, wurde 1990 als Chefdirigent an die Königl. Oper in Stockholm berufen (1992 Königl. Hofkapellmeister). Er schrieb musikal. Bühnenwerke (u. a. das Musical ›Sabine sei sittsam‹, 1967, nach A. von Kotzebues ›Die dt. Kleinstädter‹), Film- und Fernsehmusiken.

7) Siegfried, Komponist, * Meißen 2. 3. 1927, † Dresden 14. 7. 1984; studierte in Dresden Komposition bei F. F. Finke und in Leipzig Musikwissenschaft; wurde in Dresden 1969 Rektor der Musikhochschule und 1983 Intendant der Staatsoper. Er schrieb die Oper ›Der Richter von Hohenburg‹ (1963), Orchesterwerke (5 Sinfonien, 1965–84), Konzerte für Klavier (1972) und für Violine (1981), Kammermusik, zahlr. Vokalwerke, u. a. das Oratorium ›Reich des Menschen‹ (1962), Kantaten und Massenlieder.

8) Wolfgang, Psychologe, * Reval 21. 1. 1887, † Lebanon (N. H.) 11. 6. 1967; ab 1922 Prof. in Berlin; emigrierte 1935 in die USA; gehört mit seinen gestaltpsycholog. Arbeiten (›Die phys. Gestalten in Ruhe und im stationären Zustand‹, 1920; ›Gestalt psychology‹, 1929; dt. ›Psycholog. Probleme‹) zu den Hauptvertretern der Berliner Schule. Bekannt wurde K. v. a. durch seine Untersuchungen der Intelligenzleistungen von Schimpansen (›Intelligenzprüfungen an Anthropoiden‹, 1917).

Köhlerei, handwerkl. Form der Erzeugung von Holzkohle. Bei der Meilerverkohlung wird lufttrockenes Holz von 1–2 m Länge um einen aus Stangen errichteten Feuerschacht (**Quandel**) dicht gesetzt und mit einer luftdichten, feuerfesten Decke aus lehmiger Erde, Moos, Laub und grünem Rasen bedeckt. Angezündet wird der fertige **Meiler** im locker mit leicht brennbarem Material angefüllten Quandel. Der Meiler muss zum Einsetzen des Kohlungsprozesses eine Temperatur von 300–350 °C besitzen; durch Veränderung der Luftzufuhr durch kleine Öffnungen kann vermieden werden, dass der Meiler erlischt oder zu Asche verbrennt. Die Ausbeute der Meilerverkohlung beträgt für die meisten verwendeten Holzarten um 20–25 %, bezogen auf trockenes Holz.

köhlersche Beleuchtungseinrichtung [nach dem Physiker August Köhler, * 1866, † 1948], eine Mikroskopierbeleuchtung für Durchlicht und Hellfeld, bei der das Objekt mit parallelem Licht durchstrahlt wird und die Größe des beleuchteten Feldes mit einer Leuchtfeldblende verändert werden kann. Die Lichtquelle wird mithilfe des Kollektors in die dingseitige Brennebene des Kondensors abgebildet.

Köhlerschildkröte, Chelonoides carbonaria, südamerikan. Landschildkröte mit bis zu 50 cm Panzerlänge; in trop. Wäldern östlich und westlich der Anden.

Kohl|eule, Mamestra brassicae, Barathra brassicae, Eulenschmetterling, Vorderflügel bräunlich mit Flecken und Wellenzeichnung, Hinterflügel einfarbig braungrau; die Raupe (**Herzwurm**) frisst an Kohlpflanzen.

Georges Köhler

Kohleule: links Schmetterling (Körperlänge 26–29 mm); rechts Raupe (etwa 4 cm)

Kohleveredlung, zusammenfassende Bez. für alle techn. Prozesse zur Wertsteigerung der geförderten Kohle. Mechan. und physikal. Verfahren umfassen z. B. die Methoden der Kohleaufbereitung (Klassierung, Abtrennung von taubem Gestein u. a.); therm. Verfahren sind die Schwelung, bes. die Braunkohleschwelung mit den Produkten Braunkohlenkoks (Schwelkoks, Grudekoks), Braunkohleschwelteer und Braunkohlengas (Schwelgas), und die Verkokung, bes. die Steinkohlenverkokung mit den Produkten (Steinkohlen-)Koks, Teer und Kokereigas (→Schwelen, →Verkoken); zu den chem. Verfahren zählen v. a. die →Kohlevergasung und die →Kohleverflüssigung, ferner die Aufarbeitung von Kohlewertstoffen (Rohteer, Rohbenzol u. a.) zu reinen Produkten für die chem. Industrie. Auch die Umwandlung in höherwertige (elektr.) Energie oder in gasförmige Brenn- und Heizstoffe gehört i. w. S. zu den K.-Verfahren.

Kohleverflüssigung, zusammenfassende Bez. für chem. Verfahren zur Umwandlung von Kohle in über-

Kohl Kohlevergasung – Kohlhase

wiegend flüssige, kohlenwasserstoffreiche Gemische, die zu Benzin, Dieselkraftstoff, Heizölen u. a. aufgearbeitet werden können. Möglichkeiten der K. sind die →Kohlehydrierung, die →Fischer-Tropsch-Synthese und das **MTG-Verfahren** (MTG Abk. für engl. **m**ethanol **t**o **g**asoline). Beim MTG-Verfahren wird Methanol, für dessen Synthese Kohlenoxid und Wasserstoff durch Kohlevergasung gewonnen werden kann, an Zeolithkatalysatoren zu Benzin umgesetzt.

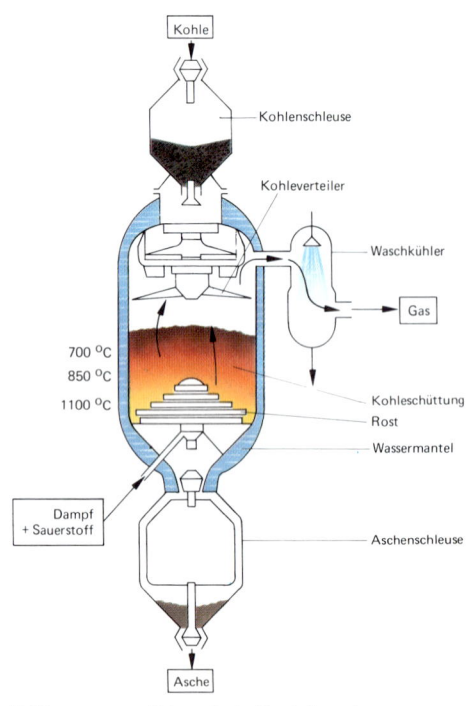

Kohlevergasung: Schematische Darstellung eines Lurgi-Druckvergasers

Kohlevergasung, Umsetzung der organ. Kohlesubstanz mit Vergasungsmitteln wie Sauerstoff, Wasserdampf und auch Wasserstoff (hydrierende K.) unter Bildung von gasförmigen Komponenten. Wichtige Vergasungsreaktionen sind (C = Kohlenstoff, H = Wasserstoff, O = Sauerstoff, CH_4 = Methan):

1) $C + \frac{1}{2} O_2 \rightleftharpoons CO$ exotherm
2) $C + H_2O \rightleftharpoons CO + H_2$ endotherm
3) $C + 2 H_2 \rightleftharpoons CH_4$ exotherm

Für die K. sind Mindesttemperaturen von etwa 800°C (Braunkohle) bzw. 900°C (Steinkohle) erforderlich, die bei der **autothermen K.** durch die exotherme Reaktion 1) erreicht werden. Höhere Gasausbeuten können ohne Sauerstoffzufuhr erzielt werden, wenn die für Reaktion 2) erforderl. Energie von außen (z. B. von einem Hochtemperaturreaktor) zugeführt wird (**allotherme K.**).

Seit 1930 wurde Synthesegas für die Ammoniaksynthese durch Vergasung von feinkörniger Kohle mit Sauerstoff und Dampf in der Wirbelschicht hergestellt (Winkler-Verfahren). Bei der Lurgi-Druckvergasung von stückiger Kohle begünstigt der erhöhte Druck (10–30 bar) die Methanbildung und führt zu einem Gas mit höherem Brennwert. Anfang der 1960er-Jahre, als Erdöl in großen Mengen billig zur Verfügung stand, wurden die meisten Anlagen zur K. stillgelegt. Die ›Ölkrise‹ von 1973 löste zahlr. Neu- und Weiterentwicklungen aus. Von den modernen Verfahren wird das **Texaco-Verfahren** in Dtl. im großtechn. Maßstab zur Herstellung von Synthesegas und Wasserstoff betrieben. Bei dem Verfahren werden pumpfähige Kohle-Wasser-Suspensionen bei 80 bar und 1 400 °C mit Sauerstoff vergast. Bei der hohen Temperatur findet eine vollständige Umwandlung zu Kohlenoxid und Wasserstoff statt, sodass ein sehr reines Gas entsteht. Das in Dtl. entwickelte **Prenflo-Verfahren** (Abk. für engl. **pr**essurized **en**trained **flo**w) zur K. arbeitet mit einem vierstufigen Verfahrensverlauf. In der 1. Stufe werden Rohkohle und Petrolkoks zu gleichen Teilen gemischt. In der 2. Stufe, der eigentl. K., entsteht aus dem Gemisch ein Rohgas aus Wasserstoff und Kohlenmonoxid mit einem Heizwert von 10,6 MJ/m³. Die 3. Stufe ist die Waschphase, bei der ein Großteil des Schwefeldioxids aus dem Rohgas entfernt wird. In der 4. Stufe wird das abgetrennte Schwefeldioxid zu hochreinem Schwefel umgesetzt. Das Verfahren wird z. B. in dem mit Mitteln der EU erbauten span. Kombikraftwerk in Puertollano großtechnisch eingesetzt. Die Vergasung von Kohle in der Lagerstätte wird als →Untertagevergasung bezeichnet.

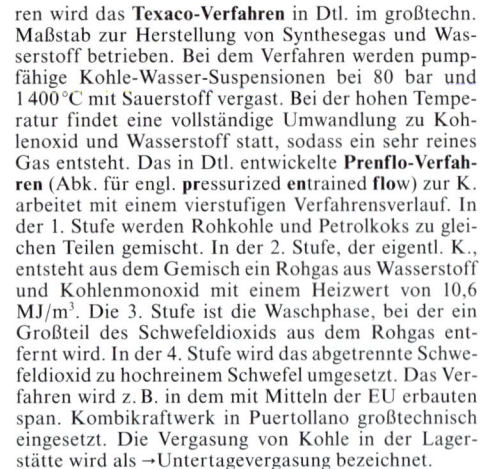

Kohle-Zink-Zelle, Leclanché-Element [lɔklã-ˈʃe-; nach dem frz. Chemiker GEORGES LECLANCHÉ, *1839, †1882], **Braunsteinelement,** eine Primärzelle (→Batterie) mit einer Nennspannung von 1,5 V. Der positive Pol besteht aus einem Kohlestab, der von einem Beutel mit Kohlepulver und Mangandioxid (Braunstein) umgeben ist. Im Grunde bildet das Mangandioxid die positive Elektrode, da die Kohle nicht an der chem. Reaktion teilnimmt. Der negative Pol aus Zink ist meist als Becher ausgebildet. Als Elektrolyt dient eine durch Zusatz von Quellmitteln eingedickte 10–20 %ige Ammoniumchloridlösung (Salmiaklösung). K.-Z.-Z. werden bes. als →Trockenelemente (z. B. für Taschenlampen) verwendet.

Kohlfliegen, Arten der Blumenfliegengattung *Phorbia*, 6–7 mm große Fliegen, die Stubenfliegen ähneln und deren Larven **(Kohlmaden)** die Wurzeln durch Fraß schädigen. Die **Große K. (Rettichfliege,** *Phorbia floralis*) befällt Kohl-, bes. aber Rettich- und Radieschenpflanzen. Die **Kleine K.** (*Phorbia brassicae*) sucht versch. senfölhaltige Kreuzblütler auf.

Kohlgallenrüssler, Kohlrüssler, *Ceuthorhynchus pleurostigma*, 2–3 mm langer Rüsselkäfer, ruft am Wurzelhals von Kohlgewächsen Gallen hervor.

Kohlgrub, Bad K., Gem. im Landkreis Garmisch-Partenkirchen, Oberbayern, 800–950 m ü. M., am Nordrand der Ammergauer Alpen, 2 300 Ew.; Moorheilbad (Heilanzeigen bei Rheuma, Gelenkerkrankungen, Wirbelsäulenschäden); Wintersport.

Kohlhammer GmbH, W., 1866 von WILHELM KOHLHAMMER (*1839, †1893) in Stuttgart gegründeter Verlag; zunächst v. a. Druck und Vertrieb von Formularen, dann auch von Zeitschriften und Büchern (Gesetzestexte, rechtswissenschaftl., histor. und religionswissenschaftliche Werke). Zur Unternehmensgruppe Kohlhammer gehören heute drei Verlage, zwei Druckereien und fünf Dienstleistungsbetriebe mit rd. 800 Mitarbeitern. Schwerpunkt der Verlagsarbeit: Geistes- und Sozialwissenschaften sowie Rechts- und Wirtschaftswissenschaften.

Kohlhase, Hans, Kaufmann, *um 1500, †(gerädert) Berlin 22. 3. 1540; geriet 1532 wegen der widerrechtl. Beschlagnahme zweier Reisepferde durch den sächs. Adligen GÜNTER VON ZASCHWITZ in einen Rechtsstreit mit diesem. Nach erfolglosen Petitionen an die Kurfürsten von Sachsen und Brandenburg führte er seit 1534 eine erklärte Fehde gegen den sächs. Adel. 1540 wurde K. unter dem Versprechen freien Geleits nach Berlin geladen; dort wurde ihm unter Bruch der Zusagen der Prozess gemacht. – Den Stoff griff H. VON KLEIST in seiner Erzählung ›Michael Kohlhaas‹ (1804) auf.

Kohlrabi:
Grüne (oben) und violette Sorte (unten)

Kohlmaden, bis 9 mm lange Larven der →Kohlfliegen.

Köhlmeier, Michael, österr. Schriftsteller, * Hard 15. 10. 1949; Studium in Marburg, Rundfunkarbeit, schreibt Drehbücher und Hörspiele. Erfolgreich ist er v. a. mit originellen, fantasievollen Erzählungen und Romanen, die z. T. eng mit seiner Vorarlberger Heimat verbunden sind (›Moderne Zeiten‹, 1984). In ›Telemach‹ (1995) erzählt er die ersten vier Bücher der ›Odyssee‹ vor modernen Kulissen neu.
Weitere Werke: Romane: Der Peverl-Toni und seine abenteuerl. Reise durch meinen Kopf (1982); Die Figur. Die Gesch. von Gaetano Bresci, Königsmörder (1986); Spielplatz der Helden (1988); Die Musterschüler (1989); Bleib über Nacht (1993). – *Erzählung:* Sunrise (1994). – *Stücke:* Der Narrenkarren (nach LOPE DE VEGA CARPIO, 1994); Mein privates Glück (UA 1995).

Kohlmeise, größte einheim. Art der →Meisen.

Kohlpalme, Roystonea oleracea, bis 40 cm hohe, in Mittelamerika vorkommende Fiederpalme; liefert Gemüse (Palmkohl) sowie Palmwein und wird z. T. auch als Zierpalme kultiviert.

Kohlrabi [von ital. cavoli rape, zu cavolo ›Kohl‹ und rapa ›Rübe‹], **Oberrübe, Brassica oleracea var. gongylodes,** Kulturform des Gemüsekohls (→Kohl), bei der durch kräftige Verdickung der Sproßachse (oberird.) apfelgroße, fleischige Knollen entstehen, die roh oder gekocht gegessen werden.

Kohlweißlinge: oben Schmetterling (Weibchen, Körperlänge 20–26 mm; links) und Raupe (Länge etwa 30 mm; rechts) des Kleinen Kohlweißlings; unten Schmetterling (Weibchen, Körperlänge 29–34 mm; links) und Raupe (Länge etwa 38 mm; rechts) des Großen Kohlweißlings

Kohlrausch, 1) Eduard, Strafrechtslehrer, * Darmstadt 4. 2. 1874, † Berlin 22. 1. 1948; seit 1919 als Nachfolger F. VON LISZTS, dessen Schüler er war, Prof. in Berlin; Mitherausgeber eines Standardkommentars zum StGB.
Werke: Die geistesgeschichtl. Krise des Strafrechts (1932). – *Hg.:* Reform des Strafrechts (1926); Militärstrafgesetzbuch u. Kriegssonderstrafrechts-VO 10. 10. 1940 (1941).
W. GALLAS: E. K. zum Gedächtnis, in: Ztschr. für die gesamte Strafrechtswissenschaft, Bd. 63 (1950/51).
2) Friedrich Wilhelm Georg, Physiker, * Rinteln 14. 10. 1840, † Marburg 17. 1. 1910; Prof. in Göttingen, Zürich, Darmstadt und Würzburg, ab 1888 in Straßburg; 1895–1905 Präs. der Physikalisch-Techn. Reichsanstalt in Berlin-Charlottenburg, zu deren Weltgeltung K. entscheidend beitrug. K. arbeitete über das Leitvermögen der Elektrolyte, bestimmte 1885 die absolute Wanderungsgeschwindigkeit von Ionen (**K.-Gesetz**), das elektrochem. Äquivalent von Silber (mit seinem Bruder WILHELM, * 1855, † 1936) und entwickelte elektr. und magnet. Meßinstrumente. Weite Verbreitung fand sein ›Leitfaden der prakt. Physik‹ (1870).

Kohlröslchen, Braunelle, Nigritella, Gattung der Orchideen mit 2 geschützten Arten, dem **Schwarzen K.** (Nigritella nigra); in Gebirgen Nord- und Mitteleuropas auf Bergwiesen vorkommende, bis 20 cm hohe Pflanze mit zylindr. bis kugeligem, schwarzrotem (selten hellrosa bis elfenbeinfarbenem), dichtem Blütenstand und dem **Roten K.** (Nigritella miniata) mit leuchtend rotem Blütenstand und ähnlicher Verbreitung wie das Schwarze K., jedoch noch seltener.

Kohlrübe, Steckrübe, Erdkohlrabi, Wruke, Dotsche, Brassica napus var. napobrassica, Kreuzung (Bastard) zw. den beiden Kohlarten Brassica rapa und Brassica oleracea (Gemüsekohl); Gemüse- und Futterpflanze mit fleischig verdickter, essbarer (aus dem Hypokotyl und dem obersten Abschnitt der Hauptwurzel bestehender) Rübe. – In Dtl. bildeten K. v. a. im Ersten Weltkrieg die Hungernahrung in den Städten (›Steckrübenwinter‹).

Kohlrübenblattwespe, Rübsenblattwespe, Athalia rosae, 6–9 mm lange, überwiegend rotgelbe Blattwespe; ihre graugrünen Larven (Afterraupen) fressen an Kohlrüben, Raps, Rübsen und Senf.

Kohlrüssler, der →Kohlgallenrüssler.

Kohlsaat, der →Raps.

Kohlschnake, Tipula oleracea, rd. 25 mm lange Art der Schnaken (Zweiflügler) mit sehr langen Beinen. Die grauen Larven fressen Blätter und Sprosse, die sie in die Erde hineinziehen, und nagen an den Wurzeln, bes. von Gräsern, Klee und Gemüse.

Kohlschotengallmücke, Dasineura brassicae, zarte, etwa 3 mm lange Gallmücke, deren Larven die Samen von Kohl und Raps zerstören.

Kohlschütter, Arnold, Astronom, * Halle (Saale) 6. 7. 1883, † Bonn 28. 5. 1969; arbeitete 1911–14 am Mount Wilson Observatory (Calif.), entwickelte dort mit W. S. ADAMS die Methode der spektroskop. Parallaxen; ab 1925 Prof. in Bonn und Direktor der Sternwarte. K. leitete 1926–27 eine Expedition nach Bolivien, um Aufnahmen von Spektren der Sterne des Südhimmels zu machen.

Kohltriebrüssler, Ceuthorrhynchus napi, knapp 3 mm langer Käfer, dessen Larven in Blattstiel und Stängel von Kohlpflanzen minieren.

Kohlwanze, Eurydema oleraceum, 5–7 mm lange Schildwanze, metallisch grün oder blau mit gelben oder roten Flecken, saugt an Kohlarten; gelegentlich auch räuberisch lebend. (BILD S. 168)

Kohlweißlinge, Schmetterlinge der Familie →Weißlinge; ihre Raupen fressen u. a. an Kohl, Raps, Rüben und Senf. Der **Große K.** (Pieris brassicae) mit etwa 6 cm Flügelspannweite hat rahmweiße Flügel mit schwarzer Vorderflügelspitze, beim Weibchen dazu dunkle Flecke, die Raupe ist graugrün oder graugelb mit gelben Längsstreifen und schwarzen Warzenflecken; die Puppe überwintert frei an Bäumen, Hauswänden u. a. Der **Kleine K.** oder **Rübenweißling** (Pieris rapae) hat 4–4,5 cm Spannweite bei ähnl. Zeichnung und weißer Grundfarbe; die grüne Raupe hat gelbe Längsstreifen.

Köhnlechner, Manfred, Heilpraktiker und Publizist, * Krefeld 1. 12. 1925; Jurist; bis 1970 Manager im Bertelsmann-Konzern, danach Selbststudium der Naturheilkunde. K. gründete 1974 das ›Manfred- K.-Inst. für Erfahrungsmedizin‹ in München, später auch naturheilkundl. Gesundheitszentren (u. a. in Königsfeld im Schwarzwald). K. praktiziert und propagiert bes. physiologisch und biochemisch noch wenig erforschte, in der Schulmedizin z. T. umstrittene Heilmethoden (wie Neuraltherapie, Ozontherapie).
Werke: Leben ohne Krebs. Wege zum Ziel (1980); Leben ohne Schmerz. Hoffnung für Millionen (1981); Die sieben Säulen der Gesundheit. Krankheit ist kein Schicksal (1982); Der gesunde Manager. Neue Fitneßprogramme für Führungskräfte (1986); Biolog. Medizin heute (1988).

Friedrich Kohlrausch

Kohlröschen: Schwarzes Kohlröschen (Höhe 8–20 cm)

Kohlrübe

Kohlschnake (Körperlänge bis etwa 25 mm)

Wörter, die man unter K vermißt, suche man unter C, Ch, G, H oder Q

Kohlwanze
(Länge 5–7 mm)

Pavel Kohout

Kohortativ [zu lat. cohortari ›ermahnen‹] *der, -s/-e,* Modus der (an die eigene Person gerichteten) Aufforderung, meist eine Verwendung des Konjunktivs, z. B. lat. bibamus, ›trinken wir‹!

Kohorte [lat. cohors, cohortis, eigtl. ›Hof‹; ›eingeschlossener Haufe‹, ›Schar‹] *die, -/-n,* röm. Truppeneinheit: 1) der zehnte Teil einer Legion; 2) die Fußtruppen der kaiserzeitl. Auxiliareinheiten (K. zu 500 oder 1 000 Mann); 3) Einheit der stadtröm. Truppen (cohortes urbanae), der Feuerwehr Roms (cohortes vigilum) und der Prätorianer (cohortes praetoriae).

Kohorten|analyse, Längsschnittbetrachtung, Longitudinalbetrachtung, *Bevölkerungswissenschaft:* ein Verfahren zur Untersuchung von Verhaltensänderungen im Zeitablauf. Die K. wurde durch P. K. WHELPTON, der sie 1949 anwandte, um den Anstieg der Geburtenziffern in den USA nach dem Zweiten Weltkrieg zu erforschen, als Begriff und Verfahren international bekannt; in Dtl. im Statist. Reichsamt schon vor dem Zweiten Weltkrieg entwickelt, um die Wirksamkeit der natsoz. Bevölkerungspolitik zu messen. In beiden Fällen ging es um die Frage, ob das beobachtete Ansteigen der Geburtenzahlen auf einer Verkürzung der Geburtenabstände oder auf einer echten Zunahme der endgültigen Familiengröße beruhte. Eine **Kohorte** im bevölkerungswiss. Sinn ist eine Personengruppe mit einem gleichen demograph. Merkmal, z. B. alle in einem Jahr (Jahrfünft, Jahrzehnt) Geborenen (Geburtsjahrgang, Generation), alle im gleichen Zeitraum Heiratenden, alle Schulabgänger eines Jahres. Man beobachtet z. B. das generative Verhalten von Frauen- oder Heiratsjahrgängen bis zum Erreichen der endgültigen Kinderzahl oder den Verlauf der Integration von Schulabgängern in das Erwerbsleben. Üblicherweise werden die Verhaltensunterschiede mehrerer Kohorten verglichen.

H.-P. BLOSSFELD: Kohortendifferenzierung u. Karriereprozeß. Eine Längsschnittstudie über die Veränderung der Bildungs- u. Berufschancen im Lebenslauf (1989); H. BIRG u. a.: Paritätsspezif. K. des generativen Verhaltens in der Bundesrep. Dtl. nach dem 2. Weltkrieg (1990).

Kohout [ˈkɔhoʊt], Pavel, tschech. Schriftsteller, * Prag 20. 7. 1928; begann mit konventioneller Lyrik (polit. und Liebesgedichte), schrieb dann v. a. Stücke im Sinne des sozialist. Realismus, die zunehmend zu aktuellen Problemen, bes. in Verbindung mit Familienleben und Liebe, Stellung nehmen; einfallsreicher Bühnengestalter und Experimentator, war auch als Regisseur tätig. Als Wortführer des Prager Frühlings wurde er 1968 aus der KPČ ausgeschlossen und erhielt Publikationsverbot; Unterzeichner und Mitinitiator der ›Charta 77‹ (→Bürgerrechtsbewegung); 1979 Ausbürgerung, seit 1980 österr. Staatsbürger (ab 1991 zweiter Wohnsitz in Prag).

Werke: (einzelne Titel aus dem Manuskript übers.): *Lyrik:* Tři knihy veršů (1955); Mariánské Lázně (1960). – *Bühnenwerke:* Taková láska (1958; dt. So eine Liebe); Třetí sestra (1961; dt. Die dritte Schwester; Cesta kolem světa za 80 dní (1962; dt. Reise um die Erde in 80 Tagen; nach J. VERNE); Josef Švejk (1963, nach J. HAŠEK); August August, august (1967 dt.); Krieg im dritten Stock (1970); Roulette (1975); Armer Mörder (1977); Brand im Souterrain (1978); Attest (1979); Maria kämpft mit den Engeln (1981); Morast (1981); Das große Ahornbaumspiel (1984, nach einer Erz. von M. ELIADE); Erinnerungen an die Biskaya (1985); Patt (dt. UA 1987); Eine kleine Blutrache (dt. UA 1991). – *Romane:* Die Henkerin (1978); Die Einfälle der heiligen Klara (1980); Kde je zakopán pes (1987; dt. Wo der Hund begraben liegt); Tanz- und Liebesstunde (1989); Ende der großen Ferien (1990); Bílá kniha. O kauze Adam Juráček (1991; dt. Weißbuch in Sachen Adam Juráček,...); Ich schneie (dt. 1992, tschech. 1993); Hvězdná hodina vrahů (1995; dt. Sternstunde der Mörder). – *Autobiographisches:* Aus dem Tagebuch eines Konterrevolutionärs (1969).

V. AMBROS: P. K. u. die Metamorphosen des sozialist. Realismus (New York 1993).

Kohren-Sahlis, Stadt im Landkreis Leipziger Land, Sa., 220 m ü. M., mit acht Ortsteilen im Landschaftsschutzgebiet Kohrener Land, 2 900 Ew.; Töpfermuseum; Kunsttöpferei (jährlich Töpfermarkt). – Gangolfkirche (15. Jh.), Burgruine (12./13. Jh.), auf dem Markt Töpferbrunnen (1928), im Ortsteil Gnandstein gleichnamige Burg (Ende 12. Jh.; Museum), im Ortsteil Rüdigsdorf Orangerie (Schwindpavillon) mit Freskenzyklus ›Amor und Psyche‹ von M. VON SCHWIND und Mühlenmuseum. – Kaiser OTTO II. schenkte 974 dem Bistum Merseburg den Ort **Kohren,** der 1452 Stadtrecht erhielt, aber bis zur Mitte des 19. Jh. unter der Vorherrschaft des Rittergutes **Sahlis** stand. 1934 wurden Kohren und Sahlis vereinigt.

Kohtla-Järve, russ. **Kochtla-Jarwe,** Stadt im NO von Estland, 4 km von finn. Meerbusen entfernt, 76 800 Ew.; Inst. für Ölschieferforschung, Ölschiefermuseum; Mittelpunkt eines Ölschiefer-Abbaugebiets mit Chemiewerk.

Koidula, Lydia, eigtl. **L. Emilie Florentine Jannsen,** estn. Lyrikerin und Dramatikerin, * Vändra (bei Pernau) 24. 12. 1843, † Kronstadt 11. 8. 1886; schrieb patriot. sowie melod. Natur- und Stimmungslyrik; gilt als Begründerin der estn. Dramatik (›Säärane mulk. Ehk, Sada vakka tangusoola‹, 1871).

Ausgabe: Teosed, 2 Bde. (1957).

Koilonychie [zu griech. koîlos ›hohl‹, ›ausgehöhlt‹ und ónyx, ónychos ›Kralle‹, ›Nagel‹] *die, -/...'chien,* **Hohlnägel,** krankhafte Veränderung der Fingernägel (→Nagel).

Koimesis [griech. ›das Schlafen‹, ›Schlaf‹] *die, -,* in den Ostkirchen die ›Entschlafung der Gottesgebärerin‹ (griech. ›K. tes theotoku‹); →Himmelfahrt Marias.

Koine [griech. koinē (diálektos) ›gemeinsam(e) Sprache)‹] *die, -/...'nai,* **1)** ohne Pl., allgemeine Verkehrssprache des Hellenismus, die sich am makedon. Königshof und unter den Diadochen aus dem Attischen entwickelte; sie ist durch Vereinfachungen und Übernahme v. a. ion. Elemente gekennzeichnet und verdrängte zunehmend die alten Dialekte. (→griechische Sprache)

2) durch Einebnung von Dialektunterschieden entstandene Sprache.

Koinobion [griech. ›Kloster‹, zu koinós ›gemeinsam‹ und bíos ›Leben‹] *das, -s,* eine Form des monast. Lebens in der Ostkirche. Das **Koinobitentum** geht zurück auf die Mönchsregeln BASILIUS' D. GR. und sieht im Unterschied zur →Idiorrhythmie ein engeres Zusammenleben im Kloster mit strenger Unterordnung unter den Vorsteher vor.

Koinon [griech. ›das Gemeinsame‹] *das, -s/...'na,* im alten Griechenland Bez. für die berufl. oder sakralen Vereinigungen sowie polit. Gemeinschaften, Stammesverbände und Staatenbünde, bes. aber die Bundesstaaten der hellenist. Zeit (z. B. Achaiischer Bund, Ätolischer Bund). In röm. Zeit war K. die Bezeichnung für den ›Provinziallandtag‹.

J. DEININGER: Die Provinziallandtage der röm. Kaiserzeit (1965); J. A. O. LARSEN: Greek federal states (Oxford 1968).

Koinzidenz [zu lat. coincidere ›(in eins) zusammenfallen‹] *die, -/-en,* **1)** *bildungssprachlich:* für das Zusammentreffen zweier Ereignisse. (→Coincidentia oppositorum)

2) *Biologie:* zeitl. und örtl. Zusammentreffen zweier Arten, die in enger etholog. oder ökolog. Beziehung stehen (z. B. bei Parasitismus oder Symbiose); von Bedeutung für die biolog. Schädlingsbekämpfung.

3) *Physik:* das zeitl. Zusammentreffen zweier oder mehrerer Ereignisse bzw. Signale, z. B. bei der Kernreaktion die Registrierung von gleichzeitig entstehenden Teilchen; auch das räuml. Zusammenfallen, z. B. von Fadenkreuz und Objekt bei opt. Instrumenten.

Koinzidenzmethode, ein auf W. BOTHE und W. KOLHÖRSTER (1929) zurückgehendes Verfahren der Elementarteilchen- und Kernphysik, das gleichzeitige oder mit definiertem zeitl. Abstand erfolgende Eintreffen von zwei oder mehreren Ereignissen zu registrieren und diese einander zuzuordnen bzw. miteinander zu korrelieren; z. B. die aus einem Stoßprozess gleichzeitig hervorgehenden Teilchen (oder Gammaquanten). Durch geeignete Kombination mehrerer Nachweisgeräte (wie Detektoren oder Zähler) lassen sich Flugbahnen, Geschwindigkeiten und Reichweiten einzelner Teilchen bestimmen und Mehrteilchenreaktionen (z. B. über **Vielfachkoinzidenzen**) detailliert untersuchen. Komplementär zur K. ist die **Anti-K.**, bei der z. B. eine Zählung nur dann erfolgt, wenn zwei (oder mehrere) Ereignisse nicht gleichzeitig stattfinden (→Antikoinzidenzzähler). Mit Koinzidenzmessungen können Zeitdifferenzen bis zu ca. 10^{-11} s aufgelöst werden.

Ko|inzidenzmikrofon, *Elektroakustik:* ein →Stereomikrofon.

Ko|inzidẹnzschaltung, eine elektron. Schaltung mit mindestens zwei Eingängen, die nur dann ein Ausgangssignal (meistens einen Normimpuls) abgibt, wenn an zwei oder – je nach gegebener Bedingung – mehr als zwei Eingängen Signale mit definiertem zeitl. Höchstabstand eintreffen. K. werden z. B. für Koinzidenzmessungen (→Koinzidenzmethode) verwendet.

Kọitus [zu lat coire ›zusammenkommen‹, ›sich vereinigen‹] *der, -/- und -se,* **Coitus,** *der* →Geschlechtsverkehr. – **ko|itieren,** Geschlechtsverkehr ausüben.

Koivisto, Mauno Henrik, finn. Politiker, *Turku 25. 11. 1923; wurde 1947 Mitgl. der Sozialdemokrat. Partei; war 1966–67 und 1972 Finanz-Min., 1968–82 Gouv. der Bank von Finnland, 1968–70 und 1979–82 Min.-Präs., 1981–82 amtierendes Staatsoberhaupt, als Nachfolger U. K. KEKKONENS 1982–94 Staatspräsident. K. setzte die auf Neutralität seines Landes und gutnachbarschaftl. Beziehungen zur UdSSR gerichtete Politik seiner Amtsvorgänger fort (1983 dritte Verlängerung des finnisch-sowjet. Vertrags über Freundschaft, Zusammenarbeit und gegenseitigen Beistand), führte Finnland 1985 in die EFTA und schloss nach der Auflösung der UdSSR im Januar 1992 einen Nachbarschaftsvertrag (ohne militär. Verpflichtungen) mit Russland; unter ihm stellte Finnland 1992 seinen Antrag auf Aufnahme in die EG (heute EU).

Koje [niederländ., von lat. cavea ›Käfig‹, ›Verschlag‹] *die, -/-n,* 1) schmales, fest eingebautes, kastenartiges Bett in einer Kajüte; 2) *umgangssprachlich scherzhaft* für: Bett.

Kojève [kɔˈʒɛːv], Alexandre, eigtl. **A. Koschewnikow,** frz. Philosoph russ. Abstammung, *Moskau 1902, †Paris Mai 1968; Studium in Dtl. (1931 Promotion bei K. JASPERS), seit 1933 am Collège de France in Paris, wo er einen einflussreichen Vorlesungszyklus über die Rechtsphilosophie G. W. F. HEGELS hielt (›Introduction à la lecture de HEGEL‹, 1947; dt. ›Hegel‹). Damit hat K. die Hegelrezeption in Frankreich maßgeblich bestimmt und zur Überwindung des an den frz. Universitäten herrschenden mathematisch orientierten Neukantianismus beigetragen. K. entwickelte nach dem Zweiten Weltkrieg eine umfassende Kulturkritik, die ihn dazu veranlasste, sich aus der philosoph. Szene zurückzuziehen und als Mitarbeiter für die OECD tätig zu werden.

Kojiki [-dʒi-; jap. ›Bericht über alte Begebenheiten‹], 712 auf Befehl der jap. Kaiserin GEMMEI (707–715) von Ō NO YASUMARO († 723) kompiliertes Geschichtswerk; es stützt sich auf ältere, verlorengegangene Werke sowie die mündliche Überlieferung berufsmäßiger Erzähler (Kataribe). Als erstes jap. Sprachdenkmal ist das Mythologie und Reichsgeschichte bis 628 überliefernde K. v. a. als frühe Quelle des Shintō von Bedeutung.

Ausgaben: Die histor. Quellen der Shinto-Religion, hg. v. K. FLORENZ (1919); K., übers. v. D. L. PHILIPPI (1968).

Kojisäure [-dʒi-], von einigen Bakterien und niederen Pilzen (v. a. Aspergillusarten) in kohlenhydrathaltigen Nährböden gebildete, antibiotisch wirkende Substanz; chemisch das 5-Hydroxy-2-(hydroxymethyl)-4H-4-pyron.

Koj-Krylgan-kala, Ruinenstadt im Delta des Amudarja, in der Karakalpak. Republik (Usbekistan), rd. 50 km von →Toprak-kala entfernt; ausgegraben 1939 und 1951–57. Im Zentrum der nahezu völlig freigelegten, kreisrunden Festungsstadt der Herrscher des Reiches →Charism (4. Jh. v. Chr. bis 1. Jh. n. Chr.) mit Lehmziegelmauer und neun Türmen liegt die Zitadelle, ein Rundturm von 42 m Durchmesser, der als Befestigungs- und Wohnbau, Tempel der Toten- und Astralkultes und als Observatorium diente; auch reiche Einzelfunde, v. a. Keramik.

Kojote [span.-aztek.] *der, -/-n, der* →Präriewolf.

Kok, Willem (Wim), niederländ. Politiker, *Bergambacht (Prov. Südholland) 29. 9. 1938; stieg als Wirtschaftsberater in der Bauarbeitergewerkschaft auf. 1973–85 stand er an der Spitze der niederländ. Gewerkschaftsbewegung, 1979–82 war er Vors. des Europ. Gewerkschaftsbundes. 1986 wurde M. d. Abg. in der zweiten Kammer und Vors. der sozialdemokrat. Partei der Arbeit (›Partij van de Arbeid‹, Abk. PvdA), war 1989–94 stellv. Min.-Präs. und Finanz-Min. in der Koalitionsregierung aus PvdA und Christlich-Demokrat. Appell (Abk. CDA) und wurde 1994 Min.-Präs. einer Koalitionsregierung aus PvdA und rechtsliberaler ›Volkspartij voor Vrijheid en Democratie‹ (VVD) sowie den linksliberalen ›Democraten 66‹ (D 66).

Koka *die, -/-,* Kurz-Bez. für den →Kokastrauch und dessen Blätter.

Kokain *das, -s,* **Cocain,** aus den Blättern des →Kokastrauchs gewonnenes oder (seltener) synthetisch hergestelltes Tropanalkaloid, chemisch der Benzoesäureester des Methylecgonins. Reines K. bildet farblose, bitter schmeckende Kristalle, die mit Säuren gut kristallisierende, wasserlösl. Salze (z. B. Kokainhydrochlorid) bilden.

K. ist eins der gefährlichsten und verbreitetsten Rauschmittel. Es wird (i. d. R. als Hydrochlorid) geschnupft oder injiziert oder als ›Crack‹ (mit Backpulver und Wasser vermengtes, zu Klümpchen verbackenes K.) geraucht. Die (nur kurz anhaltende) Wirkung ist abhängig von der Art der Einnahme; in kleinen Mengen injiziert oder geschnupft, steigert K. innerhalb von wenigen Minuten die körperl. und psych. Leistungsfähigkeit, vermindert Hunger, Durst und Müdigkeit. Größere Mengen erzeugen durch Erregung des Zentralnervensystems Wohlbefinden (Euphorie), Gedankenreichtum, Rededrang, Ideenflucht. Bei fortgesetzter missbräuchl. Anwendung führt K. zu körperl. Verfall mit Abmagerung, gesteigerter Infektanfälligkeit und vorzeitiger Vergreisung sowie zu Schlaflosigkeit, Wahnvorstellungen und schizophrenieartigen Psychosen (chron. K.-Vergiftung, Kokainismus). Folgen des Schnupfens von K. sind die Zerstörung der Nasenschleimhäute und Verlust des Geruchssinns. Als Crack geraucht, tritt die Wirkung von K. innerhalb von Sekunden ein. Bei oralem Gebrauch wird K. im Verdauungstrakt u. a. zu Ecgonin hydrolysiert, das keine euphorisierende Wirkung mehr hat.

In Verharmlosung seiner Gefährlichkeit galt K. lange Zeit als Modedroge, die keine körperl. Abhängigkeit (und somit auch kein Entzugssyndrom bei Ent-

Mauno Koivisto

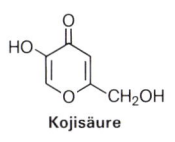

Kojisäure

Willem Kok

Kokain

Koka Kokand–Kokille

zug) wie das →Heroin auslösen sollte. Nach neueren neurolog. Untersuchungen stört K. die Funktion der Neurotransmitter Dopamin, Noradrenalin und Serotonin, indem es deren reguläre Inaktivierung nach der Impulsübermittlung verhindert. Außerdem scheint fortgesetzter Gebrauch von K. (oder Crack) eine Verknappung dieser Neurotransmitter zur Folge zu haben, was dazu führt, dass die angestrebte Euphorie im Rausch nicht mehr erreicht wird, sondern K. notwendig ist, um die sonst auftretenden tiefen Depressionen zu vermeiden. Angesichts dieser Erkenntnisse ist die Vorstellung von der Entwicklung einer ›nur psych. Abhängigkeit‹ bei K.-Konsum sehr umstritten. Das Suchtpotenzial von K. wird mittlerweile vielfach als genauso hoch wie das des Heroins eingeschätzt, und von (dem im Vergleich zu K. billigeren) Crack ist bekannt, dass es so schnell süchtig macht, dass die meisten Erstverbraucher zu Dauerkonsumenten werden.

K. wurde von dem Apotheker F. GAEDCKE 1855 entdeckt und um 1860 von A. NIEMANN als kristalline Substanz aus Blättern des Kokastrauchs isoliert. Es war das erste bedeutende Lokalanästhetikum, wird heute jedoch nur noch sehr selten therapeutisch angewandt. K. wurde chemisch-strukturelles Vorbild für viele synthet. Lokalanästhetika (u. a. Procain, Lidocain), denen die suchterzeugende Wirkung fehlt. Obwohl bereits um die Jahrhundertwende die mit dem K. verbundene Suchtgefahr erkannt wurde, kam es in den 1920er-Jahren v. a. in Künstler- und Intellektuellenkreisen zu einer ›K.-Welle‹, der seit den 60er-Jahren – zunächst in den USA, in neuerer Zeit auch in Europa – eine zweite folgte. Abgesehen von dem sich verstärkenden Drogenproblem in den westl. Industriestaaten (→Rauschgifte), erweisen sich die durch den Anbau des Kokastrauchs sowie die K.-Erzeugung und den K.-Handel geschaffenen polit., wirtschaftl. und gesellschaftl. Strukturen für die betroffenen Länder zunehmend als ernste Bedrohung (→Bolivien, Wirtschaft; →Kolumbien, Wirtschaft und Geschichte; →Peru, Wirtschaft).

Die Zahl der Erstkonsumenten von K. wuchs in Dtl. im Jahr 1994 um 33%; somit hält der Trend an, dass Erstkonsumenten harter Drogen verstärkt zu K. (und auch zu synthet. Drogen) greifen. Weltweit ist in der 1. Hälfte der 90er-Jahre der regelmäßige K.-Konsum vornehmlich in hoch industrialisierten Ländern, insbesondere in den USA, unter rd. 10 Mio. Menschen verbreitet. Die Zunahme der sichergestellten Mengen an K. (1980: 240 kg; 1989: 6 t; 1994: 23 t) zeigt, dass nach Sättigung des Marktes in den USA nun Europa als K.-Markt erschlossen wird.

Kokand, usbek. **Quqon**, Stadt im Gebiet Fergana, Usbekistan, im Ferganabecken, 177 000 Ew.; Landeskundemuseum; Baumwollverarbeitung, chem., Lebensmittelindustrie. – Eine Vorgängersiedlung, im 10. Jh. erstmals erwähnt, lag am Karawanenweg aus Indien und China und wurde im 13. Jh. von den Mongolen zerstört. 1732 entstand an der Stelle der Festung Eski-kurgan die Stadt K. (seit 1740 heutiger Name); sie wurde Hauptstadt des Khanats K., das 1876 an Russland fiel.

Kokarde [frz., zu altfrz. cocard ›eitel‹] *die,* -/-*n,* Abzeichen an Hut oder Mütze in Rosettenform, urspr. wahrscheinlich aus Hahnenfedern (Coquarde), als Erkennungsmerkmal einer polit. oder militär. Einheit. In Frankreich wurde die K. im 18. Jh. beim Heer eingeführt, in Dtl. seit 1806 in den Landesfarben aus Leder oder Blech gestanzt; später auch als Bandrosette am Hut der Bedientenlivree (Kutscher, Diener, Lakai) getragen. K. finden sich auch an den Mützen anderer Uniformen, z. B. bei Polizei und Zoll. In der K. Dtl. bildet Schwarz die Mitte, Gold den äußeren Ring. K. werden vielfach auch die oft kreisförmigen Hoheitszeichen von Militärflugzeugen genannt.

Kokardenblume, Gaillardia [gaj-], Gattung der Korbblütler mit etwa 20 Arten (vorwiegend in Mittel- und Nordamerika, nur eine Art in Südamerika); Kräuter oder Stauden mit lang gestielten, meist großen, gelben oder purpurroten Blütenköpfchen. Die Randblüten sind meist zungenförmig und steril, oft mit anders gefärbtem Grund. Mehrere Arten und zahlr. Sorten werden als Schnitt- und Rabattenblumen kultiviert.

Kokarden|erz, Ringel|erz, bergmänn. Bez. für Erze (v. a. Bleiglanz, Zinkblende, Siderit), die als konzentrisch-schalenförmige Umkrustungen von Nebengesteinsbrocken in Erzgängen ausgebildet sind.

Kokarzinogene, Stoffe, die als ›Promotoren‹ durch aufeinander Einwirken eine Verstärkung der Krebs erregenden Eigenschaften von Karzinogenen hervorrufen (z. B. Krotonöl, Phenole).

Kokastrauch, Koka, Coca, Erythroxylum coca, zu den Storchschnabelgewächsen gehörende Art der Gattung Erythroxylum, beheimatet wahrscheinlich an den Osthängen der Anden von Peru bis Kolumbien, dort und v. a. auch in Indien, Sri Lanka und auf Java kultiviert; immergrüner Strauch mit kleinen, gelbl. oder grünlich weißen Blüten und kleinen, ovalen Blättern. Letztere enthalten zahlr. Alkaloide, von denen das Kokain am bedeutendsten ist.

Der Genuss von Kokablättern als leistungssteigerndes, Hunger und Durst linderndes Mittel ist bei den südamerikan. Indianern sehr verbreitet. Getrocknete Blätter werden zu einer Kugel geformt und im Mund mit Speichel durchfeuchtet. Zur Erhöhung der Löslichkeit des Kokains wird dann eine Prise Kalk oder Pflanzenasche hinzugefügt, wodurch auch die Menge der vom Körper aufgenommenen Alkaloide vermindert wird. Beim Kauen wird das Kokain langsam freigesetzt. Nach neueren Untersuchungen wird es jedoch im Verdauungstrakt in das schwächer tox. Ecgonin umgewandelt. Ein Kokakauer konsumiert täglich 30–60 g Blätter.

Kulturgeschichte: Nachweislich wurden schon um 3000 v. Chr. Kokablätter in Südamerika gekaut. In den andinen Hochkulturen wurden zunächst nur von den Priestern und Schamanen die Blätter bei kult. und medizin. Handlungen verwendet; die Inka verehrten den K. als heilige Pflanze. Zur Zeit der span. Eroberung wurden die Blätter jedoch schon von einer breiten Bevölkerungsschicht konsumiert. Die Spanier verboten zunächst das Kokakauen als ›Teufelswerk‹, förderten aber bald sogar den K.-Anbau, um die Leistungsfähigkeit der in den Minen arbeitenden Indianer zu steigern und den Mangel an Nahrungsmitteln auszugleichen. In Europa stieß der K. (im Ggs. zu Tabak und Kaffee) zunächst auf wenig Interesse. Erst mit der Isolierung des →Kokains gewann er größere Bedeutung. 1750 wurden die von dem frz. Naturforscher J. DE JUSSIEU nach Europa gebrachten K. als Erythroxylum coca klassifiziert.

Kokčetav [-tʃ-], Stadt in Kasachstan, →Koktschetaw.

Kokel *die,* rumän. **Târnava** ['tir-], linker Nebenfluss des Maros in Rumänien, rd. 20 km lang; entsteht bei Blaj aus dem Zusammenfluss der 249 km langen **Großen K.,** rumän. **Târnava Mare,** und der 196 km langen **Kleinen K.,** rumän. **Târnava Mică,** die beide in den Ostkarpaten entspringen und Siebenbürgen in westl. Richtung durchqueren.

Koker [niederdt. Form von Köcher] *der,* -s/-, seemänn. Bez. für die rohrartige, wasserdichte Durchführung des Ruderschaftes durch das überstehende Heck eines Schiffes **(Ruder-K.)** sowie für die kastenförmige Decksöffnung für die Klappmasten der Binnenschiffe **(Mast-K.).**

Kokerei, Betrieb zur Gewinnung von →Koks und Heizgas **(K.-Gas),** →Verkoken.

Kokille [frz. coquille, eigtl. ›Muschel‹] *die,* -/-*n,* Gussform aus Gusseisen oder warmfesten legierten

---

Belgien

Deutschland

Frankreich

Großbritannien

Niederlande

USA

Kokarde: Hoheitszeichen an Militärflugzeugen

Kokardenblume: Hybriden

Kokardenerz

Stählen, die bei den unterschiedl. Kokillengiessverfahren verwendet wird. (→Gießerei)

Kokinshū [-ʃu], **Kokinwakashū** ›Sammlung jap. Gedichte von einst und jetzt‹, die erste von 21 offiziellen Anthologien jap. Dichtung, die 905-914 unter Leitung von KI NO TSURAYUKI († 946) in 20 Kapiteln kompiliert wurde; sie enthält, thematisch geordnet, 1 111 Gedichte (meist Tanka), ist ein repräsentatives Beispiel für die klassisch-höf. Dichtung und wurde weithin als Richtschnur für die poet. Konventionen des vormodernen Japan angesehen. Das Vorwort KI NO TSURAYUKIS gilt als erster Ansatz zu einer jap. Poetik.
Ausgabe: Lyrik des Ostens, hg. v. W. GUNDERT u.a. (Neuausg. 1982; Ausw. in Übers.).
R. H. BROWER u. E. MINER: Japanese court poetry (Neuausg. London 1962); H.C. MCCULLOUGH: Brocade by night. Kokin wakashū and the court style of Japanese classical poetry (Stanford, Calif., 1985).

Kokiu [-dʒu], Stadt in China, →Gejiu.

Kokken [von griech. kókkos ›Kern‹], *Sg.* **Kokke** *die,-,* oder **Kokkus** *der, -,* kugelförmige Bakterien verschiedenst systemat. Stellung. Die für einzelne Bakterienspezies charakterist. Art der Zellteilung entscheidet, ob sie als Einzelzellen (Mikro-K.), in Paaren (Diplo-K.), in Ketten (→Streptokokken), paketförmig (→Sarcina) oder traubenförmig (→Staphylokokken) vorliegen.

Kokkola, schwed. **Gamlakarleby,** Stadt in der Prov. Vaasa, Finnland, Hafen am Bottn. Meerbusen, 35 600 Ew. (etwa 19,3 % schwedischsprachig); Buntmetallhütte, Holzexport; Fähre nach Skellefteå. – Klassizist. Rathaus von J. C. L. ENGEL (1845). – K. wurde 1620 gegründet und war bald ein bedeutender Teerexporthafen; 1765 Stapelrecht.

Kokon [koˈkõ; frz., von provenzal. coucon ›Eierschale‹] *der, -s/-s, Biologie:* 1) **Puppen-K.,** Hülle, mit der sich holometabole Insekten vor der Verpuppung umgeben; gesponnen aus Sekreten der Labialdrüsen oder auch anderer Drüsen (Malpighi-Gefäße, Hautdrüsen), oft sind Fremdkörper wie Erde, Holzspäne, Kot eingelagert; 2) **Ei-K.,** Gespinst- oder Sekrethülle zum Schutz von Eigelegen. Beim Regenwurm u.a. Oligochaeten entsteht der K. aus Abscheidungen des Clitellums, bei Spinnen aus den Spinndrüsen.

Koko Nor, →Qinghai Hu.

Kokonverfahren [koˈkõ-, frz.], **Cocoon-Verfahren** [kəˈkuːn-, engl.], das Einkapseln wertvoller sperriger Güter (z. B. Rüstungsgüter) in eine Kunststoffhülle (meist aus Polyvinylidenchlorid) als Korrosionsschutz. Die Hülle wird mit einer Spritzpistole als porenfreie Haut aufgetragen.

Kokoschka [kɔˈkɔʃka, ˈkɔkɔʃka], Oskar, österr. Maler, Grafiker und Dichter, * Pöchlarn 1. 3. 1886, † Villeneuve (Kt. Waadt) 22. 2. 1980; studierte 1905 bis 1909 an der von G. KLIMT geprägten Kunstgewerbeschule in Wien und war ab 1907 Mitarbeiter der Wiener Werkstätte. 1908 veröffentlichte er die Verserzählung ›Die träumenden Knaben‹, illustriert mit Lithographien, in denen noch der Einfluss des Jugendstils nachwirkt. Im gleichen Jahr wurde er mit A. LOOS bekannt, der ihn förderte. 1909 entstanden die ersten psychologisierenden Porträts (A. LOOS, P. ALTENBERG, K. KRAUS). 1910-16 belieferte er in Berlin H. WALDENS Zeitschrift ›Der Sturm‹ mit graf. Beiträgen. Seine 1912 angeknüpfte Beziehung zu ALMA MAHLER-WERFEL thematisierte er in einem seiner Hauptwerke, ›Die Windsbraut‹ (1914; Basel, Kunstmuseum). 1914 meldete er sich freiwillig zum Militär und erlitt 1916 eine schwere Verwundung. 1917-24 lebte er in Dresden, wo er 1919 als Prof. an die Kunst-Akad. berufen wurde. Danach unternahm er zahlr. Reisen durch Europa, Nordafrika und den Nahen Osten. 1933 kehrte er nach Wien zurück. 1934 übersiedelte er nach Prag. 1937 wurden 417 Werke K.s als ›entartet‹ aus öffentl. Sammlungen in Dtl. entfernt. 1938 emigrierte er nach London, wo er 1947 die engl. Staatsangehörigkeit erhielt. 1953 gehörte er zu den Mitbegründern der ›Schule des Sehens‹ an der Internat. Sommer-Akad. in Salzburg, deren Hauptkurs er bis 1962 leitete. Ab 1953 lebte er in Villeneuve am Genfer See. 1975 nahm er wieder die österr. Staatsbürgerschaft an. – In K.s von leidenschaftl. Unruhe bewegter Kunst, einer individuellen Form des Expressionismus, leben sowohl klass. Vorstellungen als auch der österr. Barock fort. Träger des dynam. Ausdrucks sind die expressiven Farben in spontanem pastosem Auftrag. Seine Porträts, Landschafts- und Städtebilder suchen den suggestiv gesteigerten Ausdruck. Während der Emigration herrschte in seinem Werk die Anklage gegen die zerstörenden Kräfte der Zeit vor (›Das rote Ei‹, 1939; Prag, Národní Galerie). Das Spätwerk wird durch mytholog. Themen bestimmt (›Prometheus-Saga‹, Triptychon, 1950, London, Privatsammlung). K. hinterließ auch zahlr. Zeichnungen. Er fertigte oft Illustrationen zu seinen Texten an (auch Bühnenbilder) und verfasste umgekehrt auf seine Bilder bezogene Texte. – Mit seinen Dramen (›Der brennende Dornbusch‹, 1911, gedr. 1913; ›Orpheus und Eurydike‹, 1919) wurde er zu einem der Begründer des expressionist. Theaters. Daneben schrieb er Lyrik,

Kokastrauch
(Höhe 1,0–2,5 m)

Oskar Kokoschka: Prag, Moldauhafen; 1936 (Wien, Österreichische Galerie)

Erzählungen, kunstkrit. Essays und Erinnerungen (›Mein Leben‹, 1971). Auch durch die Sprache wollte er sichtbar machen, was hinter den Äußerlichkeiten liegt. – 1988 wurde im ehem. Haus ALMA MAHLER-WERFELS in Breitenstein (NÖ) ein als zerstört geglaubtes monumentales Wandbild (von K. um 1914 ausgeführt), das in einer dämonisierenden Darstellung den Künstler mit ALMA MAHLER-WERFEL zeigt, wieder entdeckt. Das in ›al secco‹ ausgeführte Bild wurde bis 1991 freigelegt, dann vom Verputz abgenommen, restauriert und 1995 auf der Basler Kunstmesse erstmals der Öffentlichkeit präsentiert. Weiteres BILD →Expressionismus.
Ausgabe: Das schriftl. Werk, hg. v. H. SPIELMANN, 4 Bde. (1973-76); Briefe, hg. v. OLDA KOKOSCHKA u.a., 4 Bde. (1984-88).
G. J. LISCHKA: O. K. Maler u. Dichter (1972); A. REISINGER: K.s Dichtungen nach dem Expressionismus (Wien 1978);

Oskar Kokoschka

Koko Kokosfaser – Koks

W. J. SCHWEIGER: Der junge K. (ebd. 1983); DERS.: O. K. ›Der Sturm‹ (ebd. 1986); O. K., Arbeiten fürs Theater 1907–70, Ausst.-Kat. (1986); O. K., bearb. v. H. SPIELMANN u. a., Ausst.-Kat. (1986); O. K., hg. v. K. A. SCHRÖDER u. J. WINKLER, Ausst.-Kat. Kunstforum Länderbank, Wien (1991); O. K. Das Frühwerk (1897/98–1917). Zeichnungen u. Aquarelle, hg. v. A. STROBL u. A. WEIDINGER, Ausst.-Kat. Graph. Sammlung Albertina, Wien (Wien 1994); J. WINKLER u. K. ERLING: O. K. – die Gemälde, Bd. 1: 1906–1929 (Salzburg 1995); O. K. Reisen u. Figuren, hg. v. V. MAURON (Bellinzona (1995, ital., dt., frz.); Sehnsucht nach Glück. Wiens Aufbruch in die Moderne: Klimt, K., Schiele, hg. v. SABINE SCHULZE (1995); K. u. Alma Mahler, hg. v. A. WEIDINGER (1996); K. u. Dresden, hg. v. WERNER SCHMIDT u. B. DALBAJEWA, Ausst.-Kat. Staatl. Kunstsammlungen Dresden (1996).

Kokosfaser, aus der Bastfaserschicht der Kokosnuss gewonnene textile Faser, die vom verbindenden Zellgewebe durch eine mehrmonatige Rotte befreit, dann gestampft, gewaschen und getrocknet wird. Aus etwa 12 Nüssen gewinnt man 1 kg gelblich bis rostbrauner, leichter, bruchfester, elast. Fasern, die Schmutz abweisend und widerstandsfähig gegen Feuchtigkeit und Fäulnisbakterien sind. K. werden für Seile, Netze, Polstermaterial und **Kokosgewebe** wie Läufer, Matten, Teppiche, die auf Schaft- oder Jacquardwebmaschinen hergestellt werden, verwendet.

Kokosfett, Kokos|öl, weißes bis schwach gelbl. Fett, das durch Auspressen des Fleisches der Kokosnuss (→Kopra) gewonnen wird; es schmilzt bei 20–23 °C und wird zur Herstellung von Margarine u. a. Speisefetten, von Seifen und Kosmetika verwendet. (→Fette, TABELLE)

Kokos|insel, span. **Isla del Coco,** zu Costa Rica gehörende Insel im Pazif. Ozean, auf der von den Galápagosinseln zum zentralamerikan. Festland (500 km entfernt) ziehenden untermeer. Kokosschwelle, 24 km², unbewohnt; vulkan. Ursprungs (Basalt). - 1684 von W. DAMPIER benannt; ehem. Refugium von Piraten. Die wegen ihrer angebl. Schätze von vielen Expeditionen erfolglos aufgesuchte K. regte R. L. STEVENSON zu seinem Roman ›Die Schatzinsel‹ (1883) an.

Kokos|inseln, engl. **Cocos Islands** [ˈkəʊkəs ˈaɪləndz], **Keelinginseln** [ˈkiːlɪŋ-], zwei Atolle mit 27 kleinen Koralleninseln im Ind. Ozean, 12°05′ s. Br., 96°53′ ö. L.; zus. 14 km², 586 Ew. (v. a. malaiischer Herkunft); Kokospalmenpflanzungen, Fischfang; Flughafen. - North Keeling Island und das umgebende Meeresgebiet sind Nationalpark. – Die K., 1609 von den engl. Seefahrer WILLIAM KEELING († 1620) entdeckt, waren seit 1857 brit. Besitz; seit 1955 stehen sie unter Verwaltung von Australien.

Kokospälmchen, Microcoelum weddelianum, Lytocaryum weddelianum, kleine, zierl. Fiederpalme aus dem trop. Brasilien; mit kurzem (bis 1,5 m), mit braunen Fasern bedecktem Stamm und maximal 1–1,5 m langen, unterseits gräulich weiß behaarten Fiederblättern; Wärme und Feuchtigkeit liebende Zimmertopfpflanze.

Kokospalme: Kokosnüsse; oben äußere Fruchthülle, unten Steinkern, links geöffnet

Kokospalme: Cocos nucifera (Höhe bis 30 m)

Kokospalme, Cocos, Gattung der Palmengewächse mit der einzigen, urspr. aus dem trop. Asien stammenden, heute an allen trop. Küsten verbreiteten Art **Kokospalme** (Cocos nucifera); bis 30 m hohe, schlanke Fiederpalme mit meist schwach gebogenem Stamm und einer Krone aus 3–6 m langen Blättern. Die achselständigen, verzweigten, erst im 6. Jahr auftretenden Blütenstände mit getrenntgeschlechtigen Blüten entwickeln jeweils 10–20 etwa kopfgroße, schwimmfähige Steinfrüchte **(Kokosnuss).** Deren Fruchthülle besteht aus einem trockenhäutigen Epikarp, einem faserigen, dicken Mesokarp und einem harten Endokarp mit nur einem Samen (Steinkern). Die Samenschale ist sehr dünn; der Samen besteht zum überwiegenden Teil aus Endosperm und einem winzigen, unterhalb einer der drei (dünnwandigen) Keimporen des steinharten Endokarps gelegenen Embryo. Das essbare Endosperm ist in eine feste, ölreiche Phase (→Kopra) und eine flüssige Phase **(Kokosmilch)** gegliedert. – Genutzt werden neben der Kopra die Milch als Getränk, die Blattsegmente als Flechtmaterial, das Holz als widerstandsfähiges Baumaterial und die Endknospen als Gemüse (Palmkohl). Der Blutungssaft der Blütenstände (›Toddy‹) wird zu einer Art Sirup (›Jaggery‹) eingedickt oder zu Palmwein und Arrak vergoren. Die Fruchtschalen dienen zur Herstellung von Holzkohle, Holzgas, Furfurol, Essigsäure und Methanol. Das Mesokarp liefert ein spinnbares Fasermaterial (→Kokosfaser). – K. im jugendl. Stadium werden als Zimmerpalmen angeboten.

Geschichtliches: Alte Sanskritbezeichnungen lassen vermuten, dass die K. in Indien in vorchristl. Zeit bekannt war. Eine Beschreibung der K. (›kuki‹) gibt THEOPHRAST nach Berichten von Begleitern ALEXANDERS D. GR. auf dessen Indienzug. KOSMAS INDIKOPLEUSTES lernte sie (›argellion‹) und das aus ihr bereitete Getränk (›konchusúra‹) in Indien kennen. ABU L-CHASIM OBAIDALLAH († 912) zufolge kamen die Kokosnüsse von den Sundainseln. MARCO POLO spricht von indischen, A. DÜRER von indian. Nüssen. Mit dem heutigen Namen wurde die K. erst nach 1520 unter port. Seefahrern bekannt, angeblich wegen der Ähnlichkeit der inneren Frucht mit dem Gesicht einer Meerkatze (›macoco‹).

Kokotte [frz., eigtl. kindersprachlich lautmalend ›Henne‹, ›Hühnchen‹] *die, -/-n, bildungssprachlich veraltend* für: Frau von einer gewissen Eleganz und mit guten Umgangsformen, die mit Männern sexuell verkehrt und sich von ihnen aushalten lässt.

Koks [engl. cokes, von mittelengl. colk ›Mark‹, ›Kern(gehäuse)‹] *der, -es,* schwarzer oder grauer, fester Rückstand der Schwelung (**Schwel-K.**) oder Verkokung von Steinkohle, Braunkohle, Erdölrückständen (**Petrolkoks**) u. a. (→Schwelen, →Verkoken). **Hochofen-K. (Hütten-K.)** muss bestimmte Anforderungen hinsichtlich Stückgröße, Festigkeit und Reaktionsfähigkeit erfüllen. Er wird meist durch Verkokung von gut backfähigen Steinkohlen (Kohlen, die beim Erhitzen in einen plast. Zustand übergehen und festen, stückigen K. bilden, bes. Fettkohle) bei Temperaturen um 1 000 °C (**Hochtemperatur-K.**) in Kokereien gewonnen. **Gießerei-K.** dient als Brennstoff zum Schmelzen von Roheisen im Kupolofen. Spezielle K.-Sorten (›EM-K.‹) werden außerdem für elektrometallurg. Zwecke (z. B. zur Herstellung von elementarem Phosphor und Calciumcarbid) verwendet. **Brech-K.** dient v. a. als Brennstoff für Industrie und Haushalt. Zur Erzeugung von **Form-K.** wird zerkleinerte Kohle, eventuell nach einem Schwelprozess, zu Briketts oder Pellets geformt und anschließend verkokt. Auf diese Weise können nichtverkokbare Kohlen (z. B. Braunkohle) zu K. verarbeitet werden.

Koksijde [-sɛjdə], Nordseebad in der Prov. Westflandern, Belgien, 18 900 Ew.; Fischereimuseum; Garnelen- und Muschelfischerei.

Koksoak [ˈkɔksəʊaːk] *der,* Fluss im N der Halbinsel Labrador, Kanada, 145 km lang, mündet in die Ungavabai. Sein ursprüngl. (rechter) Quellfluss, der →Kaniapiskau, wurde in jüngster Zeit umgelenkt.

Koktschetaw, Kokčetav [-tʃ-], kasach. **Kökšetaū**, Gebietshauptstadt im N von Kasachstan, 143 300 Ew.; Porzellanfabrik, Apparatebau, Bekleidungsindustrie.

Köktürkisch, veraltete Bez. für die Sprache der alttürk. Inschriften aus dem Orchon- und Jenissejbergland. (→Turksprachen, →Orchoninschriften)

Koku, alte jap. Volumeneinheit, 1 K. = 100 Shō = 180,39 l.

Kokugaku [jap. ›Schule unseres Landes‹], im späten 17. Jh. entstandene Schule der jap. Philosophie, die im Rahmen einer Rückbesinnung auf eigentümlich jap. Denkformen (den Shintō) einen bedeutenden Beitrag für die Formierung der modernen jap. Geisteswiss.en und für die geistige Vorbereitung der Meijirestauration sowie des neuzeitl. Staatsgedankens geleistet hat (→japanische Philosophie).

Kokura, Stadt in Japan, →Kitakyūshū.

Kokytos, *griech. Mythos:* Fluss der Unterwelt, bei HOMER in Arm des Styx, der in den Acheron mündet.

Kokzidi|en [zu griech. kókkos ›Kern‹], Sg. **Kokzidie** *die,* -, **Coccidia,** Ordnung der Sporentierchen, deren Vertreter v. a. in Epithelzellen des Verdauungstraktes, der Leber und den Nieren bei Wirbeltieren parasitieren. Die Fortpflanzung der K. ist mit einem Generationswechsel verbunden. Die artenreichste Gattung ist Eimeria, von der viele Arten bes. bei Haustieren (selten beim Menschen) →Kokzidiosen verursachen.

Kokzidio|idomykose, engl. **Valley-Fever** [ˈvælɪ ˈfiːvə], **San-Joaquin-Fever** [sən dʒɔʊəˈkiːn fiːvə], **Talfieber, Wüstenfieber,** durch Pilze der Art Coccidioides immitis verursachte Erkrankung, die v. a. die Atemwege befällt; sie tritt bes. in einigen trop. und subtrop. Gebieten Nord- und Südamerikas (z. B. in den feuchtwarmen Hochtälern der Anden) auf und wird durch Einatmen von sporenhaltigem Staub hervorgerufen. Die akute K. führt meist nur zu grippeartigen Symptomen, bei schweren Verläufen zu Lungenentzündung und Hautausschlägen. Bei geschwächter Abwehrlage ist durch Verschleppung der Erreger auf dem Blutweg eine Ausdehnung auf Skelett, Zentralnervensystem und innere Organe mit häufig tödl. Ausgang möglich.

Kokzidiosen, *Sg.* **Kokzidiose** *die,* -, **Coccidiosis,** durch →Kokzidien hervorgerufene, oft seuchenartig auftretende Darm-, Leber- und Nierenerkrankungen bei Wirbeltieren, selten beim Menschen; Verlauf häufig tödlich; Bekämpfung durch **Kokzidiostatika** (v. a. Antibiotika, bei Haustieren dem Futter beigemengt).

Kokzygodynie [zu griech. kókkyx ›Kuckuck‹, ›Kuckucksbein‹, ›Steißbein‹ und odýne ›Schmerz‹] *die,* -/...'ni|en, Schmerzen in der Steißbeinregion mit starker Druckempfindlichkeit des Steißbeins (Os coccygis). Zu den Ursachen gehören Verletzungen (z. B. Prellung), bei denen die K. meist erst nach einem beschwerdefreien Intervall auftritt, chronisch entzündl. Veränderungen oder gynäkolog. oder neurolog. Erkrankungen.

Kol, Stamm in Zentralindien, v. a. in den Distr. Surguja, Sidhi, Shahdol, Jabalpur und Mandla von Madhja Pradesh (Baghelkhand Plateau), auch in Orissa und entlang des Ganges als Hindukaste im Distr. Mirzapur von Uttar Pradesh; etwa 430 000 Angehörige.

kol..., Präfix, →kon...

kol$, Abk. für den Kolumbian. Peso.

Kola, Halbinsel in Russland, zw. Weißem Meer und Barentssee, bildet den größten Teil des Gebiets Murmansk; rd. 100 000 km². Während der pleistozänen Eiszeiten wurde die Oberfläche stark glazial überformt. Die Halbinsel fällt nach N steil (Murmanküste), nach S flach ab, sie ist reich an Seen und hat im W die höchsten Erhebungen (Chibinen, bis 1 191 m ü. M.). Das Klima ist trotz der nördl. Lage unter dem Einfluss des Golfstroms relativ wintermild, der Hafen von Murmansk ist ganzjährig eisfrei. Im N und in höheren Lagen herrschen Strauch- und Gebirgstundra vor, sonst boreale Nadelwälder (Taiga). Die Wirtschaft ist in einem etwa 100 km breiten Streifen entlang der Murmanbahn konzentriert. Hauptbedeutung haben der Bergbau, v. a. auf Apatit und Nephelin (in Kirowsk und Apatity) sowie auf Nickel (in Montschegorsk), die Erzaufbereitung (Oljenegorsk, Kowdor) sowie die Eisen-, Nichteisen- und Leichtmetallurgie (Aluminiumwerk Kandalakscha). Im Küstenschelf der Barentssee im Bereich von Priraslomskij Erschließung von Erdöl- und Erdgasvorkommen. Die Urbevölkerung (Komi, Nenzen, Lappen) betreibt Renzucht. Elektroenergie wird vielfach durch kleine Wasserkraftwerke erzeugt; bei Poljarnyje Sori nahe dem Imandrasee Kernkraftwerk K. (vier Blöcke à 411 MW); in der Bucht ›Kislaja Guba Versuchs-Gezeitenkraftwerk. Die Halbinsel K. ist von großer strateg. Bedeutung; hier sind bedeutende Einheiten der russ. Streitkräfte konzentriert, v. a. in den Flottenstützpunkten Seweromorsk und Poljarnyj bei Murmansk (Nordmeerflotte). Durch die umweltbelastende Montanindustrie und durch radioaktive Abfälle von U-Booten mit Kernenergieantrieb ist K. ökologisch stark gefährdet. – Die 1970 auf der Halbinsel K. begonnene kontinentale Tiefbohrung, die der Erforschung der Erdkruste dient, hatte 1994 eine Tiefe von 12 266 m erreicht.

Kolabaum [westafrikan. kola, kolo], **Colabaum, Kolanussbaum, Cola,** Gattung der Sterkuliengewächse mit mehr als 100 Arten im trop. Afrika; 6–20 m hohe Bäume mit ledrigen Blättern und holzigen Sammelbalgfrüchten. Mehrere Arten werden im Sudan, im trop. Amerika und trop. Asien zur Gewinnung der Samen (**Kolanüsse**) kultiviert, deren harter, gelbbrauner bis rötl. Embryo bis 3 % Koffein, bis 0,1 % Theobromin, etwa 40 % Stärke und 4 % Gerbstoffe enthält. Die Kolanüsse dienen in Afrika als durstlöschendes Nahrungs- und Genussmittel. In Europa und Amerika werden sie zur Herstellung von Erfrischungsgetränken und Anregungsmitteln verwendet.

Kołakowski [kɔʊa-], Leszek, poln. Philosoph, *Radom 23. 10. 1927; lehrte 1953–68 an der Univ. Warschau; ging nach Ausschluss aus der Kommunist.

Kolabaum: Blühender Zweig (oben) und Samenkorn (unten rechts) von Cola nitida

Leszek Kołakowski

Kola Kolar–Kolb

Partei wegen seines Eintretens für oppositionelle Studenten und Lehrverbot 1968 ins Ausland und lehrte seitdem an versch. kanad. und nordamerikan. Univ. sowie in Oxford. K. gilt als einer der führenden Vertreter des ›liberalen‹ Marxismus. Sein Hauptwerk, ›Główne nurty marksizmu‹ (dt. ›Die Hauptströmungen des Marxismus. Entstehung, Entwicklung, Zerfall‹, 3 Bde., 1977–79), gibt eine umfassende Darstellung der versch. Strömungen des Marxismus sowie seiner sozial- und geistesgeschichtl. Vorläufer und Wegbereiter. K. hat sich in seinen Publikationen mit fast allen Bereichen der Philosophie, u. a. Ethik, Ästhetik und Religionsphilosophie (›Religion. If there is no god...‹, 1982; dt. ›Falls es keinen Gott gibt‹) auseinander gesetzt. 1977 wurde ihm der Friedenspreis des Dt. Buchhandels verliehen.

Weitere Werke: Sammlungen (dt.): Traktat über die Sterblichkeit der Vernunft. Philosoph. Essays (1967); Zweifel an der Methode (1977).

Kolar, Slavko, kroat. Schriftsteller, * Palešnik (Kroatien) 1. 12. 1891, † Zagreb 15. 9. 1963; beschrieb in Erzählungen und Dramen realistisch, mit teils gutmütigem, teils bissigem Humor den Alltag der rückständigen Bauern und Kleinbürger; wandte sich später mehr von Volkstum geprägten lyr. Erzählweise zu; verfasste daneben auch Jugendbücher.

Werke: Erzählungen: Nasmijane pripovijesti (1917); Ili jesmo – ili nismo (1933); Mi smo za pravicu (1936); Svoga tijela gospodar (1939; dt. Der Herr seines Leibes); Ženidba Imre Futača (1951; dt. Die Hochzeit des Imre Futač); Luda kuća (1958; dt. Das Narrenhaus); Čovjek od riječi (1960).

Ausgabe: Sabrana djela, 5 Bde. (1970–71).

Z. KULUNDŽIĆ: S. K. i njegovo vrijeme (Zagreb 1977).

Kolář ['kɔla:rʃ], Jiří, tschech. Schriftsteller und bildender Künstler, * Protivín (Südböhm. Gebiet) 24. 9. 1914; bedeutender Vertreter der experimentellen Dichtung; schilderte in surrealist. Gedichten die Großstadt und die Ehe; verlor seine Stellung als Verlagslektor, da seine Werke als ›antisozialistisch‹ galten; 1953 zu einem Jahr Gefängnis verurteilt; schreibt Gedichte, Theaterstücke und Prosa sowie Kinderbücher. K. schuf Collagen aus den verschiedensten Materialien und wurde v. a. bekannt durch die Verwendung von Textfragmenten, mit denen er auch Objekte überzog. Reproduktionen von Werken alter Meister transponierte er in neue Zusammenhänge, indem er sie in Streifen zerschnitt, die er leicht verschoben und dadurch verzerrt wieder zusammenfügte. Er erhielt 1970 Publikations- und Ausstellungsverbot und ging 1977 ins Ausland, 1982 wurde er offiziell ausgebürgert. Seit 1980 lebt er in Paris.

Werke: Lyrik: Limb a jiné básně (1945); Sedm kantát (1945); Ódy a variace (1946); Dny v roce (1948); Mistr Sun o básnickém umění (1957); Chléb náš vezdejší (entstanden 1959, dramat. Collage; dt. Unser tägliches Brot, dt. UA 1986); Suite (dt. 1980); Očitý svědek. Deník za roku 1949 (1983).

J. K. Collagen u. Objekte aus Berlin u. Paris, bearb. v. Z. FELIX, Ausst.-Kat. (1981); Hommage à J. K. Tagebuch 1968, Ausst.-Kat. (1984); J. K. ›Zw. Prag u. Paris‹. Arbeiten von 1963–1994, Ausst.-Kat. Galerie Schüppenhauer, Köln (1994).

Kolar Gold Fields ['kəʊlə: 'gəʊld 'fi:ldz], Stadt im Bundesstaat Karnataka, S-Indien, auf dem Dekhan, 144 400 Ew.; der Goldbergbau (seit 1885) ist aufgrund erschwerter Abbaubedingungen in größeren Tiefen in ständigem Rückgang begriffen.

Kolari, Gem. in Finnisch-Lappland, 4600 Ew.; Endpunkt der Eisenbahn im Tal des Muonionjoki, der die finnisch-schwed. Grenze bildet; Eisenerzabbau.

Kolariler, Kol, Sammel-Bez. für eine Völker- und Sprachfamilie in Vorderindien, →Munda.

Kolarow, Wassil Petrow, bulgar. Politiker, * Schumen 16. 7. 1877, † Sofia 23. 1. 1950; Rechtsanwalt, schloss sich 1897 der Sozialdemokratie an und gehörte seit ihrer Spaltung (1903) zu den Anhängern LENINS, den ›Engsozialisten‹. 1913–23 war er Abg. in der Sobranje. 1919–23 war er Sekr. des ZK der Bulgar. Kommunist. Partei, 1922–24 Gen.-Sekr. der Komintern. Nach dem gescheiterten kommunist. Aufstand von 1923 emigrierte er nach Moskau. Als enger Mitarbeiter G. DIMITROWS beteiligte er sich 1944/45 an der Umwandlung Bulgariens in einen kommunist. Staat. 1946–47 war K. Vors. des Präsidiums des Nationalrates, 1947–49 stellv. Min.-Präs. und Außen-Min. und 1949–50 Ministerpräsident.

Kolarowgrad, Stadt in Bulgarien, →Schumen.

Kolas, Jakub, eigtl. **Kanstanzin Michajlawitsch Mizkęwitsch,** weißruss. Schriftsteller, * Akintschizy (Gebiet Minsk) 3. 11. 1882, † Minsk 13. 8. 1956; Lehrer, 1908–11 wegen revolutionärer Tätigkeit inhaftiert, ab 1929 Präs. der Akad. der Wiss.en in Minsk. K., der als einer der bedeutendsten weißruss. Dichter und – neben J. KUPALA – als Begründer der weißruss. Literatursprache gilt, behandelte in Lyrik und Prosa meist folklorist. Themen, aber auch soziale Probleme.

Werke: Romane: Na rostanjach, 3 Bde. (1923–54, Trilogie); Dryhva (1934; dt. Partisanen am Pripet). – *Poeme:* Symonmuzyka (1925); Rybakova chata (1947).

Ausgabe: Zbor tvoraŭ, 14 Bde. (1972–78).

Jakub Kolas

Annette Kolb

Jiří Kolář: Adamsapfel; 1966 (Privatbesitz)

Kolb, Annette, eigtl. **Anne Mathilde K.,** Schriftstellerin, * München 3. 2. 1870, † ebd. 3. 12. 1967; mütterlicherseits frz. Abstammung; trat im Ersten Weltkrieg von der Schweiz aus aktiv für den Frieden ein, insbesondere in den Essays ›13 Briefe einer Deutsch-Französin‹ (1916); emigrierte 1933 nach Paris, 1940 in die USA, 1945 Rückkehr nach Europa (Paris, Badenweiler, München). K., zeitlebens um einen Ausgleich zw. Dtl. und Frankreich bemüht, war eine feinsinnige, geistreiche Erzählerin und Essayistin, die sich kritisch mit Zeiterscheinungen, aber auch kulturellen Themen (Literatur, Musik) auseinander setzte. Ihre Essays sind z. T. in frz. Sprache geschrieben. In oft autobiograph. Romanen schildert sie eindringlich und mit psycholog. Gespür v. a. Frauenschicksale; in ihrer späten Prosa wird dabei ihre ausgeprägt kath. Grundhaltung deutlich; auch Übersetzerin.

Weitere Werke: Romane: Das Exemplar (1913); Daphne Herbst (1928); Die Schaukel (1934); König Ludwig II. von Bayern u. Richard Wagner (1947). – *Erzählungen:* Spitzbögen (1925); Wera Njedin (1925). – *Tagebuch:* Zarastro. Westl. Tage (1921). – *Erinnerungen:* Memento (1960).

R. Lemp: A. K. Leben u. Werk einer Europäerin (1970); Ich habe etwas zu sagen. A. K., hg. v. S. Bauschinger, Ausst.-Kat. Stadtbibliothek, München (1993).

Kolbe, männl. Haartracht im 16. Jh., bei der das gleichmäßig herabgekämmte Haar über der Stirn, den Ohren und im Nacken waagerecht geschnitten war. Die K. wurde immer kürzer und bedeckte später kaum noch die Ohren.

Kolbe, 1) Adolf Wilhelm Hermann, Chemiker, *Elliehausen (heute zu Göttingen) 27. 9. 1818, †Leipzig 25. 11. 1884; Prof. in Marburg (1851–65) und Leipzig. K. arbeitete u. a. über die Elektrolyse organ. Verbindungen und entwickelte eine Methode zum Aufbau höherer Kohlenwasserstoffe durch Elektrolyse von Salzen langkettiger Fettsäuren (**K.-Synthese**); er entwickelte ferner ein Verfahren zur Herstellung von Nitrilen durch Umsetzen von Alkylhalogeniden mit Alkalicyaniden (**K.-Nitrilsynthese**) sowie ein Verfahren zur Herstellung aromat. Hydroxycarbonsäuren (**K.-Schmitt-Synthese;** →Salicylsäure).

2) Carl Wilhelm, d. Ä., Zeichner und Radierer, *Berlin 20. 11. 1757, †Dessau 13. 1. 1835; lehrte Sprachen am Philantropinum in Dessau, bevor er 1790 Schüler D. Chodowieckis an der Akad. in Berlin wurde. Ab 1798 war er als Hofkupferstecher in Dessau tätig, 1805–07 in Zürich, wo er die Landschaftsgemälde S. Gessners radierte. Er zeichnete Landschaften mit antiker oder bäuerl. Staffage, Tierdarstellungen und große Kräuterstudien mit kleinen Figuren.

3) Georg, Bildhauer, *Waldheim 15. 4. 1877, †Berlin 20. 11. 1947; ging nach seiner Ausbildung als Maler 1897 nach Paris, dann nach Rom (1898–1901), wo er sich unter dem Einfluss von L. Tuaillon der Bildhauerei zuwandte. Ab 1904 lebte er meist in Berlin. K. schuf idealist. Aktplastiken, v. a. weibl., später auch männl. Akte, auch Gruppen und Porträts, meist in Bronzeguss. In den 30er-Jahren zeigte sich in der zunehmenden heroischen Steigerung der Körpergeste seiner Figuren (›Zehnkämpfer‹, 1933) eine Krise seiner Idealität, die so vom Nationalsozialismus missbraucht werden konnte. – Das Georg-K.-Museum in Berlin, 1949/50 in seinem Atelierhaus eingerichtet (1996 Erweiterungsbau), betreut seinen Nachlass und zeigt eine Auswahl seiner Plastiken (u. a. ›Adagio‹, 1923; ›Befreiter‹, 1945) und Aktzeichnungen.
Tänzerin (1912; Berlin, Nationalgalerie; Bild →deutsche Kunst); Beethovendenkmal in Frankfurt am Main (1926–47).
Schriften: Briefe u. Aufzeichnungen, hg. v. M. von Tiesenhausen (1987).
U. Berger: G. K. – Leben u. Werk (²1994).

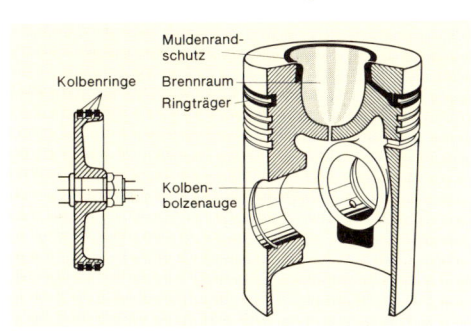

Kolben 4): Scheibenkolben (links) und Kolben eines Dieselmotors mit Brennraum (Muldenkolben) sowie eingegossenem Ringträger und Muldenrandschutz

4) Maksymilian Maria, eigtl. **Rajmund K.,** poln. Franziskanerkonventuale, *Zduńska Wola 8. 1. 1894, †KZ Auschwitz 14. 8. 1941; entstammte einer Arbeiterfamilie; trat 1911 in Lemberg in den Franziskanerorden ein; studierte 1912–19 christl. Philosophie und Theologie in Rom und erhielt 1918 die Priesterweihe; gründete 1917 die ›Militia Immaculatae‹, eine v. a. der Verehrung Marias gewidmete missionar. Vereinigung, für die er seit 1922 auch publizistisch tätig war (Gründung der kath. Zeitschrift ›Rycerz Niepokalanej‹, dt. ›Ritter der Unbefleckten Jungfrau‹). Seine Spiritualität war geprägt von dem Vorbild Marias, die für ihn als ›Magd des Herrn‹ die Hingabe des Menschen an Gott verkörperte. 1927 gründete er in Teresin (bei Warschau) das Kloster ›Niepokalanów‹. 1930–36 war er als Missionar in Japan und Indien, anschließend wieder in Polen. 1941 wurde er wegen Hilfeleistung für Flüchtlinge, v. a. Juden und Polen, von der Gestapo verhaftet und ins Konzentrationslager Auschwitz gebracht. Als dort zehn Mitgefangene zum Tode verurteilt wurden, bot er sich an, für einen von ihnen, den Familienvater Franciszek Gajowniczek († 1995 im Alter von 93 Jahren) zu sterben. – In der kath. Kirche wird K. als Märtyrer verehrt. 1971 wurde er selig, 1982 heilig gesprochen (Tag: 14. 8.).
Pater M. K., bearb. v. F. X. Lesch u. a. (1982); K. Strzelecka: M. M. K. (a. d. Poln., ³1983); A. Frossard: Die Leidenschaft des Maximilian K. Eine Biogr. (a. d. Frz., 1988).

5) Uwe, Schriftsteller, *Berlin 17. 10. 1957; gehörte zur Künstlerszene des ›Prenzlauer Bergs‹ in Berlin (Ost), von F. Fühmann gefördert, lebt seit 1988 in Hamburg. Seine Lyrik fand von Beginn an eigene Töne, mit denen er Ängste und Hoffnungen seiner Generation artikulierte (›Hineingeboren‹, 1980; ›Abschiede u. a. Liebesgedichte‹, 1981). Die Gedichte nach 1990 spiegeln die Auseinandersetzung K.s mit den Widersprüchen dt. Gegenwart (›Nicht wirklich platonisch‹, 1994). K. übersetzte auch aus dem Spanischen.
Weitere Werke: *Lyrik:* Bornholm II (1986); Vaterlandkanal (1990). – *Prosa:* Die Situation (1994).

Kolben [ahd. kolbo ›Keule‹, eigtl. ›klumpenförmiger Gegenstand‹], **1)** *Botanik:* **Spadix,** ährenförmiger Blütenstand mit verdickter Achse, auch Bez. für ähnl. Fruchtstand (z. B. Mais).
2) *Chemie:* aus Geräteglas hergestelltes, hitzebeständiges Reaktionsgefäß in versch. Formen (z. B. Steh-K., Rund-K., Erlenmeyer-K.). Die Abmessungen sind genormt.
3) *Jägersprache:* die noch wachsenden, von einer fein behaarten Haut (›Bast‹) überzogenen Stangen und Enden am unfertigen Geweih.
4) *Technik:* Bauteil in K.-Maschinen, das die Volumenveränderung des Arbeitsraumes bewirkt. K. können sich entweder oszillierend (Hubkolbenmaschinen) oder rotierend (Rotationskolbenmaschinen) bewegen. In Pumpen werden Scheiben-K. oder Plunger-K. verwendet, in Kompressoren Scheiben- oder Stufen-K., in Verbrennungsmotoren meist Tauch-K. Diese haben (im Ggs. zu Scheiben-K. und Plunger-K. mit axialer Aufnahme der K.-Stange) eine Nabe mit Querbohrungen zur Aufnahme des K.-Bolzens, der die Kraft des Arbeitsmediums vom K. auf das Pleuel überträgt. Durch die Schrägstellung des Pleuels entsteht eine Querkraft, gegen die sich K. am Zylinder abstützt. Er muss daher auch als Kreuzkopf wirken, was eine entsprechende Formgebung und ausreichende Schmierung erfordert. Plunger-K. werden meist aus Stahl, die anderen K. aus Leichtmetalllegierungen (zur Masseeinsparung und zur besseren Wärmeabfuhr) ausgeführt. Aufgrund der sehr hohen therm. Belastung bei Verbrennungsmotoren erfolgt oft eine Kühlung der K. durch Anspritzen mit Öl oder durch eingegossene Kühlräume mit Zwangdurchfluss von Öl oder Wasser. Bei sehr hoher Belastung in aufgeladenen Motoren werden ›gebaute‹ K. mit einem Oberteil

Georg Kolbe: Adagio; Bronze, 1923 (Berlin, Georg-Kolbe-Museum)

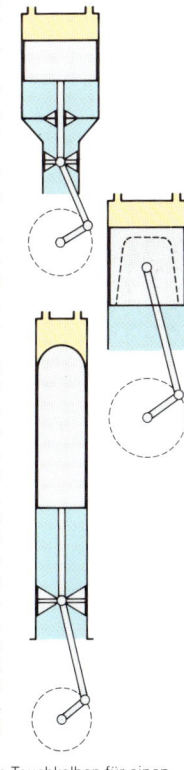

Kolben 4): oben Scheibenkolben eines Kurbeltriebs; **Mitte** Tauchkolben für einen Verbrennungsmotor; **unten** Tauchkolben einer Pumpe

Kolb Kolbenfaden – Kolbenwasserkäfer

Kolbenfaden: Hybride

Erwin Guido Kolbenheyer (Kreidezeichnung, 1955)

Kolbenlot (schematische Darstellung); a Kernrohr, b Kolben, c Draht, d Tragseil, e Auslösemechanismus, f Gegengewichte, g Gewicht

Kolbenwasserkäfer: Großer Kolbenwasserkäfer (Länge 34–47 mm)

aus Stahl, das mit einem Leichtmetallunterteil verschraubt ist, verwendet. Durch die Erwärmung dehnt sich der K. aus, er muss daher ein gewisses Spiel im Zylinder haben, um Beschädigungen (→Kolbenfresser) zu vermeiden. Wegen der örtlich unterschiedl. Wärmedehnung ist der Durchmesser an der dem Arbeitsraum zugewandten Seite kleiner als am anderen Ende. Um die Wärmedehnung bei Leichtmetall-K. zu begrenzen, besitzen diese oft eingegossene Regelglieder aus Stahl (→Autothermikkolben). Zur Abdichtung gegen den Zylinder dienen →Kolbenringe.

5) Waffenwesen: Bez. für den zum Anschlag dienenden, hinteren, breiteren Teil des Hinterschaftes bei Gewehren; bei militär. Handfeuer- und Maschinenwaffen heute i. d. R. durch den Begriff ›Schulterstütze‹ ersetzt. Als **K.-Hals** bezeichnet man den vorderen, schmaleren, meist pistolengriffartig geformten Teil.

Kolbenfaden, Aglaonema, Gattung der Aronstabgewächse mit etwa 20 im indomalaiischen Raum verbreiteten Arten; mehrjährige Pflanzen mit kurzem Stamm und eirunden bis länglich lanzettförmigen bunten Blättern. Mehrere Arten werden in zahlr. Formen als Topfpflanzen kultiviert.

Kolbenfinger, Schmied, Hyla faber, bis 9 cm langer Laubfrosch in Argentinien und Brasilien mit metallisch klingender Stimme; die Männchen bauen kraterförmige, bis 30 cm breite und 10 cm tiefe Laichbecken am Rande von Gewässern.

Kolbenfresser, in Kolbenmaschinen das mehrfach wiederholte kurzzeitige Verschweißen von Kolben und Zylinder, wobei Material vom Kolben abgetragen wird. Ein K. kann bei Überhitzung oder bei mangelhafter Schmierung auftreten und führt meist zu Folgeschäden an Zylindern, Pleueln, Lagern oder Kurbelwellen bis zur Zerstörung der Maschine.

Kolbenheyer, Erwin Guido, Schriftsteller, * Budapest 30. 12. 1878, † München 12. 4. 1962. Als einer der Hauptvertreter des Biologismus, der philosoph. Fragestellungen ausschließlich unter biolog. Gesichtspunkten behandelt (›Die Bauhütte. Elemente einer Metaphysik der Gegenwart‹, 1925), sowie in seiner völkisch antiindividualist. und antikirchl. Einstellung fand K. bei Nationalsozialisten, die ihn vielfach ehrten, eine ihm gemäße Ideologie. 1948 wurde er zu fünf Jahren Berufsverbot verurteilt (1950 als ›minder belastet‹ eingestuft). Er schrieb v. a. Dramen (›Giordano Bruno‹, 1903, 1929 u. d. T. ›Heroische Leidenschaften‹; ›Gregor und Heinrich‹, 1934) und historisch-biograph. Romane (›Paracelsus‹, Trilogie 1927/28), die seine biologist. Geschichtskonzeption illustrieren.
Ausgaben: Ges. Werke, 8 Bde. (1938–41); Gesamtausg. der Werke letzter Hand in 2 Abt., 18 Bde. (1956–78).

Kolbenhoff, Walter, eigtl. **W. Hoffmann,** Schriftsteller, * Berlin 20. 5. 1908, † Germering 29. 1. 1993; nach zahlr. Reisen durch Europa, Nordafrika und Kleinasien ab 1930 Journalist und Mitgl. der KPD (1934 ausgeschlossen). 1933 emigrierte K. nach Dänemark, wurde nach der Besetzung Dänemarks 1942 Soldat (1944 in amerikan. Gefangenschaft). Nach 1945 engagierte sich K. zusammen mit A. Andersch und H. W. Richter u. a. für den Aufbau eines demokratisch-sozialist. Dtl.s und war Mitbegründer der Gruppe 47. Seine Romane und Hörspiele, die auf wenig Resonanz stießen, gestalten zeitgeschichtl. und soziale Probleme.
Werke: Romane: Untermenschen (1933); Von unserem Fleisch u. Blut (1947); Heimkehr in die Fremde (1949); Das Wochenende. Ein Report (1970). – *Erinnerungen:* Schellingstr. 48. Erfahrungen mit Dtl. (1984).

Kolbenhub, *Kraftmaschinen:* der →Hub.

Kolbenkompressor, ein →Verdichter.

Kolbenlot, *Ozeanologie:* eine von B. Kullenberg so benannte, bis etwa 20 m lange Lotröhre zur Erfassung von Meeresgrundproben mit ihren Schichtungen. Im Unterschied zu den sonst üblichen Lotröhren, die im freien Fall durch ihr Gewicht in den weichen Meeresboden eindringen, saugt das K. beim Eindringen das Meeressediment mithilfe eines Kolbens an.

Kolbenmaschinen, Maschinen, die mittels volumenveränderl. Räume Gase oder Flüssigkeiten ansaugen, verdichten (bei Gasen) und ausschieben. Die Volumenveränderung erfolgt durch →Kolben.

Kolbenpalme, Carludovica, Gattung der Scheibenblumengewächse im trop. Amerika mit mehr als 30 Arten; Holzgewächse mit meist kurzem Stamm, palmblattähnl. Blättern und kolbenförmigen Blütenständen mit eingesenkten, eingeschlechtigen Blüten. Eine bekannte und kultivierte Art ist die **Panamapalme** (Carludovica palmata), aus deren jungen, noch gefalteten Blättern die Panamahüte hergestellt werden.

Kolbenpumpe, eine →Verdrängerpumpe.

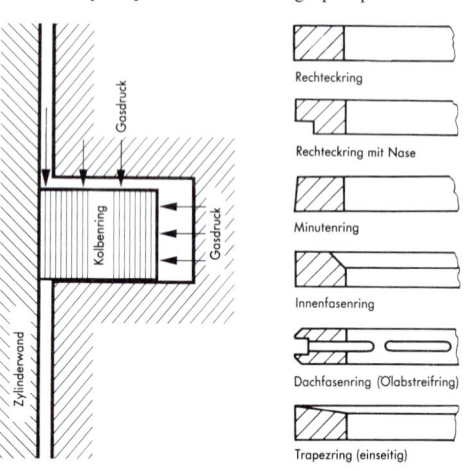

Kolbenring: links Abdichtung zwischen Kolben und Zylinderwand durch den in einer Nut des Kolbens liegenden Kolbenring; rechts Verschiedene Ausführungen von Kolbenringen

Kolbenring, Dichtelement, das zur Abdichtung zw. Zylinder und Kolben einer Kolbenmaschine dient. Der K. ist ein geschlitzter, federnder Ring aus Sondergusseisen, der in einer Nut des Kolbens liegt. Bei hohen Beanspruchungen sind Ringträger in den Nuten eingegossen, um den Verschleiß der Nuten zu verringern. Ein Kolben besitzt i. d. R. mehrere versetzt übereinander angebrachte (um eine Leckage an der Stoßstelle zu verringern) Verdichtungsringe und als untersten K. einen Ölabstreifring. Die **Verdichtungsringe** dichten das Kurbelgehäuse gegen Gas ab, indem sie durch den Gasdruck in den Nutgrund an den Zylinder und die untere Nutflanke angedrückt werden. Der **Ölabstreifring** streift so viel Öl von der Zylinderwand ab, dass ausreichende Schmierung gewährleistet ist, aber kein zu hoher Ölverbrauch auftritt.

Kolbenschimmel, die Gattung →Aspergillus.

Kolbenstange, bei Kolbenmaschinen mit Kreuzkopf die Verbindungsstange zw. Kolben und Kreuzkopf.

Kolbenwasserkäfer, Hydrophilidae, Familie der Käfer mit rd. 1 700 Arten (in Mitteleuropa 75 Arten). K. sind etwa 1,3–50 mm lang, mit kurzen, keulenförmigen Fühlern. Sie leben im Wasser, an Gewässerrändern, in faulenden Pflanzenstoffen, frischem Dung und ernähren sich überwiegend von Detritus;

die Larven der größeren Arten leben räuberisch. Viele Arten haben Brutfürsorge. So spinnt z. B. das Weibchen des **Großen K.** (Hydrous piceus) seine Eier in einen Gespinstkokon (Eikokon) mit einem senkrechten Luftschlot ein. Die Kokons werden an Blättern befestigt. Der Große K. steht unter Naturschutz.

Kolberg, poln. **Kołobrzeg** [kɔˈu̯ɔbʒɛk], Stadt in der Wwschaft Koszalin (Köslin), Polen, an der Mündung der Persante in die Ostsee, 46 700 Ew.; Seebad und Kurort (Soleheilbad); Waffenmuseum; Werften, Seereederei, Fischverarbeitung, Süßwaren- und elektrotechn. Industrie; Handels- und Fischereihafen. – Die Marienkirche (ehem. Kollegiatskirche), ein got. Backsteinbau (1321–31), im 14./15. Jh. stark erweitert, wurde nach 1945 wieder hergestellt. Das neugot. Rathaus wurde 1829–32 von K. F. SCHINKEL unter Verwendung spätgot. Bauteile des Vorgängerbaus errichtet. – Eine slaw. städt. Gründung des 9. Jh. entwickelte sich zum Mittelpunkt eines slaw. Herzogtums, das ebenso wie das um 1000 gegründete Suffraganbistum rasch wieder verfiel. Nördlich der slaw. Gründung wurde im 12. Jh. die dt. Siedlung K. angelegt, die 1255 lüb. Stadtrecht erhielt und seit dem 14. Jh. der Hanse angehörte. Seit 1627 wichtigste Festung Hinterpommerns, kam K. 1648 (endgültig 1653) an Brandenburg (seit 1815 zur preuß. Prov. Pommern). Nach der preuß. Niederlage von Jena und Auerstedt (1806) verteidigten J. NETTELBECK, F. VON SCHILL und A. Graf NEIDHARDT VON GNEISENAU Stadt und Festung K. nahezu sechs Monate erfolgreich gegen die frz. Belagerungstruppen (bis 2. 7. 1807; Tilsiter Frieden). Im März 1945 als ›dt. Festung‹ belagert und schwer zerstört. 1945 kam K. unter poln. Verwaltung; seine Zugehörigkeit zu Polen wurde durch den Deutsch-Poln. Grenzvertrag vom 14. 11. 1990 (in Kraft seit 16. 1. 1992) anerkannt.

Kolbermoor, Stadt im Landkreis Rosenheim, Oberbayern, 461 m ü. M., an der Mangfall im Rosenheimer Becken, 17 100 Ew.; Apparatebau, Werkzeugfabrik, Herstellung von Spirituosen, Faserbetonwerk. – Das 1863 entstandene K. erhielt 1963 Stadtrecht.

Kolchis die, fruchtbare Anschwemmungsebene in Georgien, beiderseits des unteren Rioni zw. Großem und Kleinem Kaukasus, erstreckt sich vom Schwarzen Meer 90 km landeinwärts. Das subtrop., feuchtwarme Klima erlaubt den Anbau von Tee, Zitrusfrüchten, Maulbeerbäumen und Eukalypten. – In der griech. Mythologie Heimat der Medea und Ziel der Argonauten.

Kolchizin, das →Colchicin.

Kollektiwnoje chos**jajstwo** ›Kollektivwirtschaft‹] der, -/...'chose, auch **Kolchose** die, -/-n, genossenschaftlich organisierter landwirtschaftlicher Großbetrieb (im Ggs. zum →Sowchos) in der ehem. UdSSR. K. entstanden nach 1917 auf der Grundlage der Freiwilligkeit, seit 1929 durch (Zwangs-)Kollektivierung bäuerl. Einzelwirtschaften, in deren Folge Millionen von Bauern vertrieben wurden und umkamen (›Kulak‹). Der staatseigene Boden wurde den K. zur Nutzung gegen Pflichtablieferungen zu staatlich fixierten Preisen überlassen, Überschüsse wurden zu freien Preisen auf den so genannten K.-Märkten verkauft. Das im Rahmen der Reformpolitik M. S. GORBATSCHOWS 1988 verabschiedete Genossenschafts-Ges. schrieb erste Veränderungen fest, z. B. Voraussetzungen für die Bildung freier landwirtschaftl. Genossenschaften, vertragl. Beziehungen der K. zur Industrie u. a. abnehmern, private Hofwirtschaft, Pacht von Land, Maschinen und Gebäuden innerhalb und außerhalb der K. – Die russ. Reg. fasste 1992 auf der Grundlage eines Präsidentenerlasses einen Beschluss über die Reorganisation von K. und Sowchosen (u. a. Schritte zur Privatisierung von Boden und Gebäuden, private, kollektive u. a. Formen der Bodennutzung, aber auch Pflichtablieferungen zur Sicherung der Lebensmittelversorgung).

Kölcsey [ˈkøltʃɛi], Ferenc, ungar. Schriftsteller, * Szödemeter 8. 8. 1790, † Cseke (heute Szatmárcseke, Bez. Szabolcs-Szatmár-Bereg) 24. 8. 1838; stammte aus einer adligen Gutsbesitzerfamilie; Jurist. Von den Ideen der westeurop. Aufklärung und später von der dt. Romantik inspiriert, verfasste er melanchol. und kritisch-patriot. Lyrik, kulturphilosoph. Essays sowie strenge Rezensionen über die zeitgenöss. dichterische Produktion. Als Abg. des Ständeparlaments vertrat er soziale Reformen. Sein ›Hymnus‹ (1823) wurde Text der ungar. Nationalhymne.

Jörg Kölderer: Krebsfang an der Lienzer Klause; Ausschnitt aus einer Miniatur des ›Tiroler Fischereibuchs‹; 1504 (Wien, Österreichische Nationalbibliothek)

Kölderer, Jörg, Maler und Baumeister, * Weiler Hof (Gem. Inzing, Oberinntal), † Innsbruck vor dem 18. 8. 1540; war ab 1500 Hofmaler, seit 1518 auch Hofbaumeister Kaiser MAXIMILIANS I. K. schuf Fassadenmalereien in Innsbruck (Goldenes Dachl), Tafelbilder und Miniaturfolgen (›Jagdbuch Kaiser Maximilians I.‹, 1500, Brüssel, Bibliothèque Royale; ›Tiroler Fischereibuch‹, 1504, Wien, Österr. Nationalbibliothek), auch Entwürfe zu Kaiser MAXIMILIANS ›Ehrenpforte‹ und ›Triumphzug‹ (zw. 1507 und 1512).

Koldewey [-vaɪ], 1) Carl, Polarforscher, * Bücken (bei Hoya) 26. 10. 1837, † Hamburg 17. 5. 1908; Führer der – auf Betreiben von A. PETERMANN zustande gekommenen – ersten (1868) und zweiten (1869–70) dt. Nordpolarexpedition; auf der zweiten, mit den Schiffen ›Germania‹ (143 t) und ›Hansa‹ (242 t) unternommen, erkundete er die O-Küste Grönlands zw. 73° und 77° nördl. Breite.
Werke: Die erste dt. Nordpolar-Expedition im Jahre 1868 (1871); Die zweite dt. Nordpolarfahrt in den Jahren 1869 u. 1870, 2 Bde. (1873–74).

2) Robert, Archäologe, * Blankenburg (Harz) 10. 9. 1855, † Berlin 4. 2. 1925; leitete u. a. die großen Ausgrabungen von Babylon (1899–1917). K. war beispielgebend durch seine modernen Ausgrabungsmethoden und mit W. DÖRPFELD der Begründer der archäolog. Bauforschung.
Werke: Die griech. Tempel in Unteritalien u. Sicilien, 2 Bde. (1899; mit O. PUCHSTEIN). Die hethit. Inschrift, gefunden in der Königsburg von Babylon am 22. Aug. 1899 (1900); Die Pflastersteine von Airburschabu in Babylon (1901); Investigations at Assos, 2 Bde. (1902–21; mit J. T. CLARKE u. F. H. BACON); Die Tempel von Babylon u. Borsippa (1911); Das wieder

Kold Koldewey-Gesellschaft ... – Kolisch

erstehende Babylon (1913); Die Königsburgen von Babylon, 2 Bde. (hg. 1931–32).
W. ANDRAE: Babylon. Die versunkene Weltstadt u. ihr Ausgräber R. K. (1952).

Koldewey-Gesellschaft. Vereinigung für baugeschichtliche Forschung e.V. [-vaɪ-; nach R. KOLDEWEY], Fachverband der dt. Bauforscher mit internat. Mitgliedschaft auch von Archäologen und Kunsthistorikern, gegr. 1926; veranstaltet Tagungen über Ausgrabungswissenschaft und archäolog. Bauforschung und fördert diese.

Kolding ['kɔliŋ], Hafenstadt und Groß-Gem. an der O-Küste Jütlands, Dänemark, am Ende des K.-Fjords, 60000 Ew.; Dänemarks größter Viehexportmarkt, Schlachtbetriebe; Nahrungsmittel-, Textil-, Möbel-, Metallindustrie. – Burg **Koldinghus** (1268 begonnen, urspr. eine unregelmäßige Vierflügelanlage, mehrfach umgebaut) wurde 1808 durch Brand zerstört; wieder aufgebaut (1933/34) der ›Riesenturm‹ (von den Skulpturen am Turm ist die Herkulesfigur erhalten) und ein Teil des got. Palas (kulturhistor. Museum). – Das an der Grenze zum Herzogtum Schleswig gelegene K. war eine bedeutende mittelalterl. Handelsstadt (erste Erwähnung des Stadtrechts 1321 mit Hinweis auf ältere Privilegien), deren Blüte im 16. und Anfang des 17. Jh. lag.

Koleoptile [zu griech. koleós ›[Schwert]scheide‹ und ptílon ›[Daunen]feder‹] die, -/-n, **Keimblattscheide**, 3–4 cm langer, zylinderförmiger Auswuchs des Keimblattgrundes bei Gräserfrüchten, der den Sprossvegetationskegel mit den Blattanlagen umhüllt und bei der Keimung mit harter Spitze die Bodenoberfläche durchstößt.

Kolgujew|insel, Tundreninsel in der Barentssee, Russland, 75 km vom Festland entfernt, 3 200 km², bis 176 m ü. M. Das seit 1987 auf der K. geförderte Erdöl wird auf See-Reede, zu der eine 4 km lange Unterwasserpipeline führt, von Tankschiffen aufgenommen. Die auf der Insel lebenden Nenzen betreiben Renzucht. Die K. ist Brutplatz vieler Seevögel.

Kolhapur ['koʊləpʊə], Stadt im Bundesstaat Maharashtra, Indien, 564 m ü. M., in den Westghats, 405 100 Ew.; Univ. (gegr. 1962), landwirtschaftl. Hochschule; Zucker-, Textilindustrie, Maschinenbau; in der Nähe Bauxitvorkommen.

Kolhörster, Werner, Physiker, * Schwiebus 28. 12. 1887, † München 5. 8. 1946; ab 1935 Prof. in Berlin, dort gleichzeitig Begründer und Leiter des Inst. für Höhenstrahlungsforschung. K. lieferte 1913 eine eindeutige Bestätigung der von V. F. HESS 1911/12 entdeckten kosm. Strahlung, wies 1928 zus. mit W. BOTHE ihre korpuskulare Natur nach und entwickelte mit ihm die Koinzidenzmethode.

Koli, höchste Erhebung S-Finnlands, bis 347 m ü. M. (Quarzithöhenzug), am W-Ufer des Pielisjärvi; Fremdenverkehr, Wintersport.

Kolibakterium [zu griech. kôlon ›Darm‹], **Colibakterium**, andere Bez. für Escherichia coli, →Escherichia.

Kolibris [frz., weitere Herkunft unsicher], Sg. **Kolibri** der, -s, **Trochilidae**, vermutlich mit den →Seglern verwandte Vogelfamilie mit 327 Arten in Amerika; größte Artenzahl in subtrop. und trop. Breiten. Hoch spezialisierte Blüten besuchende Schwirrflieger mit extrem verkürztem Oberarm und sehr langem Handabschnitt der Flügel. Ihr Gefieder zeigt oft prächtig schillernde Farben. K. ernähren sich von Nektar, Insekten und Spinnen; ihr Schnabel ist oft lang, die Zunge weit vorstreckbar, längs gespalten und pinselartig zerfasert. Mit den sehr kurzen Beinen können K. nur sitzen, nicht jedoch laufen. Die Flugtechnik weicht von der aller anderen Vögel ab; K. erreichen im Flug auf der Stelle 25–80 Flügelschläge pro Sekunde. Beim Blütenbesuch wird Pollen übertragen (Ornithophilie). Viele (alle?) Arten senken ihre Körpertemperatur nachts stark ab, um Energie zu sparen. Die Nester werden aus Pflanzenmaterial und Gespinsten gebaut und haben sehr versch. Formen. Meist werden zwei weiße Eier gelegt, die das Weibchen allein ausbrütet. Viele K. haben relativ laute Stimmen, andere verstärken durch speziell gestaltete Schallschwingen das Fluggeräusch. Zu den K. gehören die kleinsten Vögel, wie etwa die Bienenelfe (Calypte helenae) auf Kuba, die 2 g wiegt; der Riesenkolibri (Patagona gigas) ist dagegen fast so groß wie ein Mauersegler. Manche Arten sind Zugvögel; der Rubinkehlkolibri (Archilochus colubris), der in den östl. USA brütet, überquert beim Zug den Golf von Mexiko im Nonstopflug. Alle K. sind international geschützt.

Kolig, Anton, österr. Maler und Zeichner, * Neutitschein 1. 7. 1886, † Nötsch (Kärnten) 17. 5. 1950; war 1928–43 Prof. an der Kunstakad. Stuttgart. K. schuf in einer starkfarbigen, plast. Malerei, in deren Mittelpunkt die Darstellung des Menschen steht, die Verbindung zw. traditionellen und modernen Ausdrucksmitteln. Er schuf auch Monumentalwerke und hinterließ fast 3 000 Zeichnungen.
A. K. Das maler. Werk, bearb. v. C. STEINLE u. a., Ausst.-Kat. (Graz 1981); A. K. Die Zeichnungen (Neuausg. 1985).

Kolik [auch koˈliːk; griech. ›Darmleiden‹] die, -/-en, 1) *Humanmedizin:* in sich wiederholenden Anfällen auftretende, teils mit Schweißausbrüchen und Brechreiz verbundene, heftige krampfartige Bauchschmerzen, die durch Zusammenziehungen (Spasmen) der glatten Muskulatur von Hohlorganen ausgelöst werden (Magen-, Darm-, Gallen-, Nieren-, Blasen-K.). Bes. häufig sind K. von Galle und Nieren bei Steinbildungen und des Dickdarms bei schweren Durchfallerkrankungen. Heftige K. treten zu Beginn eines Darmverschlusses auf. K. erfordern ärztl., ggf. chirurg. Behandlung; lindernd wirken Bettruhe und feuchtwarme Umschläge.
2) *Tiermedizin:* bei Pferden (seltener bei anderen Haustieren) anfallsweise auftretende Leibschmerzen; hervorgerufen u. a. durch Erkältung, Verstopfung.

Kolin, tschech. **Kolín** [ˈkɔliːn], Stadt im Mittelböhm. Gebiet, Tschech. Rep., 225 m ü. M., an der Elbe (ab K. schiffbar), 31 700 Ew.; chem. Industrie (seit 1871), Erdölraffinerie, Maschinen- und Kesselbau, Nahrungsmittel- und Druckindustrie; Elbhafen. – St.-Bartholomäus-Kirche, ein frühgot., 1261 begonnener Bau mit hohem Umgangschor von P. PARLER (1360–85); barocke Bürgerhäuser. – K., 1261 erstmals urkundlich als Stadt erwähnt, entwickelte sich im Spät-MA. zu einem bedeutenden Handelsplatz. – Die Niederlage in der Schlacht bei K. (18. 6. 1757) durch österr. Truppen zwang den preuß. König FRIEDRICH II., D. GR., im Siebenjährigen Krieg, die Belagerung Prags aufzuheben und seine Truppen aus Böhmen zurückzuziehen.

Kolinsky, Handels-Bez. für das Fell des Sibir. Feuerwiesels, →Wiesel.

Koliqi [koˈlikji], 1) Ernest, alban. Schriftsteller, * Shkodër 20. 5. 1903, † Rom 15. 1. 1975; wurde 1939 Prof. in Rom; er trat mit Lyrik und Erzählungen hervor, gilt als Begründer der alban. Novelle; auch Übersetzer von Werken ital. Dichter.
2) Mikel, alban. kath. Theologe und Kardinal, * Shkodër 29. 9. 1902, † ebd. 28. 1. 1997; studierte zunächst in Shkodër Ingenieurwiss., dann in Mailand Philosophie und Theologie. Nach seiner Rückkehr nach Albanien 1931 zum Priester geweiht, war K. in Shkodër im kath. Schul- und Pressewesen tätig. 1945 verhaftet und 1949 verurteilt, verbrachte er 37 Jahre in Haft und Zwangsarbeit. 1994 wurde mit K. erstmals ein Albaner zum Kardinal ernannt.

Kolisch [engl. ˈkɔʊlɪʃ], Rudolf, amerikan. Violinist österr. Herkunft, * Klamm (Gem. Breitenstein, NÖ)

Kolibris:
von **oben** Glanzkolibri, Helmkolibri, Prachtelfe, Hummelelfe (alle Abbildungen etwa in der Hälfte der natürlichen Größe)

Mikel Koliqi

20. 7. 1896, †Watertown (Mass.) 1. 8. 1978; studierte u. a. bei O. Ševčík, setzte sich mit seinem 1922 gegründeten Streichquartett für die Wiener Schule ein. 1944–67 lehrte er an der University of Wisconsin in Madison und war dann Leiter der Kammermusikabteilung am New England Conservatory of Music in Boston (Mass.).

Kolitis [zu griech. kõlon ›Darm‹] *die, -/...'tiden,* **Colitis,** *die* →Dickdarmentzündung.

Kolk [mnd. ›Vertiefung‹] *der, -(e)s/-e,* **Strudeltopf,** *Geomorphologie:* durch Evorsion entstandene Vertiefung (→Auskolkung) im Gestein, in Loch-, Topf- oder Wannenform oder als Nischen an den Seitenwandungen. Zu größeren K. kommt es bes. in Klammen, unterhalb von Wasserfällen, an steileren Gefällstrecken, auf der Brandungsplattform, am Kliff einer Steilküste sowie durch Gletscherschmelzwässer an der Sohle des Eises (→Gletschermühle).

Kolkrabe (Größe 64 cm)

Kolk|rabe, Corvus corax, mit 64 cm Länge einer der größten Sperlingsvögel; in sehr versch. Lebensräumen in der gesamten Holarktis verbreitet; war in weiten Teilen Dtl.s ausgerottet, breitet sich aber, von den Alpen, Schleswig-Holstein und Westpolen ausgehend wieder aus, so von Mecklenburg südwärts bereits bis zum brandenburg. Fläming. Der K. lässt sich von Krähen durch seine bedeutendere Größe (etwa bussardgroß), den keilförmigen Schwanz und den massigeren Schnabel leicht unterscheiden; er erinnert im Flug an einen Greifvogel. Der K. ist ein Allesfresser; er brütet sehr früh im Jahr auf Bäumen oder Felsen und betreibt intensive Brutpflege. K. gehören zu den intelligentesten Vögeln; sie sind geschützt.

Kolla, *die* unterste der klimat. Höhenstufen in →Äthiopien, bis etwa 1 800 m ü. M.

Kolla, Colla, ältere Bez. für die →Aimara des südperuanisch-bolivian. Hochlandes. Vor den Inkas, von denen sie 1430–70 unterworfen wurden, gehörten ihnen weite Gebiete bis in dem Raum um Cuzco.

kollabieren [lat. collabi ›(in sich) zusammensinken‹], einen Kollaps erleiden.

Kollaboration [frz., von spätlat. collaborer] *die, -/-en,* Bez. für die Zusammenarbeit von Einzelpersonen und Gruppen mit dem Kriegsgegner des eigenen Landes. 1940 in Frankreich geprägt, hatte dieser Begriff anfänglich im État Français – nach dem Treffen zw. HITLER und P. PÉTAIN (1940) – einen wertneutralen Sinn, gewann jedoch bald über Frankreich hinaus einen negativen Akzent im Sinn eines gegen elementare Interessen des eigenen Landes gerichteten Zusammenspiels mit dem Gegner des eigenen Staates. Die Motive und Hintergründe für K. waren sehr verschieden und reichten von der Unterstützung aus polit. Überzeugung (z. B. durch Mitgl. und Anhänger faschist. und rechtsradikaler Parteien) über das Bestreben, persönl. Vorteile oder Gewinn zu erzielen, und die Hoffnung, sich durch Mitläufertum den harten Bedingungen der Fremdherrschaft teilweise entziehen zu können, bis hin zu Opportunismus und einem von den Besatzern ausgehenden Zwang. Bei der Eroberung von Gebieten, die zuvor unter Kolonial- oder Fremdherrschaft standen, arbeiteten Teile der Bev. nicht zuletzt auch deshalb mit der Besatzungsmacht zusammen, weil sie glaubten, nat. Interessen stärker verfolgen und die Lage ihres Volkes verbessern zu können (z. B. in versch. brit. und frz. Besitzungen in SO-Asien, die während des Zweiten Weltkriegs von Japan besetzt wurden). Solche Illusionen wurden allerdings zumeist schnell durch die brutale Okkupationsherrschaft beseitigt.

Die Grenzen zw. tatsächl. K. und dem durch die Umstände erzwungenen Kontakt mit der Besatzungsmacht sind nur schwer zu bestimmen; die Anschuldigung, kollaboriert zu haben, traf auch manchen Unschuldigen.

Die K. der Reg. Pétain in Frankreich (nach ihrem Sitz ›Vichy-Reg.‹ gen.) erstreckte sich auch auf die Judendeportationen und auf die Internierung der dt. Emigranten (→Frankreich, Geschichte). Mit dem Einzug der provisor. Reg. in Paris (August 1944) wurden frz. Politiker, Offiziere, Journalisten u. a. der K. beschuldigt, vor Militär- oder Sondergerichte gestellt und zu schweren Strafen verurteilt. Herausragende Prozesse waren die Verfahren gegen PÉTAIN und P. LAVAL.

Auch in anderen, während des Zweiten Weltkriegs von Dtl. besetzten Ländern kam es zur K., u. a. in Belgien, Dänemark, den Niederlanden sowie in Norwegen, wo der Name des Führers der faschist. Partei V. QUISLING zum Synonym für einen Kollaborateur und Landesverräter wurde. Oft stellten sich in diesen Ländern Kräfte für den militär. Kampf an der Seite der Deutschen zur Verfügung (u. a. die ›Wallon. Legion‹ unter L. DEGRELLE und der aus dän., norweg. und niederländ. Freiwilligen bestehende Verband der Waffen-SS ›Wiking‹). Die Zusammenarbeit zw. der dt. Besatzungsmacht und Teilen der Bev. in der UdSSR war v. a. in der Ukraine und im (erst 1940 von der Sowjetunion annektierten) Baltikum nennenswert (u. a. Beteiligung an der Ermordung von Juden). Mit dem erklärten Ziel, die Herrschaft STALINS zu stürzen, bot der 1942 in dt. Kriegsgefangenschaft geratene russ. General A. A. WLASSOW dem natsoz. Dtl. seine Unterstützung an und stellte ab 1944 v. a. aus russ. und ukrain. Kriegsgefangenen sowie ›Hilfswilligen‹ eine ›Russ. Befreiungsarmee‹ auf, die nach ihrer Festsetzung durch US-amerikan. Streitkräfte in Böhmen (1945) an die Sowjetunion ausgeliefert wurde. STALIN ließ nach dem dt. Überfall auf die Sowjetunion unter der Beschuldigung einer kollektiven K. 1941/42 die Wolgadeutschen und 1943/44 mehrere nordkaukas. Völker, die Kalmücken und Mescheten nach Zentralasien und Sibirien deportieren (etwa 3 Mill. Menschen) und Zwangsarbeit leisten (Rehabilitierung erst in den 50er- und 60er-Jahren). Die nach Kriegsende aus Dtl. in die Sowjetunion zurückkehrenden Kriegsgefangenen und Zwangsarbeiter wurden oft unter der Anklage der K. gleich wieder in Lagern festgehalten.

Nach der Befreiung von der dt. Besatzungsmacht wurden in einer Reihe von Ländern Personen der K. beschuldigt und zum Tod oder zu schweren Freiheitsstrafen verurteilt; viele waren der Selbstjustiz einer aufgebrachten Bev. preisgegeben (häufig Frauen, die sich mit dt. Soldaten eingelassen hatten). Unmittelbar nach Abzug der dt. Truppen wurden viele der K. verdächtigte Menschen ohne Verfahren getötet.

Als **K.-Literatur** wird die in Frankreich während der dt. Besetzung 1940–44 verfasste Literatur bezeichnet,

Kolibris:
Von **oben** Adlerkolibri, Costakolibri, Topaskolibri, Flaggensylphe (alle Abbildungen etwa in der Hälfte der natürlichen Größe)

deren Autoren als Kollaborateure der Besatzungsmacht natsoz.-faschist. Ideologien propagierten. Sie gingen v. a. aus der Anhängerschaft der nationalistisch-antisemitisch orientierten →Action française hervor. Zu ihren Hauptvertretern gehörten P. DRIEU LA ROCHELLE, R. BRASILLACH, A. DE CHATEAUBRIANT und L.-F. CÉLINE. Der K.-Literatur stand die Résistanceliteratur (→Résistance) gegenüber.

M. BOVERI: Der Verrat im 20. Jh., 4 Bde. (1956–60); P. SÉRANT: Die polit. Säuberungen in Westeuropa am Ende des Zweiten Weltkrieges (a.d. Frz., 1966); M.-I. SICARD: Histoire de la collaboration (Paris 1969); Lit. der Résistance u. K. in Frankreich, hg. v. K. KOHOUT, 3 Bde. (1982–84); G. LOISEAUX: La littérature de la défaite et de la collaboration (Paris 1984); Widerstand, Flucht, K. Literar. Intelligenz u. Politik in Frankreich, hg. v. J. SIESS (1984); Polit. Säuberung in Europa. Die Abrechnung mit Faschismus u. K. nach dem Zweiten Weltkrieg, hg. v. K.-D. HENKE u. H. WOLLER (1991); R. BRENDER: K. in Frankreich im Zweiten Weltkrieg. Marcel Déat u. das Rassemblement national populaire (1992).

Kollagen [griech. *kólla* ›Leim‹ und →...*gen*] *das, -s/-e,* **Collagen,** zu den Gerüsteiweißen (Skleroproteine) gehörendes Protein, das den Hauptbestandteil des Bindegewebes, der Sehnen und Knorpel sowie der organ. Substanz der Knochen bildet und bis zu 25 % des Proteingehaltes des menschl. und tier. Körpers ausmacht. K. hat einen hohen Gehalt an Glycin, Prolin und Hydroxyprolin. Grundbaustein des K. ist das bei der biolog. Synthese in den Bindegewebszellen zunächst aufgebaute **Tropo-K.,** das aus drei schraubenförmig ineinander verschlungenen Aminosäureketten von etwa 280 nm Länge und 1,4 nm Dicke besteht. Zahlr. parallel angeordnete Tropokollagenmoleküle bilden die K.-Fibrillen der **K.-Fasern (kollagene Fasern),** die große Zugfestigkeit, aber nur geringe Elastizität haben. Derzeit sind für Wirbeltiere 10 versch. K.-Typen klassifiziert. Im Ggs. zu den meisten Proteinen des menschl. und tier. Organismus wird das K. nicht laufend erneuert; es nimmt – wenn einmal gebildet – nicht weiter am Stoffwechsel teil und altert deshalb, wobei die Querverbindungen (Wasserstoffbrücken- und Esterbindungen) zw. den Tropokollagenmolekülen stetig zunehmen. – K. ist Ausgangsmaterial für Leim und Gelatine. Es wird auch für Hautkosmetika verwendet. Gerbsäure bringt K. zum Schrumpfen und macht es widerstandsfähig gegen Fäulnis, sie wird daher in der Lederherstellung verwendet.

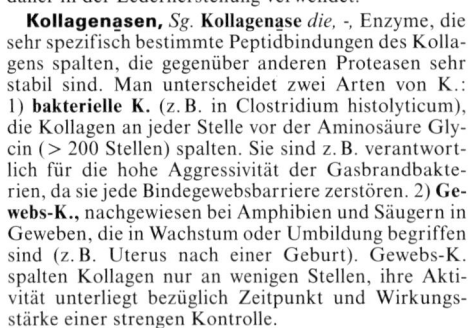

Kollagenasen, *Sg.* **Kollagenase** *die, -,* Enzyme, die sehr spezifisch bestimmte Peptidbindungen des Kollagens spalten, die gegenüber anderen Proteasen sehr stabil sind. Man unterscheidet zwei Arten von K.: 1) **bakterielle K.** (z. B. in Clostridium histolyticum), die Kollagen an jeder Stelle vor der Aminosäure Glycin (> 200 Stellen) spalten. Sie sind z. B. verantwortlich für die hohe Aggressivität der Gasbrandbakterien, da sie jede Bindegewebsbarriere zerstören. 2) **Gewebs-K.,** nachgewiesen bei Amphibien und Säugern in Geweben, die in Wachstum oder Umbildung begriffen sind (z. B. Uterus nach einer Geburt). Gewebs-K. spalten Kollagen nur an wenigen Stellen, ihre Aktivität unterliegt bezüglich Zeitpunkt und Wirkungsstärke einer strengen Kontrolle.

Kollagenkrankheiten, Kollagenosen, von dem amerikan. Arzt P. KLEMPERER (* 1887, † 1964) geprägte Sammel-Bez. für eine Gruppe von Krankheiten, deren gemeinsames Kennzeichen eine immunolog. Schädigung des Gefäßbindegewebes mit der Folge von über den ganzen Körper verbreiteten (system.) entzündlich-degenerativen Gewebeveränderungen ist. Die K. werden überwiegend auf immunpathol. Prozesse zurückgeführt und zu den →Autoimmunkrankheiten gerechnet. Sie verlaufen chronisch, mit Rückfällen fortschreitend, äußern sich in akuten Entzündungssymptomen und Durchblutungsstörungen (z. B. Absterben der Finger). Lebensbedrohlich wird bei einem Teil der Erkrankungen die Schädigung der Nieren, der Lunge und des Herzens. Zu den K. werden v. a. die chron. Polyarthritis (→Gelenkkrankheiten), bestimmte Formen der Arterienentzündung (Arteriitis temporalis, Panarteriitis), Reiter-Krankheit, Sklerodermie, Lupus erythematodes, Wegener-Granulomatose, Sjögren-Syndrom, Dermatomyositis (Veränderungen von Haut, Muskeln, inneren Organen), Sharp-Syndrom und Bechterew-Krankheit gerechnet, von denen ein Teil auch zusammenfassend als Erkrankungen des rheumat. Formenkreises systematisiert wird. Die *Behandlung* erfolgt mit Corticosteroiden, nichtsteroidalen entzündungshemmenden Mitteln und Immunsuppressiva.

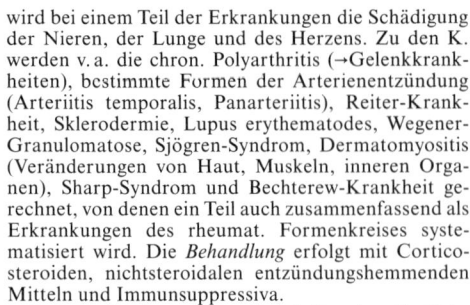

Kollane [zu lat. *collum* ›Hals‹] *die, -/-n,* die Halskette hoher Orden oder das Kennzeichen der höchsten Stufe mehrklassiger Orden.

Kollaps [zu lat. *collabi* ›(in sich) zusammensinken‹] *der, -es/-e, Medizin:* **Kreislauf-K.,** plötzlich auftretende, im Unterschied zum Schock meist kurzfristige Regulationsstörungen des Kreislaufs, bei denen die Ausgleichsmöglichkeiten des Organismus nicht mehr ausreichen, um eine genügende Durchblutung der lebenswichtigen Organe zu gewährleisten; der akute Blutmangel im Gehirn führt hierbei zur Ohnmacht. Vorzeichen sind meist Gesichtsblässe, kalter Schweiß, Schwindelgefühl und Gliedmaßenzittern. Als Ursachen kommen eine hypotone Blutdruckregulationsstörung, die Abnahme der Förderleistung des Herzens (z. B. bei Herzrhythmusstörungen) oder anderweitig verursachte Störungen der Hirndurchblutung (z. B. Karotisstenose) infrage. Sie gehen entweder auf eine vegetative Fehlregulation oder auf organ. Erkrankungen zurück. Beim **orthostatischen K.** kommt es durch abruptes Aufstehen oder nach längerem Stehen zum Absinken des Blutes in die Bein- und Beckenvenen mit Blutdruckabfall (→Orthostasesyndrom); starke vertikale Beschleunigung führt zum **Beschleunigungs-K.;** auf vegetativem Wege (vagovasale Reaktion) wirken psych. Einflüsse. Eine verstärkte Neigung zum K. besteht bei vegetativer Labilität, Blutzuckerschwankungen, während Schwangerschaft und Wechseljahren und bei schweren Infektionen. Zu den Allgemeinmaßnahmen bei einfachem K. gehören Kopf-Tieflagerung, Gefäßreizung (mit kaltem Wasser), Anwendung von kreislaufanregenden Mitteln. In jedem Fall ist eine ärztl. Klärung der Ursache erforderlich.

Kollár [-la:r], Ján, slowak. Lyriker und Gelehrter, * Mošovce (Westslowak. Gebiet) 29. 7. 1793, † Wien 24. 1. 1852; ev. Geistlicher; studierte 1817–19 in Jena Philosophie und Theologie; empfing vom Wartburgfest Impulse, sich für die eigene Nation zu engagieren; besuchte GOETHE in Weimar; ab 1849 Prof. für slaw. Archäologie in Wien; verherrlichte in seinem Hauptwerk, dem tschech. Sonettenzyklus ›Slávy dcera‹ (1824, erw. 1832; dt. Ausw. ›Die Tochter der Slawa‹), die slaw. Vergangenheit; begründete in der deutschsprachigen Abhandlung ›Über die literar. Wechselseitigkeit zw. den versch. Stämmen und Mundarten der slaw. Nation‹ (1837) theoretisch die Einheit der slaw. Kultur und wies ihr unter dem Einfluss von J. G. HERDER eine humanisierende Mission zu; sammelte auch Volkslieder.

Ausgabe: Vybrané spisy, 2 Bde. (1952–56).

J. M. KIRSCHBAUM: Pan-Slavism in Slovak literature. J. K., Slovak poet of Panslavism (Winnipeg 1966).

Kołłątaj [kɔu̯'ɣɔntaj], Hugo, poln. Politiker, * Dederkały (heute Welikije Dederkały, Gebiet Ternopol, Ukraine) 1. 4. 1750, † Warschau 28. 2. 1812; kath. Theologe, Reorganisator (ab 1778) der Univ. Krakau, deren Rektor er 1782–86 war; seit 1786 geistiger Führer der Reformbewegung der ›Patrioten‹; Hauptautor der Verf. vom 3. 5. 1791 und Vizekanzler (1791/92); lebte 1792/1793 nach der Konföderation von Targo-

Ján Kollár
(anonymer Holzstich; um 1850)

wica (1792) in der Emigration in Dresden; wegen Teilnahme am Aufstand T. KOŚCIUSZKOS 1794–1802 in österr. Haft.
M. J. LECH: H. K. (Warschau 1973).

kollateral [mlat. ›seitlich‹], seitlich angeordnet.

Kollateralen, *Sg.* **Kollaterale** *die,* -, **Kollateralgefäße,** Querverbindungen zw. Blutgefäßen, die einen Ersatzkreislauf ermöglichen. Dieser **Kollateralkreislauf** sichert nach vorübergehender oder dauernder Unterbindung der Blutzufuhr (Krampf oder Verstopfung der zuführenden Blutgefäße) eines Körpergebietes die Ernährung des gefährdeten Bereiches.

Kollath, Werner, Bakteriologe und Hygieniker, *Gollnow 11. 6. 1892, †Porza (Kt. Tessin) 19. 11. 1970; Prof. in Breslau, Rostock und Freiburg im Breisgau; bedeutender Ernährungswissenschaftler, gilt als der Begründer der modernen Vollwerternährungslehre.
Werke: Die Ordnung unserer Nahrung (1942); Zur Einheit der Heilkunde (1942).
ELISABETH KOLLATH: W. K. – Forscher, Arzt u. Künstler (³1988); DIES.: Vom Wesen des Lebendigen (1989).

Kollath-Frühstück [nach W. KOLLATH], eine Rohgetreidespeise aus frisch geschrotetem Weizen, Trockenobst, frischen Früchten, Mandeln (Nüssen), Wasser, dazu Zitronensaft oder Sahne.

Kollation [lat. ›das Zusammenbringen‹, ›das Vergleichen‹] *die,* -/-en, **1)** *kath. Kirchenrecht:* die Verleihung eines kirchl. Amtes oder (früher) Benefiziums.
2) *Recht:* das Vergleichen der Abschrift mit der Urschrift; im Erbrecht die →Ausgleichungspflicht.

kollationieren [mlat., von lat. conferre, collatum ›zusammentragen‹], **1)** *Buchbinderei:* Bogen und Blätter von Büchern und Broschüren auf Vollständigkeit und richtige Reihenfolge vor der Weiterverarbeitung kontrollieren. (→Bogensignatur)
2) *graf. Gewerbe:* einen gedruckten (gesetzten) Text mit dem Manuskript vergleichend auf Richtigkeit und Vollständigkeit prüfen.

kollaudieren [lat. collaudare ›loben‹], *österr.* und *schweizer.* für: einen Bau nach Fertigstellung abnehmen und behördlich genehmigen.

Kolle, 1) Kurt Albert Bernhard, Psychiater, *Kimberley (Südafrika) 7. 2. 1898, †München 21. 11. 1975, Sohn von 2); ab 1952 Prof. in München; verfasste neben ›Psychiatrie. Lb. für Studierende und Ärzte‹ (1939) anthropologisch ausgerichtete Arbeiten zur Psychopathologie (u. a. ›Das Bild des Menschen in der Psychiatrie‹, 1954); 1971 erschien seine Autobiographie ›Wanderer zw. Natur und Geist‹.
2) Wilhelm, Bakteriologe und Hygieniker, *Lerbach (heute zu Osterode am Harz) 2. 11. 1868, †Wiesbaden 10. 5. 1935, Vater von 1); Schüler von ROBERT KOCH, ab 1906 Prof. in Bern; leitete ab 1917 (als Nachfolger P. EHRLICHS) das Inst. für experimentelle Therapie (einschließlich Georg-Speyer-Haus für Chemotherapie) in Frankfurt am Main; entwickelte die Choleraschutzimpfung und verbesserte die Salvarsantherapie.

Kölleda, Stadt im Landkreis Sömmerda, Thür., 142 m ü. M., in Thüringer Becken, 6400 Ew.; Museum; Heilpflanzenanbau. – Klosterkirche St. Johannis des ehem. Zisterzienserinnenklosters (um 1300); Pfarrkirche St. Wiperti (um 1720–40, im Kern spätgotisch) mit klassizist. W-Turm. – K., eine althüring. Siedlung, wurde 786 erstmals urkundlich erwähnt. 1392 wurde K. Stadt. 1485 fiel es an die Albertiner, 1815 an Preußen.

Kolleg [lat. collegium ›(Amts)genossenschaft‹] *das,* -s/-s, selten ...*gi|en,* **1)** eine Gesamtvorlesung oder Vorlesungsstunde an Hochschulen.
2) im MA. die Häuser, in denen Prof. und Studenten zusammenlebten und studierten, z. T. heute noch im engl. University-College erhalten.

3) in der kath. Kirche Ordenshäuser (z. B. Jesuiten-K.), die zugleich auch Ausbildungs- und Erziehungsstätten für den Ordensnachwuchs, für Priester, z. T. auch für Laien sind.
4) Institut zur Erlangung der Hochschulreife, Einrichtung des zweiten Bildungswegs, die zur allgemeinen oder fachgebundenen Hochschulreife (Abitur) führt. Die Kollegiaten müssen Realschulabschluss und eine berufl. Vorbildung (an Berufsaufbauschulen, Berufsfachschulen oder in einem Ausbildungsberuf) oder eine mindestens zweijährige qualifizierte Berufstätigkeit nachweisen, sich einer Eignungsprüfung unterziehen oder einen halbjährigen Vorkurs erfolgreich besuchen. Im Unterschied zum Abendgymnasium (→Abendschulen) darf keine Berufstätigkeit ausgeübt werden. Der Vollzeitunterricht umfasst drei bis vier Jahre, nach dem ersten Jahr erfolgt er entsprechend der gymnasialen Oberstufe im Kurssystem.
5) oft in Hochschulen integrierte Einrichtung für ausländ. Studienbewerber, →Studienkolleg.
6) berufl. Bildungseinrichtung für Absolventen mit mittlerem Bildungsabschluss (Sekundarabschluss I, Realschule), →Berufskolleg.
7) die →Kollegschule.
8) in *Österreich* Form der berufsbildenden höheren Schule in versch. Fachrichtungen für Absolventen allgemein bildender höherer Schulen oder höherer Lehranstalten anderer Fachrichtung; das K. schließt i. d. R. nach vier bis fünf Semestern (Berufstätige: sechs Semester) mit einer zweiten Reifeprüfung ab.

kollegial [lat. ›das Kollegium betreffend‹], **1)** dem (guten) Verhältnis unter Kollegen entsprechend;
2) durch ein Kollegium erfolgend.

Kollegialgericht, ein Gericht, dessen Entscheidungen von einem aus mehreren Richtern gebildeten Kollegium gefällt werden, im Ggs. zum Einzelrichter. Die Einrichtung von K. soll eine gründlichere Diskussion zur Klärung des Streitstoffes gewährleisten. Die Richter des K. können teilweise ehrenamtl. Richter sein. K. sind z. B. die Schöffengerichte sowie die Kammern und Senate der versch. Gerichte.

Kollegialität, *kath. Kirchenrecht:* ein Prinzip der Kirchenverfassung, das aus der Auffassung des 2. Vatikan. Konzils ›über die Hirtenaufgabe der Bischöfe in der Kirche‹, niedergelegt im Dekret ›Christus Dominus‹, abgeleitet wird. Es verpflichtet die Bischöfe zur Wahrung der Einheit untereinander und gibt ihnen zugleich Mitverantwortung für die Gesamtkirche (→Bischofskollegium). Ein wichtiges Instrument der K. ist die →Bischofssynode.

Kollegialprinzip, *Recht:* Organisationsprinzip in der öffentl. Verw. oder bei Gerichten, dem zufolge die Entscheidungskompetenzen bei mehrköpfigen, untereinander nicht weisungsgebundenen Gremien verankert sind, im Ggs. zum monokrat. oder bürokrat. System. In der Gerichtsorganisation ist das K. vorherrschend, in der Verw. kommt es eher vereinzelt vor (z. B. Schulkollegium).

Kollegiatkapitel, →Stiftskapitel.

Kollegiatkirche, Bez. für eine Stiftskirche, die kein Bischofssitz ist. (→Stift)

Kollegium [lat.] *das,* -s/...*gi|en,* **1)** *allg.:* Gruppe von Personen mit gleichem Amt oder Beruf (z. B. Lehrer-K.).
2) *Geschichte:* 1) im antiken Rom Bez. für die in ihrer Gesamtheit handelnden röm. Magistrate und Priesterschaften; auch wichtiger Bestandteil des röm. Vereinswesens; 2) im Heiligen Röm. Reich seit dem Spät-MA. Bez. der drei reichsständ. Beratungs- und Beschlusskollegien des Reichstags (Kurfürsten, Reichsfürsten, Reichsstädte; →Kurie).

Kollegschule, Einrichtung des Sekundarbereichs II in NRW; ein Modellversuch zur Integration berufsbezogener und studienbezogener Bildungs-

Werner Kollath

gänge. Die K. steht Absolventen des 10. Schuljahrs nichtgymnasialer Schularten offen. Die Anerkennung des Abschlusses einer K. als allgemeine Hochschulreife war in der Kultusministerkonferenz (KMK) lange Zeit umstritten. Seit dem Beschluss der KMK zur gymnasialen Oberstufe im Oktober 1987 müssen die K. im Hinblick auf das Abitur die übl. Bestimmungen der gymnasialen Oberstufe erfüllen. Somit steht auch eine zweite Fremdsprache auf dem Lehrplan, in der z. B. Fachoberschüler nicht über Grundkenntnisse verfügen. Diese Bestimmung und die Regelung, dass der doppelt qualifizierende Abschluss der K. getrennt durchgeführt werden muss (als berufsqualifizierende und als Abiturprüfung), bedeuten die Verlängerung der K. von drei auf vier Jahre.

Die Bez. K. ist erst seit 1974 üblich (der Dt. Bildungsrat bezeichnete Einrichtungen dieser Art in einer Empfehlung von 1974 als **Kollegs**). – Eine Integration berufsfeldbezogener und studienbezogener Bildung wird auch in einigen Berliner Oberstufenzentren erprobt.

Kollegstufe, Bez. des Dt. Bildungsrats für eine reformierte gymnasiale Oberstufe; 1972 wurde die Oberstufe des Gymnasiums mehrfach reformiert und z. T. auch die Bez. K. übernommen (Bayern). In der K. sind der Jahrgangsklassenverband zugunsten von Kursgruppen aufgelöst, das Schuljahr in selbstständige Studienhalbjahre geteilt und der Fächerkanon auf drei Aufgabenfelder (sprachlich-literarisch-ästhet., mathematisch-naturwiss. und gesellschaftswiss. Aufgabenfeld) konzentriert. Aus diesen Aufgabenfeldern stellt sich der Schüler nach Lernfähigkeit und Interesse oder Neigung und unter Berücksichtigung bestimmter Pflichtbindungen sein Kursprogramm zusammen, das vertieft behandelte Leistungskurse einerseits und allgemeine Bildung sichernde Grundkurse anderseits enthält. Die Benotung der schriftl., mündl. und ggf. prakt. Leistungen erfolgt nicht mehr nach der sechsstufigen Notenskala, sondern mithilfe eines Punktesystems (15 Punkte = sehr gut, 0 Punkte = ungenügend). Im Laufe der Oberstufenjahre erreicht der Schüler eine große Anzahl von Punkten, die in einem komplizierten, gewichteten Umrechnungsverfahren zus. mit den in den Abiturprüfungen erreichten Punkten das Ergebnis der Abschlussqualifikation ergibt. Die K. ist demnach eine enttypisierte Stufenschule. Aufgrund länderspezif. Festlegungen zum Fächerangebot, zu den Kombinationsmöglichkeiten der Fächer, zum Stundenanteil von Leistungs- und Grundkursen, zur Abwahl von Kernfächern (wie Deutsch, Mathematik, Fremdsprachen oder Naturwiss.) sowie an den Voraussetzungen und Pflichtinhalten der Abiturprüfung ist sie trotz kultusministerieller Vereinbarungen recht uneinheitlich. Bundesweit hat das zu unterschiedl. Leistungsanforderungen an das Reifezeugnis geführt, zumal einige Länder Abiturprüfungsaufgaben zentral durch die Kultusministerien stellen lassen, andere den einzelnen Gymnasien selbst umfangreiche Vorschlagsrechte für die Abiturprüfungsaufgaben einräumen.

Kollek, Theodore (Teddy), israel. Politiker, *Wien 27. 5. 1911; betätigte sich politisch in zionist. Jugendorganisationen, ging 1935 nach Palästina. Seit 1940 arbeitete er für die Jewish Agency for Palestine. Nach Gründung des Staates Israel (1948) war er u. a. 1951–52 Gesandter seines Landes in den USA, 1952–65 Generaldirektor im Amt des Premierministers. Als Mitgl. der von D. BEN GURION gegründeten ›Rafi‹ (›Arbeiterliste‹), seit 1968 Mitgl. der Israel. Arbeitspartei, war er 1965–93 Bürgermeister von Jerusalem und mit unermüdl. persönl. Einsatz um den Ausgleich der nat. und religiösen Gegensätze bemüht. Er schrieb ›Jerusalem und ich‹ (hebr. 1994; dt.; Memoiren).

Theodore Kollek

R. RADKE: Teddy K. Bürgermeister von Jerusalem (Neuausg. 1992).

Kollektaneen [spätlat., zu lat. collectaneus ›angesammelt‹] *Pl.,* **Collectanea,** Sammlung von Auszügen und Zitaten, meist aus wiss. Werken; ähnlich den Analekten.

Kollekte [lat. collecta ›Beisteuer‹, ›Geldsammlung‹, zu colligere, collectum ›sammeln‹] *die, -/-n,* **1)** die Sammlung freiwilliger Gaben für kirchl. Zwecke im Gottesdienst.
2) *lat. Liturgie:* das Tagesgebet, mit dem der Priester die Eröffnung der Messe beschließt.

Kollektion [frz., von lat. collectio ›das Aufsammeln‹] *die, -/-en,* Zusammenstellung von Warenmustern; Auswahl; Sammlung.

kollektiv [lat. collectivus ›angesammelt‹], gemeinschaftlich; alle Beteiligten betreffend, erfassend.

Kollektiv *das, -s/-e,* **1)** *allg.:* Gruppe, in der Menschen in einer Gemeinschaft zusammenleben; Arbeitsgruppe; Team.
2) *Physik:* eine Gesamtheit von Teilchen, die in bestimmter Weise miteinander korreliert sind.
3) *Politik:* Arbeits- oder Interessengemeinschaft, bes. im Sinne des →Kollektivismus, als Grundbegriff der kommunist. Gesellschaftstheorie Bez. für eine gemeinsam tätige Gruppe zur Erledigung einer bestimmten Arbeit oder Aufgabe (z. B. Arbeits-K.), in der die gemeinsamen (sozialist.) Interessen die Beziehungen untereinander bestimmen sollten. Nach der marxistisch-leninist. Ideologie sollte jedes Mitgl. des K. eine ›höhere soziale Qualität‹ sowie ein den ›sozialist. Produktionsverhältnissen‹ adäquates ›gesellschaftl. Bewusstsein‹ entwickeln, wobei die einzelnen Mitgl. auch der Kontrolle und mitunter dem Zwang des K. unterworfen waren (→Kollektiverziehung). Ziel sollte die Übereinstimmung der grundlegenden Interessen des Einzelnen mit denen der Gesellschaft sein. Das **sozialistische K.** (als Brigade im →sozialistischen Wettbewerb, **K. der sozialistischen Arbeit** [seit 1962 staatl. Auszeichnung der DDR]) sollte sowohl ökonomische Leistungen erbringen als auch eine neue Form des Zusammenlebens (›sozialist. Gemeinschaft‹) ermöglichen.

Kollektivbedürfnisse, Bedürfnisse, die aus dem Zusammenleben der Wirtschaftssubjekte erwachsen, wie das Bedürfnis nach Rechtsprechung, oder die sich gemeinschaftlich besser befriedigen lassen, wie das Bedürfnis nach Gesundheitsfürsorge. (→öffentliche Güter)

Kollektivbegriff, in der *Logik* ein Begriff, der sich auf Gegenstände bezieht, die ihrerseits wieder als Klassen von anderen Gegenständen aufgefasst werden können. Dabei müssen diese Klassen eine innere Gliederung aufweisen. So bezeichnet z. B. der K. ›Bücherei‹ Klassen von Büchern (z. B. Sachgebiete), die ihrerseits wieder z. B. alphabetisch nach Verfassern geordnet sind. Sprachlich sind im Deutschen die Vorsilben ge- sowie die Nachsilben -heit, -schaft und -zeug charakteristisch für Kollektivbegriffe (→Kollektivum). Neben den K. betrachtete die traditionelle Logik noch Individual- und Allgemeinbegriffe.

Kollektivbeschleuniger, Plasmabeschleuniger, ein von W. J. WEKSLER 1956 für Protonen, Alphateilchen und Schwerionen vorgeschlagenes Beschleunigungsprinzip (→Beschleuniger). Während bei herkömml. (Individual-)Beschleunigern äußere elektr. Felder direkt an den zu beschleunigenden positiven Ionen angreifen, werden bei einem K. die Ionen möglichst stabil in Wolken von Elektronen eingebettet, die beschleunigt werden und dabei die Ionen mitziehen. In die Praxis fand das Prinzip bisher kaum Eingang.

Kollektivbestattung, vorgeschichtl. Bestattungsform der Jungstein- und der Bronzezeit, bei der eine Grabstätte über Generationen hinweg immer wieder belegt wurde (oft mehrere Hundert Bestattungen). Typ. Kollektivgräber sind die Megalithgräber in N-Deutschland, S-Skandinavien und W-Europa.

Kollektivbewusstsein, von É. Durkheim in seiner Untersuchung ›De la division du travail social‹ (1893) geprägter Begriff der Soziologie; bezeichnet die ›Gesamtheit der Glaubensvorstellungen und Gefühle, die allen Mitgl. derselben Gesellschaft‹ gemein sind. Dabei tritt das K. dem einzelnen Menschen als (objektiv wirkende) überindividuelle soziale Kraft gegenüber, die seine Sozialisation maßgebend prägt und ihn als Mitgl. seiner Gesellschaft formt.

Kollektivdelikt, Sammelstraftat, von der älteren Rechtsprechung geformte, heute weitgehend als überholt angesehene Bez. für eine Mehrheit von gewerbsmäßig, geschäftsmäßig oder gewohnheitsmäßig begangenen Straftaten einer Person. Entgegen der früheren Rechtsprechung werden diese Taten nicht als einheitl. Delikt, sondern als mehrere einzelne Taten bestraft, um den mit besonderer verbrecher. Energie handelnden Täter nicht ungerechtfertigt zu privilegieren. Es handelt sich dabei um Taten, deren Strafbarkeit (z. B. § 180 a StGB: gewerbsmäßige Förderung der Prostitution) oder erhöhte Strafbarkeit (z. B. § 260 StGB: gewerbsmäßige Hehlerei) davon abhängt, dass der Täter den Tatbestand wiederholt verwirklicht oder, bei Gewerbsmäßigkeit, wenigstens wiederholt zu verwirklichen beabsichtigt. Auch beim →fortgesetzten Delikt hat die Rechtsprechung die Annahme von Handlungseinheit mittlerweile aufgegeben.

kollektive Führung, Begriff der marxistisch-leninist. Partei- und Staatstheorie, bezeichnet das Prinzip, ein Gremium aus gleichberechtigten Personen mit der Führung bestimmter Partei- und Staatsorgane zu betrauen. Der jeweilige Vors. dieses Gremiums (z. B. Erster Sekretär des ZK der KPdSU; Vors. des Staatsrates der DDR) sollte im Sinn dieser Theorie der ›Erste unter Gleichen‹ sein. Im Zuge der Entstalinisierung betonte die KPdSU unter Berufung auf Lenin nach ihrem XX. Parteitag (1956) das Prinzip der k. F. Es sollte der Selbstherrlichkeit und dem Machtmissbrauch einzelner Parteifunktionäre (→Personenkult) entgegenwirken; die tatsächl. Macht kommunist. Parteiführer blieb aber im Wesentlichen erhalten.

Kollektiv|erziehung, grundlegendes erzieher. Konzept des sowjet. Pädagogen A. S. Makarenko, das bis zum Zerfall des kommunist. Weltsystems 1989/91 prinzipiell Ziele und Methodik der Erziehung in kommunist. Staaten formte. Makarenko stellte die von ihm praktizierte außerfamiliäre Erziehung in Altersgruppen unter die Perspektive der kommenden sozialist. Gesellschaft mit Arbeit und Produktion im Kollektiv. Erziehung sollte für alle gleich sein und hatte die allseitige Entwicklung der Persönlichkeit zum Ziel, wobei zur sozialist. Persönlichkeit insbesondere die Befähigung zum Arbeiten und Leben im sozialist. Kollektiv gehörte. Einheit von Unterricht und Erziehung verfolgte Makarenko in der Verbindung von Lernen, körperl. Arbeit und gesellschaftlich nützl. Tätigkeit mit Betonung sowohl der Gleichberechtigung der Mitgl. als auch der pädagog. Führung und Disziplin, wobei in der Großgruppe die Sinnhaftigkeit von Rollenverteilung und gemeinsamer Lösungssuche für Produktion und Gesellschaft erfahrbar gemacht werden sollte. Zw. der K. und der gesellschaftl. Wirklichkeit kommunist. Staaten sowie dem Alltag am Arbeitsplatz fehlte allerdings jeder Bezug. Auf staatstheoretisch-ideolog. Ebene wurde als angestrebtes Ziel der K. der Zusammenfall der Interessen des Einzelnen mit dem – von der Partei definierten – Gesamtinteresse postuliert (→Kollektiv). – Einen anderen Versuch der K. gab es im →Kibbuz.

kollektive Sicherheit, Ziel der Sicherheitspolitik zur Friedenssicherung; ihr dienen alle Bemühungen, die darauf abzielen, den Krieg als Mittel zur Lösung von Konflikten zw. Staaten zu verhindern, internat. Streitfragen friedlich zu lösen, militär. Abrüstung und polit. Entspannung weltweit zu fördern sowie die wirtschaftl. und kulturelle Zusammenarbeit zw. den Staaten zu aktivieren und auszubauen.

Nach dem Ersten Weltkrieg bemühte sich v. a. der Völkerbund (→Genfer Konferenzen 1), die k. S. im Weltmaßstab zu erreichen. In seinem System der k. S. sollten alle Mitgl.-Staaten verpflichtet sein, gemeinsam gegen einen Staat vorzugehen, der das Gebot des Gewaltverzichtes durchbrach. Diese Bemühungen scheiterten jedoch u. a. an der aggressiven, auf Revision der Pariser Friedensverträge (1919/20) ausgerichteten Politik einiger Staaten Europas, bes. Dtl.s, Italiens, Ungarns, und an der expansionist. Politik Japans. Nach dem Zweiten Weltkrieg nahm die UNO die Bemühungen um k. S. wieder auf (UN-Charta Art. 52 ff.). Im Zeichen des Ost-West-Konfliktes (seit 1946/47) und der Herausbildung der Machtblöcke wurde die Idee der k. S. durch das Konzept einer regional begrenzten ›kollektiven Verteidigung‹ mit Gründung der NATO (1949) und des Warschauer Paktes (1955) abgelöst. Im Sinne ihrer Verteidigungskonzeption (Absicherung ihres Machtbereichs) sowie in der Erkenntnis, wirtschaftlich dem Rüstungswettlauf langfristig nicht standhalten zu können, griff die UdSSR in der internat. Diskussion immer wieder den Gedanken der k. S. auf und forderte ein System der ›Europ. Sicherheit‹. Neben der allg. anerkannten Forderung nach Abrüstung und der friedl. Lösung internat. Konflikte sprach sie sich u. a. für die Schaffung entmilitarisierter und atomwaffenfreier Zonen in Europa aus. Gegen Ende der 60er-Jahre griffen die Staaten der NATO die sowjet. Politik der k. S. auf. Die gemeinsamen Bemühungen der von den USA und der UdSSR geführten Staaten in Europa fanden schließlich ihren Ausdruck in der →Konferenz über Sicherheit und Zusammenarbeit in Europa (1973–75) und ihren Nachfolgekonferenzen. Mit den polit. Veränderungen der 80er-Jahre in Europa und dem Zerfall des Warschauer Paktes 1991 eröffnen sich neue Chancen für →Abrüstung und Entspannung sowie innerhalb der Europ. Union für eine gemeinsame Außen- und Sicherheitspolitik, die langfristig eine kollektive Verteidigungspolitik (v. a. im Rahmen der Westeurop. Union) einschließen soll. Gleichzeitig wird aber weltweit die Sicherheitslage u. a. durch die Ausweitung →ethnischer Konflikte immer schwerer kalkulierbar.

kollektives Unbewusstes, *Psychologie:* nach C. G. Jung das überindividuell Unbewusste (→Archetypus).

kollektives Verhalten, mehr oder weniger gleichförmiges Verhalten von Menschen in größeren Gruppen oder Menschenansammlungen. Die Gleichförmigkeit kann sich auf äußere Reaktionen beschränken, aber auch durch verbindende Ziele und Interessen bestimmt oder durch den Situationsdruck bestimmter Ereignisse (z. B. Naturkatastrophen, gesellschaftl. Notlagen oder Krisen) hervorgerufen sein. Standen bei dem älteren Begriff ›Massenverhalten‹ (→Masse) v. a. die irrationalen, den Einzelnen seiner Selbststeuerungsmöglichkeiten enthebenden Effekte im Vordergrund, so hebt der Begriff k. V., der in der Sozialpsychologie und Gruppensoziologie der USA in den 50er-Jahren seinen Aufschwung nahm, eher auf Motivationen und Verhaltensmuster von Menschen in großen Gruppen und die Mechanismen und Strukturen der beobachteten Prozesse ab. Insoweit k. V. das mehr oder weniger deutl. Bewusstsein einer überindividuellen Orientierung voraussetzt, unterscheidet es sich von völlig unstrukturierten Situationen; ihm fehlt aber die auf Dauer angelegte und intern differenzierte Ordnung einer sozialen Organisation.

N. J. SMELSER: Theorie des k. V. (a. d. Amerikan., 1972); Theorien kollektiven Verhaltens, hg. v. W. R. HEINZ u. a., 2 Bde. (1973); W. SOFSKY: Die Ordnung sozialer Situationen. Theoret. Studien über die Methoden u. Strukturen sozialer Erfahrung u. Interaktion (1983); M. OLSON: Die Logik kollektiven Handelns. Kollektivgüter u. die Theorie der Gruppen (³1992).

Kollektivgesellschaft, schweizer. Handelsgesellschaft (Art. 552–593 OR), entspricht großenteils der dt. →offenen Handelsgesellschaft.

Kollektivgüter, →öffentliche Güter.

Kollektivierung, eine Form der Vergesellschaftung von Produktionsmitteln in kommunist. Staaten. Sie umfasste v. a. die Überführung von Privateigentum in Gruppeneigentum, bes. von privatem landwirtschaftl. Besitz in einen landwirtschaftl. Betrieb mit gemeinsamer Bewirtschaftung (→landwirtschaftliche Produktionsgenossenschaft, →Kolchos). Auch handwerkl. Betriebe wurden in Produktionsgenossenschaften (Abk. in der DDR: PGH) zusammengeschlossen, allerdings nie so vollständig; z. B. entstanden in der DDR ab Ende der 70er-Jahre wieder neue private handwerkl. Betriebe. – Die K. der sowjet. Landwirtschaft ging v. a. auf J. W. STALIN zurück, der im Rahmen des 1. Fünfjahresplans (1929) die Zwangs-K. von rd. 27 Mio. Bauernhöfen einleitete. Im Wesentlichen bis 1940 abgeschlossen, erreichte sie teilweise bürgerkriegsähnl. Charakter und war mit der Deportation und Liquidierung der Kulaken ›als Ausbeuterklasse‹ sowie großen Hungersnöten verknüpft. Jugoslawien und Polen machten die K. noch in den 50er-Jahren rückgängig; in der DDR (1952–60 Zwangs-K. durch Bildung von LPG) und den anderen kommunist. Staaten war die Landwirtschaft fast vollständig kollektiviert. (→Agrarkommunismus, →Bauer)

Kollektivismus, der, -, Politik: Sammel-Bez. für alle Positionen, die den Vorrang des Kollektivs gegenüber dem Einzelnen behaupten; Ggs.: →Individualismus. Dabei kann das Kollektiv durch biologist. (etwa Volk, Rasse) oder auch durch soziale (etwa Klasse, Gesellschaft, Staat) Kriterien definiert sein. Der Vorrang wird meist auf eth. Fragen bezogen: Nach Ansicht des K. sind die Normen, die das Handeln des Individuums leiten sollen, aus den Interessen des Kollektivs abzuleiten. Damit einher geht häufig die Missachtung der Bürger- und Menschenrechte des Einzelnen. – Vertreten ist der K. v. a. in den unterschiedl. Strömungen des Marxismus/Kommunismus. Aber auch nationalist. und (neo-)faschist. Bewegungen propagieren kollektivist. Vorstellungen. – Während der natsoz. Herrschaft in Dtl. (1933–45) führte die Ausgrenzung von angebl. ›Gemeinschaftsfremden‹ und die Diffamierung missliebiger Bev.-Gruppen zu deren Verfolgung und häufig zu ihrer Vernichtung (Euthanasie, Holocaust).

Kollektivlinse, die →Feldlinse.

Kollektivmarke, die für einen rechtsfähigen gewerbl. Verband (auch Dach- und Spitzenverband) eingetragene →Marke. Sie dient dazu, Waren oder Dienstleistungen der Mitgl. des Inhabers der K. von denjenigen anderer Unternehmen nach ihrer betriebl. und geograph. Herkunft, ihrer Art, ihrer Qualität oder ihren sonstigen Eigenschaften zu unterscheiden (§§ 97 ff. Marken-Ges.). Eine K. ist z. B. das Dt. Weinsiegel. K. können zugleich →Gütezeichen sein.

Kollektivmodell, Kernphysik: von A. BOHR und B. MOTTELSON aus dem Schalenmodell und dem Tröpfchenmodell des Atomkerns entwickeltes Kernmodell, bei dem die Wechselwirkung der Leuchtnukleonen mit dem als Flüssigkeitstropfen betrachteten Kernrumpf berücksichtigt wird; diese bewirkt eine Deformation des Kerns und das Auftreten von kollektiven Bewegungen der Nukleonen (Oberflächenschwingungen und Rotationen des Kerns). Eine Anregung kann zu versch. **kollektiven Zuständen** (Schwingungs- und/oder Rotationszustände) führen, bei deren Abregung Gammastrahlung emittiert wird. K. werden auch bei der Beschreibung der Kernspaltung angewendet: Der Kern durchläuft extrem stark deformierte Formen, bevor es zur Spaltung in Fragmente vergleichbarer Größe kommt.

Kollektivschuld, Ethik und Recht: der gegenüber einer bestimmten Gruppe oder Gesamtheit erhobene Schuldvorwurf wegen unmoral. oder verbrecher. Handlungen Einzelner oder einer größeren oder repräsentativen Anzahl von Angehörigen dieser Gruppe oder ihrer Gesamtheit ohne Rücksicht darauf, ob auch die übrigen sich durch Mitwirkung, Billigung oder Duldung individuell schuldig gemacht haben. Die Annahme einer K. setzt eine moral. Verantwortung kraft Zugehörigkeit zu einer Personenmehrheit, nicht kraft individueller Schuldzurechnung voraus und ist deshalb mit einer aufgeklärten Moral nicht vereinbar, die nur eine persönl. Verantwortung und damit nur einen individuellen Schuldvorwurf anerkennt; so insbesondere im heutigen Strafrecht (→Schuld).

Der im und nach dem Zweiten Weltkrieg erhobene Vorwurf einer K. des dt. Volkes für die Verbrechen des Nationalsozialismus ist umstritten geblieben. Dies gilt bereits für die über diesen Anlass hinausreichende grundsätzl. Frage, ob es überhaupt die K. eines Volkes geben kann. Z. T. wird die Meinung vertreten, dass ein Volk, das handelnde Organe habe, eine Kollektivpersönlichkeit besitze, die zu gemeinsamer Verantwortung und somit zu gemeinsamer Schuld fähig sei (F. SPIEGEL-SCHMIDT). Demgegenüber wird die K.-These mit der Begründung verworfen, dass K. ein Kollektivgewissen voraussetze, das es aber nicht gebe (M. NIEMÖLLER). Ferner wird die K.-These mit dem Argument abgelehnt, dass sie die ›Bewältigung der Vergangenheit‹ eher behindert habe. So sei nach 1945 eine ›Siegerjustiz‹ etabliert worden, in der eine Atmosphäre entstanden sei, die wirkl. und vermeintl. Täter sowie Unschuldige moralisch in gleicher Weise geächtet habe. Dies habe den wirkl. Tätern das (auch soziale) Untertauchen erleichtert, und es sei Unrecht begangen worden an denjenigen, die sich als Gegner des Regimes bewährt hätten, sowie an denjenigen, denen der Nationalsozialismus, v. a. durch den Krieg, schwere Opfer aufgebürdet hatte (R. HERZOG).

In den dt. ev. Kirchen setzte die Diskussion um die K. v. a. nach dem Rat der EKD am 18./19. 10. 1945 verabschiedeten →Stuttgarter Schuldbekenntnis ein, in dem sich die ev. Kirchen (ohne das Wort K. zu verwenden) zu einer ›Solidarität der Schuld‹ mit dem dt. Volk bekannten. Gemeint war damit nicht eine K. im politisch oder rechtlich einklagbaren Sinn, sondern die Anerkennung eigener Schuld, der man sich nicht durch Berufung auf ›Nicht-Wissen‹ oder den Hinweis auf die ›Schuld des Anderen‹ entziehen kann. Ein ähnl. Dokument gibt es in der kath. Kirche nicht.

Kollektivstreitigkeit, Arbeitsrechtsstreitigkeit zw. den Tarifvertragsparteien oder zw. dem Betriebsrat und dem Arbeitgeber aus Tarifvertrags-, Betriebsverfassungs- oder Personalvertretungsrecht.

Kollektivum das, -s/...va, Sprachwissenschaft: im Singular stehende Sammel-Bez. für eine Reihe gleichartiger Gegenstände oder Sachverhalte. K. werden häufig mit der Vorsilbe ›ge-‹ (z. B. ›Gebirge‹ für eine Anzahl von Bergen; ›Gefilde‹ für eine Anzahl von Feldern) und/oder mit einem **Kollektivsuffix** (z. B. ›-schaft‹) gebildet (z. B. ›Gesellschaft‹).

Kollektivvertrag, 1) Arbeitsrecht: arbeitsrechtl. Bestimmungen, die im Ggs. zum Einzelarbeitsvertrag für eine Vielzahl von Arbeitsverhältnissen gelten, so der Tarifvertrag und die Betriebsvereinbarung. Soweit die Normen des K. zwingender Natur sind, gehen sie einzelvertragl. Bestimmungen vor, dürfen aber nicht

Arnold Koller

gegen zwingendes Gesetzesrecht verstoßen. Eine Besserstellung des Arbeitnehmers durch arbeitsvertragl. Regelung ist jedoch zulässig.

2) *Völkerrecht:* internat. Vertrag, an dem mehr als zwei Staaten beteiligt sind. Nicht zu den K. gehören die unechten oder Halb-K., in denen ein Staat oder eine Staatengruppe mit besonderer Interessenlage einer anderen Gruppe gegenübertritt. Durch K. versucht die Völkerrechtsgemeinschaft den fehlenden internat. Gesetzgeber zu ersetzen. Sie werden häufig zum Zwecke der Kodifikation der auf einem bestimmten Rechtsgebiet gewohnheitsrechtlich geltenden Regeln abgeschlossen; in diesem Fall tragen sie fast immer die Bezeichnung →Konvention. Durch K. kann aber auch neues Völkerrecht geschaffen werden. Die Satzung (Verfassung) einer internat. Organisation ist stets ein Kollektivvertrag.

Kollektivwirtschaft, →Kolchos.

Kollektor [zu lat. colligere, collectum ›sammeln‹] *der, -s/...'toren,* 1) *Elektrotechnik:* der →Kommutator.
2) *Energietechnik:* der →Sonnenkollektor.
3) *Halbleitertechnik:* →Transistor.
4) *Optik:* opt. Element, dem eine abbildende bzw. fokussierende Funktion zukommt; speziell eine Sammellinse in der →köhlerschen Beleuchtungseinrichtung eines Mikroskops, die die Lichtquelle in die objektseitige Brennebene des Kondensors abbildet.

Kollektorschaltung, eine der drei Grundschaltungen des bipolaren Transistors, mit dem Kollektor als gemeinsamer Bezugselektrode für Eingang und Ausgang der Schaltung. Die K. besitzt einen sehr großen Eingangswiderstand und einen sehr kleinen Ausgangswiderstand, hohe Stromverstärkung und eine Spannungsverstärkung von ungefähr 1. Sie wird außer als Impedanzwandler kaum verwendet. Weil das Emitterpotenzial dem Basispotenzial nachfolgt, wird die K. auch als Emitterfolger bezeichnet. (→Basisschaltung, →Emitterschaltung)

Kollenchym [zu griech. kólla ›Leim‹ und égchyma ›Aufguss‹] *das, -s/-e,* bei Pflanzen vorkommendes →Festigungsgewebe.

Koller [mhd. kollier, gollier, von frz. collier, zu lat. collum ›Hals‹] *das, -s/-,* **Goller,** *Mode:* 1) in der weibl. Oberkleidung des 15./16. Jh. Schulterkragen oder unter der Brust endende ärmellose Kurzjacke mit Vorderverschluss, die Hemd- und Kleidausschnitt abdeckte; 2) aus der Soldatenkleidung in die zivile Männerkleidung des 16./17. Jh. übernommenes Lederwams, zuerst ärmellos, später auch langärmelig; über dem eigentl. Wams getragen; 3) Schulterpasse an Jacken und Mänteln.

Koller [ahd. kolero ›Wut‹, von mlat. cholera ›Zornausbruch‹] *der, -s/-,* 1) *allg.:* Bez. für den Ausbruch angestauter Gefühle und Empfindungen, bes. nach längerer Einengung und Isolation eines Menschen in Lagern oder Haftanstalten (Haft-, Lagerkoller).
2) *Tiermedizin:* Kurz-Bez. für →Dummkoller.

Koller, Galerie K. AG, Kunstversteigerungshaus in Zürich (gegr. 1958), bietet neben Galerieverkauf jährlich in vier Auktionsserien Malerei des 15.–20. Jh., moderne Grafik und Plastik, alte Grafik und Mobiliar des 16.–19. Jh., Teppiche, Kunstgewerbe, Schmuck sowie Asiatica an.

Koller, 1) Arnold, schweizer. Politiker, *Appenzell 29. 8. 1933; Jurist, seit 1972 Prof. in St. Gallen; 1972 als Mitgl. der CVP in den Nationalrat gewählt. Als Bundesrat (seit 1. 1. 1987) übernahm K. 1987 die Leitung des Militär-, 1989 des Justiz- und Polizeidepartments; Bundes-Präs. 1990 und 1997.
2) Dagmar, österr. Sängerin (Sopran) und Tänzerin, *Klagenfurt 26. 8. 1939; wurde v. a. als Musicaldarstellerin bekannt, u. a. in ›Sweet Charity‹ (Cy Coleman), ›My Fair Lady‹ (F. Loewe) und ›Der Mann von La Mancha‹ (Mitch Leigh).

3) Hans, österr. Jazzmusiker (Saxophonist und Komponist), *Wien 12. 2. 1921; war in den 50er-Jahren maßgeblich an der Verbreitung des Cooljazz in Europa beteiligt; tendiert seit Ende der 60er-Jahre zum Freejazz und zum Rockjazz; leitete eigene Gruppen, u. a. die International Brass Company und das Masters Quartet; schrieb ›Die moderne Saxophonschule‹ (1959).
4) Rudolf, schweizer. Maler, *Zürich 21. 5. 1828, †ebd. 5. 1. 1905; Freund von A. Böcklin; malte neben Landschaften und Porträts v. a. realist. Tierbilder, die den Einfluss der Schule von Barbizon, später auch des Impressionismus zeigen.

Rudolf Koller: Oxen and Ploughmen; 1868 (Privatbesitz)

Kollergang [landschaftl. koller ›Kugel‹, ›Rolle‹, ›Walze‹], Zerkleinerungsmaschine; mehrere um eine horizontale Welle rotierende und um eine senkrechte Welle umlaufende schwere Stahlwalzen zerdrücken das Gut (meist keram. Massen) zw. sich und der fest stehenden Mahlbahn.

Kolleritsch, Alfred, österr. Schriftsteller, *Brunnsee (heute zu Eichfeld, Steiermark) 16. 2. 1931; nach Studium der Germanistik, Geschichte und Philosophie in Graz seit 1958 im Schuldienst tätig. Als Gründungs-Mitgl. der Grazer Künstlervereinigung ›Forum Stadtpark‹ und v. a. seit 1960 als Hg. der Literaturzeitschrift ›manuskripte‹ erwarb er sich große Verdienste um die Förderung junger Talente. Sein eigenes Werk ist durch die sprachlich kunstvoll instrumentierte, Bild- und Zeichenhaftigkeit bewusst einsetzende Suche nach individuellen Freiräumen und geistigen Modellen zum Verständnis der Welt gekennzeichnet.
Werke: *Lyrik:* Einübung in das Vermeidbare (1978); Im Vorfeld der Augen (1982); Absturz ins Glück (1983); Augenlust (1986); Zwei Wege, mehr nicht (1993). – *Romane:* Allemann (1989); Die Pfirsichtöter. Seismograph. Roman (1991). – *Sonstige Prosa:* Gespräche im Heilbad (1985); Der letzte Österreicher (1995).

Alfred Kolleritsch

Kolleteren [zu griech. kollän ›zusammenleimen‹], *Sg.* **Kolletere** *die, -,* Leim- und Drüsenzotten auf den Knospenschuppen der Winterknospen vieler Holzgewächse; scheiden ein Gemenge von Harz und Gummi ab, das die Schuppen miteinander verklebt (z. B. bei der Rosskastanie).

Kollhoff, Hans, Architekt, *Lobenstein 18. 9. 1946; seit 1990 Prof. an der ETH Zürich; führt (seit 1978) ein eigenes Architekturbüro in Berlin (seit 1984 mit Helga Timmermann). K. setzt die eigene, der klass. Moderne verpflichtete Formensprache in Be-

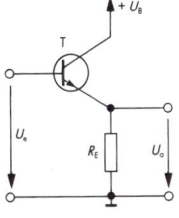

Kollektorschaltung: Emitterfolger mit einem npn-Transistor; U_e Eingangsspannung, U_a Ausgangsspannung, U_B Betriebsspannung, R_E Emitterwiderstand

Koll kolligative Eigenschaften – Kollo

Hans Kollhoff: Blick auf das Wohnhaus am Luisenplatz in Berlin-Charlottenburg; 1982–88

ziehung zu einem urbanen Umfeld, das weitgehend von einer traditionalist. Architektur bestimmt wird. Achsenverlauf, Geschosshöhe, Baumaterial u. a. vorgegebene Strukturen bilden die Grundlage der Baukonzeptionen, werden aber in moderne Bauformen umgesetzt, die die techn. Möglichkeiten und Bedingungen der Gegenwart berücksichtigen. 1993 gewann er den Architekturwettbewerb für die städtebaul. Gestaltung des Alexanderplatzes in Berlin (BILD →deutsche Kunst).

Werke: Wohnhaus am Luisenplatz, Berlin (1982–88); Wohnanlage Lindenstraße, Berlin (1986); Rathaus von Spandau, Berlin (1988); Kindertagesstätte, Frankfurt am Main (1988–94); das KNSM-Eiland, Amsterdam, und die Wohnanlage Drontheimer Straße, Berlin (beide 1991); Gebäude für die Landeszentralbank Sachsen und Thüringen, Leipzig (1992–96); Wohnungsbau Malchower Weg, Berlin-Hohenschönhausen, und Wohnungsbau Seesener Straße, Berlin-Wilmersdorf (beide 1993ff.).

H. K., réalisations et projets 1979–1989, Ausst.-Kat. (Berlin 1989); H. K., hg. v. X. GÜELL (Barcelona 1991); H. K., Beitr. v. F. NEUMEYER, Ausst.-Kat. (1991, dt. u. engl.); H. K. Ein Stuhl, ein Haus, eine Stadt, bearb. v. H. WIRZ, Ausst.-Kat. (Luzern 1991).

kolligative Eigenschaften [zu lat. colligare ›zusammenbinden‹], nach J. H. VAN'T HOFF diejenigen Eigenschaften eines Lösungsmittels in einer Lösung, die in erster Linie durch die Zahl der gelösten Moleküle festgelegt werden, wie Dampfdruck(erniedrigung), Siedepunkt(erhöhung), Gefrierpunkt(erniedrigung) und osmot. Druck. Mithilfe der k. E. lässt sich die Molmasse der gelösten Substanz bestimmen.

Kölliker, Rudolf Albert von, Anatom, *Zürich 6. 7. 1817, †Würzburg 2. 11. 1905; ab 1847 Prof. in Würzburg; führender Histologe seiner Zeit. K. erforschte die versch. Gewebe des menschl. Körpers und schrieb das erste praxisnahe Lehrbuch seines Fachs (›Hb. der Gewebelehre des Menschen‹, 1852). Er begründete die Zellularphysiologie und verband die Histologie mit der Embryologie. 1884 isolierte K. erstmals glatte Muskelzellen; die Nerven erkannte er als Fortsätze der Neuronen. In seiner ›Entwicklungsgeschichte des Menschen und der höheren Thiere‹ (1861, 2 Tle.) vertrat er die These, dass die Artenbildung nicht nur kontinuierlich, sondern auch sprunghaft vor sich gehen kann. – Autobiographie ›Erinnerungen aus meinem Leben‹ (1899).

Kollimator [zu nlat. collimare, verderbte Form von lat. collineare ›in eine gerade Linie bringen‹] der, -s/...'toren, **1)** *Kern- und Hochenergiephysik:* eine mechan. Vorrichtung aus absorbierenden Materialien (wie Blei, Wolfram) zur seitl. Begrenzung (Bündelung) eines Strahls von materiellen Teilchen oder Photonen.

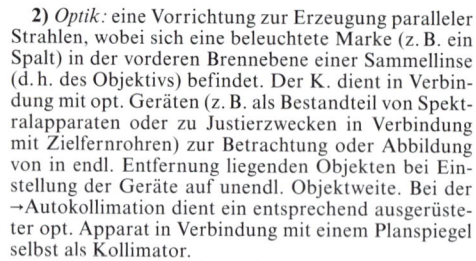

Albert von Kölliker (anonymer Holzstich; um 1890)

René Kollo

2) *Optik:* eine Vorrichtung zur Erzeugung paralleler Strahlen, wobei sich eine beleuchtete Marke (z. B. ein Spalt) in der vorderen Brennebene einer Sammellinse (d. h. des Objektivs) befindet. Der K. dient in Verbindung mit opt. Geräten (z. B. als Bestandteil von Spektralapparaten oder zu Justierzwecken in Verbindung mit Zielfernrohren) zur Betrachtung oder Abbildung von in endl. Entfernung liegenden Objekten bei Einstellung der Geräte auf unendl. Objektweite. Bei der →Autokollimation dient ein entsprechend ausgerüsteter opt. Apparat in Verbindung mit einem Planspiegel selbst als Kollimator.

kollinear heißen drei oder mehrere Punkte, die zusammen auf einer Geraden liegen.

Kollineation [zu lat. collineare ›in eine gerade Linie bringen‹] *die, -/-en, Mathematik:* eine bijektive →Abbildung des n-dimensionalen Raums auf sich, die kollineare Punkte wieder in kollineare Punkte überführt.

Kolliquation [lat. colliquescere ›schmelzen‹] *die, -/-en,* Einschmelzung, Verflüssigung von Gewebe bei Entzündungen und Nekrosen (bes. im Gehirn).

Kollision [lat. ›das Zusammenstoßen‹] *die, -/-en,* **1)** *allg.:* 1) Zusammenstoß (von Fahrzeugen); 2) das Zusammenprallen, Gegeneinanderwirken (von Interessen, Rechten).

2) *Recht:* 1) der Widerstreit versch. Rechtsvorschriften in räuml. oder zeitl. Hinsicht. Eine räuml. K. wird durch das internat. Privatrecht, eine zeitl. K. durch das intertemporale Recht gelöst; 2) bei einer K. von Forderungen gilt das Prioritätsprinzip, d. h., es wird derjenige Gläubiger befriedigt, der die Forderung zuerst gegen den Schuldner geltend macht und vollstreckt (anders im Konkurs); 3) im Strafrecht gibt es die Besonderheit der →Pflichtenkollision.

Kollisionsschott, das vorderste Querschott eines Schiffes, das nach einer Kollision mit Bugbeschädigung das Volllaufen größerer Teile des Schiffes verhindern soll. Das K. muss bis zum Oberdeck reichen und wenigstens zu 5 % der Schiffslänge hinter dem Vordersteven angeordnet sein.

Kollisionsverhütung, Maßnahmen zur Verhütung von Schiffs- und von Flugzeugzusammenstößen. Die Bündelung der Verkehrswege zu See- und Luftstraßen bringt Schiffe bzw. Flugzeuge zwar näher zueinander, ermöglicht aber die bessere Übersicht und Verkehrskontrolle. – In der Schifffahrt gehört zur Pflichtausrüstung großer Schiffe ein Kollisionswarngerät, das auf Basis eines Primärradars an Bord die relativen Positionen und Geschwindigkeiten von Schiffen in der Nachbarschaft anzeigt und die Gebiete hervorhebt, die vom eigenen Schiff gemieden werden sollen. Das Primärradar zeigt dem Schiff zugleich auch die Landmarken und die das Fahrwasser begrenzenden Tonnen grafisch an.

Die Luftfahrt verbindet Kollisionswarngeräte an Bord dagegen mit der Sekundärradartechnik, da die Erfassung der relativen Höhe benachbarter Flugzeuge technisch zu aufwendig ist. Die bereits in den USA für Flugzeuge mit mehr als 29 Sitzen vorgeschriebenen Bordkollisionsschutzgeräte (ACAS, TCAS) fragen die Sekundärradartransponder benachbarter Flugzeuge auch nach der Druckhöhe ab, zeigen die relativen Positionen und Höhen auf einem Bildschirm und berechnen vertikale Ausweichmanöverempfehlungen. Die Piloten schätzen bes. die dadurch vermittelte Kenntnis der Verkehrssituation. Auch einige europ. Staaten haben vor, ACAS zur Pflichtausrüstung zu machen.

Kollo, 1) René, Sänger (Tenor), *Berlin 20. 11. 1937, Enkel von 2); debütierte 1965 in Braunschweig und war 1967–71 Mitgl. der Dt. Oper am Rhein in Düsseldorf, sang auch bei Festspielen (Bayreuth, Salzburger Osterfestspiele) und tritt bes. als Wagner-Interpret, aber auch in Operettenpartien hervor. 1986 inszenierte er in Darmstadt R. WAGNERS ›Parsifal‹; 1996/97 Intendant des Berliner Metropol-Theaters.

2) Walter, eigtl. **W. Kollodzieyski** [kɔlotsiˈɛski], Operettenkomponist, *Neidenburg 28. 1. 1878, †Berlin 30. 9. 1940, Großvater von 1); einer der volkstümlichsten Komponisten berlin. Singspiele, Operetten und Possen; u. a. ›Wie ein Mai‹ (1913; darin ›Es war in Schöneberg, im Monat Mai‹, ›Die Männer sind alle Verbrecher‹), ›Der Juxbaron‹ (1916; darin ›Kleine Mädchen müssen schlafen gehn‹), ›Die Frau ohne Kuß‹ (1924; darin ›Das ist der Frühling von Berlin‹); sein Sohn WILLI (* 1904, † 1988) verfasste zahlreiche Libretti für seinen Vater.

Kollodium [zu griech. kollṓdēs ›leimartig‹, ›klebrig‹] *das, -s,* **Collodium,** zähflüssige Lösung von K.-Wolle (niedrig nitrierte →Nitrocellulose) in einem Alkohol-Äther-Gemisch (1:2); wird u. a. verwendet zur Lack- und Filmfabrikation.

kolloid, kolloidal, fein zerteilt, in Form eines Kolloids vorliegend (von Stoffen gesagt).

Kolloide [engl., zu griech. kólla ›Leim‹ und -eidḗs ›ähnlich‹], *Sg.* **Kolloid** *das, -(e)s,* **kolloiddisperse Systeme, kolloidale Systeme,** fein verteilte Systeme (→Dispersion) mit Teilchen aus 10^3 bis 10^9 Atomen und einem Durchmesser von 10^{-5} bis 10^{-7} cm (100–1 nm). Die K. bilden einen Grenzbereich zw. den echten (einphasigen) Lösungen und den heterogenen (mehrphasigen) Mischungen. Kolloidteilchen sind unter dem Lichtmikroskop nicht zu sehen und werden von Papierfiltern nicht zurückgehalten; sie streuen jedoch das Licht (→Tyndall-Effekt) und lassen sich durch Ultrafiltration vom Dispersionsmittel abtrennen. Bei genügender Größe können kolloidal verteilte Stoffe mit einem Ultra- oder Elektronenmikroskop direkt beobachtet werden; zur indirekten Analyse dienen v. a. Streulicht-, Sedimentations- und osmot. Messungen.

Die Einteilung der K. erfolgt nach sehr unterschiedl. Gesichtspunkten. Nach dem Zusammenhalt der Teilchen werden Sole, bei denen die Teilchen im Dispersionsmittel frei beweglich sind, und feste bis zähelast. Gele, bei denen sie in unregelmäßigen Gerüsten angeordnet sind, unterschieden. Der Übergang vom Sol- in den Gelzustand wird Koagulation (Ausflockung, Gerinnung) genannt, der umgekehrte Vorgang Peptisation. Übergänge zw. den beiden Zuständen verlaufen in manchen Fällen reversibel (z. B. beim Abkühlen oder Erhitzen von Sülze), in anderen lässt sich eine Gelierung nicht mehr ohne weiteres rückgängig machen (z. B. bei der Vernetzung von Polymeren). – Nach der Bindungsart zw. den Atomen der Kolloidteilchen werden die K. unterteilt: 1) Die **Molekül-K.** bestehen aus Makromolekülen (Eiweißstoffe, Polysaccharide, Kautschuk), die entweder kugelförmige Teilchen (**Globulär-** oder **Sphäro-K.**) oder lang gestreckte, fadenförmige Teilchen (**Fibrillär-** oder **Linear-K.**) bilden können; ihre Größe ist bereits weitgehend durch die makromolekulare Struktur festgelegt. 2) Die **Assoziations-** oder **Mizell-K.** entstehen durch Zusammenlagern von Molekülen zu größeren Aggregaten (Mizellen). Sie bilden sich häufig spontan beim Auflösen von Substanzen mit polaren und unpolaren Gruppen im Molekül (grenzflächenaktive Stoffe, z. B. Seifen). 3) **Dispersions-K.** entstehen durch geeignete Zerteilung (K.-Mühle, elektr. Zerstäubung, chem. Fällung) der zu dispergierenden Substanzen. Während Molekül- und Assoziations-K. stabil sind, sind die Dispersions-K. instabil; sie werden nur durch Solvatation, gleichsinnige elektr. Aufladung oder Schutz-K. (z. B. ein geeignetes Molekül- oder Assoziations-K.) daran gehindert, in echte Lösungen oder grobdisperse, heterogene Mischungen überzugehen.

Da kolloiddisperse Systeme für die moderne Industrie, für die Biologie, die Medizin und die Landwirtschaft eine sehr große Bedeutung besitzen (z. B. verlaufen in den Organismen fast alle chem. Reaktionen in kolloidalen Systemen), befasst sich mit den K. ein besonderer Zweig der physikal. Chemie, die **Kolloidchemie.**

Geschichte: Nachdem einige Effekte kolloider Teilchen bereits zu Anfang des 19. Jh. beobachtet worden waren (u. a. von F. SELMI), wurden die eigentl. Grundlagen der Kolloidchemie zw. 1861 und 1864 von T. GRAHAM gelegt. Als Prototyp derjenigen Stoffe, die von bestimmten, sonst durchlässigen Membranen wie Pergament zurückgehalten werden, betrachtete er den Leim (griech. kólla) und nannte diese Stoffe kolloid, d. h. leimartig. 1857 untersuchte M. FARADAY die Farbänderungen kolloider Goldsole und beobachtete das Auftreten von Streulicht. Die Stabilität hydrophober Sole wurde u. a. 1882 von dem Pharmakologen HUGO SCHULZ (* 1853, † 1932) untersucht, etwas später (1888) arbeitete der Pharmakologe FRANZ HOFMEISTER (* 1850, † 1920) über hydrophile Sole. Diese Forschungen wurden zu Beginn des 20. Jh. fortgesetzt von J. PERRIN (u. a. Entdeckung des Sedimentationsgleichgewichts) und von H. FREUNDLICH, der erstmals elektrophoret. Methoden und die Kapillaranalyse heranzog. Mit der Erfindung des Ultramikroskops gelang es, kolloide Teilchen sichtbar zu machen. Später trugen das Röntgenograph. und elektronenmikroskop. Untersuchungen zur weiteren Aufklärung des Kolloidzustandes bei.

Kolloidchemie heute, hg. v. H. W. KOHLSCHÜTTER u. a., 2 Bde. (1976); H. SONNTAG: Lb. der Kolloidwiss. (Berlin-Ost 1977); Interaction of particles in colloidal dispersions, hg. v. B. W. NINHAM u. a., 2 Bde. (Amsterdam 1982); D. H. NAPPER: Polymeric stabilization of colloidal dispersions (London 1983); R. D. u. M. J. VOLD: Colloid and interface chemistry (Reading, Mass., 1983); D. J. SHAW: Introduction to colloid and surface chemistry (Oxford ⁴1992, Nachdr. ebd. 1996); R. J. HUNTER: Introduction to modern colloid science (ebd. 1993).

kolloid|osmotischer Druck, onkodynamischer Druck, onkotischer Druck, der durch die Konzentration kolloid gelöster Teilchen (bes. Proteine) in einer Flüssigkeit (z. B. Blut, Zwischengewebeflüssigkeit) erzeugte osmot. Druck. Im Blutgefäßsystem wirkt er dem hydrostat. Druck (Blutdruck) entgegen. Die Größe der Differenz zw. k. D. und Blutdruck bestimmt den Flüssigkeitsaustausch zw. Gefäßen (Kapillaren) und Gewebe. Ist der Blutdruck in den Kapillaren größer als der k. D. im Gewebe, so kommt es zu einer Flüssigkeitsaustritt aus den Kapillaren, ist er niedriger, tritt Flüssigkeit aus dem Gewebe in die Kapillaren über.

Kollokation *die, -/-en, Sprachwissenschaft:* 1) inhaltl. Kombinierbarkeit sprachl. Einheiten (z. B. ›dickes Buch‹, aber nicht ›dickes Haus‹); 2) Zusammenfall versch. Inhalte in einer lexikal. Einheit (z. B. engl. ›to swim‹ und ›to float‹ in dt. ›schwimmen‹).

Kollonitsch, Kollonich [-nɪtʃ], Leopold Karl Graf, österr. kath. Theologe, *Komorn 26. 10. 1631, †Wien 19. 1. 1707; aus kroat. Familie; wurde 1669 Bischof von Neutra, 1670 von Wiener Neustadt. Seit 1672 war er die stärkste Stütze der ungar. Gegenreformation. 1685 wurde er Bischof von Raab, 1686 Kardinal, 1688 Erzbischof von Kalocsa, 1695 von Gran und Primas von Ungarn.

Kollontaj, Aleksandra Michajlowna, russ. Politikerin und Schriftstellerin, *Sankt Petersburg 31. 3. 1872, †Moskau 9. 3. 1952; schloss sich der sozialist. Bewegung an, lebte 1908–17 in der Emigration; 1915 Anschluss an die Bolschewiki; hatte nach der Revolution hohe Partei- und Staatsämter inne, 1922–45 im diplomat. Dienst (Botschafterin in Norwegen, Mexiko und Schweden). K. behandelte in ihren publizist. und belletrist. Arbeiten v. a. die Frauenfrage aus kommunist. Sicht, und trat für eine freizügige Sexualmoral ein.

Werke: Erzählungen: Ljubov' pčel trudovych (1923; dt. Wege der Liebe); Bol'šaja ljubov' (1927). – *Studie:* Novaja

Walter Kollo

Koll Kollophan – Kolmården

moral' i rabočij klass (1918; dt. Die neue Moral u. die Arbeiterklasse).

Ausgabe: Izbrannye stat'i i reči (1978).

B. E. CLEMENTS: Bolshevik feminist. The life of A. K. (Bloomington, Ind., 1979); Z. ŠFJNIS: Stranicy žizni K., in: Novyj mir, Jg. 58, H. 4 u. 5 (Moskau 1982).

Kollophan [zu griech. kólla ›Leim‹ und phanós ›hell‹, ›leuchtend‹] *der, -s/-e*, Mineral, mikrokristalliner, Carbonat und Fluorit enthaltender →Apatit, Hauptbestandteil des →Phosphorits.

Kolloquium [lat. ›Gespräch‹] *das, -s/...quilen*, zeitlich festgesetztes wiss. Gespräch, bes. zw. Hochschullehrern und Studenten; Zusammenkunft von Wissenschaftlern, Politikern zur Erörterung bestimmter Probleme; bes. in *Österreich* Form einer mündl. oder schriftl. Prüfung.

Kollotypie, der →Lichtdruck.

Kollumkarzinom [lat. collum ›Hals‹], Form des →Gebärmutterkrebses.

Kollusion [lat. ›geheimes Einverständnis‹] *die, /-en, Recht:* unerlaubtes Zusammenwirken mehrerer zum Nachteil eines Dritten, insbesondere das Zusammenarbeiten eines Vertreters und seines Geschäftspartners, um den Vertretenen zu schädigen. Ein in kollusivem Zusammenwirken abgeschlossener Vertrag ist nichtig (§ 138 BGB) und verpflichtet zum Schadenersatz (§ 826 BGB).

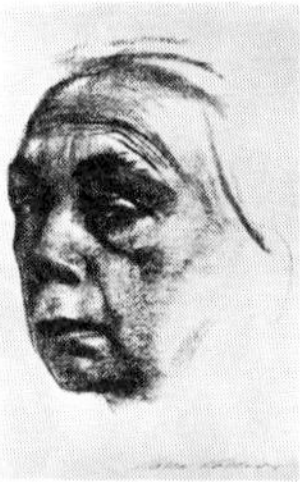

Kolluvium [zu lat. colluere ›bespülen‹, ›ausspülen‹] *das, -s/...vilen*, **Colluvium,** *Geologie:* am Fuß von Berghängen oder Gebirgswänden abgestürztes oder zusammengeschwemmtes, ungeschichtetes Verwitterungsmaterial.

Käthe Kollwitz: Selbstporträt; Lithographie, 1924

Käthe Kollwitz: Weberauszug; Radierung aus dem Zyklus ›Ein Weberaufstand‹, 1897–98

Kollwitz, Käthe, geb. **Schmidt,** Grafikerin und Bildhauerin, *Königsberg (heute Kaliningrad) 8. 7. 1867, †Moritzburg (Landkreis Meißen) 22. 4. 1945; ausgebildet u. a. bei K. STAUFFER-BERN, der ihren frühen Radierstil maßgeblich beeinflusste. 1919 wurde sie Mitgl. der Preuß. Akad. der Künste und zur Professorin ernannt, 1933 von den Nationalsozialisten ihres Amtes enthoben. K.' Arbeiten sind von tiefem menschl. Mitgefühl und sozialem Engagement für das Proletariat geprägt. In ihren Radierungen, Holzschnitten, Lithographien und Handzeichnungen zielt sie auf eine expressive und zugleich realist. Gestaltung ab. Bedeutend sind auch ihre bildhauer. Werke. Inhaltlich befasste sie sich in Einzelblättern und Folgen zunächst mit histor. Thematik (Radierzyklen ›Ein Weberaufstand‹, 1897–98; ›Der Bauernkrieg‹, 1903–08), nahm dann auch direkten Bezug auf die Gegenwart (Holzschnittzyklus ›Der Krieg‹, 1922–23). Im Spätwerk konzentrierte sie sich bes. auf das Motiv ›Mutter und Kind‹, v. a. bei ihren plast. Arbeiten (›Mutter mit Zwillingen‹, 1937, Duisburg, Wilhelm-Lehmbruck-Museum). Zum Gedenken an ihren 1914 in Flandern gefallenen Sohn PETER entwarf sie ein Mahnmal, das 1932 auf dem Soldatenfriedhof Roggeveld (heute zu Diksmuide, Prov. Westflandern, Belgien) aufgestellt wurde (heute auf dem Soldatenfriedhof in Vladslo bei Diksmuide; Kopien der Figuren ›Mutter‹ und ›Vater‹ in den Ruinen von St. Alban in Köln). Seit 1993 befindet sich in der Neuen Wache in Berlin, Mahnmal für die Opfer von Krieg und Gewaltherrschaft, eine monumentale Bronzekopie ihrer Kleinplastik ›Pietà‹ (1937). – Der Rüdenhof in Moritzburg, ihre letzte Wohnstätte, wurde 1995 nach umfangreicher Restaurierung als Gedenkstätte eröffnet.

Schriften: Tagebuchblätter u. Briefe, hg. v. H. KOLLWITZ (1948); Ich will wirken in dieser Zeit, hg. v. DEMS. (1952); Die Tagebücher, hg. v. J. BOHNKE-KOLLWITZ (1989).

A. KLIPSTEIN: K. K. Verz. des graph. Werkes (Bern 1955); U. M. SCHNEEDE: K. K. Das zeichner. Werk (1981); K. K. Grafiken, Zeichnungen, Plastik, Ausst.-Kat. (1985); I. KLEBERGER: K. K. (³1987); K. K. Das farbige Werk, hg. v. T. FECHT, Ausst.-Kat. (1987); Die K.-Sammlung des Dresdner Kupferstich-Kabinettes. Graphik u. Zeichnungen 1890–1912, hg. v. WERNER SCHMIDT (1988); K. K. 1867–1945. Druckgraphik, bearb. v. K. SCHLICHTENMAIER, Ausst.-Kat. Galerie Schlichtenmaier, Schloss Ditzingen (1991); K. K. Meisterwerke, bearb. v. W. TIMM (1993); K. K. (1867–1945). Zeichnungen u. seltene Graphik im Berliner Kupferstichkabinett, bearb. v. S. ASCHENBACH, Ausst.-Kat. Kupferstichkabinett, Berlin (1995); K. K. Meisterwerke der Zeichnung, hg. v. H. FISCHER, Ausst.-Kat. K.-K.-Museum, Köln (1995); Ernst Barlach u. K. K. Originale auf Papier u. Druckgraphik. Verz. der Bestände, bearb. v. N. NOBIS, Ausst.-Kat. Sprengel Museum, Hannover (1996); K. K. Handzeichnungen, Druckgraphik, Skulpturen, hg. v. E. PRELINGER, Ausst.-Kat. National Galery of Art, Washington (a. d. Amerikan., Neuausg. 1996).

Kolman, Trude, eigtl. **Gertrude Kohlmann,** Schauspielerin und Kabarettistin, *Nürnberg 15. 9. 1904, †München 31. 12. 1969; gründete in Berlin 1935 das ›Tingeltangel Theater‹. 1938 emigrierte sie nach London; nach ihrer Rückkehr gründete sie 1951 in München das politisch-satir. Kabarett ›Die Kleine Freiheit‹; wandte sich ab 1961 dem Boulevardtheater zu.

Kolmanskop, dt. **Kolmanskuppe,** verlassene Diamantengräberstadt im Dünensand der Namib bei Lüderitz, Namibia; heute Freilichtmuseum.

Kolmar, poln. **Chodzież** [ˈxɔdzɛʃ], Stadt in der Wwschaft Piła (Schneidemühl), Polen, nördlich von Posen, 20 500 Ew.; keram. und Porzellanindustrie, Möbelbau.

Kolmar, Gertrud, eigtl. **G. Chodziesner** [ˈxɔdzɛʃ-], Lyrikerin, *Berlin 10. 12. 1894, †(ermordet) KZ Auschwitz 1943 (?); war Sprachlehrerin und Dolmetscherin. Als Jüdin war sie nach 1933 zunehmend isoliert, emigrierte aber nicht, da sie bei ihrem Vater bleiben wollte, der 1942 als 81-Jähriger deportiert wurde. K. selbst wurde am 2. 3. 1943 verschleppt und ist seither verschollen. K. hat ihre formal vielfältigen Gedichte, die Einflüsse des frz. Symbolismus erkennen lassen, meist zu Zyklen geordnet. Die völlig neuartigen poet. Metaphern aus dem Pflanzen- und Tierreich spiegeln Einsamkeit und Trauer, Sehnsucht nach Erfüllung und Harmonie. Daneben stehen Zyklen zu histor. Themen (›Rousseau und der Jüngling‹, ›Napoleon und Marie‹), die ihren Willen zu künstler. Strenge und Konsequenz zeigen.

Werke: *Lyrik:* Gedichte (1917); Preuß. Wappen (1934); Die Frau u. die Tiere (1938); Welten (hg. 1947). – *Erzählung:* Eine Mutter (hg. 1965).

Ausgaben: Das lyr. Werk (Neuausg. 1960); Gedichte, hg. v. U. HAHN (1983).

B. EICHMANN-LEUTENEGGER: G. K. Leben u. Werk in Texten u. Bildern (1993); J. WOLTMANN: G. K. Leben u. Werk (1994).

Kolmården [ˈkoːlmɔːrdən], bewaldeter Grundgebirgsrücken in Schweden, südwestlich von Stockholm, bis 170 m ü. M.; histor. Grenze Södermanland–Östergötland.

Gertrud Kolmar

Kolmation – Köln **Köln**

Köln 1): Blick über den Rhein auf das Zentrum der Stadt mit Groß Sankt Martin (links) und dem Dom

Kolmation [frz., von ital. colmata ›aufgeworfener Damm‹] *die, -/-en,* **Kolmatierung,** *Wasserbau:* andere Bez. für die →Auflandung.

Kolmogorow, Kolmogorov, Kolmogoroff, Andrej Nikolajewitsch, sowjet. Mathematiker, *Tambow 25. 4. 1903, †Moskau 20. 10. 1987; ab 1931 Prof. in Moskau. K. zählt zu den bedeutendsten und vielseitigsten Mathematikern des 20. Jh. Am bekanntesten ist die von ihm gefundene Axiomatik der →Wahrscheinlichkeitstheorie (**kolmogorowsches Axiomensystem, K.-Axiome;** ›Grundbegriffe der Wahrscheinlichkeitsrechnung‹, 1933). Weitere wichtige Beiträge betreffen die Theorie der reellen Funktionen, die Topologie, die Statistik, die Maß- und Integrationstheorie sowie die Informations- und Algorithmentheorie. 1941 veröffentlichte er zwei einflussreiche Arbeiten zur Theorie der Turbulenzen, die die moderne Chaostheorie vorbereiteten. 1954 folgte eine Untersuchung über dynam. Systeme, mit deren Hilfe K. wichtige Ergebnisse über die Planetenbewegung herleiten konnte. In der Logik ist K. durch seine Deutung der intuitionist. Logik als eine Logik, die den Methoden der konstruktiven Lösung von Problemen zugrunde liegt, hervorgetreten.

Kolmogorow-Test, auch **Kolmogorow-Smirnow-Test** [nach A. N. KOLMOGOROW und dem sowjet. Stochastiker N. W. SMIRNOW, *1900, †1966], *Statistik:* ein Anpassungstest (→Testtheorie) für die Nullhypothese H_0, dass ein reelles Merkmal eine vorgegebene stetige Verteilungsfunktion F_0 besitzt. Man lehnt H_0 aufgrund einer beobachteten Stichprobe $x = (x_1, x_2, ..., x_n)$ ab, wenn der maximale Betrag der Differenz zw. F_0 und der zu x gehörigen empir. Verteilungsfunktion F_x einen aus einer Tabelle ablesbaren Wert überschreitet.

Köln, 1) Hauptstadt des Reg.-Bez. K. und kreisfreie Stadt in NRW, beiderseits des hier 400 m breiten Rheins in der →Kölner Bucht, 36 m ü. M., mit 964 300 Ew. größte Stadt des Rheinlands.
Administrative und kulturelle Einrichtungen: K. ist Sitz eines Erzbischofs und bedeutendes kulturelles Zentrum. Die Univ. hat ca. 54 400 Studierende. In den übrigen Hochschulen (Hochschule für Musik, Dt. Sporthochschule, Kunsthochschule für Medien) und Fachhochschulen (Kath. FH, FH K., FH für öffentl. Verwaltung, Rhein. FH) gibt es weitere rd. 26 100 Studierende. Forschungsinstitute: Max-Planck-Institute für neurolog. Forschung und für Züchtungsforschung, Dt. Forschungsanstalt für Luft- und Raumfahrt. K. ist Sitz vieler überregionaler Behörden und öffentlichrechtl. Institutionen sowie zahlr. Verbände auf Bundesebene: Bundesverwaltungsamt, Bundesamt für Verfassungsschutz, Bundesvermögensamt, Bundesamt für Güterverkehr, Bundesamt für den Zivildienst, Bundeszentrale für gesundheitl. Aufklärung, Bundesamt für Zivilschutz, Bundesstelle für Außenhandelsinformation, Heeres-, Luftwaffenamt, Oberfinanzdirektion, Rheinschifffahrtsobergericht, Sitz des Reg.-Präs., OLG, Landesarbeitsgericht, Landschaftsverband Rheinland, Dt. Städtetag, Landeseichdirektion, Bundesverband der Dt. Industrie, Bundesvereinigung der Dt. Arbeitgeberverbände, Dt. Industrie-Institut, Gesamtverband der Versicherungswirtschaft, Internat. Handelskammer, Hauptgemeinschaft des Dt. Einzelhandels, Bundesärzte- und Zahnärztekammer, Dt. Welle, Deutschlandfunk, WDR. In K. befinden sich viele diplomat. und konsular. Vertretungen. K. hat mehrere Theater (Schauspiel, Kammerspiele, Puppenspiele, Privatbühnen) und eine Oper. Zu den bedeutendsten Museen zählen →Wallraf-Richartz-Museum, Museum Ludwig, Römisch-German. Museum, Erzbischöfl. Diözesan-Museum, Schnütgen-Museum (kirchl. Plastik und Kleinkunst), Museum für Ostasiat. Kunst, Kölnisches Stadtmuseum, Museum für Angewandte Kunst, Rautenstrauch-Joest-Museum für Völkerkunde, Käthe Kollwitz Museum sowie (nur Ausstellungen) Josef-Haubrich-Kunsthalle. Daneben gibt es in K. zahlr. Galerien (v. a. für zeitgenöss. Kunst), das feminist. Archiv und Dokumentationszentrum ›FrauenMediaTurm‹, histor. Archive, das Rheinisch-Westfäl. Wirtschaftsarchiv sowie große Bibliotheken. Ferner hat K. eine Sternwarte, zoolog. und botan. Gärten sowie zahlr. Sportanlagen (Stadion Müngersdorf, Sporthalle, Eisstadion, Pferderennbahn).
Wirtschaft: Die Wirtschaft K.s ist äußerst vielseitig. In der Industrie, deren Erzeugnisse z. T. Weltruf genießen (Eau de Cologne), dominieren Maschinen- und Fahrzeugbau (Ford-Werke AG, Klöckner-Humboldt-Deutz AG), Chemie, pharmazeut. Industrie, Elektrotechnik und Mineralölverarbeitung; daneben hat K. u. a. Bauindustrie, Stahlbau, Eisen-, Textil- und Bekleidungsindustrie, Druckereien sowie Nahrungs- und Genussmittelindustrie. K. ist ein traditionsreicher Handelsplatz (älteste dt. Industrie- und Handelskammer, seit 1797). Die Waren- und Produktenbörse (gegr. 1553) gehört zu den fünf ältesten Börsen der Erde. Auf dem Messegelände am Rheinufer in Deutz finden große Fachmessen und -ausstellungen statt (so ANUGA, Photokina, Kunstmesse ›Art Cologne‹, Möbel-, Hausrat- und Eisenwarenmesse, Fachmesse für Sportartikel, Campingbedarf und Gartenmöbel). In unmittelbarer Nähe der Messebauten entsteht gegenwärtig die Veranstaltungshalle ›Köln Arena‹ von PETER BÖHM (Fertigstellung voraussichtlich 1998). Auf dem Gelände des ehem. Güterbahnhofs St. Ge-

Köln 1)
Stadtwappen

größte Stadt des Rheinlands

beiderseits des Rheins in der Kölner Bucht

36 m ü. M.

964 300 Ew.

Universität (1388 gegründet)

neuer Museumskomplex am Dom

Kölner Karneval

internat. Flughafen Köln/Bonn

gotischer Dom und roman. Kirchen

röm. Kolonie Colonia Agrippinensis

Erzbischofssitz seit 795

Wörter, die man unter K vermisst, suche man unter C, Ch, G, H oder Q

Köln Köln

reon entsteht der Mediapark, für den u. a. Architekten wie J. Nouvel und H. Hertzberger markante Bauten entwarfen. Am Fremdenverkehr haben Tagungen und Kongresse sowie der Kölner Karneval großen Anteil. Viele Banken (bes. Privatbanken) und Versicherungsgesellschaften haben in K. ihren Sitz.

Verkehr: K. ist bedeutendes Verkehrskreuz (acht Rheinbrücken); über den Hauptbahnhof, mit dem größten Reiseverkehrsaufkommen in Dtl., läuft die Mehrzahl aller internat. Züge. Die Stadt ist von einem geschlossenen Autobahnring (54 km) umgeben. Die U-Bahn (seit 1968 in Betrieb) hat eine Streckenlänge von 50 km. Der Hafen steht mit einem Umschlag von (1996) 10,5 Mio. t an dritter Stelle der dt. Binnenhäfen. Internat. Flughafen Köln/Bonn (1996: 5,10 Mio. Fluggäste; 322 500 t Luftfracht) in der Wahner Heide.

Stadtbild: Vom röm. K. sind heute weitgehend Straßenraster, Verlauf der Mauer, Lage von Forum (Hohe Straße/Schildergasse) und Kapitol, das in versch. Bauphasen vom 1. bis 4. Jh. entstandene Praetorium (Rathauskomplex), Kanalisationssystem (u. a. unter der Kleinen Budengasse), außerhalb Friedhöfe, Glas- und Keramikwerkstätten bekannt; nur vermutet wird (beim Forum) die Ara Ubiorum, der Altar für Augustus und Roma (10 v. Chr.). Die Stadtmauer (Mitte 1. Jh. n. Chr.) von mindestens 7,80 m Höhe umschloss ein Areal von 1 km², das heutige Zentrum; sie hatte 9 Tore und 20 oder 21 Türme; das Seitentor des dreiteiligen N-Tores steht jetzt (leicht versetzt) am Domplatz (das Fundament im Domparkhaus, Mittelteil im Römisch-German. Museum). Weitere Überreste der Stadtmauer finden sich in der Komödien- und Zeughausstraße, an der Ecke Zeughausstraße/Sankt-Apern-Straße der Römerturm (ehem. nordwestl. Eckturm der Stadtmauer) mit Mosaik aus farbigen Steinen, S-Teile am Rothgerber-, Blau- und Mühlenbach, W-Teile in der Sankt-Apern-Straße und am Mauritiussteinweg; S-O-Ecke, so genanntes ›Ubiermonument‹ vom Beginn des 1. Jh. n. Chr. (um 50 n. Chr. in die Stadtmauer einbezogen). Die Pflasterung eines Teils der zum Hafen führenden Straße ist (um 6 m versetzt) neben dem Römisch-German. Museum verlegt, das zahlr. antike Funde aus K. und Umgebung ausstellt; das Dionysosmosaik (3. Jh. n. Chr.) liegt hier an originaler Stelle.

Köln 1): Stadtgeschichte

Wahrzeichen der Stadt ist der an der Stelle einer karolingisch-otton. Bischofskirche erbaute got. Dom (BILD →Gotik): 1248 begonnen, Chor 1322 vollendet, 1842–80 endgültig fertig gestellt; fünfschiffige Basilika mit Umgangschor und Kapellenkranz, Vorbilder sind nordfrz. Kathedralen, v. a. Amiens. Monumentale W-Fassade mit zwei 157,38 m hohen Türmen (Plan um 1310). Hervorragende Innenausstattung: Glasgemäldezyklus des 13./14. Jh. im Hochchor; größtes mittelalterl. Chorgestühl Dtl.s (104 Sitze, um 1310); →Gerokreuz (um 970); Mailänder Madonna

---

Köln: Stadtplan (Namenregister)

Straßen und Plätze

Aachener Straße AB 5
Achterstraße D 6–7
Adolphstraße F 5
Ägidienberger Straße A 8
Ägidiusstraße A 7
Agrippastraße B 5
Agrippinaufer E 7–8
Alarichstraße F 5
Albertus-Magnus-Platz A 6
Albertusstraße B 4
Alexianerstraße C 5
Alfred-Schütte-Allee F 7–8
Alsenstraße F 4
Alteburger Platz DE 8
Alteburger Straße D 7–E 8
Alteburger Wall DE 8
Alte Mauer am Bach C 6
Altenberger Straße D 3
Alter Markt D 4
Alter Mühlenweg F 6
Alte Wallgasse B 4
Am Alten Posthof C 5
Am Alten Ufer D 4–3
Am Botan. Garten E 1
Am Domhof D 4
Am Duffesbach B 7–6
Am Gleisdreieck AB 2

Am Hof D 4
Am Leystapel D 5
Am Rinkenpfuhl B 5
Amsterdamer Straße E 1
Am Trutzenberg C 6
Am Vorgebirgstor B 5–4
Am Weidenbach C 6
An den Dominikanern CD 4
An der Bastion F 5
An der Bottmühle D 7
An der Münze E 2
An der Rechtschule CD 4
Annostraße D 6–7
Antwerpener Straße AB 4
Apostelnstraße BC 8
Appellhofplatz C 4
Arminiusstraße E 5
Arnoldsstraße F 5
Arnulfstraße A 7–8
Auenweg E 4–F 3
Auerstraße D 1
Auf dem Berlich C 4
Auf dem Hunnenrücken C 3–4
Augustinerstraße D 5
Augustusstraße C 1
Bachemer Straße A 6
Bahnstraße D 4
Balthasarstraße CD 2

Barbarossaplatz B 6
Barmer Platz F 4
Barmer Straße F 4
Bayardsgasse C 5
Bayenstraße D 6–E 7
Bebelplatz F 6
Bechergasse D 4
Beethovenstraße B 5
Belfortstraße D 2
Benesisstraße B 5
Benjaminstraße E 5
Bernhard-Letterhaus-Straße C 2–D 2
Berrenrather Straße A 8–7
Biberstraße D 6
Bismarckstraße AB 4
Blaubach C 5–D 5
Blumenthalstraße DE 2
Bobstraße C 5
Bonner Straße D 7–8
Bonner Wall CD 8
Börsenplatz C 4
Brabanter Straße B 4
Brandenburger Straße D 3
Breite Straße C 4
Bremsstraße B 8
Brüderstraße C 5
Brüsseler Platz A 4
Brüsseler Straße A 5–4

Burgunder Straße BC 6
Buschgasse D 7–6
Cäcilienstraße CD 5
Cheruskerstraße F 6
Christinastraße C 1
Christophstraße B 3–C 4
Claudiusstraße E 7–8
Cleverstraße D 3–E 2
Constantinstraße EF 4
Cranachstraße C 1
Dagobertstraße D 3
Darmstädter Straße D 7–8
Dasselstraße A 6
De-Noël-Platz A 7
Deutzer Brücke E 5
Deutzer Freiheit EF 5
Deutzer Ring F 6
Deutzer Werft E 5
Domkloster D 4
Domstraße D 3
Dreikönigenstraße DE 7
Düppelstraße F 4–5
Ebertplatz D 2
Eburonenstraße DE 8
Ehrenstraße B 4
Eifelplatz B 8
Eifelstraße B 7–C 5
Eifelwall B 7
Eigelstein D 3

Eintrachtstraße C 4–D 3
Elisenstraße C 4
Elsa-Brandström-Straße E 2
Elsaßstraße D 7
Engelbertstraße B 5–6
Erftstraße B 3
Erpeler Straße A 8
Escher Straße B 1–C 2
Eumeniusstraße F 5
Everhardstraße A 3
Filzengraben D 5
Fischmarkt D 4
Fleischmengergasse C 5
Florastraße DE 1
Follerstraße D 5–6
Frankenwerft D 4–5
Friedenstraße C 6
Friesenplatz B 4
Friesenstraße BC 4
Friesenwall B 5–4
Gabelsbergerstraße B 6–7
Geldernstraße B 1
Georgstraße D 5
Gereonsdriesch C 4
Gereonshof B 4
Gereonstraße C 4–5
Gereonswall BD 3
Gertrudenstraße C 4–5
Gladbacher Straße B 3

Köln: Stadtplan (Namenregister, Fortsetzung)

Glockengasse C 4
Göbenstraße B 3-4
Gotenring F 5
Gottesweg A 8
Graeffstraße A 3-2
Greinstraße A 7
Große Brinkgasse B 5
Großer Griechenmarkt C 5
Große Witschgasse D 5
Gürzenichstraße D 5
Gustav-Cords-Straße D 1
Gutenbergstraße A 3-2
Habsburgerring B 5
Hahnenstraße B 5
Händelstraße B 5
Hansaplatz C 3
Hansaring C 3
Hardefuststraße C 7
Hartwichstraße BC 1
Heinrich-Böll-Platz D 4
Helenenwallstraße EF 5
Herkulesstraße A 2
Herzogstraße C 5
Heumarkt D 5
Hildeboldplatz B 4
Hochstadenstraße B 6
Hohenstaufenring B 5-6
Hohenzollernbrücke DE 4
Hohenzollernring B 4
Hohe Pforte D 5
Hohe Straße D 5-4
Holbeinstraße C 1
Holzmarkt D 6
Hornstraße B 1-2
Huhnsgasse B 6-5
Humboldtstraße B 5
Im Dau D 6
Im Hasental F 6
Im Klapperhof B 4
Im Sionstal D 6
In der Höhle D 5
Innere Kanalstraße A 4-E 1
Jahnstraße B 6-5
Jakobstraße D 7-6
Johannisstraße D 4-3
Josephskirchplatz BC 1
Josephstraße D 6
Jülicher Straße A 5
Justinianstraße F 4
Kaesenstraße C 7
Kaiser-Wilhelm-Ring B 4-3
Kamekestraße B 4
Kartäusergasse D 7
Kartäuserhof D 7
Kartäuserwall C 6-D 7
Kasparstraße C 2
Kempener Straße C 1
Kennedy-Ufer E 4
Kerpener Straße A 7-6
Kleine Witschgasse D 6
Kleingedankstraße C 7
Klingelpütz C 4-3
Knechtstedener Straße C 1
Koblenzer Straße DE 8
Komödienstraße CD 4
Konrad-Adenauer-Ufer D 3-E 2
Konradstraße A 7
Krebsgasse C 4-5
Krefelder Straße C 2-3
Krefelder Wall CD 2
Krüthstraße BC 1
Kuenstraße D 1
Kunibertsgasse DE 3
Kyffhäuserstraße B 6
Kyllstraße DE 8
Kyotostraße C 3
Landsbergstraße D 6
Langgasse C 4
Lenneper Straße F 4
Lentstraße D 1
Leonhard-Tietz-Straße C 5

Leostraße A 3
Leybergstraße A 8
Liebigstraße A 2-B 1
Lindenstraße AB 5
Lingasse D 4
Linzer Straße A 8
Lohsestraße C 1
Loreleystraße C 7
Lorenzstraße F 5
Lotharstraße A 8
Lothringer Straße C 7
Lübecker Straße CD 3
Ludolf-Camphausen-Straße A 4
Ludwigstraße D 5-4
Lukasstraße A 2
Lungengasse C 5
Lupusstraße D 2
Lütticher Straße AB 5
Lützowstraße A 5
Luxemburger Straße A 8-B 6
Luxemburger Wall B 6-7
Maastrichter Straße AB 4
Macahabäer Straße D 3
Magnusstraße B 4
Mainzer Straße E 7-8
Marienplatz D 5
Marsilstein B 5
Marspfortengasse D 4-5
Martin-Luther-Platz C 7
Martinsfeld C 6
Marzellenstraße D 4
Maternusstraße DE 7
Mathiasstraße D 5
Mathildenstraße C 1
Mauritiuskirchplatz BC 5
Mauritiussteinweg BC 5-C 6
Mauritiuswall B 5-6
Mauthgasse D 4
Maybachstraße B 3-C 2
Melchiorstraße D 2
Merheimer Platz C 1
Merheimer Straße D 4-3
Merlostraße D 2
Merowingerstraße D 7
Messeplatz E 4
Methweg A 1
Metzer Straße CD 7
Mevissenstraße E 2
Mindener Straße E 4
Minoritenstraße D 4
Mittelstraße B 5
Moltkestraße A 5-4
Moselstraße B 6
Mozartstraße B 5
Mühlenbach D 5
Mühlengasse D 4
Myliusstraße A 2
Neue Weyerstraße BC 6
Neuhöfferstraße F 4-5
Neumarkt C 5
Neußer Platz D 2
Neußer Straße C 1-D 2
Neußer Wall CD 2
Niederichstraße DE 3
Niederländer Ufer D 2-F 1
Niehler Straße D 2-1
Nikolausplatz A 8
Nohlstraße BC 1
Norbertstraße B 4
Nord-Süd-Fahrt C 5-D 6
Nußbaumerstraße A 1-2
Oberländer Wall E 8
Offenbachplatz C 4-5
Ohmstraße D 8
Oppenheimstraße E 2
Osterather Straße AB 1
Ottoplatz F 4
Overstolzenstraße C 7
Palmstraße B 4
Pantaleonswall BC 6

Parkgürtel A 1
Paulstraße C 6
Perlengraben CD 6
Peter-Bauer-Straße A 2
Pfälzer Straße B 6-7
Pfeilstraße B 5
Pilgrimstraße C 1
Pipinstraße D 5
Plankgasse C 3
Pohligstraße B 8
Poststraße C 5
Prälat-Otto-Müller-Platz CD 2
Propsteigasse C 3
Rathausplatz D 4
Rathenauplatz AB 6
Reichenspergerplatz D 2
Reischplatz F 5
Rennebergstraße A 7-8
Rheinaustraße D 6
Rheingasse D 5
Rheinparkweg E 3
Rhöndorfer Straße AB 8
Richard-Wagner-Straße AB 5
Richmondstraße C 5-4
Riehler Platz E 2
Riehler Straße D 2-F 1
Ritterstraße C 3
Rolandstraße D 7-8
Roonstraße A 5-B 6
Rosenstraße D 6
Rothgerberbach C 6
Rotterdamer Straße F 1
Rubensstraße B 5
Rudolfplatz B 5
Sachsenbergstraße F 2
Sachsenring C 7
Salierring BC 6
Sankt-Apern-Straße C 4
Schaafenstraße B 5
Schenkendorfstraße C 1-D 1
Schildergasse CD 5
Schillingstraße D 2
Schirmerstraße A 2
Schmalbeinstraße A 5-4
Sechzigstraße BC 1
Sedanstraße DE 2
Severinsbrücke DE 6
Severinskirchplatz D 7
Severinstraße D 6-7
Severinswall DE 7
Siebachstraße C 1
Siegburger Straße E 5-F 7
Siegesstraße EF 4
Siegfriedstraße D 8
Spichernstraße B 4-3
Spiesergasse B 4
Sporthallenweg F 3
Stammheimer Straße EF 1
Stauderstraße A 6-B 7
Steinbergerstraße C 1
Steinstraße C 6
Stolkgasse C 3-4
Stormstraße D 1
Subbelrather Straße A 3
Südbrücke E 7
Sudermannplatz CD 2
Suevenstraße F 5
Tempelstraße EF 5
Teutoburger Straße DE 8
Teutonenstraße EF 6
Theodor-Heuss-Ring D 2
Thieboldsgasse C 6-5
Thürmchenswall DE 3
Thusneldastraße F 5
Titusstraße E 8
Trajanstraße E 7
Trankgasse D 4
Trierer Straße BC 6
Tunisstraße C 4
Turiner Straße D 3

Ubierring DE 7
Ulrichgasse CD 6
Universitätsstraße A 6-7
Unkeler Straße A 8
Unter Goldschmied D 4-5
Unter Kahlenhausen D 3
Unter Krahnenbäumen E 3
Unter Sachsenhausen C 4
Ursulaplatz CD 3
Ursulastraße CD 3
Venloer Straße A 3-B 4
Venloer Wall AB 3
Victoriastraße C 3
Vogelsanger Straße A 4
Volksgartenstraße C 7
Vondelstraße CD 7
Von-Sandt-Platz F 4
Von-Werth-Straße B 3-4
Vor den Siebenburgen C 6
Vorgebirgstraße C 8-7
Vorgebirgswall C 7
Waidmarkt D 5-6
Waisenhausgasse C 6
Weidengasse CD 3
Weißenburgstraße D 2
Weißhausstraße A 7-B 8
Werderstraße B 4-3
Werkstattstraße C 1
Weyerstraße BC 6
Weyerstraßerweg B 8
Weyertal A 7
Wöhlerstraße A 1-2
Wormser Straße CD 8
Worringer Straße E 2
Wörthstraße E 2
Zeughausstraße C 4
Zonser Straße C 1
Zoobrücke F 2
Zugweg D 8
Zülpicher Platz B 6
Zülpicher Straße A 7-B 6
Zülpicher Wall A 6
Zwirnerstraße D 6-7

Gebäude, Anlagen u. a.

Aachener Weiher A 5
Alte Abtei E 4
Alte Universität E 7-8
Amerikahaus B 5
Amtsgericht B 7
Aquarium E 1
Arbeitsamt A 7
Bahnhof Hansaring C 3
– Köln Süd B 6
– Köln West A 4
– Nippes B 1
Bastei E 2-3
Bayenturm E 7
Botanischer Garten E 1
British Council = Die Brücke B 5
Chemisches Institut A 7
Deutzer Hafen F 7
Die Brücke B 5
Dom D 4
Dominikanerkloster B 6
Ehrenfeld A 2-3
Eigelsteintor D 3
Eis- und Schwimmstadion E 1
Elektrizitätswerk D 8
Elendskirche D 4
Erzbischöfliches Haus C 4
Fachhochschule für Bibliotheks- und Dokumentationswesen E 7-8
Fernmeldeturm A 3
Feuerwache D 5
Feuerwehr CD 2, D 7
Finanzamt C 2, C 6
Flora E 1

Gürzenich D 5
Güterbahnhof D 8
Hahnentor B 5
Hauptbahnhof D 4
Hauptpost CD 4
Hauptzollamt C 6, F 5
Hindenburgpark E 8
Historisches Archiv B 4
Industrie- und Handelskammer C 4
Israelitischer Friedhof F 6
Jugendherberge F 4
Jugendzentrum F 2
Justizzentrum B 7
Kammerspiele F 7
Kölnisches Stadtmuseum C 4
Kulturstation St. Peter C 5
Kunibertsturm E 3
Kunsthalle C 5
Landeshaus E 4
Land- und Amtsgericht AB 7
Malakoffturm DE 5
Mediapark B 3
Messegelände EF 3-4
Museum für Angewandte Kunst CD 4
Museum Ludwig D 4
– (neues Haus, In der Höhle) D 5
Musikhochschule D 3
Nippes C-E 1
Oberfinanzdirektion E 2
Oberlandesgericht D 2
Oper C 4
Overstolzenhaus D 5
Physikalisches Institut A 6-7
Polizeipräsidium D 5-6
Rathaus D 4
Rautenstrauch-Joest-Museum E 7
Regierung C 4
Rheinauhafen E 6
Rheinpark F 3
Römerpark E 7-8
Römerturm BC 4
Römische Stadtmauer C 3
Römisch-Germanisches Museum D 4
Sankt Agnes D 2
Sankt Andreas CD 4
Sankt Apostein BC 5
Sankt Georg D 5
Sankt Gereon C 4
Sankt Johann Baptist D 6
Sankt Kunibert D 3
Sankt Maria im Kapitol D 5
Sankt Pantaleon C 6
Sankt Severin D 7
Sankt Ursula C 3
Schauspielhaus C 5
Schlachthof A 4
Schnütgen-Museum C 5
Schokoladenmuseum E 5
Stadtgarten AB 3-4, F 6
Stadthaus B 3
Studentenheim A 7
Synagoge B 5
Tanzbrunnen E 3
Thermalbad F 2
Uni-Center A 7
Universität A 6-7
Ursulakloster C 3
Verkehrsübungsplatz F 4
Völkerkundemuseum = Rautenstrauch-Joest-Museum E 7
Volksgarten BC 7
Wallraf-Richartz-Museum und Museum Ludwig D 4
WDR CD 4
Zeughaus C 4
Zoologischer Garten F 1

Wörter, die man unter K vermißt, suche man unter C, Ch, G, H oder Q

Köln: Stadtplan

Köln: Stadtplan

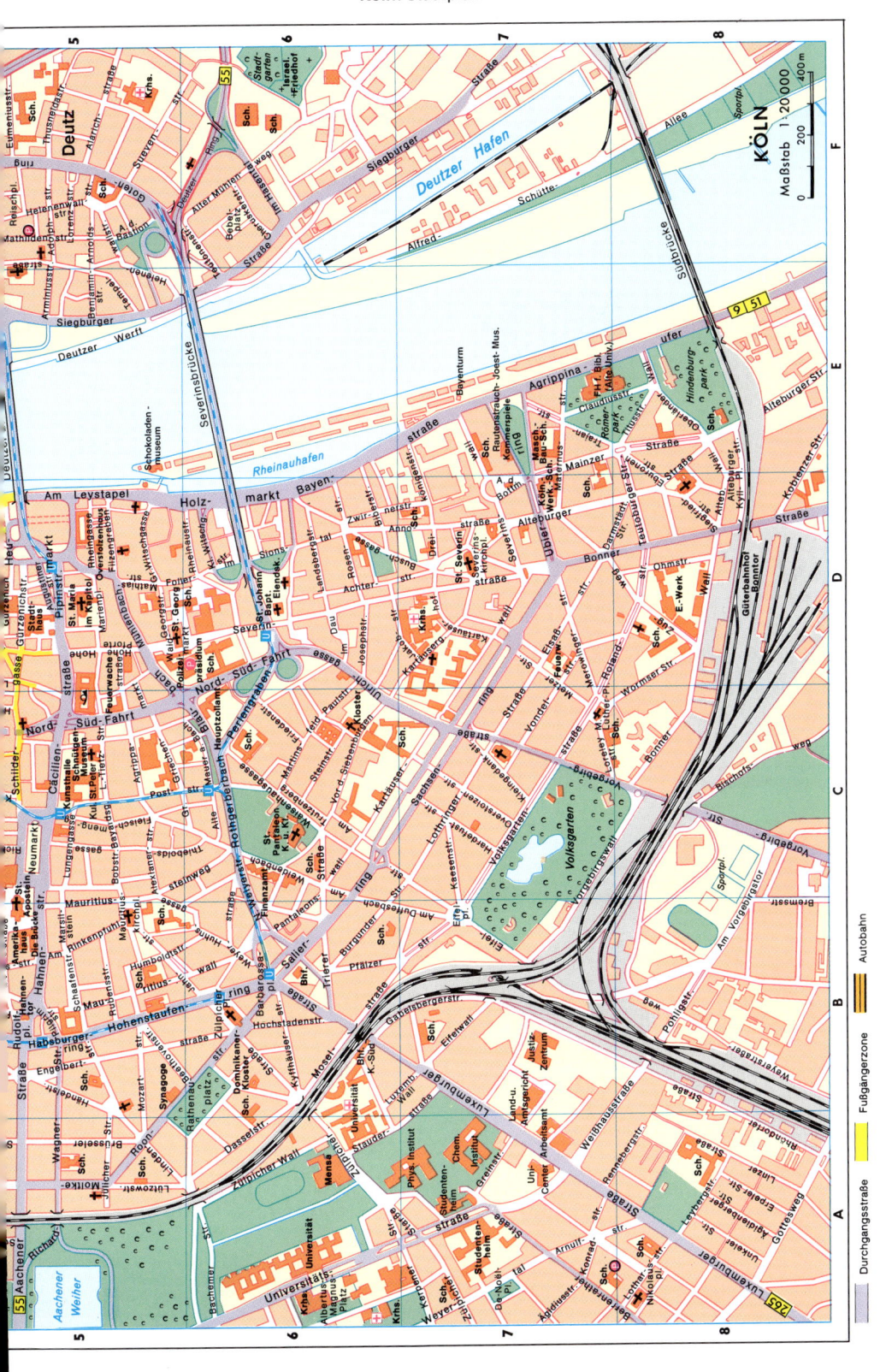

Wörter, die man unter K vermisst, suche man unter C, Ch, G, H oder Q

(um 1290); Dreikönigsschrein (1181–1230) von NIKOLAUS VON VERDUN und seiner Werkstatt; Altar der Stadtpatrone, ein von S. LOCHNER gemaltes Triptychon (um 1440); Rubens-Teppiche (1640); Grabmale (BILD →Floris, Cornelis) und Skulpturen. Der Dom, 1996 von der UNESCO zum Weltkulturerbe erklärt, birgt eine der reichsten Schatzkammern Europas. Unter dem Dom wurden 1959 zwei ungewöhnlich reich mit Schmuck sowie Waffen und sonstigen Gerätschaften ausgestattete Gräber (Frau und Knabe) des fränk. Hochadels aus der Mitte des 6. Jh. (vielleicht Angehörige des Merowingerkönigs THEUDEBERT I.) in einer kleinen Steinkapelle entdeckt (heute Domschatzkammer).

Köln 1): Blick durch das Langhaus des Domes in den Chor (1322 vollendet)

K. besitzt eine Fülle bedeutender roman. Kirchen: St. Andreas (Pfeilerbasilika mit Vierungsturm 13. Jh., Westvorhalle, reicher plast. Schmuck, got. Chor 1414 begonnen, Makkabäerschrein 1527 vollendet; Grab des ALBERTUS MAGNUS); St. Aposteln (11. Jh.) mit reich gegliedertem Dreikonchenchor (1192 bis um 1230); Cäcilienkirche (2. Hälfte 12. Jh., heute Schnütgen-Museum; sakrale mittelalterl. Kunst); St. Georg (11.-12. Jh., einzige Säulenbasilika des Rheinlandes, fünfschiffige Krypta, gute Kapitellplastik im Westchor 1180 ff., ausdrucksstarkes Gabelkreuz 1380/90); St. Gereon (im Kern spätrömisch 4. Jh., Hallenkrypta 1067/69, Chor mit Doppelturmapsis um 1150, das viergeschossige Dekagon 1219-27 ausgebaut); St. Kunibert (spätstauf. Gewölbebasilika 1215-47, mit Glasgemäldezyklus um 1230, gute Plastik, Doppelturmapsis); St. Maria im Kapitol (über dem röm. Kapitolstempel errichtet, Gründungsbau Ende des 7. Jh. von PLEKTRUDIS, der Frau des fränk. Hausmeiers PIPPIN II., DES MITTLEREN, gestiftet; 1065 geweihte flach gedeckte Basilika mit Dreikonchenchor und türmeflankiertem Westbau, im W Arkadenwand, flandr. Renaissancelettner 1523, Gabelkreuz 1304, Grabplatten der PLEKTRUDIS um 1160 und 1304, einzigartige geschnitzte Holztüren Mitte 11. Jh., ausgedehnte Hallenkrypta; BILDER →Flucht nach Ägypten; →Holzbildhauerei); St. Maria Lyskirchen (Emporenbasilika um 1210/20 mit bedeutenden spätroman. Fresken);

Groß St. Martin (Gewölbebasilika mit Kleeblattchor, um 1150–1250, mächtiger, 84 m hoher Vierungsturm); von Klein St. Martin nur der Turm (1460-86) erhalten; St. Pantaleon (953–980, mit otton. dreitürmigem Westwerk um 1000 und Krypta mit dem Grab des Erzbischofs BRUNO I., roman. Seitenschiffe um 1150, Chor 1619-22 von C. WAMSER, Grab der Kaiserin THEOPHANO im südl. Seitenchor, Lettner 1503 und Barockorgel 1652, Hochaltar 1749, bedeutender Kirchenschatz); St. Ursula (spätantiker Gründungsbau, Neubau um 1135, erste roman. Emporenbasilika am Niederrhein, Westbau, got. Chor 1287 geweiht, in der ›Goldenen Kammer‹, 1643, der Kirchenschatz); St. Severin (spätantike Grabkapelle, Neubau der Hallenkrypta 1043 geweiht, Chor mit Doppelturmapsis 1237, Chorgestühl Ende 13. Jh., Westturm 16. Jh., Langhaus 1479 ff.; das darunter liegende röm. Gräberfeld ist zugänglich).

Gotisch sind außer dem Dom: Minoritenkirche (1245 bis um 1350, Gräber von J. DUNS SCOTUS und A. KOLPING; Rest des Kreuzgangs ins Museum für Angewandte Kunst einbezogen), Antoniterkirche (14. Jh., darin E. BARLACHS ›Todesengel‹, 1938), Kartäuserkirche (1393 geweiht, mit Skulpturenzyklus des schönen Stils) und Peterskirche (um 1515-30, spätgot. Emporenbasilika mit Altargemälde von P. P. RUBENS, 1637). Die ehem. Jesuitenkirche St. Mariä Himmelfahrt ist eine nachgot. Emporenbasilika (1618-29 von WAMSER) mit prunkvollem Innenraum (farbiger Spätrenaissancestuck, Netzgewölbe, Barockkanzel und -hochaltar). Aus der Barockzeit stammen Maria vom Frieden (1643-1716), Maria in der Kupfergasse (1705-15), Elendskirche (1765-71), Schloss Weißhaus in Sülz (Sommersitz der Äbte von St. Pantaleon) und Haus Arff in Worringen (1750-55). Im Stil des Berliner Spätklassizismus ist die Trinitatiskirche (1857-60) von A. STÜLER errichtet worden. Von der Kirchenarchitektur des Historismus (K. war ein Zentrum der Neugotik) sind v. a. in der Neustadt und in den einzelnen Stadtteilen zahlr. Beispiele erhalten.

Wichtige Profanbauten sind das spätroman. Overstolzenhaus (um 1225/30), das got. Rathaus (um 1360, Turm 1407-14, Renaissancevorhalle 1569-73), das ehem. Fest- und Tanzhaus →Gürzenich (daneben Alt St. Alban, 1668-72, heute Mahnmal für die Toten des Zweiten Weltkriegs), das frühere Zeughaus (1594-1606, darin das Kölnische Stadtmuseum). Von der stauf. Stadtbefestigung (1180 ff.) sind mehrere Torburgen und Mauerteile erhalten; der Bayenturm (1180 ff., im 19. Jh. umgebaut, nach Zerstörung im Zweiten Weltkrieg wieder aufgebaut und 1987 ff. wiederhergestellt) wurde als ›FrauenMediaTurm‹ 1994 neu eröffnet.

Zu den zahlr. Bauten der modernen Architektur in der Altstadt zählen u. a. das Bräckerbohm-Haus (1929) von P. BONATZ, das Geschäftshaus Unter Sachsenhausen 37 (1914) von P. BEHRENS sowie das ehem. Warenhaus Tietz (›Kaufhof‹, 1912-14) von W. KREIS. Am Gereonshof befinden sich das Hochhaus (55 m, 1950-55) von E. HENNES, der von A. BREKER gestaltete Ehrenhof sowie der Rundbau des Gerling-Konzerns (1964-66, BREKER u. a.). In der 1945 zerstörten spätgot. Kirche St. Kolumba errichtete G. BÖHM 1950 die Kapelle ›Madonna in den Trümmern‹. J. SCHÜRMANN schuf 1975-78 das Wohnquartier um Groß St. Martin, in der Rheingasse baute WALTER VON LOM 1975 ein Wohn- und Bürohaus. Im Bereich des Neumarkts entstanden in den 80er-Jahren mehrere durch Passagen verknüpfte Einkaufszentren, darin der durch Hentrich, Petschnigg & Partner umgebaute Olivandenhof (1913 von H. PFLAUME). Bedeutenden Anteil am Wiederaufbau der Stadt hatten R. SCHWARZ (Stadtplanung) und W. RIPHAHN, der schon in den 1920/30er-Jahren Beiträge geleistet hatte

(Brit. Kulturinstitut, 1949/50; Frz. Kulturinstitut, 1951-53; Opern- und Schauspielhaus, 1954-57; Restaurant ›Bastei‹, 1924, 1928, 1958; Wohn- und Geschäftshäuser, 1957/58, sowie Siedlungsbauten). Von R. SCHWARZ stammen das heutige Museum für Angewandte Kunst (1955-57) und die Erweiterung des Gürzenich (1952-54, mit K. BAND; moderner Umbau durch Kraemer, Sieverts & Partner 1996/97), von P. BUSMANN und G. HABERER Museen und Philharmonie (1982-86) östlich des Doms. O. M. UNGERS gewann 1996 den Architekturwettbewerb für den Neubau des Wallraf-Richartz-Museums zw. Rathaus und Gürzenich. Weitere Museumsneubauten sind geplant: u. a. für das Rautenstrauch-Joest-Museum (Entwurf: ULI SCHNEIDER und HEINER SENDELBACH, 1997), für das Erzbischöfl. Diözesan-Museum (Wettbewerbssieg: PETER ZUMTHOR, 1997). Ein Kommunikations- und Medienzentrum im Mediapark errichtete das Kölner Architekturbüro Kister, Scheithauer & Partner (1997 eröffnet). Für den Rheinauhafen ist eine neue Nutzung als Wohn-, Kultur- und Gewerbegebiet vorgesehen (Ideenwettbewerb 1992 ff.). Der Flughafen Köln/Bonn (1970, von P. SCHNEIDER-ESLEBEN) erhält einen Erweiterungsbau (Wettbewerbssieg: Büro Murphy & Jahn, 1992). Beispiele der Industriearchitektur sind u. a. der Malakoffturm (1855), die gründerzeitl. Bahnsteighalle des Hauptbahnhofs (1890-94), die Backsteinbauten des Städt. Elektrizitätswerks am Zugweg (1883-1909) sowie die großen Rheinbrücken. Im Vorort Bickendorf war 1922 Baubeginn der Hochhaussiedlung II, an der W. RIPHAHN maßgeblich beteiligt war. Die Hauptverwaltung der Dt. Krankenversicherung in Braunsfeld wurde 1967-70 von F. W. KRAEMER errichtet. Den Bebauungsplan der Siedlungen ›Blauer Hof‹ (1926/27) und ›Weiße Stadt‹ (1929/32) in Buchforst lieferten RIPHAHN und C. M. GROD. In der Trabantenstadt Chorweiler schuf G. BÖHM eine Wohnanlage (1967-75). In Deutz befinden sich die neuroman. Basilika Neu St. Heribert (1891-96) mit dem Heribertschrein (um 1160-70; BILD →Heribert) sowie die Messebauten (1926-28) von A. ABEL; in Dünnwald neben der roman. Kirche St. Nikolaus (1118 begonnen) die Siedlung Kunstfeld, die älteste erhaltene Arbeitersiedlung (1820) des Rheinlands; in Ehrenfeld die kath. Pfarrkirche St. Mechtern (1954), ein Betonskelettbau von R. SCHWARZ; in Hahnwald wird das Haus X1 (1961/62) von P. NEUFERT von einer riesigen Stahlbetonschale überspannt. Die Universitätsbauten in Sülz und Lindenthal entstanden unter Mitarbeit von ABEL, RIPHAHN, R. GUTBROD, H. SCHUMACHER und P. POELZIG. Die kath. Pfarrkirche St. Laurentius (1961/62) erbaute E. STEFFANN, die Kirche Christi Auferstehung (1967-70) ist ein Werk von G. BÖHM, St. Maria Königin (1953/54) in Marienburg der letzte Bau von D. BÖHM. Die Siedlung ›Grüner Hof‹ (1922-24) und die Nibelungensiedlung (1919-28) in Mauenheim plante RIPHAHN. In Müngersdorf befindet sich unter zahlr. Villen bedeutender Architekten auch das Wohnhaus O. M. UNGERS (1958/59). Im Ortsteil Niehl stehen die Kirchen Alt St. Katharina aus dem 12. Jh. und St. Christophorus (1958-60) von R. SCHWARZ. Am Rande des Villenviertels Riehl die kath. Pfarrkirche St. Engelbert (1930-32), ein Rundbau von D. BÖHM.

Geschichte: Um 38 v. Chr. förderte M. VIPSANIUS AGRIPPA am linken Rheinufer die Ansiedlung german. Ubier, deren stadtähnl. Gründung **Oppidum Ubiorum (Ara Ubiorum)** Keimzelle des heutigen K. wurde. 50 n. Chr. wurde die Ubierstadt erweitert, befestigt und auf Veranlassung AGRIPPINAS d. J. zur röm. Kolonie **Colonia Claudia Ara Agrippinensium** (kurz **Colonia Agrippinensis**, später nur **Colonia**) erhoben. Sie entwickelte sich v. a. im 2. Jh. als Hauptstadt Niedergermaniens (Sitz des Statthalters im Praetorium; 1953 unter dem heutigen Rathauskomplex ergraben) rasch zu einem Zentrum des Handwerks (v. a. Gläser) und Handels, hatte bereits im 3. Jh. eine christl. Gemeinde und spätestens seit 313 einen Bischof. POSTUMUS gründete hier 258 das Gallien, Spanien und Britannien umfassende Sonderreich, das 15 Jahre bestand. 310 wurde zum heutigen **K.-Deutz** eine feste Brücke und dort das röm. Kastell **Divitia** errichtet. Nach dem Abzug der röm. Legionen (401) übernahmen die bisher in röm. Diensten stehenden Franken die Herrschaft in K. Zeitweilig war es Königssitz der Rheinfranken (›Kölner Reich‹; Ausdehnung umstritten, wohl bis Lothringen, Trier, Luxemburg und Limburg). Goldmünzprägungen im 6. Jh. und der Goldschmuck aus den Gräbern des merowing. Hochadels belegen die Bedeutung K.s im Früh-MA. bis zur Karolingerzeit. Durch seine verkehrsgünstige Lage an der Kreuzung von mehreren von W nach O verlaufenden Straßen mit dem Rhein, der die Verbindung von Italien und aus dem Donauraum nach N vermittelte, und als bedeutender Binnenhafen erfuhr K. seit karoling. Zeit einen Aufschwung zum Knotenpunkt weit reichender wirtschaftl. Beziehungen und zu einem wichtigen dt. Umschlagplatz. K. war im MA. die größte dt. Stadt (12 Tore, über 80 Türme). Als Sitz eines Metropoliten (seit Ende des 8. Jh.) wurde es zugleich ein geistl. Mittelpunkt Nordwest-Dtl.s. An der Stelle des rechtsrhein. Kastells entstand ein fränk. Königshof, der den Kern der aufstrebenden Siedlung **Deutz** bildete (1230 Stadtrecht). Um 953 ging die Stadt K. in die Verfügungsgewalt des Erzbischofs über (Stadtherrschaft bis 1288). Heftige Auseinandersetzungen zw. diesem und den Bürgern folgten (u. a. 1074 gegen ANNO II.), bis K. in der Schlacht von Worringen (5. 6. 1288) einen reichsunmittelbaren Status erlangte. Die Bürger hatten bereits 1106 maßgeblich in den Konflikt zw. Kaiser HEINRICH IV. und seinem Sohn HEINRICH V., 1198 in den Röm. (dt.) Thronstreit zugunsten OTTOS IV. eingegriffen. Die Reichsstadt K. war wichtigstes Mitgl. einer Kaufmannsvereinigung in London, bis sie bei der Entstehung der Hanse deren Mitgl. wurde. Das Patriziat wurde 1370, endgültig 1396 durch die in Gaffeln organisierten Kaufleute und Handwerker abgelöst. Nachdem in K. die Ordensschule der Dominikaner im 13. Jh. zum geistigen und theolog. Zentrum geworden war (ALBERTUS MAGNUS, THOMAS VON AQUINO, MEISTER ECKHART, H. SEUSE, J. TAULER) und auch die Franziskaner (J. DUNS SCOTUS) und Karmeliter Ordenshochschulen errichtet hatten, gründete der Rat der Stadt mit päpstl. Privileg 1388 die Univ. zu K.; sie war die erste dt. Universitätsgründung, deren Initiative vom Rat einer Stadt ausging. Am Gehorsam K.s gegen den Kaiser sowie an der konservativen Haltung der theolog. Fakultät und des Domkapitels scheiterten 1542-47 und 1582/83 die Versuche der protestantisch gesinnten Erzbischöfe HERMANN V. VON WIED und GEBHARD TRUCHSESS VON WALDBURG, die Reformation durchzusetzen (→Kölnischer Krieg).

In den frühen Neuzeit konnte die Stadt sich in den zahlr. Kriegen ihre Neutralität bewahren. Ab 1794 besetzten frz. Truppen K. Unter frz. Herrschaft wurde 1798 die Univ. aufgelöst. Ab 1815 zu Preußen und zur Festung ausgebaut, war K. fortan Sitz eines Reg.-Präs.; das Oberpräsidium K. bestand nur 1816-22. Während des wirtschaftl. Aufschwungs im 19. Jh. entwickelte sich die Stadt zu einem Banken- und Versicherungszentrum, drei Eisenbahngesellschaften nahmen hier ihren Sitz, ebenso die Rhein. Dampfschiffahrtsgesellschaft (1831; 1825 Stapellauf des ersten Rheindampfschiffs). Die Metallindustrie, bes. der Maschinenbau, und die chem. Industrie wurden wichtig für die aufblühende Wirtschaft (1801: 41 700 Ew.; 1831: 66 000 Ew.; 1852: 101 000 Ew.). – In den 1820er-

Köln Kölner Bucht – Kölner Schule

Jahren erfuhr der Karneval in Dtl. von Köln aus seine ›jecke‹ Prägung (u. a. ›Rosenmontag‹; →Fastnacht). - 1888 wurden u. a. **Deutz, Ehrenfeld, Longerich** und **Müngersdorf** eingemeindet, 1910 die nach der Ansiedlung von chem. Industrie sprunghaft angewachsene und 1881 zur Stadt erhobene Siedlung **Kalk; Mülheim** (seit 1322 Stadt), das sein Wachstum v. a. der Eisen verarbeitenden Industrie verdankte, wurde 1914 ein Stadtteil K.s. Oberbürgermeister K. ADENAUER (1917–33, wiederum 1945) setzte sich für die Neugründung der Univ. (1919) ein, ließ 1921–23 die beiden Grüngürtel auf dem ehem. Festungsgelände (mit Stadion, 1925), den Niehler Hafen und die Mülheimer Brücke (1927–29) anlegen sowie Flughafen (1926) und Rundfunkgebäude (1927) errichten, ferner 1922–24 und 1927 das Messegelände in Deutz anlegen bzw. ausbauen. 1922 wurde **Worringen** eingemeindet. Im Zweiten Weltkrieg war K. eines der Hauptziele alliierter Luftbombardements (v. a. am 30./31. 5. 1942 sowie Juni, Juli und Oktober 1943); am 7. 3. 1945 wurde die zu 72 % (Innenstadt über 90 %) zerstörte Stadt von amerikan. Truppen eingenommen. 1946 kam K. zu NRW.

Die kirchl. Denkmäler der Stadt K., bearb. v. W. EWALD u. a., 4 Bde. (1911–34, Nachdr. 1980); P. CLEMEN: Der Dom zu K. (²1938, Nachdr. 1980); Rhein u. Maas. Kunst u. Kultur 800–1400, hg. v. A. LEGNER, Ausst.-Kat., 2 Bde. (1972–73); H. L. ZANKL: Eine Stadt spiegelt Weltgesch. (1972); K., Führer zu vor- u. frühgeschichtl. Denkmälern, hg. v. Römisch-German. Zentralmuseum Mainz, 4 Bde. (1980); A. WOLFF: Dombau in K. (1980); K. Architektur der 50er Jahre, bearb. v. W. HAGSPIEL u. a. (1986); W. WEYRES: Die vorgot. Bischofskirchen in K. (1988); R. ZERLETT: K. von den Römern bis heute. Histor. Daten (1990); H. KRIER u. U. KRINGS: Die roman. Kirchen in K. (³1991); Chronik zur Gesch. der Stadt K., hg. v. P. FUCHS, 2 Bde. (²1992–93); W. SCHÄFKE: K. Zwei Jahrtausende Kunst, Gesch. u. Kultur (³1993); DERS.: K.s roman. Kirchen (1996); G. WOLFF: Das römisch-german. K. (⁴1993); A. WOLFF: Der Kölner Dom (²1995); W. P. ECKERT: Kölner Stadtführer (³1996); Kleine illustrierte Gesch. der Stadt K., bearb. v. C. DIETMAR u. W. JUNG (⁸1996).

2) Reg.-Bez. in NRW, 7365 km², 4,189 Mio. Ew.; umfasst die Kreise Aachen, Düren, Erftkreis, Euskirchen, Heinsberg, Oberbergischer Kr., Rheinisch-Bergischer Kr., Rhein-Sieg-Kr. sowie die kreisfreien Städte Aachen, Bonn, Köln und Leverkusen.

Kölner Malerschule: ›Die Muttergottes mit der Nuß‹; Gemälde vom Meister des Bartholomäusaltars, um 1480 (Köln, Wallraf-Richartz-Museum)

3) kath. Erzbistum. K.s erster Bischof MATERNUS ist 313 zuerst bezeugt. HILDEBALD, Kanzler KARLS D. GR. und Bischof von K. (um 785–818), wurde seit 795 Erzbischof genannt. Die Kirchenprovinz K. umfasste seitdem die Bistümer Lüttich (bis 1801), Utrecht (bis 1550), Bremen (bis 864), Minden, Münster, Osnabrück. Bis ins 13. Jh. hatten die Erzbischöfe als Kanzler für Italien großen Einfluss auf die Reichspolitik. Das weltl. Territorium (später Kurköln) der Erzbischöfe (Kurfürsten) bildete v. a. einen schmalen Streifen am linken Rheinufer zw. Rheinberg und Andernach. Beim Sturz HEINRICHS DES LÖWEN 1180 kam das Herzogtum Westfalen dazu. Durch die Niederlage bei Worringen 1288 im Limburger Erbfolgestreit verloren die Erzbischöfe die Herrschaft über die Stadt K. und residierten nun in Brühl und Bonn. HERMANN V. VON WIED und GEBHARD TRUCHSESS VON WALDBURG versuchten im 16. Jh. vergebens, die Reformation einzuführen. Seit Anfang des 17. Jh. wurde K. zu einem Zentrum der kath. Reform und der Gegenreformation. 1583–1761 hatten Wittelsbacher den Erzstuhl inne. Ihr bedeutendster war KLEMENS AUGUST (1723–61). 1801 kam der linksrhein. Besitz an Frankreich, 1803 wurde der rechtsrhein. Rest säkularisiert. Erst 1821 kirchlich wieder organisiert, wurde das Gebiet des Erzbistums verschiedentlich verändert (Verluste an die Bistümer Münster und Paderborn, 1921 an das Bistum Lüttich, 1930 an das wieder errichtete Bistum Aachen). Zur Kirchenprovinz K. gehören seit 1821 die Bistümer Münster und Trier, seit 1929 Aachen und Limburg, seit 1957 Essen. Von 1929 bis zu seiner Eingliederung in die neu errichtete Kirchenprovinz Hamburg 1994 gehörte auch das Bistum Osnabrück zur Kirchenprovinz K. – Erzbischof ist seit 1989 J. MEISNER. (→katholische Kirche, ÜBERSICHT)

Kölner Bucht, der innere Teil der →Niederrheinischen Bucht, etwa zw. Bad Godesberg und Dormagen, dem Horst der Ville und dem Bruchrand des Bergischen Landes; ein in Schollen zerlegtes Senkungsfeld, das tief in die Mittelgebirgsschwelle des Rhein. Schiefergebirges eingreift, von tertiären und quartären Ablagerungen (mit abbauwürdigen Sanden, Tonen, Braunkohlen) erfüllt ist und an der Oberfläche durch die um 10–15 m eingetiefte Talaue des Rheins sowie die sanftwelligen Nieder- und Mittelterrassen und glazialen Ablagerungen gegliedert wird.

K. B. u. angrenzende Gebiete (1972).

Kölner Malerschule, Bez. für die im Umkreis von Köln wirkenden Maler der Zeit um 1300 bis ins 16. Jh., deren Werke einheitl. Stilmerkmale aufweisen wie Detailfreudigkeit, behutsame Gestaltung der Gesichter, die oft kindl. Züge tragen, Engel als häufiges Motiv. Die Tätigkeit der K. M. lässt sich in drei Zeitabschnitte gliedern. Der erste umfasst Buchmalereien, kleine Altäre, sein Höhepunkt ist der Klarenaltar (etwa 1360–70; Köln, Dom). Die zweite, bedeutendste Phase mit dem MEISTER DER HEILIGEN VERONIKA und S. LOCHNER als Hauptvertretern stand unter dem Einfluss des →weichen Stils; in der dritten wurden Anregungen der niederländ. Kunst aufgenommen (MEISTER DES MARIENLEBENS, MEISTER DES BARTHOLOMÄUSALTARS, JÜNGERER MEISTER DER HEILIGEN SIPPE, MEISTER DER URSULALEGENDE).

Vor Stefan Lochner. Die Kölner Maler 1300–1430, Ausst.-Kat. (1974); Die Kunst der Gotik in Köln, Ausst.-Kat. (1989); Stefan Lochner – Meister zu Köln. Herkunft – Werke – Wirkung, hg. v. F. G. ZEHNDER, Ausst.-Kat. Wallraf-Richartz-Museum Köln (³1993).

Kölner Schule, einflussreicher Schriftstellerkreis der 1960er-Jahre, der, am →Nouveau Roman orientiert, einen existenzialist. ›neuen Realismus‹ vertrat; zentrale Gestalt war D. WELLERSHOFF, zur K. S. gehörten u. a. N. BORN, R. D. BRINKMANN, GISELA ELSNER, G. HERBURGER, RENATE RASP.

Kölner Wirren, Kölner Ereignis, Kölner Kirchenstreit, die Auseinandersetzungen zw. der kath. Kirche und dem preuß. Staat 1836–41, die sich persönlich auf den Kölner Erzbischof C. A. VON DROSTE ZU VISCHERING und sachlich auf den Streit um den →Hermesianismus und die Mischehenpraxis konzentrierten. Die Maßnahmen GREGORS XVI. gegen den Hermesianismus betrafen v. a. Professoren der 1818 vom preuß. Kultus-Min. gegründeten kath.-theolog. Fakultät der Univ. Bonn und wurden als Angriff auf den preuß. Staat verstanden. Außerdem hatte Preußen 1834 in einer geheimen Konvention mit den kath. Bischöfen die feierl. Assistenz eines Priesters bei einer gemischtkonfessionellen Eheschließung auch dann gefordert, wenn die Partner nicht bereit waren, künftige Kinder katholisch zu erziehen. Als DROSTE ZU VISCHERING auf Veranlassung Roms diese Vereinbarung brach, wurde er 1837 inhaftiert. GREGOR XVI. und mehrere dt. Bischöfe protestierten; J. GÖRRES trug mit seiner Schrift ›Athanasius‹ (1838) zur Ausweitung des Protestes und zur Stärkung des dt. polit. Katholizismus bei. König FRIEDRICH WILHELM IV. lenkte schließlich ein und beendete damit den Streit.
  H. SCHRÖRS: Die K. W.: 1837. Studien zu ihrer Gesch. (1927); F. KEINEMANN: Das Kölner Ereignis, sein Widerhall in der Rheinprovinz u. in Westfalen, 2 Bde. (1974).

Kol nidre [hebr. ›alle Gelübde‹], Anfangsworte des jüd. Gebets, das am Vorabend des Versöhnungstages (Jom Kippur) den Gottesdienst in der Synagoge einleitet. In diesem schon im 9. Jh. eingeführten Gebet wird Gott gebeten, die persönl. Gelübde, die unwesentlich oder unüberlegt abgelegt wurden, als nichtig zu betrachten. – Vertont von A. SCHÖNBERG für Sprecher, gemischten Chor und Orchester (1938).

Kölnischer Krieg, durch den Übertritt (1582) des Kölner Erzbischofs GEBHARD TRUCHSESS VON WALDBURG zum Protestantismus entstandene und durch Domkapitel und Landtag ausgelöste militär. Auseinandersetzung (1583–85). Span. und bayer. Truppen, unterstützt von Kaiser und Papst, vertrieben GEBHARD und sicherten seinem Nachfolger ERNST VON BAYERN das Erzstift im N des Heiligen Röm. Reiches, dessen kath. Charakter erhalten blieb.

kölnisch Wasser, das →Eau de Cologne.

Kolo [serbokroat. ›Rad‹] *der, -s/-s,* in den Ländern der Balkanhalbinsel weit verbreiteter Tanz, urspr. wohl serb. Nationaltanz im $^3/_4$-Takt. Er wird in lebhafter, häufig auch ruhiger Bewegung getanzt, oft als Kettentanz oder mit Spielelementen, und ist in zahlreichen lokalen Sonderformen verbreitet. In der Kunstmusik wird er als 7. Tanz der ›Slaw. Tänze‹ (1878) von A. DVOŘÁK verwendet.

Kolobom [griech. ›das Verstümmelte‹] *das, -s/-e,* angeborene oder erworbene Spaltbildung, v. a. im Bereich der Augen. Das K. kann nach Verletzungen oder infolge eines mangelhaften Verschlusses der fetalen Augenspalte an Regenbogenhaut **(Iris-K.),** Aderhaut, Linse oder Lid auftreten.

Kołobrzeg [kɔˈuɔbʒɛk], Stadt in Polen, →Kolberg.

Kolokasile [lat.-griech.] *die, -/-n,* die Pflanzengattung →Taro.

Kolokotronis, Theodoros, griech. Freiheitskämpfer, gen. **der Alte von Morea,** *in Messenien April 1770, †Athen 15. 2. 1843; entstammte einer Klephtenfamilie, wurde Mitgl. des Geheimbundes Philiki Hetairia und führte seit 1821 Freischaren erfolgreich im Kampf gegen türk. Herrschaft auf den Peloponnes. Als Gegner der bayr. Regentschaft (seit 1833) in einem Hochverratsprozeß 1834 zum Tode verurteilt, später zu Kerkerhaft begnadigt und 1835 auf Veranlassung von König OTTO freigelassen; ab 1835 Mitgl. des Staatsrates. – Held zahlreicher griech. Volkslieder.

Koloman, Colomannus, irischer Märtyrer, †Stockerau (bei Wien) 17. 7. (?) 1012; wurde während einer Pilgerreise nach Palästina als Spion verdächtigt und erhängt. Seine Gebeine wurden am 13. 10. 1014 nach Melk überführt; früher Landespatron Österreichs (1663 durch den hl. LEOPOLD [Markgraf →LEOPOLD III.] ersetzt). – Heiliger (Tag: 13. 10.).

Koloman I., ungar. **Kálmán** [ˈkɑːlmɑːn], gen. **Könyves** [ˈkønjvɛʃ, ›der Bücherkundige‹], König von Ungarn (seit 1095), *um 1065, †3. 2. 1116; aus dem Geschlecht der Arpaden, ältester Sohn GÉZAS I.; urspr. zum Kleriker bestimmt, bestieg K. nach dem Tod seines Onkels LADISLAUS I. den Thron und konnte mit Unterstützung des Reformpapsttums seine Herrschaft auf Kroatien (1102) und Dalmatien (1105) ausweiten. Sein Gesetzbuch (um 1100) ist ein wichtiges Quellenwerk.

Kolombine *die, -/-n,* Figur der Commedia dell'Arte, →Colombina.

Kolomenskoje: Himmelfahrtskathedrale; Turmhöhe 70 m, 1532 (1880 restauriert)

Kolomenskoje, ehem. Dorf im SO von Moskau (1960 eingemeindet), am rechten Ufer der Moskwa. – Sommerresidenz der Zaren. Erhalten sind Kanzleipalast (heute Museum), Tor- und Uhrturm sowie ein Wasserturm (alle 17. Jh.). Die Himmelfahrtskathedrale (1532) gilt als eine der frühesten Zeltdachkirchen, deren Typus die ältere Kreuzkuppelkirche ablöste (UNESCO-Weltkulturerbe). K. ist Museumskomplex mit z. T. hierher versetzten histor. Gebäuden.

Kolometrie *die, -, Metrik:* Messung der Kola (→Kolon), der aus mehreren Versfüßen bestehenden rhythm. Gruppen. Urspr. wurden lyr. Verse wie Prosa aufgezeichnet; erst im 3. Jh. v. Chr. wurde mit der K. die Trennung in einzelne Verszeilen eingeführt. Dabei wurden oft die metr. Pausen nicht beachtet.

Kolomna, Stadt im Gebiet Moskau, Russland, an der Mündung der Moskwa in die Oka, 163 000 Ew.; Bau von Diesel- und Elektrolokomotiven, Werkzeug- und Textilmaschinen; Hafen. – Die hölzerne Festung des frühen 14. Jh. wurde 1525–31 durch einen steinernen Kreml ersetzt, von dessen Mauern und 17 Türmen Reste erhalten sind. Die Kathedrale Mariä Himmelfahrt des 14. Jh. wurde 1672 umgestaltet; ebenfalls dem 14. Jh. entstammt die Kirche der Auferstehung Christi. – K., 1177 erstmals erwähnt, war seit Ende des 12. Jh. eine wichtige Handels- und Handwerkerstadt;

vom 13. bis zum 16. Jh. strategisch wichtiger Punkt in den Auseinandersetzungen mit den Mongolen.

Kolon [griech. ›(Satz)glied‹; ›Darm‹] *das, -s/-s* und *Kola,* 1) *Anatomie:* der Grimmdarm (→Darm).

2) *antike Metrik* und *Rhetorik:* in der Dichtung Gruppe aus mehreren Versfüßen, in der Prosa Teil einer →Periode sowie kurzer Einzelsatz.

3) *Interpunktion:* der →Doppelpunkt.

Kolonel [ital. colonella ›kleine Säule‹] *die, -,* **Mignon** [miˈɲɔ̃], ein →Schriftgrad von sieben typograph. Punkten.

Kolonen, lat. **Coloni,** urspr. die freien Ackerbauern, dann die Kolonialbürger, in der röm. Kaiserzeit aber die Kleinpächter auf den großen privaten und kaiserl. Domänen. Die persönlich freien K. wurden seit dem 4. Jh. meist erblich an die Scholle gebunden, von der sie Abgaben und Fronen zu entrichten hatten **(Kolonat).** Im MA. wurde in Dtl. auch der Grundhörige oft als Colonus bezeichnet.

M. Kaser: Das röm. Privatrecht, Bd. 2 (²1975); K.-P. Johne u. a.: Die K. in Italien u. den westl. Prov. des Röm. Reiches (Berlin-Ost 1983); P. W. de Neeve: Colonus. Privat farm tenancy in Roman Italy during the republic and the early principate (Amsterdam 1984).

kolonial, die →Kolonien 3) betreffend; eine →Kolonie 2) darstellend.

Kolonialgesellschaften, Ende des 19. Jh. im Dt. Reich entstandene, i. d. R. private, den →Handelskompanien in Struktur und Rechten ähnl. Gesellschaften zur Förderung und zum Schutz des Handels in Übersee, später auch zur Propagierung der Auswanderung dorthin. K. waren die ersten Träger der Kolonialpolitik des Dt. Reiches. 1884 wurde die Neuguineakompanie gegründet, die 1885 Verwaltungsrechte für ihre dortigen Gebiete erhielt. In Afrika wurden die ›Südwestafrikagesellschaft‹ und die ›Deutsch-Ostafrikan. Gesellschaft‹ (beide 1885 gegr.) tätig. 1891 übernahm das Reich die unmittelbare Verwaltung der Schutzgebiete. – Die 1887 durch Vereinigung der ›Gesellschaft für dt. Kolonisation‹ mit dem 1882 gegründeten ›Dt. Kolonialverein‹ entstandene →Deutsche Kolonialgesellschaft sowie der 1904 gegründete ›Dt. Kolonialverein‹ waren koloniale Werbevereine, die v. a. die Auswanderungen in die Schutzgebiete propagierten und die Ansiedlungen propagandistisch betreuten.

Kolonialismus [frz. colonial, zu colonie, lat. colonia ›Kolonie‹] *der, -,* eine auf Erwerb, Ausbeutung und Erhaltung von Kolonien gerichtete Politik und die sie legitimierende Ideologie; Fremdherrschaft mit spezif. Strukturen.

Der neuzeitl. K. ist histor. Begleiterscheinung des entstehenden Kapitalismus und seiner weltweiten Expansion. In den internat. Beziehungen wird mit dem Begriff des K. die Politik zahlr. europ. Staaten, der USA und Japans gegenüber Völkern und Ländern v. a. in Afrika, Asien, Süd- und Mittelamerika zw. dem Ende des 15. und Mitte des 20. Jh. bezeichnet. In der Zeit des →Imperialismus (seit dem letzten Viertel des 19. Jh.) erlebte der K. seine volle Ausprägung als internat. Kolonialsystem. Die Rivalität der Kolonialmächte führte zu schwerwiegenden Konflikten und gehörte zu den Ursachen der Weltkriege. Mit der Herausbildung der nat. Befreiungsbewegungen und den Erschütterungen der europ. Staatenwelt im Zweiten Weltkrieg verschärfte sich die Krise des K.; weltweit setzte die →Entkolonialisierung ein. Bei direktem polit. Machtverlust konnten die früheren Kolonialmächte sowie die USA ihre wirtschaftl. Vormachtstellung in der Dritten Welt jedoch weitgehend behaupten (→Neokolonialismus).

Im Zeitalter der Entdeckungen (15./16. Jh.) errichteten die damals führenden Seemächte, Portugal und Spanien, Kolonien in Gebieten außerhalb Europas (in ›Übersee‹), zunächst in Küstennähe, dann auch unter Einbeziehung des Landesinnern. Mit der militär. Sicherung, der verkehrsmäßigen Erschließung, der wirtschaftl. Beherrschung und der rechtl. Anbindung an die Kolonialmacht entwickelten sich – meist unter Anwendung politisch-militär. Gewalt – seit dem 16. Jh. die großen Kolonialreiche; dabei entstanden vielfach europ. Siedlungskolonien (bes. in Amerika und Australien), in denen die Urbevölkerung ausgerottet, gesellschaftlich isoliert oder sozial diskriminiert wurde. Das subsahar. Afrika diente bis in die zweite Hälfte des 19. Jh. als weiträumige Bezugsquelle des umfangreichen transatlant. Sklavenhandels. Mit der Verselbstständigung von Siedlungskolonien und der Entstehung eigenständiger Staaten auf dem amerikan. Kontinent (Ende des 18., Anfang des 19. Jh.) setzte eine erste Gegenbewegung ein, die sich im Bereich der europ. Siedlungskolonien während des 19. und beginnenden 20. Jh. fortsetzte. In der Zeit des Imperialismus beteiligten sich neben Spanien, Portugal, Großbritannien, den Niederlanden und Frankreich auch Belgien, das Dt. Reich, Italien, Japan, Russland und die USA am ›Wettlauf‹ um die Aufteilung der Welt.

In seiner ersten Phase (15.–18. Jh.) war der K. bestimmt von dem Versuch, die Reichtümer anderer Kulturen und Länder (Gold und Silber) sowie in Europa begehrte Waren (Elfenbein, Gewürze, Pelze u. a.) durch Eroberung von Gebieten oder Anlage von Handelsstützpunkten zu erwerben. Seit dem 18. Jh., v. a. jedoch im Zeichen des Imperialismus, stehen der billige Erwerb von Rohstoffen für die sich entwickelnde Industrie, günstige Absatzmärkte für deren Erzeugnisse, vorteilhafte Kapitalinvestitionen sowie die Sicherung von Arbeitsplätzen und Lebensstandard der eigenen Bevölkerung im Vordergrund. Neben den wirtschaftl. Interessen bestimmten die Ausdehnung des eigenen Machtbereichs in der Auseinandersetzung der europ. Nationalstaaten untereinander (d. h. der Nationalismus) den K., hinzu kamen Motive der militär. Sicherung (Einrichtung von Versorgungs- und Flottenstützpunkten). Eng verschmolzen mit dem K. war die Idee der christl. Missionierung; in den span. Kolonien verband sich diese mit einer gewaltsamen ›Bekehrung‹. Im Zuge einer stärkeren Säkularisierung europ. Denkens war der Gedanke der Christianisierung seit dem 18. Jh. immer stärker mit dem Motiv der ›Modernisierung‹ der ›primitiven‹ Völker verknüpft. Eine weitere Triebkraft des K. war die Minderung des Bevölkerungsüberschusses europ. Länder durch Auswanderung und Gründung von Siedlungskolonien.

Mit Ausnahme Lateinamerikas, wo die ehem. Kolonien bereits im 19. Jh. ihre staatl. Selbstständigkeit errungen hatten, geriet das System der direkten Kolonialherrschaft in den Jahrzehnten nach dem Zweiten Weltkrieg im Rahmen einer entscheidend veränderten polit. Weltkonstellation in seine abschließende Krise. Der Übergang der Kolonialterritorien zur nat. Unabhängigkeit verlief seit 1945 phasenweise und regional unterschiedlich; er begann in Asien, setzte sich in den arab. Ländern fort, erreichte in Afrika zu Beginn der 60er-Jahre seinen Höhepunkt und vollendete sich (abgesehen von einigen Überresten) mit dem Zusammenbruch der port. Kolonialherrschaft in Afrika Mitte der 70er-Jahre. Das Ergebnis dieses Prozesses war widersprüchlich. Einerseits wurden die neuen Nationalstaaten ein wichtiger Faktor in der Weltpolitik (u. a. blockfreie Staaten), andererseits hinterließ der K. in Form von neokolonialer Abhängigkeit, Armut und Unterentwicklung polit., wirtschaftl., sozialpsycholog. und kulturelle Strukturen, die für die Dritte Welt als charakteristisch gelten.

J. S. Saintoyant: La colonisation européenne du XVe au XIXe siècle (Paris 1947); M. Perham: Bilanz des K. (a.d. Engl., 1963); E. de Sousa Ferreira: Port. K. zw. Südafrika u. Europa (1972); S. J. u. B. H. Stein: The colonial heritage of

Latin America (Neuausg. New York 1976); Afrika. Gesch. von den Anfängen bis zur Gegenwart, bearb. v. T. BÜTTNER u. a., 4 Bde. ($^{1-2}$1979-85); W. J. MOMMSEN: Der europ. Imperialismus (1979); H. PIETSCHMANN: Staat u. staatl. Entwicklung am Beginn der span. Kolonisation Amerikas (1980); G. VON PACZENSKY: Die Weißen kommen. Die wahre Gesch. des K. (Neuausg. 13.-17. Tsd. 1982); R. VON ALBERTINI: Europ. Kolonialherrschaft. 1880-1940 (^{2}1985); Dokumente zur Gesch. der europ. Expansion, hg. v. EBERHARD SCHMITT, auf 7 Bde. ber. (1986 ff.); U. BITTERLI: Die ›Wilden‹ u. die ›Zivilisierten‹. Grundzüge einer Geistes- u. Kulturgesch. der europ.-überseeischen Begegnung (Neuausg. ^{2}1991); B. VON BORRIES: Kolonialgesch. u. Weltwirtschaftssystem. Europa u. Übersee zw. Entdeckungs- u. Industriezeitalter 1492-1830 (^{2}1992); J. OSTERHAMMEL: K. - Gesch., Formen, Folgen (1995); D. K. FIELDHOUSE: Die Kolonialreiche seit dem 18. Jh. (a. d. Engl., 92.-93. Tsd. 1996); W. REINHARD: Kleine Gesch. des K. (1996).

Kolonialpolitik, Bez. für die wirtschaftlich-polit. Expansion der europ. Industriestaaten nach Übersee vor dem Ersten Weltkrieg, der ein jeweils unterschiedlich akzentuiertes Motivbündel zugrunde lag: Missionsgedanke und Markterschließung, Rohstoffsicherung und Auswanderung, staatl. Prestigepolitik und strateg. Sicherheitsinteressen (→Imperialismus).

Kolonialstil, i. w. S. Architekturstil, wie er von einer europ. Kolonialmacht in den von ihr kolonialisierten überseeischen Gebieten für Herrschafts- und Verwaltungsbauten bevorzugt wurde, in enger Anlehnung an die im betreffenden Mutterland gültige Stilrichtung; i. e. S. die englisch beeinflusste Architektur Nordamerikas seit dem mittleren 17. Jh. bis zum Unabhängigkeitskrieg 1775-83. Hier entwickelte sich nach dem Vorbild der engl. →Palladianismus eine klassizist. Stilform für die Landsitze der aristokrat. Oberschicht v. a. der O-Küste, für die klare, in Ziegelstein ausgeführte Baukuben mit Werksteingliederung und Säulenportikus charakteristisch sind. 1699 wurde im Staat Virginia die Stadt →Williamsburg angelegt, deren öffentl. Gebäude nach Zerstörung 1781 durch brit. Truppen um 1930 als histor. Denkmal rekonstruiert wurden. Die Landhäuser und Kirchenbauten der ersten Hälfte des 18. Jh. folgten im Wesentlichen dieser auf C. WREN zurückgehenden Richtung, wie sie die Landhäuser Stratford (1725) und Westover (1729), beide im Staat Virginia, zeigen.

Seit der Mitte des 18. Jh. folgte die Architektur der amerikan. Kolonien dem europ. Klassizismus. In Newport (R. I.) arbeitete der Autodidakt PETER HARRISON (* 1716, † 1775), dessen King's Chapel in Boston (Mass.) im Innenraum durch gekuppelte korinth. Säulen gestaltet ist. Mit T. JEFFERSON kam die klassizist. Stilrichtung vollends zum Tragen, die er während eines Europaaufenthaltes studierte und für seine Bauten nach der Unabhängigkeitserklärung weiterentwickelte. Das von ihm entworfene Virginia State Capitol in Richmond zeigt, wie die Bauten von SAMUEL MCINTIRE (* 1757, † 1811) und C. BULFINCH, wie sich die Architektur des K. zwanglos in der Frühzeit der nach 1776 neu gebildeten Vereinigten Staaten von Amerika fortsetzte und auch den Bau des unter der Präsidentschaft des Architekten JEFFERSON vollendeten →Kapitols in Washington (D. C.) bestimmte.

Die klassizist. Richtung der engl. Architektur findet sich in vielen Teilen des British Empire, v. a. in Indien, auch in Australien und Neuseeland, in Südafrika. Der niederländ. K. hat sich anschaulich im Kapland (kapholländ. Stil) erhalten.

Den Portugiesen und Spaniern bot sich mit der von ihnen eroberten ›Neuen Welt‹ ein Einflussgebiet von bisher unbekanntem Ausmaßen (→lateinamerikanische Kunst).

H. MORRISON: Early American architecture (New York 1952); P. DAVIES: Splendours of the Raj. British architecture in India, 1660 to 1947 (London 1985).

Kolonialverein, →Deutscher Kolonialverein.

Kolonialstil: Originalgetreu wieder aufgebaute Häuser in Williamsburg, Virginia

Kolonie [lat., zu colere ›bebauen‹, ›(be)wohnen‹] *die, -/...'ni͜en,* **1)** *allg.:* 1) Siedlung; 2) Gruppe von Personen gleicher Nationalität, die im Ausland (am gleichen Ort) lebt und dort die Tradition des eigenen Landes pflegt.

2) *Biologie:* Vergesellschaftung von Einzelorganismen der gleichen Art zu einer Lebensform höherer Ordnung unter teilweiser oder völliger Aufgabe der eigenen Individualität. Bei niederen Algen treten Übergänge zu echten, vielzelligen, arbeitsteilig differenzierten Pflanzen auf. Bei koloniebildenden Tieren kommen alle Übergänge von locker in Gallerthüllen vereinigten Individuen (Wimpertierchen, Rädertierchen) bis zu Stockbildungen vor (Wimpertierchen, Schwämme, Korallen, Moostierchen, Manteltiere). Ihre höchste Differenzierung erhält die Kolonie- oder Stockbildung bei den Staatsquallen (→Arbeitsteilung). - Als K. bezeichnet man auch die Ansammlungen von Vögeln zur Brut und Aufzucht der Nachkommen (**Brut-K.**) sowie manche Familienstaaten, z. B. von Bienen, Termiten und Ameisen.

3) *Geschichte:* die vom Beginn der Neuzeit bis zum Ersten Weltkrieg von den europ. Staaten erworbenen auswärtigen, i. d. R. ›überseeischen‹ Besitzungen, die bestimmten polit., wirtschaftl. oder militär. Zwecken der erwerbenden **Kolonialmacht** dienstbar gemacht wurden. Sie waren ›völkerrechtlich Inland, staatsrechtlich Ausland‹. Die Kolonialmacht übte direkt (im Rahmen der Gebietshoheit) oder indirekt (über einheim. Regierungsautoritäten) ihre Herrschaft aus.

Die Abhängigkeit der K. von der Kolonialmacht konnte - rechtlich gesehen - verschiedene Formen annehmen: Status einer Provinz, eines Nebenlandes (im Rahmen eines Staatenstaates), eines Protektorats, eines Mandatsgebietes oder eines Treuhandgebietes. Großbritannien v. a. entwickelte innerhalb des Brit. Reiches und des Commonwealth ein sehr differenziertes System staats- und völkerrechtl. Abhängigkeit (von der Kronkolonie über das Protektorat bis zum Dominion). I. d. R. wurden die Staatsangehörigkeit und staatsbürgerl. Rechte (z. B. Wahlrecht) der Kolonialmacht der Bevölkerung einer K. nicht zuerkannt; die Angehörigen des Kolonialstaates besaßen hingegen in der K. umfangreiche Vorrechte.

Nach dem vorrangigen Zweck beim Erwerb von K. entwickelte sich unterschiedl. Typen von Kolonien. **Siedlungs-K.** dienten der Aufnahme von Auswanderern aus dem ›Mutterland‹, wobei die Siedler entweder die einheim. Bevölkerung fast oder völlig verdrängten, z. B. in Nordamerika, oder als herrschende Schicht den Hauptteil des Wirtschaftsertrags und der polit. Macht beanspruchten, z. B. in Spanisch- und Portugiesisch-Amerika, in Französisch-Algerien, in Portugiesisch-Westafrika (bes. Angola), in Britisch-Ostafrika (bes. Kenia). Auf der Grundlage einer die nichtweißen Bevölkerungsgruppen benachteiligenden Apartheidpolitik verfolgte die Rep. Südafrika bis 1990 diese diskriminierende Linie (endgültig durch die neue Verf. von 1993 beendet). **Wirtschafts-K.** wurden durch die Kolonialmacht ausgebeutet, z. B. durch die brit. Herrschaft in Indien (Britisch-Indien) oder Ägyptens, durch die dt. Herrschaft z. B. in Kamerun und Südwestafrika, durch die frz. Herrschaft in Äquatorial- und Westafrika. **Militär-K.** wurden aus strateg. Gründen erworben (z. B. Gibraltar, Malta, Zypern oder Aden). In **Straf-K.** wurden Sträflinge deportiert (z. B. Cayenne oder New South Wales).

Kolonie**vögel, Koloniebrüter,** Bez. für gesellig brütende Vögel (z. B. Saatkrähe, Pelikane, Möwen, Seeschwalben, Pinguine, viele Reiher); die Brutkolonien bieten besseren Schutz vor Feinden.

Kolonisation die, -/-en, Gründung und Entwicklung von Kolonien; auch →innere Kolonisation. – **Kolonisator** der, -s/...'toren, jemand, der (führend) an der Schaffung einer Kolonie beteiligt ist. – **Kolonist** der, -en/-en, europ. Siedler in Kolonialgebieten; jemand, der Gebiete erschließt.

Kolonkarzinom, Dickdarmkrebs, häufigste Form des Darmkrebses (→Darmtumoren).

Kolonnade [ital.-frz., zu lat. columna ›Säule‹] die, -/-n, Gang, dessen auf geradem Gebälk ruhende Decke von Säulen getragen wird, im Unterschied zur →Arkade (K. am Petersplatz in Rom von G. L. BERNINI, 1656–67).

Kolonne [frz., eigtl. ›Säule‹, von gleichbed. lat. columna] die, -/-n, **1)** *allg.:* geordnete Schar (von Menschen, Fahrzeugen); Arbeitstrupp.

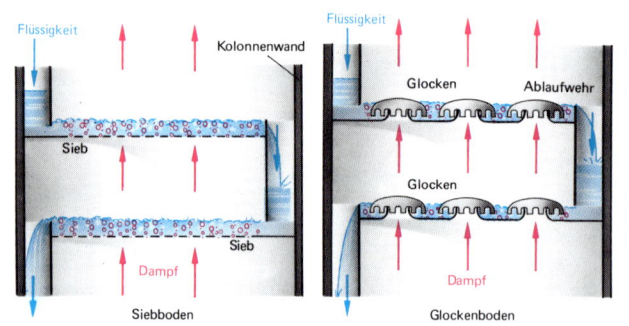

Kolonne 2): Einbauten von Bodenkolonnen

2) *chem. Technik:* turm- oder säulenförmiger techn. Apparat zur Trennung von Stoffgemischen bei der →Destillation, →Extraktion, Absorption oder Adsorption. Für intensiven Kontakt der beteiligten Phasen (z. B. Dampf und Flüssigkeit bei der Destillation oder zwei nicht mischbare Flüssigkeiten bei der Extraktion) sind K. mit Einbauten versehen. Es kann sich dabei um Böden (**Boden-K.**), rotierende Einbauten, →Füllkörper oder Packungen aus Blech oder Drahtgewebe handeln. Böden sind in regelmäßigen Abständen waagerecht in die K. eingebaut. Vom jeweils höheren Boden gelangt Flüssigkeit (Rücklauf) auf den tiefer liegenden. Der Flüssigkeitsstand des Bodens wird durch ein Ablaufwehr konstant gehalten. Bei **Destillations-K.** tritt Dampf von unten in den Boden ein, wobei durch geeignete Vorrichtungen eine Zerteilung in Blasen erfolgt. **Siebböden** enthalten für den Dampfdurchtritt viele kleine Bohrungen. **Glockenböden** sind mit Kaminen ausgestattet, die von einer glockenähnl. Kappe überdeckt werden. Der Dampf wird in der Glocke umgelenkt und durch die auf dem Boden stehende Flüssigkeit geleitet. **Ventilböden** haben Bohrungen, in die Klappen (Ventile) eingesetzt sind, die durch den aufsteigenden Dampf geöffnet werden. **Füllkörper-K.** enthalten unregelmäßige Schüttungen aus Füllkörpern, über deren Oberfläche die Flüssigkeit rieselt und auf der eine große Kontaktfläche für die zweite Phase (Dampf oder Flüssigkeit) bildet. Ein Maß für die Trennwirkung einer K. ist die Anzahl der theoret. Trennstufen (theoret. Böden). Eine theoret. Stufe ist der gedachte Teil der K., in dem zwei Phasen so intensiv in Kontakt kommen, dass sie miteinander im Gleichgewicht stehen. In einer prakt. Stufe (z. B. ein Boden einer Boden-K.) lässt sich die Gleichgewichtseinstellung meist nicht vollständig erreichen.

3) *Militärwesen:* Bez. für eine in geschlossener Ordnung in gleichmäßigen Abständen hintereinander aufgestellte oder marschierende Truppe; früher auch Bez. für Nachschubeinheiten.

4) *Politik:* →fünfte Kolonne.

Kolophon [griech. ›Gipfel‹, ›Abschluss‹] der, -s/-e, Schlussschrift am Ende des Textes alter Handschriften oder Inkunabeln mit Angaben über Titel, Verfasser, Schreiber und Drucker sowie Ort und Zeit der Herstellung. Die erste im K. vollständig datierte Inkunabel ist der ›Mainzer Psalter‹ von 1457.

Kolophon, antike Stadt nordwestlich von Ephesos, Türkei. Im 7. und 6. Jh. v. Chr. erlebte die wohl wesentlich ältere Stadt ihre Blütezeit; sie war gegen Ende des 4. Jh. und im 3. Jh. trotz einer von LYSIMACHOS angeordneten Umsiedlung der Kolophonier nach Ephesos recht wohlhabend; Aufschwung nahm im 3. Jh. v. a. der 13 km entfernte Hafen Notion (seitdem auch K. gen.). Seit 129 v. Chr. gehörte die Stadt zur röm. Prov. Asia. – Ausgrabungen legten die Akropolis, Theater, Tempel u. a. frei. Südlich von K. lag in 2 km Entfernung von der Küste und 13 km vor K. das Orakelheiligtum des Apollon von Klaros (Ausgrabungen des Haupttempels mit unterird. gewölbten Orakelkammern aus dem späten 4. Jh. v. Chr.). Es genoss noch in röm. Zeit Ansehen und reicht bis in die Bronzezeit zurück (kretisch-myken. Funde); im griech. Mythos mit →Mopsos verbunden.

Kolophonium [griech., nach der antiken Stadt Kolophon] das, -s, hellgelbes bis rubinrotes, sprödes Naturharz, das durch Abdestillieren von Terpentinöl aus dem Rohharz von Kiefern (**Balsam-K.**), durch Extraktion alter Kiefernwurzelstöcke (**Wurzelharz**) oder aus Tallöl (**Tallharz**) gewonnen wird. K. besteht überwiegend aus Harzsäuren (v. a. Abietinsäure). K., seine Salze und die durch Hydrierung und Veresterung gewonnenen Derivate dienen zur Herstellung von Klebstoffen, Lacken, Druckfarben u. a.; K. selbst wird zum Bestreichen des Bogens von Streichinstrumenten verwendet, um die Reibung auf den Saiten zu erhöhen.

Kolor [lat. ›Farbe‹] die, -, Rotweinrebe (Neuzüchtung), Kreuzung aus Spätburgunder × Färbertraube, Sortenschutz seit 1974; die Weine dienen lediglich als →Deckrotweine.

Koloratur [ital. ›Ausmalung‹, ›Verzierung‹, zu lat. ital. colorare ›färben‹] die, -/-en, reiche Auszierung der Gesangstimme mit Figurenwerk und Läufen, die zusammenhängend auf einer Textsilbe ausgeführt werden, bes. bei Arien (**K.-Arie**). Die oft improvisator. Ausführung der von den Komponisten nur z. T. notierten K. führte im 18. Jh. zu einer Blüte des virtuosen Gesangs, v. a. bei den Kastraten. G. ROSSINI beendete die Zeit der Improvisation, indem er alle K. notierte. Man unterscheidet meist rein virtuose von dramatisch begründeter K. Zum K.-Singen eignen sich bes. Sopranstimmen (K.-Sopran, z. B. Königin der Nacht in W. A. MOZARTS ›Zauberflöte‹; K.-Soubrette, z. B. Susanna in MOZARTS ›Le nozze di Figaro‹). – **Koloristen** nennt man die Meister des Orgelspiels im 16. Jh. (u. a. ARNOLT SCHLICK), die mehrstimmige Vokalkompositionen mit starker Verzierung der Oberstimme auf ihr Instrument übertrugen.

kolorieren [lat.-ital. colorare ›färben‹], Fotografien, Zeichnungen oder Druckgrafik (mit Wasserfarben) ausmalen. – In der Druckgrafik war das Kolorieren von Hand neben dem Farbholzschnitt (seit dem 16. Jh.), dem Farbstich (seit dem 18. Jh.) und der farbigen Lithographie (seit dem 19. Jh.) lange die verbreitetste Methode, farbige Grafiken herzustellen. Im Kunsthandel unterscheidet man in älterer Zeit kolorierte Grafiken (**Altkolorit**) von nachträglich in neuerer Zeit kolorierten (**Neukolorit**). Das Kolorieren wurde für Buchillustrationen bereits im 15. Jh. sowie von den Briefmalern im 16. Jh. verwendet und verbreitete sich als manufakturmäßige Kunst.

Kolossalstatue: Riesenkopf der Olmeken; Basalt, Höhe 2,4 m; etwa 850–150 v. Chr. (Villahermosa, La-Venta-Park)

Kolorimetrie [zu lat. color ›Farbe‹] *die, -,* 1) *Astronomie:* die Bestimmung der Sternfarbe, u. a. durch Angabe der Farbenindizes (→Farbenindex) von Sternen.
2) *physikal. Chemie:* Verfahren der →Absorptiometrie, bei dem die Bestimmung der Konzentration einer farbigen Substanz durch Farbvergleich mit einer Standardlösung derselben Substanz in nicht absorbierenden Lösungsmitteln erfolgt. Früher geschah dies durch direkte oder indirekte visuelle Begutachtung, heute werden derartige Konzentrationsbestimmungen mit lichtelektr. Messgeräten als photometr. (→Photometrie) bzw. spektralphotometr. (→Spektralphotometrie) Messungen durchgeführt. Grundlage der Verfahren ist das →Lambert-Beer-Gesetz.

Kolorismus [zu lat. color ›Farbe‹] *der, -,* Malweise, bei der die Farbgebung Vorrang vor der gegenstandsbestimmenden Zeichnung hat (→Kontur). Dabei treten auch Beleuchtungseffekte und starke Körpermodellierungen zurück zugunsten einer Eigenwertigkeit der Farbwirkung als opt. und ästhet. Gestaltungsmittel. Bereits M. GRÜNEWALD, P. VERONESE, P. P. RUBENS u. a. verwendeten die Farbe in dieser Weise. Im 19. Jh. arbeitete v. a. E. DELACROIX mit der emotionalen Aussagekraft der Farben. Weitere Möglichkeiten der K. sahen die Maler des Impressionismus und Neoimpressionismus, bevor er schließlich im 20. Jh. in der abstrakten Malerei die letzte konsequente Anwendung seiner Eigenwertigkeit erhielt.

RAINER SCHMID: Lux incorporata. Zur ontolog. Begründung einer Systematik des farbigen Aufbaus in der Malerei (1975); E. STRAUSS: Koloritgeschichtl. Untersuchungen zur Malerei seit Giotto ... (Neuausg. 1983).

Kolorist *der, -en/-en,* 1) *Kunst:* Maler, in dessen Bildern die Farbe vor anderen Ausdrucksmitteln Priorität hat.
2) *Musik:* →Koloratur.

Kolorit [-'rit, -'ri:t; ital., zu colorare, colorire ›färben‹] *das, -(e)s/-e,* auch *-s,* 1) *allg.:* eigentüml. Atmosphäre, ausgeprägter besonderer Charakter.
2) *Malerei:* Farbgebung, Farbwirkung.
3) *Musik:* durch Instrumentation und Harmonik bedingte Klangfarbe.

Koloskopie, Kolonoskopie [zu Kolon und griech. skopeīn ›betrachten‹] *die, -/...'pi̱en,* endoskop. Untersuchung des Dickdarms (Darmspiegelung) mit einem flexiblen Spezialendoskop (Koloskop); dabei können auch kleinere operative Eingriffe (z. B. Entfernung von Darmpolypen) durchgeführt oder Gewebeproben entnommen werden.

Koloss [lat.-griech.] *der, -es/-e,* Riesenstandbild; riesiges Bauwerk, Gebilde. – **kolossal,** riesenhaft, gewaltig.

Kolossalordnung, Säulenordnung, bei der die Stützen oder Pilaster mit Sockel zwei oder mehrere Geschosse übergreifen. Entwickelt im Manierismus (A. PALLADIO, MICHELANGELO), wurde die K. im Barock zur häufigsten Gliederungsart von Kirchen- und Palastfassaden.

Kolossalstatue, Bildwerk (i. e. S. Standbild) von meist mehrfacher Lebensgröße; dargestellt werden v. a. die stehende und sitzende Figur (Gott oder Mensch), aber auch Tiere, Kolossalköpfe, Figurengruppen, Reiter. Der Übergang zur Großplastik ist fließend; K. sind v. a. ein Ausdruck weltl. Herrschaftsanspruchs oder kult. Repräsentation.

In Ägypten wurden seit dem Alten Reich K. des Pharaos geschaffen, im Mittleren Reich wurden sie zum Schutz der Reichsgrenzen aufgestellt. Im Neuen Reich erreichten die Memnonskolosse AMENOPHIS' III. und einige K. RAMSES' II. fast 20 m Höhe. Kolossale Proportionen zeigen auch die Sphinxfiguren (Giseh).

In der Antike brachte die archaische griech. Kunst kolossale Tierfiguren (Löwen von Delos) und Kurosstatuen hervor (Samos, Kap Sunion, Delos, Naxos). Berühmte kolossale Kultstatuen der klass. Kunst schuf PHIDIAS. Mehr als 30 m soll der →Koloss von Rhodos gemessen haben. In der hellenist. Epoche stellte ANTIOCHOS I. von Kommagene (69–34 v. Chr.) monumentale Sitzstatuen synkretist. Götter auf dem Nemrut Daği auf. In der röm. Kaiserzeit wurden imposante Statuen des AUGUSTUS und anderer Herrscher errichtet (Reiterstandbild MARK AURELS, um 173 n. Chr.). Von der urspr. etwa 10 m hohen Sitzstatue des Kaisers KONSTANTIN blieben der 2,60 m hohe Kopf sowie andere Fragmente erhalten (Rom, Konservatorenpalast).

In den außereurop. Kulturen sind bes. die Kolossalbüsten und -köpfe auf der Osterinsel, die Stelen von San Augustín, die zehn Riesenköpfe der Olmeken (bis 2,85 m hoch) und die z. T. aus dem Fels gehauenen Buddhafiguren in Indien, China und Japan zu nennen.

Beispiele für die K. des MA. sind die Rolandsäulen (→Roland). Während Renaissance und Manierismus K. schätzten (›David‹ von MICHELANGELO, 1501–04; Original Florenz, Accademia; Höhe 4,34 m), erscheinen sie im Barock nur selten (Nachbildung des farnes. Herkules von LYSIPP durch JOHANN JACOB ANTHONI auf Schloss Wilhelmshöhe in Kassel, 1714–17, 9,2 m). Im Historismus entstanden die Bavaria in München von L. VON SCHWANTHALER, 1844–50, Höhe 18 m), das Hermannsdenkmal im Teutoburger Wald von E. BANDEL (1838–75, Höhe 26,57 m) und viele andere Gedenkstätten mit K. (→Denkmal).

Kolosserbrief, Abk. **Kol.,** Schrift des N. T., ein unter dem Namen des PAULUS verfasster, aber wahr-

Kolo Kolosseum – Kolping

Kolosseum: Blick auf das Amphitheater (79/80 eingeweiht) mit seiner 6–7 m hohen Unterkellerung (nach 81)

Adolf Kolping

scheinlich nicht auf ihn selbst zurückgehender Brief aus der Gefangenschaft (→Gefangenschaftsbriefe) an die christl. Gemeinde in der kleinasiat. Stadt Kolossai. In Stil und Inhalt hat er Ähnlichkeiten mit dem Epheserbrief, weniger aber mit den echten Paulusbriefen. Im ›Christushymnus‹ (1,15–20) des K. wird JESUS CHRISTUS als Ebenbild des unsichtbaren Gottes und Haupt der Kirche gepriesen. Ein Schwerpunkt des K. ist die Auseinandersetzung mit Vorstellungen vermutlich jüd. oder gnost. Herkunft, die in Kolossai Anhänger fanden. Als Abfassungszeit wird die Zeit um 90–100 angenommen.

J. LÄHNEMANN: Der K. Komposition, Situation u. Argumentation (1971); A. LINDEMANN: Der K. (Zürich 1983); E. SCHWEIZER: Der Brief an die Kolosser (³1989); J. PFAMMATTER: Epheserbrief, K. (²1990); P. POKORNÝ: Der Brief des Paulus an die Kolosser (²1990); J. GNILKA: Der K. (²1991).

Kolosseum [lat., zu Koloss], **Colosseum**, ital. **Colosseo, Coliseo,** größtes Amphitheater Roms und der antiken Welt (elliptischer Grundriss, 188 × 156 m, 48,5 m hoch). Die Bez. K. statt des röm. Namens ›Amphiteatrum Flavium‹ setzte sich im MA. durch und geht auf die Kolossalstatue (über 35 m hoch, nicht erhalten) des NERO zurück, die im 2. Jh. dorthin versetzt wurde. Das K. wurde von VESPASIAN begonnen und, noch unvollendet, von ihm 79 n. Chr. und nochmals 80 von TITUS eingeweiht. DOMITIAN fügte 81 ein Attikageschoss hinzu und legte wohl die 6–7 m hohe Unterkellerung mit Kanalsystem (das auch die Vorführung von ›Seeschlachten‹ ermöglichte) unter dem Bühnenboden der Arena an. Das Gussmauerwerk des K. ist mit Travertinplatten verkleidet, die Treppen- und Sitzstufen waren aus Marmor. Der ellipt. Bau ist in den unteren drei Geschossen in Arkaden mit vorgelegten Halbsäulen in dorischem, ionischem und korinthischem Stil ausgeführt. Der Zuschauerraum (40 000–45 000, nach anderen Schätzungen 68 000 Sitzplätze und 5 000 Stehplätze) wird von umlaufenden Galerien mit Tonnen- und (im 3. Geschoss) Kreuzgewölben gestützt und erschlossen (das K. konnte innerhalb einer Stunde geräumt werden). Bis 403 fanden im K. Gladiatorenkämpfe, bis 523 Tierhetzen statt. Noch im 8. Jh. stand das K. fast unversehrt, im 12. Jh. in die Burg der röm. Familie Frangi-

pani einbezogen. Erdbeben (1231 und 1349), Entfernung der die Travertinblöcke zusammenhaltenden Metalldübel und Wiederverwendung der Steine für andere Bauten führten zum Verfall, dem erst 1749 die Weihe zur Märtyrerstätte (als einer der Stätten der Christenverfolgungen) Einhalt gebot. Sicherungs- und Restaurierungsarbeiten begannen 1805, Freilegungen des unteren Geschosses und der Arena erfolgten seit 1811.

Koloss von Rhodos, meist zu den sieben Weltwundern gerechnete Kolossalstatue des Helios beim Hafen von Rhodos, die Anfang des 3. Jh. v. Chr. von CHARES VON LINDOS in Bronze gegossen wurde und wohl etwa 32 m hoch war. Sie stürzte um 225 v. Chr. infolge Erdbebens ein. Die Bruchstücke wurden im 7. Jh. eingeschmolzen.

Kolostomie [zu Kolon und griech. stóma ›Mund‹] die, -/...'milen, Form der →Enterostomie.

Kolostrum [lat.] das, -s, **Kolostralmilch, Vormilch, Erstmilch,** durch Carotine gelblich gefärbtes Sekret der weibl. Brustdrüsen, das oft schon während der Schwangerschaft, bes. jedoch in den ersten Tagen nach der Geburt gebildet wird. Das K. unterscheidet sich von der reifen Muttermilch v. a. durch einen höheren Gehalt an Proteinen und Vitaminen (v. a. A und C), bei etwa gleichem Kohlenhydrat- und etwas vermindertem Fettgehalt; außerdem enthält es mit Fetttropfen beladene Leukozyten, die **K.-Körperchen** (Kolostralkörperchen). Das an Immunglobulinen reiche K. ist nach der Geburt die erste, in den ersten Lebenstage wichtige Nahrung des Neugeborenen.

Kolowrat, böhm. Herrengeschlecht, 1297 erstmals urkundlich erwähnt, in verschiedenen Linien 1627 und 1671 in den Reichsgrafenstand erhoben, 1889 Namensvereinigung der Linie Krakowský mit Liebsteinsky. Bedeutendster Vertreter war:

Franz Anton Graf von K.-Liebsteinsky [-ki], österr. Politiker, *Prag 31. 1. 1778, †Wien 4. 4. 1861; leitete 1809–26 die Landesverwaltung Böhmens und setzte sich dabei bes. für die tschech. Volkskultur ein. 1826 wurde K.-Liebsteinsky Staatsminister und übernahm 1827 die Sektion Finanzen. Seit 1835 führte er mit seinem polit. Gegenspieler K. Fürst VON METTERNICH die Staatskonferenz für den regierungsunfähigen österr. Kaiser FERDINAND I. Im März/April 1848 stand der als liberal eingeschätzte K.-Liebsteinsky an der Spitze eines konstitutionellen Ministeriums, zog sich danach aus der Politik zurück.

Kolozsvár ['koloʒvaːr], ungar. Name der rumän. Stadt →Klausenburg.

Kolpak [türk.] der, -s/-s, Kopfbedeckung, →Kalpak.

Kolpakowa, Irina Aleksandrowna, russ. Tänzerin, *Leningrad 22. 5. 1933; kam 1951 zum Ensemble des Kirow-Balletts, tanzte nicht nur das klass. Repertoire, sondern kreierte u. a. auch Rollen in Choreographien von J. N. GRIGOROWITSCH, NATALIA KASSATKINA und WLADIMIR JUDOWITSCH WASSILJOW.

Kolping, Adolf, kath. Theologe, *Kerpen 8. 12. 1813, †Köln 4. 12. 1865; Schuhmachergeselle, seit 1845 Priester, 1849 Domvikar in Köln. Nachdem K. 1847 zweiter Präses des von JOHANN GREGOR BREUER gegründeten →Gesellenvereins in Elberfeld war, gründete er 1849 in Köln einen Gesellenverein, beide Wurzeln des →Kolpingwerks wurden. Ziel K.s war es, die soziale Lage der Handwerksgesellen und Lehrlinge zu verbessern und den überwiegend jungen Menschen auch Halt und Heimat in einer durch Solidarität und christl. Ethos geprägten Gemeinschaft (›Familie‹) zu geben. – 1991 wurde K. selig gesprochen. (→katholische Soziallehre)

C. FELDMANN: A. K. Für ein soziales Christentum (1991); J. A. STÜTTLER: A. K. u. ›Rerum novarum‹. K.s Wirken u. Werk u. 100 Jahre kirchl. Sozialbotschaft im Vergleich (1991); H.-J. KRACHT: A. K. Priester, Pädagoge, Publizist im Dienste christl. Sozialreform (1993).

Kolpingwerk, Internationales K., auf den von JOHANN GREGOR BREUER 1846 in Elberfeld gegründeten und von A. KOLPING ab 1849 verbreiteten Gesellenverein zurückgehende internat. kath. Laienorganisation. Grundlegende Organisationsebene ist die örtl. **Kolpingsfamilie.** Die Kolpingsfamilien bilden regionale Gliederungen und Nationalverbände. Weltweit ist das K. in mehr als (1997) 50 Ländern vertreten. Zehn europ. Nationalverbände haben sich 1995 zum ›K. Europa‹ zusammengeschlossen. Sitz des Internat. K. ist Köln. Weltweit gehören dem K. rd. 400 000 Mitgl. an; davon rd. 276 000 in Dtl. und jeweils rd. 10 000 in Österreich und der Schweiz. – Die Arbeit des K. erstreckt sich auf alle Lebensbereiche des Menschen (Familie, Arbeitswelt, Gesellschaft, Freizeit); einen Schwerpunkt bildet dabei der Bereich berufl. Bildung.
  H. FESTING: Adolf Kolping u. sein Werk (^{5}1983); M. HANKE: Das K. heute (1993).

Kolpino, Stadt im Gebiet Leningrad, Russland, im S des Großraums Sankt Petersburg, 144 000 Ew.; Maschinenbau, Metall verarbeitende Industrie.

Kölpinsee, See auf der Mecklenburg. Seenplatte, im Landkreis Müritz, Meckl.-Vorp., 20,5 km², bis 28 m (im Mittel aber nur 4 m) tief; mit dem Schweriner See und der Müritz verbunden.

Kolpitis [zu Kolpos] *die, -/...'tiden,* die →Scheidenentzündung.

Kolportage [-'taːʒə; frz. colporter, zu kolportieren] *die, -/-n,* 1) literarisch minderwertiger, auf billige Wirkung abzielender Bericht; 2) Verbreitung von Gerüchten.

Kolportageliteratur [-'taːʒə-], Teilbereich der Trivialliteratur (→Unterhaltungsliteratur). Die Anfänge der K. liegen im 15. Jh., wo v. a. religiöse Erbauungsliteratur, Volksbücher und Kalender im Haus und auf Jahrmärkten angeboten wurden; im 18. Jh. bildeten Ritterromane und Schauerromane die Hauptmasse der K.; mit dem Abbau des Analphabetentums wuchs die Verbreitung der meist in Fortsetzungen erscheinenden **Kolportageromane.** Ihr Umfang schwankte zw. 15 und 200 Lieferungen (1 Heft = 1 bis 2 Bogen). Die K. wurde von Hausierern (veraltet Kolportierer) vertrieben, die sie in ihrem Bauchladen feilboten.
  G. KOSCH u. M. NAGL: Der Kolportageroman. Bibliogr. 1850 bis 1960 (1993).

kolportieren [frz. colporter ›hausieren‹, eigtl. ›am Hals tragen‹, unter Einfluss von frz. col ›Hals‹ aus älter comporter, von lat. comportare ›zusammentragen‹], *bildungssprachlich:* eine ungesicherte, unzutreffende Nachricht verbreiten.

Kolpos [aus griech. kólpos ›busenartige Vertiefung‹, ›Schoß‹, eigtl. ›Wölbung‹] *der, -/...poi,* Bausch oder Überfall altgriech. Gewänder (Peplos, Chiton) durch Raffung des Stoffes über dem Gürtel.

Kolposkopie [zu Kolpos] *die, -/...'piǀen,* Beurteilung des Epithels der Oberfläche des Gebärmutterhalses (Portio) mit dem **Kolposkop,** einem speziellen binokularen Lupenmikroskop mit 10- bis 30facher Vergrößerung. Die K. dient der Erkennung krankhafter Veränderungen, insbesondere der Früherkennung des Gebärmutterhalskrebses, und ermöglicht einen gezielten Zellabstrich (Zytotest) oder eine Gewebeentnahme bei einem verdächtigen kolposkop. Befund.

Kolpozele [zu Kolpos und griech. kéle ›Geschwulst‹, ›Bruch‹] *die, -/-n,* der →Scheidenvorfall.

Kolpozytologie [zu Kolpos] *die, -,* Methode der Zytodiagnostik zur Beurteilung der Hormonfunktion des Eierstocks nach Entnahme eines Zellabstrichs von der oberen seitl. Scheidenwand und spezieller Färbung des Ausstrichs (→Papanicolaou-Abstrich). Im Verlauf des Menstruationszyklus ändern die Scheidenepithelien unter hormonellem Einfluss (Follikel- und Gelbkörperhormon) ihre Form und Färbbarkeit, sodass sich für die Proliferations- und Sekretionsphase jeweils typische zytolog. Bilder ergeben. Bei Funktionsstörungen des Eierstocks, z. B. Östrogenmangel, fehlendem Eisprung oder Funktionsschwäche des Gelbkörpers, finden sich entsprechende Veränderungen im Zellbild.

Kölreuter, Koelreuter, Joseph Gottlob, Botaniker, * Sulz am Neckar 27. 4. 1733, † Karlsruhe 11. 11. 1806; ab 1763 Prof. für Naturgeschichte in Karlsruhe und Direktor des Botan. Gartens. K. führte erstmals planmäßige Befruchtungs- und Bastardierungsversuche an Pflanzen durch. Er entdeckte die Sexualität der Pflanzen und die Rolle von Insekten bei deren Bestäubung.
  Werk: Vorläufige Nachrichten von einigen das Geschlecht der Pflanzen betreffenden Versuchen u. Beobachtungen, 4 Tle. (1761–66).

Kolsås [-soːs], Höhenrücken am Oslofjord, S-Norwegen, unmittelbar westlich von Oslo, 379 m ü. M.; an seinem Fuß und im Innern militär. Anlagen der NATO.

Kölsch, goldfarbenes, kohlensäurearmes, obergäriges, heute meist fein gehopftes Bier (in Köln seit Anfang des 15. Jh. gebraut), das nur in Köln und Umgebung hergestellt werden darf.

Koltès [-'tɛz], Bernard-Marie, frz. Schriftsteller, * Metz 9. 4. 1948, † Paris 15. 4. 1989; 1970–72 Theaterstudium in Straßburg, danach Theaterarbeit auf verschiedenen Ebenen, lebte seit 1973 in Paris. In seinen Stücken, die seit den 80er-Jahren auf das wachsende Interesse der Öffentlichkeit stießen (Inszenierungen von P. CHEREAU), bringt er in beklemmenden Bildern, aber artifizieller Sprache Randexistenzen der Gesellschaft auf die Bühne.
  Werke (Auswahl): *Stücke:* Combat de nègre et de chiens (1980; dt. Kampf des Negers u. der Hunde); La nuit juste avant les forêts (1980; dt. Die Nacht kurz vor den Wäldern); Quai Ouest (1985; dt. Quai West); Le retour au désert (1988; dt. Rückkehr in die Wüste); Roberto Zucco (hg. 1990; dt.); Tabataba (hg. 1990; dt.). – *Prosa:* Prologue et autres textes (hg. 1991; dt. Prolog u. a. Texte).

Koltschak, Kolčak [-tʃ-], Aleksandr Wassiljewitsch, russ. Admiral, * Sankt Petersburg 16. 11. 1874, † Irkutsk 7. 2. 1920; nahm als Hydrologe 1900–03 und 1908–11 an russ. Polarexpeditionen teil, befehligte 1916/17 die russ. Schwarzmeerflotte. 1918 bildete er in Sibirien eine antibolschewist. Armee, stürzte das Direktorium in Omsk und erhob sich zum Reichsverweser; er errichtete eine Militärdiktatur. Herrschaft über das von ihm kontrollierte Gebiet, das im O bis an den Baikalsee und – nach Vorstößen seiner von den westl. Alliierten unterstützten Armee über den Ural – im W bis zur mittleren Wolga reichte. 1919 wurden seine Truppen von der Roten Armee geschlagen. Den nach Irkutsk geflüchteten K. lieferte die tschechoslowak. Legion an das ›Irkutsker Revolutionskomitee‹ aus, das ihn ohne Gerichtsverfahren erschießen ließ.

Køltzow [ˈkœltso], Liv, norweg. Schriftstellerin, * Oslo 17. 1. 1945. Nach ihrem modernist. Debüt, der 1970 erschienenen Novellensammlung ›Øyet i treet‹, beschäftigt sich K. heute in ihren sozialkrit., realistisch geschriebenen Romanen v. a. mit der Unterdrückung der Frau in der Gesellschaft der Gegenwart (›Historien om Eli‹, 1975, dt. ›Die Geschichte des Mädchens Eli‹; ›Løp, mann ...‹, 1980, dt. ›Lauf, Mann ...‹; ›Hvem har ditt ansikt?‹, 1987, dt. ›Wer hat dein Angesicht?‹).

Kolumbatscher Mücke [nach dem Ort Golubac, 90 km östlich von Belgrad], eine Art der →Kriebelmücken.

kolumbianische Literatur, →lateinamerikanische Literatur.

Kolu Kolumbien

Kolumbien

Fläche 1 141 748 km²
Einwohner (1994) 34,52 Mio.
Hauptstadt Bogotá
Amtssprache Spanisch
Nationalfeiertag 20. 7.
Währung 1 Kolumbianischer Peso (kol$) = 100 Centavos (c, cvs)
Uhrzeit 6:00 Bogotá = 12:00 MEZ

Kolumbien

Staatswappen

Staatsflagge

CO
Internationales Kfz-Kennzeichen

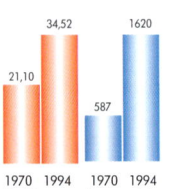

34,52 1620
21,10
587

1970 1994   1970 1994
Bevölkerung Bruttosozial-
(in Mio.)   produkt je Ew.
             (in US-$)

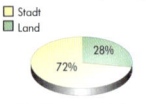

■ Stadt
■ Land

28%
72%

Bevölkerungsverteilung 1994

■ Industrie
■ Landwirtschaft
■ Dienstleistung

28%
20% 52%

Bruttoinlandsprodukt 1994

Kolụmbi|en, amtlich spanisch **República de Colombia,** Staat im NW Südamerikas, grenzt im W an den Pazif. Ozean, im N an Panama und das Karib. Meer, im O an Venezuela und Brasilien, im S an Peru und Ecuador, mit einer Fläche von 1 141 748 km² etwa doppelt so groß wie Frankreich, (1994) 34,52 Mio. Ew.; zu K. gehören auch die rd. 200 km vor der Küste Nicaraguas liegenden Westind. Inseln Isla de San Andrés, Isla de Providencia und Cayos de Albuquerque, die eine Verwaltungseinheit (Departamento) bilden, sowie die 2 km² große unbewohnte Pazifikinsel Isla de Malpelo (bei 4° n. Br. und 81° 30′ w. L.). Hauptstadt ist Bogotá (amtlich Santafé de Bogotá), Amtssprache Spanisch. Währungseinheit: 1 Kolumbian. Peso (kol$) = 100 Centavos (c, cvs). Zeitzone: Eastern Standard Time (6:00 Bogotá = 12:00 MEZ).

STAAT · RECHT

Verfassung: Nach der am 5. 7. 1991 in Kraft getretenen Verf. ist K. eine präsidiale Rep. Staatsoberhaupt und Reg.-Chef ist der auf vier Jahre direkt gewählte Präs. (Wiederwahl nicht möglich); seine Vollmachten wurden durch das neue Grundgesetz eingeschränkt. Er ernennt die Mitgl. seines Kabinetts und verfügt u. a. über ein befristetes Notstandsrecht. Die Legislative liegt beim Zweikammerparlament, bestehend aus Senat (102 Mitgl., davon zwei indian. Einheimische) und Repräsentantenhaus (161 Abg., davon fünf für ethn. Minderheiten und zwei für Auslandskolumbianer reserviert); Legislaturperiode jeweils vier Jahre. Mitgl. des Parlaments und der Reg. sowie deren nächste Angehörige dürfen kein weiteres öffentl. Amt bekleiden.

Parteien: Einflussreichste Parteien sind der Partido Liberal (PL; gegr. 1815), der Partido Social Conservador (PSC; gegr. 1849) und die Alianza Democrática Movimiento 19 de Abril (ADM-19; frühere Guerillabewegung, 1991 als polit. Partei konstituiert).

Gewerkschaften: Größter Dachverband ist mit rd. 80% aller Gewerkschafts-Mitgl. die Central Unitaria de Trabajadores (CUT; gegr. 1986). Die Confederación de Trabajadores de Colombia (CTC; gegr. 1934) ist liberal, die Confederación General del Trabajo (CGT) christdemokratisch ausgerichtet.

Wappen: Das Wappen ist – mit geringfügigen Veränderungen – das 1834 geschaffene Wappen von Neugranada. Es zeigt in dem auf kreuzweise angeordneten Staatsflaggen ruhenden, durch einen platinfarbenen Balken geteilten Schild im Schildhaupt einen Granatapfel zw. zwei Füllhörnern (das eine mit Goldmünzen, das andere mit Früchten), im Balken eine phryg. Mütze auf Speerspitze (Symbol für den Freiheitskampf gegen die span. Kolonialherrschaft) sowie im Schildfuß die Landenge von Panama und zwei Segelschiffe. Das Oberwappen bildet ein Andenkondor, der im Schnabel einen Lorbeerkranz und in den Fängen ein Spruchband mit der Devise ›Libertad y Orden‹ (›Freiheit und Ordnung‹) hält.

Nationalfeiertag: Nationalfeiertag ist der 20. 7., der an die Verkündung der Unabhängigkeit 1810 erinnert.

Verwaltung: Das Staatsgebiet ist seit dem 5. 7. 1991 in 32 Departamentos und den Hauptstadtdistrikt unterteilt; die zuvor neben den Departamentos bestehenden Intendencias und Comisarías (wenig besiedelte Gebiete) erhielten zu diesem Zeitpunkt den Provinzstatus; der ehem. Distrito Especial (Hauptstadt) wurde in Distrito Capital (D. C.) umbenannt, die Hauptstadt Bogotá in Santafé de Bogotá.

Recht: Die Rechtsordnung geht auf frz. und span. Vorbilder zurück (das Zivilrecht auf den Code Napoléon, das Handelsrecht auf die span. Kodifikationen). Zur Bekämpfung des Drogenhandels und der Guerillatätigkeit wurde seit Ende der 1980er-Jahre das Prozess- und Strafrecht mehrfach ergänzt und erweitert, so u. a. durch die Einführung von Strafverfolgern, die für die Öffentlichkeit anonym bleiben, sowie von Strafnachlässen für Informanten aus dem Drogenmilieu. – Oberstes Gericht ist der Oberste Gerichtshof in Bogotá, dessen 24 Richter aus dem Richterkollegium gewählt werden. Das Land ist in Justizdistrikte untergliedert, jeweils mit einem Obergericht; Untergerichte finden sich in den Prov. und Gemeinden. Daneben existieren Militär- und Disziplinargerichte.

Streitkräfte: Die Gesamtstärke der Wehrpflichtarmee (Dienstzeit 12–24 Monate) beträgt rd. 140 000 Mann, die der paramilitär. Kräfte ›Nationalpolizei‹ etwa 65 000 Mann. Das Heer (114 000 Soldaten) ist im Wesentlichen in vier Infanteriedivisionen gegliedert; hinzu kommen selbstständige Verbände wie z. B. eine Brigade zur Guerillabekämpfung. Die Marine hat 18 000, die Luftwaffe 7 000 Mann. Die Ausrüstung umfasst etwa 50 leichte Panzer älteren Typs, rd. 50 vorwiegend leichte Kampfflugzeuge, fünf Fregatten, vier U-Boote sowie etwa 20 Kleine Kampfschiffe. – Etwa 8% der Staatsausgaben werden für die Verteidigung verwendet. Zusätzlich erhält K. eine US-Militärhilfe von jährlich rd. 58 Mio. US-$ sowie Unterstützung bei der Bekämpfung des Drogenhandels.

Kolumbien: Übersichtskarte

LANDESNATUR · BEVÖLKERUNG

Das ›Rückgrat‹ der naturräuml. Großgliederung bildet das Hochgebirgssystem der →Anden, das sich im Nudo (Gebirgsknoten) de Pasto, knapp nördlich der Grenze zu Ecuador, in drei nach N verlaufende Kordillerenstränge auffächert: 1) Die Ostkordillere, v. a. aus gefalteten Kreideschichten aufgebaut, bis 5493 m ü. M. (Nevado del Cocuy), mit vielen Hochbecken (u. a. Sabana de Bogotá), setzt sich nach N in der Cordillera de Perijá, z. T. auf venezolan. Gebiet, bis in die Península de Guajira fort. 2) Die Zentralkordillere, meist aus paläozoischen magmat. und metamorphen Gesteinen bestehend, von jungen, z. T. noch tätigen Vulkanen überragt, u. a. Nevado del Huila (5500 m ü. M.), Nevado del Tolima (5215 m ü. M.), Nevado del Ruiz (5200 m ü. M.; letzter Ausbruch am 13. 11. 1985 mit der völligen Zerstörung u. a. der Stadt Armero; insgesamt über 23 000 Tote), taucht im N unter die Ablagerungen des Magdalena-Cauca-Mündungsbereichs unter. Ihre nördl. Fortsetzung ist der entlang einem Grabenbruch nach N verschobene, isoliert aus dem karib. Küstentiefland bis auf 5775 m ü. M. herausgehobene kristalline Horstblock der Sierra Nevada de Santa Marta. 3) Die Westkordillere, ein geschlossener Gebirgszug aus überwiegend metamorphen Gesteinen, 2000–4000 m ü. M., nur im S mit dem Vulkan Cumbal 4790 m ü. M. erreichend, löst sich im N in niedrigeres Hügelland auf. Als selbstständige Kette erstreckt sich im NW des pazif. Küstentieflands die Küstenkordillere (Serranía de Baudó, bis 1810 m ü. M.). Die Kordillerenzüge sind durch z. T. tiefe Längstäler (Grabenbrüche) voneinander getrennt, in denen die Hauptströme (Río Magdalena, Río Cauca, Río Atrato) zum Karib. Meer verlaufen. Die Flüsse zum Pazifik sind nur kurz, aber sehr wasserreich (z. B. Río Patía). Westlich der Anden erstreckt sich ein 30–100 km breiter Tieflandstreifen. Vor der Pazifikküste, bes. im S, liegt ein breiter Mangrovengürtel.

Den O und SO K.s nehmen v. a. aus tertiären und quartären Sedimenten aufgebaute Tiefländer ein (rd. 70 % der Landesfläche), mit Feuchtsavannen (Llanos) im N, trop. Regenwald im S. Sie werden im N durch Nebenflüsse des Orinoco (Río Guaviare, Río Meta u. a.), im S durch Flüsse des Amazonassystems (u. a. Río Vaupés, Río Caquetá, Río Putumayo) entwässert.
Klima: Das Klima ist tropisch; wesentl. Temperaturunterschiede ergeben sich nur durch die Höhenstufung; in der Tierra caliente (bis 1000 m ü. M.; rd. 83 % der Landesfläche; ↑Tierra) betragen die Jahresmittel 23–30 °C. Die Schneegrenze liegt bei 4600–4800 m ü. M. Die Tierra templada zw. 1000 und 2000 m ü. M. hat Temperaturen zw. 17–25 °C und ist das Hauptanbaugebiet für Kaffee. Der größte Teil der Bev. lebt in der Tierra fría (bis 2800 m ü. M., 12–17 °C). Das karib. Küstenland ist unter dem Einfluss des NO-Passats im Winter trocken, die Península de Guajira im NO semiarid; pazif. Küstenland und W-Abdachung der Westkordillere sind äußerst niederschlagsreich (6000–8000, z. T. bis 10 000 mm im Jahr). Reiche Niederschläge fallen auch im amazon. Tiefland (z. T. bis 5000 mm); die Längstäler von Río Magdalena und Río Cauca sowie die Hochbecken sind relativ trocken (500–1500 mm).
Bevölkerung: K. hat überwiegend eine Mischlings-Bev. (über 50 % Mestizen, knapp 20 % Mulatten); rd. 20 % sind Weiße, 5 % Schwarze und weniger als 2 % Indianer (auf der Península de Guajira, in den östl. Tiefländern, im pazif. Küstentiefland und in der Westkordillere).
Die Bev. (1918: 5,9 Mio., 1951: 11,6 Mio., 1985: 30,1 Mio.) wächst nicht mehr so rasch; K. hatte 1951–64 mit jährlich 3,2 % eine der höchsten Zuwachsraten auf der Erde; sie sank aber 1964–73 bereits auf 2,9 % ab und betrug 1973–85 2,3 %; für Mitte der 90er-Jahre wird die Wachstumsrate nur noch auf 1,8 % geschätzt (Geburtenrate 24‰, Sterberate 6‰). Die durchschnittl. Kinderzahl pro Frau ging von rd. 4 um 1980 auf heute 2,7 zurück. Rd. 1 Mio. Kolumbianer arbeiten (meist illegal) in Venezuela.

Größe und Bevölkerung (1993)

Departamento	Hauptstadt	Fläche in km²	Ew. in 1000	Ew. je km²
Distrito Capital	Bogotá	1 587	5 727	3 608,7
Amazonas	Leticia	109 665	37	0,3
Antioquia	Medellín	63 612	4 226	66,4
Arauca	Arauca	23 818	141	5,9
Atlántico	Barranquilla	3 388	1 744	514,8
Bolívar	Cartagena	25 978	1 291	49,7
Boyacá	Tunja	23 189	1 183	51,0
Caldas	Manizales	7 888	932	118,2
Caquetá	Florencia	88 965	267	3,0
Casanare	Yopal	44 640	161	3,6
Cauca	Popayán	29 308	897	30,6
Cesar	Valledupar	22 905	707	30,9
Chocó	Quibdó	46 530	328	7,0
Córdoba	Montería	25 020	1 005	40,2
Cundinamarca	Bogotá	22 623	1 700	75,1
Guainía	Puerto Inírida	72 238	22	0,3
Guaviare	San José de Guaviare	42 327	70	1,7
Huila	Neiva	19 890	735	37,0
La Guajira	Ríohacha	20 848	339	16,3
Magdalena	Santa Marta	23 188	832	35,9
Meta	Villavicencio	85 635	541	6,3
Nariño	Pasto	33 268	1 151	34,6
Norte de Santander	Cúcuta	21 658	1 066	49,2
Putumayo	Mocoa	24 885	154	6,2
Quindío	Armenia	1 845	391	211,9
Risaralda	Pereira	4 140	746	180,2
San Andrés	San Andrés	44	52	1 181,8
Santander	Bucaramanga	30 537	1 561	51,1
Sucre	Sincelejo	10 917	553	50,7
Tolima	Ibagué	23 562	1 110	47,1
Valle del Cauca	Cali	22 140	3 158	142,6
Vaupés	Mitú	65 268	21	0,3
Vichada	Puerto Carreño	100 242	21	0,2
Kolumbien	**Bogotá**	**1 141 748**	**32 869**	**28,8**

Die Bev.-Verteilung ist sehr ungleich; rd. 75 % der Einwohner leben im andinen Bereich, 23 % in und um Bogotá (Hauptstadtdistrikt und Dep. Cundinamarca). Relativ dicht besiedelt ist auch das karib. Tiefland, nur gering dagegen das feuchtheiße pazif. Küstengebiet. Im östl. und südöstl. Tiefland lebten auf (1993) 57,6 % der Fläche nur 4,4 % der Bev.

Die Verstädterung nimmt weiter rasch zu: 1938 lebten 13 %, 1973 46 %, 1985 55 % und 1994 72 % der Bev. in Städten mit über 20 000 Ew., rd. 30 % allein in den vier Millionenstädten Bogotá, Cali, Medellín und Barranquilla. Da für die Zuwanderer in den Städten wie für die dort nachwachsende junge Bev. nicht genügend Arbeitsplätze vorhanden sind, die Zahl der Unterbeschäftigten und der z. T. nur temporär im informellen

Klimadaten von Andagoya (60 m ü. M.)

Monat	Mittleres tägl. Temperaturmaximum in °C	Mittlere Niederschlagsmenge in mm	Mittlere Anzahl der Tage mit Niederschlag	Relative Luftfeuchtigkeit in %
I	32	635	26	85
II	31,5	544	21	85
III	32	495	23	86
IV	32	663	25	88
V	31,5	648	26	88
VI	31,5	655	25	90
VII	31,5	592	27	86
VIII	31,5	643	27	87
IX	32	625	27	87
X	32	577	25	88
XI	31	569	27	87
XII	31	495	27	87
I–XII	**31,6**	**7 141**	**306**	**87**

Für die mittlere tägl. Sonnenscheindauer liegen keine Werte vor.

Kolu Kolumbien

Klimadaten von Bogotá (2 650 m ü. M.)

Monat	Mittleres tägl. Temperaturmaximum in °C	Mittlere Niederschlagsmenge in mm	Mittlere Anzahl der Tage mit Niederschlag	Mittlere tägl. Sonnenscheindauer in Stunden	Relative Luftfeuchtigkeit nachmittags in %
I	19,5	58	6	5,7	51
II	20	66	7	5,1	53
III	19,5	102	13	4,3	54
IV	19,5	147	20	2,9	57
V	19	114	17	3,1	58
VI	18,5	61	16	3,6	56
VII	18	51	18	4,2	56
VIII	18,5	56	16	4,2	54
IX	19	61	14	4,4	54
X	19	160	20	3,3	61
XI	19	119	16	3,9	64
XII	19	66	15	4,7	56
I–XII	19	1061	177	4,1	56

Sektor Tätigen hoch ist, wachsen die inner- und randstädt. Elendsviertel, die oft über 50% der Stadt-Bev. beherbergen. Die Sozialstruktur K.s ist durch eine winzige Oberschicht, eine verhältnismäßig kleine Mittelschicht (freiberufl. Akademiker, Teile der öffentl. Angestellten, Arbeiter in modernen Industriebetrieben) und eine breite Unterschicht (u. a. Landarbeiter, Minifundistas, Beschäftigte im informellen Sektor) gekennzeichnet. Gemessen an der Säuglingssterblichkeit (37‰) und Lebenserwartung (69 Jahre) weist K. im lateinamerikan. Durchschnitt einen mittleren Entwicklungsstand auf.

Größte Städte (Ew. 1993)

Bogotá	5 699 000	Soledad	236 000
Cali	1 625 000	Neiva	223 000
Medellín	1 485 000	Armenia	211 000
Barranquilla	1 000 000	Santa Marta	211 000
Cartagena	576 000	Valledupar	209 000
Cúcuta	462 000	Villavicencio	190 000
Bucaramanga	403 000	Palmira	189 000
Manizales	341 000	Buenaventura	187 000
Ibagué	336 000	Montería	182 000
Pareira	329 000	Soacha	181 000
Bello	260 000	Floridablanca	177 000
Pasto	244 000	Popayán	175 000

Religion: Die Religionsfreiheit ist durch die Verf. garantiert. Sie hob die seit der Verf. von 1886 bestehende privilegierte Stellung der kath. Kirche als Staatskirche auf und stellt alle Religionsgemeinschaften rechtlich gleich. Traditionell nimmt jedoch die kath. Kirche als Glaubensgemeinschaft, der rd. 93,1% der Bev. angehören, nach wie vor eine besondere Stellung ein. Es bestehen 12 Erzbistümer mit 40 Suffraganbistümern. Die dünn besiedelten Gebiete im O und SO des Landes gelten noch als Missionsgebiete und werden durch Apostol. Vikare und Präfekten verwaltet. Über 3% der Bev. gehören verschiedenen prot. Kirchen und Gemeinschaften an (Adventisten, Baptisten, Lutheraner, Pfingstkirchen u. a.). Die anglikan. Diözese Bogotá ist Teil der →Protestant Episcopal Church. Die Zeugen Jehovas und Mormonen haben je etwa 45 000 Mitgl. Zahlenmäßig kleine nichtchristl. religiöse Minderheiten bilden die Juden, Muslime (Einwanderer von der Levante) und Bahai. Unter den Indianern haben sich die traditionellen Religionen und Glaubensvorstellungen erhalten.

Bildungswesen: Allgemeine Schulpflicht besteht vom 7. bis 11. Lebensjahr (erfasst werden rd. 90% der Kinder); auf den Besuch der (unentgeltl.) Primarschule baut die allgemein bildende sechsjährige Sekundarstufe auf; sie bietet nach vier Jahren einen mittleren Abschluss, mit dem der Übertritt in verschiedene berufl. Schulen möglich ist. Die Analphabetenquote beträgt 12%. Auf Hochschulebene tragen 24 staatl. und 19 private Einrichtungen die Bez. Universidad; die größten sind die Universidad Nacional de Colombia (v. a. in Bogotá) und die Universidad de Antioquia (in Medellín), in beiden Städten gibt es auch eine päpstl. Universität.

Publizistik: In der Hauptstadt erscheinen mit Auflagen von jeweils mehr als 250 000 Exemplaren die Tageszeitungen ›El Espectador‹ mit dem Abendblatt ›El Vespertino‹ und ›El Tiempo‹; verbreitet sind ferner ›El Nuevo Siglo‹, das Wirtschaftsblatt ›La República‹ sowie das Abendblatt ›El Espacio‹. Weitere Tageszeitungen erscheinen in den Großstädten. – *Nachrichtenagenturen:* ›Ciep-El País‹ (Bogotá) und ›Colprensa‹ (Bogotá). – *Rundfunk:* Die staatl. Rundfunk-Verw. ›Instituto Nacional de Radio y Televisión‹ (INRAVISION, gegr. 1954), eine Behörde des Kommunikationsministeriums, vergibt Betriebslizenzen an private Hörfunk- und Fernsehgesellschaften und verteilt die Sendezeit privater Anbieter in den drei von ihr betriebenen Fernsehprogrammen. INRAVISION verfügt über die Rundfunkanstalt ›Radiodifusora Nacional‹ und die Rundfunkgruppe ›Radio Cadena Nacional‹ mit 64 Rundfunkbetrieben, mit landesweiten und örtl. Hörfunkprogrammen. Daneben arbeiten rd. 500 private Hörfunkbetriebe.

WIRTSCHAFT · VERKEHR

Mit einem Bruttosozialprodukt (BSP) je Ew. von (1994) 1 620 US-$ zählt K. innerhalb Lateinamerikas zu den Ländern mittleren ökonom. Entwicklungsniveaus. Seit Beginn der Industrialisierung Mitte der 20er-Jahre hat sich die Wirtschaftsstruktur K.s erheblich verändert. Die Bedeutung der Landwirtschaft ist stetig gesunken, während Industrie und insbesondere der Dienstleistungssektor ihren Anteil sowohl am Bruttoinlandsprodukt (BIP) als auch an den Beschäftigten deutlich steigern konnten. Allerdings verlief der Industrialisierungsprozess nicht dynamisch genug, um den Arbeitsplatzverlust in der Landwirtschaft zu kompensieren, sodass heute etwa die Hälfte der Beschäftigten im Dienstleistungssektor tätig ist, der (1994) mit 52% zum BIP beitrug. Im Gegensatz zu den meisten anderen lateinamerikan. Staaten zeichnet sich K. durch ein kontinuierl. wirtschaftl. Wachstum ohne gravierende Einbrüche aus. Zw. 1965 und 1980 nahm das BIP durchschnittlich um 5,8% pro Jahr zu, zw. 1980 und 1995 um 3,9% (1995: 5,3%). Auch Inflationsrate (1985–95: 24,7% pro Jahr), Auslandsverschuldung (1995: 22,5 Mrd. US-$) und (offizielle) Arbeitslosenquote (1991–95: 7–9%) sind moderat. Die Gründe für diese makroökonom. Erfolge sind vielschichtig: Neben der günstigen Ausstattung K.s mit Rohstoffen hat die kontinuierlich verfolgte konservativ-liberale Wirtschaftspolitik mit der Fähigkeit zu vorsichtigen, schrittweisen Reformen (Erleichterung von Auslandsinvestitionen, Privatisierung, Förderung der Exportwirtschaft, Freigabe der Wechselkurse, Abbau von Handelshemmnissen, Freihandelsabkommen [seit 1994] mit Mexiko und Venezuela) daran einen wesentl. Anteil; im Gegensatz zu fast allen anderen lateinamerikan. Staaten hat es in K. nie abrupte Kurswechsel oder sozialist. Experimente gegeben. Über den Einfluss der in K. bes. verbreiteten Parallelwirtschaft gehen die Meinungen auseinander. Zur illegalen Wirtschaft zählt v. a. der Schmuggel von landwirtschaftl. Erzeugnissen (z. B. Kaffee, Fleisch, Zucker) und Industriewaren (z. B. Textilien, Zement) nach Venezuela und Ecuador sowie die Produktion und der Handel mit Marihuana und Kokain (v. a. aus peruan. und bolivian. Rohmaterial). Allein im Drogenhandel der Kokainkartelle von Medellín und Cali werden nach Schätzungen jährlich 4–5 Mrd. US-$ Gewinn erzielt, von denen etwa die Hälfte ins Land zurückfließt und investiert wird. Man nimmt an, dass der Anteil des Drogenhandels in den 80er-Jahren zw. 2 und 10% des BIP schwankte. Den durch das Einschleusen von ›Narkodollars‹ ausgelösten positiven wirtschaftl. Effekten stehen gravierende negative gegenüber (Unsicherheit und Gewalt, Korruption, wenig Investitionen im produktiven Bereich).

Landwirtschaft: Waren in den 50er-Jahren noch mehr als 50% der Beschäftigten in der Landwirtschaft tätig, so belief sich der Anteil Mitte der 80er-Jahre auf gut 30% und 1992 nur noch auf 26%. Der Beitrag der Landwirtschaft zum BIP sank rd. 50% in den 40er-Jahren und rd. 30% in den 60er-Jahren auf (1994) 20%. Die landwirtschaftl. Nutzfläche, die rd. (1992) 44% der Landesfläche einnimmt, setzt sich zusammen aus 3,9 Mio. ha Ackerland, 1,5 Mio. ha Dauerkulturen, 40,6 Mio. ha Wiesen und Weiden. Kaffee, das wichtigste Marktprodukt, wird – überwiegend in 600–1600 m ü. M. – von etwa 220 000 Betrieben angebaut, nur zum kleinen Teil von Großbetrieben. Rund 85% der Kaffee-Ernte (1980: 724 000 t, 1994: 690 000 t) werden exportiert. K. erzeugt rd. 15% der Weltproduktion und steht damit hinter Brasilien an 2. Stelle; zudem werden in K. die wertvollen milden Sorten erzeugt. Durch Diversifizierung des Anbaus versucht die Reg. seit Jahren, die Abhängigkeit vom Kaffee-Export zu mildern. Der wertmäßige Anteil des Kaffees am Gesamtexport fiel unter Schwankungen (abhängig von den Weltmarktpreisen) von (um 1950) 80–90%, (1965) 64%, (1985) 51% auf (1994) 25%.

Im Unterschied zum Kaffee kommen die übrigen Erzeugnisse für Inlandsmarkt und Export im Wesentlichen von Mittel- und Großbetrieben, während die Kleinbauern v. a. Subsistenzwirtschaft betreiben und auch die örtl. Märkte beliefern, v. a. mit Weizen, Sorghumhirse, Reis und Kartoffeln. Exportiert werden Baumwolle, Zucker, Bananen, Tabak, Reis, auch Erdbeeren, Weintrauben, Spargel, seit 1974 Schnittblumen, außerdem Fleisch, Rinder, Häute und Leder. Die inländ. Versorgung mit Nahrungsmitteln muss allerdings durch Importe ergänzt werden. Große Bedeutung hat der illegale Anbau der Drogenpflanze Hanf (für Marihuana) und des Kokastrauches.

Viehzucht (Rinder-, Schweine- und Schafhaltung) wird v. a. im O und N betrieben mit einen Anteil von rd. 30% am Wert der gesamten Agrarproduktion.

Seit Jahren wird in K. eine Landreform gefordert, da 68% des Ackerlandes auf 4% der Betriebe entfallen, während sich 4% der Fläche 60% der Betriebe teilen. Die Hälfte der Land-Bev. besitzt überhaupt kein Land. Das Agrarreformgesetz von 1961, durch das Großbetriebe z. T. verkleinert, Kleinbetriebe aufgestockt und Pachtbetriebe allmählich in Eigentum überführt werden sollten, gilt trotz der Ankündigung von Präs. SAMPER PIZANO innerhalb von 16 Jahren 4,5 Mio. ha Land aufzukaufen und an landlose Bauern zu vergeben, als gescheitert. Die Diskrepanz zw. den mit traditionellen Methoden wirtschaftenden kleinen (Subsistenz-) Betrieben und den marktorientierten, technisierten Mittel- und Großbetrieben nimmt ständig zu.

Forstwirtschaft: Die Forstwirtschaft spielt eine nur geringe Rolle, obwohl (1992) rd. 47% des Landes bewaldet sind (48,9 Mio. ha). Gewonnen werden auch Wildkautschuk, Harze, Gerbstoffe und Balsame.

Fischerei: Die Fischerei ist trotz des Fischreichtums der Binnengewässer, bes. des Río Magdalena, sowie der pazif. und karib. Küstengewässer nur wenig entwickelt (Fangmenge 1990: 101 119 t Fisch, davon 37% Süßwasserfisch).

Bodenschätze: K. verfügt über eine Vielzahl von Bodenschätzen, die bisher aber nur z. T. genutzt werden.

Kolumbien: Einzelhöfe im Hochland der Ostkordilleren

Mit geschätzten Reserven von 18 Mrd. t besitzt K. die größten Steinkohlevorkommen Lateinamerikas. Die Fördermenge betrug (1993) 21,0 Mio. t, davon entfielen rd. 40% auf die seit 1982 erschlossenen Vorkommen auf der Halbinsel La Guajira (Cerrejón-Projekt einschließlich Tiefwasserhafen). Kohle wird überwiegend exportiert, v. a. nach Europa. Aufgrund neu entdeckter Vorkommen (Felder Cusiana und Cupiagua östlich von Bogotá) konnte die Erdölförderung in den vergangenen Jahren erheblich gesteigert werden (1994: 22,7 Mio. t). Die bedeutendsten Erdgaslagerstätten liegen im Dep. La Guajira. Mit dem Bau von Erdgasleitungen, die die großen Städte mit den wichtigsten Feldern verbinden, wurde begonnen. Weiterhin wichtig sind die Vorkommen an Edelmetallen (Gold, Silber, Platin), Kalkstein und die Salzgewinnung (Steinsalz und Meersalz). K. liefert 90% aller Smaragde der Erde (v. a. in Muzo gewonnen). Abgebaut werden außerdem Eisen- und Nickelerze, auch Kupfer-, Blei- und Quecksilbererz.

Energiewirtschaft: K. ist Selbstversorger mit Kohle, Erdöl und Erdgas und besitzt ein noch weitgehend ungenutztes Potenzial an Wasserkraft. Die Elektrizitätserzeugung konnte von (1980) 19,4 Mio. kWh auf (1991) 35,3 Mio. kWh gesteigert werden, davon entfallen rd. 80% auf Wasserkraftwerke. Es bestehen weit reichende Ausbaupläne, v. a. unter Nutzung der Kohle- und Erdgasvorkommen; der Anteil der Wasserkraft soll auf 70% reduziert werden.

Industrie: Die Industrie (Anteil am BIP 1994: 28%) ist v. a. seit den 1930er-Jahren zur Deckung des Inlandsbedarfs an Konsumgütern entstanden (Unternehmer und Kapital einheimisch). Seit Mitte der 1950er-Jahre drang ausländ., v. a. US-amerikan. Kapital ein, konzentriert auf bestimmte Branchen (Papier-, Gummi-, chem., petrochem., elektrotechn. Industrie). Da die neuen Betriebe einen hohen Technisierungsgrad aufweisen, leisten sie nur einen bescheidenen Beitrag zur Beseitigung der Arbeitslosigkeit und Unterbeschäftigung. Die Mehrzahl der rd. 7000 Industriebetriebe ist recht klein: 1988 hatten 84% weniger als 100 und nur 2,5% über 500 Beschäftigte; in den Großbetrieben arbeiten allerdings 30% aller Industriebeschäftigten. Rd. 75% der Industriebetriebe befinden sich in Bogotá, Medellín, Cali und Barranquilla. Die wichtigsten Industriezweige sind die Textil-, Bekleidungs-, Schuh- sowie Nahrungsmittel- und

Kolu Kolumbien

Getränkeindustrie mit (1990) zusammen knapp 50 % der Industriebeschäftigten. Daneben sind die chem., die Metall- und Papierindustrie von Bedeutung.

Tourismus: Die Hauptanziehungspunkte sind die karib. Küste einschließlich der Isla de San Andrés im Karib. Meer, die präkolumb. Stätten im Hochland (v. a. San Augustín), das aus dem 16. Jh. stammende, von einer Stadtmauer umgebene Cartagena sowie die Hauptstadt Bogotá. Die Zahl ausländ. Besucher ist von (1970) 162 000 auf (1980) 1,23 Mio. stark angestiegen, aufgrund der Rezession in den meisten südamerikan. Staaten und zunehmender Unsicherheit im Land bis 1990 wieder auf 813 000 gefallen. Die meisten Besucher kommen aus den Nachbarstaaten Venezuela und Ecuador (rd. 60 %) sowie den USA.

Außenwirtschaft: Nach Jahren des Außenhandelsüberschusses (1986–92) ist die Bilanz seitdem trotz Diversifizierung und Steigerung der Exporte negativ (1995: Einfuhrwert 13,0 Mrd. US-$, Ausfuhrwert 10,7 Mrd. US-$). Neben Kaffee (25 %) sind (1994) Rohöl und Erdölerzeugnisse (14 %), Kohle, Gold, Bananen und Schnittblumen die wichtigsten legalen Exportgüter. Die USA (mit rd. 35 % des Außenhandelsvolumens), Venezuela und Dtl. sind die Haupthandelspartner. Wichtig für die Devisenbilanz sind die Geldüberweisungen der in Venezuela tätigen Kolumbianer.

Verkehr: Da die drei Gebirgsketten der Anden den Ausbau des Straßen- und Schienennetzes erschweren, kommt dem Luftverkehr v. a. für die Personenbeförderung (1991: rd. 5,6 Mio. Fluggäste im Inlands- und 1,3 Mio. im Auslandsverkehr) eine große Bedeutung zu. Die Eisenbahn (Streckenlänge 1991: 3 400 km) befindet sich seit 1962 in Staatsbesitz. Aufgrund des schlechten Zustandes von Gleisanlagen und rollendem Material wird die Transportkapazität nur unzureichend genutzt, und die Beförderungsleistung ist stark rückläufig, sodass der Transport von Gütern und Personen weitgehend über das ausbaubedürftige Straßennetz abgewickelt wird. Die wichtigsten Straßen (Straßennetz rd. 130 000 km) verlaufen durch das Tal des Río Cauca und des Río Magdalena. Größere Schwierigkeiten bot die Anlage der Querverbindungen über die Kordilleren. Der Bau der Carretera Panamericana (→Panamerican Highway), die von der Grenze zu Panama nach Quito (Ecuador) führt, ist noch nicht abgeschlossen. Gut ausgebaute Straßen verbinden Cali mit dem Haupthafen Buenaventura und Bogotá mit dem bedeutenden Industriestadt Medellín. Über den Pazifikhafen Buenaventura laufen rd. 50 % der Ein- und Ausfuhren. Er wird ebenso wie die wichtigen Karibikhäfen Santa Marta, Barranquilla und Cartagena ausgebaut. Wachsende Bedeutung hat der 1986 fertig gestellte Hafen Puerto Bolívar auf der Halbinsel La Guajira (Kohleexporte). Binnenschifffahrt wird auf dem Río Magdalena von Puerto Barrio bis Barranquilla (1 500 km) betrieben. Schifffahrtsmöglichkeiten bestehen auch im Orinoco- (2 560 km) und Amazonassystem (3 560 km).

Die 1919 gegründete nationale Fluggesellschaft AVIANCA (Aerovías Nacionales de Colombia) ist die zweitälteste der Erde. Auslandsdienste versieht außerdem die SAM (Sociedad Aeronáutica de Medellín Consolidada). Internat. Flughäfen besitzen u. a. Bogotá, Medellín, Cali, Barranquilla, Cartagena und die Isla de San Andrés.

GESCHICHTE

Die N-Küste K.s wurde 1499 durch A. DE HOJEDA und A. VESPUCCI entdeckt. 1536–39 unterwarf G. JIMÉNEZ DE QUESADA die kleinen, hoch entwickelten Staaten der Muisca im Hochland von Bogotá. QUESADA nannte das Land nach seiner Heimat **Nueva Granada (Neugranada).** Es wurde 1547 zum Generalkapitanat und 1739 zum Vizekönigreich erhoben, dem auch Quito (Ecuador) und zeitweise Venezuela angegliedert waren. Bogotá bildete eines der kulturellen Zentren des kolonialen Amerika. Wichtigstes Exportprodukt der Kolonialzeit war Gold.

Die Erhebung der ›Comuneros‹ (Aufstand der Bev. Neugranadas, hervorgerufen durch Finanz- und Steuermaßnahmen der span. Krone, 1780/81) und die Besetzung Spaniens durch napoleon. Truppen beschleunigten das Unabhängigkeitsstreben K.s. Nach Bildung einer revolutionären Junta brach 1810 in Bogotá der Unabhängigkeitskampf aus. Die span. Herrschaft wurde durch General P. MORILLO 1816 wiederhergestellt, bis S. BOLÍVARS Sieg in Boyacá (7. 8. 1819) die Kolonialmacht endgültig bezwang. BOLÍVAR proklamierte am 17. 12. 1819 die Vereinigung Neugranadas und Venezuelas zur Republik Groß-K. (1821 Verabschiedung einer zentralstaatl. Verf.), an deren Spitze er als Präs. mit diktator. Gewalt stand. Vergeblich versuchte er, Groß-K., dem sich im November 1821 Panama und im Mai 1822 Ecuador angeschlossen hatten, durch die Angliederung Perus und Boliviens zu einem südamerikan. Bundesstaat zu erweitern. Partikularistisch motivierte Opposition gegen BOLÍVARS Politik und außenpolit. Verstrickungen (Krieg gegen Peru 1828/29) führten 1829/30 zum Zerfall Groß-K.s in K. (unter dem Namen Neugranada), Ecuador und Venezuela.

Unter der Präsidentschaft von General F. SANTANDER (1833–37) gelang es, die weitere Zersplitterung des Staates zu verhindern. Nach seinem Tod begann eine längere Phase der Instabilität. Liberale und Konservative - seit 1815 bzw. 1849 in Parteien organisiert - standen sich bis zur Mitte des 20. Jh. immer wieder in polit. Machtkämpfen und blutigen Bürgerkriegen gegenüber. Beide Lager trennte die Frage des Staatsaufbaus (Föderalismus oder zentralist. Einheitsstaat) sowie die Frage nach der Stellung der Kirche. Während die Konservativen den Einfluss der Kirche erhalten wollten, verfochten die Liberalen einen laizist. Staat. Mitbestimmend für den Streit der Parteigänger war v. a. der kulturelle und wirtschaftl. Gegensatz zw. der altspan. Kreolenaristokratie (mit Latifundien) auf dem Hochland im Innern und der Mischlings-Bev., die eine exportorientierte Wirtschaft betrieb, in den Tiefländern und Küstenstädten. Nach den konservativen Generälen P. A. HERRÁN (1841–45) und T. C. DE MOSQUERA (1845–49) gelangten die Liberalen an die Reg. Auch dieser Machtwechsel war von Bandenkämpfen begleitet. Die Verf. vom 15. 6. 1858 verwandelte die bisherige Rep. Neugranada in die **Granadinische Konföderation,** einen losen Bund von neun Staaten. Am 20. 9. 1861 erhielt dieser Bund den Namen **Vereinigte Staaten von K.** Die liberale Verf. vom 8. 5. 1863 beschränkte die Amtszeit des Präs. auf zwei Jahre; die Einzelstaaten erlangten weitgehende Selbstständigkeit. Die Einziehung der Kirchengüter wurde verfügt. Nach langen Bürgerkriegen übernahmen 1876 die Konservativen die Macht. Die Verf. vom 6. 8. 1886 stellte den Einheitsstaat wieder her und verlängerte die Amtszeit des Präs. auf sechs Jahre. Unter den konservativen Reg. modernisierte K. seine Wirtschaft: Es exportiert seit 1850 Tabak, seit etwa 1900 Kaffee, Bananen und Erdöl (seit 1905). Das Eisenbahnnetz wurde ausgebaut. Trotz des wirtschaftl. Aufschwungs hielten die innenpolit. Spannungen an: 1899–1901 kam es zum Bürgerkrieg (›Krieg der 1 000 Tage‹). Durch diplomatischen Druck erreichten die USA 1903 die Loslösung der Prov. Panama von Kolumbien.

Die Weltwirtschaftskrise verhalf den Liberalen 1930 zur Rückkehr an die Reg. Der v. a. von dem neu entstandenen städt. Mittelstand, der Arbeiterschaft und den Bauern erhobenen Forderung nach Sozialreformen kam der liberale Präs. A. LÓPEZ PUMAREJO

(1934–38, 1942–45) u. a. durch eine Verf.-Reform und eine Landreform mit teilweiser Enteignung des Großgrundbesitzes entgegen. Die Spaltung der Liberalen hatte 1946 die Wahl des konservativen Präs. M. OSPINA PÉREZ zur Folge. Die Zuspitzung der sozialen Konflikte führte zur Ermordung des populären linksliberalen Politikers J. E. GAITÁN (9. 4. 1948) und löste damit blutige Unruhen (›Bogotazo‹) aus. Der Bürgerkrieg (›La Violencia‹) zw. den Anhängern der Liberalen und der Konservativen forderte zw. 1948 und 1958 über 200000 Menschenleben. 1953 wurde der konservative Präs. L. GÓMEZ CASTRO (1949–53), der ein totalitäres Reg.-System anstrebte, von General G. ROJAS PINILLA (1953 zum Präs. gewählt) gestürzt. 1957 einigten sich Liberale und Konservative auf die Bildung einer Nat. Front (›Frente de Transformación Nacional‹) und vereinbarten, bis 1974 abwechselnd den Präsidentschaftskandidaten zu stellen und die Reg. paritätisch zu besetzen; die Amtszeit des Präs. wurde auf vier Jahre festgelegt. 1974 folgten zwei aus freien Wahlen hervorgegangene liberale Präs., A. LÓPEZ MICHELSEN (1974–78) und J. C. TURBAY AYALA (1978–82); die Ämter der Exekutive blieben weiterhin paritätisch besetzt. Das öffentl. Klima war bestimmt von Gewalt der Guerilla und der Militärs.

Unter dem Konservativen B. BETANCUR CUARTAS (1982–86), der um einen Dialog mit der Guerilla bemüht war, entspannte sich die Lage vorübergehend, bis nach der Besetzung des Obersten Gerichtshofs durch die Stadtguerilla ›Movimiento 19 de Abril‹ (M-19) im November 1985 die Kämpfe zw. Guerilla und rechtsgerichteten Todesschwadronen (zu denen auch Militärs gehören) wieder eskalierten. Zu den Opfern der rechtsextremist. Gruppen zählen v. a. linke Oppositionelle, Kleinbauern und Indios, die sich gegen die Großgrundbesitzer zur Wehr setzen.

Zur Instabilität des Staates trägt seit Jahrzehnten die von hier aus operierende Drogenmafia bei. Kokainanbau und -schmuggel (v. a. in die USA) sind wichtige Wirtschaftsfaktoren, deren korrupte Strukturen in den Staatsapparat hineinreichen. Präs. V. BARCO (PL; 1986–90) versuchte, diesen Einfluss zurückzudrängen, indem er den Ausnahmezustand verhängte, amerikan. Militärhilfe annahm und mit der Auslieferung der Mitglieder des Drogenkartells an die USA drohte. Als Nachfolger BARCOS wurde 1990 C. GAVIRIA TRUJILLO (PL) gewählt, gleichzeitig bestimmte die Bev. die Zusammensetzung einer verfassunggebenden Versammlung, die eine neue Verf. erarbeitete, welche am 5. 7. 1991 in Kraft trat. In vorgezogenen Neuwahlen (Oktober 1991) behauptete sich der PL mit absoluter Mehrheit in beiden Kammern. An den Wahlen nahm auch die neu gegründete Alianza Democrática Movimiento 19 de Abril (ADM-19) teil, die aus der Guerillaorganisation M-19 hervorgegangen ist. In der neuen Verf. ist festgeschrieben, dass kolumbian. Staatsbürger nicht an andere Staaten ausgeliefert werden dürfen. Nach Erfüllung dieser Bedingung des Drogenkartells wurden einige der Führer festgenommen, ohne dass die Organisationen zunächst an Macht einbüßten. Ihre Anschläge und die der Guerilla setzten sich auch in der Amtszeit GAVIRÍAS fort. Friedensgespräche mit den marxistischmaoist. Gruppen FARC (Fuerzas Armadas Revolucionarias de Colombia) und ELN (Ejército de Liberación Nacional) wurden immer wieder abgebrochen. Die Wahlen 1994 gewann wiederum der PL mit der Mehrheit im Parlament und den Sieg seines Kandidaten E. SAMPER PIZANO. Sein Programm – Kampf gegen die im öffentl. Leben allgegenwärtige Gewalt – wurde blockiert, als Mitte 1995 bekannt wurde, dass er seinen Wahlkampf auch aus Gewinnen des Drogengeschäfts finanziert habe. Obwohl sich das Parlament im Juni 1996 gegen eine Anklageerhebung aussprach, SAMPER spektakuläre Erfolge gegen die Rauschgiftkartelle gelangen, belastet der Korruptionsvorwurf das polit. Klima. Die fortgesetzten bewaffneten Auseinandersetzungen zw. Armee, rechtsgerichteten paramilitär. Organisationen und Guerilla, Entführungen und Geiselnahmen beeinträchtigen auch die wirtschaftl. Entwicklung. Die Guerillaorganisation FARC konnte 1997 ihre Macht demonstrieren, indem sie 70 Reg.-Soldaten nach mehr als 9 Monaten Gefangenschaft in Anwesenheit der Medien freiließ.

J. M. RESTREPO: Historia de la Nueva Granada, 2 Bde. (Neuausg. Bogotá 1952–63); D. BUSHNELL: The Santander regime in Gran Colombia (Newark 1954, Nachdr. Westport, Conn., 1970); W. P. MCGREEVEY: An economic history of Colombia 1845–1930 (Cambridge 1971); W. BRÜCHER: Probleme der Industrialisierung in K. (1975); P. OQUIST: Violence, conflict, and politics in Colombia (New York 1980); C. LEINENBACH: Die Rolle der Automobilindustrie im Industrialisierungsprozeß von K. u. Venezuela (1984); B. TÖPPER: Kapitalakkumulation u. polit. Herrschaft in K. (1985); D. PÉCAUT: L'ordre et la violence. Évolution socio-politique de la Colombie entre 1930 et 1953 (Paris 1987); H.-J. KÖNIG: Auf dem Wege zur Nation. Nationalismus im Prozeß der Staats- u. Nationbildung Neu-Granadas 1750–1856 (1988); G. MERTINS: Phasen der Agrar›reform‹ in K., 1961–1986, in: Natürl. Ressourcen u. ländl. Entwicklungsprobleme der Tropen, hg. v. R. MÄCKEL u. a. (1988); G. DEISSMANN u. G. EGGERS: K. Wirtschaftl. Grundlagen u. Wirtschaftspolitik (1989); C. M. ORTIZ SARMIENTO: La violence en Colombie. Racines historiques et sociales (Paris 1990); Crisis y transición democratica en los países andinos, hg. v. D. CARDONA (Bogotá 1991); H.-W. KRUMWIEDE u. a.: K., in: Hb. der Dritten Welt, hg. v. D. NOHLEN u. F. NUSCHELER, Bd. 2 (³1992, Nachdr. 1995); J. PEARCE: K. Im Innern des Labyrinths (a. d. Engl., 1992); T. REICHART: Städte ohne Wettbewerb. Eine Unters. über die Ursachen der Ballung von Wirtschaft u. Bev. in Südkorea u. K. (Bern 1993).

Kolumbit, Mineral, →Columbit.

Kolumbus, Columbus, Christoph, ital. **Cristoforo Colombo,** span. **Cristóbal Colón,** genues. Seefahrer in span. Diensten, *Genua zw. 25. 8. und 31. 10. 1451, †Valladolid 20. 5. 1506. Der junge K. nahm von Genua aus an Seefahrten und Handel teil und kam 1476 nach Lissabon. Dort beschäftigte ihn der schon von ARISTOTELES, STRABO und SENECA erörterte Gedanke einer W-Fahrt nach Indien. In diesem Plan bestärkten ihn ein Brief und eine Karte des ital. Astronomen P. TOSCANELLI umso mehr, als darin die Entfernung zw. dem W Europas und dem O Asiens über den Atlantik viel zu kurz angegeben war. Der Versuch, die port. Krone für eine solche Westfahrt zu gewinnen, scheiterte. Daher begab sich K. 1485 nach Spanien, wo er bei dem Vorsteher des Klosters La Rábida, JUAN PÉREZ, dem Astronomen ANTONIO DE MARCHENA, dem gelehrten Dominikaner DIEGO DE DEZA u. a. Verständnis fand, aber von ISABELLA und FERDINAND II. bis zur Beendigung des Krieges gegen Granada hingehalten wurde. Erst am 17. 4. 1492 unterzeichneten beide Herrscher den Vertrag mit K., dem drei Schiffe für seine Reise und bestimmte Rechte (erbl. Würde eines Großadmirals; Vizekönig der zu entdeckenden Länder; ein Zehntel aller Handelseinnahmen der zu entdeckenden Gebiete) zugesichert wurden.

Fahrten: Auf seiner ersten Fahrt (3. 8. 1492–15. 3. 1493) landete K. am 12. 10. 1492 auf einer der Bahamainseln, von den Einheimischen Guanahani genannt (ob es sich dabei um San Salvador oder um das 150 km südöstlich gelegene Samana Cay handelt, ist nicht geklärt). Am 27. 10. entdeckte er Kuba, am 6. 12. Haiti (Hispaniola), wo er eine Niederlassung gründete. Auf der zweiten Fahrt mit 17 Schiffen und etwa 1500 Mann (25. 9. 1493–11. 6. 1496) entdeckte K. im November die Kleinen Antillen, Puerto Rico und Jamaika und besuchte Haiti. Wegen Missstimmung unter den Siedlern und unter seinen Begleitern musste K. heimkehren. Auf der dritten Fahrt (30. 5. 1498–25. 11. 1500) erreichte K. mit sechs Schiffen das

Christoph Kolumbus (Ausschnitt aus einem Gemälde von Sebastiano del Piombo, etwa 1519; New York, Metropolitan Museum)

Kolu Kolumbus

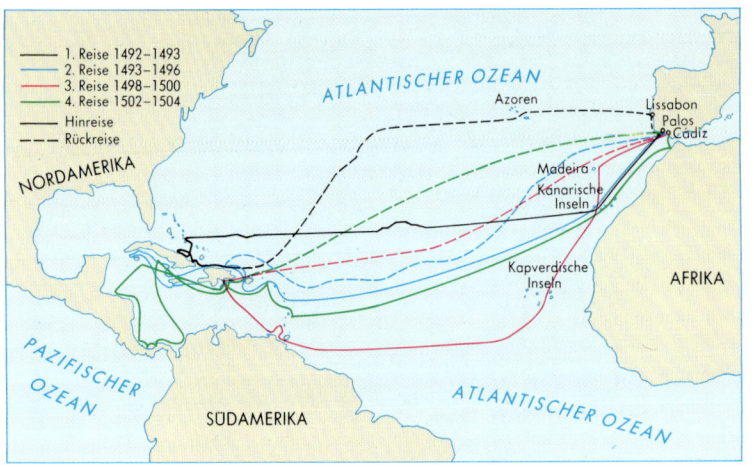

Kolumbus: Übersichtskarte seiner Reisen

nördl. Küstengebiet Südamerikas (Trinidad, Orinocomündung, Isla Margarita). Dort wurden infolge Unzufriedenheit der Siedler K. und seine Brüder durch F. BOBADILLA, den Bevollmächtigten der Königin ISABELLA, in Ketten gelegt und nach Spanien gesandt; K. konnte sich rechtfertigen. Auf der vierten Fahrt (11. 5. 1502–7. 11. 1504) berührte K. auf der Suche nach einer Meeresstraße zum ind. Festland (gemäß seinen Vorstellungen) mit vier Schiffen die Küste Zentralamerikas (Honduras bis Panama) und kam über Kuba nach Jamaika. Ohne eine Durchfahrt nach W gefunden zu haben, musste er umkehren und die ihm verbliebenen, stark beschädigten beiden Schiffe auf den Strand von Jamaika auflaufen lassen. Erst 1504 traf er, krank und von den Strapazen seiner Reise gezeichnet, wieder in Spanien ein, wo er starb, ohne die Erfüllung der ihm zugesagten Rechte erreicht zu haben. Seit 1899 ist er in Sevilla beigesetzt.

Mit der Westfahrt hoffte K., der im Ggs. zu den offiziellen Vorstellungen des MA. von der Kugelgestalt der Erde überzeugt war, den O-Rand der Alten Welt zu erreichen. Er blieb bis zum Ende seines Lebens in dem Glauben, vor der O-Küste Eurasiens betreten und den westl. Weg nach Indien entdeckt zu haben (daher die Namen ›Westind. Inseln‹, ›Indianer‹). Obwohl K. nicht als erster Seefahrer Amerika erreicht hatte (vor ihm u. a. die Wikinger unter LEIF ERIKSSON um 1000), gilt er doch als der eigentl. Entdecker dieses Kontinents, dessen Erschließung und Eroberung durch europ. Mächte (zunächst Spanien und Portugal) er einleitete. Seine Reisen standen am Beginn des ›Zeitalters der großen Entdeckungen‹. Erst nach seinem Tode ergab sich die Tragweite seiner Entdeckung, nämlich die eines neuen Kontinents zw. Europa und Asien: neue Erkenntnisse über Größe und Gestalt der Erde sowie die Öffnung Europas für diesen neuen Erdteil, was die weitere Entwicklung beider Erdteile bestimmte. Dies bedeutete das Ende einer weltgeschichtl. Ära, des europ. MA., sowie den Beginn der Europäisierung der Erde (→Kolonialismus).

Brüder, Söhne: K.' Bruder BARTOLOMÉ COLÓN, Seemann und Kartenzeichner (*1460, †1514), folgte K. nach Lissabon und ging 1493 nach Spanien; 1494 wurde er nach Haiti entsandt, erhielt 1497 die Würde eines Adelantado von La Española und nahm an der letzten Expedition seines Bruders teil. 1509 und 1512 kehrte er erneut nach Amerika zurück. Sein zweiter Bruder, GIACOMO COLOMBO, span. DIEGO COLÓN (*1468, †21. 2. 1515), war 1493–1500 (mit einer Unterbrechung) in Westindien tätig. K.' älterer Sohn,

DIEGO COLÓN (*wahrscheinlich 1478, †23. 2. 1526), wurde Nachfolger seines Vaters als Admiral und Vizekönig ›de las Indias‹. Der jüngere (nichtehel.) Sohn, FERNANDO COLÓN (*15. 8. 1488, †12. 7. 1539), begleitete den Vater auf dessen vierter Reise. Seine große Bibliothek von Werken über die Neue Welt wurde der Grundstock der Biblioteca Colombina der Kathedrale von Sevilla.

Literar. Behandlung: Die Leistung von K. wurde in allen dichter. Gattungen behandelt. Zunächst galt seine Tat v. a. als religiöses oder nat. Verdienst, so z. B. bei LOPE DE VEGA (›El Nuevo Mundo descubierto por Colón‹). Im 18. Jh. sah man sie unter dem Aspekt des Interesses an den Naturvölkern (J.-J. ROUSSEAU ›La découverte du nouveau monde‹, Libretto, 1740). In den vielen K.-Dichtungen des 19. Jh. war K. v. a. das einsame Genie (SCHILLER ›K.‹, Distichen, 1795), dessen Umwelt in breiten Kulturbildern ausgemalt wurde (F. RÜCKERT ›Christofero Colombo‹, Drama, 2 Teile, 1845). Im Zusammenhang mit einer mögl. Heiligsprechung K.' entstand seit Ende des 19. Jh. eine Diskussion um seine Mission und seine etwaige Mitschuld am Schicksal der Ureinwohner Amerikas. Diese krit. Sicht schlägt sich auch in der Literatur nieder, so in der Biographie J. WASSERMANNS (›Christoph Columbus‹, 1929) und in der Komödie von K. TUCHOLSKY und W. HASENCLEVER (›C. K.‹, Uraufführung 1932). Bei P. CLAUDELS Libretto für D. MILHAUDS Oper ›Christophe Colomb‹ (1930) steht wieder der religiöse Aspekt im Vordergrund, in W. EGKS Oper ›Columbus‹ (1942) die trag. Folgen. P. HACKS' Drama ›Die Eröffnung des ind. Zeitalters‹ (1955) beleuchtet die wirtschaftl. Hintergründe der Fahrten des K. Das 500-jährige Jubiläum der ersten Fahrt 1992 gab Anlass zu neuer, vielfältiger Auseinandersetzung in wiss. Literatur, Publizistik und Belletristik (u. a. H. C. BUCH, ›Rede des toten K. am Tag des Jüngsten Gerichts‹, 1992).

Ausgaben: Bordbuch. Briefe, Berichte, Dokumente, hg. v. E. G. JACOB (1956); Dokumente seines Lebens u. seiner Reisen, hg. v. F. BERGER, 2 Bde. (1991).

H. PLISCHKE: C. K. (²1926); G. CRONE: The discovery of America (London 1969); A. A. RUDDOCK: Columbus and Iceland, in: Geographical Journal, Bd. 136 (London 1970); D. HENZE: Enzykl. der Entdecker u. Erforscher der Erde, Bd. 1 (Graz 1978); P. E. TAVIANI: Christopher Columbus (a. d. Ital., London 1985); U. BITTERLI: Die Entdeckung Amerikas. Von K. bis Alexander von Humboldt (⁴1992); S. DE MADARIAGA: K. (a. d. Span., Neuausg. Bern 1992); Columbus zw. zwei Welten. Histor. u. literar. Wertungen aus fünf Jahrhunderten, hg. v. T. HEYDENREICH, 2 Tle. (1992). – Weitere Literatur →Entdeckungsgeschichte.

Kolumbusritter, engl. **Knights of Columbus** ['naɪts ɔf kə'lʌmbəs], 1882 in den USA gegründete kath. Männervereinigung zur gegenseitigen sozialen und wirtschaftl. Unterstützung und zur Förderung kath.-kirchl. Interessen, v. a. des kath. Erziehungswesens und der karitativen Arbeit. Die K. sind eine der einflussreichsten Bewegungen innerhalb des nordamerikan. Katholizismus. Überwiegend in den USA, aber auch in Kanada, Mexiko und auf den Philippinen vertreten, haben sie heute (1996) über 1,5 Mio. Mitgl., organisiert in rd. 10 200 ›Councils‹. Sitz der K. ist ihr Gründungsort New Haven (Conn.).

Kolumne [lat. ›Säule‹] *die, -/-n,* **1)** *allg.:* senkrechte Reihe von Zahlen u. Ä.
2) *Buchdruck:* Satzspalte oder die aus ihr hergestellte Seite einer Druckform. K.-Titel sind die über oder unter einer K. stehenden Seitenzahlen (›tote‹ K.-Titel), oft mit kurzer Inhaltsangabe für die Seite (›lebender‹ K.-Titel).
3) *Publizistik:* kurzer Meinungsbeitrag vom Umfang einer Druckspalte, der regelmäßig unter gleich bleibender Überschrift an gleicher Stelle, bisweilen vom selben Verfasser (Namenskolumne) in einer Zeitung oder Zeitschrift erscheint, in der dt. Presse nicht immer zu unterscheiden von einer →Glosse und einem →Kommentar. In der englisch-amerikan. Presse sind neben der polit. K. auch die unterhaltende K. (feature column), die Gesellschafts-K. (society column) und die Klatschspalte (gossip column) üblich.

Kolumnist *der, -en/-en,* Journalist, der →Kolumnen schreibt.

Koluren [griech.], Sg. **Kolure** *die, -, Astronomie:* die zwei Großkreise, die durch die Pole der Ekliptik sowie durch die Solstitialpunkte (Solstitial-K.) oder die Äquinoktialpunkte (Äquinoktial-K.) gehen.

Kolven *das, -,* ein in Ostfriesland und den Niederlanden betriebenes Zielspiel auf Eis. Mit einem metallbeschlagenen Stock wird eine Holzkugel gegen einen Zielpflock geschlagen. Die Regeln des K. ähneln denen des →Boccia.

Kolvenbach, Peter-Hans, niederländischer kath. Theologe, Jesuit, * Druten (bei Nimwegen) 30. 11. 1928; trat 1948 in den Jesuitenorden ein; studierte Linguistik, oriental. Sprachen und Theologie in Nimwegen, Beirut und Paris; wurde 1961 in Beirut zum Priester geweiht und war dort 1968–81 Prof.; wurde 1974 Provinzialoberer der Jesuiten für den Nahen Osten und war 1981–83 Leiter des Päpstl. Instituts für den Orient in Rom. 1983 wurde K. (als Nachfolger von P. Arrupe) zum Generaloberen des Ordens gewählt. 1995 berief K. die 34. Generalkongregation nach Rom ein, auf der der Jesuitenorden seine Aufgaben angesichts der Herausforderungen der Zeit neu formulierte (z. B. das ökumen. Gespräch und den Dialog mit den anderen Religionen).

Kölwel, Gottfried, Schriftsteller, * Beratzhausen (bei Regensburg) 16. 10. 1889, † München 21. 3. 1958. Natur und Heimat lieferten K. den Stoff zu feinsinniger Lyrik (›Gesänge gegen den Tod‹, 1914) und exakt gestalteten Erzählungen (›Das Glück auf Erden‹, 1936) und Romanen (›Der verborgene Krug‹, 1944, 1952 u. d. T. ›Aufstand des Herzens‹); hier schildert er mit einfühlsamer Sprache v. a. das Milieu des Dorfes und der ländl. Kleinstadt, so auch in den Erinnerungen ›Das Jahr der Kindheit‹ (1935, 1942 u. d. T. ›Das glückselige Jahr‹).

Kolwezi [-z-], Bergbaustadt in SW-Shaba, Demokrat. Rep. Kongo, an der Benguelabahn, 1 443 m ü. M., 544 500 Ew.; kath. Bischofssitz; Abbau von Kupfer- und Kobalterzen mit Kupfererzaufbereitung und Kupferraffinerie (erzeugt Elektrolytkupfer) sowie eine Zinkhütte (Nebenprodukt: Cadmium).

Kolyma *die,* Fluss in NO-Sibirien, Russland, 2 129 km lang, entspringt am SO-Rand des Jana-Ojmjakon-Berglandes (Quellflüsse sind Ajan-Jurjach und Kulu), fließt danach am O-Rand der von Seen und Sümpfen durchsetzten **K.-Tiefebene** entlang, mündet in die Ostsibir. See. Im Einzugsbereich der oberen K. (Gebiet Magadan) befinden sich die **K.-Goldfelder.** Am Durchbruch der K. durch das Tscherskijgebirge arbeitet seit 1983 ein Wasserkraftwerk (errichtet auf Dauerfrostboden, elektr. Leistung 3 500 MW), ein weiteres befindet sich seit 1986 im Bau.

Kolymagebirge, Kolyma̱gebirge, Gyda̱ngebirge, Gyda̱gebirge, Gebirgszug in NO-Sibirien, Russland, bis 1 962 m ü. M., erstreckt sich nordöstlich von Magadan und setzt sich aus isolierten Bergrücken und Kämmen zusammen (Gesamtlänge rd. 1 300 km). Das K. bildet die Wasserscheide zw. der Kolyma (Nordpolarmeer) und dem Pazif. Ozean. In den unteren Höhenlagen finden sich Lärchenwälder, darüber Gebirgstundra.

Kolzow, Kol'cov [-ts-], eigtl. **M. J. Fridljand,** russ. Journalist und Schriftsteller, * Kiew 12. 6. 1898, † (in Haft) 4. 4. 1942; war 1922–38 Feuilletonredakteur der Prawda (›Ivan Vladimovič, čelovek na urovne‹, Feuilletons und Skizzen, 1933; dt. ›Iwan Wladimowitsch, ein Mann von Format‹), 1936/37 Korrespondent im Span. Bürgerkrieg (›Ispanskij dnevnik‹, 1938; dt. ›Die rote Schlacht‹); als Opfer der stalinschen Säuberungsaktionen 1938 verhaftet, nach 1956 rehabilitiert.

kom..., Präfix, →kon...

Koma [griech. ›tiefer Schlaf‹] *das, -s/-s* und *-ta,* **Coma,** tiefe Bewusstlosigkeit, aus der ein Mensch durch äußere Reize nicht mehr zu erwecken ist. Unterschiedl. Erkrankungen und Hirnschädigungen können zu einem K. führen, z. B. zu hoher Blutzuckergehalt bei Diabetes mellitus (diabet. K.), Unterzuckerungen (hypoglykäm. K.), Leber- oder Nierenversagen (hepat. oder uräm. K.), ausgedehnte Hirnblutungen oder Hirnmangeldurchblutungen (→Schlaganfall), ein schweres →Schädelhirntrauma, jedoch auch Vergiftungen (z. B. durch Alkohol, Beruhigungs- oder Schlafmittel).

Koma [griech.-lat. ›Haar‹] *die, -/-s,* **1)** *Astronomie:* →Komet.
2) *Optik:* ein →Abbildungsfehler.

ko|magmatische Regionen, *Petrologie:* die →Gesteinsprovinzen.

Komanen, Turkvolk, →Kumanen.

Komantschen, Indianer, die →Comanchen.

Komárno ['kɔma:rnɔ], Stadt in der Slowak. Rep., →Komorn.

Komárom ['kɔma:rom], Stadt in Ungarn, →Komorn.

Komárom-Esztergom ['kɔma:rom-'ɛstɛrgom], Bez. in N-Ungarn, 2 251 km², 312 000 Ew.; Hauptstadt ist Tatabánya. Der stark industrialisierte Bez. hat Braunkohlenbergbau, Energiegewinnung, chem. Industrie, Aluminiummetallurgie und feinmechan. Industrie.

Komarow, Wladimir Michajlowitsch, sowjet. Kosmonaut, * Moskau 16. 3. 1927, † (verunglückt) bei Orenburg 24. 4. 1967; war Kommandant des ersten mehrsitzigen Raumfahrzeugs Woschod 1 (1964), verunglückte bei der Erprobung von Sojus 1.

Komatiit [nach dem Komati River, Rep. Südafrika] *der, -s/-e,* sehr dunkles (ultramafisch bis melanokrat.) bas. bis ultrabas., vulkan. oder subvulkan. Gestein in Leisten, Nadeln oder skelettförmigen Kristallen von Olivin, z. T. auch Klinopyroxen in einer glasigen oder entglasten Grundmasse (**Spinifexgefüge);** aus basalt. bis peridotit. Magmen des Erdmantels entstanden.

komatös, im Koma befindlich.

Komatsu, Sakyō, jap. Schriftsteller, *Ōsaka 28. 1. 1931; setzt sich in seinen Sciencefictionromanen kritisch und/oder satirisch mit der modernen Zivilisation auseinander (›Japan sinkt‹, 1973; dt.).
Weitere Werke (jap.): *Romane:* Friede auf Erden (1962); Der Tag der Auferstehung (1964).

Kombattant [frz., zu combattre ›kämpfen‹] *der, -en/-en,* **1)** *bildungssprachlich veraltend:* Mitkämpfer, Kriegsteilnehmer.
2) *Völkerrecht:* eine Person, die das Recht hat, in internat. bewaffneten Konflikten unmittelbar an Kampfhandlungen teilzunehmen. Die Bestimmung dieses Personenkreises ist Sache innerstaatl. Rechts. Unter den Bedingungen der Haager Landkriegsordnung zählen zu den K. nicht nur Angehörige der Streitkräfte, sondern auch die zur ›kämpfenden Bev.‹ gehörenden Personen. Im Falle ihrer Gefangennahme sind auch die Nicht-K. der Streitkräfte (u. a. Sanitäter, Feldgeistliche) als ›Kriegsgefangene zu behandeln‹.
⇨ *Genfer Vereinbarungen · Guerilla · Haager Landkriegsordnung · Kriegsrecht*

Kombinat [russ., zu spätlat. combinare, →kombinieren] *das, -(e)s/-e,* in der DDR und anderen sozialist. Staaten grundlegende Wirtschaftseinheiten in der Industrie, im Bau- und Verkehrswesen sowie in der Landwirtschaft. Ein K. entstand i. d. R. durch einen fusionsartigen Verbund von Einzelbetrieben, wobei ein Stammbetrieb die Leitung übernahm. Die im K. zusammengefassten volkseigenen Betriebe (K.-Betriebe) blieben juristisch und ökonomisch selbstständig. Erste K. wurden in der DDR in den 50er-Jahren gebildet; sie waren zunächst den nach dem Branchenprinzip gegliederten Vereinigungen Volkseigener Betriebe (VVB) unterstellt. Umstrukturierungen der Wirtschaft führten ab Mitte der 60er-Jahre dazu, dass K. vorzugsweise dort gebildet wurden, wo es durch einen Zusammenschluss möglich war, alle vorhandenen Kapazitäten – von der Forschung bis zum Kundendienst – bereitzustellen. Damit sollten eine stärkere Absatzbezogenheit der Produktion und der techn. Fortschritt gefördert werden. Ende der 70er-Jahre wurden die VVB aufgelöst und die K. hinsichtlich Planung und Leitung den Industrieministerien **(zentral geleitete K.)** oder dem Rat eines Bezirks **(bezirksgeleitete K.)** unterstellt. Den K. lag das Reproduktionsprinzip zugrunde, nach dem Betriebe verschiedener Produktionsstufen zusammengefasst wurden. Dazu gehörten neben Vorleistungs- und Investitionsgüterproduktion, Rationalisierungsmittelbau, Bauabteilungen und Verarbeitungsbetrieben auch Institutionen und Kapazitäten für Forschung und Entwicklung sowie Vertriebs- und Verkaufseinrichtungen für das In- und Ausland. Die K. verfügten über eine relative Selbstständigkeit, sie hatten eigene Fonds und eigene wirtschaftl. Rechnungsführung, waren aber in die Planwirtschaft mit ihren systembedingten Mängeln und Behinderungen eingebunden. So verhinderten z. B. Gewinnabführungen, mangelnde Investitionskapazitäten, Ausfälle in der Zulieferindustrie, aber auch sozialpolit. Vorgaben ein effizientes Wirtschaften. Die desolate Infrastruktur der DDR führte bei den z. T. weit verstreut liegenden K.-Betrieben zu weiteren Funktionsstörungen. Seit Mitte der 80er-Jahre waren die K. zur dominierenden Wirtschaftsorganisation in der DDR geworden; ihr Anteil an der industriellen Warenproduktion und am Export lag bei über 90%. Ab Mitte 1990 wurden die (172 zentral geleiteten und 143 bezirksgeleiteten) K. in Kapitalgesellschaften umgewandelt und zur Treuhandanstalt zur Privatisierung unterstellt. Diese erwies sich aufgrund der großen vertikalen und horizontalen Konzentration als äußerst schwierig. De facto wurde kein K. als Ganzes privatisiert.

Kombination [spätlat. ›Vereinigung‹, zu combinare, eigtl. ›je zwei zusammenbringen‹] *die, -/-en,* **1)** *allg.:* 1) Zusammenstellung, Verbindung zu einer Einheit; 2) gedankl. Verknüpfung, Folgerung, die zu einer bestimmten Mutmaßung führt; 3) farblich abgestimmte und zusammen zu tragende Kleidungsstücke.
2) *Kristallographie:* eine Kristallform (K.-Form), die aus zwei oder mehr einfachen Formen der gleichen Kristallklasse zusammengesetzt ist, z. B. aus einem Würfel und einem Oktaeder.
3) *Mathematik:* →Kombinatorik.

Kombinationsabfahrt, *alpiner Skisport:* die den Wettkampf einleitende Disziplin **Abfahrtslauf** innerhalb der →alpinen Kombination (Zweierkombination); die erreichte Zeit ist der Ausgangswert für den abschließenden →Kombinationsslalom. Die Abfahrtsstrecke ist i. d. R. etwas kürzer ausgelegt als die der Spezialabfahrt.

Kombinationsfrequenzen, Mischfrequenzen, *Übertragungstechnik:* Summen- und Differenzfrequenzen, die bei der Mischung von zwei oder mehr Schwingungen verschiedener Frequenz oder ihrer Oberschwingungen auftreten und z. B. in Hochfrequenzverstärkern zu Störeffekten führen können (nichtlineare →Verzerrung).

Kombinationskreuzung, *Tierzucht:* Zuchtverfahren, bei dem zwei oder mehr Populationen zur Schaffung völlig neuer Rassen mit bestimmten Eigenschaften gekreuzt werden (im Ggs. zur Veredlungs- oder Verdrängungszucht); so entstanden z. B. durch Kreuzung europ. Rinderrassen und Zeburassen frühreife, mastfähige, gegen Hitze und Parasiten widerstandsfähige Rinderrassen für die Tropen und Subtropen (z. B. Santa-Gertrudis-Rind, Brangus, Braford).

Kombinationslanglauf, *Skisport:* →nordische Kombination.

Kombinationspräparat, fixe Kombination, Arzneimittel mit zwei oder mehr Wirkstoffen, von denen jeder zum positiven Effekt des Arzneimittels beitragen oder unerwünschte Wirkungen der anderen Verbindung(en) abschwächen soll.

Kombinationsprinzip, *Atomphysik:* eine empir. Regel, nach der Summen und Differenzen von Frequenzen bzw. Wellenzahlen von Spektrallinien in Atomspektren mit gewissen Ausnahmen (→Auswahlregeln) Frequenzen bzw. Wellenzahlen ergeben, die (als weitere Spektrallinien) ebenfalls in den Spektren beobachtbar sind. Das K. wurde bereits um 1900 in der Spektroskopie als Ordnungsprinzip benutzt und 1908 von W. Ritz (noch vor der Aufstellung des bohrschen Atommodells 1913) formuliert **(ritzsches K.).** Es weist entschieden auf die Unzulänglichkeit des klass. Teilchenbildes hin und entspricht in seiner Aussage der →bohrschen Frequenzbedingung.

Kombinationsslalom, *alpiner Skisport:* die den Wettkampf abschließende Disziplin **Slalom** (ein Lauf) innerhalb der →alpinen Kombination (Zweierkombination); die Zeiten von →Kombinationsabfahrt und K. werden addiert.

Kombinationsspringen, *Skisport:* →nordische Kombination.

Kombinationsstreifung, *Kristallographie:* Oberflächengestalt bei Kristallen, erzeugt durch stufenweisen Wechsel von Flächen verschiedener Lage, d. h. von Flächen, die sich in abwechselnd vor- und zurückspringenden Kanten schneiden. Die Flächen können der gleichen Form oder verschiedenen Formen einer →Kombination angehören.

Kombinationstechnik, *Mikroelektronik:* Sammel-Bez. für Verfahren zur Herstellung integrierter Schaltungen, bei denen die Vorteile der Halbleiterblocktechnik (für die aktiven Bauelemente) und die der Dünnschicht- oder Dickschichttechnik (für die passiven Bauelemente) genutzt werden.

Kombinationstöne, die von dem Musiker G. Tartini 1714 und dem Musiktheoretiker G. A. Sorge

1740 entdeckte Wahrnehmung dritter Töne beim Zusammenklingen zweier Töne der Frequenzen f_1 und f_2 von nicht zu geringer und nicht zu unterschiedl. Stärke. Für die Frequenzen f von K. gilt die Beziehung $f = mf_1 + nf_2$; dabei sind m und n kleine ganze Zahlen, mit der Nebenbedingung, dass f immer positiv ist. Je nach Vorzeichen von m oder n wird ein K. als **Differenzton** oder als **Summationston** bezeichnet. Die Bildung von K., allgemeiner von Kombinationsfrequenzen, ist auf Nichtlinearitäten bei der Erzeugung, der Übertragung oder dem Empfang von Schwingungen zurückzuführen.

Kombinationstriebwerk, v. a. in der Luftfahrt gebräuchl. Bez. für »Gemischtantriebe, bei denen verschiedene Antriebsprinzipien in einem Triebwerk kombiniert sind oder zu einem Basistriebwerk neue Teilaggregate hinzugefügt werden. K. bezwecken i. d. R. die Erhöhung der Leistung oder die Verringerung des spezif. Kraftstoffverbrauchs und/oder die Erweiterung des Anwendungsbereichs.

Als ältestes K. kann der durch Lader, Aufladegebläse oder Abgasturbine leistungsverstärkte Flugmotor der 1930/40er-Jahre angesehen werden, dessen Aufladeverfahren (→Aufladung) heute auch beim Kfz-Motor angewendet werden. K. sind auch die mit Nachbrennern ausgerüsteten Turboluftstrahltriebwerke von Militärflugzeugen, deren Schub durch →Nachverbrennung des die Turbine verlassenden Gasstrahls verstärkt wird. Nach ähnl. Prinzip arbeitet die **Turborakete,** eine Kombination von Turboluftstrahltriebwerk und Flüssigkeitsrakete, die auch für andere Bereiche als die einzelnen Komponenten geeignet ist. Dies gilt auch für die **Staustrahlturbine,** in der ein Turboluftstrahltriebwerk (v. a. für Start) und ein Staustrahltriebwerk (das aus eigener Kraft nicht starten kann, aber zu viel höheren Geschwindigkeiten befähigt) zusammenwirken (→Strahltriebwerk).

Kombinatorik die, -, Zweig der Mathematik, in dem Fragestellungen über endl. Mengen untersucht werden, u. a., auf wie viele verschiedene Arten gewisse Mengen von Elementen angeordnet und zu Gruppen (Anordnungen) zusammengefasst (kombiniert) werden können. Jede Zusammenstellung von $k \leq n$ aus n vorliegenden Objekten $a_1, a_2, ..., a_n$, den Elementen einer gegebenen Menge $A = \{a_1, ..., a_n\}$, nennt man eine **Auswahl.** Es muss unterschieden werden, ob ein Element nur einmal oder mehrmals ausgewählt werden darf (**Auswahl ohne** bzw. **mit Wiederholung**) und ob es auf die Reihenfolge der Elemente ankommt oder nicht (**geordnete** bzw. **ungeordnete Auswahl**). In der elementaren K. gibt es folgende Grundtypen der Auswahl:

1) **Permutationen** sind geordnete Auswahlen mit $n = k$; sie bestehen also aus den verschiedenen Anordnungen aller Elemente einer Menge A. Für ihre Anzahl $P(n)$ ergibt sich: $P(n) = n!$ (→Fakultät). Beispiel: Zu drei Elementen a, b, c gibt es $P(3) = 3!$, also sechs verschiedene Permutationen, nämlich die Tripel: $(a,b,c), (a,c,b), (b,a,c), (b,c,a), (c,a,b), (c,b,a)$. Sie können aufgefasst werden als die bijektiven Abbildungen einer Menge mit n Elementen auf sich.

2) **Kombinationen** von n Elementen zur k-ten Klasse sind die mögl. Teilmengen von A mit k Elementen ohne Berücksichtigung der Reihenfolge. Bei Kombinationen *ohne* Wiederholungen gibt es

$$P_n = \binom{n}{k} = \frac{n(n-1)\dots(n-k+1)}{1 \cdot 2 \cdot \dots \cdot k} = \frac{n!}{k!(n-k)!}$$

solcher Kombinationen (→Binomialkoeffizienten). Beispiel: Sei $A = \{a,b,c\}$ und $k = 2$, dann gibt es

$$\frac{3!}{2!1!} = 3$$

Möglichkeiten: $(a,b), (a,c), (b,c)$.

Die Anzahl der Kombinationen *mit* Wiederholung von n Elementen zur k-ten Klasse ist

$$\binom{n+k-1}{k}.$$

Beispiel: Bei $A = \{a,b,c\}$ und $k = 2$ gibt es

$$\binom{4}{2} = 6$$

solcher Kombinationen: $(a,a), (b,b), (c,c), (a,b), (a,c), (b,c)$.

3) **Variationen** von n Elementen zur k-ten Klasse sind geordnete k-Tupel, also mit Berücksichtigung der Reihenfolge. Bei Variationen *mit* Wiederholungen ist die Anzahl n^k.

Beispiel: Bei $A = \{a,b,c\}$ gibt es $3^2 = 9$ solcher Variationen zur zweiten Klasse: $(a,a), (b,b), (c,c), (a,b), (b,a), (a,c), (c,a), (b,c), (c,b)$.

Bei Variationen *ohne* Wiederholungen gibt es

$$\frac{n!}{(n-k)!}$$

Möglichkeiten. Beispiel: Bei $A = \{a,b,c\}$ und $k = 2$ gibt es die Möglichkeiten $(a,b), (b,a), (a,c), (c,a), (b,c), (c,b)$, also insgesamt

$$\frac{3!}{1!} = 6$$

solcher Variationen.

Kombinator. Probleme tauchen in vielen Gebieten der Mathematik auf, v. a. in der Zahlentheorie und Wahrscheinlichkeitsrechnung.

kombinatorisch, auf Kombination beruhend.

kombinatorische Logik, Richtung in der modernen mathemat. Logik, die die in der Logik üblichen Formulierungen einheitlich unter kombinator. Gesichtspunkt analysiert. Die k. L. wurde von H. B. CURRY und M. SCHÖNFINKEL begründet. Wichtige Vertreter sind u. a. A. CHURCH, S. C. KLEENE und J. B. ROSSER.

kombinieren [spätlat. combinare ›vereinigen‹, eigtl. ›je zwei zusammenbringen‹], 1) zu einer Einheit zusammenstellen; 2) gedankl. Beziehungen zw. verschiedenen Dingen herstellen.

kombinierter Verkehr, kombinierter Ladungsverkehr, Abk. **KLV,** Güterverkehrsart, bei der innerhalb einer Transportkette das Transportgefäß (das auch das ganze Transportfahrzeug sein kann) bei Wechsel des Transportmittels beibehalten wird und die somit auch bei Beteiligung von Verkehrsträgern

kombinierter Verkehr: Huckepackverkehr

Komb kombinierte Versicherung – Komet

mit weniger dichter Flächenerschließung einen ›Haus-Haus-Verkehr‹ ermöglicht. Daraus ergeben sich als Vorteile kurze Transportzeiten, niedrige Umschlagkosten und eine schonende Behandlung des Transportgutes. Als Transportgefäße im unbegleiteten KLV werden Container, Sattelauflieger oder Lkw-Wechselaufbauten verwendet; sie wechseln im KLV das Transportmittel, z. B. vom Schiff auf die Bahn, von der Bahn auf Lkw. Oder es findet der Übergang des Transportfahrzeuges auf ein anderes statt, z. B. eines Schienenfahrzeugs auf ein Schiff (→Fähre), eines Straßenfahrzeugs auf ein Schienenfahrzeug.

Letzteres ist als **Huckepackverkehr** oder **rollende Landstraße** bekannt. Die Aufnahme von Lkw mit oder ohne Anhänger oder von Lkw-Sattelaufliegern geschieht auf bes. niedrig gebauten Transportwagen (Niederflurwagen mit kleinen Rädern wegen des →Lichtraumprofils). Die Kombination der unmittelbaren Bedienung von Versender und Empfänger (flexible Flächenbedienung) durch Straßenfahrzeuge mit dem kostengünstigen Schienentransport über weite Strecken entlastet den Straßenverkehr und die Umwelt und neutralisiert außerdem das Sonntagsfahrverbot. Für die Lkw-Fahrer steht bei der rollenden Landstraße in den meisten nachts verkehrenden Güterzügen (Intercargo-Güterzüge) ein Liegewagen zur Verfügung. – Die Umschlagstellen des KLV (Terminals) sind mit Portalkränen oder mobilen Umschlaggeräten ausgerüstet; Umschlagplätze befinden sich in allen wichtigen Wirtschaftsräumen, Binnen- und Seehäfen. Wachstumspotenziale des KLV werden neben der zunehmenden Containerisierung von Transportgütern in der dezentralen Ausstattung mit modernen Umschlaggeräten gesehen.

Gütertransportsystem für den k. V., hg. vom Bundes-Min. für Verkehr (1981); R. JAHNCKE: Die Entwicklung des Huckepackverkehrs (1983); H. L. KLEIN: Die Marktchancen des k. V. (1988); R. MERTEL u. a.: Verkehrspolit. Bedeutung des k. V. Straße, Schiene (1988); R. PIETSCH: Internat. k. V. (²1988); Huckepack-, Container- u. k. V., bearb. v. B. KOENGETER (³1994, Bibliogr.).

kombinierte Versicherung, Zusammenfassung mehrerer Versicherungsarten in einem einzigen Versicherungsvertrag.

kombinierte Waffen, Jagdgewehre, bei denen glatte Läufe (für Schrot) mit gezogenen Läufen (für Büchsengeschosse) kombiniert sind. Zu den k. W. gehören die Büchsflinte (Kugel- und Schrotlauf nebeneinander), die Bockbüchsflinte (Kugel- und Schrotlauf übereinander), der Drilling (oben zwei Schrotläufe nebeneinander, darunter ein Kugellauf), der Doppelbüchsdrilling (oben zwei Kugelläufe nebeneinander, darunter ein Schrotlauf), der Bockdrilling (oben ein Schrotlauf, darunter ein Kugellauf bzw. daneben ein größerer und ein kleinerer Kugellauf) und der Vierling (Drilling mit zusätzl. Kleinkaliberlauf).

Kombucha die, -, **Teepilz,** symbiont. Mischkultur aus Essigsäurebakterien und säurebeständigen Hefen; wird v. a. in Asien und O-Europa zur Herstellung eines säuerlich-aromat. Getränks verwendet. Hierzu wird erkalteter, gezuckerter Tee (meist schwarzer, aber auch Kräutertee) mit K. versetzt und je nach Geschmack (je länger, umso säuerlicher) einige Tage (meist 8–12) bei Zimmertemperatur und unter Luftzutritt fermentiert. K. regt v. a. wegen des Gehaltes an organ. Säuren (Glucuronsäure, Milchsäure, Essigsäure) den Stoffwechsel an.

Komburg, ehem. Benediktinerkloster, →Comburg.

Kombüse [niederdt.], *Seemannssprache:* Schiffsküche.

Komedonen [lat., zu comedere ›aufessen‹, ›verzehren‹], *Sg.* **Komedo** *der, -s,* die →Mitesser.

Kōmeitō [jap. ›Partei für saubere Politik‹], **Kō-mei-tō,** 1964 gegründete jap. Partei, entstand als polit. Arm der buddhist. Laienorganisation →Sōka-gakkai, mit der sie auch nach der offiziellen Loslösung (1970) eng verbunden blieb; vertrat wohlfahrtsstaatl. Ziele, forderte den Abbau der japanisch-amerikan. Allianz und trat für eine strikte Neutralitäts- und Friedenspolitik ein; war lange Zeit drittstärkste Partei und mit Ausnahme einer kurzen Beteiligung an einer Reg.-Koalition (1994) Oppositionspartei. Die Mehrheit der Mitgl. schloss sich im Dezember 1994 mit anderen Parteien zur Neuen Fortschrittspartei (Shinshinto) zusammen und erklärte ihre Partei für aufgelöst; ein kleiner Teil blieb als eigene Organisation bestehen.

Komenský [ˈkɔmɛnski:], Jan Amos, tschech. Name von Johann Amos →Comenius.

Komet [von griech. kómē ›Haar‹; eigtl. ›Behaarte‹, ›Haar Tragende‹, als bildl. Vergleich des K.-Schweifs mit einem Haarbüschel], *der, -en/-en,* selten **Schweifstern, Haarstern,** kleiner Himmelskörper des Planetensystems, der in Sonnennähe große Mengen flüchtiger Gase und von ihnen mitgerissene feste Teilchen freisetzt, wodurch er i. Allg. neblig-verwaschen, zuweilen mit einem leuchtenden Schweif versehen in Erscheinung tritt. Die meisten K. sind nur im Fernrohr, ganz wenige mit bloßem Auge sichtbar; die hellsten sind eindrucksvolle Naturerscheinungen.

Bei einem K. unterscheidet man den Kern, die Koma und den Schweif; Kern und Koma bilden zusammen den **Kopf** des K. Der **Kern** ist der am wenigsten auffällige Teil, er leuchtet im reflektierten Sonnenlicht. Er besteht aus einem lockeren Konglomerat verschiedener Eissorten – v. a. Wassereis sowie gefrorenes Ammoniak, Methan und geringe Mengen anderer Verbindungen (z. B. Kohlenmonoxid, Kohlendioxid, Cyanwasserstoff, Ethylen) – und festen, staubförmigen Bestandteilen. Diese haben Durchmesser von etwa 0,1–5 μm, doch kommen auch Partikel bis zu Metergröße vor. Die festen Teilchen bestehen z. T. aus meteorit. Material, z. T. aus Kohlenstoffverbindungen. Der Anteil der festen Bestandteile an der Kernmasse beträgt vermutlich die Hälfte, variiert aber in weiten Grenzen. Die K.-Kerne sind unregelmäßig geformte Körper mit einem Durchmesser von etwa 0,5 bis 10 km, doch wurden auch Kerndurchmesser bis zu 100 km beobachtet. Im Kern ist die Hauptmasse eines K. vereinigt, sie liegt bei der Mehrzahl der K. in der Größenordnung von etwa 10^{11} bis 10^{14} kg.

Bei der Annäherung eines K. an die Sonne auf weniger als etwa 4–5 AE erwärmt sich die Kernoberfläche derart, dass die leicht flüchtigen Substanzen sublimieren und beim Abströmen die festen Staubteilchen mitreißen: Es bildet sich eine sich ständig erneuernde, als **Koma** erscheinende Gasatmosphäre um den Kern. Gröbere Teilchen und Gesteinsbrocken bilden eine poröse Kruste, sie werden nur bei größeren Gasausbrüchen mitgerissen. Freigesetzte vielatomige Moleküle (Muttermoleküle) werden durch die kurzwellige Sonnenstrahlung in einfachere Verbindungen zerlegt und zum Leuchten angeregt. Das Komaspektrum ist ein Emissionslinienspektrum der Zerlegungsprodukte (Tochtermoleküle), wobei u. a. die Radikale bzw. Moleküle C_2, C_3, CH, CN, NH, NH_2, CO, CO_2, CS, HCN und CH_3CN in neutraler, z. T. auch in ionisierter Form nachgewiesen wurden. In atomarer Form wird außer Wasserstoff u. a. Natrium, Calcium, Kalium, Nickel, Chrom und Eisen beobachtet. Von der Erde aus ist die Koma bis zu einer Kernentfernung von rd. 10^5 km nachweisbar, die Gasdichte liegt max. bei etwa 10^4 Moleküle je cm^3. Die äußerste, v. a. von Wasserstoffatomen gebildete Koma kann einen Radius von mehr als 10^7 km erreichen und ist nur bei extraterrestr. Beobachtungen wahrnehmbar. Die Größe der sichtbaren Koma ist zeitlich veränderlich, ebenfalls die Helligkeit eines K., die wesentlich von der Koma bestimmt wird und stark mit der Entfernung von der Sonne variiert.

Komet Kome

Komet: links der Komet 1957 V Mrkos, aufgenommen bei einer Entfernung von 0,7 AE von der Sonne und von 1,1 AE von der Erde; deutlich erkennbar der gerade, lang gestreckte Ionen- und der gekrümmte Staubschweif; Mitte der Halley-Komet, aufgenommen mit dem 1,5 m-Spiegelteleskop der Universität Arizona; rechts der Komet Hale-Bopp mit dem blau leuchtenden Plasma- und dem weiß bis rötlich schimmernden Staubschweif (März 1997)

Ein sichtbarer **Schweif** bildet sich nur bei K., die der Sonne auf weniger als etwa 1,5–2 AE nahe kommen. Man unterscheidet **Ionenschweife (Plasma-** oder **Gasschweife)** und **Staubschweife.** Die Ionenschweife sind lang und schmal. Sie bestehen aus ionisierten Atomen und Molekülen, die von den geladenen Teilchen des →Sonnenwindes aus der Koma mitgerissen und stark beschleunigt werden. Die Ionenschweife weisen daher fast genau in der Zeit ihrer größten Ausbildung 1–10 Mio. km erreichen, beim großen März-K. von 1843 betrug die Schweiflänge sogar 250 Mio. km. Die Materiedichte im Schweif ist wesentlich geringer als in der Koma und verringert sich mit wachsendem Kernabstand. Die Staubteilchen der Koma werden ebenfalls aus ihr ausgetrieben, da sie Sonnenlicht absorbieren und so dem Strahlungsdruck unterliegen. Sie bilden den Staubschweif, der im reflektierten Sonnenlicht leuchtet. Er weist auch von der Sonne weg, ist aber stärker gekrümmt als der Ionenschweif. Staubschweife sind seltener als Ionenschweife, beide Typen können gemeinsam, aber auch allein auftreten.

Periodische K. bewegen sich auf Ellipsenbahnen, **unperiodische K.** auf Parabel- oder Hyperbelbahnen. Bei extrem lang gestreckten Bahnen ist diese Unterscheidung z. T. sehr schwierig. Die period. K. unterteilt man in **kurzperiodische K.** mit Umlaufzeiten um die Sonne kürzer als 200 Jahre (Bahnexzentrizität < 0,97) und **langperiodische K.** mit Umlaufzeiten größer als 200 Jahre. Die Bahnen der kurzperiod. K. haben i. Allg. eine geringere Neigung gegen die Erdbahnebene als die der langperiodischen und sind zu rd. 90 % rechtsläufig; zu den wenigen rückläufigen K. gehört der →Halley-Komet. Am häufigsten wurden bislang der Enckesche K. mit 54 Periheldurchgängen (Umlaufzeit 3,3 Jahre) und der Halley-K. mit 29 Periheldurchgängen (Umlaufzeit etwa 76 Jahre) registriert. – Die K. unterliegen dem Gravitationseinfluss der Planeten, wodurch ihre Bahnen verändert werden. Alle K., deren Aphele in der Nähe einer Planetenbahn liegen, werden zu einer **Kometenfamilie** gerechnet, von denen die **Jupiterfamilie** die meisten Mitglieder aufweist und am deutlichsten ausgeprägt ist. Die K. einer **Kometengruppe** sind durch das Zerbrechen des Kerns eines Mutter-K. hervorgegangen, die Bahnelemente der K. einer derartigen Gruppe stimmen fast genau überein. K.-Bahnen werden nicht allein durch gravitative, sondern auch durch nichtgravitative Kräfte verändert, die auf den Rückstoßeffekt der aus dem Kern abströmenden Gase zurückgehen; dies kann zu einer Zu- oder Abnahme der Umlaufperiode führen.

Aus der Zahl der beobachteten langperiod. K. schließt man auf eine Gesamtheit von 10^{11} bis 10^{12} K., die die Sonne in einer riesigen Wolke (→Oortsche Wolke) umgeben, während die kurzperiod. K. vorwiegend dem Kuiper-Gürtel entstammen dürften. Die K. haben seit ihrer Entstehung keine grundlegenden Differenzierungsprozesse durchgemacht, sie können damit Auskunft über die Verhältnisse in den äußeren Gebieten des Sonnennebels während der Entstehung des Sonnensystems geben.

Geschichte: Die Erscheinung eines K. galt in früheren Zeiten als Zeichen bevorstehenden Unheils, selten dagegen als Glücksbote. K.-Erscheinungen spielten daher eine große Rolle in der Astrologie. Die Prodigienliteratur der frühen Neuzeit und das gleichzeitige Flugblattwesen kommentierten jede K.-Erscheinung. Das Endzeitgefühl des 16. Jh. fand in solchen Wunderzeichen Bestätigung (P. MELANCHTHON), doch auch die naturwiss. Entdeckungen des 17. Jh. über Bahn und Periodizität der K. steigerten nur die Weltuntergangsfurcht. Auch der Stern von Bethlehem wurde als K. gedeutet. Schutzbriefe, Medaillen, Glockenläuten und Fasten sollten Schutz vor K. gewähren.

J. KEPLER schrieb den K. eine geschlossene Bahn zu. J. HEVELIUS dagegen schloss auf eine parabol. Bahn, die der Amateurastronom GEORG SAMUEL DÖRFFEL [* 1643, † 1688] dann für den K. von 1680/81 mit der Sonne als Brennpunkt berechnen konnte. I. NEWTON bezog daraufhin die K. in seine allgemeine Gravitationshypothese ein. Auf seine Anregung hin berechnete E. HALLEY (1705) die Bahnelemente von 24 K. der Jahre 1337 bis 1698 und konnte für viele eine exakte Ellipsenbahn nachweisen. Er zeigte, dass die K. von 1531, 1607 und 1682 identisch waren. Durch die Vorhersage der Wiederkehr dieses K. (Halley-K.) für 1758 durch A. C. CLAIRAUT konnte die Entdeckung eines ersten period. K. 1759 bestätigt werden. Der erste kurzperiod. Komet wurde von J. F. ENCKE 1818/19 entdeckt.

Die Erforschung der materiellen Beschaffenheit der K. begann mit der Erfindung der Spektralanalyse, während Erklärungen über den Entstehungsprozess der K.-Schweife unter dem Einfluss der Sonnenstrahlung durch die Fortschritte der Molekülspektroskopie möglich wurden.

Kometenmissionen, Raumfahrtunternehmungen zur Erforschung von Kometen. Die ersten K. hatten den Halley-Kometen als Ziel (→Halley-Sonden). Eine K. zur Direktuntersuchung eines Kometenkerns wird von der ESA geplant.

Kometenschweif, Varietät des →Goldfisches.

Komfort [kɔmˈfoːr; frz.-engl. ›Behaglichkeit‹, ›Bequemlichkeit‹, zu altfrz. conforter ›stärken‹, ›trösten‹] *der, -s,* auf technisch ausgereiften Einrichtungen beruhende Bequemlichkeit, Annehmlichkeit; einen gewissen Luxus bietende Ausstattung.

Komi [Eigen-Bez.], früher **Syrjänen,** Volk in der Russ. Föderation, v. a. in der Rep. Komi, außerdem im Westsibir. Tiefland und auf der Halbinsel Kola, insgesamt 345 000 Angehörige. Die K. betreiben Ackerbau, Viehzucht (in der Tundra Renzucht), Waldwirtschaft, Pelztierjagd und Fischfang. Ihre Sprache, das **Komi (Syrjänisch),** gehört zum permischen Zweig der finnougrischen Sprachen. Die K. wurden im 14. Jh. zum orth. Christentum bekehrt. Reste der urspr. schamanistisch-animist. Anschauungen haben sich erhalten. Mit den K. verwandt sind die 152 000 **K.-Permjaken,** die überwiegend im Autonomen Kreis der K.-Permjaken leben.

Komi, Republik K., Republik der K., russ. **Respublika Komi,** Teilrepublik der Russ. Föderation, 415 900 km², (1994) 1,23 Mio. Ew.; Hauptstadt ist Syktywkar. – Die Rep. K. umfasst den äußersten NO der Osteurop. Ebene und wird größtenteils von flachwelligem, z. T. noch unberührtem Waldland (Taiga), das von vielen Flüssen (Petschora, Wytschegda, Mesen) mit breiten, versumpften Niederungen durchflossen wird und im N in Waldtundra und Tundra übergeht, eingenommen. Im O reicht K. bis zum Ural (Polar-, Subpolarer und Nördl. Ural mit dessen höchstem Berg Narodnaja, 1 895 m ü. M.). Von SO nach NW zieht sich der Timanrücken (bis 471 m ü. M.) durchs Land.

Nach der Volkszählung von 1989 waren von den Bewohnern 57,7 % Russen, 23,3 % Komi, 8,3 % Ukrainer, je 2,1 % Weißrussen und Tataren und 6,5 % Angehörige anderer Nationalitäten.

Wirtschaftsgrundlage ist der Bergbau, bes. die Förderung von Erdöl und Erdgas um Uchta und Ussinsk und von Kohle bei Workuta und Inta im →Petschora-Kohlenbecken; auf dem Timanrücken Bauxitabbau. Brüchige Erdgas- und Erdölleitungen verursachten 1994/95 katastrophale Umweltschäden (Waldbrände und Verseuchung weiter Gebiete durch Austritt von großen Mengen Erdöl, das teilweise auf dem Dauerfrostboden nicht versickert, sondern sich in Erdölseen sammelt). Große Bedeutung haben der Holzeinschlag und die Holzverarbeitung. Im S der Rep. wird Rinder- und Schweine-, im N Renzucht betrieben. 1942 wurde die Petschorabahn eröffnet.

Geschichte: Seit dem 11./12. Jh. geriet das Volk der Komi (früher Syrjänen gen.) unter russ. Einfluss (ab 12. Jh. Nowgorod tributpflichtig, ab 14. Jh. unter der Oberhoheit Moskaus); die Syrjänen-Mission des Bischofs STEPHAN VON PERM im 14. Jh. trug maßgeblich zur russ. Expansion in diesem Gebiet bei, das 1478 offiziell dem Großfürstentum Moskau angegliedert wurde. Vom 15. bis 18. Jh. führten durch das Territorium wichtige Handelswege nach Archangelsk und Sibirien. Während des russ. Bürgerkriegs besetzten 1919 Truppen A. W. KOLTSCHAKS das Gebiet, in dem 1920 die Sowjetmacht (nach einem ersten Interregnum 1918) wiederhergestellt wurde. Am 22. 8. 1921 entstand das Autonome Gebiet der Komi innerhalb der RSFSR, das am 5. 12. 1936 in eine ASSR umgewandelt wurde. Die starke Industrialisierung (insbesondere Kohle-, Erdgas- und Erdölförderung im NO) und Zuwanderung von Arbeitskräften aus verschiedenen Gebieten der UdSSR führten zu einer drast. Veränderung der ethn. Zusammensetzung der Bev. (1926 noch deutl. Mehrheit der Komi, die 1959 nur noch rd. 30 % der Einwohner stellten); auf dem Territorium der Rep. wurden große stalinist. Straflager errichtet.

Am 30. 8. 1990 verabschiedete der Oberste Sowjet der ASSR der Komi eine Souveränitätserklärung, in der das Recht auf Verfügung über die Naturreichtümer betont wurde. Die Unterzeichnung des Föderationsvertrags mit Russland im März 1992 verband sich mit einer Aufwertung der ASSR zur SSR; im Mai desselben Jahres wurde der Staatsname in Rep. K. geändert. Die nat. Bewegung der Komi (Anfang der 90er-Jahre Entstehung eines ›Komitees für die Wiedergeburt des Komi-Volkes‹) insistierte nach der hier bes. starken sprachl. Russifizierung auf ein stärkeres Gewicht der eigenen Sprache.

Komik [frz., von griech. kōmikós, zu komisch] *die, -,* jegl. Art übertreibender, Lachen erregender Kontrastierung, sei es mit den Mitteln des Wortes in Vers und Prosa, der Geste, des Tons, der Farbe oder des Stifts, der Bildnerei oder durch eine Handlung selbst. – Für das Komische wurde in Philosophie, Komödientheorie und Psychologie eine Vielzahl von Theorien entwickelt (von ARISTOTELES, I. KANT, SCHILLER, JEAN PAUL, A. SCHOPENHAUER, G. W. F. HEGEL, F. T. VON VISCHER, H. BERGSON, S. FREUD, T. LIPPS, N. HARTMANN, H. PLESSNER u. a.). Trotz kontroverser Ansatzpunkte und Ergebnisse wird das Komische grundsätzlich ähnlich wie das Tragische begriffen: als Wahrnehmung eines Konfliktes widersprüchl. Prinzipien. Nach einem Definitionsversuch von F. G. JÜNGER muss dieser Konflikt zw. ungleichwertigen Prinzipien entstehen, und zwar initiiert durch eine unangemessene (d. h. eigentlich nichtige, unwichtige) Provokation des schwächeren Prinzips; er wird gelöst durch eine der unangemessenen Provokation angemessene Replik. Ist die Replik unangemessen, etwa zu streng, zu hart, so entsteht keine K. (statt Lachen wird Mitleid, Zorn usw. erregt), wird der Kampf zw. gleichwertigen Prinzipien ausgetragen, kann das Komische ins Tragische umschlagen.

Das Komische wurde schon von PLATON als eine Modifikation (komplementär zum Tragischen) der dichter. Mimesis beschrieben. Es findet sich in der Antike als Wesenselement des →Mimus und der Komödie. Im MA. begegnet man dem Komischen v. a. in Spielmannsepen und Einlagen geistl. Schauspiele sowie in der Schwankliteratur und in Parodien (H. WITTENWILER), im 15. und 16. Jh. bes. im Fastnachtsspiel (H. SACHS); weiterhin findet sich K. dann v. a. in der sich seit der Renaissance entwickelnden Komödienliteratur, im parodist. (M. DE CERVANTES SAAVEDRA) und humorist. Roman, im →komischen Epos sowie in Fabel, Farce, Posse und Travestie.

Im 18. Jh. äußerte sich das Komische zunächst im für die (sächsische) Typenkomödie charakterist. Verlachen, dann, v. a. bei C. F. GELLERT und G. E. LESSING, als didaktisch-aufklär. Element zur moral. Vervollkommnung durch das Aufzeigen menschl. Schwächen. Das Grotesk-Komische und Komisch-Fantastische finden sich in dem Münchhausiaden und bes. in der Romantik bei C. BRENTANO, E. T. A. HOFFMANN und L. TIECK; JEAN PAULS ›Vorschule der Ästhetik‹ (1804, 3 Bde.) ist der Versuch, eine Theorie der K. zu formulieren. Bereits zum Absurden (→absurd) hin verschoben die Werke von C. MORGENSTERN, J. RINGELNATZ und LEWIS CARROLL das Komische, womit eine Tendenz gekennzeichnet war, die sich dann bes. in den Stücken von S. BECKETT und E. IONESCO, aber auch – eng verbunden mit B. BRECHTS Auffassungen zum →epischen Theater und zur →Verfremdung – im Werk M. FRISCHS und F. DÜRRENMATTS findet.

Komiker *der, -s/-,* Darsteller kom. Rollen bei Film und Theater; Vortragskünstler (im Varietee oder Kabarett), der kom. Darbietungen zeigt.

Kominform *das, -s,* Kw. für →**Kom**munistisches **In**formationsbüro.

Komintern *die, -,* Kw. für →**Kom**munistische **Inter**nationale.

Komi-Permjaken, Autonomer Kreis der K.-P., russ. **Komi-Permjackij awtonomnyj okrug,** autonomer Kreis im Gebiet Perm, Russland, 32 900 km², 160 300 Ew. (davon waren nach der Volkszählung von 1989 60,2% Komi-Permjaken und 36,1% Russen); Verw.-Sitz ist Kudymkar. Umfasst die im westl. Uralvorland gelegene flachwellige Ebene am Oberlauf der Kama, die stark bewaldet und stellenweise versumpft ist. Neben Holzgewinnung und -verarbeitung gibt es Getreideanbau, Flachsanbau und -verarbeitung sowie Vieh- und Pelztierzucht. – Gegründet am 26. 2. 1925.

komisch [lat.-frz., von griech. kōmikós ›zur Komödie gehörend‹, ›possenhaft‹, ›lächerlich‹], belustigend; seltsam, sonderbar.

komische Person, komische Figur, lustige Person, lustige Figur, Theaterfigur, die der Erheiterung des Publikums dient und bes. vor der NEUBERIN auch in Tragödien auftrat. Die k. P. relativiert als antithet. Parallelfigur zum Helden das Bühnengeschehen, durchbricht die Bühnenillusion durch direkte Anrede der Zuschauer (Beiseitesprechen). Typisch sind Gefräßigkeit, (sexuelle) Prahlsucht, Possenreißerei, Tölpelhaftigkeit, Spottlust, kom. Räsonierbedürfnis, Gerissenheit und Intrigantentum; grotesk vergröbert sind die jeweils typ. nationalen Eigenschaften, häufig in der Rolle des Dieners oder Boten.

Die Tradition der improvisierten k. P. im antiken Mimus, der kom. Sklavenrollen bei PLAUTUS und TERENZ wurde durch die Jahrhunderte in zahlreichen Erscheinungsformen und Zusammenhängen fortgesetzt, bis es im 16. und 17. Jh. zur Bildung von festen kom. Typen kam, so die Figuren der Commedia dell'Arte wie Arlecchino (Harlekin), Dottore, Truffaldino, so Gracioso der spanischen, Clown und Pickelhering der engl. Bühne. In Wien schuf J. A. STRANITZKY um 1700 den Hanswurst (auf der frz. Bühne entspricht ihm Jean Potage). Die k. P. lebte als Staberl und Kasperl weiter, in England als Punch, in Italien als Pulcinella (schon im 16. Jh.), in Frankreich als Polichinelle und Guignol. Sie ist seit dem 18. Jh. Hauptfigur des Volksstücks, bes. des Figurentheaters, und des Zirkus (als Clown und dummer August) geworden. Entsprechende k. P. sind tschech. Kašpárek, russ. Petruschka, türk. Karagöz.

komisches Epos, epische Behandlung komischer Ereignisse. Nach Parodien der ›Ilias‹ in der →Batrachomyomachie, der höf. Epen im ›Roman de Renart‹ (zw. 1175 und 1250) und in H. WITTENWILERS ›Der Ring‹ (Ende des 14., Anfang des 15. Jh.), der romantisch-iron. Darstellung des Helden in L. ARIOSTOS ›Orlando furioso‹ (1516) begründete A. TASSONI die Gattung der neueren k. E. mit ›La secchia rapita‹ (1622), einer Parodie auf den Raub der Helena, den Trojan. Krieg und die ital. Kleinstaaterei. Es folgten in Frankreich ›Le lutrin‹ (1674–83, 6 Tle.) von N. BOILEAU-DESPRÉAUX und VOLTAIRES ›La pucelle d'Orléans‹ (1762), in England ›Hudibras‹ (1663–78, 3 Bde.) von S. BUTLER und A. POPES Jugendwerk ›The rape of the lock‹ (1712). In Dtl. sind v. a. J. F. W. ZACHARIAE ›Der Renommiste‹, 1744) und J. P. Uz ›Der Sieg des Liebesgottes‹, 1753) zu nennen. C. M. WIELANDS ›Comische Erzählungen‹ (1765) sind Verstravestien antiker Stoffe, GOETHE belebte das Tierepos im ›Reineke Fuchs‹ (1794), K. A. KORTUMS satir. ›Die Jobsiade‹ (1799, 3 Bde.) ist eine Parodie auf den Erziehungsroman. Bedeutende Vertreter des 19. Jh. waren W. BUSCH mit seinen kom. Bildergeschichten und K. IMMERMANN (›Tulifäntchen‹, 1830). Schon zur Blütezeit des k. E. im 18. Jh. konkurrierte mit ihm die kom. Erzählung in Prosa, bes. die humorist. und der kom. Roman, der größere Gestaltungs- wie Aussagemöglichkeiten bot und bis heute lebendig ist.

Komissarschewskaja, Komissarževskaja [-ʒɛf-], Wera Fjodorowna, russ. Schauspielerin und Theaterleiterin, *Sankt Petersburg 8. 11. 1864, †Taschkent 23. 2. 1910, Schwester von F. F. KOMISSARSCHEWSKIJ; als Darstellerin u. a. 1896–1902 in Sankt Petersburg, leitete ab 1904 ein eigenes Theater ebd.; gastierte 1908 in Nordamerika; spielte bes. Tschechow- und Gorkij-Rollen, führende Interpretin des russ. Symbolismus.

Komissarschewskij, Komissarževskij [-ʒɛf-], Fjodor Fjodorowitsch, engl. **Theodore Komisarjevsky,** russ. Regisseur, Pädagoge und Theatertheoretiker, *Venedig 4. 6. 1882, †Darien (Conn.) 17. 4. 1954, Bruder von WERA F. KOMISSARSCHEWSKAJA; Architekt, arbeitete ab 1906 am Theater seiner Schwester; 1910–18 Leiter eines Moskauer Theaterstudios; 1919 Emigration, vorwiegend in Großbritannien, ab 1939 in den USA; bes. erfolgreich waren seine Inszenierungen russ. Dramen des 19. Jh. und der russ. Symbolisten; Versuch einer Einheit von Schauspiel, Malerei, Musik und Tanz; setzte sich mit K. S. STANISLAWSKIJ, W. E. MEJERCHOLD und E. G. CRAIG auseinander; auch Opernregisseur.

Schriften: Myself and the theatre (1929); Costume of the theatre (1931); The theatre and a changing civilisation (1935).

Komitat [mlat. comitatus, zu comes ›Graf‹, von lat. comes ›Begleiter (im kaiserl. Gefolge)‹] *das,* auch *der, -(e)s/-e,* unter einem →Gespan stehender ungar. Verwaltungsbezirk. Die von König STEPHAN I. als Verwaltungseinheiten königl. Güter eingerichteten K. wurden später v. a. vom Adel beherrscht (im 19. Jh. Adels-K. mit einem Obergespan an der Spitze). Nach der Türkenherrschaft erneut eingerichtet, wurden in (nach dem Ersten Weltkrieg) 25 K. Ungarns 1949 in 19 Bezirke (ungar. megyék) umgewandelt.

Komitativ [zu lat. comitatus ›Begleitung‹] *der, -s/-e,* Kasus in den finnougr. Sprachen zur Bez. einer Begleitung durch eine Person oder Sache.

Komitee [engl.-frz., zu lat. committere ›anvertrauen‹, ›übertragen‹] *das, -s/-s,* aus einer Gruppe ausgewählter und mit einer bestimmten Aufgabe betrauter Ausschuss.

Komitee Freies Deutschland, →Nationalkomitee ›Freies Deutschland‹.

Komitee zur Verteidigung der Arbeiter, poln. Abk. **KOR,** später **Komitee für gesellschaftliche Selbstverteidigung,** 1976 entstandene Gruppe der →Bürgerbewegung in Polen, eine der Keimzellen der Gewerkschaftsorganisation Solidarność.

Komitilen [com(m)ire ›zusammenkommen‹] *Pl.,* lat. **Comitia,** im antiken Rom die Versammlungen des Gesamtvolks (Populus Romanus, im Unterschied zu den →Concilia plebis, den Versammlungen der Plebs). Nach der Gliederung der röm. Bürgerschaft in Kurien, →Zenturien und →Tribus gab es: 1) die **Kuriat-K.** (Comitia curiata) als älteste, in histor. Zeit schon anachronist. Form; sie regelten Gemeinde-, Kult- und Familienangelegenheiten; 2) die **Zenturiat-K.** (Comitia centuriata) als wichtigste Form der K.; sie beschlossen über Krieg und Frieden, über Gesetze, über Todesstrafen gegen röm. Bürger und wählten die höheren Beamten nach Vorschlag des wahlleitenden Magistrats; 3) die **Tribut-K.** (Comitia tributa), seit 287 v. Chr. den Concilia plebis praktisch gleichgestellt; sie wählten niedere Beamte und beschlossen Gesetze. Bei der Abstimmung zählten nicht die Individualstimmen, sondern – entsprechend der Gliederung der K. – die Voten der einzelnen Kurien, Zenturien, Tribus. In der Kaiserzeit verloren die K. an Bedeutung.

L. R. TAYLOR: Roman voting assemblies. From the Hannibalic War to the dictatorship of Caesar (Ann Arbor, Mich., 1966).

komische Person:
Von oben Arlecchino, Dottore, Pickelhering, Hanswurst

Wörter, die man unter K vermisst, suche man unter C, Ch, G, H oder Q

Komló [ˈkomlo:], Stadt im Bez. Baranya, S-Ungarn, nördlich von Fünfkirchen am N-Hang des Mecsekgebirges, 28 600 Ew.; Steinkohlenbergbau; im Ortsteil Sikonda Thermalbad.

Komma [griech. ›Abschnitt‹, ›Einschnitt‹, eigtl. ›Schlag‹] *das, -s/-s* und *-ta,* 1) *antike Metrik* und *Rhetorik:* Sprechtakt aus einem oder mehreren Wörtern, rhythm. Unterteilung der →Periode.

2) *Grammatik:* **Beistrich,** urspr. Sinnabschnitt, seit dem Beginn der Neuzeit Satzzeichen zur Markierung der Trennung von Haupt- und Nebensatz, von Zusätzen und Einschüben sowie der Unterteilung von Wörtern und Wortgruppen.

3) *Musik:* kleinster Schwingungsunterschied zw. äußerlich gleichen, aber auf verschiedenem Weg entstandenen Tonstufen, z. B. der Überschuss von zwölf reinen Quinten über sieben Oktaven, das **pythagoreische K.,** oder der Überschuss des großen über dem kleinen Ganzton, das **syntonische** oder **didymische K.** Die Differenz zw. der pythagoreischen und der Natursepime wird als **septimales K.** (auch Septimen-K.) bezeichnet. – Die Existenz des K. bringt zum Ausdruck, dass es nicht möglich ist, eine musikal. Stimmung zu entwickeln, in der alle Quinten und Dreiklänge rein sind.

H. HUSMANN: Einf. in die Musikwiss. (1975).

Kommafalter, Hesperia comma, eurasiat. Art der Dickkopffalter mit gelbbraunen Flügeln, beim Männchen dazu auf den Vorderflügeln ein dunkler schräger Kommastrich (Flügelspannweite 3,2 bis 3,5 cm). Die schwarzgraue Raupe lebt am Boden.

Kommafalter
(Spannweite 3,2–3,5 cm)

Kommagene, im Altertum die nördlichste Landschaft Syriens, zw. Euphrat und Taurus, im W an Kilikien, im N und NO an Kappadokien und Armenien grenzend. SARGON II. (721–705 v. Chr.) machte das Gebiet zu einer Prov. des neuassyr. Reiches. Im 3. Jh. v. Chr. wurde K. unter einer einheim. Dynastie, die sich später mit dem Haus der Seleukiden verband, selbstständig. Als Herrscher von K. trat bes. ANTIOCHOS I. (69–34 v. Chr.) hervor, dessen Grabdenkmal auf dem →Nemrut Daği erhalten ist. 18 n. Chr. wurde K. römisch und war 38–72 nochmals selbstständig. Hauptstadt von K. war Samosata (heute Samsat) am Euphrat, der Geburtsort LUKIANS, Residenz auch →Arsameia am Nymphaios. Von Doliche (Duliche) ging der Kult des Jupiter Dolichenus aus.

Kommandant [frz., zu lat. commendare ›anvertrauen‹, ›Weisung geben‹] *der, -en/-en,* militär. Befehlshaber einer Festung, eines Truppenübungsplatzes, Standorts, Schiffs, Flugzeugs oder eines gepanzerten Fahrzeugs.

Kommandeur [-ˈdøːr, frz.] *der, -s/-e,* 1) *Militärwesen:* Führer eines militär. Verbandes vom Bataillon an aufwärts, auch Leiter militär. Lehranstalten und anderer Kommandostellen.

2) *Ordenswesen:* →Komtur.

Kommandeurinseln [-ˈdøːr-], russ. **Komandorskije ostrowa,** zu Russland gehörende Inselgruppe, 200 km vor der O-Küste Kamtschatkas, 1 848 km². Die K. sind vulkan. Ursprungs und liegen in Fortsetzung der Aleuten am S-Rand des Beringmeeres. Größte der vier K. ist die **Beringinsel** (1 660 km², 85 km lang, bis 35 km breit, bis 751 m ü. M.); im Dorf Nikolskoje an der O-Küste steht ein Denkmal für V. J. BERING, der die Inseln 1741 entdeckte. Die anderen drei Inseln sind Medny, Toporkow und Ari Kamen. Die K. tragen Strauch- und Moostundra und sind Schutzgebiet für Seelöwen, Pelzrobben und Meerotter.

Kommanditär [frz.] *der, -s/-e, schweizer.* für: Kommanditist (→Kommanditgesellschaft).

Kommanditgesellschaft [frz. commandite ›Geschäftsanteil‹], Abk. **KG,** auf den Betrieb eines Handelsgewerbes unter gemeinschaftl. Firma gerichtete Gesellschaft (Handelsgesellschaft), für deren Schulden mindestens ein Gesellschafter persönlich mit seinem ganzen Vermögen haftet **(persönlich haftender Gesellschafter** oder **Komplementär),** während mindestens ein anderer Gesellschafter nur bis zur Höhe seiner im Handelsregister eingetragenen, auf eine bestimmte Geldsumme (Haftsumme) lautenden Einlage haftet **(Kommanditist).** Komplementär der KG kann auch eine jurist. Person (z. B. eine AG oder v. a. eine GmbH) sein (→GmbH & Co.); auf diese Weise wird im Ergebnis eine Haftungsbeschränkung aller Beteiligten erreicht.

Die KG ist in den §§ 161 ff. HGB geregelt. Im Übrigen gelten die Bestimmungen über die →offene Handelsgesellschaft (OHG). Die Rechtsstellung des Komplementärs entspricht derjenigen des Gesellschafters einer OHG. Der Kommanditist ist, wenn der Gesellschaftsvertrag keine anderen Regelungen trifft, von der Geschäftsführung und von der Vertretung der KG ausgeschlossen. Außergewöhnl. Geschäfte bedürfen der Zustimmung des Kommanditisten; dieser verfügt über bestimmte Kontrollrechte und ist am Gewinn beteiligt; am Verlust nimmt er nur bis zur Höhe der Einlage teil. Der Kommanditanteil ist vererblich, aber ohne Zustimmung der übrigen Gesellschafter nicht veräußerlich. Der Tod eines Komplementärs führt, wenn der Gesellschaftsvertrag nichts anderes bestimmt, zur Auflösung und Liquidation der KG. Ausscheiden des einzigen Komplementärs durch Kündigung oder Tod hat die Auflösung der Gesellschaft zur notwendigen Folge; führen die Kommanditisten das Handelsgewerbe trotzdem fort, verwandelt die KG sich kraft Gesetzes in eine OHG.

Eine Sonderform stellt die **K. auf Aktien (KGaA)** dar. Sie ist eine Gesellschaft mit eigener Rechtspersönlichkeit und mit einem in Aktien zerlegten Grundkapital, für deren Schulden mindestens ein Gesellschafter persönlich und unbeschränkt haftet, während die übrigen Gesellschafter **(Kommanditaktionäre)** mit Aktien am Grundkapital beteiligt sind. Sie haben die Stellung gewöhnl. Aktionäre und haften für die Gesellschaftsschulden nicht persönlich. Die KGaA ist in den §§ 278 ff. des Aktien-Ges. geregelt. Soweit dort nichts Besonderes bestimmt ist, gilt für den persönlich haftenden Gesellschafter das Recht der KG, im Übrigen das Recht der Aktiengesellschaft.

In der DDR, wo das HGB von 1897 noch fortgalt, wurde die Rechtsform der KG ab 1955 benutzt, um Privatbetrieben eine staatl. Beteiligung aufzuzwingen. Diese halbstaatl. Betriebe wurden im Zuge der Verstaatlichungsaktion von 1972 voll verstaatlicht, sodass es seither nur noch vereinzelt private KGs gab.

Nach *österr.* Recht ist die K. eine Unterart der offenen Handelsgesellschaft. Die Praxis hat jedoch Sonderformen entwickelt, die von dem gesetzlichen Bild erheblich abweichen (GmbH & Co. KG; Treuhand-KG).

In der *Schweiz* ist die K. in den Art. 594–619 OR geregelt. Da als Komplementäre anders als in Dtl. und in Österreich nur natürl. Personen zugelassen sind, haben auch die modernen steuerlich motivierten Sonderformen der GmbH & Co. KG u. Ä. nicht ausbilden können. Die der KGaA entsprechende Form der KG (Art. 764 ff. OR) hat in der Praxis keine Bedeutung erlangt.

Kommando [ital., zu lat. commendare ›anvertrauen‹, ›Weisung geben‹] *das, -s/-s,* österr. auch *...den,* 1) kurzer Befehl; beim Militär in Dienstvorschriften für bestimmte Tätigkeiten wörtlich festgelegt; 2) durch einen Befehl erteilter (militär.) Auftrag; 3) zur Übernahme bestimmter Dienstpflichten, Aufgaben zusammengestellte Einheit, Gruppe; 4) Bez. für bestimmte militär. Stäbe, z. B. Verteidigungsbezirks-K., Wehrbereichs-K., Korps-K.; 5) *ohne Pl.*, Befehlsgewalt bei der Durchführung einer (militär.) Aufgabe.

Kommandobrücke, auf Schiffen hoch gelegenes Aufbaudeck mit allen Steuer- und Navigationseinrichtungen.

Kommando Spezialkräfte, Abk. **KSK,** Spezialtruppe der Bundeswehr und Teil der Krisenreaktionskräfte. Die Aufstellung des KSK wurde 1994 von der Bundes-Reg. beschlossen, am 1. 1. 1996 durch den Bundesverteidigungs-Min. befohlen und am 20. 9. 1996 eingeleitet; die ersten 20 Soldaten sind seit dem 1. 4. 1997 einsatzbereit. Das KSK geht aus der Luftlandebrigade 25 in Calw hervor, besteht aus einem Kommandostab, einer Stabs- und Fernmeldekompanie, einer Unterstützungskompanie, mehreren Kommandokompanien und einer Fernspähkompanie mit zusammen etwa 1 000 Mann und soll 2001 seinen vollen Umfang erreichen. Ihm gehören ausschließlich Offiziere und Feldwebel an, v. a. Fallschirm- und Gebirgsjäger mit Scharfschützenausbildung, Heeresflieger, Fernspäher und Fernmeldespezialisten, die nach mindestens vier Jahren Dienst in der Truppe nach strengen Auswahlkriterien eine dreijährige Spezialausbildung erhalten (u. a. Nahkampf, Kampf hinter feindl. Linien) und mit 38 Jahren das KSK verlassen müssen. Die stets vermummt agierenden Soldaten sind u. a. mit modernsten Präzisionswaffen ausgerüstet und sollen innerhalb kürzester Vorbereitungszeit zu Kommandounternehmen zu Lande, aus der Luft und von See her in der Lage sein. Ihre Aufgabe besteht v. a. darin, dt. Staatsbürger aus Geiselhaft oder terrorist. Bedrohung zu retten und aus Krisen- und Konfliktgebieten zu evakuieren. Bei der Landes- und Bündnisverteidigung wird das KSK zur Nachrichtengewinnung und Aufklärung sowie zum Schutz eigener Kräfte und zu Kampfeinsätzen im gegner. Gebiet herangezogen.

Kommandosprache, eine textorientierte Sprache für die Übergabe von Aufträgen (Kommandos) durch den Benutzer an das Betriebssystem eines Computers. Soll eine Folge von Kommandos zusammenhängend ausgeführt werden, können diese dem Computer in Form einer Kommandodatei übergeben werden. K. sind trotz des zunehmenden Einsatzes graf. Benutzungsoberflächen noch weit verbreitet.

Kommando- und Erkennungszeichen der Bundeswehr, Flaggen, Stander und Wimpel zur Kennzeichnung von Fahrzeugen militär. Führer und von Befehlsstellen.

Kommaschildläuse, Lepidosaphes, Gattung der Austernschildläuse (Diaspididae); die beinlosen Weibchen sind mit einem bis 4 mm langen braunen, komma- oder miesmuschelförmigen Schild bedeckt; K. leben auf verschiedenen Pflanzen, an Obstbäumen sind sie bisweilen schädlich.

Kommeline [nach dem niederländ. Botaniker CASPARUS COMMELYN, *1667, †1731] *die, -/-n,* **Commelina,** Gattung der Kommelinengewächse mit etwa 150 Arten in den Tropen und Subtropen; niedrige Stauden mit blauen bis weißen, zweiseitig-symmetr. Blüten in einem von einem kahnförmigen Hochblatt umhüllten Blütenstand. Einige Arten sind beliebte Zierpflanzen.

Kommelinengewächse, Commelinaceae, Pflanzenfamilie der Einkeimblättrigen mit etwa 620 Arten in 42 Gattungen, v. a. in den Tropen und Subtropen, seltener in den gemäßigten Zonen; meist ausdauernde, gelegentlich sukkulente krautige Pflanzen mit dreizähligen Blüten. Viele K. sind bekannte Zierpflanzen, v. a. aus den Gattungen →Tradeskantie, →Zebrina und →Kommeline.

Kommendation [lat. ›Empfehlung‹] *die, -/-en,* in fränk. Zeit ein dem späteren →Homagium ähnlicher symbol. Akt (besondere Form der Handreichung) bei der Begründung des Lehnsverhältnisses.

Kommende [mlat. ›Lehnsherrschaft‹, zu lat. commendare ›anvertrauen‹] *die, -/-n,* **1)** *kirchl. Rechtsgeschichte:* die Übertragung der Einkünfte eines Kirchen- oder Klostervermögens unter Befreiung von den Amtspflichten. Im MA. zeitweise häufig, seit der Säkularisation allmählich erloschen.
2) *Ritterorden:* →Ballei, →Komtur.

Kommensalismus [zu kon... und lat. mensa ›Tisch‹] *der, -,* Form des Zusammenlebens von Organismen verschiedener Arten, wobei der eine (**Kommensale;** z. B. Darmamöben, Darmflagellaten, bestimmte Bakterien) aus dem anderen Nutzen zieht, ihn aber nicht schädigt. Kommensalen können bei Schwächung des Wirts zu echten Parasiten und somit pathogen werden.

kommensurabel [spätlat. ›messbar‹], **1)** *bildungssprachlich* für: mit gleichem Maß messbar, vergleichbar.

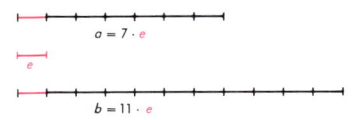

$a = 7 \cdot e$

$b = 11 \cdot e$

kommensurabel 2): *e* ist das gemeinsame Maß der beiden Strecken

2) *Mathematik:* K. heißen zwei Strecken *a* und *b*, wenn es eine dritte Strecke *e* gibt, sodass $a = m \cdot e$ und $b = n \cdot e$ ist (*m, n* natürl. Zahlen); *e* heißt das **gemeinsame Maß** von *a* und *b*. Beispiel: $a = {}^2/_5$; $b = {}^1/_2$, dann ist $e = {}^1/_{10}$. Zwei Strecken mit rationalen Maßzahlen sind immer k.; Ggs.: →inkommensurabel.

Kommensurabilität, *Astronomie:* das durch kleine ganze Zahlen darstellbare Verhältnis der Umlaufzeiten zweier Himmelskörper um einen dritten. K. bewirken **Resonanzen** bei den Umlaufzeiten, wodurch die gegenseitigen Störungen der beiden Himmelskörper periodisch verstärkt und erhebl. Bahnänderungen verursacht werden können. Die **Kirkwood-Lücken** (K.-Lücken) bei den →Planetoiden gehen auf derartige Resonanzen zurück.

Komment, Comment [kɔ'mã; frz. comment ›wie‹, also eigtl. ›das Wie‹, d. h. die Art und Weise, etwas zu tun] *der, -s/-s,* Brauch, Regel, Sitte, v. a. im →studentischen Brauchtum.

Kommentar [lat. (liber) commentarius ›Notizbuch‹, ›Niederschrift‹, zu commentari ›etwas überdenken‹, ›Betrachtungen anstellen‹, ›erläutern‹] *der, -s/-e,* **1)** *allg.:* nähere Erläuterung, Stellungnahme.
2) *Philologie:* sprachl. und sachl. Erläuterung zu einem Text, z. B. im Rahmen einer wiss. Ausgabe in Form fortlaufender Anmerkungen oder eines gesonderten Anhangs.
3) *Publizistik:* Meinungsbeitrag in Presse, Hörfunk und Fernsehen. Als subjektiv wertende Erklärung und Beurteilung von Sachverhalten, Ereignissen und Entwicklungen in den Medien ist der K. eine Form der freien Meinungsäußerung und Berichterstattung und wird in Dtl. allg. durch Art. 5 GG, bes. von den Pressegesetzen der Länder geschützt.
4) *Recht:* die fortlaufende, streng der Abfolge der einzelnen Vorschriften folgende Erläuterung (Kommentierung) eines Gesetzes in der Form einer die Tat-

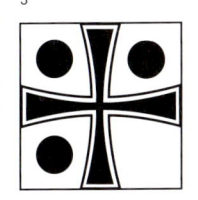

Kommando- und Erkennungszeichen der Bundeswehr: 1 Generalinspekteur, 2 Panzerdivision, 3 Staffel/Kompanie/Batterie der Luftwaffe, 4 Admiralsflagge (Flottillenadmiral)

bestandsmerkmale und Rechtsfolgen zergliedernd behandelnden Interpretation, wobei nicht nur die Meinung des Kommentators dargestellt, sondern i. d. R. auch auf die Meinung der Fachliteratur und der Rechtsprechung Bezug genommen wird. – Rechtshistorisch wurden die Glossatoren (→Glosse) folgenden Vertreter der europ. Rechtswissenschaft **Kommentatoren** (etwa 1250 bis etwa 1500) genannt; herausragende Vertreter: BALDUS DE UBALDIS, BARTOLUS DE SASSOFERRATO.

5) *Religionswissenschaft* und *Theologie:* die mündl. und schriftl. Traditionsbildung, die die kanon. Schriften einer Religion auf neue Fragestellungen und Situationen hin aktualisiert und damit in ihrer Relevanz erhält (z. B. Halacha und Haggada im Judentum). Oft kann nicht exakt zw. heiligen Schriften und K. unterschieden werden: Die zum ved. Kanon gehörenden Upanishaden z. B. sind K.-Literatur zu den älteren Veden, Ähnliches gilt für bestimmte Schriften des buddhist. Kanons. Andererseits können auch außerhalb eines Kanons verbliebene K. oft eine größere Autorität erlangen als manche heilige Schrift. Bei der Abfassung eines K. wurden im Laufe der Zeit unterschiedl. Methoden verwendet; neben Schulen, die sich getreu an den Wortlaut (Literalsinn) halten wollten, gingen die meisten sehr frei mit dem vorliegenden Texten um und interpretierten sie symbolisch oder ›pneumatisch‹. Erst seit dem Aufkommen der historisch-krit. Methode in der europ. Aufklärungszeit gibt es wiss. K. zur Bibel sowie – seitens ›europäischer‹ Forscher – auch der heiligen Schriften anderer Religionen.

Kommentator [lat. ›Erfinder‹, ›Erklärer‹] *der, -s/...'toren,* 1) Verfasser eines (wiss.) Kommentars; 2) Journalist o. Ä., der aktuelle Ereignisse kommentiert.

Kommentkampf [kɔˈmã-], *Ethologie:* →Kampfverhalten.

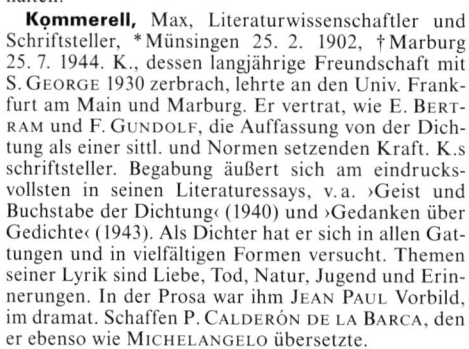

Kommerell, Max, Literaturwissenschaftler und Schriftsteller, *Münsingen 25. 2. 1902, †Marburg 25. 7. 1944. K., dessen langjährige Freundschaft mit S. GEORGE 1930 zerbrach, lehrte an den Univ. Frankfurt am Main und Marburg. Er vertrat, wie E. BERTRAM und F. GUNDOLF, die Auffassung von der Dichtung als einer sittl. und Normen setzenden Kraft. K.s schriftsteller. Begabung äußert sich am eindrucksvollsten in seinen Literaturessays, v. a. ›Geist und Buchstabe der Dichtung‹ (1940) und ›Gedanken über Gedichte‹ (1943). Als Dichter hat er sich in allen Gattungen und in vielfältigen Formen versucht. Themen seiner Lyrik sind Liebe, Tod, Natur, Jugend und Erinnerungen. In der Prosa war ihm JEAN PAUL Vorbild, im dramat. Schaffen P. CALDERÓN DE LA BARCA, den er ebenso wie MICHELANGELO übersetzte.

Weitere Werke: Abhandlungen und Essays: Der Dichter als Führer in der dt. Klassik (1928); Jean Paul (1933); Lessing u. Aristoteles (1940). – *Lyrik:* Leichte Lieder (1931); Die Lebenszeiten (1942); Mit gleichsam chin. Pinsel (hg. 1946). – *Erzählung:* Der Lampenschirm aus den drei Taschentüchern (1940). – *Bühnenwerke:* Die Gefangenen (hg. 1948); Kasperlespiele für große Leute (hg. 1948).

Kommern, Ortsteil von →Mechernich.

Kommers [frz., zu Kommerz] *der, -es/-e, student. Brauchtum:* aus besonderem Anlass abgehaltene feierliche Kneipe. – **K.-Buch,** Sammlung festl. und geselliger Studentenlieder.

Kommerz [frz., von lat. commercium ›Handel und Verkehr‹] *der, -es,* heute meist *abwertend* für: Wirtschaft, Handel und Geschäftsverkehr.

Kommerzialisierung, Bez. für die Unterordnung von ideellen, insbesondere kulturellen Werten unter wirtschaftl. Interessen.

kommerziell, 1) den Handel betreffend, geschäftlich; 2) auf Gewinn bedacht, Geschäftsinteressen wahrnehmend.

Max Kommerell

Kommerzi|enrat, Ehrentitel, der in Dtl. bis 1919 an Wirtschaftsfachleute verliehen wurde (auch **Geheimer K.**). In *Österreich* wird der Titel **Kommerzialrat** vom Bundes-Präs. weiterhin an verdiente Personen der Wirtschaft verliehen und von den fachkundigen Laienrichtern an den handelsgericht. Senate sowie von den Mitgl. des Beirats für die Außenhandelsstatistik kraft Gesetzes geführt.

Kommerzlast, Commerzlast, alte norddt. und skandinav. Masseneinheit, die die Grundlage für die Schiffsvermessung und die Erhebung des Tonnengeldes war: 1 K. in Hamburg, Bremen und Lübeck = 3 000 kg, in Dänemark = 2 600 kg, in Norwegen = 2 590 kg, in Schweden = 2 880 kg.

Kommilitone [lat. commilitio, commilitionis ›Mitsoldat‹] *der, -n/-n,* Mitstudent, Studienkollege.

Kommiss [wohl zu lat. commissum ›anvertrautes Gut‹] *der, -es,* urspr. Bezeichnung für Heeresvorräte, heute meist Militär, Militärdienst.

Kommissar [mlat. ›Beauftragter‹, zu lat. committere ›anvertrauen‹, ›übertragen‹] *der, -s/-e,* **Kommissär,** eine meist vom Staat mit bestimmten Aufgaben betraute Person; auch Amts-Bez. (Distrikts-, Polizei-, Regierungs-, Landes-, Staats-K.). Vielfach heißen K. oder ›Beauftragte‹ die Amtsträger, die vom Staat zur Ausübung der Staatsaufsicht über bestimmte Einrichtungen eingesetzt oder zur vorübergehenden (sog. kommissar.) Verwaltung einer Selbstverwaltungskörperschaft bestellt werden; so sehen in Dtl. die Gemeindeordnungen die Einsetzung eines Beauftragten durch die Gemeindeaufsichtsbehörde vor, wenn ein Gemeindeorgan zur Erfüllung seiner Aufgaben außerstande oder nicht bereit ist und sonstige, weniger einschneidende Befugnisse der Aufsichtsbehörde nicht ausreichen. Der K. tritt dann im Umfang und Inhalt seines Auftrages neben oder an die Stelle des Gemeindeorgans. Nach 1918 gab es außerdem Reichs-K. für bestimmte Aufgaben (z. B. für Preisüberwachung). Im natsoz. Dtl. waren Reichs-K. in den 1939 besetzten Gebieten eingesetzt. In der BRD bestellten die drei Westmächte 1949 **Hohe K.,** die bis 1955 die Kontrollbefugnisse der Alliierten ausübten (→Alliierte Hohe Kommission). Nach Art. 84 GG können Beauftragte (Bundes-K.) im Rahmen der Bundesaufsicht bei obersten Landesbehörden entsandt werden; außerdem kann ein Bundes-K. zur Durchführung des Bundeszwangs bestellt werden (Art. 37 GG).

Im russ. Bürgerkrieg (1918–21) schufen die Bolschewiki die Funktion des →politischen Kommissars.

Kommissarbefehl, während des Zweiten Weltkriegs am 6. 6. 1941 vom Oberkommando der Wehrmacht (OKW) auf Weisung HITLERS erlassener Befehl, im (unmittelbar bevorstehenden) Krieg gegen die UdSSR alle gefangen genommenen polit. Kommissare zu erschießen. Der völkerrechtswidrige K. (amtlich ›Richtlinien für die Behandlung polit. Kommissare‹), der v. a. von den →Einsatzgruppen durchgeführt wurde, jedoch auch die Wehrmacht in die natsoz. Vernichtungsstrategie einbezog, zielte auf die Liquidierung der sowjet. Führungselite. Der nicht von allen dt. Truppenteilen befolgte bzw. z. T. umgangene Befehl wurde im Mai 1942 gelockert, um polit. Kommissare zum Überlaufen bzw. zur Kapitulation zu veranlassen, und danach nicht erneuert.

Kommissariat der deutschen Bischöfe, Katholisches Büro Bonn, 1951 gegründete Verbindungsstelle der Dt. Bischofskonferenz zur Bundesregierung für die Regelung kirchenpolit. Fragen, die das Verhältnis von Staat und Kirche berühren.

kommissarisch, vorübergehend, in Vertretung (ein Amt verwaltend).

kommissarische Vernehmung, die Vernehmung von Zeugen und Sachverständigen außerhalb der Hauptverhandlung eines Strafprozesses durch einen

Richter des für die Entscheidung zuständigen Gerichts (beauftragter Richter) oder durch einen auswärtigen Richter (ersuchter Richter). Die k. V. im Rahmen der Beweisaufnahme ist eingeschränkt zulässig, wenn dem Erscheinen eines Zeugen oder Sachverständigen in der Hauptverhandlung für eine längere oder ungewisse Zeit nicht zu beseitigende Hindernisse (z. B. Krankheit oder Gebrechlichkeit) entgegenstehen oder wenn das Erscheinen wegen großer Entfernung nicht zugemutet werden kann (§ 223 StPO). Die Staatsanwaltschaft, der Verteidiger und i. d. R. auch der Angeklagte haben ein Recht zur Anwesenheit bei der k. V. und sind von dem Termin zu benachrichtigen, außer wenn dadurch der Untersuchungserfolg gefährdet würde (§ 224 StPO). – Ähnl. Regelungen enthalten in *Österreich* §§ 156, 252 StPO, in der *Schweiz* Art. 164 Ges. über die Bundesstrafrechtspflege.
Eine k. V. kann auch im Rahmen des Zivilprozesses (§§ 361 f. ZPO) stattfinden. (→Rechtshilfe)

Kommission [mlat. commissio ›Auftrag‹, ›Vorladung‹, von lat. ›Vereinigung‹, ›Verbindung‹] *die, -/-en,*
1) *allg.:* mit einer bestimmten Aufgabe offiziell betrautes Gremium von Sachverständigen, Fachleuten.
2) *Recht:* →Kommissionsgeschäft.

Kommissionär *der, -s/-e,* →Kommissionsgeschäft.

Kommission der Europäischen Gemeinschaften, →Europäische Gemeinschaften.

Kommissionsbuchhandel, Zweig des Buchhandels, der zur Vereinfachung des Geschäftsverkehrs zw. Buchhandlung (Sortimentsbuchhandel) und Verlag vermittelt. Er hält i. Allg. das Gesamt- oder ein Teilprogramm verschiedener Verlage bereit, das er auf Namen und für Rechnung der Verlage ausliefert (Verlegerkommissionär), oder er nimmt Sammelbestellungen der Sortimenter entgegen und führt sie aus seinem Lager aus (Sortimenterkommissionär).

Kommode
(Niederrhein, um 1710; München Bayerisches Nationalmuseum)

Kommissionsgeschäft, Kommission, Rechtsgeschäft, durch das ein Kaufmann (der **Kommissionär**) es übernimmt, Waren oder Wertpapiere im eigenen Namen, aber für Rechnung (d. h. im Auftrag) eines anderen (des **Kommittenten**) einzukaufen oder zu verkaufen (§§ 383 ff. HGB). Vertragspartner des Ausführungsgeschäfts (also mit einem Dritten) ist der Kommissionär als Käufer oder Verkäufer. Bei der **Einkaufskommission** erwirbt er mit der Übergabe das Eigentum an der eingekauften Ware, das er an den Kommittenten weiterübertragen muss. Bei der **Verkaufskommission** verkauft und übereignet er das dem Kommittenten gehörende Kommissionsgut im eigenen Namen an den Käufer; die Wirksamkeit der Übereignung folgt aus der Einwilligung des Kommittenten. Der Kommissionär muss hier den Kaufpreisanspruch an den Kommittenten abtreten oder den Kaufpreis, wenn er ihn selbst eingezogen hat, an den Kommittenten abführen. Im Verhältnis zu den Gläubigern des Kommissionärs, v. a. im Konkursfall, gilt dagegen von Anfang an der Kommittent als Inhaber der Forderung aus dem Ausführungsgeschäft. Der Kommissionär hat gegen den Kommittenten Anspruch auf Ersatz seiner Auslagen und, wenn das Ausführungsgeschäft zustande gekommen ist, auf die bes. vereinbarte oder die handelsübl. Provision. Zum Schutz seiner Ansprüche hat er ein gesetzl. Pfandrecht am Kommissionsgut; er ist dem Kommittenten gegenüber auskunfts- und rechenschaftspflichtig, unter Umständen besitzt er ein Recht zum Selbsteintritt z. B. durch einen Deckungskauf. Sonderregeln für K. über Wertpapiere, die **Effektenkommission,** enthält das Depotgesetz. Liegt dem K. ein auf Dauer abgeschlossener Vertrag zw. dem Kommissionär und dem Kommittenten zugrunde und unterhält der Kommissionär (auch als Kommissionsagent bezeichnet) ein Kommissionslager (Depot), aus dem die Kunden beliefert werden, spricht man von **Depothandel.**
Parallele Vorschriften gelten in *Österreich;* im *schweizer.* Recht (Art. 425 ff. OR), das ähnl. Grundsätze kennt, braucht der Kommissionär nicht Kaufmann zu sein.

Kommissur [lat. ›Zusammenfügung‹, ›Verbindung‹] *die, -/-en,* **Commissura,** *Anatomie:* 1) Nervenverbindung zw. bilateral-symmetrisch angeordneten Teilen des Zentralnervensystems, z. B. zw. den Großhirnhemisphären der Säugetiere (einschließlich des Menschen) oder den Bauchmarkganglien im Strickleiternervensystem der Gliedertiere; 2) Weichteilverbindung im Bereich von Organen.

Kommittent *der, -en/-en,* →Kommissionsgeschäft.

Kom(m)ödchen, Das, 1947 in Düsseldorf von K. und Lore Lorentz gegründetes Kabarett. Das K. artikuliert seine satir. Kritik an Gesellschaft und Politik auf der Basis eines bürgerlich-liberalen Selbstverständnisses oftmals mit kunstvollen Wortspielen und literar. Verfremdung (unter Verwendung klass. Vorlagen).

Kommode [frz., zu lat. commodus ›bequem‹] *die, -/-n,* ein mit Schubladen ausgestattetes Schrankmöbel, entweder aus der Truhe oder dem Kabinettschrank (mit vielen Schubfächern, meist auf tischähnl. Untersatz) entwickelt. Das in den Augen der Zeitgenossen bequeme (kommode) Möbelstück ist seit etwa 1700 in Gebrauch, war bes. im 18. Jh. beliebt, wurde der Vertäfelung der Wand angepasst oder komplettierte andere Möbelstücke.

Kommodore [engl.] *der, -s/-n und -s,* in den Kriegsmarinen ein Kapitän zur See in Admiralsstellung, in den Handelsmarinen Ehrentitel für ältere Kapitäne; bei der Luftwaffe Kommandeur eines Geschwaders.

Kommos [griech., eigtl. ›das Schlagen‹ (an die Brust als Zeichen der Trauer)] *der, -,* Wechselgesang zw. einem oder mehreren Schauspielern und dem Chor in der antiken Tragödie (mit dem Charakter eines Klagelieds).

Kommos, Ruinenstätte auf Kreta am Westrand der Messara, alte minoische Hafenstadt, 8 km südwestlich von Phaistos gelegen. Grabungen legten auf einer Hügelkuppe eine Wohnbebauung aus mittel- bis spätminoischer Zeit frei sowie eine nur am Hang gelegene kleinere griech. Siedlung (über minoischen Häusern), in deren Zentrum ein Baukomplex mit Altären lag (etwa 425–150 v. Chr.).

Kommotion [zu lat. commovere, commotum ›bewegen‹, ›erschüttern‹] *die, -/-en, Medizin:* die →Commotio.

kommunal, die Gemeinde, Kommune betreffend.

Kommunalabgaben, Gesamtheit der Gebühren, Beiträge und Steuern einer Gemeinde (→Gemeindesteuern, →Gemeindefinanzen).

kommunale Betriebe, kommunale Unternehmen, im Gemeindewirtschaftsrecht die wirtschaftl. Unternehmen der Gemeinden und Kreise, die im Unterschied zu den nichtwirtschaftl. Unternehmen und Einrichtungen einen Ertrag für den Haushalt der Gemeinde oder jedenfalls mindestens eine marktübl. Verzinsung des Eigenkapitals sowie die notwendigen Rücklagen erwirtschaften sollen. Nach der Rechtsform unterscheidet man **öffentlich-rechtliche k. B.** (Regiebetriebe, Eigenbetriebe und rechtlich selbstständige Anstalten mit eigener Rechtspersönlichkeit wie Sparkassen) sowie **privatrechtliche k. B.** mit eigener Rechtspersönlichkeit und beschränkter Haftung der Kommunen (als AG oder GmbH gegr.), bei alleiniger Trägerschaft der Gemeinde auch kommunale Eigengesellschaften genannt. Während im 19. Jh. die k. B. als rechtlich und haushaltsmäßig unselbstständige Regiebetriebe innerhalb der Verwaltung geführt wurden, sind sie heute überwiegend Eigenbetriebe oder Eigengesellschaften, v. a. in den Bereichen Versorgung (Elektrizität, Gas, Wasser, Fernwärme) und Verkehr (Personennahverkehr, Häfen, Flughäfen). Hinzu kommen die i. d. R. von kommunalen Gebietskörperschaften getragenen Zweckverbände. Die verbliebenen Regiebetriebe sind meist reine Hilfsbetriebe (z. B. Reparaturbetriebe, Friedhofsgärtnereien) oder kleine Versorgungsbetriebe. Die Einnahmen der Gemeinden aus den k. B. bilden überwiegend Erwerbseinkünfte; bei öffentlich-rechtlich geregeltem Leistungs- bzw. Nutzungsverhältnis (z. B. Anschluss- oder Benutzungszwang) handelt es sich um Gebühren und Beiträge. (→öffentliche Unternehmen)

kommunale Gebietsreform, systemat. Veränderung der Verw.-Grenzen kommunaler Gebietskörperschaften (→Gemeinde, →Kreis) durch Reformpolitik und Reformgesetze des zuständigen Landesgesetzgebers. Man unterscheidet die Gemeindegebietsreform von der Kreisgebietsreform; zumeist findet neben der k. G. auch noch eine Funktionalreform (auch: Verw.-Reform gen.) statt, mit der die Aufgabenverteilung an die neuen Gebietszuschnitte angepasst wird. In der BRD wurde eine groß angelegte k. G. für Gemeinden und Kreise von 1967 bis 1978 durchgeführt. Sie verringerte die Zahl der kreisangehörigen Gemeinden von 24 371 (1960) auf 8 505 (1989), die der kreisfreien Städte von 141 auf 91, die der Kreise von 425 auf 237.

Seither haben sich die Zahlen dort nur unerheblich verändert. Gemeinsames Ziel der Reform war die Stärkung der Leistungsfähigkeit v. a. der sehr kleinen ländl. Gemeinden durch Zusammenfassung der Kräfte. Die Methoden zur Verwirklichung dieses Ziels waren in den Ländern sehr unterschiedlich. In NRW, in Hessen und im Saarland bevorzugte man die Bildung relativ großer Einheitsgemeinden mit mindestens 5 000 oder sogar 8 000 Ew. Die Zusammenlegung vordem selbstständiger Gemeinden stieß jedoch z. T. auf heftigen Widerspruch; man fürchtete negative Folgen durch den Wegfall der örtl. Vertretungskörperschaften, die größere Entfernung zum Sitz der Kommunal-Verw. und eine Schwächung der örtl. Gemeinschaft insgesamt. Die anderen Länder gingen deswegen einen anderen Reformweg, indem sie über den nur behutsam durch Zusammenfassung vergrößerten Kleingemeinden eine weitere Verw.-Ebene in Form von →Gemeindeverbänden (Verw.-Gemeinschaften, Ämter) einführten. In Rheinl.-Pf. und in Ndsachs. wurde diese Ebene mit einer von den Gemeindebürgern direkt gewählten Vertretungskörperschaft versehen (Samtgemeinderat in Ndsachs., Verbandsgemeinderat in Rheinl.-Pf.).

Nach dem Modell der Einführung einer weiteren Verw.-Ebene zw. Gemeinden und Kreisen wurde seit 1990 auch in den neuen Ländern eine kommunale Verw.-Reform durchgeführt. Sie wurde (jedenfalls auf Kreisebene) bis 1994 beendet. Vor der Kreisgebietsreform gab es auf dem Gebiet der DDR 217 Kreise (191 Land- und 26 Stadtkreise); 1995 waren es noch 92 Landkreise und 24 kreisfreie Städte. Insgesamt gibt es in Dtl. 329 Landkreise (1996), davon 237 in den alten Ländern und 92 durch Kreisgebietsreform vergrößerte Landkreise in den neuen Ländern. Die Gemeindereform ließ die Vielzahl der kleinen Gemeinden in den neuen Ländern (7 527 im Jahr 1993, davon 3 690 = 49 % unter 500 Ew.) grundsätzlich bestehen. Alle Gemeinden mit weniger als 2 000 oder 3 000 Ew. (mit unterschiedl. Größenmaßstäben in den Ländern) mussten sich aber in Verw.-Gemeinschaften zusammenfinden (in Bbg. und Meckl.-Vorp. Ämter gen.). Insbesondere im Umfeld der größeren Städte

kommunale Gebietsreform: Gemeinden nach Ländern und Gemeindegrößenklassen (Stand 1.1.1995)

Land	Gemeinden insgesamt	Davon mit ... bis unter ... Einwohnern									
		unter 500	500 - 1000	1000 - 2000	2000 - 5000	5000 - 10000	10000 - 20000	20000 - 50000	50000 - 100000	100000 - 200000	200000 - 500000	500000 und mehr
		Anzahl der Gemeinden										
Baden-Württemberg	1111	40	50	121	406	260	144	66	15	6	2	1
Bayern	2056	2	154	638	754	301	147	42	10	5	2	1
Berlin	1	–	–	–	–	–	–	–	–	–	–	1
Brandenburg	1696	1096	301	125	91	34	25	20	2	2	–	–
Bremen	2	–	–	–	–	–	–	–	1	–	–	1
Hamburg	1	–	–	–	–	–	–	–	–	–	–	1
Hessen	426	–	1	9	102	146	114	42	7	2	2	1
Mecklenburg-Vorpommern	1080	541	324	104	64	20	17	4	4	1	1	–
Niedersachsen	1032	26	242	258	192	123	106	66	11	6	1	1
Nordrhein-Westfalen	396	–	–	–	3	60	128	131	44	14	11	5
Rheinland-Pfalz	2305	1041	580	358	203	79	24	12	4	4	–	–
Saarland	52	–	–	–	11	29	10	2	–	–	–	–
Sachsen	970	142	169	239	285	70	37	21	3	1	3	–
Sachsen-Anhalt	1304	519	401	210	113	23	15	19	2	1	1	–
Schleswig-Holstein	1131	477	295	176	92	41	15	15	3	2	2	–
Thüringen	1241	555	303	187	130	32	13	15	3	2	1	–
Bundesrepublik	**14804**	**4439**	**2820**	**2425**	**2435**	**1200**	**829**	**463**	**109**	**45**	**27**	**12**
davon:												
alte Länder*)	8513	1586	1322	1560	1752	1021	722	384	95	39	20	12
neue Länder	6291	2853	1498	865	683	179	107	79	14	6	7	–

*) einschließlich Berlin (West: 2 170 998 Einwohner; Ost: 1 301 011 Einwohner).

fanden bzw. finden auch Eingemeindungen statt. Möglicherweise setzt sich der Prozess der Zusammenfassung von Kleinstgemeinden noch fort. Die zugehörige Funktionalreform, die zu einer Aufgabendezentralisierung unter Bevorzugung der kommunalen Ebene führen soll, wird als dauerhaftes Ziel begriffen, dessen Verwirklichung (wie auch die Gebietsreform) nicht ohne Widerstände abläuft.

kommunaler Finanzausgleich, *Finanzwissenschaft:* →Gemeindefinanzen.

kommunale Selbstverwaltung, →Selbstverwaltung.

kommunales Energiedienstleistungsunternehmen, Abk. **EDU,** wesentl. Modellelement eines dezentral orientierten alternativen Energiesystems, v. a. im Zusammenhang mit Ausstiegsszenarien aus der Kernenergie diskutiert. K. E. sind ein Gegenentwurf zu den heutigen Elektrizitätsversorgungsunternehmen (→Elektrizitätswirtschaft), von denen sie sich durch vier Merkmale unterscheiden sollen: 1) Kombination von rationeller Energienutzung und umweltschonenden Heizsystemen; 2) Energieeinsparung als gleichrangige Aufgabe, u. a. durch umfassende Energiesparberatung und finanzielle Förderung von Energieeinsparsystemen; 3) polit. Kontrolle durch die Öffentlichkeit; 4) Bürgerbeteiligung bei Planungsprozessen.

kommunales Kino, von der Gemeinde ganz oder teilfinanziertes Lichtspieltheater mit anspruchsvollem Programm (meist filmhistorisch bedeutende Werke); in Dtl. seit 1971.

kommunale Spitzenverbände, freiwillige Zusammenschlüsse kommunaler Gebietskörperschaften und deren Regionalverbände auf Bundesebene. Aufgaben: Förderung der kommunalen Selbstverwaltung, Erfahrungsaustausch, Beratung staatl. und kommunaler Stellen, Interessenvertretung ihrer Mitgl. gegenüber Regierung, Parlament und Öffentlichkeit. Die k. S. sind mit Ausnahme weniger Landesverbände privatrechtliche Vereinigungen. Zu ihnen gehören der →Deutsche Städte- und Gemeindebund, der →Deutsche Städtetag und der →Deutsche Landkreistag. Die k. S. sind seit 1953 unter Federführung des Dt. Städtetages in der **Bundesvereinigung der kommunalen Spitzenverbände** zusammengeschlossen, deren Organe die Hauptversammlung und der Gesamtvorstand sind. Im Rahmen der internat. Beziehungen sind die k. S. Mitgl. des Internat. Gemeindeverbandes und des Rates der Gemeinden und Regionen in Europa.
R. SEEGER: Die k. S., in: Archiv für Kommunalwissenschaften, Jg. 27 (1988), S. 177–199.

Kommunalkredit, Kredit, der Gemeinden u. a. öffentlich-rechtl. Gebietskörperschaften gewährt wird. I. w. S. werden auch den Anstalten und Körperschaften des öffentl. Rechts (z. B. ERP-Sondervermögen, Lastenausgleichsfonds, öffentlich-rechtl. Stiftungen) zur Verfügung gestellte oder von ihnen verbürgte Kredite an privatrechtl. Schuldner (›unechte K.‹) dazu gezählt. K. werden nach Verwendungszweck und Fristigkeit untergliedert. Kurzfristige K. werden v. a. von Sparkassen und Landesbanken gewährt; mittel- und langfristige K. **(Kommunaldarlehen)** zur Finanzierung öffentl. Investitionen werden entweder durch Hypothekenbanken und Realkreditinstitute (→Kommunalobligationen) oder direkt über den Kapitalmarkt durch Ausgabe von Schuldverschreibungen bereitgestellt **(Kommunalanleihen).** →öffentliche Schulden.

Kommunalobligationen, Kommunalschuldverschreibungen, öffentliche Pfandbriefe, festverzinsl., börsennotierte Wertpapiere, die im Ggs. zu den **Kommunalanleihen** (von den kreditaufnehmenden Gebietskörperschaften selbst emittiert) von privaten Hypothekenbanken, öffentlich-rechtl. Grundkreditanstalten oder Landesbanken zur Refinanzierung von Kommunalkrediten als Inhaber- oder Namenspapier ausgegeben werden. K. sind mündelsicher und lombardfähig. Deckungsprinzipien und Umlaufgrenzen sind im Hypothekenbank-Ges. und im Pfandbrief-Ges. festgelegt.

Kommunalpolitik, Sammelbegriff für polit. Handeln überwiegend in Städten, Gemeinden und Landkreisen, aber auch durch Städte, Gemeinden und Kreise jeweils im Rahmen der kommunalen Selbstverwaltung. Das Prinzip der kommunalen Selbstverwaltung ist die Grundvoraussetzung für K., weil allein durch dieses Prinzip ein durch den Rahmen der staatl. Gesetze definierter und begrenzter Freiraum der Eigenverantwortung eröffnet wird, der von der K. gefüllt wird. K. in den Kommunen – gleichsam die kommunale Innenpolitik – wird geprägt vom Kräfteverhältnis zw. Rat und Verwaltung, den polit. Parteien, den örtl. Wählergruppen und der direkten Mitwirkung der Bürger an örtl. Entscheidungen auch außerhalb der Kommunalwahlen durch Bürgerbegehren, Bürgerinitiativen, Bürgerentscheide und auch durch ungezielte Einmischung von Individuen, Vereinen und Verbänden in das örtl. Geschehen. K. durch Städte, Gemeinden und Kreise vollzieht sich im Rahmen der Mitwirkung der Kommunen als Körperschaften des öffentl. Rechts – also als eigenständige jurist. Personen – an polit. Entscheidungsprozessen auf allen Ebenen des Staatsaufbaus, häufig vertreten durch kommunale Spitzenverbände.

Geschichtliche und rechtliche Entwicklungen

Das Recht der Bürger einer Stadt, ihre Angelegenheiten im Rahmen einer staatl. Ordnung selbst zu regeln, gab es (begrenzt auf das Besitzbürgertum) schon im MA. für zahlreiche europ. Städte. Züge genossenschaftl. Gemeindefreiheit haben sich in der Schweiz erhalten, wo Bürgerversammlungen unmittelbar entscheiden und örtl. sowie kantonale Volksabstimmungen üblich sind, deren Ergebnisse die Politik auf allen Ebenen des Staates wesentlich mitbestimmen. Auch das von Staats wegen formulierte Selbstverwaltungsprinzip, wie es Preußen im 19. Jh. durch Heranziehen der Bürger zu ehrenamtl. Mitwirken bei städt. Angelegenheiten prägte, gab Raum für örtl. Politik. Aus anderem Staatsverständnis entwickelte sich in Großbritannien eine starke örtl. Eigenständigkeit unter dem Begriff Local Government. Die zentralist. Ordnung des Nationalstaates räumte dagegen in Frankreich, Spanien, Italien eigenständigen örtl. Entscheidungen wenig Raum ein. In den USA war und blieb die kommunale Entscheidung innerhalb der Einzelstaaten bei den örtl. Autoritäten mit weitgehend freier Bestimmung der Organisationsformen (Vielfalt von Zweckverbänden). Russland war bis zum Umsturz 1917 ein monarchisch-autokrat. Staat, danach herrschte bolschewist. Zentralismus. Im Nationalsozialismus blieb die kommunale Selbstverwaltung in der Dt. Gemeindeordnung von 1935 nur pro forma erhalten.

In der parlamentar. Demokratien wird die kommunale Ebene mit Recht als Sockel des Staates angesehen; die Parteien betrachten die K. als wichtigen Programmteil. Die Entscheidungsfreiheit der K. wurde und wird allerdings überlagert durch die immer dichter werdende staatl. Gesetzgebung (Daseinsvorsorge durch Leistungsgesetze, Vorbehalt des Gesetzes für alle Ordnungsmaßnahmen). In den 1970er-Jahren wurden zur Rationalisierung und zur Stärkung der örtl. Verwaltungskraft kommunale Gebietsreformen mit Zusammenlegung kleinerer Gemeinden durchgeführt. Die Zahl kommunaler Einheiten (z. B. in Großbritannien, Dtl., Österreich, auch in Skandinavien) ist dadurch beträchtlich vermindert worden; das hat das Gewicht der K. in diesen Ländern zwar kaum verändert, aber Probleme der größeren Distanz zw. Bürger und Behörde (weitere Wege) sowie Identitätsverluste für die kleinen Gemeinden im ländl. Raum mit sich gebracht. Bei der seit 1990 durchgeführten Gebietsreform in den neuen Ländern Dtl.s versucht man, durch Vermeidung radikaler Schnitte diese Erfahrungen zu berücksichtigen.

Verfassungsrechtl. Reformen zugunsten kommunaler Selbstverwaltung und polit. Dezentralisation gab es in jüngerer Zeit in Italien, Spanien und Frankreich, wo bes. während der 1980er-Jahre der überkommene Zentralismus wesentlich gelockert wurde. Im ehemals kommunist. Osteuropa wird die Einführung einer kommunalen Selbstverwaltung nach dem ökonom. und polit. Zusammenbruch der zentralistisch gesteuerten Staatspraxis überall angestrebt. Die praktische Überwindung der allmächtigen ›Steuerung von oben‹ wird allerdings noch einige Zeit in Anspruch nehmen. Die Kräfte der örtl. Selbstregulierung sind vielfach noch schwach und ungeübt.

Problemfelder und Machtstrukturen

Formen und Verfahren der K. werden überwiegend geprägt durch die staatlich vorgegebenen Kommunalverfassungen (Gemeindeordnungen, Kreisordnungen u. Ä.), die das Organisationsgefüge, die Aufgaben von Gremien und Amtsträgern regeln. Das von Land zu Land unterschiedl. System zur Wahl der Vertretungskörperschaften bringt weitere Varianten. Staatsform, vorherrschende polit. Grundauffassungen und regionale Tradition sind maßgeblich für Art und Rang der K. (z. B. Einfluss von Wählergemeinschaften, Stärke der Bürgermeisterposition, Umfang der zentralstaatl. Kontrolle mit Genehmigungsvorbehalten oder nur Rechtmäßigkeitsaufsicht). Die leitenden Positionen der örtl. Verwaltung (Bürgermeister) werden häufig von der Bürgerschaft unmittelbar mittels Wahl besetzt; die Kommunalparlamente leiten und kontrollieren deren Amtsführung und die gesamte Kommunalverwaltung. Bürgerentscheide spielen in der Schweiz eine große Rolle, sie sind in anderen Kommunal-Verf. eher von begrenzter, punktueller Bedeutung. Die vielfach geübte Praxis, alle Gruppierungen (Fraktionen) der Vertretungskörperschaft proportional an den exekutiven Führungspositionen (Dezernenten, Beigeordnete) zu beteiligen, soll den Konsens in der K. verbreitern und Machtansprüche der Mehrheit mindern; diese Bemühungen können sich jedoch durch das Entstehen einer auf Proporz gegründeten Pfründenwirtschaft auch nachteilig auswirken.

Die *Aufgaben* der K. liegen in der polit. Steuerung der kommunalen Aufgabenerfüllung. Der Spielraum hängt von den gesetzl. Vorgaben ab. Weite Bereiche des kommunalen Handelns sind durch Bundes- und Landesgesetze relativ strikt geregelt. Das betrifft insbesondere die Einnahmeseite der kommunalen Finanzen (also die Erhebung von Steuern, Gebühren und Beiträgen) und die so genannte Ordnungsverwaltung (Einwohner- und Meldeamt, Ordnungsamt, Standesamt). Wo mehr Freiraum besteht – wie in der kommunalen Jugendpolitik, der Sportförderung und der kommunalen Kulturpolitik –, werden die Grenzen häufig durch die Engpässe der Finanzierbarkeit gesetzt. Öffentl. Zuschüsse des Staates werden oft an bestimmte Bedingungen geknüpft und wirken so als ›goldener Zügel‹ der K. Die Hauptfelder der K. liegen im Bereich der ›sechs Hoheiten‹ der kommunalen Selbstverwaltung: der Finanzhoheit (die kommunale Vertretungskörperschaft beschließt über den Haushaltsplan und den Stellenplan); der Personalhoheit (die kommunalen Spitzenbeamten werden vor Ort gewählt, die Kommune ist Dienstherr aller Beschäftigten); der Organisationshoheit (das Gefüge der Dezernate und Ämter unterliegt der kommunalen Beschlussfassung, wenngleich in Dtl. aufgrund der Organisationsvorschläge der Kommunalen Gemeinschaftsstelle für Verwaltungsvereinfachung [KGSt] in Köln starke Übereinstimmung im Grundgerüst der Ämterorganisation besteht); der Gebietshoheit (die Kommune erfüllt in ihrem Gebiet alle öffentl. Aufgaben im Rahmen und nach Maßgabe der Gesetze); der Satzungshoheit (die Kommunen besitzen das Recht, Ortsgesetze zu erlassen, z. B. über einen Anschluss- und Benutzungszwang an Einrichtungen der kommunalen Infrastruktur wie die Wasser- und Energieversorgung); der Planungshoheit (die Städte und Gemeinden stellen die Bauleit- und Landschaftspläne für ihr Gebiet in eigener Verantwortung auf).

Die *Ziele* der K. hängen von den örtl. Machtstrukturen ab. Es gibt aber Übereinstimmung bei der Wahrnehmung mancher Probleme. Sie liegen in steigenden Umweltbelastungen, teilweise umstrittenen Maßnahmen der Stadt- und Dorfsanierung, der Planung und Durchführung von Großprojekten des Straßen- und Eisenbahnbaus, des Luftverkehrs, der Abfallbeseitigung. Den negativen Folgen sucht man durch ökolog. K., neuerdings auch durch Anwendung des Prinzips der →nachhaltigen Entwicklung (Substainable Development) zu begegnen. Der Begriff der nachhaltigen Entwicklung wurde vom so genannten Brundtland-Bericht, der von der Generalversammlung der UN 1983 in Auftrag gegeben wurde, in das öffentl. Bewusstsein gebracht und von der UN-Konferenz für Umwelt und Entwicklung (UNCED) 1992 in Rio de Janeiro zum Leitmotiv erhoben. Das Prinzip soll gewährleisten, dass die natürl. Ressourcen nicht stärker verbraucht bzw. belastet werden, als für selbstregulierende Ergänzung bzw. Reinigung gesorgt ist. In der K. werden dementsprechende Programme in Nachahmung der UNCED-Beschlüsse von Rio des Janeiro als ›lokale Agenda 21‹ beschlossen.

Die *Machtstrukturen* in der K. variieren je nach Größenklasse der Kommune, Kommunalverfassung und örtl. Verhältnissen; sie sind auch stark abhängig von den handelnden Personen. Unabhängig von der Größe und der Zahl der Einwohner herrscht in kommunalen Parlamenten das Prinzip der Ehrenamtlichkeit; in den Ausschüssen wirken sachkundige Bürger zusätzlich mit. Die hauptberufl. Führungskräfte werden auf Zeit gewählt, sie stehen an der Spitze der Kommunalverwaltung und ihrer Ressorts. Der Einfluss der polit. Parteien, auch von nicht örtl. Wählergemeinschaften und ›Rathausparteien‹, ist fast überall groß. Die einstige Macht der Honoratioren, der bes. angesehenen Bürger des Ortes, ist weitgehend auf andere Eliten übergegangen, die fest mit den Parteien, Berufsverbänden u.a. organisierten Interessen verbunden sind (→Lobbyismus). Die Kommunalwahlen werden nur z. T. von lokalen Problemen bestimmt, eher von den Parteien und den Kandidaten für kommunale Spitzenämter, zuweilen auch von den Bürgerinitiativen; die Wahlbeteiligung ist fast immer geringer als für staatl. Parlamente, dennoch werden Kommunalwahlergebnisse auch innenpolit. Tests für die landesweiten Parteien und auch als Signale für veränderte Problemgewichtungen und für Chancen neuer polit. Strömungen gewertet.

Bürgerbeteiligung und Interessenvielfalt

Die *Bürgerbeteiligung* hat in der K. – z. T. vom Gesetz vorgeschrieben – an Bedeutung gewonnen. Die Partizipation an Diskussionen und Vorentscheidungen hat zunächst viel Hoffnung geweckt, später trat Ernüchterung ein, weil im repräsentativen System die Entscheidungen letztlich den gewählten Vertretungen überlassen bleiben müssen. Die Repräsentativität der Kommunalparlamente bei der Vertretung der Gemeindeeinwohner wurde seit 1994 in der EU dadurch erhöht, dass alle Bürger der EU am Ort ihres ständigen Aufenthalts innerhalb der EU bei Kommunalwahlen aktiv (und mit gewissen Einschränkungen auch passiv) wahlberechtigt sind. Die Forderung nach einem Wahlrecht für alle ortsansässigen Ausländer auf kommunaler Ebene hat sich nicht durchgesetzt. Es gibt jedoch vielerorts Ausländerbeiräte als spezif. Form der Betroffenenbeteiligung.

Besondere Bedeutung für jegl. K. hat die *lokale Öffentlichkeit*. Die örtl. oder regionale Presse, manchmal das regionale Fernsehen oder auch der lokale Hörfunk, stehen hier im Vordergrund. Die Zeitungen am Ort haben meist hohen Einfluss, sie gehören zur kommunalen Machtstruktur, denn sie liefern die meisten Informationen, bilden – gewollt oder ungewollt – Meinungen, fördern Initiative, Kritik, Kontrolle oder stützen die jeweilige Rathausmehrheit. Regionale und kommunale Pressekonzentration gefährdet Meinungsvielfalt und demokrat. Konfliktfähigkeit in der K. Trotz der Macht der Parteien in der K. spielen Persönlichkeit und Position des gewählten Leiters der Verwaltung, also des Bürgermeisters, eine erhebl. Rolle. Bewährung in einem kommunalen Spitzenamt macht populär und öffnet Karrierechancen auch im staatl. Bereich. Vielfach wird die K. ohnehin als bestes Übungsfeld für staatspolit. Wirken, gleichsam als Schule der Demokratie, angesehen.

⇒ *Bürgerinitiative · Gemeinde · kommunale Gebietsreform · kommunale Spitzenverbände · Regionalpolitik · Selbstverwaltung · Wahlrecht · Wirtschaftsförderung*

Hb. der kommunalen Wiss. u. Praxis, hg. v. G. PÜTTNER, Bd. 2 (²1982); Hwb. zur K., hg. v. R. VOIGT (1984); Wie funktioniert das? Städte, Kreise u. Gemeinden, bearb. v. W. HAUS u. a. (1986); Kommunal-Verf. in Europa, hg. v. H.-U. ERICHSEN u. a. (1988); Kommunal-Wiss. in der Bundesrepublik Dtl., hg. v. J. J. HESSE (1988); K. Polit. Handeln in den Gemeinden, hg. v. R. ROTH u. a. (1994).

Kommunalschuldverschreibungen, →Kommunalobligationen.

Kommunalsteuer, →Lohnsummensteuer.

Kommunalverfassung, die grundlegenden Rechtsquellen und Organisationsprinzipien der Gemeinden (→Gemeinde).

Kommunalwissenschaft, die wiss. Erforschung und Darstellung der Entwicklung, Grundlagen und Formen kommunalen Lebens. Sie gehört z. T. zur Verwaltungswissenschaft. Die interdisziplinär ausgerichtete K. befasst sich mit den Voraussetzungen, Erscheinungen und Möglichkeiten kommunaler Existenz (Kommunallehre), den Zielsetzungen und Methoden kommunaler Tätigkeit (der →Kommunalpolitik) und den Rechtsnormen, die die →Gemeinde betreffen (Kommunalrecht).

Forschungsleistungen der K. werden sowohl in der Vorbereitungs- und Konzeptions- als auch in der Durchführungs- und Kontrollphase kommunaler Planungs-, Entscheidungs- und Vollzugsprozesse benötigt. Bedeutende Forschungseinrichtung für K. in Dtl. ist das auf Initiative des Dt. Städtetages gegründete Dt. Institut für Urbanistik in Berlin, das u. a. die seit 1962 erscheinende Zeitschrift ›Archiv für Kommunalwissenschaften‹ herausgibt.

Kommunarde [frz.] *der, -n/-n,* 1) Mitgl. einer Kommune im soziolog. Sinne; 2) Anhänger der Pariser Kommune (→Kommune).

Kommunarsk, 1961–92 Name der ukrain. Stadt →Altschewsk.

Kommune [frz., zu lat. *communis* ›mehreren oder allen gemeinsam‹, ›allgemein‹] *die, -/-n,* 1) *Kommunalwesen:* Gemeinde (als unterste Verwaltungseinheit).

2) *Soziologie:* von ihren Begründern geprägte Bez. für eine Lebens- und Wohngemeinschaft, die als ein Bestandteil der →Alternativkultur in westl. Industriegesellschaften seit dem Ende der 1960er-Jahre (z. T. auch aus ökonom. Gründen) häufig in Form einer Wohngemeinschaft (WG) praktiziert wird und die Eigentums-, Leistungs-, Konkurrenz- und Moralvorstellungen der bürgerl. Gesellschaft ablehnt; in der BRD v. a. innerhalb der Studentenbewegung praktiziert. Heute wird eine WG überwiegend als rein ökonom. bzw. sozial-private Gemeinschaft gesehen. – Auch vom Anarchismus und Anarchosyndikalismus angestrebte Lebens-, Wohn- und Produktionsgemeinschaften werden als K. bezeichnet.

Kommune 3): Gestürztes Standbild Napoleons I. (zeitgenössische Fotografie)

3) *Pariser K.,* frz. **Commune de Paris** [kɔmyndəpaˈri], Bez. für den Pariser Stadtrat 1) vom Juli 1789 bis 1795. Nach der Erstürmung der Tuilerien (10. 8. 1792) repräsentierte sie mit ihren 288 Mitgl. v. a. die militanten Revolutionäre von Paris. Als auf polit. Eigenständigkeit bedachtes Gremium spielte sie unter dem Einfluss M. DE ROBESPIERRES, G. DANTONS und J.-P. MARATS eine wichtige Rolle in der Auseinandersetzung mit den in der Nationalversammlung vertretenen Girondisten. Insbesondere von ihr ging zunächst der Kampf gegen die kath. Kirche aus. Nach der Hinrichtung J.-R. HÉBERTS (24. 3. 1794) entscheidend geschwächt, wurde sie durch eine Finanz- und eine Verwaltungskommission ersetzt; 2) von Ende März 1871 bis Ende Mai 1871. Nach der Kapitulation von Paris (28. 1. 1871) im Dt.-Frz. Krieg von 1870/71 führten nat. Widerstand gegen den Vorfrieden mit Dtl. und die Opposition der Republikaner in Paris gegen die weitgehend monarchisch gesinnte Nationalversammlung zum Aufstand der Pariser Nationalgarde gegen die Truppen der Reg. Thiers (18. 3. 1871). Aus den vom Zentralrat der Pariser Nationalgarden abgehaltenen Wahlen ging Ende März die K. hervor, ein aus 85 Personen gebildetes Stadtparlament, das die unterschiedlichsten demokratisch-egalitären und sozialist. Ideenrichtungen repräsentierte. Die von der K. ergriffenen Maßnahmen (Erlass von Miet- und Wechselschulden, Arbeitsschutz, unentgeltl. Schulunterricht) wiesen in Richtung einer sozialen Republik. Da die K. nicht imstande war, eine wirksame polit. und militär. Führung zu organisieren, erlag sie schließlich nach verlustreichen Kämpfen den in Paris eingedrungenen Reg.-Truppen unter Marschall MAC-MAHON (28. 5. 1871). Beim Endkampf der K. gegen die Reg.-Truppen während der ›blutigen Woche‹ (Semaine sanglante, 21.–28. 5.) kam es auf beiden Seiten zu Grausamkeiten, die Zahl der Opfer wird auf mindestens 20 000 geschätzt. Bis 1875 folgten zahllose Prozesse (26 Hinrichtungen) und Deportationen. – Die Interpretation des Aufstands als eines planmäßigen Versuchs sozialist. Revolution, die K. MARX am 30. 5. 1871 vor der Ersten Internationale gab, bestimmte weitgehend das spätere Bild der Pariser Kommune.

G. SORIA: Grande histoire de la Commune, 5 Bde. (Paris 1970–71); J. ROUGERIE: Paris libre 1871 (ebd. 1971); DERS.: Paris insurgé. La Commune de 1871 (ebd. 1995); C. RIHS: La commune de Paris. Sa structure et ses doctrines (ebd. 1973); H.-G. HAUPT u. K. HAUSEN: Die Pariser K. Erfolg u. Scheitern einer Revolution (1979); A. HORNE: The fall of Paris. The siege and the Commune, 1870–71 (Neuausg. London 1989).

Kommunikation [lat. ›Mitteilung‹, ›Unterredung‹] *die, -/-en,* **1)** *allg.:* Verbindung, Zusammenhang.

2) *Publizistik:* Austausch, Verständigung, der Prozess der Übermittlung und Vermittlung von Information durch Ausdruck und Wahrnehmung (Transaktion) von Zeichen aller Art, systematisch einzuordnen auf einer biophys. Ebene (körperl. Berührungen und Affekte wie Lachen und Weinen), einer motor. (Körperhaltung, Mimik, Gestik), einer lautl. (Geräusch und Sprache) und einer techn. Ebene (Schrift, Bild, Ton). Bestimmte kommunikative Fähigkeiten, z. B. auf der biophys. Zeichenebene, sind angeboren, andere werden erlernt. Sie sind nicht nur lebens- und sozialgeschichtl. Veränderungen unterworfen, sondern auch kulturell unterschiedlich. **Intrapersonale K.-Vorgänge** (in ein und derselben Person) sind Denken und Fühlen. **Interpersonale K.,** auch Interaktion genannt, geschieht in ihrer einfachsten Form zw. zwei Personen, im Dialog statt. **Kommunikator** (Quelle der Information) und **Rezipient** (Empfänger der Information), kann aber auch Interaktions- und Transaktionsprozesse zw. Angehörigen von Gruppen, Organisationen, Institutionen und großen Personenverbänden umfassen. K. besitzt dynam. Charakter, d. h. mit K. wird ein Prozess vollzogen. Durch K. sind Menschen und Tiere in der Lage, Gemeinsamkeiten zu stiften, Gruppen, Organisationen, Gesellschaften zu bilden. Einer der grundlegenden Prozesse für diese sozialen Gebilde ist die Umwandlung von Umweltdaten in Wissen (Information) durch Kommunikation.

Zeichen bedürfen zu ihrer Übermittlung der Formulierung und in ihrer Vermittlung der Artikulation. Zw. Gesprächspartnern (Kommunikatoren und Rezipienten) spielt eine Vermittlungsinstanz (Medium) für Beginn, Verlauf und Ende einer K. eine entscheidende Rolle. Ohne Vermittlungsinstanz sind weder intrapersonale noch interpersonale K. möglich. Im ersten Fall ist das menschl. Nervensystem die Vermittlungsinstanz, im anderen Fall übernehmen die menschl. Sinnesorgane und die techn. Aufnahme-, Übertragungs- und Wiedergabegeräte in Vermittlungseinrichtungen diese Aufgabe. Organisierte Vermittlungseinrichtungen (mediengebundene K.; →Massenkommunikation) sind die Printmedien (Buch, Zeitung, Zeitschrift), der Hörfunk und die audiovisuellen Medien (Film, Fernsehen; elektron. Bild- und Tonträgersysteme). Organisierte Übermittlungseinrichtungen sind die Verkehrsmittel und die Post- und Fernmeldeeinrichtungen (Telefon, Mobil- und Bildtelefon, Telefax, Datenverarbeitungsanlagen), die international als Einrichtungen der →Telekommunikation bezeichnet werden.

K. geschieht absichtsvoll oder erwartungsvoll mit Bezug auf einzelne oder mehrere Personen, auf einzelne oder mehrere Umweltausschnitte, nicht zuletzt mit Bezug auf die kommunizierende Person und den kommunikativen Vorgang selbst. Im letztgenannten Fall spricht man von K. als einem reflexiven Prozess. Motive zur K. sind in erster Linie verbunden mit den Bedürfnissen, Spannungen abzuführen, Probleme zu lösen, Entscheidungen zu treffen, sich selbst mit persönl. Identität darzustellen und die eigene oder die andere K. zum Thema von K. zu machen als K. über K. **(Meta-K.).** Teilnahme am privaten oder öffentl. Dialog erfüllt vier idealtyp. Funktionen: Sie dient der Unterrichtung (Information), der Meinungsbildung (Kommentation), der Vergesellschaftung (Sozialisation) und der Unterhaltung (Delektation).

Menschen und die Geräte der →Informations- und Kommunikationstechnik können als K.-Einheiten verstanden werden, die Daten empfangen, verarbeiten und abgeben. Die Eingangsfunktionen werden von den Sinnesorganen oder ihren elektron. Entsprechungen erfüllt, indem sie Zeichen von außen (Außenwahrnehmung) oder von innen (Binnenwahrnehmung) aufnehmen. Die Zentralfunktionen bestehen aus der Verarbeitung des Aufgenommenen, der Datenprüfung (›Erkennen‹), der Datenverarbeitung (›Denken‹) und der Datenspeicherung (›Gedächtnis‹).

Die menschl. K.-Einheit äußert sich mittels ihrer Ausgangsfunktionen durch affektive, mimisch-gestische oder sprachl. Ausdrücke, die techn. K.-Einheit durch textl. oder bildl. Darstellung auf einem Datensichtgerät und durch Datenübertragung.

K. stiftet Gemeinsamkeit in einem dynam. Verknüpfungsvorgang (einem ›transaktionalen Prozess‹), bei dem wenigstens vier Grundvoraussetzungen erfüllt sein müssen: 1) K. bedarf einer Beziehung zw. den Partnern, die von deren persönl. Eigenschaften und gesellschaftl. Gegebenheiten abhängt und ihre kommunikative Distanz bestimmt; 2) bei den Partnern ist K.-Bereitschaft erforderlich, ihre vorbewusste, bewusste oder auch nur angenommene virtuelle Gesprächsabsicht (Ausdruckslust) und Gesprächserwartung (Neugier); 3) es müssen bestimmte Regeln und Rollen beachtet werden: Zeichen, Sprachen, Schriften sollen verstanden, seel. und soziale, ideolog. und kulturelle Regeln eingehalten werden, wenn es nicht beim Kontaktversuch bleiben, die K. nicht scheitern soll; 4) die Anerkennung und Kenntnis der Ausdrucks- und Antwortregeln erlaubt die Übernahme kommunikativer Rollen als Kommunikator und Rezipient mit bestimmten Verhaltensnormen und Handlungsanleitungen in bestimmten kommunikativen Situationen.

K.-Mangel bedeutet Isolierung. Fehlen von Gesprächspartnern durch Vereinzelung im Alter, Ausgrenzung z. B. bei Arbeitslosigkeit, fehlende Medienangebote in Kriegen, Krisen, bei Nachrichtensperren oder Zensur schaffen K.-Defizite, phys. und psych. K.-Barrieren. Solche Defizite führen dazu, dass jede Gelegenheit zur K. gesucht, jede erreichbare Information, und sei sie bruchstückhaft, unsicher, nicht nachprüfbar (Gerüchte, Klatsch), aufgegriffen wird. Dagegen wird offenen Organisationen und Gesellschaften publizist. Überfluss nachgesagt, die Bedrohung durch ›Informationslawinen‹. Die postindustrielle Gesellschaft wird oft als K.-Gesellschaft oder →Informationsgesellschaft bezeichnet, in denen Daten zu schützen und informationelle Selbstbestimmung der Bürger zu gewährleisten ist. Allerdings sind die menschl. K.-Anlagen und K.-Fähigkeiten vielfach mit selbstregulierenden Komponenten ausgestattet. Angesichts der Komplexität der Lebens- und Umweltbedingungen entwickeln Menschen – wie alle lebenden Systeme (die techn. IuK-Systeme erhalten hierfür besondere konstruktive Vorkehrungen) – Strategien der Vermeidung oder Beförderung von K. (Tarnung oder Provokation), v.a. Strategien der Auswahl von Kommunikation. Drei wichtige, psychisch und sozial gesteuerte Auswahlmechanismen bestimmen Verhalten und Handeln vor, während und nach einem K.-Prozess: Die selektive Zuwendung in der präkommunikativen Phase, die selektive Wahrnehmung während der K. und das selektive Gedächtnis in der postkommunikativen Phase sorgen dafür, dass Menschen sich nur den Aussagen oder Medien zuwenden, sie nur dann wahrnehmen und erinnern, wenn sie ihren Einstellungen entsprechen. Neben dieser vermeidungsstrateg. kommt auch eine förderungsstrateg. Selektivität dann ins Spiel, wenn Zuwendung, Wahrnehmung und Erinnern unter den Gesichtspunkten von Nutzen und Belohnung (engl. ›uses and gratifications‹) erfolgen.

Kommunikationselektroniker – Kommunikationspolitik

K. BÜHLER: Sprachtheorie. Die Darstellungsfunktion der Sprache (1934, Nachdr. 1982); Communication yearbook (New Brunswick, N. J., 1977 ff.); J. HABERMAS: Theorie des kommunikativen Handelns, 2 Bde. (²1982); Handbook of interpersonal communication hg. v. M. L. KNAPP u. a. (Beverly Hills, Calif., 1985); P. WATZLAWICK u. a.: Menschl. K. Formen, Störungen, Paradoxien (a. d. Amerikan., ⁷1985); W. DORSTAL: Der Informationssektor u. seine Entwicklung in der Bundesrepublik Dtl., in: Gesamtwirtschaftl. Effekte der Informations- u. K.-Technologie, hg. v. T. SCHNÖRING (1986); J. R. BENINGER: The information society. Technological and economic origins, in: Media audience and social structure, hg. v. S. J. BALL-ROKEACH u. a. (Newbury Park 1986); Medien- u. K.-Geschichte, hg. v. M. BOBROWSKY u. a. (Wien 1987); C. W. MORRIS: Grundlagen der Zeichentheorie (a. d. Engl., Neuausg. 1988); R. SCHENKEL: K. u. Wirkung (1988); International encyclopedia of communications, hg. v. E. BARNOUW u. a., 4 Bde. (New York 1989); K.-Theorien. Ein Textbuch zur Einf., hg. v. R. BURKART u. W. HÖMBERG (Wien 1992); Theorien öffentl. K. Problemfelder, Positionen, Perspektiven, hg. v. G. BENTELE u. M. RÜHL (1993); K. BOECKMANN: Unser Weltbild aus Zeichen. Zur Theorie der K.-Medien (Wien 1994); B. METTLER VON MEIBOM: K. in der Massengesellschaft. Tendenzen, Gefährdungen, Orientierungen (1994); R. BURKART: K.-Wiss. Grundlagen u. Problemfelder (Wien ²1995); Das Fischer-Lex. Publizistik, Massen-K., hg. v. E. NOELLE-NEUMANN u. a. (Neuausg. 10.–13. Tsd. 1996).

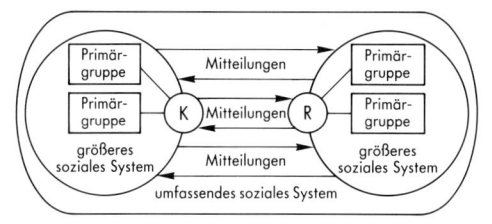

Kommunikationsmodelle: Flussmodell von John W. Riley und Mathilda W. Riley (1951)

Kommunikationselektroniker, Ausbildungsberuf der Industrie und des öffentlichen Dienstes mit den Fachrichtungen Informationstechnik, Telekommunikationstechnik und Funktechnik. K. fertigen, messen, prüfen, warten und reparieren die zu ihrer Fachrichtung gehörenden Geräte, Anlagen und Systeme.

Kommunikationsforschung, →Kommunikationswissenschaft.

Kommunikationsmodelle, schematische Darstellungen des Kommunikationsvorgangs und seiner konstituierenden Elemente, entweder als verbale, graf. oder mathemat. Ausdrücke. K. schaffen Voraussetzungen zur Bildung von Theorien durch Zusammenführen von empir. Befunden und Hypothesen zur Kommunikation. Die meisten K. sind Prozessdarstellungen, als Struktur-, Fluss-, Funktions- oder Klassifikationsmodelle.

Viele graf. Flussmodelle gehen auf das mathemat. (›kybernet.‹) K. von CLAUDE E. SHANNON und WARREN WEAVER (1949) zurück. Weitere Flussmodelle sind die von JOHN W. RILEY und MATHILDA W. RILEY (1951), die die Perspektive der Einbettung des

Kommunikationsmodelle: Flussmodell von Claude E. Shannon und Warren Weaver (1949)

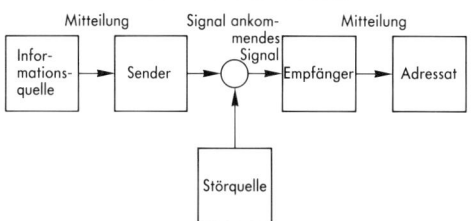

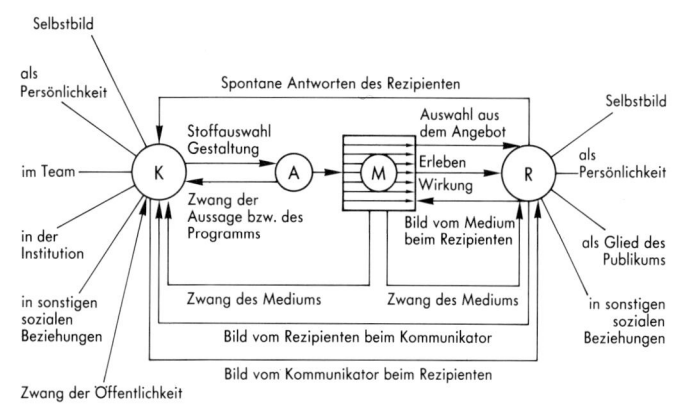

Kommunikationsmodelle: Flussmodell von Gerhard Maletzke (1963)

Kommunikationsprozesses in einen sozialen Kontext betonen, sowie von GERHARD MALETZKE (1963), der mit seinem Feldschema der Massenkommunikation die Interdependenzen zw. den Faktoren Kommunikator, Aussage, Medium und Rezipient herausstellt. Das bekannteste verbale Klassifikationsmodell ist die ›Lasswell-Formel‹ (1948):
  Wer sagt? (Kommunikatorforschung)
  Was? (Aussagen-/Inhaltsanalyse)
  Mit welchem Mittel? (engl. ›in which channel?‹) (Medienforschung/Media-Forschung)
  Zu wem? (Rezipientenforschung)
  Mit welcher Wirkung? (Wirkungsforschung).
Beispiel eines jüngeren Funktionsmodells ist das dynamisch-transaktionale Modell von WERNER FRÜH und KLAUS SCHÖNBACH (1982).

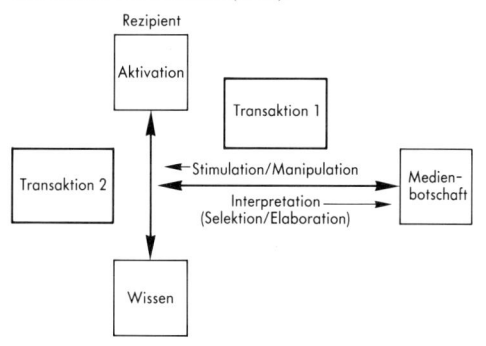

Kommunikationsmodelle: Funktionsmodell (›Transaktion‹) von Werner Früh und Klaus Schönbach (1982)

Kommunikationspolitik, 1) *Marketing:* die planmäßige Gestaltung und Übermittlung von Informationen, um Wissen, Einstellungen, Erwartungen und Verhaltensweisen der Marktteilnehmer und der Öffentlichkeit im Sinne unternehmer. Zielsetzungen zu beeinflussen. Die wichtigsten Instrumente der K., die zu einem **Kommunikationsmix** sinnvoll kombiniert werden müssen, sind: Werbung, Verkaufsförderung, Öffentlichkeitsarbeit (Public Relations) und der persönl. Verkauf (Personal Selling). Dem Anbieter stehen versch. Kommunikationsformen zur Verfügung: direkter Kontakt zum Kunden über persönl. Informationsträger (z. B. Verkaufsgespräch) oder sachl. Informationsträger (z. B. Werbebrief, Geschäftsbericht) sowie indirekter Kontakt entweder persönlich (z. B. über Absatzmittler) oder unpersönlich (z. B. Anzeigen-, Plakatwerbung, Display). K. und ihre Instrumente ergänzen und beeinflussen in marktwirtschaftl. Systemen die Konsumfreiheit und Konsumentensouveränität, wenngleich sie nicht nur auf Konsumgüter und Endverbraucher ausgerichtet sind.

2) *Publizistik:* →Medienpolitik.

Kommunikationssatelliten, die →Nachrichtensatelliten.

Kommunikationssystem, *Betriebswirtschaftslehre:* die Summe aller Kommunikationselemente, die durch kommunikative Beziehungen zu einer integrierten Gesamtheit verknüpft sind. Die Elemente dieses Systems sind Personen (Sender, Empfänger), Kommunikationsmittel (Sende- bzw. Empfangsgeräte) und Kommunikationsobjekte (übermittelte Informationen), deren Verbindung durch Kommunikationswege hergestellt wird. Unterschiedl. Anordnungen dieser Bestandteile ergeben zahlreiche Strukturierungsalternativen des K., die nur mithilfe von Sekundärkriterien bewertet werden können. Hierzu zählen u. a. qualitative Kriterien wie Stabilität und Elastizität und quantitative Kriterien wie Informationsflusszeit und Übertragungskosten.

Kommunikationswissenschaft, die interdisziplinäre Lehre und Forschung von der Kommunikation in lebenden und in techn. Systemen, vom Kommunikationsprozess und dessen wechselwirkenden Elementen (Kommunikator, Zeichen, Rezipient), Strukturen und Funktionen, Ursachen (Prädispositionen) und Folgen (Wirkungen), einschließlich ihrer natürl. und biolog. (Biokommunikation), ihrer polit. und rechtl., ihrer wirtschaftl. und kulturellen Rahmenbedingungen in Geschichte und Gegenwart; entweder als theorieorientierte (→Kommunikationsmodelle, →Kommunikation) oder als praxisorientierte, angewandte Kommunikationsforschung. Unterschieden werden drei Forschungsgebiete: die Kommunikatorforschung, die →Medienforschung und die Rezipientenforschung. Zur Kommunikatorforschung gehört die publizist. Berufsforschung (Journalistik), zur Medienforschung die ›Media-Forschung‹ als angewandte Werbeträgerforschung und Werbemarktforschung, zur Rezipientenforschung die Leser-, Hörer- und Zuschauerforschung (→Publikumsforschung) sowie die →Meinungsforschung.

<small>Kommunikationspolit. u. kommunikationswiss. Forschungsprojekte der Bundesregierung, bearb. v. W. J. SCHÜTZ u. a., auf mehrere Bde. ber. (1974 ff.); Medienwirkungsforschung in der Bundesrepublik Dtl., hg. v. WINFRIED SCHULZ, 2 Bde. (1986); Handbook of communication science, hg. v. C. R. BERGER u. a. (London 1987); Massenkommunikationsforschung, hg. v. M. GOTTSCHLICH (Wien 1987); Die Wirklichkeit der Medien. Eine Einf. in die K., hg. v. K. MERTEN (1994); Grundwissen Medien, hg. v. W. FAULSTICH (²1995).</small>

kommunikative Kompetenz, *Philosophie:* die menschl. Fähigkeit zur Sprachverwendung, die nicht nur die grammat. Kenntnisse, sondern auch die Regeln der Sprachverwendung in einem gegebenen soziokulturellen Rahmen beinhaltet; v. a. von J. HABERMAS in Auseinandersetzung mit A. N. CHOMSKY verwendet. Nach HABERMAS kehren in jeder Redesituation allgemeine Strukturen sprachl. Verständigung als pragmat. Universalien wieder. Dieses Regelsystem, nach dem der pragmat. Verwendungssinn von sprachl. Ausdrücken festgelegt wird und nach dem aufgrund der Sprachkompetenz Sätze in Äußerungen transformiert werden, ist Gegenstand einer Theorie der k. K. oder Universalpragmatik. (→Kompetenz, →Performanz, →Soziolinguistik.)

<small>B. BADURA: K. K., Dialoghermeneutik u. Interaktion, in: Soziologie der Kommunikation, hg. v. DEMS. u. a. (1972); J. HABERMAS: Vorbereitende Bemerkungen zu einer Theorie der k. K., in: Theorie der Gesellschaft oder Sozialtechnologie, bearb. v. DEMS. u. a. (38.–39. Tsd. 1985).</small>

Kommunion [von lat. communio ›Gemeinschaft‹] *die, -/-en,* allg. Bez. für eine Versammlung in übertra-

genen Sinne auch für die einheitl. Gesinnung und Haltung der Versammelten. Davon ausgehend verbindet K. als Begriff der *kath. Theologie* zwei Ebenen: Durch die gemeinsame Teilhabe am Leib und am Blut JESU CHRISTI in der gottesdienstl. Feier (K. als →Eucharistie) entsteht für die daran Teilnehmenden das Recht und die Pflicht zur Gemeinde- und Gemeinschaftsbildung (K. als Kommunikation). Beide Ebenen sind schon im N. T. miteinander verbunden (1. Kor. 1, 9; 10, 16 ff.). Die K. als gemeinsames eucharist. Mahl war bei den ersten Christen integraler Bestandteil ihrer Versammlungen. Die weitere Entwicklung unterschied dann immer stärker zw. der Teilnahme am Gottesdienst und dem Empfang der Kommunion. So schrieb z. B. die Synode von Agde (506) unter Beibehaltung der sonntägl. Gottesdienstpflicht einen dreimaligen K.-Empfang, das Laterankonzil (1215) einen einmaligen pro Jahr vor. Erst das Konzil von Trient (1545–63) empfahl wieder eine möglichst häufige Teilnahme am sonntägl. eucharist. Mahl. Zu ihren Voraussetzungen gehören nach dem kath. Kirchenrecht die Freiheit von schwerer Schuld sowie die rechte Absicht. Von der K. ausgeschlossen sind mit den Kirchenstrafen der Exkommunikation und des Interdikts belegte Kirchenmitglieder. Kinder sind ab etwa sieben Jahren und nur nach ausreichender Vorbereitung durch Eltern oder Katecheten (K.-Unterricht) zur K. zugelassen. Der erstmalige Empfang der K. **(Erst-K.)** wird in der Regel am ›Weißen Sonntag‹ (1. Sonntag nach Ostern) feierlich begangen. Seit dem 2. Vatikan. Konzil ist der in der kath. Kirche – ähnlich wie beim ev. →Abendmahl und in der anglikan. Tradition – die K. ›unter beiden Gestalten‹ (Brot und Wein) erlaubt (→Laienkelch). Ausgeteilt werden kann die K. auch durch Laien **(K.-Helfer).** – Zur gegenseitigen Zulassung bekenntnisverschiedener Kirchen zur K.: →Abendmahlsgemeinschaft.

<small>J. RATZINGER: Das Fest des Glaubens (Einsiedeln 1981).</small>

Kommuniqué [kɔmyniˈkeː; frz., von lat. communicare, zu kommunizieren] *das, -s/-s,* amtl. Mitteilung (z. B. Reg.-Bericht für die Presse zum Abschluss eines Staatsbesuchs), Denkschrift.

Kommunismus [engl.-frz., zu lat. communis ›mehreren oder allen gemeinsam‹, ›allgemein‹] *der, -,* politisch-ideolog. Begriff mit mehreren Bedeutungen: 1) die gedankl. Vorstellung einer vergangenen oder zukünftigen Gesellschaft, in der das Privateigentum an Produktionsmitteln in Gemeineigentum überführt und der Konsum auf der Grundlage gemeinschaftl. Lebensführung und allgemeiner Gütergemeinschaft geregelt wird sowie materielle wie kulturelle Bedürfnisse gleichermaßen befriedigend gestillt werden; alle Mitgl. dieser Gesellschaft sollen durch soziale Gleichwertigkeit gekennzeichnet sein; 2) die Gesamtheit ökonom. und polit. Lehren, die mit dem Ziel der Errichtung einer kommunist. Gesellschaft auf der Grundlage der Theorien von K. MARX und F. ENGELS (→Marxismus) von LENIN (→Marxismus-Leninismus) und seinen Nachfolgern umgeformt und weiterentwickelt wurden; 3) Bez. für polit. Parteien (›kommunistische Parteien), Bewegungen und Herrschaftssysteme (Selbst-Bez. ›real existierender Sozialismus‹), die diese Lehren auf diktator. Weise in die Praxis umsetzen. Häufig ist eine verbindl. Abgrenzung zw. den Begriffen K. und →Sozialismus nicht möglich.

Vorläufer und Frühformen

Entwürfe für eine kommunist. Gesellschaft gibt es seit der Antike (PLATONS ›Politeia‹, Elemente der stoischen Philosophie, Ideen und Praxis urchristl. Gemeinden). Christl. Vorstellungen, in denen das Reich Gottes auf Erden vorweggenommen wurde, prägten mittelalterl. Sekten (Katharer, Waldenser) sowie T. MÜNTZER und die Täufer. Am Anfang der Reihe der großen Utopisten des 16. und 17. Jh. steht T. MORE, der mit seinem Werk ›De optimo reipublicae statu deque nova insula Utopia‹ der gesamten Denkrichtung (→Utopie) ihren Namen gab; weitere Vertreter sind T. CAMPANELLA (›Der Sonnenstaat‹), F. BACON (›Neu-Atlantis‹). Zu Beginn der Frz. Revolution entwarf F. N. BABEUF das Prinzip der ›radikalen Demokratie‹, einer Volksdiktatur, die die ideale Gesellschaftsform erzwingen werde. Seine Gedanken wurden 1828 durch F. M. BUONARROTI neu belebt und von L. A. BLANQUI weiterentwickelt zu einem voluntarist. Programm des bewaffneten Aufstands von Berufsrevolutionären, das für die spätere kommunist. Bewegung wichtig werden sollte. Im Gefolge der Frz. Revolution suchten C. H. DE SAINT-SIMON, C. FOURIER und R. OWEN eine Gesellschaftsform zu entwerfen, die den neuen Anforderungen von Wirtschaft und Industrie angemessen sei und dabei soziale Harmonie schaffen könne. Um 1840 tauchte in Frankreich erstmals das Wort K. auf und fand sofort allgemeine Verbreitung. So trat ÉTIENNE CABET (*1788, †1856) offensiv als Propagandist kommunist. Ideen auf. CABET, FOURIER und OWEN gründeten mehrere Mustersiedlungen in Nordamerika, scheiterten aber damit. Unmittelbare Vorläufer von MARX und ENGELS sind W. WEITLING, der den ersten bedeutenden Versuch unternahm, eine (mit der christl. Botschaft gleichgesetzte) geldlose, zentral geplante Gütergemeinschaft durch eine proletar. Revolution herbeizuführen, und M. HESS. Letzterer verband den frz. K. mit dem junghegelian. Idealismus zu einer ›Philosophie der Tat‹ und übte damit große Wirkung auf die radikale Intelligenz aus, nicht zuletzt auf ENGELS.

Wissenschaftlicher Sozialismus

1847 wurde in Brüssel der ›Bund der Kommunisten‹ gegründet, als dessen Mitgl. MARX und ENGELS das 1848 erschienene ›Kommunist. Manifest‹ verfassten, eine erste zusammenfassende Darstellung ihrer Lehren. In der Arbeiterbewegung, die in verschiedenen west- und mitteleurop. Ländern im Zuge der industriellen Revolution ab 1850 entstand, wurde diese Lehre aufgegriffen. MARX und ENGELS formulierten die Lehre vom Klassenkampf zw. Proletariat und Bourgeoisie und vom notwendigen revolutionären Sieg des Proletariats, der durch die Beseitigung des Privateigentums an den Produktionsmitteln und die zeitweise, inhaltlich nicht näher bestimmten Diktatur des Proletariats die Aufhebung aller Klassen, d. h. nicht nur die Emanzipation des Proletariats, sondern die aller Menschen von sämtl. ökonom. sowie polit., sozialen und religiösen Zwängen, bewirke.

Unter K. verstanden beide den noch recht langen, aber realen Weg, die ›wirkl. Bewegung‹, zur Überwindung der durch menschl. Ausbeutung und Selbstentfremdung gekennzeichneten bürgerlich-kapitalist. Gesellschaft und zur allmähl. Herstellung einer die allseitige menschl. Selbstverwirklichung ermöglichenden Zukunftsgesellschaft. ENGELS' Voraussage, dass in ihr der Staat ›absterben‹ werde, und der Annahme einer als ›Assoziation‹ bzw. ›Verein freier Menschen‹ organisierten kommunist. Zukunftsgesellschaft, die auf einer zentralen und freiwilligen Planwirtschaft beruhe, blieben ebenso vage wie die von MARX vorgenommene Unterscheidung zw. zwei Phasen der kommunist. Gesellschaft: einer ›niederen‹, die noch nach dem Leistungs- und damit ungleichen Verteilungsprinzip, sowie einer ›höheren‹, die nach dem Bedürfnisprinzip gestaltet sei. Wichtig sind jedoch die polit. Spätfolgen: Unter Berufung auf MARX, der, entsprechend dem damaligen allgemeinen Sprachgebrauch, Sozialismus und K. teilweise synonym verwendete, wurde in der UdSSR und den nach ihrem Gesellschaftsmodell geformten Staaten die erste dieser beiden Phasen offiziell als die des Sozialismus, die zweite als die des K. bezeichnet. Mit LENIN wurde die Schaffung, d. h. Erziehung eines neuen Menschentyps zum wesentl. Bestandteil kommunist. Politik.

Sozialdemokratie und Anarchismus bis zum Ersten Weltkrieg

Die in der zweiten Hälfte des 19. Jh. entstandenen Gruppen und Parteien der Arbeiterbewegung in West- und Mitteleuropa – von denen sich keine ›kommunistisch‹ nannte – sahen sich rasch drängenden Gegenwartsproblemen gegenüber, sodass seit Ende des 19. Jh. v. a. in der dt. Sozialdemokratie eine reformist. Praxis innerhalb des gegebenen staatl. Rahmens den Vorrang vor der näheren Erörterung bzw. Forderung einer sozialistisch-kommunist. Gesellschaftsordnung erhielt. Ihr Parteiführer A. BEBEL beschäftigte sich allerdings mit der sozialist. Zukunftsgesellschaft, die mittels planmäßiger Produktion und Verteilungsform dem Grundsatz ›Jedem nach seinen Bedürfnissen‹ gerecht werden könne. Auf marxist. Basis formulierte K. KAUTSKY im ersten Teil des Erfurter Programms der SPD (1891) die grundsätzl. Kritik an der damaligen Gesellschafts- und Staatsordnung, während E. BERNSTEIN mit der Formulierung der tagespolit. Forderungen im zweiten Teil des Programms die staatl. Institutionen anerkannte. BERNSTEIN war dann auch der Wortführer des →Revisionismus, der aus der Kritik an den Lehren und Vorhersagen von MARX und ENGELS der Sozialdemokratie eine auf die Gegenwart bezogene Theorie zu geben suchte, die der bereits geübten reformist. Praxis entsprach. Auf dem Dresdner Parteitag (1903) noch von der Mehrheit verworfen, wurde der Revisionismus mit dem Görlitzer Programm (1921) theoret. Grundlage der Mehrheitssozialdemokratie, nachdem in der Praxis der Marxismus bereits vielfach aufgegeben worden war. Am 31. 12. 1918/1. 1. 1919 wurde die →Kommunistische Partei Deutschlands gegründet.

Die Anarchisten (→Anarchismus) hingegen hielten an der Konzeption einer staatsfreien kommunist. Zukunftsgesellschaft fest. M. A. BAKUNIN forderte die Bildung freier industrieller und landwirtschaftl. Assoziationen auf der Grundlage vergesellschafteter Produktionsmittel. 1880 wurde der ›kommunistische Anarchismus‹ proklamiert, dessen bedeutendster Theoretiker P. A. Fürst KROPOTKIN wurde.

Die vormarxist. revolutionäre Bewegung in Russland stand bis in die 1880er-Jahre hinein nahezu gänzlich im Zeichen einer Weiterentwicklung frühsozialist. Ideen, v. a. der Konzeptionen FOURIERS und P. J. PROUDHONS. A. I. HERZEN propagierte eine Verbindung von westl. Sozialismus und bäuerl. russ. Dorfgemeinde (Mir, Obschtschina). Von N. G. TSCHERNYSCHEWSKIJ übernahm die Narodniki-Bewegung der 1870er-Jahre, die sich zu einer föderalist. Internationale und zu ›Anarchie und Kollektivismus‹ bekannte, die Vorstellung, dass einzig eine Revolution Russland den Kapitalismus ersparen und den direkten Übergang zum Sozialismus erreichen könne. Demgegenüber hielt G. W. PLECHANOW, Führer der sich seit den 1880er-Jahren formierenden russ. Marxisten, den Kapitalismus in Russland für so stark, dass die Hoffnung auf eine sozialist. Transformation der Dorfgemeinde illusionär sei.

Marxismus-Leninismus

Weltgeschichtl. Bedeutung erlangte die Umformung der marxist. Lehre durch LENIN zum Marxismus-Leninismus, dem zufolge der Kapitalismus in die Phase des →Imperialismus eingetreten sei, in dem die Konkurrenz durch die Monopole und der bürgerl. Liberalismus durch Rassismus und Chauvinismus abgelöst worden seien. Ein Teil der Arbeiterbewegung (Arbeiteraristokratie) in den entwickelten kapitalist. Ländern habe sich aufgrund dieses tradeunionist. Bewusstseins dem Reformismus zugewandt, sodass sich die Chancen für den Ausbruch der Revolution an die Peripherie des kapitalist. Weltsystems verschoben hätten, v. a. zu den Kolonialvölkern. Russland erscheint in dieser Analyse als die ›Brücke‹ zw. der ›asiatisch-antiimperialist.‹ und der ›europäisch-proletar.‹ Revolution. Damit rechtfertigte LENIN den Beginn der proletar. Weltrevolution in dem relativ rückständigen Russland, zumal bald darauf die Revolution in den entwickelteren Staaten folgen werde.

Die zweite entscheidende Veränderung des Marxismus nahm LENIN bereits 1902 mit seiner voluntarist. Parteitheorie vor: Eine als ›Partei neuen Typs‹ organisierte kommunist. Avantgarde müsse Klassenbewusstsein in die Arbeiterklasse hineintragen und diese politisch führen. Diese Partei solle – unter den Bedingungen der Illegalität – eine hierarchisch gegliederte und militärisch disziplinierte ›Kaderpartei‹ von Berufsrevolutionären sein. Sobald die äußeren Umstände es gestatteten, solle die Wahl der Führer von unten nach oben in der ganzen Partei demokratisch erfolgen. Die Minderheit habe sich der Mehrheit unterzuordnen. Die Beschlüsse der höheren Instanzen seien für die unteren verbindlich. Die Kombination dieser Prinzipien wurde als →demokratischer Zentralismus bezeichnet. In der Praxis bildete sich jedoch ein ›bürokrat. Zentralismus‹ heraus, nachdem andere Parteien und 1921 die Bildung von Fraktionen und Plattformen innerhalb der Partei verboten worden waren.

Seit LENIN, unter dessen Führung mit der Oktoberrevolution 1917 in Russland das erste kommunist. Herrschaftssystem errichtet wurde, wurden allen Spielarten die folgenden Merkmale gemeinsam: 1) der Marxismus-Leninismus als verpflichtende Weltanschauung; 2) eine auf der Vergesellschaftung bzw. Verstaatlichung aller Produktionsmittel fußende Wirtschafts- und Sozialordnung, die (in der Regel) zentral geplant und gelenkt wird; 3) ein Herrschaftssystem, das die leninist. Kaderpartei als bewusste Vorhut des Proletariats im revolutionären Zu- bzw. Vorgriff errichtet und als höchster und entscheidender Machtträger, als Verkörperung der Diktatur des Proletariats zur Vollendung des Sozialismus und K. weiterentwickelt.

›Sozialismus in einem Lande‹ (1917–45)

Bestimmend für die weitere Entwicklung des K. seit der Oktoberrevolution war, dass die UdSSR bis 1945 das einzige kommunistisch regierte Land der Erde blieb (wenn man von der 1921 gegründeten, völlig von Moskau abhängigen Mongol. Volksrepublik absieht). Die in den übrigen Ländern meist durch Abspaltung von den Sozialisten entstandenen kommunist. Parteien wurden 1919 in der →Kommunistischen Internationale (Komintern) zusammengefasst; sie gelangten seit Mitte der 1920er-Jahre in völlige Abhängigkeit von der sowjet. Partei und hatten in erster Linie den Interessen der sowjet. Außenpolitik zu dienen. Für ihr eigenes Land verfolgten die sowjet. Kommunisten eine Politik der raschen und umfassenden Industrialisierung, die mit Sozialismus als unmittelbarer Vorstufe des K. gleichgesetzt wurde. LENIN hatte 1920 die Parole ausgegeben: ›K. = Sowjetmacht + Elektrifizierung des ganzen Landes‹; STALIN verkündete 1925 den Aufbau des ›Sozialismus in einem Lande‹.

In drei großen Etappen – Kriegs-K. (ab 1918), Neue Ökonom. Politik (ab 1921) und Revolution von oben (ab 1928/29) – vollzog sich ein gewaltiger Umwälzungsprozess der sowjet. Gesellschaft. Es entstand eine neue, wiederum durch wirtschaftl. und soziale Ungleichheit gekennzeichnete Klassengesellschaft und ein riesiger bürokrat. Funktionärsapparat, der eine neue Zwangsverwaltung darstellte. Zugleich mündete die Einparteidiktatur LENINS in die terrorist. Einmanndiktatur STALINS (→Stalinismus). Der totalitäre Grundzug im sowjet. System verfestigte sich. Die →Kollektivierung der Landwirtschaft seit Ende der 1920er-Jahre wurde unter ungeheuren Opfern der Bev. (Hungersnöte, Vernichtung der Kulaken) gewaltsam durchgesetzt. Nachdem es STALIN bereits 1924–29 gelungen war, alle Gegner und Konkurrenten wie L. D. TROTZKIJ aus dem polit. Leben auszuschalten, wurden viele von ihnen während der Großen →Tschistka (1935–39) in Schauprozessen wegen ›antisowjetisch-trotzkist.‹ Tätigkeit verurteilt und hingerichtet.

Entwicklung nach 1945

Als Ergebnis des Zweiten Weltkriegs gewann die UdSSR die von der Roten Armee besetzten Gebiete in Ost- und Mitteleuropa als Einflussbereich. Zusammen mit den USA ging sie als Weltmacht aus dem Krieg hervor. Zwar gestand die UdSSR den besetzten Ländern in Ost- und Mitteleuropa (Bulgarien, Rumänien, Ungarn, Tschechoslowakei, Polen, sowjetisch besetzte Zone Dtl.s) zunächst jeweils einen eigenen, nat. Weg zum Sozialismus auf der Basis von Volksfrontbündnissen der kommunist. Parteien mit den anderen Parteien zu, doch spätestens 1948, seit dem Konflikt STALINS mit der jugoslaw. Partei unter J. TITO, die aus eigener Kraft – wenn auch nicht demokratisch legitimiert – die Macht übernommen hatte, war offensichtlich, dass der Aufbau des Sozialismus in Ost- und Mitteleuropa nach sowjet. Weisung erfolgen sollte. Vorausgegangen war in zahlreichen dieser Staaten die Zwangsvereinigung der sozialist. mit der kommunist. Partei. Auch die chin. KP, die nach ihrem Sieg im Bürgerkrieg 1949 die Macht im Lande übernahm, erkannte (wie Nord-Korea) das sowjet. Modell zunächst als verbindlich an. Die Weltpolitik seit Ende der 1940er-Jahre wurde vom →Ost-West-Konflikt bestimmt, die kommunist. Welt durch die UdSSR beherrscht.

Im Zusammenhang mit der Verurteilung der persönl. Diktatur STALINS durch N. S. CHRUSCHTSCHOW auf dem XX. Parteitag der KPdSU (Februar 1956) wurde die Diskussion über die Anerkennung eigener nat. Wege zum Sozialismus neu entfacht (u. a. →Reformkommunismus) und bewirkte schwere Erschütterungen im europ. Machtbereich der UdSSR (1956 Poln. Oktober, Ungar. Volksaufstand; 1968 Prager Frühling) und im internat. K. insgesamt. Der Führungsanspruch der KPdSU im Welt-K. wurde zuerst 1956 von der KP Italiens unter P. TOGLIATTI infrage gestellt. Die ital. KP, die gegen die militär. Beendigung des Prager Frühlings 1968 durch die Sowjetunion protestierte, war auch die treibende Kraft bei der Herausbildung des →Eurokommunismus, der eine sozialist. Gesellschaftsordnung mit Grundrechten, Parteienpluralismus und dem Recht auf Opposition anstrebte. Seine beiden wichtigsten Träger waren die ital. und die span. KP, während die frz. KP das Konzept nur halbherzig mittrug.

Die wichtigste Grundlage eines polit. Spielraums für einzelne kommunistische Parteien bildete der seit 1957/58 schwelende, seit Anfang der 60er-Jahre, bes. aber ab 1963/64 zum offenen Bruch führende sowjetisch-chin. Konflikt. 1958/59 scheiterte der Versuch MAO ZEDONGS, mithilfe der Volkskommunen in einem ›Großen Sprung nach vorn‹, den CHRUSCHTSCHOW offen kritisierte, den Weg zum K. im Allgemeinen und den Vorsprung der UdSSR im Besonderen zu verkürzen. Umgekehrt charakterisierte die chin. KP die sowjet. Form des K. seit Mitte der 1960er-Jahre als ›Revisionismus‹ und ›Großmachtimperialismus‹. Während CHRUSCHTSCHOW auf dem XXI. Parteitag der KdSU 1961 die ›Periode des entfalteten Aufbaus der kommunist. Gesellschaft‹ verkündete (nach dem neuen Parteiprogramm sollte die Basis dafür bis 1980 erreicht sein), legten sich dessen Nachfolger nicht auf ein solches Ziel fest. Neue gesellschaftspolit. Devise war es nun, dass sich die Sowjetunion in der ›Epoche des entwickelten Sozialismus‹ befinde. Dieser galt (nach der Theorie von der ›entwickelten sozialist. Gesellschaft‹) als eine gesetzmäßige Etappe auf dem Weg zum K. Die ideologisch-machtpolit. Rivalität zw. der UdSSR und China wirkte sich auch in der Dritten Welt aus, wo sie in den zahlreichen nach der →Entkolonialisierung unabhängig gewordenen Staaten im Wettbewerb mit den westl. Industriestaaten standen. Die UdSSR stellte sich dabei unter L. I. BRESCHNEW (1964–82) der Verbündete der nat. Befreiungsbewegungen dar, die ihre Länder aus kolonialer und nachkolonialer Abhängigkeit lösen wollten, und suchte zugleich ihre politisch-militär. Position als Weltmacht zu stärken. In den 1970er/80er-Jahren war die K. sowjet. Prägung auch in Staaten der Dritten Welt erfolgreich, insbesondere in Afrika (Angola, Äthiopien, Moçambique). Es gelang ihm aber nicht, die Menschen von der Idee des K. zu überzeugen. Das kommunist. China konnte demgegenüber auf seine den anderen Entwicklungsländern vergleichbare Lage verweisen. In der chin. KP selbst kam es immer wieder zu schweren Erschütterungen. MAO ZEDONG suchte Mitte der 1960er-Jahre mit der von ihm ausgelösten Kulturrevolution das erstarrte kommunist. System in Bewegung zu bringen und verlorene ideolog. wie machtpolit. Positionen zurückzugewinnen. Der damals entmachtete Vertreter der ›Pragmatisten‹ DENG XIAOPING, nach dem Tod MAO ZEDONGS (1976) 1977 rehabilitiert, stieg zum führenden Politiker Chinas auf. Dass sein Konzept der Liberalisierung und der Öffnung gegenüber dem Westen nur für die wirtschaftl. Sektor (Förderung von privaten Kleinunternehmen, Stärkung der Marktkräfte) gilt, nicht jedoch für den polit. Bereich, wurde zuletzt bei der blutigen Niederschlagung der Massendemonstrationen im Juni 1989 deutlich.

Unter BRESCHNEW stagnierte das polit., sozioökonom. und kulturelle Gefüge der UdSSR; es setzte geradezu ein Verfall ein. Zwar wurde außenpolitisch eine Politik der Entspannung eingeleitet, aber innenpolitisch kein ›Tauwetter‹ geduldet, auch nicht im sowjet. Machtbereich (→Breschnew-Doktrin). Die Nichtgewährung demokrat. Grundrechte und der Versuch, den Einfluss der kommunist. Parteien und ihrer Ideologie in allen Lebensbereichen (gewaltsam) durchzusetzen, hatten v. a. in den 70er- und 80er-Jahren zu einer fortschreitenden Abkehr vieler Menschen vom kommunist. System und zu einem Rückzug in die Privatsphäre geführt. Andererseits waren trotz der auf dem Informationsmonopol des Staates beruhenden, zielgerichteten ideolog. Beeinflussung der Bev. und des rücksichtslosen, teilweise brutalen Vorgehens der Geheimdienste in allen kommunistisch regierten Staaten Bürger- bzw. Bürgerrechtsbewegungen entstanden, deren Kampf um Freiheit und Menschenrechte v. a. von der Gewerkschaftsbewegung (Polen) und kirchl. Gruppen (DDR) getragen wurde, die sich aber auch eigenständig profilieren konnten (ČSSR, Ungarn). Zusätzlich motivierende Impulse erhielt diese Entwicklung seit Mitte der 70er-Jahre durch die Ergebnisse der →Konferenz über Sicherheit und Zusammenarbeit in Europa (KSZE) sowie v. a. seit Mitte der 80er-Jahre durch die Reformbestrebungen innerhalb der →Kommunistischen Partei der Sowjetunion. Schon lange vor der kommunist. Agonie hatte der sowjet. K. damit seine Vorbildfunktion eingebüßt. Von einem ›Welt-K.‹ konnte nicht (mehr) die Rede sein.

Zusammenbruch

Der Amtsantritt M. S. GORBATSCHOWS als Gen.-Sekr. der KPdSU (1985) bedeutete für den K. einen Einschnitt. Der Versuch, den K. grundlegend zu reformieren und ein ›neues polit. Denken‹ zu installieren, führte zu seinem fakt. Ende. Der K. war entkräftet und ließ sich nicht revitalisieren. GORBATSCHOW wollte mittels ›Glasnost‹ und ›Perestroika‹ die Gesellschaft, speziell die Wirtschaft, im Rahmen des K. leistungsfähiger gestalten. Doch der Reformprozess, der eine Eigendynamik entwickelte, verschärfte die Krise, zumal GORBATSCHOW die Nationalitätenkonflikte in der UdSSR unterschätzt hatte. Die Liberalisierung führte zu einem wachsenden Pluralismus. Faktisch wurde der Weg der anderen kommunist. Länder nach mehr Eigenständigkeit und Freiheit anerkannt. Durch die Veränderungen in der Sowjetunion in der zweiten Hälfte der 80er-Jahre war eine Entwicklung in Gang gesetzt worden, die im Herbst 1989 zum Ende der kommunist. Staaten Osteuropas führte, z. T. allmählich, z. T. plötzlich. 200 Jahre nach der Frz. Revolution vollzog sich 1989 damit eine so nicht vorhergesehene Zeitenwende. Die Öffnung der Berliner Mauer (als Teil des ›Eisernen Vorhangs‹) am 9./10. 11. 1989 symbolisierte das Ende des Kommunismus. Auch wenn der Systemwechsel in den einzelnen Ländern unterschiedlich ausfiel – in einigen sozioökonomisch rückständigen Ländern wie Bulgarien und Rumänien kam es zunächst zu einem gleitenden Systemwandel –, wurde das Machtmonopol der jeweiligen kommunist. Partei gebrochen.

Damit hatten die osteurop. Staaten binnen kurzem die Sowjetunion überholt. Für die einen war GORBATSCHOWS ›Dritter Weg‹ nicht entschieden genug, für die anderen war er zu weitgehend. Beim Putsch im August 1991 von führenden Kräften aus dem Geheimdienst, dem Militär und der kommunist. Partei gegen GORBATSCHOW widersetzte sich der vom Volk gewählte russ. Präs. B. N. JELZIN den Putschisten. Er untersagte die Aktivitäten der KPdSU. Was die Putschisten verhindern wollten, hatten sie beschleunigt – das Ende des K. Kurz vor der Auflösung der Sowjetunion gab der innenpolitisch isolierte GORBATSCHOW am 25. 12. 1991 sein Amt als sowjet. Staatspräs. auf. Der flächenmäßig größte kommunist. Staat war v. a. an seinen inneren Schwächen zugrunde gegangen.

Das ›Ende der Illusion‹ (FRANÇOIS FURET) über den K. bestimmte die revolutionären Umbrüche 1989/90: Keine Gruppierung strebte nach einem ›wahren K.‹ wie 1968 in der ČSSR. Selbst die ehemals kommunist. Parteien haben sich vielfach umbenannt und verfolgen nun häufig einen sozialdemokrat. Kurs. Die kommunist. Partei in Russland ist nach beträchtl. Wandlungen zwar nach wie vor mächtig, unterlag aber bei der Präsidentschaftswahl 1996. Die Umgestaltung der ehemals kommunist. Staaten wirft gravierende Probleme auf. In ihnen müssen mehrere Aufgaben gleichzeitig gelöst werden: die Etablierung einer demokrat. Verfassungsordnung, die Einführung eines marktwirtschaftl. Gefüges, die Erneuerung hin zu ›zivilgesellschaftl.‹ Mustern der polit. Kultur und die Eindämmung der wieder auflebenden Nationalitätenkonflikte. Auch wenn in einigen Staaten aufgrund übersteigerter Erwartungen ehemals kommunist. Parteien erneut in die Reg. gelangten (wie in Ungarn und Polen), wurde der inzwischen eingeführte polit. Pluralismus ebenso wenig rückgängig gemacht wie die Marktwirtschaft.

GORBATSCHOW und JELZIN haben ungeachtet ihrer Konflikte Ende 1991 vom K. als einem totalitären System gesprochen. Der K. hat zwar in einigen unterentwickelten Ländern für eine wirtschaftl. Konsolidierung gesorgt und das Erziehungswesen ausgebaut (z. B. Alphabetisierung der Bev.), allerdings um einen hohen Preis: Parteisäuberungen, Massenexekutionen von tatsächl. und vermeintl. Gegnern, Massendeportationen, Arbeitslager, Bürgerkriege und Hungersnöte (insgesamt werden die Opfer auf etwa 50 Mio. Menschen geschätzt). Entscheidend für das Scheitern war aber insbesondere, dass sich das ökonom. System der kommunistisch regierten Staaten Europas als nicht effizient erwiesen hatte. Durch eine streng zentralisierte staatl. Kommandowirtschaft und dogmat. Leitung aller gesellschaftl. Prozesse wurden außerdem Initiativen jeder Art unterdrückt; zusätzlich hemmend wirkte sich die Erhebung des Kollektivismus zur quasi Staatsdoktrin aus (Vorrang des Kollektivs vor dem Einzelnen). Auch in der Nach-Stalinzeit hielt man an der Negierung des Pluralismus fest, an der Fixierung auf eine utop. Ideologie sowie an der Mobilisierung der Massen, die allerdings immer mehr den Glauben an die kommunist. Ideologie verloren hatten.

Immerhin hat der K. – wenn auch wider Willen – zu Reformen in demokrat. Verfassungsstaaten beigetragen (z. B. im sozialen Sektor), die dort eine kommunist. Massenbasis verhindern sollten. Die noch bestehenden kommunist. Staaten (China, Kuba, Nord-Korea, Vietnam, Laos) sind krisengeschüttelt, sodass nach dem Zusammenbruch der kommunist. Staats- und Gesellschaftssysteme sowohl der kommunist. Utopie einer gerechten Gesellschaft als auch der (Neo-)Marxismus (mit seinem Anspruch, dieser Utopie eine philosophisch-wiss. Grundlage zu geben) diskreditiert sind. Vorschnelle Folgerungen auf das ›Ende der Geschichte‹ (FRANCIS FUKUYAMA, 1990) erwiesen sich jedoch als nicht haltbar.

⇨ *Antikommunismus · Arbeiterbewegung · Bürgerbewegung · Kalter Krieg · Kollektivismus · Neomarxismus · Ost-West-Konflikt · Russland · Sowjetunion · Totalitarismus · Trotzkismus*

J. STAMMHAMMER: Bibliogr. des Socialismus u. Communismus, 3 Bde. (1893–1909, Nachdr. 1963–64); G. ADLER: Gesch. des Sozialismus u. des K. von Plato bis zur Gegenwart (1899, Nachdr. 1923); R. N. C. HUNT: Books on communism, a bibliography (London 1959); R. LÖWENTHAL: Chruschtschow u. der Welt-K. (1963); O. K. FLECHTHEIM: Bolschewismus: 1917–1967 (1967); B. MEISSNER: Die ›Breshnew-Doktrin‹ (1969); The dynamics of Soviet politics, hg. v. P. COCKS u. a. (Cambridge, Mass., 1976); W. LEONHARD: Euro-K. (1978); DERS.: Was ist K.? (Neuausg. 1978); DERS.: Dämmerung im Kreml (1984); W. HOFMANN: Ideengesch. der sozialen Bewegung des 19. u. 20. Jh. (⁶1979); Stalinismus, hg. v. G. ERLER u. a. (1982); I. FETSCHER: Der Marxismus (Neuausg. ³1983); E. NOLTE: Marxismus u. industrielle Revolution (1983); DERS.: Der europ. Bürgerkrieg 1917–1945 (⁴1989); Lex. des Sozialismus, hg. v. THOMAS MEYER u. a. (1986); R. F. STAAR: USSR foreign policies after détente (Neuausg. Stanford, Calif., 1987); K. KELLMANN: Die kommunist. Parteien in Westeuropa (1988); Z. BRZEZINSKI: Das gescheiterte Experiment (a. d. Engl., Wien 1989); G. STERN: The rise and decline of international communism (Aldershot 1990); T. GARTON ASH: Ein Jahrhundert wird abgewählt (a. d. Engl., 2. Ausg. ²1993); Jb. für histor. K.-Forschung (1993 ff.); W. LERNER: A history of socialism and communism in modern times (Englewood Cliffs, N. J., ²1993); M. WALLER: The end of the communist power monopoly (Manchester 1993); G.-J. GLAESSNER: K. – Totalitarismus – Demokratie (1995); E. HOBSBAWM: Das Zeitalter der Extreme (a. d. Engl., 1995); F. FURET: Das Ende der Illusion. Der K. im 20. Jh. (a. d. Frz., 1996).

Kommunismus, Pik K., bis 1962 **Pik Stalin,** höchster Berg Tadschikistans (und aller GUS-Republiken), im Pamir, 7495 m ü. M.; vergletschert. (→Bergsteigen, ÜBERSICHT)

Kommunistische Internationale, Kw. **Komintern,** Abk. **KI, Dritte Internationale,** 1919–43 die Vereinigung aller kommunist. Parteien, gegründet auf Anregung LENINS anlässlich eines Treffens von Vertretern kommunist. Parteien in Moskau (2.–6. 3. 1919: 1. Weltkongress der KI). Sie verstand sich als Vollstreckerin der Ideen des Kommunist. Manifests und der Ersten →Internationale. Ziel der KI war die Weltrevolution zur weltweiten Errichtung der ›Diktatur des Proletariats‹ im Rahmen eines Rätesystems. Die KI sollte sich zu einer straff gefügten ›Weltpartei‹ entwickeln, deren Mitgliedsparteien sich dem Ganzen politisch als nat. Sektionen unterzuordnen hatten. Sie gliederte sich verschiedene internat. Organisationen an, um ihren Einfluss zu erweitern, u. a. die →Rote Gewerkschaftsinternationale, die Rote Jugendinternationale, die Bauerninternationale, eine besondere Frauensektion sowie die Internationale Rote Hilfe.

Der 2. Weltkongress (Juli–August 1920) verabschiedete das Statut der KI, wonach leitendes Organ das ›Exekutivkomitee der Kommunist. Internationale‹ (Abk. EKKI) mit einem Präsidium an der Spitze war, und verpflichtete jede Mitgliedspartei, den Aufbau ihrer Organisation am Prinzip des →demokratischen Zentralismus auszurichten. Der von Anfang an starke, seit 1924 beherrschende Einfluss der KPdSU führte zum Verlust der Eigenständigkeit der Mitgliedsparteien und machte die KI schrittweise zum Instrument der sowjet. Außenpolitik.

Auf dem 1. und 2. Weltkongress stand noch die Erwartung der unmittelbar bevorstehenden Weltrevolution im Vordergrund; der 2. Kongress forderte in diesem Sinne ›Zweckbündnisse‹ mit ›antiimperialist.‹ Unabhängigkeitsgruppen kolonial abhängiger Gebiete v. a. in Asien. Seit dem 3. und 4. Weltkongress (Juni–Juli 1921; November–Dezember 1922) sollte der ›Kampf um die Einheitsfront der Arbeiterklasse‹ neben seinen revolutionären Perspektiven auch der Stärkung des international noch wenig anerkannten Sowjetstaates dienen. Nach dem 5. Weltkongress (Juni–Juli 1924) widerspiegelte sich der Machtkampf zw. STALIN und seinen Gegnern auch in der KI. Musste G. SINOWJEW 1926 N. I. BUCHARIN, dieser 1929 D. S. MANUILSKIJ als Vors. des EKKI weichen. Gleichzeitig setzte die ›Bolschewisierung‹ der kommunist. Parteien im Dienste der Machtpolitik STALINS ein. Auf dem 6. Weltkongress (Juli–September 1928) traten die Politik STALINS kritisierende Gruppen nicht mehr in Erscheinung. Die auf diesem Kongress ausgegebene Anweisung, die Sozialdemokraten als ›Sozialfaschisten‹ zu bekämpfen, wurde offiziell auf dem 7. (und zugleich letzten) Weltkongress (Juli–August 1935) zugunsten einer Volksfronttaktik (→Volksfront) fallen gelassen. 1935–43 war G. M. DIMITROW Gen.-Sekr. der KI. Zu ihren Repräsentanten gehörten u. a. A. GRAMSCI, B. KUN, O. W. KUUSINEN, F. PLATTEN, K. B. RADEK, M. THOREZ, P. TOGLIATTI. Gegen die KI gerichtet war der 1936 begründete →Antikominternpakt. Während des Zweiten Weltkriegs ließ STALIN im Interesse seines Bündnisses mit den Westmächten die KI am 15. 5. 1943 auflösen.

Quelle: Protokolle der Kongresse der K. I. 1.–6. Weltkongreß, 17 Bde. (Neuausg. 1982–84).

H. WEBER: Die K. I. (1966); Aufstieg u. Zerfall der Komintern. Studien zur Gesch. ihrer Transformation (1919–1943), hg. v. T. BERGMANN u. M. KESSLER (1992); A. WATLIN: Die Komintern 1919–1929 (1993).

Kommunistische Partei Chinas [-ç-], Abk. **KPCh,** im Juli 1921 in Schanghai unter maßgebl. Mitwirkung der Komintern gegründete Partei; größte KP der Erde (1997 rd. 57 Mio. Mitgl.).

Eine erste kommunist. Zelle entstand im Mai 1920 in Schanghai unter der Leitung CHEN DUXIUS, weitere folgten in Peking, Changsha, Hankou, Guangzhou und Jinan, einige bildeten sich auch im Ausland (so in Paris, Tokio). Nach Konstituierung der Partei arbeitete diese auf Initiative der sowjet. Führung zunächst eng mit der →Kuo-min-tang (Abk. KMT) zusammen, die im südl. China unter der Führung SUN YAT-SENS ein revolutionäres Reg.-System aufgebaut hatte. Im Januar 1924 schlossen sich KPCh und KMT zu einer Einheitsfront zusammen und verabschiedeten ein gemeinsames polit. Manifest. Die Mitgl. der KPCh wurden individuell zugleich Mitgl. der KMT und bildeten in dieser einen ›inneren Block‹,

Nach ihrer gewaltsamen Ausschaltung (1927) durch CHIANG KAI-SHEK, den Oberbefehlshaber der KMT-Streitkräfte, bauten die Kommunisten unter maßgebl. Beteiligung von ZHU DE eigene Streitkräfte auf und errichteten unter Führung MAO ZEDONGS in der Prov. Jiangxi ein Rätesystem nach sowjet. Muster. Von den Truppen der KMT-Reg. bedrängt, zogen die Kommunisten auf dem →Langen Marsch (1934/35) von S- nach N-China und schufen sich in der Prov. Shaanxi (im Bereich von Yan'an) ein neues Herrschaftsgebiet. Das 1936 erneut mit der KMT geschlossene Bündnis zerbrach nach dem Ende des Krieges gegen Japan (1937–45). Im Bürgerkrieg (1946/47–49) siegreich, rief die von MAO ZEDONG geführte KPCh am 1. 10. 1949 die VR China aus; unter ihrer Herrschaft setzte bald eine radikale Umgestaltung der Gesellschaft ein. Zunächst im Bündnis mit der UdSSR (›Vertrag über Freundschaft, Bündnis und gegenseitigen Beistand‹, 1950; umfassende sowjet. Wirtschafts- und Entwicklungshilfe), entwickelte sich nach 1955/56 ein folgenreicher chinesisch-sowjet. Konflikt (offener Bruch zw. KPCh und KPdSU seit der ersten Hälfte der 60er-Jahre bis Ende der 80er-Jahre). Dieser machtpolitisch-ideolog. Ggs. resultierte v.a. aus der chin. Ablehnung der Führungsrolle der KPdSU in der kommunist. Weltbewegung sowie der abweichenden Auslegung des Marxismus-Leninismus (→Maoismus) durch MAO ZEDONG.

Die Innenpolitik der KPCh in den 50er- und 60er-Jahren nahm oft den Charakter von Kampagnen an (→Hundert-Blumen-Bewegung, im Rahmen der ›Drei Roten Banner‹ der →Große Sprung nach vorn und die →Volkskommunen), die z.T. verheerende Folgen hatten und immer wieder gesellschaftspolit. Kurskorrekturen erzwangen. Die Große Proletar. →Kulturrevolution (1965/66–69) erschütterte die Struktur der Partei, in der sich aber – vollends nach dem Tod MAO ZEDONGS (1976) und der anschließenden Ausschaltung der ultralinken →Viererbande – wieder ein pragmat. Kurs durchsetzte. Maßgeblich bestimmt von DENG XIAOPING leitete die KPCh 1978 eine Politik grundlegender wirtschaftl. Reformen und der (v.a. ökonom.) Öffnung nach außen ein, die jedoch nur von einer kurzen Zeit innenpolit. Lockerung (1978/79) begleitet war. Die anvisierte Modernisierung Chinas (›Sozialismus chin. Prägung‹) orientierte sich an den parteidoktrinären Auffassungen von der führenden Rolle der KPCh, der Diktatur des Proletariats und dem Primat des Marxismus-Leninismus in Verbindung mit den Mao-Zedong-Ideen. Nachdem es bereits 1986/87 in verschiedenen chin. Studentenunruhen gekommen war (Rücktritt HU YAOBANGS als Gen.-Sekr. des ZK der KPCh), ließ die KPCh die Demokratie- und Reformbewegung 1989 von der Armee blutig unterdrücken (→Bürgerbewegung, China). Nach einer Phase innenpolit. Restauration leitete DENG XIAOPING, der 1990 sein letztes Führungsamt aufgegeben hatte, 1992 eine Kampagne zur Weiterführung der Wirtschaftsreform ein (1992/93 ›sozialist. Marktwirtschaft‹ zum offiziellen Staatsziel erhoben). Weiterhin strikt an der Einparteienherrschaft festhaltend, führte die KPCh in den 90er-Jahren immer wieder Kampagnen gegen die bedrohl. Ausmaße annehmende Korruption im Partei- und Staatsapparat durch. Nach dem Sturz ZHAO ZIYANGS als Gen.-Sekr. des ZK (1989) übernahm JIANG ZEMIN die offizielle Führung der Partei (seit 1993 zugleich Staatspräs.). (→China, Geschichte)

Kommunistische Partei der Sowjetunion, Abk. **KPdSU**, 1917/18–91 (bei mehrfacher Namensänderung) Staats- und Regierungspartei in Sowjetrussland bzw. der UdSSR; beanspruchte darüber hinaus die führende Rolle in der kommunist. Weltbewegung (KI, Kominform, →kommunistische Parteien) und war die bestimmende Kraft des →Ostblocks.

Organisationsstruktur und Arbeitsweise der KPdSU wurden weitestgehend von den (v.a. Macht ausübenden) kommunist. Parteien übernommen und besaßen für diese – zusammen mit dem →Marxismus-Leninismus – unbestrittenen Leitbildcharakter.

Die *Organisation* der KPdSU fußte auf dem von LENIN durchgesetzten Grundsatz einer zentralistisch aufgebauten Kaderpartei; ihr hauptamtlich fungierender Parteiapparat war nach dem Prinzip des →demokratischen Zentralismus organisiert. Das formell oberste Parteiorgan – der Parteitag – tagte (seit 1971) alle fünf Jahre (zuvor in unterschiedl. Abständen, zw. 1939 und 1952 gar nicht); für die Zeit zw. den Parteitagen wählte er das Zentralkomitee (Abk. ZK; 1918 15 Mitgl. und 8 Kandidaten, 1952 mehr als 230 Mitgl. und Kandidaten) als Leitungsorgan. Dieses wiederum bestimmte die Mitgl. der beiden höchsten (die tatsächl. Macht ausübenden) Entscheidungsgremien: das Politbüro (1917 erstmals konstituiert, 1919 als ständige Institution eingerichtet, 1952–66 durch ein Präsidium ersetzt; bestand aus einer wechselnden Zahl von Mitgl. und Kandidaten, 1987 vierzehn Vollmitgl.) und das Sekretariat des ZK. Unter dem Vorsitz des Gen.-Sekr. (1953–66 Erster Sekr.) trafen das Politbüro, das die Leitlinien der Politik festlegte, und das ZK-Sekretariat, das die Beschlüsse durch Direktiven an den Parteiapparat ausführte, alle gesellschaftspolit., ökonom. und außenpolit. Grundsatzentscheidungen. Die Verwaltungsgliederung der Partei war am Territorialprinzip des Staatsaufbaus orientiert (Union, Republiken [außer RSFSR], Gebiete, Bezirke, Städte, Kreise); die Zellen (Grundorganisationen) arbeiteten in Produktions- und Ausbildungsstätten, Staatsorganen und Verwaltungsbehörden sowie in den Einheiten der Streitkräfte. Polit. Nachwuchsorganisation der KPdSU war der Jugendverband →Komsomol.

Geschichte: Die KPdSU ging hervor aus der 1898 gegründeten **Sozialdemokratischen Arbeiterpartei Russlands** (Abk. **SDAPR**), die sich 1903 in **Menschewiki** und die von LENIN geführten **Bolschewiki** (Abk. **B**) spaltete. Letztere konstituierten sich 1912 formell als selbstständige Partei unter der Bez. **SDAPR (B)**. In der →Oktoberrevolution 1917 übernahmen die Bolschewiki nach einem bewaffneten Aufstand die Macht, die sie nach Ausschaltung ihrer Bündnispartner (linke Sozialrevolutionäre) ab März 1918 allein innehatten und in einem blutigen Bürgerkrieg sowie im Kampf gegen eine ausländ. militär. Intervention (1918–21/22) behaupten konnten. 1918 benannte sich die Partei in **Kommunistische Partei Russlands (Bolschewiki)** [Abk. **KPR (B)**] um. Nach dem Tod LENINS (1924) gelang es STALIN, der bereits seit 1922 Gen.-Sekr. war, seine innerparteil. Rivalen L. D. TROTZKIJ, L. B. KAMENEW, G. J. SINOWJEW und N. I. BUCHARIN nach und nach auszuschalten und später zu liquidieren (Schauprozesse und Hinrichtungen). Die alte Führungsschicht der – 1925 in **KPdSU (B)** umbenannten – Partei wurde in der ›Großen Säuberung‹ (1935–39; →Tschistka) durch STALIN stark dezimiert; unter ihm wurde die KPdSU (B) zu einem Herrschaftsinstrument seiner persönl. Diktatur (→Stalinismus). Nach STALINS Tod (1953) wurden unter dem neuen Ersten Sekr. N. S. CHRUSCHTSCHOW Deformierung der Partei und Personenkult im Zuge der →Entstalinisierung (XX. Parteitag 1956) rückgängig gemacht. Die KPdSU (1952 Streichung des Zusatzes ›B‹) wurde wieder der eigentl. polit. Machtträger. Die von CHRUSCHTSCHOW gegenüber dem Westen verfolgte Politik der ›friedl. Koexistenz‹ führte zum polit. Bruch und zur Rivalität mit der KP Chinas (bis um 1989). Nach CHRUSCHTSCHOWS Sturz 1964 wurde eine kollektive Leitung konstituiert, in der L. I. BRESCHNEW als Gen.-Sekr. jedoch eine große Machtfülle auf seine Person vereinigen konnte. Seine Nachfolger waren J. W. ANDROPOW (1982–84) und K. U. TSCHERNENKO (1984/85).

Mit Gen.-Sekr. M. S. GORBATSCHOW (1985–91) und seiner Reformpolitik von ›Glasnost‹ und ›Perestroika‹ begann in der zweiten Hälfte der 80er-Jahre ein grundlegender staatlich-gesellschaftl. Umbau, der auch die Partei erfasste (Auswechseln führender Kader, Umstrukturierung des Apparates), jedoch vielfach in Ansätzen stecken blieb und Kritik von Radikalreformern sowie orth. Kräften hervorrief. Gegen starken innerparteil. Widerstand setzte GORBATSCHOW im Februar 1990 den Verzicht auf das verfassungsrechtlich abgesicherte Machtmonopol der KPdSU durch (im März 1990 Streichung des Führungsanspruchs aus der Verfassung). Der Prestige- und Machtverlust der KPdSU äußerte sich in einem starken Rückgang der Mitgliederzahl (1990/91 rd. 4,2 Mio. Austritte, u. a. B. N. JELZIN, E. A. SCHEWARDNADSE).

Um dem Zerfall der KPdSU entgegenzuwirken, unterbreitete GORBATSCHOW 1991 den Entwurf eines neuen Parteiprogramms, der sich an Prinzipien der Sozialdemokratie orientierte. Dennoch kam es zu organisator. Abspaltungen von der KPdSU.

Nach dem gescheiterten Putschversuch orth. kommunist. Funktionäre wurde im August 1991 die Tätigkeit der KPdSU auf dem gesamten Staatsgebiet der UdSSR untersagt. GORBATSCHOW trat am 24. 8. 1991 als Gen.-Sekr. zurück. In einer Reihe von Unionsrepubliken, die zumeist bereits ihre Unabhängigkeit erklärt hatten, wurden die bisher der KPdSU eingegliederten nat. KP-Organisationen verboten (u. a. Ukraine, Georgien), in anderen formierten sie sich unter neuem Namen (Usbekistan) oder lösten sich selbst auf (z. B. in Aserbaidschan). 1993 konstituierte sich die von G. A. SJUGANOW geführte ›Kommunist. Partei der Russ. Föderation‹ (Abk. KPRF), die bei den Parlamentswahlen von 1993 zweitstärkste und bei denen von 1995 stärkste Partei wurde (22,3% der Stimmen, 157 Sitze in der Staatsduma). →Sowjetunion, Geschichte; →Russland, Geschichte

L. SCHAPIRO: Die Gesch. der KPdSU (a. d. Engl., 1961); B. MEISSNER: Das Parteiprogramm der KPdSU: 1903–1961 (³1965); The dynamics of Soviet politics, hg. v. P. COCKS u. a. (Cambridge, Mass., 1976); Histor. Lex. der Sowjetunion 1917/22 bis 1991, hg. v. H.-J. TORKE (1993); G. u. N. SIMON: Verfall u. Untergang des sowjet. Imperiums (1993).

Kommunistische Partei Deutschlands, Abk. **KPD,** polit. Partei, hervorgegangen am 1. 1. 1919 aus dem Zusammenschluss des →Spartakusbundes, geführt von ROSA LUXEMBURG, K. LIEBKNECHT und L. JOGICHES, und den ›Bremer Linksradikalen‹ um JOHANN KNIEF (* 1880, † 1919) und PAUL FRÖHLICH (* 1884, † 1953); gab sich auf dem Gründungsparteitag (30. 12. 1918–1. 1. 1919) ein von ROSA LUXEMBURG entworfenes Programm, das sich die Bildung einer ›einheitl. dt. sozialist. Republik‹ mit einer sozialist. Gesellschaftsordnung und einer Räte-Verf. zum Ziel setzte. Die Ermordung ROSA LUXEMBURGS und K. LIEBKNECHTS (15. 1. 1919) beraubte die Partei ihrer bedeutenden Theoretiker. Ende 1920 wurde die KPD zu einem Machtfaktor in der Weimarer Republik, als sie sich nach der Spaltung der USPD mit deren linkem Flügel zusammenschloss und sich damit zu einer Massenpartei entwickelte (1921/22 unter dem Namen ›Vereinigte K. P. D.‹, Abk. VKPD).

Das Scheitern zahlreicher Aufstandsversuche, die sich 1919 auf Berlin und München, 1920 auf das Ruhrgebiet, 1921 auf Thüringen und das Vogtland, 1923 schließlich auf Sachsen, Hamburg und Thüringen konzentriert hatten, führte zu Konflikten sowohl in der Führung der KPD als auch in den Beziehungen der Partei zur Kommunist. Internationale (Komintern), der die KPD seit dem Gründungskongress im März 1919 angehörte. Auf dem IX. Parteitag (1924) musste die Gruppe um A. THALHEIMER und HEINRICH BRANDLER (* 1881, † 1967), die als Repräsentantin der ›Parteirechten‹ galt und einer Einheitsfront mit der SPD zuneigte, die Führung der KPD an die ›linke Opposition‹ unter RUTH FISCHER, ARKADIJ MASLOW (* 1891, † 1941), E. THÄLMANN und WERNER SCHOLEM (* 1895, † 1940) abgeben; THÄLMANN wurde 1925 Vors. der Partei. Im Zuge einer sich ständig verstärkenden Ausrichtung auf die polit. Linie der Komintern vollzog diese Parteiführung die ›Bolschewisierung‹ der KPD, d. h. die strukturelle Angleichung an die KPdSU (B), v. a. die Unterwerfung der Parteimitgliedschaft unter die unbedingte Herrschaft des Parteiapparates. Da sich – vor dem Hintergrund der innerparteil. Machtkämpfe in der KPdSU (B) – die Komintern ihrerseits dem wachsenden Machtanspruch STALINS beugte, vollzog die polit. Linie (nach der Ächtung L. D. TROTZKIJS in der UdSSR) seit 1925 die Ausrichtung der KPD auf die Politik STALINS. Im Zeichen des ›Kampfes gegen den Trotzkismus‹ ließ die Partei eigene, v. a. von ROSA LUXEMBURG geprägte ideolog. Traditionen fallen. Schon seit 1919 bestand ein illegales Kontrollorgan zur Überwachung des legalen Parteiapparates (u. a. ›Militärpolit. Apparat‹ gen.); ihm gehörten u. a. E. MIELKE, E. WOLLENBERG, W. ZAISSER an; 1937 aufgelöst), dessen Tradition später das MfS der DDR übernahm.

Im Rahmen einer ›ultralinken Taktik‹, die für die Jahre der Wirtschafts- und Staatskrise (1929–34) maßgebend blieb, wurden die Sozialdemokraten 1928 als ›Sozialfaschisten‹ zum Hauptfeind erklärt. Damit wurde bewusst eine gemeinsame Handlungsbasis der KPD mit der SPD und anderen demokrat. Parteien zur Abwehr des Nationalsozialismus verhindert. Die Wirtschaftskrise seit 1929 stärkte die KPD: Ihre Mitgliederzahl stieg von (1924) 150 000 auf (1932) 360 000. Bei den Reichstagswahlen vom 6. 11. 1932 gewann sie 16,9% der abgegebenen gültigen Stimmen.

Nach dem Reichstagsbrand (27. 2. 1933) löste die natsoz. Reichs-Reg. die KPD auf und verhaftete ihre Funktionäre. Die Partei formierte sich illegal; durch Verhaftungen (u. a. auch THÄLMANNS, 1933) stark dezimiert und isoliert, kämpften viele Kommunisten im Untergrund gegen das natsoz. Regime. Auf der ›Brüsseler Konferenz‹ (bei Moskau, 3.–15. 10. 1935; XIII. Parteitag) wurde W. PIECK mit der Wahrnehmung der Funktion des Vors. der KPD beauftragt; die dort zur Generallinie erklärte Zusammenarbeit aller ›Antifaschisten‹ erfuhr auf der ›Berner Konferenz‹ (bei Paris, 30. 1.–1. 2. 1939; XIV. Parteitag) eine gewisse takt. Weiterentwicklung. Im Moskauer Exil gewann W. ULBRICHT immer stärkeren Einfluss im Politbüro. Die überwiegende Mehrheit der KPD-Emigranten in Moskau (Hotel ›Lux‹) war 1935–39, z. T. mit Beteiligung der Exilführung, von den stalinschen Säuberungen STALINS betroffen (Große →Tschistka: u. a. 83 Hinrichtungen, 143 starben in Arbeitslagern, 104 bekannte Auslieferungen an das natsoz. Dtl.). Seit Sommer 1944 bereitete sich die Moskauer Führung der KPD (15 Mitgl.) auf die Übernahme der Macht in Nachkriegs-Dtl. vor.

Nach dem staatl. Zusammenbruch Dtl.s (April/Mai 1945) wurde die KPD in allen vier Besatzungszonen zugelassen; ihre ›Initiativgruppen‹ (u. a. →Gruppe Ulbricht) stellten die polit. Weichen für die spätere Entwicklung in der SBZ. Gestützt auf die sowjet. Besatzungsmacht, betrieb die KPD in der SBZ unter Zwang und starker Nötigung, z. T. (unter irrigen Hoffnungen) von der Basis getragen, im Frühjahr 1946 die Vereinigung mit der dortigen SPD zur →Sozialistischen Einheitspartei Deutschlands (SED). – Im Januar 1990 kam es in der DDR zur Wiedergründung der KPD als Splitterpartei.

In den westl. Besatzungszonen Dtl.s zunächst in mehreren Landes-Reg. vertreten, verlor die KPD (Erster Sekr. seit 1949: M. REIMANN) nach Gründung der BRD (1949) an Bedeutung. Am 17. 8. 1956 wurde sie vom Bundesverfassungsgericht für verfassungswidrig erklärt und aufgelöst; 1968 konstituierte sich eine →Deutsche Kommunistische Partei (DKP) neu.

H. KLUTH: Die KPD in der Bundesrepublik. Ihre polit. Tätigkeit u. Organisation 1945-1956 (1959); H. WEBER: Die Wandlungen des dt. Kommunismus. Die Stalinisierung der KPD in der Weimarer Republik, 2 Bde. (1969); H. DUHNKE: Die KPD von 1933 bis 1945 (1972); Der dt. Kommunismus: Dokumente 1915-1945, hg. v. H. WEBER (³1973); H. WEBER: ›Weiße Flecken‹ in der Gesch. Die KPD-Opfer der Stalinschen Säuberungen u. ihre Rehabilitierung (²1990); In den Fängen des NKWD. Dt. Opfer des stalinist. Terrors in der UdSSR, hg. v. Institut für Gesch. der Arbeiterbewegung (1991); Kommunisten verfolgen Kommunisten. Stalinist. Terror u. Säuberungen..., hg. v. H. WEBER u. D. STARITZ (1993); Die Gründung der KPD, hg. v. H. WEBER (1993); ›Nach Hitler kommen wir‹. Dokumente zur Programmatik der Moskauer KPD-Führung 1944/45 für Nachkriegs-Dtl., hg. v. P. ERLER u. a. (1994).

kommunistische Parteien, nach dem Ersten Weltkrieg unter dem Eindruck der russ. Oktoberrevolution gebildete Parteien, die sich nach dem Vorbild der russ. →Bolschewiki (später der →Kommunistischen Partei der Sowjetunion, Abk. KPdSU) zu organisieren suchten. Seit 1919 als nat. Sektionen in der →Kommunistischen Internationale (Komintern) zusammengefasst, erstrebten sie auf der Linie des Marxismus-Leninismus die Verwirklichung des →Kommunismus. Zahlreiche k. P. entwickelten sich zu Massenorganisationen (u. a. die →Kommunistische Partei Deutschlands), andere blieben – gemessen an der Zahl ihrer Mitglieder – ohne großen Einfluss (z. B. die →Kommunistische Partei Österreichs bis 1945). Im Zuge der immer größeren Abhängigkeit der k. P. von der Komintern und der gleichzeitig wachsenden Abhängigkeit der Komintern von der KPdSU wurden die k. P. bes. unter STALIN zu einem Instrument der Außenpolitik der UdSSR. Im Organisationsaufbau wurde der →demokratische Zentralismus verbindlich, in der Praxis bestand die völlige Unterordnung unter den Willen STALINS (→Stalinismus). Zahlreiche Mitglieder k. P. fielen im Span. Bürgerkrieg 1936-39 in den Internat. Brigaden. Nach dem dt. Angriff auf die UdSSR (1941) entwickelten sich im Zweiten Weltkrieg die k. P. insbesondere in Europa zu aktiven Widerstandsorganisationen gegen die Achsenmächte.

Nach dem Zweiten Weltkrieg übernahmen die Kommunisten und die von ihnen geschaffenen →Einheitsparteien in Bulgarien, Polen, Rumänien, der Tschechoslowakei und Ungarn mit sowjet. Hilfe, z. T. gegen Widerstände, die Macht, ebenso in der SBZ/DDR und in Nord-Korea (1945-48). Der (spätere) →Bund der Kommunisten Jugoslawiens (Juni 1948 Ausschluss aus dem →Kommunistischen Informationsbüro) und die →Kommunistische Partei Chinas setzten sich aus eigener Kraft gewaltsam durch und schlugen jeweils einen eigenen Weg (Titoismus, Maoismus) zum Sozialismus ein. Mit Repressionen (v. a. gegen frühere ›Westemigranten‹, gegen ›Titoisten‹ u. a.), Schauprozessen und Disziplinierungsmaßnahmen wurden die k. P. des unmittelbaren sowjet. Einflussbereiches ab 1948 einer durchgehenden Stalinisierung unterworfen, mit der v. a. die Herrschaft der Parteibürokratie abgesichert und die innerparteil. Dissidenz ausgeschaltet wurden. Dank einer größeren Verwurzelung in der Bev. entwickelten sich die ital. und frz. KP zu Massenorganisationen; sie waren an den ersten Nachkriegsregierungen beteiligt, in den 60er-/70er-Jahren versuchten sie, mit dem Konzept des →Eurokommunismus ihr polit. Gewicht zu verstärken (→Parti Communiste Français).

In den Ländern der Dritten Welt entstand mit der Entkolonialisierung eine Vielzahl k. P., die oft zum Motor der Unabhängigkeitsbewegungen wurden, z. B. in Vietnam und später in einigen Ländern Afrikas.

Nach dem Tod STALINS (1953) und der von N. S. CHRUSCHTSCHOW 1956 eingeleiteten →Entstalinisierung war die Einheit des Weltkommunismus (der ›kommunist. Weltbewegung‹) zunehmend infrage gestellt; hier wirkte sich die Forderung nach stärkerem Eigengewicht der nat. k. P. bzw. nach bedingter Demokratisierung (→Reformkommunismus) ebenso aus wie v. a. der ideologisch-machtpolit. Streit zw. KPdSU und der KP Chinas, der sich u. a. auch an der sowjet. Politik stärkerer wirtschaftl. Kontakte mit dem Westen (unter der Devise ›friedl. Koexistenz‹) entzündete. Unter dem Begriff Juche (Chuch'e) entwickelte KIM IL SUNG in Nord-Korea eine eigenständige kommunist. Ideologie.

Mit der Unterdrückung des Prager Frühlings (1968) und einer Politik (versteckter) militär. Drohungen gegenüber Polen (1980/81) konnte L. I. BRESCHNEW die sowjet. Linie noch einmal gewaltsam im Ostblock durchsetzen. Insgesamt vermochten aber die KP-Führer und ihr Apparat – trotz allen Einsatzes ihrer Repressionsorgane – in den meisten Ostblockländern seit Ende der 70er-Jahre die Etablierung einer immer ernster zu nehmenden Gegenkraft nicht zu verhindern, die sich v. a. in der Gegnerschaft zu den herrschenden k. P. und in der Bekämpfung von deren Macht-, Politik- und Informationsmonopol einig war (→Bürgerbewegung).

Unter dem Eindruck der immer deutlicher werdenden Systemkrise des Kommunismus und unter Preisgabe der →Breschnew-Doktrin leitete M. S. GORBATSCHOW, seit 1985 Gen.-Sekr. der KPdSU, gesellschaftl. Reformen ein, die starke Wirkungen v. a. auf die regierenden k. P. im Ostblock erlangten: Reformkommunist. Kräfte (z. B. in Ungarn und Polen) erhielten Auftrieb, das Beharren orth. Führungskräfte auf alten ideolog. Positionen und ihre zumeist ablehnende Haltung gegenüber GORBATSCHOWS ›neuem Denken‹ verschärften die innergesellschaftl. und innerparteil. Konflikte. So begünstigte die sowjet. Reformpolitik in ihrem Endergebnis ungewollt Entwicklungen, die in ihrer Dynamik schließlich 1989-91/92 vom Verlust des Machtmonopols der k. P. bis zur völligen Auflösung der kommunist. Herrschaftssysteme in Mittel- und Osteuropa führten (→Europa, Geschichte). In der VR China sicherte dagegen die KP im Juni 1989 ihren alleinigen Herrschaftsanspruch durch die blutige Unterdrückung der Bürgerrechts- und Demokratiebewegung (Peking). Auch in Kuba wurden von FIDEL CASTRO RUZ (→Fidelismus) und der dortigen KP trotz vorsichtiger wirtschaftl. Liberalisierung noch keine polit. Reformen eingeleitet.

Viele ehemals staatstragende k. P. gerieten mit dem Zusammenbruch des ›staatssozialist.‹ Regime in krisenhafte Entwicklungen. Häufig in die polit. Opposition gedrängt, suchten sie sich unter der Devise eines ›demokrat. Sozialismus‹ den veränderten Verhältnissen anzupassen (z. T. nur bloße Umbenennungen in sozialist. Parteien); einige behielten jedoch die Bez. ›kommunistisch‹ in ihrem Namen bei (z. B. in Russland, in der Tschech. Rep.). Die Prozesse schwieriger innerparteil. Neuprofilierungen bzw. die Transformationen in sozialdemokrat. Parteien, z. B. in Ungarn, sind (1996) jedoch noch nicht abgeschlossen. In den westl. Industriegesellschaften gerieten die k. P. seit 1989 unter verstärkten Rechtfertigungsdruck; entsprechend wurden, soweit erforderlich, programmat. Veränderungen in Richtung auf einen demokrat., der Marktwirtschaft gegenüber offenen Sozialismus vorgenommen (u. a. →Partito Democratico della Sinistra).

Kommunistische Partei Österreichs, Abk. **KPÖ,** polit. Partei in Österreich, (seit 1991) geführt

KPÖ
Kommunistische
Partei Österreichs

Manifest der Kommunistischen Partei.

Ein Gespenst geht um in Europa—das Gespenst des Kommunismus. Alle Mächte des alten Europa haben sich zu einer heiligen Hetzjagd gegen dies Gespenst verbündet, der Papst und der Czar, Metternich und Guizot, französische Radikale und deutsche Polizisten.

Wo ist die Oppositionspartei, die nicht von ihren regierenden Gegnern als kommunistisch verschrieen worden wäre, wo die Oppositionspartei, die den fortgeschritteneren Oppositionsleuten sowohl, wie ihren reaktionären Gegnern den brandmarkenden Vorwurf des Kommunismus nicht zurückgeschleudert hätte?

Zweierlei geht aus dieser Thatsache hervor.

Der Kommunismus wird bereits von allen europäischen Mächten als eine Macht anerkannt.

Es ist hohe Zeit daß die Kommunisten ihre Anschauungsweise, ihre Zwecke, ihre Tendenzen vor der ganzen Welt offen darlegen, und den Mährchen vom Gespenst des Kommunismus ein Manifest der Partei selbst entgegenstellen.

Zu diesem Zweck haben sich Kommunisten der verschiedensten Nationalität in London versammelt und das folgende Manifest entworfen, das in englischer, französischer, deutscher, italienischer, flämmischer und dänischer Sprache veröffentlicht wird.

Kommunistisches Manifest: Titelblatt und Einleitung der Erstausgabe; London, 1848

von einem Bundes-Sekr. und drei Sprechern; bemüht sich seit Januar 1990 um Erneuerung und eine linke ›antikapitalist.‹ Profilierung; war bis 1990 eine nach dem Organisationsprinzip des demokrat. Zentralismus aufgebaute Kaderpartei (u. a. geleitet von einem Polit. Büro); die Mitgl.-Zahlen gehen seit der Krise 1989/90 stark zurück.

Geschichte: Gegründet am 3. 11. 1918 in Wien als **Kommunistische Partei Deutschösterreichs,** Abk. **KPDÖ,** benannte sich 1920 in KPÖ um. Sie trat für die Errichtung einer Räte-Verf. nach russ. Vorbild ein und forderte u. a. die Enteignung des Großgrundbesitzes; 1919–43 KI-Mitgl. Bis zu ihrem Verbot durch die Reg. Dollfuß (26. 5. 1933) stand sie politisch ganz im Schatten der österr. Sozialdemokratie und erhielt bei keinen Wahlen Mandate. In der Illegalität leisteten ihre Mitgl. bedeutenden Widerstand gegen den Nationalsozialismus (1938–45; hohe Opferzahlen). Seit April 1945 wieder zugelassen, erhielt die KPÖ starke Unterstützung von der sowjet. Besatzungsmacht (1945–55), bes. beim Aufbau von Parteibetrieben; 1945–47 an der Reg. beteiligt, stellte sie mit J. KOPLENIG (offiziell 1927–65 ihr Vors.) den Vizekanzler und erlangte zw. 1945 und 1956 drei bis fünf Mandate im Nationalrat. Sie kämpfte zunächst für eine ›Volksdemokratie‹ in Österreich (Höhepunkt u. a. Streiks Herbst 1950), bekannte sich dann in ihren programmat. Leitsätzen vom März 1957 zu einem ›friedl. Weg zum Sozialismus‹. Ihr Einfluss sank jedoch nach Abschluss des österr. Staatsvertrages (1955) auch auf Landes- und Kommunalebene schnell; seit 1959 ist sie nicht mehr im Nationalrat vertreten. Bes. die Auseinandersetzungen wegen des Einmarsches sowjet. Truppen in die Tschechoslowakei (→Prager Frühling; 1968) führten bis 1971 zu innerparteil. Spannungen (u. a. Ausschluss ERNST FISCHERS). Unter FRANZ MUHRI (* 1924; Vors. 1965–90) erfolgte – ungeachtet bis etwa 1985 – eine enge Anlehnung an die UdSSR und die Politik des Ostblocks; die Parteiunternehmen konnten bis 1989 ihre (zwielichtige) Dominanz im Osthandel sichern.

Kommunistisches Informationsbüro, Kw. **Kominform,** eigtl. **Informationsbüro der kommu**nistischen und Arbeiterparteien, gegründet im September 1947 in Schreiberhau (Szklarska Poręba, Polen) von den kommunist. Parteien Bulgariens, Frankreichs, Italiens, Jugoslawiens, Polens, Rumäniens, der UdSSR, der Tschechoslowakei und Ungarns. Das K. I. sollte dem ›Erfahrungsaustausch der Parteien‹ und der ›freiwilligen Gleichschaltung ihrer Aktionen‹ dienen (Publikationsorgan: ›Für dauerhaften Frieden, für Volksdemokratie‹); tatsächlich wurde es wie bereits die Komintern. Internationale von STALIN dominiert und diente von Anfang an als Hilfsorgan der sowjet. Außenpolitik. Als sich die jugoslaw. Partei- und Staatsführung unter J. TITO weigerte, sich dem ideolog. Führungsanspruch STALINS zu beugen, schloss das K. I. die jugoslaw. KP am 28. 6. 1948 aus und verlegte seinen Sitz von Belgrad nach Bukarest. Unter dem Druck STALINS setzte nun – v. a. in den kommunist. Parteien des Ostblocks – eine Verfolgung der vermeintl. oder tatsächl. Anhänger TITOS ein. Nach STALINS Tod (1953) löste sich das K. I. im Zuge der Entstalinisierung am 17. 4. 1956 auf.

Kommunistisches Manifest, im Februar 1848 erschiene, von K. MARX und F. ENGELS verfasste, in vier Abschnitte gegliederte Programmschrift (Motto: ›Proletarier aller Länder vereinigt Euch‹) des →Bundes der Kommunisten. Das K. M. umreißt zum ersten Mal die Grundthesen des Marxismus und hebt bes. den Klassenkampf und die internat. Solidarität hervor. 1848 erschien es in frz. und poln., 1850 in engl., Anfang der 60er-Jahre des 19. Jh. in russ. Sprache. Seitdem wurde es in viele Sprachen der Welt übersetzt.

Kommunitarismus [zu engl. community ›Gemeinschaft‹, ›Gemeinwesen‹] *der, -, Politikwissenschaft* und *Soziologie:* Bez. für die in den USA entstandene Theorieansätze in der polit. Philosophie und der Soziologie, die die Bedeutung des Begriffs der →Gemeinschaft bei der Analyse und Kritik moderner Gesellschaften hervorheben.

In der polit. Philosophie hat sich der K. aus einer Kritik des Liberalismus entwickelt. Im Zentrum kommunitarist. Theorien steht die Betonung der Einbettung von Individuen, Rechten, Normen und Institutionen in Gemeinschaften versch. Art, von der Familie bis zur polit. bzw. kulturellen Gemeinschaft. In der Kontroverse zw. Liberalismus und K. geht es bes. um die Definition des Begriffs der Person, der einer Theorie polit. und sozialer Gerechtigkeit zugrunde liegen sollte: als gemeinschaftlich konstituiertes Wesen oder als ›atomist.‹ Individuum, wie dem Liberalismus vorgeworfen wird. Diskutiert wird auch, ob Gerechtigkeits- und Rechtsprinzipien ›neutral‹ gegenüber Vorstellungen des guten und wertvollen Lebens begründet und verwirklicht werden können, was der K. bestreitet. Er betont, dass eine demokratische polit. Gemeinschaft ein hohes Maß an von allen geteilten und getragenen eth. Werten benötigt, um lebensfähig zu sein und die Bürger zu polit. Partizipation und sozialer Solidarität zu motivieren.

Innerhalb der Soziologie findet sich der K. als Analyse und Kritik an der fortschreitenden Individualisierung moderner, pluralist. Gesellschaften, v. a. an dem damit einhergehenden Gemeinschaftsverlust und der Entwertung traditioneller und solidar. Lebensformen. Mit der Zunahme geograph., sozialer und polit. Mobilität und der (zunehmenden) Auflösung der Familie verringert sich das Maß an sozialer Orientierung und Kohäsion, das dem K. zufolge notwendig ist, den Individuen ein sinnvolles und an Werten ausgerichtetes Leben zu ermöglichen. Bes. die Arbeiten von ROBERT NELLY BELLAH (* 1927) sind für diese Sozialdiagnose – auf die Gesellschaft der USA bezogen – kennzeichnend: Sie beklagen eine Verarmung der moral. Ressourcen des privaten und öffentl. Lebens und eine

Zunahme materialist. und individualist. Einstellungen auf Kosten der religiösen und republikan. Traditionen.

Seit der Mitte der 1980er-Jahre hat sich innerhalb der USA eine *polit. Bewegung* des K. gebildet, die verstärkt auch in Europa Anhänger findet. Die maßgeblich von A. ETZIONI ins Leben gerufene Initiative sieht sich als parteiübergreifender Versuch einer auf das Gemeinwohl gerichteten Erneuerung gesellschaftl. Institutionen jenseits liberaler und staatlich verfügter Programme. Ihre Ziele reichen von der Stärkung der Familie und der Wertevermittlung an Schulen über die Revitalisierung kommunalen Lebens und demokrat. Mitbestimmung bis zur Reform des als ineffizient kritisierten Wohlfahrtsstaats. Kommunale Selbsthilfe und Gemeinsinn sollen die Verantwortung der Einzelnen für die Gesellschaft fördern und das ›Übermaß‹ individueller Rechtsansprüche an den Staat sowie den polit. Einfluss privater und wirtschaftl. Interessen reduzieren.

Gemeinschaft u. Gerechtigkeit, hg. v. M. BRUMLIK u. H. BRUNKHORST (1993); R. FORST: Kontexte der Gerechtigkeit. Polit. Philosophie jenseits von Liberalismus u. K. (1994); K. in der Diskussion. Eine streitbare Einf., hg. v. C. ZAHLMANN (Neuausg. 1994); M. WALZER: Sphären der Gerechtigkeit. Ein Plädoyer für Pluralität u. Gleichheit (a. d. Engl., Neuausg. 1994); K. Eine Debatte über die moral. Grundl. moderner Gesellschaften, hg. v. A. HONNETH (³1995).

Kommunitäten [frz. communauté, von lat. communitas ›Gemeinschaft‹], *Sg.* **Kommunität** *die, -,* Bez. für die Orden, Bruder- und Schwesternschaften in den ev. Kirchen. Trotz grundsätzl. Kritik an Klöstern und Orden durch die Reformatoren entstanden im ev. Raum v. a. im 19./20. Jh. unter dem Einfluss des Pietismus und der hochkirchl. Bewegung Gemeinschaften mit dem Ziel, nach dem Vorbild der Urgemeinde im geistl. Leben in der Welt (nach einer Regel oder Gemeinschaftsordnung) zu führen. Teilweise verpflichten sich die Mitgl. entsprechend den traditionellen Ordensgelübden zu Ehelosigkeit, Armut bzw. Gütergemeinschaft und Gehorsam. Die K. sind v. a. im dt. Sprachraum, in Skandinavien, Frankreich, Schottland und den USA verbreitet. Zu ihnen gehören u. a. die Diakonissen, die Ev. Franziskaner-Tertiaren, der Ev. Humiliatenorden, der Johanniterorden, die Evangelisch-ökumen. Johannes-Bruderschaft, die Ev. Michaels-Bruderschaft, die Jesus-Bruderschaft Gnadenthal (bei Bad Camberg) und die Communauté de Taizé.

Alternativ Leben in verbindl. Gemeinschaft, hg. v. I. REIMER (³1986); G. WENZELMANN: Nachfolge u. Gemeinschaft. Eine theolog. Grundlegung des kommunitären Lebens (1994).

kommunizieren [lat. communicare ›gemeinschaftlich tun‹, ›mitteilen‹], 1) *bildungssprachlich* für: in Verbindung stehen, zusammenhängen; sich verständigen, miteinander sprechen.

2) *kath. Kirche:* zur Kommunion gehen.

kommunizierende Röhren, oben offene, unten miteinander verbundene, mit Flüssigkeit gefüllte Röhren oder Gefäße. Die Flüssigkeit stellt sich in allen Röhren gleich hoch ein (Abweichungen können eine Folge der →Kapillarität sein). Auf dieser Erscheinung beruhen Wasserstandsmesser und artes. →Brunnen.

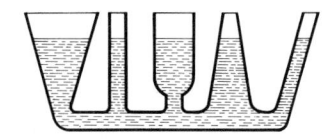

kommunizierende Röhren

Kommutation [lat. ›Veränderung‹, ›Wechsel‹] *die, -/-en,* 1) *allg.:* Umstellbarkeit, Vertauschbarkeit von (mathemat.) Größen.

2) *Sprachwissenschaft:* Ersetzen einer sprachl. Einheit durch eine andere und Untersuchung der dadurch bewirkten Veränderung (z. B. der Bedeutung, etwa beim Ersetzen von ›w‹ durch ›r‹ bei ›Wabe‹ und ›Rabe‹).

kommutativ [lat.], 1) *Mathematik:* →Kommutativgesetz.

2) *Sprachwissenschaft:* →Kommutation.

kommutative Gruppe, *Mathematik:* die abelsche →Gruppe.

Kommutativgesetz, mathemat. Gesetz, das für eine (zweistellige) Verknüpfung ∘ die Unabhängigkeit des Ergebnisses von der Reihenfolge der verknüpften Elemente a und b angibt oder fordert: $a \circ b = b \circ a$. Gilt dieses K., so nennt man die Verknüpfung **kommutativ** (oder auch nach N. H. ABEL **abelsch**). So sind z. B. für beliebige Zahlen die Addition und die Multiplikation kommutativ, die Subtraktion, Division oder das Potenzieren hingegen nicht.

Kommutator *der, -s/...'toren,* 1) *Elektrotechnik:* **Stromwender, Kollektor,** koaxial auf der Welle einer →Kommutatormaschine aufsitzendes zylindr. Bauteil, bestehend aus Kupferlamellen (mit Isolierzwischenlagen), an die die Ankerspulen angeschlossen werden. Auf dem K. schleifen die Strom abführenden bzw. Strom zuführenden Bürsten aus Kupferdrahtgewebe oder Kohle.

2) *Mathematik:* Sind a und b Elemente einer →Gruppe, so nennt man das Produkt $k = aba^{-1}b^{-1}$ (verschiedentlich auch $a^{-1}b^{-1}ab$) den K. der Elemente a und b; häufig geschrieben als $k = [a,b]$. Bildet man alle K. einer Gruppe G, so bilden diese eine Untergruppe, die als **K.-Gruppe** von G bezeichnet wird, sie ist ein Normalteiler von G.

3) *Physik:* die aus zwei Operatoren F und G gebildete Größe $FG-GF$, mit der Notation $[F, G]$:

$$[F, G] \equiv [F, G]_- = FG - GF.$$

Der K. zweier Operatoren ist genau dann null, wenn diese den gleichen Satz von Eigenfunktionen haben; man sagt dann: die Operatoren ›kommutieren‹ oder ›vertauschen‹. Hermitesche Operatoren, die vertauschen, entsprechen Observablen (Messgrößen), die gleichzeitig und ohne gegenseitige Beeinflussung ihrer Messwerte gemessen werden können. Der K. zweier kanonisch konjugierter Observablen (auch als komplementäre Observablen bezeichnet) ist ungleich null; beispielsweise ist $[x, p_x] = i\hbar$ (x kartes. Koordinate; p_x dazu kanonisch konjugierter Impuls; $\hbar = h/2\pi$, h plancksches Wirkungsquantum). Der **Anti-K.** der beiden Operatoren F und G ist $\{F, G\} \equiv [F, G]_+ = FG + GF$. (→Vertauschungsrelationen)

Kommutatormaschine, jede elektr. Maschine, die einen →Kommutator besitzt; da die Frequenz der in den Ankerleitern einer K. induzierten Wechselspannungen nicht mit der Frequenz der an den Bürsten abgegriffenen Spannungen übereinstimmt, dient der K. als Gleichrichter, Wechselrichter oder Frequenzwandler.

Komnenen, griech. **Komnenoi,** byzantin. Kaiserdynastie; hervorgegangen aus einem Geschlecht des Militäradels, das urspr. in Thrakien (Stammort Komne bei Adrianopel), dann in Paphlagonien ansässig war. Die K. stellten 1057–59 und 1081–1185 die byzantin. Kaiser und herrschten als ›Großkomnenen‹ 1204–1461 im Kaiserreich →Trapezunt. Unter den K. von Konstantinopel erlebten Kunst und Literatur eine Blütezeit, die jedoch einherging mit einer Periode des Zerfalls von Wirtschaft und regionaler Verwaltung.

Komödiant [über engl. comedian von ital. commediante ›Schauspieler‹, zu commedia, →Komödie] *der, -en/-en,* 1) *veraltend,* meist abwertend für: Schauspieler; 2) jemand, der sich verstellt.

Komödie [lat., zu griech. kōmōidía, eigtl. ›Gesang bei einem frohen Gelage‹, zu kômos ›Festumzug‹

Komö Komödie

mit Gelage und Gesang für den Gott Dionysos›] *die, -/-n,* neben der Tragödie die wichtigste Gattung des europ. Dramas; v. a. bühnenmäßige Gestaltung kom. Ereignisse mit heiterem Ausgang. Die formale Variationsbreite der K., die bei weitem die der Tragödie übertrifft, reicht von der K. als Schöpfung spieler. Poesie und Fantasie, der K. als formstrengem Wortkunstwerk bis zu den derben Formen der Groteske, der Farce, des Schwanks, der Burleske, der Posse sowie zum Stegreifspiel und zum modernen Sketch, die ebenso variable Thematik der K. von gesellschaftl. und polit. Zuständen in aggressiv-krit. Darstellung (polit. Satire, Gesellschaftskritik) bis zum erot. Privatleben, von der Utopie als Gegenbild der Wirklichkeit bis zur Entlarvung des Absurden in der alltägl. Existenz.

K. sind seit 486 v. Chr. in Athen als Bestandteil der staatl. Dionysosfeiern (neben den Tragödientrilogien) bezeugt. Herkunft und Ausbildung der K. sind umstritten. Im Anschluss an die Vermutung des ARISTOTELES ›Poetik‹ glaubt man, sie sei bei den Dorern (Megarern) entstanden aus der Verbindung ritueller Maskenumzüge (›kõmos‹) mit volkstüml. Spielimprovisationen (→Mimus). Als Vorformen gelten die aus diesen mimet. Traditionen stammenden, von EPICHARM (um 500 v. Chr.) literarisierten kom. Spiele (Mythentravestien; noch ohne →Chor). Voll ausgebildet ist die *alte att. K.* im 5./4. Jh. v. Chr. Sie zeigt allgemein folgenden Aufbau: Prologszene, Parodos (Einzugslied des Chores), Agon (Streitpartie), Parabase (Aufzug des Chores), Szenen (mit Farcencharakter), Exodos (Auszug des Chores). Vertreter ist neben KRATINOS und EUPOLIS v. a. ARISTOPHANES mit elf erhaltenen K., die in scharfer Satire das zeitgenöss. Leben karikieren, u. a. in ›Die Frösche‹ (405; Prototyp einer Literatur-K., gegen AISCHYLOS und EURIPIDES) oder ›Lysistrate‹ (411; Prototyp der zeitkrit. K.). – Die weitere Entwicklung der griech. K. spiegelt den allgemeinen Niedergang der griech. Demokratie; die satir. Gesellschaftskritik wich der iron. Skepsis (ausgedrückt in Parodien, Mythentravestien) der *mittleren att. K.* (etwa 400–320 v. Chr.); in der *neuen att. K.* (3./2. Jh.) wurde das Interesse für das typisch Menschliche, Private mit moral. Tendenz vorherrschend. Formal traten, analog zur Tragödie, die Chorelemente immer mehr zurück, wurden zu lyr. Einlagen zw. den Handlungsabschnitten, wodurch geschlossene Geschehnisabläufe entstanden. Vertreter dieses bis in die Gegenwart lebendigen K.-Typs ist v. a. MENANDER (›Dyskolos‹ und mehrere Fragmente erhalten). – Die *röm. K.* übernahm Form, Stil und Themen der neuen att. K., die seit 240 v. Chr. durch Übersetzungen und Nachahmungen des LIVIUS ANDRONICUS bekannt war. Hauptvertreter der röm. K. sind PLAUTUS, der v. a. die musikal. Elemente stark betont (→Canticum), und der stilistisch elegantere, urbanere TERENZ. Im 1. Jh. v. Chr. wurden außerdem die ursprünglich vorliterar. →Atellanen durch Literarisierung (POMPONIUS, NOVIUS) und gleiche Aufführungspraxis in die röm. K.-Tradition aufgenommen.

Im *europ. MA.* war die antike K.-Tradition verschüttet. Lediglich TERENZ war als lat. Schulautor in Klöstern bekannt (HROTSVITH VON GANDERSHEIM, ›Liber secundus‹, 10. Jh.). In städt. Zentren entwickelten sich kurze, derb-komische weltl. Spiele in Versen, so die frz. Sottie, die niederländ. Sotternie und Klucht, das dt. →Fastnachtspiel. Solche volkstüml. Traditionen blieben bes. in Dtl. unter Aufnahme mannigfacher neuer Stoff- und Spielelemente (→englische Komödianten, →Hanswurst) bis ins 18. Jh. lebendig (→Wiener Volkstheater). – Die Wiederentdeckung und Neubelebung der antiken röm. K. erfolgte Ende des 15. Jh. in der *ital. Renaissance*, zunächst durch (übersetzte) Ausgaben und Aufführungen (1484 Rom, 1486 und 1502 Ferrara) der K. von PLAUTUS und TERENZ, dann durch Neuschöpfungen. Bedeutende Vertreter sind u. a. L. ARIOSTO, B. DOVIZI, gen. IL BIBBIENA, N. MACHIAVELLI, P. ARETINO, G. BRUNO oder auch A. BEOLCO, gen. IL RUZZANTE. Bestimmend für die weitere Entwicklung der K. wurde v. a. ihre theoret., normative Fixierung in der Renaissancepoetik, die neben der Akteinteilung die Befolgung der drei →Einheiten, der →Ständeklausel und der →Genera Dicendi forderte und z. T. bis ins 18. Jh. verbindlich blieb. Daneben gelangten in der →Commedia dell'Arte die volkstüml. Stegreiftraditionen zu immer größerer Beliebtheit und beeinflussten v. a. auch die literar. K. in fast allen nationalsprachl. Formen. – Die Rezeption der Renaissance-K. seit dem 16. Jh. verlief unterschiedlich: In *England* erfolgte sie rasch in humanist. und höf. Kreisen; daneben entstand als neuer Typ die romant. K., die die normativen Vorschriften der Renaissancepoetik außer Acht ließ und die geistreiche, fantast. und iron. Traum- und Identitätsspiele in z. T. manieriertem Stil (→Euphuismus) gestaltete (u. a. J. LYLY, R. GREENE, A. MUNDAY); sie gelangte, gestützt auf das elisabethan. Drama, durch SHAKESPEARE zu breiter Beliebtheit und weltliterar. Rang. Gleichzeitig schuf B. JONSON in antiker Tradition die Comedy of Humours, eine satir. Typen-K., die menschl. Schwächen und soziale Verhaltensweisen bloßstellt (weitere Vertreter sind: F. BEAUMONT, J. FLETCHER, P. MASSINGER, G. CHAPMAN). Sie wurde nach der Restauration von der Comedy of Manners abgelöst, die die gesellschaftl. Sitten der neu entstehenden Bürgerschicht frivol karikierte. Bedeutende Vertreter sind J. DRYDEN, G. ETHEREGE und v. a. W. CONGREVE, im 18. Jh. R. B. SHERIDAN, im 19. Jh. v. a. O. WILDE. – In *Spanien* konnte sich den ital. Vorbildern die Comedia entfalten: In den →Mantel-und-Degen-Stücken werden gesellschaftl. Normverletzungen in einem heiterversöhnl. Ton thematisiert (LOPE F. DE VEGA CARPIO, P. CALDERÓN DE LA BARCA, TIRSO DE MOLINA, J. RUIZ DE ALARCÓN Y MENDOZA). Die K. wurde nach kirchl. Einschränkungen (1649) von den →Zarzuelas vorübergehend verdrängt. – Auch in *Frankreich* wurden zunächst die Anregungen aus der ital. und der span. Comedia-Einflüsse verarbeitet, z. B. von P. CORNEILLE und MOLIÈRE. MOLIÈRE führte den Typus der Charakter-K. zur Vollendung. Seine K. bestimmten in ihrer sprachl. und gestalter. Souveränität (fünf Akte, symmetr. Bau, drei Einheiten, Alexandriner) und verfeinerten Komik die K. der Folgezeit in ganz Europa.

Gesamteurop. Ausprägung erfuhr die K. als Mittel und Gegenstand aufklärer. Bemühens im 18. Jh. Aufgabe der K., wie sie in Dtl. zunächst J. C. GOTTSCHED seit seinem ›Versuch einer Crit. Dichtkunst …‹ (1730) gefordert, wie sie aber bes. seine Frau, die GOTTSCHEDIN (LUISE ADELGUNDE VIKTORIE GOTTSCHED), nach frz. (MOLIÈRE) und dän. Vorbildern (L. VON HOLBERG) in der sächs. Typenkomödie (›Die Pietisterey im Fischbein-Rocke‹, 1736) entwickelt hatte, ist – mehr noch als bei der Tragödie – die Belehrung über vermeidbare Vernunft- und Tugendverstöße vor dem Hintergrund einer als vernünftig angenommenen bzw. postulierten Welt- und Gesellschaftsordnung. Im Ggs. zur Tragödie ist jedoch hier der Konflikt der K. auf als heil- oder korrigierbar erachtete, bloße gesellschaftl. Torheiten und Laster reduziert. Die kom. Effekte werden dabei durch das Aufeinandertreffen der Träger der Laster mit der aufgeklärten Umwelt ausgelöst, wobei die Ineinssetzung des Lasterhaften mit dem Lächerlichen ebenso eine Grundvoraussetzung ist wie die Annahme, dass ›unvernünftiges‹ Handeln zu sozialen Nachteilen führe. So wird die K. zum Verlachstück, das beim Zuschauer Spott und Schadenfreude hervorruft, um ihn aus dieser Vermittlung eines Überlegenheitsgefühls im Sinne des philanthropisch-pädagog. Weltbildes in ein richtiges Verhaltensmuster einzuüben. Auch die Jugendwerke G. E. LESSINGS (›Der junge Gelehrte‹, UA 1748, gedr. 1754, ›Der Freygeist‹, entst. 1749, EA 1755) sind von dieser Konzeption geprägt. Allerdings erfuhr diese K.-Form bald darauf, vorbereitet durch die →Bremer Beiträge und die Kritik an der gottschedschen Poetik u. a. durch J. J. BODMER und J. J. BREITINGER, ihre entscheidende Wandlung. Dies geschah v. a. unter dem Einfluss der engl. Sentimental Comedy (R. STEELE, O. GOLDSMITH) und des engl. (Familien-)Romans (H. FIELDING, S. RICHARDSON). Hier findet sich die Betonung und Aufwertung von bürgerl. Leben, Privatheit und Empfindsamkeit. Unter diesem Eindruck, wie auch dem der Dramen der frz. Comédie larmoyante (nach Vorstufen bei P. DESTOUCHES v. a. bei P. C. NIVELLE DE LA CHAUSSÉE), entwickelte C. F. GELLERT eine neue Auffassung der K., die ›rührende K.‹, die sich durch eine ernsthafte Handlung der Tragödie annäherte. Ihre Wirkungsabsicht war auf das Erzeugen von Rührung, nicht auf Verlachen gerichtet. Die gellertsche K. wuchs dadurch über die Funktion der Selbstkorrektur hinaus und wurde zu einer das →bürgerliche Trauerspiel vorbereitenden literar. Bestätigung bürgerl. Eigenwertes. Vor diesem Hintergrund ist die Entstehung von LESSINGS ›Minna von Barnhelm‹ (gedr. 1767) zu sehen, der ersten als ›Zeitstück‹ zu begreifenden dt. K., die als ›Charakter-K.‹ die Überwindung sowohl der sächs. Typen-K. wie auch der ›rührenden K.‹ bedeutete. Ihm folgte, nicht minder selbstständig, in kraftvollem Humor, 1806 H. VON KLEISTS Lustspiel ›Der zerbrochene Krug‹, während die Romantiker L. TIECK und C. BRENTANO, aber auch G. BÜCHNER (›Leonce und Lena‹) und C. D. GRABBE sich mit ihren ironisch-fantast. K. von der Wirklichkeit entfernten. Neben F. GRILLPARZERS ›Weh dem, der lügt‹ brachte das Biedermeier das Wiener Volksstück F. RAIMUNDS und J. N. NESTROYS Posse hervor.

Neuere Entwicklungen

Im frz. Theater begründete E. SCRIBE die Lustspieltechnik der Pièce bien faite (im engl. Sprachraum: wellmade play), die spannende Handlung mit witzigen Dialogen und v. a. mit glänzenden Rollen zu verbinden sucht und bis tief ins 20. Jh. musterhaft geblieben ist (V. SARDOU, A. DUMAS FILS, É. AUGIER). Eine Variante bildet die auf Wahrscheinlichkeit nahezu verzichtende Posse, deren scheinbar log. Mechanik die tollsten Verwicklungen hervorbringt (G. FEYDEAU, G. COURTELINE, in Großbritannien ›Charley's Aunt‹, 1892, von BRANDON THOMAS).

Diesen Unterhaltungen der bürgerl. Epoche, zu denen die Konversations-K. noch in den 20er-Jahren des 20. Jh. ein erfolgreiches Repertoire beisteuerte (in Frankreich T. BERNARD, S. GUITRY, L. VERNEUIL, in Großbritannien W. S. MAUGHAM, N. COWARD, in Ungarn F. MOLNÁR), setzte der Realismus ein krit. Element entgegen. In Russland leitete N. GOGOL mit ›Revizor‹ 1836 eine Entwicklung ein, die von A. N. OSTROWSKIJ fortgeführt wurde und bei A. P. TSCHECHOW ihren Höhepunkt fand; dieser sah in der K. die Möglichkeit, eine ›Enzyklopädie des modernen Lebens‹ auf die Bühne zu bringen. In der dt. K. versuchten F. WEDEKIND und A. SCHNITZLER Ähnliches. Immer mehr wurden dabei die gattungstyp. Charakteristika der K. sowie deren Grenzen zum ernsten Drama aufgehoben, was sich nicht zuletzt aus der in der modernen Welt immer weniger möglich erscheinenden traditionell-heiteren Konfliktlösung ergab. In der engl. K., in der O. WILDE die Konversations-K. verfeinert hatte, hielt sich G. B. SHAW meist in den Grenzen des Genres, das er als ein Mittel benutzte, um Satire, Kritik und gesellschaftsreformer. Bestrebungen auf amüsante Weise zur Geltung zu bringen (Comedy of Ideas). Im dt. Lustspiel verschärfte sich die krit. Aggression seit G. HAUPTMANNS ›Der Biberpelz‹ (1893), so v. a. in C. STERNHEIMS K.-Reihe ›Aus dem bürgerl. Heldenleben‹ und Ö. VON HORVÁTHS bösen Entlarvungen kleinbürgerl. Gemütlichkeit. In Italien begründete L. PIRANDELLO die ›schwarze K.‹, während in Frankreich J. GIRAUDOUX und J. ANOUILH die Skepsis mit heiterer Ironie poetisierten.

Vereinzelt tritt die K. noch immer in alten Formen auf: als →Konversationsstück (H. VON HOFMANNSTHAL, ›Der Schwierige‹, 1921; T. S. ELIOT, ›The confidential clerk‹, 1954; C. FRY, ›Venus observed‹, 1949), als Volksstück (C. ZUCKMAYER, ›Der fröhliche Weinberg‹, 1925; ›Der HAUPTMANN VON KÖPENICK‹, 1930; B. BRECHT, ›Herr Puntila und sein Knecht Matti‹, 1950; F. GARCÍA LORCA, ›La zapatera prodigiosa‹, 1930), als poet. Theater (F. GARCÍA LORCA, ›Amor de don Perlimplin con Belisa en su jardín‹, 1933; G. SCHEHADÉ, ›Le voyage‹, 1961), als Farce (J.-P. SARTRE, ›Nekrassow‹, 1956). Doch drängt das Komische ganz allgemein zum Grotesken: In Frankreich führt eine Linie von A. JARRYS ›Ubu roi‹ (1896) über G. APOLLINAIRE und R. VITRAC zum Theater des Absurden: E. IONESCO, S. BECKETT, J. AUDIBERTI, A. ADAMOV, in Dtl. eine ähnliche von F. WEDEKIND über K. VALENTIN zum frühen B. BRECHT (›Trommeln in der Nacht‹, 1919) und dessen Transformation der K. zum Lehrstück des →epischen Theaters; in Italien ist für die groteske K. v. a. D. FO zu nennen (›Settimo: ruba un po' meno‹, 1966; ›Isabella, tre caravelle e un cacciaballe‹, 1966). In Großbritannien entwickelte sich die groteske Tragikomödie als Comedy of Menace (K. der Bedrohung) bei H. PINTER und J. ORTON; C. HAMPTON führte die Comedy of Manners fort, S. GRAY die Konversations-K., T. STOPPARD – im Anschluss an SHAW – die Comedy of Ideas. Elemente der Farce finden sich bei ORTON und A. AYCKBOURN. In den USA dominiert die zunächst die witzigen Dialogen aufbauende Broadway-K. (N. SIMON). An das →absurde Theater knüpfen A. KOPIT und E. ALBEE an; Verarbeitung von Klischees aus Soapopera und Kabarett finden sich bei S. SHEPARD und D. MAMET. Typisch für die irische K. ist die Mischung von Realistik und Groteske bei J. M. SYNGE, S. O'CASEY und B. BEHAN. Für die neuere deutschsprachige K. waren in engem Zusammenhang die Arbeiten von M. FRISCH (›Die chin. Mauer. Eine Farce‹, 1947, Neufassungen 1955 und 1972; ›Don Juan oder Die Liebe zur Geometrie‹, 1953, Neufassung 1962) wegweisend. Bei F. DÜRRENMATTS K.-Konzeption steht eher die Reintegration des grotesk verfremdeten Tragischen in die K. im Vordergrund, da die Tragödie für DÜRRENMATT in der modernen Welt unmöglich geworden ist (›Der Besuch der alten Dame‹, 1956; ›Die Physiker‹, 1962). Die ›Polit.-K.‹ entstand bes. in der Sowjetunion seit 1920 (W. P. KATAJEW, M. A. BULGAKOW, W. W. MAJAKOWSKIJ), in Großbritannien repräsentieren (in satirisch-nichtdidakt. Absicht) u. a. P. USTINOV, H. BRENTON und D. HARE, im dt. Sprachraum v. a. R. HOCHHUTH, der sich mit ›Der Stellvertreter‹ (1963) ebenso wie M. WALSER mit ›Der schwarze Schwan‹ (1964) bald wieder dem Tragischen annäherte. In der DDR blieb die K. immer ein intensiv bearbeiteter Bereich, wobei bes. ERWIN STRITTMATTER und P. HACKS, daneben auch R. STRAHL mit Boulevardkomödien zu nennen sind. HACKS zeigt deutlich ein in Auseinandersetzung mit BRECHT und DÜRRENMATT entwickeltes K.-Verständnis: Die Gegenwart sei nur vom Komödiantischen her zu erfassen, nur die K. ermögliche bzw. erzwinge die Distanz zum Gegenstand. Aus diesem Ansatz heraus wurden – meist schwankhaft – gesellschaftl. Entwicklungen thematisiert. E. JELINEK knüpft an die österr. Tradition der

Komö Komödie der Irrungen – Komoren

Komoren

Staatswappen

Staatsflagge

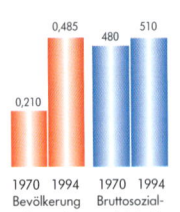

0,210 / 0,485 | 480 / 510

1970 1994 | 1970 1994
Bevölkerung (in Mio.) | Bruttosozialprodukt je Ew. (in US-$)

☐ Stadt
☐ Land

30% / 70%

Bevölkerungsverteilung 1993

☐ Industrie
☐ Landwirtschaft
☐ Dienstleistung

12% / 39% / 49%

Bruttoinlandsprodukt 1993

Posse an, die soziale Sachverhalte über Sprachklischees entlarvt; neben den bitter-iron. Farcen G. TABORIS sind auch Stücke von B. STRAUSS gegenwärtige Beispiele für die deutschsprachige Komödie.

E. OLSON: The theory of comedy (Bloomington, Ind., 1968); H. PRANG: Gesch. des Lustspiels (1968); M. T. HERRICK: Italian comedy in the Renaissance (Nachdr. Freeport, N. Y., 1970); K. u. Gesellschaft, hg. v. N. ALTENHOFER (1973); Der röm. K. Plautus u. Terenz, hg. v. E. LEFÈVRE (1973); Die dt. K. im 20. Jh., hg. v. W. PAULSEN (1976); Die dt. K. vom MA. bis zur Gegenwart, hg. v. W. HINCK (1977); F. H. SANDBACH: The comic theatre of Greece and Rome (London 1977); H. STEINMETZ: Die K. der Aufklärung (³1978); E. CATHOLY: Das dt. Lustspiel. Von der Aufklärung bis zur Romantik (1982); Zw. Satire u. Utopie. Zur Komiktheorie u. zur Gesch. der K., bearb. v. R. GRIMM u. a. (1982); V. KLOTZ: Bürgerl. Lachtheater. K., Posse, Schwank, Operette (Neuausg. 1987); Europ. K., hg. v. H. MAINUSCH (1990); B. GREINER: Die K. Eine theatral. Sendung: Grundlagen u. Interpretationen (1992); Dt. K. vom Barock bis zur Gegenwart, hg. v. W. FREUND (²1995).

Komödile der Irrungen, Die, engl. ›The comedy of errors‹, Komödie von SHAKESPEARE; erste bezeugte Aufführung 28. 12. 1594 in London; engl. Erstausgabe in der Folioausgabe von 1623.

Komodo, eine der Kleinen Sundainseln, Indonesien, zw. Sumbawa und Flores, etwa 480 km²; heute fast unbewohnt (wenige Fischer); doch ist der natürl. Wald weitgehend von Sekundärvegetation verdrängt.

Komodowaran, Art der →Warane.

Komoé-Nationalpark [kɔmɔˈe-, frz.], Naturschutzgebiet im NO der Rep. Elfenbeinküste, im Savannenhochland (240–300 m ü. M.) im Einzugsgebiet des Komoé, 11 500 km², wurde wegen der schützenswerten Pflanzen- und v. a. Tierwelt (Elefanten, Büffel, Löwen, Leoparden, mehrere Antilopenarten u. a.) zum UNESCO Weltnaturerbe erklärt.

Kom Ombo, Stadt in Oberägypten, 40 km nördlich von Assuan am O-Ufer des Nils, etwa 30 000 Ew.; Zentrum eines neu erschlossenen Siedlungsgebietes für 45 000 Nubier, die vor dem Aufstau des Nassersees durch den Assuanhochdamm umgesiedelt wurden; Zuckerrohr-, Getreide- und Baumwollfelder; Zuckerfabrik; Bahnstation. – Das altägypt. **Ombos** war Kultort des krokodilköpfigen Gottes Sobek und des falkenköpfigen Haroeris, denen auch der aus ptolemäischer Zeit stammende Doppeltempel geweiht war (Zweiteilung der Tempelräume in der Längsachse); abgesehen von der eigentl. Doppelkapelle und dem Pylon gut erhalten, reicher Reliefschmuck an Wänden und Säulenschäften. In der südlich davon gelegenen Hathorkapelle befinden sich heute die Krokodilsmumien aus dem nahen Tierfriedhof.

Komondor der, -s/-e, ältester ungar. Hirtenhund (1544 erstmals erwähnt) mit zu ›Schnüren‹ verfilzendem weißem Fell; urspr. v. a. zum Hüten von Rinderherden und deren Schutz gegen Wölfe gehalten, in Ungarn heute z. T. noch Gebrauchshund. K. sind gute Wachhunde; Widerristhöhe bei Rüden: 65–80 cm.

Kom Ombo: Säulenhalle des Doppeltempels aus ptolemäischer Zeit

Komoren

Fläche 1 862 km²
Einwohner (1994) 485 000
Hauptstadt Moroni
Amtssprachen Arabisch, Französisch
Nationalfeiertag 6. 7.
Währung 1 Komoren-Franc (FC) = 100 Centimes
Uhrzeit 14:00 Moroni = 12:00 MEZ

Komoren, amtl. Namen: arabisch **Djumhurijjat al-Kumur al-Ittihadijja,** frz. **République fédérale islamique des Comores** [repyˈblik fedeˈral islaˈmik dɛ kɔˈmɔːr], dt. **Islamische Bundesrepublik K.,** Inselstaat im Ind. Ozean, umfasst die Inseln Njazidja (frz. Grande Comore; 1 148 km²), Nzwani (frz. Anjouan; 424 km²), Mwali (frz. Mohéli; 290 km²) und zahlr. kleinere Inseln, 1 862 km², (1994) 485 000 Ew. Hauptstadt ist Moroni auf Njazidja; Amtssprachen: Arabisch und Französisch; Verkehrssprache: Suaheli mit starken Beimischungen aus den Sprachen der ethn. Gruppen. Währungseinheit: 1 Komoren-Franc (FC) = 100 Centimes. Uhrzeit: 14:00 Moroni = 12:00 MEZ.

STAAT · RECHT

Verfassung: Nach der Verf. vom 7. 6. 1992 (durch Referendum angenommen) sind die K. eine islam. Bundesrepublik mit Präsidialregime. Staatsoberhaupt und oberster Inhaber der Exekutive ist der auf fünf Jahre direkt gewählte Präs. (einmalige Wiederwahl möglich). Er ernennt den Premier-Min. und auf dessen Vorschlag die übrigen Mitgl. des Kabinetts. Die Legislative liegt beim Zweikammerparlament, bestehend aus der Bundesversammlung (42 Abg., für vier Jahre gewählt) und dem Senat (15 Mitgl., durch ein Wahlkollegium für sechs Jahre ernannt).

Parteien: Nachdem das Einparteiensystem Ende 1989 aufgehoben und in der neuen Verf. ein plurales Parteiensystem festgeschrieben wurde, entstanden über 20, vielfach auf einzelne Persönlichkeiten ausgerichtete Parteien.

Wappen: Das Wappen zeigt einen mit vier die Inseln symbolisierenden Sternen belegten Halbmond auf den Strahlen einer Sonne; hierum der offizielle Staatsname in frz. und arab. Sprache; am Fuß der den Rahmen bildenden Lorbeerzweige der Wahlspruch ›Unité, Justice, Progrès‹ (›Einheit, Gerechtigkeit, Fortschritt‹).

Nationalfeiertag: Als Nationalfeiertag wird der 6. 7., begangen, der an die Erlangung der Unabhängigkeit 1975 erinnert.

Verwaltung: Die drei Hauptinseln besitzen innere Autonomie und verfügen jeweils über einen direkt gewählten Gouv. und einen Inselrat (Legislaturperiode vier Jahre).

Recht: Das Rechtssystem basiert auf frz. und islam. Recht. Der Oberste Gerichtshof fungiert als Verfassungsgerichtshof; die Verf. garantiert die richterl. Unabhängigkeit.

Streitkräfte: Die Gesamtstärke der ›Forces Comoriennes de défense‹ besteht aus rd. 800 Mann, die von frz. Militärs ausgebildet werden.

LANDESNATUR · BEVÖLKERUNG

Landesnatur: →Komoren, Inselgruppe.

Bevölkerung: Die Bev. ist ein vielschichtiges Gemisch aus afrikan., indisch-indones. und arab. Einwanderern. Die Araber sind führend in der Politik, die

Inder im Handel. Die Bev. konzentriert sich auf allen Inseln nur auf die schmalen Küstenstreifen. Das durchschnittliche jährl. Bev.-Wachstum (1985–94) beträgt 2,7 %. In Städten leben (1993) 30 % der Bev. Größte Stadt ist die Hauptstadt Moroni (1990: 23 400 Ew.); Mutsamudu (Hauptort von Nzwani, an der NW-Küste) hat 14 000 Ew., Fomboni (Hauptort von Mwali, an der N-Küste) 7 000 Einwohner.

Religion: Der sunnit. Islam ist Staatsreligion und bildet mit 99,3 % das Bekenntnis nahezu der gesamten Bev., vertreten v. a. in der schafiit. Rechtsschule. Die Religionsausübung der Minderheitsbekenntnisse (Christen und Hindus) ist gewährleistet. Für die kath. Christen (rd. 0,5 %) besteht eine Apostol. Administratur (Sitz: Moroni), die auch die Insel Mayotte umfasst; rd. 0,1 % der Bev. sind Protestanten (vorwiegend Madagassen).

Bildungswesen: Es besteht achtjährige Schulpflicht, doch besuchen nur rd. 75 % der Kinder die sechsjährige Primarschule. Dieser schließt sich die vierjährige Mittelschule an, gefolgt von der dreijährigen gymnasialen Oberstufe. Die Analphabetenquote beträgt 45 %. Für die Lehrerausbildung gibt es drei pädagog. Institute. Da keine Hochschulen existieren, gehen die Studenten ins Ausland (meist nach Frankreich).

Publizistik: In der Hauptstadt erscheinen das Reg.-Blatt ›Al Watwany‹ (wöchentlich) sowie das unabhängige Wochenblatt ›L'Archipel‹. Nachrichtenagentur ist die amtl. ›Agence Comores Presse‹ (ACP), Sitz: Moroni. Die staatl. Rundfunkbehörde ›Radio Comores‹ sendet Programme in Suaheli, Arabisch und Französisch.

WIRTSCHAFT · VERKEHR

Die K. gehören mit einem Bruttosozialprodukt (BSP) je Ew. von (1994) 510 US-$ zu den Entwicklungsländern mit niedrigem Einkommen. Die wirtschaftl. Entwicklung wird durch eine wenig ausgebaute Infrastruktur und durch fehlende Rohstoffe gehemmt. Ein Großteil des Staatshaushalts wird durch ausländ. Finanzhilfen, v. a. aus Frankreich, finanziert. 1985–94 lag die Inflationsrate jährlich bei 3,5 %.

Landwirtschaft: Die landwirtschaftliche Nutzfläche setzt sich zusammen aus 100 000 ha Ackerland und Baumkulturen sowie 15 000 ha Wiesen und Weiden. 1993 arbeiteten 78 % der Erwerbstätigen im Agrarbereich. Als Grundnahrungsmittel werden v. a. Maniok, Süßkartoffeln, Reis und Bananen angebaut; sie müssen durch erhebl. Nahrungsmittelimporte ergänzt werden. 1991 wurden 30 000 t Reis, das Zehnfache der heim. Erntemenge, eingeführt. Für den Export werden Vanille, Gewürznelken und Ylang-Ylang-Bäume angebaut. Die K. sind die wichtigsten Produzent von Ylang-Ylang-Öl (1991: 70 t), einem in der Parfümindustrie verwendeten Geruchsstabilisator.

Fischerei: Die Fischerei dient der Eigenversorgung und ist nur wenig entwickelt. 1991 wurden 8 000 t Fisch, überwiegend Thunfisch, gefangen.

Industrie: Der gewerbl. und industrielle Bereich ist kaum entwickelt. Wichtigste Zweige sind die Weiterverarbeitung der Exportprodukte Vanille und Ylang-Ylang. Das Handwerk umfasst v. a. Weberei, Schnitzerei und Töpferei.

Tourismus: Hauptanziehungspunkte sind die Badestrände und der Tauchtourismus. 1992 kamen 19 000 ausländ. Besucher, v. a. aus Frankreich und der Rep. Südafrika.

Außenwirtschaft: Die Handelsbilanz ist seit der Unabhängigkeit 1975 durchweg negativ (1992: Einfuhr 63 Mio. US-$, Ausfuhr 26 Mio. US-$). 1993 wurden v. a. Vanille (78 % der Gesamtausfuhr), Ylang-Ylang (13 %) und Gewürznelken (4 %) exportiert. Die wichtigsten Handelspartner sind Frankreich, die USA und die Rep. Südafrika.

Verkehr: Die isolierte geograph. Lage und die großen Entfernungen der Inseln untereinander (zw. 100 und 300 km) erschweren den Ausbau einer leistungsfähigen Infrastruktur. Das Straßennetz hat eine Gesamtlänge (1989) von 900 km. Eisenbahnen gibt es nicht. Wichtigste Seehäfen sind Moroni auf Njazidja und Mutsamudu auf Nzwani. Der internat. Flughafen Hahaya liegt nahe der Hauptstadt Moroni.

GESCHICHTE

Seit dem 10. Jh. gehörten die K. zum Bereich der stark arabisch geprägten Suahelikultur, jedoch kam es zu keiner den ganzen Archipel erfassenden Staatsbildung. Um 1591 wurden die K. erstmals von Europäern aufgesucht. Seit dem 17. Jh. kämpften versch. Sultane um die Beherrschung der Inseln. Mayotte kam 1843 in frz. Besitz, die anderen Inseln wurden 1886 frz. Protektorat. 1912 wurde die frz. Kolonie K. geschaffen, die 1914 dem General-Gouv. von Madagaskar unterstellt wurde. 1946 erhielten die K. den Status eines frz. Überseeterritoriums (ab 1961 mit beschränkter innerer Autonomie). Bei der in ganz Französisch-Afrika südlich der Sahara 1958 durchgeführten Volksabstimmung entschied sich die Mehrheit für den Verbleib bei Frankreich, jedoch formierten sich in Tanganjika 1963 Emigranten zu einer nat. Befreiungsbewegung (Mouvement de Libération Nationale des Comores, MOLINACO), die von der Organization of African Unity (OAU) anerkannt wurde. Erst im Dezember 1972 gewann ein die Unabhängigkeit forderndes Parteienbündnis die Wahlen zur halbautonomen Territorialversammlung; AHMED ABDALLAH ABDEREMANE (* 1919, † 1989), Führer der ›Union Démocratique des Comores‹ (UDC), wurde Reg.-Chef. Eine neuerl. Volksabstimmung am 22. 12. 1974 ergab auf allen Inseln zus. 94,6 % für die Unabhängigkeit, auf Mayotte jedoch 64 % für den Verbleib bei Frankreich (1976 durch eine weitere Volksabstimmung bestätigt). Daraufhin proklamierte A. A. ABDEREMANE am 6. 7. 1975 die Unabhängigkeit der K., während Mayotte von Frankreich den Status einer ›Collectivité territoriale‹ oder ›locale‹ (Verwaltungsform zw. Übersee-Dép. und Überseeterritorium) erhielt.

Im August 1975 stürzte ALI SOILIH (* 1937, † 1978) die Reg. unter Präs. A. A. ABDEREMANE und schlug einen Staats- und Reg.-Chef einen marxistisch bestimmten revolutionären Kurs ein. Eine von ABDEREMANE angeworbene, von Frankreich unterstützte Söldnertruppe europ. Herkunft vertrieb im Mai 1978 SOILIH und ermordete ihn. Nach In-Kraft-Treten einer neuen Verf. (1. 10. 1978) übernahm ABDEREMANE wieder das Amt des Staatspräs.; seit 1982 stützte er sich innenpolitisch auf die Einheitspartei ›Union Comorienne pour le Progrès‹ (UCP), ließ aber bei den Wahlen 1982 Oppositionskandidaten zu. Ende November 1989 kam der Präs. durch ein Attentat ums Leben, der bisherige Präs. der Nationalversammlung SAID MOHAMMED DJOHAR (* 1918) wurde daraufhin Interims-Präs. und im März 1991 durch Wahlen im Amt bestätigt. Ein Putsch von Teilen der Armee unter dem frz. Söldnerführer BOB DENARD (* 1929) wurde im Oktober 1995 durch frz. Truppen niedergeschlagen. Da Präs. DJOHAR nach Réunion flüchtete, ließ der bisherige Min.-Präs. MOHAMED CAABI EL-YACHROUTU zum Staatspräs. proklamieren und bildete unter Einbeziehung der Oppositionsparteien ein neues Kabinett. Bei den Präsidentschaftswahlen im März 1996 siegte MOHAMED TAKI ABDOULKARIM, nachdem der aus dem Exil zurückgekehrte DJOHAR auf eine Kandidatur verzichtet hatte. Nach monatelangen Unruhen erklärte die Insel Nzwani im August 1997 die Unabhängigkeit und strebt nach einem Anschluss an Frankreich.

Komo Komoren – Kompaktlager

Komoren: Kratersee Lac Salé auf Nzwani, im Hintergrund der Indische Ozean

Komoren, Inselgruppe im Ind. Ozean, zw. der N-Spitze von Madagaskar und der O-Küste Afrikas, am N-Eingang der Straße von Moçambique, umfasst die frz. Insel →Mayotte sowie drei weitere Hauptinseln, die mit den zahlr. Nebeninseln den Staat →Komoren bilden. Die K. sitzen einer untermeer. Schwelle auf und sind vulkan. Ursprungs. Die höchste Erhebung, der Kartala (2361 m ü. M.) auf Njazidja, ist ein noch tätiger Vulkan. Die Gebirgslandschaft ist von tiefen Tälern zerschnitten. Vor den Küsten ziehen sich Korallenriffe hin; das Riff vor der S-Küste von Mwali ist reich an z. T. seltenen Wassertieren. In Meerestiefen von 150–400 m lebt die Fischart Latimeria chalumnae, die einzige heute noch existierende Art der Quastenflosser.

Auf den Inseln herrscht trop. Klima; die Temperaturen nehmen mit zunehmender Höhe merklich ab. Von November bis April bringen äquatoriale W-Winde bei hohen Temperaturen (Monatsmittel bis 30 °C) reiche Niederschläge (bis 4000 mm an den W-Seiten, bis 1200 mm an den O-Seiten); von Mai bis Oktober weht der trockene SO-Passat (Monatsmittel um 20 °C).

Muslim. Inseln vor Ostafrika, hg. v. G. ROTTER (a. d. Arab., 1976); H. CHAGNOUX u. A. HARIBOU: Les Comores (Paris 1980); R. BATTISTINI u. P. VERIN: Géographie des Comores (Paris 1984); M. D. NEWITT: The Comoro Islands (Boulder, Colo., 1984).

Komọrn, 1) slowak. **Komárno** [ˈkɔmaːrnɔ], Stadt im Westslowak. Gebiet, Slowak. Rep., an der Mündung der Waagdonau in die Donau, am SO-Ende der Großen Schütt, 37 900 Ew.; Werft für Binnenschiffe, Tabakindustrie; Donauhafen; durch eine Straßen- und eine Eisenbahnbrücke über die Donau mit der ungar. Stadt →Komorn verbunden. – In der Zeit der Türkenkriege (15.–17. Jh.) wurde das starke unterird. Festungssystem angelegt (im 19. Jh. erneuert); barocke orth. (1754–70) und kath. Kirche (1756). – K. geht auf eine 1263 errichtete Burg zurück und war bis 1920 ungarisch.

2) ungar. **Komárom** [ˈkoma:rom], Stadt im Bez. Komárom-Esztergom, Ungarn, an der Donau, im Kleinen Ungar. Tiefland, 19 600 Ew.; Leinen- und Hanfindustrie, Thermalbad; Donauhafen. – K. war bis 1920 ein Außenbezirk der damals ungar. Stadt →Komorn.

Kọmos [griech.] *der, -/...moi,* Bez. für festlich-ausgelassene Umzüge bes. in Zusammenhang mit dem athen. Dionysoskult.

Komotau, tschech. **Chomutov** [x-], Stadt im Nordböhm. Gebiet, Tschech. Rep., 382 m ü. M., am Fuß des Erzgebirges, 52 600 Ew.; Hüttenwerk, chem. Industrie; in der Umgebung Braunkohlenbergbau und -kraftwerke. – Befestigungsanlagen (15. Jh.; 1841 geschleift); Rathaus (im Kern 13. Jh., ehem. Deutschordenskommende, gegr. 1252, später umgebaut); ehem. Konventskirche St. Katharina (frühgotisch, 2. Hälfte 13. Jh.; im 17. und 18. Jh. Ratskapelle); spätgot. Kirche Mariä Himmelfahrt (dreischiffige Hallenkirche, 1516–85); ehem. Jesuitenkolleg mit Kirche St. Ignatius (1663–71 erbaut); Stadtturm (1598–1625); am Marktplatz Bürgerhäuser des 16. bis 19. Jh. – K., im 11. Jh. von dt. Siedlern bewohnt, kam 1252 in den Besitz des Dt. Ordens und erhielt Ende des 14. Jh. Stadtrecht. 1421 wurde die Stadt von Hussiten zerstört. Vom 16. bis 18. Jh. wurde Alaunbergbau betrieben.

Komotini, Hauptstadt des Verw.-Bez. (Nomos) Rhodope in Thrakien, NO-Griechenland, 37 000 Ew.; griechisch-orth. Bischofssitz; Univ. (gegr. 1973); archäolog. Museum; Tabak-, Nahrungsmittel-, Textil- und Bekleidungsindustrie.

Kompagnon [kɔmpanˈjɔ̃, ˈkɔmpanjɔ̃, auch ˈkɔmpanjɔn; frz. ›Genosse‹, von spätlat. companio ›Gefährte‹] *der, -s/-s,* Teilhaber, Mitinhaber (eines Geschäfts, Handelsunternehmens o. Ä.).

kompạkt [frz., von lat. compactus ›gedrungen‹], dicht, fest, massiv; gedrängt, kurz gefasst.

kompakter Raum, *Mathematik:* ein →topologischer Raum, in dem jede Überdeckung durch offene Mengen schon eine endl. Überdeckung enthält.

Kompạktgalaxi|en, extragalakt. Sternsysteme, die fotografisch als kleine, meist scharf begrenzte Scheibchen hoher Flächenhelligkeit erscheinen. Die K. bilden eine rein morphologisch definierte Gruppe von Galaxien ohne gemeinsame physikal. Eigenschaften der Gruppenmitglieder.

Kompaktion [lat. ›Zusammenfügung‹] *die, -/-en, Geologie:* Vorgang der Setzung und Volumenverkleinerung eines Sedimentes während der Diagenese; infolge der wachsenden Auflast Auspressung des Porenwassers.

Kompạktlager, *Kerntechnik:* Wasserbecken in Kernkraftwerken zur →Nasslagerung von benutzten oder abgebrannten (bestahlten) und daher stark radioaktiven Brennelementen. Die Kompaktlagerung ist – unter Anwendung techn. Maßnahmen zur Wahrung der Sicherheit vor der Kritikalität (→kritischer Zustand) des gelagerten Kernbrennstoffs – gekennzeichnet durch eine dichtere Belegung als bei der Normallagerung. Bei normalen Nasslagern, die bereits bestehen, kann die Lagerkapazität für bestrahlte Brennelemente durch den nachträgl. Einbau von K.-Gestellen aus Neutronen absorbierenden Materialien erhöht werden. (→Entsorgung)

Komotau: Marktplatz mit Laubengängen und Mariensäule

Kompaktsportspiele, *Freizeit-* und *Turniersport:* (Indoor-)Wettbewerbe mit Sport- und Spielcharakter, die auf bzw. an kleinen und daher i. d. R. transportablen Anlagen durchgeführt werden; gekennzeichnet durch geringen Platzbedarf und relativ geringen materiellen und organisator. Aufwand. Zu den K. zählen z. B. Darts und Tischfußball.

Kompander [Kw. aus **Kom**pressor und Ex**pander**] *der, -s/-, Elektroakustik:* elektron. Baugruppe zur Rauschunterdrückung bei der Signalübertragung durch Dynamikkompression und anschließende Dynamikexpansion (→Dynamik). Man unterscheidet **Mehrweg-K.**, bei denen das Frequenzband in mehrere Teilbereiche zerlegt wird, die einzeln kompandiert werden, und **Einweg-K.**, bei denen das ganze Band entweder mit festem Kompandierungsgrad (**Breitband-K.**) kompandiert wird oder in Abhängigkeit vom Signalpegel nur die untere Grenzfrequenz gleitend (**Sliding-K.**) verändert wird.

Kompanie [ital.-frz., zu lat. con... ›mit‹ und panis ›Brot‹, also eigtl. ›Brotgemeinschaft‹] *die, -/...'ni en,*
1) frz. **Compagnie** [kɔmpa'ni:], Abk. **Cie., Co., Comp.**, (im Dt. veraltete) Bez. für Handelsgesellschaft; im engl. Sprachraum →**Company** (Abk. Co., Comp.).
2) *Militärwesen:* in den meisten Streitkräften Bez. für die kleinste takt. Einheit.
Im 17. Jh. setzte sich in Dtl. das Wort K. anstelle von ›Fähnlein‹ als Bez. für die kleinsten administrativen Truppenkörper durch, zunächst allg., dann v. a. bei der Infanterie. Die K. waren bes. in der preuß. Armee dem Prinzip der ›K.-Wirtschaft‹ gebildete verwaltungsmäßig-wirtschaftl. Grundeinheiten. Sie wurden im Rahmen der sich entwickelnden stehenden Heere um 1700 bei der Infanterie zu Bataillonen als takt. Gefechtsverbänden zusammengefasst. Mit der Abschaffung der K.-Wirtschaft (in Preußen 1808 im Zuge der Militärreformen) und dem Aufkommen der Gefechtsform ›K.-Kolonne‹ zu Beginn des 19. Jh. entwickelte sich die K. zur takt. Grundeinheit der Infanterie. 1914 umfasste eine K. im preußisch-dt. Heer – nun in Züge und Gruppen gegliedert – rd. 250 Mann, zu Anfang des Zweiten Weltkriegs rd. 150 Mann. Heute hat eine K. 60–200 Mann, geführt wird sie von einem mit Disziplinargewalt ausgestatteten **K.-Chef** (Hauptmann oder – seltener – Major), der im Bereich des ›inneren Dienstes‹ vom K.-Feldwebel unterstützt wird. I. d. R. sind mehrere K. zu einem Bataillon zusammengefasst, daneben gibt es im Rahmen militär. Großverbände ›selbstständige Kompanien‹.

Kompaniefeldwebel, der den ›inneren Dienst‹ einer Kompanie leitende Feldwebel; in der Bundeswehr – hier umgangssprachlich als ›Spieß‹ bezeichnet – ein Haupt- oder Stabsfeldwebel, der zur Kennzeichnung seiner Dienststellung eine gelbe Schnur an der rechten Schulter trägt. – In der alten preuß. Armee hieß der K. ›etatmäßiger Feldwebel‹, in der Reichswehr ›Truppendienst tuender Oberfeldwebel‹, in der Wehrmacht ›Hauptfeldwebel‹.

Komparation [lat. ›Vergleichung‹] *die, -/-en, Sprachwissenschaft:* die dreistufige Steigerung der Adjektive, z. B. ›gut‹ (**Positiv, Grundstufe**), ›besser‹ (**Komparativ, Höherstufe**), ›am besten‹ (**Superlativ,** Höchststufe). Neben diesen relativen Vergleichsstufen besteht auch eine absolute Vergleichsstufe, →Elativ.

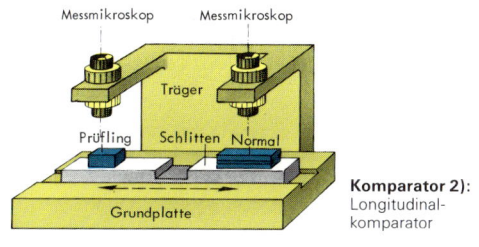

Komparationsforschung, →differenzielle Psychologie.

Komparatistik *die, -,* die →vergleichende Sprachwissenschaft und die →vergleichende Literaturwissenschaft.

komparativ [auch -'ti:f], 1) *allg.:* 1) vergleichend; 2) steigernd.
2) in der *Logik* heißt eine zweistellige Relation $R(-,-)$ **rechtskomparativ (linkskomparativ)**, wenn aus $R(x,z)$ und $R(y,z)$ stets $R(x,y)$ folgt (bzw. aus $R(z,x)$ und $R(z,y)$ $R(x,y)$). Ist $R(-,-)$ sowohl rechtskomparativ als auch linkskomparativ, so heißt $R(-,-)$ komparativ. Für symmetr. Relationen fallen Rechts- und Linkskomparativität zusammen. Traditionell wird *z* auch **Tertium Comparationis** genannt.

Komparativ *der, -s/-e* [-və], →Komparation.

komparative Kosten [auch -'ti:və -], *Außenwirtschaftstheorie:* das Verhältnis der Produktionskosten zweier Güter, wobei die Produktionskosten des Gutes A im Verhältnis zu den Produktionskosten des Gutes B ausgedrückt werden. Die **Theorie der k. K.** wurde von D. RICARDO in Verallgemeinerung des Theorems der absoluten Kostenvorteile von A. SMITH entwickelt und von G. VON HABERLER weitergeführt. Sie liefert den klass. Erklärungsansatz für das Zustandekommen von Außenhandelsaktivitäten. Nach dem Ricardo-Theorem lohnt sich Außenhandel nicht nur dann, wenn zw. Ländern bei der Herstellung des gleichen Gutes absolute Kostenvorteile bestehen, sondern auch, wenn ein Land bei der Produktion aller Güter dem Ausland unterlegen ist. Werden die k. K. für zwei Länder miteinander verglichen, so kann das Land mit den für beide Güter zus. absolut höheren Kosten ein günstigeres Kostenverhältnis haben, den **komparativen Kostenvorteil**. Es lohnt sich dann für ein Land, sich auf die Produktion jener Güter zu konzentrieren, bei denen es vergleichsweise Kostenvorteile besitzt, und diese auszuführen und umgekehrt die Güter zu importieren, bei denen es einen komparativen Kostennachteil aufweist. Für die am Außenhandel beteiligten Länder wird die Gesamtheit der erstellten Güter größer sein als ohne Außenhandel. Die Theorie der k. K. enthält zugleich die Forderung nach Freihandel, da nur dann die Kostenvorteile, die mit einer Spezialisierung auf die in einem Land kostengünstig herzustellenden Güter einhergehen, tatsächlich entstehen.

Komparativsatz [auch -'ti:f-], **Vergleichs|satz,** Satz, der in Bezug auf den im Hauptsatz bezeichneten Sachverhalt einen Vergleich formuliert, z. B. ›er handelte so, wie man es von ihm erwarten konnte‹.

Komparator *der, -s/...'toren,* 1) *Astrofotografie:* ein Gerät, mit dessen Hilfe zwei fotograf. Aufnahmen eines Sternfeldes verglichen und etwaige Unterschiede in Helligkeit oder Position schnell und ohne exakte Messung der einzelnen Objekte erkannt werden können. Beim **Blink-K.** werden die beiden Bilder abwechselnd in schneller Folge durch ein Okular betrachtet; etwaige Positions- oder Helligkeitsunterschiede eines Objekts zeigen sich durch dessen scheinbare Bewegung bzw. durch sein Blinken. Beim **Stereo-K.** werden beide Bilder gleichzeitig (binokular) betrachtet; Objekte, die auf den beiden Aufnahmen unterschiedlich dargestellt sind, scheinen aus der Bildebene zu treten.

2) *Längenmesstechnik:* 1) mechanisch-opt. Vorrichtung zur genauen →Längenmessung durch Vergleich eines Prüflings mit einem Normal (Strichmaßstab hoher Genauigkeit). Der K. besteht aus zwei vertikal gerichteten, starr miteinander verbundenen Messmikroskopen und einem in einer Richtung verschiebbaren Aufnahmetisch. Prüfling und Maßstab liegen entweder parallel nebeneinander oder fluchtend hintereinander; der Mikroskopträger oder der Tisch wird

Komparator 2): Longitudinalkomparator

beim **Transversal-K.** senkrecht zur Längsrichtung des Maßstabs verschoben, beim **Longitudinal-K.** in Längsrichtung; 2) die Interferenz von Lichtstrahlen ausnutzende Vorrichtung nach Art eines Interferometers (**Interferenz-K.**), die v. a. zum Ausmessen und Vergleichen von Endmaßen dient. – Der Longitudinal-K. und der Interferenz-K. erfüllen das 1890 von E. Abbe aufgestellte (**abbesche**) **K.-Prinzip** für genaue Längenmessungen, wonach der Messapparat so anzuordnen ist, dass die zu messende Strecke die geradlinige Fortsetzung der als Maßstab dienenden Teilung bildet.

Komparse [ital., zu comparire ›erscheinen‹, eigtl. ›Darsteller, der nur stumm auf der Bühne ›in Erscheinung‹ tritt‹] *der, -n/-n, Film,* seltener *Theater:* Darsteller einer ›stummen‹ Nebenrolle. – **Komparserie** *die, -/...'rilen,* Gesamtheit der bei einem Projekt (v. a. Film) mitwirkenden Komparsen.

Kompartimentierung [frz. compartiment ›Abteilung‹], *Biologie:* die Aufgliederung der Zelle in Reaktionsräume (Kompartimente), die häufig von einer Membran umschlossen sind (bei Prokaryonten jedoch z. B. nicht). Die K. erlaubt das gleichzeitige Ablaufen entgegengesetzter Stoffwechselprozesse innerhalb einer Zelle (z. B. im tier. Stoffwechsel: Fettsäuresynthese im Zytoplasma, Fettsäureabbau in den Mitochondrien). Zw. den einzelnen Kompartimenten einer Zelle herrscht ein z. T. beträchtl. Vesikelfluss (z. B. zw. endoplasmat. Retikulum und Golgi-Apparat), der als **Membranfluss** bezeichnet wird.

Kompartmentsyndrom [kɔmˈpɑːtmənt-; engl. compartment ›Abteilung‹], durch örtl. Druckerhöhung in allseits geschlossenen Weichteilbezirken (Kompartments) hervorgerufene Gewebeschäden; sie werden durch traumat. Einflüsse (Quetschungen, Knochenbrüche, Verrenkungen) oder eine Kompression infolge innerer Ergüsse (Ödeme, Exsudate) oder äußerer Einengung (z. B. durch Gipsverbände) hervorgerufen und treten v. a. an Muskeln (bes. am Unterschenkel), Nerven- oder Gefäßkanälen auf. Der Anstieg des Gewebedrucks führt zu einer Behinderung der örtl. Blutzufuhr mit nachfolgender Schädigung von Blutgefäßen, Muskel- und Nervenzellen bis zu deren Zerstörung, die eine Amputation der Gliedmaße erforderlich machen kann.

Kompass [ital., zu compassare ›ringsum abschreiten‹, ›abmessen‹, von lat. passus ›Schritt‹] *der, -es/-e,* Instrument zum Bestimmen der Himmelsrichtung, wobei v. a. Magnet-K. und Kreisel-K. von Bedeutung sind. – Der **Magnet-K.** nutzt die vom Erdmagnetismus ausgehende, auf einen Magneten ausgeübte Richtkraft, die die Magnetnadel oder eine bewegl. Magnetspule (gleichstromdurchflossene Spule mit Weicheisenkern) fast überall auf der Erde (ausgenommen sind die Polargebiete) in den magnet. Meridian, d. h. in die magnet. N-S-Richtung, einstellt. Man unterscheidet **Trocken-K.**, die bei geringem Gewicht eine hohe Empfindlichkeit besitzen, und **Schwimm-K. (Fluid-K.)**,

Kompass: Marschkompass für die britische Arktisexpedition von 1875

Kompass: links Magnetkompass, kombiniert mit einer Tischsonnenuhr (um 1900); rechts kardanisch aufgehängter Schwimmkompass eines Segelschiffs

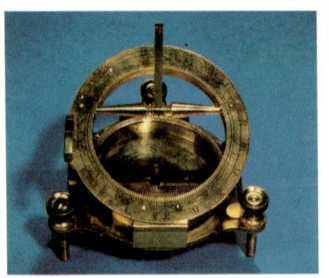

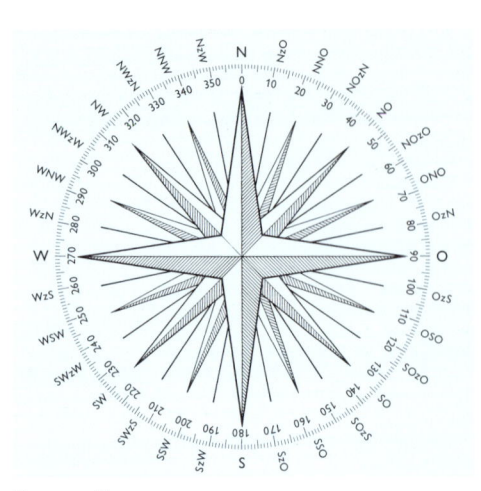

Kompass: Kompassrose

die bes. in der See- und Luftfahrt verwendet werden. Bei kleineren K. ist für die Richtungsanzeige die auf einer feinen Spitze (**Pinne**) sitzende Nadel über der **K.-Rose**, einer mit Markierungen für die Himmelsrichtungen und einer Skala für weitere Unterteilungen des Vollkreises versehenen runden Scheibe, von Bedeutung. Bei größeren K. sind meist mehrere Magnetnadeln (stabförmige Permanentmagnete) an der Unterseite der K.-Rose angebracht, die sich, auf einer Pinne drehend, selbst in den magnet. Meridian einstellt. Beim Schwimm-K. ist die Rose innerhalb des **K.-Kessels** als Schwimmkörper gebaut, der in einem Wasser-Alkohol-Gemisch mit nur geringem Auflagedruck auf der Pinne ruht. In größeren Schiffs-K. wird der K.-Kessel kardanisch in einem **K.-Haus** aufgehängt, das auch die Einrichtungen zum Kompensieren der →Deviation, der Ablenkung der Magnetnadel durch magnet. Störfelder des Schiffes, enthält (→Kompensator). Eine Sonderform des Magnet-K. mit Magnetspule ist der **Induktions-K.**, der aus einer Spule besteht, die schnell um eine im Raum frei schwenkbare Achse rotiert und nach dem Induktionsgesetz keine Spannung abgibt, wenn die Rotationsachse mit dem magnet. Meridian zusammenfällt. Die Messwerte werden elektrisch auf ein Anzeigegerät (z. B. im Cockpit eines Flugzeuges) übertragen. **Steuer-K.** werden zum Kurshalten, **Peil-K.** zur Ortsbestimmung verwendet. Auf großen Schiffen wird oft an magnetisch günstiger Stelle ein **Regel-K. (Mutter-K.)** aufgestellt und zur Steuerung der Anzeige von **Tochter-K.** an den Peil- und Steuerstellen benutzt. Peil-K. enthalten einen Peilaufsatz, durch den unmittelbar oder mit Zielfernrohr das Objekt anvisiert und die Peilung von der K.-Rose durch Spiegelung abgelesen wird. Ein einfacher und typ. Peil-K. ist der von Wanderern und beim Militär verwendete **Marsch-K.** Mit dem Aufkommen der modernen Navigationsgeräte ist die Bedeutung der Magnet-K. gesunken. Infolge der unbekannten magnet. Störungen, die im Fahrzeug und im Erdmagnetfeld auftauchen können, sind die Fehler von Magnet-K. so groß, dass diese oft nicht mehr als primäres Navigationsgerät infrage kommen, sondern nur noch (wegen ihrer hohen Ausfallsicherheit) als Reservegeräte.

Der **Kreisel-K.** nutzt die Erdrotation zum Aufsuchen der Nordrichtung: Ein mit etwa 20 000 U/min rotierender axialsymmetr. Kreiselkörper ist so aufgehängt, dass seine Drehachse in die Horizontalebene gezwungen wird. Aufgrund der Kreiselgesetze versucht die Drehachse (bei ruhendem Fahrzeug), sich parallel zur Erdrotationsachse zu stellen. Wegen ihrer

Fesselung in die Horizontalebene kann sie sich jedoch nur parallel zu dem Anteil der Erddrehgeschwindigkeit stellen, der in diese Ebene fällt. Dies führt dazu, dass die Drehachse, abgesehen von den Polgegenden, an jedem Punkt der Erde die geograph. Nordrichtung anzeigt. Bei bewegtem Fahrzeug tritt infolge der →Coriolis-Kraft der ›Fahrtfehler‹ auf, der jedoch gut korrigierbar ist. Zur Erhöhung der Genauigkeit und zwecks Vermeidung störender Schwingungen wird eine schwimmende Aufhängung und ein System gekoppelter Kreiselrotoren im Kreisel-K. verwendet. Der Aufstellungsort ist meist in der Nähe des Fahrzeugschwerpunktes, da Fahrzeugschwankungen dort am wenigsten stören. Die einwandfreie Funktion der Kreisel-K. wird oft mit einem Magnet-K. kontrolliert; Schiffe mit Kreisel-K. müssen mindestens auch einen Magnet-K. besitzen. Häufig an einen Kreisel-K. angeschlossen sind ein Kursschreiber, ein Gerät für das automat. Kurshalten und ein Koppeltisch, der Kurs, Geschwindigkeit und Koppelort aufzeichnet.

K., die dort einsetzbar sind, wo Magnet-K. und Kreisel-K. versagen, also in hohen geograph. Breiten, nutzen entweder die Sonne (Pfund-K., Sky-Compass) oder auch andere Gestirne (Astro-K.) zum Aufsuchen der Nordrichtung.

Geschichte: Die ältesten Hinweise auf die Verwendung eines K. in der Seefahrt stammen aus China (um 1100). In Europa findet sich die erste Erwähnung in den Schriften des Engländers ALEXANDER NECKAM (* 1157, † 1217). Seine heutige Form erhielt der K. im 13. Jh., angeblich von ital. Seefahrern aus Amalfi. – Vorläufer eines Kreisel-K. entwickelte L. FOUCAULT um 1852; den ersten praktisch brauchbaren Kreisel-K. konstruierte Anfang des 20. Jh. (Patent 1905) H. ANSCHÜTZ-KAEMPFE.

H.-C. FREIESLEBEN: Gesch. der Navigation (²1978); W. LINKE: Orientierung mit Karte, K. GPS (⁸1996).

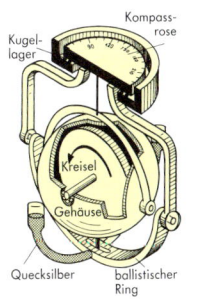

Kompass: Kreiselkompass

Kompass, Schiffskompass, lat. Bez. **Pyxis,** Abk. **Pyx,** kleines Sternbild des Südhimmels, in Mitteleuropa an Winterabenden knapp über dem südl. Horizont sichtbar. In ihm liegt die wiederkehrende Nova T Pyxidis.

Kompassorientierung, die Fähigkeit von Organismen, durch Orientierung z. B. nach dem Stand von Sonne, Mond oder den Sternen, den Schwingungsebenen polarisierten Lichts oder dem Magnetfeld der Erde eine bestimmte Richtung einzuschlagen, wobei deren tages- und jahreszeitl. Änderungen bei der Richtungsfindung mit ›verrechnet‹ werden. Am weitesten verbreitet ist im Tierreich wohl die Sonnen-K. (z. B. Fische, Amphibien, Reptilien, Vögel, manche Säugetiere), bei vielen Tieren ist auch die Orientierung nach dem Magnetfeld der Erde (→Magnetfeldorientierung) nachgewiesen (Schnecken, Insekten, Fische, Vögel, Fledermäuse, Delphine).

Kompasspflanzen, Pflanzen, die ihre Blattspreite zum Schutz gegen zu starke Erwärmung oder Verdunstung (fast) senkrecht zu den einfallenden Sonnenstrahlen stellen (Profilstellung), z. B. der Kompasslat-tich, Eukalyptusarten. Die Wachstumsbewegung wird durch starke Wärmestrahlung ausgelöst.

Kompassqualle, Chrysaora hyoscella, eine im Mittelmeer und Atlantik (im Sommer auch in der Nordsee) häufige Scheibenqualle, deren bis zu 30 cm großer Schirm eine an eine Kompassrose erinnernde Zeichnung trägt.

kompatibel [engl.-frz., zu frz. compatir ›übereinstimmen‹], 1) *allg.:* vereinbar; verträglich; Ggs.: inkompatibel.

2) *Logik:* Bez. für Aussagen, die einander nicht ausschließen, d. h., deren Konjunktion keinen Widerspruch darstellt.

Kompatibilität *die, -/-en,* 1) *Informatik:* die Austauschbarkeit oder Verknüpfbarkeit von Geräten, Datenträgern, Daten oder Programmen ohne besondere Maßnahmen. **Geräte-K. (Hardware-K.)** setzt das Einhalten bestimmter techn. Werte voraus, wie Pegel und Schaltzeiten, **Daten-K.** die Gleichartigkeit in der Codierung und Struktur der Daten, der Prüf- und Sicherungsverfahren usw. **Programm-K. (Software-K.)** erfordert gleichen Befehlsvorrat und -aufbau. Dabei kann sich die K. auf den Quellcode oder auf den Objektcode des Programms beziehen. Bei **Stecker-** oder **Anschluss-K. (Pin-K.)** kann ein Gerät oder Bauteil angeschlossen oder ausgetauscht werden, ohne eine besondere Verbindung zu schaffen. Pin-K. bedeutet nicht notwendigerweise Gleichheit der Funktion. Zw. nichtkompatiblen Geräten kann mithilfe einer Schaltung und/oder eines Programms (Interface) K. hergestellt werden. Zum Herstellen der Lauffähigkeit eines Programms auf einem Rechner, auf dem dieses normalerweise nicht lauffähig ist, dient die Emulation (→Emulator). Von **Aufwärts-K.** spricht man, wenn das jeweils größere oder neuere Modell einer Baureihe von Datenverarbeitungsanlagen die Programme des kleineren oder älteren Modells verarbeiten kann, nicht aber umgekehrt.

2) *Medizin:* Verträglichkeit von transfundiertem Blut oder transplantiertem Gewebe mit dem Blut bzw. Gewebe (→Gewebeverträglichkeit) des Empfängers; Ggs.: Inkompatibilität.

3) *Sprachwissenschaft:* lexikalisch-syntagmat. Kombinierbarkeit von sprachl. Elementen innerhalb eines Satzes; Ggs.: Inkompatibilität.

4) *Staatsrecht:* Vereinbarkeit der Ausübung mehrerer (versch.) öffentl. Ämter durch eine Person.

Kompendium [lat. ›Ersparnis‹, ›Abkürzung‹, eigtl. ›das Mitgewogene‹, ›Zuwaage‹] *das, -s/...dien,* 1) *bildungssprachlich* für: kurz gefasstes Lehrbuch, Abriss.

2) *Fotografie:* Vorrichtung zur Abschattung störender Lichtstrahlen, die von außerhalb des Objektfeldes auf das Objektiv fallen (Streulicht). Das K. wird bes. bei Filmaufnahmen als →Gegenlichtblende verwendet. Es hat die Form eines Balgens, der vor dem Objektiv angebracht wird.

Kompensation [lat. ›Ausgleichung‹, ›Gegenzählung‹] *die, -/-en,* 1) *allg.:* Ausgleich (eines Fehlers oder Schadens).

2) *Bankwesen:* Verrechnung von Kauf- und Verkaufsaufträgen für ein bestimmtes Wertpapier durch die Bank als Kommissionär. Lediglich überschießende Salden werden als Aufträge über die Börse abgewickelt. Seit 1968 sind solche **K.-Geschäfte** der Banken nicht mehr möglich, da diese sich in ihren allgemeinen Geschäftsbedingungen freiwillig verpflichtet haben, Kundenaufträge grundsätzlich über die Börse auszuführen (›Börsenzwang‹).

3) *Medizin:* körpereigene Reaktionen zum Ausgleich funktioneller Störungen oder organ. Defekte (→Dekompensation).

Kompasspflanzen: Kompasslattich; Ansicht von Norden oder Süden (oben) und von Osten oder Westen (unten)

Wörter, die man unter K vermisst, suche man unter C, Ch, G, H oder Q

Komp Kompensationsfarben – Kompensator

4) *Messtechnik:* →Kompensationsmethode.
5) *Psychologie:* in der Individualpsychologie A. ADLERS Bez. für einen psych. Vorgang, der darauf zielt, Minderwertigkeitsgefühle aufgrund empfundener körperl. und/oder psych. Mängel durch besondere Leistungen auf einem anderen, v. a. auf sozialem und geistigem Gebiet, auszugleichen. Übersteigertes Streben nach Vollwertigkeit, Geltung und Macht (**Über-** bzw. **Fehl-K.**) kann zu neurot. Fehlentwicklungen führen (**K.-Neurose**).
6) *Recht:* 1) *Strafrecht:* Strafmilderung oder Absehen von Strafe bei wechselseitig und schuldhaft begangenen Straftaten. Eine K. ist insbesondere möglich, wenn eine Beleidigung auf der Stelle erwidert wird (§ 199 StGB) oder wenn eine leichte Körperverletzung mit einer solchen, eine Beleidigung mit einer leichten Körperverletzung oder eine leichte Körperverletzung mit einer Beleidigung auf der Stelle erwidert wird; ähnlich bei der fahrlässigen Körperverletzung (§ 233 StGB). 2) *Zivilrecht:* der schadensrechtl. Ausgleich durch Geld, wenn die Wiederherstellung des früheren Zustandes (Naturalrestitution) nicht möglich oder nicht genügend ist (§§ 249, 251 BGB, K.-Prinzip); auch Bez. für die →Aufrechnung.

Kompensationsfarben, kompensative Farben, zwei Farbvalenzen, die bei geeigneter additiver Farbmischung Unbunt ergeben (→Gegenfarben). Die spektrale Zusammensetzung der K. ist hierbei von untergeordneter Bedeutung. (→Komplementärfarben)

Kompensationsgeschäft, 1) *Außenwirtschaft:* **Gegenseitigkeitsgeschäft, Kopplungsgeschäft,** vertragl. Vereinbarung, bei der ein Import- mit einem Exportgeschäft verknüpft wird. K. umfassen i. d. R. zwei getrennte Verträge, die unabhängig voneinander abgewickelt und in konvertibler Währung erfüllt werden. Die Grundform des K. ist das **Parallelgeschäft (Gegengeschäft, Gegenlieferungsgeschäft, Counterpurchase)**, bei dem sich der Exporteur verpflichtet, Waren oder Dienstleistungen im Wert eines bestimmten Prozentsatzes des Liefervertrages aus dem Partnerland zu importieren und ggf. in Drittländer zu exportieren, wobei Import- und Exportvertrag vollkommen unabhängig voneinander sind. Beim **Rückkaufgeschäft (Buy-back-Geschäft)** liefert der eine Partner (meist ein Unternehmen aus einem westl. Industrieland) Maschinen und Anlagen, deren Wert er ganz oder teilweise aus oft über Jahre dauernder Lieferung von damit erstellten Produkten zurückerhält (z. B. Stromlieferungen aus osteurop. Ländern als Kompensation für die Errichtung bzw. Modernisierung von Kraftwerken). Wird der Export von Waren mit weiteren Kooperationsformen (z. B. Direktinvestitionen, Jointventures) verknüpft, spricht man von **Offsetgeschäften**. Spielen finanzielle Transaktionen keine Rolle und werden auf der Basis eines Vertrages Waren gegen Waren getauscht, liegt ein **Tauschgeschäft (Bartergeschäft)** vor. Diese Form von K. ist im internat. Rohölgeschäft verbreitet (›Ölbarter‹). Im weitesten Sinn kann auch die Abrechnung von Außenhandelsgeschäften im Rahmen von Clearingabkommen zu den K. gezählt werden (→Clearing).
Nach Schätzungen haben K. einen Anteil von rd. 10 % am gesamten Welthandel. Sie sind verbreitet im Außenhandel der Industriestaaten mit den Reformländern Mittel- und Osteuropas und mit Entwicklungsländern sowie beim Warenaustausch zw. Entwicklungsländern. Neben bilateralen K. sind auch Dreiecksgeschäfte üblich (→Switchgeschäft), bei denen mehrere K. mit mehreren Partnern in versch. Ländern miteinander verbunden werden. Gründe für K. liegen v. a. in der Devisenknappheit einzelner Länder. So werden durch Bartergeschäfte Liquiditätsprobleme überwunden, beim Counterpurchase steht dem Devisenabfluss auch ein Devisenzufluss gegenüber. Importe werden zugelassen, ggf. können neue Projekte finanziert und ein Technologietransfer ermöglicht werden (z. B. beim Offsetgeschäft), ohne dass sich die Zahlungsbilanz verschlechtert. Zugleich wird auch der Export des importierenden Partnerlandes gefördert (K. können helfen, Märkte in Industrieländern zu erschließen). K. werden auch zur Umgehung von Kontingenten (z. B. Unterlaufen von Preisabsprachen und Förderquoten im Rahmen der OPEC) und bei Beschränkungen des internat. Zahlungsverkehrs getätigt.
2) *Bankwesen:* →Kompensation.

Kompensationsmethode, *Messtechnik:* ein Messverfahren, bei dem einer zu messenden Größe eine gleich große, aber entgegengerichtete überlagert wird. Die entgegengerichtete Größe wird einer Hilfsenergiequelle entnommen, deren Einstellstufen das Auflösungsvermögen der Messanordnung bestimmen. Die Gleichheit der beiden Größen (**Nullabgleich**) wird durch Nullanzeige eines hoch empfindl. Messgeräts angezeigt (**Nullinstrument**). Im abgeglichenen Zustand wird der Messgröße keine Energie entzogen. Da ein Einstellvorgang immer eine gewisse Zeit erfordert, ist die K. für zeitlich schnelle Vorgänge nur begrenzt anwendbar. Die K. wird zur Kalibrierung von Messgeräten und Messwertaufnehmern angewendet und ist v. a. zur genauen Bestimmung der Leerlaufspannung von hochohmigen Spannungsquellen geeignet.

Kompensationspendel, Pendel für mechan. Uhren mit hoher Ganggenauigkeit, bei dem durch eine geeignete Materialkombination temperaturbedingte Längenänderungen ohne Einfluss auf die Schwingungsdauer bleiben. Bei einer **Kompensationsunruh** wird das Trägheitsmoment konstant gehalten.

Kompensationspunkt, 1) *Limnologie:* Bez. für diejenige Wassertiefe, in der Assimilation und Atmung sich die Waage halten. Unterhalb des K. findet keine Nettoproduktion mehr statt. Der K. ist abhängig von Beleuchtungsintensität, Trübung des Wassers und von der Temperatur und kann zw. 0 m (höhere Breiten im Winter) und 100 m (in den Tropen zur Mittagszeit) liegen.
2) *Pflanzenphysiologie:* 1) **Licht-K.,** die Beleuchtungsstärke, bei der die Intensität von Assimilation und Dissimilation gleich groß und die Nettoassimilation daher null ist; 2) **CO_2-K. (Kohlendioxid-K.),** die CO_2-Konzentration, bei der der CO_2-Verbrauch der Photosynthese und die CO_2-Produktion durch Photorespiration gleich sind.

Kompensationstheorie, *Wirtschaftstheorie:* Lehre, die davon ausgeht, dass die Verbilligung bestimmter Güter durch den techn. Fortschritt zu Mehrnachfrage nach anderen Gütern und so zur Wiedereinstellung der durch den techn. Fortschritt arbeitslos gewordenen Arbeitskräfte führt (Ggs.: Freisetzungstheorie). Ob die Freisetzung, die jeder techn. Fortschritt mit sich bringt, voll oder nur teilweise kompensiert wird, hängt von vielen Faktoren ab, u. a. von der volkswirtschaftl. Produktionsfunktion, der Flexibilität der Preise und Löhne, dem Tempo des wirtschaftl. Wachstums. Als **kompensatorisches Wachstum** bezeichnet man ein hinreichend hohes Wachstumstempo, bei dem die Freisetzung von Arbeitskräften (bei konstantem Arbeitskräftepotenzial) durch Wiedereinstellung vollständig ausgeglichen wird.

Kompensator *der, -s/...toren,* 1) *Optik:* Vorrichtung für kristall- und polarisationsopt. Untersuchungen zur Messung oder zum Ausgleich eines Gangunterschiedes oder einer Drehung der Polarisations-

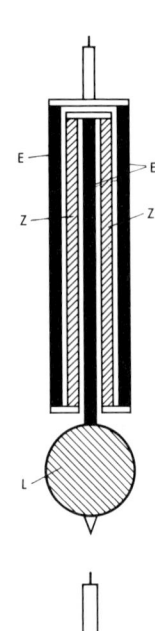

Kompensationspendel: oben Die Längenänderungen der Eisen- (E) und Zinkstäbe (Z) kompensieren sich bei Temperaturänderungen; unten Die minimalen Längenänderungen der Pendelstange P aus Invar werden beim Riefler-Pendel durch die kurze Hülse H aus einem anderen Metall kompensiert; L Pendellinse

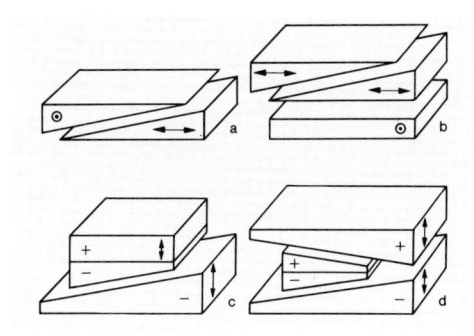

Kompensator 1): a Babinet-Kompensator; b Babinet-Soleil-Kompensator; c Soleil-Keilkompensator; d Doppelter Keilkompensator; + rechtsdrehend, − linksdrehend, ↔ und ⊙ optische Achsen

ebene. Bei der Messung eines durch Doppelbrechung hervorgerufenen Gangunterschiedes werden K. mit konstantem Gangunterschied (Platten-K., z. B. das Lambda-Viertel-Plättchen) und K. mit veränderl. Gangunterschied wie →Drehkompensatoren und Quarzkeil-K. unterschieden. Zu Letzteren gehören der **Babinet-** und der **Babinet-Soleil-K.**, die elliptisch polarisiertes Licht in linear polarisiertes umwandeln. – Der **Soleil-Keil-K.** zur Kompensation der Drehung der Polarisationsebene des Lichts in einer zu untersuchenden optisch aktiven Substanz besteht aus einer rechtsdrehenden planparallelen Quarzplatte und zwei linksdrehenden Quarzkeilen, deren Wirkungen sich in der Nullstellung aufheben.
2) *Schiffs-* und *Flugzeugwesen:* Einrichtung an der Kompassanlage eines Schiffes oder Flugzeuges, mit der sich Anzeigefehler aufgrund der →Deviation beheben (kompensieren) lassen. Als K. dienen am Kompassgehäuse verschiebbar angebrachte kleine Zusatzmagnete oder elektr. Spulen, mit deren Hilfe die durch bordfeste magnet. Störfelder verursachten Fehlanzeigen kompensiert werden. Zur Bestimmung der Abweichung muss das in magnetisch seeklarem Zustand befindl. Schiff sich auf bestimmten missweisenden Kursen bewegen. Das Flugzeug wird auf einer **Kompensierscheibe** (im ungestörten erdmagnet. Feld eines Flugplatzes) überprüft.

kompensatorische Erziehung, vorschul. und schulbegleitende Erziehungshilfen zum Ausgleich soziokulturell bedingter Lerndefizite. Schul. und außerschul. Programme wurden v. a. in den USA in den 60er- und 70er-Jahren entwickelt und fanden auch in Europa Resonanz. Nach den Ergebnissen der Begleitforschung steigen die Erfolgsaussichten der k. E., wenn sie möglichst früh einsetzt, die Programme langfristig sind und die Eltern einbezogen werden. Insbesondere bemüht sich die k. E. um kompensator. Sprachunterricht, um die sprachl. Ausdrucksfähigkeit bzw. -form von Kindern unterprivilegierter Schichten dem Standard von Kindern der Mittelschicht anzugleichen, der i. d. R. im Unterricht vorausgesetzt wird und für den Schulerfolg neben anderen Signalen von Schichtzugehörigkeit offenbar eine wichtige Rolle spielt. Bes. in Gesamtschulen dient ein System von Förderkursen dazu, einzelne Schüler und Schülergruppen an die nächsthöhere Niveauebene heranzuführen. Die k. E. stellt einen der Versuche dar, →Chancengleichheit im Bildungsbereich herzustellen.

kompensatorische Finanzierung, Form der Entwicklungshilfe (→Exporterlösstabilisierung).

kompensieren [lat. compensare ›(gegeneinander) abwägen‹], ausgleichen, durch Gegenwirkung aufheben; gegeneinander aufrechnen.

Kompert, Leopold, österr. Schriftsteller, *Münchengrätz 15. 5. 1822, †Wien 23. 11. 1886; war nach dem Philosophiestudium in Prag zunächst Hofmeister in Wien, studierte danach Medizin, war später Journalist und Erzieher, zuletzt freier Schriftsteller. In seinen lebensvollen Erzählungen und Romanen schilderte er das österr. und ungar. Judentum, wobei er dessen rechtl. Gleichstellung und eine Politik der Versöhnung fordert.
Werke: *Erzählungen:* Aus dem Ghetto. Geschichten (1848); Böhm. Juden (1851); Neue Geschichten aus dem Ghetto, 2 Bde. (1860). – *Romane:* Am Pflug, 2 Bde. (1855); Franzi u. Heini, 2 Bde. (1881).

kompetent [lat., zu competere ›zusammentreffen‹, ›entsprechen‹], 1) *allg.:* 1) sachverständig, befähigt; 2) zuständig, befugt. – Ggs.: inkompetent.
2) *Geologie:* kompetent sind Gesteine in Schichtpaketen, die einer Verformung weitgehend standhalten, →Falte.

Kompetenz [lat. ›das Zusammentreffen‹] die, -/-en, 1) *allg.:* Sachverstand; Zuständigkeit.
2) *Betriebswirtschaftslehre:* in der betriebl. Organisation das Spektrum der Handlungsrechte, das einer Stelle oder einem Stelleninhaber zur Erfüllung der zugewiesenen Aufgaben übertragen wird. Der Umfang dieser delegierten Entscheidungs-, Anordnungs-, Richtlinien- und Kontrollbefugnisse hängt ab vom Führungsstil, dem Grad der Zentralisation und der hierarch. Einordnung in die Aufbauorganisation. K. werden i. Allg. durch generelle Regeln so festgelegt, dass Überschneidungen und daraus folgende Konflikte und Reibungsverluste vermieden werden.
3) *Biologie:* die oft zeitlich begrenzte Bereitschaft von embryonalen Zellen, auf einen bestimmten Entwicklungsreiz zu reagieren; bei Bakterienzellen die Bereitschaft, DNA von außen aufzunehmen.
4) *Sprachwissenschaft:* in der generativen Transformationsgrammatik Bez. für die Fähigkeit des »idealen Sprechers (Hörers), mit einer begrenzten Anzahl von sprachl. Elementen und Verknüpfungsregeln eine unbegrenzte Zahl von Äußerungen zu formulieren (und zu verstehen) sowie über die sprachl. Korrektheit (formale und semant. ›Wohlgeformtheit‹) von Äußerungen zu entscheiden. (→Performanz)
5) *Staatsrecht:* **Kompetenzkompetenz,** in einem Bundesstaat die Befugnis des Gesamtstaats, seine eigene Zuständigkeit durch Verf.-Änderung zulasten der Gliedstaaten zu erweitern; diese K. findet aber nach der bundesstaatl. Verf. ihre Grenzen am Existenzrecht der Gliedstaaten. Dementsprechend darf in Dtl. nach Art. 79 GG die bundesstaatl. Struktur selbst durch Verf.-Änderung nicht aufgehoben werden. Gelegentlich spricht man eine Kompetenzkompetenz auch denjenigen Staatsorganen zu, die über den Umfang ihrer eigenen K. gegenüber allen anderen Staatsorganen verbindlich entscheiden können.

Kompetenzkonflikt, Zuständigkeitsstreit zw. zwei Staatsorganen, insbesondere Gerichten, die sich beide in derselben Sache für zuständig **(positiver K.)** oder nicht zuständig **(negativer K.)** halten. Nach der Neuregelung der §§ 17, 17a Gerichtsverfassungs-Ges. (GVG) können ab 1. 1. 1991 Streitigkeiten über den zulässigen Rechtsweg zu den versch. Gerichtsbarkeiten nicht mehr auftreten. Jedes Gericht entscheidet selbst durch beschwerdefähigen Beschluss über die Zulässigkeit des zu ihm beschrittenen Rechtsweges. Andere Gerichte sind an diese Entscheidung gebunden (§ 17a Abs. 1 GVG). Ist der beschrittene Rechtsweg unzulässig, so verweist das Gericht nunmehr den Rechtsstreit von Amts wegen an das zuständige Gericht des zulässigen Rechtsweges; der Beschluss ist für dieses Gericht bindend (§ 17a Abs. 2 GVG). Das Gericht des zulässigen Rechtsweges entscheidet den Rechtsstreit unter allen in Betracht kommenden

Wörter, die man unter K vermisst, suche man unter C, Ch, G, H oder Q

rechtl. Gesichtspunkten (§ 17 Abs. 2 GVG). Ein Zuständigkeitsstreit zw. Gerichten desselben Rechtsweges wird i.d.R. durch das nächsthöhere gemeinsame Gericht entschieden; möglich ist aber auch auf Antrag eine bindende Verweisung an das für zuständig gehaltene Gericht (§§ 36, 281 ZPO).

Kompetenzstücke, im schweizer. Recht Bez. für die nicht der Pfändung unterworfenen Vermögensgegenstände des Schuldners.

kompetitive Hemmung, *Physiologie:* →Enzyme.

Kompilation [lat. ›Plünderung‹] *die, -/-en,* seit dem 16. Jh. übl. Bez. für eine meist der Wissensvermittlung dienende Zusammenstellung von Textausschnitten aus anderen Schriften; bes. in der Spätantike und im MA. beliebt; negativ wertend auch für literar. Werke gebraucht, in denen Stoffe und Episoden aus älteren Quellen nur oberflächlich verbunden aneinander gereiht sind, und für wiss. Schriften, die den Stoff dabei wiss. unverarbeitet darbieten.

Kompilationsfilm, aus Filmmaterial unterschiedl. Herkunft zusammengestellter Film, dessen Teile der Illustration eines umfassenden Themas dienen; häufig mit dokumentar. Charakter.

kompilieren [lat. ›ausplündern‹, eigtl. ›der Haare berauben‹, zu pilus ›Haar‹], 1) *allg.:* unschöpferisch zusammenstellen, →Kompilation.
2) *Informatik:* das Übersetzen eines Quellprogramms mithilfe eines →Compilers.

komplanar [zu lat. complanare ›einebnen‹], in der gleichen Ebene liegend. So sind z. B. die Ecken eines Quadrats k., die eines Würfels jedoch nicht.

Komplement [lat. ›Vervollständigung(smittel)‹, zu complere ›ausfüllen‹, ›vervollständigen‹] *das, -(e)s/-e,*
1) *bildungssprachlich* für: Ergänzung, Ergänzungsstück.
2) *Informatik:* 1) die Negation in booleschen Algebren; 2) das K. einer Folge von Nullen und Einsen ist diejenige Folge, die sich ergibt, wenn jede 0 durch eine 1 und jede 1 durch eine 0 ersetzt wird; 3) bei der Darstellung ganzer Zahlen zur Basis b wird zw. dem **b-K.** und dem **($b-1$)-K.** unterschieden. Das b-K. einer Zahl z (mit n Stellen) ist die Zahl $\bar{z}$, für die $z + \bar{z} = b^n$ ist, ihr ($b-1$)-K. ist die Zahl $\bar{\bar{z}}$, für die $z + \bar{\bar{z}} = b^n - 1$ ist. Bei Binärzahlen unterscheidet man zw. **Eins-K.** (jede 0 wird durch eine 1 und jede 1 durch eine 0 ersetzt) und **Zwei-K.** (Bildung des Eins-K. und Addition von 1). – Das K. einer Zahl wird bei Digitalrechnern zur Durchführung der Subtraktion verwendet. Dabei wird die Summe des Minuenden und des b-K. des Subtrahenden gebildet; die höchste sich dabei ergebende Stelle wird ignoriert.
3) *Mathematik:* die →Komplementärmenge.
4) **Komplementsystem,** *Medizin:* Abk. **C,** ein aus über 20 Proteinmolekülen bestehendes Funktionssystem im Blutserum, das eine wichtige Rolle bei der Abwehr von Infektionen, Immunreaktionen, Entzündungs- und allerg. Reaktionen spielt. Das K. wurde Ende des 19. Jh. entdeckt; es erhielt seinen, von P. EHRLICH vorgeschlagenen, Namen durch seine Fähigkeit, Immunreaktionen zu vervollständigen (›zu komplementieren‹), z. B. mit Antikörpern beladene Bakterien zu lysieren. Bei seiner Aktivierung wird eine Reaktionskaskade in Gang gesetzt, die häufig zu einem Poren bildenden lyt. Komplex in der Membran von Zellen, z. B. eines Bakteriums, führt (so genannter membranattackierender Komplex). Bei den Zwischenschritten werden mehrere biologisch aktive Spaltprodukte gebildet, die Leukozyten anlocken (Chemotaxis), ihre Fähigkeit erhöhen, Fremdmaterial oder Zellen durch Fressen (Phagozytose) aufzunehmen (Opsonierung) und zu verdauen, oder sie zur Freisetzung von Wirkstoffen veranlassen (z. B. von abbauenden Enzymen bei Entzündung oder Histamin bei Allergie). Zum Schutz vor den Folgen einer K.-Reaktion tragen die körpereigenen Zellen so genannte homologe Restriktionsfaktoren, welche die Produkte des eigenen K. rasch inaktivieren. Die Aktivierung des K. wird v. a. durch die Bindung eines Antikörpers an sein Antigen (→ Immunkomplexe, →Immunreaktion) ausgelöst (›klass. Weg‹); in geringerem Umfang auch durch Bakterienoberflächen (›alternativer Weg‹). Die Klärung von Immunkomplexen durch Phagozytose und nachfolgenden Abbau zu biologisch wirkungslosen Endprodukten ist die eigentliche physiol. Aufgabe des K. Defekte des K. können zu Störungen der Immunabwehr führen und sind an der Entstehung von Autoimmunkrankheiten beteiligt. Bei der Transplantation artfremder Organe (xenogene Transplantation) stellt das K. die erste Barriere dar, das diese innerhalb von Minuten tötet. Um dies zu umgehen, werden z. B. Schweine genetisch so verändert, dass deren Organe menschl. Restriktionsfaktoren tragen.
5) *Sprachwissenschaft:* Ergänzungsbestimmung in Form eines Objekts (z. B. sie las ›einen Brief‹), eines Prädikativs (z. B. er war ›sehr aufgeregt‹) oder eines Adverbials (z. B. sie hielt sich ›im Garten‹ auf). Ob und wie viele K. auftreten, hängt von der →Valenz des Verbs ab; sie sind nicht in allen Fällen obligatorisch (z. B. in dem Satz: sie las [einen Brief]).

komplementär, 1) *allg.:* sich gegenseitig ergänzend.
2) *Logik:* das Verhältnis zweier sich gegenseitig ausschließender, sich aber ergänzender Begriffe (z. B. männlich/weiblich).

Komplementär *der, -s/-e,* →Kommanditgesellschaft.

Komplementärcode [-ko:t], *Informatik:* ein Tetradencode (→Tetrade), bei dem sowohl die Tetraden als auch deren Eins-Komplemente (→Komplement) Dezimalziffern (0, 1, ..., 9) darstellen. K. haben günstige Eigenschaften bezüglich der technischen Realisierung der Dezimalarithmetik. Bekannte Beispiele sind der →Aiken-Code und der →Exzess-3-Code.

komplementäres Dreieck, ein Dreieck, dessen Ecken die Seitenmitten eines Dreiecks (des Grunddreiecks) sind.

Komplementärfarben, Ergänzungsfarben, zwei Vollfarben (→Optimalfarben), deren additive Mischung den Farbton Weiß ergibt. Einer Vollfarbe, die definitionsgemäß aus einem kontinuierl. Gebiet des Spektrums resultiert, entspricht genau eine K. (aus einem anderen Spektralbereich). K. unterscheiden sich hierdurch von Kompensationsfarben, deren spektrale Zusammensetzung weitgehend beliebig ist. Aus diesem Grund sind K. zwar immer auch Kompensationsfarben, aber die Umkehrung gilt nicht immer. In der →Farbtafel werden K. durch eine Gerade verbunden, die durch die Mittelpunktsvalenz geteilt wird.

Komplementarität, 1) *Physik:* ein der →Kopenhagener Deutung der Quantenmechanik zugrunde liegendes, von N. BOHR 1928 formuliertes Prinzip, nach dem zur vollständigen Beschreibung eines (sub-)atomaren (mikrophysikal.) Objekts Vorstellungen und Begriffe erforderlich sind, die nach dem Verständnis der klass. (Makro-)Physik nicht miteinander vereinbar sind und sich daher prinzipiell gegenseitig ausschließen. Solchen Begriffen entsprechen sich wechselseitig ausschließende (komplementäre) Messvorrichtungen, die jeweils nur eine von zwei mögl. Klassen von Resultaten zugänglich machen und dadurch z. B. entweder den Teilchen- oder den Wellenaspekt mikrophysikal. Objekts verdeutlichen, nicht aber den jeweils komplementären Aspekt. Die hierin liegende Beschränkung der Aussagefähigkeit experimenteller Resultate findet ihren quantitativen Ausdruck in der heisenbergschen →Unschärferelation.

Nach BOHR bringt das K.-Prinzip zum Ausdruck, dass die Eigenschaften mikrophysikal. Systeme nur

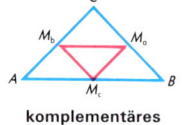

komplementäres Dreieck

relativ zu makrophysikal. Systemen (den Messapparaturen) angegeben werden können, in oder an denen sie sich als ›Phänomene‹ bemerkbar machen. Hierdurch hat das K.-Prinzip Auswirkungen auf den Begriff der Objektivität sowie auf den des klass. Determinismus. In diesem Zusammenhang kann K. als eine Verallgemeinerung der Kausalität angesehen werden. BOHR und C. F. VON WEIZSÄCKER haben in späteren Arbeiten versucht, die K. als allgemeines erkenntnistheoret. Prinzip zu verankern.

2) *Psychologie:* das Aufeinander-bezogen-Sein von innerpsych., subjektiven Momenten und von äußerem Verhalten und körperl. Vorgängen. **K.-Diagnostik** und **K.-Therapie** sind psycholog. und körperlich-medizin. Diagnostik sowie Psycho- und Somatotherapie unter dem Gesichtspunkt wechselseitiger Ergänzung.

3) *Wirtschaftstheorie:* das Verhältnis zweier oder mehrerer Konsumgüter im Verbrauchsplan des Haushalts sowie zweier oder mehrerer Produktionsfaktoren im Produktionsplan eines Unternehmens, die sich gegenseitig notwendig ergänzen. Bei K. kann auf keines der Konsumgüter bzw. keinen der Produktionsfaktoren verzichtet werden, wenn der angestrebte Erfolg (Bedürfnisbefriedigung bzw. Produktionsergebnis) erreicht werden soll. Bei einem starren Einsatzverhältnis von Produktionsfaktoren spricht man von **Limitationalität**. Güter, die den Bedingungen der K. entsprechen und deshalb oft zusammen angeboten werden (z. B. Briefpapier und Briefumschläge), nennt man auch **Komplementärgüter**. Preistheoretisch ist die Kreuz-Preis-Elastizität der Komplementärgüter negativ, d. h., steigt (fällt) der Preis des einen Gutes, wird eine Mindernachfrage (Mehrnachfrage) nach dem anderen Gut ausgelöst. – Ggs.: Substitutionalität.

Komplementärmenge, Komplement, *Mengenlehre:* Als K. einer Teilmenge A von der Grundmenge G bezeichnet man die Differenzmenge $G - A$, d. h. die Menge aller Elemente von G, die nicht zu A gehören (häufig mit $\bar{A}$, ›A quer‹, oder auch als A^C bezeichnet).

Komplementationstest, *Genetik:* →cis-trans-Test.

Komplementbindungsreaktion, Abk. **KBR,** serolog. Laborverfahren zur quantitativen und qualitativen Bestimmung von Antigenen oder spezif. Antikörpern. Prinzip ist der Verbrauch von →Komplement, z. B. bei Vorliegen eines Antikörpers im Serum durch Zugabe des Antigens, der durch ein Indikatorsystem sichtbar gemacht wird. Dieses besteht i. d. R. aus mit Antikörpern beladenen roten Blutkörperchen, deren Hämolyse leicht abgelesen werden kann. Die K. dient zum Nachweis von Infektionskrankheiten; wichtigste Anwendung war lange Zeit die so genannte Wassermann-Reaktion bei Syphilis. Die K. wurde weitgehend durch Verfahren wie →ELISA oder →Radioimmunassay und als direkter Nachweis von Infektionserregern zunehmend durch molekularbiol. Verfahren (z. B. →Polymerase-Kettenreaktion) ersetzt.

Komplementsystem, das funktionelle System der Komplementkomponenten im Blutserum (→Komplement), dem eine zentrale Rolle bei der Abwehr von Infektionskrankheiten, der Steuerung von Immunreaktionen sowie bei Entzündungen, einschließlich allerg. Reaktionen, zukommt. Das K. wurde 1898 von J. BORDET entdeckt, dessen Erkenntnisse auch zur Entwicklung der →Komplementbindungsreaktion führten.

Komplementwinkel, Komplementärwinkel, der Winkel β, der zus. mit einem vorgegebenen Winkel α einen Winkel von 90° ergibt, $\alpha + \beta = 90°$.

Komplet [kirchenlat. completa, zu lat. completus ›vollständig‹] *die, -/-e,* **Completorium,** letzte Gebetszeit (Hore) des kirchl. →Stundengebets; Nachtgebet.

komplex [lat., zu complecti, complexus ›umschlingen‹, ›umfassen‹], vielschichtig, viele versch. Dinge umfassend.

Komplex [lat. ›das Umfassen‹, ›Verknüpfung‹] *der, -es/-e,* **1)** *allg.:* aus mehreren, miteinander verflochtenen Teilen bestehendes Ganzes.

2) *Chemie:* Verbindung höherer Ordnung, die durch Zusammenschluss von Molekülen entsteht, im Ggs. zu den Verbindungen erster Ordnung, die aus Atomen gebildet werden. K. im eigentl. Sinn sind die zahlreichen organ. →Molekülverbindungen, u. a. Charge-Transfer-Komplexe, Chelate, Kryptate, Pikrate, Racemate. Daneben werden heute meist auch die anorgan. und metallorgan. Verbindungen höherer Ordnung als K. bezeichnet, die ab Ende des 19. Jh. untersucht wurden und zur Entwicklung der Koordinationslehre (→Koordinationsverbindungen) führten.

3) *Psychologie:* die Verbindung einer Mehrheit von Sinneseindrücken oder Vorstellungen zu einem Ganzen im Sinne eines durchgehenden Bezugssystems.

In der Psychoanalyse bedeutet K. nach S. FREUD einen ›affektmächtigen Gedanken- und Interessenkreis‹, der oft unbewusst (verdrängt) ist und dynamisch in Fehlleistungen, Träumen, Neurosen, Zwangsvorstellungen u. a. weiterwirkt, z. B. →Ödipuskomplex, →Minderwertigkeitskomplex. In der komplexen oder analyt. Psychologie C. G. JUNGS besteht jeder K. primär aus einem ›Kernelement‹, einem ›Bedeutungsträger‹, der, dem bewussten Willen entzogen, unbewusst und unlenkbar ist, und sekundär aus einer Reihe damit verbundener Assoziationen, die teils von den Dispositionen, teils von den umweltbedingten Erlebnissen des Individuums stammen. K. können alle Grade der Selbstständigkeit im Seelenleben des Individuums aufweisen.

Komplexbewegungen, Bewegungsmuster für die krankengymnast. Behandlung versch. Bewegungsstörungen. Die Art dieser Bewegung hat Ähnlichkeit mit den Muskelbewegungen bei Sport und Arbeit.

Komplexbildner, allgemein Bez. für chem. Verbindungen, die Komplexe bilden, i. e. S. für Verbindungen, die zur Bildung von →Chelaten fähig sind, z. B. Polyphosphate (→Phosphate), →Äthylendiamintetraessigsäure, →Nitrilotriessigsäure. K. werden in vielen Gebieten der techn. Chemie (u. a. in der Farbstoff- und der Textilindustrie) verwendet, um störende Metallionen zu binden oder zu entfernen. Als Bestandteile von Waschmitteln z. B. verhindern K. durch Bindung der Calciumionen die Kalkabscheidung an Waschmaschinenteilen und auf der Wäsche.

Komplexchemie, Teilgebiet der Chemie, das sich mit der Darstellung von Komplexen befasst und die Gesetzmäßigkeiten ihrer Zusammensetzung, ihrer räuml. Struktur und ihres Verhaltens untersucht. Die K. hat eine umfassende Bedeutung sowohl für die anorgan. als auch für die organ. Chemie. Ihre Ergebnisse finden in vielen Gebieten der techn. und der analyt. Chemie Anwendung.

komplexe Integration, die Integration (→Integralrechnung) von holomorphen Funktionen $f(z)$ einer komplexen Veränderlichen z längs eines bestimmten Weges C in der →gaußschen Zahlenebene. Ist C eine geschlossene Kurve, so gelten u. a. der →cauchysche Integralsatz und die →cauchysche Integralformel.

komplexe Systeme, allgemeine Bez. für eine nicht präzise abgegrenzte Klasse **dynamischer Systeme,** d. h. mathematischer Modelle zeitabhängiger Prozesse. K. S. sind dynam. Systeme, deren langfristiges Verhalten entweder extrem stark von den Anfangsbedingungen abhängt (z. B. chaotisch ist) oder bei denen es Singularitäten gibt, wie etwa Bifurkationen, d. h. Punkte, in denen sich Systemtrajektorien verzweigen, bzw. bei denen Katastrophen eintreten können, d. h. unstetige Systemzustandsänderungen, wie z. B. Phasenübergänge. (→Selbstorganisation, →Chaostheorie)

komplexe Zahl, Zahl der Form $z = a + ib$ (mit reellen Zahlen a und b sowie der imaginären Einheit

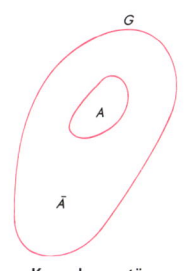

Komplementärmenge: $\bar{A}$ ist die Komplementärmenge zu A in Bezug auf G

Komp Komplexion – Komponente

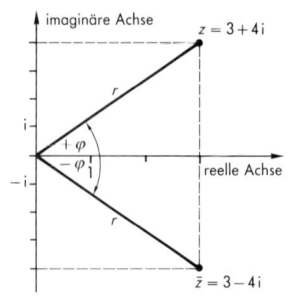

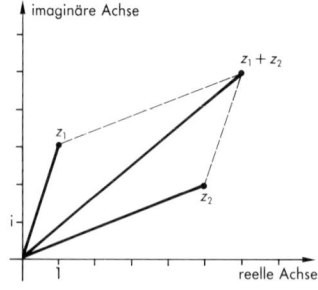

komplexe Zahl: links Konjugiert komplexe Zahlen z und $\bar z$; rechts Addition der komplexen Zahlen z_1 und z_2.

$i^2 = -1$). Im Falle $b = 0$ ist z eine reelle Zahl, im Falle $a = 0$ liegt eine →imaginäre Zahl vor. Man bezeichnet a als den **Realteil** und b als den **Imaginärteil** der k. Z. und schreibt $\operatorname{Re} z = a$ und $\operatorname{Im} z = b$. Als **konjugiert k. Z.** zu $z = a + ib$ bezeichnet man die k. Z. $\bar z = a - ib$. K. Z. sind genau dann gleich, wenn sie in Real- und Imaginärteil übereinstimmen.

Für die Verknüpfungen zweier k. Z. $z_1 = a + ib$ und $z_2 = c + id$ gelten folgende Regeln:

$$z_1 \pm z_2 = (a \pm c) + i(b \pm d),$$
$$z_1 z_2 = (ac - bd) + i(ad \pm bc),$$
$$\frac{z_1}{z_2} = \frac{ac + bd}{c^2 + d^2} + i\frac{bc - ad}{c^2 + d^2}.$$

Die Menge der k. Z. (Zeichen $\mathbb{C}$) bildet mit der Addition und Multiplikation einen Körper; dieser stellt eine Erweiterung des Körpers der reellen Zahlen dar. Während im Bereich der reellen Zahlen eine →algebraische Gleichung nicht stets lösbar ist, gilt im Bereich der k. Z. der Fundamental- oder Hauptsatz der Algebra, wonach jede dieser Gleichungen eine Lösung besitzt.

Zur Veranschaulichung k. Z. verwendet man die auch als **komplexe Ebene** bezeichnete →gaußsche Zahlenebene. Man trägt auf der x-Achse eines rechtwinkligen Koordinatensystems die reellen, auf der y-Achse die imaginären Zahlen auf (man spricht auch von **reeller** bzw. **imaginärer Achse**) und ordnet jeder k. Z. den Punkt (z) mit den Koordinaten (a, b) eindeutig zu. In Polarkoordinaten kommt man zu der Darstellung

$$z = a + ib = r(\cos\varphi + i \sin\varphi) = re^{i\varphi}$$

(**eulersche Darstellung**); dabei ist $r = \sqrt{a^2 + b^2}$ und der Polarwinkel $\varphi = \arctan(b/a) = \operatorname{Im} z / \operatorname{Re} z$. Man bezeichnet φ als Winkel oder Argument von z und schreibt $\varphi = \arg z$; r nennt man den Betrag $|z|$ der k. Z. z. Alle Zahlen mit $|z| = r = $ const liegen in der Ebene auf einem Kreis mit dem Radius r um den Nullpunkt.

Komplexion die, -/-en, 1) *allg.:* Zusammenfassung. 2) *Anthropologie:* Farbmerkmale (Pigmentierung) von Haut, Haaren und Augen beim Menschen.

Komplexitätstheorie, Forschungsgebiet der Mathematik, in dem man sich mit dem Rechenaufwand (der **Komplexität**) von Algorithmen beschäftigt. Hauptziel ist es, zu einem Problem den Algorithmus mit dem geringsten Rechenaufwand zu ermitteln. Die K. ist damit insbesondere für die Informatik von Bedeutung, da Computer prinzipiell nur zur Lösung solcher Probleme anwendbar sind, für die Algorithmen existieren. Die Komplexität, d. h. in Bezug auf Computer v. a. die Rechenzeit und der Bedarf an Speicherplatz, einiger Algorithmen ist jedoch sehr hoch; im Wesentlichen sind nur Algorithmen geeignet, deren Rechenaufwand sich durch ein Polynom abschätzen lässt (**polynomiale Komplexität**). Die K. konnte zeigen, dass für einige Probleme zwar Algorithmen existieren, aber keine mit polynomialer Komplexität.
J. E. HOPCROFT u. J. D. ULLMAN: Einf. in die Automatentheorie, formale Sprachen u. K. (a. d. Amerikan., ³1994).

Komplexometrie die, -/...'tri|en, **Chelatometrie**, Verfahren der Maßanalyse, das auf der Fähigkeit von Komplexbildnern beruht, mit zahlr. mehrwertigen Metallionen sehr stabile, leicht lösliche →Chelate zu bilden. Durch Zusatz geeigneter Metallindikatoren, die mit den Metallionen Chelate mit einer von der Farbe des metallfreien Indikators abweichenden Färbung bilden, kann der Endpunkt der Titration erkannt werden. Der Farbumschlag am Äquivalenzpunkt erfolgt durch den Zerfall des Metall-Indikator-Komplexes. Die K. findet v. a. zur Bestimmung von Calcium und Magnesium (Bestimmung der Wasserhärte) sowie vieler Schwermetalle Anwendung.

Komplexone®, Sg. **Komplexon** das, -s, Gruppe von Chelatbildnern, die bes. in der Komplexometrie verwendet werden. Wichtige K. sind die →Nitrilotriessigsäure (›K. I‹), die →Äthylendiamintetraessigsäure (›K. II‹) sowie deren Dinatriumsalz (›K. III‹).

Komplexverbindungen, die →Koordinationsverbindungen.

Komplikation [spätlat. ›das Zusammenwickeln‹, ›Verwickeln‹] die, -/-en, 1) *allg.:* Schwierigkeit, (plötzlich eintretende) Erschwerung, Verwicklung. 2) *Medizin:* jedes Ereignis, das den Verlauf von Krankheiten, Verletzungen, therapeut. Eingriffen oder auch einer Entbindung erschwert, z. B. der Befall des Zentralnervensystems bei einer Grippeerkrankung, ein Kreislaufkollaps bei chirurg. Eingriffen (**primäre K.**) oder eine nachfolgende Infektion (**sekundäre K.**), Wehenstillstand bei einer Geburt.

Komplott [frz., urspr. ›Gedränge‹] das, -(e)s/-e, Verabredung zu einer gemeinsamen (strafbaren) Handlung, Verschwörung. Nach § 30 Abs. 2 StGB macht sich strafbar, wer ein →Verbrechen verabredet, sich zur Begehung eines solchen bereit erklärt oder das Anerbieten eines anderen zur Begehung eines Verbrechens annimmt (→kriminelle Vereinigungen). – Das *österr.* StGB bestraft das ›verbrecher. K.‹ bei zahlr. schweren Delikten (§ 277 StGB) sowie speziell die Verabredung eines Hochverrats (§ 244 StGB). Das *schweizer.* StGB bestraft die K. zur Begehung von Delikten gegen den Staat (Art. 275ter).

Komponente [zu lat. componere ›zusammenstellen‹] die, -/-n, 1) *allg.:* Bestandteil eines Ganzen. 2) *Mathematik* und *Physik:* die bei einem →Vektor $x = (x_1, x_2, ..., x_n)$ auftretenden Zahlen $x_1, x_2, ..., x_n$, die mit den Basisvektoren $e_1, e_2, ..., e_n$ zu multiplizieren sind. Betrachtet man allg. eine mathemat. Größe in einem Koordinatensystem, so bilden die auf die Koordinatenachsen projizierten Teilabschnitte die K. dieser Größe. Gelegentlich bezeichnet man auch die Vektoren $x_i e_i$ ($i = 1, 2, ..., n$) als K. des Vektors x. In einem nichtorthogonalen Koordinatensystem lässt sich der Vektor x entweder mit den Basisvektoren e_i in Richtung der Koordinatenlinien oder durch die auf den Koordinatenflächen $x_i = $ const. senkrecht stehenden Basisvektoren e^i ausdrücken:

$$x = \sum_{i=1}^{n} x^i e_i = \sum_{i=1}^{n} x_i e^i,$$

mit den (sich bei Koordinatentransformationen wie die Basisvektoren e_i transformierenden) **kovarianten K.** $x_i = (x \cdot e_i)$ und (sich wie die e^i transformierenden) **kontravarianten K.** $x^i = (x \cdot e^i)$ (K.-Zerlegung des Vektors x parallel zu Koordinatenlinien bzw. senkrecht zu Koordinatenflächen).

3) *Sprachwissenschaft:* 1) Bez. für das semant. →Merkmal; 2) Teilbereich einer größeren sprachl. Einheit, z. B. die phonolog. K., die die Phoneme, die mor-

pholog. K., die die Morpheme, und die syntagmat. K., die die Sätze (unter Anwendung von Transformationsregeln) jeweils als Einheiten analysieren.

Komponenten|analyse, *Sprachwissenschaft:* Beschreibung sprachl. Einheiten hinsichtlich ihrer semant. Merkmale und der durch die Kombination ihrer Komponenten gebildeten Bedeutungsstruktur; hierzu wird die Bedeutung eines →Lexems in jeweils kleinste Einheiten zerlegt und geprüft, welche Merkmale jeweils zutreffen (ausgedrückt durch + oder −, z. B. bei den Begriffen ›Mann‹, ›Frau‹ und ›Kind‹ die semant. Merkmale ›belebt‹, ›menschlich‹, ›männlich‹, ›weiblich‹ und ›erwachsen‹ in unterschiedl. Weise).

Komponentenfasern, Chemiefasern aus zwei (→Bikomponentenfasern) oder mehr verschiedenartigen Hochpolymeren, die durch chemisch und physikalisch unterschiedl. Parameter bestimmte Effekte in der Garn- oder Flächenveredelung ermöglichen.

Kompong Cham [kɔmpuəŋ tʃa:m], Stadt in SO-Kambodscha, am Mekong (Fähre), an der Durchgangsstraße Vietnam–Thailand, 35 000 Ew.; Univ.; Sägewerke, Textil-, Nahrungsmittelindustrie.

Kompong Som [kɔmpuəŋ 'saɔm], bis 1970 **Sihanoukville** [sianuk'vil], Stadt in S-Kambodscha, am Golf von Thailand, 75 000 Ew.; Traktoren- und Lkw-Montage u. a. Industrie; einziger Tiefwasserhafen des Landes, durch Eisenbahn und Straße mit Phnom Penh verbunden; Flugplatz. – Gegr. 1960.

Kompong Svay [kɔmpuəŋ -], Ruinenstätte in Kambodscha; Provinzhauptstadt des Khmerreiches vom 10. bis 12. Jh., etwa 100 km östlich von Angkor, deren wichtigste Gebäude aus dem 12. Jh. stammen und vermutlich König JAYAVARMAN VII. (1181–1219) als Zuflucht dienten.

Kompositbauweise, bes. im Bootsbau übl. Bauweise, bei der versch. Materialien verwendet werden, z. B. Leichtmetall-Innenverbände und hölzerne Außenhaut.

Kompositen, *Sg.* **Komposite** *die, -,* die →Korbblütler.

Komposition [lat. ›Zusammensetzung‹, ›Zusammenstellung‹] *die, -/-en,* **1)** *allg.:* kunstvolle Anordnung, Zusammenstellung.
2) *bildende Kunst:* Formaufbau von Kunstwerken, bes. von Werken der Flächengestaltung (Gemälde, Zeichnung, Grafik, Relief). Die Elemente der K. (Proportion, Perspektive, Fläche, Linie, Symmetrie, Reihung, Isokephalie, Farbe, Licht) vermitteln der Vorstellung vom Ganzen in einer erkennbaren Gesetzmäßigkeit (Stil) als K.-Prinzip. In der Architektur ergibt sich die K. aus Grund- und Aufriss. Von Gesamt-K. spricht man, wenn mehrere Bauten durch Beziehung aufeinander, durch Straßenzüge oder Plätze in einen Wirkungszusammenhang gebracht sind.
A. SCHMARSOW: K.-Gesetze in der Kunst des MA., 4 Bde. (1920–22); R. KUHN: K. u. Rhythmus (1980); R. ARNHEIM: Die Macht der Mitte (a. d. Amerikan., 1983).
3) *Musik:* das vom Komponisten ausgearbeitete Werk (im Ggs. zur →Improvisation), das i. d. R. tonschriftlich fixiert ist und mit der wiederholbaren klangl. Ausführung rechnet. Einstimmige K. ist seit dem 9. Jh., mehrstimmige seit dem 12. Jh. überliefert. Ihr Werdegang bildet den Mittelpunkt der europäisch orientierten Musikgeschichte, wobei die Notenschrift-, Melodie- und Rhythmuslehre, die musikal. Satz- und K.-Lehre, die Formen-, Stil- und Gattungslehre, die Musiktheorie und musikal. Analyse den in Tradition und Innovation eingebundenen schöpfer. Prozessen beständig dienstbar sind und sie zugleich in ihren normativen Schichten erfassen und beschreiben.
4) *Sprachwissenschaft:* Zusammensetzung in der Wortbildung (→Kompositum).

Kompositionensysteme [lat. compositio ›Streitbeilegung‹], Wundbußenkataloge der →germanischen Volksrechte, die zur Abwendung von Fehde und Blutrache je nach Schwere des Eingriffs unterschiedl., katalogmäßig aufgezählte Geldleistungen an den Verletzten und dessen Sippe vorsahen.

Kompositionsreihe, *Mathematik:* →jordan-höldersche Satz.

Kompositkapitell, *Architektur:* eine in der röm. Kaiserzeit entstandene Variante des korinth. Kapitells mit großen Voluten.

Kompositum [lat. ›Zusammengesetztes‹] *das, -s/...ta,* seltener ...'siten, *Sprachwissenschaft:* zusammengesetztes Wort als Ergebnis eines Wortbildungsprozesses, das sich i. d. R. in (zwei oder mehr) Einzelwörter zerlegen lässt. Bei den **Kopulativ-K.** sind beide Glieder gleichrangig und daher ohne Bedeutungsveränderung umstellbar (z. B. ›süßsauer‹), bei den **Determinativ-K.** ist das erste Glied dem zweiten untergeordnet, sodass die Reihenfolge der Glieder nicht ohne Bedeutungsveränderung umgekehrt werden kann (z. B. ›Toreinfahrt‹, ›Einfahrtstor‹). Unter formalem Aspekt werden flexionslos verbundene K. (z. B. ›Tagtraum‹) von mit (auf ursprüngl. Flexionsendungen zurückgehende) →Fugenelementen gebildeten K. (z. B. ›Tageslicht‹) unterschieden. Man unterscheidet Nominal-K. (zwei Substantive, z. B. ›Galgenhumor‹), adjektivisch bestimmte K. (z. B. ›Braunbär‹) und Adjektiv-K. (z. B. ›todesmutig‹) sowie die mit Präverbien gebildeten Verbal-K. (z. B. ›hin-, her-, vorausgehen‹). – Die semant. und syntakt. Beziehungen zw. den Gliedern eines K. können sehr unterschiedl. Art sein (z. B. Wandschrank ›in die Wand eingelassener Schrank‹, Wandtafel ›an der Wand hängende Tafel‹, Wandschirm ›mehrteilige Stellwand‹).

Kompositversicherer, Versicherungsunternehmen, welches mehrere Versicherungszweige der Schaden- und Unfallversicherung betreibt. K. bilden den Ggs. zu den Einbranchenversicherern, die entweder aufgrund des gesetzl. Prinzips der Spartentrennung als Lebens- oder Krankenversicherungsunternehmen oder aufgrund von Spezialisierungen (z. B. Rück-, Elektronik-, Transport-, Feuer-, Tierversicherung) als Spezialversicherungsunternehmen existieren.

Kompost [auch 'kɔm-, frz., von lat. compositum ›Zusammengesetztes‹] *der, -(e)s/-e,* aus tier. und pflanzl. Abfällen (z. B. Kleintiermist, Laub, Gemüseabfälle) erzeugtes Verrottungsprodukt. Die Abfälle werden einer aeroben Umsetzung überlassen. Dabei werden die organ. Substanzen weitgehend ab- und umgebaut und ein mit Humin- und Nährstoffen angereichertes Endprodukt erzielt. Der K. im Hausgarten wird meist an einer schattigen oder halbschattigen Stelle auf den Erdboden locker aufgeschichtet, damit die Bodenorganismen, v. a. Regenwürmer, einwandern können. Setzt man den K. z. B. auf eine Betonplatte, um einer Verunreinigung des Grundwassers vorzubeugen, oder benutzt man ein K.-Silo oder eine K.-Tonne, im Handel erhältl. Regenwürmer (K.-Würmer, Tennessee-Wiggler) zugesetzt werden. Ausschließlich gehäckseltes Material sollte nicht verwendet werden, da es zu dicht zusammenliegt und zu wenig Luft durchlässt. Zu trockener K. muss befeuchtet werden (z. B. mit Brennnesseljauche), um zu verrotten. Das Faulen von zu nassem K. wird durch Untermischen von trockenem Material wie Sägespäne, Stroh vermieden. Nach 1–2 Monaten ist die Rotte so weit fortgeschritten, dass der K. umgesetzt werden kann; nach etwa zwei Jahren ist der K. genügend zersetzt, um als krümeliges Bodenverbesserungsmittel im Gartenbau verwendet zu werden.
R. SULZBERGER: K., Erde, Düngung (1994).

Kompostierung, der vom Menschen steuerbare Prozess, bei dem organ. Substanzen, wie Bio-, Garten- und Parkabfälle, durch Einwirkung von Mikroorganismen unter Luftzufuhr in feuchtem Milieu abgebaut und zu einem Humusprodukt, dem Kompost, umgewandelt werden. Dieser auch als Rotte bezeichnete aerobe Behandlungsprozess, bei dem das Rottegut i. d. R. zu einem Haufwerk (Miete) von 1 bis 3 m Höhe aufgebaut wird, führt aufgrund intensiver Abbauvorgänge zunächst zu einer Selbsterhitzung des Rottgutes. Bei Temperaturen von über 55 °C kommt es zur Abtötung von eventuell im Rottgut enthaltenen Krankheitserregern und unerwünschten Pflanzensamen. Steuerungsmaßnahmen, wie Umsetzen, Belüften oder Befeuchten des Rottgutes gewährleisten im weiteren Verlauf der Rotte für die Mikroorganismen günstige Rottbedingungen. Nach einer Rottdauer von ca. 12 Wochen ist der Kompost fertig.

Für die K. in größeren techn. Anlagen mit jährl. Verarbeitungskapazitäten zw. 2 000 und 80 000 t sind versch. K.-Verfahren erprobt und verfügbar. Neben der am häufigsten vorkommenden K. organ. Stoffe auf Mieten (Mieten-K.) wird die K. v. a. während der ersten Phase der Rotte auch in Hallen oder geschlossenen Boxen, Containern, Tunneln oder Türmen durchgeführt. Diese K. ermöglicht v. a. eine bessere Erfassung und Behandlung der organ. Abfälle und eine Verringerung von Geruchsemissionen.

In abfallrechtl. Sinne ist die K. als Verwertungsverfahren anzusprechen, da sie die Substitution von Rohstoffen durch das Gewinnen von Stoffen aus Abfällen (sekundäre Rohstoffe) beinhaltet (§ 4 (3) Kreislaufwirtschafts- und Abfallgesetz). Aufgrund des abfallrechtl. Verwertungsgebotes hat sich die Anzahl der K.-Anlagen in den vergangenen Jahren deutlich erhöht. Die über 400 (seit 1995) in Betrieb befindl. K.-Anlagen verarbeiten ca. 4 Mio. t sortenreine organ. Abfälle aus Haushalten, Gewerbe und öffentl. Bereichen. Das Potenzial an erfassbarer organ. Abfällen wird auf ca. 10–12 Mio. t geschätzt. (→Abfallbeseitigung)

Komprehension [lat. ›Zusammenfassung‹] *die*, -, *Mengenlehre:* das Verfahren, (meist unendliche) Mengen mithilfe einer Aussageform mit einer freien Variablen zu gewinnen. So wird die Menge aller Quadratzahlen Q durch die Aussageform

$$x \in Q \Leftrightarrow \exists y \in \mathbb{N}: x = y^2$$

definiert. Die K. erlaubt es also, eine Vielheit vermöge einer Eigenschaft zu einer Einheit zusammenzufassen. In der axiomat. Mengenlehre wird die Existenz von durch K. gewonnenen Mengen durch das **K.-Axiom** garantiert. Eine uneingeschränkte Verwendung der K. führt allerdings zur russellschen Antinomie.

kompress [lat.], 1) eng, dicht, zusammengedrängt; 2) im graf. Gewerbe ein Schriftsatz ohne →Durchschuss, d. h. in engem Zeilenabstand.

Kompresse [frz, zu lat. comprimere ›zusammendrücken‹] *die*, -/-n, zusammengelegtes Stück Mull für Verbände, feuchter Umschlag.

Kompressibilität, die Volumenänderung eines Stoffes bzw. Körpers unter Druckeinwirkung; als physikal. Größe (Formelzeichen κ) der negative Quotient aus der relativen Volumenänderung $\Delta V/V$ und der allseitig erfolgenden Druckänderung Δp bei konstanter Temperatur T:

$$\kappa = -\frac{1}{V}\left(\frac{\Delta V}{\Delta p}\right)_T \text{ bzw. } \kappa = -\frac{1}{V}\left(\frac{\partial V}{\partial p}\right)_T$$

Diese **isotherme K.** nimmt bei Gasen sehr große Werte an; aufgrund der therm. Zustandsgleichung gilt hier $\kappa = \alpha/(\beta \cdot p)$, wobei α der (isobare) kub. Ausdehnungskoeffizient und β der (isochore) Spannungskoeffizient des Gases ist. Bei Flüssigkeiten (→Strömungslehre) und Festkörpern ist die K. sehr klein.

Kompression [lat. ›das Zusammendrücken‹] *die*, -/-en, 1) *Datenverarbeitung:* →Datenkompression.
2) *Elektroakustik:* Verminderung der →Dynamik mithilfe eines →Kompressors.
3) *Medizin:* die →Compressio.
4) *Physik* und *Technik:* die →Verdichtung.

Kompressionsdruckprüfer, *Kraftfahrzeugtechnik:* ein Kolbenmanometer (→Manometer) zur Durchführung von Vergleichsmessungen der Druckverhältnisse in den einzelnen Verbrennungsräumen eines Motors. Zur Messung wird der Gummikonus des K. in die Kerzenbohrung gedrückt, sodass der Kompressionsdruck des Zylinders auf den Kolben des K. wirkt und dieser gegen eine Feder verschoben wird. Diese Bewegung wird über eine Kolbenstange auf einen Zeiger und eine Schreibvorrichtung übertragen und der Druckverlauf in ein Kompressionsdruckdiagramm eingetragen. Im Normalfall dürfen die Kompressionsdrücke der einzelnen Zylinder nur geringfügig voneinander abweichen. Sie liegen bei Ottomotoren zw. 6 und 12 bar, bei Dieselmotoren zw. 12 und 25 bar.

Kompressionsmodul, das Verhalten fester Körper bei allseitiger Druck- oder Zugbelastung charakterisierende Elastizitätskonstante; der Kehrwert der Kompressibilität. Zw. dem K., dem Elastizitätsmodul E und der Poisson-Zahl μ des Stoffes besteht die Beziehung $K = E/[3(1 - 2\mu)]$. SI-Einheit ist Pascal (Pa).

Kompressionsverband, der →Druckverband.

Kompressionsversuch, Versuch, mit dem das Verhalten von Bohrproben beim Zusammendrücken ermittelt wird. Auf die üblicherweise ungestört eingebauten, bindigen Bodenproben (Durchmesser 7–10 cm, Höhe 1,4–2 cm), die seitlich nicht ausweichen können, wird in Axialrichtung schrittweise eine Last aufgebracht. Versuchsergebnisse sind eine Druck-Setzungs-Kurve sowie für jede Laststufe eine Zeit-Setzungs-Kurve, die Aufschluss über das Konsolidierungsverhalten der Bodenprobe gibt. Aus der Druck-Setzungs-Kurve ergibt sich der Steifemodul, der mit wachsender Probenbelastung zunimmt. Mit Kenntnis der Bodenspannung und des Steifemoduls lassen sich Bodenverformungen berechnen. Die Ent- und Wiederbelastung einer Bodenprobe führt zu flacher verlaufenden Druck-Setzungs-Kurven als die Erstbelastung; die Steigungen dieser Kurven ergeben die Schwellmodul.

Kompressionswellen, seismische K., *Erdbebenforschung:* die schnellen longitudinalen Erdbebenwellen (→Erdbeben).

Kompressor *der*, -s/...'soren, 1) *Elektroakustik:* aus Regelverstärker und Gleichrichter bestehende elektron. Schaltung, mit der die Verstärkung der Eingangssignale abhängig von deren Schallpegel geändert wird: Leise Stellen mit geringem Schallpegel werden mehr verstärkt als laute, um die →Dynamik zu verringern.
2) *Technik:* Maschine zur Verdichtung eines Gases (→Verdichter).

Kompromiss [spätmhd. compromiss ›gegenseitige Übereinkunft vor Gericht, sich dem Schiedsspruch zu unterwerfen‹, von nlat. compromissum] *der*, selten *das*, -es/-e, 1) *allg.:* Übereinkunft durch gegenseitige Zugeständnisse; in der Politik eine auf Freiwilligkeit oder Einsicht beruhende Vereinbarung, um innergesellschaftl. oder internat. Gegensätze und Interessenkonflikte auszugleichen. Der K. ist – v. a. in der Demokratie – eine der wesentl. Formen der Konfliktbewältigung. Im gesellschaftl. Handeln entspricht der K. i. d. R. dem realen Verhalten des Einzelnen zw. Konformität und individuell abweichendem Verhalten.
2) *Recht:* im röm. Zivilprozess die Vereinbarung der Parteien, sich dem Spruch eines Schiedsrichters zu unterwerfen; ähnlich die ›kompromissar. Klausel‹ des Völkerrechts, d. h. die Absprache der Parteien, Streitigkeiten über Auslegung und Anwendung eines Vertrages dem Internat. Gerichtshof zu unterbreiten.

kompromittieren [frz. compromettre, von lat. compromittere, zu Kompromiss], jemanden bloßstellen, seinem Ansehen durch Äußerungen oder Verhalten schaden.

Konarak: Haupthalle und Tempelturm des Sonnentempels; 13. Jh.

Komproportionierung, auch **Synproportionierung,** der →Disproportionierung entgegengesetzte chem. Reaktion, bei der Verbindungen höherer und niedrigerer Oxidationsstufe desselben Elements unter Bildung einer Verbindung mittlerer Oxidationsstufe reagieren; z. B. die in saurer Lösung quantitativ verlaufende Reaktion von Bromat- und Bromidionen, BrO_3^- bzw. Br^-, zu Brom, Br_2: $BrO_3^- + 5 Br^- + 6 H^+ \rightarrow 3 Br_2 + 3 H_2O$.

Komptabilität [frz.] *die, -,* Rechenschaftspflicht, Verantwortlichkeit für die Rechnungslegung, bes. im Staat und in anderen öffentl. Gemeinwesen. Nach Art. 114 GG hat der Bundesfinanz-Min. gegenüber Bundestag und Bundesrat über alle Einnahmen und Ausgaben des Bundes sowie über Vermögen und Schulden jährlich Rechnung zu legen.

Komptantgeschäft [kõ'tã-], *das* →Kassageschäft.

Komrij ['kɔmrɛi], Gerrit Jan, niederländ. Schriftsteller, * Winterswijk 30. 3. 1944; schreibt stark ironisierende Lyrik in klass. Formen. Verfasser scharfsinniger Kritiken (auch für das Fernsehen) und Essays.
Werke: *Lyrik:* Maagdenburgse halve bollen en andere gedichten (1968); De verschrikking (1977). – *Roman:* Over de bergen (1990). – *Kritiken:* Daar is het gat van de deur (1974); Horen, zien en zwijgen (1977). – *Essays:* Papieren tijgers (1978); Dit helse moeras (1983); Met het bloed dat drukinkt heet (1991). – *Autobiographisches:* Verwoest Arcadië (1980).

Komsomol *der, -,* Kw. für russ. **Wsesojusnyj Leninskij Kommunistitscheskij sojus molodjoschi** [›Leninscher Kommunist. Allunions-Jugendverband‹], in der Sowjetunion der kommunist. Jugendverband für die 14- bis 28-Jährigen; bildete die polit. Nachwuchsorganisation der KPdSU; gegründet 1918 als ›Kommunist. Jugendverband Russlands‹. Der K., der nach den Prinzipien der KPdSU gegliedert war und dessen Grundorganisationen sich an den Ausbildungs- und Arbeitsstätten befanden, entwickelte sich rasch zu einer Massenorganisation (1920: 400 000 Mitgl., 1929: 2,3 Mio., 1940: 10,2 Mio. und 1988: etwa 40 Mio.); ihm oblag zudem die Betreuung der (1922 gegründeten) kommunist. Pionierorganisation ›W. I. Lenin‹ (für Kinder von 10 bis 15 Jahren).

Der K. spielte nicht nur eine zentrale Rolle in der politisch-ideolog. Erziehung der sowjet. Jugendlichen; seine Mitgl. kämpften schon im Bürgerkrieg für die noch junge Sowjetmacht, waren während des Zweiten Weltkriegs unter hohen Opfern an der Front bzw. als Partisanen in den okkupierten Gebieten eingesetzt und wurden seit Ende der 20er-Jahre v. a. auch zur Realisierung großer Wirtschafts- und Besiedlungsprojekte herangezogen (u. a. 1932 Erbauung der Stadt Komsomolsk am Amur, erhebl. Beteiligung am Bau der Moskauer U-Bahn und an versch. Großbaustellen, des Weiteren an der 1954 von N. S. CHRUSCHTSCHOW initiierten Neulandkampagne und der Baikal-Amur-Magistrale). Auf seinem Kongress am 27. 9. 1991 beschloss der K. seine Auflösung.

Komsomolsk am Amur, russ. **Komsomolsk-na-Amure,** Stadt in der Region Chabarowsk, Russland, im Fernen Osten am unteren Amur, (1993) 315 000 Ew. (1939: 71 000); TH, Kunstmuseum; Industriezentrum mit Stahlwerk, Werft, Maschinen- und Motorenbau, Erdölraffinerie (Erdölleitung von Ocha auf Sachalin) und Holzverarbeitung. Hochseehafen am Endpunkt der →Baikal-Amur-Magistrale; Flughafen. – Die Stadt wurde ab 1932 vom sowjet. Jugendverband Komsomol erbaut.

Komtur [mhd. kumtūr, über altfrz.-mlat. zu lat. commenda ›Verwaltungsbezirk‹] *der, -s/-e,* **1)** lat. **Commendator,** bei den Ritterorden (Dt. Orden, Johanniter, Templer) der Verwalter einer **Komturei** oder Kommende (Untereinheit einer →Ballei) mit einer, zuweilen mehreren Burgen.

2) Kommandeur [-'dø:r], in den neueren Verdienstorden meist der Inhaber der mittleren von fünf Klassen (Ordenszeichen am Hals).

kon... [lat. ›zusammen‹, ›mit‹], relativisiert **con...,** vor b, m und p angeglichen zu **kom... (com...),** vor l zu **kol... (col...),** vor r zu **kor... (cor...),** bes. vor Vokalen und h verkürzt zu **ko... (co...),** Präfix mit den Bedeutungen: 1) verbindend, verbunden, räumlich oder zeitlich zusammenhängend, z. B. Konjunktion, Koexistenz, Komplex; 2) gemeinsam, in Beziehung zueinander stehend, z. B. Konsens, Kollektiv; 3) eine Vereinigung oder Annäherung ausdrückend, z. B. Konzentration, Korrelation; 4) eine Verstärkung ausdrückend, z. B. Konvulsion.

Konak [türk.] *der, -s/-e,* palastartiges (Amts-)Gebäude in der Türkei.

Konakry [kɔna'kri], Hauptstadt der Rep. Guinea, →Conakry.

Konarak, Kornaka, Dorf 30 km nordöstlich von Puri im ind. Bundesstaat Orissa, das sich um die Reste eines Sonnentempels aus dem 13. Jh. gruppiert, der wegen seiner Größe und der Schönheit seiner z. T.

Komtur 2): Komturkreuz; **oben** Sankt-Alexander-Orden, Königreich Bulgarien; **unten** Menelik-II.-Orden, Kaiserreich Äthiopien

erot. Skulpturen und Reliefs eines der berühmtesten Monumente Indiens (UNESCO-Weltkulturerbe) ist. Haupteinheit des aus rotbraunem Sandstein erbauten Tempelkomplexes ist der über der Cella mit ehemals 68 m Höhe aufragende, heute jedoch verfallene Tempelturm (Shikhara). Ihm vorgelagert die Haupthalle (Jagamohana) mit Bildnissen des Sonnengottes Surya aus hellgrünem Stein in den drei Hauptbildnischen. Turm und Halle stehen auf einer gemeinsamen Plattform, die wegen der zwölf an den Seiten reliefierten Räderpaare im Verbund mit den dem Tempelkomplex ›vorgespannten‹ Steinpferden eine architekton. Nachbildung eines den Lauf der Sonne symbolisierenden →Kultwagens darstellt. Dem Hauptkomplex ist eine Tanzhalle (Natamandir) mit Darstellungen himml. Tänzerinnen und Musikanten vorgelagert (→erotische Kunst). Der in unmittelbarer Nähe des Golfs von Bengalen errichtete Tempel ist nach O ausgerichtet, der aufgehenden Sonne zugewandt. Seefahrern diente er als Landmarke; er erhielt den Namen ›Schwarze Pagode‹ (im Ggs. zur ›Weißen Pagode‹ in Puri). Stilistisch veranschaulicht der Tempel die letzte Phase und zugleich den Höhepunkt der nachklass. Tempelarchitektur Orissas.

Konaré, Alpha Oumar, Politiker in Mali, * Kayes 2. 2. 1946; nach Studium der Geschichte und Promotion in Polen zunächst Professor in Bamako, zugleich Berater im Kulturministerium. 1978–80 Min. für Jugend, Kunst und Kultur, seit 1991 Gen.-Sekr. der ›Alliance pour la Démocratie au Mali – Parti Africain pour la Solidarité et la Justice‹ (ADEMA–PASJ; dt. ›Allianz für die Demokratie in Mali – Afrikan. Partei für Solidarität und Gerechtigkeit‹); nach den Wahlen von 1992 erster demokratisch gewählter Staatspräs. Malis.

Konarski, Stanisław, urspr. **Hieronim Franciszek K.,** poln. Aufklärer, Reformer und Schriftsteller, * Żarczyce (bei Sandomierz) 30. 9. 1700, † Warschau 3. 8. 1773; trat 1718 in den Piaristenorden ein, dessen Provinzial für Polen er 1741 wurde und dessen Schulen er 1750–55 reformierte (u. a. Einführung der frz. Sprache in den Unterricht). K. schuf die erste Sammlung poln. Reichstagsbeschlüsse (›Volumina legum‹, I–VI, 1732–39, VII–VIII, hg. 1782) und war einer der führenden Vertreter der Aufklärung, v. a. durch sein Werk ›O skutecznym rad sposobie ...‹ (1760–63, 4 Bde.). Er schrieb Lyrik, ein Drama und übersetzte Werke von P. CORNEILLE.
Ausgabe: Pisma wybrane, 2 Bde. (1955).

Konation [lat.] *die, -/-en,* zielgerichtete Aktivität; Antrieb, Streben, Wollen.

Konche [griech.-lat. ›Muschel‹] *die, -/-n,* halbrunde Apsis, von einer Halbkuppel überwölbt; auch nur dieses (einer Muschel vergleichbare) Gewölbe selbst.

Konchoide [zu lat. concha ›Muschel‹ und griech. -oeidés ›ähnlich‹] *die, -/-n,* eine Kurve *K* als Ort aller Punkte *P,* deren Verbindungslinien mit einem festen Punkt *O,* dem **Pol,** durch eine gegebene Kurve *C,* die **Basis,** so geschnitten wird, dass das Stück zw. *K* und *C* konstante Länge *c* besitzt. Ist *C* eine Gerade, dann wird *K* die K. des NIKOMEDES (etwa 200 v. Chr.), die er zur Lösung des Problems der Würfelverdopplung (→delisches Problem) und der →Dreiteilung des Winkels entwickelte. Die Gleichung der K. in rechtwinkligen Koordinaten lautet: $(x^2 + y^2)(x - a)^2 - c^2 x^2 = 0$.

Konchyli|en [zu lat. concha ›Muschel‹ und griech. hýlē ›Stoff‹, ›Materie‹], *Sg.* **Konchyli|e** *die, -,* die Schalen der Schalen tragenden Weichtiere (Conchifera).

Kond, Kondh, Volksgruppe in Indien, →Khond.

Kondakow, Nikodim Pawlowitsch, russ. Kunsthistoriker, * Chalan (Gouv. Kursk) 13. 11. 1844, † Prag 17. 2. 1925; lehrte u. a. in Petersburg und Prag. K. verfasste grundlegende Schriften zur byzantin. und russ. Buchmalerei, Ikonenmalerei und Ikonographie.

Kondakowa, Jelena Wladimirowna, russ. Luft- und Raumfahrtingenieurin und Kosmonautin, * Puschkino 30. 3. 1957; ab 1989 Ausbildung zur Kosmonautin; absolvierte als Bordingenieurin auf der russ. Raumstation Mir vom 4. 10. 1994 bis zum 22. 3. 1995 mit 169 Tagen den bisher längsten Raumflug einer Frau.

Konde, dicht besiedelte Agrarlandschaft in SW-Tansania, im N des Malawisees, überragt vom Rungwe (2 961 m ü. M.); Anbau von Bananen, Reis, Mais, Kaffee, Tee u. a. In K. lebt das Bantuvolk der Konde (→Nyakyusa).

Kondemnation [lat. ›Verurteilung‹] *die, -/-en,* im Seekriegsrecht die gerichtl. Einziehung eines feindl. Schiffes (→Prise).

Kondensanz *die, -/-en, Elektrotechnik:* der →kapazitive Widerstand.

Kondensat *das, -(e)s/-e,* 1) Bez. für die im Tabakrauch dampfförmig oder als Aerosol vorliegenden Bestandteile (Rauchinhaltsstoffe), die sich beim Durchleiten des Tabakrauchs durch feinporige Glasfaser- oder Wattefilter in Form einer teerartig aussehenden Masse (früher daher ›Teer‹ gen.) niederschlagen (kondensieren) lassen. Da K.-Bestandteile beim Rauchen, bes. beim Inhalieren, durch den Raucher aufgenommen werden und da K. karzinogene Bestandteile wie 1,2-Benzopyren enthalten kann, sollen in der EG ab 31. 12. 1997 nur noch Zigaretten hergestellt werden, die beim Abrauchen nicht mehr als 12 mg K. ergeben. 2) *Physik* und *Chemie:* das Ergebnis einer Kondensation; z. B. die dabei entstandene Flüssigkeit.

Kondensation [spätlat. ›Verdichtung‹] *die, -/-en,* 1) *Chemie:* chem. Reaktion, bei der sich zwei Moleküle des gleichen Stoffs oder versch. Stoffe unter Abspaltung eines Moleküls einer chemisch einfachen Substanz (z. B. Wasser, Ammoniak) zu einem größeren Molekül vereinigen. Eine einfache K. liegt z. B. bei der Herstellung eines →Esters aus einer organ. Säure und einem Alkohol vor. Bei bifunktionellen Verbindungen kann sich die K. vielfach wiederholen (→Polykondensation); auch intramolekulare K. sind hier möglich (diese laufen i. d. R. unter Bildung einer Ringverbindung ab). – Die K. ist für die präparative Chemie, die Poly-K. in der techn. Chemie für die Herstellung von vielen Kunststoffen von großer Bedeutung.
2) *Physik:* der Übergang eines Stoffs vom gasförmigen in den flüssigen bzw. festen Aggregatzustand beim Überschreiten der (zur herrschenden Temperatur gehörenden) Sättigungsdichte seines Dampfes infolge Abkühlung bis auf die druckabhängige **K.-Temperatur (K.-Punkt)** oder infolge Druckerhöhung. Die bei der K. frei werdende **K.-Enthalpie** (ältere Bez. K.-Wärme) hat den gleichen Betrag wie die Verdampfungs- bzw. Sublimationsenthalpie, die beim Übergang vom flüssigen bzw. festen Aggregatzustand in den gasförmigen aufzubringen ist. – Die K. setzt gewöhnlich nur dann beim Überschreiten der Sättigungsdichte ein, wenn auch die flüssige bzw. feste Phase des Stoffs oder →Kondensationskerne vorhanden sind; andernfalls tritt ein **K.-Verzug,** es tritt eine Übersättigung des Dampfes auf.
Die K. des Wasserdampfes der Atmosphäre führt zur Bildung von Nebel, Wolken, Tau; die Abkühlung erfolgt beim Einströmen wasserdampfreicher Luftmassen aus wärmeren Gebieten in kältere, durch Wärmeabstrahlung oder durch Ausdehnung von Luftmassen beim Aufsteigen.

Kondensationskerne, Kondensationskeime, in der Atmosphäre schwebende, mikroskopisch kleine Teilchen, an denen bei Sättigung der Luft mit Wasserdampf die Kondensation beginnt. K. bestehen zum größten Teil aus hygroskop., d. h. Feuchtigkeit anziehenden Partikeln (v. a. Aerosolteilchen, die durch chem. Reaktionen aus Verbrennungsprodukten ent-

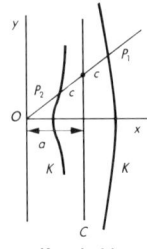

Konchoide des Nikomedes

standen sind, sowie Salzpartikeln aus dem Meer, die durch turbulente Austauschvorgänge in die Atmosphäre gelangen), ferner aus Staub, der von der Erde aufgewirbelt wird oder aus Vulkanausbrüchen stammt. Die Anzahl der K. beträgt in reiner Luft bis zu 1 000/cm³, in Großstadtluft weit über 100 000/cm³.

Kondensationskraftwerk, ein Dampfkraftwerk, bei dem die nicht in elektr. Energie umgeformte Wärme des Arbeitsmittels Dampf durch Kondensation des Dampfes im Kondensator anfällt und an die Umgebung über das Kühlwassersystem abgegeben wird. Der Wirkungsgrad eines K. steigt mit wachsender Temperatur des Arbeitsmittels bei der Wärmezufuhr und sinkender Temperatur bei Abführung der (Verlust-)Wärme an die Umgebung. Beim Wasser-Dampf-Prozess erfolgt die Kondensation günstig bei konstanter Temperatur. Steht Fluss-, See- oder Meerwasser nicht ausreichend zur Verfügung, werden Nass- oder Trockenkühltürme oder die so genannte Luftkondensation eingesetzt. Über 90 % der Wärmekraftwerke sind K. Bei Kraftwerken mit →Kraft-Wärme-Kopplung (z. B. bei Heizkraftwerken) dagegen wird der Dampf nur bis zu einer für den Wärmeverbraucher notwendigen Temperatur entspannt, wodurch zwar die erzeugte Elektroenergie geringer wird, der Gesamtwirkungsgrad, die Brennstoffausnutzung, aber von etwa 40 % auf über 85 % ansteigt.

Kondensationsniveau [-vo:], Höhenschicht in der Atmosphäre, in der die Kondensation von Wasserdampf und damit die Bildung von Cumuluswolken einsetzt.

Kondensationsturbine, eine →Dampfturbine.

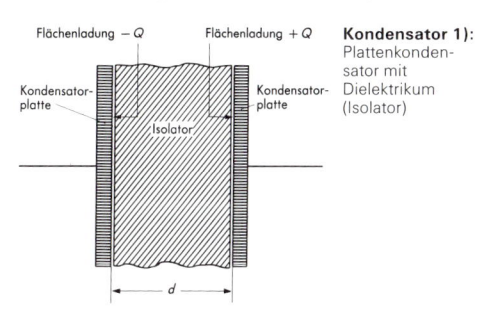

Kondensator 1): Plattenkondensator mit Dielektrikum (Isolator)

Kondensator der, -s/...'toren, **1)** *Elektrotechnik:* passives elektr. oder elektron. Bauelement zum (kurzzeitigen) Speichern von elektr. Ladung bzw. Energie, das im Prinzip aus zwei durch ein →Dielektrikum voneinander getrennten, meist flächenhaften metall. Leitern besteht und das durch seine in Farad (F) angegebene elektr. Kapazität C gekennzeichnet ist, d. h., bei Anlegen einer Gleichspannung U zw. den getrennten Leitern wird auf diesen jeweils eine entgegengesetzt gleich große elektr. Ladung vom Betrag $Q = C \cdot U$ bzw. im elektr. Feld zw. ihnen die elektr. Energie $E_{el} = \frac{1}{2} C \cdot U^2$ gespeichert. Jeder K. wirkt gegenüber Gleichstrom wie ein unendlich großer Widerstand, d. h., er unterbricht einen Gleichstromkreis praktisch vollständig. Bei Anlegen einer Wechselspannung U der Kreisfrequenz ω fließt jedoch ein →Verschiebungsstrom der Stärke $I = C \cdot dU/dt$ durch das Dielektrikum, d. h., der K. hat einen endl. kapazitiven Wechselstromwiderstand $X_C = 1/\omega C$, dessen Größe mit wachsender Frequenz abnimmt.

Die einfachste K.-Form ist der **Platten-K.,** bestehend aus zwei mit metall. Zuleitungen versehenen, i. Allg. gleich großen, sich im Abstand d gegenüberstehenden Metallplatten (Plattenfläche A) mit z. B. Luft, Glimmer oder Glas als dazwischenliegendem Dielektrikum; seine Kapazität ist durch $C = \varepsilon_r \varepsilon_0 A/d$ gegeben (ε_r, relative Dielektrizitätskonstante des Di-

Kondensator 1): 1 Kunststoffkondensator (KP), 2 Kunststoffkondensator (MKS), 3 Tantal-Elektrolytkondensator, 4 Keramik-Flachkondensator, 5 Kunststoffkondensatoren (MKT) 6 Keramik-Scheibenkondensator, 7 Elektrolytkondensator mit Aluminiumgehäuse

elektrikums; ε_0, elektr. Feldkonstante). Zw. beiden Platten bildet sich bei Anlegen einer Gleichspannung als Folge ihrer entgegengesetzt gleich großen Aufladung ein weitgehend homogenes elektr. Feld aus, in dem die Feldlinien senkrecht zu den Platten verlaufen. Zur Erhöhung der Kapazität schaltet man mehrere Platten-K. parallel; die Gesamtkapazität ergibt sich dann als Summe der Einzelkapazitäten.

K. dienen v. a. in der Hochfrequenztechnik als Bestandteile von Schwingkreisen sowie zu Trenn-, Koppel-, Entstör- und Glättungszwecken, weiter als **Arbeits-K.** in vielen speziellen Bauarten z. B. zur kapazitiven Erwärmung oder Trocknung sowie in der Starkstromtechnik v. a. zur Verbesserung des Leistungsfaktors und zur Blindleistungskompensation.

Zu den K. mit veränderbarer Kapazität gehören die Dreh-K. und die Trimm-K. K. mit fester, unveränderl. Kapazität (**Fest-K.**) werden als Wickel-, Elektrolyt- und Keramik-K. gebaut. **Wickel-K.,** in denen durch ein Dielektrikum getrennte Metallschichten (›Beläge‹) übereinander gewickelt sind, werden entweder in ein zylindr. Rohr aus Hartpapier, Metall oder Keramik (Rohr-K.) oder – bei größeren Exemplaren – flach gedrückt und in quaderförmige Metallgehäuse (Becher-K.) eingebaut. Zu ihnen zählen die **Papier-K.** mit einem Dielektrikum aus imprägniertem Papier (K.-Papier), das zw. Metallfolien eingelegt wird, die **Metallpapier-K. (MP-K.),** bei denen das Dielektrikum (Papier) mit einer aufgedampften Metallschicht von weniger als 1 μm Dicke beschichtet ist, und die **Kunststoff-K. (Folien-K.).** Bei ihnen besteht das Dielektrikum aus einer Kunststofffolie – z. B. aus Polyester (Kennbuchstaben KT), Polycarbonat (KC), Polypropylen (KP), Polystyrol (KS) oder aus einer Lackfolie (KL), z. B. aus Celluloseacetat (KU) –, die Beläge aus dünnen Metallfolien oder aus direkt auf das Dielektrikum aufgedampften dünnen Metallschichten (erster Kennbuchstabe M, z. B. MKT); Letztere werden auch als Schicht-K. ausgeführt. Sie zeichnen sich bes. auch dadurch aus, dass bei einem Durchschlag der extrem dünne Metallbelag verdampft und dadurch ein bleibender Kurzschluss verhindert wird (Selbstheilung). Zur Erzielung hoher Kapazitätswerte werden **Elektrolyt-K.** (Kw. Elko) verwendet. Bei **Aluminium-Elektrolyt-K.** bestehen Anode und Kathode aus einer Aluminiumfolie, zw. die ein (mit einem Elektrolyten getränktes) saugfähiges Material gewickelt wird, das zugleich als Abstandshalter zw. den Folien dient. Beim

Kond Kondensatorkammer – Konditionalsatz

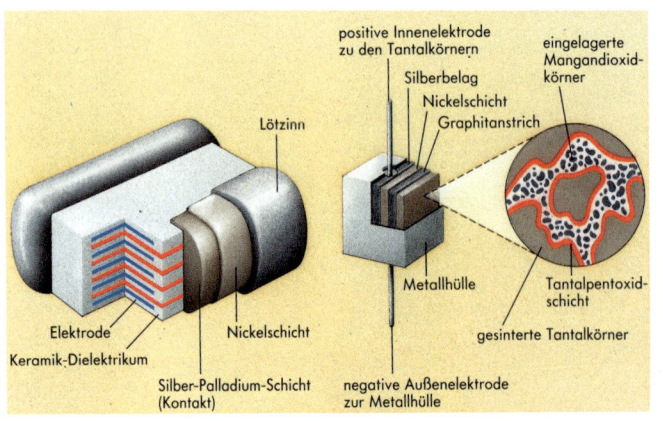

Kondensator 1): links Keramischer Vielschichtkondensator; rechts Tantal-Elektrolytkondensator

Anlegen einer Gleichspannung bildet sich eine dünne Aluminiumoxidschicht an der Anode aus, die als Dielektrikum wirkt. – Für miniaturisierte Schaltungen verwendet man v. a. ›trockene‹ **Tantal-Elektrolyt-K.** Ihr Anodenbelag besteht aus zusammengesintertem Tantalpulver; auf der großen wirksamen Oberfläche dieses porösen Belags ist durch Anodisierung eine 0,1–0,2 μm dicke dielektr. Schicht aus Tantalpentoxid aufgebracht, die wiederum mit einer halbleitenden Schicht (i. d. R. Mangandioxid) als zweitem Belag überzogen ist. Bei den teilweise in kleinsten Abmessungen hergestellten **Keramik-K.** wird als Dielektrikum eine keram. Masse (z. B. Bariumtitanat) mit hoher Dielektrizitätskonstante verwendet, auf die der Elektrodenwerkstoff (z. B. eine fein verteilte Mischung aus Silber- und Palladiumteilchen) aufgedampft und anschließend aufgebrannt wird. Bei der Herstellung **keramischer Vielschicht-K.** werden vor dem Aufbrennen 30–60 solcher beschichteter Blätter übereinander gestapelt. Bei einem anderen Verfahren werden zunächst mittels einer kohlenstoffhaltigen Paste Leerräume in den Schichten erzeugt und diese anschließend unter hohem Druck mit dem Elektrodenmaterial (Blei-Zinn-Mischung) gefüllt. Neben den Tantal-Elektrolyt-K. gehören die keram. Vielschicht-K. zu den am häufigsten verwendeten K. in der Mikroelektronik. Dort werden jedoch auch nach Verfahren der Dünn- bzw. Dickschichttechnik realisierte K. in entsprechend hergestellten Schaltkreisen bzw. in integrierten Schaltungen eingefügt oder selbst als integrierte Bauelemente realisiert.

2) *Energietechnik:* Vorrichtung in Dampfkraftanlagen zum Abscheiden (Niederschlagen) des austretenden Abdampfes. Beim **Einspritz-K.** oder **Misch-K.** wird der Dampf durch direktes Einspritzen fein vernebelten Wassers niedergeschlagen; er wird i. d. R. nur dort eingesetzt, wo auf die Wiedergewinnung des Kondensats verzichtet wird. Im **Oberflächen-K.** wird der Dampf an von Kühlmittel durchflossenen Rohrleitungen kondensiert; das Kondensat wird zum Speisewasser zurückgeführt. Die Oberflächenkondensation ermöglicht die Erzeugung eines Unterdrucks zur Erhöhung des Temperatur- und Druckgefälles und damit zur Verbesserung des therm. Wirkungsgrades. Nichtkondensierbare Gase (Inertgase), die den Wärmeübergang bei der Kondensation verschlechtern, müssen abgesaugt werden. Bei Oberflächen-K. mit direkter Luftkühlung wird die Wärme an die Umgebung abgegeben; die erforderl. Luft wird durch ein Gebläse zugeführt.

3) *Kältetechnik:* **Verflüssiger,** ein Wärmetauscher bei Kältemaschinen, in dem der verdichtete Kältemitteldampf unter Wärmeabgabe an Kühlwasser oder Kühlluft verflüssigt wird.

Kondensatorkammer, kleine Ionisationskammer zur Dosismessung ionisierender Strahlung (→Dosimeter); besteht aus zwei sich gegenüberstehenden, gegeneinander gut isolierten Platten (Kondensator), die durch einfallende (die Luft zw. den Platten ionisierende) Teilchen entladen werden.

Kondensatorpapier, pergaminähnl., dünnes Seidenpapier hoher Reinheit, Gleichmäßigkeit und Porenfreiheit, zur Isolierung bei →Kondensatoren 1).

kondensierte Ringe, *Chemie:* Bez. für Ringverbindungen, bei denen zwei benachbarte Ringe zwei nebeneinander liegende Atome gemeinsam haben; z. B. Naphthalin, Anthracen, Phenanthren.

Kondensmilch, evaporierte Milch, durch teilweisen Wasserentzug (eventuell nach Zuckerzugabe) auf die Hälfte bis ein Drittel eingedickte sterile und ultrahocherhitzte Milch, die meist in Konservendosen, Glasflaschen oder Kunststoffkännchen in den Handel kommt. Der Fettgehalt ungezuckerter handelsübl. K. liegt bei 7,5 oder 10 % (bei gezuckerter K. 8,4–8 %, bei ›leichter K.‹ 4 %), der Gehalt an fettfreier Trockenmasse bei 17,5 oder 23 % (bzw. 20 %).

Kondensor [zu lat. condensare ›verdichten‹] *der, -s/...'soren,* in opt. Geräten (→Mikroskop, →Projektor, Vergrößerungsapparat) eine Linsen- oder Spiegelanordnung zur Beleuchtung eines zu beobachtenden Objekts. Der K. hat die Aufgabe, das von einer Lichtquelle ausgehende Licht möglichst vollständig zu erfassen und so zu lenken, dass es das abbildende System passiert.

Kondensstreifen, sichtbare streifenförmige Gebilde aus Wassertröpfchen oder Eiskristallen hinter den Triebwerken hoch fliegender Flugzeuge. Die K. entstehen durch Kondensation des in der Luft und den Triebwerkabgasen enthaltenen Wasserdampfes an den als Kondensationskerne wirkenden Rußpartikeln der Abgase bei ausreichender relativer Luftfeuchtigkeit vorzugsweise in Höhen zw. etwa 8 und 12 km. Ist die Luft mit Feuchtigkeit nahezu gesättigt, bleiben die K. längere Zeit bestehen.

Kondenswasser, Wasser, das sich aus seiner Dampfphase unterhalb seines Taupunktes durch Kondensation bildet.

Kondh, Kond, Volksgruppe in Indien, →Khond.

Kondiktion [lat., zu condicere ›festsetzen‹, ›bestimmen‹] *die, -/-en, Zivilrecht:* Anspruch aus →ungerechtfertigter Bereicherung.

Kondition [mlat. conditio, Nebenform von lat. condicio ›Beschaffenheit‹, ›Zustand‹, ›Bedingung‹] *die, -/-en,* **1)** *ohne Pl.,* 1) körperl. Leistungsfähigkeit (bes. beim Sport); 2) körperlich-seel. Verfassung eines Menschen.

2) *meist Pl., Wirtschaft:* →Konditionenpolitik.

Konditional *der, -s/-e,* **Bedingungsform,** *Sprachwissenschaft:* Modus des Verbs zur Bez. einer Bedingung, z. B. frz. ›si tu venais, je serais à ta disposition‹ (›wenn du kämst, stünde ich zu deiner Verfügung‹). Im Deutschen wird der K. heute weitgehend mit ›würde‹ umschrieben (z. B. ›er würde gern kommen, wenn ...‹ anstelle von ›er käme gern, wenn ...‹).

Konditionalismus *der, -,* **Konditionismus,** eine wissenschaftstheoret. Position, die die Vorstellung monokausaler Zusammenhänge zugunsten der Idee eines Bedingungsgefüges abschaffen will. Ein Ereignis werde nicht durch wohldefinierte Ursachen, sondern nur durch das Zusammenspiel vieler Bedingungen bestimmt. Der K. fand zu Beginn des 20. Jh. in der Biologie große Beachtung; erkenntnistheoretisch steht er dem →Empiriokritizismus nahe.

Konditionalsatz, Bedingungssatz, Satz, der die Bedingungen darlegt, unter denen der im Hauptsatz formulierte Sachverhalt zutrifft; er wird durch Konjunktionen (›wenn‹, ›falls‹, ›insofern ...‹) eingeleitet (z. B. ›falls er nicht kommt, gehe ich allein angeln‹).

Konditionenpolitik, im Rahmen der betriebl. Produkt- und Preispolitik alle Maßnahmen zur Festlegung von Lieferungsbedingungen, Zahlungsbedingungen, Rabatten und Garantieverpflichtungen zum Zwecke der Produkt- und Preisdifferenzierung. **Konditionen** regeln dabei die z. T. preis- oder kostenwirksamen Nebenleistungen des Verkäufers sowie Rechte und Pflichten, die sich für Verkäufer und Käufer aus dem Kaufvertrag ergeben. Auf Konsumgütermärkten sind Konditionen i. d. R. standardisiert, wobei gesetzl. Regelungen im Sinne des Verbraucherschutzes (z. B. Rabatt-Ges., Ges. über die allgemeinen →Geschäftsbedingungen) zu beachten sind. Mehr Möglichkeiten für K. ergeben sich auf Investitionsgütermärkten, da dort Konditionen häufig individuell ausgehandelt werden und zu einem **Nebenleistungswettbewerb** führen, der wegen seiner geringeren Transparenz und gezielteren Beeinflussbarkeit gegenüber dem Wettbewerb mit den eigentl. Marktleistungen teilweise sogar in den Vordergrund rückt.

konditionieren [engl.-frz.], Werkstoffe den besonderen Bedingungen des Arbeitsprozesses, der Umgebungstemperatur oder -feuchte anpassen, z. B. in der Papier- und Druckindustrie das Papier dem Klima des Produktionsraumes.

Konditionierung, 1) *Kerntechnik:* das Herstellen von Abfallgebinden durch Verarbeitung bzw. Verpackung von radioaktivem Abfall. Durch K. wird eine →Endlagerung ermöglicht.
2) *Psychologie:* die (bes. experimentelle) Ausbildung eines →bedingten Reflexes **(klassische K.):** Durch wiederholte Kopplung eines urspr. neutralen Reizes mit einem reflexauslösenden löst der vorher neutrale Reiz schließlich allein den Reflex aus. Von **operanter K.** spricht man, wenn die Wahrscheinlichkeit einer Reaktion eines Organismus durch →Verstärkung erhöht wird.

Konditionsgut, Kommissionsgut, Bedingtgut, *Buchhandel:* Waren, die der Sortimenter bei Nichtverkauf nach einer vereinbarten Frist an den Verlag zurücksenden kann (→Remittenden) oder die er für eine weitere Frist unberechnet am Lager behält (→Disponenden).

Konditionstraining [-tre-, -trɛ-], Übungen zur Steigerung der allgemeinen und besonderen sportartspezif. körperl. Leistungsfähigkeit, bes. der motor. Grundeigenschaften Kraft, Ausdauer und Schnelligkeit sowie der psych. und phys. Gewandtheit.

Konditor [lat. ›Hersteller würziger Speisen‹, zu condire ›lecker einmachen‹] *der, -s/...'toren,* Ausbildungsberuf des Handwerks. Aufgabe des K. ist die Zubereitung von Torten, Kuchen, Kleingebäck, Eisspeisen und -getränken, Pralinen, Marzipan, Zuckerwaren, Pasteten und Käsegebäck.

Kondō [jap. ›goldene Halle‹], **Hondō, Butsudō,** Buddhahalle, zentrales Gebäude japanisch-buddhist. Tempel, die Kultbilder und/oder Statuen beherbergen, mit genügend Raum zum Umschreiten.

Kondolenz [zu lat. condolere ›Mitgefühl haben‹] *die, -/-en,* 1) ohne Pl., Beileid; 2) Beileidsbezeigung.

Kondom [möglicherweise nach einem engl. Arzt CONTON oder CONDOM als angebl. Erfinder im 17./18. Jh.] *das oder der, -s/-e,* selten *-s,* **Condom, Präservativ,** Hülle aus vulkanisiertem Gummi, die als Mittel zur →Empfängnisverhütung und zum Schutz vor Geschlechtskrankheiten vor dem Geschlechtsverkehr über den Penis gezogen wird. K. werden auf mit Gleitmitteln und spermiziden Substanzen versehen. Nachdem die Bedeutung des K. als Empfängnisverhütungsmittel seit Einführung der hormonellen Antikonzeptiva stark zurückgetreten war, hat die Verwendung als Infektionsschutz mit dem Auftreten der v. a. durch Geschlechtsverkehr übertragenen Immunschwächekrankheit Aids erneute Aktualität gewonnen.

Dem K. vergleichbare Mittel waren bereits in der röm. Antike in Gebrauch; weitere Vorformen sind medikamentengetränkte Leinensäckchen, später die in Frankreich aus Blinddarmmembran hergestellten ›frz. Blasen‹. Gummi-K. werden seit Ende des 19. Jh. hergestellt.

Kondominat *das oder der, -(e)s/-e,* **Kondominium,** *Völkerrecht:* →Condominium.

Kondor [span., aus Ketschua] *der, -s/-e,* Name der beiden größten Arten (Anden-K. und Kaliforn. K.) der Neuweltgeier (→Geier).

Kondor, Béla, ungar. Grafiker und Maler, * Budapest 17. 2. 1931, † ebd. 12. 12. 1972; verband in stark symbolträchtigen Bildzyklen mittelalterl. Formensprache mit geometrisierender Gestik. K. wirkte auch mit seinen Grafiken anregend auf die ungar. Kunstszene der 50er Jahre.

Kondottiere, →Condottiere.

Kondraschin, Kondrašin [-ʃ-], Kirill Petrowitsch, russ. Dirigent, * Moskau 6. 3. 1914, † Amsterdam 8. 3. 1981; war 1960–76 Chefdirigent des Staatl. Philharmon. Sinfonieorchesters Moskau. Er emigrierte 1978 nach Westeuropa und war seit 1979 ständiger Dirigent des Concertgebouworkest Amsterdam. Schwerpunkte seines Repertoires bildete die Musik des 19. und 20. Jh.; er leitete Uraufführungen zahlr. Werke russ. Komponisten.

Kondratjew, Kondrat'ev [-tjɛf], **Kondratieff,** Nikolaj Dmitrijewitsch, russ. Volkswirtschaftler und Statistiker, * 4. 3. 1892, † 1938 (?); 1920–28 Direktor des Konjunkturinstituts in Moskau; war an der Ausarbeitung des ersten Fünfjahresplans in der Sowjetunion beteiligt. K., der gegen die vollständige Kollektivierung der Landwirtschaft und die disproportionale Entwicklung von Industrie und Landwirtschaft auftrat, wurde 1931 zunächst zu 8 Jahren Haft, 1938 zum Tode verurteilt. Sein wichtigster Beitrag zur Wirtschaftstheorie war die Entdeckung langfristiger, von J. A. SCHUMPETER später nach ihm benannter Konjunkturwellen **(Kondratieff-Zyklen).** →Konjunktur.

Werk: Die langen Wellen der Konjunktur, in: Archiv für Sozialwiss. u. Sozialpolitik, Jg. 56 (1926).

Kondukt [lat.] *der, -(e)s/-e,* veraltend für: feierl. Geleit, Leichenzug.

Konduktanz *die, -,* Elektrotechnik: der Wirkleitwert eines von Wechselstrom durchflossenen Stromkreises (→Admittanz).

Konduktometrie *die, -,* elektrochem. Methode der analyt. Chemie; beruht auf dem Verfolgen von Reaktionsabläufen in Lösungen durch Messen der elektr. Leitfähigkeit, die sich mit der Konzentration freier Ionen ändert. Anwendung findet die K. bes. in der →Maßanalyse zur Bestimmung des Titrationsendpunkts, bei dem die Leitfähigkeit ein Minimum erreicht.

Konduktor [zu lat. conducere, conductum ›zusammenführen‹] *der, -s/...'toren, Medizin:* Bez. für den selbst gesunden Überträger einer erbl. Krankheitsanlage, die von ihm an die nachfolgende Generation weitergegeben wird.

K. ist i. e. S. ein gebräuchl. Begriff beim X-chromosomal-rezessiven Erbgang (z. B. Bluterkrankheit) für die Weitergabe des krank machenden Allels von der gesunden Mutter an ihren Sohn, der die Erkrankung zeigt. I. w. S. wird der Begriff auch bei anderen Erbgängen verwendet. So werden bei einer autosomal-rezessiven Erkrankung (z. B. Mukoviszidose) die gesunden heterozygoten Eltern eines erkrankten Kindes ebenfalls als K. bezeichnet.

Kondylakis, Jannis, neugriech. Schriftsteller, * Viano (Kreta) 1861, † Heraklion 25. 7. 1920; wirkte als Justizangestellter, Journalist und Lehrer. Als Meis-

Kirill Petrowitsch Kondraschin

ter des attischen Stils verfasste er charakter- und humorvolle Sittenschilderungen des kret. Lebens.
Werke (neugriech.): *Roman:* Patuchas (1916). – *Erzählungen:* Als ich Lehrer war (1916). – *Novelle:* Erste Liebe (1919).

Kondylom [zu griech. kóndylos ›Knochengelenk‹; ›Verhärtung‹, ›Geschwulst‹] *das, -s/-e,* **Feigwarze,** warzenartige, häufig nässende Hautwucherung, die v. a. an den Geschlechtsteilen und in der Aftergegend sowie an anderen feuchten Hautfalten auftritt. Das **spitze K.** (Condyloma acuminatum) ist eine aus hirsekorngroßen Knötchen (Epitheliome) entstehende, blumenkohl- bis hahnenkammartige, fleischfarbene, auf dünnem Stiel aufsitzende Wucherung, die in Gruppen auftritt. Sie wird durch das K.-Virus, einen beim Geschlechtsverkehr übertragenen, dem Warzen erregenden Human-Papillom-Virus nahe stehenden Erreger hervorgerufen. Begünstigend wirken Entzündungen und Ekzeme im Anal- und Genitalbereich (z. B. Tripper, Ausfluss, Balanitis).
Das **breite K.** (Condyloma latum) entsteht durch Wucherung der im Sekundärstadium der Syphilis auftretenden infektiösen Papeln (Syphilid) aufgrund äußerer Reize (Nässe, Reibung).

Kondylus [von griech. kóndylos ›Knochengelenk‹] *der, -/...li, Anatomie:* der →Gelenkhöcker.

Konënkov [-'jɔn-], Sergej Timofejewitsch, russ. Bildhauer, →Konjonkow, Sergej Timofejewitsch.

Koneski, Blaže, makedon. Schriftsteller und Philologe, * Nebregovo (bei Prilep) 19. 12. 1921; Prof. in Skopje, führend an der Kodifizierung der makedon. Standardsprache beteiligt; bedeutender Lyriker (›Unter dem Kalkstein der Tage‹, dt. Ausw. 1986; ›Lied der Weinstöcke‹, dt. Ausw. 1988) und Erzähler, der neben Elementen der Volksdichtung auch Formen und Inhalte des Surrealismus und Existenzialismus verwendet; verfasste grundlegende sprachwiss. (›Grammatika na makedonskiot literaturen jazik‹, 2 Bde., 1952–54; ›Istorija makedonskog jezika‹, 1966) und literarhistor. (›Makedonskata literatura vo XIX vek‹, 2 Bde., 1950) Werke sowie Übersetzungen (H. HEINE, SHAKESPEARE).

Konetzke, Richard, Historiker, * Hangelsberg (bei Fürstenwalde/Spree) 20. 3. 1897, † Schleiden 29. 5. 1980; wurde 1956 Prof. für iber. und lateinamerikan. Geschichte in Köln. Mitbegründer und Mit-Hg. des ›Jb. für Gesch. von Staat, Wirtschaft und Gesellschaft Lateinamerikas‹ (1964 ff., mit H. KELLENBENZ).
Werke: Gesch. des span. u. port. Volkes (1939); Das span. Weltreich (1943); Entdecker u. Eroberer Amerikas (1963); Die Indianerkulturen Altamerikas u. die spanisch-port. Kolonialherrschaft (1965; Fischer-Weltgesch., Bd. 22); Lateinamerika. Entdeckung, Eroberung, Kolonisation (hg. 1983, ges. Aufsätze).

Konetzni, Hilde, österr. Sängerin (Sopran), * Wien 21. 3. 1905, † ebd. 20. 4. 1980; debütierte 1929 in Chemnitz und war 1936–55 Mitgl. der Wiener Staatsoper, sang auch bei Festspielen (Salzburg) und machte sich v. a. als Strauss-, aber auch als Wagner- und Verdi-Interpretin einen Namen. – Ihre Schwester, ANNI K., verh. WIEDMANN (* 1902, † 1968; Sopran), ebenfalls Mitgl. der Wiener Staatsoper, wurde bes. als Wagner-Sängerin bekannt.

Konezkij, Koneckij [-ts-], Wiktor Wiktorowitsch, russ. Schriftsteller, * Leningrad 6. 6. 1929; seit 1952 als Steuermann und Kapitän v. a. in der Arktis. Seine Erzählungen und Kurzromane schildern häufig das Leben auf See und zeigen Menschen, die sich in schwierigen Situationen bewähren müssen; schrieb daneben auch Drehbücher.
Werke: Kto smotrit na oblaka (1967; dt. Wer in die Wolken schaut, 1969); Solenyj led (1969; dt. Salziges Eis); Sredi mifov i rifov (1972; dt. Von Mythen u. Riffen); Morskie sny (1975; dt. Meeresträume); Tretij lišnij (1983); Ledovye bryzgi. Iz dnevnikov pisatelja (1987). – Vampuka (1989, Dr.).
Ausgabe: Izbrannoe, 2 Bde. (1983).

Konfabulation [spätlat. ›Gespräch‹, ›Unterredung‹] *die, -/-en,* frei erfundene oder mit der Bezugssituation in keinem Zusammenhang stehende Äußerungen; von starker subjektiver Überzeugtheit begleitet; Symptom bei organ. Hirnerkrankungen, bei Alkoholkrankheit (Korsakow-Syndrom); Psychopathie.

Konfederatka [poln.] *die, -/...ki,* verbrämte Mütze der poln. Männertracht mit hohem Kopf, viereckigem Deckel, Quaste und oft noch Federstutz. (→Krakuska)

Konfekt [spätmhd. confect ›(zu Heilzwecken) eingemachtes Obst‹, zu lat. conficere, confectum ›fertig stellen‹, ›zubereiten‹] *das, -(e)s,* feines Zuckerwerk, z. T. mit Schokoladenüberzug, auch Pralinen; in der Schweiz und in Österreich daneben Bez. für Feingebäck.

Konfektion [lat.-frz. ›Anfertigung‹, ›Herstellung‹] *die, -/-en,* industriell (serienmäßig) nach Größen hergestellte Kleidung. Hochwertige, mod. Fertigware mit beschränkter Lizenz und in kleiner Auflage wird als **Luxus-K.** (→Prêt-à-porter) bezeichnet; Kleidung, für deren exakte Passform individuelle Maße des Kunden berücksichtigt werden, heißt **Maß-K.**

Konfektionsgrößen, Größen-Bez. für menschl. Körpermaße, nach denen die Bekleidungsindustrie arbeitet. Die Zusammenstellung der K. erfolgt in Größentabellen, die nach Größenreihen (Maßverhältnisse der versch. Trägergruppen) unterteilt sind. **Kinder-K.** gehen in Dtl. von der Körperhöhe aus, dem Maß von Fußsohle bis zum Scheitel. Für je 6 cm Längenwachstum steht eine Größe zur Verfügung (..., 74, 80 usw. bis 176, 182, 188). Die Rundmaße steigen von Größe zu Größe. Für **Damen-K.** gibt es Reihen für kurze (Körperhöhe 162 cm), normale (168 cm) und lange (174 cm) Figuren. Die K. für kurze Figuren werden mit 16, 17, 18, 19, 20, 21 usw. bezeichnet, die für normale mit 32, 36, 38, 40, 42 usw., die für lange mit 72, 76, 80, 84 usw. In jeder Reihe sind die Längen gleich; die Rundmaße steigen i. Allg. um je 4 cm von Größe zu Größe. Reihen für Figuren mit starker oder schwacher Hüfte werden durch vorangesetzte 5 bzw. 0 gekennzeichnet. **Herren-K.** sind vom Brustumfang (Oberweite) des Trägers abgeleitet; die Größennummern sind meist Teile ($^1/_2$, $^1/_4$ bzw. $^1/_1$) des Brustumfangs. Daneben gibt es Spezialgrößen. Die Größen für besondere Figuren, z. B. **Burschengrößen,** haben uneinheitl. Nummern als Kennzeichen.

Konferenz [mlat. ›Besprechung‹, von lat. conferre ›sich besprechen‹, eigtl. ›zusammentragen‹] *die, -/-en,* 1) Besprechung mehrerer Personen über fachl., organisator. o. ä. Fragen; 2) Zusammenkunft von Experten zur Beratung polit., wirtschaftl. o. ä. Fragen.

Konferenz bekennender Gemeinschaften in den evangelischen Kirchen Deutschlands, 1970 gegründete Arbeitsgemeinschaft innerhalb des dt. Protestantismus, deren Mitgl. sich als an der Bibel und an der reformator. Bekenntnisschriften festhaltende (›bekennende‹) Gruppen und Vereinigungen verstehen. Sie wollen die ev. Christen in ihrer Bekenntnistreue stärken und auf Entwicklungen in Kirche und Theologie aufmerksam machen, die aus ihrer Sicht der Bibel und dem ev. Bekenntnis widersprechen. Der Arbeitsgemeinschaft gehören (1997) vierzehn Mitgl. und sieben Gastmitglieder an. Mitgl. sind u. a. die Bekenntnisbewegung →Kein anderes Evangelium, die ›Ludwig-Hofacker-Vereinigung‹ in Württemberg und die ›Ev. Notgemeinschaft in Dtl.‹ sowie kirchl. bzw. ev. ›Sammlungen‹ und ›Vereinigungen um Bibel und Bekenntnis‹ innerhalb der ev. Landeskirchen von Baden, Bayern, Berlin-Brandenburg, Braunschweig, Nordelbien und der Pfalz.

Konferenz der Vereinten Nationen für Handel und Entwicklung, die Welthandelskonferenz (→UNCTAD).

Konferenz Europäischer Kirchen, Abk. **KEK,** 1959 in Nyborg (Dänemark) gegründete regionale Organisation ev., anglikan., orth. und altkath. Kirchen Europas zum Zweck der Grenzen überschreitenden Begegnung und Verständigung; seit der 4. Vollversammlung 1964 (›Nyborg IV‹) mit fester Organisation. Leitungsgremium zw. den alle fünf bis sechs Jahre stattfindenden Vollversammlungen ist seit 1992 ein 35 Mitgl. zählender Zentralausschuss. Sitz des Gen.-Sekr. und des Sekretariats ist Genf. Heute (1996) gehören der KEK Mitgliedskirchen aus 41 und damit – außer Makedonien und der Vatikanstadt – aus allen europ. Staaten sowie aus fünf Staaten Asiens an (Armenien, Aserbaidschan, Georgien, Türkei, Zypern). Die gegenwärtig 122 Mitgliedskirchen haben über 200 Mio. Mitgl. Die kath. Kirche, die selbst nicht Mitgl. ist, arbeitet über den ›Rat der Europ. Bischofskonferenzen‹ (›Consilium Conferentiarum Episcopalium Europae‹, CCEE) eng mit der KEK zusammen. Nach den gesellschaftl. Umbrüchen in den früheren kommunist. Staaten Europas will die KEK vorrangig Podium des Gesprächs zw. den Kirchen des ehem. politisch gespaltenen Kontinents sein, in das v. a. die kleinen Kirchen einbezogen werden sollen. Schwerpunktthemen der theolog. Arbeit, die auch im Mittelpunkt der 10. Vollversammlung der KEK 1992 in Prag standen, sind die Rolle der Kirchen und die christl. Mission in einem säkularisierten Europa.

Konferenz für Umwelt und Entwicklung, vom 3. bis zum 14. 6. 1992 in Rio de Janeiro von den Vereinten Nationen veranstaltete Konferenz, an der Vertreter von 178 Staaten teilnahmen (→nachhaltige Entwicklung).

Konferenzschaltung, Sammelschaltung bei Hörfunk und Fernsehen sowie in Fernsprech- und Fernschreibanlagen, bei der die Teilnehmer miteinander verbunden sind und jeder einzelne mit allen übrigen sprechen bzw. sie anschreiben kann. Nicht angeschlossen werden können öffentl. Fernsprechzellen und Fahrzeugtelefone.

Konferenz über Sicherheit und Zusammenarbeit in Europa, Abk. **KSZE, Europäische Sicherheitskonferenz,** internat. Zusammenkunft, nach Vorgesprächen (22. 11. 1972 bis 8. 6. 1973) eröffnet am 3. 7. 1973 in Helsinki, fortgesetzt vom 18. 9. 1973 bis zum 21. 7. 1975 in Genf und beendet am 1. 8. 1975 in Helsinki mit der Verabschiedung der ›Schlussakte von Helsinki‹. Diese ist kein völkerrechtl. Vertrag, sondern eine polit. Selbstverpflichtung der Signatarstaaten, sich an die getroffenen Vereinbarungen zu halten. An der Konferenz nahmen 33 europ. Staaten (alle außer Albanien) teil sowie Kanada und die USA als Staaten, die Truppen in Europa stationiert hatten.

Vorgeschichte: Bereits in den 50er-Jahren hatte die UdSSR die Einberufung einer Konferenz der europ. Staaten gefordert, um in Europa ein System →kollektiver Sicherheit zu schaffen; ihr Ziel war es, ihr sicherheitspolit. Vorfeld in Europa zu sichern, den Zusammenhalt zw. den USA und den europ. Staaten der NATO zu schwächen und die Eingliederung der BRD in dieses Bündnissystem zu verhindern. Nachdem ihre Bemühungen an dem Willen der NATO-Staaten, den Zusammenhalt der atlant. Allianz zu wahren, gescheitert waren, erneuerte die UdSSR seit 1966 ihre Bemühungen um eine Konferenz über Sicherheitsfragen in Europa. Neben den alten Motiven spielte nunmehr auch die Ausweitung der wirtschaftlich-techn. Beziehungen zu den westl. Industriestaaten eine wesentl. Rolle. In einer Phase der Entspannung im Ost-West-Konflikt gingen die NATO-Staaten gegen Ende der 60er-Jahre stärker auf die Initiativen der UdSSR ein, forderten dabei aber zugleich, auf der geplanten Konferenz auch die Beachtung der Menschen- und Bürgerrechte in den einzelnen europ. Staaten zu behandeln. Einen wichtigen Anteil an dieser Entwicklung hatte die neue Deutschland- und Ostpolitik der Reg. Brandt.

Thematik und Ergebnis: Drei Themenbereiche (›Körbe‹) standen im Mittelpunkt der Diskussion:

Korb I: Fragen zur Sicherheit Europas
Korb II: Zusammenarbeit in den Bereichen Wirtschaft, Wissenschaft, Technik und Umwelt
Korb III: Menschl. Kontakte, Kultur- und Informationsaustausch

Die Gespräche v. a. über die Körbe I und III verliefen kontrovers. Dabei standen sich v. a. die NATO-Staaten und die Staaten des Warschauer Paktes gegenüber, wobei sich die neutralen und nichtpaktgebundenen Staaten, u. a. Jugoslawien, Österreich, Schweden, Schweiz (kurz auch ›N + N-Staaten‹ gen.), oft mit Erfolg um Vermittlung bemühten. Die **Schlussakte von Helsinki** enthält im Bereich von Korb I einen Katalog von 10 ›Prinzipien‹, die die Beziehungen der Teilnehmerstaaten leiten sollen:

Prinzip I: Souveräne Gleichheit, Achtung der der Souveränität innewohnenden Rechte
Prinzip II: Enthaltung von der Androhung oder der Anwendung von Gewalt
Prinzip III: Unverletzlichkeit der Grenzen
Prinzip IV: Territoriale Integrität der Staaten
Prinzip V: Friedl. Regelung von Streitfällen
Prinzip VI: Nichteinmischung in innere Angelegenheiten
Prinzip VII: Achtung der Menschenrechte und Grundfreiheiten
Prinzip VIII: Recht der Völker, ›ihren inneren und äußeren polit. Status quo ohne äußere Einmischung selbst bestimmen zu können‹
Prinzip IX: Zusammenarbeit zw. den Staaten
Prinzip X: Erfüllung völkerrechtl. Verpflichtungen nach Treu und Glauben

Neben diesen Prinzipien enthält die Schlussakte im Bereich von Korb I ein ›Dokument über vertrauensbildende Maßnahmen und bestimmte Aspekte der Sicherheit und Abrüstung‹. Dieser Teil beinhaltet die Verpflichtung, Manöver von Landstreitkräften mit mehr als 25 000 Mann i. d. R. 21 Tage oder früher anzukündigen und ausländ. Besucher dazu einzuladen.

Konferenz über Sicherheit und Zusammenarbeit in Europa: Unterzeichnung der ›Schlussakte von Helsinki‹ am 1. August 1975 in der Finlandia-Halle in Helsinki; von links Helmut Schmidt, Erich Honecker, Gerald R. Ford, Bruno Kreisky, Leo Tindemans

Im Bereich von Korb II stellt die Schlussakte Richtlinien für die Zusammenarbeit in den Bereichen Wirtschaft, Handel, Wiss., Technik und Umwelt auf, im Bereich von Korb III weist sie konkrete Verbesserungen bei der Familienzusammenführung, beim Zugang zu Informationsmaterialien, für den zwischenstaatl. Austausch von Kultur und Bildung sowie bei den Arbeitsbedingungen für Journalisten auf.

KSZE-Folgekonferenzen: Um die Beachtung und Anwendung der KSZE-Beschlüsse zu überprüfen und den Entspannungsprozess weiterzuentwickeln, vereinbarten die Teilnehmer der KSZE, sich in Abständen erneut zu treffen. Sowohl die **Belgrader Nachfolgekonferenz** (4. 10. 1977 bis 9. 3. 1978) als auch die **Madrider Nachfolgekonferenz** (11. 11. 1980 bis 6. 9. 1983) standen ganz im Zeichen eines sich erneut verschärfenden Ost-West-Konflikts (Kontroverse v. a. der NATO und des Warschauer Paktes um den Stand ihrer Rüstung, NATO-Doppelbeschluss von 1979, sowjet. Einmarsch in Afghanistan 1979). Nach der Ausrufung des Kriegsrechts in Polen (Dezember 1981) drohte die Madrider Konferenz zu scheitern. Trotz der stagnierenden Verhandlungen zw. den USA und der UdSSR über die beiderseitige Reduzierung ihres Mittel- und Langstreckenpotenzials (→INF, →START) bemühte sich diese Konferenz um die Fortsetzung des Entspannungsprozesses und berief für 1984 eine »Konferenz über vertrauens- und sicherheitsbildende Maßnahmen und Abrüstung in Europa (KVAE) in Stockholm ein. Auf dem **Wiener Folgetreffen** (4. 11. 1986 bis 15. 1. 1989) wurde u. a. das Mandat für Verhandlungen über konventionelle Streitkräfte in Europa (→VKSE) erteilt.

Unter den in Wien beschlossenen Konferenzen waren bes. bedeutsam eine **Konferenzenfolge über die menschliche Dimension** (Paris 30. 5. bis 23. 6. 1989, Kopenhagen 5. bis 29. 6. 1990 und Moskau 10. 9. bis 4. 10. 1991), in der die bis dahin getrennten Konferenzbereiche Menschenrechte (Korb I) sowie Freizügigkeit und soziokulturelle Kooperation (Korb III) zusammengeführt wurden und es zu Vereinbarungen über die Sicherung und den Ausbau der Menschenrechte und der Rechtsstaatlichkeit in allen KSZE-Staaten kam, sowie ferner eine **Konferenz über wirtschaftliche Zusammenarbeit** (Bonn 19. 3. bis 11. 4. 1990), deren Schlussdokument die völlig veränderte polit. Landschaft Europas widerspiegelt, was sich am deutlichsten in den Bekenntnissen aller Teilnehmerstaaten zum Mehrparteiensystem, zur Rechtsstaatlichkeit, zur wirtschaftl. Nutzung des Privateigentums und zur Marktwirtschaft zeigt. Diese Wende ermöglichte es, auf dem durch die Vereinigung der beiden dt. Staaten bedingten **Sondergipfel von Paris** (19. bis 21. 11. 1990) die ›Charta von Paris für ein neues Europa‹ zu verabschieden, in der die zu diesem Zeitpunkt 34 Mitgliedstaaten einander die ›Hand der Freundschaft‹ reichten und erste Schritte zur Institutionalisierung der KSZE beschlossen. So wurden folgende Institutionen geschaffen: der ›KSZE-Rat‹ der Außenminister, der sich mindestens einmal jährlich trifft, der ›Ausschuss Hoher Beamter‹ (AHB), der die Ratstreffen vorbereitet und seine Beschlüsse umsetzt, das ›Sekretariat der KSZE‹ in Prag, das der administrativen Unterstützung der Konsultationen dient, das ›Konfliktverhütungszentrum‹ (KVZ) in Wien, das den Rat beim Abbau der Gefahren von Konflikten unterstützt, und das ›Büro für freie Wahlen‹ in Warschau, das Kontakte und den Informationsaustausch im Zusammenhang mit Wahlen in den Teilnehmerstaaten fördert.

Das **Folgetreffen von Helsinki** (24. 3. bis 10. 7. 1992) verabschiedete das so genannte ›Helsinki-Dokument‹, in dem sich die KSZE als ›regionale Abmachung‹ gemäß UN-Charta versteht und das somit Grundlage der Zusammenarbeit zw. KSZE und den Vereinten Nationen ist. Außerdem wurden Instrumentarien zur Konfliktverhütung und Krisenbewältigung einschließlich der Möglichkeit friedenserhaltender Maßnahmen beschlossen sowie ein ›Forum für Sicherheitskooperation‹ (FSK) mit einem neuen Mandat für Rüstungskontrolle in Europa eingerichtet. Als neue Institution entstand das Amt eines ›Hohen Kommissars für nat. Minderheiten‹ (High Commissioner on National Minorities; HCNM), um auf diesem Gebiet ein frühzeitiges Einwirken der KSZE zu ermöglichen. Auf dem **Budapester Folgetreffen** (5. bis 6. 12. 1994) nannte sich die KSZE mit Wirkung vom 1. 1. 1995 in →Organisation für Sicherheit und Zusammenarbeit in Europa um; sie hat gegenwärtig (1997) 57 Voll-Mitgl. (die Mitgliedschaft der Bundesrepublik Jugoslawien ist seit 1992 suspendiert).

K. ü. S. u. Z. i. E., hg. v. H. VOLLE u. a. (1976); R. SEIDELMANN: Der KSZE-Prozeß (1989); B. VON STADEN: Der Helsinki-Prozeß (1990); M. ZIELINSKI: Die neutralen u. blockfreien Staaten u. ihre Rolle im KSZE-Prozeß (1990); Zw. Abgrenzung u. Verantwortungsgemeinschaft. Zur KSZE-Politik der beiden dt. Staaten (1990), hg. v. K. E. BIRNBAUM u. I. PETERS (1991); W. VON BREDOW: Der KSZE-Prozeß. Von der Zähmung zur Auflösung des Ost-West-Konflikts (1992); S. JABERG: KSZE 2001. Profil einer europ. Sicherheitsordnung. Bilanz u. Perspektiven ihrer institutionellen Entwicklung (1992); KSZE. Dokumente der Konferenz über Sicherheit in Europa, hg. v. U. FASTENRATH, Losebl. (1992ff.); V. MASTNY: The Helsinki process and the reintegration of Europe, 1986–1991. Analysis and documentation (New York 1992); BERTHOLD MEYER: Erst die Spitze eines Eisbergs. KSZE-Konfliktmanagement u. nat. Minderheiten (1992); N. ROPERS u. P. SCHLOTTER: Die KSZE. Multilaterales Konfliktmanagement im weltpolit. Umbruch. Zukunftsperspektiven u. neue Impulse für regionale Friedensstrategien (1992); A. ZAGORSKI: Die menschl. Dimension der KSZE, die Sowjetunion u. Rußland (1992); Aufbruch nach Gesamteuropa. Die KSZE nach der Wende im Osten, hg. v. M. STAACK (²1993); Europa auf dem Wege zur kollektiven Sicherheit? Konzeptionelle u. organisator. Entwicklungen der sicherheitspolit. Institutionen Europas, hg. v. B. VON PLATE (1994; dt. u. engl.).

Konferenz über vertrauens- und sicherheitsbildende Maßnahmen und Abrüstung in Europa, Abk. **KVAE,** Tagung aller Staaten der →Konferenz über Sicherheit und Zusammenarbeit in Europa vom 17. 1. 1984 bis zum 19. 9. 1986 in Stockholm. Nach kontroversen Diskussionen – v. a. zw. den Vertretern der NATO und des Warschauer Paktes – trat zum 1. 1. 1987 eine Schlussakte in Kraft, die folgende sicherheitspolit. Bestimmungen enthält: Jeder Unterzeichnerstaat hat das Recht, auf dem Gebiet jedes anderen Vertragsstaates Inspektionen am Boden und in der Luft vorzunehmen. Das Gebiet der UdSSR bis zum Ural wurde in die Inspektionszone einbezogen.

In einer Jahresübersicht müssen die Unterzeichnerstaaten der Schlussakte jeweils bis zum 15. 11. alle ankündigungspflichtigen militär. Aktivitäten sowie Manöver mit mindestens 300 Panzern oder 13 000 Soldaten sechs Wochen im Voraus bekannt machen; für die Luftlandetruppen und amphib. Einheiten liegt die Ankündigungsschwelle bei 3 000 Soldaten. Beobachter aus allen Vertragsstaaten sind zu Manövern einzuladen, wenn mindestens 17 000 Soldaten daran teilnehmen. Bei amphib. Aktivitäten und Luftlandeoperationen setzte die Konferenz die Ankündigungspflicht bei einer Teilnehmerzahl von 5 000 Soldaten fest. Großmanöver und umfangreiche Truppenbewegungen mit mehr als 75 000 Mann dürfen nur stattfinden, wenn sie zwei Jahre vorher angekündigt worden sind. Manöver mit mehr als 40 000 Mann müssen ein Jahr im Voraus bekannt gegeben werden.

Die →Verhandlungen über vertrauens- und sicherheitsbildende Maßnahmen und Abrüstung in Europa setzen die KVAE fort.

Konfession [lat. ›Geständnis‹, ›Bekenntnis‹, zu confiteri ›eingestehen‹, ›bekennen‹] *die, -/-en,* urspr. Bez. für den Bekenntnisakt eines Einzelnen oder einer religiösen Gemeinschaft (z. B. durch Taufe und Firmung); seit der Reformation Bez. für die Bekenntnisschriften der verschiedenen ev. Kirchen (z. B. die ›Confessio Augustana‹ von 1530); davon abgeleitet, v. a. seit dem 19. Jh., auch Bez. für die einzelnen christl. Kirchen (als christl. Gemeinschaften, die ganz bestimmten Traditionen und Bekenntnisschriften verbunden sind). – Die kath. Kirche gebraucht zwar den Begriff ebenfalls zur Abgrenzung ihrer Einrichtungen (z. B. K.-Schule), verwendet ihn jedoch kaum in ihrem amtl. Sprachgebrauch. Statt K. findet sich hier zur Beschreibung einer Sozialform der Ausdruck ›kirchl. Gemeinschaften‹, der individuelle Glaubensakt wird als ›professio‹ (Bekenntnis, Erklärung) bezeichnet. – Zum ökumen. Gespräch zw. den K. →ökumenische Bewegung, →Ökumenismus.

Konfessionalismus der, -, Bez. für die einseitige und ausschließl. Betonung einer bestimmten kirchl. Tradition, die sich damit in ihrer Eigenart von anderen christl. Traditionen (dem gesamtkirchl. Erbe) absondert. Sozialgeschichtlich führte der K. im Zusammenhang mit den kirchl. Regionalstrukturen (Mehrheitskonfession, Diasporasituation) zur Herausbildung ganz bestimmter **konfessioneller Milieus**, die die Kultur von Regionen und Landschaften über Jahrhunderte entscheidend geprägt haben und als überindividueller Ausdruck ihrer kultureller Identität angesehen werden. Diese kulturprägende Funktion ist in den heutigen Gesellschaften Westeuropas fast nur noch in ländl. Regionen erhalten.

Konfessionelles Zeitalter, Periodisierungsbegriff in der neueren Geschichtsschreibung für die Zeit der →Gegenreformation (1555–1648).

Konfessionskunde, wiss. Disziplin der ev. und kath. Theologie. In vergleichender Darstellung befasst sie sich nicht nur mit den Bekenntnisschriften, sondern auch mit dem gesamten Lebensbereich der einzelnen christl. Konfessionen, kirchl. Gruppen **(Kirchenkunde)** sowie mit den geschichtl. und theolog. Begründungen ihrer gegenwärtigen Ausprägungen. Eine Sonderstellung innerhalb der K. nimmt die wiss. Beschäftigung mit den so genannten Sekten ein **(Sektenkunde)**. – Die K. ist seit der Aufklärung als **Symbolik** entstanden, die die Aussagen der Glaubensbekenntnisse (›Symbole‹) – oft in kontroverstheolog. Gegenüberstellung – darstellt und beurteilte. Fragen der K. widmen sich in Dtl. das ev. →Konfessionskundliche Institut und das kath. Johann-Adam-Möhler-Institut für Ökumenik (→MÖHLER, J. A.).
K. ALGERMISSEN: K. (⁸1969); F. HEYER: K. (1977); E. FAHLBUSCH: Kirchenkunde der Gegenwart (1979).

Konfessionskundliches Institut, das 1947 gegründete wiss. Institut des →Evangelischen Bundes in Bensheim. Schwerpunktmäßig werden Leben und Lehre der christl. Kirchen in Gesch. und Gegenwart erforscht und für das interkonfessionelle Gespräch wie auch für die Information der Ökumene vor Ort ausgewertet. Die Arbeit ist von dem Ziel bestimmt, durch Verstehen der konfessionellen Gemeinsamkeiten und Unterschiede die Verständigung unter den getrennten Kirchen zu fördern. Das K. I. gibt die wiss. Zeitschrift ›Materialdienst‹ (seit 1950) heraus sowie die Buchreihen ›Bensheimer Hefte‹ und ›Kirche und Konfession‹.

Konfessionsschule, Bekenntnisschule, eine Schule, in der die Konfession nicht nur für den (obligator.) Religionsunterricht, sondern auch für andere Unterrichtsbereiche sowie das ihr zugrunde liegende Bildungs- und Erziehungskonzept eine maßgebl. Rolle spielt. K. sind heute meist Privatschulen. Trägerschaft, die i. d. R. von Schülern besucht werden, die der die Schule prägenden (kath. oder ev.) Konfession angehören. In Dtl. gibt es (1997) etwa 700 kath. und 200 ev. allgemein bildenden Schulen mit rd. 283 000 bzw. 60 000 Schülern (Schuljahr 1995/96); darunter 18 kath. und rd. 10 ev. Schulen in den neuen Ländern. Dachorganisationen der K. sind der ›Arbeitskreis Kath. Schulen in freier Trägerschaft in der Bundesrepublik Dtl.‹ (Sitz: Bonn) und die ›Arbeitsgemeinschaft Ev. Schulbünde e. V.‹ (Sitz: Siegen).
In *Österreich* bilden K. nur als Privatschulen bestehen. – In der *Schweiz* gibt es die Gemeinschaftsschule; in einzelnen Kantonen bestehen jedoch Ausnahmen.
In *Europa* gab es im Schuljahr 1995/96 über 30 000 kath. Schulen mit ca. 8 Mio. Schülern, seit den 1990er-Jahren auch in fast allen Ländern Mittel- und Osteuropas, außerdem rd. 2 000 ev. Schulen mit rd. 800 000 Schülern, darunter auch in den balt. Staaten, der Slowak. Rep., Polen und Ungarn.
M. SCHREINER: Im Spielraum der Freiheit. Ev. Schulen als Lernorte christl. Verantwortung (1996).

konfessionsverschiedene Ehe, →Mischehe.

Konfetti [ital., Pl. von confetto ›Bonbon‹ (nach den beim Karneval unter die Menge geworfenen Bonbons, die später durch Gipsklümpchen, dann durch bunte Papierschnitzel ersetzt wurden)] *das, -(s),* bunte Papierschnitzel; in der Schweiz **Räppli** genannt.

Konfidenzschätzung, [lat. confidentia ›Zuversicht‹, ›Vertrauen‹], **Bereichsschätzung, Intervallschätzung,** in der *Statistik* der Schluss von Stichprobeninformationen auf eine unbekannte Kenngröße der Grundgesamt mithilfe von **Konfidenzintervallen (Vertrauensintervallen).** Für normal verteilte Beobachtungen mit bekannter Varianz σ^2 liegt der unbekannte Erwartungswert μ mit Wahrscheinlichkeit $1 - \alpha$ in dem symmetrisch um das Stichprobenmittel

$$\bar{x} = \frac{1}{n} \sum_{i=1}^{n} x_i$$

(x_i Stichprobenwerte, n Anzahl der Stichprobenelemente) gebildeten Konfidenzintervall

$$\left[\bar{x} - k_\alpha \cdot \frac{\sigma}{\sqrt{n}} ; \bar{x} + k_\alpha \cdot \frac{\sigma}{\sqrt{n}} \right].$$

Man bezeichnet $1 - \alpha$ als **Konfidenzzahl.** Typ. Werte für $1 - \alpha$ sind 95%, 99% bzw. 99,9%; ihnen entsprechen k_α-Werte von 1,96, 2,58 bzw. 3,3. Dabei ist k_α das $(1 - \alpha/2)$-Quantil der standardisierten Normalverteilung.

Konfiguration [lat., zu configurare ›gleichförmig bilden‹] *die, -/-en,* **1)** *bildungssprachlich* für: bestimmte Art der Gestaltung.
2) *Chemie:* räuml. Anordnung von Atomen oder Atomgruppen in einem Molekül (→Stereochemie) mit Ausnahme der Anordnungen, die sich durch Drehung von Atomgruppen um Einfachbindungen ergeben. Moleküle, die sich bei gleicher Strukturformel (Konstitution) durch ihre K. unterscheiden, werden als K.-Isomere bezeichnet. Zur Umwandlung eines K.-Isomeren in ein anderes (Inversion) müssen Atombindungen getrennt werden. Die dafür erforderl. Energie liegt zw. 167 und 293 kJ/mol.
3) *Medizin:* krankheitstypisch veränderte äußere Form eines Organs, z. B. als →Aortenherz.

Konfirmation [lat. ›Befestigung‹, ›Bestärkung‹] *die, -/-en,* in den ev. Kirchen die feierl. Aufnahme junger Christen (meist im 12.–14. Lebensjahr) als Mitgl. der Gemeinde mit allen Rechten und Pflichten. Die K. setzt die Taufe und eine vorangegangene Unterweisung **(Konfirmandenunterricht)** voraus und erfolgt im Rahmen eines Gottesdienstes. Nach Glaubensbekenntnis und Gelöbnis der **Konfirmanden** wird unter Gebet und Handauflegung die ›Einsegnung‹, Zulassung zum Abendmahl und Erteilung kirchl. Rechte vorgenommen. Theologisch wird die K. als persönl. Bekenntnisakt beschrieben, mit dem sich der (i. d. R. als Säugling getaufte) Konfirmand zu seiner Taufe bekennt und seinen Willen erklärt, der Kirche als der

Gemeinschaft der an JESUS CHRISTUS Glaubenden angehören zu wollen. Die K. wurde im 16. Jh. anstelle des von den Reformatoren abgelehnten Sakraments der →Firmung eingeführt. Ihre volkskirchl. Bedeutung erlangte sie v. a. durch den Pietismus.

Konfirmandenunterricht u. K., hg. v. C. BÄUMLER u. a. (1982); Hb. für die Konfirmandenarbeit, hg. vom Comenius-Inst. u. a. (²1985); P. WEKEL: Theologie der K. (1988).

Konfiserie [frz.] *die, -/...'ri\en, schweizer.* für: 1) Konditorei; 2) Pralinen, feines Backwerk.

Konfiskation [lat.] *die, -/-en,* die entschädigungslose Einziehung des Eigentums Einzelner oder bestimmter Gruppen. Die K. ist meist politisch motiviert und stützt sich auf den Vorwurf staats- oder sozialschädl. Verhaltens der Betroffenen; sie erfolgt formell i. d. R. auf gesetzl. Grundlage (z. B. durch die Säkularisations- oder Revolutionsgesetze). Sie war lange Zeit als Nebenstrafe (bes. bei Hoch- und Landesverrat) zulässig. In Dtl. ist die K. mit Art. 14 GG (Eigentumsschutz) unvereinbar, kann aber bei Missbrauch des Eigentums zu verfassungsfeindl. Zwecken ausnahmsweise zulässig sein (Art. 18 GG). Auch das Völkerrecht verbietet K.; zulässig sind nur Enteignungen im öffentl. Interesse gegen prompte und effektive Entschädigung (Nationalisierung). →Einziehung, →Enteignung, →Sozialisierung.

konfiszieren [lat. confiscare ›in der Kasse aufheben‹], gerichtlich, von Staats wegen einziehen, beschlagnahmen.

Konfitüre [frz., von lat. conficere, →Konfekt] *die, -/-n,* nach der K.-VO vom 26. 10. 1982 als **K. extra** eine streichfähige Zubereitung aus Zucker und Pulpe einer oder mehrerer Fruchtarten (mit Ausnahme von Äpfeln, Birnen u. a.), als **K. einfach** aus Zucker und Pulpe oder Mark einer oder mehrerer Fruchtarten, jeweils unter Verwendung vorgeschriebener Mindestmengen.

Konflikt [lat. ›Zusammenstoß‹] *der, -(e)s/-e,* auf allen Ebenen des menschl. Zusammenlebens auftretender und dieses wesentlich bestimmender psychischer oder sozialer Tatbestand. Während die Alltagssprache den Begriff häufig negativ interpretiert und insbesondere für gewaltsame K.-Austragungsformen verwendet, definiert die Psychologie K. als das Aufeinandertreffen einander entgegengesetzter Verhaltenstendenzen (Motivationen, Triebe, Bedürfnisse). Demgegenüber hat sich die sozialwiss. K.-Forschung um ein umfassendes K.-Verständnis bemüht, ohne jedoch zu einer einheitl. Definition gelangt zu sein. Eine Situation kann dann als K. bezeichnet werden, wenn 1) von einer Person oder von zwei oder mehreren Parteien (Individuen, Gruppen, größere innergesellschaftl. soziale Einheiten, Staaten, internat. Organisationen u. a.) unterschiedliche, vom Ausgangspunkt her unvereinbare Ziele verfolgt werden oder 2) zwei oder mehrere Parteien dasselbe Ziel anstreben, das aber nur eine von ihnen erreichen kann, und/oder 3) die zur Erreichung eines bestimmten Zieles einzusetzenden Mittel unterschiedlich und vom Ausgangspunkt her miteinander unvereinbar sind. Dabei müssen die unvereinbaren bzw. als unvereinbar angesehenen Tendenzen oder Interessen den Handelnden zumindest bewusst sein und für sie handlungsbestimmend werden. Während W. LINK fordert, dass sie überdies ›eine krit. Spannung im Beziehungszusammenhang bilden‹ müssen, um von einem manifesten K. und nicht nur von einem Wettbewerb oder einer Konkurrenzsituation zu sprechen, gelten auch derartige soziale Tatbestände für Autoren wie R. G. DAHRENDORF, E.-O. CZEMPIEL oder ULRIKE WASMUHT als Konflikte. Bei der Austragungsform zwischenmenschl. K. lassen sich nach A. RAPOPORT auf sämtl. Ebenen Kämpfe, Spiele und Debatten unterscheiden. Bei Kämpfen will mindestens eine Partei eine andere mit Gewalt verletzen, zerstören, unterdrücken oder vertreiben. Der Übergang zw. Kämpfen und Spielen ist fließend. Bei Spielen ist zw. Positiv-Summen-Spielen, bei denen es Gewinne für alle Beteiligten geben kann, Null-Summen-Spielen, bei denen der Gewinn der einen Seite dem Verlust der anderen entspricht, und Negativ-Summen-Spielen, bei denen alle Beteiligten verlieren, zu unterscheiden. Bei vielen Spielen kooperieren die Parteien zwar, indem sie Regeln folgen, aber jede will gewinnen oder wenigstens nicht verlieren. Bei Debatten begegnen sich die Parteien mit Argumenten, um einander zu überzeugen.

Über die Entstehung von K. bestehen versch. Theorien: Die biologisch orientierte Verhaltensforschung (z. B. K. LORENZ) geht von der Annahme nichtvariabler biolog. Grundtriebe beim Menschen aus, postuliert ein allgemeines Potenzial von Aggression und erhebt den K. damit zu einem natürl. sozialen Tatbestand. Sozialpsycholog. Ansätze führen die K. zurück auf das Spannungsverhältnis zw. den psych. Antrieben und Motivationen der Menschen einerseits und den Normenansprüchen gesellschaftl. Ordnungen andererseits. DAHRENDORF sieht die Gesellschaft nicht durch Konsens, sondern durch Zwang zusammengehalten und schließt hieraus, dass K. als allgemeines Strukturmerkmal zwischenmenschlicher Beziehungen konstitutiv für jeden gesellschaftl. Wandel sind. Da insbesondere auf der internat. Ebene die Positionsdifferenzen bestehen bleiben, sind die meisten K. nicht lösbar, vielmehr kommt es darauf an, sie so auszutragen, dass dabei möglichst wenig Gewalt angewendet und den Beteiligten oder Dritten kein Schaden zugefügt wird. Damit rückt die →Konfliktregelung in den Mittelpunkt des Interesses.

Konfliktkommissionen, →gesellschaftliche Gerichte.

Konfliktregelung, der Prozess des Austragens, der Bearbeitung und der Lösung eines →Konflikts. Als Prozess zielt K. darauf ab, die einem Konflikt zugrunde liegende Differenz zweier oder mehrerer Positionen – sei es im Menschen selbst oder zw. Individuen, gesellschaftl. Gruppen oder Staaten – zu verringern oder zu beseitigen oder die Austragungsform eines Konflikts so zu verändern, dass Gewalt minimiert und Schaden begrenzt wird.

Koordination der Handlungsoptionen

Konflikte können entweder durch die Konfliktparteien selbst oder durch Hinzuziehung oder Intervention durch Dritte bewältigt oder geregelt werden. Die Rechtsethnologie unterscheidet unter diesem Aspekt dyad. (›Zwingen‹ und ›Verhandeln‹) und triad. (›Vermitteln‹, ›Schlichten‹ und ›Richten‹) Methoden der K. Während W. VON DER OHE die dyad. Methode wirtschaftlich unabhängigen Gemeinschaften und die triadische wirtschaftlich vernetzten, mit Herrschaftsformen ausgestatteten Gesellschaften zuordnet, liegt bei ULRIKE WASMUHT die dyad. Form eher in totalitären und die triadische eher in demokrat. Systemen.

Welche Strategien und Methoden bei der K. angewandt werden, hängt von der Ebene menschl. Zusammenlebens, auf der der Konflikt ausgetragen wird, wie auch davon ab, ob die Akteure Individuen, Gruppen oder noch größere soziale Einheiten sind. Schließlich kommt es auch darauf an, in welchem Stadium sich ein Konflikt befindet und wie er gelöst werden soll. Hierbei ist nach F. GLASL zw. präventiven und kurativen Maßnahmen zu unterscheiden. Letztere sind auf internat. Ebene nach B. BOUTROS GHALI nochmals in die Aufgabenbereiche Friedensschaffung, -sicherung und -konsolidierung spezifiziert.

Schlüsselbegriff (margin)

Hinsichtlich der Handlungsoptionen der Akteure (Konfliktparteien wie auch Drittparteien) ist zu unterscheiden zw. assoziativen Strategien, bei denen die Parteien sich von ihren unterschiedl. Positionen aus aufeinander zubewegen oder von dritter Seite in diese Richtung bewegt werden, und dissoziativen Strategien, bei denen sie sich trennen oder getrennt werden. Überlagert wird dies durch die Interessenlagen der Konfliktparteien und von eventuell einbezogenen Dritten. Eine Strategie kann so auf die Bewahrung einer Beziehungsstruktur oder auf deren Veränderung ausgerichtet sein.

Individuelle Konfliktregelung

Die individuelle K. ist Gegenstand psycholog. Forschung. Auch hier spielen unterschiedl. Modellvorstellungen eine Rolle. Ihre Aussagen über psych. Prozesse ergänzen einander jedoch teilweise.

1) Die feldtheoret. Konflikttheorie, die auf K. Lewin zurückgeht, nimmt an, dass Menschen in ihrer Alltagswelt in einem ›Kräftefeld‹ konkurrierender Wünsche, Ziele und Ansprüche stehen. Diese bilden spezif. Konfliktfelder, ihre jeweilige Konstellation erfordert unterschiedl. Reaktionen. Lewin und seine Schüler unterscheiden die Konstellationen unter den Aspekten Annäherung und Vermeidung, die sich jedoch mit der Polarität von Assoziation und Dissoziation vergleichen lassen:
a) Annäherungs-Annäherungs-Konflikte: Bei der Wahl zw. zwei positiv angesehenen Alternativen erfolgt die K. i. d. R. dadurch, dass die subjektiven Argumente für eine Alternative überwiegen. b) Vermeidungs-Vermeidungs-Konflikte: Bei der Wahl zw. zwei Zwangslagen wird zunächst versucht, beiden aus dem Wege zu gehen, also das ›Feld‹ zu verlassen. Gelingt dies nicht, so hängt die K. von der subjektiven Einschätzung der psych. und phys. Folgen ab, die vom Eintritt jeder Alternative erwartet werden. Konflikte dieser Art lassen den Betroffenen oft lange schwanken, bevor eine Entscheidung getroffen wird. c) Annäherungs-Vermeidungs-Konflikte: Sie ergeben sich, wenn mit der Konfliktlösung sowohl Vorzüge als auch Nachteile verbunden sind. Konflikte dieser Art erzeugen den höchsten Grad von Entscheidungsunsicherheit.

2) Nach der von L. Festinger entwickelten Theorie der →kognitiven Dissonanz entstehen Konflikte, sobald Menschen einen Widerspruch zw. ihrem Wissen und ihrem Handeln empfinden. Kommt es dabei zu einem Spannungsverhältnis, so mobilisiert das Individuum Energien und Strategien, um diesen Konflikt auszugleichen. Dabei ist die Richtung der K. offen.

3) Die Psychoanalyse S. Freuds ist in ihrem theoret. Kern eine Konfliktpsychologie. Freud führt die Universalität psych. Konflikte darauf zurück, dass die vom Lustprinzip bestimmten Bedürfnisse und Triebe auf eine unmittelbare Befriedigung drängen, während die äußere Realität Triebverzicht oder sozial vorgeschriebene Formen der Triebbefriedigung verlangt. Um die eigenen Wünsche und Bedürfnisse mit den Angeboten und Verboten der Umwelt zu einem Ausgleich zu bringen, sind permanent Konflikte zu bewältigen. Im Falle einer gelungenen K. lernt das Ich, zw. den inneren und äußeren Ansprüchen zu vermitteln. Im ›inneren Konflikt‹ zw. kontrollierendem Überich und triebhaftem Es handelt das Ich Kompromisse wie Triebaufschub oder Frustrationstoleranz aus oder es greift handelnd in die äußere Realität ein, um sich neue Möglichkeiten der Bedürfnisbefriedigung zu verschaffen. Ist das Ich dazu nicht in der Lage, kommt es zu ›neurot. Konflikten‹ und zur K. durch Abwehrmechanismen wie Verdrängung, Verschiebung oder Projektion, die zu einer völligen Verzerrung der Realitätswahrnehmung führen können.

4) Ein neues, integratives Modell der Bewältigung (›Coping‹) von mit Konflikten verbundenen Belastungen unterscheidet zw. bewertungs-, problem- und emotionsorientiertem Coping. Beim bewertungsorientierten Coping versucht ein Individuum in einer als bedrohlich wahrgenommenen Lage sich an vergleichbare Situationen zu erinnern, um daraus Bedeutungsmuster zu erkennen, die ihm helfen abzuwägen, was zur K. unternommen werden kann oder sollte. Beim problemorientierten Coping wird versucht, die Konfliktursache zu verändern oder zu beseitigen und sich mit den Folgen einer Konfliktlage auseinander zu setzen. Emotionsorientiertes Coping zielt darauf ab, die durch einen Konflikt hervorgerufenen Emotionen zu beherrschen. In welchem Maße eine Person über positive Copingressourcen für eine positive K. verfügt, hängt von ihrer Lebensgeschichte und dem sozialen Umfeld ab. Menschen mit vielfältigen sozialen Kontakten sind eher in der Lage, Konflikte zu bearbeiten als solche, die sozial weniger integriert sind. Die aktuelle K. einer Person hängt schließlich von den Erfahrungen beim Umgang mit Konflikten ab. Sind diese positiv, entsteht häufig ein ›Bewältigungsoptimismus‹, der in Konflikten eine Chance zur persönl. Weiterentwicklung sieht. Negative Erfahrungen können hingegen eine ›Demoralisierung‹ oder ›gelernte Hilflosigkeit‹ nach sich ziehen.

Zwischenmenschliche Kommunikation und Konfliktregelung

Jedes zwischenmenschliche Verhalten ist nach P. Watzlawick eine Handlung innerhalb eines Kommunikationsprozesses. Daraus folgt, dass sämtl. Konflikte durch Kommunikation entstehen und auch nur durch Kommunikation bewältigt werden. Kommunikationsstörungen können zur Verschärfung von Konflikten führen. Deshalb ist die Konfliktanalyse und intervenierende K. auch bes. auf die Erforschung von Kommunikationsstörungen ausgerichtet.

Konflikte werden grundsätzlich auf zwei Ebenen ausgetragen: Auf der inhaltl. Ebene geht es den Parteien um die Klärung und/oder Veränderung ihrer Positionsdifferenz über einen bestimmten Gegenstand, auf der Beziehungsebene ist das Verhältnis zw. den Konfliktparteien selbst Gegenstand des Konfliktes. Differenzen auf der inhaltl. Ebene lassen sich v. a. dann überwinden oder ausgleichen, wenn aufgrund rationaler Überlegungen oder vor dem Hintergrund positiver emotionaler Beziehungen eine Bereitschaft zur Überwindung oder zum Ausgleich vorhanden ist und/oder Regeln bestehen oder vereinbart werden können, nach denen ein Ausgleich vorzunehmen ist. Hinzu kommen muss dann jedoch noch eine der folgenden Bedingungen:
1) Der Gegenstand des Konflikts muss teilbar sein und in geteiltem Zustand beiden Konfliktparteien einen gleichen oder ähnl. Nutzen bringen (zumindest darf die Teilung nicht von einer Seite als erhebl. Nachteil bewertet werden) oder
2) der Gegenstand des einen kann mit etwas getauscht werden, das der andere dafür haben will (Realtausch, Ware gegen Geld o. Ä.), oder
3) der Verzicht der einen Konfliktpartei kann mit der Aussicht auf einen anderen Vorteil durch die andere oder die dritte Partei ausgeglichen werden oder eine Partei kann dadurch, dass sie von einer Position abrückt, einen absehbaren erhebl. Schaden durch die andere Konfliktpartei oder die dritte Partei vermeiden. Aus den letzten beiden Bedingungen folgt für die Rolle der eventuell intervenierenden

dritten Partei, dass es weniger auf ihre Neutralität als auf ihre Fähigkeit ankommt, den Konfliktparteien Vorteile zu verschaffen oder Schaden anzudrohen.

Differenzen auf der Beziehungsebene sind demgegenüber am ehesten dann zu entspannen oder zu überwinden, wenn zumindest eine Partei bereit ist, das Verhältnis zur anderen zu überprüfen und ggf. das eigene Verhalten zu ändern. Dies ist jedoch insbesondere dann schwierig, wenn die Beziehungsstörung aufgrund längerer Erfahrungen des Umgangs miteinander bzw. unterschiedl. Interpretationen gemeinsam erlebter Geschichte aufgebaut wurde und eventuell sogar als Teil der eigenen Identität erlebt wird. Erleichtert wird die K. auf dieser Ebene dadurch, dass a) die Parteien für ihre Auseinandersetzung Regeln akzeptieren, die einer unkontrollierten Eskalation entgegenwirken, oder b) eine als schwerwiegend erlebte Gefährdung durch einen Dritten die Parteien dazu veranlasst, wenigstens vorübergehend ihre Differenz beizulegen und eine Koalition gegen diesen zu bilden, oder c) es zu einer länger andauernden räuml. Trennung der Konfliktparteien kommt, durch die vermieden wird, an der bloßen Gegenwart der anderen Anstoß zu nehmen.

Aus den Bedingungen für eine Erfolg versprechende K. wird deutlich: 1) Auf beiden Ebenen ist die Bereitschaft zumindest einer Partei, die eigene Position zu relativieren, eine wichtige Voraussetzung zur K. Sie ist in der Realität eher bei inhaltl. Differenzen gegeben, für die ein Kosten-Nutzen-Kalkül eine rationale Entscheidung erleichtert, ob die Verwirklichung eines umstrittenen Ziels den Aufwand lohnt, den die Überwindung des Widerstandes der anderen Konfliktpartei erfordert, und welche Handlungsoption ggf. die günstigste Relation im Verhältnis von Aufwand und Nutzen bringt. 2) Das Vorhandensein und die Akzeptanz von Verhaltensregeln erleichtern auf beiden Ebenen den Umgang mit der Differenz. 3) Der Faktor Zeit spielt bei Beziehungskonflikten häufig eine andere Rolle als bei inhaltlichen. Da inhaltl. Konflikte häufig von Beziehungskonflikten überlagert oder mit ihnen verknüpft sind, ist ihre Lösung durch die Parteien selbst oder Dritte besonders schwierig. Daher ist es für Bemühungen um K. wichtig, stets beide Ebenen im Blickfeld zu haben, denn bei jedem Kommunikationsakt werden nicht nur Inhalte, sondern auch – bewusst oder unbewusst – Aussagen über die Beziehungen zw. den Teilnehmern übermittelt. Ob der Empfänger einer Mitteilung deren vollen Inhalt so versteht, wie er vom Sender gemeint ist, hängt somit nicht nur davon ab, dass es auf der Inhaltsebene keinen Informationsverlust gibt, sondern auch davon, wie der Empfänger den Sender auf der Beziehungsebene wahrnimmt. Für die K. ist es daher gleichermaßen wichtig zu erkennen, wie die Inhalte des Verhaltens der Parteien und die auf der Beziehungsebene dahinter liegenden Kommunikations- und Konfliktstrategien miteinander verwoben sind. Spannungen auf der Beziehungsebene sind häufig für den Konfliktverlauf und die K. wichtiger als die inhaltl. Differenzen. Sie lassen sich oftmals nicht durch Mittel, die auf der Inhaltsebene plausibel erscheinen (rationaler Diskurs, Kompromissfindung, Interessenausgleich), beheben, sondern nur durch eine Umstrukturierung der Beziehungen, ggf. sogar durch deren Auflösung (z. B. Ehescheidung, Kündigung eines Arbeitsverhältnisses). Ihr Konfliktanteil muss deshalb bei der Analyse und Bearbeitung (die etwa bei Eltern-Kind- oder Partnerkonflikten auch eine Therapie sein kann) berücksichtigt werden. Bemühungen um eine K. in Gruppen (etwa zw. Arbeitskollegen oder im Verhältnis Vorgesetzter und Untergebener) machen es häufig notwendig, einen außen stehenden Beobachter (Supervisor) und Berater (Moderator, Mediator) hinzuzuziehen, um Beziehungs- und Inhaltsanteile eines Konfliktes aufzuschlüsseln.

Rollenkonflikte

Im Spannungsfeld von individueller und gesellschaftl. K. liegen die Rollenkonflikte. Hierbei unterscheidet man zw. Intra- und Interrollenkonflikten, je nachdem, ob der Konflikt innerhalb einer bestimmten Rolle, die eine Person in ihrem gesellschaftl. Umfeld zu spielen hat (etwa der des Abteilungsleiters zw. den Erwartungen seiner Arbeitskollegen und den Ansprüchen der Firmenleitung), angelegt ist oder zw. den Erwartungen an versch. Rollen, die eine Person in Bezug auf die unterschiedl. Segmente ihres Umfeldes zu erfüllen hat (z. B. Familienrolle versus Berufsrolle). Eine K. kann in beiden Fällen sowohl auf der Ebene des Rolleninhabers als auch auf der Ebene seines gesellschaftl. Umfeldes angestrebt werden. Individuelle K. kann in der Entscheidung für eine der Rollen oder in der Akzeptanz der Spannungen zw. den unterschiedl. Erwartungen (›Ambiguitätstoleranz‹) oder in der Rollendistanz als Rücknahme des Engagements bestehen. Kollektive K. erfordert ein gesellschaftl. Bewusstsein dafür, dass bestimmte Rollenmuster und damit verbundene Konflikte in der Sozialstruktur begründet sind. Dies kann auf die Tolerierung des Verhaltens der Betroffenen durch ihre Umwelt oder durch die Beseitigung der strukturellen Bedingungen dieser Konfliktlagen (etwa durch Änderung der Rollenbeschreibung) zielen.

Konflikte zwischen Gruppen

Konflikte zw. größeren sozialen Gruppen gleichen in einigen Aspekten denen zw. Individuen insofern, als Gruppen, gesellschaftl. Organisationen, Staaten usw. ebenfalls aus Individuen bestehen. Dennoch haben sie Charakteristika, mit denen sie sich von den individuellen Konflikten unterscheiden, obwohl auch hier Kommunikationsprobleme auf der Inhalts- und Beziehungsebene von Bedeutung sind, ebenso Rollenkonflikte und deren Ritualisierung, z. B. innerhalb eines Parlaments zw. Reg. und Opposition. Zu den besonderen Merkmalen von Konflikten zw. Gruppen gehört deren positive Funktion im Sinne der Gruppendynamik: Sie stärken und sichern den inneren Zusammenhalt und die Herausbildung eines ›Wirgefühls‹, indem die Differenzen zu anderen Gruppen betont werden. Dies muss nicht zu einer Abwertung oder Feindschaft führen, kann diese aber zur Folge haben, v. a., wenn beide Gruppen in einer Konkurrenzsituation stehen und der Gewinn der einen nur durch den Verlust der anderen zu erzielen ist.

Bearbeitung gesellschaftlicher Konflikte

Strategien zur gesellschaftl. K. hängen weitgehend von den ihnen zugrunde liegenden sozialphilosoph. Gesellschaftsbildern ab. Die Rechtfertigung des autoritären Staates als Instanz zur K. geht auf T. Hobbes zurück. Für ihn galt der ›Krieg aller gegen alle‹ als Naturzustand, der nur dadurch zu vermeiden war, dass der Staat befugt wurde, unbeschränkte Gewalt über die Bürger auszuüben. Demgegenüber sieht N. Elias in der Herausbildung des staatl. Gewaltmonopols einen wesentl. Beitrag zum ›Prozess der Zivilisation‹. Dieses Monopol, verkörpert im Polizei nach innen und im Militär nach außen, trug ebenso wie die Entwicklung der Rechtsstaatlichkeit mit der Willkür eingrenzenden Gewaltenteilung in Gesetzgebung, Gesetzesvollzug und Rechtsprechung entscheidend dazu bei, die Gewaltanwendung bei der Austragung innergesellschaftl. Konflikte einzuschränken.

Vollkommen anders ist der Ansatz von K. MARX. Im Zentrum seiner Theorie stehen sich ständig verschärfende Verteilungskämpfe und der zum Klassenkampf gesteigerte Gegensatz zw. den besitzenden und herrschenden Klassen einerseits und den besitzlosen und unterdrückten Klassen andererseits. Für ihn besteht die K. in der Enteignung der Enteigner, die mit dialekt. Notwendigkeit erfolgt und eine klassenlose Gesellschaft entstehen lässt.

Die moderne sozialwiss. Konflikttheorie (v. a. R. G. DAHRENDORF) stellt die positiven Wirkungen von Konflikten heraus. Zwang und Herrschaft kennzeichnen danach jedes gesellschaftl. Zusammenleben. Sie mögen zwar Konflikte bewältigen, begründen aber stets auch neue. Konflikten und ihrem Austrag kommt daher die positive Funktion zu, zur Anpassung oder Erneuerung von Normen und Regeln beizutragen und somit sozialen Wandel fördern. Es kommt darauf an, Konflikte produktiv zu nützen und die Gesellschaft konfliktfähig zu machen. Eine solche Konfliktkultur ist somit ein Maßstab für die Modernisierungsfähigkeit eines sozialen Systems. Offene und mobile Gesellschaften sind auf Wandel angelegt und daher Herausforderungen eher gewachsen als starre Gesellschaftsstrukturen. Diese neigen zur ›Konfliktverwaltung‹ (U. WASMUHT), mit deren Hilfe ein Konflikt an der Oberfläche befriedet wird, ohne dass er von seinen Ursachen her gelöst wird. Es kann auch versucht werden, notwendigen Wandel dadurch zu umgehen, dass Konflikte nach außen verlagert und Feindbilder aufgebaut werden, um innergesellschaftl. Konfliktparteien in einem ›Wirgefühl‹ zu vereinen.

Transformation internationaler Konflikte

Internat. Konflikte unterscheiden sich von zwischenmenschl. und innergesellschaftl. v. a. darin, dass keine übergeordnete Instanz über ein Sanktionspotenzial verfügt, um auf die Parteien dämpfend oder ihren Streit regulierend einzuwirken. Vielmehr befinden sich die Staaten in einer ›anarch. Machtordnung‹, in der sie ihre Interessen zu wahren oder durchzusetzen versuchen. Dabei lässt sich eine defensive Haltung, der es um Selbstbehauptung oder ›Nichtanpassung‹ (E.-O. CZEMPIEL) gegenüber den Ansprüchen anderer internat. Akteure geht, von einer offensiven unterscheiden, die auf Ausweitung des territorialen Besitzes, des Herrschafts- oder des Einflussbereiches angelegt ist. Dabei wird häufig Gewalt eingesetzt. Es ist immer wieder versucht worden, die Gewalt in den internat. Beziehungen zu verringern oder zu beseitigen. Bedeutsam sind in diesem Zusammenhang das →Völkerrecht und das →Kriegsrecht.

Darüber hinaus gab und gibt es Bemühungen, analog zur innerstaatlichen eine supranat. Ordnung zu schaffen, z. B. in Form des Völkerbundes oder der Vereinten Nationen. Doch beide waren oder sind nicht in der Lage, sich über den Willen von Einzelstaaten hinwegzusetzen. Insbesondere mächtige Staaten streben jedoch immer wieder danach, sich zum Schiedsrichter einer regionalen oder sogar globalen Friedensordnung zu erheben. Dies gelang bisher aber nur für eine gewisse Zeit, weil hierdurch meist Konfliktpotenziale nur unterdrückt wurden, die sich aufstauten und in einem bestimmten Augenblick zum Ausbruch kamen, so etwa beim Zusammenbruch der Sowjetunion nach dem Ende des Ost-West-Konflikts.

Da es nicht möglich ist, die Konflikthaftigkeit der internat. Beziehungen zu überwinden, kann es um des Weltfriedens willen nur darum gehen, Konflikte auf friedl. Wege auszutragen. Eine Form stellt dabei u. a. die – dem assoziativen Ansatz folgende – europ. Integration dar, in deren Rahmen eine stetig zunehmende Zahl wechselseitiger Abhängigkeiten zw. den Mitgl. entwickelt wurde, die allen daran Beteiligten deutlich macht, dass jeder Versuch, dem anderen zu schaden, zu einer noch größeren Selbstschädigung führen würde und dass durch Verhandlungen und kooperative Strategien für jeden Gewinne herauskommen können.

In den 70er- und 80er-Jahren wurde mit anderen Mitteln versucht, den Ost-West-Konflikt zu transformieren. Hierbei ging es darum, den Weg von der wechselseitigen nuklearstrateg. Gewaltandrohung (Abschreckung) zur ›antagonist. Kooperation‹ zu finden. Hierzu wurde auf versch. Ebenen (bilateral zw. den Supermächten, multilateral z. B. im KSZE-Prozess) ein Netzwerk von Vereinbarungen geschaffen. Diese reichten von der Einigung über die Vermeidung von militär. Zwischenfällen oder über begrenzte Abrüstungsmaßnahmen wie den INF-Vertrag bis zu Maßnahmen der militär. Vertrauensbildung, durch die die Gefahr von Überrraschungsangriffen vermindert und damit der militär. Anteil an diesem mehrdimensionalen Konflikt entschärft werden konnte.

Mochten innerwestlich und im Ost-West-Bezug Ansätze der Politikverflechtung der Konflikttransformation dienen, so muss dies nicht auch für die Nord-Süd-Dimension gelten. Dort können dissoziative Strategien sinnvoller sein, die die Einmischung der Industrieländer reduzieren und die Selbstentfaltung der Entwicklungsländer, die sich jedoch häufig an den Werten des Nordens orientieren, zur Geltung kommen lassen.

R. DAHRENDORF: Soziale Klassen u. Klassenkonflikt in der industriellen Gesellschaft (1957); DERS.: Pfade aus Utopia. Arbeiten zur Theorie u. Methode der Soziologie (⁴1986); DERS.: Der moderne soziale Konflikt (Neuausg. 1994); K. W. DEUTSCH: Die Analyse internat. Beziehungen. Konzeption u. Probleme der Friedensforschung (1971); U. GERHARDT: Rollenanalyse als krit. Soziologie. Ein konzeptueller Rahmen zur empir. u. methodolog. Begründung einer Theorie der Vergesellschaftung (1971); L. A. COSER: Theorie sozialer Konflikte (a. d. Amerikan., 1972); H. J. KRYSMANSKI: Soziologie des Konflikts. Materialien u. Modelle (14.–18. Tsd. 1972); W. L. BÜHL: Theorien sozialer Konflikte (1976); M. DEUTSCH: K. Konstruktive u. destruktive Prozesse (a. d. Engl., 1976); A. RAPOPORT: Kämpfe, Spiele u. Debatten. 3 Konfliktmodelle (a. d. Amerikan., 1976); L. FESTINGER: Theorie der kognitiven Dissonanz (a. d. Engl., Bern 1978); W. MERTENS: Erziehung zur Konfliktfähigkeit (²1978); E.-O. CZEMPIEL: Internat. Politik. Ein Konfliktmodell (1981); DERS.: Nachrüstung, Rüstungswandel. Ein Beitr. zur Diskussion um den Doppelbeschluß der NATO (1981); G. NUSKO: Coping. Bewältigungsstrategien des Ich im Zusammenhangsgefüge von Kontext-, Person- u. Situationsmerkmalen (1986); J. THOMPSON: Nukleare Bedrohung. Psycholog. Dimensionen atomarer Katastrophen (a. d. Amerikan., 1986); R. ROSECRANCE: Der neue Handelsstaat. Herausforderungen für Politik u. Wirtschaft (a. d. Amerikan., 1987); Soziale Netzwerke, hg. v. H. KEUPP u. a. (1987); Verunsicherungen. Das Subjekt im gesellschaftl. Wandel, hg. v. DEMS. u. a. (1989); W. LINK: Der Ost-West-Konflikt. Die Organisation der internat. Beziehungen im 20. Jh. (²1988); DERS.: Überlegungen zu einer strukturellen Konflikttheorie, in: Frieden u. Konflikt in den internat. Beziehungen, hg. v. G. KRELL u. HARALD MÜLLER (1994); W. VON DER OHE: Konflikt, in: Frieden. Ein Hwb., hg. v. E. LIPPERT u. a. (1988); L. BROCK: Konflikte u. K. im internat. System (1989); DERS.: Gewalt in den internat. Beziehungen. Eine Welt oder Chaos?, in: BERTHOLD MEYER (1996); M. ARGYLE u. M. HENDERSON: Die Anatomie menschl. Beziehungen (a. d. Amerikan., Neuausg. 1990); P. BILLING: Eskalation u. Deeskalation internat. Konflikte. Ein Konfliktmodell auf der Grundlage der empir. Auswertung von 288 internat. Konflikten seit 1945 (1992); Die Agenda für den Frieden. Analysen u. Empfeh-

Konf Konfliktzeit – konforme Abbildung

lungen des UN-Generalsekretärs. Forderungen an die dt. Politik, bearb. v. B. BORTFELDT (1992); Konfliktverwaltung, ein Zerrbild unserer Demokratie?, hg. v. U. C. WASMUHT (1992); F. GLASL: Konfliktmanagement. Ein Hb. zur Diagnose u. Behandlung von Konflikten für Organisationen u. ihre Berater (^{4}1994); N. ELIAS: Über den Prozeß der Zivilisation, Bd. 2 (^{19}1995); Friedl. Konfliktbearbeitung in der Staaten- u. Gesellschaftswelt, hg. v. N. ROPERS u. T. DEBIEL (1995); Vom Krieg zum Frieden. Kriegsbeendigung u. Friedenskonsolidierung, hg. v. V. MATTHIES (1995); A. MITSCHERLICH: Studien zur psychosomat. Medizin, Bd. 1: Krankheit als Konflikt (^{14}1995); Frieden durch Zivilisierung? Probleme – Ansätze – Perspektiven, bearb. v. W. R. VOGT (1996); D. SENGHAAS: Wohin driftet die Welt? Über die Zukunft friedl. Koexistenz (^{2}1996); Frieden machen, hg. v. DEMS. (1997); P. WATZLAWICK u. a.: Menschl. Kommunikation. Formen, Störungen, Paradoxien (^{9}1996).

Konfliktzeit, Bez. für die Zeit des →Verfassungskonflikts in Preußen (1861–66).

Konfluenz [lat. ›das Zusammenfließen‹] *die, -/-en, Geomorphologie:* Zusammenfluss, bes. bei Gletschern; Ggs.: Diffluenz. – **K.-Stufe,** eine Talstufe oder ein steilerer Abschnitt des Talbodens, der durch verstärkte Glazialerosion infolge Vereinigung zweier Eisströme entstanden ist.

Konformation: Atropisomerie bei o-substituierten Biphenylen

Konföderation [spätlat. ›Bündnis‹] *die, -/-en,* **1)** *Geschichte:* in Polen Bez. für Zusammenschlüsse des Adels zur Durchsetzung bestimmter Ziele. Die **K. von Warschau** (1573) sicherte die Religionsfreiheit, die **K. von Bar** (1768) verfolgte nationale, antiruss. Ziele, die **K. von Targowica** (1792) wandte sich gegen die Verf. vom 3. 5. 1791. Häufig gegen den König gerichtet, trugen die K. viel zur Auflösung des altpoln. Staates bei.
2) *Völkerrecht:* eine auf Dauer angelegte völkerrechtl. Verbindung zweier oder mehrerer Staaten mit gemeinsamen Organen und Institutionen, verfolgt meistens auf außen-, verteidigungs- und wirtschaftl. Gebiet eine gemeinsame Politik und wird auch als Staatenbund bezeichnet (→Bundesstaat).
1815 wurde die Schweiz als ›Confoederatio Helvetica‹ (›Helvet. Bund‹) verfasst; sie behielt diesen Namen bei, auch nachdem sie 1848 in einen Bundesstaat umgewandelt worden war. 1861–65 lösten sich die 11 Südstaaten der USA unter dem Namen →Konföderierte Staaten von Amerika aus dem Staatsverbund der USA. Ab Mitte 1957 bis 1967 schlug die DDR (mehrfach modifiziert) im Einvernehmen mit der UdSSR der BRD eine K. der beiden dt. Staaten vor. Nach einem Zehn-Punkte-Plan des Bundeskanzlers H. KOHL vom 28. 11. 1989 sollten ›konföderative Strukturen‹ zw. den beiden dt. Staaten eine Etappe auf dem Weg zur staatl. Einheit Dtl.s bilden.

Konföderation Evangelischer Kirchen in Niedersachsen, ein 1971 von den Ev.-luther. Landeskirchen Hannover, Braunschweig, Oldenburg, Schaumburg-Lippe und der Ev.-ref. Kirche gegründeter Verband, der die kirchl. Aufgaben koordiniert, gemeinsame Ordnungen und Einrichtungen in Niedersachsen unterhält und gemeinsame Anliegen gegenüber dem Land Niedersachsen vertritt; Sitz ist Hannover.

Konföderierte Staaten von Amerika, engl. **Confederate States of America** [kənˈfedərɪt ˈsteɪts əv əˈmerɪkə], Abk. **CSA** [siːesˈeɪ], seit dem 8. 2. 1861 Bez. der von den USA abgefallenen Südstaaten, deren Kongress in Montgomery (Ala.) J. DAVIS zum Präs. wählte und eine neue Bundes-Verf. annahm. Diese war am Muster der Verf. der Vereinigten Staaten orientiert, berücksichtigte aber bes. die →States' Rights, den von den Südstaaten geforderten Freihandel und die Aufrechterhaltung der Sklaverei; die wichtigsten Bestimmungen der ›Bill of Rights‹ (1791 in Kraft getretene Zusatzartikel zur Verf. von 1787 über die Grundrechte der Amerikaner) wurden in den Verf.-Text integriert. Reg.-Sitz wurde im Sommer 1861 Richmond (Va.). Der Anspruch auf Begründung einer neuen Nation ließ sich jedoch im Bürgerkrieg 1861–65 (→Sezessionskrieg) nicht durchsetzen; die Truppen der Konföderation unterlagen denen der Union und mussten 1865 kapitulieren.

E. M. THOMAS: The Confederate nation, 1861–1865 (New York 1979).

Konformation [engl., zu lat. conformare ›entsprechend formen‹, ›gestalten‹] *die, -/-en,* bestimmte räuml. Anordnung der Atome eines Moleküls, die sich durch Drehung einer oder gleichzeitig mehrerer Einfachbindungen ergibt. Bis 1930 war man der Ansicht, dass Einfachbindungen völlig frei und unmessbar schnell drehbar sind. Tatsächlich existieren jedoch bevorzugte Anordnungen **(Konformere, Rotationsisomere),** die z. B. beim Äthan mit einem Energieaufwand von 12 kJ/mol ineinander übergeführt werden können **(K.-Isomerie).** Strukturell bes. ausgezeichnet sind die ekliptische (verdeckte) und die gestaffelte (antiparallele) K. Sperrige Atomgruppen behindern die Drehbarkeit von Einfachbindungen und erhöhen die Energiebarriere für die Umwandlung von Konformeren. Als **Atropisomerie** wird eine spezielle Form der K.-Isomerie bezeichnet, die sich dadurch ergibt, dass die Drehbarkeit der Einfachbindung so weit behindert ist, dass die Konformeren in reiner Form isoliert werden können; sie tritt z. B. bei o-substituierten Derivaten des Biphenyls auf.

In den 1940er-Jahren stellte O. HASSEL durch Elektronenbeugung fest, dass Cyclohexan bei Raumtemperatur überwiegend in der ›Sesselform‹ vorliegt (→Stereochemie). D. H. R. BARTON fand 1950, dass chem. Gruppen in bestimmten K. abgeschirmt und damit schwerer zur Reaktion gebracht werden können (→sterische Hinderung).

Konformations|analyse, Untersuchung der Eigenschaften chem. Verbindungen in Abhängigkeit von der Konformation ihrer Moleküle. Besondere Bedeutung hat die K. für die Erforschung biologisch wichtiger Verbindungen (z. B. der Proteine). Verfahren der K. sind die NMR-Spektroskopie, Elektronenbeugung, Röntgenstrukturanalyse u. a.

konforme Abbildung, winkeltreue Abbildung, in der Funktionentheorie eine Abbildung der gaußschen Zahlenebene in sich, bei der der Schnittwinkel zw. je zwei Kurven erhalten bleibt (›im Kleinen ähnlich‹). Ist eine Abbildung f in einem Gebiet G der gaußschen Zahlenebene differenzierbar und gilt $f'(z) \neq 0$ für alle z aus G, so ist f winkeltreu (konform). Im Zusammenhang mit der Theorie der k. A. ist der **riemannsche Abbildungssatz** von Bedeutung, nach dem sich jedes einfach zusammenhängende Gebiet G mit mehr als einem Randpunkt durch eine in G holomorphe Funktion eineindeutig und konform auf das Innere des Einheitskreises abbilden lässt.

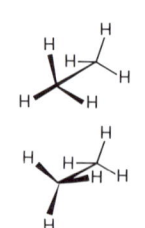

Konformation: Ekliptische (verdeckte; oben) und gestaffelte (antiparallele) Konformation (unten) bei Äthan (C-Atome sind nicht angegeben)

K. A. spielen in den Anwendungen der Mathematik, z. B. in der Elektrotechnik, der Hydro- und Aerodynamik und in der Geodäsie, eine wichtige Rolle. Ein anschaul. Beispiel aus der Strömungslehre ist die k. A. durch die Funktion $b = e + 1/e$, wobei $e = x + iy$ die Variable der einen, $b = \xi + i\eta$ die der anderen Ebene ist. Durch diese Abbildung verwandelt sich der Kreis K mit dem Mittelpunkt M in der e-Ebene in das Tragflügelprofil P in der b-Ebene.

Konformisten Sg. **Konformist** der, -en, 1) allg.: Menschen, die ihre eigene Einstellung der herrschenden Meinung angleichen; Ggs.: Nonkonformisten.

2) engl. Conformists [kənˈfɔːmɪsts], Bez. für die Anhänger der Kirche von England, die die Uniformitätsakte von 1662 anerkannten. Diese bestimmte, dass alle Geistlichen der Kirche von England von Bischöfen geweiht sein mussten und sie nur noch das Common Prayer Book von 1662 für die Gottesdienste benutzen durften. – Ggs.: Nonconformists, →Dissenters.

Konformität, Übereinstimmung, gegenseitige Anpassung, gleichartige Handlungs- und Reaktionsweise von Mitgl. einer Gruppe, Organisation oder Gesellschaft in bestimmten Situationen. Die K. kann auf einer infolge äußeren Zwangs oder persönl. Opportunität von Einzelnen geübten äußerl. Befolgung beruhen oder auf einer freiwilligen, durch Verinnerlichung (→Internalisierung) bedingten Bejahung. Der Einzelne neigt je nach dem Grad der →Außenlenkung oder der →Innenlenkung unterschiedlich stark dazu, sich an seiner sozialen Umwelt zu orientieren und sich in neuartigen Situationen anzupassen.

Konfrontation [mlat.] die, -/-en, 1) Gegenüberstellung nicht übereinstimmender Personen, Meinungen, Sachverhalte; 2) Auseinandersetzung zw. Gegnern.

konfrontative Linguistik, →kontrastive Linguistik.

Konfusion [lat.] die, -/-en, 1) allg.: Verwirrung, Durcheinander; Verworrenheit, Unklarheit.

2) *Zivilrecht:* die Vereinigung von Schuldner und Gläubiger in einer Person. Beispiel: A schuldet B etwas, B stirbt und wird von A allein beerbt. Da ein Schuldverhältnis eine Rechtsbeziehung zw. wenigstens zwei Personen voraussetzt, erlischt die Forderung. Ausnahmsweise tritt keine K. ein, wenn das Bestehenbleiben der Forderung im Interesse eines Dritten erforderlich ist, so bes. im Erbrecht. Beispiel: Erblasser E setzt die ihm gegen den Erben zustehende Forderung als Vermächtnis zugunsten von V aus. Besonderheiten bestehen bei Grundstücksrechten, →Konsolidation.

Konfuzianismus der, -, die auf KONFUZIUS zurückgehende, bes. in China, aber auch in anderen Teilen Ostasiens (v. a. Japan) verbreitete Weltanschauung. Ihr Gründer empfand sich als ›Überlieferer‹, und er verband in seiner Lehre zahlreiche ältere religiöse und soziale Vorstellungen, die den K. zu einer vielschichtigen und dadurch sehr wandlungsfähigen Geistesrichtung machten. Wesentlich waren die Rationalisierung des ›Himmels‹ (urspr. eine Ahnengottheit) zu einer nicht mehr unbedingt persönlich, wenngleich moralisch wirkenden Kraft, die dazu analoge Umgestaltung religiös-mag. Bräuche zu ›Riten‹, die Umdeutung des charismatisch legitimierten ›Fürstensohnes‹ zum ›Edlen‹ im moral. Sinn sowie die Rückführung aller (vom Militärischen auf das Zivile umakzentuierten) Einzeltugenden wie Pietät, Loyalität, Rechtlichkeit, Zuverlässigkeit und Bescheidenheit auf das humanist. Ideal der ›Menschlichkeit‹. Der Himmel gilt als Verkörperung der natürl. und eth. Gesetzmäßigkeiten des Universums. Wie der Himmel folgt in konfuzian. Sicht auch der Herrscher dem allgemeinen Naturgesetz; die Wahrung des Naturgesetzes wird durch die allgemeine Beachtung der Riten gewährleistet, in deren Vollzug sich die Harmonie von Mensch und Kosmos dokumentiert. Grundmodell für jede, auch die staatl. Hierarchie bildet die patriarchal. Familie (der Kaiser verband als ›Sohn des Himmels‹ und ›Vater des Volkes‹ alle Sphären).

Die in der Familie, der Gemeinschaft von Freunden und im Staatswesen zu erfüllenden Pflichten werden zusammengefasst in den ›fünf Beziehungen‹ zw. Fürst und Staatsdiener, Vater und Sohn, Mann und Frau, älterem und jüngerem Bruder, Freund und Freund. In jeder dieser Beziehungen gewinnt die Übung der in Menschenliebe, Gerechtigkeit und Ehrerbietung sich äußernden Tugend besonderen Ausdruck. Diese religiöse und philosoph., sozialeth. und polit. Aspekte verbindenden Ideen wurden den schon früh mit zahlr. Kommentaren angereicherten ›Fünf Klassikern‹ entnommen (oder in sie hineininterpretiert), die, obwohl wesentlich älter, der Tradition nach aber von KONFUZIUS redigiert worden sind und damit als heilige Texte des K. gelten: das ›Buch der Wandlungen‹ (→Yi-jing), das ›Buch der Lieder‹ (→Shi-jing), das ›Buch der Urkunden‹ (→Shu-jing), die ›Aufzeichnungen über die Riten‹ (→Li-ji) und die ›Frühlings- und Herbstannalen‹ (→Chun-qiu). Unter den ersten bedeutenden Nachfolgern des KONFUZIUS vertrat MENGZI die Auffassung von der ursprüngl. Güte der menschl. Natur, was eine myst. Interpretation des K. einschloss, XUNZI dagegen die ihrer Schlechtigkeit, woraus sich eine sachlichere Grundhaltung und die Betonung von Erziehungsmaßnahmen ergaben. Im 2. Jh. v. Chr. wurde der K. durch den Hankaiser WUDI zur offiziellen, für das Erziehungswesen grundlegenden Weltanschauung in China proklamiert. Nachdem sich in mündl. Überlieferungen durch die Verknüpfung staatl. Ethik mit Phänomenen der Natur im K. zunächst sekundär wieder religiöse Strömungen mit mystisch-prophet. Tendenzen durchgesetzt hatten (›Neutext-Schule‹), trat ab dem 1. Jh. n. Chr. eine nüchternere, historisch orientierte Richtung (›Alttext-Schule‹) in den Vordergrund. Seit dem 3. Jh. n. Chr. wurde der K. durch den Taoismus und insbesondere den Buddhismus zurückgedrängt. Er erlebte aber mit dem 10. Jh. im ›Neokonfuzianismus‹, der zahlreiche taoist. und buddhist. Elemente in sich aufnahm, eine Wiedergeburt, die sich in der Erhebung weiterer älterer Texte zu ›Klassikern‹, zu den ›Vier Kanon. Büchern‹, niederschlug: ›Gespräche‹ des KONFUZIUS (→Lun-yu), →Meng-zi, ›Große Lehre‹ (Da-xue) und ›Innehalten der Mitte‹ (Zhong-yong). Die beiden Hauptströmungen des Neokonfuzianismus, die im 11.–14. Jh. vorherrschende ›realistische‹ ›Ordnungsprinzip-Schule‹ (Li-xue) und die ›idealistische‹ ›Herz-Schule‹ (Xin-xue) des 15.–17. Jh. ›chinesische Philosophie und Religion‹, standen in einer gewissen Analogie zu den unterschiedl. Auffassungen von XUNZI und MENGZI. Großen Einfluss besaß der K. auch in anderen ostasiat. Ländern, bes. ab dem 4. Jh. v. Chr. in Japan, wo jedoch, im Ggs. zu China, die Loyalität zum Staat gegenüber derjenigen zur Familie Vorrang genoss. Der Niedergang des K. seit dem 18. Jh. hing teils mit der auf heiligste Texte angewandten Quellenkritik, teils mit der mehrfachen Okkupierung des für das Selbstverständnis wesentl. Kaiserthrons durch Fremddynastien (Mongolen und Mandschu) zusammen; praktisch alle modernen revolutionären Bewegungen (einschließlich des Kommunismus) bekämpften den K. auch wegen seines starren Hierarchieverständnisses im Rahmen des öffentl. und privaten Lebens. Trotzdem wurde er als Morallehre auch in der VR China periodisch immer wieder toleriert oder sogar gefördert, zuletzt seit dem Tod MAO ZEDONGS 1976. Außerhalb Chinas – z. B. in Taiwan, Singapur und in den von Auslandschinesen bewohnten Gebieten Asiens und Amerikas – lässt sich neuerdings auch ein Wiedererstarken des religiös gefärbten K. feststel-

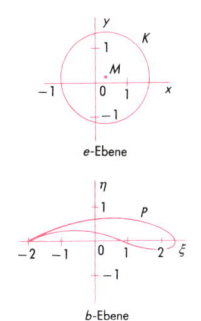

konforme Abbildung

len, der ansatzweise – über seinen Stellenwert in China hinaus – als eine Art eth. Heilslehre auftritt.

O. FRANKE: Studien zur Gesch. des konfuzian. Dogmas u. der chin. Staatsreligion (1920); S. HU: Der Ursprung der Ju, in: Sinica, Sonderausg. (1935/36); C. CHANG: The development of Neo-Confucian thought, 2 Bde. (New York 1957–62); Confucianism in action, hg. v. D. S. NIVISON u. a. (Stanford, Calif., 1959); The Confucian persuasion, hg. v. A. F. WRIGHT (ebd. 1960); Vom K. zum Kommunismus, hg. v. P. J. OPITZ (1969); O. GRAF: Tao u. Jen (1970); J. R. LEVENSON: Confucian China and its modern fate (Neuausg. Berkeley, Calif., 1972); WEI-MING TU: Confucian thought. Selfhood as creative transformation (Albany, N.Y., 1985); I. EBER: Confucianism, the dynamics of tradition (New York 1986); K. u. die Modernisierung Chinas, hg. v. S. KRIEGER u. R. TRAUZETTEL (1990).

Konfuzius mit seinem Schüler Yan Hui; Holzschnitt nach Gu Kaizhi; 4. Jh. n. Chr.

Konfuzius, latinisiert aus **Kongfuzi, K'ung-fu-tzu** [›Meister Kong‹], eigtl. **Kong Qiu** [-tʃ-], **K'ung Ch'iu,** chin. Philosoph, * Qufu 551, † ebd. 479 v. Chr.; lebte in einer Umbruchszeit, in der sich das alte chin. Feudalreich in Einzelstaaten auflöste und die Glaubwürdigkeit des darauf bezogenen mythologisch-religiösen Wertsystems infrage gestellt wurde. K. entstammte dem Kleinadel, führte ein Wanderleben, sammelte eine wechselnde Schar von Schülern um sich und erstrebte die Neuerrichtung des alten Feudalreiches auf eth. Grundlage. Er hinterließ zwar keine eigenen Werke, bemühte sich aber offenbar um die Redigierung der ›Fünf Klassiker‹ (→Konfuzianismus). Seine Lehre ist in dem Buch über die ›Gespräche‹ (Lun-yu) niedergelegt, die mit seinen Schülern führte. Ob er hoffte, aufgrund seiner (alle polit. Positionen ausschließlich moralisch legitimierenden) Lehre selbst Herrscher zu werden, ist nicht geklärt. Er wurde jedoch im 2. Jh. v. Chr. als ein geistiger König angesehen; dabei wirkte offenbar auch eine ältere Tradition mit, die eine moral. Erneuerung des Staates durch eine bedeutende Persönlichkeit für alle 500 Jahre erwartete. In diesem Zusammenhang erscheint K. sogar als ein Welterlöser, der den Verfall der Ordnung rückgängig zu machen imstande war. 174 v. Chr. opferte der chin. Kaiser erstmals auf dem noch heute erhaltenen Grab des K. in Qufu, 555 n. Chr. ordnete ein Edikt die Errichtung von Tempeln für K. in jeder Provinzhauptstadt an, und noch 1906 stellte ein Erlass ihn mit den höchsten Gottheiten gleich, eine Verehrung, die in Taiwan weitergeführt wird. Diese religiöse Einordnung über das Kultische hinaus blieb jedoch im Wesentlichen auf die letzten zwei Jahrhunderte v. Chr. beschränkt. Als ›Heiliger‹ schlechthin gewann K. jedoch in zahlr. Schriften einen an Mystisches grenzenden Stellenwert. Während in der Moderne Gelehrte wie KANG YOUWEI in ihm einen ›Reformer‹ sahen, erschien er seit dem Beginn des 20. Jh. in der Beurteilung durch radikale Intellektuelle wiederholt als Negativfigur, der die Rückständigkeit und Schwäche Chinas angelastet wurde. Einen besonderen Höhepunkt bildete in dieser Hinsicht die Kampagne ›Kritik an KONFUZIUS und LIN BIAO‹ (→Kulturrevolution), die allerdings auch rein polit. Gründe (indirekter Angriff auf ZHOU ENLAI) besaß. Nach 1976 wurde K. wieder aufgewertet und als aufgeklärter, um die Staatsordnung verdienter Geist herausgestellt.

Ausgabe: Gespräche, übers. v. R. WILHELM (Neuausg. 1982).

R. WILHELM: Kung-tse. Leben u. Werk (²1950); W.-C. LIU: Confucius, his life and time (New York 1955; Nachdr. Westport, Conn., 1974); B. STAIGER: Das K.-Bild im kommunist. China (1969); D. H. SMITH: Confucius (London 1973); K. Materialien zu einer Jahrhundert-Debatte, hg. v. J. SCHICKEL (1976); H. ROETZ: K. (1995).

Kongeå [ˈkɔŋɔː], dän. Fluss, →Königsau.

Köngen, Gem. im Landkreis Esslingen, Bad.-Württ., am Neckar, 8 800 Ew. – 1988 wurde der ›Römer-Park K.‹ mit ›Römer-Museum‹ eröffnet; er umfasst den Bereich des freigelegten und in Teilen restaurierten Römerkastells (gegr. um 90–95 n. Chr.; um 155–158 n. Chr. wurde die Kohorte verlegt); das zugehörige Straßendorf **Grinario** dehnte sich noch aus; es ist heute überbaut.

kongenial, bildungssprachlich für: gleichwertig, von gleichem Rang, geistig ebenbürtig.

kongenital, Medizin: erbbedingt, angeboren (→Erbkrankheiten).

Kongestion [zu lat. congerere, congestum ›anhäufen‹, ›zusammentragen‹] die, -/-en, Medizin: örtl. Blutüberfüllung, z. B. bei entzündl. Vorgängen.

Kongfuzi, chin. Philosoph, →Konfuzius.

Kongju, Stadt in Süd-Korea, nordwestlich von Taejŏn. - K. war 475–538 die zweite Hauptstadt des Reiches →Paekche nach dessen Rückzug aus dem nördl. Hansŏng (dem heutigen Kwangju, Prov. Kyŏnggi). Bedeutend ist die Grabstätte von König MUNYŎNG (501–523), die 1971 geöffnet wurde. In K. Songgoksa-Tempel (1995 fertig gestellt) mit einer 12,5 m hohen Buddhastatue und weiteren eintausend jeweils 1,90 m großen Statuen.

Konglobation [lat. ›Zusammenballung‹] die, -/-en, vorübergehende Ansammlung von Individuen einer Art; häufig durch günstige klimat. Faktoren oder Nahrungsangebot bewirkt; z. B. zieht der Saftausfluss einer Eiche viele Hirschkäfer an.

Konglomerat [frz., von lat. conglomerare ›zusammenrollen‹] das, -(e)s/-e, **1)** allg.: Gemisch aus Verschiedenartigem, Zusammenballung.

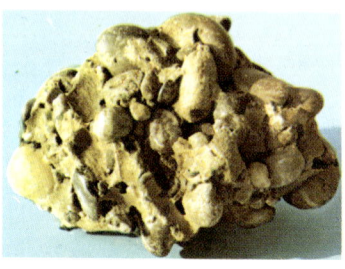

Konglomerat 2): Nagelfluh aus dem schweizerischen Alpenvorland

2) Geologie: grobkörniges Sedimentgestein (verfestigter Schotter) aus abgerundeten Gesteins- und Mineralbruchstücken (Geröllen), die durch ein kieseliges, kalkiges, toniges oder eisenhaltiges Bindemittel verkittet sind. An der Basis von marinen Sedimentfolgen ist oft ein Basal- oder Transgressions-K. entwickelt, die verfestigten Brandungsschotter des vorstoßenden Meeres. – Ggs.: Breccie.

3) Wettbewerbspolitik: →Mischkonzern.

Konglutination [lat., zu conglutinare ›zusammenkleben‹] die, -/-en, Verklebung (Agglutination) von Zellen (roten Blutkörperchen, Bakterien) unter Mitwirkung von Komplement, nicht agglutinierenden An-

Kongo **Kong**

tikörpern und Konglutinin, welches die inkompletten Antikörper zu komplettieren, agglutinierenden umwandelt. **K.-Tests** dienen als empfindl. serolog. Methode zum Nachweis unvollständiger Antikörper, z. B. in Form des →Coombs-Tests.

Kongo, Bakongo, Sammel-Bez. für Völker im Mündungsgebiet des Kongo, in der Demokrat. Rep. Kongo, der Rep. Kongo und angrenzenden Teilen von Angola (einschließlich Cabinda), neben den eigentl. K. die →Yombe, Sundi, Vili, Solongo u. a. Die etwa 7,6 Mio. K. sind Christen. Die traditionell lebenden K. (Rechteckhaus) betreiben Feldbau auf Rodungsinseln (v. a. Anbau von Maniok, daneben Mais, Bataten, Bananen; für den Markt Kaffee und Kakao; Palmölgewinnung. Rd. 1 Mio. K. arbeiten in den Städten. Die Figuren der K.-Kunst, bes. die Zauberfiguren (Nagel- und Spiegelfetische), aber auch die sorgfältiger ausgearbeiteten Ahnenfiguren (oft Mutter-Kind-Motiv) sowie alte Steinfiguren (Mintadi) weichen häufig von der sonst fast überall in Afrika eingehaltenen stat. und symmetr. Darstellungsweise ab und zeigen Bewegung in Ausdruck und Haltung. Die Masken der K. sind oft schwarz, weiß und rot bemalt und lassen die Zunge aus dem leicht geöffneten Mund hervortreten.

Die K. waren Träger des Reiches **Kongo,** dessen Kerngebiet sich südlich des unteren Kongo zw. Atlantikküste und Kwango, im S etwa bis Luanda, erstreckte (KARTE →Afrika, Alte Reiche). Der sakrale König trug den Titel ›Manikongo‹. 1482 nahmen port. Seefahrer ersten Kontakt zu Kongo auf, dessen König AFONSO I. in seiner Reg.-Zeit (1507–43) enge Beziehungen zu Portugal anstrebte. Er nahm das kath. Christentum an, ließ seinen Sohn HENRIQUE 1521 in Rom zum Bischof weihen und bemühte sich um eine allseitige Modernisierung von Gesellschaft und Staat. Dieser Versuch scheiterte nach 1560 am Sklavenhandel und anderen Übergriffen der Portugiesen, die Angriffe anderer afrikan. Völker auf das Reich der K. hervorriefen. Das aus Lehnsherrschaften lose zusammengefügte Staatswesen zerfiel; der letzte König regierte (nur noch nominell) 1770–86. Das Gemeinschaftsbewusstsein der K. blieb jedoch lebendig und lebte u. a. in ethnisch motivierten polit. Organisationen in Belgisch-Kongo, heute Demokrat. Rep. Kongo, im frz. Kongo-Gebiet, heute Rep. Kongo und bes. in der von HOLDEN ROBERTO (* um 1923) geführten angolan. Guerillabewegung ›União das Populações de Angola‹ (UPA), faktisch eine Organisation der K., weiter. Die von der UPA getragene Befreiungsfront ›Frente Nacional de Libertação de Angola‹ (FNLA) zerfiel erst nach ihrer Niederlage im angolan. Bürgerkrieg 1975–76.

G. BALANDIER: Daily life in the kingdom of the K. (London 1968); A. HILTON: The kingdom of K. (Oxford 1985).

Demokratische Republik Kongo
Fläche 2 345 095 km²
Einwohner (1994) 42,55 Mio.
Hauptstadt Kinshasa
Amtssprache Französisch
Nationalfeiertag 30. 6.
Währung Kongolesischer Franc
Zeitzone MEZ und OEZ

Kongo, amtl. frz. **République Démocratique du Congo** [repy'blik demɔkra'tik dyk3̃'go], dt. **Demokratische Republik Kongo,** häufig gebrauchte Kurz-Bez. Kongo (Kinshasa), bis 1997 **Zaïre** [za'i:r(ə)], Staat in Äquatorialafrika, grenzt im N an die Zentral-

Demokratische Republik Kongo: Blick auf die Kupferhütte von Lubumbashi, Region Shaba

afrikan. Rep. und Sudan, im O an Uganda, Ruanda, Burundi und Tansania, im S an Sambia und Angola, im W an den Atlantik und die Exklave Cabinda (Angola) sowie an die Rep. Kongo, mit 2 345 095 km² drittgrößtes Land Afrikas, (1994) 42,55 Mio. Ew.; Hauptstadt ist Kinshasa; Amtssprache: Französisch; Währung: Kongolesischer Franc. Zeitzonen: MEZ (Kinshasa) und OEZ (13⁰⁰ Lubumbashi = 12⁰⁰ MEZ).

STAAT · RECHT

Verfassung: Mit der Machtübernahme durch die Truppen der Allianz demokrat. Kräfte zur Befreiung des Kongo-Zaïre (AFDL) unter L. KABILA am 16. 5. 1997 wurde die provisor. Verf. vom 6. 10. 1996 suspendiert und durch ein 15 Punkte umfassendes Dekret KABILAS ersetzt. Der mit weit reichenden exekutiven Befugnissen ausgestattete Übergangs-Präs. ist zugleich Reg.-Chef, bestimmt die Richtlinien der Politik und hat das Recht, die Mitgl. des Kabinetts und des Staatsdienstes sowie die Kommandeure der Streitkräfte und die Richter zu ernennen und zu entlassen.

Parteien: Polit. Parteien sind verboten.

Wappen: Es stammt aus dem Jahr 1966, wurde 1971 leicht verändert und zeigt über gekreuztem Speer und Pfeil einen Leopardenkopf, eingerahmt von Lorbeerzweig und Elefantenstoßzahn, darunter ein Schriftband mit dem Wahlspruch ›Justice, Paix, Travail‹ (›Gerechtigkeit, Friede, Arbeit‹).

Nationalfeiertag: 30. 6., zur Erinnerung an die Erlangung der Unabhängigkeit 1960.

Verwaltung: K. ist in zehn Regionen und den Hauptstadtdistrikt Kinshasa eingeteilt.

Recht: Kennzeichnend ist das Miteinander von modernem und traditionellem Recht. Das moderne Recht beginnt im ›Unabhängigen Kongostaat‹ mit dem Zivilgesetzbuch aus formal mehreren Einzelgesetzen ab 1885 und dem Handelsgesetzbuch ab 1887, beruhend zwar auf dem (napoleonisch-)belg. Recht, aber den Bedingungen des Landes angepasst. Traditionelles Recht bleibt anwendbar, soweit mit dem geschriebenen Recht vereinbar. Auf dieser Grundlage beruht eine landeseigene Rechtskultur. Bestrebungen gehen dahin, den Dualismus durch einheitl. Gesetzgebung zu überwinden, geschehen z. B. mit dem Familiengesetzbuch 1987, das zum ersten Mal im geschriebenen Recht auch das Erbrecht regelt.

LANDESNATUR · BEVÖLKERUNG

Der größte Teil des Landes liegt im →Kongobecken und im Bereich seiner Randschwellen und wird vom Kongo und seinen Nebenflüssen entwässert. Im Bereich der Kongomündung hat K. einen 40 km langen Anteil an der Atlantikküste. Das Gebiet längs der

Demokratische Republik Kongo

Staatswappen

Staatsflagge

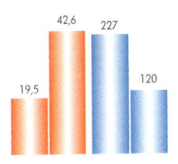

42,6   227
19,5   120

1970 1994   1970 1995
Bevölkerung   Bruttosozial-
(in Mio.)   produkt je Ew.
              (in US-$)

☐ Stadt
☐ Land

29%
71%

Bevölkerungsverteilung 1994

☐ Industrie
☐ Landwirtschaft
☐ Dienstleistung

11%   34%
55%

Bruttoinlandsprodukt 1993

Wörter, die man unter K vermisst, suche man unter C, Ch, G, H oder Q

Kong Kongo

Demokratische Republik Kongo: Übersichtskarte

O-Grenze gehört zum Zentralafrikan. Graben mit Albert-, Rutanzige-, Kiwu- und Tanganjikasee. Dort, wo an der W-Flanke des Grabens auch vulkan. Massen aufdrangen (Virungavulkane), finden sich die höchsten Erhebungen des Landes (der Ruwenzori erreicht im Margherita 5 119 m ü. M.). Das zentrale Kongobecken weist Höhen um 300 m ü. M. auf, der größte Teil des übrigen Gebiets liegt zw. 300 und 1 000 m ü. M. Im SO (Bergland von Shaba) werden 1 890 m ü. M. erreicht. Zum UNESCO-Weltnaturerbe wurden der Garamba-Nationalpark, der Kahuzi-Biega-Nationalpark, der Nationalpark der Virungavulkane (an dem neben K. auch Ruanda und Uganda Anteil haben) und der Salonga-Nationalpark erklärt.

Klima: K. hat trop. Klima, und zwar immerfeuchtes im N und im Zentrum (Hauptniederschläge im Frühjahr und Herbst), wechselfeuchtes im S (Regenzeit im Sommer: November bis April). Die Jahressumme der Niederschläge erreicht im zentralen Teil des Kongobeckens 1 800–2 200 mm, im S, wo zwei bis vier aride Monate auftreten, 1 200–1 400 mm, im O, auf der Luvseite der Gebirge, ebenfalls um 1 200 mm, auf der Leeseite (im Zentralafrikan. Graben) jedoch nur 900 mm; an der Küste fallen lediglich 800 mm Niederschlag im Jahr. Die mittleren Tagestemperaturen sind ganzjährig ausgeglichen (21–28 °C); im äußersten SO ist der Winter kälter (16 °C im Juli), in den Gebirgen im O tritt gelegentlich sogar Frost auf.

Vegetation: Der zentrale und der nördl. Teil des Kongobeckens ist von immergrünem Regenwald bestanden, der nach N und S in regengrünen Feuchtwald übergeht. Nach S und N schließen sich Feuchtsavannen mit Galeriewäldern an. In Shaba herrscht regengrüner Trockenwald (Miombowald) vor, in den Gebirgen des O alpine Vegetation, an der Kongomündung große Mangrovenbestände.

Bevölkerung: Mehr als 70% der Ew. gehören zu Bantuvölkern, von denen die Luba, Kongo und Mongo die zahlenmäßig stärksten sind. Im N leben Völker mit Sudansprachen (Zande, Mangbetu), im NO Niloten, im trop. Regenwald Pygmäen, im O auch Hima. Von den zahlr. Bantusprachen sind einige Verkehrssprachen für größere Gebiete geworden. Westlich von Kinshasa wird das Kongo, in Kasai und W-Shaba das Luba, zw. Kinshasa und Kisangani die Mischsprache Lingala, im gesamten O und im S wird Suaheli gesprochen. Die Zahl der Flüchtlinge aus Nachbarländern wurde 1995 auf 1,33 Mio. geschätzt (aus Angola, Burundi, Ruanda, Uganda, dem Sudan), hinzu kommen Tausende von Binnenflüchtlingen. Weite Teile des Landes sind nur dünn besiedelt. Die Zahl der Nichtafrikaner (Belgier, Franzosen) wurde auf 20 000 geschätzt (v. a. in Shaba und Kinshasa); viele haben aber infolge des Bürgerkrieges 1997 das Land verlassen. Der jährl. Bev.-Zuwachs betrug 1985–94 durchschnittlich 3,3%. Der Anteil der städt. Bev. beträgt (1994) 29%.

Größte Städte (Ew. 1991)

Kinshasa*)	4 655 300	Kolwezi	544 500
Lubumbashi	739 100	Kisangani	373 400
Mbuji-Mayi	613 000	Kananga	371 900

*) 1994

Religion: Staat und Religion waren in der Rep. Zaire gesetzlich getrennt. Die Religionsfreiheit war als Recht der anerkannten religiösen Körperschaften in der Verf. garantiert. Öffentlich-rechtliche Anerkennung genossen seit 1972 die kath. Kirche, die ›Église du Christ au Zaire‹ (›Ev. Kirche Christi in Zaire‹; 1970 als struktureller Zusammenschluss aller prot. Kirchen und Gemeinschaften gegr.), die ›Kimbanguist. Kirche‹ (→Kimbangu), die orth. Kirche, die jüd. und die islam. Gemeinde. Nach dem mit dem Sturz MOBUTU SESE-SEKOS verbundenen Zusammenbruch der staatl. Ordnung verfügen einzig die christl. Kirchen über landesweit weitestgehend funktionierende (Organisations-)Strukturen. – Etwa 95% der Bev. sind Christen: rd. 48% gehören der kath. Kirche an, rd. 30% versch. prot. Kirchen und Gemeinschaften (Adventisten, Baptisten, Disciples of Christ, Mennoniten, Methodisten, Pfingstler, Presbyterianer u. a.) und der anglikan. Kirche, rd. 17% unabhängigen Kirchen (rd. 12% der ›Kimbanguist. Kirche‹). Rd. 1,4% der Bev. (im O und NO des Landes) sind sunnit. Muslime, überwiegend der schafiit. Rechtsschule; der Islam wird im starken Maße durch die Sufi-Bruderschaft der Qadariten geprägt. Der Rabbiner der jüd. Gemeinde Kinshasa betreut auch die jüd. Gemeinden in anderen zentralafrikan. Staaten. Traditionellen afrikan. Religionen werden über 3% der Bev. zugerechnet, wobei jedoch Formen und Praktiken afrikan. Religiosität

Klimadaten von Kinshasa (Wetterstation 290 m ü. M.)

Monat	Mittleres tägl. Temperaturmaximum in °C	Mittlere Niederschlagsmenge in mm	Mittlere Anzahl der Tage mit Niederschlag	Mittlere tägl. Sonnenscheindauer in Stunden	Relative Luftfeuchtigkeit nachmittags in %
I	30	107	10	4,3	72
II	30,5	118	9	4,8	70
III	31,5	200	13	4,8	69
IV	31,5	217	15	5,5	70
V	30,5	132	11	4,5	72
VI	28	2	0,5	4,6	69
VII	27	0	0,1	4,0	65
VIII	28,5	1	1	4,7	60
IX	30,5	38	6	4,3	59
X	30,5	124	11	4,3	65
XI	30,5	251	17	4,7	70
XII	30	200	16	4,7	72
I–XII	30	1390	110	4,6	68

(z. B. Heilungen, Hochzeits- und Bestattungsriten u. a.) weit über diese Anhängerzahl hinaus ihre Bedeutung behalten haben und bes. von den unabhängigen Kirchen in die eigene Glaubens- und Frömmigkeitspraxis integriert worden sind.

Bildungswesen: Grundschule (6.–11. Lebensjahr) und Sekundarschule (zwei Jahre, darauf aufbauend vier weitere Jahre) wurden in der Rep. Zaire von etwa der Hälfte der betreffenden Altersstufen besucht. Die Einschulungsquoten lagen für die Grundschule (Schulpflicht) bei etwa 60%, für die Sekundarstufe bei rd. 17%. Der vorzeitige Schulabgang war auf allen Stufen hoch, oft wegen des Schulgelds; etwa 80% der Grund- und zwei Drittel der Sekundarschulen besaßen private Schulverwaltungen (Religionsgemeinschaften). Die Analphabetenquote betrug 22,7%. Eine Universität wurde 1954 in Kinshasa gegründet, eine weitere 1955 in Lubumbashi, eine dritte folgte 1963 in Kisangani.

WIRTSCHAFT · VERKEHR

Gemessen am agrar. Potenzial sowie am Umfang und an der Vielfalt der mineral. Rohstoffe ist K. einer der reichsten Staaten Afrikas, gehört jedoch mit einem Bruttosozialprodukt (BSP) je Ew. von (1995) 120 US-$ zu den ärmsten Ländern der Erde, da die wirtschaftl. und polit. Situation bis zum Sturz von MOBUTU SESE-SEKO 1997 durch Korruption und Anarchie gekennzeichnet war. Ein weiteres Hindernis für die wirtschaftl. Entwicklung ist die mangelhafte Infrastruktur. Seit 1988 ist das BSP jährlich um 9% zurückgegangen; die Industrieproduktion ist Mitte der 90er-Jahre unter das Niveau von 1974 gefallen; die gesamte Wirtschaft erreicht nur noch den Index von 1958. Seit Ende der 80er-Jahre wurde die wirtschaftl. Situation durch eine Hyperinflation verschärft; 1994 erklärte die Weltbank das damalige Zaire als zahlungsunfähig. Maßnahmen zur Stabilisierung wurden eingeleitet.

Landwirtschaft: Infolge des wirtschaftl. Kollapses anderer Wirtschaftsbereiche, bes. des Bergbaus, stieg der Anteil des Agrarsektors am Bruttoinlandsprodukt (BIP) im Zeitraum 1990–94 von 30% auf 55%. Überwiegend wird Subsistenzwirtschaft betrieben. Wichtigste Grundnahrungsmittel sind Maniok, Mais, Reis und Kochbananen. Für den Export bestimmt sind Kaffee (Erntemenge 1994: 88 000 t), Zuckerrohr, Tee, Kakao, Palmöl, Palmkerne und Kautschuk.

Forstwirtschaft: Nach dem Amazonasgebiet weist K. den größten zusammenhängenden Bestand an trop. Regenwald auf (rd. 6% der weltweiten Waldfläche). Von den 1993 eingeschlagenen 44,5 Mio. m³ Holz waren nur 7% Nutzholz. Die für den Export wichtigsten Holzarten sind Doussié und Ebenholz.

Fischerei: Die Fangmenge der Fischerei lag 1993 bei 147 300 t, davon waren 98% Süßwasserfische.

Bodenschätze: Der Bergbau und die darauf beruhende Schwerindustrie sind die wichtigsten Sektoren der Wirtschaft. Jedoch fiel sein Anteil am BIP zw. 1990 und 1995 von 10% auf 4,4%. V. a. in der Region Shaba werden Kupfer-, Kobalt-, Mangan-, Zink-, Uran- und Zinnerze sowie Steinkohle und Gold abgebaut. K. verfügt über 65% der weltweit bekannten Kobaltreserven. 1991–94 ging bei Kupfer die Fördermenge von 235 000 t auf 34 000 t zurück, bei Kobalt von 10 000 t auf 3 600 t. Bei Diamanten liegt K. nach wie vor mit einer Fördermenge von (1993) 15,6 Mio. Karat weltweit an dritter Stelle. Seit 1975 wird im Schelfbereich Erdöl gefördert (1994: 1,5 Mio. t).

Energiewirtschaft: Seit Inbetriebnahme der Inga-Kraftwerke am Unterlauf des Kongo beruht die Stromerzeugung in K. im Wesentlichen auf Wasserkraft (98%). Weitere Energiequellen sind Steinkohle und Erdöl.

Industrie: Hauptindustriegebiet ist die Bergbauregion Shaba, außerdem entstanden in den Räumen Kinshasa/Matadi und Kisangani kleinere Industriestandorte. Neben der Verhüttung der Schwermetalle haben das Textilgewerbe und die Weiterverarbeitung landwirtschaftl. Produkte die größte Bedeutung. Die Industrieproduktion ist rapide zurückgegangen und hatte 1993 nur noch einen Anteil von 11% am BIP.

Außenwirtschaft: Die Außenhandelsbilanz ist seit 1970 fast durchweg positiv (Einfuhrwert 1994: 0,86 Mrd. US-$; Ausfuhrwert: 1,1 Mrd. US-$). Wichtigste Ausfuhrwaren sind Bergbauprodukte (1993: Diamanten 27%, Kupfer 11%, Erdöl 11% und Kobalt 10%) und Agrarprodukte (v. a. Kaffee mit 5%). Die wichtigsten Handelspartner sind Belgien (22% der Importe, 46% der Exporte), die USA, Japan und Deutschland.

Verkehr: Größte Bedeutung hat in dem – mit Ausnahme der Straßen – verkehrsmäßig relativ gut erschlossenen Land der kombinierte Wasser-Schienen-Verkehr. Die 14 500 km langen schiffbaren Wasserwege des Kongo und seiner Nebenflüsse sind die wichtigsten Verkehrswege, wobei Eisenbahnstrecken nicht schiffbare Flussabschnitte umgehen. Die wichtigste Eisenbahnlinie verbindet Lubumbashi und Ilebo. Wichtigste Schifffahrtswege sind der Kongo zw. Kisangani und Kinshasa sowie der Kasai zw. Ilebo und der Mündung in den Kongo. Der Haupthafen Matadi liegt 160 km von der Mündung des Kongo in den Atlantik entfernt, ist aber für Seeschiffe erreichbar. Da für das Hauptwirtschaftszentrum Shaba die inländ. Verkehrswege nicht ausreichen, müssen erhebl. Mengen der bergbaul. Massengüter über ausländ. Bahnstrecken abtransportiert werden. Nur rd. 2 500 km des (1994) 145 000 km langen Straßennetzes sind befestigt. Internat. Flughäfen gibt es in Kinshasa, Lubumbashi, Bukavu, Kisangani und Goma (am Kiwusee).

GESCHICHTE

Ab etwa 700 n. Chr. siedelten Völker der Bantu im Gebiet des heutigen K. Bestimmte Staaten sind nachweisbar, seit die Küstenbewohner um 1500 mit port. Seefahrern in Berührung kamen. Auch im Inneren des Landes bestanden um diese Zeit Monarchien der →Lunda, →Luba und →Mangbetu; im N herrschten die →Zande. Die Forschungsreisen bes. von D. LIVINGSTONE und H. M. STANLEY weckten im 19. Jh. in Europa Interesse an der Kolonisierung Zentralafrikas. Gestützt auf die ›Association Internationale du Congo‹ (gegr. 1879), schuf sich der belg. König LEOPOLD II. als Privatmann mit Zustimmung der europ. Großmächte (→Kongokonferenz, 1884–1885) den ›Unabhängigen Kongostaat‹ (›Kongoakte‹). In z. T. langwierigen Kämpfen eroberten Truppen LEOPOLDS II. das ihm zugesprochene Gebiet, zerstörten dabei die um 1870 durch den Sklavenhandel entstandenen Reiche des MSIRI (* um 1820, † 1891) sowie des TIPPU TIP (* um 1837, † 1905) und schlugen bis 1900 mehrere Aufstände nieder. Harte Kritik in Europa, bes. in Großbritannien, an dem Herrschafts- und Ausbeutungssystem LEOPOLDS II. veranlasste 1908 das belg. Parlament, dem belg. Staat die Herrschaft über den Kongostaat (seitdem **Belgisch-Kongo**) zu übertragen. Zw. den beiden Weltkriegen nahm die Kolonie einen wirtschaftl. Aufschwung.

Erst nach Unruhen 1959 leitete Belgien polit. Reformen ein und entließ die Kolonie unter dem Namen ›République Démocratique du Congo‹ (Demokrat. Rep. K.; im Unterschied zu Kongo-Brazzaville, der heutigen Rep. Kongo, inoffiziell Kongo-Léopoldville, ab 1966 Kongo-Kinshasa gen.) überstürzt am 30. 6. 1960 mit einer bundesstaatl. Verf. in die Unabhängigkeit. Um einer Meuterei des Militärs und einer Abspaltung der Region Katanga unter M. TSHOMBÉ zu begegnen, rief die Reg. die UNO zu Hilfe. Der am 15. 7. 1960 begonnene, von den USA unterstützte, weitgehend von blockfreien Staaten Afrikas und

Kong Kongo

Asiens getragene, von der UdSSR und Frankreich kritisierte Einsatz von UN-Truppen (etwa 20 000 Mann) dauerte bis zum 30. 6. 1964. Als im September 1960 die Reg. im Streit zw. Präs. J. KASAVUBU und Premier-Min. P. LUMUMBA zerbrach, verhielt sich die UNO neutral. LUMUMBA wurde verhaftet, am 17. 1. 1961 nach Katanga ausgeliefert und dort ermordet. Bei Vermittlungsversuchen zw. der Zentral-Reg., ab August 1961 unter Premier-Min. CYRILLE ADOULA (* 1921, † 1978), und TSHOMBÉ erlitt UN-Gen.-Sekr. D. HAMMARSKJÖLD am 18. 9. 1961 einen tödl. Unfall. Erst im Januar 1963 beendete die UNO gewaltsam die Sezession Katangas.

Im Juli 1964 wurde TSHOMBÉ Premier-Min. der Zentral-Reg., jedoch am 23. 11. 1965 durch einen Putsch des Armeechefs MOBUTU SESE-SEKO gestürzt. Dieser regierte diktatorisch, gestützt auf die Einheitspartei Mouvement Populaire de la Révolution (MPR), verstaatlichte den Bergbau im Rahmen einer kapitalistisch bestimmten Wirtschaftspolitik, suchte sein Reg.-System durch Rückgriff auf angebl. afrikan. ›Authentizität‹ zu stabilisieren und geriet dabei (z. B. wegen Ablegung christl. Taufnamen) in Konflikt mit der kath. Kirche. 1971 erhielten Staat und Strom den Namen ›Zaire‹. Aufstände in Katanga (in Shaba umbenannt) schlug MOBUTU SESE-SEKO 1978/79 mit belgisch-frz. Militärhilfe nieder. Er schloss das Land eng mit Frankreich zusammenarbeitenden afrikan. Staaten an und pflegte gute Beziehungen zu den USA.

Die mit der Herrschaft MOBUTU SESE-SEKOS einhergehende Korruption zerstörte zunehmend die Wirtschaft des Landes. Nach dem Ende des Ost-West-Konfliktes drosselten Weltbank sowie IWF und westl. Reg. ihre Zusammenarbeit. MOBUTU SESE-SEKO sah sich am 24. 4. 1990 gezwungen, demokrat. Reformen anzukündigen. Er verstand es jedoch, die einberufene Nationalkonferenz zu lähmen. Ein stabiles Mehrparteiensystem kam vorerst nicht zustande. Zum Premier-Min. berief MOBUTU SESE-SEKO im November 1991 den ehem. Außen-Min. NGUZA KARL-I-BOND (* 1938). Im August 1992 duldete MOBUTU SESE-SEKO, dass die Nationalkonferenz ÉTIENNE TSHISÉKÉDI WA MULUMBA (* 1932) von der oppositionellen ›Union für Demokratie und sozialen Fortschritt‹ (Union pour la Démocratie et le Progrès Social, Abk. UDPS) zum Premier-Min. wählte. Der Konflikt zw. Staatspräs. und Min.-Präs. um die Macht führte dazu, dass es mit der Einsetzung einer vom der Opposition nicht anerkannten Reg. durch den Staatspräs. seit März 1993 zwei Reg. und zwei Parlamente gab. Im Januar 1994 wurden die beiden Parlamente zum ›Hohen Rat der Rep.‹ vereinigt. Zum neuen, auch von den westl. Geberländern unterstützten und von Präs. MOBUTU SESE-SEKO anerkannten Reg.-Chef wählte der Rat im Juni 1994 JOSEPH KENGO WA DONDO (* 1935), der wirtschaftl. Reformen einleitete. Mitte 1995 verlängerte der Rat im Einvernehmen mit dem Staatspräs. die seit 1990 andauernde Übergangsperiode um weitere zwei Jahre; Wahlen waren nun für Juli 1997 vorgesehen. Verschärft wurde die polit. Situation durch ethn. Konflikte (v. a. in Shaba und Kivu), Korruption und Übergriffe der Sicherheitskräfte sowie durch wirtschaftl. Verfall. Am 6. 10. 1996 billigte das Übergangsparlament eine provisor. Verf., über die in einem Referendum abgestimmt werden sollte.

Zu schweren Unruhen kam es Anfang Oktober 1996 im O des Landes in der Prov. Südkivu, nachdem den seit Generationen in dieser Region lebenden rd. 300 000 Banyamulenge-Tutsi befohlen wurde, das Land umgehend zu verlassen. Infolge der Kämpfe zw. Tutsi-Einheiten und Reg.-Truppen flohen zunächst etwa 250 000 der insgesamt rd. 1,5 Mio. Hutu, die 1994 aus Ruanda vertrieben worden waren, aus ihren Flüchtlingslagern, da sie nun zum Angriffsziel der Tutsi wurden. Am 8. 10. 1996 kam es unter Führung von L. KABILA zur Bildung der von den Tutsi dominierten ›Allianz demokrat. Kräfte zur Befreiung des Kongo-Zaire‹ (Alliances des Forces Démocratiques pour la Libération du peuple Congo-Zaire; Abk. AFDL), einer Vereinigung der ›Partei der Volksrevolution‹ KABILAS, der ›Revolutionären Bewegung für die Befreiung Zaires‹ unter MASASU NINDANGA, des ›Nationalrats für Widerstand und Demokratie‹ unter ANDRÉ KISASE NGANDU sowie der ›Demokrat. Volksallianz‹ der Banyamulenge-Tutsi. Die Truppen der AFDL, hauptsächlich unterstützt von Uganda sowie den USA, eroberten zunächst den O des Landes und drangen danach zügig ins Landesinnere vor. Infolge der Kämpfe waren schätzungsweise über 1 Mio. Menschen (vorwiegend Hutu) auf der Flucht nach Ruanda; dabei starben Tausende. Im März 1997 nahmen die AFDL-Truppen Kisangani, im April Lubumbashi ein. Nachdem das Übergangsparlament im März 1997 Premier-Min. KENGO WA DONDO seines Amtes enthoben hatte, wurde am 9. 4. 1997 der wenige Tage zuvor zu seinem Nachfolger ernannte Oppositionspolitiker TSHISÉKÉDI WA MULUMBA durch MOBUTU SESE-SEKO, der sich u. a. wegen der Behandlung eines Krebsleidens wiederholt für längere Zeit im Ausland aufgehalten hatte, abgesetzt und durch General LIKULIA BOLONGO ersetzt. Unter Vermittlung des südafrikan. Präs. MANDELA sowie seines Stellv. MBEKI trafen sich im April/Mai 1997 Vertreter der Reg. und der Rebellen (u. a. auf dem südafrikan. Kriegsschiff ›Outeniqua‹) zu Friedensgesprächen, die jedoch scheiterten. Nach einem Ultimatum KABILAS sowie dem Vorrücken seiner Einheiten auf die Hauptstadt Kinshasa verzichtete MOBUTU SESE-SEKO am 16. 5. 1997 auf seine Machtbefugnisse (jedoch nicht auf das Präs.-Amt) und verließ das Land. Am 17. 5. 1997 wurde Kinshasa eingenommen; KABILA erklärte sich zum Präs., nannte Zaire in Demokrat. Rep. K. um und setzte die provisor. Verf. außer Kraft. Der am 29. 5. 1997 als Präs. vereidigte und mit weit reichenden Machtbefugnissen nach dem Vorbild des US-amerikan. Präsidialsystems ausgestattete KABILA bildete nach dem Zusammenbruch der staatl. Ordnung infolge des siebenmonatigen Bürgerkrieges eine von seinen Anhängern dominierte Übergangs-Reg. und kündigte die Einberufung einer Verfassungsgebenden Versammlung, die Einhaltung der Menschenrechte, der Anerkennung aller bilateralen und multilateralen Verträge sowie Präsidentschafts- und Parlamentswahlen nach einer zweijährigen Übergangszeit für 1999 an. Trotz des Verbotes von Demonstrationen und polit. Aktivitäten (ausgenommen denen der AFDL) kam es wiederholt zu Protesten gegen die neuen Machthaber. Eine UN-Kommission untersuchte seit August 1997 Menschenrechtsverletzungen, bes. an Hutu-Flüchtlingen.

J. S. REEVES: The international beginnings of the Congo Free State (Baltimore, Md., 1894, Nachdr. New York 1973); J.-C. WILLAME: Patrimonialism and political change in the Congo (Stanford, Calif., 1972); M. D. MARKOWITZ: Cross and Sword. The political role of christian missions in the Belgian Congo 1908–1960 (ebd. 1973); R. CORNEVIN: Le Zaire (Paris ²1977); DERS.: Histoire du Zaïre (Brüssel ⁴1989); G. ABI-SAAB: The U. N. Operation in the Congo (Oxford 1978); T. N KANZA: Conflict in the Congo. The rise and fall of Lumumba (Harmondsworth 1979); D. J. GOULD: Bureaucratic corruption and underdevelopment in the Third World. The case of Zaire (New York 1980); B. WIESE: Zaire. Landesnatur, Bev., Wirtschaft (1980); R. W. HARMS: River of wealth, river of sorrow. The Central Zaire Basin in the era of the slave and ivory trade, 1500–1891 (New Haven, Conn., 1981); T. O. REEFE: The rainbow and the kings. A history of the Luba Empire to 1891 (Berkeley, Calif., 1981); R. LEMARCHAND: Political awakening in the Belgian Congo (Neuausg. ebd. 1982); M. SCHÜMER: Zaire u. der Westen (1984); C. YOUNG u. T. TURNER: The rise and decline of the Zairian state (Madison, Wis., 1985); P. KÖRNER:

Kongo **Kong**

Zaire. Verschuldungskrise u. IWF-Intervention in einer afrikan. Kleptokratie (1988); M. G. SCHATZBERG: The dialectics of oppression in Zaire (Bloomington, Ind., 1988); B. KUHN: Mehrparteiensystem u. Opposition in Zaire. Polit. Pluralismus in einer afrikan. Diktatur (1992); J. DEPELCHIN: De l'état indépendant du Congo an Zaïre contemperain, 1885–1974 (Paris 1992); W. J. LESLIE: Zaire. Continuity and political change in an oppressive state (Boulder, Colo., 1993); S. DESCALO u. a.: Historical dictionary of Congo (Neuausg. Lanham 1996).

Republik Kongo
Fläche 342 000 km²
Einwohner (1994) 2,516 Mio.
Hauptstadt Brazzaville
Amtssprache Französisch
Nationalfeiertag 15. 8.
Währung 1 CFA-Franc = 100 Centimes (c)
Zeitzone MEZ

Kongo, amtlich frz. **République du Congo** [repyˈblik dykɔ̃ˈgo], dt. **Republik Kongo,** häufig verwendete Kurz-Bez. Kongo (Brazzaville), Staat in Zentralafrika, grenzt im N an Kamerun und die Zentralafrikan. Rep., im O und S an die Demokrat. Rep. Kongo sowie die angolan. Exklave Cabinda, im SW an den Atlant. Ozean und im W an Gabun, mit 342 000 km² knapp so groß wie Dtl., (1994) 2,516 Mio. Ew.; Hauptstadt ist Brazzaville; Amtssprache: Französisch; Verkehrssprachen sind Lingala und Monokutuba. Währung: 1 CFA-Franc = 100 Centimes (c). Zeitzone: MEZ.

STAAT · RECHT

Verfassung: Nach der am 15. 3. 1992 durch Referendum gebilligten neuen Verf. ist K. eine demokrat. Rep. mit Mehrparteiensystem. Als Staatsoberhaupt fungiert der auf fünf Jahre direkt gewählte Präs. Er ernennt den Premier-Min. und auf dessen Vorschlag die übrigen Mitgl. des Kabinetts, das ausschließlich dem Parlament verantwortlich ist. Die Legislative liegt beim Zweikammerparlament, bestehend aus der Nationalversammlung (125 Abg., für fünf Jahre gewählt) und dem Senat (60 Mitgl., für sechs Jahre gewählt). Die Verf. enthält plebiszitäre Elemente.

Parteien: Einflussreichste Parteien sind: Union Panafricain pour la Démocratie Sociale (UPADS), Mouvement Congolais pour la Démocratie et le Développement Intégral (MCDDI), Parti Congolais du Travail (PCT), Rassemblement pour la Démocratie et le Développement (RDD) und Rassemblement Démocratique pour le Progrès Social (RDPS).

Gewerkschaften: Die Bildung freier Gewerkschaften ist seit Juni 1991 möglich; größte Dachverbände sind die Confédération Syndicale Congolaise (CSC; gegr. 1991) und die Confédération Syndicale des Travailleurs Congolais (CSTC; gegr. 1993).

Nationalfeiertag: 15. 8., erinnert an die Erlangung der vollen Unabhängigkeit 1960.

Verwaltung: K. ist in neun Regionen und vier Stadtbezirke gegliedert.

Recht: Das auf frz.-kolonialen und traditionellen Quellen beruhende Recht wurde nach der Unabhängigkeit 1960 durch sozialist. Rechtsgedanken sowie durch Modernisierungen geändert, in versch. Bereichen auch neu kodifiziert (Arbeitsgesetzbuch 1975, Familiengesetzbuch 1984). Weitere Änderungen erfolgen seit der Abkehr vom Sozialismus nach der Verf.-Änderung 1992 (z. B. im Eigentumsrecht). Das Handels- und Gesellschaftsrecht soll u. den französischsprachigen Ländern Afrikas harmonisiert wer-

den. – Das Gerichtssystem umfasst in Zivil- und Strafsachen für kleine Fälle ›einfache‹, für alle anderen Fälle ›große‹ Gerichte erster Instanz, außerdem Handelsgerichte, darüber gemeinsame Berufungsgerichte sowie den Obersten Gerichtshof in Brazzaville.

Streitkräfte: Die Gesamtstärke der Freiwilligenarmee beträgt rd. 11 000, die der paramilitär. Kräfte (v. a. Volksmiliz) rd. 6 000 Mann. Das Heer (10 000 Soldaten) ist gegliedert in je zwei Infanterie- und Panzerbataillone, je ein Pionier- und Fallschirmjägerbataillon sowie ein Bataillon Kommandotruppen. Luftwaffe und Marine verfügen über je 500 Mann. Die Ausrüstung besteht im Wesentlichen aus etwa 50 Kampfpanzern (T-54/-55, T-62, chin. T-59), 25 Kampfflugzeugen (v. a. MiG-17 und MiG-21) sowie aus sechs Kleinen Kampfschiffen.

LANDESNATUR · BEVÖLKERUNG

K. erstreckt sich beiderseits des Äquators nördlich und westlich der Grenzflüsse Kongo und Ubangi im Bereich des Kongobeckens und seiner Randschwellen. Flach lagernde Schichten der ausgedehnten Beckenlandschaft und die stark abgetragenen Schwellengebiete bestimmen die Oberflächenformen; es überwiegen weite Flächen und Hügelländer. Die höchsten Erhebungen liegen im Gebiet der Niederguineaschwelle (im W des Landes) im Bergland Mayombe (930 m ü. M.), dem im SW ein flaches Küstenland am Atlant. Ozean (Ausdehnung 40 km) vorgelagert ist. Im NO des Landes, im Becken des unteren Ubangi und Sanga, treten ausgedehnte Sümpfe auf.

Klima: K. hat äquatoriales Regenklima mit zwei Regenzeiten (Januar–Mai und Oktober bis Mitte Dezember); die jährl. Niederschläge betragen im Kongobecken 1 800–1 900 mm, im Bereich der Niederguineaschwelle 1 400–1 600 mm, an der Küste und im Regenschatten des Mayombe 1 250 mm. Die durchschnittl. Temperaturen liegen um 20 °C (Niederguineaschwelle im Juli) und 26 °C (Küste im Januar) mit tageszeitl. Schwankungen von etwa 10 Grad. Die Luftfeuchtigkeit ist im Kongobecken bes. hoch.

Vegetation: Der gesamte N und weite Teile der Niederguineaschwelle sind mit trop. Regenwald bestanden, der an den Flanken der Niederguineaschwelle in Feuchtwald übergeht. An der Küste ist Mangrove verbreitet, an die sich Feuchtsavanne anschließt.

Bevölkerung: Die Bev., fast ausschließlich Bantu, gehört zu 51,5 % zum Volk der Kongo, zu 17,3 % zum Volk der Teke, das im Gebiet des Stanley Pool lebt, ferner 11,5 % Mboshi u. a. In den Wald- und Sumpfgebieten des NO leben kleinere Gruppen von Pygmäen (nur noch 1,5 % der Bev.). Weite Teile im N und NO sind menschenleer. Das durchschnittliche jährl. Bev.-

Republik Kongo

Staatsflagge

RCB
Internationales Kfz-Kennzeichen

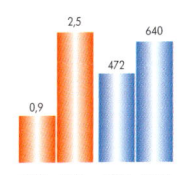

1970 1994 — Bevölkerung (in Mio.): 0,9 / 2,5
1970 1994 — Bruttosozialprodukt je Ew. (in US-$): 472 / 640

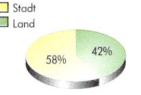

Bevölkerungsverteilung 1994
Stadt 42 % · Land 58 %

Bruttoinlandsprodukt 1994
Industrie 44 % · Landwirtschaft 10 % · Dienstleistung 46 %

Klimadaten von Pointe-Noire (15 m ü. M.)

Monat	Mittleres tägl. Temperaturmaximum in °C	Mittlere Niederschlagsmenge in mm	Mittlere Anzahl der Tage mit Niederschlag	Mittlere tägl. Sonnenscheindauer in Stunden	Relative Luftfeuchtigkeit nachmittags in %
I	29,5	155	11	5,0	73
II	30	210	12	5,8	72
III	30,5	227	15	4,8	72
IV	30,5	179	14	5,2	73
V	29	89	7	4,1	74
VI	26,5	1	1	4,1	69
VII	25	0,1	1	3,5	69
VIII	25	2	3	3,5	69
IX	26,5	13	10	2,1	73
X	28	71	16	3,1	75
XI	28,5	167	17	3,9	77
XII	29	143	12	4,5	74
I–XII	28	1257	119	4,1	73

Wörter, die man unter K vermisst, suche man unter C, Ch, G, H oder Q

Kong Kongo

Wachstum beträgt (1985–94) 3%, der Anteil der städt. Bev. (1994) 58%. In den vier größten Städten im S, die auch die vier Stadtbezirke bilden, lebt über die Hälfte der Bev.: Brazzaville mit 937 600 Ew., Pointe-Noire 576 200 Ew., Loubomo 83 600 Ew. und Nkayi 42 500 Ew. Um Brazzaville werden v. a. die Verkehrssprachen Lingala und Monokutuba gesprochen.

Religion: Die Verf. garantiert die Religionsfreiheit. Alle Religionsgemeinschaften sind rechtlich gleichgestellt. 1992 wurden alle Verbote aufgehoben, die 1978 – trotz der auch in der ›Volksrepublik K.‹ verfassungsmäßig garantierten Religionsfreiheit – über einzelne Kirchen und Religionsgemeinschaften verhängt worden waren (Adventisten, Zeugen Jehovas u. a.); ebenso die staatlich-administrativen Behinderungen, denen die Arbeit der Kirchen und Missionsgesellschaften ausgesetzt war. – Etwa 83% der Bev. sind Christen: rd. 45% gehören der kath. Kirche an (Erzbistum Brazzaville mit fünf Suffraganbistümern), rd. 25% prot. Kirchen und Gemeinschaften (u. a. Heilsarmee, Baptisten), rd. 13% unabhängigen Kirchen. Größte prot. Kirche ist die ›Ev. Kirche des K.‹ [›Eglise Evangélique du Congo‹], größte unabhängige Kirche die ›Kimbanguist. Kirche‹, die von Zaire (heute Demokrat. Rep. Kongo aus auch Eingang in K. fand. Über 10% der Bev. (v. a. im Zentrum und im N) gehören traditionellen afrikan. Religionen an. – Muslime und Bahais bilden kleine religiöse Minderheiten.

Bildungswesen: Die zehnjährige Schulpflicht (bei Schulgeldfreiheit) wird i. Allg. erfüllt; in weiterführenden Schulen sind Mädchen unterrepräsentiert. Es bestehen Primarschulen (Schulzeit sechs Jahre) und Sekundarschulen (Schulzeit sieben Jahre), Letztere bieten einen mittleren Abschluss nach vier Jahren. Die Analphabetenquote wurde in den letzten Jahren erheblich gesenkt und beträgt etwa noch 25% (1970 67%). Die Univ. in Brazzaville entstand 1972 aus einer 1961 gegründeten Lehrerbildungsanstalt.

Publizistik: Mit der neuen Verf. von 1992 wurde die seit 1972 bestehende Zensur der Medien aufgehoben und Pressefreiheit garantiert. Wichtigste Printmedien sind ›L'Eveil de Pointe-Noire‹, ›Aujourd'hui‹, ›Mweti‹, ›Le Soleil‹, ›Le Pays‹ und ›La Semaine Africaine‹. Die Nachrichtenagentur ›Agence Congolaise d'Information‹ (ACI) gibt das tägl. Nachrichtenblatt ›ACI‹ heraus. Die staatl. ›Radiodiffusion-Télévision Congolaise‹ betreibt den Hörfunk- und Fernsehsender. Die Programme von ›Radio Congo‹ werden in Französisch, Englisch, Portugiesisch sowie in versch. Landessprachen ausgestrahlt; die englischsprachigen Sendungen können auch in Namibia empfangen werden. Der Fernsehsender ›Télévision Nationale Congolaise‹ (TNC) sendet stundenweise und überwiegend in frz. Sprache.

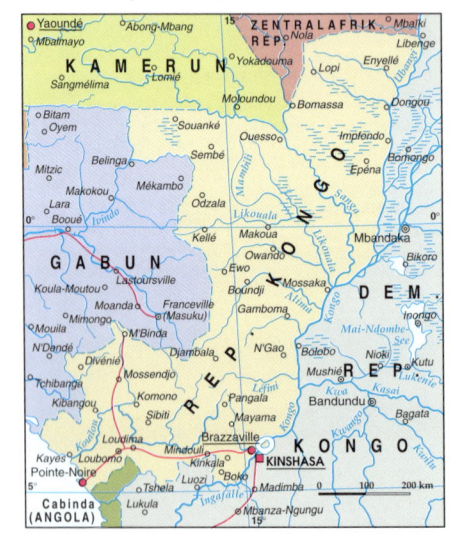

Republik Kongo: Kleine Siedlung im Bereich der Feuchtsavanne nahe der Atlantikküste

Republik Kongo: Übersichtskarte

WIRTSCHAFT · VERKEHR

Gemessen am Bruttosozialprodukt (BSP) je Ew. von (1994) 640 US-$ gehört K. zu den afrikan. Ländern mit mittlerem Einkommen. Dominierender Wirtschaftszweig ist die Erdölwirtschaft mit einem Beitrag von 50% zu den Staatseinkünften. Bei einer Auslandsverschuldung von (1993) 5,1 Mrd. US-$ müssen 11% der Exporteinnahmen für den Schuldendienst aufgewendet werden.

Landwirtschaft: Der Beitrag des Agrarsektors zum Bruttoinlandsprodukt (BIP) ist mit (1994) 10% nur gering, obwohl 59% der Erwerbstätigen in der Landwirtschaft tätig sind. Rd. 30% der Landesfläche sind landwirtschaftl. Nutzfläche, davon 169 000 ha Ackerland und 10 Mio. ha Wiesen und Weiden. Als wichtigste Grundnahrungsmittel werden Maniok, Mais, Erdnüsse und Jamswurzel angebaut, für den Export in geringen Mengen Kaffee, Kakao und Zuckerrohr. Mehr als 90% der Anbaufläche bewirtschaften Kleinbauern. Aufgrund niedriger Bodenfruchtbarkeit und mangelnder Verkehrserschließung der ländl. Räume ist K. in erhebl. Maße auf die Einfuhr von Agrarprodukten angewiesen. Auch die Viehwirtschaft hat wegen Mangel an fruchtbaren Weidegebieten und der Verbreitung der Tsetsefliege keine große Bedeutung.

Forstwirtschaft: K. verfügt über große Waldbestände; 1992 wurden 21,2 Mio. ha als Wald ausgewiesen (62% der Landesfläche). Die küstennahen Bestände an Edelhölzern (Okoumé- und Limbaholz) sind bereits weitgehend erschöpft. Da heute die Zentren der Forstwirtschaft im verkehrstechnisch kaum erschlossenen N des Landes liegen, wurde Raubbau zumeist vermieden. 1991 betrug der Holzeinschlag insgesamt 302 200 m³, fast ausschließlich für den Export.

Fischerei: Die Seefischerei hat keine große Bedeutung. Von den 1991 insgesamt gefangenen 45 600 t Fisch entfielen 60% auf Süßwasserfische.

Bodenschätze: Seit Mitte der 70er-Jahre ist die Erdölwirtschaft der dominierende Wirtschaftszweig. Bereits 1957 wurden nahe Pointe-Noire die ersten Erdölvorkommen entdeckt, seit 1968 nahm die Förderung im Schelfgebiet einen deutl. Aufschwung. Die nachgewiesenen Reserven betragen 140 Mio. t. Die Jahresproduktion an Rohöl wurde von 1979-91 von 2,6 Mio. t auf 8,1 Mio. t gesteigert. Weitere Bodenschätze sind u. a. Kalisalze, Blei-, Zink-, Kupfer-, Eisen- und Manganerze, Gold, Phosphat und Bauxit. Ihre Erschließung ist derzeit nur in wenigen Fällen rentabel.

Industrie: Neben der Erdölverarbeitung in Pointe-Noire (Erdölraffinerie) sind Nahrungsmittelindustrie und Holzverarbeitung die wichtigsten Zweige. Die größten Industriebetriebe konzentrieren sich auf Brazzaville, Pointe-Noire und Nkayi.

Tourismus: Trotz des günstigen Klimas, schöner Sandstrände und Lagunen sowie der Savannen und trop. Regenwälder ist der Tourismus nur wenig entwickelt und die Anzahl ausländ. Besucher gering (1990: 46 000).

Außenwirtschaft: Seit 1979 erzielt K. aufgrund der Expansion der Erdölförderung durchweg hohe Exportüberschüsse (1993: Einfuhr 670 Mio. US-$; Ausfuhr 1,3 Mrd. US-$). 1993 entfielen 83% der Ausfuhren auf Rohöl. Daneben werden v. a. bearbeitete Waren und forstwirtschaftl. Produkte exportiert. Die wichtigsten Handelspartner sind Frankreich, die USA, Belgien und Italien.

Verkehr: Das Verkehrsnetz ist auf die südl. Landesteile konzentriert. Die dichten Tropenwälder und unwegsamen Sumpfgebiete im N sind kaum erschlossen. Hier ist die Flussschifffahrt wichtigster und häufig einziger Verkehrsträger. Von dem Eisenbahnnetz mit insgesamt 1 152 km ist die wichtigste Strecke der 510 km lange O-W-Verbindung von Brazzaville nach Pointe-Noire. Die bedeutendste Straßenverbindung des 12 745 km langen Straßennetzes verläuft parallel zu dieser Bahnlinie. Große Bedeutung hat auch die S-N-Achse von Brazzaville über Owando nach Ouesso an der Grenze zu Kamerun. Das recht dichte Flussnetz (Kongo, Ubangi und die Nebenflüsse) begünstigt die Binnenschifffahrt. Die Hauptachse des Binnenwasserstraßennetzes mit einer Länge von 5 000 km ist mit 2 115 km die Verbindung von Brazzaville nach Bangui (Zentralafrikan. Rep.). Der Holztransport aus dem N erfolgt bis Brazzaville, dem wichtigsten Binnenhafen, ausschließlich per Frachtkahn; von dort weiter per Eisenbahn bis Pointe-Noire, dem einzigen Überseehafen des Landes. Einen internat. Flughafen haben Brazzaville und Pointe-Noire.

GESCHICHTE

Seit ältester Zeit besiedelt, entstanden im 14. Jh. die ersten Staaten (Loango, Kongo, Teke). Deren weitere Entfaltung wurde durch die Landung der Portugiesen 1482 und dem damit einsetzenden Sklavenhandel unterbrochen. Der frz. Afrikaforscher P. SAVORGNAN DE BRAZZA, der 1875-78 von Lambarene aus den Oberlauf des Ogowe erforschte und zum Kongo durchzudringen versuchte, erreichte im Wettlauf mit dem im Dienste LEOPOLDS II. von Belgien stehenden Sir H. M. STANLEY im September 1880 das Reich der Teke und schloss mit deren Makoko (König) in der Gegend des heutigen Brazzaville einen Protektoratsvertrag. Gegen den Widerstand LEOPOLDS II. war damit die Souveränität Frankreichs am Kongo proklamiert. 1884/85 wurden die frz. Ansprüche auf das inzwischen vergrößerte Territorium in der Kongokonferenz bestätigt. Das Gebiet, seit 1891 selbstständige Kolonie, erhielt 1903 die Bez. Moyen-Congo (Mittel-Schari (heute Zentralafrikan. Rep.) sowie Tschad Teil der Kolonialföderation →Französisch-Äquatorialafrika. 1911 trat Frankreich Gebietsteile an das Dt. Reich ab, die aber 1916 wieder französisch wurden. Ab 1926 breitete sich eine politisch-religiöse Protestbewegung aus, deren ›Heiland‹ der frühere kath. Katechet

ANDRÉ MATSWA (*1889, †1942) war. Im Zweiten Weltkrieg schloss sich die Kolonialbehörde schon am 28. 8. 1940 C. DE GAULLE an, der bis 1943 in Brazzaville residierte und dort vom 30. 1. bis 8. 2. 1944 eine Reformkonferenz der frz. Kolonialgouverneure leitete. Ab 1946 wurde K. als Überseeterritorium verwaltet. Als polit. Führer der Unabhängigkeitsbewegung setzte sich FULBERT YOULOU (*1917, †1972) durch, ein Angehöriger des Volkes der Kongo. 1958 wurde K. zur autonomen Rep. innerhalb der Französischen Gemeinschaft und erlangte am 15. 8. 1960 die Unabhängigkeit (K. [Brazzaville]); Präs. wurde YOULOU.

Am 15. 8. 1963 stürzte die Bev. der Hauptstadt Brazzaville mit Unterstützung der Armee den brutal herrschenden Präs. YOULOU. Unter seinem Nachfolger A. MASSEMBA-DÉBAT konstituierte sich 1964 die Einheitspartei ›Mouvement National de la Révolution‹ (MNR), die sich die Schaffung einer sozialist. Gesellschaft zum Ziel setzte. Am 2. 8. 1968 stürzten linksradikale Offiziere unter Führung von M. NGOUABI Präs. MASSEMBA-DÉBAT. Unter dem Vorsitz NGOUABIS übernahm ein Nat. Revolutionsrat die Macht. NGOUABI, seit dem 1. 1. 1969 Staatspräs., verkündete 1969 ein marxistisch-leninist. Programm, proklamierte die ›Volksrepublik K.‹ und die Einheitspartei ›Parti Congolais du Travail‹ (PCT). Rivalitäten innerhalb der Führungsschicht des Landes führten im März 1977 zu einem Putschversuch, dem NGOUABI zum Opfer fiel. Im Zuge innenpolit. Kämpfe setzte sich im Februar 1979 Oberst D. SASSOU-NGUESSO (*1943) als Staats- und Parteichef durch. Trotz der sozialist. Programmatik seiner wechselnden Präs. blieb K. jedoch wirtschaftlich stark von den westl. Industriestaaten, bes. von Frankreich, abhängig. Die Einheitspartei PCT sagte sich im Dezember 1990 vom Marxismus-Leninismus los, stimmte der Bildung eines Mehrparteiensystems zu und gab damit ihr Machtmonopol auf. Im Juni 1991 beschloss die Nationalversammlung einen staatl. Umbau und die Durchführung demokrat. Reformen. Nach Verabschiedung der neuen Verf. von 1992 wurde der Staatsname in ›Rep. K.‹ geändert. Bei den ersten freien Präsidentschaftswahlen am 16. 8. 1992 siegte P. LISSOUBA. Der Sieg der den Präs. unterstützenden Parteien in der Parlamentswahl vom Mai/Juni 1993 führte zu blutigen Unruhen; bei einer Wiederholung des zweiten Wahlgangs im Oktober 1993 unter internat. Aufsicht verteidigte die Reg. ihre Mehrheit im Parlament. Beigelegt wurde der Konflikt jedoch erst im August 1994 mit der Unterzeichnung eines Versöhnungsabkommens (u. a. Integration gegner. Milizen in die Armee), dem im Januar 1995 die Aufnahme von Oppositionspolitikern in die Reg. folgte. Anhaltende wirtschaftl. und soziale Probleme, die geplante Privatisierung der Wirtschaft und eine strenge Sparpolitik führten jedoch mehrfach zu Unruhen. Nachdem die Reg. versucht hatte, im Vorfeld der geplanten Präsidentschaftswahlen die Privatarmeen einflussreicher Politiker aufzulösen, kam es Anfang Juni 1997 in Brazzaville zu schweren Gefechten zw. den Reg.-Truppen und den mit diesen verbündeten Milizen des gewählten Präs. LISSOUBA einerseits und den Cobra-Milizen des ehem. Militärmachthabers SASSOU-NGUESSO andererseits.

P. VENNETIER: Géographie du Congo-Brazzaville (Paris 1966); S. AMIN u. C. COQUERY-VIDROVITCH: Histoire économique du Congo, 1880-1968 (ebd. 1969); H. BERTRAND: Le Congo. Formation sociale et mode de développement économique (ebd. 1975); E. W. SCHAMP: Industrialisierung in Äquatorialafrika (1978); M. SORET: Histoire du Congo (Paris 1978); A. WIRZ: Krieg in Afrika. Die nachkolonialen Konflikte in Nigeria, Sudan, Tschad u. K. (1982); V. THOMPSON u. R. ADLOFF: Historical dictionary of the People's Republic of the Congo (Metuchen, N. J., ²1984); J.-C. KLOTCHKOFF: Le Congo aujourd'hui (Paris 1988).

Kongo *der,* **Zaire** [zaˈirə, frz. zaˈiːr], zweitlängster und wasserreichster Strom Afrikas, 4374 km lang, entspringt im S der Prov. Shaba (im Mitumbagebirge) und durchfließt Kongo (Kinshasa), ist ab der Mündung des Ubangi bis in das erste Drittel der Livingstonefälle Grenzfluss zw. Kongo (Kinshasa) und Kongo (Brazzaville) und nach einem Abschnitt auf dem Staatsgebiet von Kongo (Kinshasa) ab Matadi bis zur Mündung in den Atlantik Grenzfluss zw. Kongo (Kinshasa) und Angola.

Der Fluss heißt ab der Quelle zunächst **Lualaba.** Beim Durchfließen der Lunda- und der Zentralafrikan. Schwelle bildet der Lualaba zahlr. Stromschnellen, so zw. Kolwezi und Bukama, unterhalb von Kongolo, bei Ubundu und als letzte die **Stanleyfälle (Boyomafälle;** in sieben Einzelfällen verliert der Lualaba auf 100 km 60 m an Höhe; von der Bahnlinie Ubundu–Kisangani umgangen).

Unterhalb der Stanleyfälle ist der K. dann bis Kinshasa ein Flachlandfluss (bis 14 km breit; zahlr. Inseln). Vor seinem Durchbruch durch die Niederguineaschwelle staut sich der Fluss zum **Stanley Pool** – in Kongo (Kinshasa) **Malebo Pool** gen.; der größere NW-Teil liegt in Kongo (Brazzaville) –, eine seeartige Verbreiterung von etwa 30 km Länge und 21 km Breite (rd. 450 km^2, bis 16 m tief); die 180 km^2 große, sumpfige Insel **Mbamou** in der Mitte dient als Viehweide; an seinen Ufern liegen die Hauptstädte Brazzaville und Kinshasa. Beim Durchbruch durch die Niederguineaschwelle bildet der K. in Kongo (Kinshasa) mit 32 Katarakten die **Livingstonefälle (Ingafälle,** größter Einzelfall 40 m; von der Bahnlinie Kinshasa–Matadi umgangen). Unterhalb von Matadi öffnet sich das Tal zu einem breiten, von Mangroven gesäumten Mündungstrichter, der sich als tiefe Rinne (bis 1 700 m u. M.) in den Schelf fortsetzt.

Das Einzugsgebiet des K. umfasst 3,69 Mio. km^2. Die Wasserführung beträgt bei Kinshasa im Dezember 61 000 m^3/s, im August 33 000 m^3/s; ein zweites Maximum tritt im April auf (45 000 m^3/s), wenn die zweite Regenzeit im S hier spürbar wird; die Trockenzeit nördlich des Äquators bewirkt ein Zwischenminimum im März, da zu dieser Zeit der Ubangi relativ wenig Wasser heranführt. – Kraftwerke bestehen am oberen Lualaba (120 MW; der 70 m hohe Zilodamm staut den Lac Delcommune auf) und an den Livingstonefällen bei →Inga.

Schiffbar ist der K. zw. Bukama und Kongolo, zw. Kindu und Ubundu, zw. Kisangani und Kinshasa und unterhalb von Matadi; die nichtschiffbaren Stromabschnitte werden durch Bahnlinien umgangen. Mit seinen Nebenflüssen (u. a. von rechts: Lukuga, Aruwimi, Ubangi, Sanga; von links: Lomami, Busira, Kasai) bildet er rd. 13 000 km Wasserstraßen.

J. P. Breitengross: Saisonales Fließverhalten in großflächigen Flußsystemen. Methoden zur Erfassung u. Darst. am Beispiel des K. (1972).

Kongobecken, Großlandschaft in Zentralafrika, beiderseits des Äquators, vom Kongo und seinen Nebenflüssen entwässert, auf allen Seiten von Randschwellen aus präkambr. Gesteinen umgeben: der Niederguineaschwelle im W, der Asandeschwelle im N, der Randschwelle des Zentralafrikan. Grabens im O und der Lundaschwelle im S. Das fast kreisrunde Tiefland (über 1 000 km Durchmesser), etwa 300 bis 450 m ü. M., ist von jungen Sedimenten (Alttertiär bis Quartär) erfüllt, hat äquatoriales Tropenklima und ist das größte Gebiet Afrikas mit geschlossenem immergrünem Regenwald. Die etwas höher gelegenen, klimatisch günstigeren Randgebiete aus tafelförmigen Sandsteinschichten (obere Trias bis unterer Jura) sind im S als Stufen ausgebildet, die von den Flüssen in Wasserfällen und Stromschnellen durchschnitten werden. – Der größte Teil des K. gehört zu Kongo (Kinshasa), der W-Teil zu Kongo (Brazzaville); randlich reicht es bis in den S der Zentralafrikan. Rep., den äußersten SO von Kamerun und den NO von Angola.

Kongo (Brazzaville) [-brazaˈvil], häufig verwendete Kurz-Bez. der Rep. →Kongo.

Kongo (Kinshasa) [-kınˈʃaːza], häufig verwendete Kurz-Bez. der Demokrat. Rep. →Kongo.

Kongokonferenz, auf belg. Veranlassung von Bismarck einberufene internat. Konferenz in Berlin (15. 11. 1884 bis 26. 2. 1885) zur Lösung des Kongoproblems. Anlass war eine von Großbritannien unterstützte Klage Portugals gegen die belg. Kolonialisationspolitik am Kongo. Die erarbeitete **Kongoakte** bestätigte den ›Unabhängigen Kongostaat‹ als Eigentum des belg. Königs Leopold II., erkannte den Besitz Frankreichs nördlich des Kongounterlaufs (Brazzaville) an, erklärte das Kongobecken samt seinen Nebenflüssen für neutral, setzte die Freiheit des Handels und der Schifffahrt auf dem Kongo fest und verbot den Sklavenhandel. Die K. stellte den Höhepunkt des dt.-frz. Einverständnisses in der Kolonialpolitik dar und verhinderte ein brit. Kolonialmonopol.

Kongo-Kordofanisch, →Niger-Kordofanisch.

Kongolesischer Franc [-frã], seit 1997 Währungseinheit in der Demokrat. Rep. Kongo.

Kongoni [afrikan.] *der* oder *das, -s/-s,* eine Antilope (→Kuhantilopen).

Kongorot, aus Benzidin und 1-Aminonaphthalin-4-sulfonsäure hergestellter Azofarbstoff, der als pH-Indikator (Umschlag von Rotorange nach Blauviolett bei pH 5,2 bis 3,0) verwendet wird; früher auch Textilfarbstoff.

Kongosalmler: Männchen (Länge bis 8 cm)

Kongosalmler, Micralestes interruptus, Phenacogrammus interruptus, afrikan. Art der Salmler; auf bläul. Grund rot und gelb schillernd, Männchen farbiger als Weibchen und mit stark verlängerter Rücken- und Schwanzflosse; Warmwasseraquarienfisch.

Kongregation [lat. ›Vereinigung‹] *die, -/-en,* kath. *Kirchenrecht:* 1) →Kurienkongregationen; 2) der Zusammenschluss mehrerer selbstständiger Klöster eines Ordens zu einem Klosterverband (**monastische K.**); 3) Ordensgemeinschaft mit öffentl. (lebenslang bindenden) Gelübden (**religiöse K.**); 4) Selbst-Bez. einzelner geistl. Gemeinschaften ohne öffentl. Gelübde (z. B. die →Gemeinschaften christlichen Lebens, bis 1967 ›Marianische Kongregationen‹).

M. Heimbucher: Die Orden u. Kongregationen der kath. Kirche, 2 Bde. (^{5}1933–34, Nachdr. 1987).

Kongregationalismus *der, -,* aus dem engl. Puritanismus hervorgegangene, theologisch dem Kalvinismus verpflichtete religiöse Bewegung. Im Ggs. zur Kirche von England ist der K. vom Staat unabhängig und lehnt eine episkopale oder presbyterische Kirchen-Verf. ab. Maßgebl. Strukturelement ist die Einzelgemeinde (engl. congregation). Allein Jesus Christus wird als ›Bischof‹ anerkannt; im Sinne eines strengen Biblizismus gilt ›Gottes Wort‹ als höchste Norm. In Gottesdienst und Lehre sind die Gemeinden, die in nat. Synoden vereinigt sind, selbstständig und unabhängig. Der 1891 gegründete internat. kongregationalist. Weltrat (›International Congregational Council‹, ICC) vereinigte sich 1970 mit dem Ref. Weltbund.

Der K. geht zurück auf R. Browne, der aus Protest gegen den Episkopalismus der Kirche von England 1580 in Norwich eine kirchenfreie Gemeinde gründete. Anfang des 17. Jh. entstanden aus der kongregationalist. Bewegung die Baptisten, die sich durch ihr

Taufverständnis vom K. abgrenzten. Engl. Flüchtlinge, die u. a. mit der ›Mayflower‹ (1620) nach Amerika gekommen waren, legten die Grundlagen für den nordamerikan. K.; mit der Harvard University entstand in Cambridge (Mass.) 1636 die erste theolog. Bildungsstätte des K. Der von den Kongregationalisten konsequent vertretene Grundsatz der im Willen Gottes begründeten Gleichberechtigung aller Menschen und die demokrat. Verf. ihrer Gemeinden prägten entscheidend die amerikan. polit. Kultur. Theologisch folgt der nordamerikan. K. der 1648 formulierten ›Cambridge Platform‹; der engl. K., der sich v. a. unter O. CROMWELL entfaltete, der 1658 verabschiedeten ›Declaration of faith and order‹; beide orientiert an der →Westminster Confession. – Heute sind Kongregationalisten (auch als **Independenten** bezeichnet) v. a. in den USA und in Großbritannien vertreten, außerdem in Südafrika, Kanada und Neuseeland.

Der K., hg. v. N. GOODALL (a. d. Engl., 1973).

Kongress [lat. ›Zusammenkunft‹] *der, -es/-e,*
1) *allg.:* größere fachl. oder polit. Versammlung, Tagung.
2) *Staatsrecht:* bes. in den USA das aus Senat und Repräsentantenhaus bestehende Gesetzgebungsorgan des Bundes (→Vereinigte Staaten von Amerika).
3) *Völkerrecht:* Zusammenkunft von Staatenvertretern für den Abschluss wichtiger Vereinbarungen, bes. eines Friedensschlusses (Wiener K., 1814/15; Berliner K., 1878).

Kongressdiplomatie, nach den Zusammenkünften der Monarchen und/oder ihrer leitenden Minister benanntes aussenpolit. Instrument zur sozialkonservativen Friedenssicherung im nachnapoleon. Europa. Erstmals beim Wiener Kongress 1814/15 bewährt, setzte sich die K. in den folgenden Jahren durch. Mit der zunehmenden Integration in die legitimistisch-restaurative Politik K. W. Fürst VON METTERNICHS verlor die K. nach dem Kongress von Verona (1822; Beschluss einer militär. Intervention gegen die revolutionäre Bewegung in Spanien) an Bedeutung.

Kongresspartei, →Indischer Nationalkongress.

Kongresspolen, das durch den Wiener Kongress 1815 aus dem bisherigen Herzogtum Warschau geschaffene Königreich Polen, das in Personalunion mit Russland verbunden war. Es verlor seine zunächst weitgehende Eigenverwaltung nach dem Aufstand von 1830/31. (→Polen, Geschichte).

kongruent [lat. ›übereinstimmend‹, ›entsprechend‹], 1) *allg.:* in allen Punkten übereinstimmend, völlig gleich; Ggs.: disgruent.
2) *Geometrie:* **deckungsgleich.** Zwei geometr. Figuren F und F' heißen k. (Zeichen $F \cong F'$), wenn sie in Größe und Gestalt übereinstimmen; k. Figuren lassen sich durch eine **Kongruenzabbildung** (→Bewegung) ineinander überführen. Stimmen die beiden Figuren im Umlaufsinn überein, so nennt man sie **direkt k. (gleichsinnig k.),** ist dies nicht der Fall, **invers k. (gegensinnig k.).** Die **Kongruenzsätze** geben die Bedingungen für die Kongruenz an. In der Elementargeometrie werden insbesondere k. Dreiecke untersucht, die entsprechenden Kongruenzsätze sind: Dreiecke sind k., wenn sie 1. in den Längen dreier Seiten *(sss),* 2. in den Längen zweier Seiten und der Größe des eingeschlossenen Winkels *(sws),* 3. in den Längen zweier Seiten und der Größe der längeren Seite gegenüberliegenden Winkels *(Ssw),* 4. in der Länge einer Seite und in der Größe der beiden anliegenden Winkel *(wsw)* und in der Länge einer Seite und der Größe eines anliegenden und der der Seite gegenüberliegenden Winkels *(sww)* übereinstimmen. – Die Kongruenz ist eine strengere Form der →Ähnlichkeit.
3) *Zahlentheorie:* →modulo.

Kongruenz *die, -/-en,* 1) *Mathematik:* →kongruent, →modulo.
2) *Sprachwissenschaft:* 1) Übereinstimmung von syntaktisch zusammengehörigen Satzteilen in Person, Numerus, Genus und Kasus **(syntaktische K.);** 2) Vereinbarkeit des Verbs mit anderen Satzgliedern in semant. Hinsicht **(semantische K.;** z. B. ›der Wagen fuhr langsam‹ und ›der Wagen fuhr neu‹).

Kongruenz|abbildung, *Mathematik:* die →Bewegung.

Kongsberg [ˈkɔŋsbær], Stadt im Verw.-Gebiet Buskerud, S-Norwegen, 23 000 Ew.; staatl. Münze, Bergbau- und kulturhistor. Museum; Waffen- und Munitionsfabrik (seit 1814), die heute auch Werkzeuge und Maschinen herstellt, elektron. Industrie. 1624–1957 wurde in zahlr. Gruben westlich der Stadt Silbererzbergbau betrieben (eine Grube ist zum Besuch freigegeben). – Barocke Holzkirche (1740–61) mit reicher Ausstattung. – 1624 erhielt K. den Status einer freien ›Bergstadt‹ sowie Mitte des 18. Jh. eine Bergbauakademie. Um 1800 war K. mit nahezu 10 000 Ew. nach Bergen die zweitgrößte Stadt Norwegens.

Kongsbergit [nach der norweg. Stadt Kongsberg] *der, -s/-e,* silberglänzendes kub. Mineral (Silberamalgam) der chem. Zusammensetzung α-(AgHg) mit über 40% Silber. Ein weiteres Silberamalgam ist der →Landsbergit.

Kongsfjord [-fju:r], früher **Kings Bay** [ˈkɪŋz beɪ], Fjord im NW der Insel Spitzbergen, etwa 22 km lang, 4–10 km breit; am K. liegt →Ny-Ålesund. In das Ende des K. kalbt der **Kongsbre,** einer der größten Gletscher Spitzbergens.

Koni, Ibrahim **al-K.,** libyscher Dichter, *Ghat 1948; war im diplomat. Dienst in Warschau und Moskau, lebt in der Schweiz. K. beschreibt in seinen Romanen, Erzählungen und Essays das in der arab. Literatur seltene Sujet des Wüstenlebens, angereichert mit symbol. und myth. Darstellungen. Im Mittelpunkt steht das zumeist gestörte Verhältnis zw. Mensch und Tier, bes. in ›Blutender Stein‹ (R., 1990, dt.).

Weitere Werke (arab.): *Romane:* Quadrilogie der Mondfinsternis, 4 Bde. (1989); Der Goldstaub (1990; dt.); Die Magier (1990); Die Zauberer (1994). – *Erzählungen:* Das Gebet außerhalb der fünf Gebetszeiten (1974); Ein Schluck Blut (1983); Diwan der wilden Prosa (1991).

Konia, Stadt in der Türkei, →Konya.

Koniferen [zu lat. conifer ›Zapfen tragend‹], Sg. **Konifere** *die, -,* die →Nadelhölzer.

Koniferen|öle, aus Nadeln, Zapfen, Zweigen oder Holz versch. Nadelhölzer durch Wasserdampfdestillation gewonnene, farblose oder gelbl., balsamisch riechende äther. Öle, die in der Parfümerie (u. a. für Seifen, Badepräparate, Raumluftverbesserer) und in der Pharmazie verwendet werden. Sie enthalten v. a. Bornylacetat, α- und β-Pinen sowie Limonen. **Tannenöle** stammen von Weißtanne (Abies alba, ›Edeltannenöl‹) und Sibir. Tanne (Abies sibirica, fälschlich ›sibir. Fichtennadelöl‹ gen.), **Fichtennadelöle** von Weißfichte (Picea glauca) und Schwarzfichte (Picea mariana, ›Hemlocköl‹ oder ›Spruceöl‹), **Kiefernnadelöle** von Waldkiefer (Pinus sylvestris, ›Kiefernnadelöl‹) und Bergkiefer (Pinus montana, ›Latschenkiefernöl‹).

Koniferyl|alkohol, Conifery|alkohol, ein ungesättigter Phenolätheralkohol, der in Form seines β-Glucosids, des **Koniferins,** v. a. in Nadelhölzern vorkommt. K. ist eine Vorstufe in der Biosynthese des →Lignins; an verholzten Stellen wird durch β-Glucosidasen der Zucker vom Koniferin abgespalten und der K. zu Lignin polymerisiert.

König [ahd. kuning, eigtl. ›Mann aus vornehmem Geschlecht‹, zu kunni ›Geschlecht‹], 1) nach dem →Kaiser Träger höchster staatl. Gewalt und höchster Repräsentant in der Monarchie. Das **Königtum** als staatsrechtl. Institution gab es zu allen Zeiten, so z. B. in den altgriech. Stadtstaaten, im Röm. Reich der Frühzeit. Bei den Germanen entstammte die K. im

Koniferylalkohol

Köni König

Volkskönigtum der Frühzeit der sich durch besonderes Heil auszeichnenden, ihre Abstammung häufig auf die Götter zurückführenden K.-Sippe (Stirps regia). Beim späteren Heerkönigtum wurde der K. nunmehr vom Volk (Volksversammlung) aus den vornehmsten Familien gewählt. Im Fränk. Reich (Königtum der Merowinger und Karolinger) traten zu den Elementen der german. Zeit noch der (später im Lehnswesen wieder zurückgedrängte) antik-röm. Amtsgedanke und das Gottesgnadentum mit seinem äußeren Symbol der Salbung (erstmals bei PIPPIN, 751). Zur Salbung kam seit KARL D. GR. die →Krönung als weltl. Akt. Eine weitere Grundlage seiner Legitimität war für den mittelalterl. K. die Stellung als christl. Gesetzgeber; an das röm. Vorbild wurde nur selten angeknüpft. Während die Machtstellung der fränk. K. auf dem Besitz des eroberten Landes beruhte (K.-Gut), äußerte sich seine Amtsgewalt in K.-Bann, K.-Schutz, K.-Gericht und in der Idee des K.-Friedens. Er trat seine Herrschaft mit einem Umritt an (→Königsritt). Seinem Wesen nach war das Königtum im Früh-MA. ein Reisekönigtum (→Pfalz).

Im Unterschied zur dynast. Erbfolge in Frankreich und England, deren Herrscher ebenso wie die in Spanien, Portugal, Dänemark, Norwegen und Schweden seit dem Früh-MA. den K.-Titel beanspruchten, blieb das Königtum im Regnum Teutonicum/Heiligen Röm. Reich wie in der german. Frühzeit bis 1806 formal ein Wahlkönigtum. Seit dem 13. Jh. (zuerst LOTHAR III. VON SUPPLINBURG) setzte sich dabei der Grundsatz der freien K.-Wahl ohne Rücksicht auf erbl. Vorrechte durch (Abkehr vom →Geblütsrecht; aber auch Einsetzung von Gegenkönigen). – Nach neueren Forschungen (1994) zur Wahl KONRAD VON TECKS (1292) waren entferntere Verwandtschaftsverhältnis (K.-Nähe und Geblütsrecht; lat. ius consanguinitatis) länger als bisher angenommen bedeutsam für die Kandidatur zur K.-Wahl. – Seit FRIEDRICH III. (1440–93) blieb das Haus Habsburg – mit Unterbrechung 1742–45 – im erbl. Besitz des K.-Titels (bis 1806), wenn auch in Form der K.-Wahl; seit 1486 (MAXIMILIAN I.) bedeutete ›Wahl‹ die Zustimmung zur Nachfolge aufgrund der →Designation. Wahlberechtigt waren zunächst alle anwesenden weltl. und geistl. Reichsfürsten, seit dem Interregnum (1254–73) nur die →Kurfürsten (1356 in der Goldenen Bulle verankert); im Sachsenspiegel wurden als ›Vorwähler‹ die Inhaber der →Erzämter genannt. Die Wahl fand seit 1147 fast ausnahmslos in Frankfurt am Main statt, die Krönung bis 1531 (FERDINAND I.) in Aachen, seitdem auch in Frankfurt. Die Macht des K. wurde im MA. in Dtl. – anders als in England und Frankreich – durch den Sieg des Lehnswesens zugunsten starker Mittelgewalten (→Landeshoheit) beschränkt.

Mit OTTO I., D. GR., (962) erwarb erstmals ein K. (lat. **Rex**) im Regnum Teutonicum, dem späteren Heiligen Röm. Reich, die röm. Kaiserkrone; fortan besaßen alle dt. K. (fälschlich ›Deutscher K.‹ gen.) mit ihrer Erhebung die Anwartschaft auf die Kaiserwürde (lat. imperator futurus ›künftiger Kaiser‹). Diese wurde mit dem Titel eines ›Röm. Kaisers‹ bis 1452 (FRIEDRICH III.) erlangt, sobald die K. in Rom waren (deshalb →Romfahrt). Seit 1508 bzw. 1556 (MAXIMILIAN I.; FERDINAND I.) nannten sich die dt. K. ohne päpstl. Krönung stets Kaiser (›Erwählter Röm. Kaiser‹). Ab um 1040 (HEINRICH III.) ist die Bez. **Rex Romanorum** belegt (→Römischer König; →deutsche Geschichte, ÜBERSICHT Könige und Kaiser).

Das Recht, die K.-Würde zu verleihen, beanspruchten im MA. sowohl die Kaiser (z. B. 1198 an Böhmen) als auch die Päpste (z. B. 1001 an Ungarn, 1130 an die Normannenherrscher von Sizilien und Neapel); 1319 nahmen die Herzöge von Polen, 1701 die Kurfürsten von Brandenburg für das Herzogtum Preußen (außerhalb des Reichs) den K.-Titel an. NAPOLEON I. erhob 1806 die Kurfürsten von Bayern, Württemberg, Sachsen zu K.; auf dem Wiener Kongress wurden 1815 Hannover und die Niederlande als **K.-Reiche** anerkannt. Im Vergleich zu den in der Tradition des MA. stehenden K. (z. B. in England, Frankreich, Spanien) und den im 19. Jh. von souveränen Völkern erhobenen K. (z. B. in Belgien, Griechenland, Italien) lassen sich diese dt. K. des 19. Jh. mehr als Titular-K. beschreiben, da ihre Souveränität im Rheinbund und später ähnlich beschränkt war wie diejenige der dt. Souveräne mit geringeren Titeln; es kam ihnen der Titel ›Majestät‹ und die Führung der →Königskrone im Wappen zu.

Zu den noch bestehenden K.-Reichen →Monarchie. (→Königin, →Wahlkapitulation)

Solange weltl. und religiöse Institutionen, Staat und Kirche, nicht getrennt sind, gilt auch das Königtum als sakral (**Gottkönigtum**). Ähnlich wie dem Häuptling eines Stammes religiöse Bedeutung zukommen kann, erscheint der K. als Inkarnation, Sohn oder Beauftragter Gottes, sodass er religiös tabuiert oder sogar kultisch verehrt (→Herrscherkult) und ihm ein besonderes →Charisma zugeschrieben wird. Im Christentum hat sich trotz der Trennung von Staat und Kirche (seit dem Investiturstreit) lange die Vorstellung von einem →Gottesgnadentum erhalten.

In den afrikan. Großreichen war vielfach die Königinmutter Mitregentin. Da der K. als Verkörperung der Wohlfahrt des Landes und seiner Bewohner galt, wurde er nach Ablauf einer festgesetzten Reg.-Zeit oder bei Anzeichen von Schwäche, Krankheit o. Ä. auf zeremonielle Weise getötet (**ritueller K.-Mord**), und zwar ohne dass sein Blut vergossen wurde (z. B. vergiftet, erschlagen, erwürgt). Dadurch sollte seine Kraft uneingeschränkt auf den Nachfolger übergehen und aus dem Jenseits wirken können.

Das Königtum. Seine geistigen u. rechtl. Grundl. (1954, Nachdr. 1963); K. DITTMER: Die sakralen Häuptlinge der Gurunsi im Obervolta-Gebiet (1961); E. HABERLAND: Unters. zum äthiop. Königtum (1965); E. MÜLLER-MERTENS: Regnum Teutonicum. Aufkommen u. Verbreitung der dt. Reichs- u. K.-Auffassung im früheren MA. (1970); K.-Wahl u. Thronfolge in ottonisch-frühdeutscher Zeit, hg. v. E. HLAWITSCHKA (1971); H. VOLLRATH-REICHELT: K.-Gedanke u. Königtum bei den Angelsachsen bis zur Mitte des 9. Jh. (1971); Beitr. zur Gesch. des mittelalterl. Königtums, hg. v. T. SCHIEDER (1973); K.-Wahl u. Thronfolge in fränkisch-karoling. Zeit, hg. v. DEMS. (1975); African kingships in perspective, hg. v. R. LEMARCHAND (London 1977); H. BEUMANN: Der dt. K. als ›Romanorum Rex‹ (1981); Das spätmittelalterl. Königtum im europ. Vergleich, hg. v. R. SCHNEIDER (1987); Kings and kingship in medieval Europe, hg. v. A. J. DUGGAN (London 1993); N. ELIAS: Die höf. Gesellschaft (Neuausg. ⁷1994).

2) *Kartenspiel:* zweithöchste Karte (nach dem Ass).

3) *Kegeln:* der in der Mitte stehende Kegel mit der Nummer 5 der Kegelaufstellung.

4) *Münzwesen:* **Guss-K.,** genormter Silberbarren (→Barren), den man im Schmelztiegel erstarren ließ. Mit Garantiepunzen versehen repräsentierte er als **Usualmark** im Zahlungsverkehr des Hoch-MA. (v. a. in Nord-Dtl.) einen hohen Betrag.

5) *Schach:* Abk. **K**, Hauptfigur; kann (→Rochade ausgenommen) nur einen Schritt nach jeder Richtung ziehen. Eine Partie ist verloren, wenn der K. dem ihm gebotenen ›Schach‹ auf keine Weise mehr begegnen kann, wenn er ›matt gesetzt‹ ist.

König, Bad K., Stadt im Odenwaldkreis, Hessen, an der Mümling, im Buntsandstein-Odenwald, 183 m ü. M., 9 500 Ew.; Heimatmuseum; Herstellung von Elfenbeinschmuck; Heilbad. Die Thermalquelle und die eisenmanganhaltigen Säuerlinge werden gegen Stoffwechsel- und Herzleiden angewendet. – Ev. Pfarrkirche (15.–18. Jh.) und Schloss (1559 ff., im Kern älter) bilden eine erhöht im Ort liegende Baugruppe. – K., eine der ältesten Siedlungen des Mümlingtals, gehörte urspr. zu Fulda, seit dem 10. Jh. dem Kloster Lorsch und fiel 1232 an das Hochstift Mainz. Im späten 19. Jh. wurde der Kurbetrieb aufgenommen. K. ist seit 1980 Stadt.

König, 1) Barbara, Schriftstellerin, *Reichenberg 9. 10. 1925; zunächst Journalistin, Mitbegründerin der ›Gruppe 47‹, seit 1958 freie Schriftstellerin; lebt heute in Dießen a. Ammersee. Neben Hör- und Fernsehspielen verfasste sie u. a. den Roman ›Die Personenperson‹ (1965), eine Auseinandersetzung mit der Frage nach der Identität des Ichs.
Weitere Werke: *Erzählungen:* Das Kind u. sein Schatten (1958); Spielerei bei Tage (1969). – *Romane:* Schöner Tag, dieser 13. Ein Liebesroman (1973); Der Beschenkte (1980). – *Hörspiele:* Ich bin ganz Ohr (1985).
2) Franz, Chirurg, *Rotenburg a. d. Fulda 16. 2. 1832, †Berlin 12. 12. 1910; war 1869–75 Prof. in Rostock, danach in Göttingen und ab 1895 in Berlin; befasste sich hauptsächlich mit Verletzungen und Erkrankungen (insbesondere Tuberkulose) von Knochen und Gelenken. K. legte erstmals eine Gallenblasenfistel (1882) sowie eine Trachealkanüle an. Er führte die Herzmassage bei Herzstillstand in die Chirurgie ein.
Werke: Lb. der speciellen Chirurgie für Aerzte u. Studirende, 3 Bde. (1875–77); Lb. der allg. Chirurgie für Aerzte u. Studirende, 3 Bde. (1883–89).
3) Franz, österr. kath. Theologe, *Warth (heute zu Rabenstein an der Pielach, Niederösterreich) 3. 8. 1905; wurde nach dem Studium in Rom (Gregoriana) und Wien 1933 in Rom zum Priester geweiht und war anschließend als Seelsorger in der Diözese Sankt Pölten tätig; 1949 wurde er Prof. für Moraltheologie in Salzburg, 1952 Bischof-Koadjutor in Sankt Pölten und Titularbischof. Von 1956 bis 1985 war K., der 1958 zum Kardinal ernannt worden war, Erzbischof von Wien. – Durch zahlr. Reisen in osteurop. Länder hat K. die nachkonziliare vatikan. Ostpolitik wesentlich beeinflusst. Er förderte die Beziehungen zw. der kath. Kirche und den Ostkirchen, u. a. durch die Gründung der Stiftung ›Pro Oriente‹ (1964), sowie das Gespräch mit den nichtchristl. Religionen. 1965–80 leitete er das in der Folge des 2. Vatikan. Konzils gegründete ›Sekretariat für die Nichtglaubenden‹ (1982–93 ›Päpstl. Rat für den Dialog mit den Nichtglaubenden‹). 1985–90 war er Präs. der internat. kath. Friedensbewegung ›Pax Christi‹.
Werke: Der Weg der Kirche. Ein Gespräch mit Gianni Licheri (a. d. Ital., 1985); Juden u. Christen haben eine Zukunft (1988, mit E. L. EHRLICH); Ansichten eines engagierten Kirchenmannes (1991); Appelle an Gewissen u. Vernunft (1995). – **Hg.:** Christus u. die Religionen der Erde. Hb. der Religionsgesch., 3 Bde. (1951); Religionswiss. Wb. (1956).
4) Johann, Maler, getauft Nürnberg 21. 10. 1586, †ebd. 4. 3. 1642; gehörte in Rom (1610–13) zum Kreis um A. ELSHEIMER, an dessen Stil und Thematik er in kleinen buntfarbigen Bildern (meist auf Kupfer) anknüpfte. 1614–29 war er in Augsburg tätig (beteiligt an der Ausstattung des Rathauses), danach in Nürnberg.
5) Johann Ulrich von (seit 1740), Dichter, *Esslingen am Neckar 8. 10. 1688, †Dresden 14. 3. 1744; wirkte 1710–16 in Hamburg, wo er für die Oper Libretti schrieb und mit B. H. BROCKES und MICHAEL RICHEY (*1678, †1761) die ›Teutschübende Gesellschaft‹ begründete; wurde 1719 Hofpoet und Geheimsekretär in Dresden, 1729 Zeremonienmeister.
6) Joseph, Pseudonym des Kunsthistorikers und Schriftstellers Carl Friedrich von →Rumohr.
7) Leo Freiherr von, Maler, *Braunschweig 28. 2. 1871, †Tutzing 19. 4. 1944; schuf einfühlsame, vom Impressionismus beeinflusste Porträts (u. a. von G. HAUPTMANN, E. BARLACH, E. NOLDE, KÄTHE KOLLWITZ), daneben Tierbilder und figürl. Darstellungen.

8) Michael, Schauspieler, *München 26. 3. 1947; erster Bühnenauftritt 1966, seit 1970 mit Unterbrechung an der Berliner Schaubühne; übernahm auch Film- und Fernsehrollen (ab 1970) und führte Regie.
Filme: Lenz (1971); Mann ohne Gedächtnis (1983); Der Angriff (1986); Roter Vogel (1989, Fernsehfilm).
9) René, Soziologe, *Magdeburg 5. 7. 1906, †Köln 21. 3. 1992; wuchs in Paris auf, lebte ab 1922 in Danzig, studierte in Wien Islamistik, Philosophie und Psychologie und anschließend in Berlin Soziologie, Ethnologie, Romanistik und Philosophie. 1937 emigrierte K. in die Schweiz und war 1947–49 Prof. in Zürich; 1949 wurde er Prof. in Köln (1974 emeritiert) und nahm daneben zahlr. Gastprofessuren wahr (u. a. in Großbritannien, Afghanistan und in den USA). Er begründete die ›International Sociological Association‹ mit und war 1962–66 deren Präs. 1955–85 gab er die ›Zeitschrift für Soziologie und Sozialpsychologie‹ heraus und begründete ihre Sonderhefte. Schwerpunkte seiner wiss. Arbeit bildeten grundlegende Fragen der soziolog. Theorie und Methodologie sowie die empir. Sozialforschung. K. veröffentlichte u. a. familien-, industrie- und stadtsoziolog. Studien, wobei bes. seine familiensoziolog. Analysen starke öffentl. Beachtung fanden. Durch seine Schriften und Handbücher übte er bedeutenden Einfluss auf Gestalt und Entwicklung der Soziologie aus, hatte entscheidenden Anteil daran, dass die Soziologie in Dtl. nach 1945 wieder an die internationale soziolog. Forschung anknüpfen konnte.
Werke: Vom Wesen der dt. Universität (1935); Materialien zur Soziologie der Familie (1946); Soziologie heute (1949); Soziologie (1958); Soziolog. Orientierungen (1965); Leben im Widerspruch. Versuch einer intellektuellen Autobiogr. (1980); Menschheit auf dem Laufsteg. Die Mode im Zivilisationsprozeß (1985); Soziologie in Dtl. Begründer, Verfechter, Verächter (1987). – **Hg.:** Hb. der empir. Sozialforschung, 2 Bde. (1962–69).
10) Walter, Chemiker, *Annaberg (heute zu Annaberg-Buchholz) 26. 9. 1878, †Radebeul 2. 2. 1964; seit 1913 Prof. für Farbenchemie in Dresden; arbeitete über den Zusammenhang von Konstitution und Farbe bei organ. Verbindungen und entwickelte die Polymethinfarbstoffe, die als Sensibilisatoren in der Fotografie verwendet werden.

König Alkohol, engl. ›John Barleycorn‹, Roman von J. LONDON; engl. 1913.

König Drosselbart, ein grimmsches Märchen von einer Prinzessin, die alle Freier verschmäht und darum vom Vater gezwungen wird, einen Bettler zu heiraten, der sich nach demütigenden Prüfungen als wegen seines Kinns verspotteter K. D. zu erkennen gibt. Der in Europa und Amerika verbreitete Stoff dürfte aus der Spielmannsdichtung des 13. Jh. stammen.

Könige, Bücher der K., Abk. **Kön.,** Schriften des A. T., in denen die Geschichte Israels und Judas vom Tode DAVIDS (965/964 v. Chr.) bis zur Rehabilitierung JOJACHINS (561 v. Chr.) dargestellt wird. Die Bücher der K. sind Teil des →deuteronomistischen Geschichtswerkes aus der Zeit des Exils. Als Quellen wurden Königsannalen, Listen, Prophetenlegenden und kleinere Geschichtswerke benutzt. Die Zerlegung in zwei Teile erfolgte in der Septuaginta. Die Vulgata zählt die beiden Bücher Samuels, die die Geschichte Israels unter den Königen SAUL und DAVID darstellen, als 1. und 2. Buch der K. und schließen ihnen die Bücher der K. als 3. und 4. Buch der K. an.
M. NOTH: Bibl. Kommentar, Bd. 9 (1968); J. GRAY: First and second kings. A commentary (London ³1980); E. WÜRTHWEIN: Die Bücher der K., 2 Bde. (¹⁻²1984–85); P. SÄRKIÖ: Die Weisheit u. Macht Salomos in der israelit. Historiographie. Eine traditions- u. redaktionskrit. Unters. über 1. Kön. 3–5 u. 9–11 (1994).

König Fahad Akademi|en [-faxd-], von König FAHD von Saudi-Arabien gegründete und vom Kö-

Franz König
(1832–1910)

Franz König
(*1905)

René König

Königgrätz Stadtwappen

nigshaus sowie saudi-arab. Geschäftsleuten finanzierte Bildungs- und Kultureinrichtungen im Ausland; verstehen sich als Mittlerinnen zw. arabischer und nichtarab. Kultur. Ein wichtiger Auftrag wird in der an saudi-arab. Lehrplänen ausgerichteten schul. Ausbildung bis zum Abitur von Kindern arabischer und anderer muslim. Familien gesehen. K. F. A. bestehen in Bonn (seit 1995), London und Washington.

Königgrätz, tschech. **Hradec Králové** [ˈɦradɛts ˈkraːlɔvɛː], Hauptstadt des Ostböhm. Gebietes, Tschech. Rep., 224 m ü. M., an der Mündung der Adler in die Elbe, (1994) 100 800 Ew. (1958: 56 300 Ew.); kath. Bischofssitz; Hochschulen für Medizin und Pharmazie, wiss. Bibliothek, Regionalmuseum, Planetarium; Anlagenbau (für die chem. Industrie und Zuckerfabriken), chem. Industrie, Klavierfabrik (›Petrof‹), Nahrungs- und Genussmittelindustrie. – Zentrum der Altstadt ist der Marktplatz mit der got. Kathedrale aus rotem Backstein (als Stadtpfarrkirche 1307 gegr., 1339–60 als got. Pseudobasilika erbaut, die Barockisierung des Innenraums im 18. Jh. wurde im 19. Jh. durch Regotisierung beseitigt), der ehem. Jesuitenkirche (1654–66 von CARLO LURAGO erbaut), dem Alten Rathaus (Renaissancebau des 16. Jh., um 1850 erneuert), dem Weißen Turm (1574–85), dem ehem. Bischofspalais (18. Jh.; beherbergt heute eine Gemäldegalerie) sowie Bürgerhäusern (z. T. mit Laubengängen); in der Mitte des Platzes die Mariensäule (Pestsäule; 1714–16). An der Westseite der Altstadt befindet sich das Stadtmuseum von J. KOTĚRA (1906–12). In der an rechten Elbufer z. T. nach Entwürfen von J. KOTĚRA und J. GOČÁR seit Anfang des 20. Jh. entstandenen Neustadt bedeutende Bauten der modernen Architektur, die Expressivität, Funktionalität und Zweckmäßigkeit zeigen. – Ein slaw. Burgort, an der Stelle früherer Siedlungen gelegen, ist für das 10. Jh. bezeugt. Begünstigt durch seine Lage an der Donau-Ostsee-Handelsstraße gegen 1255 zur Stadt erhoben, zählte K. im 15. Jh. zu den Zentren der Kalixtiner, stand in Verbindung mit J. ŽIŽKA, später mit König GEORG VON PODIEBRAD UND KUNŠTÁT. Ab 1664 Bischofssitz, wurde K. 1766–89 zu einer starken Festung ausgebaut (1893 geschleift).

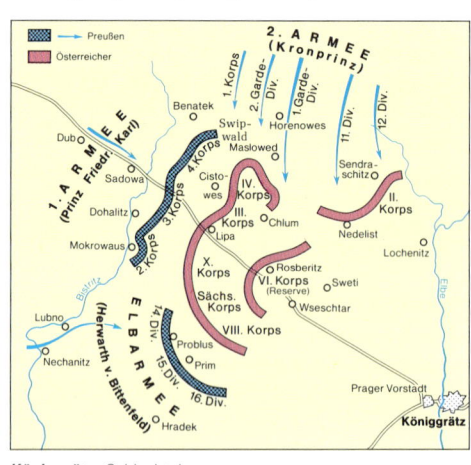

Königgrätz: Schlachtplan

In der **Schlacht von K.** (in Frankreich und Großbritannien nach dem nahe gelegenen Ort Sadowa gen.) besiegten die preuß. Truppen am 3. 7. 1866 die österr.-sächs. Armee und entschieden den Dt. Krieg 1866 zugunsten Preußens (heute Museum).

König Hirsch, ital. ›Il re cervo‹, Drama von C. GOZZI, Uraufführung 5. 1. 1762 in Venedig; ital. Erstausgabe 1772 in der Sammlung ›Fiabe‹; Oper von H. W. HENZE, 1952–55.

Königin, 1) *Biologie:* Bez. für ein Eier legendes Weibchen bei Staaten bildenden Insekten.
2) *Schach:* andere Bez. für die Dame.
3) *Staatsrecht:* 1) Herrscherin in einer Monarchie, in der neben der männl. auch die weibl. Erbfolge besteht (z. B. Dänemark, Großbritannien, Niederlande); 2) die Frau (bzw. die Witwe) eines Königs.

Königin der Nacht, ein Kaktus, →Schlangenkaktus.

Königinhof an der Elbe, tschech. **Dvůr Králové nad Labem** [dvuːr ˈkraːlɔvɛː -], Stadt im Ostböhm. Gebiet, Tschech. Rep., am linken Ufer der Elbe, 17 100 Ew.; Textilindustrie und Textilmaschinenbau. – In der Nähe liegt das Barockschloss Kukus der Grafen Sporck. – K. erhielt 1340 Stadtrecht. 1378 begründete ELISABETH, die Witwe KARLS IV., die Tradition des Ortes als Witwensitz der böhm. Königinnen.

Königinhofer Handschrift, tschech. **Rukopis Královédvorský** [-ˈkraːlɔvɛːdvɔrski], 1) die von V. HANKA am 16. 9. 1817 angeblich in Königinhof an der Elbe gefundene Handschrift mit zwei lyrisch-ep. Dichtungen, sechs Liebesliedern und sechs Kurzepen; sie wurde 1819 von HANKA veröffentlicht. 2) Gegen Ende 1817 schickte der Rentmeister JOSEF KOVÁŘ die angeblich in Grünberg (Zelená Hora) bei Nepomuk gefundene so genannte **Grünberger Handschrift** (tschech. **Rukopis Zelenohorský**) – Inhalt und sprachl. Gestalt verwiesen auf das 13. Jh. – anonym 1818 dem Oberstburggrafen FRANZ KOLOVRAT. Die dann dem böhm. Museum übergebene Handschrift enthielt zwei Fragmente mit 119 Versen, die in der Sprache des 9. und 10. Jh. abgefasst waren. Das längere, ›Libušin soud‹ (dt. ›Libušas Gericht‹), gab urspr. der Handschrift den Namen. J. DOBROVSKÝ erklärte die Grünberger Handschrift bereits 1824 für unecht. Dadurch angeregt, entlarvten J. FEIFALIK (1860), J. GOLL (1880), T. G. MASARYK (1886/87) und J. GEBAUER (1887/88, ›Archiv für slav. Philologie‹, Bde. 10 und 11) beide Denkmäler als Falsifikate; sie gelten jedoch heute als bedeutende literar. und politisch-nationalist. Mystifikationen des beginnenden 19. Jh., die einen starken Einfluss auf die tschech. Nationalbewegung und Literatur, Musik und Kunst ausgeübt haben.

Ausgaben: Rukopisy královédvorský a zelenohorský, hg. v. V. FLAJŠHANS (1930); Rukopis královédvorský a zelenohorský, hg. v. K. BEDNÁŘ (1961).

Königin-Maud-Land [-mɔːd-], Teil der Ostantarktis zw. 20° w. L. und 45° ö. L., größtenteils von Inlandeis bedeckt. Zu K.-M.-L., auf das Norwegen Anspruch erhebt, gehört →Neuschwabenland.

Königin von Saba, legendäre Herrscherin des altsüdarab. Reiches Saba (→Sabäer); in der Bibel in 1. Kön. 10, 1 ff. und als ›Königin des Südens‹ in Mt. 12, 42 genannt; nach jüd. Legenden Stammmutter der ›Schwarzen Juden‹ (→Falascha). Der Koran erwähnt die K. v. S. (in der muslim. Literatur **Bilqis** genannt) in Sure 27, 22 ff., wo sie und ihr Volk als Sonnenanbeter dargestellt werden, die durch SALOMO zum Glauben an den einen und einzigen Gott (Allah) finden.

Die K. v. S. Kunst, Legende u. Archäologie zw. Morgenland u. Abendland, hg. v. W. DAUM (1988).

König-Karl-Land, norweg. Inselgruppe östlich von →Spitzbergen.

König Laurin, mittelhochdt. Heldenepos, →Laurin.

König Lear [-liːr, engl. -lɪə], engl. ›King Lear‹, Tragödie von SHAKESPEARE; erste belegte Aufführung 26. 12. 1606 in Whitehall (heute zu London), engl. Erstausgabe 1608. (→Lear)

Königlich-Dänisches Ballett, das Ensemble des Kopenhagener Opernhauses (gegr. 1748). Nach der ersten Blütezeit (1775–1811) unter VINCENZO GALE-

OTTI wurde die Tätigkeit von A. BOURNONVILLE (1830-79) für die weitere Entwicklung bestimmend. Bes. auf sein Repertoire zurückgreifend, pflegt das K.-D. B. bis heute den klass. Stil; seit Mitte der 1950er-Jahre öffnete es sich verstärkt modernen Choreographien.

Königlich-Schwedisches Ballett, Ensemble des Stockholmer Opernhauses (gegr. 1775). Der erste bedeutende Ballettmeister war ANDERS SELINDER (1833-45, 1851-56), der auf schwed. Volkstänze zurückgriff. Mit häufig wechselnden Ballettmeistern und Gastchoreographen (u. a. BOURNONVILLE, später M. M. FOKIN) pflegt das Ensemble das klass. und moderne Repertoire.

König Ottokars Glück und Ende, Tragödie von F. GRILLPARZER; Uraufführung 19. 2. 1825 in Wien, Erstausgabe 1825.

König Rother, vorhöf. mittelhochdt. Epos, entstanden wohl zw. 1152 und 1180. Der Autor des Epos mit dem für die Spielmannsdichtung typ. ›Brautwerbeschema‹ ist ein anonymer Kleriker. Geschildert wird die abenteuerl. Werbung K. R.s um die Tochter des byzantin. Kaisers, die nach dem ersten Entführung durch K. R. von einem Spielmann mit List zurückgeholt und dann mit Heeresmacht von Rother wiedergewonnen wird. Das Epos lieferte wichtige Impulse für →Kudrun und →Dukus Horant; es ist in einer Handschrift vom Ende des 12. Jh. vollständig überliefert.

Ausgaben: K. R., hg. v. T. FRINGS u. J. KUHNT (³1968); Rother, hg. v. J. DE VRIES (²1974).

Königsaal, tschech. **Zbraslav** [ˈzbraslaf], ehem. selbstständiger Ort, seit 1974 südl. Stadtteil von →Prag.

Königs|au, dän. **Kongeå** [ˈkɔŋɔː], 65 km langer Fluss in Jütland, mündet nordwestlich von Ribe in die Nordsee; bis 1864 Grenze zw. dem Königreich Dänemark und dem Herzogtum Schleswig; bis 1920 dt. Reichsgrenze.

Königs|aue, 1972 wegen des Braunkohlenabbaus aufgegebenes Dorf bei Aschersleben; in der Nähe am Ufer des ehem. Aschersleber Sees ungewöhnlich vollständige Schichtenfolge aus der letzten Kaltzeit und Siedlungsplätze der mittleren Altsteinzeit mit typologisch unterschiedl. Feuersteinartefakten und Überresten u. a. von Mammut, Nashorn, Ren und Wildpferd. (BILD →Hausurnen)

D. MANIA u. V. TOEPFER: K. (Berlin-Ost 1973).

Königsberg, Name von geographischen Objekten:
1) **Königsberg,** 1815-1945 Reg.-Bez. der Prov. Ostpreußen, mit (1943) 13 148 km² und (1939) 1,059 Mio. Ew., Hauptstadt war Königsberg (Pr). Zu K. gehörte bis 1919/20 (Versailler Vertrag) das →Memelgebiet; 1945 kamen 6 384 km² (im N) unter sowjet. und 6 764 km² (im S) unter poln. Verwaltung. Die Abtretung an Polen bzw. die Sowjetunion (seit 1992 Russland) wurde völkerrechtlich endgültig im Dt.-Poln. Grenzvertrag vom 14. 11. 1990 (in Kraft seit 16. 1. 1992) und im Dt.-Sowjet. Partnerschaftsvertrag (›Generalvertrag‹) vom 9. 11. 1990 (in Kraft seit 5. 7. 1991) anerkannt (→Oder-Neiße-Linie).

2) **Königsberg,** heute russ. **Kaliningrad,** Stadt in Russland und Hauptstadt des Gebiets Kaliningrad (russ. Exklave zw. Litauen und Polen, 650 km vom russ. Kernland entfernt), die ehem. Hauptstadt Ostpreußens, liegt beiderseits des Pregels, 7 km vor dessen Mündung ins Frische Haff, (1994) 420 000 Ew. (1939: 372 200 Ew.); Univ. (1544 gegr., Neugründung 1967; Kantmuseum), Hochschule für Fischereiwirtschaft, Seefahrtschule, Bernsteinmuseum (mit über 8 000 Exponaten). Führende Industriezweige sind Maschinenbau und Schiffsreparatur, Zellstoff-, Papier- und Holzindustrie sowie Fischverarbeitung. Das 15 100 km² große Gebiet Kaliningrad (1993: 913 100 Ew.), das nördl. Teil des früheren Ostpreu-

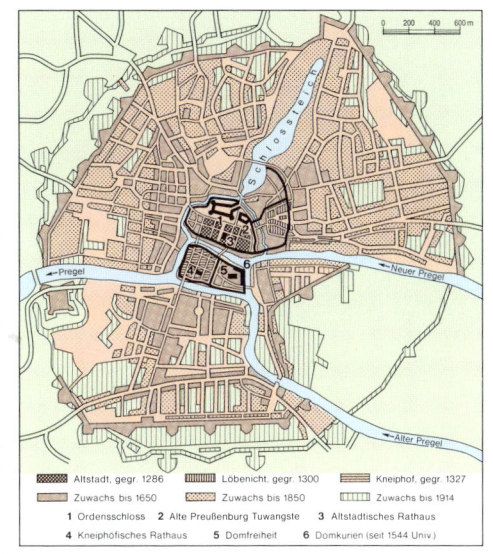

ßens umfasst, ist die 1995 gesetzlich festgelegte und 1996 von B. JELZIN bestätigte freie Handels- und Wirtschaftszone ›Jantar‹ (Bernstein). K. ist einer der wichtigsten Ostseehäfen Russlands (→Pillau); zw. Kiel bzw. Mukran und K. Fährbetrieb.

Stadtbild: Die Innenstadt mit ihren histor. Gebäuden fiel 1944 zu 90% der Zerstörung zum Opfer. Betroffen waren auch die Fachwerkspeicher (16.-19. Jh.) am inneren Hafen, die neben denen von Danzig den größten erhaltenen Komplex dieser Art darstellten. Die Reste des Schlosses (urspr. Burg, begonnen 1287-92, Um- und Erweiterungsbauten bis ins 19. Jh.) wurden 1969 gesprengt. Der Dom, 1325 als basilikaler Wehrbau begonnen und 1351-82 zur dreischiffigen Halle mit einschiffigem, gerade geschlossenem Chor und zweitürmigem W-Bau (Türme 1333) umgestaltet, verfügte u. a. über zahlr. Epitaphien (16./17. Jh.); nach der Zerstörung 1944 wurde das Bauwerk gesichert (Sanierungsarbeiten im Gange); am Dom das Grab von I. KANT und ein Gedenkstein von KÄTHE KOLLWITZ für ihren Großvater JULIUS RUPP. Weitere Kirchen, meist Hallen- und Saalbauten in der Tradition der Deutschordensarchitektur, prägten das Stadtbild. Die Steindammer Kirche St. Nikolaus (1. Viertel des 14. Jh., W-Turm 15. Jh.), eine der ältesten Kirchen der Stadt, wurde nach Zerstörung abgetragen; die Ruine der Altstädter Pfarrkirche (neu errichtet 1838-45 als gotisierender Backsteinbau nach Entwurf von K. F. SCHINKEL) konnte gesichert werden. In den ursprüngl. Formen erfolgte der Wiederaufbau der 1844-62 im Neurenaissancestil nach Entwurf von A. STÜLER errichteten Neuen Universität. Das Gebäude der 1841 gegründeten Kunstakademie (Neubau 1913-16), deren bedeutendster Schüler L. CORINTH war, beherbergt heute eine Schule. - Der Wiederaufbau nach dem Zweiten Weltkrieg setzte um 1950 ein (Generalbebauungspläne), wobei man das Radial-Ring-System der Straßenanlagen beibehielt.

Geschichte: An der Stelle einer pruss. Fliehburg legte der Dt. Orden 1255 eine Burg an, die zu Ehren König OTTOKARS II. PŘEMYSL von Böhmen K. genannt wurde. Nach dem Untergang einer ersten Ansiedlung 1262 entstanden im Schutze der Burg drei Städte mit Culmer Recht, die Altstadt (1286), östlich davon der Löbenicht (1300) und auf der Insel im S der Kneiphof (1327), sowie ein Kranz von Vororten

Königsberg 2): Stadtgeschichte

Königsberg 2)
Stadtwappen

ehemalige Hauptstadt
Ostpreußens

seit 1946
Kaliningrad

am Pregel

420 000 Ew.

Seehafen

Universität
(1544-1945,
Neugründung 1967)

1255 Errichtung der
Burg des Dt.
Ordens

1525-1618 Residenz
der Herzöge von
Preußen

1701 und 1861
Krönungsstadt der
preußischen Könige

1755-96 lehrte
Immanuel Kant an
der Universität

Wörter, die man unter K vermisst, suche man unter C, Ch, G, H oder Q

Köni Königsberger Brückenproblem – Königsbrück

Königsberg 4): Das ›Uhrmacherhaus‹ in der Marienstraße

Königsberger Brückenproblem

(›Freiheiten‹). K. lag am Treffpunkt zweier Handelsstraßen, die hier den Pregel überschritten und sich nach N in die Bernstein-, die Kur. und die Litauische Straße teilten. K. wurde Sitz des Domkapitels im Bistum Samland, die (Marien-)Burg, zunächst Sitz eines Komturs, nach der Verlegung der Verwaltung des Dt. Ordens nach Preußen (1309) Sitz des Ordensmarschalls. Um den Dom bildete sich ein eigener geistl. Bezirk. Die drei Städte waren 1340 Mitgl. der Hanse.

1454 nahm K. vorübergehend am Aufstand gegen den Orden teil. Nach dem Verlust der Marienburg (1457) wurde es Sitz des Hochmeisters, 1525 der preuß. Herzöge (bis 1618). K. war ein Zentrum des geistigen (Univ.) und literar. Lebens (→Königsberger Dichterkreis). Auch der Handel setzte sich im 16. und 17. Jh. gegen Danzig durch. Dagegen war K. nach 1618 nicht mehr ständige Residenz; 1701 und 1861 war K. Krönungsstadt der preuß. Könige. FRIEDRICH WILHELM I. vereinigte die drei Städte 1724 zu einer Stadtgemeinde. Schon vorher mit Wällen umgeben, erhielt K. 1843–64 eine starke Befestigung, die zu enger Bebauung der Innenstadt zwang. Erst seit 1920 konnte sich K. ausdehnen und Vororte eingemeinden. 1894–1901 wurde der Hafen der Stadt (seit 1925 neuer Seehafen) durch den **Königsberger Seekanal** (42 km lang, 47,5 m breit, 8 m tief) im Frischen Haff mit seinem Vorhafen Pillau verbunden. Als Hauptstadt der Prov. Ostpreußen (1815–1945) war K. deren kulturelles (Handelshochschule, Staatl. Kunstakademie, Konservatorium, Ostpreuß. Verwaltungsakademie, Staatsarchiv, mehrere Museen, Opernhaus, Schauspielhaus, Rundfunksender u. a.) und wirtschaftl. Zentrum (Schiffs-, Waggon- und Landmaschinenbau, Holz- und Zellstoffindustrie), bekannt waren die Königsberger Bernsteinmanufaktur und das Königsberger Marzipan. – Im Zweiten Weltkrieg wurde die Stadt durch Luftangriffe (August 1944) und bei der Belagerung durch sowjet. Truppen (Januar bis April 1945) stark zerstört. 1945 kam K. – bis dahin amtlich **Königsberg (Pr)** – unter sowjet. Verwaltung, seit 1946 Kaliningrad genannt. 1947/48 erfolgte die Aussiedlung der dt. Bev. (nur noch 25 000). Im Dt.-Sowjet. Partnerschaftsvertrag vom 9. 11. 1990 (in Kraft seit 5. 7. 1991) wurde die Zugehörigkeit zur Sowjetunion völkerrechtlich endgültig anerkannt. Anfang der 90er-Jahre kam es zur zunehmenden Ansiedlung von Russlanddeutschen aus ehemals sowjet. Randgebieten in der Region Kaliningrad.

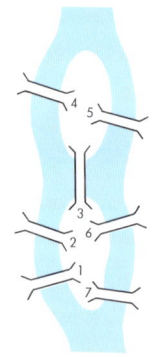

Die **Albertus-Universität** zu K., 1544 von Herzog ALBRECHT D. Ä. von Preußen gegründet, machte K. zu einem Zentrum des geistigen Lebens; bedeutendster Lehrer war im 18. Jh. I. KANT, der dort 1755–96 lehrte. Die ›Albertina‹ (seit etwa 1860 übl. Bez. der Univ.) wurde 1945 aufgelöst, die Bestände der Bibliothek aus 685 000 Bänden gelangten weitgehend nach Göttingen. 1967 wurde die ›Staatl. Univ. von Kaliningrad‹ gegründet.

G. VON SELLE: Gesch. der Albertus-Univ. zu K. in Preussen (²1956); W. HUBATSCH: Die Albertus-Univ. zu K. in Preussen in der dt. Geistesgesch. 1544–1944, in: Dt. Universitäten u. Hochschulen im Osten, bearb. v. DEMS. u. a. (1964); F. GAUSE: K. in Preußen. Die Gesch. einer europ. Stadt (²1987); DERS.: Die Gesch. der Stadt K. in Preußen, 3 Bde. (²1996).

3) Königsberg, poln. **Chojna** [x-], Stadt in der Wwschaft Szczecin (Stettin), Polen, 6 300 Ew.; Nahrungsmittel-, Textilindustrie. – Die 1244 erstmals urkundlich erwähnte Stadt K. (Stadtrecht um 1255) reicht vermutlich auf eine slaw. Burg des 10./11. Jh. zurück; fiel 1257, spätestens 1270, an die Markgrafen von Brandenburg. Bis 1945 hieß die Stadt amtlich **Königsberg Nm.** 1945 kam K. unter poln. Verw.; die Zugehörigkeit zu Polen wurde durch den Dt.-Poln. Grenzvertrag vom 14. 11. 1990 (in Kraft seit 16. 1. 1992) anerkannt.

4) Königsberg i. Bay., Stadt im Landkreis Haßberge, Bayern, 276 m ü. M., 4 000 Ew.; Herstellung von Rohren und Leuchten. – Gut erhaltenes Stadtbild, am Markt das Rathaus (17. Jh.) mit Rolandssäule von 1608 und die ev. Pfarrkirche (1432 geweiht, im 19. Jh. nach Brand erneuert). – K. erhielt 1358 Stadtrecht, 1400 fiel es als Exklave an Thüringen, nach Volksentscheid (1920) wurde es Bayern eingegliedert.

Königsberger Brückenproblem, eulersches Brückenproblem, Bez. für die folgende topolog. Fragestellung: Ist es möglich, einen Rundgang durch das alte Königsberg (Pr) zu machen, bei dem man jede der sieben Brücken über die Teilarme des Pregels genau einmal überschreitet? L. EULER konnte beweisen, dass es einen solchen Weg nicht gibt.

Königsberger Dichterkreis, eine Anfang des 17. Jh. in Königsberg (Pr) um R. ROBERTHIN gegründete Vereinigung von Musikern (H. ALBERT, J. STOBAEUS) und Dichtern (u. a. S. DACH, J. P. TITZ). Emblem des Kreises war der Kürbis (›Kürbishütte‹), die Mitgl. verfassten Kirchen- und Gesellschaftslieder sowie meist religiös geprägte Gelegenheitsdichtung.

Königsberger Vertrag, Vertrag vom 17. 1. 1656, mit dem Kurbrandenburg das Herzogtum Preußen mit Ermland von Schweden zu Lehen nahm (statt bisher von Polen), aufgehoben durch den Vertrag von →Labiau.

Königsboten, lat. **Missi dominici, Sendgrafen,** unter den Merowingern Sonderbeauftragte (Missi ad hoc) des Königs, meist Grafen, Bischöfe oder Äbte, die mit außerordentl. Vollmachten für Rechtsprechung und Verw. in die Provinzen entsandt wurden, unter KARL D. GR. zur ständigen Einrichtung erhoben, als Mittler- und Kontrollinstanz zw. Reichs- und (gräfl. oder bischöfl.) Regionalverwaltung. Meist wurden einmal jährlich je ein weltl. und ein geistl. K. in einen Bezirk (Missaticum) gesandt, um dort die Tätigkeit der Verw. zu überprüfen, Land- und Gerichtstage abzuhalten und den Treueid für den König abzunehmen; anschließend erstatteten sie dem König Bericht. Das Amt des K. verfiel, als einheim. Grafen und Erzbischöfe es übernahmen.

Königsbrück, Stadt im Landkreis Kamenz, Sa., 170 m ü. M., am Nordrand des Lausitzer Berglands, an der Pulsnitz, 5 100 Ew.; Keramikindustrie; Landschaftsschutzgebiet K.er Heide (ehem. Truppenübungsplatz). – K. wird 1248 erstmals genannt und ist seit 1351 als Stadt bezeugt.

Königsbrunn, Stadt im Landkreis Augsburg, Bayern, ehem. Straßendorf, 515 m ü. M., auf dem Lechfeld, südlich von Augsburg, 26 000 Ew.; Maschinen- und Werkzeugbau, Herstellung von elektr. und elektron. Geräten und Bauteilen, Lederwaren, Bürsten und Kartonagen. – Seit 1967 Stadt.

Königsbuch, pers. **Schah-Name,** episches Gedicht des pers. Dichters →FIRDAUSI.

Königsdorf, Helga, Schriftstellerin, *Gera 13. 7. 1938; Mathematikerin (1974 Professur, 1990 emeritiert); schreibt seit den 70er-Jahren Erzählungen, die in knapper Sprache illusionslos den Alltag der DDR aus der Perspektive der Frauen beschreiben (›Meine ungehörigen Träume‹, 1978). Thema der Erzählung ›Respektloser Umgang‹ (1986) ist eine fiktive Begegnung zw. der Icherzählerin und der Atomphysikerin LISE MEITNER. Im Wissenschaftsmilieu ist auch ihr Roman ›Im Schatten des Regenbogens‹ (1993) angesiedelt, in dem es ihr gelingt, Figuren und Situationen der Wende in Dtl. authentisch festzuhalten.
Weitere Werke: Erzählungen: Der Lauf der Dinge (1982); Lichtverhältnisse (1988); Ungelegener Befund (1990); Gleich neben Afrika (1992). – *Essays:* 1989 oder Ein Moment der Schönheit. Eine Collage aus Briefen, Gedichten, Texten (1990); Über die unverzügl. Rettung der Welt (1994); Unterwegs nach Dtl. Über die Schwierigkeit, ein Volk zu sein. Protokolle eines Aufbruchs (1995).

Königsee, Stadt im Landkreis Saalfeld-Rudolstadt, Thür., 377 m ü. M., am NO-Rand des Thüringer Waldes, 6300 Ew.; Werkzeugbau, chem.-pharmazeut., Spielwaren-, Porzellanindustrie, Herstellung histor. Trachten. – Friedenskirche (1711), Rathaus (1719), Stadtkirche (1871). – Das erstmals 1199 genannte K. wurde seit 1200 regelmäßig angelegt und ummauert; 1257 erstmals als Stadt erwähnt.

Königsfarn, Art des →Rispenfarns.

Königsfelden, ehem. Doppelkloster der Franziskaner (1310–1528) bei Windisch im Kt. Aargau, Schweiz, als habsburg. Grablege gestiftet. Die Kirche (begonnen 1310, Langhaus geweiht 1320, Chor geweiht 1330) ist eine dreischiffige Basilika mit Flachdecke. Die Maßwerkfenster des Chors (1325–30) enthalten einen Gemäldezyklus, der zu den hervorragenden Leistungen der europ. Glasmalerei im 14. Jh. gehört. BILD →Franz (Franz von Assisi)

Königsfeld im Schwarzwald, Gem. im Schwarzwald-Baar-Kreis, Bad.-Württ., heilklimatischer und Kneippkurort im östl. Schwarzwald, 763 m ü. M., 6000 Ew.; mehrere Einrichtungen der Brüdergemeine (Schulen, Kurhotel, Altenheim). – Im Ortsteil Buchenberg ev. Kirche mit Bauteilen aus dem 12. Jh.; Ausmalung um 1430, Holzkruzifix (›Buchenberger Herrgöttle‹, Original von etwa 1130 im Rathaus). – K. wurde 1807 von Herrnhuter Brüdern gegründet.

Königsfisch, einige Art der →Glanzfische.

Königsfriede, 1) Friedensschluss des pers. Großkönigs mit dem Spartaner ANTALKIDAS, 387 v. Chr. in Sardes den Griechen verkündet, 386 in Sparta geschlossen.
2) *mittelalterl. Recht:* der Schutz, der dem König, seiner Umgebung sowie seinem Aufenthaltsort zukam und dessen Verletzung mit besonderen Bußen geahndet wurde; auch der Friede, den die mit →Königsschutz Ausgestatteten genossen.

Königsgalerie, Galerie mit Königsstatuen in Nischen oder unter Baldachinen als oberer Abschluss der Westfassade oder über der Portalzone von Kathedralen, v. a. in Frankreich (Notre-Dame in Paris, um 1220; Amiens, um 1236 vollendet; Reims, Ende des 14. Jh.), aber auch in England (Wells, 1220–39; Lincoln, 2. Hälfte des 14. Jh.) und Spanien (Burgos, 1240–60, zerstört).
J. G. PRINZ VON HOHENZOLLERN: Die K. der frz. Kathedrale (1965).

Königsgeier, Art der Neuweltgeier, →Geier.

Königsgelb, in der Ölmalerei verwendetes zitronengelbes Farbpigment; besteht aus reinem Arsentrisulfid (→Arsenverbindungen).

Königsgericht, nach dem Reichsrecht des MA. Gericht des Königs als Gerichtsherr über alle Freien. Gewöhnlich delegierte der König die Gerichtsbarkeit an Grafen, doch konnte er jeden Prozess abfordern (→Evokation). Die Möglichkeit der Appellation an das K. kam erst im Spät-MA. auf. Das K. hatte keinen festen Sitz, es tagte unter dem Vorsitz des Königs, in seiner Vertretung unter dem Pfalzgrafen. Im Hoch-MA. wurde das K. in 1. Instanz Standesgericht der Reichsunmittelbaren und war nur in 2. Instanz für die übrigen Freien tätig, soweit nicht Appellationsprivilegien eingriffen. Nach Versuchen einer Reform des K. bzw. Reichshofgerichts seit dem 13. Jh. entstanden im Zuge der Reichsreform als oberste Reichsgerichte (tätig bis 1806) 1495 das Reichskammergericht und 1559 der kaiserl. Reichshofrat.

Königsgesetz, dän. **Kongeloven,** von König FRIEDRICH III. von Dänemark 1665 für sein Reich erlassenes Grundgesetz, das ganz im Zeichen der absolutist. Staatsauffassung gehalten war.

Königsgräber, die →Fürstengräber.

Königsgut, seit der fränk. Landnahme der Grundbesitz, der Verfügungsgewalt des Königs unterstand. Im 13. Jh. vollzog sich die Scheidung zw. Hausgut (des jeweiligen Herrschergeschlechts) und →Reichsgut.

Königshainer Berge, kleines kuppiges und bewaldetes Granitgebiet im Niederschles. Oberlausitzkreis, Sa., westlich von Görlitz, im Hochstein bis 406 m ü. M.; wird seit 1996 auf 3,3 km Länge zw. Thiemendorf (zu Waldhufen) und Wiesa (zu Kodersdorf) für die Autobahn Eisenach–Görlitz in zwei Röhren untertunnelt (Fertigstellung bis Ende 1998 geplant).

Königshalle, nach der altisländ. Literatur reich ausgestattete hölzerne Halle german. Fürsten; Beispiele sind nicht erhalten.

Königshof, lat. **Villa regia, Curtis regia,** seit den Merowingern der ländl. Wirtschaftshof (Villa, im frühen MA. auch →Curtis) auf Königsgut, der der Versorgung des Königs diente. Häufig entwickelten sich aus den über das ganze Reich verbreiteten K. durch Ausbau eines Palatiums die Königspfalzen (→Pfalz). Nach der Stauferzeit verloren die K. ihre wirtschaftl. Bedeutung.

Königshofen i. Grabfeld, Bad K. i. G., Stadt im Landkreis Rhön-Grabfeld, Bayern, 277 m ü. M., zw. Haßbergen und Fränk. Saale, 7000 Ew.; Grenzmuseum, Vorgeschichtsmuseum, Natrium-Chlorid-Sulfat-Quelle gegen Erkrankungen von Magen, Darm, Leber, Nieren und Gallenwegen; Maschinenbau, Herstellung von Zelten. – Die 1896 entdeckte Mineralquelle wird seit etwa 1900 im Kurbetrieb genutzt; seit 1974 ist K. Heilbad mit dem Titel Bad. – Am großen Marktplatz das Rathaus (1563–75), Marktbrunnen (1697–98), in der kath. Pfarrkirche Mariä Himmelfahrt (1442–1502), im 19. Jh. verändert) W-Empore (um 1520) mit Maßwerk im Bereich der Brüstung. Im Ortsteil Ipthausen die Wallfahrtskirche Mariä Geburt (1746–54). – K., 741 erstmals erwähnt, erhielt 1323 Marktrecht. 1354–1803 war K. mit kurzzeitigen Unterbrechungen würzburg. Besitz, danach bayerisch. 1826 wurden die seit 1490 bestehenden Festungsanlagen geschleift.

Königshütte, poln. **Chorzów** ['xɔʒuf], Stadt in der Wwschaft Katowice (Kattowitz), Polen, in Oberschlesien, 128 800 Ew.; Woiwodschaftspark (600 ha) mit Freilichtmuseum, Planetarium und Zoo; Steinkohlenbergbau, Metallurgiezentrum mit Eisenhütten und Stahlwerken, Waggon- und Maschinenbau, Stickstoffwerk, Nahrungsmittelindustrie. – Nahe dem Dorf

Helga Königsdorf

Königskerze: Großblütige Königskerze (Höhe bis 2 m)

Wörter, die man unter K vermisst, suche man unter C, Ch, G, H oder Q

Chorzów wurden 1796 die Steinkohlengrube ›Carl von Hessen‹, seit 1800 ›Königsgrube‹, und 1802 die Grube ›Königshütte‹ eröffnet. Für diese entstand eine Arbeitersiedlung, die den Namen K. annahm und 1868 Stadtrecht erhielt. Zu den Abstimmungsgebieten gehörend, fiel K. 1922 an Polen. 1934 nahm K. bei der Eingemeindung von Chorzów dessen Namen an.

Königslutter am Elm: Zweischiffiger Kreuzgang des ehemaligen Benediktinerklosters

Königskerze, Wollblume, Verbascum, Gattung der Rachenblütler mit etwa 360 Arten in Eurasien und dem Mittelmeerraum; meist wollig behaarte zweijährige Kräuter mit basalen Blattrosetten und gelben, weißen oder purpurfarbenen Blüten in traubigen oder rispigen Blütenständen. In Mitteleuropa sind 15 Arten verbreitet, u. a. die häufig auf Schuttplätzen und an Wegrändern vorkommende, bis 2 m hohe **Großblütige K.** (Verbascum densiflorum) mit großen, leuchtend gelben Blüten. – Medizinisch werden die Blätter und Blüten einiger Arten als schleimlösendes Mittel bei Bronchialerkrankungen verwendet. (BILD S. 283)

Königskobra, Ophiophagus hannah, Giftnatter in trop. Wäldern S- und SO-Asiens. Mit bis zu 5,5 m Länge ist die K. die größte heute lebende Giftschlange; sie ernährt sich vorwiegend von anderen Schlangen. Die Eier werden in einem vom Weibchen gebauten Nesthügel aus Laub und Zweigen ausgebrütet und von beiden Eltern bewacht. Während der Brutpflege sind K. sehr aggressiv, ihr Biss ist aufgrund der durch die Größe bedingten Giftmenge und der Länge der Giftzähne bes. gefährlich.

Königskobra (Länge bis 5,5 m)

Königskrabbe, Art der →Steinkrabben.
Königskrone, im MA. ein mit Edelsteinen besetzter und oben mit vier Blattornamenten verzierter goldener Stirnreif (→Krone), zu den Insignien gehöriges Rangzeichen des Königs; seit dem 16. Jh. (zuerst 1525 in Spanien) meist mit Bügeln als Zeichen der Souveränität geschlossen. Üblich wurden acht Bügel, auf deren Scheitelpunkt in christl. Monarchien ein Reichsapfel ruht (in den K. frz. Dynastien eine Lilie; in den neuen K. des 19. Jh. häufig ein Halbmond mit Stern). Viele K. tragen innerhalb der Bügel eine purpurne Mütze, deren Höhe manchmal den Rang königl. Hoheiten oder regierender Herzöge (Großherzöge) kennzeichnet. Von dieser Schemakrone weichen eine Reihe von Kronen ab, bes. solche älterer Herkunft (u. a. Eiserne Krone, Stephanskrone von Ungarn, Wenzelskrone von Böhmen, Edwardskrone von England [Stirnreif mit Hermelinwulst, vier Kreuzen und vier Lilien]). – Die dem Rangzeichen nachgebildete *herald. K.* (vor dem 16. Jh. oft nicht deutlich von der Helmkrone unterschieden) hat neun sichtbare Zacken und fünf sichtbare Bügel (in deren Innerem i. d. R. ohne Futter). (→Krönung)

Königslaubfrosch, Pazifiklaubfrosch, Hyla regilla, bis 5 cm langer Laubfrosch mit schnellem Farbwechselvermögen, an der nordamerikan. Pazifikküste vom Tiefland bis in Höhen von über 3 000 m verbreitet. Die Männchen rufen in Gruppen, wobei ein einzelner ›Chorführer‹ jeweils den gesamten Chor initiiert.

Königslibellen, Gattung der →Edellibellen.

Königslutter am Elm, Stadt im Landkreis Helmstedt, Ndsachs., 135 m ü. M., am N-Rand des Elm, 16 900 Ew.; Steinmetzschule, Bildungszentrum für das Steinmetz- und Bildhauerhandwerk, Niedersächs. Justizakademie, Otto-Klages-Sammlung (Fossilien, Minerale), Dom-Museum mit histor. Dombauhütte; Museum mechanischer Musikinstrumente; Zucker-, Papier-, Zigarren-, Schutzhelmfabrik, Saatgutbetrieb. – Ehem. Klosterkirche St. Peter und Paul (gegr. 1135, Grabkirche Kaiser LOTHARS III. und seiner Familie) mit doppeltürmigem Westbau und oberital. Steinmetzen geschaffener Bauplastik sowie zweischiffigem Kreuzgang mit ornamentierten Säulen und roman. Kapitellen; Pfarrkirche St. Sebastian und Fabian (dreischiffige Hallenkirche, Mitte 14. Jh.; im Kern 12. Jh.); um den Marktplatz Fachwerkhäuser v. a. des 17. und 18. Jh. – Ein in der 1. Hälfte des 11. Jh. gegründetes Kanonissenstift, vermutlich in der Nähe der später (1135 erstmals) als Lutter bezeichneten Siedlung gelegen, wurde 1135 auf Veranlassung Kaiser LOTHARS III. in ein Benediktinerkloster umgewandelt. Der Ort erhielt Anfang des 15. Jh. Stadtrecht. 1924 erfolgte die Eingliederung der Dörfer Oberlutter und Stiftlutter in die Stadt.
M. GOSEBRUCH u. T. GÄDECKE: K. Die Abtei Kaiser Lothars (1985).

Königsmarck, Königsmark, altmärk. Uradelsgeschlecht, 1255 erstmals urkundlich erwähnt. Ein Zweig erhielt 1651 die schwed., ein anderer, in Mecklenburg und Altpreußen ansässig, 1817 die preuß. Grafenwürde. – Bedeutende Vertreter:
1) Maria Aurora Gräfin von, *Schloss Agathenburg (bei Stade) 8. 5. 1662, †Quedlinburg 16. 2. 1728, Schwester von 2); Geliebte König AUGUSTS II., DES STARKEN, von Polen-Sachsen, dem sie 1696 MORITZ GRAF VON SACHSEN gebar; 1698 ging sie als Koadjutorin in das reichsunmittelbare Stift Quedlinburg, wo sie 1700 Pröpstin wurde.
2) Philipp Christoph Graf von, *24. 3. 1665, †Hannover 11./12. 7. 1694, Bruder von 1); ein Abenteurer, u. a. in kaiserl. und hannover. Diensten. Als sein in einem Briefwechsel dokumentiertes Liebesverhältnis mit SOPHIE DOROTHEA von Hannover (der späteren ›Prinzessin von Ahlden‹) und die mit ihr verabredete Flucht offenbar geworden waren, wurde er (vermutlich im Schloss zu Hannover) ermordet.
SOPHIE DOROTHEA, Prinzessin von Hannover: Der K.-Briefwechsel, bearb. v. G. SCHNATH (1952); G. SCHNATH: Sophie Dorothea und K. (1979).

Königskrone

Königssee: Wallfahrtskirche Sankt Bartholomä (1697), im Hintergrund die Ostwand des Watzmann

Königsnattern, Lampropeltis, Gattung der Nattern mit 16 Arten von 35 cm bis 2 m Länge, v. a. in den USA und Mexiko; häufig bunt geringelt, dann auch als Korallennattern bezeichnet.

Königspalme, Roystonea regia, auf Kuba heim. Art der Palmengattung **Roystonea** (sechs Arten in der Karibik und im nordöstl. Südamerika); bis 25 m hohe Fiederpalme mit in der Mitte verdicktem Stamm; in den Tropen häufiger Zierbaum (v. a. Alleebaum).

Königspfalz, →Pfalz.

Königsritt, Umritt, in german. Zeit und im MA. der Huldigungsritt des gekrönten Königs, der damit sein Reich in Besitz nahm; in Schweden →Eriksgata.

Königsschlange, Art der →Boaschlangen.

Königsschutz, im MA. einzelnen Personen, Personengruppen (z. B. Geistlichen, Kaufleuten, Juden) und Institutionen (Kirchen, Klöstern) durch persönl. Schutzbriefe oder Privilegien gewährter königl. Schutz (der auch das Vermögen umfasste). Die Empfänger des K. unterstanden der königl. Gerichtsbarkeit und mussten dafür Abgaben zahlen.

Königssee, lang gestreckter See in den Berchtesgadener Alpen, Bayern, 603 m ü. M., zw. Watzmann (W) und Hagengebirge (O), 5,2 km², 250–1300 m breit, bis 189 m tief, mit Abfluss durch die Königsseer

Königstein 1): Im Vordergrund die Stadt, darüber die Ruinen der 1796 gesprengten Burg

Ache zur Salzach. Im S ist durch einen Bergsturz der kleine Obersee abgetrennt. – Am W-Ufer liegen die Wallfahrtskirche St. Bartholomä (1134 bezeugt; Neubau 1697) und ein Jagdschloss (1708–09).

Königsstraße, im Altertum die Fernstraße des Perserreiches von der Hauptstadt Susa nach Westen bis Sardes, später bis Ephesos, diente dem Depeschendienst sowie Heereszwecken. Der Verlauf mit mehr als 100 Poststationen ist im Einzelnen unsicher.

Königsstuhl, Kreidefelsen auf der Insel Rügen, Meckl.-Vorp., mit 118 m ü. M. höchster Teil der →Stubbenkammer auf der Halbinsel →Jasmund; Aussichtspunkt.

Königstein, Name von geographischen Objekten:
1) Königstein im Taunus, Stadt und heilklimat. Kurort im Hochtaunuskreis, Hessen, am SO-Abfall des Taunus, 362 m ü. M., 15 600 Ew.; bevorzugter Wohn- und Naherholungsort am Rand des Rhein-Main-Gebietes; Museum. - Die Burg (1215 genannt) wurde im 16. Jh. zur Festung ausgebaut (1664 verstärkt; 1796 gesprengt, Modell im Alten Rathaus). In der Pfarrkirche St. Marien (1744–46) Rokokohochaltar (1758) und -kanzel (1752). - Nahe der Burg erwuchs die 1276 erwähnte Ortschaft K. Sie erhielt 1313 Stadtrecht.
2) Königstein/Sächs. Schw., Stadt im Landkreis Sächs. Schweiz, Sa., 130 m ü. M., im tief in das Elb-

Königstein 2): Die Stadt links und der Sandsteintafelberg Lilienstein (451 m ü. M.) rechts der Elbe

sandsteingebirge eingeschnittenen Elbtal, unterhalb des Königsteins (Sandsteintafelberg, 360 m ü. M.), 3000 Ew.; Urlaubs- und Erholungsort; Feinpapierfabrik, Holz- und Kunststoffverarbeitung; nahebei 1967–90 Uranerzbergbau, seit 1991 Bergwerkssanierung mit z. T. umstrittenen Methoden. – In der barocken Stadtkirche St. Marien (1720–24) ist die Innenausstattung von G. BÄHR z. T. erhalten. – Auf dem Königstein befindet sich die 1241 erstmals genannte Burg (Festung oder Feste) der Könige von Böhmen. Unterhalb der Burg wurde im 13. Jh. die 1379 erstmals bezeugte Stadt K. angelegt. Nach Erwerb der Burg durch die Wettiner (1408) wurde diese vom 16.–18. Jh. zur stärksten sächs. Landesfestung ausgebaut (v. a. ab 1589; weitgehend erhalten); als Staatsgefangene waren hier u. a. N. CRELL, J. F. BÖTTGER, M. A. BAKUNIN, A. BEBEL und F. WEDEKIND inhaftiert; heute militärhistor. Freilichtmuseum mit zahlr. Ausstellungen.

Königstuhl, Name von geographischen Objekten:
1) Königstuhl, Berg am Abbruch des südl. Odenwaldes zum Oberrhein. Tiefland, im SO von Heidelberg,

Wörter, die man unter K vermisst, suche man unter C, Ch, G, H oder Q

Philips Koninck: Weite Landschaft, im Vordergrund ein Weg vor einer Ruine; 1655 (London, National Gallery)

Bad.-Württ., 566 m ü. M.; Aussichtsberg mit Fernsehturm und Landessternwarte sowie Max-Planck-Institut für Astronomie; Bergbahn.

2) **Großer Königstuhl, Karlnock,** Gipfel der westl. Gurktaler Alpen, Österreich, 2336 m ü. M., im Dreiländereck Salzburg, Steiermark, Kärnten.

Königswahl, →König.

Königswasser, Mischung von konzentrierter Salzsäure und konzentrierter Salpetersäure (im Verhältnis 3:1). K. wirkt aufgrund seines Gehalts an freiem Chlor, Cl_2, und an Nitrosylchlorid, NOCl, die nach der Reaktionsgleichung

$$3\ HCl + HNO_3 \rightarrow NOCl + Cl_2 + 2\ H_2O$$

entstehen, stark oxidierend. K. löst fast alle Metalle, auch Gold, den ›König der Metalle‹.

Königswelle, eine senkrecht stehende Welle zur Übertragung einer Drehbewegung; bei Verbrennungsmotoren eine Welle zum Antrieb einer oben liegenden Nockenwelle; sie ist durch je ein Kegelradpaar mit Nockenwelle und Kurbelwelle verbunden.

Königswinter, Stadt im Rhein-Sieg-Kreis, NRW, 50 m ü. M., am rechten Rheinufer zu Füßen des Drachenfels (Zahnradbahn) am Rand des Siebengebirges (Naturpark), 37 300 Ew.; Akad. des Dt. Beamtenbundes und der Sozialausschüsse der Christlich-Demokrat. Arbeitnehmerschaft, Sitz der Friedrich-Naumann-Stiftung, Gästehaus der Bundesregierung auf dem Petersberg; Herstellung von Autorädern und elektr. Prüfgeräten, Feuerfestkeramik, Möbelindustrie und Basaltabbau; Weinbau und -handel, bedeutender Fremdenverkehr. – Kath. Pfarrkirche St. Remigius, eine dreischiffige Hallenkirche, 1779/80 über roman. Vorgängerbau errichtet; barocke und klassizist. Bürgerhäuser, u.a. das Siebengebirgsmuseum in einem Haus von 1732. Unterhalb des Drachenfels, einer eng bebauten Hochburg des 12. Jh., mit roman. Bergfried (heute Ruine), das Schloss Drachenburg (1879–84). In Oberpleis die ehem. Benediktiner-Propsteikirche St. Pankratius (12./13. Jh.) mit Hochaltarretabel (um 1150–60) aus Tuffstein; Klostergebäude z. T. erhalten. Nahebei die Ruine der ehem. Zisterzienserabtei →Heisterbach. – K. reicht auf die Gründung eines merowingisch-karoling. Königsgutes sowie einer spätestens im 8. Jh. gegründeten Hofkapelle zurück. Vom 12. bis zum 18. Jh. war K. eine kurköln. Enklave im Herzogtum Berg; 1889 wurde das Stadtrecht verliehen.

Königs Wusterhausen, Stadt im Landkreis Dahme-Spreewald, Bbg., 40 m ü. M., an der Mündung der kanalisierten Notte in die Dahme, 17 600 Ew.; funktechn. Museum im Bereich der früheren Großfunkstelle, Heimatmuseum; größter Binnenhafen der neuen Bundesländer (Umschlag von Massengütern für Berlin), S-Bahn-Verbindung mit Berlin; Naherholungszentrum. – Der zweigeschossige Renaissancebau des Schlosses aus dem 16. Jh. wurde 1717/18 umgebaut. – K. W., aus einer slaw. Siedlung (1320 erwähnt) und einer dt. Siedlung (1375 erwähnt) erwachsen, wurde als Wendisch-Wusterhausen urkundlich bezeugt. 1920 wurde von der hier erbauten Hauptfunkstelle K. W. (Wiege des dt. Rundfunks) das erste Instrumentalkonzert gesendet. 1935 erhielt K. W. Stadtrecht. Den heutigen Namen (um 1717/18 entstanden) verdankt K. W. König FRIEDRICH WILHELM I., dessen bevorzugter Jagdaufenthaltsort das Schloss war. Von 1952 bis 1993 war K. W. Kreisstadt.

König Ubu [auch -y'by], frz. ›Ubu roi‹, Drama von A. JARRY; Uraufführung 10. 12. 1896 in Paris, frz. Erstausgabe 1896.

Konik [poln. ›Pferdchen‹] der, -s/-s, **Mierzyn** ['mjɛʒin], **Panjepferd,** wildpferdeähnl., anspruchslose poln. Landrasse (Stockmaß um 135 cm), fast nur als Zugpferd verwendet. Durch Ausweiten der Kulturrassen vom Aussterben bedroht; durch Gestütszuchten wird Reinzuchtmaterial erhalten.

Konimeter [zu griech. kónis ›Staub‹] das, -s/-s, Messgerät zum Feststellen des Staubgehaltes der Luft. Eine definierte Luftmenge wird über eine Düse an einer drehbaren Objektscheibe vorbeigesaugt, auf der sich der Staub niederschlägt. Unter dem Mikroskop werden Anzahl und Größe der Staubteilchen auf der bestäubten Stelle ausgezählt.

Konin, 1) Hauptstadt der Wwschaft K., Polen, an der Warthe, 82 100 Ew.; Zentrum eines Braunkohlenreviers (Tagebau) mit zwei Großkraftwerken, Aluminiumhütte, Maschinenbau. – Pfarrkirche St. Bartholomäus (14./15. Jh.), got. Burg (1418–26; Museum), spätbarockes Reformatenkloster (1727–33).

2) Wwschaft im Zentralteil von Polen, 5139 km², 478 600 Einwohner.

Koninck, 1) Philips, niederländ. Maler, *Amsterdam 15. 11. 1619, begraben ebd. 6. 10. 1688, Bruder von 2); malte Porträts und Historienbilder, an Werken REMBRANDTS und H. SEGHERS geschulte Landschaftsbilder mit Fernblick in wirkungsvoller Beleuchtung.

2) Salomon, niederländ. Maler, *Amsterdam 1609, begraben ebd. 8. 8. 1656, Bruder von 1); Schüler von C. MOEYAERT, wurde 1630 Meister in Amsterdam. Er malte bibl. und histor. Darstellungen in der Art des frühen REMBRANDT.

Koniotomie [zu →Conus und griech. tomé ›das Schneiden‹] die, -/...'mi|en, **Interkrikothyreotomie,** *Chirurgie:* operative Durchtrennung des Bandes zw. Ring- und Schildknorpel am Kehlkopf mit Einlegung einer Trachealkanüle als Noteingriff bei Erstickungsgefahr, meist mit nachfolgender fachgerechter Tracheotomie.

Konisation [zu Konus] die, -/-en, Herausschneiden eines kegelförmigen Gewebestücks aus dem in die Scheide ragenden Teil des Gebärmutterhalses (Portio) mit einem Skalpell, Elektromesser und Laserstrahl bei Verdacht auf ein Vor- oder Frühstadium eines Gebärmutterhalskrebses. Die histolog. Untersuchung des Gewebekonus ermöglicht eine exakte Diagnose über Art und Ausdehnung eines Krebses **(diagnostische K.)** und stellt bei vollständiger Entfernung eines ganz frühen Krebsherdes oder seines Vorstadiums gleichzeitig die Behandlung (**therapeutische K.**) dar.

konisch [zu Konus], kegelförmig.

konische Projektion, →Kartennetzentwürfe.

Konitsa, Stadt im Verw.-Bez. (Nomos) Ioannina in Epirus, NW-Griechenland, 600 m ü. M., 2 900 Ew.; griechisch-orth. Bischofssitz; nahebei Nationalpark Vikosschlucht (126 km²) im Pindos.

Konitz, poln. **Chojnice** [xɔj'nitsɛ], Stadt in der Wwschaft Bydgoszcz (Bromberg), Polen, in der Tucheler Heide, 39 600 Ew.; Maschinen-, Stahlbau, Nahrungsmittel-, Holz- (Möbel, Wassersportgeräte), chem. Industrie; regionaler Fremdenverkehr; Eisenbahnknotenpunkt. – K. erhielt 1360 durch den Dt. Orden Stadtrecht. 1466 kam die Stadt an den König von Polen. 1772 fiel K. an Preußen, 1920 wiederum an Polen.

Konitz ['kaʊnɪts], Lee, amerikan. Jazzmusiker (Altsaxophon), * Chicago (Ill.) 13. 10. 1927; begann als Klarinettist, spielte u. a. bei M. Davis, S. Kenton und L. Tristano; mit seinem vibratoarmen Ton und seinen sorgfältig gesponnenen Melodiebögen bedeutender Altsaxophonist des Cooljazz.

Köniz, Stadt im Kt. Bern, Schweiz, südlich an Bern anschließend, 572 m ü. M., 51 km², 36 500 Ew.; baulich, wirtschaftlich und verkehrsmäßig mit Bern eng verbunden; im Stadtteil Wabern Sitz des Bundesamtes für Landestopographie und des Bundesamtes für Messwesen, im Liebefeld Sitz der Eidgenöss. Forschungsanstalten für Agrikulturchemie und Milchwirtschaft. Die Industrie (Metall verarbeitende und graf. Betriebe, Möbelfabriken, Brauereien) ist v. a. im Liebefeld und im Wangental (dem eine Autobahn folgt) konzentriert. K. wird von drei Bahnlinien durchzogen; von Wabern Seilbahn auf den Aussichtsberg Gurten (858 m ü. M.). – Ev. Kirche, ehem. St. Peter und Paul, ein roman. Bau des 11.–13. Jh. mit bemalter Leistendecke (1503) im Langhaus, im hochgot. Chor (um 1310) bedeutende Glasmalerei (um 1330). – Im 10. Jh. gegr., 1226 von Hochburgund dem Dt. Orden übergeben, 1730 von diesem an Bern verkauft.

Köniz: Detail aus der bemalten Leistendecke (1503) der evangelischen Kirche

Konjaku-monogatari [kɔndʒa-; ›Sammlung von Es-war-einmal-Erzählungen‹], um die Wende zum 12. Jh. entstandene, größte altjap. Sammlung von Legenden, Sagen, Anekdoten und Geschichten aus Indien, China und Japan mit starkem buddhist. Anteil. Sie enthält in 31 Bänden über 1 000 Erzählungen von hohem kultur-, religions- und sprachgeschichtl. Wert.

Ausgaben: Konjaku. Altjap. Geschichten aus dem Volk zur Heian-Zeit, übers. v. S. Tsukakoshi u. a. (Zürich 1956); Erzählungen des alten Japan, hg. v. H. Hammitzsch (1965).

Konjektur [lat. ›Vermutung‹] *die, -/-en, Textkritik:* der verbessernde Eingriff des Herausgebers in den überlieferten Text; K. sind im Ggs. zu einfachen Emendationen Eingriffe, die z. T. der Beseitigung von →Korruptelen dienen, darüber hinaus den überlieferten Text auch dort ändern, wo er dem Stil, dem Wortgebrauch, der Metrik und der Reimtechnik des Autors und seiner Zeit nicht entspricht.

Konjetzky, Klaus, österr. Schriftsteller, * Wien 2. 5. 1943; lebt seit 1949 in München, war Lektor und Redakteur und ist seit 1971 freier Schriftsteller. Er schreibt Gedichte und Prosa, auch literaturtheoret. Werke.

Werke: Lyrik: Grenzlandschaft (1966); Poem vom grünen Eck (1975); Die Hebriden (1979). – *Erzählungen:* Perlo Preis ist eine isländ. Blume (1971); Die Lesereise (1988). – *Roman:* Am anderen Ende des Tages (1981).

Konjew, Konew [-je-], **Konev** [-je-], Iwan Stepanowitsch, Marschall der Sowjetunion (seit 1944), * Lodejno (Gebiet Kirow) 28. 12. 1897, † Moskau 21. 5. 1973; im Zweiten Weltkrieg Oberbefehlshaber versch. Fronten, u. a. der sowjet. Westfront (1941 sowie 1942–43) und der 1. Ukrain. Front (ab 1944). Seine Truppen eroberten bis Februar 1945 Schlesien und eröffneten zus. mit denen Marschall G. K. Schukows am 16. 4. 1945 die Schlacht um Berlin (am 25. 4. Zusammentreffen mit amerikan. Soldaten in Torgau an der Elbe). 1945–46 vertrat K. die UdSSR im Alliierten Kontrollrat für Österreich. 1946–50 und 1955/56 war er Oberbefehlshaber der sowjet. Landstreitkräfte und stellv. Verteidigungs-Min., 1955–60 Oberkommandierender der Streitkräfte des Warschauer Paktes, 1961–62 der sowjet. Truppen in der DDR.

Konjonkow, Konënkov [-'jɔn-], Sergej Timofejewitsch, russ. Bildhauer, * Karakowitschi (Gebiet Smolensk) 10. 7. 1874, † Moskau 9. 10. 1971; schuf Genre- und Monumentalplastiken, v. a. Porträts. Mit seinen Holzskulpturen trug er zur Wiederbelebung der Holzbildhauerei in Russland bei.

Konjugation [lat. ›Verbindung‹, zu coniugare, →konjugieren] *die, -/-en,* **1)** *Biologie:* parasexueller (→Parasexualität) Prozess bei Bakterien und Einzellern mit dem Ziel, genet. Information zw. Partnern auszutauschen, wodurch neue Genkombinationen entstehen können.

Bei *Bakterien* ist die K. die Paarung zw. zwei Bakterienzellen, wobei Teile des Chromosoms von einer Zelle (Donor) in die andere (Akzeptor) gelangen können. Die Übertragung des genet. Materials erfolgt über einen fädigen Zellanhang (Sex-Pilus), der von Bakterien ausgebildet wird, die einen F-Faktor, bestehend aus einem ringförmigen, extrachromosomalen Plasmid mit mindestens 15 Genen, tragen. Die K. erfolgt zw. F-Faktor tragenden F^+-Bakterien und F-Faktor-freien F^--Bakterien. F-Faktoren können reversibel in das Bakterienchromosom integriert werden, wodurch Bakterien entstehen, die eine hohe Frequenz der Rekombination zeigen (Hfr-Bakterien, von engl. **h**igh **f**requency of **r**ecombination). Während der K. übertragen solche Hfr-Zellen Teile ihres Chromosoms auf F^--Bakterien.

Bei *Einzellern* (z. B. Wimpertierchen) geschieht die K. durch Zusammenlegen zweier Partner, die über eine Zytoplasmabrücke Kerne austauschen. Die Kontaktaufnahme während der K. erfolgt durch Gamone, die sezerniert werden oder zellgebunden sein können und die Paarung steuern. Ähnlich der Bildung von Geschlechtszellen durchlaufen die Mikrokerne vorher eine Meiose; drei der resultierenden Kerne degenerieren, einer teilt sich nochmals zu einem ›Wanderkern‹ und einem stationären Kern. Die ausgetauschten Kerne verschmelzen mit dem jeweiligen stationären Kern.

2) *Pharmazie:* von Enzymen bewirkter Syntheseprozess zur Biotransformation von Arzneimitteln und biolog. Stoffen (z. B. Gallensäuren).

3) *Sprachwissenschaft:* Flexion des Verbs nach Person, Numerus, Tempus, Genus Verbi, Modus, Aktionsart und Aspekt. Die K. erfolgt überwiegend durch Kombination morpholog. und lexikal. Merkmale. In den indogerman. Sprachen unterscheidet man **athematische** und **thematische K.**; bei Letzterer wird vor der Flexionsendung ein Bindevokal (e/o) eingeschoben, z. B. griech. leg-o-men (›wir sagen‹) gegenüber athematisch es-men (›wir sind‹). In der dt. Grammatik wird die **starke K.** (gekennzeichnet den Ablaut in der Stammsilbe, z. B. ›liege‹, ›lag‹, ›gelegen‹) von der **schwachen K.** (gekennzeichnet durch die Vergangenheitsbildung mit -t-, z. B. ›leg-t-e‹, ›geleg-t‹) und der **unregelmäßigen K.** unterschieden (u. a. bei Verben mit →Rückumlaut, Verben mit stark abweichender Stammbildung, z. B. ›sein‹, und Verben im →Präteritopräsens). – Bei der **synthetischen K.** werden die grammat. Merkmale im Unterschied zur **analytischen** oder **periphrastischen K.** in einer einzigen Form bezeichnet, z. B. lat. ›lego‹ gegenüber dt. ›ich lese‹, lat. ›legebam‹ gegenüber dt. ›ich habe gelesen‹.

konjugieren [lat. coniugare ›verbinden‹; ›verheiraten‹], *Sprachwissenschaft:* beugen, flektieren (→Konjugation).

konjugiert, zusammengehörend, einander zugeordnet, miteinander verbunden (z. B. Zahlen, Punkte).

konjugierte Basen und Säuren, *Chemie:* →Säure-Base-Begriff.

konjugierte Elemente, *Mathematik:* Ist G eine →Gruppe und sind a und g Elemente dieser Gruppe, so heißen alle Elemente der Form gag^{-1} k. E. zu a. Ist U eine Untergruppe von G, so heißt jede Untergruppe gUg^{-1} eine zu U **konjugierte Untergruppe**.

konjugiertes System, *Chemie:* Bez. für ein organ. Molekül mit zwei (oder mehreren) →Doppelbindungen, die durch jeweils eine Einfachbindung getrennt sind. Ein einfaches k. S. mit zwei **konjugierten Doppelbindungen** liegt z. B. beim 1,3-Butadien, $CH_2=CH-CH=CH_2$, vor.

konjugiert komplex, →komplexe Zahl.

Konjunktion [lat. ›Verbindung‹; ›Bindewort‹] *die, -/-en,* 1) *Astronomie:* **Gleichschein,** eine →Konstellation, bei der die Sonne in der Verbindungslinie Erde–Planet steht. Im gleichen Sinn spricht man auch von der K. zweier Planeten oder der K. zw. einem Planeten und dem Mond, aber auch zw. einem Planeten und einem hellen Stern, wenn diese Gestirne mit der Erde eine Gerade bilden.

2) *Logik:* die Zusammensetzung zweier Aussagen zu einer neuen durch den →Junktor ›und‹ (symbolisch ∧ oder &). Sind A und B Aussagen, so ist die Aussage A ∧ B dann und nur dann wahr, wenn die beiden Aussagen A und B wahr sind. Dies lässt sich mithilfe von Wahrheitstafeln formulieren. Gelegentlich wird der →Quantor ›für alle‹ als **Groß-K.** bezeichnet.

3) *Sprachwissenschaft:* **Bindewort,** Wort mit der Funktion, Satzteile innerhalb eines Satzes oder Sätze innerhalb einer Periode zu verbinden. Man unterscheidet: **nebenordnende K. (beiordnende, parataktische, koordinierende K.),** die Hauptsätze oder gleichwertige Satzglieder verbinden (z. B. ›und‹, ›oder‹), **unterordnende K. (hypotaktische, subordinierende K.),** die Nebensätze einem Hauptsatz unterordnen (z. B. ›während‹, ›als‹, ›weil‹, ›dass‹), **Satzteil-K.,** mit denen Satzglieder oder Attribute in den Satz eingebaut werden (z. B. ›wie‹ in ›er tobte wie ein Wahnsinniger‹), und **Infinitiv-K.,** mit denen Infinitive an den Satz angeschlossen werden (z. B. ›um‹ in ›er versprach, gleich zu kommen‹). Die K. lassen sich auch semantisch klassifizieren; man unterscheidet z. B. temporale (›als‹), modale (›wie‹), finale (›damit‹), kausale (›weil‹), konsekutive (›sodass‹), konzessive (›obwohl‹) und konditionale (›wenn‹) Konjunktionen.

J. BUSCHA: Lex. dt. Konjunktionen (Leipzig 1989).

Konjunktional|adverb, Adverb mit der Funktion einer →Konjunktion, z. B. ›deshalb‹.

Konjunktionalsatz, Nebensatz, der durch eine unterordnende →Konjunktion mit dem Hauptsatz verbunden ist.

konjunktiv, verbindend; Ggs.: disjunktiv.

Konjunktiv [spätlat. (modus) coniunctivus ›verbindend(er Modus)‹] *der, -s/-e,* **Möglichkeitsform,** *Sprachwissenschaft:* Modus des Verbs v. a. zum Ausdruck eines Wunsches, einer Bitte oder Aufforderung (›seien wir doch vernünftig!‹, ›wenn er doch käme!‹), einer Möglichkeit (›wenn er Lust hätte, könnte er kommen‹) sowie eines konditionalen Satzgefüges und eines irrealen Sachverhalts (›wenn es [nicht] geregnet hätte, wäre er gekommen‹; →Irrealis). Darüber hinaus steht der K. in abhängigen Fragesätzen (›man fragte sie, wo sie gewesen sei‹) und in Vergleichssätzen (›er tat so, als wisse er von nichts‹) und ist das modale Kennzeichen der indirekten Rede (›er sagte, er habe nicht kommen wollen‹).

Im Unterschied zum →Indikativ besteht im K. keine eindeutige temporale Differenzierung zw. dem **K. des Präsens (K. I)** und dem **K. des Präteritums (K. II).** – In den meisten Sprachen besitzt der K. noch ein entwickeltes Flexionssystem, so auch im Deutschen, obgleich infolge des Sprachwandels zunehmend K.-Formen mit Formen des Indikativs zusammengefallen sind (z. B. bezeichnet ›wir bleiben‹ die 1. Person Plural des Präsens in Indikativ und K., ›wir blieben‹ die 1. Person Plural des Präteritums in Indikativ und K.). Der K. wird häufig mit Konkurrenzformen umschrieben, so mit →Modalverben (z. B. ›Gott möge dich schützen!‹ statt ›Gott schütze dich!‹). Anstelle einer einfachen Form des K. I oder des K. II kann auch eine Umschreibung mit ›würde‹ und dem Infinitiv treten; sie gilt jedoch, wenn sie statt einer einfachen K.-Form in der indirekten Rede gebraucht wird, als typ. Kennzeichen der Umgangssprache (›er sagte, dass er nach Leipzig gehen würde‹ statt ›... gehe‹). In der Hochsprache konkurriert die Umschreibung mit ›würde‹ mit einfachen K.-Formen z. B. dann, wenn sie als Ersatz für ungebräuchl. oder nicht eindeutige K.-Formen dient (etwa für die K.-II-Formen ›beföhle‹ oder ›befähle‹, ›höbe‹ oder ›hübe‹, ›sänne‹ oder ›sönne‹). – Formen des K. II treten für Formen des K. I ein, wenn sich diese aufgrund des Formenzusammenfalls nicht von den entsprechenden Indikativformen unterscheiden (z. B. ›ich sagte, ich hätte ihn gesehen‹ anstelle von ›... ich habe ...‹).

S. JÄGER: Empfehlungen zum Gebrauch des K. in der geschriebenen dt. Hochsprache (³1973); G. KAUFMANN: Das konjunktiv. Bedingungsgefüge im heutigen Deutsch (²1975); K.-H. BAUSCH: Modalität u. K.-Gebrauch in der gesprochenen dt. Standardsprache, Tl. 1 (1979); R. SCHRODT: System u. Norm in der Diachronie des dt. K. Der Modus in ahd. u. mhd. Inhaltssätzen (1983); Der K., bearb. v. J. BUSCHA u. I. ZOCH (³1992).

Konjunktiva, Conjunctiva, *die,* →Bindehaut.

Konjunktivalreflex, bei Berührung der Bindehaut des Auges ausgelöster reflektor. Lidschluss; einseitige Störung tritt bei Erkrankung oder Verletzung der Gehirnnerven Facialis oder Trigeminus auf.

Konjunktivitis *die, -/...'tiden,* **Conjunctivitis,** *die* →Bindehautentzündung.

Konjunktur [mlat. coniunctura ›Verbindung‹, urspr. ›sich aus der Verbindung verschiedener Erscheinungen ergebende Lage‹] *die, -/-en,* allgemeine Bez. für die Geschäftslage; in der Volkswirtschaftslehre spricht man von K., wenn Nachfrage- und Produktionsschwankungen zu Veränderungen des Auslastungsgrades der Produktionskapazitäten führen (in Abgrenzung von der Entwicklung der Kapazitäten selbst), wenn sie eine gewisse Periodizität aufweisen (in Abgrenzung von Impulsen durch einmalige Sondereinflüsse) und wenn sie gesamtwirtschaftlich wirken (in Abgrenzung von Saison- und Branchenentwicklungen). Diese Definition macht die Entwicklung von Kriterien notwendig, mit deren Hilfe man den K.-Zyklus systematisieren kann. Am bekanntesten ist das Vier-Phasen-Schema von J. A. SCHUMPETER: 1) **Erholung** (heute **Aufschwung, Wiederbelebung, Expansion**): In dieser Phase steigt nach einem Tiefpunkt die Produktion wieder an; der Auslastungsgrad der Kapazitäten (des Produktionspotenzials) erhöht sich. 2) **Prosperität** (heute **Boom, Hoch-K.**): Der Grad der Normalauslastung ist erreicht; der weitere Produktionsanstieg führt zunehmend zu einer Überbeanspruchung der Kapazitäten mit Inflationsrisiken. 3) **Rezession** (heute **Abschwung, Entspannung**): Die Produktion hat den Höhepunkt überschritten und geht wieder zurück; der Auslastungsgrad der Kapazitäten sinkt. 4) **Depression** (heute **Kontraktion, Rezession**): Ist die Normalauslastung der Kapazitäten wieder erreicht, führt ein weiterer Produktionsrückgang zu Unterauslastung der Kapazitäten (Arbeitslosigkeit). Steigt die Produktion wieder an, setzt ein neuer K.-Zyklus ein.

Die Interpretation dieser Phasen verliert ihre Eindeutigkeit – was auch in der zwischenzeitl. Veränderung der Begriffe zum Ausdruck kommt –, wenn im Zeitablauf kein konstantes Produktionspotenzial (Stagnationspfad), sondern ein steigendes Produktionspotenzial (Wachstumspfad) vorliegt. Der K.-Zyklus ist dann (formal) mit den gleichen Kriterien fassbar, kann aber (materiell) alternativ interpretiert werden. So kann dem Zyklusphänomen die größere Bedeutung zugewiesen werden, mit dem Argument, dass die Vermeidung von Auslastungsschwankungen (Inflation, Arbeitslosigkeit) nicht nur einen Eigenwert hat, sondern auch eine wichtige Voraussetzung für ein weiteres Potenzialwachstum darstellt. Denkbar ist auch, dass dem Wachstumsphänomen ein größeres Gewicht zugemessen wird, in der Erwartung, dass gerade die Sicherstellung des Potenzialwachstums (Kapitalbildung im Strukturwandel) einer inflationär wirkenden Überbeanspruchung der Kapazitäten entgegenwirkt bzw. einer Unterauslastung die depressive Schärfe nimmt.

Konjunkturforschung

Die **empirische K.-Forschung** hat die Aufgabe, die aktuelle K.-Lage zu identifizieren (Diagnose) und ihre weitere Entwicklung darzustellen (Prognose). Beides wird sowohl von den Trägern der K.-Politik (Reg., Notenbank) als auch von wiss. Einrichtungen (Forschungsinstitute, Beratungsgremien) durchgeführt und bezieht sich auf weltwirtschaftl. und binnenwirtschaftl. Einflussgrößen (Binnen-K.).

Zur **K.-Diagnose** werden zunächst aussagefähige →Konjunkturindikatoren benötigt. Zwar stellt die amtl. Statistik eine Fülle von Einzelinformationen zur Verfügung (z. B. Preise, Löhne, Produktion, Auftragseingänge, Zinsen, Umsätze); doch bedarf es einer Vorstellung von ›der‹ K., weil solche Einzelindikatoren der K. vorauseilen, mit ihr gleichgerichtet verlaufen oder ihr verspätet folgen können. Neben den method. Problemen, die die Konstruktion eines K.-Indikators aufwirft, ergibt sich ein sachl. Interpretationsproblem, da die empir. K.-Forschung schon früh die Existenz von K.-Zyklen mit unterschiedl. Wellenlänge beobachtet hat. J. A. SCHUMPETER hat drei Zyklusarten unterschieden und sie nach ihren jeweiligen ›Entdeckern‹ benannt: 1) Die **Kitchin-Wellen** sind relativ kurze Zyklen (rd. 40 Monate), die v. a. den Charakter von Lagerzyklen haben (Lageraufbau, Lagerabbau). 2) Die **Juglar-Wellen** haben einen mittelfristigen Charakter (8–10 Jahre) und sind dadurch gekennzeichnet, dass die Lagerschwankungen über Produktionsschwankungen auf Investitionsschwankungen durchwirken. 3) Die **Kondratieff-Wellen** sind lange Wellen (50–60 Jahre) und werden durch ein schubweises Auftreten (bzw. Auslaufen) technolog. Entwicklungen (z. B. Eisenbahnbau, Elektrotechnik, Chemie, Elektronik) ausgelöst. Das Interpretationsproblem entsteht, weil diese unterschiedl. Wellen in einem realen Zyklusbild zusammenwirken und dann die Frage aufwerfen, ob z. B. ein registrierbarer Abschwung Kitchin-, Juglar- oder Kondratieff-Charakter hat. In Dtl. zeigen sich – gemessen an den jährl. Veränderungsraten des realen Bruttoinlandsprodukts (BIP) – Zyklen, die einem sinkenden Trend folgen und die sich – bis auf die Jahre 1967, 1975, 1982 und 1993 – nicht in absoluten Rückgängen des BIP, sondern in zykl. Bewegungen seiner Wachstumsraten äußern.

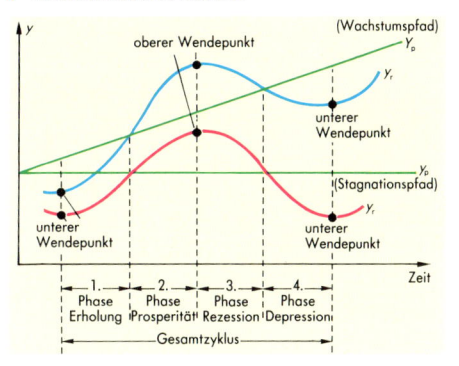

Konjunktur: Phasen des Konjunkturzyklus; y_r reales Sozialprodukt, y_p Produktionspotenzial

Die **K.-Prognose** versucht, die wirtschaftl. Entwicklung im jeweiligen Prognosezeitraum abzuschätzen. Sie kann aber nur jene Fakten (theoret. Verlaufsmuster, unterstellbare Verhaltensweisen, bestehende Gesetze, beschlossene Maßnahmen) berücksichtigen, die zum Zeitpunkt der Prognoseerstellung bekannt sind. Treten neue Ereignisse ein (z. B. plötzl. Erhöhung von Rohstoffpreisen, Spekulationskrisen, polit. Veränderungen), so ist die K.-Prognose zwar ›falsch‹, wird aber zu Unrecht diskreditiert. Übliche Prognoseverfahren sind Trendextrapolationen, d. h. Fortschreibungen der bestehenden Verlaufsmuster nach Zeitreihenanalysen, wobei unterstellt wird, dass sich bei langfristig angelegten Entwicklungslinien keine abrupten Änderungen ergeben, Verhaltensumfragen bei Unternehmen (Preis-, Produktions-, Investitions-, Beschäftigungsplanung) in der Erwartung, dass diese Planungen auch umgesetzt werden, sowie ökonometr. Modellsimulationen, in die bestimmte (vermutete) Zusammenhänge und Verhaltensannahmen einfließen, deren Stabilität unterstellt wird.

Konjunkturtheorie

Die **theoretische K.-Forschung (K.-Theorie)** untersucht, warum ein marktwirtschaftl. System in Schwingungen gerät und wie es diese Schwingungen verarbeitet. Geht man davon aus, dass ein marktwirtschaftl. System im Gleichgewicht ›ruht‹, muss man daraus folgern, dass es aus sich heraus keine Schwingungen auslösen kann; kommt es dann dennoch zu Schwingungen, müssen diese von Faktoren ausgelöst worden sein, die ›von außen‹ an das System herangetragen wurden (exogene K.-Erklärung). Geht man nicht von dieser Prämisse aus, so unterstellt man, dass ein marktwirtschaftl. System auch aus sich heraus in Schwingungen geraten kann (endogene K.-Erklärung). Unter der Annahme, dass in einem marktwirtschaftl. System Ungleichgewichtslagen Mechanismen auslösen, die zu neuen Gleichgewichtslagen führen, impliziert dies, dass ein solches System zur Stabilität tendiert (endogene K.-Verarbeitung), konjunkturpolit. Eingriffe diesen Prozess somit nur stören könnten. Unterstellt man, dass ein marktwirtschaftl. System in einem Ungleichgewicht verharrt, dann kann es nur durch konjunkturpolit. Eingriffe korrigiert werden (exogene K.-Verarbeitung).

Die Geschichte der K.-Theorie ist geprägt durch eine Auseinandersetzung um diese alternativen Sichtweisen. 1) Die engl. Klassik (J. B. SAY, D. RICARDO), deren Hypothesen in modifizierter Form noch heute vertreten werden (Neoklassik), stützte sich ganz auf die Kombination von exogener Erklärung und endogener Verarbeitung (›inhärente Stabilität‹). Danach gibt es nur eine exogene Verursachung von K.-Schwankungen (z. B. techn. Fortschritt, Bevölkerungsentwicklung, Änderung der Stimmungslage) bis hin zu kosm. Einflüssen (z. B. die Sonnenfleckentheorie von W. S. JEVONS), die indessen endogen verarbeitet werden (Preis-, Lohn-, Zinsmechanismus). Komme es nicht zu einer Verarbeitung, sei dies allenfalls ein Indiz für eine exogene Störung dieser Mechanismen (Wettbewerbsbeschränkungen, Mindestlöhne, staatl. Interventionen). 2) Die traditionelle K.-Theorie gab den Gedanken der (nur) exogenen Erklärung auf und versuchte zu zeigen, dass ein marktwirtschaftl. System auch aus sich heraus Schwingungen verursachen kann: Sei es, dass die Investitionen vorpreschen (Überinvestitionstheorie u. a. von G. CASSEL, A. SPIETHOFF), sei es, dass es zu einer einseitigen Gewinnbegünstigung kommt (Unterkonsumtionstheorie u. a. von EMIL LEDERER [*1882, †1939], E. PREISER), sei es, dass das Geld- und Kreditsystem zur Destabilisierung beiträgt (monetäre K.-Theorie u. a. von K. WICKSELL, RALPH GEORGE HAWTREY [*1879, †1975]). Alle diese K.-Theorien halten noch am Gedanken der endogenen Verarbeitung fest, im Unterschied zur Klassik jedoch nicht im Sinne eines Einmündens in eine stabile Gleichgewichtslage, sondern im Sinne einer systemimmanenten Herbeiführung von Wendepunkten. 3) Sieht man von sozialist. Krisenlehren (K. MARX, F. ENGELS) und älteren Krisentheorien (T. R. MALTHUS, J. C. L. SIMONDE DE SISMONDI) ab, war es v. a. die Weltwirtschaftskrise, die den Glauben an die endogene Verarbeitung suspekt erscheinen ließ. J. M. KEYNES versuchte zu zeigen, dass ein marktwirtschaftl. System in einem ›Unterbeschäftigungsgleichgewicht‹ (mit unfreiwilliger Arbeitslosigkeit) verharren kann. Er sah die Notwendigkeit einer exogenen K.-Verarbeitung durch den Staat (Nachfragebelebung durch zeitweilige Hinnahme von Defiziten in den öffentl. Haushalten, →Defizitfinanzierung). 4) In nachfolgenden konjunkturtheoret. Überlegungen wurde die Analyse der Schwingungsprozesse – v. a. unter Verwendung von Akzelerator- und Multiplikatoreffekten (P. A. SAMUELSON, J. R. HICKS) – theoretisch verfeinert und versucht, den mikroökonom. Ansatz mit dem makroökonom. (keynesianisch orientierten) Ansatz zu verbinden. Kontroversen entstanden hinsichtlich der Frage, ob die K. in einen Stagnationspfad einmündet (A. H. HANSEN) oder von einem Prozess der ›schöpfer. Zerstörung‹ (J. A. SCHUMPETER) in Gang gehalten wird, also eher als ›unstetiges Wachstum‹ aufgrund von Innovationen begriffen werden sollte. Die Grenze zur modernen Wachstumstheorie (E. D. DOMAR, R. F. HARROD) wird fließend.

Konjunkturpolitik

Ziele: Die konjunkturpolit. Zielsetzung ist in Dtl. formal als gesamtwirtschaftl. Gleichgewicht zur verfassungsrechtl. Norm (Art. 109, 115 GG) erhoben und in § 1 Stabilitäts-Ges. konkretisiert. Bund und Länder sind gehalten, bei ihren Maßnahmen ›Stabilität des Preisniveaus‹, einen ›hohen Beschäftigungsstand‹ und ›außenwirtschaftl. Gleichgewicht‹ zu beachten. Damit kommt der Verstetigung des Wirtschaftsprozesses (im Sinne einer Verminderung von Über- bzw. Unterauslastung des Produktionspotenzials) ein hoher Stellenwert zu. Gleichwohl entstehen drei Probleme. Zum Ersten müssen die Zielinhalte konkretisiert werden, da in der Realität eine vollständige Zielverwirklichung (Verhinderung von Preissteigerungen, Arbeitslosigkeit und Handelsbilanzungleichgewichten) nicht erreichbar ist; d. h., es stellt sich die Frage nach der Operationalisierung. Nicht gemeint sein kann, dass Inflationsrate, Arbeitslosenquote und Handelsbilanzsaldo gleichzeitig einen Wert von null annehmen sollen. Konstruktionsbedingt muss davon ausgegangen werden, dass der Preisindex der Lebenshaltung aller privaten Haushalte, mit dem die Inflationsrate gemessen wird, den wahren Wert des Preisanstiegs um 1–2 % übertreibt; ferner kann es zu ›unvermeidbaren‹ Preissteigerungen (z. B. aufgrund massiver Importverteuerungen) kommen. Infolge nicht verhinderbarer Arbeitsmarktfriktionen und saisonaler Faktoren ist eine Arbeitslosenquote von null weder erreichbar noch wünschenswert. Auch eine jederzeit ausgeglichene Handelsbilanz kann nicht Ziel der Wirtschaftspolitik sein, zumal wenn Handelsbilanzüberschüsse benötigt werden, um unentgeltl. Übertragungen (z. B. Überweisungen von ausländ. Arbeitnehmern in ihre Heimatländer, Beiträge an internat. Organisationen) zu finanzieren. Darüber hinaus ist das Streben nach außenwirtschaftl. Gleichgewicht in einem System flexibler Wechselkurse anders zu deuten, als wenn feste Wechselkurse mit Interventionspflicht der Zentralbank bestehen. Aus den genannten Gründen ergibt sich im Hinblick auf die Operationalisierung der Ziele des Stabilitäts-Ges. eine erhebl. Unschärfe, die nicht zuletzt Raum für polit. Opportunismus lässt.

Zum Zweiten hat der Gesetzgeber die Ziele zwei restriktiven Nebenbedingungen (Sicherung der marktwirtschaftl. Ordnung, stetiges und angemessenes Wachstum) unterworfen. Er gibt damit zu erkennen, dass der Staat nicht beliebig Instrumente einsetzen kann, um die Ziele zu erreichen, und dass die Zielerreichung nicht den Wachstumsprozess selbst gefährden darf. Zum Dritten fordert der Gesetzgeber, dass die genannten Ziele ›gleichzeitig‹ erreicht werden sollen. Damit stellt sich das Problem der Zielbeziehungen. Die Forderung ist nicht erfüllbar, wenn zw. den Zielen Konfliktbeziehungen bestehen (→magisches Dreieck). So hat die Diskussion um die Phillips-Kurve deutlich gemacht, dass zw. den Zielen ›Preisstabilität‹ und ›hoher Beschäftigungsstand‹ Konflikte bestehen können; Ähnliches gilt für die Beziehung zw. ›Wachstum‹ und ›Preisstabilität‹.

Instrumente: Das konjunkturpolit. Instrumentarium umfasst die Gesamtheit der Maßnahmen, die zur Verfügung stehen, um die konjunkturpolit. Ziele zu erreichen. Zunächst kann der Staat seine eigene Nachfrage (Personal- und laufende Sachausgaben sowie Investitionsausgaben) antizyklisch gestalten:

Erhöhen bzw. Vorziehen bei unterausgelasteten Kapazitäten, Senken bzw. Strecken bei überausgelasteten Kapazitäten. Dieses Instrument ist wegen seiner begrenzten Flexibilität nur bedingt einsatzfähig. Deshalb braucht die K.-Politik auch Instrumente, die das private Nachfrageverhalten steuern. Da die Wahrung der marktwirtschaftl. Ordnung direkte Ge- und Verbote (z. B. Preis- oder Investitionsstopp) ausschließt, bleibt nur die indirekte Steuerung. Diese ist darauf ausgerichtet, jene ›Daten‹, die für wirtschaftl. Entscheidungen der Wirtschaftssubjekte relevant sind, zu variieren, um die Wirtschaftssubjekte zu einem gewünschten Nachfrageverhalten zu veranlassen. Zwei Daten kommen infrage. Das Datum ›Liquidität‹ betrifft den finanziellen Spielraum der Wirtschaftssubjekte für Ausgaben; eine Ausweitung des Spielraums ermöglicht Zusatzausgaben, eine Begrenzung reduziert die Ausgabenneigung. Das Datum ›Rentabilität‹ betrifft die Kosten-Gewinn-Relation bzw. Preis-Nutzen-Relation; wird diese Relation verbessert, so werden Zusatzausgaben angeregt, eine Verschlechterung zu geringeren Ausgaben zur Folge. Das Instrumentarium selbst ist sowohl im Bereich der Finanzpolitik angesiedelt, die auf das Ausgabenverhalten der Wirtschaftssubjekte direkt Einfluss nimmt (Variation von Steuern und Transfers); es ist aber auch im Bereich der Geldpolitik verfügbar, wo indirekt über das Bankensystem finanzieller Spielraum (Refinanzierungsvolumen) und Zinsen (Refinanzierungskosten) variiert werden.

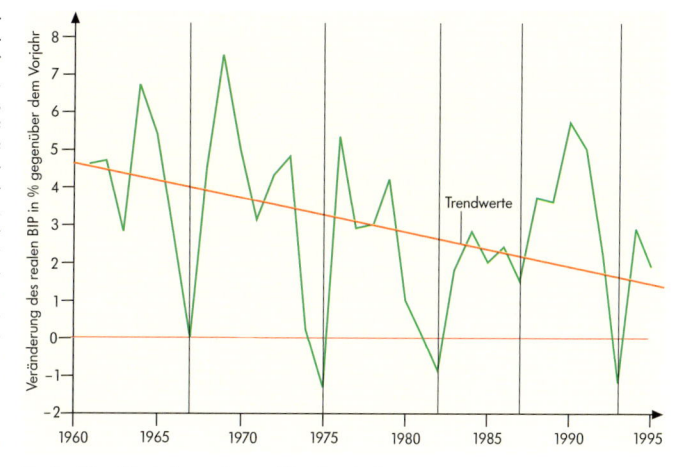

Konjunktur: Wachstumsraten und Trendwerte des Bruttoinlandsprodukts der Bundesrepublik Deutschland 1960 bis 1995 (ab 1992 einschließlich neue Bundesländer) in Preisen von 1991 (dargestellt sind jeweils die Veränderungen gegenüber dem Vorjahr in Prozent); die Jahre 1967, 1975, 1982 und 1993 markieren die unteren Wendepunkte eines Konjunkturzyklus

Der Einsatz des konjunkturpolit. Instrumentariums ist nicht frei von Problemen. Der marktwirtschaftl. Charakter bedeutet, dass die Wirtschaftssubjekte durch Datenvariation zu einem bestimmten Verhalten nur veranlasst, nicht aber gezwungen werden können. Sie können, trotz restriktiver oder expansiver Maßnahmen, nicht nur an ihren Ausgabenplanungen festhalten, sondern sogar die Intention dieser Maßnahmen ins Gegenteil verkehren. Lösen restriktiv angelegte Maßnahmen, die auf eine Ausgabendrosselung zielen, in Erwartung einer Verschärfung Vorzieheffekte aus, so wirkt die Maßnahme nicht antizyklisch, sondern prozyklisch; Gleiches gilt für expansiv angelegte Maßnahmen, wenn sie in Erwartung weiterer Erleichterungen eine Zurückhaltung begründen (Attentismus). Ein weiteres Problem ergibt sich daraus, dass sich das Instrumentarium nicht in einer Hand befindet, was erhebl. Kooperations- und Koordinationsbedarf schafft. Bei föderativem Staatsaufbau werden wachstums- und konjunkturrelevante Entscheidungen nicht nur vom Bund, sondern auch von Ländern und Gemeinden getroffen. In Dtl. sind Bund und Länder in ihrer Hauswirtschaft zwar selbstständig und unabhängig, aber insofern eingeschränkt, als auch Länder und Gemeinden verpflichtet sind, den Erfordernissen des gesamtwirtschaftl. Gleichgewichts Rechnung zu tragen (Art. 109 GG). Das Stabilitäts-Ges. (§§ 9, 10) sieht Koordinationsgremien vor (Finanzplanungs- und Konjunkturrat).

Weiterhin besteht gemäß Art. 88 GG eine Notenbank, die Dt. Bundesbank, die von Weisungen der Bundesregierung unabhängig ist (§ 12 Bundesbank-Ges.). Damit entsteht ein zusätzl. Koordinationsbedarf, zumal die Reg. auf den skizzierten Zielkatalog festgelegt ist, während für die Bundesbank die Sicherung der Währung im Vordergrund steht. Besteht überdies Tarifautonomie, kann eine Reg. nicht in Tarifauseinandersetzungen eingreifen, obwohl diese ein hohes konjunkturrelevantes Gewicht haben können. § 3 Stabilitäts-Ges. sieht zwar eine bestimmte kooperative Verhaltensabstimmung (konzertierte Aktion) vor, die Tarifvertragsparteien sind jedoch nicht gebunden (→Einkommenspolitik). Schließlich kann bei freiem internat. Leistungs- und Faktorverkehr (offene Volkswirtschaften) das Instrumentarium unterlaufen werden, wenn die Datenvariation ein Preis- oder Zinsgefälle gegenüber dem Ausland begründet; ein solches Gefälle ist nur zu vermeiden, wenn ein internat. Gleichschritt in der Festlegung der Zielprioritäten erreicht wird. Ein weiteres Problem ergibt sich daraus, dass beim Instrumenteneinsatz Wirkungsverzögerungen (→Lag) möglich sind, die die Gefahr begründen, dass ein Instrument seine Wirkung erst entfaltet, wenn sich die K.-Lage längst verändert hat. Diese Gefahr hat eine Diskussion darüber ausgelöst, den Einsatz des Instrumentariums Regelbindungen zu unterwerfen, um den diskretionären Einsatz (Ad-hoc-Maßnahmen, diskretionäre Wirtschaftspolitik) zu vermeiden (→Formula-Flexibility).

Die konjunkturpolit. *Strategie* stellt den Versuch dar, das Instrumentarium so einzusetzen, dass in die konjunkturpolit. Praxis widerspruchsfrei die Vorstellungen darüber einfließen, wie die K.-Lage empirisch zu interpretieren ist, wie der K.-Prozess theoretisch zu erklären ist und welche Ziele Priorität haben. Die Strategiediskussion verlief immer kontrovers, die tatsächlich eingesetzten Strategien wechselten im Zeitablauf. Vereinfacht kann man in Dtl. und ähnlich in anderen westl. Industrieländern drei Phasen unterscheiden.

Die Wiederaufbauphase in der Nachkriegszeit war geprägt von der Vorstellung, den Marktkräften einen möglichst großen Freiraum zu schaffen, gestützt auf die Erwartung, dass die darin angelegte Flexibilität und Leistungsinitiative nicht nur ein hohes Maß an ökonom. Effizienz bewirke, die den K.-Abschwüngen ihre depressive Schärfe nehme, sondern v. a. geeignet sei, die Abschwünge rasch zu überwinden. Die Lehre der klass. Nationalökonomie dominierte; Wachstumsorientierung ging vor Zyklusorientierung; eine konjunkturpolit. Steuerung wurde als überflüssig angesehen.

Als die Wiederaufbauphase ihren Abschluss fand und die realen Wachstumsraten niedriger ausfielen, setzte Kritik an dieser Strategie ein. Nicht allein der Markt, sondern auch der Staat sollte Verantwortung für die Erreichung der konjunkturpolit. Ziele übernehmen. Gestützt auf die Erwartung, dass der Markt aus sich heraus Ungleichgewichte nicht korrigiert, entstand das Konzept der Globalsteuerung, das sich an keynesian. Vorstellungen orientierte; ohne die freie Mikroentscheidung aufzuheben, sollte der Makroprozess über die gesamtwirtschaftl. Nachfrage (nachfrageorientierte Strategie) gesteuert werden. Die Zyklusorientierung gewann Vorrang vor der Wachstumsorientierung. Nachdem mit dem modernen Wohlfahrtsstaat das Spektrum staatlicher wirtschaftlicher und wirtschaftspolit. Tätigkeiten erweitert wurde (Erhöhung der Staatsquote), verfügte der Staat in den meisten Industrieländern qualitativ wie quantitativ über umfassende Ansatzpunkte zur Beeinflussung der Konjunktur.

Mitte der 70er-Jahre, als in den meisten westl. Industrieländern ein Wachstumsrückgang in Verbindung mit einem deutl. Anstieg der Arbeitslosigkeit zu verzeichnen war, schien auch diese Strategie widerlegt. Die kurzfristig angelegte keynesian. Konzeption antizykl. K. stieß zunehmend auf Kritik. Vertreter des Monetarismus betonten im Hinblick auf die konjunkturpolit. Effizienz von Geld- und Fiskalpolitik die Überlegenheit der Geldpolitik. Eine kreditfinanzierte Erhöhung der Staatsausgaben wird u. a. für fragwürdig gehalten, weil eine mit der erhöhten staatl. Kreditnachfrage verbundene Zinsauftriebstendenz die privaten Investitionen zurückdrängen könnte (→Crowding-out). Weiter wurde auf die vielfältigen, zeitlich variablen Wirkungsverzögerungen hingewiesen, die nicht nur bei der Fiskal-, sondern auch bei der Geldpolitik auftreten können. Solche nicht quantifizierbaren Wirkungsverzögerungen bergen die Gefahr, dass die K.-Politik entgegen ihrer strateg. Zielsetzung zyklusverstärkend, statt antizyklisch bzw. konjunkturglättend wirkt. Aus monetarist. Sicht ist eine aktive K.-Politik als Fiskalpolitik überhaupt nicht, als Geldpolitik nur schwer möglich. Überhaupt wird K.-Politik als überflüssig angesehen, da das marktwirtschaftl. System auch ohne Eingreifen des Staates hinreichend schnell zum Gleichgewicht zurückfinde. In einigen neoklass. Kritikern werden Konjunkturschwankungen als Reflex des direkt oder indirekt destabilisierenden Interventionismus des Staates angesehen, wobei z. T. sogar davon ausgegangen wird, dass die Reg. die K.-Politik wahltaktisch einsetzt (expansive Beschäftigungspolitik vor, kontraktive Stabilisierungspolitik nach den Wahlen) und so die K.-Zyklen, die sie zu bekämpfen vorgibt, zumindest teilweise selbst erzeugt (›polit. K.-Zyklen‹). Konsequenz dieser Sichtweise: Der Staat sollte auf jede Form diskretionärer Fiskalpolitik verzichten; der regelgebundenen stetigen Geldpolitik kommt lediglich die Aufgabe zu, für ein stabiles Preisniveau zu sorgen.

Mehr angebotsseitig bzw. wachstumstheoretisch argumentierende Autoren betonen die Notwendigkeit der Differenzierung von K.-Schwankungen: Waren auf Strukturwandel drängende Änderungen der Angebotsbedingungen (z. B. relative Preisschocks, Innovationsschübe) Auslöser hierfür, so kann mit einer K.-Politik der Nachfragestützung der notwendige Strukturwandel nicht erreicht werden; es sei denn, dass in die K.-Politik eine angebotsseitige Flankierung über geeignete Instrumente im Rahmen einer →angebotsorientierten Wirtschaftspolitik eingeht. Insgesamt galte es, neue Freiräume für das Produktionsangebot zu schaffen (angebotsorientierte Strategie) und die Versteigungsaufgaben wieder den Marktkräften (Lohn-, Preis-, Zinsmechanismen) anzuvertrauen. Die Wachstumsorientierung gewann so um die Wende zu den 80er-Jahren die Führungsrolle zurück. Vor dem Hintergrund des empir. Befundes kann der angebotsorientierten Politik jedoch kein großer Erfolg bescheinigt werden; sie weist ebenso wie die nachfrageorientierte Strategie Defizite auf. Zwar ist Mitte der 90er-Jahre das Preisstabilitätsziel in den meisten westl. Industriestaaten erreicht, die Wachstumsraten zeigen aber nach wie vor einen abnehmenden Trend und das Problem der Massenarbeitslosigkeit ist – vielleicht mit Ausnahme der USA – in keinem Land gelöst.

⇨ *Arbeitslosigkeit · Finanzpolitik · Fiskalpolitik · Geld · Inflation · Keynesianismus · Monetarismus · Stabilitätspolitik · Strukturpolitik · Wachstum · Wirtschaftspolitik*

J. A. SCHUMPETER: Theorie der wirtschaftl. Entwicklung (⁴1935, Nachdr. 1993); DERS.: K.-Zyklen, 2 Bde. (a. d. Amerikan., 1961); J. M. KEYNES: Allg. Theorie der Beschäftigung, des Zinses u. des Geldes (a. d. Engl., 1936, Nachdr. 1994); G. HABERLER: Prosperität u. Depression. Eine theoret. Untersuchung der K.-Bewegungen (a. d. Engl., ²1955); Der Keynesianismus, hg. v. G. BOMBACH u. a., 5 Bde. (1976–84); Schumpeter oder Keynes?, hg. v. D. BÖS u. a. (1984); U. TEICHMANN: Grundriß der K.-Politik (⁴1988); W. GLASTETTER: K.- u. Wachstumspolitik (1993); J. KROMPHARDT: Wachstum u. K. (³1993); RICHARD MÜLLER u. W. RÖCK: K.-, Stabilisierungs- u. Wachstumspolitik. Theoret. Grundlagen u. wirtschaftspolit. Konzepte (⁴1993); G. TICHY: K. Stilisierte Fakten, Theorie, Prognose (²1994); DERS.: K.-Politik (³1995); W. ASSENMACHER: K.-Theorie (²1995); K.-G. ZINN: K. u. Wachstum (²1995); K.-Indikatoren, hg. v. K. H. OPPENLÄNDER (²1996).

Konjunktur|ausgleichsrücklage, ein in konjunkturellen Überhitzungsphasen von Bund und Ländern bei der Dt. Bundesbank gebildetes unverzinsl. Guthaben, mit dem aus stabilitätspolit. Gründen Haushaltsmittel stillgelegt werden. Das Stabilitäts-Ges. von 1967 sieht als Instrumente einer antizykl. Fiskalpolitik **fakultative K.** oder **freiwillige K.** nach Maßgabe der jeweiligen Haushaltsplanung und **obligatorische K.** vor, die aufgrund einer entsprechenden Rechts-VO des Bundes oder aus den Mehreinnahmen bei einer konjunkturpolitisch begründeten Erhöhung der Einkommen- und Körperschaftsteuer zu bilden sind. Die Auflösung der K. in Phasen konjunktureller Abschwächung soll die Finanzierung zusätzl. Ausgaben ermöglichen (→Defizitfinanzierung). K. wurden bisher lediglich 1969–71 gebildet und bis 1976 wieder vollständig aufgelöst.

Im Unterschied zur K. war der vom 1. 8. 1970 bis 30. 6. 1971 erhobene **Konjunkturzuschlag** von 10% auf die Einkommen- und Körperschaftsteuer, dessen Aufkommen bei der Bundesbank stillgelegt wurde, ein rückzahlbarer Zuschlag, somit eher eine Zwangsanleihe. Seine stabilitätspolit. Wirkung war gering, im Hinblick auf die Rückzahlung 1972 sogar eher prozyklisch.

konjunktureller Impuls, →konjunkturneutraler Haushalt.

Konjunktur|indikatoren, Kennzahlen, die den Zustand und die Entwicklung der gesamtwirtschaftl. →Konjunktur abbilden. Dabei wird unterschieden zw. Einzelindikatoren, die von einer makroökonom. Variablen gebildet werden (z. B. Preise, Löhne, Produktion, Auftragsbestände und -eingänge), und Gesamtindikatoren, bei denen mehrere Variablen zusammengefasst sind. Methodisch stellen K. ökonom. Zeitreihen dar bzw. daraus abgeleitete Maßzahlen. Die Einzelindikatoren können dem tatsächl. Konjunkturverlauf (Referenzzyklus) vorauslaufen, gleichlaufen oder nachlaufen (engl. leading, coinciding, lagging series).

Einen vom amerikan. National Bureau of Economic Research in den 1940er-Jahren entwickelten und auch vom Sachverständigenrat zur Begutachtung der gesamtwirtschaftl. Entwicklung bis Ende der 1970er-Jahre verwendeten Gesamtindikator stellt der **Diffusionsindex** (auch Gesamtindex) dar. Er geht vom Grundgedanken aus, dass sich das konjunkturelle Geschehen in den versch. volkswirtschaftl. Bereichen allmählich ausbreitet (diffundiert). Bei einem einfachen Diffusionsindex wird der prozentuale Anteil der in die Analyse einbezogenen Einzelreihen gemessen, deren Anteil sich im Vergleich zur Vorperiode erhöht bzw. vermindert hat. Je größer dieser Prozentsatz ist, desto mehr Bereiche sind von der konjunkturellen Aufwärts- oder Abwärtsbewegung erfasst. Bei der Bildung des Diffusionsindex ist eine richtige Auswahl und Gewichtung der Einzelindikatoren entscheidend. Ein weiterer Gesamtindex ist der gesamtwirtschaftl. Auslastungsgrad (Verhältnis von Produktion und Produktionspotenzial), bei dem eine realist. Abschätzung des verfügbaren Volumens der Produktionsfaktoren (Arbeit und Kapital) und ihrer potenziellen Produktivität wichtig ist. Schließlich wird die gesamtwirtschaftl. Wertschöpfung (Bruttoinlands- bzw. Bruttosozialprodukt) als K. verwendet. Dem Vorteil, dass diese keine konstruierte Größe zu sein braucht, steht gegenüber, dass Fehler (Preisbereinigung, Schattenwirtschaft) in die Berechnung einfließen können.

M. FELDSIEPER in: Hwb. der Wirtschaftswiss., Bd. 4 (1978); Konjunkturfrühindikatoren. Grundl. u. Modellrechnungen mit Daten des Ifo-Konjunkturtests, bearb. v. M. KÖRBER-WEIK u. a. (1988).

konjunkturneutraler Haushalt, ein vom Sachverständigenrat zur Begutachtung der gesamtwirtschaftl. Entwicklung (Abk. SVR) entworfenes, seit 1967 in den Jahresgutachten verwendetes Budgetkonzept zur Erfassung von Richtung und Ausmaß der konjunkturellen (Anstoß-)Wirkung der öffentl. Haushalte. Als konjunkturneutral gilt dabei ein Haushaltsvolumen, das unmittelbar keine Abweichung der Auslastung des gesamtwirtschaftl. Produktionspotenzials von dem bewirkt, was mittelfristig als ›normal‹ angesehen wird.

Bedingt durch Schwierigkeiten bei der Berechnung seit der dt. Wiedervereinigung hat der SVR auf die Verwendung der Konzeption des k. H. verzichtet und in seinem Jahresgutachten 1994/95 ein revidiertes Messkonzept für die Wirkung der Finanzpolitik auf die konjunkturelle Entwicklung vorgestellt, das in engem Zusammenhang mit der seit 1975 entwickelten Konzeption des **strukturellen Defizits** (→Defizit) steht. Errechnet wird nunmehr der **konjunkturelle Impuls**, der definiert wird als diejenige konjunkturelle Anstoßwirkung der Finanzpolitik, die aus einer gezielten Ausweitung der öffentl. Defizite resultiert. Unter ›gezielt‹ wird eine Ausweitung verstanden, die über die konjunkturbedingten Haushaltsbelastungen und jene Neuverschuldung hinausgeht, die für sich genommen von den privaten Wirtschaftssubjekten als dauerhaft angesehen wird und deshalb keinen Impuls auslöst, weil sich die Wirtschaftssubjekte in ihrer Gesamtheit daran gewöhnt haben (**konjunkturneutrale Verschuldung**). Der konjunkturelle Impuls wird aus dem Finanzierungsdefizit des öffentl. (Gesamt-)Haushaltes abgeleitet durch Konjunkturbereinigung der Einnahmen- und Ausgabenseite, durch Bereinigung der Gewinnabführung der Dt. Bundesbank und durch Abzug der konjunkturneutralen Verschuldung. Das Konzept des konjunkturellen Impulses hat – ebenso wie die früheren Konzepte des k. H. und der Normalverschuldung – in der Wirtschaftswiss. lebhafte Diskussionen ausgelöst.

M. HÜTHER: Strukturelles Defizit u. konjunktureller Impuls, in: Wirtschaftsdienst. Monatsschr., Jg. 75 (1995); N. ANDEL: Normalverschuldung, strukturelles Defizit u. konjunktureller Impuls, in: ebd.; Sachverständigenrat zur Begutachtung der gesamtwirtschaftl. Entwicklung: Jahresgutachten 1995/96 (1995).

Konjunktur|rat für die öffentliche Hand, nach § 18 Stabilitäts-Ges. 1967 eingeführtes Gremium, das die zur Erreichung der konjunkturpolit. Ziele erforderl. Maßnahmen sowie die Möglichkeiten zur Deckung des Kreditbedarfs der öffentl. Haushalte berät und für die Entscheidung zuständigen Gremien Empfehlungen gibt. Dadurch soll die Konjunkturpolitik von Bund, Ländern und Gemeinden koordiniert werden (kooperativer Föderalismus). Mitgl.: Bundeswirtschafts-Min. (Vorsitz), Bundesfinanz-Min., je ein Vertreter für jedes Bundesland, vier Vertreter der Gemeinden und Gemeindeverbände; die Dt. Bundesbank (beratend). Für den Bereich der öffentl. Schulden hat sich ein ›Konjunkturrat für Kreditfragen‹ gebildet, der sich mit dem vierteljährl. Kreditbedarf und der geplanten Kreditaufnahme befasst und seit 1975 unter der Bez. ›Ausschuss für Kreditfragen der öffentl. Hand‹ als selbstständiges Gremium handelt.

Konkan [ˈkɔŋkən], Landschaft an der W-Küste Indiens, zw. Goa und Daman, 45–75 km breit, über 500 km lang; niederschlagsreich; Reisanbau, Kokospalmen; wichtigstes wirtschaftl. Zentrum ist Bombay.

konkav [lat. ›gewölbt‹], nach innen gewölbt (v. a. bei →Linsen und →Spiegeln); Ggs.: konvex.

Konkavgitter, ein Beugungsgitter (→Gitter).

Konklave [lat. ›verschließbarer Raum‹] *das, -s/-n, kath. Kirchenrecht:* eigtl. die Räume für die Papstwahl, i. w. S. Bez. für die wahlberechtigte Kardinalsversammlung sowie für den Vorgang der Wahl. Das K. beginnt frühestens 15, spätestens 20 Tage nach dem Eintritt der Sedisvakanz und findet unter völligem Abschluss von der Außenwelt statt, früher im Palazzo del Quirinale, seit 1870 im Vatikan. Wahlberechtigt sind die Kardinäle, die das 80. Lebensjahr noch nicht erreicht haben. Als Obergrenze der zur Papstwahl berechtigten Kardinäle legte PAUL VI. die Höchstzahl 120 fest. Die beteiligten Kardinäle müssen in einem Eid absolute Geheimhaltung über die Wahl und ihr Wahlverhalten zusichern. Die Wahl wird so oft wiederholt, bis ein Kandidat zwei Drittel der Stimmen plus eine erhalten hat.

konkludente Handlung, eine Handlung, aus der auf einen bestimmten Willen des Handelnden geschlossen wird (bes. im Zivilrecht von Bedeutung). Sie stellt eine Willenserklärung dar, wenn der Handelnde Handlungswillen und Erklärungsbewusstsein hat. So liegt z. B. eine Willenserklärung durch k. H. vor, wenn jemand in einen Bus einsteigt und damit konkludent erklärt, einen Beförderungsvertrag abschließen zu wollen. Eine Willenserklärung durch k. H. ist von einer Willenserklärung durch Schweigen zu unterscheiden; dem Schweigen wird nur in Ausnahmefällen Erklärungswert beigelegt.

Konklusion [lat. ›Schluss‹, zu concludere, conclusum ›schließen‹, ›einen Schluss ziehen‹] *die, -/-en,* **Conclusio, 1)** *Logik:* die aus den ›Prämissen vermöge log. Schließens gewonnene Aussage, insbesondere in der Syllogistik. Im Falle des log. Schließens garantiert die Wahrheit der Prämissen die Wahrheit der Konklusion.
2) *Rhetorik:* Abschluss einer Rede sowie die in sich geschlossene Formulierung eines Gedankens.

Konkordanz [mlat. ›Übereinstimmung‹; ›Register‹] *die, -/-en,* **1)** *allg.:* Gleichmäßigkeit, Übereinstimmung; Ggs.: Diskordanz.
2) *Biologie:* bei Zwillingen bzw. Mehrlingen die Identität in Bezug auf Merkmale oder Eigenschaften.
3) *Buchwesen:* alphabet. Verzeichnis aller Wörter und Begriffe eines Buches mit Seitenzahlen oder Stellenangaben; auch Vergleichstafel mit den Seitenzählungen verschiedener Ausgaben desselben Werkes (z. B. →Bibelkonkordanz).
4) *Geologie:* **konkordante Lagerung,** die gleichmäßige, ungestörte Überlagerung älterer Schichten

durch jüngere mit gleichem Streichen und Schichteinfall.

5) *graf. Gewerbe:* größte Einheit des typograph. Maßsystems: 1 K. = 4 Cicero = 48 typograph. Punkte (p) = 18,05 mm.

6) *Sprachwissenschaft:* in einigen Sprachen (z. B. den Bantusprachen) Ausdruck grammat. Zusammenhänge im Satz durch formal gleiche Elemente, bes. durch Präfixe.

Konkordat [mlat., zu lat. concordare ›übereinstimmen‹] *das, -(e)s/-e,* allg. eine Vereinbarung, i. e. S. ein zur Regelung grundsätzlich aller Gegenstände gemeinsamen Interesses zw. dem Hl. Stuhl und einem Staat abgeschlossener Vertrag; i. w. S. jeder Vertrag zw. der kath. Kirche und einem Staat (›conventio‹, ›accordo‹, ›modus vivendi‹). Verträge mit dem Hl. Stuhl werden im Hinblick auf dessen Völkerrechtssubjektcharakter und die diplomat. Abschlussformen überwiegend als völkerrechtl. Verträge angesehen, obwohl sie der Sache nach öffentlich-rechtl. Verträge sui generis sind. Ihr echter Vertragscharakter ist heute durchweg anerkannt (Vertragstheorie); sie sind weder bloße Privilegien des Hl. Stuhles (Privilegientheorie) noch bloße Zugeständnisse des Staates (Legaltheorie), die einseitig interpretier- und widerrufbar wären. Der rechtfertigende Sinn von K. wird heute in der Wahrung und Ausgestaltung der Kirchenfreiheit und der Zusammenarbeit von Staat und Kirche gesehen. – In Dtl. gibt es neben K. auch Verträge mit ev. Kirchen (→Kirchenvertrag); die staatl. Zuständigkeit zum Abschluss von K. liegt primär bei den Ländern.

Geschichte: Eines der ältesten K. ist das Wormser K. (1122), durch das der Investiturstreit beendet wurde. Unter den späteren ist für Dtl. bes. das Wiener K. (1448) bedeutsam geworden. Die moderne K.-Geschichte beginnt mit dem napoleon. K. von 1801.

Im dt. Sprachraum folgten ihm K. mit Bayern (1817), Österreich (1855), ferner konkordatsgleiche Zirkumskriptionsbullen mit einzelnen dt. Staaten.

Besondere Bedeutung kam unter PIUS XI. dem K. mit Italien (1929, →Lateranverträge) zu. Mit dt. Ländern wurden K. geschlossen: Bayern (1924, mehrfach geändert, zuletzt 1988), Preußen (1929), Baden (1932), ferner mit dem Dt. Reich (→Reichskonkordat) und Österreich (1933). Neben zahlr. Sonderabkommen ist in Dtl. das niedersächs. Landes-K. von 1965 bedeutsam. In den neuen Ländern wurden parallel zu den Verhandlungen über die Kirchenverträge mit den ev. Kirchen auch Verhandlungen zw. dem Hl. Stuhl und den Regierungen Mecklenburg-Vorpommerns, Sachsens, Sachsen-Anhalts und Thüringens über den Abschluss konkordatärer Vereinbarungen geführt. Der Freistaat Sachsen hat 1996 einen Staatsvertrag (im ital. Vertragstext ›Accordo‹) mit der kath. Kirche abgeschlossen; Thüringen und Mecklenburg-Vorpommern folgten 1997. In der Zeit nach dem 2. Vatikan. Konzil wurde die in manchen K. (z. B. 1953 mit Spanien) festgeschriebene enge Verbindung zw. Staat und Kirche etwas gelockert. Zw. der Regierung Polens und dem Hl. Stuhl wurde 1993 ein K. unterzeichnet. Dieses folgte auf das poln. K. von 1925, dessen Gültigkeit die kommunist. Regierungen Polens nicht anerkannten. Zu seiner Inkraftsetzung bedarf es der Zustimmung des Sejm, die (1997) noch aussteht.

Die K. u. Kirchenverträge in der Bundesrepublik Dtl., hg. v. J. LISTL, 2 Bde. (1987); 60 Jahre österr. K., hg. v. H. PAARHAMMER u. a. (1994).

Konkordi|enbuch, Sammlung luther. Bekenntnisschriften, die am 25. 6. 1580 veröffentlicht wurde. Das K. enthält die drei altkirchl. Glaubensbekenntnisse (Apostol., Nicänokonstantinopolitan. und Athanasian.), das ›Augsburg. Bekenntnis‹ mit P. MELANCHTHONS Apologie, die Schmalkald. Artikel, MELANCHTHONS ›Tractatus de potestate et primatu papae‹, M. LUTHERS ›Kleinen‹ und ›Großen Katechismus‹ sowie die →Konkordienformel. Die Zusammenstellung des K. erfolgte v. a. durch J. ANDREÄ. In versch. Ausgaben gibt es z. T. Zusätze und Veränderungen. Da einige ev. Stände das K. nicht anerkannten, wurde es nicht für das gesamte Luthertum bindend.

Konkordi|enformel, das im Ergebnis der theolog. Auseinandersetzungen zw. den →Gnesiolutheranern und den Anhängern P. MELANCHTHONS (›Kryptokalvinisten‹, ›Phillipisten‹) im Luthertum entstandene, diese abschließende einheitliche luth. Lehrbekenntnis. – Die K. wurde ab 1555 entwickelt (auf polit. Ebene zunächst bes. durch Herzog JULIUS VON BRAUNSCHWEIG-WOLFENBÜTTEL gefördert), um innerluther. Lehrstreitigkeiten (→antinomistischer Streit, majorist. Streit [G.→MAJOR], osiandr. Streit [A.→OSIANDER], →synergistischer Streit) auf der Grundlage ›Augsburg. Bekenntnisses‹ beizulegen. Wesentl. Anteil an der Abfassung hatte J. ANDREÄ. 1576 wurde als Ergebnis eines Theologenkonvents zu Torgau das ›Torgische Buch‹ abgefasst, das 1577 im Kloster Berge (bei Magdeburg) zum ›Bergischen Buch‹ umgearbeitet wurde. Zus. mit anderen Bekenntnisformeln wurde es 1580 als →Konkordienbuch veröffentlicht. Die K. wurde eine der wichtigsten Grundlagen der luther. Orthodoxie; ihre schroff antikalvinist. Haltung stieß v. a. bei Vertretern ›kryptokalvinist.‹ Auffassungen wie N. CRELL auf Widerstand.

I. DINGEL: Concordia controversa. Die öffentl. Diskussion um das luther. Konkordienwerk am Ende des 16. Jh. (1996).

Konkrement [lat. ›Anhäufung‹] *das, -(e)s/-e,* 1) *Medizin:* in Hohlorganen oder ableitenden Systemen auftretendes steinartiges Gebilde unterschiedl. Zusammensetzung, das durch Ausfällung schwer lösl. Substanzen in Sekreten oder Exkreten entsteht, v. a. als Gallen-, Harn-, Kot- oder Speichelstein.

2) *Zahnheilkunde:* fest haftender, harter Zahnstein, der sich unterhalb des Zahnfleischrandes (subgingival) an Zahnhals und -wurzel festsetzt. K. bestehen zu 80 % aus anorgan. Stoffen (Hydroxylapatit-Gitter mit Calcium, Phosphor u. a.) und organ. Stoffen (Keratin, Muzin, Mukopolysaccharide u. a.). K. bilden sich aus Absonderungen der Zahnfleischtaschen und müssen regelmäßig entfernt werden. Hierzu finden auch Ultraschallgeräte Verwendung.

konkret [lat. ›verdichtet‹, eigtl. ›zusammengewachsen‹], 1) *allg.:* sinnlich wahrnehmbar, fassbar, real vorhanden; Ggs.: abstrakt.

2) *Philosophie:* Gegenstände und Vorstellungen, sofern sie als einzelne und besondere in sinnl. Anschauung gegeben sind, werden als k. bezeichnet. Für G. W. F. HEGEL ist das Konkrete die Einheit unterschiedener Bestimmungen, die sich aus ihrer abstrakten Einseitigkeit heraus in es hinein aufheben. Der hegelsche Wortgebrauch ›konkret‹/›abstrakt‹ ist vom Marxismus übernommen worden. (→Abstraktion)

E. VON HAGEN: Abstraktion u. Konkretion bei Hegel u. Kierkegaard (1969); D. CLAESSENS: Das Konkrete u. das Abstrakte. Soziolog. Skizzen zur Anthropologie (1980).

Konkret, Zeitschrift für Politik und Kultur, erscheint seit 1974 in neuer Folge als Monatsschrift in Hamburg, hg. von H. L. GREMLIZA, Auflage (1995) 55 200; gegr. 1955 als ›Studentenkurier‹, 1957–73 ›Konkret‹, hg. von C. R. RÖHL, 1960–64 geleitet von ULRIKE MEINHOF als kulturrevolutionäres Blatt.

konkrete Kunst, frz. **Art concret** [a:rkɔ̃'krɛ], von T. VAN DOESBURG vorgeschlagener Name für eine gegenständl. Richtung der modernen Kunst, v. a. der Malerei. Die Bez. soll hervorheben, dass die Gestaltung hier nicht von einem Abstraktionsvorgang ausgeht, sondern Linie, Farbe, Fläche, Raum ohne jede Assoziation als autonome künstler. Mittel eingesetzt werden. Die bildner. Elemente basieren meistens auf

konkrete Kunst:
Theo van Doesburg, ›Komposition‹; 1920 (Privatbesitz)

einem mathematisch kalkulierten geometr. Formenrepertoire. Histor. Voraussetzungen lieferten das Bauhaus und die Stijl-Gruppe. 1930 gründete VAN DOESBURG die Künstlergruppe und gleichnamige Zeitschrift ›Art Concret‹. Besondere Bedeutung gewannen die Pariser Künstlervereinigung →Abstraction-Création und die ›Zürcher Konkreten‹ um M. BILL, C. GRAESER, VERENA LOEWENSBERG und R. P. LOHSE. Die k. K. wurde weiterentwickelt von B. NICHOLSON in England, in Dtl. von J. ALBERS. Sie wirkte anregend auf Kunstströmungen wie Color-Field-Painting, Hard-Edge-Painting und Op-Art und fand bis heute zahlr. Vertreter.

konkrete Musik, frz. **Musique concrète** [myˈzik kɔ̃ˈkrɛt], Musik, die durch Tonbandaufnahmen von alltägl. (konkreten) Geräuschen (Straßen-, Industrielärm u. a.) und Klängen (Musikinstrumente, Vogelstimmen) entsteht und über Lautsprecher wiedergegeben wird. Nach dem Willen des Komponisten werden die Aufnahmen unter Anwendung elektron. Speicher-, Steuer- und Klangformungsmittel montiert, umgeformt und umgeordnet (›Klangumwandlung‹). Pionier der k. M. war P. SCHAEFFER (›Concert de bruits‹, 1948), Gründer der ›Groupe de Musique Concrète‹ (1951; 1958 umbenannt in ›Groupe de Recherches Musicales‹). Weitere Komponisten: u. a. die Franzosen P. HENRY (Ballett ›Symphonie pour un homme seul‹, 1955, mit P. SCHAEFFER), O. MESSIAEN (›Timbres-durées‹, 1952) und P. BOULEZ (›Étude I‹ und ›Étude II‹, 1951); W. KOTOŃSKI, R. HAUBENSTOCK-RAMATI, I. XENAKIS, L. FERRARI. Die k. M. fand Eingang in Rundfunk, Theater, Ballett, Film und Fernsehen. Eine methodisch ähnl. Richtung in den USA heißt ›Music for tape‹. Oft werden heute die Verfahren der k. M. und der (synthetisch hergestellten) elektron. Musik in einem Werk gleichzeitig angewendet.

P. SCHAEFFER: Musique concrète (a. d. Frz., 1974).

konkrete Po|esie, konkrete Dichtung, Bezeichnung für die nichtmimet. Dichtung, die seit etwa 1950 nach dem Vorbild der konkreten Kunst aus schriftl. oder akust. (›konkretem‹) Sprachmaterial gestaltet wird. Die k. P. formuliert aus Buchstaben, Silben und Wörtern von traditionellen Zusammenhängen losgelöste Aussagen. Texteelemente werden auf der Fläche nach visuellen und/oder semant. Gesichtspunkten grafisch angeordnet (Sprache als Dichtung – Dichtung als Sprache). Konkrete Texte sind Mitteilungen von Formen und Strukturen, die erst durch die kreative Mitarbeit des Rezipienten vollendet werden. Theoretisch steht die k. P. z. T. in der Tradition des ital. Futurismus (F. T. MARINETTI, ›parole in libertà‹) und der programmat. und literar. Texte des Dadaismus (H. BALL, K. SCHWITTERS, T. TZARA). Nach dem Zweiten Weltkrieg waren Ö. FAHLSTRÖMS Schriften (›Manifest för konkret poesi‹, 1953) und E. GOMRINGERS ›Vom vers zur konstellation‹ (1955) theoriebildend. Die →Wiener Gruppe erhob die k. P. zum Programm. Wichtigste Vertreter im dt.-sprachigen Raum sind neben GOMRINGER v. a. E. JANDL, H. HEISSENBÜTTEL und C. BREMER. Nebenformen sind die akust. Dichtung, v. a. repräsentiert durch das ›Neue Hörspiel‹ (u. a. HEISSENBÜTTEL, JANDL, FRIEDERIKE MAYRÖCKER, G. RÜHM), und die visuelle Dichtung mit ihren Grenzüberschreitungen zur bildenden Kunst (J. KOLÁŘ, F. MON).

Ausgaben: An anthology of concrete poetry, hg. v. E. WILLIAMS (New York 1967); Concrete poetry. An international anthology, hg. v. S. BANN (London 1967); Theoret. Positionen zur k. P. Texte u. Bibliogr., hg. v. T. KOPFERMANN (1974).

H. HARTUNG: Experimentelle Lit. u. k. P. (1975); R. DÖHL: Konkrete Lit., in: Die dt. Lit. der Gegenwart, hg. v. M. DURZAK (³1976); T. KOPFERMANN: K. P. Fundamentalpoetik u. Textpraxis einer Neo-Avantgarde (1981); K. P., Linguistik u. Sprachunterricht, hg. v. B. GARBE (1987).

Konkretion [lat. ›innige Verbindung‹, zu concrescere, concretum ›zusammenwachsen‹] *die, -/-en,* 1) *Medizin:* die →Concretio.

2) *Petrologie:* **Geode,** meist knollige, unregelmäßig rundl., kugel-, trauben-, nieren- oder linsenförmige Mineralausscheidung in Sedimentgesteinen; aus zirkulierenden übersättigten Lösungen, oft durch Anlagerung an einen Ansatzkern (u. a. verrottende organ. Substanz), von innen nach außen gewachsen (im Ggs. zu Sekretionen). K. bestehen v. a. aus Calcit (z. B. Lösskindel, →Löss; →Knollenmergel), Dolomit (Torfdolomit), Siderit (→Toneisenstein), Pyrit oder Markasit, Eisenoxiden, Siliciumdioxid (→Feuerstein), Calciumphosphat. K. entstehen während der Sedimentation, v. a. aber während der Diagenese, oft an Fossilien, die dadurch bes. gut erhalten bleiben. Sie sind vielfach lagenweise angereichert. (→Septarie, →Tutenmergel)

konkretisieren, deutlicher machen, im Einzelnen ausführen; Ggs.: abstrahieren.

Konkretum *das, -s/...ta, Sprachwissenschaft:* Begriffswort zur Bez. gegenständl. Erscheinungen. Die K. lassen sich untergliedern in: Eigennamen (→Name), Appellativa (→Gattungsname), Kollektiva (→Kollektivum) und Stoff-Bez. (z. B. ›Papier‹). – Ggs.: Abstraktum.

Konkubinat [lat.] *das, -(e)s/-e,* früher Bez. für eheähnl. Lebensgemeinschaft ohne Eheschließung (→Ehe). Als **Konkubine** wurde die im K. lebende Frau sowie auch *abwertend* die Geliebte bezeichnet.

Konkupiszenz [spätlat. ›heftiges Verlangen‹, ›Begierde‹] *die, -, christl. Theologie:* Bez. für die Neigung (den ›Trieb‹) des Menschen zur Sünde (dem Bösen); theologisch als Folge seiner Abkehr von Gott beschrieben (→Erbsünde).

Konkurrenz [mlat. ›Mitbewerbung‹, zu lat. concurrere ›zusammenlaufen‹] *die, -/-en,* 1) *allg.:* 1) ohne Pl., Rivalität, bes. im wirtschaftl. Bereich; 2) auf einem bestimmten Gebiet, bes. in einer sportl. Disziplin, stattfindender Wettkampf, Wettbewerb.

2) *Biologie:* Wettstreit zw. Organismen um Nahrung, Lebensraum, Wasser, Licht u. a. ökolog. Erfordernisse, die nur begrenzt verfügbar sind. K. kann zw. Individuen derselben Art (**innerartliche K.**) oder verschiedener Arten (**zwischenartliche K.**) vorkommen.

3) *Recht:* im Zivilrecht das Zusammentreffen mehrerer Ansprüche (**Anspruchs-K.**), namentlich das Zusammentreffen vertragl. und delikt. Ansprüche; im Strafrecht das Zusammentreffen mehrerer Strafvorschriften im Falle ihrer Verletzung durch eine (Hand-

lungseinheit) oder mehrere Handlungen (Handlungsmehrheit) der gleichen Person (→Gesetzeskonkurrenz, →Idealkonkurrenz, →Realkonkurrenz).

4) *Wirtschaft:* →Wettbewerb.

Konkurrenzklausel, →Wettbewerbsverbot.

Konkurrenzsozialismus, Bez. für verschiedene Modelle einer →sozialistischen Marktwirtschaft.

konkurrieren, mit anderen in Wettbewerb treten; sich gleichzeitig mit anderen um etwas bewerben.

konkurrierende Gesetzgebung, in einem Bundesstaat die Materien der Gesetzgebung, für die der Gesamtstaat und die Gliedstaaten nebeneinander zuständig sind. Die Gliedstaaten haben Befugnis zur k. G. nur, wenn und soweit der Gesamtstaat von seiner Kompetenz nicht Gebrauch gemacht hat. In Dtl. sind die Gegenstände der k. G. in Art. 74 und 74 a GG aufgezählt. Der Bund darf von dieser Befugnis nur Gebrauch machen, wenn eine Angelegenheit durch die Länder nicht wirksam geregelt werden kann, wenn die Regelung durch ein Land die Interessen anderer Länder beeinträchtigen könnte oder wenn eine bundeseinheitl. Regelung zur Herstellung gleichwertiger Lebensverhältnisse im Bundesgebiet oder zur Wahrung der Rechts- oder Wirtschaftseinheit erforderlich ist.

In *Österreich* lässt sich von einer k. G. der Länder sprechen, soweit der Bund von seiner Befugnis zur Grundsatzgesetzgebung (etwa für die Sozialhilfe) keinen Gebrauch gemacht hat (Art. 15 Abs. 6 B-VG). Außerdem sind die Länder gemäß Art. 15 Abs. 9 B-VG im Bereich ihrer Gesetzgebung befugt, die zur Regelung des Gegenstandes erforderl. Bestimmungen auch auf dem Gebiet des Straf- und Zivilrechts, das an sich Bundessache in Gesetzgebung und Vollziehung ist, zu treffen. Ferner können die Länder konkurrierend Staatsverträge über Angelegenheiten des selbstständigen Wirkungsbereiches abschließen, soweit nicht der Bund von seiner diesbezüglich umfassenden Staatsvertragsbefugnis Gebrauch gemacht hat.

In der *Schweiz* fällt die Mehrzahl der Gesetzgebungsmaterien in die k. G. von Bund und Kantonen; die ausschließl. Bundeskompetenz und ihre Wahrnehmung sind die Ausnahme. In einigen Bereichen behält sich der Bund die Rahmengesetzgebung vor und überlässt den Kantonen die weiteren Normierungen.

Konkurs [lat. concursus ›das Zusammenlaufen (der Gläubiger)‹] *der, -es/-e,* Generalzwangsvollstreckung in das Vermögen des wirtschaftlich zusammengebrochenen Schuldners (**Gemeinschuldner**) zur gleichmäßigen anteilmäßigen Befriedigung aller persönl. Gläubiger (**K.-Gläubiger**), die im Zeitpunkt der Eröffnung des K. eine Forderung gegen ihn haben, durch Verwertung des gesamten pfändbaren Schuldnervermögens (**K.-Masse**). Der K. ist für die alten Länder in der Konkursordnung (KO) vom 10. 2. 1877, für die neuen Länder in der Gesamtvollstreckungsordnung i. d. F. v. 23. 5. 1991 geregelt. Die KO enthält das K.-Verfahrensrecht und das materielle K.-Recht. Mit Wirkung vom 1. 1. 1999 wird die KO aufgehoben, an die Stelle von K. und Vergleich tritt ein einheitl. →Insolvenzverfahren.

Das **K.-Verfahren** wird auf Antrag eines Gläubigers oder des Gemeinschuldners vom K.-Gericht, d.h. dem Amtsgericht, bei dem der Gemeinschuldner seine gewerbl. Niederlassung oder seinen allgemeinen Gerichtsstand hat, eröffnet, wenn ein **K.-Grund** (Zahlungsunfähigkeit, bei jurist. Personen auch Überschuldung, bei einem Nachlass nur Überschuldung) vorliegt. Konkursfähig sind alle natürl. und jurist. Personen, sämtl. Handelsgesellschaften, u. U. das Gesamtgut der ehel. Gütergemeinschaft, ferner der Nachlass, hingegen nicht Gesellschaften des bürgerl. Rechts. Schon vor K.-Eröffnung kann das Gericht Maßnahmen zur Sicherung der Masse anordnen, z. B. ein allgemeines Veräußerungsverbot. Beim K. im Anschluss an ein gescheitertes Vergleichsverfahren, dem **Anschluss-K.,** wird das K.-Verfahren von Amts wegen eröffnet.

Mit der Eröffnung des K.-Verfahrens wird das dem K. unterworfene Vermögen des Schuldners beschlagnahmt; das Gericht ernennt den **K.-Verwalter,** der die K.-Masse zu nehmen, aufzuzeichnen, zu verwalten, zu verwerten und ggf. Verwertungserlöse zu verteilen hat; es bestimmt die Frist zur Anmeldung der K.-Forderungen und den Termin zu ihrer Prüfung. Das Gericht erlässt den offenen Arrest, der allen Personen, die eine zur K.-Masse gehörige Sache in Besitz haben oder dem Gemeinschuldner etwas schulden, verbietet, an diesen zu leisten, und gebietet, den K.-Verwalter vom Besitz der Sache zu informieren. Mit Eröffnung des K.-Verfahrens verliert der Gemeinschuldner das Recht, über sein zur K.-Masse gehörendes Vermögen zu verfügen oder es zu verwalten. Das Verfahren wird vom K.-Verwalter und den Selbstverwaltungsorganen der Gläubiger (Gläubigerausschuss und -versammlung) unter Aufsicht des Gerichts geführt. Die Abwicklung des K. befreit den Gemeinschuldner nicht von den Schulden, die im K.-Verfahren ungedeckt bleiben. Die Eröffnung des K.-Verfahrens wird öffentlich bekannt gemacht und ggf. im Grundbuch oder Schiffsregister vermerkt. Nicht in die K.-Masse fällt der Neuerwerb, d. h. alles, was der Gemeinschuldner nach K.-Eröffnung erwirbt. In ihn dürfen die Gläubiger während des Verfahrens nicht vollstrecken. So soll dem Schuldner der Aufbau einer neuen wirtschaftl. Existenz erleichtert werden.

Der K.-Verwalter ist berechtigt, für die K.-Masse Rechtsgeschäfte abzuschließen und Prozesse zu führen. Er handelt dabei im eigenen Namen (er ist, nach der Amtstheorie, Partei kraft Amtes) und hat die Interessen aller Beteiligten zu wahren, denen er bei Pflichtverletzungen persönlich haftbar ist. Für seine Amtsführung erhält er eine Vergütung aus der Masse.

Schuldrechtl. Verträge, die der Gemeinschuldner vor K.-Eröffnung geschlossen hat, sind auch der K.-Masse gegenüber - vorbehaltlich der →Gläubigeranfechtung, insbesondere der Absichtsanfechtung - wirksam. Dienst- und Arbeitsverträge, die der Gemeinschuldner vor K.-Eröffnung als Dienstberechtigter oder Arbeitgeber geschlossen hat, können vom K.-Verwalter unter Einhaltung der gesetzl. Kündigungsfrist und Beachtung der arbeitsrechtl. Kündigungsschutzbestimmungen gekündigt werden. Der Arbeitslohn für die Zeit von der K.-Eröffnung bis zum Wirksamwerden der Kündigung ist vom K.-Verwalter als Masseschuld

Konkurs: Verteilung der Konkursmasse beim Konkursverfahren

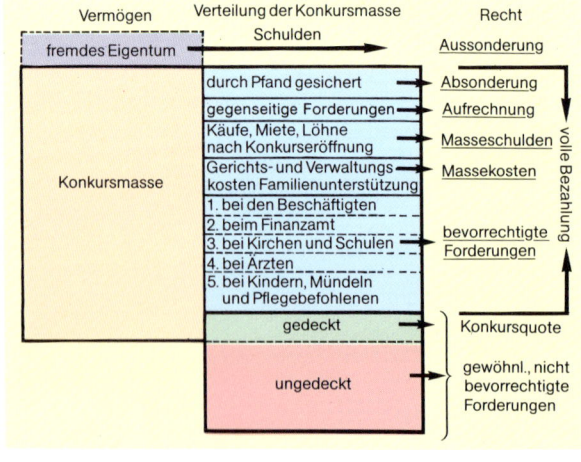

Vermögen	Verteilung der Konkursmasse	Recht
fremdes Eigentum	Schulden →	Aussonderung
Konkursmasse	durch Pfand gesichert →	Absonderung
	gegenseitige Forderungen →	Aufrechnung
	Käufe, Miete, Löhne nach Konkurseröffnung →	Masseschulden
	Gerichts- und Verwaltungskosten Familienunterstützung →	Massekosten
	1. bei den Beschäftigten 2. beim Finanzamt 3. bei Kirchen und Schulen 4. bei Ärzten 5. bei Kindern, Mündeln und Pflegebefohlenen	bevorrechtigte Forderungen
	gedeckt →	Konkursquote
	ungedeckt →	gewöhnl., nicht bevorrechtigte Forderungen

Konkursausfallgeld Konk

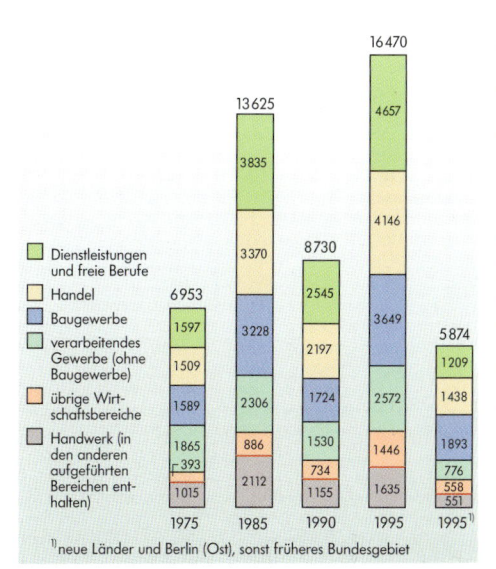

Konkurs: Konkursverfahren in der Bundesrepublik Deutschland nach Wirtschaftszweigen

zu behandeln. Für den bei K.-Eröffnung rückständigen Lohn erhält der Arbeitnehmer vom Arbeitsamt →Konkursausfallgeld. Ansprüche aus einer vom K. betroffenen betriebl. Altersversorgung werden durch den Pensionssicherungsverein als Träger der Insolvenzsicherung abgedeckt.

Sofern gegenseitige Verträge bei der K.-Eröffnung von keiner Seite bereits voll erfüllt sind, hat der K.-Verwalter ein Wahlrecht zw. Erfüllung oder Ablehnung. Sonderregeln gelten namentlich für Mietverträge, Aufträge und Geschäftsbesorgungsverträge sowie für Ansprüche, die durch Vormerkung gesichert sind und Grundstücksrechte betreffen.

Gegenstände, die dem Gemeinschuldner nicht gehören, unterliegen der Aussonderung und sind damit der Verwertung durch den K.-Verwalter entzogen. Der Berechtigte kann die Herausgabe verlangen. Dagegen kann der Inhaber eines ausschließl. Verwertungsrechts (Hypothek, Grundschuld, Pfandrecht, Sicherungseigentum) aus dem haftenden Gegenstand das Recht auf abgesonderte Befriedigung geltend machen. Der K.-Masse verbleibt dann nur ein etwaiger Erlösüberschuss. Nach Aussonderung und Absonderung sind aus der K.-Masse die **Massekosten** (Gerichtskosten für das gemeinschaftl. Verfahren; Ausgaben für Verwaltung, Verwertung und Verteilung der Masse; die dem Gemeinschuldner und seiner Familie bewilligte Unterstützung) und die **Masseschulden** (z. B. Ansprüche aus Geschäften und Handlungen des Verwalters, Ansprüche auf Erfüllung gegenseitiger Verträge nach entsprechender Wahl des Verwalters, bestimmte Lohnansprüche) vorweg zu befriedigen (§§ 57–60 KO), danach erst die K.-Forderungen sonstiger Gläubiger. Diese K.-Gläubiger (§§ 61–70 KO) müssen ihre Forderungen beim K.-Gericht zur **K.-Tabelle** anmelden; jede Zwangsvollstreckung oder eine sie bezweckende Klage ist für die Dauer des K.-Verfahrens ausgeschlossen. In einem Prüfungstermin können der K.-Verwalter oder andere K.-Gläubiger der Anmeldung widersprechen; in diesem Fall müssen die streitigen Forderungen im Zivilprozess geklärt werden. Die anerkannten K.-Forderungen werden in die Tabelle aufgenommen und bei der Verteilung berücksichtigt.

Die einfachen K.-Gläubiger werden mit gleichen Quoten ihrer Forderungen befriedigt, vorab jedoch die Forderungen einzelner bevorrechtigter Gläubiger nach der Rangfolge laut § 61 KO: 1) bestimmte Ansprüche der Angestellten und anderer Lohnempfänger des Gemeinschuldners, u. a. Sozialplanansprüche; 2) Ansprüche öffentl. Kassen, bes. des Finanzamtes; 3) Forderungen der Kirchen, Schulen, Verbände u. Ä.; 4) Forderungen der Ärzte, Apotheker u. Ä.; 5) Mündelforderungen u. Ä. Erst an 6. Rangstelle folgen die übrigen K.-Forderungen, d. h. die überwiegende Zahl der K.-Gläubiger. Nach Beendigung des K.-Verfahrens können die K.-Gläubiger aus dem Vermerk in der K.-Tabelle die Zwangsvollstreckung in evtl. Neuvermögen des Schuldners betreiben, um ihre Restforderung zu realisieren (Grundsatz der freien Nachforderung der Konkursgläubiger).

Die verwertbare Masse kommt in einer **Schlussverteilung** (§ 161 KO) zur Auszahlung; bereits vorher ist eine **Abschlagsverteilung** (§ 159 KO) und – soweit nach der Schlussverteilung noch Beträge für die K.-Masse frei werden – nach der Schlussverteilung noch eine Nachtragsverteilung (§ 166 KO) statthaft.

Die Beendigung des K.-Verfahrens erfolgt seitens des K.-Gerichts durch öffentlich bekannt zu machenden Beschluss (§ 163 KO). – In den letzten Jahren führten über 75 % der K.-Anträge mangels Masse nicht zur Eröffnung. Lediglich in etwa 8 % der eröffneten K.-Verfahren kam es zu einem bestätigten Zwangsvergleich. Da auch die durchschnittl. Gläubigerquoten (d. h. das Verhältnis zw. anerkannter Forderung und tatsächl. Realisierung) gering sind (etwa 25 % für bevorrechtigte, knapp 3 % für einfache K.-Gläubiger), war eine Reform des K.-Rechts überfällig.

In den neuen Ländern gilt bis zum In-Kraft-Treten der →Insolvenzordnung anstelle des Rechts des K. und des →Vergleichsverfahrens die **Gesamtvollstreckungsordnung** 23. 5. 1991. In der Gesamtvollstreckungsordnung, die das Insolvenzrecht einheitlich regelt, wurde das diesbezügl. Recht der DDR weitgehend an das Verfahren der KO angeglichen. Das Gesamtvollstreckungs-Unterbrechungs-Ges. 23. 5. 1991 ermöglicht die Unterbrechung der Gesamtvollstreckung für die Dauer von drei Monaten durch das Gericht zum Zweck der Sanierung und der Wiederherstellung der Liquidität des Schuldners.

Die Grundsätze des *österr.* K.-Rechts entsprechen jenen des deutschen. Hauptrechtsquelle ist die K.-Ordnung von 1914, zuletzt geändert durch das Insolvenzrechtsänderungs-Ges. von 1994. Subsidiär sind die ZPO und die Jurisdiktionsnorm samt Einführungsgesetzen anwendbar.

Im *schweizer.* Recht (Art. 159 ff. des Bundes-Ges. über Schuldbetreibung und K. vom 11. 4. 1889, Abk. SchKG) gelten ähnl. Grundsätze wie im dt. Recht. Die Organisation der K.-Ämter ist Sache der Kantone. Die Gläubigerversammlung entscheidet, ob sie das K.-Amt oder eine oder mehrere von ihr zu wählende Personen als K.-Verwaltung einsetzen will. Oberste Aufsichtsbehörde in K.-Sachen ist das Bundesgericht. Die Revision des SchKG vom 16. 12. 1994 (in Kraft ab 1. 1. 1997) hat an den Grundzügen des K.-Rechts nichts geändert.

K. Amonn: Grundr. des Schuldbetreibungs- u. Konkursrechts (Bern ⁴1988); R. Stürner: Zwangsvollstreckungs-, K.- u. Vergleichsrecht, begr. v. A. Schönke, 2 Bde. (¹²1990–95); J. Kilger: K.-Ordnung, bearb. v. Karsten Schmidt (¹⁶1993); E. Feil: K.-Ordnung (Wien 1994); Gesamtvollstreckungsrecht. Komm., hg. v. S. Smid u. M. Zeuner (²1994); Hb. der Insolvenzverwaltung, hg. v. H. Mohrbutter (⁷1996).

Konkurs|ausfallgeld, von den Arbeitsämtern bei Zahlungsunfähigkeit eines Arbeitgebers auf Antrag an diejenigen Arbeitnehmer oder arbeitnehmerähnl. Personen zu zahlender Betrag, die bei Eröffnung des

Konkursverfahrens über das Vermögen ihres Arbeitgebers (oder Ablehnung der Konkurseröffnung mangels Masse) noch Ansprüche auf Arbeitsentgelt für die letzten drei Monate vor Konkurseröffnung haben. Das K. wird in Höhe des Nettobetrages des rückständigen Arbeitsentgelts geleistet; außerdem muss das Arbeitsamt die auf die rückständige Arbeitsentgelt entfallenden Beiträge zur Sozialversicherung entrichten (§§ 141 a ff. AFG). Die Lohnansprüche der Arbeitnehmer für die letzten sechs Monate vor Konkurseröffnung sind (bevorrechtigte) Masseschulden (→Konkurs). Soweit aber für die Ansprüche der letzten drei Monate K. gezahlt wird, gehen sie als einfache Konkursforderung auf die Bundesanstalt für Arbeit über, die sie im Konkursverfahren anmelden muss. Die Mittel für die Zahlung von K. werden nach Vorlage durch die Bundesanstalt für Arbeit im Umlageverfahren über die Berufsgenossenschaften aufgebracht, die sie wiederum auf die Unternehmen umlegen und mit den Beiträgen zur gesetzl. Unfallversicherung einziehen (§§ 186 b ff. AFG).

Unter der Geltung der neuen →Insolvenzordnung tritt ab 1. 1. 1999 an die Stelle von K. Insolvenzausfallgeld. Die Bevorrechtigung der Lohnansprüche für die letzten sechs Monate als Masseschulden entfällt (§ 55 Insolvenzordnung).

Konkursdelikte, die im 24. Abschnitt des StGB (›Konkursstraftaten‹, §§ 283–283 d) aufgenommenen Straftatbestände: 1) Bankrott; 2) Verletzung der Buchführungspflicht; 3) die Gewährung einer Sicherheit oder Befriedigung an einen Gläubiger, die diesem nicht oder nicht so zusteht (Gläubigerbegünstigung); 4) das Beiseiteschaffen oder Verheimlichen von Vermögensbestandteilen, die zur Konkursmasse gehören würden, zugunsten des von Zahlungsunfähigkeit Bedrohten (Schuldnerbegünstigung). Mit In-Kraft-Treten des neuen Insolvenzrechts (1. 1. 1999) werden die o. g. Delikte als ›Insolvenzstraftaten‹ bezeichnet.

Konkursrecht, Insolvenzrecht, die Rechtsnormen, die bei Zahlungsunfähigkeit oder Überschuldung eines Schuldners das Verfahren zur Liquidation und möglichst gleichmäßigen Befriedigung der Gläubiger, unter Umständen aber auch zur Schuldenbereinigung und Sanierung regeln. Neben den Vorschriften über den Konkurs zählt zum Insolvenzrecht auch das Recht des Vergleichsverfahrens zur Abwendung des Konkurses. Die am 1. 1. 1999 in Kraft tretende →Insolvenzordnung regelt anstelle von Konkurs und Vergleich ein einheitl. →Insolvenzverfahren.

konnatal [zu lat. natus ›Geburt‹], *Medizin:* angeboren.

Konnektionismus, interdisziplinäre Forschungsrichtung im Grenzbereich von Informatik, (Neuro-)Biologie, Mathematik, Physik und Psychologie, die sich mit der Nutzung von Erkenntnissen über die Arbeitsweise menschlicher und tier. Gehirne zur Konstruktion informationsverarbeitender Systeme in Form von künstl. →neuronalen Netzen befasst. (→künstliche Intelligenz)

Konnektiv [lat. con(n)ectere, con(n)ectum ›verbinden‹] *das, -s/-e,* 1) *Botanik:* Verbindungsteil zw. den beiden Hälften (Theken) des Staubbeutels im Staubblatt der Blüte.

2) *Zoologie:* bei niederen Tieren Nervenstrang, der die Nervenknoten (Ganglien) des Nervensystems in Längsrichtung verbindet.

Könnern, Stadt im Landkreis Bernburg, Sa.-Anh., 106 m ü. M., 3 600 Ew.; Zuckerfabrik (seit 1593), Bauindustrie. – K., 1004 erstmals erwähnt, entwickelte sich im 13. Jh. zur Stadt. 1680 fiel es an Brandenburg.

Konnetabel *der, -s/-s,* →Connétable.

Konnex [lat. con(n)exus ›Verknüpfung‹] *der, -es/-e,* 1) *bildungssprachlich* für: Zusammenhang, Verbindung (zw. Dingen); persönl. Umgang, Kontakt.

2) *Biologie:* **biozönotischer K.,** das z. B. durch Ernährungsfaktoren verursachte Miteinander-verbunden- oder Aufeinander-angewiesen-Sein von Organismen einer Lebensgemeinschaft.

Konnexion [frz., von lat. con(n)exio ›Verbindung‹] *die, -/-en, Sprachwissenschaft:* im Rahmen der Dependenzgrammatik die strukturelle (Abhängigkeits-)Beziehung zw. den Elementen eines Satzes.

Konnexität [zu lat. con(n)ectere, con(n)ectum ›verbinden‹] *die, -, Recht:* im bürgerl. Recht der natürliche wirtschaftl. Zusammenhang wechselseitiger Ansprüche. Eine K. ist Voraussetzung des →Zurückbehaltungsrechts (§ 273 BGB). K. liegt vor, wenn sich beide Forderungen aus einem einheitl. Lebensverhältnis ergeben, im Zivilprozess der rechtl. Zusammenhang zw. Klage und Widerklage, auch das prozessuale Verbindung mehrerer anhängiger Verfahren (§ 147 ZPO). Im Strafprozess können mehrere in K. stehende Strafsachen in einem Verfahren verbunden und gemeinschaftlich verhandelt werden (§§ 2 f., 13, 237 StPO).

Konnivenz [lat. ›Nachsicht‹] *die, -/-en, Strafrecht:* Verleitung eines Untergebenen zu einem Amtsdelikt oder wissentl. Duldung eines solchen durch den Vorgesetzten; der Verleitende ist nach § 357 StGB so strafbar, als hätte er das Delikt selbst begangen. Dieselbe Bestimmung gilt für einen Amtsträger, dem eine Aufsicht oder Kontrolle über die Dienstgeschäfte eines anderen Amtsträgers übertragen ist.

Konnossement [Mischbildung aus ital. conoscimento ›Erkenntnis‹ und frz. connaissement ›Frachtbrief‹, zu lat. cognoscere ›erkennen‹] *das, -(e)s/-e,* frz. **Connaissement** [konɛsˈmã], Wertpapier des Seehandelsrechts im Seefrachtverkehr (→Seefrachtvertrag); eine Beurkundung des Frachtvertrages, zugleich Empfangsbestätigung des Verfrachters und Versprechen der Ablieferung des Frachtgutes an den legitimierten Inhaber der Urkunde (§§ 642 ff. HGB). Das K. kann **Übernahme-K.** sein, wenn die übernommenen Güter noch an Land eingelagert sind, oder **Bord-K.,** wenn sie schon verladen sind. Es wird meist als →Orderpapier ausgestellt; das in ihm verbriefte Empfangsrecht kann dann durch →Indossament übertragen werden (›gekorenes Orderpapier‹). Die Übergabe des K. an den durch Indossament Legitimierten hat die gleiche Wirkung wie die Übergabe des Gutes (Traditionswirkung, § 650 HGB). Der Erwerber des K. wird Eigentümer und kann so schon über die Ware verfügen. – Die Frachturkunden des Binnenschiffsverkehrs sind →Ladescheine.

Das K. ist in *Österreich* und der *Schweiz* ähnlich geregelt, aber, da diese Staaten keine Küsten besitzen, wenig gebräuchlich.

Konnotat *das, -(e)s/-e, Sprachwissenschaft:* 1) vom Sprecher bezeichneter Begriffsinhalt (im Ggs. zu den Gegenständen oder Sachverhalten der außersprachl. Wirklichkeit); 2) konnotative (Neben-)Bedeutung (→Konnotation).

Konnotation [zu lat. con... ›mit‹ und notatio ›Bezeichnung‹] *die, -/-en, Sprachwissenschaft:* die die begriffl. Grundbedeutung eines Wortes überlagernde (subjektive, emotionale, assoziative) Nebenbedeutung, Begleitvorstellung im Ggs. zur →Denotation.

Konnubium [lat. ›Vermählung‹, ›Ehe‹] *das, -s/...bien,* **Connubium,** *Ethnosoziologie:* der regelmäßige Austausch von Ehepartnern zw. ethn. oder sozialen Gruppen. Nach dem Kommerzium, dem regelmäßigen Austausch von Gütern und Dienstleistungen, und der Kommensalität (Tischgemeinschaft), die die Anwendung des Gastrechtes und damit ein gewisses Maß an Ebenbürtigkeit umfasst, stellt das K. die höchste Stufe der Annäherung zw. ursprünglich fremden Gruppen dar. In naturvölkl. Gesellschaften gibt es oft komplexe, rechtlich und religiös sanktionierte K., die

zwei oder mehr Gruppen über viele Generationen aneinander binden.
C. LÉVI-STRAUSS: Die elementaren Strukturen der Verwandtschaft (a. d. Frz., Neuausg. 1993).

Kōno, Taeko, jap. Schriftstellerin, * Ōsaka 30. 4. 1925; setzt sich in ihrem Erzählwerk neben der Verarbeitung von Kriegserfahrung kritisch mit Ehe, Partnerschaft und Sexualität auseinander, die sie aus der Perspektive der Frau darstellt.
Werke (jap.): *Erzählungen:* Knabenjagd (1961; dt.); Schnee (1962; dt.); Die letzten Stunden (1966; dt.); Der Eisenfisch (1976; dt.). – *Roman:* Riskante Begierden (1990 ; dt.).
Ausgabe: Knabenjagd. Erzählungen, übers. v. I. HIJIYA-KIRSCHNEREIT (1988).

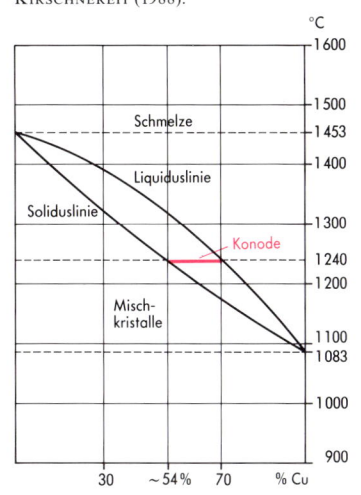

Konode: Grafische Darstellung der Konode bei 1240 °C im Kupfer-Nickel-Zustandsdiagramm

Konode [zu griech. kõnos ›Kegel‹ und ...ode] *die, -/-n, Werkstoffkunde:* isotherme Verbindungsgerade zw. den Zustandspunkten zweier miteinander im Gleichgewicht stehender Phasen innerhalb der Mischungslücke in einem Zustandsdiagramm. Alle Legierungen, deren Zusammensetzung zw. den Endpunkten der K. liegen, sind bei der gegebenen Temperatur zweiphasig.

Konodonten, *Paläontologie:* die →Conodonten.

Konoe, Fumimaro, Fürst, jap. Politiker, * Tokio 12. 10. 1891, † (Selbstmord) ebd. 16. 12. 1945; seit 1916 Mitgl. des Herrenhauses, 1933–37 dessen Präs.; 1939–40 Präs. des Geheimen Staatsrates; von Juni 1937 bis Januar 1939 und von Juli 1940 bis Oktober 1941 Min.-Präs. K. formulierte u. a. 1938 als ein Ziel der jap. Politik die Schaffung einer ›Neuen Ordnung‹ in Ostasien. Sowohl sein Versuch, den Krieg gegen China noch 1937 zu beenden, als auch der, den Ausbruch des Krieges gegen die USA zu verhindern, scheiterten. Unter seiner Führung trat Japan im September 1940 dem Dreimächtepakt bei. Nach der jap. Niederlage im Zweiten Weltkrieg war K. im Rang eines stellv. Min.-Präs. Mitglied des Kabinetts Higashikuni. Im November 1945 legte er einen von General D. MACARTHUR in Auftrag gegebenen Entwurf zur Verf.-Änderung vor. Unter dem Vorwurf der Kriegsverbrechen (In-Kraft-Treten des Haftbefehls am 16. 12. 1945) beging er Selbstmord.
Y. OKA: K. F. (a. d. Jap., Tokio 1983).

Konolfingen, 1) Bezirkshauptort im Kt. Bern, Schweiz, südöstlich von Bern, 658 m ü. M., 4 500 Ew.; Milchverarbeitung, Maschinenbau; Bahnknotenpunkt.
2) Bez. im Kt. Bern, Schweiz, 214 km^2, 53 900 Einwohner.

Konon, 1) athen. Flottenführer in der letzten Phase des Peloponnes. Krieges, † auf Zypern nach 392 v. Chr.; entkam aus der Niederlage bei Aigospotamoi (405 v. Chr.) mit acht Trieren nach Zypern zu König EUAGORAS I., der ihn den Persern als Admiral empfahl. Als solcher brach er 394 v. Chr. durch den Sieg bei Knidos die Seemacht Spartas. Nach Athen zurückgekehrt, schuf er durch den Wiederaufbau der ›Langen Mauern‹ zw. Athen und dem Hafen Piräus die Voraussetzungen für den Wiederaufstieg Athens.
2) griech. Mathematiker und Astronom der 2. Hälfte des 3. Jh. v. Chr., * auf Samos; wirkte in Alexandria, war ein Freund des ARCHIMEDES, der ihm seine Parabelquadratur widmete. Seine Schriften zur Mathematik (APOLLONIOS VON PERGE nennt ihn als Vorläufer seiner Kegelschnittlehre) und Astronomie sind verloren.

Konon, Papst (686–687), † Rom 21. 9. 687; in Sizilien erzogen, röm. Presbyter; wurde als Kompromisskandidat von Klerus und Miliz Roms gewählt. Sehr alt und krank, konnte er sein Amt nur formell ausüben.

Konopnicka [-'pnitska], Maria, geb. **Wasiłowska** [-'u̯ɔfska], poln. Schriftstellerin, * Suwałki 23. 5. 1842, † Lemberg 8. 10. 1910; Lyrikerin, die die innere Zerrissenheit der poln. Gesellschaft behandelte, wobei sie dem Bauernproblem und -milieu besondere Aufmerksamkeit widmete. Ihr Hauptwerk, das Epos ›Pan Balcer w Brazylii‹ (1910), schildert das harte Schicksal poln. Emigranten. Auch in ihrer Novellistik gestaltete sie gesellschaftl. Probleme in ›realist. Bildern‹; daneben Kritikerin und Übersetzerin.
Weitere Werke: *Lyrik:* Poezje, 4 Bde. (1881–96). – *Erzählungen:* Nowele (1897; dt. Geschichten aus Polen); Leben u. Leiden (1904, dt. Ausw.). – *Märchen:* O krasnoludkach i o sierotce Marysi (1896; dt. Marysia u. die Zwerge).
Ausgabe: Pisma zebrane, 4 Bde. (1974–76).
J. BACULEWSKI: M. K. (Warschau 1978).

Konoskopie, →Polarisationsmikroskopie.

Konotop, Stadt im Gebiet Sumy, Ukraine, etwa 90 000 Ew.; Kolbenfabrik, Nahrungsmittelindustrie; Eisenbahnknotenpunkt.

Konquistador [kɔŋkista'dɔr; span. ›Eroberer‹] *der, -en/-en,* auch *-s/-e,* span. und port. Führer oder Teilnehmer der Expeditionen zur Entdeckung, Eroberung und Kolonisierung Amerikas (bekannt v. a. H. CORTÉS und F. PIZARRO durch die Unterwerfung der großen indianisch. Reiche der Azteken und Inkas). Die K. wurden für Verleihung von Hoheitsrechten, Adelstiteln, →Encomiendas und Landbesitz belohnt. Aus ihrem Kreis entwickelte sich eine Kreolenaristokratie, die ein Vorrecht auf die Besetzung öffentl. Ämter und geistl. Pfründen beanspruchte.
Zu den K. werden auch die im Dienst der Welser stehenden dt. Beteiligten an der Kolonisation in Venezuela gezählt (z. B. A. DALFINGER, N. FEDERMANN, G. HOHERMUTH, P. VON HUTTEN), von denen viele nach dem sagenhaften Goldland →Eldorado suchten.
M. GONGORA: Los grupos de conquistadores en Tierra Firme, 1509–1530 (Santiago de Chile 1962); R. KONETZKE: Entdecker u. Eroberer Amerikas (1963); J. LOCKHART: The men of Cajamarca (Austin, Tex., 1972).

Konrad, Herrscher:
Heiliges Röm. Reich: **1) Konrad I.,** König (seit 911), Herzog der Franken, † 23. 12. 918; aus dem Geschlecht der Konradiner; wurde nach dem Aussterben der ostfränk. Karolinger von Franken, Sachsen, Alemannen und Bayern im November 911 in Forchheim gewählt und zum König gesalbt, während sich die Lothringer dem Westfranken KARL III., DEM EINFÄLTIGEN, anschlossen. K. konnte weder die Differenzen zu Lothringen beilegen noch der drohenden Ungarngefahr wirksam begegnen. Auf Franken und Reichsbischöfe gestützt (u. a. HATTO I. von Mainz; gefestigt auf der Synode von Hohenaltheim, 916), ver-

Konoe Fumimaro

Konr Konrad

mochte er sich gegen die unabhängigen Stammesherzöge von Bayern (sein Stiefsohn ARNULF DER BÖSE), Sachsen und Schwaben nicht durchzusetzen. Sein militärisch mächtiger Widersacher war Herzog HEINRICH von Sachsen (u. a. Sieg bei der Eresburg, 915). Dass K. diesen noch vor seinem Tod zum Nachfolger (→Heinrich I., Heiliges Röm. Reich) designiert habe, hält die neuere Forschung für eine otton. Legitimationslegende (überliefert von WIDUKIND VON CORVEY). – K.s Herrschaft wird als Zäsur im Übergang vom Ostfränk. Reich zum dt. Regnum (später Heiliges Röm. Reich gen.) gedeutet.

R. HOLTZMANN: Gesch. der sächs. Kaiserzeit 900-1024 (⁴1961); M. HELLMANN: Die Synode von Hohenaltheim (916), in: Die Entstehung des Dt. Reiches. (Dtl. um 900), hg. v. H. KÄMPF (⁵1980); J. EHLERS: Die Entstehung des Dt. Reiches (1994); J. FRIED: Der Weg in die Geschichte. Die Ursprünge Dtl.s bis 1024 (1994).

2) Konrad II., der Sali|er, König (seit 1024), *um 990, †Utrecht 4. 6. 1039; aus fränk. Geschlecht, Urenkel von 8), Begründer der Kaiserdynastie der Salier; wurde am 4. 9. 1024 gegen seinen Vetter KONRAD D. J. zum (dt.) König gewählt und in Mainz gekrönt (8. 9. 1024). Die Krönung zum König von Italien folgte in Mailand 1026, die Kaiserkrönung in Rom Ostersonntag 1027; Ostern 1028 sicherte er die Dynastie durch die Wahl seines Sohnes HEINRICH (HEINRICH III.) zum Röm. König. K. festigte die Verbindung zu Italien durch die Besetzung oberital. Bistümer mit Deutschen und durch Heiratsverbindungen des Adels. Seine Bevorzugung des niederen Lehnsadels entfremdete ihm später einen Teil der ital. Bischöfe, die sich 1036 unter Führung ARIBERTS VON ANTIMIANO empörten. Obwohl Mailand unbezwungen blieb, konnte K. seine Herrschaft in Italien sichern. Den Konflikt mit Ungarn (nach 1030) beendete sein Sohn HEINRICH selbstständig durch die Abtretung des Gebiets zw. Fischa und Leitha. Von Polen erreichte er 1031 die Herausgabe der Lausitz. Die Erwerbung des Königreichs Burgund (1033) aufgrund der von Kaiser HEINRICH II. geschlossenen Erbverträge und der verwandtschaftl. Beziehungen seiner Gattin →GISELA (∞Januar 1017) setzte K. 1032-34 gegen Graf ODO von Champagne durch. Drei Aufstände seines Stiefsohns ERNST II. von Schwaben blieben erfolglos. – K. wurde in dem von ihm als Grablege der Salier gegründeten Dom zu Speyer beigesetzt. (→WIPO)

H. KELLER: Zw. regionaler Begrenzung u. universalem Horizont. Dtl. ... 1024-1250 (1986); E. BOSHOF: Die Salier (1987); E. HLAWITSCHKA: Unters. zu den Thronwechseln der ersten Hälfte des 11. Jh. ... (1987); Reichsintegration im Spiegel der Herrschaftspraxis Kaiser K.s II., bearb. v. E. MÜLLER-MERTENS u. W. HUSCHNER (1992).

3) Konrad, König (seit 1087), *Kloster Hersfeld 12. 2. 1074, † Florenz 27. 7. 1101; ältester Sohn Kaiser HEINRICHS IV. und BERTHAS VON SUSA; am 30. 5. 1087 in Aachen zum König gekrönt; suchte, in Italien aufgewachsen und nach der Krönung dorthin zurückgekehrt, das ital. Erbe seiner Mutter zu sichern. Durch MATHILDE von Tuszien auf die Seite des Papstes URBAN II. gezogen, dem er sich später durch die demonstrative Übernahme des Marschalldienstes (erstmals seit PIPPIN III.) unterstellte, wurde er 1093 zum lombard. König gekrönt. Zudem band ihn die Heirat (1095) mit MAXIMILLA, der Tochter ROGERS I. von Sizilien, an die Opposition gegen Kaiser HEINRICH IV., der K. 1098 auf dem Reichstag von Mainz absetzen und dessen jüngeren Bruder HEINRICH (später HEINRICH V.) zum König wählen ließ.

4) Konrad III., König (seit 1138), *1093, † Bamberg 15. 2. 1152; Begründer der Kaiserdynastie der Staufer, Sohn Herzog FRIEDRICHS I. von Schwaben und der Tochter Kaiser HEINRICHS IV., AGNES; war schon am 18. 12. 1127 in Nürnberg zum Gegenkönig LOTHARS III. und am 29. 6. 1128 in Monza zum lombard. König erhoben worden. Er erkannte LOTHAR am 29. 9. 1135 in Mühlhausen (Thür.) an und wurde nach dessen Tod am 7. 3. 1138 (irregulär) in Koblenz zum König gewählt. Der 2. Kreuzzug, zu dem er sich 1147 durch BERNHARD VON CLAIRVAUX bewegen ließ, blieb gänzlich erfolglos. Ohne Krönung führte K., vermutlich gegen Byzanz gerichtet, den Kaisertitel und die kaiserl. Ordnungszahl (II.). Er starb während der Vorbereitungen zum Romzug. – Die Reg.-Zeit K.s war geprägt von den Auseinandersetzungen mit den Welfen, begründet durch die Ächtung HEINRICHS X., DES STOLZEN, des Herzogs von Bayern und Sachsen). Dennoch gelang es ihm, das Hausgut zu erweitern, die Reichsverwaltung auszubauen und die königl. Rechte gegenüber der Kurie und anderen Mächten zu wahren. Somit schuf er die Basis für die Politik seines Neffen und Nachfolgers FRIEDRICH I. BARBAROSSA, den er unter Hintansetzung seines jüngeren Sohnes FRIEDRICH designierte.

H. VOLLRATH: K. III. u. Byzanz, in: Archiv für Kulturgesch., Bd. 59 (1977).

5) Konrad IV., König (seit 1250), als **K. III.** Herzog von Schwaben (seit 1235), *Andria 25. 4. 1228, †bei Lavello (bei Cerignola) 21. 5. 1254; Staufer, Sohn Kaiser FRIEDRICHS II. und ISABELLAS VON JERUSALEM; wurde im Februar 1237 in Wien zum Röm. gewählt, aber niemals gekrönt. Er konnte sich seit 1246 in Dtl. gegen die Gegenkönige HEINRICH RASPE und WILHELM VON HOLLAND nur schwer behaupten. Nach dem Tode des Vaters brach er Ende 1251 den Kampf um seine Königsherrschaft ab und ging nach Italien, um sein sizil. Erbreich zu erhalten. K. starb auf dem Höhepunkt des erfolgreich geführten Kampfes (seit 1251 ›König von Sizilien und Jerusalem‹) und hinterließ nur den zweijährigen →KONRADIN.

6) Konrad von Teck, König (1292), →Teck.

Köln: **7) Konrad von Hochstaden,** Erzbischof (seit 1238), *um 1205, †Köln 18. 9. 1261; erhielt 1238 von Kaiser FRIEDRICH II. die Regalien und wurde 1239 von dessen Gegner Papst GREGOR IX. bestätigt. K. stand auf der Seite der stauferfeindl. Gegenkönige WILHELM VON HOLLAND und RICHARD VON CORNWALL, die er 1248 bzw. 1257 krönte, sowie HEINRICH RASPE. Seine Territorialpolitik verwickelte ihn in Fehden mit den Nachbarn und der Kölner Bürgerschaft; 1248 legte er den Grundstein zum Kölner Dom, in dem sich sein Grab befindet.

Lothringen: **8) Konrad der Rote,** Herzog (944-953), †10. 8. 955; fränk. Konradiner, Urgroßvater von 2); besaß Grafschaften im Speyer-, Worms-, Nahe- und Niddagau. Als enger Vertrauter OTTOS I. 944 zum Herzog von Lothringen erhoben, 947 mit OTTOS Tochter LIUTGARD verheiratet und 951/952 nach dem Italienzug gegen BERENGAR II. als Stellvertreter in Pavia schloss er sich 953 der Empörung des Königssohnes LIUDOLF von Schwaben an. Danach verlor K. sein Herzogtum an den Bruder des Königs, Erzbischof BRUNO I. von Köln. Im Juni 954 unterwarf K. sich OTTO I. Er fiel in der Schlacht gegen die Ungarn auf dem Lechfeld. (→Salier)

H. BEUMANN: Die Ottonen (1987).

Masowien: **9) Konrad I.,** Herzog von Masowien und Kujawien (seit 1202) sowie Krakau (1229-32 und 1241-43), *1187 (?), †31. 8. 1247; Sohn KASIMIRS II. von Polen; berief zum Schutz gegen die heidn. Prußen den Dt. Orden, dem er 1230 das Culmer Land abtrat.

Meißen: **10) Konrad von Wettin, Konrad I., d. Gr.** Markgraf von Meißen (1123/25-56) und der Lausitz (1136-56), *vor 1098, †Petersberg bei Halle (Saale) 5. 2. 1157; erhob nach dem Tod des Markgrafen HEINRICH II. von Eilenburg († 1123 durch Gift) als Neffe von dessen Vater Ansprüche auf die Markgrafschaft, derer er sich schließlich mithilfe des Sachsenherzogs

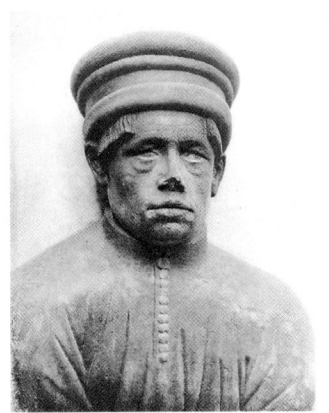

Konrad von Einbeck: Selbstbildnis; vor 1411 oder 1425 (Halle [Saale]. Moritzkirche)

und späteren Kaisers LOTHAR (III.) VON SUPPLINBURG gegen WIPRECHT VON GROITZSCH bemächtigte (1123; förml. Belehnung durch den nunmehrigen König LOTHAR III. wohl 1125). Er trat 1136 auch die Herrschaft in der Niederlausitz an, erhielt 1143 das Rochlitzer Land und erwarb weitere Gebiete und Rechte. K. ist der Begründer des späteren volkr. Territorialstaates (Sachsen) und förderte die innere Kolonisation. Nach Aufteilung des Landes (1156) unter seinen fünf Söhnen, u. a. OTTO DEM REICHEN, wurde er Mönch im Kloster Lauterbach (bei Petersberg).

W. HOPPE: Markgraf K., in: DERS.: Die Mark Brandenburg, Wettin u. Magdeburg, hg. v. H. LUDAT (1965); K. BLASCHKE: Der Fürstenzug zu Dresden. Denkmal u. Gesch. des Hauses Wettin (1991).

Pfalz: **11) Konrad von Staufen,** Pfalzgraf bei Rhein (seit 1156), *1134 oder 1136, †8. 11.(?) 1195; Sohn Herzog FRIEDRICHS II., DES EINÄUGIGEN, von Schwaben, Halbbruder von Kaiser FRIEDRICH I. BARBAROSSA. K.s Versuch, die Pfalzgrafschaft gegen die Erzbischöfe von Köln (RAINALD VON DASSEL), Mainz und Trier zur rhein. Vormacht auszubauen, u. a. auch durch die Gründung Heidelbergs, scheiterte und entzweite ihn zeitweise mit dem Kaiser, der nach 1167 das Schwergewicht der Pfalz von der unteren Mosel an den oberen Mittelrhein verlagerte. K. schuf jedoch die Basis für den Aufstieg der Pfalzgrafschaft zum mächtigsten Laienfürstentum des Reiches (Erweiterungen südlich der Rhein-Nahe-Linie, Verleihung der Vogtei über das Hochstift Worms).

B. BRINKEN: Die Politik K.s v. S. in der Tradition der rhein. Pfalzgrafschaft (1974); O. ENGELS: Die Staufer (⁴1989).

Schwaben: **12) Konrad der Jüngere,** Herzog, →Konradin.

Konrad, K. von Ammenhausen, mittelhochdt. Dichter der 1. Hälfte des 14. Jh.; Mönch und Seelsorger in Stein am Rhein; vollendete 1337 die erfolgreichste mittelhochdt. Nachdichtung des lat. Schachbuches des ital. Dominikanermönchs JAKOB VON CESSOLE (zw. 1288 und 1322). In seinem nahezu 20 000 z. T. ungefüge Verse umfassenden ›Schachzabelbuch‹ bietet K. eine breite Stände- und Sittenlehre anhand der Schachfiguren, wobei er im Ggs. zu seinem literar. Vorbild nach den geistl. Stand nicht ausspart. Das Werk blieb bis in die 16. Jh. hinein lebendig und ist v. a. als kulturgeschichtl. Quelle bedeutsam.

Ausgaben: Das Schachzabelbuch, hg. v. F. VETTER (1892); Das Schachzabelbuch, hg. v. C. BOSCH-SCHAIRER (1981).

Konrad, K. von Eberbach, Zisterzienser, *um 1150, †Kloster Eberbach 18. 9. 1221; war seit etwa 1170 Mönch in Clairvaux (wo er noch Schüler BERNHARDS VON CLAIRVAUX erlebte) und nach 1200 in Eberbach, dessen Abt er im Mai 1221 wurde. Hier schrieb er das ›Exordium magnum Cisterciense‹, sechs Bücher über die Anfänge (Cîteaux) und erste Blütezeit (Clairvaux als Zentrum) der Zisterzienser, das – weniger Ordensgesch. denn Erbauungsbuch – das vorbildl. Leben der Gründer zur Nachahmung empfahl und mit seinen Wundererzählungen die mittelalterl. Exempelliteratur nachhaltig beeinflusst hat.

Ausgabe: Exordium magnum Cisterciense, hg. v. B. GRIESSER (1961).

Konrad, K. von Einbeck, Bildhauer und Baumeister, *Einbeck um 1360, †um 1428; vermutlich in der Bauhütte P. PARLERS in Prag ausgebildet. Ab 1388 war er für die Moritzkirche in Halle (Saale) tätig, deren Bauplanung wahrscheinlich von ihm stammt (sicher der Chor, die Halle, der Südchor, die Südvorhalle). Dabei entstand eine Gruppe von Werken, die sich in ihrem schwerfälligen, individualisierenden Ausdruck von der idealisierenden Formensprache des →weichen Stils abhebt: hl. Mauritius (1411), Schmerzensmann (1416), trauernde Maria (kurz nach 1416), Christus an der Martersäule (1419) und eine Porträtbüste, die, sollte sie tatsächlich ein Selbstbildnis sein (umstritten), zu den frühesten Selbstbildnissen in der dt. Kunst (vor 1411 oder um 1425) zählen würde.

Konrad, K. von Gelnhausen, kath. Theologe und Kanonist, *Gelnhausen um 1320, †Heidelberg 13. 4. 1390; lehrte in Paris; war seit Ausbruch des Abendländ. Schismas (1378) einer der Hauptvertreter des Konziliarismus; Mitbegründer und erster Kanzler der Univ. Heidelberg.

Konrad, K. von Haimburg, K. von Gaming, latinisiert **Conradus Gemnicensis,** mittellat. Dichter, *Hainburg an der Donau, †Gaming 17. 8. 1360; 1350–54 und seit 1358 Prior der Kartause in Gaming. Seine für die persönl. Andacht verfassten 69 Heiligen- und Marienlieder zeichnen sich durch ihren Reichtum an dichter. Formen aus. Etwa 60 Handschriften bezeugen die große Nachwirkung der Lieder, von denen einige auch ins Deutsche übersetzt wurden. Im Auftrag Kaiser KARLS IV. und des Prager Erzbischofs stellte K. zur Förderung der Marienverehrung die Hymnensammlung ›Lectionarium mariale‹ zusammen (vollendet 1350); weitaus verbreiteter war die als ›Laus Mariae‹ bekannte Kurzfassung (1356).

Ausgabe: K.s v. H. u. seiner Nachahmer, Alberts von Prag u. Ulrichs von Wessobrunn, Reimgebete u. Leselieder, hg. v. G. M. DREVES (1888, Nachdr. 1961).

Konrad, K. von Marburg, Inquisitor, †bei Marburg 30. 7. 1233; Prämonstratenser des Klosters Arnstein; tat sich als Propagandist der Kreuzzüge hervor, sammelte dazu Gelder und war v. a. an der Vorbereitung des Kreuzzugs von 1228–29 maßgeblich beteiligt. Anfang 1226 ist er am Hof des Landgrafen LUDWIG IV. von Thüringen nachweisbar; nach dem Tod des Landgrafen wurde er Schutzvogt der Landgräfin ELISABETH, deren Beichtvater er auch war. Nach dem Tod ELISABETHS setzte er sich für ihre Heiligsprechung ein. Seit 1227 war K. päpstl. Inquisitor für Dtl. Mit der Inquisition verfolgte er unter groben Rechtsverletzungen und mit unnachgiebiger Härte v. a. den Adel. 1233 wurde er von dt. Rittern erschlagen.

M. D. CAMBERT: Ketzerei im MA. (a. d. Engl., 1981).

Konrad, K. von Megenberg, Theologe und Schriftsteller, *Mäbenberg (heute zu Georgensgmünd, bei Roth) 1309, †Regensburg 14. 4. 1374; war Rektor der Wiener Stephansschule, seit 1348 Domherr in Regensburg, 1359–63 Dompfarrer von St. Ulrich. Als vielseitiger Schriftsteller mittelalt. und volkssprachl. Werke verfasste er u. a. Schriften zur Ethik und zur häusl. Gesellschaft (›Speculum felicitatis humanae‹, auch ›Monastica‹ gen., und ›Yconomica‹) und bezog Stellung zum Verhältnis zw. Kaisertum und Papsttum, bisweilen in schärfster Polemik gegen WILHELM VON OCKHAM (›Planctus ecclesiae in Germaniam‹, ›Tractatus de translatione imperii‹, ›Tractatus contra Wilhel-

Konr Konrad

Konrad von Megenberg: Kolorierter Holzschnitt zum Bericht über die Meerwunder im ›Buch der Natur‹; gedruckt von Hanns Bamler in Augsburg; 1475 (Rom, Vatikanische Sammlungen)

mum Occam‹). Von K.s glühender Marienverehrung zeugt sein ›Commentarius de laudibus beatae virginis Mariae‹. Das bedeutendste seiner naturkundl. Werke ist die auf Deutsch verfasste Naturgesch. (›Buch der Natur‹), die (auch wegen ihrer allegorisierenden Darstellung) weiteste Verbreitung fand. Seine dt. Übersetzung eines der maßgeblichen astronom. Lehrbücher des MA., der ›Sphaera mundi‹ des engl. Mathematikers JOHANNES DE SACRO BOSCO (JOHN HOLYWOOD [1. Hälfte des 13. Jh.]), ist das erste deutschsprachige Handbuch der Physik (›Dt. Sphaera‹).

Ausgaben: Das Buch der Natur, hg. v. F. PFEIFFER (1861, Nachdr. 1971); De translatione imperii Romani u. Tractatus contra Occam, bearb. v. R. SCHOLZ, in: Bibliothek des Dt. Histor. Instituts in Rom, Bd. 9, Tl. 2 (1914); Planctus ecclesiae in Germaniam, hg. v. R. SCHOLZ (1941, Nachdr. 1977); Ökonomik, hg. v. S. KRÜGER, 3 Bde. (1973–84); Die Dt. Sphaera, hg. v. F. B. BRÉVART (1980).

K. v. M., in: Die dt. Lit. des MA. Verfasserlex., begründet v. W. STAMMLER, hg. v. K. RUH, Bd. 5 (²1985; mit Verz. der Ausgaben).

Konrad, K. von Mure, mittellat. Dichter, *Muri um 1210, †Zürich 30. 3. 1281; leitete nach Studien in Italien (Magistergrad: Bologna um 1240) 1244 bis 1271 die Stiftsschule am Großmünster in Zürich, wurde dort 1246 Chorherr und 1259 Kantor, reformierte Gottesdienstliturgie und Kanzleiwesen und feierte König RUDOLF VON HABSBURG nach Wahl (1273) und Sieg über OTTOKAR II. von Böhmen (1278) in persönl. Versen. Von K.s vielseitigen, vorwiegend didakt. Schriften besitzen die poet. über die Natur der Lebewesen (um 1255), die Sakramente (1260), 73 Wappen weltl. Herren (vor 1264) kulturgeschichtl. Wert, die Urkundenlehre für Kloster Muri (1275/76) Eigenständigkeit; größere Verbreitung fanden der ›Novus Grecismus‹, eine Versgrammatik nach EBERHARD VON BÉTHUNE und Realienkunde (etwa 1244–50), und das geistesgeschichtlich wichtige, alphabetisch angelegte Handbuch ›Fabularius‹ (1273).

K. v. M., in: Die dt. Lit. des MA. Verfasserlex., begr. v. W. STAMMLER, hg. v. K. RUH, Bd. 5 (²1985).

Konrad, K. von Soest [-zo:st], Maler, *Dortmund (?) um 1370, †ebd. kurz nach 1422; ab 1395 in Dortmund tätig. Um 1400 löste er sich vom Einfluss der westfäl. Malerei und fand unter dem Einfluss der burgundisch-fläm. Malerei zu einer spezif. eigenen Formensprache, die ihn zu einem bedeutenden Vertreter des →weichen Stils werden ließ. Sein Werk wirkte anregend auf die norddt. und köln. Malerei des 15. Jahrhunderts. Weiteres BILD →Brille.

Werke: Hl. Nikolaus (um 1390; Soest, Nikolaikapelle); Flügel eines Hausaltärchens mit dem hl. Paulus und dem hl. Reinoldus (um 1400; München, Alte Pinakothek); Passionsaltar (1403; Bad Wildungen, Stadtpfarrkirche); Flügel eines Hausaltars mit der hl. Dorothea u. der hl. Ottilie (kurz nach 1403; Münster, Westfäl. Landesmuseum); Marienaltar (um 1420; Dortmund, Marienkirche, in Fragmenten erhalten).

Konrad, K. von Würzburg, mittelhochdt. Dichter, *Würzburg um 1230, †Basel 1287. K. war der vielseitigste mittelhochdt. Dichter des 13. Jh. Er war bürgerl. Abkunft, lebte in Basel und Straßburg und schrieb für Auftraggeber aus Adel, Patriziat und hoher Geistlichkeit (alle urkundlich belegt). Das Ethos seiner Werke ist an den alten höf. Ritteridealen orientiert. K.s Schaffen umfasst sowohl Lyrik (Minnelieder, Spruchstrophen, Leichs) als auch Novellen, Legenden und Großepen. Er greift Themen aus den verschiedensten Stoff- und Gattungstraditionen auf: Überliefert sind die Versnovellen ›Herzmaere‹, ›Heinrich von Kempten‹ (oder ›Otte mit dem Barte‹), ›Der Schwanritter‹ und ›Der Welt Lohn‹, die in schlichtem Stil gehaltenen Legenden ›Silvester‹, ›Alexius‹ und ›Pantaleon‹, weiter in manierist., geblümtem Stil geschriebene, im Spät-MA. bes. geschätzte Marienpreis ›Die goldene Schmiede‹, die stroph. Allegorie ›Klage der Kunst‹ und ›Das Turnier von Nantes‹, welches K.s Vorliebe für Wappenschilderungen zeigt. Sein Freundschaftsroman ›Engelhard‹ und der Feen- und Ritterroman ›Partonopier und Meliur‹ (über 21 000 Verse) führen zu seinem Alterswerk hin, dem imposanten, bei 40 000 Versen unvollendet hinterlassenen ›Trojanerkrieg‹. In der Überlieferung wurden ihm u.a. auch Schwänke wie die obszöne ›Halbe Birn‹ oder ›Frau Metze‹ (des ARMEN KONRAD, 2. Hälfte 14. Jh.) zugeschrieben. – K.s Werk ist geprägt von stilist. Vielseitigkeit und Gewandtheit sowie durch v.a. an GOTTFRIED VON STRASSBURG geschulter sprachl. Meisterschaft und virtuoser Handhabung der formalen Mittel.

Konrad von Soest: Kreuzigung; Detail des Passionsaltars; 1403 (Bad Wildungen, Stadtpfarrkirche)

Konrad von Würzburg: Der Dichter beim Diktat; Miniatur aus der Manessischen Handschrift; 1. Hälfte des 14. Jh. (Heidelberg, Universitätsbibliothek)

Ausgaben: Der Trojan. Krieg, hg. v. A. VON KELLER (1858, Nachdr. 1965); Partonopier u. Meliur, hg. v. K. BARTSCH (1871, Nachdr. 1970); Die Legenden, hg. v. P. GEREKE, 3 Bde. (1925-27); Die goldene Schmiede, hg. v. E. SCHRÖDER (²1969); Kleinere Dichtungen, hg. v. DEMS., 4 Bde. (⁴⁻¹⁰1970-74); Pantaleon, hg. v. W. WOESLER (²1974); Engelhard, hg. v. I. REIFFENSTEIN (³1982).
R. BRANDT: K. v. W. (1987).

Konrad, Pfaffe K., mittelhochdt. Dichter des 12. Jh.; übersetzte die frz. ›Chanson de Roland‹ (um 1100, ›Rolandslied‹) auf dem Weg über das Lateinische ins Mittelhochdeutsche. Als Auftraggeber gilt HEINRICH DER LÖWE, das Werk wird auf 1172 datiert. Es diente dem Anspruch des Herzogs auf königsgleiche Repräsentation. Ideolog. Grundlage der Handlung ist die Kreuzzugsidee, daneben steht die Darstellung vom idealen Zusammenwirken von Kaiser und Vasallen. Die histor. Perspektive ist rigoros dualistisch, die Heiden erscheinen als Kinder des Teufels, die Christen als Märtyrer. Das ›Rolandslied‹ wurde schon im 12. Jh. relativ breit überliefert und später durch die Überarbeitung des STRICKER (›Karl der Große‹, um 1220/30) verdrängt.
Ausgaben: Das Rolandslied, Einl. v. W. WERNER, 2 Bde. (1970); Das Rolandslied des P. K., hg. v. H. RICHTER (1981).
H. RICHTER: Komm. zum Rolandsliede des P. K. (Bern 1972); P. CANISIUS-LOPPNOW: Recht u. Religion im Rolandslied des P. K. (1992).

Konrád [ˈkɔnraːd], György, ungar. Schriftsteller, *Debrecen 2. 4. 1933; war nach dem Philosophiestudium u. a. als Beamter im Jugendschutz tätig. Aufgrund der dabei gesammelten Erfahrungen schrieb er seinen ersten Roman ›Der Besucher‹ (1969; dt.), in dem er in pointierter Formulierung Reflexionen über die Antinomien des menschl. Daseins anstellt. In den folgenden essayistisch durchwirkten Romanen konzentrieren sich seine geistvoll-analyt. Betrachtungen auf soziale und polit. Probleme, v. a. auf die der kommunistisch beherrschten Gesellschaften. 1991 erhielt K. den Friedenspreis des Dt. Buchhandels; seit 1997 ist K. Präs. der dt. Akad. der Künste.
Weitere Werke (ungar.): Romane: Der Stadtgründer (1975; dt.); Der Komplize (1980; dt.); Geisterfest (1989; dt. bereits 1986); Melinda u. Dragoman (1989; dt.); Steinuhr (1995; dt.). – Essay: Die Intelligenz auf dem Wege zur Klassenmacht (1978; dt.). – Sonstige Prosa: Antipolitik. Mitteleurop. Meditation (1985); Die Melancholie der Wiedergeburt (1991; dt.); Heimkehr (dt. 1995).

Konrad-Adenauer-Preis, in mehreren Sparten vergebener, mit je 10 000 DM dotierter Preis, der heute i. d. R. alle zwei Jahre von der 1966 in München gegründeten **Deutschland-Stiftung e. V.** jeweils an eine Persönlichkeit aus Wissenschaft, Literatur und Publizistik sowie seit 1979 Politik (Konrad-Adenauer-Freiheitspreis) für ein ›Lebenswerk aus vorwiegend konservativer und christl. Sicht‹ verliehen wird.

Konrad-Adenauer-Stiftung e. V., der CDU nahe stehende polit. Stiftung, gegr. 1964, Sitz: Sankt Augustin. Die Arbeit der K.-A.-S. ist eng mit den Prinzipien der christlich-demokrat. Bewegung verbunden, verfolgt gemeinnützige Zwecke und sieht sich bes. dem außenpolit. Werk des namengebenden Staatsmannes verpflichtet. Die Arbeit erfolgt heute in sieben Instituten: Internat. Institut (Zusammenarbeit mit Industrie- und Entwicklungsländern), Institut für Begabtenförderung (Stipendien und studienbegleitendes Bildungsprogramm), Forschungsinstitut für Begabtenförderung (Stipendien und studienbegleitendes Bildungsprogramm), Forschungsinstitut (mit sechs Forschungsbereichen zur Erarbeitung wiss. Grundlagen für polit. Handeln), Institut für Polit. Bildung in Wesseling (für die allgemeine Erwachsenenbildung) mit der Heimvolkshochschule in Schloss Eichholz als zentraler Bildungsstätte, acht Bildungswerken und einer Verbindungsstelle (Berlin), Institut für Kommunalwissenschaften (Forschungs- und Beratungstätigkeit in fünf Fachbereichen), Polit. Akademie in Wesseling (als Forum des Dialogs zw. Wissenschaft und Politik, Wirtschaft, Gewerkschaft und Verwaltung), Archiv für Christlich-Demokrat. Politik.

Konrad-Duden-Preis der Stadt Mannheim, bis 1973 **Duden-Preis des Bibliographischen Instituts,** wird seit 1960 alle zwei Jahre vom Verlag Bibliographisches Institut & F. A. Brockhaus und der Stadt Mannheim für besondere Verdienste um die dt. Sprache verliehen. Preisträger der zunächst mit 5 000 DM, heute mit 20 000 DM dotierten Auszeichnung waren L. WEISGERBER (1960), H. GLINZ (1962), HUGO MOSER (1964), G. STORZ, LOUIS L. HAMMERICH (1966), J. TRIER, GUSTAV KORLÉN (1968), J. ERBEN (1970), HANS EGGERS (1972), JEAN P. FOURQUET (1974), LUDWIG ZABROCKI (1976), H. RUPP (1978), P. VON POLENZ (1980), H. STEGER (1982), MIRRA M. GUCHMAN (1984), H. WEINRICH (1986), WLADIMIR ADMONI (1988), HANS JÜRGEN HERINGER (1990), ELS OKSAAR (1992), G. HELBIG (1994) und H. HENNE (1996).

Konradin [nach der zeitgenöss. ital. Verkleinerungsform Conradinus], eigtl. **Konrad d. J., Konrad II.,** Herzog von Schwaben, *Burg Wolfstein (bei Landshut) 25. 3. 1252, †Neapel 29. 10. 1268; der letzte Staufer, Sohn König KONRADS IV., Stiefsohn (seit 1258) Graf MEINHARDS IV. von Görz und Tirol; wuchs am Hof seines Onkels, Herzog LUDWIGS II. von Bayern, auf. Seine nach dem Tode WILHELMS VON HOLLAND 1256 mehrfach geplante Wahl zum König wurde v. a. von den Päpsten verhindert. Nachdem sein Onkel, König MANFRED von Sizilien (seit 1258), dort ab 1263 verwickelt in Kämpfe mit KARL I. VON ANJOU, in der Schlacht von Benevent (1266) gefallen war, zog K. im Herbst 1267 nach Italien, um das Staufererbe zu gewinnen. Mit der Unterstützung ital. Ghibellinen, FRIEDRICHS I. von Baden und Prinz HEINRICHS von Kastilien gelangen ihm Anfangserfolge, die durch die Niederlage gegen KARL VON ANJOU in der Schlacht bei Tagliacozzo (23. 8. 1268) zunichte gemacht wurden. Kurz darauf wurde K. gefangen (→Frangipane) und nach einem undurchsichtigen Prozess in Neapel enthauptet.
K. PFISTER: K. Der Untergang der Hohenstaufen (1942); F. GELDNER: K., das Opfer eines großen Traumes (1970); ANDREAS MÜLLER: Das K.-Bild im Wandel der Zeit (1972); P. HERDE: Karl I. von Anjou (1979).

Konradiner, wiss. Kunstname für ein fränk. Grafengeschlecht, das seit dem 8. Jh. vom Lahngebiet aus eine beherrschende Machtstellung in der mittelrhein. Kernlandschaft des Ostfränk. Reiches – im nördl. Hessen, in der Wetterau und in Thüringen – aufbaute. Nach dem Aussterben der Karolinger stellte es mit KONRAD I. den König (911–918), musste aber nach dessen Tod die Krone den sächs. Herzögen (Ottonen) überlassen. KONRADS Bruder EBERHARD empörte sich wiederholt und fiel 939 im Kampf gegen OTTO

György Konrád

D. Gr. Seitdem waren die K. ohne größere polit. Bedeutung.

I. Dietrich: Das Haus der K. (Diss. Marburg 1952); K. E. Demandt: Gesch. des Landes Hessen (Neuausg. 1980).

Konrektor, Vertreter des Rektors an Grund-, Haupt und Sonderschulen.

Konsalik [ˈkɔnzalɪk, kɔnˈzaːlɪk], Heinz G., eigtl. H. Günther, Pseudonyme **Jens Bekker, Stefan Doerner** [ˈdœ-], **Boris Nikolai, Henry Pahlen,** Schriftsteller, * Köln 28. 5. 1921; Autor von publikumswirksamen, klischeehaft-trivialen Unterhaltungsromanen, die z. T. auf eigene Kriegserlebnisse während des Zweiten Weltkriegs in der Sowjetunion zurückgehen.

Werke (Auswahl): *Romane:* Der Arzt von Stalingrad (1956); Strafbataillon 999 (1959); Liebesnächte in der Taiga (1966); Ein Kreuz in Sibirien (1983); Das goldene Meer (1987); Das Bernsteinzimmer (1988); Der schwarze Mandarin (1994).

Konsekration [lat. ›Weihe‹] *die, -/-en.* **Consecratio, 1)** *Geschichte:* in der röm. Republik die →Dedikation eines Gegenstandes oder Ortes an die Götter durch den Staat; in der Kaiserzeit die offizielle Vergöttlichung eines toten Kaisers oder eines Mitgliedes des Kaiserhauses (→Kaiserkult).

2) *kath. Kirche:* Bez. für liturgisch vollzogene Handlungen, mit denen Personen zeichenhaft in ein besonderes (Dienst-)Verhältnis gegenüber Gott gestellt bzw. Gegenstände und Gebäude (Orte) zum ausschließlichen gottesdienstl. Gebrauch bestimmt werden. Begrifflich unterscheidet das kath. Kirchenrecht dabei zw. der Weihe von Personen (**Consecratio**) und Weihungen von Gegenständen und Orten (**Dedicatio**). In der Feier der →Eucharistie bezeichnet K. die Weihe von Brot (den Hostien) und Wein, bei der nach kath. Verständnis ihre →Wandlung in den Leib und das Blut Christi geschieht. – Das konsekrierte Brot wird als Allerheiligstes zu besonderen Anlässen (v. a. bei der Fronleichnamsprozession) auch außerhalb der Messe gezeigt und verehrt.

Konsekrationsmünzen, Münzen der röm. Kaiserzeit, die aus Anlass der →Konsekration eines Kaisers oder Mitgliedes der kaiserl. Familie durch den Senat geprägt wurden. Die Rückseiten der K. weisen jeweils eine auf die Vergöttlichung anspielende Darstellung und Umschrift auf.

P. N. Schulten: Die Typologie der röm. Konsekrationsprägungen (1979).

konsekutiv [zu lat. consecutio ›Folge‹, ›Wirkung‹], **1)** *allg.:* (zeitlich) folgend.

2) *Mathematik:* →benachbart.

Konsekutivsatz, Folgesatz, Satz, der die Folge des im übergeordneten Satz bezeichneten Sachverhalts angibt, im Deutschen mit ›dass‹, ›sodass‹, ›als dass‹ eingeleitet.

Konsens [lat. ›Übereinstimmung‹] *der, -es/-e,* **1)** bildungssprachlich für: Übereinstimmung der Meinungen, Standpunkte; Ggs.: Dissens.

2) *Philosophie:* Im Anschluss an versch. Theorien zum K. (→Consensus), nach denen dieser u. a. als Kriterium für die Wahrheit angesehen werden kann, wurde in der 2. Hälfte des 20. Jh. v. a. von J. Habermas der Vorschlag gemacht, Wahrheit durch K.-Bildung zu definieren. Dabei darf es sich natürlich nicht um eine beliebig, möglicherweise gar durch Manipulation zustande gekommene Übereinstimmung handeln, sondern um eine, die sich rational und herrschaftsfrei in einer (fiktiven) ›idealen Kommunikationsgemeinschaft‹ gebildet hat. Ähnliche Ansätze finden sich schon bei C. S. Peirce, der die Übereinstimmung der Wissenschaftlergemeinschaft auf lange Sicht als Kennzeichen von Wahrheit ansah.

3) *Politikwissenschaften:* die Übereinstimmung einer politisch-sozialen Gemeinschaft in ihrem Wertesystem, in ihren religiösen Anschauungen, in übergreifenden Solidaritätsgefühlen oder in polit. Grundüberzeugungen. Während in Diktaturen der K. aller Bürger mit der herrschenden Gruppe erzwungen wird, entwickelt sich in der Demokratie K. auf der Basis von Rechtsstaatlichkeit und Verfassung. In einem demokrat. Meinungsbildungsprozess stehen K.-Fähigkeit und Konfliktbereitschaft in enger Wechselbeziehung.

4) *Recht:* Einigung zweier Personen durch übereinstimmende Willenserklärungen. Ein K. bezüglich der Hauptpunkte (Essenzialien) ist unabdingbare Voraussetzung für einen →Vertrag.

Konsens-minus-eins, von den Außenministern der →Konferenz über Sicherheit und Zusammenarbeit in Europa im Juni 1991 in Berlin gebilligtes Prinzip, nach dem bei eindeutigen, groben und nicht behebbaren Fällen von Menschenrechtsverletzungen und Verstößen gegen Demokratie und Rechtsstaatlichkeit geeignete Maßnahmen bis hin zu Sanktionen durch den ›KSZE-Rat‹ bzw. den ›Ausschuss Hoher Beamter‹ ohne Zustimmung des betroffenen Staates eingeleitet werden können.

konsensuelle Pupillenreaktion, gleichzeitige reflektor. Verengerung der Pupille eines Auges bei Belichtung der Pupille des anderen Auges.

konsequent [lat. ›folgerichtig‹], **1)** *allg.:* 1) logisch schlüssig, folgerichtig; 2) beharrlich, unbeirrbar.

2) *Geographie:* gesagt von einem Fluss, dessen Lauf der ursprüngl. Abdachung des Landes folgt.

Konsequenz [lat., zu consequi ›nachfolgen‹] *die, -/-en,* **1)** *allg.:* 1) ohne Pl., Folgerichtigkeit; 2) ohne Pl., Unbeirrbarkeit; 3) Folge, Auswirkung.

2) *Logik:* eine →Folgerung, die logisch aus Aussagen geschlossen wird. Traditionell wird auch in einem hypothet. Urteil ›wenn *A*, dann *B*‹ die Aussage *B* K. des Antezedens *A* genannt. In der prakt. Philosophie nennt man die Folgen einer Handlung deren Konsequenzen.

konservativ [engl., zu lat. conservare ›bewahren‹, ›erhalten‹], **1)** *allg.:* am Hergebrachten, Herkömmlichen festhaltend.

2) *Medizin:* erhaltend, v. a. bezogen auf nichtinvasive, also z. B. medikamentöse Behandlungsmaßnahmen, im Unterschied zum chirurg. Eingriff.

konservative Kräfte, Potenzialkräfte, Kräfte, die in physikal. Systemen wirken, in denen die mechan. Energie (Summe aus kinet. und potenzieller Energie) erhalten bleibt, d. h. zeitlich konstant ist. K. K. lassen sich als Gradient einer nur vom Ort abhängigen skalaren Größe, dem Potenzial, darstellen. Bei einem konservativen Kraftfeld ist die Arbeit längs eines beliebig geschlossenen Weges null; Konservativität der Kräfte, Existenz eines Potenzials, Wegunabhängigkeit und Wirbelfreiheit sind einander äquivalent (→Kraft). Ein System, in dem nur k. K. auftreten, wird **konservatives System** genannt. – Ggs.: dissipative (nichtkonservative) Kräfte.

konservative Parteien, seit dem 19. Jh. entstandene Parteien, die in ihren Zielen Grundpositionen des →Konservativismus vertreten. Dem Wesen konservativen Denkens entsprechend, sind sie in den Einzelheiten ihrer Programmatik von der geschichtl. Entwicklung der Region, in der sie wurzeln, bestimmt (z. B. in Dtl. 1876–1918 die →Deutschkonservative Partei, entstanden aus den preuß. →Altkonservativen. Außer in Großbritannien und Nordirland (→Konservative und Unionistische Partei) sowie in Dänemark (Konservative Partei, gegr. 1916) und Norwegen (Konservative Partei, gegr. 1884) führen die europ. k. P. in ihrem Namen nicht (mehr) die Bez. ›konservativ‹ (z. B. in Finnland die ›Nat. Sammlungspartei‹, gegr. 1918 als Konservative Partei; in Schweden die ›Gemäßigte Sammlungspartei‹, 1904–68 Konservative Partei gen.); sie verbinden oft ihre Aussagen und Zielsetzungen mit nat. oder christlich-sozialem Gedankengut (z. B. in Dtl. nach 1918 die DNVP und

Konsekrationsmünzen: Konsekrationsdenar auf Marciana († 114), die Schwester Kaiser Trajans; (Durchmesser 18 mm)

Vorderseite

Rückseite

das →Zentrum, nach 1945 die CDU, bes. jedoch die CSU, in Österreich die ÖVP und in der Schweiz die CVP; →christliche Parteien). In Frankreich besetzen der gaullist. →Rassemblement pour la République und die Parteienkonföderation der →Union pour la Démocratie Française die konservativen Positionen.

konservative Revolution, in der Weimarer Rep. bedeutend gewordene geistig-polit. (rechtsintellektuelle) Bewegung, die sich sowohl von den liberaldemokrat. Ideen von 1789 und des 19. Jh. als auch von bloßer Restauration und Reaktion abzugrenzen suchte. – Die paradoxe Wortkombination k. R. taucht seit 1848 auf; sie wurde zum polit. Schlagwort durch eine Rede H. VON HOFMANNSTHALS (›Das Schrifttum als geistiger Raum der Nation‹, 1927); Haupttheoretiker war u. a. A. MOELLER VAN DEN BRUCK.

In Dtl. waren völk., jungkonservative, nationalrevolutionäre und bünd. Gruppen sowie die Landvolkbewegung Träger der k. R., von denen einige in ihren antikapitalist., sozialromant., antiparlamentar. und antidemokrat. Tendenzen zu Wegbereitern des Nationalsozialismus, andere auch zu dessen Gegnern wurden. Vertreter: u. a. J. DREXEL, H. FREYER, E. J. JUNG, E. JÜNGER, E. NIEKISCH, F. VON PAPEN, E. VON SALOMON, H. SCHULZE-BOYSEN, W. SOMBART, O. SPENGLER.

A. MOHLER: Die k. R. in Dtl. 1918-1932, 2 Tle. (⁴1994); S. BREUER: Anatomie der k. R. (²1995); R. P. SIEFERLE: Die k. R. Fünf biograph. Skizzen (1995).

konservatives System, *Physik:* →konservative Kräfte.

Konservative und Unionistische Partei, engl. **Conservative and Unionist Party** [kənˈsɔːvətɪv ænd ˈjuːnjənɪst ˈpɑːtɪ], seit dem offiziellen Zusammenschluss mit den liberalen Unionisten 1912 Name der brit. konservativen Partei (Conservative Party), hat als Nachfolgerin der →Tories seit ihren Anfängen (um 1830) maßgeblich die brit. Politik mitbestimmt.

Die *Programmatik* der brit. Konservativen steht in der Tradition der Ideen E. BURKES, der 1791 in seinen ›Reflections on the Revolution in France‹ der abstrakten Staatskonstruktion des revolutionären Rationalismus die durch Überlieferung ausgewiesene, geschichtlich gewachsene freiheitl. Verfassung Englands entgegenstellte. Seit ihrer Entstehung lässt sich die Partei von dem Grundsatz leiten, um der Bewahrung des Status quo willen – wenn notwendig – in flexibler Pragmatik Reformen zu akzeptieren oder selbst einzuleiten. Im ›Tamworth Manifesto‹ (1834) bekannte sie sich zur Wahlrechtsreform von 1832.

In Auseinandersetzung mit den Liberalen prägte B. DISRAELI 1872 die Ziele konservativer Politik: Bewahrung der überlieferten ›Verfassung‹ (gegen ›unenglische‹ republikan. Tendenzen), Erhaltung und Vergrößerung des Kolonialreichs, soziale Hebung der Lebensbedingungen des Arbeiterstandes, Darstellung der konservativen Partei als ›klassenübergreifende‹, nationale Partei. Diese Grundlinien bestimmten die Politik der Konservativen bis ins 20. Jh. Hatte die Partei nach 1945 zunächst die Reformmaßnahmen der Labour Party übernommen (z. B. im Wahlmanifest von 1949: ›The right road for Britain‹), so suchte sie seit Mitte der 70er-Jahre unter Führung von MARGARET THATCHER in scharfer Konfrontation zur Labour Party eine neue konservative Linie vor allen Dingen in der Wirtschaftspolitik (→Thatcherismus) zu realisieren. In ihrer Außenpolitik vollzog sie Anfang der 60er-Jahre den Übergang von der weltpolit. zur europapolit. Orientierung, wenngleich die USA der Hauptpartner blieben.

Organisation: An der Spitze der Partei steht der von der konservativen Unterhausfraktion (seit 1965) gewählte Parteiführer. Dieser ernennt den ›Whip‹ (›Einpeitscher‹ als Leiter der konservativen Unterhausfraktion) und den ›Vors. der Parteiorganisation‹. Das ›Zentrale konservative Büro‹ koordiniert die Parteiarbeit und dient als Zentrale der ›Nat. Union‹ (Dachverband von mehr als 500 lokalen Vereinigungen).

Geschichte: Unter der Führung von Sir R. PEEL traten die Tories seit der Wahlrechtsreform von 1832 als ›Conservatives‹ für die ›Erhaltung und Bewahrung der existierenden Institutionen‹ ein. Ansätze zu einer überregionalen Parteizentrale bildeten sich 1832 mit dem ›Carlton Club‹. Als die 1841-46 von PEEL geführte konservative Regierung 1846 die Getreidezölle abschaffte und sich für den Freihandel entschied, spaltete sich die Partei in die ›Peeliten‹ (Befürworter des Freihandels) und die ›Protektionisten‹ (Gegner des Freihandels). Unter Führung von B. DISRAELI, E. G. STANLEY (später Lord DERBY) und Lord GEORGE CAVENDISH-BENTINCK setzten sich die Protektionisten innerparteil. durch. In den nächsten Jahrzehnten sahen sich die Konservativen meist in die Opposition (gegen die Liberalen) verwiesen.

In den 60er-Jahren des 19. Jh. legte DISRAELI mit der von ihm (unter Abwendung vom Protektionismus) durchgesetzten national-imperialist. Programmatik, der weiterentwickelten Parteiorganisation und der von seiner (ersten) Regierung (1866-68) durchgeführten Wahlrechtsreform (1867) die Grundlagen für eine Periode konservativer Vorherrschaft (1874-1905). Die Verstärkung der Konservativen durch die liberalen ›Unionisten‹ unter J. CHAMBERLAIN (seit 1886) führte 1912 zum offiziellen Zusammenschluss. In den 80er-Jahren des 19. Jh. bestand eine starke innerparteil. Opposition um Lord R. SPENCER CHURCHILL, der u. a. mithilfe der ›Primerose League‹ eine weitere Demokratisierung der Partei anstrebte. 1906-15 wieder in der Opposition, bildeten die Konservativen nach Beginn des Ersten Weltkriegs eine Koalitionsregierung, die bis 1922 bestand.

Unter den Parteiführern A. BONAR LAW, S. BALDWIN, A. N. CHAMBERLAIN und W. CHURCHILL bestimmten die Konservativen 1922-45 mit kurzen Unterbrechungen (1924; 1929-31) die Regierung; 1940-45 führte CHURCHILL eine Allparteienregierung. Zw. den Weltkriegen trat die Partei in Konfrontation mit der nach 1918 aufgestiegenen Labour Party als Anwalt des Privateigentums an den Produktionsmitteln, der Marktwirtschaft und der kolonialpolit. Positionen Großbritanniens (beispielsweise in Indien) hervor.

Nach ihrer Wahlniederlage (1945) bemühte sich eine neue Generation konservativer Politiker (u. a. R. A. BUTLER, D. MAXWELL-FYFE, H. MACMILLAN, R. MAUDLING) um eine Reform der Partei in Aufbau und Programm (Bekenntnis zum Wohlfahrtsstaat und zum Abbau kolonialer Positionen). 1945-51, 1964-70 und 1974-79 in der Opposition, stellten die Konservativen mit W. CHURCHILL, A. EDEN, H. MACMILLAN, A. DOUGLAS-HOME (1951-64) und E. HEATH (1970-74) den Regierungschef. 1975 wurde M. THATCHER Parteiführerin (seit 1979 Premier-Min.); unter ihr suchte die Partei stärker als von der Labour Party geprägten wohlfahrtsstaatl. Strukturen Großbritanniens im Sinn einer marktwirtschaftlich orientierten Leistungsgesellschaft zu verändern. Wegen ihrer starren Europapolitik und den sich zuspitzenden innenpolit. Konflikten (v. a. infolge der Steuererhöhungen, so genannte Poll-Tax) innerparteilich zunehmend kritisiert, wurde sie im November 1990 in der Parteiführung von J. MAJOR abgelöst. Während die Partei bei den Unterhauswahlen im April 1992 noch ihre absolute Mehrheit verteidigen konnte, erlitt sie bei den Kommunal- und Nachwahlen ab 1993 sowie bei der Wahl zum Europ. Parlament im Juni 1994 eine Reihe schwerer Niederlagen. Ursache hierfür war neben dem starken Ansehensverlust des Partei- und Regie-

Kons Konservativismus

rungschefs MAJOR der seit 1992 verschärfte innerparteil. Streit um die Europapolitik; dieser wurde v. a. dadurch geprägt, dass die konservativen Euroskeptiker gegen die Währungsunion, die Bemühungen um eine gemeinsame Außen- und Verteidigungspolitik der EU-Staaten und die weitere Abgabe nationaler Entscheidungsbefugnisse an europ. Institutionen auftraten. (Höhepunkt der Auseinandersetzung: Ausschluss der ›Euro-Rebellen‹ aus der konservativen Unterhausfraktion, November 1994). Im Juni 1995 trat MAJOR mit dem Ziel, den rechten Parteiflügel zu disziplinieren und so die Spaltung der Konservativen zu überwinden, als Parteichef zurück und machte sein Verbleiben im Amt des Premier-Min. von seiner Wiederwahl als Parteichef abhängig. Bei der Abstimmung der konservativen Unterhausfraktion über die Parteiführung Anfang Juli setzte er sich mit 66% der Stimmen durch. Durch polit. Affären und Parteiübertritte von konservativen Abg. zur Labour Party und Liberal Party sowie weitere Verluste bei Nachwahlen zum Unterhaus deutlich geschwächt, verlor die Partei Ende 1996 ihre Mehrheit im Unterhaus.

Bei den Unterhauswahlen am 1. 5. 1997 erlitten die Konservativen eine schwere Niederlage gegen die Labour Party und mussten nach 18 Jahren die Regierungsverantwortung abgeben. J. MAJOR erklärte daraufhin seinen Rücktritt als Parteiführer. Zu seinem Nachfolger wurde im Juni 1997 WILLIAM HAGUE (* 1961) gewählt.

Konservativismus *der,* -, **Konservatismus,** im allgemeinen Sprachgebrauch eine geistige, soziale und polit. Haltung, die überlieferte Werte und überkommene Ordnungen bejaht und zu erhalten sucht, am Althergebrachten zäh festhält und sich nur ungern auf Neuerungen einlässt (K. MANNHEIM). M. WEBER brachte diese Grundhaltung in Zusammenhang mit dem →Traditionalismus, da sie dem Vertrauten vor dem Neuen, dem behutsamen Wandel vor der radikalen Veränderung, dem konkreten Zustand vor jeder Utopie grundsätzlich den Vorrang einräumt. In seiner begriffl. Entstehung geht K. auf die von F. R. DE CHATEAUBRIAND herausgegebene Zeitschrift ›Le Conservateur‹ (1818–20) zurück. K. ist eine polit. Richtung, die sich gegen Liberalismus und Sozialismus wendet.

Von extremen Ausprägungen abgesehen, kennzeichnet K. i. w. S. eine Grundhaltung, die gegenüber dem sozialen Wandel das Bedürfnis nach Kontinuität, Identität und Sicherheit zur Geltung bringt. Der K. lehnt Neuerungen nicht schlechthin ab, verlangt jedoch von jedem, der sie fordert, den Beweis der Notwendigkeit. K. zielt auf Evolution, nicht auf Revolution, auf Tradition, nicht auf Reaktion. I. e. S. ist K. ein Sammelbegriff zur Kennzeichnung aller Bewegungen, Parteien und Organisationen, die ein auf Erhaltung des bestehenden gesellschaftl. Zustandes und Wertesystems gerichtetes Programm verkünden. Ohne gesellschaftl. Wandel schlechthin abzulehnen, sind ihnen Staat, Gesellschaft, Recht und Kultur geschichtlich gewachsene, sich organisch weiterentwickelnde Gebilde, deren Institutionen (Kirche, Familie, Eigentum u. a.) Dauerhaftigkeit verkörpern und Sicherheit gegen gesellschaftl. Auflösung und Nivellierung verbürgen.

Bedeutungsebenen und Erscheinungsformen

Zwei gegensätzl. Funktionen konservativen Denkens können unterschieden werden: 1) als Rechtfertigungsideologie bestehender, auch überkommener Herrschaftsverhältnisse (sozialapologet. Grundhaltung), 2) als Erinnerung an die (für unabdingbar gehaltenen) Grundlagen menschl. Existenz (transzendentalsoziolog. Grundhaltung).

In sozialapologet. Grundhaltung setzen sich bestimmte herrschende Klassen und Gruppen gegen neue, sie bedrohende gesellschaftl. Kräfte zur Wehr. In diesem Sinne erscheint K. in einem ablehnenden Verhältnis zum gesellschaftl. Fortschritt. Historisch gesehen zeigt sich diese Haltung z. B. in der Verteidigung der feudalagrar. Ordnung gegen den bürgerl. Kapitalismus (frühes 19. Jh.), im Widerstand des liberalen Bürgertums gegen die Ausdehnung des Wahlrechts (bis zum Ende des Ersten Weltkriegs) oder in der Auflehnung sozial unterschiedl. Gruppen gegen eine ›multikulturelle‹ Gesellschaft (Ende des 20. Jh.).

Im transzendentalsoziolog. Sinne ist der K. nicht an die Interessen bestimmter sozialer Gruppen gebunden, sondern erinnert an die Angewiesenheit des Menschen auf institutionelle Bindungen bes. in Staat, Recht, Familie und Religion. Diese Bindungen sind für den Konservativen die normativ-sittl. Voraussetzungen für gesellschaftl. Stabilität und Sicherheit sowie für den Frieden. In diesem Sinne steht der K. im Brennpunkt zw. anarchist. Staatsfeindschaft, liberaler Staatskritik und autoritärer Staatsallmacht. Der K. begegnet der Möglichkeit zur sich ständig steigernden Vervollkommnung des Menschen und seiner Gesellschaft mit historisch oder religiös motivierten Zweifeln. Konservatives Denken verwirft den Individualismus ebenso wie den Kollektivismus; es achtet die Autorität und fordert die Einordnung des Individuums in ein umgreifendes Ganzes. Mit dem Nationalismus ist der konservative Gedanke nicht gleichzusetzen, ist mit ihm jedoch Bindungen eingegangen.

In Großbritannien öffnete sich der K. schon früh demokratisch-liberalen Tendenzen (›Tory-Democracy‹), in den USA war er von Anfang an demokratisch orientiert, betonte aber – in konservativer Absicht – die liberale Komponente (z. B. in der sozialen Frage). Im kontinentalen Europa dagegen hat der K. – bes. legitimistisch orientiert – seine Verbindungen zur Monarchie und zu feudalen Gesellschaftsstrukturen lange (bis in die erste Hälfte des 20. Jh.) beibehalten. In Dtl. hat sich der K. mit dem Föderalismus verbunden. Die →christlich-sozialen Bewegungen in Europa verbanden konservatives Ideengut mit sozialreformer. Zielen. Insgesamt betrachtet, möchte der K. gesellschaftl. Strukturen so wenig wie möglich ›reißbrettartig‹ konstruieren; konservative Denker zweifelten lange Zeit an der Notwendigkeit und dem Sinn der Planung gesellschaftl. Abläufe.

Von der Aufklärung bis zum Ersten Weltkrieg

Der K. kam auf als Korrelat und Gegenbewegung zur politisch-sozialen Revolution; er entstammt demselben geistigen Umbruch, dessen Folge Philosophie und Politik der Aufklärung waren. In Auseinandersetzung mit den Ideen der Frz. Revolution von 1789 entfaltete sich der K. In Großbritannien vertrat E. BURKE die ›geschichtl. Kontinuität‹ als Grundgesetz konservativer Gesinnung; gegen die ›Willkür der Mehrheitsherrschaft‹ vertrat er das ›histor. Recht‹. J. DE MAISTRE und L. G. A. DE BONALD entwickelten die konservativen Grundgedanken der kirchl. Autorität, der monarch. Legitimität und der altständ. Ordnung. Als Sozialwissenschaftler beschrieb C. A. DE TOCQUEVILLE die Auswirkungen der ›Großen Frz. Revolution‹ auf die frz. Gesellschaft auf der Grundlage der konkreten Wirklichkeit. In Dtl. wandte sich schon vor der ›Frz. Revolution‹ J. MÖSER gegen den rationalistisch strukturierten ›aufgeklärten Absolutismus‹. Der Schweizer C. L. VON HALLER übte mit seinem patrimonialstaatl. Denken starken Einfluss aus. F. GENTZ verbreitete in Dtl. die Ideen BURKES. Die Romantik wirkte durch ihre Lehren vom naturhaften Wachstum und vom organ. Wesen der sozialen und geistigen Gebilde (›Organismuslehre‹), vom universalen Aufbau der Gesellschaft (NOVALIS, F. W. J. SCHELLING, ADAM HEINRICH MÜLLER). Die Bedrohung durch die liberalen, nat. und demokrat. Tendenzen führte die auf Bewahrung des Bestehenden ausgerichteten Kräfte – Königtum, Aristokratie, Armee, Bürokratie und Klerus – zu einem Verteidigungsbündnis für ›Thron und Altar‹ zusammen. Im polit. Raum festigte Fürst METTERNICH sein ›konservatives System‹ durch die Heilige Allianz, durch das ›monarch. Prinzip‹, aber auch durch polizeil. und militär. Maßnahmen. In Preußen sammelte sich, gefördert von König FRIEDRICH WILHELM IV., der ›christlich-german. Kreis‹ um die Brüder L. F. L. und E. L. VON GERLACH. In enger Verbindung mit ihm schuf F. J. STAHL die Grundlagen der konservativen Staatstheorie (›Autorität, nicht Majorität‹).

Während der K. bes. in Großbritannien seit der Mitte des 19. Jh. Tendenzen der Demokratisierung in sich aufnahm und nach Gründung der Dritten Republik in Frankreich (1870/75) K. und Republikanismus nach und nach verschmolzen, entwickelte sich der K. in Dtl. – in Auseinandersetzung mit der sich entfaltenden Industriegesellschaft – zu einer polit. Interessenvertretung des Großgrundbesitzes. In Preußen, getragen von Teilen der prot. Geistlichkeit sowie von Adel und hohem Beamtentum, suchte der K. durch völk., antisemit. und antikapitalist. Programmatik Massenwirkung zu erzielen. Nach dem Scheitern der bürgerlich-liberalen Revolution (1848/49) passten sich große Teile des liberalen Bürgertums in Abwehr der nach gesellschaftl. und polit. Emanzipation drängenden Industriearbeiterschaft dem K. an; sie (v. a. die Nationalliberalen) gaben der obrigkeitsstaatl. Autokratie nach und suchten (auch im Hinblick auf die Lösung der nat. Frage) bei der ›Krone‹ Zuflucht. Infolge dieser Verbindung nahm der K. allmählich den nationalstaatl. Gedanken auf. Gegen Ende des 19. Jh. wurde es immer schwieriger, die Konservativen von den ›Nationalliberalen‹ zu unterscheiden. Schließlich wurde die urspr. konservative Verbindung von ›Thron und Altar‹ zu einer nationalliberalen Maxime.

20. Jahrhundert

Nach dem Zusammenbruch der Monarchie in Dtl. und Österreich-Ungarn (1918) entwickelte der (legitimistisch orientierte) K. eine vielfach radikale antirepublikan. und antiparlamentar. Haltung, bes. in Gegnerschaft zur Weimarer Republik. In Konkurrenz zu dieser Form des K. artikulierte sich ein ›revolutionärer K.‹; dieser zeigte sich – letztlich das Wesen des K. aufgebend – als Gegenideologie zu Liberalismus und Sozialismus. Der Schriftsteller A. MOELLER VAN DEN BRUCK vertrat die Idee der ›konservativen Revolution‹; nach ihm sei es konservativ, ›Dinge zu schaffen, die zu erhalten sich lohnt‹. A. MOHLER spricht von einer ›Achsenzeit‹ des K. in Dtl., nach deren Eintritt (1918) es nicht mehr um die reine Bewahrung, sondern um die Schaffung bewahrenswerter gesellschaftl. Zustände gegangen sei. Die ›dezisionist.‹ (d. h. auf Entscheidungsfähigkeit ausgerichteten) Denkansätze M. HEIDEGGERS, E. JÜNGERS und CARL SCHMITTS tragen revolutionär-konservative Züge.

Die Frage, inwieweit der K. in Dtl. den Nationalsozialismus gefördert hat, wird kontrovers diskutiert. Die Haltung der Konservativen im Einzelnen reicht von der Ablehnung der natsoz. Massenbewegung und ihrer kleinbürgerl. Führerschaft bis hin zur ideolog. Annäherung. Die konservative Kritik am liberal-parlamentar. Verfassungsstaat, der Gedanke der Vorrangigkeit polit. Führung vor polit. Kontrolle, die Vorliebe des K. für organisch-ständ. Gesellschaftsmodelle und das Postulat eines herkunftsorientierten Volksbegriffs leistete der revolutionär-totalitären Ideologie des Nationalsozialismus Vorschub. Der ›Tag von Potsdam‹ (21. 3. 1933) zeigt, in welchem Maße die natsoz. Propaganda Repräsentanten des K. zur Festigung der natsoz. Diktatur instrumentalisieren konnte.

Im Ggs. dazu wurde aber auch die Opposition gegen HITLER und sein totalitäres Regime stark von Persönlichkeiten des dt. K. mitgetragen.

Die Zuordnung von Inhalten und Trägern zu einem zeitgenöss. K. ist schwieriger als beim histor. K. Die Frage der Monarchie, auch in parlamentarisch-demokrat. Staaten mit monarch. Spitze, trat in den Hintergrund, ebenso die Affinität zu Kirche und Armee als unverrückbaren Größen der Gesellschaft. Unter dem Eindruck terrorist. Herrschaftssysteme (v. a. Nationalsozialismus und Stalinismus) sah sich der K. nunmehr auch über die angelsächs. Staaten hinaus gezwungen, von der Demokratie als staatl. Grundmodell auszugehen. Gesellschaftspolitisch rückten die Positionen des K. und des Liberalismus (bes. im Verhältnis von Wirtschafts- und Sozialordnung) zusammen (z. B. Neoliberalismus); unter dem Eindruck des Ost-West-Konfliktes entwickelten beide eine scharfe Gegnerschaft zum Kommunismus und seinen Herrschaftsformen in Europa und Asien. Während der K. in den angelsächs. Ländern und Frankreich stärker an nat. Traditionen anknüpfen konnte, musste der K. in Dtl., der sich nach 1945 nur in der Bundesrepublik Dtl. artikulieren konnte, einen tiefen Kontinuitätsbruch hinnehmen; durch seinen realhistor. Bezug zum Nationalsozialismus war er weitgehend diskreditiert, auch war einer agrarisch-feudalen Positionen im Ergebnis des Zweiten Weltkriegs die soziale Grundlage weitgehend entzogen worden. Als polit. Eigenqualifizierung verschwand die Bez. ›konservativ‹ lange Zeit weitgehend aus dem Sprachgebrauch.

Gegen Ende der 50er-Jahre trat – zunächst in den USA, später auch in den Demokratien Europas – ein ›neuer K.‹ hervor (→Neokonservativismus). Am Ende des 20. Jh. ringen der neoliberale K. (marktkonforme Gestaltung von Gesellschaft und Wirtschaft) und der ökolog. K. (Bewahrung der natürl. Umwelt) miteinander um eine zeitgemäße Perspektive des K. Konservative Denkstrukturen lassen sich nun auch in polit. Lagern nachweisen, die sich selbst eher als progressiv verstehen, z. B. in der Frage der Bewahrung sozialer Besitzstände. Neben der ökolog. (wertkonservativen) Sichtweisen zeigt sich auch die antiliberale Variante des K. mit fließenden Übergängen zu Theorie und Praxis der →neuen Rechten.

L. VON STEIN: Gesch. der sozialen Bewegung in Frankreich von 1789 bis auf unsere Tage, 3 Bde. (Neuausg. ²1921, Nachdr. 1972); K. MANNHEIM: Das konservative Denken (1927); S. NEUMANN: Die Stufen des preuß. Konservatismus (1930, Nachdr. 1965); H. BARTH: Die Idee der Ordnung (1958); K. VON KLEMPERER: Konservative Bewegungen. Zw. Kaiserreich u. Nationalsozialismus (a. d. Engl., 1962); H. GREBING: Konservative gegen die Demokratie (1971); DIES.: Akuelle Theorien über Faschismus u. Konservatismus (1974); K. EPSTEIN: Die Ursprünge des K. in Dtl. (a. d. Engl., 1973); Rekonstruktion des Konservatismus, hg. v. G.-K. KALTENBRUNNER (²1973); Die Herausforderung der Konservativen, hg. v. DEMS. (1974); Die Utopie der Konservativen, hg. v. F. GRUBE u. a. (1974); M. GREIFFENHAGEN: Das Dilemma des Konservatismus in Dtl (1977); Conservative politics in Western Europe, hg. v. Z. LAYTON-HENRY (London 1982); Dt. Konservatismus im 19. und 20. Jh., hg. v. D. STEGMANN (1983); Neokonservative u. ›Neue Rechte‹, hg. v. I. FETSCHER (1983); H. G. SCHUMANN: K. als analyt. Strukturbegriff, in: Konservatismus – eine Gefahr für die Freiheit?, hg. v. E. HENNIG u.a. (1983); K., hg. v. H. G. SCHUMANN (1984); L. FILLER: Dictionary of American conservatism (New York 1987); Nationalismus u. neue Rechte, Beitr. v. K. BULLAN u. a. (1993); P. MAERKER: Konservatismus – wieder modern? Studien zu einer philosoph. Grundlegung des konservativen Denkens (1993); G. ROHRMOSER: Zur inneren Lage der Nation (²1994); M. GROSSHEIM: Ökologie oder Technokratie? Der Konservatismus in der Moderne (1995).

Konservator [lat. ›Bewahrer‹, ›Erhalter‹] *der, -s/...'toren,* Berufs-Bez. für einen beamteten Mitarbeiter in der Denkmalpflege oder im Museumsdienst, dem die Erhaltung und Pflege von Kunstwerken, Bauten und naturwissenschaftl. Sammlungen untersteht; auch Restauratoren, Fassmaler und Bildhauer bezeichnen sich gelegentlich als Konservatoren.

Konservatorium [ital., eigtl. etwa ›Stätte zur Pflege und Erhaltung (musikal. Tradition)‹, urspr. ›Pflegeheim für musikalisch begabte Waisenkinder‹, zu lat. conservare ›erhalten‹, ›bewahren‹] *das, -s/...rien,* Anstalt, die der Ausbildung von Musikern dient (zum großen Teil mit staatlich anerkannten Zeugnissen oder Diplomen). K. mit Hochschulrang heißen, nach dem Vorbild Berlins, in Dtl. und Österreich meist **Hochschulen für Musik,** in der Schweiz K., Musikhochschule oder -akademie (→Musikhochschule); der Name K. gilt nur noch für (oft private) Institute, die zugleich Unterricht erteilen, die nicht der Berufsbildung dient. Letzteres ist ausschließlich der Fall in der städt. →Musikschule.

Die ersten im 16. Jh. in Italien entstandenen K. waren Pflegeanstalten und Waisenhäuser, deren Zöglinge eine musikal. Ausbildung v. a. für die Kirchenmusik, seit dem 17. Jh. auch für Opernunternehmen erhielten, so seit 1537 in Neapel, seit 1618 in Palermo; entsprechende Institute in Venedig hießen ›Ospedale‹. Außerhalb Italiens wurden die ersten K. Ende des 18. Jh. gegründet (Paris 1795). Zahlreiche berühmte K. entstanden im 19. Jh. in Europa (Prag 1811, Wien 1817, Leipzig 1843, Berlin 1850, Sankt Petersburg 1862, Moskau 1866) und in den USA (zuerst 1857 in Baltimore, Md., und Boston, Mass.).

Konserve [mlat., zu lat. conservare ›erhalten‹, ›bewahren‹] *die, -/-n,* durch geeignete Behandlung (→Konservierung) und Verpackung vor mikrobiellem Verderben geschütztes Lebens- oder Genussmittel; i. e. S. in Dosen oder Gläsern durch Hitzesterilisieren konserviertes Lebensmittel **(Voll-K.** oder **Steril-K.)** mit ›unbegrenzter‹ (mindestens ein Jahr) Haltbarkeit. **Gefrier-K.** sind durch Einfrieren bei –30 °C und ununterbrochene Gefrierlagerung bei –18 °C mindestens 6 Monate haltbar. **Trocken-K.** werden durch Trocknen, **Roh-K.** durch Milch- oder Essigsäuregärung, durch Zucker (kandierte Früchte), Alkohol oder durch Zusatz chem. Konservierungsmittel konserviert bei einer Haltbarkeit über 6 Monate bis zu einem Jahr.

Konservierung, 1) Haltbarmachung von Gegenständen aller Art, insbesondere von tier. und pflanzl. Objekten (z. B. für wiss. Zwecke), menschl. Organen u. a., die durch physikal. Prozesse (z. B. Austrocknung, Quellung), chem. Prozesse (v. a. Oxidation), biochem. Prozesse (Enzymreaktionen innerhalb von Geweben) oder durch Mikroorganismen (Schimmel- und Hefepilze, Fäulnisbakterien) vernichtet würden. Allg. verhindert eine K. den Ablauf von Zerfallsprozessen, die den zu konservierenden Gegenstand in Struktur und/oder Substanz verändern würden.

Insbesondere in der *Lebensmitteltechnologie* sind K. und K.-Verfahren von großer Bedeutung, da ihre Methoden gefunden werden mussten, um jahreszeitl. und saisonale Engpässe in der Ernährung durch gezielte Vorratshaltung zu überbrücken. Vielfach beruhen die heute angewendeten K.-Verfahren auf jahrhundertealten Methoden oder versuchen mit modernen Mitteln, ein dem ursprüngl. K.-Produkt ähnl. Erzeugnis zu gewinnen (z. B. Räucherwaren). Bei Lebensmitteln werden zur Frischhaltung chem. und physikal. K.-Verfahren angewendet. Bei **chemischen K.-Verfahren** werden dem Lebensmittel Substanzen zugesetzt, die eine konservierende Wirkung haben. Das **Einsalzen** mit Kochsalz (das die Lebensmittel werden entweder in eine 15–25 %ige Kochsalzlösung eingelegt oder mit Kochsalz eingerieben) führt zu Wasserentzug, Eiweißdenaturierung und enzymat. Veränderungen, die Farb-, Geruchs- und Geschmacksveränderungen bewirken; es wird vorwiegend bei Fisch, Fleisch, Butter und Gemüse angewendet. – Das **Pökeln** gehört zu den ältesten und bekanntesten K.-Verfahren. Dabei wird das Fleisch in eine Pökellake eingelegt **(Nasspökelung),** schichtweise mit Pökelsalz bestreut **(Trockenpökelung)** oder durch Kanülen mit Pökellake beimpft **(Spritzpökelung, Schnellpökelung).** Die Pökellake ist eine 15–20 %ige Kochsalzlösung, der zur Erhaltung der natürl. Fleischfarbe Natriumnitrat zugegeben wird, das (nach Reduktion zu Natriumnitrit) mit dem Myoglobin des Fleisches das beständigere rote Nitrosomyoglobin bildet (›Umrötung‹). Um die Wirkung der Pökelsalze zu beschleunigen, verwendet man heute häufig Natriumnitrit. Da es jedoch durch Überdosierung zu Vergiftungen gekommen ist, dürfen nach dem Nitritgesetz nur fertige Nitritpökelsalze im Handel gebracht und verwendet werden. Als Pökelhilfsstoffe werden u. a. Zucker zur Senkung des pH-Wertes und Ascorbinsäure zugegeben; Letztere fördert die Umrötung. Pökelwaren sind u. a. Speck, Kasseler, Kochschinken und Schälrippchen. – Beim **Räuchern** wirkt der Rauch aus schwelenden Hölzern, meist Laubhölzern, auf die zu konservierenden Lebensmittel (Fleisch, Wurstwaren, Fisch) ein, die vorher stets einer Salzbehandlung unterworfen werden. Die Lebensmittel trocknen von der Oberfläche her aus, der Wassergehalt sinkt um 10–40 %; gleichzeitig dringen bakterizid bzw. bakteriostatisch wirkende Substanzen (u. a. Ameisensäure, Acetaldehyd, Phenole) ein und bilden Geschmacksstoffe. Durch Ablagerung von Rußteilchen kommt es zu einer Dunkelfärbung der Oberfläche, bes. bei dem stark rußenden **Katenrauch,** der fettig schwarze Oberfläche ergibt. Man unterscheidet **Kalträuchern** (40 Tage bis 18 °C, z. B. Nussschinken, Rollschinken, Rohwürste), **Heißräuchern** (wenige Stunden, bis 80 °C, z. B. Kasseler) und **Feuchträuchern** (bis zwei Tage bei 20–40 °C), bei dem durch Zufuhr von Luftfeuchtigkeit die Räucherverluste verringert werden. – Beim **Einlegen** in konservierende Flüssigkeiten (z. B. Alkohol, Weinessig) werden die Mikroorganismen abgetötet oder in ihrem Wachstum behindert, da sie – mit Ausnahme von Pilzen – ein neutrales oder schwach alkal. Milieu bevorzugen. – Das **Einzuckern** stark wasserhaltiger Lebensmittel verhindert (da der Zucker Wasser bindend wirkt) die Entwicklung von Mikroorganismen. Bei einer ausreichend hohen Zuckerkonzentration ist ein Verderb der Ware nahezu ausgeschlossen. – Das **Einsäuern (Säuern)** von Lebensmitteln erfolgt unter enzymat. Bildung von Säuren (z. B. Milchsäure), hervorgerufen durch die Einwirkung bestimmter Bakterienkulturen. Es wird im Wesentlichen bei Milch (z. B. Joghurt, Kefir) und Gemüsekonserven (z. B. Sauerkraut) angewendet, hat allein jedoch nur eine begrenzte K.-Wirkung und wird daher häufig in Verbindung mit anderen K.-Verfahren (Sterilisieren, Pasteurisieren u. a.) eingesetzt. – Die Zugabe von wirksamen Chemikalien (→Konservierungsstoffe), die das Wachstum von Mikroorganismen v. a. durch Einwirkung auf die Zellmembranen und Enzymsysteme hemmen, ist in Dtl. gesetzlich geregelt; ihr Gehalt muss auf Verpackungen, Speisekarten u. Ä. angegeben werden.

Physikalische K.-Verfahren nutzen v. a. den Einfluss der Temperatur zur Haltbarmachung. Verderbl. Lebensmittel können für kürzere Zeitspannen durch **Kühlen** haltbar gemacht werden. Durch die relativ tiefen Temperaturen (je nach Lebensmittelart zw. 0 °C und 12 °C) werden die Mikroorganismen in ihrer Entwicklung gehemmt und enzymat. Veränderungen stark verlangsamt, wobei jedoch je nach Lebensmittel deutl. Vitamin- und Geschmackseinbußen auftreten. Das Kühlen hat im Ggs. zum →Gefrieren keine ausgesprochene K.-Wirkung, bewirkt jedoch eine Verlängerung der Haltbarkeit um einige Tage bis zu wenigen Wochen. – Das **Pasteurisieren** ist ein kurzfristiges Erhitzen des K.-Gutes auf Temperaturen unter 100 °C.

Es wird v. a. bei solchen Lebensmitteln angewendet, die gegen die hohen Temperaturen des Sterilisierens empfindlich sind (Schädigung von Eiweiß, Vitaminen, Aroma und Farbe), bes. zur K. von Milch und Fruchtsäften. Hierbei werden v. a. die lebensmitteleigenen und mikrobiellen Enzyme inaktiviert und die vegetativen Zellen der meisten Bakterien abgetötet; im Ggs. zum Sterilisieren bleiben jedoch die Bakteriensporen keimfähig. Pasteurisierte Lebensmittel sind daher nur beschränkt haltbar. – Das **Sterilisieren (Einkochen, Einwecken, Eindosen,** v. a. bei Obst und Gemüse im Haushalt auch **Einmachen)** wird bei den unterschiedlichsten Lebens- und Genussmitteln angewendet. Das wichtigste Verfahren ist die im →Autoklav ablaufende Hitzesterilisierung. Ein einmaliges Erhitzen auf Temperaturen zw. 160 °C und 180 °C bewirkt die Abtötung der Mikroorganismen und ihrer Sporen sowie eine Inaktivierung ihrer Enzyme. Die Hitzesterilisierung eignet sich bes. für feste Lebensmittel, deren Konsistenz durch die hohe Temperatur nicht sehr verändert wird (z. B. Fleisch, Fisch, Gemüse, Obst). – Die Haltbarkeit flüssiger Lebensmittel kann auch durch **Eindicken (Konzentrieren)** verlängert werden. Das in ihnen enthaltene Wasser wird ganz oder teilweise durch Verdampfen, Verdunsten oder →Gefrierkonzentrierung entzogen (z. B. Sirup, Fleischextrakt). Bedingung ist, dass die Konzentrate nach der Rückverdünnung den gleichen Geschmack wie vor der Behandlung besitzen. – Beim **Trocknen** von Lebensmitteln wird der Wassergehalt je nach Lebensmittel durch Kontakt-, Konvektions- und/oder Strahlungstrockner auf 2 bis 20 % Massenanteil gesenkt; ein Sonderverfahren ist die ›Gefriertrocknung. Durch den Entzug der natürl. Feuchtigkeit wird das Wachstum der Mikroorganismen unterbunden. Da enzymat. und chem. Veränderungen, wenn auch stark verlangsamt, weitergehen, ist die Haltbarkeit getrockneter Lebensmittel nicht unbegrenzt. Bei der **Zerstäubungstrocknung** wird das zu trocknende flüssige oder breiige Lebensmittel in Form kleinster Tröpfchen durch ein heißes Gas geleitet, wobei der Wasseranteil verdunstet. Wegen der kurzen Trocknungszeit werden v. a. temperaturempfindl. Lebensmittel (Eier, Milch) so konserviert. – Durch **Vakuumerzeugung** wird eine verlängerte Haltbarkeit von Lebensmitteln bewirkt, da durch die Entfernung des Luftsauerstoffs einem Großteil der Mikroorganismen die Wachstumsgrundlage entzogen wird; häufig wird ein Vakuum vor der Sterilisation von Konservendosen zur Entfernung der Luft im Kopfraum entzogen **(Exhaustieren).** Ebenfalls auf der Verminderung von Luftsauerstoff beruht die Schutzgaslagerung, z. B. die Lagerung von Obst in einer kohlendioxidreichen Umgebung. – Zur K. von Lebensmitteln durch Bestrahlung →Lebensmittelbestrahlung.

Bei der *Lederherstellung* werden versch. K.-Verfahren angewendet, um Häute, die zu Leder oder Pelzen verarbeitet werden sollen, für längere Zeit lagerfähig oder über weitere Strecken transportfähig zu machen, da sie, frisch vom Tier abgezogen, bakteriellen Schädigungen ausgesetzt sind. Dazu werden sie im ausgespannten Zustand (meist Kleintier- und Pelzfelle) getrocknet oder, noch frisch nach dem Abzug, mit Salz bestreut und bei Temperaturen unter 15 °C gestapelt. Das Salz, dem häufig noch bakterizide Mittel beigemischt sind, entzieht der Haut einen Teil der Gewebeflüssigkeit, wodurch die Lebensbedingungen für Mikroorganismen stark eingeschränkt werden. Derzeit werden aus Gründen des Umweltschutzes immer mehr Häute nach dem Abziehen einer Kühlung bei 0-5 °C unterzogen, um eine Belastung des Abwassers mit Salz zu verhindern. Welche dieser K.-Arten angewendet wird, hängt von der Art des zu konservierenden Hautmaterials, von den klimat. Bedingungen und von der verfügbaren techn. Einrichtungen ab.

Lebensmitteltechnologie. Biotechnol., chem., mechan. u. therm. Verfahren der Lebensmittelverarbeitung, hg. v. R. HEISS (⁵1996).

2) *Kunstwissenschaft:* die Erhaltung und Sicherung eines bestimmten Zustandes eines Kunstwerks, Bau- oder Bodendenkmals in der Denkmalpflege und im Museum. Weitergehende Maßnahmen fallen unter den Begriff →Restaurierung.

Konservierungsstoffe, Konservierungsmittel, der Konservierung von Natur- und Industrieprodukten dienende Stoffe, die je nach Warengruppe sehr unterschiedl. Aufgaben haben; z. B. sollen Textilien vor Befall und Zerstörung durch Mikroorganismen und/oder Insekten, Häute, Felle, Leder und Papier vor Schimmel, Mikroorganismen und tier. Schädlingen geschützt werden; Anstrichmittel, Lacke, Holzschutzmittel enthalten fungizide Wirkstoffe, Kosmetika und Reinigungsmittel Desinfektionsmittel. – Besondere Bedeutung haben K. in der Lebensmittelverarbeitung. Als K. für Lebensmittel i. w. S. werden solche Substanzen verstanden, die diesen zugesetzt werden, um qualitätsmindernde Veränderungen zu verhüten (Antioxidanzien, Schutzkolloide, Stabilisatoren u. a.). Dagegen sind K. i. e. S. nur Substanzen, die den mikrobiellen Verderb von Lebensmitteln verhüten. Von diesen K. sind in Dtl. nach der Zusatzstoff-Zulassungs-VO vom 22. 12. 1981 nur Sorbinsäure, Benzoesäure, p-Hydroxybenzoesäure (und ihre Ester, →PHB-Ester), Ameisensäure, ferner die Salze dieser Säuren bis zu einer vorgeschriebenen Höchstmenge zugelassen; der Zusatz von auch mit →E-Nummern versehenen K. muss auf Verpackungen, Speisekarten usw. angegeben werden. Zur Konservierung von Zitrusfrüchten (nicht zur Marmeladebereitung) dürfen Biphenyl o-Phenylphenol (Orthophenylphenol; müssen kenntlich gemacht werden), für Bananen auch Thiabendazol verwendet werden. Nichtrechtlich definierte K. sind Schwefeldioxid (schweflige Säure) und Nitritpökelsalz. Schwefeldioxid (schweflige Säure) ist bei der Wein- und Trockenobstherstellung zugelassen (Kenntlichmachung mit ›geschwefelt‹). Konservierende Wirkung haben auch Nitrat/Nitrit im Pökelsalz sowie die im Räucherrauch enthaltenen Phenole, Aldehyde usw. (→Konservierung).

Die Zusatzstoff-Zulassungs-VO führt in einer Positivliste alle Lebensmittel auf, die mit K. versetzt werden dürfen, gleichzeitig auch die mengenmäßige Begrenzung in mg pro kg Lebensmittel. Werden mehrere K. gleichzeitig angewendet, so erniedrigt sich die höchstzulässige Menge prozentual der Anzahl der verwendeten K., d. h. bei gleichzeitiger Verwendung von z. B. drei K. auf jeweils ein Drittel der zugelassenen Höchstmengen. Werden beim Hinzufügen von chem. K. die Bestimmungen des Lebensmittelgesetzes eingehalten, ist das Kriterium der Unbedenklichkeit erfüllt. Trotz der restriktiven Verwendung von K. können Unverträglichkeitsreaktionen auftreten.

Konsignation [frz., von lat. consignatio ›Dokument‹, zu consignare ›schriftlich niederlegen‹, ›beglaubigen‹] *die, -/-en,* **Konsignationsgeschäft,** im internat. Handel praktizierte Form des Kommissionsgeschäfts, bei der Waren von einem inländ. Exportkommissionär (dem **Konsignanten**) an einen ausländ. Verkaufskommissionär (dem **Konsignatar**) geschickt werden. Der Konsignatar versucht, diese Waren, die Eigentum des Konsignanten bleiben, für dessen Rechnung zum günstigsten Preis zu verkaufen. Er erhält dafür eine Provision.

Konsignationslager, Form der Lagerhaltung, bei der der Verkäufer dem Käufer Waren unberechnet in dessen Lager zur Entnahme zur Verfügung stellt und periodisch gemäß Entnahme berechnet.

Konsiliarius [lat. ›Berater‹] *der, -/...rii, Medizin:* →Consilium.

konsistent [lat., von consistere ›still stehen‹, ›dicht werden‹], **1)** *allg.:* fest zusammenhängend; beständig, in sich stabil.
2) *Logik:* in sich lückenlos und widerspruchsfrei; logisch aufgebaut.

Konsistenz *die, -,* **1)** *allg.:* Beschaffenheit; Festigkeit.
2) *Erdbau:* die Zustandsform eines feinkörnigen Bodens in Abhängigkeit von seinem Wassergehalt. Sie wird quantitativ durch die K.-Zahl $I_c = (w_L - w)/I_p$ dargestellt, wobei w_L der Wassergehalt an der Fließgrenze, w der natürl. Wassergehalt und I_p die Plastizität des Bodens ist. Entsprechend der K. unterscheidet man breiige, weiche, steife und halbfeste oder harte Erdstoffe.
3) *Logik:* die →Widerspruchsfreiheit.
4) *Statistik:* Eigenschaft einer Schätzfunktion, die gegeben ist, wenn ihre Schätzwerte bei wachsender Beobachtungsanzahl n für $n \to \infty$ in Wahrscheinlichkeit gegen den zu schätzenden Parameter konvergieren (→Konvergenz).
5) *Technik:* Bez. für verschiedene rheolog. Eigenschaften (Viskosität, Thixotropie, Elastizität, Oberflächenspannung, Kohäsion usw.) einer Substanz (Schmieröl, Malerfarben u.Ä.), die allg. die Beschaffenheit der Substanz hinsichtlich des Zusammenhalts ihrer Teilchen und bei Formänderungen charakterisieren; man unterscheidet z. B. feste, weiche, elast., spröde, knetbare, ölige, leichtflüssige K. – Bei Schmierfetten ist K. die Kenngröße für das Fließverhalten. Sie wird aus der Eindringtiefe eines genormten Kegels ermittelt (Walkpenetration). Die Klassifizierung reicht von der K.-Klasse 000 (sehr weiche Getriebefette) bis zur Klasse 6 (sehr feste Blockfette).

Konsistorium [lat. ›Versammlungsort‹] *das, -s/...rien,* **1)** *Antike:* in der röm. Kaiserzeit seit DIOKLETIAN der Kronrat (Staatsrat) der röm. Kaiser (vorher Consilium Principis gen.) als Versammlung der höchsten Reichsbeamten zur Beratung bes. von Rechtsfragen und Gesetzesentwürfen.
J. CROOK: Consilium principis (Cambridge 1955, Nachdr. New York 1975); P. B. WEISS: Consistorium u. Comites Consistoriani (Diss. Würzburg 1975).
2) *ev. Kirchen:* nach der Reformation geschaffene landesfürstl. Behörde, zusammengesetzt aus Juristen und Theologen unter Leitung eines Juristen. Zu ihren Aufgaben gehörte v.a. die verwaltungsmäßige Aufsicht über die Kirchengemeinden und Pfarrer sowie die geistl. Gerichtsbarkeit bei Amtsverfehlungen der Pfarrer. Seit dem 19. Jh., vollständig nach der Aufhebung des landesherrl. Kirchenregiments nach 1918, wurde das K. zur rein kirchl. obersten Verwaltungsbehörde; die heute in der Ev. Kirche in Berlin-Brandenburg, der Ev. Kirche der Kirchenprovinz Sachsen, der Ev. Kirche der schles. Oberlausitz und der Pommerschen Ev. Kirche bezeichnet wird. In den anderen ev. Landeskirchen heißt sie Landeskirchenamt, Landeskirchenrat, Kirchenamt, Kirchenkanzlei, Kirchenverwaltung, Oberkirchenrat oder Synodalrat.
3) *kath. Kirche:* die durch den Papst einberufene und unter seinem Vorsitz tagende Plenarversammlung des Kardinalskollegiums. Im K. hatten vom 11. bis zum 16. Jh. die Kardinäle an der Leitung der Gesamtkirche Anteil. Seit der Kurienreform unter SIXTUS V. (1588) verlor es an Bedeutung. Durch den neuen Codex Iuris Canonici als Beratungsgremium wieder aufgewertet, unterscheidet das kath. Kirchenrecht heute zw. dem ordentl. K. zur Beratung wichtiger Angelegenheiten der Kirche oder den Vollzug feierl. Akte (z. B. Kardinalsernennungen) und dem aufgrund besonderer Erfordernisse einberufenen außerordentl. K. (c. 353 CIC). – In der Diözesankurie teilweise, bes. in *Österreich,* Bez. für deren Verwaltungsabteilung, gelegentlich auch für das Offizialat.

Konskription [lat. ›Liste‹, zu conscribere, eigtl. ›in Listen eintragen‹] *die, -/-en,* gesetzlich geregelte Aushebung der wehrfähigen Staatsbürger für den Kriegsdienst. Loskauf und Stellvertretung waren erlaubt. Ab 1866 durch die allgemeine Wehrpflicht ersetzt.

Konsole [frz., Kurzform von consolateur ›Gesimsträger‹, von lat. consolator ›Tröster‹, ›Stütze‹] *die, -/-n,* **1)** *Bauwesen:* aus der Wand vorkragendes Auflager aus Holz, Stein **(Kragstein)** oder Eisen zur Unterstützung von Bauteilen wie Unterzügen, Gesimsen, Bögen, Diensten, Balkonen und Erkern und als Standort für Figuren **(Tragstein).** Die K. ist häufig Gegenstand künstler. Gestaltung.
2) *Datenverarbeitung:* Bedienungseinrichtung eines größeren Computers oder einer Datenverarbeitungsanlage, deren Benutzung dem →Operator vorbehalten ist; zur K. gehören Tastatur und Datensichtstation.
3) *Innenarchitektur:* ein Wandbrett.

Konsolidation [frz., von lat. ›Festigung‹, ›Sicherung des Eigentumsrechts‹] *die, -/-en,* **Konsolidierung, 1)** *Erdbau:* Abbau eines Porenwasserüberdruckes im Boden und das damit zusammenhängende zeitlich verzögerte Zusammendrücken des Bodens; K. tritt in wassergesättigten, feinkörnigen Böden (z. B. Ton oder Schluff) auf, die nur eine geringe Durchlässigkeit haben. Anfangs wird eine Zusatzlast vollständig von dem praktisch inkompressiblen Porenwasser des Bodens aufgenommen; sein Abströmen verringert jedoch den Wasserüberdruck in der Schicht und bewirkt eine Spannungsumlagerung auf das Korngerüst; es entstehen zeitlich zunehmende Setzungen.
2) *Finanzwissenschaft:* beim öffentl. Kredit 1) die Umwandlung von kurzfristigen (›schwebenden‹) Schulden in meist längerfristige (›fundierte‹) Anleihen; 2) die Zusammenfassung mehrerer älterer Anleihen mit unterschiedl. Zins- und Rückzahlungsbedingungen zu einer neuen Gesamtanleihe (Consols) mit für den Schuldner meist günstigeren Bedingungen (→Konversion).
3) *Recht:* Eine K. liegt vor, wenn der Eigentümer einer Sache ein an ihr von dritter Seite bestehendes Recht (z. B. ein Pfandrecht) erwirbt oder der Rechtsinhaber das Eigentum erlangt, sodass das Recht an der Sache und das Eigentum in einer Person zusammenfallen. Bei bewegl. Sachen hat die K. grundsätzlich ebenso wie die →Konfusion zur Folge, dass das Recht erlischt (falls der Fortbestand nicht im Interesse eines anderen notwendig erscheint). Dagegen bleibt bei Vereinigung von Recht und Eigentum an einem Grundstück das Recht bestehen (§ 889 BGB, z. B. wird eine Hypothek zur Eigentümergrundschuld oder zur Eigentümerhypothek, wenn der Eigentümer die Hypothek erwirbt).

konsolidieren [lat. consolidare ›festmachen‹, ›das Eigentumsrecht sichern‹], *bildungssprachlich* für: in seinem Bestand sichern, festigen.

konsolidierte Bilanz, Konzernbilanz, zusammenfassende Aufstellung der Vermögensteile und der Verbindlichkeiten der in einem bestimmte Größenordnungen (Bilanzsumme, Umsatzerlöse, Zahl der Beschäftigten) überschreitenden Konzern zusammengeschlossenen Unternehmen (§§ 290 ff. HGB, §§ 11 ff. Publizitäts-Ges.). Der Konzern hat dabei die Jahresabschlüsse der einzelnen Konzernunternehmen (Einzelabschlüsse) so zusammenzufassen, dass die Vermögens-, Finanz- und Ertragslage des Konzerns als wirtschaftl. Einheit in einem Abschluss, bestehend aus k. B., Konzern-Gewinn-und-Verlust-Rechnung, Konzernanhang, Konzernlagebericht, dargestellt wird, als ob die einbezogenen Unternehmen auch rechtlich eine Einheit wären (Fiktion der rechtl. Einheit). In der k. B. sind alle Tochterunternehmen ohne Rücksicht auf ihren Sitz einzubeziehen (Weltabschluss). Die postenweise Addition der Einzelabschlüsse zu einem

Summenabschluss allein kann diesen Anspruch nicht erfüllen, wenn zw. den einzelnen Konzernunternehmen Schuld- und/oder Beteiligungsverhältnisse und/oder Lieferungs- bzw. Leistungsbeziehungen bestehen. Erst durch Ausschaltung dieser wirtschaftl. Beziehungen innerhalb des Konzerns (Konsolidierung) wird aus dem Summenabschluss ein **konsolidierter Abschluss (Konzernabschluss).** Die Konsolidierung umfasst die Verrechnung des Wertes der Kapitalanteile an einbezogenen Unternehmen mit dem auf sie entfallenden Betrag des Eigenkapitals dieser Unternehmen (Kapitalkonsolidierung), die Verrechnung der in den Einzelbilanzen ausgewiesenen Forderungen gegenüber einbezogenen Unternehmen mit den entsprechenden Verbindlichkeiten dieser Unternehmen (Schuldenkonsolidierung) sowie die Verrechnung von Gewinnen oder Verlusten aus Lieferungen und Leistungen zw. einbezogenen Unternehmen (Zwischenerfolgseliminierung). Je nachdem, wie stark die Beherrschungsmöglichkeiten zw. den verbundenen Unternehmen sind, werden Voll- und Quotenkonsolidierung gemäß der Höhe der Beteiligung an anderen Unternehmen unterschieden. Die Equitykonsolidierung bezieht sich auf nicht in den Konzernabschluss einbezogene assoziierte Unternehmen (Unternehmen, an dem der Konzern mindestens 20 % beteiligt ist).

W. Busse von Colbe u. D. Ordelheide: Konzernabschlüsse, 2 Tle. ($^{6-7}$1993); G. Scherrer: Konzernrechnungslegung (1994); Hb. der Rechnungslegung, hg. v. K. Küting u. C.-P. Weber, auf 2 Bde. ber. (^{4}1995); R. Ebeling: Fallstudien zur Konzernrechnungslegung (1996); R. Küting u. C.-P. Weber: Die Bilanzanalyse. Lb. zur Beurteilung von Einzel- u. Konzernabschlüssen (^{3}1996).

Konsolidierung, 1) *Finanzierung:* Umwandlung kurzfristiger Schulden in langfristige Schulden oder Eigenkapital (z. B. durch Ausgabe von Wertpapieren).
2) *Finanzwissenschaft:* beim öffentl. Kredit ist wie →Konsolidation; beim öffentl. Haushalt **(Haushalts-K.)** alle finanzpolit. Maßnahmen zum Abbau eines überkonjunkturellen Defizits, u. a. Verringerung oder Beseitigung des strukturellen Defizits, Verringerung des Umfangs der Gesamtausgaben oder auch nur Veränderung der Zusammensetzung der Ausgaben.
3) *Rechnungswesen:* die Aufrechnung interner Vorgänge im Rahmen der Rechnungslegung eines Konzerns (→konsolidierte Bilanz).
4) *volkswirtschaftl. Gesamtrechnung:* die Zusammenfassung von Konten im Kontensystem zu Sektoren. Damit verbunden ist ein Informationsverlust über die Kreditbeziehungen der konsolidierten Einheiten untereinander infolge der Aufrechnung und Saldierung von Forderungen und Verbindlichkeiten.

Konsoltisch, Wandtisch, dessen Anzahl und Form der Beine so gearbeitet ist, dass er an eine Wand (diese so mitgestaltend) angelehnt oder an ihr befestigt werden kann; v. a. im Barock und Rokoko beliebt.

Konsonant [lat. (littera) consonans, eigtl. ›mittönend(er Buchstabe)‹] *der, -en/-en,* **Mitlaut,** *Phonetik:* ein →Laut, bei dessen Artikulation der Atemstrom behindert oder eingeengt wird.

Konsonantenverdopplung, →Gemination.

Konsonanz [lat. ›Zusammenklang‹] *die, -/-en,* 1) *Musik:* Klangeinheit aus zwei oder mehr Tönen, die – im Ggs. zu der nach →Dissonanz drängenden →Dissonanz – so ineinander verschmelzen, dass ihr Zusammenklang vom Ohr als ausgeglichen und spannungslos empfunden wird. Als **vollkommene K.** gelten die Intervalle Prim, Oktave, Quinte, Quarte, als **unvollkommene K.** kleine und große Terz, kleine und große Sexte sowie die Akkorde Dreiklang und Sextakkord.

Eine K. ist nach H. von Helmholtz umso reiner (vollkommener), je besser die Obertöne (Teiltöne einer K.) übereinstimmen, während nach C. Stumpf die K. umso besser ist, je mehr die Töne zu einem Klang ›verschmelzen‹.

In der Musik geht die Beurteilung konsonanter Klänge vom Gehör aus. Die musikal. K. ist also ein dem subjektiven Bereich angehörendes, wandlungsfähiges, elementares Phänomen, das physikalisch nur z. T. erklärt werden kann. Der Begriff der K. ist weder in versch. Musikkulturen derselbe noch zu allen Zeiten innerhalb einer Musikkultur gleich bleibend.

Das heutige Temperierungssystem (→Stimmung) z. B. modifiziert alle K. (außer der Oktave), indem es an die Stelle der reinen Intervalle die temperierten treten lässt.

Mit der Auflösung der →Tonalität zu Beginn des 20. Jh. verloren K. und Dissonanz ihre polare Trennung und wechselseitige Zuordnung. Stattdessen kann von einer durchgehenden Reihe von Sonanzen (Intervallen) und Sonanzkomplexen (Akkorden) gesprochen werden, die nach Klangintensitäten abgestuft sind.

Beitr. zur Akustik u. Musikwiss., H. 1: C. Stumpf: K. u. Dissonanz (1898); H. von Helmholtz: Die Lehre von den Tonempfindungen (^{6}1913, Nachdr. 1968); F. Trendelenburg: Einf. in die Akustik (^{3}1961); H. Borucki: Einf. in die Akustik (^{3}1989).

2) *Sprachwissenschaft:* das Vorkommen eines oder mehrerer Konsonanten in einem Wort.

Konsortium [lat. ›Teilhaberschaft‹, zu consors ›Genosse‹] *das, -s/...tien,* Gelegenheitsgesellschaft, i. d. R. in Form der Gesellschaft bürgerl. Rechts (§§ 705 ff. BGB), gebildet durch den meist befristeten Zusammenschluss von rechtlich und wirtschaftlich selbstständig bleibenden Unternehmen (**Konsorten**) zur Durchführung eines bestimmten Geschäfts (**Konsortialgeschäft**). Durch das K. wird die Kapital- und Geschäftsbasis erweitert und/oder das Risiko für den einzelnen Konsorten verringert. Rechte und Pflichten der Konsortien werden in einem **Konsortialvertrag** geregelt, die Geschäftsführung obliegt i. d. R. einem **Konsortialführer.** Die wichtigsten Arten von K. sind das Banken-K. und das Industrie-K. Das **Industrie-K.,** meist in Form der Arbeitsgemeinschaft (ARGE), dient v. a. der gemeinschaftl. Abwicklung von großen Bauprojekten. **Banken-K.** werden zur gemeinsamen Durchführung von umfangreichen Wertpapiergeschäften (Effekten-K.) und Kreditgeschäften (Geld- oder Kreditleihe-K.) gebildet. Bei der sehr häufigen Form des **Emissions-K.** (bei Ausgabe von Wertpapieren, Bundesanleihen-K.) unterscheidet man Übernahme-K. (Übernahme aller auszugebenden Effekten zur Weitergabe oder in den eigenen Bestand) und Platzierungs-K. (Wertpapierabsatz als Kommissionär).

Konsoziation [lat. ›enge Verbindung‹] *die, -/-en,* 1) *Biologie:* mehrschichtige Pflanzengemeinschaft, die sich durch eine dominierende Art in einer der Schichten von ähnl. Pflanzenbeständen unterscheidet.
2) *Sprachwissenschaft:* feststehende, unveränderl. Wortverbindung (z. B. ›mit Kind und Kegel‹).

Konspiration [lat.] *die, -/-en,* bildungssprachlich für: Verschwörung.

Konstans, röm. und byzantin. Herrscher:
1) **Konstans, Konstans I.,** röm. Kaiser, →Constans.
2) **Konstans II.,** byzantin. Kaiser (641–668), * 630, † (ermordet) Syrakus 15. 9. 668; Enkel von Kaiser Herakleios; unterlag mit der byzantin. Flotte den Arabern in einer Seeschlacht vor der SW-Küste Kleinasiens (655), kämpfte jedoch auf der Balkanhalbinsel erfolgreich gegen die Slawen (658) und schloss Frieden mit den Syrern (659). Kirchenpolitisch bedeutsam war der ›Typos‹, ein kaiserl. Erlass (648), der jede Diskussion über den →Monotheletismus verbot und K. die Gegnerschaft der Orthodoxen, bes. von Papst Martin I. und dem Theologen Maximus Confes-

SOR (die er beide verurteilen und verbannen ließ), eintrug. 663 verlegte K. seine Residenz nach Syrakus, wo er 668 im Verlauf einer Verschwörung ermordet wurde.

konstant [lat., zu constare ›feststehen‹], gleichbleibend, unveränderlich.

Konstante [zu lat. constans, constantis ›feststehend‹] die, -/-n, **1)** *Logik* und *Mathematik:* Symbol mit einer festen, unveränderl. Bedeutung (im Ggs. zur →Variablen); z. B. 5, π. – In der Prädikatenlogik unterscheidet man zw. **Gegenstand-K.**, die für feste Elemente des betrachteten Grundbereiches stehen, und **Prädikat-K.**, die für wohl bestimmte Prädikate (z. B. ›... ist eine gerade Zahl‹) stehen.
2) *Physik:* eine meist dimensionsbehaftete Größe, deren Wert erhalten (konstant) bleibt (→Erhaltungsgröße), entweder absolut als unveränderbar angesehene **Fundamental-K.** oder **universelle K.** (→Naturkonstanten) oder als unter gegebenen Bedingungen unveränderl. Materialgröße (→Stoffkonstanten).

Konstantin [auch -'ti:n], lat. **Constantīnus**, griech. **Konstantīnos**, Herrscher:
Römisches Reich und Byzantinisches Reich: **1) Konstantin I., der Große**, lat. **Flavius Valerius Constantinus**, röm. Kaiser (306–337), * Naissus (heute Niš) 27. 2. 272 oder 273 (oder um 280?),† bei Nikomedia 22. 5. 337, Sohn des Kaisers CONSTANTIUS I. CHLORUS und der HELENA, Vater von 2); wurde bei der Thronfolgeordnung von 305 übergangen, dann aber nach dem Tod seines Vaters (25. 7. 306) im britann. Eburacum (York) von den röm. Truppen zum Augustus ausgerufen. Da der ranghöchste Augustus, GALERIUS, stattdessen SEVERUS und nach dessen Tod 308 LICINIUS zum Augustus im W ernannte und K. nur als Caesar anerkannte, suchte K. in vorübergehender Zusammenarbeit mit MAXIMIAN und dessen Sohn MAXENTIUS zunächst seine Herrschaft in Britannien, Gallien und Spanien auszubauen. Nach dem Tod des GALERIUS (311) wandte er sich im Einvernehmen mit LICINIUS gegen MAXENTIUS, den er am 28. 10. 312 an der Milvischen Brücke vernichtend schlug. K., zugleich durch Senatsbeschluss zum ranghöchsten Augustus erhoben, war damit Herr über den W geworden, während LICINIUS nach der Niederwerfung des MAXIMINUS DAIA (313) im O herrschte. Schon 314 kam es zw. beiden Kaisern zu einem Krieg, in dem K. nach der Schlacht bei Cibalae (heute Vinkovci, Rep. Kroatien) LICINIUS zur Abtretung der illyr. Provinzen zwang. In der Folgezeit wurde der Ggs. durch die religiösen Differenzen vertieft. Während K. seit 312 das Christentum erheblich begünstigte, ließ LICINIUS die alte Religion. Der Krieg von 324 brachte durch die Siege von Adrianopel und Chrysopolis über LICINIUS (der bald darauf als Staatsfeind hingerichtet wurde) K. die Alleinherrschaft. Er verlegte den Schwerpunkt seiner Herrschaft nach Osten. Das anstelle des alten Byzanz neu gegründete und am 11. 5. 330 eingeweihte Konstantinopel (Constantinopolis) wurde Residenz und als ›Neues Rom‹ mit eigenem Senat zur zweiten Hauptstadt des Reiches ausgebaut.

K. hat die Reformen DIOKLETIANS weitergeführt und modifiziert, bes. im Hofzeremoniell (Einführung des Diadems) sowie in Heer und Verwaltung (Schaffung des Heermeisteramtes, Beschränkung des Prätorianerpräfekten auf die Zivilverwaltung, Amt des Comes, Förderung des Senatorenstandes; Schaffung der vier Präfekturen Oriens, Illyricum, Italia und Gallia, die in 14 Diözesen und 117 Provinzen unterteilt waren). Durch die neue Goldmünze, den Solidus, sanierte K. die Währung. Die Reichsgrenzen wurden durch erfolgreiche Abwehrkämpfe gegen Franken, Alemannen, Goten und Sarmaten gesichert.

Seit der Schlacht an der Milvischen Brücke bekannte sich K. offen zum Gott der Christen; die Taufe empfing er jedoch erst kurz vor seinem Tod. 312 ließ er das Christogramm auf den Schilden der Soldaten, später auch auf einer Standarte, dem Labarum, anbringen. Mit dem 313 erlassenen Toleranzedikt verfügte K. die Restitution des unter DIOKLETIAN enteigneten Kirchengutes und die Gleichstellung des Christentums mit der antiken Religion. Sein Bemühen um die kirchl. Einheit, bei dem sich polit. und religiöse Motive miteinander verbanden, ließ ihn 313 in den afrikan. Donatistenstreit (→Donatisten) eingreifen. 325 berief er zur Schlichtung des arian. Streites das Konzil von Nicäa ein, dessen Entscheidungen er wesentlich beeinflusste. Auch durch Steuerbefreiung der Kleriker, Sonntagsheiligung und Kirchenbauten bes. in Rom, Trier und Palästina förderte K. das Christentum. Obwohl die Hinrichtung seines ältesten Sohnes CRISPUS (aus der Verbindung mit einer Konkubine) und seiner Gattin FAUSTA (326) einen Schatten auf K. warf, feierte ihn die von dem Kirchenhistoriker EUSEBIOS VON CAESAREA (* um 263, †339) begründete christl. Überlieferung als Vorbild des wahren Herrschers. Auf ihn berief sich aber auch der byzantin. Cäsaropapismus. Durch die Beisetzung in der Apostelkirche zu Konstantinopel wurde K. als 13. Apostel geehrt. Er zählt zu den Heiligen der armen., griech. und russ. Kirche (Tag: 21. 5.). – Nach K.s Tod wurde das Reich unter seinen Söhnen KONSTANTIN II., CONSTANTIUS II. und CONSTANS aufgeteilt.

H. DÖRRIES: Das Selbstzeugnis Kaiser K.s (1954); DERS.: K. d. Gr. (²1967); H. KRAFT: Kaiser K.s religiöse Entwicklung (1955); K. d. Gr., hg. v. DEMS. (1974); J. VOGT: Constantin d. Gr. u. sein Jh. (Neuausg. 1973); P. A. BARCELÓ: Roms auswärtige Beziehungen unter der Constantin. Dynastie, 306–363 (1981); T. D. BARNES: Constantine and Eusebius (Cambridge, Mass., 1981); DERS.: The new empire of Diocletian and Constantine (ebd. 1982); P. KERESZTES: Constantine. A great christian monarch and apostle (Amsterdam 1981); D. KIENAST in: Roma renascens, hg. v. M. WISSEMANN (1988); B. BLECKMANN: K. d. Gr. (1996).

2) Konstantin II., lat. **Flavius Claudius Constantinus**, röm. Kaiser (337–340), * Arelate (heute Arles) 316 oder 317, † (gefallen) bei Aquileja 340, Sohn von 1); wurde 317 zum Caesar erhoben und beherrschte seit 337 als ältester Augustus Gallien, Spanien und Britannien. Er fand im Kampf gegen seinen jüngsten Bruder CONSTANS den Tod.

3) Konstantin IV. Pogonatos [griech. ›der Bärtige‹], byzantin. Kaiser (668–685), * Konstantinopel 652, †ebd. September 685, Sohn KONSTANS' II.; im Kampf mit den Arabern (674–678) wehrte er den gezielten Angriff der Flotte des Kalifen MOAWIJA mithilfe des →griechischen Feuers ab. Den Einbruch der Protobulgaren unter Khan ASPARUCH in den bereits von Slawen besiedelten Donauraum und die Gründung des Ersten Bulgar. Reiches (679) konnte K. nicht aufhalten. Zur Beilegung des Streits um den →Monotheletismus berief K. das 6. ökumen. Konzil (3. Konzil von Konstantinopel, 680–681) ein.

4) Konstantin VII. Porphyrogennetos [griech. ›der im Purpur Geborene‹], byzantin. Kaiser (913–959), * Konstantinopel 905, † ebd. 9. 11. 959; Mitkaiser seines Schwiegervaters ROMANOS I. LAKAPENOS (920–944), war aber bis zu dessen Sturz von den Staatsgeschäften ausgeschlossen. K. erließ Gesetze zum Schutz der Kleinbauern und wehrte Araber und Ungarn ab. An ABD AR-RAHMAN III. von Córdoba und an König (später Kaiser) OTTO I., D. GR., schickte er Prunkgesandtschaften. K. war Schriftsteller (Werke über das Hofzeremoniell, die Staatsverwaltung und die Themenordnung, Gelehrter und Künstler; seine persönl. Beteiligung als Goldschmied an der Limburger →Staurothek ist wahrscheinlich.

5) Konstantin IX. Monomachos [griech. ›der Einzelkämpfer‹], byzantin. Kaiser (1042–55), †Konstantinopel 11. 1. 1055; hoher Beamter und Senator aus ad-

Konstantin I., der Große:
römischer Kaiser (Fragment einer Kolossalstatue; um 330 n. Chr.; Rom, Konservatorenpalast des Kapitolinischen Museums)

liger Familie, erlangte die Kaiserwürde durch Heirat mit der Kaiserin ZOE. Nach der Niederwerfung von Militäraufständen erwuchsen K. in den Petschenegen und Kumanen im N, den Seldschuken im O und den Normannen im W neue Gegner der byzantin. Zentralgewalt. Die Regierungsperiode K.s war eine kulturelle Blütezeit (Wirken des Philosophen MICHAEL PSELLOS an der Akademie von Konstantinopel), doch fällt in sie auch das Morgenländ. Schisma (Juli 1054).

6) **Konstantin X. Dukas,** byzantin. Kaiser (1059-67), †im Mai 1067; aus der Adelsfamilie →Dukas, kam nach der Abdankung ISAAKS I. KOMNENOS auf den Thron, unterstützt vom hauptstädt. Klerus und seinem Freund, dem auch politisch einflussreichen Philosophen MICHAEL PSELLOS. Die Vernachlässigung des Heeres führte unter ihm zu militär. Erfolgen seiner Gegner, u.a. zur Verwüstung der Balkanhalbinsel durch die Petschenegen (Herbst 1064) und zum Einbruch der Seldschuken, die Armenien und Kilikien besetzten (1064-67).

7) **Konstantin XI. (Dragases) Palaiologos,** letzter byzantin. Kaiser (1449-53), *Konstantinopel 9. 2. 1404, † (gefallen) ebd. 29. 5. 1453; war 1437-40 als Regent während der Auslandsreisen seines Bruders JOHANNES VIII. PALAIOLOGOS in Konstantinopel, sonst als Despot neben zwei anderen Brüdern in Morea, wo er am 6. 1. 1449 gekrönt wurde. Er fiel im Kampf gegen die eindringenden Türken.

Griechenland: 8) **Konstantin I.,** König der Hellenen (1913-17, 1920-22), *Athen 2. 8. 1868, †Palermo 11. 1. 1923, Sohn GEORGS I., ALEXANDER und PAUL, ∞ seit 1889 mit Prinzessin SOPHIE VON PREUSSEN (*1870, †1932); versuchte im Ersten Weltkrieg die Neutralität zu wahren. Im Juni 1917 zwang E. K. VENIZELOS mithilfe der Ententemächte K. zum Thronverzicht. Nach einer Volksabstimmung seit 1920 wieder König, dankte er 1922 nach der Niederlage seines Landes gegen die Türkei erneut ab.

9) **Konstantin II.,** König der Hellenen (1964 bis 73/74), *Psychiko (bei Athen) 2. 6. 1940, Sohn König PAULS; bestieg am 6. 3. 1964 den Thron; ∞ seit dem 18. 9. 1964 mit ANNE-MARIE, Prinzessin von Dänemark. 1965 geriet er in Konflikt mit Min.-Präs. G. PAPANDREU. Beim Militärputsch vom 21. 4. 1967 nahm K. eine abwartende Haltung ein. Nach einem von ihm geführten, misslungenen Gegenputsch (Dezember 1967) ging er ins Exil. 1973 rief Min.-Präs. G. PAPADOPULOS die Republik aus (durch Volksabstimmung bestätigt). Nach dem Sturz der Militärdiktatur entschied sich die griech. Bevölkerung am 8. 12. 1974 erneut mehrheitlich gegen die Monarchie.

Konstantin [auch -'ti:n], lat. **Constantinus,** Päpste:

1) **Konstantin I.** (708-715), †Rom 9. 4. 715; Syrer; regelte mit Kaiser JUSTINIAN II. die Beziehungen zu Ostrom. Er reiste selbst (710-711) dorthin und erreichte die Anerkennung der Eingliederung Ravennas in den röm. Patriarchalverband. Theologisch war K. ein Gegner des Monotheletismus, zu dessen Anerkennung ihn gegen die Beschlüsse des 3. Konzils von Konstantinopel (680-681) PHILIPPIKOS BARDANES zwingen wollte, der nach der Ermordung JUSTINIANS II. Kaiser geworden war (711-713).

2) **Konstantin II.,** Gegenpapst (767-768); wurde auf gewaltsamen Druck seines Bruders hin, des Herzogs TOTO (THEODOR) VON NEPI, nach dem Tod PAULS I. als Laie ohne Wahlverfahren zum Papst erhoben; suchte vergeblich, von König PIPPIN III. anerkannt zu werden. Im August 768 wurde K. gefangen genommen, geblendet und in ein Kloster eingewiesen. Papst STEPHAN III. erklärte 769 seine Weihehandlungen für ungültig.

Konstantinische Schenkung, lat. **Constitutum Constantini, Donatio Constantini,** zw. 750 und 850 entstandene Fälschung in Urkundenform. Der Urkunde zufolge soll Kaiser KONSTANTIN I., D. GR., bei der Verlegung seiner Residenz nach Konstantinopel Papst SILVESTER I. und dessen Nachfolgern zum Dank für die Spendung der Taufe und die Heilung vom Aussatz (Silvesterlegende) kaiserl. Gewalt, Würde und Insignien verliehen und ihnen den Lateranpalast sowie die Herrschaft über Rom und alle Provinzen, Gebiete und Städte Italiens und über die Provinzen des W. Röm. Reiches überlassen haben. Anlass für die Abfassung der Urkunde war möglicherweise der Vertrag von Quierzy (Pippinsche Schenkung, 754) zw. Papst STEPHAN II. und König PIPPIN oder der in der 2. Hälfte des 8. Jh. entstandene päpstl. Anspruch auf das Exarchat Ravenna und weitere ital. Gebiete. Nach vorübergehenden Zweifeln an ihrer Echtheit unter OTTO III. diente die Fälschung v.a. Anfang des 13. Jh. Papst INNOZENZ III. zur Legitimierung und Verteidigung seiner Besitzansprüche auf den Kirchenstaat. Die Echtheit der K. S. wurde dann bis ins 15. Jh. nicht mehr infrage gestellt. Erst Humanisten des 15. Jh. wie NIKOLAUS VON KUES und LORENZO VALLA bewiesen durch historisch-philolog. Untersuchungen ihre Unechtheit.

Das Constitutum Constantini, hg. v. H. FUHRMANN (1968).

konstantinische Wende, Bez. für die Neuorientierung der röm. Religionspolitik im 4. Jh. und den Übergang von der Zeit der Verfolgung des Christentums zur Reichskirche der Spätantike.

Die k. W. stellt einen der tiefstgreifenden und folgenreichsten Vorgänge der Kirchengeschichte dar, der äußere Gestalt und Selbstverständnis der Kirche bis heute mitbestimmt hat. Verknüpft mit dem Namen KONSTANTINS I., D. GR., bildete sie den Endpunkt einer langen Entwicklung, während der die christl. Kirche doch ihre wachsende öffentl. Bedeutung der antike Religion allmählich ablöste. Nach der Gleichstellung des Christentums mit den übrigen Religionen (313) wurde es durch die Vergabe von Privilegien massiv gefördert, während die traditionelle Religion nur noch toleriert wurde. Unter KONSTANTIN I. wurde eine Reihe von Repräsentationsbauten errichtet (Grabeskirche in Jerusalem, Geburtskirche in Bethlehem), der Klerus genoss Steuerbefreiung, und die Bischöfe wurden als Richter und letzte Berufungsinstanz in das Rechtswesen integriert. Der endgültige Durchbruch zum Staatskirchentum erfolgte unter THEODOSIUS D. GR. Mit der beginnenden Verflechtung und Durchdringung von Kirche und Staat begannen beide Bereiche ihr Wesen zu verändern. Den Christen boten sich nun neue Entfaltungsmöglichkeiten, so v.a. unbehinderte Gottesdienste und Mission sowie Einflussnahme auf das öffentl. Leben; gleichzeitig war der Wandel des Christentums zur Massenreligion mit einer Veräußerlichung des Glaubens verbunden. Auf staatl. Seite förderte der christl. Einfluss humanisierende Tendenzen (Verbesserung der Situation der Sklaven, Einschränkung der Gladiatorenspiele, Abschaffung der Kreuzigung); der Kaiser griff in theolog. Diskussionen ein und berief und leitete Synoden. Die damit eingeleitete enge Verbindung von Christentum und Staatsgewalt hat das Verhältnis von Kirche und Staat bis in die Neuzeit geprägt.

Die Kirche angesichts der K. W., hg. v. G. RUHBACH (1976); E. HERRMANN: Ecclesia in re publica. Die Entwicklung der Kirche von pseudostaatl. zu staatlich inkorporierter Existenz (1980); J. BLEICKEN: Constantin der Große u. die Christen. Überlegungen zur k. W. (1992); K. BRINGMANN: Die k. W. Zum Verhältnis von polit. u. religiöser Motivation, in: Histor. Ztschr., Bd. 260, Heft 1 (1995).

Konstantinopel, griech. **Konstantinupolis,** lat. **Constantinopolis,** 330-1930 Name der Stadt →Istanbul; der Name der Vorgängersiedlung war →Byzanz.

Konstantinopel, Konzile von, vier in Konstantinopel abgehaltene ökumen. Konzile des Altertums.

Das **1. Konzil von K.** (381, 2. ökumen. Konzil) war eine von Kaiser THEODOSIUS I. einberufene Reichssynode, in der die nach dem Konzil von Nicäa (325) weiter bestehenden Konflikte mit verschiedenen arian. Strömungen bereinigt werden sollten. Dabei stand die Frage nach der ›Wesensgleichheit‹ von Gott und Hl. Geist im Vordergrund.

Das Konzil bestätigte das Glaubensbekenntnis von Nicäa, verurteilte den →Arianismus und die Lehrauffassungen der →Pneumatomachen und Sabellianer (→SABELLIUS) und formulierte das Nicänokonstantinopolitan. Glaubensbekenntnis (→Nicänokonstantinopolitanum), das die Gottheit des Hl. Geistes betonte. Außerdem erkannte es dem Bischof von Konstantinopel den höchsten Rang nach dem Bischof von Rom zu.

Das **2. Konzil von K.** (553, 5. ökumen. Konzil), einberufen von Kaiser JUSTINIAN, beendete den →Dreikapitelstreit, indem es gegen den ausdrückl. Willen des Papstes VIGILIUS, der erst im Nachhinein seine Zustimmung erteilte, die führenden Vertreter der antiochen. Schule verurteilte und damit den Monophysiten entgegenkam.

Das **3. Konzil von K.** (›Trullanum‹, 680–681, 6. ökumen. Konzil), einberufen von Kaiser KONSTANTIN IV. POGONATOS, verurteilte Monotheletismus und Monergismus sowie deren Anhänger, zu denen das Konzil auch den bereits verstorbenen Papst HONORIUS I. wegen monothelet. Äußerungen während seiner Amtszeit zählte. Im Zusammenhang mit der Unfehlbarkeitsdiskussion auf dem 1. Vatikan. Konzil wurde auf diese Verurteilung eines Papstes durch ein Konzil (›Honoriusfrage‹) immer wieder Bezug genommen.

Anlass für das **4. Konzil von K.** (869–870, nach Zählung der kath. Kirche das 8. ökumen. Konzil) war der Konflikt zw. Papst NIKOLAUS I. und dem Patriarchen von Konstantinopel, PHOTIOS, der von NIKOLAUS I. nicht anerkannt und 863 abgesetzt worden war. PHOTIOS hatte seinerseits Vorwürfe gegen den Papst (v. a. wegen der Filioquefrage) erhoben und ihn auf einer Synode in Konstantinopel (867) gebannt. Der Nachfolger NIKOLAUS' I., Papst HADRIAN II., berief auf Initiative des neuen Kaisers, BASILEIOS I., ein Konzil ein, auf dem PHOTIOS verurteilt wurde. Daneben wurde die Erlaubtheit der Bilderverehrung hervorgehoben und die Reihenfolge der fünf Patriarchen festgelegt (Rom, Konstantinopel, Alexandria, Antiochia, Jerusalem). Dieses Konzil wird von den Ostkirchen nicht als ökumenisch anerkannt; im Osten gilt eine 879–880 vom wieder rehabilitierten PHOTIOS veranstaltete Synode als 8. ökumen. Konzil.

Konstantinow, Aleko Iwanizow, bulgar. Schriftsteller, * Swischtow (bei Plewen) 1. 1. 1863, †(ermordet) bei Peschtera (bei Plowdiw) 11. 5. 1897; schrieb Feuilletons, z. T. satirisch-polit. Inhalts. Mit ›Baj Ganju‹ (1895; dt. ›Der Rosenölhändler‹), einem klassisch-moral. und politisch-sozialen Charakterbild eines bulgar. Parvenüs, führte er den satir. Roman in die bulgar. Literatur ein; K. verfasste auch Reisebeschreibungen und Übersetzungen.

Ausgabe: Săčinenija, 2 Bde. (1974).

Konstantinowka, Stadt im Gebiet Donezk, Ukraine, im Donez-Steinkohlenbecken, 106 000 Ew.; Eisenhüttenindustrie, Zinkgewinnung, Glas- und keram. Industrie.

Konstantinsbasilika, →Maxentiusbasilika.

Konstantinsbogen, dreitoriger Triumphbogen für Kaiser KONSTANTIN I., D. GR., nahe dem Kolosseum am Anfang der antiken Triumphstraße in Rom, der 315 vom Senat zum 10. Regierungsjubiläum KONSTANTINS bes. in Hinblick auf seinen Sieg über MAXENTIUS (312 an der Milvischen Brücke) fertig gestellt wurde. Aus konstantin. Zeit stammen v. a. die schmalen Friese, die Kampf, Sieg und Triumph des Kaisers verherrlichen, sowie die Sockelreliefs; die Reliefs im Hauptdurchgang sind aus trajan. Zeit (Dakerkämpfe), ebenso die Kriegerfiguren des Attikageschosses, dessen Reliefs v. a. von einem 176 für MARK AUREL errichteten Triumphbogen stammen. Die Tondi über den Seitendurchgängen mit Jagd- und Opferszenen sind Werke hadrian. Zeit, die etwas überarbeitet sind, damit sie auf KONSTANTIN und seinen Mitkaiser LICINIUS bezogen werden konnten. Der gute Erhaltungszustand geht auf die Einbeziehung des K. in mittelalterl. Wehrbauten zurück, 1536 wurde er für den Einzug Kaiser KARLS V. hergerichtet, 1733 ausgebessert.

Konstantinsbogen in Rom; 315 n. Chr. fertig gestellt

Konstantios, griech. Form von →Constantius, Name röm. Kaiser.

Konstanz [lat.] *die, -,* **1)** *bildungssprachlich* für: Beständigkeit, Unveränderlichkeit.
2) *Psychologie:* →Konstanzphänomene.

Konstanz, 1) Große Kreisstadt in Bad.-Württ., am Ausfluss des Rheins aus dem Bodensee, an der Engstelle zw. Obersee und Untersee (Zentrum auf der linken Rheinseite), 404 m ü. M., 76 200 Ew.; Univ. (1966 gegr.), Fachhochschule K., Inst. für Limnologie (Bodenseeforschung), Bodensee-Akad. der Friedrich-Naumann-Stiftung; Rosgartenmuseum (im ehem. Metzgerzunfthaus, 1454) mit Bodensee-Naturmuseum, Hus-Museum, Wessenbergbibliothek, Theater, Spielbank. K. ist wirtschaftl. Zentrum des westl. Bodenseegebiets mit Betrieben der Datenverarbeitung und Elektrotechnik, der chem. und pharmazeut. Industrie, des Maschinenbaus, des Druckgewerbes u. a.; bedeutender Fremdenverkehr; vier Zollübergänge in die Schweiz (drei in die Nachbarstadt Kreuzlingen). Zum Stadtgebiet gehört die Insel →Mainau.

Stadtbild: An die Blütezeit der Stadt im MA. erinnern u. a.: Münster Unser Lieben Frau (1089 geweiht, später häufig verändert), eine im Kern erhaltene roman. Säulenbasilika, mit Krypta aus dem 10. Jh., dem ›Schnegg‹ (Treppenspindel, 1438) und der Mauritiusrotunde (926, in Form der Grabeskirche) mit Hl. Grab (um 1280; BILD →Heiliges Grab); ehem. Dominikanerkloster (1236 begonnen, heute Hotel); Augustinerkirche zur Hl. Dreifaltigkeit, eine barockisierte Pfeilerbasilika des 13. Jh. mit Freskenfries von 1417; kath. Pfarrkirche St. Stephan (15. Jh., auf roman. Vorgängerbau des 12. Jh.); ›Kaufhaus‹ am Hafen (1388; Konzilgebäude; Innenumbau 1968–70); Renaissancerathaus (urspr. Zunfthaus des 14. Jh., 1589–94 zur Rats-

Konstanz 1) Stadtwappen

Stadt am Bodensee

am Ausfluss des Rheins zwischen Obersee und Untersee

404 m ü. M.

76 200 Ew.

Universität (1966 gegründet)

im MA. Bischofssitz und Handelszentrum

Münster mit Heiligem Grab

Konzilgebäude (1388)

röm. Kastell Constantia

als Reichsstadt bevorzugter Aufenthaltsort von Friedrich Barbarossa

kanzlei umgebaut); zahlr. Domherrenhöfe, Patrizier- und Zunfthäuser (›Zur Katz‹, 1424; ›Zur Kunkel‹, 1316, mit profaner Wandmalerei); Christuskirche, ehem. Jesuitenkirche (1604 begonnen). Von der ehem. Stadtbefestigung sind noch das Schnetztor, ferner das Rheintorturm und der Pulverturm erhalten. Im Ortsteil Sonnenbühl, auf der rechten Rheinseite, wurden 1966–79 die Neubauten der Univ. errichtet.

Geschichte: Erste Besiedlungsspuren auf heutigem Konstanzer Gebiet weisen ins späte 3. Jt. v. Chr. Für die kelt. Zeit wird eine Siedlung um den heutigen Münsterhügel angenommen. Unter Kaiser TIBERIUS wurde ein röm. Stützpunkt ebendort angelegt, um 300 ist eine röm. Befestigung nachweisbar, deren Namen **Constantia** namengebend für die folgende Ortschaft war. Vor 600 wurde K. Bischofssitz (bis 1821), gegen 900 erhielt es Marktrecht. Seine verkehrsgünstige Lage machte K. schon im frühen MA. zu einem blühenden Handelsort, der zudem noch über eine ausgeprägte Flachs- und Leinenproduktion verfügte. 1192 erstmals als freie Stadt, 1237 als Reichsstadt erwähnt, war K. bevorzugter Aufenthaltsort von Kaiser FRIEDRICH I. BARBAROSSA. 1414–18 war K. Tagungsort des 16. ökumen. Konzils (→Konstanz, Konzil von). Streitigkeiten zw. Patriziat und Zünften endeten 1430 mit der parität. Besetzung des Rates. 1526 verlegten die Bischöfe ihren Sitz nach Meersburg, nachdem die Stadt sich für die Reformation erklärt hatte. Die Niederlage im Schmalkald. Krieg zog den Verlust des Status als Reichsstadt nach sich, 1548–1806 war K. vorderösterr. Landstadt, 1806 kam K. an Baden. Im **Vertrag von K.** (23. 3. 1153) verpflichteten sich Kaiser BARBAROSSA und Papst EUGEN III. wechselseitig zur Verteidigung der Amtswürde des anderen. – Im **Frieden von K.** (25. 6. 1183) erlangte BARBAROSSA von den lombard. Städten die Anerkennung der Oberhoheit des Reiches (Verzicht auf Durchführung der Ronkal. Beschlüsse, Verbleib der Städte im Lehnsverband des Reiches sowie finanzielle Zugeständnisse an Kaiser und Reich).

Gesch. der Stadt K., 5 Bde. (1989–94).

2) Landkreis in Bad.-Württ., Reg.-Bez. Freiburg, 818 km², 259 400 Ew.; erstreckt sich im klimatisch milden Alpenvorland westlich des Bodensees, umfasst den von Vulkankegeln geprägten Hegau sowie das Moränenhügelland des Bodanrückens und des Schiener Berges. In der Landwirtschaft (kleine Weiler und Einzelhöfe) überwiegt Grünland mit Rindviehhaltung; daneben Getreide-, Hackfrucht- und Gemüseanbau (Reichenau), in Ufernähe Obst- (Äpfel), örtlich Weinbau. Dazu kommt Fischerei (Barsche, Aale, Felchen). V. a. das Bodenseeufer (mit den Inseln Reichenau und Mainau) hat starken Fremdenverkehr. Wichtigster Industriezweig ist der Maschinenbau (Gottmadingen), ferner Textilwerke (Radolfzell am Bodensee), Nahrungsmittelindustrie und ein Aluminiumwalzwerk (Singen/Hohentwiel).

Der Landkreis K., 4 Bde. (1968–84).

Konstanz, Konzil von, auf Veranlassung des Röm. Königs SIEGMUND durch den in Pisa residierenden Papst JOHANNES XXIII. einberufenes Konzil. Am 5. 11. 1414 eröffnet, tagte es bis zum 22. 4. 1418. Nach der Zählung der kath. Kirche gilt das Konzil von K. als das 16. ökumen. Konzil; kirchengeschichtlich zählt es zu den →Reformkonzilen. Seine erklärten Ziele waren die Beseitigung des →Abendländischen Schismas, die Überwindung der wycliffeschen Häresie und eine Reform der Kirche. In seinem Verlauf wurden die Päpste JOHANNES XXIII. und BENEDIKT XIII. abgesetzt; GREGOR XII. trat selbst zurück. Als neuer Papst wurde 1417 Kardinal ODDO COLONNA (MARTIN V.) gewählt. In der Auseinandersetzung um die rechtmäßige Lehre mussten sich J. HUS und HIERONYMUS VON PRAG als führende Vertreter der Lehren J. WYCLIFFES vor dem Konzil verteidigen. 1415 wurden sie verurteilt und als Häretiker verbrannt. Die Diskussion um die Kirchenreform wurde bestimmt von der Idee des →Konziliarismus. Gemäß dem Konzilsdekret ›Haec sancta‹ (1415) schuldet jeder – auch der Papst – dem ökumen. Konzil in Sachen des Glaubens, der Kircheneinheit und der Reform Gehorsam. Das Dekret ›Frequens‹ (1417) setzte die ständige Einrichtung von allgemeinen Konzilen als Kontrollinstanz gegenüber dem Papst fest: nach fünf Jahren, nach sieben Jahren und dann alle zehn Jahre sollte ein Konzil einberufen werden. Diese konziliarist. Bestimmungen blieben in der Folgezeit jedoch umstritten.

Acta concilii Constanciensis, hg. v. H. FINKE u. a., 4 Bde. (1896-1928); Das Konstanzer Konzil, hg. v. R. BÄUMER (1977); W. BRANDMÜLLER: Das Konzil von K. 1414-1418, auf 2 Bde. ber. (1991 ff.); Reform von Kirche u. Reich zur Zeit der Konzilien von K. (1414–1418) u. Basel (1431–1449), hg. v. I. HLAVAČEK u. A. PATSCHOVSKY (1996).

Konstanza, rumän. **Constanța** [konˈstantsa], Hauptstadt des Kr. Constanța und Hafenstadt am Schwarzen Meer, Rumänien, in der Dobrudscha, 348 600 Ew.; Univ. (1990 gegr.), Museen, Aquarium, Delphinarium, Planetarium. Die Industrie umfasst Schiffbau und -reparatur, Papier-, Möbel-, Textil-, Nahrungsmittel-, chem. und Baustoffindustrie. K. ist der größte Seehafen Rumäniens; über den →Donau-Schwarzmeer-Kanal besteht Verbindung zum europ. Binnenschifffahrtsnetz; am S-Rand von K. entstand

Konstanz 1): Das ›Kaufhaus‹ am Hafen, 1414–18 Tagungsstätte des 16. ökumenischen Konzils; 1388

Konstanza

Stadt in Rumänien

am Schwarzen Meer

348 600 Ew.

größter Seehafen Rumäniens

Schwarzmeerkurort Mamaia

römisches Fußbodenmosaik

Konstanza: Römisches Fußbodenmosaik in einem ehemaligen Handelshaus

Wörter, die man unter K vermisst, suche man unter C, Ch, G, H oder Q

der neue Großhafen K. Süd. Für den Güterverkehr über das Schwarze Meer besteht seit Ende 1987 eine Eisenbahnfährverbindung mit Samsun (Türkei); internat. Flughafen. Zum nördl. Stadtgebiet gehört der bekannte Schwarzmeerkurort **Mamaia** (mit 6 km langem, bis 250 m breitem Sandstrand, 14 km südlich von K. der Schwarzmeerkurort **Eforie** mit den Seebädern **Eforie Nord** und **Eforie Süd**. – Erhalten sind aus röm. Zeit Reste der Stadtmauer (2. Jh.) und ein großes Fußbodenmosaik eines ehem. Handelshauses sowie Reste von vier christl. Basiliken (4. und 5. Jh.); 1988 brachten Grabungen im nördl. Teil der kaiserl. Nekropole ein vollständig ausgemaltes Grab (Ende 4. Jh.) zutage. Aus der Zeit der Genuesen stammt der Leuchtturm (13. Jh., 1860 restauriert); bemerkenswert sind noch mehrere Kirchen des 19. Jh. sowie eine Moschee im maur. Stil (1910) mit 50 m hohem Minarett; im Stil der Art nouveau das Casino (1907–1910). – Von Griechen aus Milet im 7. Jh. v. Chr. als Kolonie **Tomis** (Verbannungsort OVIDS) gegr., erlangte **Constantiniana** unter KONSTANTIN D. GR. Bedeutung als Handelsplatz und diente im 14. Jh. als **Constanza** genues. Kaufleuten als Hafen. 1413 von den Osmanen erobert, fiel 1878 an Rumänien und wurde Verwaltungszentrum der Dobrudscha.

Konstanze, römisch-dt. Kaiserin, *1154, †Palermo 27. 9. 1198, Erbtochter König ROGERS II. von Sizilien; durch Verlobung (29. 10. 1184) und Heirat mit dem späteren Kaiser HEINRICH VI. (27. 1. 1186; seitdem röm. Königin) fielen Sizilien und S-Italien an die Staufer. Nach ihrer Krönung zur Kaiserin (1191) geriet K. für kurze Zeit in die Gefangenschaft des von sizilian. Baronen zum Gegenkönig erhobenen TANKRED VON LECCE. Seit 1195 hielt sie sich im Königreich Sizilien auf, wo sie sich unter Wahrung der Eigeninteressen gegen die stauf. Vorherrschaft wandte. Quellenmäßig nicht belegbar ist ihre Beteiligung am Aufstand (1197) gegen ihren Gatten HEINRICH VI. Nach dessen Tod ließ sie 1198 ihren Sohn, den späteren Kaiser FRIEDRICH II., zum König von Sizilien krönen und bestimmte in ihrem Testament Papst INNOZENZ III. zu seinem Vormund.

H. WOLTER: Die Verlobung Heinrichs VI. mit K. von Sizilien, in: Histor. Jb., Bd. 105 (1985).

Konstanzphänomene, *Psychologie:* Bez. für die Tatsache, dass bestimmte Eigenschaften von Gegenständen oder Reizqualitäten durch Vergleich mit zusätzl. Faktoren der Umgebung (Bezugsgrößen) auch dann als konstant erkannt werden, wenn dies aufgrund der physikal. Gegebenheiten subjektiv kaum möglich ist. Dies gilt z. B. für Formen bei Betrachtung aus versch. Blickwinkeln (**Formkonstanz**), für Größen bei Betrachtung aus unterschiedl. Entfernungen (**Größenkonstanz**), für Farben bei unterschiedl. Beleuchtung (**Farbkonstanz**) oder Helligkeitswerte bei wechselnder Leuchtdichte (**Helligkeitskonstanz**).

konstatieren [frz., zu lat. constat ›es steht fest (, dass)‹], *bildungssprachlich* für: feststellen.

Konstellation [spätlat. ›Stellung der Gestirne‹, zu lat. stella ›Stern‹] *die, -/-en,* **1)** *bildungssprachlich* für: Gesamtlage, wie sie sich aus dem Zusammentreffen besonderer Umstände, Verhältnisse ergibt.

2) *Astronomie:* von der Erde aus gesehene Stellung der Sonne zu Mond oder Planeten. Je nach dem ekliptikalen Längenunterschied (→astronomische Koordinaten) zw. Gestirn und Sonne (Elongation E) werden als besondere K. unterschieden: **Opposition (Gegenschein)** $E = 180°$, **Trigonalschein** $E = 120°$, **Quadratur (Geviertschein)** $E = 90°$, **Sextilschein** $E = 60°$, **Konjunktion (Gleichschein)** $E = 0°$. Die inneren Planeten können nicht in Opposition kommen, sondern erreichen nur eine größte westl. und östl. Elongation. Bei ihnen wird zw. **oberer** (Planet weiter entfernt als die Sonne) und **unterer Konjunktion** (Planet zw. Sonne und Erde) unterschieden. Konjunktion des Mondes mit der Sonne bedeutet Neumond und gegebenenfalls eine Sonnenfinsternis; Opposition dagegen Vollmond und gegebenenfalls eine Mondfinsternis. – Da K. (**Aspekte**) in der *Astrologie* eine große Rolle spielen, wurden einigen von ihnen besondere Zeichen zugeordnet (→astronomische Zeichen). In der Astrologie wird auch die Anordnung der Sterne zu Sternbildern als K. bezeichnet.

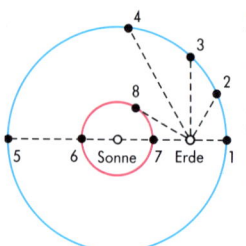

Konstellation 2): Von der Erde aus gesehene Stellungen von Planeten zur Sonne; äußerer Planet: 1 Opposition, 2 Trigonalschein, 3 Quadratur, 4 Sextilschein, 5 Konjunktion; innerer Planet: 6 obere Konjunktion, 7 untere Konjunktion, 8 größte Elongation

3) *Chemie:* frühere Bez. für →Konformation.

4) *Sprachwissenschaft:* in der Glossematik Bez. für zwei sprachl. Zeichen, die, ohne voneinander abzuhängen (wie z. B. bei →Determination), im gleichen Satz vorkommen können (z. B. Verb und Adverb).

konsternieren [lat. consternare ›außer Fassung bringen‹], *bildungssprachlich:* bestürzt, fassungslos machen.

Konstipation [zu lat. constipare ›zusammendrängen‹] *die, -/-en, Medizin:* die →Verstopfung.

Konstituante [frz., zu lat. constituere ›aufstellen‹, ›einsetzen‹] *die, -/-n,* staatsrechtlich die verfassunggebende Versammlung.

Konstituens [zu lat. constituere ›aufstellen‹, ›einsetzen‹] *das, /...tu'enzi̯en,* älteres, kaum noch gebräuchl. Bez. für die neben dem eigentl. Wirkstoff zur Herstellung eines Arzneimittels erforderl. Hilfsstoffe (z. B. Stärke bei der Tablettenherstellung).

Konstituente [zu lat. constituere ›aufstellen‹, ›einsetzen‹] *die, -/-n,* sprachl. Einheit als Teil einer höheren, komplexen Einheit (**Konstruktion**).

Konstituenten|analyse, engl. **Immediate constituent analysis** [ɪ'miːdi̯ət kən'stɪtʃuənt ə'næləsɪs], **IC-Analyse,** *Sprachwissenschaft:* vom amerikan. Strukturalismus entwickelte Methode der Analyse von Sätzen, bei der die Sätze schrittweise in immer kleinere Einheiten (**Konstituenten**) geteilt werden. Ausschlaggebend für diese Teilung sind bestimmte operationale Verfahren, insbesondere die Substitutionsprobe (→Substitution) und die Permutationsprobe (→Permutation), bei denen jeweils geprüft wird, welche Wortfolgen/Wörter durch andere ersetzt bzw. welche Wortfolgen/Wörter innerhalb des Satzes verschoben werden können, ohne dass sich an der →Grammatikalität des Satzes etwas ändert. Auf diese Weise lässt sich der hierarch. Aufbau, die **Konstituentenstruktur,** von Sätzen ermitteln; dabei bezeichnet man die sich beim jeweils ersten Teilungsschritt ergebenden Konstituenten als unmittelbare (engl. ›immediate constituents‹), die sich bei weiteren Schritten ergebenden als mittelbare Konstituenten.

Die Struktur der Konstituenten kann auf unterschiedliche Weise veranschaulicht werden. Dies geschieht in ›etikettierter‹ (engl. ›labelled‹) Form, wobei nicht nur die Konstituenten, sondern auch die jeweiligen Kategorien, zu denen die einzelnen Konstituenten gehören, durch Symbole angegeben werden. So wird der Satz (S) in die Kategorie Nominalphrase (NP) und Verbalphrase (VP) geteilt. Die Nominalphrase wird aufgespalten in Artikel (ART) und Nomen (N). Die Verbalphrase wird ihrerseits untergliedert in Verb (V) und Präpositionalphrase (PP), diese wiederum geteilt in Präposition (P) und Nominalphrase mit Artikel und Nomen. Die Konstituentenstruktur (auch Phrasenstruktur gen.) ist dadurch in Form eines Strukturbaums darstellbar:

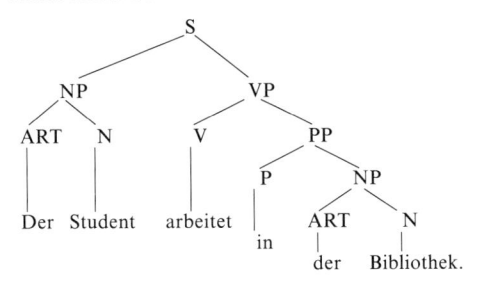

```
                    S
              ┌─────┴─────┐
             NP           VP
           ┌──┴──┐     ┌───┴───┐
          ART    N     V       PP
                            ┌──┴──┐
                            P     NP
                                ┌─┴─┐
                               ART  N
          Der   Student  arbeitet
                              in   der Bibliothek
```

Gleichwertig ist auch die Klammerdarstellung:
[s[NP[ART Der]ART [N Student]N]NP [VP[V arbeitet]V [PP[P in]P [NP[ART der]ART [N Bibliothek]N]NP]PP]VP]s

Die Darstellung in Form eines Kastendiagramms ist heute kaum noch gebräuchlich.

konstituieren [frz., von lat. constituere ›aufstellen‹, ›einsetzen‹], bilden, begründen, zur festen Einrichtung machen.

Konstitution [lat., zu constituere ›aufstellen‹, ›einsetzen‹] *die, -/-en,* 1) *allg.:* allgemeine, bes. körperl. Verfassung.
2) *Anthropologie* und *Medizin:* das dauerhafte phys. Erscheinungs-, Funktions- und Leistungsgefüge eines Menschen (→Konstitutionstypen); auch seine Widerstandskraft gegen Krankheiten und Belastungen.
3) *Chemie:* Bez. für den Aufbau eines Moleküls, d. h. für die Art und die Aufeinanderfolge der Atome und der zw. ihnen bestehenden Bindungen (in der organ. Chemie wird oft gleichbedeutend die Bez. **Struktur** gebraucht). Die K. einer chem. Verbindung wird in der chemischen Zeichensprache durch die Strukturformel wiedergegeben.
4) *Kirchenrecht:* 1) Bez. für Erlasse eines Papstes oder Konzils in der kath. Kirche sowie für die Statuten eines Ordens; 2) kirchenrechtl. Sammelwerk, →Apostolische Konstitutionen.
5) *Philosophie:* in neueren philosoph. Theorien in erkenntnistheoret., log. und ontolog. Bedeutung verwendeter Begriff: Bei I. Kant hat die regelgeleitete Anwendung der Kategorien konstitutiven, d. h. die Erkenntnis ermöglichenden und bestimmenden Charakter (Ggs. regulativ). In der K.-Theorie R. Carnaps bedeutet K. die log. Rückführung eines Begriffs auf erkenntnismäßig frühere Begriffe. Die Phänomenologie E. Husserls ist als eine Theorie der transzendentalen K. konzipiert, in der sich das durch Intentionalität bezeichnete Verhältnis von Bewusstsein und Gegenstand erstellt. Husserl unterscheidet dabei die apriorisch (invariant) bestimmte stat. von der durch die Zeit bestimmten genet. Konstitution.
6) *Recht:* Verfassung, Verfassungsurkunde.

Konstitutionalismus *der, -,* **konstitutionelles System,** i. w. S. eine Herrschaftsform, bei der die Staatsgewalt im Rahmen einer Verfassung (Konstitution) oder grundlegender Gesetze ausgeübt wird; die Berufung jener in die Staatsgewalt ausüben; ihre Amtsbefugnisse und die Dauer ihres Amtes werden in der Verfassung festgelegt; meist ist die Staatsgewalt an bestimmte Grundrechte des Bürgers gebunden; i. e. S. bezeichnet der Begriff K. die Regierungsform der konstitutionellen Monarchie und der Präsidialdemokratie; sie wird unterschieden vom Parlamentarismus, der Regierungsform der parlamentar. Demokratie.
Ideengeschichtlich liegt der Ursprung des K. in den staatsrechtl. Theorien des 18. Jh. (J. Locke und Montesquieu), die in Anlehnung an die Machtstellung des engl. Parlaments entwickelt wurden. Grundlegend für den K. ist die Lehre von der →Gewaltenteilung. Verfassungsgeschichtlich ist der K. eine Verbindung von monarch. Prinzip und Volkssouveränität, sozialgeschichtlich ein Kompromiss zw. den führenden Kräften der feudalen, vorindustriellen Gesellschaft und dem aufsteigenden Bildungs- und Industriebürgertum. Das konstitutionelle System war in der Epoche des Übergangs von der Stände- zur Industriegesellschaft weit verbreitet. Es wurde erstmals verwirklicht in England 1689 auf der Grundlage der →Bill of Rights, später im Rahmen der Bundes-Verf. der USA (1787/88). Nach der Frz. Revolution von 1789 fand der K. Verbreitung auf dem europ. Kontinent; Vorbild war die frz. Charte von 1814. Der K. wurde das Hauptziel des älteren →Liberalismus.

konstitutionell, 1) *Anthropologie:* die Konstitution betreffend.
2) *Recht:* an die Verfassung gebunden.

Konstitutionslehre: *Anthropologie* und *Medizin:* die Lehre von den als erblich angenommenen Kombinationen bestimmter körperl. Merkmale, physiolog. Reaktionsweisen und der psych. Verfassung (Disposition).

Konstitutionstypen, Körperbautypen, nach älteren Vorläufern von E. Kretschmer 1925 beschriebene Menschentypen: 1) **leptosom (asthenisch),** langgliedrig, schmal; 2) **eurysom (pyknisch),** kurzgliedrig, untersetzt. Daneben steht 3) der **athletische Typ** mit kräftiger Entwicklung des Skeletts und der Muskulatur. Kretschmer sah bei den Asthenikern (Leptosomen) eine Neigung zu ›schizoider‹ Persönlichkeit, bei den Pyknikern ›zyklothyme‹ (manisch-depressive) Verhaltensschwankungen, bei den Athletikern ein viskoses Temperament. Im angelsächs. Bereich versuchte v. a. W. H. Sheldon die Körperbautypologie auf eine statist. Basis zu stellen. Er unterschied ähnlich wie Kretschmer **ektomorphe, endomorphe** und **mesomorphe** Formen.
W. H. Sheldon: The varieties of human physique (New York 1940); Ders.: Atlas of men (ebd. 1954, Nachdr. ebd. 1970); K. Conrad: Der Konstitutionstypus (^{2}1963); H. Grimm: Grundr. der Konstitutionsbiologie u. Anthropometrie (Berlin-Ost ^{3}1966); E. Kretschmer: Körperbau u. Charakter (^{26}1977).

konstitutiv, *bildungssprachlich* für: als wesentl. Bedingung den Bestand von etwas ermöglichend, grundlegend.

konstitutive Gene, Haushaltsgene, Gene, die ohne weitere Regulation allein aufgrund der Wechselwirkung zw. RNA-Polymerase und Promoter exprimiert (→Genexpression) werden; k. G. kodieren Funktionen, die in allen Zellen gebraucht werden. (→Genregulation)

konstitutive Wirkung, die rechtsbegründende, rechtsaufhebende oder rechtsgestaltende Wirkung einer Handlung. Rechtsbegründend und damit konstitutiv ist z. B. die Eintragung eines nichtwirtschaftl. Vereins in das Vereinsregister, der dadurch erst Rechtsfähigkeit erlangt.

Konstriktor [zu lat. constringere, constrictum ›zusammenschnüren‹] *der, -s/...toren,* **Musculus constrictor,** *Anatomie:* zusammenziehender Muskel, ringförmiger Schließmuskel; Ggs.: Dilatator.

konstruieren [lat. construere ›zusammenschichten‹, ›erbauen‹, ›errichten‹], 1) *bildungssprachlich* für: gedanklich, begrifflich aufbauen; weitgehend theoretisch (und daher künstlich) aufbauen.
2) *Technik* und *Geometrie:* durch Berechnungen, Überlegungen, Ausarbeitung des Entwurfs usw. maßgebend gestalten (techn. Objekte); mithilfe von Zeichengeräten aus vorgegebenen Größen (z. B. Winkeln, Strecken) zeichnen.

Wörter, die man unter K vermisst, suche man unter C, Ch, G, H oder Q

Konstrukt [von lat. construere, constructum, zu konstruieren] *das, -(e)s/-e,* selten *-s,* **Konstruktum, Construct,** Arbeitshypothese oder gedankl. Hilfskonstruktion für die Beschreibung von Phänomenen, die der direkten Beobachtung nicht zugänglich sind, sondern nur aus anderen, beobachtbaren Daten erschlossen werden können (z. B. die Intelligenz).

Konstrukteurswertung [-'tø:r-], *Automobilsport:* →Markenweltmeisterschaft.

Konstruktion [lat.] *die, -/-en,* **1)** *allg.:* (gedanklicher) Aufbau.

2) *Mathematik:* der Aufbau mathemat. Objekte aus genau beschriebenen Ausgangsobjekten in endlich vielen Schritten. Bes. wichtig sind in der *Geometrie* die **geometrischen K.,** d. h. das zeichner. Herleiten geometr. Figuren aus vorgegebenen oder bereits konstruierten Elementen (z. B. Punkte, Geraden, Kurven) nur unter Verwendung bestimmter K.-Mittel (z. B. Zirkel, Parabel). Von besonderem Interesse sind hierbei die **K. mit Zirkel und Lineal,** das sind K., bei denen nur Zirkel und Lineal verwendet werden dürfen. Ob sich eine K. mit Zirkel und Lineal allein durchführen lässt, kann man durch Übersetzung der Aufgabe in ein algebraisches Problem entscheiden. Mithilfe der →Galois-Theorie konnte nachgewiesen werden, dass die klass. K.-Probleme wie das →delische Problem, die →Dreiteilung des Winkels und die →Quadratur des Kreises durch K. allein nicht gelöst werden können, das Problem der →Kreisteilung nur in bestimmten Fällen. (→Konstruktivismus)

3) *Philosophie, Wissenschaftstheorie:* 1) die aprior. Darstellung eines Begriffs durch die ›Hervorbringung einer ihm korrespondierenden Anschauung‹ (I. Kant); 2) der Aufbau eines philosoph. Systems aus Begriffen, das der Erfahrung vorausgeht und aus dem die konkreten Einzelerscheinungen abgeleitet werden (etwa bei F. W. J. Schelling und G. W. F. Hegel); 3) die definitor. Zurückführung eines Begriffes oder eines Systems von Begriffen auf eine geringe Zahl von Grundbegriffen (›logische K.‹, B. Russell); 4) in der Wissenschaftstheorie ein Herstellungsverfahren, wobei ein Gegenstand, eine Theorie oder ein System in method. Schritten erstellt oder durch Nachvollzug (**Rekonstruktion**) einsichtig werden soll.

4) *Sprachwissenschaft:* →Konstituente.

5) *Technik:* Bauart eines techn. Erzeugnisses (Maschine, Anlage, Bauteil, Baugruppe, Gebäude); auch sein techn. Entwurf (Idee, K.-Zeichnung). Die **K.-Lehre** umfasst das systemat. Vorgehen, das es ermöglicht, aus allen an das Erzeugnis gestellten, sich teilweise widersprechenden Ansprüchen eine geeignete Lösung zu finden, die in erster Linie die Erfüllung der techn. Aufgabe (Funktionalität), Wirtschaftlichkeit und Sicherheit für Mensch und Umwelt gewährleisten muss. Der K.-Prozess verläuft im Wesentlichen in den vier Hauptphasen Planen (Zusammentragen der Anforderungen), Konzipieren (Aufstellen von Funktionsstrukturen und Suchen nach passenden Lösungsprinzipien), Entwerfen (Entwickeln einer Baustruktur nach techn. und wirtschaftl. Gesichtspunkten) und Ausarbeiten (Konkretisieren des Entwurfs, Erarbeiten von Fertigungsunterlagen), wobei neben die klass. K. am Reißbrett oder an der Zeichenmaschine in den letzten Jahren zunehmend der rechnergestützte Entwurf (→CAD) getreten ist.

Konstruktionswasserlini|e, Abk. **KWL,** auch **CWL,** der Konstruktion eines Wasserfahrzeugs zugrunde gelegte Schwimmebene, auf der die für die gewünschte Tragfähigkeit erforderl. Verdrängung erreicht wird. Die tatsächl. →Wasserlinie variiert im Betrieb mit dem Beladungszustand.

konstruktiv, *bildungssprachlich* für: aufbauend, den sinnvollen Aufbau fördernd.

konstruktive Mathematik, →Konstruktivismus.

Konstruktivismus 1): Wladimir Jewgrafowitsch Tatlin, ›Kontra-Relief‹, 1916 (Moskau, Tretjakow-Galerie)

Konstruktivismus *der, -,* **1)** *Kunst:* um 1913/14 in Russland entstandene Richtung der modernen Kunst, die auf dem Bekenntnis zur modernen Technik und der Beschränkung auf einfache geometr. Formen beruht. Formale Voraussetzungen lagen im Kubismus, Futurismus und Kubofuturismus. Initiatoren waren W. Tatlin, A. Rodtschenko, El Lissitzky, seit 1917 auch die Brüder N. Gabo und A. Pevsner. Aus versch. neuartigen Materialien entwickelte Tatlin ab 1913 ›Kontra-Reliefs‹, für die er die Bez. ›konstruktiv‹ verwendete. Durch die Oktoberrevolution verstärkte sich ein Ggs., der von Anfang an im K. enthalten war: Während Tatlin u. a. die Kunst utilitaristisch für Architektur, Design, Typographie, Bühnenbilder und Mode nutzen und zur Revolution der Gesellschaft einsetzen wollten, entzog K. Malewitsch sich mit seinem →Suprematismus der gesellschaftl. Funktionalisierung von Kunst zugunsten ihrer reinen Formbestimmung (›Schwarzes Viereck auf weißem Grund‹, 1913). Mit beiden Richtungen war der K. 1917–22 die offizielle Kunst der russ. Revolution, doch seit 1922 emigrierten die meisten führenden Konstruktivisten unter dem Druck der polit. Verhältnisse und trugen ihre Ideen in den Westen.

Hier hatte der Niederländer P. Mondrian schon 1917 aus der Überwindung des Kubismus seinen →Neoplastizismus begründet. Dessen Sprachrohr war die von T. van Doesburg herausgegebene Zeitschrift ›De Stijl‹. Sie vertrat eine westeurop. Parallele zum Suprematismus. Doesburg, G. Vantongerloo und der Architekt G. Rietveld wandten sich auch der prakt. Reform durch Architektur- und Möbelentwürfe sowie Raumgestaltungen zu.

Ein weiterer Schwerpunkt des westeurop. K. lag bei dem 1919 gegründeten Bauhaus und der ungar. Gruppe ›MA‹ (Heute) mit L. Kassák, L. Péri, S. Bortnyik und L. Moholy-Nagy, wo bes. die prakt., dem Leben zugewandte Komponente des K. Bedeutung gewann und mit vielen anderen Impulsen verschmolz. – Mit dieser Fähigkeit, weiterführende Verbindungen einzugehen, wurde der K. ein Grundpfeiler der Kunst im 20. Jh. Durch Tatlins ›Monument für die III. Internationale‹ (ein drehbares Kongressgebäude) und N. GABOS erste bewegl. Plastik von 1920 führte der K. zur →kinetischen Kunst.

In der Pariser Gruppe →Abstraction-Création verfestigten sich die Tendenzen zur →konkreten Kunst; der K. inspirierte auch die Op-Art.

R. G. GRÜBEL: Russ. K. Künstler, Konzeptionen, literar. Theorie u. kultureller Kontext (1981); Russ. Avantgarde-Kunst. Die Samml. George Costakis, hg. v. A. ZANDER-RUDENSTINE (a. d. Amerikan., 1982); Raumkonzepte. Konstruktivist. Tendenzen in Bühnen- u. Bildkunst 1910–1930, bearb. v. H. KERSTING u. a., Ausst.-Kat. (1986); Kunst u. Revolution. Art and revolution. Russ. u. sowjet. Kunst 1910–1932, hg. v. K. BAKOS u. a., Ausst.-Kat. (Wien 1988); K. u. Buchkunst, bearb. v. L. LANG (Leipzig 1990); K. Gesch. u. Anwendung, hg. v. G. RUSCH u. SIEGFRIED J. SCHMIDT (1992); Konstruktivistische Internationale Schöpferische Arbeitsgemeinschaft, 1922–1927, Utopien für eine europ. Kultur, hg. v. B. FINKELDEY u. a., Ausst.-Kat. Kunstsammlung Nordrhein-Westfalen, Düsseldorf (1992); Russ. K., Plakatkunst, bearb. v. J. BARCHATOWA (a. d. Russ. u. Frz., 1992); Konstruktive Konzepte. Eine Gesch. der konstruktiven Kunst vom Kubismus bis heute, bearb. v. W. ROTZLER (Zürich ³1995).

2) *Literatur:* eine heterogene Bewegung innerhalb der russ. Literatur Ende der 1920er-Jahre, die die Ideen des Utilitarismus (Wirkung auf die Gesellschaft) und Funktionalismus in der Literatur sowie die Wertschätzung von Technik und Massenmedien mit dem Futurismus teilte. Der Theoretiker des 1924 gegründeten LCK (›Literaturnyj Centr Konstruktivistov‹), KORNELIJ LJUZIANOWITSCH SELINSKIJ (* 1896, † 1970), betonte das Prinzip der Organisation und vollkommenen Konstruktion des Kunstwerks sowie das ›lokalen Semantik‹, wonach jede Schicht (Lexik, Klang, Rhythmus, Syntax, Bilder) im Werk dem Sujet dienstbar gemacht werden soll. Zu den Konstruktivisten zählen u. a. E. G. BAGRIZKIJ, WERA INBER und I. L. SELWINSKIJ.

C. LODDER: Russian constructivism (New Haven, Conn., ²1985).

3) *Mathematik, Logik:* Sammel-Bez. für Strömungen, die nur solche Gegenstände als existent ansehen, die vermöge einer →Konstruktion bereitgestellt werden können. Dabei wird neben den Konstruktionen der Geometrie auch der Aufbau der natürl., der ganzen und der rationalen Zahlen als konstruktiv – da stets in endlich vielen Schritten ausführbar – anerkannt. Abgelehnt wird dagegen – ähnlich wie im →Intuitionismus – die uneingeschränkte Verwendung des Satzes vom ausgeschlossenen Dritten und damit die indirekten Existenzbeweise der klass. Analysis. Eine im Sinne des K. aufgebaute Mathematik nennt man **konstruktive Mathematik** im Unterschied zu den durch Axiomatisierung gewonnenen Theorien der axiomat. Mathematik. In Dtl. ist P. LORENZEN als Vertreter des K. hervorgetreten. In den USA hat E. BISHOP eine konstruktive Analysis sowie eine konstruktive Maßtheorie entwickelt. Die Regeln des Schließens analog der konstruktiven Mathematik untersucht die **konstruktive Logik.**

P. LORENZEN: Differential u. Integral (1965); E. BISHOP u. D. BRIDGES: Constructive analysis (Berlin 1985).

4) *Philosophie, Wissenschaftstheorie:* i. w. S. alle diejenigen Strömungen, die sich mit der Konstitutionsleistung des Subjekts im Erkenntnisprozess befassen. Menschl. Denken, Reden und Handeln sollen rekonstruiert, d. h. hinsichtlich ihrer Invarianzen und jeweiligen Gültigkeit in schrittweise gewonnenen Einsichten begriffen werden. Dabei haben sich unterschiedl. Ansätze des K. herausgebildet: 1) Die in Erlangen und Konstanz entstandene Strömung des K. (Erlanger Schule) sieht ihr vorrangiges Anliegen in der Bereitstellung einer ›vernünftigen‹ Sprache, insbesondere einer Wissenschaftssprache. In weniger radikalen Ansätzen wird nur die Bildungs- und Wissenschaftssprache einer Rekonstruktion unterzogen, wobei als letzter unhintergehbarer Ausgangspunkt, als vorwissenschaftl. Apriori, die (alltägl.) Lebenswelt gilt. Radikalere Vertreter halten auch die alltägl. Sprachpraxis für grundsätzlich begründungsbedürftig und -fähig. Der von W. KAMLAH und P. LORENZEN – teilweise unter Rückgriff auf Ideen von H. DINGLER – entwickelte Ansatz des K. wurde u. a. von K. LORENZ und J. MITTELSTRASS fortgeführt. 2) Eine Reihe radikaler konstruktivist. Ansätze basiert auf Erkenntnissen der Systemtheorie und der Kognitions- und Entwicklungspsychologie. Sprache, Denken und Kommunikation werden daran anknüpfend als ›lebende Systeme‹ aufgefasst. Lebenden Systemen wird v. a. eine zirkulär in sich geschlossene Organisation (Autopoiese, Selbstreferenz), eine dieser entsprechende Struktur sowie eine strukturelle Verknüpfung mit anderen Organismen (Interaktion) zugeschrieben. Entsprechende Ansätze haben u. a. in Psychologie, Biologie, Soziologie, Kunst- sowie Sprach- und Literaturwissenschaft Eingang gefunden. Mit den holistisch orientierten Wissenschaftsmodellen gelten die Probleme der traditionellen Erkenntnistheorie wie der Subjekt-Objekt-Dualismus als überwunden. Ziel ist eine Erweiterung des Wissenschaftsbegriffs, indem Axiome und Theorien einer Wiss. als grundsätzlich hinterfragbar gelten sowie systemat. Verknüpfungen aufgewiesen werden. Bedeutende Beiträge zur Entwicklung dieses radikalen K. haben die chilen. Biologen H. R. MATURANA und F. J. VARELA geleistet. 3) Im Rahmen der Wissenschaftstheorie fordern konstruktivist. Ansätze z. T. in Anknüpfung an den →Konventionalismus von einer krit. Wissenschaft, dass sie ihre Mittel, Methoden und Theorien voraussetzungsfrei und schrittweise (›konstruktiv‹) im Hinblick auf ein Anwendungsgebiet erstellt. Im Ggs. zu dem von K. R. POPPER aufgestellten Kriterium der Falsifikation von Theorien durch ihre Anwendung fasst der K. die aus einer Theorie gewonnenen Daten nicht als unabhängige Kriterien für Wahrheit und Falschheit, sondern als ›Konstrukte‹ des Forschers, seiner Mittel und Methoden, auf. Durch Aufgabe der Kriterien der Verifikation oder Falsifikation erscheinen auch Theorien haltbar, die

Konstruktivismus 1): El Lissitzky, ›Tatlin bei der Arbeit‹; um 1920 (Privatbesitz)

zwar weder voll begründet noch widerlegt werden können, die aber für einen bestimmten Bereich leistungsfähig sind.

W. KAMLAH u. P. LORENZEN: Log. Propädeutik oder Vorschule des vernünftigen Redens (1967); K. LORENZ: Elemente der Sprachkritik (1970); P. LORENZEN u. O. SCHWEMMER: Konstruktive Logik, Ethik u. Wissenschaftstheorie (1973); H. R. MATURANA: Erkennen. Die Organisation u. Verkörperung von Wirklichkeit (a. d. Amerikan., 1982); I. ASOUZU: Krit. Betrachtung der konstruktiven Wissenschaftstheorie (1984); E. VON GLASERSFELD: Wissen, Sprache u. Wirklichkeit. Arbeiten zum radikalen K. (a. d. Engl., 1987); L. SEGAL: Das 18. Kamel oder die Welt als Erfindung. Zum K. Heinz von Foersters (a. d. Amerikan., Neuausg. 1988); P. WATZLAWICK u. F. KREUZER: Die Unsicherheit unserer Wirklichkeit. Ein Gespräch über den K. (1988).

Konsubstantiation [mlat. ›Wesensverbindung‹] *die, -/-en,* die luther. Lehre vom Abendmahl, die die Lehre von der Transsubstantiation ablehnt und die wirkl. Gegenwart JESU CHRISTI (→Realpräsenz) in den unverwandelten Substanzen Brot und Wein betont. (→Abendmahlsstreit)

Konsul [lat., zu consulere ›sich beraten‹] *der, -s/-n,* **1)** *Geschichte:* in der röm. Antike Titel der beiden höchsten Jahresbeamten (Consules) der röm. Republik, die aus Angehörigen der patriz., seit 367 v. Chr. auch der plebej. Geschlechter gewählt wurden; Wahlgremium waren die Zenturiatkomitien (→Komitien). Die K. traten urspr. ihr Amt im März, seit 153 v. Chr. am 1. Januar des alturöm. Kalenders an. Von den **Consules ordinarii,** nach denen bis 354 n. Chr. das Jahr bezeichnet wurde, waren die **Consules suffecti** unterschieden, die erst im Lauf des Amtsjahres nach dem Tod oder Ausscheiden ihrer Vorgänger als K. bestellt wurden. Die K., einander völlig gleichgestellt, waren Träger der höchsten Staatsgewalt, des Imperium (consulare). U. a. beriefen und leiteten sie die Senats- und Volksversammlungen, führten deren Beschlüsse aus und hatten im Krieg den Oberbefehl über das Heer. In der Kaiserzeit verloren sie ihre einstige Bedeutung und behielten bestimmte mit ihrem Amt verbundene Ehrenrechte. Sie wurden bald durch den Kaiser nominiert und blieben i. d. R. nur einige Monate im Amt. Im MA. erschien die Bez. K. als Titel der regierenden Beamten der Stadtkommunen Italiens und Südfrankreichs, erstmals in Pisa 1081 bezeugt. Die K., meist auf ein Jahr gewählt, leiteten Verwaltung, Militär und Rechtsprechung, wurden aber von Volksversammlung und Rat der Stadt kontrolliert. Seit dem 13. Jh. wurden die K. in den meisten ital. Städten durch den →Podestà verdrängt; in Frankreich wurden sie zu Organen des Staates. – Zur Zeit des frz. →Konsulats (1799–1804) war K. Titel der Mitgl. des Exekutivkollegiums; Erster K. war NAPOLÉON BONAPARTE.

T. MOMMSEN: Röm. Staatsrecht, Bd. 2 (³1887, Nachdr. Darmstadt 1969); A. LIPPOLD: Consules (1963); ERNST MEYER: Röm. Staat u. Staatsgedanke (Zürich ⁴1975); G. ALFÖLDY: Konsulat u. Senatorenstand unter den Antoninen (1977); Consuls of the later Roman Empire, bearb. v. R. S. BAGNALL u. a. (Atlanta, Ga., 1987).

2) *Völkerrecht:* ständiger Vertreter eines Staates in einem anderen Staat zur Wahrnehmung von Handels-, Verkehrs- und Wirtschaftsinteressen und zur Ausführung bestimmter Verwaltungsaufgaben, in Visa- und Einwanderungsangelegenheiten auch gegenüber Personen, die nicht Staatsangehörige des Entsendestaates sind. Im Ggs. zu den diplomat. Vertretern (→Diplomat) obliegen den K. keine unmittelbar polit. Aufgaben. Die Rechtsstellung der K. bestimmt sich nach dem ›Wiener Übereinkommen vom 24. 4. 1963 über konsular. Beziehungen‹. Für ihre Aufgaben und Befugnisse im Einzelnen können Konsular-, Handels-, Schifffahrts- und Rechtshilfeabkommen zw. dem Entsende- und dem Empfangsstaat maßgebend sein. Der K. bedarf zur Ausübung seines Amtes des ›Exequaturs‹ des Empfangsstaates. Man unterscheidet zwei Kategorien von K.: die **Berufs-K.** und die **Wahl-** oder **Honorar-K.** Im Unterschied zu den Berufs-K. üben Letztere das Konsularamt ehrenamtlich aus. Der Rangordnung nach werden die Leiter der konsular. Vertretungen in vier Klassen eingeteilt: General-K., K., Vize-K. und Konsularagenten. Sie genießen beschränkte Exterritorialität: Der Empfangsstaat darf sie nicht festnehmen oder sie in Untersuchungshaft bringen, ihre Amtshandlungen unterliegen nicht der Gerichtsbarkeit des Empfangsstaats. Räumlichkeiten, Archive und Schriftstücke des Konsulats sind unverletzlich. Der Empfangsstaat schützt den freien Verkehr der konsular. Vertretung für alle amtl. Zwecke.

Dtl. bestellt nach dem Konsular-Ges. vom 11. 9. 1974 Berufs- oder Honorarkonsularbeamte. Die bei einer diplomat. oder konsular. Vertretung tätigen Konsularbeamten haben die Aufgabe, bei der Zusammenarbeit zw. dem Entsende- und dem Empfangsstaat mitzuwirken (z. B. in Außenwirtschaft, Entwicklungshilfeprojekten, Verkehr, Kultur, Rechtspflege); sie haben Deutschen sowie inländ. jurist. Personen nach pflichtgemäßem Ermessen Beistand zu gewähren und müssen die ihnen bes. übertragenen Aufgaben, z. B. in Rechtshilfe-, Beurkundungs- und Personenstandssachen, wahrnehmen.

Die Entstehung der Konsulate reicht auf die Handelsfaktoreien der ital. Städte des MA. in Byzanz und im Orient zurück. In ihnen übte nach Brauch oder Vertrag eine leitende Persönlichkeit als ›consul mercatorum‹ nach dem damals herrschenden Personalitätsprinzip die Aufsicht und Gerichtsbarkeit über ihre Landsleute aus. Die Konsulargerichtsbarkeit, die bis zum Beginn des 20. Jh. in asiat. und afrikan. Staaten Bedeutung hatte, ist weggefallen.

G. HECKER: Hb. der konsular. Praxis (1982).

Konsularen, die →Consulares.

konsularisch, den Konsul, das Konsulat betreffend.

konsularisches Korps [ko:r], frz. **Corps consulaire** [kɔrkɔ̃syˈlɛːr], Abk. **CC,** die Gesamtheit der in einem Konsularbezirk bestellten Konsularbeamten.

Konsulat *das, -(e)s/-e,* **1)** das Amt, die Amtszeit und das Amtsgebäude eines Konsuls.

2) *Geschichte:* Bez. für das durch NAPOLÉON BONAPARTES Staatsstreich vom 18. Brumaire VIII (9. 11. 1799) begründete Regierungssystem, das bis zur Errichtung des Ersten Kaiserreichs (18. 5. 1804) in Kraft blieb. An der Spitze des Staates standen die 4. 8. 1802 als Erster Konsul NAPOLÉON BONAPARTE (mit größter Machtfülle ausgestattet), als Zweiter und Dritter Konsul (mit faktisch nur beratender Funktion) bis Dezember 1799 E. J. SIEYÈS und R. DUCOS, danach J.-J. R. DE CAMBACÉRÈS und C. F. LEBRUN; 1802–04 war BONAPARTE einziger Konsul ›auf Lebenszeit‹.

Konsultation [lat. ›Beratschlagung‹] *die, -/-en,* **1)** *bildungssprachlich* für: Beratung durch einen Fachmann, v. a. Untersuchung durch einen Arzt.

2) *Völkerrecht:* die gemeinsame Beratung der Vertreter von Staaten oder internat. Organisationen insbesondere zur Beilegung von Streitigkeiten oder zur Festlegung einer gemeinschaftl. Politik. Sie kann nach Bedarf stattfinden oder sich als Verpflichtung aus einem Vertrag **(Konsultativpakt)** ergeben (z. B. die Verpflichtung zur regelmäßigen K. im Dt.-Frz. Freundschaftsvertrag von 1963). Pflicht zur K. ist wesentl. Merkmal eines Bündnisses.

Konsultoren [lat. consultor ›Ratgeber‹], *Sg.* **Konsultor** *der, -s, kath. Kirchenrecht:* 1) die wiss. Berater der Kurienkongregationen; 2) auf Diözesanebene →Konsultorenkollegium; 3) **Pfarrer-K.,** Pfarrer, die im bischöfl. Verwaltungsverfahren zur Abberufung oder Versetzung eines Pfarrers beratend mitwirken.

Konsultorenkollegium, *kath. Kirchenrecht:* das vom Bischof aus Mitgl. des →Priesterrats bestellte Beratungsorgan des Bischofs, das nach allgemeinem Recht auch die früher dem Domkapitel zustehenden Rechte bei Vakanz des Bistums hat (c. 502 CIC). In der dt. kath. Kirche nimmt das Domkapitel die Aufgabe des K. wahr.

Konsum [ital. consumo ›Verbrauch‹, von lat. consumere ›verbrauchen‹, ›verzehren‹] *der, -s,* Verbrauch von Sachgütern und Dienstleistungen zur Bedürfnisbefriedigung der Menschen. K. in diesem weiten Sinne gilt als letzter Zweck allen Wirtschaftens. I. e. S. versteht man unter K. nur die Einkommensverwendung von Konsumenten im Markt, d. h. die Marktentnahme von K.-Gütern. Die Wirtschaftswissenschaft und die Soziologie setzen bei der K.-Forschung unterschiedl. Akzente.

Konsum in der Wirtschaftstheorie
Die Volkswirtschaftslehre stellt den Aspekt der Einkommensverwendung in den Vordergrund (Marktnachfrage). **Privater K. (privater Verbrauch)** ist dabei jener Teil des Inlandsproduktes, der von privaten Haushalten erworben wird, um ihn für die eigene Bedürfnisbefriedigung zu verwenden, d. h. nicht weiterzuveräußern. Die Eigenproduktion der Haushalte als Teil der →Schattenwirtschaft bleibt unberücksichtigt. Gegenstand der privaten Nachfrage sind **K.-Güter.** Die Charakterisierung als K.-Gut ergibt sich aus dem Zweck der Nachfrage bzw. der Art seiner Verwendung (z. B. Auto zum privaten Gebrauch), wobei je nach Anzahl der mögl. Nutzungen Verbrauchs- und Gebrauchsgüter unterschieden werden. Auch bei öffentl. Haushalten spricht man von K. **(öffentlicher K.).** Gemeint sind die Ausgaben für Verwaltungsleistungen (öffentl. Dienstleistungen und Einrichtungen der Infrastruktur), die der Staat im Interesse der privaten Haushalte und Unternehmen produziert und ihnen (im Wesentlichen) ohne spezielles Entgelt zur Verfügung stellt (z. B. Leistungen des Gesundheits- und Bildungswesens, der Justiz und der Verteidigung). Eigentlich müssten diese Leistungen als unbezahlter K. der privaten Haushalte oder unentgeltl. Vorleistungen an die Unternehmen erfasst werden. Da diese Aufteilung praktisch nicht lösbar ist, werden sie als ›Eigenverbrauch‹ des Staates **(Staatsverbrauch)** angesehen.

Mehr als die Hälfte des Bruttoinlandsprodukts (BIP; 1995: 57,1 %; die Anteile schwankten 1960–95 zw. knapp 54 % und etwas über 58 %) wird in Dtl. für den privaten K. aufgewendet. Dabei ist der prozentuale Anteil des K. am BIP in den neuen Ländern deutlich höher als im früheren Bundesgebiet (1994 – das letzte Jahr, für das die amtl. Statistik den K. getrennt ausweist – betrug dieser Wert in den neuen Ländern knapp 74 % gegenüber rd. 55 % im früheren Bundesgebiet). Ursachen dafür sind die erhebl. Transfers bzw. die schmale wirtschaftl. Basis in den neuen Ländern. Dies wird auch daraus ersichtlich, dass der Verbrauch je Ew. in den neuen Ländern deutlich geringer ausfällt (1994: rd. 16 500 DM) als im früheren Bundesgebiet (1994: rd. 25 000 DM). Von 1960 bis 1995 hat sich der private K. in Dtl. von 172 Mrd. DM auf 1 975 Mrd. DM erhöht und damit mehr als verzehnfacht. Ein Teil ist jedoch auf Preissteigerungen zurückzuführen, sodass sich real (in Preisen von 1991) ein Anstieg von 488 Mrd. DM auf 1 729 Mrd. DM und damit eine Erhöhung um das 3,5fache ergab. Bei der Bewertung der Zahlen ist allerdings zu berücksichtigen, dass sich die Angaben für 1960 auf die alten Bundesländer und die für 1995 auf Gesamt-Dtl. beziehen. Beschränkt man sich auf das frühere Bundesgebiet, so haben sich die realen K.-Ausgaben im Zeitraum von 1960 (488 Mrd. DM) bis 1994 (1 490 Mrd. DM) verdreifacht.

Die Erklärung des privaten K. ist Gegenstand der K.-Theorie. Die **mikroökonomische K.-Theorie (Haushaltstheorie)** untersucht die Bedingungen für den optimalen Verbrauchsplan des Haushalts. Sie geht von einigen Grundannahmen aus: Die Haushalte verfügen über bestimmte Bedürfnisse (Präferenzstruktur), d. h., sie haben bestimmte Wünsche und Wertungen in Bezug auf K.-Güter. Die Präferenzstruktur entwickelt sich aus physiolog., individual- und sozialpsycholog. Einflüssen. Von der Haushaltstheorie werden diese Einflüsse als nicht ökonomisch bestimmt angesehen und die Präferenzen als gegeben unterstellt. Es wird modellhaft angenommen, dass sich die Haushalte rational im Sinne des ökonom. Prinzips verhalten (Homo oeconomicus). Nimmt man den Nutzen als Maß der Bedürfnisbefriedigung, lässt sich rationales Verhalten eines Haushalts definieren als das Bestreben, bei gegebener Präferenzstruktur und gegebenen Güterpreisen sein Einkommen so zu verwenden, dass sein Nutzen maximiert wird (→Grenznutzenschule).

Für eine realitätsnähere Erklärung des individuellen Konsumentenverhaltens ist es allerdings notwendig, die sozialen und psycholog. Einflüsse auf die Bedürfnisstruktur und auch andere als ausschließlich rationale Verhaltensweisen zu berücksichtigen. Diesem Ziel dient die Beachtung von Nachfrageinterdependenzen: Soziale Beziehungen beeinflussen die Nachfrage der Verbraucher. Mit dem sichtbaren K. aufwendiger Güter wollen Verbraucher ihren Mitmenschen ihren Reichtum oder sozialen Rang darstellen (Vebleneffekt), durch ausgefallene Güter sich von der Masse abheben (Snobeffekt), sich durch den Kauf modischer Güter dem verbreiteten Geschmack nähern (Mitläufereffekt) oder sich den Verhaltensweisen und Einstellungen von sozialen Bezugsgruppen anschließen, indem sie von diesen bevorzugte Produkte erwerben. In der Realität müssen Entscheidungen unter den Bedingungen unvollständiger Information getroffen werden, weil deren Beschaffung an finanzielle und zeitl. Grenzen stößt. Fasst man die Nachfragefunktionen der Einzelhaushalte zusammen, so erhält man die Marktnachfrage nach einem Gut. Zusammen mit der Angebotsfunktion bildet sie die Grundlage für die Preisbildung auf dem betreffenden Markt. Dabei wird die Differenz zw. dem Höchstpreis, den ein Konsument für ein Gut zu zahlen bereit ist, und

Schlüsselbegriff

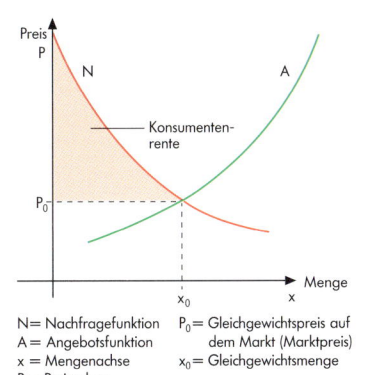

N = Nachfragefunktion
A = Angebotsfunktion
x = Mengenachse
P = Preisachse
P_0 = Gleichgewichtspreis auf dem Markt (Marktpreis)
x_0 = Gleichgewichtsmenge

Konsum: Grafische Bestimmung der Konsumentenrente als Fläche zwischen der Preisachse P, der Nachfragekurve N und der Preisgeraden, der Verbindungslinie von Gleichgewichtspreis P_0 und dem Schnittpunkt der Nachfragekurve N mit der Angebotskurve A

Kons Konsum

dem tatsächlich zu zahlenden Marktpreis, multipliziert mit der im Marktgleichgewicht abgesetzten bzw. gekauften Gütermenge, als **Konsumentenrente** bezeichnet.

Makroökonomisch bestimmt die Höhe des privaten und öffentl. K. zusammen mit der Investition und der Auslandsnachfrage (Export) die wirksame (effektive) Nachfrage in einer Volkswirtschaft. Sie ist einer der entscheidenden Bestimmungsgründe für die Höhe, die Zusammensetzung und für Schwankungen des Inlandsprodukts. Die **makroökonomische K.-Theorie** fragt nach den Determinanten der K.-Ausgaben in einer Volkswirtschaft. Dabei besteht ein positiver Zusammenhang zw. dem privaten K. und dem verfügbaren Einkommen der privaten Haushalte. Der Anstieg des K. fällt allerdings kleiner aus als der Einkommenszuwachs (die marginale K.-Quote ist positiv, aber kleiner als eins). J. M. KEYNES nannte diesen Sachverhalt ein ›fundamentales psycholog. Gesetz‹. Unterhalb eines gewissen Basis-K. ist der K. größer als das verfügbare Einkommen, sodass ›entspart‹ wird; bei höherem Einkommen bilden die Haushalte Ersparnisse. Daraus folgt, dass die durchschnittl. K.-Quote mit steigendem Einkommen abnimmt. Dieser Verlauf der K.-Funktion beschreibt die kurzfristige Entwicklung im Konjunkturzyklus. Historisch erweist sich die durchschnittl. K.-Quote als relativ konstant: Langfristig orientieren sich die Verbraucher bei ihren K.-Entscheidungen nicht nur am jeweils aktuell verfügbaren Einkommen (→Einkommenshypothesen).

Konsum in der Marktwirtschaft

Die Käufe der Verbraucher bestimmen in der Marktwirtschaft über die Zusammensetzung der Produktion: Was nicht gekauft wird, wird auf Dauer nicht produziert. Allerdings werden die Kaufentscheidungen durch das Marketing, bes. durch die Werbung, beeinflusst. Umstritten ist, wieweit Werbung tatsächlich Bedürfnisse zu steuern vermag. Schlagworte, die das Spannungsfeld kennzeichnen, sind ›Manipulation durch Werbung‹ und ›König Kunde‹. Beeinflusst werden K.-Entscheidungen auch durch die Vielzahl der Produkte, Qualitäten und Angebotsbedingungen. Schließlich lenkt der Staat z. B. durch Lebensmittelgesetze und durch Bereitstellung von öffentl. Gütern die Nachfrage der Haushalte. Dem Leitbild der Marktwirtschaft entspricht, dass die Produktion auf die Bedürfnisse ausgerichtet ist. Wettbewerbs- und Verbraucherpolitik sollen sicherstellen, dass sich die Realität nicht zu weit vom Leitbild der Konsumentensouveränität entfernt. (→Konsumfreiheit)

Konsum in der Betriebswirtschaftslehre

In der Betriebswirtschaftslehre interessiert man sich bes. für die Bestimmungsgründe der Nachfrage nach K.-Gütern und versucht, das Verhalten von Menschen als Käufer und Verwender von K.-Gütern zu beschreiben, zu erklären und zu prognostizieren. K. wird zum Konsumentenverhalten, die ökonom. K.-Theorie wird zur betriebswirtschaftl. Konsumentenforschung.

Im Ggs. zur idealtyp. Betrachtungsweise der Mikroökonomie interessiert sich die betriebswirtschaftl. Konsumentenforschung für die empirisch messbaren Seiten des K. und für verhaltenstheoret. anstelle nur wirtschaftstheoret. Gesetzmäßigkeiten, deren Ergebnisse für die betriebl. Praxis anwendbar sind. So konnte die Betriebswirtschaftslehre die offenkundigen Unstimmigkeiten zw. der modellhaften K.-Theorie und dem tatsächl. Konsumentenverhalten nicht länger übersehen. Die Marketinglehre übernahm deshalb in den 60er-Jahren Ansätze der sozialökonom. Verhaltensforschung (G. SCHMÖLDERS, G. KATONA) sowie der Absatz- und Verbrauchsforschung (W. VERSHOFEN) und baute diese unter Heranziehung soziolog., sozialpsycholog., psycholog. Ansätze zu einer eigenständigen, interdisziplinären Konsumentenforschung aus (FRANCO WERNER KROEBER-RIEL [* 1934]).

In der Konsumentenforschung stehen individuelle Konsumentenreaktionen auf den Einsatz der Marketinginstrumente durch die Unternehmen im Mittelpunkt (Reaktionen auf angebotene Produkte bzw. Leistungen, Sortimente, Preise, Distributions- und Verkaufsmaßnahmen, Werbung usw.). Durch Zusammenfassen ähnl. individueller Verhaltensweisen gelangt man zu einer übersichtl. Anzahl von Marktsegmenten, innerhalb derer Konsumenten auf das Marketing der Unternehmen gleichartig reagieren. ›Konsumentenverhalten‹ ist dabei immer zu verstehen als ein Oberbegriff sowohl für äußeres, empir. Beobachtung prinzipiell unmittelbar zugängl. Verhalten im Sinne von K.-Handlungen (›overt behavior‹) als auch für innere, der empir. Forschung nicht unmittelbar zugängl. Verhaltensprozesse (›covert behavior‹). Mit Letzteren sind (sozial)psycholog. Konstrukte wie Emotionen, Bedürfnisse und Motive, Einstellungen und Präferenzen, Kenntnisse und Erfahrungen, Wahrnehmungen und Beurteilungen gemeint, die das faktische K.-Handeln bestimmen. Reaktionen der Konsumenten auf das Marketing von Unternehmen spielen sich zuerst in diesen Verhaltensdimensionen ab, bevor sie sich in Kaufhandlungen niederschlagen.

Neben der Produkt- bzw. Markenwahl sind in der Konsumentenforschung v. a. auch Preisreaktionen (das Preisverhalten), die Einkaufsstättenwahl und die Werbewirkung häufiger Untersuchungsgegenstand. In versch. Theorien des Konsumentenverhaltens sieht man K.-Handlungen in Abhängigkeit von unterschiedl. Determinanten: Situative Erklärungsansätze rücken z. B. ökonom. Variablen wie Einkommen, Art des Produktangebotes, Angebotspräsentation (Einkaufsatmosphäre) oder Zeitdruck in den Vordergrund; soziolog. Erklärungsansätze behandeln den Einfluss von Gruppen (Familie und Bezugsgruppen), von kulturellen Faktoren (z. B. Zugehörigkeit zu bestimmten sozialen Schichten) sowie von persönl. Kommunikation (z. B. Verkaufsgespräch, Meinungsführerschaft) und Massenkommunikation (z. B. Medienwerbung) auf Kaufentscheidungen. Schließlich gehen die in der Konsumentenforschung dominierenden sozialpsycholog. und psycholog. Erklärungsansätze davon aus, dass K.-Handlungen letztlich von aktivierenden und kognitiven psychischen Prozessen bestimmt sind.

In jüngerer Zeit löst sich die Konsumentenforschung zunehmend von ihrem betriebswirtschaftl. Hintergrund und entwickelt sich zu einem eigenständigen Wissenschaftsgebiet. Sie bleibt dabei nicht mehr beschränkt auf das Verhalten der Menschen beim Kauf und bei der Verwendung wirtschaftl. Güter, sondern bezieht sich ganz allg. auch auf das Verhalten des Menschen z. B. als Besucher kultureller Veranstaltungen, als Verkehrsteilnehmer, Patient, Wähler.

Die Konsumgesellschaft

Analog zur Wirtschaftswissenschaft sind auch in der *K.-Soziologie,* einem Zweig der Wirtschaftssoziologie, zwei Betrachtungsweisen des K. möglich. **Die mikrosoziologische Perspektive** hat Formen des vornehmlich privaten Verbrauchs sowie die Nutzung von Gütern und Dienstleistungen durch private Haushalte im Kontext sozialer Strukturen,

Prozesse und Bestimmungsgründe im Blick. Dabei werden Motivations-, Bedarfsbildungs-, Informations- und Entscheidungsprozesse analysiert, ferner mittelbar und unmittelbar mit dem Erwerbsvorgang (Kaufakt) selbst zusammenhängende Verhaltensweisen sowie sich anschließende Nutzungsmuster, Einstellungen und Werthaltungen. Das originär soziolog. Interesse kommt dabei in der Suche nach Regelhaftigkeiten, nach kausal begründbaren Gewohnheitsbildungen und nach der Durchsetzung von Wandel und zykl. Änderungen (Mode) zum Ausdruck. Besondere Bedeutung hat die Verbindlichkeit von Orientierungsvorgaben wie gruppen- und schichtenspezif. und gesamtgesellschaftl. K.-Standards oder K.-Normen.

Die auf die K.-Standards und K.-Normen bezogenen Fragestellungen sind Ausgangspunkt der **makrosoziologischen Perspektive.** Sie beschreibt die Erscheinungsformen des K. als kulturelles Derivat der Wirtschaftsformen moderner Gesellschaften und beurteilt den K. in seiner ambivalenten gesellschaftl. Bedeutung: einerseits als Maßstab des individuellen und gesellschaftl. Wohlstands (Kaufkraft) und – verbunden mit der Zugänglichkeit einer breiten Angebotspalette – Ausdruck von Lebensqualität, andererseits (in seiner einseitigen Mentalitätsprägung) als hedonist. Fehlleistung, einen Wettbewerb um Besitztümer (exzessiv in der ›K.-Sucht‹ und im ›K.-Rausch‹), der mit der Verengung menschl. und zwischenmenschl. Entfaltungsmöglichkeiten verbunden ist.

Die Prägung moderner Gesellschaften als **K.-Gesellschaften** ist ein Ergebnis der industriellen Massenproduktion. In deren Gefolge wurde aus der ökonom. Funktion der Bedarfsdeckung vielfach eine solche der Bedarfsweckung. Die Feststellung von K. MARX, dass die Produktion die Konsumtion (d. h. den Verbrauch) produziere, indem sie die erst von ihr als Gegenstand geschaffenen Produkte als Bedürfnis im Konsumenten wieder erzeugt, ist nicht nur unwidersprochen geblieben, sondern von so unterschiedl. Seiten wie dem Unternehmer H. FORD, dem Wirtschaftswissenschaftler J. K. GALBRAITH oder den Soziologen H. FREYER und A. GEHLEN bejaht worden.

In vorindustriellen Gesellschaften bestimmte der soziale Status bis hin zu formalen Reglementierungen den angemessenen K. Gesetze der Knappheit diktierten die Verteilung des Sozialprodukts. So finden sich Kleiderordnungen aus dem 15. und 16. Jh., die in einer städt. Ständegesellschaft das zulässige Tragen von Kleidung und Schmuck nach Höhe der entrichteten Steuern festlegten. Ähnliches galt für die Ausgestaltung von Festlichkeiten, etwa die Art erlaubter Speisen und die Zahl der Gäste nach einer ›Hochzeitsordnung‹. Auch in der bürgerl. Gesellschaft des 19. Jh. waren ›Luxus‹ und ›demonstrativer K.‹ sehr schmalen Schichten von Adligen, Großbürgertum und ›Neureichen‹ vorbehalten, während die niedrigen Einkommen der meisten Menschen den pflegl. Umgang mit Gebrauchsgütern und eine wenig abwechslungsreiche Kost erzwangen. Erst die serienweise Fertigung und Distribution billiger Ware und innovativer techn. Produkte eröffnete zus. mit neuen Arbeitsplätzen und gehobenen Masseneinkommen um die Jahrhundertwende jene Märkte für die ganze Bev., die K.-Objekte zum allgemeinen Träger von Grund- und Geltungsnutzen, zum Statusgeber auf vielen Ebenen machten.

In diesem Zusammenhang steht auch das Aufkommen neuer Vertriebsformen. Schon mit dem Bevölkerungszustrom in die Städte in der 2. Hälfte des 19. Jh. expandierte der Einzelhandel vorwiegend in Form des Gemischtwarenladens in Familienbesitz. Ihre adäquate Verkaufsform aber fand die Massenproduktion im Warenhaus. Diese ›Märkte unter einem Dach‹, die bei kleiner Handelsspanne hohe Umsätze anstrebten, entstanden zuerst in Paris und London mit breitem Angebot beratungsarmer, mit Festpreisen ausgezeichneter Ware und haben den Einzelhandel nahezu ein halbes Jahrhundert geprägt. Seit Ende der 1950er-Jahre haben sich mit der Selbstbedienung, Supermärkten und Einkaufszentren, dem Versand- und Automatenhandel und in jüngster Zeit zunehmend auch dem Teleshopping neue Formen des Einzelhandels etabliert, die seither zu einer fortschreitenden Konzentration und zu markanten Veränderungen der Einkaufsgewohnheiten geführt haben.

Nach dem Zweiten Weltkrieg wurde das K.-Verhalten der Menschen in West-Dtl. und den westl. Industriegesellschaften Europas durch Bedürfnisse des ›Nachholens‹ (›Fress‹-, Wohnungseinrichtungs-, Motorisierungs- und Urlaubsreisewellen) bestimmt; in den folgenden Jahrzehnten realisierte es sich bes. in der Ausstattung der Haushalte mit hochwertigen techn. Gebrauchsgütern. Vor dem Hintergrund des so erreichten hohen Ausstattungsniveaus sieht sich die K.-Güterwirtschaft heute mit Sättigungstendenzen der Nachfrage konfrontiert. Bis in die 80er-Jahre in großem Umfang von der Industrie verfolgte absatzorientierte Bemühungen, dieser Entwicklung mit dem Angebot immer kurzlebigerer Produkte entgegenzutreten, womit bewusst auch eine unter ökolog. Gesichtspunkten bedenkl. ›Wegwerfmentalität‹ propagiert wurde (z. B. Werbebotschaften des raschen Modellwechsels; künstl. ›Veraltung‹ zahlr. Produkte durch Ausweitung mod. Effekte auf immer mehr Güterkategorien), werden heute zunehmend durch Strategien abgelöst, mit den Produkten verbundene umfassende kundenbezogene Leistungen anzubieten (Service, Produkt- und Unternehmensinformationen, [kulturelle] Veranstaltungen in Warenhäusern und Einkaufszentren, persönl. Grußpost u. a.) und den Konsumenten die Identifikation mit den Produkten zu ermöglichen, indem in ihnen auch primär nichtökonom. (Unternehmens-)Ziele wie z. B. soziales Engagement und Umweltbewusstsein ›verkauft‹ werden. In dieses Konzept sind auch die Bestrebungen der Hersteller und des Handels einzuordnen, Produkteinführungen im Rahmen kultureller Veranstaltungen durchzuführen und über die Gestaltung kundengruppenspezif. ›Erlebniswelten‹ (z. B. für junge Familien oder für Kinder) den Einkauf zu einem ›Erlebnis‹ eigenen Wertes werden zu lassen. Neben diesem nach wie vor ›klass.‹ Kauf von Produkten verschieben sich die konsumptiven Aktivitäten in den K.-Gesellschaften zunehmend auch auf andere Felder: z. B. Fernreisen, Bildungsstreben, Kunstaneignung und eine Partizipation an kollektiven Gütern (z. B. Wohnlage, Naturnähe oder kulturelle Infrastruktur). In neuerer Zeit werden Erfordernisse des Umweltschutzes vom Verbraucher stärker berücksichtigt (umweltverträgl., abbaubare Produkte). Diese höherrangigen Zuwendungsbereiche werden privat in dem Maße gefordert und teilweise öffentlich gefördert, wie materiell dringlichere Probleme gelöst oder vielleicht wirtschaftlich und politisch ›unergiebiger‹ erscheinen.

⇨ *Bedürfnis · Einkommen · Einzelhandel · Haushalt · Lebensqualität · Manipulation · Marketing · Nachfrage · Verbraucherpolitik · Werbung · Wohlstand*

G. KATONA: Der Massen-K. (a. d. Engl., 1965); G. WISWEDE: Soziologie des Verbraucherverhaltens (1972); K. u. Qualität des Lebens, hg. v. B. BIERVERT u. a. (1974);

M. STREISSLER: Theorie des Haushalts (1974); H. LUCKENBACH: Theorie des Haushalts (1975); G. KLEINHENZ: Zur polit. Ökonomie des K. (1978); Neuere Entwicklungen in der Theorie des K.-Verhaltens, hg. v. G. BOMBACH u. a. (1978); Marketing u. Verbraucherpolitik, hg. v. U. HANSEN u. a. (1982); T. KUTSCH u. G. WISWEDE: Wirtschaftssoziologie (1986); K.-H. HILLMANN: Allgemeine Wirtschaftssoziologie (1988); L. VON ROSENSTIEL u. P. NEUMANN: Einf. in die Markt- u. Werbepsychologie (^{2}1991); Wertewandel u. K., hg. v. R. SZALLIES u. G. WISWEDE (^{2}1991); K., hg. v. K. E. BECKER (1992); M. FEEMERS: Der demonstrativ aufwendige K. Eine theoretisch-empir. Unters. (1992); W. KROEBER-RIEL: Strategie u. Technik der Werbung. Verhaltenswiss. Ansätze (^{4}1993); U. BEIER: Der fehlgeleitete K. Eine ökolog. Kritik am Verbraucherverhalten (1993); Marketing u. K.-Erziehung, hg. v. V. PREUSS u. H. STEFFENS (1993); U. KNOBLOCH: Theorie u. Ethik des K. Reflexion auf die normativen Grundlagen sozialökonom. K.-Theorien (Bern 1994); M. WILDT: Am Beginn der ›K.-Gesellschaft‹. Mangelerfahrung, Lebenshaltung, Wohlstandshoffnung in Westdeutschland in den fünfziger Jahren (^{2}1995); DERS.: Vom kleinen Wohlstand. Eine K.-Geschichte der fünfziger Jahre (Neuausg. 1996); A. BÄNSCH: Käuferverhalten (^{7}1996); W. KROEBER-RIEL u. P. WEINBERG: Konsumentenverhalten (^{6}1996).

Konsumenten, *Sg.* **Konsument** *der, -en,* **1)** *Biologie:* heterotrophe Lebewesen, die sich direkt oder indirekt von den durch die autotrophen Pflanzen (Produzenten) erzeugten organ. Stoffen ernähren. Die **Primär-K.** nehmen direkt pflanzl. Stoffe auf (Herbivore), **Sekundär-K.** (Tertiär-K. usw.) v. a. tier. (Karnivore). Endglieder der K.-Kette sind auf wirtschaftlich genutzten Flächen der Mensch, in natürlichen Systemen z. B. Greifvögel, Fleisch fressende Großsäuger.
2) *Wirtschaft:* Bez. für Wirtschaftssubjekte in ihrer Eigenschaft als Nachfrager und Verbraucher von Konsumgütern, v. a. private Haushalte.

Konsumentenkredit, Konsumkredit, Konsumtivkredit, Bankkredit an private Haushalte zur Finanzierung von Konsumgütern, vom Umfang her ein Kleinkredit. K. werden als →Überziehungskredit (Dispositionskredit) und →Ratenkredit gewährt; die Kosten sind meist relativ hoch (ca. 2% über dem Zinssatz für Kontokorrentkredite). Die Kredithöhe ist i. d. R. auf 50 000 DM und die Laufzeit auf 72 Monate begrenzt. In Dtl. sind K. in größerem Umfang erst seit den 50er-Jahren gebräuchlich; sie wurden anfänglich nur von speziellen Teilzahlungsbanken, später von allen Bankengruppen angeboten. Da die K. für die private Nachfrage und damit für die konjunkturelle Entwicklung Bedeutung haben, müssen die Kreditinstitute in Dtl. die Höhe der gewährten K. bei der Dt. Bundesbank melden. (→Verbraucherkreditgesetz)

Konsumentenschutz, der →Verbraucherschutz.

Konsumentensouveränität [-suv-], Leitbild in Marktwirtschaften, wonach die Bedürfnisse der Konsumenten produktionslenkende Wirkung haben sollen. K. ist nur graduell realisierbar: Welche Bedürfnisse am Markt wirksam werden, hängt ab von der Kaufkraft (Einkommen) und den Informationsmöglichkeiten der Konsumenten, von der Intensität des Wettbewerbs und von einem funktionsfähigen Preissystem.

Konsumentenverhalten, Verbraucherverhalten, Käuferverhalten, das Verhalten von privaten Haushalten bzw. Verbrauchern im Zusammenhang mit dem Kauf und Konsum von Waren und Dienstleistungen. Kenntnisse über das K. benötigen v. a. die Unternehmen für die Planung und Gestaltung des Marketings (→Marktforschung), aber auch der Staat als Grundlage für die Wirtschafts- und Sozialpolitik. Erhebungen zum K. (Einkommen, Konsum, Sparen) werden von der amtl. Statistik und von den wirtschaftswiss. Forschungsinstituten regelmäßig durchgeführt. **Konsumentenforschung** hat einen festen Platz innerhalb der Wirtschaftswiss., wird aber auch interdisziplinär (Soziologie, Psychologie) betrieben. Eine einheitl. Theorie zur Erklärung des K. liegt bisher nicht vor. Das K. wird beeinflusst von beobachtbaren Reizen (z. B. Werbeanzeige) und intervenierenden Variablen (z. B. Motivation) sowie von der Kaufsituation. Unter den Einflussfaktoren auf das K. werden kulturelle (z. B. Prägung des K. durch Zugehörigkeit zu einer bestimmten Kultur, Religion), soziale (z. B. Orientierung des K. an sozialen Bezugsgruppen, Rollenerwartungen, Status), psycholog. (z. B. Einstellung zu oder Images von Anbietern oder Marken), demograph. (Geschlecht, Alter) und ökonom. Kaufeinflüsse (z. B. Einkommen) unterschieden.

Das Einkaufen wird als Kaufprozess betrachtet, der sich in Vorkauf-, Kauf- und Nachkaufphase vollzieht. Zur **Vorkaufphase** zählen: Aktivierung (z. B. Stärke und Richtung der Konsummotive, Emotionen) und Feststellung des Bedürfnisses, Suchen (Beschaffung und Verarbeitung von Informationen), alternative Bewertung und Kaufplanung. Die **Kaufphase** umfasst das Einkaufsverhalten im Sinne des ›Was‹ (Produkt- und Markenware), ›Wie viel‹ (Einkaufsmenge), ›Wo‹ (Einkaufsorte), ›Wann‹ (Einkaufszeitpunkte) und ›Wie teuer‹ (Preise). Zur **Nachkaufphase** gehören v. a. Verwendungsanlässe, Verwendungsweisen, Lernprozesse beim Verbrauch oder Gebrauch sowie das Verhalten bei Zufriedenheit oder Unzufriedenheit.

G. BEHRENS: K. Entwicklung, Abhängigkeiten, Möglichkeiten (^{2}1991); A. BÄNSCH: Käuferverhalten (^{7}1996); W. KROEBER-RIEL u. P. WEINBERG: K. (^{6}1996).

Konsumerismus *der, -,* engl. **Consumerism** [kɔnˈsjuːməˌrɪzm], in den USA entstandene Verbraucherinitiative mit dem Ziel, Öffentlichkeit und Gesetzgeber auf irreführende oder unlautere Werbepraktiken und gesundheits- oder umweltgefährdende Produkte aufmerksam zu machen, die Stellung des Verbrauchers zu stärken und alle rechtl. Möglichkeiten gegen Hersteller und Handel auszuschöpfen, bis hin zu Boykott. (→Verbraucherpolitik, →Verbraucherschutz)

Konsumfreiheit, Freiheit der Wahl unter versch. auf Märkten angebotenen Gütern und Dienstleistungen. Unter Wettbewerbsbedingungen zwingt diese Wahlfreiheit die Produzenten, Konsumentenbedürfnisse systematisch zu erforschen und zu berücksichtigen. Insofern geht von der K. eine produktionslenkende Wirkung im Sinne der Konsumentensouveränität aus. Voraussetzung für die K. sind Handlungs- und Entschließungsfreiheit der Konsumenten.
Rechtl. Einschränkungen der K. werden unter marktwirtschaftl. Bedingungen nur in Ausnahmefällen vorgenommen, wenn individuelle Konsumentscheidungen erhebliche negative Folgewirkungen haben (z. B. Kauf von Drogen oder Waffen). Um K. zu gewährleisten, müssen Wettbewerbsbeschränkungen bzw. irreführende Informationen seitens der Produzenten verhindert werden. (→Konsum, →Konsumentenverhalten)

Konsumfunktion, *Wirtschaftstheorie:* in makroökonom. Modellen angenommene funktionale Beziehung zw. der Höhe der geplanten Konsumausgaben und den Bestimmungsgrößen des Konsums wie Einkommen, Preise, Vermögen, Zins. (→Einkommenshypothesen, →Volkseinkommen)

Konsumgenossenschaften, Konsumvereine, nach § 1 Genossenschafts-Ges. ›Vereine zum gemeinschaftl. Einkauf von Lebens- oder Wirtschaftsbedürfnissen im Großen und Ablass im Kleinen‹. K. entstanden als hilfswirtschaftl. Einrichtungen privater Haushalte mit dem Ziel, die Beschaffungskonditionen für Güter des tägl. Bedarfs zu verbessern. Die erste K. wurde 1844 in Großbritannien durch die Rochdale Society of Equitable Pioneers (Redl. Pioniere von Rochdale) gegründet. Die Rochdaler Prinzipien umfassten neben der wirtschaftl. Förderung der Mitgl. auch sozialreformer. Ziele. Urspr. waren die Mitgl. als Eigentümer der K. identisch mit den Kunden. Auszuschüttende Überschüsse wurden entsprechend der Inanspruchnahme von Leistungen der K. an die Kunden ausgezahlt, d. h., die Rückvergütung erfolgte v. a. nach Maßgabe der Einkäufe. Seit 1954 dürfen die K. ihre Waren auch an Nicht-Mitgl. verkaufen. Gleichzeitig wurde ihnen den durch §5 Rabatt-Ges. nur noch eine Rückvergütung bis zu einer Höhe von 3% des Umsatzes gestattet. Die Rückvergütung hat damit die Funktion der Gewinnverteilung an die Mitgl. verloren und ist i. d. R. durch Dividenden auf die eingezahlten Geschäftsanteile ersetzt worden.

In der *BRD* nahmen die K. nach dem Zweiten Weltkrieg zunächst eine positive Entwicklung; die Höchstzahl der K. betrug (1969) 300, die der individuellen Mitgl. 2,5 Mio. In den 70er-Jahren verschmolzen die K. aufgrund sich verschärfender Wettbewerbsbedingungen zu größeren Einheiten; einige K. wandelten sich in Aktiengesellschaften um und die meisten firmierten unter dem Dach der →›co-op‹-Gruppe. Nach dem Konkurs des Unternehmens schlossen sich die verbliebenen K. (die größten sind die K. Dortmund-Kassel eG und die co op Schleswig-Holstein eG) im Bundesverband der K. e. V. – BVK, Hamburg, als Wirtschaftsverband zusammen; ihre Beschaffungsaktivitäten entfalten sie über die Zentrale Einkaufsgenossenschaft dt. K. eG (ZEG). Der Außenumsatz der konsumgenossenschaftl. Gruppe betrug 1995 6,1 Mrd. DM; die Zahl der individuellen Mitgl. von K. beläuft sich auf rd. 600 000.

In der *DDR* waren die rd. 200 K., die von 4,6 Mio. Mitgl.-Haushalten getragen wurden, neben der volkseigenen Handelsorganisation (HO) eine wesentl. Organisationsform des Einzelhandels. Am Gesamtumsatz von Handel und Gaststätten hatten sie einen Anteil von ü. einem Drittel, jede dritte Verkaufsstelle und jede fünfte Gaststätte war ein K.-Betrieb. Außerdem betrieben sie die ›konsument‹-Warenhäuser sowie eigene Produktionsbetriebe und Kombinate. Der Gesamtumsatz der K. betrug (1988) rd. 40 Mrd. Mark. Seit der dt. Vereinigung fungiert der in Verband der K. eG (VdK), Berlin, umbenannte Dachverband als Interessenvertretung und Warenwirtschaftszentrale der K. in den neuen Bundesländern. 1995 existierten noch 35 K. mit rd. 2 Mio. Mitgl.; der Gesamtumsatz betrug 2,5 Mrd. DM.

In *Österreich* wurde mit dem Wechselseitigen Unterstützungsverein der Fabrikarbeiter zu Teesdorf 1856 die erste K. gegründet; 1904 entstand der Zentralverband österr. Konsumvereine und 1905 die Großeinkaufsgesellschaft österr. Consumvereine (GÖC). 1978 fusionierten 14 Bezirks-K. und die ehemalige GÖC zum ›Konsum Österreich‹.

In der *Schweiz* entstand aus den K. die →Coop Schweiz.

Konsumgesellschaft, →Konsum.
Konsumgüter, Güter, die für den Letztverbrauch bestimmt sind und der Bedürfnisbefriedigung der Konsumenten dienen. K. können dauerhafte Güter (→Gebrauchsgüter) oder Güter für den sofortigen Verbrauch (→Verbrauchsgüter) sein.
konsumieren, verbrauchen, verzehren (Konsumgüter, v. a. Lebens- und Genussmittel).
Konsum Österreich, K. Ö. registrierte Genossenschaft m. b. H., 1978 aus dem Zusammenschluss von 14 Bezirkskonsumgenossenschaften entstandener genossenschaftl. Konzern, der sich zum größten Lebensmitteleinzelhändler Österreichs entwickelte; Sitz: Wien. Tätigkeitsschwerpunkte: Einzelhandel sowie Nahrungsmittel- und Konsumgüterproduktion. Neben Nahversorgungsläden wurden u. a. Konsum-Großmärkte (KGM, Familia) sowie zahlr. Kaufhäuser (Gerngross, Stafa, Herzmansky, Steffl, City Forum), Einrichtungshäuser, Heimwerkerzentren und Boutiquen betrieben. Die höchste Anzahl an Genossenschafts-Mitgl. wurde 1987 (824 000) erreicht. Jahresumsatz 1994: 32,2 Mrd. öS, Beschäftigte: rd. 17 300; für 1995 und 1996 liegen (insolvenzbedingt) keine Angaben vor. 1995 musste sich der K. Ö. aufgrund von Zahlungsunfähigkeit aus dem Lebensmitteleinzelhandel zurückziehen und sein Filialnetz veräußern; er existiert jedoch mit drei Filialen und 31 Mitarbeitern sowie als Holding mehrerer Beteiligungen weiter.

Konsumption, *Medizin:* die →Consumptio; **konsumierend,** körperlich auszehrend, v. a. gesagt von schweren chron. Erkrankungen.
Konsumsteuer, die →Ausgabensteuer.
Konsumtion [lat. consumptio ›Aufzehrung‹] *die, -/-en,* 1) *allg.:* Konsum, Verbrauch von Wirtschaftsgütern. – **konsumtiv,** den Konsum betreffend, zum Verbrauch bestimmt.
2) *Strafrecht:* Form der →Gesetzeskonkurrenz, bei der eine Haupttat den Unrechts- und Schuldgehalt einer Begleittat typischerweise in sich enthält, sodass diese mit abgegolten und deshalb nicht selbstständig zu bestrafen ist; z. B. konsumiert die Bestrafung wegen unbefugten Kraftfahrzeuggebrauchs (§ 248b StGB) den damit i. d. R. verbundenen Benzindiebstahl.
Konsumvereine, die →Konsumgenossenschaften.
Kontagion [lat., zu contingere ›berühren‹; ›anstecken‹] *die, -/-en,* Ansteckung mit einer Infektionskrankheit. Der **K.-Index** bezeichnet die Zahl der Personen, die bei fehlender Immunität nach Infektion mit einem Erreger sichtbar erkranken.
Kontagiosität *die, -,* Ansteckungskraft eines Krankheitserregers, einer Infektionsquelle (z. B. Erkrankter); auch als **Infektiosität** bezeichnet.
Kontakion [mittelgriech.] *das, -s/...kilen,* die Form der frühen byzantin. Hymnendichtung (→byzantinische Kultur, Abschnitt Literatur).
Kontakt [lat., zu contingere ›berühren‹] *der, -(e)s/-e,* 1) *allg.:* Verbindung, (innere) Beziehung, Berührung.
2) *Chemie:* →Katalysator.
3) *Elektrotechnik:* die Verbindung elektrisch leitender Teile, durch die absichtlich (z. B. Lichtschalter) oder unabsichtlich (z. B. Kurzschluss eines fehlerhaften Kabels) ein elektr. Stromkreis geschlossen wird. I. w. S. werden auch die zur Herstellung der Verbindung vorgesehenen Schaltstücke als K. bezeichnet. Der K. kann durch bloße Berührung (z. B. Schleif-K. oder Roll-K.), durch eine mechan. Verbindung (Schraub-K., Steck-K., Feder-K., Klemm-K.) oder durch eine feste materielle Verbindung (Löt-K., Schweiß-K.) hergestellt werden. Um eine unerwünschte Spannungsabfall, eine Unterbrechung des Stromflusses oder eine zu starke K.-Erwärmung zu vermeiden, müssen K.-Werkstoffe verwendet werden, die sich bes. durch eine gute elektr. Leitfähigkeit, Korrosionsbeständigkeit, hohe mechan. Festigkeit und einen hohen Schmelzpunkt auszeichnen. Zu den geeignetsten K.-Werkstoffen gehören Gold, Silber und Silberlegierungen.
4) *Psychologie:* direkte (positive) Interaktion zw. zwei oder mehreren Personen; Grundphänomen der Verständigung und unerlässl. Bestandteil einer normalen Individualentwicklung. – Als **K.-Schwäche** wird die meist auf Entwicklungsstörungen zurückzuführende, durch emotionale Hemmungen bedingte, zu geringe zwischenmenschl. K.-Fähigkeit bezeichnet. **K.-Störung** ist die krankhafte Hemmung der K.-Fähigkeit v. a. bei Neurosen und Psychosen.
Kontakt|allergie, durch Kontakt mit einem (Kontakt-)Allergen verursachte Allergie, die bei wiederhol-

Kont Kontaktbestrahlung – Kontaktmetamorphose

ter Berührung zu einem Kontaktekzem (→Ekzem) führt.

Kontaktbestrahlung, Strahlenbehandlung mit einer tumornahen Strahlenquelle, z. B. Kobaltnadeln (bei Lippen- oder Zungentumoren) oder speziell geformten Moulagen (am Gebärmutterhals) zur Heilung einer bösartigen Erkrankung. In Körperhöhlen wird zunehmend die →After-Loading-Technik eingesetzt. Die Liegezeit der Strahlenquelle wird bei der Bestrahlungsplanung berechnet.

Kontaktbildschirm, →Sensorfeld.

Kontakt|elektrizität, Berührungselektrizität, ältere Sammel-Bez. für elektr. Erscheinungen an Phasengrenzflächen, u. a. an Metallen und an Grenzflächen von Substanzen zum Vakuum. Ursache der K. sind Unterschiede in den Konzentrationen und in der Beweglichkeit der Ladungsträger (unterschiedliche chem. Potenziale), sodass ein Ladungstransport durch die Grenzfläche hindurch stattfindet, der zur Ausbildung einer elektr. bzw. elektrochem. →Doppelschicht führt. Der mit dieser Doppelschicht verbundene Potenzialsprung wird als **Kontakt-** oder **Berührungsspannung** bezeichnet. Die Natur dieser Doppelschicht ist von großer Bedeutung für viele Grenzflächenphänomene. Mechanismen der K. sind Grundlage sehr unterschiedl. Erscheinungen, z. B. der Reibungselektrizität, der elektrochem. Elektrodenreaktionen, die z. B. bei galvan. und elektrolyt. Zellen auftreten, und der Funktionsweise von Halbleiterschaltelementen.

Kontaktgesteine, →Kontaktmetamorphose.

Kontaktgifte, 1) *Chemie:* die →Katalysatorgifte. 2) *Pflanzen-* und *Vorratsschutz:* **Berührungsgifte,** Bez. für Gifte, die bei Berührung schädigend wirken, z. B. bestimmte Herbizide oder Insektizide.

Kontakthof, *Petrologie:* →Kontaktmetamorphose.

Kontakt|instrument, ein Messinstrument, dessen Zeiger bei Erreichen eines einstellbaren Messwertes Kontakt gibt, um z. B. Leuchtzeichen oder Zähl- und Schaltvorgänge auszulösen. K. werden mit einfachem Anlegekontakt, mit magnet. Unterstützung der Kontaktgabe oder mit Hilfskraft entweder nach dem Fallbügelprinzip, induktiv oder kapazitiv mit Halbleiterbauelementen oder mit Lichtschranke ausgeführt.

Kontaktlagerstätten, durch Anreicherung von Erzen bei der →Kontaktmetamorphose entstandene Erzlagerstätten.

Kontaktlinsen, Kontaktschalen, Haftschalen, anstelle einer Brille verwendete dünne, der Hornhautkrümmung genau angepasste, durchsichtige Schalen aus festem oder weichem Kunststoff mit Linsenschliff. Urspr. wurden ausschließlich **Skleralinsen** verwendet, die aus einem opt. und einem hapt. Teil bestehen, mit dem sie sich im Bereich der Lederhaut an der Bindehaut abstützen. 1946 wurden die heute vorwiegend eingesetzten **Korneallinsen (Pupillenlinsen)** entwickelt, die nur aus einem opt. Teil bestehen, der direkt auf die Hornhaut aufgesetzt wird, wo er auf einem Tränenflüssigkeitsfilm schwimmt. Zunächst wurden K. aus Glas hergestellt; heute unterscheidet man **harte K.** aus Polymethylmethacrylat und **weiche K.** aus Hydroxyäthylmethacrylat mit 30–85% Wassergehalt und hoher Sauerstoffdurchlässigkeit. Harte K. sind widerstandsfähiger, das Sehen ist meist besser, die Pflege einfacher. Weiche K. sind von Anfang an besser verträglich, leicht zu wechseln, fallen nicht so leicht von selbst heraus, erfordern aber mehr Aufwand für Pflege und Aufbewahrung. Hornhautgeschwüre sind beim Tragen weicher K. häufiger. Infektionen kommen bei harten K. nur bei einem von 1 Mio. Augen vor, bei weichen bei etwa einem von 10 000 und bei K. mit verlängerter Tragezeit bei einem von 3 000 Augen. Eine Weiterentwicklung stellen die weichen K. mit verlängerter Tragezeit dar. Diese so genannten Wegwerflinsen können bis zu einer Woche lang auf dem Auge bleiben und sollen nur ein- bis zweimal benutzt werden. – K. können bei jeder Form von Fehlsichtigkeit verwendet werden. Vorteile der K. gegenüber Brillen sind neben opt. und kosmet. Vorzügen bes. das vergrößerte Blickfeld, verbesserte Sehleistung und kein Beschlagen bei Regen oder Dunst; Nachteile sind die schwierigere Handhabung sowie gelegentl. Unverträglichkeit.

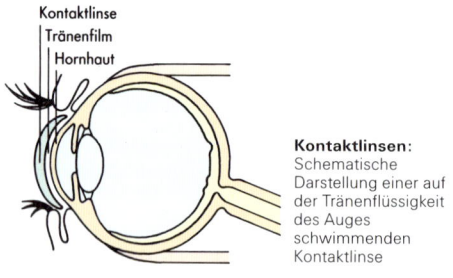

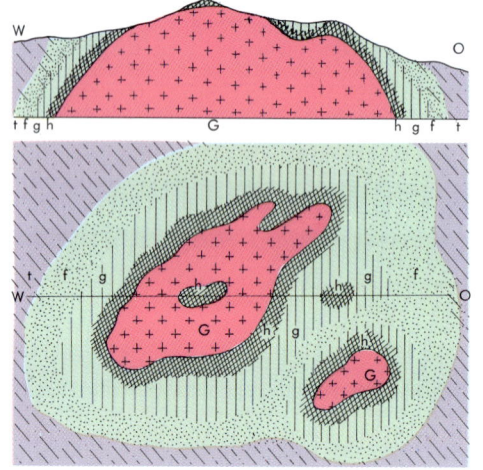

Kontaktmetamorphose: Querprofil (oben) und geologische Karte (unten) einer Granitintrusion mit Kontakthof (schematisch); G Granit, t unveränderter Tonschiefer, f Fleckschiefer, g Garben- und Fruchtschiefer, h Cordierit-Andalusit-Hornfels

Kontaktlinsen: Schematische Darstellung einer auf der Tränenflüssigkeit des Auges schwimmenden Kontaktlinse

Kontaktmetamorphose, *Petrologie:* meist ohne Druckeinwirkung (statisch) verlaufende Umwandlung von Gesteinen (Bildung von Kontaktgesteinen) am Kontakt mit aufdringenden magmat. Schmelzen (Plutone oder Gänge) und den vom Magma ausgehenden Gasen und heißen Wässern. Man unterscheidet: 1) rein therm. K. (**isochemische K., Thermo-** oder **Pyrometamorphose**); 2) K. mit Stoffzufuhr durch heiße Dämpfe, z. B. Fluorwasserstoff, Bortrioxid (**allochemische K.; Kontaktpneumatolyse, Kontaktmetasomatose**). – Im Einwirkungsbereich des Magmenkörpers (**Kontakthof, Kontaktaureole;** bei Gängen: **Kontaktsaum**) werden die Nebengesteine in Abhängigkeit vom Temperaturgefälle verschieden stark umgewandelt, wobei zonenweise bestimmte neue Minerale (**Kontaktminerale**) und Gesteinsgefüge (blast. Gefüge) entstehen; z. B. werden Tongesteine mit zunehmender Temperatur in Fleck-, Knoten- und Garben- oder Fruchtschiefer (mit Cordierit) oder Chiastolithschiefer (mit Andalusit) und schließlich in Hornfelse (z. T. mit Sillimanit) umgewandelt. Letztere sind meist das Endprodukt der K. Aus kalkigen Gesteinen entstehen u. a. Kalkmarmor und Kalksilikatfels oder Kalksilikathornfels, aus magmat. Gesteinen ebenfalls Hornfelse.

Eine wichtige Bildung der allochem. K. sind die →Skarne mit ihren sulfid. und oxid. Erzmineralen. Die intensive (bis 1 200 °C), kurzfristige Einwirkung heißer vulkan. Laven und magmat. Gesteine hinterlässt im Nebengestein eine meist nur wenige Zentimeter weit reichende →Frittung. Die magmat. Gesteine selbst werden in Kontaktnähe durch Assimilation von Nebengestein und Pneumatolyse verändert.

Kontaktprobe, *Sprachwissenschaft:* die →Exklusion.

Kontaktsperre, Unterbrechung jeder Verbindung eines Straf- oder Untersuchungsgefangenen mit anderen Gefangenen und der Außenwelt einschließlich des schriftl. oder mündl. Verkehrs mit dem Verteidiger (§§ 31–38 des Einführungs-Ges. zum Gerichtsverfassungs-Ges., eingefügt durch Ges. vom 30. 9. 1977). Die K. kann gegenüber Gefangenen angeordnet werden, die wegen terrorist. Straftaten (§ 129 a StGB) inhaftiert sind, wenn dies zur Abwehr einer gegenwärtigen Gefahr für Leben, Leib oder Freiheit einer Person erforderlich ist. Zuständig für die Anordnung der K. ist der Landes-Reg. oder einer von ihr bestimmende oberste Landesbehörde; ist es notwendig, den Kontakt in mehreren Bundesländern zu unterbrechen, trifft der Bundesjustiz-Min. die Anordnung. Sie verliert ihre Wirkung, wenn sie nicht innerhalb von zwei Wochen nach ihrem Erlass gerichtlich (durch das zuständige OLG oder den BGH) bestätigt worden ist; sie ist zurückzunehmen, wenn ihre Voraussetzungen nicht mehr vorliegen, spätestens nach 30 Tagen, doch ist die gerichtlich bestätigte Anordnung der K. wiederholbar. Die K. löst eine Reihe rechtl. Wirkungen aus, z. B. werden Fristen, die gegen die Betroffenen laufen, gehemmt; Gefangene und ihre Verteidiger dürfen bei Ermittlungshandlungen nicht mehr anwesend sein. Dem Gefangenen ist während der Dauer der K. auf seinen Antrag ein Rechtsanwalt als Kontaktperson beizuordnen, dem unter Wahrung der Ziele der K. die rechtl. Betreuung obliegt (§ 34 a, eingefügt durch Ges. vom 4. 12. 1985).

Kontaktstellung, *Sprachwissenschaft:* Wortstellung, bei der inhaltlich zusammengehörige Satzglieder unmittelbar beieinander stehen (z. B. engl. ›he *has got* the newspaper‹ im Unterschied zur dt. Distanzstellung ›er *hat* die Zeitung *bekommen*‹).

Kontakttiere, Tiere, die im Ggs. zu den Distanztieren keinen bestimmten Abstand voneinander (Individualdistanz) benötigen. Bei der Körperpflege und bes. beim Ruhen nehmen sie möglichst Körperkontakt zu ihrem Partner auf. K. sind u. a. alle Primaten, die meisten Nagetiere und Papageienarten, einige Eidechsen und Salamander, Aal, Wels. (→Distanz)

Kontaktverfahren, *Chemie:* →Schwefelsäure.

Kontaktwiderstand, Übergangswiderstand, der elektr. Widerstand, der an der Berührungsfläche zweier aneinander stoßender metall. Leiter auftritt. Vom **Ausbreitungswiderstand** der metall. Teile selbst abgesehen, ist ein ungehinderter Stromdurchgang nur an kleinen, oxidfreien Teilbereichen der Berührungsfläche möglich; die dortige Zusammendrängung der Stromlinien bedingt den **Engewiderstand**. Da meist schon bei geringen Spannungen ein elektr. Durchschlag der Oxidschichten erfolgt, tritt an solchen Stellen Frittung (→Fritten) ein, die zu einem zusätzl. **Frittwiderstand** führt. Die praktisch stets auftretende Bedeckung der Metalloberflächen mit einer adsorbierten Gasschicht bewirkt den **Hautwiderstand**.

Kontamination [lat. ›Befleckung‹, zu contaminare, →kontaminieren] *die, -/-en,* 1) *Kerntechnik:* eine durch radioaktive Stoffe verursachte Verunreinigung.
2) *Petrologie:* Aufnahme von Nebengestein durch ein Magma (→Syntexis).
3) *Sprachwissenschaft:* Form der Wortbildung, bei der durch gegenseitige Einwirkung zweier sprachl. Einheiten (Teile von Wörtern oder Wortstämme) eine neue sprachl. Einheit (Mischform) entsteht, z. B. ›Stagflation‹ (aus ›Stagnation‹ und ›Inflation‹).
4) *Umweltbiologie:* die Verschmutzung von Räumen, Luft, Wasser, Erdboden, Gegenständen und Lebensmitteln durch Schadstoffe mit nachteiligen Folgen für versch. Ökosysteme.

kontaminieren [lat. ›mit Fremdartigem in Verbindung bringen‹, ›verderben‹], verschmutzen, verunreinigen, verseuchen.

Kontarsky [-ki], 1) Alfons, Pianist, * Iserlohn 9. 10. 1932, Bruder von 2); studierte u. a. bei E. ERDMANN, wurde 1967 Prof. an der Kölner Musikhochschule, 1983 am Mozarteum in Salzburg; Schwerpunkt seines Repertoires bildet die Neue Musik. Er ist v. a. als Duopartner seines Bruders ALOYS bekannt geworden.
2) Aloys, Pianist, * Iserlohn 14. 5. 1931, Bruder von 1); studierte u. a. bei E. ERDMANN, war 1960–80 Dozent bei den Internat. Ferienkursen für Neue Musik in Darmstadt, übernahm 1969 eine Meisterklasse an der Kölner Musikhochschule und ist als Duopartner seines Bruder ALFONS sowie des Violoncellisten S. PALM bekannt geworden. Er war Solist bei Uraufführungen zahlr. Werke zeitgenöss. Musik (u. a. von L. BERIO, E. BROWN, S. BUSSOTTI, M. KAGEL, M. KELEMEN, H. POUSSEUR, D. SCHNEBEL, K. SEROCKI, K. STOCKHAUSEN und B. A. ZIMMERMANN).

Kontemplation [lat.] *die, -/-en,* 1) *bildungssprachlich* für: konzentriert-beschauliches Nachdenken.
2) *Philosophie, Religionswissenschaft:* urspr. die Beobachtung des Himmels durch die Auguren; kann seither als ein ganzheitl. Erfassen (Beschauung) oder ungeteiltes Sichvertiefen (Versenkung) sinnl., geistige und religiöse Aspekte umfassen. CICERO übersetzte mit ›contemplatio‹ den griech. Begriff ›theoria‹, worunter eine das allein geistige Schau der Welt in ihrem nicht den Sinnen zugängl. Grund und in ihrer Ordnung verstanden wurde. Demgegenüber wurde die ›Praxis‹ als theorieunabhängige Regelung des guten Zusammenlebens in der Polis begriffen. Nur diejenigen, die von der Mitgestaltung des öffentl. Lebens und den damit verbundenen Unannehmlichkeiten befreit waren, konnten sich der ›Theorie‹ bzw. K. hingeben. Vorbereitet durch die Kirchenväter und PLOTIN, galt die K. in der Mystik des MA. als Schau Gottes als des Grundes der geschaffenen Wirklichkeit. K. ist danach die höchste Stufe der geistigen Anstrengungen des Menschen. Im Ggs. zum spekulativen Denken, in dem die intellektuellen, diskursiven Fähigkeiten des Menschen aktiviert werden, wird die K. als Angleichung an und Prägung durch Gott mit Glückserfahrung (›beatitudo‹) und Ekstase verbunden. Anderseits galt die ›vita contemplativa‹ als Wegweisung für das tätige Leben (›vita activa‹). K. findet sich v. a. in der Lebensform der →beschaulichen Orden der kath. Kirche. Auch außerhalb der christl. Religion, v. a. im Islam, Hinduismus und Buddhismus, sind kontemplative Praktiken bekannt und verbreitet. (→Meditation)

A. HALDER: Aktion u. K., in: Christl. Glaube in moderner Gesellschaft, hg. v. F. BÖCKLE, Bd. 8 (1980); H. ARENDT: Vita activa oder Vom tätigen Leben (a. d. Engl., ⁸1994); M. HEIDEGGER: Wiss. u. Besinnung, in: DERS.: Vorträge u. Aufsätze (⁷1994).

Kontenplan, *Betriebswirtschaftslehre:* systemat. Verzeichnis aller Konten der Buchführung, um die in einem Unternehmen anfallenden Buchungen einheitlich zu behandeln sowie Zeit- und Betriebsvergleiche zu ermöglichen. Der **Kontenrahmen** als allgemeines Ordnungsgefüge für mögl. Kontengruppierungen in den Unternehmen eines bestimmten Wirtschaftszweiges bildet die Grundlage für die Aufstellung des K. Dabei wird je nach den speziellen Bedürfnissen der einzelnen Unternehmen der Kontenrahmen an bestimmten Stellen ergänzt, oder es werden dort vorge-

Alfons Kontarsky

Aloys Kontarsky

sehene, nicht benötigte Konten weggelassen. Kontenrahmen und K. sind formal nach dem dekad. Prinzip aufgebaut: Die Gesamtheit aller Konten ist in zehn Kontenklassen, jede Kontenklasse in zehn Kontengruppen, jede Kontengruppe in zehn Kontenuntergruppen (Kontenarten) eingeteilt. Materiell können die Konten nach unterschiedl. Grundsätzen geordnet werden. Das Prozessgliederungsprinzip gliedert sie nach dem Wertedurchlauf des betriebl. Leistungsprozesses und integriert die Konten der Geschäfts- und Betriebsbuchführung, beginnend bei den Konten der Betriebsmittel über die innerbetriebl. Leistungsabrechnung hin zu den Ertrags- bzw. Leistungs- sowie den Abschlusskonten. Der Gemeinschaftskontenrahmen der Industrie von 1952 ist nach diesem Prinzip aufgebaut. Nach dem Abschlussgliederungsprinzip des Industriekontenrahmens von 1971 werden die Konten nach der Reihenfolge der einzelnen Posten des Jahresabschlusses (§§ 266, 275 HGB) eingeteilt. Geschäftsbuchführung (Kontenklassen 0 bis 8) und Betriebsbuchführung (Kontenklasse 9) sind dabei streng getrennt. (→Buchführung, →Konto)

Kontensystem, die Gesamtheit der Konten in der →volkswirtschaftlichen Gesamtrechnung.

konter..., Präfix, →kontra...

Konter [engl. counter, zu frz. contre, lat. contra ›gegen‹] *der, -s/-,* bes. *Sport:* Gegenangriff.

Konterbande [frz. ›Schmuggelgut‹, von ital. contra bando ›gegen die Verordnung‹] *die, -, allg.:* Banngut (Schmuggelware). Im *Völkerrecht:* Warengattungen, deren Zuführung an einen Gegner auf friedl. oder neutralen Schiffen ein Krieg führender Staat verboten hat. Das Recht, ein solches Verbot auszusprechen, gründet in den traditionellen Regeln des Seekriegsrechts. Erst in der Londoner Seerechtsdeklaration vom 26. 2. 1909 wurden hierfür allg. gültige Richtlinien aufgestellt. Danach war zw. der **absoluten K.** (Waffen und Kriegsmittel) und der **relativen K.** (darunter Lebensmittel, Geld, Fahrzeuge, Nachrichtenmittel) zu unterscheiden. Absolute K. durfte beschlagnahmt werden, wenn ihre Bestimmung für das Gebiet des Gegners oder ein von ihm besetztes Territorium feststand, relative K. nur dann, wenn zusätzlich erwiesen werden konnte, dass sie für den Gebrauch der Armee oder der Verwaltung des Gegners bestimmt war und das betreffende Schiff einen feindl. Hafen anlief. Die Londoner Deklaration trat formell nicht in Kraft, wurde aber in bewaffneten Konflikten vor dem Ersten Weltkrieg (z. B. 1912/13 in den Balkankriegen) angewendet. Im Zweiten Weltkrieg erfuhr der K.-Begriff eine Ausdehnung auf nahezu alle Güter. In beiden Weltkriegen richteten die Krieg Führenden neutrale Seehandelsrouten zum Schutz neutraler Schiffe ein, die sie zwangen, bestimmte Kontrollpunkte anzulaufen. Ferner gaben sie neutralen Schiffen nach vorheriger Kontrollen auf neutralem Boden die Berechtigung zu freier Fahrt **(Navicert.)**

konterkarieren [frz.], *bildungssprachlich* für: hintertreiben, durchkreuzen.

Kontermarke, der →Gegenstempel.

kontern [engl., zu Konter], 1) *allg.:* schlagfertig antworten; Gegenmaßnahmen ergreifen.

2) *graf. Technik:* ein Druckbild von seitenrichtig in seitenverkehrt und umgekehrt ändern. In Lithographie und Offsetdruck wird eine auf Umdruckpapier abgedruckte Schrift oder Abbildung durch Abziehen auf ein anderes Blatt Umdruckpapier seitenverkehrt gestellt (gekontert), damit sie beim Maschinennumdruck für Offsetdruck richtig steht. In der **Konterpresse** (Andruckpresse) wird der Abdruck erst auf das Gummituch des Druckzylinders und von diesem auf das Andruckpapier übertragen.

3) *Sport:* den gegner. Angriff durch Gegenaktion abwehren.

Konterrevolution, Gegenrevolution, 1) *allg.:* der Versuch polit. Kräfte, die Ergebnisse einer Revolution rückgängig zu machen, d. h. den vorrevolutionären Zustand von Staat und Gesellschaft wiederherzustellen. Der Begriff K. wurde um 1790 für die feudalistisch-monarchist. Gegner der Frz. Revolution von 1789 geprägt.

2) im marxistisch-leninist. Sprachgebrauch alle Kräfte, die die Ergebnisse der ›proletar. Revolution‹ bekämpfen.

Kontertanz, die →Contredanse.

Kontext [lat., zu contexere ›eng verknüpfen‹] *der, -(e)s/-e,* 1) *bildungssprachlich* für: Zusammenhang, Hintergrund, Umfeld.

2) *Diplomatik:* Bez. für die in einer mittelalterl. Urkunde zw. dem Protokoll und dem Eschatokoll stehenden Teile, meist der eigentl., sachl. Inhalt.

3) *Sprachwissenschaft:* Umgebung, in der eine sprachl. Einheit auftritt und die diese beeinflusst **(sprachlicher K.);** Umstände und Situation, in der ein Text geäußert und verstanden wird **(situativer K.).**

kontextabhängige Grammatik, kontextsensitive Grammatik, Grammatik mit Regeln zur Ersetzbarkeit eines sprachl. Elements innerhalb eines bestimmten semant. und syntakt. Rahmens. Die k. G. geht davon aus, dass die Bedeutung sprachl. Elemente vom jeweiligen Satzkontext, die Bedeutung von Sätzen vom Zusammenhang ihrer Äußerung abhängig ist. Demgegenüber analysiert die **kontextfreie (kontextunabhängige) Grammatik** sprachl. Elemente unabhängig vom sprachl. Kontext. Die Auffassung, kontextfreie Grammatiken seien für die Beschreibung natürl. Sprachen nicht angemessen, führte u. a. zur Erweiterung des ursprüngl. Modells der generativen Transformationsgrammatik A. N. CHOMSKYS zu einer allgemeinen Grammatiktheorie. – Die *Informatik* verwendet zur Syntaxbeschreibung von Programmiersprachen Beschreibungsformen kontextfreier Grammatiken (z. B. →Backus-Naur-Form oder Syntaxdiagramme).

Kontextualisierung, *Kirchengeschichte:* in der christl. Mission Bez. für die ›Einwohnung des Evangeliums in geschichtl. und soziokulturell ganz bestimmt geprägte ›Räume‹; von der christl. Theologie als Aufgabe beschrieben, vor die die christl. Mission jeweils neu gestellt ist. Die gegenwärtige Diskussion um die K. geschieht vor dem Hintergrund des Endes der westlich-nordamerikan. Dominanz der christl. Mission und der kirchengeschichtlich epochalen Verschiebung des Schwerpunkts der Weltchristenheit von Norden nach Süden. Die missionstheolog. Diskussion im Ökumen. Rat der Kirchen reflektiert den Übergang von einer kulturell-monozentr. ›Westkirche‹ zu einer kulturell vielfältigen und polyzentr. Weltkirche. K. unterscheidet sich von →Inkulturation insofern, als sie damit rechnet, dass sich die materiale Gehalt des Evangeliums jeweils nur im konkreten Bezug zu einer geschichtl. Situation (des ›Kontextes‹) finden lässt. Die den kulturelle, soziale, polit. und wirtschaftl. Gegebenheiten einbeziehende Erkenntnis wird so zur Bedingung dafür, dass die Antwort des Evangeliums als ›Gute Nachricht‹ Gestalt und vermittelnde Eigenschaft erhält. – Beispiele für die **kontextuelle Theologie** sind die lateinamerikan. →Befreiungstheologie, die ›schwarze Theologie‹ und die →feministische Theologie.

Wie Christen in Asien denken, hg. v. D. J. ELWOOD (a.d. Engl., 1979); K. BLASER: Kontextuelle Theologie als ökumen. Problem, in: Theolog. Ztschr., Jg. 36 (Basel 1980); Europ. Theologie. Versuche einer Ortsbestimmung, hg. v. T. RENDTORFF (1980); D. WERNER: Mission für das Leben – Mission im Kontext. Ökumen. Perspektiven missionar. Präsenz in der Diskussion im ÖRK 1961-1991 (1993).

Kontextualismus *der, -, Sprachwissenschaft:* bes. von JOHN RUPERT FIRTH (* 1890, † 1960) entwickelte engl. Variante des Strukturalismus, die sich v. a. auf die Analyse des Sprachgebrauchs innerhalb des situativen Kontexts (d. h. der jeweiligen Sprechsituation) für die Anwendung im Fremdsprachenunterricht konzentrierte.

kontextuelle Theologie, →Kontextualisierung.

Kontiguität [frz., zu lat. contiguus ›angrenzend‹, ›benachbart‹] *die, -,* das zeitl. und räuml. Zusammentreffen zweier Reize, zweier Reaktionen oder von Reiz und Reaktion. K. wird als letztlich ausreichend angesehen für das Zustandekommen von Verknüpfungen (→Assoziation) oder Reiz-Reaktions-Verbindungen aller Art, d. h. also für alles Lernen.

Kon-Tiki, Floß aus Balsastämmen, mit dem T. HEYERDAHL 1947 von Peru aus Ostpolynesien erreichte.

Kontinent [lat. (terra) continens ›zusammenhängend(es Land)‹, zu continere ›zusammenhängen‹] *der, -(e)s/-e,* große zusammenhängende Festlandmasse einschließlich →Schelf (0–200 m u. M.) und **Kontinentalböschung** (**Kontinentalabhang** 200–2400 m u. M.); i. e. S. dem →Erdteil gleichgesetzt. (→hypsographische Kurve)

Kontinent, von dem russ. Schriftsteller W. J. MAKSIMOW gegründete und herausgegebene Zeitschrift in russ. Sprache für Politik und Kultur, die 1974–91 vierteljährlich als Forum für Autoren (z. T. in der Emigration) aus der Sowjetunion und aus Osteuropa in Paris erschien. Ihre auch belletrist. Beiträge hatten unmittelbaren Bezug zu den aktuellen Geschehnissen in der Sowjetunion und in Osteuropa. – Eine davon unabhängige dt. Ausgabe (Bonn; hg. v. CORNELIA GERSTENMAIER und ALEKSA DJILAS, seit 1986) stellte nach der ›Wende‹ in Osteuropa ihr Erscheinen 1992 ein. Seit 1991 erscheint eine russ. Zeitschrift ›kontinent‹ in Moskau.

kontinental, den Kontinent betreffend; festländisch.

Kontinentaldrift, die →Kontinentalverschiebung.

kontinentales Tiefbohrprogramm, Abk. **KTB,** wiss. Bohrprojekt bei Windischeschenbach in der Oberpfalz, finanziert durch das Bundesministerium für Forschung und Technologie. Durch die auf der ›Erbendorfer Linie‹, einer Art geolog. ›Schweißnaht‹ zw. der Moldanub. (im S) und der Saxothuring. Zone (im N) des Varisk. Gebirges, angesetzte Bohrung sollen v. a. der strukturelle Aufbau, die physikal. und chem. Zustandsbedingungen und die gesteins- und gebirgsbildenden Prozesse der tieferen kontinentalen Kruste, die Mechanismen von Erdbeben, Transportmechanismen der Erdwärme und die Bildung von Lagerstätten erforscht werden. Nachdem eine Vorbohrung (September 1987 bis April 1989) mit einer Endtiefe von 4000 m beendet worden war, wurde ab 1990 die Hauptbohrung durchgeführt. Sie erreichte im Oktober 1994 die Endtiefe von 9101 m. Ähnl., der Grundlagenforschung dienende Bohrungen werden u. a. von Russland bei Murmansk auf der Halbinsel Kola (seit 1970, heute bei 12 266 m), im Ural nördlich von Jekaterinburg (seit 1985, heute bei 6000 m) und an anderen Orten, in Frankreich (Pariser Becken bei Sancerre-Cony) und in den USA (San Andreas Fault, Calif., Endtiefe 3510 m) betrieben. Sie stehen im Zusammenhang mit dem internat. Projekt →Geotraverse u. a. nationalen Programmen sowie mit dem →Deep Sea Drilling Project. Die tiefste kommerzielle Bohrung, in Oklahoma (USA), erreichte 9674 m, in Europa, bei Zistersdorf (NÖ) 8553 m Tiefe.

Kontinentalität, der Grad des Einflusses großer Landmassen auf das Klima bzw. der Grad der Einengung maritimer Einflüsse; er äußert sich v. a. in den Temperatur- und Niederschlagsverhältnissen.

Kontinentalklima, Binnenklima, Landklima, das Klima der inneren, meerfernen Festlandräume. Kennzeichnend sind große Temperaturschwankungen im Tages- und Jahresgang, niedrige Luftfeuchte und allg. geringe Bewölkung, geringe Jahresniederschlagshöhen mit Maximum der mittleren Niederschlagshöhen im Sommer (durch Konvektionsniederschläge), tagesperiod. Winde und geringe mittlere Windgeschwindigkeit.

Kontinentalkongress, der Delegiertenkongress der brit. Kolonien in Nordamerika, der vom 5. 9. bis 26. 10. 1774 (Erster K., noch ohne Georgia) und vom 10. 5. 1775 bis 1789 (Zweiter K.) in Philadelphia (Pa.) tagte und entscheidende Bedeutung für den Zusammenschluss der bisherigen Kolonien als Vereinigte Staaten von Amerika hatte. Im Juni 1775 stellte er eine gemeinsame Armee (Oberbefehl: G. WASHINGTON) auf und nahm nach der →Unabhängigkeitserklärung vom 4. 7. 1776 am 15. 11. 1777 eine Staatenbund-Verf. an (Articles of Confederation, ratifiziert 1781). Da sie der Bundesgewalt nur ungenügende Befugnisse einräumte, führte die Unzufriedenheit mit ihr zur Einberufung des Verf.-Konvents und zur Ausarbeitung der Bundes-Verf. von 1787. Eine der wichtigsten gesetzgeber. Leistungen des K. war 1787 die polit. Organisation des Northwest Territory.

Journals of the Continental Congress, 1774–1789, hg. v. W. C. FORD, 34 Bde. (Washington, D. C., 1904–37); J. N. RAKOVE: The beginnings of the national politics. An interpretative history of the Continental Congress (Neuausg. Baltimore, Md., 1982).

Kontinentalsperre, die Maßnahmen NAPOLEONS I. zur wirtschaftl. Abschließung des europ. Festlandes gegen Großbritannien, eingeleitet durch das Dekret von Berlin (21. 11. 1806), das den Handel mit Großbritannien und mit brit. Waren verbot, vollendet durch die Dekrete von Trianon und Fontainebleau (1810). Großbritannien antwortete 1807 mit dem Verbot für alle neutralen Schiffe, frz. Häfen anzulaufen, und mit der Blockade der Häfen Frankreichs und seiner Verbündeten. Die Folge war ein ausgedehnter und Gewinn bringender Schmuggel. Die K. schädigte das brit. Wirtschaftsleben schwer, traf aber den festländ. Handel ebenso und verteuerte die Lebenshaltung; ferner hemmte sie die industrielle Entwicklung. Im Zuge dieses ersten großen Wirtschaftskrieges verschaffte sich Großbritannien das Monopol im Kolonialwarenhandel und eroberte den südamerikan. Markt. Auf die festländ. Industrie wirkte die Ausschaltung des brit. Wettbewerbs anfangs fördernd (Textil- und Rübenzuckerindustrie in Dtl. und Frankreich), auf die Dauer aber überwogen die negativen Folgen. Das Widerstreben Russlands gegen die K. trug zum Ausbruch des Krieges 1812 bei. Gleichzeitig wurde Großbritannien, das seine Seeherrschaft rücksichtslos gegen die Neutralen ausübte, in einen Krieg mit den Vereinigten Staaten verwickelt.

F. CROUZET: L'économie britannique et le blocus continental, 1806–1813, 2 Tle. (Paris ²1987).

Kontinentalverschiebung, Kontinentaldrift, Bez. für die v. a. von A. WEGENER (seit 1912) vertretene, aber auch schon von früheren Autoren (z. B. A. VON HUMBOLDT 1787 und v. a. FRANK B. TAYLOR 1910) vermutete sehr langsame Horizontalbewegung (Epeirophorese) der aus relativ leichtem Material bestehenden Erdkrustenteile, der Kontinentaltafeln, auf dem schwereren, plastisch reagierenden Untergrund; bezogen v. a. auf das Auseinanderdriften des amerikan. Doppelkontinents und der Alten Welt, das zur Entstehung des Atlant. Ozeans geführt hat, und auf das Auseinanderstreben von Afrika, Antarktika, Australien und Indien. WEGENER ging u. a. aus von der Übereinstimmung der gegenüberliegenden Kontinentalränder Afrikas und Südamerikas (bezogen auf den Kontinentalsockel, den Schelf), von geolog., paläontolog. und paläoklimat. Ähnlichkeiten (z. B. die permokarbon. Vereisung der Südkontinente, →Gondwana, die früher ehem. Landbrü-

Kont Kontinentalverschiebung

Ende des Paläozoikums, vor 250 Mio. Jahren

Ende der Trias, vor 220 Mio. Jahren

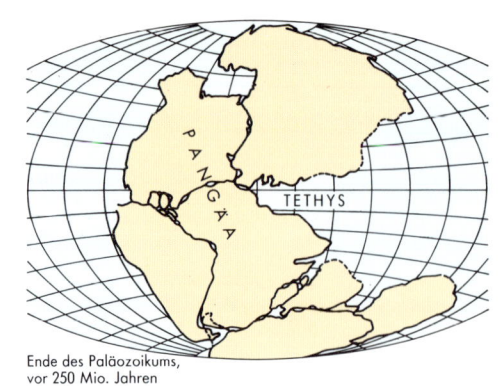

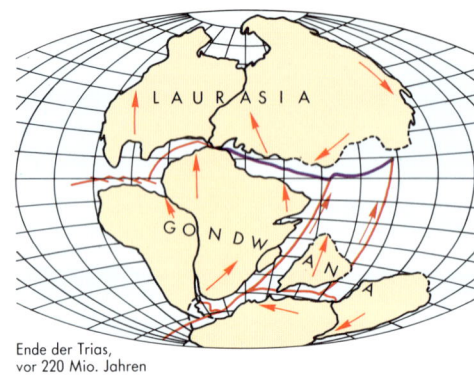

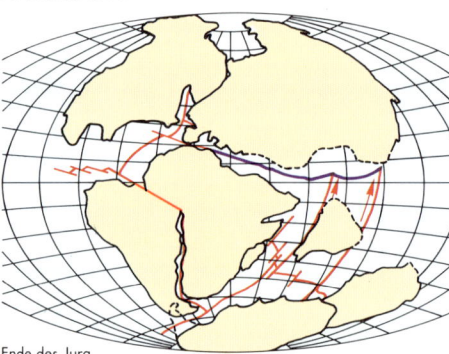

Ende des Jura, vor 150 Mio. Jahren

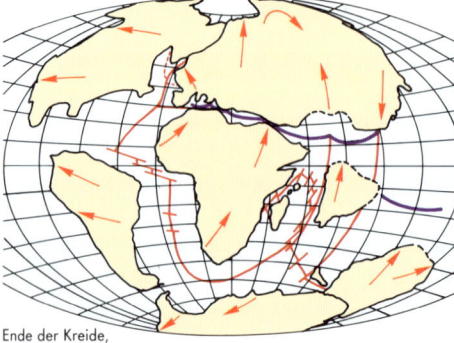

Ende der Kreide, vor 65 Mio. Jahren

Kontinentalverschiebung: Lage der Kontinente im Laufe der Erdgeschichte; ⎯ mittelozeanische Rücken- und Querbrüche; ⎯ Subduktionszonen

cken, versunkene Zwischen- oder Brückenkontinente angenommen worden waren. Nach zunächst weitgehender Ablehnung erhielt WEGENERS K.-Theorie nach dem Zweiten Weltkrieg, ausgehend von paläomagnet. Messungen im Südatlantik, neuen Auftrieb, wurde allerdings im Rahmen der damals begründeten →Plattentektonik stark verändert.

Nach den modernen Auffassungen gehen K. v. a. von den als mittelozean. Rücken ausgebildeten Plattengrenzen aus. Die hier aus den Zentralgräben austretenden Magmen (Material des Erdmantels) breiten sich seitwärts aus (→Sea-Floor-Spreading), drängen dadurch die mitgeschleppten Kontinente auseinander (bewirken also die K.) und werden schließlich im Bereich der großen Tiefseegräben vor Kontinenten oder Inselbögen wieder in den Untergrund gesogen (→Subduktion). Die Driftgeschwindigkeit, die seit 1984 auch direkt messbar ist, beträgt heute im Südatlantik jährlich mindestens 2 cm, im Nordatlantik 1 cm, im Ind. Ozean bis 6 cm, im zentralen Pazifik 5–6 cm, z. T. 8–10 cm. Diese Annahmen werden durch das Alter der von geringmächtigen Sedimenten bedeckten (vulkan.) Gesteine bestätigt: Die ältesten ozean. Böden (im nordwestl. Pazifik) entstanden im Jura, vor 180–200 Mio. Jahren. Jährlich werden insgesamt 2,5–3 km³ neue ozean. Kruste gebildet; über die Hälfte des heutigen Meeresbodens, d. h. rund ein Drittel der Erdoberfläche, entstand erst seit Beginn des Känozoikums, seit 60 Mio. Jahren.

Bis zum Jura bestand ein großer einheitl. **Urozean** (**Panthalassa**, ein Vorläufer des heutigen Pazifiks) und ein großer zusammenhängender, einheitl. Urkontinent (**Pangäa**). Dieser zerbrach zunächst in zwei Teile, Laurasia (Nordamerika und Eurasien) und Gondwana (Südamerika, Afrika, Antarktika, Australien sowie Indien), die dann in die heutigen Kontinente zerfielen. Durch den driftbedingten Stau entstanden an der W-Küste des amerikan. Doppelkontinents Faltengebirge (Kordilleren), ebenso durch den Aufprall Afrikas auf Europa (Alpen) und Indiens auf Asien (Himalaja). Diese Vorgänge werden durch riesige basalt. Deckenergüsse (→Decke, →Flutbasalt) bezeugt. Man nimmt an, dass die Bildung der ozean. Zentralgräben von Großgräben (Rifts; heute z. B. Ostafrikan. Grabensystem, Mittelmeer-Mjösen-Zone) ausging, in die infolge der Verbreiterung das Meerwasser eindrang. Dafür sprechen auch die geolog. Verhältnisse im Roten Meer und in der Afarsenke.

Außer den Kontinenten gibt es mitten in den Ozeanen Inseln wie Rockall, Sokotra, die Seychellen, Amiranten und Maskarenen, die bei der K. als kleine isolierte Reste kontinentaler Lithosphäre zurückblieben. Andere kleine Kontinentkrustenblöcke wurden wiederum bes. weit verdriftet (→Terrane).

Der Urkontinent Pangäa selbst entstand erst im Jungpaläozoikum. So wie die alpid. Gebirgsbildung mit seiner Auflösung verbunden war, kann man für ältere Gebirgsbildungen (präkambr., kaledon., varisk.) ähnl. Ursachen annehmen. Diese zykl. Bildung von Großkontinenten und ihr Zerfall bewirkten auch Veränderungen des Meeresspiegels und steuerten letztlich die Entfaltung der Lebewesen. Während man früher von beständigen ›Urozeanen‹ sprach und die Kontinente für relativ jung hielt, steht heute fest, dass die Kontinente nicht nur bis 4 Mrd. Jahre alte Kerne (Kratone) haben, sondern ihre Masse trotz Verdriftung sowie geringfügiger randl. Überflutungen (Schelfablagerungen) und Zufuhr von vulkan. u. a. magmat. Material seit dem Präkambrium im Wesentlichen unverändert geblieben ist; 80 % ihrer Masse bestanden schon vor 2,5 Mrd. Jahren. Die Ozeane befinden sich dagegen in ständiger Umwandlung.

Als treibende Kraft der K. werden statt der von WEGENER herangezogenen Polfluchtkraft, die eine massensymmetr. Lage der Erdachse anstrebt, heute Konvektionsströmungen im Erdmantel angenommen, die auf dem Zerfall radioaktiver Elemente beruhen: Die dadurch entstehende Wärme staut sich unter den Kontinenten, fließt seitlich zu den Ozeanen hin ab und bewirkt hier, vielleicht an →Hot Spots ansetzend, den Austritt heißer Laven.

A. WEGENER: Die Entstehung der Kontinente u. Ozeane (⁴1980); Alfred-Wegener-Symposium, in: Geolog. Rundschau, Bd. 70 (1981); D. H. u. M. P. TARLING: Kontinental-Drift (a. d. Engl., 1985); R. HOHL: Wandernde Kontinente (Leipzig ²1987); M. SCHWARZBACH: Alfred Wegener u. die Drift der Kontinente (²1989).

Kontinenz [lat. ›Beherrschung‹] *die, -,* **Continentia,** die Fähigkeit, Harn oder Stuhl zurückzuhalten.

Kontingent [frz., zu lat. contingere ›berühren‹; ›treffen‹, ›zuteil werden‹, ›zustehen‹] *das, -(e)s/-e,*
1) *allg.:* anteilsmäßig zustehende oder zu erbringende Leistung, Menge, Anzahl.
2) *Militärwesen:* vertraglich oder gesetzlich festgelegter Beitrag an Truppen, den das Mitgl. eines Bundesstaates oder Staatenbundes, einer Länder- oder Verteidigungsgemeinschaft im Frieden ständig bereitzuhalten oder im Krieg zu stellen hat.
3) *Wirtschaft:* begrenzte Menge, bes. die Anteilziffer an Waren, Leistungen und Rechten; z. B. bei der öffentl. Bewirtschaftung von Waren das Bezugs- oder Bearbeitungsrecht (→Rationierung) sowie im Außenhandel als Einfuhr-K. die nach Menge, Wert und Herkunftsland bestimmte Befugnis zur Wareneinfuhr (→Kontingentierung).

Kontingentflüchtlinge, Flüchtlinge, die in einer bestimmten begrenzten Anzahl (Kontingent) im Rahmen humanitärer Hilfsaktionen in Dtl. aufgenommen werden (aufgrund einer Visumerteilung vor der Einreise oder einer Übernahmeerklärung des Bundesinnenministers, § 33 Ausländer-Ges.). Die Asylantragstellung ist nach erfolgter Aufnahme ausgeschlossen (§ 1 Abs. 2 Asylverfahrens-Ges.). K. genießen die Rechtsstellung nach den Art. 2–34 des Genfer Flüchtlingsabkommens vom 28. 7. 1951 (§ 1 Ges. über Maßnahmen für im Rahmen humanitärer Hilfsaktionen aufgenommene Flüchtlinge vom 22. 7. 1980).

Kontingentierung, Instrument der Außenwirtschaftspolitik für Güter-, Dienstleistungs- und Finanztransaktionen zum Schutz der nat. Wirtschaft. Das Kontingent ist die nach Menge, Wert oder Herkunftsland bestimmte Ausnahme von einem generellen Aus- und/oder Einfuhrverbot. Exportkontingente werden i. d. R. nur bei strategisch wichtigen Gütern und im Rahmen internat. Rohstoffabkommen eingesetzt (z. B. durch Festlegung von Exportquoten). Einfuhr- oder Importkontingente herrschen vor. Neben dem in Mengeneinheiten (Stück, Maß, Gewicht) festgelegten Mengenkontingent und dem durch bestimmte Geldsummen festgelegten Wertkontingent gibt es die Sonderformen des Devisenkontingents bei Finanztransaktionen zur Beschränkung internat. Kapitalbewegungen und das Zollkontingent, das die Wareneinfuhr festsetzt, die pro Jahr zu einem herabgesetzten Zollsatz eingeführt werden kann.

Mit Ausnahme von in Handelsverträgen festgelegten Kontingenten wird je nach Anwendung unterschieden in Globalkontingente, die allgemeine K. der Einfuhr ohne feste Aufteilung auf Lieferländer vorsieht, in Individualkontingente, die jedem Importeur ein Maximal- oder starres Kontingent zuteilen, und in Länderkontingente mit einer Vergabe länderspezif. Lizenzen (bilaterale oder regionale Kontingente). Verschiedene Organisationen, v. a. die WTO, streben die Beseitigung der Einfuhr-K. durch Liberalisierung des Handels an.

Kontingenz [spätlat. ›Möglichkeit‹] *die, -/-en,*
1) *Philosophie:* allg. das nicht Notwendige und nicht Unmögliche, das auch als das Zufällige (das eintreten kann, aber nicht muss) bezeichnet wird. Die christl. Metaphysik vertritt die These, dass das Dasein des Menschen kontingent sei, weil es nicht aus seinem Wesen folge, sondern aus dem Schöpfungsakt Gottes. Im Rahmen der Existenzphilosophie, so bes. bei J.-P. SARTRE, wurde die K. der menschl. Existenz zu einem zentralen Thema: Nach SARTRE gibt es keine außerhalb der menschl. Existenz liegende Instanz, die diese rechtfertigt, weshalb sie selbst die volle Verantwortung für sich zu übernehmen hat.
2) *Statistik:* Zusammenhang zw. zwei qualitativen Merkmalen *X, Y* einer statist. Masse. In **K.-Tafeln** (Mehrfeldertafeln) lassen sich die absoluten Häufigkeiten in einer Stichprobe der beiden Merkmale darstellen. Für *r* Ausprägungen des 1. und *s* Ausprägungen des 2. Merkmals entsteht so eine Tabelle mit $r \cdot s$ Feldern. Sie dient beim χ^2-Unabhängigkeitstest (→Chi-Quadrat-Verteilung) zur Berechnung der Prüfgröße für die Nullhypothese, dass *X* und *Y* stochastisch unabhängig sind.

kontinuierlich [zu lat. continuus ›zusammenhängend‹], *bildungssprachlich* für: stetig, gleichmäßig, ohne Unterbrechung (sich fortsetzend); Ggs.: diskontinuierlich.

kontinuierliche Gruppe, *Mathematik:* eine →topologische Gruppe, in der jedes Gruppenelement eine Umgebung besitzt, die sich eindeutig und in beiden Richtungen stetig auf das Innere der Einheitskugel im *n*-dimensionalen ($n \geq 3$) euklid. Raum abbilden lässt, in der Ebene auf die Fläche des Einheitskreises. Dadurch lässt sich lokal die Gruppenorganisation durch *n* Funktionen von *n* reellen Variablen erfassen. K. G. können daher mit den Hilfsmitteln der Analysis untersucht werden.

kontinuierlicher Betrieb, Betriebsform der Verfahrenstechnik, bei der die zu verarbeitenden Stoffe stetig durch einen Apparat (Reaktionsapparat, Kolonne, Trockner u. a.) hindurchströmen. Der k. B. wird v. a. bei Großanlagen der chem. Industrie gegenüber dem →diskontinuierlichen Betrieb bevorzugt.

Kontinuität [lat.] *die, -,* **1)** *bildungssprachlich* für: gleichmäßiger, stetiger Ablauf, Fortgang; Ggs.: Diskontinuität.
2) *Philosophie:* Probleme, die mit dem Begriffspaar K./Diskontinuität zusammenhängen, werden v. a. in der Natur- und der Geschichtsphilosophie diskutiert. Die von ZENON vorgetragenen Paradoxien verwiesen bereits auf die Frage nach der unbegrenzten Teilbarkeit des Raumes. ARISTOTELES versuchte diese durch den Hinweis auf die K. der Bewegung zu entkräften. Bekannt geworden ist G. W. LEIBNIZ' Formulierung des K.-Prinzips: ›Die Natur macht keine Sprünge‹. In der Geschichtsphilosophie geht es hauptsächlich um die Frage, ob histor. Entwicklungen kontinuierlich ablaufen oder nicht. Der histor. Materialismus vertritt die These, dass in der Geschichte neben quantitativen, kontinuierl. Veränderungen auch diskontinuierl., qualitative Entwicklungen (›Revolutionen‹) ablaufen. Ähnliche Vorstellungen entwickelte T. S. KUHN im Hinblick auf die Wissenschaftsgeschichte.
3) *Staatsrecht:* Fortbestehen der rechtl. Identität eines Staates. Änderungen der Verf. und des Gebietsstandes (z. B. durch Revolution, Krieg) durchbrechen die K. nicht, sofern nicht ein Zerfall in mehrere Nachfolgestaaten (Dismembration) eintritt oder eine Neugründung stattfindet, die mit einem vollständigen Wandel einhergeht. In diesen beiden Fällen spricht man von **Diskontinuität.** Zum Fortbestehen des Dt. Reiches →Deutsches Reich.

Kontinuitätsgleichung, die partielle Differenzialgleichung

$$\frac{\partial \varrho}{\partial t} + \text{div} \, j = 0.$$

Dabei ist $\varrho = \varrho(r, t)$ die Dichte einer physikal. Größe, $j = j(r, t)$ eine entsprechende Flussdichte, die in manchen Anwendungen mithilfe eines Geschwindigkeitsfeldes v dargestellt werden kann: $j = \varrho v$, und div j die Divergenz (bzw. Quelldichte) der Flussdichte. Die K. ist ein mathemat. Ausdruck für einen Erhaltungssatz über bestimmte extensive Größen, der besagt, dass die Zunahme einer solchen Größe innerhalb eines durch eine geschlossene Fläche begrenzten Raumgebiets gleich der Differenz von Zu- und Abfluss durch diese Fläche ist. Die K. gilt in verschiedenen physikal. Gebieten, mit unterschiedl. Bedeutung für ϱ: Es steht z. B. in der Mechanik für die Massendichte, in der Elektrodynamik für die Ladungsdichte und in der Quantenmechanik für die Wahrscheinlichkeitsdichte.

Kontinuum [lat. continuus ›zusammenhängend‹] *das, -s/...nua* und *...nuen,* **1)** *allg.:* etwas lückenlos Zusammenhängendes, Kontinuierliches; Ggs.: Diskontinuum.
2) *Mathematik:* 1) in der Mengenlehre Bez. für die Menge ℝ der reellen Zahlen, für ein Intervall reeller Zahlen oder allg. für jede zu ℝ gleichmächtige Menge. So ist z. B. die Menge ℚ der rationalen Zahlen kein K., denn ℚ ist →abzählbar, während ℝ überabzählbar ist (→Kontinuumshypothese); 2) in der Topologie Bez. für eine nichtleere, zusammenhängende, kompakte Menge.
3) *Physik:* der Bereich, innerhalb dessen alle Werte einer physikal. Größe (z. B. Dichte, Energie) lückenlos und stetig zusammenhängen. Die Annahme eines K. stellt häufig eine Idealisierung dar, deren Zweckmäßigkeit oder Berechtigung von den Umständen abhängt. Während z. B. die Annahme einer kontinuierl. Verteilung der Masse und der elektr. Ladung für Zwecke der klass. Physik i. d. R. völlig ausreicht, muss für die Beschreibung atomarer Prozesse meist von einer diskreten Verteilung der Ladung und der Masse ausgegangen werden.

Kontinuumshypothese, Bez. für die von G. CANTOR 1878 erstmals aufgestellte mengentheoret. Vermutung: Es gibt keine überabzählbare Menge, deren Mächtigkeit kleiner als die der reellen Zahlen (d. h. des Kontinuums) ist. Die K. kann aus den Axiomen der Mengenlehre (→Zermelo-Fraenkel-Axiome) weder bestätigt noch widerlegt werden. So gelang es K. GÖDEL 1938, die Verträglichkeit der K., und 1963 P. COHEN mithilfe der von ihm entwickelten Methode (→Forcing), die Verträglichkeit ihrer Negation mit dem Axiomensystem zu zeigen.

Kontinuumsmechanik, die Mechanik der deformierbaren Medien, d. h. diejenigen Teilgebiete der Mechanik, in denen die Materie (fest oder fluid) als kontinuierl., deformierbares Medium aufgefasst werden kann. Die Annahme der Kontinuität hat zur Voraussetzung, dass in den Theorien der K. nur solche Abstände eine Rolle spielen, die groß gegen die innermolekularen Entfernungen sind. Für makrophysikal. Anwendungen bedeutet diese Voraussetzung praktisch keine Einschränkung, da die innermolekularen Abstände i. Allg. außerordentlich klein sind (die mittlere freie Weglänge bei Gasen unter Atmosphärendruck ist von der Größenordnung 10^{-7} m). Zur K. gehören insbesondere Aero- und Hydrostatik, Aero- und Hydrodynamik, Gasdynamik und Strömungslehre sowie Elastizitäts- und Plastizitätstheorie. Die in der K. untersuchten Systeme besitzen nicht abzählbar unendlich viele Freiheitsgrade und werden daher durch partielle Differentialgleichungen beschrieben; weitere wichtige mathemat. Instrumente der K. sind die Vektor- und Tensoranalysis.

Konto [ital. ›Rechnung‹, von spätlat. computus ›Berechnung‹, zu lat. computare ›(be)rechnen‹] *das, -s/...ten,* auch *-s* und *...ti,* in der *Buchführung* zur art- und wertmäßigen Erfassung von Geschäftsvorfällen übl. zweiseitige Verrechnungsform. Jedes K. hat eine Soll- und eine Habenseite. Man unterscheidet Personenkonten (Kontokorrentkonten, →Kontokorrent) und Sachkonten. Letztere können gegliedert werden in Bestandskonten und Erfolgskonten. **Bestandskonten** dienen der Fortschreibung der Bestände einzelner Vermögens- oder Kapitalteile (z. B. Kassen-K., Eigenkapital-K.). Sie werden in Aktiv- und Passivkonten unterteilt: Bei Aktivkonten (Konten der Aktivseite der Bilanz) stehen Anfangsbestand und Zugänge im Soll (linke Kontenspalte), Abgänge und Endbestand im Haben (rechte Kontenspalte), bei Passivkonten entsprechend seitenvertauscht. **Erfolgskonten** (Aufwand- und Ertragskonten) sind Unterkonten des Eigenkapital-K. und weisen Aufwendungen und Erträge aus. Die K.-Bestände werden grundsätzlich nicht nach jeder Buchung ermittelt, sondern nur bei K.-Abschlüssen als Salden (Differenzen) der beiden Kontenseiten. Bestandskonten werden über die Bilanz, die Erfolgskonten über die Gewinn-und-Verlust-Rechnung abgeschlossen.
Im *Bankwesen* ist das K. **(Bank-K.)** die vom Kreditinstitut für den Kunden (K.-Inhaber) geführte Rechnung über sämtl. Zahlungseingänge und -ausgänge (Geldkonten) bzw. Bestandsveränderungen zugunsten oder zulasten des K.-Inhabers (Depotkonten, →Depot). Bei den Geldkonten werden u. a. Sparkonten, Terminkonten (für Termineinlagen), Giro- oder Kontokorrentkonten und Währungskonten unterschieden. Jedes Bank-K. hat eine zehnstellige K.-Nummer, wobei i. d. R. sämtl. Konten eines Kunden unter einer meist sechsstelligen Kundenstammnummer zusammengefasst werden. Das Bank-K. ist rechtlich i. d. R. ein Kontokorrent. Für die K.-Führung (v. a. bei Kontokorrent- und Depotkonten) erheben die meisten Kreditinstitute Gebühren, die i. d. R. aus monatl. Grundgebühren und Gebühren für bestimmte Arten von Geschäftsvorfällen (z. B. Schecks, Überweisungen, Daueraufträge) bestehen. Die Bankkonten müssen mindestens einmal jährlich abgeschlossen werden (üblich sind Monats- und Quartalsabschlüsse). Der K.-Abschluss enthält den K.-Stand zum Stichtag sowie die Abrechnung von Zinsen, Spesen und Gebühren.

Kontoauszug, schriftl. Mitteilung über Kontenbewegungen und den letzten Stand eines Giro- oder Depotkontos. Der K. kann dem Kunden als Tages-, Wochen- oder Monatsauszug von seinem Kreditinstitut postalisch zugestellt oder von ihm bei Bedarf am K.-Drucker selbst erstellt werden. Dabei dient ihm eine ec-Karte, Kredit- oder Bankkundenkarte als Berechtigungsausweis.

Kontoglu, Photis, neugriech. Schriftsteller und Ikonenmaler, * Kydonia (heute Ayvalık, Prov. Balıkesir, Türkei) 8. 11. 1896, † Athen 13. 7. 1965; Traditionalismus und enge Verbundenheit mit der volkstüml. Überlieferung zeichnen sein Schaffen aus.
Werke (neugriech.): *Erzählungen:* Pedro Kazas (1920); Vassanta (1924); Astrolavos (1934); Berühmte Männer (1942); Geschichten u. Begebenheiten (1944); Mystischer Garten (1944); Quelle des Lebens (1951). – *Weitere Prosa:* Großes Zeichen (1962); Savas der Seemann (1965). – *Schrift:* Ausdrucksweise der orthodoxen Ikonographie, 2 Bde. (1960).

Kontokorrent [ital. conto corrente ›laufende Rechnung‹] *das, -s/-e,* zum einen der die Personenkonten, d. h. die Konten der Kunden (Debitoren) und der Lieferanten (Kreditoren) umfassende Bereich der Buchführung (K.-Buch), zum anderen ein Konto, dessen Führung handelsrechtlich geregelt ist (§§ 355 ff. HGB), dem ein meist formlos geschlossener **K.-Vertrag** zugrunde liegt und auf dem alle gegenseitigen Forderungen und Verbindlichkeiten erfasst werden, die zw. zwei Parteien im Rahmen einer Geschäftsbeziehung entstehen.

Forderungen und Verbindlichkeiten auf einem **K.-Konto** werden in regelmäßigen Abständen aufgerechnet und gelten bis auf den festgestellten Saldo als getilgt. Geläufig ist das K. v. a. aus dem Bankgeschäft. Im Rahmen dieses **K.-Geschäfts** kann die Bank dem Kunden vertraglich einen Höchstbetrag (Kreditlimit) zusagen, bis zu dem er über sein Guthaben hinaus verfügen darf (**K.-Kredit**). Dies ist die wichtigste Form kurzfristiger Bankkredite an Unternehmen (Betriebskredit, Betriebsmittelkredit) und Privatpersonen (Dispositions- oder Überziehungskredit). Der K.-Kredit ermöglicht es den Kunden, die Inanspruchnahme des Kredits genau ihrem kurzfristigen, z. T. tägl. Finanzierungsbedarf anzupassen. Er kann Personalkredit oder gesicherter Kredit sein (u. a. durch Hinterlegung von Wertpapieren, durch Abtretung von Forderungen, Bürgschaften). Da Diskont-, Akzept-, Lombardkredite und Darlehen meist auf den K.-Konten gebucht werden, ist der K.-Kredit im weiteren Sinne der wichtigste Bankkredit.

Das K.-Konto einer Bank bei einer anderen Bank heißt **Nostrokonto,** vonseiten der anderen Bank **Vostro-** oder **Lorokonto.**

Kontor [über niederdt.-mittelniederländ. von frz. comptoir, eigtl. ›Zahltisch‹] *das, -s/-e,* 1) veraltet für: Büro eines Kaufmanns bzw. einer Firma; 2) Niederlassung eines Handelsunternehmens oder einer Reederei im Ausland.

Kontorist *der, -en/-en,* Bez. für männl. und v. a. weibl. Büroangestellte (**Kontoristin**), die einfachere Verwaltungsaufgaben (z. B. Registraturarbeiten, Karteiführung, Schreiben von Adressen) erledigen.

Kontorniaten: Rückseite eines Kontorniaten mit der Darstellung einer Quadriga; Durchmesser 50 mm; um 400 (Köln, Römisch-Germanisches Museum)

Kontorniaten [von ital. contorno ›Kontur‹, ›Rand‹], *Sg.* **Kontorniat** *der, -en,* lat. **Contorneati,** münzähnl. Bronzemedaillons des 4./5. Jh. mit mytholog. und Zirkusdarstellungen, den Porträts von Kaisern und Heroen. Die nicht zeitgenöss. K. verdanken sie ihrem durch eine Rille deutlich abgesetzten, erhabenen Rand. Der Prägeanlass ist ungeklärt. Wegen ihrer heidn. Motive werden sie auch einer stadtröm. antichristl. Opposition zugeschrieben.

A. u. E. ALFÖLDI: Die K.-Medaillons, 2 Tle. (1976).

kontra... [lat. contra ›gegen‹], Präfix mit der Bedeutung: entgegen, gegen, wider, z. B. Kontraindikation, Kontrapunkt. Gleichen Ursprungs (jedoch durch frz. contre ›gegen‹ vermittelt) ist das gleichbedeutende Präfix **konter...,** z. B. Konterrevolution.

Kontrabass, kurz **Bass,** volkstümlich **Bassgeige,** ital. **Contrabasso,** engl. **Doublebass** ['dʌblbeɪs], das tiefste und größte (etwa 2 m) der Streichinstrumente; im ausgehenden 16. Jh. in der Violenfamilie entwickelt, danach aber in Einzelheiten an den Violintypus angeglichen (Schnecke, bundloses Griffbrett, F-Löcher). Verbreitet ist die Gambenform mit flachem, oben abgeschrägtem Boden, breiten Zargen und spitz gegen den kurzen Hals zulaufenden Schultern; die Violinform hingegen ist selten. Normalerweise besitzt der K. vier Saiten im Quartabstand ($_1$E, $_1$A, D, G); er kommt auch mit drei oder fünf Saiten (mit unten zugefügter Saite $_1$C oder $_2$H) vor. Die Saiten werden mithilfe einer Schraubenmechanik gestimmt. Viersaitige Instrumente besitzen bisweilen eine Hebelmechanik zur Erniedrigung der $_1$E-Saite bis zum $_1$C. Notiert wird im Bassschlüssel eine Oktave höher als klingend. Das Instrument wird mit einem kurzen Stachel auf den Boden gestellt und im Stehen oder hoch sitzend gespielt. Der Bogen wird entweder mit Untergriff oder (wie der Cellobogen) mit Obergriff geführt. – Ins Orchester gelangte der K. um die Wende zum 18. Jh.; zunächst verstärkte er oktavierend die Cellostimme. Seit der 2. Hälfte des 19. Jh. wird er selbstständig eingesetzt. Der K. wird ferner konzertant (K. DITTERS VON DITTERSDORF, C. STAMITZ, S. KUSSEWIZKIJ) und in der Kammermusik (L. VAN BEETHOVEN, Septett; F. SCHUBERT, ›Forellenquintett‹) verwendet. Eine große Rolle spielt er im Jazz, wo er zur Markierung des Grundrhythmus (Schlagbass) und der Harmoniefolge eingesetzt wird.

A. PLANYAVSKY: Gesch. des K. (1970); B. M. FINK: Die Gesch. des K. u. seine Trennung vom Violoncello in der orchestralen Instrumentation (1974); K. u. Baßfunktion, hg. v. W. SALMEN (Innsbruck 1986); E. ABBAS: Klangl. Eigenschaften des K. (1989).

Kontradiktion [lat.] *die, -/-en,* Widerspruch.

kontradiktorische Aussagen [lat. contradictorius ›Widerspruch enthaltend‹], *Logik:* zwei Aussagen, die jeweils äquivalent zur Negation der anderen sind. Zwei k. A. können nicht beide zugleich falsch sein; eine von beiden muss wahr und die andere falsch sein. K. A. schließen einander aus. Im →logischen Quadrat sind die Aussagen auf den beiden Diagonalen kontradiktorisch. K. A. sind stets auch konträr, aber nicht alle konträren Aussagenpaare sind auch kontradiktorisch. Beispiel: ›Alle Primzahlen sind ungerade‹ und ›Es gibt eine gerade Primzahl‹ sind kontradiktor. Aussagen.

kontradiktorisches Verfahren, gerichtl. Verfahren mit gegensätzl. Anträgen der Parteien und streitiger (mündl.) Verhandlung, das mit einem kontradiktor. Urteil (wozu auch Anerkenntnis- und Verzichtsurteil sowie Urteil nach Lage der Akten gehören) abgeschlossen wird, im Ggs. zum nichtstreitigen Verfahren und Urteil, falls eine Partei den Verhandlungstermin versäumt oder nicht verhandelt (→Versäumnisverfahren).

Kontrafagott, frz. **Contrebasson** [kɔ̃trəba'sɔ̃], engl. **Doublebassoon** ['dʌblbəsu:n] oder **Contrabassoon** ['kɔntrə-], tiefes Holzblas-(Doppelrohrblatt-)Instrument, das eine Oktave tiefer als das →Fagott erklingt (Tonumfang etwa $_2$A – g, eine Oktave höher notiert). Nach Vorlaufern seit dem frühen 17. Jh. baute WILHELM HECKEL 1877 das K. in der noch heute üblichen Form mit dreifach geknickter Röhre (Gesamtlänge etwa 593 cm) und abwärts gerichtetem Metallschallbecher.

Kontrafaktur [mlat. ›Nachahmung‹, zu lat. contrafacere ›dagegen machen‹, ›nachahmen‹] *die, -/-en,* Bez. für die seit dem MA. nachweisbare Umtextierung eines vorhandenen Liedes, bes. die geistl. Umdichtung weltl. Lieder; z. B. entstand das Kirchenlied ›O Welt, ich muss dich lassen‹ als K. des Liedes ›Innsbruck, ich muss dich lassen‹. Auch die Neutextierung mehrstimmiger Vokalsätze, beliebt seit dem 16. Jh., fällt unter den Begriff der K., die ab etwa 1600 meist →Parodie genannt wurde.

kontragredient, →kontravariante Größen.

Kontrahent [lat., zu kontrahieren] *der, -en/-en,* 1) *bildungssprachlich* für: Gegner (in einer geistigen Auseinandersetzung, im Sport); 2) Vertragspartner.

kontrahieren [lat. contrahere ›zusammenziehen‹; ›übereinkommen‹], 1) sich zusammenziehen (v. a. von Muskeln); 2) abschließen (von Verträgen); 3) *früher studentensprachlich:* zum Zweikampf fordern.

Kontrahierungszwang, gesetzl. Verpflichtung zum Abschluss eines privatrechtl. Vertrags. K. besteht insbesondere für Unternehmen der Verkehrswirtschaft, und zwar für öffentl. wie für private Unternehmen (→Beförderungspflicht), und für Unternehmen der Daseinsvorsorge, namentlich solche der Wasser-, Elektrizitäts- und Gasversorgung. Ein K. für marktbeherrschende und ähnl. Unternehmen gegenüber den von ihnen abhängigen Unternehmen kann sich aus dem wettbewerbsrechtl. →Diskriminierungsverbot ergeben. Beim Fehlen besonderer gesetzl. Bestimmungen folgt für den Bereich des Privatrechts aus dem Prinzip der Vertragsfreiheit, dass kein K. besteht, jedoch lässt die Rechtsprechung bei monopolartigen Verbänden (Vereinen) Ausnahmen zu. Im öffentl. Recht gilt dagegen der allgemeine Grundsatz, dass die Einrichtungen und Leistungen der öffentl. Verwaltung unter gleichen Bedingungen jedermann zur Verfügung stehen (›Zulassungszwang‹). Soweit die öffentl. Verwaltung Einrichtungen und Leistungen nicht in der Form der öffentlich-rechtl. Anstaltsnutzung, sondern des privatrechtl. Vertrags zur Verfügung stellt, kann sich aus diesem Grundsatz ein K. auch bei Fehlen einer ausdrücklichen gesetzl. Anordnung ergeben.

Kontra|indikation, Gegen|anzeige, Gesamtheit der Umstände, die eine Anwendung bestimmter, normalerweise erforderl. Diagnose- oder Behandlungsmaßnahmen (Arzneimittel, Operation) verbieten, z. B. das Bestehen einer Schwangerschaft. – Ggs.: Indikation.

Kontrakt [lat.] *der, -(e)s/-e, allg.* der →Vertrag. Im *Börsenwesen* Vertrag mit standardisierten Vereinbarungen, der börsenmäßig gehandelt wird. Gebräuchlich sind v. a. Termin-K., bei denen nach Art und Menge bestimmte Güter (z. B. Rohstoffe, Gold, Wertpapiere, Devisen) zu einem bestimmten künftigen Termin gekauft oder verkauft werden. K. dieser Art werden i. Allg. nicht physisch erfüllt, sondern vor Fälligkeit mit Gegengeschäften glatt gestellt. (→Termingeschäfte)

Kontrakt|arbeiter, engl. **Indentured Labour** [ɪn-ˈdentʃəd ˈleɪbə], durch einen Vertrag an einen bestimmten Brotherren gebundene Arbeiter, die im Rahmen kolonialer Besiedlungspolitik und der wirtschaftl. Nutzung der überseeischen Gebiete europ. Staaten eingesetzt wurden. Die Bedingungen waren der wirtschaftl. Notlage der K. entsprechend ungünstig (eine geringe Leistung des Brotherren, wie die Vorauszahlung der Überfahrt in Höhe eines Jahreslohns, war z. B. durch 4- bis 7-jährige unbezahlte Arbeit abzugelten). K. (meist irische und engl. Einwanderer), die in der 2. Hälfte des 18. Jh. zeitweise bis zu 50 % des Bev.-Zuwachses in den engl. Kolonien Nordamerikas ausmachten, existierten dort bis zum Bürgerkrieg neben Sklaven und freien Lohnarbeitern. Nach der Abschaffung der Sklaverei wurden v. a. ind. oder chin. K. zur Bewirtschaftung der Plantagen in die Karibik, nach Hawaii, Malaysia, Indonesien, Ceylon, Mauritius und Südafrika gebracht (dort zeitweise auch für die Arbeit in den Minen). Seit der 2. Hälfte des 19. Jh. wurde Kontraktarbeit in den USA und vielen Ländern des Commonwealth gesetzlich eingeschränkt und schließlich verboten, in der Praxis existierte sie jedoch in vielen Gebieten noch bis in die 1920er-Jahre.

Kontrakt|einkommen, →Einkommen.

kontraktil [zu lat. contrahere, contractum ›zusammenziehen‹], *Biologie:* fähig, sich zusammenzuziehen (Gewebe).

kontraktile Vakuole, pulsierende Vakuole, Organell zur Wasserausscheidung bei vielen im Süßwasser lebenden Einzellern, das sich periodisch mit einem eiweißfreien Filtrat des Zytoplasmas füllt; aus diesem werden die Ionen durch →aktiven Transport entfernt und der salzarme Rest durch eine Pore in die Umgebung entleert.

Kontraktion [lat.] *die, -/-en,* 1) *Biologie:* Zusammenziehung, z. B. der Muskeln.

2) *Mathematik:* **kontrahierende Abbildung,** eine Abbildung f eines →metrischen Raumes R in sich, wenn es eine positive Zahl $q < 1$ gibt, sodass $d[f(x), f(y)] \leq q \cdot d(x,y)$ für alle x, y aus R gilt. (→banachscher Fixpunktsatz)

3) *Paläographie:* Abkürzung eines Wortes unter Erhaltung des ersten und des letzten Buchstabens, z. B. $\overline{\text{DNS}}$ = DOMINUS; Ggs.: Suspension.

4) *Physik:* Verkleinerung einer Länge, einer Fläche oder eines Volumens durch Schrumpfung.

5) *Sprachwissenschaft:* die auch als **Synärese** bezeichnete Zusammenziehung zweier oder mehrerer Vokale zu einem Vokal oder Diphthong, häufig infolge Ausfalls eines dazwischenstehenden Konsonanten (z. B. ahd. ›lioht‹, nhd. ›Licht‹; ahd. ›niwiht‹, nhd. ›nicht‹).

6) *Wirtschaft:* in der Konjunkturtheorie Phase des Abschwungs innerhalb eines Konjunkturzyklus (→Konjunktur).

Kontraktions|theorie, Schrumpfungs|theorie, geotekton. Hypothese, die im Ansatz bereits 1829/30 von L. ÉLIE DE BEAUMONT aufgestellt wurde. Danach werden die Bewegungen der Erdkruste durch Schrumpfung in Zusammenhang mit der Abkühlung (J. D. DANA, E. SUESS), mit gravitativen Verdichtungsvorgängen (L. KOBER), mit der Entgasung der Erde (T. W. BARTH) oder mit therm. Ursachen erklärt. Die K. wurde u. a. von H. STILLE weiter ausgebaut (→Kühlbodenhypothese). – Ggs.: Expansionstheorie.

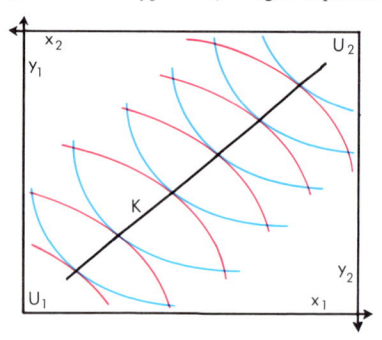

Kontraktkurve: U_1 Ursprung des Indifferenzkurvensystems von Wirtschaftssubjekt 1; U_2 Ursprung des Indifferenzkurvensystems von Wirtschaftssubjekt 2; K Kontraktkurve; x und y die beiden Güter

Kontraktkurve, Tauschkurve, *Wirtschaftstheorie:* die Verbindungslinie zw. den Berührungspunkten von →Indifferenzkurven von zwei Wirtschaftssubjekten in einem ›Edgeworth-Boxdiagramm‹. Die Seitenlängen dieses Boxdiagramms entsprechen den für die beiden Wirtschaftssubjekte verfügbaren Gütermengen. Jeder Punkt in diesem Diagramm verwirklicht eine bestimmte Aufteilung der beiden Güter auf die beiden Wirtschaftssubjekte. Doch nur die Punkte auf der K. repräsentieren in der Wohlfahrtsökonomik →Pareto-Optima, sodass sie für Kontrakte (Tauschhandlungen) zw. den beiden Wirtschaftseinheiten infrage kommen. Die K. ist ein wichtiges Instrument der Außenwirtschaftstheorie.

Kontraktorverfahren, Conträktorverfahren, *Bautechnik:* Verfahren zum Betonieren unter Wasser, wobei der frische Beton durch einen ortsfesten Trichter und ein Trichterrohr, das in bereits geschüttetem Beton hineinreicht, eingefüllt wird, sodass er nicht mit dem Wasser in Berührung kommt und dabei entmischt werden kann.

Kontraktur [lat. contractura ›das Schmalerwerden‹] *die, -/-en, Medizin:* 1) unwillkürl., länger andauernde Verkürzung eines Muskels oder anderer Weichteile, z. B. der Haut durch Narbenschrumpfung (**Narben-K.**); 2) Fehlstellung eines Gelenks, v. a. in Beugehaltung (**Beuge-K.**) aufgrund von Muskellähmungen, Verkürzungen von Sehnen oder Bändern, Schrumpfungen der Gelenkkapsel oder Bindegewebeerkrankungen (→Dupuytren-Kontraktur).

Kontra|oktave, Bez. für den Tonraum $_1C-_1H$. (→Tonsystem)

Kontraposition, *Logik:* der Übergang von der Aussage ›Wenn A, dann B‹ zu der äquivalenten Aussage ›Wenn nicht B, dann nicht A‹. Beispiel: Aus ›Wenn eine Zahl durch 4 teilbar ist, dann ist sie auch durch 2 teilbar‹ wird durch K. ›Wenn eine Zahl nicht durch 2 teilbar ist, dann ist sie (auch) nicht durch 4 teilbar‹.

Kontrapost [ital. contrapposto, eigtl. ›gegeneinander Gesetztes‹] *der, -(e)s/-e, bildende Kunst:* Ausgleich der tragenden und lastenden, der ruhenden und treibenden Kräfte in einer Figur, am sinnfälligsten der Ggs. von Stand- und Schwungbein (früher: Stand- und Spielbein) mit den Auswirkungen auf die übrige Körperhaltung (Hüfte, Schultergürtel); eine Erfindung der Griechen; beste Beispiele sind die Bildwerke aus hochklass. Zeit. Im MA. bemühten sich die Künstler nur vorübergehend um den K. Erst die Renaissance nahm ihn wieder auf.

Kontrapunkt [lat. punctus contra punctum ›Note gegen Note‹] *der, -(e)s,* urspr. Bez. der gesamten mehrstimmigen Tonsetzkunst, dann allg. im Unterschied zur →Harmonielehre die Kunst, mehrere Stimmen in einer Komposition selbstständig (polyphon) zu führen, im Besonderen die Kunst, zu einer gegebenen Melodie (Cantus firmus) eine oder mehrere selbstständige Gegenstimmen zu erfinden. Auch diese nennt man zuweilen K. Man unterscheidet **einfachen** K. und **doppelten** (mehrfachen) K. Beim doppelten K. können die einzelnen Stimmen miteinander vertauscht werden; die Unterstimme kann also z. B. zur Oberstimme, die Mittelstimme kann zum Bass und die Oberstimme kann zur Mittelstimme werden.

Die K.-Lehre entwickelte sich in Fortführung der Lehre vom Discantus (→Diskant) seit dem beginnenden 14. Jh. zu einem festen Regelsystem. Einen ersten Höhepunkt fand die kontrapunkt. Satzkunst im 15. und 16. Jh., dem Zeitalter der Niederländer (Frankoflamen) und der klass. Vokalpolyphonie mit ihrer Vollendung im Werk von G. PALESTRINA und seinen Zeitgenossen. Der ›Palestrinastil‹ geht von der subtilen rhythm. und melod. Durchbildung der Einzelstimme aus; Melodieschritte und Notenwerte sind aufs Feinste gegeneinander abgewogen; im Zusammenklang der Stimmen bildet die Konsonanz die Grundlage; die Einführung von Dissonanzen ist aufs Genaueste geregelt. Harmon. Vollklang wird angestrebt, doch bleiben die entstehenden Akkorde stets das Ergebnis der Linienführung und entbehren noch der immanenten Logik ihrer Aufeinanderfolge im Sinne der späteren Harmonik. Die Stimmen treten i. d. R. nacheinander und imitieren ein. Mit Sorgfalt wird der Text unterlegt. Einen zweiten Höhepunkt der kontrapunktisch konzipierten Musik bildet das Werk J. S. BACHS. In seiner Verwurzelung in der Generalbassharmonik zeigt BACHS K. gegenüber dem vokalen K. der Palestrinazeit ein durchaus verändertes Gepräge. Der meist vierstimmige Satz ist eingebettet in den stetigen Fluss der Harmonie; die einzelnen Stimmen sind instrumental erfunden, tragen ornamentales Figurenwerk, Akkordbrechungen und Sequenzbildungen, ohne dadurch an melod. Überzeugungskraft einzubüßen. BACHS ›instrumentaler K.‹ findet seine reinste Verwirklichung in der Fuge.

Ab 1750 traten die kontrapunkt. Kompositionsformen weitgehend in den Hintergrund. Doch zeigt sowohl die Musik der Wiener Klassiker (→durchbrochene Arbeit) als auch die immer komplizierter strukturierte Musik des späten 19. Jh. eine deutlich vom K. beeinflusste Tendenz zur Selbstständigkeit der einzelnen Stimmen, selbst im Verband des großen Orchesterklangs (J. BRAHMS, R. WAGNER, G. MAHLER). Auch in der Musik des 20. Jh. spielt das kontrapunkt. Denken, das im Kompositionsunterricht noch immer am Beispiel PALESTRINAS und BACHS als Basiswissen vermittelt wird, eine wichtige Rolle; daneben dient der K., wie schon im 19. Jh., als Stilnachahmung zu einer spezifisch kirchl., auch bewusst antiromant. oder altertüml. Kompositionsaussage.

G. M. ARTUSI: L'arte del contraponto, 2 Bde. (Venedig 1598, Nachdr. Hildesheim 1969); J. J. FUX: Gradus ad parnassum oder Anführung zur regelmäßigen musikal. Composition (a. d. Lat., 1742, Nachdr. 1974); J. P. KIRNBERGER: Die Kunst des reinen Satzes..., 2 Bde. (1771, Nachdr. 1968); G. B. MARTINI: Esemplare, o sia Saggio fondamentale pratico di contrapunto sopra il canto fermo, 2 Bde. (Bologna 1774, Nachdr. Farnborough 1965); H. BELLERMANN: Der Contrapunkt... (⁴1901, Nachdr. 1922); L. CHERUBINI: Theorie des K. u. der Fuge (a. d. Frz., 1911); H. RIEMANN: Lb. des einfachen, doppelten u. imitierenden K. (⁶1921); P. HINDEMITH: Unterweisung im Tonsatz, 3 Bde. (1937–70); H. GRABNER: Der lineare Satz (²1950); H. LEMACHER u. H. SCHROEDER: Lb. des K. (1950); E. KŘENEK: Zwölfton-K.-Studien (a. d. Engl., 1952); E. KURTH: Grundl. des linearen K. (Neuausg. Bern 1956, Nachdr. 1977); J. TINCTORIS: Opera theoretica, hg. v. A. SCAY, Bd. 2: Liber de arte contrapuncti (Neuausg. Dallas, Tex., 1975); K. JEPPESEN: K. (a. d. Dän., Leipzig ⁵1978); K.-J. SADIS: Contrapunctus/K., in: Hwb. der musikal. Terminologie, Loseblh., Lfg. 10 (1983); D. DE LA MOTTE: K. (²1985).

konträr [lat.-frz.], 1) *bildungssprachlich* für: entgegengesetzt, gegensätzlich.
2) *Logik:* **inkompatibel,** gesagt von zwei Aussagen, die jeweils die Negation der anderen implizieren. Zwei

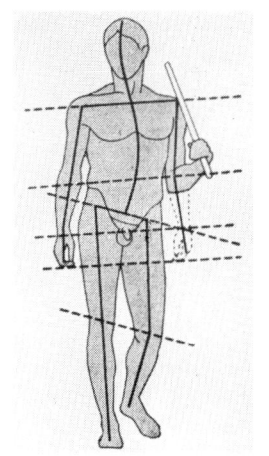

Kontrapost: links Schematische Darstellung der Körperachsen einer klassischen griechischen Plastik; rechts Der ›Ephebe von Antikythera‹; um 340 v. Chr. (Athen, Archäologisches Nationalmuseum)

Kont Kontraselektion – Kontrastmittel

Lichtern und den tiefsten Schatten) ist das Produkt von Eigen-K. des Motivs und Beleuchtungs-K. Die K.-Wiedergabe lässt sich wesentlich durch die Steuerung der →Gradation beeinflussen.

3) *Optik:* Sammel-Bez. für photometrisch bewertete Helligkeits- und Farbunterschiede zw. leuchtenden Stellen des Gesichtsfeldes. Leuchten zwei Stellen mit der Leuchtdichte L_1 bzw. L_2, so ist ihr **photometrischer Helligkeits-K.** K die auf die Leuchtdichte der einen Stelle bezogene Leuchtdichtedifferenz beider Stellen:

$$K = (L_1 - L_2)/L_2 \text{ oder } K = (L_1 - L_2)/L_1.$$

Der **photometrische Farb-K.** ist analog festgelegt; es ist lediglich jede Leuchtdichte mit einem Faktor zu multiplizieren, der von der Farbe der leuchtenden Stelle abhängt.

4) *Wahrnehmungspsychologie:* als **Wahrnehmungs-K.** das Sich-voneinander-Abheben zweier gleichartiger Wahrnehmungsinhalte, verbunden mit einer gegenseitigen Beeinflussung der Sinnesempfindungen bei gleichzeitiger Reizung benachbarter Sinneszellen (**Simultan-K.**) oder bei kurz aufeinander folgender Reizung derselben Sinneszellen (**Sukzessiv-K.**) durch Reize unterschiedl. Qualität oder Quantität (z. B. Lichtreiz unterschiedl. Farbe bzw. Helligkeit), wobei diese Beeinflussung zum Wahrnehmen oder Erleben von tatsächlich nicht vorhandenen Erscheinungen führen kann (K.-Täuschungen).

Die Beeinflussung verläuft stets in gegensinniger Weise zur beeinflussenden Empfindung, wobei größere Reizflächen ein Übergewicht über kleinere erlangen: Ein grauer Fleck erscheint in einer dunklen Umgebung heller, in einer hellen Umgebung dagegen dunkler, als es seiner tatsächl. Helligkeit entspricht; in farbiger Umgebung nimmt er den Farbton der Gegenfarbe an. Ferner kommt es bes. in den Grenzbereichen kontrastierender Flächen zu gegenseitigen, als **Grenz-** oder **Rand-K.** bezeichneten K.-Täuschungen.

kontrastive Linguistik, urspr. Sammel-Bez. für alle unter komparatist. Aspekt durchgeführten Sprachuntersuchungen; i. e. S. Bez. für eine Teildisziplin der Sprachwiss., für die synchron-vergleichende Analyse zweier oder mehrerer Sprachen (auch Sprachvarianten), wobei Gemeinsamkeiten und Unterschiede durch Untersuchung der jeweiligen phonet., phonolog., grammat. und lexikal. Eigenart unter Verwendung desselben Grammatikmodells (**kontrastive Grammatik**) dargestellt werden. Steht die Analyse sprachl. Unterschiede im Vordergrund, spricht man z. T. auch von **konfrontativer Linguistik.** Durch ihren synchronen Charakter unterscheidet sich die k. L. von der historisch-vergleichenden Sprachwissenschaft. Neben den theoret. Zielen der k. L. liegt ein Forschungsschwerpunkt im angewandten Bereich, bes. im Rahmen des fremdsprachl. Unterrichts und der automat. Sprachübersetzung. Durch ihre auch pragmat. Ausrichtung hebt sich die k. L. von der →Sprachtypologie ab.

Kontrastmittel, Röntgenkontrastmittel, Substanzen zur Steigerung opt. Kontraste bei Röntgen- oder anderen Schnittbilduntersuchungen; sie werden angewendet, wenn zw. versch. Körpergeweben keine ausreichenden natürl. Absorptionsunterschiede von Röntgenstrahlen bestehen. **Negative K.** (Luft, Sauerstoff) bewirken eine erhöhte Strahlendurchlässigkeit, sie werden natürlicherweise beim Lungenröntgen genutzt und z. B. zur Magen-Darm-Diagnostik eingesetzt. **Positive K.** (Jodverbindungen, Bariumsulfat) schwächen Röntgenstrahlen stärker als Körpergewebe und werden z. B. zur Arteriographie, Cholegraphie, Nephrographie, Lymphographie, Magen-Darm-Untersuchung (bei unteren Abschnitten mit Kontrasteinlauf) und bei der Computertomographie verwendet. **Doppelkontraste** erzielt man bei gleichzeitiger Anwen-

Kontrast 2): Kontrastreiche und kontrastarme Fotografie desselben Motivs

konträre Aussagen können nicht zugleich wahr sein; wohl aber können beide falsch sein. Im →logischen Quadrat der Syllogistik stehen das universell bejahende Urteil (›Alle *M* sind *P*‹) und das universell verneinende Urteil (›Kein *M* ist *P*‹) in einem konträren Verhältnis. Behauptet man zwei konträre Aussagen, so begeht man einen Widerspruch. Beispiel: ›Alle Primzahlen sind ungerade‹ und ›Keine Primzahl ist ungerade‹ sind konträre Aussagen.

Kontraselektion, die →Gegenauslese.

Kontrasignatur, die →Gegenzeichnung.

Kontraspiel, *Kartenspiel:* Spiel beim Tarock, Skat und Bridge mit verdoppelter Gewinn- oder Verlustprämie. Ein K. kommt zustande, wenn die Gegenpartei kontriert (›Kontra‹ ansagt), weil sie den Gewinn des Spielenden bezweifelt; wenn der Spielende siegessicher ist und ›Rekontra‹ oder nur ›Re‹ ansagt, verdoppelt sich die Prämie noch einmal.

Kontrast [ital., zu lat.-ital. contrastare ›entgegenstellen‹] *der, -(e)s/-e,* **1)** *allg.:* starker Gegensatz, auffallender Unterschied.

2) *Fotografie:* i. Allg. Verhältnis (logarithmisch: Differenz) zw. den Lichtwerten der hellsten und dunkelsten Stelle im Objekt (**Objekt-K., Motiv-K.**) bzw. Differenz zw. der zugeordneten opt. →Dichte in einer bildmäßigen Übertragung des Objektes. Der bei der Aufnahme maßgebl. **Gesamt-K.** (zw. den hellsten

Kontrastmittel: Röntgenologische Darstellung von Magen und Zwölffingerdarm (links) sowie des Dünndarms (rechts) mithilfe eines Kontrastmittels

dung von negativem und positivem K., z. B. zur Darstellung von Hohlorganen (Magen und Darm).

Um den sehr seltenen, aber schwerwiegenden K.-Nebenwirkungen bestmöglich vorzubeugen, wird vor Anwendung, v. a. vor intravenöser K.-Gabe, mit dem Patienten ein kurzes Aufklärungsgespräch geführt, um eventuell eine medikamentöse Prophylaxe durchführen zu können. Die meisten durch bildgebende Verfahren diagnostizierten Erkrankungen werden überhaupt erst durch K. in ihrer tatsächl. Ausdehnung sichtbar gemacht.

Kontrast|übertragungsfunktion, *Fotografie:* die →Modulationsübertragungsfunktion.

Kontra|subjekt, Gegensatz, in der →Fuge ein beibehaltener Kontrapunkt, der als Melodielinie stets oder häufig zus. mit dem Fugenthema, zu ihm i. d. R. kontrastierend, in einer anderen Stimme erscheint. Auch die zum ersten Thema hinzutretenden Themen der Doppel-, Tripel- oder Quadrupelfuge können als K. bezeichnet werden.

Kontratenor, *Musik:* →Countertenor.

kontravariante Größen, Bez. für die Elemente u^i (mit $i = 1, 2, ..., n$) aus einem n-Tupel $\{u^1, u^2, ..., u^n\}$ von Größen, die sich bei linearen homogenen Koordinatentransformationen $x^i \to \bar{x}^i(x^1, x^2, ..., x^n)$ in einem n-dimensionalen Koordinatenraum genau so transformieren lassen wie die Koordinaten $x^1, x^2, ..., x^n$ dieses Raumes. Als **kovariante Größen** werden die Elemente v_i eines n-Tupels $\{v_1, v_2, ..., v_n\}$ bezeichnet ($i = 1, 2, ..., n$), die so transformiert werden, dass die Summe (Linearform) aller $v_i u^i$ bei dieser Transformation invariant bleibt. – Die Elemente zweier n-Tupel heißen **kogredient** zueinander, wenn sie gleichartig transformiert werden; werden die Elemente des einen n-Tupels kovariant, die des anderen kontravariant transformiert, so bezeichnet man sie als **kontragredient** zueinander.

Kontrazeption [nach Konzeption gebildet] *die, -/-en,* die →Empfängnisverhütung. – **Kontrazeptivum** *das, -s/...va,* Mittel zur Empfängnisverhütung.

Kontribution [lat. ›gleichmäßige Zuteilung‹] *die, -/-en, Recht:* 1) urspr. jede Steuer, seit dem 15./16. Jh. bes. eine direkte Steuer für militär. Zwecke, in Preußen z. B. die für die Erhaltung des Heeres bestimmte Grundsteuer. 2) Im Völkerrecht sind K. außerordentl. Geldleistungen, die die Bev. eines besetzten Gebietes für die Besatzungsmacht erbringen muss. Nach Art. 48 ff. der Haager Landkriegsordnung sind sie nur zur Deckung der Besatzungskosten des Heeres, nicht aber zu Strafzwecken zulässig. In der Staatenpraxis während des Zweiten Weltkrieges und danach trat die K. in den Hintergrund. Sobald in den besetzten Ländern Zentralverwaltungen eingerichtet waren, wurden diese zur Zahlung von Besatzungskosten verpflichtet. Die von Requisitionsmaßnahmen betroffenen Bürger erhielten i. d. R. von der Zentralverwaltung eine Entschädigung zulasten der Besatzungskosten, die durch allgemeine Steuern aufzubringen waren.

Kontributions|taler, im 1. Koalitionskrieg gegen Frankreich von einigen geistl. dt. Münzherren und der Stadt Frankfurt am Main 1794/98 ausgegebene Talermünzen, die aus Silber geprägt wurden, das die Bürger und Kirchen aufbringen mussten. Darauf weisen die Inschriften hin, z. B. PRO DEO ET PATRIA (lat.: für Gott und Vaterland); bei den Frankfurter K. AUS DEN GEFÄSSEN DER KIRCHEN UND BÜRGER.

Kontrition [lat. ›Zerknirschung‹] *die, -/-en,* vollkommene Reue, →Bußsakrament.

Kontrolle [frz., von älter contrerôle, zu contre ›gegen‹ und rôle ›Rolle‹, ›Liste‹] *die, -/-n,* **1)** *allg.:* Überwachung, Aufsicht; Überprüfung; Gewalt (über jemanden oder etwas).

2) *Soziologie:* **soziale K.,** auf E. A. Ross zurückgehender soziolog. Grundbegriff, der die Gesamtheit der Prozesse und Einflussnahmen in einer Gruppe oder Gesellschaft bezeichnet, durch welche die Mitgl. dazu veranlasst werden, sich im Sinne der bestehenden Normen und Regeln zu verhalten. Dies geschieht zum einen durch die im Rahmen der Sozialisation angestrebte Internalisierung dieser Normen, zum anderen durch die in der sozialen Interaktion ausgeübte ›Überwachung‹ des Verhaltens, wobei Abweichungen mit negativen, Konformität mit positiven sozialen Sanktionen belegt werden. Die soziale K. dient der sozialen Integration, sei es durch Lösung, sei es durch Unterdrückung von innergesellschaftl. Konflikten, sie ist jedoch auch zugleich die Quelle neuer Konflikte, da sie Ausdruck von Autorität und Fremdbestimmung ist. Die Sozialisationsforschung interessiert sich heute bes. für die Vorgänge der Internalisierung äußerer K. zu inneren K.-Instanzen (Gewissensbildung).

Gewissen u. soziale K. in Dtl. u. Japan, hg. v. A. WIEGAND-KANZAKI u. a. (1986); K. HAHN: Soziale K. u. Individualisierung. Zur Theorie moderner Ordnungsbildung (1995).

Kontroll|elemente, *Genetik:* springende genet. Einheiten (Insertionselemente, Transposonen), erstmals beim Mais nachgewiesen, und zwar aufgrund ihrer genet. Eigenschaften, die nicht den mendelschen Regeln entsprechen. K. können die Genexpression benachbarter Gene beeinflussen.

Kontrollkommission, 1) 1919–27 der Ausschuss der Siegermächte des Ersten Weltkrieges zur Überwachung der Entmilitarisierung der besiegten Staaten (z. B. des Dt. Reiches) bzw. ihrer Nachfolgestaaten.
2) Sowjetische K., Abk. **SKK,** die nach Gründung der DDR 1949 eingesetzte sowjet. Besatzungsbehörde (Sitz: Berlin-Karlshorst), wurde 1953 in die Hohe Kommission umgewandelt.

Kontrollmitteilungen, *Steuerrecht:* Feststellungen, die ein Mitarbeiter der Finanzverwaltung bei bestimmten Gelegenheiten, v. a. im Rahmen einer →Außenprüfung, über steuerlich relevante Verhältnisse oder Sachverhalte dritter Personen oder des Steuerpflichtigen trifft (z. B. Schmiergeldzahlungen) und die den für diese Personen zuständigen Finanzbehörden zur Auswertung übergeben werden; K. finden ferner bei Feststellungen über unerlaubte Hilfeleistungen in Steuersachen statt. Eine gesetzl. Definition des Begriffs der K. gibt es nicht. Eine spezielle Rechtsgrundlage für K. bei Außenprüfungen bietet § 194 Abs. 3 AO. K. sind keine Verwaltungsakte, sie liegen im Ermessen des Prüfers. Ihre Grenze finden sie in den Auskunftsverweigerungsrechten (§§ 101 ff. AO) und im Schutz der Bankkunden (§ 30 a Abs. 3 AO). K. finden sich auch in anderen Bereichen der öffentl. Verwaltung, so z. B. in der Sozialversicherung.

Kontrollstelle, aufgrund von § 111 StPO zulässige Einrichtung der Polizei zur Personenkontrolle auf öffentl. Plätzen und Straßen. Begründen bestimmte Tatsachen den Verdacht, dass eine terrorist. Straftat (§ 129 a StGB) oder ein schwerer Raub (§ 250 Abs. 1 StGB) begangen worden ist, können K. eingerichtet werden, wenn Tatsachen die Annahme rechtfertigen, dass diese Maßnahme zur Ergreifung des Täters oder zur Sicherstellung von Beweismitteln führen kann, die der Aufklärung der Straftat dienen können. An einer K. ist jedermann verpflichtet, seine Identität feststellen zu lassen sowie mitgeführte Sachen durchsuchen zu lassen. Die Anordnung, eine K. einzurichten, trifft der Richter; die Staatsanwaltschaft und ihre Hilfsbeamten sind hierzu befugt, wenn Gefahr im Verzug ist. (→Verkehrskontrolle)

Kontrollsteuer, Bez. für eine Steuer, die der Finanzverwaltung Anhaltspunkte für die Erfüllung der Steuerpflicht bei einer anderen Steuer oder bei einem anderen Steuerpflichtigen bietet. Beispiel: Die Erbschaftsteuer ›kontrolliert‹ mit den gesetzl. Anzeigepflichten der Kreditinstitute, Standesämter, Gerichte

Kontributionstaler
(Würzburg, 1795–1802; Durchmesser 40 mm)

Vorderseite mit dem Bildnis Georg Karls von Fechenbach

Rückseite

und Notare nachträglich die Erfüllung der Einkommen- und Vermögensteuerpflicht des Erblassers.

Kontrollturm, Tower [ˈtaʊə, engl.], zentraler Teil eines →Flughafens.

Kontrolluhren, Zeiterfassungsgeräte zur Überwachung von Arbeits-, Park- oder Fahrzeiten u. Ä., bei denen Anfang und Ende des zu erfassenden Zeitabschnitts mechanisch oder elektronisch angezeigt und/oder mit geeigneten Datenträgern erfasst und gespeichert werden.

kontrovers [lat. ›entgegengewandt‹, ›entgegenstehend‹], gegeneinander gerichtet, gegensätzlich; strittig.

Kontroverstheologie, Bez. für die method. Hervorhebung der Differenzen (Unterscheidungslehren) versch. Kirchen und Konfessionen bezüglich ihrer theolog. Lehraussagen mit dem Ziel, die eigene Position argumentativ zu unterstützen. Bereits das antike Christentum arbeitete seine Kontroversposition gegenüber häret. Strömungen heraus, die mittelalterl. Kirche gegenüber dem Islam. Den Höhepunkt der K. stellte die theolog. Auseinandersetzung im Gefolge der Reformation dar (z. B. die ›Disputationes de controversiis christianae fidei ...‹ R. BELLARMINOS von 1586–93). – Begriff und Methode der K. treten im ökumen. Dialog der Gegenwart zugunsten einer auf Konsens und Konvergenz (und ggf. auf Überwindung der Lehrunterschiede) abhebenden Theologie zurück. An die Stelle einer auf kontroverse theolog. Positionen fixierten Apologetik ist eine wissenschaftstheoretisch fundierte Fundamentaltheologie getreten.

E. SCHLINK: Ökumen. Dogmatik (²1985).

Pjotr Petrowitsch Kontschalowskij: Der Matador Manuel Garta; 1910 (Moskau, Tretjakow-Galerie)

Kontschalowskij, Končalovskij [-tʃ-], Pjotr Petrowitsch, russ. Maler, *Slawjansk 21. 2. 1876, †Moskau 2. 2. 1956; war anfangs von den Fauves und P. CÉZANNE beeinflusst, Mitbegründer der Künstlervereinigung →Karo-Bube. Er malte Landschaften, Porträts, Stillleben in kräftigen Farben und entwarf auch Bühnenbilder.

Kontumazialverfahren [zu lat. contumacia ›Widerspenstigkeit‹], im *Strafprozess* das Abwesenheitsverfahren (→Abwesenheit).

Kontur [frz., zu ital. contornare ›einfassen‹] *die, -/-en,* fachsprachlich auch *der, -s/-en,* 1) Umriss, Umrisslinie; 2) *meist Pl.,* klar umrissene Züge; 3) in der Kunst Umrisslinie von Bildgegenständen. Die Verwendung der K. in Malerei und Grafik ist den Stilwandlungen entsprechend unterschiedlich. Sie kann eine deutlich begrenzende, ganz in der Fläche bleibende Linie sein (MA.), plastisch formend im Bildraum vor- und zurücktreten (Barock, Rokoko), im Helldunkel verschwimmen (LEONARDO DA VINCI,

REMBRANDT) oder in einer Farb-Licht-Atmosphäre aufgelöst sein (Impressionismus). Sie spielt eine besondere Rolle in allen Strömungen, die die Zeichnung gegenüber der Farbe betonen (z. B. Klassizismus).

Konturenflug, Terrainfolgeflug [tɛˈrɛ̃-], Flug militär. Luftfahrzeuge mit geringem und möglichst gleich bleibendem Bodenabstand, um die Kontur der Bodenoberfläche (Bodenerhebungen und -senken) als Schutz gegen vorzeitige Entdeckung sowie Beschuss zu nutzen. Der K. kann von Hand nach Sicht oder automatisch von einem Flugregler nach Maßgabe eines Terrainfolgeradars durchgeführt werden.

Konturenschärfe, k-Wert, in Mikrometern angegebenes Maß für die Lichtstreuung innerhalb einer fotograf. Schicht; bestimmt wird die Breite der Diffusionsverteilung, innerhalb der sich durch Aufbelichten einer scharfen Kante die wirksame Belichtung (stetig) ein Zehntel der am Ort der Kante wirksamen Belichtung verringert (k/2-Wert).

Konturfedern, Teil des Gefieders der Vögel (→Federn).

Konturhaare, die Grannenhaare (→Haare).

Kontusch, 1) *der, -s/-e,* repräsentatives Obergewand der Männer der poln. Oberschichten im 18. Jh.: ein langer, mit weitem Rückenteil und Hängeärmeln versehener Rock.

2) *die, -/-en,* **Kontusche,** Frauenkleid, →Contouche.

Kontusion [lat., zu contundere, contusum ›zerstoßen‹, ›zerquetschen‹] *die, -/-en, Medizin:* die →Contusio.

Konunga sǫgur [›Königssagas‹], Sammel-Bez. für Prosaerzählungen über die Geschichte der norweg. Könige vom 9.–13. Jh. Sie wurden zw. dem 11. und 13. Jh. meist von namentlich bekannten Isländern (z. B. SNORRI STURLUSON, STURLA THORDARSON, KARL JÓNSSON, STYRMIR KÁRASON), in Einzelfällen auch von Norwegern (z. B. THEODRICUS MONACHUS) in Latein, größtenteils jedoch in der jeweiligen Volkssprache verfasst; sie gelten als wichtige histor. und literar. Quellen. Höhepunkte dieser Geschichtsschreibung sind die Sagas über OLAF TRYGGVASON und OLAF II. HARALDSSON in der →Heimskringla des SNORRI STURLUSON, die Sagas über SVERRIR, HÅKON IV. HÅKONSSON, MAGNUS HÅKONSSON sowie die anonymen Sammelwerke →Morkinskinna, →Ágrip und →Fagrskinna.

K. SCHIER: Sagaliteratur (1970); DERS. in: Neues Hb. der Literaturwiss., hg. v. K. VON SEE, Bd. 7 (1981).

Konungs skuggsjá [›Königsspiegel‹], eine um 1260 in altnorweg. Sprache verfasste didakt. Schrift in Dialogform zur Unterweisung junger Adelssöhne in weltl. Wissensgebieten. Schwerpunkte sind eine Beschreibung des Kaufmannsstandes, Informationen über die Beschaffenheit der nördl. Länder, über meteorolog. und geograph. Erscheinungen sowie Angaben über das Leben am norweg. Königshof nebst Unterweisungen in höf. Benehmen, Kriegswesen und Rechtskunde.

Ausgaben: K. s., hg. v. L. HOLM-OLSEN (²1983). – Der Königsspiegel, übers. v. R. MEISSNER (1944, Nachdr. 1978).

Konurbation *die, -/-en,* **Conurbation** [kɔnəːˈbeɪʃn, engl.], städt. Verdichtungsraum (→Ballungsgebiet).

Konus [griech.-lat. ›Kegel‹] *der, -/-se* und *...nen,* kegel- oder kegelstumpfförmiger Körper, häufig als Werkzeug- oder Maschinenteil.

Konusantenne, Diskonantenne, eine →Breitbandantenne, die für ein Frequenzband einsetzbar ist, dessen Breite durch die Querabmessungen des kegelstumpfförmigen Antennenelementes bestimmt wird.

Konvaleszenz [zu lat. convalescere ›zu Kräften kommen‹, ›erstarken‹] *die, -,* 1) *Medizin:* die →Rekonvaleszenz.

2) *Recht:* das Gültigwerden (schwebend) unwirksamer Rechtsgeschäfte durch Wegfall des Hindernisses

oder Eintritt bestimmter Ereignisse, die der Gültigkeit entgegenstanden. So wird z. B. die Verfügung, die ein Nichtberechtigter über einen Gegenstand getroffen hat, wirksam, wenn er den Gegenstand der Verfügung später (etwa durch Erbfall) erwirbt.

Konvalidation [lat. con valere ›Geltung haben‹] *die, -/-en,* kath. *Kirchenrecht:* die ›Gültigmachung‹ einer kirchlich ungültig geschlossenen Ehe durch Aufhebung des Grundes der Ungültigkeit. Die K. erfolgt durch den Diözesanbischof oder den Hl. Stuhl (cc. 1156–1165 CIC).

Konvektion [spätlat. ›das Zusammenbringen‹] *die, -/-en,* 1) *Meereskunde:* die vertikale Wasserbewegung im Ozean, ausgelöst durch Dichteunterschiede, die durch nächtl. oder winterl. Abkühlung des Wassers an der Meeresoberfläche **(thermische K.)** oder Erhöhung des Salzgehaltes bei Meereisbildung **(haline K.)** verursacht sein können.
2) *Meteorologie:* die vertikale Luftbewegung, d. h. Aufsteigen erwärmter Luft bei gleichzeitigem Absinken kälterer Luft in der Umgebung. Ursache ist meist die durch Sonneneinstrahlung erfolgte Erwärmung der Erdoberfläche und der bodennahen Luftschicht, aus der sich in unregelmäßiger Folge mehr oder weniger große Luftpakete ablösen, aufgrund ihrer geringeren Dichte aufsteigen und sich durch Ausdehnung abkühlen. Man unterscheidet dabei die ungeordnete **Klein-K.** (Warmluftschlieren, -blasen, Cumuluswolken) von der geordneten **Groß-K.** (Gewitterwolken). Bei Erreichen des →Kondensationsniveaus bilden sich **K.-Wolken** (Cumulus-, Cumulonimbuswolken). Als Ersatz für die aufsteigende Warmluft sinkt kältere Luft ab und erwärmt sich adiabatisch. – K. entsteht auch, ausgelöst durch frei werdende Kondensationswärme, wenn Kaltluft über warme Unterlagen (Meer, Landflächen) oder feuchtlabil geschichtete Luft über ein größeres Hindernis (Berg) strömt.
3) *Physik:* die Mitführung bzw. Übertragung einer physikal. Eigenschaft oder Größe, wie Wärme **(Wärme-K.,** →Wärmeübertragung) oder elektr. Ladung, durch Strömungen in Gasen oder Flüssigkeiten. Die K.-Strömung kann als Ausgleichsvorgang von selbst entstehen **(freie K.)** oder mithilfe von Pumpen oder Gebläsen erzeugt werden **(erzwungene Konvektion).**

Konvektions|instabilität, auch Bénard-Instabilität [beˈnaːr-, frz.], der Übergang von der Wärmeleitung zur Wärmekonvektion in einer von unten erhitzten Schicht einer viskosen Flüssigkeit. Bei kleiner Temperaturdifferenz herrscht Wärmeleitung, da die Viskosität der Flüssigkeit einen Materietransport verhindert. Bei Überschreiten eines bestimmten Temperatur schlägt der Wärmetransport von Wärmeleitung in Wärmekonvektion um. (→Bénard-Effekt)

Konvektionsstrom, ein elektr. Strom, bei dem die Ladungsträger nicht durch Einwirkung eines elektr. Feldes, sondern in einer von anderen Kräften hervorgerufenen Bewegung (z. B. von geladenen Staubteilchen, Flüssigkeitströpfchen, strömenden Medien) transportiert werden.

Konvektor *der, -s/...'toren,* ein →Heizkörper.

Konvent [lat. conventus ›Zusammenkunft‹] *der, -(e)s/-e,* 1) *Geschichte:* 1) im antiken Rom die Gerichtssitzung des Provinzstatthalters; 2) **National-K.,** **Convention nationale** [kɔ̃vɑ̃ˈsjɔ̃ nasjɔˈnal], 1792–95 die frz. Volksvertretung, deren Ausschüsse, u. a. der →Wohlfahrtsausschuss, die Exekutive ausübten. (→Französische Revolution)
2) *Hochschulwesen:* Selbstverwaltungsorgan der Hochschule, →Konzil.
3) *Kirchenrecht:* 1) ev. Kirchen: regelmäßige Zusammenkünfte von Pfarrern auf Kreis- oder Landesebene; auch Bez. für Vereinigungen mit theolog. und kirchenpolit. Zielsetzungen; 2) kath. Kirche: Bez. für die Gesamtheit der Angehörigen eines Klosters sowie für das Kloster selbst, i. e. S. die Versammlung aller stimmberechtigten Mitgl. des Klosters.

Konventikel [lat. conventiculum ›kleine Zusammenkunft‹] *das, -s/-,* außerkirchl. religiöse Zusammenkunft privaten Charakters; z. B. die →Collegia pietatis.

Konvention [frz., von lat. conventio ›Zusammenkunft‹, ›Übereinkunft‹] *die, -/-en,* 1) *allg.:* Regel des Umgangs, des sozialen Verhaltens, die für die Gesellschaft als Verhaltensnorm gilt. Verstöße gegen sie haben nur geringe Sanktionen zur Folge. Im Ggs. zu moral. Normen kommt K. kein Anspruch auf Allgemeingültigkeit zu, da sie nur raum- und zeitgebunden für bestimmte Gruppen gelten. – Dass Sprache auf K. beruhe, wurde bereits in der antiken Philosophie diskutiert.
2) *Völkerrecht:* multilateraler Vertrag, Kollektivvertrag, durch den völkerrechtl. Gewohnheitsrecht kodifiziert oder neues Völkerrecht mit Geltung für die Signatarstaaten gebildet wird. Die UNO bemüht sich, den von ihr ausgearbeiteten K. eine möglichst große Zahl von Beitritten zu sichern; wenn fast alle souveränen Staaten der Erde eine K. unterzeichnen und ratifiziert haben (›Quasieinmütigkeit‹), entsteht allgemeines Völkerrecht, an das auch die Nichtsignatarstaaten gebunden sind.

Konventionalismus *der, -,* wissenschaftstheoret. Auffassung (vertreten u. a. von P. DUHEM und H. POINCARÉ), dass eine exakte Wiss. (z. B. Physik, Geometrie, Arithmetik) ein System von Sätzen sei, das nicht durch (induktive) Verallgemeinerung von angeblich zugrunde liegenden Beobachtungssätzen zustande kommt, sondern auf konventionellen Festsetzungen von Fundamentalsätzen (Axiom, Hypothese) beruht, aus denen andere Sätze deduziert werden. Die Fundamentalsätze müssen lediglich den formal widerspruchsfreien Aufbau eines Systems ermöglichen. (→Konstruktivismus)

K. R. POPPER: Logik der Forschung (a. d. Engl., [10]1994).

Konventionalität, *Sprachwissenschaft:* Bez. für die aufgrund sozialen Vereinbartseins vorgenommene ›konventionelle‹ regelhafte Zuordnung sprachl. Zeichen (Ausdruck) zur außersprachl. Realität (Inhalt); i. w. S. wird K. auch als sozial geregelte Verwendung von Sprache im Sinne bestimmter Verhaltensnormen verstanden.

Konventionalstrafe, *Recht:* →Vertragsstrafe.

konventionell, den gesellschaftl. Konventionen entsprechend, förmlich; üblich; herkömmlich.

konventionelle Waffen, zusammenfassende Bez. für alle Kampfmittel, Waffen und Waffensysteme, die nicht zu den Kategorien der biolog. und chem. Kampfmittel oder zu den Kernwaffen gehören.

Konventionen von Lomé, die →Lomé-Abkommen.

Konventionen zum Schutze der Menschenrechte, →Europäische Menschenrechtskonvention, →Menschenrechte.

Konventionsfuß, ein 20-Gulden-Münzfuß, der 1750 von Österreich eingeführt und 1753 vom Bayer. Kreis durch einen Vertrag (Konvention) übernommen wurde. Bereits 1754 musste aber Bayern den K. in einen 24-Gulden-Fuß verschlechtern (aus der feinen Mark Silber wurden 24 Gulden geprägt); der Taler galt nun 144 statt 120 Kreuzer. In dieser Form wurde der K. von vielen süd- und westdt. Staaten, 1763 auch von Kursachsen und 1765 von Polen übernommen. Im K. geprägte Taler **(Konventionstaler)** tragen meist die Inschrift ›X EINE FEINE MARK‹ (häufig abgekürzt, z. B. ›X · E · F · MARK‹), wobei X ›zehn (Stück)‹ bedeutet, oder ›AD NORMAM CONVENTIONIS‹. Konventionstaler wurden z. B. in Bayern (bis 1837) und Sachsen (bis 1838) geprägt.

Konventionsfuß: Konventionstaler der Stadt Frankfurt am Main (1776; Durchmesser 41 mm)

Vorderseite

Rückseite

Konventionsgulden, Abk. **Cfl.** (von Conventionsflorin), süddt. Name des halben Konventionstalers (→Konventionsfuß) zu 60 Kreuzer (deshalb die Bez. Gulden) bzw. zu 72 Kreuzer im 24-Gulden-Fuß.

Konvention über das Verbot der Entwicklung, Herstellung, Lagerung und des Einsatzes von chemischen Waffen, →C-Waffen-Abkommen.

Konvention über das Verbot der Verwendung umweltverändernder Techniken zu militärischen Zwecken, Kurz-Bez. **Umweltkriegsübereinkommen,** abgeschlossen am 18. 5. 1977, in Kraft getreten am 5. 10. 1978, verbietet den Gebrauch umweltverändernder Techniken (z. B. Veränderung der Struktur der Erde, ihrer Atmosphäre sowie ihrer Tier- und Pflanzenwelt) im krieger. Sinne.

Konvention zum Schutz der biologischen Vielfalt, auf der UN-Konferenz über Umwelt und Entwicklung 1992 in Rio de Janeiro verabschiedetes internat. Übereinkommen zum Schutz der biolog. Vielfalt (Biodiversität). Unter dem Begriff ›biolog. Vielfalt‹ wird die Vielfalt des Lebens auf der Erde in allen ihren Erscheinungsformen verstanden. Das bezieht sich ebenso auf die Vielfältigkeit von Arten und die genet. Vielfalt innerhalb der Arten (einschließlich der Sorten- und Rassenvielfalt von Nutztieren und Nutzpflanzen) wie auch auf die unterschiedl. Ökosysteme. Ein Verlust an biolog. Vielfalt kann die stabilisierende und schützende Wirkung der Biosphäre auf Boden, Wasser, Atmosphäre und Klima beeinträchtigen. Verringerte Bodenfruchtbarkeit, Erosion und Überschwemmungen können die Folge sein. Die biolog. Vielfalt liefert die Rohstoffe und das genet. Material für die gesamte landwirtschaftl. Produktion, da z. B. viele Hochleistungssorten der Einkreuzung wilder Sorten bedürfen, um Resistenzen gegen Schädlinge und Krankheiten zu erwerben (→Genreservoire). Der Erhalt der biolog. Vielfalt ist somit für die Ernährung der Weltbevölkerung dringend notwendig.

Ziel der Konvention ist es, weltweit den Schutz von Tier- und Pflanzenarten sowie ihrer Lebensräume zu gewährleisten und den darin geborgenen genet. Reichtum zu erhalten. Der Schutz der Arten soll möglichst in ihren Lebensräumen erfolgen, hierzu müssen ausreichend große Schutzgebiete ausgewiesen werden. Neben Verpflichtungen zum Schutz der Arten in ihren Lebensräumen sind u. a. auch Schutzmaßnahmen außerhalb der Lebensräume, Überwachungsmaßnahmen, Umweltverträglichkeitsprüfungen, verstärkte Forschung sowie die Nutzung der natürl. Ressourcen nach dem Prinzip der Nachhaltigkeit vorgesehen. Hierbei muss besonders die ausgewogene Aufteilung der aus der Nutzung der Biosphäre resultierenden Vorteile (Gewinne) berücksichtigt werden. Die Entwicklungsländer mit dem größten Anteil an der biolog. Vielfalt sollen durch verbesserten Technologietransfer und zusätzl. finanzielle Hilfen bei der Durchführung des Übereinkommens unterstützt werden.

Das Übereinkommen, das bisher (Stand Dezember 1996) von 162 Staaten ratifiziert wurde, ist im Dezember 1993 in Kraft getreten; Dtl. ist seit Dezember 1993 Vertragsstaat.

Konventualen [mlat.], Sg. **Konventuale** der, -n, kath. Kirche: 1) stimmberechtigte Mitgl. eines Konvents; 2) ein selbstständiger Zweig der →Franziskaner.

Konverbien, Sprachwissenschaft: in den altaischen Sprachen Verbalformen ohne Personalendungen, die kein Prädikat bilden können und daher zu einem Hauptverb treten.

konvergent, Mathematik: einem endl. Grenzwert zustrebend (→Konvergenz).

Konvergenz [zu spätlat. convergere ›sich hinneigen‹] die, -/-en, 1) bildungssprachlich für: Annäherung, Übereinstimmung (von Meinungen, Zielen u. Ä.).

2) *Biologie:* die Ausbildung strukturell, physiologisch oder verhaltensmäßig ähnl. Merkmale bei genetisch verschied. Lebewesen durch Anpassung an den gleichen Lebensraum oder die gleiche Lebensweise.

Im *Tierreich* sind z. B. Maulwurf und Maulwurfsgrille in ihrer Anpassung an die grabende Lebensweise durch Gestalt und Grabfüße ähnlich. Die fischähnl. Lebensweise führt auch bei den wasserlebenden Säugetieren und Kriechtieren zu fischförmiger Gestalt sowie zu gleichen Augen bei Fischen und Tintenfischen. Beispiele für **konvergente Rückbildung** ist die verkümmerten Augen der Höhlen- und Schlammtiere.

Im *Pflanzenreich* sind K.-Erscheinungen z. B. Stachel und Dorn sowie die Säulen- oder Kugelform vieler Kakteen und Wolfsmilcharten.

3) *Fernsehtechnik:* das örtl. Zusammenführen der Elektronenstrahlen bei Farbbildröhren mit drei getrennten Elektronenstrahlsystemen in der Maskenebene. Die K. muss unabhängig von der Ablenkung für jeden Punkt auf dem Bildschirm gewährleistet sein, damit jeder Elektronenstrahl exakt das ihm zugeordnete Leuchtstoffelement des Farbtripels trifft und K.-Fehler in Form von Farbwiedergabestörungen vermieden werden. Man unterscheidet **statische K.** in der Bildschirmmitte (K. der unabgelenkten Elektronenstrahlen) und **dynamische K.** an den Bildschirmrändern (K. der abgelenkten Elektronenstrahlen). Geräte mit Lochmaskenröhren besitzen zur Einstellung der K. drei auf dem Röhrenhals befindl. Magnetsysteme, die die Elektronenstrahlen radial verschieben (**Radialkonvergenzeinheit**), sowie ein Magnetsystem, das den blauen Elektronenstrahl tangential verschiebt (**Lateralkonvergenzeinheit**). Innerhalb der Magnetsysteme dienen Permanentmagnete zur Beeinflussung der stat. K. und von (in Abhängigkeit von der Ablenkung) einstellbaren horizontal- und vertikalfrequenten Korrekturströmen durchflossene Spulenpaare zur Einstellung der dynam. K. In Inlineröhren bewirkt die Anordnung der Strahlsysteme in Verbindung mit selbstkonvergierenden Ablenkeinheiten einen verringerten Aufwand an Nachsteuerschaltung. Bei besonderen PIL-Bildröhren mit einem exakt abgestimmten System aus Bildröhre und Ablenkeinheit entfällt die K.-Einstellung sogar ganz; sie besitzen **Selbstkonvergenz.**

4) *Geomorphologie:* Übereinstimmung von Oberflächenformen, die in unterschiedl. Klimazonen (also bei unterschiedl. geomorpholog. Prozessen) in ähnl. oder gleicher Weise entstehen; z. B. breitsohlige Schottertäler in den heißen Trockengebieten wie auch in den kalten Polar- oder Subpolarländern.

5) *Mathematik:* bei →Folgen von Zahlen das Vorhandensein eines →Grenzwertes (**konvergente Folgen**). Existiert kein solcher Grenzwert, so ist die Folge divergent. Folgen von besonderer Gestalt sind die →Reihen. Bei ihnen unterscheidet man folgende Arten von K.: Als **absolut konvergent** werden konvergente Reihen bezeichnet, wenn auch die aus den Absolutwerten der Glieder gebildete Reihe konvergiert. Strebt eine konvergente Reihe auch bei beliebiger Umordnung der Glieder stets gegen denselben Grenzwert, so nennt man sie **unbedingt konvergent,** sonst **bedingt konvergent.** – Zur K. von Funktionenfolgen und Funktionenreihen →Funktionenfolge, →Potenzreihe.

6) *Meereskunde:* das Aufeinandertreffen von Oberflächenströmungen des Meerwassers. Zw. den kalten (polaren und subpolaren) und warmen (subtrop.) Wassermassen entstehen K.-Zonen: die beiden subtrop. K. beiderseits des Äquators sowie die antarkt. und arkt. K. (auch Polarfront genannt).

7) *Meteorologie:* Zustand im Strömungsfeld der Atmosphäre, bei dem in einem Gebiet in der Zeiteinheit

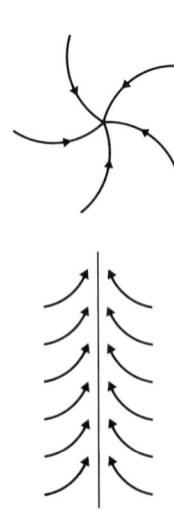

Konvergenz 7): Ein Konvergenzpunkt (oben) entsteht durch Luftzufuhr als punktförmiges Zentrum eines Tiefdruckgebietes, eine Konvergenzlinie (unten) als Wetterfront, meist in Verbindung mit Wolkenbildung und Niederschlag

mehr Luft zu- als abfließt (Ggs. Divergenz). – Am Boden sind Tiefdruckgebiete gewöhnlich K.-Gebiete; infolge aufsteigender Luftbewegung kommt es hier zur Wolken- und Niederschlagsbildung. In einer einheitl. Luftmasse kann eine **K.-Linie** entstehen, die wie eine Front, verbunden mit Wolken- und Niederschlagsgebieten, mit der allgemeinen Strömung wandert (der Unterschied gegenüber einer Front besteht in der Gleichheit des Temperaturfeldes vor und hinter der K.-Linie). →innertropische Konvergenzzone.

8) *Politik:* →Konvergenztheorie.

9) *Sinnesphysiologie:* gleichsinnige Einwärtsbewegung der Augen bei Fixierung von Gegenständen im Nahbereich mit gleichzeitiger Pupillenverengung und entsprechender Akkommodation. Die K. dient der →Fusion der Sinneseindrücke beim beidäugigen Sehen. Ausgeprägte **K.-Lähmungen,** z. B. aufgrund von Schlaganfällen, Geburtstraumen und Hirntumoren, rufen beim Nahsehen gekreuzte Doppelbilder hervor. Die häufigeren leichten Formen bewirkten Exophorie (Auswärtsschielen), K.-Schwäche, Legasthenie.

10) *Stochastik:* neben der seit englisch erklärenden **fast sicheren K.** werden insbesondere folgende K.-Begriffe verwendet: 1) Für die Anwendung von Grenzwertsätzen (z. B. →zentraler Grenzwertsatz): Eine Folge von Verteilungsfunktionen F_n ($n = 1, 2, ...$) heißt **konvergent in (nach) Verteilung** (oder **schwach konvergent**) gegen eine Verteilungsfunktion F, wenn an jeder Stetigkeitsstelle t von F die Folge der Funktionswerte $F_n(t)$ gegen $F(t)$ konvergiert. 2) Für die →Konsistenz von Schätzerfolgen: Eine Folge von Zufallsvariablen X_n ($n = 1, 2, ...$) heißt **konvergent in Wahrscheinlichkeit** (oder **stochastisch konvergent**) gegen eine Zufallsvariable X, falls für alle $\varepsilon > 0$ die Folge der Wahrscheinlichkeiten $P(|X_n - X| > \varepsilon)$ für $n \to \infty$ gegen null konvergiert.

Konvergenzkreis, *Mathematik:* →Potenzreihe.

Konvergenzkriterien, 1) *Mathematik:* Angabe von Bedingungen, unter denen u. v. a. eine Reihe einen →Grenzwert besitzt. Neben anderen haben das →Quotientenkriterium, das →Wurzelkriterium sowie das →Leibniz-Kriterium besondere Bedeutung.

2) *Wirtschaft:* im Maastrichter Vertrag fixierte Bedingungen für die Teilnahme an der →Europäischen Wirtschafts- und Währungsunion.

Konvergenzradius, *Mathematik:* →Potenzreihe.

Konvergenztheorie, 1) *Psychologie:* von W. STERN zum Prinzip erhobene Theorie, nach der die psych. Individualentwicklung (→Intelligenz) als Zusammenwirken von Anlage und Umwelt (→Anlage) zu begreifen ist.

2) *Völkerkunde:* der Versuch, parallele Kulturerscheinungen in versch. Gebieten der Erde durch die Annahme zu erklären, dass eine ähnl. Umwelt auch ähnl. Kulturelemente hervorbringe, eine Übertragung (etwa durch Diffusion) ausgeschlossen. In abgewandelter Form in der Milieutheorie weitergeführt.

3) *Wirtschaft* und *Politik:* Ende der 50er-Jahre in den USA entstandenes Denkmodell, das von ökonom. und sozialstrukturellen Tendenzen einer gegenseitigen Angleichung (Konvergenz) zw. Kapitalismus und Sozialismus ausging. Bestimmte Funktionsabläufe und Strukturen einer Industriegesellschaft in politisch-ideolog. gegensätzl. (divergenten) Systemen erzwingen danach die Angleichung zu einem einheitl. Gesellschaftstyp.

Der Begriff Konvergenz wurde zum ersten Male von P. A. SOROKIN verwendet, der Ähnlichkeiten zw. den Gesellschaftssystemen der USA und der UdSSR festzustellen glaubte. J. TINBERGEN und J. K. GALBRAITH sahen in den kapitalist. Ländern eine ständige Zunahme staatl. Planung und eine zunehmende Bedeutung des Staatssektors auf Kosten des privaten Sektors, in den marxistisch-leninistisch beeinflussten Staaten eine wachsende Beachtung der ›Marktrationalität‹ und die Anerkennung der ökonom. Rolle von Geld und Zins um der höheren Effizienz der Wirtschaft willen.

Hauptansatzpunkte der Konvergenztheoretiker waren: 1) der wiss.-techn. Fortschritt beider Gesellschaftssysteme und die damit ermöglichte Massenproduktion langlebiger Konsumgüter; 2) fortschreitende Arbeitsteilung und Verwissenschaftlichung des Berufslebens; 3) Urbanisierung; 4) Entstehung einer technokrat. Führungsschicht, die im Entscheidungsprozess ein starkes Maß an Autonomie gewinnt, im sozialist. System gegenüber den politisch-ideolog. Führungskadern, in marktwirtschaftl. System gegenüber den Kapitaleignern (GALBRAITH fand dafür den Begriff der ›Technostruktur‹); 5) verwandte Planungsmethoden und Wirtschaftlichkeitsrechnungen; 6) Konvergenz der Bildungssysteme und Lerninhalte; 7) Anerkennung ökonomisch-techn. ›Sachzwänge‹.

Bei der Betonung vergleichbarer Merkmale wurden jedoch grundlegende Eigenschaften beider Systeme (z. B. Eigentumsfrage, Form der Gewinnaneignung, Marktmechanismus) außer Acht gelassen. Bes. der Neoliberalismus und der Marxismus-Leninismus lehnten die K. ab. Durch den Zusammenbruch fast aller sozialist. Systeme hat die K. ihre Relevanz verloren.

P. A. SOROKIN: Russia and the United States (New York 1944); DERS.: The basic trends of our times (New Haven, Conn., 1964); H. MEISSNER: K. u. Realität (1971); J. K. GALBRAITH: Die moderne Industriegesellschaft (a. d. Engl., 55.–59. Tsd. 1974); R. KRAUSS: Intersystemare Kooperation u. Anpassungsprozesse zw. westl. u. östl. Wirtschaftssystemen (1980); O. ŠIK: Wirtschaftssysteme. Vergleiche, Theorie, Politik (1987); H. LEIPOLD: Wirtschafts- u. Gesellschaftssysteme im Vergleich (⁵1988).

Konvergenzzüchtung, Annäherungszüchtung, *Pflanzen-* und *Tierzucht:* Verfahren der Kombinationszüchtung, bei dem durch Rückkreuzung der F₁-Bastarde mit beiden Elternteilen der Verlust erwünschter Merkmale vermieden werden soll.

konvergieren [spätlat. convergere ›sich hinneigen‹], *bildungssprachlich* für: sich einander nähern; übereinstimmen.

Konversation [frz., von lat. conversatio ›Verkehr‹, ›Umgang‹] *die, -/-en,* früher: (gebildete) Unterhaltung; heute *bildungssprachlich* für: konventionelles, leichtes Gespräch.

Konversationslexikon, im 19. Jh. übl., heute veraltete Bez. für eine alphabetisch gegliederte →Enzyklopädie. Ursprünglich war das K. ein Nachschlagewerk, das aus allen Lebens- und Wissensbereichen bevorzugt das zur gebildeten Unterhaltung (Konversation) unerlässliche Wissen vermitteln wollte.

Konversationsstück, 1) *Kunst:* →Genremalerei.

2) *Literatur:* **Gesellschaftsstück,** Lustspielform seit dem 19. Jh., bei der die geistreiche bis spritzigunverbindl. Unterhaltung im Vordergrund steht. Typ. Vertreter des K. sind O. WILDE, H. BAHR und z. T. auch A. SCHNITZLER und H. VON HOFMANNSTHAL. (→Boulevardstück)

Konversen [lat., zu convertere ›umkehren‹], Sg. **Konverse** *der, -n,* Bez. für Laienbrüder und -schwestern im mittelalterl. Mönchtum (→Laienbrüder).

Konversion [lat. ›Umkehrung‹, ›Umwandlung‹] *die, -/-en,* 1) *Börsenwesen:* **Konvertierung,** die Umwandlung einer Anleihe in eine neue (**K.-Anleihe, Konvertierungsanleihe**) mit anderen Verzinsungs- und/oder Tilgungsmodalitäten zwecks Anpassung an veränderte Kapitalmarktverhältnisse. Zur K. ist grundsätzlich das Einverständnis des Gläubigers erforderlich, oder der Gläubiger kann die Rückzahlung des Kapitals fordern. Wenn er diese Möglichkeit nicht hat, spricht man von Zwangs-K., die gesetzlich verfügt werden muss (z. B. im Zusammenhang mit einer Währungsreform).

Konv Konversionsfilter – Konvertibilität

2) *Chemie:* →Konvertierung.

3) *Kernphysik:* die unter Freisetzung eines Elektrons (**K.-Elektron**) erfolgende →innere Konversion.

4) *Kerntechnik:* in einem Kernreaktor die Umwandlung von Brutstoffen in Spaltstoffe durch Neutroneneinfang (→Brüten). Der K.-Faktor und damit die Erzeugung von neuem Spaltstoff ist umso höher, je größer die mittlere Anzahl der pro Spaltung frei werdenden Neutronen ist und je geringer die Neutronenverluste durch anderweitige Absorption oder durch Austritt aus dem Reaktorkern sind. Die K. ermöglicht eine bessere Ausnutzung des →Kernbrennstoffs, insbesondere des natürl. Urans (→Brennstoffkreislauf).

5) *Logik:* der Übergang von einer Subjunktion ›Wenn A, dann B‹ zu der Subjunktion ›Wenn B, dann A‹. Diese beiden Aussagen sind i. Allg. nicht äquivalent, weshalb eine K. i. Allg. nicht zulässig ist. Eine Ausnahme hiervon ist, dass ›A genau dann, wenn B‹ gilt, d.h., dass A und B selbst schon äquivalent sind. Unzulässige K. treten häufig als Beweisfehler auf. Die K. darf nicht mit der →Kontraposition verwechselt werden.

6) *Medizin:* das Umschlagen eines urspr. negativen Befundes in einen positiven, v.a. als **Sero-K.**, dem Auftreten von Antikörpern als Folge einer Impfung oder einer nach der serolog. Untersuchung eingetretenen Infektion.

7) *Psychologie:* die Umsetzung seel. Erregung in körperl. Symptome, z.B. funktionelle Sehstörung durch den Wunsch, eine bestimmte Situation (einschließlich ihrer Anforderungen) nicht wahrnehmen zu müssen; wird von S. Freud zu den →Abwehrmechanismen gerechnet.

8) *Recht:* die →Umdeutung.

9) *Religionswissenschaft* und *Theologie:* eine grundlegende religiöse Neuorientierung aufgrund einer religiösen Erkenntnis, die zu einem anderen Heilsweg, einer inneren Umwandlung und zur Mitgliedschaft in einer ›Bekehrtengemeinschaft‹ führt. Solche finden sich innerhalb gewachsener Religionen nur in Richtungen, die ein rational nachvollziehbares ›Programm‹ besitzen (z.B. die Mysterienkulte der Antike), oder grundsätzlich in den Stifterreligionen wie Buddhismus, Christentum und Islam, aber auch in kleineren Gemeinschaften, die sich – wie z.B. die Mormonen – an einem Stifter und seinem Programm orientieren. Da auch Stifterreligionen etwa das Christentum im MA. Merkmale einer ›gewachsenen Religion‹, in die man hineingeboren wird, entwickeln, entstehen als Gegenreaktion häufig Gemeinschaften mit einem am urspüngl. orientierten theolog. Programm, zu dem der Gläubige konvertieren muss; in diesem Sinne sind die neuzeitl. christl. Konfessionen zu verstehen. – In den *christl. Kirchen* ist K. zur Bez. für den Konfessionswechsel innerhalb der christl. Konfessionen geworden, nach kath. Kirchenrecht nur für den Übertritt aus einer anderen christl. Konfession zur kath. Kirche.

10) *Sprachwissenschaft:* Übergang eines Wortes in eine andere Wortart, i.d.R. ohne morpholog. Kennzeichnung (z.B. ›verstehen‹ und ›Verstehen‹).

11) *Wirtschaft:* die Umstellung des Produktionsprogramms eines Unternehmens auf andere Güter, v.a. von militär. auf zivile Güter (→Rüstungskonversion).

Konversionsfilter, *Fotografie:* →Filter.

Konversions|salpeter, →Kaliumverbindungen.

Konversionsverfahren, *Erdölverarbeitung:* Verfahren zur Umwandlung von höhersiedenden Destillaten oder auch von Destillationsrückständen in Benzin oder Mitteldestillate (→Cracken, →Hydrocracken).

Konverter [engl. ›Umwandler‹] *der,* -s/-, 1) *Elektronik:* Gerät oder elektron. Baugruppe zur Umformung hochfrequenter Signale der einen Frequenz in solche einer anderen Frequenz; in der Fernsehtechnik ein Gerät, das bei älteren Fernsehempfängern die Umformung von UHF-Signalen in VHF-Signale, für deren Empfang sie nur geeignet sind, ermöglicht.

2) *Hüttentechnik:* kippbares, früher birnen- oder tulpenförmiges metallurg. Frischgefäß mit feuerfester Auskleidung, in dem flüssiges Roheisen, Kupferstein u.a. Legierungen gefrischt werden, um Begleit- oder Verunreinigungselemente (z.B. Kohlenstoff, Silicium, Mangan, Phosphor bei der Stahlerzeugung oder Eisen, Schwefel, Arsen, Zink, Blei und Zinn bei der Kupfergewinnung) so weit wie nötig zu reduzieren. Der zum Frischen notwendige Sauerstoff wird entweder von oben über eine Lanze oder von unten durch einen Düsenboden zugeführt; erste, heute noch in Betrieb betriebene K.-Verfahren zur Stahlerzeugung sind das Bessemer-Verfahren und das Thomas-Verfahren. Das gegenwärtig bedeutendste K.-Verfahren ist das →LD-Verfahren, bei dem Stahl im LD-K. durch Aufblasen von reinem Sauerstoff hergestellt wird.

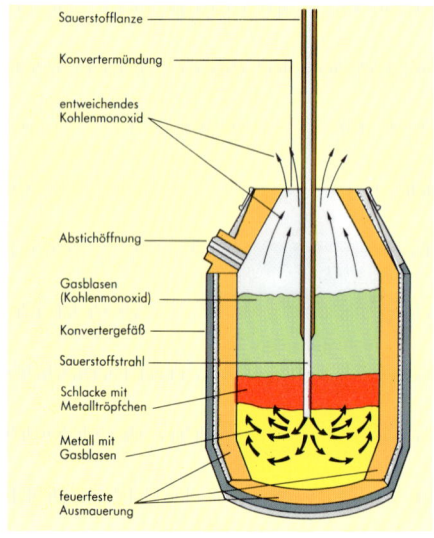

Konverter 2): Schematische Darstellung eines LD-Konverters mit eingeblasenem Sauerstoffstrahl

3) *Kerntechnik:* ein →Kernreaktor, der Brutstoffe in Spaltstoffe umwandelt (→Brüten), aber weniger Spaltstoffe erzeugt als er verbraucht, z.B. Leichtwasser- oder Hochtemperaturreaktoren.

4) *Optik:* ein (mehrlinsiges) System, das dem fotograf. Objektiv zur Änderung der Brennweite (und damit des Abbildungsmaßstabes) nachgeschaltet wird. Für Spiegelreflexkameras gibt es zwei- und dreifach vergrößernde K., die zw. Kameragehäuse und Wechselobjektiv eingesetzt werden.

5) *Spinnerei:* Maschine zur Herstellung von Chemiespinnfasern aus Filamentkabel, das durch Schneid- und Quetschwalzen (**Schneid-K.**) oder in Reißzonen (**Reiß-K.**) zu Stapelfasern weiterverarbeitet wird.

Konverterverfahren, das, →Blasverfahren.

Konvertibilität, Konvertierbarkeit, die freie Austauschbarkeit der Währungen versch. Länder zum herrschenden Wechselkurs im Ggs. zur Devisenbewirtschaftung (→Devisen). Bei **voller K. (freier K.)** kann jeder Inländer zu jedem Zweck beliebig viele Devisen kaufen, jeder Ausländer beliebig viel Inlandswährung. Man spricht auch von frei konvertierbaren Währungen. Bei **beschränkter K.** können Devisen entweder nur zur Zahlung im internat. Waren- und Dienstleistungsverkehr (kommerzielle K.) oder für den Kapitalverkehr zw. Inländern und Ausländern eingetauscht werden. Die K. kann auch auf bestimmte Währungen beschränkt oder nur Inländern (Inländer-K.) bzw. nur Ausländern (Ausländer-K.) zugestanden werden. Beschränkte K. kann sich auf eine begrenzte Menge an Devisen beziehen, die umgetauscht werden darf. Volle K. ist Kennzeichen einer harten Währung, die dann auch internat. Funktionen als Leit- oder Reservewährung erfüllen kann. Als konvertibel gelten aber auch Währungen, die das Kriterium der beschränkten K. nach dem Übereinkommen über den Internat. Währungsfonds erfüllen (›Vermeidung von Beschränkungen laufender Zahlungen‹ im Waren- und Dienstleistungsverkehr). K. ist eine wesentl. Voraussetzung für freien internat. Wirtschafts- und Zahlungsverkehr; sie lässt sich längerfristig aber nur aufrechterhalten, wenn Devisenreserven zum Ausgleich von kurzfristigen Ungleichgewichten der Zahlungsbilanz bereitstehen. Die Bundesrepublik Dtl. und neun westeurop. Länder schlossen im Dezember 1958 ein Abkommen über die freie K. ihrer Währungen.

konvertieren [frz., von lat. convertere ›umkehren‹], zu einer anderen, bes. der kath. Glaubensgemeinschaft übertreten. – **Konvertit** der, -en/-en, jemand, der konvertiert ist. (→Konversion)

Konvertierung, 1) *Börsenwesen:* →Konversion.
2) *Chemie:* **Konversion,** i.w.S. die Umsetzung von zwei Substanzen nach der allgemeinen Gleichung AB + CD → AD + CB; i.e.S. die Umsetzung von Kohlenmonoxid mit Wasserdampf zu Kohlendioxid und Wasserstoff, $CO + H_2O \to CO_2 + H_2$, die bei der Gewinnung von →Synthesegas aus Wassergas zur Entfernung des Kohlenmonoxids verwendet wird.
3) *Informatik:* Umwandlung von Daten im weitesten Sinn (z.B. auch von formatierten Texten) von einem Format in ein anderes. Unter Format ist dabei die Gesamtheit von Art, Aufbau, Anordnung usw. der Daten sowie die Bedeutung von Steuerzeichen zu verstehen (bei Texten z.B. Zeichen für Schriftart und Seitenaufbau). K. sind v.a. dann erforderlich, wenn Daten von einer Rechenanlage auf eine andere übertragen werden sollen oder wenn Eingabedaten eines bestimmten Anwenderprogramms auch für ein anderes lesbar gemacht werden sollen.

konvex [lat. ›nach oben oder unten gewölbt‹], nach außen gewölbt (v.a. bei →Linsen und →Spiegeln); Ggs.: konkav.

konvexe Funktion, *Mathematik:* reellwertige Funktion, bei der die Verbindungsstrecke zweier Punkte des Funktionsgraphen stets unterhalb dieses Funktionsgraphen liegt.

konvexe Menge, *Mathematik:* nichtleere Menge, die mit zwei Punkten stets auch deren Verbindungsstrecke enthält.

konvexer Körper, *Mathematik:* der →Eikörper.

Konvikt [lat. ›das Zusammenleben‹, ›Tischgemeinschaft‹] *das,* -(e)s/-e, 1) Stift, Wohnheim für Theologiestudenten; 2) *süddt.* und *österr.* für: (kath.) Internat.

Konvoi [kɔnˈvɔi, auch ˈkɔnvɔi; frz.-engl., eigtl. ›Geleit‹] *der,* -s/-s, **Convoi** [kõˈvwa, frz.], eine durch Spezialschiffe geleitete Gruppe von Schiffen, z.B. Handelsschiffe im Geleit von Kriegsschiffen; auch auf von Truppen begleitete Transportkolonne zu Lande übertragen sowie allg. auf (zusammengehörende) Fahrzeugkolonnen. – Der K. wird im Seekriegsrecht als Einheit behandelt. Ein K. neutraler Handels- und Kriegsschiffe darf von den Krieg Führenden angehalten und auf Banngut durchsucht werden. Ein K. neutraler Handels- und Krieg führender Kriegsschiffe steht einem feindl. Geleitzug gleich.

Konvolut [zu lat. convolvere, convolutum ›zusammenrollen‹] *das,* -(e)s/-e, 1) Bündel von Schriftstücken; Sammelband, Sammelmappe.

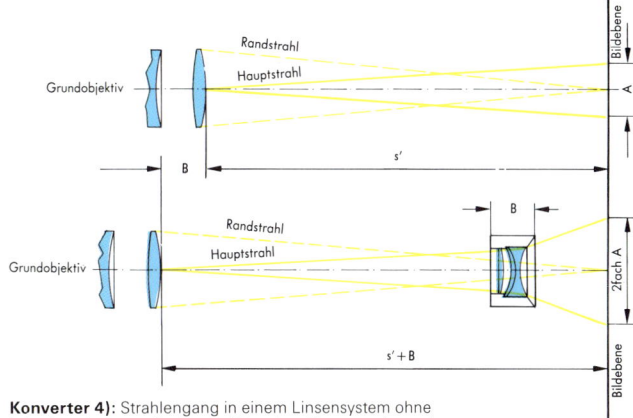

Konverter 4): Strahlengang in einem Linsensystem ohne (oben) und mit zweifach vergrößerndem Konverter (unten); s' Schnittweite des Grundobjektivs, A Abbildungsgröße, B mechanische Länge des Konverters

2) *Medizin:* Verwachsung (z.B. Darmschlinge).

Konvulsion [lat. ›Krampf‹, zu convellere, convulsum ›losreißen‹, ›herumzerren‹] *die,* -/-en, sich wiederholendes Krampfgeschehen der Körpermuskulatur, wobei Kontraktionen mit Erschlaffungsintervallen wechseln; meist infolge Epilepsie oder bei Fieberkrämpfen, auch bei Mangeldurchblutungen des Zentralnervensystems oder durch Krampfgifte (z.B. Strychnin).

konvulsiv, krampfartig (zuckend).

Konwicki [-ˈvitski], Tadeusz, poln. Schriftsteller und Filmregisseur, * Nowa Wilejka (heute zu Wilna) 22. 6. 1926; behandelt in seiner Prosa die Kindheit in Litauen und v.a. Probleme der Nachkriegsgeneration, wobei er eine Welt zw. Traum und Wirklichkeit und voller Angst zeichnet, überschattet von der traumat. Vergangenheit des Krieges, der dt. Besatzung und den innerpoln. Kämpfen nach 1945. In seinen späteren Romanen gestaltet er kritisch die zeitgenöss. poln. Wirklichkeit; Verfasser von Drehbüchern sowie Filmregisseur; auch Filmdarsteller.

Werke: *Romane:* Przy budowie (1950; dt. Die neue Strecke); Sennik współczesny (1963; dt. Modernes Traumbuch); Wniebowstąpienie (1967; dt. Auf der Spitze des Kulturpalastes); Nic albo nic (1971; dt. Angst hat große Augen); Kronika wypadków miłosnych (1974; dt. Chronik der Liebesunfälle); Kompleks Polski (1977); Mała Apokalipsa (1979; dt. Die poln. Apokalypse); Bohiń (1987); Zorze wieczorne (1991); Czytadło (1992); Pamflet na samego siebie (1995). – *Filme:* Der letzte Sommertag (1958, mit JAN LASKOWSKI); Allerseelen (1962); Salto (1965); Wie fern, wie nah ... (1972); Dolina Issy (1982); Lawa (1989).

S. NOWICKI: Pół wieku czyśćca (London 1986).

Konwitschny [-ni], Franz, Dirigent, * Fulnek (Nordmähren) 14. 8. 1901, † Belgrad 28. 7. 1962; war u.a. Gewandhauskapellmeister in Leipzig (1949–62), Generalmusikdirektor der Staatsoper Dresden (1953–55) und seit 1955 der Dt. Staatsoper Berlin. Als Operndirigent trat er bes. mit Werken von R. WAGNER, als Konzertdirigent mit Kompositionen von L. VAN BEETHOVEN, A. BRUCKNER, R. STRAUSS und M. REGER hervor.

Konya [-ja] *der,* -(s)/-s, nach der türk. Stadt K. benannter antiker rotgrundiger Teppich; im Fond meist zwei oder drei Medaillons und mehrere Bordüren, mit Haken besetzte Motive, auch naturalist. Blumen.

Konya [-ja], **Konia,** Provinzhauptstadt in Zentralanatolien, Türkei, 1 027 m ü. M., 509 200 Ew. Die Stadt liegt am Rande des abflusslosen **Beckens von K.,** in dem v.a. mit Wasser aus dem →Beyşehirsee Bewäs-

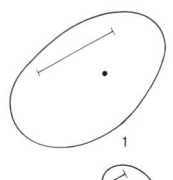

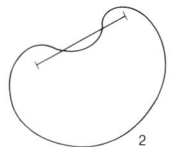

konvexe Menge:
1 Ebene konvexe Figur; 2 Nichtkonvexe Punktmenge

Franz Konwitschny

Kóny   Kónya – Konzentration

Konya: Kloster Mewlana; 16. Jh. ff.

Konya
Provinzhauptstadt in der Türkei

1 027 m ü. M.

509 200 Ew.

wirtschaftliches und kulturelles Zentrum in Zentralanatolien

Universität (gegr. 1975)

Mausoleum von Djalal od-Din Rumi

um 1080 von den Seldschuken erobert

im Altertum Ikonion genannt

Sándor Kónya

serungsfeldbau betrieben wird; sie ist wirtschaftl. und kulturelles Zentrum des südl. Zentralanatolien; Univ. (gegr. 1975), theolog. Hochschule, sechs Museen; Nahrungsmittel-, Papier- und Metallindustrie, Herstellung von Teppichen und Andenken; Flughafen.
Stadtbild: Von der den antiken Stadthügel umgebenden (durch Spolien und Reliefs einst reich geschmückten) Stadtmauer des 13. Jh. sind nur noch wenige Skulpturen im Museum (İnce-Minare-Medrese) erhalten, vom Palast der Sultane der Rest eines Kioskbaus (Köşk) am Fuß des Hügels. Das Stadtbild beherrscht die Alâeddin-Moschee, begonnen unter MASUD I. (Mihrab von 1155/56, Mittelkuppel), 1219–21 stark erweitert, von Damaszener Architekten mit einer monumentalen Hoffassade versehen. Den Hügel umgeben mehrere Medresen (mit überkuppeltem Hof und reichem Portal- und Fliesenschmuck), u. a. Büyük-Karatay-Medrese (1251; klass. Marmorportal; heute Fayencemuseum), İnce-Minare-Medrese (1258–79, urspr. mit zwei Minaretten) und Sircali-Medrese (1242/1243). Der Stiftungskomplex Sahip-Ata-Külliyesi mit Moschee, Türbe, Derwischkloster und Bad (restauriert) entstand zw. 1258 und 1283. Im Kloster Mewlana befindet sich das Mausoleum des islam. Mystikers DJALAL OD-DIN RUMI (Türbe in die spätere Bausubstanz des 16. Jh. einbezogen); reiche Sammlung seldschuk. Kunst (Handschriften, Gewänder, Teppiche, Musikinstrumente u. a.). – Aus osman. Zeit stammt die für die Rekonstruktion der Mehmediye in Istanbul wichtige Selimiye-Moschee (Selimiye Camii), die im Auftrag SELIMS II. 1566–74 entstand.
Geschichte: K., dessen Siedlungsspuren bis ins 3. Jt. v. Chr. zurückreichen, war als **Ikonion** (**Iconium**) Hauptstadt der antiken Landschaft Lykaonien. 334/333 v. Chr. kam es vom Perserreich an ALEXANDER D. GR. und war unter hellenist., röm. und byzantin. Herrschaft von regionaler Bedeutung. Um 1080 von den Seldschuken erobert, war K. seit dem 12. Jh. Hauptstadt der Rumseldschuken; 1397 bis 1402 und endgültig seit 1466/67 gehörte es zum Osman. Reich.
Kónya [ˈkoːnjɔ], Sándor, Sänger (Tenor) ungar. Herkunft, * Sarkad (bei Gyula) 23. 9. 1923; debütierte 1951 in Bielefeld, wurde 1955 Mitgl. der Städt. Oper Berlin und trat 1961 erstmals an der Metropolitan Opera in New York auf. Er ist als Wagner-Sänger (u. a. Lohengrin bei den Bayreuther Festspielen) und als Interpret des ital. und frz. Fachs bekannt geworden.
Kọnyak, Stamm der Naga im Grenzgebiet zw. Indien und Birma. Die etwa 65 000 K. galten als bes. kriegerisch und waren gefürchtete Kopfjäger; auch bekannt als ›nackte Nagas‹.

C. VON FÜRER-HAIMENDORF: Die nackten Nagas ([4]1947); DERS.: Tribal populations and cultures of the Indian subcontinent (Leiden 1985).

Kọnz, Stadt im Landkreis Trier-Saarburg, Rheinl.-Pf., 120 m ü. M., an der Mündung der Saar in die Mosel, 17 700 Ew.; Volkskunde- und Freilichtmuseum; Textilindustrie, Maschinenbau, Kunststoffverarbeitung; Weinbau; seit 1987 ist die Saar zw. Dillingen/Saar und K. für Schiffe bis 3 320 t befahrbar. – In spätröm. Zeit lag auf dem Gebiet der heutigen Stadt ein röm. Gutshof. Um 370 fand die Moselbrücke, die im MA. von großer strateg. Bedeutung war, erste Erwähnung. 1959 erhielt K. Stadtrecht.

konzedieren [lat. concedere, eigtl. ›beiseite treten‹], *bildungssprachlich* für: einräumen, zugestehen; zugeben.

Konzelebration, *lat.* und *ostkirchl. Liturgie:* die gemeinsame Feier einer liturg. Handlung, bes. der Messe und der ›Göttl. Liturgie‹, durch mehrere Geistliche (Konzelebranten), wobei einer als Hauptzelebrant tätig ist.

Konzentrat *das, -(e)s/-e,* Stoffgemisch, in dem ein Bestandteil angereichert (auch hochprozentig) vorliegt.

Konzentration [frz.-lat., eigtl. ›Vereinigung in einem (Mittel)punkt‹] *die, -/-en,* **1)** *allg.:* Zusammenballung, Zusammendrängung.
2) *Chemie:* Mengenanteil einer bestimmten Komponente in einer Mischphase (Gasgemisch, Lösung, Mischkristall). Nach DIN 1310 versteht man unter K. jeden Quotienten, der das Volumen V der Mischphase im Nenner enthält. Die K. kann je nach der Größe des Stoffes i in versch. Weise angegeben werden: Die **Volumen-K.** σ_i ergibt sich aus dem Quotienten Volumen des Stoffes i/Volumen V der Mischphase, $\sigma_i = V_i/V$, die **Massen-K. (Partialdichte)** β_i (oder ϱ_i) aus dem Quotienten Masse des Stoffes i/Volumen V der Mischphase, $\beta_i = m_i/V$, und die **Stoffmengen-K.** (früher →Molarität) c_i aus dem Quotienten Molzahl des Stoffes i/Volumen V der Mischphase, $c_i = n_i/V$. Weitere Stoffmengen-K. sind die **Äquivalent-K.** (früher →Normalität) und die →Molalität.
Neben den durch DIN genormten K.-Angaben sind noch folgende (heute im SI-Einheitensystem ungültige) **Gehaltsangaben** gebräuchlich: **Volumenprozent, Vol.-%** = 100 · (Volumen des Stoffes i/Gesamtvolumen V) = 100 · (V_i/V_{ges}), **Masse(n)prozent** (unkorrekt als **Gewichtsprozent,** Abk. Gew.-%, bezeichnet), Masse-% = 100 · (Masse des Stoffes i/Gesamtmasse m_{ges}) = 100 · (m_i/m_{ges}), und **Molprozent,** Mol-% = 100 · (Molzahl des Stoffes i/Gesamtmolzahl) = 100 · Molenbruch. Ohne den Faktor 100 werden diese Größen in der angegebenen Reihenfolge nach DIN korrekt als **Volumenanteil (-gehalt, -bruch)** φ_i, **Massenanteil (-gehalt, -bruch)** w_i und **Stoffmengenanteil (-gehalt, -bruch;** veraltet Molenbruch) x_i bezeichnet und als Gehaltsangaben verwendet (→pp-Einheiten).
3) *Psychologie:* die bewusste Steigerung der →Aufmerksamkeit und ihre Bindung an ein vorgegebenes Ziel. Phys. oder anlagebedingte Beeinträchtigungen der K.-Fähigkeit (etwa durch angeborene Schäden des zentralen Nervensystems) werden i. d. R. als **K.-Schwäche** bezeichnet. Psych. und umweltbedingte Beeinträchtigungen, z. B. als Folge nicht bewältigter Reizüberflutung, gelten als **K.-Mangel;** Kennzeichen sind v. a. rasche Ermüdbarkeit, erhöhte Störbarkeit, Vergesslichkeit, Neigung zu infantiler, verträumter, unenerg. Arbeitshaltung, auch Kontaktscheu.
4) *Wirtschaft:* Ballung ökonom. Größen in dem Sinn, dass ein Merkmalsbetrag auf wenige oder immer weniger Merkmalsträger (**absolute K.**) oder in ungleichmäßiger oder immer ungleichmäßigerer Weise auf die Merkmalsträger (**relative K.**) verteilt ist. Mit

K. kann der Verlauf des Prozesses gemeint sein, der zur Ballung führt (K.-Prozess), aber auch das Ergebnis (K.-Stand). K. wird v. a. beobachtet bei Betriebs- und Unternehmensgrößen, bei der räuml. Verteilung von Produktionsstätten sowie bei der Einkommens- und Vermögensverteilung.

Die **Unternehmens-K.** nimmt z. B. zu, wenn der Anteil der Großunternehmen am Umsatz und/oder der Beschäftigtenzahl steigt. Dies geschieht, wenn die größeren Unternehmen rascher wachsen als kleinere (K. durch internes Unternehmenswachstum) oder wenn sich ihre Zahl durch Unternehmenszusammenschlüsse verringert (K. durch externes Unternehmenswachstum). Unter der **Einkommens-K.** und **Vermögens-K.** versteht man vornehmlich die ungleichmäßige Verteilung der laufenden Einkommen und bestehenden Geld- und Sachvermögen zw. den Produktionsfaktoren Arbeit und Kapital, zw. versch. Personengruppen oder Einkommensklassen.

Eine K.-Messung ist nur bedingt möglich. Zu unterscheiden sind Maße für die absolute K. (welcher Anteil am gesamten Merkmalsbetrag entfällt auf eine bestimmte Anzahl von der Größe nach geordneten Merkmalsträgern) sowie für die relative K. (welcher Anteil am gesamten Merkmalsbetrag entfällt auf einen bestimmten Anteil der der Größe nach geordneten Merkmalsträger). Die Höhe der relativen K. wird vielfach mithilfe der →Lorenz-Kurve ermittelt. Die K.-Messung kann sich auf Sektoren, Wirtschaftszweige oder einzelne relevante Märkte beziehen. Grundlagen sind dabei Umsatz, Wertschöpfung, Beschäftigtenzahl, Kapital.

⇨ *Ballungsgebiet · Einkommensverteilung · Entflechtung · Macht · multinationale Unternehmen · Unternehmenskonzentration · Wettbewerb*

Konzentrations|elemente, elektrochem. Elemente, deren aus dem gleichen Metall bestehende Elektroden in Lösungen unterschiedl. Konzentration des gleichen Elektrolyten eintauchen.

Konzentrationslager, Abk. **KZ**, Massenlager, die Elemente des Arbeits-, Internierungs- und Kriegsgefangenenlagers sowie des Gefängnisses und Gettos vereinigen; dienen seit dem 20. Jh. in diktator. Staaten der Unterdrückung und Ausschaltung polit. Gegner. Vorläufer waren die u. a. von der span. Kolonialmacht während der Revolution auf Kuba (1895) und von der brit. Armee unter Lord KITCHENER im Burenkrieg (1899–1902) errichteten Massenlager für Gefangene. Ab 1917/23 richtete das bolschewist. Russland in seinem Herrschaftsgebiet Zwangsarbeitslager zur Verfolgung der polit. Opposition ein (seit Beginn der 1930er-Jahre im Rahmen des →GULAG).

Während der natsoz. Diktatur in Dtl. (1933–45) hatten die K. (offizielle Abk. **KL**) unter der Herrschaft der SS unterschiedl. Funktionen: zunächst Sonderlager für polit. Gegner, dann zusätzlich Zwangsarbeitslager (seit 1941/42 auch im Rahmen der Kriegswirtschaft) und Stätten der Massenvernichtung bes. von Juden, Sinti und Roma sowie anderen missliebigen Personengruppen (→Vernichtungslager).

Nach dem Reichstagsbrand (27. 2. 1933) wurden auf der Grundlage der ›VO zum Schutz von Volk und Staat‹ (28. 2.), die HITLER bes. zur Außerkraftsetzung der Grundrechte in der polit. Justiz erlassen hatte, polit. Gegner (Kommunisten, Sozialdemokraten u. a.) in polizeil. ›Schutzhaft‹ genommen oder von der SA und SS willkürlich verhaftet. Erste K. errichteten der damalige kommissar. Polizei-Präs. von München, H. HIMMLER, bei Dachau (20. 3. 1933) sowie SA und SS in Berlin und Umgebung (Columbia-Gefängnis, Oranienburg). Zw. 1934 und 1937 wurden die ›wilden‹ Lager (z. B. in verlassenen Fabrikgebäuden, in entlegenen Magazinen oder Kasernen) wieder aufgelöst. Die verbliebenen K. Dachau, Oranienburg (später Sachsenhausen), Börgermoor und Esterwegen (›Emslandlager‹, 1935/36 bzw. 1936 aufgelöst) sowie Lichtenburg (bei Torgau; 1937 aufgelöst) wurden 1934 dem Reichsführer SS (HIMMLER) unterstellt. Dieser richtete das Amt des ›Inspekteurs der K.‹ (THEODOR EICKE, * 1892, † 1943) ein, der zugleich Befehlshaber der bei den K. kasernierten SS-Wach- und SS-Totenkopfverbände war. Nach dem Vorbild von Dachau errichtete die SS neue K.: 1937 in Buchenwald (bei Weimar), 1938 in Flossenbürg (bei Weiden, Oberpfalz) und Mauthausen (bei Linz, nach dem gewaltsamen ›Anschluss‹ Österreichs an das Dt. Reich) sowie 1939 in Ravensbrück (heute zu Fürstenberg/Havel; Frauen-K.). Nach Ausbruch des Zweiten Weltkrieges 1939 wurde die ›Inspektion der K.‹ (RICHARD GLÜCKS, * 1889, † 1945) dem neuen SS-Führungsamt, 1942 dem SS-Wirtschaftsverwaltungshauptamt (WVHA; OWALD POHL, * 1892, † 1951) unterstellt. Das Netz von Haupt- und Nebenlagern wurde ab 1939/40 zunehmend ausgebaut: Neuerrichtung von K. u. a. in Bergen-Belsen (bei Celle), Neuengamme (bei Hamburg), Groß-Rosen (Reg.-Bez. Breslau), Stutthof (bei Danzig), Natzweiler (in den Vogesen), Auschwitz (bei Krakau; später größtes Vernichtungslager), Majdanek (bei Lublin; später ebenfalls zugleich Vernichtungslager), Theresienstadt (Nordböhmen) und Riga. Im März 1944 gab es 22 K. mit 165 angeschlossenen Arbeitslagern (Außenkommandos).

Seit 1935 wurden neben tatsächl. oder vermeintl. polit. Gegnern inhaftiert, die aus rass., religiösen oder ›sozialen‹ Gründen zu ›Volksschädlingen‹ erklärt wurden (Juden, Sinti und Roma, Geistliche, Bibelforscher, ›Arbeitsscheue‹, Gewohnheitsverbrecher, Homosexuelle). Der gewaltsame ›Anschluss‹ Österreichs an das Dt. Reich und die Novemberpogrome 1938 (Reichspogromnacht) führten zu einer neuen Verhaftungswelle. Im Zweiten Weltkrieg wurden Widerstandskämpfer aus den besetzten Gebieten inhaftiert. Hinzu kamen Verhaftungen aufgrund des →Nacht-und-Nebel-Erlasses. Im Krieg kam die Mehrzahl der Häftlinge in den K. aus den besetzten Gebieten, bei Kriegsende waren nur noch etwa 5–10 % der K.-Insassen Deutsche. Im März 1942 betrug die Zahl der Häftlinge etwa 100 000, im Januar 1945 etwa 715 000, bewacht von 40 000 SS-Männern.

Seit 1938 wurde der Zwangseinsatz für Unternehmen der SS und später für die Rüstungsindustrie (u. a. IG Farbenindustrie AG) ein wesentl. Zweck der K.; Zwangsarbeit unter menschenunwürdigen Arbeitsbedingungen, Hunger, Seuchen, drakon. Strafen und sadist. Quälereien führten dazu, dass viele Häftlinge starben oder schwere gesundheitl. Schäden davontrugen. In den meisten K. wurden in Isolierblocks ›wiss.‹ Experimente an Menschen von SS-Ärzten durchgeführt (u. a. Fleckfieber-, Malaria-, Höhendruck- und Unterkühlungs-, ferner Sulfonamid- und Sterilisationsversuche). Bes. seit 1943 kam es zu Massenvernichtungen von Geisteskranken, kranken Häftlingen, Polen und sowjet. Kriegsgefangenen. Insgesamt befanden sich während der natsoz. Herrschaft etwa 7,2 Mio. Häftlinge in den K. Als im Frühjahr 1945 die Lager von Ost nach West verlegt wurden, starben zahllose Menschen auf mörder. Fußmärschen.

Nach der grundsätzl. Entscheidung zur Ermordung der europ. Juden (›Endlösung der Judenfrage‹) während der Vorbereitungen des Angriffs auf die Sowjetunion (Sommer 1941) errichtete die SS u. a. bei den K. in Auschwitz und Majdanek sowie in Culm (poln. Chełmno), Bełżec, Sobibór und Treblinka technischfabrikmäßige Vernichtungslager (→Holocaust).

Möglichkeiten, von der Existenz der K. und den Zuständen in ihnen Kenntnis zu nehmen, bestanden bis zum Ausbruch des Krieges für einen beträchtl. Teil der dt. Bev.; Einzelheiten konnten der Bev. durch Verschleierung und Geheimhaltung verborgen bleiben. Was sie tatsächlich wahrnahm, hing vom Ausmaß der ideolog. Vorurteile, der Angst vor dem natsoz. Terror und der Verdrängung sowie später von den Belastungen des Krieges ab. – In einer Reihe von Prozessen (u. a. Nürnberger Prozesse), die teilweise sehr spät stattfanden, wurden Verantwortliche nach 1945 zur Rechenschaft gezogen.

In der SBZ bestanden 1945-50 in den K. Buchenwald und Sachsenhausen Sonderlager des NKWD für dt. Zivilpersonen (→Speziallager). – K. wurden auch von den Militärjunten in Griechenland (1967-74) und Chile (1973-89) eingerichtet, ebenso von Serben bzw. Kroaten im Krieg in Kroatien sowie in Bosnien und Herzegowina (1992-95).

⇨ *Arbeitserziehungslager · Euthanasie · Kommissarbefehl · Kriegsverbrecherprozesse · Nationalsozialismus · SS · Völkermord · Zwangsarbeit*

Natsoz. K. im Dienst der totalen Kriegsführung, hg. v. H. VORLÄNDER (1978); F. PINGEL: Häftlinge unter SS-Herrschaft (1978); A. J. KAMINSKI: K. 1896 bis heute. Eine Analyse (1982); W. GRODE: Die ›Sonderbehandlung 14 f 13‹ in den K. des Dritten Reiches (1987); A. J. KAMIŃSKI: K. 1896 bis heute. Gesch., Funktion, Typologie (1990); J. TUCHEL: K. Organisationsgesch. u. Funktion der ›Inspektion der K.‹ 1934-1938 (1991); K. DROBISCH u. G. WIELAND: System der NS-K. 1933-1939 (1993); W. SOFSKY: Die Ordnung des Terrors. Das K. (^{4}1993); Anatomie des SS-Staates, Beitr. v. H. BUCHHEIM u. a. (Neuausg. ^{6}1994); J. TUCHEL: Die Inspektion der K. 1938-1945. Das System des Terrors (1994); E. KOGON: Der SS-Staat. Das System der dt. K. (Neuausg. ^{31}1995); H. LANGBEIN: ... nicht wie die Schafe zur Schlachtbank. Widerstand in den natsoz. Konzentrationslagern 1938-1945 (22.-23. Tsd. 1995); K.-Dokument F 321 für den Internat. Militärgerichtshof Nürnberg, hg. v. P. NEITZKE u. M. WEINMANN (a. d. Frz., ^{12}1996).

Konzentrationstests, psycholog. Tests, die den Anspruch erheben, die Fähigkeit zur →Konzentration unabhängig von der Intelligenz zu erfassen. Dabei kommt es darauf an, wie weit es dem Probanden gelingt, etwa bei Rechen- oder Sortieraufgaben störende und ablenkende Reize auszublenden.

konzentrisch [mlat.], einen gemeinsamen Mittelpunkt habend, um einen gemeinsamen Mittelpunkt angeordnet; Ggs.: exzentrisch.

Konzept [lat. conceptus ›das Zusammenfassen‹] *das, -(e)s/-e,* bildungssprachlich für: 1) erste Niederschrift, Entwurf eines Schriftstücks; 2) klar umrissener Plan, Programm für ein Vorhaben.

Konzeption [lat. conceptio ›das Zusammenfassen‹, von concipere, zu konzipieren] *die, -/-en,* **1)** *bildungssprachlich* für: die einem (künstler.) Werk, einem Programm zugrunde liegende Auffassung, Leitidee.
2) *Medizin:* **Conceptio,** die →Empfängnis.

Konzeptions|optimum, das →Befruchtungsoptimum.

Konzeptionsverhütung, die →Empfängnisverhütung.

Konzeptismus *der, -,* **Conceptismo** [kɔnθɛp-], die in allen Gattungen der span. Literatur des Barock vorherrschende Stilrichtung. Sie basiert auf der systemat. Verwendung von ›conceptos‹ (ital. ›concetti‹; →Concetti), überraschenden, fantasievoll erfundenen, häufig mehrdeutigen Gedankenfiguren, Metaphern, Bildern und Wortspielen, deren schwierige Aufschlüsselung als ästhet. Vergnügen empfunden wurde. Sie verlangten von Autor und Leser ›ingenio‹ (Erfindungskraft, schöpfer. Begabung) und ›agudeza‹ (Scharfsinn). Als erster Vertreter des K. gilt ALONSO DE LEDESMA (*1562, †1623; ›Conceptos espirituales‹, 3 Tle., 1600-12), als Hauptrepräsentant F. GÓMEZ DE QUEVEDO Y VILLEGAS und als Theoretiker B. GRACIÁN Y MORALES (›Arte de ingenio‹, 1642, neu bearb. 1648 als ›Agudeza y arte de ingenio‹). Die frühere strikte Abgrenzung gegenüber dem →Culteranismo (L. DE GÓNGORA Y ARGOTE) gilt heute als

überholt; Elemente beider Strömungen finden sich auch im Theater bei L. F. DE VEGA CARPIO und P. CALDERÓN DE LA BARCA sowie in den Predigten von H. F. DE PARAVICINO Y ARTEAGA. Der K. als nur noch rhetor. Umgang mit der Wirklichkeit, als Streben nach Dunkelheit, Exklusivität und häufig nur sprachl. Originalität ist Ausdruck der konfliktreichen, doch geistig strikt kontrollierten span. Gesellschaft des Siglo de Oro (Gegenreformation, Inquisition). Er hat die Wende von den Wörtern hin zu den Sachen im Zuge der Aufklärung in Spanien stark verzögert.

Konzeptkunst, die →Conceptart.

Konzeptualismus *der, -,* eine Grundposition im →Universalienstreit, die davon ausgeht, dass allgemeinen Begriffen (Universalia) nur ein Sein in ihren konkreten Repräsentationen zukommt. Der K., der v. a. von WILHELM VON OCKHAM vertreten wurde, stellt einen Vermittlungsversuch zw. Nominalismus und Realismus dar, indem er weder die selbstständige Existenz der Allgemeinbegriffe vollständig bestreitet noch diese unabhängig von allen anderen Voraussetzungen behauptet, sondern sie abhängig macht von der Zeichenebene. Als Konsequenz aus dem K. ergab sich bei OCKHAM eine Zeichentheorie, die die Universalia als ›natürliche‹ (d. h. nicht konventionelle) Zeichen interpretierte.

Konzeptualisten, Moskauer K., eine Gruppierung von Moskauer Künstlern und Literaten, die seit Anfang der 1970er-Jahre mit Kollektivaktionen und einer medienübergreifenden Kunst hervorgetreten ist. Im Anschluss an eine lange Tradition, die von der altruss. Ikone über die russ. Volksbilderbögen (Luboks) bis zur revolut. Plakatkunst führt, bedienen sich die K. – grenzüberschreitend zw. Wort- und Bildkunst – spielerisch des Zeichencharakters von Buchstaben und experimentieren mit dem Vertexten von Bildern. Vertreter sind u. a. D. A. PRIGOW, LEW RUBINSTEIN (*1947), I. J. KABAKOW.

Konzern [engl.] *der, -(e)s/-e,* Zusammenfassung von zwei oder mehr rechtlich selbstständigen und selbstständig bleibenden Unternehmen zu einer wirtschaftl. Einheit unter einheitl. Leitung (§ 18 Aktiengesetz, Abk. AktG). In den modernen Industriestaaten ist die K.-Bildung Teil des Prozesses der Unternehmenskonzentration, jedoch von der Fusion zu unterscheiden. Während die fusionierten Unternehmen ihre rechtl. Selbstständigkeit verlieren und zu einem neuen Einheitsunternehmen werden, bleibt beim K. die jurist. Selbstständigkeit der zusammengefassten Unternehmen (K.-Unternehmen) erhalten, wenn auch modifiziert durch eine wirtschaftlich, technisch, finanziell und organisatorisch einheitl. Leitung. Oft steht an der Spitze des K. eine →Holdinggesellschaft.

Ursachen und Arten

Zu den Ursachen der K.-Bildung zählen z. B.: Sicherung einer eigenen Rohstoff- oder Absatzbasis, Erschließung ausländ. Märkte und Produktionsstandorte, Erweiterung des Fertigungs- und Absatzprogramms (→Diversifikation), Streben nach größeren techn. Einheiten im Interesse der Senkung der Produktionskosten, nach Angliederung von Verarbeitungsbetrieben, nach Marktmacht oder steuerl. Überlegungen. Die jurist. Selbstständigkeit der K.-Unternehmen wird aus versch. Gründen beibehalten, u. a. um einen angesehenen Firmennamen zu erhalten oder weil noch Minderheitsgesellschafter vorhanden sind, die einer Fusion widersprechen.

Man unterscheidet u. a. horizontale und vertikale K. sowie Konglomerate (→Mischkonzern), je nachdem, ob es sich um eine Zusammenfassung von Unternehmen derselben oder aufeinander folgender Produktionsstufen handelt oder von Unternehmen, die auf völlig verschiedenartigen Märkten tätig sind.

Rechtliche Regelung

Das AktG regelt das K.-Recht als wichtigsten Teil des Rechts der ›verbundenen Unternehmen‹ (§§ 15–19 und 291–337 AktG). Ziel des Gesetzgebers ist es, die Unternehmensverbindungen rechtlich zu erfassen und durchsichtig zu machen, Aktionäre und Gläubiger gegen die sich daraus ergebenden Gefahren und Nachteile besser zu schützen sowie Leitungsmacht und Verantwortlichkeit in Einklang zu bringen. Die fortbestehende rechtl. Selbstständigkeit der im K. zusammengefassten Unternehmen hat v. a. zur Folge, dass jedes Unternehmen nur für seine eigenen Verbindlichkeiten haftet; eine →Durchgriffshaftung ist auch im K. die Ausnahme. In dieser getrennten Schuldenhaftung und der damit verbundenen Trennung des unternehmer. Risikos besteht ein wesentl. Vorteil des K. im Vergleich zu der Haftungslage bei einer →Fusion.

Die einheitl. Leitung im K. beruht meist darauf, dass ein Unternehmen von einem anderen Unternehmen gesellschaftsrechtlich abhängig ist, insbesondere aufgrund einer Mehrheitsbeteiligung (**Unterordnungs-K.**). Die den Unterordnungs-K. begründende Abhängigkeit kann mehrfach gestuft sein (z. B. die A-AG hält 100 % der Anteile an der B-GmbH, diese 51 % der Anteile an der C-AG: A, B und C bilden einen K.). Beruht die K.-Bildung nur auf den Beteiligungsverhältnissen, bezeichnet man den K. als **faktischen K.**, ist sie durch Beherrschungsvertrag geregelt, als **Vertrags-K.** Neben den Unterordnungs-K. kommen, sehr viel seltener, K.-Verbindungen zw. Unternehmen vor, die gesellschaftsrechtlich voneinander unabhängig sind (**Gleichordnungs-K.**).

Im Unterordnungs-K. kann das herrschende Unternehmen seine Leitungsmacht dazu benutzen, das abhängige Unternehmen zu einem Verhalten zu veranlassen, durch das es zum Vorteil des herrschenden Unternehmens oder dritter, ebenfalls konzernverbundener Unternehmen geschädigt wird (z. B. einseitig begünstigende Vertragsabschlüsse). Gefährdet sind hierdurch zum einen die Gläubiger, zum anderen, soweit vorhanden, die übrigen (›außen stehenden‹) Gesellschafter des abhängigen Unternehmens. Gesetzl. Bestimmungen, die diese Gefahren vermeiden sollen, sieht das AktG seit 1965 für den Fall vor, dass das abhängige Unternehmen eine AG ist (**Aktien-K.**). Für den fakt. K. gilt die Regel, dass ein herrschendes Unternehmen eine abhängige AG nicht zu nachteiligen Maßnahmen veranlassen darf. Ein Verstoß führt zur Schadensersatzpflicht des herrschenden Unternehmens und seiner gesetzl. Vertreter gegenüber der abhängigen AG und ihren außen stehenden Aktionären (§§ 311, 317 AktG). Der Vorstand der abhängigen Gesellschaft darf an solchen Maßnahmen nicht mitwirken, andernfalls macht er sich selbst schadensersatzpflichtig. Zur Kontrolle dient der ›Abhängigkeitsbericht‹ über die Beziehungen zum herrschenden Unternehmen, über die mit ihm abgeschlossenen Rechtsgeschäfte und über die von ihm veranlassten Maßnahmen, den der Vorstand der abhängigen AG jährlich aufzustellen hat und der bei der Abschlussprüfung zu prüfen ist.

Diese Beschränkungen gelten nicht für den Vertrags-K., also nicht bei Abschluss eines Beherrschungsvertrags (§ 291 AktG). Hier geht die Leitungsmacht des Vorstands (§ 76 AktG) auf das herrschende Unternehmen über. Dieses ist berechtigt, das abhängige Unternehmen im Interesse des K. auch zu nachteiligen Maßnahmen zu veranlassen. Der Vorstand der abhängigen AG ist weisungsgebunden. Im Regelfall wird der Beherrschungsvertrag mit einem Gewinnabführungsvertrag zugunsten des herrschenden Unternehmens verbunden, das seinerseits verpflichtet ist, jeden Verlust auszugleichen, den die abhängige AG während des Bestehens des Beherrschungsvertrags erleidet. Für die außen stehenden Aktionäre muss im Beherrschungsvertrag ein angemessener Ausgleich festgesetzt werden. Außerdem muss diesen Aktionären ein Recht auf Abfindung eingeräumt werden, vorzugsweise dergestalt, dass sie berechtigt sind, die Aktien der abhängigen AG gegen Aktien des herrschenden Unternehmens, falls dieses ebenfalls eine AG ist, in einem bestimmten Verhältnis umzutauschen, sonst ein Recht auf Barabfindung (§§ 304, 305 AktG). Der Beherrschungsvertrag muss von der Hauptversammlung der abhängigen AG und, wenn das herrschende Unternehmen ebenfalls eine AG ist, auch von deren Hauptversammlung mit Dreiviertelmehrheit gebilligt werden.

Im Recht der GmbH ist die einheitl. Leitung durch das herrschende Unternehmen, das Mehrheits- oder Alleingesellschafter ist, dadurch erleichtert, dass die Geschäftsführer der GmbH, anders als der Vorstand der AG, gegenüber der Gesellschafterversammlung weisungsgebunden sind und von ihr jederzeit abberufen werden können. Der Fall der konzernabhängigen GmbH (**GmbH-K.**) ist gesetzlich nicht bes. geregelt; es ist der Rechtsprechung überlassen, für den notwendigen Schutz außen stehender Gesellschafter und der Gläubiger der abhängigen GmbH zu sorgen. Veranlasst das herrschende Unternehmen als Mehrheitsgesellschafter die abhängige GmbH zu nachteiligen Maßnahmen, so ist es der GmbH wegen Verletzung der gesellschaftsrechtl. ›Treupflicht‹ zum Schadensersatz verpflichtet; den Schadensersatz können auch die außen stehenden Gesellschafter durch Klage auf Leistung an die Gesellschaft geltend machen. Beschränkt das herrschende Unternehmen sich nicht auf Einzelmaßnahmen, sondern führt es die abhängige GmbH wie eine unselbstständige Betriebsabteilung des eigenen Geschäfts (**qualifizierter faktischer K.**), so besteht zum Schutz der Gläubiger der abhängigen GmbH nach der Rechtsprechung eine ungeschriebene Verpflichtung des herrschenden Unternehmens, Verluste der abhängigen GmbH auszugleichen, so als ob ein Beherrschungsvertrag im Sinn des Aktienrechts geschlossen worden wäre. Die Verlustausgleichspflicht setzt voraus, dass das herrschende Unternehmen bei seinen Leitungsmaßnahmen das Eigeninteresse der abhängigen Gesellschaft missachtet und ihr hierdurch Nachteile zufügt, die sich durch einfache Entschädigung nicht ausgleichen lassen (die also nicht ›isolierbar‹ sind). Bei Zufügung ›isolierbarer‹ Nachteile bleibt es bei der Schadensersatzpflicht des herrschenden Unternehmens wegen Treupflichtverletzung. Sind alle Gesellschafter einverstanden oder ist das herrschende Unternehmen Alleingesellschafter, so sind ›isolierbare‹ schädl. Einzelmaßnahmen nur dann rechtswidrig, wenn sie zu einer Beeinträchtigung des Stammkapitals der GmbH führen oder wenn die GmbH überschuldet ist. Die GmbH kann mit dem herrschenden Unternehmen einen Beherrschungsvertrag auch ausdrücklich abschließen; auch in diesem Fall ist das herrschende Unternehmen, in analoger Anwendung der Vorschriften des Aktienrechts, zum Verlustausgleich verpflichtet. Nach überwiegender Ansicht in der jurist. Literatur ist zum Abschluss eines GmbH-Beherrschungsvertrages die Zustimmung aller außen stehenden Gesellschafter erforderlich; Ausgleich und Abfindung sind Gegenstand der freien Vereinbarung zw. dem herrschenden Unternehmen und den außen stehenden Gesellschaftern, die ihre Zustimmung verweigern können, wenn ihnen das Angebot des herrschenden Unternehmens nicht ausreicht.

Die →Mitbestimmung der Arbeitnehmer im Unterordnungs-K. wird dadurch ermöglicht, dass die Arbeitnehmer der abhängigen Unternehmen ein Wahlrecht für den Aufsichtsrat des herrschenden Unternehmens haben, soweit dieses der Mitbestimmung unterliegt; sie gelten insoweit als Arbeitnehmer des herrschenden Unternehmens (§ 5 Mitbestimmungsgesetz von 1976). Außerdem kann aufgrund von Beschlüssen der Betriebsräte der am K. beteiligten Unternehmen ein K.-Betriebsrat gebildet werden.

Das HGB (§§ 290ff.) verpflichtet K. zur Aufstellung von K.-Abschlüssen (K.-Bilanz und K.-Gewinn- und -Verlust-Rechnung) und zur Erstellung eines K.-Lageberichts durch die K.-Obergesellschaft (→konsolidierte Bilanz), wodurch die Lage des K. als einer wirtschaftl. Einheit dargestellt und willkürl. Manipulationen zw. den einzelnen K.-Mitgl. im Hinblick auf Gewinn und Liquidität verhindert werden sollen. Voraussetzung ist, dass es sich bei dem herrschenden Unternehmen um eine Kapitalgesellschaft mit Sitz im Inland handelt. Die Bildung von K. unterliegt der →Fusionskontrolle nach dem Ges. gegen Wettbewerbsbeschränkungen und der Fusionskontroll-VO der EG. Voraussetzung einer Untersagung ist, dass durch die Bildung des K. eine marktbeherrschende Stellung entsteht oder verstärkt wird.

Im österr. Recht gibt es anders als im dt. Recht kein durchgängig kodifiziertes K.-Recht. Es finden sich lediglich einzelne Ansätze, so z. B. eine Legaldefinition des K. (§ 15 Aktien-Ges., § 115 GmbH-Ges.), Bestimmungen über die K.-Rechnungslegung nach EG-rechtl. Vorbild (§§ 244ff. HGB) und Regeln über die Arbeitnehmermitbestimmung (§ 110 Abs. 6 Arbeitsverfassungs-Ges.). Im Wettbewerbsrecht greift einerseits wie nach dt. Recht die Fusionskontrolle nach Art. 86 des EG-Vertrages, zum anderen gibt es Regelungen über Unternehmenszusammenschlüsse in den §§ 41ff. des Kartell-Ges. 1988 (novelliert 1993). – In der *Schweiz* liegt ein K. gemäß geltendem Aktienrecht dann vor, wenn eine oder mehrere Gesellschaften durch Stimmenmehrheit oder auf andere Weise unter einheitl. Leitung zusammengefasst werden (Art. 663e Abs. 1 OR). Hat es zur Pflicht der Erstellung einer konsolidierten Jahresrechnung (K.-Rechnung) führt, um Transparenz in der Rechnungslegung zu erreichen. Obwohl sich weitere Normen v. a. im am 1. 7. 1992 in Kraft getretenen revidierten Aktienrecht, aber z. B. auch im Steuer- und im Börsenrecht mit dem K. befassen, fehlt eine eigentl. Kodifizierung des K.-Rechtes.

⇨ *Macht · multinationale Unternehmen · Unternehmenskonzentration · Wettbewerb*

I. NATZEL: Der aktienrechtl. Quasi-K. (1988); H. WIEDEMANN: Die Unternehmensgruppe im Privatrecht (1988); V. EMMERICH u. J. SONNENSCHEIN: K.-Recht (⁵1993).

Konzernbetriebsrat, Betriebsrat, der in einem Konzern im Sinne von § 18 Abs. 1 Aktiengesetz durch Beschlüsse der einzelnen Gesamtbetriebsräte errichtet werden kann (§§ 54ff. Betriebsverfassungsgesetz).

Konzernbilanz, die →konsolidierte Bilanz.

Konzert [ital., eigtl. ›Wettstreit‹ (der Stimmen), zu lat. concertare ›wetteifern‹] *das, -(e)s/-e,* eine auf das Zusammenwirken gegensätzl. Klanggruppen angelegte Komposition. Der Begriff **Concerto** kam mit der Mehrchörigkeit in Italien im 16. Jh. auf und bezeichnete in den 6- bis 16-stimmigen Vokalsätzen mit Instrumentenbegleitung von A. und G. GABRIELI (›Concerti‹, 1587) das Gegeneinanderspielen versch. Klangkörper wie Singstimmen – Instrumente, Chor – Solisten, Chor – Chor. Wegen des an sich konzertanten Verhältnisses von Sing- oder Instrumentalstimme zum Basso continuo wurde bald auch das solist. Musizieren mit Generalbass ›Concerto‹ genannt, so in L. VIADANAS Motetten für 1–4 Stimmen ›Cento concerti ecclesiastici‹ (1602–09) und in H. SCHÜTZ' ›Kleinen geistl. Konzerten‹ für 1–5 Stimmen (1636, 1639). – Aus der Übertragung des Concertoprinzips auf die instrumentalen Gattungen Kanzone, Sonate und Sinfonia entstanden Ende des 17. Jh. das **Solo-K.** für ein Soloinstrument und Orchester und das **Concerto grosso,** bei dem eine kleine, solistisch besetzte Streichergruppe (Concertino) einer chorisch besetzten (Tutti, Ripieno) gegenübersteht. Während sich A. CORELLIS Concerti grossi (um 1680) noch an die alten Formen der Kirchen- und Kammersonaten halten, entwickelte A. VIVALDI (op. 3, 1712) einen für das Concerto grosso wie für das Solokonzert verbindlich werdenden K.-Typus. Dieser besteht aus einem getragenen Mittelsatz und zwei schnellen Ecksätzen. VIVALDIS Konzertform wurde u. a. von J. S. BACH übernommen. Solo-K. wurden im Barock hauptsächlich für Violine (erstmals von G. TORELLI 1698 und T. ALBINONI 1701/02) und Violoncello (G. M. JACCHINI, 1701) komponiert. Erste K. für Tasteninstrumente schufen J. S. BACH und G. F. HÄNDEL.

In der 1. Hälfte des 18. Jh. übertrug v. a. G. TARTINI (1726) die zunächst in der Orchester- und Klaviermusik ausgebildete Sonatensatzform auf das Konzert. Während die gemischte Besetzungsweise des Concerto grosso nur vereinzelt in der **Sinfonia concertante** (z. B. W. A. MOZART, KV 364) und später in einigen **Doppel-** (J. BRAHMS), **Tripel-** (L. VAN BEETHOVEN) und **Quadrupel-K.** (L. SPOHR) fortlebte, wurde das Solo-K. durch MOZART eine Hauptgattung der Wiener Klassik. An BEETHOVENS sinfon. Klavier-K. und sein Violin-K. knüpften R. SCHUMANN und BRAHMS an; daneben wurde im 19. Jh. das Virtuosen-K. für Klavier (J. N. HUMMEL, C. M. VON WEBER, I. MOSCHELES, F. MENDELSSOHN BARTHOLDY, F. CHOPIN, F. LISZT, C. SAINT-SAËNS, P. I. TSCHAIKOWSKY, S. W. RACHMANINOW u. a.) und für Violine (N. PAGANINI, SPOHR, H. WIENIAWSKI, M. BRUCH u. a.) bes. gepflegt. Im 20. Jh. schufen bedeutende Werke für Violine A. BERG, für Klavier F. BUSONI, M. REGER, A. I. CHATSCHATURJAN; beide Instrumente bedachten I. STRAWINSKY, P. HINDEMITH, A. SCHÖNBERG, B. BARTÓK, H. W. HENZE, A. SCHNITTKE.

K. ist auch eine gehobene, für die bürgerl. Musikkultur seit der Aufklärung charakterist. Veranstaltungsform. Es entstand aus der kommerziellen Darbietung von Berufsmusikern oder Unternehmern (London seit 1672) und der Öffnung vereinsmäßiger musikal. Liebhaberkreise (Collegium musicum; Berliner Singakademie, 1791; Gesellschaft der Musikfreunde in Wien, 1812). Vorbildlich wirkten u. a. die Pariser Concerts spirituels (1725–91) und die Leipziger Gewandhaus-K. (ab 1781).

A. SCHERING: Gesch. des Instrumental-K. bis auf die Gegenwart (²1927, Nachdr. 1972); E. PREUSSNER: Die bürgerl. Musikkultur (²1954); P. M. YOUNG: The concert tradition. From the Middle Ages to the twentieth century (London 1965); H. ENGEL: Instrumental-K., 2 Bde. (Neuausg. 1971–74); E. REIMER: Concerto/K., in: Hwb. der musikal. Terminologie, Losebl. (1972ff.); A. HUTCHINGS: The baroque concerto (London ³1978); N. DUBOWY: Arie u. K. Zur Entwicklung der Ritornellanlage im 17. u. frühen 18. Jh. (1991); K. KÜSTER: Das K. Form u. Forum der Virtuosität (1993).

konzertant, *Musik:* konzertmäßig, in Form eines Konzerts.

Konzert der europäischen Mächte, →Europäisches Konzert.

konzertierte Aktion [zu frz. concerter ›verabreden‹], nach § 3 Stabilitäts-Ges. das gleichzeitig aufeinander abgestimmte Verhalten der Gebietskörperschaften (Bund, Länder) und der Tarifparteien (Gewerkschaften und Arbeitgeberverbände) zur Erreichung der gesamtwirtschaftl. Ziele Preisniveaustabilität, hoher Beschäftigungsstand, außenwirtschaftl. Gleichgewicht, stetiges und angemessenes Wirtschaftswachstum; zugleich auch Bez. für das dazu 1967 eingerichtete Gesprächsforum. Die k. A., für die Bundes-Reg. Orientierungsdaten zur Verfügung stellt, ist ein Instrument der →Globalsteuerung. Ordnungspolitisch war die k. A. von Beginn an umstritten:

Einerseits wurde die Verständigung zw. Reg. und Tarifparteien als Voraussetzung für die Realisierung der gesamtwirtschaftl. Ziele betrachtet, andererseits wurde eine Verlagerung der Lohn- und Preisbildung auf die polit. Ebene und die Etablierung eines polit. Machtfaktors neben Reg. und Parlament befürchtet. Die wirtschaftspolit. Wirksamkeit war sehr begrenzt; seit 1977 beteiligen sich die Gewerkschaften wegen der Verfassungsklage der Arbeitgeberverbände gegen das Mitbestimmungs-Ges. nicht mehr an der k. A.

Im Gesundheitswesen entwickeln die an der gesundheitl. Versorgung der Bev. Beteiligten medizin. und wirtschaftl. Orientierungsdaten sowie Vorschläge zur Erhöhung der Leistungsfähigkeit, Wirksamkeit und Wirtschaftlichkeit und stimmen diese miteinander ab (k. A., seit 1991 unter Vorsitz des Bundes-Min. für Gesundheit; § 141 f. SGB V), um eine bedarfsgerechte Versorgung der Versicherten und eine ausgewogene Verteilung der Belastungen zu erreichen.

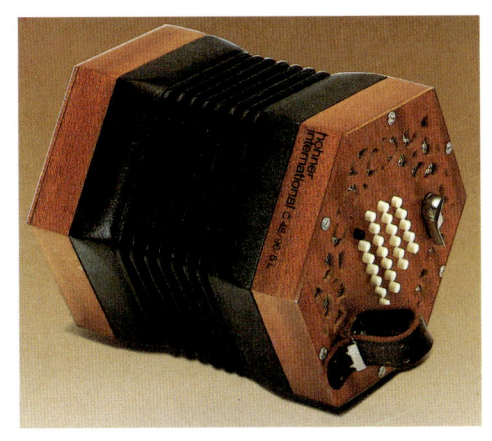

Konzertina (englisches Modell)

Konzertina [ital.] *die, -/-s,* engl. **Concertina** [kɔnsəˈtiːnə], kleine Handharmonika mit sechseckiger oder quadrat. Gehäuseform; eine engl. K. wurde erstmals 1828 von C. WHEATSTONE gebaut als gleichtöniges, durchgehend chromat. Instrument. Die 1834 von CARL FRIEDRICH UHLIG gebaute dt. K. ist wechseltönig und hat wie das →Bandoneon Einzeltöne auch im Bass (Umfang bis zu 128 Töne).

Konzertmeister, der erste Geiger eines Orchesters, der Fingersatz und Strichart der Violinstimmen einheitlich regelt, die Solostellen in einem Orchesterstück übernimmt und in Proben zuweilen den Dirigenten vertritt. In größeren Orchestern gibt es mehrere K., z. B. die Stimmführer der 2. Violinen, Bratschen oder Violoncelli. In Hofkapellen des 17.–19. Jh. war der K. der Orchesterleiter.

Konzertstück, meist einsätzige, in ihrer Form häufig freie Komposition für Soloinstrument und Orchester im Ggs. zum vollen dreisätzigen Konzert.

Konzertzeichner, *Börsenwesen:* Spekulanten, die bei der Neuemission von Wertpapieren höhere Beträge zeichnen als sie erwerben möchten, weil sie mit Zuteilungen rechnen. K. beabsichtigen meist, diese Wertpapiere bald wieder mit Gewinn zu verkaufen.

Konzession (lat., zu concedere, →konzedieren) *die, -/-en,* 1) meist Pl., *bildungssprachlich* für: Zugeständnis.
2) *Recht:* allg. die Bewilligung, Erlaubnis. – Im Verwaltungsrecht die personen- und/oder sachbezogene behördl. Erlaubnis zum Betrieb eines nicht völlig erlaubnisfreien Gewerbes. Die Bez. K. wird von der Gewerbeordnung nur noch im Zusammenhang mit der Erlaubnis zum Betrieb von Privatkrankenanstalten (§ 30) verwendet. Umgangssprachlich hat sie sich jedoch bes. für die Erlaubnis zum Betrieb von Gaststätten erhalten. Unter K. wird auch die Verleihung eines Rechts an einer öffentl. Sache durch K.-Vertrag verstanden; soweit hierdurch subjektiv-öffentl. Rechte entstehen, sind diese grundsätzlich nicht entschädigungslos einziehbar (z. B. eine Bewilligung nach § 8 Wasserhaushalts-Ges.). – Auch in *Österreich* versteht man unter einer K. eine staatl. Bewilligung (z. B. § 92 des Ges. vom 9. 4. 1873 über Erwerbs- und Wirtschaftsgenossenschaften). In der *Schweiz* ist die K. ein einseitiger staatl. Hoheitsakt zur Nutzung eines öffentlich-rechtl. Monopols (z. B. Jagdpatent). – Im *internat.* Bereich ist K. ein zweiseitiger Rechtsakt, durch welchen ein Staat die Ausübung eines ihm vorbehaltenen Rechts (z. B. Ausbeutung von Bodenschätzen) an eine ausländ. Privatperson überträgt. – Im Wirtschaftsverwaltungsrecht →Konzessionsabgabe.

Konzessions|abgabe, vertragsmäßige, periodisch wiederkehrende Zahlung von Unternehmen für die Einräumung eines bevorzugten Nutzungsrechtes an öffentl. Eigentum. Im kommunalen Bereich sind K. privatrechtl. Entgelte, die ein Versorgungs- oder Nahverkehrsunternehmen für die Überlassung des Wegerechts für Leitungen und Schienen und/oder für die Überlassung der Versorgung mit Elektrizität, Gas und Wasser an die Gebietskörperschaft zahlt. Die jährl. Einnahmen der Gemeinden und Gemeindeverbände aus K. betragen (1993) rd. 5,5 Mrd. DM.

Durch die Bemessung der K. für Elektrizität und Erdgas als Prozentsatz der Entgelte hat das Volumen der K. bei steigenden Strom- und Gaspreisen in der Vergangenheit beträchtlich zugenommen. Deshalb hat der Bundes-Min. für Wirtschaft durch VO vom 9. 1. 1992 die Koppelung der Höhe der K. an die Preisentwicklung bei Strom und Gas aufgehoben (die bis dahin geltende Anordnung über die Zulässigkeit der K. vom 4. 3. 1941 bleibt nur noch für Wasser in Kraft). Seither gelten bundeseinheitl. Höchstbeträge. Ferner dürfen nunmehr alle Kommunen K. für Strom und Gas verlangen. – Im Bereich der Telekommunikation hatte die Dt. Telekom AG bis 1997 das alleinige Recht, für ihre Leitungen öffentl. Verkehrswege unentgeltlich zu nutzen. Gemäß Telekommunikations-Ges. vom 25. 7. 1996 steht dieses Recht künftig allen Betreibern öffentl. Telefondienste zu. Damit soll verhindert werden, dass durch obligator. Nutzungsentgelte der Marktzutritt für neue private Konkurrenten erschwert wird.

In einem allgemeineren Sinne gelten als K. die Zahlungen, die ein Unternehmen für die (ausschließl.) Einräumung eines dem Staat vorbehaltenen (Monopol-)Rechtes entrichten muss. So werden auch die Beträge, die Zahlenlotto und Fußballtoto betreibende Unternehmen an den Staat als Prozentsatz des Umsatzes (neben der Lotteriesteuer) abführen müssen, als K. bezeichnet (ähnlich wie in *Österreich* die K. nach dem Glücksspielgesetz).

C. KASTRUP: Die Konzessionsabgaben der Gemeinden als Lenkungs- u. Finanzierungsinstrument (1991).

Konzessivsatz, Einräumungssatz, Satz, der einen Gegengrund zu dem im übergeordneten Satz bezeichneten Sachverhalt angibt, im Deutschen v. a. mit den Konjunktionen ›obwohl‹, ›obgleich‹, ›obschon‹, ›wenn auch‹ eingeleitet.

Konzil [lat. ›Zusammenkunft‹, ›Versammlung‹] *das, -s/-e* und *...lien,* 1) *christl. Kirchen:* **Synode,** die Versammlung von kirchl. Repräsentanten (v. a. von Bischöfen), zur Beratung und Entscheidung (gesamt-)kirchl. Angelegenheiten. Eine besondere Bedeutung in der Kirchengesch. haben die ersten sieben →ökumenischen Konzile, deren Teilnehmer die noch ungeteilte Gesamtkirche repräsentierten und deren

Beschlüsse auch heute von allen großen christl. Kirchen anerkannt werden. Seit dem →Morgenländischen Schisma wurden die K. mehr und mehr zu ›innerkath. Versammlungen‹. An den Unions-K. von Lyon (1274) und Ferrara-Florenz (1438–43) nahmen zwar auch Vertreter der orth. Kirche teil, die Beschlüsse wurden von dieser in der Folgezeit jedoch nicht anerkannt. Einberufen und geleitet wurden die K. im ersten Jahrtausend i. Allg. vom Kaiser, später vom Papst. Die Frage, welche Kompetenz und Autorität dem K. gegenüber dem Papst zukomme, führte zur Auseinandersetzung um den →Konziliarismus.

Nach kath. *Kirchenrecht* (1983) hat ausschließlich der Papst das Recht, ein K. einzuberufen, zu leiten und aufzulösen sowie die Tagesordnung aufzustellen. Ebenso bedürfen die Beschlüsse eines K. seiner Billigung. Teilnahme- und Stimmrecht besitzen die Bischöfe, sonstige Teilnehmer muß der Papst berufen (cc. 338 – 341 CIC). Von den ökumen. K. (in der Neuzeit nach kath. Verständnis bisher das K. von Trient sowie das 1. und 2. Vatikan. K.), deren Lehräußerungen →Unfehlbarkeit zukommt, werden als legislative Organe der Teilkirche die **Partikular-K.** unterschieden: das **Provinzial-K.** der Bischöfe einer Kirchenprovinz und das **Plenar-K.** von Bischöfen mehrerer Kirchenprovinzen (zunehmend durch die Bischofskonferenz ersetzt). Die seit 1965 stattfindenden →Bischofssynoden haben nur beratende Funktion.

Der Vorbereitung eines *orth. Gesamt-K.* dienen die seit 1923 stattfindenden panorth. Kongresse und Konferenzen. Formal wurde seine Einberufung durch die vierte →panorthodoxe Konferenz 1968 beschlossen und eine ›Interorth. Vorbereitungskommission für die Hl. und große Synode der Orth. Kirche‹ gebildet, die regelmäßig zusammentritt (zuletzt 1993).

H. J. SIEBEN: Die Konzilsidee der alten Kirche (1979); DERS.: Traktate u. Theorien zum K. (1983); DERS.: Die Konzilsidee des lat. Mittelalters (1984); DERS.: Kath. Konzilsidee im 19. u. 20. Jh. (1993); R. RIEMECK: Glaube, Dogma, Macht. Gesch. der Konzilien (1985).

2) *Hochschulwesen:* **Konvent,** aus Vertretern des Lehrkörpers, der Studenten und des nichtwiss. Personals gebildetes Organ einer Univ.; hat i. Allg. den Rektor oder Präs. vorzuschlagen und zu wählen sowie Satzungsänderungen zu beschließen.

konziliant [frz., zu lat. conciliare ›geneigt machen‹, eigtl. ›zusammenbringen‹], *bildungssprachlich* für: umgänglich, zu Zugeständnissen bereit.

Konziliarismus *der, -,* die Auffassung, dass ein allgemeines (ökumen.) Konzil die höchste Instanz in der (kath.) Kirche und damit auch dem Papst übergeordnet sei. In der Diskussion um den K. wurden unterschiedl. Positionen vertreten, die von einer Anerkennung des K. als legitimen Mittels zur Beseitigung eines Schismas oder, um aus zwingenden Gründen (z. B. wegen Geistesgestörtheit) einen Papst zu ersetzen, bis zur grundsätzl. Kritik an einer hierarchisch-papalistisch ausgerichteten Kirchenstruktur reichen. Eine der Voraussetzungen des K. war die von Kanonisten des 12. und 13. Jh. vertretene Auffassung, dass im Falle eines persönl. Irrtums des Papstes das Konzil der maßgebl. Repräsentant der Kirche sei. Zu einer vertieften Diskussion darüber kam es seit dem Abendländ. Schisma (1378). In mehreren Schriften entwickelten u. a. HEINRICH VON LANGESTEIN und KONRAD VON GELNHAUSEN im Rückgriff auf die Ekklesiologie des MARSILIUS VON PADUA und WILHELM VON OCKHAM eine konziliare Theorie. Seinen Höhepunkt erlebte der K. auf den Konzilen von Konstanz (vertreten v. a. von J. DE GERSON und PETER VON AILLY) und Basel, wo der K. formell dekretiert wurde. Für das Basler Konzil verfasste NIKOLAUS VON KUES seine ›Concordantia Catholica‹, in der er feststellte, dass zum Schaden der Kirche die Macht der Konzile zu lange geruht habe. Obwohl dem K. schon von Papst MARTIN V. durch das Verbot der Konzilsappellation eine Absage erteilt wurde und EUGEN IV. die Basler Entscheidung ausdrücklich verurteilte, hielten sich konziliarist. Tendenzen im Episkopalismus und Gallikanismus wie auch später noch im Josephinismus und Febronianismus. Das 1. Vatikan. Konzil dogmatisierte dagegen die Lehre, dass der Papst allein oberster Hirte der Gesamtkirche und ohne ihn ein ökumen. Konzil nicht möglich sei, während das 2. Vatikan. Konzil auf Anliegen des K. zurückgriff, indem es unter Wahrung der kirchenrechtl. Stellung des Papstes die Rolle des Bischofskollegiums bei der Leitung der Gesamtkirche herausstellte und die kirchenrechtl. Verankerung der →Bischofskonferenzen und der Schaffung der →Bischofssynode institutionalisierte.

Die Entwicklung des K. Werden u. Nachwirken der konziliaren Idee, hg. v. R. BÄUMER (1976); H. SCHNEIDER: Der K. als Problem der neueren kath. Theologie (1976); W. KRÄMER: Konsens u. Rezeption. Verfassungsprinzipien der Kirche im Basler K. (1980); Die Bischofskonferenz, hg. v. HUBERT MÜLLER u. a. (1989); H. J. SIEBEN: Vom Apostelkonzil zum Ersten Vatikanum. Studien zur Gesch. der Konzilsidee (1996).

Konzinnität [lat.] *die, -, Rhetorik* und *Stilistik:* gleichartige syntakt. Konstruktion gleichwertiger Sätze (→Parallelismus).

konzipieren [lat. concipere, eigtl. ›zusammenfassen‹, ›aufnehmen‹], *bildungssprachlich* für: ein schriftl. Konzept machen; planen, entwickeln.

Koobi Fora, seit 1968 Fundort wichtiger fossiler Vormenschenreste (Australopithecus) von 2–3 Mio. Jahren Alter in Nordkenia, östlich des Turkanasees; Entdecker R. E. F. LEAKEY.

Koog [niederdt.] *der, -(e)s/'Köge,* zum Schutz gegen Überflutungen eingedeichte Niederung an der Küste.

Kooijmans, Pieter Hendrik, niederländ. Politiker, *Heemstede 6. 7. 1933; Jurist, 1965–72 Prof. für Völkerrecht und EG-Recht in Amsterdam; ab 1978 Prof. für Völkerrecht in Leiden; 1968–71 stellv. Vors. der kalvinistisch geprägten Anti-Revolutionären Partei, die sich 1980 mit anderen Parteien zum Christlich-Demokrat. Appell (CDA) zusammenschloss. 1973–77 Staats-Sekr. im Außenministerium. K. wurde 1984 Vors. der UN-Menschenrechtskommission, 1985 Ständiger Sonderberichterstatter der UNO über Foltermethoden. 1993–94 war er Außen-Min.; im November 1996 wurde er zu einem der Richter des Internat. Gerichtshofs in Den Haag gewählt.

Kookaburra [ˈkʊkəbʌrə, engl.], ein Eisvogel, der →Lachende Hans.

Koolhaas, 1) Anton, niederländ. Schriftsteller und Kritiker, *Utrecht 16. 11. 1912, †Amsterdam 17. 12. 1992; arbeitete u. a. als Kulturredakteur und Filmkritiker, schrieb zunächst meist humorvolle Tiergeschichten (›Poging tot instinct‹, 1956). Nach seiner Hinwendung zum Roman (›De nagel achter het behang‹, 1971; ›Vanwege een tere huid‹, 1973; ›Nieuwe maan‹, 1978) wurde die Unzulänglichkeit des menschl. Lebens vorherrschendes Thema; auch Drehbücher und Theaterstücke (›Noach‹, 1969).

2) Rem, niederländ. Architekt, *Rotterdam 17. 11. 1944; studierte 1968–72 in London; 1975 gründete er das niederländ. ›Office for Metropolitan Architecture‹ (OMA). Das Architekturbüro setzt sich u. a. mit Architekturauffassungen der frühen Moderne (De Stijl, russ. Konstruktivisten) auseinander und entwickelt Konzepte in unmittelbarer Nähe zum Dekonstruktivismus. Seit 1978 nahm es an zahlr. Architekturwettbewerben in Europa teil; preisgekrönte Entwürfe u. a.: Erweiterungsbau für das Parlamentsgebäude in Den Haag (1978), Parc de la Vilette in Paris (1982/83), Zentrum für Kunst und Medientechnologie in Karlsruhe (1989). Zu den frühesten realisierten Hauptwerken gehört das Niederländ. Tanztheater in

Rem Koolhaas: Niederländisches Tanztheater in Den Haag; 1984–88

Den Haag (1984–88). Jüngstes Vorhaben (1990 ff.) ist die Stadterweiterung in Lille (›Euralille‹), eines der größten Bauprogramme Europas, dessen Leitung OMA übernahm. 1995 wurde der innerhalb dieses Programms ausgeführte ›Congrexpo‹, ein multifunktionales Gebäude, das Kongresszentrum, Ausstellungshallen und Konzerttheater unter einem Dach vereint, eröffnet.
Weitere Werke: Wohngebäude in Amsterdam (1983–89), Berlin (1984–89) und Groningen (1987–90); Hotelumbau auf der Schweizer Furka (1991); Kunsthalle in Rotterdam (1987–92).
Schriften: Delirious New York. A retroactive manifesto for Manhattan (1978); Small, medium, large, extra-large (1995, mit B. MAU; dt. Teilausg. R. K. Die wichtigsten Texte aus S, M, L, XL u. Die neuesten Projekte 1993–96).

IJ-plein, Amsterdam, bearb. v. B. LEUPEN u. R. K. (Rotterdam 1989); OMA – R. K., bearb. v. J. LUCAN (Zürich 1991).

Kooning, Willem de, amerikan. Maler niederländ. Herkunft, →De Kooning, Willem.

Koons [kuːnz], Jeff (Jeffrey), amerikan. Künstler, *York (Pa.) 21. 1. 1955; beruft sich auf die ästhet. Strategien der Pop-Art und die kommerziellen Richtlinien einer industriellen Warenvermarktung. Inszeniert vulgäre Kaufhausobjekte, deren Geschmacklosigkeit er auf die Spitze treibt, und v. a. sich selbst als Träger seiner künstler. Absichten. Nach den versch. Werkserien, in denen er durch Verfremdung, kalkulierte Präsentation und Vergrößerung Triviales und Beliebiges als Kunstwerk deklarierte, stilisierte er um 1990 die private Liaison mit dem ital. Pornostar ILONA STALLER als öffentl. Ereignis.

J. K., hg. v. A. MUTHESIUS (1992); Das J.-K.-Hb., hg. v. R. VIOLETTE u. S. COLES (a. d. Engl., 1992); J. K., Ausst.-Kat. Stedelijk Museum Amsterdam (1993, dt., engl. u. niederländ.); T. ZAUNSCHIRM: Kunst als Sündenfall. Die Tabuverletzungen des J. K. (1996).

Ko|operation [kirchenlat. ›Mitwirkung‹] *die, -/-en,*
1) *allg.:* Zusammenarbeit, bes. auf polit. oder wirtschaftl. Gebiet.
2) *Wirtschaft:* als **betriebliche K.** die Zusammenarbeit zw. den Aufgabenträgern in einer Organisation zum Zweck der gemeinsamen Erfüllung der Unternehmensaufgabe (→Koordination). Die auf freiwilliger Basis beruhende, i. d. R. vertraglich geregelte Zusammenarbeit von rechtlich und wirtschaftlich selbstständigen Unternehmen zur Steigerung ihrer Leistungsfähigkeit wird als **zwischenbetriebliche K.** bezeichnet; sie kann bis zur Errichtung von Gemeinschaftsunternehmen für gemeinsame Projekte oder ausgegliederte Unternehmensbereiche führen.
Weitere Formen horizontaler K. (Unternehmen derselben Wirtschaftsstufe), vertikaler K. (Unternehmen versch. Wirtschaftsstufen) und konglomerater K. (Unternehmen versch. Wirtschaftsstufen und -zweige) sind z. B. Interessengemeinschaft, Konsortium, Preisführerschaft, strateg. Allianz, Verbundgruppen des Handwerks, im Handel freiwillige Ketten, Vertragshändler, Franchise, Vertriebsbindungen.
Zur zwischenbetriebl. K. zählt auch die Zusammenarbeit von Unternehmen mit dem Ziel, die Leistungs- und Wettbewerbsfähigkeit v. a. kleinerer und mittlerer Unternehmen durch Spezialisierung oder Rationalisierung zu steigern. Eine K. kann den Wettbewerb zw. den beteiligten Unternehmen in den vom K.-Vertrag betroffenen Bereichen beschränken. Andererseits kann die Konkurrenzfähigkeit gegenüber Großunternehmen im Sinne des Gegenmachtprinzips (Countervailing Power) gestärkt werden, wenn z. B. zwei kleinere Unternehmen die Fertigung gewisser Teilprodukte in jeweils einem der Betriebe zusammenfassen, um größere Serien zu erreichen und damit kostengünstiger zu produzieren und preiswerter anzubieten. Das Ges. gegen Wettbewerbsbeschränkungen (GWB; § 5) sieht daher für versch. K.-Formen Ausnahmen vom Kartellverbot vor, z. B. Rationalisierungs-, Spezialisierungs- und Mittelstandskartelle. Seit 1. 1. 1990 sind auch Einkaufs-K. vom Kartellverbot freigestellt (§ 5c GWB), sofern sie keinen Bezugszwang für die beteiligten Unternehmen begründen, den Wettbewerb auf dem jeweiligen Markt nicht wesentlich beeinträchtigen und die Wettbewerbsfähigkeit kleiner und mittlerer Unternehmen verbessern.

Eine erfolgreiche Steuerung des Wirtschaftsablaufs wird durch eine K. der *Träger der Wirtschaftspolitik,* also der Reg. (Fiskalpolitik), der Notenbank (Geldpolitik) und der Tarifparteien (Lohnpolitik), erleichtert. Sie ist in Dtl. u. a. in § 3 Stabilitäts-Ges. (→konzertierte Aktion) vorgesehen. Die zunehmende internat. Verflechtung der Güter- und Finanzmärkte führt zu einem verringerten Einfluss nat. Wirtschaftspolitik. Deshalb ist auch internat. K. zw. Staaten (oder Staatengemeinschaften) auf freiwilliger Basis erforderlich, da und soweit eine juristisch fixierte Zusammenarbeit mit der einzelstaatl. Souveränität kollidiert.

Ko|operationsprinzip, Grundsatz der Umweltpolitik, nach dem die gesellschaftl. Kräfte (wie Unternehmen, Industrie- oder Umweltschutzverbände) am umweltpolit. Willensbildungs- und Entscheidungsprozess möglichst frühzeitig beteiligt werden sollen. Einige Teilaspekte des K. sind rechtlich verankert. Hierzu gehören z. B. die gesetzlich vorgesehenen Betriebsbeauftragten für Umweltschutz, die Beteiligung der Öffentlichkeit an Planungs-, Planfeststellungs- und Genehmigungsverfahren sowie die Anhörung der beteiligten Kreise vor Erlass bestimmter Rechts-VO. Bei der Realisierung des K. wird das unterschiedl. Gewicht der einzelnen gesellschaftl. Gruppen kritisiert: i. Allg. sind Wirtschaftsverbände wesentlich besser in der Lage, ihre Interessen zu vertreten, als etwa Bürgerinitiativen. – Umweltpolit. Instrument des K. ist die **Kooperationslösung;** es dient mithilfe von zweiseitigen Verträgen oder Abkommen (z. B. Branchenabkommen zur Altlastensanierung), rechtlich unverbindl. Absprachen (z. B. zur stärkeren Verwendung von Mehrwegflaschen) oder durch die Initiierung von Zweckverbänden (z. B. Abwasserverband) zur Realisierung konkreter Vorhaben. Über solche Selbstbindungen bzw. -verpflichtungen (bes. der Industrie) soll umweltschädl. Verhalten ohne weitere gesetzl. Maßnahmen möglichst vermieden werden.

Koopman, Ton, eigtl. **Antonius Gerhardus Michael K.,** niederländ. Organist, Cembalist und Dirigent, *Zwolle 2. 10. 1944; studierte in Amsterdam, machte sich als Interpret v. a. der Musik des 17. und 18. Jh. einen Namen. 1979 gründete er das Amsterdamer Barockorchester. Er lehrt an den Konservatorien in Amsterdam und Rotterdam.

Wörter, die man unter K vermisst, suche man unter C, Ch, G, H oder Q

Koop Koopmans – Koordinaten

Koopmans, Tjalling Charles, amerikan. Volkswirtschaftler niederländ. Herkunft, *'s-Graveland (Prov. Nordholland) 28. 8. 1910, † New Haven (Conn.) 26. 2. 1985; Prof. 1946–55 in Chicago (Ill.), 1955–81 an der Yale University, erhielt 1975 für seinen Beitrag zur Theorie der optimalen Allokation der Ressourcen mit L. W. KANTOROWITSCH den Nobelpreis für Wirtschaftswissenschaften. K. formulierte die Aktivitätsanalyse, ein optimales, rationales Verhalten im Rahmen eines geschlossenen Systems unter Berücksichtigung aller Verhaltensbedingungen untersucht.

Werke (Auswahl): Three essays on the state of economic science (1957); Scientific papers, 2 Bde. (1970–85).

Tjalling C. Koopmans

ko|optieren [lat.], jemanden durch Nachwahl zusätzlich als Mitgl. in eine Körperschaft aufnehmen.

Ko|ordin<u>a</u>ten [zu kon... und lat. ordinare ›ordnen‹, also eigtl. etwa ›einander Zugeordnete‹], Sg. **Ko|ordin<u>a</u>te** die, -, **1)** *Astronomie:* → astronomische Koordinaten.

2) *Geographie:* → geographische Koordinaten.

3) *Mathematik* und *Physik:* Größen zur Bestimmung der Lage von Punkten und Punktmengen (z. B. Kurven, Flächen) in der Ebene oder im dreidimensionalen Raum (allg. im n-dimensionalen Raum); für ihre Darstellung wird ein → Bezugssystem, das **K.-System,** festgelegt.

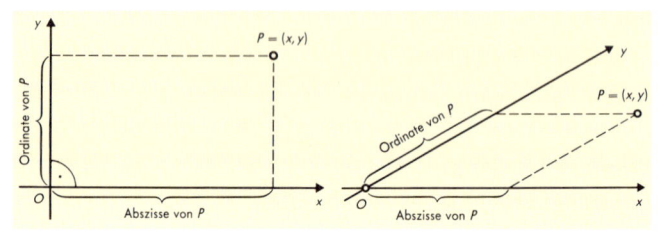

Koordinaten 3): links Ebenes kartesisches Koordinatensystem; rechts Ebenes Parallelkoordinatensystem

Am häufigsten ist das **kartesische (rechtwinklige) K.-System.** Im Fall der Ebene besteht es aus zwei zueinander senkrechten Zahlengeraden (**K.-Achsen**), die sich in ihren Nullpunkten schneiden; sie bilden das **Achsenkreuz.** Der gemeinsame Schnittpunkt O wird **Ursprung, Nullpunkt** oder **K.-Anfangspunkt** genannt. Die erste (meist waagerecht dargestellte) Achse wird als **x-Achse (Abszissenachse)** bezeichnet, die zweite als **y-Achse (Ordinatenachse).** Die Orientierung der Achsen, auf denen Einheitsstrecken vorgegeben werden, ist so festgelegt, dass die positive x-Achse durch eine Linksdrehung in die positive y-Achse übergeht. Die Ebene wird durch die K.-Achsen in vier Gebiete (**Quadranten**) geteilt, die (bei dem von der positiven x- und der positiven y-Achse begrenzten Quadranten beginnend) im mathematisch positiven Umlaufsinn (Linksdrehung) von I bis IV durchnumeriert werden.

Es sei P ein Punkt der Ebene; schneidet die Parallele durch P zur y-Achse die x-Achse in x_P und die Parallele durch P zur x-Achse die y-Achse in y_P, so kann man dem Punkt P eindeutig das Zahlenpaar (x_P, y_P) zuordnen (und umgekehrt jedem K.-Paar eindeutig einen Punkt P; d. h., die Zuordnung ist eineindeutig); x_P wird dann **x-Koordinate (Abszisse),** y_P **y-Koordinate (Ordinate)** von P genannt. Ist (x_P, y_P) das K.-Paar des Punktes P, so schreibt man hierfür $P = (x_P, y_P)$ oder kurz $P(x_P, y_P)$, auch $P(x_P; y_P)$.

Das kartes. K.-System im (dreidimensionalen) Raum ist ähnlich aufgebaut. Es besteht jedoch aus drei K.-Achsen, die paarweise rechtwinklig zueinander sind. Die dritte Achse wird i. d. R. als **z-Achse** bezeichnet. Die Orientierung der Achsen ist dabei folgendermaßen festgelegt: Schaut man gegen die z-Richtung (›von oben‹), so geht die positive x-Achse durch eine Linksdrehung um 90° in die positive y-Achse über. Die drei Achsen entsprechen damit einem Rechtssystem (**Dreibein**). Je zwei Achsen spannen eine **K.-Ebene** (die x-y-, die x-z- und die y-z-Ebene) im Raum auf. Diese stellen ein ebenes kartes. K.-System dar. Durch die drei K.-Ebenen wird der Raum in acht Gebiete, die **Oktanten,** geteilt.

Es sei P ein Punkt des Raumes; die Parallele durch P zur z-Achse schneide die x-y-Ebene im Punkt P_1. Als x-K. x_P des Punktes P bezeichnet man die x-K. des Punktes P_1 in der x-y-Ebene. Entsprechend ist die y-K. y_P von P gleich der y-K. von P_1 in der x-y-Ebene. Die Parallele von P zur y-Achse schneide die x-z-Ebene in P_2. Dann definiert man die z-K. z_P des Punktes P als die z-K. von P_2 in der x-z-Ebene. Man kann somit eineindeutig dem Punkt P das K.-Tripel (x_P, y_P, z_P) zuordnen. (→ analytische Geometrie)

Sind die K.-Achsen nicht rechtwinklig zueinander, so bezeichnet man das K.-System als **schiefwinkliges K.-System.** Die K. eines Punktes findet man wie beim kartes. K.-System über die Parallelen zu den Achsen. Aus diesem Grund werden die kartes. und die schiefwinkligen K.-Systeme auch als **Parallelkoordinatensysteme (affine K.-Systeme)** bezeichnet. Bei einigen Problemen ist es von Vorteil, statt eines Parallelkoordinatensystems ein **krummliniges K.-System** zu verwenden. Das verbreitetste ist hierbei das **Polarkoordinatensystem.**

Das ebene Polarkoordinatensystem besteht aus einem Punkt O (**Pol**) der Ebene und einem von O ausgehenden Zahlenstrahl (**Polarachse**). Ein Punkt P wird durch eineindeutig das Polarkoordinatenpaar (r, φ) festgelegt, wobei r (**Leitstrahl, Radiusvektor**) seine Entfernung vom Pol O und φ der Winkel (**Polar-, Polwinkel**) ist, den die Achse mit der Verbindungsstrecke $\overline{OP}$ einschließt. Der Übergang vom kartes. K.-System (x, y) in ein ebenes Polarkoordinatensystem (r, φ), d. h. die → Koordinatentransformation von kartes. K. in ebene Polar-K., wird dargestellt durch die Gleichungen

$$x = r \cdot \cos\varphi, \ y = r \cdot \sin\varphi \ (r \geq 0, 0 \leq \varphi < 2\pi)$$

oder umgekehrt $r = \sqrt{x^2 + y^2}, \ \varphi = \arctan y/x$.

Die ebenen Polar-K. lassen sich durch Hinzunahme des Abstandes des Punktes $P(r, \varphi, z)$ von der r, φ-Ebene (z-Richtung) zu → Zylinderkoordinaten erweitern.

Im räuml. Polarkoordinatensystem ist neben einem Punkt O als Pol und einer von O ausgehenden Polarachse eine Ebene (**Polarebene**) angegeben, die die Polarachse enthält. Sei P ein Punkt im Raum, r sein Abstand zu O, φ der Winkel zw. der Polarachse und der Projektion der Strecke $\overline{OP}$ in die Ebene und ϑ der Winkel zw. $\overline{OP}$ und dem von O ausgehenden, auf der Ebene senkrecht stehenden Strahl, der zus. mit der Polarachse ein Rechtssystem bildet. Der Punkt P wird durch das Tripel (r, φ, ϑ) eindeutig bestimmt; r, φ und ϑ werden **räumliche Polar-K., Kugel-K.** oder → sphärische Koordinaten genannt.

Koordinaten 3): links Übergang von ebenen kartesischen Koordinaten zu ebenen Polarkoordinaten; rechts Übergang von räumlichen kartesischen Koordinaten zu Kugelkoordinaten

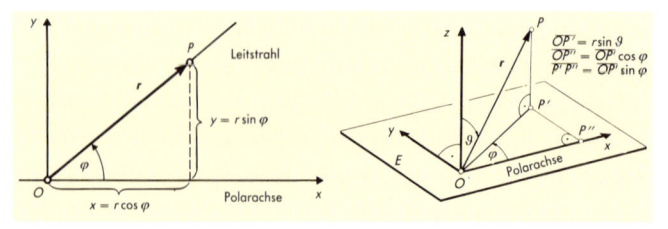

Ein weiteres in der Ebene angewendetes krummliniges K.-System ist das **elliptische K.-System**, bei dem ein Punkt als Schnittpunkt einer Ellipse mit einer Hyperbel beschrieben wird.
4) *Kristallographie:* →kristallographische Achsenkreuze.
5) *Mechanik:* →verallgemeinerte Koordinaten.
6) *Vermessungskunde:* →gaußsche Koordinaten.
Ko|ordinatenkataster, Liegenschaftskataster, in dem sämtl. Grenzpunkte durch rechtwinklige Koordinaten im Landessystem nachgewiesen werden, in Dtl. im →Gauß-Krüger-System. Das K. ist eine wesentl. Voraussetzung für die automationsgerechte Bearbeitung von Katastermessungen.
Ko|ordinatensystem, *Mathematik* und *Physik:* →Koordinaten.
Ko|ordinatentransformation, in einem n-dimensionalen Raum ($n \geq 2$) der Übergang von einem Koordinatensystem mit den Koordinaten $x_1, x_2, ..., x_n$ in ein Koordinatensystem mit den Koordinaten $\bar{x}_1, \bar{x}_2, ..., \bar{x}_n$, der mithilfe der Transformationsgleichungen

$$\bar{x}_i = f_i(x_1, x_2, ..., x_n) \quad (\text{mit } i = 1, 2, ..., n)$$

vollzogen wird. Eine **lineare K.** liegt vor, wenn die $\bar{x}_i$ lineare Funktionen der x_i sind:

$$\bar{x}_i = \sum_{k=1}^{n} a_{ik} x_k + b_i$$

mit konstanten a_{ik} und b_i sowie $\det(a_{ik}) \neq 0$ (→Determinante). Sind alle $b_i = 0$, so liegt eine **lineare homogene K.** vor; sie stellt geometrisch eine Drehung der Achsen des Koordinatensystems um seinen Ursprung dar; bei inhomogenen K. ($b_i \neq 0$) kommen noch Translationen parallel zu den Achsen hinzu. Ist

$$\sum_{j=1}^{n} a_{ij} a_{ik} = \delta_{ik},$$

so liegt eine **orthogonale lineare K.** vor (δ_{ik} Kronecker-Symbol; bei dieser ist die Summe der Koordinatenquadrate eine Invariante.
Ko|ordination [zu kon... und lat. *ordinare* ›ordnen‹] *die, -/-en,* 1) *bildungssprachlich* für: das gegenseitige Aufeinanderabstimmen, In-Einklang-Bringen versch. Dinge oder Vorgänge.
2) *Betriebswirtschaftslehre:* die Abstimmung von Einzelaktivitäten versch. Personen oder Organisationseinheiten nach einer übergeordneten Zielsetzung im Sinne einer Harmonisierung. Der K.-Bedarf wird v. a. durch die Arbeitsteilung in Form der Spezialisierung und durch die Delegation in Form der dauerhaften Zuweisung von Kompetenzen an hierarchisch nachgeordnete Stellen bestimmt. Instrumente der K. sind z. B. informale Selbstabstimmung zw. den beteiligten Organisationsmitgliedern (Teamorganisation), persönl. Weisungen (Hierarchie), Pläne und/oder Verfahrensrichtlinien.
3) *Chemie* und *Kristallographie:* in Koordinationsverbindungen und im Kristallgitter die Anordnung der benachbarten Atome, Ionen und Atomgruppen (Liganden) um das Zentralatom oder -ion.
4) *Physiologie* und *Psychologie:* das harmon. Zusammenwirken von Organen und Organsystemen, bes. nervlich gesteuerter motor. Vorgänge im Ablauf der Gesamtfunktion. Die **sensomotorische K.** besteht in der Steuerung und wechselseitigen Verschränkung der ausgeführten Bewegungen durch den wahrgenommenen Erfolg, die **visomotorische K.** bezieht sich hierbei speziell auf die Mitwirkung des Gesichtssinns (z. B. beim Schreiben). Die K. beruht auf der angeborenen oder erlernten Zusammenschaltung verschiedener reflektor. Einzelbewegungen.
5) *Sprachwissenschaft:* Neben-, Beiordnung von Satzgliedern oder Sätzen; Ggs.: Subordination.
Ko|ordinationsbindung, →chemische Bindung.

Ko|ordinationsgymnastik, eine Gruppe von Übungen, die systematisch bei neurolog. Krankheitsbildern (apoplekt. Lähmung, multiple Sklerose, kindliche spast. Lähmung) sowie bei Unfallverletzten und Körperbehinderten die Bewegungen zielsicher machen, stat. Funktionen schulen und Fehlinnervationen korrigieren sollen.
Ko|ordinationslehre, →Koordinationsverbindungen.
Ko|ordinationsverbindungen, chem. Verbindungen höherer Ordnung, in denen ein **Zentralatom** oder **-ion** von mehreren anderen Atomen, Ionen oder Molekülen, den **Liganden,** umgeben ist. Die Anzahl dieser um ein Zentralatom bzw. -ion gelagerten Liganden, seine **Koordinationszahl,** ist unabhängig von seiner Wertigkeit und richtet sich nach dem vorhandenen Raum. In den K. bilden die vom Zentralatom gebundenen Liganden regelmäßige räuml. Anordnungen (**Koordinationspolyeder**), z. B. Oktaeder mit der Koordinationszahl 6, Tetraeder mit der Koordinationszahl 4. Die aus Zentralatom und Liganden bestehende geschlossene Atomgruppe wird kurz als **Komplex** bezeichnet und bei den Formelzeichen durch eckige Klammern zusammengefasst. Die K. bilden eine große Gruppe der **Komplexverbindungen** – häufig werden zwischen auch die Begriffe Komplexverbindungen und K. gleichgesetzt. Die Grundlagen der Wiss. von den K., ihrer chem. Beschaffenheit und Zusammensetzung, der räuml. Struktur ihrer Moleküle und den Bindungsverhältnissen (**Koordinationslehre**) wurden 1893 von A. WERNER geschaffen.
Unter den Zentralatomen der K. überwiegen Nichtmetallatome, wie Schwefel-, Chlor- oder Boratome; es gibt aber auch neutrale Komplexe, z. B. mit Nickelatomen als zentralen Teilchen. Die Zentralionen sind häufig Schwermetallionen, z. B. Eisen-, Kobalt-, Kupfer- oder Platinionen. Als Liganden kommen z. B. Halogenid-, Hydroxid- und Cyanidionen oder Wasser-, Ammoniak-, und Kohlenmonoxidmoleküle vor. Kann ein Ligand nur eine Bindung mit dem Zentralteilchen eingehen, dann wird er einzähnig genannt. Einigen Liganden ist es möglich, gleichzeitig zwei oder mehrere Bindungen zu einem bestimmten Zentralteilchen herzustellen. Dazu müssen diese Liganden kettenförmig und biegsam sein und an weit voneinander entfernten Atomen je ein einsames Elektronenpaar besitzen. Ein zweizähniger Ligand ist z. B. das Äthylendiamin, $H_2\bar{N}-CH_2-CH_2-\bar{N}H_2$; mit seinen zwei einsamen Elektronenpaaren an den Stickstoffatomen ist es in der Lage, z. B. mit einem zentralen Kupfer(II)-Ion (Cu^{2+}) zwei Bindungen einzugehen. Diese mehrzähnigen Komplexe werden auch →Chelate genannt. Neben den einkernigen Komplexen (mit einem Zentralatom oder -ion) gibt es auch mehrkernige Komplexe, d. h. solche mit zwei oder mehr Zentralatomen bzw. -ionen. Die Ladung eines Komplexes entspricht der Summe der ihn bildenden Einzelladungen; häufig handelt es sich bei den K. um Komplexionen, seltener um neutrale Komplexe.
Nach den gegebenen Definitionen zählen zu den K. u. a. die Anionen der Sauerstoffsäuren, wie das Sulfat- $[SO_4]^{2-}$, das Nitrat- $[NO_3]^-$, das Chlorat- $[ClO_3]^-$ oder das Dichromation $[Cr_2O_7]^{2-}$. Diese Sauerstoffkomplexe werden als Oxokomplexe bezeichnet, da hier als Liganden O^{2-}-Ionen vorliegen (diese werden jedoch in den Namen der einzelnen Komplexe nicht genannt). Ferner sind z. B. das Oxonium- $[H_3O]^+$, das Ammonium- $[NH_4]^+$ und das Tetrafluoroboration $[BF_4]^-$ als Komplexionen aufzufassen. Viel zahlreicher und mannigfaltiger als diese Komplexe, die fast alle ein Nichtmetallatom als zentrales Teilchen enthalten, sind die Komplexe mit einem Metallatom oder -ion als Zentralteilchen. Liganden können hierbei Moleküle (z. B. Wassermoleküle bei den festen Hydraten,

Ammoniakmoleküle bei den festen Ammoniakaten) oder Ionen sein. Beispiele für derartige Komplexverbindungen sind das Tetraamminkupfer(II)-chlorid $[Cu(NH_3)_4]Cl_2$, ein Ammoniakatkomplex, Tetraaquakupfer(II)-sulfat $[Cu(H_2O)_4]SO_4$, ein Hydratkomplex, oder Kaliumhexacyanoferrat(II) $K_4[Fe(CN)_6]$, das ›gelbe Blutlaugensalz‹, ein Cyanokomplex.

In den Formeln der Komplexverbindungen, die innerhalb eckiger Klammern stehen, wird das Symbol des Zentralteilchens zuerst angegeben; anschließend werden die Symbole der geladenen und/oder neutralen Liganden angeführt. Zur rationellen Bez. eines Komplexsalzes gibt man zuerst den Namen des Kations, dann den des Anions an, unabhängig davon, welches der beiden das Komplexion ist. Beim Komplexion selbst werden zuerst (in altgriech. Zahlwörtern) die Ligandenzahl, dann die Art der Liganden und schließlich die Art des Zentralteilchens genannt. Die Oxidationsstufe des Zentralteilchens fügt man als in Klammern gesetzte röm. Ziffer dem Namen des Komplexions bei. Die Namen der negativ geladenen Liganden enden auf -o (z. B. Cl^- = chloro, CN^- = cyano, OH^- = hydroxo, $S_2O_3^-$ = thiosulfato), die der positiv geladenen oder neutralen Liganden bleiben meist unverändert. Allerdings werden Wassermoleküle (H_2O) als aqua-, Ammoniakmoleküle (NH_3) als ammin-, Kohlenmonoxidmoleküle (CO) als carbonyl- und Stickstoffmonoxidmoleküle (NO) als nitrosyl- bezeichnet. Bei der Bez. komplexer Anionen wird allg. an den (evtl. latinisierten) Namen des Zentralions die Endung -at angehängt, z. B. $[AlF_6]^{3-}$ Hexafluoroaluminat-Ion, $[Ni(CN)_4]^{2-}$ Tetracyaniccolat(II)-Ion.

Nach den in den Komplexen vorliegenden Bindungen unterscheidet man (nach älterer, aber noch vielfach gebräuchlicher Definition) **Anlagerungskomplexe,** bei denen die Liganden schwache heteropolare Bindungen (Ion-Ion-Bindung oder Ion-Dipol-Bindung) zum Zentralatom (oder -ion) ausbilden, und **Durchdringungskomplexe,** bei denen die Liganden durch ein gemeinsames Elektronenpaar fester an das Zentralatom (oder -ion) gebunden sind. Anlagerungskomplexe sind allg. nur wenig beständig und zerfallen z. B. beim Auflösen in Wasser leicht in ihre Bestandteile; derartige Komplexe liegen z. B. bei den Solvaten (wie Hydraten, Ammoniakaten, Alkoholaten) vor. Durchdringungskomplexe sind dagegen wesentlich beständiger; sie unterscheiden sich in ihrem chem. Verhalten i. d. R. erheblich von denen ihrer Komponenten, z. B. lassen sich in Lösungen von Komplexsalzen wie Kaliumhexacyanoferrat(II), $K_4[Fe(CN)_6]$, weder Eisen noch Cyanidionen mit den übl. Verfahren nachweisen. Die Bildung von K. in Lösungen gehorcht dem →Massenwirkungsgesetz. Entsprechend lassen sich Dissoziations- oder Beständigkeitskonstanten (**Komplexkonstanten**) zur Beschreibung der Stabilität von K. angeben. Theoretisch beschrieben werden die Bindungsverhältnisse der Komplexverbindungen heute v. a. nach der →Ligandenfeldtheorie.

K. sind nicht nur von großem theoret., sondern häufig auch von wirtschaftl. Interesse; komplexbildende Verbindungen werden z. B. für Wasch- und Reinigungsmittel, Korrosionsschutzmittel, in der Polymerisationstechnik und in der chem. Analyse (→Komplexometrie) verwendet.

Ko|ordinatograph *der, -en/-en,* **Ko|ordinator,** in der Geodäsie, Photogrammmetrie, Kartographie u. a. verwendetes Gerät zum genauen Kartieren von Punkten oder Abgreifen von Koordinaten. Der **rechtwinklige (kartesische) K.** besteht im Prinzip aus zwei rechtwinklig zueinander angeordneten, mit Strichteilungen versehenen Metallschienen, von denen die eine (Abszissenlineal) auf der anderen (Ordinatenlineal) parallel verschiebbar ist. **Polar-K.** (für Polarkoordinaten) besitzen entsprechend einen kreisförmigen Rahmen mit Winkeleinteilung und eine Maßstabbrücke. Heute weitgehend durch rechnergestützte Arbeitsverfahren (→Plotter, →Digitizer) verdrängt.

ko|ordinierte Weltzeit, →UTC.

Kootenay ['kuːtneɪ] *der,* linker Nebenfluss des Columbia River in westl. Nordamerika (in Kanada und den USA), 781 km lang; durchfließt im SO von British Columbia den **K. National Park** (1 378 km²; 1920 errichtet).

Kopaïs *die,* oberirdisch abflusslose Beckenlandschaft in Böotien, Griechenland, nimmt den Seeboden des ehemaligen Kopaisees ein. Der durch starke Wasserstandsschwankungen und unterird. Abfluss charakterisierte See war 1883–92 durch Entwässerungskanäle trockengelegt und in Ackerland (Baumwollanbaugebiet) umgewandelt worden. In den Ringkanal der K. fließt der Kephisos. – Eine erste Entwässerung des Sees erfolgte im 2. Jt. v. Chr., sie wird den Minyern von Orchomenos zugeschrieben. Ihre Kanäle führten das Wasser zu den natürl. Sickerabflüssen (Katavothren) im O und NO des Beckens.

Kopaivabalsam [port. copaíba, aus einer südamerikan. Indianersprache], klares, gelbl. bis braunes flüssiges Harz aus dem Stamm versch. Kopaivabaumarten; enthält äther. Öl, Harzsäuren und Bitterstoffe. K. wird technisch zur Lack- und Firnisherstellung verwendet. Das aus K. gewonnene **K.-Öl** dient als Fixateur bei der Seifenparfümierung.

Kopaivabaum, Copaifera, Gattung der Caesalpiniengewächse mit etwa 30 Arten im trop. Amerika und Afrika; Bäume mit paarig gefiederten ledrigen Blättern; Blüten meist ohne Kronblätter. Das Holz führt Balsam.

Kopalbaum, Ostindischer K., Vateria indica, Flügelfruchtgewächs Indiens, das auch als Alleebaum kultiviert wird; liefert das hellgrüne Pineyharz (ostind. Kopal) zur Firnisherstellung, ferner Nutzholz und ein talgartiges Fett (→Butterbohne).

Kopale [span.-indian. (Nahuatl) copal ›Harz‹], *Sg.* **Kopal** *der, -s,* **Kopalharze,** urspr. Harze versch. Pflanzen, die von den Indianern Mesoamerikas bei religiösen Anlässen zum Erzeugen von Weihrauch verwendet wurden; bes. das Harz des Räucherharzbaumes (Protium copal) aus dem feuchttrop. Tiefland des Mayagebiets (südl. Quintana Roo, Petén und Belize) war früher ein wichtiger Handelsartikel. Als K. bezeichnet man heute fossile bis subfossile Naturharze nichteinheitlicher botan. Herkunft, die in Afrika, Südamerika, Australien und auf den Philippinen gegraben und meist nach den Fundstellen benannt werden. Als K. werden daneben auch mehrere Harze bezeichnet, die von rezenten Bäumen gewonnen werden (**Baum-K.**), z. B. ostind. K. vom →Kopalbaum, Kauri-K. von der →Kaurifichte, amerikan. K. vom →Courbarilbaum und Manila-K. von der →Dammarafichte. Verwendung fanden K. als Lackrohstoffe.

Kopalfichte, *die,* →Kaurifichte.

Kópavogur ['kɔupavɔˌɣyr], Stadt auf Island, Wohnvorort von Reykjavík, 17 200 Ew.; zweitgrößte Stadt des Landes.

Kopejsk, Stadt im Gebiet Tscheljabinsk, Russland, Nachbarstadt von Tscheljabinsk, etwa 95 000 Ew.; Braunkohlenbergbau, Bau von Bergbau- und Straßenbaumaschinen, Möbelwerk.

Kopeke [von russ. kop'ë ›Speer‹] *die, -/-n,* russ. Währungseinheit, seit 1535 zu 1/100 Rubel. Die K. war urspr. eine Silbermünze (→Tropfkopeke), wurde aber ab 1701 (ab 1718 ausschließlich) auch in Kupfer ausgebracht. Der Name K. leitet sich von der Darstellung eines Reiters (Zar) mit einem Speer auf dem Tropf-K. ab. Außer in Russland ist die K. auch in der Ukraine und in Weißrussland die kleine Währungseinheit.

Kopelent, Marek, tschech. Komponist, *Prag 28. 4. 1932; war 1965–73 künstler. Leiter des Ensem-

Kopeke:
3-Kopeken-Stück
(1827; Durchmesser
28 mm)

Vorderseite

Rückseite

bles ›Musica Viva Pragensis‹, daneben Mitgl. der 1967 gegründeten Prager Gruppe ›Neue Musik‹; 1991 wurde er Prof. an Prager Musikakademie. In seine Tonsprache mit differenzierten Klangflächen bezieht er auch sprachl. und gest. Elemente ein.

Werke: Eine uralte Gesch., die sebe Engel von einer Zeit zur anderen tragen (1979; Singspiel in 6 Szenen, Libretto B. SOBOTKA). – *Orchesterwerke:* Accords et désaccords für 12 Solisten u. Orchester (1968); Sinfonie (1983); Begrüßung/Pozdravení (1984); Appassionato für Klavier u. Orchester (1970); Concertino für Englisch Horn u. kleines Orchester (1984); Musique concertante (1992; für Violoncello solo, 12 Violoncelli u. Orchester). – *Kammermusik:* 5 Streichquartette (1954–80); Stilleben (1968; für Kammerensemble); Intimissimo (1971; für Kammerensemble). – *Vokalwerke:* Black and white tears (1971; für Solostimme); De Passione Sancti Adalberti Martyris (1981; für Chor, Sprecher u. Orchester); Agnus dei (1982; für Sopran u. Kammerensemble); Messaggio della bontà (1988; für Sopran, Bariton, Kinderchor, gemischten Chor u. Orchester).

Kopelew, Lew Sinowjewitsch, russ. Germanist und Schriftsteller, *Kiew 9. 4. 1912, †Köln 18. 6. 1997; Propagandaoffizier im Zweiten Weltkrieg, 1945–54 in Gefängnissen und Lagern, 1956 rehabilitiert; trat in den 60er-Jahren für dissidente Schriftsteller und gegen eine ›Restalinisierung‹ ein, wurde 1968 aus der KP, 1977 aus dem Schriftstellerverband ausgeschlossen (Publikationsverbot). 1980 verließ er die Sowjetunion (Ausbürgerung 1981); seitdem lebte er in der Bundesrepublik Dtl.; 1981 erhielt er den Friedenspreis des Dt. Buchhandels.

Werke: *Autobiographisches:* Chranit' večno (1975; dt. Aufbewahren für alle Zeit); I sotvoril sebe kumira (1978; dt. Und schuf mir einen Götzen); Utoli moja pečali (1981; dt. Tröste meine Trauer); My žili v Moskve (1988, mit R. ORLOWA; Tl. 1 dt. 1987 u. d. T. Wir lebten in Moskau, Tl. 2 1989 u. d. T. Zeitgenossen, Meister, Freunde). – *Biographien:* ›Faust‹ Gete (1962); Bertolt Brecht (1966); Ein Dichter kam vom Rhein. Heinrich Heines Leben u. Leiden (1981); Svjatoj doktor Fedor Petrovič (1985, dt. bereits 1984 u. d. T. Der heilige Doktor Fjodor Petrowitsch. Die Gesch. des Friedrich Joseph Haass). – *Prosa, Studien, Essays:* Zwei Epochen dt.-russ. Literaturbeziehungen (1973); Warum haben wir aufeinander geschossen? (1981; mit H. BÖLL); Kinder u. Stiefkinder der Revolution (1983); Worte werden Brücken (1985); Der Wind weht, wo er will (1988); Und dennoch hoffen. Texte der dt. Jahre (1991); Laudationes (1993). – *Dokumentensammlung:* Verbietet die Verbote! In Moskau auf der Suche nach der Wahrheit (1977).

Kopenhagen, dän. **København** [købən'hau̯n], Hauptstadt Dänemarks und der Amtskommune K., im O der Insel Seeland und auf Amager, am Øresund, zus. mit der weitgehend integrierten, aber verwaltungsmäßig eigenständigen Enklave →Frederiksberg und der nördl. Nachbarstadt Gentofte (1995) 607 300 Ew. (1970: 803 000 Ew.; eigtl. Stadt 1995: 476 900 Ew.). Die Agglomeration (1995: 1,4 Mio. Ew.) umfasst 19 Umlandgemeinden, darunter Gladsakse, Lyngby-Tårbæk, Hvidovre, Ballerup, Tårnby, Tåstrup. Die 1971 auf einem ehem. Kasernengelände im Stadtteil Christianshavn, von jungen Dänen als ›soziales Experiment‹ gegründete ›Freistadt Christiania‹ erhielt 1986 von der Reg. einen begrenzten legalen Status.

K. ist Mittelpunkt der Verwaltung, des geistigen und kulturellen Lebens und der Wirtschaft Dänemarks. Es ist königl. Residenz, Sitz des Folketing (Parlament) und der Reg., des Obersten Gerichtshofes, des See- und Handelsgerichtes, der Provinzialhandelskammer, des Industrie-, Handwerks-, Gewerbe- und Landwirtschaftsrats und der Nationalbank; Europ. Umweltamt; ev.-luther. und kath. Bischofssitz. K. besitzt zahlr. führende Einrichtungen von Bildung, Wiss. und Kultur: Akademie der Wiss.en, Univ. (gegr. 1479), TH, Ingenieurakademie, Veterinär- und Landwirtschaftshochschule, zahnärztl., pharmazeut., chem. Hochschule, königl. Akademie der schönen Künste, königl. Konservatorium, Opernakademie, Lehrerhochschule, viele Fachschulen; Nationalbibliothek, Königl. Theater, mehrere Privattheater, zahlr. Museen. Weltbekannt ist das Tivoli (eröffnet 1843), der größte Vergnügungspark N-Europas, am alten Wall.

In K. sind rd. 40 % der dän. Industrie konzentriert, v. a. Eisen- und Metall- (u. a. Motorenbau, Kabelwerke), Textil- und Bekleidungs-, chem., Nahrungsmittelindustrie (darunter zwei Brauereien von Weltruf), ferner graf., Papier-, Porzellanindustrie. Vom Hafen, dem bedeutendsten Dänemarks (einziger dän. Freihafen; Umschlag 1994: 6,2 Mio. t), gibt es auch Fährverbindungen u. a. nach Malmö (Schweden) und Bornholm. Der Flughafen von K. (1924 eröffnet; 1995: 14,2 Mio. Passagiere) liegt in Kastrup auf Amager.

Stadtbild: In der Altstadt nordwestlich der Schlossinsel ist der Straßenverlauf des 12. Jh. weitgehend erhalten. Hier liegt die urspr. älteste Kirche der Stadt, die Frauenkirche (Vor Frue Kirke, Dom), die nach Bränden mehrfach erneuert wurde, zuletzt 1811–29 als klassizist. Bau von C. F. HANSEN. Neben der Kirche steht die Univ. (1831–36), für deren Vorhalle C. C. HANSEN 1844–53 Fresken schuf. Trinitatis Kirke (1656 geweiht) und ›Runder Turm‹ (1642, früher mit Observatorium) bilden einen Gebäudekomplex, der symbolisch Religion und exakte Wiss. verbinden sollte. Das klassizist. Domhus (1815, seit 1903 Gerichtsgebäude) am Nytorv im Zentrum der Altstadt ist ein Werk von C. F. HANSEN. Auf der Schlossinsel wurde 1733 ff. auf Resten der mittelalterl. Burg des Bischofs ABSALON Schloss Christiansborg errichtet (mehrmals abgebrannt, zuletzt 1907–28 erneuert), das Sitz der Reg. und des Parlaments ist; es beherbergt die königl. Audienzräume, außerdem das Außenministerium und den Obersten Gerichtshof. Auf der Insel liegen ferner Holmens Kirche (1826), Hoftheater (1766, Museum), Zeughaus (1598–1604, Museum), Börse im niederländ. Renaissancestil (1619–40) und Thorvaldsen-Museum (1839–48, nach Plänen von G. BINDESBØLL) mit dem Gesamtwerk des Bildhauers. Gegenüber der Schlossinsel liegt der Stadtteil Christianshavn auf der N-Spitze der Insel Amager mit Erlöserkirche (Vor Frelsers Kirke, 1682–96, Turm mit äußerer Spiralrampe (1747–52); Hochaltar von N. TESSIN D. J. (1695). Nördlich der Schlossinsel befinden sich Holmens Kirke (1619 unter Verwendung eines Prachtgiebels von 1562/63 erbaut) und Nationalbank (1965–78 von A. JACOBSEN). Am Kongens Nytorv liegen das Königl. Theater (1872–74), Schloss Charlottenborg (1672–83, seit 1754 Kunstakademie) und ein

Lew Sinowjewitsch Kopelew

Kopenhagen Stadtwappen

Hauptstadt von Dänemark

auf Seeland und Amager, am Øresund

607 300 Ew., Agglomeration: 1,4 Mio. Ew.

Universität (1479 gegr.)

Ny Carlsberg Glyptotek

Vergnügungspark Tivoli

wichtigster Industriestandort und Hafen Dänemarks

internat. Flughafen

›Kleine Meerjungfrau‹

königliche Residenz Amalienborg u. a. königliche Schlösser

Stadtrecht seit 1254, Hauptstadt seit 1416, Residenzstadt seit 1443

Kopenhagen: Die ›Kleine Meerjungfrau‹ von Edvard Eriksen; 1913

Kope Kopenhagen

Kopenhagen: Im Vordergrund die Schlossinsel mit Schloss Christiansborg und den sich rechts anschließenden Gebäuden des Zeughauses und der Königlichen Bibliothek, darüber die Börse, im Hintergrund die Kuppel der Marmorkirche (Frederiks Kirke)

Wohnhaus des Hofbaumeisters C. F. HARSDORFF (1779/80), der damit ein lange Zeit in Dänemark vorbildl. Bürgerhaus schuf. Nach N schließen sich an: die planmäßig angelegten Stadtteile Neu-K. (17. Jh.) mit Schloss Rosenborg (1608–34 als Lustschloss errichtet, heute Museum) und Frederiksstad (18. Jh.) mit königl. Residenz Amalienborg (urspr. 1667–73; neu errichtet 1754 ff. als eine aus vier Palästen bestehende achteckige Platzanlage von N. EIGTVED), den im S die Kolonnade (1795) von HARSDORFF abschließt. Als W-Abschluss der Achse durch den Amalienborgplatz wurde 1749 der Bau der Marmorkirche (Frederiks Kirke) begonnen (erst 1894 im Stil des röm. Barock vollendet). Auf einem Felsen am Hafen an der ›Langelinie‹, vor der Festung (Kastellet, 17. Jh.), sitzt die ›Kleine Meerjungfrau‹ (1913) von E. ERIKSEN. – Im neuen Zentrum südlich der Altstadt entstand 1892–1905 das Rathaus, das als nat. Architektur gegen den vorherrschenden dt. Einfluss verstanden wurde; unweit davon das Nationalmuseum (1743–44; 1989–92 modernisiert und erweitert) und die Ny Carlsberg Glyptotek (1892–97, 1901–06 erweitert; Erweiterungsbau von H. LARSEN, 1996); gegenüber dem Hauptbahnhof (1904–11) das SAS-Gebäude (1956–60) von A. JACOBSEN. – In Frederiksberg Schloss (1699–1703 als Lustschloss erbaut, später erweitert und Schlosskirche (1710 geweiht).

Moderne Kirchen sind die Bethlehemskirche (1935–37) von K. KLINT und die Grundtvigs Kirke (1921 ff.) von P. V. JENSEN-KLINT sowie die Bagsværd Kirke (1974–76) von J. UTZON. Weitere architektonisch wichtige öffentl. Gebäude sind das von H. KAMPMANN 1918–24 errichtete Polizeipräsidium, das Rundfunkgebäude (Radiohuset, 1937–45) von V. LAURITSEN und das 18-stöckige Codan-Haus (1961) von O. HAGEN. In den Außenbezirken entstanden zahlr. Wohnsiedlungen, u. a. von A. JACOBSEN: Ved Bellevue Bugt, 1930–35; Bellavista, 1933–34; Søholm, 1950–55. O. BIRCH schuf 1976 die Siedlung Hyldespjældet und J. SØRENSEN 1977–80 die Siedlung Solbjerg Have.

Mit der Ernennung zur ›Kulturstadt Europas 1996‹ kamen zahlr. städtebaul. Projekte zur Ausführung. Neben der Neugestaltung von innerstädt. Bereichen (Rathausplatz), Neu- und Erweiterungsbauten (u. a. Haus des Landesverbandes dän. Architekten von Nielsen, Nielsen & Nielsen, 1996 eröffnet) richtete sich die Aufmerksamkeit auch auf behutsames Sanieren, Restaurieren und Ergänzen (u. a. Quartier Vesterbo in der Nähe des Hauptbahnhofs). Bes. bemerkenswert ist der Neubau des Museums für moderne Kunst (›Arken‹) in Ishøj bei K., der von SØREN ROBERT LUND errichtet wurde und in seiner extravaganten Architektur der Form eines Schiffes folgt (1996 eröffnet).

Geschichte: Zw. 1158 und 1167 schenkte König WALDEMAR I. die 1026 erstmals ohne Namen erwähnte Ortschaft Havn Bischof ABSALON von Roskilde. Der Hafenort mit seiner schützenden Burg entwickelte sich schnell und erhielt 1254 Stadtrecht. Im Krieg mit der Hanse (1362–68) wurde das aufstrebende **Köbmandshavn** (Portus Mercatorum) in seiner

---

Kopenhagen: Stadtplan (Namenregister)

Straßen und Plätze

Åbenrå E 4	**B**ådsmandsstræde FG 5	Brobergsgade G 5	Delfingade F 3	Frederiksberg Allé A 5–B 6
Åboulevard BC 4	Baggesensgade C 3	Brohusgade B 3	Drejervej A 3	Frederiksberg Bredegade A 5
Ådelgade F 4–3	Banegårds Plads D 6	Bülowsvej B 5–6	Dronningensgade F 6	Frederiksberggade DE 5
Admiralgade E 5	Banekaj F 1	Burmeistersgade G 5	Dronningens Tværgade F 4	Frederiksberg Runddel A 5
Ågade B 3	Bartholinsgade D 3	**C**apellakaj FG 2	Dronning Louises Bro D 3	Frederiksborggade D 3–4
Ahlefeldtsgade D 4	Bergensgade F 2	Christiansborg Slotsplads E 5	Eckersbergsgade E 2	Frederiksborgvej A 1
Ahorngade C 2	Bernstorffsgade D 5–6	Christians Brygge E 6–F 5	Elmgade C 3	Frederiksholms Kanal E 5–6
Alhambravej B 5	Birkegade C 3	Christianshavnskanal FG 5	Elsdyrsgade F 3	Frederik V's Vej D 1
Allégade A 5	Bispeengbuen Ågade A 2–B 3	Christmas Møllers Plads G 6	Enghavevej B 6	Fridtjof Nansens Plads F 1–2
Amager Boulevard F 6	Bjørnsstræde D 5	Churchillparken G 3	Esplanaden FG 3	Frue Plads E 4
Amagerbrogade G 6	Blågårdsgade C 4–3	Classensgade EF 1	Esromgade B 1	Fuglevangsvej B 4
Amagerfælledvej G 6	Blågårds Plads C 3	**D**ag Hammarskjölds Allé EF 2	Falkoner Allé A 4–B 3	**G**ammel Kongevej AC 5
Amagergade FG 6	Blegdamsvej D 2–E 1	Dagmarsgade B 1–2	Farvergade E 5	Gammel Mønt E 4
Amagertorv E 5	Bodenhoffs Plads G 5	Dalslandsgade H 6	Fiolstræde E 4	Gammelstrand E 5
Amaliegade F 4–G 3	Borgergade F 4–3	Dampfærgevej FG 1	Fiskedamsgade F 1	Gammeltoftsgade D 3
Amerikakaj G 1	Børsgade F 5	Danas Plads C 5	Folke Bernadottes Allé F 2	Gammeltorv E 5
Andreas Bjørns Gade G 5	Borups Allé A 2–B 3	Danasvej B 4–C 5	Forchammersvej C 4	Gartnergade C 3
Arendalsgade F 1	Borups Plads AB 3	Danmarksgade C 5	Forhåbningsholms Allé C 5	Gernersgade F 3
Asiatisk Plads F 5	Bregnerødgade A 1	Dantes Plads E 5	Fredensbro D 2–3	Gammeltorv E 5
Axeltorv D 5	Bremerholm F 4–5		Fredensgade D 2	Gartnergade C 3
			Fredericiagade F 3	Gernersgade F 3
			Frederik Bajers Plads CD 2	Gittervej F 1

Kopenhagen: Stadtplan (Namenregister Fortsetzung)

Glentevej A 1	Langeliniebro F 2	Rolighedsvej B 4	Viktoriagade C 6	Kunstgewerbemuseum FG 3
Godthåbsvej A 3–4	Langeliniekaj G 1	Rømersgade E 4	Vimmelskaftet E 5	Kunstmuseum E 3
Gothersgade D 3–F 4	Langelinievej G 1	Rosenørns Allé BC 4	Visbygade E 2	Kupferstichmuseum EF 2
Grabrødretorv E 4	Larsens Plads G 4	Rosenvængets Allé EF 1	Vodroffsvej C 5–4	Landesarchiv B 3
Griffenfelsgade C 3	Linnesgade D 4	Rosenvængets Hovedvej EF 1	Vognmagergade E 4	Landesgericht F 3
Grønningen F 3	Lipkesgade F 1	Roskildevej A 6	Voldmestergade E 2	Landwirtschaftshochschule B 4
Grundtvigsvej AB 5	Livjægergade F 1	Rungsted Plads AB 2	**W**ebersgade E 3	Lynettehafen H 2
Guldbergs Plads C 2	Lundsgade E 2	Ryesgade D 2–E 1	Wesselsgade C 4–3	**M**arkus Kirke C 4
Gyldenløvesgade CD 4	Lundtoftegade A 2	**S**alagade E 2	Wiedeweltsgade E 2–3	Marmorkirche F 3
Hallingsgade E 2	Lykkesholms Allé B 5	Sankt Annæ Gade F 5–G 6	Wildersgade F 6–5	Martins Kirke C 4
Halmtorvet C 6	**M**advigs Allé B 5	Sankt Annæ Plads F 4	Wilders Plads FG 5	Mineralogisches Museum E 3
Hambrosgade E 6	Malmøgade E 2	Sankt Hans Gade D 3	Willemoesgade EF 1	Münze G 6
Hammerichsgade D 5	Mandalsgade F 2	Sankt Hans Torv C 2–3	Worsaaesvej C 4	Musikhistorisches Museum E 4
Hans Christian Andersens Boulevard D 5–E 6	Markus Allé C 4	Sankt Kannikastræde E 4	**Z**innsgade E 2	**N**ationalbank F 5
Hans Christian Ørsteds Vej B 5–C 4	Mimersgade B 1	Sankt Knuds Vej BC 5		Nationalmuseum E 5
Haregade F 3	Mitchellsgade DE 6	Sankt Nikolaj Vej A 4	**Gebäude, Anlagen u. a.**	Nazareth Kirke E 1
Harsdorffsvej B 5–4	Møllegade C 2	Sankt Pauls Gade F 3		Neues Theater C 6
Havnegade F 3	Møllevej G 6	Sankt Peders Stræde D 5–4	**A**dventskirke A 1	Niels-Bohr-Institut D 2
Heibergsgade F 4	**N**æstvedgade F 1	Schønbergsgade C 5	Alexander Newsky Kirke F 3	Nørrebropark B 2
Helgesengade D 2	Nansensgade D 4	Silokaj F 1	Amalienborg, Schloss FG 4	Nørrebro, Bahnhof DE 4
Henrik Rungs Gade B 3	Niels Brocks Gade E 6	Skindergade E 4	Amtsgericht E 1	Ny Carlsberg Glyptotek E 6
Herholdtsgade CD 5	Niels Ebbesens Vej BC 5	Skovgårdsgade E 2	Anatomisches Institut C 1	Nyholm H 3
Herjedalgade G 6	Niels Juels Gade F 5	Skyttegade B 3	Apostelkirke C 6	**O**bservatorium E 3
Herluf Trolles Gade F 4–5	Nikolajgade F 5	Slagelsegade E 1	Assistens-Friedhof BC 3	Odd-Fellow-Palais F 4
Herman Triers Plads C 4	Nitivej A 2	Slagtehusgade CD 6	**B**akkehus-Museum A 6	Ørstedpark C 4
Hillerøgade AB 2	Nordbanegade B 2	Slotsgade C 3	Biologisches Institut C 1	Østerport, Bahnhof F 2
Hindegade F 3	Nordre Fasanvej A 1	Slotsholmsgade F 5	Blegdamskrankenhaus D 2	Østreanlage E 2–3
Hjalmar Brantings Plads E 2	Nordre Frihavensgade E 1	Smalle Gade A 5	Blindeninstitut F 2	**P**athologisches Institut D 1
Hjort Lorenzens Gade B 3	Nørre Allé C 2–CD 1	Smedegade C 4	Börse F 5	Peblinge-See D 4
Højbro Plads E 5	Nørrebrogade B 1–C 3	Solbjergvej A 4	Botanischer Garten E 3	Pharmakologisches Institut D 1–2
Holbergsgade F 5–4	Nørrebros Runddel B 2	Solitudevej C 3	Botanisches Museum E 3	Physiologisches Institut D 1
Holmens Kanal F 5	Nørre Farimagsgade D 4	Sølvgade EF 3	**C**harlottenborg, Schloss F 4	Polizeipräsidium E 6
Holsteinsgade F 1	Nørregade D 4	Sølvtorvet E 3	Christiania G 5	**R**athaus D 5
Hostrupsvej A 4	Nørre Søgade D 4	Sønder Boulevard C 6	Christiansborg, Schloss E 5	Revshaleøen H 2
Hothers Plads B 1	Nørre Voldgade D 4	Sortedam Dossering D 3–E 2	Christianshavn GH 5	Rigshospitalet C 1, D 1–2
Hoverdvej G 2	Norsvej C 5	Søtorvet D 3	Christians Kirke F 6	Rosenborg, Schloss E 3
Hyskenstræde E 5	Nybrogade E 5	Steenwinkelsvej BC 4	**D**aniel Kirke D 3	Runder Turm E 4
Indiakaj G 2	Nyelandsvej A 4	Steestrups Allé C 4	Davids Sammlung E 7	Rundfunk C 4
Ingerslevgade D 6	Nygade E 5	Stefansgade B 2	Domhus E 5	**S**ankt Albans Kirke G 3
Islands Plads G 5	Nyhavn F 4	Stengade C 3	Dom=Vor Frue Kirke E 4	Sankt Andreas Kirke D 3
Israels Plads D 4	Ny Kongensgade E 6–5	Stenosgade C 5–6	**E**benezer Kirke C 4	Sankt Johannes Kirke D 2
Istedgade B–D 6	Nyropsgade D 5–4	Stevnsgade C 2	Erlöserkirche=Vor Frelser Kirke G 5	Sankt-Jørgens-See C 5
Jagtvej B 3–C 1	Ny Østergade EF 4	Stockholmsgade E 3–2	**F**ælledpark D 1	Sankt Matthæus Kirke B 6
Jarmers Plads D 5	Nytorv E 5	Stoltenbergsgade D 6	Finsen-Institut F 1	Sankt-Nikolaj-Kirchengebäude E 4–5
Jens Juels Gade E 2–3	Ny Vestergade E 5	Store Kongensgade F 3–4	Folketing E 5	Sankt Petri Kirke D 4
Jernbanegade D 5	**O**densegade E 1	Strandboulevarden F 1	Forum E 4	SAS Air Terminal D 5
Juliane Maries Vej D 2	Ohlsens Gade E 1	Strandgade F 5	Frauenkirche=Vor Frue Kirke E 4	Schlosskirche E 5
Julius Thomsens Gade C 4	Ole Suhrs Gade DE 3	Studiestræde D 5	Frederiksberg AB 5	Simeons Kirke C 2
Julius Thomsens Plads C 4	Olfert Fischers Gade F 3	Suensonsgade F 3	Frederiksbergfriedhof A 6	Skydebanegarten C 6
Just Mathias Thieles Vej B 4	Oluvsvej E 1	Suhmsgade E 4	Frederiksbergschlossgarten A 5	Søndermarkenpark A 6
Kalvebod Brygge E 6	Oslo Plads F 2	Svanholmsvej C 5	Frederiksholm GH 4	Sørtedams-See D 3–2
Kampmannsgade CD 5	Østbanegade F 1–2	**T**agensvej B 1–D 2	Frederiks Kirke=Marmorkirche F 3	Staatliches Krankenhaus= Rigshospitalet C 1, D 1–2
Kapelvej C 3	Øster Allé DE 1	Teglgårdsstræde D 4	Freihafen G 1	Staatliches Seruminstitut F 6
Kastanievej B 5	Østerbrogade E 1	Thorvaldsenvej B 4	Freiheitsmuseum Dänischer Widerstand G 3	Staatsarchiv EF 5
Kattesundet E 5	Øster Farimagsgade D 3–E 2	Tibirkegade C 2	**G**amles By, De C 2	Städtisches Krankenhaus D 3
Kingosgade B 6	Østergade EF 4	Tietgensgade D 6	Garnisonsfriedhof EF 2	Stadtmuseum C 6
Klerkegade F 3	Øster Søgade D 3–E 2	Tikøbgade A 1	Garnisons Kirke F 4	Synagoge E 4
Klosterstræde E 4–5	Øster Voldgade E 3–F 2	Todesgade C 3	Geodätisches Institut F 5	**T**echnische Hochschule E 3
Knabrostræde E 5	Otto Mønsteds Plads E 6	Tøjhusgade E 5	Gustavs Kirke F 2	Technologisches Institut D 5
Knippelsbro F 5	Overgarden neden Vandet F 6–G 5	Toldbodgade F 4	Güterbahnhof A 1, D 6	Theatermuseum E 5
Købmagergade E 4	Overgarden oven Vandet F 6–G 5	Tordenskjoldsgade F 4–5	**H**auptbahnhof D 6	Thorvaldsenmuseum E 5
Kompagnistræde E 5	**P**akhuskaj G 1	Torvegade F 5–6	Hirschsprung-Sammlung E 3	Tinghus D 3
Kongens Nytorv F 4	Peblinge Dossering C 4–3	Trepkasgade D 2	Holmensfriedhof E 2	Tivoli D 5
Kornkaj G 1	Peder Skrams Gade F 4–5	Trianglen E 1	Holmens Kirke F 5	Trinitatis Kirke E 4
Korsgade C 3–4	Pile Allé A 6	Trondhjemsgade F 2	Hygiene-Institut D 1	**U**niversität E 4
Kristianiagade F 2	Pilestræde E 4	Trondhjems Plads F 2	**J**erusalems Kirke F 3	Universitätsbibliothek C 1
Krogerupgade B 2	Platanvej B 6	Turesensgade E 4	Jüdischer Friedhof C 3	**V**erkehrsamt D 5
Krokodillegade F 3	Polititorvet D 6	**U**plandsgade GH 6	**K**astellet FG 2	Vesterbro BC 6
Kronprinsessegade E 4–F 3	Præstegade F 1	**V**ærnedamsvej C 5–6	Kingos Kirke B 1	Vesterport, Bahnhof D 5
Krøyers Plads G 5	Prags Boulevard H 6	Valkendorfsgade E 4	Kleine Meerjungfrau G 2	Volkstheater D 4
Krystalgade E 4	Prinsessegade FG 6	Ved Stadsgraven FG 6	Königliche Bibliothek EF 5	Vor Frelsers Kirke G 5
Kultorvet E 4	Prinsesse Maries Allé C 5	Ved Volden G 6	Königlicher Garten E 3	Vor Frue Kirke E 4
Kvægtorvsgade D 6	Puggårdsgade E 6	Vendersgade D 3–4	Königliches Theater F 4	**Z**entralpostamt D 6
Kvæsthusbroen G 4	**R**aadhusplads D 5	Vermlandsgade GH 6	Konservatorium E 6	Zeughausmuseum E 5
Kvæsthusgade G 4	Raadhusstræde E 5	Vesterbrogade A 6–D 5	Konzertsaal D 6	Zollamt F 2, G 3
Læderstræde E 5	Rahbeks Allé A 6	Vesterbros Torv C 6	Kristus Kirke C 3	Zoologisches Institut C 1
Læssøesgade D 2–3	Rantzausgade B 3	Vesterfælledvej B 6		
Landemærket E 4	Refnæsgade C 2	Vester Farimagsgade D 5		
Langebro E 4	Reventlowsgade D 6	Vestergade D 5		
Langebrogade F 6	Rigensgade EF 3	Vester Søgade C 5		
Langelands Plads A 4	Rørholmsgade DE 3	Vester Voldgade D 5–E 6		

Wörter, die man unter K vermisst, suche man unter C, Ch, G, H oder Q

Kopenhagen: Stadtplan

Kopenhagen: Stadtplan

Entwicklung gehemmt. 1416 kam K. aus bischöfl. Besitz an König ERICH VII., unter dem es zur Hauptstadt der seit 1397 vereinigten drei nord. Reiche wurde. König CHRISTOPH III. verlegte 1443 die königl. Residenz von Roskilde nach K., als erster dän. König wurde 1448 CHRISTIAN I. hier gekrönt. 1536 schloss sich K. der Reformation an. Nachhaltig förderte CHRISTIAN IV. die Entwicklung K.s. Er ließ u. a. den Kriegshafen anlegen und die Befestigungen verstärken. Im 18. Jh. wurde die Porzellanindustrie in K. heimisch. Brände vernichteten 1728 und 1795 weite Teile der Stadt, die sich 1801 gegen einen Angriff der engl. Flotte unter H. PARKER und H. NELSON verteidigte (›Schlacht auf der Reede‹). Starke Zerstörungen rief 1807 die Beschießung der Stadt durch brit. Kriegsschiffe hervor. 1857 erhielt K. ein umfassendes Selbstverwaltungsstatut; 1894 wurde der Freihafen eröffnet. Während des Zweiten Weltkriegs stand K. 1940–45 unter dt. Besetzung.

J. FLEISCHER: K. Kulturhistor. Führer (1987).

Kopenhagener Deutung [nach der Wirkungsstätte von N. BOHR], die von N. BOHR und W. HEISENBERG 1926/27 gegebene Deutung der modernen Quantentheorie und ihrer Ergebnisse. Ausgehend von der durch M. BORN gegebenen statist. Deutung der quantenmechan. Wellenfunktionen als Wahrscheinlichkeitsamplituden, wird das Auftreten statist. Zusammenhänge mit der prinzipiellen Ungenauigkeit der Messung komplementärer Größen begründet. Sie beruht weiter auf der Komplementarität von Teilchen- und Wellenbild, wonach zur vollständigen Beschreibung der atomaren und subatomaren Erscheinungen beide Aspekte notwendig sind (Welle-Teilchen-Dualismus). Die K. D. berücksichtigt die Notwendigkeit, auch mikrophysikal. Experimente mit den Begriffen der (makroskop.) klass. Physik zu beschreiben, und zeigt, dass die durch heisenbergsche Unschärferelationen eingeengte Objektivierung der Ergebnisse von Beobachtungen zur statist. Beschreibung mikrophysikal. Erscheinungen zwingt: Die Quantentheorie liefert nur die Wahrscheinlichkeit des Eintretens von Ereignissen, erlaubt aber nicht eine raumzeitl. Beschreibung dessen, was zw. zwei Beobachtungen geschieht. Da jeder Versuch, eine solche Beschreibung zu finden, zu Widersprüchen führt, ist der Begriff ›Geschehen‹ auf die Beobachtung zu beschränken.

Kopenhagener Porzellan, Porzellan der 1774 in Kopenhagen als private Gesellschaft gegründeten Porzellanfabrik, die 1779 als ›Kongelige Danske Porcelains Fabrik‹ in staatl. Besitz überging. Die Arbeiten der Frühzeit folgten Vorbildern der Manufakturen von Fürstenberg, Sèvres und Berlin. Die berühmteste Schöpfung ist das als Geschenk für die Kaiserin KATHARINA II. von Russland in Auftrag gegebene Service ›Flora Danica‹ (1790–1802; Kopenhagen, Schloss Rosenborg). In großem Umfang wurde blauweißes Essgeschirr hergestellt, daneben auch Figuren, um 1800 Gefäße und große Vasen im klassizist. Stil. Unter der Leitung von G. F. HETSCH (1828–57) trat die Manufaktur v. a. mit verkleinerten Reproduktionen von Werken B. THORVALDSENS hervor. Sie ging 1868 unter Beibehaltung des Namens in Privatbesitz über. Ab 1885 erlangte sie mit dem Architekten und Maler ARNOLD KROG (*1856, †1931) als künstler. Leiter erneutes Ansehen und gehört noch heute zu den bedeutendsten europ. Porzellanmanufakturen.

The Royal Copenhagen Porcelain Manufactury 1775–1975, bearb. v. B. L. GRANDJEAN (a. d. Dän., Kopenhagen 1975).

Kopenhagener Schule, *Sprachwissenschaft:* →Glossematik.

Köpenick, Stadtbezirk von Berlin, 108 800 Ew. Als flächenmäßig größter (127,4 km²) Verw.-Bez. von Berlin ist K. reich an Industrie, aber auch an Seen (Großer Müggelsee) und Wäldern. – Das bereits zu slaw. Zeit besiedelte Gebiet des heutigen K. fiel im 12. Jh. nach harten Kämpfen an die Askanier, die hier nach 1240 eine Burg anlegten und vermutlich gegen 1250 die Stadt K. gründeten. 1920 kam K. zur neu gegründeten Stadtgemeinde Berlin.

Köpenickiade *die, -/-n,* Streich, Gaunerei, nach der Besetzung des Rathauses in Köpenick am 16. 10. 1906 durch den arbeitslosen Schuhmacher WILHELM VOIGT (*1849, †1922), der in Hauptmannsuniform den Bürgermeister verhaftete und die Stadtkasse beschlagnahmte. Diese Episode lieferte den Stoff für die literar. Gestaltung in den Dramen von ROTTLÄNDER (1912) und C. ZUCKMAYER (1930) sowie für den ebenfalls unter dem Titel ›Der Hauptmann von Köpenick‹ erschienenen Roman (1930) von W. SCHÄFER.

Koper, Hafenstadt in Slowenien, am Golf von Triest in Istrien, 45 400 Ew.; kath. Bischofssitz. Fahrzeugbau, Schiffbau, chem. und pharmazeut. Industrie; Fremdenverkehr; Containerterminal. – Die Stadt ist venezianisch geprägt, der dreischiffige, im 15./16. Jh. erbaute Dom wurde im 17. Jh. barockisiert; got. Prätorenpalast (1386–1452; jetzt Gerichtshof); spätgot. Loggia (1462–64). Der ehem. Belgramoni-Tacco-Palast (16. Jh.) ist heute Museum. – Die auf die griech. Gründung **Egidia** zurückgehende Stadt hieß unter röm. Herrschaft (ab der 1. Hälfte des 2. Jh. v. Chr.) **Aegidia** und unter byzantin. Oberhoheit (mit Unterbrechungen bis etwa zum 10. Jh. n. Chr.) **Justinopolis.** Unter venezian. Herrschaft (1279–1797) war K. als **Caput Histriae** (ital. **Capodistria**) die Hauptstadt des venezian. Istrien. Teils von Istrien. 1797/1815 bis 1919/20 gehörte K. zu Österreich, anschließend zu Italien, 1945–54 zur Zone B des Freistaats Triest und kam dann an Jugoslawien.

Köper [mnd. keper, eigtl. ›Querbalken‹ (nach dem diagonal verlaufenden Grat)] *der, -s/-,* **Croisé** [krwa'ze, frz.], *Textilwesen:* in der Weberei eine der drei Grundbindungsarten (→Bindung) sowie in **K.-Bindung** hergestellte Gewebe, deren charakterist., schräg verlaufende Streifenstruktur (**K.-Grat**) durch die Berührung der Bindungspunkte in der Diagonalen entsteht. Beim **Eingrat-K.** tritt innerhalb eines Bindungsrapports nur ein Grat auf, beim **Mehrgrat-K.** deren zwei oder mehr. Man kennt zwei-, drei- und mehrbindige K. entsprechend der Anzahl der Kettfäden, die über den Schussfäden kreuzen. Verlaufen die K.-

Kopenhagener Porzellan: Teller aus dem Service ›Flora Danica‹; zwischen 1790 und 1802 (Köln, Kunstgewerbemuseum)

Nikolaus Kopernikus (kolorierter Kupferstich)

Grate auf der Gewebeoberfläche von links nach rechts steigend, spricht man von **Z-Köper,** im umgekehrten Fall von **S-Köper.** Beim **Kett-K.** treten auf der rechten Warenseite die Kettfäden mehr in Erscheinung, beim **Schuss-K.** dagegen die Schussfäden. Die Benennung der jeweiligen Gewebe deutet auf den Verwendungszweck, den Rohstoff oder die Webart hin. Typ. K.-Gewebe sind z. B. Twill, Serge, Covercoat, Drell, Gabardine.

Bei Kulierwirk- und Strickware wird als K. eine Spezialmusterung mit durch Bindungswechsel (Wechsel zw. gemusterten und glatten Maschenreihen) erzielter Diagonalwirkung bezeichnet; z. B. bei Strickhandschuhen. In der Kettenwirkerei ist K.-Ware ein Spezialgewirk mit Fadenverlauf über zwei Nadeln (K.-Legung).

kopernikanisches Weltsystem [nach N. KOPERNIKUS], →Kopernikus, Nikolaus; →Kosmologie.

kopernikanische Wende, in Analogie zur Ablösung des geozentr. Weltsystems des C. PTOLEMÄUS durch das heliozentr. Weltsystem des N. KOPERNIKUS geprägter Begriff, der eine grundlegende Veränderung in Weltsicht, menschl. Selbstverständnis und wiss. Erklären der Neuzeit versinnbildlichen soll. Dabei wird die kopernikan. Erkenntnis als Sinnbild für den Primat der konstruktiven Vernunft über die Abhängigkeit menschl. Erkennens von der sinnl. Erfahrung angesehen. Der Begriff, der anknüpfend an die Transzendentalphilosophie I. KANTS geprägt wurde, bezeichnet dort die Erkenntnis, dass menschl. Erfahrung und objektive Gegenstandserkenntnis durch apriori, vom Verstande gesetzte, d. h. durch die Leistung des Erkenntnissubjekts, geprägt sind.
    H. BLUMENBERG: Die K. W. (1965); DERS.: Die Genesis der kopernikan. Welt., 3 Bde. (1981).

Kopernikus, erster dt. geostationärer Fernmeldesatellit, der am 6. 6. 1989 mit einer europ. Rakete vom Typ Ariane gestartet wurde. K. verfügt über elf Kanäle, über die die Nachrichtendienste der Dt. Telekom AG abgewickelt werden. Es stehen sechs Fernsehkanäle sowie 2000 Telefon- und Datenleitungen zur Verfügung. Da die bisher übl. Frequenzen nahezu ausgebucht sind, werden bei K. auch neue Frequenzbereiche (30/20 GHz) benutzt. Offiziell nahm K. den Betrieb am 11. 8. 1989 auf. Mit den Starts der ›Dt. Fernmeldesatelliten‹ K. 2 (DFS 2) am 25. 7. 1990 und K. 3 (DFS 3) am 12. 10. 1992 komplettierte die Dt. Telekom ihr nat. Satellitensystem DFS K. Dabei wurde K. 2 auf 28,5° ö. L. positioniert und diente zunächst der Verbesserung des Telefon- und Datenverkehrs zw. alten und neuen Ländern; daneben ist er u. a. für Videokonferenzen und den Programmaustausch zw. den Fernsehanstalten vorgesehen. K. 3 nahm die Position von K. 1 auf 23,5° ö. L. ein, der seinerseits auf 33,5° ö. L. verschoben wurde. Während nun K. 3 zur Einspeisung der Programme ins Kabelnetz dient, wird K. 1 jetzt als Relaisstation für den Telefon- und Datenverkehr zw. Dtl. und den osteurop. Ländern eingesetzt.

Kopernikus, Copernicus, Nikolaus, eigtl. **N. Koppernigk,** poln. **Kopernik,** Astronom und Mathematiker, *Thorn 19. 2. 1473, †Frauenburg 24. 5. 1543. Nach dem frühen Tod des Vaters (1483) wurde die Ausbildung von K. durch dessen Onkel LUKAS WATZENRODE (1488–1512 Bischof des Ermlandes) überwacht. 1491–94 beschäftigte sich K. in Krakau mit humanist., mathemat. und astronom. Studien. 1496 bis 1503 hielt er sich in Italien auf; in Bologna und Padua hörte er Medizin und Rechtswissenschaft. 1503 erfolgte die jurist. Promotion in Ferrara. Nach Frauenburg zurückgekehrt, wurde K. Sekretär und Leibarzt seines Onkels. 1510 übernahm er die Verwaltungsaufgaben eines Domherrn zu Frauenburg.

Die astronom. Forschung, deren Ergebnisse K. berühmt machten, betrieb er stets als Privatmann. Entscheidende Anregungen hierzu erhielt er in Bologna durch den Regiomontanusschüler DOMENICO MARIA DI NOVARA (*1464, †1514), dessen Mitarbeiter K. zeitweilig war, und durch das Studium der Werke von G. PEURBACH und J. REGIOMONTANUS. Eine erste astronom. Beobachtung (Verdeckung des Aldebaran durch den Mond) ist für den 9. 3. 1497 belegt. Sein eigenes →heliozentrisches Weltsystem **(kopernikanisches Weltsystem)** machte K. mit seiner Denkschrift ›Commentariolus‹ (›De hypothesibus motuum cœlestium commentariolus‹, in: ›N. K. Erster Entwurf seines Weltsystems sowie eine Auseinandersetzung Johannes Keplers mit Aristoteles: Über die Bewegung der Erde‹, hg. v. F. ROSSMANN, 1948) 1514 einem kleinen Kreise überwiegend kirchl. Würdenträger zugänglich. Bereits hier werden die entscheidenden Annahmen ausgesprochen, dass die Sonne den Mittelpunkt der kreisförmigen Planetenbahnen bildet, und dass auch die Erde sie kreist, die sich täglich um ihre Achse dreht und ihrerseits vom Mond umkreist wird. Das Werk fand v. a. wegen der darin enthaltenen Überlegungen zu einer Kalenderreform Beachtung; 1533 ließ sich Papst KLEMENS VII. über dessen Inhalt unterrichten. Der ›Commentariolus‹ wurde später Papst PAUL III. mit dessen Einverständnis gewidmet.

Ausgangspunkt für K. bei der Schaffung seines neuen Weltsystems war die mangelnde Übereinstimmung des überlieferten geozentr. Weltsystems des C. PTOLEMÄUS mit den Beobachtungsdaten. An den physikal. Grundlagen dieses Systems – den aristotel. Forderungen nach Kreisförmigkeit der Bahnen und Gleichförmigkeit der Bewegungen – rüttelte K. nicht. Vielmehr sah er in der Verletzung der zweiten Forderung im ptolemäischen Weltsystem einen entscheidenden Nachteil desselben. Allerdings gelang es K. nicht, mit seinem System bessere Voraussagen zu gewinnen, was u. a. T. BRAHE dazu veranlasste, es zu verwerfen. Erst die Einführung der Ellipsenbahnen durch J. KEPLER verhalfen dem heliozentr. Weltsystem zum Durchbruch. K. sah sich gezwungen, zur Verbesserung seines Systems ähnlich wie PTOLEMÄUS Epizykeln (insgesamt 34) einzuführen (→Epizykeltheorie).

Größere Verbreitung fanden die Ideen des K. durch den Wittenberger Mathematiker G. J. RHETICUS, der sich 1539–41 in Frauenburg aufhielt. Das Hauptwerk von K., ›De revolutionibus orbium cœlestium libri VI‹ (dt. u. a. als ›Über die Kreisbewegungen der Weltkörper‹), das dieser jahrelang als Manuskript unter Verschluss hielt, erschien 1543 in Nürnberg. Sein Druck wurde anfangs von RHETICUS, später von A. OSIAN-

Hinrich Wilhelm Kopf

DER überwacht. Letzterer stattete das Werk mit einem Vorwort aus, in dem er das Weltsystem des K. – im Widerspruch zu dessen Ansichten – als ein rein hypothetisches bezeichnete. Von kirchl. Seite angegriffen und auf den Index (1616) gesetzt wurde das Werk von K. erst im Zuge der Auseinandersetzungen mit G. GALILEI. Ein heftiger Gegner des K. war P. MELANCHTHON. Die mathemat. Teile des kopernikan. Hauptwerkes, die v.a. die Trigonometrie betreffen (u.a. Wiedereinführung der Sekansfunktion), wurden bereits 1542 von RHETICUS unter dem Titel ›De lateribus et angulis triangelorum‹ veröffentlicht.

Ausgaben: Gesamtausg., hg. v. F. KUBACH, 2 Bde. (1944 bis 1949); Gesamtausg., hg. v. H. M. NOBIS u.a., auf mehrere Bde. ber. (1974ff., lat. u. dt.).

F. SCHMEIDLER: N. K. (1970); A. KOYRÉ: The astronomical revolution. Copernicus, Kepler, Borelli (a.d. Frz., Paris 1973, Nachdr. London 1980); N. M. SWERDLOW u. O. NEUGEBAUER: Mathematical astronomy in Copernicus' ›De revolutionibus‹, 2 Bde. (New York 1984); J. KIRCHHOFF: N. K. (9.–11. Tsd. 1990); J. HAMEL: Nicolaus Copernicus. Leben, Werk u. Wirkung (1994).

Kopẹt-Dạg, Koppẹ Dạgh, Grenzgebirge zw. Turkmenistan und Iran, rd. 650 km lang, bis 3117 m ü. M. (in Iran); tertiäres Faltengebirge; in 1200–2200 m ü. M. Wermutsteppe, darüber Grasland (Weidewirtschaft); in den Tälern Getreide- und Gartenbau. Im Bereich von →Aschchabad häufig starke Erdbeben.

Kopf [ahd. kopf, urspr. ›Becher‹, ›Trinkschale‹, wohl zu spätlat. cuppa ›Becher‹], **Cạput,** beim Menschen, bei den Wirbeltieren sowie auch bei vielen Wirbellosen (Insekten, manche Weichtiere) der vom Rumpf abgegliederte Körperteil, der Gehirn, Sinnesorgane und den Eingang zu Verdauungs- und Atmungsorganen umschließt. Das Skelett des K. der *Wirbeltiere* ist der →Schädel. Sein Gehirnteil ist mit einer gefäß- und nervenreichen derben Haut, der **K.-Schwarte,** bekleidet, die eine sehnige Verbindung der behaarten K.-Haut mit der Knochenhaut der Schädelknochen bildet. Die weichere Haut des Gesichtsteils ist mit zarten Muskeln unterlagert, die den mim. Ausdruck vermitteln (→Gesicht). – Bei den *Weichtieren* besitzen die Schnecken und v.a. die Kopffüßer einen deutlich abgegrenzten K., an den bei den Kopffüßern der zu Fangarmen umgestaltete Fuß direkt anschließt (›Kopffuß‹). – Bei den *Gliederfüßern* besteht der K. aus sechs Segmenten, die einzeln oft nicht erkennbar sind und deren zweite die Fühler (Antennen), die vierten bis sechsten die Mundgliedmaßen tragen. Der K. ist oft beweglich mit dem folgenden Brustabschnitt verbunden.

Kopf, Hinrich Wilhelm, Politiker, * Neuenkirchen (bei Otterndorf) 6. 5. 1893, † Göttingen 21. 12. 1961; Jurist; seit 1919 Mitgl. der SPD, in der Verwaltung des Landes Preußen tätig, 1933 entlassen. 1945 wurde er Ober-Präs. der Prov. Hannover, 1946 Min.-Präs. des Landes Ndsachs. (bis 1955). 1957–59 war er dessen Innen-Min., 1959–61 wiederum Ministerpräsident.

Köpf, Gerhard, Literaturwissenschaftler und Schriftsteller, * Pfronten 19. 9. 1948; seit 1984 Prof. für Gegenwartsliteratur und angewandte Literaturwissenschaft in Duisburg. Im Mittelpunkt seines literar. Schaffens stehen die durch Handlungsort (das fiktive Städtchen Thulsen im Allgäu), Rahmenthema und Erzähltechnik verbundenen Romane ›Innerfern‹ (1983), ›Die Strecke‹ (1985), ›Die Erbengemeinschaft‹ (1987) und ›Eulensehen‹ (1989).

Weitere Werke: Romane: Piranesis Traum (1992); Papas Koffer (1993); Der Weg nach Eden (1994). – *Erzählungen:* Borges gibt es nicht (1991); Nurmi oder Die Reise zu den Forellen (1996).

Kopf|arteri|e, die →Halsschlagader.

Kopfbein, Ọs capitạtum, ein Handwurzelknochen (→Hand).

Kopfblatt, Orts- oder Gebietsausgabe (Nebenausgabe) einer Tageszeitung mit anderem Titel (Titelkopf) und Lokalteil als dem der Hauptausgabe.

Kopfblutgeschwulst, →Kopfgeschwulst.

Köpfchen, unverzweigter Blütenstand.

Köpfchenschimmel, Gattung der →Jochpilze.

Kopfdreher, der →Kopfnicker.

Kopfdüngung, Düngung bereits wachsender Pflanzenbestände (z.B. Wiesen, junge Saaten) mit leicht aufnehmbaren Düngesalzen (z.B. Kali- oder Stickstoffdünger).

Kopf|eibe, Cephalotạxus, einzige rezente Gattung der Nadelholzfamilie **Kopfeibengewächse** (Cephalotaxaceae), mit vier Arten (verbreitet vom Himalaja bis O-Asien); der Eibe stark ähnelnde, strauch- oder baumförmige Nadelhölzer mit kleinen (meist zweihäusig verteilten), köpfchenförmigen Blütenständen. Die Früchte sind ovale, einsamige Nüsse mit fleischiger Außenschale.

Kọpff, August Adelbert, Astronom, * Heidelberg 5. 2. 1882, † ebd. 25. 4. 1960; ab 1924 Prof. in Berlin und Direktor des Astronom. Recheninstituts in Berlin-Dahlem, das er 1945 nach Heidelberg verlegte; wurde 1947 gleichzeitig Direktor der Sternwarte auf dem Königstuhl. Seine Bemühungen um eine einheitl. Bearbeitung der Präzisionsbeobachtungen der Sternörter führten zur Herausgabe des ›3. Fundamentalkatalogs des Berliner Astronom. Jahrbuchs‹ (1937).

Kopffüßer, Cephalọpoda, eine Gruppe der Schalen tragenden Weichtiere (Conchifera) mit etwa 750 meeresbewohnenden, 1 cm bis über 20 m langen Arten. Der hohe Eingeweidesack bildet an seiner Hinterseite eine tiefe Mantelhöhle, die die Kiemen sowie die After-, Harn- und Geschlechtsöffnung enthält. Der deutlich abgesetzte Kopf ist mit Teilen des Fußes verwachsen und trägt mindestens 8 Arme sowie meist große, hoch entwickelte Linsenaugen. Der übrige Teil des Fußes bildet hinter dem Armkranz ein bewegl. Rohr (Trichter), durch das Wasser durch Kontraktio-

Kopf des Menschen: Sagittalschnitt

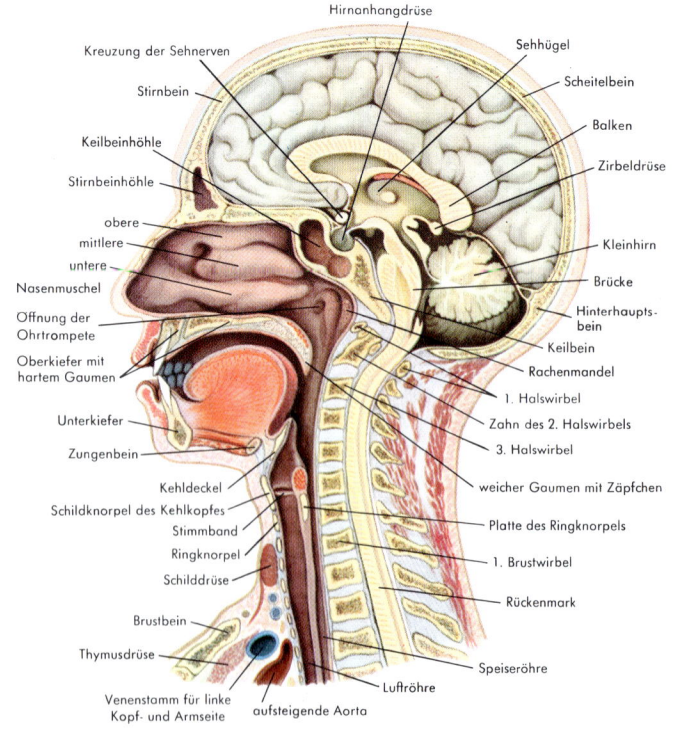

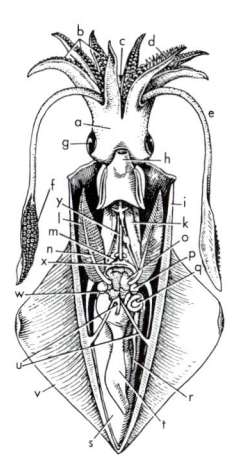

Kopffüßler:
Bau eines Kalmars; a Kopf, b Saugnäpfe an den Armen, c Mund, d der Begattung dienender Arm (Hectocotylus) des Männchens, e Tentakel, f Tentakelkeule, g Auge, h Trichter, i Mantel, k Trichterrückziehmuskel, l Kieme (Kammkieme), m Harnsackmündung, n Kiemenvene, o Nieren, p Kiemenherz, q Spermatophorendrüsen, r Samenleiter, s Hoden, t Magen, u Mantelarterien, v Flosse, w Perikardialdrüse, x Harnsack, y Tintengang

nen des muskulösen Mantels aus der Mantelhöhle gepresst werden kann und so den K. ein Schwimmen nach dem Rückstossprinzip mit der eigentl. Oberseite voran ermöglicht. Einige Arten können sogar aus dem Wasser schnellen und bis zu 50 m weit durch die Luft gleiten. Die Schale ist meist durch Überwachsung vom Mantel ins Innere verlagert und zu einem dicken, gekammerten Kalkschulp oder einer dünnen, schwertförmigen Chitinlamelle (Gladius) reduziert, oder sie fehlt ganz. Die Beute (Fische, Krebse und Weichtiere) wird mit den oft mit Saugnäpfen besetzten Fangarmen ergriffen und zum Mund geführt, wo sie von den kräftigen Kiefern (›Papageienschnabel‹) und der Reibzunge (Radula) zerkleinert wird. Viele K. haben eine Farbstoffdrüse (**Tintenbeutel**), mit der sie das ausgestoßene Atemwasser schwarzbraun färben können, um sich den Blicken ihrer Feinde (Haie, Wale, Robben u. a.) zu entziehen. Der starke Farbwechsel der Haut dient der Tarnung und der Verständigung. Viele Arten besitzen Leuchtorgane in der Haut, die dem Beuteerwerb und der Partnerfindung dienen.

Die K. sind getrenntgeschlechtig. Das Männchen überträgt mit einem spezialisierten Arm (Hectocotylus) sein Spermapaket (Spermatophore) in die Mantelhöhle oder in eine Tasche in der Mundregion des Weibchens. Dieses befestigt die befruchteten Eier an Steinen oder Pflanzen.

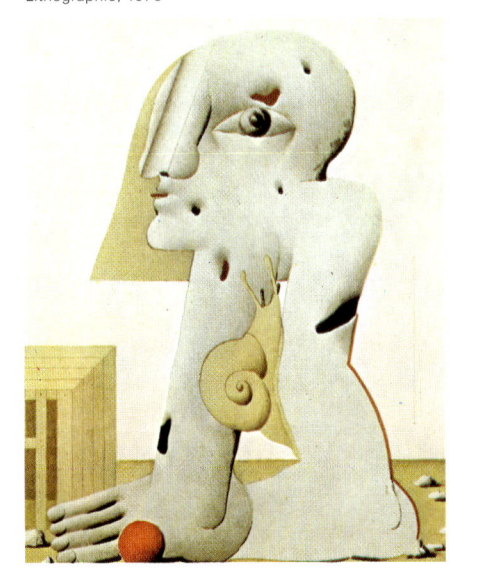

Zu den K. gehören die →Perlboote (Ordnung Nautilida), die wie die ausgestorbenen →Ammoniten noch eine spiralig aufgewundene, gekammerte äußere Schale haben. Sie besitzen 90–105 Arme ohne Saugnäpfe und zwei Paar Kiemen. Als **Zweikiemer** (Dibranchiata) werden ihnen die übrigen K. gegenübergestellt, die auch aufgrund der meist vorhandenen Tintendrüse (ungenau) als Tintenfische oder -schnecken bezeichnet werden. Zu diesen gehören die ausgestorbenen →Belemniten, die Achtfüßer oder →Kraken (Octopoda; z. B. mit der Gattung Argonauta) und die Zehnfüßer (Decabrachia), die neben 8 kurzen noch 2 lange, einziehbare Fangarme besitzen, mit den →Kalmaren und den Tintenfischen i. e. S. (v. a. mit der Gattung Sepia). – K. sind seit dem Oberkambrium, seit rd. 525 Mio. Jahren, belegt (Nautiloidea).

Kopffüßler, *Kunst:* Gestalten, die aus Beinen und einem kopfähnl. Gebilde bestehen, dem sinnbildlich meist die Funktionen von Kopf und Leib zugleich übertragen sind. K. erscheinen in Zeichnungen von Kindern und neurologisch-psychisch Erkrankten, in variierender Ausbildung und Bedeutung in Malerei und Plastik vieler Kulturen. In der europ. Kunst finden sich K. z. B. im 16. Jh. bei H. BOSCH und P. BRUEGEL D. Ä., im 20. Jh. bei P. PICASSO, J. MIRÓ und H. ANTES.

H. KRAFT: Die K. (1982).

Kopfgeschwulst, Geburtsgeschwulst, blutigseröser Erguss unter der Kopfhaut des Neugeborenen, der bei Kopflage als vorübergehender Geburtsschaden durch Druckwirkung auftreten kann, auch als Bluterguss (**Kopfblutgeschwulst, Kephalhämatom**) zw. Schädelknochen und Knochenhaut.

kopfgesteuerter Motor, ein Verbrennungsmotor mit im Zylinderkopf angeordneten Ventilen.

Kopfgras, das →Blaugras.

Kopfgrippe, volkstüml. Bez. für die epidem. →Gehirnentzündung.

Kopfholzwirtschaft, Kopfholzbetrieb, Ausschlagbetrieb, *Forstwirtschaft:* Teil des Niederwaldbetriebs. Laubbäume mit gutem Regenerationsvermögen, z. B. Weiden, Pappeln, Linden, Eschen, Ulmen, werden kurz nach der Anpflanzung geköpft, um die sich bildenden Schösslinge nach 4–6 Jahren als Flechtmaterial (Gerten) nutzen zu können.

Kopfhörer, elektroakust. Wandler zur Umwandlung tonfrequenter Wechselspannungen oder auch digitalisierter Tonsignale (beim Tonsignal K.) in akust. Schwingungen, die direkt ins Ohr abgestrahlt werden. K. werden entweder an spezielle K.-Buchsen oder über Lautsprecherstecker an die Lautsprecherbuchsen von Hörfunk-, Fernseh- und Tonbandgeräten, Plattenspielern, Video- und Kassettenrekordern, CD-Playern, Niederfrequenzleistungsverstärkern u. a. angeschlossen; seltener ist die drahtlose Übertragung von Tonsignalen. Ist der Kopplungsraum, d. h. der von der schwingenden Membran des K. und dem Ohr bzw. Gehörgang umschlossene Raum, nach außen hin durch eine schalldichte Polsterung abgeschlossen, spricht man von einem **geschlossenen System.** Das Hören ist hier ein Druckkammerhören; das Freifeldhören erreicht man annähernd beim **offenen System,** bei dem schalldurchlässige Schaumstoffkissen für einen Abstand zw. Ohr und Membran sorgen.

Die Membran kann ebenso wie beim Lautsprecher durch ein elektrodynam., elektrostat., elektromagnet. oder piezoelektr. System in Schwingungen versetzt werden. Am weitesten verbreitet ist das mit Schwingspule arbeitende **elektrodynamische System.** Beim isodynam. und orthodynam. K. ist die Schwingspule als

Kopffüßler: Horst Antes, ›Figur mit Schnecke‹; Lithographie; 1970

Kopffüßler: Tongefäß der Mochekultur im nördlichen Peru; um 500 n. Chr.

Wörter, die man unter K vermisst, suche man unter C, Ch, G, H oder Q

Kopf Kopfjagd – Kopfschmuck

spiralförmige Leiterbahn direkt auf der Membran angebracht, sodass diese gleichmäßig über die gesamte Fläche angeregt wird. **Piezoelektrische K.** nutzen entweder die Piezoelektrizität von synthet. Hochpolymeren aus (HP-Kopfhörer), die die Membran bilden, oder bestehen aus einem mit elektr. Anschlüssen versehenen piezoelektr. Material, das entsprechend der angelegten Spannung Biegeschwingungen ausführt.

Kopfjagd, das Erbeuten menschl. Schädel, um das im Kopf vermutete Energiepotenzial einer anderen Person für sich selbst nutzbar zu machen (→Schädelkult). Verbreitungsschwerpunkte der K. waren SO-Asien, Melanesien und das nordwestl. Tiefland Südamerikas. In manchen Kulturen entwickelte sich eine Pars-pro-toto-Symbolik. Statt des ganzen Kopfes wurden nur Teile (Ohren, Skalp) erbeutet. Bei der Herstellung von Schrumpfköpfen wird zuweilen das menschl. Haupt durch Tierköpfe (z. B. vom Faultier bei den Jívaro) ersetzt.
   A. LINKLATER: Wild unter Wilden. Bei den Kopfjägern Borneos (a. d. Engl., 1995).

Kopfkohl, Wuchsform des Gemüsekohls, bei der die Blätter die Knospenlage beibehalten und sich zu einem Kopf zusammenschließen (die Blattspreiten sind stark entwickelt; z. B. Weiß- und Rotkohl).

Kopflage, häufigste Kindslage bei der Geburt, in der Regelform als Hinterhauptlage mit Beugung des Kopfes auf die Brust (Flexionslage), abweichend als →Deflexionslage (BILD).

Kopflastigkeit, 1) *Flugzeug:* ein um die Querachse wirkendes Drehmoment (Abnickmoment), das durch die hinter dem Schwerpunkt angreifende Auftriebskraft des Tragflügels verursacht wird; muss zur Aufrechterhaltung eines stationären Flugzustandes durch ein gegensinnig wirkendes (schwanzlastiges) Moment des Höhenleitwerkes kompensiert werden.
2) *Schiff:* Ggs. von Hecklastigkeit (→hecklastig).

Kopflaus, mit der →Kleiderlaus nah verwandter Parasit des Menschen.

Kopfnicker, Kopfdreher, Musculus sternocleidomastoideus, von Brustbein und Schlüsselbein entspringender, zum Warzenfortsatz und Hinterhauptbein ziehender Muskel, der Nicken und seitl. Neigen des Kopfes ermöglicht.

Kopfsalat, Häuptelsalat, Lactuca sativa var. capitata, Varietät des zur Gattung →Lattich zählenden Gartensalats (**Gartenlattich,** Lactuca sativa); mit Kopfbildung durch Entfaltungshemmung der Rosettenblätter. Der K. ist eine beliebte Salatpflanze; eine Sorte des K. ist der →Eissalat. Weitere Varietäten des Gartensalats sind: **Schnittsalat (Pflück-, Rupfsalat,** Lactuca sativa var. crispa; die Blätter werden vor dem Austreiben der Blütenstängel abgeschnitten oder abgepflückt); **Sommerendivie (Römischer Salat, Römischer Lattich, Bindesalat,** Lactuca sativa var. longifolia; mit steil aufwärts gerichteten, langen, grundständigen, oft locker kopfförmig zusammenstehenden Blättern mit kräftiger Mittelrippe); **Spargelsalat** (Lactuca sativa var. angustana; die stark verdickten Sprossachsen werden roh oder gekocht gegessen).

Kopfsauger, anderer Name für die zur Ordnung der Barschartigen Fische gehörende Familie der →Schiffshalter.

Kopfschildschnecken, *Zoologie:* **1) Tectibranchia,** Gruppe der Schnecken, in der die Cephalaspidea, die →Seehasen u. a. früher zu den Hinterkiemern gestellten Schnecken zusammengefasst werden; **2) Cephalaspidea,** altertüml. Gruppe der Tectibranchia, mit gewundener Schale und aus den verwachsenen Fühlern gebildetem Kopfschild, das zum Graben im Schlick dient; z. B. die in allen europ. Meeren verbreitete Aceton tornatilis.

Kopfschmerz, Kopfweh, Cephalgie, allgemeines Krankheitszeichen, das von Gefäßen und Nerven und/oder von der Hirnhaut im Schädelinnern ausgeht. Spontane Schmerzen ohne äußere Verletzungen entstehen überwiegend durch Druckänderung im Gehirn mit Änderung des pH-Werts im Gewebe oder durch Krampfzustände der glatten Gefäßmuskulatur. K. hat seine Ursache bes. in der Tatsache, dass die in der Schädelhöhle gelegenen Organe von einer festen, allseitig geschlossenen knöchernen Hülle umgeben sind und daher Änderungen des im Innern dieser Höhle herrschenden Drucks (Erhöhung und Erniedrigung, z. B. durch Störungen im Flüssigkeitsaustausch) als dumpfes Druckgefühl oder Schmerz empfunden werden. Neben den Nerven und Gefäßen der äußeren Weichteile sind nur bestimmte Strukturen des Schädelinnern schmerzempfindlich: Teile der harten Hirnhaut, die venösen Blutleiter, die Schlagadern an der Hirnbasis, die großen Blutgefäße der harten Hirnhaut und die sensiblen Hirnnerven. Das Gehirngewebe selbst, die weichen Hirnhäute und die kleineren Blutgefäße zeigen keine Schmerzempfindung. K. tritt deshalb auf, wenn die empfindl. Strukturen durch Zug, Druck, Verschiebung, Dehnung oder Entzündung (alles zus. z. B. durch Gewalteinwirkung bei Schädelverletzungen) gereizt werden.

Die häufigste Ursache von K. sind Änderungen der Durchblutung in den Gefäßen außerhalb und innerhalb des Schädels, bes. im Zusammenhang mit Veränderungen der Halswirbelsäule. Diese Änderungen können vegetativ-funktionell oder organisch bedingt sein. Nervöse, vegetativ und psychisch empfindl. Menschen leiden bes. an K. durch Gefäßkrämpfe. Aber auch Erschlaffungen der Blutgefäße können zu K. führen, z. B. bei Migräne.

Der **gewöhnliche K.** ist meist ein Zeichen von Übermüdung oder geistiger Überarbeitung. Er ist aber oft auch das erste Anzeichen einer beginnenden fieberhaften Erkrankung; auch bei gestörter Verdauung, bei Frauen vor Eintritt der Menstruation, bei Hungerzuständen, bedingt durch ›Magenleere‹ oder Abfall des Blutzuckers (Hypoglykämie), kann es zu K. kommen. Bei Menschen, die zu K. neigen, treten sie verstärkt bei Wetterwechsel und bes. bei Föhn auf.

Jeder **anhaltende K.** sollte von einem Arzt auf seine Ursache hin untersucht werden. Häufiger K. tritt oft durch Überanstrengung der Augen auf, sodass er durch entsprechende Sehhilfen beseitigt werden kann; auch chron. Entzündungen der Augen können K. hervorrufen. Der überwiegend vom Nacken auf den behaarten Kopf ausstrahlende Schmerz ist häufig Folge einer degenerativen Halswirbelsäulenerkrankung mit dadurch bedingten zentralen Durchblutungsstörungen. Weitere Ursachen für anhaltenden K. können Entzündungen der Nasennebenhöhlen, bes. der Stirnhöhlen, dauernde Erhöhung des Blutdrucks, schwere Allgemeinerkrankungen, bes. Nierenleiden, sein.

Die *Behandlung* umfasst natürl. Maßnahmen wie Bewegung in frischer Luft, kalte Kompressen auf den Kopf oder in den Nacken (seltener wird Wärme als angenehm empfunden), ein heißes Sitzbad oder Wechselfußbäder, eine Tasse starken Kaffees lassen den akuten Schmerz oft abklingen. Bei starken K. helfen i. d. R. nur schmerzstillende Mittel, Bettruhe und Lagerung auf Nackenrolle.

Kopfschmuck, in vielen Kulturen Teil des Körperschmucks, als Statussymbol oder aus rituellen Gründen getragen. Bei außereurop. Kulturen verweist der K. auf die ethn. und religiöse Zugehörigkeit der Person, aber auch auf ihre soziale und politische Stellung, verdeutlicht besondere Taten (Federheraldik der nordamerikan. Prärie- und Plains-Indianer) oder betont Geschlechtsunterschiede. Zu feierl. Anlässen oder auf Kriegszügen wurde (wird) häufig ein besonderer K. angelegt. Man unterscheidet zw. Behangschmuck (Haaranhänger), Bandschmuck (Stirnbin-

Kopfsalat

den und -ketten), Ringschmuck (Feder- oder Metalldiademe) und Einsteckschmuck (Blüten u. a. Pflanzenteile, Zierkämme, Haarpfeile, Vogelbälge, Federn). Hinzu kommen bei manchen Völkern Haarnetze, Hauben, Helme, Kappen und Hüte sowie Perücken aus Gras oder Menschenhaar. Auch die →Haartracht wird in den K. integriert.

Kopfschnitt, *Buchbinderei:* →Farbschnitt.

Kopfschuppen, Hautabschuppung am behaarten Kopf bei →Seborrhö.

Kopfschutz, in versch. Sportarten (z. B. Abfahrtslauf, Amateurboxen, Eishockey) vorgeschriebener oder zugelassener Helm oder gepolsterte Kappe zum Schutz des Kopfes. Gelegentlich gehört zum K. zusätzlich eine Gesichtsmaske, z. B. beim Fechten.

Kopfschwarte, *Anatomie:* →Kopf.

Kopfsprung, *Wasserspringen:* Sprung mit gestrecktem Körper, bei dem die über den Kopf gestreckten Arme vorangehen.

Kopfsteher, Anostomidae, Familie der Salmlerartigen Fische, mit rd. 90 Arten in den Süßgewässern Südamerikas verbreitet (Größe bis 40 cm). Der gestreckte Körper wird meist senkrecht mit abwärts gerichtetem Kopf gehalten. K. sind Warmwasseraquarienfische, z. B. **Gebänderter K.** (Leporius fasciatus), **Pracht-K.** (Anostomus anostomus).

Kopfsteuer, einfachste Form einer Personensteuer; jede (erwachsene) Person hat ohne Rücksicht auf die individuellen Einkommens- und Vermögensverhältnisse denselben Betrag zu entrichten. Eine Fortentwicklung der K. hin zur Besteuerung nach der individuellen Leistungsfähigkeit stellt die →Klassensteuer dar. Die Erhebung von K. wurde und wird v. a. mit dem Äquivalenzprinzip als ›Entgelt‹ für solche öffentl. Leistungen gerechtfertigt, die vermeintlich allen Bürgern in gleichem Maße zugute kommen. Durch die K. werden Entscheidungen der Wirtschaftssubjekte zw. Gütern, zw. Arbeit und Freizeit und zw. Konsum und Sparen nicht beeinflusst, weshalb die K. allokationstheoretisch als ideale ›neutrale‹ Steuer angesehen wird. In Dtl. bildete die 1930 eingeführte **Bürgersteuer** zunächst eine grob abgestufte K., wurde später aber mehr und mehr zu einer Gemeindeeinkommensteuer, 1942 als selbstständig aufgehoben und in die Einkommensteuer eingebaut. In der *Schweiz* stellt die Personaltaxe im Rahmen des →Militärpflichtersatzes eine K. dar.

Kopfstimme, die hohe Lage der menschl. Stimme, bei der die Schädelresonanz wichtig ist und die Stimmlippen nur am mittleren Rand schwingen. Die K. erweitert den Stimmumfang der →Bruststimme.

Kopfstoß, *Sport:* 1) Billard: das senkrechte Auftreffen des Queue auf den Spielball; 2) Boxen: verbotener Einsatz des Kopfes; 3) Fußball: auch **Kopfball,** das Spielen des Balles mit dem Kopf.

Kopfstück, urspr. die dt. Bez. des Testone, seit dem 17. Jh. auch für Münzen im Wert eines Testone verwendet. Nach Einführung des →Konventionsfußes wurde der Name K. auf die 20-Kreuzer-Stücke (Konventionszwanziger) übertragen. In Bremen war das K. das 12-Groten-Stück ($^{1}/_{6}$ Taler).

Kopftier, Leittier, *Jägersprache:* das dem Wildrudel vorausziehende Alttier.

Kopftuch, seit dem Altertum in vielen Kulturen verbreitete Kopfbedeckung, in Europa auf Frauen beschränkt. Haubenartig gebunden, lose fallend oder anderweitig drapiert, gewinnt das K. ein vielfältiges Erscheinungsbild (z. B. Gebände, Kruseler, Mantilla). Sein Gebrauch reicht von verhülltsam (›Schleier‹) bis zur mod. Kopfbedeckung, von der Schutzkleidung bis zum traditionellen Kopfputz zahlr. Volkstrachten.

Kopf|urnen, von den vor- und frühgeschichtl. Gesichtsurnen zu unterscheidende Tongefäße des MA. und der Neuzeit aus SO-Bayern und dem Innviertel, die als Votivgaben dienten. Herkunft und Bedeutung sind noch nicht geklärt. Bitten um Ehepartner, Kindersegen und Befreiung von Kopfschmerz kennzeichnen z. T. sekundäre Bedeutungen.

G. Ritz: Spätmittelalterl. K., in: Bayer. Jb. für Volkskunde (1953); L. Kriss-Rettenbeck: Bilder u. Zeichen religiösen Volksglaubens (²1971).

Kopfweide, Wuchsform bestimmter kultivierter Weiden (z. B. bei der Korbweide), bedingt durch regelmäßigen Schnitt der neuen Triebe, wodurch das Stammende allmählich kopfförmig verdickt.

Kopfwelle, die Stoßfront einer →Druckwelle.

Kophosis [von griech. *kōphós* ›stumpf‹, ›stumm‹], die →Taubheit.

Kopialbuch [zu Kopie], **Chartularium, Diplomataria,** Sammlung von Urkundenabschriften, meist zur Sicherung von Privilegien u. a. Rechtstiteln; bes. im MA. von geistl. und weltl. Herrschaften angelegt.

Kopie [mlat. *copia* ›(den Bestand an Exemplaren vermehrende) Abschrift‹, von lat. *copia* ›Menge‹, ›Vorrat‹] *die, -/...'pi̱en,* 1) *allg.:* originalgetreue Reproduktion eines Schriftstücks (durch Abschrift, Durchschrift oder Kopierverfahren) oder eines Gegenstandes (Nachbildung).

2) *Kunst:* Wiederholung oder Nachbildung eines Kunstwerks von fremder Hand (im Unterschied zur Replik). Die Ausführung der K. erfolgt meist mit den gleichen techn. Mitteln wie das Original, jedoch auch in anderem Material oder verändertem Maßstab. Sie wird zu Studienzwecken oder als Auftrag angefertigt, auch in betrüger. Absicht (→Fälschung).

Kopieren [mlat. *copiare* ›vervielfältigen‹], 1) *Bürotechnik, graf. Technik, Fotografie:* das Herstellen einer Kopie, →Kopierverfahren.

2) *Datenverarbeitung:* das Herstellen von Duplikaten von Datenbeständen oder Programmen durch deren Übertragung von einem Datenträger oder Speicher(bereich) auf einen anderen.

3) *Druckformherstellung:* die Übertragung einer Kopiervorlage (Positiv oder Negativ) auf die Druckform oder auf Pigmentpapier.

Kopierfilter, *Fotografie:* Filter zur Behebung von Farbstichen bei der Herstellung farbiger Vergrößerungen; die Filterwirkung ergibt sich durch subtraktive Farbmischung der Filterdichten oder additive Farbmischung der die Filter passierenden Lichtmengen.

Kopiergeräte, Kopierer, 1) *Bürotechnik:* weitgehend automatisierte Geräte zum Herstellen originalgetreuer Wiedergaben (Kopien, Duplikate, Vervielfältigungen) von Dokumenten, Drucken, Zeichnungen u. a. in Originalgröße, vergrößert oder verkleinert, in Originalfarben oder Schwarzweiß; sie arbeiten nach unterschiedl. →Kopierverfahren. Weiteste Verbreitung fanden die elektrofotograf. Verfahren, die nach dem direkten elektrostat. und zunehmend nach dem indirekten elektrostat. Prinzip arbeiten (→Xerographie). – Manche K. können durch Weiterverarbeitungseinheiten (Sortieren, Zusammentragen, Falzen, Heften, Kleben u. a.) ergänzt werden.

2) *graf. Technik:* Einrichtungen für die Herstellung von Druckformen (z. B. Kopierrahmen, Kopiermaschinen, auch Reproduktionskameras).

Kopierschutz, *Datenverarbeitung:* eine Schutzmaßnahme zur Verhinderung unautorisierten Kopierens von Software, die in Form besonderer Befehle bzw. Programme in die betreffende Software integriert oder getrennt auf den Datenträgern vorhanden ist.

Kopierverfahren, *Bürotechnik, graf. Technik, Fotografie:* Verfahren zur Wiedergabe einer graf. Vorlage, die meist mit sichtbarem, ultraviolettem Licht oder infrarotem Licht und einem strahlenempfindl. Kopiermaterial arbeiten. Beim **Kontakt-K.** wird das Kopiermaterial im Kontakt mit der Vorlage belichtet,

Kopfsteher:
Prachtkopfsteher
(Länge bis 15 cm)

Kopfstück:
Halbes Kopfstück von
Fulda (1727;
Durchmesser 21 mm)

Vorderseite

Rückseite

und man erhält eine gleich große Kopie. Ist die Vorlage transparent, so kann das Kopierlicht durch diese hindurch auf das Kopiermaterial fallen, wobei in den hellen Bereichen der Vorlage viel Licht durchtritt, in den dunkleren Bereichen entsprechend weniger (**Durchleuchtungs-K.**). Bei Aufsichtsvorlagen wendet man das **Reflex-K.** an, bei dem das Licht zuerst durch das durchsichtige Kopiermaterial fällt und von den hellen Stellen der Vorlage stark, von den dunklen Stellen entsprechend schwächer in das Kopiermaterial reflektiert wird. Man erhält eine seitenverkehrte Kopie, die als Zwischenvorlage bei der Herstellung der endgültigen, seitenrichtigen Wiedergabe dient. Wird die Vorlage unter Verwendung der Projektionskopie abgebildet, so sind Vergrößerungen oder Verkleinerungen möglich.

Bei **fotografischen K.** verwendet man Silberhalogenidemulsionen für die Kopierschicht, wobei man neben der Reproduktion von Strichvorlagen auch Halbtonbilder wiedergeben kann. Normalerweise erhält man von einer Negativvorlage eine Positivabbildung (Umkehrung der Helligkeitswerte: **Negativ-Positiv-Verfahren**). Beim **Positiv-Positiv-Verfahren** verwendet man entweder Direktpositivmaterialien oder man führt eine **Umkehrverarbeitung** durch (→Umkehrentwicklung; z. B. für Aufsichtskopien vom Diapositiv, zum Duplizieren eines Films). Die bisher genannten Verfahren erfordern i. Allg. die Verarbeitung in einer Dunkelkammer. – Als Büro-K. auf Silberhalogenidbasis gibt es u. a. das Zweibadverfahren, das →Silbersalz-Diffusionsverfahren und das Verifax-K. (ein Gelatineübertragungsverfahren), die alle mit Reflexbelichtung arbeiten und (fast) trockene Kopien liefern.

Bei den trocken arbeitenden **Wärme-K.** (→Thermographie) verwendet man Kopiermaterialien (z. B. Thermofaxverfahren), die auf Wärmestrahlen empfindl. Kopiermaterialien (z. B. Thermofaxverfahren). Das Dry-Silver-Verfahren erfordert eine Belichtung mit sichtbarer Strahlung, die Kopie wird dann durch Erwärmen auf 130 °C entwickelt.

Lichtpausen, bes. nach dem Diazotypieverfahren, werden v. a. von Bau- und Konstruktionszeichnungen hergestellt (→Lichtpause).

Immer stärkere Bedeutung haben die **elektrofotografischen K.** (→Elektrofotografie, →Xerographie) erlangt, die sich wegen ihrer Schnelligkeit gegenüber den klass. Vervielfältigungsverfahren durchgesetzt haben. Zu den neuesten Entwicklungen zählen **digitale Laserkopiersysteme** (Schwarzweiß und Farbe), bei denen die Vorlage in einem Scanner durch CCD-Sensoren (→CCD) zeilenweise abgetastet und über einen Analog-digital-Wandler in digitale Informationen umgewandelt wird. Von der Abtasteinheit wird die (vielseitig bearbeitbare) Information über eine Datenleitung zum Drucker weitergeleitet. Erzeugt wird eine Abbildung (direktes elektrostat. Prinzip) oder eine Flachdruckform (indirektes elektrostat. Prinzip), indem mithilfe einer Fotohalbleiterschicht ein elektrostat. Ladungsbild entsprechend der Vorlage erzeugt und dieses durch Anlagerung entgegengesetzt geladener Farbteilchen (→Toner) auf dem Bedruckstoff sichtbar gemacht wird.

Die Farbandruckverfahren nutzen u. a. elektrofotograf. K. zur Erzielung von farbigen Kopien nach Farbauszugsdiapositiven oder -negativen. Kontrolle der Ton- und Farbwertrichtigkeit der Farbauszüge vor dem Erstellen der Druckform.

Bei den **fotomechanischen Reproduktionsverfahren** werden Photolacke als Kopierschichten auf eine zu bearbeitende Trägeroberfläche aufgebracht, die nach Ausbildung eines Photolackmusters weiterverarbeitet wird (z. B. durch Ätzen, Galvanisieren).

Bei Herstellung von Druckplatten wird das Druckbild i. Allg. vom Film (Positiv- oder Negativfilm) auf die lichtempfindl. Plattenschicht durch Belichtung übertragen. Filmlose (elektrofotograf.) Verfahren übertragen das Druckbild direkt von der Vorlage (z. B. Klebemontage bei der Zeitungsherstellung) auf die elektrostatisch aufgeladene Plattenschicht. Bei den ›Computer-to-plate‹-Verfahren wird das Druckbild direkt aus dem Bildvorlagen Datenbestand durch (Laser-)Belichtung auf die Druckfolie oder -platte übertragen.

Kopieren heute. Die Gesch. der Fotokopie u. ihre heutige Anwendung für das moderne Büro, bearb. v. K. Urbons (1988).

Kopi̯jka, kleine Währungseinheit in der Ukraine, →Kopeke.

Kopilot [engl.], der zweite Pilot in einem Flugzeug; im Motorsport der Beifahrer.

Köping [ˈtɕøːpiŋ], Stadt am W-Ende des Mälarsees, Schweden, 26 300 Ew.; Metall-, chem., Zementindustrie. – K., Stadt seit 1474, nahm mit der Eröffnung des Tiefwasserhafens (1930) starken Aufschwung.

Kopisch, August, Maler und Schriftsteller, * Breslau 26. 5. 1799, † Berlin 3. 2. 1853. Nach Besuch der Kunstakademien in Prag und Wien ging K. 1823 nach Italien, wo er drei Jahre später zus. mit dem Maler E. Fries auf Capri die Blaue Grotte wieder entdeckte. Seit 1833 lebte er in Berlin, später in Potsdam, wo er im offiziellen Auftrag ›Die Königl. Schlösser und Gärten zu Potsdam‹ (1854) beschrieb. Volkstümlich, humorvoll und vom Geist der Spätromantik geprägt sind seine Schwänke, Sagen, Novellen und Gedichte (›Allerlei Geister‹, 1848, darin u. a. ›Die Heinzelmännchen von Köln‹, ›Der Nöck‹); auch Dramen und Übersetzungen aus dem Italienischen.

Ausgabe: Geistergedichte, Schwänke u. Balladen, hg. v. M. Landmann (1960).

Kopit, Arthur Lee, amerikan. Dramatiker, * New York 10. 5. 1937; schreibt das amerikan. Alltagsleben parodist. verarbeitende Dramen im tragikom. Stil des frz. absurden Theaters, in die er psychoanalyt. Erkenntnisse einfließen lässt, um amerikan. Mythen und Ideale satirisch zu entlarven.

Werke: Dramen: Oh Dad, poor Dad, Mamma's hung you in the closet and I'm feelin' so sad (1960; dt. Oh Vater, armer Vater, Mutter hängt dich im Schrank, u. ich bin ganz krank); The day the whores came out to play tennis (1965; dt. Als die Huren auszogen, Tennis zu spielen); Indians (1969; dt. Indianer); Wings (1978); Good help is hard to find (1982); End of the world (1984; dt. Das Ende der Welt mit anschließender Diskussion); Road to Nirvana (1991; dt. Nirvana).
D. Auerbach: Sam Shepard, A. K. and the Off Broadway Theater (Boston, Mass., 1982).

Kopitar, Bartholomäus (Jernej), slowen. Slawist, * Repnje (Krain) 21. 8. 1780, † Wien 11. 8. 1844; einer der Begründer der Slawistik, Verfasser einer wiss. Darstellung der slowen. Sprache (›Grammatik der Slav. Sprache in Krain, Kärnthen und Steyermark‹, 1808). K. vertrat einen ›Austroslawismus‹, der darauf beruhte, dass er die kirchenslaw. Sprache in Österreich beheimatet sah, weil sie in Pannonien und Karantanien, wo Kyrillos und Methodios sich aufgehalten hatten, entstanden sei. Das Altkirchenslawische bildete für ihn die Grundlage des Slowenischen. Von K. stammt die erste krit. Edition eines altkirchenslaw. Textes (›Glagolita Clozianus‹, 1836). Mit seinem Schüler Vuk Karadžić verwirklichte er seine Ideen zur Rechtschreibreform im Serbokroatischen.

koplanare Bahnen [zu lat. planus ›flach‹], Astronomie: alle Bahnen, die in der gleichen Ebene liegen.

Koplenig, Johann, österr. Politiker, * Jadersdorf (heute zu Gitschtal, Bez. Hermagor) 15. 5. 1891, † Wien 13. 12. 1968; urspr. Schuhmacher; im Ersten Weltkrieg in russ. Kriegsgefangenschaft; nach Österreich zurückgekehrt, wurde er Mitgl. der KPÖ, 1924 ihr Generalsekretär. 1928–43 war er Mitgl. des Exekutivkomitees der Komintern. 1934–45 lebte er in der Emigration (seit 1939 in der UdSSR). Nach Wiedererrichtung der Rep. Österreich war er dort 1945 (April bis Dezember) Staatssekretär in der Staatskanzlei, 1945–59 Abg. zum Nationalrat und 1945–65 Vors. der KPÖ, 1965–68 deren Ehrenvorsitzender.

Koplik-Flecken [nach dem amerikan. Kinderarzt HENRY KOPLIK, *1858, †1927], Frühsymptom der →Masern.

Kopp, 1) *Georg von* (seit 1906), kath. Theologe, *Duderstadt 25. 7. 1837, †Troppau 4. 3. 1914; wurde 1862 zum Priester geweiht, 1881 Bischof von Fulda, 1887 Fürstbischof von Breslau und 1893 Kardinal; war ab 1884 Mitgl. des preuß. Staatsrates, ab 1887 des Herrenhauses. K. war maßgeblich an der Beilegung des Kulturkampfs beteiligt; sein Bestreben, dabei auch die staatspolit. Interessen zu wahren, trug ihm scharfe Angriffe aus Zentrumskreisen ein. Im →Gewerkschaftsstreit plädierte er gegen die Organisation von christl. Gewerkschaften und für die Einrichtung kath. Arbeitervereine.

H. HEITZER: G. Kardinal K. u. der Gewerkschaftsstreit 1900–1914 (1983).

2) *Hermann Franz Moritz,* Chemiker, *Hanau 30. 10. 1817, †Heidelberg 20. 2. 1892; Prof. in Gießen (1843–63), danach in Heidelberg; arbeitete über den Zusammenhang der physikal. Eigenschaften (bes. Siedepunkt, Dampfdichte, spezif. Wärme) mit der Konstitution organ. Verbindungen und veröffentlichte wesentl. Beiträge zur Chemiegesch. (u. a. ›Gesch. der Chemie‹, 4 Bde., 1843–47).

3) *Joseph Eutych,* schweizer. Historiker, *Beromünster 25. 4. 1793, †Luzern 25. 10. 1866; wies anhand von Urkunden die Unhaltbarkeit der überlieferten These von der Entstehung der Eidgenossenschaft (Tellsage, Rütlischwur) nach, begründete damit die krit. Erforschung der schweizer. Geschichte.

Werk: Gesch. der eidgenöss. Bünde, 12 Bde. (1845–82).

4) *Mila,* Schauspielerin, *Wien 20. 10. 1904, †Stuttgart 14. 1. 1973; nach Engagements in Stuttgart (1925–36), München und Berlin ab 1946 wieder am Staatstheater Stuttgart; mit besonderem Erfolg verkörperte sie herbe Charakterrollen.

Koppa, Zeichen ϙ, ϕ, ϛ, altgriech. Schriftzeichen zur Bez. des stimmlosen velaren Verschlusslauts [k] vor folgendem [o] und [u]. Es kam außer Gebrauch und wurde nur noch als Zahlzeichen für ›90‹ beibehalten.

Kopparberg [ˈkɔparbærj], Verw.-Gebiet (Län) in Mittelschweden, umschließt fast die ganze Landschaft →Dalarna, 28 193 km², 290 500 Ew., Hauptstadt Falun.

Koppe Dagh, Gebirge an der turkmenisch-iran. Grenze, →Kopet-Dag.

Koppel [von lat. copula ›Band‹], 1) *Landwirtschaft:* durch Zaun oder Hecke eingefriedete Viehweide.

2) *Maschinenbau:* Element eines →Gelenkgetriebes.

3) *Militärwesen:* zu einer Uniform gehörender (breiter) Ledergürtel, an dem milit. Ausrüstungsgegenstände (z. B. Patronentaschen) getragen werden; oft mit K.-Tragegestell über den Schultern.

4) *Musik:* bei der Orgel eine mechan., pneumat. oder elektr. Spielhilfe. Sie verbindet zwei Klaviaturen so miteinander, dass beim Spiel auf der einen Klaviatur gleichzeitig die Tasten der angekoppelten Klaviatur bewegt werden und deren Register mitklingen. Bei der Manual-K. sind zwei Manuale, bei der Pedal-K. ein Manual und das Pedal miteinander verbunden. Die Oktav-K. verbindet die Tasten im oberen oder unteren Oktavabstand (Super-K. bzw. Sub-K.). Die Melodie-K. verstärkt den obersten Ton eines Akkords durch die Oberoktave auf demselben Manual oder durch den gleichen Ton oder die Oberoktaven auf einem anderen, stärker registrierten Manual.

5) *Pferdesport:* mehrere Pferde, die durch Stricke am Halfter miteinander verbunden sind, sodass sie von einer oder zwei Personen geführt werden können.

Koppelfeld, *Physik:* veraltete Bez. für ein die Wechselwirkung zw. physikal. Systemen vermittelndes →Feld.

Koppelkondensator, →kapazitive Kopplung.

Koppelkurve, *Getriebetechnik:* aus einzelnen Punkten ermittelte Bahn, auf der die Koppel eines →Gelenkgetriebes während des Bewegungsablaufes geführt wird.

Koppeln, *Navigation:* zeichner. und/oder rechner. Ermittlung von Wegpunkten (**Koppelorten**) eines Fahrzeuges (die in einer Karte oft durch Geradenstücke miteinander verbunden werden), wobei davon auszugehen ist, dass dafür nur die Fahrzeuggeschwindigkeit nach Größe und Richtung und die Zeit zur Verfügung stehen. Infolge unvermeidbarer Messfehler und Unsicherheiten – bes. der für die Geschwindigkeitsbestimmung wesentl. Kurs-, Fahrt-, Wind- und Strömungswerte – stimmen die Koppelorte i. d. R. mit zunehmender Zeit immer weniger mit den wirkl. Fahrzeugpositionen überein und machen die Anwendung von Methoden der direkten Standortbestimmung (z. B. Kreuzpeilung oder Satellitennavigation) erforderlich. K. ist im Zusammenhang mit Verfahren der Orts- und Bewegungsbestimmung von Fahrzeugen von Interesse, weil dabei stets die Richtung der Bewegung deutlich wird und weil man eine weitgehend kontinuierl. Ortsinformation erhält.

Koppelproduktion, die →Kuppelproduktion.

Koppelrick, eine Einfriedung aus Pfosten und Querbalken; auch Hindernis bei Pferderennen und im Reitsport (Jagdspringen, Military, Jagdreiten).

Koppelungsgeschäft, Vertrag, bei dem der Verkäufer einer Ware oder der Lieferant von Leistungen diese nur unter der Bedingung abgibt, dass der Erwerber gleichzeitig noch eine andere sachlich nicht gleichartige nichtzugehörige Ware oder Leistung abnimmt. K. können gegen die guten Sitten verstoßen und nichtig sein; sie unterliegen der Missbrauchsaufsicht nach § 18 des Ges. gegen Wettbewerbsbeschränkungen und werden untersagt, wenn dadurch der Wettbewerb oder der Marktzutritt wesentlich beschränkt wird. Nichtig ist auch die Kopplung von Grundstückskaufvertrag und Architektenvertrag zugunsten eines bestimmten Architekten (§ 3 Ges. zur Regelung von Ingenieur- und Architektenleistungen vom 4. 11. 1971).

Im öffentl. Recht stehen K. unter dem Gebot des Sachzusammenhangs zw. Leistung und Gegenleistung. Besteht dieser Sachzusammenhang nicht, sind sie unwirksam. Gültig ist z. B. die Vereinbarung zw. der Behörde und einem privaten Dritten, diesem die Erteilung einer Baugenehmigung gegen Übernahme von Erschließungskosten zu versprechen.

Koppelverband, *Binnenschifffahrt:* Form der →Schubschifffahrt, bei der mehrere starr gekoppelte Leichter von einem Motorschiff geschoben werden.

Koppen, Untugend von Pferden, Eseln, Mauseleln und Maultieren, durch gewaltsames Öffnen des Schlundkopfes bei gleichzeitigem Herabziehen des Kehlkopfes Luft in den Schlundkopf einzuziehen. Das K. gehört zu den →Hauptmängeln. mögl. Folgen sind Verdauungsstörungen mit Koliken, Aufblähen, Abmagerung.

Köppen, 1) *Edlef,* Schriftsteller und Journalist, *Genthin 1. 3. 1893, †Gießen 21. 2. 1939; im Ersten Weltkrieg schwer verwundet, arbeitete zunächst als Lektor, ab 1925 als Mitarbeiter und seit 1932 als – von den Nationalsozialisten 1933 wieder entlassener – Leiter der literar. Abteilung des ›Funkstunde‹ des Berliner Rundfunks. Neben Veröffentlichungen in den ›Horen‹ und der ›Aktion‹ erschien 1930 sein Roman ›Heeresbericht‹, der das Grauen und die Sinnlosigkeit des Krieges anprangert (1935 verboten).

Ausgabe: Heeresbericht. Nachw. v. M. GOLLBACH (1976).

Georg von Kopp

2) Wladimir, Meteorologe und Klimatologe, *Sankt Petersburg 25. 9. 1846, †Graz 22. 6. 1940; ab 1875 an der Dt. Seewarte in Hamburg tätig. K. begründete die maritime Meteorologie und verknüpfte die synopt. Meteorologie mit der Aerologie. Seine bekannte Klimaklassifikation (→Klimazonen) beruht u. a. auf der Abhängigkeit der Pflanzenwelt vom Klima. Mit seinem Schwiegersohn A. WEGENER und im Zusammenhang mit dessen Kontinentalverschiebungstheorie verfasste er ›Die Klimate der geolog. Vorzeit‹ (1924). Ab 1930 gab er mit R. GEIGER das fünfbändige ›Handbuch der Klimatologie‹ heraus.

E. WEGENER-KÖPPEN: W. K. (1955).

Koppenhöfer, Maria, Schauspielerin, *Stuttgart 11. 12. 1901, †Heidelberg 29. 11. 1948; Engagements in München (1922–25 und ab 1945) und Berlin (1925–44); bedeutende Charakterdarstellerin.

Kopper, Joachim, Philosoph, *Saarbrücken 31. 7. 1925; Prof. in Mainz (seit 1969); Beiträge zum Problem der Selbsterkenntnis des Denkens und seiner Selbstauslegung in der philosoph. Lehre, v. a. in der Transzendentalphilosophie.
Werke: Einf. in die Philosophie der Aufklärung (1979); Ethik der Aufklärung (1983); Die Stellung der ›Kritik der reinen Vernunft‹ in der neueren Philosophie (1984); Das transzendentale Denken des dt. Idealismus (1989).

Kopplung, 1) *Elektronik:* die Verbindung zweier Netzwerkteile; →galvanische Kopplung, →induktive Kopplung, →kapazitive Kopplung.
2) *Physik:* die durch eine Wechselwirkung aufgrund von Energie- und Impulsübertrag vermittelte Verbindung von Systemen oder Systemteilen. Je nach der Stärke der K. bzw. der relativen Größe der Wechselwirkungsenergie können die Teilsysteme als mehr oder weniger unabhängig voneinander angesehen werden. Bei sehr starker K. ist es häufig weder sinnvoll noch möglich, die gekoppelten Teile als wohldefinierte Systeme anzusehen. Im Ggs. hierzu ist es bei schwacher K. oft möglich, zunächst von der K. abzusehen und sie dann im Rahmen einer Störungsrechnung zu berücksichtigen. So können z. B. Strahlungsübergänge (Emission und Absorption) von Atomen behandelt werden, indem die Atome zunächst als isolierte Systeme angesehen werden und anschließend die schwache K. zw. den Atomen und dem Strahlungsfeld berücksichtigt wird. Bei mechan. K. wird die Energie durch mechan. Koppelglieder (z. B. Federn) übertragen, bei der elektromagnet. K. durch elektromagnet. Felder.
Von der Art und der relativen Stärke der Wechselwirkungen zw. den Konstituenten eines Systems (z. B. Elektronen und Kern im Atom) hängt das Schema der K. der Einzeldrehimpulse zu einem Gesamtdrehimpuls ab (→Spin-Bahn-Kopplung, →Russell-Saunders-Kopplung). In Festkörpern spielen K. zw. den versch. Elementaranregungen eine Rolle, insbesondere die Phonon-Phonon-K. der Gitterschwingungen sowie deren als Elektron-Phonon-K. bezeichnete Wechselwirkung mit den Leitungselektronen.

Kopplungsgrad, Kopplungsfaktor, *Physik:* →Induktivität.

Kopplungsgruppe, *Genetik:* Bez. für Gene, die zus. auf einem Chromosom liegen und daher auch zus. vererbt werden.

Kopplungskonstante, eine zur Kennzeichnung der Stärke einer Kopplung oder Wechselwirkung physikal. Systeme (z. B. gekoppelte Pendel, Teilchen, Felder) geeignete Konstante. K. werden insbesondere zur Charakterisierung der vier fundamentalen →Wechselwirkungen verwendet. Für die elektromagnet. Wechselwirkung ist dies die →Feinstrukturkonstante. Die Werte der K. für die starke, die elektromagnet. und die schwache Wechselwirkung sowie für die Gravitationswechselwirkung verhalten sich etwa wie $1 : 10^{-2} : 10^{-5} : 10^{-38}$. Tatsächlich sind diese Größen, die dem Quadrat der (verallgemeinerten) Ladungen der beteiligten Teilchen proportional sind, nicht wirklich Konstanten, sie hängen vielmehr vom Betrag des bei der Wechselwirkung übertragenen Impulses und der Energie ab.

Kopplungs|optik, die in zwei- oder mehrstufigen Lichtverstärkern (z. B. Nachtsehgeräte) enthaltenen Objektive großer Apertur oder Glasfaseroptikplatten, mit denen der Leuchtschirm einer vorangehenden Bildverstärkerröhre auf die Photokathode einer folgenden abgebildet wird.

kopr..., Wortbildungselement, →kopro...

Kopra [tamil.-port.] *die, -,* getrocknetes, grob zerkleinertes, festes Nährgewebe der Kokosnuss; ist sehr fettreich (60–70 %) und liefert durch Auspressen →Kokosfett. Das raffinierte Kokosfett (**Kokosbutter**) wird als Koch- und Bratfett sowie zur Margarineproduktion, ferner in der Süßwarenindustrie sowie zur Seifen- und Shampooherstellung verwendet.

Kopřivnice ['kɔprʃivnjitsɛ], dt. **Nesselsdorf,** Stadt im Nordmähr. Gebiet, Tschech. Rep., 24 300 Ew.; Automobilmuseum; Kraftfahrzeugindustrie (Tatra-Werke).

kopro... [griech. kópros ›Mist‹, ›Schmutz‹, ›Kot‹], vor Vokalen verkürzt zu **kopr...,** Wortbildungselement mit der Bedeutung: Kot, Stuhlgang, z. B. Koprophagen, Kopragoga (Abführmittel).

Koproduktion, Gemeinschaftsproduktion, v. a. von versch. Produktionsfirmen oder Fernsehanstalten gemeinsam produzierter (Fernseh-)Film.

Koprolagnie [zu griech. lágnos ›wollüstig‹, ›geil‹] *die, -/...'gnien,* sexuelle Erregung und Triebbefriedigung, die durch den Anblick oder die Berührung Ekel erregender Dinge ausgelöst wird.

Koprolalie [zu griech. laleīn ›schwatzen‹, ›reden‹] *die, -,* abartige Neigung zum Aussprechen obszöner Wörter.

Koprolithen [zu griech. líthos ›Stein‹], *Sg.* **Koprolith** *der, -s* oder *-en,* **1)** *Medizin:* die →Darmsteine.
2) *Paläontologie:* fossile Exkremente, meist von Fischen, Reptilien oder Säugern.

Koprophagen [zu griech. phageīn ›essen‹], *Sg.* **Koprophage** *der, -n,* **Kotfresser,** Tiere, die sich von Kot anderer Tiere (bes. Pflanzenfresser) ernähren; z. B. Rundwürmer, Fliegenlarven, Vögel, viele Käfer.

Koproporphyrin, in geringer Menge im Kot vorkommende, bei Stoffwechselkrankheiten (Porphyrinurie, Porphyrie) stark vermehrt auftretende Verbindung aus der Gruppe der →Porphyrine.

Koprostase [zu griech. stásis ›Stehen‹, ›Feststehen‹] *die, -/-n,* Kotstauung im Dickdarm mit Bildung von eingedickten Kotballen (Skybala); Symptom bei der Hirschsprung-Krankheit, bei Darmverschluss oder Darmträgheit. (→Verstopfung)

Koprowski [kə'prɔfski], Hilary, amerikan. Mikrobiologe poln. Herkunft, *Warschau 5. 12. 1916; ab 1957 Prof. in Philadelphia (Pa.); Forschungen über Viruserkrankungen und Rickettsiosen. K. entwickelte Lebendimpfstoffe u. a. gegen spinale Kinderlähmung und Tollwut.

Köprülü, osman. Geschlecht alban. Herkunft, benannt nach seinem späteren Sitz im anatol. Köprü (heute Vezirköprü, Prov. Samsun); stellte dem Osman. Reich in der 2. Hälfte des 17. und zu Beginn des 18. Jh. fünf Großwesire. – Bedeutende Vertreter:
1) Fasil Ahmed (Fâzıl Ahmet), Großwesir (seit 1661), *Vezirköprü 1635, †bei Çorlu (Thrakien) 3. 11. 1676, Sohn von 3), Bruder von 2); setzte die Reformpolitik seines Vaters fort, eroberte 1669 Kreta von den Venezianern und führte erfolgreiche Feldzüge gegen Österreich (1663–64) und Polen (1672–76).
2) Fasil (Fâzıl) **Mustafa,** Großwesir (seit 1689), *Vezirköprü 1637, † (gefallen) bei Slankamen (bei Bel-

grad) 19. 8. 1691, Sohn von 3), Bruder von 1); verdrängte die Österreicher aus S-Serbien, eroberte im September 1690 Belgrad zurück.

3) **Mehmed** (Mehmet), Großwesir (seit 1656), * bei Berat vor 1600, † Adrianopel 31. 10. 1661, Vater von 1) und 2); festigte durch Reformen sowie radikales Vorgehen gegen seine Gegner die – durch militär. Niederlagen gegen Venedig und Selbstständigkeitsbestrebungen versch. Prov.-Statthalter gefährdete – zentrale Regierungsgewalt, sanierte den Staatshaushalt und stärkte durch Reorganisation von Armee und Flotte die Wehrfähigkeit des Reiches.

Kops [engl. cop, eigtl. ›Spitze‹, ›oberer Teil‹] *der, -es/-e,* **Kötzer,** auf einem leicht konisch geformten Garnträger aus Kunststoff, Papier, Metall oder Holz aufgewickelter Garnkörper, der auf speziellen Zwirn- oder Spinnmaschinen erstellt wird. Ein Garnträger (Hülse) sitzt auf der Spindel, und das Garn wird in Windungen, den Garnlagen, aufgewunden. Das Garngewicht pro K. liegt i. Allg. zwischen 50 und 250 g.

Kops, Bernard, engl. Schriftsteller, * London 28. 11. 1926; beschäftigt sich in Romanen (›Yes from no man's land‹, 1965); ›By the waters of Whitechapel‹, 1969) und in Dramen (›The Hamlet of Stepney Green‹, 1959; ›The dream of Peter Mann‹, 1960) mit dem Schicksal jüd. Gemeinschaften im East End Londons; in dem surrealen Stück ›Ezra‹ (1981) nimmt er Bezug auf die Biographie E. POUNDS; schreibt auch Lyrik (›Barricades in West Hampstead‹, 1988).

Kopten [arab. qubṭī, qibṭī, von griech. Aigýptios ›Ägypter‹], die christl. Nachkommen der Ägypter des Altertums. Die K. sind in der Mehrzahl orth. Christen und gehören der →koptischen Kirche an. Sie leben bes. in dem Abschnitt des Niltals zw. El-Minja und Kena sowie in Kairo und Alexandria als Kaufleute, Schreiber, Beamte und (Kunst-)Handwerker; die auf dem Land lebenden kopt. Bauern haben viele altägypt. Sitten und Gebräuche bis heute bewahrt. Gesicherte statist. Angaben über die Zahl der K. gibt es nicht; nichtamtl. Schätzungen gehen von einem Anteil von 10–14 % K. an der Bevölkerung Ägyptens aus.

koptische Kirche, 1) **koptisch-orthodoxe Kirche,** die christl. Nationalkirche Ägyptens. Ihr Oberhaupt führt den Titel ›Papst von Alexandria und Patriarch des Stuhles des hl. Markus‹. Sitz des kopt. Papstes und Patriarchen ist seit 1971 Kairo. Liturg. Sprachen sind Koptisch und Arabisch; in der Diaspora wird die Liturgie in den jeweiligen Landessprachen gefeiert. Ausbildungsstätten sind die theolog. Seminare in Kairo und in Alexandria sowie in Unter- und Oberägypten (5), Australien (1) und in den USA (2). Es bestehen 42 Eparchien (Bistümer) in Ägypten. Außerhalb Ägyptens gibt es Bistümer in Jerusalem (1), Sudan (2), Kenia (Bistum Ostafrika), Frankreich (1) und Großbritannien (3) sowie Exarchate in Australien, Kanada und den USA (2). In Dtl., wo die k. K. rd. 3 000 Mitgl. hat, wurde erstmals 1995 ein Bischof ernannt; geistl. Zentren sind seit 1980 das Koptisch-Orth. Zentrum St.-Antonius-Kloster in Waldsolms (Lahn-Dill-Kreis) und das 1993 gegründete koptisch-orth. Kloster in Höxter-Brenkhausen. Die →äthiopische Kirche ist Tochterkirche der k. K. und erlangte 1959 die Autokephalie.

Die k. K. führt ihre Tradition auf den Evangelisten MARKUS zurück und sieht ihr Oberhaupt in dessen direkter Nachfolge stehen. In dieser Sukzession ist Papst SHENOUDA III. (NASIR GAYID RAFAIL, * 1923), der die k. K. seit 1971 leitet, der 116. Nachfolger des hl. MARKUS. Im frühen ägypt. Christentum wurzelnd und in dieser Tradition bis heute stark durch das Mönchtum geprägt, entstand die k. K. als eigenständige Kirche seit dem 1. Jh. Damit verband sich früher Widerstand der Kopten gegen den wachsenden kulturellen Einfluss des Hellenismus. Theologisch war der Vorwurf der byzantin. Reichskirche, die k. K. vertrete den →Monophysitismus, ausschlaggebend. Obgleich nicht gerechtfertigt, bestand er seit dem Konzil von Chalkedon (451) fast 1 500 Jahre und konnte erst in den 1980er-Jahren ausgeräumt werden. Unter arabisch-islam. Herrschaft (ab 5. Jh.) verlor die k. K. viele Mitgl., sodass der Anteil der Kopten an der Gesamtbevölkerung Ägyptens seit dem 16. Jh. etwa 10 % ausmacht. Gegenwärtig (1997) gehören der k. K. weltweit rd. 10–12 Mio. Kopten an.

Der Gottesdienst wird überwiegend nach der Basiliusliturgie gefeiert. Wie die kath. und die orth. Kirche kennt die k. K. sieben Sakramente. Die Frömmigkeit findet u. a. in zahlr. Fastenzeiten ihren Ausdruck.

Die k. K. Einf. in das ägypt. Christentum, hg. v. A. GERHARDS u. H. BRAKMANN (1994).

2) die Gemeinschaft der mit der kath. Kirche unierten Kopten; zurückgehend auf im 18. Jh. beginnende Unionsbestrebungen der kath. Kirche. Diese führten 1761 zur Errichtung eines katholisch-kopt. Vikariats für die (wenigen) Kopten, die sich der Union angeschlossen hatten. 1895 errichtete Papst LEO XIII. das ›katholisch-kopt. Patriarchat von Alexandria‹. Es umfasst (1996) fünf Bistümer mit rd. 180 000 katholisch-kopt. Christen. Patriarch (mit Sitz in Kairo) ist seit 1986 STÉPHANOS II. GHATTAS (* 1920).

koptische Kunst: Kalkstein-Hochrelief mit einer Darstellung von zwei tanzenden Nereiden und dem auf einem Delphin reitenden Amor; 4./5. Jh. (Triest, Museo Civico di Storia ed Arte)

koptische Kunst, die Kunst der christl. Nachkommen der Ägypter des Altertums. Hervorgegangen aus der Volkskunst der röm. Zeit Ägyptens, blieb die k. K. im Wesentlichen Volkskunst. Von der oström. Entwicklung durch die arab. Eroberung getrennt, lebte sie das MA. hindurch aus eigenen Traditionen und wurde eine wichtige Quelle für die Kunst im christl. Nubien und wohl auch in Äthiopien. Durch ihre kunstgewerbl. Erzeugnisse beeinflusste sie auch die frühe irische und die merowing. Kunst. Neben zahlr. Textilarbeiten, vornehmlich Wollwirkerei auf Leinen, später auch Stickerei, ist die Reliefplastik hervorzuheben, von der Zeugnisse aus vielen lokalen Werkstätten erhalten sind (Grabreliefs, dekorierte Giebel, Friese sowie Schmuckglieder von Säulen- und Pilasterordnungen) mit z. T. antik-myth. Gehalt, dann auch christl. Thematik. Sehr bedeutend ist die kirchl. Baukunst der Frühzeit (Basilika von Deir al-Abiad, Mitte des 5. Jh.;

Basilika in Hermopolis, 5. Jh.; Große Basilika von Abu Mena, v. a. 6. Jh.). Die Bautätigkeit großer Klöster (Jeremiaskloster in Sakkara, Simeonskloster bei Assuan, ›Apollokloster‹ in Bawit südlich von Mellawi u. a.) und Eremitensiedlungen (v. a. Kellia) dauerte bis weit über die arab. Eroberung des Landes (638/644) hinaus an. Bis ins 17. Jh. blühte eine reiche Buchmalerei. Zeugnisse von Wandmalereien wurden v. a. in Klosterkirchen aufgefunden. Arbeiten in Leder, Knochen, Elfenbein, Holz, Glas, Bronze u. a. waren wichtige Exportgüter. Charakteristisch für die k. K. ist die große ornamentale Gestaltungskraft; auch Darstellungen des Menschen sind, wenn keine Vorbilder übernommen werden konnten, oft abstrahiert oder stark stilisiert. Die in sich uneinheitliche k. K. wurde nach der arab. Eroberung als rein kirchl. bzw. klösterl. Kunst stärker vereinheitlicht.

K. Wessel: K. K. (1963); M. Cramer: Kopt. Buchmalerei (1964); H. Zaloscer: Die Kunst im christl. Ägypten (Wien 1974); A. Effenberger: K. K. (ebd. 1976); Kunst der Welt, Bd. 43: P. du Bourguet: Die Kopten (a. d. Frz., Neuausg. 1980); H. Zaloscer: Zur Genese der k. K. Ikonograph. Beiträge (Wien 1991); Ägypten, Schätze aus dem Wüstensand. Kunst u. Kultur der Christen am Nil, hg. v. M. von Falck u. F. Lichtwark, Ausst.-Kat. Gustav-Lübcke-Museum Hamm (1996).

koptische Kunst: Simeonskloster bei Assuan; 9. Jh.

koptische Kunst: Himmelfahrt Christi; Apsismalerei aus einer Kapelle in Bawit; 7. Jh. (Kairo, Koptisches Museum)

koptische Musik, die Musik der Kopten seit der Gründung der ersten christl. Gemeinden im Niltal. Die liturgische k. M. war zunächst mit der griechisch-byzantin. Tradition eng verbunden, hat aber wohl seit der Trennung der kopt. Kirche von der byzantin. nach dem Konzil von Chalkedon (451) auch altägypt. Melodieelemente aufgenommen. Bis heute werden die Gesänge über Sängerschulen im Wesentlichen mündlich überliefert. Charakteristisch für den Klang der k. M. ist das →Sistrum, heute vom Triangel verdrängt.

koptische Sprache, die im 2./3. Jh. entstandene Schriftsprache der Kopten mit zahlr. Dialekten (z. B. Sahidisch und Bohairisch); sie wurde v. a. von den Christen durch die Übernahme des griech. Alphabets mit demot. Zusatzzeichen und rd. 2000 griech. Lehnwörtern, v. a. für christl. Begriffe, zur Literatursprache entwickelt. Das Sahidische, wohl aus Oberägypten, ist zur Koinesprache für die Literatur der älteren Zeit geworden und war noch im 14. Jh. bekannt. An seine Stelle trat das Bohairische, das noch heute Sprache der Liturgie ist. Mit der Islamisierung nahm der Gebrauch der k. S. gegenüber dem Arabischen schon um 1000 stark ab. Die kopt. Literatur besteht v. a. in Übersetzungen religiösen Schrifttums; bekannt ist bes. der gnost. Handschriftenfund von Nag Hammadi aus dem 4. Jahrhundert.

Kopula [lat. ›Band‹] *die, -/-s* und *...lae, Sprachwissenschaft:* Verbform, die die Verbindung zw. Subjekt und Prädikat herstellt, im Deutschen z. B. die flektierten Formen von ›sein‹, ›werden‹.

Kopulation [lat. ›Verknüpfung‹, ›enge Verbindung‹] *die, -/-en*, **1)** *Biologie:* die →Begattung.

2) *Obst- und Gartenbau:* eine Form der →Veredelung.

Kopulations|organe, andere Bezeichnung für Geschlechtsorgane.

kor..., Präfix, →kon...

Korab, Karl, österr. Maler und Grafiker, * Falkenstein (NÖ) 26. 4. 1937; entwickelte, ausgehend von den Tendenzen der Wiener Schule das fantast. Realismus, ideogrammartige Bildstrukturen, die die Magie des Objekts betonen.

K. K., hg. v. K. Sotriffer (1983).

Korach, Korah, Name bibl. Gestalten; z. B. in 4. Mos. 16 des Führers einer Gruppe von Leviten, der ›Rotte K.‹, die sich gegen Aaron auflehnte; in 2. Chron. 20, 19 des Ahnherrn von Sängern und Dichtern, denen die Psalmen 42, 44–49, 84, 85, 87 und 88 zugeschrieben werden.

Korah, Name bibl. Gestalten, →Korach.

koptische Kunst: Korbkapitell mit Blatt- und Rankenornamenten aus der Klosterkirche von Bawit; 7./8. Jh. (Paris, Louvre)

Korais, Adamantios, griech. Gelehrter und Schriftsteller, *Smyrna 27. 4. 1748, †Paris 6. 4. 1833; studierte in Montpellier Medizin und verbrachte den größten Teil seines Lebens in Paris. K. lenkte durch seine Arbeiten, durch Ausgaben antiker Autoren, durch Manifeste, Briefe und Hinweise auf den Reichtum der neugriech. Volksdichtung das Interesse auf die neugriech. Literatur. Seine volkserzieher. Tätigkeit war eine geistige Vorbereitung der Befreiung des griech. Volkes; ihren Zwecken diente u. a. seine ›Griech. Bibliothek‹ (1805–26, 17 Bde.) und die ›Nebenwerke der griech. Bibliothek‹ (1809–27, 9 Bde.; beide neugriech.). Maßgeblich war seine Rolle bei der Gestaltung einer gemäßigten Schriftsprache, die die Diglossie in Griechenland beseitigen sollte. Die von ihm vorgeschlagene ›Katharevusa‹ entwickelte sich gegen seinen ursprüngl. Plan zur Rivalin der gesprochenen griech. Sprache und verschärfte für längere Zeit den Sprachdualismus in Griechenland.

Weitere Werke (neugriech.): *Lyrik:* Kriegslied (1800). – *Erzählung:* Papa Trechas (1820). – *Sonstige Prosa:* Kriegsruf (1801); Dialog zweier Griechen (1805); Vermischtes, 5 Bde. (1828–35).

Koraisch, Kuraisch, arab. Stamm, der zur Zeit MOHAMMEDS in Mekka und Umgebung seinen Wohnsitz hatte und dem auch der Prophet angehörte; seit Ende des 6. Jh. wichtige Rolle im transarab. Karawanenhandel. Die Kalifen aus der Dynastie der Omaijaden und der Abbasiden entstammten den Koraisch.

Korakan [tamil.] *der, -s,* trop. Getreidepflanze der Gattung →Kreuzgras.

Korallen [über lat.-altfrz. von griech. korállion], *Sg.* **Koralle** *die, -,* 1) *Biologie:* die →Korallentiere.
2) weiße bis rote Schmuckkorallen, die aus den Achsenskeletten der →Edelkorallen gewonnen werden.

Korallenachat, *Mineralogie:* 1) verkieselte Korallen; 2) an Korallen erinnernde Varietät von →Achat.

Korallenbarsche, Riffbarsche, Demoisellefische [dəmwa'zɛl-], Pomacentridae, mit den Barschen nah verwandte Familie, meist um 10 cm lange, oft sehr farbenprächtige Knochenfische mit etwa 230 Arten, v. a. in Korallenriffen des Indopazifiks; z. T. beliebte Seewasseraquarienfische, z. B. →Clownfische, →Preußenfische.

Korallenbaum, Erythrina, Gattung der Schmetterlingsblütler mit etwa 100 Arten in den Tropen und Subtropen; Bäume, Sträucher oder Kräuter mit meist großen roten Blüten (Vogelblumen) in dichten Trauben; mit z. T. roten, korallenperlenähnl. Samen, die zu Halsketten verarbeitet werden. Eine häufig als Kübelpflanze kultivierte Art ist der aus Südamerika stammende **Korallenstrauch** (Erythrina crista-galli), mit dicken, dornigen Zweigen, dreizähligen Fiederblättern und scharlachroten Blüten, deren bis 5 cm lange Fahne meist nach unten weist.

Korallenbäumchen, Korallenstrauch, Solanum pseudocapsicum, auf Madeira beheimatetes Nachtschattengewächs; bis 1 m hoher Strauch mit 1 cm großen weißen Blüten und kirschgroßen roten, bei Zuchtformen auch orangefarbenen oder gelben Beeren; beliebte Topfpflanze.

Korallenbauten, Riffe und Inseln aus ungeschichteten Kalkablagerungen, vorwiegend aus Korallenskeletten (**Korallenkalk**), zw. denen sich Versteinerungsreste anderer Lebewesen (Kalkalgen, Schnecken, Muscheln, Krebsen, Seeigeln, Foraminiferen) finden; zusätzlich sammeln sich durch Brandung erzeugte Trümmer des Korallenkalkes an, dessen feinstes Zerreibsel den **Korallensand** bildet. Die Riffkorallen leben im mindestens 20 °C warmen, sauerstoff- und nährstoffreichen, klaren und gut durchlüfteten Wasser mit ausreichendem Salzgehalt und genügender Lichtmenge (bis etwa 40 m Meerestiefe). Dem entspricht ihre geograph. Verbreitung in Küstennähe der

Korallenbauten: Säulenartig aufgelöstes Saumriff mit Brandungshohlkehle an der Küste von Nauru

trop. und subtrop. Meere, v. a. zw. den Wendekreisen des Pazif. und Ind. Ozeans, wo genügend Nährstoffe anfallen und die Brandung für eine reichl. Sauerstoffzufuhr sorgt; an den W-Küsten der Kontinente werden sie durch kühles Auftriebswasser und stärkere Flusswasserzufuhr behindert.

Die K. beginnen meist auf festem Untergrund zu wachsen. Von Riffkorallen bewachsene Untiefen sind **Korallenbänke** (z. B. Nazarethbank nordöstlich von Madagaskar). Überziehen sie zusammenhängend krustenartig die Flachseebänke, so spricht man von einem **Krustenriff.** Geschlossene Form zeigen die **Saumriffe (Küsten-, Strandriffe).** Ihr Wachstum ist stets nach außen, zur See und zur Brandung hin gerichtet; nach innen, dem Lande zu, zerfallen die K. Dabei entsteht zw. Riff und Land der charakterist. **Riffkanal (Rifflagune),** wie er sich längs der Küsten von Florida, Ceylon, Ostafrika sowie fast aller Südseeinseln und am Roten Meer hinzieht und sicheres Fahrwasser bietet. An Flussmündungen, wo das Meerwasser getrübt und brackig bis süß wird, bilden sich Lücken im Küstenriff, die für die Schifffahrt wichtig sind. **Wallriffe (Barriere-, Damm-, Kanalriffe)** sind breiter, länger und haben einen größeren Abstand zum Land (z. B. →Großes Barriereriff). Die →**Atolle (Lagunen-, Kranzriffe)** bestehen aus einem ringförmigen Korallenriff, das nach außen steil, nach innen flach abfällt. Sie sind meist bewachsen und häufig bewohnt, jedoch wegen der geringen Höhe (2–3 m ü. M.) überflutungsgefährdet.

Die von den Korallentieren aufgebauten Kalkgerüste werden schon während der Entstehung durch andere Tiere oder Pflanzen umkrustet und verstärkt. Neben der Brandung wirken auch bohrende und raspelnde Organismen zerstörerisch. Hohlräume werden u. a. durch Skelettfragmente teilweise aufgefüllt. Neben der mechan. Verdichtung (auch durch Sackung) setzt oft schon früh eine chemisch-mineral. Verfestigung ein, durch Ausfällung von Kalk, der von außen zugeführt wird, sowie durch Lösungserscheinungen, Mineralumbildung und -neubildung (Zementation).

K. gelten als Zeugen für warmes Klima in der geolog. Vergangenheit. Im älteren Paläozoikum waren K. fast ausschließlich in den höheren Breiten der Nordhalbkugel und in Australien verbreitet, im Mesozoikum ähnlich wie heute, aber auch weiter polwärts. Bis etwa 100 m tief auf dem Meeresgrund fußende K. sind wohl z. Z. des abgesunkenen Meeresspiegels in den pleistozänen Eiszeiten entstanden (im Wesentlichen in

Korallenbäumchen (Höhe bis 1 m)

Kora Korallenbeere – Korallenwelse

der letzten Eiszeit). Viele K. (Atolle) erheben sich aber steil aus erheblich größerer Tiefe (bis 6000 m), wo keine Bildung von K. möglich ist. Ihre Entstehung wird durch Absinken des Meeresbodens erklärt, wobei geringe Sinkgeschwindigkeit dem Korallenwachstum ein Schritthalten ermöglicht. Dem entspricht, dass sich K. bes. zahlreich in Gebieten mit häufiger Hebung und Senkung, also im Bereich labiler Erdkrustenteile, finden. Alle Atolle, deren Basis erbohrt wurde, sitzen auf Gipfeln untermeerischer Vulkane.

Die zunehmende Verschmutzung des Meerwassers ist eine große Gefahr für den Bestand der K. Im indopazif. Raum hat sich dadurch (möglicherweise aber auch durch andere Ursachen) eine Vermehrung des Korallen fressenden Dornenkronenseesterns ergeben. Auch durch das (fast überall verbotene) Fischen mit Dynamit werden nach wie vor viele K. zerstört.

Biology and geology of coral reefs, hg. v. O. A. JONES u. a., 4 Bde. (New York 1973–77); Reefs in time and space, hg. v. L. F. LAPORTE (Tulsa, Okla., 1974); D. KÜHLMANN: Das lebende Riff (1984); Reef diagenesis, hg. v. J. H. SCHRÖDER u. B. H. PURSER (Berlin 1986); A. GUILCHER: Coral reef geomorphology (Chichester 1988); H. SCHUHMACHER: Korallenriffe (^{4}1991). – *Zeitschrift:* Coral reefs (Berlin 1982 ff.).

Korallenbeere, das →Korallenmoos.

Korallenfärbung, auffällige schwarzgelbrote Ringelung verschiedener nicht näher miteinander verwandter Schlangenarten. Nach einer Theorie von R. MERTENS hat sich die K. urspr. bei schwach giftigen, aber beißfreudigen Schlangen aus der Familie der Trugnattern (z. B. Falsche Korallennattern, Gattung Erythrolamprus) als Warnfärbung entwickelt und wurde später z. B. sowohl von einigen harmlosen Königsnattern als auch von den hochgiftigen Korallenschlangen nachgeahmt **(mertenssche Mimikry).**

Korallenfische, Rifffische, Bez. für kleine, meist sehr farbenprächtige, an Korallenriffen lebende Knochenfische aus versch. Familien; z. B. Korallenbarsche, Doktor-, Kaiser-, Drücker-, Koffer-, Kugel- und Lippfische. K. sind beliebte, jedoch nicht immer leicht zu haltende Seewasseraquarienfische. Nur wenige Arten sind Polypenfresser.

Korallenflechten, das →Korallenmoos.

Korallen|inseln, Inseln, die mindestens an der Oberfläche überwiegend oder ganz aus Korallenkalk bestehen. (→Korallenbauten)

Korallenmoos, 1) Korallenbeere, Nẹrtera, Gattung der Rötegewächse mit etwa zehn v. a. in Gebirgen der S-Halbkugel vorkommenden Arten; ausdauernde, kriechende Kräuter mit kleinen, eiförmigen Blättern und kleinen, unscheinbaren Blüten. Als Zimmerpflanze kultiviert wird die rasenartig wachsende, in Mittel- und Südamerika, Neuseeland und Tasmanien beheimatete Art **Nertera granadensis** mit winzigen grünl. Blüten und zahlr. etwa erbsengroßen, orangefarbenen Früchten.

2) **Korạllenflechten,** in Bergwäldern und im Hochgebirge vorkommende Flechten der Gattungen Cladonia und Stereocaulon, mit korallenartig verzweigtem Wuchs und auffallend gefärbten Fruchtkörpern.

Korạllennattern, Bez. für →Königsnattern mit Korallenfärbung.

Korạllenpilze, Ständerpilze mit korallenförmigem Fruchtkörper, u. a. Vertreter der Gattungen Keulenpilz (Clavaria) und Ziegenbart (Ramaria).

Korạllenrollschlange, Anilius scytale, bis 90 cm lange Rollschlange im nördl. Südamerika; nachtaktive Schlange mit rotschwarz gebänderter Querstreifung (unvollständige Korallenfärbung).

Korạllenschlangen, Korạllen|ottern, Sammel-Bez. für amerikan., vorwiegend nachtaktive Giftnattern mit auffällig bunter Ringelung (→Korallenfärbung), z. B. **Echte K.** (Gattung Micrurus), **Arizona-K.** (Micruroides euryxanthus), **Schlank-K.** (Gattung Leptomicrurus). Alle K. besitzen hochwirksames Gift, sind jedoch tagsüber beißfaul.

Korạllensee, Korạllenmeer, Teil des südl. Pazifiks, zw. Australien, Neuguinea, den Salomoninseln, den Neuen Hebriden, Neukaledonien und 30° s. Br., rd. 4 Mio. km^2, im Neuhebridengraben bis 7 570 m u. M., im Salomonengraben bis 7 316 m u. M., im Korallenbecken (im N) bis 4 842 m u. M.; zahlr. Korallenriffe (v. a. →Großes Barriereriff) und Koralleninseln, jedoch nur rd. 10 km^2 Landfläche; gehört z. T. seit 1969 zum austral. Bundesterritorium →Coral Sea Islands Territory.

Korạllenstrauch, 1) Art der Schmetterlingsblütlergattung →Korallenbaum.

2) das →Korallenbäumchen.

Korạllentiere, Korạllen, Blumentiere, Anthozoa, Anthozoen, formenreiche Gruppe meeresbewohnender Nesseltiere von bis zu 1,5 m Durchmesser; über 4 800 Arten, davon 20 an der dt. Küste. Die meist festsitzenden Polypen (eine Medusengeneration fehlt) leben einzeln oder bilden Tierstöcke (Korallenstöcke). Der Mund der zylinderförmigen Tiere ist von zahlreichen hohlen Tentakeln umgeben, deren Nesselkapseln dem Beuteerwerb dienen. Ein Schlundrohr ist tief in den Magenraum (Gastralraum) eingesenkt, der von mindestens vier bis über 100 Scheidewänden (Septen) kulissenartig in Magentaschen (Gastralkammern) unterteilt wird. Die Septen tragen Verdauungsdrüsen, Nesselfäden (Akontien), die zur Verteidigung aus der Mundöffnung herausgeschleudert werden können, und Geschlechtszellen. Die getrenntgeschlechtigen Korallenpolypen entwickeln sich aus einer frei schwimmenden, bewimperten Larve. In den theoretisch unsterbl. Korallenstöcken entstehen die Einzeltiere ungeschlechtlich durch Knospung und bleiben durch ein System von Ernährungsröhren in Verbindung. Zahlreiche K. scheiden ein chitinartiges, hornartiges oder kalkiges Außenskelett aus, das riff- (→Korallenbauten) und gebirgsbildend sein kann.

Man unterscheidet **Sechsstrahlige Korallen** (Hexacorallia), mit den →Seerosen, →Steinkorallen, →Krustenanemonen, →Dörnchenkorallen und →Zylinderrosen, und **Achtstrahlige Korallen** (Octocorallia), mit den Rinden- oder →Hornkorallen, den →Lederkorallen, den →Seefedern und den →Blauen Korallen. – Neben den rezenten K. sind etwa 5 000 fossile Arten bekannt, z. B. die →Bödenkorallen oder die →Runzelkorallen.

Korạllenwelse, Plotosidae, Familie der Welse mit etwa 30 Arten in den Küstengewässern des Indopazifiks; viele K., u. a. der **Große K.** (Plotosus caninus; Länge über 75 cm), ziehen auch in die Flussmündungen; welsartiger Vorderkörper mit giftigen Flossenstrahlen, aalähnl. Hinterkörper mit Flossensaum.

Korallenmoos 1): Nertera granadensis (Länge der Stängel bis 25 cm)

Korallentiere: links Edelkoralle; rechts Weiße Hornkoralle

Korallenwurz, Corallorrhiza, Orchideengattung mit 12 Arten in den temperierten Gebieten der N-Halbkugel; nahezu chlorophyllfreie Pflanzen, die mithilfe von Pilzen von verrottendem organ. Material leben. In Eurasien ist nur die in schattigen Wäldern vorkommende Art **Corallorrhiza trifidia** heimisch, mit korallenartig verzweigtem Wurzelstock und scheidenförmigen, gelbl. Schuppenblättern. Die Blüten sind gelbgrün mit weißer, rot gefleckter Lippe.

Kor|alpe die, Gebirgszug der Zentralalpen, Österreich, im Großen Speikkogel 2140 m ü. M.; über die K. verläuft die Grenze zw. Kärnten und der Steiermark; Alm- und Forstwirtschaft; Wintersport. Die K. wird im Zentrum von der Straße über die Weinebene (Pass in 1668 m ü. M.) gequert; von Wolfsberg **K.-Höhenstraße** zur Hipflhütte (1627 m ü. M.).

Koran [arab. kur'an ›Rezitationstext‹] der, -s, das hl. Buch des Islam, nach muslim. Glauben dem Propheten MOHAMMED von Gott wörtlich in arab. Sprache geoffenbart. Es enthält die von MOHAMMED zw. 609/610 und 632 als Gottesbotschaft verkündeten Texte, die zunächst nur mündlich tradiert, nach der →Hidjra dann z. T. mitgeschrieben wurden. Der K. zerfällt in 114 **Suren** (Abschnitte), die in Verse unterteilt sind. Die Suren haben bestimmte Überschriften (z. B. ›Joseph‹ [Sure 12], ›Die Pochende‹ [Sure 101]), die sich aus einem Schlüsselwort, einem Thema oder den ersten Worten der Sure ergeben. Sie sind mit Ausnahme der ersten (›Fatiha‹ [›Die Öffnende‹]) in etwa nach dem Prinzip der abnehmenden Länge angeordnet. Dies geht nicht auf MOHAMMED selbst zurück, sondern auf die Redaktion des K. unter dem dritten Kalifen OTHMAN (644–656), der aus einer von seinem Vorgänger OMAR veranlassten Sammlung der Einzeloffenbarungen und mehreren anderen kursierenden Sammlungen eine offizielle K.-Ausgabe erstellen und abweichende Versionen vernichten ließ. Anhand formaler und inhaltl. Kriterien und der islam. Überlieferung konnten die Texte des K. versch. Perioden von MOHAMMEDS Wirken zugeordnet werden. In den am frühesten verkündeten Partien stehen die Ankündigung des Jüngsten Gerichts und die Botschaft vom gütigen Schöpfergott im Vordergrund. Später nehmen Erzählungen über frühere Propheten, die z. T. bibl. Stoffe oder solche der außerbiblischen jüd. und christl. Tradition aufgreifen, breiten Raum ein. Weitere Inhalte sind u. a. die Auseinandersetzung mit heidn. Mekkanern, Juden und Christen, Hinweise auf die Zeichen der Allmacht und weisen Fürsorge Gottes in Natur und menschl. Leben sowie eth. und kult. Richtlinien. Nach der Hidjra kommen in größerem Umfang eth. und prakt. Vorschriften hinzu, die zur Hauptquelle des islam. Rechts wurden.

Zum K. wurden im Laufe der Jahrhunderte von muslim. Gelehrten zahlr. Kommentare verfasst. Er ist nach muslim. Überzeugung ein unnachahml. Wunderwerk Gottes, v. a. auch in sprachl. Hinsicht, und daher nicht wirklich übersetzbar. Doch sind bei nichtarab. Muslimen seit langem fremdsprachige Wiedergaben seines Textsinns in Gebrauch, freilich nicht für kult. Zwecke. Nach der Lehre der Sunniten ist das koran. Gotteswort unerschaffen, also mit Gott gleich ewig. Die Schiiten hängen mehrheitlich der urspr. von der Theologenschule der Mutasiliten vertretenen gegenteiligen Auffassung an. Die Offenbarung des K. ist nach muslim. Verständnis das zentrale Faktum der Heilsgeschichte.

Im islam. Frömmigkeitsleben kommt dem K. eine herausragende Bedeutung zu. Kurze K.-Texte werden im tägl. fünfmaligen Ritualgebet (Salat) verwendet. Bis ins 19. und z. T. sogar 20. Jh. war in islam. Ländern das Auswendiglernen des gesamten K. der Hauptinhalt der Elementarbildung; noch heute praktizieren es viele Muslime. Einzelne K.-Verse werden gern in der Lit., aber auch im Alltag zitiert. Die K.-Rezitation in gesungenem Vortrag hat sich zu einer hohen Kunst entwickelt. Man pflegt sie als gottgefälliges Werk in Moscheen, Rundfunkprogrammen und teils auch in Privathäusern und veranstaltet sie zu besonderen Anlässen wie etwa Gedenkfeiern für Verstorbener. K.-Exemplare werden mit großer Ehrfurcht behandelt. Zeitgenössische islam. Fundamentalisten fordern meist die wörtl. Verwirklichung der koran. Normen, bes. der strafrechtl., und bezeichnen die K. – der keinerlei Verfassungsnormen im übl. Wortsinn enthält – als die Verfassung des von ihnen erstrebten islam. Staates. In der islam. Theologie der Gegenwart ist eine historisch-krit. Exegese des K., als dessen alleiniger Urheber nach wie vor Gott gilt, noch unbekannt.

Ausgaben: Concordantiae Corani arabicae, hg. v. G. FLÜGEL (1842, Nachdr. 1965); Corani textus arabicus, hg. v. DEMS. (1883, Nachdr. 1965); Der K., hg. v. R. PARET, 2 Bde. (³⁻⁴1985–86); Der K. Arabisch-Deutsch, hg. v. A. T. KHOURY, auf 10 Bde. ber. (1990 ff.); Der K., übers. v. A. T. KHOURY (²1992).

T. NÖLDEKE: Gesch. des Qorāns, 3 Bde. (²1909–38, Nachdr. 1981); I. GOLDZIHER: Die Richtungen der islam. K.-Auslegung (Leiden 1920, Nachdr. 1970); J. M. S. BALJON: Modern Muslim K. interpretation (Neuausg. ebd. 1968); R. BELL u. W. M. WATT: Bell's introduction to the Qur'an (Edinburgh 1970); H. GÄTJE: K. u. K.-Exegese (Zürich 1971); T. NAGEL: Der K. Einf., Texte, Erl. (²1991); J. BERQUE: Der K. neu gelesen (a. d. Frz., 1995).

Korana, Gruppe der östl. Hottentotten in der Prov. Nord-Kap, Rep. Südafrika; heute weitgehend von der umwohnenden Bev. (v. a. Coloureds) absorbiert. Die K.-Sprache gehört zu den Khoisan-Sprachen.

K. folktales, grammar and texts, hg. v. L. F. MAINGARD (Johannesburg 1962).

Korat, Stadt in Thailand, →Nakhon Ratchasima.

Koratplateau, Landschaft in Thailand, →Khoratplateau.

Korbach, Kreisstadt des Landkreises Waldeck-Frankenberg, Hessen, auf der Waldecker Hochfläche, 303–615 m ü. M., 24 000 Ew.; Städt. Museum; Gummi-, Metall- und Elektroindustrie. – Zahlr. got. Bauwerke sind erhalten: Pfarrkirche der Altstadt St. Kilian (1335–1450) mit figurenreichem Südportal (15. Jh.) und Sakramentshaus (1525); Pfarrkirche der Neustadt St. Nikolai (1450–67) mit barockem Prunkgrab; Rathaus (1377 ff.) mit durchbrochenem Treppengiebel sowie Rolandssäule, got. ›Steinkammern‹ (Speicherhäuser) ebenfalls mit Treppengiebel; Stadtbefestigung größtenteils erhalten; zahlr. Fachwerkhäuser. – Das 980 erstmals urkundlich erwähnte K. wurde 1188 Stadt. 1377 wurden die Alt- und die Neustadt vereinigt. Während des Spät-MA. war K., eine Hansestadt, wichtiger Stapelplatz. Von wiederholten Verwüstungen während des Dreißigjährigen und des Siebenjährigen Krieges erholte sich die Stadt schnell.

Korban [hebr. ›Dargebrachtes‹], im A. T. Bez. für Opfergabe (z. B. 3. Mos. 1, 2; 4. Mos. 7, 3), im N. T. Lehnwort für eine Weihegabe an den Tempelschatz (Mk. 7, 11; Mt. 27, 6). Im rabbin. Sprachgebrauch auch Bez. für die Schwurformel bei Weihehandlungen.

Korbball, dem →Basketball und →Korfball ähnl. Mannschaftsspiel, das sowohl im Freien als auch in der Halle gespielt wird und als Leistungssport ausschließlich von Frauen und Mädchen betrieben wird. Der Ball darf mit dem gesamten Körper, mit Ausnahme der Unterschenkel und Füße, gespielt werden. Es ist nicht gestattet, mit dem Ball in der Hand mehr als drei Schritte zu laufen. Auch darf der Ball nicht länger als drei Sekunden in der Hand gehalten und dabei nur einmal aufgeprellt werden. Ziel des Spieles ist es, den Lederhohlball möglichst oft in den gegner. Korb zu werfen und Korberfolge des Gegners zu verhindern; jeder erfolgreiche Korbwurf zählt einen Punkt. In bei-

Korb Korbblütler – Korczak

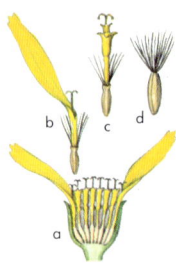

Korbblütler:
a Arnikablütenkopf (Längsschnitt);
b Zungenblüte;
c Röhrenblüte; d Frucht

Hilde Körber

Kurt Körber

Janusz Korczak

den Spielfeldhälften befindet sich je ein Korbraum mit einem Radius von 3 m. Im Mittelpunkt desselben steht der 2,5 m hohe Korbständer mit einem Ring von 55 cm Durchmesser. An dem Ring ist ein nach unten offenes Netz befestigt. Jede Mannschaft besteht aus Feldspielerinnen (im Freien sechs, in der Halle vier), einer Wechselspielerin und einer Korbhüterin. Die Spielzeit beträgt 2 × 15 min. – K. wird in Dtl. als Fachgebiet K. vom Dt. Turner-Bund (DTB) organisiert. In der Schweiz (anderes Regelwerk als in Dtl.) ist der Schweizer. Turnverband (STV) für den nat. Spielbetrieb verantwortlich. Welt- und Europameisterschaften im K. gibt es nicht.

Korbblütler, Körbchenblütler, Kompositen, Asteraceae, Compositae, eine der größten Pflanzenfamilien mit etwa 21 000 Arten in über 1 300 Gattungen; weltweit verbreitete Kräuter und Stauden, selten Holzpflanzen (v. a. Schopfbäume), mit Verbreitungsschwerpunkt in den semiariden Subtropen und Tropen. Charakteristisch für die K. sind die außen von einem aus Hochblättern bestehenden Hüllkelch (Involucrum) umgebenen Blütenstände (Körbchen), die jeweils eine Einzelblüte vortäuschen (Pseudanthium). Die Blüten sind fünfzählig, ungestielt und haben eine verwachsene Blütenkrone. Die Vertreter der Unterfamilie **Liguliflorae (Cichorioideae)** besitzen häufig Milchsaft, und ihre Blütenköpfchen bestehen nur aus Blüten mit zungenförmiger Krone, die der Unterfamilie **Tubuliflorae (Asteroideae)** sind ohne Milchsaft, und ihre Blütenköpfchen enthalten entweder nur röhrenförmige Blüten oder im Zentrum Röhren- und am Rande Zungenblüten. Die Kelche sind stark reduziert (z. B. auf einen Haar- oder Borstenkranz, den Pappus) oder fehlen ganz; die Staubbeutel sind zu einer Röhre verklebt. Aus dem unterständigen Fruchtknoten entwickelt sich eine →Achäne, häufig mit einer Flugeinrichtung (dem Pappus). – Zu den K. gehören versch. Nutzpflanzen (z. B. Artischocke, Gartensalat, Endivie, Schwarzwurzel, Löwenzahn, Sonnenblume, Topinambur, Kamille, Beifußarten) und viele Zierpflanzen (z. B. Aster, Dahlie, Gerbera, Strohblume).

Körbchen, 1) *Botanik:* bei den Korbblütlern vorkommender →Blütenstand.
2) *Zoologie:* Pollensammeleinrichtung bei den →Honigbienen.

Körber, 1) Hilde, österr. Schauspielerin, * Wien 3. 7. 1906, † Berlin (West) 31. 5. 1969; ab 1924 an Berliner Bühnen; Film- (ab 1936) und Rundfunktätigkeit; nach dem Zweiten Weltkrieg Leiterin der Max-Reinhardt-Schule in Berlin; auch Schriftstellerin.
Filme: Fridericus (Der alte Fritz, 1936); Maria, die Magd (1936); Heiratsschwindler (1937).
2) Kurt Adolf, Ingenieur, Unternehmer und Mäzen, * Berlin 7. 9. 1909, † Hamburg 10. 8. 1992; entwickelte als techn. Direktor der Universelle-Werke Maschinen zur automat. Zigarettenherstellung; gründete 1946 die **Hauni-Werke Körber & Co. KG** (Hauni Kw. für **Han**seat. **Uni**verselle) Hamburg, die eine Monopolstellung für Maschinen zur Filterzigarettenherstellung erlangten (Weltanteil 90 %). 1969 führte er ein neues betriebl. Mitbestimmungs- und Vermögensbildungskonzept ein. 1987 wandelte K. die Hauni-Werke Körber & Co. KG und seine übrigen Unternehmen in die **Körber AG** um, die seit 1995 als Holding für rd. 30 selbständige Maschinenbauunternehmen firmiert; Umsatz (1995): 2,1 Mrd. DM, Beschäftigte: rd. 8 200. Eigentümerin des Konzerns ist die K.-Stiftung als Alleinerbin der Familie Körber.

Körber-Stiftung, gemeinnützige Stiftung, 1959 von dem Hamburger Industriellen K. A. KÖRBER gegründet. Die K.-S. ist politisch und wirtschaftlich unabhängig, versteht sich als operative Stiftung und betreut vornehmlich Aktivitäten in eigener Verantwortung. Sie engagiert sich für die internat. Verständigung: im Bergedorfer Gesprächskreis (seit 1961) mit internat. Tagungen zu Kernfragen industrieller Gesellschaften, im Türkei-Programm (seit 1992) mit den dt.-türk. Symposien, den Sommer-Akad. für Studierende aus Dtl. und der Türkei und der Förderung des dt.-türk. Jugendaustausches, im USA-Programm (seit 1980) mit dt.-amerikan. Austauschbeziehungen; im Rahmen von Osteuropaaktivitäten unterstützt sie in den Feldern Wiss. (Hannah-Arendt-Preis, seit 1995), Schule und Wirtschaft (Traineeprogramme für Ingenieure aus den GUS-Staaten, seit 1988) und Politik den gesellschaftl. Transformationsprozess. – Im Bereich Wiss. und Forschung vergibt die K.-S. den mit ca. 1,5 Mio. DM ausgestatteten Körber-Preis für die Europ. Wiss. (seit 1985) und richtet seit 1996 den Dt. Studienpreis aus, einen interdisziplinären Forschungswettbewerb für Studierende. – Weitere Tätigkeitsschwerpunkte sind die Förderung des historischpolit. Kultur mit dem Schülerwettbewerb Dt. Gesch. um den Preis des Bundes-Präs. (seit 1973), des Eigenengagements von Jung und Alt (z. B. mit dem ›jugend-OSCAR‹) sowie eine Reihe von Aktivitäten im kulturellen Leben Hamburgs. – Für ihre Initiativen stehen der Stiftung jährlich rd. 210 Mio. DM zur Verfügung. Die K.-S. verfügt über ein Vermögen von 650 Mio. DM, einschließlich einer 100 %igen Beteiligung an der Körber AG.

Korb|henkelriss, häufigste Form des Meniskusrisses (→Meniskus).

Korbinian, Missionar und Wanderbischof, * bei Melun um 680, † Freising zw. 720 und 730; gründete 709/710 während einer Wallfahrt nach Rom ein Kloster bei Meran mit eigener Regel, wurde in Rom vom Papst zum Bischof geweiht und als Missionar ins Frankenreich gesandt. Er ließ sich in Freising nieder und gilt als dessen erster Bischof. – Heiliger (Tag: 8. 9., in Bozen-Brixen 9. 9., in München-Freising 20. 11.).

Korbmarante, Calathea, Gattung der Marantengewächse mit rd. 100 Arten in trop. Südamerika; Stauden mit am Grund oft lang gestielten, großen, bunt gefärbten Blättern und meist in dichten Köpfchen stehenden Blüten. Einige Arten (z. B. Calathea makoyana) sind beliebte Zierpflanzen.

Korbwaren, Sammel-Bez. für Flechtwerke aus geschälten oder ungeschälten Weidenzweigen, aus Binsen, Stroh, Alfagras, Bambus, Peddigrohr, Schilfrohr u. a. pflanzl., aber auch synthet. Material.

Korçë [ˈkɔrtʃə], dt. **Koritza,** griech. **Koritsa,** ital. **Coriza,** Hauptstadt des gleichnamigen Bez. in SO-Albanien, 835 m ü. M., im fruchtbaren Becken von K., 65 300 Ew.; Nahrungsmittel-, Tabak-, Baustoff-, Textil- und Bekleidungsindustrie, Herstellung von Teppichen, Werkzeugen und Messgeräten.

Korčula [-tʃula], ital. **Curzola,** Adriainsel in Mitteldalmatien, Kroatien, 276 km², 47 km lang, bis 8 km breit, bis 569 m ü. M., 16 100 Ew.; größter Ort ist K. (2 900 Ew.). Wirtschaftsgrundlagen sind Fremdenverkehr, Obst-, Weinbau, Ölbaumkulturen, Fischerei, Bootsbau, Fischverarbeitung. – Der Ort K. ist umgeben von Mauern und Bastionen des 14.–16. Jh.; Dom St. Markus (13.–16. Jh.) mit reichem Skulpturenschmuck, got. Allerheiligenkirche (14. Jh.; mit bemalter Kassettendecke von 1713 und Ikonensammlung); Patrizierhäuser der Spätgotik und Frührenaissance, darunter der Gabrielipalast (Anfang 16. Jh.).

Korczak [-tʃak], Janusz, eigtl. **Henryk Goldszmit** [-ʃmit], poln. Kinderarzt, Sozialpädagoge und Schriftsteller, * Warschau 22. 7. 1878 (1879 ?), † Treblinka August 1942; leitete 1911–14 ein jüd. Waisenhaus, seit 1919 ein Warschauer Kinderheim für verwaiste oder verwahrloste Arbeiterkinder. Während der dt. Besatzung war er mit seinem Waisenhaus im Getto von Warschau eingeschlossen. Als am 5. 8. 1942 die SS die 200 Kinder dieses Heimes zum Transport ins Vernich-

Korčula

tungslager Treblinka abholte, lehnte er es ab, sie zu verlassen. K., der seine pädagog. Ideen, bes. das Eigenrecht des Kindes, in theoret. Schriften (›Jak kochać dziecko‹, 2 Tle., 1919–20; dt. ›Wie man ein Kind lieben soll‹) verfocht, schrieb auch Bücher für Kinder. 1972 erhielt er postum den Friedenspreis des Dt. Buchhandels.

Weitere Werke: *Kinderbücher:* Dzieci ulicy (1901); Dziecko salonu (1906); Król Maciuś Pierwszy (1923; dt. König Hänschen der Erste); Król Maciuś na wyspie bezludniej (1923; dt. König Hänschen auf einer einsamen Insel); Bankructwo małego Dżeka (1924; dt. Der Bankrott des kleinen Jack); Kajtuś czarodzie (1934; dt. Kaitus oder Antons Geheimnis). – Prawo dziecka do szacunku (1929; dt. Das Recht des Kindes auf Achtung).

Ausgaben: Pisma wybrane, 4 Bde. (1978). – Begegnungen u. Erfahrungen. Kleine Essays (²1973); Wenn ich wieder klein bin u. a. Gesch. von Kindern (1973); Verteidigt die Kinder! (1978); Von Kindern u. a. Vorbildern (1979); Das Kind lieben. Ein Lesebuch (1984).

E. DAUZENROTH: Ein Leben für Kinder. J. K., Leben u. Werke (1981); J. K. Bibliogr., hg. v. R. PÖRZGEN: (1982); W. PELZER: J. K. (1987); H. KIRCHHOFF: Dialog u. Beziehung im Erziehungsverständnis Martin Bubers u. J. K.s (1988); M. FALKOWSKA: Kalendarz życia, działalności i twórczości Janusza Korczaka (Warschau 1989); M. PELZ: ›Nicht mich will ich retten!‹ Die Lebensgeschichte des J. K. (⁶1995).

Kord, Kazimierz, poln. Dirigent, * Pagórze 18. 11. 1930; wurde 1962 künstler. Direktor der Krakauer Oper, war 1968–73 Chefdirigent beim Sinfonieorchester des Poln. Rundfunks, übernahm 1977 die Leitung der Warschauer Nationalphilharmonie und wirkte 1980–86 als Chefdirigent beim Sinfonieorchester des Südwestfunks Baden-Baden sowie 1989–91 als erster Gastdirigent und musikal. Berater des Pacific Symphony Orchestra in California.

Korda [engl. ˈkɔːdə, ungar. ˈkɔrdɔ], **1)** Sir (seit 1942) Alexander, eigtl. **Sándor K.,** brit. Filmregisseur und -produzent ungar. Herkunft, * Pusztatúrpásztó (Ungarn) 16. 9. 1893, † London 24. 1. 1956, Bruder von 2); Journalist, Filmarbeit in Budapest (ab 1914), Wien (1919), Berlin, Hollywood (1926–30; zu Beginn des Zweiten Weltkriegs bis 1942), Paris (1930/31) und in London, wo er die London Film Productions gründete. K. förderte Schauspieler und Regisseure; ihm ist der internat. Erfolg vieler brit. Filme der 30er- und 40er-Jahre zu verdanken; sein Beitrag zur Entwicklung der Filmindustrie ist bedeutend.

Filme: Marius (1931); Das Privatleben Heinrichs VIII. (1933); Rembrandt (1936); Lord Nelsons letzte Liebe (1941); Ein idealer Gatte (1947).

P. TABORI: A. K. (Neuausg. New York 1966); K. KULIK: A. K. The man who could work miracles (London 1975).

2) Zoltán, brit. Filmregisseur ungar. Herkunft, * Pusztatúrpásztó (Ungarn) 3. 5. 1895, † Hollywood (Calif.) 13. 10. 1961, Bruder von 1); drehte Abenteuerfilme mit exot. Hintergrund.

Filme: Bosambo (1935); Vier Federn (1939); Denn sie sollen getröstet werden (1951).

Kordieren [frz.], Verfahren zum Aufrauen von Grifflächen an Schrauben, Muttern u. a.; →Rändeln.

Kordillẹren [-lj-] *Pl.,* span. und engl. **Cordilleras** [span. kɔrðiˈʎeras, engl. kɔːdɪˈljeərəz], Gebirgssystem im W des amerikan. Doppelkontinents, erstreckt sich von der Beringstraße (69° n. Br.) bis nach Feuerland (56° s. Br.) über 15 000 km Länge. Höchste Erhebungen sind in Nordamerika der Mount McKinley im Alaskagebirge (6 198 m ü. M.), in Südamerika der Aconcagua (6 959 m ü. M.). Die K. Südamerikas werden als →Anden bezeichnet. – Die K. Nordamerikas besitzen ihre größte Breitenausdehnung (rd. 1 500 km) im mittleren Abschnitt unter 40° n. Br. Sie zeigen von Alaska bis zum Hochland von Mexiko eine klare Längsgliederung in die Gebirge an der Pazifikküste Kanadas und der USA (→Alaskagebirge, →Coast Ranges, →Cascade Range, →Sierra Nevada), die sich südwärts in der Sierra Madre Occidental von Mexiko fortsetzen, und in die →Rocky Mountains (östl. Teile der K., in Kanada und den USA), die sich in der Sierra Madre Oriental von Mexiko fortsetzen, sowie in die dazwischen liegenden Hochbecken und -plateaus (Yukon-, Fraser-, Columbiaplateau, Großes Becken, Coloradoplateau). Die Struktur der →Basin and Range Province in den USA setzt sich im nördl. Hochland von Mexiko fort.

Geologie: Kennzeichnend für die K. ist eine im Vergleich zu den Alpen wesentlich geringere Faltungsintensität, große Deckenüberschiebungen fehlen, es überwiegt Bruchtektonik. Der auffällige parallele Verlauf der K. mit der nahen Küstenlinie und mit ozean. Tiefseerinnen, dem Gebirgsstreichen folgende Bruchzonen (→San Andreas Fault) sowie die hohe Erdbebenhäufigkeit lassen sich mit der geotekton. Lage der K. am W-Rand der Amerikan. Platte (→Plattentektonik) erklären. – Die Gebirgsbildung der nordamerikan. K. erfolgte vom Oberen Jura bis zum Paläozän (nevad. und laram. Faltungsphase). Das Tertiär ist gekennzeichnet durch intensive Hebung, Erosion und Schuttverlagerung einerseits sowie durch Absenkung und Auffüllung intramontaner Becken andererseits. Die Hauptfaltung der Anden fällt in die mittlere Kreide, im Pliozän und Pleistozän erfolgten starke Blockhebungen. (→Nordamerika)

Kordofan, ehem. Region im Zentrum der Rep. Sudan, 380 547 km², 3,1 Mio. Ew.; Hauptstadt ist El-Obeid. K. erstreckt sich von der Libyschen Wüste im N nach S bis zu den Sumpfgebieten am oberen Nil. Im N leben nomad. Kamelzüchter, im S Rinder haltende Nomaden, im zentralen Teil sowie in den Nubabergen (→Nuba) eine sesshafte bäuerl. Bevölkerung. Wirtschaftlich bedeutend sind die Gewinnung von Gummiarabikum und der Baumwollanbau. – Das seit etwa 1600 nachweisbare Reich K. (→Afrika KARTE ›Alte Reiche‹) verlor zu Beginn des 19. Jh., als Ägypten das obere Niltal eroberte, seine Eigenständigkeit. 1882 fiel K. an den MAHDI (MOHAMMED AHMED IBN SAIJID ABD ALLAH) und wurde 1898 für das angloägypt. Kondominium Sudan zurückerobert. K. untergliedert sich seit 1994 in die Gliedstaaten Nord-, Süd- und West-Kordofan.

M. BORN: Zentral-K. (1965).

Kordofan-Sprachen, etwa 30 in den Nubabergen der Rep. Sudan gesprochene Sprachen, die in die Heiban-, Talodi-, Rashad-, Nyimang-, Temein-, Katla- und Kadugligruppe zerfallen; der Begriff K.-S. kann beim derzeitigen Forschungsstand nur in einem geograph. und nicht in einem sprachklassifikator. Sinn gelten. Die K.-S. der ersten drei Gruppen sind durch Systeme von Nominalklassenpräfixen (→Klassenspra-

Kore aus Marmor; um 520 v. Chr. (Athen, Akropolismuseum)

chen) charakterisiert, die deutl. Entsprechungen zu verschiedenen Zweigen der →Niger-Kongo-Sprachen aufweisen. Dagegen fehlen der Nyimang-, Temein- und Katlagruppe nominale Klassenelemente. Die Kadugli-Sprachen unterscheiden sich deutlich von den übrigen K.-S., einerseits durch andersartige Klassensysteme, andererseits durch gewisse Affinitäten zu den →nilosaharanischen Sprachen und zu den →hamitosemitischen Sprachen.

T. C. SCHADEBERG: A survey of Kordofanian, 2 Bde. (Hamburg 1981).

Kordon [kɔrˈdɔ̃, kɔrˈdoːn; frz., zu corde ›Schnur‹, ›Seil‹] *der, -s/-s* und (österr.) *-e,* **1)** *allg.:* polizeil. oder militär. Absperrung, Postenkette.
2) *Biologie:* der Schnurbaum, →Obstbaumformen.
3) *Ordenswesen:* das Ordensband höchster →Orden.

Kordon, Klaus, Schriftsteller, * Berlin 21. 9. 1943; kam aus der DDR durch Freikauf 1973 in die BRD. Seine Kinder- und Jugendbücher sind meist auf aktuelle gesellschaftl. Probleme bezogen, so auf Drogen (›Die Einbahnstraße‹, 1979), auf Fragen des Umweltschutzes (›Eine Stadt voller Bäume‹, 1980) oder auf das Leben in der Dritten Welt (›Monsun oder der weiße Tiger‹, 1980). In Jugendromanen arbeitete er Erlebnisse seiner Kindheit auf (›Ein Trümmersommer‹, 1982).

Weitere Werke: *Romane:* Die roten Matrosen oder Ein vergessener Winter (1984); Der Käpt'n aus dem 13. Stock (1988); Mit dem Rücken zur Wand (1990); Der erste Frühling (1993). – *Erzählungen:* Hände noch, Tschibaba (1985); Ich möchte eine Möwe sein (1993). – *Biographie:* Die Zeit ist kaputt. Die Lebensgeschichte des Erich Kästner (1994).

Kore [griech. ›Mädchen‹] *die, -/-n,* bekleidete Mädchenstatue der griech. Kunst, archaischer Standbildtyp (um 600 bis um 500 v. Chr.) mit geschlossenen Füßen oder mit einem (meist links) vorgestellten Fuß; die linke Hand hält i. d. R. das Gewand, die rechte ist vorgestreckt; vermutlich von im Dienst einer Gottheit stehenden jungen Frauen gestiftetes Weihgeschenk; später als Karyatide vorkommend. (→Kuros)

Korea, korean. **Chosŏn** [tʃosʌn], Halbinsel und ehemaliger Staat in Ostasien, zw. Japanischem und Gelbem Meer, China und den jap. Inseln. Seit der Teilung des Staates 1948 bestehen die Demokratische Volksrepublik →Korea (Nord-K., 120 538 km²) und die Republik →Korea (Süd-K., 99 262 km²).

Landesnatur

Nord-K. hat außer an der Halbinsel auch Anteil am asiat. Festland, einen 600 km langen und durchschnittlich 150 km breiten Saum, der von nach N streichenden Gebirgsketten eingenommen wird, die an der chin. Grenze im Vulkan Paektusan (2 744 m ü. M.) gipfeln. Yalu und Tumen, die beide im Paektusan entspringen und in fast entgegengesetzter Richtung fließen, bilden mit ihren Talfurchen die NW- und N-Grenze zu China und zu Russland. Im O grenzt der Festlandsaum mit einer Steilküste ans Jap. Meer. Die im S anschließende Halbinsel K., eine Pultscholle mit dem Taebaekgebirge (im Sŏraksan 1 708 m ü. M., im N in den Diamantbergen bis 1 638 m ü. M.), grenzt in einem Steilabfall ans Jap. Meer und geht in der W-Abdachung allmählich in ein Küstentiefland zum Gelben Meer hin über. Der Scheitel dieser Pultscholle bildet die Hauptwasserscheide der Halbinsel mit kurzen und steilen, engen Tälern an der O-Seite. Zahlr. Flüsse folgen in SW-Richtung der W-Abdachung. Die größeren Systeme (Hangang, Kŭmgang und Taedonggang) bilden breite, mit Schwemmland angefüllte Talungen, im S der Naktonggang ein weiträumiges, N-S-gerichtetes Becken, das vom Taebaekgebirge und dem nach SW abzweigenden Sobaekgebirge (im Chiri 1 915 m ü. M.) begrenzt wird. Fast alle großen Flüsse weisen jahreszeitlich stark schwankende Wasserführung (im Sommer Überschwemmungen) und im N winterl. Vereisung auf. An der O-Küste fehlen Inseln völlig, während dem hügeligen Tiefland an der S- und W-Küste rd. 3 500 kleinere Inseln vorgelagert sind.

Klima: K. liegt zw. kontinentaler und maritimer Einflusssphäre. Kühlgemäßigtes Klima überwiegt, nur die S-Küste ist als subtropisch zu bezeichnen. Die monsunalen Luftströmungen sind neben dem Einfluss des Reliefs und der umgebenden Meere von beherrschender Bedeutung. Die Temperaturen übersteigen im Sommer 20 °C; im Winter sinken sie unter 0 °C, ausgenommen an der S-Küste, wo der Einfluss des Meeresstroms Kuroshio Temperaturen über dem Gefrierpunkt bewirkt. Die Hauptregenperiode liegt in der Zeit von Juni bis September; die jährl. Niederschlagsmengen betragen in Sinŭiju (40° n. Br.) 1 050 mm, in Seoul (38° n. Br.) 1 230 mm und in Pusan (35° n. Br.) 1 380 mm.

Die *Vegetation* hat zwar vieles mit derjenigen N-Chinas und der der Mandschurei gemeinsam, ist aber im äußersten S bereits subtropisch geprägt. Von großer Bedeutung ist die unterschiedl. Länge der Vegetationsperiode, die im N 28–32 Wochen, an der S-Küste 40–44 Wochen und auf Cheju-do sogar 48 Wochen dauert. Mit Ausnahme des subtrop. Bereichs an der S-Küste, wo etwa ab 300 m ü. M. breitblättrige immergrüne Gewächse dominieren, ähnelt die Vegetation in großen Teilen derjenigen Mitteleuropas. Sommergrüne artenreiche Mischwälder, u. a. mit Eichen, Ahorn, Buchen und Birken, finden sich bis in 1 100–1 300 m ü. M., gefolgt von einer Nadelwaldstufe. Im nördl. K. dominieren Nadelwälder mit Fichten und Lärchen. Die ursprüngl. Wälder haben sich nur noch um Klöster, in hohen Gebirgsgegenden und dünn besiedelten Hochländern im N erhalten können, sonst sind sie durch Holzeinschlag, Brandrodungsfeldbau sowie Gründüngung vernichtet worden; an ihre Stelle trat wirtschaftlich wertloser Sekundärwald.

Geschichte

Ein erstes, legendäres Reich, Chosŏn (chin. Zhaoxian, Chaohsien), ›Land der Morgenstille‹, soll TAN'GUN, Kulturschöpfer göttl. Ursprungs, 2333 v. Chr. (Beginn der traditionellen korean. Zeitrechnung) gegründet haben. Ein späterer legendärer ›Kulturträger‹ war KIJA (chin. JINZU, CHIN-TZU), der, als das Reich der Shang in China um 1050 (nach der traditionellen Chronologie 1122) v. Chr. von König WU von Zhou zerstört wurde, mit Tausenden von Getreuen nach K. geflohen und später von WU zum ›Lehnsherrn von Chosŏn‹ ernannt worden sein soll.

Frühgeschichte und erste Staatsgründungen (bis 1392): Auf die Altsteinzeit mit bedeutenden Fundstellen in N- und S-Korea folgte mit einem zeitl. Abstand von mehreren tausend Jahren um 5000 v. Chr. die Jungsteinzeit, während der eine offenbar paläoasiat. Bevölkerung die Halbinsel besiedelte. Für die Zeit um 3000 v. Chr. konnte man die Existenz einer Kammkeramik entlang der Meeresküste und an Flussufern nachweisen; glatte Keramik fand dann hingegen im Landesinnern. Um 1000 v. Chr. wanderten aus dem N vermutlich tungus. Volksstämme, oft als Yemaek bezeichnet, ein, brachten Bronze- und Ackerbautechnik (frühe Reiskultur) mit und bauten Dolmengräber.

Um 400 v. Chr. entstand in NW-Korea die erste historisch fassbare polit. Einheit, das ›Protoreich‹ →Alt-Chosŏn. Es wurde um 200 v. Chr. durch das Reich →Wiman-Chosŏn abgelöst (ben. nach dem aus China stammenden, seit etwa 194 v. Chr. als König herrschenden WIMAN). 108 v. Chr. zerstörte das chin. Hanreich Wiman-Chosŏn und errichtete in der nördl. Hälfte der Halbinsel vier Militärkommandanturen: Luolang (Lo-lang), Xuantu (Hsüan-t'u), Lintun (Lin-t'un) und Zhenfan (Chen-fan). Nur Luolang (korean.

Nangnang) mit Zentrum in Pjöngjang konnte sich bis 313 n. Chr. halten und übermittelte wichtige Kulturimpulse in die Halbinsel und bis nach Japan.

Im Lauf des 4. Jh. n. Chr. erstarkte das nordkorean. Königreich →Koguryŏ (traditionelles Gründungsdatum: 37 v. Chr.), wurde 370 Schutzmacht über →Puyŏ und verlegte 427 seine Hauptstadt nach Pjöngjang. Es kam dadurch mit →Paekche und →Silla, die sich seit dem 1. Jh. n. Chr. in der südl. Hälfte der Halbinsel aus den früheren polit. Einheiten der ›Drei Han‹ (Samhan) zu Königtümern entwickelt hatten, in Konflikt. Zw. Paekche und Silla lag die kulturell eigenständige Kaya-(oder Kar-)Konföderation, in jap. Quellen Mimana genannt, mit sechs Kleinstaaten, darunter Pon-Kaya mit dem Zentrum Kimhae (bedeutender Fundort v. a. der Kimhaekeramik).

Die Zeit der Drei Königreiche (Samguk) – Koguryŏ, Paekche und Silla – war erfüllt von Kämpfen um die Vormacht auf der Halbinsel. Während des 6. Jh. gewann Silla zunehmend die Oberhand, zerstörte die Kaya-Konföderation, besiegte 663 Paekche und unterwarf mit militär. Unterstützung des chin. Tangreiches 668 Koguryŏ. Als dessen Nachfolgestaat im mandschur. Raum entstand um 700 Parhae (chin. Pohai, P'o-hai), 926 von den tungus. Kitan vernichtet. Während der Zeit des ›Vereinten Silla‹ (668–935) mit →Kyŏngju als Hauptstadt entstand der erste korean. Einheitsstaat, in dem die Sillasprache zur Landessprache (Altkoreanisch) wurde. Die vom Adel getragene Hochkultur empfing wesentl. Impulse aus China und war geprägt durch den Buddhismus.

Adelszwist und lokale Rebellionen führten im 9. Jh. zum Niedergang Sillas und zur Bildung von Separatstaaten (im SW Hu-Paekche 892–936, im N Hu-Koguryŏ oder T'aebong 901–918). 918 proklamierte WANG KŎN in N-Korea das Königreich →Koryŏ (in Anlehnung an den alten Namen Koguryŏ) mit der Hauptstadt Kaesŏng und brachte 936 ganz K. unter seine Hoheit. Die Koryŏdynastie (918–1392), deren Herrschaft auf einer nach chin. Vorbild aufgebauten Zentraladministration beruhte, machte den Buddhismus zur Staatsreligion. K. stand unter dem Druck äußerer Feinde: Kitan und Dschurdschen berannten die N-Grenze; von 1231 bis um die Mitte des 14. Jh. herrschten die Mongolen im Land und zwangen den korean. Hof zur Waffenhilfe gegen Japan (zwei gescheiterte Expeditionen 1274 und 1281); seit dem 13. Jh. machten jap. Piraten (Waegu) die Küsten K.s unsicher. Der Fall der mongol. Yuandynastie in China und die Gründung der Mingdynastie 1368 begünstigten Reformbestrebungen, die jedoch von der alteingesessenen Aristokratie behindert wurden. Eine neue Schicht von konfuzianisch gebildeten Beamten scharte sich um General YI SŎNGGYE, der 1392 die Dynastie Chosŏn (oder Yi) gründete.

Die Chosŏndynastie: Die neuen Herrscher, die die Hauptstadt nach Hanyang (Seoul, ›Hauptstadt‹) verlegten, entmachteten den buddhist. Klerus, führten weit reichende Reformen durch und bestimmten den Neokonfuzianismus zur Staatsphilosophie. Mithilfe einer begüterten Amtselite (Yangban) wurde nach chin. Muster ein Staatsapparat geschaffen, der der Dynastie ein über fünfhundertjähriges Bestehen sicherte. Das 15. Jh. war eine Epoche des wirtschaftl. Aufschwungs (Landreformen, neue Agrartechniken) und der kulturellen Blüte (Erfindung des korean. Alphabets, Rechtskodex, naturwissenschaftl. Erfindungen). Im 16. Jh. entwickelte ein eigenständiger korean. Neokonfuzianismus eigenständige korean. Schulrichtungen, doch begannen Parteienkämpfe (Tangjaeng), angefacht durch unterschiedliche philosoph. Auffassungen und machtpolit. Intrigen, die Reg. zu beherrschen. K. wurde sodann durch die jap. Invasionen unter TOYOTOMI HIDEYOSHI (1592 und 1597), die das Land in Schutt und Asche legten, überrascht. Mithilfe der Ming und durch erbitterten Widerstand (Seesiege unter Admiral YI SUNSIN) wurden die Japaner schließlich zurückgeschlagen.

1627, erneut 1637, drangen die Mandschu in ihrem Kampf gegen das chin. Mingreich auch in K. ein und zwangen das Land zur Anerkennung ihrer Oberheit, die bis 1894 bestand. Nach diesen Invasionen betrieb die Reg. eine strenge Abschließungspolitik (1637–1876). Das 18. Jh. war nochmals eine kulturelle Blütezeit, während der sich die ›Prakt. Schule‹ (Sirhak), die sich mit der Lösung von Alltagsproblemen (Land- und Gesellschaftsreformen) befasste, voll entfaltete. Am Ende des Jahrhunderts wurde der Katholizismus nach K. übermittelt, wurde aber im 19. Jh. verfolgt. Obschon K. lange als ›Eremitennation‹ vom Vordringen westl. Mächte verschont blieb, wurde es schließlich durch Japan gezwungen, den Vertrag von Kanghwa (26. 2. 1876) abzuschließen, der in den folgenden Jahren drei Vertragshäfen (Pusan, Wŏnsan und Chemulp'o, heute Inch'ŏn) dem Handel öffnete. Verträge mit den Westmächten und Russland folgten. Das Vordringen Japans führte zum Krieg (1894/95) mit K.s alter Schutzmacht China (seit 1644 unter der Qingdynastie); er endete mit Japans Sieg (Vertrag von Shimonoseki 17. 4. 1895). Infolge jap. Pressionen stützte sich der korean. Hof zeitweilig auf Russland (1896/97), doch im Oktober 1897 erklärte König KOJONG (1864–1907) die Unabhängigkeit des Landes als Groß-K. (Taehan). Die Konfrontation der Interessen löste jedoch den Russisch-Jap. Krieg aus (1904/05). Japans Sieg garantierte ihm Vorrechte in K. (Friedensbestimmungen von Portsmouth 5. 9. 1905). Im November 1905 wurde KOJONG zur Unterzeichnung eines Protektoratsvertrages gezwungen und wegen seines Widerstandes 1907 entthront. 1910 wurde die Dynastie auf Betreiben der Militaristen in der jap. Reg. endgültig gestürzt.

Jap. Herrschaft (1910–45): Am 22. 8. 1910 annektierte Japan die Halbinsel und unterstellte sie einem Gen.-Gouv.; die jap. Reg. reorganisierte die Verwaltung und betrieb eine gewaltsame Politik der Japanisierung. Ressourcen des Landes wurden zugunsten der jap. Wirtschaftsbedürfnisse ausgebeutet, auch der Aufbau einer modernen Landwirtschaft und Industrie kam weitgehend Japan zugute. Mit der Proklamation der korean. Unabhängigkeit am 1. 3. 1919 lösten führende Persönlichkeiten K.s eine polit. Bewegung und eine waffenlose Volkserhebung aus, die jedoch blutig niedergeschlagen wurde. In Shanghai (China) konstituierte sich unter Führung von SYNGMAN RHEE (RHEE SYNGMAN, YI SŬNGMAN) eine provisor. Reg. der Republik K., die eine antijap. Widerstandsbewegung aufzubauen suchte. Auf den Konferenzen von Kairo (1943), Jalta und Potsdam (beide 1945) sicherten die Kriegsgegner Japans K. die staatl. Unabhängigkeit zu.

Teilung in zwei Staaten (1945–48) und Entwicklung der innerkorean. Beziehungen: Im August 1945 eroberten sowjet. Truppen Nord-K. Nach dem militär. Zusammenbruch Japans (Kapitulation am 15. 8./2. 9. 1945) wurde K. – entsprechend den Beschlüssen der →Jalta-Konferenz – nördlich des 38. Breitengrades (Demarkationslinie) durch die UdSSR, südlich davon durch die USA besetzt. Unter sowjet. Schutz baute die kommunist. ›Partei der Arbeit K.s‹ unter Führung von KIM IL SUNG (KIM ILSŎNG) in Nord-K. eine kommunist. Gesellschaftsordnung auf (u. a. Bodenreform sowie Verstaatlichung der Industrie, der Banken und des Transportwesens, 1946). In Süd-K. richteten die USA eine Militär-Reg. ein (1945–48). Nach dem Scheitern der amerikanisch-sowjet. Verhandlungen über eine gesamtkorean. provisorische Reg. (1946) beraumte die UNO 1947 geheime und freie Wahlen an, die unter

Kore Korea

ihrer Aufsicht 1948 (10. 5.) nur in Süd-K. durchgeführt wurden. Dort konstituierte sich am 15. 8. 1948 die Republik K. unter Präs. SYNGMAN RHEE. Mithilfe einer Einheitsliste sicherten sich in Nord-K. die Kommunisten bei den Wahlen zu einer Obersten Volksversammlung 1948 (25. 8.) die Macht und schufen am 9. 9. 1948 die Demokrat. Volksrepublik K. Die Besatzungsmächte zogen sich 1948/49 aus K. zurück. Nat. Motive (staatl. Einheit) und internat. Spannungen (→Kalter Krieg) führten zum →Koreakrieg. Die nach dem Waffenstillstandsabkommen (27. 7. 1953) aufgenommenen Friedensverhandlungen scheiterten 1954; die Verbindungen zw. Nord- und Süd-K. wurden rigoros abgebrochen. Erst Anfang der 70er-Jahre kam es wieder zu unregelmäßigen Reg.-Kontakten zw. Nord- und Süd-K., die schließlich 1990 in Gespräche der Min.-Präs. über Fragen der friedl. Wiedervereinigung mündeten. Im Dezember 1991 schlossen Nord- und Süd-K. einen Vertrag über Aussöhnung, Nichtangriff, Austausch und Kooperation (im Februar 1992 ratifiziert); zudem trat ein Abkommen über Atomwaffenfreiheit beider Staaten in Kraft. Die Absicht von Nord-K., sich aus den Verpflichtungen des Kernwaffensperrvertrages zu lösen, verursachte 1993/94 schwere Spannungen mit den USA und Süd-K.; auch eine Reihe von Zwischenfällen und Provokationen (u. a. 1996 Verletzung des Waffenstillstandsabkommens durch Nord-K. und Eindringen eines nordkorean. Spionage-U-Bootes in südkorean. Gebiet, 1997 militär. Grenzzwischenfall) behinderte die weitere Normalisierung der innerkorean. Beziehungen. Im August 1997 begannen in New York unter Beteiligung von Nord- und Süd-K., den USA und China Vorverhandlungen über eine Konferenz zum Abschluss eines Friedensvertrages für Korea. (→Korea, Nord-Korea [Geschichte], →Korea, Süd-Korea [Geschichte])

Allgemeines und Landesnatur: J. KLEINER: K. (1980); R. A. DOMSCHKE u. R. GOOSMANN: K.-Bibliogr. (1983); H. W. u. I. M. MAULL: K. (1987); H.-U. PEWS: K., Land der Morgenfrische (Gotha 1987); G. HIELSCHER: 38mal K. (1988); H. LAUTENSACH: K., bearb. v. K. DEGE u. a. (1988); E. DEGE: K. Eine landeskundl. Einf. (1992).

Geschichte: C. I. E. u. H. K. KIM: K. and the politics of imperialism, 1876–1910 (Berkeley, Calif., 1967); Modernes K., Gesch. u. Politik. 1860–1960, hg. v. Y.-S. KIM (1974); F. VOS: Die Religionen K.s (1977); I. GÖTHEL: Gesch. K.s Vom 17. Jh. bis in die Gegenwart (Berlin-Ost 1978); G. WONTROBA u. U. MENZEL: Stagnation u. Unterentwicklung in K. Von der Yi-Dynastie zur Peripherisierung unter jap. Kolonialherrschaft (1978); K.-B. LEE: A new history of K. (a.d. Korean., Cambridge, Mass., 1984); J.-S. KIM: K. u. der Westen von 1860 bis 1900. Die Beziehungen K.s zu den europ. Großmächten, mit besonderer Berücksichtigung der Beziehungen zum Dt. Reich (1986); Ostasien-Ploetz. Gesch. Chinas, Japans u. K.s zum Nachschlagen, bearb. v. M. HAYDT (1986); G. HIELSCHER: 38mal K. (1988).

Nord-Korea
Fläche 120 538 km²
Einwohner (1995) 23,9 Mio.
Hauptstadt Pjöngjang
Amtssprache Koreanisch
Nationalfeiertag 9. 9.
Währung 1 Won (₩) = 100 Chon
Uhrzeit 20⁰⁰ Pjöngjang = 12⁰⁰ MEZ

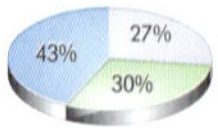

Korea, Nord-K., amtlich koreanisch **Chosŏn Minjujuŭi In'min Konghwaguk** [tʃosʌn mindʒudʒui -], dt. **Demokratische Volksrepublik K.,** Staat in Ostasien, umfasst den N-Teil der Halbinsel K. und Randbereiche des asiat. Festlandes, grenzt im W an die Ko-

reabucht und entlang den Flüssen Yalu und Tumen an China, im N an Russland, im O an das Jap. Meer und im S entlang einer Demarkationslinie um den 38. Breitengrad an Süd-K., 120 538 km² (ohne die 4 km breite entmilitarisierte Zone von 1 262 km²), (1995) 23,9 Mio. Ew.; Hauptstadt ist Pjöngjang, Amtssprache Koreanisch. Währungseinheit: 1 Won (₩) = 100 Chon. Zeitzone: Mittlere Japanzeit (20⁰⁰ Pjöngjang = 12⁰⁰ MEZ).

STAAT · RECHT

Verfassung: Nach der Verf. vom 17. 12. 1972 (zuletzt 1992 revidiert) ist Nord-K. eine Volksrepublik (sozialist. Staat). Staatsoberhaupt, Vors. der Nat. Verteidigungskommission und Oberbefehlshaber der Streitkräfte ist der vom Parlament auf fünf Jahre gewählte Präs. Als Vors. des Zentralen Volkskomitees (höchstes polit. Führungsorgan), bestimmt er faktisch die Richtlinien der Politik. Die Legislative liegt bei der Obersten Volksversammlung (687 Abg., für vier Jahre nach Einheitslisten, die keine Opposition zulassen, gewählt). Die Richtlinienkompetenz in der Exekutive liegt beim Präs. und beim Zentralen Volkskomitee (die Mitgl. werden auf Vorschlag des Präs. von der Volksversammlung gewählt); der Verwaltungsrat unter Vors. des Min.-Präs. als eigentl. Reg. ist im Wesentlichen nur Verwaltungs- und Vollzugsorgan.

Parteien: Staatstragende Partei ist die kommunist. Partei der Arbeit K.s (PdAK; gegr. 1945); im Rahmen der Nat. Front für die Wiedervereinigung des Vaterlandes unterstützen die Sozialdemokrat. Partei K.s (gegr. 1945 als Demokrat. Partei) und die religiös fundierte Chundo-gyo-Chongu-Partei (gegr. 1945) die Politik der PdAK.

Gewerkschaften: Wichtigste Gewerkschaften sind der Generalverband der Gewerkschaften K.s (gegr. 1945; rd. 1,6 Mio. Mitgl.) und die Union der in der Landwirtschaft arbeitenden Menschen (gegr. 1965; rd. 2,4 Mio. Mitgl.).

Wappen: Das Wappen (1948) zeigt innerhalb eines Kranzes aus Reisähren in einer Berglandschaft einen Staudamm mit Wasserkraftwerk und Hochspannungsmast, darüber ein fünfstrahliger roter Stern. Die Ähren werden von einem roten Band zusammengehalten, auf dem der offizielle Staatsname in Hangŭl (→koreanische Schrift) steht.

Nationalfeiertag: 9. 9., der an die Proklamation der Demokrat. VR K. im Jahre 1948 erinnert.

Verwaltung: Nord-K. ist in neun Prov. (Do) und drei regierungsunmittelbare Städte (Pjöngjang, Namp'o, Kaesŏng) im Rang einer Prov. gegliedert. In den Prov. und untergeordneten Verwaltungsebenen existieren Volksversammlungen, Volkskomitees und Verwaltungskomitees, die zentraler Lenkung unterliegen.

Recht: Die Rechtsprechung ist wesentlich durch die sowjetische geprägt. Die Gerichtsbarkeit wird an der Spitze durch den Obersten Gerichtshof ausgeübt, dessen Richter von der Obersten Volksversammlung für drei Jahre bestimmt werden. Neben Prov.-Gerichten sind in den Bez. Volksgerichte eingerichtet. Für Militär- und Eisenbahnangehörige gibt es Sondergerichte. Aufgabe der Gerichte ist es, ›aktiv gegen Klassenfeinde und Gesetzesbrecher zu kämpfen‹. Die Verf. sieht keine Berufungsmöglichkeiten vor.

Streitkräfte: Die Gesamtstärke der Wehrpflichtarmee (Dienstzeit beim Heer fünf, in der Marine zehn und bei der Luftwaffe drei Jahre) beträgt etwa 1,1 Mio., die der paramilitär. Einheiten (Grenzschutz und Sicherheitskräfte) rd. 200 000 Mann. Das Heer (fast 1 Mio. Soldaten) gliedert sich in 27 Infanterie-, fünf mechanisierte und zwei Panzerdivisionen, zwei Flugabwehrdivisionen, sechs selbständige Panzerbrigaden sowie zahlr. weitere Regimenter/Bataillone. Die Luftwaffe hat etwa 80 000, die Marine rd. 43 000

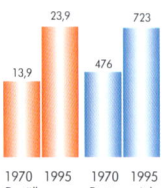

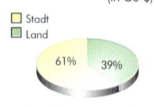

Nord-Korea: Die Sangpal Pools in den Diamantbergen

Mann. Die Ausrüstung, fast ausschließlich älteres sowjet. Gerät, besteht im Wesentlichen aus 4 100 Kampfpanzern, 80 leichten Bombenflugzeugen, etwa 600 Kampfflugzeugen, drei Fregatten, 30 U-Booten, 50 Klein-U-Booten und etwa 210 Kleinen Kampfschiffen. – Etwa 12 % der Staatsausgaben werden offiziell für die Verteidigung ausgegeben.

LANDESNATUR · BEVÖLKERUNG

Zur Landesnatur →Korea, Halbinsel.

Bevölkerung: Für die Zahl und Wachstumsrate (jährlich etwa 1,61 %) der Bev., die fast ausschließlich aus Koreanern besteht, liegen nur Schätzungen vor. Nach dem Zweiten Weltkrieg flohen etwa 2 Mio. Menschen in den S der Halbinsel, v. a. während des Koreakrieges. Rd. 29 % der Bewohner sind unter 15 Jahre alt. Laut Gesetz vom 1. 8. 1976 wurde das Mindestheiratsalter beim Mann auf 30, bei der Frau auf 27 Jahre festgesetzt, um dadurch die maximale Nutzung der Arbeitskraft der jungen Menschen zu erreichen. Die landwirtschaftlich intensiv genutzten Ebenen im W des Landes weisen eine Bev.-Dichte von über 200 Ew./km² auf. Offenbar sind aber die Lebensbedingungen der Land-Bev. deutlich schlechter als die der Stadtbewohner, denn die Verbesserung der Infrastruktur auf dem Land stellt noch ›anzustrebende Ziele‹ der nächsten Jahre dar. Durch die in den letzten Jahren unzureichende Lebensmittelversorgung ist ein Großteil der Bev. unterernährt. Die Kindersterblichkeit ist sehr hoch.

Nach Angaben der UNO vergrößerte sich der Anteil der städt. Bev. von (1950) 31 % auf (1995) etwa 61 %. Größte Städte sind Pjöngjang, Hamhŭng, Ch'ŏngjin, Namp'o, Kaesŏng, Sinŭiju, Wŏnsan, Haeju.

Religion: Die Freiheit der Religionsausübung ist durch die Verf. garantiert, die auch die Freiheit antireligiöser Propaganda gewährt. Nach Schätzungen sind rd. 68 % der Bev. konfessionslos bzw. Atheisten, rd. 15,5 % werden traditionellen korean. Religionen schamanist. Ausprägung zugerechnet. Elemente schamanist. Volksfrömmigkeit sind auch in den korean.

Buddhismus eingeflossen, in dessen Mittelpunkt die Verehrung des Buddha Maitreya steht. Sehr kleine religiöse Minderheiten bilden die rd. 1,5 % Buddhisten und eine verschwindende Zahl Christen (1945 noch rd. 400 000). Die meisten Christen gehören der kath. Kirche an und leben in und um Pjöngjang. Nach Angaben der 1988 von kath. Laien gegründeten ›Korean. Kath. Vereinigung‹ (Sitz: Pjöngjang) gibt es über 1 200 öffentlich praktizierende kath. Christen in Nord-K. Im Rahmen der gesamtkorean. Kirchenorganisation umfasst das nordkorean. Staatsgebiet zwei – derzeit nicht besetzte – Bistümer (Pjöngjang; Hamhŭng), die selbstständige Benediktinerabtei Tokwon sowie einen Teil der Kirchenprovinz Seoul. Über Jahrzehnte von der Weltkirche isoliert, konnten erst in den 1980er-Jahren einzelne Kontakte zur kath. Kirche in Süd-K. aufgenommen werden. Der Ch'ŏndogyo-Religion, einer neuen Religion, die buddhist. und christl. Elemente miteinander verbindet, werden 14 % der Bev. zugerechnet. Religiöse Dachverbände sind die ›Föderation Korean. Buddhisten‹ (gegr. 1945), die ›Föderation Korean. Christen‹ (gegr. 1946) und der ›Rat der korean. Religionsgemeinschaften‹ (gegr. 1989), alle mit Sitz in Pjöngjang.

Bildungswesen: Nach obligator. Vorschulunterricht (ein Jahr) wird – bei zehnjähriger Schulpflicht – vier Jahre die Volksschule und sechs Jahre die Oberschule besucht. In weiteren vier Jahren wird die Hochschulreife erreicht. Bereits ab der Grundschule kann auch eine sprachlich oder künstlerisch orientierte Schullaufbahn begonnen werden. Analphabetismus gibt es praktisch nicht mehr. Die Erwachsenenbildung ist v. a. Arbeiterbildung; nach Erlernen des Grund- und Mittelschulstoffs folgt Fernunterricht (Oberschule), anschließend kann die techn. Arbeiterhochschule besucht werden. In Pjöngjang gibt es u. a. je eine Univ. (gegr. 1946), TU, wiss. Akad. und Parteihochschule.

Publizistik: Nach der Verf. ist in Nord-K. die Pressefreiheit garantiert; die Beiträge in den Medien weichen jedoch nicht von der offiziellen polit. Auffassung ab. Die Tagespresse erscheint in der Hauptstadt mit landesweiter Verbreitung, so u. a. das Zentralorgan der korean. KP ›Rodong Shinmun‹ (›Arbeiterzeitung‹), das Regierungsblatt ›Minju Chosŏn‹ (›Demokrat. Korea‹), das Gewerkschaftsblatt ›Rodongja Shinmun‹, das Nachmittagsblatt ›Pjöngjang Shinmun‹. In engl., span. und frz. Sprache erscheint das Wochenblatt ›The Pyongyang Times‹. Staatl. *Nachrichtenagentur* ist ›Chung Yang Tong Shin/Korean Central News Agency‹ (KCNA), die u. a. auch täglich ein Bulletin in mehreren Sprachen herausgibt. *Hörfunk und Fernsehen* wird durch das Zentralkomitee des korean. Rundfunks betrieben. ›Chosŏn Chung-

Klimadaten von Pjöngjang (25 m ü. M.)					
Monat	Mittleres tägl. Temperatur- maximum in °C	Mittlere Nieder- schlags- menge in mm	Mittlere Anzahl der Tage mit Nieder- schlag	Mittlere tägl. Sonnen- scheindauer in Stunden	Relative Luft- feuchtigkeit nachmittags in %
I	−2,7	15	6	6,5	74
II	0,6	11	5	7,4	70
III	7,2	26	6	7,7	66
IV	16,2	46	7	8,3	63
V	22,0	67	9	8,7	66
VI	26,9	76	9	8,7	71
VII	29,1	237	15	6,8	80
VIII	29,3	228	14	6,9	80
IX	24,8	112	9	7,8	75
X	18,5	45	8	7,8	73
XI	8,8	41	10	6,1	73
XII	0,1	21	8	5,8	74
I–XII	15,1	925	106	7,3	72

Wörter, die man unter K vermisst, suche man unter C, Ch, G, H oder Q

Kore Korea

ang Pangsong‹ (Korean. Zentralrundfunk) sendet ein landesweites Programm und mehrere Regional- und Lokalprogramme sowie für das Gebiet der Hauptstadt ›Pjöngjang Pangsong‹ (Radio Pjöngjang). Der Auslandsdienst des Zentralrundfunks verbreitet Programme in acht Sprachen, darunter in Deutsch. Der Zentralrundfunk betreibt ferner das 1. Fernsehprogramm; für das 2. Fernsehprogramm hat das Post- und Fernmeldeministerium 1983 die Betriebsgesellschaft ›Mansudae Television Station‹ errichtet, die Kulturprogramme und ausländ. Spielfilme sendet.

WIRTSCHAFT · VERKEHR

Die Wirtschaft wird seit 1946 von einer zentralstaatl. Planungskommission kontrolliert. Mit einem geschätzten Bruttosozialprodukt (BSP) je Ew. von (1995) 723 US-$ zählt Nord-K. zu den Entwicklungsländern mit mittlerem Einkommen. Die bis zum Zusammenbruch des Ostblocks geleistete Wirtschaftshilfe durch China und Russland, mit denen auch der größte Teil des Außenhandels getätigt wurde, ist weitgehend eingestellt worden. Damit verbunden trat ab 1990 eine allgemeine Verschlechterung der Wirtschaftslage ein. Seit 1995 liefert China zwar wieder teilweise zu ›Freundschaftspreisen‹, aber hochwertige Rohstoffe (Energieträger) und Maschinen werden gegen Devisen (US-$) verrechnet. 1995 und 1996 haben verheerende Überschwemmungen große Teile der Agrarflächen zerstört und dadurch akuten Nahrungsmittelmangel ausgelöst, der sich durch die von der extremen Trockenheit 1997 verursachten Dürreschäden inzwischen zu einer Hungersnot ausgeweitet hat. Eine Verbesserung der unzureichenden Versorgungslage kann zz. nur über internat. Nahrungsmitteldirekthilfen angestrebt werden.

Landwirtschaft: Ein Fünftel der Gesamtfläche wird landwirtschaftlich genutzt, eine Ausdehnung der Anbaufläche ist nur mit hohem Aufwand (bes. durch Eindeichung von Marschland an der W-Küste) zu erzielen. Nahezu die Hälfte der Ackerfläche (1995: 1,7 Mio. ha nach Flutschäden) wird künstlich bewässert (rd. 40 000 km Bewässerungskanäle), v.a. für den Anbau von Reis, der mehr als ein Drittel der landwirtschaftl. Nutzfläche einnimmt (Erntemenge 1993: 19,32 Mio. t; durch Dürreschäden 1997 15% Ernteeinbuße). Nach wie vor bleibt die Unterversorgung der Bev. bestehen. Weitere wichtige Agrarprodukte sind Mais (durch Trockenheit 1997 70% der Pflanzungen zerstört), Kartoffeln, Weizen, Gerste, Hirse, Hülsenfrüchte, Sojabohnen, Obst (v.a. Äpfel, Melonen, Birnen), Gemüse (v.a. Kohl) und Tabak. Der bes. im SW kultivierte Ginseng sowie die Seidenraupenzucht sind für den Export wichtig. Die früher kaum entwickelte Viehwirtschaft (v.a. Schweine-, Rinder- und Geflügelzucht) gewinnt für die Ernährung der Bev. an Bedeutung, ist aber infolge der Missernten stark beeinträchtigt. Es fehlt an Saatgut, Dünger und an Futtermitteln für die Tierhaltung. Nachdem 1946 durch eine Bodenreform über 50% des gesamten Ackerlandes an Landarbeiter, Pächter und Kleinbauern verteilt worden waren (Höchstgrenze des Grundbesitzes 5 ha), wurde die Landwirtschaft 1954–58 kollektiviert. Rd. 90% der landwirtschaftl. Nutzfläche werden nun von rd. 3 800 Produktionsgenossenschaften, 5% in rd. 180 Staatsgütern bewirtschaftet; etwa 5% verblieben den Bauern als Eigentum.

Forstwirtschaft: Die Waldbestände (rd. 9 Mio. ha) wurden u. a. durch Kriegszerstörungen stark dezimiert. Der Holzeinschlag dient zu fast 90% als Brennholz.

Fischerei: Die Fischerei wird v.a. von staatl. und genossenschaftl. Betrieben durchgeführt. Seit dem 1.8. 1977 beansprucht der Staat innerhalb 200 Seemeilen vor den Küsten das alleinige Fischereirecht.

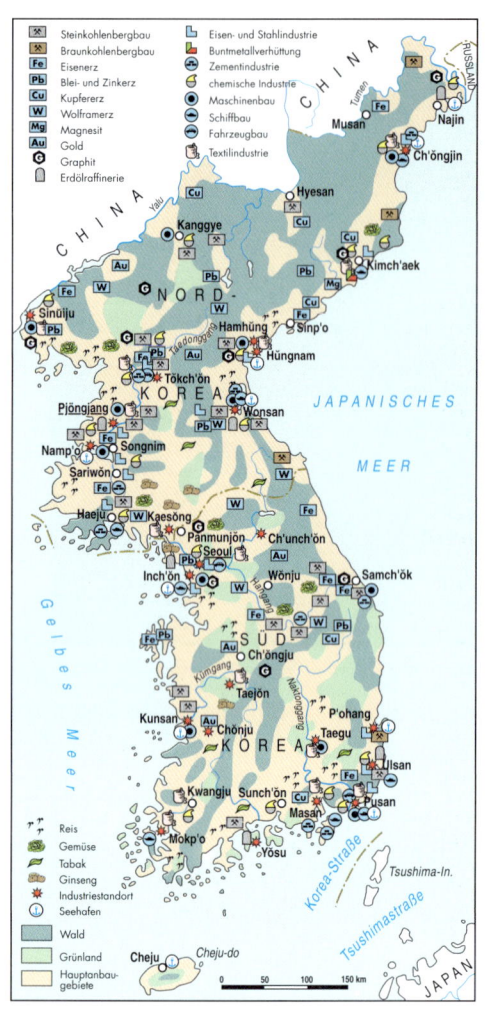

Nord-Korea und **Süd-Korea**: Wirtschaft

Bodenschätze: Die Entwicklung von Bergbau und Industrie wurde schon während der jap. Herrschaft begonnen und im Rahmen der Planwirtschaft fortgeführt. Trotz vielseitiger Rohstoffvorkommen stagniert die Industrialisierung durch die Schwerfälligkeit der sozialist. zentralen Planwirtschaft. Gefördert werden Steinkohle (1994: 27,1 Mio. t), Braunkohle, Eisenerz (1994: 4,76 Mio. t Fe-Inhalt) und NE-Metalle, bes. Zinkerz (225 000 t Zn-Inhalt) und Bleierz (85 000 t Pb-Inhalt). Weitere Bodenschätze sind u. a. Magnesit, Wolfram, Graphit, Kupfer, Silber, Gold, Phosphat.

Industrie: Die wichtigen Industriestandorte liegen im W (Shinŭiju, Pjöngjang, Haeju u. a.) sowie an der O-Küste (Ch'ŏngjin, Kimch'aek, Hŭngnam, Wŏnsan). Gegenüber dem Ausbau der Schwer- und Investitionsgüterindustrien (Erzverhüttung, Maschinen- und Fahrzeugbau, chem. Industrie, Schiffbau) blieb die Entwicklung der konsumorientierten Produktionen zurück; erst seit den 70er-Jahren findet der Herstellung von Konsumgütern mehr Beachtung (v.a. Textil-, Nahrungs- und Genussmittelindustrie). Durch die mangelhafte Energieversorgung sind viele Industrieunternehmen nicht funktionsfähig.

Außenwirtschaft: Seit 1975 weist die Handelsbilanz ein zunehmendes Defizit auf (1987: Exportwert 1,8

Mrd. US-$, Importwert 2,5 Mrd. US-$; 1995: Exportwert 440 Mio. US-$, Importwert 1,15 Mrd. US-$). Bedeutende Handelspartner sind seit dem Zusammenbruch des Handels mit den ehem. Ostblockländern die Staaten China, Japan und Süd-K. (über Drittländer). Es werden v. a. NE-Metalle und Rohstoffe exportiert. Durch Bezug von Industrieausrüstungen, v. a. aus Japan, hat sich der Staat zu Beginn der 70er-Jahre hoch verschuldet und kann seit Mitte der 80er-Jahre seinen internat. Zahlungsverpflichtungen nicht in vollem Umfang nachkommen (eine Ausnahme bildet aber offensichtlich China). Die Auslandsverschuldung wird auf (1993/94) 10,3 Mrd. US-$ geschätzt. Nach dem Wegfall der Wirtschaftshilfe wickelt Russland seinen Warenaustausch mit Nord-K. im gemeinsamen Grenzgebiet ab. Nord.-K. versucht verstärkt die Wirtschaftssonderzone Rajin-Sonbong (Mündungsgebiet des Tumen) für ausländ. Investoren attraktiv zu machen, erste Investitionszusagen in Höhe von rd. 840 Mio. US-$ lagen 1996 vor.

Verkehr: Das Verkehrsnetz ist relativ gut entwickelt. Wichtigstes Transportmittel ist die Eisenbahn; sie bewältigt rd. 90 % des Güter- und 70 % des Personenverkehrs. Das (1994) 5 045 km lange Streckennetz ist zu rd. 60 % elektrifiziert. Eisenbahnverbindungen bestehen auch nach China (seit 1983) und nach Russland (seit 1987). Der Straßenverkehr (1994 rd. 23 000 km Straßen, einschließlich 240 km Autobahn zw. Pjöngjang und Wŏnsan) ist von untergeordneter Bedeutung. Wichtige Seehäfen sind Namp'o (Hafen von Pjöngjang), Wŏnsan, Hŭngnam, Ch'ŏngjin und Najin. Pjöngjang besitzt einen internat. Flughafen.

GESCHICHTE

Zur Entwicklung bis 1948 →Korea (Halbinsel). Nach dem →Koreakrieg (1950–53) konzentrierte sich die herrschende Partei der Arbeit K.s (PdAK) unter der Führung KIM IL SUNGS (1948–72 auch Min.-Präs.) auf den raschen Wiederaufbau des Landes mit sowjet. und chin. Hilfe; durch ›Säuberungen‹ in der Partei schaltete KIM IL SUNG seine Gegner und Konkurrenten auf dem Weg zur unumschränkten Alleinherrschaft aus.

Auf den machtpolitisch-ideolog. Konflikt zw. China und der Sowjetunion reagierte Nord-K. mit der von KIM IL SUNG entwickelten ›Juche‹(›Eigenständigkeits‹)-Ideologie, die eine größere polit. Unabhängigkeit, wirtschaftl. Selbstständigkeit und ›nat. Selbstverteidigung‹ propagierte und in den Rang einer (quasi-religiösen) Staatsdoktrin erhoben wurde. Nach Verabschiedung einer neuen Verf. (1972) übernahm KIM IL SUNG das Amt des Staatspräs. Um KIM IL SUNG (tituliert als ›Großer Führer‹) entwickelte sich ein maßloser, das gesamte öffentl. Leben erfassender Personenkult, der sich später auch auf seinen (seit 1979/80 als Nachfolger designierten) Sohn KIM JONG IL (›Geliebter Führer‹) ausweitete. Außenpolitisch und wirtschaftlich stützte sich Nord-K. stark auf die Sowjetunion (1961 Abschluss eines Vertrages über Freundschaft, Zusammenarbeit und gegenseitigen Beistand, 1967 neues Verteidigungs- und Wirtschaftsabkommen), aber auch auf China, mit dem es 1961 ebenfalls einen Freundschaftsvertrag geschlossen hatte; es suchte durch eine geschickte ›Schaukelpolitik‹ zw. beiden einen eigenen Kurs zu steuern. Auch nach dem Zusammenbruch des Ostblocks und dem Zerfall der Sowjetunion hielt das – nach außen hin fast hermetisch abgeschlossene – Nord-K. zunächst starr an seiner orth. kommunist. Politik fest; es erhielt lediglich noch von China, seinem nunmehr wichtigsten Bündnispartner, nennenswerte (aber reduzierte) Wirtschaftshilfe. KIM JONG IL trat politisch immer stärker in den Vordergrund (seit 1990 Vors. des Verteidigungskomitees, seit 1991 Oberbefehlshaber der Armee). Im Dezember 1993 gab Nord-K. erstmals in der Öffentlichkeit zu, mit einer schweren Wirtschaftskrise konfrontiert zu sein; nach den Hochwasserkatastrophen von 1995 und 1996 brach eine Hungersnot aus (daraufhin Nahrungsmittellieferungen durch Hilfsorganisationen und versch. Staaten, bes. von Süd-K.). KIM JONG IL trat nach dem Tod seines Vaters im Juli 1994 de facto dessen Nachfolge als Staats- und Parteichef an, ohne zunächst offiziell in diesen Ämtern bestätigt worden zu sein. Im Juli 1997 verkündete Nord-K. die Einführung eines neuen Kalenders, der im Geburtsjahr KIM IL SUNGS (1912) beginnt.

Am 17. 9. 1991 wurde Nord-K. zusammen mit Süd-K. in die UNO aufgenommen. Nachdem Nord-K. im März 1993 Sonderinspektionen von Atomanlagen durch die IAEA abgelehnt und mit der Kündigung des Kernwaffensperrvertrags gedroht hatte, kam es zu einem politisch-diplomat. Konflikt v.a. mit den USA. Nach langwierigen Verhandlungen, in die der frühere amerikan. Präs. J. CARTER eingeschaltet worden war, schlossen beide Staaten am 21. 10. 1994 ein Rahmenabkommen, das eine grundlegende Umstrukturierung des nordkorean. Atomprogramms binnen zehn Jahren vorsieht. Nord-K. verpflichtete sich im Gegenzug für die zugesagte Unterstützung, die laufende Atomproduktion einzufrieren und den Kernwaffensperrvertrag einzuhalten. Die zu Beginn der 70er-Jahre schleppend wieder aufgenommenen Reg.-Kontakte zw. Nord- und Süd-K. brachen danach für lange Zeit wieder ab und wurden – mit dem langfristigen Ziel einer Wiedervereinigung – erst seit 1990 wieder intensiviert; der Versuch einer Annäherung erlitt aber mehrfach Rückschläge (→Korea, Halbinsel).

R. A. SCALAPINO u. C.-S. LEE: Communism in K., 2 Bde. (Berkeley, Calif., 1971); N. EBERSTADT u. J. BANISTER: The population of North Korea (Berkeley, Calif., 1992); M. POHL: Korean. Volksdemokrat. Rep. (Nordkorea), in: Hb. der Dritten Welt, hg. v. D. NOHLEN u. F. NUSCHELER, Bd. 8: Ostasien u. Ozeanien (³1994); DERS.: K., Demokrat. VR, in: Asien, Pazifik. Wirtschaftshandbuch. Jahresbericht 1996 (1996).

Süd-Korea
Fläche 99 262 km²
Einwohner (1995) 44,85 Mio.
Hauptstadt Seoul
Amtssprache Koreanisch
Nationalfeiertag 15. 8.
Währung 1 Won (₩) = 100 Chon
Uhrzeit 20⁰⁰ Seoul = 12⁰⁰ MEZ

Korea, Süd-K., amtlich koreanisch **Taehan Minguk** [dɛ-], dt. **Republik K.,** Staat in Ostasien, umfasst die Halbinsel K. südlich der Demarkationslinie am 38. Breitengrad sowie die vorgelagerten rd. 3 500 Inseln (größte ist Cheju-do); grenzt im W an das Gelbe Meer, im S an die Koreastraße, im O an das Jap. Meer und im N an Nord-K., 99 262 km², (1995) 44,85 Mio. Ew.; Hauptstadt ist Seoul, Amtssprache Koreanisch. Währungseinheit: 1 Won (₩) = 100 Chon. Zeitzone: Mittlere Japanzeit (20⁰⁰ Seoul = 12⁰⁰ MEZ).

STAAT · RECHT

Verfassung: Nach der am 27. 10. 1987 durch Referendum angenommenen und am 25. 2. 1988 in Kraft getretenen Verf. ist Süd-K. eine präsidiale Republik. Staatsoberhaupt und oberster Inhaber der Exekutive ist der auf fünf Jahre direkt gewählte Präs. (Wiederwahl nicht möglich), der v. a. in Konflikt- und Spannungszeiten wichtige Machtbefugnisse besitzt. Der Präs. ernennt den Premier-Min. und die übrigen

Süd-Korea
Staatswappen

Staatsflagge

ROK
Internationales Kfz-Kennzeichen

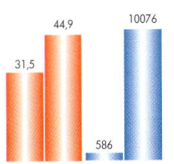

1970   1995   1970   1995
31,5   44,9   586   10076
Bevölkerung   Bruttosozial-
(in Mio.)   produkt je Ew.
                   (in US-$)

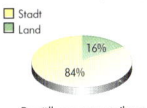

Stadt 16%
Land 84%
Bevölkerungsverteilung 1995

Industrie 50%
Landwirtschaft 7%
Dienstleistung 43%
Bruttoinlandsprodukt 1994

Kore Korea

Größe und Bevölkerung (1994)

Provinz	Verwaltungssitz	Fläche in km²	Ew. in 1 000	Ew. je km²
Seoul*)	–	605	10 799	17 850
Pusan*)	–	526	3 847	7 314
Taegu*)	–	456	2 347	5 147
Inch'ŏn*)	–	313	2 208	7 054
Kwangju*)	–	501	1 274	2 543
Taejŏn*)	–	537	1 235	2 300
Kyŏnggi-do	Inch'ŏn	10 769	7 438	691
Kangwŏn-do	Ch'unch'ŏn	16 898	1 531	91
Ch'ungch'ŏngbuk-do	Ch'ŏngju	7 437	1 437	193
Ch'ungch'ŏngnam-do	Taejŏn	8 317	1 845	222
Chŏllabuk-do	Chŏnju	8 052	2 005	249
Chŏllanam-do	Kwangju	11 812	2 198	186
Kyŏngsangbuk-do	Taegu	19 443	2 876	148
Kyŏngsangnam-do	Masan	11 771	3 968	337
Cheju-do	Cheju	1 825	514	282
Süd-Korea	Seoul	99 262	45 522	459

*) Stadt im Rang einer Provinz.

Mitgl. des Staatsrats (Kabinett). Die Legislative liegt bei der Nationalversammlung (299 Abg., davon 224 direkt gewählt; 75 Mandate werden nach dem Verhältniswahlrecht vergeben). Das Parlament hat u. a. das Recht, den Präs. wegen Rechtsbrüchen anzuklagen, Untersuchungen durchzuführen und dem Präs. die Entlassung des Premier-Min. oder einzelner Min. zu empfehlen. Die Verf. verkündet als allgemeine Ziele die friedl. Wiedervereinigung der korean. Nation und die polit. Neutralität der Streitkräfte.

Parteien: Einflussreichste Parteien sind die New Korea Party (NKP; 1995 durch Umbenennung der Democratic Liberal Party [DLP] entstanden), der National Congress for New Politics (NCNP; gegr. 1995), die Unit Liberal Democrats (ULD; gegr. 1995) und die Democratic Party (DP; gegr. 1991).

Gewerkschaften: In Süd-K. existieren rd. 7 500 Einzelgewerkschaften mit (1995) 1,63 Mio. Mitgl., die in zwei Dachverbänden, der Federation of Korean Trade Unions (FKTU; gegr. 1961) und der Korean Confederation of Trade Unions (KCTU; gegr. 1995, bisher nicht legalisiert) zusammengeschlossen sind.

Wappen: Das Wappen zeigt das alte, myst. Symbol ›Taeguk‹. Es ist umgeben von Blättern einer Hibiskusblüte, diese von einem kreisförmigen, nicht ganz geschlossenen schmalen weißen Band, in dessen unterem Teil der offizielle Staatsname in korean. Schrift steht. In den vier Ecken der *Flagge* sind um das Taeguk ›Trigramme‹ angebracht, die den Himmel, Erde, Feuer und Wasser symbolisieren.

Klimadaten von Seoul (85 m ü. M.)

Monat	Mittleres tägl. Temperaturmaximum in °C	Mittlere Niederschlagsmenge in mm	Mittlere Anzahl der Tage mit Niederschlag	Mittlere tägl. Sonnenscheindauer in Stunden	Relative Luftfeuchtigkeit nachmittags in %
I	–0,4	17	3	5,8	51
II	2,8	21	3	6,5	47
III	8,7	56	6	6,7	46
IV	16,5	68	6	7,6	46
V	22,5	86	7	8,3	51
VI	26,5	169	9	7,1	64
VII	29,2	358	14	5,8	67
VIII	30,5	224	10	6,5	62
IX	26,1	142	7	6,9	55
X	19,9	49	5	7,5	48
XI	11,7	36	5	6,0	52
XII	3,2	32	5	5,2	52
I–XII	16,4	1258	80	6,7	53

Nationalfeiertag: Nationalfeiertag ist der 15. 8., zur Erinnerung an die Ausrufung der Republik K. 1948.

Verwaltung: Süd-K. ist in neun Prov. (Do) mit Unterteilung in 139 Distrikte (Gun) und 57 Städte (Si) gegliedert; ferner gibt es sechs Städte (Seoul, Pusan, Taegu, Inch'ŏn, Kwangju und Taejŏn) mit Provinzstatus.

Recht: Bereits in der Koryŏzeit (918–1392) gab es einen geschriebenen Rechtskodex, der in Fragmenten erhalten ist. Bis zur jap. Besetzung (1910) bestand das korean. Recht fast ausschließlich aus ungeschriebenem Gewohnheitsrecht. Das neue korean. Rechtssystem hat vom dt. Recht wesentl. Impulse erfahren. An der Spitze der Gerichtsbarkeit steht der Oberste Gerichtshof (höchstens 14 Richter, Ernennung des Vorsitzenden durch den Präs. im Einvernehmen mit dem Parlament). Als Instanzgerichte sind Appellationsgerichtshöfe, Distrikt- und Familiengerichte eingerichtet. Es gibt auch eine eigenständige Militärgerichtsbarkeit. Eine Sonderstellung nimmt der Verfassungsgerichtshof ein.

Streitkräfte: Die Gesamtstärke der Wehrpflichtarmee (Dienstzeit zw. 26 und 30 Monaten) beträgt 630 000, die des paramilität. Zivilverteidigungskorps etwa 3 Mio. Mann. Bis 2000 ist die Reduzierung der Truppenstärke auf 420 000 Mann vorgesehen. Das Heer (520 000 Soldaten) verfügt über 19 Infanterie- und drei mechanisierte Divisionen, neun Luftlandebrigaden, sechs selbstständige Infanteriebrigaden sowie sieben Brigaden Spezialkräfte. Die Luftwaffe hat 50 000, die Marine 60 000 Mann. Die Ausrüstung (vorwiegend amerikan. Herkunft) umfasst im Wesentlichen etwa 1 500 Kampfpanzer (1 000 M-48, 500 Stück des modernen korean. Typs 88 K-1), rd. 400 Kampfflugzeuge (160 F-4 Phantom, 200 F-5, 40 F-16), neun Zerstörer, 35 Fregatten/Korvetten, drei U-Boote sowie etwa 70 Kleine Kampfschiffe. – Etwa 30% der Staatsausgaben werden für die Verteidigung verwendet. Die USA, mit denen seit 1954 ein bilaterales Verteidigungsbündnis besteht, haben in Süd.-K. etwa 35 000 Soldaten und rd. 100 Kampfflugzeuge stationiert, die jedoch weitgehend abgezogen werden sollen.

LANDESNATUR · BEVÖLKERUNG

Zur Landesnatur →Korea, Halbinsel.

Bevölkerung: Die Bev. besteht wie in Nord-K. fast ausschließlich aus Koreanern; die wenigen Ausländer sind hauptsächlich Chinesen. Nach dem Zweiten Weltkrieg kamen viele Koreaner aus Übersee zurück, v. a. aus Japan (etwa 1 Mio.), weitere 2 Mio. Menschen flüchteten aus Nord-K. in den S, bes. während des Koreakrieges. In den etwa 45 als städtisch bezeichneten Gemeinden mit mehr als 50 000 Ew. lebten 1970 41%, 1985 65% und 1995 84% der Bev. Die allgemeine Wachstumsrate, bis 1960 rd. 3% pro Jahr, sank infolge staatl. Familienplanungspolitik auf 1% im Zeitraum 1985–94. Etwa 1,6 Mio. →Koreaner leben im Ausland, v. a. in Japan, den USA und Kanada. Am stärksten sind der Westen und Süden von Süd-K. bevölkert.

Religion: Die Religionsfreiheit ist durch die Verf. garantiert. Alle Religionsgemeinschaften sind rechtlich gleichgestellt. Nach staatl. Angaben sind rd. 37,8% der Bev. Christen; 31,2% gehören verschiedenen prot. Kirchen und Gemeinschaften (Baptisten, Methodisten, Presbyterianer, Pfingstler, unabhängige korean. Kirchen) und der anglikan. Kirche der Prov. Korea (1993 errichtet) an, 6,6% der kath. Kirche (Kirchenprovinzen Kwangju, Seoul und Taegu mit elf Suffraganbistümern). Rd. 23% sind Buddhisten; 19,4% bekennen sich zum Mahayana-Buddhismus (rd. 30 000 ordinierte Mönche), 2,6% gehören dem von Soe Tae San (* 1891, † 1943) als buddhist. Volksbewegung begründeten Won-Buddhismus an (rd. 8 300 Mönche), 1% der unter der jap. Herrschaft entstandenen Taejong-Kyo-Schule (rd. 230 Mönche). Zu einem religiös geprägten Konfuzianismus bekennen sich 22,1 %. Etwa 10 % der Bev. werden traditionellen korean. Religionen schamanist. Ausprägung zugerechnet. Unter den in Korea entstandenen neuen Religionen erlangte neben der Ch'ŏndogyo-Religion (rd. 2,4 % der Bev.) bes. die →Vereinigungskirche Bedeutung. – Die kath. Mission in Korea setzte Ende des 18. Jh., bes. im 19. Jh. ein. Seit 1945 sind die christl. Kirchen im starken Wachstum begriffen. Aus den entstandenen prot. Missionskirchen gingen zahlr. unabhängige korean. Kirchen hervor. Die auf ihrem Boden entwickelte eigenständige Theologie wurde über Süd-K. hinaus v. a. durch die Theologin H. K. CHUNG bekannt.

Bildungswesen: Traditionell hat die – konfuzianisch geprägte (z. B. wird auch heute neben der einfachen Hangŭl die komplizierte chin. Schrift unterrichtet) – Bildung einen hohen Stellenwert, sie ist erfolgreich durch berufl. Bildungswege ergänzt worden. Die allgemeine Schulpflicht beträgt neun Jahre. Der sechsjährigen Grundstufe folgt die dreijährige Mittelstufe. Dieser schließt sich eine dreijährige (freiwillige) Oberstufe an. Von Ober- und Mittelschule ist der Übergang in ein Hoch- oder Fachhochschulstudium möglich, d. h. an einem Juniorcollege (zwei Jahre) oder an einer wiss. Hochschule. Die Analphabetenquote liegt praktisch bei null. Es gibt über 120 Institutionen mit Hochschulrang, davon in Seoul 22 Univ. und Hochschulen sowie die Nationalakademien der Künste und der Wissenschaften.

Wichtige Städte (Ew. in 1000, 1990)

Seoul	10 628	Ulsan	683
Pusan	3 798	Puch'ŏn	668
Taegu	2 229	Suwŏn	645
Inch'ŏn	1 818	Sŏngnam	541
Kwangju	1 145	Chŏnju	517
Taejŏn	1 062	Ch'ŏngju	497

Publizistik: Die etwa 15 hauptstädt. Tageszeitungen sind landesweit verbreitet, unter ihnen erreichen eine Auflage von über 1 Mio. Exemplaren ›Chosŏn Ilbo‹, ›Dong-a Ilbo‹, ›Hankook Ilbo‹ und ›Joong-ang Ilbo‹. Daneben erscheinen mehrere Regionalzeitungen sowie zahlr. Zeitschriften und Periodika. In engl. Sprache erscheint u. a. ›The Korea Times‹ und ›The Korea Herald‹. *Nachrichtenagenturen* sind ›Naewoe Press‹ und ›Yonhap News Agency‹. *Hörfunk und Fernsehen:* Die öffentl. Körperschaft ›Korean Broadcasting System‹ (KBS) verbreitet allgemeine Programme und Bildungsprogramme sowie neben drei Fernsehprogrammen auch den Rundfunk-Auslandsdienst ›Radio Hanguk/Radio Korea‹ in neun Sprachen, u. a. in Deutsch. Die private ›Munhwa Pangsong Sa/Munhwa Broadcasting Corporation‹ (MBC), der im Hörfunkbereich 19 Lokalstationen angeschlossen sind, sendet ein landesweites Programm und zahlr. Lokalprogramme. Daneben gibt es religiöse und schul. Hörfunksender.

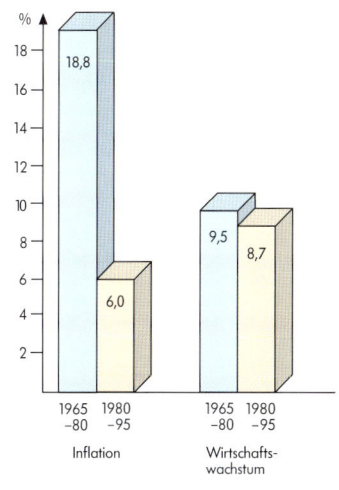

WIRTSCHAFT · VERKEHR

Mit Beginn der 1960er-Jahre hat Süd-K. die Kriegsschäden weitgehend beseitigt und sich mit ausländ. Hilfe und aufgrund einer exportorientierten Entwicklungsstrategie von einem Agrar- zu einem Industriestaat gewandelt. Mit einem Pro-Kopf-Einkommen am Bruttosozialprodukt von (1995) 10 076 US-$ (1960: 80 US-$) zählt Süd-K. zu den südostasiat. Schwellenländern (›Kleine Tiger‹) und wird zu den Entwicklungsländern mit höherem Einkommen gerechnet. Das Wirtschaftssystem ist marktwirtschaftlich ausgerichtet, jedoch mit einer starken indirekten staatl. Lenkung und Kontrolle. Das Wirtschaftswachstum mit hohen Zuwachsraten (Mitte 1995 real 9 %) hält weiter an. Wegen der niedrigen Arbeitslosenquote (1995 etwa 2 %) sind ausländ. Arbeitskräfte aus China, Malaysia und Indonesien in Süd-K. tätig. Süd-K.s Wirtschaft wird seit Beginn der 1990er-Jahre durch mehrere Korruptionsaffären belastet. Die Gesamtsummen an Bestechungsgeldern werden auf 20 % des Bruttoinlandsprodukts (BIP) geschätzt.

Landwirtschaft: Nur etwa 22 % der Landesfläche sind landwirtschaftlich nutzbar. Infolge des rapide wachsenden Industriesektors sank der Anteil der Landwirtschaft am BIP im Zeitraum 1965-94 von 38 % auf 7 %. Noch 14 % der Erwerbstätigen sind im Agrarbereich tätig (1965: 55 %). Die Durchschnittsgröße der meist kleinbäuerl. Betriebe liegt bei 1 ha. Neben dem Hauptnahrungsmittel Reis, der auf 65 % der landwirtschaftl. Nutzfläche, v. a. auf Nassfeldern, vom Staat hoch subventioniert, kultiviert wird (Erntemenge 1993: 5,3 Mio. t), sind Gerste, Bataten, Kartoffeln, Zwiebeln, Melonen und Äpfel die wichtigsten Anbauprodukte. Die Versorgung der Bev. mit Getreide ist nicht sichergestellt. Bis 1994 waren Reisimporte verboten. Erst durch den Abschluss der Uru-

Süd-Korea: Die Insel Cheju vor der Südküste

Süd-Korea: Inflation (Zunahme des allgemeinen Preisniveaus des Bruttoinlandsprodukts) und Wirtschaftswachstum (Zunahme des Bruttoinlandsprodukts), jeweils durchschnittlich pro Jahr in Prozent

	1965–80	1980–95
Inflation	18,8	6,0
Wirtschaftswachstum	9,5	8,7

Wörter, die man unter K vermisst, suche man unter C, Ch, G, H oder Q

guay-Runde der GATT-Mitglieder Ende 1993 wurden die Grenzen wieder für Reisimporte geöffnet. Tabak und Ginseng unterliegen einem staatl. Ankaufsmonopol. Die Viehwirtschaft ist relativ unbedeutend. Rinder dienen v. a. als Zugtiere. Große wirtschaftl. Bedeutung hat dagegen die Seidenraupenzucht.

Forstwirtschaft: Die Forstwirtschaft spielt nur eine untergeordnete Rolle. Die Waldfläche (1992: 6,5 Mio. ha) besteht zum größten Teil aufgrund langjähriger Raubbaus und infolge der Kriegseinwirkungen (1950–53) nur aus Buschwald. Aufforstungen werden seit den 1960er-Jahren durchgeführt. Der Holzeinschlag lag 1993 bei 6,5 Mio. m³ (zu 70% Brennholz).

Fischerei: Mit einer Fangmenge von (1993) 3,34 Mio. t Fisch ist das von fischreichen Gewässern umgebene Süd-K. eines der führenden Fischfangländer der Erde; die Hochseefischerei im Pazif., Ind. und Atlant. Ozean ist jedoch bedeutender als die in den angrenzenden Gewässern. Fischereizentren mit Fisch verarbeitender Industrie sind Ulsan und Masan.

Bodenschätze: Verglichen mit Nord-K. ist Süd-K. rohstoffarm. Gefördert werden neben Steinkohle (1993: 9,4 Mio. t) v. a. Eisen-, Zink-, Blei- und Wolframerz sowie Silber, Gold und Graphit. Jedoch haben 1996 Geologen im Süden von Süd-K. die größten Titanvorkommen der Erde entdeckt, die 2 Mrd. t Titan enthalten (die dreifache Menge der bisher bekannten weltweiten Titanfunde).

Energiewirtschaft: In Kori bei Pusan wurde 1978 das erste korean. Kernkraftwerk in Betrieb genommen; 1996 arbeiteten zehn Werke mit einer installierten Leistung von insgesamt 8 616 MW. Damit liegt Süd-K. weltweit an 10. Stelle derjenigen Länder, die Strom durch Kernenergie erzeugen. Ihr Anteil an der Elektrizitätserzeugung lag 1993 bei 40%; auf Erdöl entfielen 28,5% und auf Kohle 13%.

Industrie: Das produzierende Gewerbe trägt mit (1994) 41% zur Entstehung des BIP bei (1965: 25%), wovon nur ein kleiner Teil auf den Bergbau und die Energiewirtschaft entfällt, und beschäftigt 33% der Erwerbstätigen (1965: 15%). Hauptträger des wirtschaftl. Aufschwungs ist das verarbeitende Gewerbe, wobei der Leichtindustrie (Textilien, Bekleidung, Schuhe, Spielzeug, Nahrungsmittel) v. a. in der Anfangsphase, der Schwerindustrie (Eisen- und Stahlerzeugung), der petrochem. Industrie, dem Maschinen-, Schiff- und Fahrzeugbau in den 1970er-Jahren die dominierenden Rollen zukamen. Seit 1980 ist der Schiffbau einer der vorherrschenden Wirtschaftszweige; hinsichtlich der Anzahl der gebauten Schiffe steht das Land weltweit an zweiter Stelle. Die Automobilindustrie (1996 weltweit an siebter Stelle beim Automobilbau) begann 1986 mit dem Pkw-Export in die USA. Auch in der chem. und der Elektronikindustrie (v. a. Computer, Halbleiter, Unterhaltungselektronik, Mikrowellenherde) avancierte K. in den 1980er-Jahren zu einem der führenden Industriestaaten. Neuerdings belasten Aufwertung des Won, Importrestriktionen der Abnehmerländer und gestiegene Arbeitskosten v. a. die Entwicklung in der arbeitsintensiven Leichtindustrie. Kennzeichnend für die Unternehmensstruktur sind große Mischkonzerne (Chaebol) und eine Vielzahl von Kleinbetrieben. Die zehn größten Chaebols erwirtschaften rd. 60% des BSP.

Tourismus: Hauptanziehungspunkte für ausländ. Besucher sind die Hauptstadt Seoul, die buddhist. Tempel in Kyŏngju, das Bergland sowie die rund 100 km vor der S-Küste gelegene Insel Cheju-do, die zu einem Touristenzentrum ausgebaut wurde. 1970–94 ist die Zahl der Auslandsbesucher von 200 000 auf 3,6 Mio. angestiegen. Die meisten ausländ. Touristen kommen aus Japan (43%), den USA und Taiwan.

Außenwirtschaft: Süd-K. zählt mit einem Anteil am Weltexport von (1995) 2,75% zu den großen Welthandelsländern (12. Rang). Die Auslandsverschuldung erreichte 1995 78,4 Mrd. US-$. In den meisten Jahren ist die Handelsbilanz defizitär (1995: Einfuhr 135,2 Mrd. US-$, Ausfuhr 125,5 Mrd. US-$). Ausgeführt werden v. a. elektron. Bauteile, Textilien und Bekleidung, Schiffe, Kraftfahrzeuge, Eisen und Stahl, Telekommunikations-Ausrüstungen, Büromaschinen und Chemikalien. Eingeführt werden Maschinen und Transportausrüstungen, industrielle Konsumgüter, Brennstoffe, Chemieprodukte, Rohstoffe und Lebensmittel. 1995 waren die USA, die VR China und Dtl. die wichtigsten Handelspartner.

Verkehr: Erhebl. Mittel wurden in den Ausbau eines leistungsfähigen Verkehrsnetzes investiert, vor allem in den nur wenig entwickelten Straßenbau. Waren 1970 nur 10% von 40 200 km Straßen asphaltiert, waren es 1993 85% des 61 295 km langen Straßennetzes. Die wichtigste Strecke ist die Autobahn zw. Seoul und Pusan. Das Streckennetz der Eisenbahn hatte 1994 eine Gesamtlänge von 6 559 km. 1994 wurde mit dem Bau einer Hochgeschwindigkeitsstrecke zw. Seoul und Pusan (420 km) begonnen. Bes. wichtig sind Küstenschifffahrt (Beförderungsleistung 1994: 7,9 Mio. Fahrgäste, 234 Mio. t Fracht) und Seeschifffahrt (Güterumschlag 1994 353 Mio. t). Der Außenhandel wird zu einem Großteil über die Häfen von Pusan und P'ohang an der SO-Küste sowie über Inch'ŏn, den am Gelben Meer gelegenen Hafen von Seoul, abgewickelt. 1992 gab es insgesamt 48 Hafenstädte, davon waren 27 in den internat. Seeverkehr eingebunden. Die Schiffstonnage der südkorean. Handelsflotte stieg im Zeitraum 1970–95 von 0,8 auf 6,2 Mio. BRT. Auch die Bedeutung des Luftverkehrs hat seit 1970 stark zugenommen. Wichtigster internat. Flughafen ist Kimp'o bei Seoul, weitere internat. Flughäfen liegen bei Pusan und Cheju. Nat. Fluggesellschaft ist die Korean Air Lines.

GESCHICHTE

Zur Entwicklung bis 1948 →Korea (Halbinsel). Nach dem →Koreakrieg (1950–53) lehnte sich Süd-K. weiterhin eng an die USA an (1954 In-Kraft-Treten eines Verteidigungsbündnisses, amerikan. Finanzhilfe). Der autoritär regierende Präs. SYNGMAN RHEE (1952 und 1956 im Amt bestätigt) wurde nach seiner dritten, stark manipulierten Wiederwahl (März 1960) durch Studentenunruhen zum Rücktritt gezwungen (27. 4. 1960). Neuwahlen Ende Juli 1960 brachten den Sieg der oppositionellen Demokrat. Partei; im August 1960 wurde YUN POSUN Staatspräs., im selben Monat CHANG MYUN Min.-Präs. (damit Etablierung der ›Zweiten Rep.‹ nach der ersten von 1948). Am 16. 5. 1961 stürzte eine Militärjunta die Reg. und beseitigte die demokrat. Institutionen; im Juli 1961 übernahm General PARK CHUNG HEE die Macht (zunächst als Vors. des im Mai 1961 errichteten ›Obersten Rates für Nat. Aufbau‹, nach seinem Ausscheiden aus dem aktiven Militärdienst seit 1963 als Staatspräs., damit Beginn der ›Dritten Rep.‹). Er stärkte die autoritären Strukturen durch mehrere Verf.-Änderungen und bediente sich zur Absicherung seiner Herrschaft eines 1961 neu geschaffenen Geheimdienstes (bekannt als ›Korean Central Intelligence Agency‹, Abk. KCIA). Außenpolitisch schloss Süd-K. 1965 einen Normalisierungsvertrag mit Japan und unterstützte die USA im Vietnamkrieg mit Truppen (rd. 50 000 Soldaten). Nach der Ermordung PARK CHUNG HEES (Oktober 1979) wurde CHOI KYU HAH Staatspräs. Im Mai 1980 schlug die Armee einen Aufstand in →Kwangju nieder. Im August 1980 ließ sich General CHUN DOO HWAN zum Staatspräs. wählen und versuchte dann, die Opposition auszuschalten (u. a. 1980 Todesurteil gegen den Oppositionsführer KIM DAE JUNG, später unter internat. Druck begnadigt). Nach schweren Unruhen

1987 sah sich die Reg. gezwungen, mit der Wiedereinführung der Direktwahl des Präs. eine zentrale Forderung der Opposition zu erfüllen. Aufgrund der Spaltung des Oppositionslagers (mit KIM YOUNG SAM und KIM DAE JUNG Antritt von zwei Präsidentschaftskandidaten) konnte sich bei den Präsidentschaftswahlen im Dezember 1987 ROH TAE WOO von der regierenden Demokrat. Gerechtigkeitspartei durchsetzen (Amtsbeginn Februar 1988). 1990 schlossen sich die Reg.-Partei, die bisherige oppositionelle Partei für Wiedervereinigung und Demokratie unter KIM YOUNG SAM und die Neue Demokratisch-Republikan. Partei des früheren Premier-Min. und Generals KIM YOUNG PIL zur Demokratisch-Liberalen Partei (Democratic Liberal Party, DLP) zusammen, die zunächst über mehr als eine Zweidrittelmehrheit im Parlament verfügte und die nach den Wahlen vom März 1992 sowie (nach ihrer Umbenennung in NKP 1995) bei denen vom April 1996 trotz starker Stimmenverluste stärkste Partei blieb. Die Präsidentschaftswahlen im Dezember 1992 gewann KIM YOUNG SAM (Amtsantritt Februar 1993). Er setzte zahlr. Reformen durch, v.a. im Kampf gegen die korrupte Verflechtung von Wirtschaft und Politik sowie gegen den polit. Einfluss des Militärs (Ende 1995 Verhaftung der früheren Präs. ROH TAE WOO und CHUN DOO HWAN und 1996 Verurteilung beider in einem Hochverratsprozess sowie in Verfahren wegen Korruption). In der zweiten Hälfte seiner Amtszeit (deren Ende nach den für Dezember 1997 geplanten Wahlen auf Februar 1998 terminiert wurde) verstärkte sich die Kritik an der Politik KIM YOUNG SAMS, insbesondere wegen des Ausbleibens grundlegender Strukturreformen und fehlender innenpolit. Kontinuität (häufiges Auswechseln der Reg.-Mitgl.), wegen seines zunehmend undemokrat. Führungsstils (u.a. hartes Vorgehen bei der Verabschiedung neuer, von den Gewerkschaften und der Opposition abgelehnter Arbeitsgesetze im Dezember 1996 und bei den nachfolgenden Arbeitskämpfen Anfang 1997) und der Verstrickung von Reg.-Politikern und sogar seines Sohnes in Korruptionsskandale.

Von außenpolit. Bedeutung war die Aufnahme von Süd- und Nord-K. in die UNO am 17. 9. 1991. Im August 1992 normalisierte Süd-K. seine über Jahrzehnte gespannten Beziehungen zu China, im Dezember 1992 nahm es diplomat. Beziehungen zu Vietnam auf. Im November 1992 schloss Süd-K. einen Grundlagenvertrag über freundschaftl. Beziehungen zu Russland.

Seit 1990 intensivierte Süd-K. seinen Anfang der 70er-Jahre aufgenommenen Dialog mit Nord-K., der aber nur stockend vorankam (→Korea, Halbinsel).

A. u. P. KEILHAUER: Süd-K. (1986); S. Y. KIM: Die polit. Dimension der industriellen u. technolog. Entwicklung. Das Beispiel Süd-K. (1988); K. WESSEL: Raumstrukturelle Veränderungen im Entwicklungsprozeß Süd-K.s (1991); G.-K. KINDERMANN: Der Aufstieg K.s in der Weltpolitik (1994); SOON CHO: The dynamics of Korean economic development (Washington, D. C., 1994); G. L. SIMONS: K. Search for sovereignty (Basingstoke 1995).

Koreabucht, korean. **Sŏjosŏn-man** [-dʒ-], Bucht des Gelben Meeres zw. der chin. Halbinsel Liaodong und dem nordwestl. Korea, bis 280 km breit und 450 km lang.

Koreagolf, korean. **Chosŏnman** [tʃ-], **Tongjosŏnman** [-dʒ-], Bucht des Jap. Meeres an der O-Küste Nord-Koreas; mit der bedeutenden Hafenstadt Wŏnsan und dem Industriegebiet Hamhŭng-Hŭngnam.

Koreakrieg, Kampfhandlungen (1950–53) in Korea zw. Truppen der Demokrat. Volksrepublik Korea (Nord-Korea) einerseits sowie Streitkräften der Rep. Korea (Süd-Korea) und einer Streitmacht der UNO andererseits. Nach zahlreichen vorangegangenen Zwischenfällen überschritten am 25. 6. 1950 nordkorean. Truppen die Demarkationslinie am 38. Breitengrad nach Süd-Korea. Sie bedrohten damit nicht nur dessen staatl. Existenz, sondern auch den Status quo zw. den Einflussgebieten der ›westl. Mächte‹ (bes. der USA) und der UdSSR in Korea. Der Sicherheitsrat der UNO verurteilte Nord-Korea als Aggressor und beschloss (bei Abwesenheit der UdSSR) am 27. 6. 1950 die Aufstellung einer UNO-Streitmacht. Die USA trugen die militär. Hauptlast und stellten den Oberbefehlshaber, General D. MACARTHUR; 15 weitere Mitgl. entsandten Truppenkontingente.

Die nordkorean. Truppen eroberten zunächst ganz Süd-Korea bis auf den Brückenkopf Pusan im SO der Halbinsel. Mit der am 15. 9. 1950 begonnenen Gegenoffensive (vorbereitet durch amphib. Landungsoperationen im Rücken des Gegners bei Inch'ŏn) drängten die UNO-Streitkräfte die nordkorean. Truppen über den 38. Breitengrad zurück und erreichten im Oktober 1950 bei Chosan am Yalu die nordkoreanisch-chin. Grenze. Eine von Freiwilligenverbänden aus der VR China unterstützte Gegenoffensive Nord-Koreas konnten die UNO-Truppen im Januar 1951 südlich von Seoul aufhalten. Im Frühjahr 1951 stabilisierte sich die Front dicht nördlich des 38. Breitengrades. Als General MACARTHUR auf einer Ausweitung des Krieges (mit nuklearem Risiko) auf das Gebiet der VR China beharrte, setzte ihn Präs. H. S. TRUMAN im April 1951 ab und ernannte General MATTHEW BUNKER RIDGWAY zu seinem Nachfolger. – Neuere Forschungen ergaben, dass der nordkorean. Angriff 1950 nicht nur mit sowjet. Wissen und der Billigung durch STALIN erfolgte, sondern dass die UdSSR auch direkt militärisch eingriff (64. Jagdfliegerkorps).

Am 10. 7. 1951 begannen in Kaesŏng Waffenstillstandsverhandlungen, die am 25. 10. 1951 in Panmunjom fortgesetzt wurden. In der Zeit zw. den immer wieder unterbrochenen zweijährigen Verhandlungen unternahmen beide Seiten verschiedene militär. Offensiven, ohne jedoch noch nennenswerte Resultate erzielen zu können; die US-amerikan. Luftwaffe richtete regelrechte Flächenbombardements gegen nordkorean. Industrie- und Siedlungsgebiete, die große Opfer unter der Zivilbevölkerung forderten und u.a. zur völligen Zerstörung Pjöngjangs führten. Das Waffenstillstandsabkommen (27. 7. 1953) bestimmte mit geringfügigen Änderungen den 38. Breitengrad wieder als Grenze zw. Nord- und Süd-Korea, legte eine 4 km breite entmilitarisierte Zone zu beiden Seiten der Grenze fest und setzte eine Waffenstillstandskommission ein. Die genaue Zahl der Opfer des – von beiden Seiten mit größter Härte geführten – K. ist nicht bekannt; Schätzungen über die Kriegstoten in beiden Teilen Koreas (einschließlich der Zivilbevölkerung) bewegen sich in Millionenhöhe. Hunderttausende Chinesen verloren ihr Leben; in den Kämpfen fielen etwa 57 000 UNO-Soldaten (davon rd. 54 000 Amerikaner). Der Versuch eines Friedensschlusses scheiterte 1954. Dadurch wurde die Spaltung der korean. Halbinsel zementiert und ein gefährl. Krisenherd in Asien hinterlassen.

Der K., der ein Produkt des Kalten Krieges war und ihn weiter verschärfte, löste bes. in den USA eine antikommunist. Hysterie aus (J. R. →MCCARTHY); v.a. aber wurde er in der westl. Welt als Beleg für das kommunist. Expansionsstreben angesehen und beschleunigte die politisch-militär. Integration Westeuropas unter Einschluss der Bundesrepublik Dtl. (→Wiederbewaffnung). Die Sowjetunion, die sich nach dem Eingreifen Chinas in den K. mit dessen größer gewordenem Einfluss in Nord-Korea abfinden musste, reagierte nach dem Tod STALINS auf die internat. Situation mit versch. Entspannungsinitiativen (u.a. →Berliner Konferenz 1954).

Korean Air Lines [kɔˈrɪən ˈeəlaɪnz, engl.], Abk. **KAL** [keɪ eɪ ˈel], südkorean. Luftverkehrsgesellschaft,

Kore Koreaner – koreanische Kunst

Nachfolgegesellschaft der 1948 gegründeten Korean National Airlines; die urspr. staatl. Gesellschaft ist seit 1969 in Privatbesitz; Sitz: Seoul. Die KAL bedient im Passagier- und Frachtdienst Flughäfen in Europa, Nordamerika, Asien, Australien und Neuseeland sowie im Mittleren Osten. Sie beförderte 1995 mit einem Flugpark von 110 Flugzeugen und mit rd. 17 140 Beschäftigten über 21,4 Mio. Passagiere.

koreanische Kunst: Wandmalerei mit einer Jagdszene aus dem ›Grab der Tänzer‹ in T'onggu am Yalu, 5.–6. Jh.

Koreaner, Volk auf der Halbinsel Korea und in angrenzenden Landstrichen Chinas, etwa 70 Mio. Etwa 1,7 Mio. K. leben auch in Japan, den USA (Hawaii), Kanada, Usbekistan und Kasachstan. Zwei unterschiedl. Populationen trugen zur Genese des korean. Volkes bei: eine bereits ansässige Urbevölkerung und seit prähistor. Zeit in Einwanderungswellen in das nördl. Korea eindringende, der mongoliden Rasse zugehörige und altaische Idiome sprechende tungus. Stämme, die sich mit der Urbevölkerung vermischten und allmählich nach S ausbreiteten. Bereits vor etwa 2 000 Jahren waren sie zu einem einheitl. Volk zusammengewachsen, das in Sitte und Brauch seine Eigenart bis in die jüngste Vergangenheit bewahrte. Ursprüngl. Siedlungsform ist das in Süd-Korea relativ gut erhaltene Haufendorf, dessen Gehöfte von hohen Lehmmauern umgeben und durch schmale Gassen voneinander getrennt sind. Im höheren Bergland ist auch Streusiedlung verbreitet. – Kultur und Religion der K. sind v. a. vom Buddhismus und Konfuzianismus, in neuerer Zeit auch vom Christentum bestimmt. Der traditionelle Schamanismus ist bis heute einflussreich.

koreanische Kunst, die Kunst der Halbinsel Korea. Sie zeigt trotz der deutl. kulturellen Abhängigkeit von China einen eigenen Charakter in schlichter Formensprache und ausgeprägtem Gefühl für die Linie.

Prähistorische Periode

Seit den 1960er-Jahren haben zahlreiche archäolog. Funde gezeigt, dass Korea bereits im Paläolithikum besiedelt war. Neolith. Erzeugnisse waren behauene oder geschliffene Steingeräte wie Äxte, Keile, Pfeilspitzen und große, flache Steine zum Mahlen von Getreide sowie Fischhaken, Nadeln, Kämme und spitzbodige Tongefäße mit Kammuster (3. Jt. bis ca. 7. Jh. v. Chr.). Die v. a. in westl. Küstengebieten gefundene Kammkeramik (Chŭlmun-t'ogi) ist aus Tonstreifen ringförmig aufgewulstet. Die Oberfläche des Gefäßes ist mit Ritzmustern in horizontalen Bändern am Hals verziert. Die Technik dieser Kammkeramik übernahmen die Koreaner von Einwanderern aus Sibirien. Um das 7. Jh. v. Chr. entstanden v-förmige Gefäße, die als Mumun-t'ogi (dekorlose Keramik) bezeichnet werden. Daneben gab es die v. a. in der Prov. Hamgyŏng gefundene rote Keramik (Hongt'o) mit einem polierten Überzug aus rotem Ocker.

Zu den frühen Beispielen der →Bronzekunst gehören Dolche und Lanzen, Schulterschutz, mehrteilige Rasseln mit Stab und v. a. Spiegel mit feinem oder grobem geometr. Muster. Viele Bronzen zeigen ähnlich wie im Ordosgebiet Tiermotive. Im 2. Jh. n. Chr. entstand im SO Koreas graue hart gebrannte Keramik mit bläul. Schimmer (Kimhaekeramik), die aus feinerem Ton auf der Drehscheibe hergestellt und bei Temperaturen von über 1 000 °C gebrannt wurde. Aus ihr entwickelte sich die spätere Sillakeramik.

Drei Königreiche

Das im 4. Jh. n. Chr. erstarkende nordkorean. Königreich Koguryŏ stand in enger kultureller Verbindung mit China. Nach der Einführung des Buddhismus (372) wurden Tempelbauten errichtet, die jedoch nicht erhalten sind. Die wenigen erhaltenen buddhist. Plastiken sind stark von der gleichzeitigen chin. Skulptur beeinflusst. Charakteristisch für die buddhist. Plastik Koguryŏs ist eine mollige Gesichtsform von Buddhas und Bodhisattvas. Für Könige oder Heerführer wurden gewaltige Hügelgräber (Kobun) angelegt, deren Grabkammern Wandmalereien (4.–7. Jh.) zeigen. Die Details von Frauengewändern wie Faltenrock, Pluderhosen, weißes Kopftuch und aufgedrehte Schuhspitzen gestatten eine Rekonstruktion der Kleidung jener Zeit. In den Gräbern aus dem 4. und 5. Jh. sind Alltags-, Tanz- und Jagdszenen dargestellt (z. B. im Grab der Tänzer bei T'onggu oder im Doppelsäulengrab bei Pjöngjang).

Das Königreich Paekche in SW-Korea suchte durch Seeverbindung Kontakte zu den Dynastien S-Chinas. Außer einigen Skulpturen und Steinpagoden ist von der blühenden buddhist. Kultur wenig erhalten. Grundrisse lassen erkennen, dass bei der Anlage von Tempelbauten Hauptportal, Pagode, Haupthalle und Predigthalle auf einer Achse ausgerichtet wurden. Diese Anordnung wurde von den Japanern übernommen, z. B. im Shitennōji in Ōsaka. Von der Qualität der Baukunst von Paekche zeugen die wenigen erhaltenen reliefierten Ziegel mit Landschaftsszenen. Die buddhist. Skulpturen unterscheiden sich von denen Koguryŏs oder Sillas durch ihre sanft lächelnden Ge-

koreanische Kunst: Goldkrone mit Anhängern aus dem Grab des Königs Munyŏng in Kyŏngju, 6. Jh. (Seoul, Nationalmuseum)

koreanische Kunst: Pagode am Tempel Pulguksa bei Kyŏngju; 2. Hälfte des 8. Jh.

sichtszüge. Seit der ersten Hälfte des 7. Jh. gibt es auch die aus den geglätteten Felswänden gehauenen buddhist. Figuren wie die Sŏsan-Trias. Die typ. Paekchekeramik ist eine hellgraue Tonware, z. T. mit grünl. Glasur. Funde aus dem Grab des Königs MUNYŎNG (501–523) in Kyŏngju dokumentieren die hoch entwickelte Goldschmiedekunst (goldener Haarpfeil mit Lotosdekor, vergoldete Schuhe aus Bronze mit Vogeldekor, Ohrringe, Armbänder, Halsketten u. a.).

Das Königreich Silla im SO ist durch reiche Beigaben aus Gold (Anzeichen für den Glauben an ein Weiterleben nach dem Tod) in den großen Hügelgräbern in der Umgebung von Kyŏngju bekannt. Bedeutende Werke der buddhist. Plastik sind der Bronzekopf eines Bodhisattva aus dem Tempel Hwangnyŏngsa und die beiden im Nationalmuseum von Seoul befindlichen Maitreyas in nachdenkl. Haltung. Eine besondere Leistung der alten Sillazeit ist die 647 in Kyŏngju errichtete Sternwarte (Ch'ŏmsŏngdae). Die Steinreliefs mit zwölf Tierkreiszeichen vom Grab des Generals KIM YUSIN zeigen kosmolog. Vorstellungen.

Vereintes Silla

Als Folge der Anerkennung des Buddhismus (527) entstanden im 8. Jh. bei Kyŏngju der Tempel Pulguksa und die Höhle →Sŏkkuram. Für die Bronzekunst der Zeit sind große Glocken charakteristisch. Glasierte Tonreliefs mit Lotos- oder Phönixdekor, aber auch mit figürlicher buddhist. Motivik schmücken die Tempel.

Die Koryŏdynastie

936 wurde das Königreich Koryŏ errichtet. Unter seinem ersten Herrscher WANG KŎN wurden im ganzen Land buddhist. Tempel gebaut, allein 300 in der Hauptstadt Kaesŏng. Erhalten sind Bauten des Tempels →Pusŏksa. Die mehrstöckigen Steinpagoden (Tap) der Koryŏperiode haben mehr dekorativen Charakter. In der buddhist. Plastik zeigt sich eine Tendenz zur Abstraktion, u. a. nehmen die Augen einer Buddhadarstellung die Form lang gezogener Schlitze an. Während die buddhist. Wandmalerei fast vollständig zerstört ist, haben sich Miniaturen in Sutrarollen mit feiner Goldmalerei auf dunkelblauem Papier erhalten. Für die profane Kunst sind die lebendig geschnitzten Tanzmasken mit bewegl. Kinnpartie erwähnenswert. Das bekannteste Erzeugnis der Keramik ist →Seladon.

Die Chosŏndynastie

Hauptstadt der Chosŏn- oder Yidynastie wurde Hanyang, das heutige Seoul. Einige Palastbauten, die meist nach den jap. Invasionen von TOYOTOMI HIDEYOSHI (1592–98) nach altem Vorbild wieder aufgebaut wurden, unterscheiden sich von der Holzarchitektur der Koryŏdynastie durch ihr prachtvolles Gebälk mit mehrstufigen Dächern und zunehmender Schwingung der First- und Traufkanten (z. B. die Palastbauten Tŏksukung, Kyŏngbokkung und Ch'anggyŏngwŏn in Seoul). Außer Palästen baute man zahlreiche konfuzian. Schreine sowie Stadtbefestigungsanlagen. Unter den buddhist. Holzbauten sind die Tempelhallen von Kŭmsansa und Hwaŏm-sa mit mehrfach übereinander liegenden Dächern bemerkenswert. Unter den Yikeramiken waren die Punch'ŏngkeramik und weißes Porzellan vorherrschend. Dieses Yiporzellan wird in zwei Arten eingeteilt: monochrome weiße Keramik und weiße Keramik mit blauer Unterglasurbemalung, letztere zeigt als Dekor v. a. Drachen und Landschaftsszenen. Die Tuschmalerei der Chosŏndynastie wird in eine frühe (15.–16. Jh.) und eine späte (17.–18. Jh.) Phase eingeteilt. Zunächst stand sie unter dem Einfluss der chin. Malerei v. a. der Song- und Mingzeit, bes. des höf. Stils. Die bedeutendsten korean. Hofmaler des 15. Jh. waren AN KYŎN (*um 1400, †1464 oder 1470) und YI SANGJWA (*1465 oder 1488), ferner Literatenmaler wie KANG HUI'AN (*1419, †1465) und die Malerin SHIN SAIMDANG (*1512, †1559) sowie der Bambusmaler YI CHŎNG D. Ä. (*1541, †1622). Charakteristisch für die korean. Malerei wurden im 16. Jh. ein groberer Pinselduktus und ein zunehmendes Interesse an einem breiten Raumgefühl im Bild. Im 17. Jh. ragen KIM MYŎNGGUK (*1600, †nach 1662) und YUN TUSŎ (*1668, †um 1720) hervor, jedoch erst im 18. Jh. erreichen CHŎNG SŎN (*1676, †1759) und KIM HONGDO (*1760, †um 1820) einen kraftvollen, eigenständig korean. Stil. CHŎNG SŎN wurde ein epocheweisender Vertreter der neuen Stilrichtung in der korean. Landschaftsmalerei, die als ›Chingyŏng-sansu‹ (Landschaftsskizze vor der Natur) bezeichnet wird. KIM HONDGO war v. a. in der Genremalerei versiert, die kräftige Modellierung und lebhafte Bewegung der einzelnen Figur zeigt. Daneben gab es im 18. Jh. aber auch Maler, die weiterhin den traditionellen Stil pflegten. In der Kalligraphie zeichnete sich KIM CHŎNGHŬI (*1786, †1857) aus, der bes. im Literatenstil arbeitete.

Die k. K. des 20. Jh. zeigt eine Synthese von traditionellen Elementen und westl. Stilrichtungen. Zu der jüngeren Künstlergeneration gehören u. a. CHUL-SOO LEE (*1954,), SANG-CHOL KIM (*1958), MIN-SEON GU (*1968), DONG-YEON LEE (*1968). International bekanntester Vertreter der k. K. ist der Video- und Happeningkünstler PAIK NAM JUNE.

C. KIM u. L. K. LEE: Arts of Korea (Tokio 1974); A. B. GRISWOLD u. a.: Burma, Korea, Tibet (²1976); Kunstschätze aus Korea, hg. v. R. GOEPPER, Ausst.-Kat. (1984); Propyläen-Kunstgesch., hg. v. K. BITTEL, Bd. 20: J. FONTAIN u. R. HEMPEL: China, Korea, Japan (Neuausg. 1985); W.-Y. KIM: Art and archeology of ancient Korea (Seoul 1986); Korean art treasures, hg. v. R. WHITFIELD u. a. (ebd.1986); R. VIOLET: Einf. in die Kunst Koreas (Leipzig 1987); B. JUNGMANN: Die korean. Landschaftsmalerei u. die chin. Che-Schule. Vom späten 15. bis zum frühen 17. Jh. (1992).

koreanische Literatur. Bis zur Einführung der →koreanischen Schrift (Mitte 15. Jh.) wurde das literar. Kulturgut Koreas in chin. Sprache und Schrift überliefert (ein Großteil des Landes bildete 108 v. Chr. bis 313 n. Chr. die chin. Präfektur Luolang).

Die ältesten Zeugnisse altkorean. Dichtung sind Kultgesänge (z. T. für die schamanist. Rituale); sie sind nur fragmentarisch in chin. Übersetzung erhal-

Kore koreanische Literatur

ten. Die literar. Tradition in korean. Sprache beginnt in der Zeit des Vereinten Silla (668–935) mit den →Hyangga (›heimische Lieder‹, auch Saenaennorae, ›Lieder des Ostens‹, d. h. Koreas, genannt), in denen sich nat. Selbstbewusstsein, aber auch der konfuzian. und buddhist. Geist der chin. Tangkultur widerspiegeln, Letzterer bes. in den späten Hyangga des Priesters KYUNYŎ (*923, †973). Die 25 überlieferten mehrstrophigen Hyangga wurden in späteren Werken wie dem →Samguk-yusa (13. Jh.) und dem ›Kyunyŏ-chŏn‹ (1075) mit teils laut-, teils sinnwertig verwendeten chin. Zeichen niedergeschrieben.

Während der Koryŏperiode (918–1392), in der das Interesse an der chin. Dichtung der Tangzeit zunahm und der Buddhismus zur Staatsreligion wurde, wurden die Hyangga vom stark mit chin. Lehnwörtern durchsetzten und bes. in Hofkreisen (in der Form des Kyŏnggich'ega) gepflegten Changga (Langgedicht) abgelöst. Dagegen besang das Sogyo (Volkslied) das Leben des einfachen Volkes. Nur zwölf dieser vor Lebensfreude überschäumenden Lieder überdauerten den sittenstrengen Konfuzianismus der Chosŏndynastie. Das Kurzgedicht (→Sijo) begann sich während der Koryŏzeit zu entwickeln, gewann aber erst nach Einführung der korean. Schrift seine besondere Beliebtheit. Neben der chinesisch geschriebenen Sachliteratur dieser Epoche erschienen auch Sammlungen volkstüml. Erzählungen aus Korea in chin. Übersetzung.

Unter der streng konfuzianisch orientierten Chosŏndynastie (1392–1910) nahm trotz des Vorherrschens der chin. Schriftkultur eine eigenständige korean. Nationalliteratur deutlich Gestalt an. Sie erhielt starke Impulse durch das Reformwerk des Königs SEJONG (1419–50), der 1443 durch die Einführung einer leicht erlernbaren Buchstabenschrift (Hunmin-chŏngŭm) die Entwicklung einer Volksliteratur einzuleiten versuchte. Obgleich in der neuen Schrift abgefasste Lobgedichte auf die Gründer der Dynastie (›Yongbiŏch'ŏnga‹, 1445) und auf BUDDHA (›Sŏkpo-sangjŏl‹, 1447; ›Wŏrin-ch'ŏngchigok‹, 1449, vom König selbst verfasst) erschienen, bevorzugten die Literaten weiterhin die chin. Schriftsprache. Die neue Schrift fand früh Eingang in die Lyrik, so in die Akchang (lyr. Gesänge mit Musikbegleitung), die →Kasa (Verserzählungen) und v. a. in das Kurzgedicht Sijo.

Das umfangreiche Sachschrifttum philosoph., histor., medizin., geograph. und enzyklopäd. Art wurde ausschließlich in chin. Sprache verfasst. Auch der größte Teil der Erzählliteratur bediente sich dieser Sprache, so die beliebten Geschichten- und Anekdotensammlungen und die auf chin. Vorbildern beruhenden Erzählungen, bes. die fragmentarisch überlieferte ›Kumo Sinhwa‹ des KIM SISUP (*1435, †1493), das als erstes Denkmal der korean. Novellenliteratur gilt. Erst im 16. Jh. setzte sich die Erzählprosa in korean. Sprache durch. Bes. bekannt wurden der Räuberroman ›Hong-Kiltong-chŏn‹ des HŎ KYUN (*1569, †1618), in dem soziale Missstände angeprangert werden, und die romant. Geschichte ›Kuunmong‹ des KIM MANJUNG (*1637, †1692), die im China der Tangzeit spielt, vom Geist des Taoismus und Buddhismus geprägt ist und als erster großer korean. Roman angesehen wird. Als berühmtester Roman des vormodernen Korea gilt das ›Ch'unhyang-chŏn‹ eines anonymen Autors, eine Liebesgeschichte, in der die freie Gattenwahl und die Beseitigung der Klassenschranken thematisiert werden und die die sozialen Spannungen der späten Chosŏnperiode widerspiegelt. Viel gelesen wurde auch das anonyme ›Imjinnok‹, die Geschichte des heldenhaften Kampfes gegen die jap. Invasion 1592. Neben diesen populären Schriften einer – von den Gelehrten gering geschätzten – Volksliteratur entwickelte sich auch eine höf. Memoirenliteratur in korean. Sprache, in der das Hoftagebuch der Prinzessin HYEGYŎNG (*1735, †1815), das ›Hanjungnok‹, herausragt.

Als Korea mit dem Ausgang des 19. Jh. in das polit. Spiel der Großmächte einbezogen wurde und sich der Außenwelt öffnen musste, begann ein neues literar. Zeitalter, in dem die realist. Darstellung der Wirklichkeit in den Vordergrund trat und zunehmend auch die korean. Umgangssprache in die Literatur Eingang fand. YI INJIK (*1862, †1916), YI HAEJO (*1869, †1927), AN KUKSŎN (*1854, †1928), YI SANGHYŎP (*1893, †1957) u. a. schufen den ›neuen Roman‹ (Sinsosŏl), mit dem sie gegen die überlebte Feudalgesellschaft und für die westl. Ideale der Demokratie, Gleichheit, Menschenwürde und religiösen Freiheit kämpften, Ideale, die ihnen häufig über die zeitgenöss. jap. Literatur vermittelt wurden. Das literar. Werk des CH'OE NAMSŎN (*1890, †1957) bahnte der Lyrik neue Wege. YI KWANGSU (*1892, †1950) gilt als bedeutendster Romancier der Neuzeit, sein Roman ›Mujŏng‹ (1917) als Meisterwerk des Sinsosŏl.

Durch Vermittlung Japans wurden während der Kolonialzeit (1910–45) die Stilrichtungen der westl. Literatur in Korea bekannt. Fast gleichzeitig entwickelten sich romant., naturalist. und symbolist. Strömungen. Das Aufbegehren gegen die jap. Besatzungsmacht und deren Pressionen fand literar. Niederschlag v. a. in der volkstüml. Lyrik von KIM SOWŎL (*1902, †1935), aber auch in avantgardist. Texten von YI SANG (*1910, †1937), der visionär die mit dem Angriff Japans auf China (1937) einsetzende dunkelste Epoche der korean. Geschichte vorwegnahm. Eine grundlegende Polarisierung der k. L. trat mit der Gründung der Föderation proletar. Künstler Koreas (KAPF) 1925 ein, die über die 1945 erreichte staatl. Unabhängigkeit Koreas hinaus wirkte.

In der Literatur des sozialist. Realismus in Nord-Korea blieb die Parteilichkeit der Literatur bestimmend. In Süd-Korea wird die Diskussion über das Verhältnis von ›reiner Literatur‹ und ›Tendenzliteratur‹ fortgesetzt. Die Teilung des Landes und der Koreakrieg (1950–53) mit seinen Auswirkungen haben lange die Thematik bestimmt. Histor. Romane suchen die Wurzeln der gegenwärtigen Situation zu ergründen. PAK KYŎNGNI (*1927) genießt durch ihre Familienromane hohes Ansehen.

Die Minjung-(›Volksmassen‹-)Literatur sucht bewusst die Auseinandersetzung auch mit dem sozialist. Realismus in N. Zu den Vertretern einer eingreifenden und engagierten Volkslyrik gehören der auch international bekannte KIM CHIHA (*1941), UN KO (*1933), SI-YOUNG LEE (*1949) und KYONG-RIM SHIN (*1935). Aber auch andere eigenständige Konzepte (u. a. bei KWANG-KYU KIM, *1941; TONG-GYU HWANG, *1938) mit formexperimenteller Lyrik, vieldeutiger Bildsprache und dem Einbeziehen buddhist. wie westl. Denkweisen, das Aufgreifen ökolog. oder existenzieller Fragen deuten einen Wandel in der korean. Gegenwartsliteratur an. Wachsende themat. Vielfalt zeigt sich auch in der noch immer stark von einer realist. Schreibweise geprägten Prosa, in der neben einer allgemein gültigeren Gestaltung der monumentalen Themen Krieg und Kampf für Demokratie übergreifende Fragestellungen, Probleme der Arbeitswelt, der Industriegesellschaft u. a. thematisch gestaltet werden (MUN-YOL YI, *1948; WON-IL KIM, *1942; JUNG-HEE OH, *1947; CHUN-JUN LEE, *1939; JOO-YOUNG KIM, *1939).

Durch aktive Rezeption der literar. Tradition, überkommener Lebensvorstellungen und Wertebeziehungen wird eine wachsende krit. Haltung zu fremden Einflüssen bestimmend, was der Nationalliteratur neue Impulse gibt.

Anthologien: Unter dem Odongbaum. Korean. Sagen, Märchen u. Fabeln, hg. v. A. ECKARDT (Eisenach 1951); Kranich

am Meer. Korean. Gedichte, hg. v. P. H. LEE (1959); Virtuous women, übers. v. R. RUTT u.a. (Seoul 1974); K. L. Ausgew. Erz., hg. v. K.-S. KUH, 3 Bde. (1986–88); Märchen aus Korea, übers. u. hg. v. H.-J. ZABOROWSKI (1988).
P. H. LEE: Korean literature. Topics and themes (Tucson, Ariz., 1965); W. E. SKILLEND: Korean literature, in: A guide to Eastern literatures, hg. v. D. M. LANG (New York 1971); T. I. KIM: A bibliographical guide to traditional Korean sources (Seoul 1976); I. S. ZŎNG: A guide to Korean literature (Elizabeth, N. J., ²1983); H.-J. ZABOROWSKI u. a. in: Neues Hb. der Literaturwiss., hg. v. K. VON SEE, Bd. 23 (1984); Tradition u. Experiment. Beispiele zeitgenöss. k. L., hg. v. H.-J. ZABOROWSKI (a. d. Korean., 1985); M. KÖNIGSBERG: Lit. der korean. Minderheit in Japan (1995).

koreanische Musik. Die k. M. erfuhr in der Han-, Tang- und Songzeit starke chin. Einflüsse. Seit dem 6. Jh. wirkte sie, bes. über ihr reichhaltiges Instrumentarium, auf die Musik Japans ein. Der autochthone Charakter der k. M. ist bis heute wenig herausgearbeitet. Er tritt nur in der Volksmusik zutage und beruht nicht nur auf sprachlich bedingten Stimmmodulationen; z. B. kennt die k. M. im Unterschied zur chin. Musik ternäre Taktarten. Im Rahmen der Hyangak (k. M. und vor der Tangzeit nach Korea gekommene chin. Musik) erklangen klass. Gesänge, Tanz- und Instrumentalmusik sowie urspr. zentralasiat. Gauklerstücke und Maskenspiele. Von der Aak (elegante Musik), die urspr. nur Hofmusik chin. Herkunft und erst später alle höf. Genres umfasste, wird heute nur noch die rituelle konfuzian. Musik zweimal jährlich aufgeführt. Der 1493 verfasste Musiktraktat ›Akhak kwebom‹ ermöglichte mit seinen Abbildungen eine Rekonstruktion der alten Musik. Die nichthöf. Ritualmusik gehört mit Ausnahme der Schamanengesänge (Muak) v. a. dem Bereich des Buddhismus an. Der Kunstgesang der Literati umfasst die Gattungen **Kagok** (zyklische lyr. Gesänge), **Sijo** (kurze lyr. Gesänge) und **Kasa** (erzählende Lieder).
A. ECKARDT: K. M. (Tokio 1930); DERS.: Musik, Lied, Tanz in Korea (1968); C. S. KEH: Die k. M. (Straßburg 1935); Korea. Einf. in die Musiktradition Koreas, hg. v. W. BURDE (1985).

koreanische Schrift. In Altkorea benutzte man anfangs, bereits zur Zeit der Drei Königreiche (etwa 4. Jh. bis 668), die chin. Schrift. Die Verwendung der chin. Schriftsprache neben der korean. Umgangssprache hielt sich bis in die Neuzeit. Zur Wiedergabe korean. Wörter, urspr. besonders von Namen, wurden die chin. Zeichen (Hanmunja) entweder lautwertig (in koreanisch adaptierter Lautung) oder bedeutungswertig (in rein korean. Lautung) gelesen. So wurde dann auch dichter. Wortlaut fixiert, so in den →Hyangga (Hyangch'alschrift). In der frühen Zeit des Vereinten Silla (7. Jh.) entwickelte sich die sinokorean. Schreibweise des Idu, eine Art Mischschrift, bei der gewisse chin. Zeichen systematisch zur Wiedergabe korean. grammatischer Formen und Wörter Verwendung fanden. Dieses System wurde vermutlich schon in der späteren Koryŏzeit (12.–14. Jh.) verbessert, so auch durch Kürzel der grammatisch verwendeten Zeichen (ähnlich den jap. Katakana, →japanische Schrift). Diese ›Kugyŏlschrift‹ ist seit dem 15. Jh. überliefert.
Eine eigene korean. Buchstabenschrift wurde 1443 von einer Gelehrtenkommission unter König SEJONG (Chosŏndynastie) unter dem Namen Hunmin-chŏngŭm (›Unterweisung des Volkes in der korrekten Lautung‹) als Instrument zur Wiedergabe der korean. Umgangssprache vorgelegt (Ŏnmun, ›Schrift für die Volkssprache‹, im modernen Korea Hangŭl, ›Großschrift‹, auch im Sinne von ›korean. Schrift‹ interpretiert). Sie setzte sich jedoch erst in der Neuzeit gegenüber der chin. Schrift(sprache) durch und wird in einer Mischschrift (Kukhanmun) mit chin. Schriftzeichen (zur Wiedergabe von Begriffswörtern und Namen) verwendet. In Nord-Korea wird seit 1949 nur noch Hangŭl geschrieben.

Vokale

Einfache Vokale:

ㅏ (a), ㅑ (ya), ㅓ (ŏ), ㅕ (yŏ), ㅗ (o), ㅛ (yo), ㅜ (u), ㅠ (yu), ㅡ (ŭ), ㅣ (i)

Zusammengesetzte Vokale:

ㅐ (ae), ㅒ (yae), ㅔ (e), ㅖ (ye), ㅚ (oe), ㅟ (wi), ㅢ (ŭi), ㅘ (wa), ㅝ (wŏ), ㅙ (wae), ㅞ (we)

Konsonanten

Einfache Konsonanten:

ㄱ (k), ㄴ (n), ㄷ (t), ㄹ (r oder l), ㅁ (m), ㅂ (p), ㅅ (s), ㅇ (ng), ㅈ (ch), ㅊ (ch')*, ㅋ (k')*, ㅌ (t')*, ㅍ (p')*, ㅎ (h)

Doppelkonsonanten:

ㄲ (kk), ㄸ (tt), ㅃ (pp), ㅆ (ss), ㅉ (tch)

*Aspirierte Laute

Die korean. Buchstabenschrift wurde nach artikulator. und phonolog. Gesichtspunkten entwickelt und ist eine wiss. Leistung von hohem Rang. Sie bildet ein Alphabet von 24 (urspr. 28) Grundzeichen, die zu 40 Lautzeichen zur Wiedergabe der 21 Vokale und 19 Konsonanten kombiniert sind. Die Lautzeichen werden in Anlehnung an die chin. Schrift in Silbenkomplexen angeordnet, früher in vertikaler Schreibung von oben nach unten und von rechts nach links, neuerdings auch horizontal von links nach rechts.
J. H. LEE: Hun-Min-Jeong-Eŭm ›Right sounds to educate the people‹, explanation and translation (Seoul 1972); K. LEE: Gesch. der korean. Sprache (a. d. Korean., 1977); H. KWON: Basic Chinese-Korean character dictionary (Wiesbaden 1978); W. SASSE: Einf. in die korean. Schriftsprache (1985); WOLFGANG G. A. SCHMIDT: Einf. in die k. S. Mit einem sprach- u. landeskundl. Abriß (1990).

koreanische Sprache. Die k. S. gehört zum Typ der agglutinierenden Sprachen und steht strukturell der →japanischen Sprache nahe. Gemeinsamkeiten mit dem Japanischen zeigen sich u. a. im Fehlen von Genus, Numerus, Artikel und Kasusflexion; die Bezeichnung des grammat. Subjekts ist zweitrangig gegenüber der Markierung des interpersonalen Bezugs (Höflichkeitsausdrücke), die Kennzeichnung syntakt. Beziehungen erfolgt durch Postpositionen oder Suffixe. Auch im Akzent ähnelt das Koreanische dem Japanischen. Dennoch ist die genet. Verwandtschaft beider Sprachen umstritten, obgleich sie wahrscheinlich beide zu den altaischen Sprachen gehören oder zumindest bedeutende altaische Elemente enthalten.
Das Koreanische entwickelte sich aus der Verbindung der altaischen Puyŏsprache im mandschurischnordkorean. Raum und der Hansprache im zentralund südkorean. Raum. Das Altkoreanische ist nur äußerst fragmentarisch aus der Zeit der Drei Königreiche (etwa 4. Jh. bis 668) und sehr lückenhaft aus der Zeit des Vereinten Silla (668–935) überliefert (Lieder der →Hyangga). Eine einheitl. Sprache bildete sich endgültig erst mit dem Mittelkoreanischen (Anfang des 10. Jh. bis Ende des 16. Jh.) heraus, als sich nord- und südkorean. Sprachgut neuerlich mischte.
Das moderne Koreanisch besitzt 10 einfache Vokale mit 11 Zusammensetzungen (Diphthongen) und 19 Konsonanten, offene und geschlossene Silben. Der reiche Wortschatz ist mitgeprägt durch den hohen sinokorean. Anteil, teils aus der bis in die Neuzeit im Lande gepflegten chin. Schriftsprache übernommen, teils aus chin. Schriftzeichen für neue Begriffe gebildet.
Das Koreanische ist dialektal relativ stark in nordsüdl. Richtung gegliedert, teilweise als Relikt des alten

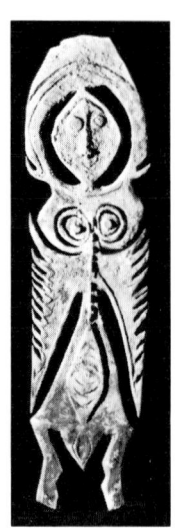

Korewori: Holzfigur (Basel, Museum für Völkerkunde)

Hermann August Korff

Puyŏ-Han-Gefälles deutbar. Nach der Teilung des Landes 1945 treten die dialektalen Unterschiede wieder deutlicher zutage; eine abgrenzende Sprachpolitik (im Hinblick auf Wortschatz, Semantik und Orthographie) wurde bes. von nordkorean. Seite betrieben.

G. J. RAMSTEDT: A Korean grammar (Helsinki 1939, Nachdr. Oosterhout 1979); S.-B. CHO: A phonological study of Korean (Uppsala 1967); S. E. MARTIN u. Y. C. LEE: Beginning Korean (New Haven, Conn., 1969); K. LEE: Gesch. der k. S. (a. d. Korean., 1977); B. LEWIN u. T. D. KIM: Einf. in die k. S. (³1978); S. E. MARTIN u. a.: A Korean-English dictionary (Neuausg. New Haven, Conn., 1978); W. SASSE: Einf. in die korean. Schriftsprache (1985); W. E. SKILLEND: Early readings in Korean (London 1987); K.-H. KIM: Deutsch u. Koreanisch (1994).

Koreastraße, Meerenge zw. Korea und Japan, verbindet das Jap. mit dem Ostchin. Meer; an der schmalsten Stelle 160 km breit. In der K. liegt die jap. Insel Tsushima.

Koren, Stephan, österr. Politiker, * Wiener Neustadt 14. 11. 1919, † Wien 26. 1. 1988; Volkswirt, 1945–65 Mitarbeiter des Österr. Instituts für Wirtschaftsforschung, wo er die amtl. Wirtschaftsstatistik mit aufbaute; wurde 1965 Prof. in Innsbruck, 1968 in Wien. 1967/68 war er als Mitgl. der ÖVP Staatssekretär im Bundeskanzleramt und 1968–70 Bundesfinanz-Min.; 1970–78 Klubobmann (Fraktionssprecher) der ÖVP. Seit 1978 war er Präs. der Nationalbank.

Korewori *der,* südl. Nebenfluss des Sepik in Papua-Neuguinea. Im K.-Gebiet hat sich bei den Ewa ein eigener Skulpturenstil herausgebildet: meist durchbrochen und im Profil gearbeitete, oft einbeinige Figuren mit Spiral-, Rippen- und Hakenmotiven; abweichende, in Haken aufgelöste Formen stammen von den Yimar und den benachbarten Bahinemo. Im K.-Gebiet finden sich ferner die formal verwandten, bis 7 m langen Kultkrokodile der Yimas-Leute.

E. HABERLAND u. S. SEYFARTH: Die Yimar am oberen Korowori (1974).

Korfanty, Wojciech, poln. Politiker, * Siemianowice (bei Kattowitz) 20. 4. 1873, † Warschau 17. 8. 1939; war 1903–12 und 1918 Mitgl. des dt. Reichstages, 1904–18 zugleich Abg. im preuß. Landtag, 1918 Mitgl. des Obersten Poln. Volksrats in Posen und 1919–21 poln. Abstimmungskommissar für Oberschlesien. Im Mai 1921 leitete er den dritten poln. Aufstand in Oberschlesien. Als Mitgl. der Christlich-Demokrat. Partei war K. 1919–30 Abg. im poln. Sejm, 1923 stellv. Min.-Präs. Als Gegner J. K. PIŁSUDSKIS 1930 verhaftet, lebte er 1934–39 in der Emigration. Nach seiner Rückkehr wurde er 1939 erneut vorübergehend verhaftet.

Korfball [niederländ., ›Korbball‹], dem →Basketball und →Korbball verwandtes Ballspiel für zwei Mannschaften mit je vier männl. und vier weibl. Spielern. Ziel ist es, einen Lederhohlball so oft wie möglich in den gegner. Korb zu werfen und Korberfolge des Gegners zu verhindern. Die Körbe sind am oberen Ende von 3,5 m hohen Korbständern angebracht, die vor der Mitte der Spielfeldschmalseiten stehen. Das Spielfeld ist in zwei Hälften (›Fächer‹) eingeteilt, in denen sich von jeder Mannschaft je zwei weibl. und zwei männl. Spieler aufhalten, die ihre Zonen im Verlauf eines Spielabschnitts nicht verlassen dürfen. Nach je zwei erzielten Körben wechseln die Spieler Angriffs- und Verteidigungsfeld. Die Spieldauer beträgt 2×30 min.

Wettbewerbe, Organisationen: Europameisterschaften werden seit 1974, Weltmeisterschaften seit 1978 ausgetragen. Seit 1967 gibt es einen Europapokalwettbewerb für Vereinsmannschaften. – K. ist in Dtl. im Fachgebiet K. innerhalb des Dt. Turner-Bundes organisiert. Internat. Dachverband ist die International K. Federation (IKF; gegr. 1934, Sitz: Bunnik, Prov. Utrecht) mit (1997) 33 Mitgl.-Verbänden.

Geschichte: K. wurde um 1900 von dem niederländ. Lehrer N. BROEKHUYSEN (* 1877, † 1958) mit dem Ziel entwickelt, Mädchen und Jungen in eine Mannschaftssportart zu integrieren. 1903 war das Grundregelwerk geschaffen. Später breitete sich K. in Belgien und Großbritannien aus, ebenso in Übersee. Nach Dtl. kam K. Mitte der 60er-Jahre. 1994 wurde K. als eventuell künftige olymp. Sportart vom Internat. Olymp. Komitee (IOC) bestätigt.

Korff, Hermann August, Literaturwissenschaftler, * Bremen 3. 4. 1882, † Leipzig 11. 7. 1963; wurde 1921 Prof. in Frankfurt am Main, 1923 in Gießen und 1925 in Leipzig. Er war ein Hauptvertreter der geistes- und ideengeschichtl. Richtung der dt. Germanistik. Sein Hauptwerk ist ›Geist der Goethezeit‹ (1923–57, 4 Bde. und Register-Bd.).

Korfu [ˈkɔrfu, kɔrˈfuː], altgriech. **Korkyra,** alt- und neugriech. **Kerkyra,** lat. **Corcyra, 1)** Hauptstadt des Verw.-Bez. (Nomos) K. und der Insel K., Griechenland, auf einem Vorsprung der O-Küste, 31 400 Ew.; Sitz eines griechisch-orth. Metropoliten und eines kath. Erzbischofs, Universität; Fremdenverkehr; künstlich angelegter Hafen (Fährverkehr), Flughafen. – Die Stadt wird von venezian. Festungsanlagen bestimmt, die Zitadelle oder Alte Festung liegt auf einem Vorgebirge (an der Stelle einer mittelalterl. Stadt), heutige Bebauung v. a. 19. Jh., W-Bastion 1588. Die Neue Festung entstand 1577–88, die Hauptkirche Hagios Spyridon 1589–96; das Alte Königsschloss ist ein klassizist. Bau von 1819, das Rathaus eine venezian. Loggia (1663). – Das antike Korkyra oder Kerkyra, auch Palaiopolis (alte Stadt) genannt, liegt im heutigen südl. Stadtgebiet. Das überlieferte Gründungsdatum (734 v. Chr. durch Korinth) scheint sich archäolog. zu bestätigen. Von der antiken Akropolis stammen nur geringe Funde; etwas tiefer lag ein alter Tempel der Hera(?). Von der antiken Unterstadt sind die hellenist. Stadtmauern sichtbar, freigelegt wurde v. a. der große Artemisaltar ($25{,}40 \, \text{m} \times 2{,}70 \, \text{m}$), vom Artemistempel (590–580 v. Chr.) befinden sich Giebelskulpturen (u. a. eine Gorgo) im archäolog. Museum von K. Die Stelle der Agora von Kerkyra wird durch die kleine Hagia Kerkyra bezeichnet (12. Jh.), sie steht über den Fundamenten eines halbrunden Baus des 2./1. Jh. v. Chr. und verwendet Teile des Mittelschiffs eines großen frühchristl. Vorläuferbaus. In einer der antiken Nekropolen der alten Stadt befindet sich die byzantin. Kreuzkuppelkirche Hagios Iasonos kai Sosipatru (12. Jh.); vom kreisförmigen Grabbau des MENEKRATES (zw. 625 und 550) stammt die Löwenskulptur im Museum.

2) nördlichste der Ionischen Inseln, W-Griechenland, 592 km², 104 800 Ew.; bildet mit Nachbarinseln den Verw.-Bez. (Nomos) K. mit insgesamt 641 km² und 107 600 Ew. Die Insel K. ist durch eine seichte, nur 2,5–20 km breite Meeresstraße vom Festland (Epirus) getrennt. Sie hat z. T. schroffe Felsenküsten; der N wird von einem Kalkgebirge (bis 906 m ü. M.) beherrscht, der Südteil ist hügelig. Landwirtschaftl. Produkte sind Oliven, Wein, Obst und Gemüse; Flughafen; Haupteinkommensquelle der Bev. ist der Fremdenverkehr (v. a. Badetourismus).

Geschichte: K., nach antiker Auffassung die Insel Scheria der Odyssee, war von Liburnern bewohnt und wurde (angeblich 734 v. Chr.) von Korinth aus kolonisiert. Am Kampf K.s mit Korinth um die gemeinsame Kolonie Epidamnos (seit 435) entzündete sich der Peloponnes. Krieg. 229 v. Chr. stellte sich die Insel unter röm. Schutz; sie gehörte später zu den röm. Prov. Macedonia, dann zu Achaia und Epirus, in byzantin. Zeit zum Thema Kephallenia; 1147 durch die Flotte des norm. Königs ROGER II. von Sizilien erobert, doch 1154 vom byzantin. Kaiser MANUEL I. KOMNENOS wiedergewonnen; nach zeitweiliger venezian.

Herrschaft 1212 für das Despotat von Epirus gesichert und von diesem 1258 an den Staufer MANFRED von Sizilien abgetreten. Die freiwillige Unterstellung seiner Adligen unter Venedig 1386 bewahrte K. vor der Türkenherrschaft (Abwehr von türk. Belagerungen 1537 und 1716). Nach der frz. Besetzung Venedigs 1797 teilte K. das Schicksal der →Ionischen Inseln und kam 1864 an Griechenland. 1916/17 Sitz der serb. Reg.; 1923 und 1941–43 von ital., von September 1943 bis September 1944 von dt. Truppen besetzt (im Juni 1944 Deportation der dort lebenden Juden).

K. GALLAS: K. (1986).

Korhogo [kɔrɔˈgo], Stadt im N der Rep. Elfenbeinküste, 109 400 Ew.; Mittelpunkt des Savannengebietes der Senufo; kath. Bischofssitz; Museum (Holzschnitzereien); Reismühle, Zuckerfabrik, Baumwollentkernung; Flughafen.

Koriander [griech.-lat., zu griech. kóris ›Wanze‹ (nach dem Geruch)] der, -s/-, **Coriandrum,** Gattung der Doldenblütler mit zwei Arten im Mittelmeergebiet, darunter der **Garten-K.** (Coriandrum sativum), ein 30–60 cm hohes, einjähriges Kraut mit weißen Blüten in drei- bis achtstrahligen Dolden (Randblüten deutlich vergrößert) und rotbraunen, kugeligen Früchten. Sowohl Blätter als auch Früchte werden als Gewürz verwendet. K.-Früchte sind wesentl. Bestandteil der Currymischungen, dienen aber auch der Gewinnung von Korianderöl. Sie gelten als magenwirksam, krampflösend und fieberhemmend.

Korianderöl, aus den reifen, z. T. getrockneten Früchten des Gartenkorianders durch Wasserdampfdestillation gewonnenes farbloses bis gelbl., charakteristisch riechendes äther. Öl. Es enthält 60–80% Linalool, daneben Terpenkohlenwasserstoffe und Kampfer, in geringen Mengen auch stark riechende mehrfach ungesättigte Aldehyde; Verwendung für Parfüms und für Würzmischungen.

Korinna, griech. lyrische Dichterin wahrscheinlich um 500 v. Chr. (nicht um 200 v. Chr.) aus Tanagra in Böotien; dichtete in böotisch gefärbter Sprache und einfachem Stil Lieder über Sagen ihrer Heimat.

Ausgabe: Corinna, hg. v. D. L. PAGE (1953); Poetae melici graeci, hg. v. DEMS. (Neuausg. 1983).

Korinth, Name von geographischen Objekten:

1) Korinth, griech. **Korinthos,** Hauptstadt des Verw.-Bez. (Nomos) K., Griechenland, im NO der Peloponnes, am Golf und Isthmus von K., 27 400 Ew.; Sitz eines griechisch-orth. Bischofs; Erdölraffinerie, chem. und elektrotechn. Industrie.

Geschichte: Der Name K. ist vorgriechisch, eine Besiedlung des Platzes in der Jungsteinzeit und am Anfang der Bronzezeit ist nachgewiesen. Die Stadt wurde im 10. Jh. v. Chr. von Dorern aus der Argolis gegründet. Sie war im Altertum nach Athen die bedeutendste Handelsstadt in Griechenland und Mutterstadt zahlr. Kolonien (→griechische Kolonisation).

Überragt von dem steilen Burgberg von Akrokorinth (575 m ü. M.), besaß K. am Isthmos zwei Häfen, am Saron. Golf Kenchreai und am Korinth. Golf Lechaion, mit dem die Stadt durch Mauern verbunden war. Nach dem Sturz des Königtums um 750 v. Chr. durch das Adelsgeschlecht der Bakchiaden begann für K. ein wirtschaftl. (protokorinth. und korinth. Keramik) und polit. (Flotte) Aufschwung. Seit dem Ende der Bakchiadenherrschaft (um 657 v. Chr.) erlebte K. unter dem Tyrannen KYPSELOS und seinem Sohn und Nachfolger PERIANDER (um 627–586 v. Chr.) eine neue Blüte (Festigung des Kolonialreichs, ausgreifende Außenpolitik). Nach dem Sturz von PERIANDERS Neffen PSAMMETICHOS (um 583 v. Chr.) hatte K. eine oligarch. Verfassung und schloss sich bald dem Peloponnes. Bund Spartas an. Am Perserkrieg von 480/479 v. Chr. war K. mit großen Kontingenten beteiligt. Später drängte K. wegen der mehrfachen Verletzung seiner Interessen durch Athen Sparta zum →Peloponnesischen Krieg. Doch kämpfte es danach im Korinth. Krieg gegen Sparta. Auch im 4. Jh. v. Chr. blieb K. eine blühende Handelsstadt, deren Glanz durch die Isthmischen Spiele noch gesteigert wurde. 337 v. Chr. begründete PHILIPP II. von Makedonien dort den Korinth. Bund. Von 337 bis 243 v. Chr. lag eine makedon. Besatzung auf Akrokorinth. Seit 243 v. Chr. war K. Mitgl. des Achaiischen Bundes, wurde dann aber im Krieg der Achaier gegen Rom 146 v. Chr. vom Konsul LUCIUS MUMMIUS zerstört. 44 v. Chr. legte CAESAR an der Stelle der alten Stadt die röm. Bürgerkolonie **Laus Iulia Corinthus** an, die später Sitz des Statthalters der Provinz Achaia wurde. PAULUS gründete hier eine Christengemeinde (→Korintherbriefe). K. wurde mehrmals von Erdbeben zerstört und erlebte seit dem MA. unter der Herrschaft der Byzantiner, Kreuzfahrer, Venezianer und schließlich – seit 1458 – der Türken seinen Niedergang. Nach dem Erdbeben von 1858 wurde 6 km nordöstlich der zerstörten Stadt am Meer **Nea Korinthos** (›Neu-K.‹) gebaut, das nach erneutem Erdbeben (1928) seine jetzige Anlage erhielt.

Die Ausgrabungsstätten des antiken K. (**Palaia Korinthos,** ›Alt-K.‹) und des Burgbergs Akrokorinth, beide mit vorgriech. Siedlungsspuren, liegen südwestlich der heutigen Stadt. Vom antiken K. zeugen v. a. röm. Reste; nur wenige stammen infolge von Kriegszerstörungen und mehrfacher Überbauungen aus griech. Zeit, jedoch stehen vom Apollontempel (um 540 v. Chr.) noch Fundamente und sieben monolith. Säulen. Auf der im 5./4. Jh. v. Chr. angelegten Agora (ca. 225 m × 127 m) wurden aus dieser Zeit ein später vermauerter Brunnen und eine Startanlage für Laufwettkämpfe freigelegt, sonst zeigt die Ruinenstätte den Zustand des röm. Forums; unter der Agora wurden Grabfunde des 8./7. Jh. v. Chr. geborgen. Vom Hafen am Korinth. Golf führte die Lechaionstraße zur Agora hinauf, in röm. Zeit eine 12 m breite Prachtstraße, östlich von ihr erstreckten sich ein Säulenhof des Apollo, Thermen und Latrinen, an der W-Seite, wo früher ein Markt lag, eine Ladenreihe und etwas

Koriander: Gartenkoriander (Höhe 30–60 cm); unten ein Grundblatt

Korinth 1): Lageplan

1 Markt (Agora) 2 Theater und Odeion 3 hadrian. Thermen 4 Lechaionstraße
5 Asklepieion und Lernaquelle 6 Heiligtum der Demeter 7 Kirche am Kenchreaitor
v S = vorgeschichtliche Siedlung

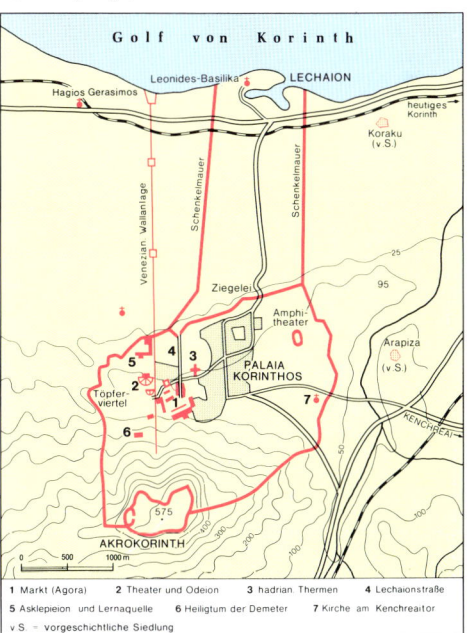

Kori Korinthen – Korinthischer Bund

Korinth 1): Reste des Apollontempels; 6. Jh. v. Chr.

höher eine Basilika aus augusteischer Zeit (als Marmorbau erneuert). Den Eingang zur Agora bildeten die Propyläen (1. Jh. n. Chr.). An sie grenzt östlich, zur Agora gerichtet, das mehrfach erneuerte Brunnenhaus der Peirene (Fassade des 2. Jh. n. Chr. mit vorgestellten spätantiken Säulen). Es speiste u. a. die Brunnen der gegenüber an der Agora gelegenen 154 m langen röm. S-Stoa (mit Läden, Magazinen, Weinschenken), deren Vorläuferbau nach 338 v. Chr. errichtet worden ist. Südlich der Stoa die gut erhaltenen Reste der röm. Curia (Rathaus), wo die Straße vom Hafen am Saron. Golf (Kenchreai) in die Agora mündete. Im O der Agora liegt über hellenist. Vorläuferbau die röm. Basilica Iulia (um 44 n. Chr.; Gerichtsgebäude), im W befinden sich sechs kleine röm. Tempel, dahinter eine Ladenreihe (in deren Flucht nach N ein Heratempel und weiter westlich das in Fels geschlagene Brunnenhaus der Glauke). Den nördl. Abschluss des westl. Agoraabschnitts bilden die NW-Stoa mit Läden (3. Jh. n. Chr.) und neben den Propyläen vor der Schmalseite der Basilika ein zweistöckiger Bau (2. Jh. n. Chr.; Fassade mit Barbarenfiguren restauriert). Der Kernbereich der im 6. Jh. n. Chr. verlassenen Stadt wurde im 10.–12. Jh. wieder besiedelt (Überbauung); erneute Bautätigkeit unter den Türken. Außerhalb des zugängl. Areals von Alt-K. liegen das archäolog. Museum, das antike Theater (5. Jh. v. Chr., hellenist. und röm. Umbauten) und das Odeion (1. und 2. Jh. n. Chr.), ein vom 7. bis 4. Jh. v. Chr. bestehendes Demeterheiligtum (an einem seit dem 12./11. Jh. v. Chr. besiedelten Platz) und das Asklepieion (um 300 v. Chr. über Vorläuferbauten, v. a. Votivfunde des 5./4. Jh. v. Chr.) mit der Lernaquelle und dem ›Bad der Aphrodite‹. Der nördl. Hafen Lechaion ist spätestens im 7. Jh. v. Chr. angelegt worden; freigelegt wurde hier die 220 m lange, 32 m breite frühchristl. Leonidesbasilika (um 450 n. Chr.). Auch in K. selbst entstanden im 5. Jh. frühchristl. Basiliken, u. a. am Stadttor nach Kenchreai (im 10./11. Jh. erneuert) und auf der Agora über der Bema (Rednerpult), die mit PAULUS in Verbindung gebracht wurde (Apg. 18). Das Befestigungssystem von K. umfaßte im 7./6. Jh. v. Chr. nur die Stadt selbst, um 480/479 v. Chr. wurden der Burgberg und der Hafen Lechaion durch Schenkelmauern einbezogen (Ausbau im 4. Jh. v. Chr.). Im Areal von **Akrokorinth,** vielleicht das Ephyra HOMERS, sind u. a. geringe Reste des berühmten Aphrodite-(Astarte-)Heiligtums, dessen Steine für eine Kirche (?, nur noch Grundmauern erhalten) und eine Moschee wieder verwendet wurden, der obere Peirenebrunnen u. a. Zisternen, die Ruinen einer Siedlung des 14.–18. Jh. und die fränk. Gipfelburg (13. Jh.) zu sehen. Der mächtige, im Eingangsbereich dreifache Befestigungsgürtel zeigt v. a. mittelalterlich-byzantin. und venezian. Bausubstanz, der innerste folgt dem Verlauf hellenist. Mauern, bei denen z. T. Steine der kyklop. Mauer (um 1100 v. Chr. gegen die eindringenden Dorer errichtet) wieder verwendet wurden.

Corinth. Results of excavations conducted by the American School of Classical Studies at Athens, auf zahlr. Bde. ber. (Athen 1929 ff.; bisher 17 Bde.); J. G. O'NEILL: Ancient Corinth. From the earliest times to 404 B. C. (Baltimore, Md., 1930); O. E. RAVEL: Les ›poulains‹ de Corinthe, 2 Bde. (London 1936–48, Nachdr. Chicago, Ill., 1979); E. WILL: Korinthiaka. Recherches sur l'histoire et la civilisation de Corinthe des origines aux guerres médiques (Paris 1955); Isthmia. Excavations by the University of Chicago, bearb. v. O. BRONEER u. a., auf mehrere Bde. ber. (Princeton, N. J., 1971 ff.); Kenchreai. Eastern port of Corinth, bearb. v. R. SCRANTON u. a., 5 Bde. (Leiden 1976–81); N. PAPAHATZIS: Das antike K. (a. d. Griech., Athen 1979); J. WISEMAN: Corinth and Rome I, 228 B. C. – A. D. 267, in: Aufstieg u. Niedergang der Röm. Welt, hg. v. H. TEMPORINI u. a., Tl. 2, Bd. 7, 1 (1979); M. AMANDRY: Le monnayage des Duovirs Corinthiens (Paris 1988).

2) Golf von Korinth, Meeresarm des Ionischen Meeres, zw. Mittelgriechenland und der Peloponnes, 130 km lang.

3) Kanal von Korinth, künstlicher, schleusenloser Schifffahrtsweg in Griechenland, verbindet das Ionische (Golf von K.) mit dem Ägäischen Meer (Saron. Golf). Der Kanal, 1881–93 angelegt als Durchstich durch die Mergelschichten des **Isthmus von K.,** ist 6,343 km lang, 24,5 m (an der Sohle 21 m) breit; die Wassertiefe beträgt 8 m, die Wandhöhe bis 80 m. Er ist jeweils nur für ein Schiff passierbar und oft durch Abbröckeln der Wände bei Erderschütterungen bedroht. Er wird von zwei Straßenbrücken und einer Eisenbahnbrücke überspannt. (BILD →Kanal)

Korinthen [frz. raisins de Corinthe ›Korinther Trauben‹, nach Korinth], Sg. **Korinthe** die, -, kernlose, kleine, violettschwarze, getrocknete Weinbeeren der Rebsorte Vitis minuta, die zuerst in der Gegend von Korinth angebaut wurde. K. enthalten etwa 60 % Glucose und Fructose und rd. 25 % Wasser; dürfen nur ungeschwefelt verkauft werden.

Korintherbriefe, Abk. **Kor.,** zwei im N. T. enthaltene Briefe des PAULUS an die um 50 n. Chr. gegründete christl. Gemeinde von Korinth. Wahrscheinlich sind in die mindestens vier versch. zw. 54 und 56 abgefassten Briefe eingearbeitet worden; u. a. der ›Tränenbrief‹ (2. Kor. 10–13), in dem PAULUS sein Apostelamt begründet und gegen persönl. Angriffe verteidigt. Schwerpunkte des 1. Korintherbriefes bilden der Erhalt der Einheit der jungen christl. Gemeinde (1. Kor. 1–4) und sittl. Missstände in Korinth (1. Kor. 5–6). Weiterhin geht PAULUS grundsätzlich auf Fragen ein, die ihm als Probleme der Gemeinde bekannt geworden bzw. mitgeteilt worden sind: Ehe und Ehelosigkeit, die Teilnahme an heidn. Kulten und der damit verbundene Verzehr von Opfertieren und das Verhalten im Gottesdienst und bei der Feier des Herrenmahls.

H. CONZELMANN: Der erste Brief an die Korinther ([12]1981); R. PESCH: Paulus ringt um die Lebensform der Kirche (1986); DERS.: Paulus kämpft um sein Apostolat (1987); H.-J. KLAUCK: Erster K. ([2]1987); DERS.: Zweiter K. ([2]1988); C. WOLFF: Der zweite Brief des Paulus an die Korinther (1989); DERS.: Der erste Brief des Paulus an die Korinther (Neuausg. 1996); W. SCHRAGE: Der erste Brief an die Korinther, 2 Tle. (Zürich 1991–95); H. FRÖR: Ach Ihr Korinther! Der Briefwechsel der Gemeinde in Korinth mit Paulus (1994); F. LANG: Die Briefe an die Korinther ([17]1994).

Korinthischer Bund, 1) Bez. für die gegen Persien verbündeten Griechen 480 v. Chr.; 2) der von PHILIPP II. von Makedonien 337 v. Chr. gegründete Bund der griech. Staaten mit Ausnahme Spartas.

Korinthischer Krieg, der Krieg der von den Persern unterstützten Thebaner, Argiver, Athener und Korinther gegen die spartan. Vorherrschaft in Griechenland, 395–386 v. Chr.; beendet durch den Frieden des →Antalkidas.

korinthisches Kapitell, →Kapitell, →Säulenordnung.

Koriolan, legendärer röm. Held, →Coriolanus.

Koritza, Stadt in Albanien, →Korçë.

Kōriyama, Stadt im NO von Honshū, Japan, Präfektur Fukushima, 318 700 Ew.; Textil-, chem., Metallindustrie.

Korjaken, zu den →Paläosibiriern gehörendes Volk in O-Sibirien, Russland, v. a. im autonomen Kreis der Korjaken und in angrenzenden Landstrichen Kamtschatkas sowie des Gebietes Magadan. Die Sprache der 9 200 K. gehört zur paläosibir. Sprachgruppe.

Korkeiche: Entrindete Korkeiche

Korjaken, Autonomer Kreis der K., russ. **Korjakskij awtonomnyj okrug,** autonomer Kreis in Russland, im Gebiet Kamtschatka, 301 500 km², 39 000 Ew. (nach der Volkszählung von 1989 waren davon 62,0% Russen, 16,5% Korjaken, 7,3% Ukrainer, 3,7% Tschuktschen, 3,0% Itelmen und 1,8% Ewenen); Verw.-Sitz ist Palana. Umfasst überwiegend tundrabedecktes Mittelgebirgsland im N der Halbinsel Kamtschatka und nördlich angrenzender Gebiete; im Beringmeer die zum autonomen Kreis gehörende Karaginskij-Insel (rd. 2 000 km²). Die Bewohner betreiben Fischerei, Jagd auf Meeressäugetiere und Pelztiere sowie Renzucht; stellenweise Braunkohlenabbau. – Gegründet am 10. 12. 1930.

Korjakskaja Sopka, Vulkan im SO der Halbinsel Kamtschatka, Russland, nördlich von Petropawlowsk-Kamtschatskij, 3 456 m ü. M.; letzter, ein halbes Jahr andauernder Ausbruch 1956/57.

Kork [über niederländ.-span., von lat. *cortex* ›Baumrinde‹], **Phellem,** sekundäres Abschlussgewebe an älteren Sprossachsen, Wurzeln, Knollen, aber auch als Wundverschluss z. B. bei Laubfall oder nach Verletzung gebildet. Das K.-Gewebe besteht aus tafelförmigen, lückenlos miteinander verbundenen toten Zellen (K.-Zellen), die durch Einlagerung von Suberin in die Zellwand eine Schutzschicht gegen Verdunstung und durch die Bildung von Gerbstoffen (Phlobaphene), die auch für die Braunfärbung verantwortlich sind, Pilze und Bakterien abweisende Eigenschaften aufweist. Der Gasaustausch mit der Umgebung wird durch **Lentizellen** (K.-Poren) ermöglicht, kanalartige Durchbrechungen des K.-Gewebes, die mit einem aus losen K.-Zellen bestehenden Mehl angefüllt sind. Der K. entsteht durch die Tätigkeit eines besonderen sekundären Bildungsgewebes, des **K.-Kambiums** (Phellogen), das sich meist schon in der ersten Vegetationsperiode in der Randzone der in die Dicke wachsenden Organe bildet. Dieses K.-Kambium sondert nach außen den K. ab und nach innen die **K.-Rinde** (Phelloderm), chlorophyllreiches, unverkorktes Rindengewebe. K., K.-Kambium und K.-Rinde werden zusammen als **Periderm** oder tertiäre Rinde bezeichnet. Das zuerst angelegte K.-Kambium kann erhalten bleiben und fortlaufend tätig sein (z. B. bei der Korkeiche); meist aber stellt es seine Tätigkeit bald wieder ein und wird zu einer K.-Schicht. Indem es sich immer mehr nach der Tiefe zu verlagert, entstehen (meist jeweils nur wiederum für kurze Zeit) neue K.-Kambien, zuerst in der primären Rinde (die nur noch in jungen Stämmen vorhanden ist), dann in der nur dünnen Schicht lebenden Parenchyms der sekundären Rinde. (→Bast, →Rinde)

Wirtschaftlich bedeutend ist der K. der →Korkeiche. Das wichtigste Land für die K.-Gewinnung ist Portugal, das 1991 180 000 t K. produzierte und den Weltkorkverbrauch etwa zur Hälfte deckt. Die K.-Verarbeitung zählt zu den traditionellen port. Wirtschaftszweigen mit den Zentren Aveiro (Flaschen-K.), Setúbal, Evora und Faro. Etwa 80% der Produktion werden exportiert, insbesondere in die EU-Länder (etwa 55% der Exporte) sowie in die USA. Das zweitwichtigste Erzeugerland ist Spanien mit (1991) 72 146 t K., v. a. die Region Andalusien.

Korkbrand, bei Flaschenweinen auf der Längsseite des Korkens eingebrannter Firmenname, früher als Garantie für die Herkunft (Abfüllung) und damit für die Qualität des Weines von Bedeutung.

Korkeiche, Quercus suber, im Mittelmeergebiet verbreitete Eichenart; immergrüner, bis 20 m hoher Baum mit kurz gezähnten Blättern und starker Borkenbildung. Der in den ersten Jahren gebildete ›männliche‹ Kork ist wertlos, er wird vorsichtig abgeschält, ohne die darunter liegende junge Rinde zu verletzen. Der ab etwa dem 20. Jahr gebildete ›weibliche‹ Kork wird alle 8–12 Jahre (bis zu einem Alter von etwa 150 Jahren) in Platten vom Stamm geschält und zur Herstellung von Flaschenverschlüssen (**Korken**), Dekorations- und Dämmmaterial sowie Linoleum verwendet.

Korkholz, sehr leichte trop. Hölzer, z. B. Balsa.

Korkplatten, *Baustoffkunde:* aus Naturkorkschrot (**Press-K.**) oder expandiertem Korkschrot (**Bläh-K.**) mit oder ohne Bindemittel gepresste Schall- oder Wärmedämmplatten.

Korksäure, Suberinsäure, eine höhere gesättigte Dicarbonsäure (chemisch die Octandisäure). K., eine farblose, kristalline Substanz, entsteht u. a. bei der Oxidation von Kork mit Salpetersäure; technisch wird sie durch Oxidation von Cyclooctan (über Cyclooctadien aus Butadien hergestellt) gewonnen und zur Herstellung von Kunststoffen verwendet.

Korkschwämme, Suberitidae, auffallend gelb oder orange gefärbte Kieselschwämme, z. B. der **Häuschenschwamm** (Suberites domuncula) im Mittelmeer auf von Einsiedlerkrebsen bewohnten Schneckengehäusen.

Korku, westlichste Volksgruppe mit Mundasprache in Indien. Die etwa 200 000 K. leben in mehreren isolierten Gruppen im Satpuragebirge von Madhya Pradesh und Maharashtra. Sie sind Hindu.

Korkwolle, Kurkwolle [pers. ›Flaum‹, ›weiche Wolle‹], sehr feine Unterwolle pers. Schafe, gewonnen durch Auskämmen, auch Ausreißen, wodurch eine größere Reinheit als beim Scheren gewährleistet und die Kräuselstruktur des Wollhaares besser gewahrt sein soll. K. wird als Knüpfwolle für hochwertige Teppiche verwendet.

Korkyra, griech. Name für →Korfu.

Kormophyten [zu griech. *kormós* ›Stamm‹ und *phytón* ›Pflanze‹], *Sg.* **Kormophyt** *der, -en,* **Cormo-**

$$\begin{array}{c} COOH \\ | \\ (CH_2)_6 \\ | \\ COOH \end{array}$$

Korksäure

Kormorane: Phalacrocorax carbo (Größe 90 cm)

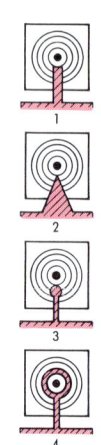

Korn 5):
1 Balkenkorn;
2 Dachkorn;
3 Perlkorn; 4 Ringkorn

Arthur Kornberg

Alexis Korner

Christian Gottfried Körner

phyta, **Sprosspflanzen,** Pflanzen, deren Vegetationskörper (**Cormus, Kormus**) sich im Ggs. zum Thallus aus den Grundorganen (Spross-)Achse, Blatt und Wurzel zusammensetzt.

K. entwickelten sich als Anpassung an das Landleben, wobei mit der Differenzierung in die Grundorgane auch eine gewebl. Differenzierung einherging: →Abschlussgewebe schränkt die Verdunstung ein; Leitgewebe (→Leitbündel) ermöglicht den Transport von Assimilaten von den Blättern bis zu den Wurzeln sowie die Aufnahme und den Transport von Wasser und Nährsalzen in umgekehrter Richtung; →Festigungsgewebe gibt dem Pflanzenkörper Halt (Wegfall der bei den Wasserpflanzen vorhandenen tragenden Kräfte des Wassers). Daneben sind meist noch weitere Gewebetypen ausgebildet.

Zu den K. gehören die Farnpflanzen und die Samenpflanzen. An der Grenze zw. K. und Thallophyten befinden sich die Moose, deren Vegetationskörper keine echten Wurzeln aufweist, jedoch bei einigen Gruppen ein hoch differenziertes Wasserleitungsgewebe entwickelt. Die K. haben stammesgeschichtlich gesehen den höchsten Differenzierungsgrad innerhalb des Pflanzenreiches erreicht.

Kormorane [frz., von altfrz. corp mareng, eigtl. ›Meerrabe‹, Sg. **Kormoran** der, -s, **Scharben, Phalacrocoracidae,** mit 39 Arten fast weltweit an Binnengewässern und küstennahen Meeresgewässern verbreitete, zu den Ruderfüßern gestellte Vogelfamilie; meist dunkel bis schwarz gefärbte Wasservögel mit hakig herabgebogener Oberschnabelspitze. K. ernähren sich v.a. von Fischen, die sie durch Tauchen (Tauchdauer bis zu 45 Sekunden) erbeuten. Nach dem Tauchen breiten sie an Land ihre Flügel zum Trocknen aus. K. bauen ihre Nester am Boden oder auf Bäumen (oft in großen Kolonien), die zwei bis vier Jungen kommen nackt zur Welt. K. fliegen oft in V-Formation mit gerade nach vorn gestrecktem Hals. Die nördl. Populationen sind Zugvögel. – Zu den K. gehören u.a. der flugunfähige, auf einigen Galápagosinseln lebende **Galápagos-K.** (**Stummel-K., Stummelscharbe,** Phalacrocorax harris; Größe bis 90 cm); dessen Bestände von der Ausrottung bedroht sind; mit oberseits braungrauem, unterseits hellerem Federkleid. Weiterhin der an der Westküste Südamerikas verbreitete **Guano-K.** (Phalacrocorax bougainvillei; Größe bis 70 cm), der als wichtigster Guanoerzeuger gilt. In Europa vorkommende Arten sind der **Kormoran** (Phalacrocorax carbo; Größe 90 cm) mit weißen Wangen, die **Krähenscharbe** (Phalacrocorax aristotelis; Größe 76 cm) mit aufrichtbarer Federhaube am Kopf und die **Zwergscharbe** (Phalacrocorax pygmaeus; Größe 48 cm) mit dunkelrotbraunem Kopf, die kleinste Art der Kormorane. (BILD S. 393)

Kormus [griech. kormós ›Stamm‹] der, -, Vegetationskörper der →Kormophyten.

Korn, 1) *gemeinsprachlich* für: Getreide, v.a. für die wichtigste Getreideart eines Landes (z.B. in Dtl. meist der Roggen, in den USA der Mais); auch Bez. für →Kornbranntwein.

2) *Fotografie:* die Struktur einer fotograf. Schicht. Bei unbelichteten (Aufnahme-)Materialien besteht sie aus Silberhalogenidkristallen, bei entwickelten Schichten aus kolloidal verteiltem metall. Silber bzw. aus Farbstoffpartikeln. I. Allg. wird für ein gutes Auflösungsvermögen Feinkörnigkeit angestrebt, jedoch steht die K.-Größe im Zusammenhang mit der Empfindlichkeit des fotograf. Materials.

3) *Kristallographie* und *Festkörperphysik:* →Korngrenzen.

4) *Metallurgie:* ältere Bez. für →Feingehalt.

5) *Waffenwesen:* bei Hand- und Faustfeuerwaffen der dem Auge entfernter liegende Teil der Visiereinrichtung. Beim Zielen muss der Schütze versuchen, →Kimme, K. und Zielpunkt in eine Linie zu bringen. K. ist fest auf der Oberseite des Laufes oder Rohres nahe der Mündung angebracht. Je nach Form unterscheidet man Balken-, Dach-, Perl- und Ring-K., Flugabwehrvisiereinrichtungen haben ein Kreis-K. mit konzentrisch angeordneten Ringen versch. Durchmesser zur Ermittlung des Vorhaltewinkels.

Korn, 1) Arthur, Physiker, *Breslau 20. 5. 1870, †Jersey City (N. J.) 22. 12. 1945; war 1914–39 Prof. in Berlin, ab 1939 in den USA. Ihm gelang 1904 die prakt. Durchführung der Bildtelegrafie mit Lichtabtastung und Photozelle und 1923 die drahtlose Bildübertragung von Rom nach Bar Harbor (Me.).

2) Karl Johannes Robert, Publizist und Schriftsteller, *Wiesbaden 20. 5. 1908, †Bad Homburg v.d. Höhe 10. 8. 1991; 1934–40 Redakteur, zuletzt bei der Wochenzeitung ›Das Reich‹, dort fristlos entlassen, Berufsverbot; 1949–73 Mitherausgeber und Leiter des kulturellen Teils der ›Frankfurter Allgemeinen Zeitung‹; schrieb Erzählendes, Betrachtungen (bes. zeit- und sprachkrit. Art), Biographien; Reisebücher.

Werke: Sprache in der verwalteten Welt (1958); Über Land u. Meer (1977); Zola in seiner Zeit (1980); Rhein. Profile (1988). – *Autobiographisches:* Die Rheingauer Jahre (1946); Lange Lehrzeit (1975).

3) [kɔːn], Peter Jona, amerikan. Komponist dt. Herkunft, *Berlin 30. 3. 1922; studierte in Jerusalem bei STEFAN WOLPE und in Los Angeles (Calif.) u.a. bei A. SCHÖNBERG und E. TOCH. 1967–87 Direktor des Richard-Strauss-Konservatoriums in München; seit 1994 lebt er in den USA. K. komponierte Orchesterwerke, darunter vier Sinfonien (1946, 1951, 1956, 1990), ›Beckmesser-Variationen‹ (1977), Konzerte für Violine (1965), Trompete (1979), Altsaxophon (1982), Cembalo (›Concerto classico‹, 1988) mit Orchester, Kammermusik, Klavier- und Orgelstücke, Kantaten, Chöre, Lieder.

Kornaros, Vizenzos, griech. Epiker und Dramatiker, *Sitia (Kreta) Anfang des 17. Jh., †ebd. 1677; schrieb die romanhafte epische Dichtung ›Erotokritos‹ (hg. 1713; etwa 10 000 fünfzehnsilbige Verse in Reimpaaren), die zu den bedeutendsten Werken der griech. Literatur dieser Zeit zählt; auch das religiöse Drama (Mysterienspiel) ›Das Opfer Abrahams‹ wird K. zugeschrieben.

Kornati, Adriainseln in Norddalmatien, Kroatien, südlich von Zadar, 320 km², die größte der 125 Inseln, Eilande und Felsen ist **Kornat** (32,6 km²). Die meisten dieser Inseln (101) und das Meeresgebiet um die K. wurde 1980 zum Nationalpark erklärt.

Kornberg [ˈkɔːnbəːg], Arthur, amerikan. Biochemiker, *Brooklyn (N. Y.) 3. 3. 1918; nach Forschungstätigkeiten u.a. am New York University College of Medicine (bei S. OCHOA) wurde K. 1959 Prof. und Leiter der biochem. Abteilung an der Stanford University in Palo Alto (Calif.). 1956 gelang es ihm und seinen Mitarbeitern, ein DNA-synthetisierendes Enzym, die K.-Polymerase, zu isolieren (→DNA-Polymerasen). Für diese Arbeiten erhielt er (mit OCHOA) 1959 den Nobelpreis für Physiologie oder Medizin.

Kornblume, Art der Korbblütlergattung →Flockenblume.

Kornbranntwein, Korn, Trinkbranntwein aus Getreidedestillat, und zwar (lt. Gesetz) nur aus Roggen, Weizen, Gerste (vermalzt), Buchweizen und Hafer (Letztere werden jedoch kaum verwendet); wenn nur aus einer Getreideart, darf diese angegeben werden (z. B. **Weizenkorn**.) Mindestalkoholgehalt 32 Vol.-%, bei **Doppelkorn** (Edelkorn, Kornbrand) 38 Vol.-%. K. wird fast nur in Dtl. hergestellt. Die über 560 K.-Brennereien (ein Drittel in Westfalen; meist Kleinbetriebe) erzeugen jährlich rd. 40 Mio. l K.; bei dessen Gewinnung fallen rd. 500 Mio. l Schlempe an, die als eiweißhaltiges Futtermittel bei der Viehmast verwendet werden kann (allerdings nur warm). Die meisten K.-Brennereien liefern an die Dt. K.-Verwertungsstelle in Münster, die den nach erneuter Destillation gewonnenen **Kornfeinbrand** an die Spirituosenindustrie liefert.

Kornealreflex [von lat. cornea ›Hornhaut‹], der →Hornhautreflex.

Kornelimünster, Stadtteil von Aachen, NRW, Ziel einer alle sieben Jahre stattfindenden Wallfahrt zu den ›Heiligtümern‹ (dem Schürztuch, dem Schweißtuch und dem Grabtuch, Stoffen aus der Zeit JESU CHRISTI), mit ehem. Benediktiner-Reichsabtei (814 gegr.); in der got. fünfschiffigen Hallenkirche (14.–16. Jh.) reiche spätgot. Gewölbeausmalung, hinter dem Chor oktogonale Wallfahrtskapelle (Korneliuskapelle; 1706). Die Abteigebäude (jetzt Außenstelle des Bundesarchivs) wurden 1721–28 als dreiflügelige Barockanlage erbaut. Spätgot. ehemalige kath. Pfarrkirche St. Stephan (15. Jh.) mit karoling. Westbau.

Kornelkirsche, Art der Pflanzengattung →Hartriegel.

Kornemann, Ernst, Althistoriker, *Rosenthal (bei Marburg) 11. 10. 1868, †München 4. 12. 1946; wurde 1902 Prof. in Tübingen, 1918 in Breslau. Schrieb u. a. eine ›Röm. Geschichte‹ (1938–39, 2 Bde.), eine ›Weltgeschichte des Mittelmeerraumes von Philipp II. von Makedonien bis Muhammed‹ (hg. v. H. BENGTSON 1948–49, 2 Bde.) und ›Tiberius‹ (hg. v. DEMS. 1960).

körnen, andere Bez. für →ankörnen.

Korner [ˈkɔːnə], Alexis, brit. Rockmusiker (Gitarre und Gesang) österreichisch-griech.Herkunft, *Paris 19. 4. 1928, †London 1. 1. 1984; gründete 1961 die Rockgruppe ›Blues Incorporated‹, aus der u. a. die Rolling Stones hervorgingen; wirkte entscheidend auf die Integration des Blues in die europ. Rockmusik ein und regte die Gründung zahlr. später berühmter Formationen an.

Körner, 1) Christian Gottfried, Jurist, *Leipzig 2. 7. 1756, †Berlin 13. 5. 1831, Vater von 4); Freund und Verehrer des jungen SCHILLER, dem er 1785–87 in Loschwitz (heute zu Dresden) Obdach bot. Erörterte mit SCHILLER in einem ausgedehnten Briefwechsel poet. und ästhet. Fragen (4 Bde., hg. 1847); schrieb die erste zuverlässige Schillerbiographie (in der Einleitung zu seiner 12-bändigen Schillerausgabe, 1812–15).

A. J. CAMIGLIANO: Friedrich Schiller and C. G. K. A critical relationship (Stuttgart 1976).

2) Hermine, geb. **Stader,** Schauspielerin, Regisseurin, Theaterleiterin, *Berlin 30. 5. 1878 (nicht 1882), †Berlin (West) 14. 2. 1960; spielte in Wien (1898 am Burgtheater), 1905–09 in Düsseldorf (bei L. DUMONT), 1909–15 am Hoftheater Dresden, 1915–19 am Dt. Theater Berlin; 1919–25 Leiterin des Münchner Schauspielhauses, 1925–29 des Albert-Theaters in Dresden; 1934–44 am Staatstheater Berlin, nach dem Krieg in Stuttgart, Hamburg, ab 1958 am Schiller-Theater Berlin. K. war eine der letzten großen Tragödinnen. Rollen: u. a. Elisabeth (›Maria Stuart‹), Lady Macbeth, Phädra (J. RACINE), die Irre von Chaillot (J. GIRAUDOUX), Hekuba in den ›Troerinnen‹ (EURIPIDES/M. BRAUN), Atossa in den ›Persern‹ (AISCHYLOS/M. BRAUN). – Regie führte sie ab 1919.

M. BRAUN: Die Schauspielerin H. K. (1964); A. SMITH: H. K. (1970).

3) Josef, Literaturwissenschaftler, *Rohatetz (bei Göding) 15. 4. 1888, †Prag 9. 5. 1950; 1930–38 Prof. in Prag; verfasste zahlr. geistesgeschichtlich und national ausgerichtete Studien zur german. Heldensage, dt. Romantik und zu A. W. SCHLEGELS Poetik.

Werke: Nibelungenforschungen der dt. Romantik (1911); Die Botschaft der dt. Romantik an Europa (1929); Bibliogr. Hb. des dt. Schrifttums (1949).

4) Karl Theodor, Schriftsteller, *Dresden 23. 9. 1791, †(gefallen) Gadebusch 26. 8. 1813, Sohn von 1). Wuchs in einem durch die Verbindungen seines Vaters zu GOETHE, SCHILLER und W. VON HUMBOLDT geprägten Milieu auf, studierte zunächst in Freiberg Bergbau, Chemie und Mineralogie, in Leipzig Jura, danach Philosophie und Geschichte in Berlin. Von 1811 an hielt er sich in Wien auf, wo er mit W. VON HUMBOLDT, A. H. MÜLLER, K. W. F. SCHLEGEL und J. VON EICHENDORFF verkehrte und mit Opernlibretti (›Das Fischermädchen‹, 1811), Lustspielen (u. a. ›Der grüne Domino‹, 1811) sowie dem patriot. Drama ›Zriny‹ (gedr. 1814) erfolgreich war und 1813 eine Anstellung als Hoftheaterdichter erhielt. Im März 1813 schloss er sich dem Freikorps des Majors A. VON LÜTZOW an. – Seine Unterhaltungsstücke sowie die pathet. Dramen entsprachen dem Zeitgeschmack und sind literarisch anspruchslos. Gefeiert wurde er v. a. als Dichter der Befreiungskriege. Die Gelegenheitsdichtungen (u. a. ›Mein Vaterland‹, ›Lützows wilde Jagd‹) wurden 1814 von seinem Vater unter dem Titel ›Leyer und Schwert‹ herausgegeben.

Ausgaben: Werke, hg. v. A. STERN, 3 Bde. (1889–90); Werke, hg. v. H. ZIMMER, 2 Bde. (²1917).

E. C. KOLLMAN: T. K. (Neuausg. 1973).

5) Theodor, österr. General und Politiker, *Komorn (Ungarn) 24. 4. 1873, †Wien 4. 1. 1957; Pionieroffizier, später u. a. im Generalstab tätig, im Ersten Weltkrieg (als Oberst) Generalstabschef an der Isonzofront; trat 1924 als General in den Ruhestand. 1923–33 für die SPÖ im Bundesrat als Vertreter Wiens. K. beteiligte sich als militär. Berater am Aufbau des Republikan. Schutzbundes. Nach den →Februarunruhen war er 1934 in Haft; nach dem 20. 7. 1944 inhaftierte ihn die Gestapo für kurze Zeit. Nach Wiedererrichtung der Rep. Österreich Bürgermeister von Wien (1945–51); seit 1951 Bundespräsident.

6) Wolfgang, Schriftsteller, *Breslau 26. 10. 1937; lebt seit 1952 in der BRD; als Mitgl. der →Gruppe 61 setzte er sich in seinem Roman ›Versetzung‹ (1966) kritisch mit der Arbeitswelt der Angestellten auseinander, schrieb danach v. a. Kinder- und Jugendliteratur (›Die Zeit mit Michael. Eine Sommergeschichte‹, 1978), auch Film- und Fernsehdrehbücher. Seit den 80er-Jahren erfolgreich mit Satiren (›Der einzig wahre Opernführer‹, 1985, u. a.).

Weitere Werke: *Romane:* Der Weg nach drüben (1976); Und jetzt die Freiheit? (1977); Im Westen zu Hause (1978); Büro, Büro oder die Unters. des Azubi Sigbert Schmidt zum Faktor L in der Konrad-Lurzer-KG (1983); Scharfe Suppen für hungrige Männer (1986).

Kornelimünster: Ortskern mit Abteibereich und der oktogonalen Korneliuskapelle (1706), am oberen Bildrand die ehemalige Pfarrkirche Sankt Stephan (15. Jh.)

Hermine Körner

Karl Theodor Körner

Theodor Körner

Körnerfresser, nichtwiss. Bez. für v. a. Samen fressende Vögel mit kegelförmigem Schnabel.

Körnerkrankheit, das →Trachom.

Körnerschicht, Schicht der Oberhaut (→Haut).

Kornerupin [nach dem dän. Geologen A. N. KORNERUP, * 1857, † 1881] *der, -s/-e,* **Prismatin,** rhombisches, weißes bis braungelbes Mineral, Borsilikat, $Mg_4Al_6[(O, OH)_2|BO_4|(SiO_4)_4]$; Härte nach MOHS etwa 7, Dichte 3,3 g/cm³, Glasglanz; langprismat., oft dünnstängelige Kristalle, z. T. strahlige Aggregate; in tonerdereichen, metamorphen Gesteinen, auch in Seifen; v. a. auf Madagaskar große, klare, seegrüne Kristalle von Edelsteinqualität.

Kornett [frz., zu cornette ›Standarte‹] *der, -(e)s/-e und -s,* im 17. und 18. Jh. Bez. für den jüngsten Offizier einer Kavallerieeinheit; er entsprach dem →Fähnrich.

Kornett [frz. ›kleines Horn‹, zu lat. cornu ›Horn‹] *das, -(e)s/-e und -s,* **Cornet à Pistons** [kɔr'nɛ a pis'tɔ̃, frz.], Kurz-Bez. **Piston,** ein um 1830 aus dem Posthorn durch Anbringen von zunächst zwei, dann drei Ventilen entstandenes Blechblasinstrument. Das v. a. in der Militärmusik, aber auch (in roman. Ländern) im Sinfonieorchester und im frühen Jazz verwendete trompetenähnl. K. hat eine enge, meist kon. Röhre; es wird im Bereich höherer Naturtöne gespielt. Für die gebräuchlichsten Größen, das K. in B und das **Cornettino** in Es, wird transponierend notiert. – Als Orgelregister ist K. entweder eine Zungenstimme, die den Klang des Zinken (Cornetto) nachahmt, oder eine gemischte Stimme, die sich von der →Mixtur durch die Beigabe der Terz unterscheidet.

Kornett: Englische Arbeit; 1845 (Brüssel, Musée instrumental du Conservatoire de Musique)

Korneuburg, Bezirkshauptstadt in Niederösterreich, am linken Ufer der Donau nördlich von Wien, 220 m ü. M., 12 400 Ew.; Bez.-Behörden, Schule für Datenverarbeitungsfachleute, Kulturzentrum mit Stadtmuseum; Metall-, Kunststoff-, Papier- und Lederverarbeitung, Herstellung von Arzneimitteln und Kosmetika, Wärmekraftwerk. – Pfarrkirche St. Ägyd (13. Jh.); Augustinerkirche (1773 geweiht) mit Hochaltarbild von F. A. MAULBERTSCH (um 1770); Bürgerhäuser des 16.–18. Jh.; auf dem Hauptplatz eine Dreifaltigkeitssäule von 1747. – Das um 1136 erstmals als Stadt erwähnte heutige K. erwuchs aus dem 1218 geteilten Neuburg, dessen Ortsteil ›Neuburg markthalben‹ als landesfürstl. Stadt K. sich zu einem bedeutenden Donauhafen entwickelte.

Kornfeld, Paul, Schriftsteller, * Prag 11. 12. 1889, † im Ghetto von Łódź 25. 4. 1942. K. gehörte zum →Prager Kreis um M. BROD, F. WERFEL, F. KAFKA, O. BAUM und W. HAAS. Er ging 1916 nach Frankfurt am Main, war ab 1925 Dramaturg in Berlin bei M. REINHARDT, später in Darmstadt, dann wieder in Berlin; ab 1933 im Exil in Prag. 1941 wurde er nach Polen deportiert. K. verfaßte ›Der beseelte und der psycholog. Mensch‹ (entstanden 1916–18), eine der wichtigsten Bekenntnisschriften des expressionist. Theaters, in der er eine metaphys. Auffassung vom Menschen gegen die monist. und mechanist. Theorie des Naturalismus vertrat.

Weitere Werke: Dramen: Die Verführung (1916); Himmel u. Hölle (1919); Kilian oder Die gelbe Rose (1926); Jud Süß (1930); Blanche oder das Atelier im Garten (hg. 1957).

Ausgabe: Revolution mit Flötenmusik u. a. krit. Prosa, 1916–1932, hg. v. M. MAREN-GRIESEBACH (1977).

Korngäu, Hochfläche östlich des Schwarzwalds, →Oberes Gäu.

Korngold, Erich Wolfgang, amerikan. Komponist österr. Herkunft, * Brünn 29. 5. 1897, † Hollywood (Calif.) 29. 11. 1957; Schüler von R. FUCHS und A. VON ZEMLINSKY. Die Uraufführung seiner Oper ›Die tote Stadt‹ 1920 in Hamburg wurde zum Welterfolg. Seit 1931 war K. Prof. an der Musikakademie in Wien. Nach der Emigration in die USA (1934) schrieb K. bes. Filmmusiken. Seine von der Spätromantik ausgehende Musiksprache neigt zu großer Farbigkeit und starken Effekten. K. schrieb weitere Opern, Orchesterwerke, Kammermusik sowie Klavierstücke. Er bearbeitete auch Operetten.

L. KORNGOLD: E. W. K. (Wien 1967).

Korngrenzen, *Kristallographie* und *Werkstoffkunde:* Grenzflächen bzw. -schichten zw. Kristallbereichen (›Kristalliten‹ oder ›Körnern‹) gleicher Phase, aber unterschiedl. Orientierung in polykristallinen Gefügen; gehören die Körner versch. Phasen an, werden die Grenzflächen als **Phasengrenzen** bezeichnet. Nach der kristallograph. Systematik sind K. zweidimensionale →Gitterbaufehler in →Realkristallen.

Die K. haben eine Dicke von einem bis etwa fünf Atomdurchmessern und können mehr oder weniger periodisch strukturiert sein. Sie lassen sich einteilen in **Kleinwinkel-K.** (Sub-K.), bei denen der Orientierungsunterschied der Körner i. Allg. kleiner als etwa 15° ist, sowie in **Großwinkel-K.,** die sich weiter danach unterscheiden lassen, ob die Struktur der K. ungeordnet ist und keinen Zusammenhang mit den Gittern der benachbarten Körner zeigt **(inkohärente K.)** oder eine period. Ordnung besitzt, die im Zusammenhang mit dem Gitterbau und der Orientierung der benachbarten Körner steht **(kohärente K.).** Häufig sind die K. aber weder gänzlich inkohärent noch gänzlich kohärent, sondern **teil-** oder **semikohärent.** Kleinwinkel-K. kann man sich als durch eine Aneinanderreihung von Versetzungen (eindimensionale Gitterbaufehler) entstanden vorstellen; sie sind dementsprechend teilkohärent. Besondere Arten von K. sind →Stapelfehler und Zwillingsgrenzen (→Zwillinge); beide sind kohärent.

K. (und mit ihnen Korngrößen) haben einen beträchtl. Einfluss auf Materialeigenschaften, bes. bei metall. Werkstoffen; dazu gehören Festigkeit, Plastizität, elektr. Leitfähigkeit u. a. Transporterscheinungen, wie die Diffusion von Fremdatomen und Gitterstörstellen. Fremdatome und Verunreinigungen reichern sich in K. an und können in diesen i. Allg. schneller diffundieren (interkristalline Diffusion) als durch die Körner hindurch (intrakristalline Diffusion). K. können daher bevorzugt durch Korrosion angegriffen werden **(K.-Korrosion).** Bei genügend hohen Temperaturen können K. durch Übergang von Atomen von einem Korn zu dessen Nachbarn wandern, bes. wenn das Material unter mechan. (innerer oder äußerer) Spannung steht. Diese Wanderung erfolgt i. d. R. leichter bei inkohärenten Großwinkel-K. als bei kohärenten oder als bei Kleinwinkel-K. Vorgänge dieser Art spielen eine wichtige Rolle bei der →Rekristallisation, bei Kornwachstum und bei der Bildung von →Texturen. Die Festigkeit und Duktilität von Metallen hängen gewöhnlich stark von der Möglichkeit der →Gleitung von Versetzungen bei der Einwirkung äußerer Kräfte ab. K. stellen ein Hindernis für dieses Gleiten dar, und folglich nimmt die Festigkeit mit abnehmender Korngröße zu, die Duktilität

Paul Kornfeld

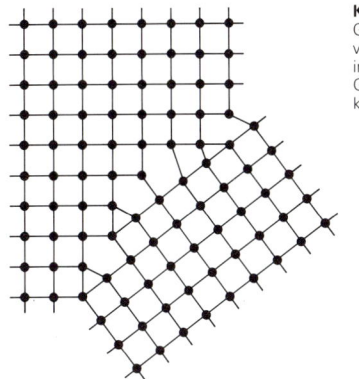

Korngrenzen: Gitterverzerrungen im Bereich einer Großwinkelkorngrenze

dagegen ab. Im Ggs. hierzu nimmt die Duktilität bei höheren Temperaturen jedoch zu (K.-Gleiten, →Kriechen). Ein wichtiges techn. Problem ist die Begünstigung von Korrosion (Spannungsrisskorrosion) durch mechan. Spannungen in Korngrenzen.

Korngröße, 1) Teilchengröße in Pulvern, Stäuben u. a. körnigen Gemengen (Sedimente, Böden, Baustoffe). K. und K.-Verteilung werden u. a. durch die →Siebanalyse oder die →Sedimentationsanalyse gemessen, wobei der Anteil aller Körner eines Gemenges bis zu einem bestimmten Durchmesser ermittelt wird. Das Ergebnis wird häufig als Summenlinie (K.-Verteilungskurve, Körnungslinie) dargestellt. – Böden und Sedimente mit Korndurchmessern kleiner als 0,06 mm werden als feinkörnig (z. B. Ton, Schluff), solche mit größeren Durchmessern als grobkörnig (z. B. Sand, Kies, Steine) bezeichnet.
2) die Größe der Körner (Kristallite) in →Gefügen; sie liegt bei Metallen gewöhnlich zw. 0,015 mm (Feinkorn) und 0,25 mm (Grobkorn).

Kornhauser, Julian, poln. Schriftsteller und Slawist, * Gleiwitz 20. 9. 1946; wendet sich in seiner Prosa und Lyrik (›148 wierszy‹, 1982, Ausw.) gegen weltanschaul. und sprachl. Konformismus der Intelligenz und spricht sich für einen aufrichtigen Gegenwartsbezug der Literatur aus. Sein mit A. ZAGAJEWSKI verfasster Essayband ›Świat nie przedstawiony‹ (1974) gilt als Programmschrift der Bewegung ›Nowa Fala‹ (Neue Welle).

Kornijtschuk, Kornijčuk [-tʃ-], Oleksandr Jewdokymowytsch, russ. **Aleksandr Jewdokimowitsch Kornejtschuk,** ukrain. Dramatiker, * Christinowka (Gebiet Tscherkassy) 25. 5. 1905, † Kiew 14. 5. 1972; ⚭ mit WANDA WASILEWSKA; hatte hohe Partei- und Staatsämter inne, 1938–52 Vors. des ukrain. Schriftstellerverbandes. K., der als einer der führenden sowjet. Dramatiker der Stalinzeit gilt, schrieb im Sinne des sozialist. Realismus v. a. histor. und patriot. Dramen sowie Komödien aus dem sowjet. Alltag (›Kalinovyj haj‹, 1950; dt. ›Das Holunderwäldchen‹). Sein Schauspiel ›Kryla‹ (1954; gedr. 1956) wurde während der Tauwetterperiode heftig diskutiert.

Ausgabe: Tvori, 5 Bde. (1966–68).

Kórnik [′kur-], Stadt in Polen, →Kurnik.

Kornilow, Wladimir Nikolajewitsch, russ. Schriftsteller, * Dnjepropetrowsk 29. 6. 1928; begann mit Lyrik (›Pristan'‹, 1964). In seiner Prosa zeichnet er realistisch Menschen und Verhältnisse der Nachkriegszeit (›Bez ruk, bez nog‹, 2 Tle., 1974–75; dt. ›Ohne Arme, ohne Beine‹) sowie der Zeit nach STALIN (›Demobilizacija‹, 1971; dt. ›Abschied vom Regiment‹).

Weitere Werke: Romane: Devočki i damočki (1968; dt. Mädchen und Dämchen); Kamenščik, Kamenščik (1980; dt. Eingemauert von eigener Hand).

Ausgabe: Izbrannoe. Stichotvorenija i poėmy (1991).

kornische Sprache und Literatur. Kornisch (Eigen-Bez. Kernewek) ist die gegen Ende des 18. Jh. ausgestorbene kelt. Sprache von Cornwall (→keltische Sprachen). Das Vordringen der Sachsen zum Bristolkanal (Schlacht von Dyrham, 577) hatte die Südwest-Briten (Kornen u. a.) von den West-Briten (Kymren u. a.) getrennt. Bis zum Ende des 6. Jh. gliederten sich die südwestbritann. Sprachen Kornisch und Bretonisch aus der britann. Grundsprache aus.

Die bes. für die Frühzeit spärl. Quellen unterscheidet man sprachlich (abgesehen vom hypothet. Urkornisch) als **Altkornisch** (vom späten 9. Jh. an), **Mittelkornisch** (12.–16. Jh.) und **Neukornisch** (17.–18. Jh.). Die wichtigsten altkorn. Materialien sind 1) Glossen aus der Zeit um 1000 in einer lat. Abhandlung über DONAT von SMARAGDUS, Abt von Saint-Mihiel; 2) zahlr. Namen in Freilassungsurkunden, die vom 10. bis 12. Jh. in das ›Bodmin-Evangeliar‹ eingetragen wurden; 3) das ›Vocabularium Cornicum‹ von etwa 1100, eine Bearbeitung des von Abt ÆLFRIC stammenden lateinisch-altengl. Glossars, sprachlich in einer Übergangsform von Altkornisch zu Mittelkornisch. Die erhaltenen mittelkorn. Quellen umfassen u. a. ein 41-zeiliges Fragment eines Dramas (um 1400), ein Passionsspiel ›Pascon agan Arluth‹ (Die Passion unseres Herrn) oder ›Mount Calvary‹ (15. Jh.), eine gelehrte Mysterien-Trilogie ›Ordinalia‹ (15. Jh.) und eine dramatisierte ›Vita‹ des hl. MERIASEK (›Beunans Meriasek‹) in einer Handschrift von 1504. Aus neukorn. Zeit sind Gedichte, Sprichwörter, Briefe u. a., Übersetzungen sowie eine Fassung der ›Geschichte von den drei guten Ratschlägen‹ überliefert. EDWARD LHUYD (* 1660, † 1709), dessen ›Archaeologia Britannica‹ eine korn. Grammatik enthält, schrieb 1702 eine korn. Elegie auf WILHELM III. VON ORANIEN. In jüngster Zeit gibt es Versuche, die korn. Sprache wieder zu beleben (rd. 1000 Sprecher).

H. JENNER: A handbook of the Cornish language (London 1904, Nachdr. New York 1982); J. J. PARRY: The revival of Cornish. An Dasserghyans Kernewerk, in: Publications of the Modern Language Association of America, Jg. 61 (Baltimore, Md., 1946); CARADAR (d. i. A. S. D. SMITH): Cornish simplified. Short lessons for self-tuition (St. Ives ²1955, Nachdr. Trewolsta 1981); P. BERRESFORD ELLIS: The Cornish language and its literature (London 1974); E. CAMPANILE: Profilo etimologico del cornico antico (Pisa 1974); O. J. PADEL: Cornish place-name elements (Nottingham 1985).

Korniss, Dezső, ungar. Maler, * Bistritz 1. 12. 1908, † Budapest 17. 8. 1984; entwickelte in den späten 20er-Jahren mit G. KEPES u. a. einen ›konstruktiven Surrealismus‹ und suchte nach einer Synthese von Konstruktivismus und ungar. Volkskunst analog der Musik B. BARTÓKs.

Kornkäfer, Schwarzer Kornwurm, Sitophilus granarius, Calandra granaria, bis 4,7 mm langer, braunschwarzer, schlanker Rüsselkäfer, flugunfähig. Weit verbreiteter Schädling an Getreidevorräten; die fußlose Larve frisst das Korninnere von Gerste, Hafer, Mais, Roggen, Weizen, befällt auch Eicheln, Buchweizen, geschälten Reis, Teigwaren.

Kornmotte, Nemapogon granellus, Art der Echten Motten, Flügelspannweite 13 mm. Die Raupe **(Weißer Kornwurm)** frisst an verschiedenen pflanzl. Stoffen, häufig auch an trocken gelagertem Getreide und wird dann zum gefürchteten Vorratsschädling.

Kornnatter, Elaphe guttata, prächtig gefärbte nordamerikan. Kletternatter, die sich vorwiegend von Mäusen ernährt.

Kornrade, einzige heim. Art der Nelkengewächsgattung →Rade.

Kornstar, alte Tiroler Volumeneinheit für Früchte; 1 K. = 30,544 l.

Korntal-Münchingen, Stadt im Landkreis Ludwigsburg, Bad.-Württ., im Strohgäu, 300 m ü. M., 17 300 Ew.; Werkzeugindustrie, Lackfabriken u. a. In-

Kornkäfer (oben; Länge bis 4,7 mm): a Larve im Getreidekorn; b Vom Käfer zerstörtes Korn

Kornmotte (Flügelspannweite 13 mm)

dustriebetrieben. – Durch Zusammenschluss von Münchingen (seit Mitte des 12. Jh. urkundlich belegt) und Korntal (1819 von württemberg. Pietisten gegr.) entstand 1975 die heutige Stadt.

Kornweihe, ein Greifvogel (→Weihen).
Kornwestheim, Große Kreisstadt im Landkreis Ludwigsburg, Bad.-Württ., nördlich von Stuttgart, 303 m ü. M., 29 700 Ew.; Schuhindustrie, Maschinenbau, großer Rangier- und Containerbahnhof. – Ev. Pfarrkirche St. Martin (1516); ehem. Schafhof, ein Fachwerkbau des 15. Jh. Das Rathaus am Marktplatz und den Wasserturm, ein Stahlbetonskelett mit Ziegelausmauerung (beide 1935) errichtete P. BONATZ. Die Städt. Galerie erhielt von J. P. KLEIHUES 1987–89 einen Neubau. – Das um 780 erstmals erwähnte Dorf K. entwickelte sich im späten 19. Jh. zu einer Industriesiedlung und wurde 1931 Stadt.

Korona 1): Aufnahme der Sonnenkorona bei einer totalen Sonnenfinsternis

Kornzange, scherenförmiges chirurg. Instrument mit stumpfen Enden und eingekerbten Zangenbacken.
Kōro, jap. Weihrauchgefäß, oft aus Ton oder Metall kunstvoll gestaltet.
Köroghlu [ˈkœrøːlu] türk. ›Sohn des Blinden‹, persisch-türk. ›Sohn des Grabes‹], volkstüml. Epenzyklus südwesttürk. Herkunft, in Vorder- und Mittelasien bei türk., iran. und kaukas. Völkern verbreitet, wohl erst im 17. Jh. entstanden. Die legendenumwobene Titelfigur scheint auf einen anatol. Rebellen und Volkssänger des 16. Jh. zurückzugehen.
Korolenko, Wladimir Galaktionowitsch, russ. Schriftsteller, * Schitomir 27. 7. 1853, † Poltawa 25. 12. 1921; wurde als Mitgl. der →Narodniki 1876 vom Studium ausgeschlossen, 1879 verhaftet und 1881–85 nach Sibirien verbannt. Die sibir. Landschaft und das dortige Volksleben sind die Themen seiner in Stil und Motiven I. S. TURGENJEW nahe stehenden sibir. Novellen. Literarisch und v. a. zeitgeschichtlich bedeutend sind seine Erinnerungen ›Istorija moego sovremennika‹ (entstanden 1905–21, gedruckt 1922, 4 Bde.; dt. ›Die Geschichte meines Zeitgenossen‹).
Weitere Werke: Novellen: Son Makara (1885; dt. Makars Traum); V durnom obščestve (1885; dt. In schlechter Gesellschaft); Sokolinec (1885; dt. Die Flüchtlinge von Sachalin); Slepoj muzykant (1886; dt. Der blinde Musiker); Les šumit (1886; dt. Der Wald rauscht).
Ausgabe: Sobranie sočinenij, 10 Bde. (1953–56).
M. COMTET: V. G. K. 1853–1921, 2 Bde. (Lille 1975).
Koroljow, Korolev [-ˈljɔf], Sergej Pawlowitsch, sowjet. Raumfahrttechniker, * Schitomir 12. 1. 1907, † Moskau 14. 1. 1966; entwickelte seit 1933 Raketen, Sputnik I (1957), nachfolgende Satelliten, Sonden, Raumfahrzeuge (Wostok, Woschod) und Trägerraketensysteme.

Korolla [lat., Verkleinerung von corona, →Korona] *die, -/...len,* **Corolla, Korolle,** die Blütenkrone (→Blüte).
Koromandelküste, engl. **Coromandel Coast** [kɔrəʊˈmændl kəʊst], Küstenabschnitt in SO-Indien, zw. dem Krishnamündungsdelta und dem N-Ausgang der Palkstraße, rd. 700 km lang. Die bis 95 km breite Küstenebene ist von Inselbergen (bis 245 m ü. M.) durchsetzt. Der Anbau von Hirse, Erdnüssen, Hülsenfrüchten und Reis erfolgt vielfach mit Bewässerung. Wegen ungleichmäßiger Monsunregen sind die Ernteerträge wechselnd. An der Küste des Golfs von Bengalen wachsen Kokospalmen. Bei Neyveli (südwestlich von Pondicherry) wird Braunkohle gefördert. Wichtigste Stadt ist Madras.
Korona [lat. ›Kranz‹, ›Krone‹, von griech. korṓnē ›Ring‹] *die, -/...nen,* **1)** *Astronomie:* **Corona, Sonnenkorona,** 1) die äußerste Schicht der Sonnenatmosphäre (→Sonne). Die Dichte in der inneren K. beträgt etwa 10^9 Teilchen /cm^3 und nimmt nach außen hin stetig ab. Von der K. geht ein ständiger Materiestrom in Form des Sonnenwindes aus; man kann daher keine definitive äußere Begrenzung der K. angeben. Ihre Temperatur beläuft sich auf einige Mio. K, das Strahlungsmaximum liegt daher im Röntgenbereich. Im sichtbaren Spektralbereich ist die Ausstrahlung der K. gegenüber der in der Erdatmosphäre verursachten Sonnenstreulicht so gering, dass sie normalerweise nicht sichtbar ist. 2) die bei totalen Sonnenfinsternissen um die durch den Mond verdeckte Sonnenscheibe beobachtbare schwach leuchtende und weit ausgedehnte Lichterscheinung. Sie wird u. a. durch die Streuung von Photosphärenlicht an der K.- und der Zodiakallichtmaterie verursacht. Außerhalb totaler Finsternisse ist diese Lichterscheinung mithilfe von →Koronographen zu beobachten.
2) *atmosphär. Optik:* der →Kranz.
Korona|entladung, selbstständige →Gasentladung in einem stark inhomogenen Feld (d. h. bes. an Spitzen und Kanten von unter Spannung stehenden Körpern), bei der nur im Gebiet der höchsten Feldstärke eine mit Leuchterscheinungen (**Korona**) verbundene Stoßionisation des Gases (speziell der Luft) auftritt. K. können bei Hochspannung führenden Teilen zu erhebl. **Koronaverlusten** führen; diese erreichen bei Wechselspannungsfreileitungen bis zu 4 kW je Kilometer Leitung (sie werden durch Verwendung von Hohlseilen und Bündelleitern herabgesetzt).
koronar [lat. ›zum Kranz gehörend‹], *Medizin:* die Herzkranzgefäße betreffend.
Koronar|angiographie, die →Koronarographie.
koronare Herzkrankheit, Abk. **KHK,** nichtentzündl. Herzkranzgefäßkrankheit mit dem klin. Bild der →Koronarinsuffizienz.
Koronar|embolie, Verschluss eines Herzkranzgefäßes durch Blutgerinnsel oder einen anderen Embolus (→Embolie); führt oft zum Sekundenherztod.
Koronargefäße, die Herzkranzgefäße (→Herz).
Koronar|insuffizi|enz, Mangeldurchblutung der Koronararterien bei ein Missverhältnis zw. Blutbedarf und tatsächl. Durchblutung des Herzmuskels mit der Folge einer unzureichenden Versorgung mit Sauerstoff und Nährstoffen besteht. Sie äußert sich zunächst in einer Einschränkung der Koronarreserve, d. h. der Fähigkeit zur belastungsabhängigen Steigerung der Durchblutung, im fortgeschrittenen Stadium in einer unzureichenden Versorgung im Ruhezustand (Ruheinsuffizienz). Ursache der **primären K.** ist eine Verengung der Herzkranzgefäße (Koronarstenose) durch Einengung der Gefäßlichtung infolge Koronarsklerose, -thrombose oder -embolie (Herzinfarkt) oder durch funktionelle Störungen (Gefäßkrämpfe), Gefäßentzündung (Koronarangiitis) und degenerative Herzmuskelerkrankungen. Klin. Ausdruck der K. ist

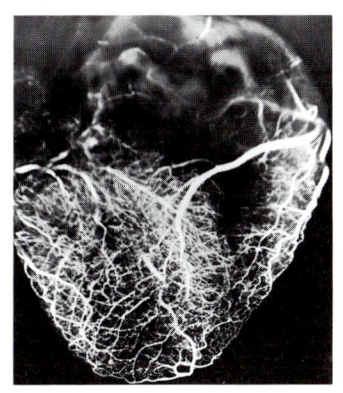

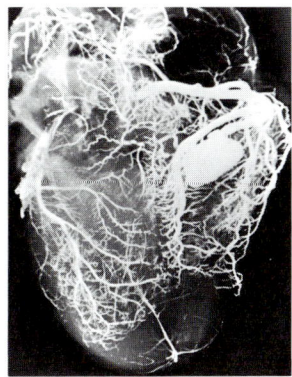

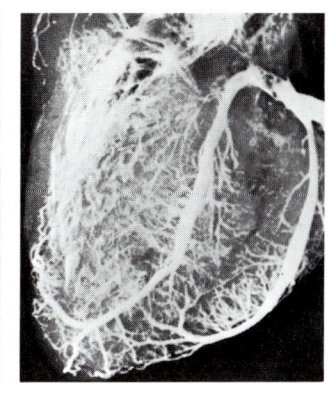

Koronarographie: links Beim normalen Herzen zeigt die Röntgenaufnahme eine gleichmäßige Füllung der Kranzgefäße bis zur Herzspitze; **Mitte** Nach einem Infarkt im Bereich der Herzspitze bleiben die Gefäße im hier betroffenen Versorgungsgebiet der linken Kranzarterie ungefüllt; **rechts** Bei Koronarsklerose zeigt das Röntgenbild plumpe, in ihrem Verlauf an manchen Stellen brechende Gefäßenden

die Angina pectoris, sie führt schließlich zur Herzinsuffizienz. Eine **sekundäre K.** wird durch allgemeinen Sauerstoffmangel im Blut (Hypoxämie, schwere Anämie, Kohlenmonoxidvergiftung) oder akuten Blutdruckabfall bei Kreislaufschock verursacht. Die Diagnose der K. ist aufgrund von Veränderungen im Elektrokardiogramm (bes. Belastungs-EKG), durch Myokardszintigraphie, Stress-Echokardiographie und mittels Koronarographie möglich.

Koronarographie die, -/...'phi\en, **Koronarangiographie,** Röntgenkontrastdarstellung der Koronararterien (Herzkranzgefäße), Form der Angiographie. Das Kontrastmittel wird über einen Spezialkatheter in die einzelnen großen Koronararterien gegeben. Ziel der Mitte der 60er-Jahre entwickelten diagnost. Methode ist das Feststellen von Veränderungen in den Koronararterien, z. B. Einengungen, die auch quantitativ zu erfassen sind, Verschlüsse oder arteriosklerot. Veränderungen. Die Risiken der Untersuchung liegen in der Auslösung einer akuten Koronarinsuffizienz, Koronarembolie, von Herzrhythmusstörungen oder einer Kontrastmittelunverträglichkeit.

Koronarsklerose, Verengung oder Verschluss der den Herzmuskel versorgenden Herzkranzgefäße durch →Arteriosklerose; Hauptursache der zur Koronarinsuffizienz führenden Durchblutungsstörungen des Herzmuskels einschließlich des durch akuten Verschluss hervorgerufenen Herzinfarkts.

Koronartherapeutika, zur Behandlung von Durchblutungsstörungen der Herzkranzgefäße eingesetzte Arzneimittel. Hierzu gehören organ. Nitrate, z. B. Glyceroltrinitrat (Nitroglycerin) und Isosorbiddinitrat, Calciumantagonisten (Calciumkanalblocker), z. B. Diltiazem, Nifedipin und Verapamil, sowie Betarezeptorenblocker, z. B. Atenolol, Metoprolol.

Koronarthrombose, auf der Grundlage einer Koronarsklerose entstehender Verschluss eines Herzkranzgefäßes, der zum Herzinfarkt führt.

Koronis, griech. **Koronis,** griech. Mythos: Tochter des Lapithen Phlegyas, Schwester des Ixion. Sie betrog ihren Geliebten Apoll, der sie daraufhin durch Artemis töten ließ. Er rettete jedoch seinen ungeborenen Sohn →Äskulap und übergab ihn dem Kentauren Cheiron zur Erziehung.

Koronograph der, -en/-en, astronom. Fernrohr zum Beobachten und Fotografieren der inneren Teile der Sonnenkorona außerhalb einer totalen Sonnenfinsternis. Das wesentl. Element des K. ist eine kegelförmig ausgebildete Blende, die die Sonnenscheibe in der Bildebene des Objektivs gerade abdeckt (analog zum Mond bei einer Sonnenfinsternis). Der Blendenmantel ist poliert, um eine seitl. Reflexion des Sonnenlichts zu ermöglichen und so eine zu starke Aufwärmung der Blende zu verhindern.

Kror, eine der Palauinseln mit der gleichnamigen Hauptstadt von →Palau, im Pazif. Ozean, 8 km², bis 140 m ü. M., 10 500 Ew.; teils vulkan. Ursprungs, teils aus Korallenkalk aufgebaut.

Körös ['kørøʃ] die, dt. **Kreisch,** rumän. **Criș** [kriʃ], linker Nebenfluss der Theiß in SO-Ungarn, 303 km lang. Die K. entsteht durch Zusammenfluss der in Rumänien im Westsiebenbürg. Gebirge entspringenden Flüsse **Schnelle, Schwarze** und **Weiße Körös** (rumän. Crișul Repede, Crișul Negru und Crișul Alb), mündet bei Csongrád; stark schwankende Wasserführung.

Korošec ['kɔːrɔʃɛts], Ante (Anton), jugoslaw. Politiker, * Biserjani (heute Videm na Ščavnici) 12. 5. 1872, † Belgrad 14. 12. 1940; kath. Priester, war als Führer der Slowen. Volkspartei 1906–18 Abg. im österr. Reichsrat und 1917/18 Präs. des südslaw. Klubs. Als Vorsitzender der Agramer Nationalrats der Slowenen, Kroaten und Serben führte er am 24. 11. 1918 den Zusammenschluss aller auf dem Gebiet der ehem. Habsburgermonarchie lebenden südslaw. Völker herbei. 1928–29 Min.-Präs., vertrat in der jugoslaw. Nationalitätenfrage eine föderative Lösung.

Koro Toro, eigtl. **Yayo,** Fundort eines fossilen Vormenschen (160 km nördlich von dem Ort K. T., Rep. Tschad) aus mittelpleistozänen Schichten mit vielen Tierresten (Entdecker Y. COPPENS); das Gesichtsfragment ist zw. Australopithecus und Homo erectus einzuordnen.

Korowin, Konstantin Aleksejewitsch, russ. Maler und Bühnenbildner, * Moskau 6. 12. 1861, † Paris 11. 9. 1939; malte Landschaften, Porträts, Stillleben und Genreszenen und beteiligte sich an den Ausstellungen der →Peredwischniki. Er entwarf auch Bühnenbilder und Kostüme. Ab 1924 lebte er in Paris.

Körper [von lat. corpus, corporis], **1)** Algebra: **algebraischer K.,** eine algebraische Struktur $(K, *, \circ)$, bestehend aus einer nichtleeren Menge K und zwei in ihr definierten Verknüpfungen $\circ$ und $*$; mit folgenden Eigenschaften:
1) $(K, *)$ ist eine kommutative →Gruppe; 0 sei das neutrale Element.
2) $(K \setminus \{0\}, \circ)$ ist eine kommutative Gruppe; 1 sei das neutrale Element.

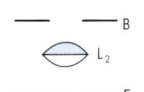

Koronograph (schematischer Längsschnitt): L_1 Objektiv; K kegelförmige Blende; F Feldlinse, die das Objektiv L_1 am Ort der Ringblende B abbildet; diese dient der Abdeckung des am Objektivrand gebeugten Lichts; das Bild der Sonnenumgebung (bei K) wird mithilfe der Projektionslinse L_2 in der Bildebene E abgebildet

3) Die Verknüpfung ∘ ist distributiv bezüglich der Verknüpfung ∗, d. h., für alle a, b, c aus K gilt: $a \circ (b \ast c) = (a \circ b) \ast (a \circ c)$.
Beispiele: Die Menge $\mathbb{Q}$ der rationalen Zahlen bildet mit den Verknüpfungen $+$ und $\cdot$ einen K. (K. der rationalen Zahlen). Gleiches gilt für die Menge $\mathbb{R}$ der reellen Zahlen und für die Menge $\mathbb{C}$ der komplexen Zahlen. Die Menge $\mathbb{Z}$ der ganzen Zahlen bildet dagegen mit den Verknüpfungen $+$ und $\cdot$ keinen K., da $(\mathbb{Z}\setminus\{0\}, \cdot)$ keine Gruppe ist.

Eine Erweiterung des K.-Begriffs erhält man, wenn man bei der Eigenschaft 2) auch nichtkommutative Gruppen zulässt (zur besseren Abgrenzung auch **Schief-K.** genannt); man unterscheidet dann zw. kommutativen und nichtkommutativen Körpern.

Ist in der Menge K eine lineare Ordnungsrelation $<$ definiert und gelten für alle a, b aus K die beiden Gesetze (Monotoniegesetze) $a < b \Rightarrow a \ast c < b \ast c$ für alle c aus K und $a < b \Rightarrow a \circ c < b \circ c$ für alle c aus K mit $0 < c$, so bezeichnet man K als **angeordneten K.** So ist z. B. der K. der rationalen und der K. der reellen Zahlen durch die Kleinerrelation angeordnet, der K. der komplexen Zahlen dagegen nicht.

Gilt für das p-fache Produkt eines beliebigen K.-Elements a die Beziehung $a \ast \cdots \ast a = 0$ und ist p eine Primzahl, so sagt man, der K. hat die **Charakteristik** p; gibt es keine Primzahl mit dieser Eigenschaft, so besitzt der K. die Charakteristik 0. **Restklassen-K.** sind K. mit von 0 verschiedener Charakteristik, der K. der reellen Zahlen und der K. der rationalen Zahlen besitzen die Charakteristik 0.

K.-Erweiterung nennt man die Erweiterung eines K. K (Grund-K.) zu einem ihn umfassenden größeren K. M. Entsteht die K.-Erweiterung durch Hinzufügen (Adjunktion) eines Elementes (›primitives Element‹), so spricht man von einer **einfachen K.-Erweiterung**. Lassen sich alle Elemente von M als Linearkombination $k_1 m_1 + \ldots + k_n m_n$ endlich vieler K.-Elemente $m_1, \ldots, m_n$ aus M mit Koeffizienten $k_1, \ldots, k_n$ aus K darstellen, so liegt eine **endliche K.-Erweiterung** vor. Beispiel für eine endl. einfache K.-Erweiterung ist die Erweiterung des K. $\mathbb{R}$ zum K. $\mathbb{C}$ durch Adjunktion von $\sqrt{-1}$, geschrieben $\mathbb{C} = \mathbb{R}(\sqrt{-1})$. Dagegen ist die Erweiterung des K. $\mathbb{Q}$ zum K. $\mathbb{C}$ weder endlich noch einfach. Der Erweiterungs-K. $\mathbb{Q}(\sqrt{2})$ besteht aus allen Ausdrücken $a + b\sqrt{2}$, bei denen a und b rationale Zahlen sind.

Da hierbei das adjungierte Element, nämlich $\sqrt{2}$, Nullstelle eines Polynoms, $x^2 - 2$, ist, spricht man von einer **algebraischen K.-Erweiterung**. Besitzt das zugehörige Polynom nur einfache Nullstellen, so heißt die K.-Erweiterung **separable K.-Erweiterung**. Liegen alle Nullstellen des (bezüglich K irreduziblen) Polynoms in der einfachen Erweiterung $K(\vartheta)$, wenn ϑ eine Nullstelle des Polynoms ist, so spricht man von einer **normalen K.-Erweiterung**. Daneben treten **transzendente K.-Erweiterungen** auf, bei denen nichtalgebraische Elemente, d. h. eine oder mehrere Unbestimmte $x, y, \ldots$, adjungiert werden; das führt auf den K. $K(x, y, \ldots)$ der Polynomquotienten in diesen Unbestimmten. Die Anzahl der adjungierten, algebraisch unabhängigen Unbestimmten ist der Transzendenzgrad des K. über dem Grund-K. K. $K(x)$ kann man wieder durch eine algebraische Funktion algebraisch erweitern usw.

Die **K.-Theorie**, die u. a. aus der Beschäftigung mit der Lösbarkeit algebraischer Gleichungen und aus der Zahlentheorie entstand, spielt in der Algebra und Zahlentheorie, v. a. unter Hinzunahme weiterer Strukturen (z. B. Ordnung oder Topologien, die mit der K.-Struktur verträglich sind), eine große Rolle.

2) *Anatomie:* Bez. für den Rumpf ohne Kopf und Gliedmaßen oder auch für den ganzen Leib.

3) *Geometrie:* **geometrischer K.**, ein allseitig von ebenen oder gekrümmten Flächen begrenzter (vollständig abgeschlossener) Teil des Raumes. Die Gesamtheit der Begrenzungsflächen bildet die Oberfläche, der von ihr vollständig eingeschlossene Teil des Raumes ist das Volumen des Körpers. – K., die nur durch ebene Flächen begrenzt werden, bezeichnet man als Polyeder, z. B. Würfel, Prisma, Pyramide, Tetraeder. Von einer gekrümmten Fläche begrenzte K. sind u. a. Kugel, Ellipsoid und Torus; von einer gekrümmten Fläche und Ebenenstücken werden z. B. Kegel und Zylinder begrenzt.

Körperarteri|e, Körperschlagader, die Hauptschlagader des großen Kreislaufs (→Aorta).

Körperbautypen, die →Konstitutionstypen.

Körperbehinderte, Personen, die durch eine angeborene oder erworbene Beeinträchtigung der Körperfunktionen (z. B. infolge Krankheit oder Unfalls) geschädigt sind (→Behinderte). Sie haben je nach Art und Ursache ihrer Behinderung entweder Anspruch auf Leistungen aus der gesetzl. Arbeitslosen-, Renten-, Kranken- oder Unfallversicherung, aus der Kriegsopferversorgung oder auf →Eingliederungshilfe für Behinderte im Rahmen der Sozialhilfe.

Im Einkommensteuerrecht wird K. die Möglichkeit gegeben, Aufwendungen, die aufgrund der Behinderung entstehen, als außergewöhnl. Belastungen ohne Nachweis durch Abzug eines Pauschbetrags vom Einkommen zu berücksichtigen (§ 33b EStG). Dieser beträgt je nach Grad der Behinderung 600–2760 DM, bei Blinden und ständig hilflosen K. 7200 DM. Sind die entstandenen Aufwendungen höher als die Pauschbeträge, so können sie in der nachgewiesenen Höhe als →außergewöhnliche Belastungen steuermindernd berücksichtigt werden. Bei körperbehinderten Kindern können die Pauschbeträge auf die Eltern übertragen werden. K., bei denen der Grad der Behinderung mindestens 80 % (70 % bei schwer Gehbehinderten) beträgt, können neben den Pauschbeträgen Kfz-Kosten als außergewöhnl. Belastungen abziehen.

Körpererwärmung, *Algebra:* →Körper.

Körpererziehung, Leibeserziehung, veraltete Bez. für →Sportpädagogik.

Körperfarben, Oberflächenfarben, Farben (Farbreize), die durch Reflexion von Lichtstrahlung an einem Körper entstehen. Die →Farbvalenz einer K. hängt sowohl von der →Strahlungsfunktion der Lichtquelle als auch vom spektralen →Remissionsgrad des beleuchteten Körpers ab.

Körperflüssigkeiten, v. a. für den Transport von Nahrungsstoffen, Atemgasen, Hormonen, Enzymen, Exkretstoffen u. a. zuständige Flüssigkeiten im Inneren des tier. und menschl. Körpers, die außerdem chem. Umsetzungen (Stoffwechselprozesse) und (über die in ihnen gelösten Salze) osmot. Vorgänge ermöglichen sowie Schutz- und Festigungsfunktion haben können; dazu gehören Blut, Hämolymphe (bei Wirbellosen), Lymphe, Liquor (in Körperhohlräumen), Sekrete (z. B. Speichel, Magen- und Gallensaft) und Exkrete (z. B. Harn, Tränenflüssigkeit).

Körperfühlsphäre, die im Gyrus postcentralis (primäres sensibles Zentrum) und in den nach dorsal angrenzenden Gebieten (sekundäre sensible Zentren) der Großhirnrinde liegenden Felder, in denen Eindrücke der Oberflächen- und Tiefensensibilität (z. B. Druck, Schmerz, Temperatur) wahrgenommen, als Erinnerungen gespeichert (›psychästhet. Zentrum‹) oder zu Bewegungsimpulsen umgewandelt werden.

Körpergewicht, die v. a. von Geschlecht, Alter, Körperlänge und Ernährungszustand abhängige Masse eines Individuums.

Für den erwachsenen Menschen wird näherungsweise das **Broca-Referenzgewicht** (in kg, errechnet aus der Broca-Formel: Körperlänge in cm minus 100) als **Soll-** oder **Normalgewicht** angenommen. Bei durchschnittl. Körpergröße gilt nach herkömml. Auffassung als **Idealgewicht** bei Männern 10% und bei Frauen 15% unter Normalgewicht. Nach neueren Erkenntnissen neigt man zu der Auffassung, anstelle des Idealgewichts für beide Geschlechter Toleranzwerte von 10% über oder unter dem Normalgewicht als nicht gesundheitsschädlich anzusehen. **Übergewicht** besteht demnach, wenn das K. mehr als 10% über dem Wert des Normalgewichts liegt. Als **Untergewicht** gilt jedes K. unterhalb der angegebenen Toleranzgrenze. Eine wesentl. Rolle spielt auch der Knochenbau. Am K. sind die Knochen mit etwa 17,5% beteiligt. Bei einer Körperlänge von 175 cm wiegt im Idealfall ein 30-jähriger Mann mit leichtem Knochenbau 63,8 kg, mit mittelschwerem Knochenbau 70,2 kg und mit schwerem Knochenbau 76,6 kg.

Körpergröße, Körperlänge, Körperhöhe, die vom Scheitel bis zur Sohle gemessene Länge (Höhe) des Menschen. Die normale K. beträgt beim Neugeborenen 48–54 cm, beim Erwachsenen etwa 150–190 cm. Frauen sind durchschnittlich 10 cm kleiner als Männer. Ein Zurückbleiben der K. unter der Altersnorm wird als **Minderwuchs** mit den Abstufungen **Kleinwuchs** (etwa 130–150 cm) und **Zwergwuchs** (etwa 80–130 cm) bezeichnet. Von **Riesenwuchs** spricht man, wenn die K. bei der Frau 185 cm, beim Mann 200 cm übersteigt. Das Phänomen der verstärkten Beschleunigung und Zunahme des Längenwachstums seit dem Ende des 19. Jh. wird als →Akzeleration bezeichnet.

Körperhaltung, *Medizin:* →Haltung.

körperliche Ecke, →Dreikant.

körperliche Untersuchung, im Recht die Untersuchung von Personen zur Feststellung von Tatsachen, die für das Strafverfahren oder zur Durchsetzung von Ansprüchen von Bedeutung sind (→Abstammungsgutachten, →Blutprobe, →Durchsuchung, →Zeuge).

Körperschaft, veraltet **Korporation,** *Recht:* rechtsfähige Vereinigung von Personen zu gemeinsamem Zweck. Neben privatrechtl. K. (Verein, AG, GmbH, Genossenschaft) gibt es **K. des öffentlichen Rechts.** Sie sind mit hoheitl. Befugnissen ausgestattete Verbände zur Erfüllung staatl. Zwecke unter Staatsaufsicht. Sie dienen der Wahrnehmung einer dezentralisierten Verwaltung. Unterschieden wird zw. **Gebiets-K.** (insbesondere Gemeinden), **Personal-K.** (öffentl. Genossenschaften, Berufskammern) und **Verbands-K.** (z.B. gemeindl. Zweckverbände). Kirchen und staatlich anerkannte Religionsgemeinschaften nehmen einen Sonderstatus ein. Die Mitgliedschaft kann freiwillig oder durch Gesetz vorgeschrieben sein. (→Anstalt des öffentlichen Rechts, →Stiftung)

Körperschaftsteuer, eine Steuer auf das wirtschaftl. Ergebnis (Gewinn, Reinertrag u. Ä.) bestimmter Unternehmensformen; wird oft (ökonomisch nicht ganz korrekt) auch als ›Einkommensteuer jurist. Personen‹ bezeichnet. In Dtl. sind steuerpflichtig v. a. Kapitalgesellschaften, Erwerbs- und Wirtschaftsgenossenschaften, Versicherungsvereine auf Gegenseitigkeit, sonstige jurist. Personen des Privatrechts sowie bestimmte nichtrechtsfähige Personenvereinigungen und Vermögensmassen. Steuerbemessungsgrundlage ist der Gewinn (›Einkommen‹), der grundsätzlich nach den Vorschriften des Einkommensteuergesetzes sowie nach den besonderen Vorschriften des K.-Ges. (KStG) von 1991 zu ermitteln ist. Körperschaften mit Sitz oder Geschäftsleitung im Inland sind mit ihrem gesamten Welteinkommen steuerpflichtig (unbeschränkte K.-Pflicht), übrige Körperschaften nur mit ihrem Inlandseinkommen (beschränkte K.-Pflicht).

Die Rechtfertigung einer K.-Erhebung auf Kapitalgesellschaften (nicht aber auf Personengesellschaften) ist umstritten. In ökonom. Sicht ist der Gewinn einer Kapitalgesellschaft ebenso Einkommen der hinter der Gesellschaft stehenden natürl. Personen (Anteilseigner, Aktionäre) wie bei einer Personengesellschaft, deren Gesamtgewinn ohnehin den Gesellschaftern zugerechnet und sodann bei ihnen der Einkommensteuer unterworfen wird. Somit könnte die K. also wegfallen, wenn gleichzeitig der Einkommensbegriff der Einkommensteuer entsprechend weiter gefasst würde. Eine besondere K. lässt sich allenfalls steuertechnisch als ›Ergänzungssteuer zur Einkommensteuer‹ mit den Argumenten rechtfertigen, dass eine Einbeziehung nicht ausgeschütteter Gewinne von Kapitalgesellschaften in die Einkommensteuer der Anteilseigner (z. B. Modell der Teilhabersteuer) auf Unverständnis und auf erhebl. techn. Probleme stoßen würde (Gefahr der Steuerhinterziehung) und dass andererseits bei der herkömml. Einkommensteuer ohne ergänzende K. einbehaltene Körperschaftsgewinne (zunächst) steuerfrei blieben.

Nach dem ›Grad der Abstimmung‹ (Integration) unterscheidet man das ›klass.‹ System der K. und Verfahren der Integration von K. und Einkommensteuer. Beim ›klass.‹ System der K. (z. B. Schweiz, USA, BRD bis 1976) wird die K. völlig selbstständig neben der Einkommensteuer erhoben. Dadurch entstehen zwei Grundprobleme: 1) Gewinne einer Kapitalgesellschaft, die an die Anteilseigner ausgeschüttet wurden, werden durch die K. und durch die persönl. Einkommensteuer zweifach besteuert; 2) einbehaltene Gewinne einer Kapitalgesellschaft werden mit einem (K.-)Satz besteuert, der höchstens zufällig dem Steuersatz auf gleich große (sonstige) Ersparnisse natürl. Personen oder auf gleich große einbehaltene Gewinne von Personengesellschaften entspricht. Liegt der K.-Satz für einbehaltene Gewinne unter dem Spitzensatz der Einkommensteuer, so kann es für ›Spitzenverdiener‹ lohnend sein, wenn der Gewinn der Kapitalgesellschaft nicht ausgeschüttet wird. Steigt dadurch der Wert der Gesellschaftsanteile, so ermöglicht dies steuerfreie oder steuerbegünstigte Veräußerungsgewinne. In der BRD war daher der K.-Satz für einbehaltene Gewinne bis zur Steuerreform 1990 ebenso hoch wie der Spitzensatz der Einkommensteuer.

Verfahren der Integration von K. und Einkommensteuer bemühen sich, der Doppelbelastung für den gesamten Gewinn (Teilhabersteuer, Betriebsteuer) oder aber zumindest für die Ausschüttungen zu beseitigen bzw. zu mildern, und zwar entweder auf der Ebene der Gesellschaft (Steuersatz von 0% für ausgeschüttete Gewinne oder durch Abzug der Ausschüttungen als Betriebsausgaben) oder aber auf der Ebene der Anteilseigner durch volle (Dtl.) oder teilweise (z. B. Großbritannien) Anrechnung der K. (wie eine Steuervorauszahlung) auf die Einkommensteuer (Anrechnungsverfahren). In der BRD gilt seit 1977 (seit der dt. Einheit auch in den neuen Ländern) das Anrechnungsverfahren: Gewinne einer Kapitalgesellschaft usw. werden einheitlich mit (seit 1994) 45% besteuert. Sofern Gewinne der laufenden oder früherer Perioden (Auflösung von Rücklagen) ausgeschüttet werden, wird vor der Ausschüttung eine Steuerbelastung von (seit 1994) 30% hergestellt (i. d. R. über eine Steuerminderung). Die Aktionäre erhalten mit der Ausschüttung eine Steuergutschrift in Höhe von $3/7$ der empfangenen Barausschüttung (Beispiel: Gewinn 100, Steuer 30, Ausschüttung 70; Steuer : Ausschüttung = 3 : 7). Diese K.-Gutschrift zählt beim Aktionär zu den Kapitaleinkünften und wird dann auf die Einkommensteuerschuld des Aktionärs angerechnet, sodass die Dividende im Ergebnis ausschließlich mit Einkommensteuer (entsprechend dem Gesamteinkommen des Aktionärs) belastet ist. Liegt der persönl. Einkommensteuersatz unter 30%, so erhält der Aktionär eine entsprechende Vergütung durch das Finanzamt. Die Entscheidung für einen abgesenkten ›Ausschüttungs-Steuersatz‹ hatte zwei Gründe: Zum einen sollten die Barausschüttungen gegenüber dem bis 1976 geltenden

Ausschüttungssteuersatz von 15% ›optisch‹ nicht zu stark verringert werden, zum anderen wollte man die Mehrbelastung der Dividendenbezüge von Ausländern, die nicht am Anrechnungsverfahren teilnehmen, in Grenzen halten. Die K. steht Bund und Ländern als Gemeinschaftsteuer je zur Hälfte zu. Das K.-Aufkommen betrug 1996 31,4 Mrd. DM, das sind 3,7% aller kassenmäßigen Steuereinnahmen.

Geschichte: Die Entwicklung der K. in Dtl. begann mit der Ausdehnung der Einkommensteuer auf jurist. Personen, wie AG und Genossenschaften (in Preußen 1891). 1920 wurde die K. im Zuge der erzbergerschen Finanzreform als selbstständige (Reichs-)Steuer eingeführt, und zwar mit einem Steuersatz von zunächst 10% (bis 1946 Anhebung auf 65%). 1953 wurde der gespaltene K.-Tarif eingeführt (seit 1958 auf einbehaltene Gewinne 51% und auf ausgeschüttete 15%), den 1977 das Anrechnungsverfahren ablöste.

In *Österreich* beträgt der K.-Satz für einbehaltene und ausgeschüttete Gewinne seit 1994 einheitlich 30%. Aufseiten der Aktionäre wurden seit 1986 die Dividendenbezüge natürl. Personen zur Abschwächung der Doppelbelastung lediglich mit dem halben individuellen Einkommensteuersatz besteuert. Seit 1994 ist die Einkommensteuerschuld der Dividendenempfänger durch die nunmehr als Abgeltungsteuer erhobene Kapitalertragsteuer auf Dividenden (25%) abgegolten. Das Aufkommen der K. machte 1995 Mrd. S oder 4,8% des gesamten Bruttoabgabenertrags aus und steht ausschließlich dem Bund zu.

In der *Schweiz* besteuert der Bund im Rahmen der →direkten Bundessteuer den Ertrag (Gewinn) und das Kapital (Vermögen) jurist. Personen. Für Aktiengesellschaften und Genossenschaften beginnt der Grenzsteuersatz der Ertrag-(Gewinn-)Steuer bei 3,63% und ist progressiv gestaffelt nach der ›Rendite‹ (dem Verhältnis zw. Reinertrag und Kapital). Die Steuer darf 9,8% des Reinertrags nicht übersteigen. Neben dem Bund unterwerfen alle Kantone Ertrag bzw. Gewinn (und Kapital bzw. Vermögen) der Kapitalgesellschaften und Genossenschaften eigenen ›Ertragsteuern‹. Die Gemeinden erheben meist einen Zuschlag auf diese kantonalen Staatssteuern. (→Steuerbelastungsvergleich)

K.-Ges. 1977. Komm., bearb. v. K. D. KLÄSCHEN, Losebl. (1976ff.); Komm. zum K.-Ges., bearb. v. F. LADEMANN, Losebl. (1977ff.); Komm. zum K.-Ges., bearb. v. G. FROTSCHER u. a., Losebl. (1978ff.); Taxing profits in a global economy. Domestic and international issues, hg. v. der OECD (Paris 1991); M. J. KOOP: Zur Gewinnbesteuerung von Körperschaften in der Europ. Gemeinschaft (1993); M. STRECK: K.-Gesetz. Mit Nebengesetzen ([4]1995).

Körperschaftswald, Wald im Alleineigentum von Gemeinden, Gemeindeverbänden, Zweckverbänden, Stiftungen u. a. Körperschaften des öffentl. Rechts. Nicht zum K. rechnet der Wald im Eigentum von Religionsgemeinschaften, Realverbänden, Markgenossenschaften, Haubergsgenossenschaften u. ä. Gemeinschaften. In Dtl. umfasst der K. rd. 20% der Waldfläche.

Körperschall, Schallvorgänge in festen Medien, die sich im Ggs. zum **Luftschall** nicht nur in Longitudinal-, sondern auch in Transversalwellen ausbreiten können. Das Zusammenwirken von K. und Luftschall in Gebäuden ergibt den **Trittschall.**

Körperschluss, *Elektrotechnik:* durch einen Isolations- oder Schaltfehler entstehende leitende Verbindung zw. einem Spannung führenden und einem betriebsmäßig nicht Spannung führenden Geräteteil. Für den Benutzer besteht bei einem K. die Gefahr einer lebensgefährl. Berührungsspannung; elektr. Geräte müssen daher entsprechende Schutzmaßnahmen aufweisen (→Berührungsspannungsschutz).

Körperschmuck, bei vielen Völkern übliche künstler. Manipulationen am menschl. Körper (auch gezielt herbeigeführte Körperdeformationen), durch die Aussagen über ethn. Zugehörigkeit, Geschlecht, Alter, Verwandtschafts- und Sozialordnung, Reichtum, Kosmologie, Gemütszustand und Persönlichkeit vermittelt werden sollen. Als **Epithelschmuck** bezeichnet man das Bemalen des Körpers oder einzelner Partien, das Anbringen von Stempelmustern auf der Haut sowie die Tatauierung. (→Deformierung)

Körperschutzmittel, zum Schutz der Beschäftigten vor arbeitsbedingten Gefährdungen und Belastungen zu verwendende persönl. Sicherheitsausrüstung (z. B. Schutzanzüge, -schuhe, -handschuhe, -helme, -brillen oder Gehörschutzmittel). Nach den Grundsätzen des Arbeitsschutzes sind sie dann erforderlich, wenn durch techn. Maßnahmen nicht ausreichend vor Gefährdungen geschützt werden kann. K. sind den Beschäftigten vom Unternehmer kostenlos zur Verfügung zu stellen.

Körpersprache, →nichtverbale Kommunikation.

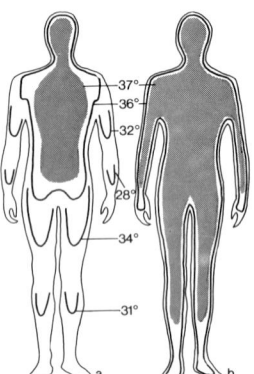

Körpertemperatur: Isothermen in der Körperschale bei niedriger (a) und hoher (b) Außentemperatur. Die graue Fläche entspricht jeweils der Kerntemperatur

Körpertemperatur, die entweder v. a. durch die Umgebungstemperatur beeinflusste (poikilotherme Tiere) oder durch aktive Mechanismen der Wärmebildung (Betriebsstoffwechsel) bzw. der Wärmeabgabe (Leitung, Konvektion, Strahlung, Verdunstung, Durchblutung) regulierte durchschnittl. Temperatur des Körpers. Hierbei wird unterschieden zw. der Temperatur des Körperkerns (**Kerntemperatur** für Kopf, Brust- und Bauchhöhle), die zumindest bei den Homöothermen (Vögel und Säugetiere einschließlich des Menschen) weitgehend konstant ist, und der Temperatur der Körperschale (**Schalentemperatur** für Haut und Gliedmaßen), die in Abhängigkeit von der Umgebungstemperatur stärkeren Schwankungen ausgesetzt sein kann. Bei hoher Umgebungstemperatur ist die Schale dünn, sodass die 37°C-Isotherme auch das Innere der Gliedmaßen einschließt. Bei niedriger Umgebungstemperatur wird die Schale dicker. Damit werden Arme und Beine zu Teilen der Schale.

Die Rektaltemperatur der Säugetiere liegt bei mittlerer Außentemperatur meist zw. 36°C und 39°C, der Vögel bei 40°C bis 43°C. Kleinere Tiere haben gewöhnlich höhere K. als größere. Beim Menschen beträgt die im Mastdarm gemessene (rektale) K. im Durchschnitt 37°C. Sie schwankt beim gesunden Menschen im Tagesverlauf um etwa 0,5–1,2°C (in den frühen Morgenstunden besteht ein Minimum, am Abend ein Maximum), wobei diese Schwankungen, wie auch bei Tieren nachgewiesen wurde, einem endogenen Rhythmus unterliegen. Nachttiere zeigen meist den umgekehrten Gang der Tagesschwankungen. Der endogene Rhythmus wird bei Frauen zusätzlich hormonell beeinflusst. Durch die Wirkung des Progesterons wird die Kerntemperatur in der zweiten Hälfte des Menstruationszyklus auf einem etwa 0,5°C höheren Niveau geregelt. – Winterschlafende Säugetiere erniedrigen im Winter ihre K. beträchtlich und regulieren sie aktiv auf niedrigem Niveau. Sie sind zw. 4 °C und 10 °C Außentemperatur fast wechselwarm, die Rektaltemperatur liegt dann um etwa 0,5 °C bis 1 °C über der Außentemperatur. Tiefere Außentemperaturen wirken als Weckreiz. Einige Fledertiere (v. a. kleine Arten) zeigen eine derartige Variation der K. im Tagesrhythmus.

Wärme wird auch bei den Poikilothermen (Wechselwarme) im Körper erzeugt, doch i. Allg. nicht zur Aufrechterhaltung einer bestimmten K. verwendet, sondern abgeleitet. Die K. wird zwar von der Außentemperatur stark beeinflusst, entspricht dieser jedoch i. d. R. nicht, da die Wärmebildung bes. bei großen Tieren und bei Vorhandensein wärmeisolierender Schichten (Fett, Muskeln) die Wärmeableitung überwiegt und es zu Übertemperaturen kommt. Dies ist auch in Massenansammlungen von Insekten der Fall. Großen Einfluss auf die K. der Poikilothermen haben Sonnenbestrahlung, Luftfeuchtigkeit, stärkere Luftbewegungen.

⇨ Erfrierung · Fieber · Hitzeresistenz · homöotherm · Kälteresistenz · poikilotherm · Temperaturregulation

Körpertherapien, *Psychotherapie:* Behandlungsformen, die von der engen Wechselbeziehung zw. Körper und Seele ausgehen (Leib-Seele-Einheit) und sich vorwiegend mit körperl. Verspannungen befassen. Zu den K. zählen u. a. Bewegungs-, Tanz- und Atemtherapie, Heileurythmie, Yoga und Meditation.

Körperverletzung, die Beeinträchtigung der körperl. Unversehrtheit eines Menschen. Die körperl. Unversehrtheit wird durch Art. 2 Abs. 2 GG als Grundrecht geschützt; in sie darf von Staats wegen nur aufgrund eines Gesetzes eingegriffen werden (z. B. nach § 81 a StPO zur Entnahme von Blutproben). Das Strafrecht schützt die körperl. Integrität und erfasst Verletzungen derselben in einer Reihe von Tatbeständen: Wegen **einfacher K.** wird nach § 223 StGB mit Freiheitsentzug bis zu fünf Jahren oder Geldstrafe bestraft, wer einen anderen körperlich misshandelt oder an der Gesundheit beschädigt; eine Strafschärfung (Freiheitsentzug von drei Monaten bis zu fünf Jahren) tritt nach § 223 a StGB bei der **gefährlichen K.** ein, also einer K., die mittels eines gefährl. Werkzeugs, eines hinterlistigen Überfalls, einer das Leben gefährdenden Behandlung oder einer gemeinschaftl. Begehung erfolgt. Strafschärfung tritt nach § 223 b bei der **Misshandlung von Schutzbefohlenen** (Kinder, Jugendliche, Kranke, Gebrechliche oder Angestellte) oder ihrer gesundheitsschädigenden Vernachlässigung ein, soweit sie der Fürsorge des Täters unterstehen (Freiheitsstrafe von sechs Monaten bis zu fünf Jahren, im bes. schweren Fall von einem bis zu zehn Jahren). Eine Bestrafung wegen **schwerer K.** (§ 224 StGB; Freiheitsstrafe von einem bis zu fünf Jahren) wird verwirkt, wenn der Verletzte durch Verschulden des Täters ein wichtiges Glied des Körpers, das Sehvermögen, das Gehör, die Sprache oder die Fortpflanzungsfähigkeit verliert oder in erhebl. Weise dauernd entstellt wird oder in Siechtum, Lähmung oder Geisteskrankheit verfällt. War eine derartige Folge beabsichtigt, so tritt nach § 225 StGB eine Freiheitsstrafe von zwei bis zu zehn Jahren ein. Wird durch eine K. fahrlässig der Tod des Verletzten verursacht, so kann auf Freiheitsstrafe nicht unter drei Jahren, in minder schweren Fällen von drei Monaten bis zu fünf Jahren erkannt werden (§ 226 StGB). Einen besonderen Tatbestand bildet die **Beteiligung an einer Schlägerei** (§ 227 StGB, Freiheitsstrafe bis zu drei Jahren oder Geldstrafe), der schon die bloße Teilnahme an einer Schlägerei, bei der Menschen getötet werden oder schwere K. davontragen, erfasst. Als Spezialtatbestand steht er nach § 229 StGB unter schwerer Strafe (Freiheitsstrafe von einem Jahr bis zu zehn Jahren, bei schweren Folgen nicht unter fünf Jahren, bei Tod lebenslänglich oder nicht unter zehn Jahren). Die **fahrlässige K.** wird nach § 230 StGB mit Freiheitsstrafe bis zu drei Jahren oder mit Geldstrafe geahndet. Eine Sonderregelung mit abgestuften Strafschwerungen gilt für die **K. im Amt** (§ 340 StGB).

Wird eine K. mit Einwilligung des Verletzten vorgenommen, so ist sie nur strafbar, wenn die Tat trotz der Einwilligung gegen die guten Sitten verstößt (§ 226 a StGB). Nach der Rechtsprechung ist auch der zu Heilzwecken vorgenommene ärztl. Eingriff tatbestandsmäßig eine K., dessen Rechtswidrigkeit allerdings durch die Einwilligung, die vermutete Einwilligung oder im Falle des Notstandes entfällt (→Arzt, Recht; →Behandlungsfehler). Die einfache und die fahrlässige K. werden, außer bei besonderem öffentl. Interesse, nur auf Antrag (→Antragsdelikt) verfolgt (§ 232 StGB). Bei diesen beiden Delikten ist auch eine →Kompensation 6) möglich. – Die K. wird mit ähnl. Differenzierungen bestraft nach §§ 83–88 des *österr.* StGB und Art. 122–129 des *schweizer.* StGB.

Körperzellen, →Somazellen.

Korporal [frz., von ital. caporale ›Gefreiter‹, älter ›Anführer‹, zu lat. caput ›Kopf‹] *der, -s/-e* und ...*räle,* niedrigster Unteroffiziersdienstgrad in verschiedenen Heeren; im dt. Heer vom 17. bis 19. Jh. – **Korporalschaft,** kleinste Unterabteilung einer Kompanie für den inneren Dienst.

Korporation [engl.-frz., zu lat. corporare ›zum Körper machen‹] *die, -/-en,* **1)** *Recht:* veraltet für →Körperschaft.

2) →studentische Verbindungen.

korporativ, *bildungssprachlich* für: die Körperschaft betreffend; einheitlich, geschlossen.

Korporativismus *der, -,* vieldeutige wirtschaftlich-gesellschaftl. Ideologie des ital. Faschismus; steht in der histor. Entwicklungslinie des →Ständestaates. Jenseits von egoist. Liberalismus und klassenkämpfer. Sozialismus sollten Kapital und Arbeit im Rahmen von Korporationen im Sinne eines dritten Weges (›terzia via‹) paritätisch organisiert werden, wobei die Rolle des Staates in der Rahmenplanung (G. BOTTAI) und Kontrolle des ›korporativen Eigentums‹ (U. SPIRITO) gesehen wurde. Nach Disziplinierung der faschist. Gewerkschaften (1926 Streikverbot) wurde eine korporative Wirtschaftsordnung im Sinne der Propagandaprogramme der ›Carta del Lavoro‹ (1927) schrittweise von oben aufgebaut: 1926 wurde ein **Korporationen-Ministerium** mit einem **Korporationen-Rat** (›Generalstab der Wirtschaft‹) geschaffen, die zugleich bekräftigt Trennung von Arbeitgeberverbänden und Arbeitersyndikaten aber erst 1934 durch Gründung von 22 parität. (Branchen-)Korporationen als nationaler Organisation aufgehoben. 1939 ersetzte mit der Errichtung des ›korporativen Staates‹ die ›Camera dei Fasci e delle Corporazioni‹ als Scheinparlament territoriale (Wahlkreise) durch berufsständische Vertretung (Korporationen). Gegenüber Staatsbürokratie und Unternehmern blieb den äußerlich selbst verwalteten (›autodisciplina‹) Korporationen jedoch nur beratende Funktion; unabhängig von ihnen entstanden im Zuge der Autarkie- und Rüstungspolitik freiwillige Kartelle und Staatsholdings (1933 IRI S. p. A.).

korporiert, einer student. Verbindung angehörend.

Korps [ko:r; frz., von lat. corpus ›Körper‹] *das, -/-,* **Corps** [ko:r], **1)** *Militärwesen:* Truppenkörper; operativer Großverband bei Landstreitkräften unter Führung eines ›Kommandierenden Generals‹ (heute i. d. R. ein Generalleutnant), früher als **Armee-K.** (Abk. **A. K.**) bezeichnet; so auch heute noch in der Schweiz. Einem **K.-Kommando** (früher ›Generalkommando‹; Kommandobehörde der höheren Führung) unterstehen 2–5 Divisionen sowie **K.-Truppen,** Verbände und Einheiten der Kampfunterstützungs-, Logistik- und Führungstruppen zur Schwerpunktbildung im K.-Bereich und für besondere Aufgaben.

Schon im frühen 17. Jh. wurden für besondere Aufgaben gebildete Einheiten als K. bezeichnet. Endgültig eingeführt wurde das K. 1804/05 von NAPOLEON I., jedoch nur für die Dauer eines Feldzuges. Im Laufe des 19. Jh. setzte sich schließlich in allen größeren Staaten die Gliederung des Heeres in K. bereits im Frieden durch, z. B. in Preußen 1816. Im Ersten Weltkrieg gab es auf dt. Seite neben Armee-K. auch Reserve- und Landwehr-K., im Zweiten Weltkrieg Panzer-K. und bei der Luftwaffe Fliegerkorps.

Das Heer der *Bundeswehr* umfasst drei K.: das I. Deutsch-Niederländ. K. in Münster, das II. (deutsch-amerikan.) K. in Ulm und das IV. K. in Potsdam. Die K.-Kommandos unterstehen im Frieden der Führungsstab des Heeres, im Spannungs- und Kriegsfall der integrierten NATO-Kommandobehörde LANDCENT. – In der *Schweiz* gibt es neben den Feldarmee-K. ein Gebirgsarmee-Korps.

K. ist auch Bez. für die Gesamtheit der Angehörigen einer Laufbahngruppe in einer Streitmacht (z. B. das Offizier-K. der Bundeswehr) oder auch nur in einer Einheit (Unteroffizier-K. einer Kompanie); auch Kadettenkorps.

2) *student. Verbindungswesen:* →Corps.

Korpsgeist [koːr-], Gemeinschaftssinn innerhalb eines Standes, Standesbewusstsein; auch *abwertend:* standesgebundener Dünkel. – Während noch im 18. Jh. das gleichbedeutende frz. **Esprit de Corps** selbst den in Handwerksgesellenverbänden herrschenden Geist charakterisierte, engte sich nach 1800 mit dem Aufkommen der Burschenschaften, Frei- und Kadettenkorps der Begriff K. auf das Selbstbewusstsein von Offiziersgruppen und Corpsstudenten ein.

Korpus [lat. ›Körper‹], **Corpus, 1)** *das, -/...pora, Buchwesen:* Sammelwerk von Schriften, Texten.
2) *das, -, Musik:* bei Saiteninstrumenten Bez. für den Resonanzkörper (ohne Hals), bei Blasinstrumenten für die Schallröhre (ohne Mund- und Schallstück).
3) *die, -, Schriftwesen:* **Garmond** [garˈmɔ̃], ein Schriftgrad von zehn typograph. Punkten.
4) *das, -/...pora, Sprachwissenschaft:* Sammlung einer begrenzten Anzahl von Texten, Äußerungen o. Ä. als Grundlage für sprachwiss. Untersuchungen.

Korpuskarzinom, Form des →Gebärmutterkrebses.

Korpuskel [lat., Verkleinerung von corpus ›Körper‹] *das, -s/-n,* auch *die, -/-n, Physik:* →Teilchen.

Korpuskularstrahlen, die →Teilchenstrahlen.

Korrasion [zu lat. corradere, corrasum, ›zusammenkratzen‹, ›zusammenscharren‹] *die, -/-en, Geomorphologie:* abschleifende Wirkung bewegter fester Stoffe auf anstehendes Gestein, in Flussbetten durch das Transportmaterial (bes. Breitenwirkung in Periglazialgebieten); in Trockengebieten durch den Sand führenden Wind (**Sand-** oder **Windschliff;** →Windkanter, →Pilzfelsen); bei großer Kälte auch durch Schnee oder Eiskristalle führenden Wind (**Schneeschliff).**

Korreferat [auch -ˈraːt], bes. österr. **Koreferat,** Referat, das sich (als Ergänzung) auf das Thema eines Hauptreferates bezieht; zweiter Bericht.

korrekt [lat. ›zurechtgebracht‹, ›berichtigt‹], richtig, einwandfrei; bestimmten Normen oder Grundsätzen entsprechend.

Korrektion *die, -/-en,* **1)** *allg.:* Berichtigung, Verbesserung.
2) *Optik:* 1) in der Augenoptik Bez. für die Berichtigung einer Fehlsichtigkeit (→Brechungsfehler des Auges) mittels einer Sehhilfe; 2) bei abbildenden opt. Systemen die schrittweise Abwandlung der Strukturparameter zur Verbesserung der Bildgüte durch Ausgleich der Abbildungsfehler der Funktionselemente.

Korrektiv *das, -s/-e, bildungssprachlich* für: Mittel, Maßnahme, um etwas zu verbessern, auszugleichen.

Korrektor [lat. ›Verbesserer‹] *der, -s/...toren,* jemand, der beruflich den von der Setzerei hergestellten Satz anhand der Manuskripte auf Richtigkeit prüft.

Korrektur *die, -/-en,* **1)** *allg.:* Berichtigung, Richtigstellung, Verbesserung.
2) *Setzerei* und *Verlag:* die Berichtigung der bei der Herstellung eines Schriftsatzes, Stiches oder Farbdrucks gemachten Fehler, bevor das Druckwerk vervielfältigt wird. Beim **K.-Lesen** werden **K.-Zeichen** verwendet, besondere Zeichen für die Kennzeichnung von Setzfehlern im Text und am Rand von **K.-Abzügen,** den ersten Satzabdrucken. Diese werden in langen Spalten auf **K.-Fahnen** abgezogen.

Korrelat [zu Korrelation] *das, -(e)s/-e,* **1)** *bildungssprachlich* für: Begriff, Gegenstand, der zu einem anderen in Wechselbeziehung steht, ihn ergänzt.
2) *Sprachwissenschaft:* sprachl. Ausdruck, der in semant. oder grammat. Hinsicht auf einen anderen sprachl. Ausdruck bezogen ist (z. B. ›Rechte‹ und ›Pflichten‹).

Korrelation [mlat. ›Wechselbeziehung‹] *die, -/-en,*
1) *allg.:* wechselseitige Beziehung; das Aufeinanderbezogen-Sein zweier Begriffe.
2) *Anthropologie:* Zusammenhang und Wechselbeziehung zw. bestimmten, in der Gesamtbevölkerung variablen phys. und psych. Merkmalen.
3) *Biologie:* Wechselbeziehungen zw. Teilen, Organen, Zellen, Strukturelementen eines Organismus. Jeder Organismus zeichnet sich durch eine feste räuml. Beziehung seiner Organe zueinander aus. Durch diese **morphologische K.** ist ein Typus oder seine Stellung in der Systematik (Wirbeltier, Insekt) bestimmt. Auch Funktionen wirken verschiedenste Organsysteme miteinander in **physiologischen K.** zur Aufrechterhaltung eines funktionellen Gleichgewichts und in **Entwicklungs-K.** während der Organbildungen. – Embryologisch wird K. durch bestimmte die planmäßige Lokalisation von Anlagen im Ei gewährleistet. Genetisch kommen Zusammengehörigkeiten oft durch Kopplung von Anlagen zum Ausdruck. Ohne K. wären geregeltes Wachstum und Entwicklung nicht möglich.
4) *Sprachwissenschaft:* Anordnung von Phonemen entsprechend ihren distinktiven Merkmalen; z. B. bilden die Phoneme b/d/g (stimmhafte Konsonanten) und p/t/k (stimmlose Konsonanten) eine Korrelation.
5) *Stochastik:* wichtigste Art der stochast. Abhängigkeit zweier →Zufallsvariablen X und Y voneinander (z. B. Lebensalter und Sterbewahrscheinlichkeit). Das Maß der K. ist der **K.-Koeffizient** ϱ, der definiert ist als der Quotient aus der →Kovarianz $\mathrm{cov}(X, Y)$ und der Wurzel aus dem Produkt der →Varianzen $\mathrm{var}(X)$ und $\mathrm{var}(Y)$:

$$\varrho = \mathrm{cov}(X, Y)/\sqrt{\mathrm{var}(X)\mathrm{var}(Y)}.$$

Im Falle einer verbundenen Stichprobe (x, y) vom Umfang n der beiden Zufallsgrößen mit den Ergebnissen x_i und y_i ($i = 1, 2, ..., n$) ist der empir. K.-Koeffizient

$$\varrho(x, y) = \frac{\sum_{i=1}^{n}(x_i - \bar{x})(y_i - \bar{y})}{\sqrt{\sum_{i=1}^{n}(x_i - \bar{x})^2 \cdot \sum_{i=1}^{n}(y_i - \bar{y})^2}}$$

ein Schätzer für ϱ. Dabei sind $\bar{x}$ und $\bar{y}$ die Mittelwerte von x und y. ϱ ist eine Zahl mit einem Wert zw. -1 und 1. Je näher ihr Absolutwert bei 1 liegt, desto stärker ist die K.; für $\varrho = 0$ sind die beiden Größen unkorreliert. Korrelierte Größen sind abhängig voneinander, während aus der Unkorreliertheit nicht unbedingt Unabhängigkeit folgt. Positive K. ($\varrho > 0$) besagt, dass mit wachsendem X auch Y wächst, während sich bei negativer K. ($\varrho < 0$) die beiden Größen gegenläufig verhalten.

Korrelationsanalyse, 1) die Gewinnung statist. Schlüsse über den Korrelationskoeffizienten (→Korrelation) zweier i. Allg. als normal verteilt angenommener Merkmale; z. B. die Punktschätzung des theoret. durch den empir. Korrelationskoeffizienten; 2) die Untersuchung der Zusammenhänge zw. den Prozessvariablen zu zwei Zeitpunkten eines oder zweier stochast. Prozesse unter Verwendung von →Korrelationsfunktionen. Bei der **Auto-K.** wird die innere Struktur eines Prozesses betrachtet. Mithilfe der Autokorrelationsfunktion lassen sich dabei stark von Störungen überlagerte period. Vorgänge identifizieren. Bei der **Kreuz-K.** werden mittels der Kreuzkorrelationsfunktion Aussagen über die strukturelle Ähnlichkeit zweier mit einem festen zeitl. Abstand ablaufender stochast. Prozesse geliefert. Die K. geht i. Allg. von der Voraussetzung aus, dass die beobachteten Prozesse →stationär sind.

Korrelationsfunktion, *Wahrscheinlichkeitstheorie:* die Abhängigkeit zw. zwei stochast. Prozessen $X = (X_t)$ und $Y = (Y_t)$ mit $-\infty < t < \infty$ zu festen Zeitpunkten s, t charakterisierende Funktion

$$B_{X,Y}(s,t) := \varrho(X_s, Y_t), \quad -\infty < s, t < \infty,$$

wobei $\varrho(X_s, Y_t)$ der Korrelationskoeffizient (→Korrelation) der beiden Zufallsvariablen X_s und Y_t ist. Zur Analyse der K. wird auch die so genannte **Kovarianzfunktion**

$$K_{X,Y}(s,t) := \text{cov}(X_s, Y_t), \quad -\infty < s, t < \infty,$$

verwendet, die bei $X = Y$ **Autokovarianzfunktion** heißt. In diesem Fall wird die K. als **Auto-K.**, im anderen Fall als **Kreuz-K.** bezeichnet. K. können mithilfe digitaler Messwerterfassungsanlagen oder mit einem speziellen Korrelator ermittelt werden (→Korrelationsanalyse).

Korrelator, Korrelationsanalysator, Gerät zur Ermittlung von Korrelationsfunktionen, mit dessen Hilfe z. B. Informationssignale aus einem überlagernden Störfeld (Rauschen) herausgelöst und ihr Zeitpunkt sowie Effektivwert bestimmt werden können.

Korrespondent [zu frz. correspondre, von mlat. correspondere, zu korrespondieren] *der, -en/-en*, 1) kaufmänn. Angestellter, der den Briefwechsel (Korrespondenz) eines Betriebes, Unternehmens führt. – **Fremdsprachen-** bzw. **Wirtschafts-K.** führen die fremdsprachl. Korrespondenz durch und übernehmen auch kleinere Dolmetscher- und Übersetzungsaufgaben, wozu sie i. d. R. zwei Fremdsprachen beherrschen müssen. Ihre Ausbildung erfolgt an Berufsfachschulen oder Fremdspracheninstituten.
2) *Publizistik:* angestellter, pauschalvertragl. oder freiberufl. Mitarbeiter von Nachrichtenagenturen, Informationsdiensten, der Print- und Funkmedien, der außerhalb der Hauptredaktion oder des Medienstandorts tätig ist. **Ständige K.** berichten von bestimmten Orten, bes. von ausländ. Hauptstädten (Auslands-K.) oder über bestimmte Sachgebiete (polit. K., Kultur-, Wirtschafts-K.). **Sonder-K.** werden zu bestimmten Ereignissen oder Veranstaltungen (Konferenzen o. Ä.) oder auf Kriegsschauplätze (Kriegsberichterstatter) geschickt. – Schon vor der Entstehung der Presse war der K. im Dienst von Hof und Kirche ein diplomatisch-polit. Geschäftsträger, im Dienst der Handelshäuser ein kaufmänn. Agent, der seinen Berichten handschriftl. Briefzeitungen zur allgemeinen Information beifügte (so die ›Fuggerzeitungen‹).

Korrespondenzprinzip, bohrsches K., von N. BOHR in die ältere Quantentheorie eingeführtes heurist. Prinzip zur theoret. Herleitung der Intensität und der Polarisation der von atomaren Systemen ausgesendeten elektromagnet. Strahlung sowie der Auswahlregeln für die dafür verantwortl. Elektronenübergänge aus den Amplituden klass. Oszillatoren. I. w. S. wurde das K. als allgemeine Anweisung verstanden, quantentheoret. Beziehungen so zu formulieren, dass sie asymptotisch (im Grenzfall geht das plancksche Wirkungsquantum h gegen null) in die klass. Beziehungen übergehen.

korrespondieren [frz., von mlat. correspondere ›übereinstimmen‹, ›Briefe schreiben‹], 1) mit jemandem in Briefwechsel stehen; 2) übereinstimmen, in Beziehung stehen, entsprechen.

korrespondierende Zustände, *Thermodynamik:* →Theorem der korrespondierenden Zustände.

Korridor [ital. ›Läufer‹, ›Laufgang‹, zu correre, lat. currere ›laufen‹] *der, -s/-e*, 1) *allg.:* Gang, Flur. 2) *polit. Geographie:* ein Gebietsstreifen, der einen Binnenstaat durch fremdes Staatsgebiet hindurch mit dem Meer oder Exklaven mit dem eigenen Staatsgebiet verbindet. (→Luftkorridor, →Polnischer Korridor).

Korridorzüge, Züge des inländ. Verkehrs, die ohne Zu- und Aussteigemöglichkeit (mit verschlossenen Wagen) und ohne Zoll- und Passkontrolle ein fremdes Staatsgebiet durchqueren, z. B. österr. Züge zw. Salzburg und Innsbruck über Rosenheim (ab 1860). Die Bez. K. entstand im Bahnverkehr durch den →Polnischen Korridor.

Korrigenda [lat. ›das zu Verbessernde‹] *Pl.,* Druckfehler, Druckfehlerverzeichnis (in wiss. Publikationen).

Korrigens [zu kor... und zu lat. corrigens ›verbessernd‹] *das, -/...'genzi|en* oder *...'gentia,* geschmacksverbessernder Zusatz zu einer Arznei, z. B. Sirup oder äther. Öl.

Korrobori [kəˈrɔbərɪ, engl.] *der, -(s)/-s,* ein Gruppentanz bei den Australiern, →Corroboree.

Korrodi, Eduard, schweizer. Journalist und Schriftsteller, *Zürich 20. 11. 1885, †ebd. 4. 9. 1955; war 1914–51 Feuilletonredakteur und Literaturkritiker der ›Neuen Zürcher Zeitung‹; förderte die schweizer. Gegenwartsliteratur und bemühte sich zugleich um Wahrung der schweizer. geistigen Tradition.
Werke: Schweizer Lit.-Briefe (1918); Erlebte Lit. (1952); Aufs. zur Schweizer Lit. (hg. 1962). – **Hg.:** Geisteserbe der Schweiz (1929).

Korrosion [mlat. corrosio ›Zerstörung‹] *die, -/-en,* 1) *Geomorphologie:* die Zersetzung von Gesteinen durch die chem. Wirkung des Wassers und der in ihm gelösten Säuren, Basen und Salze; bes. wirksam bei Kalkgesteinen durch die Beteiligung der Kohlensäure (→Karst).
2) *Medizin:* Zerstörung von Körpergewebe als Folge von Entzündungsvorgängen (eitrige Prozesse) oder Ätzmitteleinwirkung.
3) *Werkstoffkunde:* von der Oberfläche ausgehende, unerwünschte und i. Allg. von selbst ablaufende komplexe Reaktion eines Werkstoffes mit seiner Umgebung (K.-Medium), die eine messbare Schädigung oder Zerstörung von Werkstoffen bzw. Werkstoffschichten bewirkt. Dies kann zu Stoffverlusten und zur Beeinträchtigung der Funktion eines Bauteils oder eines ganzen Systems führen. Die ablaufenden K.-Reaktionen können elektrochem. (elektrolyt.), chem. (nichtelektrochem.) oder metallphysikal. Natur sein. Auf diese Reaktionen haben der Werkstoff selbst (Zusammensetzung, Struktur, Oberfläche), die konstruktiven Gegebenheiten und die Umgebungsbedingungen (K.-Medium, K.-Bedingungen) Einfluss, weshalb man beim K.-Verhalten eines Werkstoffes von einer Systemeigenschaft sprechen muss. K.-Medien sind die Atmosphäre, Wässer, Böden, chem. Lösungen, Schmelzen u. a., zu den K.-Bedingungen zählen Temperatur, Strömung, Strahlung, Reibung, mechan. Spannungen u. a. Je nach den Gegebenheiten kommt es zu unterschiedlich hohen K.-Verlusten bzw. K.-Schäden.

Der K. unterliegen vorwiegend metall. Werkstoffe, aber auch nichtmetall. Stoffe, z. B. silikat. oder karbonat. Baustoffe und Hochpolymere. Die **elektrochemische K.** kann mithilfe der Mischpotenzialtheorie oder der Theorie der K.-Elemente erklärt werden (z. B. die Bildung von Rost). Sie setzt elektr. Leitfähigkeit der Partner voraus (Elektronenleitfähigkeit der Metalle, Ionenleitfähigkeit des K.-Mediums, also der Elektrolyte). In den anod. Bereichen der K.-Elemente (bei kleinen, mikroskop. Abmessungen auch als Lokalelemente bezeichnet) wird das Metall gelöst, dessen Ionen dann zu den bekannten K.-Produkten weiterreagieren können; an den kathod. Bereichen werden die verbleibenden Elektronen ›verbraucht‹ (z. B. Wasserstoffentwicklung oder Sauerstoffreduktion). K.-Elemente können gebildet werden durch die Berührung zweier versch. Metalle (**Kontakt-K.**), durch Unterschiede in der Zusammensetzung der Werkstoffe oder des K.-Mediums sowie in anderen K.-Bedingungen (z. B. Temperaturunterschiede) bzw. durch äußere Ströme (z. B. Belüftungs-, Belags-, Spannungsriss-K.). Bei der **chemischen K.** kommt es zu unmittelbaren Reaktionen zw. einem elektrisch nicht leitenden K.-Medium (z. B. trockenen Gasen) und dem Werkstoff (z. B. Oxidbildung bei der Verzunderung von Stahl). Zur **metallphysikalischen K.** kann man Mechanismen rechnen, die z. B. auf Diffusionsvorgängen beruhen (wie die Einwirkung von Metallschmelzen auf Metalle oder bestimmte Degradationsreaktionen bei Hochpolymeren). Der biochem. Angriff auf Metalle wird zum weitaus größten Teil durch Mikroorganismen (Bakterien, Pilze, Algen, Flechten, Protozoen) hervorgerufen (**mikrobiologische K.**). Die Mikroorganismen und ihre Stoffwechselprodukte können den K.-Angriff verstärken oder vermindern. Die mikrobiolog. Vorgänge beruhen v. a. auf Depolarisation, Sulfatreduktion und Bildung von Schwefelwasserstoff, Oxidation von Schwefelverbindungen zu Schwefelsäure, Reduktion von Nitraten sowie auf der Eisen- und Manganspeicherung durch Bakterien.

Der Verlauf der K. äußert sich in bestimmten K.-Erscheinungen und führt zu K.-Produkten, die abgelöst oder abgelagert werden und/oder zu Materialtrennungen. Grundsätzlich werden K.-Arten und K.-Erscheinungen unterschieden. Die **K.-Arten** werden unterteilt in solche ohne mechan. Beanspruchung (z. B. Mulden-K., Loch-K., Spalt-K., Kontakt-K., K. durch unterschiedl. Belüftung, K. unter Ablagerungen, Berührungs-K., selektive K.) und solche mit zusätzlicher mechan. Beanspruchung (z. B. Spannungsriss-, Schwingungsriss-, Reib-K.). Die **K.-Erscheinungen** werden bezeichnet als: gleichmäßiger Flächenabtrag, Muldenfraß, Lochfraß, fadenförmige Angriffsform, selektive Angriffsform (z. B. interkristalline Angriffsform, Kornzerfall, Entzinkung), K.-Risse. Außerdem werden noch K.-Produkte und Reaktionsschichten definiert.

Die messende Erfassung des K.-Angriffes und die Ermittlung der voraussichtl. Beständigkeit eines Werkstoffes (Bauteils) ist Aufgabe von K.-Untersuchungen (K.-Prüfungen, K.-Tests), die aus dem eigentl. K.-Versuch und der Versuchsauswertung bestehen. Neben Naturversuchen (Freilagerungen) und Feldversuchen, die viel Zeit benötigen, sind für die Technik Kurzprüfungen wichtig, die doch verschärfte Angriffsbedingungen zeitraffend Ergebnisse bringen, die allerdings nicht einfach auf Einsatzbedingungen übertragen werden können. Solche Kurzprüfverfahren sind z. B. Feuchtlagerung bei konstanter oder wechselnder Temperatur, mit Strahleneinfluss oder mit Kohlendioxid- bzw. Schwefeldioxidzusatz, Aerosolprüfung mit Natriumchloridzusatz, Tauch- und Wechseltauchversuche.

Korrosionsschutz, Maßnahmen zum Vermeiden oder Verzögern von Korrosion durch Sauberkeit der Werkstoffe, Isolierung von Berührungsstellen, Vermeidung von Spalten, Vertiefungen u. a., ferner durch Maßnahmen, die als **aktiver K.** bezeichnet werden, wenn sie von außen unmittelbar in den Korrosionsvorgang eingreifen, oder als **passiver K.,** wenn sie durch Erzeugung von Schutzschichten oder Überzügen, z. B. Auskleiden mit Kunststoff, Belegen mit Folien, Farbanstrich, den Werkstoff aus dem Korrosionsvorgang ausschalten. Eine besondere Rolle spielt der K. bei Metallen. Im aktiven K. gibt es viele Möglichkeiten: →kathodischen Korrosionsschutz; →anodischen Korrosionsschutz; Verwendung möglichst reiner Metalle oder von Legierungszusätzen, die ein dichtes, homogenes Gefüge erzeugen und die Passivierung oder Schutzschichtbildung fördern; Wärmebehandlung zur Verbesserung des Gefüges und Beseitigung von Spannungen; Zusätze zum angreifenden Mittel, z. B. Hydrazin zum Entfernen des Sauerstoffs, Alkalien zur Neutralisation von Säuren, Deckschichtbildner (z. B. Phosphate), Inhibitoren (z. B. Amine, Thioharnstoffderivate). Zur Verhinderung der Korrosion durch Makro- und Mikroorganismen (z. B. von Rohren im Erdboden), die beispielsweise Schwefelwasserstoff zu Sulfat oxidieren und Sulfate zu Sulfiden reduzieren, schafft man möglichst ungünstige Lebensbedingungen für die Organismen oder tötet sie durch Gifte. Da in der Metall verarbeitenden Industrie die Werkstücke (Halbzeuge) eine gewisse Zeit gelagert oder versandt werden müssen, überzieht man sie mit dünnen Öl-, Lack- oder Zinkschichten, die sich leicht wieder entfernen lassen (**temporärer K.**). Beim **VPI-Verfahren** (engl. **v**apour **p**hase **i**nhibitor) verwendet man Inhibitoren, die bei Raumtemperatur in geschlossenen Behältern verdampfen und sich auf dem zu schützenden Gegenstand niederschlagen. Sie können auch auf Papier aufgetragen werden, das dann als korrosionsschützendes Packmaterial dient (VPI-Papier).

korrumpieren [lat. corrumpere ›verderben‹; ›bestechen‹], jemanden durch ungerechtfertigte Vergünstigungen für zweifelhafte Interessen gewinnen, moralisch verderben.

Korruptel [lat. ›Verderb‹] *die,* -,/-e, verderbte Textstelle; sie wird in krit. Ausgaben entweder als unheilbar durch eine Crux (Kreuz) markiert oder durch eine →Konjektur des Herausgebers ›verbessert‹.

Korruption [lat., von corrumpere ›verderben‹; ›bestechen‹, ›verführen‹, ›verfälschen‹], bezeichnet wissenschaftlich wie im allgemeinen Sprachgebrauch einen weiten Bereich moralisch verwerfl. Sachverhalte, die von Amtsmissbrauch bis zum allgemeinen gesellschaftl. Sittenverfall reichen. Die Unschärfe des Begriffs ist dadurch bedingt, dass sowohl Delikte (z. B. Bestechung) wie deren Folgeerscheinungen (staatl. Zerfall) mit ihm benannt werden, diese aber Vorgänge wie Zustände umschreibt. K. als Tatbestandsbeschreibung hat in der Öffentlichkeit an Bedeutung gewonnen, seitdem sie ihrer jurist. Verengung (u. a. §§ 331 ff. StGB, aktive und passive Beamtenbestechung) entkleidet und als Ursache der Instabilität zahlreicher Staaten erkannt worden ist.

Zu den meistgenannten individuellen oder kollektiven Erscheinungsformen gehören: Unterschlagung, aktive u. passive Bestechung (Bestechlichkeit), Vorteilsannahme u. -gewährung, Ämterkauf (Simonie), Richter- und Abgeordnetenbestechung, polit. Betrug, polit. Erpressung, Nepotismus, Patronage, Klientelismus, Lobbyismus (soweit mit der Drohung von Loyalitätsentzug verbunden).

Entstehung und Begriff der Korruption

K. lässt sich zu allen Zeiten der Geschichte und in allen Staatsformen nachweisen. Das früheste Dokument ist der babylon. Codex Hammurapi (1700 v. Chr.), in dem Richterbestechung unter Strafe gestellt wurde. Aus Athen ist der erste K.-Prozess für das Jahr 462 v. Chr. bekannt. Als ›Machiavellian moment‹ wird im 16. Jh. die Zeit benannt, in der die florentin. Republik nicht mehr fähig ist, dem drohenden Zerfall durch die Rückkehr der Bürger zur ›virtù‹, das ist die Verantwortung vor dem Ganzen, aufzuhalten. Die Entstehung der Bürokratie im Übergang vom MA. zur Neuzeit gilt als der Zeitpunkt, in dem sich K. in ihrer modernen Form entwickelte. Mit dem Aufkommen der Massenparteien machte sich K. verstärkt in der Politik bemerkbar. In vielen dokumentierten Fällen wird erkennbar, dass K. und polit. wie wirtschaftl. Macht sich gegenseitig beeinflusst haben.

Die Neuzeit hat neben den klass. Formen der K. drei neue Erscheinungsweisen hervorgebracht: 1) die transnationale K., die den nationalstaatl. Rahmen überschreitet, 2) die K. durch transnationale Konzerne, in der sich Loyalitäten vom Staat auf den Konzern verlagern und 3) die K. als Folge des Macht- und Wohlstandsgefälles zw. Industriestaaten und Entwicklungsländern. In diesen verhindert K. eine allgemeine Wohlstandsvermehrung, da Entwicklungshilfe oft nur der regierenden polit. Klasse zugute kommt.

Der Bedeutungsbreite des Begriffs K. und seiner ihn tragenden komplexen Wirklichkeit entsprechend tragen die zahlr. Definitionen nur bedingt zu einer Präzisierung des Begriffsinhalts bei. Mindestens vier Dimensionen der K. sind auseinander zu halten: 1) die Typologie der K. (von der Klein-K. zur staatsgefährdenden K.), 2) die K.-Ebene (von der lokalen bis zur internat. K.), 3) die Auftrittsebenen (von der Bürokratie bis zur polit. Exekutive), 4) die Akteure der K. (von den Wirtschaftsmanagern bis zu den Spitzenpolitikern). Die zunehmende Ausfächerung des K.-Phänomens hat es mit sich gebracht, dass die Theorien der K. in unterschiedl. Zeiten auch unterschiedl. Schwerpunkte ihres Erkenntnisinteresses hervorgehoben haben. Die Interpretation der K. z. B. als Resultat einer privaten Verfehlung, als die Ausnutzung einer Marktchance oder als die Verletzung einer öffentl. Aufgabe hat in den letzten Jahrzehnten an Bedeutung gewonnen. Dieser Interpretationsansatz geht von der strikten Trennung von privater und öffentl. Sphäre in dem modernen Staat aus. Wer die damit gesetzten Grenzen zu seinem privaten Vorteil überschreitet, schädigt sowohl den Staat wie die Gerechtigkeit innerhalb der Gesellschaft. Glaubwürdigkeitsdefizite sind die Folge.

Korruption in der gegenwärtigen Zeit

Nach dem jahrhundertelangen Rückgang der K. in vielen Staaten der westl. hat ihre Neubelebung zu einer weltweiten Beunruhigung nach dem Zweiten Weltkrieg geführt. K. findet sich heute nahezu in allen polit. Systemen. Bes. verbreitet scheint sie dort zu sein, wo – wie in vielen Ländern der Dritten Welt, auch in Nachfolgestaaten der Sowjetunion, in China – die institutionellen Vorkehrungen gar nicht oder nur unzureichend ausgeprägt sind (z. B. rationales Verwaltungshandeln, Gewaltenteilung). Sie tritt aber auch in den westl. Industriestaaten, z. T. sogar in erhebl. Umfang, auf. Gründe für sich erhöhende K.-Anfälligkeit waren bzw. sind die zunehmende Verflechtung von ökonom. und polit. Verfügungsgewalt und die immer größere Rolle, die der Staat als Garant der wirtschaftl. Wohlfahrt in der Volkswirtschaft einnimmt. U. a. in Belgien, Dtl., Frankreich, Italien und Spanien ist die K. aufgrund einiger spektakulärer Fälle, aber auch wegen der Besorgnis gegenüber den Gefahren des organisierten Verbrechens von großer Aktualität. Fallschilderungen in den Medien, Polizeistatistiken und die Mobilisierung von Politik und Öffentlichkeit gegenüber dem organisierten Verbrechen erwecken den Eindruck, als habe K. erheblich zugenommen und sei geradezu das ›Delikt unserer Zeit‹. Man neigt hier zwar oft dazu, von einer strafrechtl. Bewertung oder Einordnung ›anstößiger‹ Vorgänge als kriminelle Handlungen abzusehen, sie als Skandale oder ›Affären‹ (z. B. Lockheed-, Watergate-, Parteispendenaffäre) wahrzunehmen und zu klassifizieren und sie als partielle, vielleicht sogar typ. Ausdrucksformen der polit. Kultur zu betrachten. Demgegenüber steht heute die Ausübung von Herrschaft aber unter einem weit höheren Legitimationsdruck als früher, sodass Verhaltensweisen, die man früher kaum problematisiert hatte, zunehmend ›skandalfähig‹ geworden sind. Folglich musste in Dtl. aufgrund des öffentl. Protestes Anfang der 1980er-Jahre das Vorhaben der ›Steueramnestie‹ für steuerhinterziehende Parteispender abgebrochen werden. Auch in Frankreich hat man Mitte 1995 eine Generalamnestie wegen Bestechungsdelikten, die vor mehr als 70 der K. verdächtigten oder angeklagten ehem. Ministern, Bürgermeistern, Abgeordneten, Gewerkschaftsführern, Bankiers und Bauunternehmern nach der Wahl erwartet wurde, abgelehnt. In den Augen der Bürger erschüttert die K. das Vertrauen in die Integrität des Staates, seiner Institutionen und Funktionsträger. Ihr gehäuftes Auftreten nährt die Besorgnis über den Zustand des Gemeinwesens und hat Signalwirkung. Gesellschaft und Staat, ja die polit. Kultur schlechthin stehen auf dem Prüfstand. Deshalb bietet die K. der sozialen Herrschaftskritik ein sehr ergiebiges Feld im Ggs. zu Individualverfehlungen wie Untreue oder Steuerhinterziehung, so schadenträchtig diese auch sein mögen; selbst bei Verrat von Betriebsgeheimnissen, Spionage und Landesverrat, um faktisch benachbarte Tatbestände einzubeziehen, sieht man sich noch der Verfehlung des Einzelnen gegenüber.

Im modernen Verwaltungsstaat mit seinem Anspruch, demokratisch, rechts- und sozialstaatlich, d. h. zweckrational, objektiv und unpersönlich zu handeln, erhält K. eine besondere Bedeutung, denn der K. fallen nicht nur existenziell notwendige Ressourcen zum Opfer, sondern sie rüttelt geradezu an Selbstverständnis, Glaubwürdigkeit und Legitimation des Gemeinwesens, insbesondere wenn Führungseliten in sie verwickelt sind. Insofern verbindet sich mit dem Hinweis auf K. eine sozialkritisch-denunziator. Funktion. Dem kommen die Vagheit und Konturenlosigkeit des K.-Begriffs entgegen, der offenbar für unterschiedlich motiviertes Unbehagen Raum bietet. Ebenso aufschlussreich wie treffend wird die K. in die ›Grauzone zw. Recht und Politik‹ gerückt. Darin kommt zum Ausdruck, dass scheinbar nur bestimmte Fälle geeignet sind, Staat und Gesellschaft nachhaltig zu erschüttern. Zu denken ist etwa an die K. von Ministern oder an die Abgeordnetenbestechung (→Wahldelikte).

In Italien z. B. ist die mittlerweile allgegenwärtige K. zum festen Bestandteil des gesellschaftl. und polit. Systems geworden und scheint die wirtschaftl., sozialen und polit. Entwicklungsmöglichkeiten des Landes zu bestimmen. In Dtl., das in den letzten 150 Jahren wegen der Staatstreue seiner Beamten als fast korruptionsfrei galt, tritt K. nunmehr im Bereich von Politik, Wirtschaft und Verwaltung auf. Dabei ist ihr Ausmaß nur schwer einzuschätzen. Vor dem Hintergrund, dass nicht alle K.-Fälle bekannt werden oder zur Anzeige, geschweige zur Aburteilung gelangen, geben amtl. Statistiken keine genauen Aufschlüsse über das wirkl. Ausmaß der K.

Zwar waren nach einer neueren Spezialstatistik des Bundeskriminalamts 1994 in Dtl. in fast 2000 Fällen Beamte in K.-Delikte verwickelt, doch werden jährlich kaum mehr als 200 Verurteilungen wegen Bestechungsdelikten ausgesprochen. Da es in derartigen Fällen typischerweise an Individualopfern mangelt (geschädigt sind öffentl. Haushalte, Unternehmen), hängen Erfassung und Verfolgung der Straftaten in erhebl. Grade von der Struktur und Intensität sowohl der internen Kontrolle der geschädigten Institution als auch der Strafverfolgung ab. Es ist daher umstritten, ob die K. zugenommen hat oder sich nur die Sensibilität der Öffentlichkeit gewandelt hat. Hinzu kommt, dass in Dtl. die polizeil. Kriminalstatistik K.-Delikte erst seit 1994 aufgeschlüsselt erfasst. Deshalb lässt sich auch schwer abschätzen, ob Bundes- und Landesbehörden stärker betroffen sind als kommunale Einrichtungen. Als häufig korruptionsfördernde Konstellationen werden die systemimmanent zwangsläufige Nähe und die intensive Berührung zw. Wirtschaft und Verwaltung sowie die damit einhergehende Informationsweitergabe angesehen, ferner die Kompetenzhäufung bei einzelnen Sachbearbeitern, die sich verwischenden Grenzen zw. (noch) sozialer Üblichkeit und (bereits) strafbewehrtem Tun, aber auch das fehlende Unrechtsbewusstsein bei den Betroffenen. Letzteres manifestiert sich bei einzelnen Tätern nach empir. Feststellungen selbst dort, wo die Strafbarkeit offensichtlich ist, weshalb manche Beobachter dieses Verhalten als Indikator eines allgemeinen Werteverfalls deuten, der in der Gesellschaft festzustellen sei. Als K.-Ziele gelten dabei insbesondere Vergabe- und Genehmigungsstellen und die Beschaffungsabteilungen.

Vom Amtsmissbrauch durch K. sind nicht nur polit. Ebenen, sondern auch Stellen der öffentl. Verwaltung betroffen. Zu Beginn der 1990er-Jahre erregten einige K.-Fälle Aufsehen, z. B. die Vorgänge um das Münchner Klärwerk II, den Flughafen München II, Bestechungsaffären bei der Treuhandanstalt, bei Polizeiverwaltungen im Zusammenhang mit der polizeil. Ausrüstungsbeschaffung oder bei Finanzverwaltungen im Zuge behördl. ›Entgegenkommens‹ beim Erlass von Steuerbescheiden.

In der K.-Statistik sind Amtsträger in der Bauverwaltung, die mit der Vergabe von Aufträgen befasst sind und bestochen werden, stark vertreten. Die Häufigkeit unzulässiger Preisabsprachen lässt sich nur vermuten, die Dunkelziffer wird als sehr hoch veranschlagt. Bis zu 90% der von der öffentl. Bauverwaltung ausgeschriebenen Projekte sind mancherorts bereits im Vorfeld zw. den Beteiligten abgesprochen. Das Bundeskartellamt geht bundesweit von 40 bis 50% realisierter Absprachen aus. Der durch Ausschreibungsbetrug und K. verursachte volkswirtschaftl. Schaden wird in Milliardenhöhe geschätzt. Offenbar besteht dort ein erhöhtes Risiko der K., wo die gewöhnl. Kontrollmechanismen innerhalb der Verwaltung stark eingeschränkt sind oder versagen. Dies trifft auch auf Großunternehmen zu, wie neue Fälle (z. B. in der Automobilindustrie) gezeigt haben. Weiterhin ist festzustellen, dass K. dort wahrscheinlich ist, wo viel Geld auf dem Spiel steht und wo externe Abhängigkeiten bestehen. Das ist z. B. dann der Fall, wenn der Staat Alleinabnehmer für bestimmte Produkte (z. B. militär. Güter) ist oder Großaufträge in Millionenhöhe vergibt.

Bestechung und Vorteilsannahme sind fast überall im Bereich des öffentl. Dienstes kriminalisiert. Dennoch bestehen zw. einem ›Bakschisch‹ z. B. in Form eines ehrer geringen Geldbetrages, durch den eine Gefälligkeit erkauft wird – z. B. bei der Einreise in ein Entwicklungsland, um eine schnellere Passkontrolle zu erreichen –, und der Parteispendenaffäre oder der Bestechung staatl. Amtsträger gravierende Unterschiede in Dimension und Tragweite. Deshalb wird bei K.-Erscheinungen danach differenziert, dass Fälle so genannter Klein-K. von schweren K.-Fällen abgehoben werden und ferner zw. K. im öffentl. Bereich (polit. K.) und solcher in der Privatsphäre, einschließlich so genannter Wirtschafts-K., unterschieden wird. Voraussetzung für die **polit. K.** ist ein Verstoß gegen allgemeinwohlbezogene Interessen im Rahmen einer öffentlich zu verantwortenden Tätigkeit, also einem Amt, zugunsten von Privatbelangen. Hier liegt überwiegend das Hauptgebiet der gegenwärtigen K.-Problematik.

Im Bereich der privaten Wirtschaft ist die Abgrenzung zw. üblichen und als unproblematisch empfundenen Aufmerksamkeiten für den Geschäftspartner und strafbarer Einflussnahme noch schwerer zu ziehen. Innerhalb der einzelnen Branchen ist auch umstritten, ob K. in der Wirtschaft eine erhebl. Rolle spielt, oder ob es sich bei den bekannt gewordenen Fällen nur um ›schwarze Schafe‹ handelt. Generell wird in diesem Bereich eine geringe Anzeigebereitschaft seitens der Unternehmen vermutet, was aufgrund der Tatsache, dass Bestechung von Angestellten (§ 12 Ges. gegen den unlauteren Wettbewerb, UWG) als Antragsdelikt gestaltet wurde, zu einer sehr geringen strafrechtl. Verfolgung der K. in der privaten Wirtschaft führte. Das Ges. zur Bekämpfung der K. vom 13. 8. 1997 brachte inzwischen v. a. folgende Veränderungen: In das StGB wurde ein neuer Abschnitt ›Straftaten im Wettbewerb‹ (§§ 298–302) aufgenommen. Für Bestechung und Bestechlichkeit im geschäftl. Verkehr in der privaten Wirtschaft (§ 299 StGB) ist jetzt Freiheitsstrafe bis zu drei Jahren oder Geldstrafe vorgesehen, jedoch wurde der Tatbestand, wie bereits der nunmehr aufgehobene § 12 UWG, als Antragsdelikt ausgestaltet (ausgenommen bes. schwere Fälle). Nach § 298 StGB sind wettbewerbsbeschränkende Absprachen bei Ausschreibungen (Ausschreibungsbetrug) mit Freiheitsstrafe bis zu fünf Jahren oder Geldstrafe bedroht. Der Strafrahmen für Straftaten im Amt (Vorteilsannahme, § 331 StGB, und Vorteilsgewährung, § 333 StGB) wurde erhöht und gleichzeitig das so genannte ›Anfüttern‹ (geht der Bestechung häufig voran), d.h. das Gewähren von Zuwendungen an Beamte sowie die Annahme dieser Leistungen, auch wenn keine Diensthandlung als Gegenleistung erbracht wird, unter Strafe gestellt. Des Weiteren wurden zur Bekämpfung der K. bestimmte Änderungen im Recht des öffentl. Dienstes beschlossen.

Bei den genannten Vorgängen handelt es sich um ›freiwillige‹, nicht um erzwungene Austauschbeziehungen. Es gibt jedoch Übergänge zu Erpressung und zu Gewalthandlungen durch organisiertes Verbrechen, insbesondere in Italien oder z. B. in Russland. Im Rahmen der Ermittlungen gegen →organisierte Kriminalität kam es auch in Dtl. erstmals zu K.-Vorwürfen gegenüber den Strafverfolgungsbehörden, wenn z. B. Polizeibeamte gegen entsprechende Zuwendungen Razzien in Spielsalons oder Bordellen den Betreibern vorher angekündigt hatten. K. erscheint in diesem Zusammenhang als ein Teil der organisierten Kriminalität.

Allerdings lässt sich nicht verkennen, dass K.-Formen in manchen Staaten in traditionelle Sozialbeziehungen eingebunden sind und dort auch weithin toleriert werden (z. B. in Italien und Japan, aber auch in vielen Ländern der Dritten Welt). Dies wird durch eine neuere Studie belegt, wonach Dtl. in dem 41 Länder umfassenden Index bei der Bestechlichkeit auf dem 13. Platz rangiert. Schlechter schneiden etwa die USA, Österreich, Frankreich, Belgien und Luxemburg sowie Japan und Italien ab; Schlusslichter bilden China und Indonesien. Die unbestechlichsten Auftraggeber befinden sich nach der Studie in Neuseeland, gefolgt von Dänemark, Singapur, Finnland sowie Kanada, Schweden und der Schweiz. Was Gesellschaftsreformen ebenso wenig wie Gesetze zu ändern vermögen, ist jedoch die Tatsache, dass Amtsträger Ermessensspielräume haben und Entscheidungen treffen müssen. Deshalb kann es nur Aufgabe der K.-Kontrolle sein, im Bewusstsein der Bindung der Verwaltung an Gesetz und Recht die Zahl der Einbruchstellen und Einfallstore für K. möglichst gering zu halten. Maßnahmen zur Vorbeugung und Eindämmung der K. sind u. a. regelmäßig stattfindende interne Kontrollen oder Rotationen im Bereich der Verwaltung.

Geeignete rechtl., institutionelle und ökonom. Rahmenbedingungen reichen für wirksame Bekämpfung der K. nicht aus; es wird immer wieder auf die Unverzichtbarkeit ethischer Werte, bes. bei den in Politik, Wirtschaft und Gesellschaft Verantwortlichen, sowie auf einen durch Pressefreiheit geschützten verantwortungsbewussten polit. Journalismus hingewiesen. Darüber hinaus lässt sich, und zwar weltweit, auf die Absicherung eines berufsethisch vertretbaren Verhaltens der Amtsträger durch Disziplinar- und Strafrecht nicht verzichten. Daher wird in den meisten Ländern korruptes Verhalten von Amtsträgern mit Strafe bedroht. Aufgrund dessen lassen sich die internat. Bestrebungen von einem engeren K.-Begriff leiten, der auch strafrechtlich fassbar ist. Ein weiter K.-Begriff, der sich um die allgemeine Verderbtheit und den Sittenverfall rankte, erschiene als zu unspezifisch für eine in die Tagespolitik implementierbare Antikorruptionsstrategie. Internat. und zwischenstaatl. Organisationen widmen sich zunehmend dem Problem der K., jedoch haben sich internat. Organisationen bisher auf Maßnahmen des ›soft law‹ beschränken müssen. Dies vor allem deshalb, weil die nat. Regierungen keine Handhabe bieten wollen, gegen sie vorzugehen. Aus diesem Grund ist man über das Stadium von Empfehlungen bisher nicht hinausgekommen. Zu den wichtigsten Initiativen dieser Art gehört eine Empfehlung der OECD gegen die K. im internat. Geschäftsverkehr vom Mai 1994. Eine Antikorruptionskonvention des Europarats wird gegenwärtig diskutiert. Die internat. verbreitete und in Dtl. im Ggs. zu den USA noch immer zulässige steuerl. Absetzbarkeit von Bestechungs- und Schmiergeldern bei aktiver Bestechung von Auftraggebern im Ausland (zwar ggf. unter Offenlegung des Empfängers) unterstreicht die Dringlichkeit einer internat. Regelung. In Dtl. soll der Steuerabzug von an ausländ. Amtsträger gezahlten Schmier- und Bestechungsgeldern, wie aus einem Gesetzentwurf hervorgeht, verboten werden. Der hier entstehende jährl. Verlust von Steuereinnahmen durch K. wird von den Staatsanwaltschaften auf etwa 600 Mio. DM geschätzt. Ferner können die Harmonisierung der Rechtsordnungen sowie die Einrichtung von grenzüberschreitenden Kommissionen als Verfolgungsorgane und ein intensiver Rechtshilfeverkehr zw. den Staaten der K. besser entgegenwirken.

D. G. RASCH: Die Bekämpfung des Bestechungsunwesens im Wirtschaftswettbewerb in der Bundesrep. Dtl. u. in den übrigen Mitgl.-Staaten der Europ. Gemeinschaft (1985); Polit. K., hg. v. J. BELLERS (1989); K. RENNSTICH: K. Eine Herausforderung für Gesellschaft u. Kirche (1990); Zw. Kooperation u. K. Abweichendes Verhalten in der Verw., hg. v. A. BENZ u. a. (1992); P. BERNASCONI: Internat. Antikorruptionskonvention. Entwurf u. Komm., in: Aspekte des Wirtschaftsrechts, hg. v. H. U. WALDER u. a. (Zürich 1994); K. im öffentl. Dienst, bearb. v. H. R. CLAUSSEN (1995); K. – ein unscharfes Phänomen als Gegenstand zielgerichteter Prävention. Ergebnisse eines Forschungsprojektes, Beitrr. v. W. VAHLENKAMP u. I. KNAUSS (1995).

Korsage [-ʒə, frz.] *die, -/-n,* taillen- oder hüftlanges, auf Figur gearbeitetes Kleideroberteil, oft versteift, heute schulterfrei und trägerlos.

Korsak [russ.] *der, -s/-s,* **Steppenfuchs, Alopex corsac,** tagaktiver Fuchs in den Steppen Zentralasiens; etwas kleiner als der Rotfuchs, mit langem, buschigem Schwanz; im Sommer rötlich sandfarbenes und im Winter weißlich graues Fell, das ein dichtes Pelzwerk liefert. Der K. war im 18. Jh. in Russland ein begehrtes Haustier.

Korsakow-Syndrom [nach dem russ. Psychiater SERGEJ SERGEJEWITSCH KORSAKOW, * 1854, † 1900], organ. Psychosyndrom mit Störungen der Merkfähigkeit, der zeitl. und räuml. Orientierung und mit Konfabulationen bei erhaltenem Altgedächtnis und bei wacher Bewusstseinslage. Das K.-S. entwickelt sich als Folge verschiedenartiger Gehirnerkrankungen und -schädigungen, v. a. bei Alkoholkrankheit, jedoch auch bei →Schädelhirntrauma, bei entzündl., tumorösen oder ischäm. Hirnschädigungen sowie bei Vergiftungen und bei degenerativem Hirnabbau.

Korsar [ital. corsaro ›Seeräuber‹] *der, -en/-en,* Seeräuber; auch Seeräuberschiff.

Korschawin, Koržavin [-ʒ-], Naum, eigtl. **N. Moissejewitsch Mandel,** russ. Lyriker, Dramatiker und Kritiker, * Kiew 14. 10. 1925; war 1947–51 verbannt und wurde 1956 rehabilitiert; setzte sich in den 60er-Jahren für dissidente Schriftsteller ein. 1973 reiste er in die USA aus und trat 1974 der Redaktion der Zeitschrift ›Kontinent‹ bei. K.s bildarme, im Ausdruck präzise Gedankenlyrik zeugt von humanitärem Engagement und von tiefer Skepsis gegen jede Ideologie.

Werke: *Lyrik:* Gody (1963); Vremena (1976); Spletenija (1981). – *Drama:* Odnaždy v dvadcatom (1967). – *Autobiographisches:* Opyt poëtičeskoj biografii (1968).

Korschenbroich [-ˈbroːx], Stadt im Kr. Neuss, NRW, östl. an Mönchengladbach anschließend, 46 m ü. M., 31 500 Ew.; Textil-, Bekleidungs-, Metall verarbeitende Industrie, Brauerei, Kiesgewinnung, Gartenbau (Zucht von Blumenzwiebeln). – Wasserburg Schloss Myllendonk (14.–19. Jh.). Das Verwaltungsgebäude der Maschinenfabrik Sempell (1979/80) von

Korschenbroich: Wasserburg Schloss Myllendonk; 14.–19. Jh.

Irina Korschunow

Hentrich-Petschnigg & Partner ist ein Beispiel moderner Industriearchitektur. Im Stadtteil Liedberg eine Höhenburg des 14.–17. Jh. – K. wurde 1127 erstmals urkundlich erwähnt; im Rahmen der kommunalen Neugliederung von 1975 erheblich gewachsen, erhielt es 1981 Stadtrecht.

Korschunow, Irina, Schriftstellerin, * Stendal 31. 12. 1925; wurde bekannt durch fantasievolle Erzählungen für Kinder im Vorschul- und Erstlesealter, so die erfolgreiche ›Wawuschel‹-Serie (1967–73), später auch mit Erzählungen und Romanen für Jugendliche (›Er hieß Jan‹, 1979; ›Malenka‹, 1987). Seit den 80er-Jahren schreibt sie vorwiegend Romane über Familienschicksale (›Glück hat seinen Preis‹, 1983).
Weitere Werke: Kinderbücher: Der bunte Hund, das schwarze Schaf u. der Angsthase (1958); Niki aus dem 10. Stock (1973); Der Findefuchs (1982). – *Jugendromane:* Die Sache mit Christoph (1978); Ein Anruf von Sebastian (1981). – *Romane:* Der Eulenruf (1985); Das Spiegelbild (1992); Ebbe u. Flut (1995).

Korsika: Bonifacio, die südlichste Stadt Korsikas, auf einem 100 m aus dem Meer aufragenden Felsrücken

Korselętt [Diminutiv zu Korsett] *das, -s/-s,* auch *-e,* wenig oder nicht versteiftes, bequemes →Korsett.

Korsen, die Bewohner Korsikas, aber auch auf dem frz. Festland und in anderen Gebieten der Erde siedelnd, etwa 1 Mio. Menschen. Die K. erwuchsen aus einer Urbevölkerung von (wahrscheinlich) Iberern und Ligurern durch Vermischung mit Karthagern, Etruskern, Römern, Mauren, Italienern und Franzosen. Ihre Sprache wurde seit dem 11. Jh. durch die Sprachen der jeweils Herrschenden überlagert.
In Reliktgebieten hat sich eine mündl. Tradition erhalten. Die Totenklagen (ital. ›voceri‹, ›lamenti‹) sind wie die ›paghiella‹ improvisierte, meist von Männern dreistimmig gesungene Messen. Lebendig ist auch das religiöse Brauchtum geblieben. Die Mutter Gottes von Lavasina, dem ›kors. Lourdes‹ bei Bastia, suchen viele Kranke auf. Die bekanntesten Karfreitagsprozessionen sind die des ›Catenaccio‹ (des Gefesselten) in Sartène (im S) und ›La Cerce‹ in Erbalunga (bei Bastia). – Die Blutrache (→Vendetta) ist auch heute nicht vollständig überwunden.

Korsętt [frz., zu corps, lat. corpus ›Körper‹] *das, -s/-s,* auch *-e,* **1)** *Mode:* Oberkörper und Hüften durch versteifende Einlagen, Einschnürungen oder elast. Materialien formende Unterkleidung, deren Vorläufer bis ins späte 18. Jh. →Schnürbrust und →Mieder waren. Um 1830 ersetzten Metallösen und Stahlknöpfe beim ›mechan. Korsett‹ die Schnürung. Erst Einengung und Deformation des weibl. Körpers durch das K. ermöglichten Modesilhouetten wie ›Wespentaille‹, ›Kürasstaille‹, ›Sanduhr‹ und ›Sans Ventre‹. Medizinisch und sozialreformerisch begründete Gegenbewegungen bekämpften um 1900 den Gebrauch solcher K. und propagierten das ›Reformkleid‹. Im 20. Jh. diente das K. einer maßvollen Figurkorrektur.
E. EWING: Dress and underdress (London 1978); Die Frau im K. Wiener Frauenalltag zw. Klischee u. Wirklichkeit, bearb. v. R. WITZMANN u. a., Ausst.-Kat. (Wien 1984); Zur Gesch. der Unterwäsche 1700–1960, bearb. v. A. JUNKER u. a., Ausst.-Kat. (²1988).

2) *Orthopädie:* orthopäd. Hilfsmittel, das zur möglichst starren Fixierung eines Teiles oder der gesamten Wirbelsäule dient. K. bestehen i. d. R. aus mit Metallstäben verstärktem Stoff oder aus Kunststoff. Anwendungsbereiche sind Verkrümmungen der Wirbelsäule (Skoliosen, Rundrücken), aber auch Entzündungen und Brüche; ferner dienen K. zur Ruhigstellung nach Operationen. Um einer Schwächung der Rumpfmuskulatur vorzubeugen, sollte das Tragen eines K. immer mit einer Krankengymnastik kombiniert werden.

Korsika, frz. **la Corse** [laˈkɔrs], ital. **Corsica,** Insel im Mittelmeer, gehört geologisch und ethnographisch zum ital. Bereich, ist politisch eine Region Frankreichs mit den Dép. Haute-Corse und Corse-du-Sud, insgesamt 8680 km², Hauptstadt: Ajaccio. Ein über 2500 m tiefes Meeresbecken trennt die Insel von der 170 km entfernten frz. Küste (bei Nizza). Zur knapp 100 km entfernten ital. Küste leiten ein seichtes Meer und der Toskan. Archipel über. Von der Insel Sardinien im S ist K. durch die flache, nur 15 km breite Straße von Bonifacio getrennt.
Die Insel erstreckt sich von N (Cap Corse) nach S (Cap Pertusatro) über 185 km; ihre größte Breite beträgt 85 km. Sie stellt ein stark zertaltes, wildes Gebirgsland dar, das im Monte Cinto 2710 m ü. M. erreicht. Die Gebirgszüge sind im W und S aus Granit und Porphyr aufgebaut, im O und N aus junggefalteten Schiefern; sie sind weitgehend mit Macchie und Wald (Nadelholz, Buchen) bedeckt (1500 km² sind als Naturpark geschützt); auf den Höhen sind als Bergweiden genutzte Graslander verbreitet. Die W-Küste hat gute Naturhäfen. Die flache, z. T. versumpfte und mit Strandseen (Étangs) gesäumte O-Küste ist buchtenarm (nur der Golf von Porto-Vecchio greift in sie ein). Das Schutzgebiet um das Cap Girolata (30000 ha) wurde zum UNESCO-Welterbe erklärt. Es herrscht ausgeprägtes Mittelmeerklima; nur die Höhenlagen weisen kontinentalere Züge auf.
Die Insel hat 259000 Ew., etwa zur Hälfte gebürtige →Korsen; Schrift- und Amtssprache, heute weitgehend auch Verkehrssprache, ist Französisch. Da es kaum Industrie gibt, wandern viele junge Leute aus; die meisten kehren jedoch als Rentner zurück. Die Überweisungen dieser Festlandskorsen an ihre Familien spielen wirtschaftlich eine wichtige Rolle. Im Schwemmland an der O-Küste wurden in den 1960er-Jahren nach umfangreichen Meliorationsmaßnahmen zahlr. Rückwanderer aus Nordafrika (›pieds-noirs‹) angesiedelt, die eine moderne Acker- (Reb-, Zitrus- u. a. Spezialkulturen) und Viehwirtschaft betreiben. In der 600–1000 m ü. M. gelegenen Höhenstufe finden sich ausgedehnte Edelkastanienhaine und bewässerte Obstgärten; bestimmend ist die Viehhaltung (Schafe, Ziegen). An der Küste wird Fischerei, v. a. auf Thunfisch und Sardellen, betrieben. Nach der Landwirtschaft ist der Fremdenverkehr von Bedeutung (Seebäder, Sommerfrische, Alpinismus, Wintersport). Rund ein Drittel der Beschäftigten ist im Staatsdienst tätig. Neben den Hafenstädten Bastia, Ajaccio, Bonifacio und Porto-Vecchio sind Sartène und Corte (mit Kors. Univ.) die wichtigsten Orte.
Geschichte: Aus der Jungsteinzeit und der älteren Bronzezeit stammen die ersten Spuren menschl. Be-

siedlung, darunter megalith. Denkmäler (Dolmen, Menhire). An den Küsten der von ligur. Stämmen besiedelten Insel errichteten schon die Phöniker Handelsniederlassungen. Ihnen folgten Griechen aus Phokaia (Kleinasien), die um 565 v. Chr. an der O-Küste Alalia (seit röm. Zeit Aleria) gründeten, dann Etrusker und Karthager. Seit 238 wurde K. von den Römern beherrscht, die es 227 v. Chr. der Provinz Sardinien anschlossen, die Bev. aber erst Jahrzehnte später unterwerfen konnten. In der Kaiserzeit wurde K. eine eigene Provinz. Im 3. Jh. n. Chr. setzte die Christianisierung ein, die im 4.–6. Jh. zu einer Vorherrschaft der röm. Kurie führte, obwohl K., nach Invasionen der Wandalen und der Ostgoten, dem Byzantin. Reich (Exarchat Afrika) angehörte. Auf die Herrschaft der Langobarden (seit 725) und die Schenkung der Insel an den Kirchenstaat durch KARL D. GR. (774) folgten Einfälle der Sarazenen, die 1016 von Pisa (das dann 1077 von Papst GREGOR VII. mit K. belehnt wurde) und Genua vertrieben wurden. Seitdem war K. Streitobjekt zw. diesen beiden Städten; 1284 siegte Genua in der Seeschlacht bei Meloria und konnte bis 1347 seine Oberhoheit über die in Feudalherrschaften zersplitterte Insel gegen aragones. Ansprüche (1296 hatte der Papst Aragonien mit K. belehnt) durchsetzen. Unter genues. Herrschaft kam es häufig zu Aufständen, seit 1396 mischte sich auch Frankreich ein (1401–09 erstmals unter frz. Herrschaft). Eine Erhebung unter Führung des westfäl. Abenteurers THEODOR Freiherr VON NEUHOF, der 1736 zum König ausgerufen wurde, scheiterte ebenso wie der Versuch des Korsen P. PAOLI, ein unabhängiges K. zu schaffen (1755–69). Im Vertrag von Versailles (15. 5. 1768) verkaufte Genua K. an Frankreich, doch erst 1769 wurde der Aufstand endgültig niedergeschlagen. Ein Restitutionsversuch PAOLIS mit brit. Hilfe 1793–95 blieb Episode. Während des Zweiten Weltkriegs war K. 1942/43 von ital. und dt. Truppen besetzt. Gegen Ende der 60er-Jahre entwickelten sich polit. Organisationen, die K. Autonomie forderten (bes. die ›Union du Peuple Corse‹, UPC, ›Union des kors. Volkes‹) oder die Unabhängigkeit (v. a. der ›Front National de Libération de la Corse‹, FNLC, ›Nat. Front zur Befreiung K.s‹). Diese Bewegung radikalisierte sich in den 70er-Jahren. 1982 erhielt K. Autonomierechte (1982 erste Wahl eines Regionalparlamentes). Das Ziel der kors. Parteien blieb jedoch die polit. Unabhängigkeit. Dafür organisierten sie zahlr. Terroranschläge, v. a. auf Einrichtungen des frz. Staates. Der FNLC wurde 1983 verboten und existiert seitdem im Untergrund weiter (als FNLC-Canal historique). Seine polit. Ziele werden offiziell durch die ›Cuncolta Naziunalista‹ vertreten. Daneben agieren andere, z. T. rivalisierende Gruppen, sodass die mehrmals verkündete Waffenruhe kaum praktiziert wurde. Seit 1992 hat die Insel ein neues Autonomiestatut. Als ›Collectivité territoriale‹ (mit Parlament und Exekutivausschuss) hat K. weitgehende eigene Kompetenzen v. a. im wirtschaftl. und sozialen Bereich. Auch damit wurde die Insel nicht befriedet. Enge Verflechtungen zw. Terroristen und organisierter Kriminalität sowie bewaffnete Auseinandersetzungen zw. den Gruppen ließen bisher alle – in der Öffentlichkeit umstrittenen – Geheimverhandlungen zw. Zentral-Reg. und Separatisten scheitern.

J. BOSWELL: Corsica (a. d. Engl., 1986); Histoire de la Corse, hg. v. P. ARRIGHI (Neuausg. Toulouse 1986); A. u. F. ROTHER: K. (⁴1986); G. CAMP: Préhistoire d'une ile. Les origines de la Corse (Paris 1988); F. GREGOROVIUS: K. Histor. Skizzen u. Wanderungen (Neuauflage 1988).

Korso [ital. ›Lauf‹, ›Umzug‹] *der, -s/-s,* 1) festl. Umzug mit geschmückten Wagen und Gespannen; Demonstrationszug in Form einer Fahrzeugkolonne; 2) auch Bez. für eine Prachtstraße.

Korsør [kɔrˈsøːr], Hafenstadt auf Seeland, Dänemark, am Großen Belt, 20 000 Ew.; Eisengießerei, Glasfabrik, Werft, Maschinenbau, Nahrungsmittelindustrie; Fährverbindungen u. a. nach Knudshoved (auf Fünen) und Lohals (auf Langeland). – Im Schutz einer seit Mitte des 12. Jh. bezeugten, mehrfach zerstörten Burg entstand vermutlich im 13. Jh. das heutige K., dessen älteste bekannte Stadtrechtsstatuten von 1425 stammen.

Kort-Düse [nach dem Konstrukteur L. KORT, *1888, †1958], feste, ringförmige Ummantelung einer Schiffsschraube, mit der düsenartig die Anströmgeschwindigkeit des Wassers zur Schraube erhöht wird; dadurch entsteht ein Druckabfall unmittelbar vor der Schraube, eine größere Druckdifferenz zum Schraubenstrahl und somit ein verbesserter Schub. Die K.-D. verbessert den Propellerwirkungsgrad v. a. kleinerer, langsamer Schiffe. Beim **K.-D.-Ruder** ist sie in das Ruder eingebaut, oder der schwenkbare Düsenring übt die Ruderwirkung aus, sodass beim Ruderlegen der ganze Propellerstrahl abgelenkt wird.

kortikal [zu lat. cortex, corticis ›Rinde‹], *Medizin:* die Rinde von Organen (z. B. die Gehirnrinde) betreffend, von ihr ausgehend, in Richtung der Rinde (gelegen).

Körtling [niederdt. ›Kurzling‹], niedersächs. Groschenmünze zu 6 Pfennigen, die kleiner (›kürzer‹) war als die bis dahin üblichen Prager und Meißner Groschen. Die Prägung des K. begann im Herzogtum Braunschweig unter BERNHARD I. kurz nach 1400. In großen Mengen wurden K. ab 1429 von Göttingen ausgegeben, die von mehreren niedersächs. Städten nachgeprägt wurden. – Im 16. Jh. ging der Name auf die $^1/_3$-Mariengroschen über, und im 17. Jh. wurden die 6-Heller-Stücke aus den Münzstätten Köln und Ravensberg als K. bezeichnet.

Kortner, Fritz, österr. Schauspieler und Regisseur, *Wien 12. 5. 1892, †München 22. 7. 1970; nach Engagements als Charakterschauspieler in Mannheim, Berlin, Dresden, Wien und Hamburg spielte K. 1919–33 an Berliner Bühnen. Als Prototyp des expressionist. Schauspielers engagierte ihn L. JESSNER ans Berliner Staatstheater (1919–23, 1926–30), wo er das Theaterleben der 20er-Jahre wesentlich mitprägte (Glanzrollen: Geßler, Shylock, Richard III., Othello); ab 1915 auch Filmrollen. Angekündigt in K.s Spielstil seit Ende der 20er-Jahre, wurde ein detailreicher, auf innere Wahrheit zielender Realismus in K.s Regiearbeit nach dem Zweiten Weltkrieg deutlich. Seine Inszenierungen beeinflussten den Stil des deutschsprachigen Theaters der Nachkriegszeit, u. a.: A. STRINDBERG: ›Der Vater‹ (1950, 1967), S. BECKETT: ›Warten auf Godot‹ (1954), SHAKESPEARE: ›Julius Cäsar‹ (1955), ›Was ihr wollt‹ (1957, 1962) und ›Hamlet‹ (1957), M. FRISCH: ›Andorra‹ (1962), sein eigenes Stück ›Zwiesprache‹ (1964), SCHILLER: ›Kabale und Liebe‹ (1965), SHAKESPEARE: ›Der Sturm‹ (1968). K., der 1933 emigriert war (London, ab 1937 USA), kehrte 1947 nach Dtl. zurück. Als einer der bedeutendsten Regisseure des deutschsprachigen Theaters erreichte er internat. Anerkennung. Erinnerungen: ›Aller Tage Abend‹ (1959) und ›Letzten Endes‹ (hg. 1971).

Filme: Rollen: Die Brüder Karamasoff (1920); Hintertreppe (1921); Dreyfus (1930). – *Regie:* Der brave Sünder (1931); So ein Mädel vergißt man nicht (1932); Die Sendung der Lysistrata (1961, Fernsehinszenierung).

M. BRAND: F. K. in der Weimarer Rep. (1981); K. VÖLKER: F. K. (1987); I. NAGEL: K. Zadek, Stein (1989).

Kortner-Preis, von der Zeitschrift ›Theater heute‹ 1987 gestifteter Theaterpreis, benannt nach dem Regisseur F. KORTNER; der mit 25 000 DM dotierte Preis wird an deutschsprachige Theaterkünstler verliehen, die mit ›... Wagemut, Wahrhaftigkeit und ästhet. Neu-

Körtling
(Grafschaft Regenstein 1547; Durchmesser 17 mm)

Vorderseite

Rückseite

Fritz Kortner

Kort Kortrijk – Korvette

Karl Arnold Kortum

gier zeigen, dass das Beispiel KORTNERS fortwirkt. ...‹. Bisherige Preisträger sind: ANDREA BRETH (1987), P. ZADEK (1988), T. HOLTZMANN und ROLF BOYSEN (* 1920; 1989), E. SCHLEEF und B. K. TRAGELEHN (1990), K. HÜBNER (1991), G. VOSS (1992), DIETER STURM (* 1936; 1993), F. CASTORF (1994), K. M. GRÜBER (1995), P. STEIN (1996).

Kortrijk [ˈkɔrtrɛjk], frz. **Courtrai** [kurˈtrɛ], Stadt in der Prov. Westflandern, Belgien, an der Leie, 76 200 Ew.; Abteilung der Univ. Löwen, Kunstmuseum, Nationalmuseum für Leinen; traditionsreiches Zentrum der flandr. Textilindustrie und des Flachshandels. Seit 1960 entstanden in und um K. Industrieparks, u. a. mit Elektronik-, Metall-, Möbel- und Uhrenindustrie; Verkehrsknotenpunkt, Flusshafen. – Die Sint Maarten Kerk (im 13. Jh. begonnen) wurde im Stil der Brabanter Gotik im 15. Jh. vollendet; im Innern Tabernakel (1585) und Triptychon (1587). Die doppeltürmige got. Onze-Lieve-Vrouwkerk (13. Jh.) birgt eine Alabasterstatue der hl. KATHARINA von A. BEAUNEVEU (1374–84) und die ›Kreuzaufrichtung‹ von A. VAN DYCK (1631). Der Beginenhof (1238 gegr.) besteht aus 40 barocken Häuschen (17. Jh.) und Kapelle des 18. Jh. Spätgot. Rathaus (1418–20, 1526–28 erweitert); auf dem Marktplatz der got. Belfried (13./14. Jh.). Reste der mittelalterl. Befestigung (14./15. Jh.) sind die Broeltürme. – Der Raum um K. war bereits zur röm. Zeit besiedelt; das seit dem 5. Jh. bekannte **Cortoriacum** war seit dem 7. Jh. Sitz der flandr. Burggrafen, in karoling. Zeit auch Münzstätte. Die im Kreuzungspunkt bedeutender Handelsstraßen schnell wachsende Siedlung erhielt 1190 Stadtrecht. Im Spät-MA. war K. eines der Zentren der Tuchherstellung. Im späten 19. Jh. wuchs die Stadt durch den Zuzug von Industriebetrieben stark an. – In der **Goldsporenschlacht** bei K. (11. 7. 1302) sicherte der flandr. Städtebund durch den erstmaligen Sieg von Bewaffneten zu Fuß über ein frz. Ritterheer die flandr. Unabhängigkeit (auch **Sporenschlacht** gen.; nach der Zurschaustellung von etwa 800 erbeuteten goldenen Sporen gefallener frz. Adeliger und Ritter als Siegestrophäen in der Onze-Lieve-Vrouwkerk, bis 1382).

Kortschnoj, Korčnoj [-tʃ-], Wiktor Lwowitsch, schweizer. Schachspieler russ. Herkunft, * Leningrad 23. 6. 1931; unterlag 1978 und 1981 im Kampf um die Schachweltmeisterschaft A. KARPOW, war siebenmal Teilnehmer am WM-Kandidatenturnier, das er 1977 und 1980 (gegen R. HÜBNER) gewann und 1974 (gegen KARPOW) verlor. K. emigrierte 1976 in die Schweiz.

Kortum, Karl Arnold, Schriftsteller und Arzt, * Mülheim a. d. Ruhr 5. 7. 1745, † Bochum 15. 8. 1824; Verfasser populärwiss. und alchimist. Schriften, von Märchen und Gelegenheitsgedichten. Bemerkenswert ist v. a. ›Die Jobsiade‹ (1. vollständige Ausgabe 1799, 3 Bde.), eine vierzeiligen Knittelversstrophen geschriebene Parodie auf Heldengedicht, empfindsamen Bildungsroman und Spießertum, ein letzter Ausläufer des pikaresken Romans, von K. mit eigenen Holzschnitten illustriert. W. BUSCH ließ 1872 ›Bilder zur Jobsiade‹ erscheinen.

Kortüm, Gustav Ferdinand Albert, Physikochemiker, * Groß Methling (heute zu Stubbendorf, Landkreis Malchin) 14. 6. 1904, † Tübingen 1. 12. 1990; seit 1942 Prof. in Tübingen, arbeitete über Gas- und Lösungsspektren, Kolorimetrie, Spektralphotometrie und Thermodynamik von Mehrstoffsystemen; Verfasser vieler Lehrbücher.

Kortzfleisch, Ida von, Sozialreformerin, * Pillau 10. 10. 1850, † Fredeburg (heute zu Schmallenberg) 7. 10. 1915; gründete wirtschaftl. Frauenschulen auf dem Lande (›Landfrauenschulen‹), die erste 1897, gleichzeitig den Reifensteiner Verband für haus- und landwirtschaftl. Frauenbildung e. V.

Korum, Michael Felix, katholischer Theologe, * Wickerschweier (bei Colmar) 2. 11. 1840, † Trier 4. 12. 1921; seit 1881 Bischof von Trier; war maßgeblich an der Beilegung des Kulturkampfes beteiligt, trat im →Gewerkschaftsstreit für die Organisation der kath. Arbeiter in kath. Arbeitervereinen ein.

Korund [engl., von tamil. korund ›Rubin‹] der, -(e)s/-e, trigonales, in reinem Zustand farbloses Mineral der chem. Zusammensetzung α-Al$_2$O$_3$ (α-Aluminiumoxid), meist durch geringe Beimengungen anderer Metalloxide gefärbt, am häufigsten gelblich grau oder bläulich, aber auch tiefblau, rot, braun, violett oder schwarz; Glasglanz, Härte nach MOHS 9, Dichte 3,9–4,1 g/cm^3; Kristalle plattig, säulig, oft tonnenförmig, auch als derbe Einsprenglinge; Vorkommen in tonerdereichen Tiefengesteinen und Pegmatiten sowie in metamorphen Gesteinen (z. B. Gneisen und Kontaktmarmoren), sekundär angereichert in (Edelstein-)Seifen. Neben dem meist trüben, grauen bis bläulich grauen **gemeinen K.** (wegen seiner Härte v. a. zur Herstellung von Schleifmitteln und als Lagerstein verwendet, Hauptbestandteil des →Schmirgels) treten durchsichtige Edelsteinvarietäten (**edler K.**) auf: farbloser **Leukosaphir,** roter **Rubin,** blauer **Saphir** (beide oft mit deutl. →Asterismus, dann als Sternrubin und -saphir bezeichnet) sowie auch klarer K. von weißer, gelber, grüner und violetter Farbe. Als Schleifmittel und Edelstein wird K. auch industriell (Schmelzen eines feinen Pulvers von reinstem Aluminiumoxid mit Zusätzen im Elektroofen; **Elektro-K.**) hergestellt.

Körung, Tierzucht: Beurteilung männl. Nutz- und Haustiere im Zusammenhang mit ihrer Verwendung für die Zucht. Im Ggs. zu den meist auf freiwilliger Basis durchgeführten K. von Haustieren (z. B. Hunde, Katzen) durch die Zuchtverbände bestand in der BRD laut Tierzucht-Ges. vom 20. 4. 1976 für landwirtschaftl. Nutztiere (Bullen, Eber, Schafböcke und Hengste) **Körzwang.** Dieser ist jedoch nach dem neuen Tierzuchtgesetz (seit 1. 1. 1990) abgeschafft worden. Die Überwachung und Durchführung der K. war vor fast allen Landes-Reg. durch besondere Verordnungen geregelt, so auch die Zusammensetzung der Prüfungskommission (**Körkommission),** die den Zuchtwert eines ihr vorgestellten Tieres mithilfe wirtschaftlich wichtiger, der jeweiligen Zuchtrichtung entsprechender Leistungsmerkmale unter Berücksichtigung der äußeren Erscheinung einschätzte. Voraussetzung für die K. war die Vorlage eines gültigen Abstammungsnachweises einer anerkannten Züchtervereinigung, der Nachweis der Zuchttauglichkeit sowie ein bestimmtes Mindestalter. Die Deck- und/ oder Besamungserlaubnis wurde von der staatl. Körbehörde ausgestellt. Das Erteilen einer Besamungserlaubnis bleibt weiterhin Voraussetzung für die Verwendung von Zuchttieren zur künstl. Besamung.

Korvette [frz.] die, -/-n, kleinerer Kriegsschifftyp für Geleitschutz und U-Boot-Abwehr; bildet mit 500–1 000 ts Wasserverdrängung die kleinste Untergattung der Kriegsschiffgattung →Fregatte; NATO-Leitbuchstabe: F.

Geschichte: Seit dem 17./18. Jh. wurden als K. schnelle, voll getakelte Kriegsschiffe bezeichnet, die i. d. R. etwas kleiner als Fregatten waren und bei denen im Ggs. zu diesen die Geschütze ausschließlich auf dem Oberdeck aufgestellt waren. Später traten neben diese ›Glattdecks-K.‹ fregattenähnl., mit einem gesonderten Batteriedeck ausgestattete ›gedeckte K.‹ (1884 in Dtl. umbenannt in ›Kreuzerfregatten‹). Ab Mitte des 19. Jh. wurden die reinen Segel-K. durch getakelte Dampf-K. mit Rad- und später Schraubenantrieb ersetzt; mit Panzerschutz versehene K. bezeichnete man als ›Panzer-K.‹. 1884 wurden die Glatt-

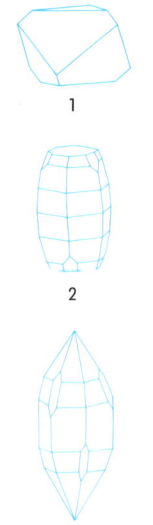

Korund: 1 rhomboedrische Grundform; 2–4 kombinierte Formen: 2 prismatisch, 3 spitzpyramidal, 4 taflig

decks-K. der dt. Kaiserl. Marine umbenannt in ›Kreuzer-K.‹, Ende des 19. Jh. entwickelte man aus diesen die Kriegsschiffgattung der ›Kleinen Kreuzer‹. – Im Zweiten Weltkrieg verwendete man die Bez. K. auf brit. und amerikan. Seite für leichte, zum Begleitschutz für Konvois eingesetzte Kriegsschiffe bis 1 000 ts, die bes. zur U-Boot-Abwehr geeignet waren.

Korvettenkapitän, Marineoffizier im Rang eines Majors.

Korwa, Stamm in Indien, auf dem Chota-Nagpur-Plateau (Bundesstaaten Bihar, Madhya Pradesh und West-Bengal). Die etwa 70 000 K. sprechen eine Mundasprache. Die traditionelle Jagd und Sammelwirtschaft sowie wandernder Brandrodungsfeldbau sind nur noch eingeschränkt möglich. Vorhinduist. Glaubensvorstellungen haben sich erhalten. Die K. stehen vermutlich den ältesten Bewohnern Indiens sehr nahe.

Korwar *der, -s/-e,* Figurentyp in NW-Neuguinea, in der indones. Prov. Irian Jaya, bes. um die Geelvinkbucht. Die K. werden zur Erinnerung an Verstorbene, v. a. als – zumindest vorübergehender – Sitz ihrer Seele, hergestellt. Je nach Stilgebiet ist der Körper massiv aus Holz gearbeitet mit nur angedeuteten Armen und Beinen und häufig von geometr. Mustern bedeckt, oder er fehlt fast ganz, während Arme und Beine – oft gekreuzt oder in Hockstellung – wichtige Gestaltungsmerkmale sind. Betont ist immer der Kopf, der aus dem tatsächl. Schädel des Verstorbenen, einem hölzernen Schädelbehälter oder ganz aus Holz bestehen kann. Merkmal der geschnitzten Köpfe sind stark gebraute, eine geradlinig weit nach unten gezogene Nase, während Mund und Kinn ineinander übergehen (der Unterkiefer scheint zu fehlen). Vor den Figuren oder in ihren Händen befindet sich eine Art durchbrochener ›Schild‹. K. werden an besonderen Stellen in den Hütten aufbewahrt. Nach den K. wird der Kunststil dieses Gebiets K.-Stil genannt.

T. P. VAN BAAREN: K. and k. style (Paris 1968).

Korybanten [griech.], *Sg.* **Korybant** *der, -en,* dämon. Begleiter der phryg. Göttin Kybele, den →Kureten ähnlich; sie wurden vielfach als aus dem Regenwasser hervorgegangene Kinder des Zeus angesehen. Ihr ekstat. Kult, bei dem zu Pauken- und Flötenbegleitung orgiast. Tänze aufgeführt wurden, gelangte etwa im 7. Jh. v. Chr. aus Kleinasien nach Athen.

Korykische Grotte, 1) Tropfsteinhöhle in 10 km Entfernung 760 m oberhalb von Delphi im Parnass, im Altertum dem Pan und den Nymphen geweiht. Ausgrabungen erbrachten einfache provinzielle Tonfigürchen. In die K. G. flüchteten 480 v. Chr. die Delpher vor den Persern.

2) große Höhle bei Korykos mit unterird. Fluss (›Strom des Paradieses‹); von STRABO erwähnt.

Korykos, Ruinenstätte in der S-Türkei, westlich von Adana zw. Silifke und Mersin mit Resten aus antiker, frühchristl. und mittelalterl. Zeit. Von der mittelalterl. armen. Landburg (12. Jh.) sind Doppelmauer mit Türmen, am östl. Tor der äußeren Burgmauer als Türpfosten Reste von zwei antiken Altären erhalten. Auf die Antike geht auch die Mole zurück, die zu der auf einer kleinen Felsinsel gelegenen mittelalterl. Seeburg (KIZ KALESI) mit Mauer und starken Ecktürmen, ebenfalls aus dem 12. Jh. (im 14. Jh. ausgebaut), führt. Hinter der Landburg große Nekropole, Reste der Stadtmauer und Ruinen mehrerer Kirchen.

Koryŏ, histor. Königreich (918–1392) in Korea, als **Corai** oder **Coria** (›Korea‹) durch christl. Missionare seit Ende des 16. Jh. bekannt; auch gleichnamige Dynastie. Gründer war WANG KŎN (*877, †943). Zum Aufbau der Zentralverwaltung in der Hauptstadt Kaesŏng wurde u. a. 958 das chin. Zivilexamensystem eingeführt. Eine starke Aristokratie, die das polit. Leben beherrschte, schwächte die Stellung des Königs und wurde 1170 durch einen Militärcoup entmachtet. Um die Mitte des 13. Jh. kam K. unter die Oberhoheit der Mongolen. Staatsreligion war der Buddhismus. Während der kulturellen Blütezeit im 12. Jh. entstand die mattgrüne Seladonkeramik; bereits um 1240 wurde mit bewegl. Typen gedruckt. Nach einer Reformbewegung um die Mitte des 14. Jh. wurde die Dynastie K. 1392 durch die Dynastie Chosŏn abgelöst.

Koryphäe [lat.-frz., von griech. koryphaîos ›Anführer‹, ›Chorführer‹, zu koryphḗ ›Gipfel‹] **1)** *die, -/-n,* ausgezeichneter Fachmann, hervorragender Sachkenner (auf einem bestimmten Gebiet).

2) *der, -n/-n,* **Koryphaîos,** in der frühen *griech. Antike* Bez. für Anführer von Parteien und Senat und für Heerführer; später Bez. für den Vorsänger beim Vortrag des Dithyrambos und für den Chorführer im griech. Drama.

Koryza [griech.] *die, -,* **Coryza,** *der* →Schnupfen.

Korzeniowski [kɔʒɛˈnjɔfski], **1)** Józef, poln. Schriftsteller, *bei Brody (Ostgalizien) 19. 3. 1797, †Dresden 17. 9. 1863; schrieb zahlreiche Genrekomödien. Mit seinen Romanen ›Spekulant‹ (1846; dt.) und ›Kollokacja‹ (1847; dt. u. a. als ›Der Dorfadel‹) gilt er neben J. I. KRASZEWSKI als Wegbereiter der realist. Prosa in Polen.

2) Teodor Józef Konrad Nałęcz, eigentl. Name des engl. Schriftstellers Joseph →Conrad.

Kos, türk. **İstanköy** [isˈtankœj], **1)** Insel des Dodekanes, Griechenland, vor der Küste Kleinasiens, 290 km², 26 400 Ew. Den aus Kreidekalken aufgebauten Inselkern bildet ein Gebirge (bis 846 m ü. M.), dem im N eine fruchtbare Ebene (mit Reb-, Feigen-, Ölbaum-, Zitruskulturen, Gemüse- und Getreideanbau) vorgelagert ist; im O aus vulkan. Gestein; Perlitabbau; bedeutender Fremdenverkehr. – K., seit prähistor. Zeit besiedelt, war die Heimat des griech. Arztes HIPPOKRATES und wurde im Altertum berühmt durch sein Asklepieion nahe der Hauptstadt (→Kos 2). 1315 gelangte die Insel in den Besitz des Johanniterordens (1436 Bau einer Festung); 1523–1912 gehörte sie zum Osman. Reich, 1912–47 als **Coo** zum ital. Dodekanes.

Korwar von der Nordküste der Vogelkophalbinsel, Nordwest-Neuguinea

Kos 2): Reste des korinthischen Tempels auf der mittleren Terrasse des Asklepieions

2) Hauptort von 1), an der NO-Küste der Insel, 14 700 Ew.; archäolog. Museum; Hafen und Flugplatz. – Das antike K. wurde 366 v. Chr. als neue Hauptstadt der Insel erbaut. Berühmt wurde K. durch das etwa 4 km entfernte Asklepiosheiligtum mit eisen- und schwefelhaltigen Heilquellen (seit dem 4. Jh. v. Chr.). Die Anlage besteht aus drei, durch breite Freitreppen miteinander verbundenen Terrassen. Auf der oberen Terrasse stand ein dor. Peripteraltempel

Wörter, die man unter K vermisst, suche man unter C, Ch, G, H oder Q

(→Peripteros) des 2. Jh. v. Chr., umgeben von großen dor. Portiken; auf der mittleren Terrasse befanden sich u. a. ein kleiner ion. Antentempel (→Ante) des 4. Jh. v. Chr. (einst mit dem Gemälde des APELLES) sowie ein korinth. Peripteraltempel (2. Jh. n. Chr.); auf der unteren Terrasse lagen die Heilstätten. Die Ärzteschule von K. wird auf HIPPOKRATES zurückgeführt, der im 5. Jh. v. Chr. auf K. geboren wurde. Von der antiken Stadt sind das v. a. im 3. und 2. Jh. erbaute Hafenviertel mit Handelsmarkt (›Agora‹), Stoa, Hafenheiligtum mit zwei Tempeln (für Aphrodite?) und Heraklestempel freigelegt worden; es lag urspr. vor der ältesten Stadtmauer, die im 3. Jh. v. Chr. für eine Staatsagora durchbrochen wurde. Ein weiter westlich gelegener Ausgrabungsbezirk umfasst Gymnasion (2. Jh. v. Chr.) und aus dem frühen 3. Jh. n. Chr. Thermen, Pflasterstraße und Forica (Latrinenbau). Römisch sind auch das Odeon (1. Jh. n. Chr.) und ein Wohnviertel (mit Mosaikfunden). Nach Erdbeben wurden im 5. und 6. Jh. in den Ruinen verschiedene frühchristl. Kirchen errichtet (Reste freigelegt); die Friedhofskirche Hagios Ioannis war urspr. ein Baptisterium (6. Jh.). – Die Stadt wurde im MA. vom Johanniterkastell beherrscht (15. Jh., Außenwerke 16. Jh.). Auf einer durch die mittelalterl. Stadtmauer (14. Jh., geringe Reste) entstandenen Terrasse wurde im 18. Jh. eine Moschee errichtet (Brunnenhaus 19. Jh).

Koš [kɔʃ], Erih, serb. Schriftsteller, * Sarajevo 15. 4. 1913; nahm am Partisanenkampf im Zweiten Weltkrieg teil und hatte dann kulturpolit. Funktionen inne; behandelt in seinen Romanen und Erzählungen v. a. die Kriegs- und Nachkriegszeit; schrieb auch erfolgreiche Satiren.
Werke: *Romane:* Veliki mak (1956; dt. Wal-Rummel); Il tifo (1958; dt. Montenegro, Montenegro); Sneg i led (1961; dt. Eis); Vrapci Van Pea (1962; dt. Die Spatzen von Van Pe); Mreže (1967); Dosije Hrabak (1971; dt. Die Akte Hrabak); U potrazi za mesijom, 3 Bde. (1978); Izlet u Paragvaj (1983). – *Novellen:* Bosanske priče (1984).
Ausgabe: Izabrana prozna dela, 8 Bde. (1983–84).

Kosa, Bantuvolk in Südafrika, →Xhosa.

Kósa [ˈkoːʃɔ], Ferenc, ungar. Filmregisseur, * Nyíregyháza 1937; drehte nach Kurzfilmen ab 1967 Spielfilme mit ausdrucksstarken Bildern.
Filme: Schneefall (1974); Das Match (1980); Guernica (1982); Der andere Mensch (1988, ungar.).

Kosaken [russ.-poln., von turktatar. kazak ›freier Krieger‹, ›Abenteurer‹], ursprünglich tatar. Grenzkrieger, Wach- und Plünderungstrupps, später ostslaw. freie Kriegergemeinschaften am Rande der osteurop. Steppenzone. Die K. rekrutierten sich v. a. aus russ. und ukrain. Bauern, die sich seit dem 15. Jh. der Leibeigenschaft bzw. dem wirtschaftl. Druck auf den Adelsgütern durch Flucht in die freien Steppen entzogen und dort siedelten. Es bildeten sich jenseits der regulär verwalteten Territorien von Polen-Litauen und Russland freie K.-Gemeinschaften: großrussische an Don (Don-K.), Wolga, Ural, Terek und ukrainische am Dnjepr, seit der Mitte des 16. Jh. bis 1775 mit befestigtem Zentrum unterhalb der Stromschnellen auf der Insel Sitsch (Saporoger K.). Sie organisierten sich in Reiterheeren unter gewählten **Atamanen** (bei den Saporoger K. **Hetmanen**) und lebten von Beutezügen und etwas Landwirtschaft. Gleichzeitig kämpften die ›registrierten‹ K. (›Register-K.‹) gegen Besoldung in den Heeren Polens und des Moskauer Staates. An der Eroberung und Erschließung Sibiriens (→JERMAK TIMOFEJEWITSCH) hatten sie großen Anteil. Die registrierten K. im poln. Dienst und die Saporoger K. reagierten auf eine Einschränkung ihrer Freiheiten 1648 mit einem Aufstand (unter B. CHMELNIZKIJ) gegen Polen. Zugleich verschärfte der Zustrom bäuerl. Flüchtlinge die sozialen Spannungen in den verarmten unteren Schichten, die sich im 17. und 18. Jh. in mehreren Bauernaufständen in den moskowit. Grenzgebieten entluden (u. a. J. I. →PUGATSCHOW, S. T. →RASIN). Seit der Mitte des 17. Jh. wurden die K.-Gebiete an Dnjepr und Don schrittweise in den polnisch-litauischen bzw. russ. Staat einbezogen. Im 18. Jh. verloren die K. weitgehend ihre Privilegien, jedoch entstanden an den gefährdeten Grenzen in Kaukasien, Zentralasien und im Fernen Osten neue K.-Heere; K.-Niederlassungen mit weitgehender Autonomie wurden u. a. am Kuban, am Asowschen Meer und am Baikalsee geschaffen. Im zarist. Russland wurden die K. im 19. und zu Beginn des 20. Jh. oft zur Niederschlagung innerer Unruhen eingesetzt.
Zu Beginn des 20. Jh. gab es elf K.-Heere, die im Ersten Weltkrieg rd. 300 000 Mann stark waren. Im Gefolge der Februarrevolution 1917 entstanden kurzlebige K.-Republiken u. a. am Don und in Orenburg. Nach der Oktoberrevolution 1917 entzogen die Bolschewiki den K. ihre letzten Privilegien. Viele K. kämpften deshalb im Bürgerkrieg gegen die Sowjet-Reg. (anschließ. Flucht Zehntausender ins Ausland), aber auch auf der Seite der Roten Armee (u. a. in einem aus Don- und Kuban-K. gebildeten Kavalleriekorps unter S. M. BUDJONNYJ) gegen die Weißgardisten. Im Zweiten Weltkrieg kämpften viele K. loyal auf der Seite der Sowjetunion; allerdings wurden auf dt. Seite auch kosak. Freiwilligenverbände gebildet, die die westl. Alliierten 1945 an die Rote Armee auslieferten.– Das danach lange Zeit nur folkloristisch gepflegte Kosakentum (z. B. K.-Chöre) lebte Ende der 80er-/Anfang der 90er-Jahre wieder auf; nach Gründung eines gesamtruss. K.-Bundes (1990) reorganisierten sich auf lokaler Ebene die bis 1917 bestehenden K.-Heere. 1993 wurden den russ. K. auch wieder Aufgaben beim Grenzschutz übertragen.
G. STÖKL: Die Entstehung des Kosakentums (1953); P. ROSTANKOWSKI: Siedlungsentwicklung u. Siedlungsformen in den Ländern der russ. K.-Heere (1969); P. LONGWORTH: Die K. (a. d. Engl., Neuausg. 1977); W. SCHWARZ: K. (Neuausg. 1992); C. KUMKE: Führer u. Geführte bei den Zaporoger K. Struktur u. Gesch. kosak. Verbände im polnisch-litauischen Grenzland (1993).

Kosakow, Kozakov [-z-], Michail Emmanuilowitsch, russ. Schriftsteller, * Romodan (Gebiet Poltawa) 23. 8. 1897, † Moskau 16. 12. 1954; Jurist, verband in seinen z. T. experimentellen Erzählwerken Gesellschaftskritik in der Nachfolge F. M. DOSTOJEWSKIJS mit psycholog. Vertiefung (›Meščanin Adamejko‹, 1927). Der histor. Roman ›Krušenie imperii‹ (1956, zuerst als ›Devjat' toček‹, 4 Tle., 1929–37) schildert den Zerfall des zarist. Russland.

Kosáni, Hauptstadt des Verw.-Bez. (Nomos) K. in W-Makedonien, Griechenland, 31 600 Ew.; griechisch-orth. Bischofssitz; Herstellung von Textilien und landwirtschaftl. Geräten.

Kosárek, Adolf, tschech. Maler, * Herálec (bei Humpolec, Ostböhm. Gebiet) 6. 1. 1830, † Prag 30. 10. 1859; einer der bedeutendsten tschech. Landschaftsmaler. K. verband in seinen symbolbeladenen Kompositionen romant. Stimmung mit Detailrealismus.

Kosch, Wilhelm Franz Josef, Literaturwissenschaftler und Lexikograph, * Drahan (Südmähr. Gebiet) 2. 10. 1879, † Wien 20. 12. 1960; war nach Studium in Wien, Breslau und Prag Bibliothekar an der Dt. Univ. in Prag, danach u. a. 1906 Prof. in Freiburg im Üechtland, 1911 in Czernowitz, 1923 in Nimwegen; gab ab 1908 die Sammlung ›Dt. Quellen und Studien‹ heraus. Sein lexikograph. Hauptverdienst ist die Herausgabe des ›Dt. Literatur-Lexikons‹ (1927–29, 2 Bde.; 3., neu bearbeitete Auflage 1968 ff.).

Koschenille [kɔʃəˈnɪljə, frz.] *die*, -, **Cochenille** [frz. kɔʃˈnij], **Cochineal, Kochenille,** Bez. für getrocknete, zu Pulver zermahlene weibl. K.-Schildläuse, aus denen z. T. auch heute noch der Farbstoff Karmin (→Karminsäure) gewonnen wird; für 1 kg K. (ergibt etwa 50 g Karmin) benötigt man etwa 100 000 Tiere, die von ihrer Wirtspflanze abgeschabt werden.

Koschenilleschildlaus [kɔʃəˈnɪljə-], **Cochenilleschildlaus, Koschenillelaus, Dactylopius cacti,** Art der Schildläuse (Weibchen bis 6 mm, Männchen etwa 1 mm groß), die, in Mexiko beheimatet, heute auch auf den Kanar. Inseln eingebürgert ist und auf Opuntien lebt. Der Körpersaft der K. enthält einen roten Farbstoff (→Koschenille). Seit der Entwicklung synthet. Farbstoffe haben die K. nur noch eine geringe Bedeutung als Farbstofflieferanten.

koscher [jidd., von hebr. kāšer ›einwandfrei‹ (nach jüd. Religionsgesetz)], **kauscher,** *Judentum:* den rituellen Vorschriften genügend; im Zusammenhang mit den Speisegeboten und -verboten, wo der Begriff u. a. gebraucht wird: zum Genuss erlaubt. Die bibl. Grundlage für die Kennzeichnung einer Speise als k. ist in der Unterscheidung zw. ›reinen‹ und ›unreinen‹ Tieren (3. Mos. 11; 5. Mos. 14) gegeben. Die Art der Zubereitung koscherer Speisen gründet im Verbot des Blutgenusses (5. Mos. 12, 16), auf dessen Grundlage eine ganz bestimmte Schlachtmethode vorgeschrieben ist (›Schächten‹), sowie in dem Verbot, ›das Zicklein in der Milch seiner Mutter zu kochen‹ (2. Mos. 23, 19 u. a.). In orth. jüd. Haushalten sind deshalb Küchengeräte, Kühlschränke, Geschirr und Besteck für ›Milchiges‹ und für ›Fleischiges‹ getrennt.

Koschewnikow, Koževnikov [-ʒ-], Wadim Michajlowitsch, russ. Schriftsteller, * Narym (Sibirien) 22. 4. 1909, † Moskau 20. 10. 1984; Literaturfunktionär, jahrzehntelang Chefredakteur der Zeitschrift ›Snamja‹, ein typ. Vertreter der parteigetreuen Literatur, zeichnete in seinen Romanen (›Znakom'tes', Baluev‹, 1961, dt. ›Darf ich vorstellen – Balujew‹; ›V polden', na solnečnoj storone‹, 1973, dt. ›Mittags auf der Sonnenseite‹) ›positive Helden‹ im Sinne des sozialist. Realismus.

Koschmieder, Erwin, Slawist, * Liegnitz 31. 8. 1895, † Ebersberg 14. 2. 1977; war ab 1931 Prof. in Wilna, ab 1939 in München; Mitbegründer und Herausgeber der Zeitschrift ›Die Welt der Slaven‹.

Werke: Zeitbezug u. Sprache (1929); Beitr. zur allg. Syntax (1965); Gesammelte Abh. zur Phonetik, Phonologie u. Morphologie der slav. Sprachen (Hg. 1979).

Koschnick, Hans, Politiker, * Bremen 2. 4. 1929; Verwaltungsbeamter, Mitgl. der SPD; 1955–63 Mitgl. der Bremer Bürgerschaft, 1963–67 Innensenator, 1965–67 stellv. Präs. des Senats und zweiter Bürgermeister von Bremen, 1967–85 Präs. des Senats und Bürgermeister von Bremen; 1971–77 auch Präs. des Dt. Städtetages. Als stellv. Vors. der SPD (1975–79) bemühte er sich bei kontroversen Fragen um einen innerparteil. Ausgleich; MdB 1987–94. K., seit 1985 wiederholt Vermittler bei der Lösung schwieriger nat. und internat. Probleme, leitete als Administrator der EU (23. 7. 1994 bis 31. 3. 1996) den Wiederaufbau und die Wiedervereinigung der kriegszerstörten Stadt Mostar ein. – Theodor-Heuss-Preis 1995.

Koschwitz, Eduard, Romanist, * Breslau 7. 10. 1851, † Königsberg (heute Kaliningrad) 14. 5. 1904; war seit 1901 Prof. in Königsberg, veröffentlichte die ältesten frz. Sprachdenkmäler (›Les plus anciens monuments de la langue française‹, 1879); auch Forschungen zum Altprovenzalischen.

Kościan [ˈkɔctcan], Stadt in Polen, →Kosten.

Kosciusko, Mount K. [maʊnt kɔzɪˈʌskəʊ], mit 2 230 m ü. M. der höchste Gipfel Australiens, in den Snowy Mountains der Austral. Alpen (Great Dividing Range); Relief durch pleistozäne Vergletscherung überprägt; bedeutendes austral. Wintersportgebiet. Das Gebiet um den Mount K. (6 900 km²) wurde 1944 zum Nationalpark erklärt.

Kościuszko [kɔcˈtcuʃko], Tadeusz Andrzej Bonaventura, poln. Offizier und Freiheitskämpfer, * Mereczowszczyzna (bei Nowogródek, Wolhynien) 4. (?) 2. 1746, † Solothurn 15. 10. 1817; aus poln., ursprüngl. weißruthen. Kleinadel; ging 1776 nach Nordamerika und nahm dort als Ingenieuroffizier und Oberst am Unabhängigkeitskrieg teil. 1784 kehrte er als amerikan. General nach Polen zurück, wo er im gleichen Rang 1789 in die Armee eintrat und 1792 zus. mit Fürst J. PONIATOWSKI gegen die von einer russ. Armee unterstützte Konföderation von Targowica kämpfte; floh anschließend nach Sachsen. Als Antwort auf die 2. Poln. Teilung (1793) begann er am 24. 3. 1794 in Krakau den ›Staatschef‹ (poln. Naczelnik państwa) den nach ihm benannten Aufstand. Nach anfängl. Erfolgen (Racławice 4. 4.) erlag er der russisch-preuß. Übermacht und geriet nach der Niederlage bei Maciejowice (10. 10. 1794, in der Nähe Warschaus) verwundet in russ. Gefangenschaft (sein angebl. Ausruf ›Finis Poloniae‹ ist Legende). 1796 freigelassen, lebte er zunächst in Amerika, 1798–1815 in Frankreich, danach in der Schweiz. Seine militär. Fähigkeiten, seine Uneigennützigkeit und sein Eintreten für die wirtschaftlich und sozial Schwachen machten ihn zur Heldengestalt.

Kosegarten, Gotthard Ludwig Theobul, Pseud. **Tellow** [-lo], Schriftsteller und Theologe, * Grevesmühlen 1. 2. 1758, † Greifswald 26. 2. 1818; studierte ev. Theologie in Greifswald, wurde 1808 Prof. für Geschichte, 1817 Prof. für Theologie und Pastor ebd.; schrieb empfindsame Romane, Gedichte, idyll. Epen sowie Legenden, die Einfluss auf G. KELLER hatten.

Ausgabe: Dichtungen, 12 Bde. (1824–27).

Koseir [-ˈzeɪr], **El-K., El-Quseir, Al-Qosayr,** ägypt. Hafenstadt am Roten Meer, auf der Höhe von Kena, 3 000 Ew.; Hafen für die nahe gelegenen Phosphatgruben. – Vom MA. bis ins 19. Jh. war K. bevorzugter Hafen für Mekkapilger.

Kosekans [gekürzt aus neulat. complementi secans, zu lat. complementum ›Ergänzung‹ und Sekans] *der, -/-,* auch *...nten,* früher **Cosecans,** Funktionszeichen **cosec,** eine →Winkelfunktion.

Köselitz, Johann Heinrich, bekannt als **Peter Gast,** Komponist, * Annaberg (heute zu Annaberg-Buchholz) 10. 1. 1854, † ebd. 15. 8. 1918; studierte Musik am Leipziger Konservatorium; befreundet mit F. NIETZSCHE, 1900–08 Kustos des von ihm begründeten Weimarer Nietzsche-Archivs; komponierte Orchester- und Kammermusik, Lieder sowie die kom. Oper ›Der Löwe von Venedig‹ (1891).

Kösel-Verlag GmbH & Co., Verlag in München, hervorgegangen aus der 1593 gegründeten Druckerei des fürstäbtl. Stiftes Kempten. 1805 erwarb JOSEPH KÖSEL (* 1759, † 1825) die Firma, 1838 ging sie an JOHANN HUBER (* 1806, † 1864) über, dessen Familie noch heute Mitinhaber ist. Verlagsgebiete: Sachbücher (Lebenshilfe, Erziehung, Religion), Schulbücher sowie Fachzeitschriften.

Kösen, Bad K., Stadt im Burgenlandkreis, Sa.-Anh., 120 m ü. M., an der Saale, 6 300 Ew.; Solbad mit Gradierwerk (seit 1780) sowie seit 1991 Modellstadt für Tourismus; Holzindustrie, Kalkwerke, Plüschtierfabrik; in der Umgebung Weinbau. – Das Roman. Haus (12. Jh., heute Heimatmuseum mit Käthe-Kruse-Puppensammlung) gilt als das älteste Wohnhaus in Mittel-Dtl. Über K. die Ruinen Rudelsburg (1174 erwähnt, 14./15. Jh. ausgebaut) und Saaleck (1140 erwähnt, Kernburg erste Hälfte 12. Jh.). Das Gradierwerk mit den alten Soleförderanlagen ist erhalten. Zu K. gehört →Schulpforta mit ehem. Zisterzienserkloster. – Die Flößersiedlung K. (1258 wird die Saaleflößerei erstmals urkundlich erwähnt) entwickelte sich im MA. dank ihrer Lage an einer Saalebrücke zu einem bedeutenden Holzumschlagplatz. Nach 1730

Hans Koschnick

Tadeusz Kościuszko

Gotthard Kosegarten

Kose Kosename – Köslin

Bad Kösen: Kurpark mit Kurhaus und Therapiezentrum

Jerzy N. Kosinski

wurde die Salzsiederei aufgenommen (1859 eingestellt); 1813 begann der Kurbetrieb. 1868 erhielt K. Stadtrecht.

Kosename, Koseform, verkürzte oder veränderte Form eines Namens als zärtl. oder freundschaftl. Anrede, z. B. Gretchen, Gretel für Grete.

Koserow [-ro:], Gem. im Landkreis Ostvorpommern, Meckl.-Vorp., auf der Insel Usedom, zw. Ostsee und Achterwasser, 1 600 Ew.; Ostseebad mit 261 m langer Seebrücke. Kirche (13. Jh.) mit spätgot. Flügelaltar aus dem 15. Jahrhundert.

Koshigaya [-ʃi-], Stadt auf Honshū, Japan, in der Kantōebene, 292 000 Ew.; Pendlerwohngemeinde von Tokio.

Kosi [ˈkəʊsɪ] *der,* linker Nebenfluss des Ganges, in O-Nepal und Indien (Bundesstaat Bihar), rd. 500 km lang; drei Quellflüsse im Himalaja, extrem schwankende Wasserführung; Flussregulierungen nach 1950 dienen dem Hochwasserschutz; seit 1965 Stausee in Nepal, vor der Grenze zu Indien.

Košice [ˈkɔʃitsɛ], Stadt in der Slowak. Rep., →Kaschau.

Kosinski [kəˈzɪnskɪ], Jerzy Nikodem, Pseud. **Joseph Novak,** amerikan. Schriftsteller poln. Herkunft, * Lodz 14. 6. 1933, †(Selbstmord) New York 3. 5. 1991; emigrierte 1957 in die USA, studierte an der Columbia University, war 1973–75 Präs. des amerikan. P.E.N.-Zentrums. – Sein erster Roman, ›The painted bird‹ (1965; dt. ›Der bemalte Vogel‹), schildert die Qualen eines Kindes im von dt. Truppen besetzten Polen. Auch die späteren Werke verschmelzen autobiograph., traumhafte und realist. Elemente zu präzisen Rekonstruktionen des leidenden Bewusstseins in einer Welt der Gewalt und der Brutalität.

Weitere Werke: *Romane:* Steps (1968; dt. Aus den Feuern); Being there (1970; dt. Chance; verfilmt u. d. T. Willkommen, Mr. Chance); The devil tree (1973; dt. Der Teufelsbaum); Cockpit (1975; dt.); Blind date (1977; dt.); Passion play (1979; dt.); Pinball (1982; dt. Flipper); The hermit of 69th Street (1987). – *Essays* (unter dem Pseud. JOSEPH NOVAK): The future is ours, comrade (1960; dt. Uns gehört die Zukunft, Genossen); No third path (1962; dt. Homo Sowjeticus); Passing by. Selected essays, 1962–1991 (hg. 1992).

S. L. TIEFENTHALER: J. K. Eine Einf. in sein Werk (1980); N. LAVERS: J. K. (Boston, Mass., 1982).

Kosinus [gekürzt aus neulat. complementi sinus, zu lat. complementum ›Ergänzung‹ und Sinus] *der, -/-* und *-se,* früher **Cosinus,** Funktionszeichen **cos,** eine →Winkelfunktion.

Kosinussatz, Lehrsatz der Trigonometrie, der die Verallgemeinerung des (nur für rechtwinklige Dreiecke gültigen) Satzes des PYTHAGORAS auf beliebige Dreiecke darstellt: Sind *a, b, c* die Seiten und α, β, γ die Winkel eines Dreiecks, so gilt:

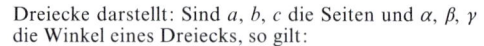

$$a^2 + b^2 - 2ab \cdot \cos \gamma = c^2,$$
$$a^2 + c^2 - 2ac \cdot \cos \beta = b^2,$$
$$b^2 + c^2 - 2bc \cdot \cos \alpha = a^2.$$

Kosinzew, Kozincev [-zintsɛf], Grigorij Michajlowitsch, russ. Filmregisseur, * Kiew 22. 3. 1905, † Leningrad 11. 5. 1973; gründete 1921 mit L. S. TRAUBERG und S. I. JUTKEWITSCH die avantgardist. Kinogruppe ›Fabrik des exzentr. Schauspielers‹ (FEKS); die Hinwendung zum Realismus begann in den 30er-Jahren, u. a. mit der so genannten Maxim-Trilogie (1935–39, russ.); auch Theaterregisseur und Pädagoge.

Weitere Filme: SWD – Der Bund der großen Tat (1927); Neues Babylon (1929, russ.); Don Quichotte (1957); Hamlet (1964); König Lear (1970).

Kosiol, Erich, Betriebswirtschaftler, * Köln 18. 2. 1899, † Salzburg 7. 9. 1990; Prof. in Köln (1937), Breslau (1938), Nürnberg (1939) und seit 1948 an der FU Berlin; Hauptarbeitsgebiete: Unternehmens-, Organisations- und Wissenschaftstheorie, Rechnungswesen.

Werke: Betriebsbuchhaltung u. Kontenrahmen (1940); Bilanzreform u. Einheitsbilanz (1944); Grundl. u. Methoden der Organisationsforschung (1959); Kostenrechnung (1964); Die Unternehmung als wirtschaftl. Aktionszentrum (1966); Bausteine der Betriebswirtschaftslehre, 2 Bde. (1973); Pagator. Bilanz (1976); Kosten- u. Leistungsrechnung (1979).

Koskenni|emi, Veikko Antero, urspr. **V. A. Forsnäs,** finn. Dichter und Literaturwissenschaftler, * Oulu 8. 7. 1885, † Turku 4. 8. 1962; war 1921–48 Prof. der Literaturgeschichte in Turku, 1948–55 Mitgl. der Finn. Akademie. Er war ein feinfühliger Vermittler europ. Geisteslebens, bes. geprägt durch die dt. Klassik, die Antike und den frz. Symbolismus. Als einer der ersten finn. Dichter verwendete er klass. Formen in seiner Lyrik (›Nouri Anssi‹, 1918; dt. ›Der junge Anssi‹); übersetzte viele Gedichte GOETHES und widmete ihm eine bedeutende Biographie (1948).

Ausgabe: Kootut teokset, 12 Bde. (1955–56).

Köslin, 1) poln. **Koszalin** [kɔˈʃalin], Hauptstadt der Wwschaft Koszalin (Köslin), Polen, in Hinterpommern, 12 km von der Ostseeküste entfernt, 111 100 Ew.; kath. Bischofssitz; Ingenieurhochschule, archäolog. und histor. Museum; Maschinenbau und elektrotechnisch-elektron. Industrie, ferner Leinen-, Holz-, Nahrungsmittelindustrie. – Erhalten sind Reste der Stadtumwallung (1292–1310), die Pfarrkirche St. Maria, eine got. Backsteinbasilika (1300–33; im 19. Jh. erneuert, seit 1972 Kathedrale), und die oktogonale St.-Gertrud-Kapelle des späten 14. Jh. – K. wird 1214 erstmals urkundlich erwähnt; seit 1248 im Besitz der Bischöfe von Cammin, 1266 lüb. Stadtrecht, vom 15. bis 17. Jh. bischöfl. Residenz. Im Dreißigjährigen

Köslin 1): Pfarrkirche Sankt Maria; 1300–33, im 19. Jh. erneuert

Krieg, bei einem Brand 1718 und im Zweiten Weltkrieg 1945 wurde K. stark zerstört. 1945 kam K. unter poln. Verwaltung; die Zugehörigkeit zu Polen wurde durch den Deutsch-Poln. Grenzvertrag vom 14. 11. 1990 (in Kraft seit 16. 1. 1992) anerkannt.
2) poln. **Koszalin** [kɔˈʃalin], Wwschaft in N-Polen, 8 470 km², 519 100 Einwohner.
3) 1815–1945 Reg.-Bez. der preuß. Prov. Pommern, 12 768 km², (1939) 676 800 Ew.; kam 1945 unter poln. Verwaltung; die Zugehörigkeit zu Polen wurde durch den Deutsch-Poln. Grenzvertrag vom 14. 11. 1990 (in Kraft seit 16. 1. 1992) anerkannt.

Kosloduj, Kozloduj [koz-], Stadt in der Region Montana, NO-Bulgarien, an der Donau, etwa 10 000 Ew.; Kernkraftwerk (Inbetriebnahme 1974; elektr. Gesamtleistung der sechs Blöcke, die z. T. Sicherheitsmängel aufweisen, 1996: 3 760 MW; zu einem Drittel an der bulgar. Elektroenergieerzeugung beteiligt).

Koslow, Stadt in Russland, →Mitschurinsk.
Koslow, Kozlov [-z-], Pjotr Kusmitsch, russ. Asienforscher, * Duchowschtschina (Gebiet Smolensk) 15. 10. 1863, † Peterhof (bei Sankt Petersburg) 26. 9. 1935; bereiste, anfangs als Begleiter von N. M. PRSCHEWALSKIJ, zw. 1884 und 1926 mit großem wiss. Erfolg das Tarimbecken, Tibet und die Mongolei; er trug insbesondere zur Erforschung des Lop-Nur-Gebiets, der Ketten des Nanshan sowie des Mongolischen und des Gobi-Altai bei.
Werke: Mongolija i Kam, 2 Tle. (1905–06); Mongolija i Amdo i mertvyi gorod Chara-choto (1923; dt. Die Mongolei, Amdo u. die tote Stadt Chara-choto).

Koslowskij, Kozlovskij [-z-], Michail Iwanowitsch, russ. Bildhauer, * Sankt Petersburg 6. 11. 1753, † ebd. 30. 9. 1802; bedeutender Vertreter des Klassizismus in Russland. Studien in Rom und Paris vermittelten ihm die Kenntnis der Werke MICHELANGELOS und der zeitgenöss. frz. Plastik, die er v. a. in monumentalen Bronzeskulpturen für Petersburg (Suworowdenkmal, 1799–1801) verarbeitete.

kosm..., Wortbildungselement, →kosmo...
Kosma, Joseph, frz. Komponist ungar. Herkunft, * Budapest 22. 10. 1905, † La Roche-Guyon (bei Paris) 7. 8. 1969; studierte in Budapest bei LEÓ WEINER. Ausschlaggebend für sein späteres Wirken waren (seit 1929) Begegnungen mit B. BRECHT, H. EISLER und HELENE WEIGEL in Berlin. Nach seiner Übersiedlung nach Paris 1933 war er Mitarbeiter frz. Filmregisseure (Filmmusiken, z. B. zu ›Les enfants du paradis‹, 1944, von M. CARNÉ) und setzte sich mit J. PRÉVERT für eine Erneuerung des frz. Chansons ein. Er trat auch als Komponist von Opern, Balletten (u. a. für R. PETIT, J.-L. BARRAULT, S. LIFAR), Pantomimen (für M. MARCEAU), Bühnenmusiken (für J.-P. SARTRE), Vokalwerken, Orchester- und Kammermusik hervor.

Kosmač [kɔsˈmaːtʃ], Ciril, slowen. Schriftsteller, * Slap (Westslowenien) 28. 9. 1910, † Ljubljana 28. 1. 1980; war wegen Zusammenarbeit mit slowen. irredentist. Organisationen mehrmals in ital. Haft, floh nach Jugoslawien, schloss sich im Zweiten Weltkrieg der Befreiungsbewegung an. K. beschreibt in seinen Novellen, die sich durch herben Ausdruck und Bilder auszeichnen, v. a. persönl. Erlebnisse und Probleme der slowen. Kleinbauern.
Werke: Novellen: Očka Orel (1946); Sreča in kruh (1946); Pomladni dan (1953; dt. Ein Frühlingstag); Balada o trobenti in oblaku (1956; dt. Die Ballade von der Trompete u. der Wolke); Tantadruj (1964; dt.).
Ausgabe: Izbrano delo, 3 Bde. (1970).

Kosma Prutkow, Koz'ma Prutkov [koz-], erfundener Dichter, kollektives Pseud. der russ. Schriftsteller A. K. TOLSTOJ sowie der Brüder A. M. und W. M. SCHEMTSCHUSCHNIKOW, unter dem seit 1851–63 (seit 1854 auch in der Zeitschrift ›Sovremennik‹) parodist., satir. und krit. Werke (Gedichte, Aphorismen, Fabeln, Komödien, u. a. ›Fantasia‹, 1851) veröffentlichten. Die Dichtergruppe wandte sich gegen literar. Schwächen, v. a. gegen die romant. Pose, und gegen Philistertum. 1863 gab der ›Sovremennik‹ mit ›Kratkij nekrolog‹ den Tod K. P.s bekannt.
Ausgaben: Polnoe sobranie sočinenij, hg. v. B. J. BUCHŠTAB (1965); Sočinenija, hg. v. D. A. ŽUKOV (1981).
F. L. INGRAM: K. P. His emergence and development as a classic of Russian literature (Diss. Indiana, Ind., 1967); D. A. ŽUKOV: K. P. i ego druz'ja (Moskau 1983).

Kosmas, K. Indikopleustes [griech. ›Indienfahrer‹], griech. Geograph des 6. Jh. aus Alexandria; reiste als Kaufmann nach Arabien, bis O-Afrika, Indien und Ceylon; verfasste später (um 550) als Mönch eine Topographie, in der er das Weltbild der Bibel (die Erde als rechteckige Scheibe) gegen das des PTOLEMÄUS als wirklich zu erweisen suchte.
Ausgabe: Topographie chrétienne, hg. v. W. WOLSKA-CONUS, 3 Bde. (1968–73).
B. SCHLEISSHEIMER: K. I., ein altchristl. Weltbild (Diss. München 1959).

Kosmas, K. von Jerusalem, K. Maiuma, Hagiopolites d. J., byzantin. kirchl. Dichter, Adoptivbruder des JOHANNES VON DAMASKUS, lebte in Damaskus, später im Sabaskloster bei Jerusalem, war seit 743 Bischof von Maiuma (antiker Hafen von Gaza); er schrieb Kanones (Hymnen) auf die großen Festtage.
Ausgaben: Cosmae Hierosolymitani Hymni, in: Patrologiae cursus completus. Series Graeca, hg. v. J. P. MIGNE, Bd. 98 (1860); Anthologia Graeca carminum christianorum, hg. v. W. CHRIST u. a. (1871, Nachdr. 1963); R. CANTARELLA: Poeti bizantini, 2 Bde. (1948); P. TREMBELAS: Ekloge hellenikes (1949).

Kosmas, K. von Prag, böhm. Geschichtsschreiber, →Cosmas, C. von Prag.
Kosmas und Damian, legendäre Märtyrer der diokletian. Verfolgung; Zwillingsbrüder und Ärzte; ihre Verehrung war bereits um 500 weit verbreitet: Patrone der Ärzte, Apotheker und Kranken. – Heilige (Tag: 26. 9.; in der orth. Kirche: 1. 7. und 1. 11.).

Kosmee [zu griech. kósmos ›Ordnung‹, ›Schmuck‹; ›Weltall‹] *die, -/-n*, die Pflanzengattung →Schmuckkörbchen.

Kosmetik [frz., von griech. kosmetikḗ (téchnē) ›Kunst des Schmückens‹] *die, -*, allg. die Körper- und Schönheitspflege, i. e. S. die Kunst der Verschönerung, v. a. des Gesichts nach dem jeweils geltenden Schönheitsideal. Während sich die **Gesichtspflege** v. a. mit dem Reinigen und der folgenden Wiederherstellung des schützenden Fett- und Säuremantels der Haut (d. h. der eigentl. Hautpflege) beschäftigt, umfasst das **Make-up** weitere Maßnahmen (u. a. Zupfen und Färben der Augenbrauen, Färben und künstl. Verlängern der Wimpern, Auftragen von Lidschatten, Färben der Lippen, Tönen der Haut), die ein Gesicht stark verändern oder ›verschönern‹ können.

Kosmetika, Sg. **Kosmetikum** *das, -s*, **kosmetische Mittel**, im Sinn des Lebensmittel- und Bedarfsgegenstände-Ges. vom 15. 8. 1974, dem u. a. auch die K. unterliegen, Stoffe oder Zubereitungen aus Stoffen, die überwiegend dazu bestimmt sind, äußerlich am Menschen oder in seiner Mundhöhle zur Reinigung oder Pflege, zur Beeinflussung des Aussehens oder des Körpergeruchs oder zur Vermittlung von Geruchseindrücken angewendet zu werden. Die K. kann man unterteilen in: 1) K. zur Hautpflege; 2) K. mit spezieller Wirkung, v. a. Lichtschutz-, Hautbräunungs-, Depigmentierungsmittel, Insekten abwehrende Mittel, Deodorants, Schweiß verhütende Mittel, Mittel zur Behandlung von Hautunreinheiten, Enthaarungsmittel, Rasier- und Duftmittel; 3) K. zur Zahn- und Mundpflege; 4) K. zur Haarpflege.

kosmetisch, 1) die Kosmetik betreffend; 2) *übertragen* für: nur an der Oberfläche, vordergründig (ohne eigentl. Missstände zu beheben).

kosmetische Chirurgie, Teilgebiet der plast. Chirurgie; es befasst sich als ästhet. Chirurgie (Schönheitschirurgie) mit der Korrektur von Normabweichungen und Alterungsprozessen, die vom Betroffenen als belastend empfunden werden und deshalb zu einer Beeinträchtigung des Selbstwertgefühls und neurot. Persönlichkeitsstörungen führen können; die Grenzen zw. funktionalen und ästhet. Eingriffen sind fließend. Kosmet. Operationen können von jedem Chirurgen durchgeführt werden, da die Bez. nicht geschützt ist und die ärztl. Weiterbildungsordnung sie nicht definiert ausweist. Mit dem Facharzt für plast. Chirurgie wurde 1993 in Dtl. jedoch ein erster Schritt zu einer klaren Abgrenzung getan. Die Kosten für die Operationen werden von den gesetzl. Krankenkassen nicht übernommen.

Zu den Haupteingriffen gehören die Beseitigung altersbedingter Falten der Gesichtshaut (→Facelifting), Korrekturen der Augenlider (Blepharoplastik), Korrekturen der Nase (→Rhinoplastik), der weibl. Brustdrüsen (→Mammaplastik), der Ohrmuscheln (Otoplastik) und von übermäßigem Fettansatz, bes. an Bauch und Oberschenkeln (Dermolipektomie oder Liposuktion), durch Absaugen und/oder operatives Abtragen des Fettgewebes. Die Liposuktion ist das schonendere und viel häufiger durchgeführte Verfahren.

Diese Eingriffe sind bei guter Ausbildung und Technik mit geringen Komplikationen behaftet. Deren Rate ist durch die Entwicklung der letzten 10–15 Jahre deutlich zurückgegangen und liegt für die gesamten Eingriffe unter der 1%-Grenze. – I. w. S. zählen zur k. C. auch kleinere ambulante Eingriffe wie die Beseitigung lästigen Haarwuchses durch Elektrokoagulation, von Pigmentmalen und Warzen mit Skalpell oder Laser.

Plast. Chirurgie, hg. v. S. KRUPP, Losebl. (1994ff.).

kosmisch [zu Kosmos], das Weltall betreffend, aus ihm stammend, zu ihm gehörend; *übertragen:* weltumfassend, unermesslich, unendlich.

kosmische Geschwindigkeiten, astronautische Geschwindigkeiten, die Anfangsgeschwindigkeiten, die ein von der Oberfläche der Erde (oder von einem anderen Zentralkörper, z. B. Mond, Planeten) abgeschossener Körper haben muss, um bestimmte Bahnen zu erreichen: Schießt man einen Körper von einem wenig über der Erdoberfläche gelegenen Punkt mit der **ersten k. G. (Grenzgeschwindigkeit, Kreisbahngeschwindigkeit)** $v_G \approx 7{,}9$ km/s in waagerechter Richtung, so beschreibt er eine Kreisbahn. Die Kreisbahngeschwindigkeit nimmt umso mehr ab, je weiter die Einschusshöhe von der Erdoberfläche (oder Mondoberfläche) entfernt ist. Schießt man einen Körper unter einem beliebigen Winkel mit mindestens der **zweiten k. G. (Fluchtgeschwindigkeit, Entwelchgeschwindigkeit)** v_F von der Oberfläche eines Zentralkörpers ab, so kann er aus dessen Gravitationsfeld entfliehen. Für die Erde gilt: $v_F \approx 11{,}2$ km/s, für den Erdmond 2,38 km/s. Ein von der Erde abgeschossener Körper verlässt das Gravitationsfeld der Sonne, wenn seine Abschussgeschwindigkeit relativ zur Sonne mindestens 42 km/s beträgt; diese Geschwindigkeit **(solare Fluchtgeschwindigkeit)** lässt sich unter Ausnutzung der Bahngeschwindigkeit der Erde erreichen, wenn man einen Körper in Richtung der Erdumlaufbewegung mit einer Anfangsgeschwindigkeit relativ zur Erde abschießt, die mindestens gleich der **dritten k. G.** von etwa 16,6 km/s ist. Die **vierte k. G.** ist die Geschwindigkeit, mit der ein Flugkörper von der Erde in der günstigsten Richtung abgeschossen werden muss, damit er das Milchstraßensystem verlassen kann; sie beträgt etwa 100 km/s.

kosmische Hintergrundstrahlung, Drei-Kelvin-Strahlung, 3-K-Strahlung, eine das gesamte Weltall gleichmäßig erfüllende elektromagnet. Strahlung, deren Intensität und spektrale Zusammensetzung der Strahlung eines schwarzen Körpers der Temperatur von 2,726 K (also rd. 3 K) entspricht. Die k. H. ist (nahezu) isotrop, unpolarisiert und zeitlich konstant. Das Maximum der Energieverteilung liegt bei einer Wellenlänge von 1,1 mm. Weil die k. H. aus allen Richtungen mit der gleichen Intensität auf die Erde einfällt, kann ihre Entstehung nicht an irgendwelche Körper im Weltall gebunden sein.

Im Rahmen der →Kosmologie wird die k. H. gedeutet als Reststrahlung aus einem frühen Entwicklungszustand, dem ›Feuerballzustand‹ des Weltalls mit extrem hoher Strahlungsdichte (→Urknall), durch dessen Expansion die Strahlungsdichte (und damit die Temperatur) auf den gegenwärtigen Wert sank. Aufgrund einer geringen scheinbaren Anisotropie der k. H. lässt sich die Bewegung der Sonne um das galakt. Zentrum relativ zur Gesamtheit der Photonen der k. H. nachweisen. Die Bewegung des Milchstraßensystems mit einer Geschwindigkeit von etwa 300 km/s relativ zum Photonenmeer der k. H. bewirkt eine weitere scheinbare Anisotropie, und zwar eine geringe Erhöhung ihres Strahlungsstroms in Richtung zum Sternbild Löwe und eine Erniedrigung in der Gegenrichtung gegenüber dem Mittel über das gesamte Himmel. Zusätzlich wurden v. a. vom Satelliten COBE in Himmelsbereichen mit einer Winkelausdehnung kleiner als etwa 20° Temperaturabweichungen von bis zu etwa $6 \cdot 10^{-6}$ K gegenüber dem großräumigen Mittelwert gemessen. Sie gehen vermutlich auf Quantenfluktuationen im Weltall unmittelbar nach dem Urknall zurück.

Die Existenz einer k. H. wurde 1948 von G. GAMOW aufgrund der Urknalltheorie vorausgesagt; 1964/65 von A. A. PENZIAS und R. W. WILSON entdeckt.

kosmische Singularität, kosmologische Singularität, →Urknall, →Kosmologie.

kosmische Strahlung, Höhenstrahlung, Ultrastrahlung, aus energiereiche Korpuskularstrahlung mit einer Teilchenenergie zw. etwa 10^6 und 10^{20} eV. Die **primäre k. S.** dringt aus allen Richtungen in die Erdatmosphäre ein. Sie besteht aus vollständig ionisierten Atomen (Atomkernen), davon etwa 87% Protonen und 12% Heliumkerne (α-Teilchen) sind, den Rest bilden schwerere Atomkerne. Neben der Nukleonenexistiert eine Leptonenkomponente aus freien Elektronen und Positronen. Die primäre k. S. erzeugt in der Atmosphäre eine **sekundäre k. S.:** Durch Kernreaktionen mit den Luftmolekülen entstehen u. a. Pionen, die entweder über Myonen in Elektronen oder in zwei γ-Quanten zerfallen; ferner können sie beim Stoß mit Luftmolekülen Baryonen erzeugen. Die Elektronen bilden in versch. Prozessen hochenerget. γ-Quanten, die wiederum Elektron-Positron-Paare erzeugen; es kommt somit zu einer kaskadenartigen Vervielfachung (→Kaskadenschauer). Die energiereichsten beobachteten Primärteilchen bilden ausgedehnte **Luftschauer,** die an der Erdoberfläche ein Gebiet von mehreren Quadratkilometern mit mehr als 10 Mrd. Ladungsträgern erzeugen. Die Intensität der niederenerget. k. S. steigt vom Äquator zu den magnet. Polen an, da geladene Partikel niederer Energie aufgrund des Erdmagnetfeldes nur in der Nähe der magnet. Pole zur Oberfläche gelangen können (→Breiteneffekt). Die Intensität der k. S. mit Teilchenenergien bis etwa 10^9 eV ist vom elfjährigen Zyklus der Sonnenaktivität (→Sonnenflecken) abhängig; sie nimmt mit zunehmender Sonnenaktivität ab (→Forbush-Effekt), weil der dann stärker werdende Sonnenwind (Protonen, α-Teilchen, Elektronen niedriger Energie) durch sein Magnetfeld das Eindringen der k. S. in die Atmosphäre erschwert.

Ein kleiner Anteil der k. S. wird von der Sonne erzeugt (Energie bis etwa 10^9 eV). Die k. S. mittlerer Energie (10^{10}–10^{16} eV) stammt aus dem Milchstraßensystem (von Supernovae und deren Überresten, den Pulsaren, sowie aus dem Kern des Milchstraßensystems), die energiereichste k. S. (bis 10^{20} eV) wahrscheinlich aus den aktiven Kernen anderer Sternsysteme.

Erste Hinweise auf die k. S. lieferten Entladungsexperimente von J. ELSTER, H. GEITEL (1899) und C. T. R. WILSON (1900). Entdeckt wurde die k. S. 1911/13 von V. F. HESS, W. KOLHÖRSTER und A. GOCKEL bei Ballonaufstiegen in 2000–5000 m Höhe.

kosmo... [griech. kósmos ›Weltall‹, ›Weltordnung‹, eigtl. ›Ordnung‹, ›Schmuck‹], vor Vokalen verkürzt zu **kosm...**, Wortbildungselement mit der Bedeutung: Weltall, Weltraum, z. B. Kosmologie, kosmisch.

Kosmobiologie, 1) Astrobiologie, Ektobiologie, Exobiologie, Wiss., die sich mit der Erforschung der Möglichkeit außerird. Lebens befasst sowie die Ausbreitung lebensfähiger Keime durch den Weltraum untersucht. (→außerirdisches Leben)
2) Wiss., die sich mit den Einflüssen und Wirkungen auf den lebenden Organismus während des Aufenthalts im Weltraum befasst.

Kosmoceras, andere Schreibweise für die Ammonitengattung →Cosmoceras.

Kosmochemie, Astrochemie, die Wiss. von der chem. Zusammensetzung und den chem. Veränderungen der Materie im Weltall. Gegenstand der K. sind v. a. die Verteilung der Häufigkeit der chem. Elemente in Kometen, Meteoriten, Planeten, Sternen, interstellarer Materie u. a. Die K. gewinnt ihre Erkenntnisse aus der (radio-)spektroskop. Untersuchungen der Strahlung selbstleuchtender Himmelskörper und Materie sowie aus der chem. Analyse von Meteoriten und Mondgesteinen.
W. KIESL: K. (Wien 1979).

Kosmodizee [zu griech. díkē ›Gerechtigkeit‹] *die, -/...'zeen,* die philosoph. Rechtfertigung der Welt sowie die Verteidigung ihres Sinnes trotz ihrer Unvollkommenheiten (im Unterschied zur →Theodizee); bes. bei F. NIETZSCHE.

Kosmodrom [russ., zu griech. drómos ›Lauf‹; ›Laufbahn‹] *das, -s/-e,* Name der russ. Startplätze für Großraketen, v. a. von Trägerraketen für Raumflugkörper. Am bekanntesten ist das K. Baikonur.

Kosmogonie [griech. ›Weltentstehung‹] *die, -/...'nien,* urspr. Bez. für die Lehre von der Entstehung der Welt nach myth. Auffassung sowie für den Mythos, der von der Weltentstehung berichtet.

In der heutigen *Astronomie* wird unter K. die Lehre von der Entstehung der Himmelskörper verstanden, speziell die **K. des Sonnensystems** und seiner Mitglieder (→Planetenentstehung), die **K. der Sterne** und Sterngruppierungen (→Sternentwicklung) sowie die **K. der Sternsysteme** (→Sternsysteme) einschließlich des Milchstraßensystems; häufig ist auch die Entwicklung dieser Objekte Gegenstand der Kosmogonie. Struktur und Entwicklung der Welt als Ganzes werden im Rahmen der →Kosmologie behandelt.

In der *Religions- und Philosophiegeschichte* gehören K. als Lehre von den Anfängen und Eschatologie als Lehre von den ›letzten Dingen‹ zusammen. Kosmogon. Mythen sind bei nahezu allen Völkern anzutreffen. Die Zeugnisse aus der prähistor. Zeit deuten darauf hin, dass die damaligen Menschen sich eng mit der übermächtigen Natur verbunden fühlten. In den Mythen Mesopotamiens beginnt der Werdeprozess mit der geschlechtl. Vereinigung von Erde und Ozean (Sumer) oder von Süßwasser- und Salzwasserozean (Babylon), in Ägypten durch das Auftauchen eines Urhügels, von Urei oder Urlotos aus dem Urwasser Nun oder durch Selbstbegattung anfängl. Kräfte. Die Herleitung allen Anfangs aus generativen Prozessen der chaot. Natur behielten die Hochreligionen bei. Daneben aber war im Lauf der Zeit das Bewusstsein der Menschen gewachsen, eine Sonderrolle in der Welt zu spielen. In den Hochkulturen spiegelt sich dieses Bewusstsein in der Entstehung der Polytheismen mit ›menschenartigen‹ Göttern. Zwar sind auch sie aus den anfängl. Zeugungen hervorgegangen (→Theogonie), aber danach sind es, die das Werk der Schöpfung in die Hand nehmen und unter großen Mühen und in gewaltigen Kämpfen aus dem vorgefundenen Chaos einen Kosmos, eine geordnete Welt, machen. Das geschieht durch erste Unterscheidungen (z. B. ›oberes‹ und ›unteres Wasser‹; ›festes Land‹ und ›Wasser‹; ›Tag‹ und ›Nacht‹), durch Arbeit (z. B. durch Töpfern oder die Arbeit des Bauern) und das mag. Wort. Der Beginn der Ordnung ist nur Bezwingung oder Tötung der elterl. Chaoskräfte (›Urmord‹; Kultur als ›Schuld‹ oder Verlust der naturalen Unschuld) möglich. – Die Erschaffung des Menschen durch die Götter wird dabei immer als das kunstvollste Werk geschildert.

Für die griech. Philosophen war der Begriff des Anfangs aller Dinge seit den Vorsokratikern von zentraler Bedeutung. Im Ggs. zu ihren Vorstellungen von der Entwicklung der Welt aus einem nicht weiter ableitbaren Urstoff (→Arche) steht die Anschauung von der Schöpfung aus dem Nichts (→Creatio ex nihilo).

In den Universalreligionen, die um die Mitte des ersten vorchristl. Jahrtausends (in China, Indien, Israel) entstanden sind, kommt die Vorstellung des Personalen endgültig zum Durchbruch. Die Frage nach dem Woher und Wohin wird in Bezug auf das ›Ich‹ in zweifacher Weise beantwortet: In den monist. Religionen Indiens und Chinas (aber auch in der vorsokrat. Philosophie, bald auch im Hellenismus) tritt die personale Gottesvorstellung zurück, das ›Selbst‹ ist allein in dieser Welt und kann nur durch sich selbst erwarten (Selbsterlösung); es muss erkennen, dass – so z. B. in den Upanishaden – das Atman (das Selbst) aus dem Brahman (dem unpersönl. ›göttl.‹ Weltganzen) kommt oder – so im Buddhismus – nur aus dem Kombination versch. (unpersönl.) Daseinsfaktoren gebildet ist und dann Wege finden muss, die leidvolle persönl. Existenz aufzuheben zur Vereinigung mit dem Weltganzen: Das Atman muss Brahman (Upanishaden) oder Dao (Tao) werden (Taoismus), sich ins Nirvana aufheben (Buddhismus) oder mit dem (unpersönl.) Göttlichen eins werden (Hellenismus). Die kosmogon. Vorstellungen haben gemeinsam, dass ›alles‹ aus der Bewegung unpersönl. Kräfte entstanden ist und – nach einem leidvollen Zustand der Pluralität, Individualität und der damit erfahrenen Zweiheit und Divergenz – wieder zur unpersönl. Einheit geführt werden muss; für das im Mittelpunkt der Frage stehende ›Selbst‹ gibt es nur resignative Antworten.

Einen entgegengesetzten Weg zeigen die kosmogon. Vorstellungen des in Israel in der Exilszeit (6./5. Jh. v. Chr.) entstandenen und später vom Christentum und Islam übernommenen Monotheismus. Oberster Bezugspunkt ist die eine, universal gültige Personalität Gottes. Schon im älteren Schöpfungsbericht (1. Mos. 2) wird Gott nicht theogonisch hergeleitet, ist einfach da, für seine Erschaffung des Menschen und des Paradieses wird aber noch eine konturlose, chaot. Anfangsmaterie vorausgesetzt. Im jüngeren Schöpfungsbericht (1. Mos. 1) schließlich erschafft Gott – durch sein Wort – auch das anfängl. Chaos (Wasser, Finsternis, Tohuwabohu), das er in einem Sechstagewerk zum Kosmos gestaltet. Der Mensch ist Höhepunkt und Ziel des Schöpfungswerkes, von Gott als sein ›Ebenbild‹ (→Imago Dei) geschaffen und mit dem Auftrag über alle anderen Geschöpfe gesetzt, die Schöpfung verantwortlich zu gebrauchen und zu bewahren.

Die Schöpfungsmythen. Ägypter, Sumerer, Hurriter, Hethiter, Kanaaniter u. Israeliten, bearb. v. M. ELIADE (a. d. Frz.,

1964); U. MANN: Schöpfungsmythen (1982); K.-H. OHLIG: Die Welt ist Gottes Schöpfung. Kosmos u. Mensch in Religion, Philosophie u. Naturwiss.en (1984); A. GANOCZY: Schöpfungslehre (²1987); Neue Summe Theologie, hg. v. P. EICHER, Bd. 2: Die neue Schöpfung (a. d. Frz., 1989).

Kosmographie die, -/...'phi|en, Weltbeschreibung, bis ins 17. Jh. gleichbedeutend mit Geographie.

Kosmoidschuppe, Schuppentyp primitiver Lungenfische und Quastenflosser; besteht aus drei Schichten: basal eine kompakte, lamellierte Knochenschicht, dann eine hohe, gefäßreiche Zone aus lockeren Knochenbälkchen und oben die Kosminschicht mit feinen, büschelig angeordneten Kanälchen.

Schlüsselbegriff

Kosmologie [zu griech. kosmologia ›Lehre von der Welt‹] die, -, die Lehre vom Weltall (Kosmos, Universum) als einem einheitl. Ganzen, seiner Struktur und seiner Entwicklung.

Geschichte

Die K. hat ihren Ursprung im magischen Denken der alten Kulturen; sie tritt zuerst in der Form myth. Weltentstehungsentwürfe auf. Im babylon. Schöpfungsgedicht ›Enuma Elisch‹ werden die Ordnung des Universums, die Vielfalt der Systeme der Natur und ihre Gesetzlichkeit nach der Art eines dramat. Kampfes aufgebaut. Aus einem chaot. Urzustand wird in einem langen Kampf der Götter, zuletzt durch Marduk, der Kosmos organisiert. – Der Übergang zur Rationalisierung der Naturerkenntnis, der in der ionischen Naturphilosophie im 6. Jh. v. Chr. vollzogen wurde, ermöglichte den Aufbau qualitativer, bereits räumlich strukturierter Modellvorstellungen der Welt.

Ein entscheidender Schritt in der klass. Epoche der griech. Wissenschaft war die Anwendung der Geometrie auf die Welt im Großen. Der Mathematiker und Astronom EUDOXOS VON KNIDOS (im 4. Jh. v. Chr.) entwarf das Modell der homozent. Sphären, mit deren Hilfe er die Schleifenbewegungen der Planeten gegenüber der Sternsphäre erfassen konnte. KALLIPPOS und ARISTOTELES verfeinerten dieses Modell und erreichten eine größere Realitätsnähe. Zu ihrer Zeit konnte man die Hypothesen über die Planetenbewegungen bereits empirisch überprüfen. Eine Reihe von Effekten, wie die Helligkeitsschwankungen der Planeten, waren mit dem kosmolog. System des ARISTOTELES unvereinbar. – Daher sah sich CLAUDIUS PTOLEMÄUS (um 150 n. Chr.) gezwungen, unter Einbeziehung von Vorarbeiten des HIPPARCH und APOLLONIOS VON PERGE seine mathemat. Syntax (›Almagest‹) der Planetenbewegungen aufzubauen. Sein Beschreibungsmodell, das Epizykel, Exzenter und Äquanten als Konstruktionselemente enthält, ließ sich allerdings nicht als realist. Beschreibung des Sonnensystems auffassen, sondern nur als mathemat. Rechenhilfe zur Vorhersage von Planetenörtern.

Es war das Verdienst von N. KOPERNIKUS, ein realistischeres Modell des Sonnensystems, das zu dieser Zeit mit der Welt als Ganzem identifiziert wurde, geschaffen zu haben. Nach dem späteren Einbau der keplerschen Gesetze lieferte es auch ein beobachtungstreues Abbild der Welt im Großen. Das kopernikanisch-keplersche Weltmodell bezog sich anfänglich auf einen endl. Bereich: Die Sternsphäre bildete den festen Rand, jenseits dessen die natürl. Welt an den transzendenten Bereich grenzte. Diese Begrenzung wurde erst 1576 bei THOMAS DIGGES († 1595) durchbrochen.

Auf der Basis der newtonschen Physik begann im späten 17. Jh. die Auseinandersetzung um zwei unterschiedl. Weltvorstellungen, bei denen das Universum entweder eine endl. Materieinsel im unendlichen euklid. Raum darstellt oder die Materiedichte im großräumigen Mittel konstant ist und die Sterne (später die Galaxien) gleichförmig (homogen) über den unendl. und grenzenlosen Raum verteilt sind. Eine Einigung auf eines der Modelle konnte weder im 18. noch im 19. Jh. erzielt werden, obwohl durch die wachsende Reichweite der Teleskope der Auflösungsgrad und damit das Detailwissen über die Sterne, ihre Bewegung und – nach der Entdeckung der Spektralanalyse – auch über ihre chem. Zusammensetzung wuchsen.

Wichtige Einzelresultate erzielten T. WRIGHT OF DURHAM (1750), der ein annähernd richtiges Bild von der Anordnung der Sterne im Raum, damit des Phänomens der Milchstraße angegeben hat, I. KANT, der NEWTONS Physik auf die Entstehung des Sonnensystems übertrug, P. S. DE LAPLACE, der die Stabilität der langzeitl. Entwicklung des Planetensystems untersuchte, und F. W. HERSCHEL, der mithilfe astronom. Beobachtungen die ›Konstruktion des Himmels‹ entschlüsseln wollte.

Trotz all dieser Ergebnisse wurde die K. auf der Basis der newtonschen Mechanik und Gravitationstheorie keine empirisch kontrollierbare und widerspruchsfreie Disziplin. Das zeigte sich durch das Auftreten von so genannten Paradoxien: Summiert man die Strahlungsleistung aller Sterne in einem homogenen unendl. Universum, so sollte ein strahlend heller Nachthimmel vorhanden sein (→olbersches Paradoxon); berechnet man die gesamte Gravitationswirkung aller Körper in einem derartigen Universum auf einen Punkt, so würde dies einen unendlich großen Wert liefern (seeligersches Paradoxon). Beides wird von der Erfahrung nicht bestätigt. Damit wurde deutlich, dass sich die klass. Vorstellungen von Raum, Zeit und Materie nicht auf die Welt im Großen übertragen lassen.

A. EINSTEINS 1914–16 entwickelte allgemeine Relativitätstheorie ließ zum ersten Mal wirklich globale und widerspruchsfreie Modelle der Welt als Ganzes zu. Er ging anfänglich (1917) von einem stat. Weltmodell aus, in dem die Welt zeitlich unveränderlich von Ewigkeit zu Ewigkeit existiert. Der russ. Mathematiker A. A. FRIEDMANN zeigte 1922 jedoch, dass die einsteinschen Feldgleichungen Lösungen beinhalten, die einen dreidimensionalen isotropen Raum mit zeitlich veränderl. Krümmungsradius beschreiben. Zu diesen relativistischen dynam. Weltmodellen fügte sich die von VESTO MELVIN SLIPHER (* 1875, † 1969), E. P. HUBBLE und CARL WILHELM WIRTZ (* 1876, † 1939) beobachtete systemat. Rotverschiebung in den Spektren extragalakt. Sternsysteme, die auf eine allgemeine Expansion des Weltalls hinweist. Da fast alle dynam. Modelle nur ein endl. Alter aufweisen, war dieser Beobachtungsbefund ein erstes Anzeichen dafür, dass die Welt, wie sie heute beobachtet wird, nicht seit unendl. Zeit bestehen kann. Das gegenwärtig als in seinen Grundzügen im Wesentlichen anerkannte Weltmodell (Standardmodell) geht von einem physikalisch singulären Zustand unendlich hoher Energiekonzentration aus. Es erfuhr 1965 durch die Radioastronomen A. A. PENZIAS und R. W. WILSON eine entscheidende Bestätigung, als diese die von G. GAMOW vorausgesagte →kosmische Hintergrundstrahlung als eine Reliktstrahlung aus der heißen Frühphase des Weltalls entdeckten.

Kosmologie als Naturwissenschaft – das heutige Bild des Universums

Vom Weltganzen ist der astronom. Beobachtung nur ein endlicher räuml. Teilbereich zugänglich, von dem man nicht weiß, welchen Bruchteil er umfasst.

Änderungen der Struktur des Weltganzen sind nur in diesem Teilbereich und für ein endl. Zeitintervall in die Vergangenheit zurück durch Beobachtungen erschließbar. Die K. geht i. Allg. davon aus, dass der beobachtbare Teil des Universums typisch für das gesamte Weltall ist, man daher für dieses gültige Aussagen aus Beobachtungen gewinnen kann. In einer weiteren Grundannahme wird vorausgesetzt, dass alle physikal. Gesetze überall im Weltall und zu allen Zeiten gelten (**Universalität der Naturgesetze**).

Beobachtungsgrundlagen der K.: Kosmologisch relevante Beobachtungen betreffen v. a. die Bewegungsverhältnisse der die Struktur des Weltalls bestimmenden Objekte (Galaxien, Galaxienhaufen), die mittlere Energiedichte der das Weltall erfüllenden Strahlung, die mittlere Materiedichte und die relative Häufigkeit bestimmter Elemente im Weltall. Die großräumigen Bewegungsverhältnisse werden durch den →Hubble-Effekt beschrieben. Danach unterliegen die Sternsysteme einer allgemeinen Fluchtbewegung, deren Größe unabhängig von der Beobachtungsrichtung ist und linear mit der Entfernung zunimmt. Die Galaxien bewegen sich dabei nicht in einen vorgegebenen Raum hinein, vielmehr dehnt sich dieser mitsamt den Galaxien als Ganzes aus. Die beobachtete mittlere Materiedichte ϱ ergibt sich aus den Massen der beobachteten Sternsysteme. Ihr Wert in der Größenordnung von 10^{-31} bis 10^{-30} g/cm³ ist sehr unsicher, u. a. deshalb, weil in großen Entfernungen nur die hellsten Sternsysteme beobachtbar sind; eine nicht unerhebl. Materiemenge könnte außerdem in Form von Zwerggalaxien oder intergalakt. Materie oder als zwar gravitativ, aber prinzipiell nicht leuchtend in Erscheinung tretende so genannte →dunkle Materie existieren. Da das herrschende Weltmodell nach den einsteinschen Feldgleichungen u. a. durch die mittlere Materiedichte wesentlich mitbestimmt wird, bewirkt deren Unkenntnis, dass auch das tatsächlich realisierte Weltmodell unbekannt ist.

Von der das Weltall erfüllenden Strahlung ist kosmologisch nur die kosm. Hintergrundstrahlung von Bedeutung. Ihre der Energiedichte äquivalente Massendichte ist im gegenwärtigen Weltall gegenüber der mittleren Dichte der beobachteten stoffl. Materie vernachlässigbar klein, sodass das heutige Weltall den Charakter eines **Materiekosmos** hat.

Raumstruktur: Von den zw. den kosm. Objekten bestehenden Wechselbeziehungen sind für die großräumige Struktur des Weltalls nur die gravitativen wesentlich. Sie werden durch die allgemeine →Relativitätstheorie beschrieben. Danach besteht zw. der Masseverteilung im Raum und dessen geometr. Struktur (Metrik) ein untrennbarer Zusammenhang. Der dreidimensionale Raum kann dabei prinzipiell sowohl positiv gekrümmt (sphärisch) als auch negativ gekrümmt (hyperbolisch) oder flach (euklidisch) sein. Ein sphär. Raum ist abgeschlossen und endlich; euklid. und hyperbol. Räume sind nicht geschlossen, sondern offen, ihre Volumina sind entsprechend unendlich groß.

Weltmodelle: Die zw. den kosm. Objekten herrschenden Gravitationskräfte bewirken eine ständige Abnahme der Expansionsgeschwindigkeit. Gleichzeitig wachsen die gegenseitigen Abstände, was zur Verringerung der Expansionsverzögerung führt. Die zeitl. Änderung der Expansionsgeschwindigkeit hängt von der mittleren Massendichte ab und kann aus der zu einem bestimmten Zeitpunkt ermittelten Expansionsgeschwindigkeit (**Hubble-Parameter**) sowie der Massendichte aus den einsteinschen Feldgleichungen berechnet werden. Beide Größen können prinzipiell beliebige Werte annehmen, woraus sich unterschiedl. Expansionsverläufe und damit unterschiedliche dynam. Weltmodelle (**Friedmann-Modelle**) ergeben. Man geht dabei von der Annahme aus, dass das Weltall im Großen homogen und isotrop ist (→kosmologisches Prinzip). Das innerhalb der großen Menge der mögl. Friedmann-Modelle tatsächlich realisierte Weltmodell kann allein empirisch ermittelt werden, was aber gegenwärtig nicht mit der gewünschten Sicherheit möglich ist, da die beiden Beobachtungsgrößen noch zu ungenau bekannt sind: Bei sehr geringer Massendichte hat die Expansionsgeschwindigkeit selbst nach unendlich langer Zeit noch einen endl. Wert; das Weltall wäre dann hyperbolisch. Bei sehr hoher Massendichte kommt die Expansion nach endl. Zeit zum Stillstand und schlägt in eine Kontraktion um; das Weltall wäre sphärisch. Den Grenzfall bildet ein Weltall mit der krit. Dichte $\varrho_c \approx 5 \cdot 10^{-30}$ g/cm³, bei der sich die Expansionsgeschwindigkeit immer mehr dem Wert null nähert, ihn aber erst nach unendlich langer Zeit erreicht; der Raum ist hierbei euklidisch.

Standardmodell der K.: In einem expandierenden Weltall wachsen alle Entfernungen mit der Zeit. Damit sinkt sowohl die mittlere Materiedichte (Stoffdichte) als auch die Anzahldichte der Photonen. Infolge der Rotverschiebung verringert sich aber zusätzlich noch die Energie jedes einzelnen Photons, sodass die Strahlungsenergiedichte (und Temperatur) stärker als die Stoffdichte sinkt. Verfolgt man die Zeit rückwärts, wachsen sowohl Stoff- und Strahlungsdichte stetig an, Letztere aber schneller. In der Vergangenheit gab es daher einen Zeitpunkt, vor dem die der Strahlungsenergiedichte äquivalente Materiedichte die Stoffdichte übertraf: Der frühe Kosmos war ein **Strahlungskosmos**. Bei einer weiteren Extrapolation in die Vergangenheit erreicht man schließlich einen Zustand des Kosmos, bei dem alle Entfernungen beliebig klein waren, die Energiedichte (Temperatur) beliebig groß und die Prozesse beliebig schnell. Dieser singuläre Grenzfall (**kosmologische** oder **kosmische Singularität**) ist physikalisch nicht beschreibbar, da sich alle physikal. Gesetze nur auf endl. Messgrößen beziehen.

Von der kosmolog. Singularität ausgehend, expandierte das Weltall mit anfänglich unendlich hoher Geschwindigkeit. Anschaulich bezeichnet man diese früheste Phase in der Entwicklung des Weltalls als →Urknall. Die physikal. Zustände, insbesondere das Verhalten von Raum und Zeit, die bis etwa 10^{-43} s (Planck-Zeit) nach der Singularität herrschten, lassen sich mit den bisherigen Erkenntnissen der theoret. Physik nicht beschreiben. Weder allgemeine Relativitätstheorie noch Quantenmechanik sind für sich jenseits dieser Barriere anwendbar; es spielten vermutlich Quanteneigenschaften der Gravitation eine entscheidende Rolle. Ansätze dazu werden im Rahmen der Theorie der →Supergravitation und der kosm. Strings untersucht. Bis etwa 10^{-34} s nach der Singularität, bis zum Erreichen einer Temperatur von etwa 10^{28} K, waren den →Großen Vereinheitlichten Theorien zufolge starke, schwache und elektromagnet. →Wechselwirkung ununterscheidbar. Danach ging diese Symmetrie verloren, wobei die einheitl. Kraft vermittelnden (hypothet.) Teilchen (→X-Bosonen) in masseärmere Elementarteilchen zerfielen, unter denen die Materieteilchen gegenüber ihren Antiteilchen durch Verletzung der →CP-Invarianz gering bevorzugt waren. Der Symmetriebruch glich einem Phasenübergang, bei dem eine riesige Energiemenge frei wird, was eine exponentiell anwachsende Expansion des Weltalls (**inflationäre Ära**) bewirkte. Diese Weltallepoche dauerte nur etwa 10^{-32} s, in ihr vergrößerten sich aber alle Abstände um etwa den Faktor 10^{50}; der Raum ist seitdem flach (euklidisch). Rd. 10^{-10} s nach der Singularität, bei Temperaturen geringer als etwa 10^{25} K, ging auch die bis dahin noch existierende Symmetrie von schwacher und elektromagnet. Kraft verloren; dieser Phasenübergang vollzog sich aber fließend. Seit diesem Zeitpunkt gehorchen alle vier Basiskräfte (gravitative, starke, schwache und elektromagnet. Kraft) den bekannten eigenen Gesetzen.

Bis zur Temperatur von etwa 10^{12} K (etwa 10^{-6} s nach der Singularität) reichte die Energiedichte zur Bildung von (zu den Hadronen gehörenden) Protonen und Neutronen und ihren Antiteilchen aus Quarks, Antiquarks und Gluonen. Danach konnten Hadronen nicht mehr gebildet, durch →Paarvernichtung unter Strahlungsemission aber zerstört werden; die **Hadronenära** war zu Ende. Auf den geringen Überschuss der Materieteilchen relativ zu den Antiteilchen – im Verhältnis von etwa $(10^9 + 1) : 10^9$ – geht alle im Weltall vorhandene Materie zurück und auf die bei der Paarvernichtung entstandenen Photonen die kosm. Hintergrundstrahlung.

Mit dem Sinken der Temperatur unter $6 \cdot 10^9$ K (etwa 10 s nach der Singularität) war die Paarbildung der zu den Leptonen gehörenden Elektronen und Myonen nicht mehr möglich und die **Leptonenära** abgeschlossen. Danach, bis rd. 1 000 s nach der kosm. Singularität **(Kernreaktionsära)**, waren Kernreaktionen möglich. Am Ende der Ära bestand die Materie zu etwa 76 % der Masse aus Wasserstoff, zu rd. 24 % aus Helium sowie einer sehr geringen Menge Lithium. (→Nukleogenese)

Nach dem Unterschreiten von etwa 3 000 K (rd. 300 000 Jahre nach der kosm. Singularität) reichte die mittlere Energie der Photonen nicht mehr zur sofortigen Ionisation der durch Rekombination gebildeten neutralen Atome aus. Damit trat auch eine Entkopplung von Strahlung und Materie ein, das Weltall wurde durchsichtig. Die jetzt beobachteten Photonen der kosm. Hintergrundstrahlung hatten zu dieser Zeit ihre letzte Wechselwirkung mit Materie. Nach der Entkopplung von Strahlung und Materie, mit dem Ende der ›Feuerballphase‹ des Weltalls, begann die heute noch andauernde **Galaxienära**, in der die gravitative Bildung von Massekonzentrationen und damit die Bildung von Strukturen, wie Sterne und Sternsysteme, möglich ist.

Die seit der kosm. Singularität vergangene Zeit bezeichnet man als **Weltalter**. Im hypothet. Fall einer konstanten Expansionsgeschwindigkeit ergibt es sich als Kehrwert des Hubble-Parameters in der Größenordnung von $(10 \text{ bis } 20) \cdot 10^9$ Jahren (Hubble-Zeit). Das tatsächl. Weltalter ist wegen der früher höheren Expansionsgeschwindigkeit geringer. Die unterschiedl. Weltmodelle führen zu unterschiedl. Werten **(Friedmann-Zeiten)**, die z. T. kürzer als das Alter der Kugelsternhaufen – rd. $(13 \text{ bis } 17) \cdot 10^9$ Jahre –, der ältesten Objekte im Milchstraßensystem, sind. Die seit der kosm. Singularität tatsächlich vergangene Zeit ist gegenwärtig noch nicht exakt angebbar.

Eine Konsequenz der inflator. Entwicklungsepoche des Weltalls ist, dass sich der beobachtbare Weltteil auf einen winzigen Ausschnitt eines unvergleichlich größeren Universums beschränkt, über dessen Struktur nur Wahrscheinlichkeitsaussagen möglich sind. Die K. verliert damit im Prinzip die Möglichkeit, empirisch überprüfbare Aussagen über das Weltallganze machen zu können.

Weitere Weltmodelle: Neben dem Standardmodell der K. werden auch von ihm abweichende Weltmodelle diskutiert, im Wesentlichen, um das Auftreten einer kosmolog. Singularität zu umgehen. Diese

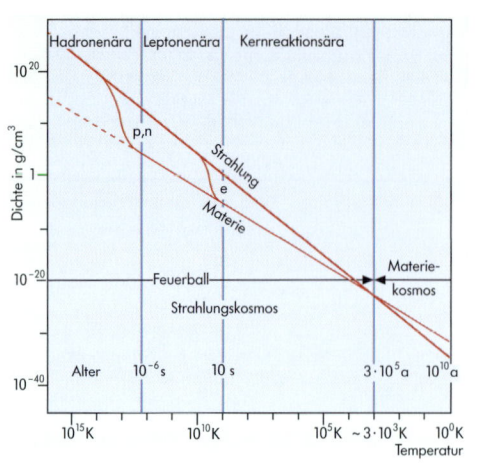

Kosmologie: Die verschiedenen Entwicklungsphasen des expandierenden Universums; die stärkere Linie gibt die der Energiedichte der Strahlung äquivalente Materiedichte, die dünnen Linien die Dichte der (stofflichen) Materie (Leptonen e, Hadronen p, n) wieder; die vertikalen Linien markieren Zeitabschnitte (s Sekunde, a Jahr)

Modelle beruhen i. Allg. auf speziellen Annahmen und gehen von einem unendlich lang existierenden Weltall aus, wie z. B. die **Big-Bounce-Theorie** (W. PRIESTER, H.-J. BLOME, J. HOELL, 1989). Danach kontrahierte das urspr. homogene, isotrope und materiefreie Universum bis auf ein endl. Minimalvolumen, um hierauf (mit Materie erfüllt) nach dem ›großen Aufprall‹ zunächst sehr schnell, dann relativ langsam zu expandieren. Historisch bedeutsam ist die **Steady-State-Theorie** (H. BONDI, T. GOLD, F. HOYLE, 1948/49), die ebenfalls das Problem der kosmolog. Singularität umging, doch dafür eine kontinuierl. Materieerzeugung postulierte, um eine konstante Materiedichte in einem expandierenden Weltall aufrechterhalten zu können.

Aktuelle Probleme und offene Fragen der K.: Der mit der kosmolog. Singularität gegebene ›absolute Nullpunkt‹ der Zeit hat Anlass zu theolog. Analogien gegeben, wobei es aber immer riskant ist, Geltungsgrenzen einer naturwiss. Theorie im Sinn einer bestimmten Metaphysik auszulegen. In der Anfangssingularität, die kein Punkt der Raum-Zeit-Mannigfaltigkeit ist, gilt das Grundaxiom der Relativitätstheorie, das Äquivalenzprinzip, nicht mehr, weshalb Aussagen, wonach hier die Zustandsgrößen der Materie unendlich würden, physikalisch irrelevant sind. Ansätze einer Theorie der Quantengravitation von JAMES B. HARTLE und S. W. HAWKING (1983) lassen die Möglichkeit zu, dass das Universum kausal geschlossen, nicht mehr erweiterungsfähig und eindeutig bestimmt ist.

Gegenwärtig offene Probleme der beobachtenden K. betreffen v. a. die empirisch zu bestimmenden Werte der für das tatsächlich realisierte Weltmodell entscheidenden Größen (insbesondere Hubble-Parameter und Expansionsverzögerung), ferner die Aufklärung der Natur der dunklen Materie und die Erklärung der gegenwärtig existierenden extrem lokalen Anisotropie der Materieverteilung (Sterne, Sternsysteme, Haufen von Sternsystemen) im Ggs. zur globalen Isotropie der kosm. Hintergrundstrahlung.

Zur Lösung des Problems der dunklen Materie, die rd. 90 % der Gesamtmasse des Kosmos ausmacht, werden verschiedene hypothet. Elementarteilchenmodelle diskutiert: im Rahmen der →Supersymmetrie postulierte supersymmetr. Partner des Photons, der Higgs-Teilchen oder der Neutrinos, ferner im erweiterten Standardmodell die so genannten Axionen, die zur Lösung von grundsätzl. Problemen der Zeitumkehr-Invarianz der starken Wechselwirkung angenommen werden; es kommen aber auch massebehaftete Neutrinos (mit Massen bis etwa 30 eV) in Betracht; andererseits könnte die dunkle Materie in Schwarzen Löchern (z. B. im Zentrum der Galaxien) konzentriert sein. – Eine besondere Herausforderung ist die Erklärung der (großräumigen) Strukturbildung des Kosmos durch Dichtefluktuationen aus einem homogenen und isotropen Zustand. Durch Beobachtung bestätigt ist das Auftreten riesiger materiefreier Gebiete (›voids‹) und linienförmiger Anordnungen der Galaxien. Es wird spekuliert, dass dies auf die Ausbildung von durch ›Domänenwände‹ getrennten Bereichen mit unterschiedl. Vakuumkondensaten etwa des Higgs-Feldes bei schneller Expansion und Abkühlung des Kosmos zurückzuführen ist; dabei könnten sich auch röhren- und punktartige Bereiche (kosm. Strings, Monopole) ausgebildet haben, die Magnetfelder einschließen.

Philosophische Probleme

Die K. war von Anfang an mit philosoph. und theolog. Problemkomplexen verbunden. Die Auseinandersetzung zw. naturwiss. K. und Theologie wirkte sich in der griech. Zeit weniger stark aus, da die naturwiss. Erfassung der Welt im Ganzen keiner institutionalisierten Dogmatik gegenüberstand. Die Konfrontation trat im abendländ. Bereich bereits zur Zeit der Kirchenväter auf, die die heidn. Naturwissenschaft mit den kanon. Schriften des Christentums in Einklang zu bringen suchten. THOMAS VON AQUINO musste die aristotel. K., die ein räumlich begrenztes, aber zeitlich in beiden Richtungen offenes Universum vorsah, abändern, um Einklang mit dem Schöpfungsbericht und den eschatolog. Vorstellungen herzustellen. G. GALILEIS Prozess spiegelt den Gegensatz zw. der geozentr. K. des christl. Weltbildes und der sich entfaltenden modernen Naturwissenschaft wider. Einige weltanschaulich engagierte Naturwissenschaftler versuchten in späterer Zeit immer wieder, die unerklärten Züge des gerade bevorzugten Weltmodells zur Begründung übernatürl. Eingriffe in die kosm. Entwicklung auszunutzen. NEWTON war überzeugt, dass ein gravitationsdominiertes Weltall von selbst niemals zu der Hierarchie von Strukturen führen könne, die wir heute von den Galaxiengruppen bis hinunter zum Sonnensystem beobachten. In der Folge wurde erstmals durch KANT 1755 ein kosmogon. Ansatz vorgelegt, nach dem die gesamte Weltverfassung als spontane Selbstorganisation durch physikal. Kräfte (Attraktion und Repulsion sowie turbulente Wirbelbewegung) verstanden werden kann.

NEWTON hielt die Langzeitstabilität des Planetensystems für zweifelhaft und glaubte auch, dass in Abständen von einigen tausend Jahren eine Stabilisierung durch übernatürl. Eingriffe notwendig wäre. P. S. DE LAPLACE ging hier einen Schritt weiter: Indem er die Periodizität der großen Anomalie von Jupiter und Saturn nachwies, zeigte er, dass zumindest dieser Effekt sich nicht zur Katastrophe aufschaukelt, sondern wieder gedämpft wird. Zu den überraschenden Zügen moderner relativist. K. gehört die Feststellung, dass das Weltall selbst einer dynam. Entwicklung nicht nur fähig ist, sondern dass es diese notwendig zeigen muss.

EINSTEIN war nach 1917 von der traditionellen Voraussetzung eines statischen, endl. Universums ausgegangen. A. S. EDDINGTON konnte 1930 zeigen, dass diese Statik der Einstein-Welt instabil ist: Geringe Schwankungen an einer Stelle lösen sofort eine sich selbst verstärkende Expansions- oder Kontraktionsbewegung aus. Die Friedmann-Modelle, die die Dynamik explizit formulierten und deren Bedeutung durch die früher erwähnten Beobachtungsdaten hervorgehoben wurde, zeigten, dass das Universum keine unbewegl. Arena für das lokale Geschehen darstellt, sondern selbst an der Entwicklung teilhat.

In allen heute betrachteten Typen von homogenen und isotropen kosmolog. Modellen nimmt der Ort des Menschen keinen ausgezeichneten Platz im Universum ein (kopernikan. Prinzip). Es könnte aber sein, dass die kosm. Epoche, in der der Mensch lebt, irgendeine spezielle Bedeutung besitzt. Wir wissen heute noch nicht, welche von den drei mögl. Expansionsformen, die die Klasse der Friedmann-Modelle zulässt, in Wirklichkeit zutrifft. Dies hängt davon ab, ob die schwer zu beobachtende mittlere Dichte ϱ des Universums *über* oder *unter* der krit. Dichte ϱ_c liegt. In einem Universum mit $\varrho > \varrho_c$, das nur eine endl. Ausdehnung besitzt, wird nach endl. Zeit wieder zu einer Endsingularität kollabieren, wobei alle vorhandenen Strukturen vernichtet werden. Leben kann sich in einer solchen Welt nur in einem begrenzten Intervall zw. vielleicht 10^{10} und 10^{12} Jahren bilden und entwickeln. In frühen Zeiten ist die kosm. Materie noch zu arm an schweren Elementen, die für die Lebensentstehung benötigt werden; in späten Zeiten sind die Energie liefernden Sterne ausgebrannt. Dies gilt ebenfalls für die Modelle der offenen, ewig expandierenden Universa. Auch in ihnen ist die Existenz makroskop. Lebensformen an ein kleines endl. Intervall von möglicherweise 10^{10} Jahren gebunden. Interessanterweise scheint das Vorhandensein von Leben, Bewusstsein und Erkenntnis nicht nur an eine kosm. Epoche, sondern auch an eine feste Expansionsform gebunden zu sein. Abschätzungen haben ergeben, dass Leben nur in einer Welt spontan entstehen kann, die nahe der krit. Grenze zw. dem offenen und geschlossenen Universum liegt. Eine solche ›flache Welt‹ ($\varrho = \varrho_c$), die mit einer Rate expandiert, die gerade den Rekollaps verhindert, bietet günstige Voraussetzungen für die Herausbildung höherer Intelligenz wie der menschlichen. Dies ist deshalb der Fall, weil eine starke Expansion die Kondensation von Galaxien und Sternen verhindert und eine sehr schwache Expansion die Welt rekollabieren lässt, ehe die erste Sterngeneration sich gebildet hat.

Argumente, die die Selektionswirkungen von intelligenten Lebewesen auf die Werte kosm. Parameter voraussetzen, nennt man anthropisch. Das anthrop. Prinzip besagt, dass wir erwarten müssen, dass unsere Beobachtungen über die Welt durch jene Bedingungen eingeschränkt sind, die die natürl. Voraussetzungen für unsere Existenz darstellen. Das anthrop. Prinzip kann zwar keine kausalen Erklärungen ersetzen, aber es lässt wichtige Zusammenhänge zw. der menschl. Existenz und den großräumigen Eigenschaften des Universums erkennen.

⇨ *Kosmogonie · Kosmos · Schöpfung · Weltall*

P. C. W. DAVIES: The accidental universe (Cambridge 1982, Nachdr. ebd. 1986); B. KANITSCHEIDER: Das Weltbild Albert Einsteins (1988); DERS: K. Gesch. u. Systematik in philosoph. Perspektive (²1991); H. ELSÄSSER: Weltall im Wandel. Die neue Astronomie (Neuausg. 1989); M. BERRY: K. u. Gravitation. Eine Einf. (a. d. Engl., 1990); E. R. HARRISON: K. Die Wiss. vom Universum (a. d. Engl., ³1990); G. BÖRNER: The early universe. Facts and fiction (Berlin ³1993); A. LINDE: Elementarteilchen u. inflationärer Kosmos. Zur gegenwärtigen Theoriebildung (a. d. Russ., 1993); E. W. KOLB u. M. S. TURNER: The early universe

(Neudr. Redwood City, Calif., 1994); H. GOENNER: Einf. in die K. (1994); S. WEINBERG: Die ersten drei Minuten. Der Ursprung des Universums (a. d. Amerikan., Neuausg. [1]1994); R. U. SEXL u. H. K. URBANTKE: Gravitation u. K. Eine Einf. in die allg. Relativitätstheorie ([4]1995); J. D. BARROW u. F. J. TIPLER: The anthropic cosmological principle (Neuausg. Oxford 1996); S. W. HAWKING: Eine kurze Gesch. der Zeit. Die Suche nach der Urkraft des Universums (a. d. Engl., Neuausg. 391.–420. Tsd. 1996).

kosmologisches Prinzip, der die kosmolog. Theorien i. Allg. bestimmende Grundsatz, nach dem im gesamten Weltall Isotropie und Homogenität herrscht, d. h. nach dem kein Punkt und keine Richtung des Raumes ausgezeichnet ist. Die →Steady-State-Theorie forderte darüber hinaus noch das k. P. für alle Zeiten (**vollkommenes k. P.**), nach dem die Welt nicht nur von jedem Ort aus, sondern auch zu allen Zeiten (gemittelt über genügend große Zeitintervalle) im Großen den gleichen Anblick bieten soll.

Kosmonaut [russ., zu lat. nauta ›Schiffer‹] *der, -en/-en,* vorwiegend im russ. Sprachgebrauch übl. Bez. für →Astronaut.

Kosmopolit [griech. ›Weltbürger‹] *der, -en/-en,* **1)** *bildungssprachlich* für: Weltbürger.
2) *Biologie:* Bez. für eine Organismenart, die über die ganze Erde oder zumindest deren größten Teil verbreitet ist; z. B. Wanderratte, viele Wasserpflanzen.

Kosmopolitismus *der, -,* die Idee einer grundlegenden Gemeinschaft und Brüderlichkeit aller Menschen, die als gleichwertige und gleichberechtigte Mitbürger einer die ganze Menschheit umfassenden Gemeinschaft angesehen werden (›Weltbürgertum‹). Der Kosmopolit will aus den nat. und weltanschaul. Bindungen heraustreten und die ethn., rass. und sprachl. Unterschiede zw. den Menschen bewusstseinsmäßig überwinden.
Die Idee des Weltbürgertums vertraten in der Antike die philosoph. Schulen der Kyniker und Stoiker. Die Renaissance, noch stärker die Aufklärung (I. KANT, G. E. LESSING) griffen mit ihren Humanitäts- und Toleranzideen den antiken Ansatz wieder auf, dass alle Menschen an einer allgemeinen Vernunft teilhätten. Mit ihren Gleichheits- und Freiheitsidealen förderte auch die Frz. Revolution von 1789 die Ideen des K.; W. VON HUMBOLDT u. a. suchten Weltbürgertum und nat. Gedanken miteinander zu verbinden. Mit dem Auftrieb des Nationalismus seit dem 19. Jh. entfernten sich beide Prinzipien jedoch immer stärker voneinander. Kosmopolit. Ideen hatten großen Einfluss auf die Gedankenwelt der Freimaurer und die polit. Zielsetzungen des Liberalismus und Sozialismus. Mit dem Ziel einer weltweiten Friedensordnung übt der K. großen Einfluss auf den liberal-bürgerl. Pazifismus aus. Der Marxismus-Leninismus bekämpft den K. als ›bürgerl. Ideologie‹ und vertritt stattdessen die Idee des →proletarischen Internationalismus.

Kosmos [griech. ›Ordnung‹, ›Schmuck‹] *der, -,* **1)** *allg.:* die Welt als Ganzes; insbesondere in der Astronomie und den Naturwiss.en gleichbedeutend mit →Weltall oder Universum. Im übertragenen Sinne auch Bez. für jedes Ganze, das eine in sich geschlossene und geordnete Einheit von zusammenhängenden Dingen, Erscheinungen, Abläufen u. a. bildet.
2) *Philosophie:* Als Terminus der antiken Naturphilosophie bedeutet K. die harmon. und wohl gegliederte Ordnung des Weltalls (im Ggs. zu →Chaos). Religiöse Vorstellungen, nach denen der K. (das Weltall) als eine göttl. Anordnung unterstellte Rechtsgemeinschaft der Dinge (ANAXIMANDER) verstanden wird, treten mit der zunehmenden Emanzipation der Philosophie von Religion und Mythologie zugunsten der Annahme zurück, dass die Welt als eine durch Vernunftprinzipien gegliederte Ordnung zu begreifen sei.

Die Vorstellung vom Menschen als Mikro-K. und vom Weisen als Kosmopolit hat in der Stoa ihren Ursprung. (→Kosmogonie, →Kosmologie)
3) *Raumfahrt:* Name wiss. und militär. Satelliten der Sowjetunion bzw. Russlands. Seit K. 1 (Start 16. 3. 1962) wurden bis Ende 1996 rd. 3 000 Satelliten der K.-Reihe gestartet. Ein Teil von ihnen, vorwiegend mit biomedizin. und militär. Aufgaben, kehrte zur Erde zurück.

Kosoblüten [äthiop.], **Kussoblüten,** Bez. für die weibl. Blüten der zu den Rosengewächsen gehörenden, von Äthiopien bis N-Malawi verbreiteten Art Hagenia abyssinica; als Bandwurmmittel verwendet.

Kosor, Josip, kroat. Schriftsteller, * Trbounje (bei Drniš, Kroatien) 27. 1. 1879, † Lapad (bei Dubrovnik) 23. 1. 1961; mit H. BAHR und S. ZWEIG befreundet; stellte als Außenseiter der kroat. Moderne in Romanen und Novellen die Existenzprobleme gescheiterter und unterdrückter Menschen dar, auch in vom Expressionismus beeinflussten Dramen (›Požar strasti‹, 1912; dt. ›Brand der Leidenschaften‹).

Kosovel [kɔsɔˈveːl], Srečko, slowen. Lyriker, * Sežana (bei Triest) 18. 3. 1904, † Tomaj (bei Sežana) 27. 5. 1926; begann mit impressionist. Natur- und Stimmungslyrik und wandte sich dann expressionist. und revolutionären Themen zu; er war, in Vorahnung seines frühen Todes, ein Dichter der Melancholie und der Einsamkeit, aber auch des Aufbegehrens.
Ausgaben: Zbrano delo, 4 Bde. ([1-2]1964–77). – *Dt. Auswahlen:* Ahnung von Zukunft (1986); Gedichte Integrale. Pesmi integralí (1996; dt. u. slowen.).

Kosovo, alban. **Kosovë** [-və], Prov. in Serbien, Jugoslawien, grenzt im W an Albanien, 10 887 km^2, (1994) 2,079 Mio. Ew. (1948: 733 000, 1971: 1,244 Mio., 1981: 1,584 Mio. Ew.), Hauptstadt ist Priština. Von der Bev. sind (1994) 90% K.-Albaner (zu rd. 85 % Muslime) und 10% Serben. Die Sprachen sind Albanisch und Serbisch. Durch natürl. Bev.-Zunahme stieg die Zahl der Albaner von (1948) 498 300 auf (1991) 1,71 Mio.; unter dem Druck der zunehmenden Serbisierung ist aber eine Abwanderung von (1990–94) 300 000 Albanern zu verzeichnen.
Kernräume der Prov. K. sind die Beckenlandschaften →Amselfeld (serbokroat. K. polje) und →Metohija, die durch Mittelgebirge getrennt und z. T. von steilen Hochgebirgen (2 000–2 500 m ü. M.) umgeben sind. Klima- und Bodenbedingungen sind für die Landwirtschaft günstig; sie ist der führende Wirtschaftszweig v. a. mit Weizen- und Maisanbau, Wein- und Obstbau, Schafzucht im Bergland. Außerdem verfügt die Prov. K. über reiche Bodenschätze. Große Bedeutung haben Blei- und Silberproduktion, ferner der Zinkerz- und Braunkohlenbergbau (die Kohlevorkommen werden auf 15,5 Mrd. t geschätzt). Die Industrie ist v. a. auf Priština, Kosovska Mitrovica und Uroševac beschränkt. Hauptproblem ist das rasche Bev.-Wachstum, mit dem die Wirtschafts- und Sozialentwicklung nicht Schritt hält. K. hat den niedrigsten Lebensstandard Jugoslawiens und die höchste Arbeitslosigkeit.
Geschichte: Seit dem 8. Jh. v. Chr. von illyr. Stämmen besiedelt, zw. 6. und 9. Jh. slaw. Landnahme, im 14. Jh. Kerngebiet des serb. Großreiches (›Altserbien‹), nach der Schlacht auf dem Amselfeld den Türken 1389–1459 tributpflichtig, war das Gebiet des heutigen K. 1459–1912 Teil des Osman. Reiches (›Wilayat K.‹). Nach 1690 kam es zur Abwanderung der Serben, v. a. in die Wojwodina, und – bes. im 18.Jh. – zum Nachrücken von Albanern (Hirten; aus eigener Sicht Nachkommen der Illyrer), die zunehmend islamisiert wurden. Im K. begann mit der Liga von →Prizren 1878 der alban. Freiheitskampf gegen die Türken. Nach dem 1. Balkankrieg (1912–13) trotz der alban. Bev.-Mehrheit unter Serbien und Montenegro aufgeteilt, gehörte K. nach der Gründung (des späteren) Ju-

goslawiens ab 1918 ganz zu Serbien. Im Zweiten Weltkrieg war das Gebiet unter ital. Besatzung (1941–43) zwischenzeitlich ab Sommer 1941 Teil von Großalbanien. Nach Errichtung der kommunist. Herrschaft in Jugoslawien wurde 1945/46 das Autonome Gebiet **K.-Metohija** innerhalb der Glied.-Rep. Serbien eingerichtet, das mit der Verf. vom 7. 4. 1963 (de facto ab 1966) Autonome Prov. wurde und in der Verf.-Revision von 1968 die heutige Bez. erhielt. Die Erweiterung der Autonomierechte im Rahmen der jugoslaw. Verf. vom 21. 1. 1974 verstärkte im K. letztlich die Spannungen zw. den K.-Albanern (inzwischen Bildungssystem in eigener Sprache, Univ. in Priština) und der serb. Minderheit. Im März/April 1981 kam es in Priština zu ernsthaften Unruhen. Über das K. wurde eine Art Ausnahmezustand verhängt. Ab 1986 nutzte S. MILOŠEVIĆ den v. a. im K. geschürten serb. Nationalismus zur Festigung seiner Herrschaft in Serbien (Höhepunkt: 600-Jahr-Feier der Schlacht auf dem Amselfeld am Widowdan, 28. 6. 1989). Die drast. Einschränkung der Autonomie, zw. März 1989 (am 23. 3. Aufhebung des Autonomiestatus; am 28. 3. Verf.-Revision) und Juli 1990 (Auflösung von Parlament und Reg. durch Serbien) schrittweise aufgehoben, wurde verankert in der neuen serb. Verf. vom 28. 9. 1990. Nach einer ersten Proklamation im Juli 1990 beschlossen die alban. Abg. des inzwischen offiziell aufgelösten Parlaments am 7. 9. 1990 eine neue – später verbotene – Verf. für K., in der sie dieses erneut zur unabhängigen Rep. innerhalb Jugoslawiens und den Schriftsteller IBRAHIM RUGOVA (* 1944) zum Präs. erklärten. Trotz massiver Behinderung wurde 1991 ein von Serbien für illegal erklärtes Referendum über die Unabhängigkeit und Souveränität erfolgreich durchgeführt (90 % Zustimmung). Die 1989 gegründete ›Demokrat. Liga für K.‹ übernahm die Reg.; bei den (für Serbien/Jugoslawien inoffiziellen) pluralist. Wahlen vom 24. 5. 1992 konnte sie die absolute Mehrheit erringen (66 %, 58 von 130 Sitzen). Gleichzeitig wurde ihr Vors. RUGOVA zum Staatspräs. gewählt. Die serbisch dominierten Behörden verhinderten den Zusammentritt des Parlaments am 23. 6. 1992. Gegen die Unterdrückungspolitik Serbiens (u. a. gewaltsame Ansiedlung serb. Flüchtlinge aus Kroatien und Bosnien, seit 1995 v. a. aus der Krajina) wuchs der zumeist gewaltfreie Widerstand der K.-Albaner (z. B. Boykott der jugoslaw. Wahlen 1992 und 1996).

Kern des K.-Konflikts, bei den Verhandlungen zum Abkommen von Dayton (1995) ausgeklammert, blieb die Statusfrage (serb. Anspruch auf das Amselfeld als ›Wiege Serbiens‹, Streben der K.-Albaner nach Eigenstaatlichkeit und/oder Anschluss an Albanien).

K. u. Metochien in der serb. Gesch., Beitrr. v. R. SAMARDŽIĆ u. a. (Lausanne 1989); C. VON KOHL u. W. LIBAL: K.: Gord. Knoten des Balkan (Wien 1992).

Kosovska Mitrovica [-tsa], alban. **Mitrovicë** [-tsə], von 1982 bis 1991 **Titova Mitrovica** [-tsa], Stadt in der Prov. Kosovo in Serbien, Jugoslawien, 516 m ü. M., im N des Amselfeldes, an der Mündung der Sitnica in den Ibar, 64 300 Ew.; chem. Industrie, Akkumulatorenwerk, Textil-, Holz-, Leder-, Nahrungsmittelindustrie. In der Nähe liegt der Bergbauort **Trepča** (Abbau und Verhüttung von Blei-, Zink-, Silbererzen).

Kosrae, Kusaie, die östlichste Insel der Karolinen im Pazif. Ozean, Staat der Föderierten Staaten von Mikronesien, 110 km², 7300 Ew., Hauptort Lelu; vulkan. Ursprungs, von Riffen umgeben, mit Mount Crozer bis 628 m ü. M.; Anbau von Brotfruchtbäumen, Bananen, Taro; Bauxit- und Guanovorkommen. Auf der vorgelagerten Insel Lelc Ruinen von Steinbauten älteren Datums, ›Nan Madol‹.

Kossäer, altorient. Volk, →Kassiten.

Kossak, Juliusz, poln. Maler, * Nowy Wiśnicz (bei Bochnia) 15. 12. 1824, † Krakau 3. 2. 1899; malte in zarten Aquarellfarben Genreszenen, Schlachten- und Pferdebilder sowie Porträts. Er illustrierte Werke von A. MICKIEWICZ und H. SIENKIEWICZ.

Kossak-Szczucka [-'ʃtʃutska], Zofia, in zweiter Ehe **Kossak-Szatkowska** [ʃat-], poln. Schriftstellerin, * Kośmin (Wwschaft Lublin) 8. 8. 1890, † Bielitz-Biala 9. 4. 1968; 1943/44 im KZ Auschwitz, lebte 1945–57 in Großbritannien; wandte sich ab 1922, nach dem Vorbild H. SIENKIEWICZS, dem histor. Roman zu, in dem sie geschichtl. Ereignisse vom kath. Standpunkt aus interpretiert. Ihr letztes Werk, ›Dziedzictwo‹ (1956–67, 3 Bde.), ist die Chronik ihrer Familie.

Weitere Werke: *Romane:* Szaleńcy Boży (1929; dt. Die Perlen der hl. Ursula); Legnicke pole (1930; dt. Die Walstatt von Liegnitz); Krzyżowcy, 4 Bde. (1935; dt. Die Kreuzfahrer); Bez oręża, 2 Bde. (1937; dt. Der Held ohne Waffe); Przymierze (1952; dt. Der Bund).

Kossäten [mnd. kotsete ›Bewohner einer Kate‹], *Rechtsgeschichte:* andere Bez. für →Hintersassen.

Kossatsch-Kwitka, Kossač-Kvitka [-tʃ-], Laryssa Petriwna, ukrain. Schriftstellerin, →Ukrajinka, Lessja.

Kossel, 1) Albrecht Ludwig Karl Martin Leonhard, Biochemiker, * Rostock 16. 9. 1853, † Heidelberg 5. 7. 1927, Vater von 2); Prof. in Berlin, Marburg, ab 1901 in Heidelberg. K. entdeckte bei Untersuchungen der zuvor von J. F. MIESCHER und E. F. I. HOPPE-SEYLER aus Zellkernen isolierten Nukleoproteide die Nukleinsäuren und als deren Bestandteile die Purine und Pyrimidine, außerdem das Histidin. 1910 erhielt er für seine Forschungen über Zelle und Zellkern den Nobelpreis für Physiologie oder Medizin.

2) Walther, Physiker, * Berlin 4. 1. 1888, † Tübingen 22. 5. 1956, Sohn von 1); Prof. in Kiel, Danzig und Tübingen, arbeitete über den Aufbau der Atome und Moleküle; trug entscheidend zur Klärung des Periodensystems und zur Deutung der heteropolaren chem. Bindung bei, begründete 1928 mit I. N. STRANSKI die Theorie des Kristallwachstums und entdeckte 1934 Röntgenstrahlinterferenzen, die auftreten, wenn die Strahlungsquelle im Kristall selbst liegt (**K.-Effekt**).

Kossinna, Gustaf, Prähistoriker, * Tilsit 28. 9. 1858, † Berlin 20. 12. 1931; war 1902–27 Prof. in Berlin. Seine siedlungsarchäolog. Methode zur Umschreibung stammesgeschichtl. Kulturkreise blieb umstritten, hatte aber großen Einfluss auf die gesamte Vorgeschichtsforschung in Europa.

Kossmann, Alfred Karl, niederländ. Schriftsteller, * Leiden 31. 1. 1922. Sprachl. Virtuosität und gedankl. Tiefe kennzeichnen seine Lyrik, die romant. und magisch-realist. Elemente in sich vereinigt. Stark autobiographisch beeinflusst ist seine Prosa, wie das seine Erfahrungen als Zwangsarbeiter in Dtl. 1943–45 schildernde Romandebüt ›De nederlaag‹ (1950).

Weitere Werke: *Romane:* De linkerhand (1955); De misdaad (1962); Laatst ging ik spelevaren (1973); Familieroman (1990). – *Gedichte:* De dansschool (1943); Het vuurwerk (1946).

Kossou-Staudamm [kɔ'su-], der größte Staudamm (1430 m lang, 54 m hoch) in der Rep. Elfenbeinküste, im →Bandama, in der Nähe von Yamoussoukro. Der Stausee überflutete 150 Dörfer; 60 000 Menschen mussten umgesiedelt werden.

Kossuth ['koʃut], Lajos (Ludwig von), ungar. Politiker, * Monok (Bez. Borsod-Abaúj-Zemplén) 19. 9. 1802, † Turin 20. 3. 1894; Jurist, Abg. in den ungar. Landtagen 1825–27 und 1832–36; 1839 wegen ›Aufwiegelung‹ zu vier Jahren Gefängnis verurteilt, 1840 amnestiert. 1841–44 war er Chefredakteur der ›Pesti Hirlap‹, des Organs der nat. Reformpolitik. Als Führer der Opposition forderte er im Landtag 1847/48 die Beseitigung der ständ. Privilegien und der bäuerl. Lasten sowie Pressefreiheit und eine konstitutionelle

Aleksej Nikolajewitsch Kossygin

Reg.; 1848 wurde er Finanz-Min. der Reg. Batthyány und organisierte als Vors. des Verteidigungsausschusses die Honvéd. Nach der Thronentsetzung der Habsburger wurde K. am 14. 4. 1849 zum Reichsverweser gewählt, musste aber nach dem Zusammenbruch des ungar. Widerstandes im August 1849 abdanken. Seitdem im Ausland, agitierte er in Großbritannien und den USA für die Unabhängigkeit Ungarns, stellte in Italien eine ungar. Legion auf und entwickelte 1862 den Plan einer Konföderation der Donauvölker. Da er im Österreichisch-Ungar. Ausgleich von 1867 einen Verrat an den Ideen von 1848 sah, blieb der in Ungarn als Nationalheld verehrte K. im ital. Exil.

Ausgabe: Összes munkái, hg. v. I. Barta u. a., auf mehrere Bde. ber. (1948 ff.).

O. Zarek: K. Die Liebe eines Volkes (Zürich 1935); I. Barta: A fiatal K. (Budapest 1966); I. Deák: The lawful revolution. L. K. and the Hungarians 1848–49 (New York 1979).

Kosten 2): Abgrenzung der Begriffe Ausgaben, Aufwand und Kosten

Kossygin [-'si-], Aleksej Nikolajewitsch, sowjet. Politiker, *Sankt Petersburg 21. 2. 1904, †Moskau 18. 12. 1980; Textilingenieur, seit 1927 Mitgl. der KPdSU (B), stieg mithilfe A. A. Schdanows in den Führungskreis der Partei auf, seit 1939 Mitgl. ihres ZK und 1943–46 Reg.-Chef der RSFSR. Im Zweiten Weltkrieg war er 1942 Beauftragter des Staatl. Verteidigungskomitees im eingeschlossenen Leningrad, danach 1946–60 stellv. Min.-Präs., 1948 Finanz-Min. und 1949–53 Min. für Leichtindustrie. 1948–52 war er Mitgl. des Politbüros, 1960–64 Erster Stellv. Min.-Präs. Nach dem Sturz N. S. Chruschtschows (1964) bildete K. als Min.-Präs. (1964–80) zus. mit L. I. Breschnew (Gen.-Sekr. des ZK der KPdSU) und N. W. Podgornyj (Vors. des Präsidiums des Obersten Sowjets) die Führungsspitze der UdSSR. Innenpolitisch widmete sich K. bes. der Wirtschaftspolitik. Außenpolitisch trat er 1966 als Vermittler im ind.-pakistan. Krieg um Kaschmir hervor (Vertrag von Taschkent). In der Zeit des Prager Frühlings (1968) hielt er sich oft in der Tschechoslowakei zu Verhandlungen mit den dortigen Reformpolitikern auf. 1969 bemühte er sich um eine Aussöhnung mit den chin. Kommunisten. K. förderte den Entspannungsprozess im Ost-West-Konflikt (u. a. Unterzeichnung des Moskauer Vertrags mit der BRD, 1970). Seit Beginn der 70er-Jahre entzog Breschnew ihm jedoch immer stärker die außenpolit. Kompetenz.

kostal [zu lat. costa ›Rippe‹], *Anatomie:* die Rippen betreffend.

Kosten 2): Kurven der Gesamtkosten (K_G), variablen Kosten (K_V), fixen Kosten (K_F), Grenzkosten (K'), gesamten, variablen und fixen Durchschnittskosten (K_G/x, K_V/x, K_F/x) in Abhängigkeit von der Ausbringungsmenge (x)

Kostallader, Costa, Vorderrandader des Insektenflügels.

Kostelanetz, André, amerikan. Dirigent russ. Herkunft, *Sankt Petersburg 22. 12. 1901, †Port-au-Prince (Haiti) 13. 1. 1980; ging 1922 in die USA und leitete das Orchester des Columbia Broadcasting System (CBS), zeitweilig auch die Promenadenkonzerte des New York Philharmonic Orchestra. Bes. bekannt wurde er durch Filmmusiken und Arrangements.

Kosten, 1) *Prozessrecht:* →Gerichtskosten, →Kostenerstattungsanspruch, →Kostenfestsetzung, →Kostenpflicht.

2) *Wirtschaftswissenschaft:* der bewertete Verzehr von Produktionsfaktoren und Dienstleistungen, der zur Erstellung und Verwertung der betriebl. Leistungen sowie zur Aufrechterhaltung der Betriebsbereitschaft (betriebl. Kapazitäten) erforderlich ist. Grundmerkmale für K. sind: 1) Es liegt stets ein mengenmäßiger Güterverbrauch vor; als Einsatzgüter kommen Sachgüter, Arbeitsleistungen, Dienste und Rechte infrage. 2) Der Güterverbrauch muss leistungsbezogen, d. h. auf die Erstellung betriebl. Güter ausgerichtet sein. 3) Der Güterverbrauch wird durch Multiplikation der verbrauchten Menge mit einem Geldbetrag je Mengeneinheit (Preis) bewertet. Dabei können Anschaffungs-, Tagesbeschaffungs-, Durchschnittspreise und interne Verrechnungspreise verwendet werden. Die Festlegung der Verbrauchsmengen und der Preise hängt jeweils vom Rechnungsziel ab. Der betriebswirtschaftliche ist der gleiche wie der volkswirtschaftl. K.-Begriff, wobei in der Volkswirtschaftslehre neben den **einzelwirtschaftlichen K.** (private K., betriebl. K.) noch **gesamtwirtschaftliche K.** (volkswirtschaftl. K., soziale K.) unterschieden werden.

Die K. sind abzugrenzen sowohl von den Ausgaben (Geldausgängen) als auch vom Aufwand (bewerteter Güterverbrauch, soweit dieser Ausgaben hervorruft), der auch unabhängig von der Leistungserstellung anfallen kann (neutraler Aufwand). Es gibt Ausgaben, die keinen Aufwand darstellen (z. B. Privatentnahmen), andererseits Aufwand, der nicht auf Ausgaben zurückzuführen ist (z. B. Abschreibung einer geschenkten Maschine). Entsprechendes gilt für das Verhältnis von Ausgaben und aufwandsgleichen K. (**Grund-K.,** ordentl. Zweckaufwand). Kalkulator. K. (**Anders-K.** und **Zusatz-K.**) führen nie zu Ausgaben.

Die **Theorie der K.-Abhängigkeiten (K.-Theorie)** untersucht die Faktoren, die die Höhe der K. beeinflussen. Diese K.-Bestimmungsfaktoren (K.-Einflussgrößen oder K.-Determinanten) umfassen z. B. Zahl, Art und Güte der Produkte (Produktprogramm), die Produktionsverfahren (z. B. Werkstatt- oder Straßenfertigung), die Kapazität und Qualität der Arbeitskräfte und Anlagen (Betriebsgröße), den Ausnutzungs- oder Beschäftigungsgrad der gegebenen Kapazitäten, die Losgröße der Fertigungsmengen, Preise und Qualitäten der Roh-, Hilfs- und Betriebsstoffe. Dabei interessieren v. a. die günstigsten Bedingungen, für die die K. je Produkteinheit (**Stück-K.**) am niedrigsten sind. Von besonderer Bedeutung ist die Abhängigkeit der K.-Höhe von der Produktmenge.

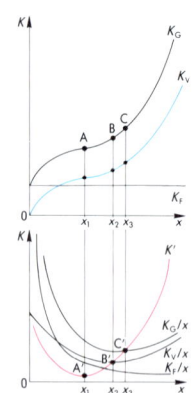

Verändern sich K. mit Variationen einer K.-Einflussgröße, so werden sie – in Bezug auf die jeweilige Einflussgröße – als variabel, andernfalls als fix bezeichnet. Betrachtet man bei gegebenen Kapazitäten den Einfluss der Produktmenge (Ausbringungsmenge, Beschäftigung) auf die K. einer Produktionsperiode, so geht man vom Regelfall aus, dass die Perioden-K. mit der Produktmenge steigen oder im Grenzfall gleich bleiben. Man spricht von **beschäftigungsunabhängigen K.** oder **fixen K.,** wenn die K. von der Mengenvariation nicht berührt werden (z. B. die zur Bereithaltung der Fertigungskapazität anfallenden Bereitschafts-K.). Steigen die K. dagegen mit der Produktmenge, so heißen sie **variable K. (beschäftigungsabhängige K.).** Dabei sind drei Fälle zu unterscheiden. Steigen die Perioden-K. schwächer (stärker) als die Produktmenge, so bezeichnet man sie als **degressive K.** bzw. **progressive K.** Die entsprechenden K. je Produkteinheit (Stück-K.) fallen (steigen) dann. Im dritten Fall steigen die K. im gleichen Verhältnis wie die Produktmenge **(proportionale K.)**; die Stück-K. sind konstant. Weniger häufig fallen die Perioden-K. mit steigender Produktmenge **(regressive K.).** Von **Sprung-K. (sprungfixen K.)** wird gesprochen, wenn sich die K. bei einer bestimmten Produktmenge z. B. durch disponierte Kapazitätsvergrößerung ruckartig erhöhen.

Solche Abhängigkeiten zw. K. und K.-Determinanten lassen sich mithilfe von **K.-Funktionen** oder grafisch als **K.-Kurve** darstellen. Aus dem Verlauf der Gesamtkostenkurve können weitere K.-Begriffe und K.-Funktionen abgeleitet werden. So bezeichnet man die Veränderung der Gesamt-K. bei Variation der Produktmenge um eine Einheit (mathematisch die erste Ableitung der Gesamtkostenkurve) als **Grenz-K.**, die Gesamt-K. dividiert durch die Ausbringungsmenge als **Durchschnitts-K.** oder **Stück-K.**, jeweils unterteilt in variable und fixe Durchschnitts-K. In der betriebswirtschaftl. K.-Theorie und der volkswirtschaftl. Mikroökonomie dienen K.-Funktionen dazu, den optimalen Produktionsplan (gewinnmaximale Produktionsmenge) eines Unternehmens zu bestimmen.

Sind die K. bestimmten Bezugsbasen unmittelbar zurechenbar, spricht man von **direkten K. (Einzel-K.)**, wenn nicht, von **indirekten K. (Gemein-K.).** Bezugsbasen können z. B. Produkte, Produktgruppen, Abteilungen, Betriebe sein. Nach Art der verbrauchten Produktionsfaktoren (K.-Arten) werden z. B. Personal-K., Material-K. oder Werkstoff-K., Betriebsmittel-K. (z. B. Grundstücks-K., Gebäude-K., Maschinen-K., Anlagen-K.), Dienstleistungs-K. (z. B. Reparatur-K., Beratungs-K., K.-Steuern), nach den betriebl. Funktionen Beschaffungs-K., Fertigungs-K. (Produktions-K., Herstellungs-K.), Vertriebs-K. und Verwaltungs-K. unterschieden. Hinsichtlich des jeweils angewendeten Verfahrens der →Kostenrechnung lassen sich nach dem zeitl. Bezug **Ist-K.** (tatsächl. angefallene K. einer vergangenen Periode), **Plan-K.** (K.-Vorgaben für zukünftige Zeiträume), **Normal-K.** (Verrechnung von durchnittl. K., um zufällige Preis- und Verbrauchsschwankungen auszuschließen) sowie nach dem Umfang des Verfahrens **Voll-K.** (Verrechnung aller angefallenen K. einer Periode) und **Teil-K.** (Verrechnung lediglich der für den jeweiligen Zweck K.-Rechnung relevanten K.) gegeneinander abgrenzen. →externe Effekte

Kosten, poln. **Kościan** [ˈkɔçtɕan], Stadt in der Wwschaft Leszno (Lissa), Polen, an der Obra, 24 400 Ew.; Zucker-, Tabakwarenfabrik, Holzindustrie, Apparatebau. – Spätgot. Pfarrkirche (im 18./19. Jh. umgebaut) mit bedeutender Ausstattung; Heiliggeistkirche (1385 ff., später verändert).

Kosten|anschlag, Kostenvoranschlag, bei einem →Werkvertrag die dem Besteller vom Unternehmer vorgelegte Berechnung der bei Ausführung des Werkes entstehenden Kosten. Hat der Unternehmer die Gewähr für die Verbindlichkeit des K. übernommen, wird dieser Vertragsbestandteil, sodass die Vergütung nur in der vereinbarten Höhe zu entrichten ist. Im Normalfall ist ein K. jedoch unverbindlich; er hat dann die Pflicht des Unternehmers zur Folge, eine wesentl. Überschreitung des K. unverzüglich anzuzeigen (§ 650 BGB), worauf der Besteller kündigen kann. Dann muss er dem Unternehmer nur die der geleisteten Arbeit entsprechende (§§ 650, 645 BGB), nicht die gesamte Vergütung zahlen.

Kosten|artenrechnung, Teil der →Kostenrechnung.

Kostendeckungsprinzip, der bes. im Kommunalabgabenrecht geltende Grundsatz, demzufolge die Gesamteinnahmen aus Gebühren oder Beiträgen nicht höher sein dürfen als die tatsächl. Kosten der Einrichtung oder Anlage, die den Anlass zur Erhebung der Abgabe darstellen (keine Erzielung von Überschüssen). Umgekehrt sollen bei Einrichtungen und Anlagen, deren Vorteile überwiegend einzelnen Personen (Gebühren) oder bestimmten Personengruppen (Beiträge) zugute kommen, möglichst kostendeckende Gebühren und Beiträge erhoben werden, sodass keine Finanzierung aus allgemeinen Steuermitteln erforderlich ist. Bei den kommunalen Benutzungsgebühren wird eine nahezu vollständige Kostendeckung nur bei den Müll- und Abwassergebühren erreicht, während z. B. bei Bädern, Kindergärten, Theatern, Museen, Büchereien der Kostendeckungsgrad sehr niedrig ist (→Gebühren), da das K. hier in Konflikt mit der sozialpolit. Zielsetzung und mit den kultur-, gesundheits-, verkehrspolit. Zielen einer hohen Inanspruchnahme der Einrichtung steht. Abgesehen von →Erschließungsbeiträgen ist bei Beiträgen ein aus allgemeinen Haushaltsmitteln zu bestreitender Mindestanteil der Gemeinde nicht gesetzlich vorgeschrieben, jedoch ist der Vorteil, den die Allgemeinheit von der Herstellung oder Erweiterung der öffentl. Einrichtung oder Anlage hat, zu berücksichtigen. – Analog beschreibt in der Betriebswirtschaftslehre das K. **(Deckungsprinzip)** ein unternehmenspolit. Ziel, demzufolge bei Produkten oder Produktgruppen die durch den Verkauf erzielten Erlöse die gesamten Kosten zumindest decken sollen, um einen Verlust zu vermeiden.

Kosten|erstattungsanspruch, bes. im Verfahrensrecht der einer Partei (einem Beteiligten) gegen den Verfahrensgegner zustehende Anspruch auf Erstattung der Prozesskosten. Der K. umfasst grundsätzlich alle vom Gesetz anerkannten Kosten sowie die für eine sachgerechte Prozessführung notwendigen Auslagen. Dieser **prozessuale K.** wird auf Antrag durch einen Kostenfestsetzungsbeschluss durchgesetzt, während der aus Vertrag oder Delikt u. Ä. erwachsene materiellrechtl. K. in einem selbstständigen Rechtsstreit geltend gemacht werden muss.

Kostenfestsetzung, gerichtl. oder behördl. Verfahren, in dem die zu erstattenden Prozess- oder Verfahrenskosten gebührenfrei festgesetzt werden (§§ 103 ff. ZPO). Hierfür zuständig ist der Rechtspfleger am Gericht des ersten Rechtszuges bzw. die Verwaltungsbehörde des Verwaltungsverfahrens. Der K.-Beschluss ist Vollstreckungstitel. Hiermit verwandt ist das **Vergütungsfestsetzungsverfahren** (§ 19 Bundesrechtsanwaltsgebührenordnung), durch das ein Rechtsanwalt seinen gesetzl. Vergütungsanspruch feststellen und titulieren lassen kann; es kann auch von seinem Auftraggeber eingeleitet werden.

Kostenmiete, im sozialen Wohnungsbau diejenige Miete, die die laufenden Aufwendungen deckt (§§ 8–12 Wohnungsbindungs-Ges.). Die K. ist die preisrechtlich zulässige Miete für preisgebundene Neubauwohnungen. Hierzu gehören öffentl. geförderte Wohnungen, steuerbegünstigte und frei finanzierte Wohnungen, die mit Wohnungsfürsorgemitteln für Angehörige des öffentl. Dienstes unter Vereinbarung eines Wohnungsbaubesetzungsrechts gefördert sind, sowie die mit Aufwendungszuschüssen oder -darlehen geförderten steuerbegünstigten Wohnungen. Die Ermittlung der K. erfolgt durch eine Wirtschaftlichkeitsberechnung auf der Basis der Neubaumieten-VO in Verbindung mit der ›Zweiten Berechnungs-VO‹. Die Berechnung hat sich an den laufenden Aufwendungen zu orientieren (bes. Grundstücks-, Finanzierungs-, Bau- und Bewirtschaftungskosten). Betriebskosten dürfen nicht in die Wirtschaftlichkeitsberechnung einbezogen werden, können jedoch auf die Mieter umgelegt werden. Das Ergebnis der Wirtschaftlichkeitsberechnung bedarf der Bewilligung. Die K. gilt nur für Mieter, die einen Wohnberechtigungsschein in Abhängigkeit vom familiären Gesamteinkommen erhalten haben. Liegt dieses im Laufe der Zeit mehr als 20 % höher, so ist eine Ausgleichszahlung (Fehlbelegungsabgabe) zu erbringen.

In den neuen Ländern und Berlin-Ost unterliegt der am 3.10.1990 vorgefundene Wohnungsbestand nicht der Regelung der K. Sie gilt erst für neu geschaffene Wohnungen, für die Mittel aus öffentl. Haushalten erstmalig nach dem Beitritt bewilligt wurden.

Kosten-Nutzen-Analyse, engl. **Cost-Benefit-Analyse** ['kɔst 'benıfıt-], ein Verfahren zur Bewertung von Vorhaben (v.a.) investiver Art im öffentl. Sektor unter gesamtwirtschaftl. Aspekten. Die K.-N.-A. stellt den Versuch dar, Grundprinzipien der privatwirtschaftl. Investitionsrechnung auf öffentl. Ausgabenentscheidungen zu übertragen, um eine optimale Verwendung der knappen Haushaltsmittel zu ermöglichen. Der Idee nach soll sie durch eine Gegenüberstellung der gesamtwirtschaftl. Vorteile (einschließlich →externer Effekte) und der gesamtgesellschaftl. →Opportunitätskosten die Vergleichbarkeit auch völlig versch. Projekte und Maßnahmen möglich machen. Praktisch lassen die Probleme der K.-N.-A. jedoch allenfalls den Vergleich alternativer Projekte zu, die demselben Ziel dienen und darüber hinaus gleichartig sind. Hauptschwierigkeiten sind zum einen die Ermittlung der Nutzen und Kosten für die Betroffenen bei öffentl. Gütern, für die es keinen Marktpreis als Indikator der Zahlungsbereitschaft gibt. Zum anderen sind Kosten und Nutzen eines Projektes oft kaum in Geld bewertbar (z.B. weniger Unfalltote) oder als ›intangible Effekte‹ überhaupt nicht messbar (z.B. Eingriffe in das Landschaftsbild durch ein Bauwerk). Zudem müssen die Kosten und Nutzen, die in den versch. Jahren anfallen, wie bei jeder Investitionsrechnung vergleichbar gemacht, d.h. auf die Gegenwart abgezinst werden. Wegen der langen Ausreifungs- und Nutzungszeiten öffentl. Investitionen hängt damit das Ergebnis der K.-N.-A. in hohem Maße vom verwendeten Zinsfuß ab. Die K.-N.-A. kann zwar keine eindeutigen Aussagen über die Vorteilhaftigkeit einer bestimmten Maßnahme liefern, zwingt aber den Planer zu Überlegungen über mögl. Auswirkungen eines Vorhabens und macht die Entscheidung und die ihr zugrunde liegenden Wertungen für die Öffentlichkeit nachvollziehbar. – In der BRD sind seit 1970 durch das Haushaltsgrundsätze-Ges. (§ 6) und die Bundeshaushaltsordnung (§ 7) ›Kosten-Nutzen-Untersuchungen‹ für alle ›geeigneten Maßnahmen von erhebl. finanzieller Bedeutung‹ vorgeschrieben. Von einzelnen Beispielen (Saarkanal) abgesehen, hat das Konzept der K.-N.-A. jedoch keine Bedeutung in der öffentl. Finanzwirtschaft erlangt. (→Kosten-Wirksamkeits-Analyse, →Nutzwertanalyse)
H. HANUSCH: Nutzen-Kosten-Analyse (²1994).

Kostenpflicht, Pflicht, die in einem Rechtsstreit oder sonstigen gerichtl. Verfahren anstehenden Gerichts- und außergerichtl. Kosten zu tragen. Grundsätzlich gilt, dass die gerichtl. und außergerichtl. Kosten demjenigen aufzuerlegen sind, der im Verfahren unterlegen ist (→Gerichtskosten). Im *Strafverfahren* hat grundsätzlich der Verurteilte die Kosten zu tragen; bei Freispruch sind die Kosten i.d.R. der Staatskasse aufzuerlegen. Derjenige, der ein Rechtsmittel einlegt und unterliegt, hat die Kosten des Rechtsmittels zu tragen. Im *Zivilprozess* und im *Verwaltungsstreitverfahren* werden bei Teilunterliegen und Teilobsiegen die Kosten zw. den Parteien aufgeteilt, und zwar entweder durch Quotelung (z.B. Partei A trägt 30 %, Partei B 70 % der Kosten) oder indem sie ›gegeneinander aufgehoben‹ werden (d.h., jede Partei trägt ihre außergerichtl. Kosten, v.a. Rechtsanwaltshonorare, sowie die Hälfte der Gerichtskosten).

In gesetzlich bestimmten Ausnahmefällen sind auch andere Gesichtspunkte, z.B. Billigkeitsaspekte, für die Entscheidung über die K. maßgeblich, so z.B. bei der →Erledigung der Hauptsache.

Kostenpreis, *Finanzwissenschaft:* →öffentliche Auftragsvergabe.

Kostenrechnung, Teilgebiet des betriebl. Rechnungswesens. Die K. bildet zus. mit der Leistungsrechnung die Betriebsbuchführung (Kosten- und Leistungsrechnung, kalkulator. Erfolgsrechnung), die im Unterschied zur Geschäftsbuchführung (handels- und steuerrechtl. Jahresabschluss) intern, d.h. auf die Zwecke der Unternehmensführung hin ausgerichtet und i.d.R. kurzfristig (z.B. Monat, Quartal) angelegt ist sowie keine neutralen Aufwendungen und Erträge, aber kalkulator. Kosten und Leistungen umfasst. Mithilfe der K. wie der Betriebsbuchführung soll der kurzfristige betriebl. Erfolg ermittelt werden, wobei die K. die Entstehung der Kosten bei der betriebl. Leistungserstellung (v.a. die Fertigungskosten) schrittweise verfolgt und das Kostengefüge rechnerisch aufgliedert. Weiterhin sollen die Wirtschaftlichkeit des Unternehmensprozesses kontrolliert (sowohl nachträgl. und laufende Kostenkontrolle als auch künftige Kostenplanung) und unternehmenspolit. Entscheidungen untermauert werden (z.B. Preiskalkulation, Produktions- und Investitionsprogramm).

Jede K. gliedert sich in Kostenerfassung und Kostenverteilung. Die Kostenerfassung dient der Feststellung verbrauchter Gütermengen und ihrer Bewertung mit geeigneten Preisen. Sie vollzieht sich in der **Kostenartenrechnung,** bei der die Kosten nach Güter- und Verbrauchsarten eingeteilt werden. Wichtige Kostenarten sind Materialkosten, Personalkosten, Kosten für Dienste, Abschreibungen, Zinsen, Abgaben und Wagniskosten. Die Kostenartenrechnung baut auf den in der Geschäftsbuchführung dokumentierten Aufwendungen auf: Zunächst werden neutrale Aufwendungen (z.B. Sonderabschreibungen, Spenden) ausgesondert, dann Zusatzkosten für den leistungsbezogenen Güterverbrauch hinzugefügt, dem keine Aufwendungen entsprechen (z.B. der kalkulator. Unternehmerlohn, Vergütungen für unentgeltlich mithelfende Familienmitglieder, Zinsen für Eigenkapital). Die angefallenen Kosten werden in einem Kostenartenplan erfasst, der sich am Kontenplan orientiert.

Die Kostenverteilung (Kostenverrechnung) wird in den beiden anschließenden Stufen durchgeführt: der Kostenstellenrechnung und der Kostenträgerrechnung. **Kostenstellen** sind nach bestimmten Kriterien voneinander abgegrenzte Teilbereiche des Unterneh-

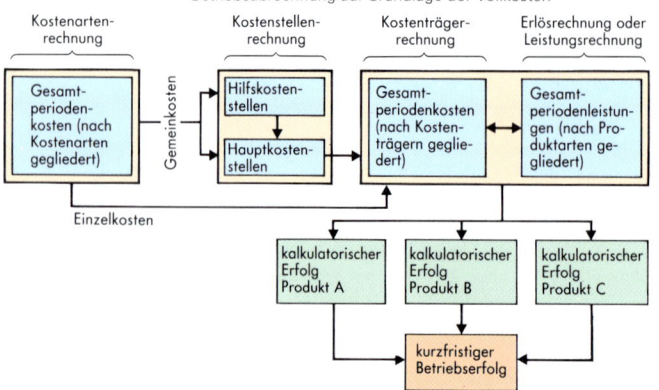

Kostenrechnung: Grundstruktur der periodischen Betriebsabrechnung auf Grundlage der Vollkosten

mens, in denen Kosten entstehen, z. B. Abteilungen, Werkstätten, Fertigungsstraßen und Arbeitsplätze. **Kostenträger** sind die einzelnen Produkte, aus deren Erlösen die Kosten zu decken sind, wobei es sich um Absatzleistungen und innerbetriebl. Leistungen handeln kann. Die Kosten können direkt oder indirekt verteilt werden. Wenn sich die Kostenarten den Kostenstellen oder Kostenträgern direkt zurechnen lassen, handelt es sich um Einzelkosten; wenn nicht, um Gemeinkosten. Deren genaue Zurechnung auf die Kostenträger mithilfe von leistungsgerechten Maßstäben (Umlageschlüsseln) ist v. a. Aufgabe der **Kostenstellenrechnung**. Dafür werden allgemeine Kostenstellen für den Gesamtbetrieb (z. B. für Raumkosten, Heizung, Stromerzeugung, Sozialeinrichtungen), Materialstellen (für Beschaffung, Prüfung, Lagerung, Ausgabe der Werkstoffe), Fertigungsstellen, Verwaltungs- und Vertriebsstellen gebildet. Zu den Fertigungsstellen treten Fertigungshilfsstellen hinzu (z. B. Reparaturwerkstatt). Als Verteilungsschlüssel werden Raumgrößen, Gütermengen, Arbeits- und Maschinenzeiten benutzt. Zur Durchführung der Kostenumlage verwendet man statt oder neben der Abrechnung auf Konten die tabellar. Form des Betriebsabrechnungsbogens (→Betriebsabrechnung).

Die period. **Kostenträgerrechnung** (Kostenträgerzeitrechnung, kurzfristige Erfolgsrechnung) ermöglicht die Ermittlung des kurzfristigen Betriebserfolgs, indem die Gesamtperiodenkosten nach Kostenträgern gegliedert und den Gesamtperiodenleistungen gegenübergestellt werden. Durch Umdimensionierung der Periodengröße in Stückgrößen wird aus der Kostenträgerzeitrechnung die Kostenträgerstückrechnung (Stück-K., Selbst-K. oder →Kalkulation). Je nach Umfang der zu berücksichtigenden Kosten und dem Zeitbezug werden versch. **K.-Systeme** unterschieden. So zielt die **Ist-K.** auf die nachträgl. Ermittlung und Verrechnung effektiv angefallener Kosten. Ebenfalls vergangenheitsorientiert ist die **Normal-K.**; sie schließt aber auf Zufälligkeiten oder Unregelmäßigkeiten zurückgehende Kostenschwankungen aus. Demgegenüber ist die →Plankostenrechnung zukunftsorientiert, indem sie für künftige Perioden Kostenvorgaben ermittelt, die Handlungsziele und Beurteilungsmaßstäbe für die dann tatsächlich entstandenen Kosten darstellen. Bezogen auf den Sachumfang der verrechneten Kosten werden Voll-K. und Teil-K. unterschieden. Während bei der **Voll-K.** sämtl. Kosten auf die jeweiligen Bezugsgrößen (Kostenstellen, Kostenträger) verrechnet werden, berücksichtigt die **Teil-K.** nur die für den jeweiligen Zweck der K. relevanten Kosten (→Deckungsbeitragsrechnung). Bei der Ermittlung des kurzfristigen Betriebserfolgs und bei der Bestandsbewertung in der Bilanz wird i. d. R. eine Ist-K. auf Vollkostenbasis zugrunde gelegt, während sich zur Wirtschaftlichkeitskontrolle und rechner. Fundierung unternehmenspolit. Entscheidungen eher Plan-K. oder Normal-K. auf Teilkostenbasis eignen.

E. KOSIOL: K. der Unternehmung (^{2}1979); L. HABERSTOCK: Grundzüge der Kosten- u. Erfolgsrechnung (^{3}1982); DERS.: K., 2 Bde. ($^{7-8}$1986–87, Nachdr. 1995–96); K., bearb. v. S. HUMMEL u. W. MÄNNEL, 2 Bde. ($^{3-4}$1983–86, Nachdr. 1993–95); G. SCHERRER: K. (^{2}1991); Hb. K., hg. v. W. MÄNNEL (1992); Kosten- u. Leistungsrechnung. Einf. in die Grundlagen, bearb. v. J. CHRISTMANN u. H.-W. WITTHOFF (1994); K. WILKENS: Kosten- u. Leistungsrechnung, 2 Bde. ($^{8-9}$1995–97); K. OLFERT: K. (^{10}1996); G. ZIMMERMANN: Grundzüge der K., 2 Bde. (^{6}1996).

Kostenremanenz, Bez. für den empir. Sachverhalt, dass veränderl. Kosten im Falle rückläufiger Beschäftigung aus rechtl., sozialen oder wirtschaftl. Gründen nicht so rasch abgebaut werden, wie sie bei einer entsprechenden Zunahme der Beschäftigung ansteigen. Beispiele: längere Kündigungsfristen für Angestellte, die auch dann nicht sofort entlassen werden können, wenn der Beschäftigungsrückgang ihre Dienste entbehrlich macht; längerfristige Abnahmeverpflichtungen gegenüber Lieferanten.

Kostenstellen, →Kostenrechnung.

Kostensteuern, inhaltlich nicht eindeutig abgrenzbare Bez. der Betriebswirtschaftslehre für alle Steuern, die ›Kostencharakter‹ haben, d. h. mit Leistungserstellung und Aufrechterhaltung der Betriebsbereitschaft verbunden sind und bei der Kalkulation berücksichtigt werden. Zu den K. werden z. B. die Grund- und Kfz-Steuer gezählt und den gewinnabhängigen Steuern gegenübergestellt (z. B. Einkommen-, Körperschaft-, Gewerbeertragsteuer).

Kostenstrukturstatistik, ein System von derzeit 25 Einzelerhebungen der amtl. Statistik auf Stichprobenbasis. Zu unterscheiden sind die in jeweils vierjährl. Turnus für 23 Erhebungsbereiche seit 1959 durchzuführenden freiwilligen Erhebungen (Handwerk, Handel, Verkehr, Dienstleistungen) und die jährlich mit Auskunftspflicht durchzuführenden Erhebungen im Bergbau und verarbeitenden Gewerbe, im Baugewerbe sowie in der Energie- und Wasserversorgung. Erhebungseinheiten sind Unternehmen, auch Praxen und Büros. Erhebungsmerkmale sind Kosten, Material- und Warenbestände, Zahl der Beschäftigten und detaillierte Angaben über Umsätze. Die K. bildet die Datenbasis für die volkswirtschaftl. Gesamtrechnung, die Input-Output-Analyse sowie Produktivitätsberechnungen.

Kostenträger, →Kostenrechnung.
Kosten und Fracht, →Handelsklauseln.
Kostenvergleichsrechnung, Form der →Investitionsrechnung.
Kosten, Versicherung, Fracht, →Handelsklauseln.
Kostenvor|anschlag, der →Kostenanschlag.
Kosten-Wirksamkeits-Analyse, ein Verfahren der vergleichenden Bewertung (Evaluierung) alternativer Projekte im Hinblick auf ein vorgegebenes Ziel oder Zielsystem. Die K.-W.-A. vereinigt Elemente der Nutzwertanalyse und der Kosten-Nutzen-Analyse. Die positiven Wirkungen eines Vorhabens werden wie bei der Nutzwertanalyse nach Punkteskalen in einem Punktwert (Nutzwert, ›Wirksamkeit‹) zusammengefasst, während die unmittelbaren Kosten in Geldeinheiten bewertet werden. Externe Effekte und nicht in Geld bewertbare Nutzeneinbußen (intangible Kosten) werden als negativer Nutzen interpretiert und bei der Berechnung des Nutzwertes berücksichtigt. Zu realisieren ist entweder die Handlungsalternative, die innerhalb eines vorgegebenen Mittelbedarfs (Budgeteinschränkung) die höchste ›Wirksamkeit‹ aufweist, oder das Projekt, das einen vorgegebenen Mindestwirksamkeitsgrad mit geringsten Kosten erreicht.

Koster, Henry, eigtl. **Hermann Kosterlitz**, amerikan. Filmregisseur dt. Herkunft, * Berlin 1. 5. 1905, † Camarillo (Calif.) 21. 9. 1988; zunächst Drehbuchautor; ging nach seinem ersten Film (1932) 1933 in die Emigration; ab 1936 in Hollywood (Calif.) erfolgreich.

Filme: Die ewige Eva (1941); Mein Freund Harvey (1950); Mr. Hobbs macht Ferien (1961).

Kostgänger, meist junge und ledige Bergarbeiter, die für Kost und Logis bei einer Bergarbeiterfamilie einquartiert waren. Die **Schlafgänger** mieteten i. d. R. nur eine Schlafgelegenheit. In der 2. Hälfte des 19. Jh. bestand aufgrund der Bevölkerungszunahme und, zumal im Ruhrgebiet, durch den rapiden Zuzug von Arbeitskräften permanent ein erhebl. Wohnungsmangel. Die Aufnahme von K. oder Schlafgängern in den von den Zechen erbauten Bergarbeiterwohnungen war für die vermietenden Familien eine wirtschaftl. Notwendigkeit, häufig war sie eine Einnahmequelle, die die Familien erst in die Lage versetzte, aus einer Miets-

Kost Kostgeschäft – Kosuth

kaserne in eine Bergarbeiterkolonie überzuwechseln. In den Augen bürgerl. Reformer und der Behörden des wilhelmin. Kaiserreichs war das K.-Wesen mit schweren moral. und sittl. Schäden verbunden.

Kostgeschäft, Termingeschäft in Wertpapieren oder Devisen, das der Verlängerung laufender Engagements dient (→Report).

Kosti [ˈkɔʊstɪ], **Kusti,** Stadt am linken Ufer des Weißen Nils, Rep. Sudan, 65 000 Ew.; Zentrum eines Gebiets mit Bewässerungsfeldbau, Nahrungsmittelindustrie; Umschlagplatz Schiff/Bahn.

Kostić [ˈkɔstitɕ], Laza, serb. Dichter, * Kovilj (bei Novi Sad) 31. 1. 1841, † Wien 9. 12. 1910; Jurist, war Abg. im Budapester Parlament und als geistiger Führer der serb. Jugendbewegung (›Omladina‹) mehrmals in Haft; Literaturtheoretiker der serb. Romantik; schrieb Gedichte, Balladen und Jambentragödien (›Maksim Crnojević‹, 1866; ›Pera Segedinac‹, 1882) im Geist SHAKESPEARES, den er auch übersetzte.
Ausgabe: Odabrana dela, 2 Bde. (1962).
M. RADOVIĆ: L. K. i svetska književnost (Belgrad 1983).

Kostjonki, Kostenki [-ˈjɔn-], Dorf bei Woronesch, Russland, in dessen Umgebung mehr als 20 Fundplätze aus der jüngeren Altsteinzeit liegen. Neben Feuersteinartefakten und Arbeitsgeräten aus Knochen und Elfenbein wurden Frauenstatuetten und Tierfiguren (Mammut, Bär, Höhlenlöwe) gefunden.

Kostka, Stanisław, poln. Jesuit, * Rostkow (Masowien) 28. 10. 1550, † Rom 15. 8. 1568; begann 1564 das Studium am Jesuitenkolleg in Wien und trat 1567 in Rom ins Noviziat ein; Patron Polens und der studierenden Jugend. – Heiliger (Tag: 13. 11.).

Kostomarow [-rɔʊ], **Mykola Iwanowytsch K., Nikolaj Iwanowitsch K.,** ukrain. Historiker und Schriftsteller, * Jurassowka (Gebiet Woronesch) 16. 5. 1817, † Sankt Petersburg 19. 4. 1885; war 1846-47 Prof. für Gesch. in Kiew; wurde als Mitbegründer der Kyrillos-Methodios-Gesellschaft, eines Geheimbundes mit dem Ziel einer Föderation demokrat. slaw. Staaten, verbannt; 1859-62 Prof. in Petersburg; schrieb, neben Werken zur ukrain. und russ. Geschichte (unter dem Pseud. **Ijeremija Halka**), histor. Dramen und Romane (›Kudejar‹, 1875) sowie Gedichte.
Ausgabe: Sobranie sočinenij, 21 Bde. (1903-06).

Kostomukscha, Eisenerzlagerstätte in Karelien, Russ. Föderation, rd. 30 km vor der Grenze zu Finnland, Eisengehalt 33%; Tagebau, Anreicherungsanlagen; 1977-84 mit finn. Hilfe erschlossen. Anschluss zur Murmanbahn und zum finn. Eisenbahnnetz.

Kostow, 1) Stefan Lasarow, bulgar. Dramatiker, * Sofia 30. 3. 1879, † ebd. 27. 9. 1939; gilt als bedeutendster bulgar. Komödiendichter; er entlarvte in seinen bühnenwirksamen Stücken kritisch-realistisch v. a. Unmoral und Skrupellosigkeit der oberen Gesellschaftsschichten; verfasste auch Erzählungen (›Carskata svatba‹, 1935) sowie ethnograph. Arbeiten.
Weitere Werke: Mǎzemraka (1914); Zlatnata mina (1925); Golemanov (1928); Vražalec (1928); Car Simeon (1930); Skakalci (1931).
Ausgabe: Izbrani komedii (1979).

2) Traitscho, bulgar. Politiker, * Sofia 17. 6. 1897, † (hingerichtet) 16. 12. 1949; im Zweiten Weltkrieg führend in der kommunist. Widerstandsbewegung tätig; ZK-Sekretär, seit 1947 stellv. Min.-Präs. und Planungschef, wurde 1949 wegen nationalist. Abweichung in einem Schauprozess zum Tode verurteilt; seit 1956 allmählich rehabilitiert.

Köstritz, Bad K., Stadt im Landkreis Greiz, Thür., 185 m ü. M., an der Weißen Elster, 3 500 Ew.; Heinrich-Schütz-Gedenkstätte; Schwarzbierbrauerei; Chemieindustrie; Dahlien- und Rosenzucht; Kurort (Solbad). – Das Schloss, eine barocke Vierflügelanlage, wurde 1704 vollendet; Landschaftspark mit Gartenarchitektur (Anfang 19. Jh.). – Das 1320 erstmals genannte Kirchdorf K. gehörte im 13./14. Jh. zur Mark Meißen, danach zum Haus Reuß. 1690-1918 war K. Sitz einer Nebenlinie des gräfl. Hauses Reuß. 1864 wurde im Anschluss an die Saline eine Heilbadeanstalt errichtet. 1926 wurde K. Bad, 1927 Stadt.

Kostroma: Glockenturm der Dreieinigkeitskathedrale des Ipatjew-Klosters; 17. Jh.

Kostroma, Gebietshauptstadt in Russland, an der oberen Wolga, 282 000 Ew.; technolog. und landwirtschaftl. Hochschule, Museum für bildende Künste. Leinenindustrie, außerdem Maschinenbau, Holz-, Nahrungsmittelindustrie und ein Wärmegroßkraftwerk (3 600 MW) auf Erdgasbasis bei K.; Wolgahafen. – Ältester Steinbau ist die Epiphaniaskirche (1559-65). In der Nähe des befestigten Ipatjew-Klosters (16. Jh.) mit der Dreieinigkeitskathedrale (17. Jh.) liegt im Wald die Auferstehungskirche (1652), eine der reichsten Kirchen des 17. Jh. im Wolgagebiet. – K., im 12. Jh. (1152?) gegr., 1213 erstmals erwähnt, war seit der Mitte des 13. Jh. Hauptstadt des Teilfürstentums K. und kam 1364 zum Moskauer Großfürstentum. Im 16. und 17. Jh. eine der größten Städte Russlands, ist es 1719 Provinz- und 1778 Gouv.-Hauptstadt.

Kostrzyn [ˈkɔstʂɨn], Stadt in Polen, →Küstrin.

Kostüm [frz., von ital. costume ›Tracht‹, ›Kleidung‹, eigtl. ›Brauch‹, ›Gewohnheit‹], **1)** die Kleidung in ihren einzelnen Teilen, v. a. das europ. Mode-K. in seiner histor. Abfolge als Fest-, Alltags- und Sonderkleidung. In dieser Bedeutung namengebend für die historisch-krit. Beschäftigung mit der menschl. Kleidung, die sich nach Anfängen im späten 18. Jh. im 19. Jh. als kulturgeschichtl. Disziplin der K.-Kunde etablierte und die auch für das Theater-K. der Schauspieler und Sänger grundlegend wurde. (→Kleidung)
2) zweiteilige Frauenoberbekleidung aus Rock und Jacke, durch eine darunter getragene Bluse oder Weste, später auch Jumper oder Pullover, ergänzt.

Kostümbildner, Beruf für Frauen und Männer mit Ausbildung an einer Kunsthochschule oder -akademie oder an einer FH für Gestaltung. K. entwerfen Kostüme, die Schauspieler, Sänger, Tänzer u. a. künstlerisch Tätige während einer Aufführung tragen.

Kosuth [ˈkɔsuθ], Joseph, amerikan. Künstler, * Toledo (Oh.) 31. 1. 1945; Vertreter des Conceptart, Lehrtätigkeit seit 1968 in New York, 1988-91 in Hamburg und 1991 an der Kunst-Akad. Stuttgart; seit 1969 Herausgeber der Zeitschrift ›Art & Language Press‹ (→Art & Language); untersucht v. a. das Verhältnis Begriff-Wirklichkeit und das Problem Kunst-Kunstkritik.

J. K. The making of meaning. Bedeutung von Bedeutung, bearb. v. G. INBODEN u. a., Ausst.-Kat. (1981); J. K. Interviews. 1969–1989 (Stuttgart 1989); J. K. Kein Ausweg. No exit, bearb. v. C. PLAAS (1991); J. K. No thing, no self, no form, no principle (was certain). Kein Ding, kein Ich, keine Form, kein Grundsatz (sind sicher), hg. v. R. DAMSCH-WIEHAGER, Ausst.-Kat. Villa Merkel, Eßlingen (1993); J. K. Eine grammat. Bemerkung. A grammatical remark, Ausst.-Kat. Württemberg. Kunstverein (1993).

Kosyrew, Kozyrew, Andrej Wladimirowitsch, russ. Politiker, * Brüssel 27. 3. 1951; ab 1974 im sowjet. Außenministerium tätig, war 1990–96 russ. Außen-Min.; seit seinem Rücktritt Abg. der Staatsduma.

K.-o.-System, *Sport:* System, bei dem die Verlierer einer Spielrunde ausscheiden, z. B. bei Pokalspielen in den Mannschaftssportarten; auch mit Hin- und Rückspiel (z. B. Fußball-Europapokal).

Koszalin [kɔˈʃalin], Stadt in Polen, →Köslin.

Kőszeg [ˈkøːsɛg], Stadt in Ungarn, →Güns.

Kosztolányi [ˈkostolaːnji], Dezső, ungar. Schriftsteller, * Subotica 29. 3. 1885, † Budapest 3. 11. 1936; studierte Philosophie in Budapest und Wien; Vertreter jener Dichtergeneration, die um 1908 mit ihrer spätbürgerl. Lyrik in Ungarn literar. Neuland betrat. In seinen z. T. sozialkrit. Novellen und Romanen poetisierte er mit viel Fantasie den bürgerl. Alltag.

Werke (ungar.): *Romane:* Der blutige Dichter (1922; dt.); Anna (1926; dt.).

Kot, Faeces, Fäzes, Fäkalie, Exkrement, Stuhl, Ausscheidungsprodukt des Darms, das aus Wasser, Darmbakterien, abgestoßenen Epithelien, Sekreten der Verdauungsdrüsen, nicht resorbierbaren Nahrungsbestandteilen, Gärungs- und Fäulnisprodukten besteht. Der typ. K.-Geruch rührt v. a. von den Fäulnisprozessen gebildeten Verbindungen Indol und Skatol her. Die braune oder braungelbe Färbung ist auf die Abbauprodukte der Gallenfarbstoffe zurückzuführen. Die ausgeschiedene K.-Menge ist abhängig von der Ernährung und schwankt erheblich: beim Menschen von etwa 100 g/Tag bei eiweißreicher (schlackenarmer) Ernährung bis etwa 500 g/Tag bei ballaststoffreicher (cellulosereicher) Nahrung.

Kota, Volksstamm in S-Indien, in den Nilgiribergen, v. a. in Tamil Nadu. Die etwa 1 000 K. sprechen eine dravid. Sprache; sie lebten früher v. a. als Handwerker und Musiker in wirtschaftl. und ritueller Gemeinschaft, aber geringem sozialem Status, mit den Toda und Badaga; heute treiben sie Feldbau.

Kota:
Reliquiarfigur; 19. Jh.

Kota, Bakota, Bantuvolk im westl. Zentralafrika, östlich des oberen Ogowe, größtenteils in O-Gabun (1987: 70000 K.), aber auch in der Rep. Kongo, etwa 140000 Menschen. Die K. sind überwiegend Waldlandbauern. Aus dem Gebiet der K. stammen fein geschliffene Wurfmesser sowie ein besonderer Typ von Reliquiarfiguren, die den Urahn eines Klans versinnbildlichen; sie sind meist flächig konzipiert und bestehen aus einem Holzkern, aus dem ein ovales, leicht konkaves Gesicht, oft ohne Mund, skulptiert wurde und der dann mit Kupferfolie (›südl. Typ‹) oder -lamellen (›Najatyp‹, bei den nördl. Stämmen Hungwe und Chamai) beschlagen wurde; über dem Gesicht befindet sich ein meist halbmondförmiger Aufsatz, der ›Hals‹ ruht auf einem hochkant gestellten Rechteck.

Bei den nördl. Stämmen werden anlässlich der Beschneidungsfeste große Helmmasken verwendet.

Kota [engl. ˈkəʊtə], **Kotah,** Stadt im Bundesstaat Rajasthan, NW-Indien, östlich des Arawalligebirges, am Chambal (Energiegewinnung), 537 000 Ew.; Baumwoll-, Chemiefaser-, Düngemittel-, Gummi-, Papierindustrie; in der Nähe Kernkraftwerk (zwei Blöcke je 202 MW elektr. Leistung, Inbetriebnahme 1973 und 1981). – Weite Palast- und Festungsanlage mit Wandmalereien des 18./19. Jh. Moderne Wohnsiedlungen von C. M. CORREA (1968) und B. DOSHI (1973). – Die Malschule von K. (etwa 1660–1880) unterschied sich stilistisch bis in die Mitte des 18. Jh. kaum von den Malereien Bundis; v. a. seit der Reg.-Zeit des Fürsten UMMED SINGH (1771–1819) waren neben Prozessionsszenen bes. Jagddarstellungen beliebt.

Kota Baharu, Hauptstadt des Sultanats Kelantan, Westmalaysia, am Kelantan, 219 700 Ew.; Lehrerseminar; Zentrum des Kemubu-Bewässerungsgebietes (v. a. Reis); Sägewerke, Zündholzfabrik, Textil- und Nahrungsmittelindustrie, Herstellung von Batikarbeiten und Silberschmiedewaren; Flugplatz, Endpunkt des Ost-West-Highway (nach Penang).

Kotabaru, Stadt in Indonesien, →Jayapura.

Kota Kinabalu, bis 1967 **Jesselton** [ˈdʒɛsltən], Hauptstadt von Sabah (seit 1946), O-Malaysia, an der NW-Küste Borneos, 208 500 Ew.; Sitz eines anglikan. Bischofs; Lehrerseminar, geolog. Landesamt, Sabahmuseum; Rundfunksender; Hafen, internat. Flughafen; Fischerei, Reismühlen. – Die Stadt wurde 1899 an der Stelle der von antibrit. Rebellen 1897 niedergebrannten ursprüngl. Siedlung auf der nahen Insel (Pulau) Gaya am jetzigen Platz errichtet.

Kotane, Moses, südafrikan. Politiker, * Tamposstad (Transvaal) 9. 8. 1905, † Moskau 19. 5. 1978; trat 1927 dem African National Congress (ANC), 1928 auch der KP Südafrikas bei. Nach einer polit. Schulung in der UdSSR wählte ihn seine Partei 1939 zu ihrem Gen.-Sekr. Nach deren Verbot 1960 blieb K. im ANC aktiv. 1963 emigrierte er nach Tansania.

Kotangens [gekürzt aus neulat. complementi tangens, zu lat. complementum ›Ergänzung‹ und Tangens] *der, -/-,* früher **Cotangens,** Funktionszeichen **cot,** eine →Winkelfunktion.

Kotarbiński [kɔtarˈbiɲski], Tadeusz, poln. Philosoph, * Warschau 31. 3. 1886, † ebd. 3. 10. 1981; war 1919–57 Prof. in Warschau, 1957–62 Präs. der poln. Akademie der Wiss.en. Schüler von K. TWARDOWSKI; befasste sich v. a. mit Fragen der Wissenschaftstheorie, der (formalen) Logik und Ethik. Er entwickelte eine Theorie des effektiven Handelns (›Traktat o dobrej robocie‹, 1955; dt. ›Praxeologie‹).

Kotau [chin. ketou, eigtl. ›Schlagen mit dem Kopf‹] *der, -s/-s,* in China bis ins 20. Jh. übliche, im Knien ausgeführte tiefe Verbeugung (vor Respektpersonen und im Kultus), bei der der Kopf den Boden berührte.

Kote [finn.] *die, -/-n,* urspr. bei nomadisierenden Lappen übl. kegelförmiges Zelt mit einer Öffnung an der Spitze (für den Rauchabzug).

Kote [frz. cote ›Kennziffer‹] *die, -/-n,* 1) *Mathematik:* →Eintafelprojektion.

2) *Topographie:* Höhen-K., die Höhe (Höhenzahl) eines Geländepunktes über einer Bezugsfläche, z. B. über NN (→Normalnull).

Köte [niederdt.], **Fesselkopf,** bei *Pferden* Bez. für das Fesselgelenk; es ist zum Schutz der Fesselbeuge vor Feuchtigkeit mit langen Haaren bewachsen (**Kötenbehang**).

Kote Kotelett – Kotík

Kotfliegen:
Scatophaga stercoraria (Männchen; Körperlänge etwa 8 mm)

Erika Köth

Köthen 2)
Stadtwappen

Kotelętt [kɔtˈlɛt, auch kotəˈlɛt; frz., eigtl. ›Rippchen‹, von côte, lat. costa ›Rippe‹] *das, -s/-s,* auch *-e,* Fleischscheibe mit dem anhängenden Knochen aus dem Rippenstück von Schlachtvieh und Wild.

Koteletten *Pl.,* kurzer Schläfen- oder Backenbart.

Kotęlnyj|insel, größte der →Neusibirischen Inseln.

Kotĕra [ˈkɔtjɛra], Jan, tschech. Architekt, *Brünn 18. 12. 1871, †Prag 17. 4. 1923; Schüler von O. WAGNER in Wien, wurde 1899 Prof. für Architektur an der Kunstgewerbeschule in Prag und lehrte ab 1910 an der dortigen Akad. der bildenden Künste. K. löste sich als einer der ersten tschech. Architekten vom historist. Eklektizismus und führte einen sachl., funktionalen Monumentalstil ein. Er entwarf auch Inneneinrichtungen und kunstgewerbl. Gegenstände.

Werke: Peterka-Haus in Prag (1899–1901); Haus Sucharda, ebd. (1905); Vereinshaus u. Theater in Prostějov (1905–07); Stadtmuseum von Hradec Kralové (1906–12); Verlagshaus Urbánek in Prag (1911–12); Gebäude der rechtswiss. Fakultät der Univ., ebd. (1914–27, vollendet von L. MACHOŇ).

Köterberg, markante Höhe (497 m ü. M.) aus Keupersandstein im Lipper Bergland, NRW, westlich der Weser bei Holzminden.

Kot|erbrechen, Miserere, Kopremesis, Spätsymptom bei völligem →Darmverschluss.

Kotfistel, Kot führende →Darmfistel.

Kotfliegen, Cordyluridae, Scatophagidae, Familie der Fliegen mit rd. 500 Arten (in Europa über 100), 4–15 mm lang, oft pelzig behaart; manche Arten (z. B. Scatophaga stercoraria) häufig auf frischen Exkrementen, andere leben räuberisch oder minieren als Larven in Pflanzenteilen, die sie zerstören.

Kotflügel, urspr. flügelartig abstehende Überdeckung der Räder offener Straßenfahrzeuge zum Schutz der Insassen gegen aufgeschleuderten Straßenschmutz; die Bez. K. blieb trotz Wandels in Form und Funktion bis heute für den zur Abdeckung der Räder dienenden Teil der Karosserie erhalten.

Kotfresser, *Biologie:* 1) die →Koprophagen; 2) anderer Name der →Kotkäfer.

Köth, Erika, Sängerin (Sopran), *Darmstadt 15. 9. 1927, †Speyer 20. 2. 1989; debütierte 1948 in Kaiserslautern und wurde 1953 Mitgl. der Münchner und der Wiener Staatsoper. Sie sang auch bei Festspielen (Salzburg, Bayreuth) und machte sich bes. als Mozart- und Strauss-Interpretin in lyr. und Koloraturpartien sowie als Liedsängerin einen Namen.

Köthe, Fritz, Maler und Zeichner, *Berlin 26. 9. 1916; war nach Anfängen in der Nachfolge der Neuen Sachlichkeit und des Surrealismus als Werbezeichner und Illustrator tätig. In den 60er-Jahren entwickelte er in seinen Bildern parallel zur Pop-Art und zum Fotorealismus einen plakativen, collageähnl. Stil unter Verwendung von Motiven von Illustriertenfotos.

H. OHFF: F. K. (1976); F. K. Zum 75. Geburtstag, Beitrr. v. D. EIMERT u. M. STATHER, Ausst.-Kat. Leopold-Hoesch-Museum, Düren (1991).

Köthen, Name von geographischen Objekten:

1) Köthen, Landkreis im Reg.-Bez. Dessau, Sa.-Anh., 480 km², 72 700 Ew., Kreisstadt ist Köthen (Anh.). Das Kreisgebiet, das im NO an die kreisfreie Stadt Dessau und an die Elbe grenzt, wird von der flachwelligen Köthener Lössebene (der südl. Ausläufer der Magdeburger Börde) im N von der Elbniederung (z. T. Biosphärenreservat Mittlere Elbe) und im S von der Auenlandschaft der Fuhnenniederung eingenommen. Das Ackerland ist Grundlage für eine ertragreiche Agrar- und Ernährungswirtschaft. Dominierende Industriezweige sind Maschinenbau, chem. und feinwerktechn. Industrie; nach 1990 wurden zahlr. klein- und mittelständ. Betriebe gegründet. Industriestandorte sind neben Köthen (Anh.) auch die Stadt Aken (Elbe) und die Gem. Weißandt-Gölzau. Weitere Städte sind Gröbzig und Radegast.

2) Köthen (Anh.), Kreisstadt des Landkreises Köthen, Sa.-Anh., 85 m ü. M., in der fruchtbaren Köthener Lössebene, 31 700 Ew.; FH Anhalt, Johann-Friedrich-Naumann-Museum (Vogelsammlung), Histor. Museum (mit ur- und frühgeschichtl. Sammlung), angeschlossen die Bach-Gedenkstätte; Bau von Förder- und Krananlagen, Kesseln, Herstellung von Lacken und Farbstoffen, Möbelbau und Eisengießerei. – Das Schloss ist eine Dreiflügelanlage der Renaissance (1597–1604, 17.–19. Jh. umgebaut) mit klassizist. ehem. Schlosskirche St. Marien (1826–32). Spätgot. Stadtkirche St. Jakob (1400–30), eine dreischiffige Hallenkirche mit Fürstengruft (barocke Prunksärge); barocke Agnuskirche (1694–99). Das Stadtbild wird von zweigeschossigen Bürgerhäusern des 18./19. Jh. geprägt; Rathaus im Stil der Neurenaissance (1898–1900); Martinskirche (1912–14). – Im Schutz einer vermutlich im 11. Jh. angelegten, mit slaw. Suburbium versehenen Wasserburg (1396 erstmals urkundlich erwähnt) erwuchs die 1115 erstmalig genannte Marktsiedlung K., die um 1200 und im 15. Jh. Münzstätte der Fürsten von Anhalt war. 1603–1847 war K. Residenz der Linie **Anhalt-K.,** danach gehörte es bis 1945 zum Herzogtum bzw. Freistaat Anhalt.

Kothurn [griech.-lat.] *der, -s/-e,* aus dem Vorderen Orient stammender, mit Bändern umwickelter oder vorn verschnürter, weicher Schaftstiefel. Mit bes. dicken Sohlen gehörte er zum traditionellen Kostüm der Schauspieler in der griech. Tragödie. In nachklass. Zeit (2. Jh. v. Chr.) wurde die Holzsohle sehr hoch, sodass sich der Schauspieler wie auf Stelzen bewegte. Die Schauspieler der Komödie trugen den niedrigeren →Soccus. Mit den griech. Tragödiendarstellern gelangte der K. auch nach Rom und wurde dort auch als mod. Damenschuh getragen.

Kotięrung [frz. coter ›notieren‹, zu Kote], v. a. in der Schweiz verwendete Bez. für die Zulassung eines Wertpapiers zum amtl. Handel an der Börse.

Kotík [ˈkɔtiːk], Jan, tschech. Maler und Grafiker, *Turnov 4. 1. 1916; studierte 1934–41 an der Kunstgewerbeschule in Prag. 1943–48 war er Mitgl. der ›Gruppe 42‹. 1969 ausgebürgert, ging er 1970 nach Berlin (West). Anfangs gegenständlich arbeitend (Großstadtszenen), wechselte K. in den 50er-Jahren zur Abstraktion über. Er befasste sich auch mit der Gestaltung von Glasfenstern, Plakaten, Büchern und Buchumschlägen und war als Publizist tätig.

K. Arbeiten 1970–1978, Ausst.-Kat. (1978); J. K. The painterly object, bearb. v. S. KRANE u. a., Ausst.-Kat. (Buffalo, N. Y., 1984); J. K., Ausst.-Kat. (1986); J. K., hg. v. M. FREIMANOVÁ, Ausst.-Kat. Staatl. Kunsthalle Berlin u. a., 2 Tle. (1992).

Köthen 2): Spiegelsaal im Schloss

Kotillon [kɔtilˈjɔ̃, kɔtiˈjɔ̃; frz., eigtl. ›Unterrock‹] *der, -s/-s,* **1)** *Kleidung:* 1) kurzer Frauenunterrock der ländl. Tracht, 2) feste Leinenhose der Fischer.
2) *Musik:* →Cotillon.

Kotingas [indian.], *Sg.* **Kotinga** *der, -s,* die →Schmuckvögel.

Kotka, Stadt am Finn. Meerbusen, SO-Finnland, an der Mündung des Kymijoki, 56 100 Ew.; Verw.-Sitz der Prov. Kymi; Holzverarbeitung (Zellstoff, Papier), chem. Industrie, Zuckerraffinerie; größter finn. Exporthafen (Holz, Phosphat); bedeutender Transithandel. – Im Park Isopuisto liegt die griech.-kath. Kirche von 1795. A. AALTO errichtete 1936–39 und 1951–54 die Gebäude der Zellstofffabrik Sunila.

Kotkäfer, Kotfresser, Onthophagini, Gattungsgruppe der Blatthornkäfer mit rd. 1 900 meist afrikan. Arten (in Mitteleuropa etwa 20), Körper rundlich oval, 4–15 mm lang, Männchen oft mit Kopfhorn. Kotballen werden als Larvennahrung in 10–60 cm tiefe Stollen eingebracht.

Kotlin, russ. Insel im Finn. Meerbusen, →Kronstadt.

Kotljarewskyj, Iwan Petrowytsch, ukrain. Schriftsteller, * Poltawa 9. 9. 1769, † ebd. 10. 11. 1838; gilt mit seiner burlesken ›Aeneis‹-Travestie (›Eineïda‹, 1798, vollständig hg. 1842), in der Götter, Trojaner und Römer als Kosaken auftreten, als Begründer der neuen ukrain. Literatur und Schriftsprache. Sein sentimentales Melodrama ›Natalka Poltavka‹ (Uraufführung 1819) steht am Anfang des neuen ukrain. Theaters.

Ausgabe: Tvory, 2 Bde. (1969).

Koto [jap.] *das, -s/-s,* auch *die, -/-s,* bedeutendste →Wölbbrettzither in Japan, um 700 n. Chr. von China übernommen. Noch in der Heianzeit (794–1185) bezeichnet K. versch. Saiteninstrumente und erst später ausschließlich die Zither Sō-no-K., bei der über das an den Breitseiten stärker als an den Längsseiten gewölbte, rechteckige Brett (etwa 190 cm lang) 13 gleich lange Saiten gespannt sind. Sie werden mit Plektron gespielt und durch 13 bewegl. Stege dem Modus entsprechend gestimmt. Man unterscheidet vier Instrumententypen: Gakusō (im höf. Gagaku-Orchester), Tsukushisō (der Ende des 16. Jh. gegründeten, von Adel und buddhist. Priestern getragenen Schule), Zokusō (der späteren, unter dem Bürgertum verbreiteten Spielweise) und Shinsō (v. a. für Kompositionen von MIYAGI MICHIO, † 1956).

Kotohira, Wallfahrtsort auf Shikoku, Japan, etwa 45 km südwestlich von Takamatsu, am Fuße des shintoist. Bergheiligtums Kompira, einer urspr. buddhist. Tempelanlage. Der bedeutende Bau (1659) im Shoinstil trägt Malereien von MARUYAMA ŌKYO (* 1733, † 1795). Die Holzschnitzereien im ›Schrein der aufgehenden Sonne‹ gehören zu den besten Arbeiten aus der 1. Hälfte des 19. Jh. Die Schreingebäude erstrecken sich über mehrere Kilometer bergan, das letzte Gebäude auf dem 520 m hohen Berg ist der Endpunkt einer langen Treppenanlage von mehreren Hundert Steinstufen; im Ort schöne Häuser aus der Meijizeit.

Kotohira: Schrein des Bergheiligtums Kompira

Kotoński [kɔˈtɔĩski], Włodzimierz, poln. Komponist und Musikforscher, * Warschau 23. 8. 1925; studierte in Warschau und Paris, leitete ab 1967 ein Studio für elektron. Musik an der Musikhochschule und lehrt seit 1973 Komposition (seit 1983 Prof.) an der Musikakademie in Warschau. Von einer folkloristisch beeinflussten Musiksprache (Volksmusik der Goralen) ausgehend, bezieht er punktuelle Satzweise sowie elektron. und konkrete Musik in sein Schaffen ein.

Werke: Tänze der Goralen (1950); Violinkonzert (1955); Musique en relief (1959, für Orchester in 6 Gruppen); Mikrostrukturen (1963, für Tonband); Oboenkonzert (1972); Bora (1979, für Orchester); Herbstlied (1981, für Cembalo u. Tonband); Texture (1984, für Tonband); Terra incognita (1984, für Orchester); Antiphonae (1989; Tonbandstück). – *Schrift:* Instrumenty perkusyjne we współczesnej orkiestrze (1963; dt. Schlaginstrumente im modernen Orchester); Muzyka elektroniczna (1989).

Kotonu, Stadt in der Rep. Benin, →Cotonou.

Kotor, Name von geographischen Objekten:
1) Kotor, ital. **Cattaro,** Stadt in Montenegro, Jugoslawien, an der Bucht von Kotor (Boka Kotorska) der Adriaküste, am Fuß des →Lovćen, 5 600 Ew.; kath. Bischofssitz; Marinemuseum; Fremdenverkehr. Nach den Zerstörungen durch das Erdbeben von 1979 wurde K. wieder aufgebaut, die Industriebetriebe erhielten einen neuen Standort außerhalb der Stadt. – Die Stadt wird von der Festung Sveti Ivan (im Wesentlichen aus dem 16. Jh.) überragt. Kath. Tryphon-Kathedrale (12. Jh., mit Doppelturmfassade von 1681) mit bedeutender mittelalterl. Ausstattung. In der Altstadt (wieder aufgebaute) Paläste, Patrizierhäuser, Kirchen und der Uhrturm von 1602. – K., von griech. Kolonisten wohl an der Stelle des antiken Akronion gegr., wurde 168 v. Chr. römisch und gehörte seit 476 zum Byzantin. Reich. Im 11. Jh. war es zeitweilig Hauptstadt des Fürstentums Zeta. Die im MA. abwechselnd K., Dekatera und Cattaro genannte Stadt erlangte ihre Bedeutung durch den günstigen Hafen und den ausgedehnten Seehandel. Sie war 1180–85 unabhängige Rep., stand dann unter serb. (1186–1370), ungar. und bosn. Oberhoheit, kam 1420 an Venedig und 1797 (endgültig 1814) an Österreich. Seit 1918 gehört K. zu Jugoslawien.

Koto Kotosh – Kotzebue

Kotor 2): Blick auf die Bucht von Kotor

Kotwanze (Körperlänge etwa 13 mm)

August von Kotzebue

2) Bucht von K., serb. **Boka Kotorska,** Buchtensystem an der Adriaküste Montenegros, Jugoslawien, 90 km², Küstenlänge 106 km; im Innern der Bucht, 30 km vom offenen Meer entfernt, liegt die Stadt K. Im nordwestl. Teil der Bucht liegt das Seebad Herceg-Novi. Bucht und Region von K. wurde von der UNESCO zum Weltkultur- und Weltnaturerbe erklärt.

Kotosh [-ʃ], archäolog. Fundort in Zentralperu nahe der Stadt Huánuco. Besiedelt 2400 v. Chr. bis 600 n. Chr. Das älteste und besterhaltene Gebäude noch aus der präkeram. Phase (1800 v. Chr.) ist das ›gekreuzten Arme‹, benannt nach zwei Armen, die aus dem auf eine Steinwand aufgetragenen Ton herausragen. Es ist das früheste Beispiel plast. Verzierung an Baudenkmälern in Peru. Aus der Zeit nach 800 v. Chr. sind Bauten im Chavín-Stil erhalten.

Excavations at K., Peru, 1960, bearb. v. S. IZUMI u. a. (Tokio 1963).

K.-o.-Tropfen, umgangssprachl. Bez. für versch. Mischungen von Stoffen, die auf das Zentralnervensystem dämpfend wirken, z. B. Schlafmittel zus. mit Alkohol. K.-o.-T. werden meist in krimineller Absicht, z. B. zur Betäubung von Menschen, eingesetzt. Dabei wird die synergist. bzw. potenzierende Wirkung dieser Mischung für einen raschen Effekt ausgenutzt.

Kotsch, Volksstamm in NO-Indien, →Koch.

Kötschach-Mauthen, Markt-Gem. im Bez. Hermagor, Kärnten, Österreich, im oberen Gailtal, 705 m ü. M., als Groß-Gem., die sich vom Kamm der Gailtaler Alpen bis an die ital. Grenze erstreckt und auch das untere Lesachtal umfasst, 154 km² mit 3 700 Ew.; Plöckenmuseum, Freilichtmuseum der Hochgebirgsfront (1915–18); Fremdenverkehrsort am Fuße der Straßen über den Gailbergsattel (ins Drautal) und den Plöckenpass (nach Italien); Eisenbahnendpunkt (von Villach). Im Ortsteil Laas Krankenhaus und Heilstätte.

Kotschinchina, →Cochinchina.

Kotschkurow, Kočkurov [-tʃ-], Nikolaj Iwanowitsch, russ. Schriftsteller, →Wessjolyj, Artjom.

Kot|steine, die →Darmsteine.

Kott, Jan, poln. Literaturwissenschaftler und Theaterkritiker, *Warschau 27. 10. 1914; ab 1966 Hochschullehrer in den USA; seit 1978 Staatsbürger der USA; wurde v. a. durch seine Shakespeare-Interpretationen in ›Szkice o Szekspirze‹ (1961, 1965 u. d. T. ›Szekspir współczesny‹; dt. ›Shakespeare heute‹) und Analysen griech. Tragödien in ›The eating of the Gods‹ (1973; dt. ›Gott-Essen‹) bekannt.

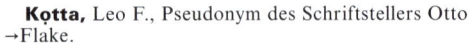

Kotta, Leo F., Pseudonym des Schriftstellers Otto →Flake.

Kotte [ˈkəʊteɪ], Stadt in Sri Lanka, im östl. Vorortbereich von Colombo, 109 000 Ew.; Gummi-, Zement-, chem. Industrie.

Kotter, Hans (Johannes), Organist, *Straßburg um 1480, †Bern 1541; Schüler von P. HOFHAIMER, wirkte u. a. am kurfürstl. Hof in Torgau und in Freiburg im Üechtland. Seine 1513 begonnenen Tabulaturbücher sind eine bedeutende Quelle für die oberrhein. Klavier- und Orgelmusik der Reformationszeit.

Köttlacher Kultur, Bez. für eine Gruppe von Körpergräberfeldern des 8.–11. Jh. im Ostalpenraum (v. a. im Gebiet der Karantaner), benannt nach einem Dorf bei Gloggnitz. Kennzeichnend sind u. a. bronzene Schmuckgegenstände (Fibeln, Ohrringe), z. T. durch Ziselierung und Emaileinlagen verziert, mit deutl. Beziehungen zum karoling. und otton. Reich.

J. GIESLER in: Archäolog. Korrespondenzblatt, Jg. 10 (1980).

Kotulla, Theodor, Filmregisseur, *Königshütte 20. 8. 1928; drehte gesellschaftskrit. Filme, auch in Aufarbeitung der jüngsten dt. Vergangenheit.

Filme: Bis zum Happy-End (1968); Aus einem dt. Leben (1976); Der Fall Maurizius (1981, Fernsehfilm, 5 Tle.); Der Angriff (1986); Einzelhaft (1988, in der Reihe ›Tatort‹); Tod auf Halde (1995, Fernsehfilm).

Kotwanze, Große Raubwanze, Reduvius personatus, 13–18 mm lange, meist schwarze Art der Raubwanzen, die oft auch in Häusern vorkommt. Die vorwiegend nachtaktiven K. leben von Insekten, die sie aussaugen. Die Larven bedecken ihre Körperoberseite mit Staubpartikeln.

Kotwicz [-tʃ], Władysław, poln. Mongolist, *Wilna 20. 3. 1872, †ebd. 3. 10. 1944; lehrte ab 1900 an der Oriental. Fakultät in Sankt Petersburg, wurde 1920 Direktor des dortigen Inst. für lebende oriental. Sprachen und war 1923–39 Prof. der oriental. Sprachen an der Univ. Lemberg. Er verfasste zahlr. kulturhistorisch und linguistisch ausgerichtete Arbeiten bes. zur Kalmückenforschung sowie zu turkolog. und mandschu-tungusolog. Problemen.

Kotyle die, -/-n, antike griech. Volumeneinheit; 1 K. = 4 Oxybapha = 0,273 l; neugriech. = 0,1 l.

Kotyledone [griech. ›Vertiefung‹, ›(Saug)napf‹] die, -/-n, das →Keimblatt.

Kotylosauri|er [zu griech. kótylos ›kleine Schale‹ (nach der flachen Schädelform)], fossile Reptilien, →Cotylosauria.

Kotze, Kotzen, 1) grober, beidseitig gerauter Wollstoff für Pferde- und Schlafdecken; 2) knielanges, kreisrundes Cape aus Loden, vorn geknöpft und mit Armschlitzen; bes. in den Alpenländern getragen.

Kotzebue [-bu], 1) August von (seit 1785), Dramatiker, *Weimar 3. 5. 1761, †(ermordet) Mannheim 23. 3. 1819, Vater von 2); 1780 Advokat in Weimar, 1781–90 in russ. Diensten; 1797–99 Theaterdichter in Wien; wurde 1800 bei seiner Rückkehr nach Russland wegen eines seiner Dramen verhaftet und nach Sibirien verbannt, nach einigen Monaten jedoch rehabilitiert und zum Direktor des Dt. Theaters in Sankt Petersburg berufen. Ab 1803 Herausgeber von Zeitschriften, die sich gegen GOETHE, die Romantiker und NAPOLEON I. richteten. 1813 wurde er russ. Generalkonsul in Königsberg (heute Kaliningrad), 1816 Staatsrat in Petersburg, 1817 persönl. Berichterstatter des Zaren, in dessen Auftrag er Dtl. bereiste. In seinem 1818 gegründeten ›Literar. Wochenblatt‹ verspottete er die liberalen Ideen der Burschenschafter; er wurde von dem Studenten K. L. SAND erstochen.

Mit A. W. IFFLAND war er der die Bühne beherrschende Unterhaltungsdramatiker seiner Zeit, seine mehr als 200 Dramen waren auch im Ausland erfolgreich. GOETHE ließ während seiner Theaterleitung in

Weimar (1791–1817) etwa 90 Dramen K.s spielen. Begabt mit einem sicheren Instinkt für Bühnenwirksamkeit und -technik, verdrängte K. das alte Ritterstück durch dramatisch-sentimentale Familiengemälde. Am geglücktesten sind seine Lustspiele (›Die beyden Klingsberg‹, 1801; ›Die dt. Kleinstädter‹, 1803).

Weitere Werke: *Dramen:* Menschenhaß u. Reue (1789); Der Rehbock oder Die schuldlosen Schuldbewußten (1815; Vorlage für A. LORTZINGS Oper ›Der Wildschütz‹). – *Autobiographie:* Das merkwürdigste Jahr meines Lebens, 2 Tle. (1801).

Ausgaben: Theater, 30 Bde. u. 10 Suppl.-Bde. (1840–41); Schauspiele, hg. v. J. MATHES (1972).

K.-H. KLINGENBERG: Iffland u. K. als Dramatiker (Weimar 1962); G. GIESEMANN: K. in Rußland (1971); F. STOCK: K. im literar. Leben der Goethezeit. Polemik, Kritik, Publikum (1971); D. MAURER: A. von K. Ursachen seines Erfolges (1979); J. STROHSCHÄNK: William Dunlap u. A. von K. – dt. Drama in New York um 1800 (1992).

2) Otto von, russ. Naturforscher dt. Abkunft, * Reval 30. 12. 1787, † ebd. 15. 2. 1846, Sohn von 1); unternahm drei Reisen um die Erde, 1803–06 (als Kadett unter A. J. von KRUSENSTERN), 1815–18 und 1823 bis 1826. Auf der zweiten Reise, an der A. VON CHAMISSO als Naturforscher teilnahm, entdeckte er in der Gruppe der Tuamotuinseln das große Atoll Tikahau (damals Krusensterninsel benannt) und 1816 an der W-Küste Alaskas den nach ihm benannten K.-Sund.

Werke: Entdeckungs-Reise in die Süd-See u. nach der Berings-Straße …, 3 Bde. (1821); Neue Reise um die Welt, in den Jahren 1823, 24, 25 u. 26, 2 Bde. (1830).

Kötzschenbroda, Stadtteil von Radebeul, Sa. – Durch dt. Kolonisten im 12. Jh. gegr. (1227 erstmals erwähnt), 1924 zur Stadt erhoben (17 000 Ew.), 1935 Radebeul eingemeindet. – Mit dem sächsisch-schwed. **Neutralitätsvertrag von K.** (27. 8./6. 9. 1645) endete erstmals offiziell der Dreißigjährige Krieg in einem dt. Territorium.

Kötzting, Stadt im Landkreis Cham, Bayern, im Bayer. Wald, 396–1 040 m ü. M., am Weißen Regen, 7 200 Ew.; Kneippkurort; Holz-, Metallindustrie. – Seit 1412 findet alljährlich der ›Pfingstritt‹, eine Bittprozession zu Pferde, statt. – Der 1085 erstmals als Chostingen erwähnte Ort erhielt 1953 Stadtrecht.

Koudelka [ˈku-], Josef, tschech. Fotograf, * Boskowitz 10. 1. 1938; wurde Ende der 60er-Jahre internat. mit Aufnahmen vom Einmarsch der Truppen des Warschauer Pakts in Prag bekannt; u. a. bedeutsame Serie von Fotografien zum Thema ›Exil‹. K. ist seit 1971 Mitgl. der Fotoagentur Magnum und lebt seit 1980 in Paris.

Koudougou [kuduˈgu], **Kudugu,** Stadt in Burkina Faso, westlich von Ouagadougou an der Eisenbahn nach Abidjan, 51 900 Ew.; kath. Bischofssitz, Lehrerseminar; Handelszentrum; Lederwarenherstellung, Textilwerk.

Kouilou [kwiˈlu] *der,* **Kuilu,** Fluss im S der Rep. Kongo, entsteht bei Makabana durch den Zusammenfluss von Niari und Louesse, mündet nördlich von Pointe-Noire (bei Madingo-Kayes) in den Atlant. Ozean; die letzten 65 km sind schiffbar; Flößerei. Bei den Stromschnellen von Sounda (125 km vor der Mündung) Staudamm im Bau.

Kounadis [ku-], **Kunadis,** Arghyris (Arjiris), griech. Komponist, * Konstantinopel 14. 2. 1924; studierte in Athen, dann in Freiburg im Breisgau (W. FORTNER) und wurde ebd. 1963 Dozent, 1972 Prof. für Komposition. In seinen Kompositionen verwendet er modifizierte Zwölftonstrukturen, aleator. Verfahren und Elemente der griech. Folklore. Er komponierte: Opernsketch ›Der Gummisarg‹ (1968), musikal. Theater ›Die verhexten Notenständer‹ (1971, nach K. VALENTIN), Operngroteske ›Der Ausbruch‹ (1975, nach W. JENS), Opera semiseria ›Die Bassgeige‹ (1979, nach A. TSCHECHOW, revidiert 1987), Musiktheater ›Lysistrata‹ (1983, nach ARISTOPHA-

Josef Koudelka: Ein alter Mann wirft einen Stein gegen einen sowjetischen Panzer in Prag; 1968

NES) und ›Der Sandmann‹ (1987, nach E. T. A. HOFFMANN), Oper ›Bakchen‹ (1996, nach EURIPIDES), ferner Orchesterwerke, Kammermusik und Vokalwerke, Film- und Fernsehmusik.

Kounellis [ku-], Iannis (Jannis), griech. Künstler, * Piräus 23. 3. 1936; lebt seit 1956 in Rom; lehrt seit 1993 an der Kunst-Akad. in Düsseldorf. K. ist einer der führenden Vertreter der Arte povera. Er schuf Ende der 50er-Jahre großformatige Buchstaben- und Zahlenbilder. Es folgten Arbeiten mit Blumenschablonen. Seit 1967 gestaltete er symbolträchtige Performances, (oft variable) Installationen (›12 lebende Pferde in einem Raum‹, 1969) und Materialbilder von mystifizierendem Charakter (Kleiderständer vor einer mit Goldfolie beklebten Wand, 1975; Schrank mit Gipsköpfen, 1980; Serie ›Stichproben‹, 1987). Drei Jahre arbeitete er an den Vorbereitungen für eine Installation mit Arbeiten aus allen Werkphasen seit 1967, die 1994 im Frachtschiff ›Ionion‹ im Hafen von Piräus vorgestellt wurde.

Jannis K., bearb. v. M. J. JACOB u. a., Ausst.-Kat. (Chicago, Ill., 1986); Jannis K., hg. v. C. HAENLEIN, Ausst.-Kat. Kunstmuseum Winterthur u. a. (1991); Jannis K., lineare notturno, hg. v. F. ULLRICH, Ausst.-Kat. Kunsthalle Recklinghausen

Iannis Kounellis: Kleiderständer vor einer mit Goldfolie beklebten Wand; 1975

Michal Kováč

(1993); Jannis K., Beitrr. v. V. DERMAN u. a. (Wien 1993, engl. u. tschech.); Jannis K. im Gespräch mit Heinz Peter Schwerfel (1995); Jannis K., die eiserne Runde, bearb. v. O. WESTHEIDER u. H. R. LEPPIEN, Ausst.-Kat. Hamburger Kunsthalle (1995).

Kountché [ku-], Seyni, Politiker in der Rep. Niger, * Fandou 1931, † Paris 10. 11. 1987; in Frankreich zum Offizier ausgebildet, trat 1961 der Armee Nigers bei und wurde 1973 ihr Generalstabschef. Im April 1974 übernahm die Armee die Macht, K. selbst die Präsidentschaft, die er bis zu seinem Tode innehatte.

Kouprey, Kouprey-Rind, Bos (Bibos) sauveli, in Indochina beheimatetes Wildrind, erst 1937 wiss. beschrieben; Körperlänge 210–220 cm, erwachsene Tiere sind dunkelbraun bis schwarz gefärbt. Die Hornlänge bei männl. Tieren beträgt etwa 80 cm, bei Weibchen etwa 40 cm. Lebensraum sind v. a. bewaldete Savannen. K. sind vermutlich vom Aussterben bedroht, der Bestand wird auf etwa 200 Tiere geschätzt. Einige Wissenschaftler sehen im K. eine Mischung zw. verwilderten Hausrindern und Banteng, Gaur oder Zebu.

Kourigha [ku-], Stadt in Marokko, →Khouribga.

Kourion [ˈku:-], Ruinenstätte auf Zypern, →Kurion.

Kourou [kuˈru], Stadt an der Küste von Französisch-Guayana, 13 900 Ew.; seit 1967 entstand K. als Sitz des frz. Raumforschungszentrums mit einer Raketenabschussbasis, auch von der Europ.Weltraumorganisation (ESA) genutzt; Hafen.

Kourouma [kuˈru:ma], Ahmadou, ivorischer Schriftsteller, * Boundiali (Elfenbeinküste) nach 1927; in seinem Roman ›Les soleils des indépendences‹ (1968; dt. ›Der Fürst von Horodougou‹, auch u. d. T. ›Der schwarze Fürst‹) setzt sich K. als einer der ersten afrikan. Schriftsteller kritisch mit der verwirrenden nachkolonialen Welt auseinander. Bemerkenswert sind auch die der afrikan. oralen Tradition der Malinke entliehenen Erzählformen sowie die gewollte Verformung der kolonialen (frz.) Sprache; lebt heute in Kamerun.

Weiteres Werk: Roman: Monné, outrages et défis (1990).

Kouroussa [kuruˈsa], **Kurussa,** Ort im O der Rep. Guinea, 6 500 Ew.; Ausgangspunkt der Nigerschifffahrt an der Straße und Eisenbahn Conakry–Kankan; Handelsplatz für den im Nigertal angebauten Reis, ferner für Vieh, Zwiebeln, Hirse, Erdnüsse, Sesam, Baumwolle.

Kous [ˈku:s], Stadt in Oberägypten, →Kus.

Kousa-Diät [ku-], eine Weizenschleimdiät mit Vollweizengel, eingeführt von dem zeitgenöss. griech. Arzt ARGYRIS KOUSA.

Kout [kɔut], Jiří, tschech. Dirigent, * Prag 26. 12. 1937; studierte u. a. am Konservatorium und an der Musikakademie in Prag u. a. bei K. ANCERL; 1969 Engagement am Prager Nationaltheater, 1978–84 an der Dt. Oper am Rhein Düsseldorf-Duisburg. Seinem Debüt 1985 an der Münchner Staatsoper (›Rosenkavalier‹ von R. STRAUSS) folgten zahlr. Gastdirigate (u. a. Dt. Oper Berlin, Staatsopern Wien und Hamburg, Metropolitan Opera in New York). 1986–92 wirkte er als GMD am Staatstheater in Saarbrücken, seit 1993 an der Oper Leipzig, daneben ist er seit 1996 Chefdirigent des Sinfonieorchesters St. Gallen.

Kouvola, Stadt im Tal des Kymijoki, Finnland, 32 200 Ew.; Bahnknotenpunkt mit dem größten finn. Rangierbahnhof; Cellulose- u. a. Industrie.

Kouwenaar, Gerrit, niederländ. Schriftsteller, * Amsterdam 9. 8. 1923; seine experimentelle Lyrik (›Achter een woord‹, 1953; ›Het gebruik van woorden‹, 1958) ist v. a. für die Erneuerungsbewegung der niederländ. Literatur in den 50er-Jahren bedeutend; auch Übersetzer von Werken GOETHES, B. BRECHTS und R. HOCHHUTHS.

Weitere Werke: Lyrik: Volledig volmaakte oneetbare perzik (1978); Het blindst van de vlek (1982); Het ogenblik: terwijl (1987); Een geur van verbrande veren (1991; dt. Ein Geruch von verbrannten Federn).

Ausgabe: Ohne Namen. Gedichte, hg. v. H. G. SCHNEEWEISS (1972).

Kovač [ˈkɔva:tʃ], Mirko, serb. Schriftsteller, * Petrovići (Herzegowina) 26. 12. 1938; schreibt experimentelle Romane, in denen er suggestiv die dunklen Züge menschl. Schicksale und der Gesellschaft analysiert, sowie Erzählungen, Hörspiele und Dramen.

Werke: Romane: Moja sestra Elida (1965; dt. Meine Schwester Elida); Malvina (1971); Vrata od utrobe (1978); Uvod u drugi život (1983). – *Erzählungen:* Rane Luke Meštrevića ili povest rasula (1971).

Kováč [ˈkɔva:tʃ], Michal, slowak. Politiker, * Ľubuša 5. 8. 1930; Ökonom, Finanz- und Bankfachmann, 1953–70 (Ausschluss) Mitgl. der KP, 1967–69 in London tätig; ab Herbst 1989 Mitgl. der slowak. Bürgerbewegung ›VPN – Öffentlichkeit gegen Gewalt‹, 1991 bis 1995 (Ausschluss) Mitgl. und 1991–93 stellv. Vors. der ›Bewegung für eine demokrat. Slowakei‹ (HZDS). Von Dezember 1989 bis Mai 1991 war K. Finanz-Min. in der slowak. Teilrepublik sowie von Juni bis Dezember 1992 Präs. des Bundesparlaments der ČSFR (Abg. seit 1990). Am 15. 2. 1993 wurde er zum ersten Präs. der unabhängigen Slowak. Rep. gewählt.

Kovačić [-tʃitc], 1) Ante, kroat. Schriftsteller, * Oplaznik (bei Marija Gorica, Kroatien) 6. 6. 1854, † Stenjevec (bei Zagreb) 10. 12. 1889; behandelt in seiner kritisch-realist. Prosa (›U registraturi‹, 1888) mit karikaturist. und satir. Darstellungsmitteln die sozialen Grenzen zw. Dorfbewohnern und städt. Intelligenz sowie – z. T. autobiographisch – den harten sozialen Aufstieg intelligenter Bauernsöhne in der Stadt.

Ausgabe: Djela, 2 Bde. (1950).

M. ŠICEL: K. (Zagreb 1984).

2) Ivan Goran, kroat. Schriftsteller, * Lukovdol (Kroatien) 21. 3. 1913, † (gefallen) bei Vrbnica (Bosnien und Herzegowina) Juli 1943; Partisan im Zweiten Weltkrieg; schrieb neben Lyrik Novellen über den harten Alltag des Volkes in seiner Heimat; sein Sestinenpoem ›Jama‹ (1944; dt. ›Das Massengrab‹) beklagt in aussagestarker, verdichteter Sprache die Opfer des Zweiten Weltkrieges; übersetzte Dichtungen des frz. Symbolismus.

Ausgabe: Sabrana djela, hg. v. D. TADIJANOVIC, 5 Bde. (1983).

Z. LEŠIĆ: I. G. K. (Zagreb 1984).

3) Viktor, kroat. Architekt, * Ločka Vas 28. 7. 1874, † Zagreb 21. 10. 1924; Schüler von O. WAGNER in Wien und von diesem beeinflusst; lehrte ab 1921 an der Techn. Hochschule in Zagreb. Neben städtebaul. Plänen entwarf K. Wohnbauten und öffentl. Gebäude.

Werke: Haus Rosi Fonsier in Belgrad (1907); Kirche St. Blasius in Zagreb (1907); Börse, ebd. (1923).

Kovács [ˈkɔva:tʃ], 1) András, ungar. Filmregisseur, * Kid (heute zu Rumänien) 20. 6. 1925; gehört seit 1960 zu den bedeutenden Vertretern des krit. ungar. Kinos.

Filme: Kalte Tage (1966); Wände (1968); Die Stafette (1970); Ein Sonntag im Oktober (1979); Die rote Gräfin (1985, ungar.); Nachhut (1988, ungar.); Der Traummanager (1994, ungar.).

2) Attila, Maler ungar. Herkunft, * Budapest 15. 12. 1938. Der seit 1964 in der BRD lebende Künstler arbeitet an der opt. Realisation mathematisch generierter Sequenzen. Seine systematisch-programmat. Untersuchung der Spannung zw. gedankl. Abstraktion und visueller Konkretion unterscheidet sich von einer mithilfe des Computers erstellten seriellen Zeichnung durch die individuelle Setzung der Ausgangskoordinaten und die handwerkl. Ausführung der auf die Tonwerte Schwarz und Weiß und die geometr. Elemente Linie und Fläche reduzierten Gemälde.

A. K. Bezugsysteme – Metalinien, bearb. v. R. SCOTTI, Ausst.-Kat. Wilhelm-Hack-Museum Ludwigshafen/Rh. (1987).

kovalente Bindung, →chemische Bindung.

Kovarianz, 1) *Physik:* **Form|invarianz,** das Gleichbleiben der Form einer Gleichung, d. h. des formalen Zusammenhangs ihrer Variablen, bei einer bestimmten Variablentransformation (meist eine Koordinatentransformation). Man spricht dann von einer **kovarianten Formulierung** eines Gesetzes oder einer Beziehung, v. a. in der Relativitätstheorie.

2) *Stochastik:* Die K. $\text{cov}(X, Y)$ zweier Zufallsvariablen X und Y ist definiert als der Erwartungswert des Produktes der beiden zentrierten Variablen, d. h. als

$$\text{cov}(X, Y) = E[(X - E(X)) \cdot (Y - E(Y))].$$

Als Maß der Abhängigkeit zw. X und Y verwendet man besser den Korrelationskoeffizienten (→Korrelation), da dieser im Ggs. zur K. nicht vom verwendeten Maßstab abhängt. Für einen Zufallsvektor $X = (X_1, X_2, ..., X_n)$ bezeichnet man die Matrix mit den Elementen $\text{cov}(X_i, X_j)$ mit $1 \leq i, j \leq n$ als **K.-Matrix** von X. Sie ist die mehrdimensionale Verallgemeinerung der Varianz.

Kovarianz|analyse, statist. Verfahren, das in Erweiterung der in den Sozialwiss.en häufig angewendeten →Varianzanalyse zu rechner. Isolierung der jeweiligen Einflüsse (Kovarianzen) bei drei oder mehr miteinander korrelierenden Variablen dient.

Kovner, Abba, hebr. Schriftsteller, *Sewastopol 1918, †Ein Hahoresh 25. 9. 1987; überlebte den Krieg als Partisan in Wilna und kam 1945 nach Israel. Hauptthemen seiner – meist durch ein nervöses Stakkato geprägten – Lyrik und seiner Prosa sind Holocaust, der Unabhängigkeitskrieg Israels und allg. der jüd. Überlebenskampf.
Werke (hebr.): *Lyrik:* Abschied vom Süden (1949); Meine Schwester ist klein (1967); Über die enge Brücke (1981). – *Prosa:* Von Angesicht zu Angesicht, 2 Bde. (1953–55); Feuerrollen (1981).

Kovrat, Khan der Protobulgaren, →Kuvrat.

Kowa, Victor De, Schauspieler, →De Kowa, Victor.

Kowalewskaja, Kovalevskaja, Sofja Wassiljewna, russ. Mathematikerin, *Moskau 15. 1. 1850, †Stockholm 10. 2. 1891; nach mathemat. Studien in Berlin (Schülerin von K. WEIERSTRASS), Heidelberg und Göttingen 1889 (als erste Frau) Prof. der Mathematik in Stockholm. Sie arbeitete v. a. auf dem Gebiet der Analysis, insbesondere über Existenz und Eindeutigkeit der Lösungen von Differenzialgleichungen. Daneben verfasste sie auch Arbeiten zur Physik und schilderte in literar. Form u. a. ihre Kindheit (›Vospominanija detstva‹, 1890; engl. ›A Russian childhood‹) und ihre Situation als Frau. Sie gilt als wichtige Vorkämpferin der Frauenemanzipation in den Wiss.en.

Kowalewskij, Kovalevskij, Aleksandr Onufrijewitsch, russ. Zoologe und Embryologe, *Vārkava (Lettland) 19. 11. 1840, †Sankt Petersburg 22. 11. 1901; Prof. in Kiew (1869), Odessa (1874) und Petersburg (1891). Bei seinen grundlegenden Arbeiten über die Entwicklung von Ascidien (Seescheiden) und Amphioxus (Lanzettfischchen) entdeckte er die Chorda dorsalis als gemeinsames Organisationsmerkmal mit den Wirbeltieren und schlug vor, alle Tiere mit einer Chorda zu einem gemeinsamen Stamm (Chordata, Chordatiere) zusammenzufassen.
Werke: Entwicklungsgesch. des Amphioxus lanceolatus (1867); Embryolog. Studien an Würmern u. Anthropoden (1871).

Kowalski, 1) Jochen, Sänger (Altus), *Wachow (Landkreis Havelland) 30. 1. 1954; studierte in Berlin bei MARIANNE FISCHER-KUPFER und wurde 1983 Mitgl. der Kom. Oper Berlin, wo er als Fjodor in M. MUSSORGSKIJS ›Boris Godunow‹ debütierte. Sein internat. Durchbruch gelang ihm als Giustino in der gleichnamigen Oper von G. F. HÄNDEL. Er gastierte u. a. an den Staatsopern in Hamburg, München, Wien, an der Royal Opera Covent Garden in London und wirkte bei den Salzburger Festspielen mit. Zu seinem Repertoire gehören u. a. der Orlowsky in J. STRAUSS' ›Die Fledermaus‹ sowie die männl. Hauptrolle in C. W. GLUCKS ›Orpheus und Erydike‹; Konzertsänger.

2) Piotr, poln. Künstler, *Lemberg 2. 3. 1927; studierte in Cambridge Architektur und Naturwiss.en, lebt seit 1953 in Paris. K. gehört zu den experimentierfreudigsten Grenzgängern zw. Kunst und Technologie. In den 60er-Jahren schuf er Skulpturen aus Kunststoff und Metall (u. a. mithilfe von Unterwasserexplosionen). In der Folgezeit gestaltete er Lichtplastiken und lichtkinet. Environments.
P. K. Time machine + projects, Ausst.-Kat. (Paris 1981).

3) Tadeusz, poln. Orientalist, *Châteauroux 21. 6. 1889, †Krakau 5. 5. 1948; war seit 1919 Prof. in Krakau. Seine Forschungen galten bes. der altarab. Dichtung und der türk. Sprachwissenschaft.
Werke: Sir Aurel Stein's Sprachaufzeichnungen im Äinallu-Dialekt aus Südpersien (1937). – **Hg.:** Der Diwan des Kais ibn al-Hatim (1914, übers. v. T. K.); Karaimische Texte im Dialekt von Troki (1929); Relatio Ibrāhīm ibn Jaʿḳūb de itinere slavico, quae traditur apud al-Bekrī (1946, lat. u. poln.).

Kowary, Stadt in Polen, →Schmiedeberg (Schmiedeberg im Riesengebirge).

Kowloon [kauˈluːn], **Kaulun,** chin. **Jiulong** [dʒju-], Halbinsel und Stadt in →Hongkong, hat als Distrikt (42,6 km²) 2,03 Mio. Ew. (höchste Bev.-Dichte in Hongkong). K. ist Geschäftsstadt sowie Verkehrsknotenpunkt des Territoriums am Endpunkt der Eisenbahn von Kanton; Fähr- und Buszentralen, Passagierhafen, Flughafen Kai Tak von Hongkong; Staubecken zur Trinkwasserversorgung. An der S-Spitze von K. wurde 1989 das Hong Kong Cultural Centre eröffnet. Am Kai vor diesem Gebäudekomplex erinnert ein Uhrturm an den ehem. K.-Kanton-Bahnhof (Endstation der Transsibir. Eisenbahn). Das südl. K. ist Hongkongs Touristenzentrum.

Kowno, Stadt in Litauen, →Kaunas.

Kowrow, Kovrov, Stadt im Gebiet Wladimir, Russland, an der Kljasma, 162000 Ew.; Maschinen-, Motorrad-, Baggerbau, Waffenfabrik, Textilindustrie.

Sofja Wassiljewna Kowalewskaja

Kowsch des Zaren Iwan IV. Wassiljewitsch, genannt der Schreckliche; Gold, mit Saphiren und Perlen verziert; nach 1563 (Dresden, Staatliche Kunstsammlungen)

Kowsch [russ. ›Schöpfkelle‹, ›Eimer‹] *der, -/-,* **Kovš** [-ʃ], seit dem MA. bis ins 19. Jh. in Russland gebräuchl. bootförmiges Gefäß mit Henkel, das zum Austeilen von Getränken diente. Es wurde aus Silber, unedlen Metallen oder Holz hergestellt.

Kox, Hans, niederländ. Komponist, *Arnheim 19. 5. 1930; Schüler von H. BADINGS, war 1957–70 Direktor der Musikschule in Doetinchem, seitdem Prof. für Komposition am Konservatorium in Utrecht. In einigen Werken verwendete er ein von dem nieder-

Wörter, die man unter K vermisst, suche man unter C, Ch, G, H oder Q

länd. Physiker ADRIAAN DANIËL FOKKER (*1887, †1972) erfundenes 31-Ton-System, darunter ›4 Pieces‹ für Streichquartett (1961); in der Werkserie von 12 ›Cyclophonies‹ (1964–79) für versch. Besetzungen experimentierte er mit offenen Formen. Er komponierte ferner die Opern ›Dorian Gray‹ (1974) und ›Lord Rochester‹ (1978), drei Sinfonien (1953, 1966, 1985), zwei Violinkonzerte (1963, 1978), Konzerte für Violoncello (1969), Saxophon (1978) und Harfe (1986); ›Face to face‹ (1994; für Saxophon und Orchester), Kammermusik, Klavier- und Orgelstücke sowie Vokalwerke, darunter ›Requiem for Europe‹ (1971).

Koxalgelenk [zu lat. coxa ›Hüfte‹], das →Hüftgelenk.

Koxalgie [zu lat. coxa ›Hüfte‹ und griech. álgos ›Schmerz‹] *die, -/...'giǀen,* **Coxalgie,** der Hüftgelenkschmerz.

Koxarthrose [zu lat. coxa ›Hüfte‹], **Coxarthrosis,** chronisch degenerative Erkrankung eines oder beider Hüftgelenke mit Gelenkspaltverschmälerung, Verformung von Hüftkopf und Hüftgelenkpfanne sowie Randwulstbildung an Kopf und Pfanne. (→Gelenkkrankheiten)

Koxitis [zu lat. coxa ›Hüfte‹] *die, -/...'tiden,* **Coxitis,** *die* →Hüftgelenkentzündung.

Köy, türk. für Dorf.

Kōyasan: Kujako Myōō auf einem Rad schlagenden Pfau, mit den Attributen Lotos, Zitrusfrucht, Granatapfel und Pfauenfeder in seinen vier Händen; Holzskulptur in der Halle des Mieidō im Tempel Kongōbuji; 1200

Kōyasan, Berg auf Honshū, Japan, auf der Halbinsel Kii, südlich von Ōsaka, 985 m ü. M. Auf seiner 900 m hohen Gipfelschulter liegt die 816 gegründete Klosterstadt K. Der Haupttempel Kongōbuji wurde 1861 nach einem Brand wieder aufgebaut. In der Halle des Mieidō befindet sich u. a. eine Skulptur des Kujako Myōō, eines ›Königs des geheimen Wissens‹ in Gestalt eines Bodhisattva (1200). Als ältestes Gebäude ist der Fudōdō von 1198 erhalten. Zweigeschossiges Torgebäude von 1705 mit geschnitzten Wächterfiguren. Schatzhaus mit mehr als 5000 Objekten (buddhist. Gemälde, Kalligraphien, Skulpturen, Lackarbeiten).

Koybalen, Gruppe turkisierter ket. und samojed. Stämme in S-Sibirien, →Chakassen.

Koyote, der →Präriewolf.

Koyré [kwa're], Alexandre, frz. Philosoph russ. Herkunft, *Taganrog 29. 8. 1892, †Paris 28. 4. 1964; kam nach einem Aufenthalt in Göttingen (1908), wo er E. HUSSERL und D. HILBERT kennen lernte, nach Paris. 1934 wurde K. an die École Pratique des Hautes Études nach Paris berufen, wo er mit Unterbrechung durch Emigration im Zweiten Weltkrieg bis zu seinem Tode wirkte. Seit 1955 gehörte K. dem Institute for Advanced Studies in Princeton (N. J.) an. – K.s Arbeitsgebiete waren die Religionsphilosophie, das Geistesleben Russlands im 19. Jh. sowie die Geschichte der Naturwissenschaften. Seine wissenschaftshistor. Werke (›Études galiléennes‹, 1939; ›From the closed world to the infinite universe‹, 1957, dt. ›Von der geschlossenen Welt zum unendl. Universum‹; ›Newtonian studies‹, 1965) haben die begriffsgeschichtl. Forschung der Gegenwart beeinflusst.

Mélanges A. K., 2 Bde. (Paris 1964).

Kozak [kɔ'zaːk], Juš, Pseud. u. a. **Jeǀanov,** slowen. Schriftsteller, *Ljubljana 26. 6. 1892, †ebd. 29. 8. 1964; Lehrer, Partisan im Zweiten Weltkrieg, danach Intendant des slowen. Nationaltheaters in Ljubljana; schildert in seinen psycholog. Romanen (u. a. ›Šentpeter‹, 1931) und Novellen die sozialen, polit. und kulturellen Zustände seiner Heimat vor und im Zweiten Weltkrieg.

Ausgabe: Izbrano delo, 4 Bde. (1959–62).

Kozarac [kɔ'zaːrats], Josip, kroat. Schriftsteller, *Vinkovci 18. 3. 1858, †Koprivnica 21. 8. 1906; schildert in seiner realist. Prosa den ökonom. und moral. Verfall des patriarchal. slawon. Dorfes (›Mrtvi kapitali‹, 1890), wobei er – an C. DARWIN und A. SMITH orientiert – den Ursachen nachspürt.

Ausgabe: Djela (1950).

Koželuch [ˈkɔʒɛlux], **Kotzeluch,** Leopold Anton, böhm. Komponist, *Welwarn (bei Prag) 26. 6. 1747, †Wien 7. 5. 1818; war seit 1792 Hof- und Kammerkomponist in Wien. K. komponierte Opern, Ballette, Sinfonien, Klavierkonzerte, zahlr. Kammermusiken (darunter über 80 Klaviertrios), Klavierstücke, Arietten und Lieder. Einige seiner Werke wurden längere Zeit L. VAN BEETHOVEN zugeschrieben.

Kozhikode [ˈkəʊdʒɪkəʊd], Stadt in Indien, →Calicut.

Koziol [-z-], Herbert, österr. Anglist, *Wien 5. 10. 1903, †Zirl 31. 12. 1986; war 1933 Dozent an der Univ. Wien, Prof. an den Univ. Freiburg im Breisgau (ab 1939), Graz (ab 1944) und Wien (seit 1961). Er ist durch grundlegende Werke zur Grammatik, Phonetik und Geschichte der engl. Sprache hervorgetreten.

Werke: Hb. der engl. Wortbildungslehre (1937); Gramm. der engl. Sprache (1956, mit F. HÜTENBRENNER); Die Aussprache des Englischen (1959); Beitr. zur engl. Bezeichnungslehre (1963); Grundzüge der engl. Semantik (1967); Grundzüge der Gesch. der engl. Sprache (1967).

Kozioł [ˈkɔzɔu̯], Urszula, poln. Schriftstellerin, *Rakówka (Wwschaft Lublin) 20. 6. 1931; schreibt Lyrik, Romane und Feuilletons, in deren Mittelpunkt individuelle menschl. Erfahrungen stehen.

Werke: Lyrik: W rytmie korzeni (1963); W rytmie słońca (1974; dt. Im Rhythmus der Sonne); Trzy światy (1982); Żalnik (1989); Postoje słowa (1994). – *Romane:* Postoje pamięci (1964); Ptaki dla myśli (1971). – *Feuilletons:* Z poczekalni (1978).

Kozjubynskyj [kɔtsjuˈbɛnsjkej], **Kocjubynsʹkyj** [-ts-], Mychajlo Mychajlowytsch, ukrain. Schriftsteller, *Winniza 17. 9. 1864, †Tschernigow 25. 4. 1913; Lehrer, dann Statistiker; schloss sich den Narodniki; begann mit realist. Erzählungen, schrieb dann, von A. P. TSCHECHOW und G. DE MAUPASSANT beeinflusst, psychologisch vertiefte Erzählungen aus dem Leben ukrain., moldauischer und krimtatar. Bauern sowie der ukrain. Intelligenz in den Revolutionsjahren 1905/06 (Roman ›Fata morgana‹, 2 Tle., 1904–10; dt.). Im Milieu der Karpatenhuzulen spielt seine romant. Liebesnovelle ›Tini zabutych predkiv‹ (1911; dt. ›Schatten vergessener Ahnen‹).

Ausgabe: Tvory, 7 Bde. (1973–75).

P. I. KOLESNYK: K. – chudožnik slova (Kiew 1964).

Koźle [ˈkɔzlɛ], dt. **Cosel,** ehem. selbstständige Stadt in der Wwschaft Opole (Oppeln), Polen, seit

1975 mit der Stadt Kędzierzyn (→Heydebreck) und deren Nachbarorten Sławięcice (dt. Ehrenforst) und Kłodnica (dt. Klodnitz) zur Stadt →Kędzierzyn-Koźle vereinigt.

Kozloduj [koz-], Stadt in Bulgarien, →Kosloduj.

Koźmian [ko'zmjan], Kajetan, poln. Schriftsteller, *Gałęzów (Wwschaft Lublin) 31. 12. 1771, †Piotrowice (Wwschaft Lublin) 7. 3. 1856; führender Vertreter des poln. Klassizismus, Gegner der Romantik, bes. von A. Mickiewicz. Sein Hauptwerk, das Epos in vier Gesängen ›Ziemiaństwo polskie‹ (1802–30), ist ein Lobpreis des einfachen Landlebens.

Kożuchów [kɔ'ʒuxuf], Stadt in Polen, →Freystadt (Freystadt in Niederschlesien).

KP, Abk. für **K**ommunist. **P**artei, meist in Verbindung mit abgekürzter Angabe des Landes, z.B. KPdSU für Kommunist. Partei der Sowjetunion, KPD für Kommunist. Partei Deutschlands.

Kpalimé, früher **Palimé,** Stadt in SW-Togo, im Togo-Atakora-Gebirge, 250 m ü. M., 31 000 Ew.; Handelszentrum in fruchtbarem Agrargebiet (Kaffee, Kakao, Ölpalmen, Baumwolle, Zitrusfrüchte); Palmölgewinnung, Weberei; Endpunkt einer Eisenbahnlinie von Lome.

Kpe, nordwestl. Bantusprache; etwa 30 000 Sprecher an den S- und SO-Hängen des Kamerunberges.

Kpelle, Gbese, Guerzé [gɛr'ze], **Pessi,** westafrikan. Volk aus der Gruppe der Malinke im Regenwald des zentralen N-Liberia (410 000 K.) und des südöstl. Guinea (250 000 K.). Die K. betreiben einen vielseitigen Anbau (Reis, Maniok, Jams, Taro, Zwiebeln, Bananen), sind aber auch Schmiede, Weber (die Frauen), heute auch Kleinunternehmer und v.a. Arbeiter auf den Kautschukplantagen. Die K. glauben an einen Hochgott, an böse Dämonen und die guten Geister der Vorfahren; die Geheimbünde sind für die soziale Ordnung von großer Bedeutung. – Die Sprache der K., das **Kpelle,** gehört zu den →Mandesprachen.

D. Westermann: Die K. (1921).

K-Punkt, *Skisport:* Abk. für Konstruktionspunkt (früher: kritischer Punkt), →Skispringen.

Kr, chem. Symbol für das Element →Krypton.

Kra, Isthmus von K., Landenge in Hinterindien, zw. dem Golf von Thailand und der Mündung des Pakchan in die Andamanensee, bei etwa 10° n. Br.; verbindet die Malaiische Halbinsel mit dem asiat. Festland, an der schmalsten Stelle 40 bis 50 km breit und bis 75 m ü. M.

Kraal, der →Kral.

Krabbe, Kriechblume, blatt- oder blumenähnl. got. architekton. Zierform an Kanten von Giebeln, Fialen, Wimpergen und Turmpyramiden.

Krabben [landschaftl. Nebenform von kreppen, zu Krepp], *Textiltechnik:* →Einbrennen.

Krabben [niederdt.], 1) **Brachyura, Brachyuren, Kurzschwanzkrebse,** zu den Ritterkrebsen gehörende, meist meeresbewohnende, zehnfüßige →Krebse; wenige Arten leben im Süßwasser (z.B. die Fluss-K., Arten der Gattung Potamon) oder auf dem Land (→Landkrabben). Der zu einer kurzen Schwanzplatte umgebildete Hinterleib wird unter das gedrungene, abgeflachte Kopfbruststück eingeschlagen; er bildet bei den Weibchen einen Brutraum für die Eier. Die gestielten Augen und die beiden kurzen Antennenpaare können in Gruben geborgen werden. Das erste Rumpfbeinpaar trägt große Scheren. K. sind Grundbewohner, die sehr gut seitwärts laufen können. Zu den K. gehören u.a. Meerspinne, Seespinne, Japan. Riesen-K., Renn-K., Scham-K., Strand-K., Taschenkrebs, Winker-K., Woll-K., Wollhandkrabbe.
2) Handels-Bez. für bestimmte →Garnelen.

Krabbenfresser, Art der →Südrobben.

Krabbenspinnen, Thomisidae, ca. 1 800 Arten umfassende Familie weltweit verbreiteter, kleiner (meist 5–7 mm, selten bis 20 mm) Spinnen, die kein Fangnetz weben, sondern mit ausgebreiteten Vorderbeinen auf Beute lauern, oft in Blüten, denen sie farblich angepasst sind. K. können seitwärts laufen.

Krabbentaucher, Plautus alle, etwa 20 cm lange Art der →Alken mit schwarzgrauer Oberseite, weißer Unterseite und kurzem Schnabel, lebt an den arkt. Küsten von Grönland, Spitzbergen und Nowaja Semlja, wandert im Winter gelegentlich auch bis zur Nord- und Ostsee.

Kracauer, Siegfried, Soziologe, Kulturkritiker und Literat, *Frankfurt am Main 8. 2. 1889, †New York 26. 11. 1966; studierte Architektur, Philosophie und Ingenieurwesen; arbeitete als Architekt in Osnabrück, München und Frankfurt am Main; war 1920–33 Redakteur der ›Frankfurter Zeitung‹, emigrierte 1933 – als Jude verfolgt – zunächst nach Frankreich, 1941 in die USA, wo er 1946 die amerikan. Staatsbürgerschaft erhielt; gilt als bedeutender dt. Kulturkritiker. In seinem Werk ›Soziologie als Wiss.‹ (1922) bemüht er sich um die erkenntnistheoret. Grundlegung der Soziologie. In seinem Buch ›Die Angestellten aus dem neuesten Dtl.‹ (1930) analysiert er kritisch die Lage der dt. Angestellten. Unter besonderer Berücksichtigung polit. und sozialer Gegebenheiten beschreibt er in ›From Caligari to Hitler‹ (1947; dt. ›Von Caligari bis Hitler‹) die Gesch. des dt. Films bis 1933. Literarisch bedeutsam ist der Kriegsroman ›Ginster‹ (1928).

Weitere Werke: Jacques Offenbach u. das Paris seiner Zeit (1937); Theory of film (1960; dt. Theorie des Films).

Ausgaben: W. Benjamin u. S. K.: Briefe an S. K. Mit vier Briefen von S. K. an Walter Benjamin (1987); Berliner Nebeneinander. Ausgew. Feuilletons 1930–33, hg. v. A. Volk (1996). – T. Y. Levin: S. K. Eine Bibliogr. seiner Schriften (1989); S. K. 1889–1966, bearb. v. I. Belke u. I. Renz (³1994); S. K. Zum Werk des Romanciers, Feuilletonisten, Architekten, Filmwissenschaftlers u. Soziologen, hg. v. A. Volk (Zürich 1996).

Kracken ['krækən], →Cracken.

Krącker, Krąker, Johann Lucas, österr. Maler, *Wien 13. 3. 1717, †Erlau (Ungarn) 1. 12. 1779; Schüler von P. Troger, malte zahlr. Fresken für Kirchen in Graz (1742), Prag (1760/61; St. Nikolaus, Kleinseite) und Jasov (bei Kaschau, 1762–65) sowie Altarbilder in Mähren und der W-Slowakei.

Krad, Kurz-Bez. für →Kraftrad.

Kraemer, Friedrich Wilhelm, Architekt, *Halberstadt 10. 5. 1907, †Köln 18. 4. 1990; lehrte 1946–74 an der TU Braunschweig, gründete 1962 in Braunschweig das Architekturbüro Kraemer, Pfennig, Sieverts (ab 1974 als Kraemer, Sieverts und Partner in Köln).

Friedrich Wilhelm Kraemer: Verwaltungsgebäude der Gas-, Elektrizitäts- und Wasserwerke AG in Köln; 1977–80

Wörter, die man unter K vermisst, suche man unter C, Ch, G, H oder Q

Emil Kraepelin

Richard Freiherr von Krafft-Ebing

Werke: Jahrhunderthalle in Höchst (1960–62); Bibliotheksquartier der Herzog-August-Bibliothek in Wolfenbüttel (1961–83); Zentrale der Dt. Krankenversicherungs AG in Köln (1966–72); Verw.-Gebäude der Gas-, Elektrizitäts- u. Wasserwerke AG, ebd. (1977–80).

Kraepelin, Emil, Psychiater, *Neustrelitz 15. 2. 1856, †München 7. 10. 1926; Prof. in Dorpat (1886 bis 1890), Heidelberg und München (ab 1903; dort ab 1921 auch Leiter der von ihm gegründeten Dt. Forschungsanstalt für Psychiatrie); Arbeiten u. a. zur Psychodiagnostik, -therapie und -pharmakologie, ferner zur psychiatr. Nosologie und Systematik; K. teilte die Psychosen in Dementia praecox (Schizophrenie) und manisch-depressives Irresein ein.
Werke: Compendium der Psychiatrie (1883); Einf. in die psychiatr. Klinik, 3 Bde. (1901).
K. KOLLE: K. u. Freud (1957).

Krafft, 1) Adam, auch **A. Kraft,** Bildhauer, *Nürnberg um 1460, †Schwabach Dezember 1508 oder Januar 1509; war nach Lehrjahren am Oberrhein (u. a. in Straßburg) ab 1490 in Nürnberg tätig. Seine Werke folgten in der linearen Vielteiligkeit und der formalen Durchdringung von Figur, Ornament und umgebender Architektur zunächst noch spätgot. Tendenzen. Gegen 1500 wurde für sie eine Beruhigung der Form und Klarheit der Komposition im Sinne der Renaissance bezeichnend.
Werke: Epitaph für Sebaldus Schreyer an der Chorauß enwand von St. Sebald in Nürnberg (1490–92); Sakramentshaus in St. Lorenz, ebd., mit den Tragfiguren des Künstlers u. zweier Gehilfen (1493–96); sieben Reliefs von Kreuzwegstationen für den Johanniskirchhof (1506–08; heute im German. Nationalmuseum, ebd.); Grablegung Christi (16 Einzelfiguren, 1508; Johanniskirchhof, Holzschuherkapelle, ebd.).
W. SCHWEMMER: A. K. (1958); Engelsgruß u. Sakramentshaus in St. Lorenz zu Nürnberg, bearb. v. H. BAUER u. G. STOLZ (³1989).

Adam Krafft: Selbstbildnis als Tragfigur am Sakramentshaus in Sankt Lorenz in Nürnberg; 1493–96

2) Adam, Reformator, *Fulda 1493, †Marburg 9. 9. 1558; studierte in Erfurt; war 1519 bei der →Leipziger Disputation zugegen und nahm 1529 am →Marburger Religionsgespräch teil. K. wurde 1525 hess. Hofprediger, war in der Folge in Marburg als Visitator (1527), Theologieprofessor (1527) und Superintendent (1530) tätig und leitete lange Zeit das hess. Kirchenwesen.
3) David von, dt.-schwed. Maler, *Hamburg 1655, †Stockholm 20. 9. 1724; Schüler von D. KLÖCKER VON EHRENSTRAHL, dessen Nachfolger als Hofmaler er 1698 in Stockholm wurde. K. schuf zahlr. idealisierende Bildnisse von Vertretern des Adels, bes. von König KARL XII.
4) Johann Peter, Maler, *Hanau 15. 9. 1780, †Wien 28. 10. 1856; Schüler von H. FÜGER in Wien und von J.-L. DAVID in Paris. K. malte in Wien Genrebilder und Porträts, in denen sich klassizist. Formenklarheit mit biedermeierl. Motiven verband; später malte er auch Schlachtenszenen und Staatsereignisse.
5) Per, d. Ä., schwed. Maler, *Arboga 16. 1. 1724, †Vadstena (Verw.-Bez. Östergötland) 7. 11. 1793, Vater von 6); studierte 1755–62 in Paris, u. a. bei A. ROSLIN, und fand unter dem Einfluss der frz. Malerei in seinen Porträts zu einer natürl. Menschendarstellung in hellen Farben.
6) Per, d. J., schwed. Maler, *Stockholm 11. 2. 1777, †ebd. 11. 12. 1863, Sohn von 5); studierte in Paris bei J.-L. DAVID, der starken Einfluss auf seine Porträtmalerei ausübte. K. schuf auch Schlachten- und Historienbilder.

Krafft-Ebing, Richard Freiherr von, Psychiater, *Mannheim 14. 8. 1840, †Mariagrün (heute zu Graz) 22. 12. 1902; Prof. in Straßburg (1872), Graz (1873 bis 1889) und Wien; grundlegende Forschungen auf dem Gebiet der Sexualpathologie (›Psychopathia sexualis‹, 1886) und Kriminalpsychologie.

Kraft [ahd. kraft, urspr. ›Zusammenziehung (der Muskeln)‹], **1)** *allg.:* Energie, Vermögen, Fähigkeit zu wirken.
2) *Physik:* Formelzeichen **F**, Grundbegriff der newtonschen Mechanik und, von dieser ausgehend, der klass. Physik. K. ist (in diesem Sinne) eine vektorielle physikal. Größe, die bei der Wechselwirkung physikal. Systeme auftritt und bei frei bewegl. Körpern Ursache von Beschleunigungen, bei gebundenen Körpern Ursache von Deformationen ist. Der quantitative Zusammenhang zw. Bewegungsänderung (Beschleunigung a) eines Körpers der Masse m und einwirkender K. ist die mathemat. Formulierung des 2. newtonschen Axioms: $F = ma$ (→newtonsche Axiome). Danach ist die durch Zeit- und Längenmessung unabhängig bestimmbare Beschleunigung eines Körpers direkt proportional zu der auf ihn wirkenden Gesamt-K. und umgekehrt proportional zu seiner als konstant angesehenen Masse; K. und Masse sind per Definition miteinander gekoppelt. – Wirken auf einen Körper keine K., wird dessen Beschleunigung null, d. h., er verharrt im Zustand der Ruhe oder der gleichförmig geradlinigen Bewegung (mit konstanter Geschwindigkeit).

Aus ihrer Wechselwirkungsnatur folgt, dass K. stets paarweise auftreten (→Kräftepaar). Die von einem Körper auf einen zweiten ausgeübte K. hat dabei den gleichen – aber entgegengerichteten – Betrag wie die von dem zweiten Körper auf den ersten ausgeübte K. (Gegenwirkungs-K.): $F_{12} = -F_{21}$. Fällt ein freier Körper der Masse m in der Nähe der Erdoberfläche mit der Fallbeschleunigung g zur Erde, so wirkt auf ihn die K. mg und man benötigt folglich die entgegengesetzte K. $-mg$, um ihn im Schwerefeld ruhend aufzuhängen. Nach diesem Prinzip lassen sich auch Waagen eichen, mit denen Massen bzw. K. verglichen werden können. – SI-Einheit der K. ist das →Newton (N).

An einem mechan. System können sowohl **innere** als auch **äußere K.** auftreten. Daneben unterscheidet man **eingeprägte K.,** die physikal. Ursprungs sind und von experimentell bestimmbaren physikal. Konstanten abhängen (z. B. die →Schwerkraft), von den geometrisch bedingten →Zwangskräften. In Bezugssystemen, die sich gegenüber einem Inertialsystem beschleunigt bewegen, treten zusätzl. →Trägheitskräfte (›Schein-K.‹) auf. Neben der Schwer-K., den elast. K. (Rückstell-K.), die der Auslenkung aus einer Ruhelage proportional sind) und den Trägheits-K., mit der die Körper einer Änderung ihres Bewegungszustandes widerstehen, kennt die klass. Physik die K. zw. ungleichnamigen (Anziehung) und gleichnamigen (Abstoßung) elektr. Ladungen und Magnetpolen (→coulombsches Gesetz) sowie die in einem Magnetfeld auf eine bewegte Ladung ausgeübte K. (→Lorentz-Kraft), gleichbedeutend der K. zw. stromdurchflossenen Leitern. Ursache der **Druck-K.**, die ein in ein Gefäß eingeschlossenes Gas auf die Wand ausübt, sind Trägheits-K., die die Bewegungsänderung der Moleküle bei ihren Stößen auf die Wand erzeugen.

Wenn jedem Punkt r eines Raumbereichs ein K.-Vektor $F(r)$ zugeordnet werden kann, so wird dieses Vektorfeld als **K.-Feld** bezeichnet. Ist dieses wirbelfrei, d. h., gilt rot $F = 0$ (→Rotation), wird die K. **konservativ** genannt. Bei einer konservativen K. ist die von ihr zw. zwei Punkten geleistete Arbeit unabhängig vom Weg, d. h., die auf einem geschlossenen Weg geleistete Arbeit ist null. Konservative K. gestatten die Einführung eines →Potenzials. Eine K., die einem mechan. System auf nicht umkehrbare Weise Energie entzieht, wird als **dissipativ** bezeichnet. Dissipative K. (z. B. Reibungskräfte) sind von großer prakt. Bedeutung, aber rechnerisch oft nur schwer mit genügender Genauigkeit zu berücksichtigen.

Nach ihrem physikal. Ursprung lassen sich alle K. auf die mit den fundamentalen →Wechselwirkungen verbundenen Grund-K. zurückführen, zu denen die Gravitation, die elektromagnet. und die starke Wechselwirkung (einschließlich der Kern-K.) sowie die schwache Wechselwirkung gehören. Für den auch in der Kern- und Elementarteilchenphysik verwendeten K.-Begriff setzt sich zunehmend die allgemeinere Bez. Wechselwirkung durch.

3) *Religionswissenschaft:* In der Vorstellung von gewaltigen übermenschl. Kräften liegen die Anfänge von Religion überhaupt. In vielen uns noch zugängl. frühen Stadien von Religion geht es um den (rituellen, mag.) Umgang mit solchen Mächten, z. B. den ›numina‹ der Römer oder – bei den schriftlosen Völkern der Neuzeit – den ›orenda‹ der Irokesen, ›wakonda‹ der Sioux oder ›mana‹ der Melanesier; die letztere Bez. hat sich am meisten verbreitet. Mana- und Tabuvorstellungen regulieren frühe Formen gesellschaftl. Lebens. Auch mit polytheist. Göttern, dem monotheist. Gott und ›dem Göttlichen‹ monist. Religionen wurden in der weiteren Religionsgesch. immer besondere K. (oder allg. der Inbegriff von K.) assoziiert.

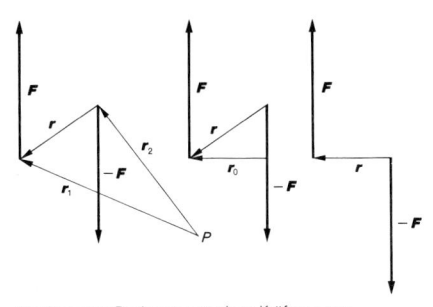

Kräftepaar: Drehmoment eines Kräftepaares

Kraft, 1) Adam, Bildhauer, →Krafft, Adam.
2) Victor, österr. Philosoph, *Wien 4. 7. 1880, †ebd. 3. 1. 1975; seit 1925 Prof. in Wien; arbeitete, ausgehend von der neopositivist. Philosophie des ›Wiener Kreises‹, an einer metaphysikfreien und logisch gesicherten Erkenntnistheorie und Wertlehre.
Werke: Weltbegriff u. Erkenntnisbegriff (1912); Einf. in die Philosophie (1950); Der Wiener Kreis (1950); Erkenntnislehre (1960); Rationale Moralbegründung (1963); Die Grundl. der Erkenntnis u. der Moral (1968).
3) Walter Wilhelm Johann, Organist und Komponist, *Köln 9. 6. 1905, †Antwerpen 9. 5. 1977; in Berlin Schüler von P. HINDEMITH, seit 1929 Organist an Sankt Marien in Lübeck, seit 1947 auch Prof. an der Freiburger Musikhochschule, 1950–55 Direktor der Schleswig-Holstein. Musikakademie in Lübeck; komponierte v. a. geistl. Chorwerke (u. a. ›Lübecker Totentanz‹, 1954) sowie Werke für Orgel, Orchester, Kammermusik.
4) Werner, Schriftsteller, *Braunschweig 4. 5. 1896, †Jerusalem 14. 6. 1991; war 1927–33 Bibliotheksrat in Hannover, emigrierte 1933, lebte seit 1934 in Jerusalem; in seiner nüchternen, knappen und gedankentiefen Lyrik v. a. K. KRAUS verpflichtet. K. gab als Kritiker und Interpret dt. Dichtung bedeutende Monographien u. a. zu K. KRAUS, R. BORCHARDT, F. KAFKA, H. HEINE und GOETHE heraus.
Werke: Essays: K. Kraus. Beitr. zum Verständnis seines Werkes (1956); Das Ja des Neinsagers. K. Kraus u. seine geistige Welt (1974); Über Gedichte u. Prosa (1979); Stefan George (1980); Goethe. Wiederholte Spiegelungen aus fünf Jahrzehnten (1986). – *Lyrik:* Worte aus der Leere (1937); Gedichte II, Jerusalem (1938); Das sterbende Gedicht. Gedichte 1972-1975 (1976). – *Roman:* Der Wirrwarr (1960).

Kraft|aufnehmer, die →Kraftmessdose.
Kraftbrühe, dt. Bez. der →Consommé.
Kraftdreikampf, Mehrkampf mit Gewichten für Männer und Frauen; besteht aus Kniebeuge mit Hantel auf der Schulter **(belastete Kniebeuge)**, Gewichtdrücken in horizontaler Ruhelage auf einer Bank **(Bankdrücken)** und Hochziehen der Hantel bis zum aufrechten Stand **(Kreuzheben)**. Bei den Männern gibt es elf Gewichtsklassen (ab 50 kg bis über 125 kg), bei den Frauen elf (ab 44 kg bis über 90 kg). – Es werden jährlich dt. Meisterschaften (Einzel, Mannschaft) sowie Welt- und Europameisterschaften (Einzel) ausgetragen. In Dtl. ist K. im Bundesverband Dt. Gewichtheber (→Gewichtheben) eingebunden, in Österreich besteht der Österr. Verband für K. (ÖVK; gegr. 1983, Sitz: Wien). Internat. Dachverband ist die International Powerlifting Federation (IPF; gegr. 1972, Sitz: Hägersten [bei Stockholm]), europ. Dachverband die European Powerlifting Federation (EPF; gegr. 1977, Sitz: Drämmen).

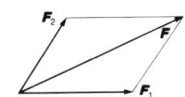

Kräfteparallelogramm: Die beiden Kraftvektoren F_1 und F_2 spannen ein Parallelogramm auf: F_1 und F_2 addieren sich zur Gesamtkraft F

Kraft durch Freude, Abk. **KdF,** →Deutsche Arbeitsfront.
Kraft|eck, das →Kräftepolygon.
Kräftepaar, *Statik:* Kräftesystem, das aus zwei gleich großen, entgegengesetzt gerichteten Kräften $F_1 = F$ und $F_2 = -F$ besteht, deren Wirkungslinien nicht zusammenfallen. Ein an einem Körper angreifendes K. übt ein Drehmoment $M = r_1 \times F_1 + r_2 \times F_2 = r \times F$ auf ihn aus, wobei $r = r_1 - r_2$ ist und r_1, r_2 die von einem vorgegebenen Punkt P zu den Angriffspunkten der Kräfte F und $-F$ weisenden Ortsvektoren sind. Das Drehmoment des K. ist gleich dem stat. Moment der Kraft F, bezogen auf den Angriffspunkt der Kraft $-F$. Da man den Angriffspunkt längs der Wirkungslinie einer Kraft verschieben kann, gilt auch $M = r_0 \times F$, wobei r_0 senkrecht zu den Wirkungslinien (r_0 ihr Abstand) verläuft.
Kräfteparallelogramm, ein Parallelogramm zur graf. Ermittlung der Summe zweier Kräfte: Die beiden zu addierenden Kräfte F_1 und F_2 werden längs ihrer Wirkungslinien so verschoben, dass ihre Angriffspunkte zusammenfallen. In dem durch Konstruktion der Parallelen sich ergebenden Parallelogramm bilden die zu addierenden Kräfte die Seiten, die Summe $F_1 + F_2 = F$ die Diagonale, die die Gesamtkraft **(resultierende Kraft, Resultierende)** darstellt.
Kräftepolygon, Krafteck, *Statik:* beim graf. Zusammensetzen von Kräfte darstellenden gerichteten

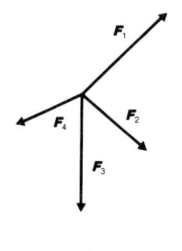

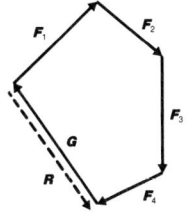

Kräftepolygon: Die in einem Punkt angreifenden Kräfte F_1 bis F_4 (oben) addieren sich zur Gesamtkraft R; die dieser entgegengerichtete Kraft G, die das Kräftepolygon schließt, bringt das Kräftesystem ins Gleichgewicht (unten)

Kraf Kraftfahrstraße – Kraftfahrtversicherung

Strecken (Vektoren) entstehendes Polygon. Die Kräfte F_1 bis F_n eines zentralen Kräftesystems ergeben bei Aneinanderreihung (Fußpunkt des angesetzten Kraftvektors jeweils an der Spitze des vorhergehenden) ein K.; die das K. (im selben Richtungssinn) schließende Kraft G stellt die Kraft dar, die das Kräftesystem ins Gleichgewicht bringt: $F_1 + ... + F_n + G = 0$ (**geschlossenes K.**); die zu G entgegengesetzte Kraft $F = -G$ ist die Resultierende der addierten Kräfte: $R = F_1 + ... + F_n$.

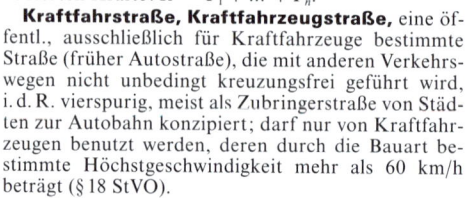

Kraftfahrstraße, Kraftfahrzeugstraße, eine öffentl., ausschließlich für Kraftfahrzeuge bestimmte Straße (früher Autostraße), die mit anderen Verkehrswegen nicht unbedingt kreuzungsfrei geführt wird, i. d. R. vierspurig, meist als Zubringerstraße von Städten zur Autobahn konzipiert; darf nur von Kraftfahrzeugen benutzt werden, deren durch die Bauart bestimmte Höchstgeschwindigkeit mehr als 60 km/h beträgt (§ 18 StVO).

Kraftfahrt-Bundesamt, Abk. **KBA,** in Dtl. die durch Ges. vom 4. 8. 1951 errichtete, im Geschäftsbereich des Bundesministeriums für Verkehr tätige Bundesoberbehörde für den Straßenverkehr (Sitz: Flensburg, Außenstelle: Dresden). Wesentl. Aufgaben des KBA sind: 1) Erteilung von Typgenehmigungen für Fahrzeuge und Fahrzeugteile nach nat. und internat. Recht einschließlich der Kontrollen und qualitätssichernden Maßnahmen bei Herstellern und techn. Diensten; 2) Führung des →Zentralen Fahrzeugregisters; 3) Führung und wiss. Auswertung des →Verkehrszentralregisters; 4) Führung des Registers ›Fahrerlaubnis auf Probe‹ (→Fahrerlaubnis); Führung der Dateien der Fahrlehrer, Sachverständigen und Prüfer; 5) Erstellung und Veröffentlichung von fahrzeug- und verkehrsbezogenen Statistiken; 6) Unfallforschung und Umweltfragen.

Beitragseinnahmen (in Mio. DM), **Schadenaufwendungen** (in Mio. DM) und **Schadenquote** (in %) **in der Kraftfahrtversicherung in Deutschland**

	1950[1]	1960	1970	1980	1990	1994[2]
Versicherer[3]	66	99	101	101	122	121
Beiträge[4]	360,1	2085,6	5787,8	15459,4	28149,6	43362,6
Aufwendungen	206,8	1328,2	5365,5	14427,1	25582,8	38420,3
Schadenquote	57,4	63,7	92,7	93,0	90,9	88,6

[1] 1950–1990 alte Länder. – [2] Gesamtdeutschland. – [3] Anzahl der berichtenden Versicherungsunternehmen. – [4] jeweils Bruttowerte einschließlich Insassen-Unfallversicherung.

Kraftfahrtversicherung, Autoversicherung, Kraftfahrzeugversicherung, Kraftverkehrsversicherung, Sammel-Bez. für versch. Versicherungsarten zur Deckung von Gefahren, die sich aus dem Gebrauch von Kraftfahrzeugen (Kfz) ergeben. Die K. ist mit (1995) 44,1 Mrd. DM Beitragsaufkommen nach der Lebensversicherung (88,4 Mrd. DM) der zweitgrößte Bereich des Versicherungswesens.

Beitragseinnahmen (in Mrd. DM) **und Schadenquoten** (in %) **in verschiedenen Arten der Kraftfahrtversicherung in Deutschland**

Versicherungsarten	Beitragseinnahmen			Schadenquoten[1]		
	1980[2]	1990[2]	1995[3]	1980[2]	1990[2]	1995[3]
Kraftfahrzeug-Haftpflichtversicherung	11,069	18,039	26,618	99,2	93,5	96,7
Kraftfahrzeug-Vollversicherung (Vollkasko)	2,571	6,682	12,827	94,2	92,7	75,6
Kraftfahrzeug-Teilversicherung (Teilkasko)	1,142	2,070	3,953	79,7	90,0	68,7

[1] Anteil der Bruttoschadenaufwendungen (Zahlungen und Rückstellungen) an den verdienten Beiträgen. – [2] alte Länder. – [3] Gesamtdeutschland.

Grundsätzlich sind drei Arten der K. zu unterscheiden: 1) Die **Kraftfahrzeug-Haftpflichtversicherung** umfasst die Befriedigung begründeter und die Abwehr unbegründeter Schadenersatzansprüche für Personen-, Sach- und Vermögensschäden, die durch den Gebrauch eines Kfz hervorgerufen werden und aufgrund gesetzl. Haftung gegen die Versicherten geltend gemacht werden. Sie ist eine Pflichtversicherung für den Fahrzeughalter (seit 1939), um den Schutz der Verkehrsopfer sicherzustellen. In der Kfz-Haftpflichtversicherung hat der geschädigte Dritte einen Direktanspruch gegen den Versicherer; dieser und der Versicherte haften gesamtschuldnerisch. Rechtliche Grundlagen sind das Pflichtversicherungs- und das Versicherungsvertrags-Ges. sowie die Straßenverkehrs-Zulassungs-Ordnung. Die Genehmigungspflicht für die Tarife in der K. wurde im Rahmen der Harmonisierung des europ. Versicherungsbinnenmarktes mit Wirkung zum 29. 7. 1994 vollständig aufgehoben. Für die genehmigungspflichtigen Altverträge, die vor diesem Termin abgeschlossen wurden, richtet sich die Höhe der Versicherungsbeiträge sowohl nach Merkmalen des Fahrzeugs wie auch des Fahrzeughalters. Von besonderem Interesse ist das Bonus-Malus-System, das die Höhe des vom Fahrzeughalter zu entrichtenden Beitrages von den vom Halter verursachten Schäden abhängig macht (Schadenklassen, Schadenfreiheitsklassen, Rabattstaffeln). In der Kalkulation der nach dem 29. 7. 1994 abgeschlossenen Verträge sind die Versicherungsunternehmen frei. Faktoren wie Alter, Geschlecht, Familienstand, Beruf, Punkte in der Verkehrssünderkartei oder jährl. Fahrleistung des Fahrzeughalters können zur Tarifierung herangezogen werden. Die Mindestdeckungssummen in der Kfz-Haftpflichtversicherung betragen mit Wirkung vom 1. 7. 1997 5 Mio. DM für Personenschäden, 1 Mio. DM für Sachschäden und 100 000 DM für Vermögensschäden.

Bei Schädigungen durch ein Kfz, dessen Halter entgegen dem Gesetz nicht haftpflichtversichert ist oder das aufgrund von Fahrerflucht nicht ermittelt werden kann, tritt gemäß dem gesetzl. Mindestdeckungsumfang (bei Fahrerflucht weitgehend nur für Personenschäden) der Verein Verkehrsopferhilfe e. V. Hamburg (VOH; gegr. 1963) ein.

2) Die **Fahrzeugversicherung** erstattet in den genehmigungspflichtigen Altverträgen, die vor dem 29. 7. 1994 abgeschlossen wurden, Schäden, die durch Zerstörung, Beschädigung oder Verlust des Kfz entstehen. In Form der Fahrzeugteilversicherung (Teilkaskoversicherung) deckt sie Schäden durch Brand, Explosion, Entwendung, Sturm, Hagel, Blitzschlag, Überschwemmung, Glasbruch, Zusammenstoß mit Haarwild sowie Kurzschluss in der Verkabelung. Die Fahrzeugvollversicherung (Vollkaskoversicherung) deckt zusätzlich Schäden durch Fahrzeugunfall (sofern dieser nicht grob fahrlässig bzw. vorsätzlich verursacht wurde) sowie durch mut- und böswillige Handlungen fremder Personen. Die Fahrzeugversicherung ersetzt Schäden zum Wiederbeschaffungswert. In der Gestaltung der Versicherungsbedingungen für die nach dem 29. 7. 1994 abgeschlossenen Verträge sind die Versicherungsunternehmen frei.

3) Die **Kraftfahrt-Unfallversicherung** (Insassen-Unfallversicherung) erbringt Entschädigungszahlungen, falls durch den Gebrauch eines Kfz beim Fahrer bzw. mitfahrenden Personen eine Gesundheitsschädigung oder der Tod eingetreten ist.

In den EU-Staaten wie auch in der Schweiz besteht in der Kfz-Haftpflichtversicherung Versicherungspflicht. Das Londoner Abkommen garantiert für den grenzüberschreitenden Kfz-Verkehr, dass bei verschuldeten Unfällen im Ausland die Versicherungsdeckung mindestens die Höhe des Mindestversicherungsschutzes des Landes umfasst, in dem der Unfall geschah (Grüne-Karte-System). – In *Österreich* beträgt die Mindestversicherungssumme bei der Kfz-Haftpflichtversicherung 12 Mio. S; die Beitragseinnahmen der K. beliefen sich auf (1993) 28,68 Mrd. S. – In der *Schweiz* beträgt die Mindestversicherungssumme in der Kfz-Haftpflichtversicherung 3 Mio. sfr; die Beitragseinnahmen der K. betrugen (1993) 4 Mrd. sfr.

J. Finsinger u. K. Kraft: K., in: Marktökonomie, hg. v. P. Oberender (1989); F. W. Miebach: Einf. in die K. (³1990); W. Asmus: K. Ein Leitfaden für Praktiker (⁶1994).

Kraftfahrzeug, Abk. **Kfz,** maschinell angetriebenes selbstfahrendes, gleisfreies Landfahrzeug, nach DIN 70002 unterteilt in Personenkraftwagen, Lastkraftwagen, Kraftrad, Kraftomnibus, Zugmaschine.

Rechtsgrundlagen für Zulassung und Verkehr von K. sind in Dtl. das Straßenverkehrs-Ges. (StVG) vom 3. 5. 1909 19. 12. 1952, die Straßenverkehrs-Zulassungs-Ordnung (StVZO) vom 13. 11. 1937 28. 9. 1988 und die Straßenverkehrs-Ordnung (StVO) vom 16. 11. 1970, ferner das Personenbeförderungs-Ges. 8. 8. 1990 und das Güterkraftverkehrs-Ges. 3. 11. 1993, jeweils mit späteren Änderungen.

K. mit einer durch die Bauart bestimmten Höchstgeschwindigkeit von mehr als 6 km/h und ihre Anhänger müssen zum Betrieb auf öffentl. Straßen zugelassen sein durch Erteilung einer Betriebserlaubnis oder einer EG-Typgenehmigung (VO über die EG-Typgenehmigung für Fahrzeuge und Fahrzeugteile vom 9. 12. 1994; Genehmigungsbehörde für Dtl. ist das Kraftfahrt-Bundesamt; die aufgrund der Betriebserlaubnisrichtlinie der EG an den Hersteller erteilte EG-Typgenehmigung gilt in allen Mitgliedsstaaten) und durch Zuteilung eines amtl. Kennzeichens. Bestimmte K. wie selbstfahrende Arbeitsmaschinen, Leichtkrafträder u. a. unterliegen nicht der Zulassungspflicht, bedürfen aber i. d. R. einer Betriebserlaubnis oder einer EG-Typgenehmigung (§ 18 StVZO). Zulassungsstellen sind die unteren Verwaltungsbehörden (Landkreise, kreisfreie Städte). Die **Betriebserlaubnis** ist eine behördl. Anerkennung der Vorschriftsmäßigkeit des K. Sie muss erteilt werden, wenn das Fahrzeug den Vorschriften der StVZO und der EWG-VO Nr. 3821/85 vom 20. 12. 1985 entspricht. Für Serienfahrzeuge wird dem Hersteller oder anderen in der StVZO genannten Personen nach Prüfung durch das Kraftfahrt-Bundesamt eine allgemeine Typen-Betriebserlaubnis erteilt. Für Einzelfahrzeuge, die nicht zu einem genehmigten Typ gehören, ist eine Betriebserlaubnis der Zulassungsstelle erforderlich. Werden an einem K. Teile verändert, deren Beschaffenheit vorgeschrieben ist oder deren Betrieb eine Gefährdung anderer Verkehrsteilnehmer verursachen kann, so hat der Verfügungsberechtigte unter bestimmten Voraussetzungen nach techn. Überprüfung eine erneute Betriebserlaubnis zu beantragen (z. B. beim Austausch des Motors gegen einen Motor anderer Bauart oder Leistung). Eigens geregelt ist die Anerkennung von Genehmigungen und Prüfzeichen aufgrund internat. Vereinbarungen und von Rechtsakten der EG im Verfahren auf Erteilung der Betriebserlaubnis (§ 21 a StVZO).

Die Zuteilung des **amtlichen Kennzeichens (Kraftfahrzeugkennzeichen)** hat der Verfügungsberechtigte bei der zuständigen Zulassungsstelle unter Vorlage des Fahrzeugbriefs zu beantragen (§ 23 StVZO). Er muss nachweisen, dass eine Haftpflichtversicherung für das K. besteht. Die amtl. Kennzeichen müssen mit dem Dienststempel der Zulassungsbehörde versehen sein; sie bestehen aus bis zu drei Buchstaben für den Verwaltungsbezirk (Anlage I zur StVZO) und weiteren Buchstaben und Zahlen in fortlaufender Folge (Anlage II zur StVZO). Das Zulassungsverfahren wird durch die Aushändigung des Fahrzeugscheins abgeschlossen. Auf Antrag wird auch ein befristetes amtl. Kennzeichen erteilt (Saisonkennzeichen; Anlage V b zur StVZO), das jedes Jahr in einem bestimmten Zeitraum wiederholt verwendet werden darf. (→Versicherungskennzeichen, →Eurokennzeichen)

Eigentümer und Halter von K. haben bestimmte Meldepflichten zu beachten, so bei der nicht nur vorübergehenden Verlegung des regelmäßigen Standorts von mehr als drei Monaten oder bei Veräußerung des K. (§ 27 StVZO). Wird das Fahrzeug für länger als ein Jahr aus dem Verkehr gezogen, so hat der Halter dies der Zulassungsstelle anzuzeigen und das Kennzeichen entstempeln zu lassen.

K. und Anhänger sind vom Halter in regelmäßigen Zeitabständen auf ihre Vorschriftsmäßigkeit überprüfen zu lassen (§ 29 StVZO in Verbindung mit Anlagen VIII, VIIIa und IX). Dies geschieht i. d. R. durch die Techn. Überwachungsvereine bzw. Techn. Prüfstellen von Sachverständigen-Organisationen im Zeitabstand von einem Jahr (bes. bei K. nach dem Personenbeförderungs-Ges., Kraftomnibussen, Krankenwagen, Lkw über 3,5 t Gesamtgewicht) und zwei Jahren (bes. bei Krafträdern, Pkw); Pkw, die erstmals in den Verkehr gebracht werden, sind erst nach 36 Monaten zu prüfen. – K. müssen so gebaut und ausgerüstet sein, dass im Betrieb niemand geschädigt wird mehr als unvermeidbar gefährdet, behindert oder belästigt. Die StVZO (§§ 32–67) enthält zahlr. Einzelbestimmungen über die Anforderungen an Bauart und Ausrüstung, die den Richtlinien der EG entsprechen oder über sie hinausgehen, z. B. über Abmessungen und Gewicht, Anbringung der Sitze und Sicherheitsgurte, Beschaffenheit von Türen, Kennzeichen, Erste-Hilfe-Material, Bereifung, Vorrichtungen gegen unbefugte Benutzung, Bremsen, Kraftstoffbehälter, Geräuschentwicklung, lichttechn. Einrichtungen, Mitführen von Warndreiecken und Warnleuchten sowie →Abgase. Diese Vorschriften sind nicht nur für Erteilung und den Fortbestand der Zulassung maßgeblich, sie enthalten auch viele Bestimmungen, die der K.-Halter bei Inbetriebnahme des K. zu berücksichtigen hat. – K., für eine allgemeine Betriebserlaubnis nach den Vorschriften der DDR erteilt wurde, gelten als vorschriftsmäßig im Sinne von § 19 Abs. 1 StVZO, wenn sie bis 30. 6. 1994 erstmals in den Verkehr gebracht wurden.

In *Österreich* regelt das Kraftfahr-Ges. 1967 (mit späteren Änderungen) die techn. Beschaffenheit und Ausrüstung der K. sowie die persönl. Qualifikation (Lenkerberechtigung) der zu ihrem Betrieb Berechtigten, um den Gefahren aus dem Betrieb von K. zu begegnen. Im Wege jährlich wiederkehrender Begutachtung wird jedes K. durch dazu behördlich autorisierte Werkstätten auf seine Verkehrs- und Betriebssicherheit sowie auf die Vermeidung schädl. Emissionen überprüft. Personen-K. dürfen neu nur noch mit Abgaskatalysator zugelassen werden. Zulassungsstellen sind die Bezirkshauptmannschaften und Bundespolizeibehörden.

In der *Schweiz* wird das K.- und Straßenverkehrsrecht im Bundes-Ges. über den Straßenverkehr (SVG) vom 19. 12. 1958 und in der VO über die Straßenverkehrsregeln vom 13. 11. 1962 sowie in versch. weiteren VO geregelt. Das SVG als Haupterlass ordnet den Verkehr auf den öffentl. Straßen sowie die Haftung und die Versicherung für Schäden, die durch Motorfahrzeuge oder Fahrräder verursacht werden. Als Motorfahrzeug im Sinne des SVG gilt jedes Fahrzeug mit eigenem Antrieb, durch den es auf dem Erdboden unabhängig von Schienen fortbewegt wird. Motorfahrzeuge dürfen nur mit einem Fahrzeugausweis in den Verkehr gebracht werden. Außerdem muss der Lenker im Besitz eines Führerausweises sein.

Kraftfahrzeugbeleuchtung, Gesamtheit der Beleuchtungseinrichtungen eines Kraftfahrzeugs (Kfz) zur Beleuchtung der Fahrbahn, zur Kennzeichnung des Fahrzeugs oder Fahrzeugverhaltens sowie zur Innen- und Instrumentenbeleuchtung. Vorschriften über Anzahl, Anordnung, Stärke, Farbe, System u. a. der (äußeren) K. sind in Dtl. in der Straßenverkehrs-Zulassungs-Ordnung (StVZO) in den §§ 49 a bis 54 festgelegt. Zur Ausleuchtung der Fahrbahn dienen die **Scheinwerfer,** die einstellbar und bei Mehrspurfahrzeugen paarweise sein müssen und nur weißes oder schwach gelbes Licht ausstrahlen dürfen. Der Scheinwerfer besteht aus einem Spiegelreflektor, dessen Form parabolisch, ellipsoid oder variabel sein kann. Vor dem Spiegelreflektor oder in dessen Brennpunkt ist die Lichtquelle (Glühlampe, Halogenlampe oder Xenon-Entladungslampe) angeordnet; er wird durch eine Streuscheibe abgedeckt, die durch Rippen und Rillen im Glas eine Ausleuchtung der Fahrbahn unmittelbar und seitlich des Fahrzeuges bewirkt. Die untere Spiegelkante des Reflektors darf höchstens 1 m über der Fahrbahn liegen. Das **Fernlicht** (durch eine blau oder gelb leuchtende Kontrolllampe am Armaturenbrett angezeigt) hat die größte Reichweite und soll 100 m vor dem Fahrzeug eine Mindestbeleuchtungsstärke von 1 Lux aufweisen. Es wird beim parabolförmigen Reflektor durch eine Glühwendel erzeugt, die sich genau in den Brennpunkt befindet, wodurch das reflektierte Licht stets parallel zur Reflektorachse abgestrahlt wird. Um eine Blendung entgegenkommender Verkehrsteilnehmer zu vermeiden, kann das Fernlicht heute meist nur noch in Ausnahmefällen als eigentl. Fahrtlicht verwendet werden; als solches dient i. d. R. das Abblendlicht (→Abblenden). Vorgeschrieben sind für zweispurige Straßenfahrzeuge zwei Scheinwerfer für das Abblendlicht und mindestens zwei z. B. das Fernlicht. Bei schlechten Sichtverhältnissen, z. B. Nebel, starkem Regen, Schneefall, sind in Verbindung mit dem Abblendlicht zusätzlich Nebelscheinwerfer erlaubt. Sind zwei Nebelscheinwerfer angeordnet und beträgt ihr äußerer Abstand von der breitesten Stelle des Fahrzeugumrisses nicht mehr als 40 cm, so können sie in Verbindung mit den →Begrenzungsleuchten benutzt werden. Die Fahrzeugbegrenzung nach hinten geben zwei **Schlussleuchten** mit rotem Licht an; außerdem sind zwei **Rückstrahler** mit mindestens 20 cm^2 großen Reflektoren vorgeschrieben. Beleuchtet sein muss auch das rückwärtige Kennzeichen, sodass es bei Nacht auf 25 m Entfernung lesbar ist. Zur ausreichenden Beleuchtung eines stehenden Kraftwagens sind entweder je zwei **Parkleuchten** vorn (weiß) und hinten (rot oder gelb) oder eine einseitige Beleuchtung vorn und hinten zulässig. Parkleuchten müssen betätigt werden können, ohne dass andere Leuchten eingeschaltet werden; ihre Funktion wird häufig von den Schluss- oder Begrenzungsleuchten übernommen.

Das Betätigen der Bremse ist am Fahrzeugheck durch zwei Bremsleuchten mit gelbem oder rotem Licht anzuzeigen: erlaubt sind zwei Zusatzbremsleuchten in Augenhöhe. – Zur Beleuchtung der rückwärtigen Fahrbahn dient der **Rückfahrscheinwerfer** (weißes Licht), der nur bei eingelegtem Rückwärtsgang leuchtet. Außerhalb geschlossener Ortschaften dürfen auch rote **Nebelschlussleuchten** verwendet werden, wenn die Sichtweite weniger als 50 m beträgt. Zur Anzeige einer Fahrtrichtungsänderung müssen Kraftfahrzeuge und Anhänger mit Fahrtrichtungsanzeigern (→Blinkleuchten) ausgestattet sein; für mehrspurige Kfz ist eine →Warnblinkanlage vorgeschrieben.

Kraftfahrzeugbrief, der →Fahrzeugbrief.

Kraftfahrzeug|elektrik, Autoelektrik, elektr. Ausstattung von Kraftfahrzeugen (Kfz). Die Spannung im elektr. System beträgt bei modernen Pkw 12 Volt, bei Lkw 24 Volt. Das gesamte elektr. Netz des Kfz wird bei stehendem Motor von einer oder mehreren Batterien gespeist. Bei laufendem Motor erzeugt ein Generator (→Lichtmaschine) ab einer bestimmten Motordrehzahl so viel Strom, dass die eingeschalteten elektr. Verbraucher von ihm versorgt werden können und die Batterie geladen wird.

Über ein Zündschloss lässt sich das elektr. System zentral einschalten und der Motor mithilfe des Anlassers starten. Die wichtigsten elektr. Verbraucher (neben dem Anlasser) sind die Zündanlage, die Kfz-Beleuchtung (einschließlich Innenraumbeleuchtung), die Elektromotoren für Scheibenwischer, Fensterheber, Türverriegelung, Schiebedachbetätigung, Gebläse u. a., die Heckscheibenheizung, das Autoradio, schließlich Hupe, Zigarettenanzünder sowie elektron. Mess- und Regeleinrichtungen (→Kraftfahrzeugelektronik). Sie sind über isolierte Drähte (Leitungen), über Schalter, Relais, Klemmen und Sicherungen mit der Stromquelle verbunden. In modernen Kfz wird die Verbindung zw. den Schalt- und Steuergeräten mikrorechnergesteuert (über so genannte sequenzielle Bussysteme) vorgenommen, wodurch sich die Anzahl der Leitungen drastisch reduziert.

Kraftfahrzeug|elektronik, Auto|elektronik, Teilbereich der Kfz-Elektrik, der die Gesamtheit der elektron. Bauteile und Geräte in Kfz zur Verbesserung von Wirtschaftlichkeit, Sicherheit, Komfort und Kommunikation umfasst. Dazu gehören u. a. Sensoren zur Messung der versch. Kenngrößen (z. B. Motordrehzahl, Kurbelwellenstellung, Kraftstoffdurchfluss, Luft- und Motortemperatur, Raddrehzahlen, Gierbeschleunigung), Regel- und Steuergeräte zur Verarbeitung der eingehenden Kenndaten und Ausgabe entsprechender Signale an die Stellglieder (z. B. Einspritzventile, Zündspule, ABS-Ventile, Schalter). Bei vielen Kfz gehören mikroprozessorgesteuerte elektron. Systeme (z. B. Zündung und Benzineinspritzung, Lambdaregelung und elektron. Getriebesteuerung; Zentralverriegelung, Wischintervallschaltung) zur Standardausrüstung. Zunehmend verbreitet sind Antiblockiersysteme (ABS), Fahrdynamikregelung, Antriebsschlupfregelung (ASR), Rückhaltesysteme (z. B. Airbag, Gurtstraffer) sowie Autoalarmanlagen und Diebstahlsicherungen (z. B. elektron. Wegfahrsperre). Im Bereich Kommunikation werden neben elektron. Sprachausgabe und anderen neuen Anzeigetechnologien (digitale Anzeige der Geschwindigkeit, Drehzahl, Kraftstoffverbrauch, Uhrzeit, Temperatur u. a.) auch Leit- und Informationssysteme angeboten.

Kraftfahrzeughaftung, →Kraftfahrtversicherung, →Straßenverkehrshaftung.

Kraftfahrzeughalter, der →Halter eines Kraftfahrzeugs.

Kraftfahrzeug|industrie, Automobilindustrie, Wirtschaftszweig, der die Herstellung von Kraftfahrzeugen (Kfz), Anhängern, Aufbauten und Containern sowie von Kfz-Teilen und -zubehör umfasst. Merkmale der Branche K.: 1) Um den Effekt der Kostendegression zu nutzen, werden große Stückzahlen produziert (Großserienproduktion). Mit zunehmendem Einsatz von flexiblen Fertigungsmethoden und -techniken sind auch geringere Stückzahlen wirtschaftlich zu fertigen. 2) Umfang und techn. Niveau der Produktionsanlagen sind hoch und erfordern einen hohen Kapitaleinsatz, d. h., es müssen umfangreiche Investitionen getätigt werden. 3) Von anhaltender Bedeutung sind Mechanisierung und Automatisierung, die bereits im ersten Viertel des 20. Jh. mit der Einführung der Fließbandfertigung durch H. Ford begannen und heute durch den Einsatz von Industrierobotern und flexiblen Fertigungssystemen fortentwickelt werden. In den letzten beiden Jahrzehnten wurde auch der Forschungs- und Entwicklungsprozess für ein neues Kfz-Modell durch konsequente EDV-Anwendung (z. B. CAD, CAE) rationalisiert und damit beschleunigt, ebenso die Logistik mit dem Ergebnis geringerer Lagerhaltungskosten und kürzerer Zulieferfristen für Einzelteile (→Just-in-time-Fertigung). 4) Die K. hat in den letzten zehn Jahren ihre Anstrengungen zur Verringerung des Ressourcenverzehrs in Fertigung und Nutzung des Automobils verstärkt. So wurden die Schadstoffemissionen der Kfz erheblich reduziert und der spezif. Kraftstoffverbrauch verringert. 5) Der Grad der Unternehmenskonzentration ist hoch, mit der Folge eines oligopolist. Marktstruktur. 6) Das wichtigste Produkt, der Kraftwagen, besitzt einen im Vergleich mit anderen Erzeugnissen außerordentlich hohen gesellschaftl. Stellenwert. 7) Die Verflechtung der K. mit anderen Industriezweigen sowie die mit der Nutzung von Kfz im Zusammenhang stehenden wirtschaftl. Aktivitäten verleihen der K. eine Bedeutung, die größer ist, als ihre Wertschöpfung vermuten lässt. Nach Schätzungen des Verbandes der Automobilindustrie e. V. (VDA), Frankfurt am Main, stammen rd. ein Viertel aller Steuereinnahmen aus Kfz-Produktion, -Handel und -Nutzung; jeder siebte Arbeitsplatz in Dtl. hängt mit der Herstellung und Nutzung von Kraftwagen zusammen. 8) Export und Import von Kfz sind hoch, wie auch die Internationalisierung der Fertigung (die Kfz-Konzerne, aber auch Hersteller von Kfz-Teilen, verfügen über zahlr. ausländ. Tochtergesellschaften; ein Drittel der dt. Kfz-Produktion wurde in ausländ. Produktionsstätten hergestellt) und Kooperation zw. versch. Kfz-Konzernen eine wachsende Bedeutung gewonnen haben. Die führenden Automobilhersteller verfolgen nicht nur im Absatz, sondern auch bei Fertigung und Beschaffung eine globale Strategie.

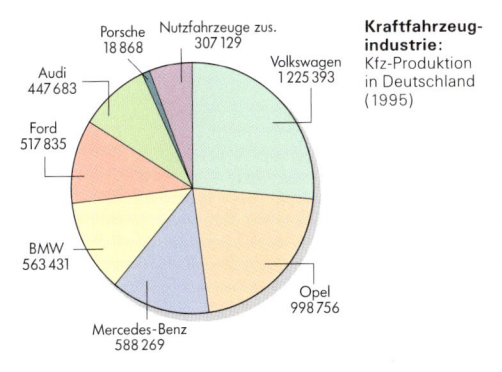

Kraftfahrzeugindustrie: Kfz-Produktion in Deutschland (1995)

Porsche 18 868
Nutzfahrzeuge zus. 307 129
Volkswagen 1 225 393
Audi 447 683
Ford 517 835
BMW 563 431
Mercedes-Benz 588 269
Opel 998 756

Die weltweite Kfz-Produktion stieg zw. 1950 und 1994 von 10,6 Mio. auf 49,5 Mio. Kfz. Neben die Ursprungsländer der Kfz-Produktion trat im Lauf der 60er- und 70er-Jahre Japan als bedeutender Konkurrent. 1991 erreichte der Anteil der jap. Kfz-Produktion an der gesamten Automobilproduktion 29,5 %. In den letzten eineinhalb Jahrzehnten kamen weitere Herstellerländer hinzu. Inzwischen wird bereits mehr als ein Fünftel der Automobilproduktion (1994: 10 Mio. Kfz) außerhalb der ›Triade‹ (Westeuropa, USA, Japan) hergestellt. Mit einer Produktion von 12,3 Mio. Kfz stehen die USA wieder an der Spitze der Herstellerländer vor Japan mit 10,6 und Dtl. mit 4,4 Mio. (1995: 4,7 Mio.). Die Gesamtproduktion der EU übertrifft jedoch mit 13,9 Mio. Kfz diejenige der USA und Japan deutlich. Seit 1991 gehen in Japan im Gefolge des hohen Yenkurses und des Aufbaus zahlr. Fertigungsstätten außerhalb des Landes Produktion und Beschäftigung in der K. zurück; bereits 3,3 Mio. Kfz mit jap. Markenzeichen werden außerhalb Japans hergestellt. Das Vordringen der jap. Konkurrenz hat Anfang der 90er-Jahre die Automobilhersteller in Westeuropa und den USA zu Produktivitätssteigerungen und Kostensenkungen gezwungen. Die neuen Formen der Arbeitsorganisation und der Zusammenarbeit zw. Kfz-Herstellern und -Zulieferern führten zu einem erhebl. Abbau von Arbeitsplätzen.

Zahlr. Schwellenländer betrachten die K. als eine zur Beschleunigung des Entwicklungsprozesses geeignete Industrie und drängen auf eine schnelle Erhöhung des lokalen Fertigungsanteils (engl. local content). Die jährl. Kfz-Produktion Süd-Koreas erreicht 2,3 Mio. Auch Brasilien mit (1994) 1,6, China mit 1,3 und Indien mit 0,5 Mio. Kfz. weisen ein nennenswertes Produktionsvolumen auf. In Osteuropa wuchs die Zahl der Investitions- und Kooperationsprojekte westl. Kfz-Hersteller, so in der Tschech. Rep. (VW), Polen (General Motors, Mercedes-Benz) und Ungarn (General Motors). In den neuen Bundesländern kamen die alten Produktionen (Ausnahme: Multicar) bald nach der dt. Einheit zum Erliegen; doch nahmen Mercedes-Benz (Ludwigsfelde), Opel (Eisenach) und VW (Mosel, Landkreis Zwickauer Land) Fertigungen auf, sodass 1994 das Produktionsniveau der DDR (1989) mit 233 000 Kfz wieder erreicht wurde.

Übernahmen von bisher unabhängigen Herstellern wie von Rover durch BMW, von Aston Martin und Jaguar durch Ford sowie die Beteiligung von General Motors an Saab werden mit der Erweiterung des Erzeugnisprogramms oder der techn. Basis erklärt.

In Dtl. waren nach der Statistik des VDA 1994 in der Kfz-Erzeugung rd. 397 000 Personen, in der Kfz-Teile- und -Zubehör-Industrie 230 000 Personen und in der Anhänger- und Aufbautenproduktion 42 000 Personen beschäftigt. Die K. nach der Abgrenzung des Statist. Bundesamtes (Straßenfahrzeugbau) erzielte 1994 einen Produktionswert von 225 Mrd. DM (13,4 % des verarbeitenden Gewerbes). Mit 685 000 Beschäftigten waren 2,2 % aller inländ. Erwerbstätigen in der K. beschäftigt.

Tatsachen u. Zahlen aus der Kraftverkehrswirtschaft, Bd. 5 (1931 ff., jährl.; früher u. a. T.); International auto statistics, hg. vom Verband der Automobilindustrie (1980 ff., jährl., früher u. a. T.); H. BERG: Automobilindustrie, in: Marktstruktur u. Wettbewerb in der Bundesrepublik Dtl., hg. v. P. OBERENDER (1984); A. DIEKMANN: Die Autmobilindustrie in Dtl. (1985); U. JÜRGENS: Entwicklungstendenzen in der Weltautomobilindustrie bis in die 90er Jahre (1986); Die Zukunft der Arbeit in der Automobilindustrie, hg. v. B. DANKBAAR u. a. (1988); Moderne Zeiten in der Automobilfabrik. Strategien der Produktionsmodernisierung im Länder- u. Konzernvergleich, Beitrr. v. U. JÜRGENS u. a. (1989); Krise als Chance. Wohin steuert die dt. Automobilwirtschaft?, hg. v. F. W. PEREN (1994); R. LAMMING: Die Zukunft der Zulieferindustrie (a. d. Engl., 1994); J. P. WOMACK u. a.: Die zweite Revolution in der Autoindustrie. Konsequenzen aus der weltweiten Studie aus dem Massachusetts Institute of Technology (a. d. Engl., ⁸1994).

Kraftfahrzeugkennzeichen, →Kraftfahrzeug, →Nationalitätszeichen.

Kraftfahrzeugsteuer, eine Steuer auf das Halten von Kraftfahrzeugen (Kfz) oder Kfz-Anhängern zum Verkehr auf öffentl. Straßen (ohne Rücksicht auf die tatsächl. Benutzung). Die Steuerpflicht beginnt mit der Zulassung und endet mit der Abmeldung des Fahrzeugs. Das Aufkommen der K. beträgt (1996) 13,7 Mrd. DM und fließt den Ländern zu.

Eine Reform der K. wird seit langem diskutiert, wobei die Gewährleistung einer wegekostengerechten Belastung, Umweltaspekte und das Erhebungsverfahren im Vordergrund stehen. Das K.-Änderungs-Ges. 1997 brachte für Pkw eine Umstellung bei der Bemessungsgrundlage (bisher ausschließlich der Hubraum, jetzt auch der Schadstoffausstoß); die Höhe der Steuerschuld ist weiterhin abhängig von der Antriebsart (Benzin- oder Dieselmotor). Die ursprüngl. Absicht einer Umlage auf die Mineralölsteuer wurde aufgegeben, soll aber aufgrund der Erfahrungen mit der Neuregelung bis 2002 überprüft werden.

Nach der neuen Regelung wird stark differenziert. Für Pkw, die Schadstoffgrenzwerte der Euro-3-

und Euro-4-Norm einhalten, sowie für Pkw, deren Kohlendioxidemissionen 90 g/km (›Dreiliterauto‹) bzw. 120 g/km (›Fünfliterauto‹) nicht übersteigen, gibt es eine befristete Steuerbefreiung bis zum 31. 12. 2005, längstens bis zu dem Zeitpunkt, an dem der Wert der Steuerbefreiung bei Euro-3-Pkw 250 DM (Benzin) bzw. 500 DM (Diesel), bei Euro-4-Pkw 600 DM (Benzin) bzw. 1 200 DM (Diesel), bei ›Dreiliterautos‹ 1 000 DM und bei ›Fünfliterautos‹ 500 DM erreicht. Nach einem Einspruch der EU-Kommission tritt die Steuerbefreiung für Euro-4-Pkw allerdings erst in Kraft, wenn die Euro-4-Norm in einer EU-Richtlinie beschlossen wurde. Nach Ablauf der befristeten Steuerbefreiungen ist für Euro-3- und Euro-4-Pkw sowie für ›Dreiliterautos‹ je angefangene 100 cm³ Hubraum ein Steuersatz von 10 DM (Benzinmotor) bzw. 27 DM (Dieselmotor) anzuwenden (Senkung gegenüber dem vor dem 1. 7. 1997 geltenden Sätzen). Ab 2004 erhöhen sich diese Sätze auf 13,20 DM (Benzin) und 30,20 DM (Diesel). Für Fahrzeuge, die die seit dem 1. 1. 1997 bei Neuzulassungen obligator. Euro-2-Norm erfüllen, sinken zum 1. 1. 1997 die K.-Sätze von 13,20 DM (Benzin) und 37,10 DM (Diesel) auf 12 DM und 29 DM; 2004 werden sie auf 14,40 DM und 31,40 DM steigen. Für Pkw, die die Euro-1-Norm erfüllen (geregelter Katalysator oder gleichwertige Dieselfahrzeuge), bleiben die Steuersätze je 100 cm³ unverändert bei 13,20 DM (Benzin) und 37,10 DM (Diesel). Für Altfahrzeuge, die die Euro-1-Norm nicht erfüllen, gelten ab dem 1. 7. 1997 höhere Steuersätze. Für Euro-1-Autos und Altfahrzeuge steigen die Steuersätze zum 1. 1. 2001 und zum 1. 1. 2005.

In *Österreich* wurde die K. zum 1. 5. 1993 beträchtlich geändert. Bei haftpflichtversicherten Pkw, Kombinationskraftwagen und Krafträdern tritt an die Stelle der K. ein Zuschlag zur Versicherungsteuer (**motorbezogene Versicherungsteuer**), dessen Höhe bei Pkw und Kombinationskraftwagen von der Motorleistung, bei Krafträdern vom Hubraum abhängt (Aufkommen 1995: 7,58 Mrd. S). Alle übrigen im Inland zugelassenen Kfz sowie in einem ausländ. Zulassungsverfahren zugelassenen Fahrzeuge, die in Österreich benutzt werden, unterliegen der analog geregelten K., die ebenfalls nur noch bei Krafträdern nach dem Hubraum, bei allen Kfz mit einem Gesamtgewicht bis 3,5 t nach der Motorleistung berechnet wird (Aufkommen 1995: 1,54 Mrd. S). Bei einem höchstzulässigen Gesamtgewicht von mehr als 3,5 t richtet sich die K. nach dem Gewicht. Daneben unterliegen seit dem 1. 1. 1992 Pkw, Kombinationskraftwagen und Krafträder einer **Normverbrauchsabgabe**, die beim Verkauf an den Letztverbraucher bzw. bei der Erstzulassung zu entrichten ist. Der Steuersatz ist linear abhängig vom Kraftstoffverbrauch des Kfz (Aufkommen 1995: 4,74 Mrd. S).

In der *Schweiz* gibt es auf Bundesebene keine allgemeine K., sondern lediglich (seit 1985) spezielle Straßenbenutzungsabgaben (Nationalstraßenabgabe [auch ›Autobahnvignette‹] und Schwerverkehrsabgabe). Die Kantone dagegen erheben **Motorfahrzeugsteuern**, und zwar bei Pkw überwiegend nach Hubraum und Motorleistung, bei Lkw durchweg nach dem Gewicht. Das Aufkommen betrug (1993) 1,3 Mrd. sfr. (→Straßenverkehrsabgaben).

K. Komm., bearb. v. B. STRODTHOFF (Neuausg. 1980 ff.; Loselbl.).

Kraftfahrzeugstraße, die →Kraftfahrstraße.

Kraftheber, heck- oder frontseitige hydraul. Vorrichtung am Traktor zum Heben, Senken, Halten und geregelten Führen von Anhänge- und Anbaugeräten.

Kraft Inc. [krɑːft ɪŋˈkɔːpəreɪtɪd], amerikan. Nahrungsmittelunternehmen, seit 1988 Tochtergesellschaft von →Philip Morris Inc.

Kraft Jacobs Suchard AG [-syˈʃaːr-], Abk. **KJS**, Unternehmen der Nahrungs- und Genussmittelindustrie; Sitz: Zürich, entstanden 1993 durch Fusion der beiden europ. Tochtergesellschaften der Philip Morris Inc., der →Jacobs Suchard AG und der Kraft General Foods Europe, München; Anbieter v. a. von Kaffee, Käse und Schokoladenerzeugnissen (›Milka‹, ›Toblerone‹, ›Côte d'Or‹); Umsatz (1996): 12,8 Mrd. sfr, Beschäftigte: rd. 30 800.

Kraftlos|erklärung, im Wege eines Ausschlussurteils im →Aufgebotsverfahren ergehende gerichtl. Entscheidung, durch die bestimmten Urkunden ihre rechtl. Wirksamkeit entzogen wird, z. B. abhanden gekommenen Wertpapieren, Sparbüchern, Hypotheken- und Grundschuldbriefen, um so die Geltendmachung des verbrieften Rechts durch Dritte auszuschließen. Bei Erbscheinen erfolgt K. durch Beschluss des Nachlassgerichts.

Kraftmaschinen, Maschinen zur Umsetzung einer Energieform (therm., kinet., elektr. Energie) in mechan. Energie zum Antrieb von Arbeitsmaschinen oder Fahrzeugen. Bei der Energieumwandlung werden treibende Kräfte erzeugt, die einen Kolben hin und her bewegen (Hubkolben-K.) oder eine drehende Bewegung hervorrufen (Kreiskolbenmotoren, Turbinen, Elektromotoren). Nach der Art der genutzten Energiequelle unterscheidet man →Wärmekraftmaschinen, →Wasserkraftmaschinen, →Elektromotoren.

Kraftmessdose, Kraft|aufnehmer, Geberteil einer elektr. Messvorrichtung zur Messung einer Kraft, eines Gewichts oder Drucks, deren Einwirkung unter Ausnutzung physikal. Erscheinungen (v. a. piezoelektr. Effekt, magnetoelast. Effekt, elektr. Widerstandsänderung) in eine proportionale elektr. Größe umgewandelt und mit analogen oder digitalen Verfahren verwertet, angezeigt oder registriert wird.

Kraftmessung, Sammel-Bez. für die Verfahren und Methoden zur Bestimmung einer →Kraft; i. d. R. werden Kraftmessgeräte verwendet, bei denen die K. über einen elast. Verformungskörper auf eine Weg- und Dehnungsmessung zurückgeführt wird. Die meist zu Prüfzwecken angewendete, rein mechan. K. erfolgt mithilfe eines →Dynamometers (z. B. Ringfeder mit Messuhr) oder einer Waage, bei der die unbekannte Kraft mit einer Gewichtskraft bekannter Masse verglichen wird. – Von größerer Bedeutung ist die elektr. K., bei der die zu messende Kraft, z. B. mithilfe von →Dehnungsmessstreifen, in eine Widerstandsänderung oder mithilfe piezoelektr. oder elektroelast. Kraftaufnehmer in Spannungsänderungen umgewandelt wird. Bei der vorwiegend zur Messung stat. Kräfte eingesetzten **Schwingsaiten-K.** wird die K. auf eine Frequenzmessung zurückgeführt. Beim Schwingsaitenkraftaufnehmer dient die veränderte Frequenz einer vorgespannten, meist metall. Saite als Messgröße; bei der Schwingsaitenwaage wird die zu bestimmende Gewichtskraft aus der Frequenzdifferenz zweier mit der gleichen Kraft be- bzw. entlasteten, vorgespannten Schwingsaiten ermittelt. – Die K. kann auch mithilfe eines →Manometers erfolgen, wenn die zu messende Kraft mittels eines hydrostat. Messgeräts in Druck umgewandelt wird.

Kraftmikroskop, →Rastermikroskope.

Kräftner, Hertha, österr. Schriftstellerin, *Wien 26. 4. 1928, †(Selbstmord) ebd. 13. 11. 1951; wurde von HANS WEIGEL gefördert. Ihr erst Ende der 70er-Jahre wieder entdecktes lyr. Werk ist geprägt von Bildern der Melancholie und des Traums, ähnlich auch die eindringl. Prosatexte (›Pariser Tagebuch‹, 1950).

Ausgaben: Das Werk. Gedichte, Skizzen, Tagebücher, bearb. v. O. BREICHA u. a. (1977); Das blaue Licht. Lyrik u. Prosa, hg. v. DEMS. u. a. (1981).

Kraftpapier, Papier mit hoher Festigkeit aus ungebleichten, seltener gebleichten Natron- oder Sulfatzellstoff. Zu den K. gehören das bes. hochwertige Kraftsackpapier, Kraftspezialpapiere (Kabel-, Iso-

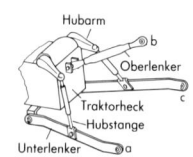

Kraftheber:
Heckseitiger Kraftheber an Traktoren; a, b, c genormte Koppelpunkte für Anbau- oder Anhängegeräte

Kraftrad: Modell des ersten Motorrads von Gottlieb Daimler; Petroleummotor, Holzrahmen, Holzspeichenräder; 1885 (München, Deutsches Museum)

lier- und Kraftspinnpapier) sowie das einseitig glatte, eng gerippte, gelbl. Kraftpackpapier.

Kraftrad, Kurz-Bez. **Krad,** Sammel-Bez. für alle Arten von einspurigen, zweirädrigen Kraftfahrzeugen, die mit oder ohne Knieschluss gefahren werden: Motorrad, Motorroller, Leicht-K., Klein-K. und Mofa.

Angetrieben wird ein Motorrad zumeist über einen luft-, teilweise auch wassergekühlten Viertaktmotor. Den früher ausschließlich verwendeten Zweitaktmotor haben heute nur leistungsstarke Sportmotorräder (wassergekühlt) oder Klein-K. und Leicht-K. (luftgekühlt). Der Rahmen besteht üblicherweise aus geschweißten, runden oder eckigen Stahlrohren, bei Rennmaschinen finden sich auch Aluminiumrahmen. Gussfelgen haben die früher übl. Speichenräder weitgehend ersetzt; die Vorderradführung übernimmt eine Teleskopgabel (bestehend aus Gabelstand- und Tauchrohr) oder eine Schwinge in unterschiedl. Ausführung. Für die Hinterradführung sorgt eine Schleppschwinge, die durch hydraul. Stoßdämpfer mit

Kraftrad: Dreirad von Albert de Dion und Charles Bouton; 1898 (London, Science Museum)

Schraubenfedern (Federbein) abgestützt wird. Dieses klass. Prinzip der Hinterradabstützung wird von Konstruktionen mit einem Zentralfederbein abgelöst. Vorder- und Hinterrad weisen unabhängig voneinander arbeitende hydraulisch oder mechanisch betätigte Bremsen auf; bei schweren Motorrädern wird vorn eine Doppelscheibenbremse eingesetzt, hinten kann sowohl eine Trommel- als auch eine Scheibenbremse sein. Aktiviert wird die vordere Bremsanlage durch den Bremshebel am rechten Handgriff, das Pedal vor der rechten Fußraste wirkt – hydraulisch oder durch Gestänge – auf die hintere Bremse.

Kupplung und Schaltgetriebe bilden zus. mit dem Motorgehäuse einen kompakten Block. Geschaltet wird i. d. R. mit dem linken Fuß, bei Motorrollern und Mofas durch eine an der linken Lenkerseite angebrachte Drehgriffschaltung. Die Kraftübertragung zum Hinterrad übernimmt entweder eine Rollenkette oder eine Kardanwelle. Bei Mofamotoren erzeugt ein Schwungrad-Magnetzünder die Zündspannung, größere K. sind mit Drehstromlichtmaschine und Batteriezündanlage ausgestattet sowie elektr. Anlasser; kleinere K. besitzen einen Kickstarter.

Die Straßenverkehrs-Zulassungs-Ordnung (StVZO) unterscheidet folgende Arten von K., und zwar K. i. e. S., meist **Motorräder** gen., die noch weiter unterteilt werden: a) K. (auch mit Beiwagen) mit einem Hubraum über 50 cm^3 und einer durch die Bauart bestimmten Höchstgeschwindigkeit von mehr als 50 km/h (Fahrerlaubnis Klasse 1); b) K. mit einer Nennleistung von nicht mehr als 20 kW (27 PS) und einem leistungsbezogenen Leergewicht von mindestens 7 kg/kW (Klasse 1 a); c) **Leicht-K.** mit einem Hubraum von weniger als 80 cm^3 und einer Höchstgeschwindig-

Kraftrad: Mofa Swing50 der Fahrzeug- und Motorentechnik GmbH Sachs; 1996

keit von 80 km/h (Klasse 1 b); weiterhin **Klein-K.** mit einem Hubraum von max. 50 cm^3 und 50 km/h Höchstgeschwindigkeit (Klasse 4); **Fahrräder mit Hilfsmotor,** die wesentl. Merkmale eines Fahrrades aufweisen und als Antriebsmaschine einen Verbrennungsmotor bis 50 cm^3 Hubraum und eine Höchstgeschwindigkeit bis 50 km/h besitzen (Klasse 4); **Mofas,** das sind Fahrräder mit Hilfsmotor, deren Höchstgeschwindigkeit nicht mehr als 25 km/h bei einer maximalen Nenndrehzahl von 4 800 U/min beträgt (Prüfbescheinigung notwendig); **Leichtmofas** besitzen sowohl Merkmale eines Fahrrades wie eines Mofas, der Hubraum ist auf maximal 30 cm^3 begrenzt, die Leistung auf 0,5 kW, die Höchstgeschwindigkeit auf 20 km/h (Prüfbescheinigung). Das Tragen eines Schutzhelms ist bis auf Leichtmofas bei allen K. Pflicht.

Motorräder mit fest angebautem Seitenwagen (Beiwagen) zur Mitnahme einer Person zählen zu den

Kraftrad: Yamaha XVZ 1300 AT Royal Star Tour Classic; 1996

Wörter, die man unter K vermisst, suche man unter C, Ch, G, H oder Q

Kraftrad: Sportkraftrad Honda NSR 125 R; 1996

Dreirad- bzw. Zweispurkraftfahrzeugen. **Motorroller** sind K. mit kleinen Rädern, verkleidetem Fahrwerk und freiem Einstieg zw. Lenksäule und Sitz.

Laut StVZO nicht mehr üblich sind die Bez. **Moped** für ein zu den Fahrrädern mit Hilfsmotor zählendes Kraftrad mit einem Motor von maximal 50 cm³ Hubraum und einer Höchstgeschwindigkeit von 40 km/h sowie **Mokick** für ein Kleinkraftrad, dessen Geschwindigkeit auf 40 km/h beschränkt ist (Hubraum maximal 50 cm³), das jedoch Merkmale des Motorrads (u. a. Kickstarter, Fußrasten) hat.

Geschichte: Als Vorläufer des Motorrads gilt das 1869 von dem Franzosen L. G. PERREAUX gebaute Dampfzweirad, das 15 km/h schnell gewesen sein soll. 1885 entwickelten G. DAIMLER und W. MAYBACH ihren rund 90 kg schweren ›Reitwagen‹; als erstes echtes K. gilt das von H. HILDEBRAND und A. WOLFMÜLLER 1892 konstruierte Zweirad mit Zweizylinder-Viertaktmotor, von dem ab 1894 angeblich rd. 800 Stück entstanden und das als erstes die Bez. ›Motorrad‹ trug.

H. W. BÖNSCH: Fortschrittl. Motorrad-Technik (1985); Ein Jh. Motorradtechnik, hg. v. C. BARTSCH (1987).

Kraftschluss, Sicherung der Verbindung zweier Teile (z. B. zweier Getriebeglieder) dadurch, dass sie im Ggs. zum →Formschluss durch eine äußere Kraft, meist eine Reibungskraft, in ihrer gegenseitigen Lage gehalten werden (z. B. K. zw. Rad und Fahrbahn).

Kraftschlussbeiwert, das Verhältnis der zw. Reifen und Fahrbahn bzw. Rad und Schiene übertragbaren Antriebs- oder Bremskräfte und der Normalkraft des Reifens (Rades) auf die Fahrbahn (Schiene); der K. ist abhängig von den Werkstoffen, der Oberflächenbeschaffenheit sowie vom Schlupf; sein Maximum entspricht dem Haftreibungsbeiwert.

Kraftsteuerung, Steuerwerk eines Flugzeuges, bei dem die Ruder durch eine Hilfskraft (erzeugt durch Elektromotoren oder Hydraulikzylinder) bewegt werden.

Kraftstoffbehälter, Tank, Behältnis in Fahrzeugen mit Verbrennungskraftmaschinen zum Mitführen des Kraftstoffs; bei Personenwagen meist aus Kunststoff, bei Lastkraftwagen, Land- und Baumaschinen überwiegend in Stahlausführung. K. müssen auslaufsicher, korrosionsbeständig, bei doppeltem Betriebsüberdruck dicht und durch Druckausgleichseinrichtungen gegen Überdruck geschützt sein. Beim Einbau von K. sind bestimmte Sicherheitsvorschriften zu beachten, z. B. eine ausreichende räuml. Trennung von Motor und K., um eine Entzündung bei Unfällen zu vermeiden. – Bei Luftfahrzeugen werden die **Kraftstoffinnenbehälter** oft durch Abdichtung von ohnehin vorhandenen Hohlräumen der Flugzeugzelle gebildet **(Integraltank);** Zusatzkraftstoff kann in meist abwerfbaren, strömungsgünstigen **Außenbehältern** mitgeführt werden, die unter dem Rumpf, unter den Tragflächen oder an den Flügelspitzen **(Tiptank)** angeordnet sind. Zum Brandschutz wird der sich bei Entleerung bildende Hohlraum oft mit Inertgas gefüllt; Füllungen mit offenporigen festen Schaumstoffen wirken ebenfalls stark explosionshemmend.

Kraftstoffe, meist flüssige oder gasförmige Brennstoffe, deren chemisch gebundene Energie mittelbar in mechan. Arbeit umgesetzt werden soll. Je nach Art der Verbrennungskraftmaschine wird zw. →Ottokraftstoffen, →Dieselkraftstoffen und →Turbinenkraftstoffen unterschieden.

Kraftstofffilter, Bauteil bei Verbrennungsmotoren, das den Vergaser oder die Einspritzanlage durch Filtration des Kraftstoffs vor Verunreinigungen schützt. Bei Motoren mit Einspritzanlage besteht das eigentl. Filterelement i. d. R. aus hochwertigem Spezialpapier mit einer Porenweite von 4 bis 10 μm (meist in Boxausführung). Daneben werden auch Leitungsfilter (Metalleinsätze mit definierter Durchlässigkeit) eingesetzt. Bei Vergasermotoren ist der K. entweder ein Sieb oder ein Feinfilter. Bei Dieselmotoren sind die K. oft beheizt, um Paraffinausscheidungen aus dem Kraftstoff bei niedrigen Temperaturen zu verhindern.

Kraftstoff-Luft-Gemisch, das Gemisch im Zylinder eines Verbrennungsmotors, dessen Verbrennung den Arbeitsdruck erzeugt. Es wird entweder außerhalb des Zylinders durch Vergaser oder Saugrohreinspritzung gebildet (Ottomotor) oder innerhalb durch Einspritzung in den Zylinder (z. B. beim Dieselmotor). Das K.-L.-G. ist nur in bestimmten Mischungsverhältnissen zündfähig (→Luftverhältnis).

Kraftstoffpumpe, Kraftstoffförderpumpe, bei Verbrennungsmotoren eine Pumpe, die den Kraftstoff aus dem Kraftstoffbehälter zum Vergaser oder zur Einspritzanlage fördert. Die K. ist bei Vergasermotoren meist als Membranpumpe, bei Dieselmotoren als Kolbenpumpe ausgebildet; der Antrieb erfolgt über einen Nocken. Bei Einspritzmotoren (Benzineinspritzung) wird oft zusätzlich eine elektrisch angetriebene Kreiselpumpe verwendet.

Kraftstofftrimmung, Maßnahme zur Einstellung eines für einen stationären Flugzustand eines Flugzeuges erforderl. Momentengleichgewichts um die Querachse durch Verlagerung des Schwerpunktes in

Kraftstoffpumpe: Schematische Darstellung einer Membranpumpe; durch den beim Saughub im Füllraum entstehenden Unterdruck kann Kraftstoff durch das geöffnete Saugventil einströmen; beim Druckhub werden Stößel und Membran nach oben gedrückt, durch den so erzeugten Druck wird das Druckventil geöffnet, der Kraftstoff zum Vergaser befördert

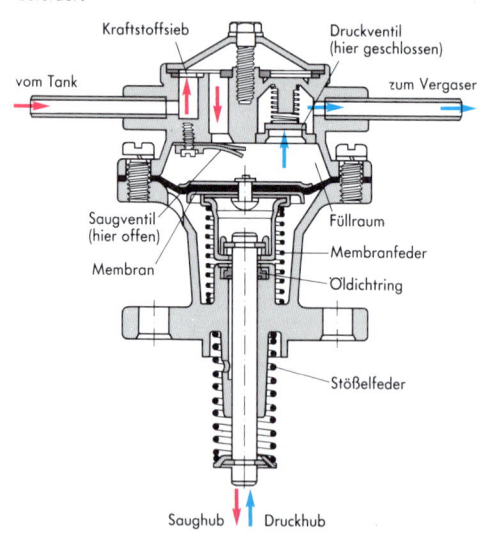

Kraftwagen: links Gottlieb Daimler (hinten) mit seinem vierrädrigen Wagen; 1886; rechts Dreirädriger Motorwagen von Carl Benz; 1885

der Rumpflängsrichtung. Hierzu wird Kraftstoff zw. den schwerpunktnahen Hauptbehältern und einem schwerpunktfernen (im Heck gelegenen) Trimmtank umgepumpt. Durch K. kann das sonst zum Momentenausgleich erforderl. Höhenleitwerksmoment sowie der Trimmwiderstand vermindert werden.

Kraftstoffverbrauch, Kraftstoffmenge, die ein Fahrzeug mit Verbrennungskraftmaschine zur Bewältigung einer bestimmten Strecke benötigt; meist in Liter je 100 km angegeben. Für einen direkten Vergleich zw. Motoren ist die Angabe des spezif. Verbrauchs in kg/(kW·h) zweckmäßiger, da dieser ein Maß für den Wirkungsgrad des Motors ist. Lange Zeit wurde der K. von Personenkraftwagen anhand von drei festgelegten Verfahren bestimmt (→DIN-Verbrauch, →Drittelmix). Seit 1997 wird er in den meisten europ. Ländern nach →Euromix ermittelt, was realere Verbrauchswerte liefert. – Die Minderung des K. ist ein wichtiges Anliegen der Energie- und Umweltpolitik. Durch techn. Verbesserungen hat sich der durchschnittl. K. je Pkw/Kombi im Vergleich zu 1978 trotz erhöhter Fahrleistung um rd. 100 Liter pro Jahr verringert; diese Tendenz hat sich jedoch seit Mitte der 80er-Jahre stark verlangsamt, sie ist z. T. sogar rückläufig. Gründe sind u. a. der Rückgang von mit Dieselkraftstoff betriebenen Kfz, eine erhöhte Nachfrage nach leistungsstärkeren Kfz sowie die Einführung von Fahrzeugen mit geregeltem Katalysator, die ein exaktes →Luftverhältnis erfordern und ein ›Abmagern‹ des Kraftstoff-Luft-Gemisches bei Teillast nicht ermöglichen. Weiterhin ist die Ausstattung mit Baugruppen zur Sicherheits- bzw. Komforterhöhung (ABS, ASR Servolenkung, Klimaanlage u. a.) zu nennen.

Kraftstufe, zur Ausnutzung durch ein Wasserkraftwerk vorgesehene oder ausgebaute Fallstufe.

Kraftverkehrsversicherung, die →Kraftfahrtversicherung.

Kraft-Verlängerungs-Diagramm, das im Zugversuch beim stetigen Belasten der Probe bis zum Bruch aufgenommene Diagramm mit den rechtwinkligen Koordinaten Kraft und Verlängerung. Durch Beziehen der Größen auf den Ausgangsquerschnitt oder auf die Ausgangslänge der Zugprobe erhält man das für den Werkstoff spezif. →Spannungs-Dehnungs-Diagramm.

Kraftwagen, Automobil, Kw. **Auto,** nach Verwendungszweck unterschiedlich konstruiertes, mehrspuriges Kraftfahrzeug zur Beförderung von Personen und/oder Lasten sowie für Sonderzwecke. Man unterscheidet **Personen-K.** (Pkw) und **Nutz-K.** (Nkw) sowie im Motorsport Sport- und Rennwagen. Pkw wurden früher meist nach dem Hubraum des Motors in drei Klassen eingeteilt: **Kleinwagen** (bis 1,0 l), **Mittelklassewagen** (von 1,1 bis 2,0 l) und **Oberklassewagen** (über 2,0 l); die Übergänge sind heute fließend. Ein anderes Unterscheidungsmerkmal ist die Ausführung der →Karosserie (Limousine, Kombi, Kabriolett, Coupé, Roadster). Nkw werden unterteilt in Lastkraftwagen, Kraftomnibusse und Zugmaschinen (Straßenzugmaschinen, Sattelzugmaschinen, Ackerschlepper). Angetrieben werden K. gewöhnlich von Verbrennungsmotoren (→Fahrzeugmotoren), gelegentlich durch Elektromotoren; der Antrieb durch →Fahrzeugturbinen ist in der Entwicklung.

Den Motor mit den zu seinem Betrieb notwendigen Einrichtungen und allen Kraftübertragungsteilen rechnet man zum **Triebwerk.** Die vom Motor erzeugte, als Drehmoment von der Schwungscheibe abgegebene Kraft wird über die K.-Kupplung (→Kupplung), das →Kraftwagengetriebe und, je nach Lage des Motors, entweder über die Kardanwelle (Frontmotor mit Hinterradantrieb) oder direkt (Frontmotor mit Vorderradantrieb; Heckmotor mit Hinterradantrieb) auf das →Ausgleichsgetriebe übertragen, dieses teilt das Drehmoment dann auf die Antriebswellen mit den Antriebsrädern auf. Während der vorn liegende Motor und angetriebene Hinterräder jahrzehntelang die Standardanordnung bildeten, war später der Frontmotor mit Vorderradantrieb bei kleinen bis mittleren Pkw verbreitet. Heckmotoranordnung ist bei Pkw selten geworden, ist bei Bussen die Regel. Bei Gelände- und Baustellenfahrzeugen, zunehmend auch bei Pkw, wird vielfach →Allradantrieb verwendet, um höchste Zugkraftübertragung zu ermöglichen. Neuere Entwicklungen dienen v. a. der inneren und äußeren Sicherheit (z. B. Antiblockiersystem), dem Umweltschutz (Geräuschminderung, Minderung der Abgasemission) und der größeren Wirtschaftlichkeit (Minderung des Kraftstoffverbrauchs, Verringerung des Wartungsaufwands). Ein erhebl. Teil der Verbesserungen steht

Kraftwagen: Rolls Royce ›Silver Ghost‹; Modelljahr 1913

Wörter, die man unter K vermisst, suche man unter C, Ch, G, H oder Q

Kraf Kraftwagen

Kraftwagen: Das millionste Exemplar des ›Käfers‹ von Volkswagen; Modelljahr 1955

im direkten Zusammenhang mit der Anwendung der Mikroelektronik sowie neuer Werkstoffe im K.-Bau. Richtungweisendes Vorhaben ist das ›Dreiliterauto‹, ein Pkw mit einem Euromixverbrauch von 3 l/100 km. Die Konstruktion ist technisch bereits möglich, die Serienproduktion scheitert aber derzeit an den zu hohen Kosten.

Geschichte: Vorläufer des K. ist der Dampfwagen von N. J. CUGNOT, der als Zugmaschine für Artilleriefahrzeuge dienen sollte, sich aber nicht bewährte. Zw. 1825 und 1865 spielten, namentlich in Großbritannien, die Straßendampfwagen zur Personenbeförderung eine Rolle. In den 1860er-Jahren wurden die ersten Versuche mit K. mit Verbrennungsmotor gemacht, ohne dass den Fahrzeugen Erfolg beschieden war. So baute S. MARCUS in Wien um 1870 einen primitiven K., indem er einen hölzernen Handwagen mit einem atmosphär. Motor versah. Mit einem viel besser konstruierten K. (mit Viertaktmotor und elektr. Zündung), den man bisher auf 1875 ansetzte, trat MARCUS frühestens 1888 hervor. Doch schon 1885/86 hatten C. BENZ und G. DAIMLER unabhängig voneinander K. gebaut, an die sich eine erfolgreiche Entwicklung anschloss: 1885 fertigte BENZ den ersten dreirädrigen K., der schon die Einheit von Fahrgestell und Motor erkennen lässt, während DAIMLER zus. mit seinem Chefkonstrukteur W. MAYBACH 1886 den ersten vierrädrigen K. schuf. Basis für die ersten ›Fahrzeugmotoren‹ bildete der von N. A. OTTO 1876 entwickelte stationäre Viertaktmotor. Der Wagen von BENZ hatte einen aus Gasrohren zusammengebogenen Rahmen und Drahtspeichenräder mit Vollgummibereifung. Er wurde von einem hinten angeordneten, liegenden, schiebergesteuerten Viertaktmotor von 0,75 PS Leistung angetrieben, der bereits elektr. Zündung aufwies und dessen Kraft über Kegelräder und Vorgelegewelle mit Riemen auf ein Kegelradausgleichsgetriebe der heute noch übl. Bauweise und von dort über Ketten auf die Hinterräder übertragen wurde. Das Vorderrad wurde durch einen Hebel gelenkt. DAIMLER und MAYBACH betrachteten Art und Aussehen des Fahrzeugs zunächst als zweitrangig. DAIMLERS Wagen war ein gewöhnl. Kutschwagen ohne Deichsel, der durch eine Kurbel über ein Zahnrad gelenkt wurde. Er wurde durch einen in der Mitte des Wagens stehenden Einzylinderviertaktmotor mit ›ungesteuerter‹ Glührohrzündung von 1,1 PS Leistung angetrieben, wobei die Kraft über Riemen auf eine hinter der Hinterachse liegende Welle und von dort durch Zahnräder auf die an den Speichen der Hinterräder befestigten Zahnkränze übertragen wurde. Durch wahlweises Kuppeln der Vorgelegewelle mit einer kleineren oder einer größeren Riemenscheibe konnten zwei Geschwindigkeiten geschaltet werden. Während sich der K. in Dtl. nur

Kraftwagen: Mercedes-Benz, SLK-Klasse, 1996

langsam durchsetzte, erschienen 1890 die ersten Fahrzeuge von Panhard & Levassor sowie von Peugeot mit Daimler-Motoren in Frankreich. 1893 brachte BENZ seinen ersten vierrädrigen K. (›Benz Victoria‹) mit Achsschenkellenkung heraus.

Erst allmählich setzte sich eine den Bedingungen des Motorantriebes angepasste Veränderung des Wagenaufbaus und Fahrgestells durch. Die weitere Entwicklung ist gekennzeichnet durch die Erfindung des Luftreifens von J. B. DUNLOP (1888), der 1895 von den Brüdern ANDRÉ und ÉDOUARD MICHELIN zum ersten Mal beim Rennsport erprobt wurde. Weitere Schritte waren die Erfindung des Spritzdüsenvergasers von MAYBACH (1893), die Einführung der Kraftübertragung mittels Kardanwelle (1899 patentiert) durch die Brüder L. und F. RENAULT und die Entwicklung der Kerzenzündung durch die Firma Robert Bosch u. a. 1900/01 baute MAYBACH in der ›Daimler-Motoren-Gesellschaft‹ auf Anraten E. JELLINEKS einen Wagen (nach einer der Töchter JELLINEKS ›Mercedes‹ gen.; vier Zylinder, 35 PS, 72 km/h Geschwindigkeit), der als der erste moderne K. bezeichnet werden kann, und mit dem sich der K. von der Form und Technik der Kutsche zu entfernen begann. In Amerika wurde seit 1908 durch H. FORD der K. zur Massenware (Modell ›T‹, von dem in 19 Jahren über 15 Mio. Exemplare gebaut wurden). 1912 wurde das von H. FÖTTINGER entwickelte hydrodynam. Getriebe (→Druckmittelgetriebe) erstmals in einen K. eingebaut. 1913 begann FORD mit der Fließbandfertigung. 1914 war (durch M. LOCKHEED) die hydraul. Bremse, 1939 (durch H. KLAUE) die Scheibenbremse, 1948 der

Kraftwagen: Bestand an Pkw und Lkw (1995) **und Pkw-Dichte**
(Anzahl je 1000 Ew.)

Staat	Personenkraftwagen		Lastkraftwagen
	Bestand	je 1000 Ew.	Bestand
Belgien	4 265 987	426	503 316
Dänemark	1 684 766	325	342 332
Deutschland	40 499 442	496	3 639 717
Finnland	1 888 072	369	257 177
Frankreich	25 100 000	432	5 195 000
Griechenland	2 075 605	199	873 647
Großbritannien	24 306 781	417	3 156 778
Irland	990 384	278	141 785
Italien	29 850 000	522	2 756 000
Luxemburg	224 894	426	27 144
Niederlande	5 633 000	362	658 000
Österreich	3 593 588	450	312 659
Portugal	2 560 000	261	880 100
Russland	13 638 600*)	93	9 856 000
Schweden	3 630 760	413	322 286
Schweiz	3 229 169*)	446	299 319
Spanien	14 212 259	359	3 333 806
Japan	42 679 000*)	342	22 333 000
Süd-Korea	4 334 000	97	2 020 000
USA	147 171 000*)	562	42 298 000

*) Ende 1994

Kraftwagengetriebe **Kraf**

Gürtelreifen gebrauchsreif entwickelt. 1964 ging der erste K. mit dem von F. WANKEL entwickelten Rotationskolbenmotor in Serienproduktion. 1967 wurden die ersten K. mit elektron. Benzineinspritzung vorgestellt, 1973 zwei neue Systeme: eine mechanisch gesteuerte Variante mit kontinuierl. Einspritzung und eine elektronisch gesteuerte mit intermittierender Benzineinspritzung. Weitere Neuerungen betrafen insbesondere die Sicherheit (Antiblockiersystem) und den Umweltschutz (seit 1984 serienmäßiger Einbau von Katalysatoren). – In den modernen Gesellschaften ist das Automobil zum wichtigsten Verkehrsmittel geworden; seine massenhafte Nutzung ist jedoch mit erhebl. Umweltbelastungen (Verkehrslärm, Schadstoffemissionen) und einer hohen Unfallgefährdung verbunden (→Mobilität, →Verkehrsentwicklung).

Automobile. Technikgesch. im Dt. Museum, bearb. v. E. ECKERMANN (1989); U. SEIFFERT u. P. WALZER: Automobiltechnik der Zukunft (1989); Fachkunde Kraftfahrzeugtechnik, hg. v. R. GSCHEIDLE (^{25}1994); Kraftfahrtechn. Tb., hg. v. H. BAUER (^{22}1995).

Kraftwagengetriebe, ein Getriebe oder Drehzahl-Drehmoment-Wandler, mit dem das Übersetzungsverhältnis zw. Motor und Ausgleichsgetriebe geändert wird, sodass der Motor bei jeder Fahrgeschwindigkeit in dem für Leistung oder Kraftstoffverbrauch jeweils günstigsten Drehzahlbereich arbeitet.

Beim mechan. **Stufengetriebe** handelt es sich i. d. R. um ein mehrstufiges, manuell oder automatisch schaltbares Zahnradgetriebe. Zum Anfahren wird die größte Übersetzung geschaltet. Handschaltgetriebe sind i. d. R. als **Vorgelegegetriebe** ausgeführt, dabei wird von der Kupplungswelle über ein Zahnradpaar zunächst eine Vorgelegewelle angetrieben, von der die einzelnen Zahnradstufen auf die Abtriebswelle (Getriebehauptwelle) wirken; durch unmittelbares Kuppeln der Abtriebswelle mit der Kupplungswelle kann ein direkter Gang geschaffen werden. Beim Rückwärtsgang wird die Bewegungsumkehr durch ein drittes Zahnrad zw. den Wellen erzielt. I. d. R. sind die meist schräg verzahnten Räder ständig im Eingriff; die Räder auf der Getriebehauptwelle sitzen lose und werden je nach eingelegtem Gang durch eine drehfeste, längsverschiebl. Schaltmuffe mit der Welle gekuppelt. Bei **Klauengetrieben** stellen seitl. Klauen an Schaltmuffe und Zahnrädern die Verbindung her; lediglich für den Rückwärtsgang werden heute noch Schiebezahnräder eingesetzt. Bei den heute übl. **Synchrongetrieben** wird das Einrasten der Klauen erleichtert, indem durch Reibungskupplungen die Drehzahl von Schaltmuffe (d. h. Welle) und Zahnrad annähernd angeglichen (synchronisiert) wird; **Sperrsynchronisierung** bedeutet, dass Schaltmuffe und Zahnrad zwangsweise erst bei Gleichlauf gekuppelt werden können. Zusätzl. Zahnradstufen hinter oder vor dem eigentl. Getriebe bilden **Gruppengetriebe** mit verdoppelter Gangzahl (Lastkraftwagen). **Umlaufgetriebe (Planetengetriebe)** werden als Schnellgang-Zusatzstufe (**Overdrive** beim Personenkraftwagen) oder in Verbindung mit hydrodynam. Getrieben eingesetzt. Beim **halbautomatischen** K. (hauptsächlich für Lkw) geht der Kraftfluss vom Motor über Drehmomentwandler und Kupplung zum Stufengetriebe. Das Anfahren wird vereinfacht, die Zahl der Schaltungen durch den Wandler verringert, Schalterleichterung bis hin zu automat. Betätigung der Kupplung bei Berühren des Schalthebels bieten. **Automatische Getriebe** passen sich selbstständig den geforderten Bedingungen an und wählen, schalten bzw. stellen selbsttätig die für die jeweilige Fahrgeschwindigkeit vorgesehene Übersetzung ein **(Getriebeautomat).** Fahrzeuge mit automat. Getriebe haben kein Kupplungspedal: nach dem Wählen der Fahrstellung (einschließlich Rückwärtsgang) mithilfe eines Wählhebels oder Druckknopfs wird nur noch Gas gegeben oder gebremst. Das Getriebe schaltet dann von selbst – abhängig von der Belastung – in den höheren oder niedrigeren Gang. Der Fahrer kann mit starkem Durchtreten des Gaspedals **(Kick-down)** die Fahrgeschwindigkeit, bei der von einem in den anderen Gang geschaltet wird, höher legen, sodass erst später hoch- und schon früher heruntergeschaltet wird (vorteilhaft bei raschem Beschleunigen). In Neutralstellung ist der Motor von den Antriebsrädern getrennt, in Parkstellung bleibt er über das automat. mit ihnen verbunden. Getriebe mit ihnen verbunden. **Getriebe mit selektiver Automatik** werden durch Stellen des Wahlhebels auf eine Zahl so beeinflusst, dass sie nur bis zum entsprechenden Gang hochschalten, was z. B. bei Talfahrt vorteilhaft sein kann.

Automat. Getriebe bestehen heute meist aus einem oder mehreren →Planetengetrieben, denen eine →Strömungskupplung vorgeschaltet ist. Diese erlaubt das Anfahren aus dem Stillstand allein durch Gasgeben, kann aber nur ein Drehmoment abgeben, das gleich dem Eingangsdrehmoment ist. Die Drehmomentwandlung (meist Vergrößerung des Drehmoments) übernehmen die nachgeschalteten Planetengetriebe, bei denen die Zahnräder dauernd im Eingriff stehen. Das Schalten bzw. das Einstellen einer anderen Übersetzung kann hier durch wahlweises Festhalten der einzelnen Bauteile (des Sonnenrades, des

Kraftwagen: Mercedes-Benz, SLK-Klasse; Phantomzeichnung

Kraftwagengetriebe: Schnittzeichnung eines modernen 4-Gang-Synchrongetriebes

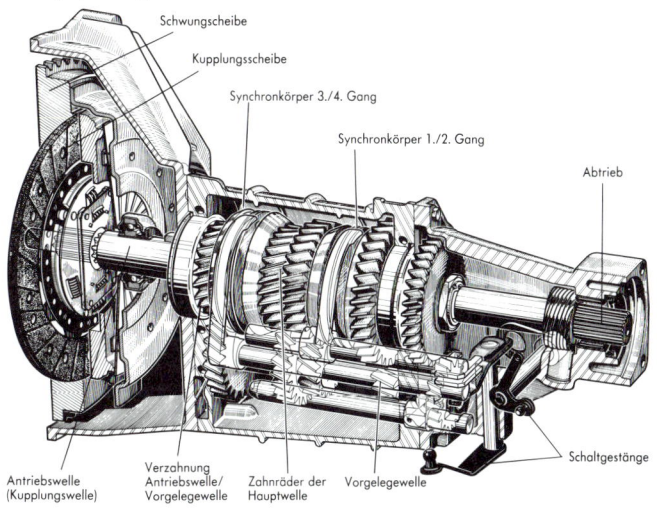

Hohlrades oder des Planetenradträgers) erfolgen, die alle drei mit je einer Welle bzw. Hohlwelle verbunden sind. Um den konstruktiven Aufwand klein zu halten, wird fast immer nur eine dieser Wellen als Antriebswelle benutzt. Durch Festhalten von jeweils einer der beiden anderen Wellen ergeben sich dann zwei Übersetzungen. Zusätzlich ist eine Verblockung des Getriebes möglich, wobei sich dieses als Ganzes dreht: dadurch ergibt sich eine dritte ›Übersetzung‹, der direkte Gang (Antriebsdrehzahl gleich Abtriebsdrehzahl).

Die **Getriebesteuerung** erfolgt entweder rein hydraulisch durch Steuerdrücke, die von zwei Ölpumpen erzeugt werden, oder elektrohydraulisch, wobei die von Sensoren ermittelten Kenndaten (Getriebeabtriebsdrehzahl, Lastzustand, Motordrehzahl, Wählhebelstellung, Stellung des Programm- oder Kick-down-Schalters) an das Steuergerät weitergeleitet, verarbeitet und in entsprechende Ausgangssignale umgewandelt werden. **Stufenlose Getriebe** können als mechan., hydraul. oder elektr. Getriebe ausgeführt werden; stufenlose mechan. Getriebe erreichen eine stetig veränderbare Übersetzung meist mit Keilriemen und Riemenscheiben, die durch Fliehgewichte und Servoeinrichtungen in Abhängigkeit von Fahrgeschwindigkeit und Gaspedalstellung verschoben werden.

Kraftwagenkupplung, →Kupplung.

Kraft-Wärme-Kopplung, Abk. **KWK,** die gleichzeitige Gewinnung von mechan. Energie, die i. d. R. unmittelbar in Elektrizität umgewandelt wird, und nutzbarer Wärme für Heizzwecke (Fernwärme) oder Produktionsprozesse (Prozesswärme) in einem thermodynam. Prozess in einer Anlage (Heizkraftwerk).

In Kraftwerken zur ausschließl. Stromerzeugung werden Teilmengen des Dampfes, der der Turbine zugeführt wurde, an einer oder mehreren Stellen der Turbine geregelt (Entnahme) oder ungeregelt (Anzapfung) entnommen, um anschließend das Speisewasser vorzuwärmen, was den Wirkungsgrad des Gesamtprozesses erhöht. In Heizkraftwerken dagegen werden diese Teilmengen auch dazu verwendet, externe Wärmeverbraucher zu versorgen, entweder direkt als Heizdampf bzw. zur Unterstützung chem. Prozesse (Prozessdampf) oder indirekt zur Abgabe der Wärmeenergie über einen Wärmetauscher. Dabei kann die Restdampfmenge in der Turbine bis zur Kondensation unter Vakuum (Kondensationsturbine) oder, in seltenen Fällen, bis zu einem darüber liegenden Enddruck (›Gegendruck‹) der Turbine (Gegendruckturbine) geführt werden, um von dort insgesamt als weiterer Heizdampf einen Wärmeverbraucher direkt oder indirekt zu versorgen. Der Gegendruck liegt dabei meist über dem Umgebungsdruck. Bei Gegendruckturbinen ist die Stromerzeugung starr an die Wärmeerzeugung gekoppelt, was stets einen gleichzeitigen Strom- und Wärmebedarf erfordert. Dies ist z. B. bei industriellen Prozessen der Fall, wobei aus wirtschaftl. Gründen der Wärmebedarf den KWK-Prozess bestimmt.

Da bei der Dampfentnahme für externe Verbraucher die Energie der ausgekoppelten Dampfmenge nicht der Stromerzeugung dienen kann, fällt Letztere gegenüber ausschließlich dafür ausgelegten Anlagen zwangsläufig geringer aus. Im Vergleich zur getrennten Stromerzeugung in Kondensationskraftwerken und Dampferzeugung für Heiz- oder Prozesszwecke in Dampfkesseln ohne nachgeschaltete Turbine (Heizwerk) kann bei KWK, insbesondere in industriellen Prozessen mit hohen jährl. Auslastungen, insgesamt die eingesetzte Primärenergie besser ausgenutzt werden. Im Idealfall lassen sich Nutzungsgrade von 85 bis 90 % erreichen. Aufgrund des saisonal stark schwankenden Wärmebedarfs in der öffentl. Versorgung und des wechselnden Verhältnisses von Wärme- und Strombedarf sind jedoch die jährl. Ausnutzungsdauer sowie die Nutzungsgrade geringer.

Der Beitrag der Kraftwerke mit KWK zur öffentl. Stromversorgung betrug in Dtl. 1995 etwa 20,7 Mrd. kWh (von insgesamt 426 Mrd. kWh) bei einer installierten elektr. Leistung von 9 700 MW. Ihr Anteil an der Fernwärmeversorgung betrug rd. 62 %. Der Anteil der Fernwärme an der gesamten Heiz- und Prozesswärmemenge rund 6 % aus.

Kraftwerk, *Energietechnik:* techn. Anlage, in der durch Energieumwandlung Elektrizität erzeugt wird; kann in dieser Anlage auch Wärme ausgekoppelt werden (→Kraft-Wärme-Kopplung), so bezeichnet man sie als Heizkraftwerk.

Nach Art der eingesetzten Energie und der Energieumwandlung unterscheidet man bei den in Dtl. vorherrschenden K. v. a. Wasser-K. und Wärme-K. (therm. K.); Letztere werden weiter nach der Art der Brennstoffe (z. B. Steinkohle, Öl, Gas, Uran/Thorium) differenziert. Wegen der begrenzten Vorräte der fossilen und nuklearen Brennstoffe sowie aus Gründen des Umweltschutzes und der Risikominderung werden in den letzten Jahren vermehrt Einsatz und Erprobung von →erneuerbaren Energien gefördert. Als Antriebsmaschinen für die Generatoren dienen Wasserturbinen und in Wärme-K. Dampfturbinen, Gasturbinen oder Verbrennungsmotoren (Dieselmotoren und mit Erd-, Bio-, Klär- oder Deponiegas betriebene Gasmotoren). Verbrennungsmotoren-K. in Verbindung mit Abwärmenutzung werden auch als →Blockheizkraftwerke bezeichnet.

Standort und Größe der K. richten sich nach Ort und Art des Energieangebots (z. B. bei Wasser-K. nach dem mögl. nutzbaren Gefälle und besonderen geolog. und topograph. Gegebenheiten, bei Braunkohle-K. nach den Lagerstätten, um einen unwirtschaftl. Transport zu vermeiden), nach den Schwerpunkten des Energiebedarfs (Ballungsräume), nach den Anlieferungsmöglichkeiten der Brennstoffe und bei Dampf-K. auch nach der Verfügbarkeit von Kühlwasser zur Dampfkondensation.

Der Elektrizitätsbedarf ist im zeitl. Verlauf (Tag, Woche) sowie saisonal (Sommer, Winter) unterschiedlich. Entsprechend haben sich auch sehr unterschiedl. K.-Arten entwickelt, um eine insgesamt sichere und kostengünstige Elektrizitätsversorgung gewährleisten zu können. Im Dauerbetrieb werden aufgrund ihrer techn. Auslegung und der Kostenstruktur (niedrige Energiekosten) →Grundlastkraftwerke eingesetzt, die hohe →Benutzungsdauern erreichen. Für häufig wechselnde Anforderungen (tägl. An- und Abfahren) sind →Mittelleistungskraftwerke ausgelegt; →Spitzenkraftwerke lassen mehrmaliges Anfahren pro Tag bei kurzen Anfahrzeiten und hohen Leistungsänderungsgeschwindigkeiten zu.

⇨ *Dampfkraftwerk · Energiepolitik · Energiewirtschaft · geothermisches Kraftwerk · Kernkraftwerk · Kohlekraftwerk · Wärmekraftwerk · Wasserkraftwerk · Windkraftwerk*

H. HAPPOLDT u. D. OEDING: Elektr. K. u. Netze (⁵1978); R. LAUFEN: K. Grundl., Wärme-K., Wasser-K. (1984).

Kraftwerk, 1968 in Düsseldorf gegründete Electronic-Rock-Band um RALF HÜTTER (* 1946, Gesang, Electronics [tonerzeugende und -verändernde Elektrogeräte]) und FLORIAN SCHNEIDER (* 1947, Gesang, Electronics); der maschinenartige synthet. Sound (u. a. ›Autobahn‹, 1974; ›Trans Europa Express‹, 1977) der Band (zumeist in Quartettbesetzung mit zwei elektron. Schlagzeugen) erwies sich trotz des weltweiten Erfolgs in den 70er-Jahren als seiner Zeit weit voraus, er gehört zu den wichtigsten Quellen für die Technomusik der 90er-Jahre.

Krag, 1) Jens Otto, dän. Politiker, * Randers 15. 9. 1914, † Skiveren (bei Skagen; nach anderen Angaben Kopenhagen) 22. 6. 1978; war 1962–72 Vors. der dän. Sozialdemokraten und mehrfach Min. (u. a. Außen-

Min. 1958–62, 1966–67) sowie Min.-Präs. (1962–68, 1971–72). K. bemühte sich erfolgreich um Dänemarks Beitritt zu den Europ. Gemeinschaften. Für seine Verdienste um Europa erhielt er 1966 den Internat. Karlspreis der Stadt Aachen.

2) Thomas Peter, norweg. Schriftsteller, *Kragerø (Prov. Telemark) 28. 7. 1868, †Christiania (heute Oslo) 13. 3. 1913, Bruder von 3); K.s lyrisch-stimmungsvolle Erzählungen (›Tusmørke‹, 1898) und Romane (›Jon Græff‹, 1891, dt; ›Kobberslangen‹, 1895, dt. ›Die eherne Schlange‹) kennzeichnen ihn als Neuromantiker.

3) Vilhelm Andreas, norweg. Schriftsteller, *Kristiansand 24. 12. 1871, †Ny Hellesund (bei Kristiansand) 10. 7. 1933, Bruder von 2); 1908–11 Leiter des Nationaltheaters in Oslo; markierte mit seiner einfühlsamen Lyrik den Beginn der norweg. Neuromantik; auch Dramen und natur- und volksnahe Novellen.
Werke: Gedichte: Digte (1891); Sange fra Syden (1893); Sange fra min Ø (1918). – *Roman:* Hjemve (1895). – *Erzählungen:* Den glade Løitnant (1896; dt. Der lustige Leutnant); Major von Knarren og hans Venner (1906; dt. Major von Knarren u. seine Freunde). – *Dramen:* Den siste Dag (1897); Baldevins Bryllup (1900).

Kragehul, Ort eines großen Moorfundes bei Assens (Fünen), Dänemark, mit Schwertern, Speeren, Lanzen, Äxten, Schilden, Bogen, Pfeilen, Bronzegefäßen und einer Runenschrift auf einem Messergriff. Die Funde sind Zeugnisse verschiedener Kriegsbeuteopfer aus dem 5. und 6. Jahrhundert.

Kragen, selbstständiges oder am Halsausschnitt von Mantel, Hemd, Kleid, Jacke, Bluse befestigtes Gewandstück mit schmückender, wärmender oder bedeckender Funktion. Grundformen des K. sind Steh-K., Schulter-K., Rollkragen. (→Beffchen, →Halskrause, →Koller, →Kröse, →Rabat, →Schillerkragen, →Stuartkragen, →Vatermörder)

Kragenbär, →Bären.

Kragen|echse, Clamydosaurus kingii, etwa 90 cm lange Agame in Trockenwäldern Australiens und Neuguineas; mit breiter Halskrause (Durchmesser bis 30 cm), die mithilfe der stark entwickelten Zungenbeinhörner abgespreizt werden kann (Teil des Droh- und Imponierverhaltens). Die Farbe kann gewechselt werden, bes. bei Erregung treten am Kragen leuchtend rote, weiße und schwarze Flecken auf. Bei schneller Flucht läuft die K. häufig nur auf den Hinterbeinen. K. ernähren sich von Spinnen, Insekten und kleinen Säugetieren.

Kragengeißelzellen, Kragenzellen, Choanozyten, Zellen, bei denen die Geißel von einer kragenförmigen Erhebung (Collare) umgeben ist, z. B. bei Schwämmen (dienen der Nahrungsaufnahme) und bei manchen Einzellern (Choanoflagellaten).

Kragenknopfpanaritium, →Fingerentzündung.

Kragenspiegel, auf beiden Kragenecken einer Uniform angebrachtes Stoffabzeichen, i. Allg. zur Kennzeichnung einer Truppengattung, seltener eines Dienstes oder eines Ranges. – In der *Bundeswehr* werden die K. auf der Dienstanzug- und Sommeranzugjacke sowie der Skibluse getragen. Beim Heer zeigen sie die je nach Truppengattung farblich versch. unterlegte ›doppelte Kapellenlitze‹, bei der Luftwaffe für alle Soldaten in Art und Farbe einheitlich Schwinge in Eichenlaubkranz auf goldgelbem Grund. Die K. der Generale (Heer und Luftwaffe) tragen eine Rankenstickerei auf hochrotem Grund, die der Offiziere im Generalstabsdienst (Heer und Luftwaffe) eine der doppelten Kapellenlitze ähnl. Kolbenstickerei auf karmesinrotem Grund.

Kragentiere, Hemichordata, Branchiotremata, Stamm der Deuterostomier mit den beiden Klassen →Flügelkiemer und →Eichelwürmer. Der von Kiemenspalten durchbrochene Vorderdarm (Kiemen-darm) lässt auf eine enge Verwandtschaft mit den Chordatieren schließen.

Kragenziehen, Kragenbiegen, Umformverfahren (Zugdruckumformung) mittels Stempel und Matrize zum Aufstellen von Rändern (Borde, Kragen) ausgeschnittener Öffnungen in Werkstücken (Blechteilen, Rohren), zur Versteifung, als Schweißanschluss oder zum Einschneiden von Gewinden.

Kragsims, ein →Gesims, das ›auskragend‹ einen hervortretenden Gebäudeteil, z. B. Erker, stützt.

Kragstein, *Baukunst:* →Konsole.

Kragujevac [-vats], Industriestadt in Serbien, Jugoslawien, in der Šumadija, 147 300 Ew.; Univ. (gegr. 1976), technisch-histor. Museum; Automobilwerk, Werkzeugmaschinenbau, elektrotechn. Industrie, Konservenfabrik. – Erstmals 1565 in türk. Urkunden erwähnt, erlangte durch österr. Besatzung (1718–38) militär. Bedeutung. 1805 von den Serben erobert, war 1818–39 Hauptstadt des Fürstentums Serbien.

Krähberg, Bergrücken im hess. Odenwald, 547 m ü. M., mit 3 100 m langem Tunnel der Odenwaldbahn.

Krahe, Hans, Indogermanist, *Gelsenkirchen 7. 2. 1898, †Tübingen 25. 6. 1965; wurde 1936 Prof. in Würzburg, 1947 in Heidelberg und 1950 in Tübingen; verband sprachwiss. und namenkundl. Forschung und untersuchte bes. die vorgeschichtl. Gewässernamen West-, Nord- und Mitteleuropas.
Werke: German. Sprachwiss., 2 Bde. (1942); Indogerman. Sprachwiss. (1943); Sprache u. Vorzeit (1954); Unsere ältesten Flußnamen (1964).

Krähen [ahd. krā(wa) ›Krächzerin‹], Sammel-Bez. für einige mittelgroße Rabenvögel der Gattung Corvus, darunter in Europa die →Saatkrähe und die Aaskrähe mit den Unterarten **Rabenkrähe** (Corvus corone corone; etwa 45 cm lang, Gefieder schwarz) und **Nebelkrähe** (Corvus corone cornix; ähnlich der Rabenkrähe, aber Rücken und Unterseite grau).

Krähenbeere, Grambeere, Empetrum, Gattung der K.-Gewächse mit zwei Arten, die v. a. in den arkt. und temperierten Gebieten der N-Halbkugel verbreitet sind; immergrüne, heidekrautartige Zwergsträucher mit unscheinbaren Blüten und beerenartigen Steinfrüchten. Eine bekannte Art ist die **Schwarze K.** (Empetrum nigrum), eine 15–45 cm hohe Pflanze, die in der subalpinen Gebirgsstufe sowie in arktisch-alpinen Pflanzengesellschaften der N-Halbkugel vorkommt und dort ausgedehnte Teppiche bildet. Ihre dunkelvioletten bis schwarzen, bitteren Früchte sind essbar; sie werden bes. in den skandinav. Ländern roh gegessen oder zu Saft, Marmelade u. a. verarbeitet.

Krähenbeerengewächse, Empetraceae, den Heidekrautgewächsen nahe stehende Pflanzenfamilie mit fünf Arten in drei Gattungen; meist immergrüne zweihäusige Sträucher der kühlgemäßigten Regionen der N-Halbkugel und Südamerikas.

Krähenfuß, Coronopus, Kreuzblütlergattung mit 10 z. T. weltweit verbreiteten Arten; Kräuter mit fiederteiligen Blättern, winzigen weißl. Blüten in Trauben und runzeligen Schließ- oder Spaltfrüchten. In Mitteleuropa ist die einzige heim. Art der in Trittpflanzengesellschaften (meist auf schweren Lehmböden) vorkommende **Niederliegende K.** (Coronopus squamatus), der seltene **Zweiknotige K.** (Coronopus didymus) wurde aus Südamerika eingeschleppt.

Krähenfüße, umgangssprachl. Bez. für altersbedingte fächerförmige Faltenbildungen in Fortsetzung des Augenwinkels.

Krähen|indianer, die →Crow.

Krähennest, früher auch **Mastkorb,** Beobachtungsstand am vorderen Schiffsmast, heute nur noch geschlossen und beheizt auf Schiffen in der arkt. und antarkt. Eisfahrt üblich; sonst ersetzt durch den Radarmast.

Krähenscharbe, Art der →Kormorane.

Kragenechse
(Länge etwa 90 cm)

Krähenbeere:
Schwarze Krähenbeere
(Höhe 15–45 cm)

Wörter, die man unter K vermisst, suche man unter C, Ch, G, H oder Q

Hilde Krahl

Kräher, Bergische K., alte westdt. Hühnerrasse, benannt aufgrund des lang anhaltenden, tiefen Krähens der Hähne. Gefieder in Goldbraun mit Braunrot bis Schwarz, jede Feder mit schwarzer Spitze. Gewicht: Hähne 3–3,5 kg, Hennen 2–2,5 kg.

Krahl, Hilde, eigtl. **H. Kolacny**, österr.-dt. Schauspielerin, * Slavonski Brod 10. 1. 1917; war ∞ mit W. LIEBENEINER; Engagements (seit 1936) in Wien, Berlin, Hamburg und München; in Filmen wirkte sie ebenfalls seit 1936, im Fernsehen seit 1954 mit.
Filme: Der Postmeister (1940); Liebe 47 (1949); Herz der Welt (1951); Das Glas Wasser (1960).

Krähwinkel, Ortsname in A. KOTZEBUES Lustspiel ›Die deutschen Kleinstädter‹ (1803), dann in J. N. NESTROYS Posse ›Freiheit in K.‹ (1848); Sinnbild einer spießbürgerl. Kleinstadt.

Kraichgau, Landschaft zw. Schwarzwald und Odenwald, Bad.-Württ., im W begrenzt vom Oberrheingraben, im O vom Stromberg, Heuchelberg und Neckar. Der K. ist ein waldarmes, dicht besiedeltes Hügelland (200–300 m ü. M.), dessen fruchtbare Lössböden und günstiges Klima intensive Landwirtschaft (neben Getreide- und Hackfrucht- auch viel Gemüse-, Obst- und Weinbau) ermöglichen. Industrie v. a. in den Städten am Rand (Bruchsal, Bretten, Wiesloch) sowie im zentralen Ort Sinsheim. – Der 769 erstmals erwähnte K. stand in karoling. Zeit unter der Verwaltung eines Gaugrafen, der auch noch anderen Gauen vorstand. 1234 fiel der K. zu weiten Teilen an die Markgrafen von Baden, andere Gebiete des K.s wurden den Territorien der Pfalzgrafen bei Rhein sowie den Grafen von Eberstein zugeschlagen. Mit der Neugliederung nach 1918 fiel der K. an Baden.
F. METZ: Der K. (²1922); K. Heimatforsch. im Landkreis Sinsheim ..., hg., vom Heimatgeschichtl. Arbeitskreis ..., Jg. 1 (1968 ff.); B. EITEL: Morphogenese im südl. K. ... (1989).

Kraichtal, Stadt im Landkreis Karlsruhe, Bad.-Württ., im westl. Kraichgau, 14 300 Ew.; Bäckereimuseum; Kunststoff- und Textilverarbeitung, Feinmechanik. – In Gochsheim das Schloss (16. Jh.); ev. Pfarrkirche (1704); die Befestigung ist z. T. erhalten, im maler. Stadtbild zahlr. Fachwerkhäuser. – K. entstand 1971 durch Zusammenschluss der Städte **Gochsheim** (804 erstmals erwähnt, Mitte des 13. Jh. Stadtrecht) und **Unteröwisheim** (771 erstmals erwähnt) mit sieben umliegenden Gemeinden.

Krain, slowen. **Kranjska**, Landschaft im W-Teil von Slowenien, Kerngebiet ist das Becken um Ljubljana. Nordwestlich und nördlich von Ljubljana erstreckt sich **Ober-K.**, slowen. **Gorenjsko** (Triglav 2 863 m ü. M.); Julische Alpen (mit Wocheiner und Bleder See); Karawanken und Steiner Alpen umrahmen das obere Savetal. **Unter-K.**, slowen. **Dolenjsko**, das fruchtbare und dicht besiedelte Hügelland südöstlich von Ljubljana, wird im N von der Save begrenzt. **Inner-K.**, slowen. **Notranjsko**, ist das dünn besiedelte Karstgebiet im SW von K., hier befinden sich die Adelsberger Grotten (→Postojna).
Geschichte: Das in vorgeschichtl. Zeit reich besiedelte Gebiet gehörte in röm. Zeit seit dem späten 1. Jh. v. Chr. zur Prov. Pannonien, später zu Illyricum. Im 7./8. Jh. war es, seit dem 6. Jh. teilweise slowenisch besiedelt, ein Teil Kärntens und kam mit ihm im 8. Jh. an Bayern. KARL D. GR. schlug K. der neu gebildeten Mark Friaul zu, 820 wurde K. erstmals als **Carniola** erwähnt, 952 kam es mit Friaul zu Bayern, dann zu Kärnten; 973 entstand die otton. Mark **Craina marcha** (›Mark K.‹), deren politisch bestimmenden Kräfte die einwandernden dt. Adelsgeschlechter wurden (u. a. 1173/80–1228 die Grafen von Andechs, 1282–1335 die Grafen von Görz; seit 1335 die Habsburger). Im 13./14. Jh. bildete sich K. als eigenständiges Territorium aus, das 1394 mit seinen durch Rodungsansiedlungen entstandenen dt. Sprachinseln zum Herzogtum erhoben wurde. Die im frühen 16. Jh. beginnenden reformator. Bemühungen hatten zunächst unter dem slowen. Bevölkerungsteil großen Erfolg, doch setzte sich gegen Ende des 16. Jh. die Gegenreformation durch. Bis 1806 gehörte K. (als Teil Innerösterreichs) zum Heiligen Röm. Reich, 1809–14 war es Teil der Illyr. Provinzen NAPOLEONS I., 1815–49 gehörte es zum österr. Königreich Illyrien und wurde 1849 österr. Kronland. Am 29. 10. 1918 fiel K. mit Ljubljana (Laibach) an das spätere Jugoslawien (Slowenien). Das westl. Inner-K. (Hinterland von Triest und Rijeka; →Adriafrage) gehörte 1918/19–47 zu Italien; Ober-K. war mit der S-Steiermark 1941–44 von Dtl. annektiert.

Krainburg, Stadt in Slowenien, →Kranj.

Kraits [Hindi], *Sg.* **Krait** *der, -s,* **Bungarus**, Gattung bis 2 m langer Giftnattern mit etwa zwölf Arten in S- und SO-Asien. K. sind nachtaktiv und ernähren sich fast ausschließlich von anderen Schlangen. Die meisten Arten sind kontrastreich geringelt. Das starke Nervengift kann auch für den Menschen tödlich sein, jedoch beißen K. mit ihren kleinen Giftzähnen nur selten zu. Häufigste Art ist der schwarzgelb geringelte **Krait** oder **Gelbe Bungar** (Bungarus fasciatus).

Krajina [serb. und kroat. ›Grenze‹, ›Grenzgebiet‹], serb. Name für das seit dem 16. Jh. von Serben westlich der Save besiedelte Gebiet im S Kroatiens (im Kordun, der Lika und Banija bzw. im dalmatin. Hinterland), entlang der Grenze zu Bosnien und Herzegowina; Hauptort ist Knin, (1991) 245 000 Ew., (bis 1995) überwiegend kroat. Serben (1991: 160 000); entsprach 65 % der Ew., 26 % der Serben in Kroatien).
Geschichte: Nach Errichtung der österr. →Militärgrenze (1578) siedelten sich in ihrem westl. Bereich Wehrbauern, zumeist serb. und kroat. Flüchtlinge aus den dem Osman. Reich zugefallenen Gebieten in Serbien und Bosnien an, die in ›Militär-Kroatien‹ (fast die Hälfte des damaligen Kroatiens) seit 1630 besondere Privilegien genossen. Endgültig ab 1881 – bei weitgehender Autonomie der K.-Serben – mit ›Zivil-Kroatien‹ vereinigt; im Zweiten Weltkrieg wurden unter dem Ustascha-Regime (1941–45) viele Serben Opfer von blutigen Verfolgungen.
Bis 1990 war das dünn besiedelte und wirtschaftlich rückständige Gebiet der K. (etwa 12 000 km²) nie eigenständige Verwaltungseinheit. Selbst in den (bis 1991) etwa 11 mehrheitlich serb. Bezirken (von 12, später 13) war der Bev. ethnisch gemischt (nach Schätzungen 20–30 % Kroaten). Die Weigerung der neuen kroat. Staatsführung 1989/90, mit der serb. Bev.-Mehrheit zu Kompromissen wegen deren Diskriminierungsängsten zu finden, sowie die massive Unterstützung der ›Mutter-Rep.‹ Serbien für den immer militanter werdenden Widerstand der K.-Serben gegen den kroat. Kurs auf Eigenstaatlichkeit führte 1990/91 fortschreitend zur Sezession und zum blutigen Bürgerkrieg: Autonomie-Referendum der K.-Serben (12. 8. 1990), Selbsternennung eines ›Serb. Nationalrates‹ in Kroatien (September 1990), Proklamation der Unabhängigkeit der kroat. Serben und der mehrheitlich von ihnen bewohnten Gebiete (1. 10. 1990) bzw. einer ›Serb. Autonomen Region K.‹ (22. 12. 1990; am 28. 2. 1991 rechtl. Abkopplung von Kroatien; 1. 4. Anschluss an Serbien verkündet), Referendum (12. 5. 1991; 90 % Zustimmung), Selbsternennung einer Reg. (Mai 1991); am 19. 12. 1991 Proklamation einer **Republik Serbische K.** (Abk. **RSK**; Hauptstadt: Knin; eigenes selbst ernanntes Parlament; am 19./20. 6. 1993 Bestätigung der Souveränität der RSK durch Referendum zur Verbindung mit der Serb. Rep. in Bosnien und Herzegowina. Durch Anschluss der anderen im Bürgerkrieg Juli bis Dezember 1991 von serb. Milizen und Cetnici-Verbänden nach schweren Kämpfen besetzten Gebiete in Kroatien, der zwei serb. ›autonomen Regionen‹ West- und Ostslawonien sowie der →Baranya

(26. 2. 1992), an die RSK bestand diese aus drei Enklaven (internat. nie und auch von Serbien zunächst nicht anerkannt; 1995: 13 931 km², etwa 200 000 Ew., zu 88 % Serben und 7 % Kroaten). Nach einer am 22. 1. 1993 eingeleiteten ersten kroat. Offensive gegen die serb. Besatzer kam es nach der kroat. Wiedereroberung der K. und der meisten mit ihr in der RSK zusammengeschlossenen Gebiete (4.–8. 8. 1995; z. T. unter systemat. Menschenrechtsverletzungen) zur Flucht von mehr als 150 000 K.-Serben nach Serbien/Jugoslawien (v. a. Kosovo; Wojwodina) oder in die serbisch beherrschten Gebiete von Bosnien und Herzegowina (u. a. Banja Luka) bzw. Ostslawonien. Nach Absprachen zur Auflösung der Reste der RSK (bis auf Ostslawonien um Vukovar) am Rande der Dayton-Verhandlungen im November 1995 begann (1996) die Wiedereingliederung in den kroat. Staat (u. a. Wieder- bzw. Neuansiedlung vor 1995 vertriebener bzw. geflohener Kroaten, v. a. auch aus Ostslawonien; Entmilitarisierung, am 20. 6. 1996 abgeschlossen).

Krakatau, Rakata, vulkan. Insel in der Sundastraße, Indonesien, zw. Sumatra und Java, 15 km², bis 813 m ü. M., aufgebaut aus basalt. und andesit. Laven und Tuffen; bildet mit den Inseln **Sertung** und **Rakata Kecil** die **K.-Inseln,** die die Reste eines einheitl., ehem. 2 000 m hohen Stratovulkans darstellen, und zwar randl. Teile de nach dessen Einsturz entstandenen Caldera. Der auf diesem Calderarand aufgebaute, 800 bis 900 m hohe basalt. K.-Vulkan wurde später mit zwei weiteren, im Innern der Caldera entstandenen Vulkanen (**Danau** und **Perbuatan**) zu einer Insel von 33 km² verbunden (letzter Ausbruch von 1680 bekannt). Diese wurde bis auf den heutigen Rest am 26./27. 8. 1883 (vulkan. Tätigkeit ab 20. 5.) in einer gewaltigen Explosion herausgesprengt; die ausgestoßene Materialmenge wird auf 18 km³ geschätzt. Die Asche fiel auf eine Fläche von über 800 000 km², sie stieg bis in 50–80 km Höhe auf, verteilte sich hier über die ganze Erde und verursachte in der Atmosphäre Dämmerungserscheinungen, die noch drei Jahre später wahrnehmbar waren. Der anschließende Einsturz der bei dieser Eruption entstandenen Caldera rief eine bis über 20 m hohe Flutwelle hervor, die die Küsten W-Javas und SO-Sumatras verwüstete und 36 000 Menschenleben kostete. Eine neue vulkan. Tätigkeit begann ab Ende 1927. Im Kern der Caldera wuchs im Januar 1928 ein neuer insularer Inselvulkan, der **Anak K.,** über dem Meeresspiegel empor.

T. SIMKIN u. R. S. FISKE: K. 1883 (Washington, D. C., 1984).

Krakau, poln. **Kraków** [-kuf], **1)** poln. **Kraków** [-kuf], Hauptstadt der Wwschaft Krakau (Kraków), S-Polen, 212 m ü. M., an der oberen Weichsel, mit 751 300 Ew. die drittgrößte Stadt Polens; kath. Erzbischofssitz. Neben Warschau ist K. das wichtigste kulturelle Zentrum Polens sowie eine europ. Kunstmetropole; Jagiellon. Univ. (1364 gegr.; älteste poln. Univ.), TU (1945 gegr.), Akademien für Bergbau, Ökonomie, Medizin, Musik, Landwirtschaft und Kunst, Hochschulen für Sport, Theater, Philharmonie, staatl. Zweigstelle und Forschungsinstitute der Poln. Akad. der Wiss.en, Jagiellon. Bibliothek (mit wertvollen Handschriften und Inkunabeln), Goethe-Inst., 26 größere Museen, mehrere Theater, Philharmonie, botan. und zoolog. Garten. – Hauptindustriezweige K.s sind Elektrotechnik, Maschinenbau, Düngemittel- und Arzneimittelherstellung, Textil-, Nahrungsmittel- und Druckindustrie. Die Industrialisierung wurde nach dem Zweiten Weltkrieg verstärkt, insbesondere mit dem Bau des Eisenhüttenwerks (1949–54) im heutigen Stadtteil **Nowa Huta** (einst Wohn- und Arbeitsstätte für über 200 000 Menschen). K. hat bedeutenden Fremdenverkehr und ist Verkehrsknotenpunkt mit Weichselhafen und Flughafen.

Krakau 1): Der Alte Markt mit der gotischen Marienkirche (1226 bis ins 15. Jh.; links) und einer der ältesten Kirchen Krakaus, der Sankt Adalbert-Kirche (11.–17. Jh.; rechts)

Stadtbild: Auf dem Burgberg (Wawel, ehem. königl. Residenz) liegt der in seinen wesentl. Teilen der Renaissance entstammende Schlosskomplex mit Arkadenhof (1502–36), errichtet auf älteren Resten (Grundmauern der Marienrotunde aus dem 10. Jh.), später verändert und erweitert. Im Dom, der Krönungs- und Grabstätte der poln. Könige (1320–64 erbaut, erweitert bes. im 16./17. Jh.), zahlr. Anbauten, darunter die Sigismundkapelle (1517–33); Grabmäler von Königen, Dichtern und Nationalhelden, darunter das von König KASIMIR IV. ANDREAS von V. STOSS. Mittelpunkt der Altstadt (UNESCO-Weltkulturerbe) ist der Alte Markt mit mittelalterl. Rathausturm (um 1380, mit barocker Haube) sowie ausgedehnten Tuchhallen (14., 16. und 19. Jh.). Zur Ausstattung der got. Marienkirche (1226 bis ins 15. Jh.) gehört der Marienaltar von V. STOSS (1477–89). Von den ursprüngl. Gebäuden der Jagiellon. Univ. ist ein got. Ziegelbau mit Arkadenhof (Collegium Maius, um 1500) erhalten (heute Universitätsmuseum). Weitere bedeutende Bauwerke sind: Franziskanerkloster mit frühgot. Kirche (Mitte 13. Jh.) mit Kapellen der Spätrenaissance und barocker Ausstattung; ehem. Jesuitenkirche St. Peter und Paul (1596–1619); Kollegiatskirche St. Anna (1689–1703), ein Barockbau mit Doppelturmfassade; Paläste des 16.–19. Jh. Als einziger (rekonstruierter) Rest der Stadtumwallung ist eine Barbakane (1489–99) erhalten. J. ZAWIEJSKI errichtete 1891–93 das Słowacki-Theater. Das Alte Theater (1843) wurde von F. MACZYŃSKI und T. STRYJEŃSKI im Jugendstil verändert. Sie erbauten auch das Museum für Technik (1908–14), heute ein Teil der Kunstakademie. Das Nationalmuseum wurde 1934–38 und 1969–89 in zwei Bauabschnitten erstellt. Der jap. Architekt ISOZAKI ARATA errichtete das moderne Zentrum für jap. Kunst (1994 eröffnet).

In **Stradom** barockes ehem. Bernhardinerkloster (1670–80), Kirche mit Doppelturmfassade und Rokokoausstattung; Missionarskloster mit Kirche Pauli Bekehrung aus dem Spätbarock (1719–28). In **Kazimierz** spätgot. Pfarrkirche Corpus Christi (2. Hälfte 14. Jh. begonnen) und Konventsgebäude regulierter Kanoniker (15. Jh.); Augustinerkloster mit Kirche St. Katharina (Chor 1345–78). In der alten Synagoge, einem zweischiffigen Bau vom Anfang des 16. Jh., später um-

Krakau 1) Stadtwappen

drittgrößte Stadt Polens

an der oberen Weichsel

751 300 Ew.

europäische Kunstmetropole

Jagiellonische Universität (gegr. 1364)

Eisenhüttenwerk im Stadtteil Nowa Huta

Burgberg Wawel

Altstadt mit histor. Bauwerken

1320–1596 Hauptstadt Polens

bis 1764 Krönungsstadt

Krak Krakauer Vereisung – Krakuska

Krak des Chevaliers: Blick in den Hof der Kreuzfahrerburg; 12./13. Jh.

gebaut und 1955–59 erneuert, befindet sich heute das Museum des Judentums. In **Mogiła** ehem., 1225 gegründete Zisterzienserabtei mit um 1250 begonnener Kirche (Fassade 1779/80). Klostergebäude mit frühgot. Kapitelsaal und Bibliothek (um 1533). In **Wola Justowska** Spätrenaissanceschloss, das in der 1. Hälfte des 17. Jh. auf älteren Teilen errichtet und im 19. Jh. erneuert und verändert wurde. In **Nowa Huta** errichtete W. PIETRZYK 1967–77 die Kirche der Hl. Jungfrau Maria. K. wurde für das Jahr 2000 als ›Kulturhauptstadt Europas‹ ausgewählt. Im Rahmen dieses Programms wurden zahlr. städtebaul. Projekte in Angriff genommen (u. a. Umbau des Flughafens, Sanierung und Modernisierung von Bauten bes. in der Altstadt).

Geschichte: K. wurde 965/966 erstmals in einem arab. Reisebericht als Handelszentrum auf dem Weg von der Krim nach Prag erwähnt. Seit 1000 Bischofssitz, wurde 1138 durch BOLESŁAW III. testamentarisch zum Sitz des Seniors der poln. Teilfürsten bestimmt. Nach den Zerstörungen während des Mongoleneinfalls 1241 wurde die Stadt 1257 mit Magdeburger Recht nach dem Vorbild Breslaus, dessen Stadtplangestaltung nachgeahmt wurde, neu gegründet. Die Bev. war seitdem bis zu Beginn des 16. Jh. überwiegend deutsch und stellte sich 1311/12 vergeblich auf die Seite der Böhmen gegen WŁADISŁAW I. ŁOKIETEK, der die Stadt 1320 erneut zur Haupt- und Krönungsstadt machte. K. erlebte danach eine wirtschaftl. und kulturelle Blütezeit (1364 Gründung der Jagiellon. Universität) und wurde Mitgl. der Hanse. Durch die Verlegung des königl. Hofes nach Warschau 1596 verlor K. an Bedeutung, obwohl es bis 1764 Krönungsstadt blieb. Seit März 1794 Zentrum des Kościuszko-Aufstandes, wurde K. im Juni von preuß. Truppen besetzt und kam 1795 an Österreich, 1809 an das Herzogtum Warschau.

Der Wiener Kongress machte K. 1815 zum neutralen Freistaat (›Republik‹) unter dem Protektorat von Österreich, Preußen und Russland. Als Zentrum einer nationalpoln. Erhebung (1846) fiel es nach deren Niederschlagung an Österreich. Nach dem Ersten Weltkrieg kam K. an die Republik Polen. Im Zweiten Weltkrieg war K. 1939–44 Hauptstadt des →Generalgouvernements.

A. WOLFENSBERGER: K. (Zürich 1974); Die Sammlungen des Königsschlosses auf dem Wawel, hg. v. J. SZABLOWSKI (a. d. Poln., ²1976); Atlas miasta krakowa, hg. v. K. TRAFAS (Krakau 1988); M. ROŻEK: Cracow. A treasury of Polish culture and art (a. d. Poln., Warschau 1988).

2) Wwschaft im S von Polen, 3254 km², 1,24 Mio. Einwohner.

Krakauer Ver|eisung, die →Elster-Eiszeit in Polen.

Krak des Chevaliers [-dɛʃvalˈje], arab. **Kalat el-Hosn,** Kreuzfahrerburg in W-Syrien, etwa 80 km westlich von Homs, auf einem 700 m hohen, an drei Seiten schwer zugängl. Hügel, geschützt von zwei Mauerringen mit Türmen. Vom Haupteingang an der O-Seite führt ein gedeckter Gang in Windungen zum inneren Zwinger mit Kapelle, die eine Vorhalle besitzt, Rittersaal mit Loggia, Refektorium und Donjon des Großmeisters. – K. d. C. ist ein bedeutendes Beispiel der Festungsarchitektur des 12./13. Jh. Die Burg war seit 1109 im Besitz der Kreuzfahrer, wurde 1142 an den Johanniterorden abgetreten und nach Erdbeben (1170) intensiv ausgebaut. 1271 kam die Burg in die Hände des Mameluckensultans BAIBARS I.; 1285 wurde der äußere Mauerring im S erneuert; im 20. Jh. Restaurierungsmaßnahmen.

Krakelüre [frz., zu craquer ›krachen‹] *die, -/-n,* Risse oder Sprünge in Grundierung, Malschicht und/ oder Firnis eines Gemäldes.

Kraken [norweg.], **Octopoda, Achtfüßer,** fälschlich auch Polypen genannte →Kopffüßer von 1,5 cm bis über 3 m Gesamtlänge. K. haben acht Arme, deren Saugnäpfe ungestielt sind. Sie sind nachtaktiv und ernähren sich von Krebsen, Muscheln und Fischen. K. laufen meist auf den Armen, nur bei der Flucht und der Verfolgung schneller Beute schwimmen sie nach dem Rückstoßprinzip. Zu den K. gehören u. a. das →Papierboot und der →Moschuskrake. Bekanntester Vertreter der K. i. e. S. (Gattung **Octopus**) ist der bis zu 25 kg schwere und maximal 3 m Länge erreichende **Gemeine K.** (Octopus vulgaris), der weltweit in warmen und gemäßigten Meeren im Küstenbereich verbreitet ist und zu Speisezwecken gefangen wird. – Die umgangssprachlich auch als K. bezeichneten Riesenkalmare (→Kalmare) gehören zu den Zehnarmern.

Kraken: Octopus vulgaris (Länge bis 3 m)

Kraków [ˈkrakuf], Stadt in Polen, →Krakau.

Krakow am See [ˈkraːko-], Stadt im Landkreis Güstrow, Meckl.-Vorp., am **Krakower See** (48 m ü. M., 15,7 km², bis 29 m tief) der Mecklenburg. Seenplatte, 3200 Ew.; Luftkur- und Erholungsort. – Das an der Stelle einer slaw. Siedlung vor 1200 entstandene Dorf entwickelte sich zu einer 1298 als Stadt bezeichneten Siedlung; mehrmals durch Brände zerstört, v. a. 1759.

Krakowiak [poln.] *der, -s/-s,* frz. **Cracovienne** [krakoˈvjɛn], dt. auch **Krakauer,** poln. Volkstanz, Paartanz aus der Krakauer Gegend im raschen ²/₄-Takt mit synkopiertem Rhythmus und charakterist. Wechsel von Ferse und Stiefelspitze, Fersenzusammenschlag und Umdrehung. Als Cracoviene war er im 19. Jh. ein beliebter Gesellschaftstanz. Er fand Eingang in Oper, Ballett, Instrumentalmusik (u. a. F. CHOPIN, Klavierkonzert op. 11, 3. Satz; K. op. 14).

Krakowianen [nach der Stadt Krakau], *Sg.* **Krakowiane** *die, -,* von T. BANACHIEWICZ eingeführte Matrizen, bei denen die Multiplikation (abweichend von der übl. Matrizenmultiplikation) nach der Regel ›Spalte mal Spalte‹ ausgeführt wird.

Krakuska [poln.] *die, -/-s,* verbrämte Männermütze mit flachem Kopf, viereckigem Deckel und Quaste, urspr. von Krakauer Bauern getragen.

Kral [afrikaans, von port. curral ›Viehpferch‹, ›Hürde‹] der, -s/-e, auch -s, **Kraal,** Rundlingssiedlung afrikan. Völker, oft von einem Dornverhau umgeben, in der Mitte das (ebenso benannte) Viehgehege.

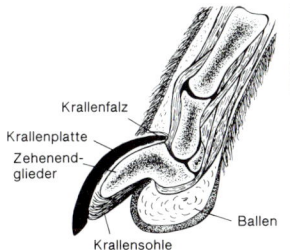

Kralle: Schematischer Längsschnitt durch die bekrallte Zehe eines Hundes

Krallenfalz – Krallenplatte – Zehenendglieder – Ballen – Krallensohle

Kráľ [kra:lj], **1)** Fraňo, slowak. Schriftsteller, * Barton (Oh.) 9. 3. 1903, † Preßburg 3. 1. 1955; schrieb Lyrik und Romane (›Bude ako nebolo‹, 1950; dt. ›Es tagt hinter den dunklen Wäldern‹) im Sinne des sozialist. Realismus.

J. JURČO: Próza F. K.a (Preßburg 1978).

2) Janko, slowak. Lyriker, * Liptovský Mikuláš 24. 4. 1822, † Zlaté Moravce (Westslowak. Gebiet) 23. 5. 1876; Jurist, wegen Teilnahme an der revolutionären Bewegung 1848/49 zum Tode verurteilt, aber begnadigt; bedeutender Romantiker, dessen Lyrik und Balladen von freiheitl. Geist und Auflehnung gegen die Gesellschaft durchdrungen sind; im Sinne seiner Ideale funktionierte er die Jánošik-Legende um, aus dem Freibeuter wurde ein Freiheitskämpfer.

Werke: *Lyrik:* Pieseň bez mena (1844); Zverbovaný (1844); Orol (1845); Zajasal blesk jasnej zory (1861).
Ausgabe: Súborné dielo (²1959).
J. K., hg. v. S. ŠMATLÁK (Preßburg 1976).

Kralik, Richard, Ritter **von Meyrswalden,** Pseud. **Roman,** österr. Schriftsteller und Kulturphilosoph, * Eleonorenhain (bei Prachatitz) 1. 10. 1852, † Wien 4. 2. 1934; betätigte sich aktiv in der kath. Bewegung Österreichs und gründete die kath. Schriftstellervereinigung ›Gralbund‹ mit der Zeitschrift ›Der Gral‹ (1906–37). Als Lyriker, Dramatiker und Erzähler Vertreter der Neuromantik, bemüht um die Erneuerung mittelalterl. Spiele (›Das Mysterium vom Leben und Leiden des Heilands. Osterfestspiel‹, 3 Tle., 1895).

Kralitzer Bibel, tschech. **Kralická bible** [ˈkralitska:-], in Kralitz (tschech. Kralice, Nordmähr. Gebiet) gedruckte Bibelübersetzung der Böhm. Brüder (J. BLAHOSLAV, J. MELANTRICH, D. A. VELESLAVÍN), die vorbildlich für die Herausbildung der tschech. Schriftsprache wurde (A.T., 5 Bde., 1579–88; N.T., 1593; Neuausgaben 1596, 1613).

Kraljević Marko [-vitc -; serbokroat. ›Königssohn Marko‹], bulgar. **Krali Marko,** serb. Fürst, * um 1335, † Rovine (bei Arad, Rumänien) 17. 5. 1395; wurde 1371 Teilkönig um Prilep (Westmakedonien); fiel als türk. Vasall beim Feldzug Sultan BAJASIDS I. gegen den walach. Fürsten MIRCEA DEN ALTEN in der Schlacht bei Rovine. Es ist ungeklärt, warum K. M. zum Inbegriff ritterl. Tugend wurde und die Epensänger seit dem 16. Jh. zur Schaffung des populärsten, auf dem ganzen Balkan verbreiteten Heldenzyklus anregte.

Kraljevo, bis 1914 **Karanovac** [-ts], 1949–53 **Rankovićevo** [-vitsjɛvɔ], Stadt in Serbien, Jugoslawien, am Ibar, 57 900 Ew.; Waggonbau, Nahrungsmittelindustrie, Metall- und Holzverarbeitung; Eisenbahnknotenpunkt.

Krall, Hanna, poln. Schriftstellerin und Journalistin, * Warschau 20. 5. 1932; arbeitete 1955–66 bei der Zeitung ›Zycie Warszawy‹ und 1966–81 bei ›Polityki‹, danach Publikationsverbot; versteht sich als Chronistin und Reporterin polnisch-jüd. Schicksale in Vergangenheit und Gegenwart, so in dem Roman ›Zdążyć przed Panem Bogiem‹ (1977; dt. ›Schneller als der liebe Gott‹, auch u. d. T. ›Dem Herrgott zuvorkommen‹) über den Aufstand (1943) im Warschauer Getto.

Weitere Werke: *Roman:* Sublokatorka (1985; dt. Die Untermieterin). – *Erzählungen:* Hipnoza (1989; dt. Legoland). – *Reportagen:* Na wschód od Arbatu (1972); Taniec na cudzym weselu (1993; dt. Tanz auf fremder Hochzeit). – Unschuldig für den Rest des Lebens. Literar. Reportagen aus Polen, übers. v. H. SCHUMANN (1983).

Kralle, mehr oder weniger stark gekrümmte, zugespitzte, im Querschnitt etwa v-förmige epidermale Hornbildung oberseits der Zehenendglieder (diese überragend) bei vielen tetrapoden Wirbeltieren; entspricht dem Huf der Huftiere und dem Nagel von Affen und Menschen.

Krallenaffen, Callithricidae, Familie der Neuweltaffen mit Verbreitung in den mittel- und südamerikan. trop. Regenwäldern; insgesamt 20 Arten und 39 Unterarten. K. sind mit Kopf-Rumpf-Längen von 15–30 cm (Schwanzlängen von 20–40 cm) die kleinsten Affen. Sie sind ausgesprochene Baumbewohner mit schmalen, krallenartig verlängerten Nägeln an den Fingern und Zehen (außer der Großzehe) und seidenweichem, oft auffällig gefärbtem Fell. Sie ernähren sich v. a. von Baumsäften und Insekten. Die K. werden in vier Gattungen innerhalb zweier Großgruppen, den →Marmosetten und →Tamarins, unterteilt.

Krallenfrösche, Xenopus, Gattung der Zungenlosen Frösche in Afrika südlich der Sahara; Länge bis 13 cm, wasserbewohnend, mit Hornkrallen an den Zehen. Junge Weibchen des **Glatten K.** (Xenopus laevis) dienten früher zu Schwangerschaftstests: Injiziert man ihnen eine kleine Menge des Harns einer Schwangeren, so reagieren sie auf darin enthaltene Hormone mit spontaner Eiablage innerhalb von 24 Stunden.

Krallenschwänze, Onychura, Ordnung der →Blattfußkrebse mit 450 meist im Süßwasser lebenden Arten, mit krallenförmiger Schwanzgabel. Eine muschelschalenförmige, zweiklappige Kopfausstülpung (Carapax) umschließt den Körper. Man unterscheidet →Muschelkrebse und →Wasserflöhe.

Kramář [ˈkrama:rʃ], Karel, tschech. Politiker, * Hochstadt an der Iser (bei Gablonz an der Neiße) 27. 12. 1860, † Prag 26. 5. 1937; Jurist, gründete 1889 die Wochenschrift ›Čas‹. Er schloss sich politisch den ›Jungtschechen‹ an; 1891 wurde er in den österr. Reichsrat, 1894 in den böhm. Landtag gewählt. In der Auseinandersetzung um die Lösung des Nationalitätenproblems in Österreich-Ungarn und der staatsrechtl. Struktur dieses Vielvölkerstaates vertrat K. die Idee des ›böhm. Staatsrechts‹, das in einem zentralist. Staatsverständnis auf die Einheit der böhm. Länder unter tschech. Führung zielte. K. setzte sich im Sinne des Panslawismus für die Einigung aller slaw. Völker ein. 1908 war er Präs. des Slawenkongresses in Prag. Während des Ersten Weltkrieges war er Vors. des tschech. Nationalausschusses. 1916 verurteilte ihn ein österr. Gericht wegen Hochverrats zum Tode; 1917 wurde er jedoch von Kaiser KARL begnadigt. Nach dem Zusammenbruch Österreich-Ungarns (1918) nahm K. als (erster) Min.-Präs. der tschechoslowak. Rep. (November 1918 bis Juli 1919) an den Pariser Friedensverhandlungen teil. Seit 1918 war er Vors. der neu gegründeten Nationaldemokrat. Partei.

Kramatorsk, Industriestadt im Gebiet Donezk, Ukraine, im Donez-Steinkohlenbecken, 204 000 Ew.; Hochschule für Industriewesen; Schwermaschinenbau, Hüttenindustrie, Kohlechemiewerk.

Kramer, 1) Ferdinand, Architekt, * Frankfurt am Main 22. 1. 1898, † ebd. 4. 11. 1985; gehörte in den 20er-Jahren zur Gruppe um den Frankfurter Stadtbaurat E. MAY und arbeitete mit an der Zeitschrift

Krallenfrösche: Glatter Krallenfrosch (bis 12,5 cm lang)

›Das Neue Frankfurt‹. Er entwarf neben vorbildl. Reihenhäusern auch Möbel, Beleuchtungskörper und Geschirr. 1937 erhielt er Berufsverbot und emigrierte in die USA. 1952 kehrte er nach Frankfurt zurück, wo er von M. HORKHEIMER als leitender Architekt der Universitätsneubauten berufen wurde.

F. K. Werk-Kat. 1923-1974, bearb. v. J. JOURDAN (1975); F. K., Architektur u. Design, bearb. v. P. HAHN, Ausst.-Kat. (1982); F. K. Der Charme des Systematischen, hg. v. C. LICHTENSTEIN, Ausst.-Kat. Museum für Gestaltung Zürich u. a. (1991).

2) Piet, eigtl. **Pieter Lodewijk K.**, niederländ. Architekt, *Amsterdam 1.7.1881, †ebd. 4.2.1961; Vertreter des Expressionismus, errichtete Brücken und Wohnbauten in Amsterdam, das Warenhaus ›De Bijenkorf‹ (1924-26) in Den Haag. BILD →Expressionismus

B. KOHLENBACH: Pieter Lodewijk K. Architekt der Amsterdamer Schule. 1881-1961 (Basel 1994).

3) [ˈkraɪmə], **Stanley**, amerikan. Filmproduzent und -regisseur, *New York 29.9.1913; ab 1948 Hollywood-Produzent, v. a. polit. und sozialkrit. Filme.

Filme: Flucht in Ketten (1958); Das letzte Ufer (1959); Wer den Wind sät (1959); Urteil von Nürnberg (1961); Rat mal, wer zum Essen kommt (1967); Oklahoma Crude (1972); Das Domino Komplott (1976); The runner stumbles (1979).

D. SPOTO: S. K., film maker (New York 1978).

4) Theodor, österr. Schriftsteller, *Niederhollabrunn (heute zu Korneuburg) 1.1.1897, †Wien 3.4. 1958, Sohn eines jüd. Landarztes; wurde im Ersten Weltkrieg schwer verwundet; ab 1931 freier Schriftsteller. Wegen seiner Opposition zum Nationalsozialismus gelang es ihm nicht, seine Anfangserfolge auf breiter Basis auszubauen. 1933 untersagte er das Erscheinen seiner Werke im nationalsoz. Deutschland. 1938 erhielt er Berufsverbot, 1939 emigrierte er nach Großbritannien (bis 1957). In seinen Gedichten machte sich K. zum Sprecher von Randfiguren und Außenseitern, Tagelöhnern, Heimat- und Arbeitslosen. Andere Themen sind Natur und Landschaft, v. a. die Umgebung zw. Neusiedlersee und Waldviertel (›Kalendarium‹, 1930), aber auch der Krieg (›Wir lagen in Wolhynien im Morast‹, 1931) und die Emigration.

Ausgabe: Ges. Gedichte, hg. v. E. CHVOJKA, 3 Bde. (1984-87).

T. K. 1897-1958. Dichter im Exil, hg. v. K. KAISER (Wien ²1984).

Krämer, 1) Günter, Regisseur und Theaterleiter, *Neustadt an der Weinstraße 2.12.1940; Stationen seiner Laufbahn sind u. a. Hannover (1973-75), die Staatl. Schauspielbühnen Berlin (1975-77), Stuttgart (ab 1979); ab 1984 Leiter des Schauspiels in Bremen, ab 1990/91 Intendant des Schauspiels in Köln.

2) Karl Emerich, Pseudonyme **George Forestier** [fɔrɛsˈtje], **Georg Jontza**, Schriftsteller, *Düsseldorf 31.1.1918, †ebd. 28.2.1987; veröffentlichte unter seinem Pseud. G. FORESTIER als angeblich postumes Werk eines in Indochina verschollenen Fremdenlegionärs die Gedichtbände ›Ich schreibe mein Herz in den Staub der Straße‹ (1952) und ›Stark wie der Tod ist die Nacht, ist die Liebe‹ (1954). K. schrieb auch Romane, Erzählungen sowie kulturgeschichtl. Werke.

Krämer-Badoni, Rudolf, Schriftsteller und Journalist *Rüdesheim am Rhein 22.12.1913, †Wiesbaden 18.9.1989; war v. a. erfolgreich mit dem Roman ›In der großen Drift‹ (1949), einer Schilderung der während des Nationalsozialismus herangewachsenen jungen Generation; schrieb auch Essays, Biographien, Drehbücher, Hörspiele und Erinnerungen (›Zwischen allen Stühlen. Erinnerungen eines Literaten‹, 1985).

Krämergewicht, alte dt. Masseneinheit, die urspr. nur von den Mitgl. der Krämergilde bei Verkäufen unter 1 Pfund verwendet werden durfte. Das Pfund wurde dabei im Unterschied zum Apothekerpfund in Lot (nicht in Unzen) unterteilt. Das K. war stets kleiner als das Handels- und das Fleischergewicht.

Krameria [nach dem österr. Militärarzt JOHANN GEORG HEINRICH KRAMER, 18. Jh.] die, -/...rien, Gattung der Hülsenfrüchtler mit etwa 10 Arten, verbreitet vom südl. Nordamerika bis Chile; Halbsträucher oder Kräuter mit einfachen Blättern und achselständigen Blüten. Die Art K. triandra liefert die →Ratanhiawurzel.

Krammetsbeere, volkstüml. Bez. für die Frucht der Eberesche und des Heidewacholders.

Krammetsvogel, anderer Name der →Wacholderdrossel.

Kramp, Willy, Schriftsteller, *Mühlhausen (Elsass) 18.6.1909, †Schwerte 19.8.1986; war 1950-57 Leiter des Ev. Studienwerkes Haus Villigst in Schwerte; danach freier Schriftsteller; christl. Erzähler, der seine Stoffe in Pommern, der Landschaft seiner Jugend, in den Erlebnissen der Kriegsgefangenschaft, aber auch in der Gegenwart fand. Sein Grundgedanke ist die Gestaltung des Lebens als Teil der göttl. Ordnung.

Werke: *Erzählungen und Novellen*: Die Herbststunde (1937); Alle Kreatur (1984); Das Versteck (1984); Ankunft in der Stadt (hg. 1988). – *Romane*: Die Fischer von Lissau (1939); Die Purpurwolke (1953); Das Wespennest (1959).

Krampf [ahd. kramph(o), zu krumphan ›krümmen‹], **Spasmus**, unwillkürl. Zusammenziehung von Muskeln (Verkrampfung), die durch unterschiedl. Reize ausgelöst wird. Nach Dauer und Verlauf werden die lang dauernden, heftigen **tonischen K.**, bei Begrenzung auf einen Muskel als **Krampus** bezeichnet, und die aus rasch aufeinander folgenden, kurzzeitigen Kontraktionen antagonist. Muskeln bestehenden **klonischen K.** unterschieden. Bei tonischen K., die gemischt auftreten **(klonisch-tonische K.)**, z. B. bei Eklampsie, Epilepsie. Bei örtlich begrenzten K. richtet sich die Benennung nach dem befallenen Körperteil; am häufigsten ist der →Wadenkrampf. **Beschäftigungs-K.** sind Störungen, die auf einer Überanstrengung von Muskelgruppen bei bestimmten Tätigkeiten beruhen (z. B. Schreib-K.). Betroffen können alle mit Muskeln ausgestatteten Organe sein, die quer gestreifte Muskulatur des Skelettsystems wie die glatte der inneren Organe (z. B. als Kolik der Gallen- oder Harnwege bei Steineinklemmung oder Entzündung).

Ursächlich können sehr unterschiedl. Reize zu einem K. führen, z. B. Schädigungen des Nervensystems, Stoffwechselstörungen, Mangel an bestimmten Mineralien, Durchblutungsstörungen sowie auch psychosomat. Erkrankungen.

Krampfaderbruch, die →Varikozele.

Krampfadern, Varizen, durch Stauung des Blutrücklaufs entstandene, krankhaft erweiterte, geschlängelte Venen an der Oberfläche des Beine. Eine ausgedehnte K.-Bildung wird als **Varikose** bezeichnet. Die K. treten als stellenweise sackartig ausgebuchtete, bläulich gefärbte Stränge in Erscheinung, sich schwammartig eindrücken lassen.

Am häufigsten sind die **primären K.**, die meist beiderseitig auftreten; sie sind Folge einer anlagebedingten Bindegewebsschwäche und Minderwertigkeit der Venenklappen, wodurch es zu einer Überlastung der äußeren Venen und zu Blutstauungen kommt. Die Entwicklung der K. wird durch stehende Tätigkeit, Fettsucht und Schwangerschaft (hormonelle Lockerung des Klappenapparats) gefördert. Die **sekundären K.** werden durch eine Verlegung der tieferen Venen, meist infolge einer Thrombose, hervorgerufen, die zu einer Klappenschädigung und Wandüberdehnung der oberflächl. Venen führt. Bei krankheitsbedingten Störungen im Pfortaderkreislauf treten K. der Bauchdeckenvenen (→Caput medusae) und der Speiseröhre (→Ösophagusvarizen) auf; die →Hämorrhoiden stel-

Kran: links Schwimmkran; Mitte Autodrehkran; rechts Containerbrücke

len Erweiterungen des arteriovenösen Schwellkörpers im oberen Mastdarmbereich dar. K. des Samenstrangs bilden die →Varikozele. – Häufige Komplikationen der K. sind die →Venenentzündung mit Thrombenbildung (variköse Thrombophlebitis) und das sich hieraus entwickelnde →Beingeschwür.

Die *Behandlung* besteht v. a. in der Anwendung von Stützverbänden oder Kompressionsstrümpfen, bei stärkerer Ausprägung in einer Verödung oder chirurg. Entfernung der betroffenen Venen. Vorbeugend werden Beingymnastik, Gewichtsreduzierung und Vermeidung von langem Stehen und Sitzen empfohlen; die medikamentöse Therapie mit Rosskastanienextrakten oder ähnl. Stoffen ist umstritten.

H. ELLIS: K. (a. d. Engl., Wien 1984); T. WUPPERMANN: Varizen, Ulcus cruris u. Thrombose (⁵1986); W. VANSCHEIDT: K. u. andere Venenerkrankungen (Basel 1987).

Iwan Nikolajewitsch Kramskoj: Lew Nikolajewitsch Graf Tolstoj; 1873 (Moskau, Tretjakow-Galerie)

Krampfhusten, mit spastisch-krampfhafter Zusammenziehung der Schlund- und Bronchialmuskulatur und entsprechendem Luftmangel verbundener Husten, v. a. beim →Keuchhusten.

krampflösende Mittel, Spasmolytika, Antispasmodika, Arzneimittel, die Krampfzustände (Spasmen) der glatten Muskulatur des Magen-Darm-Kanals (einschließlich der Gallenwege), der Atem- und Harnwege sowie der Gebärmutter beseitigen können. Greifen die Wirkstoffe dabei (z. B. Belladonna-Alkaloide) am vegetativen Nervensystem an, spricht man von **neurotropen Spasmolytika.** Direkt an der glatten Muskelzelle wirkende Substanzen werden **muskulotrope Spasmolytika** genannt.

Kramsach, Gem. im Bez. Kufstein, Tirol, Österreich, am linken Innufer gegenüber von Rattenberg, 530 m ü. M., 27 km², 4000 Ew.; Glasfachschule, Berufsschule für das Glas verarbeitende und Glas veredelnde Gewerbe; Glasmuseum; Kristallglaswerke. Im O Freilichtmuseum Tiroler Bauernhöfe.

Kramskoj, Iwan Nikolajewitsch, russ. Maler, * Ostrogoschsk (bei Woronesch) 8. 6. 1837, † Sankt Petersburg 5. 4. 1887; Mitbegründer der Künstlergruppe der →Peredwischniki. Er malte psychologisch einfühlsame Porträts (L. N. Tolstoj, 1873; Moskau, Tretjakow-Galerie), Bilder mit histor. und religiöser Thematik sowie Genreszenen.

Kran, frz. **Guéré** [ge're], Volksgruppe der Kru in Westafrika, im Waldland von NO-Liberia und im W der Rep. Elfenbeinküste, etwa 250 000; Kegeldachhäuser; patrilineares Verwandtschaftssystem. Die für ihr Geheimbundwesen wichtigen Masken zeigen streng konzipierte, aggressive Formen.

Kran, pers. Silbermünze, geprägt 1825–1926; 1 K. = 20 Shahi = 1000 Dinar, 10 K. = 1 Toman.

Kran [mhd. kran, eigtl. ›Kranich‹ (nach der Ähnlichkeit mit dem Hals eines Kranichs)], Hebezeug mit großer Bauart- und Bezeichnungsvielfalt, die bevorzugt zum Heben von Lasten dient. – **Brücken-K.,** dazu gehören **Einträgerbrücken-** oder **Zweiträgerbrücken-K., Lauf-K., Hänge-K., Stapel-K.,** sind mit einer K.-Brücke ausgerüstet, die auf zwei hoch liegenden K.-Schienen verfahrbar abgestützt ist und selbst das Verfahren einer Laufkatze zulässt. Die Last befindet sich immer innerhalb der Radaufstandspunkte. Sie werden bevorzugt in Werkhallen **(Montage-K., Gieß-K.)** eingesetzt, besitzen Spannweiten bis über 50 m und Tragfähigkeiten bis 500 t. Das Heben der Lasten erfolgt mit Geschwindigkeiten zw. 0,03 und 0,5 m/s und das Verfahren zw. 0,3 und 2 m/s. – Die K.-Brücke der **Portal-K.** ist über ein Portal auf der Verkehrsebene abgestützt. Das Portal wird mit verfahren, i. d. R. mittels Schienenfahrwerk. Portal-K. mit kurzer Spannweite bezeichnet man als **Bock-K.,** ist die Brücke größer als die Portalstützweite, bezeichnet man sie als **Verladebrücke, Containerbrücke** oder **Schiffsbelader** bzw. **-entlader.** Diese K. dienen speziellen Aufgaben und sind mit Greifern für Schüttgut oder Spreader für Container ausgerüstet.

Ausleger-K. nehmen die Last stets außerhalb ihrer Unterstützungsfläche auf. Nahezu alle Ausleger-K.

Wörter, die man unter K vermisst, suche man unter C, Ch, G, H oder Q

Kran Kranewitt–Kranichvögel

können mit der Last um ihre vertikale Mittelachse eine Drehbewegung ausführen (**Dreh-K.**). Außerdem können sie die Last zur vertikalen Mittelachse durch Verfahren auf starren Auslegern (Katzauslegern) oder durch Schwenken (**Derrick-K.**) bzw. Wippen (horizontaler Lastweg, **Wippdreh-K.**) der Ausleger bewegen. Nach diesem Prinzip arbeiten insbesondere die **Hafen-K.** zum Umschlagen von Stück- und Schüttgut und die **Bau-K.**, je nach Verwendungszweck als **Turmdreh-K.** oder **Kletter-K.** ausgeführt. Die Fahrzeug-K. sind für den Verkehr auf der Straße, Schiene, auf dem Wasserweg oder in der Luft mit einem Fahrgestell ausgerüstet: **Autodreh-K., Raupendreh-K., Eisenbahndreh-K., Schwimm-K.** und **K.-Hubschrauber.** – Für den Schiffbau, Holzumschlag, Staudammbau oder auf Großbaustellen benutzt man **Kabel-K.** Sie besitzen ein über mehrere Stützen (Türme oder Masten) gespanntes Tragseil (ein- oder mehrsträngig) mit Spannweiten bis 1 000 m, was einer Seillaufkatze als Fahrbahn dient. Die Last hängt an einem Hubseil, verfahren wird die Laufkatze mittels Fahrseil.

Unstetigförderer, Beitrr. v. G. Pajer u. a., 2 Bde. ($^{4-5}$1985–89).

Kranewitt [ahd. kranawita, eigtl. ›Kranichholz‹], bes. im süddt. und angrenzenden Raum verbreitete Bez. für den Heidewacholder (→Wacholder).

Kranewitter, Franz, österr. Schriftsteller, * Nassereith (Tirol) 18. 12. 1860, † ebd. 4. 1. 1938; als Dramatiker (›Andre Hofer‹, 1901), aber auch mit ›Lyr. Fresken‹ (1888) und epischen Werken (›Kulturkampf‹, 1890) zeigt sich K. mit seiner Heimat eng verbunden. Als sein Hauptwerk gilt der naturalistische, stark sozialkrit. Einakterzyklus ›Die sieben Todsünden‹ (entstanden 1905–25), der sich äußerlich an den mittelalterl. Moralsymbolen orientiert. K. gehörte der freiheitlich gesinnten literar. Bewegung ›Jung-Tirol‹ an und war Leiter der ›Tiroler Wochenschrift‹.

Ausgabe: Fall u. Ereignis. Ausgew. Dramen (1980).

Krängung [zu niederländ. krengen, eigtl. ›sich abwenden‹], seitl. Neigung eines Schiffes durch Winddruck, Seegang, Zentrifugalkraft (bei hartem Drehen), Auftriebsänderung infolge einseitigen Wassereinbruchs oder unsymmetr. Belastung. Sie wird mit dem querschiffs schwingenden K.-Pendel (→Klinometer) gemessen.

kranial [zu griech. kraníon ›Schädel‹], den Schädel (Cranium) betreffend; nach dem Schädel zu (scheitelwärts) gelegen; Ggs.: kaudal.

Kranich, lat. **Grus,** Abk. **Gru,** ein →Sternbild des südl. Himmels, in mittleren nördl. Breiten nicht sichtbar.

Kraniche [ahd. cranuh, zu krano, eigtl. ›heiserer Rufer‹ (urspr. wohl lautmalerisch den Rufen nachgebildet)], **Gruidae,** mit Ausnahme von Südamerika, Madagaskar und Neuseeland weltweit verbreitete Familie großer, hochbeiniger, langhalsiger Vögel mit kräftigem Schnabel (kürzer als bei Störchen und Reihern); leben bes. in sumpfigen und steppenartigen Landschaften; sie haben eindrucksvolle Stimmen und eigenartige Bewegungsspiele, die ›Tänzes‹, die sie nicht nur bei der Balz ausführen; i. d. R. Bodenbrüter, deren Junge Nestflüchter sind; außerhalb der Brutzeit gesellig, fliegen gewöhnlich in Keilformation mit nach vorn gestrecktem Hals; größtenteils Zugvögel.

Man unterscheidet 14 Arten, u. a.: **Kronen-K.** (Balearica pavonina; Größe etwa 1 m), Gefieder dunkel oder heller grau, weiß und braun, der Kopf kontrastreich schwarz, weiß und rot mit gelber Federkrone, in trop. und südl. Afrika, von manchen Autoren in zwei Arten gespalten. **Klunker-K.** (Bugeranus carunculatus; Größe bis 1,5 m), überwiegend grau und schwarz mit weißem Hals und zwei auffälligen Kehllappen, lokal im südl. Afrika und (noch ?) in Äthiopien. **Sarus-K.** (Grus antigone; mit etwa 1,5 m Scheitelhöhe größte Art), grau, oberster Halsabschnitt und Kopf, ausgenommen der grau befiederte Scheitel, nackt und rot, von N-Indien bis Vietnam und in N-Australien. **Mandschuren-K.** (Grus japonensis; Größe etwa 1,4 m), weiß, Armschwingen, Hals (außer Nacken) und Kopfunterseite schwarz, der fast kahle Scheitel rot, in der Mongolei, Mandschurei und auf Hokkaidō. **Schrei-K.** (Grus americana; Größe etwa 1,3 m), weiß mit schwarzen Handschwingen, schwarzer Gesichtszeichnung und rotem Scheitel, lebt in Nordamerika; die seltenste K.-Art, die nur durch intensiven Schutz vor dem Aussterben bewahrt wurde. **Grauer K.** (Grus grus; Größe etwa 1,2 m), hauptsächlich grau mit schwarzweißen Muster auf Hals und Kopf, Scheitel rot, in N-Eurasien weit verbreitet. Seine Bestände haben auch in Dtl. (bes. im O) in den letzten Jahren erheblich zugenommen. **Jungfern-K.** (Anthropoides virgo; Größe knapp 1 m), grau mit schwarzer Halsvorderseite und verlängerten weißen Zierfedern an den Kopfseiten, in Steppen Russlands und Asiens.

Viele K. sind heute v. a. durch Lebensraumzerstörung bedroht und durch internat. Gesetze geschützt.

Kulturgeschichte: Bereits im 3. Jt. v. Chr. wurden K. in Ägypten gehalten, wohl v. a. des Fleisches wegen, aber auch als Opfertiere. Auf zahlr. Abbildungen wird das ›Nudeln‹, Vorführen, Abliefern und Halten von K. gezeigt. Auf altgriech. und röm. Gemmen, Grabreliefs und Vasen sind K. oft in Verbindung mit erot. Szenen abgebildet. V. a. in China und Japan galten und gelten K. als Glücksbringer sowie als Sinnbilder der Treue und des langen Lebens, bes. der Mandschuren-K. wurde als Vermittler zw. Erde und Götterhimmel angesehen; dementsprechend häufig taucht er in der ostasiat. Kunst auf. Das auffallende Flugbild und die lauten Rufe der K. gaben Anlass zu versch. Sagen, bei denen K. als Zeugen angerufen wurden.

P. A. Johnsgard: Cranes of the world (Bloomington, Ind., 1983); C.-A. von Treuenfels: K., Vögel des Glücks (1989).

Kranichfeld, Stadt im Landkreis Weimarer Land, Thür., 300 m ü. M., 3 600 Ew.; Gewerbe, v. a. Baustoffherstellung sowie Türen- und Fensterproduktion. – Oberschloss (12. Jh.; Ausbau um 1530, seit 1934 größtenteils Ruine) und Niederschloss (um 1180). – Das 1143 erstmals genannte Dorf K. (seit 1651 Stadt) war Sitz einer Seitenlinie der Grafen von Käfernburg-Schwarzburg, der Herren von K., die ihren Besitz 1172 teilten. Der größere Teil (Ober-K.) kam 1380 an die Burggrafen von Kirchberg, 1398 an die Wettiner, 1453 an die Fürsten von Reuß und gehörte 1615–1920 zu versch. sächs. Herzogtümern (ab 1826 Sachsen-Meiningen). Der andere Teil (Nieder-K.) stand ab 1283 unter Mainzer Lehnshoheit, war 1803–06 unter Aschaffenburg, ab 1813 preußisch und kam 1815 zu Sachsen-Weimar, 1912 ebenfalls zu Sachsen-Meiningen; das seitdem wieder vereinigte K. fiel 1920 an Thüringen.

Kranichstein, Jagdschloss nordöstlich von Darmstadt, Hessen. Die Dreiflügelanlage wurde 1571–79 erbaut; heute Museum, z. T. auch Hotel; ehem. Hirschgarten und Fasanerie.

Kranichsteiner Literaturpreis, vom Dt. Literaturfonds e. V. seit 1983 jährlich an ehem. Stipendiaten im Rahmen der als Autorenwettbewerb konzipierten ›Kranichsteiner Literaturtage‹ vergebener und mit 20 000 DM (1996) dotierter Preis (›Kranich mit dem Stein‹). Preisträger u. a. Rainald Goetz (*1954; 1983), Adelheid Duvanel (*1936; 1984), Helga Maria Novak (1985), Anne Duden (1986), W. Hilbig (1987), Klaus Hense (1988), T. Strittmatter (1989), J. Winkler (1990), Herta Müller (1992), Jan Faktor (*1951; 1993), 1994 nicht verliehen, H. Schertenleib (1995), Burkhard Spinnen (1996).

Kranichvögel, Gruiformes, Ordnung der Vögel mit etwa 205 Arten von 12–150 cm Länge; vielgestal-

Kraniche:
Von **oben**
Klunkerkranich
(Größe etwa 1,5 m);
Saruskranich
(Größe etwa 1,5 m);
Grauer Kranich
(Größe etwa 1,2 m)

tige Gruppe mit vielen Reliktformen; umfasst die Familien der Stelzenrallen (Mesithornithidae), Kraniche (Gruidae), Rallenkraniche (Aramidae), Trompetervögel (Psophiidae), Rallen (Rallidae), Binsenrallen (Heliornithidae), Kagus (Rhynochetidae), Sonnenrallen (Eurypigidae) und Seriemas (Cariamidae); bisher wurden auch die Wachtellaufhühnchen (Turnicidae), Trappenlaufhühnchen (Pedionomidae) und Trappen (Otididae) hierher gestellt, doch scheinen diese nach neueren Erkenntnissen eher in die Nähe der Regenpfeifervögel zu gehören. Die K. erreichten im Tertiär eine große Formenfülle, u. a. mit riesigen flugunfähigen Arten (z. B. Diatrymas und Phorusraciden).

Kraniologie [zu griech. kranion ›Schädel‹] *die, -,* **Schädellehre,** Teilgebiet der Biologie, das sich mit der Messung **(Kraniometrie)** und Merkmalsbeschreibung **(Kranioskopie)** des Schädels beschäftigt; bes. wichtig für die Bestimmung von Lebensalter und Geschlecht bei Skelettfunden, bei vorgeschichtl. Funden auch für die Beurteilung der taxonom. Stellung.

Kraniotabes [zu griech. kranion ›Schädel‹], Erweichung des Hinterhauptbeins (v. a. beiderseits der Lambdanaht) bei Rachitis oder Knochenbildungsstörungen im frühen Säuglingsalter.

Kraniotomie [zu griech. kranion ›Schädel‹] *die, -/...'mi̯en,* 1) operative Eröffnung des Schädels (z. B. als Trepanation); 2) Schädelzerkleinerung bei einem toten Kind als geburtshilfl. Maßnahme.

Kranj, dt. **Krainburg,** Stadt in Slowenien, an der Save in Oberkrain, 36 800 Ew.; elektrotechn., Elektronikindustrie, Kraftfahrzeugbau, Autoreifenfabrik, Lederverarbeitung. – Die Kirche St. Crantianus (Chor 1400) ersetzte einen roman. Bau. Im ehem. Schloss der Grafen von Ortenburg (16./17. Jh.) sind Renaissanceausstattung und Arkadenhof z. T. erhalten. – In röm. Zeit befestigter Stützpunkt **(Carnium),** im 10. Jh. Hauptort der otton. Mark Craina (Krain).

Kranjčević [ˈkraːnjtʃɛvitɕ], Silvije Strahimir, kroat. Lyriker, *Senj 17. 2. 1865, †Sarajevo 29. 10. 1908; wandte sich nach patriotisch-romant. Lyrik einer vom Symbolismus beeinflussten philosoph. Dichtung zu. Er erweiterte die metaphor. Möglichkeiten der Sprache und führte auf dem Hintergrund sozialen Empfindens eine moderne Stimmung der Bitterkeit, des Protests und der Freiheitssuche ein.

Ausgabe: Sabrana djela, 3 Bde. (1958–62).

Kranjec [-jəts], Miško, slowen. Schriftsteller, *Velika Polana 15. 9. 1908, †Ljubljana 8. 6. 1983; Partisan im Zweiten Weltkrieg; versuchte in seinen realist. Novellen, Romanen und Dramen ein breites Panorama gesellschaftl. Ereignisse zu geben; beschrieb u. a. den Existenzkampf der Bauern und Kleinbürger seines Heimatgebietes (Prekmurje), wobei er die pannon. Landschaft meisterhaft schilderte.

Werke: Romane: Težaki (1932); Pesem ceste (1934); Kapitanovi (1938); Za svetlimi obzorji, 4 Bde. (1960–63); Mladost v močvirju (1962; dt. Jugend im Moor); Rdeči gardist, 4 Bde. (1964–67). – *Erzählungen:* Beg s kmetov (1935; dt. Sprung in die Welt); Režonja na svojem (1950; dt. Herr auf eigenem Grund).

Ausgabe: Izbrano delo, 12 Bde. (1972).

Kranjska, slowen. Name für →Krain.

Krankenfahrstuhl, Rollstuhl, vierrädriges Fortbewegungsmittel für Körperbehinderte, oft faltbar (zur Mitnahme im Pkw und in öffentl. Verkehrsmitteln); als **Schiebestuhl** mit oder ohne Greifreifen, als **Selbstfahrer** mit Handhebelantrieb oder als (nicht faltbarer) **K. mit Motorantrieb** (Elektromotor).

Krankengeld, →Krankenversicherung.

Krankengeschichte, Aufzeichnungen des Arztes über die gesundheitsbezogenen Daten eines Patienten. Sie enthält Angaben zu früher überstandenen und aktuellen Krankheiten (Anamnese, Diagnose, Therapie, Verlauf, Epikrise) und muss i. d. R. nach Abschluss der Behandlung mindestens zehn Jahre lang aufbewahrt werden. Die K. unterliegt der ärztl. Schweigepflicht und den Datenschutzgesetzen. Der Patient besitzt hinsichtlich der objektivierbaren Befunde und Behandlungsmaßnahmen ein Einsichtsrecht.

Krankengymnast, →Physiotherapeut.

Krankengymnastik, früher **Heilgymnastik,** Einsatz planmäßiger körperl. Bewegung zu Heilzwecken. Ziel der K. ist es, durch spezif. Therapietechniken Störungen der Körperfunktionen zu vermeiden und zu beseitigen, Fehlentwicklungen zu korrigieren und Heilungsprozesse einzuleiten oder zu unterstützen. Sie greift am Haltungs- und Bewegungssystem an, um entweder an diesem oder als Sekundärwirkung an anderen Organsystemen Heilung oder Besserung zu bewirken. Durch aktive Mitarbeit wird der Patient in den Heilungsprozess einbezogen. Die enge Verflechtung des Haltungs- und Bewegungssystems mit allen wichtigen Funktionskreisen des Körpers, z. B. Atmung, Blutkreislauf, zeigt die ganzheitl. Wirkung der K.; sie wird unter Anleitung einer Physiotherapeutin bzw. Krankengymnastin durchgeführt und ist oft mit Atemgymnastik verbunden. K. dient der unterstützenden Behandlung v. a. in Chirurgie und Orthopädie nach Verletzungen, Knochenbrüchen, Wirbelsäulenschäden, Haltungsschwäche, Gelenkfunktionsstörungen, zur Nachbehandlung von Brustkorboperationen, in der Neurologie bei schlaffen Lähmungen und gesteigertem Muskeltonus, in der Kinderheilkunde zur Linderung spast. Erkrankungen infolge Hirnschädigung und in der Frauenheilkunde z. B. bei Schwangerschaft und im Wochenbett.

K. Taschenlehrbuch, hg. v. H. COTTA u. a., auf 12 Bde. ber. (¹⁻³1986ff.); Lb. der physikal. Medizin u. Rehabilitation, begr.

Kranichstein

Krankenfahrstuhl: links Schiebestuhl mit Greifreifen; rechts Krankenfahrstuhl mit Motorantrieb

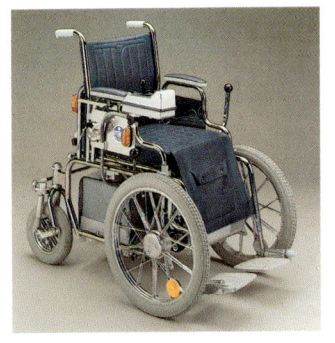

v. J. Grober, fortgef. v. D. von Arnim u. a., hg. v. Klaus L. Schmidt u. a. (⁶1995); Physiotherapie – Leitf., hg. v. B. Kolster u. G. Ebelt-Paprotny (²1996); K. Knauth u. a.: Physiotherapeut. Rezeptierbuch. Vorschläge für physiotherapeut. Verordnungen (⁷1996); G. T. Werner u. a.: Checkliste. physikal. u. rehabilitative Medizin (1997). – Weitere Literatur →Bewegungstherapie, →Gymnastik.

Krankenhaus, öffentl., freigemeinnützige oder private Einrichtung des Gesundheitswesens zur Erkennung und Behandlung (einschließlich Nachsorge) von Krankheiten und zur Geburtshilfe. Die Versorgung erfolgt meist stationär mit Unterbringung und Verpflegung, aber auch teilstationär oder ambulant. Weitere Aufgaben sind die Ausbildung des Pflegepersonals, häufig auch die medizin. Forschung; Univ.-Kliniken dienen v. a. der Forschung und Lehre.

K. müssen fachlich-medizinisch unter ständiger ärztl. Leitung stehen, über ausreichende, ihrem Versorgungsauftrag entsprechende diagnost. und therapeut. Möglichkeiten, den hierzu erforderl., jederzeit einsetzbaren Stamm von ärztl., Pflege-, Funktions- und medizinisch-techn. Personal verfügen und nach wiss. anerkannten Methoden arbeiten. Sie werden unterteilt in Allgemein-K. mit mehreren Fachabteilungen (zumeist mindestens innere Medizin, Chirurgie, Gynäkologie) sowie K. mit ausschließlich psychiatr. und neurolog. Ausrichtung.

I. w. S. zählen auch Vorsorge- und Rehabilitationseinrichtungen zu den K. Diese dienen der stationären Behandlung von Patienten, um entweder einer Schwächung der Gesundheit entgegenzuwirken oder eine Krankheit zu heilen, ihre Verschlimmerung zu verhüten oder Krankheitsbeschwerden zu lindern oder im Anschluss an eine K.-Behandlung den dabei erzielten Erfolg zu sichern oder zu festigen.

Nach dem Versorgungsauftrag werden folgende Gruppen unterschieden: **K. der Grundversorgung,** die bis zu drei Fachrichtungen umfassen und der ortsnahen Krankenversorgung dienen; **K. der Regelversorgung,** die mit einem entsprechend differenzierten medizin. Leistungsangebot zusätzlich überregionale Aufgaben erfüllen, und die noch umfassender ausgestatteten **K. der Schwerpunktversorgung,** zu denen auch die Univ.-K. (Hochschulkliniken) gehören.

Öffentliche K. werden von einer Gebietskörperschaft (auch dem Staat) oder einer sonstigen Körperschaft des öffentl. Rechts getragen, **freigemeinnützige K.** von religiösen, humanitären oder sozialen Vereinigungen, **private K.** werden von privaten Trägern nach erwerbswirtschaftl. Grundsätzen betrieben.

Von ihrer Struktur her sind K. i. d. R. in einen Medizin-, Pflege-, Ver- und Entsorgungs- sowie kaufmänn. Bereich gegliedert, die entsprechenden leitenden Gremien unterstehen. Medizin. Leiter eines K. ist der ärztl. Direktor, der aus den Reihen der Verantwortlichen für die Fachabteilungen (leitende Ärzte, Chefärzte) ernannt wird. Jede Abteilung ist in Stationen gegliedert, die nicht mehr als je 30 Betten umfassen sollen. Ein Krankenzimmer enthält durchschnittlich 3–4 Betten. Die baulich und technisch sehr anspruchsvollen Operations-, Röntgen- und Bestrahlungsräume, Intensivbehandlungseinheiten sowie Küchen, Wirtschaftsräume, Wäscherei und Desinfektionsanlage werden als geschlossene Gruppen möglichst zentral und von allen Seiten leicht erreichbar angeordnet. Für die besonderen Bedürfnisse der asept. Bereiche ist die K.-Klimatisierung von großer Wichtigkeit. Strenge hygien. Anforderungen mit einer weitgehenden Keimfreiheit der Luft und der damit verbundenen Reduzierung der Infektionsgefahr (→Hospitalismus) bestimmen deren Gestaltung und Wartung.

Zu den Voraussetzungen für eine stationäre K.-Behandlung gehört i. d. R. die Einweisung durch einen niedergelassenen Arzt unter der Bedingung, dass eine ambulante Versorgung zur Erzielung des Heil- oder Linderungserfolges nicht ausreicht. Seit 1993 dürfen K. Operationen ambulant durchführen sowie stationäre Patienten auch ambulant prä- oder poststationär behandeln.

Statistik: In Dtl. bestanden am 31. 12. 1995 2 325 K. (mit 609 123 Betten, davon 57 % öffentlich, 37 % freigemeinnützig und 5 % privat) sowie 1 373 Vorsorge- oder Rehabilitationseinrichtungen (mit 181 633 Betten, davon 18 % öffentlich, 15 % freigemeinnützig und 68 % privat). Stationär behandelt wurden 1995 16,9 Mio. Patienten; der durchschnittl. Aufenthalt betrug 13,9 Tage. 1995 beschäftigten die K. insgesamt 1,16 Mio. Personen (davon 105 000 im ärztl., 429 000 im Pflege- und 150 000 im medizinisch-techn. Dienst), die Vorsorge- oder Rehabilitationseinrichtungen zusätzlich 116 000 Personen. In den Ländern der EU lag 1993 nach OECD-Angaben die K.-Bettenzahl je 10 000 Ew. zw. 43 in Portugal und 118 in Luxemburg und die K.-Fallzahl je 1 000 Ew. zw. 100 in Spanien und 233 in Frankreich.

Recht: Das K.-Wesen gehört, soweit es die wirtschaftl. Sicherung der K. und die Regelung der K.-Pflegesätze betrifft, zur konkurrierenden Gesetzgebung (Art. 74 Nr. 19 a GG). Auf dieser Grundlage hat der Bund das ›Ges. zur wirtschaftl. Sicherung der K. und zur Regelung der K.-Pflegesätze‹ (Abk. KHG, auch: Krankenhausfinanzierungs-Ges.) vom 29. 6. 1972 i. d. F. v. 10. 4. 1991 erlassen. Es soll eine bedarfsgerechte Versorgung der Bev. mit leistungsfähigen, eigenverantwortlich wirtschaftenden K. zu sozial tragbaren Pflegesätzen gewährleisten. Es findet keine Anwendung auf K., deren Träger der Bund ist, auf K. im Straf- und Maßregelvollzug, auf Polizei-K. sowie auf K. in Trägerschaft der gesetzl. Rentenversicherung. Unternehmer von privaten K. bedürfen einer behördl. Konzession (§ 30 Gewerbeordnung).

Die Aufnahme eines Patienten zur stationären Behandlung im K. erfolgt im Rahmen eines **K.-Aufnahmevertrages.** Er kommt entweder zw. dem K.-Träger und dem Patienten oder zw. der Krankenkasse und dem K.-Träger zustande, wobei der Patient auch im letzten Falle aus diesem Vertrag unmittelbar Berechtigte ist (so der BGH). Aufnahmepflicht besteht, wenn die K.-Träger eine monopolartige Stellung – fachlich oder räumlich – besitzen. Es haben sich drei Formen des K.-Aufnahmevertrages herausgebildet: Die Regelform bildet der ›totale K.-Aufnahmevertrag‹, durch den räuml. Aufnahme, Verpflegung und ärztl. und pfleger. Betreuung geschuldet werden und vertragl. Beziehungen nur zw. dem K.-Träger und dem Patienten, nicht auch zw. diesem und dem behandelnden Arzt bestehen. Von einem ›aufgespaltenen K.-Aufnahmevertrag‹ spricht man, wenn der K.-Träger nur Unterkunft, Verpflegung und pfleger. Betreuung schuldet, während mit dem behandelnden Arzt ein separates Vertragsverhältnis vereinbart wird (so bes. bei Belegärzten). Ferner ist es möglich, neben den sich aus einem totalen K.-Aufnahmevertrag ergebenden Rechtsbeziehungen weitere Behandlungsverträge mit anderen Ärzten zu schließen.

Wirtschaft: Die Beschaffung und der Einsatz der für Bau und Betrieb von K. erforderl. Geldmittel, die **K.-Finanzierung,** ist im KHG in Verbindung mit der Bundespflegesatz-VO vom 26. 9. 1994 geregelt. Danach werden die Investitionskosten im Wege öffentl. Förderung v. a. durch die Länder übernommen, während für die laufenden Kosten die Krankenkassen bzw. die Patienten selbst aufkommen (›duale Finanzierung‹). In den Jahren 1997–99 haben unter bestimmten Voraussetzungen die Mitgl. gesetzl. Krankenkassen, die nicht von Zuzahlungen befreit sind, einen zusätzl. Beitrag von 20 DM jährlich für die Instandsetzung von

Krankenhäusern zu zahlen. Bis 1995 wurden die Kosten für stationäre Behandlungen über tagesgleiche Pflegesätze für alle Patienten eines K. abgerechnet, seit 1996 erfolgt dies durch eine Mischung von Fallpauschalen, Sonderentgelten und Tagespflegesätzen. Fallpauschalen existieren für über 70 Kombinationen aus Diagnose und einer bestimmten, meist operativen Therapie; mit ihnen werden alle Leistungen eines K. unabhängig von der Liegezeit vergütet. Sonderentgelte als Zuschlag zu den Tagespflegesätzen gibt es für rd. 150 spezif. Maßnahmen. Die Pflegesätze werden unterteilt in so genannte Basispflegesätze für Unterbringung, Verwaltung, Verpflegung u.a. sowie abteilungsspezif. Pflegesätze für die eigentliche medizin. Behandlung. 1993–96 war die Entwicklung der K.-Budgets an die der Grundlohnsumme der Mitgl. der gesetzl. Krankenversicherung gekoppelt. Dies hat die K. in erhöhten wirtschaftl. Druck gebracht, da sowohl Gewinne als auch Verluste möglich sind, für die der K.-Träger aufkommen muss. Die Einführung der Fallpauschalen hat dazu geführt, dass die Verweildauer im K. 1996 stark gesunken ist, eine Tendenz, die sich in den Folgejahren fortsetzen dürfte. Viele Vorsorge- und Rehabilitationseinrichtungen sind durch die Verkürzung der Rehabilitationsmaßnahmen sowie die Erhöhung der Patientenzuzahlungen aufgrund des am 1. 1. 1997 in Kraft getretenen Beitragsentlastungs-Ges. in wirtschaftl. Bedrängnis geraten.

Geschichte: Das K. ist im Wesentlichen eine Schöpfung des frühmittelalterl. Ostchristentums. Wohlfahrtseinrichtungen für Kranke und Pflegebedürftige finden sich zwar auch in vorchristl. Kulturen, Nachrichten über K. im eigentl. Sinn sind aber unsicher. In der griech. und röm. Antike gab es als Vorläufer der K. Privatkliniken im Besitz von Ärzten, die aus öffentl. Mitteln subventioniert wurden, **Valetudinarien** für verwundete und kranke Soldaten und für die Sklaven auf den Latifundien. Die christl. Gründungen waren anfangs nur besondere Abteilungen für Krankenpflege im Rahmen größerer Wohlfahrtsanstalten (**Xenodochien,** Pilgerheime) mit den verschiedensten Aufgaben (Alters-, Behinderten-, Findlings-, Wöchnerinnen-, Waisen-, Fremden- und Pilgerbetreuung). Später entstanden daneben Spezialspitäler, z.B. für Aussätzige, unabhängig und außerhalb der Ansiedlungen gelegen. In Byzanz wurde 1135 in Verbindung mit dem Männerkloster des Pantokrator ein hygienisch, organisatorisch und in der ärztl. Betreuung richtungsweisendes K. gegründet. Inzwischen hatten sich auch im mittelalterl. Westen die vielseitigen Wohlfahrtsstätten (Hospiz, Hospital) meist im Zusammenhang mit den Klöstern verbreitet und gelegentlich zur Bildung selbstständiger K. geführt. Im arab. Kulturkreis entstanden u.a. 1283 das dem Pantokrator nachgebildete Mansur. K. (Muristan) in Kairo und ein K. in Bagdad.

In der Neuzeit hat sich die selbstständige, ausschließlich der Pflege und Behandlung Kranker dienende Einrichtung durchgesetzt. Neben die K. der Klostergenossenschaften und karitativen Organisationen traten k. unter städt. und staatl. Verwaltung. Für Militärhospitäler bürgerte sich der Ausdruck Lazarette ein. Sehr früh entwickelten sich Spezial-K. für seelisch Kranke, vermutlich zuerst in der islam. Welt und, durch diese beeinflusst, in Spanien und England.

Orientierte sich die Bauweise der K. in der Frühzeit an Kirchengrundrissen, so entstanden im 17. Jh. Typen des ›Hofbaus‹ (zentraler Hof, von Bauten mit Krankenräumen umschlossen) und des ›Kreuzbaus‹ (vier rechtwinklig schneidende Hallen, ›Korridorsystem‹), in der 2. Hälfte des 18. Jh., zuerst in England, das ›Pavillonsystem‹, im 19. Jh. das ›Barackensystem‹, das ›Hochhaus‹ im 20. Jahrhundert.

⇨ *Arzt · Gesundheit · Gesundheitsrecht · Gesundheitswesen*

K.-Recht. Entscheidungssammlung, bearb. v. J. LAUTERBACHER u. G. FRIEDRICH, Losebl. (1982ff.); Ges. zur Strukturreform im Gesundheitswesen, bearb. v. W. G. FACK u. J. ROBBERS (1989); K.-Hygiene. Erkennung – Verhütung – Bekämpfung von K.-Infektionen, hg. v. W. STEUER (⁴1992); K.-Report 1993, hg. v. M. ARNOLD u.a. (1993); Managementhandbuch K., hg. v. FISCHER u.a., Losebl. (1995ff.); Modernes K.-Management, hg. v. U. J. WINTER u.a. (1997).

Krankenhilfe, Hilfeart der Sozialhilfe, die den Leistungen der gesetzl. Krankenversicherung nachgebildet ist und Kranken gewährt wird, die nicht krankenversichert sind (§ 37 Bundessozialhilfe-Ges., Abk. BSHG). Die K. umfasst ärztl. und zahnärztl. Behandlung, Versorgung mit Arznei- und Verbandmitteln sowie Zahnersatz, Krankenhausbehandlung und sonstige Leistungen. Zur K. gehören auch die Hilfe bei Sterilisation (§ 37a BSHG) und die Hilfe zur Familienplanung (§ 37b BSHG, umfasst Kosten der notwendigen ärztl. Beratung, Untersuchung und Verordnungen sowie Kosten der ärztlich verordneten empfängnisregelnden Mittel).

Krankenkasse, →Krankenversicherung.

Krankenpflege, pfleger. Betreuung eines Kranken durch K.-Personal (→Krankenschwester) oder Familienangehörige; besteht in der Unterstützung bei Körperpflege, Ernährung, Ausscheidung u.a., in Krankheitsbeobachtung (z.B. Messen von Temperatur und Puls) und in Maßnahmen zur Krankheitsbehandlung (Arzneimittelgaben, Umschläge, Injektionen u.a.).

⇨ *häusliche Krankenpflege · Krankenhaus · Krankenversicherung · Pflegebedürftigkeit · Pflegeversicherung · Sozialhilfe*

Krankensalbung, lat. **Unctio Infirmorum,** früher **Letzte Ölung,** die durch einen Priester vollzogene liturg. Salbung von Alten und Kranken mit geweihtem Öl (Chrisam, Myron). In der kath. und orth. Kirche gilt die K. als Sakrament. Urspr. unter Berufung auf Jak. 5, 14ff. kranken Gemeindemitgliedern mit der Absicht gespendet, für sie Genesung, geistl. Stärkung und Sündenvergebung zu erbitten, war sie seit dem 10. Jh. in der lat. Kirche, in enger Verbindung mit der Buße, als ›Letzte Ölung‹ den Sterbenden vorbehalten. Eine Rückbesinnung auf das bibl. Verständnis erfolgte mit der liturg. Bewegung der Neuzeit; in der Folge wurde die Bez. ›Letzte Ölung‹ durch die Bez. K. ersetzt. Die geistl. Neubestimmung des Sakraments (Spendung auch bei schwerer Krankheit oder Altersschwäche) fand Eingang in die Konstitution über die hl. Liturgie (Art. 73) und in das Kirchenrecht (cc. 998–1007). – Ebenso ist die K. (Euchelaion) in den *Ostkirchen* nicht nur Sterbesakrament, sondern wird in der großen Fastenzeit (zur körperl. und seel. Heilung) allen Gläubigen gespendet, die darum bitten.

W. VON ARX: Das Sakrament der K. (Freiburg ³1986).

Krankenschwester, Bez. für Männer **Krankenpfleger,** Beruf im Gesundheitswesen. Die Ausbildung erfolgt an Krankenpflegeschulen. Daneben gibt es Studiengänge an Fachhochschulen mit dem Diplomabschluss, die eine abgeschlossene Berufsausbildung in einem Pflegeberuf voraussetzen. K. pflegen Kranke in Krankenhäusern, Unfallkliniken, in Pflege- und Altenheimen oder aber in häusl. Umgebung und ergänzen damit die ärztl. Behandlung. Aufgaben der K. sind die verantwortungsbewusste Betreuung der Kranken nach ärztl. Anweisung unter Berücksichtigung ihrer körperl. und seel. Bedürfnisse sowie die Hilfe bei ärztl. Untersuchungen und Operationen. Neben Tätigkeiten wie Überwachen medizin. Apparate, Medikamentenausgabe, Anlegen von Verbänden, Betten und Lagern der Patienten müssen auch schriftl. Verwaltungsarbeiten ausgeführt werden.

Kranken|unterlagen, ärztliche Aufzeichnungen, →Arzt (Recht).

Krankenversicherung, die kollektive Abdeckung von Risiken, die im Zusammenhang mit Erkrankung,

Kran Krankenversicherung

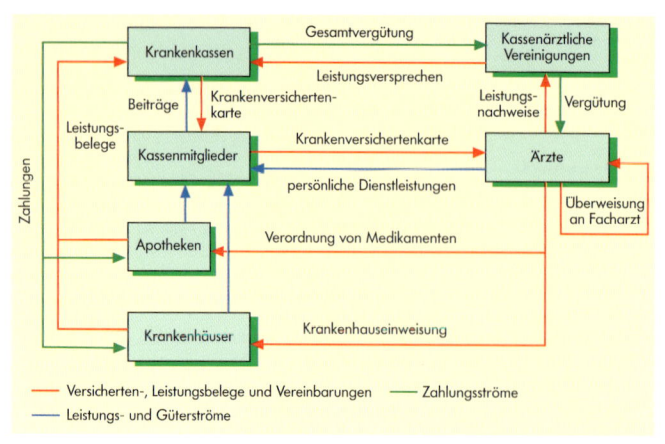

Krankenversicherung: Die Beziehungen zwischen den verschiedenen Elementen des Krankenversicherungssystems in Deutschland

Krankheitsvorsorge und Schwangerschaft auftreten, organisiert in Gestalt der gesetzl. K. (soziale K.) und der privaten Krankenversicherung.

Gesetzliche Krankenversicherung

Als der älteste Zweig der Sozialversicherung und als ein wesentl. Element des Systems der sozialen Sicherung erbringt die gesetzl. K. (GKV) Leistungen bei Krankheit, Mutterschaft und Tod sowie zur Früherkennung und Verhütung von Krankheiten. Rechtl. Grundlage der GKV ist insbesondere das 5. Buch des Sozialgesetzbuchs (SGB V) sowie die mehrfach geänderte Reichsversicherungsordnung (RVO) von 1911. – Zur *Geschichte* →Sozialversicherung.

Der *Versicherungspflicht* in der GKV unterliegen in Deutschland folgende Personen (sofern ihr Gehalt oder Lohn nicht die Versicherungspflichtgrenze – 1997: altes Bundesgebiet 6 150 DM je Monat, neue Länder 5 325 DM je Monat – übersteigt): Angestellte und Arbeiter (sie können sich seit 1989 bei Überschreiten der Grenze ebenfalls privat versichern), Auszubildende, Wehrdienstleistende, Zivildienstleistende, Rentner (mit bestimmten gesetzlichen Einschränkungen, § 5 Abs. 1 SGB V), Studenten, land- und forstwirtschaftliche Unternehmer mit ihren mitarbeitenden Familienangehörigen (→Krankenversicherung der Landwirte) sowie Arbeitslose. Außerdem sind die in Jugendhilfe-, Behinderten- und Rehabilitationseinrichtungen untergebrachten Personen unter bestimmten Bedingungen sowie selbstständige Künstler und Publizisten (→Künstlersozialversicherung) versicherungspflichtig.

Versicherungsberechtigt im Sinne der freiwilligen Versicherung sind u. a. diejenigen, die aus der Pflichtversicherung ausgeschieden sind, v. a. bei Überschreiten der Versicherungspflichtgrenze, sowie Ehegatten und Kinder, die nicht mehr über die Familienversicherung versichert sind. Versicherungsfrei sind außer den geringfügig Beschäftigten v. a. Beamte (die sich privat versichern müssen und daneben →Beihilfe erhalten) sowie die meisten Selbstständigen. Die GKV in Dtl. erfasst rd. 90 % der Bevölkerung.

Die *Leistungen* der GKV lassen sich einteilen in Regelleistungen, d. h. die vorgeschriebenen gesetzl. Mindestleistungen, und die Mehrleistungen (die in der Satzung der jeweiligen Krankenkasse geregelten besonderen Leistungen). Die **Regelleistungen** umfassen: 1) präventive Leistungen, d. h. Vorsorgeleistungen zur Früherkennung und Verhütung von Krankheiten. Neben zahnmedizin. Vorsorge gehört dazu die jährl. Vorsorgeuntersuchung auf Krebs für Frauen ab dem 20. (Männer ab 45.) Lebensjahr und die zweijährl. Vorsorgeuntersuchung auf Herz-, Kreislauf- und Nierenerkrankungen und Diabetes, die die Versicherten ab dem 35. Lebensjahr in Anspruch nehmen können. Kinder bis zum vollendeten sechsten Lebensjahr haben Anspruch auf besondere Untersuchungen sowie ab vollendetem zehnten Lebensjahr auf eine Untersuchung zur Früherkennung von Krankheiten. 2) Leistungen bei Krankheit in Form der **Krankenbehandlung** (frühere Bez.: Krankenhilfe), d. h. ärztl. Behandlung, zahnärztl. Behandlung einschließlich Versorgung mit Zahnersatz, Versorgung mit Medikamenten, Verband-, Heil- und Hilfsmitteln, häusl. Krankenpflege und Haushaltshilfe, Krankenhausbehandlung zur Heilung von Krankheiten und Leistungen zur Rehabilitation sowie zur nachgehenden Sicherung der Gesundheit. In der GKV herrscht das Sachleistungsprinzip vor, d. h. die Inanspruchnahme von Kassenärzten (Vertragsärzten), Kassenzahnärzten und die Behandlung im Krankenhaus erfolgen i. d. R. bargeldlos (bis auf Zuzahlungen). Gemäß dem 2. GKV-Neuordnungs-Ges. vom 23. 6. 1997 können alle Versicherten zw. Sachleistungen (Kostenabrechnung zw. Krankenkasse und Arzt) und Kostenerstattung (Patient übernimmt Kosten und lässt sie sich von der Kasse erstatten) wählen. – Alle Patienten über 18 Jahre müssen für verordnete Arznei- und Verbandmittel Zuzahlungen leisten bzw. bestimmte Arzneimittel (z. B. für Erkältungskrankheiten) sind von den Kassenleistungen ausgeschlossen worden. Die Zuzahlungen bemessen sich seit 1994 nach der Packungsgröße und wurden 1997 bereits zweimal erhöht; ab (1. 1. 1997) 1. 7. 1997 für die kleine Packungsgröße (4 DM) 9 DM, für die mittlere (6 DM) 11 DM, für die große (8 DM) 13 DM (§ 31 SGB V). Ist für ein Arznei- oder Verbandmittel ein Festbetrag nach § 35 SGB V festgesetzt, trägt die Krankenkasse die Kosten nur bis zur Höhe dieses Betrages; die Zuzahlung ist auch für Festbetragsarznei-

Krankenversicherung: Anzahl der gesetzlichen Krankenkassen und Mitglieder ohne Familienversicherte in Deutschland (Stand: Mai 1995)

Gesetzliche Krankenkassen	alte Länder			neue Länder		
	Kranken-kassen	Mitglieder (in Mio.)	Mitglieder-anteil (in %)	Kranken-kassen	Mitglieder (in Mio.)	Mitglieder-anteil (in %)
Allgemeine Ortskrankenkassen	50	16,7	41,3	8	5,60	55,1
landwirtschaftliche Krankenkassen	18	0,7	1,7	3	0,02	0,2
Betriebskrankenkassen	626	4,6	11,4	158	0,64	6,3
Innungskrankenkassen	122	2,2	5,4	20	0,33	6,5
Knappschaftskrankenkassen	1	0,9	2,2	1	0,007	3,2
Seekrankenkasse	1	0,04	0,1	1	0,06	0,1
Ersatzkassen für Arbeiter	8	0,8	2,0	5	2,85	0,6
Ersatzkassen für Angestellte	7	14,5	35,9	6	10,16	28,0
insgesamt	**833**	**40,4**	**100,0**	**202**	**19,70**	**100,0**

mittel zu leisten. Zuzahlung und Festbetrag sollen zu kostenbewusster Verschreibung und Inanspruchnahme sowie zu preisgünstigem Angebot von Arzneimitteln beitragen. Für Hilfsmittel (u. a. Seh- und Hörhilfen) gilt ab 1989/90 ebenfalls eine Festbetragsregelung; Versicherte, die das 18. Lebensjahr vollendet haben, müssen seit 1. 7. 1997 für Bandagen, Einlagen und Hilfsmittel zur Kompressionstherapie 20 % Zuzahlung leisten. Versicherte über 18 Jahre müssen sich seit (1989) 1. 7. 1997 mit (10 %) 15 % an den Kosten für jedes Heilmittel (Massagen, Bäder, Fangopackungen u. a.) beteiligen. Ebenfalls seit 1989 sind die Fahrtkosten zur ambulanten Behandlung vom Versicherten aufzubringen; bei den Fahrtkosten zur stationären Behandlung ist eine Eigenbeteiligung von (20 DM) 25 DM seit 1. 7. 1997 zu bezahlen (§ 60 SGB V). Ab (1994) 1. 7. 1997 beträgt der Eigenanteil an den Kosten bei Krankenhausaufenthalten für Versicherte über 18 Jahre täglich (max. 14 Tage lang) im alten Bundesgebiet (12 DM) 17 DM, in den neuen Ländern (9 DM) 14 DM. Bei kieferorthopäd. Maßnahmen, auf die i. d. R. Versicherte bis zur Vollendung des 18. Lebensjahres als Kassenleistung Anspruch haben, ist seit 1989 die Rückzahlung des vorgestreckten Anteils vom Abschluss der Behandlung abhängig. Versicherte, die vor dem 1. 1. 1979 geboren sind, haben nach der bis 30. 6. 1997 gültigen Regelung Anspruch auf einen Zuschuss von (grundsätzlich) 50 %, ab 1. 7. 1997 45 % zu den Kosten für medizinisch notwendigen Zahnersatz, der prozentuale Zuschuss wird demnächst durch einen Festzuschuss ersetzt (§ 30 Abs. 1 SGB V). Der Eigenanteil ist von der Art des Zahnersatzes sowie einem Vorsorgebonus abhängig. Für stationäre Rehabilitationsmaßnahmen (Kur) ist von Versicherten über 18 Jahre ab 1997 im alten Bundesgebiet eine Zuzahlung von 25 DM kalendertäglich, in den neuen Ländern 20 DM, zu leisten (§§ 40 Abs. 5, 310 Abs. 1 SGB V). Je Kurwoche werden zwei Tage auf den Erholungsurlaub angerechnet.

Um die mit der Novellierung der GKV (bes. ab 1. 7. 1997, so genannte 3. Stufe der Gesundheitsreform) verstärkt eingesetzte Selbstbeteiligung sozial zu steuern, erfolgt in Härtefällen eine Befreiung von Zuzahlungen und Eigenbeteiligung bzw. eine Minderung der Eigenbeteiligung. Härtefallregelungen gelten i. d. R. für Versicherte mit weit unterdurchschnittl. Bruttoeinnahmen, des Weiteren für Versicherte, die Sozialhilfe, Arbeitslosenhilfe oder Ausbildungsförderung nach dem Bundesausbildungsförderungs-Ges. beziehen (§ 61 SGB V). So genannte Überforderungsklauseln sehen in Einzelfällen Einschränkungen bei Zuzahlungen vor (§ 62 SGB V). 3) **Krankengeld** wird gezahlt im Anschluss an die Entgeltfortzahlung (sechs Wochen) in Höhe von 70 % (seit 1. 1. 1997) des erzielten regelmäßigen Arbeitsentgelts und Arbeitseinkommens, soweit es der Beitragsberechnung unterliegt (›Regelentgelt‹; §§ 44 ff. SGB V). 4) Leistungen bei Schwangerschaft und Mutterschaft (Mutterschaftsgeld und -hilfe; §§ 195 ff. RVO). 5) Hilfe bei der Empfängnisregelung, bei der legalen Sterilisation und dem legalen Schwangerschaftsabbruch (§§ 24a und 5 SGB V). 6) Hilfen zur Weiterführung des Haushalts mit Kindern (bis zum 12. Lebensjahr; § 38 SGB V) und zur Weiterführung landwirtschaftl. Betriebe (§§ 2 ff. Ges. über die K. der Landwirte). 7) Sterbegeld, das beim Tod eines Mitgl. oder eines Familienversicherten gezahlt wird und 2 100 DM (beim Mitgl.) bzw. 1 050 DM beträgt (§ 58 f. SGB V). Anspruch besteht nur, wenn der Verstorbene am 1. 1. 1989 versichert war. 8) Häusl. **Krankenpflege** durch eine Pflegekraft erhalten Versicherte neben der ärztl. Behandlung, wenn Krankenhausbehandlung geboten, aber nicht ausführbar ist oder dadurch vermieden wird (§ 37 SGB V). Sie wird jedoch nur gewährt, wenn eine im Haushalt lebende Person den Kranken nicht im erforderl. Umfang pflegen kann.

Die Versicherten haben freie Arztwahl unter den zugelassenen Kassenärzten und -zahnärzten (Vertragsärzten). Sie müssen sich vor der ersten Behandlung durch die **Krankenversichertenkarte** ausweisen.

Die *Finanzierung* der GKV erfolgt durch Beiträge und sonstige Einnahmen, hauptsächlich aber durch die Beiträge der versicherten Arbeitnehmer und deren Arbeitgeber. Der in seiner Höhe von der jeweiligen Krankenkasse abhängige Beitragssatz entwickelte sich durchschnittlich von (1950, für Arbeiter) 6 % auf (1996) 13,6 % bzw. neue Länder 13,5 % vom Bruttoeinkommen (jeweils zur Hälfte von Arbeitgeber und Arbeitnehmer). Für die bis zu einer bestimmten Einkommensgrenze (1997: 610 DM im alten Bundesgebiet, 520 DM in den neuen Ländern monatlich) Familienversicherten wird aus Gründen des Familienlastenausgleichs kein Beitrag erhoben. – Erhöht eine Krankenkasse ihren Beitragssatz, so erhöhen sich ebenfalls die zu leistenden Zuzahlungen (§ 221 SGB V in der Fassung des 1. GKV-Neuordnungs-Ges.). In diesem Fall steht den Versicherungspflichtigen ein besonderes Kündigungsrecht nach § 175 Abs. 4 SGB V zu. Die gesetzl. Krankenkassen dürfen ihren Versicherten auch günstigere Policen mit einer höheren Selbstbeteiligung anbieten sowie eine Beitragsrückerstattung vorsehen, wenn Versicherte im Kalenderjahr keine Leistungen zulasten der Krankenkasse in Anspruch genommen haben (§§ 53, 54 SGB V).

Gesetzliche Krankenversicherung: Anteile der einzelnen Leistungsarten an den gesamten Leistungsausgaben in Deutschland (in Mio. DM)

Jahr	Leistungs-ausgaben insgesamt	darunter			
		ärztliche/ zahnärztliche Behandlung	Krankenhaus-pflege	Arzneien[1]	Krankengeld
1984[2]	103 561	25 588	33 215	28 947	6 301
1989[2]	123 242	30 546	40 814	32 904	8 619
1994[3]	217 234	50 501	74 545	51 509	15 918

[1] einschließlich Verband-, Heil- und Hilfsmittel, Zahnersatz. – [2] alte Länder. – [3] einschließlich neue Länder.

Die *Ausgaben* in der GKV sind von (1965) rd. 16 Mrd. DM auf (1994) 217 Mrd. DM gestiegen. Die Ursachen dafür sind vielfältig: Durch techn. Fortschritt in der Medizin wurden die Behandlungen teurer, die steigende Zahl chron. Erkrankungen wie auch der zunehmende Anteil älterer Menschen erhöhte die Anzahl der Behandlungen, der Verbrauch von Arzneimitteln erhöhte sich ebenso wie deren Preise. Die Ausdehnung des Versichertenkreises führte zu Ausgabensteigerungen wie auch die Übertragung des bundesdt. Sozialversicherungsrechts auf die Gebiete der neuen Länder; hinzu kommen Steuerungsmängel im System der GKV. Diese unter der Bez. ›Kostenexplosion‹ diskutierte Entwicklung führte seit 1977 zu zahlreichen gesetzgeber. Maßnahmen (Kostendämpfungsgesetze), die wegen ihrer Auswirkungen auf die Versicherten in Form von höheren Zahlungen bzw. Leistungskürzungen umstritten sind.

Träger der GKV sind die **Krankenkassen**, in erster Linie die →Allgemeinen Ortskrankenkassen (AOK). Sie sind innerhalb ihres Bezirks zuständig für alle Versicherungspflichtigen, die nicht einer →Betriebskrankenkasse, →Innungskrankenkasse, der Bundesknappschaft (für Bergleute), der Seekrankenkasse (für Seeleute), einer landwirtschaftl. Krankenkasse oder einer →Ersatzkasse angehören. Ab 1996/97 können auch Arbeiter (wie zuvor schon die Angestellten) sowie Versicherungsberechtigte zw. versch. Krankenkassen wählen (§§ 173 ff. SGB V). – In den Krankenkassen als

Körperschaften des öffentl. Rechts mit Selbstverwaltung arbeiten seit 1. 1. 1996 als Selbstverwaltungsorgane ein hauptamtl. Vorstand und ein ehrenamtl. Verwaltungsrat (zuvor ehrenamtl. Vorstand und ehrenamtl. Vertreterversammlung). Die Krankenkassen sind zu Krankenkassenverbänden zusammengeschlossen. Die Aufsicht über die landesunmittelbaren Krankenkassen führen die Versicherungsämter, in einigen Ländern besondere Aufsichtsbehörden, bei überregionalen Krankenkassen das Bundesversicherungsamt. Die Krankenkassen schließen mit den kassenärztl. und den -zahnärztl. Vereinigungen Gesamtverträge über die ärztl. Versorgung ab. Die kassenärztl. Vereinigungen werden so den Kassen gegenüber verpflichtet, die von der K. geschuldeten ärztl. Leistungen bereitzustellen. Die Beitragssätze zw. den versch. Krankenkassen schwanken, weil sich ihre Mitgl.-Struktur und die damit verbundenen unterschiedl. ›Versichertenrisiken‹ beträchtlich unterscheiden. Durch Zahlungen zw. den Krankenkassen werden die risikobedingten Unterschiede in der Höhe der beitragspflichtigen Einnahmen ausgeglichen (Risikostrukturausgleich). Falls durch Neugründung einer Betriebskrankenkasse die Beitragssätze der örtl. AOK im Vergleich zu benachbarten AOK wesentlich steigen würden, kann sie untersagt werden.

In der DDR bestand eine gesetzl. Einheitsversicherung (Sozialversicherung) mit einer umfassenden Versicherungspflicht. Rd. 88% der Bevölkerung waren Mitgl. bei der Sozialversicherung im Freien Dt. Gewerkschaftsbund (FDGB), während die anderen Berufstätigen sowie deren Familienangehörige bei der Staatl. Versicherung versichert waren. Der Pflichtversicherung unterlag nur ein Monatsverdienst bis zu 600 Mark. Berufstätige, deren Verdienst diese Grenze überstieg, konnten ab 1971 der freiwilligen Zusatzrentenversicherung beitreten, durch die sie Zusatzrente und höheres Krankengeld erhielten. Am 1. 1. 1991 wurde das bundesdt. System der K. in den neuen Ländern eingeführt bzw. erlangten das SGB V und die RVO mit Übergangsvorschriften Gültigkeit.

In *Österreich* ist die Grundlage der K. für Arbeitnehmer das Allgemeine Sozialversicherungs-Ges. (ASVG) vom 9. 9. 1955, für öffentlich Bedienstete den Beamten-, Kranken- und Unfallversicherungs-Ges., für Bauern das Bauern-Sozialversicherungs-Ges. und für Gewerbetreibende das Gewerbl. Sozialversicherungs-Ges. Alle Arbeitnehmer sind versicherungspflichtig. Die Beitragsbemessung erfolgt nach dem Arbeitsverdienst. Die Beiträge (Beitragssatz 1997: 7,9%, Angestellte 6,8%) werden je zur Hälfte von Arbeitgebern und Arbeitnehmern getragen. Die maximale Beitragsbemessungsgrundlage beträgt (1997) 40 800 öS monatlich, die Geringfügigkeitsgrenze 3 740 öS. Krankenversichert sind zurzeit etwa 4,86 Mio. Personen, davon bei der K. für Unselbständige und rd. 10% bei der K. für Selbständige. Die Einnahmen der K. betrugen (1995) rd. 110,5 Mrd. öS, die Ausgaben rd. 112,6 Mrd. öS. Die Versicherten brachten 88,5% der Einnahmen auf, der Rest kam aus Rezeptgebühren, Ersatzansprüchen u. a. Auch in Österreich stiegen die Ausgaben stark an.

Die Leistungen entsprechen, abgesehen von einigen Modifikationen, denjenigen der K. in Dtl. Auch die Versuche, den starken Ausgabenanstieg zu bremsen, ähneln denen in Dtl. (z. B. Streichung des Sterbegeldes, Erhöhung der Rezeptgebühren, Änderung der Krankenhausfinanzierung, Einführung einer Selbstbeteiligung und einer Krankenscheingebühr). - Versicherungsträger sind neun Gebiets- und neun Landwirtschaftskrankenkassen (je eine in jedem Bundesland), zehn Betriebskrankenkassen, eine Versicherungsanstalt der österr. Eisenbahnen, eine Versicherungsanstalt öffentlich Bediensteter und eine Versicherungsanstalt des österr. Bergbaus.

In der *Schweiz* besteht die Versicherungspflicht seit dem 1. 1. 1996, ein Arbeitgeberbeitrag wird nicht gezahlt. Getragen wird die K. von einer Vielzahl von vom Bund anerkannten privaten und durch die von Kantonen oder Gemeinden eingerichteten öffentl. Krankenkassen. Diese werden sowohl vom Bund als auch von den Kantonen subventioniert. Als Krankenpflege wird ambulante wie stationäre Behandlung gewährt. Auch die Schweiz verzeichnet ein starkes Anwachsen der Ausgaben für Gesundheitsleistungen. 1985–91 stiegen die Gesamtausgaben z. B. um 61%, das Bruttosozialprodukt um 45%. Die Finanzierung der Gesundheitskosten erfolgte 1991 zu 28,3% durch die öffentl. Hand, zu 1,8% durch die Sozialversicherung, zu 61,5% durch die Haushalte und zu 8,4% durch andere Träger.

Private Krankenversicherung

Die private K. (PKV) ist als Zweig der Personenversicherung ein Teil der Individualversicherung. Im Ggs. zur GKV, die auf dem Solidaritätsprinzip fußt, entspricht die Beitragsgestaltung der PKV der Risikoäquivalenz (abgesehen von Modifikationen im Zusammenhang mit dem Standardtarif für ältere Versicherte und der privaten Pflegepflichtversicherung, die beide mit gesetzl. Höchstbeitragsgarantien verbunden sind). Die Beiträge richten sich also nach dem Alter, dem Geschlecht und dem Gesundheitszustand beim Eintritt in die Versicherung sowie nach dem tarifl. Leistungsumfang. In der PKV werden für jeden Versicherten Beiträge zu zahlen (keine beitragsfreie Versicherung von Familienangehörigen, abgesehen von der Beitragsfreiheit der Kinder in der privaten Pflegepflichtversicherung). Privat sind die Personen versichert, die nicht der Versicherungspflicht unterliegen (Angestellte und Arbeiter, deren Gehalt die Versicherungspflichtgrenze übersteigt, Selbstständige, Beamte, Freiberufler, Studenten, Nichtberufstätige), und diejenigen, die sich zusätzlich zur GKV versichern wollen. Alle privat Vollversicherten sind zugleich Pflichtmitglied in der privaten Pflegepflichtversicherung.

In der auf die individuellen Versicherungsbedürfnisse des Versicherten zugeschnittenen PKV werden als Versicherungsarten angeboten: 1) Krankheitskostenvollversicherung, sie sichert die Arzt-, Krankenhaus-, Arzneimittel-, Zahnbehandlungs- und Zahnersatzkosten unter Berücksichtigung einer finanziellen Selbstbeteiligung des Versicherten ab. 2) Private Pflegepflichtversicherung, sie gewährleistet allen privat Krankenversicherten das gleiche Leistungsspektrum wie die soziale Pflegeversicherung. 3) Selbstständige Teilversicherung, sie umfasst die stationäre Zusatzversicherung zur Absicherung der Kosten der privatärztl. Behandlung im Krankenhaus und der Unterbringung im Ein- oder Zweibettzimmer, die ambulante Zusatzversicherung zur Schließung der insoweit bestehenden Lücken in den Leistungen der GKV, die freiwillige Pflegekrankenversicherung als Pflegetagegeld- oder Pflegekostenversicherung zur Ergänzung der Pflegepflichtversicherung, die Auslandsreisekrankenversicherung und die Restschuldversicherung (soll sicherstellen, dass bei einem Absinken des Einkommens im Krankheitsfall die Zahlungsverpflichtungen eingehalten werden können). 4) Krankengeldversicherung (Verdienstausfallversicherung), sie gewährt bei Arbeitsunfähigkeit infolge von Krankheit oder Unfall einen vereinbarten Tagegeldbetrag zur Vermeidung von Einkommensverlusten. 5) Krankenhaustagegeldversicherung, sie zahlt einen festen Betrag für jeden Tag der Krankenhausunterbringung.

Die Gesamtleistungen in der PKV beliefen sich (1995) auf 32,9 Mrd. DM, die reinen Leistungsausgaben auf 21 Mrd. DM. Die Beitragseinnahmen betrugen (1995) 32,1 Mrd. DM; davon entfielen auf die

Krankheitskostenvollversicherung 66,3%, auf die private Pflegepflichtversicherung 7,6%, auf die selbstständige Teilversicherung 15,9%, auf die Krankentagegeldversicherung 5,3% und auf die Krankenhaustagegeldversicherung 4,9%. Im Jahre 1995 (1990) waren in der PKV 7,0 (6,1) Mio. Personen voll- und 5,0 (6,0) Mio. Personen zusatzversichert. Träger der PKV sind (1995) 27 Versicherungsvereine auf Gegenseitigkeit (VVaG) und 27 K.-Aktiengesellschaften. Die Unternehmen sind im Verband der privaten Krankenversicherung e. V. (Sitz: Köln) zusammengeschlossen. Nur indirekt (über die private Pflegepflichtversicherung) Mitglied des Verbandes sind die K. der Bundesbahnbeamten und die Postbeamtenkrankenkasse mit insgesamt nochmals 1,2 Mio. Mitgliedern.

⇨ *Arzneimittel · Entgeltfortzahlung · Gesundheit · Gesundheitswesen · Krankenhaus · Mutterschaftsgeld · Mutterschaftshilfe · Sozialversicherung*

H. Petrfrs: Hb. der K., Losebl. ([16]1956 ff.); Soziale K. Komm., hg. v. D. Krauskopf, Losebl. ([2]1976 ff.); Die K. der Rentner (KVdR). Komm. zu den gesetzl. Vorschriften ..., bearb. v. H. Kierstein u.a., Losebl. (1982 ff.); H. Moser: Private K., 2 Tle. (1983); P. Bach u. H. Moser: Private K. (1984); P.-R. Wagner: Die K. ([3]1985); B. Behrends: Grenzen des Privatrechts in der gesetzl. K. (1986); R. Paquet u.a.: Leistungs- u. Kostenprofile in der GKV (1988); K.-D. Henke u. C. Behrens: Umverteilungswirkungen der gesetzl. K. (1989); B. Rosewitz u. D. Webber: Reformversuche u. Reformblockaden im dt. Gesundheitswesen (1990); C. Uleer: 100 Fragen zur privaten K. ([3]1991); Westeurop. Gesundheitssysteme im Vergleich. Bundesrepublik Dtl., Schweiz, Frankreich, Italien, Großbritannien, Beitrr. v. J. Alber u. B. Bernardi-Schenkluhn (1992); Krankheit u. Gemeinwohl. Gesundheitspolitik zw. Staat, Sozialversicherung u. Medizin, hg. v. B. Blanke (1994); Gesundheitsversorgung u. K. 2000. Mehr Ergebnisorientierung, mehr Qualität u. mehr Wirtschaftlichkeit. Sondergutachten 1995, hg. v. Sachverständigenrat für die Konzertierte Aktion im Gesundheitswesen (1995).

Krankenversicherung der Landwirte, durch Ges. über die K. d. L. vom 10. 8. 1972 eingeführte, zur gesetzl. Krankenversicherung gehörende Pflichtversicherung für landwirtschaftl. Unternehmer, mithelfende Familienangehörige, Altenteiler und Auszubildende der Landwirtschaft, soweit sie nicht einer anderen Pflichtversicherung unterliegen. Nicht versicherungspflichtig ist, wer außerhalb der Land- und Forstwirtschaft hauptberuflich selbstständig erwerbstätig ist. Träger der K. d. L. sind die bei den 20 landwirtschaftl. Berufsgenossenschaften errichteten landwirtschaftl. Krankenkassen. Das ›Zweite Ges. über die K. d. L. vom 20. 12. 1988‹, das mit dem Gesundheitsreform-Ges. erlassen wurde und seit dem 1. 1. 1991 auch in den neuen Ländern gilt, ersetzte die Bestimmungen des Ges. von 1972 (bis auf die Leistungen bei Schwangerschaft und Mutterschaft) und glich die Regelungen denen der gesetzl. Krankenversicherung an. In Bezug auf die Leistungen der K. d. L. gelten die Bestimmungen des dritten Kapitels des SGB V, d.h., die Leistungen entsprechen denen der übrigen gesetzl. Krankenversicherung und beinhalten zusätzlich den Anspruch auf Betriebs- oder Haushaltshilfe bei Krankheit des landwirtschaftl. Unternehmers, seiner Ehefrau oder der versicherten mitarbeitenden Familienangehörigen anstelle von Kranken- oder Mutterschaftsgeld. Die Leistungen für Altenteiler werden, bis auf einen Beitrag aus Renten, Versorgungsbezügen und Arbeitseinkommen, vom Bund finanziert, die Leistungen für die übrigen Versicherten durch Beiträge. Erhöht eine landwirtschaftl. Krankenkasse die Beiträge, so erhöhen sich auch die von den Versicherten zu leistenden Zuzahlungen (§ 38 Abs. 2 Zweites Ges. über die K. d. L.). Für die Erhebung der Beiträge müssen 20 Klassen gebildet werden; der Beitrag in der höchsten Klasse muss mindestens das Sechsfache desjenigen in der niedrigsten betragen. 1995 wurden für 670 400 Mitgl. (davon 328 000 Altenteiler) Leistungen in Höhe von 3,6 Mrd. DM erbracht; die Höhe der Bundeszuschüsse betrug 1,92 Mrd. DM.

K. Noell u. H. Deisler: Die K. d. L. ([14]1995); W. Volbers u. Bernhard Müller: K. d. L. ([4]1996).

Krankheit, Erkrankung, Morbus, Nosos, Pathos, i.w.S. das Fehlen von Gesundheit, i.e.S. das Vorhandensein von subjektiv empfundenen und/oder objektiv feststellbaren körperl., geistigen und/oder seel. Veränderungen bzw. Störungen, die vorübergehend oder dauerhaft sein können und im Extremfall zum Tod führen. Im sozialversicherungsrechtl. Sinn das Vorhandensein von Störungen, die Behandlung erfordern und Arbeitsunfähigkeit zur Folge haben.

Zu den äußeren *Ursachen* gehören Krankheitserreger (z.B. Bakterien, Viren, Protozoen, Würmer), Schädigungen mechan. (Verletzungen), therm. (Verbrennungen) oder chem. Art (Verätzungen, Vergiftungen), physikal. oder umweltbedingte Einflüsse (ionisierende Strahlen, elektr. Strom, Klima, Wetter, Lärm), Umweltverschmutzung (Luft, Grundwasser), soziale und psych. Komponenten, Stress, Ernährungsweise, Genussmittelmissbrauch und Lebensgewohnheiten. Die hiermit in engem Zusammenhang stehenden inneren Ursachen liegen v.a. in ererbten K.-Anlagen oder erworbener Disposition als besonderer Empfänglichkeit gegenüber bestimmten K., der Abwehrbereitschaft (Immunität) und der aktuellen körperlich-seel. Verfassung. Sie entscheiden, ob und in welchem Ausmaß eine K. zum Ausbruch kommt.

Nach dem *Verlauf* unterscheidet man akute und chron. Erkrankungen; abgeschwächte Formen sind der subakute und der subchron. Typ. Manche K. treten in Schüben auf, d.h., es wechseln Besserungen (Remissionen) mit Verschlimmerungen (Exazerbationen), oder sie brechen nach scheinbarem Abklingen wieder auf (Rezidiv). Wichtige pathogenet. Mechanismen sind gut- und bösartige Entartung sowie Degeneration, d.h., vollwertige Zellen werden durch minderwertige ersetzt. Entzündungen mit den Leitsymptomen Schmerz, Schwellung, Rötung, Überwärmung und gestörte Funktion sind eine universale Reaktion des Körpers auf K. mit ganz unterschiedl. Ursachen. Befragung und Erhebung der Krankengeschichte (Anamnese) sowie die Untersuchung des Kranken dienen der Feststellung (Diagnose) der K., die durch die Bewertung der einzelnen K.-Zeichen (Symptome) oder ihrer Gesamtheit (Syndrom) erhärtet wird. Die exakte Diagnose ist zumeist Voraussetzung der wirksamen Behandlung (Therapie) und Voraussage des K.-Ausgangs (Prognose). Die *Einteilung* der K. geht von unterschiedl. Gesichtspunkten aus, v.a. von Ursache (Infektions-, Erb-K.), Mechanismus (Krebs-, Autoimmun-, psychosomat. K.), betroffenem Bereich (Herz-, Stoffwechsel-, seel. K.), der Übertragungsweise (Geschlechts-K.), dem geschlechts- oder altersspezif. Auftreten (Frauen-, Kinder-, Alters-K.) oder der geograph. Verbreitung (Tropen-K.). Bestimmte übertragbare (ansteckende, infektiöse) K. sind bei Verdacht, tatsächl. Ausbruch oder Tod gemäß Bundesseuchen-Ges. meldepflichtig. ⇨ Berufskrankheiten sind in der Berufskrankheitenverordnung festgelegte anzuzeigende und entschädigungspflichtige K. Zu den epidemiologisch bedeutsamsten K. der heutigen Industrienationen gehören v.a. Gefäß- (Herz-Kreislauf-System), Tumor- und Stoffwechsel-K.

Geschichte: In der Vorzeit wurden bes. die inneren K. als übernatürl. Phänomene aufgefasst und z.B. auf die Wirkung von bösen Geistern, Dämonen oder Zauber zurückgeführt und mit den Mitteln der Magie behandelt. Andererseits gab es schon in den frühen Hochkulturen (→babylonische Kultur, →ägyptische Kultur) Ansätze zu einer rationalen Betrachtung und entsprechende Behandlungsverfahren. Für die abendländ. Medizin wurde die hippokrat. K.-Auffassung als erste systemat. Lehre entscheidend, nach der K. als Störung der Säfteharmonie und Antwort des Organismus auf eine seine Anpassungsfähigkeit übersteigende Belastung galt (Humoralpathologie). Mit der Entwicklung der Naturwiss.en setzte sich eine morphologisch orientierte K.-Lehre durch, die v. a. durch die Zellularpathologie von R. VIRCHOW bestimmend wurde. Bei der psychosomat. Medizin wurde auch die psych. Dimension einschließlich des sozialen Geschehens in die Ursachenforschung und Therapie einbezogen. In neuerer Zeit gewinnt die funktionelle K.-Lehre, die mit immunolog. und molekularbiolog. Methoden morphologisch unzureichend fassbare K.-Zustände untersucht, an Bedeutung.

Religionswissenschaftlich gehört K. zu den wichtigsten Anstößen für die religiöse Frage (Sinnfrage), weil sie den Menschen in seiner ganzen Existenz bedrohen kann. Daher wird in vielen Kulturen K. v. a. religiös ›bewältigt‹. Sie wird zurückgeführt auf kult. oder eth. Verfehlungen (Sünde, Karma), auf Schickung Gottes, auf den Einfluss dämon. Mächte oder böser, missgünstiger oder strafender Gottheiten. Entsprechend wird auch Heilung im Rahmen der Religion gesucht: durch Entsühnungsriten, Gebete, Opfer, Krankheitszauber, Exorzismen. Oft waren hierfür bestimmte ›Spezialisten‹ zuständig (z. B. Schamanen, Priester, zauberkundige Frauen). Nach dem N. T. gehört die K. zum Wirkungsfeld der zerstörer. Mächte (Dämonen), die sich der Herrschaft Gottes widersetzen, deren Macht jedoch mit dem Auftreten JESU CHRISTI prinzipiell gebrochen ist, wofür die Krankenheilungen JESU ein besonderer Ausdruck sind (Mt. 11, 2–5). Die neutestamentl. Heilungsberichte verneinen dabei einen kausalen Zusammenhang zw. individueller Sünde und K. (Joh. 9, 1–3), heben jedoch das Vertrauen der Kranken auf die Vollmacht JESU als Voraussetzung von Heilung hervor (z. B. Mk. 5, 34), die ganzheitlich als körperl. und geistl. Heilung verstanden wird und die Vergebung der Sünden einschließt. In der seelsorger. Praxis der Kirche fand dieses Verständnis seinen Ausdruck im Sakrament der →Krankensalbung. Die Praxis des geistlich-geistigen Heilens wurde zu einem wichtigen Element innerhalb der →Heilungsbewegung. – Das Besuchen und die Betreuung von Kranken ist im Verständnis vieler Religionen ethisch geboten. Im *Christentum* im Gebot der Nächstenliebe begründet und geistlich am Vorbild JESU CHRISTI orientiert, haben die Kirchen neben der seelsorger. Betreuung der Kranken in den Gemeinden seit dem 19. Jh. die **Krankenhausseelsorge** als eine besondere Form der Betreuung von Kranken entwickelt, die heute i. d. R. durch speziell ausgebildete Krankenhausseelsorger erfolgt.

Krankheitsgewinn, *Psychoanalyse:* die aus der Krankheit erzielbare Befriedigung. S. FREUD unterschied zw. einem **primären** K. (z. B. Flucht in die Krankheit oder vorteilhafte Neubeziehung zur Umwelt durch eine Krankheit), der oft Neurosen motiviert, und einem **sekundären K.,** der darin besteht, dass die eingetretene Erkrankung nachträglich einen Vorteil bedeutet, z. B. Beachtetwerden.

Krannon, antike Stadt in Thessalien bei Larissa. Sie stand in histor. Zeit unter der Herrschaft der Skopaden. Inschriftlich bezeugt ist u. a. ein Äskulapheiligtum; die Stätte war seit der Bronzezeit besiedelt; in der Umgebung zahlr. Grabhügel. 1960 wurden zwei Kuppelgräber des 5. Jh. v. Chr. entdeckt. Bei K. schlug ANTIPATER nach dem Tod ALEXANDERS D. GR. die Griechen im Lamischen Krieg und sicherte dadurch die makedon. Herrschaft über Griechenland.

Kranz, 1) *allg.:* ringförmiges Gebinde aus Blättern und/oder Blüten, auch dessen Nachbildung aus verschiedensten Materialien (u. a. Edelmetall). – Im Altertum wurden Blumen-K., bes. bei festl. Gelegenheiten auch Gold-K., getragen; das Abnehmen der K. galt als Zeichen der Trauer oder Befleckung. Bei den Griechen und Römern sollte der Toten-K. alles abwehren, was die Ruhe des Verstorbenen stören könnte. Außerdem wurden, wie noch heute, K. als Gabe an die Toten auf die Gräber gelegt. Die Römer kannten den K. als Auszeichnung für künstler. (→Corollarium) und militär. Verdienste (→Corona). Sieger, aber auch Priester und Opfertiere wurden als Zeichen der Ehrung bekränzt. Von der Antike ist der Herrscher im MA. und in der Neuzeit vielfach mit einem Lorbeer-K. dargestellt worden. In Anlehnung an die Antike wurden z. Z. des Humanismus Künstler durch K. ausgezeichnet (→Dichterkrönung). Im Votivwesen galt dem Spät-MA. der K. aus Rosen als Zeichen der huldigenden Heiligenverehrung. Noch heute ist der K.-Schmuck im Fronleichnamsbrauch üblich. Das marian. Rosenhengebet mithilfe einer Gebetsschnur erhielt aus ähnl. Sinngebung den Namen Rosen-K. Seit dem 13. Jh. ist das **K.-Singen** belegt (Siegespreis war ein meist von Jungfrauen geflochtener K.), ein Wettsingen junger Männer, das später von Meistersingern, Handwerksgesellen und bis ins 19. Jh. von der ländl. Jugend als Werbebrauch geübt wurde. Der K. als Ausschankzeichen für Straußwirtschaften ist seit dem 14. Jh. belegt. Erst im 20. Jh. bürgerten sich Advents-K. (Symbol der Vorbereitung und Hoffnung) und Ernte-K. (Symbol der Fruchtbarkeit) ein. Der K. ist auch Symbol der Jungfräulichkeit (Braut-K.). – K.-Niederlegungen an Denkmälern und Gedenkstätten sind Zeichen der Ehrenbezeugung.

2) *atmosphär. Optik:* **Korona,** durch Beugung des Lichtes an Wolkentröpfchen und Eiskristallen hervorgerufene atmosphär. Leuchterscheinung, ein System aufeinander folgender farbiger Ringe um Sonne und Mond. Der innerste Teil des K. ist eine helle, bläulich weiße Scheibe, die →Aureole, der Außenrand leuchtet schwach rötlich. Vom →Halo unterscheidet sich der K. durch einen geringeren Durchmesser und eine andere Spektralfarbenfolge.

Kranz, 1) Herbert, Pseudonyme **Gert Heinz Fischer, Fridolin, Peng, Peter Pflug,** Schriftsteller, * Nordhausen 4. 10. 1891, † Braunschweig 30. 8. 1973; Studium der Germanistik und Geschichte in Leipzig, nach dem Ersten Weltkrieg in der Jugendfürsorge; daneben journalist. und literar. Arbeiten. 1931 Prof. an der Pädagog. Akademie in Halle (Saale), 1933 von den Nationalsozialisten entlassen; seither freier Schriftsteller. Im Mittelpunkt von K.' Schaffen stand das abenteuerl. Kinder- und Jugendbuch (›Tod in der Skelettschlucht. Abenteuer an der mexikan. Grenze‹, 1953; ›Die Insel der Verfolgten‹, 1956). Damit und mit seinen zahlr. Bearbeitungen von Werken der Weltliteratur (J. F. COOPER, D. DEFOE, H. MELVILLE, W. SCOTT, R. L. STEVENSON) für junge Leser beeinflusste er erheblich die Jugendliteratur der 50er-Jahre in der Bundesrepublik.

2) Walther, klass. Philologe, * Georgsmarienhütte 23. 11. 1884, † Bonn 18. 9. 1960; war 1928–32 Rektor in Pforta und wurde 1932 Prof. in Halle (Saale), 1943 in Istanbul, 1950 in Bonn; Forschungen v. a. zur griech. Dichtung und griech. Philosophie.

Werke: Stasimon. Unters. zu Form u. Gehalt der griech. Tragödie (1933); Gesch. der griech. Lit. (1939); Die griech. Philosophie (1941); Die Kultur der Griechen (1943); Kosmos, 2 Tle. (1955–57; in: Archiv für Begriffsgesch., Bd. 2, 1–2); Studien zur antiken Lit. u. ihrem Fortwirken (hg. 1967).

Kranzfühler, Tentakelträger, Tentaculata, etwa 4 300 Arten umfassender Stamm 0,5–30 cm langer, wirbelloser Tiere, die meist fest sitzend und häufig koloniebildend überwiegend im Meer (selten im Süßwasser) leben. Die K. haben einen in drei Abschnitte geteilten Körper und sind wahrscheinlich mit den Neumündern (Deuterostomia) verwandt. Die Mundöffnung führt in einen u-förmigen Darm und ist von einem Tentakelkranz umgeben, dessen Bewimperung Nahrungspartikel herbeistrudelt. Die K. umfassen die →Hufeisenwürmer, →Moostierchen und →Armfüßer.

Kranzfüße, v. a. bei Raupen und Kleinschmetterlingen vorkommende besondere Abdominalfüße, deren sohlenartige Endplatte kranzförmig von Dornhäkchen umgeben ist.

Kranzgeld, Recht: →Verlöbnis.

Kranzschlinge, Stephanotis floribunda, auf Madagaskar beheimatetes Schwalbenwurzgewächs; immergrüne Kletterpflanze mit bis 5 m langen Trieben, glänzend dunkelgrünen Blättern und duftenden, weißen Blüten; ist seit über 150 Jahren als anspruchslose Zierpflanze bekannt. Die (sehr haltbaren) Blüten werden v. a. in den nord. Ländern für Brautsträuße verwendet.

Krapf, Johann Ludwig, ev. Missionar, * Derendingen (heute zu Tübingen) 11. 1. 1810, † Korntal (heute Korntal-Münchingen) 26. 11. 1881; wirkte 1837–42 in Äthiopien, 1843–52 an der ostafrikan. Küste bei Mombasa. Von dort aus unternahm er vier Vorstöße ins Hinterland und entdeckte den Mount Kenia (3. 12. 1849) und den oberen Tana. Er erwarb sich Verdienste um die Erforschung ostafrikan. Völker und Sprachen.

Werke: Vocabulary of six East-African languages (1850); Reisen in Ost-Afrika ausgeführt in den Jahren 1837–55, 2 Bde. (1858); A dictionary of the Suaheli language (1882).

H. BECK: Große Reisende (1971); D. HENZE: Enzykl. der Entdecker u. Erforscher der Erde, Bd. 3, Lfg. 11 (Graz 1986).

Krapina, Ort in Kroatien, nördlich von Zagreb, 4400 Ew. – 1899–1905 wurden in einer Felshöhle in der Nähe des Flusses Krapinica von DRAGUTIN GORJANOVIĆ-KRAMBERGER (*1856, †1936) zahlr. Fragmente fossiler Menschen (25–28 Neandertaler) entdeckt, z. T. mit Spuren kannibalist. Aktivitäten.

Krapiwa, Kandrat, eigtl. **K. Kandratawitsch Atrachowitsch,** weißruss. Schriftsteller, * Nisok (Gebiet Minsk) 5. 3. 1896; seit 1956 Vize-Präs. der weißruss. Akad. der Wiss.en; schrieb satir. Gedichte und Fabeln in der Tradition I. A. KRYLOWS, auch (humorist.) Prosa und Dramen in volkstüml. Sprache.

Werke: Dramen: Partyzany (1937; dt. Partisanen); Ljudzi i djably (1958). – Komödien: Pjajuc' žavaranki (1951; dt. Die Lerchen singen ...); Vrata neumiručasci (1973).

Ausgabe: Zbor tvoraŭ, 5 Bde. (1974–76).

Krapkowice [-'vitsɛ], Stadt in Polen, →Krappitz.

Krapp [von mittelniederländ. crappe, eigtl. ›Haken‹], die →Färberröte.

Krappenfassung, eine Schmucksteinfassung, bei der vier oder mehr über die Kante (Rondiste) gedrückte Metallstifte (Krappen) den Stein halten.

Krappfarbstoffe, Sammel-Bez. für Pflanzenfarbstoffe, die in der Wurzel von Rötegewächsen (v. a. Färberröte) vorkommen, bes. →Alizarin und →Purpurin. K. bilden mit Metallsalzen Farblacke von großer Lichtechtheit **(Krapplacke),** die früher in der Textilfärberei und als Farbpigmente bei der Herstellung von Druck- und Künstlerfarben verwendet wurden.

Krappfeld, fruchtbare Aufschüttungsebene an der mittleren Gurk, südlich von Althofen, Kärnten, Österreich; Obstbau und Getreideanbau; v. a. Einzelhöfe.

Krappgewächse, die →Rötegewächse.

Krappitz, poln. **Krapkowice** [-'vitsɛ], Stadt in der Wwschaft Opole (Oppeln), Polen, an der Oder, 20 000 Ew.; Leder-, Papierindustrie, Maschinenbau, Bekleidungs-, Nahrungsmittelindustrie. – Spätgot. Kirche St. Nikolaus (um 1440, mehrfach umgebaut), Barockschloss (1678, später verändert), Reste der Stadtmauer und Obertorturm (14.–16. Jh.). – Die im Schutz einer Burg angelegte Siedlung erhielt 1294 Stadtrecht. 1945 kam K. unter poln. Verwaltung, die Zugehörigkeit zu Polen wurde durch den Dt.-Poln. Grenzvertrag vom 14. 11. 1990 (in Kraft seit 6. 1. 1992) anerkannt.

Kras, Hochfläche in Kroatien, Slowenien und Italien, →Karst.

Krasicki [kra'ɕitski], Ignacy, poln. Dichter, * Dubiecko (Galizien) 3. 2. 1735, † Berlin 14. 3. 1801; wurde 1766 Fürstbischof von Ermland, 1795 Erzbischof von Gnesen; hervorragender Vertreter der poln. literar. Aufklärung. Zu seinen Hauptwerken gehören das komisch-heroische Epos ›Myszeidos pieśni X‹ (1775; dt. ›Die Mäuseade in zehn Gesängen‹), die Erziehungsromane ›Mikołaja Doświadczyńskiego przypadki‹ (1776; dt. ›Begebenheiten des Nicolaus Doświadczyński‹) und ›Pan Podstoli‹ (1778–1803, 3 Tle.; dt. Auszug ›Der Herr Untertruchseß‹) sowie das komisch-satir. Epos ›Monachomachia‹ (1778; dt. ›Der Mönchen-Krieg‹). K. schrieb ferner Fabeln (›Bajki i przypowieści‹, 1778; dt. ›Fabeln‹) und Satiren (›Satyry‹, 1779), in denen sich seine rationalist. Einstellung zum Mensch und Gesellschaft zeigt, sowie Erzählungen und Versepisteln.

Ausgaben: Pisma wybrane, 4 Bde. (1954); Wybór liryków (1985).

T. DWORAK: I. K. (Warschau 1987).

Krasiński [kra'ɕiɲski], Zygmunt Graf, poln. Dichter, * Paris 19. 2. 1812, † ebd. 23. 2. 1859; neben A. MICKIEWICZ und J. SŁOWACKI der bedeutendste poln. Romantiker. K. stellt in dem Drama ›Nie-boska komedia‹ (1835; dt. ›Ungöttl. Komödie‹) den Konflikt zw. der aristokrat. Ordnung und der revolutionären Bewegung dar. In der christl. Tragödie ›Irydion‹ (1836; dt. ›Iridion in Rom‹) wird am antiken röm. Stoff der poln. Freiheitskampf gegen die russ. Herrschaft analysiert. Die Verherrlichung Polens erreicht ihren Höhepunkt in dem allegorisch-visionären Poem ›Przedświt‹ (1843). In den ›Psalmy przyszłości‹ (1845; dt. ›Die Psalmen der Zukunft‹) predigt K. das Martyrium als einzige Möglichkeit der Aufhebung gesellschaftl. Gegensätze. Große Bedeutung hat K.s Korrespondenz (u. a. ›Listy do Delfiny Potockiej‹, 3 Bde., hg. 1975; daraus dt. ›Hundert Briefe an Delfina‹) als Chronik und geistiges Panorama der Epoche.

Ausgabe: Dzieła, hg. v. M. KRIDL, 12 Bde. (1931).

M. ŚLIWIŃSKI: Antyk i chrześcijaństwo w twórczości Zygmunta Krasińskiego (Słupsk 1986).

Krasis [griech. ›Mischung‹] die, -/...sen, Verschmelzung zweier Wörter durch Zusammenziehung (Kontraktion) des auslautenden und des anlautenden Vokals (z. B. griech. tămā aus tă emá ›das Meine‹).

Krasko, Ivan, eigtl. **Ján Botto,** slowak. Lyriker, * Lukovištia (bei Rimavská Sobota, Mittelslowak. Gebiet) 12. 7. 1876, † Preßburg 3. 3. 1958; Vertreter der slowak. Moderne, für die das Nebeneinander von reflexiver intimer und sozial gestimmter patriot. Lyrik kennzeichnend ist, so auch in K.s Gedichtbänden ›Nox et solitudo‹ (1909) und ›Verše‹ (1912); übersetzte Schriften von R. DEHMEL und Gedichte von M. EMINESCU; auch autobiograph. Prosa.

Ausgaben: Súborna dielo, 2 Bde. (1966–93). – Gedichte, übers. v. A. BOSTROEM (1978).

J. ZAMBOR: J. K. a poézia českej moderny (Preßburg 1981).

Kraslice [-tsɛ], Stadt in der Tschech. Rep., →Graslitz.

Krasnaja, Fluss in Polen und Russland, →Rominte.

Kraśnik ['kraɕnik], Stadt in der Wwschaft Lublin, Polen, 36 000 Ew.; Wälzlagerherstellung, Nahrungsmittel-, Baustoffindustrie. – Stadtrecht 1377.

Krasnoarmejsk, bis 1938 **Grischino,** Stadt im Gebiet Donezk, Ukraine, im Donez-Steinkohlenbecken, 70 000 Ew.; Kohlenbergbau, keram. Industrie.

Krasnodar, 1) bis 1920 **Jekaterinodar, Ekaterinodar** [je-], Hauptstadt der Region K., Russland, am Kuban, 638 000 Ew.; Univ. (gegr. 1970), zwei nichtstaatl. Univ., techn. und medizin. Hochschule, Kunstmuseum; Maschinenbau, Erdölraffinerie, chem., Nahrungsmittel-, Textilindustrie, Verkehrsknotenpunkt.

Kranzschlinge
(Länge der Triebe bis 5 m)

Kandrat Krapiwa

Zygmunt Graf Krasiński

Wörter, die man unter K vermisst, suche man unter C, Ch, G, H oder Q

Kras Krasnodarer Stausee – Krater

Oberhalb von K. der Kuban-Bewässerungsstausee (420 km²). – K., 1793 von Schwarzmeerkosaken als Militärlager gegründet, wurde 1860 Verw.-Zentrum der Kosakenregion Kuban, 1867 Stadt; seit den 1880er-Jahren Verkehrs- und Handelsknotenpunkt.

2) Region K., russ. **Krasnodarskij kraj,** Region in Russland, 76 000 km², 4,9 Mio. Ew.; grenzt an das Asowsche und Schwarze Meer, umfasst die fruchtbare Kubanniederung sowie die westl. Teile der Stawropoler Höhe und reicht im S bis zur Kammfläche des Großen Kaukasus (bis 3 360 m ü. M.). Der intensive Ackerbau und die Viehzucht haben für die Versorgung Russlands Hauptbedeutung; daneben Erdölförderung und -verarbeitung, Erdgasgewinnung, Maschinenbau und Zementherstellung. Kur- und Badeorte am Schwarzen Meer (Sotschi, Anapa, Tuapse und Gelendschik); Haupthafen ist Tuapse.

Krasnodarer Stausee, Stausee des →Kuban.

Krasnogorsk, Stadt im Gebiet Moskau, Russland, am W-Rand von Moskau, etwa 85 000 Ew.; Herstellung von Fotoapparaten.

Krasnogwardejsk, 1929–44 Name der russ. Stadt →Gattschina.

Krásnohorská [ˈkraːsnɔhɔrskaː], Eliška, geb. **Pechová** [ˈpɛxɔvaː], tschech. Schriftstellerin, * Prag 18. 11. 1847, † ebd. 26. 11. 1926; trat für die Frauenemanzipation ein, schrieb patriot. und panslawist. Gedichte, Erzählungen und Dramen sowie Libretti für Opern von B. SMETANA u. a.; übersetzte u. a. LORD BYRON, A. S. PUSCHKIN und A. MICKIEWICZ.

Ausgabe: Výbor z díla, 2 Bde. (1956).

Krasnojarsk, 1) Hauptstadt der Region K., Russland, in Sibirien, am Jenissej, (1993) 919 000 Ew. (1939: 190 000 Ew.); Wissenschafts-, Kultur- und Wirtschaftszentrum Ostsibiriens; Univ. (gegr. 1969), zwei nichtstaatl. Univ., acht Hochschulen, Institute der Sibir. Abteilung der Russ. Akad. der Wiss.en, Sibir. Akad. für Luft- und Raumfahrt, Kunstmuseum, fünf Theater. Etwa 400 Mittel- und Großbetriebe: Aluminium-, Reifen-, Kühlschrank-, Stahl-, Chemiefaserwerk, Zellulose- und Papierfabrik, Herstellung von Gummierzeugnissen und Pharmazeutika, Mähdrescher-, Schwermaschinen-, Lokomotivbau sowie Leicht- und Lebensmittelindustrie; Verkehrsknoten am Kreuzungspunkt des Nord-Süd- (Jenissej) und West-Ost-Verkehrs (Transsibir. Eisenbahn), Hafen, internat. und nat. Flughafen. – Bei K. die auf Befehl J. W. STALINS angelegte, geheime und geschlossene Atomstadt **K. 26** (90 000 Ew.; seit 1995 **Schelesnogorsk** gen.) mit v. a. in Sowjetzeiten nuklearer Forschung und unterird. Produktion und einem Kernkraftwerk (1992 stillgelegt). Etwa 60 km oberhalb der Stadt der Krasnojarsker Stausee (→Jenissej). – K., 1628 als Festung (**Krasnyj**, später **Krasnyj Jar**) gegründet, wurde 1822 Hauptstadt des Gouv. Jenissej. Nach Goldfunden und v. a. dem Anschluss an die Transsibir. Eisenbahn (1895) wuchs die Stadt rasch.

2) Region K., russ. **Krasnojarskij kraj,** Region in Ostsibirien, Russland, beiderseits des Jenissej, umfasst mit 2 339 700 km² 13,7 % des russ. Staatsgebiets, mit 3 Mio. Ew. jedoch nur 2 % seiner Bev.; eingegliedert ist der Autonome Kreis →Taimyr (der Dolganen und Nenzen) und der Autonome Kreis der →Ewenken. Die Region K. reicht vom westl. Sajan im S bis zur Inselgruppe Sewernaja Semlja im Nordpolarmeer. Sie umfasst den Westteil des Mittelsibir. Berglands, den Hauptteil des Nordsibir. Tieflands und die Halbinsel Taimyr und hat im W Anteil am Westsibir. Tiefland. Das Hauptsiedlungsgebiet liegt im S am Jenissej und an der Transsibir. Eisenbahn. Wichtigste Industriezweige sind die Energiegewinnung auf Kohlebasis im Kansk-Atschinsker (→Kansk) und im Tunguska-Kohlenbecken sowie durch Wasserkraftwerke am →Jenissej und an seinen Nebenflüssen Chantajka (350 MW) und Kurejka (600 MW), die Hüttenindustrie (Krasnojarsk, Norilsk, Atschinsk), der Maschinenbau (Krasnojarsk), die chem. und petrochem. sowie die Holzverarbeitungsindustrie. Die Region war 1995 mit etwa 25 % am Blei-, 75 % am Kobalt-, 70 % am Kupfer-, 80 % am Nickel- (→Norilsk) und mit 5 % am Goldaufkommen Russlands beteiligt. Auf Taimyr befinden sich noch weithin unerschlossene Erdgas- und Erdölvorkommen. Die Taiga (168 Mio. ha Wald) birgt beachtl. Holzreserven (14,4 Mio. Festmeter). Hier ist auch die Pelztierjagd bedeutsam. Die umfangreiche Rüstungsindustrie (Atomstädte Krasnojarsk 26 und Krasnojarsk 45, seit 1995 Schelesnogorsk bzw. Selenogorsk gen.) wurde teilweise auf zivile Produktion umgestellt. Landwirtschaft wird hauptsächlich im Minussinsker Becken betrieben.

Krasnojarsker Stausee, Stausee des →Jenissej.

Krasnow, Pjotr Nikolajewitsch, russ. General und Schriftsteller, * Sankt Petersburg 22. 9. 1869, † (hingerichtet) Moskau 17. 1. 1947; General im Ersten Weltkrieg, kämpfte als Ataman der Donkosaken gegen die Bolschewiki; ab 1919 im dt. und frz. Exil; arbeitete im Zweiten Weltkrieg bei der Organisation russ. Abteilungen mit dem natsoz. Regime zusammen. K. wurde nach seiner Verurteilung durch das Militärkollegium des Obersten Gerichts der Sowjetunion hingerichtet. Er schrieb den erfolgreichen Roman ›Ot dvuglavnogo orla k krasnomu znameni‹ (1921, 4 Bde.; dt. ›Vom Zarenadler zur roten Fahne 1894–1921‹).

Krasnowodsk, bis 1993 Name der turkmen. Stadt →Turkmenbaschi.

Krasnyj Lutsch, ukrain. **Krasnyi Luch,** bis 1929 **Krindatschowka,** Stadt im Gebiet Lugansk, Ukraine, im Donez-Steinkohlenbecken, 115 000 Ew.; Kohlenbergbau, Maschinenbau, Möbelfabrik.

Krassowskij, Krasovskij, Feodossij Nikolajewitsch, sowjet. Geodät, * Galitsch 26. 9. 1878, † Moskau 1. 10. 1948; berechnete 1940 aus globalen Gradmessungen ein →Referenzellipsoid, das als Grundlage der Landesvermessungen in der UdSSR und den sozialist. Ländern diente.

Krastew, Krăstev, Krastjo, bulgar. Literaturkritiker und Philosoph, * Priot (Serbien) 12. 6. 1866, † Sofia 5. 4. 1919; gab 1892–1907 die führende Literaturzeitschrift ›Misăl‹ heraus, seit 1908 Prof. in Sofia; durch seine theoret. Arbeiten verdient um die Entwicklung der bulgar. Literatur und Literaturkritik; als Philosoph Neukantianer.

Kraszewski [kraˈʃɛfski], Józef Ignacy, Pseud. **Bogdan Bolesławita** [-sṷa-], poln. Schriftsteller, * Warschau 28. 7. 1812, † Genf 19. 3. 1887; floh 1863 nach Dresden, seit 1876 sächs. Staatsbürger. K. behandelte in zahlr. Romanen gesellschaftl. und kulturelle Probleme der poln. und sächs. Geschichte und Gegenwart und überwand durch seine an STENDHAL, H. DE BALZAC und C. DICKENS geschulte Schreibweise die herrschende sentimental-romant. Erzählweise.

Werke: Romane: Jermoła (1857; dt. Jermola, der Töpfer); Hrabina Cosel (1874; dt. Gräfin Cosel); Brühl (1875; dt.); Z siedmioletnej wojny, 2 Bde. (1876; dt. Aus dem Siebenjährigen Krieg).

Ausgaben: Cykl powieści historycznych obemujących dzieje Polski, hg. v. J. KRZYŻANOWSKI u. a., 29 Bde. (1958–63); Poezje wybrane (1988). – Ausgew. Werke, 12 Bde. (1880–81).

W. DANEK: J. I. K. (Warschau 1976); J. JAROWIECKI: O powieści historycznej Józefa Ignacego Kraszewskiego (Krakau 1991).

Krater [von griech. kratér, eigtl. ›Mischkrug‹ (nach der Form der Erdöffnung)], **1)** [kraˈteːr] *der, -s/-e, Archäologie:* griech. Gefäß aus Metall oder Ton mit weiter Öffnung zum Mischen von Wasser und Wein in versch. Typen und Größen, wobei die Henkelform für die versch. Typen oft bestimmend wird, z. B. für den korinth. Kolonetten-K. mit auf den Gefäßschultern aufgesetzten stangenartigen hohen Henkeln. K. wurden auch exportiert; frühe Abnehmer waren Etrusker

---

Krasnojarsk 1)

Stadt in Russland

am Jenissej

919 000 Ew.

Kultur- und Wirtschaftszentrum Ostsibiriens

an der Transsibirischen Eisenbahn

drei Universitäten

acht Hochschulen

als Festung gegründet 1628

Krater 1): Korinthischer Kolonettenkrater aus Cerveteri mit schwarzfiguriger Malerei; um 565 v. Chr. (Rom, Vatikanische Sammlungen)

und Kelten (Funde von Vix oder Hochdorf). In der röm. Kaiserzeit waren Marmor-K. mit Reliefschmuck beliebt, die seit der Renaissance oft nachgeahmt wurden (Fassaden- und Gartenschmuck).

2) ['kraːtər] *der, -s/-, Geowissenschaften:* 1) trichter- oder kesselförmige Öffnung des Schlotes von Vulkanen, durch den die Lava an die Erdoberfläche tritt; der zentrale Schlot, durch den die Hauptmasse strömt, endet im **Zentral-K.** Kleine K. am Hang größerer Vulkane heißen **Adventiv-, Parasitär-** oder **Neben-K.** Nach Art der Entstehung unterscheidet man **Explosions-** und **Einsturz-K.** (→Caldera). 2) durch →Meteoriten entstandene Hohlform; 3) gruben- oder trichterförmige Oberflächenstrukturen auf Körpern des Planetensystems (z. B. Mars, Merkur, Mond).

Krateros, Heerführer ALEXANDERS D. GR., †in Kappadokien 321 v. Chr.; bewährte sich bes. in Baktrien (328 v. Chr.) und Indien (326). 324 führte er 10 000 Veteranen nach Makedonien zurück und schlug 322 mit ANTIPATER im Lamischen Krieg die aufständ. Griechen bei Krannon. 321 fiel er im Kampf gegen EUMENES VON KARDIA.

Krates, att. Komödiendichter, †vor 424 v. Chr.; ließ im Unterschied zu KRATINOS den persönl. Spott zurücktreten; dabei gewannen seine märchenhaften Stücke an Handlungsdichte.
   Ausgabe: Fragmente in: Comicorum Atticorum fragmenta, hg. v. T. KOCK, Bd. 1 (1880, Nachdr. 1976).

Krates, K. Mallotes, griech. Philologe und Grammatiker des 2. Jh. v. Chr. aus Mallos in Kilikien; war in Pergamon Leiter der grammat. Schule und vertrat um 168 v. Chr. als Gesandter der Attaliden in Rom. In seiner Auffassung von Sprache folgte er, ausgehend vom tatsächl. Sprachgebrauch, den Thesen der →Anomalisten. In seinen Interpretationen der Epen HOMERS neigte er zu allegor. Deutungen; er suchte u. a. die Vorstellung von der Kugelgestalt der Erde schon bei HOMER nachzuweisen.
   H. J. METTE: Sphairopoiia. Unters. zur Kosmologie des K. von Pergamon (1936); DERS.: Parateresis (Halle/Saale 1952).

Kratinos, griech. Dichter, †nach 421 v. Chr.; war neben EUPOLIS und ARISTOPHANES der im Altertum bekannteste Vertreter der altatt. Komödie; von seinen Werken sind 28 Titel bekannt, jedoch nur Fragmente erhalten. K. pflegte neben märchenhaften Stücken die Mythentravestie, die schonungslose moral. Kritik an Politikern (z. B. an PERIKLES) und die Dichterparodie. Er war ein bedeutender Vorläufer und Konkurrent des ARISTOPHANES. In seiner Komödie ›Pytine‹ (Die Flasche, 423) hat er sich selbst persifliert.
   Ausgabe: Fragmente in: Comicorum Atticorum fragmenta, hg. v. T. KOCK, Bd. 1 (1880, Nachdr. 1976).
   A. LESKY: Gesch. der griech. Lit. (Bern ³1971).

Kraton [zu griech. kratein ›stark sein‹, ›mächtig sein‹] *das, -s/...tone,* **Kratogen,** *Geologie:* durch Faltung und Aufdringen von Magmamassen verfestigter Bereich der Erdkruste, der bei späteren tekton. Beanspruchungen nicht mehr stark gefaltet (alpinotyp), sondern nur noch durch Bruchtektonik und Bruchfaltentektonik (germanotyp) verformt werden kann. Zu den im Präkambrium entstandenen und seither stabilen **Urkratonen (Urkontinenten)** gehören Fennosarmatia, die Sibir. Tafel, der Kanad. Schild sowie große Teile Afrikas u. a. Reste Gondwanas.

Kratylos, griech. **Kratylos,** griech. Philosoph des 5. Jh. v. Chr., gilt als Schüler HERAKLITS und Lehrer PLATONS; überbot die Lehre HERAKLITS, man könne nicht zweimal in denselben Fluss steigen, durch den Satz, man könne es auch nicht einmal. Da es nichts Bleibendes gebe, sei auch keine wahre Aussage möglich. Nach K. ist der gleichnamige Dialog PLATONS benannt.

Kratzdistel, Cirsium, Korbblütlergattung mit etwa 200 Arten in den temperierten Gebieten der N-Halbkugel; mehr oder weniger bedornte Kräuter oder Halbsträucher mit meist fiederspaltigen Blättern und purpurfarbenen, seltener gelben oder weißen Blütenköpfchen. In Mitteleuropa ist z. B. die bis 1,2 m hohe **Ackerdistel (Acker-K.,** Cirsium arvense), mit mehreren purpurfarbenen Blütenköpfchen, verbreitet. Die aus Kleinasien stammende **Elfenbeindistel** (Cirsium diacanthum) mit ebenfalls purpurfarbenen Blütenköpfchen ist eine beliebte Zierpflanze. Sie wird bis 1 m hoch und besitzt unterseits weißfilzige Blätter mit silberfarbenen Blattnerven.

Krätze, 1) Scabies, Skabies, durch die Krätzmilbe (Sarcoptes scabiei) hervorgerufene Erkrankung der Haut (Akarinose), die meist durch Kontaktinfektion von Mensch zu Mensch oder durch milbeninfizierte Wäsche übertragen wird. Die befruchteten weibl. Tiere bohren in die Hornschicht zarter Hautbereiche (z. B. Achselfalten, Handgelenkbeuge, Geschlechtsteile) Gänge, in denen sie Kot und Eier ablegen und dadurch Entzündungen mit starkem Juckreiz verursachen; durch Sekundärinfekte beim Kratzen treten nässende, teils chron. Ekzeme mit Eiterbildung und regionaler Lymphknotenentzündung auf. Bei allerg. Reaktion und Immunschwäche kann es zu Komplikationen in Gestalt verbreiteter borkenhafter Hautveränderungen (Scabies norvegica) kommen. – Der *Behandlung* dient die äußere Anwendung von Emulsionen, die v. a. Benzylbenzoat oder Hexachlorcyclohexan enthalten, bei gleichzeitigem Wäschewechsel.

2) Krankheit bei Pflanzen, verursacht durch Pilz-, Milben- oder Nematodenbefall. Kennzeichen sind aufgerautes Oberflächengewebe, Risse und Furchen, bes. an Früchten und Knollen.

Kratzer, vorgeschichtl. Steinwerkzeug mit halbbogenförmig retuschierter K.-Kappe; nach Gebrauchsspurenuntersuchungen oft zur Bearbeitung von Fell und Leder verwendet.

Kratzer, Acanthocephala, etwa 750 Arten (davon etwa 50 in Dtl.) umfassende Klasse meist 2–4 mm, max. bis 95 cm langer →Schlauchwürmer, die parasitisch im Darm von Wirbeltieren leben. Der Körper besteht aus dem aus- und einstülpbaren, hakenbesetzten Rüssel, mit dem sie sich in der Darmwand ihres Wirtes verhaken, und dem lang gestreckten, weißl., gelbl. oder orangeroten Rumpf. Mund und Darm fehlen, Nährstoffe werden über die Körperoberfläche aufgenommen. Die langen, hartschaligen, sehr widerstandsfähigen Eier der getrenntgeschlechtigen K. enthalten die mit drei Hakenpaaren ausgerüstete Larve **(Hakenlarve, Acanthor)** und gelangen in hoher Zahl mit dem Kot des Wirtes ins Freie. Sie werden von Kleinkrebsen oder Insekten gefressen, in deren Darm die Hakenlarve schlüpft, die sich dann

Kratzdistel: Ackerdistel (Höhe bis 1,2 m)

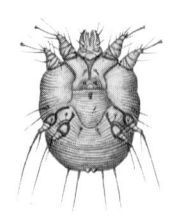

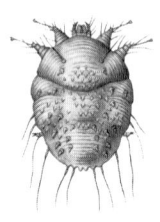

Krätzmilben: Bauchseite (oben) und Rückenseite (unten) von Sarcoptes scabiei (Weibchen, Länge bis 0,4 mm)

durch die Darmwand in die Leibeshöhle des Zwischenwirtes bohrt. Hier entwickelt sich die jetzt **Acanthella** genannte Larve zu einem dem erwachsenen K. ähnelnden Jugendstadium, das sich oft mit einer zystenartigen Hülle umgibt (dann **Cystacanthus** genannt). Wird der Zwischenwirt von einem geeigneten Wirbeltier gefressen, löst sich in dessen Darm die Hülle auf; der K. setzt sich fest und wächst zur Geschlechtsreife heran. K. führen nur bei Massenbefall durch tox. Stoffwechselprodukte und Darmverletzungen zu Krankheitserscheinungen. Der bis 50 cm (selten 60 cm) lange **Riesen-K.** (Macracanthorhynchus hirudinaceus) kommt bei Schweinen, gelegentlich auch beim Menschen, vor und entwickelt sich in den Engerlingen des Maikäfers.

Krätzmilben, Grabmilben, Räudemilben, zu den Sarcoptidae und Psoroptidae gehörende kleine, kugelförmige Milben mit kurzen Beinen, die in die Haut warmblütiger Wirbeltiere Gänge fressen und dadurch – bei Tieren als Räude bezeichnete – Milbenerkrankungen hervorrufen. So verursacht die **Krätzmilbe** (Sarcoptes scabici) die Krätze des Menschen, **Sarcoptes canis** die Hunderäude und **Knemidocoptes mutans** die ›Kalkbeinigkeit‹ der Hühner. Die mit 0,8 mm Länge größte K. **Psoroptes equi** richtet bei Schafen durch Wollausfall Schaden an.

Kratzputz, Baukunst: →Sgraffito.

Kraulschwimmen [von engl. to crawl, eigtl. ›kriechen‹, ›krabbeln‹], Kurz-Bez. **Kraul,** schnellste Stilart im Sportschwimmen. Da in Wettbewerben, in denen keine Stilart vorgeschrieben ist, i.d.R. das K. bevorzugt wird, bezeichnet man es häufig auch als **Freistilschwimmen.** K. erfolgt in der Brustlage bei wechselseitig koordinierten Arm- und Bein-(Auf- und Abwärts-)Bewegungen. Gebräuchl. Streckenlängen bei internat Wettkämpfen sind 50 und 100 m (Kraulsprint; Frauen, Männer), 200 und 400 m (Frauen, Männer), 800 m (Frauen), 1500 m (Männer) sowie über 4 × 100 m und 4 × 200 m (Staffel; Frauen, Männer). K. ist auch Abschlussdisziplin beim →Lagenschwimmen.

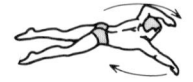

Kraulschwimmen: Bewegungsablauf

Kraurose [zu griech. kraũros ›trocken‹, ›spröde‹, ›brüchig‹] die, -/-n, im Bereich der äußeren Genitalien auftretende Atrophie und sklerosierende Schrumpfung unbekannter Ursache, die mit starkem Juckreiz verbunden ist und zu den →Präkanzerosen gerechnet wird. Die **Craurosis penis** ist mit einer Rückbildung von Eichel und Penis verbunden, die bis zum Harnröhrenverschluss reichen kann; die **Craurosis vulvae** führt zum Schwund der Schamlippen (Vulvaatrophie), erhöhter Verletzbarkeit (Bildung von Hautrissen; Infektionen) und Verengung des Scheideneingangs.

Kraus, 1) Alfredo, eigtl. A. K. Trujillo [truˈxiʎo], span. Sänger (Tenor), * Las Palmas 24. 9. 1927; debütierte 1954 als Zarzuelasänger, 1956 in Kairo als Opernsänger; sang an den großen Opernhäusern Europas und Amerikas, trat auch bei Festspielen (Salzburg, Orange) auf; bekannt bes. als Mozart-Interpret in Partien des ital. und frz. Fachs sowie als Konzertsänger.

2) Carl von, Germanist, * Wien 20. 4. 1868, † München 9. 4. 1952; wurde 1903 Prof. in Wien, 1904 in München, 1911 in Bonn, 1913 in Wien, 1917 in München. Bahnbrechend waren seine Arbeiten zur mittelhochdt. Literatur, bes. zur Textkritik.

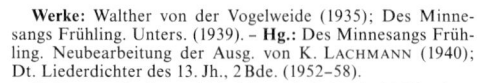

Werke: Walther von der Vogelweide (1935); Des Minnesangs Frühling. Unters. (1939). – Hg.: Des Minnesangs Frühling. Neubearbeitung der Ausg. von K. LACHMANN (1940); Dt. Liederdichter des 13. Jh., 2 Bde. (1952–58).

3) Ernst, Geologe, * Freising 10. 7. 1889, † München 24. 6. 1970; ab 1922 Prof. in Königsberg, 1924–35 in Riga, bis 1945 in München; Hauptarbeitsgebiete: Geologie der Alpen und Fragen der Gebirgsbildung.

Werke: Der alpine Bauplan (1936); Die Baugesch. der Alpen, 2 Bde. (1951); Vergleichende Baugesch. der Gebirge (1951); Die Entwicklungsgesch. der Kontinente u. Ozeane (1959).

4) Franz Xaver, kath. Theologe, * Trier 18. 9. 1840, † San Remo 28. 12. 1901; ab 1872 Prof. in Straßburg, ab 1878 in Freiburg im Breisgau; wirkte bahnbrechend auf dem Gebiet der christl. Kunstgesch. und Archäologie. Kirchenpolitisch wandte er sich v. a. in den ›Spectatorbriefen‹ der ›Münchner Allgemeinen Zeitung‹ (1895–99) gegen den kirchl. Zentralismus und röm. Ultramontanismus und war an der Beilegung des Kulturkampfes beteiligt. Sein ›Lehrbuch der Kirchengesch. für Studirende‹ (1872–75, 4 Tle.) wurde indiziert; eine 4. Aufl. erschien 1896 in einem Band.

Weitere Werke: Kunst u. Alterthum in Elsaß-Lothringen, 9 Bde. (1876–92); Die Kunstdenkmäler des Großherzogthums Baden, 3 Bde. (1887–92); Essays, 2 Bde. (1896–1901); Dante (1897); Cavour (1902). – Hg.: Real-Encyklopädie der christl. Alterthümer, 2 Bde. (1884–86).

Ausgaben: Tagebücher, hg. v. H. SCHIEL (1957); Liberaler Katholizismus. Biograph. u. kirchenhistor. Essays, hg. v. C. WEBER (1983).

5) Georg Melchior, Maler, * Frankfurt am Main 26. 7. 1737, † Weimar 5. 11. 1806; Schüler von H. J. TISCHBEIN D. Ä., auch von J.-B. GREUZE und F. BOUCHER in Paris, war ab 1774 als Zeichenlehrer in Weimar tätig. K. malte v. a. Landschafts- und Genrebilder sowie Porträts (J. W. von Goethe, 1775–76; Weimar, Goethe-Nationalmuseum).

6) Joseph Martin, Komponist, * Miltenberg 20. 6. 1756, † Stockholm 15. 12. 1792; Schüler von G. J. VOGLER, wurde 1781 Kapellmeister an der Hofoper in Stockholm. Seine antikisierenden Opern (›Proserpina‹, 1781; ›Soliman II.‹, 1789; ›Aeneas in Carthago‹, 1790) stehen C. W. GLUCK nahe; die Instrumentalwerke, darunter Sinfonien (›Symphonie funèbre‹, 1792), Konzerte, Kammermusik (neun Streichquartette) zeigen den Einfluss von J. HAYDN. Er schrieb ferner: Requiem d-Moll (1776), Oratorium ›Der Tod Jesu‹ (1776), Messe e-Moll (1776) sowie Chorwerke und Klavierlieder.

V. BUNGARDT: J. M. K. (1973); I. LEUX-HENSCHEN: J. M. K. in seinen Briefen (Stockholm 1978).

7) Karl, österr. Schriftsteller, * Jitschin 28. 4. 1874, † Wien 12. 6. 1936; lebte ab 1877 in Wien; trat 1897 aus der jüd. Religionsgemeinschaft aus, seine Konvertierung zum Katholizismus 1911 blieb episodisch. 1898 erschien seine gegen T. HERZL und den Zionismus gerichtete Schrift ›Eine Krone für Zion‹, die bereits deutlich K.' satirisch-kunstvollen Stil zeigt. 1899 gründete K. seine Zeitschrift ›Die Fackel‹, in der er ab 1912 nur noch eigene Schriften publizierte, meist satir. Aphorismen, Epigramme, Glossen, Essays und Gedichte. ›Die Fackel‹ wurde für K. zum Forum seines Kampfes gegen die ›Verlotterung der Sprache‹, die für ihn Ausdruck für Korruption und geistige Unwahrhaftigkeit der Gesellschaft, für den Verfall der Kultur überhaupt war; er entwickelte ein Verfahren der Sprachkritik mithilfe des Zitats, in dem der Text zum Zeugen gegen seinen Urheber wird. Die Essaysammlungen ›Sittlichkeit und Kriminalität‹ (1908) und ›Die chin. Mauer‹ (1910) weisen K. als Vorkämpfer der Strafrechtsreform aus, v. a. aber trat K. auch für die Gleichberechtigung der Frau und die auch gegenüber dem Staat zu schützende Unverletzlichkeit der Intimsphäre ein.

Franz Xaver Kraus

Karl Kraus

In seinem monumentalen Lesedrama ›Die letzten Tage der Menschheit‹ (erstmals 1918/19 als Sonderheft der ›Fackel‹, endgültige Ausg. 1926) montiert der Pazifist K. dokumentarisch belegtes Material zu einem apokalypt. Bild, das die Presse und ihre Verantwortlichen als eigentl. Verursacher des Ersten Weltkriegs anklagt. Die ›Dritte Walpurgisnacht‹ (postum 1952), K.' geplante Auseinandersetzung mit dem Nationalsozialismus, wurde 1933 – bereits im Druck – von ihm zurückgezogen. Sein Gefühl der Ohnmacht gegenüber dem Nationalsozialismus ist im letzten Gedicht in der ›Fackel‹ (1933) und in ›Warum die Fackel nicht erscheint‹ (1934) dokumentiert. Danach widmete er sich der Bearbeitung und Nachdichtung von Dramen und Sonetten SHAKESPEARES.
Weitere Werke: *Essays:* Heine u. die Folgen (1910); Nestroy u. die Nachwelt (1912); Literatur u. Lüge (1929); Die Sprache (hg. 1937).
Ausgabe: Werke, hg. v. H. FISCHER, 14 Bde. u. 3 Suppl.-Bde. (1952–70); Briefe an Sidonie Nádherný von Borutin, hg. v. DEMS. u.a., 2 Bde. (1974); Ausgew. Werke, hg. v. D. SIMON u.a., 6 Bde. (1971–78); Frühe Schriften, hg. v. J. J. BRAAKENBURG, 2 Bde. (1979); Schriften, hg. v. C. WAGENKNECHT, 20 Bde. ($^{1-7}$1988–95).
W. KRAFT: K. K. Beitr. zum Verständnis seines Werkes (Salzburg 1956); DERS.: Das Ja des Neinsagers. K. K. u. seine geistige Welt (1974); O. KERRY: K. K.-Bibliogr. (1970); V. BOHN: Satire u. Kritik. Über K. K. (1974); K. K., hg. v. H. L. ARNOLD (1975); C. J. WAGENKNECHT: Das Wortspiel bei K. K. (^{2}1975); A. PFABIGAN: K. K. u. der Sozialismus (Wien 1976); J. QUACK: Bemerkungen zum Sprachverhältnis von K. K. (1976); H. WEIGEL: K. K. oder Die Macht der Ohnmacht (Neuausg. Wien 1986); K. KROLOP: Sprachsatire als Zeitsatire bei K. K. (Berlin-Ost 1987); J. SZABÓ: Untergehende Monarchie u. Satire. Zum Lebenswerk von K. K. (Budapest 1992); P. SCHICK: K. K. (43.–45. Tsd. 1993); R. MERKEL: Strafrecht u. Satire im Werk von K. K. (1994).

Krause, 1) Christian, luther. Theologe, *Dallgow-Döberitz (heute Landkreis Havelland) 6. 1. 1940; studierte 1960–66 in Marburg, Heidelberg und Göttingen und 1963 als Fulbright-Stipendiat in Chicago; war 1966/67 und 1969/70 Mitarbeiter des Luther. Weltbundes in Genf, 1972–85 Oberkirchenrat der Ev.-luther. Landeskirche Hannovers und von 1985 bis zu seinem Amtsantritt als Landesbischof der Ev.-luther. Landeskirche in Braunschweig 1994 Gen.-Sekr. des Dt. Ev. Kirchentages. Seit 1997 ist K. Präs. des Luther. Weltbundes.
2) Fritz, Völkerkundler, *Moritzburg (bei Dresden) 23. 4. 1881, †Leipzig 1. 6. 1963; unternahm 1908–09 völkerkundl. Forschungen in Zentralbrasilien, wurde 1927 Direktor des Museums für Völkerkunde in Leipzig.
Werke: Die Pueblo-Indianer (1907); In den Wildnissen Brasiliens (1911); Die Kultur der kaliforn. Indianer ... (1921); Das Wirtschaftsleben der Völker (1924).
3) Günther, Politiker, *Halle (Saale) 13. 9. 1953; Bauingenieur, trat 1975 der CDUD bei. Von März bis Oktober 1990 war er Abg. in der Volkskammer der DDR und Vors. der CDU-Fraktion. Als Parlamentar. Staats-Sekr. im Amt des Min.-Präs. (April–Oktober 1990) leitete er die Verhandlungen mit der BRD über den Staatsvertrag zur Währungs-, Wirtschafts- und Sozialunion sowie zum Einigungsvertrag. Ab 3. 10. 1990 Bundes-Min. für besondere Aufgaben, seit im Januar 1991 Bundesverkehrs-Min. (Rücktritt Mai 1993). K. war auch Landes-Vors. der CDU in Meckl.-Vorp. (1990–93).
4) Jakob, Buchbinder, *Zwickau 1531/32, †Dresden 9. 7. 1586; nach Lehrjahren in Zwickau und Frankreich seit 1561 in Augsburg, seit 1566 im Dienst des Kurfürsten AUGUST von Sachsen. K. gilt als der bedeutendste dt. Buchbinder der Renaissance. Der Großteil seiner Werke, die stark von der frz. und ital. Einbandkunst geprägt sind, befindet sich im Besitz der Sächs. Landesbibliothek – Staats- und Universitätsbibliothek Dresden, nur 186 Bde. (insgesamt 1 165 Bde.) konnten nach dem Krieg in den Bestand zurückgeführt werden.
I. SCHUNKE: J. K. (1953).
5) Karl Christian Friedrich, Philosoph, *Eisenberg 6. 5. 1781, †München 27. 9. 1832; wirkte als Lehrer an der Dresdner Ingenieurakademie (1805–14) und als freier Schriftsteller; entwickelte ein System des Panentheismus, wonach Gott zwar alle Dinge, Natur und Geist, in sich begreift, sie jedoch noch übersteigt. Von I. KANT beeinflusst, definierte K. seine Philosophie als Wiss. von der Gotterkenntnis oder vom Wesen und entfaltete sie in Form einer Wissenschaftssystematik. Kennzeichnend sind sein Erkenntnisoptimismus und der Glaube an die Vervollkommnung des Individuums und der Gesellschaft. Wegen seiner ungewöhnl. Kunstsprache sind seine zahlr. Schriften schwer lesbar. (→Krausismus)
Werke: Grundl. des Naturrechts ... (1803); Grundr. der histor. Logik (1803); Anleitung zur Naturphilosophie (1804); Das Urbild der Menschhcit (1811); Das System der Rechtsphilosophie (hg. 1874); Der Menschheitsbund (1900, hg. v. R. VETTER).
6) Tom, finn. Sänger (Bassbariton), *Helsinki 5. 7. 1934; debütierte 1957 als Konzert-, 1959 in Berlin als Opernsänger und wurde 1962 Mitgl. der Hamburg. Staatsoper. Er sang an den großen Opernhäusern Europas und der USA sowie bei Festspielen (Glyndebourne, Bayreuth) und wurde bes. mit Partien aus Opern von W. A. MOZART, G. VERDI und R. WAGNER sowie als Konzert- und Liedsänger bekannt.
7) Wolfgang, Indogermanist und Runenforscher, *Steglitz (heute zu Berlin) 18. 9. 1895, †Göttingen 14. 8. 1970; wurde 1929 Prof. in Königsberg, 1937 in Göttingen. Er trat – neben seinen runolog. Forschungen – bes. mit Arbeiten zum Keltischen, Tocharischen und zu altgerman. Sprachen hervor.
Werke: Abriß der altwestnord. Gramm. (1948); Westtochar. Gramm.: Das Verbum (1952); Hb. des Gotischen (1953); Tocharisch (1955); Tochar. Elementarbuch, Bd. 1 (1960, mit W. THOMAS); Runen (1970); Die Sprache der urnord. Runeninschriften (hg. 1971). – **Hg.:** Die Runeninschriften im älteren Futhark (1937).

Krause Glucke, Feisterling, Sparassis crispa, v.a. am Grunde alter Kiefern in Nordeuropa und Nordamerika vorkommender Ständerpilz mit reich verzweigtem, badeschwammähnl., gelbl. Fruchtkörper; jung ein geschätzter Speisepilz.

Kräuselfadenweberinnen, Cribellatae, nichtsystemat. Gruppe von Spinnen, die ein Spinnsieb und einen Kräuselkamm besitzen. (→Spinnen)

Kräuselgarn, *Textiltechnik:* →Falschdrahtverfahren.

Kräuselkrankheiten, Bez. für Pflanzenkrankheiten, die durch Kräuselungen und Verdickungen der Blattflächen gekennzeichnet sind. Ursachen sind u.a. Pilzbefall (z.B. bei Pfirsich, Rübe) oder Nährstoffmangel (u.a. bei der Weinrebe).

Kräuselkrepp, mittelfeines Baumwollgewebe mit fest gedrehten Garnen in Kette und Schuss. Die blasige Oberflächenmusterung entsteht durch stellenweises Auftragen von Natronlauge, die die betupften Stellen zusammenzieht.

Kräuselmilbe, Art der →Gallmilben.

Kräuselradnetzspinnen, Uloboridae, Spinnen mit Spinnsieb und Kräuselkamm, weltweit etwa 200 Arten, davon nur zwei in Mitteleuropa. K. weben wie die Kreuzspinnen Radnetze und besitzen als einzige Spinnen keine Giftdrüsen.

Kräuselspinnen, Dictynidae, 500 Arten weltweit verbreiteter, max. 5 mm großer Spinnen, von denen etwa 15 in Mitteleuropa vorkommen. K. weben ihre Kräuselfadennetze v.a. an Pflanzen.

Kräusen, intensiv gärendes Jungbier mit Schaumdecke.

Krause Glucke
(Hutdurchmesser 15–30 cm)

Krausenhaie, zur Ordnung Hexanchiformes zählende Familie der →Haien mit der einzigen rezenten Art **Krausenhai** oder **Kragenhai** (Chlamydoselachus anguineus), ein bis 2 m langer Tiefseebewohner mit sechs Kiemenspalten. Die Kiemenscheidewände stehen halskrausenartig ab, und die erste Kiemenspalte besitzt eine kragenartige Deckhaut.

Krausenhaie: Kragenhai (Länge bis 2 m)

Kraushaar|alge, Ulothrix, Grünalgengattung mit etwa 25 Arten, die im Süß- und Brackwasser weit verbreitet sind. Die K. bestehen aus einem unverzweigten einzelreihigen Faden, dessen Zellen einen gürtelförmigen Chloroplasten enthalten.

Krausismus der, -, span. **Krausismo,** Begriff für die bürgerlich-liberalen Reformtendenzen, die in Spanien seit Mitte des 19. Jh. bis zum Ende des Bürgerkrieges (1939) unter dem Einfluss der Philosophie des dt. Idealismus und bes. von K. C. F. KRAUSE standen. Verbreitung fand der v. a. in Rechtswiss., Pädagogik und Sozialpolitik wirksame K. u. a. durch J. SANZ DEL RÍO, der die Philosophie KRAUSES bekannt machte. F. GINER DE LOS RÍOS mit seinen pädag. Reformbestrebungen sowie durch die kulturelle Blütezeit mit der Generation von 1898 und der Generation von 1927. Prägend wirkte KRAUSES optimist. Anthropologie und Geschichtsphilosophie, die die Vervollkommnung des Menschen und den histor. Fortschritt durch Erziehung und sozialpolit. Reformen begründet sieht.

Krauskohl, der →Grünkohl.

Krausnick, Helmut, Historiker, * Wenden (heute zu Braunschweig) 19. 2. 1905, † Stuttgart 22. 1. 1990; arbeitete 1938–40 in der Zentralstelle für Nachkriegsgesch., 1940 in der Archivkommission des Auswärtigen Amtes. Seit 1951 war er Mitarbeiter, 1959–72 Direktor des Inst. für Zeitgesch. (IfZ), das er zur zentralen Forschungsstätte der dt. Zeitgesch. ausbaute. 1953–72 war K. Schriftleiter, 1973–77 Mitherausgeber der ›Vierteljahrshefte für Zeitgeschichte‹.
Werke: Holsteins Geheimpolitik in der Ära Bismarck 1886–1890 (1942); Dt. Gesch. der jüngsten Vergangenheit (1953, mit H. MAU); Anatomie des SS-Staates, Bd. 2: Konzentrationslager, Kommissarbefehl, Judenverfolgung (1965, mit H.-A. JACOBSEN u. M. BROSZAT); Die Truppe des Weltanschauungs-Krieges (1981, mit H.-H. WILHELM). – **Hg.:** Es spricht der Führer. 7 exemplar. Hitler-Reden (1966, mit H. VON KOTZE); Helmut Groscurth. Tagebücher eines Abwehroffiziers 1938–1940 (1970, mit H. C. DEUTSCH).

Krauß, 1) Angela, Schriftstellerin, * Chemnitz 2. 5. 1950; lebt als freischaffende Autorin in Leipzig. In ihrer unspektakulären, dennoch vielschichtigen und genauen Erzählprosa spiegelt sich die dt. Befindlichkeit einer Umbruchzeit. K. schreibt auch Hörspiele. 1988 erhielt sie den Ingeborg-Bachmann-Preis.
Werke (Auswahl): *Erzählungen:* Das Vergnügen (1984); Glashaus (1988); Der Dienst (1990); Die Überfliegerin (1995).

2) Werner, Schauspieler, * Gestungshausen (heute zu Sonnefeld, Landkreis Coburg) 23. 6. 1884, † Wien 20. 10. 1959; spielte 1913–24 (auch 1926–31) am Dt. Theater Berlin, 1924–26 und 1931–44 am Staatstheater Berlin, 1928/29 und 1933–44 am Wiener Burgtheater, seit 1916 auch in Filmen, nach Auftrittsverbot (1945–48) ab 1948 wieder am Burgtheater, ab 1954 am Schiller- und Schloßpark-Theater Berlin sowie in Düsseldorf. Seine Virtuosität und Vielseitigkeit ermöglichten ihm ein umfangreiches Rollenrepertoire. Seit 1954 war K. Träger des Ifflandringes. 1958 erschienen seine Erinnerungen ›Das Schauspiel meines Lebens‹.
Filme: Das Cabinet des Dr. Caligari (1919); Die freudlose Gasse (1925); Der Student von Prag (1926); Burgtheater (1936); Jud Süß (1940); Sohn ohne Heimat (1955).
W. GOETZ: W. K. (1954); C. HAAN: W. K. u. das Burgtheater (Diss. Wien 1970).

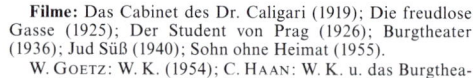

Krauss, 1) Clemens Heinrich, österr. Dirigent, * Wien 31. 3. 1893, † Mexiko 16. 5. 1954; studierte in Wien und war nach Stationen in Brünn, Riga, Nürnberg, Stettin, Graz und Wien 1924–29 Leiter der Frankfurter Oper, 1929–34 der Wiener, 1934–36 der Berliner Staatsoper. Seit 1936 wirkte er in München (1937–40 Opernintendant) und leitete seit 1939 auch die Festspiele und das Mozarteum in Salzburg. Nach 1945 war er Dirigent an der Wiener Staatsoper und bei den Wiener Philharmonikern; 1953 dirigierte er bei den Bayreuther Festspielen. K. wurde bes. als Interpret der Werke von R. STRAUSS bekannt; er verfasste auch das Libretto zu dessen Oper ›Capriccio‹.
S. SCANZONI u. G. K. KENDE: Der Prinzipal. C. K. Fakten, Vergleiche, Rückschlüsse (1988).

2) Werner, Romanist, * Stuttgart 7. 6. 1900, † Berlin (Ost) 28. 8. 1976; ab 1933 Lehrtätigkeit in Marburg; ab 1941 Mitarbeit in der Widerstandsgruppe ›Rote Kapelle‹, 1942 verhaftet, das Todesurteil von 1943 wurde 1944 in eine Zuchthausstrafe umgewandelt; nach der Befreiung wieder in Marburg, 1947 an der Univ. Leipzig, 1961–65 an der Dt. Akad. der Wiss.en zu Berlin (Ost). K.' umfangreiche wiss. Arbeiten betreffen u. a. die span. Literatur des Siglo de Oro sowie die Geistesgesch. der frz. und europ. Aufklärung. Der im Zuchthaus entstandene Roman ›PLN. Die Passionen der halykon. Seele‹ (1946), eine bittere verschlüsselte Satire auf das natsoz. Dtl., ist eines der wichtigsten Zeugnisse der dt. Widerstandsliteratur.
Weitere Werke: Miguel de Cervantes. Leben u. Werk (1966); Die Lit. der frz. Frühaufklärung (1971); Die Aufklärung in Spanien, Portugal u. Lateinamerika (1973).
Ausgabe: Das wiss. Werk, hg. v. W. BAHNER u. M. NAUMANN, auf zahlr. Bde. ber. (1984 ff.).
P. JEHLE: W. K. u. die Romanistik im NS-Staat (1996).

Krausser, Helmut, Schriftsteller, * Esslingen 11. 7. 1964; studierte u. a. Archäologie und Theaterwiss., arbeitete als Nachtwächter, Popsänger u. a.; 1985/86 Clochardexistenz. K.s Romanhelden lassen autobiograph. Bezüge erkennen: Sie sind Aussteiger und Sonderlinge, die der Autor in komplizierten, auch bizarren Handlungen souverän durch Zeit und Raum, Mythos und Gesch. führt (›Melodien oder Nachträge zum quecksilbernen Zeitalter‹, 1993). Sein Theaterstück ›Lederfresse‹ (Uraufführung 1994) war ein Bühnenerfolg.
Weitere Werke: *Romane:* König über dem Ozean (1989); Fette Welt (1992); Thanatos. Das schwarze Buch (1996).

Krauss-Maffei AG, Unternehmen des Maschinenbaus und der Wehrtechnik (u. a. Panzer, Flugabwehrsysteme); gegr. 1838; Sitz: München. Mehrheitsaktionär ist die Mannesmann AG (100 %); älteste Lokomotivfabrik der Welt; Umsatz (1996): 2,1 Mrd. DM; Beschäftigte: rd. 6600.

Kräuter, krautige Pflanzen, Pflanzen, die im Unterschied zu den →Gehölzen nicht oder nur schwach verholzen und gegen Ende der Vegetationsperiode gänzlich **(einjährige K.)** oder bis auf die bodennahen, unterird. oder im Wasser untergetauchten Sprossteile **(zwei-** und **mehrjährige K.,** →Stauden) absterben.

Kräuterbücher, Werke (bes. Drucke seit dem 15./16. Jh.), in denen Natur und Wirkung von Heilpflanzen beschrieben werden. Die K. basieren auf antiker Überlieferung, v. a. auf der ›Arzneimittellehre‹ des DIOSKURIDES und der ›Naturalis historia‹ von PLINIUS D. Ä. (z. B. der illustrierte ›Codex Constantinopolitanus‹, 512 n.Chr.). Die ersten von der antiken Tradition unabhängigen K. bringt der frz. ›Platearius‹, eine Arzneimittelkunde des 12. Jh. Reich bebilderte K. in dt. Sprache verfassten OTTO BRUNFELS (›Contrafayt Kreüterbüch‹, 2 Bde., 1532–37), HIERO-

Helmut Krausnick

Werner Krauß

Clemens Krauss

NYMUS BOCK (›New Kreütter Buch ...‹, 1539), LEONHART FUCHS (›Historia stirpium‹, 1542; dt. ›New Kreüterbuch‹, 1543), ADAM LONITZER (›Kreutterbuch‹, 1546) und JAKOB THEODOR TABERNAEMONTANUS (›New Kreuterbuch‹, 3 Bde., 1588–91).

Hortus sanitatis – deutsch, bearb. v. W. L. SCHREIBER (1924); C. NISSEN: Die botan. Buchillustration (^{2}1966); K. E. HEILMANN: K. in Bild u. Gesch. (^{2}1973).

Kräuterlikör, Likör mit einem Anteil an Kräuteressenzen, d. h. Auszügen aus Wurzeln, Kräutern, Blüten, Früchten, Samen, Rinden, Hölzern und sonstigen Drogen, z. B. Harzen, Baumsäften und -ausflüssen (Aloesaft, Manna). Art und Anteil der Auszüge entscheiden über die Art des K., der v. a. als Digestif getrunken wird; Alkoholgehalt mindestens 30 Vol.-%, bei weniger als 22 g Extrakt auf 100 ml mindestens 32 Vol.-%.

Kräuterweihe, Wurzweihe, Wischweihe, in der kath. Kirche die Sitte, v. a. am Fest Mariä Himmelfahrt (15. 8.), ein Bund (auch Wurzwisch gen.) mit Heil- und Nutzkräutern, auch Kulturpflanzen und Blumen segnen zu lassen.

Krautfäule, durch den Pilz Phytophtora infestans hervorgerufene Krankheit der Tomate (K., Braunfäule) und der Kartoffel (Kraut-und-Knollen-Fäule).

Krautheim: Eingangsportal zu Palas und Kapelle (um 1225–33) der Burgruine

Krautheim, Stadt im Hohenlohekreis, Bad.-Württ., an der Jagst, 298 m ü. M., 4 700 Ew.; Johannitermuseum; Metallverarbeitung, Fensterbau. – Die Burg, ein Werk der spätstauf. Architektur, im 13. Jh. angelegt, wurde im 16. Jh. weitgehend zerstört; frühgot. Kapelle (um 1225–33) mit bedeutender Bauplastik. – K., hervorgegangen aus einer Burgsiedlung der Herren von Krautheim, erhielt 1306 Stadtrecht (erneuert 1950). 1803–06 war es Mittelpunkt des gleichnamigen, eigenständigen Fürstentums.

Krautheimer, Richard, amerikan. Kunsthistoriker dt. Herkunft, *Fürth 6. 7. 1897, †Rom 1. 11. 1994; emigrierte 1935 in die USA. 1952–71 lehrte er am Institute of Fine Arts in New York. K. befasste sich bes. mit frühchristl. Kunst (v. a. Roms) und der Kunst der Renaissance.

Werke: Corpus Basilicarum Christianarum Romae, 5 Bde. (1937–77); Lorenzo Ghiberti (1956); Early Christian and Byzantine architecture (1965); Rome. Profile of a city 312–1308 (1980; dt. Rom. Schicksal einer Stadt); Three Christian capitals (1983); The Rome of Alexander VII, 1655–1667 (1985).

Ausgabe: Ausgew. Aufsätze zur europ. Kunstgesch., übers. v. A. BEYER (1988).

Kraut|strunk, Bez. für eine Gattung Nuppenbecher aus grünem bis blaugrünem Glas; weit verbreiteter Gefäßtyp, v. a. des 15./16. Jahrhunderts.

Krauze [ˈkrauzɛ], Zygmunt, poln. Komponist, *Warschau 19. 9. 1938; Schüler von K. SIKORSKI in Warschau, von NADIA BOULANGER in Paris; trat auch als Pianist hervor. Er komponierte ›Piece for Orchestra‹ I (1969), II (1970) und III (1982), Konzerte für Klavier (1976) und Violine (1980), ›Suite de danses et de chansons‹ für Cembalo und Orchester (1977), Kammermusik (›Quatuor pour la naissance‹ für Klarinette, Violine, Violoncello und Klavier, 1985) sowie die Kammeropern ›Die Kleider‹ (1982) und ›Par la taille‹ (1991).

Krawallversicherung, in der *Schweiz* seit dem 1. 1. 1982 eingeführte Versicherung für Schäden, die bei Tumulten, bei inneren Unruhen und durch böswillige Beschädigung entstehen.

Krawatte [frz., von dt. (mundartlich) Krawat ›Kroate‹] die, -/-n, Halsbinde der Männerkleidung, von den Halstüchern eines in frz. Diensten übernommen kroat. Regiments um 1670 in die zivile Kleidung übernommen, zunächst über dem Hemdkragen vorne geknotet, mit spitzenverziertem, herabhängendem Ende, auch mit zusätzl. Bandschleifen versehen. Bes. lang herabhängende Enden, die nicht gebunden, sondern nur um den Hals gelegt waren, besaß im 17. Jh. die ›Steenkerke‹. Im 18. Jh. wurde die K. zu einer schmalen leinenen Halsbinde, hinten geknotet, vorne verziert mit einer Schleife aus dem auch für den Haarbeutel verwendeten Seidenband. Gegen Ende des 18. Jh. begann man erneut breitere Halsbinden vorne zu knoten, bes. als Bestandteil des Kostüms des →Incroyable, während das aufgeklärte Bürgertum die ›aristokrat.‹ K. ablehnte. Im 19. Jh. wurden neben weißen auch schwarze und bunte Halsbinden modern. Die nun sehr vielfältigen Trageweisen reichten vom strengen steifen Querbinder bis zur weich fallenden Künstlerschleife Lavallière (→La Vallière). Im 20. Jh. gelten als K. i. e. S. nur noch die zunächst auf den Tagesanzug beschränkten Langbinder. K.-Muster, -farben, -materialien und Zuschnitte wurden Gegenstand der Mode sowie vom jeweiligen Anlass bestimmt. Neben dem einfachen K.-Knoten kam um 1940 der doppelte Windsorknoten auf.

Kraweelbeplankung [zu Karavelle], →Bootsbau.

Krawtschinskij, Kravčinskij [-tʃ-], Sergej Michajlowitsch, Pseud. **S. Stepnjak,** russ. Revolutionär und Schriftsteller, *Nowyj Starodub (Gouv. Cherson) 13. 7. 1851, †London 23. 12. 1895; Mitgl. der ›Narodniki‹; verübte 1878 ein Attentat auf den Polizeikommandanten von Sankt Petersburg und floh aus Russland; schilderte in seinen oft in engl. Sprache veröffentlichten (publizist.) Schriften die Missstände im zarist. Russland und die russ. revolutionäre Bewegung; verfasste auch Romane (›Andrej Kožuchov‹, engl. 1889, russ. 1898; ›Domik na Volge‹, 1889).

Ausgabe: Sočinenija, 2 Bde. (1958).

J. W. HULSE: Revolutionists in London. A study of five unorthodox socialists (Oxford 1970); E. A. TARATUTA: S. M. Stepnjak-Kravčinskij. Revolutioner i pisatel' (Moskau 1973).

Krawtschuk, Kravčuk [-tʃ-], Leonid Makarowitsch, ukrain. Politiker, *Welikij Schitin (Gebiet Rowno) 10. 1. 1934; ab 1960 hauptamtl. Parteifunktionär; wurde im Juni 1990 stellv. Vors. der ukrain. KP, im Juli 1990 Präs. des ukrain. Parlaments; proklamierte unter dem Druck der Volksbewegung ›Ruch‹ im August 1991 die Unabhängigkeit der Ukraine, legte seine Parteiämter nieder und verbot die KP (Wiederzulassung 1993). Als Staatspräs. (1991–94) beteiligte sich K. im Dezember 1991 an der Gründung der GUS, betonte in der Folgezeit jedoch stets die Eigenständigkeit der Ukraine, wodurch es zu Spannungen mit Russland kam (u. a. Streit um die Schwarzmeerflotte, um atomare Abrüstungsvereinbarungen und die Halbinsel Krim). Innenpolitisch gelang es ihm nicht, der Wirtschaftsmisere abzuwenden.

Kreatin

Kreatinphosphat
(Ⓟ = Phosphorsäurerest)

Kreatinin
Kreatin

Schlüsselbegriff

Kreatianismus [zu lat. creatio ›das Erschaffen‹] *der, -,* in der frühen Kirche entstandene Lehrauffassung, nach der jede menschl. Seele unmittelbar von Gott geschaffen wird; wurde auch von AUGUSTINUS vertreten und in ihrer klass. Gestalt von THOMAS VON AQUINO ausgebildet; Ggs.: Generatianismus.

Kreatin [zu griech. kréas, kreátos ›Fleisch‹] *das, -s,* **N-Methylguanidyl**|**essigsäure,** Aminosäurederivat in der Muskulatur und im Blut der Wirbeltiere, das als farblose wasserlösl. Kristalle isoliert werden kann. Das aus K. und ATP unter dem Einfluss des Enzyms Kreatinkinase gebildete **K.-Phosphat** stellt eine wichtige Phosphatreserve der Muskulatur dar, die eine rasche Regeneration von ATP aus ADP bei Muskelarbeit ermöglicht. Ausgeschieden wird K. mit dem Harn in Form des durch Wasserabspaltung entstehenden zykl. Säureimids **Kreatinin.** – Lebensmitteltechnisch hat K. zur Ermittlung des Fleischextraktgehaltes von Fleischzubereitungen Bedeutung.

Kreation [lat.-frz., zu lat. creare ›erschaffen‹] *die, -/-en,* 1) Modeschöpfung, Modell; 2) *bildungssprachlich:* (künstler.) Schöpfung, Erschaffenes.

Kreationismus *der, -,* das fundamentalist. Festhalten an einer wörtl. Auslegung des bibl. Schöpfungsberichts (1. Mos. 1–2), wobei wiss. Entstehungs- und Entwicklungsvorstellungen im Sinne einer darwinist. Evolution als unbeweisbar und nicht verifizierbar strikt abgelehnt werden; so z. B. die Theorie der biochem. Lebensentstehung, die Rolle des Zufalls sowie von Mutation und Selektion in der Evolution, der Artenwandel. Aufgrund der in der Bibel verzeichneten Genealogie wird der Schöpfungszeitpunkt vielfach auf etwa das Jahr 4004 v. Chr. festgelegt, das Alter von Erde und Weltall mit max. einigen 10 000 Jahren angenommen. Der K. kann v. a. zurückgeführt werden auf den Essenzialismus der beginnenden Neuzeit, die induktivist. Philosophie F. BACONS und den christl. Fundamentalismus. Der heutige K. ist in den USA entstanden und dort auch am weitesten verbreitet.

R. JESSBERGER: K. Kritik des modernen Antievolutionismus (1990).

Kreativität, schöpfer. Vermögen, das sich in menschl. Handeln oder Denken realisiert und einerseits durch Neuartigkeit oder Originalität gekennzeichnet ist, andererseits aber auch einen sinnvollen und erkennbaren Bezug zur Lösung techn., menschl. oder sozialpolit. Probleme aufweist. Der Begriff K. wird angewendet auf wiss. Entdeckungen, techn. Erfindungen, künstler. Produktionen, unter der Bez. ›soziale K.‹ auch auf Problemlösungsansätze im zwischenmenschl. und gesellschaftl. Bereich. Der Problemlösungsbezug künstler. K. liegt vielfach in der Verarbeitung emotionaler Konflikte oder in einer Kommunikationsabsicht des Künstlers. Erst mit der Akzeptierung kreativer Ideen oder Produkte innerhalb eines sozialen Systems werden diese praktisch bedeutungsvoll. Auch im wiss. Bereich ist eine objektive Definition kreativer Leistungen nicht eindeutig möglich, da neuartige Ideen durch vorgegebene Wertmaßstäbe nicht voll erfasst werden können; die soziale Akzeptanz, die nicht selten erst spät erfolgt, muss also immer mitberücksichtigt werden.

Bei kreativen Menschen lassen sich mit erhöhter Wahrscheinlichkeit folgende Persönlichkeitsmerkmale in starker Ausprägung finden: Energie- oder Aktivitätspotenzial (Vitalität, Initiative, Ausdauer), Neugier, Konflikt- und Frustrationstoleranz, Unabhängigkeit und Nonkonformismus. Günstig für kreative Leistungen sind auch intellektuelle Fähigkeiten wie Problemsensitivität, Flexibilität und Eigenständigkeit sowie ein Denken, das in vielen Richtungen nach Ansätzen sucht, ferner die Bereitschaft zur Umgestaltung von Wahrnehmungs- und Denkinhalten in Richtung auf neue Ordnungssysteme.

Der kreative Prozess lässt sich in folgende Phasen untergliedern: 1) Auseinandersetzung mit der Umwelt, 2) Problemwahrnehmung und -analyse, 3) Informationssammlung, 4) systemat. oder unbewusste Hypothesenbildung, 5) Einfall, Gedankenblitz, Idee, Erleuchtung, 6) Überprüfung und Ausarbeitung, 7) Mitteilung, Kommunikation, 8) Durchsetzung, Realisierung. Kommunikation und Realisierung können ggf. zusammenfallen, z. B. bei künstler. Aussagen. – K.-Erziehung kann als eine Grundaufgabe der Erziehung und Bildung gelten und ist in vielen schul. und außerschul. Lernsituationen von frühester Kindheit an möglich.

⇨ *Avantgarde · Begabung · Denken · Einbildungskraft · Enthusiasmus · Genie · Innovation · Intelligenz · Leistung · Lernen · Sozialisation · Spiel*

G. ULMANN: K. (²1970); K.-Forschung, hg. v. G. ULMANN (1973); E. LANDAU: Psychologie der K. (³1974); P. MATUSSEK: K. als Chance (³1979); H. STOCKHAMMER: Sozialisation u. K. Theorien, Techniken, Materialien (Wien 1983); C. FACAOARU: K. in Wiss. u. Technik. Operationalisierung von Problemlösefähigkeit u. kognitiven Stilen (Bern 1985); K. u. Therapien, hg. v. L. KOSSOLAPOW u. a. (1985); S. PREISER: K.-Forschung (²1986); N. MEDER: Der Sprachspieler (1987); D. W. WINNICOTT: Vom Spiel zur K. (a. d. Engl., ⁴1987).

Kreatur [kirchenlat.] *die, -/-en,* Lebewesen, Geschöpf, in religiösen Sinn jedes von einem Schöpfergott geschaffene Wesen; auch *abwertend:* charakter- und willenloses Werkzeug eines anderen.

Krebo, Grebo, Küstenstamm in SO-Liberia, westlich von Harper, gehört zu den →Kru.

Krebs, im allgemeinen Sprachgebrauch eine Sammel-Bez. für bösartige Neubildungen, so genannte Malignome. Prinzipiell werden gut- und bösartige Tumoren (Geschwülste) unterschieden, wobei bösartige Tumoren von vornherein ein sich ausbreitendes und zerstörendes Wachstum zeigen. Jedes Gewebe eines Körpers kann entarten und eine Vielzahl sehr unterschiedl. Tumorarten hervorbringen. Die Einteilung der Tumoren erfolgt nach der Struktur ihres Muttergewebes. **Karzinome (Carcinoma,** Abk. **Ca),** die auch i. e. S. als K. bezeichnet werden, gehen von epithelialen Zellen der Haut, Schleimhaut und Organe aus. Je nach Zelltyp werden bösartige Tumoren des Plattenepithels (Plattenepithelkarzinome) oder Tumoren des Drüsenepithels (Adenokarzinome) unterschieden. **Sarkome** (Abk. **Sa**) gehen vom mesenchymalen Stütz- und Bindegewebe aus. Sie werden entsprechend ihrer Herkunft, z. B. aus Knochen-, Knorpel-, Muskel-, Fett- und Bindegewebe, in Osteo-, Chondro-, Myo-, Lipo- oder Fibrosarkome unterteilt. **Neurogene Tumoren** sind Neubildungen, die von Zellen des zentralen und peripheren Nervensystems und seinen Hüllen abstammen, z. B. Gliome, Astrozytome und Meningiome. Auch Blutstammzellen und die sich hieraus differenzierenden Zellen können zu K.-Zellen entarten und manifestieren sich als Leukämien oder Lymphome.

Krebsentstehung

Die Zellen eines Organismus leben in einer komplexen Gemeinschaft mit wechselseitigem Einfluss. Durch Zellkommunikation und Produktion von Botenstoffen werden Signale für eine Zellvermehrung oder einen Ruhezustand gegeben. K.-Zellen durchbrechen diese Kontrollen, entziehen sich den regulierenden Signalen der Umgebung und können, um zu überleben, den programmierten Zelltod (**Apoptose**) umgehen. Im Laufe der Zeit kommt es zu Mutationen (Veränderungen in der Erbinformation). Diese betreffen Gene, die bei der K.-Entstehung eine wichtige Rolle spielen. Dadurch können verän-

In-situ-Tumor

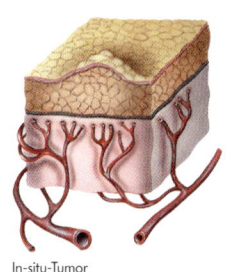

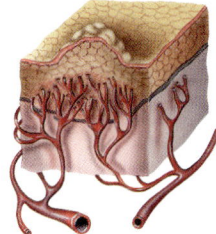

Kapillaren sprossen; Tumor beginnt zu wachsen

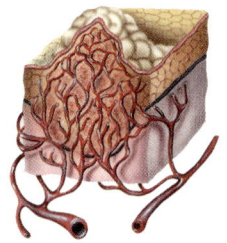

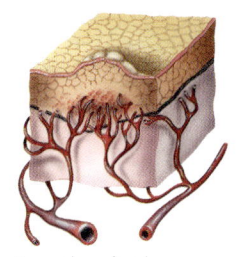

Tumor wächst immer weiter, dringt schließlich in andere Gewebe vor und metastasiert

Tumor schrumpft nach Behandlung mit Hemmstoffen der Gefäßneubildung

Krebs: Gefäßneubildung und Tumorentstehung

derte Proteine gebildet werden, die in das Zellwachstum eingreifen. Protoonkogene (Krebsgenvorläufer), Onkogene (K.-Gene) und Veränderungen bei den Tumorsuppressorgenen (tumorunterdrückende Gene, Antionkogene) sind ebenfalls für die K.-Entstehung von großer Bedeutung. **Protoonkogene** sind an sehr unterschiedl. Schritten der Zellteilung beteiligt. Kommt es zu Mutationen in den Protoonkogenen, so entsteht für die betroffene Zelle eine Wachstumsstimulation und eine Daueraktivierung. Aus dem Protoonkogen ist ein K. begünstigendes **Onkogen** entstanden, das zu einer übermäßigen Vermehrung und bösartigen Umwandlung von Zellen führt. Viele der als Onkogene klassifizierten Gene stellen Wachstumssignale dar. Sie sind atyp. Wachstumsfaktoren, Rezeptoren für Wachstumsfaktoren oder intrazelluläre Moleküle. Mutationen in diesen Genen führen häufig zu verstärkten Wachstumssignalen. In der gesunden Zelle erfolgt die Kontrolle der Protoonkogene durch **Tumorsuppressorgene**. Sie regulieren der Ablauf der Zellteilung und verhindern eine übermäßige Vermehrung der Zellen. Sie tragen zur K.-Entstehung bei, wenn sie durch Mutationen inaktiviert werden. Es sind zahlr. Tumorsuppressorgene identifiziert worden, z. B. das p53-Gen (mehr als 50 % der versch. Tumoren besitzen ein mutiertes p53-Gen). K. kann in jedem Organ oder Gewebe entstehen und in allen Altersgruppen auftreten. Dabei gibt es eine Vielfalt von unterschiedl. K.-Formen. Schließlich gibt es keine einheitl. K.-Ursache. Gemeinsame Charakteristika des K.-Wachstums sind Mutationen, die letztendlich zu ungebremstem Wachstumsverhalten und zur Metastasierung führen. Damit ist K. eine erworbene genet. Erkrankung.

Krebsentwicklung

Die Entwicklung zu einem bösartigen Tumor ist durch versch. Schritte gekennzeichnet (Mehrschritttheorie). Genet. Veränderungen in einer normalen Zelle, z. B. der Verlust eines Tumorsuppressorgens oder die vermehrte Bildung eines Onkogens, führen zu einer verstärkten Zellwucherung.

Teilweise führen diese ersten genet. Veränderungen auch zu einer Zunahme des programmierten Zelltodes, sodass es nicht zu einer Vermehrung der Zellmasse kommt, wobei aber eine genetisch veränderte Zelle für die weitere K.-Entwicklung überlebt. Virale Genprodukte, z. B. von Adenoviren oder Papillomviren, können durch die Inaktivierung von Tumorsuppressorgenen ähnl. Effekte auslösen wie eine direkte Mutation in einem solchen Gen. Weitere nachfolgende genet. Veränderungen führen zu einer Abnahme des Zelltodes und somit zu einer Zunahme an veränderten Zellen. Eine zunächst morphologisch unauffällige, aber genetisch veränderte Zelle vermehrt sich im weiteren Verlauf, sodass es zu einer Gewebevergrößerung (**Hyperplasie**) kommt. Weitere erworbene genet. Veränderungen in diesen stark wuchernden Zellen führen zu einer Gewebefehlbildung (**Dysplasie**), bei der die Zellen Form und Orientierung zueinander verlieren. Es kann dann nach einer weiteren Zellvermehrung ein Tumor (**Carcinoma in situ**, In-situ-Tumor, auch Oberflächenkarzinom) nachgewiesen werden. Zusätzliche genet. Veränderungen geben dem Tumor die Möglichkeit, in umgebendes Gewebe hineinzuwachsen und Tumorzellen über Blutgefäße und Lymphe abzugeben. Diese Tochterzellen können in anderen Organen Tochtergeschwülste (**Metastasen**) bilden und so einen Organismus in seiner Existenz bedrohen. Untersuchungen haben gezeigt, dass beim Dickdarm-K. in der Ausgangszelle etwa 5–10 Mutationen erforderlich sind, bis das klinische Bild des metastasierten K. entsteht. Diesen unterschiedlichen Stadien der K.-Entwicklung liegen definierte Veränderungen in der Erbsubstanz zugrunde. Durch das Fortschreiten zum invasiven K. treten zusätzl. Mutationen auf, die ein zunehmend aggressiveres Wachstum bewirken. Der Differenzierungsverlust der K.-Zellen ist vielfach mit einem Funktionsverlust (z. B. Ausfall einer Hormonproduktion) verbunden. Vermutlich über die erhöhte Produktion bestimmter Zytokine (z. B. Tumor-Nekrose-Faktor-α und -β) durch Tumorzellen oder das umgebende Gewebe kommt es zur körperl. Auszehrung (Kachexie), durch das Raum fordernde und gefäßzerstörende Wachstum zu Kompression und Verschluss von Hohlorganen, ferner zu Blutungen durch Schädigung größerer Gefäße oder zu Spontanbrüchen bei Knochenzerstörung.

Allgemeine Symptome sind zunächst erhebl. Störungen des Gesamtbefindens wie Abgeschlagenheit, Appetitlosigkeit und Gewichtsabnahme. Durch Störung der Blutgerinnung kann es auch zu Sickerblutungen kommen. In späteren Stadien können bei Befall von schmerzleitenden Bahnen des peripheren und zentralen Nervensystems starke Dauerschmerzen auftreten. Zu den Haupttodesursachen gehört das mit der allgemeinen Kachexie verknüpfte Zusammenbrechen der Körperabwehrkräfte. Dadurch kommt es häufig zu Infektionen wie Lungenentzündung oder Sepsis, Schädigung lebenswichtiger Organe, Blutgefäßzerstörungen mit tödl. Blutungen, Darmverschluss oder Tumordurchbruch in die freie Bauchhöhle mit nachfolgender Bauchfellentzündung.

Krebs auslösende Faktoren

Es lassen sich drei unterschiedl. Klassen K. auslösender Faktoren identifizieren: biolog., chem. und physikal. Karzinogene (Kanzerogene). Sie bewirken oder begünstigen einzeln oder in Kombination Mutationen, die langfristig zur K.-Entstehung führen können. Die **biologischen Karzinogene** sind v. a. Tumorviren, aber auch Bakterien, Protozoen und Würmer. Seit Beginn dieses Jahrhunderts sind

Tumorviren bei Tieren bekannt. 1964 wurde z. B. das Epstein-Barr-Virus in menschl. Lymphomzellen nachgewiesen. Es wird geschätzt, dass eine von sieben K.-Erkrankungen durch Viren verursacht ist. Dabei entsteht die Mehrzahl der Erkrankungen nach Infektionen durch die DNA-Viren Hepatitis-B- und Papillomvirus, die mit dem Leberzell-K. bzw. dem Gebärmutterhalskarzinom in Verbindung gebracht werden. Die Mehrzahl der DNA-Viren ist zu einer Zellumwandlung in der Lage, wohingegen nur eine RNA-Virusfamilie (nämlich die Retroviren) eine bösartige Umwandlung verursachen kann. Dabei können Retroviren unterschieden werden, die alle Zellen infizieren und verändern sowie Retroviren, die Zellen nur in einem bestimmten Zustand (z. B. in der Wachstumsphase) infizieren können. Retroviren können sich in die DNA integrieren und bei der Zellteilung weitergegeben werden. Durch diese Integration kommt es entweder zu einer Veränderung in der zellulären Proteinbildung oder virale Proteine wirken auf zelluläre Gene ein. Der hohe Zellumsatz bei einer Leberentzündung durch Viren führt zu einem erhöhten Risiko für eine Mutation bei Leberzellen und bildet so die Grundlage für die Entwicklung eines Leber-K. Das Epstein-Barr-Virus verursacht möglicherweise Tumoren des Nasen- und Rachenraumes sowie das bösartige Hodgkin-Lymphom. Das menschl. Immunschwäche-Virus (HIV) kann zu Gefäßtumoren der Weichteile (Kaposi-Sarkome) führen und durch die langfristige Immunsuppression die Entstehung von K. (bes. Lymphome des Gehirns) begünstigen. Helicobacter pylori ist als einziges bisher bekanntes Bakterium karzinogen und verursacht Magenkrebs. Wurminfektionen (Bilharziose) sind für Blasen- und Enddarmkrebserkrankungen in Ägypten und Südostasien sowie für Gallengang-K. im südl. China und in bestimmten Regionen Thailands verantwortlich. Eine stetig wachsende Zahl von natürlich vorkommenden oder synthetisch hergestellten Substanzen hat sich im Tierversuch und auch beim Menschen als K. erzeugend erwiesen (**chemische Karzinogene**). Sie können über die Bildung von *DNA-Addukten* (Bindung fremder Moleküle an DNA) Veränderungen im Erbgut der Zelle verursachen, die, wenn sie Protoonkogene oder Tumorsuppressorgene betreffen, Voraussetzungen für die K.-Entstehung schaffen. Dabei binden sich die Karzinogene an spezif. Stellen der Erbsubstanz und können bestimmte chem. Seitenketten auf die Erbsubstanz übertragen. Beispiele hierfür sind polyzykl. aromat. Kohlenwasserstoffe, anorgan. Substanzen (Arsen, Chrom) und die bes. gefährl. Aflatoxine (Nahrungsmittelverunreinigungen, die als Leberkarzinogene wirken). Diese gentox. Karzinogene werden aufgrund ihrer Eigenschaft auch als *Initiatoren* der K.-Entstehung bezeichnet. Andere chem. Stubstanzen wie Pestizide oder Herbizide wirken nach langer Exposition in hohen Dosen. Sie werden über die Stimulierung wachstumsfördernder Gene aktiv und werden als *Promotoren* der K.-Entstehung bezeichnet. Das Zusammenwirken von Initiatoren und Promotoren begünstigt und beschleunigt die K.-Entstehung in erhebl. Umfang. Die Beteiligung *industrieller Schadstoffe* an der K.-Entstehung ist nach epidemiol. Untersuchungen wohl geringer als vielfach angenommen. Die Schätzungen variieren zw. weniger als 1 und 10%. Ein Zusammenhang zw. der Einwirkung von Benzol und dem Auftreten von Leukämien und Lymphomen, auch von Plasmozytomen ist gesichert. Zahlr. Arbeitsstoffe wie aromat. Amine, Nitroverbindungen, Vinylchlorid oder Arsen werden als potenzielle Kanzerogene angesehen. Prinzipiell sollte bei Nachweis eines langjährigen Umgangs mit verdächtigen Arbeitsstoffen die Möglichkeit einer beruflich verursachten K.-Erkrankung in Erwägung gezogen werden.

Die derzeit wichtigste Rolle bei der K.-Entstehung des Menschen spielt das **Tabakrauchen**. Etwa 30% aller in Dtl. auftretenden K.-Erkrankungen können hiermit in Verbindung gebracht werden. Tabakrauch enthält chem. Karzinogene und gilt als Hauptursache für Lungen- und Kehlkopf-K. sowie Mundhöhlen- und Speiseröhren-K. Darüber hinaus trägt er zur K.-Entstehung in weiteren Organen wie Bauchspeicheldrüse, Blase, Niere, Magen und Gebärmutter bei. Es besteht ein eindeutiger Zusammenhang zw. dem Lungenkrebsrisiko und der tägl. Zigarettendosis. Bei mehr als 20 Zigaretten je Tag steigt das Lungenkrebsrisiko um mehr als das Zwanzigfache an. Eine zusätzl. Exposition, z. B. mit Asbestfasern oder einer ionisierenden Strahlung, erhöhen das Lungenkrebsrisiko beträchtlich. Auch Passivrauchen erhöht das Lungenkrebsrisiko um das Doppelte. Die Kombination von Alkohol und Tabakrauch ist ebenfalls sehr gefährlich. Sie wird bes. für die Entstehung von K.-Erkrankungen der Speiseröhre verantwortlich gemacht. Alkoholkonsum (v. a. hochprozentige alkohol. Getränke) trägt zu einer Steigerung des K.-Risikos bei. Dies gilt v. a. für K.-Erkrankungen der oberen Atemwege sowie des Magen- und Darmkanals.

Eine wesentl. Bedeutung bei der K.-Entstehung wird der **Ernährung** beigemessen, die etwa ein Drittel der beim Menschen auftretenden K.-Erkrankungen hervorrufen soll. Untersuchungen an Tieren weisen auf einen Zusammenhang zw. Fettkonsum und Anzahl der Tumorerkrankungen hin. Bei Frauen wurde ein Zusammenhang zw. Fettkonsum und dem endogenen Östrogenspiegel nachgewiesen. Ein niedriger Östrogenspiegel durch eine geringere Fettaufnahme bei Vegetarierinnen führt zu einem reduzierten Risiko für Brust-K. Ebenso liegt ein Zusammenhang zw. Fettkonsum und dem Gebärmutter-K. sowie dem Prostatakarzinom nahe. Erhöhte Fettaufnahme (mehr als 30% der Kalorien werden durch Fett gedeckt) sowie hoher Fleischkonsum stellen Risikofaktoren für Darm-K. dar. Übergewicht ist ein Risikofaktor für mehrere Tumorarten, z. B. Brust- und Gebärmutter-K.

Genetische Faktoren sind in unterschiedl. Ausmaß ein Risikofaktor für versch. Tumortypen. Wahrscheinlich sind mehr als 600 genet. Veränderungen mit einem erhöhten K.-Risiko verbunden. Bei Kindern liegt ein genet. Hintergrund bei etwa 30% der Erkrankungen vor, bei Erwachsenen nur bei 5–10%. Dabei beeinflussen genet. Veränderungen die K.-Entstehung nicht nur direkt, sondern sie verändern auch die Empfindlichkeit gegenüber Karzinogenen der Umwelt.

Zu den **physikalischen Karzinogenen** gehören ionisierende Strahlen, UV-Strahlen sowie Mineralfasern. Die **ionisierende Strahlung** wird unterschieden in elektromagnet. (z. B. Röntgenstrahlen) und Teilchenstrahlung. Durch Strahlen werden Veränderungen im Erbgut verursacht. Für die Induktion eines Tumors sind Dosis sowie die Empfindlichkeit eines Gewebes entscheidend. So wird ein Schilddrüsen-K. verhältnismäßig häufig, ein Darm-K. selten durch Strahlen hervorgerufen. Charakteristisch ist, dass die durch Karzinogene ausgelösten Veränderungen erst nach einer längeren Latenzperiode sichtbar werden. Leukämien besitzen eine kurze Latenzzeit bis zu ihrem Auftreten (teilweise weniger als 10 Jahre), Tumoren können dagegen nach einer Strahlenexposition erst sehr viel später entstehen (bis zu 40 Jahre). Nach einer Strahlenbehandlung kommt es zu einem erhöhten Auftreten von Sekundärtumoren (histologisch eindeutig von der bösartigen Ersterkrankung unterscheidbar), bes., wenn hohe Dosen verwendet wurden. Allerdings führt bereits eine Dosis von wenigen Gray zu einem erhöhten Risiko für die Entstehung von Leukämie oder Magenkrebs. Das Risiko für einen Zweittumor ist bes. hoch bei Langzeitüberlebenden sowie Personen, die in sehr jungem Alter strahlentherapeutisch behandelt wurden. Es wird geschätzt, dass insgesamt 5% aller Zweittumoren durch eine Strahlenbehandlung nach einer langen Latenzzeit entstehen. **Ultraviolettes Licht** kann die DNA schädigen und Haut-K. induzieren. Initiator- und Promotorfunktion haben UV-B-Licht und hohe Dosen von UV-A-Licht. Auch hier wird die gegenwärtig beobachtete Häufung von bösartigen Melanomen (Hautkrebs) mit dem Sonnenlicht in Verbindung gebracht. Dabei gilt häufiger Sonnenbrand im Kindesalter als Risikofaktor für die Entwicklung eines bösartigen Melanoms. Der Rückgang der Ozonschicht und die vermehrte Belastung durch UV-Strahlen führen zu einer Zunahme von Hauttumoren. Dunkelhäutige Menschen weisen dabei ein deutlich geringeres Risiko auf, da möglicherweise Melanin sie vor der UV-Strahlung schützt.

Asbestfasern sind **Mineralfasern**, die Mesotheliome (Tumoren des Brust- und Lungenfells) und Lungen-K. hervorrufen können. Ihr karzinogenes Potenzial hängt dabei von Form, Länge (mehr als 8 μm) und Dicke (weniger als 1,5 μm) ab. Der Lungen-K. kann 15–40 Jahre nach dem Umgang mit Mineralfasern entstehen. Die Fasern werden von den Zellen aufgenommen und in der Nähe des Zellkerns angehäuft. Über einen unbekannten Mechanismus kommt es zu einer bösartigen Umwandlung und zu Chromosomenveränderungen.

Krebsvorbeugung

Einer K.-Erkrankung kann auf verschied. Wegen vorgebeugt werden. Man unterscheidet Aufklärungsmaßnahmen (bei Tabak- und Alkoholkonsum, Ernährung oder Sonnenlichtexposition), Impfungen, Arbeitsschutz (Vermeiden industrieller Schadstoffexposition) und Chemoprävention.

Aufklärungsstrategien gegen den Tabak- und Alkoholkonsum waren bisher in Dtl. wenig erfolgreich, da flankierende polit. Maßnahmen (z. B. Werbeverbot für Tabakerzeugnisse, systemat. Gesundheitserziehung in den Schulen, Entfernen von Zigarettenautomaten in deren Umfeld) fehlen bzw. nicht greifen. In den USA hat eine aggressive Aufklärungskampagne dagegen zu einer erkennbaren Reduktion im Rauchverhalten geführt. Die Umstellung der Ernährungsgewohnheiten durch Verminderung tier. Fette auf eine mehr obst- und gemüsereiche Ernährung ist dagegen rascher vorangekommen und hat vermutlich zu dem sich deutlich verringernden Risiko für Herz-Kreislauf-Erkrankungen und Magen-K. beigetragen. Der Erfolg der gegenwärtig eingeleiteten Aufklärungsbemühungen zur Reduktion der Sonnenlichtexposition lässt sich zurzeit noch nicht abschätzen. Vielversprechend sind erste Ansätze zur Verminderung des K.-Risikos durch **Impfungen** bei virusbedingten K.-Erkrankungen. Systematisch durchgeführte Impfungen gegen Hepatitis-B-Infektionen bei Neugeborenen in Taiwan und in Gambia haben zu einer deutl. Verminderung der Anzahl von Virusträgern geführt. Die am längsten praktizierte Form der K.-Prophylaxe besteht im Arbeitsschutz durch Vermeiden der Exposition gegenüber K. erzeugenden industriellen Schadstoffen. Bei der **Chemoprävention** versucht man die K.-Entstehung bereits in frühen Stadien durch die Einnahme von natürl. oder synthet. Stoffen zu verhindern. Zu ihnen zählen beispielsweise die Vitamine A, C und E sowie Nahrungsbegleitstoffe wie Indole und bestimmte organ. Verbindungen, z. B. Polyphenole. Diese Substanzen können Karzinogene entgiften, reaktive aggressive Substanzgruppen inaktivieren (z. B. Antioxidantien) und die Zellvermehrung hemmen (z. B. Calcium, Selen, Terpen oder Polyphenole aus Pflanzen). Viele dieser Stoffe kommen in Obst und Gemüse, v. a. in Kohlgemüse vor. Nach epidemiolog. Befunden reduzieren Gemüse und Früchte das K.-Risiko. Polyphenole sind bes. im grünen Tee enthalten. Durch Einnahme von β-Carotin und Vitamin A kann zwar die Umbildungen des Gewebes (Metaplasierate) verringert werden, ob dies jedoch auch die K.-Rate reduziert, ist noch nicht endgültig geklärt. Vitamin-A-Abkömmlinge (Retinoide) können das Wachstum von Karzinomen im Kopf- und Halsbereich verlangsamen oder aufhalten, wahrscheinlich durch einen Einfluss auf die Zellreifung und Differenzierung. Neben Bestandteilen der Nahrung können auch synthet. Substanzen, z. B. das Antiöstrogen Tamoxifen, in der Chemoprävention von Brust-K. verwendet werden. Das Medikament blockiert Östrogenrezeptoren und verhindert so eine Bildung der Sexualhormons, das die Zellteilung anregt. Da der Wirkstoff allerdings ein gering erhöhtes Risiko für Eierstock-K. aufweist und die Bildung von Blutgerinnseln fördert, wird diese Substanz nur bei Patientinnen mit einem hohen Risiko für Brust-K. angewendet. Synthet. Retinoide (Isotretinoin) haben sich als wirksam in der Prävention eines Zweittumors im Kopf- und Halsbereich bei Rauchern und Alkoholkranken erwiesen.

Früherkennung und Diagnostik

Da Prognose und Behandlung einer K.-Erkrankung von der primären Ausdehnung abhängig sind, muss der Früherkennung eine besondere Bedeutung beigemessen werden. Für die versch. Organtumoren gibt es unterschiedl. **Vorsorgeprogramme.** Die →Krebsvorsorge wird allerdings nur von einem geringen Teil der Bev. (etwa 20%) genutzt.

Verdacht auf eine K.-Erkrankung besteht v. a. bei mangelnder Leistungsfähigkeit junger Menschen, Gewichtsabnahme, Nachtschweiß, nicht heilenden Wunden und Geschwüren, Knoten und Verdickungen in oder unter der Haut (bes. im Bereich der weibl. Brustdrüse), auffälligen Lymphknotenschwellungen, Veränderungen an Warzen oder Muttermalen, anhaltenden Magen-, Darm- oder Schluckbeschwerden, Dauerhusten oder Heiserkeit, ungewöhnliche Absonderungen aus Körperöffnungen (Blut im Auswurf, Stuhl oder Harn), unregelmäßigen Monatsblutungen bei der Frau und Blutungen nach den Wechseljahren.

Zu den Verfahren der K.-Erkennung gehören neben einer detaillierten Anamnese die körperl. Untersuchung, eine gezielte Diagnostik z. B. mit Ultraschall, ergänzt durch endoskop. Untersuchungen (z. B. Luftröhren-, Magen- oder Darmspiegelung), Endosonographie und Röntgenuntersuchungen (z. B. Mammographie, Angiographie), einschließlich der Computer- und Kernspintomographie sowie Szintigraphie. Mit der Positronenemissionstomographie (PET) kann der Stoffwechsel eines Tumors dargestellt werden. Die Zytodiagnostik durch Zellabstrich (z. B. vom Gebärmuttermund) gehört ebenfalls zu den wichtigen Untersuchungen. Eine histolog. Untersuchung von Gewebeproben ist zwingende Voraussetzung für die histolog. Einteilung und eine turmorspezif. Therapie.

So genannte **Tumormarker** (z. B. →CEA, erhöht bei Dickdarm-K.) sind biochemisch und immunologisch fassbare Makromoleküle, die sich sowohl im Serum von Tumorpatienten als auch im Tumorgewebe quantitativ vermehrt nachweisen lassen. Teilweise verhält sich die Serumkonzentration der Tumormarker wie die Tumorgröße (Zellzahl), wobei auch bei gesunden Patienten teilweise erhöhte Konzentrationen dieser Moleküle im Serum festgestellt werden können. Tumormarker haben sich als nützlich zur Verlaufsbeurteilung bei einigen K.-Erkrankungen erwiesen. Ihre Bedeutung in der Primärdiagnostik von Tumoren ist jedoch gering. **Genetische Analysen** von Körperzellen (z. B. Lymphozyten) können zur Erkennung von vererbten, familiären Tumorerkrankungen beitragen. Durch einfache Bluttests wird künftig der Nachweis der beiden Brustkrebsgene BRCA1 und BRCA2 möglich sein. Trägerinnen einer solchen Mutation werden mit hoher Wahrscheinlichkeit an einem Brust.-K. erkranken und zwar meist schon vor dem 40. Lebensjahr. Gefährdete Mitgl. aus betroffenen Familien können so erkannt und durch Früherkennungsverfahren ermittelt werden. Für andere Tumorerkrankungen wie bestimmte Formen des Dickdarm-K. werden Gentests zur Risikoeinschätzung bald zur Verfügung stehen. Einzelne, genetisch veränderte Zellen können häufig nicht erkannt werden. Durch eine konventionelle **Zytogenetik** können morphologisch sichtbare Veränderungen an Chromosomen mit dem Mikroskop nachgewiesen werden. Um einen veränderten Chromosomensatz oder größere Chromsomenveränderungen (Aberrationen) nachweisen zu können, wird eine sich in Teilung befindl. Zelle benötigt. Diese Untersuchung kann deshalb nur mit lebendem Gewebe oder an einer Zellkultur durchgeführt werden. Eine primäre Chromosomenveränderung ist mit der Tumorentstehung assoziiert, sekundäre und tertiäre Veränderungen treten beim Fortschreiten bzw. im Endstadium einer K.-Erkrankung auf. Am bekanntesten ist das so genannte Philadelphia-Chromosom (Chromosom Nr. 22) bei der chronisch myeloischen Leukämie. Bes. viele Chromosomenveränderungen sind bei Leukämien und Lymphomen bekannt, aber auch bei Tumoren (z. B. beim Bronchial-K.). Zytogenet. Veränderungen haben eine prognost. Bedeutung. Es werden deshalb besondere Therapiestrategien für diese Patientengruppen entwickelt. Die **Fluoreszenz-in-situ-Technik** hat den Vorteil, dass nicht mehr teilungsfähige Zellen für diese Analyse verwendet werden können. Es ist möglich, komplizierte strukturelle Anomalien zu identifizieren. Diese Technik kann auch bei der Erkennung einer geringfügigen Resterkrankung **(Minimal-Residual-Disease)** angewendet werden.

Bei der Klassifikation eines Tumors muss sowohl die Tumorart **(Typing)** als auch die Aggressivität des Tumors **(Grading)** berücksichtigt werden. Darüber hinaus sollte eine genaue Erfassung der Größenausbreitung eines Tumors mit einer exakten Stadieneinteilung **(Staging)** erfolgen. Für einen internat. Vergleich wurde die **TNM-Nomenklatur** eingeführt. Bei diesem System werden die Größe bzw. der Infiltrationsgrad des Primärtumors (T), der Lymphknotenbefall (N) und die Fernmetastasierung (M) beurteilt. Ein Tumor von weniger als 2 cm Durchmesser ohne Lymphknotenbefall und ohne Metastasen wird demnach z. B. als $T_1N_0M_0$, bei regionalem Lymphknotenbefall als $T_1N_1M_0$ klassifiziert.

Krebsbehandlung

Epitheliale und sarkomatöse Tumoren werden – solange sie lokal begrenzt und ohne Gefährdung lebensnotwendiger Strukturen entfernbar sind – vorwiegend chirurgisch behandelt **(Operation)**. Teilweise schließt sich eine medikamentöse Therapie (Chemo-, Hormontherapie) oder eine Bestrahlung an. Fortgeschrittene Tumoren sowie die Behandlung von Tumoren des Blut bildenden und des lymphat. Systems sind das Spezialgebiet der Chemo- und Strahlentherapie.

Eine **kurative Operation** beinhaltet die Entfernung des Tumors mit ausreichendem Sicherheitsabstand zum gesunden Gewebe oder zu angrenzenden Organen. Wenn mit der operativen Entfernung des Tumors auch die des regionalen Lymphabflussgebietes (Entfernung von Lymphknoten) erfolgt, wird der Eingriff als **Radikaloperation** bezeichnet. Um ein Wiederauftreten des Tumors zu verhindern, werden versch. Maßnahmen kombiniert **(multimodale Therapie)**.

Eine chemotherapeut. oder strahlentherapeut. Behandlung vor einer Operation **(neoadjuvante Therapie)** hat zum Ziel, das Tumorvolumen zu verkleinern, um eine bessere Operierbarkeit des Tumors zu erreichen. Die Wahrscheinlichkeit einer Tumorzellaussaat während der Operation wird dadurch verringert. Außerdem werden zugleich die im Körper bereits vorhandenen Tumoreinzelzellen (Mikrometastasen) behandelt. Eine postoperative Zusatztherapie **(adjuvante Therapie,** wenn kein Tumor mehr nachweisbar ist) richtet sich gegen eventuell vorhandene verstreute Mikrometastasen. Operative Eingriffe können auch angezeigt sein, wenn keine Heilung mehr erreicht werden kann. Diese **palliativen Operationen** sollen Tumorsymptome (z. B. Schmerzen) oder funktionelle Störungen (z. B. Darmverschluss oder Abflussstörungen der Galle) beseitigen und u. U. auch zu einer Verlängerung der Überlebenszeit beitragen.

Die **Strahlenbehandlung** kann ebenfalls bei einigen Tumoren mit begrenzter Ausdehnung zur Heilung führen. Es kommen versch. Strahlenarten zur Anwendung, die durch Ionisation zu Zellschäden im Bereich der Erbsubstanz führen. Die Wirksamkeit der Bestrahlung ist u. a. von Dosis und Fraktionierung der Strahlen abhängig (eine normale Fraktionierung entspricht einer Bestrahlung je Tag, eine Hyperfraktionierung entspricht mehreren Bestrahlungen je Tag), wobei mit steigender Dosis auch mit Schäden im gesunden Gewebe zu rechnen ist. Die Strahlenquelle kann außerhalb des Körpers liegen **(perkutane Strahlentherapie)** oder während der Operation in den Tumor (**IORT,** Abk. für **i**ntra**o**perative **R**adio**t**herapie) eingebracht werden. Bei der **Brachytherapie** wird ein umschlossener radioaktiver Strahlenträger an einen Tumor herangebracht (Kontaktbestrahlung).

Neben Operation und Strahlenbehandlung besitzt die medikamentöse Behandlung einen wichtigen Stellenwert in der K.-Behandlung. Die Arzneimittel werden über die Blutbahn im gesamten Körper verteilt. Bei der **Chemotherapie** wirken die angewendeten Substanzen auf Körperzellen zytostatisch (verhindern eine Zellteilung) oder zytotoxisch (führen zum Zelltod). Einige Wirkstoffe können den programmierten Zelltod in K.-Zellen auslösen (→zytostatische Mittel). Die Chemotherapie wird insbesondere zur Behandlung von Tumoren im Kindesalter, Neubildungen der Blut bildenden Organe (Lymphome, Leukämien) und Keimzelltumoren erfolgreich eingesetzt. Durch die Kombination versch. zytostat. Mittel wird häufig ein besseres Behandlungsergebnis erzielt **(Polychemotherapie)**. Eine hoch dosierte Chemotherapie schädigt nicht nur K.-Zellen, sondern auch andere schnell wachsende Zellen. Nebenwirkungen sind Haarausfall, Übelkeit oder Durchfall sowie ein Mangel an Blutzellen mit der Gefahr einer lebensbedrohl. Infektion können auftreten. Eine Schädigung des Blut bildenden Knochenmarks wird dadurch umgangen, dass dem Patienten Blutstammzellen vor der so genannten **Hochdosis-Chemotherapie** entnommen werden, sie werden durch eine intravenöse Infusion retransplantiert, nachdem die Arzneimittel nach der Behandlung wieder abgebaut und ausgeschieden worden sind. Eine Stammzelltransplantation beschleunigt die Wiederherstellung der Blutbildung erheblich.

Die molekularen Ansätze in der K.-Behandlung (**molekulare K.-Therapie**) zielen darauf ab, die Ursachen für K., z. B. eine Onkogenaktivierung, den Verlust von Tumorsuppressorgenen oder einen gestörten DNA-Reparaturmechanismus, zu erkennen. Bei der **Gentherapie** wird die Methode des Gentransfers in Körperzellen verwendet. Es können Gene zur Kontrolle der DNA-Reparatur übertragen werden. Sie sorgen dafür, dass DNA-Schäden festgestellt werden. Ohne Kontrolle oder Korrektur bestünde die Gefahr, dass die durch Fehlpaarung entstandenen Veränderungen des Erbgutes an die Tochterzellen weitergegeben würden. Die Hemmung der Gefäßneubildung stellt ein weiteres Therapieprinzip dar. Auch Tumoren können sich eine Blutversorgung aufbauen und damit die Voraussetzung für weiteres Wachstum schaffen. Der Tumor bildet Proteine, die eine Gefäßneubildung und das Einwachsen in Nachbargewebe fördern. Die neu gebildeten Endothelzellen der Gefäße wiederum können zahlr. Proteinmoleküle abgeben, die ihrerseits das Wuchern und die Streuung (Metastasierung) von K.-Zellen fördern. Durch eine Hemmung von Proteinmolekülen bei der Gefäßneubildung (Angiogenese) kann Tumorwachstum verhindert werden, z. B. mit Retinoiden, Glucocorticoiden oder Tamoxifen. K.-Impfstoffe sollen das Immunsystem und insbesondere Lymphozyten anregen, bösartiges Gewebe zu erkennen und eine Immunreaktion gegen den K. zu veranlassen. Die **Immuntherapie** kann spezifisch oder unspezifisch erfolgen. Bei der unspezif. Immuntherapie werden v. a. Zytokine, insbesondere Interferone und Interleukine verwendet. Bei der Haarzellleukämie wird durch α-Interferon in 80 % der Fälle ein Entwicklungsstillstand erreicht. Bei der spezif. Immuntherapie werden monoklonale Antikörper und spezifisch zytotox. Lymphozyten verwendet, die bei einer Biopsie des Tumors isoliert werden (Tumor infiltrierende Lymphozyten). Im Reagenzglas werden sie unter Zugabe eines Wachstumsfaktors vermehrt und dem Patienten als Infusion zurückgegeben. Diese können sich an spezif. Oberflächenstrukturen von Tumorzellen binden und diese Zellen zerstören. Einige K.-Zellen zeigen an ihrer Oberfläche spezif. Merkmale (Antigene), die nur bei Tumoren vorkommen, auch als **Tumorantigene** bezeichnet werden. Sie können zur Herstellung von Antikörpern oder zu einer Impfung verwendet werden. Bes. bei Patienten mit Melanomen kann durch Tumorantigene eine Immunreaktion induziert werden. Auch bei Lymphomen ist diese Strategie erfolgreich.

Auch Hormone oder Antihormone (**Hormontherapie**) können gegen Tumorwachstum eingesetzt werden. Östrogene fördern das Wachstum von Brust-K. Das Antiöstrogen Tamoxifen wird v. a. bei Brust-K. angewendet. Ebenso kann durch die Gabe eines Arzneimittels, das die Bildung von Östrogenen hemmt (Aromatasehemmer), weiteres K.-Wachstum verhindert werden. Bes. wirksam ist eine solche Behandlung, wenn das Tumorgewebe Hormonrezeptoren besitzt. Deshalb wird der Rezeptorstatus regelmäßig bestimmt. Beim Prostatakarzinom werden im fortgeschrittenen Stadium Antiandrogene eingesetzt.

Die konventionelle K.-Therapie kann nur einem Teil der Patienten eine Heilung in Aussicht stellen. Die Patienten wenden sich deshalb häufig **alternativen Behandlungsmethoden** zu. Diese bedienen sich natürl., meist pflanzl. Heilmittel, besonderer Ernährungsformen sowie psycholog. Verfahren. Sie werden oft parallel zu konventionellen Verfahren als komplementäre Therapie eingesetzt. Obwohl ein Teil der natürl. Heilmittel, z. B. Mistelpräparate, eine unspezif. Immunstimulation und Besserung der Abwehrlage des Patienten bewirkt, kann durch diese Präparate keine deutl. Lebensverlängerung oder Heilung erzielt werden. Allerdings können alternative Methoden das Wohlbefinden und die Lebensqualität verbessern.

Für die Beurteilung eines längerfristigen Behandlungserfolges werden in der Onkologie versch. Kriterien herangezogen: Der Prozentsatz der Patienten, die in einer bestimmten Zeit (z. B. 2 Jahre) an einem Tumorrückfall erkranken (Rezidivrate), der Zeitpunkt, nach dem 50 % der Patienten nach Behandlung verstorben sind (mediane Überlebenszeit) und der Prozentsatz der Patienten, die nach fünf Jahren ohne weiteres Tumorwachstum (Rezidiv, Metastase) noch leben (5-Jahres-Überlebenszeit). Diese Kriterien schwanken in Abhängigkeit von Tumorformen und -stadien teilweise erheblich.

Schmerztherapie bei Krebspatienten

Schmerzen gehören zu den häufigsten Symptomen bei einer fortgeschrittenen K.-Erkrankung. Bis zu 90 % aller Patienten sind im fortgeschrittenen Erkrankungsstadium dadurch stark beeinträchtigt. Ein bes. wichtiges Ziel ist die Linderung von Schmerzen, um eine effektive Behandlung beginnen oder fortsetzen zu können. Schmerzen entstehen bei K.-Patienten durch eine Reizung der peripheren Schmerzrezeptoren oder durch eine direkte Schädigung der Nervenfasern. Depressionen können die Schmerzwahrnehmung steigern. Ursachen für chron. Schmerzen sind am häufigsten Knochenmetastasen (40 %) oder das Einwachsen von Tumoren in Nerven (20 %). Auch eine Infiltration von Weichteilen durch Tumorgewebe (18 %) sowie Schmerzen, die infolge einer K.-Behandlung entstehen, führen häufig zu einer starken Minderung der Lebensqualität. Vor jeder Schmerzbehandlung sollte eine sorgfältige Schmerzanalyse durchgeführt werden. Falls eine Schmerzbeseitigung durch Operation, Strahlentherapie oder Chemotherapie nicht möglich ist, werden Schmerzmittel gegeben, z. B. Paracetamol oder Acetylsalicylsäure. Genügt diese Behandlung nicht, so müssen Schmerzmittel und schwache (ggf. auch starke) Opiate kombiniert werden. Bei weiter bestehenden Schmerzen kann ein Antidepressivum (Amitryptilin) zusätzlich verordnet werden. Bei Schmerzen infolge Knochenmetastasen ist zusätzlich (durch die Gabe von Biphosphonaten) durch Hemmung des Knochenabbaus eine Schmerzbehandlung möglich.

Nachsorge und Rehabilitation

Ziel der Nachsorge ist es, einen Tumorrückfall, Metastasen oder Zweittumoren, die gehäuft bei Tumorerkrankungen zu erwarten sind, rechtzeitig zu erkennen und zu behandeln. Auch Behandlungsfolgen einer vorangegangenen Therapie sollen hierdurch besser überwacht und kompensiert werden. Die Nachsorge von Tumorpatienten umfasst die regelmäßige körperl. Untersuchung, die Durchführung gezielter diagnost. Maßnahmen (z. B. Kontrolle von Tumormarkern, Ultraschall- oder radiolog. Untersuchungen), aber auch die psycholog. Betreuung der Patienten und die Einleitung von Re-

Kreb Krebs

Geschätzte Zahl jährlicher Erkrankungsfälle an ausgewählten Krebskrankheiten in Deutschland (1994)

Lokalisation	Männer		Frauen	
	unter 60 Jahre	insgesamt	unter 60 Jahre	insgesamt
Atmungsorgane	10 300	34 400	2 100	9 000
davon: Lunge	8 100	30 200	1 700	7 900
Bauchspeicheldrüse	1 100	4 700	600	5 600
Bindegewebe und Weichteile	400	900	400	800
Brustdrüse	–	–	16 100	42 600
Carcinoma in situ des Gebärmutterhalses (so genannter Oberflächenkrebs)	–	–	6 400	6 700
Darm	5 400	23 500	4 200	28 600
davon: Dickdarm	3 000	14 000	2 800	19 000
Mastdarm	2 300	8 800	1 300	8 700
Eierstöcke	–	–	2 300	7 900
Gallenblase	250	1 700	400	4 200
Gebärmutterhals	–	–	3 800	7 000
Gebärmutterkörper	–	–	2 400	11 000
Harnblase	2 800	14 200	500	5 200
Hoden	2 000	2 600	–	–
Hodgkin-Lymphome	900	1 200	400	1 000
Kehlkopf	1 700	3 200	200	500
Knochen	300	500	200	400
Leber	700	3 000	200	1 900
Leukämien	1 400	4 800	1 000	4 300
Magen	2 600	10 800	1 500	10 100
malignes Melanom der Haut	1 500	3 000	1 800	3 400
Mundhöhle und Rachen	4 900	8 000	800	2 100
Myelom	400	1 800	300	2 000
Nervensystem	1 900	3 500	1 400	2 900
Niere	2 200	5 700	1 200	4 500
Non-Hodgkin-Lymphome	1 700	3 800	1 100	3 800
Prostata	1 900	22 000	–	–
Schilddrüse	500	750	500	1 600
Speiseröhre	1 400	3 000	150	850

K.-Arten sind beim Mann Lungen-, Darm- und Prostata-K., bei der Frau Brust-, Darm- und Gebärmutter-K. Der Anteil der K.-Sterbefälle an der Gesamtzahl der Todesfälle ist seit der Jahrhundertwende um etwas mehr als das Siebenfache gestiegen. Ein erhebl. Teil des Zuwachses geht darauf zurück, dass die Zahl der Menschen in höherem Lebensalter zugenommen hat. Seit den 70er-Jahren ist die Gesamtzahl der Sterbefälle (auch in anderen Industrienationen) rückläufig. Dabei haben sich Verschiebungen zw. einzelnen K.-Arten ergeben: Magen-K. hat z. B. ab-, Lungen-K. zugenommen, prozentual am stärksten war die Zuwachsrate beim Dickdarm-K. Die unterschiedl. geograph. Verteilung dieser K.-Art ist vermutlich auf Ernährungsfaktoren zurückzuführen.

Krebsregister

Das am 1. 1. 1995 in Kraft getretene Gesetz über K.-Register (KRG) verpflichtet alle Bundesländer zur Einrichtung bevölkerungsbezogener K.-Register. Aufgabe ist die Beobachtung wichtiger epidemiolog. Kennziffern zu K.-Krankheiten, deren Analyse und die Berechnung der Gesamtzahl von K.-Neuerkrankungsfällen in Dtl. sowie die Feststellung regionaler Unterschiede, als auch zeitl. Entwicklungstrends und deren regelmäßige Publikationen.

▷ Brustkrebs · Darmtumoren · Gallertkrebs · Gebärmutterkrebs · Hautkrebs · Karzinoid · Krebs erzeugende Arbeitsstoffe · Krebsvorsorge · Leberkrebs · Lungenkrebs · Magenkrebs · Mastdarmkrebs · Metastase · Nierenkrebs · Onkogene · Präkanzerosen · Prostata · Schornsteinfegerkrebs · Speiseröhrenkrebs · Strahlenbehandlung · Szirrhus · Tumor · Zungenkrebs · zytostatische Mittel

K. bei Kindern u. Jugendlichen. Klinik u. Praxis der pädiatr. Onkologie, hg. v. P. GUTJAHR ([3]1993); Prakt. Tumortherapie. Die Behandlung maligner Organtumoren u. Systemerkrankungen, bearb. v. U. DOLD ([4]1993); Probleme u. Grenzen der Tumorchirurgie im hohen Lebensalter, hg. v. C. GEBHARDT u. a. (1993); Thema K. Fragen u. Antworten, hg. v. H. STAMATIADIS-SMIDT u. A. SELLSCHOPP ([2]1993); H. SAUER: Zytostatika, Hormone, Zytokine. Indikation, Dosierung, Wirkung (1994); Schmerztherapeut. Versorgung von Tumorpatienten, Beitr. v. M. ZIMMERMANN u. H. ARNAU (1994); R. SCHWARZ: Die K.-Persönlichkeit. Mythos u. klin. Realität (1994); P. ERBAR: Onkologie. Einf. in Pathophysiologie, Klinik u. Therapie maligner Tumoren ([2]1995); L. H. GRIMME: Ernährung, Immunität, K.-Vorsorge. Gesund durch natürl. Lebensmittel (1995); Medikamentöse Therapie maligner Erkrankungen, hg. v. D. HUHN u. R. HERRMANN ([3]1995); K. u. seine psych. u. sozialen Folgen. Formen der Hilfestellung, Beratung u. Therapie, hg. v. H. FRIEDRICH u. a. (1996); H. LINDNER u. P. KNESCHAUREK: Radioonkologie (1996); Praxis der K.-Behandlung hg. v. P. DINGS u. H. KUTTIG (1996); Strahlentherapie. Radiolog. Onkologie, hg. v. E. SCHERER u. H. SACK ([4]1996); C. WAGENER: Einf. in die molekulare Onkologie (1996).

habilitationsmaßnahmen mit dem Ziel der körperl., psych. und sozialen Wiederherstellung bzw. Integration des Patienten.

Statistik

K. ist nach den Herz-Kreislauf-Erkrankungen die zweithäufigste Krankheits- und Todesursache in den westl. Industrieländern und lag 1994 in Dtl. bei 24,0 % (107 266 Männer, 105 125 Frauen). Häufigste

Krebs: Die 6 häufigsten Krebsarten in Deutschland jeweils für Frauen und Männer mit der jährlichen Anzahl von Neuerkrankungen (Stand 1994)

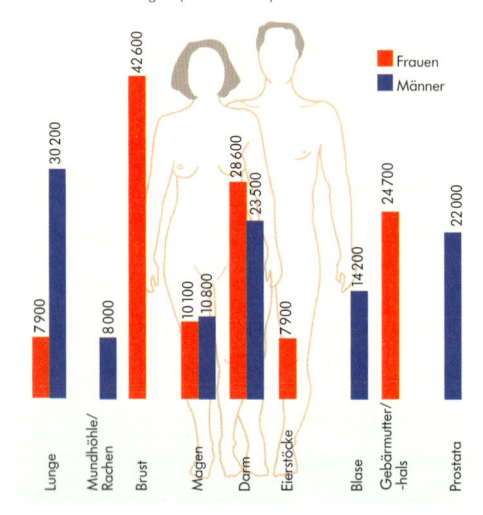

Krebs, 1) *Astronomie:* lat. **Cancer,** Abk. **Cnc,** ein unauffälliges, zum Tierkreis gehörendes Sternbild des nördl. Himmels, Zeichen ♋, im Winter am Abendhimmel sichtbar. Im Sternbild K. liegen der mit bloßem Auge sichtbare offene Sternhaufen Praesepe (Krippe) und der schwächere offene Sternhaufen M 67. Die Sonne durchläuft dieses Sternbild auf ihrer scheinbaren Bahn Ende Juli bis Anfang August.

2) *Botanik:* **Pflanzen-K.,** Sammel-Bez. für oft unregelmäßig zerklüftete Wucherungen an Pflanzen (v. a. an Holzgewächsen), verursacht durch Bakterien oder Pilze, die meist (als Wundparasiten) über Wunden (z. B. Frostrisse, Insektenfraßschäden) eindringen, oder durch die Reizwirkung von Insektenstichen, aber auch durch Frosteinwirkung. Es kommt jahrelang zu einer Aufeinanderfolge von Absterben und Aufreißen

Konrad Krebs: Großer Wendelstein am Südostflügel von Schloss Hartenfels in Torgau; 1533–36

der Rinde und den Versuchen der Pflanze, die Wunde von den Rändern her durch Wundkallusbildung zu überwallen. Bes. an Obstbäumen werden u. a. schädlich der Wurzelkropf (eine Bakteriose), der Obstbaum-K. (eine Pilzinfektion) und der Blutlauskrebs.

3) *Musik:* Bez. für die (seit dem MA. bekannte) rückläufige Verwendung eines Themas, einer Melodie oder eines Satzgefüges. Im **K.-Kanon** erklingt die antwortende Stimme als K. der Melodievorlage. **Spiegel-K.** bedeutet die rückläufige und umgekehrte Lesung eines Themas oder einer Melodie (mit umgekehrtem Notenblatt). Der K. und seine Umkehrung (Spiegelung) sind wichtige Bauprinzipien der Zwölftonmusik (→Reihe).

4) *Waffenkunde:* im 15. und 16. Jh. übl. Bez. für den Harnisch, bes. den halben, der aus Brust und Rücken bestand und an die Panzerung des Krebses erinnerte.

Krebs, 1) [krɛbs], Edwin Gerhard, amerikan. Biochemiker, *Lansing (Ia.) 6. 6. 1918; 1948–68 und 1977–88 an der University of Washington in Seattle (Wash.) tätig, dazwischen an der University of California in Davis (Calif.); erhielt 1992 mit E. H. →Fischer den Nobelpreis für Physiologie oder Medizin für die Entdeckung, dass die Bindung von Phosphatgruppen an Enzyme zu einer Aktivierung, eine Abspaltung von Phosphatgruppen zu einer Inaktivierung von Enzymen führt. Dieser Prozess, der reversible Proteinphosphorylierung genannt wird, ist einer der wichtigsten Regulationsmechanismen in Zellen.

2) Sir (seit 1958) Hans Adolf, brit. Biochemiker dt. Herkunft, *Hildesheim 25. 8. 1900, †Oxford 22. 11. 1981; emigrierte 1933 nach England; lehrte zunächst in Cambridge, 1935–54 in Sheffield, danach in Oxford. K. arbeitete über den intermediären Stoffwechsel und entdeckte 1937 den Zitronensäurezyklus; hierfür erhielt er 1953 (mit F. A. Lipmann) den Nobelpreis für Physiologie oder Medizin.

3) Helmut, Sänger (Tenor), *Dortmund 8. 10. 1913; studierte in Dortmund und Berlin, debütierte 1938 in Berlin und wurde 1947 Mitgl. der Städt. Oper Berlin, 1966 Dozent an der Frankfurter Musikhochschule. Er sang auch bei Festspielen (Salzburg, Glyndebourne) und wurde bes. als Interpret zeitgenöss. Opernpartien sowie als Oratoriensänger bekannt.

4) Johann Ludwig, Organist, *Buttelstedt bei Weimar 10. 10. 1713, †Altenburg 1. 1. 1780; Sohn des Organisten Johann Tobias K. (*1690, †1762), wirkte in Zwickau, Zeitz, Altenburg; komponierte Triosonaten, Sonaten für Flöte und Klavier sowie Klavier- und Orgelwerke in der Tradition seines Lehrers J. S. Bach.

5) Konrad, auch **Kunz K.**, Baumeister, *Büdingen(?) 1492, †Torgau 1. 9. 1540; schuf als kurfürstlich sächs. Baumeister (ab 1532) den Südostflügel (Johann-Friedrich-Bau) des Schlosses Hartenfels in Torgau (1533–36) mit dem vorspringenden Treppenturm (Großer Wendelstein), eines der ersten dt. Renaissancebauwerke.

Krebse, Krebstiere, Krustentiere, Crustacea, Di|antennata, etwa 45 000 Arten umfassende Klasse 0,02–60 cm langer →Gliederfüßer, die urspr. Meeresbewohner sind, aber auch alle Süßgewässer besiedeln und mit einigen Gruppen (→Landasseln, →Landkrabben) – trotz Kiemenatmung – zu Landbewohnern wurden. Außerdem haben sich Arten aus fünf versch. Gruppen (Ascothoracida, Ruderfuß-K., Fischläuse, Rankenfüßer und Asseln) der parasit. Lebensweise angepasst.

K. haben einen Kopf mit zwei Paar Antennen, in denen Tastsinn und chem. Sinn lokalisiert sind, einem Paar – bei den Höheren K. gestielten – Facettenaugen und drei Paar Mundwerkzeugen (Mandibeln, 1. und 2. Maxillen). Der Kopf verwächst oft mit Brustsegmenten zum Kopfbruststück (Cephalothorax) und bildet eine Hautfalte (Carapax), die den Körper teilweise oder ganz umschließen kann. Die urspr. zweiästigen Gliedmaßen der K. sind mannigfach abgewandelt und können stab- bis blattförmig und mit Anhängen und endständigen Scheren versehen sein. Das Bruststück trägt die Kiefer- und die Schreitbeine, der Hinterleib die Schwimmbeine. Auch die Kiemen sind urspr. Anhänge der Beine. Der auf den Mund folgende Vorderdarm ist häufig als Kaumagen ausgebildet. Der anschließende Mitteldarm besitzt große, drüsige seitl. Anhänge (Mitteldarmdrüse); ein After ist meist vorhanden. Der Exkretion dienen zwei Paar umgewandelte Nephridien, die an der Basis der zweiten Antennen oder der zweiten Maxillen münden.

Die K. sind meist getrenntgeschlecht; die Weibchen betreiben fast immer Brutpflege, indem sie die Eier mit den Beinen, in speziellen Bruthöhlen oder am Körper angeklebt umhertragen. Die Entwicklung erfolgt direkt oder über eine larvale Verwandlung, die mit einer Naupliuslarve, die mit den Antennen schwimmt, oder einer Zoealarve, die mit den vorderen Brustbeinen schwimmt, beginnt. Das Wachstum erfordert regelmäßige Häutungen, nach denen die Körperdecke ihre Härte jeweils durch Kalkeinlagerungen wiedergewinnt.

Die systemat. Einteilung der K. ist umstritten. Zu den K. gehören →Kiemenfußkrebse, →Blattfußkrebse, →Muschelkrebse, →Fischläuse, →Ruderfußkrebse, →Rankenfüßer und die, wohl eher urspr., **Höheren K.** (Malacostraca) mit den Fangschreckenkrebsen oder →Maulfüßern, den →Ranzenkrebsen, zu denen auch →Asseln und →Flohkrebse gehören, den →Leuchtkrebsen und den →Zehnfußkrebsen, von denen viele ernährungswirtschaftlich bedeutsam sind. (Bild S. 484)

Krebs erzeugende Arbeitsstoffe, gesundheitsschädl. Stoffe, die bösartige Tumoren hervorrufen können; sie sind in der MAK-Werte-Liste der Dt. Forschungsgemeinschaft aufgeführt und in das techn. Regelwerk für Gefahrenstoffe einbezogen. Die K. e. A. werden eingeteilt in ›eindeutig beim Menschen als Krebs erzeugend ausgewiesene Stoffe‹ (z. B. Arsentrioxid, -pentoxid, Asbest als Feinstaub, Benzidin, Benzol, Pyrolyseprodukte aus organ. Material, Buchen- und Eichenholzstaub, Nickelstäube, Vinylchlorid, Zinkchromat), des Weiteren in ›Stoffe, die sich

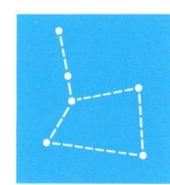

Krebs 1)

Edwin G. Krebs

Hans Adolf Krebs

Helmut Krebs

Kreb Krebs-Kornberg-Zyklus – Kredenz

bislang nur im Tierversuch als Krebs erzeugend erwiesen haben‹ (z. B. Acrylamid, Beryllium und seine Verbindungen, Cadmium und seine Verbindungen, Chlorfluormethan, Chrom(VI)-Verbindungen, Kobaltstäube, Äthylenoxid, Dieselmotoremissionen, Hydrazin, polyzyklische aromat. Kohlenwasserstoffe), und ›Stoffe, bei denen ein begründeter Verdacht auf ein Krebs erzeugendes Potenzial besteht‹ (z. B. Acetaldehyd, Anilin, Bitumen, Bleichromat, Chlormethan, chlorierte Biphenyle, Formaldehyd, Holzstaub, künstl. Mineralfasern unter 1 µm Durchmesser).

Für eindeutig Krebs erzeugende Stoffe können keine als unbedenklich geltenden Konzentrationen (MAK-Werte) angegeben werden; bei ihrer Verwendung bestehen besondere Vorschriften bezüglich Konzentrationskontrolle, Arbeitsschutzmitteln, ärztliche Überwachung exponierter Personen. Für alle K. e. A., für die keine MAK-Werte festgelegt wurden, bestehen Richtwerte bezüglich ihrer Konzentration in der Luft am Arbeitsplatz (→TRK-Werte).

Krebs-Kornberg-Zyklus [nach Sir H. A. KREBS und A. KORNBERG], der ›Glyoxylsäurezyklus.

Krebs-Maus, gentechnisch veränderte Maus mit erhöhter Neigung zur Ausbildung von Tumoren, →Gentechnologie.

Krebsnebel, Crabnebel [kræb-, engl.], heller, leuchtender, in älteren Darstellungen krebsähnlich gezeichneter Nebelfleck im Sternbild Stier (Taurus) mit einer scheinbaren visuellen Helligkeit von etwa 8^m und einem Winkeldurchmesser von etwa 6′ (linearer Durchmesser rd. 2,5 pc, Entfernung rd. 1 500 pc). Der K. ist der mit fast 1 500 km/s expandierende gasförmige Rest einer →Supernova, die im Jahr 1054 aufleuchtete. Der stellare Überrest der Supernova ist ein mit einer Periode von 0,03320 s rotierender →Neutronenstern, der sich im Zentrum des K. befindet und außer im Radiofrequenzbereich auch im optischen, im Röntgen- und Gammabereich als →Pulsar (**K.-Pulsar** auch **Krebs-, Crabpulsar**) in Erscheinung tritt. Das expandierende, filamentartig geordnete Nebelgas emittiert ein Emissionslinienspektrum. Außerdem beobachtet man eine kontinuierl., stark linear polarisierte Strahlung, die das gesamte Nebelgebiet erfüllt und von hochenerget., sich in einem Magnetfeld von etwa $5 \cdot 10^{-10}$ Tesla bewegenden Elektronen als Synchrotronstrahlung ausgestrahlt wird; die Elektronen werden von dem Neutronenstern abgegeben. – Als Radioquelle trägt der K. die Bez. **Taurus A,** als Röntgenquelle die Bez. **Taurus X-1.**

Krebsnebel: Das helle, amorphe Nebelbild wird von hochenergetischen Elektronen verursacht, die Synchrotronstrahlung emittieren; die rötlichen Gebiete sind Filamente aus ionisierten Gasen

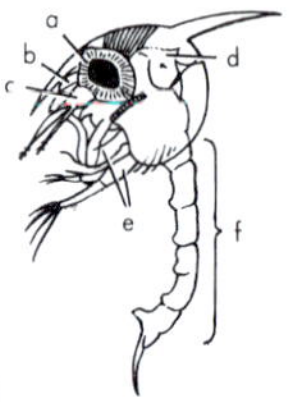

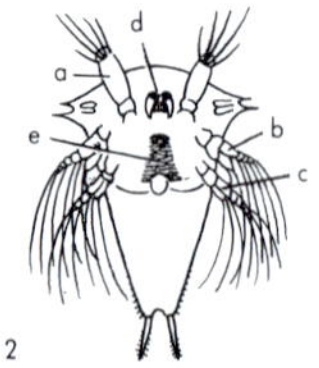

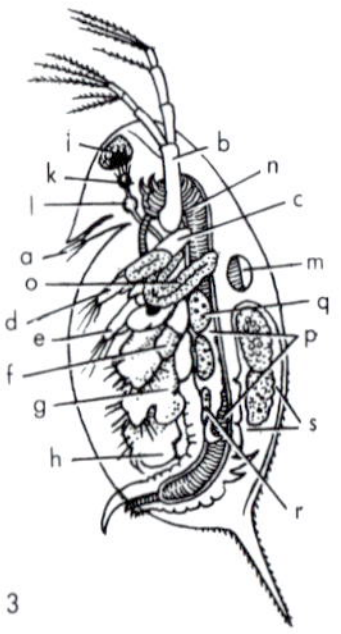

Krebspest, durch den Algenpilz Aphanomyces astaci hervorgerufene Krankheit des Edelkrebses (→Flusskrebse), die etwa um 1880 von Frankreich sich ausbreitend die mitteleurop. Bestände weitgehend vernichtet hat.

Krebsschere, Art der →Froschbissgewächse.

Krebstiere, die →Krebse.

Krebsvorsorge, vorbeugende diagnostische Früherkennungsuntersuchungen zur Erfassung von Krebserkrankungen. Von den gesetzl. (meist auch privaten) Krankenkassen wird bei Frauen jährlich ab dem 20. Lebensjahr eine Untersuchung des äußeren Genitals, ab dem 30. Lebensjahr auch der Brust und der Haut, vom 45. Lebensjahr an zusätzlich des Dickdarms erstattet, bei Männern ab dem 45. Lebensjahr des äußeren Genitals, der Prostata, der Haut und des Dickdarms. Die diagnost. Maßnahmen bestehen in der Überprüfung äußerl. Veränderungen, Abtastung, Vornahme von Zellabstrichen am Gebärmutterhals, zytolog. Untersuchungen und der Analyse von Stuhlproben auf nichtsichtbares (okkultes) Blut.

Krebs-Zyklus [nach Sir H. A. KREBS], der →Zitronensäurezyklus.

Krechel, Ursula, Schriftstellerin, *Trier 4. 12. 1947; arbeitete als Dramaturgin in Dortmund; seit 1972 freie Schriftstellerin. K. wurde – auch international – bekannt mit dem Drama ›Erika‹ (1973) über den Versuch einer jungen Frau, aus ihrem Alltag auszubrechen. In ›Selbsterfahrung und Fremdbestimmung‹ (1975) zieht sie eine Bilanz der feminist. Bewegung. Alle ihre Texte verknüpfen persönl. Erfahrungen mit krit. Gesellschaftsanalyse. Schreibt auch Lyrik von hoher sprachl. Kreativität sowie Hörspiele.

Weitere Werke: *Lyrik:* Nach Mainz! (1977); Verwundbar wie in den besten Zeiten (1979); Rohschnitt. Gedicht in 60 Sequenzen (1983); Vom Feuer lernen (1985); Kakaoblau (1989); Technik des Erwachens (1992); Landläufiges Wunder (1995). – *Roman:* Zweite Natur (1981). – *Erzählung:* Sizilianer des Gefühls (1993).

Kredel, Fritz, Grafiker und Buchillustrator, *Michelstadt 8. 2. 1900, †New York 11. 6. 1973; seit 1920 Ausbildung an der Kunstgewerbeschule in Offenbach am Main, Schüler und Mitarbeiter von R. KOCH; 1936 Emigration nach Österreich, 1938 in die USA; 1940–42 Dozent an der Cooper Union Art School. Illustrierte volkstüml. Bücher und Kinderbücher wie auch Werke der Weltliteratur, häufig in bibliophilen Ausgaben mit geringer Auflagenhöhe.

Kredenz [ital. credenza, eigtl. ›Glaube‹, ›Vertrauen‹] *die, -/-en,* urspr. kleiner, neben dem Esstisch stehender Schrank zum Anrichten und Vorkosten der Speisen; seit der Renaissance in Italien gebräuchlich. Später allg. ein halbhoher Schrank, der als →Anrichte diente. – Im kirchl. Bereich kleiner Seitentisch im Al-

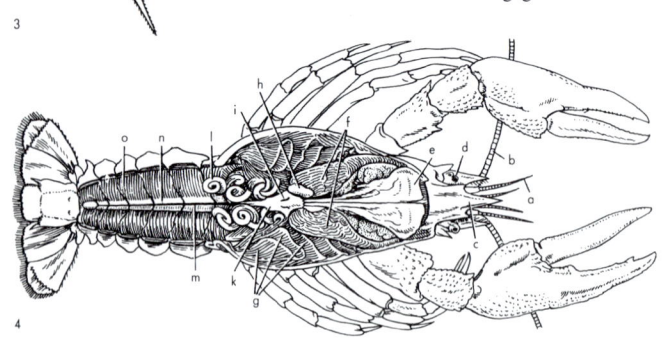

Krebse: 1 Bau einer Zoea, der Larve höherer Krebstiere; a Facettenauge, b und c Antennen, d Herz, e Kieferfüße, f Segmente des Abdomens; **2** Bau eines Nauplius, der Larve niederer Krebstiere; a erste, b zweite Antenne, c Mandibel, d Naupliusauge, e Ovarialanlage; **3** Bau eines niederen Krebses (Gemeiner Wasserfloh); a erste, b zweite Antenne (Ruderantenne), c Mandibel, d–h die fünf Beinpaare, i Auge, k Ganglion, von dem aus Nerven zum Auge gehen, l Gehirn (Cerebralganglion) mit Nebenauge, m Herz, n Darm, o Schalendrüse, p Eierstock, q vier Keimzellen, die zur Bildung eines Eies führen, r Keimzone des Eierstocks, s Brutraum mit Embryonen; **4** Bau eines höheren Krebses (männlicher Flusskrebs, Rückenseite); a erste, b zweite Antenne, c Rostrum, d Auge, e Magen, f Mitteldarmdrüsen, g Kiemen, h Hoden, i Herzspalten, k Herz, l Ausführungsgang des Hodens (Vas deferens), m Arterie des Abdomens, n Enddarm, o Muskulatur des Abdomens

tarraum, auf dem die für die Eucharistiefeier erforderl. Geräte stehen.

Kredit [frz., über ital. credito von lat. creditum ›das leihweise Anvertraute‹] *der, -(e)s/-e, Bankwesen:* i. e. S. die zeitlich begrenzte Überlassung von Geld und Sachgütern an Privatpersonen oder Unternehmen, wirtschaftlich der Tausch von Gegenwartsgütern gegen Zukunftsgüter zw. einem K.-Geber (Gläubiger) und einem K.-Nehmer (Schuldner), wobei der Gläubiger auf die künftige (Rück-)Zahlungsfähigkeit und -willigkeit des Schuldners vertraut. Das Entgelt für die K.-Gewährung ist der →Zins. Weiterhin wird als K. das Vertrauen bezeichnet, das auf der persönl. Zuverlässigkeit des Schuldners, seinen Vermögenswerten, den Sicherheiten, die er stellen kann, und seinen wirtschaftl. Zukunftsaussichten beruht. In einer Naturalwirtschaft wird K. durch Hingabe von Sachgütern gewährt (Tausch auf K., Natural-K.), in einer Geldwirtschaft durch die Übertragung der Verfügung über Geld oder Geldforderungen. Der K.-Nehmer kann für die Zeit der K.-Gewährung die kreditierten Güter verwenden oder nützen (z. B. ›Kauf auf K.‹, Lieferanten-K., Geld-K.). Die volkswirtschaftl. Aufgabe und Bedeutung des K. liegen darin, viele einzelne, kleine Ersparnisse auf größere Finanzierungsprojekte zu konzentrieren (Transformationsfunktion). Dabei wandert das Sparkapital theoretisch zu den Stellen des dringendsten Bedarfs, zur höchsten Priorität. Die Auswahl trifft der zu zahlende Zins.

Kreditgeschäfte

Anbieter (K.-Geber) am **K.-Markt** sind v. a. Geschäftsbanken und sonstige K.-Vermittler sowie die Dt. Bundesbank als K.-Geber der Banken (→Kreditpolitik); Nachfrager (K.-Nehmer) nach dem K.-Volumen nach u. a. Unternehmen und öffentl. Gebietskörperschaften. Als **K.-Geschäft** wird allg. jedes Verpflichtungsgeschäft bezeichnet, aufgrund dessen der eine Teil sofort, der andere erst zu einem späteren Zeitpunkt zu leisten hat; in § 1 Kreditwesen-Ges. (KWG) i. d. F. v. 22. 1. 1996 wird die Gewährung von Gelddarlehen und Akzept-K. als K.-Geschäft bezeichnet. Zu den K. im Sinne des § 21 KWG zählen Gelddarlehen aller Art, entgeltlich erworbene Geldforderungen, Akzept-K. und Forderungen aus Namensschuldverschreibungen mit Ausnahme der Pfandbriefe und Kommunalschuldverschreibungen; die Diskontierung von Wechseln und Schecks; Geldforderungen aus sonstigen Handelsgeschäften eines K.-Instituts; Bürgschaften, Garantien und sonstige Gewährleistungen sowie die Haftung aus der Bestellung von Sicherheiten für fremde Verbindlichkeiten; die Verpflichtung, für die Erfüllung entgeltlich übertragener Forderungen einzustehen oder sie auf Verlangen des Erwerbers zurückzuerwerben; Beteiligungen sowie Leasinggeschäfte.

K.-Geschäfte der Banken lassen sich unterteilen in **Geldleihgeschäfte,** bei denen dem Kunden Bar- oder Buchgeld zur Verfügung gestellt wird, und **K.-Leihgeschäfte,** bei denen Banken durch die Übernahme von bedingten Zahlungsversprechen gegenüber Dritten ihren Ruf bzw. ihre Bonität zur Verfügung stellen (Akzept-K., Aval-K.). Im Zuge der Securitization und Desintermediation (Verzicht auf finanzielle Zwischenschaltung von Banken) treten hierzu verbilligte K.-Fazilitäten (→Fazilität), die nicht marktfähige Forderungen und Verbindlichkeiten in handelbare Wertpapiere verbriefen (z. B. →Commercial Papers).

Rechtsgrundlage des K.-Geschäftes ist i. d. R. der **K.-Vertrag** (Darlehnsvertrag, Kaufvertrag unter Stundung des Kaufpreises), in dem sich der K.-Geber verpflichtet, dem K.-Nehmer von einem bestimmten Zeitpunkt an für eine bestimmte oder unbestimmte Zeit zu den vereinbarten Bedingungen (Verzinsung, Laufzeit, Tilgung, sonstige K.-Kosten wie Provisionen und Gebühren) einen K. zu gewähren. Der K.-Nehmer verpflichtet sich u. a. zur rechtzeitigen Rück- und Zinszahlung. Die ihm zur Ausnutzung eingeräumten K.-Potenzials heißen K.-Linien.

Das K.-Geschäft ist der wichtigste Geschäftszweig der K.-Institute; rd. drei Viertel der Erträge einer Bank sind Zinserträge aus dem K.-Geschäft. Das K.-Geschäft birgt allerdings auch die größten Verlustgefahren (z. B. zeitl. und betragsmäßige Abweichungen der Zins- und Tilgungszahlungen, Zinsänderungen während der Laufzeit), die die Banken mit versch. Maßnahmen der **K.-Politik** in engen Grenzen zu halten suchen. Bezogen auf den einzelnen K. (spezielle Risikopolitik), sind dies sorgfältige Prüfung des K.-Antrags (→Kreditwürdigkeit), K.-Prüfung während der Laufzeit (K.-Überwachung, K.-Kontrolle), Besicherung des K. (K.-Sicherheit), Begrenzung der K.-Linien, Konsortialkredite. Maßnahmen der allgemeinen Risikopolitik sind u. a. die Risikoverteilung (sachl., personelle, zeitl. Streuung), die Risikoabwälzung (z. B. durch K.-Versicherungen), die Bildung von Rücklagen, die Mitgliedschaft in Fonds zur →Einlagensicherung. Weiterhin wird die K.-Gewährung der Banken durch staatl. Institutionen der →Bankenaufsicht kontrolliert. Groß-, Millionen- und Organ-K. (K. an mit dem K.-Institut eng verbundene natürl. Personen oder Unternehmen) sind gemäß §§ 13–16 KWG anzeigepflichtig.

Kreditarten

Man unterscheidet je nach Verwendung, Laufzeit, Besicherung, Partnern u. a. Kriterien mehrere K.-Arten:

Verwendung: 1) **Konsumtiv-K. (Konsumenten-K.,** grundsätzlich kurz- und mittelfristig), der der Anschaffung von Gütern der unmittelbaren Bedürfnisbefriedigung dient; 2) **Produktiv-K. (Produzenten-K.),** der für die Erstellung und den Betrieb von Produktionsanlagen aufgenommen wird: a) Anlage-K. (Investitions-K.) für langfristige Anlagen, b) Betriebs-K. (meist kurzfristig) zur Beschaffung von Betriebsmitteln (Roh-, Hilfs- und Betriebsstoffe) sowie zur Lohn- und Gehaltszahlung; 3) sonstige K.: Überbrückungs-K. für plötzlich auftretende Finanzierungslücken; kurzfristige Kassen-K. für die öffentl. Hand; Überziehungs-K., ein über die eingeräumte K.-Linie hinausgehender kurzfristiger Zusatz-K.; Saison-K.; Zwischenkredit.

Laufzeit: 1) **kurzfristige K.** bis zu einem Jahr (z. B. Wechsel-K.); 2) **mittelfristige K.** bis zu vier Jahren; 3) **langfristige K.** für mehr als vier Jahre. Die Grenzen dieser Einteilung sind allerdings fließend. Der Markt für kurzfristige K. zw. Banken (zunehmend auch größere Nichtbanken) wird als Geldmarkt, der für langfristige K. als Kapitalmarkt bezeichnet.

Besicherung: 1) **Real-K.,** die durch ein Grundpfandrecht nach Maßgabe §§ 11 und 12 Hypothekenbank-Ges. abgesichert sind. Die Beleihungsgrenze darf demnach 60% des Beleihungswertes nicht übersteigen. 2) **Kommunal-K.,** die an Bund, Länder, Städte, Gemeinden, Kreise, Gemeinde- und kommunale Zweckverbände gewährt werden. Im weiteren Sinne zählen dazu auch Ausleihungen an Anstalten und Körperschaften des öffentl. Rechts sowie kommunalverbürgte K. privatrechtl. Schuldner. Aufgrund der Leistungskraft und besonderen rechtl. Stellung der Kreditnehmer sind K.-Sicherheiten entbehrlich. 3) **Personal-K.,** die weder die Kriterien für Real- noch für Kommunal-K. erfüllen. Zu unterscheiden sind ungedeckte Personal-K. (Blanko-K.), für die keine besonderen Sicherheiten vereinbart werden, und gedeckte (besicherte) Personalkredite.

Form der K.-Gewährung: 1) **unverbriefte K.,** die über Konten abgewickelt werden (Buch-K., Kontokor-

rent-K. oder K. in laufender Rechnung); **verbriefte K.** (Schuldscheindarlehen, Schuldverschreibung).
Partner des K.-Verhältnisses: 1) **private K.,** bei dem sich alle Partner am privaten Rechtsverkehr beteiligen; 2) **öffentliche K.,** bei dessen Aufnahme (z. B. Staatsanleihe) oder Gewährung (z. B. Staats-K., Aufbaudarlehen) wenigstens ein öffentl. Haushalt beteiligt ist (→öffentliche Schulden); 3) **Inlands-K.,** die K.-Gewährung unter Inländern; 4) **Auslands-K.** (Kapitalausfuhr), private und öffentl. K.-Beziehungen zw. In- und Ausland (Lieferanten-K. zur Finanzierung von Außenhandelsgeschäften, private und öffentl. Anleihen im In- oder Ausland, K. von Notenbank zu Notenbank, K. von oder an internat. Organisationen).
⇨ *Banken · Darlehen · Geldschöpfung · Kapitalmarkt · Liquidität*

L. WOLTER: Das K.-Geschäft der Banken u. Sparkassen (^{2}1985); J. BEIER u. K.-D. JACOB: Der Konsumenten-K. in der Bundesrepublik Dtl. (1987); P. WENDLING: Hb. für K.-Nehmer (1988); A. JÄHRIG u. H. SCHUCK: Hb. des K.-Geschäftes (^{5}1990); Die Sparkassenkredite. Die rechtl. Grundlagen des K., seiner Sicherung u. Einziehung, begr. v. W. SCHAARSCHMIDT, bearb. v. H. ENGELKEN u. a. (^{8}1991); M. FALTER: Die Praxis des K.-Geschäfts (^{14}1994); Das K.-Geschäft der K.-Genossenschaften, bearb. v. D. OHLMEYER u. a. (^{10}1995); P. BÜLOW: Recht der K.-Sicherheiten. Sachen u. Rechte, Personen (^{4}1997).

Kredit [lat. credit ›er glaubt (er ist Gläubiger)‹] *das, -s/-s, Buchführung:* die rechte Seite eines Kontos, andere Bez. für Haben; Ggs.: Debet.

Kredit|abwicklungsfonds [-fɔ̃], ein mit der dt. Vereinigung (Art. 23 Einigungsvertrag) eingerichtetes Sondervermögen des Bundes, in dem die am 3. 10. 1990 aufgelaufenen Schulden des Staatshaushalts der DDR sowie die mit der Einführung der DM zum 1. 7. 1990 entstandenen Verbindlichkeiten des Staates gegenüber dem →Ausgleichsfonds Währungsumstellung aus der Zuteilung von Ausgleichsforderungen an Kreditinstitute und Außenhandelsbetriebe zusammengefasst wurden. Die anfallenden Zinszahlungen wurden dem K. durch den Bund und die Treuhandanstalt jeweils zur Hälfte erstattet. Der K. wurde zum 31. 12. 1994 aufgelöst, seine Verbindlichkeiten (102,4 Mrd. DM, davon rd. 75,3 Mrd. Ausgleichsforderungen) gingen auf den →Erblastentilgungsfonds über.

Kredit|anstalt für Wiederaufbau, Abk. **KfW,** Spezialbank mit wirtschaftspolit. Aufgabenstellung, Körperschaft des öffentl. Rechts; gegr. durch Ges. vom 5. 11. 1948 (Neufassung vom 23. 6. 1969). Das Grundkapital der KfW wird zu 80 % vom Bund und zu 20 % von den Bundesländern gehalten; Sitz: Frankfurt am Main; seit 1994 auch eine Niederlassung in Berlin. Die KfW gilt nicht als Kreditinstitut gemäß § 1 Kreditwesen-Ges. (KWG), unterliegt aber bezüglich der Kreditvergabe der Bankenaufsicht gemäß § 14 KWG. Aufgaben: Förderung der dt. Wirtschaft (urspr. ihres Wiederaufbaus nach dem Zweiten Weltkrieg) durch zinsgünstige Investitionskredite (v. a. für kleine und mittlere Unternehmen, Umweltschutz, Strukturmaßnahmen, Wohnungsbau), Zuschüsse und Bürgschaften sowie durch die Finanzierung langfristiger Exportgeschäfte, Gewährung von Finanzierungskrediten im Rahmen der Entwicklungshilfe. Ein großer Teil des Finanzierungsangebots ist seit 1990 auf die Förderung von Investitionen in den neuen Bundesländern gerichtet. Die KfW finanziert ihre Kreditvergaben überwiegend aus eigenen bzw. am Kapitalmarkt aufgenommenen Mitteln und z. T. aus Zuschüssen des Bundeshaushalts und des ERP-Sondervermögens. 1994 übernahm die KfW nach Fusion mit der Staatsbank Berlin (frühere Staatsbank der DDR) deren Vermögen, Verbindlichkeiten und Aufgaben.

Kredit|auftrag, Vertrag, durch den der Beauftragte sich gegenüber dem Auftraggeber verpflichtet, einem Dritten im eigenen Namen und auf eigene Rechnung Kredit zu geben. Der Auftraggeber haftet dem Beauftragten dann als Bürge (→Bürgschaft) für die Verbindlichkeit des Dritten. Im Unterschied zum Bürgschaftsvertrag, für den Schriftform erforderlich ist, bedarf der K. keiner Form (§ 778 BGB).

Kredit|banken, in privater Rechtsform geführte Universalbanken. Nach der Bankenstatistik der Dt. Bundesbank gehören hierzu Groß-, Regional- und sonstige K., Zweigstellen ausländ. Banken sowie Privatbankiers. (→Banken)

Kredit|betrug, i. w. S. die Täuschung zur Erlangung eines Kredits, die, wenn sie einen Schaden herbeiführt, als gewöhnl. →Betrug strafbar ist. I. e. S. der selbstständige Straftatbestand des § 265 b StGB, der unabhängig vom Eintritt eines Schadens solche betrügerischen Handlungen unter Strafe stellt, bei denen im Zusammenhang mit der Vergabe von Betriebskrediten über wirtschaftl. Verhältnisse unrichtige oder unvollständige Unterlagen (bes. Bilanzen, Vermögensübersichten) vorgelegt oder schriftlich unrichtige oder unvollständige Angaben gemacht werden, soweit es sich um entscheidungserhebl., dem Kreditnehmer günstige Umstände handelt. § 265 b erfasst nur Kredite kaufmänn. Art, also solche Kredite, die zw. Betrieben und Unternehmungen vereinbart werden (Strafrahmen: Freiheitsstrafe bis zu drei Jahren oder Geldstrafe).

Kredit|brief, die Anweisung an eine oder mehrere Banken, Auszahlungen bis zur Höhe des im K. genannten Betrages an den Begünstigten zu leisten; häufigste Form ist der **Reise-K.** (heute fast völlig durch Eurocheque, Kreditkarte und Reisescheck ersetzt).

Kredit|fähigkeit, →Kreditwürdigkeit.

Kredit|finanzierung, Form der Fremdfinanzierung, bei der ein Unternehmen Fremdkapital (verschiedene Arten kurz- bis langfristiger Kredite) von externen Kapitalgebern aufnimmt.

Kredit|garantiegemeinschaften, Abk. **KGG,** ursprünglich branchenbezogene Selbsthilfeeinrichtungen der Wirtschaft zur Förderung kleiner bzw. mittlerer Betriebe und Existenzgründer in den Bereichen Handwerk, Handel, Hotel- und Gaststättengewerbe, Industrie, Gartenbau, Landwirtschaft und Fischerei. Später wurden die K. der einzelnen Wirtschaftszweige regional zu Bürgschaftsbanken der einzelnen Bundesländer zusammengefasst. Diese sind im Verband der Bürgschaftsbanken e. V. (Sitz: Kiel) zusammengeschlossen. Aufgabe der K. ist die Übernahme von Bürgschaften für kurz-, mittel- und langfristige Kredite aller Art. Diese sollen die meist unzureichenden Sicherheiten der mittelständ. Wirtschaft und der freien Berufe ersetzen bzw. ergänzen. Gewährt werden auch Ausfallbürgschaften mit Anzahlungs-, Gewährleistungs- und Bau-Avale. Darüber hinaus werden durch Übernahme von Bestandsgarantien Kapitalbeteiligungen ermöglicht. Bund und Länder übernehmen gegenüber den K. globale Rückbürgschaften und decken damit einen Teil des Risikos ab. Seit ihrer Gründung Anfang der 1950er-Jahre haben sich die K. zu einem bedeutenden Faktor der Gewerbeförderung entwickelt.

Kredit|gefährdung, die Gefährdung des Kredits oder die Herbeiführung von Nachteilen für Erwerb oder Fortkommen eines anderen durch das Behaupten oder Verbreiten falscher Tatsachen. Eine K. kann privatrechtlich zu einer Schadensersatzverpflichtung desjenigen führen, der die Tatsachen behauptet oder verbreitet, wenn er die Unwahrheit kannte oder fahrlässig nicht kannte (§ 824 BGB). Als Schadensersatz kann auch die Rücknahme der Behauptung oder die Veröffentlichung einer Gegendarstellung verlangt werden. Voraussetzung für eine Schadensersatzpflicht ist, dass Tatsachen behauptet, nicht nur Werturteile abgegeben worden sind. Bei einer fahrlässigen K. kann die Schadensersatzpflicht dadurch ausgeschlossen sein, dass der Mitteilende oder der Empfänger ein berechtigtes Interesse an der Mitteilung der Tatsache hatte (§ 824 Abs. 2 BGB). Ob das der Fall ist, muss durch Interessenabwägung ermittelt werden. Dabei sind insbesondere das Recht auf freie Meinungsäußerung des Mitteilenden und das allgemeine Persönlichkeitsrecht des Geschädigten zu beachten. (→unerlaubte Handlung)

Strafrechtlich ist die K. durch § 187 StGB (Verleumdung) erfasst; in *Österreich* als **Kreditschädigung** (§ 152 StGB, Antragsdelikt) unter Strafe gestellt. In der *Schweiz* bildet die K. seit 1. 1. 1995 keinen Tatbestand des Strafrechts mehr. Eine Strafbarkeit kann sich aber aus unlauterem Wettbewerb (Art. 3 lit. a in Verbindung mit Art. 23 UWG) oder als übler Nachrede bzw. Verleumdung (Art. 173 ff. StGB) ergeben.

Kreditgenossenschaften, Genossenschaftsbanken, Bez. für die auf lokaler Ebene tätigen Institute des genossenschaftl. Bankensektors. Sie entstanden Mitte des 19. Jh. als Selbsthilfeeinrichtungen des gewerbl. Mittelstandes, begründet von H. SCHULZE-DELITZSCH (Volksbanken), im ländl. Bereich von F. W. RAIFFEISEN (Raiffeisenbanken bzw. Raiffeisenkassen, häufig mit der Firmen-Bez. Darlehnsverein, Darlehnsverein oder Spar- und Darlehnskasse). Heute sind die K. universell tätige Kreditinstitute. Im Zuge eines fortlaufenden Konzentrationsprozesses sank die Zahl der K. von (Mitte der 1950er-Jahre) 12 000 auf (1996) 2 518. Von den (1995) 2 589 K. sind 2 548 Volksbanken und Raiffeisenbanken, von denen noch 779 ein zusätzl. Warengeschäft betreiben. Außerdem zählen u. a. 17 Sparda-Banken sowie 21 Post-, Spar- und Darlehnsvereine zu den K. Rd. ein Achtel des Geschäftsvolumens der dt. Kreditwirtschaft entfällt auf die K. Sie unterhalten das dichteste Zweigstellennetz aller Kreditinstitute in Dtl. Die K. bilden die Basis der traditionell dreistufigen genossenschaftl. Bankenverbundes. Die drei regionalen Zentralbanken (GZB-Bank Genossenschaftl. Zentralbank AG, SGZ-Bank Südwestdt. Genossenschafts-Zentralbank AG, WGZ-Bank Westdt. Genossenschafts-Zentralbank eG) und das Spitzeninstitut, die DG Bank Dt. Genossenschaftsbank, Frankfurt am Main, stehen den K. für subsidiäre Leistungen zur Verfügung. Daneben kooperieren die K. eng mit genossenschaftl. Spezialinstituten (z. B. Bausparkasse Schwäbisch Hall, R + V Versicherung-Gruppe, Dt. Genossenschafts-Hypothekenbank AG), die Finanzdienstleistungen, wie z. B. Versicherungen, Baufinanzierung, Leasing, Factoring, Vermögensverwaltung, anbieten.

Die Gesamtbilanzsumme der K. beträgt (1995) 878 Mrd. DM, das entspricht durchschnittlich 339 Mio. DM pro Bank. Die Zahl der Anteilseigner liegt insgesamt bei rd. 13,5 Mio., die durchschnittl. Mitgl.-Zahl einer Bank bei etwa 5 214.

Kreditgeschäft, →Kredit.

Kreditinstitute, Geldinstitute, alle Unternehmen, die Bankgeschäfte im Sinne § 1 Kreditwesen-Ges. (KWG) betreiben, sofern deren Geschäftsumfang einen in kaufmänn. Weise eingerichteten Geschäftsbetrieb erfordert. K. im Sinne des Gesetzes sind u. a. Kreditbanken (Großbanken, Regionalbanken, Privatbankiers, Zweigstellen ausländ. Banken), Realkreditinstitute, Sparkassen, Girozentralen, Kreditgenossenschaften, Genossenschaftliche Zentralbanken, K. mit Sonderaufgaben, Teilzahlungs-K., Kapitalanlagegesellschaften. Keine K. dagegen sind die Dt. Bundesbank, die Kreditanstalt für Wiederaufbau, Sozialversicherungsträger und die Bundesanstalt für Arbeit, private und öffentlich-rechtl. Versicherungsunternehmen, Unternehmen des Pfandleihgewerbes sowie anerkannte Unternehmensbeteiligungsgesellschaften (§ 2 KWG).

Kreditkarte, Ausweiskarte, die ihren Inhaber berechtigt, bei Vertragsunternehmen, die einem K.-System angeschlossen sind (Einzelhandelsgeschäfte, Hotels, Reisebüros, Tankstellen usw.), Waren und Dienstleistungen bargeldlos einzukaufen. K.-Inhaber müssen Rechnungen lediglich unterschreiben. Die Rechnung wird nach Abzug einer Provision durch die K.-Organisation bezahlt, die ihrerseits dem K.-Inhaber meist monatlich eine Sammelrechnung zur Bezahlung vorlegt oder dessen Konto mit den Rechnungsbeträgen belastet. Wer eine K. erwerben will, muss seine Kreditwürdigkeit nachweisen und einen Jahresbeitrag (Jahresgebühr) entrichten. Rechtlich liegt der K. die Verpflichtungserklärung des Ausstellers zugunsten des K.-Inhabers zugrunde, für die von diesem bei Dritten eingegangenen Verpflichtungen einzustehen. Durch einen Forderungskauf übernimmt die K.-Organisation die Bezahlung der vom K.-Inhaber in Anspruch genommenen Leistungen. K. sind für den K.-Inhaber ein national und international einsetzbares Zahlungsmittel und räumen ihm einen zinslosen Kredit bis zum Abrechnungsstichtag ein. Darüber hinaus besteht z. T. die Möglichkeit einer weitergehenden, dann allerdings zu verzinsenden Kreditinanspruchnahme durch ratenweise Rückzahlung.

Urspr. wurden K. nur von besonderen K.-Gesellschaften, hinter denen einzelne Banken (z. B. American Express Company) oder Kooperationen von Banken stehen (z. B. die ›Eurocard‹ des dt. Kreditgewerbes, die ›carte bleue‹ frz. Banken, die K. ›Visa‹), ausgegeben. In jüngerer Zeit erwerben auch einzelne Banken, Dienstleistungsunternehmen und Verbände Lizenzen von K.-Gesellschaften zur Ausgabe von K. und versehen diese zusätzlich mit ihrem eigenen Namen bzw. Logo (→Co-Branding-Karte). Des Weiteren geben Handels- und Dienstleistungsunternehmen eigene K. als **Kunden-K. (Kundenkarte)** aus, die ihren Kunden als Zahlungsmittel und scheckloses Bezahlen innerhalb ihres Filialnetzes oder Verbundes mit anderen Unternehmen ermöglichen.

K. sind bes. in den USA verbreitet. Diners Club Inc. gab Ende 1950 die ersten K. heraus, die urspr. auf Urlauber und Geschäftsreisende zugeschnitten waren (Travel- & Entertainment-K.). Auch in westeurop. Staaten gewinnt das Bezahlen mit K. (›Plastikgeld‹) zunehmend an Bedeutung. Durch neue Entwicklungen (zunächst Ausstattung mit Magnetstreifen, neuerdings mit Mikroprozessoren, →Chipkarte) werden K. zu Mehrfunktionskarten erweitert (z. B. zur Nutzung von →POS-Systemen, Geldausgabeautomaten, Kartentelefonen). Über die originäre Zahlungs- und Kreditfunktion hinaus bieten K. zumeist auch Guthabenverzinsung, Preisnachlässe u. a. Serviceleistungen (z. B. Versicherungen). In Dtl. ist die Zahl der ausgegebenen K. auf (1995) 12 Mio. angestiegen; Marktführer ist mit rd. 7 Mio. die Eurocard.

Kreditkartenmissbrauch, Scheck- und Kreditkartenmissbrauch, Straftat, die begeht, wer die ihm durch die Überlassung einer Kreditkarte oder einer Scheckkarte eingeräumte Möglichkeit, den Aussteller zu einer Zahlung zu veranlassen, missbraucht und diesen dadurch schädigt (z. B. indem ein Scheckkarteninhaber, dessen Konto nicht gedeckt ist, bargeldlos Zahlungen tätigt). K. ist nach § 266b StGB mit Freiheitsstrafe bis zu drei Jahren oder Geldstrafe bedroht.

In *Österreich* ist der K. nicht speziell geregelt; i. d. R. wird jedoch den Tatbestand der Untreue (§ 153 StGB) erfüllt, u. U. kommt auch Betrug (§ 146 StGB) in Betracht. Nach Art. 148 *schweizer.* StGB wird K. mit Gefängnis bis zu fünf Jahren bestraft.

Kreditkauf, Kauf, bei dem vertraglich vereinbart ist, dass die Zahlung des Kaufpreises erst nach Übergabe und/oder Übereignung der Kaufsache erfolgen soll. Regelungen zum Kreditvertrag enthält das →Verbraucherkreditgesetz.

Kreditleihgeschäft, →Kredit.

Kreditlini|e, Kreditlimit, einem Kreditnehmer eingeräumter maximaler Kreditbetrag. Als offene K. bezeichnet man den Differenzbetrag zw. eingeräumter K. und tatsächl. Inanspruchnahme. Die K. kann mit dem Kreditnehmer vertraglich vereinbart (meist beim Kontokorrentkredit an Unternehmen) oder eigenständig von der Bank festgelegt sein (interne K.; meist beim Konsumentenkredit). K. im internat. Währungssystem werden als Kreditfazilität (→Fazilität), im internat. Zahlungsverkehr als Swing sowie in der Geld- und Finanzpolitik als Kreditplafond bezeichnet.

Kreditmarkt, weder örtlich noch zeitlich begrenzter Markt, auf dem sich Angebot von und Nachfrage nach kurz- und langfristigen Krediten treffen. Hauptkreditgeber sind Geschäftsbanken, Hauptkreditnehmer Unternehmen. Vom Geldmarkt unterscheidet sich der K. v. a. durch die längere Laufzeit, vom Kapitalmarkt i. Allg. durch die fehlende Verbriefung.
In der Volkswirtschaftslehre ist die **K.-Theorie** eine spezielle Ausprägung der Geldtheorie. Das Geldangebot (die Geldmenge) wird simultan aus dem Verhalten der Nichtbanken (private Haushalte, Unternehmen) und Banken sowie den geldpolit. Maßnahmen der Zentralbank erklärt. Einer Kreditangebotsfunktion der Banken wird eine Kreditnachfragefunktion der Nichtbanken gegenübergestellt. Im Gleichgewicht des K. sind der Kreditzins und das Kreditvolumen bestimmt. Damit ist auch die Geldmenge als Produkt aus der von der Zentralbank vorgegebenen Geldbasis und einem vom Kreditzins abhängigen Geldmultiplikator festgelegt.

Kreditoren [lat.-ital. ›Gläubiger‹], Sg. **Kreditor** der, -s, Buchführung: Verbindlichkeiten, die durch Kauf von Waren oder Dienstleistungen auf Kredit (Zielkauf) entstehen und auf besonderen **K.-Konten** verbucht werden. Auf den K.-Sachkonto ist der Stand der gesamten Verbindlichkeiten eines Unternehmens gegenüber allen Lieferanten, im Kontokorrentbuch (Personenkonto) dagegen die Verbindlichkeiten gegenüber den einzelnen Lieferanten ausgewiesen. K. sind in der Bilanz auf der Passivseite als ›Verbindlichkeiten aus Lieferungen und Leistungen‹ aufzuführen. Die Saldierung mit →Debitoren ist verboten. – Im *Bankwesen* Bez. für die auf der Passivseite der Bankbilanz ausgewiesenen Verbindlichkeiten gegenüber Kreditinstituten und Verbindlichkeiten aus dem Bankgeschäft gegenüber anderen Gläubigern.

Kreditpolitik, alle Maßnahmen, v. a. der Währungsbehörden, zur Regulierung des volkswirtschaftl. Geld- und Kreditumlaufs. Die Bez. K. ist darauf zurückzuführen, dass eine Ausweitung der volkswirtschaftl. Geldbestände und der sonstigen Guthaben von Nichtbanken i. d. R. eine Ausweitung der Kredite voraussetzt, somit K. gleichzeitig auch Steuerung des Geldumlaufs impliziert. (→Geld)
Die K. der Zentralbank ist darauf gerichtet, über die Steuerung der Geld- und Kreditvolumens die Ausgabentätigkeit in der Volkswirtschaft und damit zusammenhängende Größen (z. B. Preisniveau, Beschäftigung, Wirtschaftswachstum, Zahlungsbilanz) zu beeinflussen. Die Dt. Bundesbank verfügt nur über indirekte Instrumente der K., die auf das Kreditangebotsverhalten der Banken und die Geld- und Kreditnachfrage der Wirtschaft mittelbar über Veränderungen der Bankenliquidität (Liquiditätspolitik) und der Zinsen (Zinspolitik) wirken. Wichtige Instrumente sind Diskont-, Lombard-, Offenmarkt-, Mindestreservepolitik. Direkte Instrumente zur Beschränkung (Kreditrestriktion) einer übermäßigen Ausdehnung des Kreditvolumens (Kreditinflation) sind **Kreditplafond** (Begrenzung der allgemeinen Höhe des Kreditvolumens der Banken und seiner Zuwachsraten) und **Kreditkontingentierung** (qualitative und/oder quantitative Beschränkung auf bestimmte Vorhaben, Unternehmen, Personen). Daneben bestehen Möglichkeiten staatl. Kreditlenkung z. B. durch Vergabe von Staatskredit, Bürgschaften, Sicherheitsleistungen, durch Zinssubventionen und Steuerbegünstigungen von Darlehen. – Auch alle Maßnahmen der Banken bei der Kreditgewährung werden als K. bezeichnet (→Kredit).

Kreditschöpfung, *Bankwesen:* →Geldschöpfung.

Kreditschutz|organisation, die →Auskunftei.

Kreditversicherung, Form der Schadenversicherung, die gemäß dem Prinzip der Spartentrennung gesondert, d. h. in einem rechtlich selbstständigen Unternehmen, zu betreiben ist (§ 8 Abs. 1 a Versicherungsaufsichts-Ges.). Grundform der K. ist die Versicherung von Forderungsausfällen. In Erweiterung lassen sich auch Vertrauensschäden versichern. Grundsätzlich sind folgende Versicherungssparten der K. zu unterscheiden: 1) die →Exportkreditversicherung; 2) die **Waren-K. (Delkredereversicherung),** die Lieferanten vor Forderungsausfällen, z. B. aus kurzfristigen Warenlieferungen infolge von Insolvenz des Kunden, schützt; 3) die **Investitionsgüter-K.,** die mittelfristige Forderungen aus einem Investitionsgüterverkauf deckt; 4) die **Konsumenten-K.,** die Kreditinstituten Schutz gegen Risiken aus der Vergabe von Raten- und Dispositionskrediten sowie aus der Ausgabe von Scheck- und Kreditkarten bietet. 5) Die **Kautionsversicherung** übernimmt Garantien und Bürgschaften für Verpflichtungen des Versicherungsnehmers zugunsten seiner Vertragspartner. 6) Die **Vertrauensschadenversicherung** inklusive der Computermissbrauchsversicherung bietet dem Versicherungsnehmer Schutz vor Untreuehandlungen von Mitarbeitern. Die Beitragseinnahmen der K. betrugen 1993 in Dtl. rd. 1,7 Mrd. DM und in der Schweiz 62,7 Mio. sfr.

Kreditvertrag, →Verbraucherkreditgesetz.

Kreditwesengesetz, Kurz-Bez. für das Ges. über das Kreditwesen i. d. F. v. 22. 1. 1996, welches die Struktur der →Kreditinstitute und die →Bankenaufsicht regelt. Der Hauptzweck ist die Sicherung und Erhaltung der Funktionsfähigkeit des Geld- und Kreditwesens sowie der Schutz der Gläubiger von Kreditinstituten durch Vorschriften über Kreditgeschäft und -überwachung, über die Bildung angemessenen Eigenkapitals und der Erhaltung einer ausreichenden Liquidität sowie über die Prüfung des Jahresabschlusses der Kreditinstitute und einzelner Geschäftssparten (Depotprüfung). Durch das 5. Ges. zur Änderung des K., das am 31. 12. 1995 in Kraft trat, wurden die Befugnisse des Bundesaufsichtsamts für das Kreditwesen erweitert und die Aufsichtsregeln für Großkredite europ. Vorgaben angeglichen. Der Kreditaufsicht unterstehen nunmehr neben Kreditinstituten auch Finanzinstitute, Finanzholdings und Unternehmen, die bestimmte bankbezogene Hilfsdienste anbieten. Großkredite sind der Dt. Bundesbank anzuzeigen, wenn sie 15 % (bis 31. 12. 1998) und danach 10 % des haftenden Eigenkapitals des Kreditinstituts erreichen.

Kreditwürdigkeit, vom Kreditgeber einem Kreditnehmer zugeordnete Eigenschaft, die erwarten lässt, dass dieser seine Verpflichtungen aus dem Kreditvertrag erfüllen wird. Die K. ist eine Voraussetzung für die Gewährung eines →Kredits und bestimmt sich nach der Zuverlässigkeit und Qualifikation des Kreditnehmers (persönl. K.) sowie nach seinen Einkommens-, Ertrags- und Vermögensverhältnissen (materielle K.). Von der K. zu unterscheiden ist die **Kreditfähigkeit,** d. h. die Fähigkeit, rechtswirksam einen Kreditvertrag zu schließen, die bei natürl. Personen von der Geschäftsfähigkeit, bei jurist. Personen von der Regelung der Vertretungsbefugnis abhängig ist. Gelegentlich trennt man mit den Begriffen auch die persönl. Eigenschaften des Kreditnehmers (als K.) von den wirtschaftl. Tatbeständen, die die Kreditrückzahlung ermöglichen sollen (als Kreditfähigkeit).

Die Prüfung der K. (Kreditprüfung, Kredit- oder Schuldneranalyse) erstreckt sich bei Privatpersonen in erster Linie auf die Vermögenssituation (Grundbesitz, Effektendepot) und die (zukünftige) Einkommenslage, bei Unternehmen auf die zukünftige Ertragskraft (u. a. Analyse der Jahresabschlüsse und der Finanzplanung, Einschätzung der Branche, der Absatzmärkte und der Qualität des Managements, Begutachtung der zu finanzierenden Objekte, Kreditauskünfte bei Industrie- und Handelskammern, Verbänden, Handelsregistern, Auskunfteien). Während bei Unternehmen die Ergebnisse der K.-Prüfung in einem K.-Gutachten zusammengefasst werden, holen die Banken bei Privatkunden ergänzend zu den Angaben im Kreditantrag eine Auskunft bei der SCHUFA ein.

Hb. der Kreditprüfung, hg. v. W. WIESINGER (Wien 1987); B. ZELLWEGER: K.-Prüfung in Theorie u. Praxis (Bern ²1994).

Krefeld: Rathaus (ehemals Schloss; 1791–94)

Krefeld, kreisfreie Stadt in NRW, in der Niederrhein. Bucht, 38 m ü. M., 249 800 Ew.; wirtschaftl. und kultureller Mittelpunkt des linken Niederrheingebiets; Landgericht, Geolog. Landesamt, FH Niederrhein (Abteilungen Chemie, Design, Maschinenbau, Textilforschungszentrum; Museen, Stadttheater, zoolog. und botan. Garten. – K. war über 200 Jahre Mittelpunkt der dt. Seiden- und Samtweberei, -färberei und -appretur. Neben die Textil- und Bekleidungsindustrie (u. a. Krawatten) traten Anfang des 20. Jh. Edelstahl- und Maschinen- sowie chem. Industrie, Waggonbau, Nahrungs- und Genussmittelindustrie. Im Stadtteil **Uerdingen** Rheinbrücke sowie Rheinhafen (1994: 3,5 Mio. t Umschlag).

Stadtbild: Die Innenstadt wurde im Zweiten Weltkrieg zu 50% zerstört. Erhalten ist u. a. die kath. Pfarrkirche St. Dionysius (1754–68, mehrfach verändert). Das Rathaus (ehem. Schloss der Familie von der Leyen, 1791–94) wurde 1955 wieder hergestellt. Weitere bedeutende Bauten sind die in einer gemeinsamen Parkanlage von L. MIES VAN DER ROHE erbauten Villen Haus Lange und Haus Esters (1928–30), die heute als städt. Museen Wechselausstellungen zeigen. Die Textilingenieurschule wurde 1957–59 von B. PFAU, das Verwaltungsgebäude der Vereinigten Seidenwebereien K. 1951–56 von E. EIERMANN errichtet (heute Sitz der städt. Verwaltung). Das Museumszentrum Linn umfasst das Landschaftsmuseum des Niederrheins Burg Linn (kurköln. Wasserburg, 12./15. Jh. und 18. Jh.) sowie das Dt. Textilmuseum (1977–80). Im Stadtteil Uerdingen steht die kath. Pfarrkirche St. Peter (1800–03; Turm von einem Vorgängerbau aus dem 14. Jh.); Altes Rathaus (1725), Neues Rathaus (1832) von A. VON VAGEDES.

Krefeld: Vergoldeter Spangenhelm aus dem fränkischen Fürstengrab in Gellep; Anfang des 6. Jh. (Krefeld, Museum Burg Linn)

Geschichte: Die Ursprünge K.s beginnen nach historisch dokumentierter Überlieferung mit dem röm. Grenzkastell ›Gelduba‹ des 1.–4. Jh. (heute der Stadtteil **Gellep**) als Teil des niedergerman. Limes. Umfangreiche Ausgrabungen legten u. a. Wohnräume mit Wandbemalungen und unterird. Warmluftheizung frei. Das große Gräberfeld mit über 6000 Bestattungen wurde bis 700 n. Chr. benutzt. Seit dem späten 4. Jh. lassen sich erstmals german. →Foederaten als Besatzung des Kastells nachweisen, das bis in die Zeit um 500 Bestand hatte. Erst zu dieser Zeit wurde es offenbar im Auftrag des merowing. Königs von neuen fränk. Siedlern unter adliger Führung (Fürstengrab mit goldenem Helm, Waffen u. a. Grabbeigaben) in Besitz genommen.

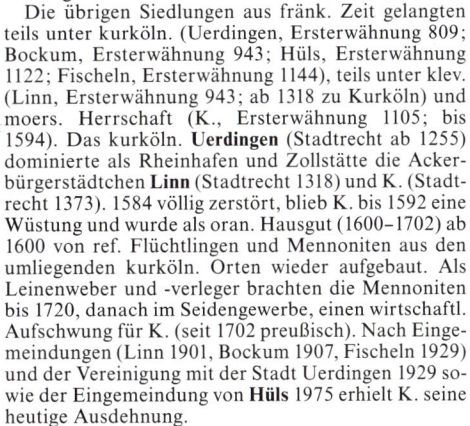

Die übrigen Siedlungen aus fränk. Zeit gelangten teils unter kurköln. (Uerdingen, Ersterwähnung 809; Bockum, Ersterwähnung 943; Hüls, Ersterwähnung 1122; Fischeln, Ersterwähnung 1141, teils unter klev. (Linn, Ersterwähnung 943; ab 1318 zu Kurköln) und moers. Herrschaft (K., Ersterwähnung 1105; bis 1594). Das kurköln. **Uerdingen** (Stadtrecht ab 1255) dominierte als Rheinhafen und Zollstätte die Ackerbürgerstädtchen **Linn** (Stadtrecht 1318) und K. (Stadtrecht 1373). 1584 völlig zerstört, blieb K. bis 1592 eine Wüstung und wurde als oran. Hausgut (1600–1702) ab 1600 von ref. Flüchtlingen und Mennoniten aus den umliegenden kurköln. Orten wieder aufgebaut. Als Leinenweber und -verleger brachten die Mennoniten bis 1720, danach im Seidengewerbe, einen wirtschaftl. Aufschwung für K. (seit 1702 preußisch). Nach Eingemeindungen (Linn 1901, Bockum 1907, Fischeln 1929) und der Vereinigung mit der Stadt Uerdingen 1929 sowie der Eingemeindung von **Hüls** 1975 erhielt K. seine heutige Ausdehnung.

R. PIRLING: Das römisch-fränk. Gräberfeld von K.-Gellep, auf mehrere Bde. ber. (1966ff.); P. KRIEDTE: Eine Stadt am seidenen Faden (²1992).

Krefeld
Stadtwappen

Krefelder Appell, Aufruf von führenden Mitgl. der bundesdt. Friedensbewegung (u. a. G. BASTIAN, P. KELLY, M. NIEMÖLLER, G. VON UEXKÜLL) am 16. 11. 1980 an die Adresse der Bundes-Reg., ihre Zustimmung zur Stationierung von Pershing-II-Raketen und Cruisemissiles in Mitteleuropa zurückzuziehen; wurde zum Kern einer massenmobilisierenden Protestbewegung (etwa 3 Mio. Unterschriften).

Kreft, Bratko, slowen. Dramatiker und Regisseur, *Maribor 11. 2. 1905; war ab 1957 Prof. für slowen. sowie russ. Lit.; langjähriger Direktor des Akad.-Inst. für slowen. Sprache in Ljubljana. K. gründete 1927 die erste Arbeiterbühne Jugoslawiens und war 1930–62 Regisseur am Nationaltheater in Ljubljana; schrieb histor. Dramen, Erzählungen, Reisebeschreibungen, Essays über theater- und kulturpolit. Probleme.

Werke: *Dramen:* Celjski grofje (1932); Velika puntarija (1937); Kranjski komedijanti (1946); Balada o poročniku in Marjutki (1960; dt. Die Ballade von Marjutki u. dem Leutnant).

Krehl, Ludolf von (seit 1904), Internist, *Leipzig 26. 12. 1861, † Heidelberg 26. 5. 1937; war ab 1931 Direktor des Inst. für Pathologie am Kaiser-Wilhelm-Inst. für medizin. Forschung in Heidelberg. K., ein Vertreter der anthropolog. Medizin, förderte eine neue Betrachtungsweise der klin. Probleme und machte sich bes. um die Physiologie und Pathologie des Blutkreislaufs sowie der Wärmeregulation verdient.

Werke: Entstehung, Erkennen u. Behandlung innerer Krankheiten, 3 Bde. (1893–1933); Die Erkrankungen des Herzmuskels u. die nervösen Herzkrankheiten (1901); Krankheitsform u. Persönlichkeit (1929); Der Arzt (1937).

R. SIEBECK: Patholog. Physiologie u. Klinik. L. v. K. zum 70. Geburtstag... (1932); V. VON WEIZSÄCKER: L. v. K. (1937).

Kreide [spätahd. krīda, von vulgärlat. (galloroman.) creda, von lat. creta ›Kreide‹, vielleicht gekürzt aus lat. terra creta ›gesiebte Erde‹], 1) *Geologie:* das letzte System des Mesozoikums. Die Untergliederung beruht v. a. auf Leitfossilien von Ammoniten, Belemniten, Muscheln und Foraminiferen.

Die K.-Zeit ist durch ausgedehnte Überflutungen (Flachmeere) gekennzeichnet. Nordamerika und Eurasien hingen noch zusammen (→Laurasia), die Südkontinente (→Gondwana) lösten sich fortschreitend vollständig voneinander, wobei der Südatlantik entstand. Der erdumspannende Meeresgürtel der →Tethys wurde durch Drehung Eurasiens im Uhrzeigersinn, gegenläufige Bewegungen Afrikas und die N-Drift Indiens verengt. Die in Mitteleuropa zu Beginn der K. abgelagerten Sandsteine (→Wealden) enthalten Kohle, Erdöl und Erdgas. Das sich dann hier ausbreitende Meer war durch eine zentrale Landmasse (mitteldt. Festland und Böhm. Masse) zweigeteilt: Süd-Dtl. gehörte zum Tethysmeer; das in mehrere kleine Becken gegliederte norddt. Meer war in der Unter-K. von Inseln und Schwellen (→Pompeckjsche Schwelle) durchsetzt, die in der Ober-K. alle überflutet wurden. Zu den küstennahen Ablagerungen zählen die →Trümmererze (Eisenerze) von Salzgitter. Die weißen, mürben, z. T. von Feuersteinlagen durchzogenen Kalke der Ober-K. (›Schreib-K.‹) sind von S-England bis zur Ostsee (Rügen) verbreitet. Der in Schwellen und Tröge (u. a. Gosauschichten) gegliederte Senkungsraum (Geosynklinale) im Bereich der Alpen wurde von Faltungen und Hebungen erfasst; in den Vortiefen Flysch- und Molasseablagerungen.

Kreide		
Abteilung	Stufe	Jahre vor heute
Oberkreide	Maastrichtium ⎫ Senon	65–73 Mio.
	Campanium ⎭	73–83 Mio.
	Santonium ⎫ Emscher	83–88 Mio.
	Coniacium ⎭	88–89 Mio.
	Turonium	89–91 Mio.
	Cenomanium	91–98 Mio.
Unterkreide	Albium	Gault	98–113 Mio.
	Aptium	113–119 Mio.
	Barremium ⎫	119–125 Mio.
	Hauterivium ⎬ Neokom	125–131 Mio.
	Valanginium ⎪	131–138 Mio.
	Berriasium ⎭	138–144 Mio.

In der *Pflanzenwelt* vollzog sich eine wesentl. Wende. Während anfangs neben Bärlappgewächsen (u. a. die 20 cm hohe Art Nathorstiana arborea) und Farnen (u. a. Weichselia, Hausmannia) noch Nadelhölzer, Ginkgogewächse (u. a. Baiera), →Bennettitales und Samenfarne, also Nacktsamer, vorherrschten, traten in der höheren Unter-K. erstmals Bedecktsamer auf und bildeten zus. mit den Nadelhölzern (u. a. die Sumpfzypressengewächse Sequoia und Geinitzia) eine wichtige Grundlage für die Entfaltung der Vögel und Säugetiere. Als erste Gattung der Laubholzgewächse erscheint →Credneria.

Eine starke Entfaltung zeigen in der *Tierwelt* der Meere die Foraminiferen und Schwämme (u. a. das pilzförmige Coeloptychium, der trichterförmige Ventriculites, die propellerförmige Verruculina und die birnenförmige Siphonia). Neben den Korallen bauten auch Moostierchen und Rudisten Riffe auf. Der Formenreichtum der Armfüßer (u. a. das am Boden festgewachsene ›Totenköpfchen‹, Isocrania) nahm ab. Unter den Muscheln traten die Inoceramen (→Inoceramus) weltweit hervor; große, extreme Formen bildeten die zu den Rudisten gehörenden →Hippuriten; Caprina und Requienia hatten spiralig gewundene Klappen. Große Formenvielfalt wiesen die Ammoniten auf; neben riesenwüchsigen Arten (Pachydiscus oder Parapuzosia seppenradensis aus dem Münsterland: bis über 2,50 m Durchmesser) erschienen stark abweichende (›aberrante‹) Formen mit lose aufgerollten (→Crioceras), turm-, schraubenartig oder unregelmäßig aufgewickelten Gehäuse (z. B. Turrilites) oder gestrecktem Gehäuse (Baculites, Macroscaphites) und vereinfachter Lobenlinie. Die Belemniten sind formenreich und wichtige Leitfossilien. Unter den Stachelhäutern überwogen die Seeigel gegenüber den Seelilien. Bei den Fischen wurden die Holostei (→Knochenganoiden) gegen Ende der K. weitgehend von den Teleostei (→Knochenfische) verdrängt. In den Meeren lebten auch Knorpelfische (u. a. Haie), →Ichthyosaurier, →Plesiosaurier und →Mosasaurier. Die Reptilien entfalteten sich v. a. auf dem Festland (Schlangen, Schildkröten). An erster Stelle stehen die Dinosaurier, mit den räuber. Vertretern →Gorgosaurus, →Megalosaurus, →Tyrannosaurus und zu den →Coelurosauriern gehörenden Ornithomimiden; überwiegend Pflanzenfresser waren u. a. →Apatosaurus, →Hadrosaurier, →Iguanodon, Pachycephalosaurier (u. a. →Stegoceras), Stegosaurier (→Stegosaurus), Ankylosaurier (v. a. Ankylosaurus und Scolosaurus, beide 5 m lang, aus der Ober-K. Nordamerikas), Ceratopsier (v. a. →Triceratops, Monoclonius, Chasmosaurus, Styracosaurus). Den Höhepunkt ihrer Entwicklung hatten die →Flugsaurier. Große Fortschritte zeigten die Vögel: neben bezahnten (→Hesperornis, →Ichthyornis) auch die heutigen Formen. Die Säugetiere spielten noch eine untergeordnete Rolle: erste Beuteltiere (Holoclemensia) Plazentatiere (Pappotherium aus der Unter-K.; ab Ober-K. auch Insektenfresser), Urhuftiere und Primaten (→Plesiadapiformes mit der Gattung Purgatorius). Am Ende der K. starben nahezu die Hälfte der damals lebenden Arten, darunter die Dinosaurier, Ammoniten, Belemniten, Rudisten, mehrere Gruppen von Schnecken, die Meeresreptilien, Flugsaurier und zahntragende Vögel aus. Von den Reptilien überlebten nur die Brückenechsen, Schildkröten, Krokodile, Echsen und Schlangen. Das Massensterben, von dem aber u. a. die Landpflanzen nicht betroffen waren, wird heute vielfach auf kosm. Einflüsse, z. B. Einschlag eines Asteroiden an der Küste der Halbinsel Yucatan, der große Mengen Schwefel aus dem dort stark schwefelhaltigen Gestein freisetzte, zurückgeführt, kann jedoch auch mit terrestr. Ursachen, z. B. dem etwa 0,5 Mio. Jahre anhaltenden Dekhanvulkanismus (→Dekhan) begründet werden, bei dem pro Jahr über 100 Kubikkilometer Asche und Lava freigesetzt wurden.(→Dinosaurier)

Aspekte der K. Europas, hg. v. J. WIEDMANN (1979); Catastrophes and earth history, hg. v. W. A. BERGGREN (Princeton, N. J., 1984); E. KEMPER: Das Klima der K.-Zeit (1987).

2) *Petrologie:* **erdiger Kalkstein,** weißer, feinkörniger, weicher und lockerer Kalkstein (mikrokristalliner

Calcit), der oft Knollen von Feuerstein enthält; als Schreib-K., Schlämm-K. u.a. verwendet; v.a. aus Mikrofossilien (Foraminiferen, Algen u.a.) entstanden; Vorkommen (K.-Zeit) v.a. auf Rügen, in N-Frankreich und England.

Kreidekreis, Der, Titel eines Singspiels des chin. Dichters LI XINGDAO (um 1300); es behandelt den Streit zweier Frauen um den Besitz eines Kindes; der Richter erkennt die leibl. Mutter daran, dass diese beim Versuch, das Kind aus einem vom Richter gezogenen K. an sich zu bringen, auf rohes Zugreifen verzichtet, um ihm nicht weh zu tun. Nach dieser Vorlage schuf KLABUND 1925 eine dt. Bearbeitung, der B. BRECHT das Motiv für sein Drama ›Der kaukas. K.‹ (1948) und seine Erzählung ›Der Augsburger K.‹ (1949) entnahm, es jedoch umkehrte, indem er das Gefühl der Mütterlichkeit nicht biologisch, sondern sozial begründete.

Kreidemanier, *Druckverfahren:* die →Crayonmanier.

Ernst Kreidolf: Illustration zu ›Blumenmärchen‹; 1898

Kreidolf, Ernst, schweizer. Maler und Zeichner, *Tägerwilen (Kt. Thurgau) 9. 2. 1863, †Bern 12. 8. 1956; verfasste und illustrierte Kinderbücher mit Bildern von personifizierten Blumen und Insekten sowie Märchenfiguren.

Kreiensen, Gem. im Landkreis Northeim, Ndsachs., 104 m ü. M., an der Leine im Leinebergland, 8 400 Ew.; Eisenbahnknotenpunkt.

kreieren [nach frz. créer ›schaffen‹, ›erfinden‹ von lat. creare ›erschaffen‹], *bildungssprachlich* für: 1) schaffen, gestalten (eine neue Mode); als Eigenes hervorbringen; 2) eine Theaterrolle o. Ä. als Erste(r) spielen.

Kreis, 1) *Geschichte:* →Reichskreise.
2) *Kommunalrecht:* Gebietskörperschaft, d. h. Körperschaft des öffentl. Rechts, deren Gebietshoheit einen räumlich abgegrenzten Teil des Staatsgebiets sowie dessen Bev. umfasst. Zusätzlich schreiben die Kommunalverfassungsgesetze der Länder dem K. die Eigenschaft eines Gemeindeverbandes, also einer eigenständigen kommunalen Körperschaft mit überörtl. Aufgaben und dem Recht zur →Selbstverwaltung für den Aufgabenbereich mehrerer kreisangehöriger Gemeinden zu. Davon ist die Inanspruchnahme von Organen des K. für Aufgaben der unteren staatl. Verwaltungsbehörde zu unterscheiden.
K. bestehen in allen Dtl.s mit Ausnahme der Stadtstaaten (Berlin, Bremen, Hamburg), überwiegend mit der Bez. **Land-K.** Insgesamt gibt es in Dtl. 324 Land-K. (1996), davon 237 in den alten Ländern und 87 durch K.-Gebietsreform vergrößerte Land-K. in den neuen Ländern (z. Z. des Beitritts waren es noch 191). Die durchschnittliche Ew.-Zahl liegt bei 150 000 (mit Schwankungsbreite von unter 50 000, Lüchow-Dannenberg, bis über 600 000, Recklinghausen), die durchschnittliche Größe bei 1 000 km² (mit Schwankungsbreite von unter 225 km², Main-Taunus, bis über 2 800 km², Emsland). Die größeren Städte, zumeist solche mit mehr als 100 000 Ew., erfüllen neben ihren Gemeindeaufgaben auch die K.-Funktionen; sie werden als **kreisfreie Städte,** z. T. (Bad.-Württ.) noch als **Stadt-K.** bezeichnet. Dagegen versteht man unter **K.-Stadt** eine Stadt, in der die K.-Verwaltung ihren Sitz hat; hiervon ist die kommunalrechtl. Sonderform der →Großen Kreisstadt zu unterscheiden.
Gemäß Art. 28 Abs. 2 Satz 2 GG steht den K. im Rahmen ihres gesetzl. Aufgabenbereichs nach Maßgabe der Gesetze das Recht auf Selbstverwaltung zu. Die Rechtsstellung der K. ergibt sich im Einzelnen aus den z. T. sehr unterschiedlich gestalteten K.- bzw. Landkreisordnungen der Länder.

Kreisverfassung

Die K. handeln durch ihre Organe. K.-Organe sind der K.-Tag, je nach Landesrecht der K.-Ausschuss bzw. beschließende Ausschüsse des K.-Tages sowie der Hauptverwaltungsbeamte als Institution (Landrat bzw. Oberkreisdirektor). Die typ. Administrationsaufgaben werden dabei der K.-Verwaltungsbehörde zugeordnet. Das Landratsamt ist in manchen Ländern sowohl Behörde des Land-K. als auch untere staatl. Verwaltungsbehörde, z. B. in Bad.-Württ. und Bayern. Ähnlich ist die Organisation auch in Hessen, wo der Landrat Organ des Land-K. und Behörde der Landesverwaltung ist, wobei ihm Bedienstete beigegeben sind, die entweder im Dienst des Land-K. oder des Landes stehen. In anderen Ländern ist die K.-Verwaltungsbehörde eine rein kommunale Selbstverwaltungsbehörde, die neben den Selbstverwaltungsangelegenheiten auf den K. übertragene (staatl.) Aufgaben im Auftrag und nach dessen Weisungen auszuführen hat (z. B. Ndsachs., Saarland, Sa., Sa.-Anh.).
Oberstes Organ des K. ist (in allen Ländern) der **K.-Tag;** er ist die polit. Vertretung des K. und seiner Ew. Er wird in den meisten Ländern auf die Dauer von fünf Jahren gewählt. Der K.-Tag nimmt in parlamentar. Weise gesetzgeber. Funktionen wahr, indem er Satzungen erlässt; des Weiteren trifft er Verwaltungsentscheidungen (z. B. Beschlussfassung über Bauvorhaben). Den Vorsitz im K.-Tag hat entweder ein aus dessen Mitte gewähltes Mitgl. (Bbg., Hessen, Meckl.-Vorp., Sa.-Anh.) oder der Landrat kraft Amtes (in der Mehrzahl der Länder). Der Landrat als Hauptverwaltungsbeamter (und ggf. Vors. des K.-Tages) wird nur in einer Minderheit der Länder vom K.-Tag gewählt (Bad.-Württ., Bbg.), sonst direkt vom K.-Volk. Die Mitgl. des K.-Tages sind wie Landtags- und Bundestags-Abg. unabhängig und an kein Weisungen gebunden, besitzen jedoch keine Indemnität und keine Immunität.
Die Institution des **K.-Ausschusses** gibt es in allen K.-Ordnungen der Länder mit Ausnahme von Bad.-Württ., Sa. und Schlesw.-Holst. (dort erst 1995 mit Wirkung ab 1998 abgeschafft). In Meckl.-Vorp., NRW, Ndsachs. und im Saarland ist der K.-Ausschuss ein vollwertiges drittes Organ des K., das Entscheidungszuständigkeiten in all den Fällen hat, die nicht dem K.-Tag vorbehalten sind und die nicht Geschäfte der laufenden Verwaltung sind, für die ausschließlich der Hauptverwaltungsbeamte verantwortlich ist. Dazu kommen weitere ausdrücklich durch das Gesetz hervorgehobene Aufgaben. Die Funktion eines Hauptausschusses hat der K.-Ausschuss in Bayern und in Rheinl.-Pf. Während er in Bayern nur über diejenigen Angelegenheiten beschließt, die ihm der K.-Tag ausdrücklich überträgt, hat er in Rheinl.-Pf. auch eine Reihe gesetzlich zugewiesener Beschlussaufgaben, v. a. im Haushalts- und Personalwesen. Als kollegiale Verwaltungsbehörde waltet der K.-Ausschuss in Hessen. Hier ist er – dem Magistrat in den Städten vergleichbar – neben den gesetzl. oder ihm vom K.-

Krei Kreis

Tag zugewiesenen Aufgaben insbesondere für die Ausführung der Beschlüsse des K.-Tages, für die Führung der Geschäfte der laufenden Verwaltung und für die gesetzl. Vertretung des K. zuständig.

Der **Hauptverwaltungsbeamte** des K. (→Landrat, in Ndsachs. Oberkreisdirektor) ist kommunaler Wahlbeamter auf Zeit; ähnlich wie bei Bürgermeistern hat sich in den meisten Ländern die direkte Wahl des Landrats durch das K.-Volk durchgesetzt. Den Oberkreisdirektor als Hauptverwaltungsbeamten gibt es nur noch in Ndsachs.; auch dort befindet sich das Modell mit dem Landrat als nur ehrenamtl. Vors. des K.-Tages in der Diskussion.

Aufgaben

Man unterscheidet als Aufgaben des K.: 1) Aufgaben des eigenen Wirkungsbereiches (Selbstverwaltungsaufgaben), die in erster Linie freiwillig wahrgenommen, vereinzelt aber auch gesetzlich als Pflichtaufgaben deklariert werden; 2) weisungsgebundene Aufgaben, die als ›Auftragsangelegenheiten‹, ›Aufgaben des übertragenen Wirkungskreises‹ oder auch als ›Pflichtaufgaben zur Erfüllung nach Weisung‹ bezeichnet werden; 3) Aufgaben der K.-Verwaltung bzw. des Hauptverwaltungsbeamten, diese als allgemeine untere Verwaltungsbehörde des Landes wahrnehmen.

Beispiele aus dem Bereich des eigenen Wirkungskreises sind die Wirtschaftsförderung, Büchereien (freiwillige Aufgaben), die Jugendhilfe oder die örtl. Sozialhilfe als Pflichtaufgaben. Typ. Beispiele für den zweiten Komplex sind die Bauaufsicht oder die Lastenausgleich. Als untere staatl. Verwaltungsbehörde werden beim K. bes. die Aufgaben der K.-Polizeibehörde, des Katastrophen- und Zivilschutzes, des Ausländerwesens sowie der Kommunal- und Fachaufsicht über kreisangehörige Gemeinden wahrgenommen. Z. T. sind die K. gesetzlich verpflichtet, Einrichtungen zu unterhalten (z. B. Berufsschulen).

Der K. sorgt außerdem im Wege finanzieller Zuweisungen an einzelne Gemeinden bzw. durch die Erhebung der K.-Umlage für einen gewissen Ausgleich der oft sehr unterschiedl. Leistungskraft der Gemeinden auf seinem Gebiet. Schließlich treffen ihn die Ergänzungsaufgaben, d. h. Aufgaben, für die die Verwaltungs- und Finanzkraft von einzelnen kreisangehörigen Gemeinden nicht ausreicht (bes. Alten- und Jugendheime, Museen, z. T. Personennahverkehr).

Die Einnahmen der Land-K. bestehen in erster Linie aus Zuweisungen und Erstattungen des Bundes und der Länder sowie aus der **K.-Umlage**, die die K. nach den Landkreisordnungen und den Finanzausgleichsgesetzen der Länder von den Gemeinden und gemeindefreien Gebieten erheben dürfen, soweit die sonstigen K.-Einnahmen den finanziellen Bedarf nicht decken. Einnahmen und Ausgaben sind in den K. in den alten Ländern im Vergleich zu den neuen Ländern noch unterschiedlich strukturiert. In den neuen Ländern machen die Zahlungen von Bund und Land gut die Hälfte der Einnahmen im Verwaltungshaushalt aus (1996: 7,3 Mrd. DM von 14,5 Mrd. DM); in den alten Ländern ist es nur rund ein Drittel (18 von 54,8 Mrd. DM). Die Einnahmen aus Steuern (Jagdsteuer, Schankerlaubnissteuer sowie v. a. ein landesrechtlich geregelter Anteil am Aufkommen der Grunderwerbsteuer) haben nur geringe Bedeutung. Unter den Ausgaben stehen neben den Personalausgaben die Aufgabenbereiche der sozialen Sicherung (darunter Sozialhilfe), Schulen sowie Bau- und Wohnungswesen und Verkehr im Vordergrund.

Geschichte

Die Geschichte der K. ist in erster Linie eine Geschichte der preuß. Land-K. Im 16./17. Jh. entwickelten sich die K. als Selbstverwaltungskörperschaften der Stände, die jedoch im Absolutismus mehr und mehr in staatl. Verwaltungs-Bez. umgewandelt wurden, die eine feste Organisation aufwiesen. Die Absicht des Reichsfreiherrn VOM UND ZUM STEIN, im Zuge der preuß. Reformen die Land-K. zu echten Selbstverwaltungskörperschaften zu machen, scheiterte; vielmehr degradierte K. A. Freiherr VON HARDENBERG den Landrat zum ausschließl. Verwaltungsbeamten. Die K.-Ordnungen hielten am ständ. Prinzip fest, machten jedoch die K.-Vertretungen allein vom Besitz abhängig. Erst unter BISMARCK wurden durch die K.-Ordnung von 1872 (Neufassung 1881) die kreisständ. Befugnisse der Rittergüter beseitigt. Die ab 1884 auch für die westl. Prov. eingeführten K.-Ordnungen machten die Land-K. zu Selbstverwaltungskörperschaften und zugleich zu staatl. Verwaltungs-Bez. auf der unteren Ebene. Ihre Organe waren der K.-Tag, der K.-Ausschuss und der Landrat, der auf Vorschlag des K.-Tages vom Staatsministerium ernannt wurde. Diese Einrichtungen blieben im Wesentlichen bis zur Zerschlagung Preußens 1945 in Kraft.

Dem preuß. und frz. Vorbild der Provinzialadministration folgten zu Beginn des 19. Jh. auch andere dt. Länder. In Baden entstanden die Bez., in Sachsen die Amtshauptmannschaften und in Württemberg die Oberämter. Die traditionellen bayer. Landgerichte

Einnahmen und Ausgaben der Kreise in den alten Ländern
(1992–1996; in Mrd. DM)

Einnahmen des Verwaltungshaushaltes	1992	1993	1994	1995	1996
Steuern	0,24	0,25	0,27	0,25	0,25
Gebühren	4,90	5,22	5,59	5,90	6,00
Erwerbseinnahmen	0,54	0,68	0,72	0,60	0,50
Ersatz von sozialen Leistungen	1,85	2,10	2,32	2,50	2,55
Zahlungen von Verwaltungen	36,52	41,24	43,58	44,20	44,65
darunter: Kreisumlage	17,88	20,75	22,20	23,00	23,20
Zahlungen von Bund/Land	15,87	17,30	17,70	17,80	18,00
sonstige Einnahmen	0,76	0,68	0,80	0,85	0,85
Summe	**44,81**	**50,17**	**53,27**	**54,30**	**54,80**
Ausgaben des Verwaltungshaushaltes					
Personalausgaben	8,40	8,72	8,76	9,05	9,20
laufender Sachaufwand	7,17	7,58	7,65	7,75	7,90
Zinsen	1,25	1,34	1,32	1,30	1,35
soziale Leistungen	11,22	13,57	14,71	15,70	16,20
Zahlungen an Verwaltungen	12,86	14,67	16,13	16,80	16,00
sonstige Ausgaben	1,50	1,82	2,15	2,20	2,30
Summe	**42,41**	**47,71**	**50,72**	**52,80**	**52,95**

Einnahmen und Ausgaben der Kreise in den neuen Ländern
(1992–1996; in Mrd. DM)

Einnahmen des Verwaltungshaushaltes	1992	1993	1994	1995	1996
Steuern	–	–	–	–	–
Gebühren		1,58	1,94	1,96	2,00	2,05
Erwerbseinnahmen	0,20	0,31	0,27	0,25	0,20
Ersatz von sozialen Leistungen	0,63	0,96	1,14	1,30	1,25
Zahlungen von Verwaltungen	8,83	10,00	10,15	10,50	10,80
darunter: Kreisumlage	2,07	2,17	2,36	2,65	2,95
Zahlungen von Bund/Land	6,75	7,05	7,16	7,40	7,30
sonstige Einnahmen	0,45	0,26	0,23	0,20	0,20
Summe		**11,69**	**13,48**	**13,75**	**14,25**	**14,50**
Ausgaben des Verwaltungshaushaltes					
Personalausgaben	4,11	4,09	3,88	3,85	3,80
laufender Sachaufwand	2,99	3,15	3,18	3,25	3,30
Zinsen	0,06	0,13	0,17	0,20	0,25
soziale Leistungen	2,62	3,72	4,09	4,70	5,00
Zahlungen an Verwaltungen	1,16	1,30	1,31	1,30	1,55
sonstige Ausgaben	0,63	0,85	0,86	0,80	0,80
Summe		**11,57**	**13,24**	**13,50**	**14,10**	**14,70**

vereinten noch bis 1861/62 Justiz und Verwaltung. Danach wurde die Verwaltung Bez.-Ämtern übertragen, die 1919 von den Land-K. abgelöst wurden.

Nach 1945 wurden die Land-K. in den drei westl. Besatzungszonen als Selbstverwaltungskörperschaften neu konstituiert. In Ost-Dtl. erhielten die K. erst nach der Wende und endgültig mit dem Beitritt zur Bundesrepublik ihr Selbstverwaltungsrecht zurück. Dem Trend zur Verstärkung der unmittelbaren Bürgermitwirkung folgend, sehen nun die meisten K.-Ordnungen direkt gewählte Landräte, Bürgerbegehren und den Bürgerentscheid vor. Staatsangehörige aus den EU-Mitgliedsstaaten dürfen bei den Kommunalwahlen wählen. (→kommunale Gebietsreform)

In *Österreich* gibt es seit der 1945 hier wieder beseitigten dt. K.-Verwaltung keine Gebietskörperschaften zw. Ländern und Gemeinden. Auf dieser Verwaltungsebene sind vielmehr die →Bezirkshauptmannschaften, ergänzt durch einzelne Gemeinde-(zweck-)Verbände (wie die Sozialhilfeverbände) tätig. Ähnlich den dt. kreisfreien Städten nehmen die Städte mit eigenem Statut neben den Gemeindeaufgaben die Aufgaben der Bez.-Verwaltung wahr.

In der *Schweiz* steht es den Kantonen grundsätzlich frei, ob sie zw. kantonaler und kommunaler Ebene eine weitere Ebene einschalten wollen. K. in diesem Sinne bestehen z. B. im Kanton Graubünden. Häufiger sind aber flexiblere und meist von den Gemeinden selbst gewählte Formen der regionalen Zusammenarbeit, z. B. die Gemeindeverbände.

Die Gemeindeordnungen u. die K.-Ordnungen in der Bundesrepublik Dtl., bearb. v. G. SCHMIDT-EICHSTAEDT, Losebl. (1979ff.); Hb. der kommunalen Wiss. u. Praxis, hg. v. G. PÜTTNER, 6 Bde. (²1981–85); Wie funktioniert das? Städte, K. u. Gemeinden, bearb. v. W. HAUS u. a. (1986); A. GERN: Dt. Kommunalrecht (1994); Die K. im Bundesstaat. Zum Standort der K. im Verhältnis zu Bund, Ländern u. Gemeinden, Beitrr. v. H.-G. HENNEKE u. a. (1994).

3) *Geometrie:* **K.-Linie, K.-Peripherie,** der geometr. Ort aller Punkte der Ebene, die von einem festen Punkt *M* den gleichen Abstand *r* haben; hierbei bezeichnet man *M* als **Mittelpunkt** oder **Zentrum** und *r* als **Radius** oder **Halbmesser** des K.; als Radius bezeichnet man ebenfalls jede Strecke, die den Mittelpunkt *M* mit einem Punkt des K. verbindet. **Durchmesser** (*d*) nennt man sowohl diejenigen Strecken, die zwei K.-Punkte verbinden und *M* enthalten, als auch deren Länge. Es gilt $d = 2r$, wenn man Durchmesser und Radius als Längen betrachtet. Der K. begrenzt die **K.-Fläche** (häufig ebenfalls einfach K. gen.). Für die Länge *U* des K.-Umfanges gilt $U = 2\pi r$, der Inhalt *F* der K.-Fläche ist $F = \pi r^2$ (→Pi). K.-Umfang und K.-Fläche können z. B. durch →Rektifikation oder →Quadratur des Kreises berechnet werden. – Die Gleichung eines K. um $M(x_M; y_M)$ mit dem Radius *r* lautet

$$(x - x_M)^2 + (y - y_M)^2 = r^2.$$

Speziell ist die Gleichung

$$x^2 + y^2 = 1$$

die Gleichung des Einheits-K. um den Ursprung *O* (→Koordinaten).

Ein K. und eine Gerade können keinen Punkt, einen Punkt oder zwei versch. Punkte gemeinsam haben. Im ersten Fall sagt man, die Gerade meidet den K., und nennt die Gerade **Passante**. Im zweiten Fall berührt die Gerade den K. und heißt **Tangente;** sie steht auf dem zugehörigen Radius (dem **Berührungsradius**) senkrecht. Im letzten Fall schneidet die Gerade den K. und wird **Sekante** genannt. Sie zerlegt die K.-Fläche und die K.-Linie in jeweils zwei Teile. Die Teile der K.-Linie nennt man **K.-Bogen,** die der K.-Fläche **K.-Abschnitte** oder **Segmente.** Den von der K.-Linie begrenzten Abschnitt der Sekante bezeichnet man als **Sehne.** Verläuft die Sekante durch den K.-Mittelpunkt, so nennt man sie **Zentrale.** Ihre Sehne ist dann der Durchmesser. Er zerlegt die K.-Linie in zwei **Halbkreisbogen** und die K.-Fläche in zwei **Halbkreisflächen.** Verbindet man die Endpunkte einer Sehne mit dem Mittelpunkt des K., so entstehen mit diesem als Scheitel zwei Winkel (**Mittelpunkts-** oder **Zentriwinkel),** die sich zu 360° ergänzen. Der im Winkelfeld eines Zentriwinkels liegende Teil der K.-Fläche heißt **K.-Ausschnitt** oder **Sektor.** Ist γ der Zentriwinkel, dann ist der Flächeninhalt *F* des dazugehörigen Sektors $F = \pi r^2 \cdot (\gamma / 360°)$ und die Länge *b* des dazugehörigen K.-Bogens $b = \pi r \cdot (\gamma / 180°)$.

Wählt man auf dem K. zwei Punkte *A*, *B*, so wird der K. durch diese ebenfalls in zwei Bogen zerlegt. Betrachtet man einen solchen K.-Bogen *b* und einen Punkt *C* auf dem anderen K.-Bogen, so heißt der Winkel ∢ *ACB* **Umfangs-** oder **Peripheriewinkel** über dem Bogen *b* oder über der Sehne $\overline{AB}$. Alle Umfangswinkel über demselben K.-Bogen sind gleich groß und halb so groß wie der zugehörige Zentriwinkel. Zu jeder Sehne gibt es zwei versch. liegende Umfangswinkel α und β, deren Scheitel auf versch. Seiten der Sehne auf entgegengesetzten K.-Bogen liegen; es gilt: $\alpha + \beta = 180°$. Ist die Sehne der Durchmesser (und damit der K.-Bogen ein Halbkreisbogen), so beträgt jeder Umfangswinkel über dieser Sehne 90° (→Thaleskreis).

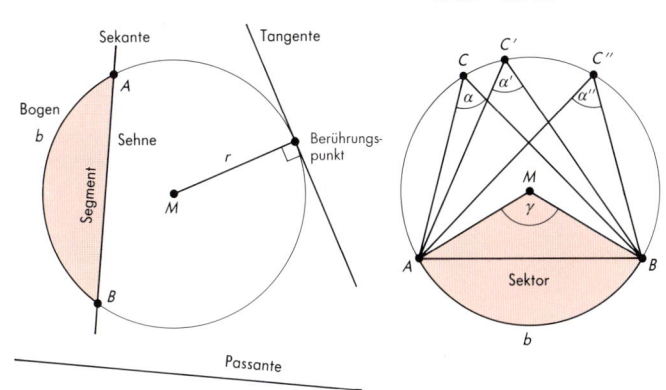

Kreis 3): links Längenbeziehungen zwischen Kreis und Gerade; rechts Umfangswinkel (α, α', α'') und Mittelpunktswinkel (γ) über der Sehne $\overline{AB}$; es gilt: $\alpha = \alpha' = \alpha'' = \gamma / 2$

4) *Religionswissenschaft:* In der Symbolik der meisten Religionen spielt der K. eine wichtige Rolle. Schon in der Prähistorie ist er Zeichen der Sonne und ihrer Lebenskraft. Seine Verbindung von endloser Linie und stat. Ruhe ließen ihn zum Sinnbild für Gott und den Himmel (z. B. die Kuppeln in Kirchenbauten) oder den Bereich des Göttlichen (z. B. der ›Heiligenschein‹), seine bruchlose Geschlossenheit zur (mag.) Schutzzone oder zum Zeichen von Kraft, seine Entsprechung zur immer neuen Wiederkehr der Jahreszeiten zum Symbol der Zeit und Unendlichkeit, des Lebens bzw. des Jahres werden. Schon früh gab es kreisförmig angelegte Städte; mag. Umkreisungen von Heiligtümern (z. B. der Kaaba oder christl. Kirchen durch Prozessionen), Wohn-Bez. oder des Feuers sollten vor Gefahren schützen oder das symbolisch umkreiste Objekt bezwingen (z. B. Zerstörung Jerichos); diese Symbolik wurde auch in den privaten Bereich übernommen (z. B. Ehe- und Bischofsring; Ohr- oder Nasenringe; Jungfern- oder Brautkranz).

E. F. KNUCHEL: Die Umwandlung in Kult, Magie u. Rechtsbrauch (Basel 1919); M. LURKER: Der K. als Symbol im Denken, Glauben u. künstler. Gestalten der Menschheit (1981); E. CASSIRER: Philosophie der symbol. Formen, 4 Bde. (⁷⁻⁹1982–88).

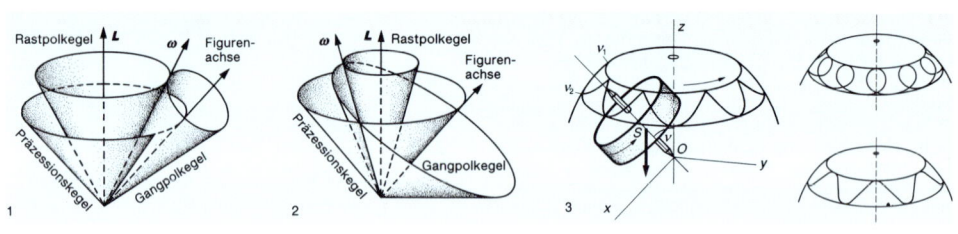

Kreisel: 1 Präzessions-, Rastpol- und Gangpolkegel eines Kreisels mit verlängertem Trägheitsellipsoid; 2 Präzessions-, Rastpol- und Gangpolkegel eines Kreisels mit abgeplattetem Trägheitsellipsoid; 3 Präzession eines schweren symmetrischen Kreisels mit überlagerter Nutation (verschiedene Bewegungsformen der Figurenachse); L Drehimpuls, ω Winkelgeschwindigkeit, S Schwerpunkt, ν Winkel zwischen Figurenachse und Vertikaler (schwankt zwischen ν_1 und ν_2).

Kreisauer Kreis, eine nach dem Ort ihrer Zusammenkünfte auf dem Gut Kreisau in Niederschlesien (heute zu Schweidnitz) des Grafen H. J. VON MOLTKE benannte Gruppe der dt. →Widerstandsbewegung. 1942 entstanden, umfasste der Kreis 43 meist jüngere Oppositionelle versch. konfessioneller bzw. sozialer Herkunft und weltanschaulich-polit. Einstellung. Bedeutsame Teilnehmer waren außer MOLTKE u. a. A. DELP, E. GERSTENMAIER, T. HAUBACH, H. LUKASCHEK, C. MIERENDORFF, H. POELCHAU, A. REICHWEIN, T. STELTZER, A. VON TROTT ZU SOLZ und P. Graf YORCK VON WARTENBURG. Ziel des K. K. war die Beseitigung des natsoz. Reg.-Systems und seiner führenden Kräfte, wobei die Meinungen über die Art des Vorgehens (z. B. in der Frage eines Attentats auf HITLER) geteilt blieben. Die Bemühungen galten zugleich der Erneuerung der rechtsstaatl. und humanen Lebensordnung sowie der gesellschaftl. und wirtschaftl. Struktur in Dtl. Die Denkschriften und Gutachten trugen jedoch noch keinen endgültigen Charakter. Die Verhaftung MOLTKES im Januar 1944 sowie der Fehlschlag des Aufstandsversuchs vom 20. 7. 1944 machten auch die Arbeit des K. K. zunichte. Viele seiner Mitgl. wurden hingerichtet. – An die christlich-sozialen und sozialkonservativen Ideen des K. K. knüpfte u. a. das ›Ahlener Programm‹ der CDU (1947) an.

A. VON MOLTKE: Die wirtschafts- u. gesellschaftspolit. Vorstellungen des K. K.es innerhalb der dt. Widerstandsbewegung (1989).

Kreisbahngeschwindigkeit, *Raumfahrt:* die erste der →kosmischen Geschwindigkeiten. Die K. ist diejenige Geschwindigkeit, die ein tangential zur Oberfläche eines Himmelskörpers abgeschossener Körper haben muss, damit er diesen (als ideal vorgestellten) Himmelskörper auf der kleinstmögl. Kreisbahn umrunden kann. Für die Erde beträgt die K. 7,9 km/s.

Kreisch *die,* Nebenfluss der Theiß, →Körös.

Kreisdämpfung, *Elektrotechnik:* der Kehrwert der →Güte eines Schwingkreises.

Kreisel, *Physik:* in einem Punkt festgehaltener, sonst frei bewegl. starrer Körper, der um diesen Punkt (Rotationszentrum) Drehbewegungen ausführt. Der schon im Altertum bekannte Spiel-K. ist daher kein K. im physikal. Sinn, da seine Spitze nicht in einem Punkt festgehalten wird, sondern auf einer Fläche frei beweglich ist. In der Umgangssprache wird die Bez. K. meist auf starre Körper mit Rotationssymmetrie eingeengt.

Ein für die Art der Bewegung eines K. und deren mathemat. Beschreibung wesentl. Begriff ist der des Trägheitsellipsoids (→Trägheitstensor), das im allgemeinsten Fall drei versch. Hauptachsen, d. h. drei versch. Haupträgheitsmomente besitzt. Ein Körper mit rotationssymmetr. Massenverteilung besitzt ein rotationssymmetr. Trägheitsellipsoid, dessen eine Hauptachse mit der Symmetrieachse, der **Figurenachse,** zusammenfällt; daneben besitzt er unendlich viele, zur Figurenachse senkrechte äquatoriale Hauptachsen, die alle gleich lang sind. Ein solcher Körper wird als **symmetrischer K.** bezeichnet, speziell als verlängerter K., wenn die Hauptachse des Trägheitsellipsoids längs der Figurenachse länger ist als die äquatorialen Hauptachsen, das Trägheitsmoment um die Figurenachse also kleiner ist als um die äquatorialen, als abgeplatteter dagegen im umgekehrten Fall. Ein weiteres Unterscheidungsmerkmal richtet sich danach, ob an dem K. äußere Drehmomente angreifen oder nicht. Im ersten Fall handelt es sich um einen **kräftefreien K.,** der z. B. durch Unterstützung eines abgeplatteten K. in dessen Schwerpunkt realisiert werden kann, um den sich der K. auch dreht (kleinscher K.). Eine andere Möglichkeit der Realisierung eines kräftefreien K. besteht in dessen kardan. Aufhängung, wenn die Masse des kardan. Gehänges gegen die des K. vernachlässigt werden kann; die hierbei verwendeten K. sind ebenfalls häufig abgeplattet (→Gyroskop). Als **schwerer K.** wird ein K. bezeichnet, wenn der feste Punkt, um den er sich dreht, vom Schwerpunkt verschieden ist und der K. der Schwerkraft unterliegt. Bei der Bewegung eines kräftefreien K. sind die Energie und der Drehimpuls L konstant. Die durch die Richtung von L festgelegte Drehimpulsachse durch den Schwerpunkt behält unverändert ihre Richtung im Raum bei; sie fällt jedoch i. Allg. weder mit der Figurenachse des K. noch mit der durch den Vektor der Winkelgeschwindigkeit ω festgelegten momentanen Drehachse zusammen. Während beim Zusammenfallen dieser Achsen eine reine Rotation um die Figurenachse erfolgt, ergibt sich als allgemeine Bewegungsform die **reguläre Präzession,** bei der die Figurenachse und die Drehachse eine kreisende Bewegung (auf Kegelmänteln) um die raumfeste Drehimpulsachse ausführen, wobei die Spitzen der Kegel jeweils im Mittelpunkt des Trägheitsellipsoids des K. liegen. Den von der Figurenachse mit konstanter Umlaufsgeschwindigkeit beschriebenen Kreiskegel bezeichnet man als **Präzessionskegel,** den von der momentanen Drehachse beschriebenen als **Rastpolkegel (Spur-** oder **Herpolhodiekegel).** Betrachtet man die Bewegung der momentanen Drehachse vom K. aus, so beschreibt sie den **Gangpolkegel (Lauf-** oder **Polhodiekegel),** der – bei der Bewegung der Figurenachse auf dem Präzessionskegel – auf dem Rastpolkegel abrollt. – Beim **kräftefreien unsymmetrischen K.** sind diese Kegel keine Kreiskegel mehr, nur der Rastpolkegel ist geschlossen, die anderen sind es i. Allg. nicht mehr.

Für die Bewegung eines K. gelten die eulerschen Bewegungsgleichungen (eulersche K.-Gleichungen)

$$J_x \dot{\omega}_x - \omega_y \omega_z (J_y - J_z) = N_x$$
$$J_y \dot{\omega}_y - \omega_z \omega_x (J_z - J_x) = N_y$$
$$J_z \dot{\omega}_z - \omega_x \omega_y (J_x - J_y) = N_z.$$

Dabei sind J_x, J_y, J_z die Haupträgheitsmomente für den festen Punkt, ω_x, ω_y, ω_z die Komponenten der Winkelgeschwindigkeit des K. und N_x, N_y, N_z die Komponenten des gesamten Drehmoments längs der

Kreiselwespen: Europäische Kreiselwespe (Länge 20 mm)

Hauptachsen des Trägheitsellipsoids; der Punkt bedeutet die Ableitung nach der Zeit. Die Identifizierung einer der Hauptachsen des Trägheitsellipsoids mit der z-Achse ist dabei völlig willkürlich; die beiden anderen Achsen werden dann im Sinne eines Rechtssystems festgelegt. Diese Gleichungen vereinfachen sich für den kräftefreien K. durch den Wegfall der Drehmomentkomponenten. In dieser Form können die Gleichungen unter Berücksichtigung der Konstanten der Bewegung (Energie und Drehimpuls) mithilfe ellipt. Funktionen vollständig integriert werden. Eine geometr. Beschreibung der Bewegung ohne vollständige Lösung des Problems ermöglicht die →poinsotsche Konstruktion.

Bei der Einwirkung äußerer Kräfte bzw. Drehmomente auf einen mit entsprechenden Freiheitsgraden gelagerten K. treten charakterist. Erscheinungen auf: Ein genügend schnell rotierender K. weicht dem Versuch, ihn um eine zu seiner momentanen Drehachse senkrechte Achse zu drehen, mit einer Drehung um eine zu dieser Achse senkrechte Achse aus, was sich z. B. bei einem kardanisch aufgehängten K. als Widerstand gegen das angewendete Drehmoment bemerkbar macht. Bei einem schweren symmetr. K. wird dieses Drehmoment durch die Schwerkraft auf den K. ausgeübt. Dies führt dazu, dass die Figurenachse nicht nur in einem festen Drehsinn um die Vertikale durch den Unterstützungspunkt fortschreitet (Präzession), sondern dass sich der Winkel zw. der Figurenachse und der Vertikalen auch periodisch zw. zwei Grenzwinkeln ändert. Diese Bewegung wird als **Nutation** bezeichnet. Bei genügend schneller Rotation des K. **(schneller schwerer K.)** ist diese Nutation nur als schwache Zitterbewegung oder fast gar nicht wahrzunehmen; man spricht dann von **pseudoregulärer Präzession.** Unter bestimmten Anfangsbedingungen kann der schwere symmetr. K. auch eine strenge reguläre Präzession ausführen.

Das Beharrungsvermögen der Drehimpulsachse eines kräftefreien K. und der Widerstand, den er einem senkrecht zu dieser Achse wirkenden Drehmoment bietet, werden zu Navigationszwecken ausgenutzt, z. B. mit dem K.-Kompass, dem K.-Horizont (→künstlicher Horizont) und bei der Trägheitsnavigation. In der Ballistik wird die K.-Wirkung zur Geschossstabilisierung genutzt, indem man dem Geschoss einen Drall erteilt.

Auch die Erde ist ein K., der wegen der Abplattung an den Polen, der Neigung seiner Rotationsachse und der Gravitationswirkung von Sonne und Mond nicht völlig kräftefrei ist (→Nutation, →Präzession).

Kreisel, Georg, britisch-amerikan. Logiker, *Graz 15. 9. 1923; Studium in Cambridge (Kontakt mit L. WITTGENSTEIN), seit 1960 Prof. in Paris, ab 1964 an der Stanford University; einer der prominentesten Vertreter der mathemat. Logik, zu den Disziplinen er zahlr. Beiträge lieferte. Am bekanntesten sind seine Arbeiten über die Rekursionstheorie und zur beweistheorel. Interpretation des Intuitionismus.

Kreiselhorizont, *Flugüberwachungsgerät:* der →künstliche Horizont.

Kreiselmäher, von der Traktorzapfwelle angetriebene Mähmaschinen, bei denen in horizontaler Ebene sehr rasch umlaufende Messer (60 bis 90 m/s) im ›freien Schnitt‹ arbeiten. Meist befinden sich zwei oder vier ›Kreisel‹ nebeneinander (ein oder zwei Schwads). **Scheiben-K.** arbeiten mit Untenantrieb, **Trommel-K.** mit Obenantrieb. Die K. haben die weniger leistungsfähigen →Balkenmähwerke weitgehend abgelöst, benötigen aber wesentlich mehr Energie.

Kreiselpumpe, weit verbreitete, den Strömungsmaschinen zuzuordnende Arbeitsmaschine zum Fördern von Flüssigkeiten, die als Umkehrung einer Wasserturbine angesehen werden kann. Bei einer K. strömt die Förderflüssigkeit durch eine Saugleitung dem angetriebenen und stetig rotierenden Laufrad zu, in dem ihre Strömungsenergie (Summe der Lagen-, Druck- und Geschwindigkeitsenergie; bei der **Gleichdruckpumpe** mit partiell beaufschlagtem Laufrad nur die Geschwindigkeitsenergie) erhöht wird. Im nachgeschalteten Diffusor oder einem Leitrad mit fest stehenden Schaufeln wird die Strömungsenergie der Flüssigkeit verringert und damit die Geschwindigkeitsenergie fast völlig in Druckenergie umgewandelt. Das fast nur noch Druckenergie enthaltende Fördermittel gelangt anschließend in die Druckleitung. K. eignen sich für die Förderung von Wasser, Schlamm, Säure, Öl, Flüssiggas sowie viskosen Fluiden.

Nach der Form der Laufräder und damit der Austrittsrichtung der Flüssigkeit unterscheidet man **Radial-, Halbaxial-** (auch **Diagonal-** oder **Schraubrad-**) und **Axialpumpen (Propellerpumpen).** Die Pumpengehäuse sind aus Kunststoff, Beton, Keramik oder Gusseisen mit Lamellengraphit; nach ihrer Form unterscheidet man u. a. Spiralgehäusepumpe mit einem im Meridianschnitt unsymmetr. Querschnitt, Ringraumgehäusepumpen mit am Umfang gleich bleibendem Querschnitt und Rohrgehäusepumpen, in denen der Förderstrom in axialer Richtung weitergeführt wird. Der gebräuchl. Antrieb für K. sind Elektromotoren, daneben aber auch Verbrennungsmotoren und Dampfturbinen (z. B. zum Antrieb von Kesselspeisepumpen in Kraftwerken). K. werden einstufig oder mehrstufig mit hintereinander geschalteten Laufrädern gebaut, wobei sich die Förderhöhe bei gleich bleibendem Förderstrom summiert, oder auch einflutig oder mehrflutig (mehrströmig) mit parallel geschalteten Laufrädern, wobei sich die Förderströme bei konstanter Förderhöhe addieren.

Der Förderstrom selbst kann durch Drosselung in der Druckleitung, durch Drehzahländerung oder, bei axialen und halbaxialen Laufrädern, durch Verstellen der Laufradschaufeln geregelt werden. Auch Vordrallregelung durch Erzeugung eines Dralles mit einem vorgeschalteten, verstellbaren Leitrad wird bei einstufigen K. für große Förderströme angewandt.

Kreiselschnecken, Trochoidea, zu den →Vorderkiemern gestellte Überfamilie der Schnecken, die in allen Meeren vorkommen. Die kegelförmigen Schalen werden wegen ihrer oft leuchtenden Farben und der starken Perlmuttschicht zu Schmuck verarbeitet. V. a. an europ. Küsten verbreitet sind K. der Gattung Gibbula, z. B. die **Schmuck-K.** (Gibbula adriatica) im Mittelmeer.

Kreiseltheodolit, mit einem Kreiselkompass versehener →Theodolit zur Messung ($\pm 20''$) von Azimuten; wird u. a. im Bergbau und in Waldgebieten zur Richtungsorientierung benutzt.

Kreiselverdichter, Turboverdichter, in der Bauart der Kreiselpumpe entsprechender →Verdichter zur Förderung gasförmiger Medien.

Kreiselwespen, Wirbelwespen, Bembicinae, weltweit verbreitete Unterfamilie der →Grabwespen, deren 10–30 mm körperlange Vertreter meist gelbschwarz gefärbt sind. Einzige Art in Mitteleuropa ist die **Europäische K.** (Bembix rostrata; Länge 20 mm), deren Larven sich v. a. von Fliegen ernähren.

Kreisförderer, *Fördertechnik:* raumbewegl. Förderer, der vorwiegend Verwendung in der Stückgutförderung findet. Der Transport erfolgt hängend durch einzelne Lastaufnahmevorrichtungen, die durch ein endlos umlaufendes Zugmittel, meist eine Kette **(Kreiskettenförderer),** seltener durch ein Stahlseil bewegt werden. Die Tragmittel (Gehänge) können dem

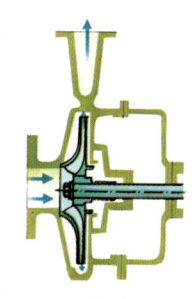

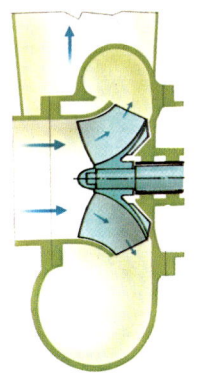

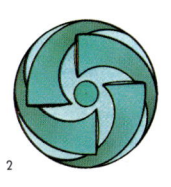

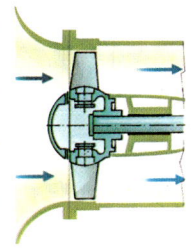

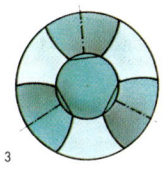

Kreiselpumpe: Laufradbauarten: 1 Radialrad mit Schaufeln, die sich bis in den Saugmund erstrecken; 2 Halbaxialrad (Schraubenrad, Diagonalrad); 3 Axialrad (jeweils Querschnitt, oben, und Aufsicht, unten)

Krei kreisfreie Stadt – Kreislaufschwäche

Fördergut angepasst werden. **Einbahn-K.** haben eine gemeinsame Führungsbahn für Zugmittel und Gehänge und sind während des Betriebs untrennbar miteinander verbunden. **Zweibahn-K.** (Power-and-free-Förderer) haben jeweils eine Bahn für das Zugmittel (Powerbahn) und eine Bahn für das Lastgehänge (Freebahn). Die auch während des Betriebs lösbare Verbindung erfolgt über Mitnehmer am Zugmittel.

kreisfreie Stadt, →Kreis.
Kreisfrequenz, →Winkelgeschwindigkeit.
Kreisfunktionen, die →Winkelfunktionen.
Kreisgericht, in der DDR die unterste staatl. Gerichtsinstanz mit weit reichender Zuständigkeit (→Gericht, Tabelle); wurde i. d. R. in jedem Stadt- und Landkreis sowie Stadtbezirk errichtet. Ab 1990 fielen die K. wieder in die Zuständigkeit der wieder errichteten Länder und waren auf der Grundlage des Einigungsvertrages übergangsweise auch für Angelegenheiten der Verwaltungs-, Finanz-, Arbeits- und Sozialgerichtsbarkeit zuständig, bis schließlich (etwa bis Ende 1993) die neuen Amtsgerichte sowie die Fachgerichte an ihre Stelle traten. Die in Berlin (West) vorhandene, dem Recht der Bundesrepublik entsprechende Gerichtsstruktur wurde dagegen sofort nach dem Beitritt auf das ganze Land Berlin übertragen.
Kreisgroschen, Groschenmünzen, die vom Obersächs. Kreis 1656 ausgegeben wurden, um schlechte fremde Groschen zu verdrängen. Erfolg hatte man mit dieser Maßnahme nicht, da nach dem greshamschen Gesetz (→Gresham, Sir Thomas) die schlechten Münzen die K. verdrängten.
Kreishandwerkerschaft, →Innung.
Kreishauptmann, bis 1555 Bez. für den obersten Befehlshaber der Truppen in den einzelnen →Reichskreisen; danach **Kreisoberst** genannt.
Kreiskettenförderer, ein →Kreisförderer.
Kreiskolbenmotor, ein Verbrennungsmotor, dessen Kolben eine stetig kreisende Bewegung ausführt. Prakt. Bedeutung hat nur der **Wankelmotor** erlangt. Er besitzt ein Gehäuse in Form einer Trochoide (Epitrochoide), in dem eine Exzenterwelle gelagert ist. Auf dem Exzenter sitzt ein Kolben in Form eines Bogendreiecks, dessen Mittelpunkt durch den Exzenter auf einer Kreisbahn geführt wird. Durch ein Synchronisiergetriebe wird erreicht, dass die Drehzahl des Kolbens auf dem Exzenter ein Drittel der Exzenterwellendrehzahl ist. In den Ecken und Flanken des Kolbens angeordnete Dichtleisten liegen an der Trochoide an und erzeugen dadurch drei sichelförmige Kammern, die ihr Volumen bei einer Kolbenumdrehung zweimal vergrößern und verkleinern.
Durch Ein- und Auslassschlitze in der Gehäusewand wird ein Ladungswechsel durchgeführt, sodass ein Viertaktprozess ablaufen kann, ohne dass Ventile benötigt werden. Durch die Bewegung des Kolbens auf einer Kreisbahn treten nur Fliehkräfte auf, die durch Gegengewichte vollständig ausgeglichen werden können. Daraus ergibt sich eine hervorragende Laufruhe auch bei hohen Drehzahlen. Das Dichtsystem eines Wankelmotors wird heute hinsichtlich Funktion und Verschleiß problemlos beherrscht, ist aber von der Zahl der Teile und der erforderl. Fertigungsgenauigkeit her wesentlich aufwendiger als das eines übl. Motors. Nachteilig ist auch der um etwa 10% höhere Kraftstoffverbrauch und die Tatsache, dass es kaum möglich ist, einen K. der wankelschen Bauart als Dieselmotor auszuführen.

Kreiskolbenmotor: Taktfolge: **1** Ansaugen des Kraftstoff-Luft-Gemischs durch den Einlass *h* in Kammer A (1. Takt); **2** Verdichten des Gemischs durch Verkleinerung des Raums in Kammer B (2. Takt); **3** Zünden des Gemischs mit nachfolgender Arbeitsverrichtung und Raumvergrößerung in Kammer B (3. Takt); **4** Ausstoßen der Abgase aus Kammer C durch den Auslass *i* (4. Takt); a Kreiskolben, b Innenverzahnung, e Welle, f Exzenter, g Kolbenmittelpunkt

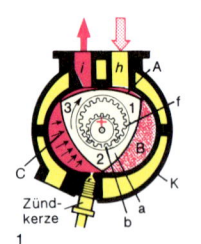

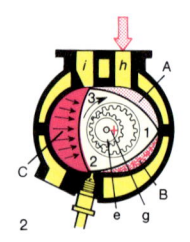

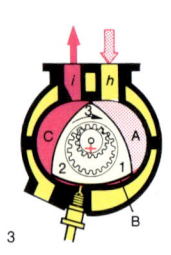

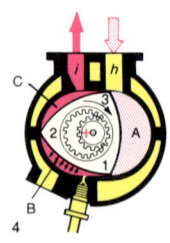

Kreisky [-ki], Bruno, österr. Politiker, * Wien 22. 1. 1911, † Wien 29. 7. 1990; Jurist, Mitgl. der SPÖ, war nach den Februarunruhen (1934) 1935–37 in Haft, erneut (März–August 1938) nach dem ›Anschluss‹ Österreichs an das Dt. Reich. Nach seiner Entlassung aus der Gestapohaft ging er nach Schweden ins Exil (bis 1945). Er war dort Korrespondent in- und ausländ. Zeitungen und galt als Vertrauensmann der schwed. Reg. in österr. Angelegenheiten.
1945 trat K. in den diplomat. Dienst der 2. Rep. Österreich. Als Staats-Sekr. im Bundeskanzleramt (1953–59) nahm er 1955 an den Verhandlungen über den Österr. Staatsvertrag teil. 1956 wurde er Mitgl. des Nationalrates (bis 1983). Als Außen-Min. (1959–66) führte er die Verhandlungen um die Aufnahme Österreichs in die EFTA sowie die Gespräche mit Italien über die Lösung der Südtirolfrage. 1967–83 (Rücktritt) Vors. der SPÖ und 1970–83 (Rücktritt) Bundeskanzler, galten die Wahlerfolge der SPÖ (1971–83 absolute Mehrheit; erfolgreichste Partei der europ. Sozialdemokratie) zugleich als sein persönl. Verdienst. Auf zahlr. Gebieten führten die K.s Reformen durch (z. T. in heftigen Auseinandersetzungen mit der Opposition im Nationalrat). K. gewann hohes Ansehen als Außenpolitiker, der den österr. Neutralitätsstatus konsequent verfolgte und auf dieser Basis Vorschläge zur Lösung internat. Probleme machte. Mit W. BRANDT, A. AS-SADAT und S. PERES arbeitete er 1978 einen Friedensplan für den Nahen Osten aus (Anerkennung der Sicherheitsbedürfnisse Israels sowie der Rechte der palästinens. Araber); häufig kritisierte er scharf die Nahostpolitik der Reg. Begin.
Werke: Aspekte des demokrat. Sozialismus (1974); Neutralität u. Koexistenz (1975); Die Zeit, in der wir leben (1978); Politik braucht Visionen (1982); Das Nahostproblem. Reden, Interviews, Kommentare (1985); Zw. den Zeiten. Erinnerungen aus fünf Jahrzehnten (1986); Im Strom der Politik. Erfahrungen eines Europäers (1988); Der Mensch im Mittelpunkt. Der Memoiren dritter Teil (1996). – B. K. Ansichten des sozialdemokrat. Staatsmannes, hg. v. J. KUNZ (1993).
P. LENDVAI u. K. H. RITSCHEL: K. Portrait eines Staatsmannes (1972); S. KLEIN-LÖW: B. K. (Wien 1983).

Kreislauf, 1) *Ökologie:* →Kohlenstoffkreislauf, →Stickstoffkreislauf, →Wasserkreislauf.
2) *Physiologie:* Kurz-Bez. für →Blutkreislauf.
3) *Religionsgeschichte:* →Karma, →Samsara, →Seelenwanderung.
4) *Wirtschaft:* →volkswirtschaftliche Gesamtrechnung, →Wirtschaftskreislauf.
Kreislaufkollaps, akutes Versagen der Kreislaufregulation (→Kollaps).
Kreislaufmittel, Sammel-Bez. für alle den Blutkreislauf beeinflussenden (gefäßerweiternden oder gefäßverengenden) Arzneimittel; i. e. S. Bez. für blutdrucksteigernde Substanzen.
Kreislaufmotor, Verbrennungsmotor als Antrieb für U-Boote, bei der Überwasser- oder Schnorchelfahrt mit Außenluft, bei der Unterwasserfahrt im Kreislaufbetrieb mit Sauerstoff betrieben. Beim Übergang zur Unterwasserfahrt wird die Abgase durch eine Abgasumschaltklappe in den Abgaskreislauf geleitet und die Frischluftzufuhr abgesperrt. Nach dem Passieren von Gaskühler und -filter wird jener Teil der Abgase über Druckminderer und Regler mit Sauerstoff angereichert, der dem Motor wieder zugeführt wird. Der Rest geht außenbords. An die Stelle des Luftstickstoffs tritt Kohlendioxid als Füllmedium. Der Sauerstoffvorrat wird gasförmig, flüssig oder chemisch gebunden (H_2O_2) mitgeführt.
Kreislaufschwäche, **Kreislauf|insuffizienz,** krankhafte Einschränkung der Kreislauftätigkeit, die zu einer unzureichenden Blutversorgung der Organe führt; zu peripherer K. kommt es bei abnormer Weitstellung der Blutgefäße (z. B. beim Schock), starker

Verminderung des Blutvolumens (z. B. bei Blutverlust), zu zentraler K. bei akuter Herzinsuffizienz.

Kreislaufstörungen, funktionelle Beeinträchtigungen des gesamten Blutkreislaufs oder einzelner Gefäßbereiche (Zirkulationsstörungen), die häufig anfallartig auftreten und meist vorübergehend sind.

Sie äußern sich in Form starker Blutdruckschwankungen (Unterdruck, Hochdruck) sowie bei abrupten Lageveränderungen (z. B. als orthostat. Syndrom), Veränderungen der Pulsfrequenz mit innerer Unruhe, Müdigkeit, Schwindel, kurzzeitiger Bewusstlosigkeit und anderen Kennzeichen akuter →Durchblutungsstörungen. Ursachen sind psychosoz. Störungen, Bewegungsarmut, Stress u. a. Umwelteinflüsse.

Kreislaufwirtschaft, Prinzip der →Abfallwirtschaft zur Schonung der natürl. Ressourcen, deren Grundsätze im Kreislaufwirtschafts- und Abfallgesetz festgelegt sind.

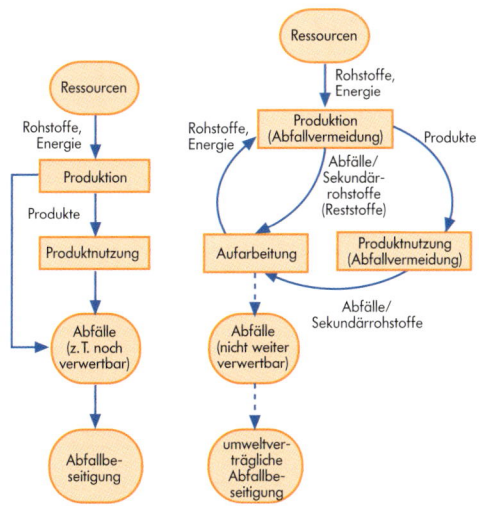

Kreislaufwirtschaft: Schematische Darstellung der herkömmlichen Konsumwirtschaft (links) und der Kreislaufwirtschaft (rechts)

Kreislaufwirtschafts- und Abfallgesetz, Abk. **KrW-/AbfG,** im Oktober 1996 in Kraft getretenes Ges. zur Förderung der Kreislaufwirtschaft und der Sicherung der umweltverträgl. Beseitigung von Abfällen vom 27. 9. 1994; es löste das Abfall-Ges. vom 27. 8. 1986 ab. Eine wesentl. Neuerung ist die konsequente Umsetzung des Verursacherprinzips durch die Aufhebung der herkömml. Trennung von privatwirtschaftl. Produktion und öffentl. Entsorgung. Nach dem K.- u. A. sind die Produzenten von Gütern für die Vermeidung, Verwertung und Beseitigung der Rückstände selbst verantwortlich, wobei die →Abfallvermeidung vor der stoffl. oder energet. →Abfallverwertung Vorrang hat und als letzte Möglichkeit die umweltverträgl. →Abfallbeseitigung angestrebt wird. – Umweltverbände kritisieren die im K.- u. A. faktisch festgeschriebene Gleichstellung von energet. und stoffl. Verwertung, da dies die Müllverbrennung fördere.

In Umsetzung der Regelungen des Ges. sind versch. VO ergangen, u. a. die VO zur Bestimmung von bes. überwachungsbedürftigen Abfällen, die ein Verzeichnis dieser Abfälle enthält, die VO über Verwertungs- und Beseitigungsnachweise, die Transportgenehmigungs-VO, die Entsorgungsfachbetriebe-VO (alle vom 10. 9. 1996), die VO zur Einführung des Europ. Abfallkatalogs und die VO über Abfallwirtschaftskonzepte und Abfallbilanzen (beide vom 13. 9. 1996).

Kreislaufzentrum, Gehirnbereiche, die an der Steuerung der Kreislauffunktionen und der Anpassung des Blutbedarfs des gesamten Organismus oder einzelner Organe beteiligt sind. Neben dem übergeordneten K. im Hypothalamus, das Impulse von der Hirnrinde und vom limb. System erhält, und einem untergeordneten K. im Rückenmark gibt es ein medulläres K. in der →Formatio retikularis (des Hirnstamms), verantwortlich für die Regulation der Herzfrequenz und die Homöostase des Blutdrucks.

Kreisler, 1) Fritz, österr. Violinist und Komponist, *Wien 2. 2. 1875, †New York 29. 1. 1962; studierte u. a. in Wien (bei J. HELLMESBERGER D. J.) und in Paris (u. a. bei L. DELIBES) und wurde einer der bekanntesten Violinvirtuosen seiner Zeit. Er schrieb ein Violinkonzert, Operetten und veröffentlichte unter dem Titel ›Klass. Manuskripte‹ Stücke, die er als Bearbeitungen ausgab (z. B. ›Liebesfreud, Liebesleid‹), zu deren Autorschaft er sich jedoch 1935 selbst bekannte.

2) Georg, österr. Chansonnier und Liedermacher, *Wien 18. 7. 1922; emigrierte 1938 in die USA, wo er neben Arbeiten für Hollywood 1946–55 in New York als Chansonnier auftrat. Nach seiner Rückkehr nach Wien arbeitete er bis 1958 an Kabarettprogrammen mit G. BRONNER und H. QUALTINGER zusammen; 1975 übersiedelte er nach Berlin (West). Musikal. Partnerinnen waren TOPSY KÜPPERS und BARBARA PETERS. K. wurde populär mit makaber-zyn., fantasievoll-hintergründigen Chansons (z. B. ›Zwei alte Tanten tanzen Tango‹, 1961, Textsammlung), die mit ungewöhnl. Wortspielen und perfekten Musikparodien Kritik an der Geordnetheit der bürgerl. Gesellschaft üben (›Der guate, alte Franz‹, ›Seltsame Gesänge‹, ›Nichtar. Arien‹ u. a.). Seit Mitte der 70er-Jahre wendet sich K. verstärkt dem polit. Lied zu. 1987 erschien sein Satireband ›Ist Wien überflüssig? Satiren über die einzige Stadt der Welt, in der ich geboren bin‹, 1990 sein Roman ›Ein Prophet ohne Zukunft‹ und 1996 ›Der Schattenspringer‹.

Kreisleriana, acht Fantasiestücke für Klavier op. 16 (1838) von R. SCHUMANN.

Kreismünzen, von einem Reichskreis des Heiligen Röm. Reiches ausgegebene Münzen, durch Inschrift und/oder Gestaltung als solche ausgewiesen. Am bekanntesten sind die Zwei-Drittel-Taler des Fränk. Kreises von 1693, wobei auch fremde Zwei-Drittel-Taler durch einen Gegenstempel FC (Fränk. Creis) zu K. wurden, und die obersächs. →Kreisgroschen.

Kreis|oberst, →Kreishauptmann.

Kreisprozess, *Thermodynamik:* eine Folge von thermodynam. Zustandsänderungen eines Systems, nach dessen Ablauf Anfangs- und Endzustand übereinstimmen. Gelangt das System von einem Anfangszustand 1 zu einem von diesem versch. Zustand 2 auf einem anderen Weg als von Zustand 2 wieder zum Zustand 1 zurück, so bleiben als Folge des K. außerhalb des Systems Veränderungen (in Form geleisteter Arbeit und übertragener Wärme) zurück. Die Größe dieser Veränderungen kann berechnet werden, wenn der Prozess reversibel, d. h. durch Gleichgewichtszustände geführt wird. Wird ein **reversibler K.** nach Durchlaufen eines Zyklus in umgekehrter Richtung durchlaufen, so werden System und Umgebung in denselben Zustand zurückversetzt; bei einem **irreversiblen K.,** der durch Nichtgleichgewichtszustände gekennzeichnet ist, bleibt dabei in der Umgebung eine Veränderung zurück.

Die Nutzarbeit W eines K. ist gleich der Differenz zw. zu- und abgeführter Wärme Q_{zu} bzw. Q_{ab}. Die Güte der K. von Wärmekraftanlagen wird durch den therm. →Wirkungsgrad η_{th}, dem Verhältnis von Nutzarbeit und zugeführter Wärme, angegeben: $\eta_{th} = |W|/|Q_{zu}|$.

Theoret. Betrachtungen mit (idealen) K. haben zur Entdeckung vieler Gesetze der Thermodynamik ge-

Bruno Kreisky

Fritz Kreisler

Georg Kreisler

Kreismünzen: Zwei-Drittel-Taler von Henneberg mit Gegenstempel des Fränkischen Kreises (links; 1693; Durchmesser 36 mm)

führt. S. CARNOT untersuchte 1824 mit dem nach ihm benannten K. als Erster den Wirkungsgrad einer Dampfmaschine. Die Arbeitsweise von Wärmekraftmaschinen (Dampf-, Kältemaschine, Heißgas-, Verbrennungsmotor, Turbine) kann mit K. in Form von Druck-Volumen- (p-V-) oder Temperatur-Entropie- (T-S-)Diagrammen beschrieben und berechnet werden. – Bekannte ideale K. sind der Carnot-, Clausius-Rankine-, Diesel-, Ericsson-, Haber-Born, Joule-, Otto- und der Seiliger-Prozess.

Kreisring, von zwei konzentr. Kreisen begrenzte Fläche.

Kreissäge, Maschinensäge mit kreisförmigem Sägeblatt.

Kreißsaal [von mhd. krīzen ›gellend schreien‹, ›stöhnen‹], Entbindungsraum eines Krankenhauses, im Unterschied zu früher mit mehreren (deshalb Kreiß-›Saal‹) heute nur mit einem Entbindungsplatz. Der sterile Operationssaalcharakter des K. wird zunehmend verdrängt durch Räume, in denen sich häusl. Atmosphäre mit notwendiger Medizintechnik verbindet. Damit soll das negative Image der so genannten Apparategeburtshilfe abgebaut und eine individuelle Geburt ermöglicht werden. Dazu gehören Mobilität der Mutter während der Geburt, Geburtsschmerzbekämpfung und Wahl der Gebärhaltung sowie die mögl. Anwesenheit einer Vertrauensperson bei der Geburt. Eine maximale medizin. Sicherheit für Mutter und Kind wird durch die Ausstattung des K. gewährleistet. Neben einem modernen Gebärbett, das rasch für eine operative Entbindung umgerüstet werden kann, sind an Medizintechnik Kardiotokograph, Amnioskopie, Sauerstoffversorgung und Infusionsautomat erforderlich. Daneben sind auch Einrichtungen zur Erstversorgung des Neugeborenen einschließlich Reanimation vorhanden.

Kreisstadt, Kommunalrecht: →Kreis, →Große Kreisstadt.

Kreisteilung, die geometr. Aufgabe, den Kreis in eine vorgeschriebene Anzahl n gleich großer Teile zu zerlegen, oder, anders ausgedrückt, dem Kreis ein regelmäßiges n-Eck einzubeschreiben. Als **K.-Gleichung** bezeichnet man eine Gleichung der Form $x^n - 1 = 0$, deren Lösungen die →Einheitswurzeln sind. C. F. GAUSS zeigte 1801 auf algebraischem Weg, dass die Aufgabe sicher dann durch Konstruktion mit Zirkel und Lineal lösbar ist, wenn n eine fermatsche Primzahl (→fermatsche Zahlen), eine Potenz von 2 oder ein Produkt einer Potenz von 2 mit paarweise verschiedenen fermatschen Primzahlen ist.

Kreistruppen, die Truppen der einzelnen →Reichskreise.

Kreisverkehr, Möglichkeit der Verkehrsführung anstelle einer Kreuzung (Verteilerkreis). Nach der Straßenverkehrsordnung (§ 41 Abs. 2) gilt auch beim K. die Rechts-vor-links-Vorfahrt. Bei stark befahrenen Kreisen kann die Vorfahrt durch Verkehrszeichen den auf der Kreisfahrbahn befindl. Fahrzeugen gegeben werden.

Kreiswehrersatzamt, →Wehrersatzwesen.

Kreiswulst, Mathematik: der →Torus.

Kreiszahl, die Zahl →Pi.

Krejča [ˈkrɛjtʃa], Otomar, tschech. Schauspieler, Regisseur und Theaterleiter, * Skrýšov 23. 11. 1921; 1951–69 Mitgl. des Prager Nationaltheaters (1956–61 Schauspielleiter); Gründer (1965) und Leiter des ›Divadlo za branou‹ (›Theater hinter dem Tor‹) in Prag, das 1972 geschlossen wurde; 1976–78 Schauspieldirektor in Düsseldorf; ab 1979 am Theateratelier im belg. Louvain-la-Neuve; ab 1982 weitere Inszenierungen, v. a. in europ. Ländern; Regisseur klass. und moderner Werke (v. a. A. P. TSCHECHOW, SHAKESPEARE, S. BECKETT); war 1990 Gründer und bis 1994 Direktor des ›Divadlo za branou II‹ in Prag.

Krejcar [ˈkrɛjtsar], Jaromír, tschech. Architekt, * Hundsheim (Niederösterreich) 25. 7. 1895, † Haifa 5. 10. 1949; Vertreter des Funktionalismus, Schüler von J. KOTĚRA in Prag, 1921–23 Mitarbeiter von J. GOČÁR. 1933–35 war er in der Sowjetunion tätig und ab 1945 Prof. an der TH in Brünn. 1948 übersiedelte er nach Großbritannien, wo er an der Academy of Architecture in London lehrte, dann nach Israel.

Werke: Olympicgebäude in Prag (1923–26); Sanatorium in Trenčianske Teplice (1930–32); Pavillon für die Weltausstellung in Paris (1937, mit Z. KEJR, L. SUTNAR, B. SOUMAR).

Krejčí [ˈkrɛjtʃiː], František Václav, tschech. Schriftsteller, * Böhmisch-Trubau 4. 10. 1867, † Prag 30. 9. 1941; verfasste Monographien zur Literatur- und Musikgeschichte, u. a. über H. IBSEN (1897), B. SMETANA (1900), J. NERUDA (1902), K. H. MÁCHA (1907) und J. KOLLÁR (1920), Essays zu Philosophie und Literatur sowie erzählende und dramat. Werke über den Kampf der tschech. Legionen in Sibirien; übersetzte u. a. F. NIETZSCHE, G. FLAUBERT und A. FRANCE.

K. POLÁK: F. V. K., kulturní buditel českého dělnictva (Prag 1937).

Krelle, Wilhelm, Volkswirtschaftler, * Magdeburg 24. 12. 1916; 1955–58 Prof. an der Hochschule Sankt Gallen, 1958–81 in Bonn; 1991–93 Vors. der Struktur- und Berufungskommission für Wirtschaftswiss. der Humboldt-Universität, Berlin. K. wurde bes. durch die Entwicklung einer ›strukturellen‹ Verteilungstheorie, aber auch durch preis- und wachstumstheoret. sowie ökonometr. Arbeiten und die Aufstellung ökonometr. Prognosemodelle bekannt.

Werke: Theorie wirtschaftl. Verhaltensweisen (1953); Volkswirtschaftl. Gesamtrechnung einschließlich Input-Output-Analyse mit Zahlen für die Bundesrepublik Dtl. (1959); Preistheorie (1961); Verteilungstheorie (1962); Präferenz- u. Entscheidungstheorie (1968); Produktionstheorie (1969); Theorie der wirtschaftl. Wachstums (1985). – **Hg.:** Ökonom. Prognose-, Entscheidungs- u. Gleichgewichtsmodelle (1986); The future of the world economy (1989).

Krematorium [zu lat. cremare ›verbrennen‹] das, -s/...rien, Einäscherungsanstalt; kommunale Einrichtung mit einer Totenfeierhalle und einer Verbrennungsanlage zur **Einäscherung** (Feuerbestattung, Kremation) von Toten. Die Verbrennungsanlage besteht insbesondere aus einer die Särge aufnehmenden Einäscherungskammer, die meist mit Öl oder Gas beheizt wird. Bei der etwa 90–100 Minuten dauernden Einäscherung entsteinen etwa 1,5–2 kg Asche.

Krementschug, Kremenčug [-tʃ-], Stadt im Gebiet Poltawa, Ukraine, beiderseits des Dnjepr zw. Krementschuger und Dnjeprodserschinsker Stausee, 248 000 Ew.; Montage von Lastkraftwagen, Waggonbau, Erdölraffinerie, in der Umgebung Eisenerzbergbau; Flusshafen. – K., in der 2. Hälfte des 16. Jh. entstanden, entwickelte sich seit dem Ende des 18. Jh. zu einem Handels- und Industriezentrum.

Kremer, 1) Alfred Freiherr (seit 1882), Orientalist und Diplomat, * Wien 13. 5. 1828, † Döbling (heute zu Wien) 27. 12. 1889; 1870 Generalkonsul in Beirut, 1880–81 Handels-Min.; seine kulturhistor. Arbeiten zum Islam waren bahnbrechend.

Werke: Ägypten, 2 Bde. (1863); Gesch. der herrschenden Ideen des Islams (1868); Kulturgesch. des Orients unter den Chalifen, 2 Bde. (1875–77).

2) Gerhard, Geograph und Kartograph, →Mercator, Gerhard.

3) Gidon Markowitsch, lettisch-dt. Violinist, * Riga 27. 2. 1947; Schüler von D. F. OISTRACH, ließ sich 1981 in der BRD, später in der Schweiz nieder. Sein Repertoire reicht von der Musik des Barock bis zu zeitgenöss. Kompositionen und umfasst auch weniger bekannte Werke der Violinliteratur. 1981 gründete er die sommerl. Festwochen für Kammermusik in Lockenhaus (Burgenland), ab 1992 ›KREMERata MUSICA‹ gen., und 1996 in Wilna das Kammerensemble

Gidon Markowitsch Kremer

Kreml: Der Kreml in Moskau, von der Moskwa her gesehen, mit (von links) dem Großen Kremlpalast (1838–49), der Erzengel-Michael-Kathedrale (1505–08), den Türmen der Uspenskijkathedrale (1475–79), dem Glockenturm ›Iwan Welikij‹ (1505 ff. und 1600) und dem Turm des Marco Bono (Glockenstuhl) von 1532–42

›KREMERata BALTICA‹, das sich aus jungen Musikern aus Estland, Lettland und Litauen zusammensetzt. Seit 1997 ist er künstler. Leiter des Schweizer Musikfestivals in Gstaad. 1993 erschien seine Autobiographie ›Kindheitssplitter‹.
W.-E. VON LEWINSKI: G. K. (1982).

Kreml [russ.] *der, -(s)/-,* meist auf einer Anhöhe gelegener befestigter Kern russ. Städte im MA., Sitz der weltl. und geistl. Verwaltung. In vielen Städten (z. B. Nischnij Nowgorod, Kasan, Astrachan, Kolomna, Pleskau) sind Befestigungsanlagen und Kirchen aus dem 16. und 17. Jh. noch erhalten; am bedeutendsten ist der K. in →Moskau, Reg.-Sitz und oft synonym dafür gebraucht.

Kremlicka [-litʃka], Rudolf, tschech. Maler und Grafiker, * Kolin 19. 6. 1886, † Prag 3. 6. 1932; ging bei seinen Porträts, Landschafts- und Genrebildern von der realist. Malerei vom Ende des 19. Jh. sowie vom frz. Impressionismus aus. In seinen Ölbildern, Zeichnungen und Lithographien der 20er-Jahre neigte er dem Neoklassizismus zu. Sein bevorzugtes Motiv waren Frauengestalten.

Kremlin-Bicêtre, Le [frz. -krɛmlɛ̃biˈsɛtr], Stadt in Frankreich, →Le Kremlin-Bicêtre.

Rudolf Kremlicka: Vor dem Spiegel; 1926 (Prag, Národní Galerie)

Kremmen, Stadt im Landkreis Oberhavel, Bbg., 40 m ü. M., am O-Rand des Rhinluchs im Havelland, 2 700 Ew.; Agrarbetriebe. – Das 1217 erstmals genannte K. wurde 1298 als Stadt bezeichnet.

Kremnitz, slowak. **Kremnica** [-njitsa], Stadt im Mittelslowak. Gebiet, Slowak. Rep., 550 m ü. M., im Kremnitzer Gebirge südlich der Großen Fatra, 6 500 Ew.; Maschinenbau. – In der Altstadt (unter Denkmalschutz) die Stadtburg mit der got. Katharinenkirche (13.–15. Jh.), dem Karner und der roman. Andreasrotunde sowie got. Bürgerhäuser (15. Jh.), die Münzstätte (14. Jh.), Reste der Stadtbefestigung mit Toren und Wehrtürmen (frühes 15. Jh.) und das alte Rathaus (frühes 15. Jh., im 19. Jh. verändert).

Krempe, Stadt im Kreis Steinburg, Schlesw.-Holst., 1 m ü. M., in der Kremper Marsch, 2 200 Ew.; Stahlbau, Herstellung von Gummi- und Kunststoffartikeln. – Am Marktplatz das Rathaus von 1570. – Das 1239 erstmals urkundlich erwähnte K. erhielt 1271 Stadtrecht. Die bis zum Dreißigjährigen Krieg bedeutende Handelsstadt blieb nach der Eroberung durch wallenstein. Truppen (1628) Landstadt.

Kremper Marsch, Teil der Elbmarschen, Schlesw.-Holst., zw. Krückau und Stör, im O von der Geest begrenzt; Grünlandwirtschaft, Obstbau; nach älterer Besiedlung seit dem 13. Jh. durch holländ. Bauern in Kultur genommen.

Kremplinge, Paxillus, heute in die Verwandtschaft der Röhrlinge gestellte Gattung der Ständerpilze, in Europa mit vier Arten; fleischige Pilze mit druckempfindl. Lamellen und jung oft eingerolltem Hutrand (daher der Name). Die bekannteste Art ist der v. a. in Nadelwäldern vorkommende **Kahle Krempling** (Paxillus involutus) mit 5–12 cm breitem, ockergelbem bis olivfarbenem oder rotbraunem Hut. Er gilt ausreichend gekocht als essbar, kann jedoch in seltenen Fällen auch im gekochten Zustand tödlich verlaufende allerg. Reaktionen hervorrufen (es tritt Hämolyse auf), sodass vom Verzehr abgeraten wird.

Krems, Name von geographischen Objekten:
1) Krems *die,* linker Nebenfluss der Donau im Waldviertel, Niederösterreich, entsteht aus den Quellflüssen Große K. und Kleine K., 50 km lang (mit Großer K.); mündet bei Krems an der Donau.
2) Krems *die,* rechter Nebenfluss der Traun, 63 km lang, entspringt in den Oberösterr. Kalkalpen südlich von Kirchdorf an der Krems, mündet in Linz.
3) Krems, Bez. in Niederösterreich, 924 km², 54 800 Ew., Verw.-Sitz ist Krems an der Donau.

Kremplinge: Kahler Krempling (Hutdurchmesser 5–12 cm)

Wörter, die man unter K vermisst, suche man unter C, Ch, G, H oder Q

Krem Kremser – Kremsmünster

Krems 4): Steiner Tor (um 1480, barocker Aufsatz von 1754)

Krems 4) Stadtwappen

4) Krems an der Donau, Stadt in Niederösterreich, am linken Ufer der Donau an ihrem Austritt aus der Wachau, 221 m ü. M., 22 800 Ew.; Stadt mit eigenem Statut und Verw.-Sitz des Bez. K.; Handels- und Schulstadt, u. a. Höhere Techn. Bundeslehranstalt für Bautechnik, Donau-Univ. (seit 1995), Pädagog. Akademie; Histor. Museum, Weinbau- und Motorradmuseum; jährl. Weinbaumesse (Zentrum des Weinbaugebiets Kamptal-Donauland; im Stadtgebiet 820 ha Rebland); Fremdenverkehrszentrum sowie wichtiger Industriestandort: Feinblechwalzwerk, Herstellung von Kunststoffrohren und Teppichen, chem., Möbel-, Textilindustrie; Verkehrsknotenpunkt, Donauhafen. – Von der Befestigung sind das Steiner Tor (um 1480, barocker Aufsatz von 1754) und der Pulverturm (1477, Umbau im 18. Jh.) erhalten. Die spätgot. Piaristenkirche (1508 geweiht) beherrscht durch ihre hohe Lage die Stadt; östlich das Piaristenkloster (1636 begonnen). Die Pfarrkirche St. Veit (1616–30) wurde im 18. Jh. u. a. von M. ALTOMONTE und F. A. MAULBERTSCH ausgestaltet. Die ehem. Dominikanerkirche (13. Jh.) ist heute Museum. Die Gozzoburg, 1260–70 für Graf GOZZO († 1291) erbaut, wurde im 16. Jh. in mehrere Privathäuser geteilt. Rathaus (15. Jh. ff.) mit fünfseitigem Erker (1548). Im Stadtteil Stein spätroman. ehem. Minoritenkirche (1264 geweiht) mit Fresken (14. Jh.), heute Ausstellungsraum; got. Frauenbergkirche (2. Hälfte 14. Jh.) und got. Pfarrkirche St. Nikolaus (15. Jh.). Die Kunsthalle, Modernisierung eines Industriebaus des 19. Jh. durch ADOLF KRISCHANITZ, wurde 1995 eröffnet. – K., 955 erstmals erwähnt, entwickelte sich im 11. Jh. zur Marktsiedlung und wurde um 1130 als Stadt sowie Münzstätte (›Kremser Pfennige‹) bezeichnet. Um 1144 wurde auch der heutige Stadtteil **Stein** als Stadt erwähnt. Um 1150 war K. bedeutendstes Handelszentrum der Babenberger Besitzungen. Seit 1250 bildeten beide Städte (beide 1305 Stadtrecht) eine Bürgergemeinde, seit 1463 (gemeinsames Siegel) eine Verwaltungseinheit (bis 1849); 1939 wurden sie erneut zusammengelegt.

Kremser [nach dem Berliner Fuhrunternehmer SIMON KREMSER, *1775, †1851] *der, -s/-,* von Pferden gezogener, an den Seiten offener, vielsitziger Mietwagen (für 10 bis 20 Personen) mit Verdeck; um 1825 erstmals in Betrieb genommen.

Kremser-Schmidt, aus Krems an der Donau stammender österr. Maler, Zeichner und Radierer, →Schmidt, Martin Johann.

Kremser Weiß, ein Pigment, →Bleiverbindungen.

Kremsier, tschech. **Kroměříž** [ˈkrɔmjɛrʒiːʃ], Stadt im Südmähr. Gebiet, Tschech. Rep., an der March in der fruchtbaren Hanna, 29 800 Ew.; Herstellung von Kraftfahrzeugelektrik. – K. steht heute unter Denkmalschutz. Das frühbarocke Schloss (Ende des 17. Jh.), das sich an der Stelle der frühgot. Burganlage erhebt, enthält im Lehenssaal ein Deckengemälde von F. A. MAULBERTSCH (1758–60) und eine bedeutende Gemäldegalerie, der Schlosspark im engl. Stil klassizist. Architekturen. Nach dem Vorbild von Versailles wurde der frz. Garten (Květná Zahrada) angelegt (u. a. mit 230 m langer Kolonnade). Die got. Propsteikirche St. Mauritius (13. Jh.) wurde später mehrmals umgestaltet. Die zum Piaristenkolleg (1687), später Franziskanerkloster, gehörende Kirche St. Johannes Baptist (1737–68) hat eine reiche Ausstattung; Domherrenpalais. – K., 1110 erstmals urkundlich erwähnt, erhielt 1290 Stadtrecht. Es war seit dem 13. Jh. Residenz der Bischöfe (seit 1777 Erzbischöfe) von Olmütz. – Der nach der Märzrevolution 1848 aus allgemeinen Wahlen hervorgegangene und zunächst in Wien zusammengetretene österr. Reichstag wurde im Verlauf der österr. Gegenrevolution nach K. verlegt (Kaiser FERDINAND I. war in das nahe Olmütz geflohen). Auf dem **Reichstag von K.** versuchten die slawisch- und deutschsprachigen Abg., unter Berücksichtigung der sich aus der Nationalitätenfrage ergebenden Probleme, eine Erneuerung der Monarchie zu erlangen (Verf.-Entwurf für einen Bund der Völker); die Reg. unter F. Fürst ZU SCHWARZENBERG konnte sich jedoch nicht mit dem Reichstag über die Verf. einigen. Nach dem Sieg der Gegenrevolution wurde der Reichstag am 5. 3. 1849 unter Oktroyierung einer am 7. 3. verkündeten großösterr. ›März-Verf.‹ (→oktroyierte Verfassung) aufgelöst. (→Frankfurter Nationalversammlung)

Kremsmünster, Markt-Gem. im Bez. Kirchdorf an der Krems, Oberösterreich, an der Krems, südöstlich von Wels, 374 m ü. M., 6 300 Ew.; Herstellung von

Kremsier: Stadtübersicht mit dem von alten Patrizierhäusern gesäumten Marktplatz, dem frühbarocken Schloss an dessen NW-Ecke, dahinter der Schlosspark

Gablonzer Glaswaren, Glas- und Kunststoffindustrie; im Ortsteil Krift Erdölförderung. Im Schloss Kremsegg Fahrzeugmuseum. – K. wird überragt vom Benediktinerstift K. (gegr. 777) mit Stiftsgymnasium (seit 1549) und der achtstöckigen Stern- und Wetterwarte (1748–59) mit Kunst- und naturwiss. Sammlungen. Die Stiftskirche ist im Kern romanisch und wurde im 17. Jh. barockisiert (Ausstattung um 1700), am Eingang das Gunther-Grab (vor 1304; Sohn Tassilos III.) mit vollplast. Liegefigur, in der Schatzkammer (1673 erbaut) der →Tassilokelch. Die Klosteranlage wurde u. a. von C. A. Carlone und J. Prandtauer barock umgestaltet. Der ›Fischbehälter‹, eine Anlage mit mehreren von Arkadengängen umgebenen Wasserbecken, entstand 1690–92; die Kalvarienbergkirche von 1736/37 ist eine kreuzförmige Anlage. – Die Siedlung K. entwickelte sich neben dem Benediktinerstift, das im 16./17. Jh. im Zuge der Gegenreformation eine bedeutende Stellung einnahm; erhielt 1489 Marktrecht.

Kren [aus dem Slaw.] *der, -(e)s,* österr. und süddt. für Meerrettich.

Kren-akrore, Eigen-Bez. **Panara,** kleine Indianergruppe (etwa 120 Menschen) der Gê-Sprachfamilie in Zentralbrasilien, urspr. in der Serra do Cachimbo, 1974 in den Xingu-Nationalpark umgesiedelt.

Krenal, *Ökologie:* →Krenon.

Krenek, Křenek [krʃ-], Ernst, österr.-amerikan. Komponist, * Wien 23. 8. 1900, † Palm Springs (Calif.) 22. 12. 1991; Schüler von F. Schreker in Wien und in Berlin; 1928–37 in Wien mit A. Berg und A. Webern im Kreis um den Schriftsteller K. Kraus. 1938 emigrierte K. in die USA. Er war 1939–42 Prof. am Vassar College in Poughkeepsie (N. Y.) und 1942–47 an der Hamline University in Saint Paul (Minn.). 1945 wurde er amerikan. Staatsbürger. Seine Jugendwerke folgten der Spätromantik. Seit 1921 wandte sich K. unter dem Einfluss von P. Hindemith und B. Bartók der Neuen Musik zu. Ein Welterfolg wurde 1927 seine Oper ›Jonny spielt auf‹, in der er eine spätroman. Musiksprache mit Jazzelementen und einer aufwendigen Bühnenshow verband. Etwa 1930 begannen erste Versuche mit der Zwölftontechnik, die K. seit dem Bühnenwerk mit Musik ›Karl V.‹ (1938, Neufassung 1954) ständig anwendete, bereichert mit Elementen spätmittelalterl. Musik, der Polyphonie und einer übersichtl. Rhythmik. Von serieller Technik und elektron. Musik wandte sich K. später wieder ab und einem eher lyr. Stil zu.

Weitere Werke: Opern: Die Zwingburg (1924, szen. Kantate, Text von F. Werfel); Das Leben des Orest (1930); Pallas Athene weint (1955); Das kommt davon, oder Wenn Sardakai auf Reisen geht (1970). – *Ballette:* Mammon (1927); House of cards (1961). – *Orchesterwerke:* 5 Sinfonien (1921–49); Horizon circled (1967); Perspektiven (1967); From three make seven (1960/61, Fassung für Kammerorchester; Fassung für Orchester 1968); 4 Klavierkonzerte (1923–50); Konzerte für Violine (1924, 1954), Violoncello (1954, 1982). – *Kammermusik:* 8 Streichquartette (1921–81); Streichtrio (1987). – *Klavierwerke:* 6 Sonaten (1919–51). – *Chorwerke:* Lamentatio Jeremiae Prophetae (1941/42); Proprium missae (1954); Dt. Proprium für das Dreifaltigkeitsfest für Sopran, dreistimmigen Chor, Orgel, 2 Trompeten u. Pauke (1967); Oratorium Symeon der Stylit (1988). – *Lieder:* Reisetagebuch aus den österr. Alpen (1929); 5 Lieder (1937/38, nach F. Kafka); Wechselrahmen (1965, 6 Lieder für Sopran u. Klavier). – *Elektron. Musik:* Doppelt beflügeltes Band (1970, für 2 Klaviere u. Tonband); Orga-Nastro (1971, für Orgel u. Tonband).
Schriften: Über neue Musik (1937); Selbstdarstellung (1948); Zur Sprache gebracht. Essays über Musik (1958); Komponist u. Hörer (1964); Im Zweifelsfalle. Aufsätze über Musik (1984).
Ausgaben: Briefwechsel. T. W. Adorno u. E. K., hg. v. W. Rogge (1974); Das musikdramat. Werk, 2 Bde. (1974–77); Die amerikan. Tagebücher. 1937–1942. Dokumente aus dem Exil, hg. v. C. Maurer Zenck (1992).
L. Knessl: ernst krenek (Wien 1967); W. Rogge: E. K.s Opern (1970); C. Maurer Zenck: E. K., ein Komponist im Exil (Wien 1980); E. K., hg. v. H.-K. Metzger u. a. (1984).

Krenn, Kurt, österr. kath. Theologe, * Rannariedl (Neustift im Mühlkreis, OÖ) 28. 6. 1936; Studium in Rom, Tübingen und München; 1962 in Rom zum Priester geweiht; 1987 zum Bischof geweiht, wurde er Weihbischof in Wien und ist seit 1991 Bischof von Sankt Pölten.

Krennerit [nach dem ungar. Mineralogen J. Krenner, * 1839, † 1920] *der, -s/-e,* silberweißes bis gelbes, rhomb. Mineral der chem. Zusammensetzung AuTe$_2$; bis zu 35 % Goldgehalt, daneben bis zu 6 % Silber; Härte nach Mohs 2–3, Dichte 8,62 g/cm^3.

Krenon [zu griech. krēnē ›Quelle‹] *das, -s, Ökologie:* Lebensgemeinschaft (Biozönose) des Quellbereichs eines Fließgewässers; die das K. bildenden Organismen, Kälte liebende Arten mit hohem Sauerstoffbedarf (z. B. Strudelwürmer), werden als **Krenobionten** bezeichnet; ihr Lebensraum als **Krenal** und das entsprechende Ökosystem als **Krenozön.**

Krenz, Egon, Politiker, * Kolberg 19. 3. 1937; Lehrer; seit 1955 Mitgl. der SED, war er 1961–64 und 1967–74 Sekr. des Zentralrates der FDJ, 1974–83 dessen Erster Sekr., 1973–89 Mitgl. des ZK der SED sowie 1983–89 Voll-Mitgl. des Politbüros (zuständig für Sicherheits- und Kaderfragen). Als Nachfolger E. Honeckers (letzter) Gen.-Sekr. der SED (18. 10.–3. 12. 1989) sowie Vors. des Staatsrates und des Nat. Verteidigungsrates der DDR (24. 10.–6. 12. 1989) versuchte K. vergeblich, die Macht der SED zu erhalten. Im Januar 1990 aus der SED-PDS ausgeschlossen, musste sich K. wegen der Todesfälle an der →innerdeutschen Grenze mit anderen Politbüro-Mitgl. ab 1995 vor dem Berliner Landgericht verantworten (Erhebung der Anklage am 9. 1. 1995; Urteilsverkündung am 25. 8. 1997, 6½ Jahre Freiheitsstrafe); der nach dem BVG-Urteil vom 12. 11. 1996 erlassene Haftbefehl (14. 11.) wurde wegen Haftverschonung bis 25. 8. 1997 und am 11. 9. 1997 außer Vollzug gesetzt. Als Vors. der zentralen Wahlkommission zu den DDR-Kommunalwahlen vom 7. 5. 1989 wurde K. am 7. 7. 1995 wegen Wahlfälschung unter Anklage gestellt.

Kreolen [frz. créole, zu span. criar ›nähren‹, ›erziehen‹], span. **Criollos** [kriˈɔljos], port. **Crioulos** [kriˈoːlos], in Lateinamerika Bez. für die dort geborenen Nachkommen von kolonialzeitl. Einwanderern aus romanischsprachigen Ländern Europas (**weiße K.**); später z. B. für Nachkommen frz. und span. Einwanderer in Louisiana (USA), für Nachkommen alter europ. Siedler in Westindien angewendet; in Brasilien auch für die Nachkommen von Sklaven (**schwarze K.**); in Surinam und den anderen Guayanaländern für Mischlinge aus Schwarzen und Europäern.

kreolische Sprachen, Kreolsprachen, seit dem 17. Jh. allgemeine Bez. für die Sprachen, die in den überseeischen Kolonien europ. Staaten (v. a. in Afrika, Karibik) als Produkte andauernder gegenseitiger Beeinflussung zw. europ. und nichteurop. Sprachen entstanden sind, wobei der Einfluss der europ. Sprache (Englisch, Französisch, Spanisch, Portugiesisch, Niederländisch) deutlich dominiert. Wichtigste Bedingungen für das Entstehen k. S. sind das Fehlen einer gemeinsamen Verständigungssprache zw. Angehörigen verschiedener ethn. Gruppen bei bestehendem Verständigungsbedarf, z. B. bei Handelsbeziehungen, ein soziales Gefälle, das die indigene sowie die daraus hervorgegangene Misch-Bev. benachteiligt, sowie eine relativ starke geograph. und kulturelle Isolation. Die Genese und die scheinbar defekte Struktur der k. S. führten häufig zu irreführenden pejorativen Benennungen wie Misch- bzw. Bastardsprache und Kauderwelsch.

Wie die →Pidginsprachen sind die k. S. in ihrem syntakt. System vereinfachte und in ihrem semant. und phonolog. Bestand reduzierte Sprachen; ihre grammat. sowie ihre lexikal. Struktur weisen jedoch eine

Ernst Krenek

o-(ortho-)Kresol
(2-Methylphenol)

m-(meta-)Kresol
(3-Methylphenol)

p-(para-)Kresol
(4-Methylphenol)

Kresole

Kresse 1): Gartenkresse (Höhe bis 60 cm); rechts Keimpflanzen

größere Differenzierung auf. K. S. werden als Muttersprache erlernt. Die lange Zeit gültige Nativisierungstheorie (R. A. HALL), gemäß der die k. S. aus den Pidginsprachen hervorgehen, wird in neueren Studien (ANNEGRET BOLLÉE, A. VALDMAN) kritisch beurteilt. In der Sprachwiss. sind k. S. Untersuchungsgegenstand v. a. der Soziolinguistik und der Sprachkontaktforschung, innerhalb derer sich die **Kreolistik** als eigenständiger Forschungsbereich herausgebildet hat.

Auf Englisch als Basissprache gehen u. a. zurück: Krio (Sierra Leone), Saramaccan (Surinam) und Sranangtongo (früher Taki-Taki gen., Surinam) sowie die k. S. von Hawaii, Honduras und Jamaika; auf Französisch: die Sprache der Cajuns, das Louisianakreolische und die k. S. von Guadeloupe, Haiti, Dominica, Martinique, Mauritius und den Seychellen; auf Spanisch: Chabacano (Philippinen); auf Portugiesisch: Papiamento (Curaçao) und die k. S. Senegals und der Kapverd. Inseln.

Pidginization and Creolisation of languages, hg. v. D. HYMES (Cambridge 1971); R. A. HALL: Pidgin and creole languages (Ithaca, N. Y., ³1974); A. BOLLÉE: Pidgins u. k. S., in: Studium Linguistik, H. 3 (1977); Pidgin and creole linguistics, hg. v. A. VALDMAN (Bloomington, Ind., 1977); N. BORETZKY: Kreolsprachen, Substrate u. Sprachwandel (1983); Akten des 1. Essener Kolloquiums über ›Kreolsprachen u. Sprachkontakte‹, hg. v. N. BORETZKY u. a. (1985); J. A. HOLM: Pidgins and Creoles, 2 Bde. (Cambridge 1988–89, Nachdr. ebd. 1994–95); Creolization and language change, hg. v. D. ADONE u. a. (Tübingen 1994).

Kreon, griech. **Krẹon,** griech. Mythos: **1)** König von Korinth und Vater der Glauke. Als Iason Glauke zu heiraten begehrte, wurde diese mit K. ein Opfer von Medeas Rache.

2) Bruder der Iokaste; er übergab Ödipus die Herrschaft in Theben, als dieser die Sphinx getötet hatte, übernahm sie jedoch wieder nach Ödipus' Selbstblendung sowie nach Eteokles' Tod. Sein Verbot, nach der Belagerung der Stadt (→Sieben gegen Theben) den Polyneikes, Eteokles' Bruder, zu bestatten, führte zum Untergang seines Hauses (→Antigone).

Kreosọt [zu griech. kréas ›Fleisch‹ und sōtēr ›Retter‹] das, -(e)s, aus Holzteer durch Extraktion mit Natronlauge, Ansäuern und anschließende Rektifikation gewonnenes gelbl. Öl mit starkem Rauchgeruch. K. enthält v. a. Kresole, Guajakol sowie andere Phenole und Phenoläther; es besitzt antisept. Wirkung.

Krepis [griech. ›Unterbau‹, ›Grundlage‹] die, -, **Krepịdoma** das, -(s), der Stufenunterbau des antiken Tempels.

Krepitation die, -/-en, Medizin: die →Crepitatio.

Krepp [altfrz. crespe ›kraus‹, von lat. crispus ›gekräuselt‹] der, -s/-s und -e, **Crêpe** [krεp], Gewebe mit körnigem, gekräuseltem, sandigem, narbigem oder blasigem Aussehen auf Grund seiner K.-Bindungen (Bindungs-K.). Eine gute K.-Bindung darf weder in Kett- oder Schussrichtung noch in den beiden Diagonalrichtungen eine Streifigkeit aufweisen. K.-Gewebe werden zur Herstellung von Kleider-, Futter-, Dekorations- und Möbelstoffen verwendet und tragen versch. Bez. wie Sand-, Eis-, Kräusel-, Blasen-, Borken-K., Craquelé, Flamengo, Cloqué, Engelshaut. Bes. bekannt sind: **Crêpe Chiffon** (Fein-K.), hauchdünnes, seidenes oder aus Chemiefaser bestehendes K.-Gewebe; **Crêpe de Chine** (China-K.), Seiden- oder Chemiefasergewebe in Taftbindung, Schuss aus K.-Garn; **Crêpe Georgette** (Hart-K.), wie Crêpe de Chine, auch Kette aus K.-Garn; **Crêpe Jersey** (Rippen-K.), dichtes, wie Maschenware aussehendes Gewebe; **Crêpe Satin,** wie Crêpe de Chine, aber in Atlasbindung.

Kreppgarne, sehr hochgedrehte Garne, die zum Kringeln neigen. Der Effekt kommt in der fertigen Ware durch eine genarbte Oberfläche zur Geltung.

Krepppapier, zur Erhöhung der Dehnbarkeit stark gefälteltes Papier; entsteht durch Stauchen des Papiers in noch feuchtem Zustand während der Herstellung oder durch erneutes Anfeuchten der Papierbahnen. K. wird in unterschiedl. Qualität und Stärke als Pack-, Hygiene-, Dekorationspapier u. a. angeboten.

Kresilas, aus Kydonia (Kreta) stammender griech. Bildhauer der 2. Hälfte des 5. Jh. v. Chr. Als Kopie seines Diomedes wird eine in Cumae gefundene Statue angesehen (Neapel, Museo Archeologico Nazionale). K. schuf die um 429 auf der Athener Akropolis aufgestellte Statue des Perikles, deren Kopf in Kopien erhalten ist.

Kresnik, Johann, österr. Choreograph, Regisseur und Ballettdirektor, * Sankt Margarethen (Kärnten) 12. 12. 1939; debütierte 1967 in Köln, war 1968–78 Ballettdirektor in Bremen, 1979–89 in Heidelberg und kehrte dann nach Bremen zurück; seit 1994 leitet er an der Freien Volksbühne in Berlin sein ›Choreograph. Theater‹. Seine Stücke sind gesellschaftskritisch-politisch motiviert, brechen klass. Bewegungsmuster durch Trivialbilder und Revueformationen und provozieren durch die Radikalität der Mittel.

Choreographien: Kriegsanleitung für jedermann (1970); PIGasUS (1970); Familiendialog (1980); Mars (1983); Sylvia Plath (1985); Macbeth (1988); Ulrike Meinhof (1990); Frida Kahlo (1992); Francis Bacon (1993); Gründgens (1995); Riefenstahl (1996); Fidelio (1997).

J. K., hg. v. H. KRAUS (1990).

Kresole [Kw., zu Kreosot und Phenol gebildet], Sg. **Kresọl** das, -s, **Methylphenole, Hydrọxytoluole,** die drei stellungsisomeren (→Isomerie) Methylhomologen des Phenols, o-, m- und p-K.; sie finden sich u. a. als Begleiter des Phenols im Holzteer, im Steinkohlenteer sowie im Schwelwasser der Braunkohlenschwelung und werden hieraus als Gemisch gewonnen; daneben werden sie einzeln auch synthetisch (z. B. durch Alkylieren von Phenol) hergestellt. In reinem Zustand sind o- und p-K. kristalline Substanzen, während m-K. ein viskoses Öl ist; alle drei K. sind farblos, werden aber an der Luft gelb bis braun. In ihren chem. Eigenschaften ähneln sie dem Phenol, ebenso in ihrer bakteriziden Wirkung; deshalb werden sie in Grobdesinfektionsmitteln (z. B. **K.-Seifen**) und zum Imprägnieren von Holz verwendet. Von techn. Bedeutung sind sie bei der Herstellung von →Phenolharzen, von Phosphorsäureestern und als Lösungsmittel für Kunststoffe.

Kresotinsäuren, Derivate der Benzoesäure mit je einer Hydroxyl- und einer Methylgruppe. Unter den zehn isomeren Verbindungen ist v. a. die **o-Kresotinsäure** (2-Hydroxy-3-methylbenzoesäure) für die Synthese von Farbstoffen und Arzneimitteln wichtig.

Kressbronn am Bodensee, Gem. und Fremdenverkehrsort im Bodenseekreis, Bad.-Württ., nordwestlich von Lindau, 407 m ü. M., 7 200 Ew.; Teefabrik, Schiffbau; Wein-, Obst- und Hopfenbau. – Ehem. Wasserburg (14. Jh.) mit erhaltenem Bergfried und Wohnbauten des 15. Jahrhunderts.

Kresse, 1) Lepidium, Gattung der Kreuzblütler mit rd. 150, z. T. weltweit verbreiteten Arten; niedrige Kräuter oder ausdauernde Stauden mit fiederspaltigen oder lineal. Blättern, kleinen weißl. oder grünl. Blüten in Trauben oder in einem Ebenstrauß vereinigt sowie eiförmigen bis rundlichen, zweisamigen Schötchen. Die bekannteste Art ist die wahrscheinlich aus Äthiopien stammende, bis 60 cm hohe **Garten-K.** (Lepidium sativum), eine einjährige Kulturpflanze mit bläulich bereiften Stängeln und weißen, seltener rötl. Blüten. Sie besitzt einen hohen Vitamin-C-Gehalt und wird meist in Form junger Keimlinge als Salat oder Küchenkraut verwendet.

2) allgemeine Bez. für versch. Kreuzblütlerarten, bes. für Kulturpflanzen wie Brunnenkresse u. a.

Kreta, neugriech. **Kriti,** die größte Insel Griechenlands, 8 261 km², 540 100 Ew., umfasst als Region (mit vorgelagerten Inseln) 8 336 km² und 540 100 Ew. Die schmale, in der Mitte rd. 60 km breite Insel erstreckt sich über 260 km in W-O-Richtung am S-Rand des Ägäischen Meeres. K. ist überwiegend gebirgig. Den Kern der Insel bilden drei stark verkarstete Gebirgsstöcke: Levka Ori (bis 2 452 m ü. M.), Ida (bis 2 456 m ü. M.) und Dikte (bis 2 148 m ü. M.); sie fallen nach S steil ab (zur Küste) und gehen nach N in Hügelland über. Die größte Ebene (140 km²), die Messara südlich des Ida, ist äußerst fruchtbar und das wichtigste Anbaugebiet: Haupterzeugnisse sind Oliven, Rosinen, Korinthen, Zitrusfrüchte, Blumen (Nelken), Getreide. Auf der Lassithi-Hochebene im →Diktegebirge werden v. a. Kartoffeln, Gemüse und Getreide angebaut. Von großer wirtschaftl. Bedeutung ist der Fremdenverkehr, begünstigt durch das milde, sonnenreiche Klima (Regen nur von Oktober bis April) und zahlr. archäolog. Stätten v. a. der minoischen (Knossos, Phaistos, Hagia Triada, Mallia, Kato Zakros, Amnissos) und der myken. Kultur, aber auch aus griech. und röm. Zeit (Gortyn) sowie byzantin., venezian. und türk. Denkmäler. Die S-Küste ist mit Ausnahme von Hierapetra ohne Häfen. Die fruchtbare Küstenebene im N ist besser erschlossen, weist zahlr. Buchten auf, bietet mit Heraklion und Suda die wichtigsten Häfen und trägt die größten Siedlungen (Heraklion, Chania, Rethymnon, Hagios Nikolaos); Univ. in Rethymnon.

Geschichte: Unter dem Einfluss Vorderasiens, Makedoniens, der Kykladen und, zunächst mittelbar, Ägyptens schufen die – vorgriech. – Kreter seit dem frühen 3. Jt. v. Chr. die →minoische Kultur. Die Insel scheint in der ersten Hälfte des 2. Jt. v. Chr. ein einheitl., von Knossos aus beherrschtes Seereich gebildet zu haben. Mit den Palästen von Knossos, Phaistos, Mallia, Kato Zakros u. a. war K. der kulturelle Mittelpunkt des Ägäischen Meeres bis in die myken. Zeit. Nach 1400 v. Chr. wurde K. von Achaiern aus dem Peloponnes und im 11. Jh. von Dorern besetzt, die dort eine große Zahl unabhängiger Stadtgemeinden gründeten (im 5. Jh. v. Chr. wichtige Rechtskodifikation im inschriftlich erhaltenen Stadtrecht von Gortyn). Die sich häufig befehdenden Städte schlossen sich im Hellenismus zu Städtebünden und 220 v. Chr. zum Bund des ›Kretaier-Koinon‹ zusammen. Die Beteiligung K.s an der Seeräuberei veranlasste die Römer, die Insel zu unterwerfen (67 v. Chr.). Von AUGUSTUS bis DIOKLETIAN bildete K. mit →Kyrene die röm. Prov. Creta et Cyrenaica. Seit dem 4. Jh. n. Chr. entfaltete sich das Christentum. Um 823/25–961 war es im Besitz der Sarazenen, dann wieder byzantinisch. Nach dem 4. Kreuzzug kam K., jetzt meist **Candia** genannt, an Venedig (Festungsbauten).

Kreta: Das Odeion in Gortyn; um 100 v. Chr.

1645–69 eroberten die Osmanen die Insel. Nach zahlr. Aufständen im 18. und 19. Jh., die meist von den Bewohnern der unzugängl. Hochebene Sphakia (Sphakioten) ausgingen, erhielt K. 1898 die Selbstverwaltung und wurde 1913 mit Griechenland vereinigt.

Im Zweiten Weltkrieg landeten am 29. 10. 1940 – einen Tag nach Beginn des ital. Angriffs auf Griechenland – brit. Luftwaffen- und Heeresverbände auf K. Nach Beendigung des Balkanfeldzugs griffen am 20. 5. 1941 dt. Truppen die Insel an (Unternehmen Merkur) und zwangen in verlustreichen Kämpfen die brit. und griech. Truppen (etwa 42 000 Mann, davon 10 000 Griechen) zur Räumung K.s; am 1. 6. war der Kampf im Wesentlichen beendet. Die Insel wurde erst 1945 wieder vollständig von den dt. Truppen geräumt.

Landeskunde: F. ALTHERR u. H. GUANELLA: K. Begegnung mit Landschaft u. Menschen (Zürich 1971); M.-L. SCHMIDT DI SIMONI: K. (²1981); P. FAURE: K. (a.d. Frz., ³1983); H. GUANELLA: K. (Zürich ⁸1984); R. SPEICH: K. Kunst- u. Reiseführer (⁴1984); R. BRYANS: K. (a.d. Engl., ⁶1991); L. HEMPEL: Forschungen zur phys. Geographie der Insel K. im Quartär (1991); E. VELISSARIOU: Die wirtschaftl. Effekte des Tourismus dargestellt am Beispiel K.s (1991).

Geschichte: M. MUTTELSEE: Zur Verfassungsgesch. K.s im Zeitalter des Hellenismus (1925); Inscriptiones Creticae, hg. v. F. HALBHERR u. a., 4 Bde. (Rom 1935–50); H. VAN EFFENTERRE: La Crète et le monde grec de Platon à Polybe (Paris 1948, Nachdr. ebd. 1968); S. BORSARI: Il dominio veneziano a Creta nel XIII secolo (Neapel 1963); P. BRULÉ: La piraterie crétoise hellénistique (Paris 1978); I. F. SANDERS: Roman Crete (Warminster 1982); K. GALLAS u. a.: Byzantin. K.

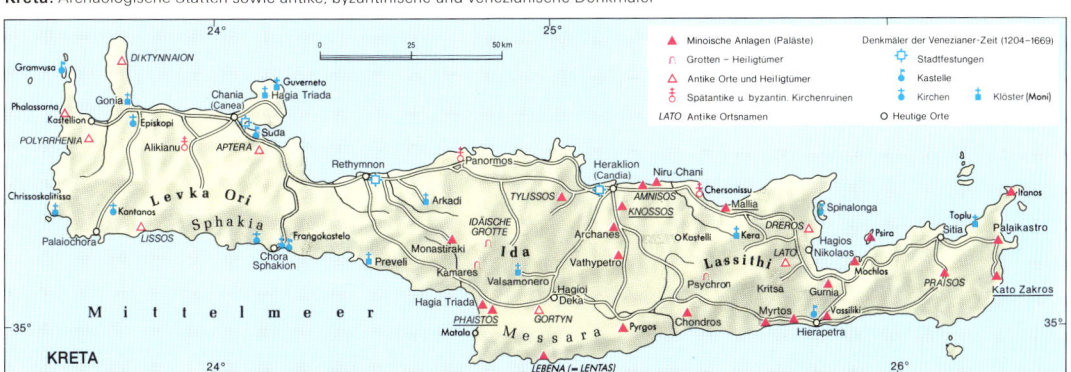

Kreta: Archäologische Stätten sowie antike, byzantinische und venezianische Denkmäler

Wörter, die man unter K vermisst, suche man unter C, Ch, G, H oder Q

(1983); DERS.: K. Von den Anfängen Europas bis zur kretovenezian. Kunst (⁷1993); A. PETROPOULOU: Beitr. zur Wirtschafts- u. Gesellschaftsgesch. K.s in hellenist. Zeit (1985). – Weitere Literatur →minoische Kultur, →mykenische Kultur.

kretazisch [lat. cretaceus ›kreideartig‹, zu creta ›Kreide‹], den erdgeschichtl. Zeitraum Kreide betreffend.

Krethi und Plethi *Pl.*, nach der lutherschen Übersetzung von 2. Sam. 8,18 und 15,18 u. a. Bez. für die an der Seite König DAVIDS kämpfende ausländ. Truppe (vielleicht Kreter und Philister); danach *abwertend:* jedermann, Hinz und Kunz.

Kretikus [griech. krētikós (poús) ›kretisch(er Versfuß)‹] *der, -/...zi,* **Creticus, Amphimazer,** *antike Metrik:* metr. Einheit der Form –∪– (wobei die Längen auch durch Kürzen aufgelöst werden können); meist die Basis in den →Klauseln der Kunstprosa.

Kretin [kreˈtɛ̃ː, frz.] *der, -s/-s,* an →Kretinismus leidender Mensch.

Kretinismus [zu frz. crétin ›Schwachsinniger‹, in der Mundart des Wallis für altfrz. crestien, eigtl. ›(armer) Christenmensch‹, von lat. christianus] *der, -,* Bez. für angeborene Entwicklungsstörungen, die durch einen Schilddrüsenhormonmangel hervorgerufen werden. Dieser kann durch eine Schilddrüsenunterfunktion der Mutter (z. B. infolge unausgeprägten Jodmangels) oder durch kindl. Schilddrüsen- oder Jodverwertungsstörungen hervorgerufen werden. Es kommt bereits in den ersten Lebensmonaten zu einer verzögerten körperl. und geistigen Entwicklung mit deutl. Intelligenzminderung. Häufige Symptome sind trockene Haut, flache Nase, dicke Zunge, kurze Finger, Minderwuchs sowie Schwerhörigkeit oder Taubheit. Eine einfache und schnelle Diagnose ist durch Bestimmung des Schilddrüsenhormons Thyreotropin bei Neugeborenen möglich. Eine *Behandlung* mit Schilddrüsenhormonen verhindert zumindest weitere Schäden nach der Geburt. Ein K. kann endemisch in Gebieten mit Jodmangel sowie sporadisch auftreten.

Kretischer Stier, *griech. Mythos:* dem Poseidon heiliger, König Minos gesandter Stier, den der König nicht – wie versprochen – opferte, sondern seiner Herde einverleibte. Der erzürnte Gott rächte sich, indem er den Stier auf der Insel wüten ließ, auch flößte er Minos' Gattin Pasiphae eine unnatürl. Liebe zu dem Tier ein (aus der Verbindung ging der →Minotaurus hervor). Herakles fing den K. S. und brachte ihn dem Eurystheus, ließ ihn dann aber wieder frei. Der wütende Stier wurde schließlich von Theseus getötet.

kretische Schriften, die voralphabet. Schriften der vorgriech. (und griech.) Einwohner der Insel Kreta. Am Ende der frühminoischen Periode (um 2000 v. Chr.) kam, vielleicht beeinflusst durch die ägypt. Hieroglyphen, eine Bilderschrift auf, die auf Siegelsteinen sowie Tonbarren verwendet wurde. Aus ihr entwickelten sich zwei Linearschriften (**Linear A** und **Linear B**) mit zahlr. Ideogrammen (Wort- und Begriffszeichen) sowie etwa 80 Silbenzeichen. Die rd. 300 Texte in Linear A, überwiegend Dokumente der kret. Palastverwaltung, setzen im 18. (17. ?) Jh. v. Chr. ein. Sie sind vermutlich in einer nichtindogerman. Sprache (minoische Sprache; →minoische Kultur) abgefasst. – Die Variante Linear B wurde vermutlich ebenfalls auf Kreta entwickelt; in Knossos wurden rd. 3 000 Tontäfelchen in Linear B gefunden, deren Datierung (zw. 15. und 13. Jh. v. Chr.) jedoch umstritten ist. Von dort gelangte die Linear-B-Schrift u. a. nach Pylos (Messenien), Mykene, Tiryns und Theben. Diese festländ. Texte gehören dem 13. Jh. v. Chr. an. – Im Jahre 1952 gelang M. VENTRIS und J. CHADWICK die Entzifferung der Variante Linear B; sie gibt ein altertüml. Griechisch wieder.

A. J. EVANS: Scripta Minoa, 2 Bde. (Oxford 1909–52); J. CHADWICK: Linear B. Die Entzifferung der myken. Schrift (a. d. Engl., 1959); L. GODART u. J.-P. OLIVIER: Recueil des inscriptions en linéaire A, 5 Bde. (Paris 1976–85); J. T. HOOKER: Linear B. An introduction (Bristol 1980); Corpus of Mycenaean inscriptions from Knossos, bearb. v. J. CHADWICK u. a., Bd. 1 (Cambridge 1986); Problems in decipherment, hg. v. Y. DUHOUX (Louvain-la-Neuve u. a. 1989).

kretische Sprachen. Für das 2. Jt. v. Chr. bezeugen die Hieroglyphentexte und die in der Schrift Linear A geschriebenen Täfelchen (→kretische Schriften) für Kreta zwei sicher nichtgriech. Sprachen, die heute oft als ›minoisch‹ bezeichnet werden. – Daneben steht spätestens seit dem 14. Jh. v. Chr. die in Linear B geschriebene griech. Sprache der Einwanderer aus dem N, die als ›Mykenisch‹ oder ›Achaiisch‹ bezeichnet wird. Im 1. Jt. v. Chr. war Kreta dor. Dialektgebiet; das Dorische enthält jedoch noch Elemente einer älteren (achaiischen) Schicht. – Im O der Insel (bei Praisos) wurden Inschriften in nichtgriech. (eteokret.) Sprache gefunden, die vielleicht Reste einer minoischen Sprache (→minoische Kultur) darstellen. (→Diskos von Phaistos)

kretisch-mykenische Kultur, Bez. für die Spätphase (16. und 15. Jh. v. Chr.) der →ägäischen Kultur, deren Hauptzentren der Peloponnes mit Mykene (→mykenische Kultur) und das minoische Kreta (→minoische Kultur) waren. Die Bez. resultiert daher, dass die myken. (= späthellad.) Kultur (→helladische Kultur) unter starkem Einfluss der minoischen Kultur stand; die Entwicklung im 14. Jh. v. Chr. zeigt dann überall die Dominanz myken. Strukturen.

Kretschmer, Ernst, Psychiater, * Wüstenrot (bei Heilbronn) 8. 10. 1888, † Tübingen 8. 2. 1964; ab 1926 Prof. in Marburg und ab 1946 in Tübingen; erforschte bes. die menschl. Konstitution und stellte eine Typengliederung auf (→Konstitutionstypen).

Werke: Der sensitive Beziehungswahn (1918); Körperbau u. Charakter (1921); Medizin. Psychologie (1922); Über Hysterie (1923); Geniale Menschen (1929); Psychotherapeut. Studien (1949); Gestalten u. Gedanken (1963).

Kretzer, *Weinbereitung:* in Südtirol Bez. für Roséwein, meist aus Lagreintrauben bereitet (Lagrein Kretzer).

Kretzer, Max, Schriftsteller, * Posen 7. 6. 1854, † Berlin 15. 7. 1941; Fabrikarbeiter und Malergehilfe, bildete sich nach einem Arbeitsunfall autodidaktisch. Mitarbeiter verschiedener sozialdemokrat. Zeitungen. Von É. ZOLA beeinflusster bahnbrechender Vertreter des sozialen Romans im Naturalismus (›Die beiden Genossen‹, 1880; ›Meister Timpe‹, 1888).

Kretzschmar, August-Ferdinand Hermann, Musikforscher, * Olbernhau 19. 1. 1848, † Berlin 10. 5. 1924; war 1887–1904 Univ.-Musikdirektor in Leipzig, wurde 1904 Prof. in Berlin und war dort 1909–20 als Nachfolger von J. JOACHIM Direktor der Musikhochschule.

Werke: Führer durch den Conzertsaal, 3 Bde. (1887–90); Gesch. des neuen dt. Liedes (1911); Gesch. der Oper (1919); Einf. in die Musikgesch. (1920).

Kreuder, 1) Ernst, Schriftsteller, * Zeitz 29. 8. 1903, † Darmstadt 24. 12. 1972; war nach Banklehre, Studium der Philosophie, Literaturwiss. und Kriminalistik Bauarbeiter, Mitarbeiter der ›Frankfurter Zeitung‹, 1932/33 Redakteur des ›Simplicissimus‹; 1934–40 freier Schriftsteller. Bekannt wurde K. v. a. durch die Erzählung ›Die Gesellschaft vom Dachboden‹ (1946), deren romant. Optimismus und traumhaft-fantast. Anarchie ihre Fortsetzung in dem als sein Hauptwerk geltenden Roman ›Die Unauffindbaren‹ (1948) erfahren. Hier wie dort steht die Flucht des Protagonisten in den von der Gesellschaft verweigerten ›Bereich intakter Menschlichkeit‹ im Mittelpunkt. 1953 erhielt K. den Georg-Büchner-Preis.

Weitere Werke: Erzählungen: Die Nacht des Gefangenen (1939); Herein ohne anzuklopfen (1954); Spur unterm Wasser (1963); Tunnel zu vermieten (1966). – *Romane:* Agimos oder

Die Weltgehilfen (1959); Hörensagen (1969); Der Mann im Bahnwärterhaus (hg. 1973).

2) Peter Paul, Komponist und Pianist, *Aachen 18. 8. 1905, †Salzburg 28. 6. 1981; schrieb etwa 200 Filmmusiken, Opern, Operetten, Musicals und Revuen, auch Klavierstücke, Sinfonien, Liederzyklen. Einige seiner (über 1 000) Lieder wurden Evergreens (›Sag' beim Abschied leise Servus‹, ›Good bye, Johnny‹, ›Im Leben geht alles vorüber‹). – Schrieb Erinnerungen: ›Schön war die Zeit‹ (1955) und ›Nur Puppen haben keine Tränen‹ (1971).

Kreuger ['kry:gər], Ivar, schwed. Unternehmer, *Kalmar 2. 3. 1880, †(Selbstmord?) Paris 12. 3. 1932; war zunächst Bauunternehmer in Amerika und Südafrika, baute nach 1913 einen Finanz- und Zündholztrust, den K.-Konzern, auf. Dieser erlangte nach dem Ersten Weltkrieg bis 1931 eine weltweite Monopolstellung in der Zündholzherstellung. Holdinggesellschaften waren die K. & Toll AB (gegr. 1908, Sitz: Jönköping) und die International Match Corporation (gegr. 1923, Sitz: New York). Sie waren u. a. im Besitz der Holdinggesellschaft der schwed. Zündholzindustrie, der Svenska Tändsticks AB (gegr. 1917), die unter der Leitung von K. zusammengeschlossen wurde. 1931 geriet der Konzern in finanzielle Schwierigkeiten. Während die Holdinggesellschaften in Konkurs gingen, blieb die Svenska Tändsticks AB erhalten. (→Zündholzmonopol)

Kreusa, griech. **Kreusa,** lat. **Creusa,** *griech. Mythos:* **1)** Mutter des →Ion.
2) Glauke, Tochter des Königs Kreon von Korinth und Frau des →Iason. Als dieser seine erste Frau →Medea verstoßen hatte, um sich mit K. zu verbinden, sandte Medea ihr ein kostbares Gewand, aus dem Flammen emporschlugen, in denen K. mit ihrem Vater verbrannte.
3) Tochter des Priamos und der Hekabe, Frau des Äneas und Mutter des Ascanius; sie blieb im brennenden Troja zurück.

Kreuth, Gem. im Landkreis Miesbach, Oberbayern, 787 m ü. M., am und südlich vom Tegernsee, 3 700 Ew.; heilklimat. Kurort. 2 km südlich liegt **Wildbad Kreuth** (Schwefelquelle).

Kreutzberg, Harald, Tänzer und Choreograph, *Reichenberg 11. 12. 1902, †Muri (bei Bern) 25. 4. 1968; Schüler von Mary Wigman und R. von Laban; wirkte als Solotänzer und Ballettmeister in Hannover und Berlin. Tourneen durch Europa und Amerika mit Sologastspielen eigener Choreographien (u. a. ›Der Tod‹, ›Waffentanz‹, ›Der selige Walzer‹) und Friedrich Wilckens als musikal. Begleiter machten ihn internat. bekannt. Ab 1955 leitete er eine eigene Tanzschule in Bern. K., einer der bedeutendsten Vertreter des mim. Solotanzes, übte entscheidenden Einfluss auf die Bewegung des amerikan. Modern Dance aus. Seine Autobiographie (›... über mich selbst‹) erschien 1937.

Kreutzer, 1) Conradin, eigtl. **Conrad Kreuzer,** Komponist, *Meßkirch 22. 11. 1780, †Riga 14. 12. 1849; war 1804 Schüler des Wiener Kapellmeisters J. G. Albrechtsberger. Als Hofkapellmeister in Stuttgart (seit 1812) wurde er mit dem Schwäb. Dichterbund bekannt, bes. mit L. Uhland, von dem er zahlr. Lieder vertonte. Seit 1817 war K. Kapellmeister in Donaueschingen, seit 1822 in Wien, wo er 1834 die erfolgreichste seiner 30 Opern, ›Das Nachtlager von Granada‹, aufführte. Beliebt wurden seine Männerchöre (›Die Kapelle‹; ›Der Tag des Herrn‹).
   A. Landau: Das einstimmige Kunstlied C. K.s u. seine Stellung zum zeitgenöss. Lied in Schwaben (Neuausg. 1972).
2) Rodolphe, frz. Violinist und Komponist dt. Abstammung, *Versailles 16. 11. 1766, †Genf 6. 1. 1831; wurde 1795 Prof. am Pariser Conservatoire, 1801 Konzertmeister an der Pariser Opéra und war dort 1816–27 Kapellmeister. Er schrieb u. a. über 40 Opern, 40 Etüden für Violine und 19 Violinkonzerte und gab mit P. Rode und François Baillot die ›Méthode de violon‹ (1803), das offizielle Violinschulwerk des Pariser Conservatoire, heraus.

Kreutzersonate, Violinsonate A-Dur op. 47 (1802/03) von L. van Beethoven; 1805 R. Kreutzer gewidmet.

Kreutzersonate, Die, russ. ›Krejcerova sonata‹, Erzählung von L. N. Tolstoj; russ. 1891.

Kreutzwald, Friedrich Reinhold, estn. Schriftsteller, *Jõepere 26. 12. 1803, †Dorpat 25. 8. 1882; war 1833–77 Stadtarzt von Võru. Sein großenteils auf dt. Vorbildern beruhendes literar. Werk (Erzählungen, Dramen, Epen, Lyrik) verfolgt z. T. volkserzieher. Ziele. Hauptwerk ist das Motive des Volkslieds und der volkstüml. Prosaerzählung aufnehmende Epos →Kalevipoeg (1857–61).

Kreuz, poln. **Krzyż** [kʃiʃ], Stadt in der Wwschaft Piła (Schneidemühl), Polen, im Netzebruch, 5 800 Ew.; Möbelfabrik; Eisenbahnknotenpunkt. – K. entstand um 1850 an der Kreuzung der Eisenbahnlinien Berlin–Danzig und Stettin–Posen; 1936 Stadtrecht. Die Stadt, bis 1945 amtl. Kreuz (Ostbahn), kam 1945 unter poln. Verwaltung; ihre Zugehörigkeit zu Polen wurde durch den Deutsch-Poln. Grenzvertrag vom 14. 11. 1990 (in Kraft seit 16. 1. 1992) anerkannt.

Kreuz [ahd. krūzi ›Kreuz Christi‹, von lat. crux, crucis ›Kreuz‹], **1)** *allg.:* aus meist zwei sich rechtwinkelig, seltener sich schräg schneidenden Linien oder Balken bestehende Figur (→Kreuzformen).
2) *Anatomie:* **Regio sacralis,** Teil des Rückens der Säugetiere im Bereich des Kreuzbeins.
3) *Astronomie:* das Sternbild →Kreuz des Südens.
4) *Heraldik:* Heroldsbild oder gemeine Figur. Berührt das K. mit allen seinen Enden die Schildränder, so wird es als Heroldsbild bezeichnet, stehen mindestens drei Seiten frei im Schild, so zählt das K. zu den gemeinen Figuren. Aus der einfachsten Form, die aus je zwei in die Schildränder verlaufenden parallelen Linien gebildet wird, entstanden die unterschiedlichsten Varianten (→Kreuzformen). K. können mit Heroldsbildern belegt oder kombiniert werden.
5) *Kartenspiel:* Farbe der frz. Spielkarten, →Treff.
6) *Musik:* in der Notenschrift das Versetzungszeichen, das die Erhöhung eines Tons um einen Halbton vorschreibt (durch K. wird c zu cis, f zu fis usw.); Zeichen ♯. (→Doppelkreuz)
7) *Religionsgeschichte* und *Theologie:* eines der ältesten religiösen Symbole und Heilszeichen der Menschheit; als solches bereits in der vorchristl. Zeit bekannt. Im 1. Jt. v. Chr. findet es sich in Assyrien als Sinnbild der Sonne und in Ägypten in der Form des Henkel-K. als Symbol des Lebens. Das Heilszeichen des Rad-K. (Swastika, →Hakenkreuz) ist noch älter.
Im Christentum wurde das K. zum Symbol und Zeichen des durch Gott im K.-Tod und der Auferstehung Jesu Christi gewirkten Heils. Über die Form des K. Jesu Christi lassen die Passionsberichte der Evangelien keine eindeutigen Schlüsse zu; geschichtlich finden sich als Grundformen des christl. Kreuzes schon früh das *griech. K.* sowie das *lat. K.* (→Kreuzformen). Bereits in frühchristl. Schriften wurde eine *Kreuzestypologie* entwickelt und theologisch vertieft. Die eigentl. K.-Verehrung setzte unter Konstantin d. Gr. ein. Nach der im 4. Jh. verbreiteten Form der Legende sollen um 320 das K. Jesu Christi und die K. der beiden Schächer, mit denen Jesus gekreuzigt worden waren, von der Kaiserin Helena und dem Bischof Makarios von Jerusalem (†334) auf Golgatha aufgefunden worden sein. Eine Krankenheilung habe unter den drei K. das K. Christi geoffenbart. Kaiser Konstantin ließ an der vermuteten Stelle von Kreuzigung und Grablegung die Grabeskirche bauen am 13. 9.

Harald Kreutzberg

Conradin Kreutzer

Kreuzblume 1)

Kreuzblume 2): Gemeine Kreuzblume (Höhe 5–20 cm)

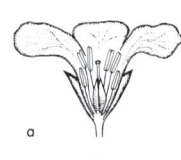

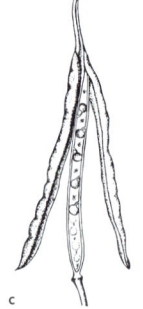

Kreuzblütler: Blüte (a), Blütendiagramm (b) und aufgesprungene Schote mit Samen (c) des Rapses

335 geweiht wurde. KYRILL VON JERUSALEM, AETHERIA und AMBROSIUS, nicht dagegen das ›Itinerarium Burdigalense‹ (→Itinerar), bezeugen, dass in ihr auch große Teile des K. CHRISTI aufbewahrt wurden. 614 erbeutete CHOSRAU II. PARVIS von Persien das K. Nach dem Sieg des byzantin. Kaisers HERAKLEIOS über die Perser (628) wurde das K. 630 wieder nach Jerusalem zurückgebracht. – Schon bald nach der Auffindung wurden **K.-Reliquien** im ganzen Röm. Reich verbreitet. Die bedeutendsten kamen nach Konstantinopel, Rom (Kirche Santa Croce in Gerusalemme), Poitiers (Geschenk des Kaisers JUSTIN II. [565–578] an die hl. RADEGUND; Hymne des VENANTIUS FORTUNATUS ›Vexilla Regis prodeunt‹), Paris (Geschenk des lat. Kaisers BALDUIN II. an LUDWIG IX.) und Trier (Staurothek, jetzt in Limburg). – Die **K.-Verehrung** wurde nach der Erhebung des Christentums zur alleinigen Staatsreligion öffentlich gefördert. Das älteste Kreuzfest, das Fest **K.-Erhöhung**, verbreitete sich zunächst im Osten. In den Kirchen, die über eine K.-Reliquie verfügten, wurde diese den Gläubigen in einer feierl. Zeremonie gezeigt (Exaltatio). Das Fest wird am 14. 9. gefeiert und ist eines der Hauptfeste des orth. Kirchenjahres. Es geht zurück auf die erstmalige feierl. Darstellung des K. in der Grabeskirche am 14. 9. 335, dem Tag nach ihrer Weihe. Seit dem 7. Jh. wird es auch in der lat. Kirche gefeiert. Ebenfalls im 7. Jh. wurde in Rom die K.-Verehrung in die Karfreitagsliturgie eingeführt.

Seit dem MA. erscheint das K. als **Altar-K.** sowie als **Vortrage-K.** und **Prozessions-K.** Außerdem begegnet die Form des K. in den Gesten, die bestimmte Zeremonien begleiten, z. B. in den gekreuzten Händen beim Empfang des Abendmahls; z. T. verdrängte die Bekreuzigung als in der Urkirche übl. Handauflegung (z. B. bei Firmung, Buße und Krankensalbung). Als Geste des Segnens hat sich das K.-Zeichen bes. in der kath. Kirche und in den Ostkirchen erhalten.

In der *christl. Volksfrömmigkeit* findet sich das K. z. B. als Haus-K., Grab-K., Wege-K., an Haus oder Stall angebracht oder als Schmuck am Hals getragen. Nicht selten wird es dabei zum mag. Zeichen.

In der *bildenden Kunst* tritt das K. als Symbol und Darstellungsthema erst mit der konstantin. Wende auf, erstmals bezeugt in der röm. Sarkophagplastik um 350, im O seit der Zeit Kaiser THEODOSIUS' D. GR. als christl. Siegeszeichen. Ab etwa 400 erscheint es auch in Kircheninnenräumen. Eine besondere Rolle spielt das K. in der Symbolik des Kirchenbaus. (→Christusmonogramm, →Kreuzigung, →Kruzifix)

Kreuzabnahme Christi, *bildende Kunst:* häufige Darstellung der Abnahme des Leichnams JESU CHRISTI vom Kreuz durch JOSEPH VON ARIMATHAIA und NIKODEMUS. Meistens ist die rechte Hand CHRISTI vom Kreuz gelöst; JOSEPH hält den Körper, NIKODEMUS entfernt mit einer Zange die Nägel (Codex Egberti, um 980; Trier, Stadtbibliothek). Oft stehen wie bei der Kreuzigung MARIA und JOHANNES unter dem Kreuz. MARIA legt die rechte Hand CHRISTI an ihre Wange oder küsst sie; in späteren Darstellungen (v. a. im Hoch-MA.) hält sie oft das Haupt ihres Sohnes, JOHANNES steht trauernd auf der anderen Seite oder hilft bei der Kreuzabnahme.

Früher als in der abendländ. Kunst finden sich Darstellungen der K. C. in der byzantin. Kunst, im W begegnen sie bes. in Italien, Spanien, Frankreich und dem Einflussbereich der byzantin. Kunst, in Dtl. seit dem 11. Jh. Die monumentale Gruppe ist das Relief der →Externsteine. In der Spätromanik und Gotik wird diese mehr symbol. Fassung durch Figuren und andere Szenen der Passion erzählerisch erweitert (B. ANTELAMI, N. PISANO, DUCCIO DI BUONINSEGNA, R. VAN DER WEYDEN, H. HOLBEIN D. Ä.). Im Bildaufbau übernimmt die K. C. Elemente der →Be-

Kreuzabnahme Christi: Skulpturengruppe aus Holz, vermutlich aus Mittelitalien; Mitte des 13. Jh. (Paris, Louvre)

weinung Christi und der →Grablegung Christi. Die K. C. kann auch Teil von Passionszyklen sein (A. DÜRER, ›Die Kleine Holzschnittpassion‹, 1509–11). Im Barock erfährt die Szene eine weitere dramat. Steigerung (P. P. RUBENS, REMBRANDT). Im 19. und 20. Jh. wurde die K. C. nur vereinzelt und in reduzierter Form dargestellt (M. BECKMANN, G. MANZÙ).

Kreuzau, Gem. im Kr. Düren, NRW, an der Rur am Naturpark Nordeifel, 145 m ü. M., 17 700 Ew.; Papiererzeugung und -verarbeitung u. a. Industrie.

Kreuzbänder, die Innenbänder des →Kniegelenks.

Kreuzbeeren, die Früchte des Purgierkreuzdorns (→Kreuzdorn).

Kreuzbein, Os sacrum, mit dem Darm- bzw. Hüftbein gelenkig verbundenes, das knöcherne Becken der Vögel und Säugetiere (einschließlich des Menschen) tragendes, aus der Verschmelzung mehrerer **K.-Wirbel** (Kreuzwirbel, Sakralwirbel, Vertebrae sacrales; bei Amphibien ein Wirbel, bei Reptilien zwei, beim Menschen fünf Wirbel) hervorgegangenes Knochenstück der Wirbelsäule. (→Beckengürtel)

Kreuzberg, 1) Verw.-Bez. von Berlin, (1995) 155 800 Ew. (1939: 332 400 Ew.); umfasst die südl. Friedrichstadt, die Luisenstadt (beide um 1730 angelegt) und die Tempelhofer Vorstadt, die 1861 in Berlin eingemeindet wurden. Der größte Teil des Bez. wurde im 19. Jh. mit Mietskasernen dicht bebaut. Die südl. Friedrichstadt war bis 1945 mit zahlr. zentralen Institutionen des polit., kulturellen und wirtschaftl. Lebens Brandenburgs, Preußens und des Dt. Reiches ein Teil der City Berlins. Trotz starker Kriegszerstörungen (48% des Wohnungsbestandes) hat K. überalterten Baubestand (60% der Wohnungen); Gegenmaßnahmen sind punktuelle und flächenhafte Sanierungen. Hoher Ausländeranteil (32%), soziale Spannungen (hohe Arbeitslosigkeit) und die alternative Kulturszene kennzeichnen den Bezirk. – Namengebend war die Anhöhe (66 m ü. M.) mit Nationaldenkmal für die Befreiungskriege 1813–15.

2) Berg in der südl. Rhön, Bayern, 928 m ü. M.; Basaltrücken. – Seit dem MA. bezeugter Wallfahrtsort mit Franziskanerkloster (1681–92 erbaut).

Kreuzbergsattel, ital. **Passo di Monte Croce di Comelico** [- ˈkroːtʃe -], Pass zw. Karn. Alpen und Dolomiten, am Ende des Sextentales, Südtirol, Italien, 1 636 m ü. M.; die Straße über den K. (Teil der Karn. Dolomitenstraße) verbindet das Pustertal bei Innichen mit dem Cadore (Gebiet der oberen Piave), Venetien.

Kreuzblume, 1) *Baukunst:* knaufartige, aus kreuzförmig angeordneten Knospen oder Blättern bestehende Bekrönung an der Spitze von Türmen, Fialen, Giebeln, Wimpergen, auch am Chorgestühl oder im Gesprenge von Altären.

2) *Botanik:* **Polygala,** Gattung der K.-Gewächse (Polygalaceae; 18 Gattungen mit rd. 950 Arten) mit etwa 500 Arten in gemäßigten und wärmeren Klimagebieten; meist Kräuter oder Sträucher mit dorsiventralen Blüten, die in Bau und Funktion häufig den Schmetterlingsblüten gleichen. Eine häufige Art auf sonnigen Hügeln und in Gebüschen ist die formenreiche **Gemeine K.** (Polygala vulgaris) mit weißen, rosafarbenen bis roten oder blauen Blüten.

Kreuzblütler, Kreuzblütengewächse, Cruciferae, Brassicaceae, weltweit verbreitete Pflanzenfamilie mit etwa 3 000 Arten in 390 Gattungen, bes. in den gemäßigten Gebieten der N-Halbkugel; Kräuter oder Stauden, seltener Holzgewächse, die aufgrund ihres Gehaltes an Senfölglykosiden häufig scharf riechen und schmecken. Die typ. Blüte der K. ist zwittrig, radiär und besteht aus vier Kelchblättern, vier freien, kreuzförmig angeordneten Kronblättern (daher der Name) und sechs (zwei kurzen und vier langen) Staubblättern; aus dem zweiblättrigen, oberständigen Fruchtknoten entwickelt sich eine Schote, wobei kurze, gedrungene Schoten bei den K. als Schötchen bezeichnet werden. Zu den K. zählen viele alte Kulturpflanzen (z. B. Gartenkresse, Gemüsekohl, Rettich, Raps, Senf, Meerrettich) und Zierpflanzen (z. B. Goldlack, Levkoje, Schleifenblume). Ein verbreitetes Wildkraut ist das Hirtentäschelkraut.

Kreuzbund e. V., kath. Selbsthilfeorganisation und Helfergemeinschaft für Suchtkranke; Sitz: Hamm.

Kreuzburg, 1) poln. **Kluczbork** [ˈkludʒbɔrk], Stadt in der Wwschaft Opole (Oppeln), Polen, in Oberschlesien, 26 300 Ew.; Maschinen-, Möbelbau, Baustoffindustrie. – Salvatorkirche (13.–18. Jh.), Rathaus (18. Jh.). – K. erhielt 1247 Stadtrecht und wurde 1252/53 in Gitterform angelegt, im 15. und 16. Jh. befestigt. 1945 kam K. unter poln. Verwaltung; seine Zugehörigkeit zu Polen wurde durch den Deutsch-Poln. Grenzvertrag vom 14. 11. 1990 (in Kraft seit 16. 1. 1992) anerkannt.

2) russ. **Sławskoje,** Ort im Gebiet Kaliningrad (Königsberg), Russland, in Natangen, etwa 2 000 Ew. – Zahlr. Brände zw. 1415 und 1818 vernichteten die Gebäude fast völlig, erhalten blieben Schule, Pfarrhaus und die um 1330–40 erbaute Pfarrkirche mit hölzernem Kreuzgewölbe von 1583. – K. entstand 1315 als Stadt nach dt. Recht neben einer um 1240 angelegten Deutschordensburg. Sie hieß bis 1945 amtlich **Kreuzburg (Ostpr.)**. Mit dem nördl. Teil Ostpreußens kam K. 1945 an die UdSSR und gehört heute zu Russland.

Kreuzchor, der →Dresdner Kreuzchor.

Kreuz des Nordens, gelegentl. Bez. für das Sternbild →Schwan.

Kreuz des Südens, Kreuz, Südliches Kreuz, lat. **Crux,** Abk. **Cru,** Sternbild des südl. Himmels, dessen vier hellste Sterne sich durch ein Kreuz verbinden lassen; der längere Balken (Verbindung der Sterne α und γ) weist etwa zum südl. Himmelspol. Das Sternbild ist sehr klein, aber auffällig; es liegt in der Milchstraße und enthält zahlr. offene Sternhaufen, von denen NGC 4755 (ϰ Cru) der bekannteste ist. In der Nähe seines Sterns β liegt der →Kohlensack.

Kreuzdipol, eine Empfangsantenne (→Antenne).

Kreuzdorn, Rhamnus, Gattung der K.-Gewächse mit etwa 125 Arten, v. a. in der nördl. gemäßigten Zone; meist Sträucher oder Bäume mit dornigen Zweigen. Der **Echte K. (Purgier-K., Hirschdorn,** Rhamnus catharticus) ist ein bis 3 m hoher, v. a. auf kalkhaltigen Böden Mittel- und Südeuropas vorkommender Strauch. Das gelbl., rotkernige, harte Holz **(Kreuzholz,** bei zierl. Maserung **Haarholz** gen.) dient zur Anfertigung von Drechsler- und Kunsttischlerwaren. Die etwa erbsengroßen, in reifem Zustand schwarzen Früchte **(K.-Beeren, Kreuzbeeren, Gelbbeeren)** sind giftig; sie werden medizinisch als abführendes und harntreibendes Mittel verwendet (bes. in Form von Sirup) und waren früher bedeutende Farbstofflieferanten in der Malerei, Baumwoll-, Papier- und Lederfärberei. Ebenfalls zur Gattung K. gehören die beiden in Mitteleuropa heim. Arten →Faulbaum.

Kreuzdorngewächse, Faulbaumgewächse, Rhamnaceae, Familie der Zweikeimblättrigen mit 53 Gattungen und etwa 900 Arten in den gemäßigten, subtrop. und trop. Zonen der Erde. (→Kreuzdorn)

Kreuzeck, Berg an der N-Seite des Wettersteingebirges, Bayern, 1 651 m ü. M.; bildet mit dem östlich anschließenden **Kreuzjoch** (1 719 m ü. M.) eines der bekanntesten Wintersportgebiete des Werdenfelser Landes (Seilbahnen).

Kreuzeckgruppe, Gebirgsgruppe südlich der Hohen Tauern, Österreich, zw. Möll- und Drautal, in Kärnten, äußerster SW in Osttirol; im Polinik (im N) 2 784 m ü. M.; im O energiewirtschaftlich genutzt (Druckstollen zum Kraftwerk Kolbnitz im Mölltal).

kreuzen, einen Zickzackkurs ›am Wind‹ segeln, d. h. gegen den Wind segeln, der im spitzen Winkel schräg von vorn auf das Segel trifft. Der einzelne gerade Teilkurs hoch am Wind wird als **Kreuzschlag** (kurz **Schlag**) bezeichnet. Der Übergang von einem Schlag zum anderen erfolgt durch Wenden.

Kreuzenstein, Burg bei Korneuburg, NÖ, im 12. Jh. erbaut, 1645 von den Schweden zerstört, 1874–1906 von Graf HANS VON WILCZEK unter Verwendung originaler roman. und got. Bauteile aus ganz Europa wieder aufgebaut; Sammlung v. a. mittelalterl. Einrichtungsgegenstände.

Kreuzer, Abk. **kr., Xer,** kleine silberne Groschenmünze, die in Meran (Tirol) ab etwa 1274 geprägt wurde, 1 K. = 20 Veroneser (→Berner) Pfennige (deshalb auch **Zwanziger** oder **Zwainziger,** später auch **Etsch-K.** gen.). Die Bez. K. war urspr. ein volkstüml. Ausdruck in Süd-Dtl. für diese Münze, die auf der Vorderseite zwei ineinander gestellte Kreuze zeigte.

1458 wurde der K. von Österreich mit einer Bewertung von 4 Wiener Pfennigen übernommen. Ab etwa 1500 prägten auch süddt. Münzstände K.-Münzen, stets als 4-Pfennig-Stücke. In die Reichsmünzordnungen von 1551 und 1559 wurde der K. als $^1\!/_{60}$ des Guldens aufgenommen. Der Taler (mit Ausnahme des Guldentalers zu 60 K.) wurde anfangs mit 68, dann 72, 90, 120 und am Ende mit 24-Gulden-Fuß (→Konventionsfuß), schließlich zu 144 K. gerechnet. Mehrfachstücke des K. wurden häufig nach der Anzahl der enthaltenen K. benannt, z. B. Dreißiger (30 K.). Der K. wurde schon im 16. Jh. zur Billon-, im 18. Jh. zur Kupfermünze (vorübergehend schon in der Kipper-und-Wipper-Zeit). Dennoch wurden Silber-(Billon-)K. noch bis 1871 von verschiedenen dt. Staaten geprägt.

In Österreich-Ungarn gab es den K. bis zur Einführung der Kronenwährung 1892. (→Batzen, →Gulden)

H. MOSER u. a.: Tiroler Münzbuch (Innsbruck 1984); H. RIZZOLLI: Münzgesch. des alttirol. Raumes im MA. u. Corpus nummorum tirolensium mediaevalium, auf 2 Bde. ber. (Bozen 1991 ff.).

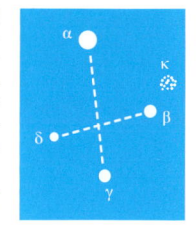

Kreuz des Südens

Kreuzdorn: Echter Kreuzdorn (Höhe bis 3 m); **links** blühend; **rechts** Früchte

Kreuzer: Etschkreuzer Meinharts von Tirol (Ende des 13. Jh.; Durchmesser 19 mm)

Vorderseite

Rückseite

Wörter, die man unter K vermisst, suche man unter C, Ch, G, H oder Q

Kreuzer [niederländ. kruiser, eigtl. ›hin und her fahrendes Schiff‹], Kriegsschifftyp; mit 6000–25000 t größer als der Zerstörer und kleiner als Schlachtschiff und Flugzeugträger. Zur Kriegsschiffgattung K. (NATO-Leitbuchstabe: C) gehören die Hubschrauber-K., die Lenkwaffen-K., die Schweren K. und die Leichten K. Seit den 1960er-Jahren werden nur noch Lenkwaffen- und Hubschrauber-K. in Dienst gestellt, einige von ihnen verfügen über Kernenergieantrieb. Moderne Lenkwaffen-K. sind mit verschiedenartigen Angriffs- und Verteidigungswaffen (v. a. Raketen) zum Einsatz gegen Luft-, Überwasser- und Unterwasserzerie sowie mit den dazu notwendigen Zielerfassungs- und Waffenleitsystemen ausgerüstet. Ihre Aufgabe besteht v. a. darin, Flugzeugträger gegen Angriffe aller Art zu schützen.

Geschichte: In der Zeit der Segelschiffe bezeichnete man als K. Fregatten und Korvetten, die zum Schutz eigener Seeverbindungen und zur Bekämpfung gegner. Handelsschiffe eingesetzt wurden (K.-Krieg). Als eigene Schiffsklasse bildete sich der K. mit dem Aufkommen des Dampfantriebs in der zweiten Hälfte des 19. Jh. heraus. Aus Fregatte und gedeckter Korvette entwickelte sich die K.-Fregatte, aus dieser schließlich der Große K. oder Panzer-K., dem ab 1906/07 der Schlacht-K. folgte. Aus der Glattdeckskorvette ging die K.-Korvette hervor, aus dieser der Kleine K. Im Washingtoner Flottenabkommen (1922) wurde die Wasserverdrängung von K. auf 10000 ts, das Kaliber ihrer Geschütze auf 203 mm begrenzt. Die nun in dieser Größenklasse gebauten K. wurden als Washington- oder Schwere K., kleinere Typen zw. 3000 und 8000 ts von da ab als Leichte K. bezeichnet. K. verfügten im Verhältnis zu Linien- und Schlachtschiffen über eine höhere Geschwindigkeit, dafür aber über eine schwächere Bewaffnung und Panzerung; eingesetzt wurden sie zur Aufklärung und zur Sicherung bei der Flotte, im Auslandsdienst als Rückhalt leichter Streitkräfte sowie im K.-Krieg. Im Zuge seestrateg. und waffentechn. Veränderungen nach dem Zweiten Weltkrieg änderte sich der K. – v. a. in den 60er-Jahren – in Richtung auf ein universell einsetzbares Großkampfschiff.

Kreuzerhöhung, Fest K., das älteste Kreuzfest der christl. Kirche; →Kreuz.

Kreuzestheologie, lat. **Theologia crucis,** Bez. für eine Theologie, deren Mittelpunkt die theolog. Reflexion über das Leiden und Sterben JESU CHRISTI bildet. Der Kreuzestod JESU wird dabei unterschiedlich interpretiert (z. B. als Sühneleistung für die Sünden der Menschheit, als Offenbarung der Liebe Gottes, als Mitleiden Gottes mit den Menschen). Für M. LUTHER, auf den der Begriff der K. wesentlich zurückgeht, war das Kreuz JESU CHRISTI die entscheidende Heilstatsache, wobei er theologisch v. a. an die paulin. Interpretation des Kreuzestodes JESU anknüpfte (das ›Wort vom Kreuz‹ [1. Kor. 1, 18 ff.]). Der scholast. Theologia Gloriae stellt er die Theologia Crucis als Beschreibung des Mitleidens Gottes in der Welt und der christl. Nachfolge gerade auch im Leiden gegenüber. In dieser Bedeutung ist die K. für die reformator. Theologie bestimmend geworden. Innerhalb der kath. Theologie des 20. Jh. ist bes. die Befreiungstheologie durch den der K. zugrunde liegenden theolog. Denkansatz geprägt, wobei sie im Mitleiden Gottes mit den in der Gesellschaft Benachteiligten zugleich auch die Hoffnung auf ihre (auch polit. und soziale) Befreiung begründet sieht.

J. MOLTMANN: Der gekreuzigte Gott. Das Kreuz Christi als Grund u. Kritik christl. Theologie (1972); E. JÜNGEL: Gott als Geheimnis der Welt. Zur Begründung der Theologie des Gekreuzigten im Streit zw. Theismus u. Atheismus (³1978); H. WEDER: Das Kreuz Jesu bei Paulus. Ein Versuch, über den Geschichtsbezug des christl. Glaubens nachzudenken (1981); W. VON LOEWENICH: Luthers Theologia Crucis (⁶1982); B. EHLER: Die Herrschaft des Gekreuzigten (1986); L. BOFF: Jesus Christus, der Befreier (a. d. Port., ²1987).

Kreuzfahrer, Bez. für die Teilnehmer der →Kreuzzüge.

Kreuzfahrerburgen, Kreuzritterburgen, Befestigungsanlagen, die im Zeitalter der Kreuzzüge zur Sicherung des Herrschaftsanspruchs der Kreuzfahrer im östl. Mittelmeerraum errichtet wurden. Eine gut erhaltene K. ist →Krak des Chevaliers, Ruinen sind in Syrien u. a. auch von den K. Kalat Sayhun (Saône; östlich von Latakia), Kalat Marqab (Margat; bei Banias) und Safita (östlich von Tartus), in Jordanien von Kerak (südlich von Amman), in Israel von Atlit (Chastel Pèlerin; südlich von Haifa), Belvoir (Beauvoir; südlich des Sees Genezareth) und Montfort (bei Akko) zu sehen. K. sind auch die Burgen der Armenier in Kilikien und die Burgen auf Zypern und Rhodos.

R. FEDDEN u. J. THOMSON: K. im Heiligen Land (a. d. Engl., 1959); W. MÜLLER-WIENER: Die Burgen der Kreuzritter im Hl. Land, auf Zypern u. in der Ägäis (1966).

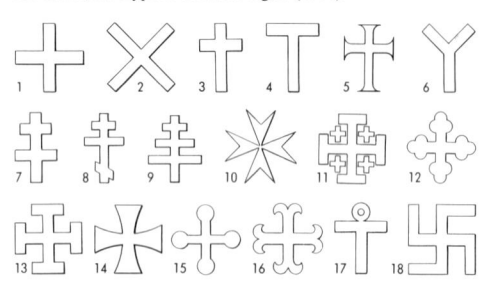

Kreuzformen (Auswahl): 1 Griechisches Kreuz; 2 Schrägkreuz (Andreaskreuz); 3 Lateinisches Kreuz; 4 Taukreuz (Antoniuskreuz); 5 Kreuz mit geschweiften Enden; 6 Gabelkreuz; 7 Patriarchenkreuz; 8 Russisches (orthodoxes) Kreuz; 9 Päpstliches Kreuz; 10 Johanniterkreuz (Malteserkreuz); 11 Jerusalemkreuz; 12 Brabanter Kreuz; 13 Krückenkreuz; 14 Tatzenkreuz; 15 Apfelkreuz (Kolbenkreuz); 16 Ankerkreuz; 17 Henkelkreuz; 18 Swastika (Hakenkreuz)

Kreuzformen, Gestaltungen der geometr. Figur des Kreuzes. K. sind als Ornamente oder Symbole aus vielen Kulturen bekannt, erhielten jedoch im Einflussbereich des Christentums eine bes. vielfältige Ausgestaltung. Ihre Bez. leiten sich ab von ihrer Herkunft, von der Form, Zahl, Stellung der Kreuzarme sowie – in der christl. Tradition – von den Namen der Heiligen, mit denen sie in Verbindung gebracht werden. Die bedeutendsten K. sind des ägypt. **Henkelkreuz,** Hieroglyphe und Symbol für ›Leben‹, sowie das Rad- oder →Hakenkreuz. Als Grundformen des christl. Kreuzes finden sich schon früh das **griechische Kreuz** (zwei gleich lange, sich rechtwinklig schneidende Balken), das **Schrägkreuz** in Form des griech. Buchstabens X (nach dem Apostel ANDREAS auch als **Andreaskreuz** bezeichnet), das mit dem →Christusmonogramm verbunden wurde, sowie das **lateinische Kreuz** (auch **Hoch-** oder **Passionskreuz**) mit nach unten verlängertem senkrechtem Balken und das nach der Form des griech. Buchstabens T bezeichnete **Taukreuz** (auch **Antonius-** oder **Antoniterkreuz** als Attribut von ANTONIUS D. GR.), die man als Form des histor. Golgathakreuzes vermutete. Seit dem 4. Jh. bekannt ist das **Kreuz mit geschweiften Enden.** Neben diesen Grundformen finden sich zahlr. Sonderformen wie das **Petruskreuz** (nach dem Apostel PETRUS, der mit dem Kopf nach unten gekreuzigt worden sein soll), ein umgekehrtes lat. Kreuz, und das **Gabel-** oder **Schächerkreuz,** benannt nach den beiden Verurteilten, die man neben JESUS kreuzigte. Das **Doppelkreuz** hat einen zusätzl. Querbalken (bei unterschiedl. Länge der Querbalken: **Patriarchen-** oder **Erzbischofskreuz;**

bei gleich langen Hauptarmen: →Lothringer Kreuz), der die bei einer Kreuzigung übl. Tafel mit Namen und Schuld der Verurteilten andeuten sollte. Es galt weithin als das ›wahre Kreuz‹ und wurde u. a. das Vorbild für Kirchengrundrisse (z. B. in Cluny). In der byzantin. und russisch-orth. Kunst fügte man ihm am unteren Teil einen kleinen (häufig schrägen) Querbalken als ›Fußbrett‹ hinzu (**russisches** oder **orthodoxes Kreuz**). Ein griech. Kreuz mit zwei weiteren Querbalken wird als **päpstliches Kreuz** bezeichnet.

Mit der Kreuzzugsbewegung und der Entstehung der geistl. Ritterorden erhielt das Kreuz auch für die Heraldik Bedeutung. Als gemeine Figur findet es sich seit dem 12. Jh. in mehreren Grundtypen und in allen herald. Farben in geistl. und weltl. Wappen. Bekannte K. sind das achtspitzige (als Symbol für die acht Seligpreisungen) **Johanniter-** oder **Malteserkreuz**, das die Grundlage für die seit 1852 vereinheitlichten Ordenszeichen des Johanniterordens wurde, und das →Jerusalemkreuz (als Symbol für die fünf Wunden CHRISTI). Varianten des griech. Kreuzes sind u. a. das **Brabanter Kreuz** (auch **Kleeblattkreuz**) mit kleeblattförmigen Enden, das →**Krückenkreuz**, das **Tatzenkreuz**, dessen Arme sich zu den Enden hin verbreitern, sowie das **Apfel-** oder **Kolbenkreuz** mit kolbenförmigen und das **Ankerkreuz** mit ankerförmigen Enden. – In unterschiedl. Gestaltung findet sich das Kreuz als Ordens- und Ehrenzeichen (→Eisernes Kreuz, Verdienstkreuz) sowie als Abzeichen und Symbol verschiedener Organisationen, z. B. des Roten Kreuzes.

Kreuzgang, 1) *Baukunst:* überdachter, gewölbter Bogengang um einen i. d. R. quadrat. Hof an der S-Seite der Kirche in Klosteranlagen; die Bez. wird von den Kreuzprozessionen abgeleitet, die dort stattfanden. Der K. diente v. a. der Kommunikation der Konventsmitgl. und bildete den wichtigsten Zugang zu den Klausurgebäuden, die an ihn anschlossen. Seit dem 12. Jh. erhielt er oft ein Brunnenhaus gegenüber dem Eingang zum Refektorium für Waschungen vor den Mahlzeiten. Zweigeschossige K. sind selten (z. B. San Lorenzo in Florenz). Die Form des K. lässt sich auf das antike Atriumhaus zurückführen.

J. CARRON-FOUCHARD: Roman. K. in Frankreich (a. d. Frz., 1986).

2) *Biologie:* tier. Fortbewegungsweise (→Gehen).

Kreuzgras, Eleusine, Gattung der Süßgräser mit acht Arten in wärmeren Ländern; Ähren fingerförmig angeordnet (Fingergräser), Ährchen wenigblütig. Einige Arten sind wichtige Kulturpflanzen, z. B. **Korakan** (Eleusine coracana), eine kleinkörnige Hirse, die als Getreide- und Futterpflanze in Afrika, Indien und Südostasien angebaut wird.

Kreuzgroschen, umgangssprachl. Bez. verschiedener Groschenmünzen: 1) Typ des Meißner Groschens, der als Beizeichen ein kleines Kreuz auf der Löwenbrust aufwies, geprägt ab 1369; 2) Stralsunder Doppelschillinge zw. 1610 und 1615 mit einem großen Kreuz auf der Rückseite; 3) Beiname der Schillinge des Dt. Ordens in Preußen im 14./15. Jh. wegen des Ordenskreuzes auf der einen und des Hochmeisterkreuzes auf der anderen Seite.

Kreuzherren, früher auch **Kreuzbrüder**, im 12. und 13. Jh. im Zusammenhang mit der Kreuzzugsbewegung entstandene kath. Ordensgemeinschaften. Heute besteht noch der 1211 in Huy (Belgien) gegründete **Orden des Hl. Kreuzes** (lat. Ordo Sanctae Crucis, Abk. OSC). Seine rd. 500 Mitgl. (1996), darunter rd. 25 in Dtl. und 10 in Österreich (Wien), leben nach der Augustinerregel, haben jedoch eigene Konstitutionen. Neben dem Chorgebet sind Tätigkeitsfelder: Erziehung, Seelsorge und Bildungsarbeit. Es bestehen Ordensniederlassungen in Belgien, Brasilien, Dtl., Indonesien, Italien, Niederlande, Österreich, USA, Demokrat. Rep. Kongo. Die dt. Ordensprovinz wurde 1981 gegründet (Sitz: Bonn). Sitz des Generalats: Rom. – Publikation: Histor. Ordenszeitschrift ›Clairlieu‹ (seit 1942).

Kreuzgang 1) in San Lorenzo, Florenz, mit zwei Stockwerken

Kreuzigung, eine aus dem Orient stammende, bei vielen antiken Völkern übl. Art der Hinrichtung von Männern. In alter Zeit bestand sie oft im Aufspießen oder Aufhängen an einem einfachen Pfahl; bei den Römern, die die K. wahrscheinlich von den Karthagern übernahmen, wurde sie meist durch Annageln und/oder Anbinden an Pfahl und Querholz vollzogen.

Die K. galt bei den Römern (neben der Tötung durch wilde Tiere) als schändlichste Form der Todesstrafe. Sie wurde nur über Sklaven und nichtröm. Freie wegen eines Schwerverbrechens wie Mord, Hochverrat oder Tempelraub verhängt. Der Verurteilte musste selbst das Querholz (Patibulum) zur außerhalb der Stadt gelegenen Richtstätte tragen. Dort (oder auf dem Weg dorthin) wurde er in nacktem Zustand ausgepeitscht (gegeißelt) und mit ausgestreckten Armen an das Querholz angebunden, später immer häufiger angenagelt. Dieses zog man dann am (i. d. R. ortsfesten) Pfahl hoch und befestigte es oben. Ein Holzklotz etwa in der Mitte des Pfahls (Sedile) stützte den hängenden Körper und verhinderte einen zu raschen Tod; das in der christl. Kunst vom 6. Jh. an gezeigte Fußbrett ist vielleicht ein unhistor. Ersatz für den schwer darstellbaren Sitzpflock. An der Spitze des Kreuzes wurde eine Tafel mit Namen und Schuld des Verurteilten (Titulus) angebracht. Das Exekutionskommando – in den Prov. röm. Soldaten – teilte den Nachlass des Gekreuzigten unter sich auf und blieb als Wache an der Richtstätte. Sollte der Tod des Verurteilten beschleunigt werden, zerschlug man ihm die Unterschenkel mit Keulen, oder sie wurden abgehauen. Der Tod trat in diesem Fall durch Verbluten, sonst durch Kreislaufkollaps und Herzversagen ein. Der Leichnam blieb meist hängen, bis er verwest oder eine Beute von Tieren geworden war. Der zuständige Magistrat konnte ihn aber gnadenweise zur Bestattung freigeben. Durch Kaiser KONSTANTIN D. GR. wurde die K. um 315 abgeschafft.

Kreuzigung Jesu Christi

Der Verlauf der K. JESU CHRISTI kann annähernd aus den Passionsberichten der vier Evangelien rekonstruiert werden. Ob die Hinrichtung JESU an einem Pfahl oder an einem Pfahl mit Querbalken erfolgte, lässt

Kreuzgroschen: Stralsunder Doppelschilling (1613; Durchmesser 22 mm)

Vorderseite

Rückseite

Kreu Kreuzigung

sich nicht sicher sagen. Auf dem Weg zur Hinrichtungsstätte wird ein Zuschauer, SIMON VON KYRENE, gezwungen, JESUS den Querbalken (oder den Pfahl) abzunehmen. Der Ort der K. wird mit Golgatha bezeichnet. Dort wurde JESUS nach jüd. Brauch mit Myrrhe gewürzter Wein angeboten (Mk. 15, 23; nach Joh. 19, 29 ein Schwamm mit Essig), der eine schmerzlindernde Wirkung hatte. Daraufhin wurde JESUS – offenbar zusammen mit zwei Verbrechern – gekreuzigt. Unter den anwesenden Zuschauern werden bes. MARIA, JOHANNES, MARIA MAGDALENA sowie weitere Frauen erwähnt. Die Verteilung der Kleider, die mit den Worten von Ps. 22, 19 ›Sie verteilen unter sich meine Kleider und werfen das Los um mein Gewand‹ beschrieben wird, sowie die Anbringung der Tafel mit Namen und Hinrichtungsgrund (Joh. 19, 19: ›JESUS von Nazareth, der König der Juden‹) entsprachen röm. Brauch. Der Tod JESU trat wahrscheinlich durch Kreislaufversagen ein. In Joh. 19, 34 heißt es, dass einer der röm. Soldaten mit seiner Lanze JESUS in die Seite stieß und Blut und Wasser herausflossen. Auf Anfrage des JOSEPH VON ARIMATHAIA, der gemäß jüd. Gesetz (5. Mos. 21, 23) den Leichnam nicht über Nacht hängen lassen wollte, gab PILATUS diesen zur Bestattung frei. – Ablauf und Szenerie der K. wurden in den Apokryphen des N. T. und in den mittelalterl. Legenden mit weiteren Details breit ausgestaltet.

Ikonographie

In der *bildenden Kunst* ist die K. das zentrale Thema der christl. Ikonographie und die wichtigste Darstellung innerhalb der →Passion. Ein frühes Beispiel (Holztür von Santa Sabina in Rom, um 430) zeigt JESUS CHRISTUS zw. den beiden Schächern. Etwa gleichzeitig ist in einem spätröm. Elfenbeinrelief (London, Brit. Museum) der Soldat – in der Tradition als LONGINUS bezeichnet – dargestellt, der an der linken Seite CHRISTI steht und den Arm zum Lanzenstoß erhoben hat. Zur Rechten CHRISTI stehen JOHANNES und MARIA. In der Darstellung des aus N-Mesopotamien stammenden Rabula-Evangeliars (586; Florenz, Biblioteca Laurenziana) trägt CHRISTUS ein langes, ärmelloses Gewand (Kolobion), rechts ist er flankiert von LONGINUS mit der Lanze, MARIA und JOHANNES, links sind ein Mann, der den Essigschwamm reicht (nach der Legende STEPHATON), eine Gruppe von Frauen und die um das Gewand CHRISTI würfelnden Soldaten angeordnet. Die beiden Schächer bleiben Bestandteil der Darstellung. Auffällig ist, dass die Darstellungen der K. CHRISTI in den ersten sechs Jahrhunderten CHRISTUS lebend mit offenen Augen am Kreuz zeigen, obwohl gleichzeitig durch den Lanzenstich sein Tod bezeugt wird. Nicht der Tod CHRISTI, sondern die Überwindung des Todes durch ihn sollte zum Ausdruck gebracht werden. In der byzantin. Kunst um die Wende des 8. zum 9. Jh. zeigen sich ikonograph. Veränderungen: CHRISTUS hängt in sich zusammengesunken am Kreuz, das Haupt auf die Schulter geneigt, aus seiner Seite rinnt Blut, oft auch Blut und Wasser. MARIA und JOHANNES sind als Trauernde dargestellt. Diese gewandelte Vorstellung stand möglicherweise im Zusammenhang mit dem Bilderstreit. Die bildl. Darstellung der K. CHRISTI sollte gegen die Bilderfeindlichkeit gerechtfertigt werden, indem man JESUS CHRISTUS und seinen Tod realistisch (d.h. CHRISTUS in seiner Menschennatur) dar-

Kreuzigung: Miniatur in einem Missale; um 1280 (Wien, Österreichische Staatsbibliothek)

stellte. Neben dem Kolobion kommt nun auch der Lendenschurz als Bekleidung CHRISTI auf. In der westeurop. Ikonographie findet sich zunächst weiterhin der lebende, jugendl. CHRISTUS am Kreuz. Seit karoling. Zeit erhalten die Bildelemente der K. z.T. theologisch-symbol. Charakter. Rechts vom Kreuz steht neben MARIA und LONGINUS die Ecclesia (Symbol der Kirche), die mit einem Kelch das Blut CHRISTI auffängt, links neben JOHANNES und STEPHATON die Synagoge (Symbol des Judentums), von deren Haupt die Krone fällt. Die Personifikationen von Sonne und Mond, die verschiedentlich mit einem Tuch ihr Gesicht verdecken, verweisen mit Terra (Erde) und Oceanus (Meer) symbolisch auf die kosm. Herrschaft CHRISTI. In der otton. Buchmalerei und auf den Prachteinbänden liturg. Bücher bleibt der drei- bzw. fünffigurige K.-Typus, gebildet aus CHRISTUS, JOHANNES, MARIA, LONGINUS, STEPHATON, Ecclesia und Synagoge, in seinem streng symmetr. Bildaufbau als Vergegenwärtigung des Opfertodes CHRISTI vorherrschend. Eine Besonderheit bilden die im 13. Jh. entstandenen →Triumphkreuze. In Dtl. sind es monumentale plast. Dreiergruppen (CHRISTUS, JOHANNES, MARIA) wie in Halberstadt (Dom, zweites Viertel des 13. Jh.) oder Wechselburg (Stiftskirche, um 1230), während in Italien die ›croci dipinti‹ als gemalte Holz-

Kreuzigung: Reliquiar Pippins I. von Aquitanien; Goldblech, Halbedelsteine, Perlen; um 825 (Conques, Trésor de Sainte-Foy)

tafeln in Kreuzesform vom 11. bis 14. Jh. eine eigene Entwicklung nehmen. Seit dem 13. Jh. setzt sich der leidende CHRISTUS in der Ikonographie durch. Der vom Leiden gezeichnete Körper hängt mit geknickten Beinen am Kreuz, die Dornenkrone ersetzt die Königskrone, das Antlitz ist schmerzverzerrt, CHRISTUS erscheint sterbend oder tot (K. vom Lettner im Naumburger Dom, um 1250). Die Wand- und Tafelmalerei des 14. Jh. in Italien erweiterte die K.-Darstellungen durch erzähler. Elemente zum dramat. Geschehen (Fresko von GIOTTO in der Arenakapelle in Padua, zw. 1304 und 1313). Unter dem Einfluss der Mystik erfolgte eine Steigerung der Leidensmerkmale des geschundenen Körpers CHRISTI (Isenheimer Altar von M. GRÜNEWALD, zw. 1512 und 1516; Colmar, Musée d'Unterlinden). Die Ikonographie der K.-Bilder ist im 15./16. Jh. durch die außerordentl. Vermehrung der um das Kreuz versammelten Personen und die Erweiterung des Schauplatzes (Kalvarienberg) gekennzeichnet (u. a. R. VAN DER WEYDEN). In der Bretagne entstanden vom 15. Jh. an auch große, vielfigurige plast. K.-Gruppen (Kalvarienberge [Calvaires]). Die Expressivität des Leidens wurde in den Darstellungen des 16./17. Jh. gemildert. Die Gestaltung der K. geriet zunehmend zu einem großen histor. Schauspiel (P. P. RUBENS, A. VAN DYCK, REMBRANDT). Die barocke Bildhauerkunst beschränkte sich auf eine Gruppe von drei oder vier Personen. Es bestand auch die Möglichkeit der Umdeutung der Szenerie zum Andachtsbild, indem die übl. Personen unter dem Kreuz durch Heilige ersetzt wurden. Im 19. Jh. lebten die K.-Darstellungen stark von Rückgriffen auf ikonograph. Vorbilder älterer Epochen. Im 20. Jh. wurde das Thema der K. nur noch selten gestaltet (M. SLEVOGT, L. CORINTH, E. NOLDE, M. BECKMANN, O. DIX).

J. BLINZLER: Der Prozeß Jesu (⁴1969); H.-R. WEBER: Kreuz. Überlieferung u. Deutung der K. Jesu im neutestamentl. Kulturraum (1975); Der Tod Jesu, hg. v. K. KERTELGE (1976); F. G. UNTERGASSMAIR: Kreuzweg u. K. Jesu (1980); G. LOHFINK: Der letzte Tag Jesu. Die Ereignisse der Passion (⁴1983). – *Bildende Kunst:* G. W. BENSON: The cross, its history and symbolism (Buffalo, N. Y., 1934, Nachdr. New York 1976); R. SCHNEIDER-BERRENBERG: Studien zur monumentalen Kruzifixgestaltung im 13. Jh., 2 Bde. (1977); E. HÜRKEY: Das Bild des Gekreuzigten im MA. (1983); C. BEUTLER: Der Gott am Kreuz. Zur Entstehung der Kreuzigungsdarstellung (1986); B. SCHLICHTENMAIER: Die Passionsikonographie in der bildenden Kunst des 19. Jh. u. frühen 20. Jh. (1987).

Kreuzjoch, Berg in Bayern, →Kreuzeck.

Kreuzkap, engl. **Cape Cross** [ˈkeɪp ˈkrɔs], afrikaans **Kaap Kruis** [- ˈkrœjs], Landvorsprung an der Küste Namibias, 120 km nördlich von Swakopmund; große Robbenkolonie. – Am K. landete 1486 der port.

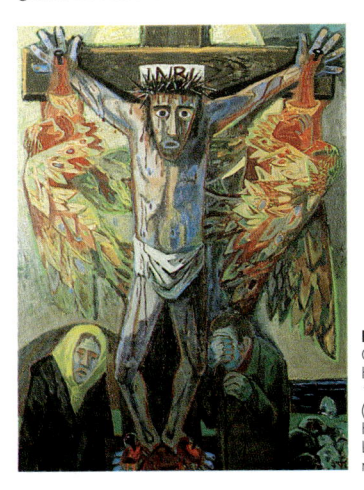

Kreuzigung: Otto Dix ›Große Kreuzigung‹; 1948 (Darmstadt, Hessisches Landesmuseum)

Kreuzkuppelkirche: Klosterkirche der Panhagia in Skripou, Böotien; 9. Jh.

Seefahrer DIOGO CÃO als erster Europäer im südl. Afrika.

Kreuzkopf, Bauteil im Kurbeltrieb von Kolbenmaschinen (z. B. bei Pumpen und Dampfmaschinen), das die gerade geführte Kolbenstange und die schwingende Schubstange (Pleuel) gelenkig verbindet. Der K. überträgt die beim Ausschwenken des Pleuels auftretende Seitenkraft über Gleitschuhe auf die K.-Führung. K. und Führung sind bei Pumpen meist zylinderförmig, bei Großmotoren ebene Gleitbahnen.

Kreuzkraut, die Pflanzengattung →Greiskraut.

Kreuzkröte, Bufo calamita, 6–8 cm lange europ. Kröte mit hellgelbem Längsstrich auf dem Rücken. Die K. springt nicht, sondern läuft bei Gefahr weg. Ihr Bestand ist gefährdet.

Kreuzkümmel, Mutterkümmel, Römischer Kümmel, Weißer Kümmel, Cuminum cyminum, zentralasiat. Doldenblütler, in Vorderasien, im Mittelmeergebiet und in Nordamerika kultiviert; dem Echten Kümmel ähnlich und wie dieser verwendet.

Kulturgeschichte: Der K. war im Altertum ein beliebtes Gewürz und Arzneimittel. Er wurde häufig in medizin. Papyri (z. B. Papyrus Ebers) genannt und als Totenbeigabe in altägypt. Gräbern gefunden. Auch in der altind. und altpers. Heilkunde fand der K. Verwendung. HIPPOKRATES, DIOSKURIDES, THEOPHRAST, COLUMELLA und PLINIUS D. Ä. kannten verschiedene Sorten, die als Nahrungs-, Gewürz- und Arzneimittel verwendet wurden.

Kreuzkuppelkirche, Kirche über dem Grundriss eines griech. Kreuzes, urspr. mit einer Kuppel über der Vierung, später auch mit weiteren Kuppeln über den einzelnen Raumteilen. Älteste Zeugnisse aus frühchristl. Zeit sind in Anatolien erhalten (→armenische Kunst). Der Typus wurde in der byzantin. Baukunst des 6. und 7. Jh. zur K. mit Vierungskuppel und weiteren vier Kuppeln über den Kreuzarmen weiterentwickelt (Apostelkirche in Konstantinopel, zw. 536 und 546; nicht erhalten) und war in dieser Form in mittelbyzantin. Zeit vorherrschend. Die Kuppel wird meist von vier Pfeilern getragen und hat i. d. R. einen Tambour. Diesen Typ griff auch die mittelalterl. Baukunst des Abendlandes auf (San Marco in Venedig, 1063–95). Als Kirche mit mittlerer Hauptkuppel und vier oder mehr Nebenkuppeln in den Zwickeln der gewölbten Kreuzarme bildete die K. den Ausgangspunkt für die ostkirchl. Bauten (Sophienkathedrale in Kiew, 1037 bis um 1100).

Kreuzkurs, *Währungspolitik:* die →Crossrate.

Kreuzlähmung, *Tiermedizin:* →Lumbago.

Kreuzlied, Kreuzzugslied, mittelalterl. lyr. Gattung. Ihr Hauptmotiv ist ein geistlich, politisch oder

Kreuzkröte (Länge 6–8 cm)

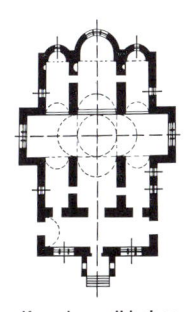

Kreuzkuppelkirche: Grundriss der Klosterkirche der Panhagia in Skripou

Kreu Kreuzlingen – Kreuzpeilung

Kreuznach 1): Brückenhäuser auf der Nahebrücke; 15.–17. Jh.

Kreuznach 1) Stadtwappen

Stadt in Rheinl.-Pf.

105 m ü. M.

an der Nahe

43 500 Ew.

Heilbad mit Solquellen

Industriestandort

Weinbau

Römerhalle mit zwei Mosaikböden

Nahebrücke mit Brückenhäusern

Stadtrecht 1235

minnethematisch ausgerichteter Aufruf zum Kreuzzug, nicht nur ins Heilige Land, sondern generell zu jedem Glaubenskrieg gegen ›Heiden‹ oder Häretiker. Der Hauptteil der überlieferten K. entfällt auf die Palästinakreuzzüge, v.a. auf den 3. Kreuzzug (1189–92; insbesondere HARTMANN VON AUE, FRIEDRICH VON HAUSEN und BERTRAN DE BORN) sowie auf den 5. Kreuzzug (1228–29; WALTHER VON DER VOGELWEIDE). →Kreuzzugsdichtung

Kreuzlingen, 1) Bezirksstadt im Kt. Thurgau, Schweiz, südlich an Konstanz anschließend, am südl. Ufer des Bodensees, 403 m ü. M., 17 700 Ew.; thurgauisches Lehrerseminar (im ehem. Augustinerchorherrenstift); Aluminiumwalz- und -veredelungswerk, Motorwagen-, Sportschuh- und Schokoladenfabrik, Textilindustrie, Herstellung von pharmazeut. und kosmet. Produkten; Anlegestelle der Bodenseeschifffahrt. – Die Kirche des Stifts, im 17. Jh. begonnen, wurde 1963 nach einem Brand wieder aufgebaut (Innenausstattung im Rokokostil); Ölbergkapelle (1761 ff.) mit über 300 Figuren, die ein Tiroler Schnitzer (um 1740) zur Passion CHRISTI schuf. – Neben dem 1120 gegründeten Augustinerchorherrenstift entstand die Ortschaft K., die erst im 19. Jh. als Grenzort an Bedeutung gewann.

2) Bez. im Kt. Thurgau, Schweiz, 107 km², 34 200 Einwohner.

Kreuzmast, der hinterste Mast eines Vollschiffs (→Segelschiff).

Kreuzmodulation, *Elektronik* und *Nachrichtentechnik:* bei Übertragungsgliedern mit nichtlinearer Kennlinie (z.B. Breitbandverstärker) auftretende Ausbildung unerwünschter Kombinationsfrequenzen infolge der gegenseitigen Beeinflussung zweier Signale im Hochfrequenzbereich durch Amplitudenmodulation; insbesondere in Rundfunkempfängern die ungewollte Mischung einer Empfangsfrequenz mit der eines Nachbarsenders.

Kreuznach, Bad K., 1) Kreisstadt in Rheinl.-Pf., 105 m ü. M., an der unteren Nahe, 43 500 Ew.; Staatl. Lehr- und Versuchsanstalt für Weinbau, Gartenbau und Landwirtschaft; Schlossparkmuseum (geolog., prähistor., stadt- und kunstgeschichtl. Sammlungen) und Römerhalle (mit zwei Mosaikböden, 3. Jh.). Bad K. wird als Heilbad (5 genutzte Solquellen, 8 Salinen, Thermalbad, Radon-Inhalationsstollen) bei rheumat. Erkrankungen, Frauenleiden, Hautkrankheiten, Erkrankungen der Atmungsorgane u. a. aufgesucht. Die Industrie umfasst Maschinen-, Apparate- und Wohnwagenbau, Reifenherstellung, Kunststoffverarbeitung, Optik, Feinmechanik. Altansässig sind Weinbau und -handel. – Wahrzeichen der Stadt sind die maler. Brückenhäuser auf der achtbogigen Nahebrücke (15.–17. Jh.). Ev. Pauluskirche (1332 geweiht, mit wechselvoller Baugeschichte); kath. Pfarrkirche St. Nikolai (ehem. Karmeliterkirche, 1308 geweiht, neugotisch verändert), im Kirchenschatz Kreuzreliquiar (um 1390); neubarockes Kurhaus (1913) von E. VON SEIDL. Von den mittelalterl. Gebäuden der Kauzenburg (im 13. Jh. erwähnt) ist nur der Keller erhalten, über dem G. BÖHM 1971/72 die Burggaststätte errichtete. – Das heutige Stadtgebiet war vermutlich schon zu vor- und frühgeschichtl. Zeit besiedelt. Nahe der römisch-kelt. Siedlung **Cruciniacum** ließ Kaiser VALENTINIAN I. (364–375) ein Kastell anlegen. Das in fränk. Zeit hier entstandene Krongut wuchs im Kreuzungspunkt mehrerer Handelsstraßen zu einem Marktort, der um 1105 an die Grafen von Sponheim fiel, die eine neue Siedlung beiderseits der Nahe anlegen ließen. Diese erhielt 1235 Stadtrecht. Die Stadt teilte das Schicksal der Grafschaft Sponheim, bis sie 1815 an Preußen fiel. Mit der Entdeckung der Heilkraft der Solquellen setzte 1817 der Kurbetrieb ein. 1917/18 war das Kurhaus Sitz des Großen Hauptquartiers.

2) Landkreis im Reg.-Bez. Koblenz, Rheinl.-Pf., 864 km², 155 600 Ew.; zentrale Achse ist das Nahetal. Unterhalb der Stadt Bad K. beginnt die klimatisch begünstigte untere Naheebene, die von einem Lösshügelland begleitet wird. Im S hat der Landkreis Anteil am Nordpfälzer Bergland, im W am Soonwald (Hunsrück). Hauptwirtschaftszweige sind Industrie, Fremdenverkehr und Weinbau. Die Städte des Kreises sind Bad K., Kirn, Bad Sobernheim, Bad Münster am Stein-Ebernburg, Meisenheim und Stromberg.

Kreuzotter, Vipera berus, etwa 50 bis 80 cm lange Viper in Eurasien in gemäßigten bis kühlen Zonen, dringt in Europa als einzige Schlange bis zum Polarkreis vor. Der Körperbau ist gedrungen, die Färbung variabel (Männchen silberfarbig bis graubraun, Weibchen gelb bis rotbraun), meist mit dunklem Zickzackband längs des Rückens. Rein schwarze Varianten werden als **Höllenotter**, rotbraune als **Kupferotter** bezeichnet. K. ernähren sich v.a. von Eidechsen, Fröschen und Mäusen. Die Weibchen bringen nach etwa vier Monaten Tragzeit 4–8 Junge zur Welt, die bereits funktionsfähige Giftzähne besitzen. Das Gift der K. ist auch für den Menschen gefährlich, jedoch nur selten tödlich. Die K. ist nach der Roten Liste in ihrem Bestand stark gefährdet.

Kreuzotter (Länge 50–80 cm)

Kreuzpeilung, Standortbestimmung eines Fahrzeugs als Schnittpunkt zweier Peilstandlinien, von denen jede Resultat einer opt. oder einer →Funkpeilung ist. Jede Standlinie verläuft durch einen wohl bekannten Ort (z. B. Landmarke, Leuchtturm, Funkstation). Handelt es sich um eine Eigenpeilung, sind die Peilstandlinien Azimutgleichen, liegt eine Fremdpeilung vor, sind sie Großkreise. Bei kleinen Entfernungen (einige Kilometer) des Fahrzeugs von den Bezugsorten sind die Standlinien durch Geraden ersetzbar.

Kreuzprobe, vor jeder Bluttransfusion durchgeführter Test zur Prüfung der serolog. Verträglichkeit von Spender- und Empfängerblut. Hierbei werden im Reagenzglas oder auf einem Objektträger für 20 Minuten bei einer Temperatur von 37 °C zunächst Empfängerserum und rote Blutkörperchen des Spenderbluts zusammengebracht **(Majorprobe),** danach (nicht zwingend erforderlich) Spenderserum und rote Blutkörperchen des Empfängers **(Minorprobe).** Eine Unverträglichkeit äußert sich durch Verklumpung. Bei besonderen Risiken wird die Majorprobe zusätzlich als indirekter →Coombs-Test durchgeführt.

Die K. dient v. a. der Feststellung irregulärer Antikörper außerhalb des AB0- und Rhesus-Systems, auch dem Ausschluss von Irrtümern bei der Blutgruppenbestimmung.

Kreuzprodukt, *Mathematik:* das →kartesische Produkt.

Kreuzrahmenpeiler, *Navigation:* →Funkpeiler.

Kreuzreaktion, Antigen-Antikörper-Reaktion, die durch Antigene hervorgerufen wird, welche strukturelle Ähnlichkeit mit demjenigen Antigen aufweisen, das urspr. die Bildung des betreffenden Antikörpers ausgelöst hat (z. B. verwandte Bakterienarten, Eiweißkörper); eine entsprechende allerg. Reaktion wird als **Kreuzallergie,** eine durch K. bewirkte Immunität als **Kreuzimmunität** bezeichnet, die zur Schutzimpfung genutzt werden kann.

Kreuzrehe, *Tiermedizin:* →Lumbago.

Kreuzreim, gekreuzter Reim, Wechselreim, Reimform, bei der die erste mit der dritten und die zweite mit der vierten Zeile reimt; oft im Volkslied.

Kreuzritter, 1) Teilnehmer an den →Kreuzzügen.
2) Mitgl. des →Deutschen Ordens.

Kreuzschichtung, *Geologie:* eine →Schrägschichtung mit mehrfachem Wechsel der Schüttungsrichtung.

Kreuzschlag, *Segeln:* →kreuzen.

Kreuzschmerzen, im Bereich der Kreuzbein- und Lendenwirbel auftretende Beschwerden; zu den mögl. Ursachen gehören Überanstrengung der Rückenmuskulatur z. B. durch Haltungsfehler oder stat. Veränderungen bei Fußdeformitäten, Schwangerschaft, die Weiteren Bandscheibenschäden, Wirbelsäulenerkrankungen (z. B. →Hexenschuss), aber auch Darmentzündungen, gynäkolog. Erkrankungen (z. B. Eileiterentzündung oder Gebärmutterverlagerung) und Nierenkrankheiten. Schmerzen in der Steißbeingegend werden als →Kokzygodynie bezeichnet. Eine Sonderform stellen Reizungen des Ischiasnervs durch Bandscheibenvorfälle dar (Ischialgie oder Ischias).

Kreuzschnäbel, *Loxia,* Gattung der Finken mit drei Arten, die in den Nadelwäldern Eurasiens und Nordamerikas verbreitet sind. K. ernähren sich von Samen der Nadelhölzer, indem sie mithilfe der gekreuzten Schnabelspitzen die Zapfenschuppen auseinander spreizen und die Samen mit der Zunge herausholen. Sie brüten häufig auch im Winter (Kaltbrüter). In Dtl. sind zwei Arten vertreten: der holarktisch v. a. in Fichtenwäldern verbreitete **Fichten-K.** (Loxia curvirostra; Größe etwa 15 cm), dessen nördl. Populationen gelegentlich invasionsähnl. Wanderungen unternehmen, und der sehr viel seltenere, v. a. in Kiefernwäldern Nordeuropas beheimatete **Kiefern-K.** (Loxia pytyopsittacus; Größe etwa 17 cm), der einen viel kräftigeren Schnabel hat; Wintergast in ganz Europa.

Kreuzsee, das Aufeinandertreffen von Oberflächenwellen des Meeres aus verschiedenen Richtungen, wobei eine steile, unruhige See entsteht, die der Schifffahrt gefährlich werden kann.

Kreuzspinne, Bez. für verschiedene Arten der Radnetzspinnen, z. B. für die →Gartenkreuzspinne.

Kreuzspulinstrument, elektr. Messgerät zur Messung des Quotienten zweier elektr. Größen. Beim **Drehspulquotientenmesswerk** befinden sich zwei unter einem bestimmten Winkel fest miteinander verbundene Spulen drehbar gelagert im inhomogenen Magnetfeld eines Dauermagneten. Sie sind so geschaltet, dass ihre Ströme zusammen mit dem Magnetfeld entgegengesetzt gerichtete Drehmomente erzeugen. Ein mechan. Gegendrehmoment entfällt. Infolge der Inhomogenität des Magnetfeldes stellt sich das Drehsystem auf eine Stellung ein, die dem Quotienten der Ströme entspricht. Angewendet wird das Drehspulquotientenmesswerk als Widerstandsmesser, bes. bei schwankender Betriebsspannung (Fernmessung). Beim **elektrodynamischen Quotientenmesswerk** sind zwei um 90° gekreuzte, fest miteinander verbundene Spulen drehbar im inhomogenen Magnetfeld einer oder mehrerer Feldspulen gelagert. Sie sind so geschaltet, dass sie entgegengerichtete Drehmomente erzeugen. Das Drehsystem stellt sich ebenfalls ohne mechan. Gegendrehmoment auf den Quotienten der Ströme ein. Das elektrodynam. Quotientenmesswerk wird als Leistungsfaktor-, Phasenwinkel- und Frequenzmesser eingesetzt.

Kreuzstab, *Astronomie:* der →Jakobsstab.

Kreuzstabstandarte, altröm. Feldzeichen, →Vexillum.

Kreuzstich, *Handarbeit:* Stickereistich, der auf Leinen, Stramin u. a. ausgeführt wird. Schon altägypt. Stickereien zeigen K.-Muster; die Verwendung von K.-Stickerei in Europa wird erst seit dem 16. Jh. allgemein üblich. Der K. ist in der Volkskunst aller europ. Länder bekannt, bes. entwickelt in der volkstüml. Stickerei der Balkanländer.

Kreuztal, Stadt im Kr. Siegen-Wittgenstein, NRW, im nördl. Siegerland am Rothaargebirge, 300 m ü. M., 33 100 Ew.; Stahlwerk, Walzwerke und Maschinenbau, Eisen und Blech verarbeitende Industrie, Brauereien. – K. wurde 1969 aus 12 Gemeinden, darunter K., neu gebildet.

Kreuztaler, der →Albertustaler.

Kreuzung, 1) *Tier-* und *Pflanzenzucht:* **K.-Zucht,** die Paarung von Individuen mit unterschiedl. Erbanlagen, d. h. aus verschiedenen Rassen, Sorten und Arten. Besondere Formen in der Tierzucht sind die Veredlungs-K., die Verdrängungs-K. sowie die Kombinations-K. Diese K.-Verfahren dienen zur Verbesserung oder Erhaltung einer Population, im Unterschied zur **Gebrauchs-K.,** bei der Rassen oder Linien unter Ausnutzung des Heterosiseffektes zur Produktion marktorientierter Gebrauchs- und Nutztiere ohne weitere Zuchtverwendung gekreuzt werden.

2) *Verkehrswesen:* Querung eines Verkehrsweges durch einen anderen in ein und derselben Ebene (**höhengleiche K.,** z. B. Straßen-K. oder Bahnübergänge) oder mithilfe von Kunstbauwerken in versch. Ebenen (**höhenfreie K.,** z. B. Straßenüberführungen).

Kreuzverhör, im Verlauf eines Strafprozesses Methode zur Vernehmung von Zeugen und Sachverständigen durch Staatsanwalt und Verteidiger ohne Mitwirkung des Richters. Bei den von der Staatsanwaltschaft benannten Zeugen und Sachverständigen hat diese, bei den von dem Angeklagten benannten hat der Verteidiger zunächst das Recht zur Vernehmung; anschließend werden die jeweiligen Zeugen und Sachverständigen von der Gegenseite vernommen (daher die Bez. K.). Der Vorsitzende kann ergänzende Fragen stellen (§ 239 StPO). In der Praxis des dt. Rechts wird das K. nur selten angewendet. – In der *Schweiz* ist das K. nicht üblich, die *österr.* StPO erwähnt das K. nicht. Dagegen ist es im *angloamerikan.* Strafprozess eine übl. Methode der Vernehmung.

Kreuzschnäbel: Männchen (oben) und Weibchen (unten) des Fichtenkreuzschnabels (Größe etwa 15 cm)

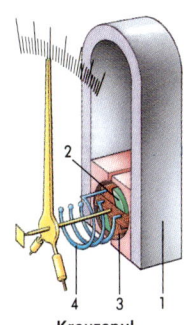

Kreuzspulinstrument: 1 Außenmagnet mit Polschuhen, 2 Weicheisenkern, 3 Kreuzspule, 4 richtkraftfreie Metallbänder als Stromanschluss

Kreuzverschlag, *Tiermedizin:* →Lumbago.

Kreuzweg, 1) *kath. Kirche:* Andachtsform, bei der die Gläubigen den Leidensweg JESU CHRISTI über einzelne ›Stationen‹, an denen an Ereignisse aus der (z. T. legendarisch erweiterten) Passionsgeschichte erinnert wird – von der Verurteilung JESU bis zu seiner Grablegung –, betend und betrachtend nachgehen. Die K.-Andacht wurde angeregt durch die seit dem 14. Jh. beliebten ›geistl. Wallfahrten‹ nach Palästina und die Nachahmung des Jerusalemer Pilgerbrauchs, den K. JESU CHRISTI vom Haus des PILATUS (Burg Antonia) bis zur Hinrichtungs- und Begräbnisstätte Golgatha entlang und abzuschreiten und somit nachzuvollziehen. Nach diesem Vorbild wurden im Abendland an meist hügeligen Stellen in der Landschaft K. (Kalvarienberge) nachgebildet. Die Anzahl der Stationen war unterschiedlich: In Dtl. waren lange Zeit ›sieben Fälle‹ üblich, seit etwa 1600 setzte sich die Zahl 14 der Stationen durch. Um 1700 begann man, auch im Kircheninnern K.-Stationen zu errichten. Die einzelnen Stationen werden durch ein Kreuz sowie durch bildl. oder plast. Darstellungen des Stationsinhalts gekennzeichnet. Seit dem 17. Jh. sind die einzelnen Stationen mit folgenden Themen verbunden: JESUS wird zum Tode verurteilt (1), nimmt das Kreuz auf sich (2), stürzt zum ersten Mal unter dem Kreuz (3), begegnet seiner Mutter (4), wird von SIMON VON KYRENE unterstützt (5), erhält von VERONIKA ein Schweißtuch (6), stürzt zum zweiten Mal (7), tröstet die weinenden Frauen von Jerusalem (8), stürzt zum dritten Mal (9), wird seiner Kleider beraubt (10), wird ans Kreuz geschlagen (11), stirbt am Kreuz (12), wird vom Kreuz genommen (13), wird ins Grab gelegt (14). – Für die K.-Andacht geschaffen und von ihr inspiriert sind viele bildl. Darstellungen (seit dem 15. Jh.), K.-Predigten, K.-Gedichte (P. CLAUDEL), K.-Musiken (M. DUPRÉ, O. OSTRČIL).

E. KRAMER: K. u. Kalvarienberg (1957); L. BOFF: K. der Gerechtigkeit (a. d. Port., 1980); K., Beitrr. v. MUTTER TERESA u. F. ROGER (⁶1996).

2) *Volksglauben:* **Scheideweg, Wegkreuzung,** im Glauben vieler Völker Stätte bes. machtvoller Wirksamkeit übernatürl., meist Schaden bringender Geister, die durch Schutz verleihende, magisch-kult. Handlungen versöhnt werden müssen. V. a. in Europa galt der K. als Treffpunkt von Hexen und als Aufenthaltsstätte des Teufels. An K. finden sich häufig Altäre, Obelisken oder aufgehäufte Steine. – Im griech. Mythos gilt Hekate u. a. als Göttin der dreifachen Weggabelung. Die altröm. Religion besaß in den Compitalia ein besonderes Fest für die Schützer der Feldmark, das an Straßenkreuzungen begangen wurde. – Nach spätgerman. Recht wurden am K. auch Rechtshandlungen vorgenommen.

Kreuzwerk, *Bautechnik:* gegliedertes Flächentragwerk, das durch sich rechtwinklig oder schiefwinklig kreuzende und miteinander verbundene Haupt- und Querträger gebildet wird.

Kreuzworträtsel, Rätsel, bei dem die gesuchten Wörter in waage- und senkrechter Richtung buchstaben- oder silbenweise in viereckige Kästchen eingetragen werden. Aus den im 19. Jh. in England aufgekommenen Ausfüllrätseln entwickelte ARTHUR WYNNE aus Liverpool das K., das erstmals am 21. 12. 1913 in der Beilage ›Fun‹ der ›New York World‹ erschien.

Kreuzzeichen, in den *christl. Kirchen* der Brauch, mit der Hand über sich selbst, andere Personen oder Sachen ein Kreuz zu zeichnen. In der frühen Kirche erstmals um 200 bezeugt, ging das K. in die Liturgie der kath. Kirche, der anglikan. Kirche und der Ostkirche ein und ist als Gebärde des Gebets auch Bestandteil der persönl. Frömmigkeit. Die Katholiken des lat. Ritus machen das K. entweder mit dem Daumen auf Stirn, Mund und Brust **(kleines** oder **deutsches K.),** oder man berührt mit der rechten Hand Stirn und Brust, hierauf die linke und die rechte Schulter **(großes** oder **lateinisches K.).** Beim K. wird die Trinität angerufen und die linke Schulter, als die Herzgegend, bei der Nennung des Hl. Geistes berührt, sodass sie in der lat. Form (Spiritus Sanctus) zuerst, bei der griech. Form (Hagion Pneuma) zuletzt berührt wird. – In den Ostkirchen wird das K. mit drei Fingern oder mit zweien (so bei den russ. Altgläubigen) geschlagen. – Die ev. Kirchen luther. Prägung üben das K. als liturg. Segensertéilung bei den kirchl. Amtshandlungen Taufe, Konfirmation, Trauung und Bestattung, beim Abendmahl und beim Schlusssegen im Gottesdienst.

Kreuzzeitungspartei, seit 1851 Bez. des rechten Flügels der preuß. konservativen Partei (später Altkonservative) um die Gründer der ›Neuen Preuß. Zeitung‹ (›Kreuzzeitung‹) E. L. VON GERLACH und H. H. VON KLEIST-RETZOW; bekämpfte als rechter Flügel der ›Deutschkonservativen Partei‹ 1884–90 unter Führung W. VON HAMMERSTEINS und A. STOECKERS die Politik Bismarcks.

Kreuzzug, Kreuzfahrt, allg. ein von der Kirche im MA. geförderter Kriegszug gegen ›Ungläubige‹ (z. B. die heidn. Preußen und Wenden) und Ketzer (z. B. Albigenser, Stedinger) zur Ausbreitung bzw. Wiederherstellung des kath. Glaubens; i. e. S. die krieger. Unternehmungen der abendländ. Christenheit zur Rückeroberung des Heiligen Landes (→Palästina) vom Ende des 11. bis zum Ende des 13. Jahrhunderts.

In den K. verband sich der Gedanke der Pilgerfahrt und der zeitgenöss. Auslegung von AUGUSTINUS' ›gerechtem Krieg‹, den man v. a. als Kampf gegen die Heiden verstand, mit mannigfachen polit., kulturellen, sozialen und wirtschaftl. Interessen. Vorstufen waren die Kämpfe gegen die Araber in Spanien und Sizilien. Auf der Synode von Clermont (heute Clermont-Ferrand) rief Papst URBAN II. am 27. 11. 1095 die Christenheit zum ›heiligen Krieg‹ gegen den Islam auf, als Antwort auf Hilferufe des byzantin. Kaisers ALEXIOS I. KOMNENOS gegen die türk. Seldschuken. Die Kreuzpredigt des Papstes fand begeisterten Widerhall (›Gott will es‹). Die Kampfbereiten hefteten ein rotes Kreuz auf die Schulter, leisteten den Kreuzfahrereid und erhielten Nachlass der kanon. Bußstrafen. Es entstand eine breite K.-Bewegung, die mit der Gründung neuer →Orden (Ritterorden, Kreuzherren) und einer allgemeinen Aufwertung der Kreuzesfrömmigkeit verbunden war.

Verlauf: Der **1. Kreuzzug** (1096–99) begann als ein Volks-K. – verbunden mit Judenverfolgungen in Rouen und bes. im Rheinland – unter Führung von Predigern wie PETER VON AMIENS. An die Spitze der Heere traten dann der Lehnsadel, bes. die frz. Ritterschaft, und die südital. Normannen. Nach Kämpfen in Kleinasien und vor Antiochia wurde am 15. 7. 1099 Jerusalem erobert, in dem die Kreuzfahrer unter der muslim. und jüd. Bevölkerung ein Blutbad anrichteten. Schon unterwegs hatten polit. Sonderinteressen zu fürstl. Kreuzfahrer zu Konflikten und zu eigenen Herrschaftsgründungen **(Kreuzfahrerstaaten)** geführt. BALDUIN I. VON BOULOGNE errichtete 1098 die Grafschaft Edessa, nach dem Fall Antiochias im selben Jahr BOHEMUND I. ein Fürstentum, und RAIMUND VON TOULOUSE schuf mit Eroberungen an der syr. Küste die Grundlagen für die spätere Grafschaft Tripolis. GOTTFRIED VON BOUILLON, Herzog von Niederlothringen, ließ sich nach der Eroberung Jerusalems zum ›Vogt (Beschützer) des Heiligen Grabes‹ wählen; nach seinem Tod (1100) wurde sein Bruder BALDUIN, vorher Graf von Edessa, erster König von Jerusalem. Die Kreuzfahrerstaaten schwächten einander durch Rivalitäten und Thronwirren, während sich die vorher uneinigen islam. Kräfte zum Gegenstoß sammelten. Als ihnen 1144 Edessa erlag, rief BERN-

Die Kreuzzüge (1096–1291)

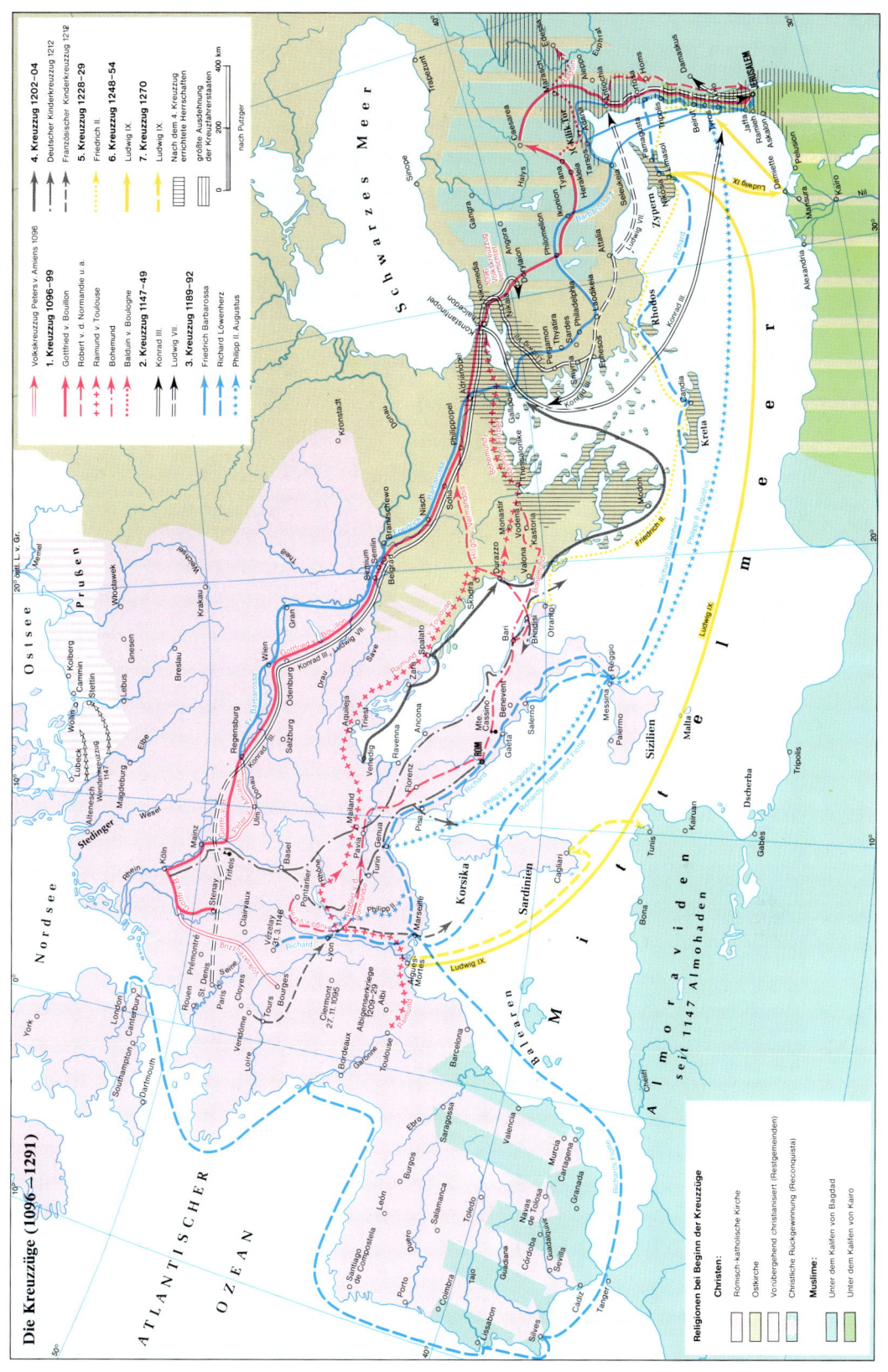

Legende:

→ Volkskreuzzug Peters v. Amiens 1096
→ 1. Kreuzzug 1096–99
  Gottfried v. Bouillon
  Robert v. d. Normandie u. a.
  Raimund v. Toulouse
  Bohemund
  Balduin v. Boulogne
→ 2. Kreuzzug 1147–49
  Konrad III.
  Ludwig VII.
→ 3. Kreuzzug 1189–92
  Friedrich Barbarossa
  Richard Löwenherz
  Philipp II. Augustus
→ 4. Kreuzzug 1202–04
→ Deutscher Kinderkreuzzug 1212
→ Französischer Kinderkreuzzug 1212
→ 5. Kreuzzug 1228–29
  Friedrich II.
→ 6. Kreuzzug 1248–54
  Ludwig IX.
→ 7. Kreuzzug 1270
  Ludwig IX.

Nach dem 4. Kreuzzug errichtete Herrschaften
größte Ausdehnung der Kreuzfahrerstaaten

0   200   400 km

nach Putzger

Religionen bei Beginn der Kreuzzüge:

Christen:
- Römisch-katholische Kirche
- Ostkirche
- Vorübergehend christianisiert (Restgemeinden)
- Christliche Rückgewinnung (Reconquista)

Muslime:
- Unter dem Kalifen von Bagdad
- Unter dem Kalifen von Kairo

Wörter, die man unter K vermißt, suche man unter C, Ch, G, H oder Q

HARD VON CLAIRVAUX zum **2. Kreuzzug** (1147–49) auf, an dem sich auf sein Drängen der Staufer KONRAD III. und LUDWIG VII. von Frankreich beteiligten. Der Zug scheiterte aber bereits auf dem Marsch durch Kleinasien; lediglich Lissabon konnte den Sarazenen duch eine Kreuzfahrerflotte 1147 abgerungen werden. Parallel zum 2. K. fand 1147 der →Wendenkreuzzug statt. ROGER II. von Sizilien landete währenddessen 1147 in einem Feldzug gegen Byzanz auf Korfu und eroberte Korinth sowie Theben. Nachdem Sultan SALADIN im Juli 1187 das Heer der Kreuzfahrerstaaten bei Hattin (in der Nähe des Sees Genezareth) vernichtend geschlagen und am 2. 10. 1187 Jerusalem eingenommen hatte, kam es zum **3. Kreuzzug** (1189–92) unter Führung Kaiser FRIEDRICHS I. BARBAROSSA, der aber an der Südküste Kleinasiens im Fluss Saleph ertrank (1190). Die ihm nachfolgenden Könige Frankreichs (PHILIPP II. AUGUSTUS) und Englands (RICHARD I. LÖWENHERZ) brachten durch ihren Zwist nach der Eroberung Akkos (1191) auch diesen K. um weitere Erfolge. Zu Beginn des **4. Kreuzzuges** (1202–04) besetzten die Kreuzfahrer im Auftrag Venedigs zunächst das istrisch-dalmatin. Küstengebiet (Fall von Zara [Zadar] am 24. 11. 1202), um ihre Überfahrt begleichen zu können. Gegen den Willen seines Initiators Papst INNOZENZ' III. führte diese K., nachdem der aus byzantin. Gefangenschaft geflohene Kronprätendent ALEXIOS IV. ANGELOS um Hilfe gegen hohe Belohnung gebeten hatte, unter militär. Führung von BONIFATIUS II. VON MONTFERRAT und auf Betreiben des venezian. Dogen E. DANDOLO zur Eroberung Konstantinopels (erstmals am 5. 7. 1203, nach der Ermordung ALEXIOS' erneut am 13. 4. 1204). Es kam zur Zerschlagung des Byzantin. Reiches und zur Errichtung des →Lateinischen Kaiserreichs unter venezianisch-frz. Führung.

Der Kreuzzugseifer soll der Legende nach sogar Kinder in Frankreich (unter Führung eines gewissen STEPHAN) und am Niederrhein (unter dem Knaben NIKOLAUS) zu Tausenden ergriffen und ins Verderben geführt haben (**Kinderkreuzzug**, 1212; die >pueri< der Quellen waren wahrscheinlich Knechte, Landarbeiter und Tagelöhner; für das Gros der Teilnehmer endete er bereits im Herbst 1212 in Italien). Ein gegen die islam. Hauptmacht in Ägypten gerichteter Vorstoß unter Führung eines päpstl. Legaten scheiterte nach der Eroberung Damiettes (1219) im Nildelta 1221 katastrophal. Kaiser FRIEDRICH II. hatte schon 1215 die Kreuzfahrt gelobt, verzögerte sie jedoch, weshalb ihn Papst GREGOR IX. 1227 bannte. Trotzdem brach der Kaiser zum **5. Kreuzzug** (1228–29) auf und erreichte kampflos durch Verhandlungen mit dem ägypt. Sultan, dem Aijubiden AL-KAMIL (1218–38), die Freigabe der christl. Pilgerstätten und krönte sich 1229 selbst zum König von Jerusalem, das aber 1244 wieder verloren ging. Den Weg über Ägypten wählte der **6. Kreuzzug** (1248–54), auf dem LUDWIG IX. von Frankreich 1250 mit seinem Heer in Gefangenschaft geriet und erst gegen hohe Lösegeldzahlung freigelassen wurde. Auf dem **7. Kreuzzug** (1270) starb LUDWIG vor Tunis. In Palästina ging 1291 die letzte Bastion Akko verloren. – Der →Deutsche Orden führte seit 1230 den K. gegen die heidn. Prußen und – vergeblich – gegen die Litauer.

Durch die K. kamen Hunderttausende von Menschen ums Leben; es wurden keine anhaltenden polit. Erfolge erzielt, und auch die Vereinigung von lat. und byzantin. Kirche konnte nicht erreicht werden. Allerdings sicherten die K. die Handelswege Venedigs und anderer ital. Stadtstaaten im östl. Mittelmeer für lange Zeit. Zudem schufen sie durch die Berührung mit Byzanz und der islam. Welt die Voraussetzung dafür, dass griechisch-oriental. Geistesgut im Abendland bekannt werden konnte.

Bibliographien: HANS E. MAYER: Bibliogr. zur Gesch. der K. (²1965); DERS.: Lit.-Bericht über die Gesch. der K. Veröff. 1958–1967, in: Histor. Ztschr., Sonder-H. 3 (1969). – *Quellen:* Recueil des historiens des croisades, 16 Bde. (Paris 1841–1906, Nachdr. Amersham 1969–84); Die K. aus arab. Sicht, ausgew. u. übers. v. F. GABRIELI (a. d. Ital., ²1976); Die K. in Augenzeugenberichten, hg. v. R. PERNOUD (a. d. Frz., ⁵1980). – *Zeitschriften:* Dt. Archiv für Erforschung des MA. (1951 ff.); Bulletin of the Society for the Study of the Crusades and the Latin East (Cardiff 1985 ff.). – *Darstellungen:* A history of the crusades, hg. v. K. M. SETTON, 5 Bde. (Madison, Wisc., ²1969–85); J. RILEY-SMITH: The crusades (London 1987); R. C. SCHWINGES: Die K.-Bewegung, in: Hb. der europ. Gesch., hg. v. T. SCHIEDER, Bd. 2 (1987); Großer Bildatlas der K., hg. v. J. RILEY-SMITH (a. d. Engl., 1992); F WINKELMANN: Die Kirchen im Zeitalter der K. (1994); G. ARMANSKI: Es begann in Clermont. Der erste K. u. die Genese der Gewalt in Europa (1995); T. JONES u. A. EREIRA: Die K. (a. d. Engl., 1995); HANS E. MAYER: Gesch. der K. (a. d. Engl., 1995); S. RUNCIMAN: Gesch. der K. (a. d. Engl., ⁸1995); M. ERBSTÖSSER: Die K. Eine Kulturgesch. (³1996); *Der erste K. 1096 u. seine Folgen.* Die Verfolgung von Juden im Rheinland, bearb. v. H.-J. BARKENINGS u. a. (1996); A. MAALOUF: Der Hl. Krieg der Barbaren. Die K. aus der Sicht der Araber (a. d. Frz., 1996); R. PERNOUD: Frauen zur Zeit der K. (a. d. Frz., ²1996).

Kreuzzugsdichtung, mittelalterl. Dichtung, die einen Kreuzzug zum Thema hat. Zu dem überlieferten Bestand der Kreuzzugsepik gehören Dichtungen, die den Kreuzzug propagieren, indem sie einen histor. Stoff auf das Kreuzzugsgeschehen hin aktualisieren – wie im ›Rolandslied‹ des PFAFFEN KONRAD (12. Jh.) und im ›Willehalm‹ WOLFRAMS VON ESCHENBACH (Anfang 13. Jh.) – oder die aktuellen Kreuzzugsereignisse, meist im Stil der Reimchronik, unmittelbar aus der Perspektive des Kreuzzugsteilnehmers (u. a. GRAINDOR DE DOUAI, ›Chanson d'Antioche‹, um 1180, Umarbeitung des verlorenen Originals von RICHARD LE PÈLERIN, vor 1099; ›Livländ. Reimchronik‹, Ende des 13. Jh.) oder mittelbar aus räuml. oder zeitl. Distanz festhalten (›Kreuzfahrt Ludwigs des Frommen‹, Anfang des 14. Jh.). Zur K. gehören auch Werke, die den Kreuzzug als Hintergrund- oder Rahmenhandlung literarisieren (u. a. ›Orendel‹, Ende des 12. Jh.; ›König Rother‹, um 1150).

F.-W. WENTZLAFF-EGGEBERT: K. des MA. (1960); R. WISNIEWSKI: K. (1984); K., hg. v. ULRICH MÜLLER (³1985).

Kreuzzugslied, das →Kreuzlied.

Kreuzzugslyrik, lyr. Form der Kreuzzugsdichtung, →Kreuzlied.

Krėvė-Mickevičius [krɛˈvɛː mitsˈkæːvitʃjʊs], Vincas, litauischer Schriftsteller, * Subartoniai 19. 10. 1882, † Marple Township (bei Philadelphia, Pa.) 7. 7. 1954; war 1922–44 Prof. für Slawistik in Kaunas und Wilna, 1940 Außen-Min.; emigrierte 1944. K.-M. stellte das litauische Bauernleben und – in seinen Dramen – Ereignisse der litauischen Geschichte idealisierend dar; daneben schrieb er Sagen in rhythm., stilisierter Prosa.

Werke: *Dramen:* Šarūnas (1911); Skirgaila (1925); Mindaugo mirtis (1935). – *Erzählungen:* Raganius (1930); Miglose (1940).

Krėwo, weißruss. **Krėwa,** Ort westlich von Molodetschno, Weißrussland. Hier wurde – unter der Voraussetzung der Taufe JAGIEŁŁOS und seines Volkes – am 14. 8. 1385 eine polnisch-litauische Union geschlossen, durch die das Großfürstentum Litauen unter JAGIEŁŁO nach dessen Krönung zum poln. König fest mit Polen verbunden werden sollte. Die Union von K. schuf die Voraussetzung für den Aufstieg Polen-Litauens zur Großmacht.

Kreymborg [ˈkreɪmbɔːg], Alfred, amerikanischer Schriftsteller, * New York 10. 12. 1883, † Milford (Conn.) 14. 8. 1966; schrieb von den Imagisten beeinflusste experimentelle, später konventionellere Gedichte sowie poet. Dramen, häufig Einakter.

Werke: *Lyrik:* Mushrooms (1915); Manhattan men (1929); No more war (1950). – *Dramen:* Plays for poem-mimes (1918); Puppet plays (1923); Prologue in hell (1930).

Ausgabe: Selected poems, 1912–1944 (1945).

Kribbelmücken, die →Kriebelmücken.

Kribi, Hafen- und Badeort in Kamerun, an der Bucht von Bonny des Atlant. Ozeans, 13 700 Ew.; Kraftwerk, Holzverarbeitung; Flughafen. In der Umgebung Eisenerz- und (offshore) Erdgaslager; im S das Wildschutzgebiet Campo.

Norbert Kricke: Raumplastik; Edelstahl, 1964 (Privatbesitz)

Kricke, Norbert Gustav, Bildhauer, *Düsseldorf 30. 11. 1922, †ebd. 28. 6. 1984; Schüler von R. SCHEIBE und H. UHLMANN an der Berliner Akademie, ab 1964 Prof., seit 1972 Direktor der Düsseldorfer Kunstakademie. K. entwickelte ab 1949 seine von der Bewegung im Raum her konzipierten Plastiken aus gebogenen, gebündelten oder verknoteten Metallstäben. Neben rechtwinklig gebogenen Arbeiten traten seit den 50er-Jahren vielfach ausfingernde, techn. Dynamik vermittelnde Linienbündel. Eine weitere Gruppe von Plastiken zeichnet sich durch einen langsam schwingenden, eher organ. Rhythmus aus. Er entwarf auch architekturbezogene Plastiken und bezog Wasser in seine Gestaltungen mit ein (›Wasserwald‹, 1964; Düsseldorf, Girozentrale). K. gehört zu den wichtigsten dt. Bildhauern der Nachkriegszeit.
J. MORSCHEL: N. K., Ausst.-Kat. (1976); N. K. Zeichnungen, bearb. v. V. ADOLPHS, Ausst.-Kat. Kunstmuseum Bonn u. a. (1995).

Krickeberg, Walter, Völkerkundler und Amerikanist, *Schwiebus 27. 6. 1885, †Berlin (West) 15. 7. 1962; war ab 1940 Prof. in Berlin, 1945–54 Direktor des Museums für Völkerkunde in Berlin-Dahlem; erforschte Religionen und Felsbilder Altamerikas, übersetzte indian. Märchen und veröffentlichte Darstellungen zu den mesoamerikan. Kulturen.
Werke: Die Totonaken, 2 Bde. (1919–25); Felsplastik u. Felsbilder bei den Kulturvölkern Altamerikas ... (1949); Altmexikan. Kulturen (1956); Die Religionen des alten Amerika (1961, mit H. TRIMBORN u. a.).

Krickel, *Jägersprache:* die →Krucken.

Krickente, Anas crecca, kleinste einheim. Art der Schwimmenten (Größe 36 cm); die Männchen haben eine charakterist. Kopffärbung und einen cremefarbenen Fleck unter dem Schwanz, die Weibchen sind unscheinbar. K. brüten an stehenden und langsam fließenden Gewässern mit dichter Vegetation.

Kricket *das,* -s, engl. **Cricket** [ˈkrɪkɪt], Fang- und Rückschlagspiel zw. zwei Mannschaften mit je elf Spielern. Gespielt wird K. auf einem mindestens 60 × 80 m großen Spielfeld. In der Feldmitte stehen im Abstand von 20,12 m die beiden Tore (Wickets), die aus drei nebeneinander stehenden, 71,1 cm hohen Stäben bestehen (Abstand: 11,1 cm). Auf den Stäben liegen zwei sie verbindende Querhölzchen (Bails). Die Verlängerung der Torlinie nach beiden Seiten um 2,02 m bildet die Abwurflinie (Bowlingcrease). 1,22 m vor dieser Linie ist die Schlaglinie (Battingcrease) markiert, die den Schlagraum abgrenzt. Die Entfernung von Schlagraum zu Schlagraum (ein Lauf für den Schlagmann) beträgt 17,67 m. Der mit rotem Leder überzogene Korkball hat einen Umfang von 22,38–22,86 cm und ist 156–163 g schwer. Die Schlagkeule (Bat) ist 71–96 cm lang, ihre Schlagfläche bis 10,80 cm breit.

Spiele zw. Vereinsmannschaften dauern etwa fünf Stunden, Begegnungen zw. Ländermannschaften fünf Tage. Jedes Spiel geht über zwei oder vier Durchgänge (Innings) von unterschiedl. Länge. Pro Durchgang übernimmt eine Mannschaft die Position der Feld- oder Fangpartei, die andere die der Schlagpartei. Der Reiz besteht darin, dass sich jeweils zwei Spieler der Schlagpartei ein Duell mit der gesamten gegner. Mannschaft liefern.

Spielablauf, Regeln (Auswahl): Zwei Schlagmänner (Batsmen) der schlagenden Mannschaft stehen zw. dem Wicket und der Schlaglinie. Hinter einem Tor steht der Torwächter (Wicketkeeper), hinter dem anderen der Werfer (Bowler) der gegner. Mannschaft. Der Bowler wirft den Ball von der Wurflinie aus auf das gegenüberliegende Tor. Der dort stehende Schlagmann versucht, den Ball möglichst weit wegzuschlagen. Nach einem gelungenen Schlag laufen die beiden Schlagmänner zum jeweils gegenüberliegenden Schlagraum und berühren dort mit dem Schlagholz den Boden (Run). Jeder Run zählt einen Punkt. Landet ein geschlagener Ball außerhalb des Spielfelds, zählt dies vier Punkte, geschieht dies ohne vorherige Bodenberührung des Balls, sechs Punkte. Die anderen Feldspieler der Fangmannschaft sind über das Spielfeld verteilt, um den geschlagenen Ball abzufangen und die Schlagmänner ins Aus zu bringen, sodass sie keine Runs erzielen können. Ein Schlagmann kann ›aus‹ werden durch: Treffen des Tores durch den geworfenen Ball (Bowled), Fangen des geschlagenen Balls ohne vorherige Bodenberührung (Caught), Zerstören des Tores mit dem Ball, bevor der Schlagmann das Schlagfeld erreicht hat (Run-out), Zerstören des Tores mit dem gefangenen Ball durch den Torwächter, wenn sich der Schlagmann zu weit hinauswagt (Stumped), Abwehr des Balls durch den Schlagmann mithilfe des Beinschutzes (Leg before Wicket). Ein ausgeschiedener Schlagmann wird durch einen anderen ersetzt. Sind zehn Schlagmänner im Aus, ist ein Durchgang beendet, und die Schlagmannschaft wird zur Feldmannschaft. Punkte können nur von der Schlagmannschaft erzielt werden.

Geschichte: Dem K. ähnl. Spiele sind bereits aus dem 15. Jh. im SO Englands überliefert. Ein erster Grafschaftswettbewerb (zw. London und Kent) fand 1719 statt. 1727 erhielt das Spiel erste Regeln, die in der Fassung von 1835 noch heute gültig sind. Der erste K.-Klub wurde 1760 gegründet. K. war 1900 in Paris olymp. Sportart (für Männer).

Krida [mlat. crida ›Konkurs‹, eigtl. ›öffentl. Bekanntmachung‹] *die,* -, in Österreich Bez. für die betrüger. (**betrügerische K.,** § 156 StGB) oder fahrlässige (**fahrlässige K.,** § 159 StGB) Herbeiführung der Zahlungsunfähigkeit (→Bankrott).

Kriebelmücken, Kribbelmücken, Melusinidae, Simuliidae, Familie fliegenähnl. Mücken mit über 1 000 Arten (in Mitteleuropa etwa 20 Arten). K. sind etwa 2–6 mm lang, kurzbeinig und von gedrungenem Bau. Die Larven entwickeln sich in Fließgewässern. Die Blut saugenden Weibchen fliegen oft in großen

Walter Krickeberg

Krickente
(Männchen; Größe 36 cm)

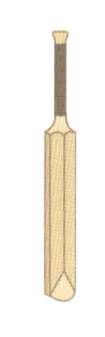

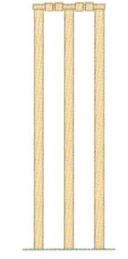

Kricket:
oben Schlagkeule (Bat);
unten Tor (Wicket)

Wörter, die man unter K vermisst, suche man unter C, Ch, G, H oder Q

Schwärmen und können bei Massenbefall den Tod von Weidetieren hervorrufen, wie z. B. in SO-Europa die **Kolumbatscher Mücke** (Melusina columbaczense).

Kriebsteintalsperre, Talsperre im Unterlauf der Zschopau, nördlich von Mittweida, Sa., 9 km langer Stausee, 1,3 km² groß, Stauinhalt 11,6 Mio. m³; 1927 bis 1929 erbaut; der N-Teil wird von der Burg Kriebstein (1384–1408 errichtet) überragt.

Kriechblume, *Baukunst:* die →Krabbe.

Krieche, die Haferpflaume (→Pflaumenbaum).

Kriechen, 1) *Biologie:* Form der Fortbewegung ohne Gliedmaßen, die nur in der Ebene der Substratoberfläche stattfindet. Das K. der Landschnecken erfolgt durch quer liegende, von vorn nach hinten verlaufende Kontraktionswellen über die Fußunterseite. Dabei gleitet die Sohle auf einem Schleimfilm, der aus einer Fußdrüse abgesondert wird. Bei Amöben fließt das Zellplasma in so genannten Scheinfüßchen in die gewünschte Richtung. – Gelegentlich werden auch das Schlängeln und die peristalt. Bewegungen des Regenwurms als Form des K. aufgefasst.

2) *Geomorphologie:* **Bodenkriechen,** →Bodenbewegungen.

3) *Werkstoffkunde:* zeitabhängiges Verformungsverhalten eines Materials bei unveränderter Belastung. Bei metall. Werkstoffen tritt K. oberhalb einer für jeden Werkstoff charakterist. Temperatur als Folge verschiedener thermisch aktivierter Teilvorgänge (Klettern von Versetzungen, viskoses Fließen entlang der Korngrenzen, Rekristallisationsvorgänge) bereits bei Belastungen unterhalb der Fließgrenze auf. Die **Kriechgrenze** oder **Dauerstandfestigkeit** ist definiert als die Grenzspannung, bei der die auftretende plast. Deformation nach endl. Zeit zum Stillstand kommt und bei deren Überschreiten schließlich Bruch eintritt. Da diese Werte jedoch auch bei extrem langen Versuchszeiten nicht zu ermitteln sind, beschränkt man sich auf den Zeitstandversuch mit Versuchszeiten von über 100 000 Stunden, aus dem die Zeitdehnlinien und daraus die Zeitstandfestigkeit (Spannung, die nach einer bestimmten Zeit zum Bruch führt) sowie die Zeitdehngrenzen (Spannung, bei der innerhalb einer vorgegebenen Zeit die Dehnung des Probestabes einen definierten Wert nicht überschreitet) bestimmt werden. – Bei Kunststoffen tritt K. bereits bei Normaltemperatur auf (›kalter Fluss‹), wobei die Verformung u. a. von der chem. Natur des Materials (Molekülmasse, Massenverteilung, Kristallisationsgrad, Vernetzungsgrad) abhängt.

Kriechenpflaume, die Haferpflaume (→Pflaumenbaum).

Kriechstrom, elektr. Strom, der unbeabsichtigt entlang der Oberfläche eines Isolierstoffkörpers, auf dem Spannung führende Teile befestigt sind, fließt; K. tritt auf, wenn das Isolationsvermögen des Isolierstoffes, z. B. durch Feuchtigkeit, herabgesetzt ist.

Kriechstromfestigkeit, Widerstandsfähigkeit eines Isolierstoffes gegen die Bildung von leitenden (verkohlten) Spuren, wenn auf dem oberflächlich verunreinigten Isolierstoff Kriechströme zw. Spannung führenden Metallteilen fließen. Die K. wird geprüft, indem zw. zwei auf der Isolierstoffprobe aufliegenden, Spannung führenden Elektroden eine elektrisch leitende Prüflösung aufgetropft wird. Beurteilt wird, bei wieviel Auftropfungen (bei 380 V) einer bestimmten Prüfspannung (mit 50 Tropfen) ein leitender Kriechweg entsteht. ›Kriechstromfeste‹ Kunststoffe gibt es bei Duro- und Thermoplasten (Aminoplaste, Polyester u. a.). K. ist nicht zu verwechseln mit **Kriechstromsicherheit** eines Bauteils, die konstruktiv (z. B. durch genügend große Abstände zw. den Spannung führenden Teilen) erreicht werden kann.

Kriechtiere, →Reptilien.

Krieg [mhd. kriec ›Krieg‹, ahd. chrēg auch ›Anstrengung‹, ›Streben‹; ›Hartnäckigkeit‹], bewaffnete Auseinandersetzung zw. Staaten bzw. Machtkampf streitender Parteien innerhalb eines Staates (→Bürgerkrieg).

Da K. ein alle Gesellschaftsformen, Kulturräume und Epochen übergreifendes Phänomen darstellt, existiert keine allgemein gültige Definition des Begriffs K. Was als K. bezeichnet wird, ist vielmehr histor. Veränderungen unterworfen und in hohem Maße von polit. Interessen, rechtl. Interpretationen, ideolog. Standpunkten und kulturellen Traditionen abhängig. Gleichwohl haben sich in der europ. Neuzeit gesellschaftl. Voraussetzungen entwickelt, die in der gegenwärtigen wiss. Diskussion einen definitor. Minimalkonsens sicherstellen. Mit der neuzeitl. Herausbildung souveräner Staaten, die zur Monopolisierung phys. Gewalt in den Händen der Staatsmacht führte, und der Entwicklung des internat. Staatensystems seit dem 17. Jh. wurde der Staat zum bestimmenden Akteur des K.-Geschehens und die Beteiligung der Staatsgewalt (Militär, paramilitär. Verbände, Polizeieinheiten) zu einem entscheidenden Definitionskriterium. Um K. von anderen Formen kollektiven Gewalthandelns wie Unruhen, Massakern, Terroraktionen, Staatsstreichen usw. zu unterscheiden, werden unterschiedl. qualitative und quantitative Kriterien herangezogen. Weitgehend akzeptiert ist eine Definition, wonach K. einen gewaltsamen Massenkonflikt bezeichnet, der ein gewisses Maß an Kontinuität der Kampfhandlungen, Organisation der K. Führenden und Planmäßigkeit ihres Vorgehens voraussetzt, und an dem auf mindestens einer Seite reguläre Streitkräfte der Reg. beteiligt sein müssen. In diesem Sinne kann K. als Versuch sozialer Gruppen, Verbände oder Staaten verstanden werden, ihre polit., wirtschaftl. oder weltanschaul. Ziele mithilfe organisierter phys. Gewalt gegen andere durchzusetzen.

Die Schwierigkeit der Abgrenzung von K. gegenüber anderen Gewaltformen zeigt sich auch im allgemeinen Sprachgebrauch: Häufig werden als K. Synonyme wie bewaffneter Konflikt, Gewaltkonflikt, kriegsähnl. Auseinandersetzungen usw. gebraucht oder Attribute wie sezessionistisch, ethnisch, religiös bzw. Komposita wie Guerilla-K., Befreiungs-K., Stammes-K., Grenz-K. usw. verwendet. Für unterschiedl. Formen gewaltsamer innerstaatl. Auseinandersetzungen wird meist die Sammel-Bez. Bürger-K. gewählt.

Die **K.-Ursachen,** aus denen sich i. d. R. die K.-Ziele ergeben, sind vielfältig und äußerst komplex. Sie resultieren aus sozialen Widersprüchen und Gegensätzen, die auf allen Ebenen des gesellschaftl. Lebens oder der Beziehungen zw. Gemeinschaften oder Staaten angesiedelt sein können. Singuläre Ursachen und damit monokausale Erklärungen von K. gibt es nicht. Erst durch das Zusammenwirken unterschiedl. Einflussfaktoren kommt es zu einem konfliktiven Eskalationsprozess, der zu krieger. Konfliktaustrag führen kann.

In der Forschung werden drei miteinander verbundene Ebenen von K.-Ursachen unterschieden. Auf der gesellschaftspolit. Ebene spielen Interessengegensätze zw. sozialen Gruppen um die ungleiche Verteilung von Einkommen, Vermögen, Status, Ressourcen und Lebenschancen sowie Macht- und Herrschaftskonflikte die Hauptrolle. V. a. in Phasen beschleunigter gesellschaftl. Transformationsprozesse führen diese sozialen Konflikte häufig zur Politisierung entlang ethn., religiöser oder regionaler Grenzen sowie zu militantem →Nationalismus. Entsprechend artikulieren sie sich als religiös, ethnisch-kulturell oder nationalistisch geprägte Konflikte, die nicht selten zu Sezessions- und Autonomiebestrebungen führen. In den Staaten der Dritten Welt gehören chron. Legitimationsdefizite polit. Herrschaft und die mangelnde nationalstaatl. Konsolidierung zu den strukturellen Ursachen krieger. Konflikte. Auch Natur- und Umweltzerstörung, relative Überbevölkerung, Migrations- und Flüchtlingsbewegungen können Ursachen von K. sein. Diese innergesellschaftl. Bestimmungsgründe bilden die Hauptursachen der K. der Gegenwart.

Auf der internat. Ebene gehören zwischenstaatl. Rivalitäten und Hegemonialkonflikte v. a. aufgrund ökonom. und machtpolit. Veränderungen und Krisen sowie Grenzstreitigkeiten und konkurrierende Gebietsansprüche zu den Hauptursachen von K. Für die Intervention Dritter in krieger. Konflikte ist meist der Versuch der Einflussnahme auf die polit. Entwicklung ursächlich. Während des →Kalten Krieges hat zudem die ideolog. und machtpolit. Konkurrenz der Supermächte zur gewaltsamen Eskalation von Konflikten in der Dritten Welt beigetragen.

Auf der Ebene sozialpsycholog. Ursachen, die in allen K. eine Rolle spielen, stehen die Genese von Feindbildern und Entscheidungsprozesse sowie Persönlichkeitsstrukturen und das Problem kriegsauslösender Fehlwahrnehmungen im Mittelpunkt. Biologist. Annahmen, z. B. über den Zusammenhang von menschl. Aggression und K., wird dagegen kein großer Erklärungswert mehr beigemessen.

Sowohl historisch wie systematisch lassen sich versch. **K.-Typen** unterscheiden: So gehören etwa die Kabinetts-K. des Absolutismus, die Kolonial- und Handels-K. der europ. Mächte oder die Dekolonisations-K. in den Staaten der Dritten Welt bestimmten histor. Epochen an. Systematisch unterscheiden lassen sich z. B. nach der K.-Führung Bewegungs- und Stellungs-K., Partisanen- oder Guerilla-K., nach Art der Kampfmittel konventionelle und Nuklear-K., nach Ausmaß und Umfang der Kampfhandlungen begrenzte und totale K. bzw. lokale, regionale oder Welt-K., nach Konfliktgegenständen und Zielen K. um polit. Herrschaft, Grenzziehungen, Territorien, Ressourcen, Autonomie oder Sezession usw., nach dem rechtl. und sozialen Status der beteiligten Akteure inner- und zwischenstaatl. K. sowie Klassen-, Bürger-, Volks-, Stammes- oder ethn. Kriege.

Für die neuere K.-Forschung, die sich v. a. mit der Entwicklung seit 1945 beschäftigt, ist die Unterscheidung inner- und zwischenstaatl. K. grundlegend. Die inneren K. werden unterteilt in Antiregime-K., in denen es um den Sturz der Reg., die Veränderung oder den Erhalt des polit. Systems oder der Gesellschaftsordnung geht, und in K., in denen meist ethnisch-kulturelle oder religiös verankerte Minderheiten um Anerkennung, Autonomie oder soziale Gruppen um Partikularinteressen kämpfen. Dekolonisations-K., in denen bes. in den 50er- und 60er-Jahren um die Befreiung von Kolonialherrschaft gekämpft wurde, werden als histor. Sonderfall behandelt.

Hinsichtlich **Art und Umfang des K.-Vorkommens** weist die empir. K.-Forschung für 1945–96 insgesamt 194 K. (mit wenigstens 20 Mio. Toten) aus, von denen 66 % innere, 17 % zwischenstaatl. sowie 6 % Dekolonisations-K. waren und 11 % Mischformen darstellten. Die Zahl der jährlich geführten K. ist im langfristigen Trend ständig angestiegen (1950er-Jahre: 12, 60er- und 70er-Jahre: 22–32, 80er-Jahre: 40, 1992: 52 K.); dieses Niveau werden die 90er-Jahre vermutlich abermals übersteigen.

Auffällig ist auch die geograph. Verteilung der K.: Gegenüber dem 19. und der 1. Hälfte des 20. Jh. hat sich das K.-Geschehen aus den europ. Zentren in die Dritte Welt und seit 1989 auch in den ehem. Ostblock verlagert. Weit über 90 % aller K. zw. 1945 und 1996 fanden in diesen Regionen statt. Am stärksten von K. betroffen ist Asien mit 54 K., gefolgt von Afrika mit 52, dem Nahen und Mittleren Osten mit 43, Lateinamerika mit 22 und Europa mit 13 K. Die Territorien der hoch entwickelten westl. Industrienationen blieben dagegen seither vollständig kriegsfrei.

Mit der geograph. Verschiebung geht eine typolog. Veränderung der K. einher: Seit 1945 zeigt sich ein deutl. Trend zur Dominanz innerstaatl. K. Der Anteil zwischenstaatl. K., die als ›klass. Form‹ der europ. K. des 19. und beginnenden 20. Jh. gelten können, nimmt stetig ab. Unter den inneren K. machen die Antiregime-K. mehr als die Hälfte aus. Allerdings nehmen die um regionale Autonomie und Sezession sowie um Partikularinteressen geführten inneren K. zu.

Von entscheidender, wenngleich rückläufiger Bedeutung für das weltweite K.-Geschehen nach 1945 sind die früheren Kolonialmächte, v. a. Großbritannien und Frankreich, sowie die USA. Sie haben außerhalb ihres Territoriums an über 40 K. teilgenommen. In der Häufigkeit der K.-Beteiligungen gehören sie mit Indien, dem Irak, China und Syrien in die Spitzengruppe. Die Sowjetunion bzw. Russ. Föderation weist bis 1996 insgesamt 6 K.-Beteiligungen auf.

Historische und ideengeschichtliche Entwicklung

Die Frage der sittl. Berechtigung des K. hat die Menschheit seit Jahrtausenden bewegt. Der K. als soziales Phänomen wurde seit der Antike einerseits als unvermeidbare, schicksalhafte Kraft und Bewährungsprobe der Tapferkeit betrachtet, andererseits als Gefahr für die Menschheit angesehen und wegen seiner Gewalttätigkeit verworfen.

Auch in der christl. Tradition war die Einstellung zum K. ambivalent. Sie reicht von der Ablehnung jegl. Gewalt in der Bergpredigt bis zur Lehre vom gerechten K. (Bellum iustum), die v. a. von AUGUSTINUS und THOMAS VON AQUINO entwickelt wurde und für das MA. prägend war. Demnach durfte K. aber nur geführt werden, um die gestörte Rechtsordnung wiederherzustellen, war an einen gerechten Grund und rechtmäßige Methoden gebunden und blieb letztlich dem Ziel des Friedens verpflichtet. Die soziale Realität des europ. MA. war indes durch die Allgegenwart von Gewalt und →Fehden bestimmt, K. als gewaltsam ausgetragener Rechtsstreit ein chron. Prozess, sodass eine strikte Trennung von K. und Frieden fehlte. Sie hat sich erst in der Neuzeit im Zuge der modernen Staatenbildungsprozesse entwickelt. Das mittelalterl. Fehderecht wurde auf einen immer kleineren Personenkreis beschränkt. Diese polit. Enteignung des Rechtes auf die Anwendung phys. Gewalt mündete schließlich in das legitime Gewaltmonopol des Staates.

Mit dem Zerbrechen des einheitl., mittelalterlich-religiösen Weltbildes veränderten sich auch die Auffassungen und das Bild des K. Die Glaubensspaltung brachte einen neuen K.-Typ hervor: den konfessionellen Bürger-K. Im Gefolge der Reformation verwüsteten die Religions-K. des 16. und 17. Jh. nahezu den gesamten europ. Kontinent und fanden erst im Westfäl. Frieden von 1648 ihr Ende. In den Kabinetts-K. des Absolutismus deutet sich dann bereits die Tendenz zu reinen Staaten-K. und zur Bürokratisierung und Professionalisierung von Gewalt an. Diesen Umbruch reflektierte der engl. Philosoph T. HOBBES, indem er die Überwindung des menschl. Naturzustandes des K. aller gegen alle (›bellum omnium contra omnes‹) durch die Übertragung der Macht auf den souveränen Herrscher postulierte und so die absolutist. Ordnung und die Monopolisierung der Gewalt in den Händen der Staatsmacht rechtfertigte. Mit der staatl. Verfasstheit und der europ. Staatenordnung wurde die Grenze zw. dem Frieden in der Gemeinschaft und dem in den internat. Beziehungen weiterhin geltenden krieger. Naturzustand neu markiert, wobei das Verhalten der Staaten untereinander HOBBES zufolge von rationalen Nützlichkeitserwägungen geprägt war. Diesen Gedanken entwickelte C. VON

Krie Krieg

CLAUSEWITZ später, vor dem Hintergrund der Napoleon. K., zu seiner instrumentellen Definition des K. als ›Fortsetzung der Politik mit anderen Mitteln‹ weiter.

Mit der Säkularisierung verlor die Lehre vom gerechten K., die im Islam bis heute weiter existiert (→heilige Kriege), nach und nach an Bedeutung, und das entstehende neuzeitl. Völkerrecht (F. DE VITORIA, H. GROTIUS) billigte den Staaten das freie Kriegführungsrecht (›ius ad bellum‹) zu. Das völkerrechtl. Grundprinzip der souveränen Gleichheit der Staaten schuf die Voraussetzung für die Lehre vom Gleichgewicht der (europ.) Mächte, die zur Verhinderung der Übermacht eines Staates oder Staatenbündnisses die Berechtigung zur präventiven K.-Führung ableitete. Mit der Aufklärung wuchs jedoch die Kritik am europ. Staatensystem, dessen Gleichgewicht im Wechselspiel von K. und Verträgen ausbalanciert wurde. Der absolutist. Staat wurde nicht mehr als Garant des inneren Friedens, sondern als Ursache der K. angesehen.

Mit der Frz. Revolution begann die Zeit der europ. Revolutions-K., in der sich das Bürgertum und die niederen Stände gegen die absolutist. Ordnung erhoben, und der revolutionäre Bürger-K. erhielt die Weihe eines K. gegen die Kriege. Die Mobilisierung der Volksmassen (›levée en masse‹), die Einführung der allgemeinen Wehrpflicht und die Identifizierung mit der Nation veränderten das Gesicht des K.: Nicht mehr zeitlich und örtlich begrenzte K. unmotivierter und schlecht besoldeter, stehender Berufsheere, sondern der mit Begeisterung, Opferbereitschaft und nationalist. Gesinnung geführte revolutionäre Volks-K. wurde zu einer neuen Dimension des K. Der revolutionäre K., mit dem Frankreich die Mächte des alten Europa überzog, ließ aber auch die Situation des Staaten-K. bestehen, der, von nun an mit nat. Pathos aufgeladen, als K. der Nationen geführt wurde.

Die K. der Nationalstaaten im Zeitalter des →Imperialismus wurden von einer immer stärkeren Mobilisierung aller militär., wirtschaftl. und weltanschaul. Ressourcen geprägt. Die industrielle Revolution hatte hierfür die materiellen und kriegstechn. Mittel und der Nationalismus die geistigen und emotionalen Voraussetzungen geschaffen. Ziel war nicht mehr der nach CLAUSEWITZ begrenzte polit. Zweck, den Gegner zur Erfüllung seines Willens zu zwingen, sondern die phys. und moral. Vernichtung der zum Feind gestempelten gegner. Nation. Die Entgrenzung des K. durch die schrankenlose Mobilisierung aller gesellschaftl. Ressourcen (totaler K.), die sich auch in der militärtechn. Entwicklung chem., bakteriolog. und nuklearer →Massenvernichtungsmittel zeigt und die seit Ende des 18. Jh. fortschreitende Auflösung der Grenzen zw. Militär und Zivilbevölkerung, Schlachtfeld und zivilen Lebensbereichen vollendet, fanden im Ersten und Zweiten Weltkrieg ihren Höhepunkt.

Der millionenfache Tod und die Zerstörungen der Weltkriege beschleunigten die völkerrechtl. Bemühungen zur Einhegung der K. (→Friedenssicherung): In der 1945 verabschiedeten UN-Charta wird den Staaten das alte ›ius ad bellum‹, das Recht zum Angriffs-K., entzogen und die Drohung und Anwendung von Gewalt in den internat. Beziehungen grundsätzlich verboten (Art. 2, Nr. 4). Die Anwendung bewaffneter Gewalt ist nur noch als Akt individueller oder kollektiver Selbstverteidigung (Art. 51) oder zur Wiederherstellung des internat. Friedens als vom Sicherheitsrat beschlossene Sanktionsmaßnahme (Art. 42) erlaubt. Auch das →Kriegsrecht wurde den Weltkriegserfahrungen angepasst.

Mit dem Ende des Zweiten Weltkrieges begann für die Industriestaaten in Ost und West eine beinahe 50-jährige von K. weitgehend freie Periode. Das K.-Geschehen verlagerte sich in die Dritte Welt. Aber der Systemgegensatz zw. Kapitalismus und Kommunismus hatte nach 1945 die Form des Kalten K. angenommen, und der Ost-West-Konflikt wurde zum herausragenden Ordnungs- und Interpretationsrahmen für die internat. Politik. Namentlich der Rüstungswettlauf der Supermächte, der durch den Aufbau atomarer Kapazitäten zur tödl. Bedrohung für die Menschheit wurde (→Overkill), veränderte das K.-Denken nachhaltig. In den westl. Staaten kam es zu einer weit verbreiteten K.-Gegnerschaft (→Friedensbewegung, →Friedensforschung, →Pazifismus), die auch von den christl. Kirchen getragen wurde. Dem Rüstungswahn der Eliten wurde entgegengehalten, dass K. im Atomzeitalter kein Mittel der Politik mehr sein kann. Verhandlungen über →Abrüstung und schließlich der Zusammenbruch des Ostblocks beendeten das Wettrüsten und den Ost-West-Konflikt.

In den kommunist. Staaten bestimmte der Marxismus-Leninismus bis dahin das offizielle Denken über den K. Er knüpfte sowohl an CLAUSEWITZ' instrumentelle Auffassung des K. als polit. Mittel als auch an das Motiv vom gerechten, revolutionären K. an und verband beides mit der marxist. Geschichtsauffassung und der Lehre vom Klassenkampf. Danach konnten K. kapitalist. Staaten oder Regime – sei es untereinander, sei es gegen fortschrittl. oder kommunist. Kräfte oder Staaten – als ungerecht eingestuft werden, während v. a. K. zur Verteidigung der kommunist. Gesellschaftsordnung, nat. Befreiungs-K., revolutionäre K. oder Volksaufstände als gerechte K. angesehen wurden. Obwohl bereits Mitte der 50er-Jahre die friedl. →Koexistenz Leitlinie der Außenbeziehungen der Sowjetunion und ihrer Verbündeten gegenüber den kapitalist. Staaten wurde, bestimmte diese Haltung v. a. während des Kalten K. die Politik der kommunist. Staaten gegenüber Regierungen und sozialen Bewegungen in der Dritten Welt. Wenn auch ohne explizite Rechtfertigungsideologie, betrieben die USA und ihre Verbündeten spiegelbildlich dieselbe Machtpolitik, was insgesamt nicht nur zur ideolog. Aufladung der sozialen Konflikte und K. in der Dritten Welt, sondern auch zur direkten Unterstützung der dortigen Konfliktparteien durch die Supermächte führte. So wurden viele dieser K. als Stellvertreter-K. interpretiert und die eigentl., sozialen Ursachen übersehen. Die nach dem Ende der Blockkonfrontation in Ost und West anfänglich verbreitete Hoffnung auf ein rasches Ende der vielen regionalen und lokalen K. in der Dritten Welt erwies sich daher schnell als Illusion. Stattdessen sind v. a. die Länder Afrikas und die Nachfolgestaaten der Sowjetunion und die ehem. Jugoslawien zu einer neuen Krisen- und K.-Region der Weltpolitik geworden. Auch die verstärkten Friedensbemühungen der UNO und anderer, v. a. auch kirchl. und Nichtregierungsorganisationen, haben bislang keine nachhaltige Wirkung auf das weltweite K.-Geschehen am Ende des 20. Jh. gezeigt.

Krieg als Thema in Literatur, bildender Kunst, Musik und Film

Literatur: Der K. ist eines der großen Themen der Weltliteratur. Die Infragestellung seiner Sinnhaftigkeit mittels literar. Gestaltung begann allerdings erst während des Ersten Weltkriegs. Bis zu dieser Zeit erschien der K. meist als unabwendbares Menschenschicksal (so z. B. im german. Heldenlied und Heldenepos, in HOMERS ›Ilias‹, den Tragödien von AISCHYLOS bis SHAKESPEARE, SCHILLER und H. V. KLEIST), als chronistisch dokumentierte oder auch kommentierte Grundlage polit. Handelns (CAESAR) sowie als Handlungshintergrund für epische und dramat. Werke aller Art. Der K. wurde dabei oft weniger realistisch als mythisiert, idealisiert oder genrehaft sentimentalisch beschrieben. Dies gilt bes. für Kampf-

und Schlachtgesänge (z. B. der german. Barditus), für viele volkstüml. Soldaten- und Landsknechtslieder sowie die kunstmäßige K.-Lyrik. Eingang in die literar. Behandlung finden neben Aufrufen zu Kampf-, Opfer- und Vernichtungsbereitschaft auch Äußerungen über Schmerz, Trauer, Tod und Verwüstung oder die Sehnsucht nach Frieden. Diese Tradition reicht zurück bis in die Antike (TYRTAIOS, SIMONIDES), spiegelt sich in den Kreuzliedern des MA., bei J. J. C. VON GRIMMELSHAUSEN und bes. in den K.- und Trostgedichten des Barock (M. OPITZ, J. RIST u. a.). Einen Höhepunkt erlebte die K.-Dichtung in der Zeit FRIEDRICHS D. GR. (E. VON KLEIST, J. W. L. GLEIM, K. W. RAMLER, H. W. VON GERSTENBERG) und der Befreiungs-K. (H. VON KLEIST, E. M. ARNDT, K. T. KÖRNER u. a.). Hier wurde v. a. versucht, patriot. Gesinnung und K.-Begeisterung zu wecken. Die europ. Romantik entzündete sich diese Begeisterung an den nat. Befreiungskämpfen in Ost- und Südosteuropa, v. a. in Griechenland (u. a. G. BYRON, WILHELM MÜLLER, A. VON CHAMISSO); auch in den Ländern, die selbst an den K. beteiligt waren, entstand v. a. K.-Lyrik (D. SOLOMOS). Ab Mitte des 19. Jh. bezogen die Autoren des Realismus und Naturalismus die K.-Thematik in ihre Werke ein, niemals mit heroisierenden Tendenzen (L. N. TOLSTOJ, W. RAABE, G. DE MAUPASSANT, É. ZOLA und G. B. SHAW). – Im Umfeld des amerikan. Bürgerkrieges entstanden krit. Werke von H. MELVILLE, J. W. DE FOREST, S. LANIER und W. WHITMAN. S. CRANES naturalistisch-impressionist. Roman ›The red badge of courage‹ (1895) und A. BIERCES bittergroteske Erzählungen ›Tales of soldiers and civilians‹ (1891) weisen auf die desillusionist. K.-Literatur des Ersten Weltkriegs voraus.

Angesichts des anonymen Massensterbens in einem hoch technisierten K. kamen im und nach dem Ersten Weltkrieg in zahlr. Romanen und Gedichten Enttäuschung, Verbitterung und Ohnmacht der K.-Generation unverhüllt zum Ausdruck. Neue Stilmittel dienten dazu, den traumat. Erlebnissen, dem nie gekannten Grauen adäquate literar. Gestalt zu verleihen. Die expressionist. Lyrik in Dtl. ist v. a. Antikriegsdichtung (A. STRAMM, J. R. BECHER, F. WERFEL), und in der Dramatik wurde mit dem Pathos des Expressionismus der Frieden beschworen (W. HASENCLEVER, ›Antigone‹, 1917; F. VON UNRUH, ›Ein Geschlecht‹, 1918; K. KRAUS, ›Die letzten Tage der Menschheit‹, 1919, des Weiteren Dramen von G. KAISER und E. TOLLER). Größte Wirkung hatte E. M. REMARQUES Roman ›Im Westen nichts Neues‹ (1928); schonungslos realist. Darstellung des K.-Alltags findet sich auch in den Romanen ›Ginster‹ (1928) von S. KRACAUER, ›Des Kaisers Kuli‹ (1930) von T. PLIEVIER, ›Der Streit um den Sergeanten Grischa‹ (1927) von A. ZWEIG sowie ›Krieg‹ (1928) von L. RENN. Im Gegensatz dazu standen die Stimmen, die im K. ein heroisches, faszinierendes Gemeinschaftserlebnis und ›männl. Bewährung‹ sahen (v. a. E. JÜNGERS ›In Stahlgewittern‹, 1920; aber auch die K.-Erzählungen von R. G. BINDING, die Gedichte von W. FLEX). Diese Richtung der K.-Literatur mündete direkt in die natsoz. K.-Verherrlichung, wie sie sich in den Werken von E. E. DWINGER und W. BEUMELBURG niederschlug. – In der frz. Literatur brachte bereits der Naturalismus antimilitarist. Anklagen hervor (ZOLA, ›La débacle‹, 1892). Das radikalste Antikriegsbuch im Ersten Weltkrieg war H. BARBUSSES halbdokumentar. Roman ›Le feu‹ (1916), ähnlich von R. DORGELÈS ›Les croix de bois‹ (1919). Ankläger gegen den K. waren ebenso R. ROLLAND, G. DUHAMEL und P. ÉLUARD. Eine Heroisierung des K. – auf der Grundlage des Weltkriegserlebnisses – kommt in den Werken von H. DE MONTHERLANT und P. DRIEU LA ROCHELLE zum Ausdruck. – In England gestalteten in der Lyrik S. SASSOON die Auflehnung gegen den K.,
W. OWEN das Mitleid mit den Opfern und R. BROOKE die Todesahnung des Soldaten. In Roman und Drama wurde das Soldatenleben im Ersten Weltkrieg i. d. R. entheroisiert (R. H. MOTTRAM; ROBERT CHARLES SHERIFF, *1896, †1975, ›Journey's end‹, 1929). Verbitterung und Enttäuschung kennzeichnen Werke R. ALDINGTONS, F. M. FORDS sowie S. O'CASEYS. – Der Tscheche J. HAŠEK schrieb humoristisch-satir. Romane um den Soldaten Schwejk (1920–23). Eindringl. Zeugnisse der Kämpfe zw. Rot- und Weißgardisten während des Bürger-K. in der UdSSR finden sich bei I. E. BABEL, M. A. SCHOLOCHOW und W. W. MAJAKOWSKIJ. – In den USA entstanden erbitterte Protestromane gegen den K. (WILLIAM MARCH, *1893, †1954; DALTON TRUMBO, *1905, †1976) sowie die gesellschafts- und kulturkrit. Romane von J. DOS PASSOS (›Three soldiers‹, 1921), E. E. CUMMINGS und E. HEMINGWAY (›A farewell to arms‹, 1929). – Neuen Stoff lieferte der Span. Bürgerkrieg, an dem viele Schriftsteller direkt beteiligt waren. Sehr unterschiedlich, z. T. aus eigenem Erleben, verarbeiteten die Ereignisse A. MALRAUX, G. BERNANOS, I. SHAW, A. KOESTLER, G. ORWELL, E. HEMINGWAY und B. BRECHT. In Spanien selbst ist der Bürgerkrieg bis heute eines der wichtigsten literar. Themen (so bei M. AUB, ANA MARIA MATUTE, R. SENDER, J. GOYTISOLO).

Die Aufarbeitung des Zweiten Weltkriegs in der Literatur unterscheidet sich prinzipiell durch die gegensätzl. Perspektive der K.-Parteien. In der deutschsprachigen Literatur spiegeln die im oder unmittelbar nach dem K. entstandenen, oft reportageartigen Werke zunächst die Erlebnisse der Betroffenen: T. PLIEVIER (›Stalingrad‹, 1945), H. REIN (›Finale Berlin‹, 1947), H. W. RICHTER (›Die Geschlagenen‹, 1949), C. HOHOFF (›Woina, Woina‹, 1951), aus der Sicht des Beteiligten auf der Seite der Alliierten S. HEYMS ›Kreuzfahrer von heute‹ (dt. Fassung 1950). Die schmerzhaft-krit. Auseinandersetzung mit der K.-Schuld und den Folgen des K. begann auf dem Theater mit C. ZUCKMAYERS ›Des Teufels General‹ (1946), v. a. aber mit W. BORCHERTS Heimkehrerstück ›Draußen vor der Tür‹ (1947) sowie mit H. BÖLLS Erzählungen (›Der Zug war pünktlich‹, 1950). Aufrüttelnde Antikriegslyrik schrieben u. a. P. HUCHEL und G. EICH, Letzterer auch Hörspiele, die zu den wichtigsten Zeugnissen der dt. Antikriegsliteratur gehören.

Auch in den 50er-Jahren beschäftigte das Thema K. die Schriftsteller: H. H. KIRSTS Romantrilogie ›08/15‹ (1954–55) wurde durch die publikumswirksame Mischung von Militarismuskritik und abenteuerl. Handlung in der Bundesrepublik ein Sensationserfolg (weitere Romane in dieser Zeit u. a. von G. GAISER, W. HEINRICH, später von L.-G. BUCHHEIM). In den 60er-Jahren nutzte das Dokumentartheater die K.-Thematik für sein gesellschaftskrit. Anliegen (H. KIPPHARDT, R. HOCHHUTH); leidenschaftl. Antikriegslyrik schrieb E. FRIED. – In der Literatur der DDR erschien das eigentl. K.-Geschehen (des Zweiten Weltkriegs) erst spät in der Literatur, psychologisch überzeugend in F. FÜHMANNS Erzählung ›Kameraden‹ (1955), mit großer Breitenwirkung in D. NOLLS Roman ›Die Abenteuer des Werner Holt‹ (1960).

Die dt. Gegenwartsliteratur greift immer wieder das Thema auf, das nicht zu trennen ist von den Problemen der dt. Vergangenheitsbewältigung. Als Beispiele für die unterschiedlichen künstler. Methoden können HEINER MÜLLERS Szenenfolge ›Wolokolamsker Chaussee I–V‹ (1986) und W. KEMPOWSKIS ›Das Echolot. Ein kollektives Tagebuch‹ (1993) gelten.

Die Verarbeitung des Zweiten Weltkriegs nimmt auch in der frz. Literatur einen breiten Raum ein, herausragend die Erlebnisberichte von A. DE SAINT-EXUPÉRY, VERCORS' Résistance-Erzählung ›Le si-

Krie Krieg

lence de la mer‹ (1942) und A. CAMUS' ›Lettres à un ami allemand‹ (1945). – Von den zahlr. Werken der ital. Literatur, die sich mit dem Zweiten Weltkrieg auseinander setzen, sind die Romane C. MALAPARTES, G. BERTOS, C. CASSOLAS und B. FENOGLIOS zu nennen. – In England erreichte die unter dem Eindruck des Zweiten Weltkriegs entstandene Lyrik nicht jene Bedeutung, wie sie die Dichtung zum Ersten Weltkrieg hatte (KEITH DOUGLAS, *1920, †1944; S. KEYES, A. LEWIS). Romane wie R. WARNERS ›Why was I killed?‹ (1943), NICHOLAS MONSARRATS (*1910, †1979) ›The cruel sea‹ (1951), A. MACLEANS ›H. M. S. Ulysses‹ (1955) oder, ironisch-humoristisch, E. WAUGHS ›Men and arms‹ (1952) zeugen vom Verteidigungswillen. – Die Tendenzen der K.-Literatur in der Sowjetunion sind, je nach polit. Situation, unterschiedlich. In den 20er-Jahren diente die Darstellung des K. oft dazu, den Übergang zur Revolution als geschichtl. Notwendigkeit zu erklären (I. G. EHRENBURG, L. N. ANDREJEW). Dagegen folgte die Literatur während des Zweiten Weltkrieges tages- und militärpolit. Bedürfnissen und suchte die Widerstandskraft der Soldaten und Bürger zu mobilisieren (W. S. GROSSMAN, B. L. GORBATOW, K. M. SIMONOW, W. P. NEKRASSOW). Unmittelbar nach 1945 diente sie einerseits zur Verherrlichung des militär. Erfolges (A. A. FADEJEW, E. G. KASAKEWITSCH), andererseits, seit der beginnenden Entstalinisierung, stellte sie die raue Wirklichkeit des K.-Alltags dar (G. J. BAKLANOW, J. M. NAGIBIN, K. M. SIMONOW). – Die USA gingen aus dem Zweiten Weltkrieg als Weltmacht hervor;

Krieg: Francisco de Goya y Lucientes, ›Porqué?‹; Blatt aus dem Radierzyklus ›Los Desastres de la guerra‹; um 1808–14

dennoch wuchs die Zahl der Werke in der krit. Tradition von CRANE, DOS PASSOS und HEMINGWAY. Zwar wurde die politisch-moral. Rechtfertigung des K. letztlich nicht abgelehnt (LILLIAN HELLMAN, ›Watch on the Rhine‹, 1941; J. G. COZZENS, ›Guard of honor‹, 1948; J. JONES, ›From here to eternity‹, 1951; H. WOUK, ›The Caine mutiny‹, 1951; L. URIS, ›Battle cry‹, 1953), doch stellten Autoren wie N. MAILER, J. HERSEY und I. SHAW sowie Lyriker wie R. JARRELL, R. EBERHART, JOHN CIARDI (*1916, †1986), J. DICKEY und W. H. AUDEN eindrucksvoll die Sinnlosigkeit und Zerstörungskraft des Krieges dar.

Unter dem Eindruck der K. in Korea und Vietnam sowie der globalen atomaren Bedrohung entstand seit den 60er-Jahren erneut eine Dichtung, die sich gegen den K. richtete. Hauptsächlich in den USA erschienen mehrere krit. Romane in der Tradition von K.-Satire und K.-Groteske. J. HELLER (›Catch 22‹, 1961), K. VONNEGUT (›Slaughterhouse-five‹, 1969), N. MAILER (›Why are we in Vietnam?‹, 1967), T. PYNCHON (›Gravity's rainbow‹, 1973), URSULA LE GUIN (›The word for world is forest‹, 1972) u. a. stellten, z. T. vor dem Hintergrund der Vietnamerfahrung, verschärft die Frage nach der Gültigkeit tradierter Werte. Auch in der amerikan. Lyrik vom Vietnam-K. dominiert eine krit. Einstellung, wie sie u. a. aus den Werken von WILLIAM DANIEL EHRHART (*1948, ›To those who have gone home tired‹, 1984) und DENISE LEVERTOV spricht. Dramat. Schärfe zeigen Stücke von J. HELLER (›We bombed in New Haven‹, 1967), D. RABE (›The basic training of Pavlo Hummel‹, 1969). Auch zahlr. Memoiren, persönl. Erlebnisberichte und romanhafte journalist. Dokumentationen (MICHAEL HERR, *1940, ›Dispatches‹, 1977; R. A. STONE, ›Dog soldiers‹, 1974) zeugen von der nachhaltigen Wirkung des Vietnam-K. in den USA. In Dtl. verbalisierte P. WEISS mit dem ›Diskurs über die Vorgeschichte und den Verlauf des lang andauernden Befreiungskrieges in Viet Nam‹ (1968) die Kritik der internat. Friedensbewegung auf der Bühne.

Zu den Befreiungskämpfen und Bürger-K. in Lateinamerika nahmen u. a. A. CARPENTIER und J. L. BORGES Stellung. Niederschlag in der neueren brit. Literatur findet auch der Falklandkrieg (MAX STAFFORD-CLARK, *1941, ›Falkland sound/Voces de Malvinas‹, Uraufführung 1983).

Bildende Kunst: Der K. gehört zu den ältesten Themen der bildenden Kunst. Im Altertum wurde er nicht problematisiert; einige der frühesten Darstellungen von K.-Handlungen finden sich auf Siegesstelen, auf denen sich der siegreiche König darstellen lässt, wie er unter dem Schutz seiner Gottheit seine Krieger gegen den Feind anführt (Geierstele des sumer. Königs →EANNATUM) und triumphiert (Siegesstele des akkad. Königs NARAMSIN; BILD →akkadische Kunst). König NARMER, der Ober- und Unterägypten vereinigte, ist in einer Szene auf seiner Schminkpalette bei der Tötung eines Feindes dargestellt; derselbe Gestus des siegreichen Königs wird z. B. auf Tempelreliefs von Karnak wiederholt. Auf der →Ur-Standarte werden Wagenkämpfe und Fußtruppen im Kampf wiedergegeben (zu ihren Füßen liegen die besiegten Feinde), zugleich Darstellungen eines kult. (Dankes-)Mahls. Die assyr. Herrscher schmückten ihre Wände (Kalach, Ninive) und Palasttore (→Imgur-Enlil) mit Darstellungen ihrer K.-Züge. Die Griechen schilderten auf Giebeln und Metopen ihrer Tempel die krieger. Auseinandersetzungen der Götter und Helden ihrer Mythologie, z. B. den Kampf um Troja (Ägina; BILD →Giebelskulpturen), den Kampf der Kentauren und Lapithen oder den der olymp. Götter gegen die Giganten. Mytholog. Zweikämpfe werden häufig auf Vasenbildern wiedergegeben. Die Römer feierten auf Triumphbögen oder anderen Monumenten (Trajanssäule) ihre Feldzüge und Schlachten. Historisch ist auch der mittelalterl. →Bayeux-Teppich, der drastisch den K.-Zug der Normannen und die Schlacht von Hastings erzählt.

Auch die Darstellung des K. in Schlachtenbildern diente (als Genre der →Historienmalerei) lange Zeit vorwiegend der Legitimation von Herrschaftsansprüchen. Als kosm. Ereignis erschien der K., die strateg. Anordnung von Fußvolk und Reiterscharen – z. B. in A. ALTDORFERS 1529 gemalter ›Alexanderschlacht‹ – als gottgewollte Ordnung. In der höf. Ikonographie der Renaissance nahmen histor. und mytholog. K.-Darstellungen einen breiten Raum ein (LEONARDO DA VINCI, MICHELANGELO, TIZIAN, P. UCCELLO). Im 17. Jh. schärfte sich während des Dreißigjährigen Krieges der Blick der Künstler für die Schrecken des K. Die druckgraf. Folgen von J. CALLOT und HANS

ULRICH FRANK (* 1603, † 1675) halten die Gräuel des K.-Alltags, die Brutalität der Landsknechte und die Leiden der Zivilbevölkerung fest. Humanist. Ansprüche des Barock finden sich in exemplar. Weise formuliert bei D. VELÁZQUEZ (›Die Übergabe von Breda‹, 1634/35; Madrid, Prado) und in P. P. RUBENS' allegor. Gemälde ›Die Folgen des Krieges‹ (1638; Florenz, Palazzo Pitti). Neben den zahlr. apologet. Darstellungen des K. im 18. und 19. Jh. (K.-Denkmäler und Schlachtenbilder, z. B. von A. VON WERNER) gibt es eine bedeutende Minderzahl von Arbeiten, die von den demokrat. Bewegungen und nat. Befreiungskämpfen im 19. Jh. zeugt (z. B. E. DELACROIX).

Zu Beginn und gegen Ende des 19. Jh. entstanden die ersten wichtigen Beispiele einer Antikriegskunst: um 1808–14 der Radierzyklus ›Los Desastres de la guerra‹ (1863 erstmals veröffentlicht) von F. DE GOYA Y LUCIENTES und in den 70er-Jahren W. WERESCHTSCHAGINS entheroisierende Schlachtfeldpanoramen. Aus der Perspektive des Augenzeugen begriffen sie den K. nicht länger als triumphales Ereignis, sondern als von Menschen veranstaltetes Gemetzel. Bis zum Beginn des Ersten Weltkriegs bleiben allerdings allegor. Darstellungen, die den K. als übermenschl. Erscheinung beschwören (z. B. A. KUBINS Zeichnung ›Der Krieg‹, 1903), weit verbreitet. Die vielen K.-Allegorien eigene fatalist. Auffassung, die sich v. a. im Motiv der apokalypt. Reiter mit religiösen Vorstellungen verbindet, kennzeichnet auch noch die Katastrophenbilder, in denen expressionist. Künstler wie L. MEIDNER ihre ›Visionen‹ von kommenden K. festhielten.

Erst die Realität des Ersten Weltkriegs machte sowohl den traditionellen Schlachtenmalerei als auch den allegor. Darstellungen ein Ende. Angesichts der Materialschlachten des Stellungs-K., des Massenmordens in den Schützengräben verflog die 1914 auch unter den Künstlern verbreitete K.-Begeisterung, und die Darstellung dieser Schrecken wurde zu einem kaum lösbaren Problem. Aus der Erfahrung des Ersten Weltkriegs resultierte bereits während der K.-

Krieg: Käthe Kollwitz, Plakat zum Mitteldeutschen Jugendtag 1924 in Leipzig

Krieg: Otto Dix, ›Der Krieg‹; 1929–32 (Dresden, Staatliche Kunstsammlungen)

Jahre, aber v. a. nach 1918 unter dem Eindruck der sozialen Auseinandersetzungen eine politisch engagierte Antikriegskunst. O. DIX, G. GROSZ, M. BECKMANN, KÄTHE KOLLWITZ, W. JAECKEL, F. MASEREEL, J. HEARTFIELD u. a. entwickelten Formen eines krit. Realismus, der hinter den Schrecken des modernen K. auch die gesellschaftl. Zusammenhänge, das ökonom. und polit. Interesse am K., aufzeigte. Wie kaum ein anderer setzte sich O. DIX bis in die 30er-Jahre hinein mit seinen K.-Erfahrungen auseinander; das 1929–32 entstandene Triptychon ›Der Krieg‹ (Dresden, Staatl. Kunstsammlungen) zählt bis heute zu den bedeutendsten Werken der Kunst gegen den K. Eine noch größere Wirkung hatte P. PICASSOS während des Span. Bürgerkrieges entstandenes Gemälde ›Guernica‹ (BILD →Guernica y Luno). Es wurde zum symbol. Aufschrei gegen den K. in diesem Jahrhundert. Die schwierige künstler. Auseinandersetzung mit dem Thema K. v. a. im Zeitalter der Atombombe führte zu neuen Ausdrucksformen (u. a. Environment). Den Vietnamkrieg, der weltweit eine Verschärfung der Antikriegskunst auslöste (u. a. R. GUTTUSO, A. HRDLICKA, B. HEISIG), prangerte z. B. E. KIENHOLZ in seinem Environment ›Portable war memorial‹ (1968) an. Den Atombombenabwurf auf Hirosihma thematisierte u. a. A. RAINER in seiner ›Hiroshima‹-Serie (1982). Anklage gegen den Golfkrieg erhob u. a. der Schweizer SHANG HUTTER (* 1934) mit dem Environment ›Schlachtfeldbühne‹ (1991).

Musik: Die Bez. ›K.-Literatur‹ hat im Bereich der Musik keine geläufige Entsprechung. Zur ›K.-Musik‹ gehört die →Militärmusik, die, musikalisch weitgehend mit Marschmusik (→Marsch) gleichgesetzt, seit dem 1. Drittel des 19. Jh. wegen der Verwendung von Militärmusikern auch außerhalb des militär. Bereichs (Platzkonzert) über ›K.-Musik‹ hinausgreift. Zur Militärmusik gehören auch der als ›Werbungs‹-Tanz entstandene ungar. →Verbunkos und die →Battaglia. Musik im militär. Bereich dient als Signal zur Organisation des Handelns allgemein, etwa beim Marschieren im Gleichschritt; sie wurde aber auch vor und während des Kampfes eingesetzt. Hierzu gehören die K.-Rufe und K.-Gesänge von Stammesgesellschaften (→Barditus), die →Janitscharenmusik sowie allg. das ›mit klingendem Spiel‹ und ›singend in die Schlacht ziehen‹ (das Spiel von Musikkorps während der Kampfhandlungen gab es noch bis ins späte 19. Jh.).

Erst im 20. Jh. wurde das Thema ›K.‹ in der Kunstmusik kritisch behandelt, z. B. in K. A. HARTMANNS Kammeroper ›Simplicius Simplicissimus‹, P. DESSAUS

Klavierstück ›Guernica‹, H. EISLERS ›Dt. Sinfonie‹, D. D. SCHOSTAKOWITSCHS ›Leningrader Symphonie‹, B. BRITTENS ›War requiem‹, M. TIPPETTS Oratorium ›A child of our time‹, L. NONOS ›Sul ponte di Hiroshima‹, B. A. ZIMMERMANNS Oper ›Die Soldaten‹, H. W. HENZES Oper ›Wir erreichen den Fluß‹.

Film: Die ersten K.-Filme, dokumentarisch (wohl erstmals 1899, Buren-K.) oder nachgestellt (schon 1897, G. MÉLIÈS, ›Combat naval en Grèce‹), entstanden bald nach Erfindung der Kinematographie (1895); neben eigenständigen (MÉLIÈS, ›Die letzte Patrone‹, 1897) wurden auch literar. K.-Darstellungen verfilmt (C. MAURICE, ›Cyrano de Bergerac‹, 1900). Die film. K.-Berichterstattung, erst in ›Aktualitäten‹ unperiodisch, ab 1908 periodisch in ›Wochenschauen‹, erstrebte Aktualität und Authentizität.

Erst nach 1910 erlaubte die Technik abendfüllende Filme und damit differenziertere Darstellungen: Befürwortend-verherrlichend argumentiert ›Die Geburt einer Nation‹ (1915, D. W. GRIFFITH; über den Sezessions-K.), desillusionierend ›Gewehr über‹ (1918), CHAPLINS bittere Persiflage des Soldatseins; Propagandafilme der K. führenden Staaten überwogen auch damals (dt. Beispiel: ›Wie Max sich das Eiserne Kreuz erwarb‹, 1914, Meßter-Produktion). Die Erfahrung des K. inspirierte seit den Weltkriegen (meist erst nach K.-Ende) Filme, die gegen polit. und psych. K.-Bereitschaft, gegen den K. als erlaubte und sinnvolle Ultima Ratio und seine Folgen opponieren (L. MILESTONE, ›Im Westen nichts Neues‹, 1930; G. W. PABST, ›Westfront 1918‹, 1930; R. ROSSELLINI, ›Paisà‹, 1946; B. WICKI, ›Die Brücke‹, 1959; D. TRUMBO, ›Johnny zieht in den Krieg‹, 1971; R. JOFFÉ, ›The Killing Fields‹, 1984; E. G. KLIMOW, ›Komm und sieh‹, 1985; O. STONE, ›Platoon‹, 1987). Verherrlichende und verniedlichende K.-Filme ermöglichen Gestaltern und Zuschauern eine Sinngebung des Sinnlosen, sodass der K. ›gerecht‹, das Handeln der heldenhaften Protagonisten gerechtfertigt scheint (›Der große König‹, 1941 von V. HARLAN, rechtfertigt HITLERS K. ›für‹ Dtl.; ›Apocalypse Now‹, 1979 von F. F. COPPOLA, ästhetisiert den Vietnam-K. im Sinne E. JÜNGERS; ›Rambo III‹, 1987 von P. MACDONALD, glorifiziert den Superhelden als Einzelkämpfer). Satirische Filme allerdings können das Genre parodierend entlarven, doch gibt es nur wenige (›Dr. Seltsam oder Wie ich lernte, die Bombe zu lieben‹, 1963, S. KUBRICK; ›Catch 22‹, 1970, M. NICHOLS).

Durch den Tonfilm gewann der K.-Spielfilm (scheinbar) größere Realistik, K.-Dokumentarfilme haben film. Gestaltungsformen weiterentwickelt (propagandistisch: ›Sieg im Westen‹, 1941, S. NOLDAN; anklagend: ›A diary for Timothy‹, 1945, H. JENNINGS, und ›Wintersoldat‹, 1972, Vietnamkriegsfilm).

Politik und Geschichte: C. VON CLAUSEWITZ: Vom Kriege. Hinterlassenes Werk des Generals Carl von Clausewitz, hg. v. W. HAHLWEG ([19]1980, Nachdr. 1991); M. SMALL u. J. D. SINGER: Resort to arms. International and civil wars. 1816-1980 (Neuausg. Beverly Hills, Calif., 1982); R. ARON: Frieden u. K. Eine Theorie der Staatenwelt (a.d.Frz., Neuausg. 1986); E. LUARD: War in international society. A study in international sociology (London 1987); V. MATTHIES: Kriegsschauplatz Dritte Welt (1988); K. J. HOLSTI: Peace and war. Armed conflicts and international order 1648-1989 (Neudr. Cambridge 1992); D. KAISER: Kriege in Europa. Machtpolitik von Philipp II. bis Hitler (a.d.Amerikan., 1992); J. SIEGELBERG: Kapitalismus u. K. Eine Theorie des K. in der Weltgesellschaft (1994); Die K. nach dem Zweiten Weltkrieg 1945 bis 1992. Daten u. Tendenzen, hg. v. K. J. GANTZEL u.a. (Neuausg. 1995).

Literatur: I. WEITHASE: Die Darst. von K. u. Frieden in der dt. Barockdichtung (Weimar 1953); K.-Erlebnis. Der Erste Weltkrieg in der literar. Gestaltung u. symbol. Deutung der Nationen, hg. v. K. VONDUNG (1980); M. J. SMITH: War story guide. An annotated bibliography of military fiction (Metuchen, N. J., 1980); H. KORTE: Der K. in der Lyrik des Expressionismus (1981); J. PFEIFER: Der dt. K.-Roman 1945-1960 (1981); L. DOUGALL: War and peace in literature (Chicago, Ill., 1982); The Second World War in fiction, hg. v. H. KLEIN u.a. (London 1984); I. ELSNER-HUNT: K. u. Frieden in der dt. Lit. (1985); D. AARON: The unwritten war. American writers and the Civil War (Neuausg. Madison, Wisc., 1987); K. BANGERT u. J. KAMM: Die Darst. des Zweiten Weltkriegs im engl. Roman, 2 Bde. (1987); W. HÖLBLING: Fiktionen vom K. im neueren amerikan. Roman (1987); J. NEWMAN: Vietnam war literature. An annotated bibliography ... (Metuchen, N. J., [2]1988); Unerwünschte Erfahrung. Kriegslit. u. Zensur in der DDR, hg. v. K. HEUKENKAMP (1990); W. AMBERGER: Männer, Krieger, Abenteurer. Der Entwurf des ›soldat. Mannes‹ in K.-Romanen über den Ersten u. Zweiten Weltkrieg ([3]1991); T. BECKER: Literar. Protest u. heiml. Affirmation. Das ästhet. Dilemma des Weimarer Antikriegsromans (1994); C. NICKENIG: Desastres de la guerra. Studien zum Bild des II. Weltkrieges im Roman (1996).

Bildende Kunst: Beitr. der bildenden Kunst zum Thema K. u. Frieden, hg. v. D. RUCKHABERLE u.a., Ausst.-Kat. (1975); S. HOLSTEN: Allegor. Darst. des K. 1870-1918 (1976); E. BAUER: Schrecknisse des K., Ausst.-Kat. (1983); Schrecken des K., bearb. v. W. GEISMEIER u.a., Ausst.-Kat. (1983); Kunst gegen den K., bearb. v. D. J. R. BRUCKNER u.a. (a.d. Engl., Basel 1984); H.-M. KAULBACH: Bombe u. Kanone in der Karikatur (1987); Schrecken u. Hoffnung. Künstler sehen Frieden u. K., hg. v. W. HOFMANN, Ausst.-Kat. (1987).

Film: I. BUTLER: The war film (Cranbury, N. J., 1974); N. KAGAN: The war film (New York 1974); F. RAUHUT u.a.: Filme gegen K. (Neuausg. 1981); E. BAIER: Der K.-Film ([2]1984); Der K. der Bilder. Ausgewählte Dokumentarfilme zum Zweiten Weltkrieg u. zum Vietnamkrieg (1993).

Krieg, Dieter, Maler und Zeichner, *Lindau (Bodensee) 21. 5. 1937; studierte an der Karlsruher Akad., u.a. bei HAP GRIESHABER; seit 1978 Prof. an der Kunst-Akad. in Düsseldorf. Im Mittelpunkt seiner frühen Bilder stand die verkümmerte menschl. Figur. Es folgten Objekte sowie Darstellungen isolierter Alltagsgegenstände, deren Verwischung die Wahrnehmung irritieren. Seit den 70er-Jahren wandte sich K. einer großflächigen Malerei zu.

D. K. Bilder 1986-1990, hg. v. W. GMYREK, Ausst.-Kat. Kunstmuseum Düsseldorf (1991); D. K. Arbeiten. 1965-1993, hg. v. K.-G. FRIESE, 2 Bde. (1993); D. K., Vorhänge, hg. v. JOHANN-KARL SCHMIDT, Ausst.-Kat. Galerie der Stadt Stuttgart (1996).

Krieg der Welten, Der, engl. ›The war of the worlds‹, Roman von H. G. WELLS; engl. 1898.

Kriegel, Volker, Jazzgitarrist und -komponist, *Darmstadt 24. 12. 1943; spielte 1961-65 in Amateurgruppen, dann freiberufl. Musiker und Cartoonist; 1968-72 Mitgl. des ›Dave Pike Set‹; gründete 1976 die Formation ›Mild Maniac Orchestra‹, spielt seither auch im ›United Jazz & Rock Ensemble‹. Komponierte Musik zu Fernsehspielen, Jazztitel, Hörspiele.

Krieger, 1) Adam, Komponist, *Driesen bei Landsberg (Warthe) 7. 1. 1634, †Dresden 30. 6. 1666; Schüler von S. SCHEIDT in Halle (Saale), Organist an der Nikolaikirche in Leipzig (1655-57) und Hoforganist in Dresden (ab 1658); komponierte zahlr. ›Arien‹ mit Streicherritornellen auf eigene Texte, die 1657 und 1667 im Druck erschienen, weit verbreitet und sehr beliebt waren.

H. OSTHOFF: A. K. (1929, Nachdr. 1970).

2) Arnold, Schriftsteller, *Dirschau 1. 12. 1904, †Frankfurt am Main 9. 8. 1965; lebte nach 1945 zeitweilig in der Schweiz und in Afrika, schrieb christlich fundierte Lyrik (›Das erlösende Wort‹, 1941; ›Reichtum des Armen‹, 1958), Dramen (›Christian de Wet‹, 1935) und Prosa, u.a. den erfolgreichen Afrika-Roman ›Geliebt, gejagt und unvergessen‹ (1955).

Ausgabe: A. K. Dramen, 3 Bde. (1981-83).

3) Johann, Komponist, getauft Nürnberg 1. 1. 1652, †Zittau 18. 7. 1735, Bruder von 4) und dessen Schüler; 1672-77 Kammerorganist in Bayreuth, 1678 Hofkapellmeister in Greiz und 1681 Musikdirektor und Organist in Zittau. Im Urteil G. F. HÄNDELS und J. MATTHESONS galt K. als einer der bedeutendsten Orgelkomponisten seiner Zeit und als Meister des Kontra-

punkts. Er schrieb u. a. ›Musicalische Ergetzlichkeit‹ (Liedersammlung, 1684, 3 Tle.), ›Sechs Musicalische Partien‹ (für Klavier, 1697), ›Anmuthige Clavier-Übung‹ (1699), Kantaten, Motetten, Messenteile.

4) **Johann Philipp**, Komponist, * Nürnberg 26. 2. 1649, † Weißenfels 7. 2. 1725, Bruder von 3); vervollkommnete seine Studien ab 1672 in Venedig (u. a. bei J. ROSENMÜLLER) und Rom (bei B. PASQUINI); ab 1677 Organist und Vizekapellmeister am herzogl. Hof in Halle (Saale), ab 1680 Hofkapellmeister am gleichen Hof in Weißenfels, das unter K. und seinem Sohn JOHANN GOTTHELF K. (* 1687, † nach 1743; Hofkapellmeister ab 1725) zu einer Stätte barocker Opernpflege wurde. K. komponierte zahlr. Opern, Singspiele, Kantaten, geistl. Arien und Kammermusik.

Krieg-in-Sicht-Krise, außenpolit. Krise im Frühjahr 1875, ausgelöst durch ein frz. Gesetz, das eine schnelle Heeresvermehrung ermöglichte. O. VON BISMARCK selbst (nach überwiegender Forschungsmeinung) versuchte daraufhin, Frankreich durch eine Pressekampagne (›Ist Krieg in Sicht?‹ in der freikonservativen Zeitung ›Die Post‹ vom 8. 4. 1875) einzuschüchtern und zu isolieren. In der zweiten Aprilhälfte und Anfang Mai spitzten Äußerungen von Vertrauten BISMARCKS die außenpolit. Lage zu. Daraufhin bat Frankreich Großbritannien und Russland um Hilfe. Die Vermittlung des russ. Außen-Min. A. M. GORTSCHAKOW war ein Prestigeerfolg für die russ. Diplomatie. Mit der im ›Reichsanzeiger‹, dem offiziellen Regierungsorgan, vom 1. 6. 1875 veröffentlichten Erklärung (Verfasser: BISMARCK), es habe »zu keiner Zeit die Absicht bestanden, eine Aufforderung zur Reduktion der Streitkräfte oder auch nur zur Sistierung der Armee-Reorganisation an die frz. Regierung zu richten«, wurde die Krise beigelegt.

Krieglach, Markt-Gem. im Bez. Mürzzuschlag, Steiermark, Österreich, an der Mürz, 608 m ü. M., 5 300 Ew.; Peter-Rosegger-Museum (in ROSEGGERS Landhaus), Heimatmuseum (der Waldheimat); Rohrwerk, Fahrzeugbau.

Kriegs|akademie, →Militärschulen.

Kriegs|anleihen, Form der →Kriegsfinanzierung.

Kriegs|artikel, vom 17. bis zu Anfang des 20. Jh. Verzeichnis der Pflichten v. a. von einfachen Soldaten und Unteroffizieren sowie der Strafen für Verstöße gegen die soldat. Ordnung. Vorläufer der K. waren die in den Söldnerheeren vom 15. bis 17. Jh. übl., in den Regimenten unterschiedl. ›Artikelbriefe‹, die erstmals durch GUSTAV II. ADOLF für das Heer vereinheitlicht wurden und nur noch sehr eingeschränkte Rechte für die Soldaten enthielten. Die 1713 in Preußen eingeführten K. wurden 1808 erheblich gemildert (u. a. Abschaffung des Gassenlaufens); mit der Herausgabe von Militärstrafgesetzbüchern verloren sie ab Mitte des 19. Jh. ihre Bedeutung für die Ahndung militär. Straftaten. Mit der Beseitigung der Militärgerichtsbarkeit in Dtl. 1920 fielen die K. endgültig weg.

Kriegs|auszeichnungen, Sammel-Bez. für Orden, Ehrenzeichen und Medaillen, die für Verdienste in oder für Teilnahme an einem Krieg vom Staat verliehen werden. Die dt. K. des Ersten und des Zweiten Weltkriegs dürfen in Dtl. getragen werden, die des Zweiten Weltkriegs jedoch nur ohne die Zeichen des Nationalsozialismus.

Kriegsbericht|erstattung, die Berichterstattung über krieger. Ereignisse in Presse, Film, Hörfunk und Fernsehen. Die amtl. K. geschieht durch offizielle Verlautbarungen der militär. Führung, so z. B. in Dtl. im Ersten Weltkrieg durch den tägl. Heeresbericht, im Zweiten Weltkrieg durch den tägl. Wehrmachtsbericht und ergänzende Sondermeldungen des OKW. Art und Umfang der nichtamtl. K. hängen von der publizist. Praxis, vom jeweiligen Medium und von den polit. und militär. Umständen in den Krieg führenden Ländern ab. Die publizist. Freiheiten werden durch ausnahmerechtl., besonders kriegsrechtl. Bestimmungen über die Bewegungsfreiheit der Kriegsberichterstatter und über die Zensur ihrer Arbeiten eingeschränkt. Besondere Formen der Kriegführung (Guerilla-, Befreiungs-, Bürgerkriege) mit diffusen polit. und militär. Fronten verwischen auch die Positionen der K. bei Kriegsgegnern, ihren jeweiligen Verbündeten und den Neutralen. Die nichtamtl. K. im Hörfunk seit dem Zweiten Weltkrieg, im Fernsehen seit dem Vietnamkrieg hat die polit. Bewertung und die militär. Operationen der Kriege beeinflusst. Die amtl. K. wurde zur eigenständigen publizist. Kriegführung (→psychologische Kriegführung) durch den Aufbau besonderer Militärverwaltungen und Truppenteile.

E. MURAWSKI: Der dt. Wehrmachtbericht 1939–1945 (1962); M. L. STEIN: Under fire. The story of American war correspondents (New York 1968); R. BATSCHA: Foreign affairs news and the broadcast journalist (ebd. 1975); D. E. MORRISON u. H. TUMBER: Journalists at war (London 1988); A. FOGGENSTEINER: Reporter im Krieg. Was sie denken, was sie fühlen, wie sie arbeiten (Wien 1993).

Kriegsbeschädigte, Personen, die während oder in späterer Auswirkung des Krieges durch Kriegshandlungen gesundheitlich geschädigt worden sind; heute durch die Bez. (Schwer-)Beschädigte ersetzt. (→Kriegsopferversorgung)

Kriegsbild, Zusammenschau aller bleibenden Elemente und veränderl. Faktoren, die einen (zukünftigen) Krieg und seine Erscheinungsformen in den Grundzügen bestimmen. Das K. ist Leitbild der Sicherheits- und Wehrpolitik und damit Grundlage aller militär. Planungen. Es enthält Aussagen über einen mögl. Kriegsbeginn, versch. Kriegsformen und Kampfesweisen, Kriegsverlauf und -dauer sowie die Intensität und das Ausmaß von Kampfhandlungen. Das K. ist einem ständigen Wandel durch neue Kampfmittel sowie die polit. Entwicklung in den einzelnen Staaten unterworfen. Das Erarbeiten und ständige Überprüfen des K. ist in erster Linie Aufgabe der militär. Führung, die hierbei von Fachleuten aus Wirtschaft, Verw., Wiss. und Technik unterstützt wird.

Kriegsdienstverweigerung, die Weigerung aus Gewissensgründen, Kriegsdienst mit der Waffe zu leisten. In Dtl. ist die K. in Art. 4 Abs. 3 GG als Grundrecht geschützt; danach darf niemand gegen sein Gewissen zum Kriegsdienst mit der Waffe gezwungen werden. Hierzu gehören alle Tätigkeiten, die in unmittelbarem Zusammenhang mit Kriegswaffen stehen. Diese umfassen auch die Kriegsdienstausbildung im Frieden. Das Recht der K. ist Ausfluss der in Art. 4 Abs. 1 GG geschützten Gewissensfreiheit und setzt deshalb eine Ablehnung des Kriegsdienstes aus Gewissensgründen voraus, die glaubhaft zu machen sind. Das Bundesverfassungsgericht verlangt hierfür eine Gewissensentscheidung gegen ›das Töten im Krieg schlechthin‹, erkennt also eine nur situationsbedingte Verweigerung nicht an. Das Recht zur K. steht sowohl den noch nicht gedienten Wehrpflichtigen (oder Freiwilligen) als auch den dienenden bzw. bereits gedienten Soldaten oder Berufssoldaten zu.

Nach dem K.-Gesetz vom 28. 2. 1983 entscheidet das Bundesamt für den Zivildienst aufgrund eines schriftl. Antrages des (ungedienten, noch nicht einberufenen, mindestens $17\frac{1}{2}$ Jahre alten) Verweigerers. Der Antrag hindert die Einberufung zum Wehrdienst, welche erst zulässig ist, nachdem der Antrag unanfechtbar abgelehnt und zurückgenommen wurde. Bei begründeten Zweifeln an der Ernsthaftigkeit der behaupteten Gewissensentscheidung entscheidet ein beim Kreiswehrersatzamt gebildeter Ausschuss, ggf. nach persönl. Anhörung. Bei gedienten oder dienenden Soldaten findet stets eine Überprüfung in einem Verfahren vor den Ausschüssen (Besetzung: ein vom

Bundes-Min. der Verteidigung bestellter volljurist. Vors., zwei ehrenamtl. Beisitzer) bzw. im Widerspruchsverfahren vor den Kammern für K. statt.

Nach dem Zivildienst-Ges. dauert der →Zivildienst drei Monate länger als der Grundwehrdienst.

Die Verweigerung auch des Zivildienstes (›Doppelverweigerung‹) ist nicht rechtens, doch ist für Zivildienstverweigerer aus Gewissensgründen die Möglichkeit geschaffen, in bestimmten freien Arbeitsverhältnissen den Dienst abzuleisten.

Der Anteil der Wehrpflichtigen eines Jahrgangs, die einen K.-Antrag stellen, hat sich bei rd. 28 % eingependelt. Während 1989 die Zahl der Anträge auf K. 77432 betrug, 1990 auf 74569 sank, schnellte sie 1991 auf 150722 hoch; seitdem war sie rückläufig (1994: 125694), erreichte aber 1995 mit 160659 Anträgen einen neuen Höchststand; 1996: 156763 Anträge.

In der DDR gab es kein Recht auf K.; seit 1964 bestand jedoch in der NVA die Möglichkeit des waffenlosen Dienstes als ›Bausoldat‹. Unter der Reg. Modrow wurde 1990 die VO über den Zivildienst erlassen, die bis zum 3. 10. 1990 galt.

Nach traditioneller kath. Lehre war ein Christ zum Kriegsdienst in einem ›gerechten‹ Krieg sittlich verpflichtet. Die K. wurde nur in einem ›ungerechten‹ Krieg akzeptiert oder sogar gefordert. Erst das 2. Vatikan. Konzil hat es als billig bezeichnet, dass der Staat die K. zulässt, sofern dafür ein nichtmilitär. Gemeinschaftsdienst übernommen wird. Der ›Katechismus der kath. Kirche‹ (1992) knüpft an beide Aussagen an (§§ 2310f.). Für die seelsorger. Betreuung der Kriegsdienstverweigerer ist in der kath. Kirche Dtl.s das Referat ›Kath. Zivildienstseelsorge‹ der Zentralstelle Pastoral der Dt. Bischofskonferenz zuständig.

Die Ev. Kirche in Dtl. (EKD), die sich nach den Erfahrungen des Zweiten Weltkrieges zur grundsätzl. Abkehr von den Mitteln der Gewaltanwendung bekannte, hat seit den 50er-Jahren jene, die aus Gewissensgründen den Kriegsdienst verweigern, unterstützt und an der betreffenden Gesetzgebung mitgearbeitet. Der Rat der EKD hat einen Beauftragten für Fragen der K. Die Beratung und Betreuung von Kriegsdienstverweigerern in den Landeskirchen wird von der ›Ev. Arbeitsgemeinschaft zur Betreuung der Kriegsdienstverweigerer‹ (Sitz: Bremen) koordiniert.

Beratung und Betreuung von Kriegsdienstverweigerern, Zivildienstleistenden und Totalverweigerern erfolgen auch durch die →Deutsche Friedensgesellschaft – Vereinigte KriegsdienstgegnerInnen e. V. und die ›Zentralstelle für Recht und Schutz der Kriegsdienstverweigerer aus Gewissensgründen e. V.‹ (Sitz: Bremen).

Vollständig abgelehnt wird der Kriegsdienst von den →Friedenskirchen, den Hutterern und den Zeugen Jehovas, u. a. unter Berufung auf die Bergpredigt und das Gebot der Feindesliebe.

In Österreich haben wehrpflichtige männl. Staatsbürger, die aus Gewissensgründen die Erfüllung der Wehrpflicht verweigern, gemäß Art. 9 a Abs. 3 B-VG einen Ersatzdienst zu leisten. Nach dem Zivildienst-Ges. in der 1996 geänderten Fassung wird der Wehrpflichtige mit Einbringung der Zivildiensterklärung, in der er mitteilt, es aus Gewissensgründen abzulehnen, Waffengewalt (von den Fällen der persönl. Notwehr oder Nothilfe abgesehen) gegen andere Menschen anzuwenden und daher bei Leistung des Wehrdienstes in Gewissensnot zu geraten, von der Wehrpflicht befreit und zivildienstpflichtig. Der Zivildienst dauert zwölf Monate.

In der Schweiz wurde ein Recht auf K. aus Gewissensgründen (Dienstverweigerung) bis 1989 nicht anerkannt und K. unter Strafe gestellt. Durch Gesetz vom 15. 10. 1990 wurde sie entkriminalisiert und statt der drohenden Gefängnisstrafe eine Arbeitsverpflichtung von längstens 24 Monaten bei gleichzeitiger Verankerung des waffenlosen Dienstes vorgesehen. Am 1. 10. 1996 trat das Bundes-Ges. über den zivilen Ersatzdienst vom 6. 10. 1995 in Kraft, wonach Militärdienstpflichtige, die den Militärdienst mit ihrem Gewissen nicht vereinbaren können, einen zivilen Ersatzdienst leisten dürfen (hat die 1,5fache Länge der noch nicht geleisteten militär. Ausbildungsdienste).

A. Krölls: K. Das unbequeme Grundrecht (²1984); W. Krücken: K. Polit., eth., theolog. Erinnerungen u. Erwägungen zu einem unbewältigten Problem (1987); W. Steinlechner: K.-Gesetz, Komm. (1990); W. Schwamborn u. B. Müllender: Hb. für Kriegsdienstverweigerer (¹²1991); H.-T. Brecht: K. u. Zivildienst (³1992).

Kriegs|entschädigung, Bez. für Leistungen, die einem besiegten Staat vom Sieger als Ausgleich für Kriegsaufwendungen und für durch Kriegshandlungen verursachte Schäden auferlegt werden. K. können sowohl Geld- als auch Sach- oder Dienstleistungen (Gebietsabtretung, Demontage von Industrieanlagen o. Ä., Arbeitskräfteeinsatz) sein. Die K. wird i. d. R. im Friedensvertrag vereinbart. (→Reparation)

Kriegs|erklärung, die den Feindseligkeiten zw. Staaten vorausgehende unzweideutige Benachrichtigung über den Beginn des Kriegszustandes, auch als bedingte Erklärung in Form eines befristeten Ultimatums. Ungeachtet der in dem III. Haager Abkommen vom 18. 10. 1907 über den Beginn der Feindseligkeiten festgelegten Verpflichtung werden Kriege in neuerer Zeit meist ohne K. begonnen. Die rechtl. Wirkungen des Kriegszustandes treten auch ohne K. ein. (→Kriegsrecht)

Kriegsfinanzierung, die Beschaffung der finanziellen Mittel für den öffentl. Bedarf im Kriegsfall. Unter der versch. Formen der K. haben die Vorfinanzierung durch Bildung eines Kriegsschatzes (z. B. Juliusturm) und die Finanzierung durch ausländ. Subsidien und Kontributionen in früheren Jahrhunderten eine wichtige Rolle gespielt. Eine Verschärfung der Besteuerung erwies sich im 20. Jh. bei der Höhe des Finanzierungsbedarfes als nicht mehr ausreichend, sodass bei der K. in erster Linie auf Anleihenfinanzierung und staatl. Geldschöpfung (Notenbankkredite und kurzfristige Schatzwechsel mit der Folge von Inflation und oft auch Währungszusammenbruch) zurückgegriffen wurde. Teilweise wurden die Kriegskosten auch durch Zuflüsse und Hilfsleistungen aus dem Ausland gedeckt. Die Kriegsschulden der europ. Staaten an die USA belasteten die internat. Wirtschaft nach dem Ersten Weltkrieg schwer, daher haben die USA im Zweiten Weltkrieg ihre Hilfe an die Verbündeten durch das Lend-Lease-System gewährt.

Das Dt. Reich bemühte sich im Ersten Weltkrieg, nach der Vorfinanzierung der Kriegsausgaben durch kurzfristige Notenbankverschuldung jeweils eine Konsolidierung der aufgelaufenen schwebenden Schuld durch langfristige Anleihen zu erreichen (insgesamt neun **Kriegsanleihen** mit rd. 97 Mrd. Mark Erlös). Die Kaufkraftabschöpfung durch Steuern setzte erst 1916 ein und spielte nur eine untergeordnete Rolle. Mehr als 50 Mrd. M kurzfristige Reichsschulden konnten nicht durch langfristige Anleihen abgelöst werden und bildeten bei Kriegsende ein Inflationspotenzial. Im Zweiten Weltkrieg griff das Dt. Reich in großem Stil zur ›geräuschlosen‹ K.: Die im Zuge der Geldschöpfung neu entstandenen Einkommen wurden mittelbar wieder abgesaugt durch Kreditaufnahme bei den Kapitalsammelstellen (Banken, Versicherungen), denen die Gelder wegen der durch Rationierung der Güter beschränkten Anlagemöglichkeiten nach einiger Zeit zwangsläufig zufließen mussten. Kriegsanleihen wurden nicht aufgelegt. Durch Steuern wurde rd. ein Drittel der gesamten Reichsausgaben von 1939 bis 1945 finanziert.

M. LANTER: Die Finanzierung des Krieges (Luzern 1950); L. KÖLLNER: Militär u. Finanzen. Zur Finanzgesch. u. Finanzsoziologie von Militärausgaben in Dtl. (1982); W. A. BOELCKE: Die Kosten von Hitlers Krieg. K. u. finanzielles Kriegserbe in Dtl. 1933-1948 (1985).

Kriegsflagge, von Kriegsschiffen zur Unterscheidung von Handelsschiffen an dem für die Nationalflagge bestimmten Platz geführte Flagge, in vielen Ländern im Aussehen von der jeweiligen Nationalflagge verschieden; in einigen Staaten auch an Land an Militärgebäuden geführt.

Kriegsflegel, mittelalterl. Schlagwaffe; dreschflegelähnlich oder aus einem Schaft mit Kette und daranhängender, stachelbesetzter Kugel bestehend. Ein K. mit 3-4 Ketten und großen Endringen hieß Skorpion oder Kriegspeitsche.

Kriegsfolgelasten, die Besatzungskosten sowie sonstige Aufwendungen, die im ursächl. Zusammenhang mit dem Zweiten Weltkrieg stehen. Die Lastenverteilung zw. Bund und Ländern regeln Art. 120 GG sowie zahlr. Bundesgesetze, die bis zum 1. 10. 1969 verabschiedet sein mussten; ganz überwiegend trägt danach der Bund diese Lasten (→Lastenausgleich). Zw. 1949 und 1974 wurden durch die BRD etwa 650 Mrd. DM als K. (Kriegsopferversorgung und -fürsorge, Lastenausgleich, Wiedergutmachung, besondere K., Verwaltungskosten, Besatzungskosten und -schäden, Reparationen) aufgebracht.

Kriegsfolgengesetz, →Allgemeines Kriegsfolgengesetz.

Kriegsgefangene, während eines internat. bewaffneten Konflikts in Feindeshand geratene Angehörige der Streitkräfte und Personen mit dem Status von →Kombattanten. Die Kriegsgefangenschaft ist ein kriegsvölkerrechtl. Status von Einzelpersonen. Es gibt rechtlich keine Kriegsgefangenschaft von Personengesamtheiten. Dieser Status dient dem Schutz der Einzelperson, die bis zu ihrer Gefangennahme an Kriegshandlungen teilgenommen hat. Der K. unterscheidet sich insoweit grundlegend vom Strafgefangenen, als die Einschränkung seiner Bewegungsfreiheit nur den Zweck verfolgt, ihn von einer weiteren Teilnahme an Feindseligkeiten fern zu halten.

Im Altertum waren die K. rechtlos. Im MA. bildeten sich Ansätze zum späteren kriegsrechtl. Begriff der Ritterlichkeit, der aber vornehmlich die Kampfführung selbst betraf. Erst in der Haager Landkriegsordnung von 1907 (Abk. HLKO) wurde die bis heute geltende Grundregel aufgestellt, dass die K. der feindl. Reg., aber nicht der Gewalt der Personen oder Abteilungen, die sie gefangen genommen haben, unterstehen; sie sollen mit Menschlichkeit behandelt werden. Ferner garantiert die HLKO den K. ihr persönl. Eigentum, die Religionsausübung und andere Vergünstigungen. Art. 20 HLKO bestimmt ferner, dass K. nach Friedensschluss binnen kürzester Frist in ihre Heimat entlassen werden sollen. Diese Grundsätze sind durch spätere Konventionen ergänzt worden, nämlich durch die Genfer Konvention vom 27. 7. 1929 sowie das III. Genfer Abkommen vom 12. 8. 1949 über die Behandlung der K. (›K.-Konvention‹). Namentlich Letztere gilt für die Mitgl. von Streitkräften der am Konflikt beteiligten Parteien sowie von Milizen und Freiwilligenkorps, die in diese Streitkräfte eingegliedert sind, ferner für die Mitgl. von organisierten Widerstandsbewegungen, die zu einer am Konflikt beteiligten Partei gehören, wenn sie bestimmte Voraussetzungen erfüllen, aber auch für das Gefolge von Streitkräften und für die Bev. eines unbesetzten Gebietes, die beim Herannahen des Feindes aus eigenem Antriebe zu den Waffen greift, um die eindringenden Truppen zu bekämpfen.

Neben der Bekräftigung der Grundregel menschl. Behandlung, der Verankerung des Verbots von Gewalttätigkeiten und öffentl. Zurschaustellung, des Anspruchs auf Achtung der Person und ihrer Ehre regelt die Konvention Einzelheiten von Behandlung und Unterbringung, Arbeitspflicht und -entgelt, Verpflegung, Bekleidung und ärztl. Betreuung. Bei Ausbruch des Konflikts und in allen Fällen einer Besetzung muss jede Konfliktpartei ein amtl. Auskunftsbüro für die in ihrer Hand befindl. K. einrichten.

Die Grundsätze der HLKO und der Genfer Konvention wurden von den meisten der in den Zweiten Weltkrieg verwickelten Staaten missachtet; mehrere Mio. K. starben in den Gefangenenlagern.

Im *Sozialrecht* der BRD konnten nach dem K.-Entschädigungs-Ges. i. d. F. v. 4. 2. 1987 Deutsche, die K. waren (auch Internierte oder Verschleppte) und die nach dem 31. 12. 1946 aus dem ausländ. Gewahrsam entlassen wurden oder ihren Wohnsitz oder ständigen Aufenthalt am 31. 12. 1961 in der BRD gehabt haben oder nach diesem Zeitpunkt als Aussiedler, Heimkehrer, Sowjetzonenflüchtling oder im Wege der Familienzusammenführung in die BRD gelangt sind, eine Entschädigung in Anspruch nehmen, sofern sie spätestens drei Jahre nach Rückkehr bzw. Übersiedelung einen entsprechenden Antrag stellten. Das K.-Entschädigungs-Ges. wurde mit Wirkung vom 1. 1. 1993 aufgehoben. Für die vor dem 31. 12. 1993 beantragten Leistungen gelten Übergangsvorschriften.

Im Recht der gesetzl. Rentenversicherung werden Zeiten der Kriegsgefangenschaft als Ersatzzeiten berücksichtigt. (→Heimkehrer)

J. HINZ: Das K.-Recht (1955); A. ROSAS: The legal status of prisoners of war (Helsinki 1976); C. STREIT: Keine Kameraden. Die Wehrmacht u. die sowjet. Kriegsgefangenen 1941-1945 (1978); M. LANG: Stalins Strafjustiz gegen dt. Soldaten (1981); J. BACQUE: Der geplante Tod. Dt. Kriegsgefangene in amerikan. u. frz. Lagern 1945-1946 (a. d. Engl., 1989).

Kriegsgericht, nach früherem Militärrecht die erkennende Gericht im Militärstrafverfahren. In Dtl. sind für Militärstraftaten im Frieden die ordentl. Strafgerichte zuständig. Art. 96 GG sieht die Errichtung von besonderen Wehrstrafgerichten vor, die aber nur im Verteidigungsfall oder gegenüber Angehörigen der Streitkräfte im Ausland oder an Bord von Kriegsschiffen tätig werden können; sie sind von den Militärbehörden unabhängig. In Disziplinarsachen sind auch im Frieden →Truppendienstgerichte zuständig.

Kriegsgeschichte, →Militärgeschichte.

Kriegsgewinnsteuern, Steuern, die die besonderen Gewinne abschöpfen sollen, die in Kriegszeiten (v. a. durch öffentl. Rüstungsaufträge) entstehen. Bezüglich der Abgrenzung des Kriegsgewinns wurde in der Steuerpraxis bei K. meist auf eine Berechnung auf der Basis des durchschnittl. Gewinns der Vorkriegszeit zurückgegriffen. Das Dt. Reich erhob im Ersten Weltkrieg neben Vermögenszuwachssteuern 1916-19 wiederholt Mehreinkommen- bzw. Mehrgewinnsteuern mit Grenzsteuersätzen von bis zu 80%. Im Zweiten Weltkrieg wurde 1939 eine ›Gewinnabführung‹ für den Mehrgewinn von Kapitalgesellschaften eingeführt, während es für natürl. Personen nur zu einer allgemeinen Erhöhung der Lohn- und Einkommensteuer um 50% kam. Während des Koreakrieges 1951-53 erhoben die USA eine Übergangssteuer.

Kriegsgräberfürsorge, die Sorge für Auffindung, Instandhaltung und Pflege der Gräber und Friedhöfe der im Ersten und Zweiten Weltkrieg Gefallenen; in Dtl. vom **Volksbund Deutsche Kriegsgräberfürsorge e. V.** (gegr. 1919; Sitz: Kassel, heute 16 Landesverbände) wahrgenommen. Er verwaltet die Zentralgräberkartei aller dt. Kriegsgräber, führt den Gräbernachweis für die Angehörigen, vermittelt Kranzspenden sowie Fotografien von Gräbern, veranstaltet Gemeinschaftsreisen zu Kriegsgräberstätten im Ausland, organisiert auf binationaler und multinationaler

Kriegshafen, den Seestreitkräften eines Landes als Liegehafen und Stützpunkt vorbehaltener Hafen mit allen notwendigen Versorgungseinrichtungen. Der Bereich des K. ist militär. Sperrbezirk.

Kriegsherr, früher in monarch. Staaten das den militär. Oberbefehl führende Staatsoberhaupt. Im Dt. Reich von 1871 war der Kaiser im Kriegsfall der **Oberste K.** der gesamten dt. Streitkräfte.

Kriegskommunismus, die sowjet. Innen-, Wirtschafts- und Sozialpolitik im Bürgerkrieg (1918–21), gekennzeichnet durch eine radikale Verstaatlichung der Unternehmen, ein vollständiges Verbot des Privathandels und einen Abgabezwang für die Bauern. Der K. war bestimmt vom Willen der von LENIN geführten Reg., sich im Bürgerkrieg zu behaupten und ein Maximum sozialist. Grundvorstellungen durchzusetzen. Im Rahmen einer straff zentralisierten Verw., an deren Spitze der Oberste Volkswirtschaftsrat und das Volkskommissariat für Versorgung standen, sollte der Staat allein produzieren, die Güter verteilen und über die Arbeitskräfte verfügen. Dieser radikale Wirtschaftszentralismus, der zu Streiks und Aufständen führte, wurde von LENIN im Rahmen der ›Neuen Ökonom. Politik‹ (→NEP) korrigiert.

Kriegskunst, veraltete Sammel-Bez. für Theorie und Praxis der Vorbereitung und Durchführung von Kampfhandlungen. Die K. wird hinsichtlich der unterschiedl. Dimensionen der Kampfhandlungen unterteilt in →Strategie, operative Kunst (→Operation) und →Taktik.

Kriegsleistungen, Sach- und Werkleistungen zu militär. Zwecken. In Dtl. ist die Bev. nach dem →Bundesleistungsgesetz zu K. verpflichtet. Die Forderung von K. im besetzten Feindgebiet unterliegt den Bestimmungen der Haager Landkriegsordnung; auch hiernach sind K. grundsätzlich zu entschädigen.

Kriegsliteratur, Bez. für die den Krieg thematisierende, v. a. unter dem Eindruck des Krieges entstandene und diesen verarbeitende Literatur. Der Sammelbegriff stellt eine Vereinfachung dar, denn literar. Werke haben i. Allg. nicht die krieger. Handlungen als solche zum Gegenstand, die Kriegserfahrung wird vielmehr zum Kristallisationspunkt menschl. Grunderfahrungen wie Angst, Leid, Trennung, Tod und auch Hoffnung sowie zum Prüfstein menschl. Verhaltens und der Werteordnungen. Der Begriff K. umfasst sowohl literar. Werke, die sich mit den eth., philosoph. und gesellschaftl. Dimensionen des Phänomens Krieg auseinander setzen, als auch den Krieg rechtfertigende oder verherrlichende Gebrauchs-, Tendenz- und Trivialliteratur. Unter dem Begriff **Antikriegsliteratur** werden literar. Werke zusammengefasst, die sich – bes. seit dem Ersten Weltkrieg – gegen die Absurdität der organisierten und technisch perfektionierten Vernichtung des Menschen durch den Menschen richten und zur Friedenssicherung mahnen. (→Krieg, Literatur)

Kriegsmarine, Bez. für die Seestreitkräfte eines Staates. Aufgabe einer K. ist im Frieden die Wahrung der maritimen Interessen, im Krieg die Verteidigung der Küsten und der Kampf zur See (→Seekrieg). Den Kern einer K. bildet die (Kriegs-)Flotte, die die Gesamtheit der →Kriegsschiffe umfasst. Deren Versorgung, Wartung und Instandsetzung erfolgt in eigenen Marine- oder Flottenstützpunkten (Kriegshäfen). Moderne K. verfügen über see- und landgestützte Marine- und →Seeluftstreitkräfte (Marineflieger) für Aufklärungs- und Kampfaufgaben sowie über Kräfte, die für amphib. Operationen geeignet sind (→Marineinfanterie). Zur Führung der Kriegsschiffe von Land aus gibt es besondere Führungs- und Fernmeldeeinrichtungen. Ferner gehören zur K. die heute nur noch in seltenen Fällen unterhaltenen Küstenbefestigungen mit der Küstenartillerie.

Die Stärke der K. eines Staates und die Zusammensetzung der jeweiligen Kriegsflotte hinsichtlich der versch. Kriegsschiffgattungen ist v. a. abhängig von der geograph. und geostrateg. Lage, den polit. Absichten und wirtschaftl. Notwendigkeiten (Bedeutung der Seeverbindungen für den Handel) sowie den daraus abgeleiteten strateg. und operativen Aufgaben der K.

Geschichte

Die Entwicklung der K. beginnt mit der Trennung von Handels- und Kriegsschiff im Altertum. Ägypter und v. a. Phöniker unterhielten im Mittelmeerraum kleine Kriegsflotten, denen ab dem 6. Jh. v. Chr. die größeren, schon relativ durchorganisierten K. der Griechen und Karthager, ab dem 3. Jh. v. Chr. die der Römer folgten. Im Früh- und Hoch-MA. fehlte den christl. Staaten (mit Ausnahme von Byzanz) i. Allg. die zum Unterhalt einer K. notwendige leistungsfähige Staatsorganisation. Bedingt durch den sich ausweitenden Seehandel und das Entstehen der Nationalstaaten kam es im Spät-MA. und der frühen Neuzeit zur Bildung der K. der ital. Handelsstädte und der westeurop. Königreiche. Im Zeitalter der Entdeckungen und mit der Verlagerung des Handels auf den Atlant. Ozean wurden die span. und port., später auch die engl. K. zu Trägern von Großmachtbildung und weltweiter Expansion. Im 17. Jh. erlangte die niederländ. K. vorübergehend, die engl. K. auf Dauer die Vorbild- und Führungsrolle auf den Weltmeeren.

Nach dem Ersten Weltkrieg traten die USA und Japan als Hauptseemächte neben Großbritannien; Versuche vertragl. Rüstungsbegrenzungen zur See hatten nur kurzfristig Erfolg (→Washingtoner Flottenabkommen, Londoner Flottenkonferenz).

Entwicklung in Dtl.: Abgesehen von den Kriegsschiffen der mittelalterl. Hanse gab es auf dem Boden des Heiligen Röm. Reiches lange Zeit keinerlei Seestreitkräfte. Die ersten Ansätze zur Bildung einer K. erfolgten in Brandenburg durch den GROSSEN KURFÜRSTEN, in Österreich unter KARL VI. (1726).

Die Frankfurter Nationalversammlung beschloss 1848 die Schaffung einer ›dt. Reichsflotte‹, die im Krieg um Schleswig-Holstein gegen die dän. Seeblockade eingesetzt werden sollte. Die ersten fünf Schiffe dieser Flotte wurden noch im selben Jahr angekauft, weitere sechs Einheiten 1849 in Dienst gestellt. Seit April 1852 wurde die unter dem Befehl von K. R. BROMME stehende Reichsflotte aufgelöst, der allgemeine ›Auflösungsbefehl‹ am 31. 3. 1853 erlassen.

Die seit Anfang der 50er-Jahre des 19. Jh. unter dem Prinzen ADALBERT von Preußen im Aufbau befindliche preuß. Flotte wurde 1867 zur Flotte des Norddt. Bundes, diese 1871 zur **kaiserlichen Marine** des Dt. Reiches. Zunächst nur zum Küstenschutz und Auslandsdienst bestimmt, wurde sie unter WILHELM II. bes. gefördert und seit 1898 durch A. VON TIRPITZ zu einer Hochseeflotte ausgebaut, die Dtl. kurz vor Ausbruch des Ersten Weltkrieges zur zweitstärksten Seemacht der Erde werden ließ.

Durch den Versailler Vertrag wurde die **Reichsmarine** der Weimarer Rep. auf wenige veraltete Einheiten beschränkt, Neubauten waren nur in begrenztem Umfang gestattet. Diese Bindungen fielen mit dem Deutsch-Brit. Flottenabkommen (1935) fort; die dt. K. durfte 35% der brit. Kriegsschifftonnage bauen. Trotzdem ging der Aufbau der **Kriegsmarine** (Umbenennung am 21. 5. 1935) nur langsam vonstatten; bei Kriegsbeginn 1939 betrug ihre Stärke nur 10% der brit. K. 1945 wurden die noch vorhandenen Bestände als Kriegsbeute verteilt oder verschrottet.

Die *BRD* begann aufgrund der Pariser Verträge 1955 mit dem Aufbau einer K., die als Teilstreitkraft der →Bundeswehr amtlich Marine heißt, jedoch zur Unterscheidung von der früheren dt. K. und von der Handelsmarine im allg. Sprachgebrauch auch Bundesmarine genannt wird. – Die *DDR* begann 1956 mit der Aufstellung einer K., die als Volksmarine bezeichnet wurde (→Nationale Volksarmee).

A. KÖSTER: Das antike Seewesen (1923, Nachdr. 1969); A. RÖHR: Hb. der dt. Marinegesch. (1963); G. BIDLINGMAIER: Seegeltung in der dt. Gesch. (1967); K. GOGG: Österreichs K. (Salzburg 1967); M. SALEWSKI: Die dt. Seekriegsleitung 1935-1945, 3 Bde. (1970-75); H.-J. WITTHÖFT: Lex. zur dt. Marinegesch., 2 Bde. (1977-78); S. TERZIBASCHITSCH: Seemacht USA, 2 Bde. (1982); S. BREYER u. P. J. LAPP: Die Volksmarine der DDR. Entwicklung, Aufgaben, Ausrüstung (1985); Die Dt. K. 1935-1945, bearb. v. S. BREYER u. a., 5 Bde. (1985-89); E. P. VON DER PORTEN: Die dt. K. im Zweiten Weltkrieg (a. d. Engl., ⁵1988). – *Zeitschriften:* Marine-Rundschau (1890-1944, 1953 ff.); Marineforum (1974 ff.; früher u. a. T.); Naval Forces (Farnborough 1980 ff.).

Kriegsmaschinen, Sammel-Bez. für die im Altertum und MA. bei Belagerungen eingesetzten Großgeräte, im MA. Antwerk genannt. Die K. lassen sich einteilen in **Schutzmaschinen** (Deckungsgerät), zu denen bewegl. Schutzschirme, -wände und -dächer (Sturmdächer) gehören, die der geschützten Annäherung an den Fuß der Befestigungsmauern dienten, und in **Trutz-** oder **Angriffsmaschinen** (Zerstörungsgerät, Wurfmaschinen und Angriffsgerät i. e. S.). Zum Zerstörungsgerät zählen Widder (Sturmbock) und Mauerbrecher, mit denen das Mauerwerk durch mehrfachen Aufprall zertrümmert wurde, sowie Steinzange und ›Teufelskralle‹, lange hebelartige Geräte, die die Steine aus der Mauerkrone brachen. Ebenfalls gegen das Mauerwerk sowie zum Feuerschutz für die Bedienungsmannschaften der Deckungs- und Zerstörungsgeräte wurden die →Wurfmaschinen eingesetzt. War eine Befestigung ›sturmreif‹, setzte man das Angriffsgerät i. e. S. ein. Verwendet wurden der große, an die Mauer herangefahrene Belagerungsturm, von dessen Plattform aus die Angreifer auf die Mauerkrone übersprangen; der Hebekasten, mit dem man Sturmtruppen zur Höhe der Mauerkrone emporheben konnte; die Sturmbrücke, ein Balkengerüst, das man von unten über den Graben hinweg direkt auf die Mauerkrone klappte; die Sturmwagenleiter.

Kriegs|opferversorgung, die Gesamtheit der vom Staat zu tragenden Versorgungsleistungen für Personen, die infolge von Krieg oder Wehr- bzw. Zivildienst Gesundheitsschädigungen erlitten haben, bzw. für deren Hinterbliebene, wenn der Beschädigte an den Folgen dieser Schädigungen gestorben ist.

In Dtl. ist die K. im Ges. über die Versorgung der Opfer des Krieges vom 20. 12. 1950 i. d. F. v. 22. 1. 1982 mit späteren Änderungen (Kurz-Bez. Bundesversorgungs-Ges., BVG) geregelt. Durch Bezugnahme auf das BVG im Bundesgrenzschutz-, Bundesseuchen-, Häftlingshilfe-, Opferentschädigungs-, Soldatenversorgungs- sowie im Zivildienst-Ges. ist dessen ursprüngl. Geltungsbereich inzwischen ausgeweitet worden. Das Sozialgesetzbuch verwendet für die Gesamtheit der Regelungen den Oberbegriff ›Recht der sozialen Entschädigung bei Gesundheitsschäden‹.

Leistungen der K.: Für schädigungsbedingte Gesundheitsstörungen erhalten Beschädigte Heilbehandlung. Ist die Schädigung mit einer Minderung der Erwerbsfähigkeit (MdE) um wenigstens 50% verbunden, handelt es sich um Schwerbeschädigung. Schwerbeschädigte erhalten Heilbehandlung auch für Gesundheitsstörungen, die nicht Schädigungsfolgen sind, ggf. Versehrtenleibesübungen und Krankenbehandlung für ihre Angehörigen. Bei Arbeitsunfähigkeit durch Schädigungsfolgen oder bei Gesundheitsstörungen, derentwegen Heil- oder Krankenbehandlung notwendig ist, wird ein Versorgungskrankengeld gewährt, das 80% des Regellohns entspricht. Zum Ausgleich dauernder schädigungsbedingter Einkommensausfälle und Mehraufwendungen wird Beschädigtenrente (§§ 29-34 BVG) gezahlt. Die Beschädigten erhalten eine Grundrente, deren Höhe sich nach der MdE richtet. Schwerbeschädigte erhalten zusätzl. Geldleistungen; können sie eine ihnen zumutbare Erwerbstätigkeit nicht, nur beschränkt oder nur mit überdurchschnittl. Kräfteaufwand ausüben, erhalten sie eine Ausgleichsrente, die nach einer besonderen Regelung um das anzurechnende Einkommen gekürzt wird. Rentenberechtigte Beschädigte, deren Einkommen aus gegenwärtiger oder früherer Tätigkeit durch die Schädigungsfolgen gemindert ist, erhalten zusätzlich einen Berufsschadensausgleich in Höhe von 42,5% des Bruttoeinkommensverlustes.

Hinterbliebenenrente (§§ 38-52) wird an die Witwe (Witwenrente), die Waisen (Waisenrente) und die Eltern (Elternrente) gezahlt, wenn ein Beschädigter verschollen oder an den Folgen einer Schädigung gestorben ist. Die Witwe erhält als Basisleistung die Witwengrundrente und, wenn Erwerbstätigkeit nicht möglich oder zumutbar ist, zusätzlich eine Ausgleichsrente. Ist ihr Einkommen geringer als die Hälfte des Einkommens, das ihr Ehemann ohne Schädigung erzielt hätte, erhält sie außerdem einen Schadensausgleich von 42,5% des Bruttoeinkommensverlustes. Im Falle der Wiederverheiratung erhalten Witwen eine Abfindung anstelle des Anspruchs auf Rente in Höhe des Fünfzigfachen der monatl. Grundrente. Witwer haben Anspruch auf Versorgung wie eine Witwe. Waisen wird bis zur Vollendung des 18. Lebensjahres (bzw. des 27. bei Schul- oder Berufsausbildung) Waisengrundrente und -ausgleichsrente gewährt. Verwandte der aufsteigenden Linie erhalten Elternrente (auf die ein eigenes Einkommen wie bei Ausgleichsrenten anzurechnen ist), wenn sie erwerbsunfähig sind oder das 60. Lebensjahr vollendet haben. Die Renten u. a. Leistungen werden entsprechend der gesetzl. Rentenversicherung regelmäßig angepasst (§ 56). – Bestattungsgeld (§§ 36, 53) wird beim Tod eines Beschädigten oder versorgungsberechtigten Hinterbliebenen, Sterbegeld (§ 37) beim Tod eines Beschädigten als Übergangsleistung gezahlt. – Reichen die Leistungen der K. nicht aus, dem Beschädigten bzw. Hinterbliebenen eine angemessene Lebensstellung zu ermöglichen oder zu erhalten, wird die K. durch Maßnahmen der **Kriegsopferfürsorge** (§§ 25 ff.) ergänzt.

Die *Aufwendungen* für die Leistungen der K. trägt der Bund (1985: 13,3 Mrd. DM, 1994: 14,7 Mrd. DM, einschließlich neue Länder); Ausnahmen sind die Opferentschädigung (Bund 40%, Länder 60%) und die Impfschäden (Länder 100%). Die Durchführung der K. obliegt den Versorgungsämtern, den Landesversorgungsämtern sowie den orthopäd. Versorgungsstellen oder den Hauptfürsorgestellen oder den Kreisen und kreisfreien Städten (bei sonstigen Hilfen).

In der DDR war die K. nach der VO vom 21. 7. 1948 der Sozialversicherung übertragen. Eine Beschädigtenrente setzte einen Körperschaden von mindestens $66^2/_3$% voraus. Das BVG ist in den neuen Ländern mit bestimmten Maßgaben am 1. 1. 1991 in Kraft getreten.

In *Österreich* ist die K. im K.-Gesetz (KOVG) vom 14. 7. 1949 ähnlich wie in Dtl. geregelt. Zuständig sind die Landesinvalidenämter.

In der *Schweiz* regelt das Bundes-Ges. über die Militärversicherung vom 19. 6. 1992 die Entschädigungsleistungen des Bundes infolge Unfall und Krankheit im Militärdienst.

Bundesversorgungsrecht mit Verfahrensrecht, bearb. v. K. ROHR u. H. STRÄSSER, Losebl. (⁶1977 ff.); Bundessozialhilfe-Ges., hg. v. E. OESTREICHER u. a., Losebl. (⁴1991 ff.).

Kriegspropaganda, publizist. Maßnahmen der psycholog. Kriegführung mit dem Ziel, Kampfmoral und Widerstandskraft der Streitkräfte und der Zivil-Bev. des eigenen Landes und der Verbündeten zu stärken oder zu erhalten und beim Feind zu zersetzen; systematisch erst seit dem Ersten Weltkrieg eingesetzt, oft in Form der →Gräuelpropaganda.

Kriegsrecht, 1) im *Staatsrecht* die kriegsbedingten Änderungen des geltenden Rechts (→Notstandsverfassung); 2) im *Völkerrecht* die im Rechtszustand des Krieges geltenden internat. Rechtsnormen.

Die Unterscheidung zw. K. und Friedensrecht setzt zwei Rechtszustände, nämlich denjenigen des Krieges und denjenigen des Friedens, voraus. Diese Unterscheidung wurde im Völkerrecht seit Entwicklung einer Völkerrechtstheorie im 16. Jh. und einer völkerrechtl. Staatenpraxis im 17. Jh. getroffen. Das ›klass. Völkerrecht‹, dessen Geltung mit dem Westfäl. Frieden (1648) begann, stellte die beiden Rechtszustände wertungsfrei nebeneinander und überließ es den Souveränen, ob sie ihre polit. Ziele mit krieger. oder friedl. Mitteln erreichen wollten. Entschieden sie sich für den Krieg, so hatten sie dies durch eine förml. Kriegserklärung bekannt zu geben. Die Rücküberführung aus dem Rechtszustand des Krieges in denjenigen des Friedens erfolgte durch den Friedensvertrag.

Diese völkerrechtl. Grundsätze gelten auch heute noch, obwohl die Periode des klass. Völkerrechts im 20. Jh. zu Ende gegangen ist. An die Stelle der Kriegsfreiheit des klass. Völkerrechts (Recht zum Kriege, lat. ius ad bellum) ist das **Kriegsverbot** getreten, das erstmals im Briand-Kellogg-Pakt vom 27. 8. 1928 niedergelegt wurde und heute als allgemeine, zwingende Völkerrechtsnorm gilt, die im Gewaltverbot des Art. 2 Nr. 4 der Satzung der Vereinten Nationen enthalten ist. Das allgemeine Kriegsverbot des geltenden Völkerrechts berührt jedoch nicht das Verteidigungsrecht, das auch die Satzung der Vereinten Nationen in ihrem Art. 51 allen Staaten als ›naturgegebenes Recht‹ zubilligt. Das Recht, Verteidigungskriege zu führen, ist keine Ausnahme vom Kriegsverbot, sondern dessen Bestätigung. Gerade weil der Krieg nach geltendem Völkerrecht verboten ist, muss die Notwehr, ähnlich innerstaatl. Recht, rechtlich normiert werden.

Mit der Aufrechterhaltung des K. (also des Rechts im Krieg, lat. ius in bello) trägt das geltende Völkerrecht der Tatsache Rechnung, dass Kriege auch unter der Geltung des Kriegsverbots möglich sind. Das K. gilt für alle bewaffneten internat. Konflikte ohne Rücksicht auf ihre Ursache, und zwar ungeachtet der Tatsache, dass die strenge Formalisierung von Kriegsbeginn und -ende durch die Staatenpraxis des 20. Jh. aufgeweicht worden ist. Die Feindseligkeiten beginnen oft ohne Kriegserklärung und enden ohne Friedensvertrag. Dadurch ist der gesamte völkerrechtl. Begriff des Krieges undeutlich geworden. In der völkerrechtl. Fachliteratur wie in der Sprache der Diplomatie und der Verträge wird deshalb der Begriff des Krieges durch denjenigen des ›internat. bewaffneten Konflikts‹ ersetzt. Dementsprechend tritt allmählich an die Stelle des Ausdrucks ›K.‹ die Bez. ›Recht der bewaffneten internat. Konflikte‹. Eine inhaltl. Veränderung ist hiermit aber nicht verbunden. Nach wie vor gilt der Grundsatz, dass durch die Kriegserklärung der Rechtszustand des Krieges eintritt; die diplomat. Beziehungen der Kriegsgegner sind mit diesem Schritt beendet. Ohne Kriegserklärung ist der Rechtszustand des Krieges mit Beginn der Feindseligkeiten erreicht. Auch die Rücküberführung in den Rechtszustand des Friedens erfolgt durch einen Friedensvertrag, der seinerseits nicht mehr dem K., sondern dem Friedensrecht unterliegt. Unterbleibt der Abschluss eines Friedensvertrags, so kann die Überführung in den Rechtszustand des Friedens durch einseitige Erklärungen über die Beendigung des Kriegszustandes erfolgen, wie dies seitens der Alliierten gegenüber Dtl. nach dem Ende des Zweiten Weltkriegs der Fall war. Dagegen beendet ein Waffenstillstandsvertrag, der stets dem K. unterliegt, den Kriegszustand nicht.

Das K. wird auch definiert als die Gesamtheit der Völkerrechtsregeln, die während des Kriegszustandes für die im Kriegsgebiet befindl. Personen und die völkerrechtl. Beurteilung der Kriegshandlungen gelten. I. w. S. wird zum K. auch das Recht der →Neutralität gezählt. Das K. i. e. S. (unter Ausklammerung des Neutralitätsrechts) gliedert sich in Kriegsaktionenrecht und humanitäres Völkerrecht. Ersteres betrifft den Einsatz von Kampfmitteln und die Anwendung von Kampfmethoden, Letzteres den Schutz der von den Kriegsaktionen betroffenen Menschen, einschließlich der Soldaten. Da auch das Kriegsaktionenrecht letztlich dem Ziel dient, die durch den Krieg verursachten Leiden zu mildern, ist die Unterscheidung nicht eindeutig. Sie hat auch keine prakt. Bedeutung. Weil das Kriegsaktionenrecht erstmals in einer Reihe von Abkommen im Gefolge der Haager Friedenskonferenzen von 1899 und 1907 kodifiziert wurde (→Haager Abkommen), wird es häufig als ›Haager Recht‹ bezeichnet. Die Kodifikation des →humanitären Völkerrechts erfolgte vornehmlich durch Abkommen, die in Genf abgeschlossen wurden, weshalb es auch ›Genfer Recht‹ genannt wird.

Das älteste Kernstück des K. ist die →Haager Landkriegsordnung (Abk. HLKO) von 1907, die in ihren wichtigsten Teilen auf die (nicht ratifizierte) Brüsseler Deklaration von 1874 zurückgeht. Sie wird durch zahlr. Verträge aus neuerer Zeit über einzelne Kampfmittel und Kampfmethoden ergänzt. Daneben gelten Regeln für den Luft- und Seekrieg.

Die wichtigste Grundregel des K. ist die strenge Anweisung, Kriegshandlungen nur gegen militär. Objekte (Kombattanten und der Kriegführung dienende Gegenstände) zu richten. Gegen die Zivilbevölkerung und deren Eigentum dürfen keine Maßnahmen nicht ergriffen werden. Jedoch wird in Kauf genommen, dass bei krieger. Maßnahmen gegen militär. Objekte auch schädigende Nebenwirkungen auf zivile Objekte (Personen und Sachen) entstehen (›Kollateralschäden‹). Sie werden vom K. geduldet, solange sie in einem angemessenen Verhältnis zu dem von der militär. Aktion erstrebten Erfolg stehen. Gezielte Angriffe auf zivile Objekte sind aber in jedem Fall verboten. Darüber hinaus haben sich im K. Regeln für besonders geschützte Personen (z. B. Verwundete und Kranke) und Sachen (z. B. Krankenhäuser, Lazarette, Kulturgüter) entwickelt. Aus dem Verbot, zivile Objekte zum Ziel militär. Aktionen zu machen, ergibt sich das Verbot der ›blinden Waffen‹, d. h. von Waffen, die sich unterschiedslos gegen militär. und nichtmilitär. Objekte richten (z. B. strateg. Kernwaffen). Wie der Internat. Gerichtshof in Den Haag 1996 in einem Gutachten feststellte, ist das Verbot des Einsatzes von Kernwaffen nur in einem extremen Fall der Selbstverteidigung eines Staates u. U. anders auszulegen. Völkerrechtswidrig ist auch, gleich zu welchem Zweck, der Einsatz konventioneller Waffen, die flächendeckend wirken, z. B. massives Artilleriefeuer und Flächenbombardements auf dicht besiedelte Gebiete.

Besondere Waffenverbote enthielt bereits die HLKO (Art. 23). Alle Geschosse, die sich beim Auftreffen auf den menschl. Körper verformen und auf diese Weise kaum heilbare Wunden verursachen (z. B. Dumdumgeschosse), sind verboten. Unter dieses Verbot fallen auch Napalmbomben. Das Genfer Protokoll (Gaskriegsprotokoll) von 1925 ächtete die Verwendung betäubender, giftiger oder anderer Gase und ähnl. Flüssigkeiten, Stoffe oder Vorrichtungen im Krieg. Das →C-Waffen-Abkommen vom 15. 1. 1993 (in Kraft getreten am 29. 4. 1997) verbietet schließlich generell die Entwicklung, Herstellung, Lagerung und den Einsatz von chem. Waffen. Die Entwicklung, Herstellung und Lagerung bakteriolog. (biolog.) und tox. Waffen wurde durch das →B-Waffen-Abkommen vom 10. 4. 1972 verboten, das am 26. 3. 1975 in Kraft trat.

Infolge des Grundsatzes der Gegenseitigkeit berechtigt die Anwendung verbotener Kampfmittel den Gegner zum Einsatz derselben Kampfmittel, jedoch nur in den Grenzen der →Repressalie, d. h. unter Beachtung des Grundsatzes der Verhältnismäßigkeit. Eine weitere Grundregel gebietet die Beachtung des Prinzips von Treu und Glauben auch gegenüber dem Kriegsgegner. So dürfen z. B. Soldaten nicht in Uniformen agieren. Streitkräfte kämpfen, sich nicht als Zivilisten tarnen und nicht die Ergebung vortäuschen (›Perfidieverbot‹). Das 1. Zusatzprotokoll von 1977 (→Genfer Vereinbarungen 1) hat diese alte Grundregel bestätigt und neu formuliert.

Gegen den wehrlosen oder zur Ergebung bereiten Feind dürfen keine weiteren Kriegshandlungen gesetzt werden. Jeder Soldat, der sich ergibt, erhält den Status des Kriegsgefangenen.

Bewaffnete Konflikte ohne internat. Charakter unterliegen grundsätzlich nicht dem K. Jedoch bestimmen die vier Genfer Konventionen von 1949 übereinstimmend, dass bei diesen Konflikten im Kernbestand an Regeln des humanitären Völkerrechts, der in den genannten Artikeln genau umschrieben ist, Anwendung findet. Die Ausdehnung des K. auf nichtinternationale bewaffnete Konflikte hat sich im 2. Zusatzprotokoll von 1977 zu den vier Genfer Abkommen, das ausdrücklich dafür gilt, fortgesetzt.

F. Berber: Lb. des Völkerrechts, Bd. 2: K. (²1969); The laws of war, hg. v. L. Friedman, 2 Bde. (New York 1972); J. Fisch: Krieg u. Frieden im Friedensvertrag (1979); O. Kimminich: Schutz der Menschen in bewaffneten Konflikten (1979); The laws of armed conflicts, hg. v. D. Schindler u. a. (Dordrecht ³1988); H.-J. Wolff: Kriegserklärung u. Kriegszustand nach klass. Völkerrecht (1990).

Kriegsschäden, die den Angehörigen der Krieg führenden Staaten oder der Neutralen durch das Kriegsgeschehen (Kriegshandlungen, Besetzung) oder infolge des Krieges (Entzug von Vermögen, Vertreibung) zugefügten Schäden und Verluste. Die K. der eigenen Staatsangehörigen werden während des Krieges und nach dessen Ende durch besondere Gesetze geregelt, wobei allerdings i. d. R. nicht voller Ersatz, sondern nur angemessener Ausgleich unter Berücksichtigung der staatl. Leistungsfähigkeit gewährt wird. Der Ausgleich der K. von Angehörigen der feindl. und der neutralen Staaten erfolgt durch Friedensvertrag und besondere völkerrechtl. Vereinbarungen.

⇨ Allgemeines Kriegsfolgengesetz · Heimkehrer · Kriegsgefangene · Kriegsopferversorgung · Lastenausgleich · Reparationen

Kriegsschadenrente, eine Ausgleichsleistung des →Lastenausgleichs.

Kriegsschiffe, der Ausübung von Seemacht und der Kampfführung auf dem Wasser dienende Schiffe (einschließlich Hilfsschiffen) der Kriegsmarine eines Staates. K. sind normalerweise durch die Nationaloder Kriegsflagge des Staates als solche gekennzeichnet und dürfen dessen Territorialität auch im Ausland. Im Küstenmeer eines anderen Staates haben sie im Frieden nur das Durchfahrtsrecht (Auslandsbesuche sind daher diplomatisch vorzubereiten); im Kriegsfall ist ihr Aufenthalt in neutralen Gewässern und Häfen auf 24 Stunden begrenzt. Auf hoher See sind Handelsschiffe zum Zeigen ihrer Flagge verpflichtet, wenn ihnen K. mit gesetzter Flagge begegnen; diese haben ihnen gegenüber im Kriegsfall ein Anhalte- und Durchsuchungsrecht.

Gegenwärtig unterscheidet man folgende K.-Gattungen: Flugzeugträger, Schlachtschiffe, Kreuzer, Zerstörer, Fregatten (einschließlich Korvetten), Unterseeboote, Minenleger, Minensucher, Kleine Kampfschiffe (einschließlich Schnellboote), Landungsfahrzeuge und Hilfsfahrzeuge.

Konzeption und Baumerkmale der heutigen K. sind Ausdruck der seit Ende des Zweiten Weltkriegs stark verbesserten Technik. Die Kostenentwicklung im K.-Bau führte zu verminderten Flottenstärken; gleichzeitig wurde die Kampfkraft der einzelnen Einheiten gesteigert, v. a. durch die Bestückung mit weit reichenden Schiff-Schiff- und Schiff-Luft-Raketen sowie speziellen U-Boot-Abwehrwaffen. Größere K. werden z. T. nuklear angetrieben, kleinere zunehmend durch Gasturbinen. Die Waffen- und Führungssysteme der K. sind rechnergesteuert. Datenübertragungssysteme verbinden sie mit Landbefehlsstellen. Waffenanlagen werden in Modul- oder Containerform konstruiert und können schnell ausgetauscht werden.

Die Empfindlichkeit moderner K. gegen jede Trefferwirkung ist groß. Daher wird im K.-Bau besonderer Wert auf Verwendung nichtbrennbarer Materialien und zusätzl. Schutz wichtiger Schiffskomponenten gelegt. Ferner wurden elektron. Geräte zur Störung und Täuschung anfliegender gegner. Raketen sowie Schnellstfeuerkanonen und Antiraketen zu deren unmittelbarer Bekämpfung entwickelt.

Geschichte

Die Entwicklung der K. beginnt mit den Ruder-K. des Altertums (phönik. →Bireme, athen. →Triere), deren Hauptkampfmethode das Rammen darstellte. Sie waren hierzu mit einem Rammsporn, daneben aber auch mit Wurfmaschinen ausgestattet. Im 1. Pun. Krieg führten die in der Rammtaktik den Karthagern unterlegenen Römer die Enterbrücke ein, die den massiven Einsatz von Fußsoldaten auf Schiffen ermöglichte und aus dem Seegefecht eine Landschlacht auf Schiffen werden ließ. Der röm. →Liburne folgte die seit dem 11. Jh. gebaute →Galeere, die bis ins 16. Jh. das wichtigste K. im Mittelmeerraum war. Für den Transport von Truppen und Kriegsgerät verwendeten die ital. Handelsstädte in der Zeit der Kreuzzüge kleine, mit Wurfmaschinen und Kriegern bemannte Segelschiffe, die Barsen. Die Germanen der Völkerwanderungszeit und die Wikinger besaßen schmale, relativ lange Fahrzeuge mit scharfem Kiel. Sie wurden durch Segel oder Riemen fortbewegt und waren schnell und wendig. Seit dem 12. Jh. baute man größere und seetüchtigere Schiffe mit stärkerer Takelung, beginnend im nördl. Europa mit der Kogge, später im südl. Europa (→Galeone); die K. wurden damit im 16./17. Jh. zu reinen Segelschiffen, deren Hauptbewaffnung nun Artilleriegeschütze bildeten. In der 2. Hälfte des 17. Jh. bildeten sich bei allen Seemächten die K.-Klassen der in Kiellinie kämpfenden schweren Linienschiffe und der leichteren →Fregatten und →Korvetten heraus. Tief greifende Änderungen im K.-Bau brachten im 19. Jh. der Dampfantrieb, die Schiffsschraube, der Übergang zur Panzerung der Schiffe ab Mitte des 19. Jh. und die Einführung gezogener Hinterladergeschütze ab 1860. Ab etwa 1880 entstand als neue K.-Gattung der →Kreuzer. Anfang des 20. Jh. führte der Wettlauf zw. Panzerung und Schiffsartillerie zu immer größeren K.-Typen: den →Dreadnoughts (Großlinienschiffen) und den aus den Großen Kreuzern (Panzerkreuzern) hervorgegangenen →Schlachtkreuzern, die beide nach dem Ersten Weltkrieg vom →Schlachtschiff abgelöst wurden. Als Ergänzung der Großkampfschiffe und für besondere Aufgaben dienten im Ersten und Zweiten Weltkrieg die aus den Panzerkorvetten hervorgegangenen Kleinen, später Leichten Kreuzer sowie Torpedoboote, später Zerstörer. Zum Kampf gegen die bereits im Ersten Weltkrieg große Bedeutung erlangenden Unterseeboote entwickelten Briten und Amerikaner im Zweiten Weltkrieg neuartige, kleinere Geleitschifftypen, die modernen Fregatten und Korvetten. Neben diesen spielten auch Kleine Kampfschiffe (v. a. Schnellboote, Minensuch- und -räumfahrzeuge sowie Landungsboote eine immer größere Rolle. Die Entwicklung der Militärluftfahrt führte bereits im Ersten Weltkrieg zum Einsatz von Flugzeugträgern, die seit der See- und Luftschlacht bei den Midway-Inseln 1942 das Schlachtschiff als wichtigstes K. ablösten; die Rolle des Schlachtschiffs als größtes eigentl. Kampfschiff übernahm der Kreuzer.

⇨ *Kriegsmarine · Schiff · Seekrieg · Seemacht · Seerecht*

H. J. HAUSEN: Die Schiffe der dt. Flotten 1848–1945 (1973); D. MACINTYRE u. B. W. BATHE: K. in 5000 Jahren (a. d. Engl., ²1974); K. u. Seeschlachten, hg. v. I. PARSONS (a. d. Engl., 1976); E. GRÖNER: Die Schiffe der dt. Kriegsmarine u. Luftwaffe 1939–45 u. ihr Verbleib (⁸1976); S. BREYER: Großkampfschiffe 1905–70, 3 Bde. (1977–79); DERS.: Enzykl. des modernen K.-Baus, 3 Bde. (1987–91); DERS. u. G. KOOP: Die Schiffe u. Fahrzeuge der dt. Bundesmarine 1956–1976 (1978); P. KLEPSCH: Die Flotten der dt. Kriegsgegner im 2. Weltkrieg (²1980); N. FRIEDMAN: Seerüstung heute. Entwurf u. Konzeption moderner K. (a. d. Engl., 1981); Dt. K.-Bau heute, hg. v. der Dt. Gesellschaft für Wehrtechnik (1982); Die dt. K. Biographien – Ein Spiegel der Marinegesch. von 1815 bis zur Gegenwart, bearb. v. H. H. HILDEBRAND u. a., 7 Bde. (¹⁻²1982–88); F. HOWARD: Segel-K. 1400–1860 (a. d. Engl., 1983); K. der Welt 1860–1905, hg. v. R. CHESNEAU u. E. M. KOLESNIK, 3 Bde. (a. d. Engl., 1983–85); Die dt. K. 1815–1945, begr. v. E. GRÖNER, fortgef. v. D. JUNG u. a., 8 Bde. u. Register-Bd. (¹⁻²1983–94); H. u. D. LYON: K. von 1900 bis heute (a. d. Engl., Neuausg. 1985); A. PRESTON: Berühmte K. 1914 bis heute (a. d. Engl., 1988); DAVID u. CHRIS MILLER: Moderne K. (a. d. Engl., Zürich 1990); B. LOOSE u. B. OESTERLE: Das große Buch der K. (1993). – *Jahrbücher:* Jane's fighting ships (London 1916 ff.; früher u. a. T.); Weyers Flotten-Tb. (1953 ff.; früher u. a. T.); Köhlers Flotten-Kalender (1954 ff.; früher u. a. T.).

Kriegsschuldfrage, allg. die Frage nach der Schuld für die Verursachung eines Kriegs. Eine besondere polit. Bedeutung gewann die K. für den Ersten und Zweiten Weltkrieg. Die polit. Kontroversen um die Ursachen des Ersten Weltkriegs, die bes. durch den Vorwurf der dt. Alleinschuld (Art. 231 des Versailler Vertrags von 1919, ›Kriegsschuldartikel‹) entfacht worden waren, lösten eine intensive und lange nachwirkende Kriegsschuldforschung aus, die durch umfangreiche Aktenveröffentlichungen in die Vorgeschichte des Krieges einzudringen suchte. Unumstritten in der wiss. Forschung ist die Schuld des Dt. Reiches am Zweiten Weltkrieg; v. a. die Nürnberger Prozesse gegen die Hauptkriegsverbrecher bewiesen die Verantwortung des natsoz. Dtl. für diesen Krieg.

Kriegsschule, frühere Bez. für Offiziersschule, →Militärschulen.

Kriegsstärke, 1) der für jede Dienststelle und Truppe festgesetzte Bestand an Menschen, Bewaffnung und Ausrüstung; 2) Gesamtheit aller im Kriegsfall verfügbaren Land-, See- und Luftstreitkräfte.

Kriegs|tagebuch, im Krieg von allen Truppenteilen und Kommandobehörden geführtes Buch, das Ereignisse, Erfahrungen usw. verzeichnet. Die wichtigsten Befehle und Lagekarten werden als Anlagen beigefügt. Die K. stellen eine wesentl. Grundlage für die Geschichtsschreibung des Krieges dar.

Krieg|stetten, Hauptort des Bez. Wasseramt (bis 1988 K.) im Kt. Solothurn, Schweiz, 455 m ü. M., 1 100 Einwohner.

Kriegs- und Bürgerkriegsflüchtlinge, →Asylrecht (Entwicklung der Asylbewerbersituation), →Flüchtlinge.

Kriegsverbrechen, schwere Verstöße von Angehörigen eines Krieg führenden Staates gegen das völkerrechtl. →Kriegsrecht. Nach den Bestimmungen der Genfer Konventionen vom 12. 8. 1949 (→Genfer Vereinbarungen) und dem 1. Zusatzprotokoll von 1977 besteht die Verpflichtung der Staaten, durch ihre Justizorgane K. zu verfolgen und zu ahnden, andernfalls macht sich der Staat eines völkerrechtl. Delikts schuldig. Als schwere Verletzungen und somit K. sind aufgeführt: vorsätzl. Tötung, Folterung und unmenschl. Behandlung einschließlich biolog. Versuche, vorsätzl. Verursachung großer Leiden oder schwerer Beeinträchtigung der körperl. Unversehrtheit, die Zerstörung und Aneignung von Eigentum, die durch militär. Erfordernisse nicht gerechtfertigt sind, ferner die rechtswidrige Verursachung schwerer Schäden unter der Zivil-Bev. und zivilen Objekten, die Verschleppung von Zivilpersonen u. a. Strafbar ist derjenige, der den Befehl zu einer solchen Tat gegeben hat oder ohne Befehl handelte. Nicht geregelt ist die Strafbarkeit des Handelns auf Befehl, sodass in Bezug hierauf auf allgemeine Verantwortlichkeitsregeln (→Gehorsam) zurückgegriffen werden muss.

Zur Ahndung von K. wurden sowohl →Kriegsverbrecherprozesse durchgeführt als auch →Kriegsverbrechertribunale eingerichtet.

G. HOFFMANN: Strafrechtl. Verantwortung im Völkerrecht (1962); H. JÄGER: Verbrechen unter totalitärer Herrschaft (Olten 1967); O. KIMMINICH: Schutz der Menschen in bewaffneten Konflikten (1979); A. STREIM: Die Behandlung sowjet. Kriegsgefangener im ›Fall Barbarossa‹ (1981); W. SCHWENGLER: Völkerrecht, Versailler Vertrag u. Auslieferungsfrage. Die Strafverfolgung wegen K. als Problem des Friedensschlusses 1919/20 (1982); Études et essais sur le droit international humanitaire et sur les principes de la Croix-Rouge (Genf 1984); G. HERCZEGH: Development of international humanitarian law (a. d. Ungar., Budapest 1984); Strafgerichte gegen Menschheitsverbrechen, hg. v. G. HANKEL u. G. STUBY (1995).

Kriegsverbrecherprozesse, Verfahren zur Ahndung von Kriegsverbrechen. Nach dem Ersten Weltkrieg (1914–18) forderten die Siegermächte im Art. 227 Versailler Vertrag (28. 6. 1919) von Dtl. die Auslieferung Kaiser WILHELMS II., des früheren Reichskanzlers T. VON BETHMANN HOLLWEG, des Generalfeldmarschalls P. VON HINDENBURG, des Großadmirals A. VON TIRPITZ sowie dt. Beamter, Offiziere und Soldaten (insgesamt 854) wegen der Begehung von Kriegsverbrechen. Angesichts des dt. Widerstandes gegen diese Forderung verzichteten die Kriegsgegner Dtl.s auf ihr Auslieferungsbegehren. Stattdessen fanden vor dem Reichsgericht in Leipzig einige Prozesse gegen Angehörige der dt. Streitkräfte im Ersten Weltkrieg statt (Beginn: 23. 5. 1921; Einstellungsbeschluss: 7. 7. 1933). Die Urteile bewegten sich zw. begrenzten Freiheitsstrafen (z. B. vier Jahre Haft) und Freisprüchen.

Angesichts der natsoz. Verbrechen im Zweiten Weltkrieg (1939–45) bekundeten Großbritannien, die UdSSR und die USA in der Moskauer ›Erklärung über dt. Grausamkeiten im besetzten Europa‹ (30. 10. 1943) ihre Absicht, Kriegsverbrechen zu bestrafen; sie bestätigten und präzisierten dies auf der Jalta-Konferenz (Februar 1945). Seit 1943 tagte in London unter dem Vorsitz des brit. Lordkanzlers J. A. SIMON die ›United Nations War Crimes Commission‹, die Kriegsverbrecherlisten zusammenstellte und Vorschläge zur strafrechtl. Verfolgung von Kriegsverbrechen machte. Auf der Londoner Viermächtekonferenz (26. 6.–8. 8. 1945) beschlossen die UdSSR, die USA, Großbritannien und Frankreich (als Besatzungsmächte in Dtl.) ein ›Abkommen über die Verfolgung und Bestrafung der Hauptkriegsverbrecher der europ. Achse‹ (8. 8. 1945). Zugleich verabschiedete die Konferenz ein Statut für ein ›Internat. Militärtribunal‹. Am 20. 11. 1945 trat dieses in Nürnberg zusammen (→Nürnberger Prozesse) und zog im Prozess gegen die Hauptkriegsverbrecher leitende Funktionsträger des natsoz. Staates und des Militärs zur Verantwortung (Urteilsverkün-

Kriegsverbrechertribunal

Kriegsverbrecherprozesse infolge des Zweiten Weltkrieges (Auswahl)

1) **Verfahren des Internationalen Militärtribunals gegen die Hauptkriegsverbrecher,** durchgeführt in Nürnberg (Nürnberger Prozesse), abgeschlossen durch Urteil vom 30. 9./1. 10. 1946; 12 Todesurteile (H. Göring, M. Bormann, J. von Ribbentrop, F. Sauckel, E. Kaltenbrunner, W. Frick, H. Frank, J. Streicher, A. Seyss-Inquart, A. Rosenberg, W. Keitel und A. Jodl), davon wurden zehn vollstreckt (Göring beging Selbstmord; Bormann war in Abwesenheit verurteilt worden); Freiheitsstrafen (R. Hess, K. von Neurath, E. Raeder, K. Dönitz, W. Funk, B. von Schirach und A. Speer); Freisprüche (H. Schacht, F. von Papen und H. Fritzsche). R. Ley beging vor der Urteilsverkündung Selbstmord.

2) **Amerikanische Militärgerichtsverfahren,** durchgeführt in Nürnberg (Nürnberger Folgeprozesse), 24 Todesurteile, davon 12 vollstreckt:
Ärzte-Prozess (Urteil vom 19./20. 8. 1947)
Milch-Prozess (Urteil vom 16. 4. 1947)
Juristen-Prozess (Urteil vom 3./4. 12. 1947)
Pohl-Prozess gegen Angehörige des Wirtschafts- und Verwaltungshauptamts der SS (Urteil vom 3. 11. 1947)
Flick-Prozess (Urteil vom 22. 12. 1947)
IG-Farben-Prozess (Urteil vom 29./30. 7. 1948)
Generals-Prozess gegen die Südost-Generäle (Geiseln; Urteil vom 9. 2. 1948)
RSHA-Prozess gegen Angehörige des Rasse- und Siedlungshauptamts der SS (Urteil vom 10. 3. 1948)
Ohlendorf-Prozess gegen Angehörige der Einsatzgruppen der SS (Urteil vom 8.-10. 4. 1948)
Krupp-Prozess (Urteil vom 31. 7. 1948)
Wilhelmstraßen-Prozess gegen Angehörige des Auswärtigen Amts und anderer oberster Reichsbehörden (Urteil vom 11.-14. 4. 1949)
OKW-Prozess (Urteil vom 27./28. 10. 1948)

3) **Britische Folgeprozesse,** u.a.
Bergen-Belsen-Prozess (Urteil vom 17. 11. 1945)
Natzweiler-Prozess (Urteil vom 1. 6. 1946)

4) **Britische Militärgerichtsverfahren,** durchgeführt gegen Generalfeldmarschälle A. Kesselring (1947), E. von Manstein (1949) u.a.

5) **Französisches Militärgerichtsverfahren** gegen den Unternehmer H. Röchling.

6) **Verfahren in den von Deutschland im Zweiten Weltkrieg besetzten Gebieten,** u.a. in: Frankreich: Oradour-Prozess (Urteil vom 13. 2. 1953) und Prozess gegen K. Barbie (Urteil vom 4. 7. 1987, lebenslängliche Haft); Tschechoslowakei: u.a. Verfahren gegen K. Daluege (Urteil vom Oktober 1946); Polen: u.a. gegen E. Koch (Urteil vom 9. 3. 1959, Todesstrafe, nicht vollstreckt); UdSSR: zahlreiche summarische Verfahren gegen höhere SS- und Polizeioffiziere und Angehörige der dt. Wehrmacht.

7) **Verfahren in Israel:** Prozess gegen A. Eichmann (Urteil vom 15. 12. 1961, Todesstrafe).

8) **Verfahren in der Bundesrepublik Deutschland,** u.a.: Ulmer Einsatzgruppenprozess (Urteil vom 10. 8. 1959), Auschwitz-Prozesse, Majdanek-Prozess.

9) **Prozess des Internationalen Militärgerichtshofes für den Fernen Osten,** durchgeführt in Tokio 1946-48, abgeschlossen durch Urteilsverkündung am 12. 11. 1948; 7 Todesurteile (u.a. gegen Tojo Hideki, vollstreckt), Haftstrafen (16-mal lebenslänglich, 1-mal 20 Jahre, 1-mal 7 Jahre).

---

dung am 30. 9./1. 10. 1946). Im Anschluss daran führten die Besatzungsmächte auf der Basis des Kontrollrats-Ges. Nr. 10 (20. 12. 1945) in eigener Verantwortung Nachfolgeprozesse durch. In den Prozessen vor Militärgerichten der drei Westzonen (einschließlich des Internat. Militärtribunals) wurden 5025 Angeklagte verurteilt; in 806 Fällen wurde die Todesstrafe verhängt, in 481 Fällen vollstreckt. In der sowjet. Besatzungszone (SBZ) erfolgten Verurteilungen, außer in Prozessen vor Militärgerichten, entsprechend sowjet. Praxis auch auf administrativem Wege ohne Gerichtsverfahren. Die Gesamtzahl der Verurteilten wird auf 45 000 geschätzt, die Zahl der Todesurteile ist unbekannt. In der SBZ/DDR fanden daneben ›K.‹ statt, die dazu dienten, den Umbau des Staates nach stalinist. Vorstellungen zu forcieren (u.a. →Waldheimer Prozesse, →Entnazifizierung).

Auch in den Ländern, die im Krieg von Dtl. besetzt worden waren (u.a. Belgien, Frankreich, Jugoslawien, Niederlande, Polen, Tschechoslowakei und UdSSR), fanden auf der Grundlage der Landesgesetze K. gegen Deutsche statt. In der Sowjetunion wurden 1942-50 etwa 30 000 dt. Kriegsgefangene als Kriegsverbrecher verurteilt (Todesurteile bzw. Zwangsarbeit; bis 1996 Rehabilitierung in etwa 5000 Fällen).

Nach und nach übertrugen die Besatzungsmächte dt. Gerichten die Zuständigkeit für die Verfolgung natsoz. Verbrechen, in der BRD 1955 endgültig durch den Überleitungsvertrag (→Deutschlandvertrag). Am 1. 12. 1958 wurde in Ludwigsburg die ›Zentrale Stelle der Landesjustizverwaltungen zur Aufklärung natsoz. Verbrechen‹ eingerichtet.

In Tokio trat am 31. 7. 1946 ein Internat. Militärtribunal für den Fernen Osten zusammen, um jap. Kriegsverbrechen zu ahnden (Urteilsverkündung 12. 11. 1948).

Für die nach 1945 durchgeführten Angriffskriege wurden bisher keine Staatsorgane in K. zur Verantwortung gezogen. Lediglich im Zusammenhang mit dem Vietnamkrieg wurde eine Gruppe amerikan. Soldaten in einem K. verurteilt (→My Lai).

Zur Verfolgung von Kriegsverbrechen im ehem. Jugoslawien und in Ruanda wurden von den Vereinten Nationen 1993 bzw. 1994 →Kriegsverbrechertribunale eingerichtet.

Der Prozeß gegen die Hauptkriegsverbrecher vor dem Internat. Militärgerichtshof, hg. v. L. D. EGBERT, 42 Bde. (1947-49); Trials of war criminals before the Nuernberg military tribunals under Control Council law N° 10, 15 Bde. (Washington, D. C., 1949-53); K. HEINZE: Die Rechtsprechung der Nürnberger Militärtribunale (1952); Das Urteil von Nürnberg 1946, hg. v. H. KRAUS (Neuausg. 1961); R. HENKYS: Die natsoz. Gewaltverbrechen. Gesch. u. Gericht (1964); G. E. GRÜNDLER u. A. VON MANIKOWSKY: Das Gericht der Sieger (1967); Justiz u. NS-Verbrechen, bearb. v. A. L. RÜTER-EHLERMANN u.a., 21 Bde. u. Erg.-Bd. (Amsterdam 1968-81); NS-Prozesse. Nach 25 Jahren Strafverfolgung, Möglichkeiten, Grenzen, Ergebnisse, hg. v. A. RÜCKERL (1971); R. H. MINEAR: Victor's justice. The Tokyo war crimes trial (Princeton, N. J., Neuausg. 1972); K. W. FRICKE: Politik u. Justiz in der DDR. Zur Gesch. der polit. Verfolgung 1945-1968 (1979); M. LANG: Stalin's Strafjustiz gegen dt. Soldaten (1981); J. FRIEDRICH: Freispruch für die Nazi-Justiz. Die Urteile gegen NS-Richter seit 1948. Eine Dokumentation (1983); Der Unrechts-Staat. Recht u. Justiz im Nationalsozialismus, bearb. v. B. BLANKE u.a., 2 Bde. ($^{1-2}$1983-84); A. RÜCKERL: NS-Verbrechen vor Gericht. Versuch einer Vergangenheitsbewältigung (^{2}1984); J. J. HEYDECKER u. J. LEEB: Der Nürnberger Prozeß. Neue Dokumente, Erkenntnisse u. Analysen, 2 Bde. (Neuausg. 1985).

Kriegsverbrechertribunal, internat. Strafgericht zur Verfolgung von Verletzungen des humanitären Völkerrechts sowie von Verbrechen gegen die Menschlichkeit, von Völkermord und Kriegsverbrechen.

Die Schaffung eines **Internationalen Strafgerichts zur Verfolgung von Verletzungen des humanitären Völkerrechts im ehemaligen Jugoslawien** mit Sitz in Den Haag (daher auch **Haager Tribunal** gen.) wurde vom UN-Sicherheitsrat mit dem Beschluss Nr. 808 vom 22. 2. 1993 eingeleitet; die Errichtung erfolgte mit der Verabschiedung des Statuts durch den Beschluss Nr. 827 des Sicherheitsrats vom 25. 5. 1993. Das Tribunal ist für Verbrechen gegen die Menschlichkeit, Völkermord und Kriegsverbrechen zuständig, die nach dem 1. 1. 1991 im ehem. Jugoslawien verübt wurden. Es besteht aus etwa 300 Mitarbeitern, von denen rd. 60 als Ermittler tätig sind, und unterhält Ermittlungsbüros in Belgrad und Sarajevo. Die elf Richter und der Chefankläger wurden erstmals von der UN-Generalversammlung auf Vorschlag des Sicherheitsrates am 20. 8. 1993 für vier Jahre gewählt und nahmen ihre Tätigkeit am 17. 11. 1993 auf. Den Richtern wurde ein Jahr Zeit gegeben, um eine Verfahrensordnung mit der Bemessung von Strafmaßen zu erlassen. Auf der Grundlage des Sicherheitsratsbeschlusses 780 vom 6. 10. 1992 begann eine Untersuchungskommission jedoch schon vorher mit den Ermittlungen. Die ersten Verfahren wurden im Frühjahr 1995 eröffnet; das erste Urteil fällte das Tribunal am 29. 11. 1996. – Zu den Hauptbeschuldigten gehören der bosn. Serbenführer RADOVAN KARADŽIĆ sowie dessen Armeekommandeur RATKO MLADIĆ, für die im Juli 1996 ein internat. Haftbefehl erlassen wurde (Vollstreckung August 1997 angedroht).

Das **Internationale Strafgericht zur Untersuchung von schweren Verstößen gegen das humanitäre Völkerrecht und Völkermordhandlungen in Ruanda** mit Sitz in Arusha (zunächst Den Haag) und einem Anklagebüro in Kigali wurde durch den UN-Sicherheitsrat mit der Resolution Nr. 955 vom 8. 11. 1994 geschaffen. Das Tribunal untersucht die Massenmorde von 1994 in Ruanda (daher auch **Ruanda-Tribunal** gen.), bei denen schätzungsweise eine Million Tutsi und Hutu getötet wurden; es besteht aus etwa 150 Mitarbeitern. Die elf Richter und der Chefankläger wurden von der UN-Generalversammlung auf Vorschlag des Sicherheitsrates am 24. 4. 1995 für vier Jahre gewählt und nahmen ihre Tätigkeit am 27. 6. 1995 in Den Haag auf. Die ersten Verfahren begannen im Mai 1996.

Die Urteile sowohl des Haager Tribunals als auch des Ruanda-Tribunals können vor einem Appellationsgericht in Den Haag, das aus fünf Richtern besteht, angefochten werden.

Kriegsverdienstkreuz, i. w. S. jedes für Verdienste in einem Krieg verliehene kreuzförmige Ehrenzeichen; i. e. S. das am 18. 10. 1939 von HITLER gestiftete K. des Zweiten Weltkriegs (Abk. **KVK**) in drei Klassen: 2. Klasse (am Band), 1. Klasse (Steckkreuz), Ritterkreuz (am Halsband); alle Klassen konnten auch ›mit Schwertern‹ verliehen werden. Dem K. angeschlossen war die **Kriegsverdienstmedaille.** Diese sowie alle K. dürfen in Dtl. getragen werden, jedoch ohne die Zeichen des Nationalsozialismus.

Kriegswaffen, Gegenstände, Stoffe und Organismen, die geeignet sind, allein, in Verbindung miteinander oder mit anderen Gegenständen, Stoffen oder Organismen Zerstörungen oder Schäden an Personen oder Sachen zu verursachen und als Mittel der Gewaltanwendung bei bewaffneten Auseinandersetzungen zw. Staaten dienen. Dazu zählen insbesondere ABC-Waffen, Flugkörper, Kampfflugzeuge und -hubschrauber, Kriegsschiffe, Kampfpanzer und sonstige gepanzerte Fahrzeuge, Rohrwaffen (z. B. Gewehre, Granatwerfer, Kanonen, Haubitzen, Mörser), Panzerabwehrwaffen, Flammenwerfer, Minenleg- und Minenwurfsysteme, Torpedos, Minen, Bomben und Munition sowie Gefechtsköpfe und Zünder. Das **Gesetz über die Kontrolle von K. (K.-Kontrollgesetz)** vom 20. 4. 1961 (i. d. F. v. 22. 11. 1990) legt fest, dass in Dtl. die Herstellung, der Erwerb, der Transport sowie die Ein-, Aus- und Durchfuhr von K. genehmigungspflichtig sind. Die Genehmigung wird durch Rechtsverordnungen, die von der Bundes-Reg. erlassen werden, erteilt. Die K. werden in einer K.-Liste aufgeführt, die nach dem Stand der wiss., techn. und militär. Erkenntnisse stets geändert und ergänzt wird. (→Kriegsrecht, →Waffenrecht)

Kriegswirtschaft, die zentral geplante und mit staatl. Zwangsmitteln durchgesetzte Orientierung einer Volkswirtschaft am Primat der Deckung des militär. Bedarfs (→Rüstung) in unmittelbarer Vorbereitung auf einen Krieg oder im Krieg im Unterschied zur Friedenswirtschaft mit integrierter Verteidigungswirtschaft. Wann sich der Übergang von der Friedenswirtschaft zur K. vollzieht, bestimmt die Politik.

Während der beiden Weltkriege war kein Krieg führender Staat – trotz eines im Krieg möglicherweise noch real steigenden Sozialprodukts – in der Lage, die militär. Mehranforderungen ohne Einschränkungen des zivilen Konsums zu decken. Güterproduktion für den Kriegsverbrauch erfordert starke Änderungen in der Produktionsstruktur, im Einsatz der Investitionsmittel und der Arbeitskräfte (auch unter Einbeziehung von Zwangsarbeitern), führt häufig zur Unternehmenskonzentration und ist mit Umorientierungen im Außenhandel sowie Verlagerungen in der Einkommensverwendung zugunsten des Staatsverbrauchs verbunden. Je stärker die Rüstungsproduktion forciert und der private Konsumverzicht als Quelle der Kriegsbedarfsdeckung herangezogen werden muss, umso einschneidender greift der Staat dirigistisch in die Güter-, Kapital- und Devisenmärkte ein.

Die K. ist allg. durch geringe Lagerhaltung, Voll- und Überbeschäftigung, zivile Unterversorgung sowie andauernde inflationäre Preisauftriebstendenzen gekennzeichnet. Um diese einzudämmen, werden in allen Krieg führenden Staaten verschiedenste Maßnahmen der Einkommensabschöpfung ergriffen (z. B. Steuererhöhungen, Zwangsanleihen); Preise und Löhne werden häufig eingefroren.

Die beiden Weltkriege hinterließen in allen Krieg führenden und von den Kriegen betroffenen Staaten schwere wirtschaftl. und finanzielle Belastungen, die den Aufbau der Friedenswirtschaft erschwerten oder verzögerten. In vielen Staaten hat die →Kriegsfinanzierung einen die Währung zerrüttenden Geldüberhang hinterlassen, der z. B. in Dtl. erst durch die Währungsreform von 1948 beseitigt wurde.

L. HERBST: Der Totale Krieg u. die Ordnung der Wirtschaft (1982); W. NAASNER: Neue Machtzentren in der dt. K. 1942–1945 (1994).

Kriegswissenschaften, veraltete Bez. für →Wehrwissenschaften.

Krieg und Frieden, russ. ›Vojna i mir‹ (6 Bde.), 1868–69), Roman von L. N. TOLSTOJ.

Kriemhild [jüngere Nebenform von Grimhild, zu grim-, wohl ›Helm‹ (vgl. altengl. grīma ›Maske‹, ›Helm‹) und ahd. hilt(j)a ›Kampf‹], zentrale Gestalt des →Nibelungenliedes. Sie wird die Gattin Siegfrieds, ihrem Bruder, dem Siegfried. König Gunther, in der Tarnkappe bei der Brautwerbung um →Brünhild zum Erfolg verhalf. K. verrät das Geheimnis der Werbung und der Hochzeitsnacht während eines Streits mit Brünhild; Hagen gegenüber, der Siegfried zu schützen vorgibt, nennt sie die einzige verwundbare Stelle (zw. den Schultern) des Gatten. Nach der Ermordung Siegfrieds durch Hagen übt sie als Gattin des Hunnenkönigs Etzel furchtbare Rache. Ihr fallen Hagen wie auch ihre Brüder – das burgund. Königsschlecht – zum Opfer; K. selbst wird von Hildebrand, dem Waffenmeister Dietrichs von Bern, gerichtet. Rechtfertigung erfährt K.s Rache an Hagen in der Handschrift C des Nibelungenliedes und – bedingt – in der Klage (→Klage, Die). Die hier erfolgende Einbeziehung des Dietrichstoffes ist für die weitere mittelalterl. Rezeption bestimmend, v. a. aber für das in der Folgezeit dominierende negative Bild Kriemhilds.

Literatur →Nibelungenlied.

Kriens [kriːns, auch ˈkriːɛns], Stadt im Kt. Luzern, Schweiz, südwestlich an Luzern anschließend, am Fuße des Pilatus, 490 m ü. M., 23 900 Ew.; Talmud-Hochschule; Maschinenbau u. a. Industrie; Kabinenseilbahn auf den Pilatus, Standseilbahn auf den Son-

Krim

Léon Krier: Projekt Kulturstadt Atlantis auf Teneriffa; 1986-87

nenberg (800 m ü. M.). – Im W die Wallfahrtskirche →Hergiswald.

Krier, 1) Léon, luxemburg. Architekt, * Luxemburg 7. 4. 1946, Bruder von 2); Vertreter der →rationalen Architektur. K. fordert die Überwindung des anonymen Wohnens durch gestaltete Freiräume wie Straßen und Plätze nach dem Vorbild der vorindustriellen Städte des 18. und 19. Jh. sowie durch Akzentuierung der sozialen Zentren. K. bedient sich bei seinen Planungen einer neoklassizist. Formensprache.
Werke: Entwurf für das Quartier La Villette, Paris (1978); Entwurf für eine Schule in Saint-Quentin-en-Yvelines (1978); Projekt Kulturstadt Atlantis auf Teneriffa (1986-87).
2) Rob, eigtl. Robert K., luxemburg. Architekt, * Grevenmacher 10. 6. 1938, Bruder von 1); lehrt seit 1975 an der TU Wien, Vertreter der →rationalen Architektur. K. macht es sich wie sein Bruder zur Aufgabe, zerstörte alte Stadtstrukturen, den Charakter des histor. Orts zu rekonstruieren (nicht zu imitieren) unter Berücksichtigung der erhaltenen Substanz (Rotebühl-, Charlotten- und Schloßplatz in Stuttgart, 1973-74; Prager Platz in Berlin, 1976-78). Streng geometr. Formen, Achsensysteme und Zitate histor. Bauformen bestimmen seine Entwürfe; auch Bildhauer (u. a. Skulpturen in Bettembourg, 1989).
Weitere Werke: Haus Dickes in Luxemburg (1974); Bebauung Ritterstraße (1979-83) und Rauchstraße (1983/84) im Rahmen der IBA, Berlin; Gemeindesiedlung in Wien (1989, mit HEDY WACHBERGER und P. GEBHART).
Schriften: Stadtraum in Theorie u. Praxis (1975); Elements of architecture (1983); Architectural composition (1988; dt. Über architekton. Komposition).
R. K. Architecture and urban design (London 1993); R. K., Zeichnungen u. Skulpturen (Salzburg 1995).

Krige ['kri:xə], Mattheus Uys, südafrikan. Schriftsteller, * Bontebokskloof (bei Swellendam, West-Kap) 4. 2. 1910, † Onrusrivier (bei Hermanus, West-Kap) 10. 8. 1987; bereiste 1931-35 Europa (u. a. Spanien); Korrespondent der südafrikan. Armee in Ostafrika, dann ital. Kriegsgefangener. Eine Flucht aus dem Lager mithilfe ital. Partisanen hielt er 1946 in ›The way out‹ fest. In seinem überwiegend in Afrikaans verfaßten Werk beschreibt er sowohl das Volkstümliche als auch das Esoterische.
Weitere Werke: Lyrik: Rooidag (1940); Die einde van die pad, en ander oorlogsverse (1947); Versamelde gedigte (1985). – *Dramen:* Magdalena Retief (1938); Die wit muur en ander eenbedrywe (1940); Die Loodswaaiers (1977); Drie eenbedrywe (1987). – *Prosa:* Die palmboom (1940); Sout van die aarde (1961); Orphan of the desert (1967).
Die veelsydige K. Vyf studies oor die skrywer en die mens, hg. v. J.C. KANNEMEIER (Kapstadt 1988).

Krill [engl., von norweg. (mundartlich) kril ›Fischbrut‹] *der, -(e)s/-e,* **Euphausia superba,** zu den →Leuchtkrebsen gehörender pelagischer Kleinkrebs (Länge etwa 6 cm), der im Südpolarmeer, v. a. im atlant. Sektor, verbreitet ist. Von den elf Beinpaaren sind die hinteren fünf (Pleopoden) sehr kräftig und an den Enden paddelförmig gebaut; mit ihnen führt der K. Schwimmbewegungen (zwei pro Sekunde) durch, ohne die er absinken würde. Die vorderen, sehr zarten und langen sechs Beinpaare (Thoracopoden) bilden durch Tausende von Querästen ein feinmaschiges Fangnetz, mit dem der K. seine Nahrung, pflanzl. Plankton (v. a. Diatomeen), filtrieren und dann durch die Mundöffnung in den Kaumagen befördern kann. – Hauptlaichzeit ist Januar bis März, etwa 2000-7000 Eier werden nach der Befruchtung ins Wasser abgegeben. Über viele Larvenstadien (zwei Nauplius-, ein Metanauplius-, drei Calyptopis- und sechs Furciliastadien) entwickelt sich der K., der nach zwei bis drei Jahren geschlechtsreif ist.

Die im oberflächennahen Wasser gebildeten riesigen K.-Schwärme können aus bis zu 30 000 Tieren pro Kubikmeter Wasser bestehen. Im antarkt. Ökosystem besitzt der K. eine Schlüsselposition in der kurzen und daher sehr störungsempfindl. Nahrungskette Phytoplankton-K.-Fische, Meeressäuger.

Rob Krier: Kopfbau der IBA-Gebäude in Berlin (Rauchstraße) mit der Büste ›Mann mit dem Goldhelm‹; 1983-84

Krim *die,* ukrain. und russ. **Krym, Republik K.,** amtlich ukrain. **Respublika Krym,** autonome Teilrepublik im S der Ukraine, die Halbinsel K. umfassend, 25 881 km², (1994) 2,65 Mio. Ew.; Hauptstadt ist Simferopol. Die K. ist zum größten Teil ein ebenes bis welliges Flachland. Im S steigt in drei Stufen das **K.-Gebirge** an und fällt steil zur S-Küste (Bäderküste) ab; südlichste und Hauptkette des K.-Gebirges ist das Jailagebirge, es erreicht im Roman-Kosch 1 545 m ü. M. Mit dem Festland ist die K. durch die schmale Landenge von →Perekop verbunden, im O verengt sie sich zur Halbinsel →Kertsch, im W zur Halbinsel Tarchankut. Im W und S wird sie vom Schwarzen, im O vom Asowschen Meer begrenzt; in beiden Meeren wurden nahe der K. submarine Erdöl- und Erdgaslager entdeckt. – Das Klima ist im Flachland und im Vorgebirge gemäßigt kontinental mit heißen Sommern (Julitemperaturmittel 23 °C), milden Wintern (Januartemperaturmittel + 1 bis − 2 °C, bei kurzen Kälteeinbrüchen − 15 bis − 30 °C) und 250-500 mm Jahresniederschlag. An der S-Küste und an der S-Flanke des Jailagebirges herrscht mediterran geprägtes Klima mit Mittelmeervegetation. Die wenigen, wasserarmen Flüsse und der →Nordkrimkanal werden zur Bewässerung benutzt. Die N-Hänge des K.-Gebirges tragen Buchen-, Eichen-, Kiefernwälder, die Hochflächen (›Jaila‹) sind waldfrei und dienen als Schafweide.

Uys Krige

Krill
(Länge etwa 6 cm)

Wörter, die man unter K vermißt, suche man unter C, Ch, G, H oder Q

Krim   Krimgoten – Kriminalfilm

Krim: Schwarzmeerküste bei Gursuf

Von der Bev. waren 1993 61,6% Russen, 23,6% Ukrainer und 9,6% →Krimtataren. Auf der K. wohnen auch Armenier, Griechen, Bulgaren und Deutsche (Ansiedlung zahlreicher dt. Vertriebener).

Das Flachland des N ist meist kultivierte Steppe mit Weizen-, Sonnenblumen-, Gemüse- und Futterpflanzenanbau, im Vorgebirge v. a. Obst-, Wein- und Tabakbau. Für die S-Küste der K. (mediterrane Vegetation) sind Garten-, Wein- und Tabakbau sowie die Rosenzucht (zur Rosenölgewinnung) charakteristisch. Am Fuße des Jailagebirges liegen die Schwarzmeerkurorte Jalta, Aluschta, Alupka, Gursuf, Jewpatorija u. a. Auf der Halbinsel Kertsch Eisenerzabbau und Erdölgewinnung. Neben umfangreicher Lebensmittelindustrie (bes. Weinkellereien und Fischverarbeitung) entwickelten sich Eisenmetallurgie, Maschinen- und Schiffbau (mit erhebl. Ausrichtung auf die Rüstungsindustrie) und die chem. Industrie. Größte Städte sind Simferopol, Sewastopol und Kertsch, Haupthafen ist Sewastopol (Standort der Schwarzmeerflotte).

Geschichte: Bis zum 8. Jh. v. Chr. war die K. (Taur. oder Skyth. Chersones) von den Kimmeriern bewohnt, denen nomad. Skythen folgten. Im 6. Jh. v. Chr. gründeten Griechen hier Kolonien (u. a. Pantikapaion, →Kertsch; Theodosia, →Feodossija), die sich um 480 v. Chr. zum →Bosporanischen Reich vereinten. Im 1. Jh. v. Chr. gehörte die K. vorübergehend zum Pont. Reich, geriet nach 63 v. Chr. in Abhängigkeit vom Röm. Reich und wurde im 4. Jh. n. Chr. von Goten, danach von Hunnen, Chasaren, Kumanen und 1239 von Mongolen (→Goldene Horde) erobert. Die Küste stand jedoch vom 6. bis 13. Jh. unter byzantin., seit 1261/66 unter genues. Kontrolle. 1443 entstand auf der K. ein formal selbstständiges Khanat der K.-Tataren (Dynastie der →Girai), das 1475 die Oberhoheit des Osman. Reiches anerkennen musste. Nach dem Türkenkrieg Russlands (1768–74) wurde es im Frieden von Kütschük Kainardschi (1774) für unabhängig erklärt, aber schon 1783 unter KATHARINA II. von Russland annektiert, der letzte Khan SCHAHIN GIRAI abgesetzt. 1854–55 war die K. Schauplatz des →Krimkrieges; nach der dt. Besetzung (April bis November 1918) diente sie im russ. Bürgerkrieg (1918–21) ›weißen‹ Armeen (unter den Generälen A. I. DENIKIN und P. N. WRANGEL) als Operationsbasis und Rückzugsgebiet. 1921 wurde sie eine ASSR innerhalb der RSFSR. Im Zweiten Weltkrieg 1941–44 war die K. erneut von dt. Truppen besetzt; nach der sowjet. Rückeroberung wurden die K.-Tataren 1944 unter dem Vorwurf der Kollaboration mit den Deutschen nach Zentralasien deportiert, die ASSR wurde 1945 aufgelöst und in das Gebiet (Oblast) K. innerhalb der RSFSR umgewandelt. 1954 erfolgte die Angliederung der K. an die Ukrain. SSR. Nach der Rehabilitierung der K.-Tataren (1967) erhielten diese erst 1989 die Erlaubnis zur Rückkehr. Nach Auflösung der Sowjetunion (1991) wurde die K. zum Streitobjekt zw. der Ukraine und Russland, dessen Parlament im Mai 1992 die in der Amtszeit N. S. CHRUSCHTSCHOWS erfolgte Übertragung der Halbinsel an die Ukraine für unrechtmäßig erklärte. Dabei vermischten sich territoriale Fragen mit dem Problem der Aufteilung der sowjet. Schwarzmeerflotte, die ihre Hauptbasis auf der K., in Sewastopol, hat. Die Unabhängigkeitserklärung der K. vom 5. 5. 1992 wurde unter dem Druck der Ukraine am 21. 5. zurückgenommen; am 30. 6. 1992 billigte das ukrain. Parlament ein Gesetz, das der Rep. K. weitgehende Autonomie gewährte. Bei den von der Ukraine für ungültig erklärten Präsidentschaftswahlen im Januar 1994 wurde der für einen Anschluss der K. an Russland eintretende Vors. des Blocks ›Rossija‹ (dt. ›Russland‹), JURIJ MESCHKOW, mit 72,9% der Stimmen zum Präs. gewählt. Am 17. 3. 1995 hob das ukrain. Parlament die 1992 verabschiedete Verf. der K. auf und schaffte das Amt des dortigen Präs. ab. Im April 1995 unterstellte der ukrain. Staatspräs. L. KUTSCHMA per Dekret die K.-Reg. seiner direkten Kontrolle (Ernennung des Min.-Präs. und der Reg. der K. von seiner Zustimmung abhängig). Am 1. 11. 1995 verabschiedete das Parlament der K. eine neue Verf. für die Halbinsel, wonach diese eine ›Autonome Republik und integraler Bestandteil der Ukraine‹ ist (am 4. 4. 1996 vom ukrain. Parlament bestätigt).

A. HILLGRUBER: Die Räumung der K. 1944 (1959); A. W. FISHER: The Russian annexation of the Crimea 1772–1783 (Cambridge, Mass., 1970); A. L. JAKOBSON: Krym v srednie veka (Moskau 1973).

Krimgoten, Reste der →Goten auf der Krim und der O-Seite der Straße von Kertsch, die unter häufig wechselnder Oberhoheit (von Alanen, Byzantinern, Chasaren, Tataren, ab 1475 Türken) für mehr als ein Jahrtausend ihre Eigenart in Kultur und Sprache bewahren konnten. Ihre Hauptstadt war Eski-Kermen. Seit dem 16. Jh. sind sie nicht mehr nachzuweisen. – Die Sprache der K., das Krimgotische, erhielt sich auf der Krim bis ins 16. Jh. Der frz. Diplomat und Gelehrte OGIER GHISLAIN DE BUSBECQ (* 1522, † 1592) zeichnete 1562 einige krimgot. Wörter und Sätze sowie die Zahlwörter von eins bis sieben auf (einziges erhaltenes Zeugnis).

Kriminalätiologie, Teilgebiet der →Kriminologie, erfahrungswiss. Lehre von den Ursachen der →Kriminalität. Sie werden, von zahlr. Kriminalitätstheorien erklärt, im gesellschaftl. Umfeld des Straftäters (→Kriminalsoziologie) und in seiner Persönlichkeit (Kriminalanthropologie) gesehen. Multifaktorielle Ursachenlehren herrschen vor. Neuere ›Etikettierungsansätze‹ stellen nicht mehr den Täter und sein Umfeld in den Mittelpunkt der Ursachenforschung, sondern die Instanzen sozialer Kontrolle (u. a. Polizei, Justiz), die nach dieser Lehre Mitgliedern der Gesellschaft Kriminalität (schichtspezifisch) zuschreiben. Die →Viktimologie hat den Blick auf das Opfer der Straftat als mögl. (Mit-)Ursache gelenkt.

Kriminalfilm, in allen größeren Filmländern schon frühzeitig erfolgreiche, in der Handlungsführung meist an populären Kriminalromanen orientierte Gattung. Die wichtigsten Regisseure waren in Frankreich L. FEUILLADE (›Fantômas‹, 1913, und weitere Folgen), in Dtl. F. LANG (›M‹, 1931), in England A. HITCHCOCK (›The lodger‹, 1927, u. a.). In den USA entwickelten sich die in vielen Ländern nachgeahmten Sonderformen des Gangsterfilms (›Underworld‹, 1927, J. VON STERNBERG), als Tonfilm u. a. mit den Darstellern E. G. ROBINSON, J. CAGNEY, H. BOGART, R. WIDMARK (›Die wilden Zwanziger‹, 1939,

R. Walsh; ›Asphalt Dschungel‹, 1950, J. Huston; ›Bloody Mama‹, 1969, R. Corman), und des Detektiv- und Polizeifilms mit scharf charakterisierten Hauptfiguren (Darsteller H. Bogart, J. Gabin, Margaret Rutherford). Häufig ist der K. zugleich Thriller. Eine weitere Sonderform ist der Spionagefilm (›Spione‹, 1928, F. Lang), der seit 1962 in den Filmen um den brit. Geheimagenten James Bond eine Blüte erlebte. – Amerikan. K. der 40er- und beginnenden 50er-Jahre werden ihrer düsteren Weltsicht wegen oft als ›schwarze Serie‹ (frz. ›film noir‹) bezeichnet. – Der Gangsterfilm wurde v. a. auch in Frankreich weitergeführt (J.-P. Melville).

Im Fernsehen wurde bes. die Kriminalserie entwickelt, meist um einen bestimmten Detektiv oder Polizeikommissar; in den USA z. B. die Serien ›FBI‹, ›Cannon‹ (Darsteller W. Conrad), ›Columbo‹ (P. Falk), ›Kojak‹ (T. Savalas), ›Die Straßen von San Francisco‹ (K. Malden); in Dtl. zunächst Serien nach F. Durbridge, dann u. a.: ›Stahlnetz‹ (Regisseur J. Roland), ›Der Kommissar‹ (Darsteller E. Ode, Autor H. Reinecker), ›Tatort‹ (versch. Darsteller), ›Derrick‹ (Darsteller H. Tappert, Autor H. Reinecker), ›Der Alte‹ (Darsteller S. Lowitz, Rolf Schimpf u. a.), ›Polizeiruf 110‹ (versch. Darsteller), ›Bella Block‹ (Darstellerin Hannelore Hoger).

J. Baxter: The gangster film (London 1970); H.-G. Kellner u. a.: Der Gangster-Film (1977); G. Seesslen: Kino der Angst (1980); ders.: Der Asphalt-Dschungel. Gesch. u. Mythologie des Gangster-Films (1980); ders.: Mord im Kino. Gesch. u. Mythologie des Detektiv-Films (1981); A. Heinzlmeier u. a.: Kino der Nacht. Hollywoods Schwarze Serie (1985); L. Bauer: Authentizität, Mimesis, Fiktion (1992).

Kriminalgeschichte, Bez. für eine Erzählung, deren Thema ein Verbrechen und seine Aufklärung sind. Die K. ist, zus. mit Kriminalroman sowie Agenten- oder Spionageroman einerseits, Detektivgeschichte und Detektivroman andererseits, ein gattungsbildendes Element der →Kriminalliteratur.

Kriminalistik *die, -,* die Lehre von den Mitteln und Methoden zur Verhütung, Verfolgung und Aufklärung von Verbrechen und Vergehen (→Kriminalität) durch die Strafverfolgungsbehörden, v. a. die Polizei. Die K. gliedert sich in Kriminalstrategie, Kriminaltaktik, Kriminaltechnik und Kriminallogistik. Sie wird überwiegend als selbstständige Wiss., teilweise auch als Teilgebiet der →Kriminologie angesehen.

Unter **Kriminalstrategie** versteht man die Organisation der Kriminalitätsbekämpfung, also das planmäßige Aufteilen und koordinierte Zusammenwirken der polizeil. Kräfte zur effektiven Aufgabenerfüllung. **Kriminaltaktik** ist die Lehre von der geschickten, techn., psycholog. und prozessökonomisch zweckmäßigen Vorgehensweise bei der Aufklärung oder Verhinderung strafbarer Handlungen im konkreten Fall. Sie umfasst sowohl das ›Modus-Operandi-System‹, also die Identifizierung und Überführung des Täters anhand bestimmter durch Kartei oder Datenverarbeitung gespeicherter Tat- und Tätermerkmale, als auch die Vernehmungstechnik. Die **Kriminaltechnik** ist die Lehre von den sachl. Beweismitteln, die sich vorrangig naturwissenschaftlich-techn. Mittel und Methoden bedient, um eine Straftat aufzuklären oder eine unmittelbar drohende zu verhindern bzw. zu erschweren. Sie beinhaltet z. B. erkennungsdienstl. Maßnahmen (Personenidentifizierung mithilfe von Kriminalfotografie, Personenbeschreibung, Fingerabdrücken, Spracherkennung oder Datenverarbeitung) sowie die Spurenkunde (DNA-Analyse, Blut-, Kampf-, Sperma-, Schuss-, Schweißspuren, Haaranalyse u. a.). **Kriminallogistik** ist die Planung und Bereitstellung von Führungs- und Einsatzmitteln für die Kriminalitätsbekämpfung durch die Polizei, v. a. bei größeren oder bes. gefährl. Einsätzen.

F. Geerds: K. (1980); K. Hb. für Praxis u. Wiss., hg. v. E. Kube u. a., 2 Bde. (1992–94); E. Wieczorek: K. Grundlagen der Verbrechensbekämpfung, bearb. v. W.-D. Brodag (⁷1995); A. Mergen: Die Kriminologie (³1995); H.-D. Schwind: Kriminologie (⁷1996).

Kriminalität [von lat. criminalis ›ein Verbrechen betreffend‹, zu crimen ›Vergehen‹, ›Verbrechen‹] *die, -,* die Gesamtheit strafrechtlich missbilligter Verhaltensweisen, die in einer Gesellschaft tatsächlich aufgetreten sind (Verbrechen und Vergehen), als soziales Massenphänomen, das einer Beschreibung nach Umfang, Raum, Zeit, Entwicklung und Struktur (Art, Schwere, Begehungsort, Begehungsweise, Täter- oder Opfermerkmale) zugänglich ist und auch nach unterschiedl. Gemeinsamkeiten unterteilt betrachtet wird, z. B. →Jugendkriminalität, →Wirtschaftskriminalität. In Abgrenzung zur K. als einer Gesamtheit mit Strafe bedrohter Verhaltensweisen ist die Straftat eine einzelne durch Strafgesetz missbilligte Handlung; beiden Erscheinungen widmet sich die →Kriminologie.

K. ist nach Kulturen und Zeiten uneinheitlich, dynamisch und z. B. schon wegen sich ändernder Lebensverhältnisse, Wertungen und Strafnormen (Entkriminalisierung und Kriminalisierung einzelner Verhaltensweisen) relativ zu der Gesellschaft, in der sie auftritt und von der sie zuvor gesetzlich definiert wird (Art. 103 Abs. 2 GG; § 1 österr. StGB; Art. 1 schweizer. StGB). Ausmaß, Entwicklung und Struktur der K. sind unbekannt. Die →Kriminalstatistik gibt nur Auskunft über die (amtlich) bekannte K. (Hellfeld), die →Kriminologie erhellt das Dunkelfeld der K. nur teil- und näherungsweise.

Die registrierte K. ist in fast allen Industriestaaten nach dem Zweiten Weltkrieg gestiegen. Eine Ausnahme ist Japan. Die bundesdt. Polizeistatistik weist von 1970 bis 1995 eine Verdoppelung aus (1970: 3 924, 1980: 6 198, 1995: 8 179 Straftaten pro 100 000 Ew.).

Die statistisch erfasste, zeitgenöss. K. wird quantitativ von den Eigentums- und Vermögensstraftaten und den Verkehrsdelikten bestimmt. Nach der polizeil. Kriminalstatistik (PKS), die Verkehrsdelikte nicht erfasst, prägt der Diebstahl mit weit über der Hälfte (1993: 61,5 %; 1994: 59,1 %; 1995: 57,8 %) aller erfassten Straftaten die Gesamt-K., gefolgt von Betrug (1995: 9,3 %) und Sachbeschädigung (9,1 %). Bei einer Vielzahl der registrierten Straftaten handelt es sich um Bagatelldelikte. Knapp die Hälfte des einfachen Diebstahls und etwa 43 % der Betrugsfälle erreichen eine Schadenshöhe von unter 100 DM.

Im Unterschied zur Eigentums-K. fällt die Gewalt-K. (1995: 170 170), bezogen auf die Gesamtzahl der registrierten Straftaten (1995: rd. 6,7 Mio. ohne Verkehrsdelikte), quantitativ kaum ins Gewicht. Von 1973 bis 1995 hat sich die Zahl der statistisch ausgewiesenen Gewaltdelikte gegen Personen im alten Bundesgebiet von 69 408 auf 141 188 (mit Gesamtberlin) erhöht. Auffällig ist die Zunahme bei Raubtaten sowie bei gefährl. und schwerer Körperverletzung und nach der PKS der hohe Anteil Nichtdeutscher an der Gewalt-K. im Vergleich zu ihrem Bevölkerungsanteil. Die statist. Höherbelastung der Nichtdeutschen muss aufgrund beträchtl. Verzerrungsfaktoren (Überrepräsentation bes. kriminalitätsbelasteter Alters- und Geschlechtsgruppen) relativiert werden.

Die PKS weist einen Anstieg der Rauschgift-K. (1994: 130 322; 1995: 156 119), der Wirtschafts-K. (1994: 62 037; 1995: 74 177) und der Computer-K. (1994: 20 998; 1995: 27 902) aus.

Bedeutung gewinnt die →organisierte Kriminalität, die weltweit festgestellt wird, bes. in den USA, in S-Italien, aber auch im übrigen Europa, im asiat. Raum, in den GUS-Staaten (›Russen‹-Mafia), in Japan (Yakuza) und China (Triaden). Charakteristisch dafür sind u. a. Großdiebstähle von Lastkraftwagen-

Krim Kriminalliteratur

Kriminalität: Amtlich erfasste Straftaten in Deutschland, Österreich und in der Schweiz[1]				
Deliktskategorie		Deutschland 1993	Österreich 1993	Schweiz 1992
Mord und Totschlag	absolut[2]	4230	181	182
	relativ[3]	5,2	2,3	2,6
Tötungsdelikte insgesamt	absolut	5094[4]	857	182[5]
	relativ	6,3	10,7	2,6[5]
Raub, räuberische Erpressung	absolut	61757	2054	2462
	relativ	76,3	25,7	35,6
Vergewaltigung	absolut	6376	552	316
	relativ	7,8	6,9	4,6
Diebstahl insgesamt	absolut	4151087	224967	312613
	relativ	5120	2817	4626,4
davon Taschendiebstahl	relativ	125	–	–[6]
Ladendiebstahl		829	301	–[6]
Fahrraddiebstahl		651	296	–[6]
Einbruchsdiebstahl in Wohnungen	relativ	280	190	–[6]
Eigentumsdelikte im Zusammenhang mit Kraftfahrzeugen	absolut	1122514	43231	104949
	relativ	1386,3	541,3	1519,2
Betrug	absolut	528410	24389	12214
	relativ	652,5	305,2	176,8
Körperverletzung insgesamt	absolut	295005	78832	3700
	relativ	364,3	987,1	53,6
Sachbeschädigung	absolut	580470	59055	–[6]
	relativ	716,8	739,5	–[6]
Rauschgiftdelikte	absolut	122240	13525	30860
	relativ	150,9	169,4	446,7
Straftaten insgesamt	absolut	6750613	493786	343377
	relativ	8336,7	6183,1	4970,7

[1] die Zahlen können international wegen unterschiedlicher Erfassungsmethoden der Kriminalstatistik und unterschiedlicher Straftatbestände nur unter Vorbehalt verglichen werden. – [2] absolut = Zahl der polizeilich bekannten Taten. – [3] relativ = Zahl der polizeilich bekannten Taten je 100000 Einwohner (Häufigkeitszahl). – [4] §§ 211, 212, 213, 216, 217, 222 deutsches StGB ohne Verkehrstote. – [5] ohne fahrlässige Tötung. – [6] nach Auskunft des Bundesamts für Statistik Bern werden diese Zahlen für die Schweiz nicht amtlich erfasst.

ladungen/Containern, Kraftfahrzeugverschiebungen, Falschgelddelikte, Schutzgelderpressungen, Rauschgift-K., Prostitution, Zigarettenschmuggel.

Bei der räuml. Verteilung der K., mit der sich die K.-Geographie befasst, nehmen hoch urbanisierte Bereiche einen herausragenden Platz ein. Nach der PKS wird rd. die Hälfte der Straftaten in Großstädten mit mehr als 100000 Ew. begangen. Dieses so genannte Stadt-Land-Gefälle der K. wird u. a. auf in der Stadt anzutreffende bessere Gelegenheiten zur Tatbegehung, höhere Tatanreize, Anonymität und geringere soziale Kontrolle zurückgeführt, einhergehend mit der Häufung sozialer Problemfälle, die abweichendes Verhalten begünstigen. Unterschiede in der Verteilung krimineller Verhaltensweisen bestehen ferner nach Lebensalter und Geschlecht. Die Altersgruppe der 16- bis zu unter 50-Jährigen ist bes. kriminalitätsbelastet. K. wird von Männern geprägt. Der Anteil tatverdächtiger Frauen liegt seit einigen Jahren in Dtl. bei etwa 22%, im benachbarten westl. Ausland etwas niedriger.

Wie sehr die registrierte K. eine abhängige Größe, ein Struktur und Intensität der Verbrechenskontrolle widerspiegelnder Sachverhalt ist, verdeutlichte die K. in der DDR. Ein breit gefächertes Netz sozialer Kontrolle sowie geringere individuelle Freiräume bremsten die Expansion der K. Allerdings lag der Statistik der DDR eine sehr selektive Erfassung der Straftaten zugrunde. Auch deshalb fielen die Häufigkeitsziffern im Vergleich zu jenen westeurop. Staaten niedriger aus. Außerdem wurde das Anzeigeverhalten restriktiv beeinflusst. In der Zeit des politisch-sozialen Umbruchs ist es allerdings bei einzelnen Deliktgruppen wie Raub- und Verkehrsdelikten zu einem dramat. Anstieg und ferner zu einem bedeutsamen Zuwachs an Verbrechensfurcht in den neuen Ländern gekommen.

Die *Schweiz* hat, gefolgt von *Österreich*, im Vergleich zu Dtl. die geringste statistisch ausgewiesene K.-Belastung und den geringsten K.-Anstieg. In Österreich hat sich die registrierte K. während der letzten drei Jahrzehnte nahezu verdoppelt. Struktur und Bewegung der K. in Österreich und der Schweiz fügen sich im Wesentlichen in das über Dtl. und Westeuropa bekannte Bild, das neben den Verkehrsdelikten die Eigentums- und Vermögensdelikte prägen. Ein Überblick über die unterschiedl. K.-Belastung in den Entwicklungsländern und den wirtschaftlich hoch entwickelten Nationen ergibt, dass Entwicklungsländer eine hohe Belastung an Gewaltdelikten, hingegen die hoch entwickelten Nationen eine hohe Rate an Eigentums- und Vermögensdelikten aufweisen.

H. C. LEDER: Frauen- u. Mädchen-K. (²1988); Kriminologie-Lex., hg. v. H.-J. KERNER (⁴1991); Sozialer Umbruch u. K., bearb. v. K. BOERS u. a., 2 Bde. (1994); G. KAISER: Kriminologie. Ein Lb. (³1996); H. GÖPPINGER: Kriminologie, bearb. v. M. BOCK u. A. BÖHM (⁵1996).

Kriminal‖literatur, im dt. Sprachraum übl. Sammel-Bez. für alle das Verbrechen und seine Aufklärung in den Mittelpunkt der Handlung stellenden literar. Werke. Nach der Erzählstruktur lässt sich die K. in Detektivroman, Detektivgeschichte einerseits und Kriminalroman, Kriminalgeschichte andererseits unterteilen. Im angelsächs. Sprachraum findet sich hierfür die Unterscheidung von ›detective story‹ und ›crime novel‹, das Frz. kennt beide als ›roman policier‹. Der **Detektivroman** i. e. S. bezieht sein wesentl. Spannungsmoment aus der Darstellung der Aufklärung eines unter rätselhaften Umständen begangenen Verbrechens aufgrund der (vorrangig intellektuellen und rationalen) Bemühungen eines Detektivs. Dabei wird einerseits jenes das Verbrechen umgebende Geheimnis für den Leser planmäßig verstärkt, andererseits das Rätselhafte bis zu der überraschenden Aufklärung des Falles systematisch abgebaut. Der **Kriminalroman** i. e. S. zielt dagegen v. a. auf die Entwicklung eines Verbrechens, unterscheidet sich auch hinsichtlich der Vorgehensweise des Ermittlers. Dargestellt wird hier weniger die Entschlüsselung eines Verbrechens, sondern i. d. R. die Verfolgung eines oft schon bald identifizierten Täters, was sich bes. in der Ausgestaltung durch aktionsgeladene Szenen (Flucht, Verfolgungsjagden) niederschlägt. Dieses Handlungsschema beherrscht die zahllosen Kriminalgeschichten und -romane, die als konfektionierte Massenware ausschließlich dem Unterhaltungsbedürfnis dienen. Sonderformen sind die **Agenten-** oder **Spionageroman**, der sich nicht strukturell, sondern inhaltlich durch das Motiv der Spionage und die damit verbundenen Hintergrundsschilderungen vom Detektivroman abhebt (G. Greene, J. le Carré, E. Ambler, L. Deighton), und der →**Thriller**.

Die *Geschichte* der K. als eigene Gattung beginnt Ende des 18. Jh. Geistesgeschichtlich steht die Entwicklung der K. in Zusammenhang mit dem Rationalismus der Aufklärung, v. a. aber mit der Dominanz der Naturwissenschaften und des Positivismus in der 2. Hälfte des 19. Jh. Die sozialgeschichtl. Wurzeln der K. liegen einerseits in der Konsolidierung des bürgerl. Staates und dem damit einhergehenden Interesse des Publikums an Rechtsfragen und der Forderung nach verlässl. Justizverfahren, andererseits im Wandel des Strafprozesses, welcher den Sach- und Indizienbeweis an die Stelle des durch Folter erzwungenen Geständnisses setzte. Für die weitere Entwicklung der Gattung spielte die Publizistik eine wesentl. Rolle. Mit der Verbreitung der Zeitungen seit dem 19. Jh. entstand ein großer Bedarf an (Unterhaltungs-)Literatur, wobei sich das Publikationsmedium unmittelbar auf die Gestaltung der K. auswirkte (breite Erzählanlage für zahlr. Fortsetzungen, Figurenreichtum, Häufung melodramat. Ereignisse). Von den Vorläufern der K. sind v. a. F. Gayot de Pitavals ›Causes célèbres et intéressantes‹ (1734-43, 20 Bde.), eine Sammlung von Strafrechtsfällen und Kriminalgeschichten, zu nennen. Gestaltgebende Elemente der K., wie die Häufung zunächst unerklärl. Ereignisse und deren letztlich doch rationale Aufklärung, finden sich in den →Gothic Novels sowie in Erzählungen der dt. Romantik (E. T. A. Hoffmann, ›Das Fräulein von Scuderi‹, 1819). Motive der Spurensuche und log. Deduktion zeigen J. F. Coopers ›The pathfinder, or The inland sea‹ (1826), H. de Balzacs ›Une ténébreuse affaire‹ (1841) und E. Sues ›Les mystères de Paris‹ (1842-43, 5 Bde.). Die für die K. typ. Elemente vereinigt E. A. Poe in seiner Erzählung ›The murders in the Rue Morgue‹ (1844). Er entwirft dabei ein die K. normierendes Strukturmodell: der Einbruch des Irrationalen in eine geordnete Welt in Form eines rätselhaften Mordes, die Fahndung des genialen Detektivs nach dem Täter, die sich steigernde Spannung und der Triumph der Rationalität bei der Aufklärung des Verbrechens. W. W. Collins (›The moonstone‹, 1868) und É. Gaboriau (›L'affaire Lerouge‹, 1866) verbanden das systemat. Analyseverfahren Poes mit dem Gesellschaftsroman des 19. Jh. A. C. Doyle folgte in seinen Geschichten um den Detektiv Sherlock Holmes stärker dem Vorbild Poes. Sein dem ›Pathos der Faktizität‹ (U. Schulz-Buschhaus) verpflichteter Held reduziert den Kriminalfall auf das Rätsel und die Auflösung. Er ist damit Vorbild für eine große Zahl bedeutender, meist engl. und amerikan. Autoren, die in der Folgezeit den pointierten Rätselroman, meist mit einem Meisterdetektiv als dem Helden der Geschichte, schufen. Hierzu gehören v. a. die Werke von G. K. Chesterton, W. H. Wright, Earl Derr Biggers (*1884, †1933), John Dickson Carr (*1906, †1977), E. Wallace, Margery Allingham (*1904, †1966), Agatha Christie, G. Leroux, Dorothy Sayers, E. S. Gardner und R. Stout, in neuerer Zeit Ruth Rendell, R. (Dick) Francis, H. Kemelman und Martha Grimes. – In bewusster Abgrenzung von diesem Typus der K. gab es seit den 1930er-Jahren Ansätze einer an der harten großstädt. Wirklichkeit der Zeit orientierten und dabei soziale, psycholog. und polit. Elemente stärker integrierenden K. In den USA entwickelten D. Hammett (zunächst selbst Detektiv), R. Chandler und C. Woolrich unter dem Einfluss von Caroll John Baly (*1889, †1958) die ›hard boiled school‹, in deren Werken das Verbrechen tendenziell als der Gesellschaft innewohnend dargestellt wird. An der klass. Rätselstruktur orientiert, schildern sie eine Welt der Korruption, der unauflösbaren Verbindung von Politik, Polizei und Verbrechen. Dieser steht ein Detektiv mit ausgeprägtem Sinn für Gerechtigkeit und Moral gegenüber. Nachfolger dieser Richtung sind u. a. R. Macdonald, C. Himes, Richard Harris sowie M. Spillane mit seinen publikumswirksamen Schilderungen krimineller Handlungen und sadist. Gewalt und James Ellroy (*1948). – Überzeugende Psychologisierung und genaue Milieucharakteristik wurden in den 1930er-Jahren durch G. Simenon, W. Serner, F. Arnau und F. Glauser in die K. eingeführt. Der von den Schilderungen Ed McBains (d. i. Evan Hunter, *1926) beeinflusste zehnbändige K.-Zyklus (1965-75) von Maj Sjöwall und P. Wahlöö bettet die eigentl. Kriminalerzählung in eine sozialkrit. Bestandsaufnahme der zeitgenöss. schwed. Gesellschaft ein. Die Romane von P. Boileau und T. Narcejac, P. (Phyllis) D. (Dorothy) James und Patricia Highsmith dagegen erzählen ihre Geschichte aus der beklemmenden Perspektive des Opfers und/oder des Täters; sie behandeln einen Kriminalfall eher im individualpsycholog. Rahmen. In Frankreich setzte L. Malet durch surrealist. Effekte neue Akzente, in Spanien bezog M. Vázquez Montalbán zeitgeschichtl. Ereignisse in seine Romane ein. Gegenläufig entwickelte sich – ausgehend von Großbritannien – eine historisierende Tendenz (Ellis Peters, Anne Perry). – In der BRD erfuhr die K. in den 1970er-Jahren eine Belebung durch die ›Soziokrimis‹ von u. a. F. Werremeier, R. Hey, J. Martin, M. Molsner, S. Murr, H. Bosetzky und Christa Maria Till (*1946). Seitdem bemühen sich die dt. Autoren – mit unterschiedl. Resonanz bei Publikum und Kritik – spannende Unterhaltung mit gesellschaftskrit. Anliegen zu verbinden. Unter dem Einfluss v. a. von Chandler, Malet sowie Sjöwall und Wahlöö schreiben u. a. Felix Huby (*1939), Jürgen Alberts (*1946), Leo P. Ard (*1953) und Reinhard Junge (*1946) sowie J. Arjouni K. mit aktuellen Bezügen. Wie im angloamerikan. Raum gibt es auch in der dt. Literatur eine frauenspezif. K. (u. a. Pieke Biermann, *1950; Doris Gercke, *1937; Christine Grän, *1952; Ingrid Noll). – Die K. der DDR beruhte auf der Prämisse, dass im Sozialismus der Motivation des Verbrechens der Boden entzogen sei. Deshalb zeigen die Romane eine gewisse Einförmigkeit in Charakteren und Handlungsaufbau, zudem meist deutliche pädagog. Intentionen, was krit. Darstellung des Alltags nicht ausschließt (H. Bastian, *1939, †1986; K. H. Berger, *1928; H. Pfeiffer; Ingeburg Siebenstädt, Pseud. Tom Wittgen, *1932; Barbara Neuhaus, *1924; Steffen Mohr, *1942 u. a.). Auch in der K. osteurop. Länder spielte der Schauplatz schwerer Verbrechens häufig außerhalb des Landes oder wurde in histor. Sujets verlagert (A. und G. Wajner).

Alle diese z. T. sehr unterschiedl. Formen der K. beruhen auf der gemeinsamen Prämisse eines rationalen Wirklichkeitsgefüges und der Verstehbarkeit der Welt. Im Ggs. dazu wählten seit den 1950er-Jahren zahlr. Autoren die K. als Medium, um diese Grundannahme infrage zu stellen oder ad absurdum zu führen. Während eine gemäßigte Variante dieser Richtung den Detektiv wohl noch die Wahrheit erkennen lässt, aber durch Zufälle, äußere Gewalt oder den Verweis auf ein grundsätzlich gestörtes soziales System die Wiederherstellung des Ordnungszustandes verhindert (F. DÜRRENMATT, ›Das Versprechen‹, 1958), kann bei A. ROBBE-GRILLET (›Les gommes‹, 1953), C. E. GADDA und L. SCIASCIA (›Todo modo‹, 1974) das Verbrechen nicht mehr enträtselt werden, die Welt ist für die Ratio des Detektivs nicht ausdeutbar. Die internat. Postmoderne nutzt Elemente der K. als Versatzstücke, um die Erwartungshaltung des Lesers zu unterlaufen (U. ECO, L. GUSTAFSSON).

F. W. CHANDLER: The literature of roguery, 2 Bde. (Boston, Mass., 1907, Nachdr. New York 1974); R. MESSAC: Le ›Detective novel‹ et l'influence de la pensée scientifique (Paris 1929, Nachdr. Genf 1975); Der Kriminalroman, hg. v. J. VOGT, 2 Bde. (1971); Der wohltemperierte Mord, hg. v. V. ŽMEGAČ (1971); U. SCHULZ-BUSCHHAUS: Formen u. Ideologien des Kriminalromans (1975); Der Detektiverzählung auf der Spur, hg. v. P. G. BUCHLOH u. a. (1977); Tough guy writers of the thirties, hg. v. D. MADDEN (Carbondale, Ill., ⁵1977); Reclams Kriminalromanführer, hg. v. A. ARNOLD u. a. (1978); Zur Aktualität des Kriminalromans, hg. v. E. SCHÜTZ (1978); S. KRACAUER: Der Detektiv-Roman (Neuausg. 1979); P. BOILEAU u. T. NARCEJAC: Le roman policier (Neuausg. Paris ²1982); J. SYMONS: Am Anfang war der Mord (a.d. Engl., Neuausg. 1982); Autopsies du roman policier, hg. v. U. EISENZWEIG (Paris 1983); U. SUERBAUM: Krimi (1984); K.-D. WALKHOFF-JORDAN: Bibliogr. der K. 1945–1984 im dt. Sprachraum (1985); DERS.: Bibliogr. der K. 1985–1990 im dt. Sprachraum (1991); Twentieth century crime and mystery writers, hg. v. J. M. REILLY (London ²1985); U. EISENZWEIG: Le récit impossible. Forme et sens du roman policier (Paris 1986); E. MANDEL: Ein schöner Mord. Sozialgesch. des Kriminalromans (a.d. Engl., 1987); H. PFEIFFER: Phantasiemorde. Ein Streifzug durch den DDR-Kriminalroman (Berlin-Ost ²1987); JOCHEN SCHMIDT: Gangster, Opfer, Detektive (Neuausg. 1989); P. G. BUCHLOH u. J. P. BECKER: Der Detektivroman. Studien zur Gesch. u. Form der engl. u. amerikan. Detektivliteratur (⁴1990); M. T. REDDY: Detektivinnen. Frauen im modernen Kriminalroman (a.d. Amerikan., 1990); Der neue dt. Kriminalroman, hg. v. K. ERMERT u. W. GAST (²1991); P. NUSSER: Der Kriminalroman (²1992); Lex. der K., hg. v. K.-P. WALTER, Losebl. (1993ff.); J. HINDERSMANN: Der brit. Spionageroman. Vom Imperialismus bis zum Ende des Kalten Krieges (1995).

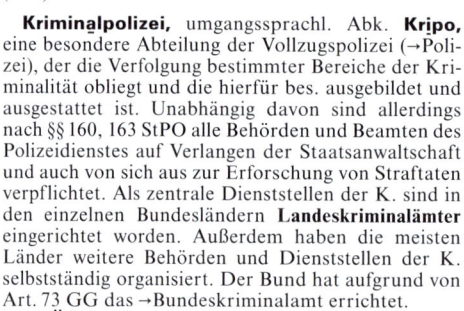

Kriminalpolizei, umgangssprachl. Abk. **Kripo,** eine besondere Abteilung der Vollzugspolizei (→Polizei), der die Verfolgung bestimmter Bereiche der Kriminalität obliegt und die hierfür bes. ausgebildet und ausgestattet ist. Unabhängig davon sind allerdings nach §§ 160, 163 StPO alle Behörden und Beamten des Polizeidienstes auf Verlangen der Staatsanwaltschaft und auch von sich aus zur Erforschung von Straftaten verpflichtet. Als zentrale Dienststellen der K. sind in den einzelnen Bundesländern **Landeskriminalämter** eingerichtet worden. Außerdem haben die meisten Länder weitere Behörden und Dienststellen der K. selbstständig organisiert. Der Bund hat aufgrund von Art. 73 GG das →Bundeskriminalamt errichtet.

In *Österreich* wurden in den größeren Städten bei den Bundespolizeidirektionen Kriminalbeamtenkorps (als nicht uniformierte Wachkörper) eingerichtet, während auf dem Land die Kriminalabteilungen der Landesgendarmeriekommanden ähnl. Aufgaben wahrzunehmen haben. Beide setzen sich aus speziell zu Zwecken der Verbrechensbekämpfung und -aufklärung ausgebildeten Kriminal- bzw. Gendarmeriebeamten zusammen.

In der *Schweiz* ist die Aufklärung und Verfolgung von Straftaten Aufgabe der gerichtl. Polizei, die von den Staatsanwälten der Kantone und den ihnen unterstellten Beamten ausgeübt wird. Die Tätigkeit der K. beschränkt sich i.d. R. auf das Ermittlungsverfahren, in dem sie die ersten Erhebungen vorzunehmen und alle dringl. Maßnahmen im Hinblick auf die Untersuchung zu treffen hat.

Kriminalpolizeiliche Beratungsstellen, bei größeren Dienststellen der dt. Kriminalpolizei eingerichtete Funktionsstellen, die Bürger individuell, fachkundig und unabhängig über techn. u. a. Maßnahmen gegen Straftaten beraten.

Kriminalpsychologie, andere Bez. für →forensische Psychologie.

Kriminalroman, →Kriminalliteratur.

Kriminalsoziologie, Teilbereich der Soziologie und der Kriminologie, der sich mit der Definition, Beschreibung und Analyse gesellschaftlich abweichenden Verhaltens, insbesondere der Straftat als Massenerscheinung (→Kriminalität) beschäftigt und sich dabei u. a. der statist. Massenbeobachtung (→Kriminalstatistik) bedient. Im Bemühen, im sozialen Umfeld des Rechtsbrechers liegende Ursachen der Straffälligkeit zu erforschen, entwickelte die K. versch. Erklärungsansätze (Kriminalitätstheorien). Nach der **Anomietheorie** (von griech. Normlosigkeit) führen z. B. Orientierungslosigkeit und Bedürfnisfrustration insbesondere der Unterschichtsangehörigen nach sozialen Umbrüchen zu gesteigerter (v. a. Eigentums-)Kriminalität. Die **sozialen Lerntheorien** beruhen auf der Annahme, dass kriminelles ebenso wie rechtskonformes Verhalten erlernt werde. **Kontrolltheorien** erklären kriminelles Verhalten mit dem Versagen von kriminalitätsvorbeugenden Elementen. Von dem Grad der Einbindung einer Person in die Gesellschaft (Familie, Schule, Beruf, Freizeitbereich) macht die **soziale Bindungstheorie** die Fähigkeit zu rechtstreuem Verhalten abhängig. Der in den USA begründete **Etikettierungsansatz** (engl. labeling approach) lenkt den Blick der K. vom Täter auf die strafende Gesellschaft, v. a. die Instanzen sozialer Kontrolle. Kriminalität entstehe zunächst durch Kriminalisierung, d. h. die Festlegung von Verhalten als strafbar, und werde zudem durch die von Polizei, Justiz u. a. Kontrollorganen vorgenommene Etikettierung (engl. labeling) von Personen als Täter selektiv beeinflusst. Mit dem Ansatz, die Wurzel kriminellen Verhaltens im gesellschaftl. Umfeld zu ergründen, grenzt sich die K. von den anthropolog. Theorien ab, die kriminogene Faktoren in der Veranlagung des Menschen suchen.

H. HAAGE: Theorien der sozialen Kontrolle u. des sozialen Lernens in der Kriminologie (1995); G. KAISER: Kriminologie. Ein Lb. (³1996).

Kriminalstatistik, 1) systemat., vornehmlich amtl. und period. Zusammenstellung von empirisch gewonnenen, numer. Daten zu Umfang, Struktur und Bewegung der registrierten Kriminalität und zur Strafverfolgungstätigkeit, 2) Oberbegriff für die Gesamtheit und das System solcher amtl. und tabellar. Informationen, 3) Forschungsgebiet, das sich als Zweig der Kriminalsoziologie den Schwierigkeiten, Einflussfaktoren und Abhängigkeiten der statist. Kriminalitätserfassung und der Datenanalyse widmet. Auskunft über die (bes. durch private Anzeigen) amtlich bekannt gewordene und registrierte Kriminalität geben in Dtl., Österreich und der Schweiz im Wesentlichen die jährlich veröffentlichte polizeiliche K. (PKS) und die **Justiz-** oder **Rechtspflegestatistik.**

Die gebräuchlichste K. ist die PKS, in Dtl. für jedes Land nach Zählkarten der Polizeidienststellen von den Landeskriminalämtern erstellt und für das Bundesgebiet seit 1953 vom Bundeskriminalamt. Sie ist eine kombinierte Tat- und Täterstatistik mit Grund- und Verhältniszahlen (z. B. Straftaten pro 100 000 Ew.: Häufigkeitszahl). Die PKS registriert die polizeibekannten Taten (ohne Staatsschutz- und Verkehrsdelikte, u. a. nach Straftatbeständen, Art und Umständen der Tatausführung), zählt die nach polizeil. Erkenntnis Tatverdächtigen (Delikte, Alter, Geschlecht, Nationalität u. a.), nennt mit der (nach Delikt stark unterschiedlichen) Aufklärungsquote (1994: Dtl. ins-

Kriminalpolizei: Vorder- und Rückseite der Dienstmarke

gesamt 44,4%, neue Länder 36,4%) den Anteil der Straftaten, für die ein Verdächtiger polizeilich ermittelt wurde, und enthält z. T. auch Angaben über Tatopfer und Schadenshöhen. Die bei der Justiz erhobenen Daten werden für Dtl. (von 1892–1932 vom Statist. Reichsamt, seit 1950 vom Statist. Bundesamt) mit der Rechtspflegestatistik veröffentlicht, deren **Strafverfolgungsstatistik** die Zahlen der Abgeurteilten und Verurteilten ebenfalls aufgeschlüsselt (Art der Straftat, Alter, Vorstrafen, Nationalität u. a.) ausweist und deren Strafvollzugsstatistik über Bestand und Bewegung der Gefangenenzahlen (Dtl. 1992 rd. 50 000), die quantitative Bedeutung der Haftarten einschließlich Untersuchungshaft (rd. ein Drittel) und die Belegung der Vollzugsanstalten berichtet.

Als Tätigkeitsnachweise dokumentieren die K. v. a. die Strafverfolgung durch Polizei und Justiz. Sie sollen der Erfolgskontrolle staatl. Maßnahmen zur Kriminalitätsvorbeugung und -verfolgung sowie der Gesetzgebung, Verwaltung und Justiz ein Planungs- und den Wiss.en (u. a. der Kriminologie) ein Forschungsinstrument sein. Sie können kein getreues Spiegelbild der wirkl. Kriminalität oder auch nur ihrer Entwicklung sein, weil den Strafverfolgungsorganen ein gewisser Teil der Rechtsbrüche unbekannt bleibt, das entsprechende Dunkelfeld zahlr. Variablen (Anzeigeverhalten, Verfolgungsintensität) unterliegt und mit der Kriminalitätsverfolgung von der amtlich bekannten Tat bis zu deren Aburteilung ein stufenweiser Zuordnungs- und Ausfilterungsprozess (1992 in Dtl. rd. 6,3 Mio. registrierte Straftaten, 712 613 Verurteilte) stattfindet. – Der K. in der DDR lag eine andere, selektive Erfassung der Straftaten zugrunde.

In *Österreich* wird die PKS seit 1953 vom Bundesministerium des Innern erstellt. Das Statist. Zentralamt gibt eine Statistik der Rechtspflege und einer gerichtl. K. (seit 1910) heraus, die mit der PKS Grundlage des jährl. Sicherheitsberichts der Bundesregierung ist. In der *Schweiz* wird die kantonale K. (KRiSTA) von der Kantonspolizei, die Bundesstatistik seit 1982 zu ausgewählten Straftaten von der Bundesanwaltschaft und dem Zentralpolizeibüro in Bern erstellt. Das Bundesamt für Statistik veröffentlicht seit 1929 die Strafurteilsstatistik und seit 1982 die Strafvollzugsstatistik.

Kriminalstück, ein unterhaltendes Theaterstück, bei dem ein Verbrechen und seine Aufklärung im Mittelpunkt stehen; oft die Dramatisierung eines Kriminalromans; beliebt bes. in Großbritannien. Unvermindert populär ist das von 1956 bis heute ununterbrochen aufgeführte Stück ›The mousetrap‹ (1949; dt. ›Die Mausefalle‹, Uraufführung 1952), eine Adaption der gleichnamigen Kriminalerzählung von AGATHA CHRISTIE; erfolgreich sind auch Stücke von F. DURBRIDGE, J. B. PRIESTLEY (›An inspector calls‹, 1945; dt. ›Ein Inspektor kommt‹) und T. STOPPARD.

kriminell [lat.-frz.], 1) strafbar, verbrecherisch; straffällig; 2) sich an der Grenze des Erlaubten bewegend; unverantwortlich, schlimm; rücksichtslos.

kriminelle Vereinigungen, Vereinigungen, deren Zwecke oder deren Tätigkeit darauf gerichtet sind, Straftaten zu begehen. Verfassungsrechtlich (Art. 9 Abs. 2 GG) und vereinsrechtlich (§ 3 Vereins-Ges.) sind k. V. verboten. Strafbar (Freiheitsstrafe bis zu fünf Jahren oder Geldstrafe, § 129 StGB) macht sich, wer eine k. V. gründet oder sich als Mitgl. beteiligt, für sie wirbt oder sie unterstützt; dies gilt allerdings dann nicht, wenn die Vereinigung eine polit. Partei ist, die das Bundesverfassungsgericht nicht für verfassungswidrig erklärt hat, oder wenn die Begehung strafbarer Handlungen nur ein Nebenzweck oder eine Tätigkeit von untergeordneter Bedeutung ist. Die Tätigkeit für verfassungswidrige, vom Bundesverfassungsgericht verbotene polit. Parteien oder ihre Nachfolgeorganisationen unterliegt nach §§ 84–87 StGB als Gefährdung des demokrat. Rechtsstaates gesonderter Bestrafung. Die Bildung **terroristischer Vereinigungen** oder die Beteiligung an ihnen ist nach § 129 a StGB unter verschärfte Strafe gestellt (Freiheitsstrafe von einem Jahr bis zu zehn Jahren; bei Unterstützung und Werbung Freiheitsstrafe von sechs Monaten bis zu fünf Jahren). Diese Vorschrift betrifft Vereinigungen, deren Zwecke oder Tätigkeit darauf gerichtet sind, Mord, Totschlag, Völkermord, erpresser. Menschenraub, Geiselnahme oder bestimmte gemeingefährl. Straftaten zu begehen. Bei beiden Straftatbeständen sieht das Ges. weitere Strafverschärfungen für Rädelsführer und Hintermänner sowie Strafmilderungen für den Fall vor, dass die Täter von ihrem Tun ablassen oder geplante Straftaten verhindern. (→Kronzeuge)

Nach § 278a des *österr.* StGB wird mit Freiheitsstrafe von sechs Monaten bis zu fünf Jahren bestraft, wer eine Organisation gründet oder als Mitgl. an einer Organisation beteiligt ist, deren Zweck oder Tätigkeit auf die fortgesetzte Begehung von Gewalttaten (z. B. Mord, Erpressung, Geldwäscherei) gerichtet ist (kriminelle Organisation). Nach dem *schweizer.* StGB (Art. 260ter) ist die Beteiligung an einer Organisation, die ihren Aufbau und ihre personelle Zusammensetzung geheim hält und die den Zweck verfolgt, Gewaltverbrechen zu begehen oder sich mit verbrecher. Mitteln zu bereichern, strafbar (kriminelle Organisation; Zuchthaus bis zu fünf Jahren oder Gefängnis).

J. GRÄSSLE-MÜNSCHER: Der Tatbestand der k. V. (§ 129 StGB) aus histor. u. systemat. Sicht (Diss. München 1982).

Kriminologie *die, -,* interdisziplinäre Erfahrungswissenschaft von der Kriminalität als Massenerscheinung und von der Straftat als individuellem Phänomen; Teilgebiet der Kriminalwissenschaften. Die K. wird weitgehend, aber nicht umfassend von den Strafnormen bestimmt, die Verhaltensweisen als kriminell definieren und innerhalb der Kriminalwissenschaften Gegenstand der Strafrechtswissenschaft sind. Die Forschungsmethoden der K. sind ihren Primärwissenschaften (Medizin, Soziologie, Psychologie u. a.) entlehnt, denen sie den Forschungsbereich Kriminalität entnimmt. Die Vielfalt der K. zeigt sich in der Vielzahl ihrer Grund- und Teildisziplinen, ihren zahlr. Forschungsrichtungen und der bisher nicht bewältigten Schwierigkeit, einen näheren und allgemein anerkannten Begriff der K. zu bestimmen. Breitere Zustimmung kann die an eine US-amerikan. Beschreibung angelehnte Begriffsbestimmung finden, nach der sich die K. mit den Realitäten der Gesetzesentstehung, den Rechtsbrüchen, den Rechtsbrechern und den Reaktionen auf Gesetzesverletzungen befasst. Als Teildisziplin der K. widmet sich die Kriminalphänomenologie vornehmlich den Erscheinungsformen, die →Kriminalätiologie anthropolog. und sozialen Erklärungen der Kriminalität (Kriminalanthropologie, →Kriminalsoziologie), die →Kriminalstatistik v. a. der Analyse amtlich registrierter Kriminalitätsdaten, die Viktimologie (mit in der K. neuerer Blickrichtung) der Situation und Rolle des Straftatopfers, die Pönologie den strafrechtl. Sanktionen. V. a. die österr. kriminolog. Schule zählt auch die Lehre von der staatl., insbesondere polizeil. Kriminalitätsvorbeugung, -verfolgung und -aufklärung (→Kriminalistik) zur K. Die angewandte K. verfolgt das Ziel, Erkenntnisse der K. für die Praxis der Strafrechtspflege nutzbar zu machen. Schwerpunkte heutiger kriminolog. Forschung sind die Eigentums- und Gewaltkriminalität, die Verkehrsdelinquenz, die Jugend-, Randgruppen- und Drogenproblematik, die Wirtschafts- und Umweltschutzdelikte, die organisierte Kriminalität, der Vorgang des Opferwerdens (Viktimisierung), die Wiedergutmachung des Schadens (Täter-Opfer-Ausgleich), das Dunkelfeld der Kriminalität (Täter- und Opferbefragungen), Rückfall und Prognose; die vom Etikettie-

Krim Krimkrieg – Krimtataren

Krimml: Krimmler Wasserfälle

rungsansatz (engl. labeling approach) in neuerer Zeit bewirkte Blickwende der K. vom Täter auf die Institutionen der sozialen Kontrolle fördert u. a. die Justiz- und Sanktionsforschung.

H. J. SCHNEIDER: Einf. in die K. (³1993); U. EISENBERG: K. (⁴1995); H.-D. SCHWIND: K. (⁷1996).

Krimkrieg, der Krieg, den das Osman. Reich und an seiner Seite Großbritannien und Frankreich (seit 1855 auch Sardinien) 1853/54–56 gegen Russland führten.

Die Ursachen des K. sind in der polit. Lage im Vorderen Orient zu sehen, wo der Verfall des Osman. Reiches Interessenkonflikte zw. den Großmächten, bes. zw. Russland und Großbritannien, hervorgerufen hatte (→orientalische Frage). Der Anlass war ein an die osman. Regierung (die ›Pforte‹) gerichtetes, von ihr dann mit brit. und frz. Rückendeckung abgelehntes Ultimatum des russ. Kaisers NIKOLAUS I.; er forderte, die russ. Schutzherrschaft über die orth. Christen des Osman. Reiches anzuerkennen. Auf das Einrücken eines russ. Korps in die Donaufürstentümer Moldau und Walachei erklärte am 4. 10. 1853 die Pforte den Krieg, am 28. 3. 1854 folgten die Westmächte nach. Diese landeten am 14. 9. ein Expeditionskorps auf der Krim, wo in mehreren Schlachten und bes. durch die elfmonatige Belagerung von Sewastopol (seit 17. 10. 1854) die militär. Entscheidung herbeigeführt wurde (erster Stellungskrieg der modernen Geschichte). Die Russen, die ohne Eisenbahn keinen ausreichenden Nachschub organisieren konnten, gaben am 9. 9. 1855 Sewastopol auf. Das militär. Geschehen auf der Krim wurde, neben einer Blockade der russ. Ostseehäfen, flankiert von einem Bündnis der Westmächte mit Österreich (2. 12. 1854), das ohne Kriegseintritt durch seine drohende Haltung starke russ. Kräfte band, sowie durch den Kriegseintritt Sardiniens (26. 1. 1855), das sich dadurch die frz. Unterstützung der nationalital. Ziele sichern wollte. Am 28. 11. 1855 nahmen die Russen die türk. Festung Kars ein. Im Pariser Frieden (30. 3. 1856) verzichtete das vor dem (v. a. wirtschaftl.) Zusammenbruch stehende Russland auf das Protektorat über die Donaufürstentümer und die orth. Christen im Osman. Reich, trat die Donaumündungen und das südl. Bessarabien an das Fürstentum Moldau ab, erkannte die Freiheit der Donauschifffahrt unter internat. Kontrolle an und gab Kars zurück. Das Schwarze Meer wurde entmilitarisiert; Russland verpflichtete sich, hier keine Kriegsflotte zu halten und keine Festungen anzule-

gen. Von dieser Verpflichtung sagte es sich 1870 los, was die Londoner Konferenz 1871 bestätigte.

Das kontinentale Übergewicht Russlands um die Mitte des 19. Jh. wurde durch den K. gebrochen; die Niederlage war Anlass zu inneren Reformen (Bauernbefreiung, Eisenbahnbau). In Europa wurde der Pariser Frieden als ein Sieg des Liberalismus über die Autokratie gefeiert. Das →Europäische Konzert, im Pariser Frieden zum letzten Mal offiziell genannt, war gesprengt; bes. zw. Österreich und Russland war eine Feindschaft entstanden, der BISMARCK 1866 und 1870 die Rückendeckung durch Russland verdankte.

B. UNCKEL: Österreich u. der K. (1969); W. BAUMGART: Der Friede von Paris 1856 (1972); Akten zur Gesch. des K., bearb. v. W. BAUMGART, auf mehrere Bde. ber. (1979 ff.); W. TREUE: Der K. u. seine Bedeutung für die modernen Flotten (²1980); G. WERTH: Der K. (Neuausg. 1992); H. WENTKER: Zerstörung der Großmacht Rußland? Die brit. Kriegsziele im K. (1993).

Krimmer *der, -s/-,* 1) das Fell des Fettschwanzschafes der Krim, der Ukraine und Bessarabiens. Die meist graue Locke ist teils persianerähnl., teils offen.

2) persianerähnl. Pelzimitation, eine Ruten- oder Doppelplüschware für Mäntel, Jacken und Besatz.

Krimml, Gem. im Pinzgau, Bundesland Salzburg, Österreich, an der Krimmler Ache, 1 070 m ü. M., 850 Ew.; bedeutender Fremdenverkehrsort. Hier bildet die Krimmler Ache (Quellfluss der Salzach) am N-Rand des Tauernhauptkammes die eindrucksvollen **Krimmler Wasserfälle**; diese sind mit ihren drei Abschnitten von 140 m, 100 m und 140 m die größten Mitteleuropas. K. ist Endpunkt der Pinzgauer Kleinbahn und östl. Endpunkt der Gerlosstraße.

Krimpen [niederdt.], seemänn. Ausdruck für das Linksdrehen des Windes auf der nördl., für das Rechtsdrehen auf der südl. Halbkugel.

Krimtataren, turksprachiges Volk, urspr. auf der Krim siedelnd; es bildete sich im Laufe des Zerfalls der mongolisch beherrschten →Goldenen Horde v. a. aus unterworfenen Kumanen und andern Turkstämmen; durch Vermischung mit Genuesen, Krimgoten und Slawen auch im Aussehen europäisiert. Schon seit 1783 durch Abwanderungen in die Türkei stark dezimiert, wurden etwa 220 000 K. 1944 (unter dem Vorwurf der Kollaboration mit den Deutschen) nach Mittelasien, v. a. in die wüstenhafte Mubareksteppe südöstlich von Buchara (Usbekistan), deportiert, wobei viele umkamen (nach jüngsten Angaben 10%). Nach einem Beschluss vom 28. 11. 1989 dürfen die heute etwa 500 000 K. wieder in ihre angestammte Heimat zurückkehren. Ihre Zahl stieg daher von (1988) 17 500 auf (Ende 1994) 260 000; weitere 100 000 wollen nachkommen, wobei dann der Bevölkerungsanteil der K. auf der Krim bei etwa 14% liegen würde. Kleinere Gruppen existieren in Bulgarien, Rumänien, Polen und den USA. Die Nachfahren der in die Türkei ausgewanderten K. werden auf 5 Mio. geschätzt; sie sind jedoch weitgehend im türk. Volk aufgegangen.

Die K. bekennen sich zum sunnit. Islam und siedelten vor ihrer Vertreibung von der Krim als Bauern, Viehzüchter und Fischer bes. an den Berghängen des Jailagebirges.

Sprache: Die Schriftsprache der K., das Krimtatarische, gehört zur NW-Gruppe der →Turksprachen. Da auf der Krim viele Turkdialekte gesprochen wurden (im Süden z. B. Osmanisch), war sie anfangs uneinheitlich; inzwischen gibt es eine gewisse Normierung. Das Krimtatarische wurde urspr. in arab., seit 1928 in lat., seit 1938 in kyrill. Alphabet geschrieben.

Literatur: Neben der krimtatar. Volksdichtung besteht seit dem 19. Jh. eine Kunstliteratur, überwiegend eine Aufklärungsliteratur unter russisch-europ. Einfluss. Bedeutsam für die kulturellen Einheitsbestrebungen der in der Sowjetunion lebenden Turkvölker war die Zeitschrift ›Tärdjüman‹ (›Der Dolmetsch‹, herausgegeben von ISMAIL GASPRINSKIJ).

Zur *Geschichte* →Krim.

G. DOERFER in: Philologiae Turcicae Fundamenta, Bd. 1, hg. v. J. DENY u. a. (1959); A. BATTAL-TAYMAS in: Philologiae Turcicae Fundamenta, Bd. 2, hg. v. L. BAZIN u. a. (1964); Krimtatar. Chrestomathie aus Gegenwartstexten, hg. v. I. ÇENELI u. a. (1980); A. FISHER: The Crimean Tartars (Neuausg. Stanford, Calif., 1987); H. KIRIMLI: National movements and national identity among the Crimean Tatars (1905–1916) (Leiden 1996).

Krippe 1): Anbetung der Hirten, neapolitanische Hauskrippe von Giuseppe Sammartino; 1720 (München, Bayerisches Nationalmuseum)

Krinoline [ital.-frz., eigtl. ›Rosshaargewebe‹, zu ital. crino ›Pferdehaar‹ und lino ›Leinen‹] *die, -/-n,* versteifter Stützunterrock der Frauenmode zw. 1839 und 1869, der den weiten Röcken der Zeit besser als die bis dahin mehrfach übereinander getragenen Stoffunterröcke zu ihrer modisch-ausladenden Silhouette verhelfen sollte. Die ersten in Frankreich aufgekommenen K. waren aus rosshaarverstärktem Gewebe. Später experimentierte man mit Fischbeinverstärkungen und Stützringen aus Gummischläuchen, ehe ab 1856 eine frz. Konstruktion aus vertikal verbundenen Stahlreifen die Mode bestimmte. Um 1869 wurde die K. von der →Turnüre abgelöst.

Krio, Muttersprache der kreol. Bev. in Sierra Leone, v. a. in Freetown und entlang der Küste; sie entstand im 19. Jh. durch den Kontakt von Europäern mit den (urspr. aus ganz W-Afrika stammenden) befreiten Sklaven. Der Grundstock des K. geht auf das Englische zurück, weitere Elemente des Wortschatzes stammen aus afrikan. Sprachen.

J. BERRY: The origins of K. vocabulary, in: Sierra Leone Studies, New Series 12 (Freetown 1959); DERS.: Pidgins and creoles in Africa, in: Linguistics in Sub Saharan Africa, hg. v. T. A. SEBEOK (Den Haag 1971); C. N. FYLE u. E. D. JONES: A K.-English dictionary (New York 1980).

Kripke, Saul Aaron, amerikan. Logiker und Philosoph, *Bay Shore (N. Y.) 13. 11. 1940; erregte 1959 Aufsehen, als er mithilfe der von ihm entwickelten Modellvorstellung der ›mögl. Welten‹ **(K.-Semantik)** zeigen konnte, dass die Modallogik vollständig ist. Andere Arbeiten betrafen die Rekursionstheorie und die Mengenlehre. 1972 wurde K. Prof. an der Rockefeller University, seit 1977 ist er an der Princeton University tätig. Ausgehend von der Vorstellung der mögl. Welten schlug K. in seinem philosoph. Hauptwerk ›Naming and necessity‹ (1972; dt. ›Name und Not-

wendigkeit‹) eine neue Interpretation der Begriffspaare ›a priori/a posteriori‹ und ›notwendig/zufällig‹ vor. Bes. die Theorie, Namen seien ›starre Designatoren‹, deren Bedeutung in allen mögl. Welten dieselbe sei, hat viele Diskussionen hervorgerufen. Neuere Arbeiten von K. betreffen die Wahrheitstheorie.

Krippe [ahd. krippa, eigtl. ›Flechtwerk‹], **1)** Vorrichtung aus Holz, Ton u. a. zur Fütterung von Tieren.

In der *bildenden Kunst* findet sich die K. bes. bei Darstellungen der →Geburt CHRISTI, davon unabhängig auf den Weihnachtsbildern einiger Evangeliare (Bernwards-Evangeliar im Hildesheimer Domschatz, um 1011) und als Andachtsbild seit Ende des 15. Jahrhunderts. – Im Besonderen bezeichnet K. (als **Weihnachts-K.**) die figürl. Darstellung der hl. Familie im Stall zu Bethlehem mit dem Jesuskind in der K., mit Ochs und Esel, dazu meist die Anbetung der Hirten und der hl. Drei Könige sowie die Flucht nach Ägypten. – Als eigenständiger Typus ist die K. seit der Mitte des 16. Jh. zuerst in ital. und span., bald danach in südt. Kirchen und an Fürstenhöfen nachzuweisen. Durch genrehaftes Beiwerk an Figuren und Baulichkeiten weitete sich die Darstellung aus, häufig auf einen dreistufigen K.-Berg. Ihren Höhepunkt erreichte die K.-Kunst in den Monumental-K. Neapels (2. Hälfte 18. Jh.); berühmt sind u. a. auch die K. der Provence. In Mitteleuropa blieb die Haus-K. v. a. Mittelpunkt der ländl. Weihnachtsfeier. Miniaturformen waren die **Kasten-K.,** Darstellungen mit kleinen Wachsfiguren in Holz- und Glasgehäusen. Wie die älteren, reich verzierten wächsernen ›Faschtenchristkindl‹ in Glaskästen dienten auch sie der Andacht. Bei weihnachtl. Heischezügen wurden **Trag-K.** (›Herodeskasten‹) mitgeführt.

Auch andere bibl. Darstellungen wurden K. genannt, beliebt war die der Hochzeit zu Kana. Im 18. Jh. gewannen Fasten- und Passions-K. Bedeutung.

Berühmte K.-Sammlungen befinden sich in München (Bayer. Nationalmuseum), Brixen und Neapel.

R. BERLINER: Die Weihnachts-K. (1955); L. KRISS-RETTENBECK: Anmerkungen zur neueren K.-Lit., in: Bayer. Jb. für Volkskunde (1966–67); A. KARASEK u. J. LANZ: Krippenkunst in Böhmen u. Mähren vom Frühbarock bis zur Gegenwart (²1992); K. aus drei Jahrhunderten, Beitrr. v. A. REHM u. a. (²1992).

2) Kinder-K., →Kindertagesstätten.

Krippe, *Astronomie:* die →Praesepe.

Krippenspiel, szen. Darstellung des Weihnachtsgeschehens, meist dreiteilig (Verkündigung, Herbergsuche/Geburt, Anbetung der Hirten), oft folgt die Anbetung der Drei Könige. K. sind in dt. Sprache seit dem 14. Jh. bezeugt, bes. als Kern der mittelalterl. Weihnachtsspiele. Sie entstanden aus den geistl. Spielen des MA. Ein frühes Beispiel ist die Weihnachtsfeier des FRANZ VON ASSISI im Wald von Greccio (1223), bei der er die Geburtsgeschichte JESU mit Menschen und Tieren (Ochs und Esel) als Akteuren nachspielte.

Krippentod, umgangssprachl. Bezeichnung für den →plötzlichen Kindstod.

Krips, Josef Alois, österr. Dirigent, *Wien 8. 4. 1902, †Genf 13. 10. 1974; Schüler von F. WEINGARTNER und EUSEBIUS MANDYCZEWSKI, wirkte 1933–38 und 1945–50 (ab 1939 Berufsverbot) an der Wiener Staatsoper; 1950–54 Chefdirigent des London Symphony Orchestra, 1954–63 des Buffalo Philharmonic Orchestra sowie 1963–70 des San Francisco Symphony Orchestra, 1970–73 Hauptdirigent der Wiener Symphoniker. K., dessen Repertoire von Werken des Barock bis zur Neuen Musik reichte.

Kris [malaiisch] *der, -es/-e,* indones. Stichwaffe mit einer doppelschneidigen, meist schlangenförmig gebogenen Klinge (mit bis zu 31 Wellen) und oft figürlich verziertem Griff.

Josef Krips

Kris
(Java)

Wörter, die man unter K vermisst, suche man unter C, Ch, G, H oder Q

Kris Krisa–Krishna

Krisa, altgriech. Stadt im SW der Landschaft Phokis, nahe Delphi, wechselte mehrfach die Lage. Die schon in der Ilias genannte Stadt beherrschte einst das Heiligtum von Delphi und wurde um 590 v. Chr. im 1. Hl. Krieg (→heilige Kriege) zerstört, ihre Stätte dem Apoll geweiht. Der Name K. ging als **Kirrha** auf den späteren Hafenort von Delphi über.

Krise [lat.-frz., von griech. krisis ›Entscheidung‹, ›entscheidende Wendung‹] *die, -/-n,* **1)** *allg.:* schwierige, gefährl. Lage, Zeit (in der es um eine Entscheidung geht).

2) *Medizin:* **Krisis,** anfallartiges Auftreten von Krankheitserscheinungen mit besonderer Heftigkeit, auch aus scheinbarer Gesundheit heraus, z. B. als Bluthochdruck-K. oder als gastrische K. bei Tabes dorsalis; auch der Wendepunkt innerhalb eines Krankheitsverlaufs im Sinne einer schlagartigen Verschlechterung oder Besserung, z. B. in Form eines abrupten Abfalls des Fiebers bei Infektionskrankheiten.

3) *Psychologie:* entscheidender Abschnitt eines durch innere und/oder äußere, ausnahmehafte Belastungen gekennzeichneten psycholog. Entwicklungsprozesses oder besonderer Lebenssituationen, der für das weitere Persönlichkeitsschicksal bestimmend ist (z. B. entwicklungspsycholog. Phasen wie Trotzphasen, Pubertät, Klimakterium; berufl. oder familiäre Belastungssituationen; Lebens-K., z. B. Midlifecrisis).

4) *Wirtschaftstheorie:* der medizin. Terminologie entlehnte Bez. für den plötzl. Umschwung der Hochkonjunktur in eine Phase wirtschaftl. Zusammenbrüche und der Depression. (→Konjunktur, →Wirtschaftskrisen)

Krisenkulte, v. a. in der Dritten Welt bes. seit dem 19. Jh. entstandene, sehr unterschiedl. religiös-soziale Bewegungen; besitzen in der Literatur noch keine einheitl. Bez. Formal gemeinsame Ausgangssituation all dieser Bewegungen ist eine Krise, in die Gesellschaften (Dörfer, Stämme) durch dominierende Fremdeinflüsse (Kolonisation, Krieg, Handelsniederlassungen, Mission) geraten sind. Diese soll durch Kulte, die sich an heim. Traditionen sowie christl. oder islam. Motiven orientieren, behoben werden; oft sind diese Bewegungen prophetisch und militant.

Das bekannteste Beispiel sind die →Cargo-Kulte in Neuguinea und auf anderen melanes. Inseln. K. gibt es auch in Afrika (z. B. die Kitawala-Bewegung mit der Erwartung eines tausendjährigen Reiches), in Amerika v. a. auf Haiti (Wodu) und in Brasilien (Candomblé, Macumba, Umbanda).

C. COLPE: K. u. prophet. Bewegungen, in: Hb. der Religionsgesch., hg. v. J. P. ASMUSSEN u. a., Bd. 3 (a. d. Dän., 1975).

Krisenmanagement [-mænɪdʒmənt], **1)** *Politik:* Bez. für die zentralisierte polit. Kontrolle bei zugespitzten, friedensbedrohenden Konflikten, für die Bewältigung von Naturkatastrophen und polit. Notsituationen, z. B. die Abwehr oder/und die Aufklärung politisch motivierter Gewaltakte und Erpressungsversuche. Zur Koordinierung notwendiger Maßnahmen bildet die Regierung einen **Krisenstab,** in dem neben Ämtern und Institutionen oft auch gesellschaftl. Kräfte (z. B. Kirchen, Verbände) vertreten sind. Wesentl. Kriterien für ein erfolgreiches K. sind das Gewinnen oder Gewähren von Zeit zum Nachdenken und zur psych. Entspannung sowie das Training von rationalen Entscheidungen unter hoher Anspannung.

2) *Wirtschaft:* in den 1970er-Jahren in die Betriebswirtschaftslehre übertragener Begriff zur Bez. der Teilgebiete des Managements, die die Vermeidung und Bewältigung von Unternehmenskrisen zum Ziel haben.

Je nach Phasen der Unternehmenskrisen (potenzielle, latente, akute beherrschbare und akute nichtbeherrschbare Krisen) werden vier Formen des K. unterschieden: das **antizipative K.** trifft mittels Prognosen und der darauf basierenden Alternativplanungen Vorsorge für potenzielle Unternehmenskrisen; zentrale Aufgabe des **präventiven K.** ist die Früherkennung latenter Krisen sowie die Planung, Durchführung und Kontrolle von Maßnahmen zur Vermeidung akuter Krisen; **repulsives K.** soll bereits eingetretene akute Krisen durch Sanierungsstrategien und -maßnahmen bewältigen; Bezugspunkt des **liquidativen K.,** das Maßnahmen einer planmäßigen Liquidation im Interesse der Anteilseigner, Mitarbeiter, Kunden und Lieferanten umfasst, sind akute nichtbeherrschbare Krisen. Träger des K. sind Unternehmensführung, Aufsichtsgremien, externe Berater sowie Vergleichs- oder Konkursverwalter (im Insolvenz- und Konkursfall).

Krisenreaktionskräfte, die →Reaktionsstreitkräfte der NATO.

Krishna [ˈkrɪʃnə] *die,* früher **Kistna** [-nə], Fluss in S-Indien, 1 250 km lang, entspringt in 1 215 m ü. M. in den Westghats, nur 65 km vom Arab. Meer entfernt, durchquert den Dekhan und mündet mit einem Delta in den Golf von Bengalen. Das fruchtbare, von Bewässerungskanälen durchzogene Delta der K. geht im NO in das Delta der Godavari über. Außer dem Delta bewässert die K. über 1,3 Mio. ha landwirtschaftl. Nutzfläche. Bei ihrem Austritt aus den Ostghats staut der 4,8 km lange **Nagarjuna-Sagar-Damm** (mit Wasserkraftwerk) einen 285 km² großen See auf.

Krishna [-ʃ-; Sanskrit ›der Dunkle‹, ›der Blauschwarze‹], die populärste aller Gottheiten des Hinduismus; Hauptgestalt der Bhagavadgita; gilt innerhalb des Vishnuismus als achte Inkarnation (Avatara) →Vishnus, wobei die Richtung der **Krishnaiten** Vishnu ausschließlich in dieser Inkarnation und seine Geliebte Radha als die personifizierte Gottesliebe (Bhakti) verehrt. Nach den Puranen wird das Kind K. zur Rettung gegen die Anfeindungen des Königs Kamsa von seinen Eltern Vasudeva und Devaki dem Hirten Nanda übergeben und wächst in der Nähe von Mathura unter den Hirten auf. K. ragt als siegreicher Kämpfer und Wundertäter hervor. Im Epos Mahabharata ist er Vetter der Pandavas und Wagenlenker Arjunas, dem er die Lehren der Bhagavadgita verkündet. Theologisch verschmolzen K., der Heldengott Vasudeva und die vedischen Götter Vishnu und Narayana zur einerseits volkstüml. Legendengestalt und ande-

Krishna: Entzweiung und Wiedervereinigung Krishnas mit der Hirtin Radha; Miniatur zur Gitagovindadichtung, um 1820 (Berlin, Museum für Indische Kunst)

rerseits kosmolog. Hochgottheit, als die sich K. im Mahabharata offenbarte (→Vishvarupa). – Seine myth. Taten in der Umgebung von Mathura gehören zu den beliebtesten Themen der ind. Kunst. Sie wurden seit dem 2.–3. Jh. in Stein- und Terrakottareliefs sowie in Bronzeplastiken (Balakrishna, Kaliyadamana, Govardhanadhara u.a.) und v.a. seit dem 16. Jh. in der Miniaturmalerei dargestellt, wo er stets mit dunkelblauer Hautfarbe und mit Pfauenfedern geschmückt auftritt. Häufige Themen der Malereien sind seine Liebesspiele mit den Hirtenfrauen (Gopis) und v.a. mit Radha. Weiteres BILD →Halebid.

Krishnamurti [-ʃ-], Jiddu, ind. Brahmane, Philosoph, *Madanapalle (Andhra Pradesh) 22. 5. 1897 (1895?), †Ojai (Calif.) 17. 2. 1986. Die Theosophin ANNIE BESANT, die ihn als neuen Weltenlehrer verkündete, gründete 1910 für ihn den ›Orden des Sterns im Osten‹, den er 1929 auflöste. K. predigte einen Seelenfrieden, der durch intuitive Erfassung der Harmonie von All und Ich erreicht werden könne.

Krispeln [mitteldt. ›Rascheln‹, ›Knistern‹ (lautmalend)], pflanzlich gegerbtes Feinleder (Saffian, Maroquin) nach dem Trocknen weich und geschmeidig machen und dabei ein charakterist. Narbenprofil herausarbeiten. Beim K. in Handarbeit **(Levantieren)** wird das Leder, Narbenseite auf Narbenseite, hälftig zusammengelegt und die gebildete Knickfalte unter leichtem Druck über die ganze Lederfläche hinweggezogen. Die Richtung der Faltung wird systematisch variiert: Nabellinie, Rückenlinie und Diagonallinien. Das dazu benutzte Werkzeug, das **Krispelholz**, ist ein leicht gewölbtes Brett mit Kork- oder Gummiauflage auf der einen Seite und Lederschlaufe auf der anderen Seite. Beim maschinellen K. ziehen zwei im gleichen Sinn umlaufende Walzen das Leder über die Kante einer dünnen Metallplatte. – Beim **Pantoffeln**, das weich machen soll ohne Narbenprofil, wird das Leder mit der Narbenseite nach außen gefaltet.

Kristall [ahd. cristalla, über lat. crystallus von griech. krýstallos ›Eis‹, ›Bergkristall‹] der, -s/-e, urspr. nur für Eis benutzter Name, von THEOPHRAST und PLINIUS D. Ä. auch schon für wasserklare, von ebenen, glänzenden Flächen umschlossene Quarze (Berg-K.) aus den Alpen gebraucht. K. wurde später (1723 durch M. A. CAPPELLER) als allgemeine Bez. nicht nur für die natürl., regelmäßigen Formen der Minerale, sondern auch für die entsprechenden aller festen Körper eingeführt. Heute versteht man unter

Kristall: Kugelmodelle einiger Kristallstrukturen mit Andeutungen der Raumgitter; **1** Kubisch dichteste Kugelpackung (Kupfer, Silber, Gold, Aluminium); **2** Hexagonal dichteste Kugelpackung (Magnesium); **3** Graphit (Kohlenstoff; Schichtgitter aus Netzen mit sechseckigen Maschen); **4** Steinsalz NaCl (Ionengitter aus positiven Natrium- und negativen Chlorionen); **5** Zinkblende ZnS (Zink blau, Schwefel gelb) oder Diamant (alle Atome Kohlenstoff); **6** Flussspat CaF_2 (Calcium braun, Fluor türkis); **7** Quarz SiO_2 (Silicium grau, Sauerstoff rot; SiO_4-Tetraeder, durch gemeinsame Sauerstoffionen räumlich verbunden); **8** Pyrit (Schwefelkies) FeS_2 (Eisen rotbraun, Schwefel gelb; Schwefelatome paarweise durch gemeinsame Elektronen eng gekoppelt); **9** Molybdänit MoS_2 (Molybdän violett, Schwefel gelb; Schichtgitter aus ebenen Paketen von je einem Schwefel-, Molybdän-, Schwefelnetz)

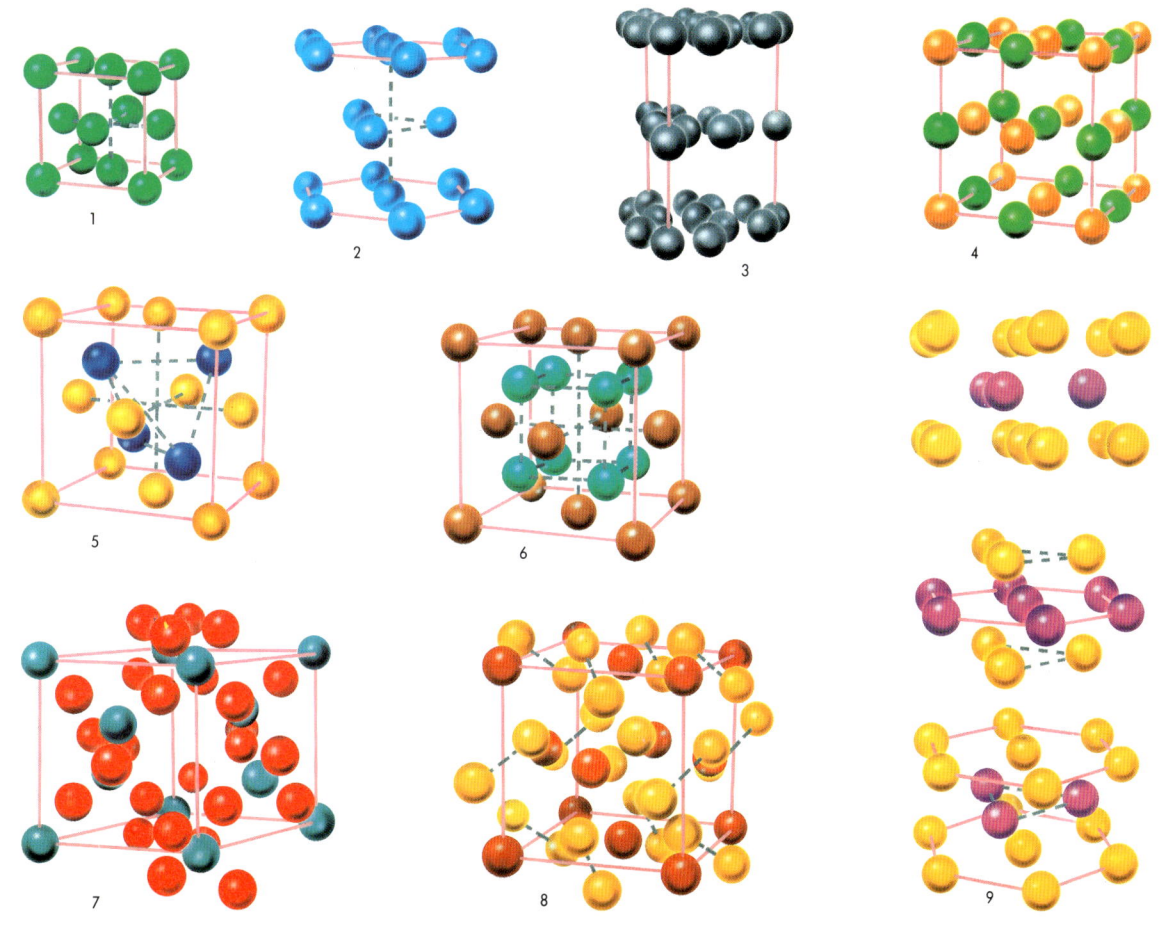

Kris Kristall

K. jeden echten →Festkörper, ohne Rücksicht auf seine scheinkontinuumsmäßige (morpholog.) Gestalt, wenn er seinem inneren, atomaren Aufbau nach ein ›reellhomogen anisotropes Diskontinuum‹ ist, d.h., wenn sich seine Bausteine (Atomrümpfe, Ionen, Moleküle) räumlich-periodisch in seinem →Raumgitter wiederholen. Ein K. ist in diesem Sinne nur dann streng homogen, wenn er unendlich ausgedehnt ist, weil nur dann seine Gitterpunkte als identisch anzusehen sind. Für Einzel-K. bedeutet das i. d. R. jedoch keine Einschränkung, weil die Gitterabstände von der Größenordnung 10^{-8} cm sind, längs einer K.-Kante von 1 cm Lange also etwa 10^8 Bausteine liegen und das entsprechende Gitter daher als praktisch unendlich ausgedehnt betrachtet werden kann. Jedoch sind **Ideal-K.** im obigen Sinn infolge von →Gitterbaufehlern und →Fehlordnungen sehr selten (→Realkristall).

Kristallographie

Die Wiss. vom kristallinen Zustand der Materie ist die Kristallographie. Dabei ist es gleichgültig, ob die K. als Natur- oder Kunstprodukte vorliegen, als anorgan. oder organ. Verbindungen, als Ein-K. oder kristalline Aggregate (→Vielkristall). Sie befasst sich bes. mit dem Bau, den Symmetrieeigenschaften, den physikal. und chem. Eigenschaften sowie dem Wachstum (→Kristallisation) der K. Nach der Art der untersuchten Eigenschaften der K. sowie nach den angewendeten Untersuchungsmethoden lässt sich die Kristallographie in folgende Teilgebiete, die sich z. T. überschneiden, einteilen: 1) die K.-Morphologie (die Lehre von den →Kristallformen und →Kristallgestalten), 2) die K.-Geometrie (geometr. Kristallographie des →Scheinkontinuums), die die Kristallometrie und die Kristallsymmetrielehre umfasst, 3) die Kristallstrukturlehre, die sich mit dem Aufbau der K. im atomaren Bereich beschäftigt, 4) die →Kristallchemie, 5) die →Kristallphysik, deren wichtigstes Teilgebiet die →Kristalloptik ist. – Die Kristallographie ist eine eigenständige Wiss. und hat Bedeutung für die Physik, Chemie und Mineralogie sowie versch. techn. Disziplinen, z. B. die Metallkunde und die Keramik.

Für das Verständnis der K., ihres Baues und ihrer Eigenschaften, insbesondere ihrer Symmetrien, ist es wichtig, zw. äußerer Gestalt, Raumgitter (Punktgitter) und K.-Struktur zu unterscheiden.

Kristallometrie

Die Kristallometrie befasst sich mit der Messung der Winkel zw. K.-Flächen mithilfe von →Goniometern (K.-Messung) sowie mit der K.-Berechnung und K.-Beschreibung. Hierfür ist die Einführung eines Bezugssystems erforderlich, und zwar ein für die jeweilige K.-Art symmetriegerechtes Achsenkreuz, dessen drei Achsen zu den vorherrschenden K.-Kanten oder K.-Flächen parallel verlaufen (→kristallographische Achsenkreuze). Eine →Kristallfläche, die diese drei Achsen schneidet, ist durch die Länge der Achsenabschnitte geometrisch bestimmt, aufgrund des Gesetzes der Winkelkonstanz (→kristallographische Grundgesetze) sogar schon dann, wenn nur das Achsenabschnittsverhältnis (Parameterverhältnis) bekannt ist. Die Achsenabschnittsverhältnisse und die Achsenwinkel sind Ausgangswerte für die K.-Berechnung.

Die Benennung der **K.-Flächen** erfolgt nach C. S. WEISS oder nach W. H. MILLER. Das weißsche Symbol der Einheitsfläche des K. ist $1a:1b:1c$, das einer beliebigen zweiten Fläche $ma:nb:pc$. Die gebräuchlicheren →millerschen Indizes ergeben sich aus den reziproken, ganzzahlig berechneten weißschen Symbolen; sie lauten (hkl) für die beliebige Fläche. Beim hexagonalen K.-System mit vier Achsen werden die Bravais-Indizes $(hkil)$ verwendet.

Ein Komplex von K.-Flächen, deren Normalen alle in einer Ebene liegen, wird als **kristallographische Zone** bezeichnet, die entsprechenden Flächen heißen tautozonal. Tautozonale Flächen liegen stets parallel zu einer Achse, der Zonenachse, zu der auch die Kanten, in denen sich diese Flächen schneiden, parallel verlaufen. Zur Bez. von Richtungen und damit auch von Zonenachsen werden die Größen der entsprechenden Achsenabschnitte verwendet (→Translationsgitter). Das Abschneiden von Kanten oder Ecken durch eine Fläche heißt **Abstumpfung.**

Kristallsymmetrielehre

Ein ideal ausgebildeter K. (→Kristallform) kann durch besondere →Symmetrieoperationen mit sich selbst zur Deckung gebracht werden, und zwar durch Drehungen um eine Drehachse (Gyre), durch Spiegelungen an einer Spiegelebene oder Drehspiegelung an einer Drehspiegelachse (Gyroide), d. h. Drehung und damit gekoppelter Spiegelung. Da kristallographisch nur Drehungen um 360°, 180°, 120°, 90° und 60° möglich sind, treten nur 1-, 2-, 3-, 4- und 6-zählige Drehachsen auf; Drehspiegelachsen können 1-, 2-, 4- oder 6-zählig sein. Z. T. führen versch. Symmetrieoperationen zum gleichen Ergebnis; so kann z. B. eine K.-Fläche A sowohl durch 2-zählige Drehspiegelung über eine am K. nicht ausgebildete Lage B als auch direkt durch Inversion am Punkt 0 (Spiegelung am K.-Mittelpunkt, dem Symmetriezentrum) in eine K.-Fläche C überführt werden. Eine Drehinversion ergibt sich durch Zusammensetzung einer Drehung mit einer Inversion.

Als **Symmetrieinhalt** eines K. bezeichnet man die Summe seiner →Symmetrieelemente, als **Symmetriegerüst** deren räuml. Anordnung. K. mit gleichem Symmetriegerüst gehören zur gleichen →Kristallklasse. Die →Kristallsysteme umfassen jeweils Gruppen von K.-Klassen, die sich auf gleiche kristallograph. Achsenkreuze beziehen lassen.

Jede der 32 K.-Klassen weist aufgrund des ihr eigenen Symmetriegerüsts bis zu sieben einfache K.-Formen auf, von denen bei einem Einzel-K. auch zwei oder mehr in Kombination auftreten können.

Kristallstrukturlehre

Die Kristallstrukturlehre umfasst die mathematisch-theoretisch entwickelte Gittertheorie (geometr. Kristallographie des →Diskontinuums) und die physikalisch-chem. Kristallstrukturlehre. Letztere behandelt den Aufbau von K. in Abhängigkeit von der Art ihrer Bausteine und der Bindungsverhältnisse und ist damit auch ein Teil der →Kristallchemie.

Eine **K.-Struktur** entsteht durch die räuml. period. Anordnung von Atomen, Ionen oder Molekülen in einem Raumgitter in einer solchen Weise, dass jedem Gitterpunkt dieselbe Teilchengruppe zugeordnet werden kann. Ein derartiges Gitter enthält einen gewissen kleinsten Bereich, durch dessen Aneinanderlegen der ganze K. dargestellt werden kann. Die Raumpunkte dieses Bereichs konstituieren das Elementarzelle des Gitters, die Teilchengruppe ist die zu dieser gehörende Basis. Bei chemisch versch. Atomen muss die Basis bzw. die Elementarzelle die Formeleinheit der Substanz mindestens einmal enthalten. Die Wahl der Elementarzelle ist nicht frei von einer gewissen Willkür und erfolgt oft nach prakt. Erwägungen sowie nach den Symmetrieeigenschaften der K.; immer aber muss gelten: Zu jedem Gitterpunkt gehört dieselbe Basis.

Jede K.-Struktur gehört einer der 230 →Raumgruppen an. Bei diesen handelt es sich um sämtliche möglichen Symmetriekombinationen aus den folgenden,

Kristall: Symmetrieoperationen; die Inversion der Fläche A am Punkt 0 ergibt die Fläche C; diese ergibt sich ebenfalls durch die zweizählige Drehspiegelung (über die Hilfsfläche B)

KRISTALL
Kristallsysteme und Kristallklassen

Kristallsystem		Klassenbezeichnung nach Groth	Schoenflies	Hermann-Mauguin	allgemeine Kristallformen	Kristall- und Mineralbeispiele
kubisches System		1 hexakis-oktaedrisch	O_h	$m\,3\,m$	Hexakisoktaeder	Blei, Bleiglanz, Flussspat, Kupfer, Platin, Steinsalz
		2 hexakis-tetraedrisch	T_d	$\bar{4}\,3\,m$	Hexakistetraeder	Boracit, Diamant, Fahlerz, Helvin, Zinkblende
		3 disdodekaedrisch	T_h	$m\,3$	Disdodekaeder	Alaun, Kobaltglanz, Pyrit, Sperrylith
		4 pentagonikosi-tetraedrisch	O	$4\,3\,2$	Pentagonikositetraeder	Cuprit, Salmiak
		5 tetartoidisch	T	$2\,3$	Tetartoid	Langbeinit, Ullmannit
hexagonales System	hexagonale Abteilung	6 dihexagonal-dipyramidal	D_{6h}	$6/mmm$	dihexagonale Dipyramide	Beryll, Covellin, Graphit, Rotnickelkies
		7 hexagonal-trapezoedrisch	D_6	$6\,2\,2$	hexagonales Trapezoeder	Hochquarz
		8 ditrigonal-dipyramidal	D_{3h}	$\bar{6}\,m\,2$	ditrigonale Dipyramide	Bastnäsit, Benitoit
		9 dihexagonal-pyramidal	C_{6v}	$6\,m\,m$	dihexagonale Pyramide	Eis, Greenockit, Rotzinkerz, Silberjodid, Wurtzit
		10 hexagonal-dipyramidal	C_{6h}	$6/m$	hexagonale Dipyramide	Apatit, Mimetesit, Pyromorphit
		11 trigonal-dipyramidal	C_{3h}	$\bar{6}$	trigonale Dipyramide	(Disilberorthophosphat)
		12 hexagonal-pyramidal	C_6	6	hexagonale Pyramide	Kalsilit, Nephelin
	rhomboedrische Abteilung	13 ditrigonal-skalenoedrisch	D_{3d}	$\bar{3}\,m$	ditrigonales Skalenoeder	Calcit, Hämatit, Kalkspat, Korund, Wismut
		14 ditrigonal-pyramidal	C_{3v}	$3\,m$	ditrigonale Pyramide	Millerit, Pyrargyrit, Turmalin
		15 trigonal-trapezoedrisch	D_3	$3\,2$	trigonales Trapezoeder	Tiefquarz, Selen, Tellur, Zinnober
		16 [trigonal-] rhomboedrisch	C_{3i}	$\bar{3}$	Rhomboeder	Dioptas, Dolomit, Ilmenit, Phenakit, Willemit
		17 trigonal-pyramidal	C_3	3	trigonale Pyramide	Gratonit, Magnesiumsulfat, β-Hydrochinon
tetragonales System		18 ditetragonal-dipyramidal	D_{4h}	$4/mmm$	ditetragonale Dipyramide	Anatas, Rutil, Zinnstein, Zirkon, Vesuvian
		19 tetragonal-trapezoedrisch	D_4	$4\,2\,2$	tetragonales Trapezoeder	Maucherit, Mellit, Nickelsulfat, Phosgenit
		20 tetragonal-skalenoedrisch	D_{2d}	$\bar{4}\,2\,m$	tetragonales Skalenoeder	Kupferkies, Zinnkies, Harnstoff
		21 ditetragonal-pyramidal	C_{4v}	$4\,m\,m$	ditetragonale Pyramide	Diaboleit, Silberfluorid
		22 tetragonal-dipyramidal	C_{4h}	$4/m$	tetragonale Dipyramide	Fergusonit, Scheelit, Skapolith
		23 tetragonal-disphenoidisch	S_4	$\bar{4}$	tetragonales Bisphenoid	Pentaerythrit, Schreibersit
		24 tetragonal-pyramidal	C_4	4	tetragonale Pyramide	Wulfenit
rhombisches System		25 rhombisch-dipyramidal	D_{2h}	mmm	rhombische Dipyramide	Antimonit, Aragonit, Baryt, Markasit, Olivin, Schwefel
		26 rhombisch-pyramidal	C_{2v}	$2\,m\,m$	rhombische Pyramide	Hemimorphit, Prehnit, Stephanit, Struvit
		27 rhombisch-disphenoidisch	D_2	$2\,2\,2$	rhombisches Bisphenoid	Bittersalz, Zinkvitriol
monoklines System		28 monoklin-prismatisch	C_{2h}	$2/m$	Prisma	Augit, Epidot, Gips, Hornblende, Malachit, Orthoklas
		29 monoklin-sphenoidisch	C_2	2	Sphenoid	Mesolith, Milchzucker, Weinsäure
		30 monoklin-domatisch	C_s	m	Doma	Kaolinit, Skolezit
triklines System		31 triklin-pinakoidal	C_i	$\bar{1}$	Pinakoid	Disthen, Kupfervitriol, Plagioklase
		32 triklin-pedial	C_1	1	Pedion	Calciumthiosulfat

Wörter, die man unter K vermisst, suche man unter C, Ch, G, H oder Q

in K.-Strukturen auftretenden Symmetrieelementen: 1) alle auch kristallmorphologisch bekannten Elemente: Drehachsen, Spiegelebenen, Drehspiegelachsen und Drehinversionsachsen, 2) Translationen (Punktverschiebung in bestimmter Richtung um eine bestimmte Strecke).

Die zunächst nur theoret. Vorstellungen über den inneren Feinbau der K. sind durch →Kristallstrukturanalysen auch experimentell bestätigt; die bisher erforschten K.-Arten verteilen sich auf fast tausend →Kristallstrukturtypen. Die Anordnung der Bausteine in einer K.-Struktur ist u. a. abhängig von deren Radien (z. B. Ionenradien), den Radienquotienten und der sich daraus ergebenden Koordination (z. B. Kugelpackung). Von Bedeutung sind auch die Bindungsarten, wonach die K.-Strukturen eingeteilt werden in **homodesmische** Strukturen, in denen die Bausteine durchgängig von Hauptvalenzkräften derselben Bindungsart zusammengehalten werden, und in **heterodesmische**, in denen stärker versch. Bindungsarten in versch. Bezirken (z. B. organ. Molekülgitter, in denen die Bausteine eines Moleküls homöopolar, die Moleküle selbst mit Van-der-Waals-Kräften aneinander hängen) oder Richtungen (z. B. Graphit mit stärker homöometalloiden Bindungsanteilen in den Richtungen der a-Achsen) gleichzeitig wirken.

W. KLEBER: Einf. in die Kristallographie (Berlin-Ost ^{17}1990); W. BORCHARDT-OTT: Kristallographie. Eine Einf. für Naturwissenschaftler (^{4}1993); H. BURZLAFF u. H. ZIMMERMANN: K.-Symmetrie, K.-Struktur (^{2}1993); M. I. KAGANOW: Grundzüge der Festkörperphysik (a. d. Russ., Thun 1994); J. BOHM: Realstruktur von K. (1995); Modern crystallography, hg. v. B. K. VAINSHTEIN u. a., Bd. 2: Structure of crystals (Berlin ^{2}1995).

Kristallchemie, ein Teilgebiet der Kristallographie, die Wiss. von der chem. Zusammensetzung und den chem. Umwandlungen der Kristalle sowie von den Zusammenhängen zw. ihrer chem. Zusammensetzung und ihren physikal. Eigenschaften, ihren äußeren Formen und ihrem Aufbau. Die K. hat v. a. die Aufgabe untersuchen, welche Atome, Ionen und Moleküle die Kristalle aufbauen, durch welche Art →chemischer Bindung die unterschiedl. Anordnung dieser Kristallbausteine bewirkt wird und welchen Einfluss deren Größe, Polarisierbarkeit u. a. auf die Kristallstruktur haben. Weiter untersucht sie, welchen Einfluss v. a. Änderungen von Druck, Temperatur und chem. Zusammensetzung (Einbau von Fremdatomen) auf die Kristalle und ihre Gitter haben.

Die K. zeigt, dass an der in den Kristallen wirksamen chem. Bindung meist mehrere Bindungstypen gleichzeitig beteiligt sind, z. B. in den Silikaten sowohl hetero- als auch homöopolare (kovalente) Bindungsanteile, bei Sulfiden neben homöopolarer auch metall. Bindung, bei Atomkristallen auch heteropolare Anteile. Auch koordinative Bindungen und Nebenvalenzbindungen können wirksam sein, etwa Brückenbindungen in anorgan. Kristallen mit Kristallwasser, die Wasserstoffbrückenbindung in organ. Kristallen. I. Allg. ändert sich der Anteil der unterschiedl. Bindungstypen in den versch. Stoffgruppen, z. B. mit der Ordnungszahl der Bindungspartner oder infolge unterschiedl. gegenseitiger Polarisation der Kristallbausteine, wodurch deren Zusammenhalt in unterschiedl. Gitterrichtungen stark verschieden sein kann (anisodesm. Kristallstrukturen; z. B. bei Schichtenstrukturen).

Eine besondere Rolle spielen auch geometr. Faktoren, z. B. der Einfluss der unterschiedl. Größe (Atom- und Ionenradien) der Kristallbausteine auf die Packung (z. B. in Kugelpackungen), des Quotienten der Ionenradien bei Ionenkristallen auf die Koordinationszahl und die Art des Koordinationspolyeders.

Das Auftreten des gleichen Strukturtyps bei versch. Substanzen, erklärbar durch ähnl. Quotienten der Ionenradien, wird als Isomorphie bezeichnet. Bei den aus Komplexionen bestehenden Kristallstrukturen, bei denen die Bindungen innerhalb der Komplexe oft wesentlich stärker sind als zw. ihnen, weisen diese Komplexionen eine charakterist. Gestalt in allen von ihnen gebildeten Verbindungen auf. Die bei Mischkristallen teilweise zu beobachtenden komplizierten stöchiometr. Verhältnisse lassen sich ebenfalls aus den dort auftretenden Strukturen erklären.

Eine wichtige Aufgabe der K. ist die Untersuchung der chem. Reaktionen in und an Festkörpern bzw. Kristallen. Zum Verständnis dieser und anderer kristallchem. Probleme ist die Kenntnis der Kristallstruktur und der mögl. Gitterbaufehler bzw. Fehlordnungen vielfach Voraussetzung. Dies gibt der Kristallstrukturanalyse und anderen physikal. Methoden der Strukturaufklärung besondere Bedeutung.

R. C. EVANS: Einf. in die K. (a. d. Engl., 1976).

Kristall|elemente, Bez. für die Längen bzw. Längenverhältnisse $a:b:c$ der kristallograph. Achsen und die von diesen eingeschlossenen Winkel α, β, γ (→kristallographische Achsenkreuze). Die K. sind Materialkonstanten, sie lassen sich aus wenigen Hauptwinkelmessungen zw. den einen Kristall begrenzenden Flächen ableiten.

Kristallfeld, kristall|elektrisches Feld, das stark inhomogene lokale elektrostat. Feld in einem Kristall, das durch Überlagerung der elektr. Felder der in der Umgebung befindl. Atomrümpfe entsteht und dessen Symmetrie mit der Punktsymmetrie des betrachteten Gitterplatzes übereinstimmt. Durch das K. werden die elektron. Energieniveaus der Kristallatome beeinflusst, was (gegenüber den freien Atomen) zu einer Verschiebung und Aufspaltung (**K.-Aufspaltung**) der Spektrallinien führt. Die Auswertung der Spektren liefert Informationen über Stärke und Symmetrie des Kristallfelds.

Kristallfeldtheorie, →Ligandenfeldtheorie.

Kristallfläche, eine der ebenen Begrenzungsflächen eines Einzelkristalls, mit dem Symbol ($h k l$) bezeichnet (→millersche Indizes). Die zu beobachtenden K. entsprechen dichtestgepackten Ebenen. Häufig verlaufen die wirkl. Begrenzungsflächen unter kleinen Winkeln zu niedrig indizierten Netzebenen (**Vizinalflächen**).

Kristallform, die Gesamtheit der aufgrund der Symmetrieeigenschaften eines Kristalls **äquivalenten Kristallflächen**, d. h. aller derjenigen Flächen, die aus einer vorgegebenen (einer →Netzebene entsprechenden) Fläche durch Anwendung aller →Symmetrieoperationen hervorgehen, die in der entsprechenden →Kristallklasse möglich sind. Eine solche Gesamtheit bildet eine **einfache K.** und wird mit dem Symbol $\{h k l\}$ bezeichnet; dabei sind die $h k l$ die →millerschen Indizes einer der äquivalenten Flächen. Äquivalente Kristallflächen sind in ihrer Struktur gleich und zeigen gleiches physikalisch-chem. Verhalten.

Einfache K. sind ideale geometr. Formen, die sich aus den Symmetrieeigenschaften eines Kristalls bzw. seiner Kristallklasse ergeben und sich bei einem realen Kristall nur dann gleichmäßig entwickeln, wenn dieser allseitig gleichmäßig von seiner flüssigen Phase umgeben ist. Die Kristallgestalten realer Einzelkristalle weichen meist mehr oder weniger stark von der idealen K. ab. Wenn bei einem Kristall die gleichen Flächen (d. h. Flächen gleicher Lage) wie bei der entsprechenden idealen K. ausgebildet, aber ungleichmäßig entwickelt sind, liegt eine **Verzerrung** vor.

Jede der 32 Kristallklassen bzw. Punktgruppen weist sieben einfache K. auf, die je nach Lage der Ausgangsfläche zu den Symmetrieelementen verschieden voneinander sind, mit versch. Flächensymmetrien der Einzelflächen und versch. Flächenzahlen der K.: Bei allgemeiner Lage der Ausgangsfläche besteht keine

Flächensymmetrie und die Flächenzahl ist am größten **(allgemeine K.)**. Bei einer speziellen Lage der Ausgangsfläche (z. B. senkrecht auf einer Symmetrieachse) ist die Flächensymmetrie größer und die Flächenzahl kleiner, eine **spezielle K.** ist das Resultat.

Holoedrisch (vollflächig, geschlossen) heißen die K. der höchstsymmetr. Klasse jedes Systems, **meroedrisch** (teilflächig, offen) die durch systemat. Weglassen von Symmetrieelementen flächenärmeren anderen Klassen. Bei hemiedr. Zerlegung zerfällt jede allgemeine Form der Holoedrie in zwei **Hemieder** (Halbflächer), die zueinander ›korrelat‹ sind. Hierbei sind möglich: a) kongruent-korrelate oder positive und negative Formen, wenn die korrelierten Formen selbst noch Spiegelebenen besitzen, oder b) enantiomorphe oder rechte und linke Formen, wenn Spiegelebenen und Symmetriezentrum fehlen. Körper dieser Art zeichnen sich optisch mitunter durch Zirkularpolarisation aus. Aus Hemiedern ergeben sich **Tetartoeder** (Viertelflächer); **Hemimorphien** zeigen polare Kristallgestalt, d. h. ›obere‹ und ›untere‹ Formen. V. a. in der Natur weist die Kristallausbildung Besonderheiten auf, neben dem unterschiedl. →Kristallhabitus z. B. die Bildung von →Zwillingen, versch. Verwachsungen, →mimetische Kristalle und →Skelettkristalle.

Offene K. (die einfachste ist eine ebene Fläche, weitere z. B. das Pinakoid, das Sphenoid und das Prisma) können bei wirkl. Kristallen nur in Verbindung mit anderen K. vorkommen. Derartige Verbindungen von zwei oder mehr einfachen K. (nicht nur offenen) zu einer gemeinsamen Form werden als **Kombination** (auch Kombinationsform) bezeichnet.

Kristallgeometrie, Bereich der Kristallographie, der sich mit den geometr. Eigenschaften der Kristalle und deren Gesetzmäßigkeiten befasst. Dabei kann methodisch und inhaltlich unterschieden werden zw. der (makroskop.) K. des →Scheinkontinuums und der (mikroskop.) K. der Raumgitter und der Kristallstrukturen. Eine wichtige Aufgabe ist die Bestimmung der →kristallographischen Achsenkreuze, bezüglich derer sich die Orientierung von Flächen und Geraden mit bestimmten Indizes angeben lässt (→Bravais-Indizes, →millersche Indizes, →Translationsgitter).

Kristallgestalt, zusammenfassende Bez. für →Kristallhabitus und Kristalltracht, also die äußere Erscheinung eines Einzelkristalls. Unter **Kristalltracht** versteht man die Gesamtheit aller an einem Kristall vorhandenen einfachen Kristallformen. Die Ausbildung einer bestimmten K. wird von den Milieubedingungen beeinflusst, unter denen ein Kristall wächst bzw. gewachsen ist (→Kristallisation).

Kristallgitter, veraltete Bez. für →Raumgitter der Kristalle und für Kristallstruktur. (→Bravais-Gitter)

Kristallglas, farbloses Wirtschaftsglas für hochwertige, meist geschliffene Gebrauchs- und Luxuswaren, mit hohem Glanz und Lichtbrechungsvermögen sowie hoher Dichte. Nach dem Gesetz zur Kennzeichnung von Bleikristall und K. vom 25. 7. 1971 steht K. für Glas, das Bleioxid (PbO), Bariumoxid (BaO), Kaliumoxid (K_2O) oder Zinkoxid (ZnO) allein oder zus. zu mindestens 10% enthält, eine Dichte von mindestens 2,45 g/cm³ hat und dessen Brechzahl mindestens 1,520 beträgt, oder, falls Zinkoxid fehlt, eine Dichte von mindestens 2,40 g/cm³ und eine Oberflächenhärte nach VICKERS von 550 ± 20 hat. – **Bleikristall** enthält dagegen mehr als 24% Bleioxid, besitzt eine Dichte von mindestens 2,90 g/cm³ und eine Brechzahl von mindestens 1,545; **Hochbleikristall** enthält mindestens 30% Bleioxid (Dichte 3,0 g/cm³, Brechzahl 1,545); das nur in Dtl. zugelassene **Pressbleikristall** enthält mindestens 18% Bleioxid, besitzt eine Dichte von 2,70 g/cm³ und eine Brechzahl von 1,520. (→Glas)

Kristallglasur, eine leichtflüssige →Glasur, die an Metalloxiden, bes. Zink- und Titandioxid, übersättigt ist. Nach dem Brand entwickeln sich bei der Abkühlung mehr oder weniger große, schöne Kristalle, die durch andere Metalloxide (z. B. Kobaltoxid, Kupferoxid) gefärbt werden können →Farbglasur.

Kristallhabitus, Kurz-Bez. **Habitus,** Proportionen eines Kristalls, die sich durch das Vorhandensein oder Fehlen bestimmter Wachstumsrichtungen ergeben. Der K. längl. Kristalle, d. h. solcher, die hauptsächlich in einer Richtung gewachsen sind, wird u. a. als prismatisch gestreckt, säulig oder nadelig bezeichnet, derjenige flacher, d. h. im Wesentlichen nach einer Ebene entwickelter Kristalle u. a. als planar, tafelig oder blättrig; einen isometr. Habitus weisen Kristalle auf, die nach allen Richtungen etwa gleichmäßig entwickelt sind. Vom K. zu unterscheiden ist die Kristalltracht (→Kristallgestalt).

kristallin, kristallinisch, bezeichnet den Zustand von Festkörpern mit Anordnung ihrer Teilchen in einem dreidimensional period. Raumgitter bei ausgeprägter Fernordnung; Ggs.: amorph. Der kristalline Zustand eines Körpers ist die feste Phase im Sinne der Physik und der Chemie. Ein kristalliner Körper kann aus vielen kleinen, unregelmäßig gelagerten Kristalliten bestehen, oder die Gitterstruktur kann sich durch den ganzen Körper fortsetzen (→Kristall).

Kristallin *das, -s, Geologie:* das aus magmat. und metamorphen Gesteinen aufgebaute →Grundgebirge.

kristalline Flüssigkeiten, die →flüssigen Kristalle.

kristalline Schiefer, Sammel-Bez. für metamorphe Gesteine mit deutl., flächenhafter Einregelung (Schieferung, Paralleltextur) von blättrigen Mineralen, v. a. Glimmer, bedingt durch starken gerichteten Druck; z. B.: Phyllit, Gneis, Amphibolit, Granulit.

Kristallisation *die, -/-en,* Vorgang der Kristallbildung. Das Kristallwachstum erfolgt von submikroskop. Kriställchen aus **(Kristallkeime),** die Durchmesser von etwa 4 bis 18 nm haben und spontan in übersättigten Dämpfen und Flüssigkeiten und in unterkühlten Schmelzen gebildet werden, durch Substanzanlagerung **(Appositionswachstum)** beim Abkühlen von Schmelzen, Lösungen, Gasen oder Dämpfen, ferner beim Eindampfen von Lösungen, durch Reaktionen und Umwandlungen (→Polymorphie) im festen Zustand und durch Austauschreaktionen (→Pseudomorphose). Nach der Wachstumstheorie von W. KOSSEL und I. N. STRANSKI, die auf der elektrostat. Anziehung von Ionen beruht, wird ein Ion aus dem umgebenden Medium bes. stark am Ende einer noch unvollständigen Gittergeraden angezogen und eingebaut. Diese Gittergerade wächst nun über den ganzen Kristall; in irgendeinem Punkt der hierzu benachbarten Gittergeraden beginnt die nächste Gerade zu wachsen, und erst nach völliger Ausbildung dieser Netzebene wird eine neue Netzebene begonnen. Bei übereiltem Wachstum findet die Anlagerung bevorzugt an Kanten und Ecken statt (→Skelettkristalle). Die

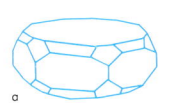

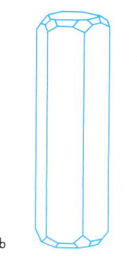

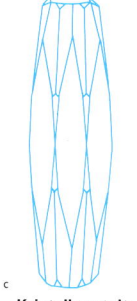

Kristallgestalt: Kristalle mit gleicher Tracht und unterschiedlichem Habitus (a und b) bzw. mit gleichem Habitus und unterschiedlicher Tracht (b und c)

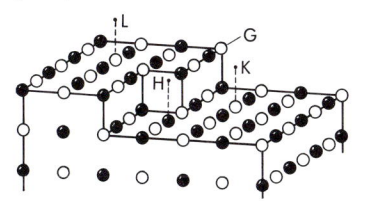

Kristallisation: Kristallwachstum durch Einbau neuer Gittergeraden und Netzebenen; die begonnene Gerade G wird zunächst bei H fortgesetzt und wächst über den ganzen Kristall, dann wird (etwa bei K beginnend) die nächste Gerade eingebaut, und erst nach Abschluss der ganzen Netzebene wird mit einer neuen Netzebene begonnen (etwa bei L)

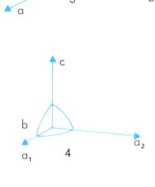

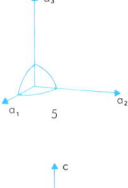

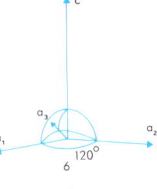

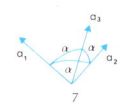

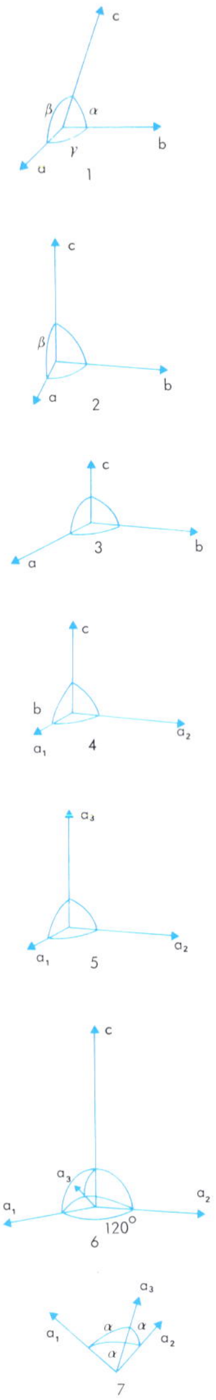

Kris Kristallisationsenthalpie – Kristalloptik

Wachstumsgeschwindigkeit ist von den physikal. (z. B. Temperatur, Sättigungsgrad) und chem. Bedingungen (Zusammensetzung, Reinheit der Schmelze oder Lösung) abhängig. Langsame K. aus Lösungen ergibt große Kristalle, rasches Abkühlen kleine, aber meist reinere Kristalle. Die K. wird zur →Kristallzüchtung und zur Reinigung von festen Stoffen genutzt. In der Verfahrenstechnik versteht man unter K. ein therm. Trennverfahren, bei dem mindestens eine kristalline Phase (**Kristallisat**) gewonnen wird, die durch Filtration, Zentrifugieren u.a. isoliert werden kann. Wird die Löslichkeit des Gelösten durch Zugabe eines Hilfsmittels herabgesetzt, spricht man von **Fällungs-K**. Beim **Ausfrieren** wird das Lösungsmittel zur K. gebracht, das Gelöste verbleibt in der konzentrierteren Restlösung. Die K. aus der Dampfphase wird **Desublimation** genannt. Die K. wird u. a. bei der Herstellung von Zucker, Düngemitteln angewendet.

Kristallisationsenthalpie, veraltet **Kristallisationswärme,** eine →Umwandlungsenthalpie. (→Gefrierpunkt)

Kristallit der, -s/-e, jedes einzelne Kristallkorn eines Kristallaggregats (→Vielkristall). K. bilden sich bei gegenseitiger Wachstumsbehinderung (z.B. beim Erstarren einer Metallschmelze) anstelle größerer Kristalle und sind daher meist nicht von ebenen Flächen begrenzt.

Kristallkanten, die Kanten eines Kristallpolyeders, d.h. die Schnittgeraden je zweier Kristallflächen eines Kristallindividuums. Sie haben die Richtungen von Gittergeraden, wenn die Kristallflächen Netzebenen entsprechen. K. werden ebenso wie andere Gittergeraden und -richtungen mit besonderen Symbolen bezeichnet (→Translationsgitter).

Kristallkeim, →Kristallisation.

Kristallklasse, Symmetrieklasse, eine der 32 Klassen, in die man, den 32 kristallograph. →Punktgruppen entsprechend, alle Kristalle nach ihren Symmetrieeigenschaften einteilen kann. Dabei bezeichnet man die Summe der →Symmetrieelemente eines Kristalls als seinen Symmetrieinhalt, deren räuml. Anordnung als sein Symmetriegerüst. Zur Bez. der K. werden dieselben Symbole verwendet wie für die entsprechenden Punktgruppen. Daneben sind auch die Namen der allgemeinen →Kristallformen üblich, die zu den jeweiligen K. gehören. (→Kristall, ÜBERSICHT)

Kristallkunde, die Kristallographie (→Kristall).

Kristallmonochromator, Gerät zur Erzeugung monoenerget. Neutronenstrahlen, das die Tatsache ausnutzt, dass aus einem auf einen Einkristall fallenden Neutronenbündel nur diejenigen Neutronen unter dem Glanzwinkel reflektiert werden, deren De-Broglie-Wellenlänge die →Bragg-Gleichung erfüllt.

Kristallmorphologie, die Lehre von den Kristallformen und Kristallgestalten (→Kristall).

Kristallnacht, im natsoz. Deutschland offizielle Bez. für die →Reichspogromnacht.

Kristalloblastese [zu griech. blástēsis ›das Keimen‹, ›das Wachsen‹] die, -, **Blastese,** *Petrologie:* das mehr oder weniger gleichzeitige Wachstum von Kristallen bei der Um- und Neubildung von Mineralen während der Metamorphose (überwiegend im festen Gesteinsverband, selten durch Aufschmelzung bedingt). Je nach Form und Anordnung der Kristalle unterscheidet man versch. kristalloblast. Gefügetypen: →diablastisch, →granoblastisch, →heteroblastisch, →homöoblastisch, →lepidoblastisch, →nematoblastisch, →poikiloblastisch, →porphyroblastisch. Die Kristallkörner sind meist xenoblastisch ausgebildet, d.h. in ihrem Umriss den Nachbarkörnern angepasst, seltener idioblastisch, also in ihrer idiomorphen, d.h. kristalleigenen Gestalt ausgeprägt.

Kristallographie die, -, die Wiss. von den →Kristallen.

kristallographische Achsenkreuze, den sieben Grundformen der →Raumgitter von Kristallen und deren Symmetrien entsprechende räuml. Achsenkreuze, auf welche die Angaben von kristallograph. Koordinaten, Richtungen und Flächen bezogen werden. Ein k. A. wird i. d. R. von drei kristallograph. Achsen *a, b, c* gebildet, die paarweise die Winkel α, β, γ einschließen (der Winkel α wird von den Achsen *b* und *c* eingeschlossen, β von *c* und *a*, γ von *a* und *b*). I. Allg. haben die drei Achsen versch. Einheiten, deren absolute Längen aber für die Charakterisierung eines bestimmten k. A. unerheblich sind; für die Angabe eines k. A. genügen die Längenverhältnisse $a:b:c$. Nach internat. Konvention wird dabei $b = 1$ gesetzt. In Darstellungen werden die k. A. so orientiert, dass die *c*-Achse nach oben weist, die *a*-Achse nach vorn und die *b*-Achse nach rechts.

Nach den k. A. werden die Kristalle in →Kristallsysteme eingeteilt, wobei dem hexagonalen System i. d. R. vier kristallograph. Achsen zugrunde gelegt werden, von denen drei komplanar sind und paarweise einen Winkel von 120° einschließen. Die k. A. sind zugleich Gitterlinien in den →Bravais-Gittern; die kürzesten Translationen längs dieser Linien sind die so genannten Identitätsperioden oder Gitterkonstanten a_0, b_0, c_0. Die k. A. mit den Längen der Gitterkonstanten spannen die einfach primitiven Elementarzellen der Bravais-Gitter auf. – Während die Längenverhältnisse der k. A. (bzw. die ihrer Einheiten) und die eingeschlossenen Winkel aus wenigen Hauptwinkelmessungen zw. den einen Kristall begrenzenden Flächen ableitbar sind, können die (absoluten) Gitterkonstanten nur mithilfe anderer Methoden, z. B. der Röntgenstrukturanalyse, gefunden werden.

kristallographische Grundgesetze, 1) das Gesetz der **Winkelkonstanz** (N. STENO, 1669): Bei versch. Individuen der gleichen Kristallart bilden die gleichen Flächen stets die gleichen Winkel. 2) das **Rationalitätsgesetz:** Alle an Einzelkristallen beobachteten Flächen und Kanten lassen sich im Verhältnis einfacher ganzer Zahlen (d. h. als rationale Zahlen) auf das zu der entsprechenden Kristallart gehörende kristallograph. Achsenkreuz beziehen. – Die beiden k. G. sind Ausdruck des allgemeinen **Korrespondenzprinzips** zw. Morphologie, d. h. äußerer Gestalt, und Struktur, d. h. innerem Aufbau, der Kristalle.

Kristallometrie die, -, ein Teilgebiet der Kristallographie (→Kristall).

Kristall|optik, Spezialgebiet der Kristallphysik, dessen Gegenstand die opt. Eigenschaften (Reflexion, Brechung, Dispersion, Absorption) der Kristalle sind, die in drei opt. Klassen eingeteilt werden. Alle Kristalle, mit Ausnahme derjenigen des kub. Systems, sind optisch anisotrop, d. h., ihr opt. Verhalten hängt von der Polarisation und Ausbreitungsrichtung des Lichts bezüglich der Kristallachsen ab. In optisch isotropen Kristallen (**optische Klasse 1**) tritt jeweils nur eine Brechzahl n auf; das →Indexellipsoid ist eine Kugel mit n als Radius. – Für die nichtkub. anisotropen Kristalle sind die Indexellipsoide mehrachsig. Die Kristalle des hexagonalen, trigonalen und tetragonalen Systems sind es Rotationsellipsoide mit nur einem mögl. isotropen Kreisschnitt des Radius n_w und darauf senkrechter opt. Achse (**optisch einachsige Kristalle; optische Klasse 2**); für die Kristalle des rhomb., monoklinen und triklinen Systems sind es dreiachsige Ellipsoide mit den Halbachsen $n_\gamma > n_\beta > n_\alpha$. Alle Schnitte sind Ellipsen, außer den zwei Kreisschnitten mit dem Radius n_β; die darauf senkrecht stehenden opt. Achsen A (**Binormale**) bilden den Achsenwinkel $2V$ (**optisch zweiachsige Kristalle; optische Klassen 3 bis 5**). Die wichtigsten durch opt. Anisotropie hervorgerufenen Effekte sind →Doppelbrechung, →optische Aktivität und →Pleochroismus. Die Erscheinungen

kristallographische Achsenkreuze:
1 triklines,
2 monoklines,
3 rhombisches,
4 tetragonales,
5 kubisches,
6 hexagonales,
7 rhomboedrisches Achsenkreuz

der K. können mithilfe der maxwellschen Theorie unter Zugrundelegung der Kristallstruktur und Berücksichtigung der unterschiedl. Kristallklassen, Bindungskräfte, Packungsdichten und Polarisierbarkeiten theoretisch befriedigend erklärt werden. Die Theorien basieren auf der Modellvorstellung, dass die Elektronenwolken der Atome und Moleküle auf den Gitterplätzen durch eine einfallende elektromagnet. Welle zu Schwingungen um ihre Gleichgewichtslage angeregt werden. Dieses Modell kann auch die Phänomene der nichtlinearen Optik anschaulich deuten.

Bei der Untersuchung von Gesteins- oder Kristalldünnschliffen zum Zweck der Mineralbestimmung mit dem →Polarisationsmikroskop werden u. a. folgende Erscheinungen beobachtet: 1) die beim Drehen des Kristalls zw. gekreuzten Polarisatoren auftretenden Hell- und Dunkelstellungen (**Auslöschung**). Dabei bleiben die optisch isotropen kub. Kristalle und Kreisschnitte stets dunkel; 2) die sich aus Phasendifferenzen durch →Interferenz ergebenden Interferenzfarben; 3) Interferenzbilder (Achsenbilder), die durch bestimmte Anordnung dunkler Balken (Isogyren) und farbiger Kurven (Isochromaten) die Unterscheidung der opt. Klasse 2 von den Klassen 3 bis 5 ermöglichen.

Kristallpalast, engl. **Crystal Palace** ['krɪstl 'pælɪs], von J. PAXTON für die Londoner Weltausstellung 1851 im Hyde Park errichtetes, 1854 nach Sydenham versetztes, 1936 abgebranntes Ausstellungsgebäude, eines der ersten großen Werke reiner Eisen- und Glasarchitektur. Der K. wurde in weniger als einem Jahr durchgehend aus genormten Gusseisen-, Holz- und Glasteilen über einer Grundfläche von mehr als 70 000 m² erstellt. BILD →Ausstellungsbauten

Kristallphysik, Teilgebiet der Physik bzw. der Kristallographie, das sich mit den physikal. Eigenschaften der Kristalle und den in ihnen auftretenden physikal. Erscheinungen befasst, wobei bes. der Zusammenhang zw. diesen Eigenschaften (bzw. Erscheinungen) und der Kristallstruktur sowie deren →Fehlordnung erforscht werden. (→Gitterbaufehler)

Die K. überschneidet sich in vielen Bereichen mit der Festkörperphysik. In ihr stehen aber neben der Untersuchung der Festigkeit und Verformbarkeit der Kristalle (Spaltbarkeit, Druck-, Zug- und Biegefestigkeit, Ritzhärte, elast. und plast. Verformbarkeit, Druck- und Schlagfiguren) v. a. die →Kristalloptik und die →Kristallstrukturanalyse im Vordergrund, die beide bei der Bestimmung kristalliner Substanzen unentbehrlich geworden sind. Aber auch die übrigen, auf ihrer Anisotropie beruhenden physikal. Eigenschaften der Kristalle, z. B. ihre Elastizität, Wärmeausdehnung und Wärmeleitfähigkeit, ihre elektr. Eigenschaften (z. B. Ferroelektrizität, elektr. Leitfähigkeit, Piezoelektrizität), ihre photoelektr. und magnet. Eigenschaften, werden hinsichtlich der Abhängigkeiten vom Kristallstrukturtyp, von der Kristallsymmetrie, von Gitterbaufehlern, Korngrenzen u. a. untersucht.

M. J. BUERGER: Kristallographie. Eine Einf. in die geometr. u. röntgenograph. Kristallkunde (a. d. Engl., 1977); S. HAUSSÜHL: K. (Neuausg. 1983).

Kristallpulvermethode, *Kristallographie:* das →Debye-Scherrer-Verfahren.

Kristallregen, flächenhafter Niederfall vulkan. Auswurfmaterials, das vorwiegend aus Einzelkristallen besteht (z. B. Leucit-Regen am Vesuv).

Kristallspektrometer, Gerät zur Messung der Energieverteilung von γ-Strahlen (→Gammaspektrometer) oder Neutronen (→Neutronenspektrometer) durch Beugung an den Gitterebenen eines Einkristalls. Aus dem Ablenkwinkel der gebeugten Strahlung kann deren Wellenlänge und damit ihre Energie bestimmt werden.

Kristallstruktur|analyse, Verfahren zur Bestimmung des Aufbaues eines Kristalls, d. h. der räuml. Anordnung seiner Bausteine (Ionen, Moleküle, Atomrümpfe u. a.). Die Untersuchung erfolgt an Kristallpulvern (→Debye-Scherrer-Verfahren) oder Einkristallen (→Drehkristallmethode, →Laue-Verfahren) mithilfe versch. Verfahren, wobei bes. die Beugung von Röntgenstrahlen an der Kristallstruktur von Bedeutung ist (→Röntgenstrukturanalyse).

Eine vollständige K. umfasst u. a. folgende Untersuchungen: 1) Bestimmung des →Kristallsystems und der →Kristallklasse u. a. anhand der Morphologie, des lichtopt. Verhaltens und der Form und Lage von Ätzfiguren. – 2) Bestimmung und Indizierung der Gitterkonstanten, der Netzebenen und damit der Größe und Form der Elementarzelle des Gitters (→kristallographische Achsenkreuze). Hierzu dienen Drehkristall- und Röntgengoniometerverfahren, die De-Jong-Bouman-Methode sowie das Straumanis-Jevins-Verfahren. – 3) Feststellung der →Symmetrieelemente des untersuchten Kristalls und damit der →Raumgruppe anhand charakterist. Auslöschungen bestimmter Reflexe (tabellarisch niedergelegt in den ›International Tables for X-Ray Crystallography‹). – 4) Errechnung der Zahl Z der Formeleinheiten in der Elementarzelle aus deren Volumen V, der Kristalldichte D, der Avogadro-Konstante N_A und der relativen Molekülmasse M einer Formeleinheit nach der Gleichung $Z = VDN_A/M$. Der hieraus erhaltene Wert für Z kann mit der Zahl mögl. Punktlagen verglichen werden, die man anhand der Raumgruppenzugehörigkeit rechnerisch ermittelt, wobei u. a. die Ionenradien und die kristallchemisch mögl. Koordination zu berücksichtigen sind. Das Ergebnis ist eine Näherungsstruktur. – 5) Für die Näherungsstruktur werden mithilfe des →Strukturfaktors die relativen theoret. Intensitäten der Reflexe errechnet, mit den photometrisch beobachteten Reflexen verglichen und zur Übereinstimmung gebracht. Weitere Berechnungen dienen der Strukturverfeinerung und der Bestimmung interatomarer Abstände und Winkel.

Neben Röntgenstrahlen werden bei der K. auch Elektronen- oder Neutronenstrahlen (→Elektronenbeugung, →Neutronenbeugung), Synchrotronstrahlung oder Protonenstrahlen verwendet. Die Beugung von Elektronenstrahlen am Kristallgitter wird nicht nur durch die Gitterelektronen, sondern auch durch die Atomkerne beeinflusst; die Belichtungszeiten betragen nur Sekundenbruchteile (bei Röntgenstrahlen mehrere Stunden). Dagegen ist die Absorption (Intensitätsverlust) sehr viel größer; die Versuche sind außerdem nur im Vakuum möglich. Die Elektronenbeugung wird daher nur in Sonderfällen angewandt, z. B. zur Untersuchung von Oberflächen.

S. HAUSSÜHL: Kristallstrukturbestimmung (1979).

Kristallstrukturtypen, **Kristalltypen**, Benennungen bestimmter Kristallstrukturen (Kristallgitter) entweder nach wichtigen oder früh untersuchten Substanzen, z. B. Kupfer-(Cu-)Typ für den flächenzentrierten Würfel (Cu, Au, Ag und viele andere Metalle treten so auf), oder mit Buchstaben (Elemente mit A, A_1X_1-Verbindungen mit B, A_1X_2-Verbindungen mit C usw.) und Ziffern (in der Reihenfolge der Untersuchungen). So kristallisieren im Steinsalz- oder Natriumchlorid-(NaCl-)Typ, dem B1-Typ, aus je einem kubisch-flächenzentrierten Gitter des Na und des Cl rd. 150 Substanzen. Sie sind untereinander isotyp (→Typiebeziehungen).

Kristallstufe, **Mineralstufe**, Bez. für eine Gruppe gut ausgebildeter, frei stehender, miteinander verbundener Kristalle gleicher oder versch. Mineralart.

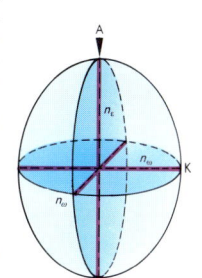

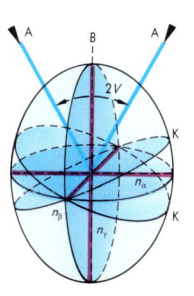

Kristalloptik: Indexellipsoid für einen optisch einachsigen Kristall (Rotationsellipsoid, oben) und für einen optisch zweiachsigen Kristall (dreiachsiges Ellipsoid, unten); K Kreisschnitt, A optische Achse, B den Achsenwinkel 2 V halbierender Schnitt (Bisektrix)

Wörter, die man unter K vermisst, suche man unter C, Ch, G, H oder Q

Kristallsysteme. Die 32 →Kristallklassen lassen sich so in sechs bzw. sieben K. zusammenfassen, dass die Klassen eines K. jeweils grundsätzlich gleiche →kristallographische Achsenkreuze aufweisen. Folgende K. werden unterschieden: das **trikline, monokline, rhombische, tetragonale, kubische** und **hexagonale.** Vom hexagonalen System wird gewöhnlich eine **trigonale** oder **rhomboedrische** Abteilung getrennt. Bezeichnet man die Achsen mit a, b, c (oder z. B. a_1, a_2, c, falls $a = b$) und die Achsenwinkel mit α, β, γ, so gilt für die kristallograph. Achsenkreuze

1) triklin: $a \neq b \neq c \neq a$, $\alpha \neq \beta \neq \gamma \neq \alpha$; $\alpha, \beta, \gamma \neq 90°$
2) monoklin: $a \neq b \neq c \neq a$, $\alpha = \gamma = 90°$
3) rhombisch: $a \neq b \neq c \neq a$, $\alpha = \beta = \gamma = 90°$
4) tetragonal: $a = b \neq c$, $\alpha = \beta = \gamma = 90°$
5) kubisch: $a = b = c$, $\alpha = \beta = \gamma = 90°$
6) hexagonal:
   vier Achsen: $a_1 = a_2 = a_3, c$
   $\sphericalangle (a_1, a_2) = \sphericalangle (a_2, a_3) = \sphericalangle (a_3, a_1) = 120°$
   $\sphericalangle (a_1, c) = \sphericalangle (a_2, c) = \sphericalangle (a_3, c) = 90°$
7) rhomboedrisch: $a = b = c$, $\alpha = \beta = \gamma \neq 90°$.

Die von diesen Achsenkreuzen gebildeten Parallelepipede sind die einzigen einfach primitiven Elementarzellen, die für →Raumgitter möglich sind. (→Bravais-Gitter)

Kristalltracht, →Kristallgestalt.

Kristallviolett, in Wasser und Öl violett lösl. Triphenylmethanfarbstoff; wird verwendet für Farbbänder, Kopierstifte, Stempel- und Druckfarben, auch als pH-Indikator (Farbumschlag bei pH 0,8–2,6 von Grün nach Blauviolett).

Kristallwachstum, →Kristallisation.

Kristallwasser, in kristallisierten →Hydraten und anderen kristallisierten Verbindungen gebundenes Wasser (H_2O). Es kann auftreten als: 1) **Koordinationswasser,** die H_2O-Moleküle sind um kleine Kationen koordiniert und bilden mit diesen ›vergrößerte Kationen‹; 2) **Strukturwasser,** jedes H_2O-Molekül ist Nachbar sowohl eines Kations als auch eines Anions; 3) **Zeolithwasser,** die H_2O-Moleküle sind in röhrenartigen Hohlräumen des Kristallgitters eingelagert; sie können z. B. in den Zeolithen reversibel entfernt und wieder eingeführt werden, ohne Veränderung des Gitters; 4) **Quellungswasser,** in bestimmten Schichtsilikaten (z. B. der Montmorillonit-Vermiculit-Gruppe) kann zw. die Silikatpakete (Anionen) jeweils eine Wasserschicht (Kationen) eingelagert werden; kann zu beträchtl. Änderungen der Gitterdimensionen führen.

Kristallzähler, Gerät zum Nachweis von Gammastrahlung und geladenen Teilchen, im Wesentlichen ein hochisolierender Kristall (Diamant, Silberchlorid u. a.), an den eine Spannung (etwa 1 kV) angelegt ist. Bei Einwirkung einer Strahlung erhält man durch Anhebung der Kristallelektronen aus dem Valenz- ins Leitungsband (→Bändermodell) kurzzeitig bewegl. Ladungsträger und damit zw. den Feldelektroden analog einer Ionisationskammer schwache Stromstöße, die nach elektron. Verstärkung nachweisbar sind. K. haben aufgrund ihrer größeren Dichte größere Nachweiswahrscheinlichkeit als Gaszähler, kürzere Impulsanstiegszeiten und (da die zur Anhebung eines Elektrons ins Leitungsband benötigte Energie um den Faktor 10 kleiner ist als die Ionisierungsenergie) eine bessere Energieauflösung. Eine Weiterentwicklung des K. ist der →Halbleiterdetektor.

Kristallzüchtung, die synthet. Herstellung von Einkristallen für wiss. und techn. Zwecke, z. B. von Siliciumkristallen für Transistoren und integrierte Schaltkreise, von Industriediamanten für die Materialbearbeitung, von Quarz für die Frequenzstabilisierung in elektr. Schwingkreisen oder von opt. Kristallen für die Laserphysik und die Lasertechnik.

Kristalle besonderer Reinheit liefern die **Schmelzziehverfahren,** die sich durch große Wachstumsgeschwindigkeit auszeichnen. Beim **Czochralski-Verfahren** wird das polykristalline Ausgangsmaterial in einem Tiegel aus Quarz, Graphit, Platin oder Keramik aufgeschmolzen. In die Schmelze wird ein einkristalliner Keim derselben Substanz eingetaucht und unter ständiger Drehung langsam hochgezogen. Gleichzeitig wird die Temperatur so weit erniedrigt, dass sich Material aus der Schmelze wegen der Unterkühlung an dem Keimling abscheidet. Beim **Bridgman-Verfahren** wird der die Ausgangsschmelze enthaltende Tiegel mit einer Relativgeschwindigkeit von 0,01 bis 10 mm/h durch einen Ofen mit einem steilen Temperaturgradienten gefahren, sodass der Kristall in der zur Tiegelbewegung entgegengesetzten Richtung wächst. Der Kristall wird anschließend zum Ausheilen von Verspannungen bei konstanter Temperatur getempert. Eine Kapillare oder Spitze am Tiegelboden sorgt dafür, dass nur einer der sich bildenden Kristallkeime wachsen kann. Beim tiegelfreien **Zonenschmelzverfahren** wird ein durch Sintern hergestellter polykristalliner Stab durch einen Ofen geschoben, sodass jeweils eine schmale Zone des Stabs aufschmilzt, die bei Absenken des Stabs oder Hochziehen des Ofens durch den Kristall wandert. Die Kristalle zeichnen sich durch hohe Reinheit aus, Verunreinigung durch Fremdatome aus dem Tiegelmaterial entfällt. Da sich Fremdatome in der Schmelzzone anreichern, kann wiederholtes Zonenschmelzen zur Reinigung von Kristallen und zur homogenen Fremdstoffverteilung eingesetzt werden. Rubine und Saphire werden nach dem **Verneuil-Verfahren** gewonnen, bei dem pulverförmiges Material in der Flamme eines Knallgasbrenners oder in einen Plasmalichtbogen rieselt und dort zu kleinen Tröpfchen geschmolzen wird, die auf den Kristallkeim fallen und beim Erstarren durch →Epitaxie aufwachsen. – Bei der **K. aus der Lösung** wird das in einer geeigneten Flüssigkeit oder Schmelze gelöste Ausgangsmaterial infolge Übersättigung, die durch langsames und gleichmäßiges Abkühlen oder Verdampfen des Lösungsmittels erreicht wird, an einem in die Lösung gehängten Keim in kristalliner Form wieder ausgeschieden. Während chem. Ausfällungsmethoden nur bei starker künstl. Verlangsamung der Reaktionsgeschwindigkeit größere Kristalle liefern, sind elektrolyt. Abscheidungsprozesse, die z. B. beim Galvanisieren ausgenutzt werden, auch zur Herstellung von Metalleinkristallen geeignet. Bei sehr geringer Löslichkeit werden zur K. aus der Lösung gleichzeitig hoher Druck (bis 5000 bar) und hohe Temperatur (etwa 500 °C) angewendet. Diese als **Hydrothermalsynthese** bzw. -verfahren bezeichnete Methode hat sich bei der Züchtung von piezoelektr. β-Quarzkristallen aus alkal. wässrigen Silikatlösungen bewährt. – Von festen Substanzen, die ohne Zersetzung verdampfen, können durch Sublimation und anschließende Kondensation des verdampften Materials an einer Stelle mit niedrigerer Temperatur kleine Einkristalle hergestellt werden. Diese **K. aus der Gasphase** wird z. B. zur Herstellung dünner Schichten in der Aufdampftechnik oder bei der Gasphasenepitaxie genutzt. Sie ist auch mithilfe gasförmiger Lösungen möglich. Bei dieser so bezeichneten Methode läuft die K. in abgeschmolzenen Quarzglasampullen in einem Rohrofen mit Temperaturgradient ab. Dabei reagiert das zu kristallisierende Material mit einem Gas, z. B. Chlor, Brom oder Jod, unter Bildung von gasförmigen Substanzen, die im Temperaturgefälle zu einer anderen Stelle der Züchtungsampulle transportiert werden, wo sich unter Rückreaktion das Ausgangsmaterial in Form von Einkristallen abscheidet. – In polykristallinem Material bilden sich auch bei langzeitigem Erhitzen auf Temperaturen knapp unterhalb des Schmelzpunkts größere einkristalline Bereiche. Dieser Prozess der **K. in der festen Phase** wird als Rekristallisation bezeichnet.

K.-T. WILKE: K., bearb. v. J. BOHM, 2 Bde. (Neuausg. ²1988).

Kristensen, Aage Tom, dän. Schriftsteller, * London 4. 8. 1893, † Thurø (bei Svendborg) 2. 6. 1974; seine expressionist. Lyrik (›Fribytterdrømme‹, 1920) vermittelt in harten, farbigen Rhythmen die Spannungen und die Vielschichtigkeit seiner Person und bestimmt auch seine modernist. Prosa. K.s Werke, insbesondere der autobiographisch geprägte Roman ›Hærværk‹ (1930; dt. ›Roman einer Verwüstung‹), der als sein Hauptwerk gilt, geben die Lebensanschauungen zweier Epochen wieder.

Weitere Werke: *Lyrik:* Mirakler (1922); Mod den yderste Rand (1936). – *Reiseberichte:* En Omvej til Andorra (1947); Rejse i Italien (1951).

Ausgabe: T. K. i poesi og prosa, hg. v. J. ØHLENSCHLÄGER (²1963).

A. JØRGENSEN: Litteratur om T. K. (Mårslet 1980); M. BYRAM: T. K. (Boston, Mass., 1982).

Kristeva, Julia, frz. Literaturtheoretikerin und Essayistin bulgar. Herkunft, * Sofia 24. 6. 1941; lebt seit 1966 in Paris, eine der führenden Vertreterinnen der Gruppe →Tel Quel, auch feminist. Theoretikerin. In ihren Studien zur Semiotik und literar. Textanalyse untersucht sie unter Einbeziehung von Psychoanalyse und Marxismus die zur Erzeugung von Sinnstrukturen führenden sprachl. Prozesse. Ihr erster Roman, ›Les samouraïs‹ (1990), zeichnet die intellektuelle Befindlichkeit ihrer Generation nach.

Weitere Werke: *Essays:* Séméiotikè, Recherches pour une sémanalyse (1969); Le texte du roman (1970); Des chinoises (1974; dt. Die Chinesin. Die Rolle der Frau in China); La révolution du langage poétique (1974; dt. Die Revolution der poet. Sprache); Pouvoirs de l'horreur. Essai sur l'abjection (1980); Histoires d'amour (1983); Soleil noir. Dépression et mélancolie (1987); Étrangers à nous-même (1988; dt. Fremde sind wir uns selbst); Les nouvelles maladies de l'âme (1993; dt. Die neuen Leiden der Seele); Le temps sensible. Proust et l'experience littéraire (1994); Pouvoirs et limites de la psychanalyse, auf mehrere Bde. ber. (1996 ff.). – *Roman:* Le vieil homme et les loups (1991).

Kristiania, früherer Name (1877–1924) der norweg. Hauptstadt →Oslo.

Kristiansand [-'san], Hafenstadt in S-Norwegen, am Skagerrak, nahe der S-Spitze Norwegens, 68 600 Ew.; Verw.-Sitz der Prov. Vest-Agder; Sitz eines luther. Bischofs; Distriktshochschule, Freilichtmuseum u. a. Museen; Schiffbau, metallurg., Holz-, Textil- u. a. Industrie; Garnisonstadt; Fährverkehr nach Hirtshals (Dänemark), in die Niederlande, nach Großbritannien. Von K. führt die Setesdalstraße über Haukeligrend zum Hardangerfjord. – Aus der Gründungszeit ist nur die kleine Festung Christiansholm erhalten; am nordöstl. Stadtrand befindet sich die Steinkirche von Oddernes (11. Jh.). – K. wurde 1641 gegründet, mit rechtwinklig sich kreuzenden Straßen (›Kvadraturen‹).

Kristianstad [kri'ʃansta:d], **1)** Stadt in S-Schweden, Verw.-Sitz des Län K., 73 000 Ew.; histor. Filmmuseum; Nahrungsmittel- und Bekleidungsindustrie; Bahnknotenpunkt, Flughafen. – Dreifaltigkeitskirche (1617–28). – K. wurde 1614 gegründet. **2)** Verw.-Bez. (Län) in S-Schweden, 6089 km², 293 200 Ew.; umfasst den nördl. und östl. Teil von →Schonen; Getreide-, Zuckerrübenanbau.

Kristiansund [-'sun], Hafen- und Fischereistadt in W-Norwegen, Prov. Møre og Romsdal, auf den durch Brücken verbundenen Inseln Kirklandet, Nordlandet und Innlandet, 17 100 Ew.; kulturhistor. Museum; Fisch verarbeitende Industrie; Versorgungszentrum für die vor der Küste lokalisierten Erdöl- und Erdgasfelder; Hafen (u. a. Aluminiumexport); Flughafen.

Kristiinankaupunki ['kristi:naŋkɑupuŋki], Stadt in Finnland, →Kristinestad.

Kristineberg [-'bærj], Bergbauort im Verw.-Bez. Västerbotten, N-Schweden, zur Großgemeinde →Skellefteå gehörend; bedeutende Förderstätte im Bergbaurevier Skelleftefeld; Abbau von Kupferkies, Zinkblende und Pyrit; 98 km lange Seilschwebebahn zum Erzanreicherungswerk in Boliden.

Kristinehamn, Stadt im Verw.-Bez. Värmland, Schweden, am NO-Ufer des Vänersees, 25 900 Ew.; Heimat-, Stadtmuseum; Maschinen- und Fahrzeugbau (Wohnwagen) u. a. Industrie; Hafen (über den Trollhättekanal für Seeschiffe zugänglich).

Kristinestad, finn. **Kristiinankaupunki** ['kristi:naŋkɑupuŋki], Hafenstadt in der Prov. Vaasa, Finnland, am Bottn. Meerbusen, 8 700 Ew. (58 % schwedischsprachig); Schifffahrtsmuseum.

Kristóf, Agota, schweizer. Schriftstellerin, * Csikvánd (Ungarn) 1935; floh nach dem ungar. Aufstand 1956 in die Schweiz; schreibt in frz. Sprache. International erfolgreich ist sie mit ihren Romanen, die in karger, eindringl. Sprache die Erfahrungen der Trennung von der Heimat aufarbeiten. Verfasst auch Lyrik, Hörspiele und Dramen.

Werke (Auswahl): *Romane:* Le grand cahier (1986; dt. Das große Heft); La preuve (1988; dt. Der Beweis); Le troisième mensonge (1991; dt. Die dritte Lüge); Hier (1995; dt. Gestern).

Kristofferson [krɪs'tɒfəsn], Kris, eigtl. **Kristoffer K.,** amerikan. Sänger, Komponist und Schauspieler, * Brownsville (Tex.) 22. 6. 1936; steht stilistisch zw. Rock und Country and Western (›Me and Bobby McGhee‹); komponierte Filmmusik und arbeitete als Filmschauspieler (›Pat Garrett jagt Billy the Kid‹, 1972; ›Alice lebt hier nicht mehr‹, 1974; ›Die letzten Tage von Frank und Jesse James‹, 1986; ›Christmas in Connecticut‹, 1992; ›Cyborg Warriors‹, 1994).

Kriterium [griech., zu krínein, →kritisch] *das,* -s/...ri|en, **1)** *allg.:* unterscheidendes Merkmal, Kennzeichen.

2) *Philosophie* und *Wissenschaftstheorie:* In der traditionellen Erkenntnistheorie spielen v. a. **Wahrheits-K.** eine wichtige Rolle. Dabei geht es darum, Merkmale zu benennen, mit deren Hilfe wahre von falschen Vorstellungen unterschieden werden können (so etwa bei R. DESCARTES ›Klarheit‹ und ›Distinktheit‹). In der neueren sprachanalytisch orientierten Philosophie sind dagegen **Sinn-K.** von besonderem Interesse, das sind Kennzeichen, die es erlauben, sinnleere von sinnvollen Ausdrücken zu unterscheiden. Bes. bekannt ist das empirist. Sinn-K. des log. Empirismus, demgemäß nur solche Ausdrücke einen Sinn haben, die einer empir. Überprüfung zugänglich sind.

3) *Radsport:* Straßenrennen, das über eine Distanz von 80–120 (Frauen max. 80) km auf einem Rundkurs von 800–1 600 m Länge gefahren wird. Gewertet wird nicht nach Zeit, sondern nach Punkten, die alle 5–10 Runden erspurtet werden. Überrundungen zählen mehr als Punktgewinne.

Kriti, neugriech. für →Kreta.

Kritias, griech. **Kritias,** athen. Politiker und Schriftsteller, † (gefallen) Munichia (bei Athen) 403 v. Chr.; K. gehörte 411 v. Chr. der oligarch. Reg. der Vierhundert an. Später beantragte er die Rückberufung des ALKIBIADES. Nach dessen Sturz ging er nach Thessalien in die Verbannung und kehrte erst nach der Niederlage Athens im Peloponnes. Krieg (404) zurück. Als Haupt der radikalen Gruppe der ›Dreißig Tyrannen‹ durch seinen Terror verhasst, fiel er im Kampf gegen die von THRASYBULOS geführten demokrat. Verbannten. In seinen polit. Schriften und Dichtungen – bekannt sind hexametr. und eleg. Gedichte sowie eine Tragödientetralogie – vertrat K. extreme sophist. Lehren. Er kommt als Gesprächspartner in mehreren Dialogen seines Verwandten PLATON vor.

Die Fragmente der Vorsokratiker, hg. v. H. DIELS u. a., Bd. 2 (⁶1952, Nachdr. 1989); H. BERVE: Die Tyrannis bei den Grie-

Julia Kristeva

Wörter, die man unter K vermisst, suche man unter C, Ch, G, H oder Q

chen, 2 Bde. (1967); W. K. GUTHRIE: The Sophists (London 1971, Nachdr. Cambridge 1993).

Kritik [frz., von griech. kritikḗ (téchnē) ›Kunst der Beurteilung‹] *die, -/-en,* **1)** *allg.:* 1) Bewertung, Begutachtung; 2) Beanstandung, Tadel; 3) krit. Beurteilung, Besprechung einer künstler. Leistung, eines wiss., literar. oder künstler. Werkes.

2) *Philosophie:* Grundform der Auseinandersetzung mit Handlungen, Handlungsnormen und -zielen sowie mit der durch diese bestimmten Welt in Form der Distanzierung, Prüfung, Beurteilung, Wertung, Infragestellung, Negierung; in moderner Terminologie nahezu synonym zu Vernunft und Denken. Dabei ist K. immer an bestimmten Normen oder Normsetzungen orientiert (u. a. Wahrheit, Natur des Menschen, Vernunft, Erfahrung, Autonomie). K. richtet sich gegen den Zwang zur nicht befragten Internalisierung metaphys., religiöser, rechtl., polit. oder allgemein gesellschaftl. Vorurteile und Normensysteme; sie setzt einerseits eine gewisse Freiheit zu deren Infragestellung voraus und ist andererseits darauf angelegt, diese Freiheit tendenziell zu erweitern. K. und die Möglichkeit und Fähigkeit zu K. sind damit konstitutiv für jede echte Demokratie. Entfaltung der K. wird durch method. Überprüfung von Erfahrungen und Handlungen im Blick auf deren Bedingtheiten geübt.

Diese Form der K. unterscheidet sich von irrationaler, nicht- oder gegenaufklärer. K. dadurch, dass sie ihre Prämissen, Bezugssysteme, ihre Verfahren und Methoden der Übernahme oder Setzung von Normen und Handlungszielen zur größtmögl. Ausschaltung irrationaler, einseitig interessengeleiteter Elemente kontrolliert. Dazu werden die Bezugssysteme von K. ihrerseits dem Postulat intersubjektiver Überprüfbarkeit oder der Verifikation oder Falsifikation unterstellt. In der damit vollzogenen Distanzierung zur vorgegebenen Wirklichkeit kann K. als Grundelement und Antriebskraft von Philosophie und Wiss. sowie von Kultur gelten.

K. bezeichnete in der Antike einerseits das unterscheidende und urteilende Vermögen des gebildeten Menschen (PLATON, ARISTOTELES) und wurde andererseits etwa für die Tätigkeit des Philologen verwendet (so nannte sich KRATES MALLOTES, Haupt der stoisch-pergamen. Schule, ›kritikos‹, einen ›Kritiker‹, in Abhebung zu den alexandrin. ›grammatikoi‹). K. im aufklärer. Sinne erreichte ihre Höhepunkte histor. Wirksamkeit in der griech. Philosophie des 5. Jh. v. Chr. in der sophist. und sokrat. K., die Mythos, Götterglauben, Tradition, Namen u. a. infrage stellten und auf das in ihnen enthaltene Wissen und die prakt. Tragfähigkeit für den Menschen prüften, später dann in der Aufklärung des 16.–18. Jh., die sich, ausgehend vom philosoph. Rationalismus und Empirismus, gegen eine nicht hinterfragte Metaphysik und die von ihr getragenen Institutionen der Kirche, des Staates, des Rechts wandte, schließlich alle Lebensbereiche durch die auf Vernunft und Erfahrung gestützte K. erfasste, die sich als Religions- und Bibel-K. im Deismus, als histor. und polit. K., als K. des Rechts, als philolog. und literar. K. und in der Konstituierung einer krit. Dichtkunst entfaltete. Hier setzte bei J.-J. ROUSSEAU die Zeit- und »Kulturkritik ein, die über J. G. FICHTE, F. NIETZSCHE, J. BURCKHARDT bis zu L. KLAGES, O. SPENGLER, MAX WEBER, K. JASPERS u. a. ein wichtiges Thema wurde. Auch die Ideologie-K. (→Ideologie) nahm hier ihren Ausgangspunkt. Einen Wendepunkt bezeichnet die K. bei I. KANT als Untersuchung der Grenzen und Bedingtheiten des Erkenntnis- und Urteilsvermögens selbst (→Erkenntnistheorie, →Kritizismus). – Konservative, liberale, sozialist. und marxist. »Gesellschaftskritik treibt die Auseinandersetzung mit der gesellschaftl. Wirklichkeit im 19. und 20. Jh. in jeweils versch. Sinne voran. Gesellschafts-K. spielt dabei nicht nur in der Philosophie, sondern auch in Kunst und Literatur eine wichtige Rolle (→Literaturkritik). Die Frage, ob die Grundlagen der Gesellschafts-K. als durch die histor. Entwicklung einzulösende Wahrheiten aufzufassen sind oder ob sie ihrerseits der K. und damit einer Relativierung standhalten müssen, ist in der auch für außersoziolog. Theoriebildung bedeutsamen Auseinandersetzung zw. krit. Theorie und krit. Rationalismus heftig umstritten. Eine andere Form der Frage nach den Grundlagen der K. führte zu einer ideologiekritisch ausgerichteten Sprachanalyse.

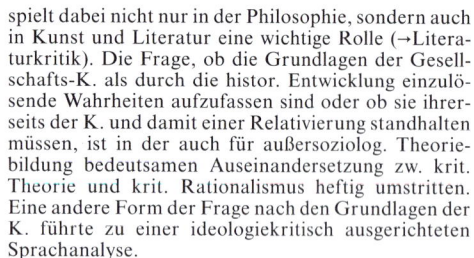

Studium Generale, Jg. 12 (1959), H. 7–12; R. C. KWANT: Critique. Its nature and function (Pittsburgh, Pa., 1967); Hb. philosoph. Grundbegriffe, hg. v. H. KRINGS u. a., Bd. 3 (1973); C. VON BORMANN: Der prakt. Ursprung der K. (1974); M. HORKHEIMER: Krit. Theorie (Neuausg. 1977); H. ALBERT: Traktat über krit. Vernunft (⁵1991).

Kritios, griech. **Krịtios,** griech. Bildhauer, mit NESIOTES in Werkstattgemeinschaft (?) in Athen im frühen 5. Jh. v. Chr. tätig; schuf zus. mit NESIOTES die zweite Tyrannenmördergruppe (in Kopien überliefert). Ein originales Marmorwerk seiner Hand ist wohl der ›Kritiosknabe‹ aus dem Perserschutt der Akropolis (um 480 v. Chr.; Athen, Akropolis-Museum).

kritisch [griech. kritikós ›zur entscheidenden Beurteilung gehörend‹, zu krínein ›scheiden‹, ›trennen‹; ›entscheiden‹, ›urteilen‹], **1)** *allg.:* 1) nach präzisen wiss., künstler. o. ä. Maßstäben prüfend und beurteilend; eine negative Beurteilung enthaltend, missbilligend; 2) schwierig, bedenklich; 3) eine Wende ankündigend, entscheidend; 4) wiss. erläuternd.

2) *Kerntechnik:* →kritischer Zustand.

kritische Ausgabe, nach den Grundsätzen moderner Textkritik erarbeitete wiss. Ausgabe eines Schriftwerks, meist mit »kritischem Apparat. Die historisch-krit. Ausgabe gibt alle Textfassungen wieder.

kritische Drehzahl, Drehzahl, bei der ein elast., mit Masse behaftetes System (z. B. eine Welle mit Rädern) durch periodisch einwirkende Kräfte zu Biege- und Drehschwingungen, die mit der Eigenschwingung des Systems übereinstimmen, angeregt wird, sodass Resonanz eintritt und die Ausschläge bis zur Zerstörung des Systems anwachsen können.

kritische Geschwindigkeit, *Strömungslehre:* 1) die Geschwindigkeit, bei der eine laminare Strömung in eine turbulente Strömung umschlägt; 2) die Minimalgeschwindigkeit, mit der sich Oberflächenwellen ausbreiten können; 3) die Strömungsgeschwindigkeit eines Gases, die gleich der Schallgeschwindigkeit am betrachteten Ort ist; 4) die Geschwindigkeit, bei der Kavitation auftritt.

kritische Höhe, Flughöhe über Grund, in der ein ohne Bodensicht durchgeführter Schlechtwetteranflug abgebrochen werden soll, wenn die Landung nicht mit Sicht möglich ist. Die k. H. richtet sich nach der jeweiligen Kategorie von Wettermindestbedingungen, für die an einem Flughafen Starts und Landungen aufgrund der vorhandenen bodenseitigen Landehilfen und der Hindernisfreiheit im Anflugsektor zugelassen sind.

kritische magnetische Feldstärke, *Supraleitung:* Formelzeichen H_c, bei Supraleitern 1. Art die magnet. Feldstärke, bei der der supraleitende Zustand zerstört wird, da die vom Magnetfeld angeworfenen Dauerströme die →kritische Stromstärke überschreiten; H_c nimmt mit wachsender Temperatur ab und wird bei der →kritischen Übergangstemperatur (des Supraleiters) null. – Supraleiter 2. Art zeigen vollständigen Diamagnetismus nur bis zu einer unteren k. m. F. H_{c1}, bei größeren Feldstärken dringt zunehmend magnet. Fluss in das Leiterinnere ein, es bildet sich die Schubnikow-Phase (→Supraleiter), die bei Erreichen

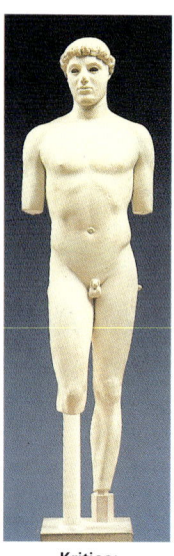

Kritios:
Kritiosknabe,
Marmorstatue,
Höhe 86 cm;
um 480 v. Chr. (Athen,
Akropolis-Museum)

der oberen k. m. F. H_{c2} in den Zustand der Oberflächensupraleitfähigkeit übergeht. Die k. m. F. der Oberflächensupraleitfähigkeit H_{c3} ergibt den Übergang zur Normalleitung über den gesamten Leiterquerschnitt.

kritische Masse, *Kerntechnik:* diejenige Masse an Kernbrennstoff, bei der dessen Anordnung gerade kritisch wird (→kritischer Zustand), d. h., bei der eine Kernkettenreaktion sich selbst aufrechterhält.

kritische Phänomene, physikal. Erscheinungen, die in der Nähe eines →kritischen Zustandes (z. B. die kritische Opaleszenz) bzw. eines Phasenumwandlungspunktes (z. B. der supraleitende Zwischenstand bei Einwirkung eines Magnetfeldes) oder in →dissipativen Strukturen (z. B. der Bénard-Effekt bei einem krit. Temperaturgradienten) auftreten. Sie beruhen z. T. auf verstärkten Schwankungserscheinungen oder auf der Ausbildung neuer Ordnungszustände als Folge einer sich verstärkenden kollektiven Wechselwirkung (Kooperation) der Materieteilchen bzw. auf dem Auftreten von neuen Elementaranregungen in kondensierter Materie. In diesem Sinne sind auch die Phasenumwandlungen selbst als k. P. anzusehen.

kritischer Apparat, Gesamtheit der Anmerkungen in einer →kritischen Ausgabe. Der k. A. ist Ergebnis der Textkritik und bietet durch Nennung von Handschriften, Drucken, Lesarten (Varianten), →Konjekturen u. a. ein wesentl. Hilfsmittel zum Verständnis des Textes.

kritischer Druck, *Thermodynamik:* →kritischer Zustand.

kritischer Punkt, *Thermodynamik:* ein durch krit. Größen charakterisierter Punkt im Raum der Zustandsgrößen. (→kritischer Zustand)

kritischer Rationalismus, Sammel-Bez. für eine philosoph., insbesondere wissenschaftstheoret. Strömung des 20. Jh., die v. a. im angelsächs. Raum einflussreich geworden ist. Im Unterschied zum klass. Rationalismus behauptet der k. R. die prinzipielle Widerlegbarkeit alles erfahrungswissenschaftl. Wissens. Die einzige Methode des Erkenntnisgewinns auf der Basis von Erfahrung besteht demnach in der krit. Auseinandersetzung mit dem vermeintlich Gewussten, wobei die Konfrontation mit neuen Erfahrungsdaten eine zentrale Rolle spielt. Aussagen, zu denen keine widerlegende Erfahrung denkbar ist, sind als unwissenschaftlich zu verwerfen. Die Empirie kann aber nicht, wie der klass. Empirismus gemeint hat, Wissen endgültig verifizieren, sondern kann immer nur Hypothesen vorläufig bestätigen. (→Induktion)

Der k. R. erhebt die Falsifikation zur Methode: Alle Hypothesen müssen immer wieder Tests unterworfen werden. Dabei sind solche Tests zu bevorzugen, bei denen die Wahrscheinlichkeit einer Widerlegung bes. groß ist (›riskante Tests‹). Eine Hypothese, die viele Widerlegungsversuche überstanden hat, heißt **bewährt.** Selbst die fundamentalen Prinzipien der Wiss., z. B. das Kausalprinzip (→Kausalität), sind nur hochgradig bewährte Hypothesen, die sich als falsch erweisen können. Gegen den klass. Empirismus betont der k. R. die Theoriegeleitetheit aller Beobachtung: Selbst die einfachste Beobachtung wird von theoret. Vorannahmen beeinflusst, weshalb der eigentl. Gegenstand der Erfahrungswiss. eben nicht Erfahrungen, sondern Theorien über diese sind. Weiter behauptet der k. R. die Wertfreiheit der Wiss., d. h., er behauptet, dass für das Fortschreiten der Wiss. nur wissenschaftsinterne vernunftmäßige Gründe ausschlaggebend seien und dass die Wiss. nur das beschreiben könne, was ist, und nicht das, was sein sollte (→Positivismusstreit). Der wiss. Fortschritt wird vom k. R. im Wesentlichen als stetiger Prozess gesehen, in dessen Verlauf Theorien so erweitert werden, dass sie immer mehr Phänomene erklären können. Versch. Theorien über einen Gegenstandsbereich sind prinzipiell hinsichtlich ihres Wahrheitsanspruches miteinander vergleichbar, weswegen sich der wiss. Fortschritt als zunehmende Annäherung an die (nichterreichbare) Wahrheit darstellt.

Bei der Durchführung des Programmes des k. R. ergaben sich zahlr. Einzelschwierigkeiten, z. B. das Problem nichtfalsifizierbarer Existenzaussagen (›Es gibt Atome‹), die von großer Wichtigkeit für die Wiss. sind, auf die Frage nach dem Status des Falsifikationsprinzips (ist auch dieses fallibel?). Neuere wissenschaftshistor. Untersuchungen haben die Vorstellung eines stetigen Wachstums in der Wiss. infrage gestellt. Dennoch bleibt der k. R. eine der einflussreichsten Positionen in der Wissenschaftstheorie.

Begründet und ausgebaut wurde der k. R. von K. R. POPPER (›Logik der Forschung‹, 1935). Dieser hat auch die Grundvorstellungen des k. R. auf die Ethik zu übertragen versucht, wobei er die Möglichkeit einer vernunftgemäßen →Letztbegründung von Normen bestreitet und die Notwendigkeit von Dezisionen betont bzw. utop. Ideale als totalitär zurückweist und stattdessen eine Politik der kleinen Schritte fordert. I. LAKATOS hat die Entwicklung der Mathematik aus der Sicht des k. R. analysiert. Bekannte Vertreter des k. R. in Dtl. sind W. STEGMÜLLER und H. ALBERT.

H. SEIFFERT: Einf. in die Wissenschaftstheorie, 3 Bde. ([1-10]1983–85); H. ALBERT: Traktat über krit. Vernunft ([5]1991); E. STRÖKER: Einf. in die Wissenschaftstheorie ([4]1992); K. R. POPPER: Logik der Forschung ([10]1994).

kritischer Zustand, 1) *Kerntechnik:* Zustand eines →Kernreaktors, wenn ebenso viele Neutronen durch Kernspaltung erzeugt werden, wie durch Absorption im Kernbrennstoff und in den Strukturmaterialien sowie durch Ausfluss aus dem Reaktorkern verloren gehen, d. h., wenn der effektive →Vermehrungsfaktor $k_{eff} = 1$ ist. Der k. Z. ist der normale Betriebszustand eines Kernreaktors, bei dem die Kettenreaktion stationär abläuft und die therm. Reaktorleistung konstant bleibt. Ein Kernreaktor ist **unterkritisch,** wenn $k < 1$ ist (eine Kettenreaktion kann sich nicht selbst aufrecht erhalten), und **überkritisch,** wenn $k > 1$ ist (die Reaktorleistung steigt exponentiell an). Die Bez. **kritisch** wird entsprechend für beliebige Anordnungen von Kernbrennstoffen verwendet.

2) *Thermodynamik:* Zustand des Zweiphasensystems gasförmig-flüssig eines Stoffes, in dem die beiden koexistierenden Phasen in allen ihren physikal. Eigenschaften übereinstimmen. Der Punkt im Zustandsdiagramm, der dem k. Z. entspricht, heißt **kritischer Punkt.** – Komprimiert man ein Gas isotherm bei niedriger Temperatur, so scheidet sich vom Erreichen eines bestimmten Volumens V_g an Flüssigkeit ab. Während der Dampfdruck über der Flüssigkeit konstant bleibt, ist schließlich beim Volumen V_{fl} das gesamte Gas kondensiert. Bei höherer Temperatur nähern sich V_g und V_{fl}, bis sie im k. Z. zusammenfallen und eine Verflüssigung nicht mehr beobachtet wird.

Die Zustandsgrößen im k. Z. sind **kritische Größen.** Sie sind für jeden Stoff charakterist. Konstanten und können z. B. mithilfe der Van-der-Waals-Konstanten und der Gaskonstante bestimmt werden (→Theorem der korrespondierenden Zustände). Die **kritische Temperatur** (T_k) ist die Temperatur, oberhalb derer ein Gas auch bei Anwendung höchster Drücke nicht verflüssigt werden kann. Den Druck, bei dem eine Verflüssigung bei der krit. Temperatur gerade noch möglich ist, bezeichnet man als **kritischen Druck** (p_k), das Volumen, das 1 Mol eines Stoffs bei der krit. Temperatur einnimmt, als **kritisches Volumen** (V_k), die entsprechende Dichte als **kritische Dichte** (ϱ_k). Stoffe oberhalb der durch die krit. Größen gegebenen Grenzen befinden sich im **überkritischen Zustand.**

kritische Stromstärke, *Supraleitung:* Formelzeichen I_c, Stromstärke, bei der der widerstandslose

Krk: Baška auf der Insel Krk, im Hintergrund die Kalkberge

Ladungstransport in einem →Supraleiter zusammenbricht, da die aus dem elektr. Feld aufgenommene kinet. Energie eines →Cooper-Paares größer als seine Bindungsenergie wird. Für Supraleiter 1. Art ist I_c erreicht, wenn das magnet. Feld des Stroms an der Oberfläche gleich der kritischen magnet. Feldstärke H_c wird (**silsbeesche Regel**). In einem äußeren Magnetfeld wird I_c überschritten, wenn die Vektorsumme aus äußerem Feld und Feld des Transportstroms größer als H_c wird. Im Supraleiter 2. Art entspricht die k. S. dem Übergang zur Schubnikow-Phase.

kritisches Volumen, *Thermodynamik:* →kritischer Zustand.

kritische Temperatur, *Thermodynamik:* →kritischer Zustand.

kritische Theorie, Sammel-Bez. für die von den der →Frankfurter Schule zugerechneten Philosophen vertretene, durchaus heterogene Position, die durch eine Verbindung der Prinzipien der abendländ. Vernunftkritik mit marxist., soziolog. und psychoanalyt. Gedankengut gekennzeichnet ist. Die k. T. ist somit vorrangig eine Gesellschaftstheorie, die die Lebensbedingungen im Spätkapitalismus untersucht. Ihr zentrales Anliegen ist die ›Kritik der instrumentellen Vernunft‹ (M. HORKHEIMER), womit das zweckrationale Denken gemeint ist, wie es sich historisch gewachsen heute in den Herrschaftsverhältnissen des Menschen gegenüber Mensch und Natur manifestiert. Ihm entgegengestellt wird die ›Dialektik der Aufklärung‹ als fortschreitender Prozess der Aufhebung der Selbstbeschränkung der Vernunft. Dabei gilt es, den kognitiv-instrumentellen Aspekt der Vernunft zugunsten des moralisch-praktischen und des ästhetisch-expressiven zurückzudrängen.

Jüngere Vertreter der k. T. wie J. HABERMAS und K.-O. APEL versuchen, auch Erkenntnisse der modernen Wissenschaftstheorie und Sprachphilosophie in die k. T. mit einzubeziehen. Bekannte Auseinandersetzungen, in denen die k. T. und ihre Vertreter eine wichtige Rolle gespielt haben, sind der →Positivismusstreit in den Sozialwissenschaften und der →Historikerstreit. In der Wissenschaftstheorie der Gegenwart ist die k. T. zu einer wichtigen Gegenposition zum →kritischen Rationalismus geworden. Die neue Linke war stark von der k. T. beeinflusst.

ALFRED SCHMIDT: Zur Idee der k. T. (1979); M. HORKHEIMER: Zur Kritik der instrumentellen Vernunft (Neuausg. 10.–11. Tsd. 1992); DERS.: Traditionelle u. krit. Theorie (Neuausg. 1992); DERS. u. T. W. ADORNO: Dialektik der Aufklärung (Neuausg. 32.–36. Tsd. 1994); H. MARCUSE: Der eindimensionale Mensch (a. d. Engl., Neuausg. 1994); J. HABERMAS: Erkenntnis u. Interesse ([11]1994).

Miroslav Krleža

kritische Übergangstemperatur, Übergangstemperatur, *Supraleitung:* Formelzeichen T_c, materialcharakterist. Temperatur, bei der der elektrische Widerstand sprunghaft (innerhalb eines Temperaturintervalls von 10^{-3} bis 10^{-2} K) um mehr als 16 Größenordnungen abnimmt, wobei der spezif. Widerstand kleiner als $10^{-23}\Omega$cm werden kann. Für Elemente liegt T_c zw. einigen Hundertstel und etwa 10 K; sehr hohe k. Ü. ($T_c > 130$ K) zeigen spezielle Hochtemperatursupraleiter (→Supraleiter, TABELLEN).

Kritizismus der, -, i. w. S. die bes. stark ausgeprägte krit. Einstellung, i. e. S. die Erkenntnislehre I. KANTS und alle zu ihr hinführenden sich an sie anschließenden Bemühungen, die Möglichkeit und die Reichweite eines wissenschaftlich-philosoph. Erkennens festzustellen. Unterbleibt die Erkenntniskritik, so verfällt nach KANT die Philosophie entweder dem →Dogmatismus oder dem →Skeptizismus.

Kriwet, Ferdinand, Schriftsteller und Künstler, * Düsseldorf 3. 8. 1942; erstrebt mit experimentellen Mitteln eine umfassende sprachlich-visuelle Kommunikation. Seine ›Sehtexte‹ bieten viele Lese- und Kombinationsmöglichkeiten. Er präsentiert seine Werke z. T. als Multimedia-Veranstaltungen. In Buchveröffentlichungen (u. a. ›Stars. Lexikon in 3 Bänden‹, 1971; ›COM.MIX. Die Welt der Schrift- und Zeichensprache‹, 1972) folgt er lettrist. Vorbildern (→Lettrisme).

Kriwitschen, ostslaw. Stammesverband, der im Quellgebiet von Wolga, Düna und Dnjepr lebte. Im 9. Jh. wurden Smolensk und Polozk Siedlungszentren der K., die 882 unter die Herrschaft der Kiewer Fürsten gerieten und 1162 letztmalig erwähnt wurden.

Kriwoj Rog, ukrain. **Kryvyi Rih** [krɛˈvej -], Stadt im Gebiet Dnjepropetrowsk, Ukraine, 737000 Ew.; Bergbauhochschule; Mittelpunkt eines großen Eisenerzbergbaureviers (Eisengehalt rd. 25–58%) mit Erzaufbereitungsanlage (im Bau), Eisenhütten, Stahl- und Walzwerk; Schwermaschinenbau und chem. Industrie. – K. R., 1775 als Poststation gegründet, in den 20er-Jahren des 19. Jh. Militärsiedlung, entwickelte sich ab 1873 (Entdeckung der Eisenerzvorkommen; Förderung seit 1881) zu einem bedeutenden Industriezentrum.

Križanić [-ʒanitɕ], Juraj, kroat. Schriftsteller und Politiker, * Obrh (Slowenien) um 1618, † (gefallen im poln. Heer gegen die Türken) vor Wien 12. 9. 1683; setzte sich als kath. Geistlicher in Russland für die Union der russisch-orth. und der römisch-kath. Kirche, für eine gemeinslaw. Sprache sowie als ›Vater des Panslawismus‹ für die Einigung der slaw. Völker unter Führung des russ. Zaren ein (›Politika‹, entst. 1663–66); 1661–76 nach Sibirien verbannt.

Krk [ˈkrk], ital. **Veglia** [ˈveʎʎa], größte Insel Kroatiens, im Adriat. Meer, im Innern des Kvarner, 410 km². Die Kalkberge steigen bis 568 m ü. M. an, der Küstensaum ist dicht besiedelt (20000 Ew.), hier befinden sich viel besuchte Fremdenverkehrsorte; in den Tälern gibt es Ölbaum- und Rebkulturen. Seit 1980 ist K. durch eine Brücke (1,3 km lang) mit dem Festland verbunden; hat internat. Flughafen (für Rijeka) und Fährverbindungen mit den Nachbarinseln Cres und Rab sowie mit dem Festland. Der Erdölhafen Omišalj ist Ausgangspunkt eines 760 km langen Erdölpipelinesystems. – Der Haupt- und Fremdenverkehrsort Krk (3200 Ew.) liegt an der SW-Küste, ist kath. Bischofssitz. – Venezian. Stadtmauer mit älteren mittelalterl. Teilen, Kastell der Frankopani (1197), Dom (12. Jh.), kleine roman. Kirchen.

KRK, Abk. für →Klimarahmenkonvention.

Krka die, **1)** [ˈkərka], dt. **Gurk,** rechter Nebenfluss der Save in Slowenien, rd. 100 km lang.
2) [ˈkrka], dt. **Kerka,** Fluss in Mitteldalmatien, Kroatien, 72 km lang, entspringt im stark verkarsteten

Dinar. Gebirge, mündet bei Šibenik ins Adriat. Meer; bildet viele Wasserfälle (Nationalpark K., 142 km²), im Unterlauf Seen.

Krklec [ˈkrklɛts], Gustav, kroat. Lyriker, * Udbinja (bei Karlovac) 23. 6. 1899, † Zagreb 30. 10. 1977; schrieb Lyrik von großer Sensibilität, in der er nach pantheist. Harmonie von Natur und Mensch strebt; ferner Erzählungen und Lyrik für Kinder.

Krkonoše [ˈkrkɔnɔʃɛ], tschech. Name für das →Riesengebirge.

Krleža [ˈkrlɛʒa], Miroslav, kroat. Schriftsteller, * Zagreb 7. 7. 1893, † ebd. 29. 12. 1981; war nach 1945 zeitweise Präs. des jugoslaw. Schriftstellerverbandes, Mitgl. der jugoslaw. Akad. der Wiss.en, Direktor des Lexikograph. Instituts in Zagreb; zw. den Weltkriegen Herausgeber der Zeitschriften ›Plamen‹, ›Književna Republika‹, ›Danas‹ und ›Pečat‹. K. gilt als der bedeutendste kroat. Autor; er war Lyriker, Erzähler, Dramatiker und Essayist und sowohl in literarisch-ästhet. als auch in politisch-gesellschaftl. Hinsicht von großem Einfluss. Seit 1919 der revolutionären Arbeiterbewegung nahe stehend, trat er beim 3. jugoslaw. Schriftstellerkongress 1952 in Ljubljana wirksam für den Vorrang der Kunst gegenüber jeder Ideologie ein. K.s umfangreiches Werk umfasst ausdrucksstarke Lyrik (›Pjesme‹, 3 Bde., 1918–19), symbolist. lyrische Dramen und vom Expressionismus beeinflusste Prosa, wobei das Kriegserlebnis zur großen Anklage des Krieges wird (›Hrvatski bog Mars‹, 1922, Novellen; dt. ›Der kroat. Gott Mars‹). Häufiges Thema ist der Verfall der Habsburgermonarchie, so in dem vierbändigen Roman ›Zastave‹ (1967; dt. ›Banner‹). Der Untergang der dekadenten Aristokratie und Bourgeoisie wird in Erzählungen sowie v. a. in der Dramentrilogie über den Verfall eines alten kroat. Patriziergeschlechts (›Gospoda Glembajevi‹, 1928, dt. ›Die Glembays‹; ›U agoniji‹, 1931, dt. ›In Agonie‹; ›Leda‹, 1930, dt.), die aussichtslose Lage der Provinzintellektuellen u. a. in ›Povratak Filipa Latinovicza‹ (1932; dt. ›Die Rückkehr des Filip Latinovicz‹) und ›Na rubu pameti‹ (1938; dt. ›Ohne mich‹) gestaltet. Dabei zeichnet sich K.s bisweilen ausladender Stil immer durch scharfe Beobachtungsgabe und sprachl. Virtuosität aus. Ein Meisterwerk kajkav. Sprachkunst (→kroatische Literatur) sind die Balladen des kroat. Eulenspiegels Petrica Kerempuh (›Balade Petrice Kerempuha‹, 1936). Als vorzügl. Kenner der europ. Literatur verfasste K. auch Essays, in denen er (kultur-)polit. und soziale Fragen erörtert.

Weitere Werke: *Roman:* Banket u Blitvi (2 Bde. 1938–39, Bd. 3: 1962; dt. Bankett in Blitwien). – *Erzählungen:* Hiljadu i jedna smrt (1933; dt. Tausendundein Tod).

Ausgaben: Sabrana dela, 50 Bde. (1975–87); Eseji, 5 Bde. (Neuausg. 1979). – *Dt. Ausw.* (Essays): Ein Requiem für Habsburg (1948); Europ. Alphabet (1964); Polit. Alphabet (1967); Essays. Über Lit. u. Kunst (1987); Illyricum sacrum. Fragmente aus dem Spätherbst 1944 (1996). – Der Großmeister aller Schurken (1963, Erz.).

S. Schneider: Studien zur Romantechnik M. K.s (1969); M. Matković: La vie et l'œuvre de M. K. (Paris 1977); R. Lauer: M. K. und der dt. Expressionismus (1984); R. Vučković: Krležina dela (Sarajevo 1986); Z. Žmegač: Krležini evropski obzori (Zagreb 1986); Künstler. Dialektik u. Identitätssuche. Literaturwiss. Studien zu M. K., hg. v. R. Lauer (1990).

Krnov [ˈkrnɔʃ], Stadt in der Tschech. Rep., →Jägerndorf.

Kroaten, südslaw. Volk, v. a. in Kroatien, daneben auch in Slowenien, Sirmien, Dalmatien, der Herzegowina und Teilen von Bosnien und Österreich; etwa 5 Mio. Angehörige. Die K. erschienen im 7. Jh. im dinar. Binnenland und wanderten dann in das kroatischslawon. Tiefland ein. Kulturell durch die jahrhundertelange Zugehörigkeit zur österreichisch-ungar. Monarchie geprägt, sind sie (im Unterschied zu den Serben) in der Mehrzahl römisch-kath. Christen.

Kroatien

Fläche 56 538 km²
Einwohner (1994) 4,78 Mio.
Hauptstadt Zagreb
Amtssprache Kroatisch
Nationalfeiertag 30. 5.
Währung 1 Kuna (K) = 100 Lipa (lp)
Zeitzone MEZ

Kroati|en, amtlich kroatisch **Repụblika Hrvatska** [ˈhrvaːtskaː], Staat in SO-Europa, grenzt im NW an Slowenien, im N an Ungarn, im äußersten O an Jugoslawien (Serbien), im O und SO an Bosnien und Herzegowina, im äußersten SO wieder an Jugoslawien (Montenegro) und im S an das Adriat. Meer; 56 538 km², (1994) 4,78 Mio. Ew., Hauptstadt ist Zagreb; Amtssprache ist Kroatisch; Währung (seit Mai 1994): 1 Kuna (K) = 100 Lipa (lp); Zeitzone: MEZ.

STAAT · RECHT

Verfassung: Nach der am 22. 12. 1990 in Kraft getretenen Verf. ist K. ein ›einheitl. und unteilbarer, demokrat. Sozialstaat‹. Über die Einhaltung der Grundrechte wachen der Volksanwalt und seine drei Stellvertreter (vom Abgeordnetenhaus für acht Jahre gewählt). Nach der Staatsform ist K. eine Rep. mit einem präsidentiell-parlamentar. Reg.-System. Staatsoberhaupt ist der mit weitgehenden Machtbefugnissen ausgestattete Präs. (auf fünf Jahre direkt gewählt). Der Präs. ist Oberbefehlshaber der Streitkräfte, bestimmt de facto die Außen- und Sicherheitspolitik und verfügt über ein Notverordnungsrecht. Er ernennt den Min.-Präs. und dessen Vorschlag die übrigen Mitgl. des Kabinetts, das sowohl dem Abgeordnetenhaus als auch dem Präs. verantwortlich ist. Die Reg. verfügt über ein weit reichendes Verordnungsrecht, das nur durch den Vorrang der Gesetze beschränkt ist. Der Präs. kann die vollziehende Gewalt insofern beeinflussen, als er jederzeit den Vorsitz in den Kabinettssitzungen übernehmen kann. Die Legislative liegt beim Zweikammerparlament (Sabor) mit einer Legislaturperiode von vier Jahren. Das polit. Schwergewicht kommt dem Abgeordnetenhaus (Zastupnički dom) zu, das die Gesetze beschließt. Das Komitatshaus (Županijski dom), das die Vertretung der Komitate, hat im Gesetzgebungsverfahren nur das Recht auf Gesetzesinitiative, Stellungnahme und Einspruch. Ein Einspruch kann vom Abgeordnetenhaus mit absoluter Mehrheit zurückgewiesen werden. Gemäß dem 1995 geänderten Wahl-Ges. vom 15. 4. 1992 besteht das Abgeordnetenhaus aus 127 Abg., davon werden 80 Abg. auf landesweiten Listen und 12 Abg. auf Diasporalisten für Auslandskroaten nach den Grundsätzen der Verhältniswahl (Sperrklausel: 5%, bei Listenverbindungen 8% bzw. 11%), 28 Abg. in Einzelwahlkreisen und 7 Abg. in Sonderwahlkreisen für nat. Minderheiten (gegenwärtig sind 3 Mandate für Serben reserviert) mit relativer Mehrheit gewählt. Die Mitgl. des Komitatshauses werden nach den Grundsätzen der Verhältniswahl auf Komitatslisten (3 Abg. je Komitat) im Hare-Niemeyer-Verfahren gewählt (5%-Sperrklausel). Der Präsident kann vor Ende seiner bis zu fünf Jahre währenden Amtszeit (ehem. Staatspräs. gehören dem Komitatshaus automatisch an). Beide Häuser können mit absoluter Mehrheit ihre vorzeitige Selbstauflösung beschließen. Auf Vorschlag der Reg. kann der Präs. das Abgeordnetenhaus aus bestimmten Gründen auflösen. Das Abgeordnetenhaus kann seinerseits mit absoluter Mehrheit dem Min.-

Staatswappen

Staatsflagge

HR
Internationales Kfz-Kennzeichen

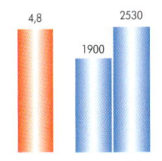

1994 Bevölkerung (in Mio.)
1991 1994 Bruttosozialprodukt je Ew. (in US-$)
4,8
1900
2530

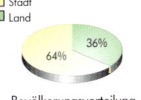

☐ Stadt
☐ Land
36%
64%
Bevölkerungsverteilung 1994

☐ Industrie
☐ Landwirtschaft
☐ Dienstleistung
25%
13%
62%
Bruttoinlandsprodukt 1994

Kroa Kroatien

Kroatien: Bucht von Slano an der süddalmatinischen Küste

Präs. oder der Reg. das Misstrauen aussprechen, was zur Folge hat, dass die Reg. entweder ihren Rücktritt erklärt oder beim Staatspräs. die Auflösung des Abgeordnetenhauses beantragt.

Die seit 1964 bestehende Verf.-Gerichtsbarkeit ist durch das Verf.-Gerichtsgesetz vom 21. 3. 1991 grundlegend reformiert worden. Die Zuständigkeit des Verf.-Gerichts (elf Richter, vom Abgeordnetenhaus auf Vorschlag des Komitatshauses für acht Jahre gewählt) erstreckt sich über die Normenkontrolle hinaus auch auf Verf.-Beschwerden wegen Grundrechtsverletzungen durch Einzelakte der öffentl. Gewalt.

Parteien: Dominierende Partei ist die christlich-demokratisch orientierte Kroatisch-Demokrat. Gemeinschaft (HDZ). Zu den maßgebl. Oppositionsparteien zählen die Kroat. Bauernpartei (HSS), die Kroat. Volkspartei (HNS), die Christlich-Demokrat. Union (HKDU), die Kroat. Sozialliberale Partei (HSLS) und die Sozialdemokrat. Partei K.s (SDP; Nachfolgeorganisation des Bundes der Kommunisten K.s). Die serb. Minderheit wird vorwiegend von der Serbischen Demokrat. Partei (SNS) vertreten. Eine gewisse Bedeutung kommt auch Regionalparteien wie der Istrisch-Demokrat. Versammlung (IDS) und der Slawonisch-Baranischen Kroat. Partei (SBHS) zu.

Wappen: Das Staatswappen wurde am 22. 12. 1990 eingeführt. Es zeigt einen rotsilbernen Schachbrettschild (historisch erstmals 1499 belegt), darüber spannt sich eine Wappenkrone mit den Wappen der Landesteile Altkroatien (Illyrien), Dalmatien, Dubrovnik, Istrien und Slawonien.

Nationalfeiertag: Nationalfeiertag ist der 30. 5. zur Erinnerung an die Konstituierung des ersten frei gewählten kroat. Parlaments 1990.

Verwaltung: Durch Gesetzgebung von 1992 ist die Verw.-Organisation grundlegend geändert und die Staatsverwaltung von der örtl. Selbstverwaltung getrennt worden. Seither gliedert sich K. auf der regionalen Ebene in 20 Komitate (›županija‹) und den Hauptstadtbezirk; die lokale Ebene setzt sich aus 68 Städten und 391 Gemeinden zusammen. Beschlussorgane der Selbstverwaltung sind die Komitatsversammlungen bzw. die Stadt- und Gemeinderäte. Die örtl. Minderheiten haben Anspruch auf eine ihrem Bev.-Anteil entsprechende Vertretung. Regionale Behörden der Staatsverwaltung sind die Gespane (›župan‹). Die Kommunalaufsicht haben die Gespane und das Verw.-Ministerium.

Recht: Die Rechtsprechung wird durch vier Fachgerichtsbarkeiten ausgeübt. Für ordentl. Zivil- und Strafsachen sind in erster Instanz 90 Gemeindegerichte und in zweiter Instanz 21 Komitatsgerichte, für Militärstrafsachen zwei Militärgerichte, für handelsrechtl. Streitigkeiten in erster Instanz acht Handelsgerichte und in zweiter Instanz das Hohe Handelsgericht, für den gerichtl. Verw.-Rechtsschutz das Verw.-Gericht zuständig. Der Instanzenzug führt in allen Fachgerichtsbarkeiten letztlich zum Obersten Gericht, dem allein auch die Befugnis zusteht, auf eine entsprechende Richtervorlage ein konkretes Normenkontrollverfahren beim Verf.-Gericht zu beantragen. Die Richter sind unabhänigig und werden auf Lebenszeit vom Staatl. Justizrat ernannt, der aus einem Präs. und 14 Mitgl. besteht, die aus dem Kreise der Richter, Staatsanwälte, Rechtsanwälte und Rechtsprofessoren auf Vorschlag des Komitatshauses vom Abgeordnetenhaus für acht Jahre gewählt werden. Der Staatl. Justizrat ernennt auch die Staatsanwälte.

Streitkräfte: Seit 1991 zielstrebig aufgebaut, umfasst die Gesamtstärke der Wehrpflichtarmee (Dienstzeit 12 Monate) rd. 64 000 Mann, die des Spezialkommandos der Polizei (›Specijalci‹) etwa 12 000 Mann. An paramilitär. Einheiten stehen rd. 25 000 Polizeikräfte, rd. 50 000 Mann Zivilschutz, rd. 3 000 Mann Grenzschutz sowie etwa 9 700 Mann Staatsschutz (›Sigurnost‹) zur Verfügung. Das Heer (rd. 59 000 Soldaten) ist in sieben Brigaden und ein Gardekorps gegliedert. Die Luftwaffe hat etwa 3 000, die Marine etwa 2 000 Mann. Die Ausrüstung besteht im Wesentlichen aus schätzungsweise 280 Kampfpanzern, 160 gepanzerten Gefechtsfahrzeugen, 1 200 Artilleriegeschützen, 20 Kampfflugzeugen (vorwiegend MiG-21) sowie 14 Kleinen Kampfschiffen. Die leichten Waffen sowie militär. Peripheriematerial (Panzer- und Flugabwehrraketen, Funkgeräte u. a.) stammen aus den unterschiedlichsten Ländern. – Etwa 30 % der Staatsausgaben werden für die Verteidigung verwendet.

LANDESNATUR · BEVÖLKERUNG

K. gliedert sich in vier geograph. Teilräume: Nieder-K., Hoch-K., den kroat. Anteil an Istrien und an Dalmatien. Kernraum des Landes ist Nieder-K., ein fruchtbares, dicht besiedeltes Tiefland zw. Save, Mur, Drau und Donau mit weiten Schwemmlandebenen und Schotterplatten; es umfasst im Wesentlichen →Slawonien mit der Posavina, der Tiefebene an der unteren Save im S und der Podravina, dem Tiefland an der Drau im N, getrennt durch das waldreiche Kroatisch-Slawon. Inselgebirge. Im NO, nördlich der unteren Drau, ragt ein Zipfel der Baranya nach K. hinein. Im SW bilden das Becken von Karlovac und die es umgebenden Hochflächen mit z. T. versumpften Flussniederungen den Übergang zu Hoch-K., einem wirtschaftlich armen Karstgebiet, Teil des Dinar. Gebirges. Die Beckenlandschaft wird von Gebirgszügen, u. a. der bewaldeten Kapela, der Plješevica und vom Velebit (bis 1 758 m ü. M.) längs der Adriaküste, umrahmt. Im äußersten W umfasst K. den größten Teil der Halbinsel Istrien. Zu K. gehört außerdem fast die gesamte Küstenlandschaft →Dalmatiens (einschließlich der etwa 1 200 vorgelagerten Inseln), vom Kvarner im W in einem immer schmaler werdenden Küstenstreifen bis unmittelbar vor die Bucht von Kotor reichend.

Klima: Im dalmatin. Küstenbereich herrscht mediterranes Klima mit warmen, sonnigen und trockenen Sommern und feuchten, milden Wintern. Die unmittelbar hinter der Küste aufragenden Gebirge wirken sich als Klimascheide aus. Die übrigen Gebiete haben gemäßigtes Kontinentalklima mit relativ kalten Wintern und warmen Sommern. Nach O nimmt die Kontinentalität zu. Die höchsten Niederschlagsmengen empfangen die W-Flanken der küstennahen Gebirge (über 3 000 mm/Jahr), an der flachen Adriaküste lie-

gen die jährl. Niederschläge bei 1 000 mm, im Landesinnern zw. 650 und 900 mm.
Vegetation: Die natürl. Vegetation besteht im Küstenbereich bis 200 m ü. M. im N und bis 400 m ü. M. im S aus Macchie (nur noch Restbestände). In den Ebenen Nieder-K.s sind einzelne Eichenwälder als Relikte übrig geblieben. Nur 36,7% von K. sind bewaldet. Außerhalb der dinar. Karstzone sind die Gebirge von Buchen- und Eichenwäldern, in höheren Lagen von Mischwäldern bedeckt. Die Karstzone Hoch-K.s ist ein waldloses Ödland mit spärl. Vegetation.
Bevölkerung: Nach der Volkszählung von 1991, die in Gesamtjugoslawien vor Ausbruch des Bürgerkriegs stattfand, waren 78,1% der Bev. Kroaten, 12,2% Serben, 0,9% Bosniaken, 0,5% Slowenen, 0,5% Ungarn, ferner 7,8% Albaner, Tschechen u. a. In Istrien leben 21 300 Italiener. Siedlungsgebiete der Serben existier(t)en v. a. an der Grenze zu Bosnien und Herzegowina in der →Krajina (bis zur Massenflucht 1995), bes. im Umland der Stadt Knin nördlich von Split sowie im O und W Slawoniens. In diesen Gebieten lebten aber immer auch zahlr. Kroaten. Siedlungs- und Wirtschaftsschwerpunkte sind die Tiefebenen Nieder-K.s. Auch der dalmatin. Küstenstreifen und einige der Adriainseln sind dichter besiedelt, während die Karstgebiete Hoch-K.s fast menschenleer sind. Die durchschnittliche jährl. Wachstumsrate der Bev. beträgt (1985–94) 0,7%; 64% der Bev. leben in Städten. Die größten Städte sind (1991) Zagreb (706 800 Ew.), Split (189 400 Ew.), Rijeka (168 000 Ew.), Osijek (104 800 Ew.), Zadar (76 300 Ew.), Pula (62 400 Ew.) und Karlovac (60 000 Ew.). Durch Vertreibung, Zwangsumsiedlung und den Flüchtlingsstrom aus Bosnien und Herzegowina haben sich große Bev.-Verschiebungen ergeben. Ende 1995 betrug die Zahl der Flüchtlinge 184 400 aus Bosnien und Herzegowina, 5 100 aus Jugoslawien und 240 000 Binnenflüchtlinge.
Religion: Die Verf. garantiert die Religionsfreiheit und verpflichtet den Staat zu religiöser Neutralität und Parität. Traditionell nimmt die kath. Kirche eine besondere Stellung in der Geschichte und im Bewusstsein des kroat. Volkes ein. Nach der Bev.-Zählung von 1991 sind rd. 89% der Bev. Christen: rd. 76,4% gehören der kath. Kirche an, darunter auch die rd. 49 000 unierten Katholiken des byzantin. Ritus (Bistum Križevci [Kreutz]), rd. 11,1% der serbisch-orth. Kirche, rd. 1,4% verschiedenen prot. Kirchen und Gemeinschaften (Lutheraner, Reformierte, Baptisten, Pfingstler), rd. 0,1% der altkath. ›Kroatischen Kath. Kirche‹ (Sitz des Erzbischofs: Zagreb); daneben gibt es wenige Zeugen Jehovas. Muslime und Juden bilden religiöse Minderheiten. – Die kath. Kirche umfasst in K. drei Erzbistümer (Rijeka-Senj, Split-Makarska, Zagreb) mit sieben Suffraganbistümern und das exemte Erzbistum Zadar; die Erzbistümer Split-Makarska und Zagreb reichen in das Staatsgebiet der Bundesrepublik Jugoslawien hinein. In der →Krajina wurden nach der serb. Autonomieerklärung (1991) über 150 000 Katholiken vertrieben und fast alle kath. Kirchen zerstört bzw. schwer beschädigt. An ihrer Stelle wurden z. T. neue orth. Kirchen errichtet. – Die meisten Protestanten gehören der 1992 (mit Zustimmung der ›Reformierten Christl. Kirche in Jugoslawien‹) gegründeten ›Reformierten Christl. Kirche in K.‹ (rd. 7 500 Mitgl.; Sitz der Bischofskanzlei in Vinkovci) und der luther. ›Ev. Kirche in K., Bosnien und Herzegowina und in der Provinz Wojwodina‹ (rd. 6 000–7 000 Mitgl.; seit 1996 zwei Seniorate [Zagreb, Legrad]) an. – Die Muslime sind Sunniten (überwiegend der hanefit. Rechtsschule); ihre Zahl (1991 rd. 60 000) ist nach dem Ausbruch des Krieges in Bosnien und Herzegowina 1992 durch geflüchtete und vertriebene Bosniaken auf wohl weit über 200 000 angewachsen. Geistlich unterstehen sie zus. mit den Muslimen in Bosnien und Herzegowina und in Slowenien dem ›Islam. Seniorat‹ in Sarajevo. Geistl. Zentrum ist die Moschee in Zagreb, seit 1995 mit einer angeschlossenen geistl. Hochschule (Medrese). – Die jüd. Gemeinschaft hat rd. 2 000 Mitgl. (v. a. in Zagreb), ist jedoch durch Auswanderung nach Israel im Abnehmen begriffen.
Bildungswesen: Der achtjährige Grundschulunterricht findet v. a. in staatl. Schulen statt, aber die ersten privaten Schulen haben sich bereits etabliert. In den meist staatl. höheren Schulen erwerben die Schüler nach drei bis fünf Jahren den mittleren Bildungsabschluss bzw. das Abitur. Zu den weiterführenden Schulen zählen z. B. Gymnasien, techn. u. a. vierjährige Fach- und Berufsschulen sowie Industrie-, Handwerks- u. a. dreijährige Wirtschaftsschulen mit prakt. Unterricht. Etwa jede zwanzigste dieser Schulen befindet sich in privater Hand. In K. gibt es je eine Univ. in Zagreb (gegr. 1669), Rijeka (gegr. 1973), Split (gegr. 1974) und Osijek (gegr. 1975).
Publizistik: Die früheren staatl. Presseorgane wurden privatisiert. Wichtigste Zeitungen sind die in Zagreb erscheinenden ›Večernji List‹ (Aufl. 227 000), ›Vjesnik‹ und das Sportblatt ›Sportske novosti‹. U. a. erscheinen in Split ›Slobodna Dalmacija‹, in Rijeka ›Novi List‹ und in Osijek ›Glas Slavonije‹. – *Nachrichtenagenturen:* ›Hrvatska izvjestitelska novinska agencija‹ (HINA), Zagreb, gegr. 1990; ›Informativa katolicka agencija‹ (IKA), Zagreb, gegr. 1994. – *Rundfunk:* Die öffentl. Rundfunkanstalt ›Hrvatska Radiotelevizija‹ (HTV), Zagreb, strahlt vier Hörfunk- und drei Fernsehprogramme aus. Daneben bestehen weitere lokale Rundfunksender.

WIRTSCHAFT · VERKEHR

K. war neben Slowenien die wirtschaftlich stärkste Rep. im ehem. Jugoslawien und erwirtschaftete nach westl. Schätzungen rd. 25% des Bruttosozialprodukts (BSP). Die Verabschiedung eines Privatisierungsgesetzes begünstigte zwar ab 1990 die Einführung der Marktwirtschaft, aber der nach der Unabhängigkeitserklärung K.s entflammte Bürgerkrieg fügte der Wirtschaft großen Schaden zu. Lag das BSP je Ew. in Gesamtjugoslawien 1990 noch bei 3 060 US-$, so erreichte es 1994 in K. nur noch 2 530 US-$ pro Kopf der Bev. Das Bruttoinlandprodukt (BIP) K.s machte (1993) mit schätzungsweise 10–12 Mrd. US-$ nur noch etwa die Hälfte des Vorkriegsniveaus von 1990 aus. Die Inflationsrate stieg von (1991) 120% auf (1992) 670% und erreichte 1993 mit 1920% eine Hyperinflation. Seit Oktober 1993 konnte mit einem radikalen Stabilisierungsprogramm die Teuerung eingedämmt werden. Mit der Einführung einer neuen

Klimadaten von Zagreb (163 m ü. M.)

Monat	Mittleres tägl. Temperaturmaximum in °C	Mittlere Niederschlagsmenge in mm	Mittlere Anzahl der Tage mit Niederschlag	Mittlere tägl. Sonnenscheindauer in Stunden	Relative Luftfeuchtigkeit nachmittags in %
I	2,6	56	13	1,9	80
II	5,5	54	10	3,1	75
III	10,7	47	12	4,6	67
IV	16,8	59	13	6,1	64
V	21,2	86	17	6,8	67
VI	25,0	95	14	8,0	67
VII	27,3	79	11	9,1	66
VIII	26,6	74	12	8,7	67
IX	22,2	70	11	6,7	71
X	15,4	88	14	4,2	78
XI	8,9	89	14	1,9	82
XII	4,5	67	16	1,5	83
I–XII	15,6	864	157	5,2	72

Währung im Mai 1994 wurde gleichzeitig ein Währungsschnitt vorgenommen (1 Kuna = 1 000 Kroat. Dinar). Neben der monetären Stabilisierung konzentriert sich das Wirtschaftsprogramm auf strukturelle Reformen (v. a. Beschleunigung der Unternehmensprivatisierung, Sanierung problembeladener Sektoren, bes. bestimmter Geschäftsbanken und Schiffswerften) und den Wiederaufbau. Gemäß offiziellen Schätzungen erlitt K. Kriegsschäden in Höhe von (Anfang 1994) 26 Mrd. US-$. Außerdem muss K. den Zerfall des einstigen jugoslaw. Binnenmarktes kompensieren und fast eine halbe Mio. Vertriebene und Flüchtlinge versorgen; die Arbeitslosenqote lag 1995 bei 17 %.

Landwirtschaft: 40 % der Landesfläche wird landwirtschaftlich genutzt, davon sind rd. die Hälfte Wiesen und Weiden. Hauptanbaugebiete sind die Ebenen an Save und Drau bzw. in Ostslawonien. Rd. 20 % der landwirtschaftl. Nutzfläche werden von Agrargroßbetrieben bewirtschaftet. Die privaten kleinbäuerl. Betriebe betreiben überwiegend Subsistenzwirtschaft. 1994 waren 5 % der Erwerbstätigen im Agrarbereich beschäftigt. Wichtigste Anbaupflanzen sind Mais, Weizen, Zuckerrüben und Kartoffeln. An der Adriaküste ist der Weinbau bestimmend, es gibt aber auch Feigen-, Ölbaum-, Obst-, Tabak- und Zitruskulturen. In Hoch-K. wird v. a. Schaf-, aber auch Rinder- und Schweinehaltung betrieben.

Forstwirtschaft: 36,7 % der Landesfläche sind mit Wald bedeckt. Der Holzeinschlag betrug 1992 3,2 Mio. m^3, davon 2,8 Mio. m^3 Laubholz.

Bodenschätze: K. verfügt nur über wenige Bodenschätze, wobei v. a. die Erdöl- und Erdgasvorkommen südöstlich von Zagreb bedeutsam sind. Außerdem werden noch Bauxit, Braun- und Steinkohle abgebaut.

Industrie: Im industriellen Sektor (einschließlich Bergbau) waren (1994) 40 % der Erwerbstätigen beschäftigt. Wichtigste Bereiche sind Nahrungs- und Genussmittel-, Textil- und Bekleidungs-, pharmazeut. und chem., Erdöl- und Metall verarbeitende Industrie sowie Holzverarbeitung und Maschinenbau. Zentren sind Zagreb, Rijeka und Osijek. Anfang 1992 waren 37 % der Produktionsstätten entweder zerstört oder lagen in den serbisch besetzten Gebieten; die Industrieproduktion ging daher stark zurück. Ab 1994 ist wieder eine schrittweise Erholung zu verzeichnen.

Tourismus: Mit rund. Küstenlänge von rd. 1 700 km und mehr als 200 touristisch nutzbaren Inseln verfügt K. über ein großes tourist. Potenzial. Die Urlaubsregionen an der kroat. Adriaküste gehören zu den beliebtesten Reisezielen. Für K. ist der Tourismus ein überaus wichtiger Devisenbringer. Infolge der Kriegshandlungen (viele histor. Kulturdenkmäler, wie etwa die Altstadt von Dubrovnik, wurden stark beschädigt bzw. zerstört) waren die Besucherzahlen rapide zurückgegangen. Mit dem Wiederaufbau und der notwendigen Sanierung der tourist. Infrastruktur setzte eine langsame Erholung bes. in der Küstenregion ein (1994: 2,3 Mio. ausländ. Besucher).

Außenwirtschaft: 1994 verzeichnete K. eine fast ausgeglichene Außenhandelsbilanz (Einfuhrwert: 6,9 Mrd. US-$; Ausfuhrwert: 6,7 Mrd. US-$). Ausgeführt wurden v. a. Maschinen und Transportausrüstungen, Metallwaren, Nahrungsmittel, Textilien und Schuhe, chem. und pharmazeut. Produkte. Wichtigste Handelspartner sind Slowenien, Dtl. und Italien.

Verkehr: Trotz schwieriger topograph. Verhältnisse ist K. verkehrsmäßig gut erschlossen, was auch für seine Transitfunktion in zunehmendem Maße wichtig ist. An das (1995) 2 492 km lange Eisenbahnnetz sind bis auf Dubrovnik alle größeren Städte angeschlossen. Die Hauptlinien des (1995) 26 900 km umfassenden Straßennetzes sind die über Ljubljana (Slowenien) kommende und über Zagreb und Vinkovci in Richtung Belgrad führende Schnellstraße sowie die Adriamagistrale zw. Triest und Dubrovnik. Die wichtigsten Seehäfen besitzen Rijeka, Pula, Zadar, Split und Dubrovnik. Internat. Flughäfen haben Zagreb, Pula, Krk, Zadar, Split und Dubrovnik.

GESCHICHTE

Das von Illyrern und kelt. Skordiskern bewohnte Gebiet von K. wurde 35 v. Chr. römisch und gehörte zu Pannonien bzw. Illyrien. Nach ostgot., langobard., byzantin. und awar. Herrschaft wanderten im 7. Jh. südslaw. Stämme (Kroaten) ins Binnenland ein, während sich an der Küste die romanisierte Bev. hielt; 641–800 gehörten die südl. Gebiete wieder zum Byzantin. Reich. Die im 7. Jh. einsetzende Christianisierung erfolgte im S durch Byzanz, im N von Aquileja aus. Ab 806 zunächst unter fränk. Herrschaft (u. a. Annahme der lat. Schrift), entstand im Kampf gegen die Franken und Byzanz (ab 877) ein eigenständiges Fürstentum K.; als Gründer der Herrscherdynastie gilt Herzog TRPIMIR (etwa 845–865), der in Istrien zahlr. Städte anlegen ließ. Fürst TOMISLAV (910–928) führte ab 925 den Königstitel. Ihm und seinen Nachfolgern gelang die Eroberung Slawoniens und des nördl. Dalmatien (Entstehung der ›kroatisch-dalmatin. Kultur‹). Nach dem Aussterben des Königshauses (1090) und ungar. Eroberungen wurde 1102 in einem immer wieder umstrittenen Vertrag eine Personalunion des Adelsstaats K. mit Ungarn beschlossen (›Regnum tripartium‹: K., Slawonien, Dalmatien; in wechselnder Form bis 1918 Bestand). Der König von Ungarn war durch einen in Zagreb eingesetzten Banus vertreten. Die Sonderstellung K.s wurde durch einen eigenen Landtag und getrennte Königswahlen betont.

Ab 1202 gingen weite Teile, 1409/20 ganz Dalmatien an die Rep. Venedig verloren (bis Ende des 18. Jh.; außer Ragusa/Dubrovnik). Seit der Schlacht auf dem Amselfeld (1389), v. a. seit Ende des 15. Jh. mehrten sich die Türkeneinfälle. Nach der Schlacht bei Mohács (1526) wurden das nordwestl. K. um Agram (Zagreb) und die Küstengebiete habsburgisch, das übrige K. (Slawonien) – nach 1541 – mit Ungarn Sandschak/Paschalik des Osman. Reiches. In der Hoffnung auf Unterstützung gegen die Türken wählte der kroat. und ungar. Adel den Habsburger FERDINAND (als FERDINAND I. ab 1531 Röm. König) zum König von Ungarn-K. (Krönung 1527). Im 16. und 17. Jh. trug das durch türk. Eroberungen verkleinerte K. weitgehend die Last der Türkenabwehr, bes. seit Errichtung der kroat. →Militärgrenze (1578; auch ›Militär-K.‹ gen.). Gegen zentralist. Tendenzen Wiens richtete sich 1670 erfolglos die Verschwörung des Banus P. ZRÍNYI. Nach der Vertreibung der Türken im ›Großen Türkenkrieg‹ wurden mit dem Frieden von Karlowitz (1699) die nördlich der Una gelegenen Teile K.s wieder habsburgisch, während die südlichen als ›Türkisch-K.‹ (bis 1878) beim Osman. Reich (bzw. Bosnien) blieben. Seit 1702 gehörte das Gebiet zw. Drau und Save als Königreich Slawonien zu K., das Küstengebiet war 1717–76 abgetrennt. Große Landstriche Slawoniens wurden im 18. Jh. Serben (›Militär-K.‹) und Deutsche (südl. Donaubecken; ›Donauschwaben‹) angesiedelt. 1809–14 gehörte K. südlich der Save zu den Illyr. Provinzen NAPOLEONS I. Ab 1790 bzw. 1814 wurden K. und Slawonien als Nebenländer der ungar. Krone behandelt; 1848/49 kämpften die Kroaten mit Serben unter dem Banus JOSIP JELAČIĆ auf österr. Seite gegen die aufständ. Ungarn. Dennoch entstanden Ideen der kroat. Wiedergeburt (→Illyrismus), nach 1850 auch einer südslaw. Einigung (v. a. Bischof J. STROSSMAYER). Das mit der österr. März-Verf. von 1849 mit einer gewissen inneren Autonomie geschaffene österr. Kronland K. (Slawonien, das Küstenland und Fiume) wurde im Österr.-Ungar. Ausgleich 1867 wieder mit Ungarn vereinigt und der ungar. Reg. unterstellt (geregelt im Kroatisch-Ungar. Ausgleich 1868); Dalmatien kam zur österr. Hälfte von Österreich-Ungarn, Fiume 1870 unmittelbar zu Ungarn. Nach Aufhebung der Militärgrenze, endgültig ab 1881, wurde ›Militär-K.‹ (wieder) mit ›Zivil-K.‹ (K. und Slawonien) vereinigt.

Gegen die Magyarisierungspolitik v. a. seit 1880 wandten sich großkroat. und föderalist. Programme; die entstehenden kroat. Parteien (u. a. Kroat. Bauernpartei unter S. RADIĆ, Ende 1904) strebten seit 1907 in ihrer Mehrheit die Loslösung von Österreich-Ungarn an. 1915/17 beteiligten sich kroat. Kräfte (A. TRUMBIĆ) an den Bestrebungen zur Bildung eines südslaw. Staates. Am 5./6. 10. 1918 konstituierte sich der Agramer (Zagreber) ›Nationalrat der Slowenen, Kroaten und Serben‹, dem der kroat. Landtag (Sabor) nach Vollzug der staatsrechtl. Loslösung von Österreich-Ungarn am 29. 10. die oberste vollziehende Gewalt übertrug. RADIĆ lehnte den Beschluss des Nationalrats zur Vereinigung mit Serbien ab (24. 11.), da die endgültige Form des Staatsaufbaus (Föderation oder Zentralstaat) noch ungeklärt war. Nach der Vereinigung K.s mit Serbien, Montenegro und Slowenien zum ›SHS-Staat‹, dem späteren Jugoslawien (am 1. 12. 1918), brachte starkes histor. und kulturelles Eigenbewusstsein die Kroaten in Opposition zum großserb. Zentralismus. Die mit den Pariser Vorortverträgen von 1919/20 verbundenen Regelungen im W in Istrien (→Adriafrage) und im O in der Baranya veränderten das Territorium K. ebenso wie die neuerl. Neuordnungen der Verw.-Gebiete durch die serb. Zentralmacht (→Jugoslawien, Geschichte). Die Eröffnung eines kroat. Landtages in Zagreb (1928) trug wesentlich zur Errichtung der ›Königsdiktatur‹ in Jugoslawien (1929) bei. Die kroat. Nationalbewegung sollte erdrückt werden; dadurch erstarkte in den 30er-Jahren die faschist. →Ustascha. Mit dem Zusammenbruch Jugoslawiens im Zweiten Weltkrieg (17. 4. 1941) errichtete ihr Führer (›Poglavnik‹), A. PAVELIĆ, gestützt auf die Achsenmächte, am 10. 4. auf dem von dt. und ital. Truppen besetzten Gebiet einen ›Unabhängigen Staat K.‹ (kroat. Abk. NDH; 1941–45), der auch Bosnien und Herzegowina umfasste. Es kam zur blutigen ›Kroatisierungspolitik‹ und ›ethn. Säuberungen‹ (bis 1944 auch gegen den Protest von E. GLAISE VON HORSTENAU); dabei richtete sich der Terror bes. gegen die im Land lebenden Serben (insgesamt 500 000 Opfer in K.), aber auch gegen Juden, Sinti und Roma sowie Kroaten (u. a. KZ Jasenovać). Ustasche, Tito-Partisanen und monarchist. Četnici bekämpften sich mit grausamer Härte. Im Frühjahr 1945 nahmen die titoist. Partisanen blutige Rache an den Ustasche (u. a. Massaker von Bleiburg an Angehörigen der kroat. Nationalarmee, Hunger- und Sühnemärsche, Internierungslager). Die dt. Bev. (›Donauschwaben‹), v. a. in Slawonien, wurde 1945–48 bis auf geringe Reste vertrieben; in der Folge siedelten sich Serben an. Neue ethn. Mischgebiete waren entstanden. Das nach 1923 italienisierte Istrien kam größtenteils wieder an K., bestätigt im Pariser Frieden (1947).

Der kommunist. jugoslaw. Staat (seit 1945) suchte die Spannungen zw. den Volksgruppen durch föderative Verf.-Ordnungen, aber auch mit Gewalt zu lösen (z. B. Niederschlagung des ›kroat. Frühlings‹ im Dezember 1971). Mit Schauprozessen (u. a. gegen Erzbischof A. STEPINAC, Oktober 1946) sollte der antikommunist. Widerstand gebrochen werden. Jedoch konnten in der 1946 mit Slawonien und Dalmatien zusammengeschlossenen Teil-Rep. K. nationalist. Strömungen und Selbstständigkeitsbestrebungen auf Dauer nicht unterdrückt werden. Die Wirtschaftsreformen von 1964/65 stärkten K. Ab Ende der 80er-Jahre öffnete sich K. dem polit. Pluralismus und führte marktwirtschaftl. Elemente ein. Seit Frühjahr 1989 ging die kroat. Führung zunehmend auf Distanz zur ›jugoserb.‹ Majorisierungspolitik des serb. KP-Chefs S. MILOŠEVIĆ. Auf der Basis eines neuen Wahlgesetzes (Dezember 1989; geändert 1992 und 1995) kam es am 23. 4. und 6. 5. 1990 zu den ersten freien Wahlen in K. nach 1945; dabei errang die HDZ die absolute Mehrheit der Sitze; Staatspräs. wurde der Vors. der HDZ, F. TUDJMAN. Im Zuge verschiedener Verf.-Änderungen löste sich K. als ›Rep. K.‹ zunehmend aus dem jugoslaw. Staatsverband (u. a. erste Proklamation der Unabhängigkeit am 30. 5. 1990). Am 22. 12. 1990 verabschiedete das Parlament eine neue kroat. Verf. In einem Referendum (19. 5. 1991) sprach sich die Bev. (gegen die serb. Minderheit) mit 93,24% für die Unabhängigkeit K.s aus. Am 25. 6. 1991 proklamierte das Parlament endgültig die Unabhängigkeit K.s (gleichzeitig mit Slowenien; am 23. 12. 1991 von Dtl., seit 15. 1. 1992 internat. anerkannt). Angeblich zum Schutz der serb. Minderheit in K. besetzten serb. Truppen (u. a. Četnici), unterstützt von der Jugoslaw. Volksarmee, nach blutigen Kämpfen mit der kroat. Nationalgarde Juli bis Mitte September 1991 ein Drittel des Territoriums von K. (über 10 000 Tote; 260 000 Vertriebene, 700 000 Flüchtlinge ins kroat. Hinterland und nach Ungarn). K. konnte seine Unabhängigkeit behaupten. Dennoch proklamierte die serb. Minderheit K.s am 19. 12. 1991 die ›Rep. Serb. →Krajina‹. Am 3. 1. 1992 trat ein von den UN vermittelter 15. Waffenstillstand ein; ab März 1992 erfolgte die Stationierung von rd. 15 000 Soldaten der UN-Schutztruppen UNPROFOR in den serbisch besetzten Gebieten (1995 reduziert). Die UNO richtete in K. die ›Schutzzonen‹ Ost (Ostslawonien), West (Westslawonien), Nord (Banija) und Süd (Krajina) ein. Am 3. 7. 1992 wurde in Kroatisch-Bosnien ein ›Kroat. Staat von Herceg-Bosna‹ ausgerufen (Hauptstadt: →Mostar); fortan unterstützte K. die bosn. Kroaten. In den Präsidentschafts- und Parlamentswahlen 2. 8. 1992 und 7. 2. 1993 wurden TUDJMAN und die HDZ bestätigt. Ende Januar 1993 versuchte K. in der Krajina bzw. in N-Dalmatien, serbisch besetzte Gebiete zurückzuerobern (fortan unter UN-Mandat). Trotz der Schutzzonen führte K. im August 1995 die Rückeroberung der Krajina durch und begann mit ihrer Wiedereingliederung. Durch die dadurch ausgelöste Massenflucht kroat. Serben existieren seitdem keine kompakten serb. Siedlungsgebiete mehr in K. Am 14. 12. 1995 unterzeichnete TUDJMAN den im Abkommen von Dayton (21. 11.) paraphierten Frieden von Paris; dabei einigte er sich auch mit dem serb. Präs. S. MILOŠEVIĆ über die friedl. Wiedereingliederung Ostslawoniens in den kroat. Staat (Abkommen vom 12. 11. 1995). Gegen den autoritären Führungsstil TUDJMANS (wiedergewählt 1997) und seinen Nepotismus erhob sich zunehmend Kritik. Die vorgezogenen Parlamentswahlen vom 29. 10. 1995 konnte die HDZ erneut gewinnen (45% der Stimmen). Mit Abkommen vom 23. 8. 1996 normalisierten K. und die neue Bundesrepublik Jugoslawien ihre Beziehungen. Mit der Aufnahme in den Europarat (6. 11. 1996) begann die polit. Westintegration K.s; der Minderheitenschutz wird beobachtet.

S. GULDESCU: History of medieval Croatia (Den Haag 1964); L. HORY u. M. BROSZAT: Der kroat. Ustascha-Staat. 1941–1945 (²1965); A. ČUVALO: The Croatian national movement, 1966–1972 (New York 1990); Š. DJODAN: Hrvatsko pitanje 1918–1990 (Zagreb 1991); J. G. REISSMÜLLER: Der Krieg vor unserer Haustür. Hintergründe der kroat. Tragödie (1992); S. GAZI: A history of Croatia (Neuausg. New York 1993).

kroatische Kunst. Gleichzeitig mit karoling. Bauten in Oberitalien entstanden in den adriat. Küstenstädten Kirchen, die an die spätantik-frühchristl. Tradition anknüpften (Donatuskirche in Zadar, 810–815). Hauptwerke aus roman. Zeit sind die Kathedrale St. Anastasia in Zadar (1204 geweiht), die Holztüren

Kroa kroatische Literatur

kroatische Kunst: Donatuskirche in Zadar (810–815), dahinter der Turm der Kathedrale St. Anastasia (13. Jh.), im Vordergrund Reste des römischen Forums

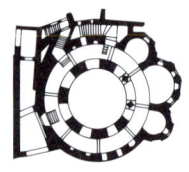

kroatische Kunst: Grundriss der Donatuskirche in Zadar

(1214) der Kathedrale in Split von ANDRIJA BUVINA und die Portalreliefs (1240) der Kathedrale in Trogir von MEISTER RADOVAN. Die Gotik begann sich erst im 14. Jh. durchzusetzen, an der Küste v. a. nach venezian. Vorbild (Kreuzgang des Franziskanerklosters in Dubrovnik, 1327–48). Dubrovnik erlangte besondere Bedeutung für die Ausbreitung der ital. Renaissance (Fürstenpalast, 15./16. Jh., Palais Sponza, 1516–22). Die dalmatin. Maler NIKOLA BOŽIDAREVIĆ (* um 1460, † 1517) und MIHAJLO HAMZIĆ († 1518) wurden in Italien ausgebildet.

Im 17. und 18. Jh. wurde die k. K. durch die Herrschaft Venedigs in Dalmatien und die Türken (Wohnhäuser, Brücken, Moscheen) im Landesinnern geprägt. Unter ital. Einfluss entstanden zahlr. Kirchen in Dubrovnik (Dom, 1672/73–1713; Sankt-Blasius-Kirche, 1706–15). Auch die österr. Barockbaukunst machte ihren Einfluss geltend (Katharinenkirche in Zagreb). Malerei und Plastik zeigten ebenfalls Anlehnungen an den ital. wie an den österr. Barock. Mit VJEKOSLAV KARAS (* 1821, † 1858), der Porträts in der Art des sentimentalen Klassizismus schuf, begann sich langsam im Sinne einer nat. Kultur eine neue Kunst zu entfalten. Es folgten u. a. NIKOLA MAŠIĆ (* 1852, † 1902) mit Motiven der heimatl. Landschaft. Daneben setzte sich auch der Akademismus mit antiken und nat. Stoffen stärker durch (VLAHO BUKOVAC, * 1844, † 1922). Ende des 19. Jh. traten in der Malerei OTON IVEKOVIĆ (* 1869, † 1939), MIROSLAV KRALJEVIĆ (* 1885, † 1913), JOSIP RAČIĆ (* 1885, † 1908), VLADIMIR BECIĆ (* 1886, † 1954) hervor, in der Plastik IVAN RENDIĆ (* 1849, † 1932), ROBERT FRANGEŠ-MIHANOVIĆ (* 1872, † 1940), TOMA ROSANDIĆ (* 1878, † 1958). V. a. im 20. Jh. nahmen die Künstler Anregungen aller wichtigen internat. Strömungen auf; in der Architektur u. a. HERMANN BOLLÉ (* 1845, † 1926) und der O.-Wagner-Schüler VIKTOR KOVAČIĆ (* 1874, † 1924), der 1906 den ›Klub kroat. Architekten‹ begründete, des Weiteren DRAGO IBLER (* 1894, † 1964), EDO SCHÖN (* 1877, † 1949), JURAJ DENZLER (* 1896, † 1981), MILAN MIHELIĆ (* 1925), BORIS MAGAŠ (* 1930), BRANKO SILAĐIN (* 1936); in der Plastik u. a. I. MEŠTROVIĆ, A. AUGUSTINČIĆ, V. BAKIĆ; in der Malerei und Grafik u. a. K. HEGEDUŠIĆ. – Infolge des serbisch-kroat. Krieges 1991/92 wurden bedeutende Kunstdenkmäler (u. a. in Dubrovnik, Split, Vukovar) zerstört. Der Wiederaufbau erfolgt z. T. mit Unterstützung der UNESCO.

Die Kunstschätze Kroatiens, bearb. v. R. IVANČEVIĆ (a. d. Kroat., Belgrad 1986).

kroatische Literatur. Die Literatur der Kroaten, die über Jahrhunderte verschiedene polit. Machtzentren (Ungarn, Venedig, Habsburgermonarchie, Osman. Reich) angehörten, wies lange Zeit regionalen Charakter auf. Als einigendes Band zw. den getrennten kroat. Volksteilen erwies sich die Zugehörigkeit zur Westkirche bzw. zum Katholizismus und zum lat. Kulturbereich. Seit dem 10. Jh. entwickelte sich an der dalmatin. Küste (Senj) und auf den Inseln (Hvar, Krk, Rab) eine kirchenslaw. Übersetzungsliteratur in glagolit. Schrift (→Glagoliza) mit volkssprachl. Elementen. Als ältestes kroat. Sprachdenkmal ist die ›Baščanska ploča‹, eine um 1100 entstandene glagolit. Steininschrift, erhalten. Nach dem Vordringen der Türken auf die Balkanhalbinsel blieb die k. L. primär am westeurop. Kulturmodell orientiert. Im 15./16. Jh. entfaltete sich, von ital. Vorbildern angeregt, eine bedeutende Renaissanceliteratur in der štokavisch-ijekav. Volkssprache in den Zentren Ragusa (heute Dubrovnik), Split, Zadar und Hvar; zu den hervorragendsten Vertretern zählen S. MENČETIĆ, DŽORE DRŽIĆ (* 1461, † 1501) und D. ZLATARIĆ (Lyrik) sowie M. MARULIĆ, P. HEKTOROVIĆ und M. DRŽIĆ (Komödien). Als Hauptvertreter der kroat. Reformationsliteratur gilt M. VLAČIĆ. Bedeutende Werke der Lyrik, Epik und Dramatik entstanden in der Barockzeit (17./18. Jh.; Universalismus, Rhetoriktradition, Manierismus, Bukolik). Zu nennen sind in Dalmatien IVAN BUNIĆ VUČIĆ (* 1591, † 1658), JUNIJE PALMOTIĆ (* 1606, † 1657), I. ĐURĐEVIĆ und v. a. I. GUNDULIĆ, mit dem die ragusäische Literatur ihren letzten Höhepunkt erreichte, in N-Kroatien P. R. VITEZOVIĆ, IVAN BELOSTENEC (* um 1596, † 1675), F. K. FRANKOPAN sowie J. KRIŽANIĆ, der panslawist. Ideen propagierte. Während Dalmatien seine Führungsrolle in der kroat. Kultur verlor, entwickelte sich im 17./18. Jh. auf der Grundlage des kajkav. Dialektes die binnenkroatischkajkav. Literatur mit dem Zentrum Zagreb (Komödien von T. BREZOVAČKI) und im bosn. Raum die volkstümlich-erbaul. Literatur der Franziskaner (A. KAČIĆ MIOŠIĆ). Didaktisch-aufklärer. Literatur entstand in Slawonien, v. a. durch M. A. RELJKOVIĆ und MATIJA PETAR KATANČIĆ (* 1750, † 1825).

Im 19. Jh. wurde das reiche regionale Erbe mit den modernen nat. Erfordernissen in Einklang gebracht. Die neuere k. L. entstand im Zeichen des →Illyrismus (1830er- und 40er-Jahre). L. GAJ, Ideologe und Organisator der illyr. Bewegung, reformierte gemeinsam mit dem Serben V. S. KARADŽIĆ auf der Grundlage des štokav. Dialektes die Schriftsprache der Serben und Kroaten, sodass diese seit der Mitte des 19. Jh. (1850 Wiener Sprachabkommen) über eine gemeinsame Literatursprache (→serbokroatische Sprache) verfügen. Die von der dt. Romantik und panslaw. Ideen (v. a. des Slowaken J. KOLLÁR) geprägte Literatur der nat. Wiedergeburt (›preporod‹) war v. a. auf die eigenständige nat. Tradition ausgerichtet und stellte der polit. und sprachl. Zersplitterung ein gesamtsüdslaw. Zusammengehörigkeitsbewusstsein entgegen, v. a. S. VRAZ, ANTUN MIHANOVIĆ (* 1796, † 1861), P. PRERADOVIĆ (Lyrik), I. MAŽURANIĆ (Epos) und D. DEMETER (Drama).

Die 2. Hälfte des 19. Jh. führte von der Romantik zum Realismus und wurde von A. ŠENOA beherrscht, neben dem u. a. E. KUMIČIĆ, A. HARAMBAŠIĆ, A. KOVAČIĆ, V. NOVAK, KSAVER ŠANDOR ĐALSKI (* 1854, † 1935) und J. KOZARAC hervortraten. Über den Realismus hinaus verwies die reflexive, visionäre Lyrik von S. S. KRANJČEVIĆ.

Gegen Ende des 19. Jh. formierte sich die kroat. Moderne, deren Vertreter den autonomen Charakter der Kunst in den Vordergrund stellten, so der an frz. Vorbildern orientierte Lyriker A. G. MATOŠ, der Lyriker und Erzähler V. NAZOR, der Dramatiker I. VOJNOVIĆ und der Erzähler D. ŠIMUNOVIĆ. In Abkehr von der Moderne kam schon im Ersten Weltkrieg der durch Engagement und Protest gekennzeichnete Expressionismus auf, dem sich u. a. A. B. ŠIMIĆ, A. CESAREC und der junge M. KRLEŽA verbunden fühlten. Auch in der postexpressionist. Zeit blieb die starke soziale und gesellschaftskrit. Orientierung erhalten. In der Zwischenkriegszeit entstanden z. T. bedeutende Werke: Romane und Dramen von KRLEŽA, Lyrik von T. UJEVIĆ, D. CESARIĆ, I. G. KOVAČIĆ, G. KRKLEC und D. TADIJANOVIĆ, Erzählprosa von S. KOLAR. Diese Autoren bestimmten auch das literar. Leben der 50er-Jahre, bes. KRLEŽA, der in der Ablehnung der sowjet. Doktrin des sozialist. Realismus und durch den Anspruch auf die individuelle Freiheit des Künstlers die Entwicklung der k. L. der Gegenwart maßgeblich bestimmte. Zur Behandlung des Krieges traten urbane Themen und Probleme der Gegenwart. Bedeutende Erzählwerke aus dieser Zeit stammen von V. KALEB, P. ŠEGEDIN, V. DESNICA, M. BOŽIĆ und RANKO MARINKOVIĆ (*1913), Lyrik von J. KAŠTELAN und VESNA PARUN.

Die kroat. Gegenwartsliteratur findet sich zw. den Grundpositionen Traditionalismus und Modernismus. In der klassisch-realist. Tradition stehen u. a. JOŽE HORVAT (*1915), JURE FRANICEVIĆ PLOČAR (*1918), IVAN RAOS (*1921) mit gesellschaftskrit. und IVAN ARALICA (*1930) mit histor. Themen. Bereits seit den 50er-Jahren ist ein zunehmender Einfluss der angloamerikan. Literaturen, aber auch der frz. Existenzialisten deutlich. Eine wichtige Rolle kommt den Literaturzeitschriften zu, um die sich jeweils neue literar. Generationen gruppieren. So sammelten sich in den 50er-Jahren um die Zeitschrift ›Krugovi‹ (Kreise) bedeutende Autoren der modernen kroat. Erzählliteratur wie S. NOVAK, I. SLAMNIG, A. ŠOLJAN, die Lyriker JOSIP PUPAČIĆ (*1928, †1971), ZVONIMIR GOLOB (*1927), SLAVKO GOTOVAC (*1930). Eine zweite Gruppe konstituierte sich in den 60er-Jahren um die Zeitschrift ›Razlog‹ (Ursache), u. a. MILAN MIRIĆ (*1931), ZVONIMIR MRKONJIĆ (*1938), ANTE STAMAĆ (*1939), MATE GANZA (*1936), DUBRAVKO HORVATIĆ (*1939), deren Themen wie künstler. Verfahren von traditionellen Formen bis zu kühnsten Sprachexperimenten reichen. Als einflussreiche Strömung der 60er- und 70er-Jahre erwies sich die an J. D. SALINGER und U. PLENZDORF orientierte ›Jeans-Prosa‹ (›proza u trapericama‹), die durch die Verwendung von Slang- und Jargonelementen gekennzeichnet ist, von BRANISLAV GLUMAC (*1938), ZVONIMIR MAJDAK (*1938) und ALOJZ MAJETIĆ (*1938). In den 70er-Jahren entwickelte sich auch eine Richtung der fantastisch-abenteuerl. Literatur, deren Erzählweise in der Nachfolge von M. A. BULGAKOW, F. KAFKA und v. a. J. L. BORGES steht. Zu den Autoren, die sich auf BORGES beziehen (›Borhesovci‹), zählen u. a. Vertreter ›parakausaler‹ Prosa wie PAVAO PAVLIČIĆ (*1945), der die Gattung des Gesellschaftsromans in die Kriminalgeschichte stellt, DRAGO KEKANOVIĆ (*1948), der sich um eine Erneuerung der dörfl. Prosa bemüht, und GORAN TRIBUSON (*1948), der den Bereich des Fantastischen ausschöpft. Die fantast. mit der fantastisch-sachl. Literatur verbindet STJEPAN ČUIĆ (*1945). Klassisch-antike Literaturtradition mit Utopischem verbindet VELJKO BARBIERI (*1950), mit avantgardistisch-experimenteller Prosa ist DUBRAVKA UGREŠIĆ (*1949) hervorgetreten, die wie viele jüngere Autoren auch Verfahrensweisen der Trivialliteratur einsetzt.

Die seit Anfang der 70er-Jahre in der Literatur anhaltenden Autonomietendenzen erwiesen sich bei der Lösung Kroatiens aus der jugoslaw. Föderation und im serbisch-kroat. Krieg 1991/92 als wesentlich für die auch sprachlich ausgedrückte Abkopplung der k. L. von ›serbokroat.‹ bzw. ›jugoslaw.‹ Standards (VLATO GOTOVAC, *1930; IVAN ARALICA, *1930; SLOBODAN P. NOVAK, *1950 u. a.). Neue Impulse gehen dabei insbesondere von der Romanliteraur aus, die neben geschichtl. Themen die gesellschaftl. Umbrüche und das Kriegsgeschehen verarbeitet (N. FABRIO; P. PAVLIČIĆ; STJEPAN TOMAŠ, *1947). Die Poesie prägen Patriotismus und das Kriegserlebnis, während für das Drama und neuere Erzählprosa (TOMISLAV BAKARIĆ, *1940; IVO BREŠAN, *1936; IVAN KUŠAN, *1933) postmoderne Strukturen charakteristisch sind.

Hrvatska književnost prema evropskim književnostima. Od narodog preporoda k našim danima, hg. v. A. FLAKER u. K. PRANJIĆ (Zagreb 1970); Leksikon pisaca Jugoslavije, hg. v. Ž. BOŠKOV, auf 5 Bde. ber. (Belgrad 1972 ff.); A. SCHMAUS: Die k. L., in: Kindlers Literaturlex., Bd. 7 (1972); Povijest hrvatske književnosti, auf 7 Bde. ber. (Zagreb 1974 ff.); A. FLAKER: Modelle der Jeans-Prosa. Zur literar. Opposition bei Plenzdorf im osteurop. Romankontext (1975); A. BARAC: Gesch. der jugoslaw. Literaturen von den Anfängen bis zur Gegenwart (a. d. Serbokroat., 1977); P. PAVLIČIĆ: Rasprave o hrvatskoj baroknoj književnosti (Split 1979); M. ŠICEL: Hrvatska književnost (Zagreb 1982); J. FRANGEŠ: Povijest hrvatske književnosti (Zagreb 1987); I. FRANGEŠ: Gesch. der k. L. Von den Anfängen bis zur Gegenwart (a. d. Kroat., 1995); Serbokroat. Autoren in dt. Übers. Bibliogr. Materialien 1776-1993, hg. v. R. LAUER, 2 Bde. (1995).

kroatische Sprache, heute offizielle Bez. der Amts- und Standardsprache der Rep. Kroatien. Die im 19. Jh. und v. a. in der Sozialist. Föderativen Rep. Jugoslawien ausgeprägte Tendenz zur Schaffung einer gemeinsamen serbokroat. Standardsprache (→serbokroatische Sprache) mit den beiden schriftsprachl. Varianten Serbisch und Kroatisch wird heute v. a. in Kroatien als Versuch serb. Hegemoniebestrebungen gesehen. Es gibt deutlich ausgeprägte Tendenzen, die k. S. von serb. Einflüssen zu befreien. Die k. S. unterscheidet sich von der →serbischen Sprache v. a. im lautlichen, bes. jedoch im lexikal. Bereich (z. B. kroat. ›kolodvor‹ und serb. ›stanica‹ für ›Bahnhof‹).

M. SAMARDŽIJA: Hrvatski jezik u Nezavisnoj Državi Hrvatskoj (Zagreb 1993); Jezični purizam u NDH, hg. v. M. SAMARDŽIJA (ebd. 1993); R. KATIČIĆ: Serbokroat. Sprache – Serbisch-kroat. Sprachstreit, in: Das jugoslaw. Desaster, hg. v. R. LAUER u. a. (1995); M. MOGUŠ: A history of the croatian language (a. d. Kroat., Zagreb 1995).

Kroatisch-Slawonische Inselgebirge, Gruppe von Mittelgebirgsrücken und Hügelländern in Kroatien, im Zwischenstromland zw. Save, Donau und Drau, bis 1035 m ü. M. (Agramer Gebirge); den östlichsten Teil bildet die →Fruška gora. Zw. den wald- und wildreichen Gebirgen liegen ackerbaulich genutzte Becken. Östlich und westlich der Moslavačka gora (bis 489 m ü. M.) werden Erdöl und Erdgas gefördert. – Der Raum der K.-S. I. wurde im 19. Jh. auf weite Strecken von Flüchtlingen aus Serbien besiedelt (zahlreiche serb. Volkstumsinseln).

Kroatisch-Ungarischer Ausgleich, Kleiner Ausgleich, am 25. 7. 1868 in Anlehnung an den Österr.-Ungar. →Ausgleich von 1867 getroffene vertragl. Vereinbarung, die dem Kronland Kroatien-Slawonien (ohne Dalmatien und Fiume) eine auf Verwaltung, Justiz, Kultur und Unterricht beschränkte Autonomie gewährte, wahrgenommen durch eine vom Banus gebildete Reg., die der Kontrolle des kroat. Landtags unterstellt wurde. Alle anderen Gebiete unterstanden als ›gemeinsame Angelegenheiten‹ der ungar. Reg., in die gleichzeitig ein Min. (ohne Portefeuille) für Kroatien berufen wurde. 40 vom kroat. Landtag delegierte Abg. sollten im ungar. Reichstag die Wahrung der kroat. Interessen gewährleisten. Dieser südslaw.

Kroa Kroatzbeere–Krohg

Einigungsbestrebungen negierende Ausgleich und die unduldsame Nationalitätenpolitik Ungarns konnten die wachsenden nat. Spannungen nicht verringern.

Kroatzbeere [zu ostmitteldt. kr(o)atzen ›kratzen‹ (wegen der Dornen)], *landschaftlich* für: Brombeere.

Krochmal, Nachman, jüd. Historiker und Philosoph, *Brody (nordöstlich von Lemberg; heute Ukraine) 17. 2. 1785, †Ternopol 31. 7. 1840; Mitbegründer der Wiss. des Judentums, Vertreter der →Haskala in Galizien. K. führte in die hebr. Wiss. des Judentums die historisch-krit. Methode ein. Die histor. Forschung führte ihn zur Bibelkritik, zur krit. Prüfung der Struktur und Tendenz der Halacha und zur Ablehnung der späteren Haggada, während er die frühere (moralisierende) gelten ließ. In seinem philosoph. Denken bes. durch G. W. F. HEGEL beeinflusst, deutet K. in seinem Hauptwerk ›More Nebuche ha-Zeman‹ (›Führer der Verwirrten der Zeit‹, 1851 postum veröffentlicht; krit. Ausgabe 1924) die Geschichte des durch seinen besonderen Gottesbezug ausgezeichneten jüd. Volkes als Selbstoffenbarung des Geistes.

Kroscket *das, -s,* **Croquet** [ˈkrɔkɪt, engl.], Kugeltreibspiel, bei dem mit hammerförmigen Schlägern Kunststoffkugeln mit möglichst wenigen Schlägen durch eine bestimmte Anzahl von Toren getrieben werden müssen. Der hölzerne Schläger ist 120 cm lang, sein zylindr. Hammerkopf hat einen Durchmesser von 5–7 cm. Die Kugeln haben ein Gewicht von 300–400 g und einen Durchmesser von 8–10 cm. Das Spielfeld ist eine ebene Rasen- oder Sandfläche mit 20 × 30 m, auf der mit 10–20 Toren (Drahtbügel, Höhe 20 cm, Breite 15 cm) ein bestimmter (variabler) Kurs abgesteckt ist. Start und Ziel sind ebenso wie die Wendemarke nach der Hälfte der Tore durch je einen Signalpfahl gekennzeichnet.
Regeln (Auswahl): Wettkampfmäßig wird K. als Einzel-, Doppel- oder Vierermannschaftsspiel betrieben. Jeder der insgesamt bis zu acht Spieler hat jeweils eine eigene Kugel, die in dem festgelegten Kurs durch die Tore gespielt werden sowie den Start- und Zielpfosten zweimal und den Wendepfosten einmal berühren muss. Die Spieler schlagen abwechselnd. Beim Passieren eines Tores gibt es einen Freischlag. Die Kugel darf fremde Kugeln berühren und auch deren Lage verändern. Bleibt eine Kugel in Kontakt mit einer anderen liegen, darf der Spieler ›krockieren‹, d. h. seine Kugel mit dem Fuß festhalten und die fremde Kugel in eine ungünstige Position schlagen. – K. war 1900 in Paris olymp. Sportart (für Männer).

Krockow [-ko], Christian Graf von, Politikwissenschaftler und Publizist, *Rumbske (bei Stolp) 26. 5. 1927; entstammt einer pommerschen Adelsfamilie; war 1961–69 Prof. für Politikwiss.en, 1965–68 in Saarbrücken, 1968–69 in Frankfurt am Main; seitdem als freier Publizist tätig; trat v. a. mit Arbeiten zur polit. Soziologie, zur Friedensforschung, zum Nationalismus sowie zur preuß. und dt. Geschichte hervor.
Werke: Soziologie des Friedens (1962); Nationalismus als dt. Problem (1970); Reform als polit. Prinzip (1976); Die Reise nach Pommern (1985); Die Deutschen in ihrem Jahrhundert, 1890–1990 (1990); Fahrten durch die Mark Brandenburg (1991); Preußen. Eine Bilanz (1992); Die Deutschen vor ihrer Zukunft (1993); Begegnung mit Ostpreußen (1994); Die preuß. Brüder. Prinz Heinrich u. Friedrich der Große (1996); Bismarck (1997).

Kroeber [ˈkrəʊbə], Alfred Louis, amerikan. Ethnologe, *Hoboken (N. J.) 11. 6. 1876, †Paris 5. 10. 1960; war 1911–46 Prof. an der University of California in Berkeley und Direktor des zugehörigen ethnolog. Museums. Neben seinen Forschungen über die Indianer (v. a. Nordamerikas) war K. an der Entwicklung eines allgemeinen Kulturkonzepts im Sinn der amerikan. Kulturanthropologie maßgeblich beteiligt.
Werke: Anthropology (1923); Handbook of the Indians of California (1925); Cultural and natural areas of native North America (1939); Peruvian archeology in 1942 (1944); Configurations of cultural growth (1944); The nature of culture (1952); Style and civilisations (1957).

Kroetsch [krəʊtʃ], Robert, kanad. Schriftsteller und Kritiker, *Heisler (Prov. Alberta) 26. 6. 1927; nach Lehrtätigkeit 1961–75 an der State University of New York (Binghamton) war er Prof. für Englisch an der University of Manitoba. Ausgehend von einem noch realist. Roman, ›But we are exiles‹ (1965), hat sich K. unter amerikan. und lateinamerikan. Einfluss zum profiliertesten Vertreter anglokanad. postmodernen Erzählens entwickelt; fabulierfreudiger Erzähler, der v. a. Mythen und Legenden von Präriesiedlern und Indianern thematisiert; schreibt auch experimentelle Lyrik.
Weitere Werke: Romane: The studhorse man (1969); Gone Indian (1973); Badlands (1975); What the crow said (1978); Alibi (1983); The puppeteer (1992). – *Lyrik:* The ledger (1975); Seed Catalogue (1977). – *Autobiographisches:* The crow journals (1980); Field notes (1981).
P. THOMAS: R. K. (Vancouver 1980); S. NEUMANN u. R. WILSON: Labyrinths of voices. Conversations with R. K. (Edmonton 1982).

Kroetz [krɛts], Franz Xaver, Schriftsteller und Schauspieler, *München 25. 2. 1946; gehört seit Anfang der 70er-Jahre (›Wildwechsel‹, Uraufführung 1971) zu den meistgespielten deutschsprachigen Bühnenautoren. Seine engagierten, z. T. auf Schockwirkung zielenden Stücke zeigen die ausweglose Wirklichkeit der ›kleinen Leute‹, ihre u. a. durch Gefühls- und Spracharmut bedingte Unfähigkeit, ein eigenes Leben gegen eine normierte, übermächtige Umwelt zu gestalten. K. schreibt auch Erzählungen und Romane (›Der Mondscheinknecht‹, 2 Bde. 1981–83), Hör- und Fernsehspiele; auch Fernsehdarsteller.
Weitere Werke: Stücke: Heimarbeit. Hartnäckig. Männersache (1971); Stallerhof. Geisterbahn. Lieber Fritz. Wunschkonzert (1972); Oberösterreich (1972); Dolomitenstadt Lienz. Maria Magdalena. Münchner Kindl (1974); Mensch Meier. Der stramme Max. Wer durchs Laub geht (1979); Nicht Fisch nicht Fleisch. Verfassungsfeinde. Jumbo Track (1981); Bauern sterben (UA 1985); Der Nusser (UA 1986); Der Weihnachtstod (UA 1986); Oblomow (UA 1989); Bauerntheater (1991); Ich bin das Volk. 24 volkstüml. Szenen aus dem neuen Dtl. (UA 1994). – *Prosa:* Chiemgauer Geschichten (1977); Brasilien-Peru-Aufzeichnungen (1991, Tagebuch).

Krog, Helge, norweg. Schriftsteller und Kritiker, *Christiania (heute Oslo) 9. 2. 1889, †ebd. 30. 7. 1962; schrieb bühnenwirksame naturalist., sozialkrit. Dramen und satir. Komödien sowie treffsichere, oft aggressive Essays (›Meninger. Litteratur, kristendom, politikk‹, 1947).
Weitere Werke: Dramen: Det store vi (1919); På solsiden (1927; dt. Auf der Sonnenseite); Konkylien (1929); Underveis (1931); Opbrudd (1936).
Ausgabe: Samlede skuespill, 3 Bde. (1948).

Kröger, Timm, Schriftsteller, *Haale (Kr. Rendsburg-Eckernförde) 29. 11. 1844, †Kiel 29. 3. 1918; trat mit Erzählungen und Novellen über das niederdt. Bauernleben hervor, die sich durch treffende psycholog. Charakterisierung der Figuren und anschaul. Schilderung der norddt. Landschaft auszeichnen. Die niederdt. Mundart setzte er dabei nur signalhaft zur Kennzeichnung typ. Eigenarten ein.
Werke: Novellen: Eine stille Welt (1891); Der Schulmeister von Handewitt (1894); Leute eigener Art (1904); Um den Wegzoll (1905); Aus alter Truhe. Erzählungen und Novellen (1908); Dem unbekannten Gott! (1913). – *Erzählungen:* Sturm und Stille (1916).

Krogh, Schack August Steenberg, dän. Physiologe, *Grenå 15. 11. 1874, †Kopenhagen 13. 9. 1949; ab 1916 Prof. der Tierphysiologie in Kopenhagen. Für seine Arbeiten über den Gasaustausch bei der Atmung und die Physiologie der Kapillaren erhielt er 1920 den Nobelpreis für Physiologie oder Medizin.

Krohg, 1) Christian, norweg. Maler, Journalist und Schriftsteller, *Vestre Aker (heute zu Oslo) 13. 8.

Franz Xaver Kroetz

August Krogh

Christian Krohg: Das Haar wird geflochten; 1882 (Oslo, Nasjonalgalleriet)

1852, † Oslo 16. 10. 1925, Vater von 2); studierte bei H. GUDE in Karlsruhe (1874–75) sowie bei K. GUSSOW in Berlin (1875–78); hielt sich wiederholt in Paris auf. Er setzte sich in Norwegen für den Naturalismus ein und malte neben Porträts v. a. Bilder mit sozialkrit. Themen, auch Bilder aus dem Seemannsleben. Von G. BRANDES beeindruckt, leistete er auch mit seinem Roman über eine Prostituierte, ›Albertine‹ (1886, dt.), einen Beitrag zur gesellschaftskrit. Debatte.

2) Per Lasson, norweg. Maler, *Åsgårdstrand (Prov. Vestfold) 18. 6. 1889, † Oslo 3. 3. 1965, Sohn von 1); Schüler seines Vaters und von H. MATISSE in Paris (1910/11). Über die Auseinandersetzung mit Fauvismus, Kubismus und Surrealismus fand er nach dem Zweiten Weltkrieg zu einem realist. Stil, der von Humor und Ironie gekennzeichnet ist. Er schuf mehrere Fresken, u. a. im Osloer Rathaus (1939–49).

Kroisos [griech.], lyd. König, →Krösus.

Krokodile [von griech. krokódeilos, urspr. ›Eidechse‹, eigtl. ›Kieswurm‹, zu krókē ›Kies‹ und drílos ›Wurm‹], *Sg.* **Krokodil** *das, -s,* **Panzerechsen, Crocodylia,** Ordnung der Reptilien mit drei rezenten Familien: →Alligatoren, →Gaviale und Echte Krokodile. K. sind seit der Oberen Trias bekannt und bilden zusammen mit den Vögeln die einzigen heute noch lebenden Abkömmlinge der Verwandtschaftsgruppe der Archosauria (→Reptilien). Der Körper ist echsenförmig und mit Schuppen bzw. größeren Hornplatten und -höckern bedeckt, welche bes. auf dem Rücken (bei einigen Arten auch auf Seiten und Bauch) mit Knochenplatten unterlegt sind (›Panzerechsen‹). Der kräftige Ruderschwanz trägt zwei Schuppenkämme, die sich zum Ende hin zu einem Kiel vereinigen. Die Extremitäten sind relativ kurz, die Füße tragen vorn fünf und hinten vier Zehen, die hinteren Zehen sind durch Schwimmhäute verbunden. Der Kopf ist groß und massig, die Schnauzenform variabel von extrem schmal (Gaviale) bis breit (Alligatoren); der Schädel weist zwei Schläfenöffnungen auf. Die Zähne sind in Höhlungen der Kiefer verankert, Gaumen und innere Nasenöffnung sind weit nach hinten gezogen, wodurch das Atmen durch die Nase bei unter Wasser geöffnetem Maul ermöglicht wird. Das Herz ist in vier Kammern geteilt, jedoch können sich venöses und arterielles Blut über eine Öffnung (Foramen panizzae) mischen. Eine Harnblase fehlt, die Kloakalspalte ist längs gerichtet, die Männchen besitzen einen ausstülpbaren Penis. Die Weibchen legen bis zu 100 hartschalige, gänseeigroße Eier in Nesthügel aus Laub und Ästen (einige Echte K. und alle Alligatoren) oder in Sandgruben und bewachen danach das Gelege. Die Jungen geben beim Schlüpfen quäkende Laute von sich und werden in der ersten Zeit von der Mutter geführt. K. wachsen zeitlebens und können vermutlich ein Alter von bis zu 100 Jahren erreichen. Sie leben im oder am Wasser, können jedoch auch längere Wanderungen an Land auf der Suche nach neuen geeigneten Lebensräumen unternehmen. Einige Arten verbringen Trockenzeiten in selbst gegrabenen Erdhöhlen. Die meisten Arten leben im Süßwasser, einige (z. B. Nil-K., Leisten-K.) bisweilen auch in Brack- oder Meerwasser. K. ernähren sich ausschließlich von tier. Kost; als Beute kommt alles infrage, was sich im oder am Wasser aufhält und überwältigt werden kann. Alle K. sind durch rücksichtslose Bejagung (Ledergewinnung) stark bedroht. Einige Arten konnten in letzter Zeit durch strenge Schutzbestimmungen oder Zucht in Farmen vor der Ausrottung bewahrt werden.

Die **Echten K.** (Familie Crocodylidae) umfassen mit drei Gattungen und 13 Arten den Hauptteil der K. und sind weltweit in trop. und subtrop. Gebieten verbreitet. Bei ihnen greift, im Ggs. zu den Alligatoren, der 4. Unterkieferzahn in eine seitl. Furche des Oberkiefers und ist bei geschlossenem Maul sichtbar. Die kleinste Art ist das bis maximal knapp 2 m lange **Stumpf-K.** (Osteolaemus tetraspis) in West- und Zentralafrika. Eine Länge von 7 m bis ausnahmsweise 10 m können **Nil-K.** (Crocodylus niloticus) in Afrika und **Leisten-K.** (Crocodylus porosus) in S-Asien als größte heute lebende Reptilien erreichen. Weitere Arten sind das ebenfalls über 7 m Länge erreichende **Orinoco-K.** (Crocodylus intermedius) in Südamerika, **Australien-K.** (Crocodylus johnsoni; Länge bis 3 m) und **Sunda-K.** (Tomistoma schlegeli; Länge 5 m).

Kulturgeschichte: Im alten Ägypten verehrte man in mehreren Städten, v. a. in Krokodilopolis (Faijum), den Wassergott Sobek in Gestalt des K. In Palästina war das K. bekannt und gefürchtet, im A. T. (u. a. Ezech. 29, 3 und 32, 2) wird der ägypt. Pharao mit einem K. verglichen. In der Römerzeit wurde das K. zum Symbol Ägyptens. In den Induskulturen des 3. und 2. Jt. v. Chr. wurden K.-Darstellungen auf Siegeln nach – in Tempelteichen gehalten und verehrt. – Die Redensart von den K.-Tränen als geheucheltem Mitgefühl dürfte zur Zeit des Humanismus im 15. Jh. aufgekommen sein, entstanden nach der Sage, dass das K. seine Opfer durch Weinen anlocke oder unter Tränen verschlinge.

Krokodilfluss, Oberlauf des →Limpopo, Rep. Südafrika.

Krokodilschleichen, Gerrhonotus, amerikan. Gattung der Schleichen mit gut entwickelten Beinen.

Krokodilteju [-teʒu], **Dracaena guianensis,** bis 1 m lange Schienenechse im nordöstl. Südamerika, vorwiegend an Gewässern. Der seitlich abgeflachte

Krokodile: Leistenkrokodil (Länge bis 10 m)

Wörter, die man unter K vermisst, suche man unter C, Ch, G, H oder Q

Krok Krokodilwächter – Krolow

Ruderschwanz trägt auf der Oberseite zwei Längskiele aus Plattenschuppen. K. ernähren sich fast ausschließlich von wasserlebenden Weichtieren, deren harte Schalen mithilfe der großen, mit Mahlflächen versehenen Zähne geknackt und wieder ausgespuckt werden.

Krokodilteju (Länge bis 1 m)

Krokodilwächter, Pluvianus aegyptius, einzige Art der Gattung K. (Pluvianus), 22 cm großer Vogel; lebt an Flüssen von Senegal bis Äthiopien, aus Ägypten heute weitgehend verschwunden. Der K. zeigt trotz seines Namens keine besondere Bindung an Krokodile.

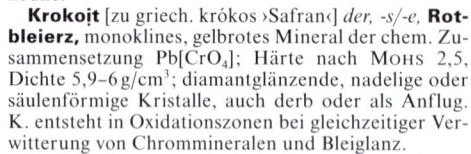

Krokoit [zu griech. krókos ›Safran‹] *der, -s/-e,* **Rotbleierz,** monoklines, gelbrotes Mineral der chem. Zusammensetzung Pb[CrO$_4$]; Härte nach MOHS 2,5, Dichte 5,9–6 g/cm^3; diamantglänzende, nadelige oder säulenförmige Kristalle, auch derb oder als Anflug. K. entsteht in Oxidationszonen bei gleichzeitiger Verwitterung von Chromerzmineralen und Bleiglanz.

Krokus [lat., von griech. krókos ›Safran‹] *der, -/* und *-se,* **Crocus,** Gattung der Schwertliliengewächse mit etwa 80 Arten bes. im Mittelmeerraum; stängellose Pflanzen mit unterird., von häutigen Niederblättern umschlossenen Sprossknollen, grasartigen Blättern und zahlr. Blüten (Blütenhülle trichterförmig). Alle wild lebenden K.-Populationen sind geschützt. Zahlr. K.-Arten werden in vielen Sorten gärtnerisch kultiviert, v. a. der im Frühjahr weiß oder violett blühende, auf feuchten Bergwiesen und Matten Mittel- und Südeuropas vorkommende **Frühlings-K.** (Crocus vernus), dessen Blätter einen weißen Mittelstreifen aufweisen. Der im Herbst purpurfarben blühende **Echte Safran (Safran,** Crocus sativus) ist als Wildform nicht bekannt. Er wurde schon im Altertum vom Mittelmeerraum bis Indien kultiviert. Die orangeroten, bis 2,5 cm langen Narbenäste liefern den v. a. als Gewürz verwendeten →Safran.

Krokydolith [zu griech. krokýs ›Wollflocke‹ (wegen der faserigen Struktur) und lithos ›Stein‹] *der, -s* und *-en/-e(n),* **Blauasbest,** blaugrüne, monokline, parallel gelagerte feinfaserige Aggregate des Amphibolminerals Riebeckit; vorwiegend in metamorph überprägten eisenreichen Quarziten und Dolomiten entstanden. Durch Imprägnierung mit kieselsäurehaltigen Lösungen bilden sich die Schmucksteine →Falkenauge und →Tigerauge.

Kroll, 1) Lucien, belg. Architekt, * Etterbeek 17. 3. 1927; wurde international bekannt durch das Studentenwohnheim der medizin. Fakultät in Woluwé-Saint-Lambert bei Brüssel (1970–77). Neben öffentl. Gebäuden entwarf K. auch Wohnhäuser und bezog Benutzer und Bewohner in Konzept und Ausgestaltung ein.

Weitere Werke: Ökumen. Zentrum der Abtei Chevetogne (1963–65); Wohnhäuser in Cergy-Pontoise (1977) und Marne-la-Vallée (1978); Metrostation ›Alma‹ in Woluwé-Saint-Lambert bei Brüssel (1979–82); Schule in Belfort (1985); Sozialwohnungen in Haarlem (1988).

2) Wilhelm, klass. Philologe, * Frankenstein in Schlesien 7. 10. 1869, † Berlin 21. 4. 1939; wurde 1899 Prof. in Greifswald, 1906 in Münster, 1924 in Breslau. Er widmete sich u. a. der röm. Kultur und Literatur, bes. CATULL und CICERO.

Werke: Studien zum Verständnis der röm. Lit. (1924); Kultur der ciceron. Zeit, 2 Bde. (1933). – *Neubearbeitung:* W. S. TEUFFEL: Gesch. der röm. Lit., 3 Bde. (^{6}1910–16, mit F. SKUTSCH). – **Hg.:** Ciceros Brutus (^{5}1908, mit O. JAHN); M. T. Cicero: Orator (1913); C. V. Catullus: Poemata (1923).

Kröller, Heinrich, Tänzer, Choreograph, Regisseur und Ballettdirektor, * München 25. 7. 1880, † Würzburg 25. 7. 1930; zunächst als Solotänzer in Dresden erfolgreich, von 1917 an Ballettmeister und Choreograph der Bayer. Staatsoper München, daneben auch an der Berliner Staatsoper (1919–22) und der Wiener Staatsoper (1922–28) tätig. Zu seinen wichtigsten Uraufführungen zählen die ›Couperin-Suite‹ (1923) und ›Schlagobers‹ (1924) von R. STRAUSS.

Kröller-Müller, Helene, niederländ. Kunstsammlerin dt. Herkunft, * Horst (heute zu Essen) 11. 2. 1869, † Otterlo (heute zu Ede) 14. 12. 1939; ∞ mit dem niederländ. Schiffsmakler ANTHONY GEORGE KRÖLLER (* 1862, † 1941). Das Ehepaar stiftete 1928 eine Kunstsammlung (v. a. Werke von V. VAN GOGH), die Grundlage für das heutige Rijksmuseum K.-M. in einem 1938 von H. C. VAN DE VELDE errichteten Pavillon im Nationalpark Hoge Veluwe wurde.

Kroll-Verfahren, von dem luxemburg. Metallurgen WILHELM J. KROLL (* 1889, † 1973) entwickeltes Verfahren zur Gewinnung schwer reduzierbarer Metalle, bes. von Titan und Zirkonium. Die auf nasschem. Wege hergestellten reinen Tetrachloride von Titan oder Zirkonium werden in einem luftdichten Reaktionsgefäß unter einem inerten Schutzgas (z. B. Argon) mit geschmolzenem Magnesium unter Bildung von Magnesiumchlorid reduziert.

Krolow [-lo], Karl, Schriftsteller, * Hannover 11. 3. 1915; studierte 1935–42 in Göttingen und Breslau Germanistik, Romanistik, Philosophie und Kunstgeschichte, ist seither freier Schriftsteller und lebt seit 1956 in Darmstadt. Er gehört zu den bedeutendsten dt. Lyrikern dieses Jahrhunderts. K.s erste, in strengen Rhythmen und meist liedhaften Strophen gebaute Gedichte (›Heimsuchung‹, 1948; ›Die Zeichen der Welt‹, 1952) stehen noch unter dem Einfluss der modern-mag. Naturlyrik von W. LEHMANN, O. LOERKE und ELISABETH LANGGÄSSER. Später wird der Einfluss der frz. und span. Moderne deutlich, das Stimmungshafte weicht der Reflexion, der oft epigrammat. Präzision, auch dem Sprachexperiment. Auffallend sind seit Ende der 70er-Jahre die autobiograph. Elemente in Lyrik und Prosastudien (›Im Gehen‹, 1981), aber auch im erzähler. Werk (›Das andere Leben‹, 1979; ›Melanie. Geschichte eines Namens‹, 1983). Charakteristisch sind hier die treffende Bildhaftigkeit und die disziplinierte Sprachform. K. ist auch Über-

Krokodilwächter (Größe 22 cm)

Krokus: Echter Safran

Lucien Kroll: Innenraum der Metrostation ›Alma‹ in Woluwé-Saint-Lambert bei Brüssel; 1979–82

Kronberg im Taunus: Blick auf die Stadt mit der darüber liegenden Burg (um 1220)

setzer und Nachdichter frz. und span. Lyrik, Essayist (›Schattengefecht‹ 1964; ›Ein Gedicht entsteht‹, 1973), Herausgeber und Literaturkritiker. 1956 erhielt er den Georg-Büchner-Preis.

Weitere Werke: *Lyrik:* Wind u. Zeit (1954); Tage u. Nächte (1956); Unsichtbare Hände (1962); Landschaft für mich (1966); Zeitvergehen (1972); Herbstsonette mit Hegel (1981); Schönen Dank und vorüber (1984); Als es soweit war (1988); Ich höre mich sagen (1992); Die zweite Zeit (1995). – *Prosa:* Poet. Tagebuch (1966); Minuten-Aufzeichnungen (1968); Nacht-Leben oder Geschonte Kindheit (1985); In Kupfer gestochen. Observationen (1987).

Ausgaben: Ges. Gedichte, 3 Bde. ($^{1-2}$1985); Etwas brennt. Ges. Prosa (1994).

R. PAULUS: Lyrik u. Poetik K. K.s 1940–70 (1980); DERS. u. G. KOLTER: Der Lyriker K. K. (1983); K. K., hg. v. H. L. ARNOLD (1983); J. H. PEE: K. K. u. die lyr. Tradition (1991).

Kromdraai, Fundort fossiler Hominiden (Australopithecus robustus) in der Nähe von Johannesburg, Rep. Südafrika; Entdecker war 1938 der schott. Paläontologe ROBERT BROOM (*1866, †1951).

Kroměříž [ˈkrɔmjɛrʒiːʃ], Stadt in der Tschech. Rep., →Kremsier.

Kromfohrländer (Widerristhöhe 38–46 cm)

Krom|fohrländer, Hunderasse, 1954 im Siegerland aus einer Kreuzung zw. einer Foxterrierhündin und einem Griffonrüden entstanden; das Fell ist rauhaarig und braunweiß gefleckt; guter Begleit-, Haus- und Schutzhund; Widerristhöhe 38–46 cm.

Kronach, 1) Kreisstadt in Bayern, 307–540 m ü. M., am Rand des Frankenwalds, 18 500 Ew.; Fran-

kenwaldmuseum, Fränk. Galerie auf der Festung Rosenberg; Fernsehgeräte-, Werkzeugbau, Eisengießerei, Kunststoffverarbeitung, Textil- und Bekleidungsindustrie, Herstellung von techn. Ölen und Fetten. – Die auf einem Bergsporn (Buntsandstein) gelegene Oberstadt hat ein gut erhaltenes mittelalterl. Stadtbild. Die Stadtbefestigung (14.–17. Jh.) mit mehreren Türmen ist noch größtenteils erhalten; got. Pfarrkirche St. Johannes (14.–16. Jh.); Annenkapelle (1512/13); Renaissancerathaus (1583). Über K. die Festung Rosenberg (Ausbau der mittelalterl. Burg v. a. 1549–95 und 2. Hälfte des 17. Jh. durch A. PETRINI, B. NEUMANN u. a.). – Eine erste Siedlung wurde 1003 durch Brand vernichtet. Ein Fronhof, natürl. Mittelpunkt von Verw., Gerichtsbarkeit und kirchl. Leben (seit dem 13. Jh. sind Bamberger Vögte und Richter bezeugt), entwickelte sich zu einer 1323 genannten Stadt.

2) Landkreis im Reg.-Bez. Oberfranken, Bayern, 652 km^2, 76 700 Ew.; grenzt an Thüringen und umfasst außer dem NW des →Frankenwalds (Naturpark) das südwestlich vorgelagerte obermain. Hügelland. Die Landwirtschaft ist unbedeutend. Vorherrschend sind die aus dem Heimgewerbe entwickelte Industrie (Elektrotechnik, Feinkeramik, Glas, Bekleidung, Holz) und der Fremdenverkehr. Außer der Kreisstadt K. gibt es die Kleinstädte Ludwigsstadt, Teuschnitz und Wallenfels.

Kronanwalt, in Staaten mit monarch. Verf. Beamter mit den Aufgaben eines Staatsanwaltes.

Kronauer, Brigitte, eigtl. **B. Schreiber,** Schriftstellerin, *Essen 29. 12. 1940; zunächst Lehrerin; lebt seit 1971 als freie Schriftstellerin in Hamburg. K. erregte bei der Kritik erstmals Aufsehen mit dem Roman ›Frau Mühlenbeck im Gehäus‹ (1980). Ihr immer wiederkehrendes Motiv ist der Selbstfindungsversuch ihrer Figuren (meist Frauen), den sie mit den Mitteln der Sprache sinnfällig macht. Die vom Nouveau Roman beeinflussten Texte vermitteln dem Leser eher präzis beschriebene Wahrnehmungen und Assoziationen, als dass sie Handlungen wiedergeben. K. begleitet ihr belletrist. Werk mit Essays, in denen sie ihre Ästhetik erläutert (›Aufsätze zur Literatur‹, 1987).

Weitere Werke: *Erzählungen:* Der unvermeidl. Gang der Dinge (1974); Vom Umgang mit der Natur (1977); Hin- u. herbrausende Züge (1993); Die Wiese (1993); Die Einöde u. ihr Prophet. Über Menschen u. Bilder (1996). – *Romane:* Berittener Bogenschütze (1986); Die Frau in den Kissen (1990); Das Taschentuch (1994). – *Essays:* Literatur u. schöns Blümelein (1993).

Kronberg [ˈkruːnbærj], Julius, schwed. Maler, *Karlskrona 11. 12. 1850, †Stockholm 17. 10. 1921; studierte in München und Italien. Seine Deckenbilder, u. a. im Königl. Schloss und im Dramat. Theater in Stockholm, sind bes. von G. B. TIEPOLO beeinflusst, hinsichtlich der Effekte mit Arbeiten von H. MAKART verwandt.

Kronberger Kreis, der wiss. Beirat des Frankfurter Instituts Stiftung Marktwirtschaft und Politik (gegr. 1982, Sitz: Bad Homburg v. d. Höhe). Er will in der Tradition des Neoliberalismus die Funktionserfordernisse der sozialen Marktwirtschaft verdeutlichen sowie zu deren Sicherung und Weiterentwicklung beitragen.

Kronberger Malerkolonie, um 1860 in Kronberg im Taunus von J. F. DIELMANN und A. BURGER gegründete Gemeinschaft von Malern. Die K. M. stand unter dem Einfluss der Schule von →Barbizon und von G. COURBET.

A. WIEDERSPAHN u. H. BODE: Die K. M. (^{3}1982).

Kronberg im Taunus, Stadt und Luftkurort im Hochtaunuskreis, Hessen, am SO-Abfall des Taunus, 250 m ü. M., 17 800 Ew.; Tiergehege (›Opelzoo‹); bedeutender Obstbau, Elektroindustrie, Mineralwasser-

Kronach 1) Stadtwappen

Karl Krolow

Brigitte Kronauer

Wörter, die man unter K vermisst, suche man unter C, Ch, G, H oder Q

Kron Krondomäne – Krone

abfüllung. – Die Stadt wird von der Burg (um 1220, im Kern staufisch) überragt, in der Kapelle (1342 geweiht, nach Brand 1943 wiederhergestellt) bedeutende Grabmäler des 14.–16. Jh.; in der Pfarrkirche St. Johannes (15. Jh.) Terrakottagruppe mit der Szene des Marientods (um 1440) und Epitaph von H. BACKOFEN (um 1517). Das Schloss Friedrichshof (1889–93), ein historisierender Prachtbau im Tudorstil, für die Kaiserinwitwe VIKTORIA erbaut, ist heute Hotel. – K., im Schutz der gleichnamigen, um 1220 angelegten Burg erwachsen, wurde 1330 Stadt.

Krondomäne, dem Herrscher zur freien Verfügung unterstehende Ländereien (Krongut), Gerechtsame und daraus fließende Einnahmen, außerdem alle Gebiete, die der König als erledigte Lehen einzog und in eigene Verwaltung nahm. In Frankreich war die K. **(Domaine royal)** – anfangs weniger ein Territorium als ein Kompetenzgefüge – im 11. Jh. fast ganz auf das Gebiet der Städte Paris, Orléans und Senlis sowie Compiègne, Laon und Reims beschränkt. Durch PHILIPP II. AUGUSTUS (1180–1223) wurde sie weit in den NO und W Frankreichs (Normandie, Loiregrafschaften) ausgedehnt, durch LUDWIG VIII. (1223–26) und LUDWIG IX. (1226–70) in den S (Poitou, Languedoc). Gleichzeitig brachte die Einführung der →Apanagen für königl. Prinzen einen Rückschlag, da diese ganze Provinzen der K. entzogen. Noch im 14. Jh. war ein Drittel Frankreichs in unmittelbar königl. Verwaltung. Erst der endgültige Anfall Bourbons (1531), der Bretagne (1532) und der Hausgüter HEINRICHS IV. (1607) an die Krone vollendete im Wesentlichen die zur zentralen Lenkung des Gesamtstaats führende Entwicklung. So vollzog sich durch die Ausdehnung der K. die polit. Einigung Frankreichs durch das Königtum. Während der Frz. Revolution wurde die K. **Domaine national** (Dekret vom 21. 11. 1790).

W. M. NEWMAN: Le domaine royal. Sous les premiers Capétiens 987–1180 (Paris 1937); L. MIROT: Manuel de géographie historique de la France, Bd. 1: L'unité française (Neuausg. ebd. 1979).

Krone [ahd. corona, von lat. corona ›Kranz‹, ›Krone‹, von griech. korōnē ›Ring‹], **1)** *Anatomie:* Fußteil bei Huf- und Klauentieren, dessen knöcherne Grundlage der 2. Zehenknochen **(Kron-** oder **Kronenbein)** ist. Das **Krongelenk,** vom Fessel- und Kronbein gebildet, liegt beim Pferd dicht über dem oberen Hufrand **(Kronenrand). 2)** *Astronomie:* 1) **Nördliche K., Corona Borealis,** Abk. **CrB,** kleines Sternbild des nördl. Himmels, das im Sommer am Abendhimmel zu sehen ist; hellster Stern (α) ist →Gemma; 2) **Südliche K., Corona Australis,** Abk. **CrA,** kleines, unauffälliges, z. T. in der Milchstraße gelegenes Sternbild des südl. Himmels. **3)** *Jägersprache:* süddt. Bez. für Rehgehörn; auch: oberer Teil des Rothirschgeweihs mit mindestens drei Enden. **4)** *Münzkunde:* Münznominale und Währungseinheiten versch. Staaten. In Dtl. und Österreich war die Vereins-K. im 19. Jh. eine Goldmünze nach dem Münzvertrag von 1857 im Wert von etwa 9 $\frac{1}{3}$ Vereinstalern; im Dt. Reich wurden die ab 1871 geprägten 10-Mark-Goldstücke offiziell K. genannt; in Österreich war die K. (1 K. = 100 Heller) 1892–1924, in der Tschechoslowakei (1 K. [Koruna, Kčs] = 100 Haléřů [h]) 1921–92 Währungseinheit. Vom Namen einer dän. Talermünze des 17. Jh., der Corona Danica, ging die Skandinav. Münzunion von 1873 aus, sodass Währungseinheiten in Skandinavien (außer Finnland) K. heißen; in Dänemark: 1 Dän. K. (dkr) = 100 Øre; Island: 1 Isländ. K. (Króna, ikr) = 100 Aurar; Norwegen: 1 Norweg. K. (nkr) = 100 Øre; Schweden: 1 Schwed. K. (Krona, skr) = 100 Öre. Die Krone ist auch Währungseinheit in Estland: 1 Estn. K. (Kroon, ekr) = 100 Senti; in der slowak. Rep.: 1 Slowak. K. (Koruna, Sk) = 100 Heller (h); in der Tschech. Rep.: 1 Tschech. K. (Koruna, Kč) = 100 Heller (h).

Bei den älteren Prägungen deutet der Name K. häufig auf das ursprüngl. Münzbild hin, z. B. Couronne d'or (→Écu), Corôa. Als →Crown wurde auch die engl. Talermünze bezeichnet. Davon leitet sich noch heute die Bez. ›crown-size‹ im engl. Sprachraum für Münzen in Talergröße ab.

Krone 5): Der ägyptische König Mykerinos (Mitte) mit der Weißen Krone Oberägyptens; links daneben die Göttin Hathor mit der Sonnenscheibe und dem Kuhgehörn auf ihrem Kopf; Schiefer, Höhe 92,5 cm; gefunden in Giseh (Kairo, Ägyptisches Museum)

5) *Rangzeichen:* Kopfschmuck, der Macht und Würde des Herrschers versinnbildlicht. Die ägypt. Könige trugen v. a. die Rote K. (nach der Farbe der Papyrusdolde) als Könige von Unterägypten (eine Kappe mit hohem Rückenteil und Spirale; die erste Darstellung findet sich bereits in der Negadekultur) und die Weiße K. (nach der Farbe der Lotosblüte) als Könige von Oberägypten (hohe, birnenartige Form mit Knauf; urspr. wohl aus Binsen, dann aus Leder) oder die kombinierte Doppel-K. mit Geier und Uräusschlange an der Stirnseite. Ferner gab es z. B. die Feder-K. aus Straußenfedern über Widder- und Stierhörnern und als Kombination von Feder-K. und Weißer K. die Atef-K., mit der man den (verstorbenen) König als Verkörperung des Osiris auszeichnete. Amun wurde mit einer Feder-K. dargestellt, so häufig auch Königinnen, während Göttinnen oft eine Hörner-K. (Kuhgehörn) mit einer Sonnenscheibe trugen. – Im Alten Orient kennzeichnete seit Ende des 4. Jt. v. Chr. eine Hörner-K. die Götter; sie zeichnete noch hethit. Götter aus. Sumer. Könige konnten wie andere Würdenträger durch eine Kopfbinde mit langen Enden, z. T. mit Rosetten u. Ä. verziert, oder eine Kappe mit Wulstrand (z. B. GUDEA) hervorgehoben sein. In der akkad. Kunst trägt der (nach dem Tode vergöttlichte) König die Hörner-K. In der babylon. Kunst und bei den Hethitern ist, zunächst als weibl. Attribut, seit dem 2. Jt. v. Chr. der →Polos verbreitet. Im 1. Jt. v. Chr. wurden babylon. Könige mit kegelförmiger Kappe und langem Band, assyr. Könige mit einer Spitzmütze, darüber eine Art Fes dargestellt. Die achaimenid. Könige trugen versch. K., nach literar. Zeugnis auch eine Tiara mit nach oben gerichteten Zipfeln, d. h. eine Form der phryg. Mütze. Die Tiara kommt neben anderen K.-Formen auch bei versch. parth. Königen vor. Insbesondere war sie die K. des Mithras. Ahura Masda wurde mit einer hohen kannelierten K. dargestellt, Kannelierungen finden sich auch an K. der Könige der Sassaniden, bei denen jeder König seinen eigenen K.-Typ hatte, der jeweils aus bestimmten Bestandteilen über der Scheitelkappe zusammengesetzt war: in ein Seidentuch eingeschlage-

Krone 2): Die hellsten Sterne der Nördlichen Krone

Krone 4): Doppelkrone (Berlin, 1877); Durchmesser 23 mm

Vorderseite

Rückseite

nes rundes Haarbüschel (Korymbos) oder später Kugel oder Stern im Halbmond, Mauerzinnen, Strahlenzacken oder Flügel. – In der Kunst der Antike kommen als Götter-K. der Polos oder Pyleon vor (Hera, Demeter und Persephone, Dionysos), i. Allg. erfüllte aber der Kranz die Funktion der K. (→Corona).

An der Ausbildung der K. im MA. hatte das →Diadem wesentl. Anteil. Der anfangs glatte oder mit Edelsteinen geschmückte Reif (→Eiserne Krone) wurde oben durch vier (drei sichtbare) Blattornamente (frz. fleurons) verziert. Durch Überspannung mit einem, später mehreren Bügeln entstanden die →Kaiserkrone, die →Königskrone, durch weitere Variationen die →Herzogskrone und →Fürstenkrone. Die einfache Blätterkrone (›alte Königs-K.‹) wurde zum Adelsabzeichen, ornamental aber, v. a. im 18. Jh., auch über nichtadeligen Emblemen (z. B. von Zünften) oder bürgerl. Monogrammen verwendet. Nach Anzahl der Blätter oder Perlen und Perlenzinken unterscheidet man die →Rangkronen. Der Papst trägt eine dreifache K., die →Tiara. Seit dem 18. Jh. legten die Städte auf ihren Wappenschild →Mauerkronen. In der christl. Kunst können auch Gottvater (z. B. auf dem Genter Altar die Tiara mit drei Kronreifen), CHRISTUS und MARIA eine K. tragen, meist in Form der Kaiser-K.; die K. ist auch Attribut vieler Heiliger, der Ecclesia und der Justitia sowie von personifizierten Städten (Jerusalem, Rom). →Dichterkrönung.

F. HARTUNG: Die K. als Symbol der monarch. Herrschaft im ausgehenden MA. (1941); P. E. SCHRAMM: Herrschaftszeichen u. Staatssymbolik, 4 Bde. (1954–78); H. BIEHN: Die K. Europas u. ihre Schicksale (1957); G. J. KUGLER: Die Reichs-K. (Wien ²1986); F. ŠMAHEL: Zur polit. Präsentation u. Allegorie im 14. u. 15. Jh. (1994).

6) *Technik:* Bohr-K., mit Hartmetall oder Diamanten besetzte Schneide eines Bohrwerkzeugs.

7) *Wasserbau:* oberer Abschluss eines Staudamms, einer Staumauer oder eines Deiches; die Zerstörung der Deich-K. bezeichnet man als **Kronenbruch**.

8) *Zahnmedizin:* **Zahn-K.**, →Zähne, →Zahnersatz.

Krone, 1) Carl, Dompteur und Zirkusdirektor, * Osnabrück 21. 10. 1870, † Salzburg 4. 6. 1943; trat bereits als Jugendlicher unter dem Namen ›Monsieur Charles‹ in der Menagerie ›Continental‹ seines Vaters auf, die er 1900 übernahm und 1905 in ›Circus Charles‹ umbenannte. K. vergrößerte sukzessive sein Unternehmen (ab 1913 als ›Circus Krone‹) zu einem der bedeutendsten dt. Großzirkusse mit eigenem Festbau (auf dem Münchner Marsfeld). 1924 führte er das amerikan. Prinzip des Dreimanegenzirkus in Dtl. ein, das sich jedoch nicht durchsetzen konnte.

2) Heinrich, Politiker, * Hessisch Oldendorf 1. 12. 1895, † Bonn 15. 8. 1989; Lehrer, 1923–33 stellv. Gen.-Sekr. der Zentrumspartei, 1925–33 MdR, nach dem 20. Juli 1944 mehrere Monate in Haft; beteiligte sich nach dem staatl. Zusammenbruch Dtl.s 1945 an der Gründung der CDU. 1949–69 war er MdB, 1955–61 Vors. der CDU/CSU-Fraktion im Bundestag, 1961–66 Bundes-Min. (für Sonderaufgaben). K. zählte zum engsten Beraterkreis K. ADENAUERS und gilt als einer der Väter der großen Koalition.

3) Hermann, Fotograf, * Breslau 14. 9. 1827, † Laubegast (heute zu Dresden) 27. 9. 1916; einer der ersten dt. Daguerreotypisten, fertigte 1846–51 mikroskop. und astronom. Daguerreotypien an; eröffnete 1851 ein Atelier in Leipzig, 1852 in Dresden. Seitdem arbeitete er v. a. mit Fotografien auf Papier.

Werke: Malerische Reisebilder (um 1865); König-Album der Städte Sachsens (1872).

Kronecker, Leopold, Mathematiker, * Liegnitz 7. 12. 1823, † Berlin 29. 12. 1891; seit 1861 Mitgl. der Preuß. Akad. der Wiss.en in Berlin; ab 1883 Prof. an der Berliner Universität. K. leistete wichtige Beiträge zur Algebra und zur Arithmetik. Er lehnte die damals aufkommende mengentheoretisch orientierte Grundlegung der Analysis ab und übte u. a. heftige Kritik an G. CANTOR.

Ausgabe: Werke, hg. v. K. HENSEL, 5 Bde. (1895–1930, Nachdr. 1968).

Kronecker-Symbol [nach L. KRONECKER], das Zeichen δ_{ik}, das für alle Paare (i, k) natürl. Zahlen durch die Beziehung definiert ist:

$$\delta_{ik} = \begin{cases} 1 \text{ für } i = k, \\ 0 \text{ für } i \neq k. \end{cases}$$

Das K.-S. wird u. a. bei der Beschreibung von Matrizen verwendet.

Kronenäther, Kronenether, makrozykl. Polyäther, d. h. ringförmige organ. Verbindungen mit 9–60 Atomen im Molekülring, davon 3–20 Sauerstoffatome. In den chem. Bez. der K. gibt die Ziffer in der vorangestellten eckigen Klammer die Gesamtzahl der Ringglieder im Makrozyklus, die nachgestellte Ziffer die Zahl der Sauerstoffatome an, z. B. [18]Krone-6. K. können in die durch die Molekülringe gebildeten Hohlräume Kationen einlagern. (→Kryptanden)

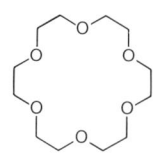

Kronenorden, Orden der Krone, Name mehrerer Verdienstorden, die meist im 19. Jh. von monarchisch regierten Staaten gestiftet worden sind.

Auf die Stiftung des Ordens der →Eisernen Krone durch NAPOLEON I. als König von Italien (1805) folgten der sächs. Orden der Rautenkrone (1807), der Verdienstorden der Bayer. Krone (1808), der Orden der Westfäl. Krone (1809), der Orden der Württemberg. Krone (1807 als Orden des Goldenen Adlers; Name erst 1818). 1861 wurde der Preuß. K. errichtet, 1901 der Verdienstorden der Preuß. Krone. Die beiden Großherzogtümer Mecklenburg stifteten gemeinsam den Orden der Wend. Krone (1864). Es folgten u. a. der Orden der Krone von Italien (1868), der Orden der Krone von Siam (Thailand, 1869), der brit. Kaiserl. Orden der Krone von Indien (1878), der nur für Damen bestimmt war, der Orden der Krone von Rumänien (1881), der jap. K. (1888), der nur an Damen verliehen werden kann, der Orden der Krone von Iran (1935). Der 1960 gestiftete monegass. K. ist der einzige fürstl. K. Alle K. teilen das Schicksal der jeweiligen Monarchien; die meisten sind erloschen.

Kronentaler, 1755 eingeführte Talermünze der Österr. Niederlande mit vier, seit JOSEPH II. drei Kronen (die österr., ungar. und böhm. Krone) in den Winkeln eines Andreaskreuzes. Die K. waren auch in Dtl. sehr beliebt, sodass dt. Staaten im 19. Jh., allerdings mit völlig anderem Münzbild, ausgegeben haben (bis 1838), weil Österreich seit 1800 keine K. mehr prägte. K. waren bis zum 31. 3. 1874 im Dt. Reich als gesetzl. Zahlungsmittel zugelassen.

Kronenwindrös|chen, die →Gartenanemone.

Kroner, Richard, Philosoph, * Breslau 8. 3. 1884, † Mammern (Kt. Thurgau) 2. 11. 1974; war seit 1919 Prof. in Freiburg im Breisgau, Dresden, Kiel und Berlin, emigrierte 1938; seit 1941 Prof. in New York. Ausgehend von der südwestdt. Schule des Neukantianismus wurde K. mit seinem Werk ›Von Kant bis Hegel‹ (1921–24, 2 Bde.) bestimmend für den Neuhegelianismus.

Kröner, 1) Adolf von (seit 1905), Verleger, * Stuttgart 26. 5. 1836, † ebd. 29. 1. 1911, Vater von 2); übernahm 1859 die Druckerei seines Schwiegervaters CARL MÄNTLER (* 1799, † 1859) und gründete einen Verlag (ab 1861 ›A. K. Verlagsbuchhandlung‹); 1884 übernahm er den Verlag E. KEILS (›Die Gartenlaube‹), 1889 die Cotta'sche Buchhandlung. 1882–87 und 1889–92 Erster Vors. des Börsenvereins der Dt. Buchhändler, maßgeblich an der Durchsetzung des festen Ladenpreises im Buchhandel beteiligt.

2) Alfred, Verleger, * Stuttgart 28. 2. 1861, † Berlin 2. 1. 1922, Sohn von 1); gründete 1904 in Stuttgart den

Kron Krones–Kronstadt

Alfred K. Verlag (Sitz 1907–37 Leipzig, seit 1938 wieder Stuttgart), v.a. für geisteswiss. Lit., der seit 1908 die blaue Reihe ›Kröners Taschenausgabe‹ herausgibt.

Krones, Therese, österr. Schauspielerin, *Freudenthal 7. 10. 1801, †Wien 28. 12. 1830; ab 1821 in Wien am Leopoldstädter Theater in Lustspielen und Volksstücken; wirkte durch heitere Anmut, so als ›Jugend‹ in F. RAIMUNDS ›Das Mädchen aus der Feenwelt oder Der Bauer als Millionär‹.

Kronglas, ein →optisches Glas.

Kronkolonie, engl. **Crown-Colony** ['kraʊn kɔləni], im brit. Staatsrecht im Unterschied zu den →Dominions die von der Krone durch einen Gouv. verwalteten Besitzungen ohne voll ausgebildete Selbstverwaltung.

Kronländer, in Österreich mit der März-Verf. von 1849 eingeführte Bez. für diejenigen Landesbestandteile, die in Real- oder Personalunion zum Herrscherhaus der Habsburger standen (Erbländer). Es waren dies: Erzherzogtum Österreich ob und unter der Enns; Herzogtümer Salzburg, Steiermark, Kärnten und Krain; Grafschaften Görz und Gradisca sowie Tirol; Markgrafschaft Istrien; Stadt Triest; Land Vorarlberg; Königreich Böhmen; Markgrafschaft Mähren; Herzogtum Schlesien; Königreich Galizien und Lodomerien; Herzogtum Bukowina; Königreiche Dalmatien, Kroatien und Slawonien, Fiume; Königreich Ungarn; Großfürstentum Siebenbürgen; Gebiet der Militärgrenze sowie das Königreich Lombardei. Nach dem Österr.-Ungar. Ausgleich (1867) wurde unterschieden zw. den ›im Reichsrat vertretenen Königreichen und Ländern‹, die vom Erzherzogtum Österreich bis zum Königreich Dalmatien reichten (Zisleithanien), und den ›Ländern der ungar. Krone‹ (Transleithanien).

Kronoberg ['kruːnubærj], Verw.-Gebiet (Län) in Schweden, 8 458 km², 179 600 Ew., Hauptstadt Växjö. K. umfasst den südl. und mittleren Teil von Småland; waldreich, dünn besiedelt.

Kronos, griech. Mythos: ein Titan, jüngster Sohn des Uranos und der Gaia. Auf Drängen der Mutter, die Uranos wegen der Verbannung der Kyklopen und Hekatoncheiren zürnte, entmannte K. den Vater mit einer Sichel und folgte ihm in der Herrschaft; durch seine Schwester Rhea wurde er Vater von Hestia, Demeter, Hera, Hades, Poseidon und Zeus. Da K. nach einer Weissagung seinerseits durch eines seiner Kinder entthront werden sollte, verschlang er alle bis auf Zeus, den Rhea rettete, indem sie K. dafür einen in Windeln gewickelten Stein gab. Zeus zwang K., die verschlungenen Geschwister wieder herauszugeben, entthronte ihn und warf ihn und die Titanen in den Tartaros; später begnadigte er ihn jedoch und machte ihn zum Herrscher über die Inseln der Seligen. – Im Kult spielte K. keine große Rolle, eher in der orph. Spekulation, die ihn (wegen der Namensähnlichkeit) als Gott der Zeit (Chronos) deutete. Die Römer setzten ihn dem Saturn und dem phönik. Baal gleich. – K. wurde in der Antike kaum dargestellt. Die Verschlingung seiner Kinder war in der Neuzeit ein beliebtes Motiv, wobei den alten Attributen wie der Sichel auf die Gleichsetzung von K. mit Chronos zurückgehende Symbole (Stundenglas u.a.) hinzugefügt wurden (G. VASARI, P. P. RUBENS, F. DE GOYA).

Kronstadt 1)
Stadtwappen

Kronos: Rhea reicht Kronos statt des Zeusknaben einen Stein; Marmorrelief (Rom, Kapitolinisches Museum)

Kronstadt 1): ›Schwarze Kirche‹

Kronprinz, der →Thronfolger (in direkter Linie) in erbl. Monarchien; weibl. Form und Titel der Gemahlin des K.: **Kronprinzessin.**

Kronprinzessin-Märtha-Küste, westl. Küstenabschnitt des Königin-Maud-Landes in der östl. Antarktis; 1929/30 durch die ›Norvegia‹-Expedition entdeckt.

Kronrat, in monarch. Staaten eine Sitzung des Reg.-Kabinetts unter Vorsitz des Monarchen oder ein beratendes Gremium der Krone.

Kronshagen [kroːnsˈhaːɡən, ˈkroːnshaːɡən], Gem. im Kr. Rendsburg-Eckernförde, Schlesw.-Holst., 12 300 Ew.; Landesinstitut für Theorie und Praxis der Schule; Leiterplattenfabrik, Motoreninstandsetzungswerk.

Kronstadt, 1) rumän. **Braşov** [braˈʃov], Hauptstadt des Kreises K., Rumänien, im Burzenland (Siebenbürgen), am N-Rand der Südkarpaten, 324 200 Ew.; Univ. (gegr. 1971), Museen. Die Stadt ist das zweitwichtigste rumän. Industriezentrum (nach Bukarest), mit Bau von Traktoren, Lkw, Generatoren, Werkzeugmaschinen und Ausrüstungen für die Erdölindustrie, Kugellagerfabrik, chem., Holz-, Baustoff-, Textil- und Nahrungsmittelindustrie; Fremdenverkehr. Südlich von K. liegt das Wintersportzentrum Poiana Braşov (1 030 m ü. M.). – St. Bartholomäus, eine Kirchenburg des 13. Jh., ist spätroman. Chor; spätgot. Kirche (nach dem großen Stadtbrand von 1689 ›Schwarze Kirche‹ gen.) mit dreischiffigem Hallenchor (1385–1477); im Schei-Viertel die griechisch-orth. Kirche St. Nikolaus (15./16. Jh.); Rathaus (1420, später barockisiert, heute Museum); ehem. Zunfthaus ›Hirscherhaus‹ (1545). Von der Stadtumwallung des

15. Jh. sind Reste erhalten: Die Zitadelle wurde um die Mitte des 15. Jh. gebaut, im 16. und 17. Jh. erneuert. – K. entwickelte sich um eine 1211 vom Dt. Orden (vertrieben 1225) gegründete Burg als Siedlung sächs. Kolonisten (Siebenbürger Sachsen), die den 1251 noch **Brassovia** genannten Ort in K. umbenannten. Im MA. wichtigstes Gewerbe-, Handels- und Kulturzentrum der Siebenbürger Sachsen, entwickelte sich K. unter ungar. Oberhoheit zum Mittelpunkt des Burzenlandes; durch J. HONTERUS wurde K. seit 1542 zum Mittelpunkt der Reformation in Siebenbürgen, durch D. CORESI zw. 1559 und 1583 zu einem bedeutenden Kulturzentrum der Rumänen. Bei der Einnahme durch österr. Truppen 1688 weitgehend zerstört, setzte erst im Verlauf des 19. Jh. ein wirtschaftl. Aufschwung ein. Im Frieden von Trianon kam K. 1920 von Ungarn an Rumänien. 1950–60 hieß K. amtlich **Orașul Stalin.** Am 15. 11. 1987 kam es in K. zur ersten großen Straßendemonstration gegen das Ceaușescu-Regime (→Bürgerbewegung).

2) russ. **Kronschtadt,** 1703–23 **Kronschlot,** Stadt im Gebiet Leningrad, Russland, auf der Insel Kotlin (15 km²) im Finn. Meerbusen, etwa 40 000 Ew.; Ausbau zur Freihandelszone; Handels- und Kriegshafen. – K. wurde 1703/04 unter PETER I., D. GR., als Seefestung erbaut, um die Zufahrt zu Sankt Petersburg abzusichern. Von den 20er-Jahren des 18. Jh. an war K. der wichtigste russ. Flottenstützpunkt in der Ostsee und bis zum Bau des Morskoj-Kanals (1877–85) bedeutender Handelshafen für Sankt Petersburg. In der Revolution von 1905–07 kam es in der Garnison zu Unruhen (1905–06); 1917 waren die Soldaten und Matrosen von K. eine der Hauptstützen der Bolschewiki und hatten wesentl. Anteil an der Machtergreifung. Gerade in K. aber erhoben sich im März 1921 etwa 16 000 Matrosen und Soldaten, unter denen linksradikale und anarchist. Gruppierungen einen starken Einfluss hatten, gegen die beginnende Einparteienherrschaft der Bolschewiki; sie forderten u. a. Neuwahlen zu den Sowjets und Aufhebung der Privilegien für die Bolschewiki. Der **Kronstädter Aufstand** (2.–18. 3. 1921), in dem ein am 2. 3. gebildetes Provisor. Revolutionskomitee die Macht in K. übernahm und die Kommunisten verhaften ließ, wurde am 17./18. 3. 1921 durch die Rote Armee unter dem Kommando von M. N. TUCHATSCHEWSKIJ niedergeschlagen; er beschleunigte den Abbruch der Politik des Kriegskommunismus und den Übergang zur →NEP.

P. Z. SIVKOV: K. (Leningrad 1972); N. E. SAUL: Sailors in revolt. The Russian Baltic fleet in 1917 (Lawrence 1978); J. GETZLER: K. 1917–1921. The fate of Soviet democracy (Cambridge, Mass., 1983).

Krontauben, Goura, Gattung bis 85 cm langer Tauben mit drei Arten in den Wäldern Neuguineas und benachbarter Inseln; vorwiegend bläulich aschgrau, mit prächtiger, fächerartig ausbreitbarer Haube.

Krönung, die feierl. Einsetzung eines Herrschers durch Aufsetzen der →Krone, i. d. R. verbunden mit religiöser Weihe (Salbung), Eid des Herrschers und Treuegelöbnis (Huldigung) der Großen des Reichs, der Stände oder der Untertanen. Die K. ist entweder rechtsbegründend (konstitutiv) für den Erwerb des Herrscheramts oder nur ein Symbolakt, der den bereits vollzogenen Herrschaftsantritt bestätigt. Schon in den älteren Wahlmonarchien erhielt die K. mehr und mehr diesen Symbolcharakter. In Erbmonarchien wird das Herrscheramt unmittelbar mit dem Erbfall erworben, sodass die K. zur feierl. Bekräftigung der Herrscherwürde wurde. Die K. kann unterschiedlich vollzogen werden: Der Herrscher setzt sich selbst die Krone auf, er wird von seinem Vorgänger noch bei dessen Lebzeiten gekrönt, oder das Aufsetzen der Krone nimmt ein geistl. Würdenträger oder ein weltl. Großer vor.

Im *Fränk. Reich* war die **Königs-K.** seit den Karolingern mit der kirchl. Salbung verbunden (erstmals mit PIPPIN III. 751, seit 868 Brauch). Auch im Regnum Teutonicum, dem späteren *Heiligen Röm. Reich,* setzte sie sich als Bestandteil der K. seit OTTO I. (936) durch. Funktion und Ritus orientierten sich bald an der seit dem 9. Jh. vom Papst vollzogenen **Kaiser-K.;** dabei leisteten die Kaiser ihren Eid auf das Reichsevangeliar KARLS D. GR. Die Königs-K. in Dtl. stand urspr. dem Erzbischof von Mainz, seit 1024 dem von Köln zu (die Kaiser-K. dem Papst); seit OTTO I. war auch der symbol. Dienst der Träger der vier alten Reichserzämter beim K.-Mahl konstitutiv für die Rechtmäßigkeit der Königs-K. (→Erzämter). Als K.-Ort der Röm. (›dt.‹) Könige setzte sich die Pfalzkapelle bzw. der Dom zu Aachen durch (schon unter den Ottonen ab 936, endgültig seit 1039). Die letzte K. in Aachen wurde 1531 vorgenommen; danach war der Dom zu Frankfurt am Main Wahl- und K.-Ort (außer 1742 bei der K. KARLS VII.). Die K., die seit 1531 Königs- und Kaiser-K. zugleich war, vollzog seit 1562 bzw. 1657 wieder der Erzbischof von Mainz. – Seit dem Interregnum (1254–73) war die Königs-K. staatsrechtlich nicht mehr konstitutiv für den Erwerb der Herrscherrechte, sondern die Königswahl (legitimiert durch die Goldene Bulle von 1356). Seit 1519 (KARL V.) wurde die Regierungsgewalt des Röm. Königs mit dem Eid auf die →Wahlkapitulation erworben; die vollen Herrscherrechte traten jedoch erst mit der K. in Kraft.

Die dt. **K.-Insignien** (→Reichsinsignien) wurden von den Herrschern zunächst fast ständig mitgeführt und bei Gefahr auf Reichsburgen oder Pfalzen aufbewahrt. Nach der Aufbewahrung in Nürnberg (Heilig-Geist-Kirche, 1424–1796) fanden sie 1800/04 bzw. 1813 in der Wiener Hofburg ihren ständigen Platz (außer 1938–45 in Nürnberg). Neben den K.-Insignien i. e. S. sowie den →Reichskleinodien war der dem 11.–14. Jh. entstammende **K.-Ornat** für die K. bedeutsam. Dazu gehörten u. a. die Tunicella, ein langärmeliger Rock aus Purpur mit roter, golddurchwirkter Borte. Über diese wurde die Alba gezogen, ein Gewand mit langen weiten Ärmeln aus weißer Seide mit breitem goldgesticktem Purpursaum. Über der Alba wurde die Stola mit dem schwarzen Reichsadler gelegt, ein Band aus gelber, golddurchwirkter Seide. Als K.-Mantel diente ein Umhang aus scharlachroter Seide mit Perlen- und Goldstickerei.

In *Preußen* setzte sich, in Übereinstimmung mit der prot. Staatslehre, nach der das Königtum unmittelbar zu Gott war, FRIEDRICH I. am 18. 1. 1701 die Königskrone in der Schlosskirche zu Königsberg (heute Kaliningrad) selbst auf; vorausgegangen war jedoch der ›Krontraktat‹ mit Kaiser LEOPOLD I. (16. 11. 1700). Ebenso krönte sich WILHELM I. am 18. 1. 1861 selbst.

In *Frankreich* stand das K.-Recht seit 1179 (Bulle Papst ALEXANDERS III.) ausschließlich dem Erzbischof von Reims zu. – NAPOLEON I. setzte sich am 2. 12. 1804 in Notre-Dame zu Paris selbst die Kaiserkrone auf.

England: Die erste engl. K.-Ordnung wurde für die K. von König EDGAR (957/959–975) geschaffen. Seit 1066 bildete sich eine feste K.-Ordnung aus: K. in Westminster durch den Erzbischof von Canterbury. Seit 1272 wurde der Herrschaftsantritt mit dem Königseid, unabhängig vom Akt der K., datiert.

Krönung der Poppea, Die, ital. ›L'incoronazione di Poppea‹, Oper von C. MONTEVERDI, Text von GIOVANNI FRANCESCO BUSENELLO (* 1598, † 1659); Uraufführung 1642 in Venedig.

Krönung Marias, das Bildmotiv der Verherrlichung MARIAS nach ihrer Aufnahme in den Himmel (→Himmelfahrt Marias), oft in der mittelalterl. Kathedralplastik dargestellt: MARIA sitzt neben CHRISTUS (um 1185; Senlis, Kathedrale, Tympanon des

Krönung Marias: Apsismosaik in der Basilika Santa Maria Maggiore in Rom von Jacopo Torriti; um 1292–95

mittleren Portals) und wird von ihm gekrönt, hinzu tritt die Schilderung des Todes und der Auferweckung (um 1210; Chartres, Kathedrale, Tympanon des mittleren N-Portals). Vermutlich frz. Einfluss zeigt die Darstellung von J. TORRITI (um 1292–95; Rom, Santa Maria Maggiore, Apsismosaik). Seit dem 14. Jh. kann MARIA auch vor CHRISTUS knien und empfängt die Krone (VITALE DA BOLOGNA, 1353; Bologna, San Salvatore). Seit dem 15. Jh. tritt die Trinität als Krönende auf (M. PACHER, P. P. RUBENS, D. VELÁZQUEZ). Oft sind K. M. und Himmelfahrt Marias zu einer Darstellung vereinigt.

Kronvasall, im Lehnswesen ein unmittelbarer Lehnsträger des Königs; Inhaber eines **Kronlehens.**

Kronwerk, das über dem Oberwerk gelegene Teilwerk der →Orgel.

Kronwicke, Coronilla, Gattung der Schmetterlingsblütler mit etwa 20 Arten in Europa und Asien; Sträucher oder Stauden mit unpaarig gefiederten Blättern und hängenden Blüten in lang gestielten Dolden; einige Arten sind als Zierpflanzen in Kultur.

Kronzeuge, nach angloamerikan. Strafprozessrecht ein Tatbeteiligter, der gegen Zusicherung von Straflosigkeit oder geringer Strafe gegen seine Komplizen aussagt und so zu deren Überführung beiträgt. In der wiss. Diskussion ist die K.-Regelung umstritten, weil die Aussagen unverlässlich seien und es mit dem Grundsatz der Gleichbehandlung kaum zu vereinbaren sei, wenn gerade bei den schwersten Verbrechen (wie terrorist. Morden) ein K. von Strafe weitgehend verschont bleibt. Im dt. Recht kann nach § 31 Betäubungsmittel-Ges. das Gericht die Strafe mildern oder ggf. von einer Bestrafung absehen, wenn der Täter einer Drogenstraftat durch freiwillige Offenbarung seines Wissens zur Aufklärung derartiger Delikte wesentlich beiträgt oder mitwirkt, künftige Straftaten zu verhindern. Unter ähnl. Voraussetzungen ist durch Art. 4 des Ges. zur Änderung u. a. des StGB und der StPO vom 9. 6. 1989 eine bis zum 31. 12. 1999 befristete K.-Regelung bei terrorist. Straftaten (§ 129 a StGB) eingeführt worden. Das Absehen von Strafverfolgungsmaßnahmen gegen mitwirkungsbereite terrorist. Täter liegt danach im Ermessen des Generalbundesanwaltes und des BGH. Werden dem Täter Mord (§ 211 StGB) oder Totschlag (§ 212) zur Last gelegt, kann von Strafverfolgung nicht abgesehen werden; in diesen Fällen darf die zu verhängende Strafe drei Jahre Freiheitsstrafe nicht unterschreiten. Für Völkermord (§ 220 a StGB) gilt die K.-Regelung nicht, jedoch unter bestimmten Voraussetzungen sinngemäß bei organisiert begangenen Straftaten (§ 129 StGB).

Das *österr.* Recht kennt das Institut des K. zz. (Anfang 1997) noch nicht; in einem Gesetzentwurf über besondere Ermittlungsmaßnahmen zur Bekämpfung schwerer und organisierter Kriminalität ist jedoch eine außerordentl. Strafmilderung für Mitgl. krimineller Verbindungen, die einen wesentl. Beitrag zur Offenlegung von deren Struktur liefern, vorgesehen. In der *Schweiz* wird eine K.-Regelung im Bereich der Drogenkriminalität inoffiziell praktiziert.

Kroonstad [ˈkruənstat], Stadt in der Prov. Freistaat, Rep. Südafrika, 1 370 m ü. M., 101 500 Ew.; kath. Bischofssitz; Verw.- und Bildungszentrum; Handelszentrum eines intensiv genutzten Maisanbau- und Viehzuchtgebiets; Straßen- und Bahnknotenpunkt.

Kröpelin, Stadt im Landkreis Bad Doberan, Meckl.-Vorp., vor dem SW-Rand der Kühlung, 4 500 Ew.; Agrarbetriebe. – Neben einem slawischen entwickelte sich ein 1186 erstmals genanntes dt. Dorf, das 1249/50 als Stadt bezeichnet wurde.

Kropf, 1) *Medizin:* **Struma,** Vergrößerung der Schilddrüse. Nach der Stoffwechsellage werden der **euthyreote K.** mit normaler, der **hyperthyreote K.** mit überschießender und der **hypothyreote K.** mit unzureichender Hormonproduktion unterschieden; die nichtentzündl., gutartige, euthyreote Schilddrüsenvergrößerung wird auch als **blande Struma** bezeichnet.

Formen und *Ursachen:* Die blande Struma ist als häufigste Form des K. überwiegend auf einen chron. Jodmangel in der Nahrung zurückzuführen (anhaltend weniger als 100 µg je Tag); hierdurch kommt es zu einer verminderten Produktion der Schilddrüsenhormone (Trijodthyronin, Thyroxin), zu deren Synthese Jod erforderlich ist. In Jodmangelgebieten, z. B. dem norddt. Flachland oder Gebirgsgegenden, tritt der K. gehäuft auf. Die Behandlung erfolgt mit Jod. Viele K.-Operationen wären nicht erforderlich, wenn Jod mit der Nahrung in ausreichender Menge aufgenommen würde, z. B. durch jodiertes Speisesalz. Seltene Ursachen einer Jodmangelstruma sind erbl. Jodfehlverwertungen und Fehlfunktionen in der endokrinen Regulation. Eine vorübergehende Schilddrüsenvergrößerung **(sporadischer K.)** kann aufgrund des erhöhten Hormonbedarfs auch in den Entwicklungs- und Wechseljahren, in der Schwangerschaft, auch bei Stress auftreten. Der K. stellt meist eine gleichmäßige Drüsenwucherung **(diffuser K.)** dar. Bei Auftreten von bindegewebig abgegrenzten Wucherungen wird von einem **Knoten-K. (Struma nodosa)** gesprochen. Ursachen dafür können das autonome Adenom, ein gutartiger, in der Drüsenfunktion des Gewebes von der hypophysären Steuerung unabhängiger Tumor, sowie die selteneren Schilddrüsenmalignome sein. Der unbehandelte Knoten-K. hat eine Neigung zur Gewebestörung mit örtl. Gewebetod, Pseudozystenbildung und Verkalkung. Der K. kann auch nach unten hinter das Brustbein **(retrosternale Struma)** und in den Brustkorb **(intrathorakale Struma)** wachsen.

Eine hyperthyreote Struma (Überfunktion) tritt in etwa 15 % der Fälle auf, v. a. in Zusammenhang mit der Basedow-Krankheit oder als Folge eines autonomen Adenoms.

Symptome des K. äußern sich je nach Größe in Druckgefühl am Hals bis hin zur Einengung der Luftröhre mit verstärkten Einatmungsgeräuschen (Stridor), Kurzatmigkeit, Kompression der Speiseröhre mit Schluckbeschwerden sowie Gewichtsabnahme, Schlafstörungen, Unruhe und eventuell Hervortreten der Augen (Exophthalmus); vorübergehender Spontanschmerz tritt v. a. bei Blutungen auf.

Zur *Diagnose* ist die Bestimmung der Stoffwechsellage durch nuklearmedizin. Tests, beispielsweise des Trijodthyronin-, Thyroxin- oder Thyreotropinwertes, erforderlich. Die Schilddrüsenszintigraphie ermöglicht die Bildaufzeichnung des hormonproduzierenden Schilddrüsengewebes und die Feststellung von ›heißen‹, überaktiven Knoten (Adenomen) sowie von ›kalten‹, nicht speichernden Bezirken, bei denen ein Verdacht auf Krebs besteht. Zysten lassen sich sehr gut mit Ultraschalldiagnostik erkennen.

Die *Behandlung* des K. erfolgt differenziert je nach Ursache, z. B. medikamentös mit Thyreostatika, wobei eine befriedigende Einstellung des Patienten normalerweise viele Wochen dauert. Außerdem ist eine Radiojodbehandlung bes. bei Adenomen oder eine operative Entfernung möglich. Zysten können oft unbehandelt bleiben, müssen aber regelmäßig auf Wachstum kontrolliert werden.

2) *Zoologie:* **Ingluvies,** Erweiterung, auch seitl. Ausstülpung der Speiseröhre vieler Wirbelloser (v. a. bei Insekten; z. B. als Honigmagen, Saugmagen) und Vögel, die der Aufbewahrung oder/und mechan., auch enzymat. Aufbereitung der Nahrung dient.

Kröpfen, 1) *Baukunst:* →Verkröpfung.
2) *Jägersprache:* bei Greifvögeln svw. Fressen.

Kropfgazelle, Gazella subgutturosa, in den Halbwüsten und Wüsten Südwest- und Zentralasiens verbreitete Art der Gazellen; die Kehle des Männchens schwillt während der Brunst kropfartig an.

Kropfmilch, v. a. bei Tauben zur Brutzeit im Kropf entstehende käsige Masse als Nahrung für die Jungen.

Kropftauben, Kröpfer, relativ große Gruppe von Taubenrassen mit recht unterschiedl. Vertretern, deren charakterist. Merkmal ein stark aufblasbarer Kropf ist; z. B. **Elsterkröpfer,** mit weißem Kopf und elsternartiger Zeichnung.

Kropotkin, bis 1920 **Romanowskij Chutor** [-x-], Stadt in der Region Krasnodar, Russland, am Kuban, etwa 75 000 Ew.; Nahrungsmittelindustrie, Maschinenbau, chem. Industrie; Eisenbahnknotenpunkt.

Kropotkin, Pjotr Aleksejewitsch Fürst, russ. Revolutionär, * Moskau 9. 12. 1842, † Dmitrow 8. 2. 1921; urspr. Offizier, arbeitete während seiner Militärzeit in Sibirien auch als Geograph; nach Mathematikstudium 1868–72 im Zentralen Statist. Komitee in Sankt Petersburg; wurde in der Schweiz Anarchist. Nach seiner Rückkehr agitatorisch tätig und 1874 verhaftet, gelang ihm 1876 die Flucht aus der Peter-und-Pauls-Festung. Nach Ausweisung aus der Schweiz (1881) ging er nach Frankreich, wo er 1883 im Lyoner Anarchistenprozess zu fünf Jahren Haft verurteilt wurde (1886 amnestiert); anschließend lebte er bis zu seiner Rückkehr nach Russland (1917) meist in Großbritannien. K. war der bedeutendste Vertreter des kommunist. →Anarchismus; er erstrebte das Gemeineigentum an den Produktions- und Konsumtionsmitteln und setzte auf die ›gegenseitige Hilfe‹ in einer entwicklungsfähigen Föderation von Genossenschaften. Nach 1917 lehnte er die Machtergreifung der Bolschewiki ebenso ab wie die Intervention der Alliierten im russ. Bürgerkrieg.

Werke: Paroles d'un révolté (1885; dt. Teilübers. als: Gesetz u. Autorität), La conquête du pain (1892; dt. Wohlstand für alle); L'anarchie. Sa philosophie – son idéal (1896); Memoirs of a revolutionist, 2 Bde. (1899; dt. Memoiren eines Revolutionärs); Mutual aid (1902; dt. Gegenseitige Hilfe in der Entwickelung); L'état, son rôle historique (1906; dt. Die histor. Rolle des Staates); La grande révolution 1789–1793 (1909; dt. Die Frz. Revolution 1789–1793).

M. NETTLAU: Der Anarchismus von Proudhon zu K. (1927, Neudr. 1984); M. A. MILLER: K. (Chicago, Ill., 1976); A. D'AGOSTINO: Marxism and the Russian anarchists (San Francisco, Calif., 1977); V. A. MARKIN: P. A. K. (Moskau 1985); H. HUG: K. zur Einführung (1989); DERS.: Peter K. 1842–1921. Bibliogr. (1994).

Kroppenstedt, Stadt im Bördekreis, Sa.-Anh., im S der Magdeburger Börde, 1 800 Ew. - K., vermutlich im 9. Jh. gegr., wurde 1253 als Markt erwähnt.

Kröse, Fräse, steife Halskrause, die zur span. Tracht gehörte, von dort (in z. T. abgewandelter Form, in England als Stuartkragen) in andere Hoftrachten eindrang und im 17. Jh. auch in der bürgerl. Kleidung beider Geschlechter modern wurde. – In Amtstrachten hat sich die K. z. T. bis heute gehalten.

Krosno, 1) Hauptstadt der Wwschaft K., Polen, um 277 m ü. M., am Wisłok im Karpatenvorland, 49 500 Ew.; Regionalmuseum (mit Öllampen-Sammlung); Wirtschaftszentrum des Erdöl- und Erdgasfeldes Jasło-K. (Förderung seit Mitte des 19. Jh.); Glashütten, Maschinenbau, Leinen-, Schuh-, Nahrungsmittelindustrie. – Spätgot. Pfarrkirche (vor 1512 vollendet, nach Zerstörung von 1637 wieder aufgebaut); Franziskanerkloster (im 14. Jh. gegr.) mit spätgot. Kirche (1380), Ausstattung aus Renaissance und Frühbarock; Kapuzinerkloster und -kirche (1711–1811). Um den Marktplatz Laubenganghäuser des 15.–18. Jh. – K., 1282 erstmals erwähnt, erhielt 1348 Stadtrecht.
2) Wwschaft in Polen, 5 702 km², 505 300 Einwohner.

Krosno Odrzańskie [-ɔˈdʒaĩskjɛ], Stadt in Polen, →Crossen (Oder).

Kross, Jaan, estn. Schriftsteller, * Reval 19. 2. 1920; ⚭ mit der Schriftstellerin ELLEN NIIT; wurde 1944 von den dt. Besatzern verhaftet; unter STALIN 1946–54 in Gefängnishaft mit anschließender Lagerhaft und Verbannung in Sibirien. K. leistete mit seit den späten 50er-Jahren veröffentlichter formal vollendeter experimenteller Lyrik intellektuell-philosoph. Inhalts einen beachtl. Beitrag zur Entwicklung moderner estn. Dichtung. Danach wandte er sich der histor. Prosa zu und gehört bis heute zu ihren bedeutendsten Vertretern; Hauptfiguren seiner Romane sind meist weniger bekannte, jedoch markante Persönlichkeiten, v. a. aus der Kulturgeschichte Estlands; kennzeichnend auch für seine Kurzprosa ist die psychologisch feine Zeichnung der Figuren in inneren Monologen, mit Ironie und Humor. K. wirkt außerdem als Kritiker, Essayist und Übersetzer.

Werke: *Lyrik:* Voog ja kolmpii (1971). – *Romane:* Kolme katku vahel, 4 Bde. (1970–80; dt. Das Leben des Balthasar Rüssow); Professor Martensi ärasõit (1984; dt. Professor Martens'Abreise); Keisri hull (1978; dt. Der Verrückte des Zaren); Vastutuulelaev. Bernhard Schmidti romaan (1987); Väljakaevamised (1990; dt. Ausgrabungen); Mesmeri ring (1995). – *Novellen und Erzählungen:* Neli monoloogi Püha Jüri asjus (1970; dt. Vier Monologe Anno Domini 1506); Halleluja (1990).

Ausgabe: Die Verschwörung. Erzählungen, hg. v. I. GRÖNHOLM u. C. HASSELBLATT (1994).

Krösus, griech. **Kroisos,** lat. **Croesus,** letzter König von Lydien (um 560–546 v. Chr.); unterwarf die kleinasiat. Griechen und das Innere Kleinasiens bis zum Halys; durch Tribute und Bodenschätze erlangte er unermessl. Reichtum. Die angebl. Weissagung des delph. Apoll, K. werde, wenn er den Halys überschreite, ein großes Reich zerstören, erfüllte sich an ihm selbst; wurde 546 vom Perserkönig KYROS II. besiegt. Wie und wann er starb, ist ungewiss.

H. W. PARKE: Croesus and Delphi, in: Greek, Roman and Byzantine Studies, Bd. 25 (Cambridge, Mass., 1984).

Krotala [griech.], *Sg.* **Krotalon** *die, -,* lat. **Crotala,** antike Handklappern aus Holz, Metall oder Ton, bestehend aus zwei längl., oben verdickten und unten durch ein Gelenk miteinander verbundenen Teilen, die in einer Hand zusammengedrückt werden; wurden vorwiegend paarweise zum Tanz gespielt; sind als Instrument des Dionysoskults seit dem 6. Jh. v. Chr. bekannt.

Kröten, Bufonidae, Familie der Froschlurche mit über 300 Arten in Eurasien, Afrika und Amerika. Ihr Körperbau ist gedrungen. K. haben ein zahnloses

Pjotr Aleksejewitsch
Fürst Kropotkin

Jaan Kross

Wörter, die man unter K vermisst, suche man unter C, Ch, G, H oder Q

Harold W. Kroto

Maul, ihre Pupille steht horizontal. Die Haut ist häufig mit warzigen Drüsen versehen, in der Ohrregion kommen oft verdickte Drüsenfelder (Ohrdrüsen) vor. Das Hautsekret **(K.-Gift; Bufotoxin)** ist häufig giftig und kann von einigen Arten (z. B. Aga-K.) mehrere Zentimeter weit aus den Ohrdrüsen herausgespritzt werden. In den K.-Giften sind u. a. enthalten: Bufotenine, die blutdrucksteigernd wirken sowie lähmend auf motor. Gehirn- und Rückenmarkszentren, digitalisähnlich wirkende Bufadienolide sowie biogene Amine.

K. haben relativ kurze Beine, springen kaum, können jedoch meist gut graben. Sie sind i. Allg. Bodenbewohner, selten leben sie auf Bäumen (z. B. die Baum-K., Gattung Nectophryne, in Afrika) oder im Wasser (z. B. Schwimm-K., Pseudobufo subasper, in SO-Asien). Die meisten Arten suchen das Wasser nur zur Paarung und Eiablage auf, eine Gattung (Nectophryonides) bringt voll entwickelte Junge zur Welt. Bei den Männchen finden sich stets rudimentäre Eierstöcke, die nach experimenteller Entfernung der Hoden funktionsfähig werden und Eier erzeugen können (biddersches Organ). K. ernähren sich vorwiegend von Würmern, Schnecken und Insekten, die größeren Arten auch von kleinen Wirbeltieren (z. B. Mäusen). Die Größe variiert von 2 cm (Gattung Oreophrynella) bis 23 cm (z. B. Kolumbian. Riesen-K.). Von den 25 Gattungen ist die Gattung **Bufo** (**Kröten** i. e. S.) mit etwa 205 Arten die artenreichste und am weitesten verbreitete. Ihr Lebensraum umfasst Gebiete vom trop. Regenwald bis zu Halbwüsten, einige Arten in Afrika und Südostasien leben in Höhen von über 4 000 m ü. M. In Mitteleuropa sind K. mit drei Arten vertreten: Erd-K. (Bufo bufo), Wechsel-K. (Bufo viridis) und Kreuz-K. (Bufo calamitas).

Krötenechsen: Phrynosoma douglassi

Krötenechsen, Phrynosoma, Gattung flacher, krötenähnl., mit stacheligen Hornfortsätzen bedeckter Leguane, die mit 15 Arten in den Wüsten Nordamerikas beheimatet ist.

Krötenfische, Gattung der →Froschfische.

Krötenfrösche, Pelobatidae, Familie meist krötenähnl. Froschlurche mit 83 Arten in Europa, Nordamerika, SO-Asien (einschließlich des Malaiischen Archipels) und Australien. Die Pupille der K. steht senkrecht, der Oberkiefer ist bezahnt, die Haut glatt. K. sind meist gut grabende Bodenbewohner, oft ist der innere Mittelfußhöcker als Grabschwiele ausgebildet. Die Familie umfasst die Gattungen **Schaufelfüße** (Scaphiopus), **Schaufelkröten** (Pelobates, mit der →Knoblauchkröte als einzigem europ. K.) und **Zipfelkrötenfrösche** (Megophrys).

Krötenköpfe, Phrynocephalus, Gattung bis 25 cm langer Agamen mit rd. 40 Arten in Trockengebieten Südwest- und Mittelasiens. Viele Arten graben tiefe Höhlen zum Schutz vor Hitze oder Kälte. Die Art **(Phrynocephalus theobaldi)** kommt im Himalaja noch in über 5 000 m ü. M. vor und erreicht damit die größte Höhe für Reptilien überhaupt.

Krötenlilie, Tricyrtis, Gattung der Liliengewächse mit elf Arten in O-Asien. Die aus Japan stammende Art **Tricyrtis hirta** ist mit ihren weißl., innen purpurfarben bis bräunlich gefleckten Blütenblättern eine beliebte, im Spätsommer blühende, Schatten liebende Gartenstaude.

Kroto, Sir Harold W., brit. Chemiker, *Wisbech (Cambridgeshire) 7. 10. 1939; seit 1958 Prof. an der University of Sussex in Brighton. K. war 1985 an der Entdeckung der →Fullerene in kondensiertem Graphitdampf beteiligt und erhielt dafür mit R. F. Curl und R. E. Smalley 1996 den Nobelpreis für Chemie.

Kroton, die Pflanzengattung →Croton.

Krotoschin, poln. **Krotoszyn** [krɔˈtɔʃin], Stadt in der Wwschaft Kalisz (Kalisch), Polen, 28 600 Ew.; Maschinenbau, Baukeramik-, Holz-, Textil-, Nahrungsmittelindustrie. – Kirche der Brüdergemeine mit barocker Ausstattung; ehem. Trinitarierkloster (1733); barocke Holzkirche und Holzhäuser des 18. Jh. – K. erhielt 1415 Stadtrecht. Ende des 16. Jh. ließen sich hier Mitgl. der Herrnhuter Brüdergemeine, im 17. Jh. schles. Protestanten nieder.

Kröv, Gem. im Landkreis Bernkastel-Wittlich, Rheinl.-Pf., an der Mosel, 2 400 Ew.; Weinbau (Großlage Kröver Nacktarsch); Fremdenverkehr.

Krøyer [ˈkrɔjər], Peter Severin, dän. Maler, *Stavanger (Norwegen) 23. 7. 1851, †Skagen 21. 11. 1909; studierte in Kopenhagen und bei L. Bonnat in Paris. Reisen führten ihn nach Spanien und Italien. Ab 1882 bildete er den Mittelpunkt der Künstlerkolonie in Skagen. K. malte mit impressionist. Mitteln v. a. Porträts und Genreszenen.

Krozingen, Bad K., Gem. im Landkreis Breisgau-Hochschwarzwald, Bad.-Württ., am Fuß des Schwarzwalds in der Rheinebene, 223 m ü. M., 13 500 Ew.; Heilbad mit kohlensäurehaltigen Calcium-Natrium-Sulfat-Thermen (36–40,2 °C). – Die Glöcklehofkapelle (mit Fresken aus der 1. Hälfte des 11. Jh.) gehörte zu einem ehem. Klostergut. Das Schloss (erbaut 1578) beherbergt die ›Sammlung Fritz Neumeyer‹, die größte private Sammlung spielbarer histor. Tasteninstrumente. – K. wurde 807 erstmals erwähnt; stand 1412–1806 unter österr. Herrschaft, kam 1806 an Baden. Mit Erbohrung der Thermalquelle setzte 1911 der Badebetrieb ein.

Krstić [ˈkrstitɕ], Djordje, serb. Maler, *Kanjiža (bei Subotica) 19. 4. 1851, †Belgrad 18. 10. 1907; malte nach Studien in München in reichem Kolorit und realist. Stil Altarbilder, histor. Kompositionen, Ikonen, Landschaften und Porträts.

Kru, Kroo [kru] **1)** Völker- und Sprachgruppe in Westafrika, in S- und O-Liberia und im SW der Rep. Elfenbeinküste, etwa 2,5 Mio. Angehörige. Zu den K. gehören die Bakwe, Bassa, Bete, Dida, Grebo, Kran und die eigentl. Kru. Die meisten K. leben als Waldlandpflanzer (Reis, Maniok, Jams). – Die Sprachen der K. (u. a. Bete und Bassa) bilden eine Untergruppe der →Kwa-Sprachen.

S. W. Koelle: Polyglotta Africana (London 1854, Nachdr. Graz 1963); J. Duitsman u. a.: A survey of Kru dialects, in: Studies in African Linguistics, Jg. 6 (Los Angeles, Calif., 1975).

2) Volk an der Küste SO-Liberias. Die 180 000 K. leben von Fischfang und Reisbau.

A. Massing: The economic anthropology of the K. (West Afrika) (Wiesbaden 1980).

Krubsacius, Friedrich August, Architekt und Architekturtheoretiker, *Dresden 21. 3. 1718, †ebd. 28. 11. 1789; Schüler von Z. Longuelune und J. C. Knöffel; wurde 1755 sächs. Hofbaumeister, 1764 Prof. für Baukunst an der Kunstakademie Dresden, 1776 Oberlandbaumeister. Vertreter der klassizist. Richtung des Barock. Mit zahlr. Entwürfen und Bauten, architekturtheoret. Schriften (neben J. J. Winckelmann theoret. Wegbereiter des Klassizismus) und durch seine Lehrtätigkeit trug er wesentlich zur Entwicklung des Klassizismus in Sachsen bei. Eines seiner Hauptwerke ist das Landhaus in Dresden (1770–76, 1945 zerstört, Wiederaufbau bis 1967; heute Stadtmuseum).

Weitere Werke: Palais Sanguszko-Brühl in Warschau (1761–64), Entwürfe für Schloss und Park Thallwitz, Muldentalkreis (1761 und 1764), Entwurf für Schloss Zschepplin, Landkreis Delitzsch (1763), Neues Schloss und Neuer Park Neschwitz, Landkreis Bautzen (1766–75, 1945 zerstört).

Krücke, *Heraldik:* mit einem Balken zu einer T-förmigen Schildfigur verbundener Pfahl.

Krucken, Krickel, *Jägersprache:* Bez. für die Hörner der Gämse.

Kruckenberg, Franz, Ingenieur, * Uetersen (Holstein) 21. 8. 1882, † Heidelberg 20. 6. 1965; baute den nach ihm benannten **K.-Wagen,** einen zweiachsigen, aerodynamisch günstigen Schienentriebwagen in Leichtbauweise mit Luftschraubenantrieb (Schienenzeppelin), der am 21. 6. 1931 bei einer Versuchsfahrt zwischen Ludwigslust und Wittenberge die damalige Weltrekordgeschwindigkeit von 230,2 km/h erreichte.

Krückenkreuz, Kruckenkreuz, Kreuz, dessen Enden in Querbalken auslaufen. Das K. war Abzeichen der Vaterländ. Front in Österreich und bildete das Kleinod des Ehrenzeichens für Verdienste um die Rep. Österreich (1922–38).

Kruczkowski [krutʃˈkɔfski], Leon, poln. Schriftsteller, * Krakau 28. 6. 1900, † Warschau 1. 8. 1962; war 1949–56 Präs. des Schriftstellerverbandes; behandelt in seinen Romanen u. a. das Verhältnis von Adel und Bauerntum in poln. Dorf, in seinen Dramen u. a. den Konflikt zw. polit. und moral. Verantwortung des Individuums, die gesellschaftl. Spannungen im Nachkriegspolen sowie das Problem der Macht.

Werke: *Romane:* Kordian i cham (1932; dt. Rebell u. Bauer); Pawie pióra (1935; dt. Pfauenfedern). – *Dramen:* Niemcy (1949; dt. Die Sonnenbruchs); Pierwszy dzień wolności (1959; dt. Der erste Tag der Freiheit); Śmierć gubernatora (1961; dt. Der Tod des Gouverneurs).

Ausgabe: Dramen (1975, dt. Ausw.).

Krüdener, Juliane Barbara Freifrau von, geb. **von Vietinghoff,** balt. Schriftstellerin, * Riga 11. 11. 1764, † Karassubasar (heute Belogorsk, Krim) 25. (13.?) 12. 1824; wurde bekannt durch ihren 1803 in Paris anonym erschienenen Roman ›Valérie ou Lettres de Gustave de Linar à Ernest de G …‹. 1804 trat sie der Herrnhuter Brüdergemeine bei und hatte als mystischpietist. Prophetin und Predigerin Einfluss auf die südt. Erweckungsbewegung. 1815 traf sie in Heilbronn mit dem russ. Kaiser ALEXANDER I. zusammen, den sie in seinen mystizist. Vorstellungen und seiner Konzeption der Hl. Allianz als christl. Bündnis bestärkte. Ab 1817 lebte sie in Russland.

E. J. KNAPTON: The Lady of the Holy Alliance. The life of J. de K. (New York 1939); D. BERGER: Jean Paul u. Frau von K. im Spiegel ihres Briefwechsels (1957); F. LEY: Madame de K. et son temps (Paris 1962); DERS.: Madame de K. 1764–1824 (ebd. 1994).

Krúdy [ˈkruːdi], Gyula, ungar. Schriftsteller, * Nyíregyháza 21. 10. 1878, † Budapest 12. 5. 1933; ausgehend von der anekdotisierenden Tradition (bes. von K. MIKSZÁTH) entwickelte er eine mit dem Geist des Fin de Siècle harmonisierende lyrisch-nostalg., sich in Erinnerungen und Assoziationen verlierende, die lineare Zeit auflösende Art des Erzählens. Verträumt-vagabundierender Held seiner (über 60) Romane ist meist er selbst (oder ein Alter Ego).

Werke (ungar.): *Romane:* Sindbad – Reisen im Diesseits u. Jenseits (1912; dt.); Die rote Postkutsche (1913; dt.).

Krueger [ˈkryː-], Felix, Philosoph und Psychologe, * Posen 10. 8. 1874, † Basel 25. 2. 1948; seit 1906 Prof. in Buenos Aires, seit 1909 in Leipzig, seit 1910 in Halle (Saale). 1917–38 Nachfolger von W. WUNDT in Leipzig; als ein Hauptvertreter der Leipziger Schule der Ganzheitspsychologie begründete er eine genetischganzheitspsychol. Forschungsrichtung, wobei er

Friedrich August Krubsacius: Treppenhaus im Landhaus (heute Stadtmuseum) in Dresden; 1770–76, 1945 zerstört, Wiederaufbau bis 1967

vom Primat der Gefühle und gefühlsartigen Erlebnissen ausging. K. verstand Gemüt und Gewissen als Kernschicht des Charakters und fasste den Seelenbegriff unter dem Aspekt der Struktur neu.

Werke: Über Entwicklungspsychologie (1915); Der Strukturbegriff in der Psychologie (1924); Das Wesen der Gefühle (1928); Lehre von dem Ganzen (1948).

Ausgabe: Zur Philosophie u. Psychologie der Ganzheit. Schriften aus den Jahren 1918–1940, hg. v. E. HEUSS (1953).

A. WELLEK: Die Wiederherstellung der Seelenwiss. im Lebenswerk F. K.s (1950); DERS.: Das Problem des seel. Seins. Die Strukturtheorie F. K.s (²1953).

Krug, 1) Manfred, Schauspieler und Sänger, * Duisburg 8. 2. 1937; Film- und Fernsehdarsteller der DDR, auch etablierter Jazzinterpret und Chansonsänger; ging 1977 in die BRD, wo er v. a. Fernsehrollen (u. a. seit 1984 als ›Tatort‹-Kommissar) spielt; 1996 erschienen seine Erinnerungen ›Abgehauen. Ein Mitschnitt und ein Tagebuch‹.

Werke: *Spielfilme:* Auf der Sonnenseite (1962); Spur der Steine (1966); Weite Straßen – stille Liebe (1969); Das Versteck (1976); Die Faust in der Tasche (1979); Neuner (1990); Der Blaue (1993). – *Fernsehfilme:* Daniel Druskat (1975–76); Auf Achse (1977–92, Serie); Liebling – Kreuzberg (1986–94; Serie).

2) Wilhelm Traugott, Philosoph, * Radis (bei Wittenberg) 22. 6. 1770, † Leipzig 12. 1. 1842; Schüler von K. L. REINHOLD, wurde 1801 Prof. in Frankfurt (Oder), 1805 in Königsberg (Nachfolger I. KANTS), 1809 in Leipzig. Vertrat einen von ihm als Weiterentwicklung der Transzendentalphilosophie KANTS aufgefassten ›transzendentalen Synthetizismus‹, nach dem im menschl. Bewusstsein eine ›ursprüngl. transzendentale Synthesis‹ von ›Denken‹ und ›Sein‹ stattfinde. Geriet in scharfen Ggs. zum dt. Idealismus.

Kruger [ˈkruːgə], Barbara, amerikan. Medienkünstlerin, * Newark (N. J.) 26. 1. 1945; kombiniert in Plakaten, Wandbildern und Rauminstallationen Fotografien und Texte. Durch das Collagieren visueller und verbaler Trivialitäten, die meist den Bereichen Sexualität, Gewalt und Massenmedien entnommen werden, wirft sie provozierende Fragestellungen zu Machtstrukturen und Ideologien der westl. Welt auf.

B. K., hg. v. R. H. FUCHS u. a., Ausst.-Kat. Museo d'Arte Contemporanea, Castello di Rivoli (Mailand 1989).

Krüger, 1) Bartholomäus, Schriftsteller, * Sperenberg (bei Zossen) um 1540, † Trebbin nach 1597; 1580–97 Stadtschreiber und Organist in Trebbin. K. schrieb geistl. und weltl. Spiele und sammelte die Geschichten um den märk. Eulenspiegel H. CLAUERT (›Hans Clawerts werckliche Historien‹, 1587).

Manfred Krug

Krüg Krügerdepesche – Krujë

Franz Krüger: Ausritt des Prinzen Wilhelm mit dem Künstler; 1836 (Berlin, Nationalgalerie)

Hardy Krüger

Paulus Krüger, genannt Ohm Krüger

2) **Franz**, Maler, *Großbadegast (Landkreis Köthen) 10. 9. 1797, †Berlin 21. 1. 1857; Prof. an der Berliner Akad., ab 1825 preuß. Hofmaler; auf Einladung Kaiser Nikolaus' I. wiederholte Reisen nach Rußland. K. malte Pferde- und Kavalleriebilder, Porträts der preuß. Königsfamilie, der Hofgesellschaft, des gehobenen Bürgertums sowie große Paradebilder mit vielen Porträtfiguren (Parade auf dem Opernplatz in Berlin, 1824–30; Berlin, Nationalgalerie). Seine großformatigen Kompositionen zeigen äußerste Detailgenauigkeit und stimmungsvolles Kolorit.
R. Franke: Berlin vom König bis zum Schusterjungen. F. K.'s ›Paraden‹ (1984); M. Osborn: F. K. (1996).

3) **Fritz**, Romanist, *Spremberg 7. 12. 1889, †Mendoza (Argentinien) 17. 8. 1974; beschäftigte sich v. a. mit der Sprachgeographie sowie der Volkskunde Südfrankreichs und der Iber. Halbinsel.
Werke: Unters. in Languedoc u. Roussillon (1913); Studien zur Lautgesch. westspan. Mundarten (1914); Einf. in das Neuspan. (1924); Die Gegenstandskultur Sanabrias u. seiner Nachbargebiete (1925); Die Hochpyrenäen, 6 Bde. (1935–39); Géographie des traditions populaires en France, 2 Tle. (1950); Problemas etimológicos. Las raíces car-, carr- y corr- en los dialectos peninsulares (1956); El mobiliario popular en los países románicos (1963).

4) **Hardy** (Eberhard), Schauspieler, *Berlin 12. 4. 1928; Star des dt. und internat. Films; als Schriftsteller verfaßte er u. a. ›Eine Farm in Afrika‹ (1970), ›Wer stehend stirbt, lebt länger‹ (1973), ›Junge Unrast‹ (1983, Roman), ›Sibirienfahrt. Tagebuch einer Reise‹ (1985); 1987–92 Fernsehreihe ›Weltenbummler‹.
Filme: Einer kam durch (1957); Zwei unter Millionen (1961); Der Flug des Phoenix (1965); Barry Lyndon (1975); Potato Fritz (1976); Feine Gesellschaft – Beschränkte Haftung (1982); Inside Man – Der Mann aus der Kälte (1985).

5) **Johannes Heinrich Louis**, Geodät, *Elze 21. 9. 1857, †ebd. 1. 6. 1923; Prof. am Potsdamer Geodät. Institut; schrieb zahlreiche geodätisch-mathemat. Abhandlungen und bearbeitete den geodät. Nachlaß von C. F. Gauss. (→Gauß-Krüger-Systeme)
Werke: Konforme Abbildung des Erdellipsoids in der Ebene (1912); Transformation der Koordinaten bei der konformen Doppelprojektion des Erdellipsoids auf die Kugel u. die Ebene (1914).

6) **Michael**, Schriftsteller, *Wittgendorf (Burgenlandkreis) 9. 12. 1943; wurde 1966 Verlagslektor in München, 1986 Verlagsleiter; seit 1968 Mitherausgeber des Jahrbuchs für dt. Literatur ›Tintenfisch‹, seit 1976 der Literaturzeitschrift ›Akzente‹ und seit 1981 deren Herausgeber. Als Lyriker trat K. seit den 70er-Jahren an die Öffentlichkeit; seine Langzeilengedichte kreisen um innere und äußere Erlebnisse, häufig um die zwischenmenschl. Kommunikation (›Aus der Ebene‹, 1982). In seinen Erzählungen und Romanen konfrontiert er Intellektuelle – als Icherzähler – mit ungewohnten, verwirrenden Lebensumständen (›Warum Peking? Eine chin. Geschichte‹, 1986).
Weitere Werke: Lyrik: Reginapoly (1976); Diderots Katze (1978); Die Dronte (1985); Zoo (1986); Idyllen u. Illusionen. Tagebuchgedichte (1989); Brief nach Hause (1993); Nachts, unter Bäumen (1996). – Erzählungen: Was tun? Eine altmod. Geschichte (1984); Wieso ich? (1987); Das Ende des Romans. Eine Novelle (1990). – Romane: Der Mann im Turm (1991); Himmelfarb (1993).

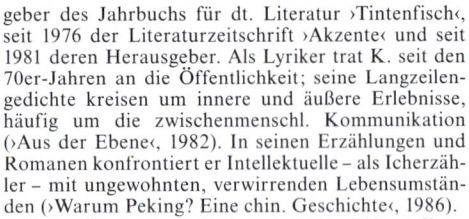

7) **Paulus**, afrikaans **P. Kruger** [ˈkryːər], gen. **Ohm K.**, auch **Oom Paul**, südafrikan. Politiker, *Vaalbank (Kapprovinz) 10. 10. 1825, †Clarens (Kt. Waadt) 14. 7. 1904; machte als Kind den ›Großen Treck‹ nach Natal mit, kam 1848 nach Transvaal und wurde 1864 Generalkommandant. Unter seiner Führung erhoben sich 1880 die Buren in Transvaal und Oranje-Freistaat gegen die brit. Herrschaft und erreichten 1881 die Anerkennung ihrer Selbstständigkeit. 1883 wurde K. Präs. von Transvaal. Er verteidigte die Unabhängigkeit der Buren-Rep. gegen Versuche Großbritanniens, diese wieder in ihr Kolonialreich einzugliedern, und wehrte 1895/96 den bewaffneten Einfall L. S. Jamesons (→Jameson Raid) ab. Als sich im →Burenkrieg (1899–1902) gegen Großbritannien die Niederlage der Buren abzeichnete, übergab er das Präsidentenamt an Vize-Präs. S. Burger und reiste im Oktober 1900 nach Europa, wo er sich vergeblich um die Hilfe des Dt. Reiches u. a. Staaten bemühte. – K. ist Gründer des →Krüger-Nationalparks.
J. S. Marais: The fall of Kruger's Republic (Oxford 1961); J. Fisher: P. K. His life and times (London 1974).

Krügerdepesche, Glückwunschbotschaft Kaiser Wilhelms II. am 3. 1. 1896 an den Präs. der Südafrikan. Rep. (Transvaal), P. Krüger, nach der Abwehr eines brit. Einfalls (→Jameson Raid). Die K. führte zu Spannungen mit Großbritannien, da die engl. Reg. Transvaal als Teil des brit. Empire betrachtete und demnach die K. als Einmischung in innere Angelegenheiten empfand.

Krüger-Nationalpark, Natur- und Wildschutzgebiet in der Rep. Südafrika, 19 485 km^2, erstreckt sich, 320 km lang, in den Prov. Mpumalanga und Nord-Provinz entlang der Grenze zu Moçambique, 200–900 m ü. M. – Der K.-N. wurde 1898 von P. Krüger zum Schutz des ehemals reichen Wildbestandes gegründet; er ist seit 1927 für die Öffentlichkeit zugänglich (jährlich etwa 500 000 Besucher). Geschützt leben hier afrikan. Großwild (Elefant, Nashorn, Büffel, Giraffe, Löwe, Leopard), viele Antilopenarten u. a. Säugetiere sowie etwa 450 Vogelarten.

Krügerrand [nach P. Krüger], seit 1967 geprägte südafrikan. Goldmünze mit einer Unze (31,1 g) Feingehalt (Gewicht 33,9 g); seit 1970 in unlimitierter Auflage. Seit 1980 werden Mini-K., d. h. Münzen über $^{1}/_{2}$, $^{1}/_{4}$ und $^{1}/_{10}$ Unzen, ausgegeben, um auch Kleinanlegern den Kauf zu ermöglichen. Die Münze ist gesetzl. Zahlungsmittel, ohne aber als solches verwendet zu werden; sie wird auf einem geregelten Markt mit einem geringen Agio über ihrem Goldwert gehandelt.

Krugersdorp [ˈkryx-], Stadt in der Prov. Gauteng, Rep. Südafrika, 1740 m ü. M., 138 100 Ew.; liegt im Zentrum des westl. →Witwatersrand und hat Gold-, Uran-, Mangan- und Eisenerzbergbau; Anlage zur Wiederaufbereitung von Uran.

Krujë [ˈkruja], **Kruja**, Hauptstadt des gleichnamigen Bez. in Albanien, 500 m ü. M., nördlich von Tirana, 13 600 Ew.; Oberstadt mit baul. Resten aus osman. Zeit und neu gebautem Skanderbeg-Museum; Baustoffindustrie; umgeben von Olivenhainen. – K., im 9. Jh. Bischofssitz, war 1443–68 Zentrum des antitürk. Widerstands unter SKANDERBEG.

Krukenberg-Arm [nach dem Chirurgen HERMANN KRUKENBERG, *1863, †1935], gefühlsintakter und aktiv bewegl. Greifarm in Form einer Zange als Ersatz bei Verlust einer Hand; wird plastisch-chirurgisch durch Spaltung des Unterarmstumpfes und Trennung der Unterarmknochen (Krukenberg-Plastik) ausgebildet.

Krukenberg-Fingerverkrümmung [nach dem Chirurgen HERMANN KRUKENBERG, *1863, †1935], rheumat. Verkrümmung und Versteifung der Fingergelenke mit Schrumpfung (Kontraktur) der Bänder.

Krukenberg-Tumor [nach dem Pathologen FRIEDRICH KRUKENBERG, *1871, †1946], sekundäre, durch Metastasen v.a. bei Magen- und Darmkrebs hervorgerufene bösartige Gewebeneubildung der Eierstöcke (Ovarialkarzinom).

Krull, Germaine, frz. Fotografin dt. Herkunft, *Wilna (bei Posen) 29. 1. 1897, †Wetzlar 30. 7. 1985; war auf den Gebieten der Porträt-, Architektur-, Industrie-, Mode- und Werbefotografie sowie auch als Kriegsberichterstatterin tätig. 1965 wanderte sie nach N-Indien aus, wo sie mit dem Dalai-Lama in Kontakt stand. Ihr Bildband ›Métal‹ (1927) gehört zu den Schlüsselwerken der Fotografie.

Krulle, 1) *Haartracht:* im 13. Jh. das gekräuselte männl. Haupthaar, in der 2. Hälfte des 14. Jh. das über den Ohren kurz geschnittene Haupthaar.
2) *Kleidung:* die gesteifte leinene Halskrause mit Spitzenbesatz der niederländ. Frauentracht in der 1. Hälfte des 17. Jahrhunderts.

Krum, Bulgarenkhan (seit 802), †13. 4. 814; schüttelte die Oberhoheit der Awaren ab und dehnte das Erste Bulgar. Reich nach NW (Banat, Transsilvanien) aus; schlug 811 ein byzantin. Heer unter NIKEPHOROS I., eroberte Adrianopel und bedrohte Byzanz.

Krumau, Böhmisch-Krumau, tschech. **Český Krumlov** [ˈtʃɛski-], Stadt im Südböhm. Gebiet, Tschech. Rep., 509 m ü. M., an der Moldau, 14 600 Ew.; Holz-, Papier- und Textilindustrie. – Das histor. Zentrum von K. wurde von der UNESCO zum Weltkulturerbe erklärt. Das maler. Stadtbild mit unregelmäßigem, schachbrettartigem Grundriss prägen v. a. Bauwerke der Spätgotik und Renaissance; das Rathaus (bis 1580) ist aus der Verbindung zweier spätgot. Häuser entstanden; Teil der Stadtbefestigung ist das Budweiser Tor (1596–98). Die Stadt wird überragt vom Schloss (erhaltene Bauten v. a. 14., 16. und 18. Jh.), das aus der Burganlage des 13. Jh. hervorgegangen ist; im Park das Sommerschlösschen Bellaria (1706–08) und das Schlosstheater (1766–67, mit ursprüngl. Ausstattung). Kirche St. Veit (1309 gegr., Neubau 1407–39), ein dreischiffiger got. Hallenbau, mit reicher Ausstattung; ehem. Minoriten- und ehem. Klarissenkloster (gegr. 1350) mit spätgot. Kreuzgang (1491) und der gemeinsamen Kirche (urspr. 1357, im 17. Jh. barock umgebaut. 1993 wurde in einem restaurierten Renaissancebau das Egon-Schiele-Museum (Malerei und Grafik) eröffnet. – Das 1278 erstmals als Stadt erwähnte K. erlebte im 16. Jh. durch Silber- und Bleibergbau seine wirtschaftl. und kulturelle Blüte.

Krumbacher, Karl, Byzantinist, *Kürnach (heute zu Wiggensbach, Landkreis Oberallgäu) 23. 9. 1856, †München 12. 12. 1909; ab 1892 Prof. in München. K. war der Schöpfer der modernen dt. Byzantinistik. er gründete das Byzantin. Inst. der Univ. München und die ›Byzantin. Zeitschrift‹ (1892).
Werk: Gesch. der byzantin. Litteratur von Justinian bis zum Ende des oström. Reiches (1891, mit A. EHRHARD u. H. GELZER).

Krumbach (Schwaben), Stadt im Landkreis Günzburg, Bayern, 512 m ü. M., auf der Iller-Lech-Platte, 12 600 Ew.; Heimatmuseum; Fachakademie für Sozialpädagogik; Textilindustrie, Maschinenbau, Herstellung von Gummi-, Glas-, Wachswaren, Bestecken und Lacken. Zu K. (S.) gehört das Heilbad **Krumbad** (Heilanzeige: Gelenk- und Muskelerkrankungen). – Die kath. Pfarrkirche St. Michael von 1752/53 bildet mit Fresken, Stuckaturen und Altären ein Raumensemble des Rokoko. Im ehem. Schloss (1. Hälfte 16. Jh., im 17.–19. Jh. verändert) befindet sich die Fachakademie für Sozialpädagogik. Das Rathaus ist ein Fachwerkbau von 1679. Im Ortsteil Hürben die kath. Kirche St. Ulrich (1438) mit Stuck und Fresken (um 1725). Die kath. Pfarrkirche Mariahilf wurde 1966–68 nach Plänen von MANFRED WACKER und ERNST NIEDERBACHER errichtet. – Der vermutlich im 12. Jh. gegründete Ort fiel 1301 an Österreich, kam 1805 an Bayern und erhielt 1895 Stadtrecht.
J. HAHN: K. (1982).

Krümelgefüge, *Bodenkunde:* aus meist rundl., bis 10 mm großen Bestandteilen aufgebautes Bodengefüge; bes. charakteristisch für die →Ackerkrume.

Krummacher, Friedrich-Wilhelm, ev. Theologe, *Berlin 3. 8. 1901, †ebd. 19. 6.1974; 1928–33 Pfarrer in Essen-Werden, wurde 1933 Mitgl. der NSDAP, 1934–39 Personalreferent im Kirchl. Außenamt und ab 1939 Lazarett- und Divisionspfarrer. In sowjet. Kriegsgefangenschaft arbeitete K. im ›Nationalkomitee Freies Dtl.‹ mit. Ab 1946 Generalsuperintendent in Berlin und Oberkonsistorialrat in der Berliner Stelle der Kirchenkanzlei der EKD, war er Hauptgesprächspartner der SMAD in kirchl. Fragen. 1955–72 war K. Bischof der Pommerschen Ev. Kirche (ab 1968 Ev. Landeskirche Greifswald), 1960–68 auch Vors. der ›Konferenz der Kirchenleitungen in der DDR‹. In diesem Amt der offizielle Ansprechpartner der DDR-Reg. zog er sich deren Kritik v. a. durch seine konsequente Einforderung der Glaubens- und Gewissensfreiheit im Zusammenhang mit der Einführung der Wehrpflicht (1962) sowie durch seinen Einsatz für den Erhalt der kirchl. Einheit in Dtl. im Vorfeld der Bildung des ›Bundes der Ev. Kirchen in der DDR‹ zu.

Krümmel, Otto, Ozeanograph, *Exin (bei Bromberg) 8. 7. 1854, †Köln 12. 10. 1912; seit 1883 Prof. in Kiel, seit 1911 in Marburg. Sein ›Handbuch der Ozeanographie‹ (1907–11, 2 Bde.) war die systemat. Grundlage für zahlreiche Werke späterer Autoren.

Krummhals, Wolfslauge, Lycopsis, Gattung der Raublattgewächse mit drei Arten im gemäßigten Eurasien; oft zur (ähnl.) Gattung Ochsenzunge (Anchusa) gerechnet. In Mitteleuropa ist der blau blühende, 15–45 cm hohe **Acker-K.** (Lycopsis arvensis) auf Brachäckern und an Wegrändern verbreitet.

Krummholz, Bez. für Holzgewächse geringer Höhe mit Stämmen oder Ästen, die häufig durch winterl. Schneedruck oder durch Wind vielfältig gebogen und gekrümmt sind; v. a. im Bereich der alpinen Waldgrenze (**K.-Stufe**), in den Alpen durch die Latsche (Pinus mugo mugo) charakterisiert.

Krummhorn, ital. **Cromorne,** ein in versch. Größen gebautes, vermutlich in Italien entstandenes und weit verbreitetes Holzblasinstrument des 15.–17. Jh. (seit etwa 1490 nachgewiesen), mit Doppelrohrblatt und Windkapsel, in der das Blatt frei schwingt. Das zylindrisch gebohrte Rohr ist am unteren Ende schwach konisch und wie eine Krücke umgebogen. Es hat 6–8 vorderständige Grifflöcher, ein Daumenloch sowie 1–2 (bei tiefen Instrumenten mit Schiebern versehene) Stimmlöcher zum Ausgleich der Intonation bei tiefen Tönen. Der Klang des nicht überblasenden Instruments ist verhalten und etwas schnarrend. – In der *Orgel* ist K. ein Zungenregister mit engem zylindr. Aufsatz.

Krummhörn *die,* Marschenlandschaft an der Nordseeküste in Ndsachs., im westl. Ostfriesland zw. Dollart, Emsmündung, Leybucht und dem Brokmer-

---

Krügerrand
(Pretoria, seit 1967; Durchmesser 31 mm)

Vorderseite

Rückseite

Krummhals: Ackerkrummhals (Höhe 15–45 cm)

Wörter, die man unter K vermisst, suche man unter C, Ch, G, H oder Q

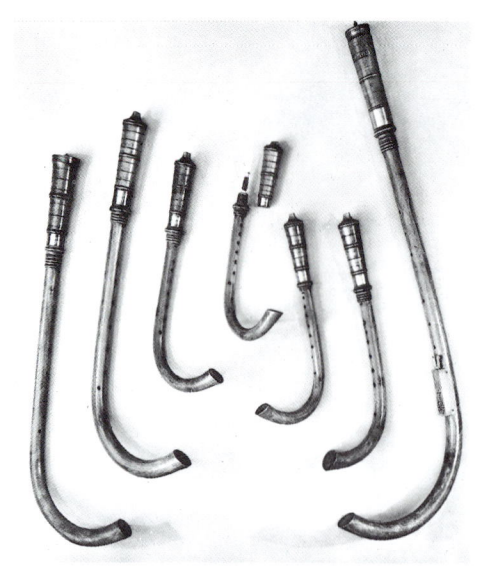

Krumhörner von Exilent (Klein-Diskant) bis Bass; Deutschland, um 1600 (Berlin, Musikinstrumenten-Museum)

land; zw. 2,5 m u. M. und etwa 2 m ü. M. Ihre Wurten, Deich- und Entwässerungsbauten spiegeln den Kampf zw. Mensch und Meer; Grünlandwirtschaft. Den größten Flächenanteil hat die Gem. K. (153 km², 13 100 Ew.) nordwestlich von Emden, im Landkreis Aurich; 19 Ortsteile, darunter der Fischerhafen Greetsiel (Ausflugs- und Fremdenverkehr).

Krummhübel, poln. **Karpacz** [-tʃ], Stadt in der Wwschaft Jelenia Góra, Polen, 550–880 m ü. M., im Riesengebirge am Fuß der Schneekoppe, 5 700 Ew.; Erholungs- und Luftkurort sowie Wintersportzentrum; Papierfabrik. – Im Ortsteil Ober-K. (poln. Karpacz Górny), früher Brückenberg (Bierutowice), eine auf Veranlassung König FRIEDRICH WILHELMS IV. von Preußen aus Vang i Oppland in Norwegen übertragene und z. T. ergänzte Stabkirche (13. Jh.; 1841 nach hier überführt). – K. kam 1945 unter poln. Verw.; die Zugehörigkeit zu Polen wurde durch den Dt.-Poln. Grenzvertrag vom 14. 11. 1990 (in Kraft seit 16. 1. 1992) anerkannt. Seit 1959 ist K. Stadt.

Krummschwert, eine bei vorderasiat. Völkern verbreitete Hiebwaffe.

Krummstab, der →Bischofsstab.

Krümmung, in der *Differenzialgeometrie* Maß für die Abweichung einer Kurve (oder Fläche) von einer Geraden (oder Ebene).

Die K. einer nach der Bogenläge s parametrisierten Kurve $x(s)$ ist der Betrag der zweiten Ableitung nach s, d. h. $k(s) = |x''(s)|$; $x''(s)$ heißt auch **K.-Vektor**. Geraden besitzen in jedem Punkt die K. 0. Bei Kreisen ist in jedem Punkt die K. $k = 1/r$ (r ist der Kreisradius); man kann daher die K. einer Kurve in einem Punkt definieren als die K. des Kreises, der die Kurve in diesem Punkt berührt und sich am besten an die Kurve anschmiegt; der Kreis heißt **K.-Kreis** oder **Schmiegkreis,** der dazugehörige Radius **K.-Radius**. Ist die Kurve durch zweimal differenzierbare Funktionen $x = x(t)$ und $y = y(t)$ (t Parameter) gegeben, so ist

$$k = \frac{\dot{x}\ddot{y} - \ddot{x}\dot{y}}{(\dot{x}^2 + \dot{y}^2)^{3/2}}$$

($\dot{x}$, $\dot{y}$ erste und $\ddot{x}$, $\ddot{y}$ zweite Ableitung nach t). – Bei Raumkurven ist neben der K. auch die Windung (→Torsion) von Bedeutung.

Zur Bestimmung der K. einer Fläche in einem Punkt legt man durch die Normale in diesem Punkt Ebenen, die die Flächen schneiden. Dabei entstehen Schnittkurven, deren K. man untersucht. Minimum und Maximum der K. heißen **Haupt-K.** Das Produkt der beiden Haupt-K. ist das **gaußsche K.-Maß,** ihr arithmet. Mittel die **mittlere Krümmung.**

Auch für drei- oder höherdimensionale Räume, die im Sinne der *Riemann-Geometrie* erklärt sind, lässt sich eine K. definieren (→riemannscher Krümmungstensor).

Krümpersystem, in der preuß. Armee 1808–12 angewandtes System, Rekruten (Krümper) nach kurzzeitiger Ausbildung wieder zu entlassen. Hierdurch konnte die im Pariser Vertrag von 1808 auf 42 000 Mann festgesetzte Höchststärke der preuß. Armee eingehalten, darüber hinaus jedoch eine Reserve von 35 000 Mann geschaffen werden.

Krumpfen, *Textiltechnik:* 1) Maßänderung von Textilien durch Einlaufen (Eingehen, Schrumpfen) beim Nasswerden; 2) Appreturverfahren, mit denen Gewebe wenig krumpfend oder **krumpfecht** ausgerüstet werden, sodass sie innerhalb bestimmter Toleranzen maßbeständig bleiben. Dies wird meist durch eine Schockbehandlung erreicht, bei der die nasse Ware über einen heißen Stahlzylinder läuft und daraufhin mit kalter Feuchtluft behandelt wird. Ein besonderes Krumpfverfahren ist das →Sanforisieren.

Krumpfmaß, Bodenabgang, Speicherverlust, *Landwirtschaft:* der Schwundverlust von Getreide, Hülsen-, Ölfrüchten u. a. auf dem Schüttboden (im ersten Jahr bei Weizen und Roggen etwa 3%, bei Gerste und Hafer 3,5%, bei Hülsenfrüchten 6%, bei Ölfrüchten 12–15%).

Krumpper, Krumper, Hans, Bildhauer und Baumeister, *Weilheim i. OB um 1570, †München 12. 5. 1634; Schüler von H. GERHARD, stand im Dienst des bayer. Hofes, in dessen Auftrag er 1591 nach Italien reiste. Bei seinen Bildwerken knüpfte er an die spätgot. Tradition an und näherte sich, unter Aufnahme niederländ. und ital. Einflüsse, dem Frühbarock. Sein architekton. Hauptwerk, die Paulanerkirche St. Karl Borromäus in der Au bei München (1621–23), wurde 1902 abgebrochen.

Weitere Werke: Grabmal des Herzogs FERDINAND VON BAYERN (um 1608; Hl.-Geist-Kirche, München); Patrona Bavariae u. Figuren der vier Kardinaltugenden (1614–16; Fassade der Residenz, ebd.); Grabdenkmal für Kaiser LUDWIG DEN BAYERN (1622; Frauenkirche, ebd.).

Krung Kao, Stadt in Thailand, →Ayutthaya.

Krung Thep, Hauptstadt Thailands, →Bangkok.

Krupa [ˈkruːpə], Gene, amerikan. Jazzmusiker (Schlagzeuger, Orchesterleiter), *Chicago (Ill.) 15. 1.

Hans Krumpper: Kurfürst Maximilian I.; Teil einer Bronzestatue, um 1630 (München, Residenzmuseum)

1909, †Yonkers (N. Y.) 16. 10. 1973; begann seine Laufbahn 1927 im Bereich des Chicagostils und wirkte ab 1935 im Orchester B. GOODMANS, wo er v. a. durch ausgedehnte Schlagzeugsoli populär wurde. Eigene Orchester leitete K. in den Jahren 1938–51.

Krupalon [griech.] *das, -s/-s,* antike Fußklapper, →Scabellum.

Krupp [von engl. croup, zu älter: to croup ›krächzen‹] *der, -s,* akut auftretende entzünd. Schwellung der Kehlkopfschleimhaut bei Diphtherie; ähnl. Symptome zeigt der nichtdiphtheroide →Pseudokrupp.

Krupp, eigtl. **Fried. Krupp AG Hoesch-Krupp,** führender Konzern der Investitionsgüterindustrie; Sitz: Essen; hervorgegangen aus der von FRIEDRICH KRUPP (*1787, †1826) 1811 gegründeten Gussstahlfabrik; sie wurde von seinem ältesten Sohn ALFRED (*1812, †1887) zur größten Gussstahlfabrik der Erde ausgebaut. Weltruf erlangte das Unternehmen durch die Herstellung von hochwertigem Tiegelgussstahl, auch in großen Blöcken (1851: 4300 Pfund), der zu Walzen (1830), Eisenbahnachsen (1848), nahtlosen Eisenbahnreifen (1853), Kanonen und Geschützrohren (in größerem Umfang seit 1859) verarbeitet wurde. Das Bessemer-Verfahren führte der Konzern als Erster auf dem europ. Festland (1862) ein. Auch auf sozialpolit. Gebiet war A. KRUPP durch die Errichtung von neuartigen Wohlfahrtseinrichtungen richtungweisend (Krankenkasse 1836; Pensionskasse 1855; Werkswohnungen seit 1861; Konsumanstalt 1868; Krankenhaus 1872). Nach dem Tod A. KRUPPS übernahm sein Sohn FRIEDRICH ALFRED (*1854, †1902) das Unternehmen, das durch die Übernahme des Grusonwerkes (1893) und der Germaniawerft (1902) sowie durch die Errichtung eines modernen Hüttenwerkes in Duisburg-Rheinhausen (›Fried.-Alfred-Hütte‹, 1897) erweitert wurde. Seine älteste Tochter, BERTHA (*1886, †1957), wurde Erbin; sie heiratete (1906) GUSTAV VON BOHLEN UND HALBACH (*1870, †1950), dem der Name KRUPP VON BOHLEN UND HALBACH verliehen wurde. 1903 wurde das Unternehmen in eine AG (im Besitz der Erbin), 1943 wieder in eine Einzelfirma umgewandelt, mit dem ältesten Sohn, ALFRIED KRUPP VON BOHLEN UND HALBACH (*1907, †1967), als Alleininhaber und Leiter. Nachdem der Konzern schon seit den 1850er-Jahren auf dem Rüstungssektor tätig war, erhielt vor und während der beiden Weltkriege die Rüstungsproduktion Vorrang.

Im April 1945 wurde A. KRUPP VON BOHLEN UND HALBACH von den Alliierten verhaftet und im Krupp-Prozess (→Kriegsverbrecherprozesse) am 31. 7. 1948 von einem amerikan. Militärtribunal wegen ›Plünderung‹ von Wirtschaftsgütern im besetzten Ausland und ›Sklavenarbeit‹ (→Zwangsarbeit) zu 12 Jahren Haft und Verlust seines gesamten Vermögens verurteilt. Das Urteil wurde am 31. 1. 1951 von damaligen Hohen Kommissar für Dtl., J. MCCLOY, revidiert. Daraufhin wurde A. KRUPP VON BOHLEN UND HALBACH aus der Haft entlassen und die Vermögensbeschlagnahme aufgehoben. Nach der Verpflichtung, die zur Firma Fried. K. gehörenden Montanbeteiligungen abzutrennen, übernahm er 1953 wieder die Unternehmensleitung, von B. BEITZ unterstützt. In seinem Testament verfügte A. KRUPP VON BOHLEN UND HALBACH die Errichtung einer gemeinnützigen Stiftung (Alfried Krupp von Bohlen und Halbach-Stiftung), auf die sein privates und das Konzernvermögen übertragen wurden. Die Fried. Krupp GmbH wurde 1968 gegründet. 1974 erwarb der Staat Iran eine Beteiligung in Höhe von 25,04% am Stammkapital der Fried. Krupp Hüttenwerke AG und 1976 25,01% der Geschäftsanteile der Fried. Krupp GmbH. In den Folgejahren wurden die Aktivitäten des K.-Konzerns im Zuge einer strateg. Neuausrichtung in die Unternehmensbereiche Maschinenbau, Anlagenbau, Stahl und Handel gegliedert; der Rückzug aus dem wehrtechn. Bereich wurde 1991 mit der Veräußerung der Krupp Atlas Elektronik GmbH abgeschlossen. Im Dezember 1991 wurde die Hoesch AG – nach Übernahme der Aktienmehrheit – mit wirtschaftl. Wirkung zum 1. 1. 1992 auf die Fried. Krupp GmbH (seit März 1992 AG) verschmolzen, seitdem firmiert der Konzern unter **Fried. Krupp AG Hoesch-Krupp.**

Der neue Konzern (Mehrheitsaktionäre: Alfried Krupp von Bohlen und Halbach-Stiftung 51,61%, Staat Iran 23,55%) verfügt über eine dreistufige Führungsstruktur mit einer Management-Holding als Konzernleitung, sechs rechtlich selbstständigen Führungsgesellschaften für die branchenorientierten Sparten (Krupp Hoesch Maschinenbau GmbH, Krupp Anlagenbau GmbH, Krupp Hoesch Automotive GmbH, Krupp Hoesch Verarbeitung GmbH, Krupp Hoesch Stahl AG und Krupp Hoesch International GmbH) und marktbezogenen operativen Geschäftsbereichen als Divisions oder Tochtergesellschaften der Führungsgesellschaften. – Der Konzernumsatz betrug (1996) 24,04 Mrd. DM, bei rd. 69600 Beschäftigten.

Zum 1. 4. 1997 wurde zw. der Fried. Krupp AG Hoesch Krupp und der Thyssen AG eine Grundsatzvereinbarung über die Vereinigung der Stahlaktivitäten beider Konzerne in der neu gebildeten Thyssen Krupp Stahl AG, an der Thyssen mit 60% und K. mit 40% beteiligt sein werden, geschlossen.

K. 1812–1912. Zum 100jährigen Bestehen der Firma K. u. der Gußstahlfabrik zu Essen-Ruhr (1912); K. u. die Hohenzollern in Dokumenten, hg. v. W. A. BOELCKE (1970); W. R. MANCHESTER: K. Chronik einer Familie (a. d. Engl., Neuausg. 1978); H.-D. HAEUBER: K. im Dienste der Elektro- u. Diesellokomotive (1983); B. ENGELMANN: K. Die Gesch. eines Hauses. Legende u. Wirklichkeit (Neuausg. ⁴1986); D. M. FRIZ: Die Stahlgiganten. Alfried Krupp u. Berthold Beitz (Neuausg. 1990); E. SCHRÖDER: K. Gesch. einer Unternehmerfamilie (⁴1991).

Kruppade [frz., zu croupe ›Kruppe‹] *die, -/-n,* **Croupade** [kru-], *Reitkunst:* eine Lektion der →hohen Schule.

Kruppe, zw. Kreuz und Schwanzansatz liegender Teil des Rückens bei Pferd und Rind.

Krupskaja, Nadeschda Konstantinowna, russ. Revolutionärin, *Sankt Petersburg 26. 2. 1869, †Moskau 27. 2. 1939; lernte LENIN 1894 in Sankt Petersburg kennen, beteiligte sich 1895 an der Gründung des ›Kampfbundes zur Befreiung der Arbeiterklasse‹ und wurde 1896 verhaftet. 1898 heiratete sie LENIN, mit dem sie bis 1917 zumeist in der Verbannung (Schuschenskoje, Sibirien) oder in der Emigration in versch. europ. Städten lebte und als dessen enge Mitarbeiterin sie wirkte (u. a. als Sekr. des Auslandsbüros des ZK der SDAPR [B]). Nach der Oktoberrevolution in Russland (1917) war K. im Volkskommissariat für Volksbildung tätig. Seit 1927 gehörte sie dem ZK der KPdSU (B) an. K., die schon im Dezember 1922 erstmals von STALIN harsch kritisiert worden war, gelang es nach dem Tod LENINS (1924) nicht, dessen – ihr anvertrauten – ›Brief an den Parteitag‹ (in dem er im Sinne eines polit. Testaments Änderungen in der Arbeitsweise, Struktur und Personalpolitik der Partei forderte und in dessen Nachtrag er u. a. die Ablösung STALINS als Gen.-Sekr. der Partei empfahl) Geltung zu verschaffen, sie war in der Folgezeit wiederholt den Anfeindungen STALINS ausgesetzt. K. verfasste theoret. Abhandlungen über die sowjet. Pädagogik und schrieb ›Vospominanija o Lenine‹ (hg. 1957; dt. ›Erinnerungen an Lenin‹).

Kruschwitz, poln. **Kruszwica** [kruʃfitsa], Stadt in der Wwschaft Bydgoszcz (Bromberg), Polen, 9600 Ew.; Speiseöl-, Zuckerfabrik. – Marienkirche (zw. 1120 und 1140 erbaut, roman. dreischiffige Basilika).

Alfred Krupp

Kruse, 1) Hinrich, niederdt. Schriftsteller, * Toftlund (bei Hadersleben) 27. 12. 1916, † Braak (bei Neumünster) 16. 7. 1994; trug nach dem Zweiten Weltkrieg entscheidend zur Erneuerung der niederdt. Literatur bei: mit mehrschichtigen Kurzgeschichten (›Weg un Ümweg‹, 1958, u. a.), inhaltlich und formal anspruchsvollen Hörspielen (›Töven op wat‹, 1959; ›Dat Andenken‹, 1963; ›De Bischof von Meckelnborg‹, 1964) und Lyrik (›Mitlopen‹, 1961; ›Dat Gleis‹, 1967). Wesentl. Motiv für K.s Werk war die Auseinandersetzung mit Krieg und Nationalsozialismus.

J. SCHÜTT: Zeitkritik in der niederdt. Lit. der Gegenwart. Studien zum Werk H. K.s (1974).

2) Käthe, geb. **Simon**, Kunsthandwerkerin, * Breslau 17. 9. 1883, † Murnau a. Staffelsee 19. 7. 1968; ∞ mit 4), Mutter von 5); begann als Schauspielerin und schuf seit 1902 in ihrer Werkstatt in Bad Kösen individuell gestaltete Puppen aus Stoff, seit 1933 auch Schaufensterfiguren; die Firma befindet sich seit 1951 in Donauwörth. Sie schrieb die Autobiographie ›Das große Puppenspiel‹ (1951).

S. REINELT: K. K. Leben u. Werk (²1988); K.-K.-Puppen, bearb. v. A. u. B. WAGNER (1993); K. K. Die frühen Jahre, bearb. v. S. REINELT (1994).

3) Martin, ev. Theologe, * Lauenberg (heute zu Dassel) 21. 4. 1929; war 1970–76 Landessuperintendent der Ev.-Luther. Landeskirche Hannovers für den Sprengel Stade und ab 1976 Bischof der Ev. Kirche in Berlin-Brandenburg für den Bereich Berlin (West); am 1. 10. 1991 wurde er (bis zu seinem Ruhestand April 1994) Bischof der rechtlich wieder vereinigten Ev. Kirche in Berlin-Brandenburg, nachdem der Bischof der Ostregion GOTTFRIED FORCK (* 1923, † 1996) in den Ruhestand getreten war. Ab 1973 war er Mitgl. der Synode der EKD und von 1985 bis November 1991 Vors. des Rates der EKD.

4) Max, Bildhauer und Bühnenbildner, * Berlin 14. 4. 1854, † Bad Kösen 26. 10. 1942; ∞ mit 2); wurde bekannt durch die 1881 modellierte und 1884 in Bronze gegossene Statue ›Der Siegesbote von Marathon‹. Seine Werke (v. a. Porträtbüsten in Holz und Marmor) folgen teils neubarocken, teils neoklassizist. Tendenzen. Als Bühnenbildner verwendete K. als Erster den Rundhorizont.

Schrift: Ein Weg zur neuen Form (1925).

5) Max, Schriftsteller, * Bad Kösen 19. 11. 1921, Sohn von 2) und 4); schreibt erfolgreiche Kinderbücher, die v. a. durch die (Fernseh-)Inszenierungen der ›Augsburger Puppenkiste‹ bekannt wurden (›Urmel aus dem Eis‹, 1969; ›Don Blech und der goldene Junker‹, 1971; beide mit Fortsetzungen). Auch autobiograph. Werke (›Die versunkene Zeit. Bilder einer Kindheit im Käthe-Kruse-Haus‹, 1983).

Kruseler, Krüseler, aus der Mitte des 14. bis in erste Drittel des 15. Jh. belegte Frauenkopfbedeckung: Schleier aus langem, am vorderen Längsrand gerüschtem Leinenstreifen, der in mehreren Lagen über den Kopf gelegt getragen wurde. Die Rüschenränder der zahlenmäßig nach Stand der Trägerin in Kleiderordnungen begrenzten Stofflagen bildeten das Gesicht rahmende flache bis voluminöse Krausen, bei Kinnschleiern auch unterhalb des Halses.

Kruseman [ˈkry-], Jan Adam Jansz., niederländ. Maler, * Haarlem 12. 2. 1804, † ebd. 17. 3. 1862; malte Historienbilder und v. a. Porträts. K. stand zunächst unter dem Einfluss seines Lehrers J.-L. DAVID und von J. A. D. INGRES, später unter dem der Werke von T. LAWRENCE. Er war Lehrer von J. ISRAËLS.

Krusenstern, Adam Johann von, russ. **Iwan Fjodorowitsch K.,** russ. Admiral dt. Abkunft, * Haggud (Estland) 19. 11. 1770, † auf dem Gut Ass (bei Reval) 24. 8. 1846; leitete die erste russ. Erdumseglung (1803–06), auf der er nach Durchquerung des Pazifiks (Marquesasinseln) die W-Küste Hokkaidōs und die N- und O-Küste Sachalins erkundete sowie Teile der Kurilen vermaß. Seinen Namen trägt eine Meeresstraße der Kurilen und der von ihm durchfahrene O-Kanal der Koreastraße. 1827–42 war er Direktor des russ. Seekadettenkorps.

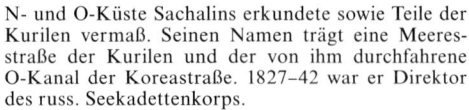

Werke: Reise um die Welt in den Jahren 1803, 1804, 1805 und 1806, 3 Tle. (1810–12); Beyträge zur Hydrographie der grössern Oceane ... (1819); Recueil de mémoires hydrographiques pour servir d'analyse et explication à l'Atlas de l'Océan pacifique (1824).

E. VON KRUSENSTJERN: Weltumsegler u. Wissenschaftler. A. J. v. K. 1770–1846. Ein Lebensbericht (1991).

Krusenstjerna [ˈkruːsɔnfæːrna], Agnes, von, schwed. Schriftstellerin, * Växjö 9. 10. 1894, † Stockholm 10. 3. 1940; wandte sich, literarisch v. a. durch ihren Ehemann DAVID SPRENGEL (* 1880, † 1941) beeinflusst, in gesellschaftskrit., psycholog. Romanen und Novellen scharf gegen die Konventionen des schwed. Adels und des Großbürgertums.

Werke: *Romane:* Tony växer upp (1922); Tonys läroår (1924); Tonys sista läroår (1926); Fröknarna von Pahlen, 7 Bde. (1930–35); Fattigadel, 4 Bde. (1935–38).

O. G. H. LAGERCRANTZ: A. von K. (Stockholm 1951).

Kruševac [ˈkruʃɛvats], Stadt in Serbien, Jugoslawien, an der Rasina, 58 800 Ew.; Maschinenbau, Waggonfabrik, Textilindustrie; Obst- und Viehmarkt. – K., 1370 gegr., seit 1371 Residenz des Zaren LAZAR I. HREBELJANOVIĆ, wurde 1427 von den Türken erobert; danach in wechselndem Besitz (Türken, Serben, Österreich), kam 1833 endgültig zu Serbien.

Krushenick [ˈkruːʃnɪk], Nicholas, amerikan. Maler, * New York 31. 5. 1929; Vertreter des →Hard-Edge-Painting. K. malt ornamentale Kompositionen in leuchtenden Farben, teilweise unter Anwendung perspektiv. Illusionsmittel.

Krušné hory [ˈkruʃnɛː ˈhɔri], tschech. Name für das →Erzgebirge.

Krüss, James, Pseud. **Markus Polder, Felix Ritter,** Schriftsteller, * auf Helgoland 31. 5. 1926, † Las Palmas de Gran Canaria 2. 8. 1997; einer der meistgelesenen deutschsprachigen Kinder- und Jugendbuchautoren, zu dessen in zahlr. Sprachen übersetztem Werk neben humorvoller Lyrik (›Polulangrische Lieder‹, 1968), nachdenkl. Erzählungen (›Timm Thaler oder das verkaufte Lachen‹, 1962) auch Hörspiele und Theaterstücke für Kinder sowie das Schmökerlexikon ›Meyers Buch vom Menschen und von seiner Erde‹ (1983) zählen. K., der seit 1966 auf Gran Canaria lebte, erhielt 1960 und 1964 den Dt. Jugendbuchpreis, 1968 für sein Gesamtwerk die Hans-Christian-Andersen-Medaille.

Weitere Werke: Der Leuchtturm auf den Hummerklippen (1956); Mein Urgroßvater u. ich (1959); Der wohltemperierte Leierkasten (1961); Florentine, 2 Bde. (1961–62); Der Sängerkrieg der Heidehasen (1972); Der fliegende Teppich (1976); Der U-Boot-Fritz (1977); Alle Kinder dieser Erde (1979); Nele oder das Wunderkind (1986); Sonntagmorgen Geschichten (1989); Bongos Abenteuer (1990); Hü u. hoppla (1992).

Kruste, Borke, die Hautkrankheiten (z. B. Impetigo) durch Eintrocknung von Absonderungen (Blut, Serum, Eiter) entstandene schorfartige Hautauflagerungen (sekundäre Effloreszenzen).

Krustenalgen, versch. Arten der Blau-, Braun- und Rotalgen, die auf Steinen Überzüge bilden und sie teilweise aufzulösen vermögen.

Krustenanemonen, Zoantharia, Ordnung 0,5–19 cm langer sechsstrahliger, sessiler Korallentiere mit etwa 300 Arten. Die K. haben ein Pseudoskelett aus eingeschlossenen Fremdkörpern. Ihre Kolonien überziehen mit ihren meist bunten Polypen in den wärmeren Meeren der Tropen und Subtropen polster- oder krustenförmig Felsen, Korallenstöcke, die Schneckenschalen von Einsiedlerkrebsen.

Krustenbildung, *Geomorphologie:* Bildung von Krusten an der Oberfläche von Gesteinen oder Böden

Krustenanemonen:
Gelbe Krustenanemone

durch Ausfällung von mineral. Stoffen (Eisen- und Manganverbindungen, Silikate, Steinsalz, Gips, Calciumcarbonat u. Ä.) aus Lösungen infolge Verdunstung des Wassers. K. ist flächenhaft nur in Trockengebieten verbreitet, wo aufsteigende Wasserbewegungen (speziell Kapillarwasserbewegungen) im Jahresdurchschnitt überwiegen. Neben weichen Krusten (z. B. Salz) entstehen Hartkrusten, fälschlich oft ›Schutzrinden‹ gen., denn der dahinter liegende, ausgelaugte Gesteinsverband ist durch die K. gelockert und unterliegt, wenn diese an einer Stelle zerstört wird, besonders intensiver Abtragung (→Tafoniverwitterung). An der K. sind auch mineral. Stoffe ausscheidende Mikroorganismen beteiligt. (→Wüstenlack)

Sedimente u. Sedimentgesteine, hg. v. H. FÜCHTBAUER (⁴1988).

Krustenechsen: Gila-Tier (Länge bis 60 cm)

Krustenechsen, Helodermatidae, Familie der Echsen mit massigem und plumpem Körper, breitem und stumpfem Maul und dickem, als Fettspeicher dienendem Schwanz. Die Haut ist von kleinen, z. T. verknöcherten halbkugeligen Schuppen bedeckt und zeigt eine auffällige Warnfärbung. K. sind die einzigen heute lebenden giftigen Echsen. Das Gift der am Hinterrand des Unterkiefers gelegenen Giftdrüsen wird beim Biss durch gefurchte Zähne in die Wunde geleitet und wirkt vorwiegend auf das Zentralnervensystem. Das Gift ist auch für den Menschen gefährlich; Todesfälle sind jedoch selten. K. sind nachtaktive Bodenbewohner und ernähren sich v. a. von Eiern und Nagetieren, bisweilen auch von Aas. Die meiste Zeit verbringen sie in selbst gegrabenen Höhlen. Die Familie umfasst nur zwei Arten: das bis 60 cm lange **Gila-Tier** (Heloderma suspectum) im SW der USA und in N-Mexiko und den bis 80 cm langen **Escorpion (Skorpions-Giftechse;** Heloderma horridum) in W-Mexiko.

Krustenniveau [-vo], das mittlere Niveau der Erdkruste oder -rinde, 2 700 m u. M.; errechnet sich durch Kombination der mittleren Tiefe des Weltmeeres und der mittleren Höhe der Kontinente (→hypsographische Kurve).

Krustentiere, die →Krebse.
Kruszwica [kruʃˈfitsa], Stadt in Polen, →Kruschwitz.
Krutschonych, Kručenych [-'tʃɔnɪx], Aleksej Jelissejewitsch, russ. Lyriker, *Olewka (Gouv. Cherson) 21. 2. 1886, †Moskau 17. 6. 1968; führender Programmatiker und Dichter des russ. →Futurismus (›Slovo kak takovoe‹, 1913, mit CHLEBNIKOW); Mitarbeiter der Zeitschrift ›LEF‹; Verfechter einer radikal antitraditionalist., das Wortmaterial um- und neu ge-

staltenden ›transmentalen‹ Poesie (russ. ›zaumnyj jazyk‹); in der Sowjetunion lange verfemt.
Weitere Werke: Pobeda nad solncem. Ein futurist. Drama (a. d. Russ., hg. 1976); Als Hund wir ... (1985, dt. Ausw.).
Ausgabe: Izbrannoe (1973).

Kruzifix [auch ˈkru:-; zu lat. crucifigere, crucifixum ›kreuzigen‹] *das, -es/-e,* die plast. Darstellung des gekreuzigten CHRISTUS, meist Skulpturen aus Holz, seltener aus Stein, auch Kleinplastiken aus Bronze, Gold, Silber, Elfenbein u. a. In der Kunstwissenschaft **(Kruzifixus)** auch auf gemalte Darstellungen bezogen. Der Körper CHRISTI ist mit dem Lendentuch, selten mit einer Tunika bekleidet. Hände und Füße waren anfangs mit je einem Nagel durchbohrt, bis um 1200 durch Verschränkung der Beine die starre Haltung des Körpers aufgegeben wurde und beide Füße durch einen Nagel befestigt wurden. (→Kreuzigung)

kry..., Wortbildungselement, →kryo...
Kryal *das, -s, Ökologie:* →Kryon.
Krylow, Iwan Andrejewitsch, russ. Fabeldichter, *Moskau 13. 2. 1769 (1768?), †Sankt Petersburg 21. 11. 1844; Beamter, dann Journalist, 1812–41 Bibliothekar an der Öffentl. Bibliothek in Sankt Petersburg. K. begann (zw. 1786 und 1788) mit Komödien (›Bešenaja semʼja‹; ›Prokazniki‹) und Tragödien (›Filomena‹) und trat 1789 mit der satir. Zeitschrift ›Počta duchov‹ als Journalist hervor. Berühmt machten ihn seine Fabeln (einzelne Veröffentlichungen 1806, die erste Sammlung 1809). Darin gestaltet er alte (J. DE LA FONTAINE) wie neue Motive in lebendigen Szenen mit treffenden Typen in einem die Umgangssprache virtuos handhabenden, von klassizist. Regeln freien Vers so überzeugend, dass sie in Russland zum unübertroffenen Muster der Gattung wurden. Zahlr. Redewendungen werden bis heute gebraucht.
Ausgabe: Sočinenija, 2 Bde. (Neuausg. 1984).
N. L. STEPANOV: I. K. (New York 1973); V. A. ARCHIPOV: I. A. K. Poėzija narodnoj mudrosti (Moskau 1974); M. COLIN: K. fabuliste (Paris 1975).

Krym, russ. und ukrain. Name der →Krim.
Krymow, Jurij Solomonowitsch, eigtl. **J. S. Beklemischew,** russ. Schriftsteller, *Sankt Petersburg 19. 1. 1908, †(gefallen) bei Poltawa 20. 9. 1941; Ingenieur; beschreibt in seinem Roman ›Tanker Derbent‹ (1938; dt.), einem Klassiker des sozialist. Realismus (zahlr. Auflagen, Verfilmungen), die Wandlung einer undisziplinierten Mannschaft in ein erfolgreiches kommunist. Kollektiv.
Weitere Werke: Inžener (1941; dt. Die Ingenieurin); Povesti (hg. 1944).

Krynica [kriˈnitsa], Stadt in der Wwschaft Nowy Sącz (Neusandez), Polen, 500–750 m ü. M., in den Beskiden, 13 100 Ew.; Naturmuseum, N. D. Nikifor-Museum; eines der größten Heilbäder Polens, dessen Eisensäuerlinge seit 1793 zu Heilzwecken genutzt werden; Mineralwasserabfüllung; Wintersport.

kryo... [griech. krýos ›Kälte‹, ›Frost‹], vor Vokalen meist verkürzt zu **kry...,** Wortbildungselement mit der Bedeutung: Kälte, Frost, z. B. Kryotechnik.
Kryobiologie, Teilgebiet der Biologie, das sich mit der Einwirkung sehr tiefer Temperaturen auf Organismen, Gewebe und Zellen befasst.
Kryobionten [zu griech. bíos ›Leben‹], *Sg.* **Kryobiont** *der, -en,* im oder auf dem Schnee oder Gletschereis lebende Organismen, z. B. Blaualgen, Springschwänze.
Kryochirurgie, Gefrierchirurgie, Kältechirurgie, die chirurg. Anwendung extrem tiefer Temperaturen zur Gewebedurchtrennung oder -zerstörung; die K. wird mit einer vakuumisolierten Kanüle oder einem skalpellförmigen Instrument (Kryoskalpell) durchgeführt. An diesen Geräten können durch Verdampfen verflüssigter Gase Temperaturen bis zu −196 °C (z. B. mit Stickstoff) erzeugt werden. Hier-

Iwan Andrejewitsch Krylow

Wörter, die man unter K vermisst, suche man unter C, Ch, G, H oder Q

durch kommt es durch Zerreißen der Zellmembranen (Eiskristallbildung) und Eiweißdenaturierung zum Absterben des unterkühlten Gewebes (asept. Nekrose). Vorteile der K. sind geringe Blutungsneigung durch Gewebeverschorfung, Schmerzarmut ohne zusätzl. Anästhesie, gute Heilung durch entzündl. Verklebung und Schonung des umgebenden Gewebes.

Die K. dient v. a. der Entfernung von Hautveränderungen (Hämangiome, Warzen, spitze Kondylome) sowie Prostataadenomen bei Risikopatienten, zur Kataraktoperation bei älteren Menschen, Netzhautanheftung, Hämorrhoidenverödung und zur Durchführung hirnchirurg. oder kleinerer gynäkolog. Eingriffe; z. T. durch die Laserchirurgie ersetzt.

Kryoextraktion, seit Ende der 1980er-Jahre bes. in frz. Weingütern in Sauternes mit wachsendem Erfolg angewandte Methode zur Erzeugung edelsüßer Weine. Das Lesegut wird vor dem Pressen eine Nacht bei −5 bis −6 °C gefroren, um nur den Saft der Beeren mit höherem Zuckergehalt (die einen höheren Gefrierpunkt haben als solche mit niedrigem Zuckergehalt) zu gewinnen; die wässrigen Bestandteile bleiben gefroren in der Kelter zurück. K. wird angewendet, wenn ein zu feuchter Herbst die überreifen Beeren zu sehr aufbläht.

Kryoflora, Algenflora (meist Grün- oder Kieselalgen), die sich auf längere Zeit unveränderten Altschneedecken im Hochgebirge oder Eis in Polarregionen entwickeln kann. Man unterscheidet zw. Meeres-K. und Süßwasser-K. Durch Massenvermehrung kommt es zu charakteristischen Schneeverfärbungen (→Blutschnee).

Kryogentank, wärmeisolierter Behälter zum Transport von verflüssigten Gasen bei Normaldruck und niedrigen Temperaturen, z. B. Erdgas bei etwa −160 °C.

Kryohydrat, als Kältemischung verwendetes eutekt. Gemisch (Eutektikum) von Eis und Salz, das sich bei Abkühlung der verdünnten Salzlösung am **kryohydratischen Punkt** abscheidet. Bis zum Erreichen dieses Punktes sinkt der Gefrierpunkt der Lösung unter Ausbildung von Eis- oder Salzkristallen kontinuierlich ab, bei weiterer Kühlung erstarrt das eutekt. Gemisch zu einer einheitl. Masse.

Kryokonit [zu griech. kónis ›Staub‹] *der, -s/-e,* auf Gletschern durch den Wind abgelagerter dunkelfarbiger Staub (Gesteins- oder Pflanzenreste), der infolge größerer Wärmeabsorption das Eis schmelzen lässt (**K.-Löcher**). Die z. T. bis über 60 cm tiefen K.-Löcher sind Lebensraum für Kleinlebewesen (u. a. Kieselalgen, Wimpertierchen, Rädertierchen, Bärtierchen).

Kryolakkolith, →Pingo.

Kryolith [zu griech. lithos ›Stein‹] *der, -s* und *-en/-e(n),* schneeweißes, auch rötl. bis bräunl. oder schwarzes, monoklines Mineral der chem. Zusammensetzung $Na_3[AlF_6]$; Härte nach MOHS 2,5–3, Dichte 2,95 g/cm³. Die vorherrschenden trüben Massen entstanden bei über 560 °C (Ausbildung der kub. Modifikation), die klaren Kristalle hydrothermal in Klüften bei niedrigeren Temperaturen. Der sehr leicht schmelzbare K. wird als Flussmittel bei der elektrolyt. Gewinnung von Aluminium und als Trübungsmittel bei der Herstellung von Milchglas und Email verwendet. Er wird heute meist synthetisch (aus Natrium- und Aluminiumfluorid) hergestellt.

Kryon *das, -s, Ökologie:* Bez. für Lebensgemeinschaften (Biozönosen) im Bereich von Gletschern und Gletscherabflüssen; der entsprechende Lebensraum wird als **Kryal** bezeichnet, das entsprechende Ökosystem als **Kryozön.** Man unterscheidet: **Eukryon,** die Lebensgemeinschaft auf Gletscheroberflächen und Firnschneefeldern, gekennzeichnet durch den Gletscherfloh; **Metakryon,** die Lebensgemeinschaft in Gletscherabflüssen; typ. Vertreter sind die Larven der Zuckmückengattung Diamesa; **Hypokryon,** die im mittleren und unteren Bereich der Gletscherabflüsse bestehende Biozönose, gekennzeichnet u. a. durch Larven von Zuckmücken, Kriebelmücken, Köcherfliegen, Eintagsfliegen, Steinfliegen.

Kryopumpe, eine Vakuumpumpe zur Erzeugung von Hoch- und Ultravakuum, deren Saugvermögen auf der Bindung der Gasteilchen an den tiefgekühlten Wandflächen (Kaltflächen) beruht. Die Kühlung der Wandflächen, an der Gas- und Dampfmoleküle durch Kondensation niedergeschlagen werden, erfolgt z. B. durch flüssigen Stickstoff oder durch Verdampfung von flüssigem Helium.

Kryo|skopie *die, -,* Methode zur Bestimmung der Molmasse von gelösten Stoffen. Sie beruht auf der Messung der →Gefrierpunktserniedrigung einer Lösung, die durch die Dampfdruckerniedrigung gegenüber dem reinen Lösungsmittel verursacht wird (→kolligative Eigenschaften).

Kryosphäre, analog zu Lithosphäre, Atmosphäre und Hydrosphäre geprägter Begriff für die die Erde bedeckenden Eismassen.

Kryostat [zu griech. statós ›stehend‹, ›gestellt‹] *der, -(e)s* und *-en/-e(n),* Kühlaggregat mit Regeleinrichtung zur Einhaltung möglichst konstanter niedriger Temperaturen, meist mithilfe von Kältebädern; Badflüssigkeiten sind i. d. R. verflüssigte Gase (z. B. Stickstoff, Neon, Helium).

Kryotechnik, Tieftemperaturtechnik, Anwendungsgebiet der →Tieftemperaturphysik, das sich mit den Verfahren, Geräten und Anlagen zur Erzeugung, Messung und techn. Nutzung tiefer Temperaturen bis in die unmittelbare Nähe des absoluten Nullpunktes befasst. Die Verflüssigung von Gasen (z. B. Wasserstoff, Sauerstoff, Helium) im großtechn. Maßstab ist Voraussetzung für viele industrielle Prozesse z. B. in der Lebensmittel- und pharmazeut. Industrie, in der Medizintechnik, Metallurgie und Raumfahrttechnik (Anwendung verflüssigten Wasserstoffs als Raketentreibstoff). In der Energietechnik von Bedeutung sind die Verflüssigung von Erdgas sowie der Einsatz tiefgekühlter, supraleitender Kabel (Kryokabel) zur Energieübertragung. Verflüssigte Gase dienen auch als Kühlmittel für supraleitende Magnete, die in Teilchenbeschleunigern und Kernfusionsanlagen die Erzeugung extrem starker Magnetfelder ermöglichen.

Kryotherapie, kurze örtl. Kälteanwendung, v. a. durch Eisanwendungen, zur Entzündungshemmung und Schmerzbehandlung beispielsweise bei Prellungen und Erkrankungen des rheumat. Formenkreises.

Kryoturbation [lat. turbatio ›Unruhe‹, ›Verwirrung‹], *die, -/-en,* Bodenveränderungen im Bereich des →Frostbodens, bes. in den periglazialen Gebieten. In der oberen, wasserübersättigten Bodenschicht kommt es infolge wechselnden Gefrierens und Wiederauftauens zu Bodenbewegungen, und es entstehen Würge-, Taschen- oder Brodelböden. Bei stärkerer Sortierung der Bodenbestandteile ergeben sich bestimmte Muster, sodass sich Polygonböden u. a. Formen von →Strukturböden bilden.

Kryozön [zu griech. koinós ›gemeinsam‹] *das, -s, Ökologie:* →Kryon.

krypt..., Wortbildungselement, →krypto...

Krypta [lat., von griech. kryptē ›unterird. Gang‹, ›Gewölbe‹, zu krýptein ›verbergen‹] *die, -/...ten,* unterird. Kammer, bes. Grabanlage. In frühchristl. Zeit lag das Grab der Märtyrer in den ihnen geweihten Kirchen unter dem Altar, der unten kleine Öffnungen hatte, um das Grab sichtbar zu machen. Spätestens im 8. Jh. wurde um den Altar ein unterird. Gang geführt, der, durch Treppen zugänglich, die Apsis umzog und in seiner Mitte einen Zugang zur →Confessio mit dem

Kryolith: Schematische Darstellung der Kristallform

Heiligengrab unter dem Altar hatte (**Ring-K.**). Dieser Umgang nahm bald Gräber von Bischöfen, Äbten u. a. auf, für die auch ein besonderer Anraum, die **Außen-K.**, mit Altären geschaffen wurde. Die **Stollen-K.** entstand durch ein System sich kreuzender Gänge und Grabnischen (v. a. in karoling. Zeit). Hieraus entwickelte sich die mehrschiffige **Hallen-K.**, die in roman. Zeit in den Dom- und Klosterkirchen den gesamten Raum unter dem erhöht über ihr liegenden Chor einnahm. In got. Bauten trat die K. seltener auf, nachdem schon die Hirsauer Bauschule darauf verzichtet hatte. In barocken Kirchen wurden gelegentlich K. als Fürstengruft angelegt.

Kryptanden *Pl.*, stickstoffhaltige Polyäther (Azapolyäther), deren Moleküle zwei oder mehrere Ringe bilden. K. können, wie auch die →Kronenäther, in den durch die Molekülringe gebildeten Hohlräumen Kationen (z. B. Na^+, K^+) einlagern. Daraus ergeben sich Anwendungsmöglichkeiten in der organ. Synthese und Katalyse. Die Metallionenkomplexe von K. werden als **Kryptate** bezeichnet.

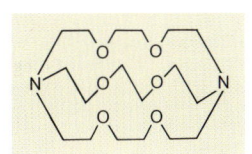

Kryptanden

Krypte [griech. *kryptē̆*, zu Krypta] *die, -/-n*, natürl. oder durch krankhafte Vorgänge entstandene Einsenkung der Oberfläche eines Gewebes (v. a. Schleimhautepithel), z. B. im Dickdarm oder in den Gaumenmandeln.

kryptisch [lat. *crypticus* ›verborgen‹], *bildungssprachlich:* unklar in Ausdrucks- und Darstellungsweise, schwer zu deuten, schwierig zu verstehen.

krypto... [griech. *kryptós* ›verborgen‹], vor Vokalen verkürzt zu **krypt...**, Wortbildungselement mit den Bedeutungen: 1) geheim, verborgen, z. B. Kryptographie, Krypta; 2) unterentwickelt, rückgebildet, z. B. Kryptorchismus.

Kryptogamen [zu griech. *gameīn* ›heiraten‹], *Sg.* **Kryptogame** *die, -,* von C. VON LINNÉ 1735 eingeführte Bez. für die blütenlosen Pflanzen (→Sporenpflanzen); Ggs.: Phanerogamen (→Samenpflanzen).

kryptogen, kryptogenetisch, von unbekanntem Ursprung (hinsichtlich Ursache, Ausgangspunkt einer Krankheit).

Kryptogramm *das, -s/-e*, in einem Text nach einem bestimmten System versteckte Buchstaben, die zusammen ein Wort oder einen Satz ergeben (z. B. den Namen des Verfassers, eine Widmung, eine Nachricht).

Kryptographie *die, -/...'phi\en*, zusammenfassende Bez. für die Methoden zur Verschlüsselung (Chiffrierung) von Information zum Zwecke der Datensicherung. (→Kryptologie)

Kryptokalvinismus, in den innerreformator. theolog. Auseinandersetzungen nach M. LUTHERS Tod von den →Gnesiolutheranern aufgebrachte inkriminierende Bez. für die von den Anhängern P. MELANCHTHONS (›Philippisten‹) vertretenen Lehrauffassungen, da in ihnen das theolog. Erbe LUTHERS angeblich verfälscht und Positionen der Theologie J. CALVINS eingenommen werden würden. V. a. in Sachsen kam es unter Kurfürst AUGUST (1553–86) sowie nach 1592 zu heftigen Verfolgungen des K. Einen Höhepunkt bildete die Hinrichtung N. CRELLS (1601).

P. SCHWARZENAU: Der Wandel im theolog. Ansatz bei Melanchthon von 1525–1535 (1956); T. KLEIN: Der Kampf um die zweite Reformation in Kursachsen 1586–1591 (1962).

Kryptokokkose [nach dem Erreger *Cryptococcus neoformans*] *die, -/-n,* zu den →Blastomykosen gehörende Pilzerkrankung.

kryptokristallin, *Petrologie:* Eigenschafts-Bez. für Mineralaggregate (Gesteine), die aus mikroskopisch feinen (kleiner als 0,01 mm) kristallinen Fasern oder Körnchen bestehen und daher völlig dicht und homogen erscheinen; Ggs.: phanerokristallin.

Kryptologie *die, -,* Wiss., deren Aufgabe die Entwicklung von Methoden zur Verschlüsselung (Chiffrierung) von Informationen (**Kryptographie**) und deren mathemat. Absicherung gegen unberechtigte Entschlüsselung (Dechiffrierung) ist (**Kryptoanalyse**). Als interdisziplinärer Zweig der Informatik weist die K. enge Beziehungen zur Mathematik, insbesondere zur →Komplexitätstheorie und →Zahlentheorie auf. Die K. entwickelt prakt. Anwendungsverfahren, so genannte **kryptographische Protokolle**, zur Lösung von Sicherheitsproblemen unterschiedl. Anwendungsfelder. Unter dem Aspekt der *Datensicherheit* sind hier die folgenden Grundprobleme zu nennen: Vertraulichkeit (Schutz der Daten vor unberechtigtem Einblick), Authentisierung und Identifikation (Schutz der Daten vor unbefugter Veränderung, eindeutige Zuordnung der Urheberschaft von Daten), Anonymität (Schutz vor dem Bekanntwerden des Absenders und Empfängers von Daten, gegenseitig oder gegenüber Dritten). Ein wirksames kryptograph. Protokoll entsteht i. d. R. aus der Kombination von verschiedenen Verschlüsselungsschritten. Chiffriermethoden dienen dazu, eine zu übertragende Nachricht (**Klartext**) so zu verschlüsseln, dass sie nur mithilfe einer entsprechenden Vorschrift (**Schlüssel**) vom Empfänger rekonstruiert werden kann. Das Verschlüsselungsverfahren (**Kryptoalgorithmus**) beruht auf einer Verschlüsselungsfunktion V, die jedem Klartext einen verschlüsselten Text (**Schlüsseltext**) zuordnet, und einer Entschlüsselungsfunktion E, die umgekehrt Schlüsseltexte in Klartext überführt. Den Funktionen V und E liegt eine Vorschrift zugrunde, wie einzelne Zeichen zu ver- und entschlüsseln sind.

In der klass. K. verwendet man, da die Klartexte meist in natürl. Sprache abgefasst sind, das Alphabet aus 26 Buchstaben ohne Unterscheidung von Groß- und Kleinschreibung, ggf. unter Einschluss der Zahlen und Sonderzeichen. Will man elektron. Dateien verschlüsseln, ist es zweckmäßig, als Alphabet die Menge der 256 Bytes von (hexadezimal) 00 bis FF zu

Krypta der Abteikirche in Saint-Denis bei Paris; 8. Jh. ff.

Wörter, die man unter K vermisst, suche man unter C, Ch, G, H oder Q

betrachten. Ist einem Zeichen je ein festes Symbol zugeordnet, spricht man von einer **monoalphabetischen Verschlüsselung,** die, sofern genügend Material zur Verfügung steht, durch Häufigkeitsbetrachtung relativ leicht zu brechen ist. Schwieriger zu analysieren ist die **polyalphabetische Verschlüsselung,** bei der einem Klartextzeichen wechselnde Schlüsseltextsymbole entsprechen, da hier statist. Erwägungen nicht zum Erfolg der Dechiffrierung beitragen. Verfahren, bei denen sich Sender und Empfänger zum Zweckc der Authentisierung und Identifikation über den zu verwendenden Schlüssel verständigen müssen, nennt man **symmetrische Schlüsselverfahren.** Da hierbei der Austausch des Schlüssels, sofern er nicht im unmittelbaren Kontakt erfolgt, wiederum ein Unsicherheitsfaktor ist, eignen sie sich am ehesten für geschlossene Benutzergruppen; bekanntestes Beispiel ist der **Data Encryption Standard** (Abk. **DES**), eine IBM-Entwicklung der 70-er Jahre, bei dem 64-Bit-Blöcke mit einem 56-Bit-Schlüssel verschlüsselt werden. Die Vorteile von DES sind seine relativ hohe Sicherheit und seine Geschwindigkeit; DES-Chips verschlüsseln etwa 500 Kbit/s. Im Vergleich erreichen RSA-Chips etwa 10 Kbit/s. Das **RSA-Verfahren** (nach R. RIVEST, A. SHAMIR und L. ADLEMAN, 1978) ist das bekannteste Beispiel eines **asymmetrischen Schlüsselverfahrens.** Diese verwenden mathematisch zusammenhängende Schlüsselpaare, bei denen ein geheimer Schlüssel unausforschbar auf einer Chipkarte gespeichert wird und ein öffentl. Schlüssel allg. verfügbar ist (so genannte **Public-Key-Kryptosysteme,** ›Systeme mit öffentl. Schlüssel‹). Der Sender chiffriert seine Nachricht mit dem öffentl. Schlüssel des Empfängers, dieser wiederum kann die Nachricht mit seinem geheimen, nur ihm bekannten Schlüssel dechiffrieren. Das RSA-Verfahren verwendet die Primfaktorzerlegung natürl. Zahlen; es ist nur so lange sicher, wie es keine wesentlich schnelleren Algorithmen zur Primfaktorzerlegung gibt als die heute bekannten. Die Dechiffrierung des RSA-Verfahrens einer 129-stelligen Zahl hat gezeigt, dass gegenwärtig 429-Bit-Zahlen (= 129 Stellen) nicht mehr sicher und angesichts der schnellen Entwicklung in der Computerindustrie Schlüssellängen von 512-1024 Bit nötig sind. Voraussetzung asymmetr. Schlüsselverfahren sind die sichere Erzeugung, eindeutige Zuordnung und vertrauenswürdige Zertifizierung der Schlüssel. Dem damit einhergehenden hohen Verwaltungsaufwand begegnet die (im Internet frei verfügbare) Verschlüsselungssoftware **PGP** (engl. pretty good privacy), bei der die Nutzer ihre eigenen öffentl. Schlüssel (aufwärts von 512 Bit Länge) untereinander austauschen und zertifizieren. Darüber hinaus tauschen sie auch alle diejenigen Schlüssel, die sie bereits von anderen Kommunikationspartnern erhalten und zertifiziert haben. Jeder Nutzer entscheidet dann selbst, ob er den Zertifikaten eines anderen traut.

Rechtliche Aspekte: Verschlüsselungsverfahren unterliegen in Dtl. im Ggs. zu anderen europ. Ländern (z.B. Frankreich) keinerlei Verboten oder Beschränkungen. Dem grundgesetzlich verankerten Recht auf Wahrung des Fernmeldegeheimnisses, z.B. durch Verschlüsselung der eigenen Kommunikation, steht allerdings die Ermächtigung der Sicherheitsbehörden zur Überwachung und Aufzeichnung von Kommunikationsvorgängen unter bestimmten Voraussetzungen entgegen, die auch das Entschlüsseln von Nachrichten umfasst. Dadurch wurde eine breite Diskussion entfacht, ob Kryptoverfahren zur Verschlüsselung von Kommunikationsvorgängen gesetzlich verboten oder nur mit Lizenz zugelassen werden sollten. Unter den Begriffen ›key escrowing‹ und ›key recovery‹ werden Lösungen erwogen, die auf der sicheren Hinterlegung von Schlüsselduplikaten beruhen, auf die die Sicherheitsbehörden ggf. zugreifen können. In den USA wurde der so genannte ›Clipper-Chip‹ entwickelt, bei dem die verwendeten Schlüssel treuhänderisch von staatl. Stellen verwaltet werden und die Sicherheitsbehörden bei Vorliegen eines richterl. Beschlusses den Schlüssel zum Dechiffrieren der Nachricht von den Treuhändern erhalten können.

In Dtl. wird mit dem Ges. zur digitalen Signatur (Signatur-Ges.) vom 22. 7. 1997 erstmals versucht, die rechtl. Rahmenbedingungen eines sicheren elektron. Geschäftsverkehrs festzuschreiben. Das Gesetz stellt die Erzeugung und Zertifizierung von Schlüsselpaaren frei, im Sinne des Gesetzes als sicher gelten allerdings nur solche Verfahren, bei denen ein öffentl. Prüfschlüssel von einer lizenzierten Zertifizierungsstelle zertifiziert wurde. Durch die Möglichkeit, Schlüssel auch für ein Pseudonym zertifizieren zu lassen, wird den Bedürfnissen des Datenschutzes und der Anonymität der Nutzer Rechnung getragen; die Zertifizierungsstelle ist allerdings gegenüber den Sicherheitsbehörden auskunftspflichtig bezüglich der hinter dem Pseudonym verborgenen Identität. Auf Ebene der EU konnten bis Anfang 1997 noch keine einheitl. Regelungen erzielt werden, die nat. Vorschriften des dt. Signatur-Ges. gelten aber als Vorbild für eine angestrebte europaweite Regelung.

Geschichte: Bereits in der Antike (u. a. bei den Spartanern) wurden Nachrichten verschlüsselt. Hierzu verwendete man einen Papyrusstreifen, der um einen Stock gewickelt wurde. Die Nachricht wurde nun von oben nach unten aufgeschrieben. Der abgewickelte Streifen ließ dann die verschlüsselte Nachricht nicht mehr erkennen. Auch die **Steganographie,** das Unsichtbarmachen von Schrift durch chem. Behandlung, war bekannt. CAESAR verwendete bereits die monoalphabet. Verschiebechiffrierung. Als eigentl. Begründer der K. gilt L. B. ALBERTI, der 1466 erstmals polyalphabet. Schlüssel beschrieb. Parallel zur Weiterentwicklung der K. gab es auch Fortschritte in der Brechung von Schlüsseln. Um 1400 gelang es den Arabern, Substitutionen zu brechen. G. B. DELLA PORTA löste erstmals einen polyalphabet. Schlüssel. Wichtige Beiträge zur K. lieferten im 19. Jh. u. a. Sir C. WHEATSTONE, FRANCIS BEAUFORT (*1774, †1857) und FRIEDRICH KASISKI (*1805, †1881). Die Entschlüsselung des von den Deutschen im Zweiten Weltkrieg verwendeten Schlüssels ENIGMA durch eine Gruppe alliierter Kryptographen (u.a. A. M. TURING) hatte einen nicht unerhebl. Einfluss auf den Kriegsverlauf. Wesentl. Veränderungen für die K. brachte das Aufkommen des Computers mit sich. Unter dem Aspekt des Datenschutzes hat das Interesse an der K. erheblich zugenommen. Andererseits bietet der Computer durch die Möglichkeit, große Datenmengen schnell analysieren zu können, auch neue Ansätze zum Brechen von Schlüsseln.

P. HORSTER: K. (1985, Nachdr. 1987); K. POMMERENING: Datenschutz u. Datensicherheit (1991); A. BEUTELSPACHER: K. Eine Einf. in die Wiss. vom Verschlüsseln, Verbergen u. Verheimlichen (^{5}1996).

Kryptomelan [zu griech. mélas ›schwarz‹] *der, -s/-e,* zu den Manganomelanen zählendes, tetragonales oder monoklines Mineral der chem. Zusammensetzung $K_2(Mn^{4+}, Mn^{2+})_8O_{16}$; Dichte 4,3 g/cm³. Wichtiges Manganerz. Beim grauschwarzen, meist in traubigen und strahligen Aggregaten vorkommenden **Hollandit** (Dichte 4,95 g/cm³) ist Kalium durch Barium, beim traubig-kugeligen, z. T. grobstrahligen **Coronadit** (Dichte 5,44 g/cm³) durch Blei ersetzt.

kryptomer [zu griech. méros ›Teil‹], mit bloßem Auge nicht erkennbar (gesagt von Bestandteilen eines Gesteins).

Krypton [engl., zu griech. kryptós ›verborgen‹] *das, -s,* chem. Symbol **Kr,** ein →chemisches Element aus der Gruppe der →Edelgase. K. ist ein farb- und geruchloses Gas, das mit $1{,}0 \cdot 10^{-4}$ Vol.-% in der Luft enthalten ist und durch fraktionierende Destillation von verflüssigter Luft gewonnen wird. Verwendung findet K. zur Füllung von Glühlampen (K.-Lampen) sowie Halogenlampen und Niederdruck-Quecksilberdampflampen. Chemisch ist K. wie alle Edelgase sehr reaktionsträge, jedoch sind einige Verbindungen mit Fluor bekannt. Durch Einwirkung elektr. Entladungen auf ein Gemisch von K. und Fluor entsteht das **K.-Difluorid**, KrF_2, eine unterhalb $-78\,°C$ beständige kristalline Substanz, die im chem. Labor als starkes Oxidationsmittel verwendet wird. Das instabile **K.-Monofluorid**, KrF, findet Anwendung in Lasern. – K. wurde 1898 von W. RAMSAY und seinem Mitarbeiter MORRIS WILLIAM TRAVERS (* 1872, † 1961) entdeckt.

Krypton		
chem. Symbol:	Ordnungszahl	36
	relative Atommasse	83,80
Kr	Häufigkeit in der Erdrinde	$1{,}9 \cdot 10^{-8}$ %
	natürliche Isotope (stabil)	^{78}Kr, ^{80}Kr, ^{82}Kr, ^{84}Kr, ^{86}Kr
	relative Häufigkeit	0,35 %, 2,25 %, 11,6 %, 11,5 %, 57 %, 17,3 %
	bekannte Isotope	^{71}Kr bis ^{97}Kr
	Dichte (bei 0 °C)	3,733 kg/m³
	Schmelzpunkt	$-157{,}36\,°C$
	Siedepunkt	$-153{,}22 \pm 0{,}1\,°C$
	kritische Temperatur	$-63{,}75\,°C$
	kritischer Druck	55 bar
	spezifische Wärmekapazität (bei 25 °C)	0,248 J/(g · K)

Kryptonlampe, zu den Allgebrauchslampen zählende, das Edelgas Krypton enthaltende →Glühlampe.

Kryptophthalmus [zu griech. ophthalmós ›Auge‹] *der, -/...mi,* angeborene Fehlbildung mit unvollständiger Entwicklung des Augapfels und Verwachsung der Augenlider.

Kryptorchismus [zu griech. órchis ›Hoden‹] *der, -/...men,* Entwicklungsstörung mit Zurückbleiben der Hoden in der Bauchhöhle (→Leistenhoden).

Kryptospermie [zu griech. spérma ›Samen‹, ›Keim‹] *die, -/...'mien,* Verminderung der Samenfäden (Spermien) in der Samenflüssigkeit (Ejakulat) auf weniger als 1 Mio./ml, sodass eine diagnost. Feststellung nur noch durch Zentrifugieren möglich ist. Ursachen: Schädigungen des Bildungsgewebes (Hodentubuli), Verengungen der ableitenden Samenwege.

Kryptoxanthin [zu griech. xanthós ›gelb‹] *das, -s,* in gelbem Mais, Eidotter, Papayafrüchten, Sanddornbeeren u. a. vorkommender gelbroter Naturfarbstoff aus der Gruppe der Carotinoide, chemisch ein Hydroxyderivat des β-Carotins. K. ist als Lebensmittelfarbstoff zugelassen; wirkt als Provitamin A.

Kryptozoikum [zu griech. zōon ›Lebewesen‹, ›Tier‹] *das, -s,* Bez. für das Präkambrium als die Zeit der Erdgeschichte, aus der nur wenige oder keine Spuren des tier. Lebens überliefert sind, manchmal unter Ausschluss des jüngsten Präkambriums (Ediacara-Fauna). →Geologie, ÜBERSICHT.

Krytsisch, →kaukasische Sprachen.

Krzeszów [ˈkʃɛʃuf], Stadt in Polen, →Grüssau.

Krzyż [kʃiʃ], Stadt in Polen, →Kreuz.

KS, 1) Nationalitätszeichen für Kirgistan.
2) Abk. für den Bundesstaat **K**ansas, USA.

KSA, Nationalitätszeichen für Saudi-Arabien.

Ksar *das, -(s)/Ksur,* mauerbewehrter Siedlungstyp der Berber, von rechteckiger Form mit mehr oder weniger rechtwinkligem Straßensystem und großem, oft verziertem Eingangstor mit flankierenden Ecktürmen. Die Form ist bedingt durch das ›Stammesdemokratie‹ der Zenata-Berber: nur die ›freien Männer‹ (Imazighen) besitzen 2- bis 3-stöckige, ornamentierte Wohnhäuser, manchmal mit Ecktürmen. Im Ggs. zur Kasba (Feudalsitz einer Großfamilie) ist das K. Wohnsitz für 20 bis 100 Familien und liegt oft innerhalb des Kulturlandes; große K. haben im Innern Vorratsspeicher und bewässerte Blockfelder. Verbreitung: gesamte nördl. Sahara, bes. in den Oasen des Tafilalet, in den Tälern von Todgha und Ziz (SO-Marokko) sowie im Gebiet des Djebel Nefusa (NW-Libyen; dort auch ›Gasru‹ oder ›Kasru‹ gen.). I. w. S. wird der Begriff K., meist in Ortsnamen, auch in der Bedeutung ›(befestigte) Stadt, Ort‹ gebraucht.

Ksara, Kloster südlich von Zahle (Libanon) am Westrand der Beka, ist Zentrum des libanes. Weinbaus und hat ein meteorolog. Observatorium.

Ksar el-Kebir, span. **Alcazarquivir** [alkaθarkiˈβir], Stadt in N-Marokko, in der fruchtbaren Ebene am Oued Loukos, 25 m ü. M., 73 500 Ew.; Markt-, Handels- und Kunstgewerbezentrum an Eisenbahnlinie und Straße Tanger–Rabat. – In der maur. Medina (mit Ziegelsteinbauten) u. a. die Große Moschee (12. Jh.), Minarett mit Zwillingsfenstern), Moschee Sidi Mohammed esch-Scherif (Achteckminarett), Moschee Sidi el-Hadj Zmiri (Monumentalportal aus dem 15. Jh.), Moschee Sidi Bel Arbi (Sechseckminarett), Meriniden-Medrese (14. Jh.), das Heiligtum der Lalla Fatma el-Andalusia (16. Jh.), Zawijas, Marabuts, alte Funduks (z. T. aus dem 14. Jh.) und mehrere Suks. – K. el-K. wurde im frühen 11. Jh. an der Stelle der ehemaligen röm. Kolonie **Oppidum Novum** neu gegründet, im 12. Jh. von den Almohaden erweitert und mit hohen Mauern umgeben; Blütezeit unter den Meriniden (13. bis 14. Jh.). 1578 wurden hier die Portugiesen unter König SEBASTIAN und dem verbündeten abgesetzten Sultan MUTAWAKKIL von Sultan ABD EL-MALIK I. in der ›Dreikönigsschlacht‹ völlig aufgerieben (von 18 000 Kriegern kehrten nur 60 zurück, SEBASTIAN fiel); als Folge kam das geschwächte Portugal 1580–1640 unter span. Oberherrschaft. 1912–56 war die Stadt in span. Besitz.

Ksar es-Souk [-suk], Stadt in Marokko, →Errachidia.

Ksar Lemsa, Ort in Tunesien, etwa 65 km nordwestlich von Kairouan, am O-Hang des Djebel Bargou. – Auf dem Ruinenfeld des antiken **Limisa** steht die besterhaltene byzantin. Burg des Landes, zw. 560 und 600 in Großquaderwerk erbaut, mit quadrat. Ecktürmen und 10 m hohen Mauern mit Zinnenkranz.

K-Schale, *Atomphysik:* diejenige Energieschale der Elektronenhülle eines →Atoms, in der die Elektronen den kleinsten mittleren Abstand vom Kern haben und sich im Zustand niedrigster Energie befinden. Die K-S. hat die Hauptquantenzahl $n = 1$; sie kann höchstens zwei Elektronen enthalten.

Kschessinskaja, Kschesinska, Mathilda-Maria Feliksowna, russ. Tänzerin und Tanzpädagogin, * Ligowo (bei Sankt Petersburg) 31. 8. 1872, † Paris 6. 12. 1971; wurde 1895 Primaballerina assoluta des Petersburger Balletts, kreierte Hauptrollen in Choreographien von M. PETIPA. Sie emigrierte 1917 und leitete seit 1929 eine Ballettschule in Paris.

Ksentina, arab. Name der alger. Stadt →Constantine.

KSE-Vertrag, der 1990 geschlossene Vertrag über konventionelle Streitkräfte in Europa (→VKSE).

K. Sh., Abk. für Kenia-Schilling (engl. **K**enya **Sh**illing), die Währungseinheit Kenias.

KSK, Abk. für **K**ommando **S**pezial**k**räfte.

K-Sterne, Sterne der →Spektralklasse K.

Ksyl-Orda, Kzyl-Orda [kz-], **Qzylorda,** vor 1853 **Ak-Metschet,** 1853–1925 **Perowsk,** Gebietshauptstadt in Kasachstan, am Unterlauf des Syrdarja, 158 200 Ew.; PH; Zellstoff- (Schilfverarbeitung), Nahrungsmittelindustrie, Schuhfabrik.

Wörter, die man unter K vermisst, suche man unter C, Ch, G, H oder Q

KSZE, Abk. für →Konferenz über Sicherheit und Zusammenarbeit in Europa.

kt, Einheitenzeichen für Kilotonne, v.a. als Maßeinheit der Sprengkraft von →Kernwaffen.

K. T. [kei'ti:], engl. Abk. für Knight of the Order of the Thistle, Ritter des →Distelordens.

KTB, Abk. für →kontinentales Tiefbohrprogramm.

Ktesias, griech. **Ktesías,** griech. Geschichtsschreiber des 5./4. Jh. v. Chr.; aus Knidos, lebte seit 405 als Leibarzt am Hof des Perserkönigs ARTAXERXES II., der ihn auch zu diplomat. Diensten heranzog. Später schrieb er in Knidos 23 Bücher ›Persika‹, eine in Bruchstücken erhaltene Geschichte des assyr. und pers. Reiches bis zum Jahr 398 v. Chr. mit stark romanhaftem Charakter.

Ausgabe: K. von Knidos, in: Die Fragmente der griech. Historiker, hg. v. F. JACOBY, Tl. 3 C, Bd. 1, Nr. 688 (1958, Nachdr. 1968).

F. W. KÖNIG: Die Persika des K. von Knidos (Graz 1972).

Ktesíbios, K. von Alexándria, griech. Naturforscher und Ingenieur der ersten Hälfte des 3. Jh. v. Chr.; wirkte unter PTOLEMAIOS II. in Alexandria. K. erfand Druckluftpumpe, Feuerspritze, Wasserorgel (Hydraulis), Bogengeschütze (mit komprimierter Luft: ›Aerotonon‹; mit Bronzefedern statt der üblichen Sehnenstränge: ›Chalkotonon‹), Zahnstange und Hodometer. Seine Erfindungen beruhen größtenteils auf seiner Entdeckung der Arbeitsfähigkeit komprimierter oder verdünnter Luft (Luftdruck). K. verbesserte die Wasseruhr (→Klepshydra).

Ktesiphon, griech. **Ktesiphōn,** antike Stadt am linken Tigrisufer gegenüber dem alten Seleukeia, 32 km südöstlich von Bagdad, Irak; heute Ruinenstätte. K. war seit 129 v. Chr. Hauptresidenz des Partherreiches, wurde 116 n. Chr. von TRAJAN eingenommen und wechselte danach mehrfach die Herrschaft. Als Hauptstadt des Sassanidenreiches 637 von den Arabern erobert, verfiel K. nach der Gründung Bagdads (762) allmählich. – Ausgrabungen legten K., eine Stadt mit rundem Grundriss, frei. Außerhalb lag der Königspalast Taq-e Kisra, von dem ein Teil der W-Fassade erhalten blieb; sie wird beherrscht von einem vor dem nicht erhaltenen Thronsaal gelegenen gewaltigen Iwan, dessen Tonnengewölbe (30 m Höhe, 25 m Breite, 43 m Tiefe) das größte des Altertums darstellt. Die Datierung ist umstritten (zweite Hälfte des 3. oder 5./6. Jh. n. Chr.); die Gliederung der Fassade (Blendarkaden in vier Horizontalzonen) folgt parth.

Ktesiphon: Teil der Westfassade des Königspalastes Taq-e Kisra

Kuala Lumpur
Hauptstadt Malaysias
·
Bundesterritorium
·
auf der Malaiischen Halbinsel
·
1,23 Mio. Ew.
·
überwiegend chinesische Bevölkerung
·
Universität und TU
·
internationaler Flughafen
·
Nationalmoschee
·
1857 gegründet

Kuala Lumpur: Die Anlagen des Selangor Club, in der Bildmitte das im maurischen Stil errichtete Sultan Abdul Samad Building (jetzt Hauptpost), dahinter moderne Bauten, darunter die Maybank

Traditionen (Palast von Assur), Bauherr war wahrscheinlich der Sassanide SCHAPUR I. (die Überlieferung nennt jedoch den sassanid. König CHOSRAU II. PARVIS). Der Palastteil lag an der W-Seite eines großen Hofes; Reste eines ähnl. Baus fand man an der O-Seite. Bei den Ausgrabungen wurden weitere Palastanlagen und reich mit Stuckplatten dekorierte Villen des Hofstaates freigelegt.

M. STRECK: Seleucia u. K. (1917); R. GHIRSHMAN: Iran. Parther u. Sasaniden (1962).

Kuala Dungun, Hafenort im Gliedstaat →Terengganu, W-Malaysia.

Kuala Kangsar, Sultanssitz und ehem. Hauptstadt des Gliedstaates Perak, W-Malaysia, 14 500 Ew.; Zentrum eines Reis- und Kautschukanbaugebietes. – Sultanspalast über dem Fluss Perak, Ubudiah-Moschee.

Kuala Lumpur, Hauptstadt von Malaysia und Bundesterritorium (durch Eingemeindungen auf 243 km² erweitert), an der Mündung des Gombak in den Kelang, (1993) 1,23 Mio. Ew. (über 50% Chinesen, 30% Malaien, zahlr. Inder sowie Europäer); Sitz eines kath. Erzbischofs und eines anglikan. Bischofs; Univ. (gegr. 1962), TU (gegr. 1972), Sprachenschule, Lehrerseminare, medizin., landwirtschaftl. Forschungsinstitut, Kautschukforschungsinstitut, Goethe-Institut, Rundfunk- und Fernsehsender, Nationalbibliothek, -archiv und -museum, Kunstgalerie; zoolog. Garten; zahlr. Banken und Versicherungen. Die Industrie ist auf die Vororte konzentriert: Automobilmontage, Metallindustrie, Zementfabrik, chem. (u. a. Düngemittel), Zigaretten-, Nahrungsmittel- und Getränkeindustrie, Eisenbahnwerkstätten. Durch teilweise planmäßig angelegte Industriestandorte und Wohnsiedlungen ist K. L. mit Port Kelang zu einem Wirtschaftsraum zusammengewachsen, zu dem u. a. Petaling Jaya, Batu Tiga und Kelang gehören. Verkehrsknotenpunkt; internat. Flughafen Subang. – Das Bild des nach der Zerstörung durch Brand (1881) erneuerten Stadtzentrums bestimmen ältere, viktorianisch geprägte (Selangor Club, 1910) sowie in maur. Stil (Town

Hall, 1896) errichtete Bauten. Südöstlich des Central Market liegt die chin. Altstadt mit einer ind. Enklave, hier haben sich zahlr. Tempelanlagen erhalten. Westlich des im maur. Stil erbauten Hauptbahnhofs (1911) befinden sich das National Museum of Art und das National Museum (1963), das alte malaiische Stilformen zeigt. Hinter diesem Museum öffnet sich die Parkanlage ›Lake Gardens‹ mit einem Kulturzentrum (1986) und dem National Monument, das an den Ausnahmezustand 1948–60 erinnert; am nördl. Ausgang des Parks liegt das Parlamentsgebäude (1963). Einen städtebaul. Akzent setzt die Nationalmoschee (Masjid Negara, 1965) mit weiträumigen Wandelhallen, Bibliothek und Verwaltungsgebäuden. Bauten der zeitgenöss. Architektur sind der Dayabumi Complex (1984), das Putra World Trade Centre (1985), Pilgrimage Board Building (1986), das Gebäude der Maybank (1987) sowie die Zwillingstürme des staatl. Mineralölkonzerns Petronas (›Petronas Twin Towers‹ von CESAR PELLI, 1996) mit 451,9 m das derzeit höchste Bürogebäude der Welt. – K. L., 1857 durch chin. Zinnminenarbeiter gegründet, wurde 1880 Hauptstadt von Selangor (bis 1974), 1895 der Federated Malay States, 1946 der Malaiischen Union, 1948 des Malaiischen Bundes, 1963 des Staates Malaysia (→Malaiische Halbinsel, Geschichte); seit 1974 ist K. L. Bundesterritorium.

Kuala Terengganu, Hauptstadt des Gliedstaates (Sultanat) Terengganu, W-Malaysia, an der O-Küste der Malaiischen Halbinsel, 228 700 Ew.; Lehrerseminar; Erdölraffinerie, Bootsbau, Handweberei, Herstellung von Messingarbeiten; Hafen, Flugplatz.

Kuango *der*, Fluss in Afrika, →Kwango.

Kuangtschouwan, →Zhanjiang.

Kuan-hsiu, chin. Mönch und Dichter, →Guanxiu.

Kuantan, Hauptstadt des Gliedstaates (Sultanat) Pahang, W-Malaysia, an der O-Küste der Malaiischen Halbinsel, 198 400 Ew.; Fischerei; Überseehafen bei Tanjong Gelong (1977 fertig gestellt); Flugplatz.

Kuan-ti, chin. Gott, →Guandi.

Kuan-yin, *chin. Buddhismus:* eine besondere Ausprägung des Bodhisattwa Avalohiteshvara, →Guanyin.

kub$, Abk. für den Kuban. Peso.

Kuba, Bakuba, Bantuvolk im SW der Demokrat. Rep. Kongo, zw. Kasai-Lulua und Sankuru. Die etwa 75 000 K. treiben Feldbau auf Rodungsinseln (Maniok, Mais, Hirse, Bohnen), daneben Fischerei und Jagd; sie wohnen in rechteckigen Giebeldachhäusern, ihr Verwandtschaftssystem ist matrilineal.

Die K. gelten als geschickte Handwerker und Künstler. Seit etwa 1600 war es Brauch, von jedem lebenden Souverän ein Ebenbild aus Holz zu schaffen. Von etwa einem Viertel der 122 namentlich bekannten K.-Könige sind Statuen erhalten (alle im ›Schneidersitz‹). Die Masken der K. sind von starker Ausdruckskraft. Die ›Mboom‹-Maske, meist mit Blech beschlagen, ist mit Kaurischnecken verziert, hat oft eine ›Schädeldecke‹ aus Wildkatzen- oder Affenfell. Die strengeren ›Bombo‹- und ›Shene Melula‹-Masken sind in Streifen- oder Dreiecksmustern ornamentiert. Die ›Mashamboy‹-Masken aus Rohr, Fell und Raphiastoff, reich mit Perlen und Kaurischnecken besetzt, mit Mündern, Nasen und Ohren aus Holz, sind der Herrscherschicht der K., den **Bushongo,** vorbehalten und sollen Krankheitsgeister darstellen.

Seit dem 16. Jh. ist ein eigener Staat der K. zw. dem unteren Sankuru und dem Kasai (KARTE →Afrika, Alte Reiche), das Königreich Bushongo, nachweisbar, das unter SCHAMBA BOLONGONGO (1600–20) eine v. a. kulturelle Blüte erlebte. 1904 wurde es durch den Kongostaat des belg. Königs LEOPOLD II. erobert.

J. VANSINA: Kingdoms of the Savanna (Neuausg. London 1975); F. NEYT: Arts traditonnels et histoire au Zaire (Brüssel 1981).

Kuba

Fläche 110 860 km²
Einwohner (1995) 11,07 Mio.
Hauptstadt Havanna
Amtssprache Spanisch
Nationalfeiertage 1. 1., 26. 7. und 10. 10.
Währung 1 Kubanischer Peso (kub$) = 100 Centavos (¢)
Uhrzeit 6⁰⁰ Havanna = 12⁰⁰ MEZ

Kuba, amtlich spanisch **República de Cuba,** Staat im Bereich der Westind. Inseln, zw. dem Atlantik, der Floridastraße, dem Golf von Mexiko und dem Karib. Meer, umfasst außer der gleichnamigen Hauptinsel (105 007 km²) die Isla de la Juventud (früher Isla de Pinos; 2 200 km²) und zahlr. kleine Inseln und Korallenriffe vor der N- und S-Küste, 110 860 km², (1995) 11,07 Mio. Ew.; Hauptstadt ist Havanna, Amtssprache Spanisch. Währung: 1 Kuban. Peso (kub$) = 100 Centavos (¢). Zeitzone: Eastern Standard Time (6⁰⁰ Havanna = 12⁰⁰ MEZ).

STAAT · RECHT

Verfassung: Nach der am 24. 2. 1976 in Kraft getretenen Verf. (mit Änderungen von 1992) ist K. eine sozialist. Rep. mit Einparteiensystem. Staatsoberhaupt, Reg.-Chef und Vors. des Nat. Verteidigungsrates ist der mit weitgehenden Machtbefugnissen ausgestattete Vors. des Staatsrates. Er kann im Falle ›innerer Unruhen‹ den Ausnahmezustand verhängen und in der Verf. fixierte Grundrechte suspendieren. Die Legislative liegt bei der Nationalversammlung (589 Abg., auf 5 Jahre direkt gewählt). Das aktive Wahlrecht beginnt mit 16 Jahren, das passive mit 18 Jahren. Das Parlament wählt aus seiner Mitte den Staatsrat (31 Mitgl.) als oberstes repräsentatives Staatsorgan. Der Staatsrat nimmt zw. den Parlamentssitzungen auch gesetzgeber. Funktionen wahr. Höchstes Exekutiv- und Verwaltungsorgan ist der Ministerrat, dessen Mitgl. auf Vorschlag des Staatsoberhauptes von der Nationalversammlung ernannt werden.

Parteien: Der Partido Comunista de Cuba (PCC; 1961 hervorgegangen aus dem Zusammenschluss von Partido Socialista Popular, Movimiento 26 de Julio und Directorio Revolucionario 13 de Marzo; seit 1965 heutige Bez.) ist als einzige zugelassene Partei die führende Kraft in Staat und Gesellschaft. Ihr oberstes Gremium ist der Parteikongress, der die 225 Mitgl. des Zentralkomitees (ZK) zur Überwachung der Parteiarbeit wählt; die Politik der Partei wird vom Politbüro (24 vom ZK ernannte Mitgl.) gelenkt.

Gewerkschaften: Dachverband von 17 Einzelgewerkschaften mit rd. 3,1 Mio. Mitgl. ist die Confederación de Trabajadores de Cubanos (CTC).

Wappen: Das Wappen zeigt im Schildhaupt die über dem Meer aufgehende Sonne sowie zw. zwei Landspitzen einen goldenen Schlüssel, der auf die strateg. Bedeutung des Landes (Zugang zum Golf von Mexiko) hinweist. Die unter dem Schildhaupt liegenden Wappenfelder zeigen heraldisch rechts (bei der Draufsicht links) die drei blauen und zwei weißen Streifen der Nationalflagge, heraldisch links eine Palme auf grüner Ebene. Der Wappenschild ruht auf einem pfahlweise angeordneten Liktorenbündel (Symbol der Macht), gekrönt von einer roten Jakobinermütze (Zeichen der Freiheit) mit Stern, umgeben ist er von einem Kranz aus Eichen- und Kaffeezweigen.

Nationalfeiertag: Nationalfeiertage sind der 1. 1. (Tag der Befreiung 1959), der 26. 7. (Aufstandsver-

Kuba

Staatswappen

Staatsflagge

C

Internationales Kfz-Kennzeichen

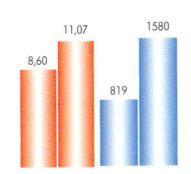

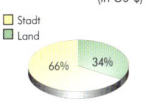

11,07
8,60
1970 1995
Bevölkerung (in Mio.)

1580
819
1970 1991
Bruttosozialprodukt je Ew. (in US-$)

□ Stadt
□ Land
66% 34%
Bevölkerungsverteilung 1994

□ Industrie
□ Landwirtschaft
□ Dienstleistung
46% 42%
12%
Bruttoinlandsprodukt 1989

Wörter, die man unter K vermisst, suche man unter C, Ch, G, H oder Q

Kuba Kuba

Kuba: Kalksteinhügel (Mogotes) des tropischen Kegelkarsts im Tal von Viñales

such von 1953) und der 10. 10. (Proklamation der Unabhängigkeit 1868).

Verwaltung: K. ist in 14 Prov., ein Sonderverwaltungsgebiet (Isla de la Juventud) und 169 Stadtgebiete (Municipios) untergliedert. Seit der Verf.-Änderung von 1992 werden die Abg. der Prov.-Parlamente in direkter und geheimer Wahl bestimmt.

Recht: Der Oberste Volksgerichtshof steht an der Spitze des Rechtssystems. Seine von der Nationalversammlung bestimmten Richter sind unabhängig, haben Gesetzesinitiative und müssen einmal jährlich der Nationalversammlung Rechenschaft ablegen. Dem Obersten Volksgerichtshof unterstehen die Gerichte zum Straf-, Zivil-, Verwaltungs- und Arbeitsrecht sowie zur Staatssicherheit und das Militärgericht. Der Generalstaatsanwalt ist der Nationalversammlung und dem Staatsrat verantwortlich. Die untersten Gerichtsinstanzen sind mit Laien besetzt und entscheiden lokale Bagatellfälle. Es gibt sieben Provinzberufungsgerichte.

Streitkräfte: Die Gesamtstärke der Wehrpflichtarmee (Dienstzeit drei Jahre) beträgt 181 000 Mann, im Kriegsfall steht zusätzlich etwa die gleiche Anzahl an ausgebildeten Reservisten zur Verfügung. An paramilitär. Kräften verfügt K. über rd. 1,8 Mio. Mann, davon 1,7 Mio. Angehörige der ›Territorialmiliz‹. Das Heer umfasst 145 000 Soldaten, gegliedert ist es im Wesentlichen in fünf Panzer-, sieben mechanisierte und 15 Infanteriedivisionen, die z. T. im Frieden nur Regimentsstärke besitzen. Die Luftwaffe hat 22 000, die Marine 14 000 Mann. Die Ausrüstung – ausschließlich sowjet. Herkunft – besteht u. a. aus 1 400 Kampfpanzern (überwiegend ältere Typen T-54/-55), 150 Kampfflugzeugen (sowjet. MiG-Typen), drei Fregatten, zwei Korvetten, drei U-Booten und 26 Kleinen Kampfschiffen. Der Küstenschutz verfügt u. a. über 25 Wachfahrzeuge. Die USA unterhalten eine 2 550 Mann umfassende Marinebasis in Guantánamo.

LANDESNATUR · BEVÖLKERUNG

Die 1 200 km lange und 35–200 km breite Hauptinsel ist die größte Insel der Großen Antillen und wird überwiegend von aus Kalksteinen aufgebautem Tiefland eingenommen, das kreidezeitl. Vulkangestein aufliegt. Die Küsten sind von zahlr. Buchten (Bolsahäfen) durchbrochen, wobei die N-Küste etwas steiler ist als die stark versumpfte S-Küste. Nur an drei Stellen besitzt K. Gebirgscharakter: Sierra Maestra (bis 1 972 m ü. M.), Sierra Nipe und Sierra de Baracoa im SO, Sierra del Escambray (bis 1 156 m ü. M.) im S der Inselmitte und Cordillera de Guaniguanico (bis 728 m ü. M.) im W. Die Cordillera de Guaniguanico ist in die durch ihren Kegelkarst bekannte Sierra de los Órganos (im W) und die Sierra del Rosario (im O) gegliedert. Im geolog. Aufbau sind jurassische, kreidezeitl. und tertiäre Sedimente (meist Kalkstein) alten Vulkaniten und einem fast die ganze Insel durchziehenden Serpentinitzug (Erzvorkommen) aufgelagert, z. T. aber wieder abgetragen. Längster Fluss ist der Río Cauto (370 km lang), der, von der Sierra Maestra kommend, bei Manzanillo in die Bucht von Guacanayabo mündet.

Klima: K. hat wechselfeuchtes randtrop. Klima. Einem relativ trockenen Winter steht ein niederschlagsreicher Sommer (NO-Passat). Das Tiefland erhält 1 000–1 500 mm Jahresniederschlag bei 7–9 humiden Monaten; nur die Gebirge sind dauernd feucht. Die Monatstemperaturen bewegen sich zw. 20°C und 28°C. Die Insel liegt im Bereich der Zugbahnen der Hurrikane.

Vegetation: Das ursprüngliche Pflanzenkleid des Tieflandes (regengrüne, von Savannen durchsetzte Feuchtwälder, z. T. auch Eichen-Kiefern-Wälder) ist weitgehend zerstört. Die Gebirge tragen regengrünen Feuchtwald, der auf der Luvseite in immergrünen Regenwald und Bergwald übergeht.

Bevölkerung: Die Bev. ist von 1841 bis 1995 von 1 Mio. auf 11,07 Mio. Ew. angewachsen. 37% sind Weiße, meist span. Abstammung, die Schwarzen (11%) sind Nachkommen afrikan. Sklaven (bis Ende des 18. Jh. fast 100 000, im 19. Jh. über 600 000). Nach dem Verbot des Sklavenhandels durch die span. Reg. (1845; de facto erst 1886 beendet) wurden chin. Arbeitskräfte angeworben (um 1880 lebten in K. etwa 45 000 Chinesen; heute 0,5%). 51% der Bev. bezeichnen sich als Mischlinge. Infolge der Ausweitung des Zuckerrohranbaus stieg der Anteil der Schwarzen bis um 1840 auf fast 60% der Bev. Nach Aufhebung der Sklaverei kamen wieder zahlr. Spanier ins Land (1900–30: 700 000) und stellten somit trotz der Einwanderung von 300 000 Schwarzen aus Haiti und Jamaika wieder das Übergewicht der weißen Bev. her. Nach 1959 verließen 500 000 bis 1 Mio. Menschen, v. a. Angehörige der früher herrschenden Schicht, das Land und ließen sich in den USA, bes. in und um Miami, nieder; heute leben hier über 1 Mio. Kubaner. Nachdem vom 1. 12. 1965 bis 1. 9. 1971 legal rd. 250 000 Ew. ausgereist waren, konnten 1980 wiederum 147 000 Kubaner auswandern, 1981–85 weitere 63 000. Eine Welle von 30 000 Bootsflüchtlingen führte 1994 zu einem Auswanderungsabkommen mit den USA. 1990 lebten 73% der Bev. K.s in Städten, allein über 20% in Havanna. Durch Verbesserung der Wohn- und Infrastruktur im ländl. Raum und der klei-

Klimadaten von Havanna (25 m ü. M.)

Monat	Mittleres tägl. Temperaturmaximum in °C	Mittlere Niederschlagsmenge in mm	Mittlere Anzahl der Tage mit Niederschlag	Mittlere tägl. Sonnenscheindauer in Stunden	Relative Luftfeuchtigkeit nachmittags in %
I	26	71	6	5,5	64
II	26	46	4	6,2	61
III	27	46	4	6,6	58
IV	29	58	4	6,9	58
V	30	119	7	7,5	62
VI	31	165	10	6,1	65
VII	31,5	125	9	6,1	62
VIII	31,5	135	10	5,9	64
IX	31	150	11	4,9	66
X	29,5	173	11	4,6	68
XI	27	79	7	5,1	65
XII	26	58	6	4,8	64
I–XII	28,8	1225	89	5,9	63

Kuba

Größte Städte (Ew. 1993)

Stadt	Einwohner	Stadt	Einwohner
Havanna	2 176 000	Bayamo	137 700
Santiago de Cuba	440 100	Cienfuegos	132 000
Camagüey	294 000	Pinar del Río	128 600
Holguín	242 100	Las Tunas	126 900
Guantánamo	207 800	Matanzas	123 800
Santa Clara	205 400		

nen Städte sowie regionale Wirtschaftsförderung konnte der Zuzug in die Hauptstadt vermindert werden. Die Geburtenrate liegt bei (1990–95) 17,5‰.

Religion: Die Verf. garantiert die Religionsfreiheit. Alle Religionsgemeinschaften sind rechtlich gleichgestellt. Aus der Verf. von 1901 wurde der Grundsatz der strikten gesetzl. Trennung von Staat und Kirche übernommen. Das 1992 in die Verf. aufgenommene Verbot der Diskriminierung aufgrund der Religionszugehörigkeit zog eine Änderung der Statuten der kommunist. Partei nach sich, sodass jetzt auch praktizierende Christen Mitgl. werden können. – Rd. 56% der Bev. gehören keiner Religionsgemeinschaft an, worunter sich rd. 6% (v. a. Parteimitglieder) als Atheisten verstehen. Die Zahl der Christen wird nach kirchl. Angaben auf rd. 42% geschätzt; rd. 40% gehören der kath. Kirche an, rd. 2% einer der über 50 prot. Kirchen und Gemeinschaften (v. a. Adventisten, Baptisten, Methodisten, Pfingstler, Presbyterianer) und der anglikan. Kirche (›Iglesia Episcopal de Cuba‹). Es gibt rd. 8 000 Zeugen Jehovas. Die jüd. Gemeinschaft (1959 rd. 15 000) hat rd. 1 500 Mitgl. (v. a. in Havanna). – An (einzelnen) Kulthandlungen der in K. verbreiteten afrokuban. Religionen (v. a. der Religion der Yoruba [Santería]) nehmen auch zahlr. Katholiken teil. Daneben gibt es Anhänger des europ. Spiritismus (Kardecismus).

Die kath. Kirche umfasst zwei Erzbistümer (Havanna, Santiago de Cuba), mit sechs Suffraganbistümern. Die prot. Kirchen und Gemeinschaften sind seit Anfang der 1990er-Jahre im Wachsen begriffen. Das Verhältnis zw. der kath. Kirche als der größten Glaubensgemeinschaft und dem sozialist. Staat verbesserte sich seit Ende der 1960er-Jahre. Dabei zeigte F. CASTRO Sympathien für die lateinamerikan. Befreiungstheologie und die Basisgemeinden und die Kirche erkannte zahlr. Errungenschaften der kuban. Revolution (u. a. im Bildungs- und im Gesundheitssystem) an. Seither arbeiten die lokalen staatl. Behörden pragmatisch mit der Kirche bei der Umsetzung von Projekten ausländischer kirchl. Hilfswerke zusammen. Zu erneuten Spannungen kam es 1993 im Zusammenhang mit einem von der Kuban. Bischofskonferenz veröffentlichten Hirtenbrief, in dem die Notwendigkeit von Veränderungen zur Lösung der akuten Probleme des Landes betont wurden. Die Hoffnung auf eine auch rechtl. Neugestaltung der Beziehungen zw. Staat und Kirche knüpft v. a. an die Begegnung zw. Papst JOHANNES PAUL II. und F. CASTRO im November 1996 im Vatikan an.

Bildungswesen: Für Kinder ab fünf Jahren gibt es staatl. Vorschulen. Schulpflicht besteht in der Grundschule vom 6. bis 12. Lebensjahr. Der weiterführende Schulbesuch (von fast 90% genutzt) erfolgt i. Allg. vom 13. bis 16. Lebensjahr und kann bis zum 18. Lebensjahr verlängert werden. In Berufsausbildung befindl. Jugendliche (13–16 Jahre) werden z. T. in ›Jugenderziehungsschulen‹ gefördert. Die Erwachsenenbildung erfolgt in gesonderten Lehrzentren, die mit dem Schulstoff der Sekundarstufe sowie Sprachkurse anbieten. Die Analphabetenquote liegt bei 4,3%. Alle Prov. verfügen über akadem. Institute und eine medizin. Hochschule. Univ. gibt es in Havanna (gegr. 1728), Santiago de Cuba (gegr. 1947), Santa Clara (gegr. 1952) und Camagüey (gegr. 1974).

Publizistik: Die Medien befinden sich in staatl. Besitz und unterliegen staatl. Kontrolle. In der Hauptstadt erscheinen das Zentralorgan der Kommunist. Partei K.s ›Granma‹ (Auflage 250 000) mit Wochenausgaben in span., port., engl. und frz. Sprache, die Gewerkschaftszeitung ›Trabajadores‹ (200 000), die Zeitung des kommunist. Jugendverbandes ›Juventud Rebelde‹ (250 000) sowie die Wochenzeitschrift ›Bohemia‹ (250 000). – Die beiden staatl. *Nachrichtenagenturen* ›Prensa Latina‹ (›Agencia Informativa Latinoamericana‹) und ›Agencia de Información Nacional‹ (AIN) haben ihren Sitz in Havanna. – *Rundfunk:* Die staatl. Rundfunkverwaltung ›Instituto Cubano de Radio y Televisión‹ (ICRT) betreibt fünf landesweite Hörfunkprogramme sowie Regional- und Lokalprogramme und den Auslandsdienst ›Radio Habana Cuba‹ in neun Sprachen; ferner zwei landesweite Fernsehprogramme.

WIRTSCHAFT · VERKEHR

Seit 1959 wurde die gesamte Wirtschaft unter staatl. Leitung gestellt. Die seit 1960 bestehenden Handelssanktionen der USA (1958 hatten die USA noch 67% des kuban. Zuckers importiert) führten zu einer wirtschaftl. Anlehnung K.s an den Ostblock. 1972 wurde K. Mitgl. des Rates für gegenseitige Wirtschaftshilfe (RGW), mit dessen Mitgl.-Staaten der überwiegende Teil des Außenhandels (1989: 79%) abgewickelt wurde. Nach der Auflösung des RGW verlor K. die wichtigsten Handelspartner und der Anteil der ehem. RGW-Länder am Außenhandelsvolumen sank (1993) auf 19%. Der Zusammenbruch der kommunist. Länder in Europa führte zu einer umfassenden Wirtschaftskrise, auf die die sozialist. Reg. mit Reformen reagierte (marktwirtschaftl. Nahrungsmittelproduktion, Steuerreform, liberale Devisenbewirtschaftung, ausländ. Kapitalimporte). 1993 waren 413 Jointventureunternehmen v. a. in den Bereichen Tourismus, Zitrusfrüchte-, Zement- und Erdölindustrie zugelassen. Das 1995 verabschiedete US-amerikan. Helms-Burton-Gesetz, das Sanktionen auch für ausländ. Investoren in K. vorsieht, behindert gegenwärtig (1996) eine Weiterentwicklung der Wirtschaft. Das Bruttosozialprodukt (BSP) je Ew. wird auf (1991) 1 580 US-$ geschätzt.

Landwirtschaft: Nach den Landreformen von 1959 und 1963 wurden etwa 80% der landwirtschaftl. Fläche staatlich, wovon über ein Drittel als Ackerland genutzt wird. Es gibt private kleinbäuerl. Betriebe, die meist genossenschaftlich organisiert sind und seit 1994 wieder für den freien Markt produzieren dürfen. Auch die Staatsbetriebe arbeiten seitdem marktwirtschaftlich. Hauptanbauprodukt ist weiterhin das Zuckerrohr, das 1994/95 mit 3,4 Mio. t jedoch seine schlechteste Ernte seit 1959 erlebte. Wichtig sind daneben Tabak, Reis, Kartoffeln, Mais, Zitrusfrüchte, Kaffee und Gemüse (v. a. Tomaten) sowie die Viehwirtschaft (Rinderhaltung).

Forstwirtschaft: Ausgedehnte Wald- und Savannengebiete sind schon früh für den Zuckerrohranbau gerodet worden. Inzwischen werden wieder umfangreiche Flächen aufgeforstet. Die Waldfläche beträgt (1992) 2,6 Mio. ha, der Holzeinschlag 3,1 Mio. m³ (davon 2,5 Mio. m³ Brennholz).

Fischerei: Zum 1. 3. 1977 erweiterte K. die Fischereigrenze auf 200 Seemeilen vor der Küste (die Territorialgewässer auf 12 Seemeilen). Die Fangmenge von meist genossenschaftl. Fischern (nur z. T. aus Küstengewässern, da die kuban. Fischereiflotte weltweit tätig ist) sank von (1986) 245 000 t auf (1993) 93 400 t. Puerto Pesquera bei Havanna zählt zu den größten Fischereihäfen Lateinamerikas.

Bodenschätze: Unter den Bodenschätzen sind die Nickelerzvorkommen (in der Prov. Holguín eines der

Kuba Kuba

weltgrößten Vorkommen) am wichtigsten; sie werden auf 3,4 Mrd. t geschätzt. Abgebaut (1993: 26 000 t) und verhüttet werden sie im O des Landes. Weitere Bodenschätze sind Kupfer-, Chrom- und Eisenerz sowie Gold, Silber und Salz.

Energiewirtschaft: Die Stromversorgung basiert fast ausschließlich auf importiertem Erdöl. Die eigene Erdölförderung stieg von (1975) 226 000 auf (1994) 1,28 Mio. t. In der Prov. Cienfuegos ist ein Kernkraftwerk im Bau, das jedoch aus polit. Gründen nicht fertig gestellt wird.

Industrie: Verstaatlicht wurden 1959–60 95 % aller Industriebetriebe (vorwiegend nordamerikan. Besitz), 1968 der fast ausschließlich aus kleinen Handwerksbetrieben bestehende Rest. Die Industrie ist überwiegend auf die Deckung des inländ. Bedarfs ausgerichtet. Seit 1993 gibt es zahlr. Jointventures. 1995 wurden drei freie Produktionszonen für ausländ. Investoren eingerichtet. Die wichtigsten Industriezweige sind noch heute die Zucker- und Tabakindustrie (zusammen 1993: 190 000 Beschäftigte). Zuckerrohrrückstände werden u. a. zu Papier, Düngemittel und Kunststoff weiterverarbeitet. Weitere wichtige Industriezweige sind die Nahrungs- und Genussmittelindustrie (z. B. Rumherstellung), Fischverarbeitung, der Maschinen- und Fahrzeugbau, die Textil-, Baustoff- und chem. Industrie (u. a. zwei Erdölraffinerien) sowie die Eisen- und Stahlindustrie.

Tourismus: Der staatlich organisierte Reiseverkehr hat seit 1977 stark zugenommen und entwickelte sich zur wichtigsten Deviseneinnahmequelle. Im Tourismusbereich erfolgt gegenwärtig ein forcierter Ausbau v. a. in Form von Jointventures. Wichtigste tourist. Zentren sind v. a. der Badeort Varadero (140 km östlich Havannas), die Hauptstadt Havanna, Trinidad, Santiago de Cuba sowie die Isla de la Juventud. 1994 kamen 630 000 ausländ. Besucher (1973: 4 000, 1986: 206 000), meist aus Kanada und Europa.

Außenwirtschaft: Seit 1991 wird der Außenhandel über ein neu geschaffenes Ministerium organisiert. K. erwirtschaftete seit seiner Unabhängigkeit fast durchweg ein Außenhandelsdefizit, das aber von mehr als 2 Mrd. kub$ (1989) auf relativ geringe 813 Mio. kub$ (1994) gesunken ist. Gleichzeitig schrumpfte das Handelsvolumen von 13,5 Mrd. kub$ auf 3,4 Mrd. kub$. Seit 1993 wurde die Devisenbewirtschaftung liberalisiert. Zucker macht (1992) etwa 64 % aller Exporte aus, 11 % entfallen auf mineral. Rohstoffe (v. a. Nickel), 5 % auf Tabakwaren. Haupthandelspartner sind nach dem Zusammenbruch des Ostblocks v. a. Kanada, lateinamerikan. und europ. Staaten. Die Auslandsschulden beliefen sich 1995 auf rd. 9 Mrd. US-$.

Verkehr: Die topograph. Verhältnisse haben die verkehrsmäßige Erschließung begünstigt. Das Straßennetz hat eine Länge von (1990) rd. 35 000 km (ein Viertel asphaltiert). Wichtigste Verbindung ist die 1 150 km lange vierspurige Carretera Central, die von Pinar del Rio im W über Havanna nach Santiago de Cuba im O führt. Die Motorisierung der Bev. ist sehr niedrig. Seit 1960 sind alle Transportunternehmen staatlich. Das öffentl. Eisenbahnnetz umfasst (1994) 4 677 km. Wichtigste Linie ist die Verbindung Havanna–Santiago de Cuba. Weitere 9 638 km (1990) dienen dem Zuckerrohrtransport. Wichtigster der 30 Seehäfen ist Havanna, über den rd. 60 % des Außenhandels abgewickelt werden. Zuckerrohr wird v. a. über den Hafen von Cienfuegos an der S-Küste exportiert, seit 1990 ist in Matanzas ein Erdölhafen im Bau. Die Handelsflotte umfasst (1992) 393 Schiffe, darunter 18 Tanker. In Havanna und Santiago de Cuba, Camagüey und Varadero befinden sich internat. Flughäfen; Luftverkehrsgesellschaft ist die Empresa Cubana de Aviación.

GESCHICHTE

K. wurde am 27. 10. 1492 von KOLUMBUS auf seiner ersten Reise entdeckt und ab 1508 in knapp drei Jahren durch den Spanier D. DE VELÁZQUEZ erobert. Die einheim. indianische Bev. – Aruak (Taino) und die von diesen zurückgedrängten älteren Ciboney und Guanahatabey (→Westindische Inseln, Vorgeschichte) – starben bald an aus Europa eingeschleppten Infektionskrankheiten, den harten Bedingungen der Zwangsarbeit sowie in den Kämpfen mit den span. Siedlern. Unter VELÁZQUEZ entwickelte sich die Kolonie zum Ausgangspunkt der Eroberung des Festlandes. Später war K. der bedeutendste span. Flottenstützpunkt in Amerika mit einer Landwirtschaft, die bes. den Schiffsverkehr mit Proviant versorgte. Als Arbeitskräfte wurden afrikan. Sklaven eingeführt, v. a. als sich seit dem Ende des 18. Jh. eine ausgedehnte Plantagenwirtschaft (Zuckerrohr und Tabak) entfaltete. Die strateg. und verkehrstechn. Bedeutung der Insel als Stützpunkt und Umschlagplatz zw. Spanien und dem span. Amerika machte K. im 17. und 18. Jh. zum Ziel der europ. Mächte und ihrer Freibeuter. Die brit. Eroberung und Zerstörung Havannas 1762 bildete den Höhepunkt dieser Entwicklung. Im Pariser Frieden 1763 gelangte K. im Tausch gegen Florida wieder an Spanien. Da die Briten alle Handelsbeschränkungen aufgehoben hatten, musste nun die span. Reg. gleichfalls liberalere Regelungen einführen: 1765 wurde der freie Handel mit Spanien zugestanden, 1816 das Tabakmonopol abgeschafft und 1818 die allgemeine Handelsfreiheit gewährt. Wegen der hohen Exporte (auch illegale in die USA) erlebte K. in der zweiten Hälfte des 18. Jh. eine wirtschaftl. Blüte, die v. a. auf der Ausweitung des Zuckerrohranbaus basierte; 1817 zählte K. 550 000 Einwohner, davon etwa 400 000 Sklaven.

Nach dem Unabhängigkeitskampf des span. Amerika Anfang des 19. Jh. wurde K. die wichtigste Kolonie Spaniens. Doch nahm die Unzufriedenheit der Kreolen mit der span. Herrschaft zu, und der Gedanke der Unabhängigkeit oder eines Anschlusses an die USA gewann wachsenden Zuspruch, sodass ab 1825 die Unterdrückung durch die span. Verwaltung stärker wurde. 1836 wurden die Volksvertreter K.s aus den span. Cortes ausgeschlossen. Die Zurückweisung der von den Kreolen geforderten Reformen führte 1868 zu einem großen Aufstand. Die Rebellen riefen am 10. 10. 1868 die Unabhängigkeit K.s aus und setzten unter CARLOS MANUEL DE CÉSPEDES (*1819, †1874) eine republikan. Reg. in Bayamo ein, die, von den USA mit Waffen und Geld unterstützt, einen zehnjährigen Guerillakampf führte. 1878 kam es zum Frieden von Zanjón. Er gewährte den Kubanern eine Vertretung in den span. Cortes und legte eine schrittweise Sklavenbefreiung fest (endgültig 1886 erreicht). K. blieb jedoch ohne echte Autonomie.

Das Ausbleiben tief greifender polit. Reformen und eine Wirtschaftsdepression riefen in K. eine Krise hervor, die 1895 in einen erneuten Aufstand – u. a. unter Führung des Schriftstellers J. MARTÍ – mündete. Der span. Min.-Präs. A. CÁNOVAS DEL CASTILLO entsandte eine Armee von 200 000 Mann unter dem Generalkapitän V. WEYLER auf die Insel. Seine drakon. Methoden hatten zwar militär. Erfolg, lösten aber weltweit Entrüstung aus, sodass WEYLER 1897 zurückgerufen wurde, ein eigenes Ministerium für K. entstand und die Insel weitgehende Autonomie erhielt. Die Kubaner forderten jedoch vollständige Unabhängigkeit. Die Explosion (Ursache bis heute ungeklärt) des amerikan. Kriegsschiffes ›Maine‹ im Hafen von Havanna (15. 2. 1898) führte zur Kriegserklärung der USA an Spanien (→Spanisch-Amerikanischer Krieg). Im Pariser Frieden vom 10. 12. 1898 entließ Spanien K. in die Unabhängigkeit.

K. geriet nun in die polit. und wirtschaftl. Abhängigkeit von den USA. Diese unterstellten K. zunächst einer Militärverwaltung (Januar 1899 bis Mai 1902). In der republikan. Verf. von 1901 wurde die Souveränität K.s durch das →Platt Amendment eingeschränkt; dieser Zusatzartikel gab den USA ein Interventionsrecht im Fall innerer Unruhen und sah die Abtretung kuban. Territoriums als Flottenbasis vor (1903 in der Bucht von →Guantánamo errichtet). Am 20. 5. 1902 übergaben die USA die Reg. dem ersten Präs. K.s, T. E. PALMA, und ihre Truppen verließen die Insel. Als sich 1906 die Liberalen gegen PALMA erhoben, griffen die USA ein und übernahmen die Verwaltung, bis 1909 der Liberale J. M. GÓMEZ das Präs.-Amt antrat (bis 1913). Bei weiteren inneren Unruhen kam es 1913 und 1917 erneut zu militär. Interventionen der USA; letzte nordamerikan. Marineabteilungen wurden erst 1922 abgezogen.

Die amerikan. Investitionen v. a. im Zuckerrohranbau und der Umfang des Exports nach K. nahmen rasch zu. Der sprunghafte Anstieg der Zuckerpreise während des Ersten Weltkriegs brachte den nordamerikan. Grundbesitzern große Gewinne, bis die Weltwirtschaftskrise 1929 zu schweren Rückschlägen der monokulturellen Wirtschaft führte. Die Auswirkungen der Wirtschaftsdepression, die wachsende Feindschaft gegen ausländ. Kapital und scharfe diktator. Maßnahmen führten nach blutig unterdrückten Unruhen 1933 zum Generalstreik und schließlich zum Sturz des Präs. G. MACHADO Y MORALES (1925–33). Der tatsächliche Machthaber wurde General F. BATISTA Y ZALDÍVAR, der 1934 die Ernennung von C. MENDIETA Y MONTEFUR zum Präs. durchsetzte. Durch den Vertrag vom 29. 5. 1934 wurde das Platt Amendment aufgehoben, der Vertrag über die Bucht von Guantánamo jedoch verlängert. BATISTA gewann durch das neu organisierte und verstärkte Heer die Kontrolle über die Reg. und wurde 1940 zum Präs. gewählt. Er führte soziale und wirtschaftl. Reformen durch und gab K. eine neue Verf. Der von ihm unterstützte Präsidentschaftskandidat C. SALADRIGAS Y ZAYAS unterlag aber bei den Wahlen von 1944 R. GRAU SAN MARTÍN (1944–48). 1952 gelangte BATISTA durch einen vom Militär unterstützten Staatsstreich an die Macht. Das Parlament wurde durch einen von der Reg. eingesetzten Konsultativrat ersetzt. Durch die Wahlen vom 1. 11. 1954 wurde BATISTA in seinem Amt bestätigt.

Seit 1953 führte F. CASTRO RUZ einen Guerillakrieg gegen BATISTA. Eine der ersten spektakulären Aktionen bildete der missglückte Sturm auf die Moncadakaserne in Santiago de Cuba (26. 7. 1953). CASTRO wurde gefasst und bis 1955 auf der Isla de Pinos gefangen gehalten. Im mexikan. Exil baute er mit E. ›CHE‹ GUEVARA eine Guerillatruppe auf und begann 1956 von der Sierra Maestra aus wieder mit dem bewaffneten Kampf. Das Bündnis zw. allen oppositionellen Kräften (seit April 1958) und die militär. Erfolge der Guerilla führten zur Flucht BATISTAS nach Santo Domingo am 1. 1. 1959. Am gleichen Tag zog CASTRO mit seinen Truppen in Santiago de Cuba, wenig später in Havanna ein. Im Februar 1959 übernahm CASTRO mit dem Amt des Min.-Präs. offiziell die Macht. Agrarreformen (1959, 1963) führten zur Verstaatlichung eines großen Teils der Wirtschaft. Die Parteien mit Ausnahme der Anti-Batista-Gruppen wurden verboten, die Armee und das Schulwesen (1961 umfasste die ›Alphabetisierungskampagne‹) neu organisiert. Die weitgehende Ausschaltung des kirchl. Einflusses im Erziehungswesen führte zu Spannungen zw. Staat und Klerus. 1961 proklamierte CASTRO K. als sozialist. Staat, BATISTA ging endgültig ins span. Exil. 1962 wurde die Kommunist. Partei K.s (PCC) als Einheitspartei gegründet.

Das Castro-Regime lehnte sich immer stärker an die UdSSR an. V. a. die Verstaatlichung des nordamerikan. Besitzes brachte wachsende Spannungen zw. K. und den USA; 1960 verhängte Präs. D. D. EISENHOWER eine Wirtschaftsblockade. Eine mit Unterstützung der USA im April 1961 unternommene Invasion von Exilkubanern in der →Schweinebucht scheiterte. Im März und Oktober 1962 erweiterten die USA das Handelsembargo. Die Lieferung von atomaren Mittelstreckenraketen und der Bau von Raketenabschussrampen durch die UdSSR führten im Oktober zur →Kubakrise. 1962 schloss die OAS unter dem Druck der USA K. von Aktivitäten der Organisation aus.

Seit den 60er-Jahren unterstützte K. Guerillabewegungen (v. a. in der Dominikan. Rep., Venezuela, Bolivien), um die Ausbreitung der Revolution in ganz Lateinamerika zu fördern. Die Beziehungen zu den USA verschlechterten sich, als K. sich 1976 in Angola (erst seit 1991 Rückzug) und 1977 in Äthiopien militärisch engagierte. Gleichzeitig versuchte CASTRO, sich in der Bewegung blockfreier Staaten eine Führungsposition aufzubauen.

K. trat 1972 dem RGW bei und verabschiedete 1976 eine sozialist. Verf. sowie einen ersten Fünfjahresplan. CASTRO übernahm das Amt des Staatsoberhaupts. Wirtschaftl. Schwierigkeiten lösten 1980 eine Auswanderungswelle aus, auf die die Reg. mit der Zulassung von Bauernmärkten und einer gewissen Liberalisierung antwortete. Diese Maßnahmen wurden 1986 mit der Politik der ›Rectificación‹ (Berichtigung) wieder zurückgenommen. Auch die Politik der ›Perestroika‹ wurde von CASTRO abgelehnt. Der Zusammenbruch des Ostblocks 1989/90 und die Verschärfung der amerikan. Blockade machten zunehmend Rationierungen für den Grundbedarf der Bev. notwendig. 1989 erregte die Verurteilung und Hinrichtung hoher Militärs wegen Verwicklung in den internat. Drogenhandel großes Aufsehen. Die Verf.-Änderung 1992 erweiterte die Befugnisse des Staatsoberhaupts. 1993 zogen die letzten russ. Militärberater aus K. ab. Seitdem betreibt die Reg. wieder eine vorsichtige wirtschaftl. Liberalisierung (Zulassung von Jointventureunternehmen, Devisenfreigabe, begrenzt freier Kapitalverkehr). Polit. Reformen verweigert sich CASTRO. Eine einheitl. oppositionelle Bewegung gibt es nicht.

Nach einer neuen Fluchtwelle von etwa 30 000 Menschen kam es 1994 zu einem Einwanderungsabkommen mit den USA. Trotzdem setzen die USA ihre Politik der Wirtschaftsblockade fort. Im Oktober 1995 wurde das Helms-Burton-Gesetz verabschiedet, das ausländ. Investoren, die in K. engagiert sind, in den USA mit gerichtl. Sanktionen droht. – 1995 trat K. dem Vertrag von →Tlatelolco bei.

Geographie: H. BLUME: Die Westind. Inseln (²1973); C. MESA-LAGO: The economy of socialist Cuba (Albuquerque, N. Mex., 1981); F. HÖNSCH: K. – Zuckerinsel der Karibik (Gotha 1988); K. Materialien zur Landeskunde, bearb. v. M. FRANZBACH (³1988); Nuevo atlas nacional de Cuba, hg. v. G. OLIVA GUTIÉRREZ (Neuausg. 1989); Länderbericht K. 1992, hg. vom Statist. Bundesamt Wiesbaden (1992); Cuba in the international system, hg. v. A. R. M. RITTER u. J. M. KIRK (Basingstoke 1995); K. STAHL: K., in: Hb. der Dritten Welt, Bd. 3, hg. v. D. NOHLEN u. F. NUSCHELER (Neuausg. 1995); Wirtschaftsreformen in K., hg. v. B. HOFFMANN (²1996).

Geschichte: P. S. FONER: A history of Cuba and its relations with the United States, 2 Bde. (New York 1962–63); Revolutionary change in Cuba, hg. v. C. MESA-LAGO (Pittsburgh, Pa., 1971); H. THOMAS: Cuba. Or the pursuit of freedom (London 1971); J. BENJAMIN: The United States and Cuba. Hegemony and dependant development, 1880–1934 (ebd. 1977); J. I. DOMINGUEZ: Cuba. Order and revolution (Cambridge, Mass., ²1979); J. STUBBS: Tobacco on the periphery. A case study of Cuban labour history, 1860–1958 (Cambridge 1985); K. STAHL: K. – eine neue Klassengesellschaft? (1987); K. Die isolierte Revolution, hg. v. R. SEVILLA u. a. (1993).

Kuba, eigtl. **Kurt Barthel,** Schriftsteller, *Garnsdorf (bei Chemnitz) 8. 6. 1914, †Frankfurt am Main 12. 11. 1967; absolvierte eine Lehre als Dekorationsmaler, emigrierte 1933 nach Prag, floh 1938 über Polen nach Großbritannien, wo er als Land- und Bauarbeiter lebte. Er nannte sich K., um Verwechslungen mit M. BARTHEL zu vermeiden. 1946 Rückkehr nach Dtl., als Redakteur und Kulturfunktionär in der SBZ tätig, seit 1954 Mitgl. des ZK der SED und Vertrauter W. ULBRICHTS; seit 1957 Chefdramaturg am Volkstheater Rostock; Vertreter einer doktrinären Kulturpolitik. K.s hymn. und agitator. Lyrik gehörte in der DDR zum Schulkanon. Seine szen. ›Ballade vom Klaus Störtebeker‹ (1959) wurde durch aufwendige Freilichtaufführungen vor der Insel Rügen populär. Schrieb auch Filmdrehbücher.

Kubakrise, Konflikt zw. den USA und der UdSSR, ausgelöst durch den im Sommer 1962 begonnenen Bau von Abschussbasen für sowjet. Mittelstreckenraketen auf Kuba. Mit der Installierung dieser Waffen verfolgte die UdSSR drei Ziele: Absicherung des von F. CASTRO RUZ geführten Kuba gegenüber einer erneuten Invasion von außen (→Schweinebucht), Etablierung eines polit. Vorpostens in der amerikan. Hemisphäre, Gewinnung einer zusätzl. nuklearen Option gegenüber den USA. Die Stationierung von Mittelstreckenraketen auf Kuba war für die UdSSR die einzige waffentechn. Möglichkeit, der zu diesem Zeitpunkt bestehenden strateg. Überlegenheit der USA entgegenzuwirken. Kurz vor Herstellung der Einsatzbereitschaft der Raketen verlangte der amerikan. Präs. J. F. KENNEDY am 22. 10. 1962 in einer öffentl. Erklärung von der UdSSR den Abbau der Basen und die Rückführung aller bereits gelieferten Raketen. Um die Anlieferung weiteren Materials zu verhindern, verhängten die USA über Kuba eine Seeblockade (22. 10.–20. 11. 1962); KENNEDY rief die OAS und den Sicherheitsrat der UNO an. Die Krise spitzte sich derart zu, dass eine direkte militär. Auseinandersetzung einschließlich des Einsatzes von Kernwaffen nicht ausgeschlossen werden konnte. Nach intensiven Bemühungen zur Beilegung des Konfliktes auf versch. Ebenen erklärte sich N. S. CHRUSCHTSCHOW am 28. 10. 1962 zum Abbau der Abschussbasen und der Raketen bereit. Mit einem gemeinsamen Schreiben der USA und der UdSSR an den Gen.-Sekr. der UNO wurde Anfang Januar 1963 der offizielle Schlussstrich gezogen. Als Reaktion auf die während der K. gewonnenen Erfahrungen begannen die beiden Supermächte mit einer Verbesserung des Krisenmanagements (Einrichtung des ›heißen Drahts‹) und ersten konkreten Schritten in Richtung Entspannung und Rüstungskontrolle. (→Teststoppabkommen)

R. L. GARTHOFF: Reflections on the Cuban missile crisis (Washington, D. C., 1987); The Cuban missile crisis revisited, hg. v. J. A. NATHAN (New York 1992).

Kuban *der,* Fluss in Nordkaukasien, Russland, 870 km lang, entspringt am Elbrus, durchfließt den S-Teil der fruchtbaren **K.-Niederung,** mündet in der Bucht von Temrjuk des Asowschen Meeres. Der K. ist ab Krasnodar schiffbar. Zu den umfangreichen Bewässerungsanlagen gehört der 1973 angelegte **Krasnodarer Stausee** (400 km², 2,35 Mrd. m³).

Das Landschaftsbild entlang dem K. (im Altertum **Hypanis** gen.) und seinen Nebenflüssen, ein seit dem Chalkolithikum besiedeltes Gebiet, wird von zahlr. Kurganen geprägt. Sie setzen im ausgehenden Neolithikum ein und sind auch für die Bronzezeit charakteristisch. Früher sprach man von **K.-Kultur,** heute unterscheidet man in der 2. Hälfte des 3. Jt. v. Chr. die Abfolge der Maikop- und Nowoswobodnajakultur und im 2. Jt. v. Chr. die Nordkaukas. Kultur, die in der ›Kobankultur‹ ihre Fortsetzung fand. Seit dem 7. Jh. v. Chr. entstanden erneut Kurgane, von denen die am Mittel-

Kuban: Rhyton mit Pegasus, gefunden in einem Kurgan des Auls Ujap; Silber, zum Teil vergoldet, Höhe 38 cm; 5.–4. Jh. v. Chr.

lauf und den südl. Nebenflüssen des K. den Maioten (Mäoten; Bewohner der Region um das Asowsche Meer) zugeschrieben werden, während die offene Steppe nördlich des K. skyth. bzw. sarmat. Gebiet war. In den maiot. Kurganen des 6. Jh. v. Chr. bis 3. Jh. n. Chr. fanden sich kostbare Importe antiker Provenienz: aus dem Bosporan. Reich (Keramik, Metallgefäße, Schmuck, später Glas), aber auch aus dem achaimenid. Iran, Kleinasien, Syrien und Ägypten. Ein bes. kostbares Stück ist ein Rhyton (Trinkhorn in Tiergestalt) mit Pegasus. Einheim. Künstler fertigten im 5. Jh. bronzenes Pferdezaumzeug mit Nasen- und Stirnstücken im Tierstil (Löwen, Greifen, Steinböcke, Panther, Elche, ein gegenüber der skyth. Kunst eigenständiges Motiv ist der schreitende Hirsch), goldene oder silberne Stangenaufsätze (ein Hirsch, von dem der Kopf von großer Originalität restauriert werden konnte, und als einmaliges Motiv ein Eber) und im 4. Jh. goldene geprägte Zierplättchen. Im 3. Jh. v. Chr. setzte die maiotisch-sarmat. Phase mit meist bescheidenen Gräbern ein, die einheim. Keramik ist eingravierte Tierdarstellungen (die sarmat. Keramik ist dagegen mit zoomorphen Henkeln ausgestattet), die Pferde sind jetzt mit Schmucksteinen und Glasperlen behängt; silberne Phalerae (Brustschmuckplatten) und polychromer hellenist. Schmuck wurden importiert, Schmiedearbeiten im Land selbst fertigt.

Gold- u. Kunsthandwerk vom antiken K., hg. v. V. A. NABAČIKOV u. a., Ausst.-Kat. (1989).

Kubango *der,* Oberlauf des →Okawango in Angola.

kubanische Kunst, →lateinamerikanische Kunst.

kubanische Literatur, →lateinamerikanische Literatur.

kubanische Musik, →lateinamerikanische Musik.

Kubba [arab.] *die, -/-s* oder *...ben,* **Qubba,** im Islam. Bereich Bez. für architekton. Kuppelgrab.

Kübbungshaus, ein Einheitshaus, →Bauernhaus.

Kübeck, Karl Friedrich, Freiherr **K. von Kübau** (seit 1825), österr. Politiker, *Iglau 28. 10. 1780, †Hadersdorf (heute zu Wien) 11. 9. 1855; förderte als Hofkammer-Präs. (1840–48) im Sinne des Josephinismus die staatl. Autorität, gründete u. a. die Nationalbank. Über den Reichsrat, an dessen Errichtung er maßgeblich mitgewirkt hatte, setzte er als dessen Präs. (seit 1851) seine neoabsolutist., jegl. Demokratisierung ablehnende Staatsauffassung durch.

Kubel, Alfred, Politiker (SPD), *Braunschweig 25. 5. 1909; kaufmänn. Angestellter; 1946 Min.-Präs.

des Landes Braunschweig, 1946–70 fast ununterbrochen Min. (u. a. 1946/47 Wirtschaft, 1951–55, 1965–70 Finanzen), 1970–76 Min.-Präs. von Niedersachsen.

Kubelík [ˈkubɛliːk], Jeroným Rafael, schweizer. Dirigent und Komponist tschech. Herkunft, * Býchory (bei Kolín) 29. 6. 1914, † Luzern 11. 8. 1996, Sohn des Violinisten JAN K. (* 1880, † 1940); war 1936–48 Dirigent (seit 1942 auch künstler. Leiter) der Tschech. Philharmonie in Prag, 1950–53 Chefdirigent des Chicago Symphony Orchestra, 1955–58 Musikdirektor der Covent Garden Opera in London und 1961–79 Chefdirigent des Sinfonieorchesters des Bayer. Rundfunks; 1973–74 wirkte er auch als musikal. Leiter der Metropolitan Opera in New York. In seinem weit gefächerten Repertoire vom Barock bis zur Neuen Musik nehmen die Werke der Wiener Klassik, der tschech. Musik und G. MAHLERS eine zentrale Stellung ein. K. komponierte Opern (u. a. ›Cornelia Faroli‹, 1972), Sinfonien, Konzerte, Vokalwerke (Requiem; ›Kantate ohne Worte‹, 1981), sechs Streichquartette und Lieder.

Kubelka, Peter, österr. Filmemacher, * Wien 23. 3. 1934; 1964 Mitbegründer des ›Österr. Filmmuseums‹ in Wien; arbeitete u. a. auch in den USA; Vertreter des Avantgarde- und Experimentalfilms.
Filme: Adebar (1957); Schwechater (1958); Arnulf Rainer (1960); Unsere Afrikareise (1966); Pause! (1977).

Kubera, Kuvera, in der ind. Mythologie der Anführer der dunklen Geister der Tiefe (Yaksas, Guhyakas oder Raksasas), Hüter der Erdschätze und daher später auch Gott des Reichtums. Dargestellt als dickbäuchige, auch einäugige Zwergengestalt.

Kubik... [frz. cubique, von lat. cubicus ›kubisch‹], Wortbildungselement mit der Bedeutung ›dritte Potenz‹, z. B. Kubikzahl, Kubikmeter (m³).

Kubikwurzel, die dritte →Wurzel aus einer nichtnegativen Zahl: $x = \sqrt[3]{a}$ (z. B. $3 = \sqrt[3]{27}$). – Die Bildung von K. aus negativen Zahlen ist – obwohl $(-a)^3 = -a^3$ gilt – nicht definiert, da sich bei der Anwendung der Potenzschreibweise Widersprüche ergeben können:
$-3 = \sqrt[3]{-27} = (-27)^{\frac{1}{3}} = (-27)^{\frac{2}{6}} = ((-27)^2)^{\frac{1}{6}} = (729)^{\frac{1}{6}} = 3.$

Kubikzahl, Zahl, die als dritte Potenz (einer anderen Zahl) darstellbar ist; z. B. $8 = 2^3$, $27 = 3^3$.

Kublai, Khubilai, Kublai, Chubilai [k-], Großkhan der Mongolen (seit 1260), als chin. Kaiser (seit 1279) **Shizu (Shih-tsu),** * 23. 9. 1215, † Peking 18. 2. 1294, Enkel DSCHINGIS KHANS, führte mit seinem älteren Bruder, dem Großkhan MÖNGKE (1251–59), den Kampf gegen das chin. Rumpfreich der Südl. Song, das er endgültig 1279 eroberte und mit dem er 1271 den chin. Dynastienamen Yuan (›Uranfang‹) gegeben hatte. Weitere Vorstöße – gegen Japan (1274 und 1281), Java (1293) und Hinterindien – scheiterten. K. verstand sich als Kaiser denn als mongol. Großkhan; er verlegte die Residenz aus dem mongol. Karakorum nach Peking, das er ab 1267 ausbauen ließ. Er zog Gelehrte, Vertreter versch. Religionen und Gesandte aus Europa an seinen Hof; MARCO POLO stand nach seinem eigenen Bericht 1275–92 im Dienst von K. Dessen Orientierung auf China und Machtkämpfe mit anderen Nachkommen DSCHINGIS KHANS führten zum Auseinanderfallen des Weltreiches in die vier de facto selbstständigen mongol. Reiche Yuan (→China, Geschichte), Dschagatai (Gebiet des gleichnamigen Sohnes DSCHINGIS KHANS und seiner Nachfolger), →Goldene Horde (schon seit 1260 unabhängig) und Persien (Reich der →Ilchane).

O. FRANKE: Gesch. des Chin. Reiches, Bd. 4 u. 5 (1948–52); P. BRENT: Das Weltreich der Mongolen (a. d. Engl., Neuausg. 1991); R. MARSHALL: Sturm aus dem Osten. Von Dschingis Khan bis Khubilai Khan (a. d. Engl., 1996).

Kubin [ˈkuːbin, kuˈbiːn], Alfred, österr. Zeichner und Schriftsteller, * Leitmeritz 10. 4. 1877, † Gut Zwickledt (heute zu Wernstein am Inn) 20. 8. 1959. K. stand zunächst unter dem Eindruck der Werke von F. DE GOYA und M. KLINGER; so zeigen bereits seine frühen Zeichnungen in Spritztechnik einen Hang zum Monströsen, der fantast. Kreaturen hervorbringt. In Tausenden von Federzeichnungen, die seit 1905 zunehmend zu sperrigen Strichgeflechten verdichtet werden, in vielen Mappenwerken und Buchillustrationen (meist Lithographien) schuf er makabre Visionen des Untergangs und einer fantast. Welt, in denen er Vorstellungen des Surrealismus vorwegnahm. Mit diesen Werken profilierte er sich als einer der großen Zeichner des 20. Jh. – Als Erzähler (›Der Guckkasten‹, 1925) und Essayist dringt K. wie in seinem graf. Werk in die unheiml. Bezirke geheimnisvoll-düsteren Zaubers ein. Sein Hauptwerk ist der fantastisch-symbol. Roman ›Die andere Seite‹ (1909), der düstere Endzeitstimmung vermittelt.

Rafael Kubelík

Alfred Kubin: Die Verwirrung des Traums; Federlithographie zu seinem Roman ›Die andere Seite‹, 1909

A. K. 1877–1977, hg. v. P. RAABE (1977); A. MARKS: Der Illustrator A. K. (1977); H. BISANZ: A. K. Zeichner, Schriftsteller, Philosoph (Neuausg. 1980); A. K., bearb. v. R. KOELLA u. a., Ausst.-Kat. (Winterthur 1986); A. K. als Zeichner, hg. v. W. SEIPEL (Wien 1988); C. SETTELE: Zum Mythos Frau im Frühwerk A. K.s (Luzern 1992); K.-Projekte, hg. v. P. ASSMANN u. a., 6 Bde. (Salzburg 1995); A. GEYER: Träumer auf Lebenszeit. A. K. als Literat (Wien 1995); R. SCHLICHTER: Die Verteidigung des Panoptikums. Autobiograph., zeit- u. kunstkrit. Schrr. sowie Briefe, 1930–1955, hg. v. D. HEISSERER (1995).

kubisch [lat.-griech., zu griech. kýbos ›Kubus‹], *Mathematik:* mit dem Würfel oder der dritten Potenz in Zusammenhang stehend; würfelförmig, in dritter Potenz vorliegend.

kubische Gleichung, Gleichung dritten Grades, eine algebraische Gleichung, bei der der höchste Exponent, der bei den Variablen auftritt, 3 ist, d. h. eine Gleichung der Form $x^3 + ax^2 + bx + c = 0$. K. G. lassen sich mit den →cardanischen Formeln lösen.

Kubismus: Juan Gris, ›Le Journal‹; 1918 (Sammlung Sonja Henie)

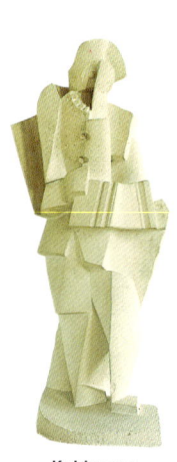

Kubismus: Jacques Lipchitz, ›Harlekin mit Akkordeon‹; Sandstein, Höhe 68 cm; 1918 (Mannheim, Städtische Kunsthalle)

kubisches System, →Kristallsysteme, →Kristall, ÜBERSICHT.

Kubismus der, -, Richtung der modernen Kunst, die auf einer Umsetzung des Motivs nach bestimmten Gestaltungsprinzipien basiert. Den Boden bereitete v. a. P. CÉZANNE, der in der Malerei die Natur auf geometr. Körper zurückführte. G. BRAQUE und P. PICASSO fanden um 1907 etwa gleichzeitig das kubist. Darstellungsverfahren; PICASSO malte 1907 unter dem zusätzl. Einfluss afrikan. Plastik das programmat. Werk ›Les Demoiselles d'Avignon‹ (New York, Museum of Modern Art). Der Begriff wurde von dem Kritiker L. VAUXCELLES 1908 anlässlich der ersten Ausstellung von BRAQUE bei D.-H. KAHNWEILER in Paris geprägt. Der K. begann als analyt. K.: Objektrepräsentation in einer facettierten Simultaneität verschiedener Ansichten, Betonung der kompositionellen Bildarchitektur und ihrer Rhythmik. 1912 wurden in Collagen Realitätsfragmente (Holzstücke, Zeitungspapier u. a.) integriert und so die kubist. Mittel erweitert und der Ausgangspunkt des synthet. K. (Hauptvertreter J. GRIS) geschaffen, der charakterisiert ist durch weitgehende Aufgabe der Facettierung des Bildgegenstandes und der illusionist. Raumqualitäten. Durch Gruppierung und Zuordnung einzelner Elemente wird ein ganzheitl. Bildeindruck hervorgerufen unter Beschränkung auf eine Ebene (Flächenhaftigkeit). Der K. wurde in den 20er-Jahren von der europ. Avantgarde übernommen. In enger Verbindung zu ihm stand (bei deutlich unterschiedener Thematik) der →Orphismus, vertreten von R. DELAUNAY, F. KUPKA u. a., aber auch bei anderen Künstlern wurden neue Impulse spürbar (F. LÉGER, A. GLEIZES, A. LHOTE). Kubist. Plastiken schufen v. a. PICASSO, A. ARCHIPENKO, H. LAURENS und J. LIPCHITZ.

A. GLEIZES: K. (1928, Nachdr. 1980); D. H. KAHNWEILER: Der Weg zum K. (1958); D. COOPER: The Cubist epoch (London ³1976); DERS. u. G. TINTEROW: The essential cubism. Braque, Picasso and their friends, 1907–1920 (Neuausg. New York 1984); M. u. D. GERHARDUS: K. u. Futurismus (1977); K. Künstler, Themen, Werke, 1907–1920, Ausst.-Kat. (1982); A. GLEIZES u. J. METZINGER: Über den K. (a. d. Frz., 1988); G. APOLLINAIRE: Die Maler des K. (a. d. Frz., 1989); Die Entstehung des K. Eine Neubewertung, Beitrr. v. F. METZINGER u. a. (a. d. Frz., 1990); 1909–1925 K. in Prag. Malerei, Skulptur, Kunstgewerbe, Architektur, hg. v. J. SVESTKA u. a. (1991); Tschech. K. Architektur u. Design 1910–1925, hg. v. A. VON VEGESACK, Ausst.-Kat. Vitra Design Museum, Weil am Rhein (1991); Picasso and Braque. A symposium, hg. v. L. ZELEVANSKY (München 1992); K. in der Architektur, bearb. v. K. KAISER (²1993); F. METZINGER: Avant le cubisme. La route d'un peintre vers le cubisme. Vor dem Kubismus (1994).

Kubišta [ˈkubiʃta], Bohumil, tschech. Maler und Grafiker, * Vlčkovice (bei Königgrätz) 21. 8. 1884, † Prag 27. 11. 1918; gelangte über die Auseinandersetzung mit Impressionismus, Fauvismus, v. a. mit den Werken P. CÉZANNES und E. MUNCHS, zu einer expressiven Form des analyt. Kubismus und näherte sich schließlich dem Futurismus. Mit seinen programmat. Schriften beeinflusste er die Prager Kunstszene.

Kubitschek de Oliveira [-di-], Juscelino, brasilian. Politiker, * Diamantina 12. 9. 1902, † Resende (Rio de Janeiro) 22. 8. 1976; Arzt; 1950–54 Gouv. von Minas Gerais. Als Staatspräs. (1956–61) trieb er u. a. den Aufbau Brasílias voran. Der von K. eingeleitete Wirtschaftsaufschwung konzentrierte sich – bei wachsender inflationärer Tendenz – auf Produkte und Dienstleistungen des gehobenen Konsums und auf den Außenhandel. Nach dem Militärputsch von 1964 ging er ins Exil, 1967 kehrte er nach Brasilien zurück.

Kublai, mongol. Großkhan, →Kubilai.

Kübler, Arnold, schweizer. Schriftsteller, * Wiesendangen (bei Winterthur) 2. 8. 1890, † Zürich 27. 12. 1983; in Dresden und Berlin zum Bildhauer und Schauspieler ausgebildet. Danach war K. Redakteur, Zeichner und Kabarettist, schließlich freier Schriftsteller. Mit der Romanfigur ›Oeppi‹ stellt er in mehreren Romanen (u. a. ›Oeppi von Wasenwachs‹, 1943) seine eigene Entwicklungsgeschichte dar.

Kubo|oktaeder, Kuboktaeder, konvexes Polyeder, das man durch Verbinden der 12 Kantenmitten eines Würfels und Abtrennen der Würfelecken entlang den Verbindungslinien erhält.

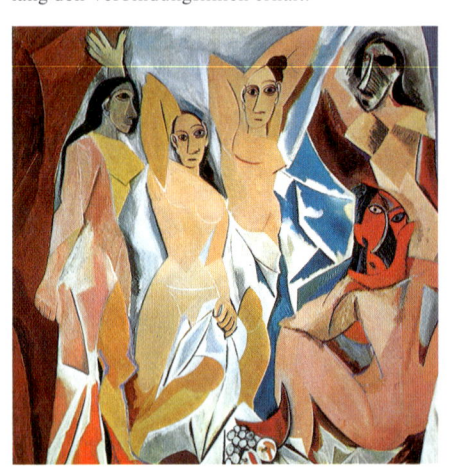

Kubismus: Pablo Picasso, ›Les Demoiselles d'Avignon‹; 1907 (New York, Museum of Modern Art)

Kubrat, Khan der Protobulgaren, →Kuvrat.

Kubrick [ˈkjuːbrɪk], Stanley, amerikan. Drehbuchautor, Produzent und Filmregisseur, * New York 26. 7. 1928; begann als Fotograf und Dokumentarist; in seinen Spielfilmen kehrt das Thema einer inhumanen, pervertierten Gesellschaft wieder; Herausarbeitung des Details, Neigung zu Perfektion und Präzision sowie wirkungsvoller Einsatz der Musik sind charakteristisch für seine Arbeit; Meister der Trickfilmtechnik. K. lebt seit 1961 in Großbritannien.

Filme: Der Tiger von New York (Killer's kiss, 1955); Die Rechnung ging nicht auf (The killing, 1956); Wege zum Ruhm (1957); Spartacus (1959–60); Lolita (1961); Dr. Seltsam oder Wie ich lernte, die Bombe zu lieben (Dr. Strangelove ..., 1963); 2001: Odyssee im Weltraum (1968); Uhrwerk Orange (1971); Barry Lyndon (1975); Shining (1980); Full Metal Jacket (1987).

A. WALKER: S. K. directs (London 1972); M. CIMENT: K. (a. d. Frz., 1982); T. A. NELSON: S. K. (a. d. Engl., 1984); S. K., bearb. v. C. HUMMEL u. a. (1984); Cinema of S. K., hg. v. N. KAGAN (Neuausg. New York 1991).

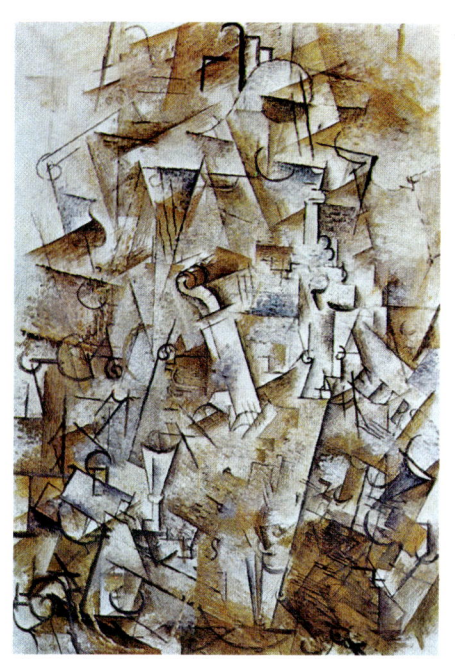

Kubismus: Georges Braque, ›Stillleben mit Harfe und Violine‹; 1912 (Düsseldorf, Kunstsammlung Nordrhein-Westfalen)

Kubus [lat.-griech.] *der, -/...ben,* **1)** *allg.:* Würfel. **2)** *Mathematik:* der →Würfel.

Kuby [ˈkuːbi], Erich, Pseudonym **A. Parlach,** Journalist und Schriftsteller, * Baden-Baden 28. 6. 1910; studierte Volkswirtschaft, wurde nach 1945 Journalist, war Chefredakteur der Zeitschrift ›Der Ruf‹, später Redakteur der ›Südd. Zeitung‹ und der ›Welt‹ sowie Redaktionsmitglied bei ›stern‹ und ›Spiegel‹; lebt heute als freier Schriftsteller in München und Venedig. Neben Kriegstagebüchern (›Demidoff: oder von der Unverletzlichkeit des Menschen‹, 1947), Dramen, Hör- und Fernsehspielen sowie Drehbüchern (u. a. ›Das Mädchen Rosemarie‹, 1957; als Roman u. d. T. ›Rosemarie, des dt. Wunders liebstes Kind‹, 1958) verfasste K. v. a. krit. Analysen zur Zeitgesch. und Medienkritiken (›Der Fall ‚stern' und die Folgen‹, 1983; ›Der Spiegel im Spiegel. Das dt. Nachrichtenmagazin – kritisch analysiert‹, 1987).

Kučan [ˈkuʒan], Milan, slowen. Politiker, * Križevci v Prekmurju (bei Murska Sobota) 14. 1. 1941; Jurist; 1978–86 Präs. des slowen. Parlaments; förderte 1986–89 als KP-Chef Sloweniens und Reformkommunist eine pluralist. Entwicklung; 1990 löste er die slowen. KP-Organisation aus dem BdKJ und setzte eine Verf.-Reform durch. Unter seinem Vorsitz wandelte sich die slowen. KP in die sozialdemokratisch orientierte Partei der demokrat. Erneuerung um. Am 22. 4. 1990 zum Staatspräs. gewählt, trat sein Amt am 25. 6. 1991 an (Wiederwahl am 5. 12. 1992).

Kucha [-tʃ-], Oasenstadt in China, →Kuqa.

Küche [ahd. chuhhina, von spätlat. coquina ›Küche‹, zu lat. coquere ›kochen‹], Raum oder gesonderter Bereich in Haushalten, Hotels und Gaststätten u. a., der vorwiegend der Zubereitung von Speisen dient und mit den dazu erforderl. Geräten und Vorrichtungen (Elektro-, Gas- oder Kohlenherd, Mikrowellengerät u. a.), Aufbewahrungsmöglichkeiten für Lebensmittel (z. B. Kühlmöbel) und K.-Zubehör, geeigneten Arbeitsflächen sowie den notwendigen Installationen (Wasser-, Elektrizitäts-, Gasanschluss; Abwasseranschluss, Lüftungs- bzw. Abgasführung) und Reinigungseinrichtungen (z. B. Spüle, Geschirrspülmaschine) ausgestattet ist.

Krankenhäuser, Betriebe, Truppenunterkünfte, Hotels, Gaststätten u. a. haben möglichst zentral gelegene **Groß-K.** Diese K. untergliedern sich i. d. R. in Haupt- oder Gar-K. sowie einen Bereich ›kalte K.‹ zur Bereitung von Salaten, Aufschnittplatten, kalten Vorspeisen, Desserts u. Ä. Groß-K. sind mit einer Vielzahl von Spezialgeräten ausgestattet (u. a. Hockerkocher, Kippbratpfannen, Etagenbacköfen, Garautomaten, Wärmeschränke). →Koch.

Geschichte: Als selbstständiger, zweckgebundener Raum ist die K. erst in fortgeschrittenen Kulturen nachweisbar, so in mesopotam. Stadthäusern um 2000 v. Chr.; in Griechenland sind K. erst seit dem 5. Jh. v. Chr. nachzuweisen. Im röm. Haus hatte der Herd zunächst seinen Platz im Atrium, in dem auch gegessen wurde. Später wurde er in einen Nebenraum verlegt. Eine kleine K. mit Herd und Kuchenbackofen, jedoch ohne Rauchabzug, charakterisiert das Wohnhaus Pompejis. Klöster und Burgen des MA. hatten oft große K. mit gewaltigen, auf Pfeilern und Bögen aufgemauerten Rauchfängen; sie wurden vielfach als selbstständige Bauten errichtet, so bes. in Frankreich und England. Schon im Klosterplan von St. Gallen (um 820) ist ein eigenes K.-Gebäude, das auch eine Braustube enthält, aufgezeichnet. Im Bauern- und Bürgerhaus wurde die Absonderung der K. durchweg auch schon im späteren MA. vollzogen, die altertüml. Mehrzweck-K. behauptete sich daneben noch lange in den Bauernhäusern des alpinen und des niederdt. Raumes. Im Zeitalter des Barock gab es Prunk-K., die eine repräsentativen Zwecken angemessene Ausstattung besaßen. Die Rauchfänge wurden erst im 19. Jh. vom geschlossenen Kamin abgelöst. – Zur Einrichtung der K. gehörte schon im MA. außer dem Herd ein Ausgussstein, manchmal auch ein Brunnen oder auch ein Backofen. In größeren K. gab es fest eingebaute Tische mit schweren Holz- oder Steinplatten. Im 20. Jh. trat an die Stelle der großräumigen, mit einzelnen Möbelstücken eingerichteten Wohn-K. die unter rationellen Gesichtspunkten durchgeplante **Einbau-K.** auf erheblich verkleinerter Grundfläche (›Frankfurter K.‹ von Margarete Schütte-Lihotzky, 1926 erstmals in Wohnsiedlungen von E. May in Frankfurt am Main).

Küchel, Johann Jakob Michael, Baumeister, * Bamberg 19. 8. 1703, † ebd. 2. 6. 1769; arbeitete ab 1735 in Bamberg unter B. Neumann, dessen Wallfahrtskirche Vierzehnheiligen er in eigenwilliger Weise vollendete. Sein Hauptwerk in Bamberg ist das Rathaus auf der Regnitzinsel (1749).

Küchelbecker, Wilhelm, russ. Schriftsteller dt. Herkunft, →Kjuchelbeker, Wilgelm Karlowitsch.

Küchenlatein [von dem Humanisten L. Valla geprägt, der G. F. Poggio Bracciolini vorwarf, er habe sein Latein bei einem Koch gelernt und zerschlage das grammatisch richtige Latein, wie jener Töpfe zerbreche], lat. **Latinitas culinaria,** Spott-Bez. für schlechtes Latein, speziell für das fehlerhafte Mönchs- und Universitätslatein des Spätmittelalters.

Küchenmaschinen, Elektrohaushaltsgeräte zur Vor- und Zubereitung von Speisen und Getränken sowie zu Tätigkeiten, die manuelle Küchenarbeiten ergänzen und/oder ersetzen. **Einzweck-K.** können nur eine Funktion ausführen, z. B. Entsafter, Dosenöffner, Kaffeemühle, Elektromesser. Die K. i. e. S. ist eine **Mehrzweck-K. (Universal-K.),** bestehend aus einem Antriebsteil oder Kernstück (Elektromotor, Schalter und ggf. Getriebe) und damit über Antriebswellen verbundenen, betriebsmäßig lösbaren Arbeits- und ggf. Zubehörteilen. Das Arbeitsteil kann als

Kubooktaeder

Milan Kučan

Küch Küchenschabe – Kuckucke

Küchenstück: Pieter Aertsen, ›Eiertanz‹; 1557 (Amsterdam, Rijksmuseum)

›Werk‹ (Baueinheit aus Werkzeug, Halterung, eventuell Getriebe sowie Aufnahmevorrichtungen) ausgeführt sein (Rühr- und Knetwerk, Mixwerk, Reib- und Schneidwerk, Hackwerk, Presswerk u.a.) oder auch nur das Werkzeug umfassen (Knet-, Rührwerkzeug).

Küchenschabe, Art der Hausschaben (→Schaben).

Küchenschelle, Kuhschelle, Pulsatilla, Gattung der Hahnenfußgewächse mit etwa 30 Arten (alle geschützt) im temperierten Eurasien. Eine vorwiegend auf Kalkböden vorkommende Art ist die giftige **Gemeine K. (Gewöhnliche K.,** Pulsatilla vulgaris) mit glockigen, hellvioletten Blüten. Auf Bergwiesen sowie in sandigen Kiefernwäldern und Heiden wächst die **Frühlings-K.** (Pulsatilla vernalis) mit bräunlich gelber Behaarung und nickenden Blüten, die innen gelbweiß und außen violett gefärbt sind. Die **Alpen-K.** (Pulsatilla alpina) besitzt lang gestielte Blüten; durch die im reifen Zustand bis auf 5 cm verlängerten, fedrig behaarten Griffel der einzelnen Nüsschen entstehen insgesamt große, kugelige Früchte **(Bergmännlein, Teufelsbart).** Sie hat zwei Unterarten: die Kalk meidende, gelb blühende **Schwefelgelbe Anemone** (Pulsatilla alpina ssp. apiifolia) und die Kalk liebende, weiß blühende **Alpen-K.** i. e. S. (Pulsatilla alpina ssp. alpina).

Küchenstück, Gattung der Malerei, die Elemente des Stilllebens und der Genremalerei in sich vereint. Das K. zeigt Motive aus Küchenräumen mit Arrangements von Geräten und Esswaren sowie Personen, die Küchenarbeit verrichten oder speisen. Es kam in der niederländ. Kunst des 16. Jh. auf (P. AERTSEN) und war im 17. Jh. in Spanien bes. beliebt (→Bodegón); in Italien eine Ausnahme (B. STROZZI). Im 18. Jh. wurde es in Frankreich von J.-B. CHARDIN neu belebt.

Küching [-tʃ-], Hauptstadt von Sarawak, O-Malaysia, am Sarawak, 30 km oberhalb seiner Mündung ins Südchin. Meer, 147 700 Ew.; Sitz eines kath. Erzbischofs und eines anglikan. Bischofs; Lehrerseminar, Sarawakmuseum; Sägewerke, Herstellung von Schuhen, Textilien und Seife; Fischerei; Hafen, Flugplatz. – Von der Großen Moschee (Besar Masjid) mit vergoldeten Kuppeln führt der Weg in die chinesisch geprägte Altstadt; das neoklassizist. Gebäude des Obersten Gerichts wurde 1874 errichtet, der mächtige Square Tower wurde 1879 erbaut; flussabwärts der älteste chin. Tempel der Stadt (Tua Pek Kong, 1876). Auf der N-Seite des Sarawak liegen der Regierungssitz Astana (1870) und das Fort Margherita, lange Zeit das Wahrzeichen der Stadt.

Kuchl, Markt-Gem. im Salzachtal, Bundesland Salzburg, Österreich, am Fuß des Hohen Göll, 469 m ü. M., 6 100 Ew.; Fremdenverkehrsort; Höhere Techn. Lehranstalt für Holzwirtschaft und Sägetechnik, holzkaufmänn. Fachschule, Schule für Einrichtungsberater; Heimatmuseum; Großmolkerei, Holzverarbeitung, Maschinenbau, Gipswerk. – Die Pfarrkirche besitzt eine Westempore mit Maßwerkbrüstung (1492). – K. ist das röm. Cucullae.

Küchler, Walter, Romanist, * Essen 19. 7. 1877, † Benediktbeuern 2. 8. 1953; wurde 1911 Prof. in Würzburg, 1922 in Wien, 1927 in Hamburg, 1933 aus polit. Gründen vorzeitig emeritiert; trat bes. mit Arbeiten zur frz. Literatur des 19. Jh. und über MOLIÈRE (1929) hervor; verfasste auch Nachdichtungen der Lyrik A. RIMBAUDS (›Sämtl. Gedichte‹, 1946) und C. BAUDELAIRES (›Prosadichtungen‹, 1947).

Kući [ˈkutsi], alban. Bergstamm im SO der Rep. Montenegro (Jugoslawien) mit rd. 9 000 Angehörigen, urspr. im Zetatal ansässig; mit den walach. Bokumiri, Mataguži und Uskoken vermischt; nahmen im 15. Jh. den orth. Glauben und die serb. Sprache an; 1547 von den Türken unterworfen.

Kückelmann, Norbert, Filmregisseur, * München 1. 5. 1930; Jurist; schuf gesellschaftskrit. Filme.

Weitere Filme: Die Sachverständigen (1973); Die letzten Jahre der Kindheit (1979); Morgen in Alabama (1984); Schweinegeld (1989); Abgetrieben (1992; Fernsehfilm).

Kuckersit [nach dem Ort Kuckers (estn. Kukruse) in Estland] *der, -s/-e,* fossilreicher, bräunlich gelber bis braunschwarzer ordoviz. Bitumenmergel (bis 52% Bitumen), den Ölschiefern zuzuordnen; aus einem marinen Faulschlamm oder einer Gyttja entstanden; 0,2–4 m dicke Flöze; dient der Gewinnung von Schwelteer und Schieferöl, zur Erzeugung von Klebstoffen und als Brennstoff.

Kuckhoff, Adam, Schriftsteller, * Aachen 30. 8. 1887, † (hingerichtet) Berlin-Plötzensee 5. 8. 1943; war ab 1920 Intendant in Frankfurt am Main, 1927–29 Schriftleiter der Zeitschrift ›Die Tat‹, ab 1930 Dramaturg in Berlin; nach 1933 Mitgl. der Widerstandsbewegung ›Rote Kapelle‹, 1942 verhaftet. K. schrieb Dramen, Erzählungen, Romane (›Eine Begegnung‹, 1930) sowie literar. und dramaturg. Abhandlungen.

Ausgabe: Ausw. von Erzählungen, Gedichten, Briefen, Glossen u. Aufs., hg. v. G. WIEMERS (1970).

I. DREWITZ: Leben u. Werk von A. K. (1968).

Kuckucke [lautmalend], **Cuculidae,** weltweit verbreitete Familie schlanker, vorwiegend braun, grau und schwarz, bisweilen auch glänzend grün gefärbter, amsel- bis hühnergroßer Vögel mit verhältnismäßig langem Schwanz und meist leicht gekrümmtem Schnabel; etwa 130 Arten, meist Baumbewohner, manche aber ausgeprägte Läufer; Insekten stellen die Hauptnahrung dar, wenige Arten fressen v. a. Früchte oder aber größere Beute wie Eidechsen und kleine Schlangen; viele K. sind Zugvögel; 51 Arten betreiben Brut-

Küchenschelle: Gemeine Küchenschelle (Höhe 5–40 cm)

Kuching: Blick auf die am Sarawak gelegene Stadt

parasitismus (Ablage der Eier in die Nester anderer Vögel). Bei K., die bei wenigen und großen Wirtsarten schmarotzen, ähneln Eier und Junge oft denen der Wirte, die Jungen wachsen i. d. R. auch gemeinsam auf; bei anderen, die kleinere Arten heimsuchen, werfen die jungen K. die Eier und Jungen der Wirtsart meist aus dem Nest. Beim einheim., etwa 30 cm langen **Kuckuck** (Cuculus canorus) wurden 100 verschiedene Singvögel als Wirtsarten nachgewiesen; die Weibchen legen sehr verschieden gefärbte Eier (aber jedes Weibchen immer nur denselben Typus), die Eifärbung stimmt oft mit den Eiern der bevorzugten Wirtsart überein; der ›Hinauswerf-Reflex‹ des Jung-K. besteht nur während der ersten 3–4 Tage. – Die meisten K.-Arten ziehen ihre Jungen aber selbst auf, manche bauen Gemeinschaftsnester oder zeigen Übergänge zum Brutparasitismus; die Nester befinden sich meist auf Bäumen oder Büschen. Es werden sechs Unterfamilien unterschieden: 1) **Eigentliche K.** (Cuculinae) mit 48 Arten (u. a. auch der Kuckuck), die alle Brutparasiten sind; nur in der Alten Welt; 2) **Buntschnabel-K.** (Phaenicophaeinae) mit 28 selbst brütenden Arten in der Alten und Neuen Welt; 3) **Maden-K.** (Crotophagidae), drei amerikan. Arten, schwarz mit hohem, seitlich zusammengedrücktem Schnabel, bauen Gemeinschaftsnester, in die mehrere Weibchen ihre Eier legen; 4) **Erd-K.** (Neomorphinae), 13 amerikan. Arten, davon drei Brutparasiten; selber brüten z. B. die beiden Renn-K. (›Roadrunners‹) der Gattung Geococcyx; 5) **Seiden-K.** (Couinae) mit 10 selbst brütenden Arten in Madagaskar; 6) **Sporn-K.** (Centropodinae) mit 27 altweltl., selbst brütenden Arten.

Kuckucksbienen, Bez. für Bienen, deren Larven als Brutparasiten bei anderen Bienen leben, z. B. →Kegelbienen.

Kuckucksspeichel, Bez. für den Schaum der →Schaumzikaden.

Kuckucksvögel, Cuculiformes, Ordnung der Vögel mit etwa 150 Arten, die sich auf die Familien der →Turakos (Musophagidae) und →Kuckucke (Cuculidae) verteilen. Die K. gelten als verhältnismäßig altertüml. Gruppe. Interessant ist der innerhalb der K. offenbar mehrfach unabhängig voneinander entstandene Brutparasitismus.

Kuçovë [kuˈtʃovə], 1950–90 **Qyteti Stalin** [kjyˈteti ˈstalin], Stadt in S-Albanien, 22 300 Ew.; Erdölverarbeitung.

Küçük Kaynarca [kyˈtʃyk kainarˈdʒa], bulgar. Dorf, →Kütschük Kainardschi.

Küçük Menderes [kyˈtʃyk-], Fluss in der Türkei, →Menderes.

Kuczynski [kuˈtʃinski], Jürgen, Wirtschaftswissenschaftler und -historiker, *Elberfeld (heute zu Wuppertal) 17. 9. 1904, †Berlin 6. 8. 1997; seit 1930 Mitgl. der KPD, 1936–44 Emigrant in Großbritannien, wurde 1946 Mitgl. der SED (u. a. 1950–58 Abg. der Volkskammer); war 1946–70 Prof. für Wirtschaftsgeschichte an der Humboldt-Univ. zu Berlin, 1955–90 Mitgl. der Akademien der Wiss.en der DDR und der UdSSR. K. galt in der DDR als Nestor der marxist. Wirtschaftswissenschaft.
Werke: New fashions in wage theory. Keynes, Robinson, Hicks, Rueff (1937); Die Gesch. der Lage der Arbeiter unter dem Kapitalismus, 38 Bde. (1960–1972); Memoiren (1973); Studien zu einer Gesch. der Gesellschaftswiss., 10 Bde. (1975–78); Zur Gesch. der bürgerl. polit. Ökonomie (1975); Dialog mit meinem Urenkel (1983); Gesch. des Alltags des dt. Volkes. Studien, 6 Bde. (1980–85); Gesellschaften im Untergang (1984); Die Intelligenz. Studien zur Soziologie u. Gesch. ihrer Größen (1987); ›Ein linientreuer Dissident‹. Memoiren 1945–1989 (1992); Ein hoffnungsloser Fall von Optimismus. Memoiren 1989–1994 (1994).

Kudełka, Stadt in Russland, →Asbest.

Kuder [alemann. Nebenform von Kater], *Jägersprache:* der Kater bei Wildkatze und Luchs.

Kudirka, Vincas, litauischer Schriftsteller und Journalist, *Paežeriai 31. 12. 1858, †Naumiestis (heute Kudirkos Naumiestis) 16. 11. 1899; durch seine publizist. Beiträge, Gedichte (›Laisvos valandos‹, 1899) und satir. Prosa (›Viršininkai‹, 1895) bedeutsam in der litauischen nat. Bewegung.

Kudlich, Hans, österr. Politiker, *Lobenstein (bei Jägerndorf) 25. 10. 1823, †Hoboken (N. J.) 11. 11. 1917; 1848 Mitgl. des österr. Reichstags. Sein Antrag auf Aufhebung der bäuerl. Untertänigkeit und Lasten wurde am 7. 9. 1848 Gesetz. Nach seiner Teilnahme am Wiener Oktoberaufstand (1848) und am Pfälz. Aufstand (1849) floh er in die USA.

Kudowa, Bad K., poln. **Kudowa Zdrój** [-ˈzdruj], Stadt in der Wwschaft Wałbrzych (Waldenburg), Polen, 350–500 m ü. M., in einem geschützten Talkessel am W-Fuß der Heuscheuer, an der Grenze zur Tschech. Rep., 10 700 Ew.; alljährlich S.-Moniuszko-Festival; Kurort mit Mineralquellen; Baumwoll-, Möbel-, Lebensmittelindustrie. – K., eine Gründung böhm. Protestanten, erhielt im 17. Jh. erste Badeanlagen und wurde 1945 Stadt. K. kam 1945 unter poln. Verwaltung; die Zugehörigkeit zu Polen wurde durch den Deutsch-Poln. Grenzvertrag vom 14. 11. 1990 (in Kraft seit 16. 1. 1992) anerkannt.

Kudrun, Gudrun, mittelhochdt. Heldenepos, das lediglich im Ambraser →Heldenbuch anonym überliefert ist. Die Entstehung des Werkes wird aus stilgeschichtl. Gründen im 13. Jh. (1230/50?) im bayerisch-österr. Raum angesetzt. Es umfasst 1 705 Strophen, hauptsächlich in Form der →Kudrunstrophe, daneben etwa 100 →Nibelungenstrophen, und ist in 32 Aventiuren gegliedert. Das Werk besteht aus drei Teilen, von denen der zweite in einer langen Sagentradition steht, während Vorstufen des dritten Teils umstritten sind, 1) der Vorgeschichte vom Greifenabenteuer des jungen Hagen, des Großvaters der Titelheldin, 2) einer ersten Brautwerbungsgeschichte um Hagens Tochter Hilde durch Hetel und den Sänger Horant sowie 3) einer zweiten Brautwerbungsgeschichte um Hildes und Hetels Tochter Kudrun, die nach ihrer Verlobung mit Herwig von Seeland vom normann. Königssohn Hartmut geraubt wird. Bei der Verfolgungsschlacht auf dem Wülpensand wird Hetel von Hartmuts Vater erschlagen. K. bewahrt ihrem Verlobten über 13 Jahre lang die Treue, obwohl sie deshalb von Königin Gerlind zu Magddiensten gezwungen wird. K. wird von ihrem Bruder und Herwig befreit, den sie schließlich heiratet. Die K. ist als Antwort auf das Nibelungenlied konzipiert; gegen den Untergang der höf. Welt stellt sie eine versöhnl. Utopie, konkretisiert in der vierfachen Heirat am Schluss.
Die K. wurde erst 1817 wieder entdeckt und v. a. durch die Übersetzung K. SIMROCKS (1843) populär. Von den dichter. Neugestaltungen des K.-Stoffes war der Roman ›Das Buch Liebe‹ (1918) von WERNER JANSEN (*1890, †1943) am erfolgreichsten.
Ausgabe: K., hg. v. K. BARTSCH (⁵1980).
W. HOFFMANN: K. Ein Beitr. zur Deutung der nachnibelung. Heldendichtung (1967); R. WISNIEWSKI: K. (²1969); Nibelungenlied u. K., hg. v. H. RUPP (1976); W. MCCONNELL: The epic of K. A critical commentary (Göppingen 1988).

Kudrunstrophe, altdt. epische Strophenform, die aus vier paarweise gereimten Langzeilen besteht, von denen die beiden ersten der →Nibelungenstrophe entsprechen; der Abvers der dritten Langzeile hat dagegen vier Hebungen und klingende Kadenz, der der vierten Langzeile sechs Hebungen und ebenfalls klingende Kadenz. Viele K. weisen Zäsurreim auf.

Kuds, El-K., arab. Name von →Jerusalem.

Kudu [Sanskrit, von Tamil kutu ›Vogelkäfig‹, ›Vogelnest‹] *das, -s/-s,* hufeisenförmiges Dekorationsmotiv an ind. Bauten, ursprüngl. Giebelform ind. Tonnengewölbe. In Indien findet es sich in früher Zeit als

Kuckucke:
Cuculus canorus
(Größe etwa 30 cm)

Fenster, später v. a. als Blindfenster ohne Nischenbekrönung oder -rahmung für Reliefskulpturen, v. a. in horizontaler Reihung an Gesimsen im Dravidastil S-Indiens und sich verjüngend in vertikaler Staffelung an den Shikharas der Nagaratempel in N-Indien.

Kudu [afrikaans] *der, -s/-s,* **Schraubenantilope,** Name zweier Arten bräunlich gefärbter Antilopen mit langen, schraubenförmig gedrehten Hörnern beim Männchen, die Weibchen sind hornlos. Der **Große K.** (Tragelaphus strepsiceros; Schulterhöhe etwa 1,6 m) lebt in lichten Wäldern und Buschland Afrikas südlich der Sahara. Der **Kleine K.** (Tragelaphus imberbis; Schulterhöhe etwa 1 m) ist in trockenen Dornbuschgebieten O-Afrikas beheimatet.

Kudurru [babylon. ›Grenzsteinurkunde‹] *der, -(s)/-s,* steinernes Rechtsmal v. a. der kassit. Epoche in Altmesopotamien. Der stelenartige konische Stein trägt gewöhnlich den Text einer Urkunde über die vom König vorgenommene Landverleihung sowie ein Relief der als Zeugen des Rechtsaktes oder als Garanten angerufenen Götter mit ihren Symbolzeichen. Gekrönt ist der Stein üblicherweise von einer Schlange. BILD →kassitische Kunst

Kudymkar, Stadt sowie Verwaltungssitz des Autonomen Kreises der Komi-Permjaken, Russ. Föderation, am O-Rand des Kamaberglandes, 34 000 Ew.; Holz-, Leinen-, Nahrungsmittelindustrie.

Kuehl [kyːl], **Kühl,** Gotthardt Johann, Maler, *Lübeck 28. 11. 1850, †Dresden 9. 1. 1915; Schüler von W. VON DIEZ in München (1870–73), weitere Ausbildung 1878–89 in Paris. 1895 wurde er Prof. an der Akad. in Dresden. K. malte v. a. unter Einfluss von É. MANET, aber auch von niederländ. Meistern des 17. Jh. (P. DE HOOCH, J. VERMEER) beeinflusste Stadtansichten (bes. von Dresden), Interieuren und Porträts.

Kueisui, früherer Name der chin. Stadt →Hohhot.

Kuenringer [ˈkyːn-], aus Sachsen stammendes österr. Ministerialergeschlecht im NW des Waldviertels, gründete u. a. Zwettl (Burgstadt und Stift), Weitra und Gmünd (NÖ); stiegen im 13. Jh. zu Landmarschällen in Österreich auf; 1594 starb das Haus aus.

Kues [kuːs], Stadtteil von →Bernkastel-Kues.

Kues [kuːs], Nikolaus von, Philosoph, →Nikolaus, N. von Kues.

Kufa, kleine Stadt in Irak, an einem Arm des Euphrat, in landwirtschaftl. Umgebung. – 638 vom Kalifen OMAR als Militärlager gegründet; 657 verlegte der 4. Kalif, ALI, die Residenz des Kalifats von Medina nach K., das sich zu einer bedeutenden Stadt und Pflegestätte der Wiss.en (›kufische Schrift‹) entwickelte. Als Kalifenresidenz wurde K. 661 von Damaskus abgelöst.

Kufe [ahd. kuofa, von lat. cupa ›Tonne‹], alte dt. Volumeneinheit für Bier; in Sachsen galt 1 K. = 2 Fass = 796 l, in Preußen war 1 K. = $^1/_9$ Gebräude = 400 Quart = 458 l.

Kudu: Großer Kudu (Schulterhöhe etwa 1,6 m)

Kufenstechen, Banzenstechen, Tonnenschlagen, bäuerl. Reiterspiel, bei dem eine Kufe (Tonne, Fass, bair. Banzn) nach scharfem Anritt mit einem Eisenspieß oder -kolben zerstört wird. Die Verbreitung des K. erstreckte sich in Dtl. auf Vorpommern und O-Mecklenburg, Dithmarschen und einzelne Orte in Bayern und Österreich, wo es im Kärntner Gailtal (am Kirchweihfest) noch geübt wird.

Küfer, Bruno, Schriftsteller, →Scheerbart, Paul.

Kuff [von fries. kuf(schip), zu niederländ. kof, verwandt mit Kufe] *die, -/-e,* früher in Ostfriesland und den Niederlanden benutztes, flachgehendes Küstenfrachtsegelschiff mit runden Schiffsenden, meist ein Anderthalbmaster.

Kufija [arab.] *die, -/-s,* die →Kefije.

kufische Schrift: Handschrift auf Pergament; Mesopotamien, 8. Jh. (Mainz, Gutenberg-Museum)

kufische Schrift [nach Kufa], **Kufi,** die eckige Monumentalform der arab. Schrift; sie wurde als Schreibschrift im 12. Jh. verdrängt (→Kalligraphie). Aus der k. S. entwickelte sich im 10. Jh. die noch heute in NW-Afrika gebräuchl. arabisch-maghrebin. Schrift.

Küfow, Stadt in China, →Qufu.

Kufra, Gruppe weit auseinander liegender Oasen in der Libyschen Wüste, in der Cyrenaika, in einer 50 km langen, flachen Mulde (Wadi el-K.) zw. ausgedehnten Dünenfeldern im W und dem **Bergland von K.** (Sandstein mit Quarzitdecken) im O, etwa 16 000 Bewohner; Oasengärten mit 250 000 Dattelpalmen. Fossiles Grundwasser wird in jüngster Zeit in großen Beregnungsanlagen genutzt; eine Wasserleitung zum Küstengebiet (Projekt ›Großer künstl. Fluss‹) ist geplant. Hauptort ist El-Djof (ital. El-Giof), früher Umschlagplatz für Karawanen; nahebei liegt auf einem Plateau (420 m ü. M.) das Kloster der Senussi At-Tadj, zw. 1895 und 1931 mehrfach deren Hauptsitz.

Kufstein, 1) Bezirkshauptstadt im Unterinntal, Tirol, Österreich, an der Grenze zu Dtl., 500 m ü. M., 14 700 Ew.; Schulstadt, Fremdenverkehrsort; Glashütte, chem. Werke, Metall verarbeitende Industrie (v. a. Maschinenbau), Herstellung von Siebdruckmaschinen, Waffen, Sportartikeln; stark frequentierter Grenzbahnhof und Autobahnübergang. – Spätgot. Pfarrkirche St. Vitus (im 18. und 19. Jh. verändert); im Ortsteil Kleinholz die Wallfahrtskapelle Mariä Heimsuchung, ein barocker Zentralbau von 1679–81. – Das bereits 788 erwähnte K. erhielt 1339 Stadtrecht. Es fiel 1504 von Bayern an Tirol. – Die Burg über der Stadt (1205 erwähnt, seit dem 16. Jh. fälschlich ›Geroldseck‹ gen.) wurde 1552–63 zur stärksten Festung des Landes ausgebaut (heute Heimatmuseum).

2) Bez. in Tirol, Österreich, umfasst v. a. das Unterinntal unterhalb der Zillermündung, 970 km², 86 600 Einwohner.

Kuge, in Japan Bez. für den Hofadel, der v. a. während der Heianzeit (794–1185) eine staatsbeherrschende Rolle spielte. Eine der bekanntesten Hofadelsfamilien waren die →Fujiwara. Schließlich verlor der Hofadel mit dem Sieg der →Minamoto die Regierungsgewalt an den Kriegeradel (→Buke) und blieb in der Folge auf repräsentative Aufgaben beschränkt.

Kugel [mhd. kugel(l), urspr. ›Rundung‹], **1)** *Mathematik:* der geometr. Ort aller Punkte (des Raumes), die von einem gegebenen Punkt M (**K.-Mittelpunkt**) einen festen Abstand r (**K.-Radius**) haben; eine allseitig geschlossene Fläche mit konstanter Krümmung. In kartes. Koordinaten lautet ihre Gleichung

$$(x-x_0)^2+(y-y_0)^2+(z-z_0)^2=r^2,$$

wenn x_0, y_0, z_0 die Koordinaten des Mittelpunktes sind. Gewöhnlich wird als K. auch der von dieser Fläche umschlossene Körper (**K.-Körper**) bezeichnet, der aus allen Punkten P besteht, die von M einen Abstand $\overline{MP}\leq r$ haben. – Der Flächeninhalt der K.-Oberfläche beträgt $A=4\pi r^2$, der Rauminhalt des eingeschlossenen Körpers (**K.-Volumen**) $V=4\pi r^3/3$. Der Begriff der K. lässt sich auch auf einen metr. Raum höherer Dimension verallgemeinern. Man spricht dann von einer **Hyper-K. (Hypersphäre).**

Jede Schnittfigur einer K. mit einer Ebene ist ein Kreis; geht die Ebene durch den Mittelpunkt, schneidet sie die K. in einem →Großkreis, ansonsten in einem →Kleinkreis. Dabei entstehen auf beiden Seiten der Ebene die K. (**K.-Segmente**). Den zur K.-Oberfläche gehörenden Teil eines K.-Abschnitts bezeichnet man als **K.-Kappe (K.-Haube, Kalotte).** Ergänzt man einen K.-Abschnitt über seinem Grundkreis durch einen Kegel, dessen Spitze im Mittelpunkt der K. liegt, so entsteht ein **K.-Ausschnitt (K.-Sektor).** Wird eine K. von zwei parallelen Ebenen geschnitten, so entsteht zw. diesen eine **K.-Schicht;** ihr zur K.-Oberfläche gehörender Teil bildet eine **K.-Zone.** Zwei Ebenen durch den K.-Mittelpunkt, die einander schneiden, liefern **K.-Keile;** die zugehörigen Teile der K.-Oberfläche heißen **K.-Zweiecke.** – Die Geometrie der K.-Oberfläche liefert ein Modell der ellipt. Geometrie (→nichteuklidische Geometrie).

Die K. ist das geometr. Gebilde, das bei gegebenem Volumen den kleinsten Oberflächeninhalt besitzt bzw. bei gegebenem Oberflächeninhalt das größte Volumen (→isoperimetrisches Problem).

2) *Sport:* →Kegelsport, →Kugelstoßen.

3) *Waffenkunde:* →Geschoss.

Kugel|alge, die Grünalgengattung →Volvox.

Kugel|amarant, Gomphrena, Gattung der Fuchsschwanzgewächse mit etwa 90 Arten in den wärmeren Gebieten (nicht in Afrika). Die bekannteste Art ist die in O-Indien heim. **Gomphrena globosa,** eine in Mitteleuropa als (wärmebedürftige) Gartenzierpflanze kultivierte Art, die wegen der glänzenden, weißen bis purpurvioletten, kugelförmigen Blütenstände auch für Trockensträuße beliebt ist.

Kugel|amphorenkultur, endsteinzeitl. Kulturgruppe (Mitte des 3. Jt. v. Chr.), verbreitet von Mittel-Dtl. bis W-Russland, benannt nach der keram. Leitform, einer kugelförmigen Amphora.

Kugelblitz, seltene Erscheinungsform des →Blitzes, meist gegen Ende eines schweren Gewitters auftretend. K. haben die Form einer leuchtenden Kugel von der Größe eines Tennisballs bis zu der eines Fußballs, die sich langsam (rollend oder springend) längs einer unregelmäßigen Bahn nahe der Erdoberfläche fortbewegt. Manchmal verschwinden K. geräuschlos, in anderen Fällen explodieren sie mit lautem Knall, ohne größeren Schaden anzurichten. Eine eindeutige Erklärung dieses Phänomens steht noch aus.

Kugelblume, Globularia, Gattung der **Kugelblumengewächse** (eine den Rachenblütlern nahe stehende Pflanzenfamilie mit etwa 250 Arten in zehn Gattungen) mit etwa 20 Arten in Europa, W-Asien und auf den atlant. Inseln (Kanaren, Kapverden); Kräuter oder Zwergsträucher mit meist blauen Blüten in kugeligen Blütenständen; kultiviert v. a. für Steingärten.

Kugelcharakteristik, die →Richtcharakteristik von Kugelstrahlern und -mikrofonen, bei der eine gleichmäßige, kugelförmige Abstrahlung oder Aufnahme elektromagnet. Wellen oder Schallwellen in bzw. aus allen Richtungen erfolgt.

Kugeldistel, Echinops, Korbblütlergattung mit etwa 120 Arten, vom Mittelmeerraum bis Zentralasien und in den tropischen afrikan. Gebirgen verbreitet; distelartige Stauden mit einblütigen ›Köpfchen‹, die insgesamt kugelige Blütenstände bilden. Einige Arten, v. a. blau blühende wie die aus S-Europa stammende Art **Echinops ritro,** sind beliebte Gartenstauden; gute Bienenfutterpflanzen.

Kugeldreieck, das →sphärische Dreieck.

Kugeldruckhärte, *Werkstoffprüfung:* Härte eines Stoffes (z. B. Kunststoff, Holz, Gummi), die sich aus der Größe des bei Einwirken einer bestimmten Kraft erzeugten Eindrucks einer Stahlkugel oder der Kraft, die zur Erzeugung eines bestimmten Eindrucks aufgewendet werden muss, errechnet; entspricht bei metall. Werkstoffen der Brinell-Härte (→Härteprüfung).

Kugelfische, Tetraodontidae, Familie der Haftkiefer mit 131 Arten im Brack- und Süßwasser der Tropen und Subtropen, viele sind Korallenfische. K. besitzen einen plumpen, meist mit feinen Stacheln besetzten Körper und ein schnabelartiges, aus Zahnplatten bestehendes Gebiss zum Aufbrechen der Gehäuse von Nahrungstieren wie Schnecken, Muscheln oder Krebsen. Der stark dehnbare Magensack nimmt bei Gefahr so viel Wasser auf, dass der Fisch die Gestalt einer Kugel annimmt. K. (mehrere Arten) werden in Japan von speziell dazu ausgebildeten Köchen (Ovarien, Gallenblase, Leber und Darm enthalten das Gift →Tetrodotoxin und müssen nach dem Tod der Tiere schnell und vollständig entfernt werden) zu einem delikaten Fischgericht (**Fugu**) zubereitet. – Einige K. sind Aquarienfische, bes. der **Fluss-K.** (Tetraodon fluviatilis) und die **Krugfische** (Gattung Canthigaster), ein beliebter Seewasseraquarienfisch ist der **Spitzkopf-K.** (Canthigaster valentini). Der bis 45 cm lange **Fahak** oder **Nil-K.** (Tetraodon fahaka) lebt im Oberlauf des Nils und in W-Afrika.

Kugelfliegen, Cyrtidae, Familie der Fliegen mit etwa 250 Arten, Körper plump, fast kugelig, 4–12 mm lang, pelzig behaart, mit kleinem Kopf; die Larven leben parasitisch in Spinnen oder deren Eigelegen.

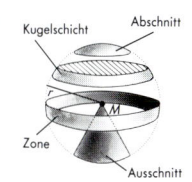

Kufstein 1): Die über der Stadt gelegene Burg

Kugel 1): Kugelschnitte; r Kugelradius, M Kugelmittelpunkt

Kugeldistel: Echinops ritro (Höhe 80–100 cm)

Kugelfische: Spitzkopfkugelfisch (Länge bis 12 cm)

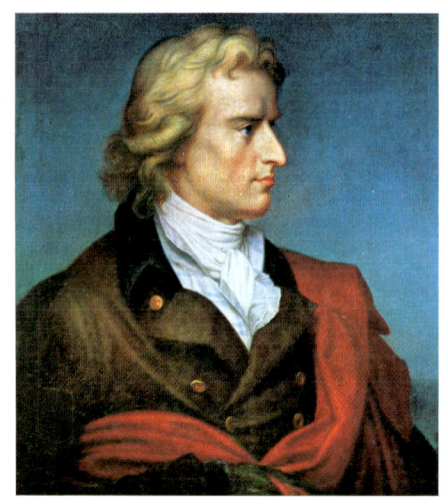

Gerhard von Kügelgen: Friedrich von Schiller; 1808/09 (Frankfurt am Main, Freies Deutsches Hochstift)

Kugelpackung: Kubisch dichteste (oben) und hexagonal dichteste Kugelpackung (unten)

Kugelprimel (Höhe bis 20 cm)

Kugelfunktionen, Kugelflächenfunktionen, die Funktionen

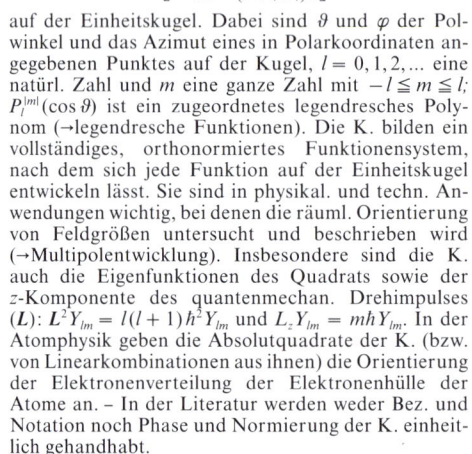

$$Y_{lm}(\vartheta,\varphi) = (-1)^m \left[\frac{2l+1}{4\pi} \frac{(l-|m|)!}{(l+|m|)!} \right]^{1/2} P_l^{|m|}(\cos\vartheta)\, e^{im\varphi}$$

auf der Einheitskugel. Dabei sind ϑ und φ der Polwinkel und das Azimut eines in Polarkoordinaten angegebenen Punktes auf der Kugel, $l = 0, 1, 2, \ldots$ eine natürl. Zahl und m eine ganze Zahl mit $-l \leq m \leq l$; $P_l^{|m|}(\cos\vartheta)$ ist ein zugeordnetes legendresches Polynom (→legendresche Funktionen). Die K. bilden ein vollständiges, orthonormiertes Funktionensystem, nach dem sich jede Funktion auf der Einheitskugel entwickeln lässt. Sie sind in physikal. und techn. Anwendungen wichtig, bei denen die räuml. Orientierung von Feldgrößen untersucht und beschrieben wird (→Multipolentwicklung). Insbesondere sind die K. auch die Eigenfunktionen des Quadrats sowie der z-Komponente des quantenmechan. Drehimpulses $(\boldsymbol{L})$: $\boldsymbol{L}^2 Y_{lm} = l(l+1)\hbar^2 Y_{lm}$ und $L_z Y_{lm} = m\hbar Y_{lm}$. In der Atomphysik geben die Absolutquadrate der K. (bzw. von Linearkombinationen aus ihnen) die Orientierung der Elektronenverteilung der Elektronenhülle der Atome an. – In der Literatur werden weder Bez. und Notation noch Phase und Normierung der K. einheitlich gehandhabt.

Kügelgen, 1) Gerhard von, Maler, *Bacharach 6. 2. 1772, †(ermordet) Loschwitz (heute zu Dresden) 27. 3. 1820, Vater von 2); ließ sich nach Aufenthalten in Rom, Riga, Reval und Sankt Petersburg 1805 in Dresden nieder. Bedeutender als seine klassizist. Bilder sind seine Porträts (GOETHE, SCHILLER, J. G. HERDER, C. M. WIELAND, C. D. FRIEDRICH u. a.).

2) Wilhelm von, Maler und Schriftsteller, *Sankt Petersburg 20. 11. 1802, †Ballenstedt 25. 5. 1867, Sohn von 1). Nach Kunststudium 1818–25 in Dresden und Romaufenthalt lebte K. 1827–29 in Russland, wurde 1834 Hofmaler (Porträts, religiöse Bilder) und war seit 1853 Kammerherr des geisteskranken Herzogs KARL ALEXANDER von Anhalt-Bernburg (*1805, †1863); Verf. des berühmten Memoirenwerkes ›Jugenderinnerungen eines alten Mannes‹ (hg. 1870), worin er in geistreich-humorvollen Impressionen aus dem bürgerl. und höf. Leben des frühen 19. Jh. berichtet.
Ausgaben: Erinnerungen, hg. v. E. u. B. KÜGELGEN, 2 Bde. (1967); Jugenderinnerungen eines alten Mannes (Neuausg. 1984).

Kugelhahn, *Maschinenbau:* ein →Absperrorgan.

Kugelhaufenreaktor, Hochtemperaturreaktor (→Kernreaktor) mit kugelförmigen →Brennelementen.

Kugelkaktus, die Pflanzengattung →Igelkaktus.

Kugelko|ordinaten, die →sphärischen Koordinaten.

Kugelkopf, kugelähnlicher Kunststoffkörper mit einem kompletten, auf der Oberfläche verteilten Schrifttypensatz für eine elektr. Schreibmaschine.

Kugelkopffliegen, Augenfliegen, Dorylaeidae, Pipunculidae, Familie der Fliegen mit über 400 Arten (in Mitteleuropa 45 Arten), 3–8 mm lang, Kopf groß mit riesigen Komplexaugen; die Larven entwickeln sich parasitisch meist in Larven von Kleinzikaden.

Kugellager, *Maschinenbau:* ein →Lager.

Kugelmühle, Maschine zur Feinzerkleinerung fester Stoffe durch Schlagen und Reiben bei nasser oder trockener Mahlweise. In einer um eine horizontale Achse rotierenden, gepanzerten und mit Löchern versehenen Zylindertrommel befinden sich die Mahlkörper: Stahl- oder keram. Kugeln, Gesteinsstücke oder das Mahlgut selbst (**Autogenmühlen**).

Kugelmuscheln, Sphaeriidae, Familie 2–25 mm langer Süßwassermuscheln mit dünner, eiförmigrundl. Schale; z. B. die bis 25 mm lange einheim. **Fluss-K.** (Sphaerium rivicola) und die →Erbsenmuscheln.

Kugel|orchis, eine Orchideenart, →Knabenkraut.

Kugelpackung, räuml. Anordnung von Kugeln, die sich jeweils zu mehreren berühren. In einer **ebenen dichtesten K.** gleich großer Kugeln wird jede Kugel von sechs anderen umgeben (berührt), deren Mittelpunkte ein regelmäßiges Sechseck bilden. Solche K. lassen sich auf zwei versch. Arten zu einer **räumlich dichtesten K.** zusammensetzen. In beiden Fällen liegen die Kugeln jeder Schicht über den Lücken der unmittelbar darunter liegenden Schicht. Bei der **hexagonal dichtesten K.** liegen in der dritten Schicht die Kugelmittelpunkte jeweils genau über denen der ersten, bei der **kubisch dichtesten K.** ist dies erst wieder bei den Kugelmittelpunkten der vierten Schicht der Fall. K. spielen (neben rein geometr. Überlegungen) v. a. in der Kristallographie zur Erklärung der Strukturen von →Kristallen (BILD) eine Rolle.

Kugelprimel, Primula denticulata, bis 20 cm hohe Primelart, die auf alpinen Wiesen vom Himalaja bis W-China verbreitet ist; Rosettenpflanze mit aufrechten Blüten in dichten, kugeligen Köpfchen; früh blühende Zierpflanze mit vielen Farbsorten.

Kugelraum, ein nach Plänen von K. STOCKHAUSEN anlässlich der Weltausstellung EXPO 70 in Osaka für den dt. Pavillon (Kugelauditorium) realisiertes Lautsprechersystem der →Liveelektronik. Es besteht aus sieben konzentr. Ringen, die mit insgesamt 50 Lautsprechern besetzt sind und ein Wandern des Klanges rund um die Zuhörer ermöglichen.

Kugelschale, der zw. den Oberflächen zweier konzentr. Kugeln liegende Raumteil.

Kugelschaufler, *Fördertechnik:* stetig arbeitende Lademaschine zum Fördern von Schüttgütern. Das Ladegut wird mithilfe eines umlaufenden messerbestückten kugelförmigen Aufnahmekopfes aufgenommen und über Förderbänder weitertransportiert.

Kugelschnecken, Blasenschnecken, Ampullariidae, zu den Vorderkiemern gehörende Schne-

Kugelschnecken: Ampullarius scalaris

cken in trop. Süßgewässern mit bis 5 cm langer kugeliger Schale und einer in Lungen- und Kiemenhöhle längs geteilten Mantelhöhle, die den K. eine amphib. Lebensweise ermöglicht. K. sind beliebte Algenvertilger in Warmwasseraquarien.

Kugelschreiber, eine Farbmine enthaltender Schreibstift, bei dem eine kleine rollende Kugel in der Minenspitze die Farbmasse auf das Schreibpapier überträgt; die stillstehende Kugel verschließt die Mine und verhindert dadurch deren Austrocknen. – Der heutige K. wurde 1938 von den ungar. Brüdern LADISLAUS und GEORG BIRO erfunden; sein Vorläufer war der 1879 von A. T. CROSS, einem in die USA ausgewanderten engl. Silberschmied, erfundene **Stylographic Pen,** der mit Kugelspitze und Tinte arbeitete.

Kugelspinnen, die →Haubennetzspinnen.

Kugelspringer, Sminthuridae, Familie der Springschwänze mit etwa 300 Arten (in Mitteleuropa 60 Arten), 0,4–4 mm groß, kugelförmig; K. leben an feuchten Stellen und benagen grüne Pflanzen.

Kugelsternhaufen, →Sternhaufen.

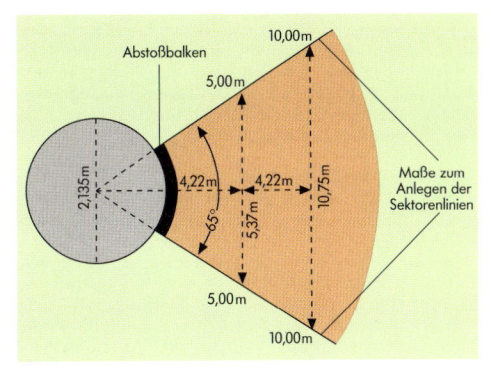

Kugelstoßen: Kugelstoßanlage

Kugelstoßen, leichtathlet. Wettbewerb, bei dem eine metall. Kugel aus einem Kreis heraus gestoßen wird; begrenzt wird er durch einen fest verankerten Abstoßbalken, der nicht betreten werden darf. Die Weite des Stoßes wird von der dem Abstoßbalken am nächsten liegenden Aufschlagstelle bis zur Innenkante des Balkens gemessen. Die **Kugel** für Männer hat ein Gewicht von 7,265–7,285 kg (Durchmesser 11–13 cm), diejenige für Frauen von 4,005–4,025 kg (Durchmesser 9,5–11 cm).

K. ist auch Teil der Mehrkämpfe (Zehnkampf: erster Tag, dritte Disziplin; Siebenkampf: zweiter Tag, zweite Disziplin). Olymp. (seit 1896, für Frauen seit 1948), EM- (seit 1934, für Frauen seit 1938) und WM-Disziplin (seit 1983). – Das K. entwickelte sich – v. a. in Großbritannien – aus Stoßwettkämpfen mit Steinen oder Metallstücken.

Kugelzellen|anämie, hereditäre Sphärozytose, erbliche familiäre Gelbsucht, Kugelzellenikterus, autosomal-dominant (→Autosom) erbliche Form der hämolyt. Anämie, die durch einen Membrandefekt der roten Blutkörperchen verursacht wird. Durch Aufnahme von Wasser und Natrium quellen die roten Blutkörperchen auf und nehmen Kugelform (Sphärozyten) an; aufgrund ihrer abweichenden Form werden sie in der stark vergrößerten Milz abgebaut. Der ständige Verlust von roten Blutkörperchen führt zu Blutarmut; zugleich kommt es durch den übermäßigen Hämoglobinanfall beim Abbau zu Gelbsucht (hämolyt. Ikterus). Bei Infekten tritt z. T. ein krisenhafter Abfall der Erythrozytenzahl, auch mit tödl. Ausgang, auf. Die *Behandlung* besteht in einer frühzeitigen Entfernung der Milz.

Kugler, Franz Theodor, Kunsthistoriker, Kulturpolitiker und Schriftsteller, * Stettin 19. 1. 1808, † Berlin 18. 3. 1858; wurde 1835 Prof. an der Berliner Akad., 1843 Kunstreferent im preuß. Kultusministerium; einer der Begründer der Kunstwissenschaft.
Werke: Gesch. Friedrichs d. Gr. (1841–42, mit Holzschnitten v. A. VON MENZEL); Hb. der Kunstgesch. (1842).

Kuh [ahd. kuo ›(weibl.) Rind‹], Bez. für das erwachsene weibl. Tier bei vielen Säugetierarten, so z. B. bei Giraffen, Elefanten, Flusspferden, Rindern; beim Hausrind wird das weibl. Tier erst nach dem ersten Kalben als K. bezeichnet, vorher als Färse.

Kuh, Anton, österr. Publizist, * Wien 12. 7. 1890, † New York 18. 1. 1941; Mitarbeiter versch. Zeitschriften (u. a. ›Die Schaubühne‹, ›Die Weltbühne‹); mit seinen satir. Glossen, Kritiken und Rezensionen ist er einer der brillantesten Vertreter des Wiener Feuilletons. Seine publizist. Fehde mit K. KRAUS führte bis zur jurist. Auseinandersetzung. Zahlr. kultur- und gesellschaftskrit. Texte weisen ihn als frühen Gegner faschist. Ideologien aus. 1938 emigrierte er nach Prag, 1939 in die USA.
Ausgaben: Luftlinien. Feuilletons, Essays u. Publizistik, hg. v. R. GREUNER (1981); Zeitgeist im Literatur-Café. Feuilletons, Essays u. Publizistik, hg. v. U. LEHNER (²1985); Hans Nebbich im Glück. Feuilletons, Essays u. Publizistik, hg. v. DEMS. (1987).

Kuh|antilopen, Alcelaphinae, Unterfamilie bis rothirschgroßer, hochbeiniger Antilopen in Steppen und Savannen Afrikas. Körper schmal; Kopf auffallend lang; Männchen und Weibchen mit mäßig langen, geschwungenen Hörnern. – Man unterscheidet drei Gattungen: →Gnus, →Leierantilopen und **Hartebeests** (K. i. e. S., Alcelaphus); Letztere mit vielen Formen, die man heute als Unterarten einer einzigen Art auffasst, u. a.: **Kongoni** (Alcelaphus buselaphus cockii), in O-Afrika beheimatet, mit hell- und rötlich braun gefärbtem Rumpf; **Konzi** (Alcelaphus buselaphus lichtensteini), ähnlich wie das Kongoni, jedoch viel kleiner; ebenfalls in O-Afrika verbreitet; das **Kaama** (Alcelaphus buselaphus caama) nur noch in wenigen Schutzgebieten des südl. Afrika zu finden.

Kuharić [-rit͡ɕ], Franjo, kroat. kath. Theologe, * Pribić (bei Zagreb) 15. 4. 1919; wurde 1945 in Zagreb zum Priester geweiht, 1964 zum Bischof geweiht und assistierender Bischof von Zagreb, war Chefredakteur der kroatischen kath. Zeitung ›Glas Koncila‹ (›Stimme des Konzils‹). 1970–97 war er (seit 1983 Kardinal) Erzbischof von Zagreb. Gegenüber den kommunist. Behörden Kroatiens trat K. für die Achtung der Menschenrechte ein. Kirchenpolitisch bemüht er sich bes. um die Verbesserung der geschichtlich belasteten Beziehungen zur serbisch-orth. Kirche, wobei ihm die historisch gerechte Beurteilung der Rolle der kath. Kirche in Kroatien zw. 1941 und 1945 bes. wichtig ist.

Kuh|auge, ein Schmetterling, →Ochsenauge.

Kuh-e Baba, Koh-e Baba, Gebirgskette im zentralen Afghanistan, südwestl. Ausläufer des Hindukusch. Östlich der höchsten Erhebung (Shah Fuladi, 5 143 m ü. M.) im Zentrum führt über den Pass Hadjigak (3 520 m ü. M.) eine unbefestigte Straße von Kabul nach Bamian.

Kuh-e Chodje [-'xɔd-], **Kuh-e Khadjeh,** Berg in der Prov. Sistan und Belutschistan, südwestlich von Sabol, O-Iran, nahe der afghan. Grenze; Ruinen eines Feuertempels aus parth. Zeit und eines Palastes aus parth. und sassanid. Zeit. Die Anlage bestand aus vier Iwanbauten, die um einen Hof gruppiert waren.

Kuh-e Daman, Koh-e Daman, altbesiedelte Landschaft in Afghanistan nördlich von Kabul, mit Anbau von Weintrauben u. a. Obst.

kuhhessig, *Tierzucht:* bezeichnet eine fehlerhafte, x-förmige Stellung der Hinterbeine bei Pferden und Rindern.

Kuhistan [pers. ›Bergland‹], **Kohistan,** Name mehrerer Berglandschaften in Vorderasien, bes. das erdbebenreiche Gebirgsland im S der iran. Prov. Khorasan, eine landwirtschaftlich nutzbare Insel höherer Feuchtigkeit inmitten der ostiran. Wüsten.

Kühkopf, Insel und Naturschutzgebiet am rechten Ufer des Oberrheins in Hessen, nordwestlich Gernsheim. Durch die Rheinregulierung 1828/29 wurde die Flussschlinge der K. abgetrennt; auf ihr hat sich die ursprüngl. Vegetation des Hess. Rieds erhalten.

Kühl, Kate, eigtl. **Elfriede Katharina Neerhaupt,** Chansoninterpretin und Schauspielerin, * Köln 16. 12. 1899, † Berlin (West) 29. 1. 1970; gehörte in den 20er- und 30er-Jahren zu den bedeutendsten Vertreterinnen des dt. politisch-literar. Chansons.

Kuh|ländchen, Landschaft im Nordmähr. Gebiet, Tschech. Rep., an der oberen Oder um Fulnek und Neutitschein; vom 11. Jh. bis 1945 dt. Sprachgebiet.

Kuhlau, Daniel Friedrich Rudolph, dän. Komponist dt. Herkunft, * Uelzen 11. 9. 1786, † Lyngby (bei Kopenhagen) 12. 3. 1832; wurde 1818 dän. Hofkomponist. Er gehört, bes. mit seiner Musik zu J. L. Heibergs dän. Nationalschauspiel ›Elverhøj‹, 1828) zu den Wegbereitern einer dän. Nationaloper. Seine zwei- und vierhändigen Klaviersonaten und -sonatinen werden noch heute im Unterricht verwendet. Neben Opern und Bühnenmusiken schrieb er Kammermusik und Vokalwerke, darunter ›Über allen Wipfeln ist Ruh‹ für Männerchor.

Kühlbodenhypothese, *Geologie:* Zusatzhypothese zur →Kontraktionstheorie, die den nach Land und Meer differenzierten Wärmehaushalt der Erde (bes. starke Abkühlung der Kruste unter Ozeanböden) zur Erklärung der Bewegungen der Erdkruste heranzieht.

Kühler, 1) *Kraftfahrzeugtechnik:* Bauteil eines meist geschlossenen Kreislaufes zur Rückkühlung von Motorkühlwasser oder Motorenöl. Bei aufgeladenen Motoren werden K. auch zur Kühlung der vorverdichteten Ansaugluft und damit zur Leistungssteigerung der Motoren verwendet (Ladeluftkühlung). K. nutzen die Temperaturdifferenz zw. dem zu kühlenden Medium und einem Umgebungsmedium (i. d. R. Luft). Die Größe der K. muss so bemessen sein, dass die anfallende Abwärme unter allen Bedingungen abgeführt werden kann.

2) *Labortechnik:* zum Abkühlen und Kondensieren von Dämpfen verwendetes Laborgerät. Die meist aus Glas hergestellten K. arbeiten gewöhnlich mit kaltem Wasser als Kühlmittel, das dem zu kühlenden Stoff (meist in einem zentralen Rohr) in einem gesonderten System (Kühlmantel) entgegenströmt. Häufig verwendete Formen sind z. B. Liebig-K., Kugel-K. und Schlangen-K.; nach der Funktion unterscheidet man zw. Produkt-K., die die bei einer Destillation auftretenden Dämpfe als Kondensat in die Vorlage ableiten, und Rückfluss-K., die die Dämpfe vollständig in den Siedekolben zurückführen.

Kühlfalle, Teil einer Vakuumapparatur, in dem auftretende Dämpfe durch starkes Abkühlen (Ausfrieren) zum Kondensieren gebracht werden; besteht aus einem U-Rohr oder aus zwei konzentr. Rohren, die z. B. mit flüssiger Luft, flüssigem Stickstoff oder festem Kohlendioxid gekühlt werden, bzw. aus jalousieartig angeordneten, gekühlten Metallringen (so genannte Baffles) oder aus Peltier-Elementen.

kühlgemäßigte Zone, Bereich der mittleren Breiten mit kühlen, wolkenreichen Sommern und überwiegend kalten Wintern.

Kuhli|en [nach dem Naturforscher Heinrich Kuhl, * 1797, † 1821], Sg. **Kuhli|e** die, -, **Kuhliidae,** Familie der Barschartigen Fische mit etwa zehn Arten in Küstengewässern des Indopazifik und im Süßwasser, u. a. der →Flaggenfisch.

Kühlkreislauf, Kühlwasserkreislauf, ein geschlossener Kreislauf bei der Kühlung von Verbrennungsmotoren, in dem das Kühlwasser mit einer Umwälzpumpe durch den Motor und einen Kühler gepumpt wird (Zwangsumlaufkühlung). Die kühlende Luft wird dem Kühler entweder durch den Fahrtwind oder durch einen zusätzl. Lüfter zugeführt. Die K.-Pumpe, fast immer eine Kreiselpumpe, ist so dimensioniert, dass bei Volllast des Motors die Wärmeabfuhr sichergestellt ist. Um bei Teillast eine zu starke Kühlung zu vermeiden, befindet sich im K. ein →Thermostat, der bei zu niedriger Kühlwassertemperatur (z. B. beim Kaltstart) einen Teil oder die gesamte Wassermenge am Kühler vorbeiführt. An den K. kann auch die Heizung eines Fahrzeugs angeschlossen sein.

Kühl|last, *Klimatechnik:* die aus einem zu klimatisierenden Raum abzuführende Wärmemenge, um einen bestimmten Temperatur- und Feuchtezustand aufrechtzuerhalten. Die K. setzt sich zus. aus der äußeren Last (Sonnenstrahlung und Transmissionswärme) und den durch Personen, Maschinen und Beleuchtungskörper hervorgerufenen inneren Lasten.

Kuhlmann, Quirinus, Lyriker, * Breslau 25. 2. 1651, † Moskau 4. 10. 1689; religiöser Schwärmer unter dem Einfluss der Schriften von J. Rothe und J. Böhme. K. wollte ein neues, christlich fundamentiertes Weltreich gründen, wobei er den Papst, den türk. Sultan und schließlich den russ. Zaren für seine chiliast. Lehre zu gewinnen suchte. Er wurde auf Verlangen des Moskauer Patriarchen als Unruhestifter verbrannt. K. ist Verfasser mystisch-ekstat. Barocklyrik (›Unsterbliche Sterblichkeit ...‹, 1668; ›Der Kühlpsalter‹, 4 Bde., 1684–86).

W. Dietze: Q. K. Ketzer u. Poet. Versuch einer monograph. Darst. von Leben u. Werk (1963); K. K. E. Neuendorf: Das lyr. Werk Q. K.s (Diss. Houston, Tex., 1970).

Kühlmann, Richard von, Diplomat und Politiker, * Konstantinopel 3. 5. 1873, † Ohlstadt (Landkreis Garmisch-Partenkirchen) 6. 2. 1948; war 1909–14 Botschaftsrat in London, 1916/17 Botschafter in Konstantinopel. Im August 1917 wurde er Staats-Sekr. des Auswärtigen Amts; er schloss 1918 für das Dt. Reich die Friedensverträge von Brest-Litowsk (3. 3.) mit Sowjetrussland und von Bukarest (7. 5.) mit Rumänien ab. Seine kompromissbereite Politik stieß auf den Widerstand der Obersten Heeresleitung (bes. bei E. Ludendorff), auf deren Druck er am 9. 7. 1918 zurücktrat. – Neben Romanen veröffentlichte er u. a. ›Gedanken über Dtl.‹ (1931) sowie seine ›Erinnerungen‹ (1948).

Kühlmöbel, Sammel-Bez. für vorwiegend im Haushalt, Einzelhandel und Gewerbe eingesetzte kleinere Kühlanlagen und -geräte zum Kühllagern und Frischhalten und/oder zum Tiefkühlen und Gefrieren von Lebensmitteln (→Kühlschrank, →Gefriergerät).

Kühlschiff, schnelles, relativ kleines (Tragfähigkeit bis 7 500 t) Spezialschiff zum Transport leicht verderbl. Güter; mit starken Kühlaggregaten ausgerüstet, mit denen die (mit wärmedämmender Isolierung versehenen) Kühlladeräume unabhängig voneinander (unterschiedlich stark, von + 10 °C bis um − 20 °C) gekühlt werden können. (→Fischereifahrzeuge)

Kühlschlange, Bestandteil einer Kälteanlage; meist sich gewundenes Rohr, das der Übertragung der vom Kühlgut aufgenommenen Wärme an das Kältemittel oder den Kälteträger im Rohrinnern dient.

Kühlschrank, gegen Wärmeübertragung isolierter Behälter in Schrankform, dessen Innenraum durch eine →Kältemaschine gekühlt wird. Als Wärmedämmung zw. innerer Auskleidung und Stahlblechgehäuse wird heute meist ein Polyurethanschaumstoff verwendet. Der Kühlsatz besteht entweder aus einem kleinen Kompressor, der mit dem antreibenden Elektromotor hermetisch gekapselt ist (Kompressionskältema-

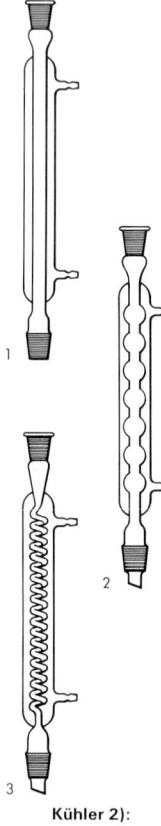

Kühler 2):
1 Liebigkühler;
2 Kugelkühler;
3 Schlangenkühler

schine), oder (seltener) einem Absorberaggregat (Absorptionskältemaschine) und dem luftgekühlten Kondensator, in dem die abgeführte Wärme anfällt. Der Verdampfer ist meist im oberen Bereich des Innenraumes angeordnet, wo er die Wände eines mehrseitig gekühlten Kastens bildet (Tiefkühlfach), der mit einer Klappe verschlossen ist. So entsteht ein Fach mit einer gegenüber dem übrigen K. wesentlich niedrigeren Temperatur, für die nach Norm die Stufen $-6\,°C$, $-12\,°C$, $-18\,°C$ sowie $-18\,°C$ und Leistungsfähigkeit zum Eingefrieren festgelegt und durch einen, zwei, drei oder vier Sterne kenntlich gemacht sind. Bei den Haushalts-K. wird die Temperatur durch einen von Hand einstellbaren Temperaturregler überwacht, der Abtauvorgang ist weitgehend automatisiert (Abtauautomatik), das Tauwasser wird nach außen geführt. – Bei **Kühl-Gefrier-Kombinationen** bilden Kühl- und Gefrierteil entweder eine vom selben Kühlaggregat versorgte Einheit, oder beide Teile sind als Einzelgeräte über- oder auch nebeneinander aufstellbar und haben ein eigenes Kühlaggregat. – **Kleinkühlgeräte (Kühlboxen)** sind entweder mit einem Kompressor- oder Absorberaggregat ausgerüstet oder werden thermoelektrisch durch Peltier-Elemente gekühlt.

Bei der Entsorgung von älteren K. ist das Kältemittel FCKW (→Fluorchlorkohlenwasserstoffe) umweltschonend zu entfernen. Neuere Geräte müssen laut der 1991 in Kraft getretenen FCKW-Halon-Verbots-VO FCKW-frei sein (→Kältemittel).

Kühlturm, turmartige Kühlanlage, in der das in Kraftwerken und Produktionsanlagen anfallende Kühlwasser rückgekühlt wird. Bei **Naß-K.** wird das zu kühlende Wasser von Verteilerdüsen über Rieseleinbauten gesprüht und bei der direkten Berührung mit atmosphär. Luft durch Verdunstung gekühlt. Maximale Abmessungen liegen bei etwa 110 m Durchmesser und 150 m Höhe. Bei den umweltfreundlicheren **Trocken-K.** besteht kein direkter Kontakt zw. dem zu kühlenden Wasser und der Umgebungsluft; die Wärme wird über Rippenrohrbündel durch Konvektion an die Umgebung übertragen. Maximale Abmessungen liegen bei etwa 200–300 m Durchmesser und Höhe. – Beim **Naturzug-K.** wird die im Unterteil angesaugte Luft durch ihren eigenen Auftrieb (Kaminwirkung) aus dem K. abgeführt, beim **Ventilator-K.** durch große Ventilatoren. Naturzug-K. werden vorwiegend im Grundlastbetrieb, Ventilator-K. im Spitzenlastbetrieb eingesetzt.

Kühlturm: Schematische Darstellung der Funktionsweise

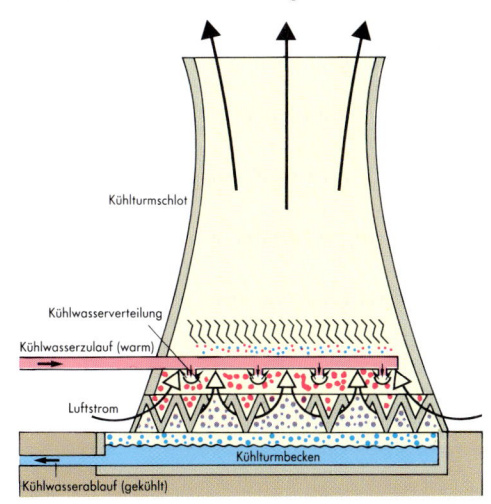

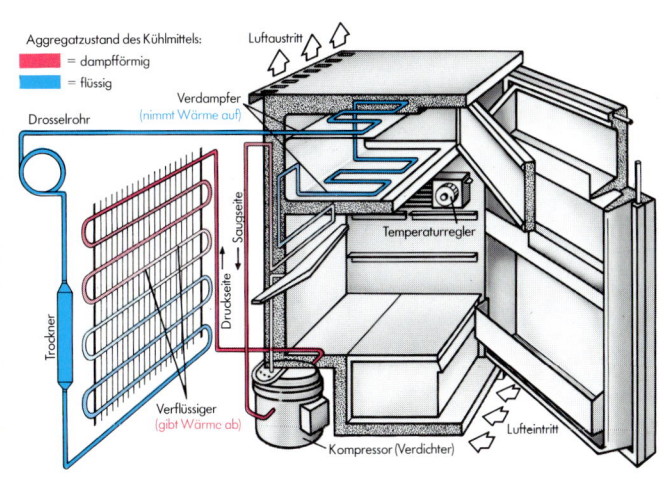

Kühlschrank: Schematische Darstellung des Prinzips einer Kältemaschine nach dem Kompressionsverfahren

Kühlung, 1) Temperaturerniedrigung eines Stoffes durch Wärmeübertragung an ein Medium (Kühlmittel) mit geringerer Temperatur.

In der *Kältetechnik* ist K. eine Temperaturerniedrigung unter die Umgebungstemperatur durch →Kältemaschinen oder durch den →Peltier-Effekt. Hier werden zwei Kühlverfahren angewendet: Bei der **direkten K.** (›Direktverdampfung‹) befindet sich der Verdampfer der Kältemaschine innerhalb des zu kühlenden Raumes oder Luftstromes; bei der **indirekten K.** übernimmt ein →Kälteträger den Wärmetransport vom Kühlgut an das verdampfende Kältemittel.

In der *allgemeinen Technik* versteht man unter K. die Abführung von Verlustwärme aus Maschinen und Geräten oder von deren Oberfläche an die Umgebung, wobei eine bestimmte Grenztemperatur, die meist erheblich über der Umgebungstemperatur liegt, nicht überschritten werden soll. Zum Wärmetransport wird ein flüssiges oder gasförmiges Kühlmittel, vorzugsweise Luft (man spricht dann auch von **Belüftung**) verwendet.

Da sich die Wärmeabfuhr einer Maschine oder eines Geräts der natürl. Oberfläche, die Verlustwärme aber annähernd dem Volumen proportional verhält, wächst der erforderl. Aufwand für die Abführung der Verlustwärme überproportional mit der Größe der Maschine oder des Geräts.

Bei kleinen Gegenständen reicht meist die natürl. Oberfläche für die Wärmeabführung durch freie Konvektion und Strahlung aus **(Selbst-K.)**. Bei größeren Maschinen erfolgt dagegen eine Belüftung der Oberfläche durch einen Lüfter (erzwungene Konvektion bei turbulenter Strömung) oder eine K. durch Vergrößerung der kühlenden Oberfläche z. B. durch Rippen oder bei Leistungstransistoren durch Montage auf großflächigen Kühlblechen, -schienen oder -körpern. Ein weiterer Schritt ist die **Innen-K.**, bei der das Kühlmittel durch das Innere der Maschine strömt **(Durchzugs-K.)** oder an beiden Stirnseiten in die Maschine gesaugt und durch eine in der Mitte liegende Öffnung wieder abgeführt wird **(beiderseitige K.).** Weiterhin möglich ist bei elektr. Maschinen die **Leiter-K.**, bei der das Kühlmittel entweder unmittelbar durch den hohlen Leiter geführt wird oder außerhalb der Isolierung an der zu kühlenden Wicklung vorbeiströmt. – Das Kühlmittel wird je nach K.-Art entweder laufend erneuert (z. B. Frischluft-K., Frischwasser-K.) oder nach Rückkühlung in einem Wärmetauscher der Maschine wiederum zugeführt.

Kühl Kühlung – Kuhn

Besondere Probleme ergeben sich bei der K. von Strahl- und Raketentriebwerken. In Strahltriebwerken entstehen die höchsten Temperaturen in den Brennkammern. Zur Absenkung ihrer Wandtemperatur wird ein Teil der Sekundärluft durch ein System von Löchern und Schlitzen geleitet und so ein Kühlfilm erzeugt, dessen Wirkung durch wärmedämmende Schichten erhöht wird. In der Raketentechnik werden die hohen Temperaturen von Triebwerksteilen durch aktive (K. mit Zwangumlauf, Film- oder Schleier-K., Transpirations- oder Schwitz-K.) und/oder passive Kühlverfahren reduziert. Zur K. von Raumflugkörpern, die beim Wiedereintritt in die Erdatmosphäre extrem hohen Temperaturen ausgesetzt sind, wird v. a. die →Ablationskühlung angewendet.

2) *Physik:* im Zusammenhang mit atomaren Teilchensystemen und Teilchenstrahlen die Verringerung der Abweichungen von Impuls, Energie und Ort der Teilchen von den entsprechenden Werten eines Sollteilchens (→Strahlkühlung).

Kühlung die, Endmoränenzug im Landkreis Bad Doberan, Meckl.-Vorp., erstreckt sich westlich von Rostock von der Ostseeküste landeinwärts, bis 130 m ü. M.; im Zentralteil von Laubwald bedeckt, die NO-Seite ist stark zertalt.

Kühlungsborn, Ostseebad K., Stadt im Landkreis Bad Doberan, Meckl.-Vorp., an der Mecklenburger Bucht, am Fuß der laubwaldreichen Kühlung, 7 300 Ew.; Seebad; Schmalspurbahn ›Molli‹ von Bad Doberan; Inst. für Atmosphärenforschung der Univ. Rostock; Seebrücke (240 m). – Im ehem. Ortsteil Brunshaupten die frühgot. Feldsteinkirche mit 42 Wappenscheiben des 17. Jh. in den Chorfenstern. – Die seit dem 13. Jh. nachzuweisenden Dörfer Arendsee, Brunshaupten und Fulgen nahmen mit Aufnahme des Badebetriebs (1881) starken Aufschwung. 1938 wurden sie unter Änderung des Ortsnamens zur heutigen Stadt zusammengefasst. Nach 1881 entstanden zahlr. Hotels und Pensionen, z. T. im Jugendstil.

Kühlwagen, gut isolierter Güterwagen oder Lastkraftwagen zum Transport von Kühlgut, meist Lebensmitteln. Der Innenraum wird durch ein Kühlmittel (Wassereis, Trockeneis, Flüssiggas) oder durch eine dieselbetriebene Kältemaschine auf etwa +12 °C bis um −20 °C gekühlt. K. mit bordeigenen Kühlaggregaten dienen auch zum Transport von Kühlcontainern. Dem internat. Eisenbahnkühltransport dient die Gesellschaft ›Interfrigo‹.

Kühlwasser, Wasser zur Wärmeabfuhr an thermisch hoch belasteten Bauteilen, z. B. Verbrennungsmotoren. Es muss oft durch Zusätze den jeweiligen Betriebsbedingungen angepasst werden, z. B. durch Frost- und Korrosionsschutzmittel.

Kuhmaul, Art der Pilzgattung →Gelbfuß.

Kuhmaulschuh, absatzloser, vorn breit gerundeter Männer- und Frauenschuh der 1. Hälfte des 16. Jh., weit ausgeschnitten, auch mit Ristspange. Die Bez. K. entstammt der zeitgenöss. Modekritik.

Kuhn, 1) **Franz**, Sinologe und Übersetzer, *Frankenberg (Landkreis Mittweida) 10. 3. 1884, †Freiburg im Breisgau 22. 1. 1961; machte die chin. Roman- und Novellenliteratur durch Übersetzungen in Dtl. bekannt.

Übers. (a. d. Chin.): Kin Pin Meh (1930); Der Traum der roten Kammer (1932); Der Räuber vom Liang Schan Moor (1934); Die drei Reiche (1940); Der Turm der fegenden Wolken (1951); Jou Pu Tuan (1959). – Eiszer u. Edeljaspis (a. d. Frz., 1926).

2) **Franz Felix Adalbert**, Indogermanist und Mythologe, *Königsberg Nm. (heute Chojna) 19. 11. 1812, †Neukölln (heute zu Berlin) 5. 5. 1881; begründete mit seiner Schrift ›Zur ältesten Gesch. der indogerman. Völker‹ (1845, erweitert 1850) die linguist. Paläontologie, aus der die indogerman. Altertumskunde hervorging. Er betrieb vergleichende mytholog. Studien (›Die Herabkunft des Feuers und des Göttertrankes‹, 1859, ›Mytholog. Studien‹, 2 Bde., hg. 1886–1912) und begründete 1850 mit T. AUFRECHT die ›Zeitschrift für vergleichende Sprachforschung‹, die er 1852–81 herausgab. Mit A. SCHLEICHER begründete er 1858 die ›Beiträge zur vergleichenden Sprachforschung‹, die (speziell zur Untersuchung der Satemsprachen und des Keltischen) bis 1876 erschienen.

3) **Hans**, Germanist und Nordist, *Minden 13. 7. 1899, †Kiel 8. 10. 1988; 1943–67 Prof. in Kiel. In seinen zahlr. Arbeiten über german. Sprachgesch., Grammatik, Metrik, Heldensage, Mythologie, Ortsnamen und Rechtsgesch. förderte er entscheidend die Kenntnisse über german. Sprach-, Literatur- und Kulturgesch. und übte zugleich Kritik am romant. und völkisch-nat. Germanenbild in Dtl.

Werke: Edda. Kurzes Wörterbuch (1968); Kleine Schriften, 4 Bde. (1969–78); Das alte Island (1971); Das Dróttkvætt (1983).

4) **Hugo**, Germanist, *Thaleischweiler (heute zu Thaleischweiler-Fröschen, Kr. Pirmasens) 20. 7. 1909, †Prien a. Chiemsee 5. 10. 1978; seit 1947 Prof. in Tübingen, seit 1954 in München. Hg. bzw. Mit-Hg. mehrerer bedeutender germanist. Zeitschriften. K. schrieb wichtige Arbeiten zur dt. Literatur des MA. und war verdienstvoll als Herausgeber (u. a. der Werke WALTHERS VON DER VOGELWEIDE).

5) **Johannes Evangelist** von, kath. Theologe, *Wäschenbeuren (bei Schwäbisch Gmünd) 19. 2. 1806, †Tübingen 8. 5. 1887; nach Studium und Priesterweihe zunächst Prof. für neutestamentl. Exegese in Gießen (1832–38) und Tübingen (1838/39), danach bis 1882 Prof. für Dogmatik in Tübingen; einer der wichtigsten Vertreter der kath. Tübinger Schule; 1848–52 konservativer Abgeordneter des Stuttgarter Landtags, ab 1856 ständiges Mitgl. des Staatsgerichtshofes. K.s theolog. Ansatz ist geprägt von der Ablehnung der Neuscholastik zugunsten einer anthropologisch ausgerichteten Geschichtsphilosophie, die die geschichtl. Entwicklung des christl. Glaubens in den Vordergrund rückt. Verbunden damit ist eine differenzierte Beurteilung und histor. Einordnung der kirchl. Dogmen. Nach innerkirchl. Kritik an seinem Ansatz unterließ K. ab 1869 weitere Publikationen.

Werke: Das Leben Jesu (1838); Kath. Dogmatik, 2 Bde. (1846–57); Die christl. Lehre von der göttl. Gnade (1868).

C. W. VON BALEN: Grundzüge philosoph.-theolog. Denkens v. J. E. K. (Diss. Münster 1969); F. WOLFINGER: Der Glaube nach J. E. von K. (1972); H. WOLF: Ketzer oder Kirchenlehrer? Der Tübinger Theologe J. v. K. (1806–1887) in den kirchenpolit. Auseinandersetzungen seiner Zeit (1992).

6) **Paul**, Pianist, Orchesterleiter und Komponist, *Wiesbaden 12. 3. 1928; begann als Jazzpianist und wurde in den 50er- und 60er-Jahren v. a. als Schlagersänger (›Der Mann am Klavier‹) und mit eigenen Fernsehshows populär; 1968–80 leitete er das SFB-Tanzorchester (Berlin-West); seit den 80er-Jahren war er mit eigenen Swingcombos wieder verstärkt als Jazzpianist tätig. Er komponierte Schlager (›Es gibt kein Bier auf Hawaii‹), Musicals (›Fanny Hill‹, 1972), Hörspielmusiken.

7) **Richard Johann**, dt. Chemiker österr. Herkunft, *Wien 3. 12. 1900, †Heidelberg 31. 7. 1967; seit 1926 Prof. an der ETH Zürich, seit 1929 in Heidelberg, gleichzeitig Direktor am Heidelberger Kaiser-Wilhelm-Inst. (seit 1948 Max-Planck-Inst.) für medizin. Forschung. K. arbeitete u. a. über mehrfach ungesättigte Verbindungen (Polyene, Kumulene), Vitamine (B_2, B_6, Pantothensäure) und Enzyme. Für seine Verdienste um die Vitaminforschung erhielt er 1938 den Nobelpreis für Chemie. Nach 1945 beschäftigte sich K. mit Bakterienwuchsstoffen, analysierte das Wesen der kompetitiven Hemmung und die Struktur

Johannes von Kuhn

Paul Kuhn

Richard Kuhn

von biolog. Membranen. K. wurde 1958 in den Orden Pour le Mérite gewählt. – Die **Richard-Kuhn-Medaille,** eine von der BASF gestiftete Goldmedaille, wird seit 1968 von der Gesellschaft Dt. Chemiker e. V. an in- und ausländ. Wissenschaftler mit besonderen Verdiensten auf dem Gebiet der Biochemie verliehen.

8) Thomas Samuel, amerikan. Wissenschaftshistoriker und -theoretiker, * Cincinnati (Oh.) 18. 7. 1922, † Cambridge (Mass.) 17. 6. 1996; Prof. der Wissenschaftsgesch. in Berkeley (1958), Princeton (1964) und Prof. der Wissenschaftstheorie und Wissenschaftsgesch. am Massachusetts Institute of Technology, Cambridge, Mass. (seit 1979). Gestützt auf seine wissenschaftshistor. Analysen – bes. zum Bereich der Physik – hat K. eine neue Theorie des wiss. Fortschreitens entwickelt. Im Unterschied zum krit. Rationalismus (K. POPPER u. a.), der die Wissenschaftsentwicklung als nicht linear verlaufenden Prozess einer zunehmenden Annäherung an das nicht endgültig erreichbare Ziel gesicherter Wahrheit kennzeichnet, hebt K. hervor, dass es in der Wissenschaftsgesch. immer wieder radikale Brüche (›Paradigmenwechsel‹) gebe. In diesen verändern sich sowohl die methodolog. Grundannahmen als auch die unter den Wissenschaftlern als verbindlich geltenden Interpretationen der wichtigsten Begriffe (→Paradigma). Als Beispiele derartiger ›wiss. Revolutionen‹ nennt K. die kopernikan. Wende und den Übergang von der klassischen zur relativist. Mechanik. K.s Werk ›The structure of scientific revolutions‹ (1962; dt. ›Die Struktur wiss. Revolutionen‹) ist grundlegend für diese bis heute nicht abgeschlossene Diskussion.

Kühn, 1) Alfred, Zoologe und Genetiker, * Baden-Baden 22. 4. 1885, † Tübingen 22. 11. 1968; Prof. in Freiburg im Breisgau (1914), Berlin (1918), Göttingen (1920), seit 1937 Direktor am Kaiser-Wilhelm-Inst. (heute Max-Planck-Inst.) für Biologie in Berlin und in Tübingen, wo er zugleich Prof. für Zoologie war. K. gelang u. a. der experimentelle Beweis der Dressierbarkeit von Bienen auf Spektralfarben (mit dem Physiker R. POHL, 1921); er führte entwicklungsphysiolog. und genet. Untersuchungen über die Vererbung der Augenfarbe bei der Mehlmotte durch und entdeckte mit A. BUTENANDT die hier wirksame Genwirkkette; außerdem gelang ihm der erste Nachweis des Verpuppungshormons bei Schmetterlingen.

Werke: Die Orientierung der Tiere im Raum (1919); Grundr. der allg. Zoologie (1922, ¹⁷1969); Grundr. der Vererbungslehre (1939); Zur Entwicklungsphysiologie der Schmetterlingsmetamorphose (1939); Vorlesungen über Entwicklungsphysiologie (1955); Versuche zur Entwicklung eines Modells der Genwirkungen (1955).

2) August, eigtl. **Rainer Zwing,** Schriftsteller, * München 25. 9. 1936, † Unterwössen (bei Traunstein) 9. 2. 1996; war in versch. Berufen tätig; seit 1972 freier Schriftsteller. K. schildert in seinem realist. Erzählwerk mit histor. Präzision das Leben der ›kleinen Leute‹, v. a. das Münchner Arbeitermilieu (›Die Vorstadt‹, 1981). Daneben entstanden auch Theaterstücke und Drehbücher.

Weitere Werke: *Romane:* Eis am Stecken. Betriebsroman (1974); Zeit zum Aufstehen. Eine Familienchronik (1975); Jahrgang 22 oder die Merkwürdigkeiten im Leben des Fritz Wachsmuth (1977); Fritz Wachsmuths Wunderjahre (1978); Die Abrechnung (1990). – *Dramen:* Zwei in einem Gewand oder Die nicht mögl. Wandlung des Menschen u. des Unternehmers Hubmann (1970). Der bayer. Aufstand (1973). – Westend-Geschichte. Biographisches aus einem Münchner Arbeiterviertel (1972).

3) Dieter, Schriftsteller, * Köln 1. 2. 1935; im Mittelpunkt seines literar. Schaffens steht die als Trilogie verstandene Werkreihe ›Ich Wolkenstein. Eine Biographie‹ (1977), ›Der Parzival des Wolfram von Eschenbach‹ (1986) und ›Neidhart aus dem Reuental‹ (1988), worin er, nicht unumstritten, in seinen Annäherungen an das Thema Dokumentarisches mit Fiktivem, Roman mit Essay, Biographisches mit einer Metaebene des Erzählens über das Erzählen verknüpft. Schreibt auch Texte für Funk und Fernsehen, insbesondere Hörspiele (›Goldberg-Variationen‹, 1974; Hörspielpreis der Kriegsblinden 1975), außerdem Kinderbücher, Essays.

Weitere Werke: *Romane:* Ausflüge im Fesselballon (1971); Die Präsidentin (1973); Die Kammer des schwarzen Lichts (1984). – *Erzählungen:* Und der Sultan von Oman (1979); Der Himalaya im Wintergarten (1984); Die Minute eines Segelfalters (1992); Das Heu, die Frau, das Messer (1993); Clara Schumann, Klavier (1996).

4) Heinrich, österr. Fotograf dt. Herkunft, * Dresden 25. 2. 1866, † Birgitz (bei Innsbruck) 14. 4. 1944; Hauptvertreter der Wiener impressionist. Kunstfotografie (Porträts und Landschaftsaufnahmen).

Schriften: Technik der Lichtbildnerei (1921); Zur photograph. Technik (1926).

5) Heinz, Politiker, * Köln 18. 2. 1912, † Köln 12. 3. 1992; Journalist, seit 1930 Mitgl. der SPD, 1933–45 in der Emigration, 1949–50 Chefredakteur der ›Rhein. Zeitung‹, 1948–54 und 1962–78 MdL in NRW, 1953–62 MdB, seit 1979 Mitgl. des Europ. Parlaments, war 1963–73 Landes-Vors. seiner Partei und 1966–78 Min.-Präs. von NRW. 1969 war er führend bei der Bildung der Bundes-Reg. aus SPD und FDP, 1973–75 stellv. Bundes-Vors. der SPD.

6) Herbert, Kunsthistoriker und Prähistoriker, * Beelitz 29. 4. 1895, † Mainz 25. 6. 1980; 1929–35 Prof. in Köln, 1946–56 in Mainz; grundlegende Schriften zur paläolith. Kunst (Felsbilder). Gründer (1925) und Hg. des ›Jahrbuches für prähistor. und ethnograph. Kunst‹.

Werke: Die Felsbilder Europas (1952); Gesch. der Vorgeschichtsforschung (1976).

7) Joachim, Jazzmusiker (Pianist), * Leipzig 15. 3. 1944, Bruder von 8); spielte bis 1966 in der DDR mit seinem Trio Freejazz, 1966 im Quartett seines Bruders in Hamburg und seither v. a. in eigenen Gruppen und als Solist; seit Anfang der 70er-Jahre zunehmend von der Rockmusik beeinflusst, kehrte er in den 80er-Jahren zum akust. Jazz zurück.

8) Rolf, Jazzmusiker (Klarinettist und Altsaxophonist), * Köln 29. 9. 1929, Bruder von 7); spielte ab 1952 mit einem Quartett beim RIAS Berlin, 1956–69 in den USA (u. a. stellv. Leiter des Benny-Goodman-Orchesters), hatte dann eine eigene Bigband beim NDR Hamburg. K. gilt als einer der wichtigsten dt. Jazzklarinettisten.

Kuhnau, Johann, Komponist, * Geising 6. 4. 1660, † Leipzig 5. 6. 1722; wurde 1684 Organist an der Thomaskirche in Leipzig, 1701 Universitätsmusikdirektor und Thomaskantor, schrieb nach dem Muster der ital. Triosonate mehrsätzige Sonaten für Klavier (›Frische Clavier-Früchte oder Sieben Suonaten‹, 1696; ›Musical. Vorstellung Einiger Bibl. Historien. In 6 Sonaten auff dem Claviere zu spielen‹, 1700), ferner ›Neue Clavier-Übung‹ (1689–92, 2 Tle., je 7 Suiten), Kantaten und eine satir. Schrift auf das Italianisieren in der Musik, ›Der musikal. Quacksalber‹ (1700).

J. ARBOGAST: Stilkrit. Unters. zum Klavierwerk des Thomas-Kantors J. K. (1983).

Kühne, Ferdinand Gustav, Schriftsteller, * Magdeburg 27. 12. 1806, † Dresden 22. 4. 1888; redigierte 1835–42 in Leipzig die ›Zeitung für die elegante Welt‹, 1847–64 die Wochenschrift ›Europa‹. In seinen frühen Novellen zeigt K. Abhängigkeit von L. TIECK und W. SCOTT; später näherte er sich immer mehr dem Jungen Deutschland (›Klosternovellen‹, 2 Bde., 1838); nach dem Verbot der Schriften dieses Kreises durch den Bundestagsbeschluss von 1835 trat K., dessen Erinnerungen (›Mein Tagebuch in bewegter Zeit‹, 1863) zeitgeschichtlich bedeutsam sind, für Presse- und Gewissensfreiheit ein.

Ausgabe: Gesammelte Schr., 10 Bde. (1861–67).

Kühnel, Ernst, Kunsthistoriker, * Neubrandenburg 26. 10. 1882, † Berlin (West) 5. 8. 1964; war 1932–51 (bis 1958 ehrenhalber) Direktor der Islam. Abteilung der Staatl. Museen in Berlin, 1935–54 Prof. an der Humboldt-Univ. Er begründete die islam. Kunstgeschichte in Dtl. als eigene Disziplin.
Werke: Vorderasiat. Knüpfteppiche (1913, mit W. VON BODE); Islam. Kleinkunst (1925); Islam. Schriftkunst (1942); Die Kunst des Islam (1962); Die islam. Elfenbeinskulpturen (hg. 1971).

Kühne & Nagel-Gruppe, internat. führendes Speditions- und Logistikunternehmen, gegr. 1890. Seit 1992 sind sämtl. Beteiligungen der an 470 Stützpunkten in 82 Ländern tätigen Gruppe in der Holdinggesellschaft **Kühne & Nagel International AG** mit Sitz in Schindellegi (Schweiz) zusammengefasst. Mehrheitsaktionär (51,6 % des Kapitals) ist KLAUS-MICHAEL KÜHNE (* 1937); Umsatz (1996): 5,17 Mrd. DM, Beschäftigte: rd. 11 800.

Kuhpocken, Rinderpocken, virusbedingter, akuter, mild verlaufender Hautausschlag mit Pustelbildung bei Rindern (bes. am Euter). Eine Übertragung auf den Menschen ist möglich.

Kuhschelle, die Pflanzengattung →Küchenschelle.

Kühtaisattel, Pass in den Stubaier Alpen, Tirol, Österreich, 2 017 m ü. M., mit dem Wintersportort **Kühtai,** Bergbahnen. Die Straße über den K. verbindet das untere Ötztal mit dem Sellraintal; südlich des K. der Finstertalstausee.

Kui, 1) Kuoy, Soai, austroasiat., in abgelegenen Gegenden Thailands und Kambodschas (u. a. Dangrek-Kette) lebendes Volk mit etwa 750 000 Angehörigen. Die K. betreiben Hackbau und Anbau von Nassreis; sie assimilieren sich z. T. stark an die umwohnenden Staatsvölker.
2) Sprache der →Khond.

Kuijken [ˈkœikə], Sigiswald, belg. Violinist und Gambist, * Dilbeek 16. 2. 1944; gehörte den Ensembles Musiques Nouvelles und Alarius an, lehrt am Konservatorium in Den Haag. 1972 gründete er La Petite Bande. K. bemüht sich, wie auch seine Brüder BARTHOLD (* 1949) und WIELAND (* 1938), bes. um authent. Wiedergabe von Barockmusik. 1986 gründete er das K. Streichquartett, das sich v. a. auf die Aufführung der Werke J. HAYDNS und W. A. MOZARTS spezialisiert hat.

Kuilu [kwiˈlu], Fluss in der Rep. Kongo, →Kouilou.

Kuiper [ˈkœjpər], Gerard Peter, amerikan. Astronom niederländ. Herkunft, * Harenkarspel (Nordholland) 7. 12. 1905, † Mexiko 23. 12. 1973; ab 1933 in den USA (1937 naturalisiert); Direktor des Yerkes-Observatoriums bei Chicago; Gründer (1960) des ›Lunar and Planetary Laboratory‹ an der Univ. Arizona; einer der bedeutendsten Planetenforscher des 20. Jh.; u. a. Untersuchungen zur Atmosphäre des Mars und des Saturnmondes Titan, entdeckte 1948 den Uranusmond Miranda, 1949 den Neptunmond Nereide, berechnete Planetendurchmesser und -rotationsperioden und arbeitete zu Entstehungstheorien der Planeten; Hg. astronom. Atlanten. K. war an zahlr. Raumfahrtprogrammen der NASA (v. a. an der Ranger-Serie) beteiligt. Er initiierte die Einrichtung des (von einem Flugzeug aus operierenden) ›K. Airborne Observatory‹ (v. a. für die Infrarotastronomie).

Kuiper-Gürtel [ˈkœjpə-; nach G. P. KUIPER], **Kuiper-Ring,** *Astronomie:* gürtelförmige Zone in einem Abstand zw. etwa 50 und 500 AE von der Sonne außerhalb der Planetenbahnen, deren Symmetrieebene mit der Hauptebene des Planetensystems zusammenfällt. Der K.-G. ist wahrscheinlich das Ursprungsgebiet der kurzperiod. Kometen, in dem sich möglicherweise 10^8 bis 10^{10} Kometen aufhalten. Bisher wurden mehr als 30, vermutlich zum K.-G. gehörende Objekte außerhalb der Neptunbahn gefunden.

Kuito, Cuito, früher **Silva Porto** [-tu, port.], Stadt auf dem Hochland von Zentralangola, 1 680 m ü. M., 18 900 Ew.; Verw.-Sitz der Prov. Bié, kath. Bischofssitz; Handel und Verarbeitung landwirtschaftl. Produkte.

Kujawiak [poln.] *der, -s/-s,* aus der poln. Landschaft Kujawien stammender langsamer Tanz im $^3/_4$-Takt mit häufigen Tempoverzögerungen, eine nicht gesprungene Variante des Mazur (→Mazurka), dem er in der rhythm. Akzentverschiebung ebenso gleicht wie der →Oberek. In den seit Mitte des 19. Jh. vorkommenden stilisierten Formen meist in Moll.

Kujawi|en, poln. **Kujawy,** histor., fruchtbare Landschaft in Polen, am linken Ufer der Weichsel südöstlich von Bromberg. – K., eines der altpoln. Kerngebiete und seit dem MA. eine Kornkammer Polens, war 1194–1267 ein eigenes (piast.) Fürstentum. Danach aufgeteilt, wurde das Gebiet 1332–43 vom Dt. Orden besetzt und 1343/65 wieder mit dem Königreich Polen vereinigt. Bei der 1. Poln. Teilung (1772) kam der Westteil (Netzedistrikt), bei der 2. Poln. Teilung (1793) der Rest an Preußen. 1807–15 war K. Teil des Herzogtums Warschau, 1815–1920 gehörte der Westteil mit Hohensalza zu Preußen. – Die Bewohner (**Kujawen**) sprechen einen großpoln. Dialekt.

Kujbyschew, Kujbyšev [-ʃ-], 1935–91 Name der russ. Stadt →Samara.

Kujbyschew, Kujbyšev [-ʃ-], Walerian Wladimirowitsch, sowjet. Politiker, * Omsk 6. 6. 1888, † (angeblich vergiftet) 25. 1. 1935; zarist. Offiziersschüler, schloss sich 1904 den Bolschewiki an. 1917 führte er die bolschewist. Organisation in Samara (1935 Stadtbenennung nach ihm); während des Bürgerkriegs war er polit. Kommissar und Mitorganisator der Roten Armee. 1927 wurde er Mitgl. des Politbüros der KPdSU(B). K. war einer der engen Mitarbeiter STALINS bis in die Zeit der Großen Säuberung (Tschistka) der 30er-Jahre, u. a. als Vors. der Zentralen (Partei-)Kontrollkommission und des Volkskommissariats der Arbeiter- und Bauerninspektion (1923–26), als Leiter des Obersten Volkswirtschaftsrates (1926–30) und der Staatl. Plankommission (1930–34). 1930–34 war er Stellv., ab 1934 Erster Stellv. des Vors. des Rates der Volkskommissare.

Kujbyschewer Stausee, bis 1991 Name des Samaraer Stausees der →Wolga.

Kujundjik [-dʒik], Ruinenstätte von →Ninive.

Kuk, Abraham Jizchak, hebr. Schriftsteller, * Griva (Kurland) 8. 9. 1865, † Jerusalem 1. 9. 1935; wurde 1904 Rabbiner in Jaffa, 1919 aschkenas. Oberrabbiner von Jerusalem. Er war der bedeutendste Theoretiker des religiösen Zionismus, den er auf kabbalist. Basis deutete; den Staat Israel interpretierte er als Beginn der göttl. Erlösung. Er verfasste zahlr. Schriften, v. a. über Zionismus und das jüd. Religionsgesetz.

k. u. k., seit dem Österreichisch-Ungar. →Ausgleich von 1867 bis 1918 übl. Abk. für ›kaiserlich und königlich‹ im Titel der für beide Landesteile →Österreich-Ungarns zuständigen Behörden; die für Österreich zuständigen Institutionen trugen die Bez. kaiserlich-königlich (k. k.), die für Ungarn die Bez. königlich (k.).

Kūkai, mit postumem Ehrennamen **Kōbō Daishi** [-ʃi], jap. Mönch und Gelehrter, * in der Prov. Somuki (heute Präfektur Kagawa) 27. 7. 774, † Kōyasan 22. 4. 835; begründete 816 in Japan die buddhist. Shingon-Schule (›Schule des wahren Wortes‹, ein Zentrum der von ihm auf dem Gipfel des Kōyasan errichtete Kongōbutempel wurde. In seiner Lehre betonte er die Identität der shintoist. Kami und der buddhist. Gottheiten (→Ryōbu-shintō).
Ausgabe: Major works, bearb. v. Y. S. HAKEDA (1972).

Ku K'ai-chih [-dʒi], chin. Maler, →Gu Kaizhi.

Küken, 1) *Biologie:* Bez. für die ein Dunenkleid tragenden Jungen von Nestflüchtern, bes. von Hühnern, Fasanen, Enten, Gänsen.

2) *Technik:* kon. Dichtkegel eines Hahns (Drehschiebers) als Absperrorgan in Rohrleitungen. Das K. wird um die eigene Achse quer zur Strömung gedreht und gibt dabei den Strömungsquerschnitt frei.

Kükenthal, Willy, Zoologe, * Weißenfels 4. 8. 1861, † Berlin 20. 8. 1922; Schüler von E. HAECKEL; seit 1890 Prof. in Jena, ab 1898 in Breslau, dort auch Direktor des Zoolog. Instituts und Museums, ab 1918 Prof. in Berlin. K. arbeitete v. a. über Wale sowie über Hohltiere. Er begründete den ›Leitfaden für das Zoolog. Praktikum‹ (1898; ab 9. Aufl. 1928 von E. MATTHES fortgef.), ein Standardwerk der Zoologie.

Kukës [-kəs], Hauptstadt des gleichnamigen Bez. in N-Albanien, am Zusammenfluss von Schwarzem und Weißem Drin, 14 300 Ew.; Nahrungsmittelindustrie, Teppichknüpferei, Kupferhütte, Chromerzanreicherung; in der Nähe Erzbergbau (Chrom, Kupfer, Pentlandit).

Kuki-Chin-Völker [-tʃin-], Sammel-Bez. für eine Gruppe von altmongoliden Völkern und Stämmen (rd. 3,2 Mio. Angehörige) in W-Birma, O-Indien und Bangladesh; umfasst außer vielen kleinen, den Kuki nahe stehenden Stämmen v. a. die Chin, Mizo (Lushei) und in der Ebene von Manipur die Meithei (Manipuri). Die K.-C.-V. sprechen tibetobirman. Sprachen. Hauptanbauprodukte sind Reis (im Brandrodungsverfahren, auf bewässerten Feldern), Mais, Hirse und Gemüse. Ihre ursprüngl. Religion ist der Glaube an eine Vielfalt von Geistern; es gab auch Kopfjagd. Die Meithei sind Hindus geworden, unter den Mizo und Chin finden sich viele Christen.

Kukiel [ˈkukjɛl], Marian, poln. General und Historiker, * Dabrowa (bei Tarnów) 15. 5. 1885, † London 15. 8. 1973; 1942–49 Verteidigungs-Min. der poln. Exil-Reg., verlangte 1943 von Internat. Roten Kreuz die Aufklärung der Leichenfunde von →Katyn. Das führte zum Abbruch der diplomat. Beziehungen zw. seiner Reg. und der UdSSR. Ab 1946 war K. Direktor des Histor. General-Sikorski-Instituts in London.

Ku-Klux-Klan [kuːklʊksˈklaːn, engl. kjuːklʌksˈklæn; amerikan., vielleicht von griech. kýklos ›Kreis‹, Abk. **K.-K.-K.** [keɪkeɪˈkeɪ], zwei terrorist. Organisationen im S der USA, die erste gegr. 1866 in Pulaski (Tenn.) als Geheimbund mit einer festen Hierarchie, ordensähnl. Ritual und weißer Kapuzentracht. Der Klan, dessen Ziel die Aufrechterhaltung der kolonialen Lebensform in den Südstaaten war, bekämpfte die Reconstruction-Politik und wandte sich mit Mitteln der Gewalt und Einschüchterung (Brandstiftungen, Auspeitschungen, Fememorde) v. a. gegen die emanzipierten Sklaven sowie die radikalen Republikaner. Er erreichte, dass in North Carolina, Tennessee und Georgia die Reconstruction scheiterte. 1869 wurde der K.-K.-K., der zu dieser Zeit etwa 500 000 Mitgl. umfasste, als nat. Organisation aufgelöst und (nach Unterdrückung weiter bestehender lokaler Gruppen durch Bundesgesetze 1870 und 1871) 1882 für verfassungswidrig erklärt.

Ein zweiter, 1915 in der Nähe von Atlanta (Ga.) gegründeter K.-K.-K. knüpfte nur äußerlich an den Vorläufer an und hatte seine Ursprünge im Aufleben des amerikan. Nativismus. Neben rass., religiösen und ethn. Minderheiten (Katholiken, Juden, Schwarze, Iren) verfolgte der K.-K.-K. jetzt auch Intellektuelle, Gegner der Prohibition und Arbeiterorganisationen. Er war am stärksten in den Staaten des Mittleren Westens, bes. Indiana, vertreten und soll 1920 mehr als 4 Mio. Mitgl. gehabt haben. Während der Weltwirtschaftskrise gingen seine Mitgliederzahlen drastisch zurück, ausgelöst durch Korruptionsskandale seiner Führerschaft, letztlich jedoch begründet durch den fundamentalen sozialen Wandel, den die USA nach 1929 durchliefen. Seit 1928 nicht mehr Geheimbund, erhielt der Klan in den 60er-Jahren wieder etwas Zulauf. Trotz seines vergebl. Versuchs, die Durchsetzung der Bürgerrechtsgesetze im S gewaltsam zu verhindern, blieb der K.-K.-K. bis in die Gegenwart als kleine militante Gruppierung mit einigen Tausend Mitgl. bestehen und ging Verbindungen mit neonazist. und rechtsextremist. Organisationen ein.

D. M. CHALMERS: Hooded Americanism. The first century of the K. K. K., 1865–1965 (New York 1961, Nachdr. Durham 1987); W. P. RANDEL: K. K. K. (a. d. Amerikan., Bern 1965); A. W. TRELEASE: White terror (New York 1971); W. C. WADE: The fiery cross (ebd. 1987); M. u. J. A. NEWTON: The K. K. K. (ebd. 1991); The invisible empire in the west, hg. v. S. LAY (Urbana, Ill., 1992).

Kükong, →Shaoguan.

Kukryniksy, Kukrynixy, Name eines Kollektivs sowjet. Künstler (nach den Namensanfängen): MICHAIL WASSILJEWITSCH KUPRIJANOW, PORFIRIJ NIKITITSCH KRYLOW, NIKOLAJ ALEKSANDROWITSCH SOKOLOW. Sie belieferten ab 1925 ›Prawda‹ und ›Krokodil‹ mit polit. Karikaturen; ferner schufen sie Ölgemälde und Buchillustrationen.

Kukučín [-tʃiːn], Martin, eigtl. **Matej Bencúr** [ˈbɛntsuːr], slowak. Schriftsteller, * Jasenová 17. 5. 1860, † Pakrac (Kroatien) 21. 5. 1928; Arzt, lebte 1894–1907 in Dalmatien, 1907–22 in Südamerika; bedeutender Realist, der in Erzählungen und Romanen oft humorvoll das slowak. Volksleben schildert; daneben Dramen, Reisebeschreibungen, histor. Romane sowie eine Chronik über das Leben kroat. Emigranten in Chile (›Mat' volá‹, 5 Bde., 1926/27).

Weitere Werke: Erzählungen: Neprebudený (1886); Mladé letá (1889; dt. Jugendjahre); Dedinský román (1891); Regrúti (1891); Tichá voda (1892; dt. Stilles Wasser, in: Liebesschichten der slaw. Völker). – *Roman:* Dom v stráni (1904).

Ausgabe: Dielo, 21 Bde. (1955–71).

J. JURÍČEK: M. K. (Preßburg 1975).

Kukuljević-Sakcinski [-vitɕ sakˈtsinski], Ivan, kroat. Politiker, Historiker und Schriftsteller, * Varaždin 29. 5. 1816, † Puhakovec (Kroatien) 1. 8. 1889; forderte als Führer der kroat. Nationalbewegung 1848 die Vereinigung der südslaw. Siedlungsgebiete unter Gewährung innerer Selbstverwaltung. 1863–67 war er Großžupan (Obergespan) von Zagreb und organisierte 1863 die österreichfreundl. ›Selbstständige Nationalpartei‹. Mit dem von ihm 1850 gegründeten ›Verein für südslaw. Geschichte‹ schuf K.-S. die Grundlagen der modernen kroat. Historiographie. Er schrieb auch Gedichte, Novellen und Dramen (›Juran i Sofija‹, 1839) im Geist des Illyrismus.

Kukulkan [indian. ›Federschlange‹], **Kukulcán,** bei den yukatek. Maya Name für →Quetzalcoatl.

Kuku Nur [mongol. ›blauer See‹], **Kuku-nor,** See in China, →Qinghai Hu.

Kukuruz [slaw.] *der, -(es), landschaftl.,* bes. österr. Bez. für: Mais.

Kulak [russ. ›Faust‹] *der, -en/-en,* Bez. für den russ. Mittel- und Großbauern, der nach den stolypinschen Agrarreformen (1906/10) nicht mehr in der Mir (Dorfgemeinde) integriert war und sein Land mit familienfremden Arbeitskräften bewirtschaftete. Im Verlauf der 1927 in der Sowjetunion beschlossenen und seit 1929 forcierten stalinschen →Kollektivierung der Landwirtschaft wurden die K. als ›Volksfeinde und Ausbeuter‹ von ihren Höfen vertrieben, meist persönlich verfolgt und als feindliche ›Klasse‹ liquidiert (Höhepunkt der ›Entkulakisierung‹ 1929–30); viele K. kamen durch Terror, Deportationen und in den stalinschen Lagern (GULAG) ums Leben. Die Zwangskollektivierung hatte zudem eine verheerende Hungersnot (1932–34) mit Mio. von Toten zur Folge.

Kulan [russ.] *der, -s/-e,* Unterart des →Halbesels.

Kulanz [frz.] *die, -,* Entgegenkommen, Großzügigkeit, Gewährung von gewissen Erleichterungen (bes. im Geschäftsverkehr).

Külbel, *Glasherstellung:* tropfenförmiger Glashohlkörper, der beim ersten kurzen Einblasen in die Glasmacherpfeife entsteht.

Kuldja [-dʒa], **Kuldscha,** Stadt in China, →Yining.

Kuldo|skopie [Kurzbildung aus frz. cul de sac ›Sackgasse‹ und griech. skopeīn ›betrachten‹] *die, -/...'piīen,* **Douglas|skopie** [ˈdʌgləs-], endoskop. Untersuchung des Douglas-Raums und der inneren weibl. Geschlechtsorgane von der Scheide her; inzwischen weitgehend durch die Pelviskopie (→Laparoskopie) ersetzt.

Kulenkampff, Georg, Violinist, * Bremen 31. 1. 1898, † Schaffhausen 4. 10. 1948; lehrte an der Musikhochschule in Berlin sowie am Konservatorium in Luzern und war bes. als Interpret klass. und romant. Violinliteratur einer der brillantesten Virtuosen seiner Zeit. Er trat auch als Triopartner von E. FISCHER und E. MAINARDI auf.

Kuleschow, Kulešov [-ʃ-], Lew Wladimirowitsch, russ. Filmregisseur, * Tambow 13. 1. 1899, † Moskau 29. 3. 1970; gründete 1919 ein Experimentalstudio und wurde Lehrer der Filmhochschule in Moskau (seit 1939 Prof.); bedeutender Vertreter des sowjet. Films, der die Grundlage der Montagetheorie entwickelte. Seine Schriften wurden u. d. T. ›Kuleshov on film‹ 1974 von R. LEVACO herausgegeben.
Filme: Die seltsamen Abenteuer des Mr. West im Lande der Bolschewiki (1924); Nach dem Gesetz (1926).

Kuli [Hindi ›Lastträger‹ (urspr. Name eines Volksstammes im westl. Indien, dessen Angehörige sich oft als Tagelöhner verdingten)] *der, -s/-s,* 1) Lastträger und Tagelöhner in Süd-, Südost- und Ostasien; 2) *abwertend* für: rücksichtslos ausgebeuteter Mensch.

Kulierplatine [wohl zu frz. cueillir ›(einen Faden) aufrollen‹], auf Wirk- und Strickmaschinen für die Maschenbildung entscheidendes Stahlplättchen, das die der Wirk- bzw. Strickstelle zugeführten Fäden zu Schlingen formt, über die die bereits fertigen Maschen abgeworfen werden, wodurch eine neue Maschenreihe gebildet wird.

Kulierware, Kulierwirkware, auf Flachwirk-, Flachstrick- oder Rundstrickmaschinen hergestelltes Gewirke bzw. Gestrick, das im Ggs. zum Kettengewirke nicht laufmaschenfest ist. (→Wirkerei)

Kulikow, Wiktor Georgijewitsch, sowjet. Militär, * Werchnjaja Ljubowscha (Gebiet Orel) 5. 7. 1921; Russe; 1969–71 Oberkommandierender der in der DDR stationierten ›Gruppe der sowjet. Streitkräfte in Dtl.‹ (GSSD), danach Generalstabschef der Sowjetarmee und zugleich Erster Stellv. Verteidigungs-Min. K. wurde 1977 Marschall der Sowjetunion und war 1977–89 Oberbefehlshaber der Streitkräfte des Warschauer Paktes.

Kulikowo pole [russ. ›Schnepfenfeld‹], Ebene am Don, östlich von Tula. Hier siegten am 8. 9. 1380 die russ. Fürsten unter DMITRIJ IWANOWITSCH DONSKOJ über die Tataren. Dieser erste bedeutende Sieg über ein tatar. Heer brachte jedoch noch nicht die Befreiung von der tatar. Oberherrschaft.

kulinarisch [lat. ›zur Küche gehörig‹, zu culina ›Küche‹], 1) die feine Küche, die Kochkunst betreffend; 2) *leicht abwertend* für: ohne Anstrengung geistigen Genuss verschaffend; ausschließlich dem Genuss dienend.

Kulisch, Kuliš [-ʃ], Pantelejmon Oleksandrowytsch, ukrain. Schriftsteller, * Woronesch (Gebiet Sumy) 8. 8. 1819, † Matronowka (Gebiet Tschernigow) 14. 2. 1897; Mitbegründer (neben M. I. KOSTOMAROW und T. SCHEWTSCHENKO) der geheimen Kyrillos-Methodios-Gesellschaft, deswegen zeitweise verbannt; schrieb romant. Gedichte, Dramen und Prosa aus der Geschichte der Kosakenukraine (›Čorna rada‹, 1857; Roman). Bedeutend für die Entwicklung der ukrain. Literatursprache waren seine Übersetzungen (u. a. SHAKESPEARE, LORD BYRON, GOETHE, SCHILLER).

Kulmbach 1): Blick auf die Plassenburg

Kulisse [frz. ›Schiebewand‹, eigtl. ›Rinne‹, zu couler ›fließen‹] *die, -/-n,* 1) *Börsenwesen:* zum einen Bez. für den nichtamtl. Börsenhandel (K.-Geschäfte), zurückgehend auf die Bez. für den halbamtl. Handel an der Pariser Börse (Coulisse), zum andern Bez. für die freien Makler und Bankenvertreter, die Börsengeschäfte auf eigene Rechnung abschließen, i. d. R. um kurzfristige Kursschwankungen auszunutzen. Wertpapiere des nichtamtl. Handels werden auch **K.-Papiere (K.-Werte)** genannt.
2) *Bühnentechnik:* mit bemalter Leinwand, Pappe oder Papier bespannter Holzrahmen oder mit einem Metallrahmen verstärkte Sperrholzwand. (→Bühnenbild)
3) *Maschinenbau:* Steuerorgan für Dampfmaschinen, das in Abhängigkeit von der Stellung des Kolbens den Dampfschieber und damit die Dampfzufuhr zum Kolben steuert; v. a. angewendet bei Umkehrmaschinen, die vorwärts und rückwärts laufen müssen.

Kulka, Georg, österr. Schriftsteller, * Weidling (heute zu Klosterneuburg) 5. 6. 1897, † (Selbstmord) Wien 29. 4. 1929; Philosophiestudium, Buchhersteller in Leipzig und Wien, Getreidekaufmann. Mitarbeiter der ›Aktion‹; expressionist. Lyriker mit Vorliebe für eine ausgefallene Wortwahl.
Ausgabe: Werke, hg. v. G. SAUDER (1987).

Kullak, Theodor, Pianist, * Krotoschin 12. 9. 1818, † Berlin 1. 3. 1882; Schüler u. a. von C. CZERNY, S. SECHTER und O. NICOLAI, wurde 1846 Hofpianist in Berlin. Er gründete 1850 mit J. STERN und A. B. MARX das (Stern'sche) Konservatorium, 1855 eine eigene Neue Akad. der Tonkunst in Berlin. Zu seinen Schülern gehörten MORITZ MOSZKOWSKI und F. X. SCHARWENKA.

Külliye [türk.] *die, -/-n,* **Kullija,** in der osman. Baukunst der gesamte Komplex der zu einer Stiftung gehörenden religiösen (Moschee, Grabbau), schul., karitativen und sonstigen öffentl. Einrichtungen. Eine K. hat i. Allg. städtebaul. Charakter; ihre Größe sollte Macht und Demut des Stifters (des Sultans) darstellen. Abgesehen von frühen K. (Bursa) entstanden sie als axiale Anlagen.

Kulm [aus dem Slaw.] *der* oder *das, -(e)s/-e,* abgerundete Bergkuppe, Berg, Hügel.

Kulm [engl., wohl verwandt mit coal ›Kohle‹] *das, -s, Geologie:* sandig-tonige Flyschfazies des Unterkarbons in Mitteleuropa, im Ggs. zum →Kohlenkalk. (→Karbon)

Kulm, 1) Stadt in Polen, →Culm.

2) Bez. im S des Kt. Aargau, Schweiz, 97 km², 35 200 Ew., Hauptort ist Unterkulm.

Kulmbach, 1) Kreisstadt in Bayern, 304 m ü. M., am Zusammenfluss des Weißen und Roten Mains, 28 400 Ew.; Große Kreisstadt; Fachschule für Fleischtechnik, Bundesanstalt für Fleischforschung. K. ist bekannt durch seine seit dem 16. Jh. bestehenden Brauereien (erste Nennung 1349); Back- und Gewürzmittelindustrie, Maschinen-, Stahlbau, Textil-, chem., pharmazeut. Industrie, Malzfabriken, Likörfabrik. – Die spätgotische Petrikirche wurde 1439 begonnen, der ehem. Langheimer Klosterhof 1691–94 erbaut; das Rathaus (1752) ziert eine Rokokofassade. Über K. erhebt sich die **Plassenburg**, eines der großartigsten Renaissancebauwerke Dtl.s mit dem Hochschloss (14./16. Jh.) und dem ›Schönen Hof‹ (als steinerne Ahnengalerie der Hohenzollern), dessen Fassaden an drei Seiten als offene Arkadengänge das unregelmäßige Viereck umschließen. Das Niederschloss mit Christiansturm (1607) stammt aus dem 16. Jh. In der Burg das Dt. Zinnfigurenmuseum, Landschaftsmuseum Obermain und staatl. Sammlungen (Jagdwaffen; Schlachtengemälde). – Das bereits im 11. Jh. bekannte K. war 1057–1248 im Besitz der Grafen von Andechs, die 1135 erstmals die Plassenburg urkundlich erwähnten. In deren Schutz erwuchs zunächst eine befestigte Kirchsiedlung; 1338/1340 kam das Kulmbacher Gebiet in den Besitz der Zollern-Burggrafen von Nürnberg. 1398 wurde K. Residenz der Burggrafen, ab 1411/15 (Personalunion mit Brandenburg) Markgrafen von **(Ansbach-)Kulmbach** bzw. **Kulmbach-Bayreuth** (1603 nach Bayreuth verlegt); 1792 fiel die Stadt an Preußen, wurde 1807 (Tilsiter Frieden) von NAPOLEON I. annektiert und fiel 1810 an Bayern.

2) Landkreis im Reg.-Bez. Oberfranken, Bayern, 657 km², 78 500 Ew. Der Kreis erstreckt sich von den Ausläufern der Fränk. Schweiz im SW bis in die durch steilwandige Täler gegliederte Hochfläche des Frankenwaldes. Der Schwerpunkt der Besiedlung und Wirtschaft liegt im obermain. Hügelland. Neben der vorherrschenden Industrie, v. a. in der Kreisstadt K. (Stadtrecht haben auch Stadtsteinach und Kupferberg), hat besonders der Fremdenverkehr Bedeutung.

K. u. sein Umland. Beitrr. zur Landeskunde u. Strukturanalyse, hg. v. K. SCHLIEPHAKE u. a. (1984); F. FRANK: Das Oberland im Landkreis K. (1991).

Kul-Oba: Gefäß aus Elektrum; 4. Jh. v. Chr.

Kulmbach, Hans von, eigtl. H. Suess [zy:s], Maler und Zeichner, * Kulmbach um 1480, † Nürnberg zw. 29. 11. und 3. 12. 1522; ab 1505 in Nürnberg nachweisbar, Schüler von J. DE' BARBARI und A. DÜRER, von dessen Einfluss er sich allmählich löste. Zw. 1509 und 1516 führte er mehrere Altäre für Kirchen in Krakau aus. In sein Hauptwerk, den Tucheraltar (1513; Nürnberg, St. Sebald), nahm er Anregungen der ital. Malerei auf. In späteren Werken, v. a. in seinen Zeichnungen, orientierte er sich an der Donauschule.

Tafeln eines Peter-und-Paul-Altars (um 1510; Florenz, Uffizien); Markgraf Kasimir von Brandenburg (1511; München, Alte Pinakothek); Katharinenaltar (1514–15; Krakau, Muzeum Narodowe); Johannesaltar (1516; ebd.).

A. LÖHR: Studien zu H. v. K. als Maler (1995).

Kulmination [frz., zu lat. culmen ›Gipfel‹] *die*, -/-en, **1)** *allg.:* Höhepunkt einer Laufbahn, Entwicklung.

2) *Astronomie:* das Erreichen der größten oder geringsten Höhe über bzw. unter dem Horizont eines Beobachtungsortes bei der tägl. scheinbaren Bewegung eines Gestirns am Himmel **(K.-Punkt).** Bei einem Zirkumpolarstern liegt sowohl der obere als auch der untere K.-Punkt über dem Horizont des Beobachtungsortes. Zum Zeitpunkt der K. befindet sich ein Gestirn im Meridian des Beobachtungsortes.

Kul-Oba, skyth. Kurgan westlich von Kertsch, eines der reichhaltigsten Fürstengräber des 4. Jh. v. Chr.; 1830 entdeckt. Geborgen wurden in einer steinernen Grabkammer zwei reiche Bestattungen (neben einer weiteren), darunter ein goldener Halsreif mit Reiterfiguren an beiden Enden, ein Diadem u. a. Schmuck, eine goldene Schale, eine Elektrumvase mit sieben Skythendarstellungen sowie (unter dem Grabboden) ein goldener Hirsch und ein goldenes Armband. Der im Bereich des →Bosporanischen Reiches gelegene Kurgan zeugt für eine enge gesellschaftl. und wirtschaftl. Verflechtung der griechisch-pont. und der skyth. Kultur und Kunst.

Kulpa *die,* Fluss in Kroatien, →Kupa.

Külpe, Oswald, Philosoph und Psychologe, * Kandau (Kurland) 3. 8. 1862, † München 30. 12. 1915; ab 1894 Prof. in Würzburg, ab 1909 in Bonn, ab 1912 in München; begründete die →Würzburger Schule der Denkpsychologie, vertrat erkenntnistheoretisch einen kritischen Realismus; Schüler war u. a. E. BLOCH.

Werke: Grundr. der Psychologie (1893); Einl. in die Philosophie (1895); Immanuel Kant (1907); Die Realisierung, 3 Bde. (1912–23); Vorlesungen über Psychologie (hg. 1920); Grundl. der Ästhetik (hg. 1921); Vorlesungen über Logik (hg. 1923).

Hans von Kulmbach: Markgraf Kasimir von Brandenburg; 1511 (München, Alte Pinakothek)

Kulmbach 1) Stadtwappen

Wörter, die man unter K vermisst, suche man unter C, Ch, G, H oder Q

Külsheim, Stadt im Main-Tauber-Kreis, Bad.-Württ., im östl. Bauland, 365 m ü. M., 6000 Ew.; Erholungsort. – K., 1144 erstmals erwähnt, kam 1255 an das Erzstift Mainz und erhielt 1292 Stadtrecht. 1806 kam die Stadt an Baden.

Kult [lat. cultus ›Pflege‹; ›Bildung‹; ›Verehrung (einer Gottheit)‹] *der, -(e)s/-e,* **1)** *allg.:* übertriebene Verehrung einer Person (→Personenkult) oder Sache.

2) *Religionswissenschaft* und *Theologie:* **Kultus,** der Versuch, in gemeinschaftlichem, durch gewachsene Überlieferung oder Festsetzung rituell geregeltem Handeln sich das Heilige und das Heil an ›heiligen Orten‹ und zu ›heiligen Zeiten‹ anzueignen, sich der religiösen Erfahrung zu vergewissern und Gefahren, die von übermenschl. Kräften oder von einem zürnenden Gott drohen könnten, durch Tabu- und Abwehrriten oder Bußrituale abzuwehren. In frühen Formen von Religion, oft auch noch in Universalreligionen, können der K., der einen ehrfurchtsvollen Umgang mit dem Heiligen voraussetzt, und die Magie, in der das Heilige manipuliert werden soll, nicht immer exakt voneinander abgegrenzt werden. Religionen bilden K.-Gemeinschaften, in deren Auftrag die Riten vollzogen werden. Je nach gesellschaftl. Entwicklung wird der K. durchgeführt von Familien- oder Sippenoberhäuptern, Stammesführern, Königen, Medizinmännern, Schamanen, Priesterschaften oder anderen autorisierten Personengruppen. Die Beauftragung zur Durchführung des K. kann durch Anerkennung gewachsener Autorität oder durch amtl. Einsetzung (z. B. Ordination) erfolgen. K. besteht immer in Handlungen, die von Worten (myth. Erzählungen, Legenden, Deuteworten) begleitet sind. Gelegentlich gewinnt der K. dabei den Charakter eines heiligen Dramas (kult. Theater).

Allg. kann K. verstanden werden als ehrfurchtsvolle Reaktion auf die Erfahrung des Heiligen, als Hingabe. Diese Hingabe drückt sich in frühen religiösen Traditionen v. a. in Opfern aus, durch die dem übermenschl. Kräften, Göttern oder Gott eine wertvolle – oft symbol. – Gabe dargebracht wird, auf die i. d. R. eine positive Reaktion erwartet wird; Opfergaben können – häufig im Kontext heiliger Mahlzeiten – Pflanzen, Tiere, wertvolle Gegenstände oder auch Menschen sein. Die Universalreligionen kennen grundsätzlich keinen Opfer-K. mehr. An seine Stelle treten andere Zeichenhandlungen: Worte, Lieder, Gebete gewinnen zentrale Bedeutung; Dies gilt auch für das Christentum, dessen grundlegende kult. Feier des Erlösungswerkes (›Kreuzesopfers‹) CHRISTI in Abendmahl, Eucharistiefeier oder Messe ein gemeinschaftl. Gedächtnismahl ist. Der Opfer-K. lebt v. a. in den Vorstellungen der Volksreligiosität weiter.

Daneben hat die K.-Praxis eine Fülle von Formen hervorgebracht: Anbetung und Verehrung (Adoration), Reinigungsriten, Salbungen, Besprengen oder Übergießen mit Wasser, Blut oder Öl, heilige Mahlzeiten, Beschneidungen, Prozessionen, Umgänge, Singen, Tanzen, Spiel, Handauflegungen, Verbrennen von Duftstoffen, Tempelprostitution und hl. Hochzeit (→Hieros Gamos). Weil der K. als sakral empfunden wird, ist er von einer Reihe von Tabuvorschriften umgeben, die auf die kult. Handlung vorbereiten, z. B. rituelle Reinigung, Fasten, sexuelle Enthaltsamkeit oder Buße. Entsprechend dem Kreislauf der Jahreszeiten ergab sich die Vorstellung von bestimmten heiligen Zeiten (Festkalender, Kirchenjahr). Ein täglicher K., der sich am Ablauf von Tag und Nacht orientiert, scheint sich erst später ausgebildet zu haben. In manchen religiösen Traditionen führte er zu einer kult. Begehung des ganzen Tages (z. B. das Stundengebet in den christl. Ordensgemeinschaften). Daneben findet sich die kult. Begleitung der großen Zäsuren im menschl. Leben (Geburt, Pubertät, Ehe, Krankheit, Tod), der Aufnahme in eine Religions- oder Berufsgruppe und weitere für die Gemeinschaft wichtige Ereignisse (z. B. Kriege, Friedensschlüsse).

Vereinfacht lassen sich zwei Typen von K. unterscheiden: ein sich am Ablauf der Natur und ein sich an der Geschichte (Heilsgeschichte) orientierender K. Im ersten Fall geht es grundsätzlich um die Begehung des immer wiederkehrenden Naturzyklus, wobei aber je nach ökonom. und kulturellen Voraussetzungen versch. Inhalte im Vordergrund stehen (in der Prähistorie: Verehrung der ›göttl.‹ Natur, die Nahrung spendet und den Tod bringt; in Ackerbaukulturen: Feier von Frühjahrs- und Erntefesten). In dieser Linie kommt es später zur Ausbildung einer (monist.) kosm. Religiosität, in der K. die Funktion hat, an bestimmten Raum-Zeit-Punkten den Einbruch des sakralen Göttlichen (aus der Vertikale, ›von oben‹) in diese zerrissene und profane Welt zu gewährleisten. V. a. der K. monotheist. Religionen stellt demgegenüber die Heilsgeschichte in den Mittelpunkt (im Judentum z. B. den Auszug aus Ägypten; im Christentum Geburt, Tod und Auferstehung JESU; auch die aus der Tradition übernommenen jahreszeitl. Feste (im Christentum z. B. Weihnachten, Pfingsten) werden heilsgeschichtlich gedeutet. Zum christl. K. →Liturgie.

⇨ *Gebet · Gottesdienst · Magie · Opfer · Rites de Passage · Ritus*

K. GOLDAMMER: Formenwelt des Religiösen (1960); DERS.: K.-Symbolik des Protestantismus (1960); Anthropologie des K. Beitr. v. A. HAHN u.a. (1977); K. u. Erfahrung, hg. v. H. BEHNKEN (1985); W. JETTER: Symbol u. Ritual. Anthropolog. Elemente im Gottesdienst (²1986); Kulte, Kulturen, Gottesdienste. Öffentl. Inszenierung des Lebens, hg. v. P. STOLT u.a. (1996).

Kultbilder, Darstellungen von übermenschl. Kräften, Göttern, Gott oder auch von Religionsstiftern, Erlösergestalten, Heroen und Heiligen, nicht als abstrakte Symbole, sondern als realitätsbezogene Abbilder. Wahrscheinlich haben sie sich aus →Kultobjekten entwickelt, die zum einen immer konkreter ausgestaltet (Fetische, Götterbilder), zum andern aufgrund der verstärkten Erfahrung der Transzendenz des Heiligen zunehmend als Bilder (und nicht als Objekte) aufgefasst wurden. Der Umgang mit ihnen ist durch Tabuvorschriften geregelt. Ihre Gestaltung hebt – meist gemäß strenger ikonograph. Tradition – die außergewöhnl. Züge (Macht, Würde, Heiligkeit, dämon. Furchtbarkeit, Güte) oder bestimmte theolog. Absichten hervor. In polytheist. Religionen stehen Götterbilder im Mittelpunkt eines umfängl. Kults, bei dem die Identifikation des Gottes mit seinem Bild recht weit gehen kann und sich in manchen Epochen zu einer Theurgie ausbildete, in der die rituelle Betreuung des K. (Waschen, Speisen, Salben, Bekleiden, Bekränzen) zum Selbstzweck wurde. Manche polytheist. Religionen kannten eine Abstinenz (z. B. die frühe kelt. Religion) oder ein Verbot von Götterbildern (z. B. der frühe Shintō in Japan); in Judentum und Islam wird ein strenges Bilderverbot praktiziert. Das Christentum hat diese Vorbehalte nicht, erlebte aber auch in seiner Geschichte Bewegungen gegen K., so im →Bilderstreit in der Ostkirche im 8./9. Jh. und im →Bildersturm im Gefolge der Reformation im 16. Jh. (→Bilderverehrung, →Idol).

H. BELTING: Bild u. Kult. Eine Gesch. des Bildes vor dem Zeitalter der Kunst (²1991).

Kültepe, Ruinenhügel der altanatol. Stadt →Kanisch. Bereits bei Ausgrabungen (1925) wurden zahlr. Geschäftsbriefe und -urkunden gefunden und damit K. als Fundort der bei 1881 bekannt gewordenen →kappadokischen Tafeln nachgewiesen.

Kultfilm, Film, der von seinen Liebhabern (Fans) enthusiastisch aufgenommen wird; nachvollziehbare Gründe dafür werden selten angeführt. Als Kristallisationskerne der K.-Verehrung lassen sich ausmachen: Schauspieler (GRETA GARBO, MARLENE DIETRICH, ZARAH LEANDER, MARILYN MONROE; H. BOGART, E. CONSTANTINE, die Marx Brothers, J. WAYNE, J. DEAN), Musiker (E. PRESLEY, die Beatles), Regisseure (A. HITCHCOCK, H. HAWKS, A. WARHOL) oder die Filme selbst (z. B. ›Casablanca‹, 1942; ›Kinder des Olymp‹, 1945; ›Außer Atem‹, 1959; ›The Rocky Horror Picture Show‹, 1974; ›Easy Rider‹, 1969; ›Spiel mir das Lied vom Tod‹, 1968; ›Krieg der Sterne‹, 1977; ›Diva‹, 1980), die z. T. erst lange nach ihrer Entstehung durch spontane Publikumsgunst zu K. wurden. Sie dienen im Rahmen des Starkults bes. der künstlerisch-kulturellen, weniger der psychisch-sozialen, selten der ideolog. Orientierungshilfe.

A. HEINZLMEIER u. a.: K.e (1983); R. M. HAHN u. V. JANSEN: K. (⁵1992).

Kultgemeinschaft, *Religionssoziologie:* eine gesellschaftl. Gruppe, die durch die Teilnahme an einem bestimmten Kult konstituiert und in ihrem Zusammengehörigkeitsgefühl bestimmt wird. In den *Volks-* und *Stammesreligionen* bilden die zugehörigen Vitalgemeinschaften auch die K., neben der es keine andere spezifisch religiöse K. gibt. In den *Universalreligionen* umfasst die K. dem theoret. Anspruch nach den Kreis derer, die sich aufgrund eigener Entscheidung zu der betreffenden Religion bekennen, also Gläubige und nicht Volks- und Stammesangehörige.

Kult|haus, zentraler Ort für Zeremonien, Opfer u. a. sowie Aufbewahrungsort für sakrale Gegenstände. In vielen Teilen Ozeaniens stellen K. die besten Leistungen der Architektur dar. In Melanesien werden sie z. T. auch als Männerhäuser genutzt. Sie gelten in ihrer Gesamtheit als Ausdruck des überlieferten Weltbildes und des anerkannten Ethos einer Gruppe, dessen einzelne Aspekte durch figürlich gestaltete Pfosten, beschnitzte Firste und Giebelaufsätze, Hausmasken, Malereien und Matten symbolisiert sind. Die K. der Abelam in N-Neuguinea gehören zu den imposantesten Bauwerken Ozeaniens. Der Grundriss ist dreieckig, das Dach reicht bis zur Erde und überragt seitlich den leicht nach vorn geneigten, bis 25 m hohen Giebel. Die dreieckige Giebelwand ist mit traditionellen Motiven in Rot, Gelb, Weiß und Schwarz bemalt; den unteren Abschluss bildet ein beschnitzter und bemalter Balken. Im Innern werden für Initiationsriten große, aus Holz geschnitzte und bemalte Figuren der Klan- und Dorfahnen aufgebaut und z. T. auch aufbewahrt.

Kult|hörner, im minoischen, später auch im myken. Kult gebrauchte, Rinderhörnern ähnl. Gebilde, die auf Altären, bei Gebäuden und an Kultorten aufgestellt waren. In der Palastarchitektur erscheinen sie als Ziermotive, auf Bildern häufig in Verbindung mit einem Zweig oder einer Doppelaxt. Ihre genaue Bedeutung ist ungeklärt, war aber sakraler Art.

Kultivator *der, -s/...'toren,* →Grubber.

kultivieren [frz., von mlat. cultivare ›(be)bauen‹, ›pflegen‹], 1) sorgsam pflegen, fördern (einen Stil, eine Bekanntschaft); 2) urbar machen (z. B. Brachland); 3) Wildpflanzen planmäßig züchten und pflegen, um Kulturpflanzen zu gewinnen.

Kultlegende, *Religionswissenschaft:* Legende, die einen bestimmten Kult begründet. Dieser bleibt häufig an den Ort gebunden, an dem sich der K. nach Gott oder eine Gottheit offenbart bzw. ein Wunder ereignet hat.

Kult|objekte, Gegenstände, Naturphänomene, Pflanzen und Tiere, die in frühen Stadien religiöser Entwicklung kultisch verehrt werden, in denen die Transzendenz übermenschl. Kräfte noch nicht so weit bewusst ist, dass alle Objekte zu bloßen Zeichen oder Bildern für das Göttliche werden (→Kultbilder); die K. gelten dabei selbst als Träger von Kraft. In der Prähistorie waren K. v. a. Tiere, weil sie Eigenschaften besitzen, über die Menschen nicht verfügen. Auch nach der Ausbildung differenzierterer Vorstellungen wurden noch mit verschiedenen Gottheiten Tiergestalten, -eigenschaften und -symbole verbunden (z. B. in Altägypten der falkenköpfige Horus, der widderköpfige Amun, der hundsköpfige Anubis und der Stier Apis als Erscheinungsform des Gottes Ptah).

Kult|ort, Kultstätte, *Religionsgeschichte:* Ort, an dem ein Kult zelebriert wird, wobei mit dem Begriff sowohl →heilige Stätten in ihrem gesamten Umkreis (›hl. Bezirke‹) als auch die eigentl. Stätten des kult. Vollzugs (Altäre, Tempel, Gotteshäuser) bezeichnet werden. Urspr. waren K. nichtalltägl. Naturgegenstände: Höhlen, auffallende Bäume, Quellen, Haine, Berge oder Steine, aber auch Orte, an denen besondere kulturelle Errungenschaften (z. B. der Herd) bewahrt wurden. Schon im Neolithikum sind die ersten Tempelbauten nachweisbar, die mit der Zeit zu den beherrschenden K. wurden. Eine krit. Einstellung gegenüber K. findet sich bei BUDDHA und auch bei JESUS (Joh. 4, 19–24). Die frühen Christengemeinden versammelten sich zunächst in ihren Häusern; auch die ersten Kirchenbauten waren als Versammlungsräume gedacht. Mit der Zeit gewann jedoch das traditionelle religiöse Empfinden Oberhand, und die Kirchenbauten wurden als K. empfunden.

Hl. Stätten hg. v. U. TWORUSCHKA (1994).

Kultosole [zu Kult und lat. solum ›Boden‹, ›Erdboden‹], *Sg.* **Kultosol** *der, -s,* **anthropogene Böden,** durch menschl. Eingriff neu geschaffene oder völlig veränderte Böden, v. a. →Plaggenesch, Gartenböden (→Hortisole), →Rigosole.

Kultpfähle, in vorgeschichtl. Zeit an geheiligten Orten und auf Hügelgräbern errichtete hölzerne Pfähle, die als Opferstellen und Seelensitz im Dienst des Götter- und Ahnenkults standen; ähnl. Funktion hatten vermutlich die →Menhire. Literarisch bezeugt ist die wohl bis ins 3. Jt. zurückreichende →Herme der Griechen. Bei den Germanen sind menschengestaltige K. (männl. und weibl. Figuren) seit der Zeit um Christi Geburt (Moorfunde) vielfach bezeugt; wen sie darstellen, ist unbekannt. Ihnen wurden häufig Opfergaben, darunter Tier- und (selten) Menschenopfer, dargebracht. – In der Jahweverehrung Israels bestand der (aus der kanaanäischen Religion übernommene) Brauch, neben dem Altar einen K.

Kulthaus der Abelam in der Gegend von Maprik, Distrikt Sepik, Papua-Neuguinea

Kulthörner: Rekonstruktion auf der Südterrasse des Palastes von Knossos; 1500–1400 v. Chr.

aufzustellen, der wie die ugarit. Fruchtbarkeitsgöttin Aschirat hieß (Ri. 6, 25; 5. Mos. 16, 21).

Kultsprache, die von Priestern beim Vollzug kult. Handlungen gesprochene Sprache. Meist repräsentiert sie nur den älteren Sprachzustand einer bestimmten Sprache (Kirchenslawisch), z. T. ist sie eine kunstvoll gestaltete Sprache mit beabsichtigten Archaismen (Sanskrit). Eine K. kann durch Mission in andere Sprachgebiete eindringen (Arabisch nach Hinterindien und in andere nichtarab. Gebiete, die lat. Kirchensprache zunächst nach Mitteleuropa, dann in alle Kontinente). Ihre weitgehende Unverständlichkeit gilt nicht als Nachteil, sie wird vielmehr von den Gläubigen oft als angemessene Absonderung des Heiligen vom Profanen empfunden. K. können jedoch auch der übernat. Bildung und Verständigung in religiösen Dingen dienen; z. B. die lat. Sprache in der kath. Kirche. Das Christentum der Ostkirchen hat als liturg. Sprachen versch. K. bewahrt (Geez in Äthiopien, Altsyrisch, Altgeorgisch, Koptisch). In den archaischen Kulturen entstanden K. durch die Überzeugung, die Götter müssten in ›ihrer‹ Sprache verehrt werden (Sumerisch im nachsumer. Mesopotamien, Hattisch bei den Hethitern).

Kultstätte, der →Kultort.

Kultsymbol, ein Symbol, das die Wirklichkeit des persönlich oder unpersönlich aufgefassten Heiligen vergegenwärtigt. Werden die K. mit dem Heiligen gleichgesetzt, so werden sie zu an sich magisch wirkenden Mitteln. – K. können seltsam geformte Steine oder Meteoriten, Kultbilder, Bäume, Berge u. a. sein.

Schlüsselbegriff

Kultur [lat. cultura ›Pflege (des Körpers und Geistes)‹, ›Landbau‹, zu colere, cultum ›bebauen‹, ›(be)wohnen‹; ›pflegen‹, ›ehren‹, urspr. etwa ›emsig beschäftigt sein‹] *die, -/-en.* In seiner weitesten Verwendung kann mit dem Begriff K. alles bezeichnet werden, was der Mensch geschaffen hat, was also nicht naturgegeben ist.

In einem engeren Sinne bezeichnet K. die Handlungsbereiche, in denen der Mensch auf Dauer angelegte und den kollektiven Sinnzusammenhang gestaltende Produkte, Produktionsformen, Verhaltensweisen und Leitvorstellungen hervorzubringen vermag. Deshalb betont dieser K.-Begriff nicht nur das Hervorgebrachte und Künstliche, sondern auch die Wertschätzung, die diesem zukommt.

Wie bereits die Etymologie zeigt, bestimmt sich der Begriff K. v. a. über Komplementär- bzw. Oppositionsbeziehungen; dies umfasst die Identifizierung von K. mit Gemachtem im Ggs. zum Nichtgemachten (Kultur–Natur) sowie die Trennung von praktisch-materieller (Bebauung des Bodens) und geistig-ideeller K. (religiös-rituelle Praxis, Kultus).

Mit der Entwicklung städt. Lebensformen tritt der bereits in den Agrargesellschaften bestehende Natur-K.-Gegensatz auf die Ebene sozialer Organisationsformen und findet über lat. ›civitas‹ bzw. ›urbanitas‹ Eingang in die europ. Sprachen. Im Zuge weiterer Ausbildung und kultureller Ausstrahlung städt. Lebensformen gerät der K.- bzw. Zivilisationsbegriff in die Auseinandersetzungen um Vor- bzw. Nachteile städt. und ländl. Lebens (Faszination der Großstadt; ländl. Idylle) und wird damit bereits in der Antike zu einem Bestandteil sozialer und sozialkrit. Leitvorstellungen. Anders als in Frankreich, wo der Begriff ›civilisation‹ den Bedeutungsbereich von K. einschließt, und im angelsächs. Sprachraum, in dem die beiden Begriffe ›civilization‹ und ›culture‹ weniger deutlich gegeneinander abgegrenzt sind, unterschied die dt. Geistesgeschichte deutlich zw. K. und Zivilisation. Zunächst bei I. KANT in aufklärer. Perspektive zur Rechtfertigung von Kunst und Wissenschaft mit leicht gesellschaftskrit. Impuls formuliert (›Wir sind ... durch Kunst und Wissenschaft cultiviert, wir sind civilisiert zu allerlei gesellschaftlicher Artigkeit und Anständigkeit‹), wird die Differenzierung im 19. und in der 1. Hälfte des 20. Jh. auch im ideolog. Gebrauch (O. SPENGLER) zum Kampfbegriff bei der ›Verteidigung‹ antimoderner (›deutscher‹) Tiefe und Geistigkeit (Kultur) gegen moderne, westliche (›französische‹) ›Oberflächlichkeit‹ (Zivilisation). Im heutigen dt. Sprachgebrauch stehen die beiden Begriffe K. und Zivilisation ohne klare Abgrenzung nebeneinander, wobei im Begriff Zivilisation i. Allg. der Aspekt des techn. Fortschritts mit enthalten ist, während der K.-Begriff in der Alltagssprache häufig auch moral. und stilist. Ansprüche umfasst.

Bedeutungsebenen

Die Vieldeutigkeit des Begriffs K. lässt sich anhand von vier unterschiedlich in Erscheinung tretenden Bedeutungsebenen darstellen:

Die Ebene *prakt. Handelns,* auf der K. sowohl den nützl. als auch den pflegl. Umgang mit der Natur bezeichnet (Agrikultur): Bodenbebauung und Sesshaftigkeit fallen nicht nur etymologisch, sondern auch kulturhistorisch zusammen. Der Aspekt der Bewirtschaftung des häusl. Anwesens, bis zur industriellen Revolution mit der Vorstellung des ›ganzen Hauses‹ als Wirtschafts- und Sozialeinheit verbunden, geht mit der Industrialisierung verloren, gewinnt aber in der Gegenwart (›Freizeitgesellschaft‹, Umweltdiskussion, ›nachhaltige Entwicklung‹) auch im Rahmen der K.-Ökologie wieder an Bedeutung.

Die Ebene der *rituellen Verehrung* von Gottheiten: Der hiermit verbundene Aspekt der Institutionalisierung findet sich nicht nur heute in außereurop. K. wieder, sondern wurde bereits vom Christentum aufgenommen (›cultura dei‹ als Gottesverehrung, aber auch Marienkulte u. Ä.). In profaner Bedeutung gewinnt er Gestalt einerseits in bestimmten sozialen Institutionen (Kultusminister), zu deren Aufgaben die Pflege der gesamtgesellschaftlich erforderl. Werte gehört, andererseits in an Personen gebundenen Kulten (Führerkult), wobei der Begriff v. a. in der polit. Sprache die negative Färbung von Idolatrie oder angemaßter Verehrung zum Ausdruck bringt.

Die Ebene der *individuellen* und *gruppenspezif. Bildung:* Die Bildung des Individuums vollzieht sich nicht nur als Entwicklung und Prägung der emotionalen und sozialen Persönlichkeit (Sozialisation), sondern gleichermaßen als individuelle Übernahme von Normen und Werten der jeweiligen K. mit dem Ziel der Ausbildung einer eigenständigen ›kulturellen Identität‹. Bereits in der Antike ist dieser Aspekt mit der Vorstellung einer Bildung der Seele durch die Philosophie (Psychagogia) verbunden und hat in der Formulierung CICEROS ›Philosophia cultura animi est‹ sowie über Jahrhunderte nachwirkende Gestalt gewonnen. Diese Tradition von K. als Bildung hat den europ. K.-Begriff über die Vermittlungen von Renaissance und Humanismus geprägt und noch im 19. Jh. nicht nur das Selbstverständnis der bürgerl. Schichten und den Aufbau universitärer Wissenschaften bestimmt, sondern über die sozialdemokrat. Parteien, Gewerkschaften (Arbeiterbildungsvereine) und Volksbildungswerke bis in proletar. Schichten und ländl. Bereiche hinein gewirkt.

Die Ebene der *sozialen Beziehungen:* K. bezeichnet hier einerseits das Feld der individuellen sozialen Fähigkeiten (gute Umgangsformen, Kultiviertheit der Erscheinung, ›Höflichkeit‹), die zumeist schichtenspezifisch an bildungsbürgerl. Vorstellungen ausgerichtet sind, andererseits das auf das polit. Zusammenleben bezogene akzeptierte Verhalten. Während wiss. Untersuchungen der ›polit. K.‹ die Einstellungen von Bürgern gegenüber ihrem sozialen und polit. Kontext (soziale Institutionen, Staat, Verwaltung) in neutraler Perspektive betrachten, tritt der Begriff der polit. K. im allgemeinen, auch im polit. Sprachgebrauch mit positiver Bedeutung auf: Er umfasst hier die das polit. Zusammenleben ermöglichenden und fördernden Verhaltensweisen wie Kompromissbereitschaft und Toleranz.

Außer in den vier genannten Bedeutungsbereichen kann der Begriff K. noch in anderen Bedeutungsfeldern auftreten (z. B. Jugend-K.). K. meint hier eine spezif., von anderen Gruppen und Verhaltensnormen unterscheidbare Menge gemeinsamer Verhaltensweisen und Sachverhalte, die für eine bestimmte Teilgruppe der Gesellschaft oder eine ganze Gesellschaft typisch ist.

Entwicklung des Kulturbegriffs

Als selbstständiger Begriff tritt K. am Ende des 17. Jh. in dem die Wissenschaftssprache Europas prägenden Latein auf und nimmt von hier aus seinen Weg auch in die dt. Sprache. S. PUFENDORFS ›cultura‹ orientiert sich noch am Begriff CICEROS und bezeichnet als K. alle die Subsistenz des Menschen übersteigenden geistigen Werte und Pflichten. Eine erste histor. Betrachtung der Entwicklung von K. findet sich in G. B. VICOS ›Scienza nuova‹ (1725); er zählt den Bereich der K. zu den spezifisch menschl. Hervorbringungen, die deshalb auch dem Menschen zur einzig vollständigen Erkenntnis offen stünden, während die Kenntnis der Natur und ihrer Gesetze nur ihrem Schöpfer, also Gott, möglich sei. Evolution der K. erscheint damit als ein Prozess zunehmender Bewusstwerdung, zunehmender Verfeinerung und Vergeistigung, bei VICO aber bereits auch kritisch gesehen als Prozess der Entfernung von der natürl. Kraft, woraus sich letztendlich ein zykl. Bild des Geschichtsverlaufs zeichnen lässt. Das Konzept des Zusammenhangs einer positiven Entwicklung von Sittlichkeit, Kunst und Wissenschaft mit der Entwicklung von Gesellschaft und Individuum wird von der dt. Philosophie (u. a. KANT, J. G. HERDER) in Anlehnung an VOLTAIRE, J.-J. ROUSSEAU (der freilich den mit dieser Entwicklung verbundenen Entfremdungsprozess betont) und den frz. Enzyklopädisten ausgeformt und moralisch überhöht. KANT hebt die erzieher. Funktion der K. hervor: Sie soll die sittl. ›Tauglichkeit eines vernünftigen Wesens‹ für die Gesellschaft hervorbringen. Bereits hier ist dem Begriff in der moral. Wendung zu individueller Sittlichkeit eine dem Stand jeweiliger Vergesellschaftung und deren konkreten, historisch-aktuellen Erscheinungsbildern gegenüber auch eine krit. Bedeutung eigen, die sich in dieser Form in den frühen Texten des 18. Jh. noch nicht findet. K. wird zu dem Begriff der Distanzierung bürgerl. Selbstbewusstseins von höfisch-adeligem Standesdenken. In dieser Funktion, Distanz und Elite begründend, wird sie im 19. Jh. auch zu einem Kernstück eurozentr. Denkens, imperialist. Rhetorik und Publizistik.

Mit SCHILLER erhält der Begriff einen deutlich ästhet. Aspekt. Die bildende, d. h. synthetisierende Funktion der K. kann zw. Stoff und Form, zw. Sinnlichkeit und Geistigkeit vermitteln und ermöglicht damit die Konstitution des ›Schönen‹. Den Höhepunkt dieser optimist., emphat. Auffassung bildet G. W. F. HEGELS Gleichsetzung der K. mit dem geistigen Prinzip. Geist und Vernunft bilden die äußere und innere Natur, indem sie ihr als K. Gestalt geben. K. erscheint als die volks- und nationalgeschichtlich gefasste Abbildung eines Prozesses, in dem objektiver Geist im Zusammenhang der Weltgeschichte zu sich und seiner Wahrheit zu gelangen vermag.

Eine i. e. S. wiss. Beschäftigung mit dem Begriff der K. beginnt mit GUSTAV KLEMM (* 1802, † 1867) und wirkt über ihn im Rückgriff auf HERDER, von hier aus auf die K.-Begriffe der Ethnologie und Sozialanthropologie. Umfasst der Begriff K. im frühen 19. Jh. noch sowohl Geistiges als auch Materiell-Praktisches (W. VON HUMBOLDT), so findet wenig später mit der Ausbildung der einzelnen Wissenschaften eine Aufsplitterung des Begriffs in spezielle, z. T. operative Definitionen statt. Insbesondere die mit dem Werk W. DILTHEYS in Dtl. unternommene Gegenüberstellung von Natur- und Geisteswissenschaften, wobei DILTHEY K. den durch hermeneut. Verfahren bestimmbaren Objekten der Geisteswissenschaften zurechnete, bleibt hier folgenreich. Gegen diese Aufsplitterung richtete sich die kulturkrit., fortschrittsskept. bis fortschrittsfeindliche K.-Philosophie von F. NIETZSCHE über O. SPENGLER und A. TOYNBEE bis hin zu J. ORTEGA Y GASSET, die in ihren Entwürfen die Rücknahme bzw. die Infragestellung der Funktionsdifferenzierung der modernen Welt selbst in den Vordergrund stellte. Dagegen ging es der in den 1930er-Jahren im Anschluss an F. BOAS entwickelten Schule des K.-Relativismus (RUTH BENEDICT, MARGARET MEAD, R. LINTON, A. L. KROEBER, M. J. HERSKOVITS) darum, die jeweiligen kulturellen und sozialen Phänomene als unterschiedl. Erscheinungsformen grundlegender kultureller Aufgaben oder als Leistungs- und Verhaltensmuster zu verstehen.

Die weitere wiss. Diskussion des K.-Begriffs wird zum einen durch die sich ausweitende Differenzierung einzelner Teildisziplinen gekennzeichnet; zum anderen spielen seit den 1920er-Jahren im Anschluss an B. MALINOWSKIS K.-Darstellung auf der Basis von Feldforschungen empirisch orientierte K.-Forschungen eine erhebl. Rolle. Mit der von KROEBER und C. KLUCKHOHN 1952 vorgelegten Übersicht lassen sich die unterschiedl. Ansätze zusammenfassen in 1) eine eher deskriptive, d. h. den Zusammenhang, aber auch die Vielfalt unterschiedl. kultureller Tätigkeiten, Handlungsbereiche und Erscheinungen beschreibende Gruppe von K.-Bestimmungen, 2) eine an der histor. Anordnung des vorhandenen Materials orientierte Gruppe. Für den ersten Typ der Betrachtung von K. kann bis heute E. B. TYLORS Definition von 1871 stehen: ›K. oder Zivilisation ist im weitesten ethnol. Sinne jener Inbegriff von Wissen, Glauben, Kunst, Moral, Gesetz, Sitte und allen übrigen Fähigkeiten und Gewohnheiten, welche der Mensch als Glied der Gesellschaft sich angeeignet hat.‹ Variationen dieser ebenso allgemeinen wie umfassenden Definition betonen behaviorist. Aspekte (R. LINTONS ›gewohnheitsmäßiges‹ bzw. konditioniertes Verhalten) oder die sozialen und ökonom. Grundlagen kulturellen Verhaltens (MALINOWSKI), oder sie differenzieren die Veränderbarkeit kultureller Tätigkeiten gegenüber dem irreversiblen technisch-zivilisator. Fortschritt (R. THURNWALD). Diese Studien bezogen damit auch Stellung gegen eine mit dem europ. Imperialismus seit dem 19. Jh. verbundene Vorstellung einer ›kulturellen Mission‹ Europas bzw. gegen die Abqualifizierung außereurop. Lebenszusammenhänge im Namen von ›Hoch-K.‹. Entsprechende Impulse finden sich in der ›strukturalen Anthropologie‹ von C. LÉVI-STRAUSS und in der krit. Auseinandersetzung der Ethnopsychoanalyse bei G. DEVEREUX mit den Thesen des K.-Relativismus wieder.

Neuere Kulturtheorien

Im Begriff der K. lassen sich grundlegend eine ergolog. (Arbeit), eine soziative (Gesellschaft) und eine temporale (Geschichte) Komponente unterscheiden. Insbesondere seit dem 18. Jh. hat die ›Verzeitlichung‹ (R. KOSELLECK, W. LEPENIES) als Darstellungsform und Ordnungsmittel vorliegender Daten, die durch die Zunahme der Informationen über außereurop. K. bereichert wurden, zur Entwicklung von Kulturstufentheorien (A. WEBER) oder Kulturphasenmodellen (V. G. CHILDE) geführt, deren Grundmodelle noch heute gültig sind. Die von L. FROBENIUS vertretene K.-Morphologie dagegen ordnet die wachsende Informationsflut nicht zeitlich, sondern räumlich an (→Kulturkreislehre). Gemeinsam ist der heutigen, auch aus der Kritik an den genannten Modellen erwachsenen, teils eher naturwissenschaftlich (A. LEROI-GOURHAN), teils eher philosophisch und sozialwissenschaftlich ausgerichteten Anthropologie (A. GEHLEN, E. ROTHACKER, D. CLAESSENS) die Vorstellung, dass es zu den ›Natureigenschaften‹ des Menschen gehöre, sich durch das Hervorbringen von K. aus der unmittelbaren Naturgebundenheit und -abhängigkeit zu befreien und dadurch gleichzeitig in neue Verbindlichkeiten sozialer, kultureller und institutioneller Art einzutreten. Bei GEHLEN wird diese neue Beziehung als ›Entlastung‹ des Menschen vom Handlungszwang positiv gesehen, während sie in der Blickrichtung T. W. ADORNOS und M. HORKHEIMERS auf eine völlige Abhängigkeit der Individuen von einer totalen gesellschaftl. Organisation hinausläuft, d. h. auf den Rückfall der K. in die Barbarei. In beiden Perspektiven erscheint der Prozess kultureller Evolution allerdings auch als Entwicklung von der direkten, nicht theoriegeleiteten Naturaneignung über ein instrumentales, auf die Erreichung von Zwecken reflektierendes Naturverhältnis zu einem solchen symbolisch-abstrakter Art.

Gerade diese letzte Schicht menschl. K.-Entwicklung erscheint in soziolog. Hinsicht bedeutsam. Sie ermöglicht es, die sinnhaften Leistungen (A. SCHÜTZ) menschl. Verhaltens, die indirekte, geschichtlich vermittelte Gemachtheit menschl. Lebenszusammenhänge zu erfassen. K. erscheint so als Teilbereich gesellschaftlich konstruierter Wirklichkeit (P. L. BERGER, T. LUCKMANN) bzw. in den Worten E. CASSIRERS als ein ›symbol. Universum‹: ›Statt mit den Dingen selbst umzugehen, unterhält sich der Mensch in gewissem Sinne dauernd mit sich selbst. Er lebt so sehr in sprachl. Formen, in Kunstwerken, in myth. Symbolen oder religiösen Riten, dass er nichts erfahren oder erblicken kann, außer durch die Zwischenschaltung dieser künstl. Medien.‹

War die ältere anthropolog. bzw. histor. Diskussion um die Stellenwert der K. in der Evolution des Menschen durch die Aufspaltung in ›Faktensammler‹ (empir. anthropolog. Studien) und ›Sinnsucher‹ (philosoph. Bestimmungsversuche) gekennzeichnet, so folgen gegenwärtige Darstellungen deutlicher einer integrierenden Betrachtungsweise (N. ELIAS, A. LEROI-GOURHAN, CLAESSENS). K. entsteht demnach aus einem Wechsel von dynamischen und stat. Elementen sowohl auf der biologisch-phys. Ausstattung des Menschen als auch aufseiten der psych., rationalen und symbol. Abbildungen und Verarbeitungsformen menschl. Erfahrungen.

In anderer Weise erscheint K. im Rahmen kulturzykl. Betrachtungen, denen als Modell die Vorstellung zugrunde liegt, dass sich die Geschichte einzelner oder auch aller K. in kreisförmiger Weise bewege, was auf eine mögl. Wiederkehr bestimmter Abläufe und Konstellationen hinauslaufe. Diese Vorstellung, die eine krit. Auseinandersetzung mit dem Modell des linearen Fortschritts erlaubt, hat im neuzeitl. Europa auf bedeutende Denker (VICO, GOETHE, NIETZSCHE, FROBENIUS, TOYNBEE) Anziehung ausgeübt. Vor dem Ende des Milleniums nimmt es nicht wunder, dass sich gegenwärtig neue Diskussionen hieran entzünden (F. FUKUYAMA, S. P. HUNTINGTON).

Der moderne K.-Begriff ist eigentümlich reduziert und instrumentalisiert; er spiegelt die Grundgestalt der Moderne als Prozess zunehmender Differenzierung und Komplexität bei gleichzeitiger Abstraktion und Funktionalisierung dieser Vielfalt. Wurde bis zum Zweiten Weltkrieg in den K.-Debatten die Unterscheidung von materieller und ideeller K. dazu benutzt, um mögliche geistesgeschichtl. oder historisch-materialist. Syntheseversuche (H. MARCUSE) vorzustellen, so bedeutet die sich nach dem Zweiten Weltkrieg universal entwickelnde K.-Industrie einen zusätzl. Anstoß in dieser Debatte: Die Entwicklung einer konsumorientierten Massen-K. und entsprechender ›K.-Waren‹ hat einerseits die Trivialisierung und Funktionalisierung der K. vorangetrieben, andererseits aber auch die so genannte hohe K., deren emphat. Absetzung sich erst aus ihrem Gegensatz zur Massen-K. bestimmte, in den Funktionalisierungsprozess einbezogen.

Gegenwärtig erscheinen so die versch. Ebenen kultureller Praxis und Reflexion weniger als Ausdruck unterschiedl. Wertigkeit, sondern vielmehr als unterschiedlich brauchbare und sozial vorgegebene ›Bildungskapitale‹ (P. BOURDIEU), die dem Einzelnen Chancen im Wettbewerb um soziale Macht und ökonom. Stärke nehmen oder geben. Auch werden historische, gesellschaftl. und wirtschaftl. Sachverhalte unter einem erweiterten, die K. viel stärker einbeziehenden Blickwinkel betrachtet und die Volks- und Alltags-K. selbst in ihren histor. und aktuellen Ausprägungen wahrgenommen (P. BURKE, H. BAUSINGER, Schule der ›Annales‹, F. BRAUDEL, G. DUBY, J. LE GOFF, P. GAY, S. GREENBLATT u. a.), K.-Stile und kulturelle Orientierungen werden zur Strukturanalyse fortgeschrittener Industriegesellschaften (G. SCHULZE) herangezogen. Während in den 1950er-Jahren noch die vom 19. Jh. übernommene Disjunktion natur- und geistes- bzw. kulturwissenschaftl. Weltbetrachtung eine Rolle spielte, ja sogar zur Kritik bestimmter Nachlässigkeiten der westl. Welt noch einmal akualisiert wurde (C. P. SNOW), wurde der Begriff K. seit Mitte der 1960er-Jahre zunehmend zugunsten der Gesellschaftsanalyse verdrängt, K. mit ›bürgerl. K.‹ weitgehend gleichgesetzt und gesellschaftskritischer, z. B. marxist. Analyse unterworfen. K. schien je nach Perspektive verdächtig oder als Bezeichnung eines Nebenaspekts.

Erst das im Laufe der 1970er-Jahre neu erwachte (und auch über die ›Dritte-Welt-Solidarität‹ beförderte) Interesse an der Ethnologie mit einem relativierenden, deskriptiven und mehrgliedrigen K.-Begriff (etwa im Anschluss an TYLOR) hat zu dem geführt, was seit den 1980er-Jahren als hermeneutische oder kulturalist. Wende (LEPENIES) in den Humanwissenschaften diskutiert wird. K. stellt so zum Ende des Jahrhunderts wieder einen Grundbegriff der wiss. und gesellschaftl. Diskussion dar, sowohl dann, wenn es darum geht, innergesellschaftliche Entwicklungen kritisch zu reflektieren (W. LIPP), als auch dann, wenn supranationale und globale Entwicklungen, Konflikte und Zusammenhänge beschrieben werden sollen. So etwa sieht J. HABERMAS in seiner auf die Kritik bestehender Funktionalisierungen und Instrumentalisierungen zielenden Darstellung der im ›kommunikativen Handeln‹ angelegten Vernunftpotenziale K. als Sinnreservoir der Akteure an, beschränkt dabei aber den K.-Begriff darauf, ein sinnorientierendes Handlungsmuster zu bezeichnen.

Sowohl im nationalgesellschaftl. Rahmen, der nach den Umbruchserfahrungen von 1990 v. a. in Osteuropa einen neuen Stellenwert erhielt, als auch in internat. Perspektive stehen sich derzeit zwei Richtungen gegenüber: einerseits die interkulturelle (multikulturelle) Perspektive, die in Anknüpfung an den K.-Relativismus von einer Vielzahl der K. ausgeht, die lernen müssen, nebeneinander und ggf. miteinander zu existieren, sich wechselseitig in ihren Leistungen anzuerkennen und in ihren Forderungen einzuschränken (C. TAYLOR, H. REIMANN), andererseits eine sich auf den Universalismus europ. Aufklärung berufende Sichtweise, die aktuelle und künftige Konflikte entlang von kulturellen, v. a. auch religiösen Orientierungen und Grenzen ansiedelt und entsprechend begründet (HUNTINGTON, B. TIBI). Beiden Perspektiven, zumal der Letzteren, die sich auch als Politikberatung versteht, wird dabei kritisch vorgehalten, dass sie die Orientierung an K. unnötig substanzialisierten und unhistorisch homogenisierten; dadurch werde die Komplexität der globalen Probleme unzulässig vereinfacht, wodurch im Gegenzug der Instrumentalisierung von K. als polit. Ideologie und Ausschließungskriterium Vorschub geleistet werde (F. O. RADTKE).

Neben dieser eher wiss. und publizistisch ausgetragenen Debatte hat sich am Ende des 20. Jh. auch eine modische, an konservative K.-Bestimmungen anschließende K.-Vorstellung herausgebildet, in der K. der Ausgestaltung ›schöner‹ Lebenszusammenhänge und entsprechender Wirtschaftsräume zu dienen hat.

⇨ *Alternativkultur · Aufklärung · Gesellschaftskritik · Massenkultur · Natur · Subkultur · Zivilisation*

E. B. TYLOR: Die Anfänge der Cultur, 2 Bde. (a. d. Engl., 1873); T. S. ELIOT: Beitr. zum Begriff der K. (a. d. Engl., 1949); J. HUIZINGA: Gesch. u. K. (a. d. Niederländ., 1951); E. CASSIRER: Was ist der Mensch? Versuch einer Philosophie der menschl. K. (1960); R. BENEDICT: Urformen der K. (a. d. Engl., 56.–60. Tsd. 1963); A. L. KROEBER u. C. KLUCKHOHN: Culture. A critical review of concepts and definitions (Neuausg. New York 1967); J. G. FRAZER: Der goldene Zweig (a. d. Engl., 1968); W. F. OGBURN: K. u. sozialer Wandel. Ausgew. Schr. (a. d. Engl., 1969); R. WILLIAMS: Gesellschaftstheorie als Begriffsgesch. Studien zur histor. Semantik von ›K.‹ (a. d. Engl., 1972); V. G. CHILDE: Soziale Evolution (a. d. Engl., 1975); W. PERPEET: K., Kulturphilosophie, in: Histor. Wb. der Philosophie, hg. v. J. RITTER, Bd. 4 (Neuausg. 1976); F. STEINBACHER: K. Begriff, Theorie, Funktion (1976); J. HABERMAS: K. u. Kritik. Verstreute Aufsätze (²1977); W. LEPENIES: Das Ende der Naturgesch. Wandel kultureller Selbstverständlichkeiten in den Wiss. des 18. u. 19. Jh. (Neuausg. 1978); D. BELL: Die Zukunft der westl. Welt. K. u. Technologie im Widerstreit (a. d. Engl., Neuausg. 1979); Naturplan u. Verfallskritik. Zu Begriff u. Gesch. der K., hg. v. H. BRACKERT u. a. (1984); R. KOSELLECK: Vergangene Zukunft. Zur Semantik geschichtl. Zeiten (⁴1985); B. MALINOWSKI: Eine wiss. Theorie der K. (a. d. Engl., ²1985); A. GEHLEN: Der Mensch. Seine Natur u. seine Stellung in der Welt (¹³1986); G. SIMMEL: Philosoph. K. (Neuausg. 1986); A. LEROI-GOURHAN: Hand u. Wort. Die Evolution von Technik, Sprache u. Kunst (a. d. Frz., Neuausg. 1988); K. u. Alltag, hg. v. H.-G. SOEFFNER (1988); K. FOHRBECK u. A. J. WIESAND: Von der Industriegesellschaft zur Kulturgesellschaft? Kulturpolit. Entwicklungen in der Bundesrep. Dtl. (1989); Culture and society. Contemporary debates, hg. v. J. C. ALEXANDER u. a. (Cambridge 1990, Nachdr. ebd. 1994); H. MARCUSE: K. u. Gesellschaft, 2 Bde. (¹³⁻¹⁷1990–94); Transkulturelle Kommunikation u. Weltgesellschaft, hg. v. H. REIMANN (1992); Zw. den Kulturen? Die Sozialwiss.en vor dem Problem des K.-Vergleichs, hg. v. J. MATTHES (1992); M. HARRIS: Culture, people, nature. An introduction to general anthropology (New York ⁶1993); Kulturbegriff u. Methode. Der stille Paradigmenwechsel in den Geisteswiss.en, hg. v. K. P. HANSEN (1993); M. HORKHEIMER u. T. W. ADORNO: Dialektik der Aufklärung. Philosoph. Fragmente (Neuausg. 32.–36. Tsd. 1994); W. LIPP: Drama K., 2 Tle. (1994); N. ELIAS: Über den Prozeß der Zivilisation, 2 Bde. (¹⁹1995); C. GEERTZ: Dichte Beschreibung. Beitrr. zum Verstehen kultureller Systeme (a. d. Engl., Neuausg. 1995); DERS.: The interpretation of cultures. Selected essays (Neudr. New York 1996); R. INGLEHART: Kultureller Umbruch. Wertwandel in der menschl. Welt (a. d. Engl., Neuausg. 1995); The sociology of culture. Emerging theoretical perspectives, hg. v. D. CRANE (Neudr. Oxford 1995); G. BOLLENBECK: Bildung u. K. Glanz u. Elend eines dt. Deutungsmusters (Neuausg. 1996); P. BOURDIEU: Die feinen Unterschiede (a. d. Frz., ⁸1996); K. als Text. Die anthropolog. Wende der Literaturwiss., hg. v. D. BACHMANN-MEDICK (1996); G. MALETZKE: Interkulturelle Kommunikation. Zur Interaktion zw. Menschen verschiedener K. (1996); GERHARD SCHULZE: Die Erlebnis-Gesellschaft. Kultursoziologie der Gegenwart (⁶1996); S. P. HUNTINGTON: Der Kampf der K. Die Neugestaltung der Weltpolitik im 21. Jh. (a. d. Amerikan., ⁵1997).

Kultur die, -/-en, *Biologie* und *Medizin:* die experimentelle Anzucht von Mikroorganismen sowie von pflanzl., tier. und menschl. Gewebszellen in besonderen Gefäßen und Nährmedien.

Kultur|anthropologie, eine der Soziologie und Völkerkunde nahe stehende Spezialwiss., die aus der vergleichenden Betrachtung der Gesamtheit der empirisch erfassbaren Möglichkeiten der Kulturgestaltung durch den Menschen zu gültigen Aussagen über den Menschen als kulturfähiges Wesen zu gelangen sucht. Der Begriff K. (engl. cultural anthropology) geht auf E. B. TYLOR (›Primitive culture‹, 2 Bde., 1871) zurück und wird in Nordamerika (neuerdings auch im dt. Sprachraum) etwa gleichbedeutend mit Ethnologie verwendet.

Gegen Ende der 1920er-Jahre entstand im Rahmen der v. a. in Dtl. entwickelten philosoph. Anthropologie (M. SCHELER, H. PLESSNER) eine auf J. G. HERDER und W. DILTHEY zurückgreifende K., die Kultur als einen Lebensrahmen des Menschen betrachtet, mit dem sie die Mängel ihrer Naturausstattung (Instinktarmut, mangelnde Spezialisierung) auszugleichen vermögen (E. ROTHACKER). Nach dem Zweiten Weltkrieg standen die dynam. Elemente des Verhältnisses von Mensch und Kultur (Sprache, Kunst u. a.) verstärkt im wiss. Blickfeld (A. GEHLEN, D. CLAESSENS).

Eine sozialwiss.-empir. Richtung entwickelte sich in den 20er-Jahren in den USA im Anschluss an die Forschungen von F. BOAS. Einflussreich waren die Studien von RUTH BENEDICT, MARGARET MEAD und M. J. HERSKOVITS, die sich auf die Methoden des Kulturrelativismus stützten. Heute umfasst die sozialwiss. K. zum einen die Beschreibung und den Vergleich versch. Kulturen als Sinnsysteme und Rahmen menschl. Handelns, zum anderen verstärkt die Beschäftigung mit der Kulturleistung der Sprache. (→Anthropologie, →Kultur)

W. RUDOLPH: Die amerikan. ›Cultural anthropology‹ u. das Wertproblem (1959); K., hg. v. W. E. MÜHLMANN u. a. (1966); A. GEHLEN: Anthropolog. Forsch. (Neuausg. 1981); I.-M. GREVERUS: Kultur u. Alltagswelt (Neuausg. 1987); M. HARRIS: K. Ein Lehrb. (a. d. Amerikan., 1989); C. VON BARLOEWEN: Vom Primat der Kultur. Essays zur vergleichenden Kulturbetrachtung (1990); F. R. VIVELO: Hb. der K. (a. d. Amerikan., ²1995).

Kultur|areal, Kulturprovinz, auf einen bestimmten Zeitabschnitt bezogene Bez. für ein Gebiet, dessen Bev. in einer durch Umwelt und Gesch. geschaffenen Situation ähnl. Kulturelemente ausgebildet hat. Wegen seines stat. Charakters wird dieses Denkmodell heute von den meisten Ethnologen abgelehnt.

Kultur|autonomie, i.e.S. das Recht einer nat. →Minderheit auf Wahrung und Entfaltung ihrer kulturellen Eigenart, Zulassung einer eigenen Amtssprache, eigener Schulen und Publikationsmittel; i.w.S. das Recht der Gliedstaaten eines Bundesstaates, die kulturellen Angelegenheiten ohne Einflussnahme des Gesamtstaats zu verwalten (→Kulturhoheit).

Kulturbringer, der →Kulturheros.

Kulturbund, Abk. **KB,** kulturpolit. Organisation; gegr. auf Initiative der SMAD im Juli 1945 in Berlin als **Kulturbund zur demokratischen Erneuerung Deutschlands** (bis etwa 1947/48 interzonal und überparteilich tätig; Präs. bis 1958: J. R. BECHER). Bis 1958 konnte der KB eine gewisse Eigenständigkeit als urspr. allgemein humanistisch ausgerichtete Organisation für parteipolitisch nicht Engagierte behaupten. Immer wieder war der KB dabei heftiger Kritik der SED ausgesetzt (u.a. Mitte der 50er-Jahre). Seit der endgültigen sozialist. Umorientierung 1958 (neues Programm und Name **Deutscher Kulturbund,** ab 1974 **Kulturbund der DDR**) war er fortan als Massenorganisation in der DDR tätig, die die Kulturpolitik der SED unterstützte. So stellte er bis 1990 auch eine eigene Fraktion (22 Abg.) in der Volkskammer sowie nahezu 3000 Abg. in örtl. ›Volksvertretungen‹. Anderseits bot der KB ein vielfältiges Betätigungsfeld für private Interessen; seine zuletzt etwa 270 000 Mitgl. waren in über 1000 Interessen- und Arbeitsgruppen (von Bibliophilie, Denkmalschutz, Familienforschung/Genealogie, Fotografie, Heimatgeschichte, Jazz, Philatelie bis Umwelt- und Naturschutz) organisiert. – 1990 erfolgte die Neugründung als **Kulturbund e.V.** auf Länderebene; er wirkt zur Förderung der Allgemeinbildung vorwiegend in den Bereichen Kunst, Kultur, Denkmalpflege, Umwelt- und Naturschutz sowie Heimatgeschichte.

Kulturdenkmäler, Bauwerke, Bodendenkmäler, Werke der Kunst, des Kunsthandwerks, des Handwerks, der Technik, Gegenstände des religiösen oder weltl. Brauchtums, Handschriften, Urkunden u.Ä., deren Erhaltung angestrebt wird und die vielfach durch →Denkmalpflege inventarisiert und geschützt sind. (→Kulturerbe, →Kulturgut)

kulturelle Identität, häufig gebrauchter, zugleich aber umstrittener Begriff, nach dem die Individuen und Gruppen über eine spezif. Art des Selbstbewusstseins verfügen, das sich aus ihrem Bezug auf die durch eine bestimmte Kultur repräsentierten Werte, Fähigkeiten oder Verhaltensmuster ergibt. K. I. hat damit die Funktion, die eigene Person bzw. das Gruppenbewusstsein zu stabilisieren oder hervorzuheben, indem die jeweils als kulturelle Eigenheiten angesehenen Muster und institutionell getragenen Vorgaben (Familie, Religion, Region, Sprache, Traditionen, Gruppenzugehörigkeit) tradiert, lebendig gehalten oder (erneut) in Geltung gesetzt werden.

Seine Bedeutung in sozialer und polit. Hinsicht gewinnt der Begriff nicht zuletzt daraus, dass darin zwei zentrale Emanzipationsbereiche des bürgerl. Denkens seit der Aufklärung zusammengefasst werden: zum einen die auch den Menschenrechten zugrunde liegende Vorstellung, dass sich Personalität und Identität des Einzelnen aus seiner Unverwechselbarkeit mit anderen und damit aus seinem Recht auf Besonderheit bestimmen lassen (›so wie kein anderer‹), zum anderen die bei HERDER vorformulierte Auffassung, dass jede Kulturen – darin Individuen vergleichbar – auf jeweils besondere Art entwickeln und sich daraus in demselben Maße, in dem der einzelne Mensch Anspruch auf →Gleichheit habe, auch ein Anspruch universaler Gleichstellung der Kulturen ableiten lasse. In diesem Sinne spielte der Anspruch auf kulturelle Gleichstellung und Schutz individueller kultureller Orientierungen schon in den Minderheiten- und Nationalitätenkonflikten der 2. Hälfte des 19. Jh. eine Rolle.

Die heutige Diskussion um den Begriff der k. I. hat ihre Grundlage v.a. in den seit dem Ende des Zweiten Weltkriegs zu beobachtenden Bestrebungen von sozialen, ethn. oder anderen Minderheiten, von marginalisierten Gruppen und einzelnen Menschen, angesichts einer als (von der Kultur (z. B. des Lebensstils ›westl.‹ Industriegesellschaften) bestehende Benachteiligung oder Unterdrückung zu thematisieren bzw. aufzuheben.

Allen Bezugnahmen auf k. I. ist dabei gemeinsam, dass sie im Wechselbezug zu anderen Problemstellungen (polit. Benachteiligung, soziale Desintegration, ökonom. Ausbeutung) gesehen werden müssen. Sie reichen von der rückwärts gewandten ›Erfindung kultureller Traditionen‹ (z. B. Aufhebung der industriegesellschaftlich geprägten kulturellen Muster; E. HOBSBAWM) über emanzipator. Ansätze (z. B. Schaffung eigener kultureller Zusammenhänge angesichts von Benachteiligung oder Diskriminierung; u.a. im Antirassismus oder Feminismus), bis hin zur Vorstellung, dass angesichts der gegenwärtigen Individualisierungs- und Umorientierungsprozesse zum Ende des Jahrtausends ›plurale Identitäten‹ und divergente Kulturbegriffe den Inhalt einer universalen k. I. ausmachen könnten. Kritiker der Begriffsverwendung weisen v.a. auf die unzulässigen Verallgemeinerungen und falschen Homogenisierungstendenzen hin, die durch die Verkopplung von ›Identität‹, die nur personal gedacht werden könne, und ›Kultur‹, die stets auf Kollektive ziele und selbst Produkt eines Generalisierungsprozesses sei, entstünden und betonen auch die Gefahr eines fundamentalist. Rückzugs aus der Gegenwart, statt sich den Herausforderungen und Chancen des modernen, zunehmend durch globale Vernetzung von Ökonomie und Kommunikation bestimmten Zeitalters zu stellen.

R. LINTON: Gesellschaft, Kultur u. Individuum (a.d.Engl., 1974); Generation u. Identität, hg. v. H. ESSER u. J. FRIEDRICHS (1990); Ethnizität. Wiss. u. Politik, hg. v. E. J. DITTRICH u. F.-O. RADTKE (1991); O. SCHWEMMER: K. I. u. moral. Verpflichtung. Zum Problem des eth. Universalismus, in: Information Philosophie, 20. Jg. (1992); Identität u. Kulturtransfer, hg. v. H. PETSCHAR (1993); L. KRAPPMANN: Soziolog. Dimensionen der Identität (⁸1993); S. HALL: Ausgew. Schr., Bd. 2: Rassismus u. K. I. (1994); B. ROMMELSPACHER: Dominanzkultur. Texte zu Fremdheit u. Macht (1995); N. ELIAS: Die Gesellschaft der Individuen (³1996); Nat. Bewußtsein u. kollektive Identität, hg. v. H. BERDING (²1996); Nat. u. k. I., hg. v. B. GIESEN (³1996).

kulturelle Rechte, als Gegenstand des völkerrechtl. Menschenrechtsschutzes erstmals im ›Internat. Pakt über wirtschaftl., soziale und k. R.‹ verwendeter Begriff. Dieses Vertragswerk wurde am 16. 12. 1966 von der UN-Generalversammlung beschlossen und trat am 23. 1. 1976 in Kraft. Es garantiert das Recht auf Bildung, wozu u. a. der unentgeltl. Grundschulunterricht auf der Grundlage allgemeiner Schulpflicht sowie der Aufbau eines allg. verfügbaren und jedermann zugängl. höheren Schulwesens gehören. Ferner wird die Freiheit der Eltern gewährleistet, für ihre Kinder andere als öffentl. Schulen zu wählen. Ausdrücklich wird sodann das Recht eines jeden anerkannt, am kulturellen Leben teilzunehmen, an den Errungenschaften des wiss. Fortschritts und seiner Anwendung teilzuhaben und den Schutz der geistigen und materiellen Interessen zu genießen, die aus dem Urheberrecht erwachsen.

Kultur|erbe, Sammel-Bez. für aus der Vergangenheit überlieferte kulturelle Werte geistiger oder materieller Art. Für den Bereich des materiellen K. wurde 1972 von der Generalkonferenz der UNESCO das ›Übereinkommen zum Schutz des Kultur- und Naturerbes der Welt‹ angenommen, das 1975 in Kraft trat. Aufgrund dieser Konvention erstellt das von der Generalversammlung der Mitgliedsstaaten gewählte Komitee, beraten vom →ICOMOS und der International Union for Conservation of Nature and Natural Resources (IUCN), die World Heritage List (→Welterbe) und gibt auch Hilfestellung für die Erhaltung der registrierten Denkmäler.

Kultur|erdteil, aufgrund kulturgeograph. Kriterien definierter Großraum der Erde, im Ggs. zu den nach physisch-geograph. Gesichtspunkten abgegrenzten Kontinenten. K. werden von Menschen und Gesellschaften eines bestimmten Lebens- und Wirtschaftsstils geprägt, weisen daher eine ähnliche kulturlandschaftl. Entwicklung auf; sie besitzen keine feste räuml. Abgrenzung. Als K. gelten: Europa (Abendland), Orient, Schwarzafrika, Ostasien, Südasien, Südostasien, Australien (mit Ozeanien), Angloamerika (Nordamerika), Lateinamerika.

Kulturfilm, 1) frühere Bez. für den →Dokumentarfilm; 2) eine v.a. in Dtl. gepflegte Art des dokumentar. naturwiss. Filmes u.a. über naturwiss. Themen; früher oft als Kurzfilm im Vorprogramm der Filmvorstellung.

Kulturflüchter, hemerophobe Arten, Pflanzen und Tiere, die nur außerhalb des menschl. Kulturbereichs gedeihen und die durch Kulturmaßnahmen zurückgedrängt werden. Ursachen liegen hauptsächlich in Veränderungen der Lebensräume, die dann den Ansprüchen stenöker Arten, die an eng begrenzte, gleich bleibende Bedingungen gebunden sind, nicht mehr gerecht werden. Das Ausmaß der Verdrängung (u. U. bis zum Aussterben) ist abhängig von der Intensität der Landnutzung. Beispiele für K. sind u. a. Orchideen- und Sonnentauarten, Elch und Biber.

Kulturfolger, synanthrope Arten, Pflanzen- und Tierarten, die im Ggs. zu den Kulturflüchtern den menschl. Kulturbereich aufgrund der hier herrschenden günstigeren Lebensbedingungen als Lebensraum bevorzugen und daher eine gewisse Bindung an den Menschen erkennen lassen, z.T. ihre Verbreitung weitgehend dem Menschen verdanken (Adventivpflanzen und Anthropochoren). Beispiele für K. sind u.a. viele Unkräuter, die Ruderalpflanzen, Amsel, Sperling und Ratte.

Kulturgeographie, i. w. S. die →Anthropogeographie. Im speziellen Sinn ist das Forschungsobjekt der K. jedoch die Kulturlandschaft.

Kulturgeschichte, die Entwicklungen und Wandlungen im Bereich des geistig-kulturellen Lebens (als Ausschnitt geschichtl. Prozesse) sowie deren Erforschung und Darstellung; Disziplin der →Geschichtswissenschaft und Ansatz der Geschichtsschreibung, der das Handeln von Personen, Gesellschaften und Staaten im Zusammenhang der kulturellen Muster und Orientierungen sowie deren institutionellen Verfestigungen sieht, also im Zusammenhang der materiellen und geistigen Bedingungen sowie der Grundlagen des jeweiligen polit. oder wirtschaftl. Verhaltens. K. in diesem erweiterten Sinn hinterfragt die individuellen und gruppenspezif. subjektiven Erfahrungen und Wahrnehmungen, Symbole, Rituale, individuellen Lebenswelten, Wertesysteme und Sinndeutungen.

Der Begriff entstand zunächst im Rahmen der polit. Philosophie des 18. Jh. und der an die Vorstellungen der Aufklärung anknüpfenden Versuche, die Entwicklung von Völkern und Staaten aus dem Zusammenwirken von wirtschaftl. und gesellschaftlichen, von philosoph. und technischen sowie nicht zuletzt von künstler., religiösen und weltanschaul. Faktoren zu bestimmen. Im Rückbezug auf G. B. VICO und J. G. HERDER spielten dabei neben linearen, fortschrittsbezogenen (VOLTAIRE, A. FERGUSON, A. CONDORCET, I. KANT) auch zykl. Modelle eine Rolle, sodass sich noch im 20. Jh. die Bandbreite der K. zw. rückwärts gewandten bzw. entlang dem Modell von Blüte, Aufstieg und Verfall entwickelten Vorstellungen (O. SPENGLER, A. TOYNBEE) und linearen, irreversiblen, auf Fortschritt und Differenzierung ausgehenden Modellen (A. WEBER, D. BELL, K. BREYSIG) erstreckt. Einen Aufschwung nahm die K. zunächst im Zusammenhang der Selbstvergewisserung der bürgerl. Kultur in der zweiten Hälfte des 19. Jh., wobei hier auch die Flucht vor den Entfremdungserscheinungen der Industriemoderne den Blick leitete (J. BURCKHARDT); sie führte bei K. LAMPRECHT zum (folgenlosen) Vorschlag, K. zur Grundlegung jeder Art von histor. Forschung zu machen (›Die kulturhistor. Methode‹, 1900). Im 20. Jh. vollzog sich außerdem die Etablierung der Kulturanthropologie, -morphologie, -philosophie und -soziologie, die später auch der K. wichtige Anregungen vermittelten.

Mit dem Niedergang nationalstaatlicher sowie kontinental bezogener Hegemonialansprüche (Eurozentrismus) nach 1945 verlor die K. zunächst an Boden und wurde von den Fragestellungen der polit. Geschichtsschreibung, dann auch von den neuen Forschungsansätzen der Sozial-, Wirtschafts- und Strukturgeschichte (Schule der ›Annales‹; ›Nouvelle Histoire‹) verdrängt. In der Folge wuchsen der K. jedoch gerade aus diesem Bereich wieder neue Impulse zu, da sich der verwandte Kulturbegriff unter dem Einfluss der Wirtschaftsgeschichte, der Soziologie, der Ethnologie und Psychohistorie grundlegend änderte (→Kultur). Verbunden mit der – im Ertrag umstrittenen – poststrukturalist. Diskursanalyse über gesellschaftl. Sprach- und Deutungsmuster (›Linguistic Turn‹) sowie zunehmender Fortschritts- und Wissenschaftsskepsis bzw. Zweifel am Leitbild der (westl.) Modernisierung, führte die Abkehr vom zentrist. und determinist. Geschichtsbild in der →Geschichtsphilosophie zu einer neuen Betonung des Subjekts in der Deutung der Komplexität histor. Prozesse und Strukturen. Als wichtige (nicht unumstrittene) Anreger in diesem histor. Perspektivenwechsel wirkten u. a. P. ARIÈS, P. BOURDIEU, N. Z. DAVIS, J. DERRIDA, N. ELIAS, C. GINZBURG, M. FOUCAULT, E. LE ROY LADURIE, E. P. THOMPSON. Unter den Leitworten ›Einfühlung‹ und ›Dialogisierung‹ kam es in Opposition und Erweiterung der (herkömml.) Sozialgeschichte und ›Histor. Sozialwiss.‹ zu einer neuen ›Konzeptualisierung‹ der K., vor allem die Vereinseitigung und Überbetonung (›Kulturalismus‹) inzwischen auch gewarnt wird. In Dtl. bewirkte die – verspätete – kulturhist. Theoriedebatte, in der Geschichte stärker als ›histor. Kulturwiss.‹ begriffen wird, auch die Wiederaufnahme der im ›Lamprecht-Streit‹ (1893–98) verloren gegangenen Traditionen (u. a. neuer Rückbezug auf M. WEBER).

Die anthropolog. K. (›neue K.‹ bzw. ›K. im Kleinen‹) führte seit Mitte der 1970er-Jahre zu einer Fülle von (auch mikrohistor. ›dichten‹ [C. GEERTZ]) Untersuchungen, die von der Alltagsgeschichte (→Alltag) und der histor. Darstellung des privaten Lebens (u.a. →historische Anthropologie) über die Geschichte der Sinnlichkeit und Aggression sowie einzelner kulturgeschichtl. Bereiche und kultureller Güter (z. B. K. der Mode) bis zur →Mentalitätsgeschichte (nach R. CHARTIER ›Sozio-K.‹) und zur historiograph. Bearbeitung der K. selbst (S. GREENBLATT) reichen.

A. WEBER: K. als Kultursoziologie (Neuausg. 26.–30. Tsd. 1963); A. J. TOYNBEE: Der Gang der Weltgesch., 2 Bde. (a. d. Engl., Neuausg. ²⁻³1979); Ethnohistorie u. K., hg. v. K. R. WERNHART (Wien 1986); H. GLASER: K. der Bundesrepublik Dtl., 3 Bde. (Neuausg. 1990); D. BELL: Die kulturellen Widersprüche des Kapitalismus (a. d. Amerikan., 1991); E. H. GOMBRICH: Die Krise der K. (a. d. Engl., Neuausg. 1991); C. PARRY: Menschen, Werke, Epochen. Eine Einf. in die dt. K. (1993); Orte des Alltags. Miniaturen aus der europ. K., hg. v. H.-G. HAUPT (1994); N. ELIAS: Über den Prozeß der Zivilisation, 2 Bde. (¹⁹1995); K. heute, hg. v. W. HARDTWIG u. H.-

Kult Kulturgut – Kulturkampf

U. WEHLER (1996); C. VANDOREN: Gesch. des Wissens (a. d. Amerikan., Basel 1996); R. u. D. GROH: Zur K. der Natur, Bd. 1: Weltbild u. Naturaneignung (²1996); E. FRIEDELL: K. der Neuzeit, 2 Bde. (Neuausg. ¹²1997). Weitere Literatur →Alltag

Kulturgut, ein Gegenstand, der als kultureller Wert Bestand hat und bewahrt wird.

Das *Staatsrecht* versteht den Schutz von K. als nat. Aufgabe. Nach dem ›Ges. zum Schutz dt. K. gegen Abwanderung‹ vom 6. 8. 1955 werden Kunstwerke und anderes K. einschließlich Bibliotheksgut, deren Abwanderung einen wesentl. Verlust für den dt. Kulturbesitz bedeuten würde, in ein ›Verzeichnis national wertvoller K.‹ eingetragen. Über die Eintragung entscheidet die oberste Landesbehörde. Wird die Genehmigung zur Ausfuhr versagt (zuständig ist der Bundesinnen-Min.), so können die in eine wirtschaftl. Notlage geratenen und zum Verkauf gezwungenen Eigentümer von K. eine Entschädigung beanspruchen. Bestimmte Verstöße gegen das Gesetz sind strafbewehrt.

Das *Völkerrecht* erstrebt das Verbot der Beschädigung und der Wegnahme von K. im Krieg, die Rückführung von Objekten in den Staat, zu dessen nat. kulturellem Erbe sie zählen (›Ursprungsland‹), und die Verpflichtung des Ursprungslandes und der Weltgemeinschaft zum Schutz der K. als Erbe der Menschheit vor Zerstörung. Nach der Haager Landkriegsordnung (HLKO) vom 29. 7. 1899 sowie vom 18. 10. 1907 war das Privateigentum im besetzten Gebiet geschützt (Art. 46). Für das öffentl. Eigentum an K. galt nach Art. 56 Abs. 1 der Schutz des Privateigentums; die Beschlagnahme, Zerstörung oder Beschädigung war nach Art. 56 Abs. 2 verboten. Die Haager Kulturgutschutzkonvention vom 14. 5. 1954 verpflichtet die Vertragsstaaten, K. zu respektieren und ihren Schutz schon in Friedenszeiten vorzubereiten. Soweit militär. Notwendigkeit es nicht zwingend erfordert, dürfen K. nicht für Zwecke benutzt werden, die sie der Gefahr der Beschädigung aussetzen. K. sind zu kennzeichnen (Schildsymbol in Ultramarin und Weiß). Bes. bedeutsame unbewegl. K. können besonderen Schutz durch Aufnahme in die UNESCO-Liste des →Welterbes erlangen.

Die Regelungen nach der HLKO wurden in Bezug auf das Wegnahmeverbot im Ersten Weltkrieg weitgehend beachtet, im Zweiten Weltkrieg massiv verletzt, einerseits durch den von Dtl. betriebenen Kunstraub, aber auch durch die der Alliierten und insbesondere durch die UdSSR. Sie ließ die dt. K. in ihrem Machtbereich durch ›Trophäenkommissionen‹ in großem Umfang beschlagnahmen und in die Sowjetunion abtransportieren. Auf diese Weise wurden neben Archivalien und Bibliotheken etwa 2,5 Mio. Kunstgegenstände weggeführt. Die Restitution dt. K. war in Art. 16 Abs. 2 des dt.-sowjet. Nachbarschaftsvertrages vom 9. 11. 1990 sowie in Art. 15 des dt.-russ. Kulturabkommens vom 16. 12. 1992 vereinbart worden. Die Rückgabe wurde jedoch von Russland verweigert mit der Begründung, es handele sich nicht um unrechtmäßig verbrachte Objekte, sondern um erlaubte Wegnahmen als Ersatz für die von dt. Seite zerstörten russ. K. So billigte der russ. Föderationsrat am 14. 5. 1997 ein Gesetz, das die im Zweiten Weltkrieg erbeuteten K. zum rechtmäßigen Besitz des russ. Staates erklärt.

Kulturhefen, Reinzuchthefen, urspr. von Wildhefen abstammende, industriell verwendete Heferassen oder -stämme, die spezielle, herausgezüchtete Eigenschaften besitzen; K. sind z. B. Wein-, Back- und Bierhefe. (→Hefen)

Kulturheros, Kulturbringer, eine in vielen polytheist. Hochreligionen vorkommende männl., meist götterähnl. oder göttl. Gestalt, der eine doppelte Funktion zukommt: Durch sie soll zum einen, häufig in Verbindung mit der Frage nach der Entstehung des Kosmos (kosmogon. Mythen), geklärt werden, woher die menschl. Kulturgüter (z. B. Feuer, Getreide) und kulturellen Fertigkeiten (z. B. Schmiede- und Heilkunst, Städtebau) kommen, wobei oft die K. als Götter und Schöpfer gedacht werden. Beispiele dafür sind Prometheus im griech. Mythos, der aztek. Regengott Quetzalcoatl, der ägypt. Osiris sowie ›göttliche‹ Urmenschen oder heroische Gestalten wie Gilgamesch (Sumer, Babylon, Assur). Zum anderen sollen K. die Kluft zw. den immer mächtiger und transzendenter gedachten Göttern und den Menschen überbrücken; in dieser Funktion gewinnen sie Züge von Heilbringern (in den ind. Religionen etwa die Avataras als Verkörperungen großer Götter in menschl. Gestalten) und göttl. Heroen (z. B. in der griech. Religion Herakles oder Äskulap). Als göttl. Schelm (›Trickster‹), der sich durch kom. oder unberechenbare Züge auszeichnet, kann der K. dabei auch als Gegenspieler der Götter auftreten.

A. VAN DEURSEN: Der Heilbringer (Diss. Groningen 1931); H. TEGNAEUS: Le héros civilisateur (Stockholm 1950); Der göttl. Schelm, bearb. v. P. RADIN u. a. (1954).

Kulturhistorische Schule, Völkerkunde: →Wiener Schule.

Kulturhoheit, in Dtl. als **K. der Länder** Kennzeichnung der primären Gesetzgebungszuständigkeit der Länder insbesondere für das Schul-, Hochschul- und sonstige Erziehungswesen. Die K. der Länder ergibt sich aus der geringen Regelungskompetenz, die das GG dem Bund einräumt (Art. 74 Nr. 13; 75 Nr. 1 a; 91 a Abs. 1 Nr. 1), und der grundsätzl. Zuweisung staatl. Aufgaben an die Länder durch Art. 30. Im Spannungsfeld dieser grundgesetzl. Festlegungen kommt es im polit. Raum immer wieder zu Diskussionen darüber, inwieweit der Bund kulturpolit. Aufgaben wahrnehmen darf (z. B. auf außenpolit. Gebiet). Nach der Rechtsprechung des Bundesverfassungsgerichts ist die K. ›das Kernstück der Eigenstaatlichkeit der Länder‹. (→Kultusministerium)

Kultur|institut, Einrichtung des öffentl. Bereichs (unabhängig von der Rechtsform) i. e. S. zur Verbreitung der Kultur eines Landes im Ausland und zum kulturellen Austausch (z. B. Goethe-Institut, Amerikahaus, British Council, Institut Français), i. w. S. alle kulturellen Zielen dienende Einrichtung (z. B. German. Nationalmuseum [Nürnberg], Haus der Geschichte der Bundesrepublik Dtl. [Bonn], Dt. histor. Museum [Berlin]).

Kulturkampf, auf R. VIRCHOWS antikirchl. Wahlaufruf von 1873 zurückgehende Bez. für die Gesamtheit von rechtsstaatlich z. T. umstrittenen Maßnahmen, mit denen das Dt. Reich, v. a. aber einzelne Länder, bes. Preußen, Bayern, Baden und Hessen, Vorstöße seitens der kath. Kirche unter Papst PIUS IX. abzuwehren suchten, die darauf zielten, die päpstl. Autorität in Glaubensfragen und die Bindung der nat. Kirchen an Rom auszubauen. Die Ablehnung des Liberalismus schlechthin (1864 im Syllabus PIUS' IX.) sowie die Verkündung des Dogmas der päpstl. Unfehlbarkeit (1870) wurden sowohl als Herausforderung an den polit. Protestantismus als auch als Kampfansage an die mit diesem eng verbundene kleindt. Einigungsbewegung empfunden. In Preußen führten der Kultus-Min. A. FALK und BISMARCK, gestützt auf die Liberalen, 1871–87 den Kampf mit der kath. Kirche, wobei BISMARCKS Bestreben einer Ausgrenzung des urspr. großdeutsch und weithin föderalistisch orientierten polit. Katholizismus, als dessen Sprachrohr er die 1870 gegründete Zentrumspartei mit ihren Verbindungen zu ›Reichsfeinden‹ (Polen, Elsässer, Welfen) betrachtete, auf eine schärfere Trennung von Staat und Kirche im Dt. Reich zielte.

Die ersten staatl. Kampfmaßnahmen waren als Reichsgesetze der Kanzelparagraph (1871), der Geistlichen in Ausübung ihres Amtes die Behandlung staatl. Angelegenheiten ›in einer den öffentl. Frieden

Kulturgut: Schildsymbol zur Kennzeichnung von Kulturgütern

gefährdenden Weise‹ unter Strafandrohung untersagte, und das Jesuiten-Ges. (1872), das neue Niederlassungen der Jesuiten verbot, die Auflösung bestehender bestimmte und den Ordens-Mitgl. Aufenthaltsbeschränkungen auferlegte, sowie das preuß. Gesetz von 1872, das die Schulaufsicht dem Staat übertrug. 1873 brachte FALK im preuß. Landtag die ›Maigesetze‹ durch, die u. a. die wiss. Vorbildung der Geistlichen regelten und ein staatl. ›Kulturexamen‹ vorschrieben, das staatl. Aufsichtsrecht über die Kirche verstärkten, den Gebrauch der kirchl. Disziplinargewalt einengten und für die Anstellung von Geistlichen ein Einspruchsrecht der Oberpräsidenten festsetzten. Die Katholiken verweigerten den ›Maigesetzen‹ ihre Anerkennung. Darauf wurden viele Bischöfe und Geistliche abgesetzt, zu Geld- oder Gefängnisstrafen verurteilt. Zeitweilig waren alle preuß. Bistümer verwaist. 1875 folgten das →Brotkorbgesetz, das die Einstellung aller staatl. Leistungen an die kath. Kirche verfügte, und das Kloster-Ges., das die Auflösung aller Klostergenossenschaften außer den krankenpflegenden in Preußen bestimmte, sowie die Einführung der Zivilehe.

Die Erbitterung der kath. Bevölkerung führte zu einem starken Stimmenzuwachs der Zentrumspartei. Die Einsicht, dass der K. sich zu einer Niederlage entwickelte, und die veränderte innenpolit. Konstellation (Bruch mit den Nationalliberalen) veranlassten BISMARCK, mit Papst LEO XIII. (seit 1878) Ausgleichsverhandlungen einzuleiten. 1880 begann der schrittweise Abbau der Maigesetze. Die beiden Friedensgesetze von 1886 und 1887 hoben die meisten Bestimmungen der Kampfzeit auf. Das Jesuiten-Ges. wurde jedoch erst 1904 und 1917 in zwei Stufen aufgehoben. Zivilehe und Staatsschule blieben erhalten.

In Baden, Bayern und Hessen zogen liberale, den kirchl. Einfluss v. a. im Schulwesen einschränkende Maßnahmen bereits in den 1860er-Jahren einen K. nach sich.

In der *Schweiz* kam es zw. 1873 und 1883 zu ähnl. Gegensätzen, bes. in Genf, Solothurn und im Kt. Bern. 1874 brach der Bundesrat die Beziehungen zum Vatikan ab (1920 wieder aufgenommen). Aus dem K. heraus sind die konfessionellen Ausnahmeartikel in der Verf. von 1874 zu verstehen.

Vatikan. Akten zur Gesch. des dt. K. Leo XIII., Tl. 1: 1878–80, bearb. v. R. LILL (1970); M. SCHOLLE: Die preuß. Strafjustiz im K.: 1873–1880 (1974); Staat u. Kirche im 19. u. 20. Jh., hg. v. E. R. u. W. HUBER, Bd. 2: Staat u. Kirche im Zeitalter des Hochkonstitutionalismus u. des K. 1848–1890 (1976); P. STADLER: Der K. in der Schweiz (Frauenfeld 1984); Der K. in Italien u. in den deutschsprachigen Ländern, hg. v. R. LILL u. F. TRANIELLO (1993); J. SCHOLTYSECK: Alliierter oder Vasall? Italien u. Dtl. in der Zeit des K. u. der ›Krieg-in-Sicht‹-Krise 1875 (1994); Der K., hg. v. R. LILL (1997).

Kulturkreis der deutschen Wirtschaft im Bundesverband der Deutschen Industrie e. V., 1951 gegründete Vereinigung von Unternehmen und Privatpersonen aus der Wirtschaft mit dem Ziel der Förderung junger Künstler in den Bereichen bildende Kunst, Musik und Literatur sowie von Architekten in Zusammenarbeit mit Universitäten. Weitere Aufgaben sind die Förderung von zukunftsorientierten Projekten, die Vermittlung zw. Kultur, Wirtschaft und Politik sowie Sprechertätigkeit für die Wirtschaft in kulturellen Fragen.

Kulturkreislehre, *Völkerkunde:* kulturhist. Theorie, zunächst von L. FROBENIUS angeregt, zu Beginn des 20. Jh. von F. GRAEBNER, B. ANKERMANN und Pater WILHELM SCHMIDT ausgebaut. Ausgehend von der Grunderkenntnis, dass es keine für die gesamte Menschheit gültige, einlinige Kulturentwicklung gibt, fasste sie Kulturen zu Kulturkreisen zusammen, die mit ähnl. oder gleichen Einzelelementen (materieller Kulturbesitz, Wohnformen, bestimmte Sozialordnungen, Religionsformen u. a.) – auch durch Diffusion – über weite Teile der Erde verbreitet sein können. Obwohl diese Lehre als überholt gilt, geht auf sie eine heute noch gebräuchl., wenn auch umstrittene Einteilung der Völker nach wirtschaftl. Gesichtspunkten zurück, z. B. von H. BAUMANN für Afrika.

F. GRAEBNER: Methode der Ethnologie (1911); R. THURNWALD: Die menschl. Gesellschaft in ihren ethnosoziolog. Grundl., 5 Bde. (1931–35); L. FROBENIUS: Paideuma. Umrisse einer Kultur- u. Seelenlehre (³1953); M. DUALA-M'BEDY: Xenologie. Die Wiss. vom Fremden u. die Verdrängung der Humanität in der Anthropologie (1977); W. E. MÜHLMANN: Gesch. der Anthropologie (³1984).

Kulturkritik, Analyse und auch krit. Bewertung einzelner sozialer und kultureller Erscheinungsformen in einer die jeweils ganze Kultur umfassenden Perspektive; entwickelte sich im Rahmen kulturphilosoph. Modelle im 19. Jh., bes. im Bereich der Lebensphilosophie und im Anschluss an F. NIETZSCHE. Vorläufer hierzu begleiten die gesamte europ. Kulturgeschichte. Häufig tritt K. in Phasen des Umbruchs auf, so im Frankreich des 18. Jh. (J.-J. ROUSSEAU), als Reaktion auf die mit der Industrialisierung einhergehenden Veränderungen der Gesellschaft im 19. Jh. und angesichts der polit. und sozialen Umwälzungen des 20. Jh. Die K. stellt eine teils konservative, teils progressive Überschreitung des jeweils entwickelten histor. Standes moderner Gesellschaften dar. (→Gesellschaftskritik, →Kulturphilosophie)

H.-J. LIEBER: K. u. Lebensphilosophie (1974); J. HABERMAS: Der philosoph. Diskurs der Moderne (Neuausg. 1988); W. GRASSKAMP: Die unbewältigte Moderne. Kunst u. Öffentlichkeit (²1994).

Kulturlandschaft, die durch den Menschen umgestaltete Naturlandschaft. Die Umgestaltung erfolgt aus wirtschaftl. (z. B. landwirtschaftl., bergbaul. Nutzung, Industrieanlagen, Besiedlung), kult. (Tempel), strateg. (Chin. Mauer), ästhet. oder, z. B. bei der Schaffung von Erholungsgebieten, aus landschaftspfleger. Gründen. Meist sind an der Formung von K. mehrere Komponenten beteiligt, die sich oft wechselseitig bedingen. Der Begriff K. wird heute vielfach auch im Zusammenhang mit der Aufstellung von Landschaftsrahmenplänen verwendet.

H. JÄGER: Entwicklungsprobleme europ. K. (1987).

Kultur|ökologie, Teilbereich der Ökologie, der die Wechselwirkungen␣zw.␣menschl.␣Kulturtätigkeit, natürl. Umwelt und gesellschaftl. Organisation bezeichnet. I. e. S. geht K. auf den Ansatz von J. H. STEWARD zurück, der unter Cultural Ecology die Umweltanpassung eines soziokulturellen Systems versteht; Dessen Kulturkern reagiert auf Umweltveränderungen durch Anpassung der sozialen, polit. und wirtschaftl. Organisationsformen, d. h., er ›lernt‹. Kulturökolog. Theorien lehnen sich stark an behaviorist., kybernet. (G. BATESON) und systemtheoret. (R. A. RAPPAPORT) Modelle an.

R. A. RAPPAPORT: Ecology, meaning, and religion (Richmond, Calif., 1979); J. H. STEWARD: Theory of culture change (Neuausg. Urbana, Ill., ⁴1979); T. BARGATZKY: Einf. in die K. (1986); G. BATESON: Ökologie des Geistes. Anthropolog., psycholog., biolog. u. epistemolog. Perspektiven (a. d. Engl., ⁵1994).

Kulturpessimismus, Bez. für eine kulturphilosoph. und zugleich kulturkrit. Einschätzung und Wertung, in der die Entwicklung von Kultur, gemessen an einem Idealzustand, als zunehmender Verfalls- und Zerstörungsprozess begriffen wird; tritt im Rahmen versch. →Kulturzyklentheorien.

Kulturpflanzen, Bez. für Pflanzen, die als Nahrungs-, Heil-, Gewürz- oder Zierpflanzen vom Menschen in planmäßige Kultur, Bewirtschaftung und Züchtung genommen wurden; K. haben durch bessere Wachstumsbedingungen und Pflegemaßnahmen, beabsichtigte und unbeabsichtigte Kreuzungen, durch Standortbedingungen und Kulturmaßnahmen, bedingte Auslese sowie künstl. Mutationsauslösung vielfältige Änderungen in ihrem Erbgefüge erhalten, die sich in einer großen Formenvielfalt zeigen.

Die der K.-Züchtung zugrunde liegenden genet. Prozesse sind Mutationen und Polyploidisierung; diese werden durch Züchtung und Auslese stabilisiert. Infolge Steigerung der dem Menschen dienlichen und Ausmerzung der unerwünschten Eigenschaften durch gezielte Züchtungsmaßnahmen besitzen K. gegenüber dem jeweiligen Wildtyp einige gemeinsame Merkmale; die wichtigsten sind: 1) Riesenwuchs, der zur Ertragssteigerung führt; bei Zierpflanzen u. U. aber auch Zwergwuchs als Züchtungsergebnis; 2) Verminderung der Fruchtbarkeit durch Abnahme der Blüten-, Frucht- und Samenzahl (bis zur Samenlosigkeit, z. B. bei Banane, Weintraube, Zitrusarten) bei gleichzeitiger Vergrößerung von Blüten und Früchten oder auch Verlust der Fortpflanzungsorgane (Verlaubung gefüllter Blüten bei Zierpflanzen); 3) Verlust von Bitter- und Giftstoffen (Obstarten, Rüben, Lupine), der, da diese Stoffe oft als Fraßschutz wirken, mit einer größeren Anfälligkeit der K. gegenüber Schädlingen einhergeht; 4) Veränderung des Lebenszyklus (Keimruhe, Saatauflaufzeit, Blüh- und Fruchtreife), die eine einfachere Bewirtschaftung und die Ausbreitung in weniger günstige Klimazonen ermöglicht.

Für die Systematik der K. gelten die Regeln der systemat. Botanik. Wie bei den Wildpflanzen wird unterschieden zw. Art (Spezies), Unterart (Subspezies), Varietätengruppe (Convarietas), Varietät (Varietas), Untervarietät (Subvarietas) und Form (Forma), wobei es für die Anwendung der versch. Stufen unterhalb der Unterart keine verbindl. Regelung gibt. Die unterste Kategorie in der Einordnung der K. ist die Sorte, der internat. anerkannte Terminus hierfür ist Cultivar (seit 1952).

Die Züchtungsforschung arbeitet an der Verwirklichung einer Reihe von Zielen, deren wichtigste sind: 1) die Möglichkeit zur Einführung von Resistenzgenen gegen Pathogene; 2) Erzielung von Stressresistenz (z. B. gegen Hitze, Kälte, Nässe, Trockenheit, Salze); 3) Qualitätsverbesserung, bes. im Hinblick auf den Proteinanteil von Nahrungspflanzen sowie die Proteinzusammensetzung; 4) die Fähigkeit, elementaren Stickstoff zu binden und damit von Stickstoffdünger unabhängig zu werden.

Obwohl etwa 30 000 Pflanzenarten essbar sind, wird die Welternährung weitgehend durch nur 30 Pflanzenarten abgedeckt. Von diesen gibt es zahlr. Kultursorten. Viele Hochleistungssorten bedürfen der Einkreuzung wilder Sorten, um Resistenzen gegen Schädlinge und Krankheiten zu erwerben. Aus diesem Grund hat die Erhaltung der biolog. Vielfalt der Wildpflanzen große Bedeutung für den Erhalt genet. Ressourcen der K. (→Genreservoire).

Geschichtliches

Rodung, Sesshaftwerden und die Pflege der Pflanzen von der Saat bis zur Reife (Ackerbau) gingen Hand in Hand. Durch Auslese haben wahrscheinlich schon die ersten Ackerbau treibenden Menschen die Entwicklung der wilden Pflanzen zu K. planmäßig betrieben.

Die Entstehung der K. hat erstmals A. P. DE CANDOLLE (1855, 1883) wiss. behandelt. Sie kann als ein Modell für die Entwicklung der Pflanzenwelt unter relativ gut bekannten Verhältnissen angesehen werden. WAWILOW nahm als Ausgangsgebiete des Ackerbaus nicht die Flusstäler von Indus, Euphrat, Tigris und Nil an, sondern die Gebirge und Hochebenen von Südost-, Mittel- und Vorderasiens, des Mittelmeergebiets, Äthiopiens; in Amerika die Hochländer in Peru, Bolivien, Kolumbien, Mexiko.

G. GEISLER: Farbatlas landwirtschaftlicher K. (1991); W. FRANKE: Nutzpflanzenkunde (^{5}1992); U. KÖRBER-GROHNE: Nutzpflanzen in Dtl. Kulturgesch. u. Biologie (^{3}1994); S. REHM u. G. ESPIG: Die K. der Tropen u. Subtropen. Anbau, wirtschaftl. Bedeutung, Verwertung (^{3}1996).

Kulturphilosophie, i. e. S. die Wiss. vom Wissen um die Kultur. Als materiale und philosoph. Anthropologie ist K. die Wiss. von der menschl. Lebens- und Kulturwelt, im eigentl. Sinne also Kulturwissenschaft. In ersterer Hinsicht lässt sie sich historisch als eine Auslegung und Systementwürfe des ausgehenden 18. und des 19. Jh. betrachten (von J. G. HERDERS Kulturgeschichte bis zu F. NIETZSCHES Kulturkritik), in Letzterer ist sie als Versuch zu sehen, einen ganzheitl. Problem- und Erkenntniszusammenhang der Philosophie angesichts des Zerfalls von Wiss. in Einzelwissenschaften zu bewahren. Insofern ist die K. als Spätfolge der von I. KANT hervorgehobenen Antithese von Kultur und Zivilisation bezeichnet worden (W. PERPEET). Diese Sichtweise kann sich auf die Grundlagen und Ziele kulturphilosoph. Forschung stützen: 1899 zum ersten Male als Begriff formuliert (L. STEINS Essays ›An der Wende des Jahrhunderts‹), nahm R. EUCKEN diese Neuschöpfung auf (›Geistige Strömungen der Gegenwart‹, 1909) und setzte die K. als Idee des ›neuen Menschen‹ mit ›neuer Kultur‹ der Scheinkultur industrieller Zivilisation entgegen. Mit ›philosoph. Kultur‹ (G. SIMMEL), ›Philosophie der Kultur‹ (H. RICKERT), ›Kulturgeschichte als Kulturwissenschaft‹ (W. WINDELBAND) beherrschte die K. die philosoph. Diskussion der Jahrhundertwende. Die 1910/11 erstmals von RICKERT herausgegebene Zeitschrift ›Logos. Internat. Jahrbuch für Philosophie der Kultur‹ wurde zum Sprachrohr der K. Gefordert wird im ersten Band der ›philosoph. Weltanschauung‹, ›die so unübersehbar vielfältige und in sich zerrissene Kultur‹ (WINDELBAND) so dringend benötige. Damit wird K. notwendigerweise auch zur Kulturkritik. So soll ›kritische K.‹ bei E. CASSIRER, analog zu KANTS transzendentaler Logik, die Bedingungen und Gesetze einer Kultur erforschen und zu transkulturellen Konstanten vordringen, die die Einheit der kulturellen Erscheinungen gewährleisten sollen (›Philosophie der symbol. Formen‹, 3 Bde., 1923–29). Der K. von O. SPENGLER, die eher eine Zivilisationskritik ist, liegt eine organizist. Auffassung von Kultur zugrunde (→Kulturzyklentheorien). Eine Trennung zw. formaler (systemat.) und materialer (historisch-konkreter) K. lässt das unterschiedl. Verständnis von Kultur oder vielmehr Kulturwissenschaft deutlich werden: Während die formale K. auf der Grundlage des Neukantianismus eine Art Wissenschaftslehre (›Logik und Erkenntnistheorie‹; WINDELBAND) der Kulturwissenschaften zu sein anstrebte (RICKERT, W. DILTHEY, CASSIRER), ist die materiale K. eher eine Kulturkritik (A. GEHLEN, T. S. ELIOT, A. J. TOYNBEE) oder vielmehr eine konkrete Kulturanthropologie (E. ROTHACKER, M. SCHELER). Einflüsse der formalen K. bzw. ihrer neokantian. Elemente finden sich in der Lebensphilosophie, in SCHELERS Wertethik, in der Phänomenologie (E. HUSSERL) und im Existenzialismus (M. HEIDEGGER, K. JASPERS).

W. PERPEET: ›K. um die Jahrhundertwende‹, in: Naturplan u. Verfallskritik, hg. v. H. BRACKERT u. a. (1984).

Kulturpolitik, die Gesamtheit aller polit. Bestrebungen innerhalb des Staates, bes. jedoch die Maßnahmen des Staates selbst, das kulturelle Selbstverständnis (→kulturelle Identität) einer Nation oder einer Gesellschaft zu bewahren, kulturelle Produktion zu fördern sowie das Verständnis für →Kultur zu wecken und zu verbreiten. K. kann der Erhaltung von Grundwertvorstellungen und von Herrschaftsstrukturen sowie der inneren Festigung oder der Assimilation ethn., nat. oder religiös-weltanschaul. Minderheiten dienen.

Träger: Während in autoritären Gesellschaften die herrschenden Kräfte die K. bestimmen und Diktaturen die K. in den Dienst ihrer Ideologie stellen, sind in pluralistisch strukturierten Gesellschaften neben dem Staat und seinen Organen Gemeinden und Gemeindeverbände, Kirchen und andere Religionsgemeinschaften, Parteien, Gewerkschaften und andere Interessenverbände, Medien und Stiftungen in eigener Verantwortung kulturpolitisch tätig. Länderübergreifend sind internat. Organisationen mit kulturellen Angelegenheiten befasst (z. B. die UNESCO).

Bereiche: Im Zentrum der K. steht das Erziehungs- und Bildungswesen (bes. das Schulsystem und seine Lehrpläne sowie Organisation und Richtung der berufl. und der Erwachsenenbildung). Im Wissenschaftsbereich umfasst K. v. a. die Hochschul- und Forschungspolitik, im Bereich der Kunst die Förderung von Literatur, Theater, Musik, bildenden Künsten und Film. Im Natur- und Landschaftsschutz sowie in der Heimat- und Denkmalpflege verbinden sich Intentionen der K. mit denen des Umweltschutzes. Daneben gewann der Breiten- und Leistungssport kulturpolit. Bedeutung. Bes. in Gestalt der Nationalrepräsentation ist K. auf internat. Ebene ein Teil der Außenpolitik. In der multipolaren Welt seit der globalen Wende 1989/91 trägt der ›Kulturdialog‹ zunehmend zur Friedenssicherung bei.

Organisation der Staatstätigkeit: Staatl. K. kann zentralistisch (z. B. in Frankreich; neuerdings regionalist. Tendenzen) oder föderalistisch (Kulturhoheit von Gliedstaaten eines Bundesstaates, z. B. in Dtl., Österreich und der Schweiz) organisiert sein. Im Zentrum staatl. K. steht (auf Gesamtstaats- oder Teilstaatsebene) eine oberste Behörde, z. B. der Kultus-Min. eines dt. Bundeslandes, der Erziehungs-Min. z. B. in Österreich und Frankreich, der kantonale Erziehungsdirektor in der Schweiz. In föderalist. Staaten bestehen Koordinierungsorgane: z. B. in Dtl. die →Kultusministerkonferenz, in der Schweiz die Konferenz der kantonalen Erziehungsdirektoren. Neben dem Staat tritt die Gemeinde als ein wesentl. Träger der K. hervor (→Kommunalpolitik).

Kulturpolitik zw. Staatstätigkeit und privater Initiative: Historisch bedingt ist die Gestaltungsmacht des Staates auf dem Bildungs- und Erziehungssektor am stärksten; er besitzt z. B. in Dtl. nach Art. 7 Abs. 1 GG das alleinige Recht der Schulaufsicht. Auf dem Gebiet von Kunst und Wiss., Forschung und Lehre sind dem Staat durch verfassungsrechtlich garantierte Freiheiten des Bürgers Grenzen gesetzt. Unter pluralist. Gesellschaftsbedingungen können Kirchen und ›freie Träger‹ schul- und bildungspolit. Initiativen entwickeln, wiss. Akademien und Gesellschaften (z. B. Max-Planck-Gesellschaft zur Förderung der Wiss.en). Institutionen öffentlich-rechtl. Charakters (z. B. Stiftung Preuß. Kulturbesitz, British Council), privatrechtl. Stiftungen (u. a. Friedrich-Ebert-Stiftung, Studienstiftung des Dt. Volkes) und privatrechtlich organisierte Vereine des öffentl. Bereichs (u. a. Dt. Akadem. Austauschdienst, Dt. Forschungsgemeinschaft, Goethe-Inst.) sowie zahlr. andere Kulturinstitute in eigener Verantwortung Forschungs-, Erziehungs- und Bildungsarbeit betreiben. Staatl. und private Initiativen kommen bei der Errichtung und Förderung von Museen, Archiven, Galerien, Bibliotheken, Theatern u. a. zum Tragen. Neben Privatpersonen treten Wirtschaftsunternehmen und Geldinstitute als Förderer kultureller Leistungen hervor (›Kultursponsoring‹).

Geschichte: Bis über das MA. waren kulturpolit. Aktivitäten von Kirche und Adel bestimmt (Schulwesen, Kunst); später traten die Städte als Träger kultureller Aktivitäten hinzu. Mit der Entstehung des absolutist. Staates (17./18. Jh.) gelangten zunächst Hochschulen und (in der Reformationszeit säkularisierte) Klosterschulen (als Fürstenschulen), später das Bildungswesen insgesamt (Einführung der allgemeinen Schulpflicht) in den Einflussbereich des Staates; u. a. Gründung der ›Grandes Écoles‹ unter NAPOLEON I. preuß. Schul- und Bildungsreform unter W. VON HUMBOLDT (seit 1810). Im 19. Jh. entstanden die für K. speziell zuständigen Ministerien. Je stärker der Staat kulturpolit. Aufgaben an sich zog, desto mehr stellte sich die Frage nach den Grenzen staatl. K.; dabei spielte das Verhältnis von Staat und Kirche (→Kulturkampf in Dtl.; Trennung von Staat und Kirche in Frankreich zu Beginn des 20. Jh.) ebenso eine Rolle wie die Forderung nach Freiheit des Bürgers in Kunst und Wiss. (z. B. gewährt in Art. 142 der Weimarer Reichs-Verf.). Im Zuge der Etablierung totalitärer Herrschaftssysteme im 20. Jh. wurde K. dort zum Instrument der Staatspropaganda und Indoktrination.

Kulturpolit. Tendenzen in der pluralist. Gesellschaft: Der auf Bewahrung von ›Kulturleistungen‹ ausgerichteten K. steht heute in offenen Gesellschaften eine Richtung gegenüber, die ein emanzipator. Interesse vertritt und die kulturelle Mündigkeit des Individuums in den Vordergrund stellt. Im Ggs. zur tradierten Repräsentationskultur (z. B. Festspiele, Museumsbauten) steht ein Konzept, einer ›Kultur der Vielen‹ (u. a. kulturell anspruchsvolle Freizeitangebote). Überkommenen elitären Strukturen in der Kulturszene tritt die Forderung entgegen, die Chancengleichheit auch auf die Teilhabe am kulturellen Leben auszuweiten (→Alternativkultur). Der Kommerzialisierung des Kulturbetriebes soll so entgegengewirkt werden. – Mit dem tief greifenden globalen Strukturwandel und den zunehmenden internat. Verflechtungen (globale Informationsgesellschaft) scheinen Kultur und K. im Übergang zum 21. Jh. neue Bedeutungen zuzuwachsen.

Dt. K., hg. v. M. ABELEIN (1970); HANS MAIER: K. (1976); P. HÄBERLE: K. in der Stadt, ein Verfassungsauftrag (1979); Kultur u. soziale Räume. Rahmenbedingungen der K., hg. v. K. ERMERT (1980); Dt. auswärtige K. seit 1871. Gesch. u. Struktur, hg. v. K. DÜWELL u. a. (1981); H. HOFFMANN: Kultur für alle (Neuausg. 1981); Soziale Kulturarbeit u. kulturelle Sozialarbeit, hg. v. K. ERMERT (²1986); K. Standorte, Innensichten, Entwürfe, hg. v. W. LIPP (1989); K. u. Kultursponsoring, hg. v. C. STOLORZ u. a. (1992).

Kulturpreis des Deutschen Gewerkschaftsbundes, gestiftet am 16. 5. 1963, um kulturelle Leistungen auszuzeichnen, Werke der Kunst oder der Wiss. oder prakt. soziale, kulturelle oder kulturpolit. Tätigkeiten, die die geistigen und sittl. Kräfte der sozialen Bewegung stärken. Der i. Allg. jährlich zu vergebende Geldpreis von 25 000 DM kann geteilt werden. Preisträger: 1964: E. BLOCH und F. MASEREEL; 1965: E. HEIMANN und P. JOSTOCK; 1966: O. BURRMEISTER; 1967: C. CHAPLIN; 1968: HAP GRIESHABER; 1969: W. DIRKS; 1970: H. RODENSTEIN und H. ROTH; 1971: MARIA WIMMER und B. MINETTI; 1972: H. W. RICHTER und Büchergilde Gutenberg; 1973: Internat. Schulbuchinstitut; 1974: C. LANDAUER; 1976: A. JUNGBLUTH; 1977: Grips-Theater Berlin (West) und Inst. für Projektforschung, Hamburg; 1979: Theatermanufaktur Berlin (West); 1988: C. MOREAU und BETTINA EICHING; 1989: W. RUHNAU und Junges Forum, Recklinghausen; 1993 (bisher letztmalig): W. PETROVSKY und die Kölner Initiative ›ARSCH HUH ZÄNG USSENANDER‹.

Kulturpreise, Oberbegriff für Förder- und Anerkennungspreise auf allen Gebieten von Gesellschaft und Kunst; abgegrenzt sind i. d. R. die Wissenschaftspreise. Die meisten K. werden auf bestimmten Sektoren vergeben und tragen entsprechende Bez. (z. B. Europa-, Friedens-, Film-, Literatur-, Jugend- oder Kinderbuch-, Kunstpreis). In Dtl. werden (1997) rd. 7 500 Einzelpreise und -stipendien mit einem Kulturförderungsbudget von rd. 70 Mio. DM vergeben. Träger sind Staat, private Stiftungen, Gemeinden sowie Verbände und Institutionen.

Kulturprotestantismus, eine Richtung innerhalb des →Neuprotestantismus, die besonderen Wert darauf legte, die Kirche mit der modernen Kultur zu verbinden. Der K., der einen kirchenfeindl. Liberalismus ebenso ablehnte wie den kirchl. Konfessionalismus, wurde v. a. vom Dt. Protestantenverein vertreten, der eine Erneuerung der ev. Kirche im Geiste prot. Freiheit und im Einklang mit der gesamten Kulturentwicklung anstrebte. Anstöße zu dieser Entwicklung kamen v. a. von den Vertretern der liberalen Theologie, wobei der Tübinger theolog. Schule unter dem Einfluss der Geschichtsphilosophie G. W. F. HEGELS führend war. Eine grundlegende Infragestellung erfuhr der K. durch die →dialektische Theologie (v. a. durch K. BARTH), die dessen weitgehende Identifizierung einer christlich begründeten Kultur mit dem Reich Gottes ablehnte und den prinzipiellen Unterschied der Offenbarung Gottes gegenüber jeder menschl. Kultur (einschließlich der Religion) herausstellte.

G. HÜBINGER: K. u. Politik. Zum Verhältnis von Liberalismus u. Protestantismus im wilhelmin. Dtl. (1994).

Kulturprovinz, *Völkerkunde:* →Kulturareal.

Kulturpsychologie, ein heute zw. (Sozial-)Psychologie, Ethnologie und Kulturphilosophie/Kulturtheorie angesiedelter wissenschaftsbezogener Ansatz, dessen Thema die Erforschung kulturspezif. Eigenheiten und Prägungen der menschl. Psyche ist, welche sich in charakterist. Denkweisen, Verhaltensformen, Sitten und Konventionen, auch im polit. Verhalten und in Konfliktlagen auffinden lassen sollen. – Bereits in den Reiseberichten des 18. und 19. Jh. (GOETHE, MADAME DE STAËL, J. G. A. FORSTER, A. VON HUMBOLDT, H. FÜRST VON PÜCKLER-MUSKAU), auch z. B. in I. KANTS anthropolog. Vorlesungen findet sich eine Vielzahl von Beobachtungen und Überlegungen zu vermeintlich psych. Eigentümlichkeiten einzelner Völker und Kulturen (Mentalität). Im Zuge der Systematisierung und Methodisierung einzelner Wissenschaften in der 2. Hälfte des 19. Jh. und angeregt durch die Kolonialexpansion, entstand um die Jahrhundertwende die Völkerpsychologie (W. WUNDT), im Anschluss hieran die K. (W. HELLPACH). Teils im Kontrast zu diesen (bis heute nachwirkenden) stark national ausgerichteten Perspektiven, teils im Widerspruch zu ihnen standen in der 1. Hälfte des 20. Jh. die Untersuchungen S. FREUDS zu den kulturellen Bedingungen und Folgen psych. Entwicklungen, an die – nicht ohne Kritik – nach dem Zweiten Weltkrieg eine kulturvergleichende ethnolog. Betrachtung des Wechselbezugs von Kultur und Psyche (Ethnopsychoanalyse, Ethnopsychologie) anschloss (MEYER FORTES, G. DEVEREUX, MARIO ERDHEIM, PAUL PARIN). Im Rahmen der US-amerikan. Kultur- und Persönlichkeitsforschung (R. LINTON, MARGARET MEAD) entwickelte sich ein relativierender Ansatz, der zwar von einer Prägbarkeit der seel. Grundlagen und der Entwicklung von Individuen durch die jeweiligen Kulturen ausgeht, zugleich aber damit die mögl. funktionale Gleichwertigkeit unterschiedlicher psych. Dispositionen und Kulturmuster und damit auch die Lenkbarkeit individueller und kollektiver Seelenlagen in den Blick bringt. Schließlich spielte auch die am Ende des 19. Jh. und dann in den 1920er-Jahren entwickelte Massenpsychologie in ihrer z. T. deutl. Nähe zur Kulturkritik (L. KLAGES, G. LE-BON, V. PARETO, J. ORTEGA Y GASSET, aber auch FREUD und später E. CANETTI) und mit ihren Konzepten der ›Massenseele‹ und des ›kollektiven Verhaltens‹ in der K. eine wichtige Rolle. Aktuelle Ansatzpunkte einer Beschäftigung mit Vorstellungen der K. finden sich in der Ethnologie, in der polit. Kulturforschung und im Bereich interkultureller Kommunikation, nicht zuletzt im Bereich der Publizistik und in der öffentl. Diskussion etwa um die Probleme der gesellschaftl. Transformationsprozesse nach 1990.

W. HELLPACH: K. (1953); P. A. SOROKIN: Society, culture and personality (Neuausg. New York 1969); R. LINTON: Gesellschaft, Kultur u. Individuum (a. d. Engl., 1974); M. ERDHEIM: Die gesellschaftl. Produktion von Unbewußtheit (²1988); DERS.: Psychoanalyse u. Unbewußtheit in der Kultur (³1994); W. RUDOLPH: Ethnos u. Kultur, in: Ethnologie, hg. v. H. FISCHER (³1992); S. WEHOWSKI: Schattengesellschaft. Kriminelle Mentalitäten in Europa (1994), G. MALETZKE: Interkulturelle Kommunikation (1996).

Kulturrasse, durch gezielte Züchtung entstandene hochleistungsfähige Nutzpflanzen- oder Nutztierrasse; Ggs.: →Landrasse.

Kulturrelativismus, durch die Ablehnung europ. Wissenschaftsmethodik (und deren Werteübertragungen) entstandene völkerkundl. Forschungsrichtung (F. BOAS, M. HERSKOVITS), welche Kulturen als ganzheitl. Systeme begreift, deren Einzelaspekte nur im unmittelbaren (kulturimmanenten) Zusammenhang verstanden und interpretiert werden können.

W. RUDOLPH: Der kulturelle Relativismus. Krit. Analyse einer Grundsatzfragen-Diskussion in der amerikan. Ethnologie (1968).

Kulturreligionen, religionswiss. Bez. für jene Religionen, die auf den größeren Horizont einer bestimmten Kultur hin orientiert sind. Sie setzen das Leben in einer größeren polit. Gemeinschaft mit einer differenzierten gesellschaftl. Struktur und die Kenntnis der Schrift voraus; sie entstanden ab 3000 v. Chr. im Alten Orient und in Ägypten, dann in China und Indien, später in Mittel- und Südamerika (hier teilweise ohne Schrift). Anders als die späteren Universalreligionen beschränken sich K. in Theorie und Praxis auf ihren Kulturbereich, sie sind polytheistisch, fassen die lokal verehrten Gottheiten zu einem Pantheon oder zu einem komplizierten Geflecht gegenseitiger Beziehungen, Funktionsabgrenzungen und kult. Regeln zusammen und ermöglichen so eine fortschreitende Differenzierung des religiösen Lebens.

Kulturrevolution, 1) in der marxistisch-leninist. Terminologie sowjet. Prägung die schrittweise Verallgemeinerung des überlieferten zivilisator. Standards (techn. Wissen, Bildung) und Einübung neuer gesellschaftl. Verhaltensnormen zur Formung eines neuen sozialist. Menschentyps.

2) Große Proletarische K., Bez. für die innenpolit. Macht- und Richtungskämpfe in der VR China 1965/66–69; eingeleitet von MAO ZEDONG, um seine seit 1958/59 geschwächte Position (Scheitern der Politik des ›Großen Sprungs nach vorn‹ und der ›Volkskommunen‹) wieder zu festigen und die mehr pragmatisch orientierte Gruppe um LIU SHAOQI (Staatsoberhaupt) und DENG XIAOPING (Gen.-Sekr. der KPCh) auszuschalten; ging einher mit einer breiten politischideolog. Kampagne (→Maoismus), die sich offiziell (Beschluss des 11. Plenums des ZK der KPCh über die K. vom August 1966) gegen Vertreter des ›kapitalist. Weges‹ sowie gegen Denk- und Lebensweisen traditionell chin. Prägung richtete.

Vorbereitet durch Aktionen gegen krit. Intellektuelle (seit Herbst 1965), insbesondere gegen Literaten und Publizisten, wurde die K. offiziell 1966 von der linken Fraktion um MAO ZEDONG, seiner Frau JIANG QING und LIN BIAO (Verteidigungs-Min.) ausgelöst. Zur Durchsetzung ihrer Ziele mobilisierte sie Millionen von Studenten und Schülern, die sich in ›Roten Garden‹ organisierten; diese terrorisierten v. a. seit Mitte 1966 in den Großstädten die Kritiker MAO ZEDONGS (Durchführung von ›Kampfversammlungen‹, Demütigung, Misshandlung oder Tötung von Funktionären, Wissenschaftlern und Lehrern) und zerstörten zahlr. Kulturgüter (Tempel, Kirchen). Universitäten und Schulen blieben jahrelang geschlossen. ›Sonderuntersuchungsgruppen‹, die im Auftrag der maoist. Führung während der K. den polit. Terror bürokratisch organisierten und zu lenken versuchten, schufen sich ein weit verzweigtes Informations- und Spitzelnetz in ganz China, verhafteten zur Vorbereitung polit. Säuberungen Zehntausende hochrangiger Kader und lieferten die in Ungnade Gefallenen häufig gezielt den ›kulturrevolutionären‹ Massen aus.

Die K. führte zur weitgehenden Zerschlagung des chin. Partei- und Staatsapparates (u. a. Sturz LIU SHAOQIS und DENG XIAOPINGS). Sie war von einer kult. Verehrung MAO ZEDONGS (›Großer Vors.‹, ›Großer Steuermann‹) begleitet; es kam zu einer massenhaften Verbreitung seines ›Roten Buches‹ (auch als ›Mao-Bibel‹ bekannt). Die zunehmend außer Kontrolle geratenen und seit Anfang 1967 von militanten ›Roten Rebellen‹ (Gelegenheitsarbeiter, Lehrlinge) unterstützten Roten Garden, die v. a. in den Prov.-Städten auf harten Widerstand stießen (bürgerkriegsähnl. Auseinandersetzungen), wurden 1967/68 in blutigen Aktionen von der Armee diszipliniert, die als Ordnungsmacht, u. a. durch ihre führende Beteiligung bei der Schaffung von ›Revolutionskomitees‹, stark an Einfluss gewann. Millionen von Jugendlichen wurden anschließend zu ihrer Arbeit aufs Land umgesiedelt.

Die K. wurde de facto mit dem IX. Parteitag der KPCh im April 1969 beendet (Wahl einer kulturrevolutionär orientierten Führungsgruppe, Ernennung LIN BIAOS zum Nachfolger MAO ZEDONGS). Da sich in den folgenden Jahren wesentl. Züge der K. erhielten (v. a. maoist. Ausrichtung von Wiss. und Kultur, erneute machtpolit. Kämpfe, Wechsel ultralinker mit pragmat. Politik), wird ihre Dauer heute meist bis 1976 angegeben. Diese ›zehn Jahre Chaos‹ waren in ihrer zweiten Hälfte u. a. durch einen Putschversuch des an Einfluss verlierenden LIN BIAO (1971), die Machtergreifung durch die ›Gemäßigten‹ unter ZHOU ENLAI (ab 1972/73) und das Wirken der →Viererbande (1976) geprägt. Die meisten verfolgten Politiker und Intellektuellen wurden später rehabilitiert. Die K. beeinflusste nicht zuletzt das Denken der intellektuellen Linken in W-Europa v. a. in den 60er-Jahren.

Kulturschock, zunächst in der (Sozial-)Psychologie, dann in den Erziehungswissenschaften, in der Fremdsprachendidaktik und im Bereich interkultureller Forschungen, heute auch im allgemeinen Sprachgebrauch verwendeter Begriff, der auf der Ebene von Individuen die Erfahrung einer plötzl. Konfrontation mit den Normen- und Wertsystemen sowie den Verhaltensmustern einer fremden (Teil-)Kultur bezeichnet; er dient des Weiteren dazu, bestimmte Formen der Verarbeitung dieser Konfrontation in den Blick zu nehmen. Der Begriff K. wurde in den 1960er-Jahren in die US-amerikan. Migrationsforschung eingeführt. Er trägt der Entwicklung Rechnung, dass sich mit der Ausweitung sozialer Mobilität und grenzüberschreitender Wanderungsbewegungen (Migration) auch die Erfahrung des Zusammentreffens kulturell unterschiedlich orientierter und sozialisierter Menschen und Gruppen quantitativ ausgeweitet und qualitativ vervielfältigt hat. Die Verbesserung der Verkehrsmittel und der Kommunikationsmedien, Fluchtbewegungen aufgrund von Katastrophen, polit. Krisen, (Bürger-)Krieg und Terror sowie unterschiedl. Emigrations- und Immigrationsbestrebungen (Suche nach polit. Asyl, Arbeitsmigration) stellen die wichtigsten Hintergrundfaktoren für die Zunahme der Erfahrung des K. dar. Die Reaktionsformen reichen vom Zusammenbruch (Selbstmord, Krankheit, Rückzug in Isolation) über Leistungsschwäche, Depression und Aggressionsverhalten, über Versuche einer produktiven Aneignung des Neuen bei gleichzeitigem Festhalten an den Mustern der alten Kultur bis hin zum versuch-

Kulturrevolution 2): Demonstration der Roten Garden 1966 in Peking

ten ›Sprung‹ in die neue kulturelle Identität mit den Folgen einer Überanpassung an diese oder auch mit verzögertem Aggressionsverhalten angesichts von Fehlschlägen oder Hindernissen. Als produktive Erfahrung kann K. nicht nur Anlass zu einer (selbst-)reflexiven Erkundung der eigenen Person, Gruppe und Kultur, sondern auch Anstoß und Thema wiss. Forschung und künstler. Gestaltung sein. Beispiele finden sich in der dt. Literatur- und Kunstgeschichte etwa in den Werken der Flüchtlinge vor dem Nationalsozialismus in den 1940er-Jahren oder der Migranten seit den 1960er-Jahren, von Minderheitenkulturen (Literatur der ›visible minorities‹ in den USA) und in Werken etwa der jüdisch-amerikan. Literatur, der schwarzafrikan. Literatur seit den 1960er-Jahren. Inzwischen wird das Phänomen K. auch innerhalb gesellschaftl. und polit. Gebilde, etwa zw. Regionen, sozialen Schichten, Lebensräumen (Stadt – Land) und Generationen, zw. Mehrheitsbevölkerungen und Einwanderungsminoritäten sowie zw. den Letztgenannten wahrgenommen. Auch Schwierigkeiten im Verhältnis von Ost- und Westdeutschen nach der dt. Vereinigung von 1990 sind als K. gedeutet worden.

Culture shock, hg. v. P. K. BOCK (New York 1970); S. GROSSKOPF: K. u. Fremdverhaltensunterricht (1982); G. AUERNHEIMER: Der sogenannte Kulturkonflikt. Orientierungsprobleme ausländ. Jugendlicher (1988); P. A. MENZEL: Fremdverstehen u. Angst (1993); Kulturthema Fremdheit, hg. v. A. WIERLACHER (1993); P. PEDERSEN: The five stages of culture shock. Critical incidents around the world (Westport, Conn., 1995); C. CHIELLINO: Am Ufer der Fremde. Lit. u. Arbeitsmigration 1870–1991 (1995); W. WAGNER: K. Deutschland (1996).

Kultursoziologie, spezielle Soziologie, die sich mit der Analyse und Interpretation kultureller Erscheinungen, Zusammenhänge und gesamtgesellschaftl. Kulturmuster in Hinblick auf ihre sozialen Rahmenbedingungen und Grundlagen sowie ihre soziale Bedeutung beschäftigt. K. umfasst im Wesentlichen die Erforschung der Abhängigkeiten und Wechselbeziehungen zw. gesellschaftl. Entwicklungen und Strukturen und kulturellen Objektivationen (›Gestaltwerdungen‹), Strömungen, Mustern und Aktivitäten sowie deren soziale (z. B. institutionelle) Verfestigungen. Dabei nehmen die Fragen nach den kulturellen Grundlagen, Impulsen und Rahmenbedingungen, die bestimmte Erscheinungsformen des gesellschaftl. Lebens (und umgekehrt) begründen, und inwiefern die kulturellen Orientierungen von Individuen und sozialen Gruppen von Bedeutung für das Leben der Gesamtgesellschaft sein können, eine wichtige Stellung ein.

Der kultursoziolog. Analyse liegen dabei sowohl ein enger als auch ein weiter Kulturbegriff zugrunde. So untersucht die K. die Erscheinungsformen und Entwicklungstendenzen in den ›klass.‹ kulturellen Bereichen wie Sprache, Religion, Traditionen, Kunst und Literatur, Moral, Recht und Wissen im Rahmen des traditionellen Kulturbegriffes im Hinblick auf ihre sozialen Grundlagen, Rahmenbedingungen und Folgen. Darüber hinaus untersucht sie jedoch auf der Grundlage eines weiten Verständnisses von Kultur die kulturellen Sinnpotenziale und Handlungsmuster des →Alltags, der populären Kultur, der Mode u. a. Zivilisationsbereiche (Essgewohnheiten, Körperkultur, menschliche Trieb-, Bedürfnis- und Erlebnishaushalte unter jeweiligen sozialen Vorgaben und Veränderungsprozessen [modellhaft z. B. von N. ELIAS dargestellt]) und deren Auswirkungen auf andere gesellschaftl. Handlungsbereiche wie Politik, Wirtschaft, Recht, Medien, Wissenschaft, Sozialisation und Bildung, Öffentlichkeit und Privatsphäre.

Mit ihren Analysen ist die K. an der Bildung umfassender soziolog. Theorien beteiligt (z. B. Kultur der Moderne oder ›Kulturgesellschaft‹) und tangiert sowohl die Kulturanthropologie und -philosophie (E. CASSIRER) als auch die Geschichtsphilosophie (A. WEBER). Grundlegend wirkten in diesem Zusammenhang Arbeiten, die darauf zielten, die Bedeutung kultureller Faktoren für die Entwicklung bestimmter Gesellschaftsformationen bzw. -strukturen herauszuarbeiten, z. B. M. WEBERS Untersuchungen zu den Zusammenhängen und Wechselbeziehungen von Protestantismus und Kapitalismus im Hinblick auf die Entstehung der neuzeitlichen europ. Gesellschaften; G. SIMMELS Arbeiten zur Modernität und Tragik der zeitgenöss. Kultur, deren spezif. Gestalt er aus dem Wirken antagonistischer, sich gegenseitig steigernder und zugleich begrenzender Triebkräfte ableitet, und KARL POLANYIS (*1886, †1964) Theorie zur Transformation des vormodernen Europas in die Wirtschaftsgesellschaften und Sozialstaatsmodelle des 19. und 20. Jahrhunderts.

Während sich in der Zeit zw. den beiden Weltkriegen unter Berufung auf J. G. HERDER eine K. entwickelte, die Kultur als lebendiges Ganzes innerhalb eines organisch aufgefassten Geschichtsprozesses verankert sah und dessen harmon. Entwicklung unter den Bedingungen der Moderne als gefährdet erkannte (A. WEBER, H. FREYER, E. ROTHACKER), spielte Kultur in der soziolog. Betrachtung nach 1945 eine widersprüchl. Rolle. Teils galt sie – etwa in der Perspektive des Strukturfunktionalismus (T. PARSONS, DANIEL LERNER [*1917, †1980], R. BENDIX) – als eine Art Medium und Bindeglied der notwendigen gesellschaftl. Integrations- und Stabilisierungsprozesse, teils – etwa in marxist. Perspektive – als Ausdruck und Trugbild jeweils bestehender Herrschafts- und Ausbeutungsverhältnisse.

Die derzeitige kultursoziolog. Diskussion wird z. T. noch immer von den genannten Ansätzen bestimmt, wobei die idealistisch geprägte Perspektive einer Ausrichtung an den Erscheinungsformen ›hoher Kultur‹ zugunsten der Orientierung an Alltagskulturen modifiziert wurde und sich eine an handlungstheoret. und sprachphilosoph. Modellen orientierende und auf Verwissenschaftlichung des Gegenstandsbereiches zielende K. (J. HABERMAS, ULRICH OEVERMANN, HANS JOAS [*1948]) gegenüber instrumentalisierenden (strukturfunktionalen) und ideologisierenden (lebensphilosoph.) Mustern durchsetzen konnte, die ihrerseits deutlich von hermeneut. und kulturvergleichenden Ansätzen bestimmt wird. Hinzu sind allerdings auch Neuansätze vonseiten der empir. Sozialforschung (A. SILBERMANN, P. BOURDIEU, GERHARD SCHULZE [*1944], R. INGLEHART), der ethnolog., kulturvergleichenden Forschung (J. CLIFFORD, V. TURNER, S. TYLER) und vonseiten einer postmodernen Theoriebildung (JEAN BAUDRILLARD [*1929], J.-F. LYOTARD) getreten, die im Besonderen den Inszenierungscharakter kultureller Ereignisse und Orientierungen im Hinblick auf gesellschaftl. Entwicklungen, individuelle Bewusstseinslagen und soziostrukturelle Differenzierungen herausarbeiten bzw. kritisch reflektieren (STEFAN MÜLLER-DOOHM, O. K. WERCKMEISTER).

Aktuelle Fragestellungen der K. betreffen die Bedeutung und weitere Entwicklung des Medien- und Bildungssektors ebenso wie die Fragen der Beziehungen von Mehrheits- und Minderheitenkulturen (›Multikulturalismus‹), die Perspektiven globaler Interaktionsprozesse sowie die besonders durch die Entwicklungen in Europa seit 1990 aufgeworfenen Fragen nach den kulturellen Voraussetzungen von gesellschaftl., wirtschaftl. und polit. Veränderungsprozessen (›Transformationsgesellschaften‹) und nach den kulturellen Grundlagen von Kriegen, Konflikten und Gewalt.

H. P. THURN: Soziologie der Kultur (1976); D. u. K. CLAESSENS: Kapitalismus als Kultur. Entstehung u. Grundl. der bürgerl. Gesellschaft (Neuausg. 1979); R. MÜNCH: Kultur der Moderne, 2 Bde. (1986); Kultur u. Gesellschaft, hg. v. F. NEIDHARDT u. a. (1986); W. L. BÜHL: Kulturwandel (1987); H.-G. SOEFFNER: Kultur u. Alltag (1988); K. – Symptom des Zeitgeistes?, hg. v. H. BERKING u. a. (1989); O. K. WERCKMEISTER: Zitadellenkultur (1989); Sozialstruktur u. Kultur, hg. v. H. HAFERKAMP (1990); J. C. ALEXANDER: Soziale Differenzierung u. kultureller Wandel (1993); M. HORKHEIMER u. T. W. ADORNO: Dialektik der Aufklärung (Neuausg. 32.-36. Tsd. 1994); W. LIPP: Drama Kultur, 2 Tle. (1994); Kulturinszenierungen, hg. v. S. MÜLLER-DOOHM u. a. (1995); R. INGLEHART: Kultureller Umbruch. Wertwandel in der westl. Welt (a. d. Engl., Neuausg. 1995); P. BOURDIEU: Die feinen Unterschiede. Kritik der gesellschaftl. Urteilskraft (a. d. Frz., Neuausg. ⁸1996); GERHARD SCHULZE: Die Erlebnis-Gesellschaft. K. der Gegenwart (⁶1996); F. H. TENBRUCK: Perspektiven der K. (1996).

Kulturstadt Europas, Initiative der EG seit 1985, eine europ. Großstadt für ein Jahr zur K. E. zu ernennen, die durch Veranstaltungen (Kongresse, Konzerte, Lesungen, Theater- und Filmvorführungen, Ausstellungen) die kulturelle Einheit Europas und seine Vielfalt zeigen und fördern soll; häufig auch die Bez. **Europäische Kulturhauptstadt.** Bisher wurden ausgewählt: 1985 Athen, 1986 Florenz, 1987 Amsterdam, 1988 Berlin (West), 1989 Paris, 1990 Glasgow, 1991 Dublin, 1992 Madrid, 1993 Antwerpen, 1994 Lissabon, 1995 Luxemburg, 1996 Kopenhagen, 1997 Saloniki. Es folgen Stockholm (1998), Weimar (1999). Im Jahr 2000 sollen erstmals 9 Städte gleichzeitig die Auszeichnung erhalten (Avignon, Bergen [Norwegen], Bologna, Brüssel, Helsinki, Krakau, Prag, Reykjavík, Santiago de Compostela).

Kulturstatistik, neben Wirtschafts- und Bev.-Statistik der dritte Bereich der angewandten Statistik. Die K. umfasst v. a.: kirchl. Verhältnisse, Unterricht, Bildung, Kultur, Rechtspflege und Wahlen.

Kultursteppe, durch Vernichtung der ursprüngl. Vegetation und den Anbau von weniger Pflanzenarten entstandene Kulturlandschaft; kommt bes. weiträumig in den USA sowie in Teilen Russlands, der Ukraine und Kasachstans vor; stark durch Bodenerosion gefährdet.

Kulturstiftung der Länder, Abk. **KSL,** am 1. 1. 1988 in Dtl. errichtete Stiftung mit der Aufgabe, Kunst und Kultur ›nat. Ranges‹ zu bewahren. Mitgl. sind (seit 1991) alle 16 Bundesländer; Sitz: Berlin. Die KSL fördert den Erwerb dt. Kunstwerke, insbesondere solcher Werke, die infolge der natsoz. Aktion ›Entartete Kunst‹ (1937) oder durch Kriegsereignisse ins Ausland gerieten, aber auch von in Dtl. befindl. Kulturgütern, deren Verkauf ins Ausland droht. Die KSL fördert dt. Vorhaben der Dokumentation und Präsentation dt. Kunst und Kultur, unterstützt zeitgenöss. Künstler und aktuelle Kunstformen und Entwicklungen sowie überregional und internat. bedeutsame Kunst- und Kulturvorhaben.

Kulturtechnik, Kulturbautechnik, Agrartechnik, i. e. S. die gesamte techn. Bodenverbesserung für die Landwirtschaft, bes. auch die Fragen des Hochwasserschutzes, der Vorflutregelung, der Bodenentwässerung, der Bewässerung, der ländl. Wasserversorgung, der landwirtschaftl. Wasserverwertung, Abwasserverwertung, der Ödlandkultur und der Landgewinnung. I. w. S. gehört zur K. auch die Flurbereinigung.

Kulturtechniken, Zivilisationstechniken, i. e. S. Sammel-Bez. für Lesen, Schreiben und elementares Rechnen. I. w. S. zählen dazu auch andere Fertigkeiten, z. B. das Landkartenlesen, das Telefonieren sowie die Anwendung von Informationstechniken.

Kulturverfassungsrecht, zusammenfassende Bez. der Normen und Prinzipien des Verfassungsrechts, die sich auf das kulturelle Leben i. w. S. beziehen. Dazu zählen insbesondere Kulturstaatsklauseln als Staatszielbestimmungen, Kompetenzregelungen, grundrechtl. Gewährleistungen im kulturellen Bereich, verfassungsnormierte Erziehungsziele und kulturbezogene Bestandteile von Präambeln. Der zugrunde liegende Sachbereich →Kultur umfasst v. a. Bildung und Ausbildung, Künste und Wiss.en sowie Religion und Kirche, aber auch Traditionen und Gebräuche und schlichte Freizeitgestaltung. Vom K. wird i. Allg. das **Kulturverwaltungsrecht** unterschieden, das die einfachgesetzl. Regelungen dieser Bereiche zum Gegenstand hat.

Eine Besonderheit des K. ist in der Eigenart des Kulturellen begründet, das staatl. Reglementierungen nur begrenzt zugänglich erscheint. Grundlegend sind individuelle Freiheiten, die sich traditionell in erster Linie gegen staatl. Lenkung wenden und eine wesentl. Voraussetzung eines pluralist. kulturellen Lebens darstellen. Kulturelle Entfaltung ist aber auch von staatl. Schutz, staatl. Pflege und finanzieller Förderung abhängig. Ein Staat, der in einem solchen Verhältnis zur Kultur steht, kann als **Kulturstaat** bezeichnet werden.

Das GG enthält K. v. a. in Form von Grundrechten, die die Freiheiten auf kulturellem Gebiet gegen staatl. Beschränkungen sichern (z. B. Freiheit der Kunst, der Wiss. und der Forschung, Glaubensfreiheit und Freiheit der religiösen Betätigung), die aber auch als Auftrag zur Sicherung dieser Freiheiten durch staatl. Organisationen und Verfahrensregeln (z. B. bei Univ. oder Fernsehen) oder zur Pflege und Förderung verstanden werden. Im Übrigen begrenzt das GG die Kompetenz des Bundes für Kulturpolitik zugunsten der Länder, bei denen die →Kulturhoheit liegt. Verwaltend betätigt sich der Bund im Kulturbereich bei der Erfüllung der Gemeinschaftsaufgaben des Hochschulbaus und der Planung und Förderung von Großforschungseinrichtungen; von großer Bedeutung ist auch die in Absprache mit den Ländern betriebene Kulturpolitik des Auswärtigen Amtes.

In den Länder-Verf. finden sich zahlr. Normen des K. von unterschiedl. Tragweite. Zu nennen sind Kulturstaatsklauseln (z. B. Art. 3 bayer. Verf., Art. 2 Abs. 1 Verf. von Bbg.), Kulturförderungsklauseln allgemeiner oder spezieller Art (Art. 7 Abs. 1 Verf. von Schlesw.-Holst., Art. 11 Verf. von Sa.), über das GG hinausgehende Grundrechte (Art. 11 Abs. 1 Verf. von Bad.-Württ.), Erziehungsziele (Art. 7 Abs. 1 Verf. von NRW, Art. 27 Verf. von Sa.-Anh.).

Kulturverlust, *Soziologie:* das teilweise oder gänzl. Verschwinden von Elementen, die eine Kultur konstituieren und tragen (Normen, Werte, Traditionen, Fähigkeiten, Fertigkeiten), infolge gesellschaftl. Modernisierungs- bzw. Umgestaltungsprozesse und/oder techn. Innovationsprozesse; seit den 1970er-Jahren überwiegend im Zusammenhang mit der Beschreibung des (dauerhaften) Verlustes der traditionellen Wert- und Normensysteme und Institutionen in Ländern der Dritten Welt verwendet, die ihre Gesellschaften nach dem Vorbild der westl. Industriestaaten umgestalten. Dem Zerfall der traditionellen Kultur stehen dabei jedoch für die Mehrheit der Bevölkerungen i. d. R. nur sehr begrenzte Möglichkeiten (durch mangelnde Infrastruktur sowie Arbeits- und Bildungsmöglichkeiten) gegenüber, die Kulturmuster der modernen Gesellschaft zu übernehmen, was in der Gegenbewegung auch zum Rückwendung zu den (nun oft ideologisch überhöhten) traditionellen Kulturen zur Folge haben kann.

Kulturwandel, Teilaspekt des sozialen Wandels; in einer anthropolog. Perspektive bezeichnet K. die Veränderungen kultureller Rahmenbedingungen, Grundlagen und Verhaltensweisen, sei es als Innovation, sei es als Reaktion auf von außen auf die jeweilige Kultur wirkende verändernde Impulse (Kulturdiffusion). In soziolog. Perspektive bezieht sich K. entweder auf die Veränderung in den kulturellen Grundlagen des individuellen oder gesamtgesellschaftl. Selbstverständnisses (Werthaltungen, Einstellungen) oder aber speziell auf Veränderungen im spezif. Bereich kulturellen, d. h. künstler., wiss., moralisch-rechtl. Verhaltens. Einen wichtigen Beitrag zur Beschreibung des K. liefert dabei die Theorie der kulturellen Phasenverschiebung (→Cultural Lag) von W. F. OGBURN.

B. MALINOWSKI: Die Dynamik des K. (a. d. Engl., 1951); A. R. BEALS u. a.: Culture in process (New York 1967); W. F. OGBURN: Kultur u. sozialer Wandel (a. d. Engl., 1969); B. F. RYAN: Social and cultural change (New York 1969); J. RÖPKE: Primitive Wirtschaft, K. u. die Diffusion von Neuerungen (1970); T. BARGATZKY: Die Rolle des Fremden beim K. (1978); J. H. STEWARD: Theory of culture change (Neuausg. Urbana, Ill., ⁴1979); P. KOSLOWSKI: Die postmoderne Kultur. Gesellschaftlich-kulturelle Konsequenzen der techn. Entwicklung (²1988); Europ. Kultur im Wandel, hg. v. H.-P. BURMEISTER (1994); J. J. BOJANOVSKY: Entwicklung der Gesellschaft bis in die Gegenwart. Soziokulturelle Evolution (1996).

Kulturwissenschaften, zusammenfassender Terminus für eine Forschungsdisziplin, die sich um eine Integration der verschiedenen geistesgeschichtl., literaturwiss., kunstphilosoph., soziolog., histor., anthropolog. und psycholog. Betrachtungsweisen bemüht, wobei im Zentrum der Mensch als Kultur schaffendes und sich dadurch in seiner jeweiligen histor., polit., kulturellen, aber auch geschlechtsspezif. Form erst hervorbringendes Wesen steht. Dabei werden Gesellschaft, Literatur und Kunst, Ökonomie, Recht u. a. als Handlungsfelder und Rahmenbedingungen untersucht.

I.-M. GREVERUS: Kultur u. Alltagswelt (Neuausg. 1987); O. K. WERCKMEISTER: Zitadellenkultur (1989); H. HOFFMANN: Kultur als Lebensform. Aufsätze zur Kulturpolitik (1990).

Kulturzeitschriften, meist monatlich oder vierteljährlich erscheinende Zeitschriften mit einem breiten Themenspektrum von Lit., Kunst, Wiss. und Gesellschaft bis zu Politik und Geschichte. Bevorzugt werden die Formen des Essays, des Berichts, seltener der Dokumentation. Viele K. enthalten Kritiken von Buchneuerscheinungen und Kunstereignissen. Literarisch orientierte K. veröffentlichen auch Gedichte, Kurzgeschichten u. Ä. – Vorläufer der um 1800 entstandenen K. waren die literarisch-poet. und die literarisch-krit. Zeitschriften. Die Zeitschrift ›Die Grenzboten‹ (1841–1922) stellte einen Prototyp dar, der seine weitere Ausprägung in den seit den 1870er-Jahren entstandenen ›Rundschauzeitschriften‹ fand. Nach dem Zweiten Weltkrieg wurden einige der während der natsoz. Diktatur eingestellten K. wieder begründet, andere entstanden neu. Ihr Einfluss auf das geistige Leben im westl. Dtl., der in den ersten Jahren nach 1945 bedeutend war, hielt bis in die 60er-Jahre an. Danach sanken die Auflagen, einige K. wurden eingestellt. Doch auch in den 60er- und 70er-Jahren wurden K. neu gegründet. Zu den gegenwärtig erscheinenden K. gehören u.a. ›Ev. Kommentare‹, ›Herder Korrespondenz‹, ›Kursbuch‹, die dt. Ausgabe von ›Lettre International‹, ›Luther. Monatshefte‹, ›Merkur‹, ›Die Neue Gesellschaft – Frankfurter Hefte‹, ›Neue Rundschau‹, ›Stimmen der Zeit‹, ›Universitas‹; in Österreich ›Forum‹, ›Zukunft‹; in der Schweiz ›du‹, ›Schweizer Monatshefte‹.

Kulturzyklentheorien, im Unterschied zu Theorien mit linearem Geschichtsbild kultur- und geschichtsphilosoph. Theorien, denen zufolge kultureller Wandel und kulturelle Entwicklung in Kulturen (auch einzelnen histor. oder kulturellen Gebilden, wie Staat, Nation, Sprache, Sitten u.a.) dem Prozess von Entstehung, Wachstum, Vergehen und Neuentstehung folgen. Diese Versuche, einmalige Geschichtsverläufe unter übergeordnete Gesetzmäßigkeiten zu stellen, ermöglichen zugleich Wertung und Prognose und können von einer pessimist. oder optimist. Kulturauffassung geprägt sein. – K. finden sich schon im Altertum bei den Indern, Babyloniern, Chinesen, Griechen und Römern (Lehren von aufeinander folgenden Zeitaltern oder Weltperioden). K. gab es im MA., in der Neuzeit beschrieb u.a. G. B. VICO in seiner ›Kreislauftheorie‹ den Aufstieg und Niedergang der Völker und der Menschheit. Ein kulturkrit. Bezug auf das Abendland kennzeichnet K. v.a. des 19. und 20. Jh., wobei neuzeitl. Kultur und Zivilisation vielfach als eine Spätphase im Kulturverlauf gewertet werden.

F. NIETZSCHES nihilistischer Kulturauffassung liegt der Gedanke der ›ewigen Wiederkehr‹ zugrunde. O. SPENGLER vertritt, ebenso wie E. VON LASAULX und L. FROBENIUS in seiner →Kulturkreislehre, eine am Vorbild organ. Abläufe orientierte Kulturauffassung, wobei die einzelnen Kulturen und die Weltgeschichte als deren ›Gesamtbiographie‹ die Altersstufen des einzelnen Menschen durchlaufen und mit dem ›Verfall‹, dem Zurücksinken ins Anorganische enden. Im Unterschied zu der pessimist. Kulturauffassung SPENGLERS hebt A. J. TOYNBEE in seiner K. die Rolle menschl. Freiheit und Verantwortung im Geschichtsverlauf hervor und enthält sich daher weitgehend einer histor. Prognostik. (→Kultur, →Kulturphilosophie)

Kultus *der, -,* **1)** amtssprachlich für: kulturelle Angelegenheiten, kultureller Bereich.

2) *Religionswissenschaft* und *Theologie:* →Kult.

Kultusfreiheit, als Element der →Glaubens-, Gewissens- und Bekenntnisfreiheit das Recht zur Vornahme der zu einer Religion gehörenden kult. Handlungen.

Kultusgemeinde, seit dem Verlust ihrer Gemeinde- und Rechtsautonomie im Zuge der Emanzipation Bez. für die einzelne jüd. Ortsgemeinde.

Kultusministerium, oberste Behörde für das Erziehungs- und Bildungswesen, oft auch für Wiss., Kunst, Jugendpflege, Sport und verwandte Bereiche.

In Dtl. üben die Länder die Kulturhoheit aus, sodass jedes Land einen eigenen Kultus-Min. hat, mit z.T. durch unterschiedl. Kompetenzzuweisung bedingter abweichender Bez. (z.B. in Bremen der ›Senator für Bildung, Wiss. und Kunst‹). Auf Bundesebene besteht das ›Bundesministerium für Bildung, Wissenschaft, Forschung und Technologie‹.

Da in *Österreich* das Kultuswesen ganz überwiegend Bundessache ist, teilen sich hier das Bundesministerium für Unterricht und kulturelle Angelegenheiten sowie das Bundesministerium für Wiss., Forschung und Kunst in die den dt. Länderkultusministerien zugewiesenen Aufgaben. I. e. S. werden in Österreich unter Kultusverwaltung die staatl. Verwaltungsbeziehungen zu den Kirchen und Religionsgesellschaften verstanden, die in den Ressortbereich des Bundesministeriums für Unterricht und kulturelle Angelegenheiten fallen.

Die *schweizer.* Kulturpflege einschließlich des Bildungs- und Erziehungswesens fällt in die Hoheit der Kantone, soweit der Bund in diesen Bereichen nicht ausdrücklich durch die Verf. ermächtigt ist. Oberste Bundesbehörde für Kulturpflege, Bildungs- und Erziehungswesen ist das eidgenöss. Departement des Innern. Eine wichtige Koordinationsaufgabe nimmt im Bereich des Schulwesens die Konferenz der kantonalen Erziehungsdirektoren wahr.

Kultusministerkonferenz, Abk. **KMK,** vollständig ›Ständige Konferenz der Kultusminister der Länder in der Bundesrepublik Dtl.‹, Zusammenschluss der für Bildung, Wiss. und Kultur zuständigen Min. der Länder; gegr. 1948 als Konferenz der dt. Erziehungs-Min., seit 1949 mit ständigem Sekretariat in Bonn und seit 1960 Dienststelle des Landes Berlin. Die KMK behandelt Angelegenheiten der Kulturpolitik von ›überregionaler Bedeutung mit dem Ziel der gemeinsamen Meinungs- und Willensbildung und der Vertretung gemeinsamer Anliegen‹. Neben dem Plenum, in dem jedes Land eine Stimme hat und das Präs. und Vize-Präs. wählt, bestehen vier ständige Ausschüsse (für Schulwesen, Hochschulwesen, Kultur sowie Fort- und Weiterbildung) und der Bund-Länder-Ausschuss für schul. Arbeit im Ausland. Diese werden ergänzt durch ständige Kommissionen.

Kultwagen, Fahrzeuge und Fahrzeugmodelle versch. Bauart für religiöse Zeremonien. Die Entstehung des K. ist wohl auf die Verehrung der Gestirne (der Sonne) zurückzuführen, deren Bewegung sie symbolisieren. Die frühesten K.-Darstellungen und K.-Modelle aus dem 4. und 3. Jt. wurden in Mitteleuropa (Badener Kultur in Österreich und Ungarn) sowie in Mesopotamien (Ur-Standarte) gefunden. Kult. Bedeutung hatte urspr. wohl auch der zweirädrige Rennwagen (Streitwagen) mit Speichenrädern, der um 2000 v. Chr. im Vorderen Orient erstmals belegt ist. Vierrädrige K. sind vielfach auf den mittel- und spätbronzezeitl. Felsbildern S-Schwedens dargestellt. In die mittlere Bronzezeit gehört der 60 cm lange Sonnenwagen von Trundholm (BILD →Bronzezeit). In Mitteleuropa finden sich vom Ende der Bronzezeit (Urnenfelderzeit) ab in Fürstengräbern große vierrädrige Wagen, die als K. gedeutet werden können, bes. häufig sind solche als Grabbeigaben und in Weihefunden der Hallstatt- und La-Tène-Zeit (BILD →Dejbjerg). In Krannon, Thessalien, fanden K. bei Regenprozessionen Verwendung.

Kultwagen von Strettweg (Steiermark); um 600 v. Chr. (Graz, Landesmuseum Joanneum)

In der Urnenfelder- und Hallstattzeit kommen in Mittel- und Nordeuropa auch Miniaturwagen aus Bronze vor, so die kleinen, vierrädrigen Kesselwagen, die auf dem erhöhten Fahrgestell ein Bronzegefäß tragen. Die schönsten stammen aus Skallerup (Seeland), Peckatel (bei Schwerin) und Milavče (Böhmen). Beim eisenzeitl. K. von Strettweg (Steiermark) aus dem 6. Jh. v. Chr. wird das Gefäß von einer nackten weibl. Figur getragen, sie überragt eine Schar kleiner Figuren, z. T. zu Pferde, die einen Hirsch mit sich führen. Bei den Etruskern wurden als Tafelgeschirr Becherwagen benutzt. Als Vogelwagen bezeichnet man nur in der Odergegend gefundene Bronzewägelchen mit zwei und drei Rädern an einer Achse mit aufgesetzten Vogelfigürchen. Im Vorhof des salomon. Tempels waren fünf Kesselwagen aufgestellt, die den Priestern für ihre Waschungen und zum Abspülen des Opferfleischs dienten. Auch die Phöniker hatten sich kult. Kesselwagen (Fund eines Modells in Zypern).

K. sind auch die hinduist. Tempelwagen, die bei den großen Kultfesten, z. B. bei dem Wagenfest in Puri, eingesetzt werden. Eine Nachbildung eines K. ist der Sonnentempel in →Konarak.

Kulundasteppe, Landschaft im S des Westsibir. Tieflands, Russland und Kasachstan, zw. den Oberläufen von Irtysch und Ob, rd. 100 000 km²; Anbau von Weizen; künstl. Bewässerung u. a. durch den Kulunda-Hauptkanal (183 km lang, zweigt vom Ob ab). Im abflusslosen Zentrum werden in flachen Salzseen Kochsalz, Glaubersalz und Soda gewonnen.

Kum, Ghom, Ghoum [gɔm], **Qum,** Oasenstadt in Iran, an der Straße Teheran–Isfahan gelegen, 975 m ü. M., 681 300 Ew.; Textilindustrie, Teppichherstellung; in der Nähe Erdöl- und Erdgasfelder. – K. ist der nach Meschhed bedeutendste schiit. Wallfahrtsort in Iran mit der um 1600 vollendeten Grabmoschee (goldene Kuppel Anfang 19. Jh.) für die Märtyrerin FATIMA († 816), Tochter des 7. schiit. Imams, als Heiligtum. Die Freitagsmoschee mit Mihrab und Kuppel stammt aus der Seldschukenzeit (Iwane des 19. Jh.). In K. sind zehn Könige und mehr als 400 islam. Heilige begraben. – Die theolog. Hochschule von K. (Studiengänge für islam. Theologie, Philosophie und islam. Recht) ist das geistige Zentrum des schiit. Islam.

Kum: Grabmoschee für Fatima, Tochter des siebten schiitischen Imams; um 1600 vollendet

Kuma die, Fluss in Nordkaukasien, Russland, 802 km lang, entspringt im Felsenkamm des Großen Kaukasus, erreicht nur in niederschlagsreichen Jahren das Kasp. Meer; dient der Bewässerung.

Kumairi, Stadt in Armenien, →Gümri.

Kumamoto: Garten Suizen-ji; 1632

Kuma-Manytsch-Niederung, →Manytschniederung.

Kumamoto, Stadt auf Kyūshū, Japan, im Hinterland der Ariakebucht (W-Küste), 628 000 Ew.; Verw.-Sitz der Präfektur K.; Univ., Frauenfachhochschule, Wirtschaftshochschule, meereskundl. Forschungsinstitut, histor. Kunstmuseum; Textil-, chem., Papier-, keram., pharmazeut. Industrie, Eisenverarbeitung; Bahnknotenpunkt, Flugplatz. – K. gehörte in der Feudalzeit neben Ōsaka und Nagoya zu den drei größten Burgstädten Japans. Die Schwarze Burg, 1607 erbaut, 1877 zerstört, sollte die Macht der Tokugawa demonstrieren. Ihre Mauern sind erhalten, der Turm ist rekonstruiert (Museum). Bedeutender Landschaftsgarten ist Suizen-ji (1632; →Gartenkunst).

Kumanen, Komanen, slaw. **Polowzer,** turksprachiges Nomadenvolk, westl. Zweig der Kiptschak, drang im 11. Jh. aus dem westl. Zentralasien nach S-Russland vor, verwüstete 1071/72 Ungarn und besiegte, von den Byzantinern als Bundesgenossen gewonnen, mit diesen 1091 die →Petschenegen. Die K. wurden 1239/40 von den Mongolen unterworfen und vermischten sich mit diesen und den Nogaiern, soweit sie nicht nach Ungarn (→Kumanien) abwanderten (dort **Kunók** gen.). Dort wurden sie allmählich christianisiert, dienten als Reitersoldaten und behielten ihre Eigenständigkeit und manche Sonderrechte (1279 Sicherung durch Gesetze) bis in die Neuzeit. Erst im 18. Jh. wurden sie sprachlich völlig magyarisiert; 1876 hob man die Privilegien ihres Gebietes auf.

Die Sprache der K. **(Kumanisch)** steht der NW-Gruppe der heutigen Turksprachen sehr nahe und kann als deren Vorläufer gelten. Ein Sprachdenkmal ist der →Codex Cumanicus.

K. GRØNBECH: Koman. Wb. (Kopenhagen 1942); A. VON GABAIN in: Philologiae Turcicae Fundamenta, hg. v. J. DENY u. a., Bd. 1 u. 2 (1959–65); H. GÖCKENJAN: Hilfsvölker u. Grenzwächter im mittelalterl. Ungarn (1972); O. PRITSAK: The Polovcians and Rus, in: Archivum Eurasiae medii aevi, Jg. 2 (Wiesbaden 1982).

Kumanien [nach den Kumanen], ungar. **Kunság** [ˈkunʃaːg], Gebiet in Ungarn, im Großen Ungarischen Tiefland. **Klein-K.,** ungar. **Kiskunság,** liegt zw. Donau und Theiß, wichtigste Agrarprodukte sind Gemüse (bes. Paprika), Wein und Obst. **Groß-K.,** ungar. **Nagykunság,** erstreckt sich auf dem Lössrücken östlich der Theiß, es ist ein bedeutendes Weizenanbaugebiet. Die Städte K.s, z. B. Kecskemét, Kiskunfélegyháza, Kiskunhalas und Karcag, ehem. reine Agrarstädte, erhielten nach 1950 versch. Industrien. Nach 1960 wurden Erdöl und Erdgas entdeckt.

Kuma Kumanovo – Kummerbund

Kumanovo, Stadt im N der Rep. Makedonien, 66 200 Ew.; Textil-, Leder-, Nahrungsmittel-, Holz- und keram. Industrie.

Kumarbi, aus dem oberen Haburgebiet stammender, im 2. Jt. v. Chr. belegter Gott der →Hurriter, der auch Eingang in den hethit. Götterhimmel fand. Um die Gestalt des K. gruppieren sich in hethit. Sprache überlieferte Mythen, die hurrit. Ursprungs sind. K., der ›Vater der Götter‹, nahm nach seinen Vorgängern, den Himmelsgöttern Alalu und Anu, den er kastrierte, das Königtum im Himmel ein, um nach einem Weltzeitalter die Herrschaft an seinen Sohn, den Wettergott Teschup, zu verlieren. Um die Herrschaft wiederzuerlangen, erschuf er – so der Mythos von Ullikummi – zwei die Götter um Teschup bedrohende Ungeheuer, die Amphibie Hedammu und den Steindämon Ullikummi. Nach siegreichen Schlachten verbannte Teschup den K. in die Unterwelt.

Kumasi, Hauptstadt der Region Ashanti, S-Ghana, 309 m ü. M., mit 385 200 Ew. zweitgrößte Stadt des Landes; Sitz des Ashantikönigs und eines kath. Bischofs; TU (seit 1961; 1951 als College gegr.); Nat. Kulturzentrum (traditionelle und zeitgenöss. Kunst der Ashanti) mit Freilichtmuseum, Armeemuseum in einem ehem. Fort der Ashanti, Bibliotheken, zoolog. Garten. K. ist bedeutender Handelsplatz mit Konsumgüterindustrie und Zentrum eines Kakaoanbaugebietes sowie Endpunkt der Bahnlinien von Accra und Sekondi-Takoradi; Flughafen. Westlich von K. liegen Bauxitlager. – Im 17. Jh. als Residenz der Ashantikönige gegr., entwickelte sich K. dank seiner Lage an Nord-Süd-Handelswegen zu einem Handelszentrum.

Kumbakonam [kʊmbəˈkəʊnəm], Stadt im Bundesstaat Tamil Nadu, S-Indien, im Delta der Cauvery, 132 800 Ew.; ein Kulturzentrum der Brahmanen; kath. Bischofssitz; Seidenweberei, traditionelle Schmuckherstellung. – In K. gibt es zahlreiche kunstgeschichtlich bedeutende Hindutempel, z. T. aus der Colazeit. Das älteste Bauwerk ist das Sanktuarium des Nageshvara-Svami-Tempels (9. Jh.), Gopura und Halle aus späterer Zeit. Der Kumbheshvaratempel (11./12. Jh.) ist mit seinem 40 m hohen Turm der höchste Tempel K.s. Der Sarangapanitempel stammt aus dem 14. Jh. Das in der Nähe des Kumbheshvaratempels gelegene Tempelbassin Mahamakham bildet alle zwölf Jahre den kult. Mittelpunkt eines großen hinduist. Pilgerfestes (Kumbhamela). Dem Mythos zufolge findet zu diesem Zeitpunkt die Einspeisung des Himmelsflusses Ganga in den Tempelteich statt.

Kumbet, Kumbat, andere Bez. für →Türbe.

Kumbha [Sanskrit ›Topf‹, ›Wasserkrug‹] *der, -(s)/-s,* ind. Bez. für einen bauchigen Tontopf; im Kult als Wasserbehälter Symbol der Fruchtbarkeit; in ind. Tempelbauten eine Bez. für die topfförmige Basis oder das Kapitell von Säulen.

Kumbhamela [Sanskrit →Kumbha und mela ›Festversammlung‹], **Kumbha Mela,** eines der größten hinduist. Pilgerfeste, bei dem sich an bestimmten Tagen (Sonnen-, Mondfinsternisse u. a.) Pilger zusammenfinden, um im Wasser heiliger Ströme zu baden (u. a. in Hardwar am Ganges, Ujjain am Sipra, Nasik am Godavari und v. a. alle zwölf Jahre in Allahabad am Zusammenfluss von Ganges, Yamuna und dem myth. Sarasvati). Das Bad dient der Reinigung von Körper und Seele. Das Fest ist mit einer Versammlung von Asketen (Sadhus) und Yogis verbunden.

Kumbrisch, mit dem Kymrischen eng verwandte, im 11. Jh. ausgestorbene nordbritann. Sprache, die in Kumbrien (→Cumbria) gesprochen wurde.

K. JACKSON: Language and history in early Britain (Neuausg. Edinburgh 1971).

Kumbrisches Bergland, Bergland in NW-England, →Cumbrian Mountains.

Kumasi
Stadt in Ghana
·
Handelszentrum
·
im Hügelland von Ashanti
·
309 m ü. M.
·
385 200 Ew.
·
Hauptstadt der Ashanti
·
Nationales Kulturzentrum
·
Technische Universität (seit 1961)
·
Kakaohandel
·
Verkehrsknotenpunkt

Kümmel 1): Fruchtstand (rechts) und Frucht mit zwei Teilfrüchten des Echten Kümmels (rechts unten)

Kŭmgangsan, Gebirge in Nord-Korea, →Diamantberge.

Kumičić [-tʃitɕ], Evgenij, Pseud. **Jenio Sisolski,** kroat. Schriftsteller, *Brseč (Istrien) 11. 1. 1850, †Zagreb 13. 5. 1904; führte den frz. Naturalismus in die kroat. Literatur ein; schrieb Gesellschaftsromane mit aktueller Thematik und wandte sich später histor. Stoffen zu.

Ausgabe: Izabrana djela, 7 Bde. (1965).

Kumidi, Name einer altorientalischen Stadt, →Tell Kamid el-Loz.

Kumkum [arab.] *der, -/-(s),* **Qumqum,** im islam. Kulturraum wohl seit dem 10. Jh. hergestellte Spritzflasche aus Glas oder Metall zum Spenden von Rosenwasser.

Kumlien, Akke, schwed. Buchkünstler und Maler, *Stockholm 3. 4. 1884, †ebd. 4. 6. 1949; Prof. an der Kunstakademie und Konservator am Nationalmuseum in Stockholm. K. setzte sich für Erneuerung der schwed. Typographie und des Bucheinbands ein.

Kümmel [ahd. kumil, kumin, von lat. cuminum], 1) *Botanik:* **Carum,** Gattung der Doldenblütler mit etwa 30 Arten in Europa, Asien und N-Afrika. Die wichtigste Art ist der oft auf Wiesen und an Wegrändern wachsende, auch kultivierte, 30 cm bis 1 m hohe **Echte K. (Wiesen-K.,** Carum carvi), mit fein gerillten Stängeln, doppelt bis dreifach gefiederten Blättern, rübenförmiger Wurzel und kleinen, weißen bis rötl. Blüten in Doppeldolden. Die kleinen, längl., leicht sichelförmig gebogenen fünfrippigen Teilfrüchte der Spaltfrucht dienen als Gewürz **(Kümmel)** und medizinisch v. a. als Mittel gegen Blähungen. Das aus ihnen gewonnene, Carvon und Limonen enthaltende aromat. **K.-Öl** wird als Geschmacksstoff für Schnäpse und Liköre verwendet. (→Kreuzkümmel)

2) Trinkbranntwein, dt. Bez. für →Aquavit.

Kümmel, Werner Georg, ev. Theologe, *Heidelberg 16. 5. 1905, †Marburg 9. 7. 1995; Schüler H. VON SODENS; war 1932–51 Prof. für N.T. in Zürich, 1951–52 in Mainz, 1952–73 in Marburg. Schwerpunkte seiner wiss. Arbeit waren die Erforschung des Urchristentums, der Verkündigung JESU und der Forschungsgeschichte der neutestamentl. Exegese. Seine Bücher ›Einleitung in das N. T.‹ (1963) und ›Die Theologie des N. T.‹ (1969) gehören zu den Standardwerken der historisch-krit. Bibelwissenschaft.

Weitere Werke: Die Eschatologie der Evangelien (1936); Verheißung u. Erfüllung. Unters. zur eschatolog. Verkündigung Jesu (1945); Das N.T. Gesch. der Erforschung seiner Probleme (1958); Heilsgeschehen u. Gesch. (1965); Das N.T. im 20. Jh. Ein Forschungsbericht (1970); Jesu Antwort an Johannes den Täufer (1974); Dreißig Jahre Jesusforschung, 1950–1980 (1985; 2. Aufl. 1994 u. d. T. Vierzig Jahre Jesusforschung, 1950–1990).

Kümmelmotte, Depressaria nervosa, brauner Schmetterling aus der Familie Faulholzmotten (Flügelspannweite 20 mm), der als Falter überwintert. Die Raupen leben auf Doldenblütlern wie Kümmel, Möhre, Sellerie, deren Dolden sie zusammenspinnen; sie verpuppen sich im Stängel der Nährpflanze.

Kummer, Ernst Eduard, Mathematiker, *Sorau (Lausitz) 29. 1. 1810, †Berlin 14. 5. 1893; 1842 Prof. in Breslau, ab 1855 in Berlin. K. beschäftigte sich mit Problemen der Analysis (Integrationstheorie, hypergeometr. Reihe) und mit der Zahlentheorie sowie mit der Geometrie (u. a. Entdeckung der kummerschen Fläche, einer Fläche vierter Ordnung).

Ausgabe: Collected papers, hg. v. A. WEIL, 2 Bde. (1975).

Kummerbund [Hindi kamarband] *der, -(e)s/-e,* engl. **Cummerbund** [ˈkʌməbʌnd], vom Taillenband oriental. Männerkleidungen angeregte Leibbinde, die erstmals 1893 in England beim Abendanzug die Weste ersetzte. Seit den 1930er-Jahren meist aus schwarzem oder rotem Satin zum Smoking getragen.

Kümmerly [-li], Hermann, schweizer. Kartograph, *Olten 6. 9. 1857, †Sils im Engadin 30. 4. 1905; übernahm 1884 die von seinem Vater GOTTFRIED K. (*1822, †1884) 1852 gegründete kartograph. Anstalt (heute der geograph. Verlag **K.+Frey AG,** Bern). Er entwickelte eine farbige Geländedarstellung (›Reliefmanier‹), die heute noch, bes. bei Schulwandkarten, verbreitet ist.

Kümmernis, legendäre Heilige, →Wilgefortis.

Kümmerower See [-roər-], See nordöstlich von Malchin, Meckl.-Vorp., im nordöstl. Vorland der Mecklenburg. Seenplatte, 32,6 km², bis 26 m tief, mit bergigem W-Ufer. In den K. S. entwässern Westpeene (Abfluss des Malchiner Sees) und Ostpeene, die ihn als Peene verlassen.

Kümmerwuchs, Form des nichterbl. →Zwergwuchses als Folge von Außeneinflüssen wie Wasser- und Nährstoffmangel, Schadstoffen, Parasitismus.

Kummet [von poln. chomąt], **Kumt,** →Geschirr.

Kumpan [von spätlat. companio ›Gefährte‹, zu con... ›mit‹ und panis ›Brot‹] *der, -s/-e,* Gefährte, Kamerad; auch *abwertend:* Mittäter.

Kumpel [volkstüml. Verkleinerungsform von Kumpan], traditionelle Bez. für: Bergmann; auch *salopp:* guter, verlässl. Kamerad; Arbeitskollege.

Kumpf, Kump, alte Volumeneinheit für Getreide in Hessen und Nassau, 1 K. = ¼ Simmer = 8 l (Hessen) und 6,836 l (Nassau).

Kumquats [engl., von chin. kam kwat], *Sg.* **Kumquat** *die, -,* **Limequats** [ˈlaɪmkwɒts], **Zwergorangen** [-orãʒən], **Zwergpomeranzen,** Bez. für bis 3,5 cm großen, eiförmigen bis kugeligen Früchte versch. in Asien, N- und S-Afrika sowie in Amerika kultivierter Rautengewächse der Gattung **Fortunella** (sechs ostasiat. Arten; die wichtigste Art ist Fortunella margarita; bitter süßsäuerlich schmeckendes Obst mit goldgelber, dünner Schale, die mitgegessen wird.

Kumrahar, Dorf im Bundesstaat Bihar, Indien, 7 km südöstlich des Stadtzentrums von →Patna; in der Nähe Ausgrabungsstätte mit Überresten der Hauptstadt Pataliputra aus der Mauryazeit.

Kumran, Ruinenstätte am NW-Ufer des Toten Meeres, →Qumran.

Kŭmsansa, korean. Tempel 30 km südlich der Stadt Chŏnju, 599 errichtet, 766 erweitert, 1626 nach Brand neu errichtet (fünf- und sechsstöckige Steinpagoden erhalten). Die dreistöckige Halle des Maitreya wurde als Hauptgebäude des Nationalmuseums im Kyŏngbokpalast, Seoul, nachgebaut.

Kumtura, amtlich chin. **Qumtura** [tʃ-], Höhlenklosterkomplex des 5.–7. Jh. im Autonomen Gebiet Sinkiang, China, in der Oase Kuqa. Die Wandmalereien zeigen neben frühen indoiran. Stilarten im Ggs. zur sonstigen Kunst der Oase auch den Stil der chin. Tangzeit (→zentralasiatische Kunst).

Kumücken, Kumüken, Kumyken, turksprachiges Volk im nordöstl. Kaukasus (Russ. Föderation), v. a. in Dagestan. Die 282 000 K. sind sunnit. Muslime (jedoch gibt es eine kleine schiit. Minderheit) mit bergbäuerl. Wirtschaft, Vieh- und Bienenzucht, Ackerbau und ergänzender Fischerei am Kasp. Meer.
Die *Sprache* der K. gehört zur NW-Gruppe der →Turksprachen; sie zeigt Einflüsse der kaukas. Nachbarsprachen. Die Schriftsprache (auf der Grundlage des Chasaw-Surt-Dialekts) wurde, nach Vorstufen in arab. Schrift, 1928–38 in lat., seither in kyrill. Schrift geschrieben. Ihre bedeutende Stellung als Verkehrssprache auch anderer Völker in Dagestan ist zurückgegangen. – Die *Literatur* der K. entstand Anfang des 19. Jh. aus reicher volkspoet. Überlieferung der Turkvölker (Lyrik von IRTSCHI KASAK, *um 1830, †um 1879). Nach 1917 wurden auch Drama und Roman gepflegt, wobei sich die Literatur v. a. im Rahmen der Sowjetliteratur entwickelte. Bekannte Autoren sind u. a. der Satiriker JUSUF GEREJEW (*1903, †1941) sowie der Erzähler und Lyriker ATKAI (eigtl. ATKAI AKIMOWITSCH ADJAMANTOW, *1910).

J. BENZING in: Philologiae Turcicae Fundamenta, Bd. 1, hg. v. J. DENY u. a. (1959); A. INAN in: Philologiae Turcicae Fundamenta, Bd. 2, hg. v. L. BAZIN u. a. (1965); H. W. BRANDS in: Ztschr. der Dt. Morgenländ. Gesellschaft, Suppl. Bd. 1,1 (1969).

Kumul, Oasenstadt in Sinkiang, China, →Hami.

Kumulation [spätlat., zu cumulare ›aufhäufen‹] *die, -/-en,* **1)** *bildungssprachlich* für: Anhäufung, Sammlung und Speicherung.
2) *Biologie, Medizin:* Zunahme der Konzentration eines Arzneistoffs im Organismus bei wiederholter Gabe gleicher Dosen in einem zeitlichen Abstand (Dosierungsintervall), innerhalb dessen dieser noch nicht vollständig aus dem Körper entfernt wurde. K.-Gefahr und damit auch das Risiko des Auftretens zu starker oder unerwünschter Wirkungen besteht v. a. bei Verbindungen mit langer Halbwertszeit.
3) *kirchl. Rechtsgeschichte:* der gleichzeitige Besitz mehrerer kirchl. Ämter oder Benefizien.
4) *Wahlrecht:* Häufung von Stimmen auf einen Kandidaten oder mehrere Kandidaten einer Gruppe, wenn der Wähler mehrere Stimmen hat. In einigen Ländern Dtl.s ist bei der Kommunalwahl die Stimmenhäufung zugelassen. (→Wahlrecht)

Kumulene, *Sg.* **Kumulen** *das, -s,* **Cumulene,** ungesättigte organ. Verbindungen mit mehreren direkt benachbarten (kumulierten) →Doppelbindungen. Ein einfaches K. ist das →Allen.

Kumulonimbus [zu Kumulus und lat. nimbus ›(Regen)wolke‹] *der, -/-se,* **Cumulonimbus,** Wolkengattung, →Wolken.

Kumulus [lat. ›Haufen‹] *der, -/...li,* **Cumulus,** Wolkengattung, →Wolken.

Kumys [russ., von tatar.] *der, -,* **Kumyss** dickflüssiges Sauermilchgetränk mit 0,5–3 Vol.-% Alkohol und 0,5–1 Vol.-% Milchsäure, bes. von mongol. Nomadenvölkern durch Vergären von Stuten- oder Kamelmilch (heute auch Kuh- oder Ziegenmilch) bereitet.

Kun, Khun, Béla, ungar. Politiker, *Cehu Silvaniei (Siebenbürgen) 20. 2. 1886, †in Sibirien 30. 11. 1939 (?); Journalist, schloss sich in russ. Kriegsgefangenschaft 1917 den Bolschewiki an und gründete nach seiner Rückkehr am 24. 11. 1918 die ungar. KP. Als Volkskommissar für Äußeres war K. praktisch Führer der ungar. Räterepublik (21. 3.–1. 8. 1919). Nach deren Zusammenbruch floh er nach Österreich, wurde interniert, 1920 in die Sowjetunion ausgewiesen und arbeitete in der Leitung der Komintern; während der stalinschen Säuberungen 1937 verhaftet, 1956 rehabilitiert.
Ausgabe: Ausgew. Reden u. Schriften (1958).
R. L. TŐKÉS: B. K. and the Hungarian Soviet Republic (New York 1967); R. BARDY: 1919. La Commune de Budapest (Paris 1972); T. HAJDU: The Hungarian Soviet Republic (Budapest 1979).

Kuna [kroat. ›Marder‹] *die, -/-,* Abk. **K,** Währungseinheit in Kroatien, 1 K. = 100 Lipa (lp).

Kunad, Rainer, Komponist, *Chemnitz 24. 10. 1936, †Reutlingen 17. 7. 1995; Schüler von F. F. FINKE und O. GERSTER, war 1978–84 Prof. für Komposition an der Musikhochschule in Dresden, lebte seit 1984 in der BRD. Er komponierte Bühnenwerke, darunter ›Bill Brook‹ (1965), ›Maître Pathelin‹ (1969), ›Litauische Klaviere‹ (1976, eine Oper für Schauspieler), ›Vincent‹ (1979), ›Amphitryon‹ (1984), ›Der Meister und Margarita‹ (1986; nach M. A. BULGAKOW), ›Die Menschen von Babel‹ (1986; szen. Mysterienspiel), Orchesterwerke sowie Vokalmusik (Oratorium ›Stimmen der Völker‹, 1983; ›Thomas-Evangelium‹, 1987; Chorsymphonie ›Die sieben Siegel‹, 1993).

Kunadis, Arjiris, griech. Komponist, →Kounadis, Arghyris.

Kumquats: Ganze Frucht (Größe bis 3,5 cm; links), Längs- (rechts oben) und Querschnitt (rechts unten)

Béla Kun

Rainer Kunad

Wörter, die man unter K vermisst, suche man unter C, Ch, G, H oder Q

Kunama, Volk im westl. Eritrea. Die etwa 110 000 K. betreiben in Dorfnähe Dauerfeldbau mit Düngung und Bewässerung, ferner Feldwechselwirtschaft (Hirse, Mais, Bohnen, Kürbisse) und Viehhaltung; sie wohnen in zylindr. Kegeldachhäusern. Die K. erscheinen unter ihrem arab. Namen **Baza (Basen)** bereits in arab. Quellen des 9. Jahrhunderts.

Kunar *der,* wasserreicher linker Nebenfluss des Kabul im südl. Hindukusch, etwa 400 km lang, entspringt als Yakhun (später Chitral) in Pakistan, durchfließt Nuristan, Afghanistan, und mündet bei Jalalabad.

Kunashiri [-ʃ-], jap. Name der Kurileninsel Kunaschir (→Kurilen).

Kunatulemar, indian. Volk, →Cuna.

Kunaxa [kuˈnaksa, ˈkuːnaksa], im Altertum Ort am linken Ufer des Euphrat, rd. 90 km nordöstlich von Babylon, genaue Lage jedoch unbekannt. Hier unterlag 401 v. Chr. KYROS D. J. – der in der Schlacht fiel (→XENOPHON) – seinem Bruder ARTAXERXES II.

Kunc [kʊnts], Milan, dt. Maler tschech. Herkunft, * Prag 1944; emigrierte 1969 in die BRD und studierte 1970–74 bei J. BEUYS und G. RICHTER; gründete 1979 zus. mit PETER ANGERMANN (* 1945) und JAN KNAP (* 1949) die Gruppe ›Normal‹, die in ihren Gemälden programmatisch Triviales und Klischeehaftes aufgreift. Ihre Bilder entlarven auf iron. Weise die Sinnleere ideolog. Zeichen und mythisierter Gestalten.
M. K. ›Peinl. Realismus‹, ›Ost-Pop‹ (1974–1979), ›Verfeinerte Malerei‹ (1986–1992), bearb. v. P. LIŠKA, Ausst.-Kat. Letohrádek Belvedér, Prag, u. a. (1992).

Kuncewicz [kunˈtsɛvitʃ], Josaphat, eigtl. **Joan K.,** ukrain. kath. Theologe, * Włodzimierz (heute Wladimir-Wolynskij) 1580, † Witebsk 12. 11. 1623; urspr. orthodox, schloss er sich der Bewegung für eine Kirchenunion mit der kath. Kirche an, trat zur griechisch-kath. Kirche über und wurde 1604 Basilianermönch (Ordensname Josaphat). Als Priester (seit 1609) und später als Erzbischof von Polozk (seit 1618) setzte er sich öffentlich für die Union mit Rom ein. Auf einer Visitationsreise wurde er von Gegnern der Union erschlagen. – Heiliger (Tag: 12. 11.).
E. UNGER-DREILING: Josafat (Wien 1960).

Kuncewiczowa [kuntsɛviˈtʃova], Maria, poln. Schriftstellerin, * Samara 30. 10. 1897, † Kazimierz Dolny (Wwschaft Lublin) 15. 7. 1989; emigrierte 1939 (Frankreich, Großbritannien, seit 1956 USA), längere Aufenthalte in Polen; behandelt in ihrer Prosa häufig das Scheitern von Frauen an Rollenzwängen.
Werke: *Romane:* Cudzoziemka (1936; dt. Die Fremde); Leśnik (1952; dt. Der Förster); Tristan 1946 (1967; dt. Adieu Tristan). – *Erzählungen:* Przymierze z dzieckiem (1927); Tamto spojrzenie (1980). – *Erinnerungen:* Fantomy (1971).

Kunckel, Johann, seit 1693 **J. K. von Löwenstern,** Alchimist, * Hütten (bei Eckernförde) 1630 oder 1638, † Dreißiglufu bei Pernau (Litauen) 20. 3. 1703. Der aus einer Glasmacherfamilie stammende K. stand in Diensten mehrerer dt. Fürsten. Er erfand das Rubinglas (**K.-Glas**) und gab – mit Ergänzungen – das von ihm übersetzte Werk von A. NERI ›Arte Vitraria‹ (1612) u. d. T. ›Ars Vitraria experimentalis‹ (1679; mit C. MERRET) heraus, das lange Zeit die bedeutendste Schrift über die Glasmacherkunst blieb. In der chem. Analyse führte er den Gebrauch des Lötrohrs ein.

Kund [Hindi ›Teich‹] *das, -/-(s),* nordind. Bez. für das zum ind. Tempelbezirk gehörende Wasserbecken, das rituellen, aber auch häufig profanen Reinigungen dient; daher ist meist zumindest eine Seite des Beckens zu einer Treppenanlage (Ghat) ausgebaut. Oft befindet sich in der Beckenmitte ein als Schrein gedachter kleiner Pavillon. Eine besondere Form sind die ›Stufenbrunnen‹ in Gujarat und Rajasthan.

Kundakultur, nach Siedlungsfunden bei Kunda in Estland benannte mittelsteinzeitl. Kultur (7./6. Jt. v. Chr.) des Ostbaltikums. Knochengeräte (Harpunen, Pfeilspitzen) und Steinwerkzeuge (Kratzer und Beile aus Quarz und Feuerstein) bilden die Hinterlassenschaft von Jäger- und Fischerstämmen, die an den Ufern des einen. Kundasees und auf der Halbinsel Lammasmägi ihre Lagerplätze hatten.

Kundalini [Sanskrit ›Schlange‹], *Tantrismus:* spirituelle Kraft, auch ›Schlangenkraft‹ gen., die aufgerollt am Ende der Wirbelsäule jedes Menschen ruht. Wird sie mithilfe von Yoga wachgerufen, steigt sie durch die sechs entlang der Wirbelsäule liegenden Zentren feinstofflicher Energie (die Cakras) empor, bis sie sich im siebten Zentrum über dem Scheitel des Kopfes mit dem Göttlichen vereinigt. Die geweckte K.-Kraft findet ihren Ausdruck in spirituellen Erkenntnissen, Visionen, schließlich Erleuchtung und ermöglicht eine Realisierung der göttl. Potenzen im Menschen.

Kunde [ahd. kundo, eigtl. ›Kundiger‹, ›Eingeweihter‹] *der, -n/-n,* (potenzieller) Käufer von Waren oder Dienstleistungen. Der K. ist entweder Letztverbraucher (Konsument) oder gewerbl. Weiterverwender.

Kunde *die, -/-n,* beim *Pferd:* die →Bohne.

Kundelungu, Plateau in SO-Shaba, Demokrat. Rep. Kongo, eine im Durchschnitt 1 700 m ü. M. gelegene Sandsteintafel, die die Senke des Lufira (850 m ü. M.) im W und des Luapula (950 m ü. M.) im O überragt und am Rande von Wasserfällen (Lofoifälle, 340 m) und Schluchten zerschnitten ist; Teil des 2 200 km² großen K.-Nationalparks. Der Name einer jungpräkambr. Gesteinsfolge (**K.-Gruppe**) in Zentralafrika ist vom K. abgeleitet.

Kundendienst, Service [ˈzøːrvɪs, engl. ˈsəːvɪs], i. w. S. Dienstleistung eines Herstellers oder Händlers vor, während oder nach dem Kauf, i. e. S. die einem Kunden nach dem Kauf erbrachten Neben- bzw. Zusatzleistungen, die ihm den Ge- oder Verbrauch der gekauften Güter erleichtern sollen. Der K. ist wegen der hohen Komplexität und Erklärungsbedürftigkeit vieler langlebiger (v. a. techn.) Gebrauchsgüter ein wesentl. Argument für Kaufentscheidung und Kundentreue. Häufig wird zw. produktungebundenem K. (z. B. Einrichtungen zur Kinderbetreuung, Parkplätze, verbilligte Nutzung von Parkhäusern) und produktgebundenem K. unterschieden. Zu Letzterem zählen der kaufmänn. K. (z. B. Kaufberatung, Kundenschulung, Umtauschrecht, Anlieferung, Gewährung von Kundenkrediten) und der techn. K. (z. B. Installation, Wartung, Reparatur, Ersatzteilversorgung und Entsorgung bei Gebrauchs- und Investitionsgütern).

Kundenfang, durch Täuschung und Irreführung bewirkter Kaufabschluss, bei dem der Käufer zwar keinen unmittelbaren Vermögensnachteil erleidet (sonst: Betrug), jedoch zum Kauf nicht gewünschter Waren oder zum Kauf aus unsachl. Motiven veranlasst wird. (→unlauterer Wettbewerb)

Kundengeschäft, *Bankwesen:* Bankgeschäfte für fremde Rechnung im Ggs. zum Eigengeschäft.

Kundenkarte, Kundenkreditkarte, Art der →Kreditkarte.

Kundenkredit, der einem Kunden gewährte Kredit (z. B. Lieferantenkredit, Geldkredit einer Bank) oder der von einem Lieferanten bei einem Kunden in Anspruch genommene Kredit zur Vorfinanzierung von Kundenaufträgen, z. B. durch Kundenanzahlungen, die in der Bilanz als Verbindlichkeiten (›erhaltene Anzahlungen auf Bestellungen‹) auszuweisen sind.

Kundenzeitschriften, period. Druckschriften belehrenden und unterhaltenden Inhalts für Kunden des Einzelhandels, des Handwerks und privater oder öffentl. Dienstleistungsanbieter (mit Auflagen bis zu 2,5 Mio.), die durch Händler- oder Dienstleistungsorganisationen von Fachverlagen gegen Entgelt bezogen, an deren Mitgl. verteilt und von diesen kostenlos als Werbemittel an die Kundschaft abgegeben werden.

Kundera, 1) Ludvík, tschech. Schriftsteller, *Brünn 22. 3. 1920; Surrealist, schrieb Gedichte und Erzählungen, in denen er in eigenwilliger Sprache Krieg und Liebe sowie die Welt grotesk, humorvoll und ironisch-satirisch schildert. In dem Stück ›Totální kuropění‹ (1961) wechseln Vers, Prosa und Gesang; Thema ist der totale Einsatz der Jugend im Zweiten Weltkrieg. K. ist auch ein bedeutender Übersetzer. 1993 erhielt er den Österr. Staatspreis für europ. Literatur.

Weitere Werke: Lyrik: Laviny (1946); Tolik cejchů (1966; dt. Nachdichtung in: R. KUNZE: Die Tür). - *Stücke:* Korzár (1963); Mit zelene tělo (1964). - *Erzählungen:* Konstantina (1946); Odjezd (1967). - *Essays:* Německé portréty (1956).

2) Milan, tschech. Schriftsteller, *Brünn 1. 4. 1929; war 1958–69 Assistent und später Prof. an der Prager Filmhochschule; erhielt nach 1970 Publikationsverbot, lehrte 1975–80 in Rennes, seitdem Prof. für Komparatistik und Romantheorie an der Pariser École des hautes études. K. ist seit 1981 frz. Staatsbürger, lebt in Paris. Begann als Lyriker, schrieb dann Dramen, Erzählungen und Romane, in denen er sich u.a. mit Problemen der sozialist. Gesellschaft auseinander setzt (›Žert‹, 1968; dt. ›Der Scherz‹) oder vor dem Hintergrund zeitkrit. und allgemeiner Reflexionen sensibel Möglichkeiten individueller Liebeserfahrung entwirft (›Nesnesitelná lehkost bytí‹, 1985; dt. ›Die unerträgliche Leichtigkeit des Seins‹; Film 1987, Regie: PHILIP KAUFMAN, *1936). K. erhielt 1987 den Österr. Staatspreis für europ. Literatur.

Weitere Werke: Romane: Život je jinde (1974; dt. Das Leben ist anderswo); Valčík na rozloučenou (1979; dt. Abschiedswalzer); Kniha smíchu a zapomnění (1981; dt. Das Buch vom Lachen u. vom Vergessen); Nesmrtelnost (1993; dt. bereits 1990 u.d.T. Die Unsterblichkeit); La lenteur (1995; dt. Die Langsamkeit). - *Erzählungen:* Směšné lásky (1963), Druhý sešit směšných lásek (1965), Třetí sešit směšných lásek (1968); dt. als: Das Buch der lächerl. Liebe). - *Drama:* Majitelé klíčů (1962; dt. Die Schlüsselbesitzer). - *Essays:* L'art du roman (1986; dt. Die Kunst des Romans); Les testaments trahis (1993; dt. Verratene Vermächtnisse).

J.KOPECKÝ: Dramatický paradox (Prag 1963); R.C. PORTER: M. K. A voice of Central Europe (Århus 1981); K. CHVATÍK: Die Fallen der Welt. Der Romancier M. K. (a.d. Tschech., Neuausg. 1996).

Kündigung [mhd. kündigen ›kundtun‹], im bürgerl. Recht die einseitige, empfangsbedürftige Erklärung, dass ein Schuldverhältnis (z.B. ein Werkvertrag), bes. aber und i.d.R. ein Dauerschuldverhältnis (z.B. Miete, Dienstvertrag, Gesellschaftsvertrag) beendet oder eine Leistung fällig werden soll (z.B. die Rückerstattung eines Darlehens). Eine K. ist von der Anfechtung und vom Rücktritt insoweit zu unterscheiden, als durch die K. das Dauerschuldverhältnis mit Wirkung nur für die Zukunft (›ex nunc‹) aufgelöst wird. Die Ex-nunc-Wirkung einer K. ist bei Dauerschuldverhältnissen deshalb sachgerecht, weil der über längere Zeit abgewickelte Austausch von Leistungen nicht ohne weiteres rückgängig gemacht werden kann. K.-Arten sind die **ordentliche K.,** die an bestimmte Fristen gebunden ist und deren Wirksamwerden den Ablauf der Frist verlangt, sowie die **außerordentliche** (meist fristlose) **K.** aus wichtigem Grund, wenn dem einen Vertragspartner die Fortsetzung des Vertragsverhältnisses nicht mehr zugemutet werden kann. Eine eigene K.-Form ist die arbeitsrechtl. →Änderungskündigung.

Es gibt je nach Schuldverhältnis unterschiedl. K.-Gründe und K.-Fristen. Im Interesse des K.-Gegners wird zur Wirksamkeit der K. z.T. die Angabe von K.-Gründen verlangt (z.B. bei der K. des Vermieters von Wohnraum oder der K. des Arbeitgebers), in anderen Fällen genügt die bloße K.-Erklärung (z.B. bei der K. des Arbeitsverhältnisses durch den Arbeitnehmer). Für die K.-Erklärung ist grundsätzlich keine besondere Form erforderlich (insbesondere genügt im Arbeitsvertragsrecht die mündl. K.). Ausnahmen hiervon bestehen z.B. bei der (schriftl.) K. von Wohnraum. (→Kündigungsschutz, →Miete)

Auch im *österr.* Recht ist die K. eine einseitige empfangsbedürftige Willenserklärung zur Beendigung eines Dauerschuldverhältnisses, die nach Zugang nicht mehr einseitig widerrufbar ist. Hauptsächlich geregelt ist die K. in den §§ 1116 ff. ABGB, Mietrechts-Ges. (Miete), §§ 1158 ff. ABGB, Angestellten-Ges., Gewerbeordnung (Arbeitsvertrag); Sonderbestimmungen über die K. von Gesellschaftsverträgen (Auflösungsgrund) gelten im Gesellschaftsrecht.

Im *schweizer.* Recht (Art. 334ff. OR i.d.F. v. 18. 3. 1988, in Kraft seit 1. 1. 1989) ist - vorbehaltlich anderer vertragl. Abreden - die Frist zur K. nach der Dauer des Arbeitsverhältnisses abgestuft. Unterschiedl. K.-Fristen für Arbeitgeber und Arbeitnehmer sind unzulässig. Auf Verlangen der anderen Partei muss der Kündigende die K. schriftlich begründen.

Kündigungsgelder, auf unbestimmte Zeit angelegte Einlagen bei Kreditinstituten, über die erst nach Kündigung und Ablauf der vereinbarten Kündigungsfrist verfügt werden kann. Die Verzinsung richtet sich i.d.R. nach Anlagebetrag und Kündigungsfrist; bei vorzeitiger Rückzahlung werden Vorschusszinsen berechnet. K. zählen zu den →Termineinlagen.

Kündigungsschutz, gesetzl. Bestandschutz eines Arbeits- oder Mietverhältnisses über Wohnraum vor Kündigungen durch den Arbeitgeber und Vermieter.

Arbeitsrecht: Der Arbeitgeber hat bei der Kündigung neben den Kündigungsfristen insbesondere das K.-Gesetz zu beachten. Die Regelung unterschiedl. Kündigungsfristen für Arbeiter und Angestellte (§ 622 BGB alter Fassung, Angestelltenkündigungs-Ges. vom 9. 7. 1926) ist 1990 vom Bundesverfassungsgericht wegen Verstoßes gegen den Gleichheitssatz für verfassungswidrig erklärt worden. Die dem Gesetzgeber vom Gericht auferlegte Neuregelung erfolgte im Kündigungsfristen-Ges. vom 7. 10. 1993 und ist in § 622 BGB eingearbeitet worden; das Angestelltenkündigungsschutz-Ges. und § 55 Arbeitsgesetzbuch der DDR, der gemäß Einigungsvertrag in den neuen Ländern fortgalt, sind außer Kraft getreten. Die neue

Milan Kundera

Neuregelung der Kündigungsfristen in Deutschland

Grundsatz:
Das Arbeitsverhältnis eines **Arbeiters** oder eines **Angestellten** (Arbeitnehmers) kann von beiden Seiten mit einer Frist von vier Wochen zum Fünfzehnten oder zum Ende eines Kalendermonats gekündigt werden (§ 622 BGB). In Betrieben mit 20 oder weniger Beschäftigten kann von dem Kündigungstermin zum Fünfzehnten oder zum Ende des Kalendermonats bei Einhaltung der Frist von vier Wochen abgewichen werden.

Für eine Kündigung durch den Arbeitgeber gelten abhängig von der Beschäftigungsdauer folgende Fristen (jeweils zum Monatsende):

Beschäftigungsdauer	Frist
2 Jahre	1 Monat
5 Jahre	2 Monate
8 Jahre	3 Monate
10 Jahre	4 Monate
12 Jahre	5 Monate
15 Jahre	6 Monate
20 Jahre	7 Monate

Bei der Berechnung der Beschäftigungsdauer werden die Zeiten, die vor der Vollendung des 25. Lebensjahres des Arbeitnehmers liegen, nicht berücksichtigt. Während der Probezeit (bis 6 Monate) beträgt die Kündigungsfrist 2 Wochen. Für **Seeleute** beträgt die Kündigungsfrist (§ 63 Seemanns-Ges.) innerhalb der ersten 3 Monate 1 Woche, danach 4 Wochen zum Fünfzehnten oder zum Monatsende (Ausnahme: kurze Kündigungsfrist auch bei der ersten Reise von bis zu 6 Monaten Dauer). Nach 2 Jahren und bis zu 7 Jahren Bestehen des Heuerverhältnisses erhöht sich die Kündigungsfrist auf 2 Monate zum Monatsende. Darüber hinaus gelten nach 8 Jahren für Kündigungen durch die Reederei die auch im § 622 BGB geregelten Fristen.
Die Kündigungsfristen für **Handelsvertreter** sind im § 89 HGB enthalten.

Regelung stellt Arbeiter im Verhältnis zur Regelung des §622 BGB alter Fassung deutlich besser, Angestellte hingegen erfahren i. d. R. deutlich verkürzte Kündigungsfristen. Von den gesetzl. Fristen abweichende Bestimmungen in Tarifverträgen gehen den gesetzl. Fristen vor.

Das K.-Gesetz (Abk. KSchG) i. d. F. v. 25. 8. 1969, das zuletzt durch das Arbeitsrechtl. Beschäftigungsförderungs-Ges. vom 25. 9. 1996 mit Wirkung vom 1. 10. 1996 geändert worden ist, gilt für alle Arbeitnehmer, die seit mindestens sechs Monaten ununterbrochen in einem Betrieb oder einer Verw. mit mehr als zehn Arbeitnehmern (urspr. mehr als fünf Arbeitnehmer) tätig sind (§§ 1, 23). Teilzeitbeschäftigte Arbeitnehmer mit bis zu 10 Stunden wöchentl. Arbeitszeit sind dabei als 0,25, mit bis zu 20 Stunden als 0,5, mit bis zu 30 Stunden als 0,75 Arbeitnehmer zu berücksichtigen. Nach §1 KSchG ist eine ordentl. (fristgerechte) →Kündigung rechtsunwirksam, wenn sie sozial ungerechtfertigt ist. Sozial ungerechtfertigt ist die Kündigung, wenn sie nicht durch Gründe, die in der Person oder in dem Verhalten des Arbeitnehmers liegen, oder durch dringende betriebl. Erfordernisse bedingt ist. Dies gilt auch, wenn zwar dringende betriebl. Erfordernisse Entlassungen notwendig machen, aber die Kündigung gegen Auswahlrichtlinien einer Betriebsvereinbarung verstößt oder die Weiterbeschäftigung des Arbeitnehmers an einem anderen Arbeitsplatz, in einem anderen Betrieb des Unternehmens nach zumutbaren Umschulungs- oder Fortbildungsmaßnahmen oder – mit Einverständnis des Arbeitnehmers – unter geänderten Arbeitsbedingungen möglich ist (→Änderungskündigung). Sozial ungerechtfertigt ist die Kündigung aus dringenden betrieblichen Erfordernissen ebenfalls, wenn der Arbeitgeber bei der Auswahl des gekündigten Arbeitnehmers die Dauer der Betriebszugehörigkeit, das Lebensalter und die Unterhaltspflichten des Arbeitnehmers nicht oder nicht genügend berücksichtigt hat (§1 Abs. 3 Satz 1 KSchG). Jedoch sind in die soziale Auswahl nach Satz 1 Arbeitnehmer nicht einzubeziehen, deren Weiterbeschäftigung, insbesondere wegen ihrer Kenntnisse, Fähigkeiten und Leistungen oder zur Sicherung einer ausgewogenen Personalstruktur des Betriebes, im berechtigten betriebl. Interesse liegt. Ist in einem Tarifvertrag, einer Betriebsvereinbarung oder einer Richtlinie, die der Arbeitgeber mit Zustimmung von mindestens zwei Dritteln der Arbeitnehmer erlassen hat, festgelegt, wie die sozialen Gesichtspunkte im Verhältnis zueinander zu bewerten sind, so kann die Bewertung nur auf grobe Fehlerhaftigkeit überprüft werden. Sind bei einer Kündigung aufgrund Betriebsänderung (§ 111 Betriebsverfassungs-Ges.) die zu kündigenden Arbeitnehmer in einem Interessenausgleich namentlich bezeichnet, so wird vermutet, dass die Kündigung durch dringende betriebl. Erfordernisse bedingt ist. Die soziale Auswahl kann nur auf grobe Fehlerhaftigkeit überprüft werden.

Der Arbeitnehmer, der eine Kündigung für sozial ungerechtfertigt hält, kann binnen einer Woche seit Zugang der Kündigung Einspruch beim Betriebsrat einlegen. Unabhängig von einem Vermittlungsversuch muss der Arbeitnehmer, wenn er sich den K. erhalten will, binnen drei Wochen seit Zugang der Kündigung Klage beim Arbeitsgericht auf Feststellung erheben, dass das Arbeitsverhältnis durch die Kündigung nicht aufgelöst ist (K.-Klage). Unter Umständen sind auch verspätet eingereichte Klagen zulässig (§ 5). Das Urteil kann auf Klageabweisung, auf Feststellung, dass das Arbeitsverhältnis nicht aufgelöst ist, oder auf Auflösung des Arbeitsverhältnisses und Verurteilung des Arbeitgebers zur Zahlung einer Abfindung lauten; Letzteres gilt insbesondere dann, wenn gerichtlich festgestellt wurde, dass durch die Kündigung das Arbeitsverhältnis zwar nicht aufgelöst wurde, jedoch einer der Parteien die Fortsetzung desselben nicht zugemutet werden kann (§ 9). Die gerichtlich festzusetzende Abfindung kann nach der gesetzl. Regelung (§ 10) bis zu 12, bei älteren Arbeitnehmern (ab 50 Jahre) gestaffelt bis zu 18 Monatsverdiensten betragen.

Während der Dauer des schwebenden K.-Prozesses besteht eine Beschäftigungspflicht des Arbeitgebers jedenfalls dann, wenn das erstinstanzliche Gericht der K.-Klage stattgibt. Ein Weiterbeschäftigungsanspruch kann sich auch aus § 102 Abs. 5 Betriebsverfassungs-Ges. ergeben (Voraussetzung: Widerspruch des Betriebsrats gegen die Kündigung und Erhebung der K.-Klage). Eine ohne vorherige Anhörung des Betriebsrats ausgesprochene Kündigung ist allein aus diesem Grund unwirksam (§ 102 Abs. 1 Betriebsverfassungs-Ges.), allerdings hängt im Übrigen ihre Wirksamkeit nicht von der Zustimmung des Betriebsrats ab. Das KSchG berührt nicht das Recht zur außerordentl. (i. d. R. fristlosen) Kündigung, die auch durch K.-Klage angegriffen werden kann.

Ein besonderer K. besteht u. a. für Betriebsräte, werdende Mütter (→Mutterschutz), →Schwerbehinderte, Wehr- und Zivildienstleistende (→Arbeitsplatzschutzgesetz).

Zum K. im *Mietrecht* →Miete.

Auch das *österr.* Arbeitsrecht unterscheidet zw. allgemeinem und besonderem K. Rechtsquelle des allgemeinen K. sind v. a. die §§ 105, 107 Arbeitsverfassungs-Ges. (ArbVerfG). Ebenso wie im dt. Recht handelt es sich um ein betriebsverfassungsrechtl. Mitbestimmungsrecht. Der besondere K. für Betriebsrats-Mitgl. ist in den §§ 120 ff. ArbVerfG, für Mütter im Mutterschutz-Ges. geregelt. Sonderschutz genießen ferner Soldaten im Grundwehrdienst, Lehrlinge und Invaliden.

In der *Schweiz* wurde der K. mit der Änderung des OR vom 18. 3. 1988, in Kraft seit 1. 1. 1989, wesentlich ausgebaut. Die Kündigung ist zwar grundsätzlich unter Beachtung vertragl. oder gesetzl. Fristen jederzeit zulässig. Eine missbräuchl. Kündigung indessen verpflichtet zu Schadensersatz; die Missbrauchstatbestände sind in Art. 336 OR umschrieben. Eine vom Arbeitgeber während gewisser Sperrfristen (u. a. während des Militärdienstes des Arbeitnehmers von mehr als 12 Tagen, während der Schwangerschaft und in den 16 Wochen nach Entbindung der Arbeitnehmerin) ausgesprochene Kündigung ist nichtig; erfolgt sie vor Beginn einer Sperrfrist, so wird der Ablauf der Kündigungsfrist unterbrochen (Art. 336c OR). Besondere Bestimmungen über den K. enthält auch das Gleichstellungs-Ges. vom 24. 3. 1995, das der Verwirklichung der Gleichbehandlung von Mann und Frau im Arbeitsverhältnis dienen soll.

K.-Gesetz. Komm., begr. v. T. ROHLFING, Losebl. (1963 ff.); A. BERCHTENBREITER: K.-Probleme im kirchl. Arbeitsverhältnis (1984); L. WENZEL: Kündigung u. K. (⁶1994); Gemeinschaftskomm. zum K.-Gesetz u. zu sonstigen kündigungsschutzrechtl. Vorschriften, bearb. v. F. BECKER u. a., 2 Bde. (⁴1996).

Kundrie [-dri], im ›Parzival‹ WOLFRAMS VON ESCHENBACH die hässliche Botin des Grals, urspr. wohl eine kelt. Sagengestalt (Todesdämonin). R. WAGNER machte Kundry in seinem ›Parsifal‹ zum Typus der in triebhafter Sinnlichkeit gefangenen Seele, die durch einen reinen Helden erlöst wird.

Kundt, August Adolph Eberhard, Physiker, *Schwerin 18. 11. 1839, †Israelsdorf (heute zu Lübeck) 21. 5. 1894; Prof. in Zürich, Würzburg, Straßburg und Berlin, erfand 1866 ein Verfahren, mithilfe von Staubfiguren im **kundtschen Rohr** die Schallgeschwindigkeit in festen Körpern und Gasen und damit das Verhältnis ihrer spezif. Wärmekapazitäten zu bestimmen. So bewies er 1876 mit E. WARBURG die Einatomigkeit des Quecksilberdampfes. 1871 entdeckte K. die Dispersion bei Gasen und 1879 mit W. C. RÖNTGEN die magnet. Drehung der Polarisationsebene des Lichtes für Gase; 1886 stellte er erstmals Metallspiegel durch Kathodenzerstäubung her. Der nach ihm benannte **K.-Effekt** (→Magnetooptik) ist die sehr starke Drehung der Polarisationsebene des Lichtes in ferromagnet. Substanz (Eisen, Nickel).

Kunduz [-z], **Kundus,** Stadt in N-Afghanistan, 430 m ü. M., rd. 57 000 Ew.; Zentrum des Baumwollanbaus.

Kuneitra [kuˈneɪtra], **al-Qnaitra,** Distrikthauptstadt in Syrien, Verkehrsknotenpunkt auf den Golanhöhen, 35 000 Ew. – Das ursprüngl. K. wurde 1967 im Sechstagekrieg stark zerstört und von israel. Truppen besetzt, 1974 gesprengt und an Syrien zurückgegeben. Unweit der als Mahnmal erhaltenen Ruinen entstand allmählich ein neuer Ort K. (ab 1974).

Kunene *der,* port. **Cunene,** Fluss im südl. Afrika, 975 km lang, entspringt auf dem Hochland von Bié (Angola), bildet im Unterlauf die Grenze Angola/Namibia, mündet in den Atlant. Ozean; nicht schiffbar. Auf angolan. Gebiet Wasserkraftwerke am Govedamm (südlich von Huambo), am Staudamm von Matala und am Caluequedamm. An den Fällen von →Ruacana wurde auf namib. Gebiet ein Kraftwerk errichtet, ein weiteres ist an den Fällen von Epupa (34 m Fallhöhe) geplant (Umweltschutzgruppen protestieren gegen den Bau).

Kunersdorf, poln. **Kunowice** [-tsɛ], Gem. in der Wwschaft Gorzów (Landsberg/Warthe), Polen, 10 km östlich von Frankfurt (Oder). – 1945 kam K. unter poln. Verw.; die Zugehörigkeit zu Polen wurde durch den Dt.-Poln. Grenzvertrag vom 14. 11. 1990 anerkannt. – Im Siebenjährigen Krieg erlitt FRIEDRICH II., D. GR., hier von Preußen in der **Schlacht bei K.** am 12. 8. 1759 durch die Österreicher (unter G. Freiherr VON LAUDON) und Russen (unter P. S. SALTYKOW) eine schwere Niederlage. Uneinigkeiten zw. den Alliierten verhinderten jedoch die völlige Niederlage Preußens.

Kunert, 1) Günter, Schriftsteller, *Berlin 6. 3. 1929; als Sohn einer Jüdin ›wehrunwürdig‹, studierte 1946–47 an der Hochschule für angewandte Kunst in Berlin-Weißensee; seither freier Schriftsteller. Bekanntschaft mit J. R. BECHER und B. BRECHT, die ihn förderten; 1977 nach Protest gegen die Ausbürgerung W. BIERMANNS aus der SED ausgeschlossen, 1979 in die BRD übergesiedelt; lebt heute in Schleswig-Holstein. K. begann mit didakt. Gedichten nach dem Konzept des sozialist. Realismus, doch setzte sich bald eine skept. Haltung durch, die ihm Vorwürfe vonseiten der DDR-Kulturpolitik einbrachte. Seit den 70er-Jahren sind seine Texte zunehmend beherrscht von einem Gefühl der Verlorenheit und Bedrohung in einer als undurchschaubar empfundenen Welt (›Unterwegs nach Utopia‹, 1977; Gedichte). Die Gedichte, meist freirhythmische, lakon. Verse, zeigen seinen souveränen Umgang mit den Traditionen, die Prosa hat zuweilen satir. Züge, so auch sein einziger Roman, ›Im Namen der Hüte‹ (1967). In Essays reflektiert er häufig über Schreiben und Literatur (›Vor der Sintflut. Das Gedicht als Arche Noah‹, 1985). K. schreibt auch Hör- und Fernsehspiele sowie Drehbücher.

Weitere Werke: *Lyrik:* Tagwerke (1961); Erinnerungen an einen Planeten (1963); Der ungebetene Gast (1965); Warnung vor Spiegeln (1970); Stilleben (1983); Berlin beizeiten (1987); Fremd daheim (1990); Mein Golem (1996). – *Hörspiele:* Monolog für einen Taxifahrer (1962); Vom König Midas (1962); Briefwechsel (1983). – *Erzählungen u. Prosa:* Kramen in Fächern (1968); Ortsangaben (1971); Gast aus England (1973); Der Mittelpunkt der Erde (1975); Drei Berliner Geschichten (1979); Zurück ins Paradies (1984); Auf Abwegen u. andere Verwirrungen (1988); Die letzten Indianer Europas. Kommentare zum Traum, der Leben heißt (1991); Baum. Stein. Beton (1994). – *Memoiren:* Erwachsenenspiele (1997).

N. RIEDEL: Internat. G.-K.-Bibliogr., auf mehrere Bde. ber. (1987 ff.); G. K., hg. v. H. L. ARNOLD (1991); K.-Werkstatt. Materialien u. Studien zu G. K.s literar. Werk, hg. v. M. DURZAK u. M. KEUNE (1995).

2) Joachim, Filmregisseur, *Berlin 24. 9. 1929; 1954–70 Regisseur bei der DEFA, seit 1971 beim DDR-Fernsehen.

Filme: Tatort Berlin (1958); Seilergasse 8 (1960); Die Abenteuer des Werner Holt (1965); Die Toten bleiben jung (1968); Die große Reise der Agathe Schweigert (1971/72); Das Schilfrohr (1974); Das Verhör (1977); Die dunklen Jahre (1983; im Fernsehzyklus: Berühmte Ärzte der Charité); Die gläserne Fackel (1989; Fernsehserie, 7 Tle.).

Küng, Hans, schweiz. kath. Theologe, *Sursee 19. 3. 1928; studierte in Rom (Gregoriana) und Paris (Sorbonne, Institut Catholique); befasste sich in seiner Dissertation mit der Rechtfertigungslehre bei K. BARTH; war nach der Priesterweihe (1957) Seelsorger in Luzern; wurde 1960 Prof. für Fundamentaltheologie in Tübingen und war 1963–80 ebd. Prof. für dogmat. und ökumen. Theologie und Direktor des Inst. für ökumen. Forschung. In seinem Selbstverständnis als kath. Theologe und theolog. Konzilsberater den Beschlüssen des 2. Vatikan. Konzils verpflichtet, mahnte K. in der Folge deren konsequente Umsetzung in der Kirche an. Seine Veröffentlichungen, in denen er sich v. a. mit Fragen der Ökumene und den kirchl. Strukturen auseinander setzt, führten zu Kontroversen mit dem Lehramt (bes. im Zusammenhang mit seinen Büchern ›Unfehlbar?‹ [einer krit. ›Anfrage‹ zum Primat und zur Unfehlbarkeit des Papstes] und ›Christ sein‹) und schließlich 1979 zum Entzug der kirchl. Lehrbefugnis. 1980–96 lehrte K. an einem Lehrstuhl außerhalb der theolog. Fakultäten ökumen. Theologie, wobei Forschungen über die Weltreligionen einen breiten Raum einnahmen. 1990 nahm er in der programmat. Schrift ›Projekt Weltethos‹ grundsätzlich zur Verantwortung der Religionen in der heutigen Welt Stellung. Der von ihm 1995 mitbegründeten ›Stiftung Weltethos‹ gehört K. seither als Vorstandsmitglied an.

Werke: Rechtfertigung (1957); Konzil u. Wiedervereinigung (1960); Strukturen der Kirche (1962); Die Kirche (1967); Wahrhaftigkeit. Zur Zukunft der Kirche (1968); Unfehlbar? (1970); Christ sein (1974); Existiert Gott? (1978); Ewiges Leben? (1982); Christentum u. Weltreligionen (1984; mit J. VAN ESS u. a.); Theologie im Aufbruch (1987); Christentum u. chin. Religion (1988; mit J. CHING); Die Hoffnung bewahren. Schriften zur Reform der Kirche (1990); Das Judentum (1991); Credo. Das Apostol. Glaubensbekenntnis – Zeitgenossen erklärt (1992); Das Christentum (1994); Große christl. Denker (1994).

Zum Problem Unfehlbarkeit. Antworten auf die Anfrage von H. K., hg. v. K. RAHNER (1971); H. K., Weg u. Werk, hg. v. H. HÄRING u. a. (1978); Um nichts als die Wahrheit. Dt. Bischofskonferenz contra H. K., hg. v. W. JENS (1978); Der Fall K. Eine Dokumentation, hg. v. N. GREINACHER u. a. (1980); R. BECKER: H. K. u. die Ökumene. Ev. Katholizität als Modell (1996); Dialog mit H. K. Mit H. K.s Abschiedsvorlesung, Beitr. v. W. JENS u. a. (1996). Weitere Literatur →Weltethos

Kung-Fu [chin.] *das,* -(s), karateartige Selbstverteidigungssportart mit vielen Varianten. K. setzt innere Ruhe, Konzentration der Bewegungen und Haltungen sowie die Verinnerlichung aller Aktionen auf einen Brennpunkt voraus. Im Wettkampf-K.-Fu kennt man das Nichtkontakt-K.-Fu, das Schläge zum Kopf verbietet und nur geringen Körperkontakt zulässt; das verbreitete Halbkontakt-K.-Fu mit leichten Schlägen zum Kopf und geringem Körperkontakt; das Vollkontakt-K.-Fu, in dem man wie im Boxen den Gegner außer Gefecht setzen will. K.-F. wird auf einer 8 m × 8 m großen Kampffläche (Boxring) ausgetragen. Die Kämpfer müssen Hand- und Fußpolster sowie Tiefschlagschutz tragen. Nur Gesicht und vordere Körperpartien dürfen angegriffen werden. Gewertet werden bestimmte Tritte, Stöße und Schläge mit 1–3 Punkten. Wer nach 2 Minuten (Vorrunde) oder 3 Minuten (Endrunde) die meisten Punkte erreicht hat, ist Sieger.

Günter Kunert

Hans Küng

Kung Kung-Fu-Filme – Kunlun Shan

Kunisada: Geisha bei der Toilette; Farbholzschnitt (Köln, Museum für Ostasiatische Kunst)

Kung-Fu-Filme, →Hongkongfilme.
K'ung-fu-tzu, chin. Philosoph, →Konfuzius.
Kung Hsien, chin. Maler, →Gong Xian.
Kungsbacka, Stadt im Verw.-Gebiet Halland, SW-Schweden, 58 900 Ew.; Freilichtmuseum; Wohnort für Göteborg; Möbel-, Bekleidungs-, Maschinenindustrie. – K. erhielt 1558 Stadtrecht.
Kungur, Stadt im Gebiet Perm, Russland, etwa 80 000 Ew.; Herstellung von Ausrüstungen für die Erdölindustrie, Ziehharmonikafabrik, Schuh-, Möbelindustrie. In der Nähe die **Kungurer Eishöhle** (entstanden in Gips und Anhydrit, Gesamtlänge 5,6 km) mit etwa 60 Grotten und 60 Seen.
Kunibert, Bischof von Köln (seit 623?), *zw. 590 und 600 an der Mosel, †um 663; organisierte die Kölner Diözese neu und hatte polit. Einfluss als Berater der Merowinger. – Heiliger (Tag: 12. 11.).
Kunie, Insel im Pazifik, frz. Île des →Pins.
Kunigunde, K. die Heilige, Kaiserin, †Kloster Kaufungen 3. 3. 1033; Frau Kaiser HEINRICHS II.; übte auf die Regierungsgeschäfte erhebl. Einfluss aus, zog sich nach HEINRICHS Tod in die von ihr 1017 gestiftete Benediktinerinnenabtei Kaufungen zurück. – Heilige (Tag: 13. 7.; in Bamberg: 3. 3.).

R. REINHARDT: Heinrich II. der Hl. u. seine Gemahlin Kaiserin K., in: Bavaria sancta, hg. v. G. SCHWAIGER, Bd. 1 (1970); J. PETERSOHN: Die Litterae Papst Innocenz III. zur Heiligsprechung der Kaiserin K., in: Jb. für fränk. Landesforschung, Bd. 37 (1977); K. GUTH: Die Hl. Heinrich u. K. (1986).

Kunisada, eigtl. **Utagawa K.,** Künstlername **Toyokuni III,** jap. Maler, Zeichner für den Holzschnitt, *Katsushika (bei Edo) 1786, †Edo 1864; Schüler von TOYOKUNI, dessen Namen er 1844 annahm, schuf Genreholzschnitte (Ukiyo-e-Farbholzschnitte) und Landschaften.
Kunisch, Hermann, Literarhistoriker, *Osnabrück 27. 10. 1901, †München 24. 2. 1991; war seit 1930 nebenamtl., 1935–45 hauptamtl. Mitarbeiter am →Deutschen Wörterbuch; seit 1947 Prof. in Berlin, seit 1955 in München. Neben Arbeiten zur neueren dt. Literatur (u. a. zu R. M. RILKE und A. STIFTER) ist K.s Hauptforschungsgebiet die Mystik des MA. (›Das Wort ‚Grund' in der Sprache der dt. Mystik des 14. und 15. Jh.‹, 1929; ›Meister Eckhart‹, 1962).

Kunitz [ˈkjuːnɪts], Stanley Jasspon, amerikan. Lyriker, *Worcester (Mass.) 29. 7. 1905. Seine von der metaphys. Dichtung beeinflusste Lyrik, die sich durch präzisen Stil und formallog. Konstruktionen auszeichnet, thematisiert u. a. den Konflikt zw. Intellekt und Gefühl. K., der an versch. Universitäten lehrte, ist Herausgeber zahlreicher literar. Nachschlagewerke.

Werke (Auswahl): *Lyrik:* Intellectual things (1930); Passport to the war (1944). – A kind of order, a kind of folly. Essays and conversations (1975); Next-to-last things. New poems and essays (1985); Passing through. The later poems new and selected (1995).
Ausgabe: The poems 1928–78 (²1979).
M. HÉNAULT: S. K. (Boston, Mass., 1980).

Kuniyoshi [-jɔʃi], eigtl. **Utagawa K.,** jap. Maler, Holzschnittkünstler, *Katsushika (bei Edo) 1797, †Edo 1861; Schüler des TOYOKUNI, dessen Stil er in seinen Schauspielerporträts fortsetzt. In Landschaftsbildern vereinte er perspektiv. Mittel europ. Vorbilder mit jap. Tradition. Seine schwungvollen Illustrationen zu jap. Heldengeschichten, seine Gespensterbilder und die Folge aus dem Leben des buddhist. Sektengründers NICHIREN zeigen große Eigenständigkeit.

K., ein Meister des jap. Farbholzschnitts, hg. v. B. W. ROBINSON (a. d. Engl., 1965).

Kunjirap Daban, Khunjerabpass [ˈkʊndʒɪræb-], Pass an der Grenze zw. Kaschmir (von Pakistan besetzter Gebietsteil) und China (Autonomes Gebiet Sinkiang), 4 890 m ü. M.; zum K. D. führt die Karakorumstraße (→Gilgit).
Kunkel [ahd. chuncla, über mlat. conucla, zu lat. colus ›Spinnrocken‹] *die, -/-n,* landschaftlich für: Spinnrocken, Spindel. – **Kunkelstube,** Spinnstube.
Kunkellehen, seit Ende des 10. Jh. in Frankreich bekannte, in Dtl. erst im 12. Jh. Fuß fassende Form des Lehens, das bei Fehlen männl. Nachkommenschaft durch Übergang auf die Tochter des verstorbenen Lehnsmannes in der weibl. Linie vererbbar wurde. Mit dem K. war häufig Einflussnahme des Lehnsherrn auf die Wahl des Ehemannes verbunden.
Kunkelmage, Spindelmage, im *german. Recht* Bez. für die Blutsverwandten der kognat., auch die Frauen umfassenden Sippe. (→Kognaten, →Mage)
Kunlun Shan [-ʃan], Gebirgssystem in China, erstreckt sich vom Karakorum und Pamir nach O über rd. 3 000 km (als östl. Fortsetzung gilt der Qinling Shan) und bildet den nördl. Abschluss des Hochlandes

Kuniyoshi: Der Zauberer Inuyama Dōsetsu; Farbholzschnitt aus der Serie ›Erzählungen über die acht getreuen Hunde‹, 1847–48 (Köln, Museum für Ostasiatische Kunst)

von Tibet. In seinem westl. Teil ist er nur schmal ausgebildet, nach O fächert er sich jedoch zu einer Breite von über 500 km auf. Der K. S. ist ein varisk. Faltengebirge, das im Tertiär herausgehoben wurde und im Wesentlichen aus paläozoischen Gesteinen, in der Axialzone auch aus archaischen Gneisen, Schiefern und intrudierten Graniten aufgebaut wird.

Der **Westliche K. S.,** der mit dem Massiv des Muztagata (7546 m ü. M.) an den Pamir anschließt, wird durch die Durchbruchstäler der Zuflüsse des Tarimbeckens gegliedert. Nach O löst er sich in zwei mächtige Ketten auf, die im Muztag 7282 m ü. M. erreichen. Er hat wüstenhaftes Klima und ist pflanzenarm.

Der **Mittlere K. S.** zeigt große Breitenentwicklung und gerundete Formen. Der nach NO abzweigende →Altun Shan gilt als selbstständige Einheit. Die Hauptachse des K. S. ist der mächtige, stark vergletscherte Arkatag (Prschewalskikette), der mit dem Ulug Muztag (7723 m ü. M.) die höchste Erhebung des K. S. besitzt. Er setzt sich im Burha Budai Shan (Marco-Polo-Gebirge, bis etwa 7720 m ü. M.) fort. Die südlich des Arkatag liegenden Kämme sind noch kaum bekannt. In den wüstenhaften Tälern, die zw. den von W nach O streichenden Ketten liegen, finden sich zahlr. abflusslose Salzseen.

Der **Östliche K. S.** hat geringe relative Höhenunterschiede bei Höhen von durchschnittl. 6000–7500 m ü. M. Die Kämme biegen nach Ostsüdost um und sind durch tekton. Längstäler voneinander getrennt. In der Hauptachse folgen der A'nyêmaqên Shan und weiter östlich, bereits in der Schleife des Hwangho, der Xiqing Shan sowie der Min Shan. Im Qinling Shan südöstlich des Qinghai Hu sinkt die Gipfelflur ostwärts allmählich ab.

Kunming, Hauptstadt der Prov. Yunnan, China, auf einem Hochplateau (im W, N und O von Bergen umgeben) nördlich des Kunming Hu, 1900 m ü. M., 1,61 Mio. Ew. (Agglomeration 2 Mio.); Univ. (gegr. 1934), Fachhochschulen, Observatorium. K. ist das bedeutendste Industriezentrum SW-Chinas; Eisenerz-, Kupfererz- und Kohlevorkommen in der Umgebung bilden die Grundlage der Eisen- und Stahlindustrie sowie der Kupfergewinnung; hergestellt werden Textil- und Werkzeugmaschinen, Kräne, Generatoren, Elektro- und opt. Geräte, Motoren und Omnibusse; außerdem chem., Zement- und Nahrungsmittelindustrie; Bahnknotenpunkt, Flughafen (zugleich Luftwaffenbasis). – Im N von K. auf dem Berg Yuantong Shan die Tempelanlage Yuantong Si und das Provinzmuseum. In den Westbergen (Xishan), 10 km außerhalb der Stadt, der Tempel Huating Si (Songzeit). – Die Anfänge der Stadt, die mehrfach den Namen wechselte, gehen bis in die Westl. Hanzeit zurück; seit 1276 Hauptstadt der Prov. Yunnan.

Kunming Hu, Dian Chi [-tʃi], **Kunmingsee,** lang gestreckter See in der Prov. Yunnan, südlich von Kunming, China, etwa 300 km²; reger Ausflugsverkehr.

Künneke, Eduard, Komponist, * Emmerich 27. 1. 1885, † Berlin 27. 10. 1953; studierte an der Berliner Musikhochschule (M. BRUCH), schrieb 25 Operetten, darunter ›Der Vetter aus Dingsda‹ (1921, mit dem Lied ›Ich bin nur ein armer Wandergesell‹) und ›Glückl. Reise‹ (1932), Opern, Orchesterstücke, Musik für Film und Funk sowie Lieder.

Kunowice [-tsɛ], Gem. in Polen, →Kunersdorf.

Kunság [ˈkunʃɑːg], Gebiet in Ungarn, →Kumanien.

Kunsan, Gunsan, Hafenstadt in Süd-Korea, an der Mündung des Kŭmgang ins Gelbe Meer, 218200 Ew.; chem., Metall-, Nahrungsmittelindustrie; Bahnknotenpunkt, Flugplatz, Fährverbindung mit Yantai (China).

Kunschak, Leopold, österr. Politiker, * Wien 11. 11. 1871, † ebd. 14. 3. 1953; gründete 1892 den christlichsozialen Arbeiterverein, den er bis 1934 leitete. Als Christlich-Sozialer war er 1907–18 Mitgl. des Reichsrates, 1919 der Nationalversammlung und 1920–33 des Nationalrates. K. war ein Gegner des von Bundeskanzler E. DOLLFUSS errichteten autoritären Reg.-Systems. Nach dem Zusammenbruch des natsoz. Dtl. beteiligte er sich 1945 maßgeblich an der Wiedererrichtung der Rep. Österreich. Politisch schloss er sich der ÖVP an. Seit 1945 war er Mitgl. des Nationalrates und zugleich dessen Präsident.

Kunst [ahd. kunst, urspr. ›Wissen‹, ›Weisheit‹, ›Kenntnis‹, auch ›Fertigkeit‹, zu können, urspr. ›geistig vermögen‹, ›wissen‹, ›verstehen‹], 1) im weitesten Sinn jede auf Wissen und Übung gegründete Tätigkeit (z. B. Reit-K., Koch-K.); 2) in einem engeren Sinn die Gesamtheit des vom Menschen Hervorgebrachten (Ggs.: Natur), das nicht durch eine Funktion eindeutig festgelegt ist und darin erschöpft ist (Ggs.: Technik), zu dessen Voraussetzungen die Verbindung von hervorragendem Können und großem geistigem Vermögen gehören, das sich durch hohe gesellschaftl. und individuelle Geltung auszeichnet, ohne dadurch vorangegangene Werke außer Kraft zu setzen oder den Beweis der Richtigkeit einer Aussage antreten zu müssen. Der Ggs. der K. zum Handwerk und zur Wiss. bildete sich erst im Übergang vom 18. ins 19. Jh. aus. Im heutigen Verständnis ist die K. in die Teilbereiche Literatur, Musik, darstellende Kunst sowie bildende K. gegliedert (Grenzüberschreitungen sind in der Moderne häufig); 3) im engsten Sinn steht K., v. a. im alltägl. Sprachgebrauch, für bildende Kunst.

Der dt. Begriff K., der sich seit dem 16. Jh. von seiner Bedeutung ›Fertigkeit‹, ›Handwerk‹ löste und im 18./19. Jh. den heutigen Sinn annahm, beeinflusste auch den K.-Begriff der roman. Sprachen (frz. ›l'art‹, ital. ›l'arte‹). Die Bez. K. für die Gesamtheit der Einzelkünste trat erst Ende des 18. Jh. auf.

Die Vorstellung von einem allg. gültigen K.-Begriff, für alle Zeiten und Werke anwendbar, ist heute überholt. Die Einschätzung von K. hängt von den Maßstäben einer Epoche und von der individuellen Sicht ab. K.-Rezeption, K.-Theorien und K.-Begriff können nicht getrennt von der Stellung des →Künstlers gesehen werden.

Menschl. Kunsttätigkeit reicht weit in vorgeschichtl. Zeit zurück (Felsbilder); sie ist in ihren Anfängen offenbar kultisch und steht vielfach in einem religiösen Kontext.

Der traditionelle Kunstbegriff

PLATON achtete die bildenden K. gering wegen ihres Unvermögens, über die Darstellung von Meinungen hinaus zu wahren Aussagen des Ideellen zu kommen

Kunming: Die Halle Daguan Lou am nördlichen Ufer des Kunming Hu im Park Daguan Lou Gongyuan

---

Kunming

Provinzhauptstadt in SW-China

auf dem Hochplateau von O-Yunnan, nördlich des Kunming Hu

1900 m ü. M.

1,61 Mio. Ew.

Universität (1934 gegründet)

Schwerindustrie

in den Westbergen buddhist. Tempelanlage aus der Songzeit

Anfänge in der Westlichen Hanzeit

seit 1276 Hauptstadt von Yunnan

Eduard Künneke

Wörter, die man unter K vermisst, suche man unter C, Ch, G, H oder Q

(›Der Staat‹, 10. Buch). Zugleich fasste er sie als eine Vorbereitung auf die höchsten geistigen Anstrengungen des Menschen auf. Darin folgten ihm alle antiken Autoren. Für das mittelalterl. Denken war die K. eine Möglichkeit, die Schöpfung (Werke Gottes) in Nichtunterscheidung von Handwerk und K. durch Übertragen in haltbare Materialien zu verewigen. I. KANT gab dann dem K.-Begriff die individuelle Prägung. Alle wirkliche K. ist ›K. des Genies‹. F. W. J. SCHELLING (›System des transzendentalen Idealismus‹, 1800) sah in der K. eine vom Menschen hervorgebrachte Vollkommenheit, die auch die Norm zur Beurteilung des Naturschönen abgibt und der höchste Ausdruck menschl. Erkenntnis überhaupt ist. A. SCHOPENHAUER betrachtete K. als ›Quietiv‹ – also als ein Beruhigungsmittel – des Lebens, F. NIETZSCHE dagegen als Stimulans. Schon PLATON forderte vom Künstler die Verdichtung der Ideen im Werk (›poiesis‹), das aus erzieher. Gründen die Erkenntnis des wirklich Wahren fördern muss – das Wissen (›episteme‹) hingegen sei durch die Geschicklichkeit (›techne‹) zu fördern –, sah aber nur in Musik und Dichtung entsprechende Möglichkeiten. PLATON wurde so Wegbereiter für alle K.-Auffassungen, die den Darstellungsauftrag im transzendentalen Bereich der Ideen begründen und sich ethisch-moral. Funktionen der K. erhoffen (z. B. Hochrenaissance, Klassizismus). ARISTOTELES (›Poetik‹, 6. Abschnitt) hob dagegen hervor, dass die K. durch die Darstellung möglichen menschl. Handelns das Allgemeine der Ideenwelt im Besonderen der realen Situation sichtbar machen kann. Durch die Nachahmung und Vollendung des Naturgegebenen (Mimesis) wird der Betrachter zum Erleben seiner eigenen Unvollkommenheit gebracht (Katharsis). Damit wurde ARISTOTELES der Wegbereiter aller realist. und der Selbstläuterung verpflichteten K. (z. B. Frührenaissance, Realismus). Die mittelalterl. K.-Auffassung entsprang einer Verschmelzung platon. und aristotel. Gedankenguts. Das Wohlgefallen an einem Gegenstand, sei er nun der Natur oder dem menschl. Wirken entsprungen, beruht auf seinem Schönsein. Da das Gute, Wahre und Schöne synonym für Vollkommenheit stehen, das denkbar Vollkommenste aber Gott ist, sind also Gegenstände, die schön und für das wahre, vom christl. Kultus bestimmte Leben brauchbar sind, d. h. sich dem Anschauenden erschließen, von Gott, alles Hässliche aber des Teufels. In Grundzügen ist diese Auffassung noch für die Sakral-K. der Gegenwart gültig. Die Renaissancekünstler, immer auch Theoretiker, entwickelten den neuzeitl. K.-Begriff. Er hat seine Grundlage in der Nachahmung der Natur (›disegno naturale‹, das Können des Künstlers, z. B. Anatomie), der Gebundenheit an ein geistiges Prinzip (›disegno artificiale‹, das Wissen des Künstlers, z. B. Kenntnis der Perspektive), den Erkenntniskräften des Menschen (›inventio‹, Einfall, Erfindung), seiner Einbildungskraft (›concinnità‹, Verbindung der Teile zu einem organ. Ganzen) und seinen persönl. Fähigkeiten (›maniera‹, der gekonnte selbstverständl. Vortrag, im Besonderen die ›Handschrift‹ des Künstlers). Der Manierismus stellte das geistige Prinzip außerhalb des künstlerisch Schaffenden erstmals infrage. Im eigenen Ich wurde der Kern aller künstler. Ausdrucksfähigkeiten (›disegno fantastico‹, psych. Befindlichkeit des Menschen, z. B. Fantasie) gesehen und damit sowohl dem Geniekult des 19. Jh. (→Genie) als auch der Psychologisierung der K. im 20. Jh. der Weg geebnet. Durch I. KANT erhielt die K. eine neue, die ästhet. Dimension, bereits vorbereitet durch die Gefühlslehren des 18. Jh. Die Betrachtung des Gegenstandes ohne alles Interesse außer gegenüber dem Gegenstand selbst (Vernunftaspekt), der in ihm vorhandenen Schönen als solchem (Erkenntnisaspekt) lässt in der Übereinstimmung beider die ästhet. Erfahrung entstehen, die im Subjekt Lustgefühle oder Unlustgefühle weckt (ästhet. Urteil). Höchster Zweck des K.-Werks sei sein Schönsein; allerdings gäbe es ›keine objektive Geschmacksregel, welche durch Begriffe bestimmt, was schön ist‹. Damit war der Weg für ein subjektives Verhältnis zur K. bis in die Gegenwart geöffnet, dem G. W. F. HEGEL sich ein letztes Mal umfassend mit einem objektiven Standpunkt, wonach K. das sinnl. Scheinen der Idee ist, entgegenstellte. NOVALIS nannte K. ein ›Gemütszustandsspiel‹, eine Objektivierung des Geistigen. Autonomie und Freiheit von K. stehen in diesem Zusammenhang. – Für eine Annäherung an K. verwenden versch. Wissenschaften (Kunst-, Musik-, Literaturwissenschaft, Ästhetik, Psychologie) Untersuchungskriterien wie Form, Gestalt und Struktur.

Problematik des heutigen Kunstbegriffs

Dem von KANT erkannten Vereinbarungsbegriff K., der sich auf keine Norm stützen kann, gab HEGEL einen neuen Akzent, als er erklärte, die K.-Produktion fülle ›unser höchstes Bedürfnis nicht mehr aus‹, sie benötige zu ihrer Rechtfertigung die Reflexion. Diese Reflexion über die Möglichkeit von K. überhaupt ist seitdem ein produktiver Impuls der K.-Produktion, der selbst deren Negation einschließt. Der thematisierte Zweifel an K. öffnet und verunsichert den jeweiligen K.-Begriff, er setzt ihn der Gefahr der Selbstauflösung aus. Die Öffnung betrifft sowohl die wechselseitige Durchdringung der von der normativen Ästhetik dekretierten Gattungsbezirke (Malerei, Plastik, Baukunst) unter Hineinnahme anderer Bereiche als auch die Abkehr vom geschlossenen Werkbegriff. Spätestens seit M. DUCHAMP und den Dadaisten umfasst der Vereinbarungsbegriff K. nicht bloß den zum Abschluss gelangten, einmaligen Akt der Formsetzung, das Kunstwerk, sondern erstreckt sich auf Bereiche, die der materiellen Scheinhaftigkeit, der strukturellen Endgültigkeit, der formalen Intention und der Anschaubarkeit entbehren können. K. öffnet sich damit jeder denkbaren Form in der Hoffnung oder Utopie einer Veränderung der Erlebensweisen.

⇨ *Ästhetik · Geschmack · Kitsch · Kunstgeschichte · Kunstpsychologie · Kunstsoziologie · Kunstwissenschaft · moderne Architektur · moderne Kunst · Schöne, das*

Ästhetik, in: Histor. Wb. der Philosophie, hg. v. J. RITTER, Bd. 1 (Basel 1971); K., in: Histor. Wb. der Philosophie, hg. v. DEMS. u. a., Bd. 4 (ebd. 1976); W. TATARKIEWICZ: Gesch. der Ästhetik, 3 Bde. (a. d. Poln., ebd. 1979–87); W. HOFMANN: Grundlagen der modernen K. (³1987); Der erweiterte Kunstbegriff u. Joseph Beuys' Idee der Stiftung, Beitrr. v. J. STÜTTGEN (1990); G. KAPNER: Die K. in Gesch. u. Gesellschaft. Aufsätze zur Sozialgesch. u. Soziologie der K. (Wien 1991); A. HOCHHOLZER: Evasionen – Wege der K. K. u. Leben bei W. Solowjew u. J. Beuys. Eine Studie zum erweiterten Kunstbegriff in der Moderne (1992); Theorien der K., hg. v. D. HENRICH u. a. (²1993); T. EAGLETON: Ästhetik. Die Gesch. ihrer Ideologie (a. d. Engl., 1994); W. BIEMEL: Ges. Schriften, 2 Bde. (1996); Lex. der K., begr. v. G. STRAUSS, hg. v. H. OLBRICH u. a., 7 Bde. (Neuausg. 1996).

Kunst, Hermann, ev. Theologe, *Ottersberg (bei Verden/Aller) 21. 1. 1907; war ab 1932 Pfarrer, ab 1940 Superintendent in Herford; Mitgl. der Bekennenden Kirche; leitete 1945–49 das westfäl. Landeskirchenamt; wurde 1950 erster Bevollmächtigter des Rates der EKD bei der Bundesrepublik Dtl. und übte dieses Amt bis 1977 aus; war 1956–72 zugleich auch ev. Militärbischof und hat entscheidend an der Ausgestaltung des Vertrages über die ev. Militärseelsorge (1957) mitgewirkt. Zahlr. seiner Veröffentlichungen behandeln Fragen des Verhältnisses von Staat und Kirche.

Werke: Die polit. Aufgabe der Kirche (1955); Martin Luther u. der Krieg (1968); Credo Ecclesiam. Vorträge u. Aufs. 1953 bis 1986 (1987). – **Hg.:** Ev. Staatslex. (1966, mit S. GRUNDMANN); Martin Luther. Ein Hausbuch (1982).

Kunst|after, Anus praeternaturalis, kurz **Anus praeter,** durch →Enterostomie operativ angelegte künstl. äußere Darmöffnung (äußere Darmfistel), immer mit Mündung im Bauchbereich **(Bauchafter);** die Lokalisation in der Kreuzbeingegend **(sakraler K.)** hat heute keine Bedeutung mehr. Der K. kann vorübergehend zur Stuhlableitung bei entzündl. Darmerkrankungen oder als dauerhafter Ersatz nach Entfernung von Mastdarm und After bei bösartigen Tumoren angelegt werden. Stuhl und Darmgase werden hierbei in einem auswechselbaren Kunststoffbeutel aufgefangen. Dieser wird auf die Bauchhaut aufgeklebt.

Kunst|akademie, →Kunsthochschulen.

Kunst|auktion, Kunstversteigerung, →Kunsthandel.

Kunst|ausstellung, zeitlich begrenzte öffentl. Präsentation von als Kunst deklarierten Gemälden, Skulpturen, Objekten, Installationen und Medien (z. B. Video) zum Zweck der Information, der Kunstpflege und des Verkaufs. K. gliedern sich in Einzel- und Gruppenausstellungen von Künstlern und Künstlerinnen, in themat., stilist. und gattungsmäßige Präsentationen, in Jubiläums- und Gedächtnisausstellungen, die überall, meist jedoch in Museen, Kunsthallen, Kunstvereinen und Galerien stattfinden, in Räumen und Raumfolgen, die dafür bes. geeignet sind (Oberlicht, leere Wände, angemessene Raumhöhen). Träger sind städt. und staatl. Institutionen, Kunst- und Kulturvereine, Stiftungen, Kunsthändler und Privatpersonen, die damit meist einen Kurator beauftragen, der für die Konzeption und Abwicklung zuständig ist. Die K. ist im 20. Jh. eine wesentl. Form ästhet. Kommunikation und Bildung, sie informiert über aktuelle und histor. Kunst, bildet neue Zusammenhänge und beeinflusst die Kunstmeinung und -kritik. Sie stellt den Kontakt vom Produzenten zum Konsumenten her und ist Hauptbestandteil des Kunstmarktes.

Geschichte: Die K. hat Vorformen in Märkten und periodisch zugängl. Kunstsammlungen (Tempelschatzhäuser; Sammlungen wie Propyläen auf der Akropolis, Athen; kirchl. und fürstl. Schatzkammern, die oft nur bestimmten gesellschaftl. Kreisen zugänglich gemacht wurden. Im Zuge des Frühkapitalismus, der mit der Autonomie und Ausgliederung der Kunst aus den öffentl. Aufträgen privates Kaufinteresse ermöglichte, und nach Einführung der akadem. Künstlerausbildung wurden normierende Leistungsausstellungen der Akademisten üblich (erstmals 1763, École de Beaux-Arts, Paris). Wesentlich haben Aufklärung, Frz. Revolution und Säkularisierung am Entstehen der modernen K. mitgewirkt. Ab 1818, mit der Gründung des ersten dt. Kunstvereins in Karlsruhe, schlossen sich Künstler und interessierte Bürger zu Zweckverbänden zusammen, die eigene period. Ausstellungsformen zu den offiziellen Akademieausstellungen entwickelten. Die Salons (1863 Eröffnung des ›Salons des Refusés‹ [der Zurückgewiesenen] in Paris), Sezessionen und juryfreien K. sind Vorformen der künstler. Avantgarde. 1855 veranstaltete G. COURBET unter dem Titel ›Le Réalisme‹ die erste selbst bestimmte Einzelausstellung, 1874 stellten unter C. MONETS Leitung zahlr. Impressionisten als Gruppe ihre Bilder aus. Die K. des 20. Jh. unterscheidet sich von der des 19. Jh. durch den Avantgardegedanken, der anstelle der bürgerlich-moral. Wertvorstellungen sozialist. Modelle setzt, die die Idee des Internationalen und die Sehnsucht nach dem Ursprünglichen in sich tragen (z. B. Mir Iskusstwa, Sankt Petersburg, 1900). Beispiele für Bewusstseinsmanipulation durch staatlich oder totalitär gelenkte K. sind die ›Große Dt. K.‹ in München, 1934–44, und die Ausstellung ›Entartete Kunst‹, ebd., 1937. Das heutige markt- und verkaufsorientierte Ausstellungswesen wird neben den kommerziellen Galerien (v.a. in Paris, New York, Mailand, Köln, Düsseldorf) wesentlich bestimmt von den Biennalen (Venedig, São Paulo) und der documenta in Kassel. Neue Aufgaben der K. erwachsen durch Installationen (z. T. mit Video) und Performances.

E. MAI: Expositionen. Gesch. u. Kritik des Ausstellungswesens (1986); G. OGNIBENI: Ausstellungen im Museum u. anderswo (1988); V. LOERS: Aus ... stellung. Die Krise der Präsentation (1994); Exhibition – Praesentation (1996).

Kunstblut, künstliches Blut, Bez. für Blutersatzflüssigkeiten, die im Unterschied zum →Plasmaexpander nicht nur verloren gegangenes Plasma ersetzen, sondern auch (vorübergehend) die lebenswichtige Funktion des Sauerstofftransports der roten Blutkörperchen übernehmen sollen. Hierzu enthält K. hochfluorierte Kohlenwasserstoffe in Form einer Emulsion; bisher nur bei Tieren eingesetzt.

Kunstdärme, Bez. für koch- und räucherfeste Wursthüllen, die v. a. aus Hautfaserbestandteilen von Schlachttieren (durch Aufquellen, Zerfasern und Pressen der breiigen Masse durch Ringdüsen) oder auch aus Alginaten, Cellulosehydrat, Kunststoffen (z. B. Polyamid, Polyester) u. a. hergestellt werden. Von ihnen sind nur die aus Hautfaserbestandteilen oder Alginaten bestehenden K. verdaulich.

Kunstdenkmal, von Menschenhand geschaffenes Objekt, das von der kunsthistor. Entwicklung Zeugnis ablegt und an dessen Erhaltung aus künstler. oder geschichtl. Gründen ein öffentl. Interesse besteht. Es kann sich dabei um ein einzelnes künstler. Objekt (Gemälde oder Plastik) oder Baudenkmal (Gebäude) oder ein Bauensemble (Gebäudegruppe oder Altstadtkomplex) handeln (z. B. Venedig, Bamberg). K. gehören zu den Kulturdenkmälern.

Kunst der Fuge, Die, letztes Werk J. S. BACHS (BWV 1080, 1749/50). Es enthält 14 drei- bis vierstimmige, ›Contrapunctus‹ benannte Fugen und 4 Kanons über ein Thema und seine Veränderungen:

Die unvollendete letzte Fuge beginnt im 3. Thema mit der Tonfolge b–a–c–h. Eine Besetzungsangabe fehlt, wahrscheinlich ist die K. d. F. für Cembalo geschrieben. – Das Werk wurde später mehrfach für Orchester instrumentiert.

Kunstdruckpapier, Papier mit ebener, geschlossener und glänzender Oberfläche, das für Bildwiedergaben mit feinstem Raster geeignet ist. Es wird durch Beschichten von Streichrohpapier mit einer Masse aus hochwertigen, mineral. Pigmenten und Bindemitteln oder auch Kunststoffdispersionen hergestellt. **Maschinengestrichene K.,** urspr. direkt in der Papiermaschine gefertigt, werden heute meist in gesonderten Streichanlagen hergestellt, weil bei ihnen mit höheren Maschinengeschwindigkeiten gearbeitet werden kann.

Kunstdünger, Bez. für industriell erzeugte anorgan. Düngemittel (Mineraldünger). →Düngemittel.

Kunst|erziehung, →Kunstpädagogik.

Kunst|erziehungsbewegung, eine pädagog. Reformbewegung, die mit der Erziehung durch Kunst und zur Kunst eine schöpfer. Haltung gegenüber der Welt und eine allgemeine Revision der Lehrinhalte und -methoden in der Schule anstrebte. Der Anstoß ging von den handwerkl. Bestrebungen des engl. Kunsthandwerks um 1860 aus, griff gegen Ende des 19. Jh. mit Gründungen von Kunstgewerbemuseen und -schulen auf Österreich und Dtl. über und traf dort auf neueste Forschungen in der Wahrnehmungspsychologie sowie auf die Entdeckung der Kinderzeichnung als eigentüml. Ausdrucksform (›Das Kind als Künstler‹, Ausstellung in Hamburg, 1897). Ihren Höhepunkt erreichte die K. während drei Kunsterziehertagungen in Dresden 1901, Weimar 1903 und

Kunstflug: Staffel während einer Flugvorführung

Hamburg 1905. Der Reformansatz ging teilweise in der Arbeitsschulbewegung und in der mus. Erziehung (→Kunstpädagogik) auf.

Kunstfasern, umgangssprachlich für →Chemiefasern.

Kunstfehler, *Medizin:* →Behandlungsfehler.

Kunstflug, mit einem Luftfahrzeug absichtlich ausgeführte Flugbewegungen (abweichend vom Normalflug), die mit einer plötzl. Änderung der Fluglage oder einer anomalen Geschwindigkeitsänderung verbunden sind. **Verbands-K. (Formations-K.)** wird v. a. mit Strahlflugzeugen von militär. **K.-Staffeln** bestritten. Zu diesen gehören v. a. die ›Patrouille Suisse‹ (Schweiz), die ›Frecce Tricolori‹ (Italien), die ›Patrouille de France‹ (Frankreich), die ›Red Arrows‹ (Großbritannien), die ›Patrulla Aguila‹ (Spanien), die ›Blue Angels‹ (US-Navy) und die ›Thunderbirds‹ (US-Air Force).

Grundfiguren des K. sind gerade Linien in Normal- und Rückenlage, Trudeln, Turn, Männchen und Rollen sowie alle daraus zusammengesetzten Figuren und der Messerflug. Früher wurde K. mit Militärtrainern ausgeführt, heute im Wesentlichen mit spezialisierten Flugzeugen.

Motorkunstflug: Bei Flugsportwettbewerben werden die Exaktheit der in einem Programm vorgeschriebenen Figuren sowie die Einhaltung des Wettbewerbsraumes (gedachter Würfel [Box] mit 1000 m Kantenlänge) bewertet. Man unterscheidet anhand der Schwierigkeit der geforderten Figuren versch. Kategorien. Meisterschaften umfassen sowohl nach festem Regelwerk zusammengestellte (Aresti-) als auch freie (Freistil-)Programme. Zur Freistilkür (Finalkür) werden nur die Besten (30 % des Teilnehmerfeldes) aus den vorangegangenen Wertungsflügen zugelassen; für sie ist eine Dauer von exakt vier Minuten vorgeschrieben. Bei der Freistilkür werden Schwierigkeit, Vielseitigkeit und Harmonie des Programms bewertet. Internat. wird K. in den Klassen ›Unlimited‹ und ›Advanced‹ geflogen. Zur Austragung gelangen nat. und internat. Meisterschaften.

Kunstfonds e. V. [-fɜ̃-], 1980 gegründeter Verein mit Sitz in Bonn. Er fördert einzelne bildende Künstler und Künstlerinnen durch Arbeits- und Werkstipendien und unterstützt Modellvorhaben mit gesamtstaatl. Bedeutung, die zur Vermittlung von bildender Kunst dienen. Fördermittel stellen die →Kulturstiftung der Länder aus dem Haushalt des Bundesministeriums des Innern und die Verwertungsgesellschaft Bild – Kunst zur Verfügung.

K. e. V., Modell einer Förderung, hg. v. L. ROMAIN (1986).

Kunstfreiheit, das Recht, frei von staatl. Einmischung und ungehindert durch andere polit. und soziale Gewalten künstlerisch tätig zu sein und die Ergebnisse dieser Tätigkeit auszustellen, darzubieten oder auf sonstige Weise zu verbreiten. Auf die K. können sich deshalb nicht nur Künstler, sondern auch Buchverleger, Galeristen, Theaterintendanten u. a. berufen. In Dtl. ist die K. durch Art. 5 Abs. 3 GG gewährleistet. Die Verbreitung von Kunstwerken beleidigenden oder verleumder. Inhalts ist jedoch verboten, d. h. strafbar, und verpflichtet ggf. zum Schadensersatz.

In *Österreich* garantiert Art. 17a des Staatsgrund-Ges. die Freiheit des künstler. Schaffens, der Vermittlung von Kunst sowie ihrer Lehre als Grundrecht. Nicht ausgeschlossen wird dadurch, dass sich auch künstler. Betätigungen an die allgemeinen, für jedermann geltenden Gesetze, z. B. Bauordnungen, Steuergesetze oder Lärmschutzvorschriften, halten müssen. In der *Schweiz* ist die K. in der Bundes-Verf. (BV) nicht ausdrücklich gewährleistet. Die Kunst ist jedoch durch die ungeschriebene Meinungsäußerungsfreiheit und die verfassungsrechtlich verankerte Garantie der Pressefreiheit gemäß Art. 55 BV geschützt. Gewährleistet sind sowohl die künstler. Betätigung (Werkbereich) als auch die Darbietung und Verbreitung des Kunstwerks (Wirkbereich).

Kunstgeographie, Teil der Kunstwissenschaft, der die örtl. Ausbreitung bestimmter Stilformen, Typen und Materialien der bildenden Kunst in Städten, Landschaften und Kulturkreisen und mögl. Einflüsse von geograph. Faktoren auf diese untersucht.

Kunstgeschichte. Die K. als wiss. Disziplin ist Produkt des histor. Bewusstseins, das sich seit dem Ende des 18. Jh. entwickelte. Die Bestimmung ihres Inhalts und ihrer Aufgaben, speziell die Abgrenzung von Kunstwissenschaft und Ästhetik, ist seitdem in unterschiedl. Weise versucht worden und hat zur Etablierung einiger wiss. Ansätze geführt, die das Bild der K. in der Gegenwart bestimmen. Neben einer starken Tendenz zu empir. Sachbehandlung gibt es weiterhin Beiträge zu Prinzipien- und Methodenfragen. Vorläufer der K. sind Künstlerbiographien, Kunstkritik, Künstlertraktate u. a. mehr, die seit der Antike (PLINIUS D. Ä., POLYKLET, XENOKRATES, VITRUV u. a.), während des MA., bes. aber in der Renaissance (L. GHIBERTI, L. B. ALBERTI, PIERO DELLA FRANCESCA, LEONARDO DA VINCI, G. VASARI) ein reiches Erscheinungsspektrum hatten. VASARI gilt mit seinen Lebensbeschreibungen berühmter Maler, Bildhauer

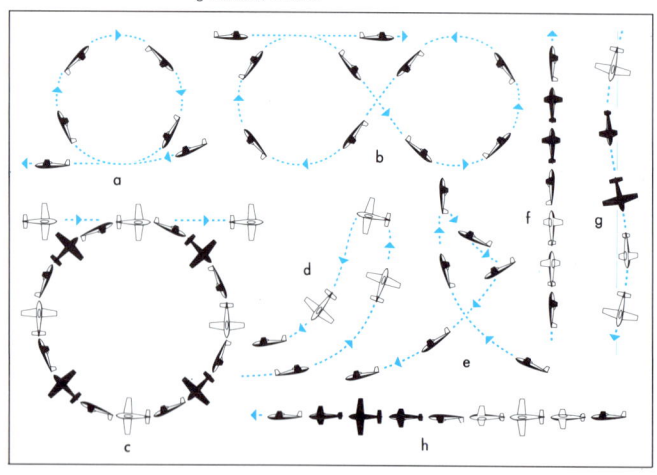

Kunstflug: Verschiedene Flugfiguren; a Looping, b Loopingacht, c Rollenkreis, d Turn, e Männchen, f Schraube, g Trudeln, h Rolle

und Architekten (1550 und 1568) als ›Vater der K.‹, er lieferte das wichtigste Quellenwerk der ital. Kunst. Nach seinem Vorbild schrieben für die Niederlande C. VAN MANDER ›Het schilder-boeck ...‹ (1604) und für Dtl. J. VON SANDRART die ›L'Academia Tedesca ... Oder Teutsche Academie der Edlen Bau-, Bild- und Mahlerey-Künste‹ (1675–79, 2 Bde.). Seit J. J. WINCKELMANNS ›Geschichte der Kunst des Altertums‹ (1764) kann von einer K. im modernen Sinn gesprochen werden, da er erstmals die Darstellung eines geschichtl. Zusammenhangs der Kunst gab, ihres Ursprungs, ihres Wachstums, ihrer Stile und Perioden. Auf dem Weg zur histor. Wissenschaft waren die Überlegungen über Bedeutung, die J. G. HERDER (›Plastik‹, 1778), GOETHE (›Über einfache Nachahmung der Natur, Manier, Stil‹, 1789), A. C. QUATREMÈRE DE QUINCY (›Considération sur les arts du dessin en France ...‹, 1791), die Brüder A. und J. E. SCHLEGEL und S. und M. BOISSERÉE anstellten. Gleichzeitig führte das histor. Bewusstsein zur Sammlung der Kunstwerke in Museen, ein Vorgang, mit dem die Entwicklung der K. in engstem Zusammenhang steht. War damit dem histor. Aspekt der K. vorgearbeitet, so steuerte die nun entstandene philosoph. Ästhetik I. KANTS (›Kritik der Urteilskraft‹, 1790), F. W. J. SCHELLINGS (›Philosophie der Kunst‹, ›Vorlesungen über Ästhetik‹, 1802/03), v. a. aber G. W. F. HEGELS ›Vorlesungen über die Ästhetik‹ (1835–38, 3 Bde.) den systemat. Bestandteil bei. HEGELS Unternehmen ist deshalb von modellhafter Bedeutung für die K., weil er die Entwicklung der Kunst am Begriff der Wahrheit des Geistes in der Geschichte messen lehrte. Ästhet. System und kunsthistor. Prozess konvergieren. Damit lag ein einheitl. System der Geschichte der Kunst und ihrer Gattungen vor, das zugleich ihre ästhet. Bedeutung, d. h. den Charakter ihrer Wahrheit, beurteilen kann. Seitdem gingen K. und Ästhetik meist getrennte Wege, abgesehen von einzelnen Näherungsversuchen, wie sie u. a. von M. DESSOIR (›Ästhetik und allgemeine Kunstwissenschaft‹, 1906), zuletzt von K. BADT (›Eine Wissenschaftslehre der K.‹, 1971) unternommen wurden. Die K. des 19. Jh. entwickelte sich hauptsächlich in den Zentren Berlin und Wien. 1844 wurde in Berlin der erste Lehrstuhl für K. eingerichtet, den G. F. WAAGEN innehatte. Es wirkten dort ferner C. F. VON RUMOHR, F. KUGLER und der Hegelianer K. SCHNAASE. R. EITELBERGER VON EDELBERG ist einer der Gründer der Wiener Schule der K. (bedeutsam seine Herausgabe der ›Quellenschriften für K. ...‹, 15 Bde.), 1871–82). Ihm folgten u. a. A. RIEGL, später M. DVOŘÁK, J. VON SCHLOSSER und H. SEDLMAYR. Aus dem 19. Jh. ist noch die Methode zu erwähnen, die G. MORELLI für die Zuschreibung von Bildern entwickelte, v. a. aber das Werk J. BURCKHARDTS ›Die Cultur der Renaissance in Italien‹ (1860), in dem er die Kunst im Zusammenhang mit Staat, Religion und Kultur untersuchte, und die Philosophie der Kunst, an der C. FIEDLER (ab 1876) arbeitete. Er entwickelte in seiner Theorie der ›reinen Sichtbarkeit‹ einen rationalen Begriff des Sehens, von dem her er auch den Inhalt der Kunst zu bestimmen suchte. Diese Auffassung von Autonomie und Formorientierung der Kunst lebt im Werk H. WÖLFFLINS fort (›Kunstgeschichtl. Grundbegriffe‹, 1915), das eine der klass. Positionen der K. markiert. WÖLFFLIN verstand die Geschichte der Kunst als ›Geschichte des Sehens‹, die den Wandel der Anschauungsweisen (linear, malerisch usw.) und damit auch der Stile aufklären kann. Gegen diese Dominanz des Formbegriffs wenden sich die Überlegungen, die seit DVOŘÁK, A. WARBURG und E. PANOFSKY (Letzterer z. T. in Anlehnung an E. CASSIRERS ›Philosophie der symbol. Formen‹, 3 Bde., 1923–29) angestellt wurden und die sich um den Begriff des Symbols ranken. Hauptsächlich auf WARBURG und PANOFSKY (›Studies on iconology‹, 1939) geht die Entwicklung von Ikonographie und Ikonologie zurück, die bis Ende der 70er-Jahre wohl einflussreichste kunstgeschichtl. Methode, die bes. in den USA, vermittelt durch dt. Emigranten, zur Weiterentwicklung des Fachs beigetragen hat. Daneben hat eine am Strukturbegriff orientierte Interpretation (bes. die ›Strukturanalyse‹ SEDLMAYRS) method. Bedeutung. Das Spektrum der jüngeren K. wird bereichert durch soziologisch orientierte Werke (A. HAUSER, F. ANTAL, M. WARNKE), psychologisch und philosophisch beeinflusste (E. GOMBRICH, K. BADT) und solche, die v. a. durch die individuelle Sehbegabung ihrer Autoren geprägt sind (T. J. HETZER u. a.). Erwähnenswert sind ferner neue method. Versuche zur Interpretation moderner und postmoderner Kunst (M. IMDAHL; W. HOFMANN; CHARLES JENCKS, *1939; HEINRICH KLOTZ, *1935). Die K. der 80er-Jahre distanzierte sich von PANOFSKYS Konzept der Ikonologie und bezog in wachsendem Maße sozialgeschichtl. Analysen in ihre Forschungen ein. Die heutige K. ist gekennzeichnet durch die Problematisierung des Bild- und Kunstbegriffs und durch den Geltungsanspruch visueller Massenmedien, sodass in den USA die K. in eine ›Visual Culture‹ transformiert wird.

⇨ Ästhetik · Kunst · Künstler · Kunstwissenschaft

L. COELLEN: Die Methode der K. (1924, Nachdr. 1979); H. BAUER: Kunsthistorik (²1979); H. DILLY: K. als Institution (1979); W. VON TIEGERMANN: Eine neue K. (1984); V. BURGIN: The end of art theory. Criticism and postmodernity (Basingstoke 1986); The new art history, hg. v. A. L. REES u. a. (London 1986); O. PÄCHT: Methodisches der kunsthistor. Praxis (²1986); W. WAETZOLDT: Dt. Kunsthistoriker, 2 Bde. (³1986); K. Eine Einf., hg. v. H. BELTING (u. a. ³1988); K. – aber wie?, hg. v. der Fachschaft K. München (1989); G. KAUFFMANN: Die Entstehung der K. im 19. Jh. (1993); H. BELTING: Das Ende der K. Eine Revision nach zehn Jahren (1995); H. KNOBELOCH: Subjektivität u. K. (1996); U. KULTERMANN: Gesch. der K. Der Weg einer Wiss. (Neuausg. 1996); Klassiker der K., 10 Bde. (Neuausg. 1996).

Kunstgewerbe, →Kunsthandwerk.

Kunstgewerbe|mus|eum, seit der Mitte des 19. Jh. von privaten bürgerl. Kreisen und Vereinigungen gegründete Einrichtungen mit dem Ziel, die ›Gewerbetreibenden‹ durch Einrichtung von Muster- und Vorbildersammlungen, Werkstätten, Kursen, Bibliotheken gegen die ausländ. Konkurrenz sowohl ästhetisch-theoretisch als auch praktisch-wirtschaftlich zu unterstützen. Als die Institution um die Jahrhundertwende ihre Aufgaben an Handwerkskammern und Gewerbeämter verlor, mussten sich die K. als kunstgewerbl. Sammlungen für ein breiteres Publikum von Kunstliebhabern neu definieren.

Als erstes K. wurde im Anschluss an die 1. Weltausstellung (1851) in London das South Kensington Museum gegründet (1852; heute Victoria and Albert Museum). Es folgten Gründungen in Wien (1864; Museum für Kunst und Industrie), Berlin (1867; Dt. Gewerbe-Museum), Nürnberg (1872; Bayer. Gewerbe-Museum), Hamburg (1877), Köln (1877), Leipzig (1887) und vielen anderen Orten.

B. MUNDT: Die dt. K. im 19. Jh. (1974).

Kunstgewerbeschulen, früherer Name der Fachhochschulen für Gestaltung; in Österreich Bez. mittlerer und höherer Lehranstalten für Kunstgewerbe. Sie schließen an die 8. Schulstufe an, die mittleren Fachschulen umfassen 4–5 Jahre, die höheren Lehranstalten vermitteln in 5 Jahren die Hochschulreife.

Kunsthandel, An- und Verkauf von Werken der bildenden Kunst (Bilder, Zeichnungen, Druckgrafik, Plastik), Antiquitäten, alten Büchern und Autographen (Handschriften). Neben diesen klass. Objekten werden auch andere Gegenstände vom K. erfasst, z. B. kunsthandwerkl. Schöpfungen vom Ende des 19. Jh.

und Anfang des 20. Jh., die noch nicht als Antiquität gelten können (u. a. Jugendstil), Fotografien, berühmte Bühnenkostüme, Oldtimer, auch alter Wein. Handelsformen sind: der offene Ladenhandel in Form von Kunstgalerien, Antiquitätengeschäften und Antiquariaten für alte Bücher (→Antiquariatsbuchhandel, →Buchauktion); die öffentl. Kunstauktionen, auf denen gegen Gebühr Kunstgegenstände aus dem Besitz von Sammlern oder Kunsthändlern versteigert werden; die Kunst- und Antiquitätenmessen. Bedeutende Antiquitätenmessen finden u. a. in Düsseldorf, München, Frankfurt am Main, Basel, Wien, Salzburg, London und Paris statt; für die moderne Kunst spielen die Messen in Basel, Köln, Frankfurt am Main, Madrid, Paris, Chicago und Los Angeles eine große Rolle. Der K. ist internat.; Händler versch. Länder arbeiten zus., indem sie untereinander Objekte verkaufen, Künstler und Ausstellungen vermitteln. Zentren des internat. K. sind heute London und New York. London ist Sitz der beiden größten Auktionshäuser der Erde, Sotheby's und Christie's, mit Filialen in mehreren Ländern Europas, Amerikas und Asiens, sowie der Firma Marlborough, der größten Galerie für moderne Kunst. In Köln hat das Auktionshaus Lampertz, in Bern das Auktionshaus Kornfeld seinen Sitz. Ein großer wirtschaftl. Aufschwung des internat. K. begann Ende der 50er-Jahre. Sammler und Spekulanten bilden internat. einen immer größeren Käuferkreis, dessen steigende Nachfrage die Preise der meisten Kunstgegenstände stetig in die Höhe treibt. Die Museen stehen deshalb mit ihren begrenzten Budgets vor dem Problem, ihrem Auftrag, Kunst der Allgemeinheit zugänglich zu machen, nicht mehr nachkommen zu können.

Kunsthandwerk, unter ästhet. Gesichtspunkten gestaltete Gebrauchsgegenstände und Ziergeräte aller Epochen aus den verschiedensten Materialien. Die im gleichen Sinne verwendete Bez. **Kunstgewerbe** entstand im 19. Jh., als die handwerkl. Herstellung solcher Objekte keine Selbstverständlichkeit mehr war und die maschinelle Produktion zunehmend an Bedeutung gewann. K. und Kunstgewerbe verwandt sind die Begriffe angewandte Kunst und dekorative Kunst. Geschichtlich betrachtet steht hinter der Bez. Kunstgewerbe eine Bewegung zur Förderung des seit dem frühen 19. Jh. niedergegangenen Handwerks. Die künstler. Gegenstände, die bis Ende des 18. Jh. der Werkstatt oder dem Manufakturbetrieb des Handwerkers entstammten, waren nun in beliebiger Zahl vom Industriearbeiter herstellbar, der aber zum Gegenstand selbst keine künstler. Beziehung mehr besaß. Der damit verbundenen Abwertung kunstgewerbl. Gegenstände versuchten als Erste K. F. SCHINKEL und P. C. W. BEUTH in Berlin entgegenzutreten. Sie gaben 1821–37 ihre ›Vorbilder für Fabrikanten und Handwerker ...‹ heraus, die den neuen Fertigungsweisen ästhetisch anspruchsvolle Gegenstände abverlangten. Ebenfalls 1821 eröffneten sie die Berliner Gewerbeschule. Im Sinne des Historismus lehnte sich auch das K. stilistisch an vergangene Epochen der Kunstgeschichte an. Die Londoner Weltausstellung von 1851 zeigte kunstgewerbl. Arbeiten auf internat. Ebene und erweiterte den Geschmack um exot. und oriental. Stilelemente, die bes. in Großbritannien und Frankreich Verbreitung fanden. Sie gab auch den Anstoß zur Gründung des ersten →Kunstgewerbemuseums. Impulse, die von den Reformbestrebungen W. MORRIS' und des →Arts and Crafts Movement ausgingen, fanden in England hinaus folgenreichen Anklang. Die Weltausstellung von 1900 in Paris zeigte neben Meisterleistungen des Historismus bereits auch solche des Jugendstils, mit dem eine wirkl. Erneuerung des K. einsetzte. Die →Wiener Werkstätte und der →Deutsche Werkbund, v. a. aber das 1919 von W. GROPIUS in Weimar gegründete →Bauhaus leiteten über zum →Industriedesign. Die selbstständige Gestaltung im Bereich des K. liegt heute vielfach wieder bei den unabhängigen Kunsthandwerkern, deren Entwürfe z. T. der Serienproduktion zugute kommen.

H. KOHLHAUSSEN: Europ. K., 3 Bde. (1969–72); B. MUNDT: Historismus. Kunstgewerbe zw. Biedermeier u. Jugendstil (1981); S. WILHELM: ›Kunstgewerbebewegung‹. Ästhetische Welt oder Macht durch Kunst ? (1991). – *Zeitschrift:* K. in Europa (1975 ff.).

Kunstharze, durch Polymerisation, Polyaddition oder Polykondensation hergestellte →Harze.

Kunsthistorisches Institut in Florenz, Abk. **KHI,** dt. Forschungsinstitut, 1896 von einem Kreis dt. Kunstwissenschaftler in Florenz mit dem Ziel gegründet, die internat. Forschung zur ital. Kunst, insbesondere zur Florentiner, mit der Bereitstellung einer Bibliothek und einer Fotosammlung zu unterstützen; Sitz (seit 1964) im Palazzo Capponi-Incontri und (seit 1982) in der angrenzenden Casa Rosselli; seit 1970 in Trägerschaft der Bundesrepublik Dtl. Mit einem Bestand von rd. 200 000 Bänden (1996) und rd. 500 000 Fotos gehört das KHI heute zu den am besten ausgestatteten und in der Kunstwiss. führenden Forschungsinstituten.

Veröffentlichungen: Ital. Forsch. (1906 ff.); Mitt. des K. I. in F. (1908 ff.); Die Kirchen von Siena (1985 ff.).

Kunsthochschulen, i. w. S. zusammenfassende Bez. für staatl. Hochschulen für bildende Kunst, Musik und darstellende Kunst, i. e. S. die Hochschulen für bildende Künste. Diese sind v. a. unter den Bez. Akademie der Bildenden Künste (ABK) oder Hochschule für Bildende Künste (HfBK, HBK) die staatl. Hochschulen zur Pflege der freien Kunst in den klass. Fächern Malerei (und freie Grafik), Bildhauerei und z. T. Architektur. Den K. und in einigen Gesamthochschulen und Univ. mit entsprechenden Studiengängen obliegt die Ausbildung des Künstlernachwuchses und meist der Kunsterzieher an allgemein bildenden Schulen. Aufnahmeprüfungen sind seit Bestehen der K. bis heute üblich. Je nach Struktur der K. ist der Fächerkanon auch auf angewandte Bereiche (z. B. Industriedesign, Bühnenbild, Innenarchitektur, neue Medien) erweitert. Staatl. K. befinden sich in Berlin-Charlottenburg, die älteste staatl. dt. K. (gegr. 1696; heute Hochschule der Künste), und Berlin-Weißensee (gegr. 1946 als Hochschule für angewandte Kunst; heute Hochschule für Gestaltung), Braunschweig (HBK, 1963), Bremen (gegr. 1873, seit 1988 Hochschule für Künste), Dresden (HfBK, 1764), Düsseldorf (Kunstakademie, 1773), Frankfurt am Main (HBK/Städelschule, 1817), Halle (Saale) (1915 als Kunstgewerbeschule gegr., heute Burg Giebichenstein – Hochschule für Kunst und Design), Hamburg (HfBK, 1767), Karlsruhe (ABK, 1854; Hochschule für Gestaltung, 1991), Köln (Kunsthochschule für Medien, 1990), Leipzig (Hochschule für Grafik und Buchkunst, 1764), München (ABK, 1808), Münster (Kunstakademie/HBK, 1987), Nürnberg (gegr. 1662; ABK, 1940), Offenbach am Main (Hochschule für Gestaltung, 1970), Saarbrücken (HBK, 1989) und Stuttgart (ABK, 1761).

Geschichte: Um 1380 wurde in Mailand von GALEAZZO VISCONTI eine Schule für Baumeister gegründet, um 1490 in Florenz von LORENZO I. DE' MEDICI eine Bildhauerschule, 1494 in Mailand von LEONARDO DA VINCI eine Malerschule (Accademia Vinciana). Die Mitgl. der 1562 von COSIMO I. DE' MEDICI in Florenz errichteten Accademia di Disegno erhielten 1571 das Privileg der Zunftfreiheit. Die 1577 in Rom gegründete Accademia di San Luca erhielt 1599 feste Statuten. Im Unterschied zur handwerkl. Ausbildung der Zünfte sah man jetzt die Verbindung der Kunst mit den neuen Wissenschaften als Grundvoraussetzung an und lehrte Geometrie, Perspektive, Anatomie und

Historie. Die Accademia di San Luca wurde Vorbild für weitere Gründungen, die vielfach Repräsentationszwecken ihrer meist fürstl. Gründer und Förderer dienten. Die Pariser Académie Royale de Peinture et de Sculpture von 1648 bezweckte den Zusammenschluss von bisher schon zunftfreien Künstlern (Mitgl. der königl. Hofhaltung) mit anderen, sich von der Zunft beengt fühlenden Künstlern. Als kunstpolit. Machtinstrument des absolutist. Staates wurden ihr eine Reihe von Privilegien eingeräumt: Modellstudium, öffentl. Unterricht, Gründung von Schülerkreisen (akadem. Schulen), jährl. ›Salons‹ (→Kunstausstellungen). Nach dem Pariser Vorbild umfasste der Unterricht an der Berliner K. Theorie (Anatomie, Perspektive, Architektur, Geometrie) und Praxis (Zeichnen nach Vorlagen, Gipsabgüssen und Modell). 1790 wurden ihr die Kunstschulen in Halle (Saale), Königsberg (heute Kaliningrad), Breslau, Magdeburg und Danzig unterstellt. Staatl. Gründungen folgten in: 1733 Stockholm, 1738 Kopenhagen, 1744 Madrid, 1764 Dresden, 1768 London, 1773 Düsseldorf und Wien, 1796 Prag, 1808 München, 1854 Karlsruhe, 1858 Weimar. Einige gingen aus bereits bestehenden privaten Kunstschulen (Wien ab 1692, München ab 1770, Dresden ab 1705) hervor, andere später aus Kunstgewerbeschulen. Als Protest gegen die Erstarrung des künstler. Lebens in den Akademien entwickelte sich seit Beginn des 19. Jh., ausgehend von Ideen der Romantik, eine Opposition von Künstlern, die die akadem. Laufbahn ablehnten (C. D. FRIEDRICH, J. A. CARSTENS u. a.), andere gründeten Malerkolonien (Schule von →Barbizon), weitere schlossen sich zu antiakadem. Künstlervereinigungen zusammen oder stellten gemeinsam aus. Trotzdem behielten die Kunstakademien weitgehend ihre Machtposition und vertraten eine traditionelle ›akadem. Kunst‹, deren Schwerpunkt das Staffeleibild war. In den 1920er-Jahren unternahm das →Bauhaus den Versuch einer Neuorientierung der künstler. Ausbildung, wobei freie Kunstausübung und Praxisorientierung in Beziehung gebracht wurden. Diese hier entwickelten neuen Formen der Ausbildung haben entscheidenden Einfluss auf die Entwicklung der K. genommen.

In *Österreich* gibt es drei K., deren älteste die Akademie der bildenden Künste in Wien ist (gegr. 1696 als Academia für Malerei, Bildhauerei, Architektur, Perspektive und Fortifikation). Sie besitzt noch heute ein eigenes Statut (Akademie-Organisations-Ges.) und hat aus Traditionsgründen ihre Bez. ›Akademie‹ beibehalten. Die Hochschule für angewandte Kunst in Wien ist 1867 aus der Kunstgewerbeschule des Österr. Museums für Kunst und Industrie hervorgegangen, der Status als Hochschule wurde ihr 1970 durch das Kunsthochschul-Organisations-Ges. verliehen. Die Hochschule für künstler. und industrielle Gestaltung in Linz (seit 1973) ging aus der 1947 gegründeten Kunstschule der Stadt Linz hervor.

In der *Schweiz* bestehen eine höhere staatl. Kunstschule in Genf (École supérieure d'art visuel) sowie staatl. höhere Schulen für Gestaltung (mit Abteilungen für bildende Kunst) in Basel, Bern, Genf (École des arts décoratifs), Lausanne (École cantonale d'art), Lugano (Centro scolastico per le industrie artistiche), Luzern und Zürich; in Zürich ferner die private F + F Farbe und Form, Schule für experimentelle Gestaltung. Die staatl. werden in nächster Zeit zu Hochschulen für Gestaltung und Kunst ausgebaut.

F. HUFEN: Die Freiheit der Kunst in staatl. Institutionen. Dargestellt am Beispiel der Kunst- u. Musikhochschulen (1982); N. PEVSNER: Die Gesch. der Kunstakademien (a. d. Engl., 1986); W. SCHMIED: Kunst, Kunstgesch., Kunstakademie (1990); F. E. WALTHER: Denkraum – Werkraum. Über Akademie u. Lehre (1993); Akademie, Beitrr. v. P. BUZAS u. a., hg. v. S. DILLEMUTH (1995).

Kunsthonig, Invertzuckercreme [-krɛːm, -kreːm], kristallinisch feste oder dickflüssige Zubereitung von honigähnl. Aussehen und Geschmack, hergestellt aus Zucker (Saccharose) durch Spalten in Glucose und Fructose (Inversion; meist mit Säuren) und unter Zusatz von Aromastoffen; verwendet zum Brotaufstrich und zur Herstellung von Backwaren.

Kunsthorn, aus Kasein durch Härtung mit Formaldehyd hergestellter hornartiger Kunststoff, der in seinem Aussehen sowie in seiner leichten Bearbeitbarkeit dem Naturhorn gleicht und mit diesem (als abgewandeltes Protein) chemisch verwandt ist. K. diente unter der internat. Bez. →Galalith® v. a. zur Herstellung von Knöpfen, Kämmen, Stock- und Schirmgriffen. Es ist jedoch durch widerstandsfähigere Kondensationsharze mehr und mehr verdrängt worden.

Kunstkautschuk, der →Synthesekautschuk.

Kunstkohle, Hartbrandkohle, Bez. für aus aschearmen Koksen (z. B. Petrolkoks) durch Vermahlen, Mischen mit Bindemitteln (Teer, Pech) und Brennen der Formlinge bei 1 000–1 300 °C hergestellte Werkstoffe, die v. a. im Apparatebau, z. B. zum Ausmauern von chemisch, thermisch oder mechanisch stark beanspruchten Behältern, Hochöfen und Reduktionsöfen verwendet werden.

Kunstkopfstereophonie, elektroakust. Verfahren zur stereophonen Aufnahme von Klangereignissen (→Stereophonie).

Kunstkraftsport, schwerathlet. Sportart, bei der man zw. Parterre-, Balance-, Luft- und Sprungakrobatik unterscheidet; war bis 1971 eine Fachsparte im Dt. Athleten-Bund und wurde organisiert durch den Dt. K.-Verband (DKKSV; gegr. 1971, Sitz: Pfungstadt). Als Elemente des Bodenturnens hinzukamen, entwickelte sich die →Sportakrobatik. 1975 erfolgte die Umbenennung des DKKSV in Dt. Sportakrobatik-Bund (DSAB). K. wird als breitensportl. Disziplin innerhalb des DSAB weiterhin gepflegt, v. a. in der Darbietung →Pyramide.

Kunstkritik, beschreibende und kritisch analysierende Betrachtung von Werken und Tendenzen v. a. der zeitgenöss. bildenden Kunst. Sie verfolgt die Ausstellungstätigkeit, aber auch Vorgänge der Kunstpolitik. Die K. wirkt nicht nur nachvollziehend, sondern übt auch aktiv eine nicht geringe Lenkungsfunktion aus. Die K. ist wichtig für die Anerkennung oder Nichtanerkennung eines Künstlers oder ganzer Kunstrichtungen, nicht nur auf dem Kunstmarkt relevant ist. Sie stellt Verbindungen her zw. Künstlern, Kunstgalerien und Kunsterwerbern. K. kann auch Vergessenes wieder beleben und neu zur Diskussion stellen.

Die K. ist bereits aus der Antike überliefert. Im MA. spielte sie keine große Rolle. Erst in der ital. Renaissance gewann die K., hervorgerufen durch die theoret. Beschäftigung mit Werken der Kunst, neu an Bedeutung. K., wie sie heute bekannt ist, begann sich von der Mitte des 18. Jh. an zu entfalten, bes. vor dem Hintergrund der Pariser Akademieausstellungen (berühmt ›Les Salons‹ von D. DIDEROT, zw. 1759 und 1781). Ihr Forum wurden v. a. die moral. Wochenschriften und bald auch bes. die →Kunstzeitschriften. In Dtl. setzte J. J. WINCKELMANN mit seinen kunsttheoret. Schriften neue Maßstäbe für die Betrachtung der Kunst und der zeitgenöss. K., an der u. a. auch J. W. VON GOETHE aktiv beteiligt war. Im 19. Jh. trat die K. als Ergänzung zu der sich selbstständiger entwickelnden kunstgeschichtl. Forschung; in dieser Funktion bildete sich ihr spezielles Arbeitsfeld (die aktuellen Kunsterscheinungen) heraus. Im 20. Jh. wurde die K. Bestandteil der Feuilletons der Tages- und Wochenzeitungen sowie von Hörfunk, Fernsehen und neuen Medien.

A. DRESDNER: Die Entstehung der K. im Zusammenhang der Gesch. des europ. Kunstlebens (²1968); M. BRINGMANN:

Friedrich Pecht. Maßstäbe der dt. K. zw. 1850 u. 1900 (1982); E. H. GOMBRICH: Kunst u. Kritik (a.d.Engl., 1993); F. ROH: Der verkannte Künstler. Studien zur Gesch. u. Theorie des kulturellen Mißverstehens (1993); E. MYLARCH: Akademiekritik u. moderne Kunstbewegung in Dtl. um 1900 (1994); M. LURZ: Werturteile in der K. Die Begründung ästhet. Werturteile durch die sprachanalyt. Philosophie (1995); P. SCHJELDAHL: Poesie der Teilnahme. Kritiken 1980–1994 (a.d.Amerikan., 1997).

Kunstleder, flächenhafte Erzeugnisse, die in Aussehen und Eigenschaften dem Leder ähnlich sind. **Gewebe-K.** bestehen aus einem Gewebe oder Gewirk (z. B. aus Baumwolle oder Polyamiden) als Träger der Festigkeitseigenschaften und einer Kunststoffbeschichtung (v. a. Weich-PVC). **Folien-K.** werden ohne Fasereinlage hergestellt. **Faser-K.** bestehen aus Lederfasern und einem Bindemittel. K. finden bei der Kfz-Innenausstattung, für Täschnerwaren sowie in der Schuh- und Bekleidungsindustrie Verwendung.

Künstler, allgemeiner Oberbegriff für kreative Persönlichkeiten auf allen Gebieten der Kunst, sei es als Autoren (Urheber) oder Interpreten, deren Künstlertum sich im Schaffen neuer Kunstwerke manifestiert. Traditionell bezeichnet der Begriff i.e.S. meist nur den bildenden K. (Maler, Bildhauer usw.), auch den darstellenden Künstler (Schauspieler, Artist, Regisseur). Infolge der weitgehenden Durchdringung der Kunstarten und eines neuartigen Kunstverständnisses (jeder ist K.) wird K. zu einem offenen Begriff. – Nach PLATONS Ideenlehre bleibt der bildende K. auf einer dritten Wirklichkeitsstufe unterhalb der Wahrheit stehen, weil er nur die Abbilder der Uridee wiedergibt. Dem Sänger und Dichter dagegen billigt PLATON göttl. Inspiration zu. ARISTOTELES erkennt dem (bildenden) K. die Eigenschaft (Arete) des Offensichtlichmachens zu: Kunst ist eine der die Wahrheit erlangenden Eigenschaften des Intelekts (der theoret. Vernunft), also ein unmittelbarer Zugang zur Wahrheit. Der K. gibt nach ARISTOTELES auch nicht einem vorgegebenen Gegenstand Existenz, er schafft einen Gegenstand, den es ohne ihn nicht gäbe.

Im 6. Jh. v. Chr. gibt es in Griechenland die ersten K.-Signaturen, in der Literatur der klass. Zeit des 5./4. Jh. finden sich verstreut die ersten K.-Nachrichten, in der darauf folgenden hellenist. Zeit bildete sich eine selbstständige K.-Biographik heran. Neben der Heroisierung hervorragender K.-Persönlichkeiten lebte die aristokrat. Geringschätzung der Bildhauer, Maler und Töpfer als Handwerker weiter. In der röm. Antike gehörten die bildenden Künste nicht zu den →Artes liberales, dem klass. Erziehungsziel des freien Römers. Der K. des MA. ist Handwerker. Er unterhält eine Werkstatt mit Gesellen und ist in die Zunftorganisation eingegliedert, die Authentizität des Werks ist nicht an die Ausführung durch den Meister selbst gebunden. In der Gesellschaft der ital. Renaissance löste sich der K. erstmals aus dem Zunftzwang; der Renaissance-K. trieb mit wiss. Anspruch Studien auf den Gebieten der Geometrie, Perspektive und Anatomie. Zw. Fürstenhöfen, Patriziern und Städten entstand ein Wettbewerb um anerkannte K. Im 17. und 18. Jh. prägte sich am Hof des weltl. und geistl. Fürsten der Stand des Hof-K. aus. Seit der Romantik bildete sich – im Gefolge der Aufklärung und der Frz. Revolution – ein neues Selbstverständnis des K. heraus, in dieser Epoche wurzelt der moderne Begriff des K. Der K. fühlte sich frei, d. h. keinerlei Vorschrift und Zwang unterworfen außer dem eigenen Ingenium, als Künder einer nur ihm zugänglich. Wahrheit. Die Originalität wird Mittelpunkt des Geniebegriffs (→Genie). Diesem geistigen Elitedenken entspricht eine zunehmende gesellschaftl. Isolation des K., die den Hintergrund der Vorstellung vom autonomen K. bildet. Seine bisherige wirtschaftl. Basis (Aufträge von Adel und Kirche) schwand, ohne dass ein freier Markt auffangen konnte. Die polit. Restauration des 19. Jh. richtete sich auch gegen fortschrittl. K., die oft soziale und demokrat. Gedanken mitpropagierten (z. B. J.-F. MILLET, H. DAUMIER), ein Engagement, das auch im 20. Jh. das Verhältnis von Gesellschaft bzw. Staat und K. belastet. Neben diesem revolutionären ist auch der affirmative Aspekt von Kunst und K. zu sehen; seit der Antike bedienten sich gesellschaftlich herrschende Kräfte des K. zur Repräsentation, Glorifizierung und Propaganda. Originäre oder sozial und politisch engagierte K.-Persönlichkeiten fanden z. B. im späten MA. oder im 17. Jh. auch in bürgerl. Schichten nur wenige Auftraggeber oder Käufer oder fielen sogar unter staatl. und kirchl. Zensur. Auch die etablierten Kunstakademien waren restriktiv, was zur Bildung von →Künstlervereinigungen führte. Bes. exzessive Maßnahmen der Zensur, der Unterdrückung und Verfolgung von K. kennzeichneten die natsoz. Kunstpolitik (entartete Kunst). In totalitären Staaten gab und gibt es ebenfalls eine restriktive Politik gegenüber Kunst und Künstlern.

⇨ *Avantgarde · Frauenkunst · Geschmack · Kitsch · Kreativität · Kulturpolitik · Künstlersozialversicherung · Künstlervereinigungen · Zensur*

S. OTT: Kunst u. Staat. Der K. zw. Freiheit u. Zensur (1968); R.-D. HERRMANN: Der K. in der modernen Gesellschaft (1971); A. HAUSER: Kunst u. Gesellschaft (1973); K. u. Gesellschaft, hg. v. A. SILBERMANN u.a. (1974); K. FOHRBECK u. A. J. WIESAND: Der K.-Report (1975); M. WARNKE: Hof-K., Eine Sozialgesch. des modernen K. (1985); R. BERGER: Malerinnen auf dem Weg ins 20. Jh. (²1986); M. u. R. WITTKOWER: K. – Außenseiter der Gesellschaft (a.d. Engl., 1989); J. SCHACK: Der K. u. sein Publikum. Eine Brücke zum gegenseitigen Verständnis (1995).

Künstlerdrama, Bühnenstück, bei dem die Figur eines Künstlers im Mittelpunkt der Handlung steht. Das K. ist v. a. seit der Romantik in vielen europ. Literaturen nachweisbar und diente i.d. R. dem Ziel, eine neue Auffassung vom Künstler und die Widersprüche zw. ihm und der Gesellschaft aufzuzeigen. Eines der frühesten Beispiele in Dtl. ist GOETHES Schauspiel ›Torquato Tasso‹ (1790), in dem dieser Ggs. beispielhaft thematisiert wird. Ein weiteres K. ist F. GRILLPARZERS ›Sappho‹ (1819). Andere Autoren von K. im 19. Jh. waren K. L. IMMERMANN (›Petrarca‹, 1822) und C. F. HEBBEL (›Michel Angelo‹, 1855). Im Naturalismus schrieb v. a. G. HAUPTMANN K. (›College Crampton‹, 1892; ›Die versunkene Glocke‹, 1897; ›Michael Kramer‹, 1900; ›Gabriel Schillings Flucht‹, 1912). Auch G. B. SHAW setzte sich mit der Rolle des Künstlers in der Gesellschaft auseinander (›Candide‹, 1894, dt.; ›The Doctor's Dilemma‹, 1911, dt. ›Der Arzt am Scheideweg‹), ein Aspekt, der in neuerer Zeit zum zentralen Thema v. a. in T. BERNHARDS Dramen (›Minetti‹, 1977) wurde, die den Konflikt durch eine gegenseitige Ablehnung von Gesellschaft und Künstler negativ potenzierten.

H. GOLDSCHMIDT: Das dt. K. von Goethe bis R. Wagner (1925).

Künstlerdrucke, frz. **Épreuves d'Artiste** [e'prœv dar'tist], *Druckgrafik:* die ersten Abzüge von der Druckplatte, die vom Künstler nach den →Probedrucken vorgenommen werden und von hoher Bild- und Farbqualität sind; seit dem 19. Jh. vom Künstler meist mit E. A. signiert und nummeriert. Da diese Abzüge vor dem Druck der →Auflage entstehen und noch die Unmittelbarkeit des Werkprozesses vermitteln, werden sie von Sammlern als Rarität bes. geschätzt.

Künstlergrafik, die →Originalgrafik.

Künstlerkolonie, Form des Zusammenschlusses von Künstlern im 19. und 20. Jh., die sich v. a. in ländl. Gegenden zurückzogen, um künstlerisch tätig zu werden. Entscheidend bei den K. sind weniger die Gemeinsamkeiten künstler. Gestaltungsweise wie bei den stilbildenden und stilvermittelnden Schulen, es ist vielmehr die Übereinstimmung im persönl. Verhältnis zur Natur als Voraussetzung für die individuelle Kreativität. Viele Künstler hielten sich daher auch in mehreren K. auf.

Angesichts der fortschreitenden Industrialisierung im 19. Jh. sahen viele Künstler, die die akadem. Malerei und das Akademiewesen ablehnten, in ländl. Orten eine Ursprünglichkeit von Natur, Landschaft und Bewohnern als Voraussetzung für künstler. und menschl. Freiheit an. Das damals Revolutionäre der K. und der →Freilichtmalerei wurde später z. T. als resignierende Flucht vor den Verhältnissen an den Akademien und den gesellschaftlich-polit. Gegebenheiten angesehen, und viele Künstler kehrten nach Aufenthalten in K. in die Städte zurück. Von großem Einfluss waren um die Mitte und gegen Ende des 19. Jh. die Schulen von →Barbizon und →Pont-Aven in Frankreich. In Dtl. bestanden die →Kronberger Malerkolonie, die →Dachauer Schule, die ihr nachfolgende K. Neu-Dachau und v. a. →Worpswede. Die →Darmstädter Künstlerkolonie nimmt als mäzenat. Gründung eine Sonderstellung ein. (→Künstlerorte, →Künstlervereinigungen)

Dt. K. u. Künstlerorte, v. G. WIETEK (1976).

Künstlername, →Namensrecht, → Pseudonym.

Künstlerroman, Roman, in dem die Figur eines Künstlers im Mittelpunkt steht. Der K. setzt mit der Geniezeit des 18. Jh. ein und ist in der Folge in vielen europ. Literaturen in den unterschiedlichsten Ausformungen anzutreffen. Als erstes Werk dieser Gattung in Dtl. gilt ›Ardinghello und die glückseeligen Inseln‹ (1787, 2 Bde.) von J. J. W. HEINSE. Weitere Beispiele sind u. a. GOETHES ›Wilhelm Meister‹, L. TIECKS ›Franz Sternbalds Wanderungen‹ (1798), F. SCHLEGELS ›Lucinde‹ (1799) und NOVALIS' ›Heinrich von Ofterdingen‹ (hg. 1802). Bevorzugen die K. vielfach die Form des biograph. →Entwicklungsromans, so wird in der **Künstlernovelle** meist anhand einer charakterist. Episode die Künstlerproblematik exemplarisch dargestellt (E. T. A. HOFFMANN, ›Das Fräulein von Scudéri‹, 1819; E. MÖRIKE, ›Mozart auf der Reise nach Prag‹, 1856). Bedeutende K. des 19. Jh. sind ›Maler Nolten‹ (1832) von MÖRIKE und ›Der grüne Heinrich‹ (1854/55, 4 Bde.) von G. KELLER. Gegen Ende des 19. Jh. zeigt sich in auffällig gesamteurop. Tendenz eine deutliche themat. Verengung des K. auf Schlüsselerlebnisse des Künstlers bzw. auf dessen Lebenseinstellung, v. a. durch die Akzentuierung des Problems des schöpfer. Selbstverständnisses und durch das Spannungsverhältnis zw. Ruhm und Erfolglosigkeit. Dabei wird, v. a. für die Zeit bis zum Ausbruch des Ersten Weltkrieges, die Neigung zu einer Ästhetisierung künstler. Exklusivität um den Preis eines Bindungsverlustes zur Lebenswirklichkeit der Zeit deutlich (A. GIDE, ›Paludes‹, 1895; M. PROUST, ›Jean Santeuil‹, um 1900; T. MANN, ›Der Tod in Venedig‹, 1913; J. JOYCE, ›A portrait of the artist as a young man‹, 1916, dt. ›Jugendbildnis‹; VIRGINIA WOOLF, ›Jacob's room‹, 1922). Diese Elemente erscheinen in der Folgezeit an der Realität des 20. Jh. gebrochen, das Schicksal von Künstler und Gesellschaft existenziell (T. MANN, ›Doktor Faustus‹, 1947) oder utopisch (H. HESSE, ›Das Glasperlenspiel‹, 2 Bde., 1943) miteinander verknüpft. Daneben entstanden eher biographisch-literarisierende Darstellungen (F. WERFEL, R. ROLLAND, W. VON MOLO) der Lebenswege einzelner Künstler (z. B. SCHILLERS und G. VERDIS). Der K. wurde auch durch Popularisierung in der Trivial- und Unterhaltungsliteratur einem breiteren Publikum zugänglich gemacht. In neuerer Zeit wurde der K. v. a. als Instrument vielschichtiger schriftsteller. Näherung und des Rollenspiels (D. KÜHN, ›Ich Wolkenstein‹, 1977) oder zur Verortung eigener Standpunkte und als Mittel der (Selbst-)Reflexion (P. HÄRTLING, ›Niembsch oder Der Stillstand‹, 1964; T. BERNHARD, ›Frost‹, 1963; C. RANSMAYR, ›Die letzte Welt‹, 1988) aufgegriffen.

R. NOLL-WIEMANN: Der Künstler im engl. Roman des 19. Jh. (1977); H. MARCUSE: Der dt. K. (1978); Dt. Künstlernovellen im 19. Jh., hg. v. JOCHEN SCHMIDT (1982).

Künstlersozialversicherung, die durch das K.-Gesetz (KSVG) vom 27. 7. 1981 geregelte Einbeziehung von selbstständigen Künstlern und Publizisten in die gesetzl. Renten- (Angestelltenversicherung) und die gesetzl. Krankenversicherung (seit 1. 1. 1983) sowie die gesetzl. Pflegeversicherung (seit 1. 1. 1995). Künstler oder Publizist ist (§ 2), wer nicht nur vorübergehend selbstständig erwerbstätig Musik, darstellende oder bildende Kunst schafft, ausübt oder lehrt oder wer als Schriftsteller, Journalist oder in anderer Weise publizistisch tätig ist.

Die *Finanzierung* der K. erfolgt zu 50 % aus dem Beitragsanteil der Versicherten und zu je 25 % durch die Künstlersozialabgabe und einen Zuschuss des Bundes. Die **Künstlersozialabgabe** ist eine Umlage, die von den Betreibern folgender Unternehmen zu entrichten ist: Verlage, Presseagenturen, Theater, Orchester, Museen, Theater- und Konzertdirektionen, Galerien, Werbung, Zirkusunternehmen, Rundfunkanstalten u. a. Sie errechnet sich als jährlich durch Rechts-VO festzulegender Prozentsatz (1983–88: einheitlich 5 %, seit 1989 getrennt nach den Bereichen: Wort, 1997 3,8 %; bildende Kunst, 1997 5,9 %; darstellende Kunst, 1997 5,1 %; Musik, 1997 2,6 %) aus der Gesamtheit aller Entgelte, die die genannten Unternehmen an selbstständige Künstler und Publizisten zahlen. Künstler zahlen die Hälfte des sich aus den Bestimmungen des Sozialgesetzbuches ergebenden Beitrages in der gesetzl. Renten-, Kranken-, und Pflegeversicherung (§§ 15–16a KSVG). Bemessungsgrundlage für die monatl. Beitragszahlungen ist das vom Künstler geschätzte voraussichtl. Jahreseinkommen. Die Beiträge und Abgaben sind an die als Inkasso- und Zahlstelle fungierende **Künstlersozialkasse** (Sitz: Wilhelmshaven) zu entrichten. Das KSVG ist mit bestimmten Maßgaben am 1. 1. 1992 in den neuen Ländern in Kraft getreten.

Künstlersozialversicherungsgesetz, bearb. v. H. FINKE u. a. (²1992).

Künstlervereinigungen, berufsständ. Interessenverbände von Künstlern oder Zusammenschlüsse von Vertretern bestimmter Kunstrichtungen mit dem Ziel, die Interessen der Künstler in der Gesellschaft wahrzunehmen und ihre künstler. Intentionen durchzusetzen. K. waren im MA. die Bauhütten, künstler. Werkstätten, Zünfte und Gilden. Im 16.–18. Jh. schlossen sich Künstler in Akademien zusammen (in Rom Accademia di San Luca, 1577, in Paris Académie Royale de Peinture et de Sculpture, 1648, seit 1816 Académie des Beaux-Arts); sie wurden Ende des 17. Jh. zu staatl. Einrichtungen. Künstler. Werkstätten blieben z. T. berufsstände. K. (v. a. die niederländ. Malerwerkstätten). Im 19. und 20. Jh. erlebten die K. eine besondere Blütezeit. 1809 gründeten die Nazarener in Wien den Lukasbund (seit 1810 in Rom) mit der Absicht einer allgemeinen Erneuerung der Kunst. Seit den 1820er-Jahren bildeten sich in Dtl. Künstlervereine und Künstlergenossenschaften (›Allgemeine Dt. Kunstgenossenschaft‹, 1858), die auch soziale Ziele verfolgten. – Wie der Lukasbund ist die Gründung der Bruderschaft der Präraffaeliten in England und der Schule von Barbizon in Frankreich Mitte des 19. Jh. sowie der Peredwischniki in Russland 1870 eine Reaktion auf den herrschenden Klassizismus bzw. Akademismus. Am Ende des 19. Jh. der künstler. Widerstand organisierte. Es bildeten sich Sezessionen; die Sezessionisten gründeten als überregionale Organisation den Dt. Künstlerbund (1903). 1907 wurde der →Deutsche Werkbund gegründet. Berühmte K. des Expressionismus waren die →Brücke in Dresden (1905) und der →Blaue Reiter in München (1911). Fauvisten, Kubisten, Futuristen und Dadaisten sammelten sich, 1917 wurde die →Stijl-Gruppe gegründet, 1919 formierten sich die Surrealisten. Nach dem Zweiten Weltkrieg entstanden stilistisch unterschiedl. K. mit →Cobra in Belgien, →SPUR, →Zero und →Zebra in Dtl., →Groupe de Recherche d'Art Visuel in Frankreich, Dwischenije (›Bewegung‹) in der UdSSR und Európai Iskola in Ungarn. Interessenverband bildender Künstler der DDR war seit 1952 der Verband Bildender Künstler Deutschlands, 1970–90 unter der Bez. Verband Bildender Künstler der DDR. Als Interessenverbände bestehen heute in Dtl. u. a. der Dt. Künstlerbund e. V., der Dt. Werkbund e. V., der Bundesverband Bildender Künstlerinnen und Künstler, die Industriegewerkschaft Medien – Druck und Papier, Publizistik und Kunst (IG Medien), die →GEDOK; daneben bildeten sich zahlr. lokale Verbände.

C. WILHELMI: Künstlergruppen in Dtl., Österreich u. der Schweiz seit 1900 (1996).

Künstlerwappen, von bildenden Künstlern geführte Berufswappen, einst ›schilter(er)‹ gen., bereits 1347 nachweisbar.

künstliche Atmung, künstliche Beatmung, durch die versch. Formen der Beatmung bewirkte künstl. Versorgung der Lunge mit Luft als Wiederbelebungsmaßnahme bei Atemstillstand und zur Behebung oder Vermeidung von Sauerstoffmangelzuständen bei Atemschwäche. Sie ist bei allen Unfallfolgen (z. B. Ertrinken, Elektrotrauma), Vergiftungen sowie bei Erkrankungen, die wie Wundstarrkrampf und Kinderlähmung mit Atemstörungen oder -lähmungen verbunden sind, sowie vorbeugend bei Vollnarkose mit Anwendung von Muskelrelaxanzien erforderlich.

Eine k. A. kann durch Atemspende oder mit →Beatmungsgeräten erfolgen. Als Maßnahme der Atemspende hat sich heute gegenüber Techniken der rhythm. Zusammenpressung und Hebung des Brustkorbs die Methode der Mund-zu-Mund- oder Mund-zu-Nase-Beatmung durchgesetzt (ÜBERSICHT →erste Hilfe, Atemspende). Einfache apparative Hilfen sind das Atemspendegerät, bei dem der Helfer die Luft über ein Beatmungsventil einbläst, und der Atembeutel, ein Gummiballon mit Atemmaske. Die apparative Beatmung wird mittels elektrisch betriebener Respiratoren durchgeführt, die in regelbarem Rhythmus (zeitgesteuert) arbeiten oder das Einatmungsvolumen oder den Beatmungsdruck steuern. Geräte zur **assistierten Beatmung** unterstützen durch Überdruck eine ungenügende Eigenatmung und können vom Patienten selbst gesteuert werden. Da bei dieser Beatmungsform die Atemmuskeln nicht trainiert werden, ist die Entwöhnung vom Beatmungsgerät erschwert. Deshalb sollte die assistierte Beatmung nur kurzzeitig eingesetzt werden, beispielsweise bei obstruktiven (die Atemwege einengenden) Erkrankungen. Sie kann mit der →Inhalation von Aerosolen kombiniert werden **(Beatmungsinhalation).** Apparate zur **kontrollierten Beatmung** übernehmen die volle Atemfunktion. Die Luft (auch Atem- oder Narkosegasgemisch) wird über einen Trachealtubus zugeführt. Kurzzeitig ist auch eine Beatmung über eine Atemmaske möglich.

Zur Behandlung der Atemlähmung (v. a. als Folge der Kinderlähmung) diente früher die **eiserne Lunge,** eine den Rumpf des Patienten bis zum Hals umschließende Metallkammer, in der abwechselnd ein Unter- und Überdruck hergestellt wird; sie hat heute nur noch histor. Bedeutung. Mittels elektr. Stimulation der Atemhilfsmuskulatur arbeitet die →Elektrolunge.

künstliche Besamung, *Tierzucht:* die künstl. Übertragung von Sperma in den Uterus mittels Pipette oder Samenkatheter anstelle einer natürl. Begattung (fälschlich auch **künstliche Befruchtung** gen.). Das Sperma wird in Besamungsstationen gewonnen, es kann entweder mehrere Tage bei niedrigen Temperaturen (2–5 °C) aufbewahrt **(Frischsamen)** oder, i. d. R. bei Rindern und Pferden, durch Tiefgefrieren bei – 196 °C in flüssigem Stickstoff unbeschadet konserviert werden. Die Samenübertragung auf das weibl. Tier wird z. T. von Tierärzten, meist jedoch von speziell ausgebildeten ›Besamungstechnikern‹ vorgenommen. K. B. ist in der Nutztierzucht, v. a. in der Rinderzucht, weit verbreitet. Züchter sehen die Vorteile dieser Methode v. a. darin, dass zur Begattung notwendige Tiertransporte wegfallen und dass man gerade von hochwertigen Vatertieren sehr viel mehr Nachkommen produzieren kann (der Samen eines Ejakulats reicht für zahlr. Besamungen).

Auch außerhalb des Körpers (in vitro) stattfindende Besamungen (extrakorporale Insemination) werden vorgenommen, mit nachfolgendem Embryotransfer, ebenso der Embryotransfer nach vorheriger Embryoausspülung. Die in vitro vorgenommene Besamung ist v. a. in der Fischzucht üblich; hierbei werden die Spermien und die Eier durch vorsichtiges Abstreifen gewonnen und anschließend vermischt.

Über k. B. beim Menschen →Insemination und →In-vitro-Fertilisation.

künstliche Ernährung, bei Störung der natürl. Nahrungsaufnahme (Schluckbehinderung, schwere Erkrankungen, Bewusstlosigkeit, Frühgeburt) oder zur raschen Behebung von Mangelzuständen durchgeführte Zufuhr lebenswichtiger Nahrungsbestandteile. Hauptverfahren sind die parenterale Ernährung, d. h. die Einleitung der Stoffe in steriler Lösung durch Infusion in eine größere Vene, und die Sondenernährung. Bei dieser wird die dünnflüssige oder breiige Nahrung durch einen etwa bleistiftdicken Schlauch über Mund oder Nase in den Magen, falls erforderlich, bis in den Zwölffingerdarm oder oberen Dünndarm (transduodenale Ernährung) eingeführt. Diese Form dient auch der k. E. bei Nahrungsverweigerung (→Zwangsernährung). Bei krankheitsbedingtem Verschluss des oberen Verdauungstrakts (Tumoren) ist die Sondenernährung über eine operativ angelegte äußere Fistel (Ernährungsfistel) möglich.

künstliche Hibernation, *Medizin:* →Hypothermie.

Schlüsselbegriff

künstliche Intelligenz, Abk. **KI,** engl. **Artificial Intelligence** [ɑːtɪˈfɪʃl ɪnˈtelɪdʒəns], Abk. **AI,** auch **maschinelle Intelligenz, maschinelle Wissensverarbeitung,** interdisziplinärer Zweig der Computerwissenschaften, der versucht, abstrakte, berechenbare Aspekte menschl. Erkenntnis- und Denkprozesse mithilfe des Computers nachzubilden und mithilfe von Rechnern Problemlösungen anzubieten, die Intelligenzleistungen voraussetzen. Interdisziplinär geprägt ist die KI durch Informatik und Mathematik sowie versch. Disziplinen der Kognitionswissenschaften (kognitive Psychologie, Neurologie, Linguistik und Philosophie). Grundlegende Prinzipien der KI beinhalten Datenstrukturen zur Repräsentation von Wissen und Modellen, Verfahren zur Berarbeitung und Anwendung dieses Wissens für die Problemlösung sowie spezielle Computersprachen und Programmiertechniken für ihre Implementierung. Die KI geht von zwei unterschiedl. Ansätzen aus: 1) der Simulation intelligenten Verhaltens auf der Basis komplexer Computerprogramme mit der These, dass der Wahrheitswert einer log. Aussage mit den Ziffern 0 und 1 repräsentierbar ist, und 2) der Simulation kognitiver Prozesse durch elektron. Kopien der menschl. Gehirnzellen (auch künstl. neuronale Netze genannt), die auf der Annahme fundieren, dass Neuronen als

Bausteine zur Verarbeitung binärer Werte angesehen werden können. Beide Thesen sind Grundlage von Theorien und Modellen sowie Voraussetzungen, um intelligentes Verhalten mit dem Computer zu simulieren und über dieses Erkenntnisse zu gewinnen sowie letztlich Intelligenz mithilfe des Werkzeugs Computer erforschbar zu machen.

Geschichtliche Aspekte

Die Vorstellung eines ›künstl. Menschen‹ ist älter als die KI; sie findet z. B. in der Literatur des 18. und 19. Jh. einen starken Niederschlag (u. a. bei P. B. SHELLEY und E. T. A. HOFFMANN). Die Idee der logisch-symbol. Rekonstruktion des Denkens findet sich bereits bei G. W. LEIBNIZ. Die Mathematiker G. BOOLE und A. M. TURING nahmen sie wieder auf. Letzterer entwarf den nach ihm benannten Test für maschinelle Intelligenz: Ein nur über Fernschreiber mit je einem Menschen und einem Rechner verbundener Tester muss herausfinden, welche der schriftsprachl. Reaktionen von der Maschine, welche von dem menschl. Kommunikationspartner stammen. Mit der Erfindung und Verbreitung des Digitalrechners nach dem Zweiten Weltkrieg steht eine adäquate Technologie zur Verfügung, um auf der Basis der Thesen 1) und 2) die Herausforderung anzunehmen, zumindest die berechenbaren Aspekte menschl. Intelligenz zu simulieren. Die Bez. ›artificial intelligence‹ wurde 1956 auf einer Konferenz im Dartmouth College, Hanover (N. H.), von dem Informatiker J. MCCARTHY geprägt.

Konzepte der künstlichen Intelligenz

Je nach der dominierenden Fragestellung lassen sich drei Konzepte unterscheiden:
  1) Ist eine künstl. Intelligenz überhaupt möglich? Dies ist eine philosoph. Frage. Sie wird von J. MCCARTHY mit drei Postulaten beantwortet, a) dem metaphys. Postulat: Ein intelligentes System muss eine Repräsentation der Welt besitzen, d. h. auf eine Menge von Fakten zugreifen, sie verarbeiten und erweitern können, b) dem erkenntnistheoret. Postulat: Zur Repräsentation dienen Mengen von logischen Aussagen bzw. Formeln, die Problemlösungen als Folgerungen enthalten, c) dem heurist. Postulat: Die Problemlösung muss auffindbar sein, d. h., es muss eine wirksame Suchstrategie für Beweise existieren. Diese Position ist philosophisch dem logischen Empirismus zuzuordnen. Sie schafft die Voraussetzung dafür, auch Maschinen als intelligent, d. h. problemlösefähig, zu betrachten.
  2) Rekonstruiert die KI die natürl. Intelligenz? Dies ist eine humanwiss. Fragestellung. Sie wurde bereits in den 50er-Jahren von dem Informatiker A. NEWELL und dem Kognitionspsychologen H. SIMON verfolgt. Kern ihres Konzeptes ist das Postulat des phys. Symbolsystems: Menschl. wie maschinelle Intelligenz beruhen auf der Fähigkeit zur Symbolverarbeitung, d. h. auf der Fähigkeit, Wissen symbolisch zu repräsentieren und zu verarbeiten. Ein Symbol ist ein phys. Muster, ein Baustein für symbol. Strukturen; diese wiederum sind Objekte von Verarbeitungsprozessen in einem phys. Symbolsystem. Diese Position ist philosophisch dem amerikan. Funktionalismus zuzuordnen. Sie postuliert die Unabhängigkeit intelligenter Leistungen von den Besonderheiten der phys. Implementation und damit die prinzipielle Ununterscheidbarkeit künstl. und natürl. Intelligenz. Diese ›starke‹ These wird jedoch von den meisten Kognitionswissenschaftlern so nicht akzeptiert. Vielmehr stellt der Entwurf und die Untersuchung des Verhaltens künstlich-intelligenter Systeme nur eine heurist. Methode (→Heu-

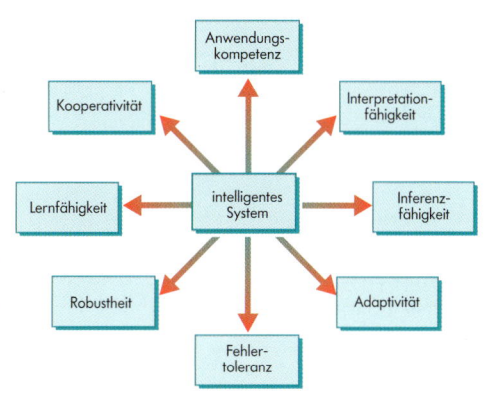

künstliche Intelligenz: Merkmale intelligenter Systeme

ristik) der Kognitionswissenschaften dar (›schwache‹ These), es handelt sich dabei um Methoden zur Auffindung neuer wiss. Erkenntnisse.
  3) Wie lässt sich KI anwenden? Dies ist eine prakt. Fragestellung, speziell eine ingenieurwiss., aber auch eine sozialethische. Lösbare Aufgaben ergeben sich dann, wenn man sich bei der Problemlösung auf Teilaspekte und Funktionen intelligenten Verhaltens beschränkt und diese auf techn. Möglichkeiten eingrenzt, bei denen eine Informationsverarbeitung durch Computertechnik effizienter erbracht werden kann als vergleichbare Leistungen der menschl. Intelligenz. Als Begründer der ingenieurwiss. orientierten KI gilt E. A. FEIGENBAUM, der den Begriff des ›knowledge engineering‹ (Wissensverarbeitung) prägte.

Grundlegende Methoden und Verfahren

Unabhängig von den unterschiedl. Auffassungen und Zielsetzungen werden im Rahmen der KI Methoden und Verfahren zur Problemlösung bzw. zur Systemkonstruktion entwickelt. KI-Systeme sind daher wissensbasierte Problemlöser, d. h., sie lösen Aufgaben auf der Grundlage verfügbarer Daten. Kernfragen des Entwurfs sind dementsprechend die formale Repräsentation der Problemobjekte und des Wissens darüber, die Methode der Inferenz, d. h. die Bestimmung der elementaren Problemlöseoperationen, sowie die Festlegung der Suchstrategie. Für die Realisierung des Entwurfs bedarf es der Auswahl von Methoden, Verfahren und Werkzeugen der Implementation. Als Basisrepräsentationsformalismus gilt die erweiterte Prädikatenlogik, die zugeordnete Inferenzmethode ist die →Deduktion. Eine einfache Suchstrategie ist das Rückziehungsverfahren (engl. backtracking). Mittel der Implementation sind neben den symbolisch orientierten Programmiersprachen →LISP und →PROLOG spezielle Wissensverarbeitungssysteme wie semant. Netze und Regelsysteme.

Teilgebiete und Anwendungen

KI-Systeme lassen sich traditionellen Teilgebieten zuordnen, die versch. Grade von Anwendungsreife und -relevanz besitzen.
  In der *Spielprogrammierung,* speziell der Schachprogrammierung, waren die spektakulärsten Erfolge zu verzeichnen, obwohl hier meist das wenig ›intelligente‹ Verfahren der Breitensuche angewendet wird. Die sich aus diesem Bereich entwickelnden Techniken des Problemlösens wurden auch von der kognitiven Psychologie aufgegriffen. – Das *automatische Beweisen* hat zwar kaum interessante neue Beweise, aber brauchbare Werkzeuge für die

mathematisch orientierten Disziplinen hervorgebracht, insbesondere auch Verfahren zur Überprüfung von Programmen auf deren Fehlerfreiheit und zur Entdeckung von Widersprüchen in Informationen, die in Datenbanken gespeichert sind.

Die *Verarbeitung von natürlicher Sprache* gehört zu den schwierigsten Problemen der KI. Erste Versuche scheiterten an der Unzulänglichkeit des rein syntakt. Ansatzes. Neuere Systeme zur Sprachanalyse und zum Sprachverstehen benutzen Wissensbanken, die Daten über Syntax, Bedeutungsstrukturen (Semantik) und Situationszusammenhänge von Sachverhalten (Pragmatik) bestimmter Aufgabengebiete enthalten; sie berücksichtigen Weltwissen und formalisierbare pragmat. Information. Zu den Anwendungen gehört neben der automat. Sprachübersetzung die →Mensch-Maschine-Kommunikation mit Daten- und Wissensbanken. Hier wird eine Verbindung mit Systemen der akust. Spracherkennung versucht, deren grundlegende Methoden und Verfahren außerhalb der KI liegen. In diesem Bereich findet naturgemäß eine enge Zusammenarbeit mit Methoden der kognitiven Linguistik statt. Ähnlich liegen die Verhältnisse beim *Verstehen von Bildern*. Dieses Gebiet besitzt seine Anwendungsreife und -relevanz weitgehend aufgrund der Methoden der →Mustererkennung sowie der einfachen Bilddeutung. Bei der Analyse natürl. Szenen und Umgebungen spielen wissensbasierte Methoden jedoch eine wichtige Rolle. Bildverstehen, räuml. Sehen und Analyse von Bildfolgen sind auch eine Voraussetzung für die Entwicklung *autonomer Roboter*, also flexibel einsetzbarer Handhabungsautomaten. Diese enthalten meist Sensoren zur Kommunikation mit der Umgebung (Photozellen, Kameras, Temperaturfühler, Rauchfühler u.a.), Effektoren zur Durchführung von Tätigkeiten (Schalter, bewegl. Greifarme u.a.) sowie Prozessoren zur Informationsverarbeitung und zur Steuerung der Effektoren. Die Robotik erlangt mithilfe der KI eine größere Flexibilität. Die in KI-Systemen zu repräsentierenden Objekte sind hier Umweltzustände und deren Veränderungen durch Aktionen. Statt Roboter zu festen Aktionsfolgen zu programmieren, werden Planungssysteme der KI zur Erzeugung einer Aktionsfolge (eines Plans) aus einem gegebenen Umweltzustand und einer Zielvorgabe eingesetzt.

Den höchsten Grad an Anwendungsrelevanz besitzen gegenwärtig *Expertensysteme*, d.h. automat. Problemlöser der KI für Spezialgebiete des Wissens, z.B. chem. Analyse, Fehlerdiagnose techn. Aggregate, Finanzanalyse oder Gerätekonfiguration. Ihre Leistungsfähigkeit hängt von Umfang, Qualität und Handhabbarkeit der Wissensbasis ab. Bei der Entwicklung eines Expertensystems steht die Wissensakquisition an erster Stelle. Sie ist mit den meisten Problemen behaftet, da z.B. fehlende Aspekte im akquirierten Wissen die Leistungsfähigkeit des Systems entscheidend beeinflussen. Nach der anschließenden Wissensanalyse (Wissensart und -struktur) erfolgt eine formale Rekonstruktion (Wissensrepräsentation), die mithilfe von Implementationswerkzeugen in ein Expertensystem umgesetzt wird. Benutzung und Fortschreibung der Wissensbasis können durch besondere Wissensakquisitionshilfen und eine Erklärungskomponente unterstützt werden, die eine Verfolgung des Ableitungsweges für eine Systemausgabe erlaubt. – In den letzten Jahren werden KI-Methoden verstärkt auf dem Gebiet der *Assistenzsysteme* eingesetzt. Obwohl sie auf der Grundlage der gleichen Technologie arbeiten wie Expertensysteme, werden sie im Gegensatz zu Expertensystemen nicht zur eigentl. Lösung von Problemen eingesetzt, sondern vielmehr als Werkzeuge zur Unterstützung des Menschen bei der Problemlösung.

Eine alle KI-Systeme berührende Technik ist das *automatische Lernen* (automat. Wissensakquisition). Nach einigen spektakulären Anfangserfolgen in Klassifikation und Konzeptbildung ist der Fortschritt hier jedoch ins Stocken geraten. Heute wird das Gebiet des automat. Lernens oft synonym mit der Anwendung künstl. neuronaler Netze verwendet. Gemäß These 2) wird der Versuch unternommen, menschl. Denkprozesse zu modellieren. Die entsprechende Forschungsdisziplin, die v.a. durch Wissenschaftler wie F. ROSENBLATT, J. HOPFIELD, G. HINTON oder D. RUMMELHARDT geprägt wurde, nennt man Konnektionismus.

Gesellschaftliche Bedeutung

Die Idee der vollständigen oder weitgehenden Rekonstruierbarkeit des menschl. Denkens ist für die einen Faszination, für andere Provokation. Prominente Kritik kommt v.a. von Philosophen an den zugrunde liegenden philosoph. Annahmen (H. DREYFUS, J.R. SEARLE) sowie deren dehumanisierenden Implikationen (J. WEIZENBAUM, T.A. WINOGRAD, F. FLORES). Gegen die ›starke‹ KI-These spricht, dass auch mit Sensoren ausgerüstete Automaten ihr Verhalten nur in einem vorgegebenen bzw. vorprogrammierten Rahmen ändern können. Lebendige Intelligenzen stehen jedoch mit ihrer natürl. und sozialen Umwelt in einer offenen, evolutionär sich verändernden Beziehung. KI-Systeme können daher nur gewisse abstrakte Aspekte der menschl. Intelligenz simulieren; sie sind in diesem Sinne nicht intelligent. Die starke KI-These wirkt bes. enthumanisierend im Zusammenhang mit

---

KI-Gebiete
- Assistenzsysteme
- Bildverstehen
- Expertensysteme
- natürlichsprachliche Systeme
- Robotik
- Schachcomputer

KI-Methoden
- automatisches Beweisen
- inferenzielle Prozesse
- maschinelles Lernen
- Mustererkennung
- Planen
- Spieltheorie
- Suchverfahren

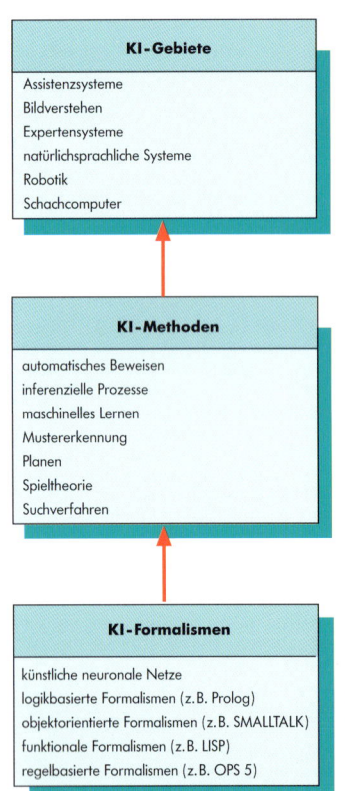

KI-Formalismen
- künstliche neuronale Netze
- logikbasierte Formalismen (z.B. Prolog)
- objektorientierte Formalismen (z.B. SMALLTALK)
- funktionale Formalismen (z.B. LISP)
- regelbasierte Formalismen (z.B. OPS 5)

künstliche Intelligenz: Methode und Arbeitsgebiete der künstlichen Intelligenz (KI)

bestimmten Anwendungen. Natürlichsprachl. Systeme z. B. sind auf Anpassung an den Benutzer angelegt und müssen dazu ein Modell aus Leistungsdaten des Benutzers erstellen. Sie verletzen damit die Prinzipien der Benutzerautonomie und der Systemtransparenz.

Den größten kommerziellen Nutzen hatten bisher Expertensysteme, deren Verbreitung rapide zugenommen hat. Meist eingebettet in komplexe Systeme liegt ihr Hauptanwendungsgebiet heute im Bereich der Planung, Planungsunterstützung und Konfiguration. Die Leistungsexplosion der letzten Jahre in der Hardwareentwicklung hat die techn. Voraussetzung geschaffen, sprachverarbeitende Systeme für den PC-Bereich zugänglich zu machen. Heute gibt es zahlr. Diktier- und Steuerungssysteme, die auf der Basis einer gesprochenen Eingabe entsprechende elektron. Texte erstellen oder Kommandos ausführen. Ihr Wortschatz beträgt z. T. einige zehntausend Wörter, die sie mit einer Trefferquote von über 95% erkennen. Ihre Haupteinsatzgebiete sind die Telekommunikation, die Fertigung und der Bürobereich.

In Dtl. stehen vonseiten des Bundesministeriums für Bildung, Wissenschaft, Forschung und Technologie (Abk. BMBF) für den Zeitraum 1994–98 etwa 360 Mio. DM für die finanzielle Förderung von KI-Forschungsvorhaben zur Verfügung. Die größten Mittelempfänger sind zz. das Dt. Forschungszentrum für Künstliche Intelligenz (DFKI, gegr. 1988) mit Standorten in Kaiserslautern und Saarbrücken, einige Großunternehmen, die Gesellschaft für Mathematik und Datenverarbeitung mbH (GMD) sowie einige Institute der Fraunhofer-Gesellschaft. Seit 1995 fördert das BMBF verstärkt Leitvorhaben mit Verbundcharakter und Anwendungsorientierung. KI ist heute weit weniger an der noch Ende der 80er-Jahre dominanten Forschung orientiert. Der Trend geht eindeutig in Richtung anwendungsspezif. Echtzeitsysteme, basierend auf künstl. neuronalen Netzen und Fuzzylogik. In Dtl. wurden im Jahr 1992 bereits weit mehr als 500 Mio. DM pro Jahr für KI-Technologien umgesetzt. Schätzungen gehen von einer Vervierfachung bis zum Jahr 2000 aus. Die Haupteinsatzgebiete für KI-Technologien sind intelligente Systeme der Telekommunikation, der Büroautomatisierung sowie Multimedia, virtuelle Realität, intelligente Fahrzeuge und Roboter sowie automat. Sprachverarbeitung und -übersetzung. – Langfristig stellen die KI-Technologien ein großes Rationalisierungspotenzial dar.

⇨ *Computer · Expertensystem · Informatik · lernender Automat · Multimedia · neuronale Netze · Robotik · Sprachverarbeitung · virtuelle Realität*

A. NEWELL u. H. A. SIMON: Computer science as empirical inquiry. Symbols and search, in: Communications of the Association for Computing Machinery, Jg. 19 (Baltimore, Md., 1976); N. J. NILSSON: Principles of artificial intelligence (Neudr. Los Altos, Calif., 1986); E. CHARNIAK u. D. MCDERMOTT: Introduction to artificial intelligence (Neudr. Reading, Mass., 1987); J. HAUGELAND: K. I. – programmierte Vernunft? (a. d. Engl., 1987); H. L. DREYFUS: Was Computer nicht können. Die Grenzen k. I. (a. d. Amerikan., Neuausg. 1989); The handbook of artificial intelligence, hg. v. A. BARR u. a., 4 Bde. (Neudr. Reading, Mass., Neudr. 1989); F. PUPPE: Einf. in Expertensysteme (^{2}1991); P. SCHEFE: K. I. – Überblick u. Grundlagen (^{2}1991); J. R. SEARLE: Geist, Hirn u. Wiss. Die Reith lectures 1984 (a. d. Engl., ^{3}1992); A. DENGEL: K. I. (1994); J. WEIZENBAUM: Die Macht der Computer u. die Ohnmacht der Vernunft (a. d. Engl., ^{9}1994); Computers and thought, hg. v. E. A. FEIGENBAUM u. a. (Neuausg. Menlo Park, Calif., u. a. 1995); Tb. der Informatik, hg. v. D. WERNER (^{2}1995); H. HELBIG: K. I. u. automat. Wissensverarbeitung (^{2}1996).

künstliche neuronale Netze, künstl. Intelligenz: →neuronale Netze.

künstliche Niere, Dialysator, Dialysegerät, nach dem Prinzip der →Dialyse arbeitendes Gerät zur außerhalb des Körpers erfolgenden Entfernung harnpflichtiger Substanzen aus dem Blut (extrakorporale Hämodialyse, ›Blutwäsche‹), die bei zeitlich begrenztem oder dauerndem Ausfall der Nierenfunktion nicht mehr mit dem Harn ausgeschieden werden. Hierzu wird das mit Heparin ungerinnbar gemachte Blut durch eine k. N. geleitet. Diese besteht aus künstl. Kapillaren, durch die das Blut des Patienten fließt. Im Gegenstrom fließt das Dialysat an den Kapillaren vorbei. Durch das mittels Zusatz von Salzen und Glucose regelbare Konzentrationsgefälle zw. Blutplasma und Dialysat kommt es zum Übergang der niedrigmolekularen Schlackenstoffe durch die semipermeablen Kapillarmembranen, deren Poren für die lebenswichtigen Zellen und Eiweißstoffe des Blutes unpassierbar sind. Technisch ähnlich funktioniert die Hämofiltration, bei der ausschließlich großporige Kapillarfilter eingesetzt werden, durch die Moleküle bis zu 10 Kilo Dalton passieren können.

Die verwendeten Geräte unterscheiden sich im Wesentlichen durch ihre Membransysteme: Der Spulendialysator (heute wenig eingesetzt) besteht aus abgeplatteten, durch dazwischen liegende Kunststoffgitter zusammengepressten, auf eine Spule gewickelten Membranschläuchen; der Plattendialysator enthält in Gegenstrom zum Dialysat durchflossene planförmige Dialysemembranen; beim Kapillardialysator besteht der Blut führende Teil aus über 10 000 Kunststoffkapillaren, die in einem Zylinder vom Dialysat umspült werden. Durch die speziellen Bauformen der k. N. wird eine Austauschoberfläche von 1,2 bis 1,8 m^2 erreicht. Neben dem Kernstück des Membransystems enthält die k. N. Pumpen, Wärmeaustauscher sowie Mess- und Warnsysteme. Der Anschluss an den Körperkreislauf wird über eine operativ angelegte arteriovenöse Fistel (Shunt) hergestellt. Der Reinigungsvorgang dauert 3–5 Stunden; bei chronisch Nierenkranken ist i. d. R. eine dreimalige Dialyse je Woche erforderlich. Unter entsprechenden Voraussetzungen kann diese auch zu Hause vorgenommen werden (→Heimdialyse). Eine andere Form der Dialysebehandlung ist die →Peritonealdialyse.

Außer bei der Dauerbehandlung von Patienten mit chron. Niereninsuffizienz wird die k. N. kurzfristig bei akutem Nierenversagen, Vergiftungen mit dialysierbaren Giften und zur Nachbehandlung bei Nierentransplantation eingesetzt, wenn die transplantierte Niere ihre Funktion verzögert aufnimmt.

künstlichen Paradiese, Die, frz. ›Les paradis artificiels‹, Prosatexte von C. BAUDELAIRE; frz. 1860.

künstlicher Erdsatellit, →Raumflug.

künstlicher Horizont, 1) *Astronomie:* eine genau horizontal liegende, spiegelnde Fläche, die z. B. durch eine Glasscheibe oder durch die Oberfläche von Quecksilber in einer weiten Schale realisiert werden kann. Der k. H. dient zur Bestimmung der Richtung zum Zenit oder zum Nadir.

2) *Luftfahrt:* **Kreiselhorizont, Horizontkreisel,** ein Flugüberwachungsgerät zur Anzeige der Lage (Längs- und Querneigung) des Flugzeugs im Verhältnis zur Horizontlinie. Der k. H. ersetzt dem Flugzeugführer beim Instrumentenflug den natürl. Horizont. Die Stellung eines mit einem kardanisch gelagerten Kreisel, der bei allen Flugbewegungen seine Lage im Raum beibehält, verbundenen Horizontbalkens zu einem Flugzeugsymbol zeigt die relative Lage des Flugzeugs an. Im **Wendehorizont** sind der k. H. und der →Wendezeiger zu einem Gerät vereinigt.

künstlicher Winterschlaf, *Medizin:* die künstl. Hibernation (→Hypothermie).

künstliches Auge, bei Verlust eines Auges zum Schutz der Augenhöhle vor Entzündung und Schrumpfung der Bindehaut und zu kosmet. Zwecken eingesetzte Augenprothese; sie wird als maßgefertigter schalenförmiger Glas- (Glasauge) oder Kunststoffersatz dem verbliebenen Auge nachgebildet; die Kosten werden von den gesetzl. Krankenkassen getragen. Bei intakten Augenmuskeln und Implantation einer Kunststoffplombe in die Augenhöhle ist eine begrenzte Beweglichkeit erzielbar.

künstliches Glied, *Medizin:* →Prothese.

künstliches Herz, einpflanzbare Herzprothese, die die Funktion eines kranken oder versagenden Herzens vorübergehend oder dauernd übernehmen soll. Bisher konstruierte Geräte bestehen überwiegend aus einem Spezialkunststoff und weisen wie das natürl. Herz zwei Kammern mit jeweils zwei Rückschlagventilen auf, die der Regelung des Blutein- und Blutausstroms dienen. Der von außen erfolgende pneumat. oder hydraul. Antrieb wirkt über jeweils eine Zusatzkammer. Andere Modelle arbeiten mit elektrisch angetriebenen Pendel- oder Rollenpumpen. Die erste vollständige Prothese, die als Überbrückung der Herzfunktion bis zu einer anschließenden Transplantation arbeitete, wurde 1969 von D. A. COOLEY in Houston (Tex.) implantiert. Trotz technisch immer perfekterer Geräte konnte ein dauerhaft funktionstüchtiges k. H. als Alternative zur Herztransplantation bisher nicht verwirklicht werden. Der längste Einsatz eines k. H. bei einem Patienten beträgt zurzeit ein reichl. Jahr. Schwierigkeiten bieten die Haltbarkeit der verwendeten Kunststoffe und die Miniaturisierung der (elektr. oder pneumat.) Antriebseinheiten.

künstliche Sprachen, künstlich geschaffene Sprachsysteme (im Unterschied zu natürl. Sprachen), z. B. die →formalen Sprachen (darunter die Programmiersprachen) und die →Welthilfssprachen.

künstliche Zähne, aus Porzellan oder aus Kunststoffen hergestellter →Zahnersatz.

Kunstlichtfilm, Farbfilm, der speziell auf die niedrigere Farbtemperatur des Kunstlichtes (i. Allg. zw. 3200 und 3800 K) abgestimmt ist.

Kunstlied, ein Lied, das sich, im Unterschied etwa zu Volkslied und Gesellschaftslied, Gassenhauer und Schlager, durch kompositor. Komplexität, Individualität des Ausdrucks und hohe Ansprüche an die Wiedergabe auszeichnet.

Kunstmarmor, Gipsmarmor, aus (mit Leimwasser angesetztem) Gipsmörtel hergestellter Kunststein (im Unterschied zu dem aus Marmormehl und Kalk oder Portlandzement hergestellten **Betonmarmor**), der politurbeständiger und säureunempfindlicher als echter Marmor ist. (→Stuck, →Stuckmarmor, →Scagliola)

Kunstpädagogik, Sammel-Bez. für alle Bemühungen im Bereich von Kindergarten und Vorschule, Schule, Erwachsenenbildung und Museum, ästhet., künstler. und kulturelle Phänomene der visuellen Welt mit z. T. sehr unterschiedl. Zielsetzungen mit gestalter., anschaul. und sprachl. Vorgehensweisen zu vermitteln. Auf die dem gestalterisch-bildner. Tun innewohnenden Selbstheilungskräfte stützt sich bes. die →Kunsttherapie.

Die schul. Kunsterziehung geht auf J. H. PESTALOZZI (›Wie Gertrud ihre Kinder lehrte‹, 1801) zurück, der in die Pädagogik eine elementare Anschauungslehre einführte, die Grundlage für das an den Volksschulen der frühen 19. Jh. Zeichnen, das bereits um 1870 im Sinne von Kopieren nach Vorlagen abgewandelt und missverstanden zum Pflichtfach an den allgemein bildenden Schulen avancierte. Diese Art des Zeichenunterrichts wurde in der →Kunsterziehungsbewegung um 1900 zunächst mit dem Prinzip Kunst in Verbindung gebracht; die Jugend sollte zur ›großen Kunst‹ hingeführt und im Geist lebendiger Kunst erzogen werden (A. LICHTWARK). In einer zweiten Phase (ab 1903) rückte die Eigentätigkeit des Kindes (die schöpfer. Fähigkeiten des Menschen) ins Blickfeld. In der Praxis traten statt der Vorlagen nun Gegenstände. G. BRITSCH betonte Parallelen zw. vorgeschichtl. und Kinderkunst (›Theorie der bildenden Kunst‹, 1926). Entscheidende Anstöße zu einer Umorientierung der Kunstschuldidaktik und auch des Schulunterrichts gingen von der expressionist. Kunst und dem Bauhaus aus.

Im heute Kunstunterricht, bildner. Gestalten, bildende Kunst oder visuelle Kommunikation genannten Schulfach finden sich versch. wirksame Ansatzpunkte einer künstlerisch-visuellen Bildung: in der Kunsterziehung mit dem Ziel, die bildner. Anlagen altersgerecht durch Selbsttun zu fördern und einen Ausgleich zu den wissensbetonten Fächern zu schaffen; im Kunstunterricht mit dem Hauptziel, Sachwissen und prakt. Vermögen in Gestaltungsfragen zu vermitteln, ein Kunstverständnis und Transfer in alltägl. Situationen zu erzielen; in der visuellen Kommunikation mit dem Hauptziel, Absichten, Formen und Wirkungen der Bildmedien kritisch zu hinterfragen; in der ästhet. Erziehung mit dem Hauptziel, die visuellen Vollzüge einer Kultur zu analysieren, in teilweisen Nachvollzug krit. Erfahrungen zu sammeln und im selbst bestimmten Gestalten Freude und Befriedigung zu erlangen.

G. OTTO: Didaktik der ästhet. Erziehung (²1976); K. EID u. a.: Grundlagen des Kunstunterrichts (³1994).

Kunstphilosophie, Teilgebiet einer Philosophie, die sich mit ästhet. Problemen befasst (→Ästhetik, das →Schöne); sie betrachtet Kunst unter philosoph. Fragestellungen.

Kunstpreise, i. w. S. Preise für alle Gattungen der Kunst (v.a. Musik, darstellende Künste, bildende Kunst, Literatur, Film, Medien, Fotografie, Design, Kunsthandwerk); i. e. S. Preise für bildende Kunst, meist einschließlich der Architekturpreise. Die wichtigsten K. auf dem Gebiet der bildenden Kunst in Dtl. sind: Art Cologne-Preis (Köln); Dt. Videokunstpreis (Baden-Baden); Dorothea-von-Stetten-Kunstpreis (Bonn); Förderpreise Bildende Kunst des Kulturkreises der Dt. Wirtschaft im BDI (Köln); Gabriele Münter Preis (Bonn); Kahnweiler-Preis (Rockenhausen); Karl-Schmidt-Rottluff-Stipendien (Berlin); Kunstpreis Aachen; Kunstpreis der Böttcherstraße in Bremen; Kunstpreis der Stadt Darmstadt; Kunstpreis ›Junger Westen‹ der Stadt Recklinghausen; Kunstpreis Ökologie (Nürnberg); Kurt-Schwitters-Preis (Hannover); Lichtwark-Preis und Edwin-Scharff-Preis der Freien und Hansestadt Hamburg; Max-Beckmann-Preis der Stadt Frankfurt am Main; Stipendium Bildende Kunst der Studienstiftung des Dt. Volkes (Bonn); Villa-Massimo-Stipendium (Bonn/Rom); Villa-Romana-Preis (Düsseldorf/Florenz); Wilhelm-Lehmbruck-Preis (Duisburg); Will-Grohmann-Preis (Berlin).

Auf dem Gebiet der Architektur sind insbesondere zu nennen: in den USA der ›Pritzker Preis‹; in Dtl.: AIV-Förderpreis für Architekten und Ingenieure; Dt. Architekturpreis Villa-Massimo-Stipendium; Fritz-Schumacher-Preis der Freien und Hansestadt Hamburg; Großer BDA-Preis (Bund Dt. Architekten); Mies van der Rohe-Preis; Paul-Bonatz-Preis der Stadt Stuttgart.

Kunstpsychologie, Teilbereich der Psychologie, der unter Einbeziehung v. a. ästhet., wahrnehmungs- und persönlichkeitspsycholog. Aspekte das künstler. Erleben und die Hervorbringung, Darbietung und Rezeption von Kunstwerken untersucht, i. e. S. (neben Literatur- und Musikpsychologie) bes. derjenigen der bildenden Kunst.

Psychoanalyse, Kunst u. Kreativität heute. Die Entwicklung der K. seit Freud, hg. v. H. KRAFT (1984); M. SCHUSTER: Das ästhet. Motiv. Eine Einf. in die Psychologie der bildenden Kunst (1985); Wodurch Bilder wirken. Psychologie der Kunst, Beitrr. v. M. SCHUSTER u. a. (1992); K. heute, hg. v. W. SCHURIAN (1993).

Kunstradsport

Kunst|radsport, Kunstfahren, artist. Hallensportart auf dem Fahrrad. Es gibt internat. Wettbewerbe für Einer und Zweier sowie nat. für Vierer- und Sechsergruppen. Das bes. gebaute Kunstfahrrad mit nach hinten versetztem Sattel wird zur Vorführung von versch. Figuren (z. B. Hocken, Drehungen, Schersprüngen, Stillstand) auf der 11 × 14 m großen Fahrfläche benutzt. Dabei ist in 6 min ein vorher festgelegtes Fahrprogramm mit versch. Schwierigkeiten vorzuführen. Nicht korrekt gezeigte Figuren werden mit Punktabzug belegt. – WM-Disziplin im Einer seit 1956 (Männer) bzw. 1959 (Frauen), im Zweier seit 1986 (Männer und Frauen). *Organisationen:* →Radsport.

Kunst|rasen, Bez. für strapazierfähige, wasser- und verrottungsfeste Kunststoffteppiche von rasenähnl. Aussehen. K. für Terrassen, Dachgärten u. Ä. werden z. B. aus Polypropylenbändchen bzw. -garnen (als Polfäden) auf Latex-Waffelrücken hergestellt. K. für Sportplätze und -hallen enthalten meist eine Schaumstoffschicht; sie werden auf einen straßenähnl. Bitumenunterbau aufgeklebt.

Kunst|rezeption [lat.-frz.], →Rezeption.

Kunstsammlungen, Sammlungen von Kunstwerken in privatem und öffentl. Besitz. K. haben ihre Anfänge dort, wo im Kultraum oder in Grabstätten bestimmte Gegenstände nicht aus Gründen der Nützlichkeit aufbewahrt wurden, sondern wegen ihres mag. oder symbol. Gehalts. In griech. Tempeln wurden Kunstwerke, Beutewaffen u. a. Kostbarkeiten ohne besondere Unterscheidung nebeneinander aufgehoben, ebenso wie auch der mittelalterl. Kirchenschatz Reliquien, Kultgeräte, Kuriosa und Kunstwerke umfasste; ähnlich waren auch die fürstl. Sammlungen des MA. zusammengestellt. Die Gesch. des modernen Kunstsammelns begann in Italien zur Zeit der Frührenaissance, als das aufstrebende Bürgertum anfing, Sammlungen von Antiken, Münzen, Medaillen, Gemmen und Werken zeitgenöss. Kunst anzulegen. An den dt. Fürstenhöfen entstanden im 16. Jh. die Kunst- und Wunderkammern; die erste Sammlung dieser Art ist die des Erzherzogs FERDINAND II. in Tirol auf Schloss →Ambras, ihr folgten die Kunstkammern von Kaiser RUDOLF II. in Prag, die Sammlungen der Herzöge ALBRECHT V. und WILHELM V. in München und der sächs. Kurfürsten in Dresden (→Grünes Gewölbe) sowie die Kunstkabinette wohlhabender bürgerl. Sammler. Die Antikensammlungen der Medici waren auch den studierenden Künstlern zugänglich, in Rom fanden unter Papst LEO X. Kunstausstellungen statt. Wo sich das Interesse weniger auf die Eigentümlichkeit als auf die Vorbildlichkeit des Kunstwerks richtete, wurden Normen zur Unterscheidung der hohen Kunst von den angewandten Künsten ausgebildet und die Kunstwerke, nach Gattungen getrennt, gesammelt und ausgestellt (Antikensammlung, Münzkabinett, Gemäldegalerie). Dem Vorbild Italiens folgend, entstanden im 17. Jh. die großen Gemäldegalerien an den europ. Höfen, unter König PHILIPP II. von Spanien, Erzherzog LEOPOLD WILHELM, König KARL I. von England und LUDWIG XIV. Um die Mitte des 18. Jh. wurden erste Initiativen ergriffen, die großen K. einem breiteren Publikum zugänglich zu machen; 1739 gingen die Sammlungen der Medici in Staatsbesitz über, 1769 wurden die Vatikan. Sammlungen zum Besitz des Kirchenstaates erklärt und der Öffentlichkeit zugänglich gemacht, 1753 fand mit der Übernahme der Privatsammlung von Sir H. SLOANE die Gründung des Brit. Museums als erstes von Anfang an öffentl. Museum statt. Auch in der Folgezeit bildeten bedeutende Privatsammlungen (u. a. von G. CINI, H. C. FRICK, J. P. GETTY, S. R. und P. GUGGENHEIM, C. S. GULBENKIAN, J. H. HIRSHHORN, S. H. KRESS, HELENE und A. G. KRÖLLER-MÜLLER, P. und IRENE LUDWIG, O. REINHART, B. SPRENGEL, H. H. THYSSEN-BORNEMISZA, E. VON DER HEIYDT, R. WALLACE) den Grundstock oder wesentl. Bestandteil öffentl. Museen oder wurden in von den Sammlern selbst eingerichteten Museen öffentlich ausgestellt.

Kunstschmiedearbeiten, →Schmiedekunst.

Kunstschrank, der →Kabinettschrank.

Kunstschwimmen, das →Synchronschwimmen.

Kunstseide, frühere Bez. für Garne aus Viskose- oder Kupferfasern (Viskose-K., Kupfer-K.); heute versteht man darunter →Chemiefasern aus Cellulose bzw. Cellulosefasern.

Kunstsoziologie, Teildisziplin der Soziologie, untersucht die gesellschaftl. Entstehungs- und Wirkungszusammenhänge u. a. von bildner., literar. und musikal. Werken; dabei analysiert sie die materiellen und ideellen Lebensformen des Künstlers, die Wirkungen der Kunst auf die gesellschaftl. Beziehungen der Menschen untereinander, die Verbreitungsbedingungen von Kunst, die Beziehungen von Künstlern und ihren Werken zu anderen Bereichen der Gesellschaft (Politik, Erziehungswesen), das Verhältnis von künstler. Leitideen und gesellschaftl. Ideologien sowie die Kunst als Gegenstand des Konsums und des modernen Wandels.
A. SILBERMANN: Empir. K. (1973); Klassiker der K., hg. v. A. SILBERMANN (1979); A. GEHLEN: Zeit-Bilder. Zur Soziologie u. Ästhetik der modernen Malerei (³1986); Art social u. art industriel. Funktionen der Kunst im Zeitalter des Industrialismus, hg. v. H. PFEIFFER u. a. (1987); A. HAUSER: Soziologie der Kunst (³1988); DERS.: Sozialgesch. der Kunst u. Lit. (Neuausg. 63.–70. Tsd. 1990); G. KAPNER: Die Kunst in Gesch. u. Gesellschaft. Aufsätze zur Sozialgesch. u. Soziologie der Kunst (Wien 1991); W. BENJAMIN: Das Kunstwerk im Zeitalter seiner techn. Reproduzierbarkeit (Neuausg. ²²1996).

Kunstspringen, 1) *Schwimmsport:* →Wasserspringen.

2) *Skisport:* →Freestyle.

Kunststeine, *Bautechnik:* veraltete Bez. für Betonwerksteine und andere künstlich aus Beton, Bindemitteln und Natursteinzuschlägen hergestellte Bauelemente von Steincharakter.

Kunststoffbahn, *Sport:* Bahn v. a. für Lauf- und Sprungwettbewerbe in der Leichtathletik, deren auf eine Asphaltschicht aufgebrachter Belag aus hoch-

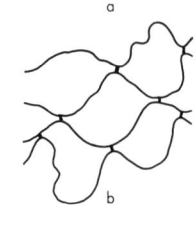

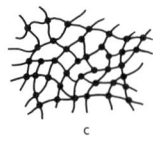

Kunststoffe:
Strukturmodelle für Kunststoffe:
a Thermoplast;
b Elastomer;
c Duroplast

elast., in Zusammensetzung, Körnung und Dicke unterschiedl. Kunststoff besteht; z. B. →Tartan® (**Tartanbahn**).

Kunststoffe, Plaste, Polymerwerkstoffe, engl. **Plastics** [‛plæstiks], Werkstoffe, deren Hauptbestandteile synthet. oder durch Umwandlung von Naturstoffen hergestellte, meist organ. Polymere sind. Synthet. Polymere lassen sich durch Polymerisation, Polykondensation oder Polyaddition aus einfachen Molekülen (Monomeren wie Äthylen, Propylen, Styrol, Vinylchlorid, Caprolactam, Isocyanaten usw.; →Petrochemie) aufbauen. Die molaren Massen liegen i. Allg. zwischen 10 000 und 1 Mio. g/mol. Je nachdem, ob die bei der Polyreaktion entstehenden Makromoleküle aus gleichartigen oder unterschiedl. Struktureinheiten aufgebaut sind, spricht man von Homopolymeren oder Copolymeren (→Polymere). Von den natürl. Polymeren, die durch Modifizierung in K. umgewandelt werden, hat Cellulose die größte Bedeutung (→Celluloseester). Bei ausreichend hoher Temperatur sind die Molekülketten von Polymeren beweglich und streben eine Knäuelform an. Der K. ist dann kautschukelastisch bis plastisch. Beim Abkühlen vermindert sich die Kettenbeweglichkeit und damit die Verformbarkeit des Polymeren. Unterhalb der **Glastemperatur (Einfriertemperatur)** geht der K. in einen glasig-harten Zustand über. Die Molekülketten bleiben dabei ungeordnet (etwa wie die Fäden in einem Wattebausch), d. h., der K. ist amorph. Durch sperrige Seitengruppen oder polare Bindungen (z. B. C — Cl) und die daraus resultierenden Anziehungskräfte wird die Kettenbeweglichkeit herabgesetzt und die Glastemperatur erhöht. Starre ringförmige Kettenglieder behindern die Kettenbeweglichkeit bes. stark und ergeben **hochtemperaturbeständige K.** mit sehr hohen Glastemperaturen (z. B. Polysulfone, Polyimide). Bei regelmäßiger Anordnung der Strukturelemente in der Molekülkette können Polymere kristallisieren (z. B. isotakt. Polypropylen). Die regelmäßige Anordnung der Molekülketten wird allerdings durch ihre geringe Beweglichkeit behindert, sodass meist amorphe Teilbereiche in Form von Schleifen und Windungen zw. den geordneten Bereichen bestehen bleiben. Der K. ist dann teilkristallin. **Flüssigkristalline K.** bestehen aus starren Molekülketten, die in der Schmelze oder in Lösung parallel zueinander angeordnet sind. Wenn bei der Verarbeitung (z. B. beim Verspinnen zu Fasern) die parallele Ausrichtung der Molekülketten erhalten bleibt, entstehen K. mit extrem hoher Formbeständigkeit und Festigkeit.

Die Klassifizierung von K. erfolgt meist aufgrund ihres Verhaltens in der Wärme. **Thermoplaste** sind amorphe oder teilkristalline K., deren Moleküle nicht miteinander vernetzt sind. Dadurch können oberhalb der Glastemperatur ganze Moleküle ihren Platz wechseln, d. h., Thermoplaste sind in der Wärme plastisch verformbar, schmelzbar und schweißbar. Sie sind außerdem in geeigneten Lösungsmitteln quellbar und mehr oder weniger gut löslich. Zu den Thermoplasten gehören die **Standard-K.** Polyäthylen, Polypropylen, Polystyrol und Polyvinylchlorid, aber auch wichtige techn. K. (z. B. Polyamide, Polycarbonate). **Elastomere (Elaste)** sind vorwiegend amorphe Polymere mit Glastemperaturen unterhalb der Raumtemperatur, deren Moleküle weitmaschig vernetzt sind. Durch die Vernetzung wird zwar der Platzwechsel von Molekülen und damit die plast. Verformung verhindert, die Beweglichkeit von Kettensegmenten bleibt aber erhalten, sodass elast. Formänderungen möglich sind. Elastomere sind bei Gebrauchstemperatur gummielastisch (→Kautschuk), sie schmelzen nicht und sind unlöslich, aber quellbar. **Thermoplastische Elastomere** sind gummielastisch, können aber bei hohen Temperaturen wie Thermoplaste verarbeitet werden. Ihre Molekülketten bestehen aus Segmenten mit niedriger Glastemperatur (z. B. Polybutadien) und Segmenten, die kristallisieren oder die eine hohe Glastemperatur haben (z. B. Polystyrol). Diese ›harten Blöcke‹ wirken bei Gebrauchstemperatur vernetzend, brechen aber bei hoher Temperatur auf. **Duroplaste** (besser **Thermodure**) oder **Duromere** bestehen aus engmaschig vernetzten Molekülen, sodass nur geringfügige Abstandsänderungen innerhalb der dreidimensionalen Struktur möglich sind. Duroplaste sind nicht plastisch verformbar, unschmelzbar, nicht schweißbar und unlöslich. Zu ihnen gehören →Phenolharze, →Aminoplaste, →Epoxidharze und →Polyurethane. **Polymerlegierungen (Polymerblends)** sind mehrphasige Polymermischungen. Besondere Bedeutung haben schlagzähe Polymerlegierungen, bei denen in einer kompakten Polystyrol- oder Polyamid-Hartphase das weiche Elastomer (z. B. Polybutadien) fein verteilt ist (→ABS-Polymerisate).

Die ungeformten K.-Erzeugnisse (→Formmassen) enthalten häufig Füllstoffe zur Verbilligung und zur Erzielung bestimmter Eigenschaften, Stabilisatoren zur Erhöhung der Beständigkeit gegenüber Wärme und Licht u. a. Zusätze. Durch Einbetten von Verstärkungsfasern (Glas-, Aramid- oder Kohlenstofffasern) kann ein Verbundwerkstoff mit höherer Festigkeit hergestellt werden. Mithilfe von →Weichmachern wird die Glastemperatur erniedrigt, d. h., harte Thermoplaste (bes. Polyvinylchlorid) werden in einen lederoder weichgummiartigen Zustand überführt. Die →Schaumstoffe sind K. mit zelliger Struktur.

Thermoplast. K. können u. a. durch Extrudieren, Kalandrieren (Walzen), Spritzgießen, Blasformen oder Folienblasen (→Folien) verarbeitet werden. Durch Extrudieren (→Extrusion) wird als Pulver oder Granulat eingesetzte Formmasse zu Halbzeug (Rohre, Schläuche, Platten, Folien) geformt. Das →Spritzgießen ist das wichtigste Verfahren zur Herstellung von Formteilen. Beim Blasformen, das zur Herstellung von Flaschen und Kanistern dient, wird ein extrudierter, heißer Thermoplastschlauch von einer Form umschlossen und mithilfe von Druckluft an die Innenflächen der Form gedrückt. Durch Kalandrieren lassen sich Folien und Bahnen z. B. aus Polyvinylchlorid herstellen. Phenoplast- und Aminoplast-Formmassen werden beim Press- oder Spritzpressverfahren in vorgewärmte Formen gebracht und unter Druck geformt und gleichzeitig zu Duroplasten vernetzt (ausgehärtet). →Reaktionsharze lassen sich drucklos durch Gießen oder Laminieren verarbeiten.

Große Bedeutung haben K. im Bauwesen (z. B. für Fensterprofile, Dachbeschichtungen, Abwasserrohre), auf dem Verpackungssektor (z. B. Folien, Fla-

Struktur und Glastemperatur von Kunststoffen		
Name	Strukturausschnitt	Glastemperatur °C
Polybutadien	$-CH_2-CH=CH-CH_2-CH_2-CH=CH-CH_2-$	unter -90
Polyvinylchlorid	$-CH_2-CH-CH_2-CH-$ mit Cl, Cl	80
Polystyrol	$-CH_2-CH-CH_2-CH-$ mit Phenylgruppen	100
Polyimid	Strukturformel	315

schen, Kanister), in der Elektroindustrie (z. B. Kabelisolierungen, Leiterplatten), Fahrzeugindustrie (z. B. Stoßfänger, Armaturenbretter, Batteriekästen) und chem. Industrie (z. B. Rohrleitungen) sowie bei Konsumwaren (Möbel, Büroartikel, Geräte der Unterhaltungselektronik, medizin. Artikeln (z. B. Injektionsspritzen) K. zeigen in vielen Bereichen bessere Eigenschaften als konkurrierende Produkte (sie sind z. B. nassfester als Papier, unzerbrechlicher im Vergleich zu Glas, nicht rostend im Vergleich zu Stahl) und können mit geringerem Energieaufwand hergestellt werden. Derzeit finden ›maßgeschneiderte‹ Hochleistungs-K. zunehmend Eingang in die Technik. Beispiele sind hochfeste flüssigkristalline K. für mechanisch hoch belastete Bauteile, hitze- und schlagfeste K. im Motor- und Außenbereich von Kraftfahrzeugen, kohlenstofffaserverstärkte K. im Flugzeugbau, polymere Lichtleiter für Verkabelungen im Nahbereich und elektrisch leitende K. (›K.-Batterie‹). Hauptvorteile von K. im techn. Bereich sind das geringe Gewicht der Bauteile (dadurch ergeben sich z. B. Kraftstoffeinsparungen bei Kraftfahrzeugen), Korrosionsbeständigkeit, große Freiheit bei der konstruktiven Gestaltung und Einsparung metall. Rohstoffe (z. B. Aluminium, Kupfer).

K.-Recycling: Die weitere Entwicklung der K.-Technik wird u. a. davon abhängen, ob das Recycling von **K.-Abfällen** befriedigend gelöst werden kann. Sortenreine und wenig verunreinigte Abfälle thermoplast. K., wie sie in Industrie, Gewerbe und Handel anfallen, lassen sich häufig ohne Probleme wieder verwenden (z. B. Wiedereinschmelzen von Flaschenkästen aus Polyäthylen). Im Hausmüll sind K.-Abfälle mit einem Masseanteil von 6–8 % enthalten, wovon etwa 67 % auf Polyäthylen und Polypropylen, 16 % auf Polystyrol und 12 % auf Polyvinylchlorid (PVC) entfallen. Derzeit werden davon nur knapp 1 % wieder verwertet. K. sind nicht wasserlöslich und verrotten auf einer Mülldeponie praktisch nicht.

In den letzten Jahren hat es viele techn. Neuentwicklungen und Verbesserungen von Verfahren zum Verwerten von Alt-K. gegeben. Derzeit werden drei Möglichkeiten der Wiederverarbeitung von K. unterschieden: die **werkstoffliche** (direkte Verarbeitung von möglichst sortenreinen Alt-K.), die **rohstoffliche** (Rückgewinnung der Ausgangsstoffe durch therm. u. a. Spaltverfahren) und die **energetische Verwertung** (Verbrennung). Voraussetzung für eine rohstoffl. oder eine werkstoffl. Verwertung ist eine möglichst sortenreine Sortierung. Bei einer werkstoffl. Verwertung werden die K. zunächst grob in die Stoffgruppen Thermoplaste, Duroplaste und Elastomere getrennt und dann zu dickwandigen Produkten (z. B. Parkbänken oder Begrenzungspfählen), für die jedoch nur ein begrenzter Absatzmarkt besteht, verarbeitet. Derart wieder verwertete K. entsprechen nur geringen Qualitätsanforderungen, man spricht auch von ›downrecyceln‹. Je sortenreiner jedoch die K. getrennt werden, desto mehr nähert sich das Recyclingprodukt den Qualitätsmerkmalen der Neuware an. – Bei der rohstoffl. Verwertung wird zw. der K.-Pyrolyse, bei der die K. in ihre petrochem. Bestandteile Pyrolysegas und -öl zerlegt werden, sowie der Hydrierung unterschieden, bei der die K. gecrackt, Bestandteile wie Chlor und Schwefel abgetrennt und kurzkettige Kohlenwasserstoffe wiedergewonnen werden. Großtechnisch ist die Hydrierung bislang nicht erprobt, eine Großanlage im Raum Halle-Merseburg-Bitterfeld ist jedoch geplant. Da das Pyrolysegas verbrannt und Hydrier- und Pyrolyseöl zu Treibstoffen verarbeitet werden, wird die rohstoffl. Verwertung auch als ›mittelbare energet. Verwertung‹ bezeichnet. – Die Kunststoff- und Verpackungsindustrie befürwortet i. Allg. die unmittelbare energet. Verwertung, d. h. die Verbrennung der Alt-K.,

und argumentiert mit deren hohem Brennwert. Aus Sicht der Abfallwirtschaft hingegen bedeuten die meist großtechn. Verfahren der rohstoffl. und energet. Verwertung die Kapitulation der Kreislaufwirtschaft vor der oft unnötigen Sortenvielfalt im K.-Bereich.

Wirtschaft: Die Zeit seit dem Ende der Erdölkrise von 1979/80 ist durch ein stetiges Wachstum der K.-Produktion gekennzeichnet. 1995 wurden in Westeuropa 37,1 Mio. t K. erzeugt, davon 4,9 Mio. t Polyäthylen niedriger Dichte (LDPE), 1,3 Mio. t lineares Polyäthylen niedriger Dichte (LLDPE), 4,9 Mio. t Polyvinylchlorid, 5,3 Mio. t Polypropylen, 3,7 Mio t Polyäthylen hoher Dichte (HDPE), 0,6 Mio. t Polyäthylenterephthalate und 1,9 Mio. t Polystyrol. Internat. Produktionszahlen 1995: Dtl. 11,5 Mio. t, Frankreich 4,3 Mio. t, Italien 3,1 Mio. t, Russland 1,8 Mio. t, Österreich 0,996 Mio. t (1994), Ungarn 0,764 Mio. t, Polen 0,715 Mio. t, Japan 11,7 Mio. t, Süd-Korea 6,9 Mio. t, China 5,2 Mio. t.

Der Pro-Kopf-Verbrauch von K. betrug 1996 in Dtl. 112,6 kg, in Österreich (1994) 114,8 kg und in der Schweiz 86 kg. Der bes. hohe Pro-Kopf-Verbrauch in Dtl. erklärt sich z. T. aus dem hohen Anteil an exportierten K.-Erzeugnissen, die in den Zahlen mit enthalten sind.

Geschichte: Ein hornähnl. K. wurde bereits im Spät-MA. aus Ziegenkäse (Milcheiweiß) hergestellt und für Lampen und Intarsien verwendet. Die ersten K. waren modifizierte Naturstoffe wie vulkanisierter Kautschuk (1839), Vulkanfiber (1859) und Celluloid (1869). Nach ersten Versuchen von A. VON BAEYER (1872), einem ersten Patent von C. H. MEYER (1902) und Weiterentwicklungen von L. H. BAEKELAND kam 1910 mit dem Phenol-Formaldehyd-Harz Bakelit der erste vollsynthet. K. auf den Markt. In den 20er-Jahren führte H. STAUDINGER seine grundlegenden Arbeiten über den Aufbau von Polymeren durch. Polymerisations-K. werden seit etwa 1930 in techn. Maßstab hergestellt (Polymethacrylate 1928, Polystyrol 1930). Voraussetzung für die große Verbreitung der K. waren billig verfügbares Erdöl und die starke Entwicklung der Petrochemie in den 50er- und 60er-Jahren.

H. KÄUFER: Arbeiten mit K., 2 Bde. (²1978–81); Kunststoff-Hb., hg. v. G. W. BECKER u. a., auf 10 Bde. ber. (²1983 ff.); G. RINK u. M. SCHWAHN: Einf. in die K.-Chemie (²1983); Automatisierung in der K.-Verarbeitung, hg. v. G. MENGES u. a. (1986); DERS.: Werkstoffkunde K. (³1990); H. DOMININGHAUS: Die K. u. ihre Eigenschaften (⁴1992); K.-Kunde. Aufbau, Eigenschaften, Verarbeitung, Anwendungen der Thermoplaste, Duroplaste u. Elastomere, hg. v. O. SCHWARZ (⁴1992); K.-Lexikon, hg. v. K. STOECKHERT u. W. WOEBCKEN (⁸1992); Tb., begr. v. F. PABST, fortgef. v. H. SAECHTUNG u. a. (²⁶1995); Die Wiederverwertung von K., hg. v. J. BRANDRUP u. a. (1995).

Kunststoffprüfung, Qualitäts- und Eignungsprüfung von Kunststoffen zur Qualitätsüberwachung so-

Verhalten der Standardkunststoffe zu ihrer Identifizierung			
	Verhalten in Wasser	Verhalten in Dichlormethan	Brandverhalten
Polyäthylen, Polypropylen	schwimmt	klebt nicht	brennt selbstständig, Geruch wie verlöschende Kerze
Polystyrol	sinkt (nicht als Schaumstoff)	klebt	brennt selbstständig und rußend
Polyvinylchlorid	sinkt	klebt nicht	brennt nur in der Flamme mit stechendem Geruch
Polyäthylen zeigt im Unterschied zu Polypropylen beim Ritzen mit dem Fingernagel deutliche Kratzspuren.			

wie zur Schaffung von Werkstoffkennwerten für den Konstrukteur und von Unterlagen über das Verhalten der Kunststoffe bei Beanspruchung. Die K. befasst sich u. a. mit mechan., therm., elektr. und opt. Eigenschaften, der Maßhaltigkeit sowie dem Beständigkeits- und Alterungsverhalten. Unter den mechan. Eigenschaften haben Zugfestigkeit, Reißfestigkeit, Schlagzähigkeit und Steifigkeit (gemessen als Winkelverformung in Torsionsmessgerät oder als Biegefestigkeit) besondere Bedeutung. – Zur qualitativen Bestimmung der Kunststoffart orientiert man sich grob an der Dichte, dem Ergebnis der Brennprobe und am Verhalten gegenüber Chemikalien; genauere Analysen erfolgen mit speziellen chem. Methoden.

Kunststoß, Disziplin beim →Billard.

Kunsttheorie, die →Ästhetik i.e.S. Die K. betrachtet Kunst als einen allgemeinen Gegenstand menschl. Könnens, Erfahrens und Erkennens, der in Beziehung gesetzt wird zu anderen Vermögen und Produktionen menschl. Kulturtätigkeit.

Kunsttherapie, Gestaltungstherapie, Therapieform, bei der Konflikte über gestalter. Tätigkeiten, z. B. Malen, aufgearbeitet werden sollen; der Patient erfährt im Verlauf der schöpfer. Umsetzung seiner Probleme einen Prozess der Klärung. Die K. ist meist Bestandteil einer psychotherapeut. Behandlung.

Kunst als Therapie, hg. v. T. DALLEY (a. d. Engl., 1986); S. WOLFF: Klin. Maltherapie (1986); E. FRANZKE: Der Mensch u. sein Gestaltungserleben. Psychotherapeut. Nutzung kreativer Arbeitsweisen (Bern ³1989).

Kunsttopographie, →Inventarisation.

Kunstturnen, stilisiertes, auf artist. wie ästhet. Hochleistung abzielendes Boden- und Geräteturnen. Der Mehrkampf (Männer →Sechskampf, Frauen →Vierkampf) enthält ausschließlich Kürübungen. Es gibt Einzelwertungen in den Einzeldisziplinen, in den Mehrkämpfen und additive Mannschaftswertungen. Bei Olymp. Spielen, Welt- und Europameisterschaften werden Sechs- und Vierkampf ausgetragen. Die Übungen sind entsprechend ihrer Schwierigkeit in A- (einfache Schwierigkeit), B- (mittlere Schwierigkeit), C- (höhere Schwierigkeit), D- (hohe Schwierigkeit) und E-Teile (höchste Schwierigkeit) eingestuft. Die Übungen werden von sechs Kampfrichtern entsprechend den Wertungsvorschriften bis zur Höchstnote zehn bewertet, wobei die verschiedenen Faktoren unterschiedlich in die Wertung eingehen. Häufig werden neue, meist spektakuläre (Höchstschwierigkeits-)Übungselemente nach der Person benannt, die sie als Erste im Wettkampf kreierte. – K. ist olymp. Disziplin seit 1896 (Männer) bzw. 1928 (Frauen); Weltmeisterschaften werden seit 1903 (Männer) bzw. 1934 (Frauen) und Europameisterschaften seit 1955 (Männer) bzw. 1957 (Frauen) ausgetragen. (→Turnen)

Kunstverein, Zusammenschluss von (natürl. und/ oder jurist.) Personen zur Förderung der zeitgenöss. Kunst und des Kunstlebens, meist auf regionaler Basis. Mit Ausstellungen, Vorträgen und Vorführungen dienen sie der Unterrichtung der Öffentlichkeit und treten damit in Konkurrenz zu Museen und Galerien.

Kunstverleih, Vermittlung zeitgenöss. originaler Kunstwerke auf Zeit in private Hände; K. erfolgt heute unter versch. Bez. wie Artothek, Graphothek (Druckgrafik), Bilderverleih, Bilderei u. a. Als kommunaler K. unter dem Aspekt von Kunst- und Künstlerförderung gibt es K. von (mit kommunalen Mitteln erworbenen) Kunstwerken u. a. in Museen, städt. Galerien, Büchereien, Volkshochschulen sowie nicht zuletzt in Kunstvereinen und K.-Vereinen. – Als gewerbl. Angebot gegen Gebühr ist K. bereits 1802 nachzuweisen, es gab auch versch. Versuche durch Künstlervereinigungen (1895), wobei der Freie Bund zur Einbürgerung von Kunst in Mannheim (gegr. 1911) hervorzuheben ist. In Neuss entstand 1915 die den K. in den Mittelpunkt stellende Gesellschaft zur Förderung Dt. Kunst des 20. Jahrhunderts.

Kunstwerk, schöpferisch gestaltetes Werk, Konzept, Erzeugnis künstler. Schaffens (→Kunst). Im Urheberrecht wird – ausgehend vom Urheberrechts-Ges. (§ 2) – durch die Rechtsprechung als geschütztes K. der bildenden Kunst eine persönl. geistige Schöpfung, die mit Darstellungsmitteln der Kunst durch formgebende Tätigkeiten hervorgebracht ist und vorzugsweise für die Anregung des Gefühls durch Anschauung bestimmt ist, begriffen. Der ästhet. Gehalt müsse einen solchen Grad erreichen, dass nach dem Urteil sachkundiger Kreise von einer künstler. Leistung gesprochen werden könne. Im Unterschied hierzu tritt bei den Werken der angewandten Kunst neben den künstler. Wert der Gebrauchszweck hinzu; diese Werke sind wiederum von den →Geschmacksmustern abzugrenzen. (→Kulturgut)

Kunstwissenschaft, alle wiss. Bemühungen zur Erforschung der europ. Kunst seit dem frühen MA. und der Neuzeit (→Kunstgeschichte). Die Kunsttheorie unterscheidet: 1) die Ästhetik als die Theorie des Schönen und seiner Erscheinungsformen in der Kunst; 2) die Hermeneutik als die Lehre vom Sinn der Kunst und der Kunstwerke sowie von den Methoden, sie zu deuten und zu verstehen; 3) die Semiotik als Lehre von der künstler. Kommunikation und den damit verbundenen Zeichensystemen und -prozessen.

Kunstwort, aus Wörtern oder Wortbestandteilen künstlich geschaffener Ausdruck (z. B. ›Automobil‹ aus griech. autós und lat. mobilis, ›Vitamin‹ aus lat. vita und Amin).

Kunstzeitschriften, publizist. Organe für Veröffentlichungen über alle Erscheinungen der bildenden Kunst der Vergangenheit und der Gegenwart. K. entstanden im 18. Jh. im Rahmen der gelehrten und moral. Wochenschriften und der period. Publikationen von Kunstakademien. Als erste dt. K. gelten das ›Journal zur Kunstgeschichte und zur allgemeinen Litteratur‹ (1775–89) und die ›Miscellaneen artist. Inhalts‹ (1779–87; unter anderen Titeln bis 1808 fortgesetzt). Als wiss. Zeitschrift wurde wichtig die ›Zeitschrift für bildende Kunst‹ (1866–1932); daneben erschien ›Die Kunst für alle‹ (1885–1943). Im ersten Viertel des 20. Jh. erlebten die K., bes. im Umkreis der expressionist. Bewegung, einen bedeutenden Aufschwung. Weitere wichtige dt.-sprachige K.: ›Die Weltkunst‹ (1930 ff.; 1928–30 u. d. T. ›Die Kunstauktion‹); ›Zeitschrift für Kunstgeschichte‹ (1932 ff.; 1924–32 unter anderen Titeln); ›Zeitschrift des dt. Vereins für Kunstwissenschaft‹ (1934 ff.); ›Das Kunstwerk‹ (1946–91); ›Das Münster‹ (1947 ff.); ›Kunstchronik‹ (1948 ff.); ›Kunst & Antiquitäten‹ (1976 ff.); ›art‹ (1979 ff.); ›Kunst‹ (1984 ff.; 1949–84 u. d. T. ›Kunst und das schöne Heim‹); ›neue bildende kunst‹ (1991 ff.; 1947 ff. unter anderen Titeln [›bildende kunst‹, ›Bildende Kunst‹]). – Internat. K.: ›Gazette des Beaux-Arts‹ (1859 ff.); ›OudHolland‹ (1883 ff.); ›Connaisseur‹ (1901 ff.); ›Burlington Magazine‹ (1903 ff.); ›Pantheon‹ (1928–80; Forts. u. d. T. ›Bruckmanns Pantheon‹); ›Art international‹ (1956 ff.); ›Quadrum‹ (1956 ff.); ›Arts Magazine‹ (1961 ff.; u. a. Titeln 1926 ff.); ›Artforum‹ (1962 ff.).

K. der Welt, hg. v. S. PAULL u. a. (1973); M. RENNHOFER: K. der Jh.-Wende in Dtl. u. Österreich 1895–1914 (Wien 1987).

Küntscher, Gerhard, Chirurg, *Zwickau 6. 12. 1900, †Glücksburg 17. 12. 1972; wurde 1942 Prof. in Kiel, war 1956–66 ärztl. Direktor des Hafenkrankenhauses in Hamburg. Sein Hauptarbeitsgebiet war die Knochenchirurgie; er entwickelte die Marknagelung bei Knochenbrüchen und knochenchirurg. Geräte (Markhöhlenbohrer, Innensäge).

Kunze, 1) Emil, Archäologe, *Dresden 18. 12. 1901, †München 13. 1. 1994; ab 1937 Leiter der dt.

Ausgrabungen in Olympia, 1942–45 Prof. in Straßburg, 1946 in München, 1951–66 Erster Direktor des Dt. Archäolog. Instituts in Athen. 1939–66 war er auch Herausgeber der Berichte über die Ausgrabungen in Olympia.
Werke: Kretische Bronzereliefs, 2 Bde. (1931); Orchomenos II u. III: Die neolith. Keramik (1931); Keramik der frühen Bronzezeit (1934); Beinschienen (1991).

2) Reiner, Schriftsteller, * Oelsnitz/Erzgebirge 16. 8. 1933; begann nach Philosophie- und Journalistikstudium in Leipzig (1951–55) dort eine wiss. Laufbahn, kam bald in Konflikt mit der herrschenden Ideologie, nach Entlassung 1959 u. a. Hilfsarbeiter, seit 1962 freischaffender Schriftsteller. Nach Erscheinen des Prosabandes ›Die wunderbaren Jahre‹ (1976; 1979 von K. selbst verfilmt, zeichnet ein sehr krit. Bild von der Jugend in der DDR) in der BRD wurde er aus dem Schriftstellerverband der DDR ausgeschlossen; übersiedelte 1977 nach Bayern. K. fand seine eigene Sprache unter dem Einfluss tschech. und slowak. Lyrik, die er nachdichtete. Seine der Natur und dem Alltag entnommenen Metaphern weisen immer auch auf menschl. Beziehungen, die Präzision der Gedichte gipfelt häufig in epigrammat. Kürze (›Zimmerlautstärke‹, 1972). K. schrieb auch Essays (›Das weiße Gedicht‹, 1989) sowie Geschichten und Gedichte für Kinder. 1977 erhielt er den Georg-Büchner-Preis.
Weitere Werke: *Lyrik:* Vögel über dem Tau (1959); Widmungen (1963); Sensible Wege (1969); auf eigene hoffnung (1981); gespräch mit der amsel (1984); eines jeden einziges leben (1986); Wohin der Schlaf sich schlafen legt (1991). – *Prosa:* Deckname ›Lyrik‹. Eine Dokumentation (1990); Am Sonnenhang. Tagebuch eines Jahres (1993); Wo Freiheit ist ... Gespräche 1977–1993 (1994). – *Kinderbücher:* Der Löwe Leopold (1970); Das Kätzchen (1979); Eine stadtbekannte Geschichte (1982).
R. K. Materialien u. Dokumente, hg. v. J. P. WALLMANN (1977); R. K. Werk u. Wirkung, hg. v. R. WOLFF (1983); R. K. Materialien zu Leben u. Werk, hg. v. H. FELDKAMP (1987); H. FELDKAMP: Poesie als Dialog. Grundlinien im Werk R. K.s (1994).

Künzell, Gem. im Landkreis Fulda, Hessen, im westl. Vorland der Rhön, im Tal der Haune, 285 m ü. M., 15 800 Ew.; Landwirtschaft.

Künzels|au [-'aʊ, auch 'kyn-], Kreisstadt des Hohenlohekreises, Bad.-Württ., in der hohenloh. Ebene, am Kocher, 218 m ü. M., 14 300 Ew.; Fachhochschule für Betriebswirtschaftslehre, Elektrotechnik und Wirtschaftsingenieurwesen; Heimatmuseum u. a. Museen; Maschinen- und Elektromotorenbau, Kleiderfabrikation, Großbuchbinderei u. a. Betriebe. – Ev. Kirche, ehem. St. Johannes (17. Jh.); seit 1679 wurde eine im NO der Stadt liegende Wasserburg zum Schloss umgestaltet. Das Rathaus, ein Fachwerkbau von 1522, sowie Bürgerhäuser des 17./18. Jh. sind erhalten. Im Ortsteil Kocherstetten Schloss Stetten, eine gut erhaltene Burganlage (im Kern 12. Jh.). – K. wurde 1098 erstmals urkundlich erwähnt, Marktrecht seit 1413, seit Mitte des 18. Jh. als Stadt bezeichnet; 1806 fiel es an Württemberg.

Kunzit [nach dem amerikan. Edelsteinfachmann GEORGE FREDERICK KUNZ, * 1856, † 1932] *der, -s/-e,* Mineral, Varietät des →Spodumen.

Kuo Hsi [-çi], chin. Landschaftsmaler, →Guo Xi.
Kuo Hsiang [-çi-], chin. Philosoph, →Guo Xiang.
Kuo-min-tang [chin. ›Nationale Volkspartei‹], Abk. **KMT, Guomindang,** chin. Partei, 1912 hervorgegangen aus der von SUN YAT-SEN 1905 gegründeten Geheimgesellschaft **Tung-meng-hui** (›Schwurbrüderschaft‹), die maßgeblich an der Revolution von 1911 beteiligt war. Die KMT wandte sich gegen den restaurativen Kurs von YUAN SHIKAI (Präs. der Rep. seit 1912), der die Partei im November 1913 für illegal erklärte. 1923/24 reorganisierte SUN YAT-SEN mithilfe der Komintern und der Sowjetunion die KMT; sie ging eine enge Bindung zur KPCh ein (›nat. Einheitsfront‹ 1924–27) und gab sich 1924 ein neues Grundsatzprogramm, beruhend auf den ›Drei Volksprinzipien‹: nat. Unabhängigkeit, Volksregierung, soziale Neugestaltung (bes. Bodenreform). Nach SUN YATSENS Tod (1925) setzte sich CHIANG KAI-SHEK als Führer der KMT durch, stellte mit den unter sowjet. Militärberatung (General W. BLÜCHER) aufgestellten KMT-Truppen auf dem ›Nordfeldzug‹ (1926–28) die Einheit Chinas wieder her und brach mit dem Bündnispartner (Bürgerkrieg 1927–37). Nach dem Zwischenfall von →Xi'an (Dezember 1936) wurde auf Betreiben einiger KMT-Offiziere und v. a. MAO ZEDONGS im Chinesisch-Jap. Krieg (1937–45) eine neue Einheitsfront zw. der KMT und der KPCh gegen Japan gebildet. Nach der jap. Niederlage scheiterten aber die Verhandlungen über eine Koalitions-Reg. mit der KPCh; in einem weiteren Bürgerkrieg (1946/47–49) wurde die KMT vom chin. Festland vertrieben; sie zog sich nach Taiwan zurück, wo sie seit 1949 führende Reg.-Partei ist. Nach dem Tod CHIANG KAI-SHEKS wurde 1975 sein Sohn CHIANG CHING-KUO Vors. der KMT, dem 1988 LEE TENG-HUI folgte.

Kuo Mo-jo, chin. Gelehrter, →Guo Moruo.
Kuopio, 1) Hauptstadt der Prov. K., Finnland, auf dem W-Ufer des Sees Kallavesi im N der Finn. Seenplatte, 84 000 Ew.; Univ.; Sitz eines luther. Bischofs und des finnisch-orth. Erzbischofs; orth. Kirchenmuseum, Freilicht- u. a. Museen; Fertighausfabrik, Textil- und Nahrungsmittelindustrie; Fremdenverkehr; Binnenschiffsverkehr. – An den regelmäßigen breiten Straßen zahlreiche niedrige Holzhäuser; Domkirche (1815); Rathaus (1884). – K. wurde 1782 gegründet.
2) Prov. im mittleren Finnland, 19 954 km², 258 800 Ew.; hügeliges Waldland mit fischreichen Seen.

Kupa [serbokroat.] *die,* dt. **Kulpa,** rechter Nebenfluss der Save, 296 km lang, entspringt als Karsthöhlenfluss und ist im Oberlauf Grenzfluss zw. Slowenien und Kroatien.

Kupała, Janka, eigtl. **Iwan Daminikawitsch Luzęwitsch,** weißruss. Schriftsteller, * Wjasynka (Gebiet Minsk) 7. 7. 1882, † (Selbstmord) Moskau 28. 6. 1942; Bibliothekar, Redakteur; gilt als größter weißruss. Dichter und – neben J. KOLAS – als Begründer der weißruss. Literatursprache. K. ging in seinen lyr. und dramat. Dichtungen, die häufig sozial bestimmt sind, von den folklorist. Überlieferungen seiner Heimat aus, die er kunstvoll stilisierte; auch Übersetzer.
Werke: Advečnaja pesnja (1910, Poem); Paŭlinka (1913, Komödie); Raskidanae hnjazdo (1919, Drama).
Ausgabe: Zbor tvoraŭ, 6 Bde. (1961–63).
M. MOSKALIK: J. K. Der Sänger des weißruthen. Volkstums (1961).

Kupang, Stadt an der W-Küste von Timor, Indonesien, 403 100 Ew.; Verw. der Prov. Nusa Tenggara Timur; kath. Bischofssitz; Univ.; Zementfabrik; Ausfuhrhafen (Reede), Flugplatz.

Küpe [mnd. küpe ›Bottich‹], *Färberei:* zunächst Bez. für einen (Holz-)Kübel, in dem Indigo zur farblosen Färbelösung reduziert wurde; später auch Bez. für die mit einem Reduktionsmittel (Natriumdithionit, Zinkstaub u. a.) und Alkali versetzte wässrige Lösung der Küpenfarbstoffe (**Färbe-K.**) mit den an sich wasserunlösl. Farbstoffen in der wasserlösl. Leukoform.

Kupecký [-pɛtski:], Jan, auch **Johann Kupezky,** böhm. Maler, * Bösing (heute Pezinok, bei Preßburg) 1667, † Nürnberg 16. 7. 1740; ging nach seiner Lehrzeit in Wien 1686 nach Italien und kehrte 1709 nach Wien zurück, wo er u. a. die kaiserl. Familie porträtierte. Ab 1723 war er in Nürnberg tätig. Seine Bildnisse sind durch nüchternen Realismus, strengen Aufbau und dunkle Farben gekennzeichnet.

Kupelwieser, Leopold, österr. Maler, * Piesting (NÖ) 17. 10. 1796, † Wien 17. 11. 1862; trat zunächst

Reiner Kunze

Küpe Küpenfarbstoffe – Kupfer

mit Porträts hervor. 1823 schloss er sich in Rom den →Nazarenern an und malte unter ihrem Einfluss Altarbilder und Fresken (u. a. in der Johannes-von-Nepomuk-Kirche in Wien, 1846).

R. FEUCHTMÜLLER: L. K. u. die Kunst der österr. Spätromantik (Wien 1970).

Küpenfarbstoffe, →Farbstoffe.

Kupfer

chem. Symbol: Cu		
Ordnungszahl		29
relative Atommasse		63,546
Häufigkeit in der Erdrinde		0,010%
natürliche Isotope (mit Anteil in %)		^{63}Cu (69,17), ^{65}Cu (30,83)
insgesamt bekannte Isotope		^{55}Cu bis ^{77}Cu
längste Halbwertzeit (^{67}Cu)		61,9 Stunden
Dichte (bei 20 °C)		8,96 g/cm^3
Schmelzpunkt		1084,62 ± 0,2 °C
Siedepunkt		2562 °C
Schmelzwärme		205,1 kJ/kg
spezif. Wärmekapazität (bei 25 °C)		0,385 J/(g · K)
elektr. Leitfähigkeit (bei 20 °C)		5,96 · 10^7 S/m
Wärmeleitfähigkeit (bei 27 °C)		401 W/(m · K)

Kupfer [ahd. kupfar, über spätlat. cuprum von lat. (aes) cyprium, eigtl. ›von Zypern stammendes (Erz)‹], **Cuprum,** chem. Symbol **Cu,** ein →chemisches Element der ersten Nebengruppe des Periodensystems. K. ist ein hellrotes, glänzendes, verhältnismäßig weiches, sehr zähes, dehnbares Schwermetall, das sich zu feinstem Draht ausziehen und in sehr dünne, grün durchscheinende Blättchen ausschlagen lässt. Härte und Festigkeit werden durch Beimengungen häufig wesentlich verbessert. Deshalb wird K. schon seit langem mit anderen Metallen legiert, v. a. mit Zinn zu Bronze und mit Zink zu Messing. K. besitzt eine sehr gute Wärmeleitfähigkeit und nach Silber die beste elektr. Leitfähigkeit. K. ist bei Abwesenheit von Sauerstoff sehr beständig gegen nicht oxidierende Säuren, es löst sich aber in oxidierenden Säuren (z. B. in konzentrierter Schwefelsäure und Salpetersäure) unter Bildung der entsprechenden Salze auf. Aus seinen Lösungen wird es durch unedlere Metalle, z. B. Zink oder Eisen, elementar abgeschieden (**Zement-K.**). Reines K. oxidiert langsam an der Luft unter Bildung von rotem Kupfer(I)-oxid, Cu_2O, bei starkem Erhitzen zu schwarzem Kupfer(II)-oxid, CuO. In der Atmosphäre bildet sich ein grüner, schützender Überzug von →Patina (überwiegend basisches K.-Carbonat). Das →Normalpotenzial des K. ist + 0,34 V. Flüchtige K.-Verbindungen färben die Flamme blaugrün.

Vorkommen: K. gehört zu den relativ seltenen Elementen; es steht in der Häufigkeit der chem. Elemente an 26. Stelle. In der Natur kommt K. in geringen Mengen gediegen vor (z. B. findet sich verhältnismäßig reines K. am Oberen See, USA). Technisch wichtig sind v. a. die sulfid. K.-Minerale →Kupferglanz, →Kupferkies, →Bornit und →Bournonit sowie das oxid. Mineral →Cuprit. Weitere bekannte K.-Minerale sind →Atacamit, →Azurit, →Malachit und →Pseudomalachit. Der Anteil in der Lithosphäre beträgt durchschnittlich 0,005% K. Abbauwürdige Lagerstätten müssen wenigstens etwa 1% Kupfer enthalten.

Gewinnung: Wegen ihrer oft nur geringen K.-Gehalte müssen die meisten geförderten K.-Erze durch selektive Flotationsverfahren nach Abtrennung der Gangart auf verhüttungsfähige Konzentrate (mit 15–35% Cu) angereichert werden. Dabei werden je nach Erzart noch andere verwertbare Konzentrate, z. B. von Pyrit oder Zinkblende, gewonnen. Der größte Teil der K.-Erze (mehr als 75% der Welterzeugung) wird anschließend nach pyrometallurg. Verfahren weiterverarbeitet. Bei diesen erschmilzt man zunächst nach teilweiser Röstung der Erze (zur Entfernung eines Teils des Schwefels) unter Zusatz von Koks als Reduktionsmittel und kieselsäurehaltigen Zuschlägen als Schlackenbildner den schweren, flüssigen **K.-Stein** (enthält Cu_2S und FeS, mit 40–50% Cu), der anschließend von der leichteren, flüssigen Schlacke abgetrennt wird. Das Schmelzen des K.-Steins erfolgt heute meist im Flammofen oder beim Schwebeschmelzen. – Um das noch vorhandene Eisen und den Schwefel zu entfernen, wird der K.-Stein anschließend in einem Konverter unter Einblasen von Luft und Zugabe von Schlacken bildenden Zuschlägen weiterbehandelt (›verblasen‹). Dabei wird zunächst das Eisen oxidiert, das mit den Zuschlägen verschlackt wird. Nach Abziehen der Schlacke wird ein Teil des verbliebenen eisenfreien K.-Steins (der **Spurstein**) zu K.-Oxid oxidiert, das sich dann mit dem restl. K.-Sulfid zu metall. K. und Schwefeldioxidgas umsetzt: $2\,Cu_2O + Cu_2S \rightarrow 6\,Cu + SO_2$. Das anfallende **Roh-K.** (**Schwarz-, Blasen-, Blister-K.**) hat einen Gehalt von 97–99% Cu mit Beimengungen von Zink, Arsen, Antimon, Eisen, Nickel, Schwefel und Edelmetallen. Das SO_2-Gas wird aufgefangen und (wie auch das beim Rösten der Erze anfallende Schwefeldioxid) zu Schwefel aufgearbeitet oder der Schwefelsäureherstellung zugeführt. – Aus kupferarmen Erzen wird das K. in einem nassmetallurg. Verfahren mit verdünnter Schwefelsäure als K.-Sulfat ausgelaugt und aus dieser Lösung mit Eisen (Schrott) elementar K. ausgefällt (**Zement-K.**). – Bei der anschließenden *Raffination* wird das nach allen Verfahren gewonnene Roh-K. durch abwechselndes oxidierendes und reduzierendes Schmelzen weiter gereinigt. Dabei werden einige Verunreinigungen verflüchtigt (Zink, Blei, Arsen) oder verschlackt (Eisen, Nickel). Nach Abzug der Schlacke erfolgt das **Polen,** bei dem durch mechan. Aufwirbeln und chem. Behandlung (heute meist mit reduzierenden Gasen) Oxidationsprodukte aus der Metallschmelze entfernt und gelöste Gase ausgetrieben werden. Das nach dieser Raffination vorliegende **Gar-K.** (mit meist 99% reinem Cu) ist schmiedbar und kommt als **Raffinat-K.** in den Handel. – Bes. reines K. erhält man durch die elektrolyt. Raffination. Dabei hängen den gegossenen Rohkupferanoden dünne Bleche aus reinem K. gegenüber; beim Elektrolysevorgang geht das K. anodisch in Lösung und scheidet sich an der Kathode in reinster Form wieder ab. Der Elektrolyt wird umgewälzt und auf Temperaturen von 50–60 °C gehalten. Da sich u. a. Nickel im Elektrolyten anreichert, wird regelmäßig ein Teil des Elektrolyten abgezweigt und daraus das Nickel als Sulfat gewonnen. In dem auf dem Boden anfallenden Anodenschlamm sammeln sich Edelmetalle (Silber, Gold, Platinmetalle) sowie Selen und Tellur an, die daraus durch spezielle Verfahren gewonnen werden. Das

Kupfer: Gediegenes Kupfer

Kupfer: Schematische Darstellung der pyrometallurgischen Kupfergewinnung

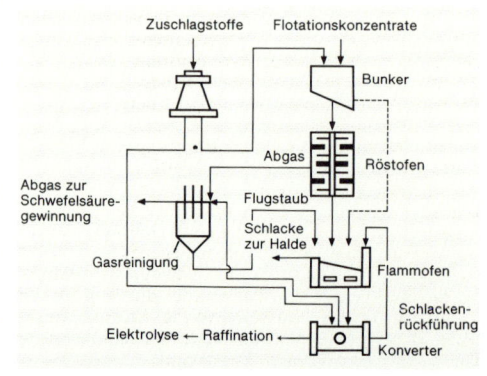

Elektrolyt-K. (Kathoden-K.; mit > 99,95 % Cu) kommt meist eingeschmolzen zu Drahtbarren, Walzplatten u. a. Formaten in den Handel.

Verwendung: Reines K. wird v. a. in Form von Draht und Stangen (Schienen) in der Elektroindustrie verwendet, die etwa die Hälfte der jährlich erzeugten K.-Mengen verbraucht, daneben auch in Form von Blechen, Rohren usw. in der Apparate- und Maschinenbauindustrie sowie im Bauwesen (u. a. für Dachbleche, Dachrinnen), ferner wegen seiner guten Wärmeleitfähigkeit v. a. für Heiz- und Kühlschlangen, Braukessel, Siedpfannen. Weitere Verwendung findet K. u. a. zu Münzzwecken, für Beschläge, in Form von Verbindungen zur Herstellung von Katalysatoren, zur Verkupferung in der Galvanotechnik, zur Herstellung von Feuerwerkskörpern (grüne Flammenfärbung) und zur Imprägnierung von Holz und Geweben (fungizide Wirkung). Etwa 40 % der jährl. K.-Produktion werden zu →Kupferlegierungen verarbeitet.

Physiologie: K. ist für Menschen, höhere Tiere und einige Pflanzen ein wichtiges Spurenelement; es ist bes. an Elektronenübertragungsprozessen in Membranen beteiligt, so z. B. als Bestandteil des aktiven Zentrums der Cytochromoxidase, einem wichtigen Enzymkomplex der Atmungskette. Im tier. Organismus ist K. weiterhin notwendig für die Synthese von Hämoglobin, obwohl es selbst nicht Bestandteil des Hämoglobins ist. Die höchsten Konzentrationen an K. finden sich im menschl. Körper in den Knochen, in der Muskulatur und in der Leber, auch das Blut enthält eine Reihe von (meist blau gefärbten) K.-Proteinen, die überwiegend Oxidations-Reduktions-Prozesse katalysieren. Der tägl. Bedarf des Menschen liegt bei 2 mg, die Menge im Körper bei 100 bis 150 mg. K. wirkt in höheren Dosen toxisch. – Auch in Pflanzen ist K. vorwiegend Bestandteil von Enzymen, die Oxidations-Reduktions-Prozesse katalysieren, außerdem ist es für die Chlorophyllsynthese erforderlich. Mangel an K. löst z. B. Blattspitzenverfärbung (Hafer) oder Spitzendürre (Obstbäume) aus, höhere K.-Dosen hingegen können sich hemmend auf die Entwicklung auswirken.

Umweltwirkung: K. ist in seiner metall. Form kaum löslich und daher praktisch ungiftig. In gelöster Form hingegen sind K.-Salze stark gewässerschädigend und wirken bereits in sehr geringen Mengen giftig auf Algen, Pilze, Bakterien, Krebse und Fische. Für viele Kleinorganismen im Boden ist Cu^{2+} sehr giftig, z. T. sogar das giftigste Element. Zu tox. Konzentrationen von K. im Boden kann es v. a. bei Verwendung von Schweinegülle zu Düngezwecken kommen.

Wirtschaft: Die weltweiten K.-Reserven werden auf rd. 590 Mio. t geschätzt, die v. a. in Chile (18 %), die USA (17 %), Australien (8 %), Sambia (7 %), Zaire (heutige Demokrat. Rep. Kongo) und Peru (je 6 %) liegen. In den westl. Industriestaaten wurden (1994) rd. 40 % des K.-Verbrauchs durch Recycling gedeckt. Bis in die 1960er-Jahre konzentrierte sich die K.-Produktion auf wenige multinat. Bergbaugesellschaften; danach zunehmende Beteiligung staatl. Institutionen bzw. Organisationen an der K.-Produktion (bes. in Afrika und Lateinamerika), Einstieg multinat. Energieunternehmen in die K.-Erzeugung (Nordamerika) und wachsende Bedeutung externer Bergbaugesellschaften. 1967 gründeten Sambia, Zaire, Peru und Chile das ›Council of Copper Exporting Countries‹ (Cipec), um Einfluss auf die K.-Preise nehmen zu können.

Geschichte: K. wird als das erste Gebrauchsmetall angesehen; zuerst wurde es als gediegenes K. zur Herstellung von Schmuck verwendet und durch Hämmern bearbeitet. Im 6./5. Jt. v. Chr. wurden die Schmelzbarkeit des K. und die Reduktion von K.-Erzen entdeckt (Zentren in Vorderasien und auf der Balkanhalbinsel). Die ältesten bekannten kupferzeitl. K.-Bergwerke stammen aus der 2. Hälfte des 5. Jt. v. Chr. (Rudna Glava in Serbien, Aibunar in Bulgarien). In die Bronzezeit gehören die K.-Bergwerke der Region Mitterberg in Österreich. Um 4000 v. Chr. war K. in Ägypten bekannt. Im K.-Bergwerk bei Tepe Sialk in Iran betrieb man um 3000 v. Chr. K.-Abbau. K.-Vorkommen auf der Sinaihalbinsel wurden z. Z. der 3. ägypt. Dynastie (2660–2590 v. Chr.) abgebaut; außerdem waren Nubien (Buhen) und Palästina (Timna) wichtige K.-Quellen für Ägypten. Sehr früh wurde K. auch auf Zypern gewonnen, wo sich das wichtigste Vorkommen der griech. Antike befand; auch die Römer deckten hauptsächlich dort ihren Bedarf, daneben noch in Spanien (Rio-Tinto-Gebiet). Beschrieben wird die Metallurgie des K. in der Antike von PLINIUS DEM ÄLTEREN. – In W-Afrika waren, wie neue Funde in Niger (nahe Agadès) zeigten, K.-Erzverhüttung und K.-Verarbeitung mindestens seit der Mitte des 1. Jt.

Abbau von Kupfererz nach Regionen und ausgewählten Ländern
(Kupferinhalt in 1 000 t)

	1965	1986	1993	1994
westliche Industrieländer	1 967	2 156	2 857	2 736
USA	1 218	1 144	1 783	1 796
Kanada	454	699	734	617
Afrika	1 103	1 371	749	673
Sambia	651	544	432	384
Zaire	294	532	51	30
Lateinamerika	874	2 026	2 778	2 933
Chile	615	1 401	2 055	2 220
Asien und Ozeanien	243	1 178	1 623	1 707
Australien	91	248	402	416
China	74	220	346	396
andere Länder	762	1 733	1 412	1 347
UdSSR	689	1 030	460*)	448*)
Polen	15	435	383	377
Welt	5 072	8 473	9 455	9 397

*) nur Russland

v. Chr. bekannt. – In China sind Gegenstände aus K. seit dem 3. Jt. v. Chr. nachweisbar. In Nordamerika wurde gediegenes K. von der Isle Royale im Oberen See seit 3000 v. Chr. durch Aushämmern geformt, die Verarbeitung durch Schmelzen erfolgte jedoch erst nach der europ. Einwanderung. Die ersten gegossenen K.-Objekte traten in Peru um 800 v. Chr. auf. Im zentralen Andengebiet legierte man auch zuerst K. mit Gold, Silber, Arsen oder Zinn. In Mexiko wurde die K.-Bearbeitung um 900 n. Chr. aus Südamerika eingeführt. – Während der Völkerwanderung kamen in Europa viele Bergbaubetriebe zum Erliegen; erst im MA. verbreitete sich, ausgehend von Mitteleuropa (Randzonen des Thüringer Beckens, Schlesien), wieder die Kenntnis vom Abbau der K.-Erze und von der Gewinnung des Metalls. Im 15. und 16. Jh. errichteten die FUGGER nahezu ein K.-Monopol durch ihre K.-Gewinnung in Tirol, Ungarn und Spanien. Die größte K.-Mine Europas war bis ins 18. Jh. die von Falun. Der Aufschwung der amerikan. K.-Gewinnung begann erst 1840; Kanada, Zaire und Sambia, neben den USA und Chile drei der wichtigsten K.-Bergbaugebiete, haben mit der Förderung der K.-Erzen erst im 20. Jh. begonnen. Nach dem Zweiten Weltkrieg wurden weltweit neue K.-Vorkommen erschlossen.

K. DIES: K. u. K.-Legierungen in der Technik (1967); H. H. COGHLAN: Notes on the prehistoric metallurgy of copper and bronze in the Old World, hg. v. T. K. PENNIMAN u. B. M. BLACKWOOD (Oxford ²1975); R. BOWEN u. A. GUNATILAKA: Copper. Its geology and economics (London 1977); E. G. WEST: Copper and its alloys (Chichester 1982); A. K. BISWAS u. W. G. DAVENPORT: Extractive metallurgy of copper (Oxford ³1994, Nachdr. ebd. 1996).

Kupfer, Harry, Opernregisseur, *Berlin 12. 8. 1935; kam über Stralsund, Karl-Marx-Stadt und Weimar 1972 als Operndirektor und Chefregisseur an die Staatsoper Dresden (1977–81 Prof. an der Musikhochschule), seit 1981 Chefregisseur, seit 1994 Operndirektor an der Kom. Oper Berlin. K. wurde durch unkonventionelle Inszenierungen auch außerhalb der DDR bekannt (so ›Der fliegende Holländer‹ und ›Der Ring des Nibelungen‹ von R. WAGNER bei den Bayreuther Festspielen 1978 bzw. 1988), inszenierte auch Uraufführungen (so ›Die schwarze Maske‹ von K. PENDERECKI bei den Salzburger Festspielen 1986 und ›Der gewaltige Hahnrei‹ von BERTHOLD GOLDSCHMIDT an der Kom. Oper Berlin, 1994).

R. LUMMER: H. K. (1989).

Kupferberg, Stadt im Landkreis Kulmbach, Bayern, am W-Rand des Frankenwaldes, 1 200 Ew.; Hartsteinwerk (Diabas). – 1320 erstmals urkundlich erwähnt. Seit 1326 Stadt.

Kupferblatt, Acalypha, Gattung der Wolfsmilchgewächse mit etwa 430 in den wärmeren Gebieten verbreiteten, strauchigen Arten. Mehrere Arten sind beliebte Zierpflanzen, z. B. das aus der Südsee stammende **K. im engeren Sinne** (Acalypha wilkesiana) mit eiförmigen, bronzegrün bis karminrosa gescheckten Blättern und der →Katzenschwanz.

Kupferblüte, Mineral, →Cuprit.

Kupferdraht|arteri|en, krankhafte Veränderung der Netzhautarterien des Auges beim →Fundus hypertonicus.

Kupferdruck, der Druck von Kupferstichen, Radierungen und Heliogravüren (Photogravüren) auf der **K.-Presse.** Zw. zwei Walzen wird unter starkem Druck der Drucktisch hindurchgezogen, auf dem die mit Kupferdruckfarbe eingefärbte Kupferplatte in Kontakt mit dem angefeuchteten Papierbogen liegt. Dabei saugt das Papier die Farbe aus den Vertiefungen der Druckplatte.

Kupferfasern, Kupferfaserstoffe, aus regenerierter →Cellulose bestehende Chemiefasern, die nach dem **Kupferoxid-Ammoniak-Verfahren (Cuoxam-Verfahren)** durch Auflösen von Zellstoff in einer ammoniakal. Lösung von Tetraamminkupfer(II)-hydroxid (→Kupferverbindungen), Ausfällen der Spinnlösung, Verstrecken und Nachwaschen mit verdünnter Schwefelsäure gewonnen werden. K. kommen unter der Bez. ›Cupro‹ in den Handel; sie wurden früher in größerem Maßstab hergestellt (›Kupferkunstseide‹, ›Kupferspinnfasern‹); heute in Dtl. ohne Bedeutung.

Kupferfinnen, *Medizin:* die →Rosazea.

Kupferglanz, Chalkosin [ç-], blei- bis dunkelgraues, metallisch glänzendes Mineral der chem. Zusammensetzung Cu_2S. K. kristallisiert meist rhombisch (**α-K., Tief-K.;** gebildet bei unter 103 °C, meist bei unter 52 °C), kommt daneben auch in einer hexagonalen (Hochtemperatur-)Modifikation vor (**γ-K., Hoch-K.;** gebildet bei über 103 °C, geht meist in das blaue, kub. Mineral **Digenit,** Cu_9S_5, über); tritt in Form dicktafeliger oder kurzsäuliger Kristalle, meist aber in derben oder auch erdig-pulverigen Massen sowie eingesprengt und als Überzug auf anderen Erzen auf. Härte nach MOHS 2,5 bis 3, Dichte 5,5 bis 5,8 g/cm³. K. ist das zurzeit wichtigste Kupfererz. Aus hydrothermalen Lösungen gebildeter K. (Erzgänge sowie Imprägnationslagerstätten wie die der →Porphyry copper ores) kommt in Montana (USA), Nord-Kap (Rep. Südafrika), Tsumeb (Namibia) und Alaska sowie im Siegerland vor; aus Verwitterungslösungen gebildeter K. findet sich in der Zementationszone aller Kupferlagerstätten, bes. im westl. Nordamerika, und in Sedimenten, z. B. im →Copperbelt und im →Kupferschiefer, dort auch als Versteinerungsmittel (→Frankenberger Kornähren). Vulkanogen-sedimen-

tärer Herkunft sind andere K.-Vorkommen, z. B. in Australien (Broken Hill, Mount Isa) und in Kanada (Noronda u. a.), ähnlich den Erzschlämmen des Roten Meeres.

Kupfergürtel, der →Copperbelt in Sambia.

Kupfer|indig [zu Indigo] *der, -s,* Mineral, →Covellin.

Kupferkies, Chalkopyrit [ç-], messing-, gold- bis grünlich gelbes, auch bunt und schwarz anlaufendes, tetragonales Mineral der chem. Zusammensetzung $CuFeS_2$ (oft mit Gehalten an Silber, Gold und überschüssigem Eisen); meist in derben Massen, eingesprengt oder als Überzug auf anderen Kupfermineralen. Härte nach MOHS 3,5–4,0; Dichte 4,1–4,3 g/cm³. K. ist das am weitesten verbreitete Kupfererz. Es kommt in Tiefengesteinen, in pegmatit., pneumatolyt. und hydrothermalen Gängen, auch als Imprägnation (v. a. in den →Porphyry copper ores), zuweilen auch sedimentär (im →Kupferschiefer, in kleinen Mengen in vielen Kohlen) vor.

Kupferkopf, Agkistrodon contortrix, rotköpfige Mokassinschlange in Wäldern und Lichtungen im O und SO der USA.

Kupferlasur, das Mineral →Azurit.

Kupferlegierungen, Legierungen, die Kupfer als Hauptbestandteil enthalten; sie zeichnen sich gegenüber unlegiertem Kupfer durch größere Härte und Festigkeit aus bei nur geringfügiger Minderung der elektr. und therm. Leitfähigkeit; sie sind aber wie Kupfer gut zu verarbeiten und lassen sich meist ohne Schwierigkeiten schweißen, löten, polieren und galvanisieren. Hauptlegierungsbestandteile sind Zink, Nickel, Zinn, Aluminium und Beryllium. (→Bronze, →Messing, →Neusilber)

Kupfer|otter, Farbvariante der →Kreuzotter.

Kupferpech|erz, ein gelartig dichtes, pechartig schimmerndes Gemenge von Azurit, Limonit, Cuprit, Tenorit, Covellin u. a. Kupfermineralen.

Kupferpigmente, als Farbpigmente verwendete Kupferverbindungen; z. B. →Ägyptischblau, →Azurblau, →Grünspan, →scheelesches Grün, →Schweinfurter Grün.

Kupferschiefer, schwärzl., sehr feinkörniger, feinschieferiger bitumen- und sulfidhaltiger Mergeltonstein, der sich aus Faulschlamm in einstigen flachen offenen Meeren und Meeresbuchten gebildet hat. Er enthält bis zu 3% Kupfer (v. a. Kupferglanz), außerdem Blei, Zink, Eisen, Kobalt, Nickel, Molybdän, Chrom, Vanadium u. a. K. entstand im unteren Zechstein (Werrazyklus) und ist von Irland bis ins Baltikum verbreitet, in Dtl. v. a. in Thüringen und N-Hessen, mit einer Mächtigkeit von 30–40 cm. Die Vererzung erfolgte im Wesentlichen während der Ablagerung und Diagenese. Der Abbau der als Kupfererze genutzten K., früher bei Mansfeld und Richelsdorf, hatte sich nach 1950 in den Raum Sangerhausen verlagert; dort 1990 eingestellt. Unter den im K. enthaltenen Fossilien sind v. a. Fische (bes. Knorpelganoiden und Knorpelfische) und eingespülte Pflanzen (Nadelhölzer und Nacktsamer), seltener Reptilien.

H. HAUBOLD u. G. SCHAUMBERG: Die Fossilien des K. (Wittenberg 1985); Geology and metallogeny of copper deposits, hg. v. G. H. FRIEDRICH u. a. (Berlin 1986).

Kupferstecher, Pityogenes chalcographus, bes. an Fichten lebender Borkenkäfer (Größe 2 mm).

Kupferstein, →Kupfer (Gewinnung).

Kupferstich, Chalkographie [ç-], innerhalb der druckgraf. Verfahren die früheste Tiefdrucktechnik. Als Druckträger dient eine glatt polierte Metallplatte, meist aus Kupfer. Die Zeichnung wird vom Kupferstecher mit dem →Grabstichel oder mit anderen Werkzeugen, die zum Stechen und Gravieren in den Goldschmiedewerkstätten verwendet werden, als Furchen eingegraben. Auch die Platte selbst und der Abdruck

---

Kupferkies:
oben derb;
unten kleine braune Kristalle

Kupferglanz:
Kristallaggregat

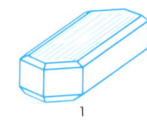

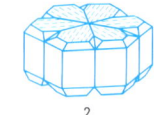

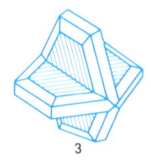

Kupferglanz: 1 dicktafelige Kristallform; 2 Pseudohexagonale Durchkreuzungsdrillinge; 3 Durchkreuzungszwillinge

Kupferstich **Kupf**

Kupferstich: Albrecht Dürer, ›Melancolia‹; 1514

Kupferstich: Israhel van Meckenem d. J., ›Selbstbildnis mit seiner Frau Ida‹; um 1490

Kupferstecher (Größe 2 mm)

von dieser Platte werden als K. bezeichnet. Für den Abdruck wird flüssige Druckfarbe in die entstandenen Vertiefungen eingerieben und, nachdem die glatten, nicht druckenden Formoberflächenteile des Druckträgers freigewischt sind, in der Kupferdruckpresse auf das angefeuchtete Papier übertragen. Je nach Tiefe und Breite der eingegrabenen Furchen entstehen Tiefdrucke mit kräftigen oder zarteren Linien und Schraffen. Farbiger K. entsteht entweder durch Bemalung des Papiers nach dem Druck (früher ›Illuminieren‹) oder durch gleichzeitiges Einfärben der Platte mit verschiedenen Farben, ggf. mithilfe von Pinseln. Der K. eignet sich für einen betont linearen Zeichenstil. Zur Ausführung von Korrekturen werden die fehlerhaften Stellen poliert. Da beim Ausheben der Furchen an den Rändern kleine Metallspäne mitgerissen werden, die beim Abdruck als Grat in Erscheinung treten, kann eine Nachbearbeitung mit dem Dreikantschaber erfolgen.

Wird anstelle des Stichels eine scharf geschliffene Stahlnadel (→kalte Nadel) oder ein Diamantstift benutzt, entsteht beim Ritzen, entsprechend der Haltung der Nadel, ein deutl. Grat, der für die →Kaltnadeltechnik charakteristisch ist und der sichtbar stehen bleibt. Bei der **Schabkunst (Schwarzkunst)** oder **Mezzotintotechnik** wird die Platte mittels eines fein gezähnten Granierstahls (Wiegeeisen) gleichmäßig aufgeraut. Die Stellen, die beim Abdruck in dem samtartigen Schwarz hell erscheinen sollen, werden mit Polierstahl und Schaber wieder geglättet, sodass sie beim Einfärben keine oder nur wenig Farbe annehmen. Die Farbe haftet nur an den aufgerauten Stellen. Die Mezzotintotechnik ist wegen der Möglichkeit, Tonübergänge zu erzeugen, zur Wiedergabe von Pastellen und Ölgemälden geeignet. Ähnlich wirkt die mit Punzen erzeugte **Punktiermanier.** Außer auf kaltem Wege können Drucke auch durch Ätzverfahren gewonnen werden, unter denen die →Radierung am beliebtesten ist, gefolgt von der →Aquatinta und der →Crayonmanier, deren Drucke Kreidezeichnungen gleichen.

An der bereits zum Druck verwendeten Platte lassen sich noch Änderungen anbringen, weshalb man versch. Plattenzustände (Etats) unterscheidet. Von ihnen abzuheben sind nach Abnutzung der Platte durchgeführte Überarbeitungen. Eine K.-Platte ermöglicht etwa 200 vorzügliche, 600 gute, 800 leidliche und noch viele minderwertigere Abzüge, eine Kaltnadelplatte erheblich weniger. Zur Erzielung größerer Auflagen verstählt man heute die Platten, stellt auch Galvanos von ihnen her. Aus dem gleichen Grund wurde auch im 19. Jh. der →Stahlstichdruck verwendet, der keine Beziehung zur →Eisenätzung hat.

Geschichte: Die Anfänge der Technik des K. gehen in das frühe 15. Jh. zurück, wo zuerst in Dtl. aber auch bald in den Niederlanden und Italien K.-Arbeiten entstanden. Bedeutende frühe Kupferstecher sind der SPIELKARTENMEISTER, der oberrhein. MEISTER DER BERLINER PASSION von 1446 und der MEISTER E. S., aus dessen Stichen sich die Entwicklung zu größerer Wirklichkeitsnähe ablesen lässt. M. SCHONGAUER verband die Ergebnisse des Naturstudiums mit Linienschönheit und rhythm. Ausgeglichenheit. Am Ober- und Mittelrhein wirkte der HAUSBUCHMEISTER, der Kaltnadelarbeiten von großer Zartheit schuf. Der fruchtbarste Meister seiner Zeit war I. VAN MECKENEM D. J. Italien stand zunächst hinter Dtl. zurück. A. DEL POLLAIUOLO und A. MANTEGNA, dessen mytholog. Blätter A. DÜRER zur Nachahmung reizten, waren die bedeutendsten Stecher. In Dtl. brachte DÜRER den K. zu höchster Vollendung, v. a. in den drei Meisterstichen ›Ritter, Tod und Teufel‹ (1513), ›Der heilige Hieronymus im Gehäus‹ (1514) und ›Melancolia‹ (1514). Er arbeitete auch mit der kalten Nadel. An ihn schlossen sich in Nürnberg die →Kleinmeister sowie A. HIRSCHVOGEL und H. S. LAUTENSACK an. Ihnen waren in Regensburg A. ALTDORFER und in Passau W. HUBER überlegen. In den Niederlanden ragten LUCAS VAN LEYDEN und D. VELLERT hervor. Gegen Ende des 16. Jh. führten C. CORT und H. GOLTZIUS den K. zu einer letzten Blüte, die von den →Rubensstechern in der 1. Hälfte des 17. Jh. fortgeführt wurde. In Italien verband M. RAIMONDI aus Bologna DÜRERS Technik mit RAFFAELS Stil. Von Parma aus wirkte PARMIGIANINO über seinen Schüler F. PRIMATICCIO bis nach Fontainebleau. Erst jetzt nahm Frankreich diese Stichtechnik auf. J. DUVET, J. COUSIN D. J., É. LAUNE und der Architekt J. DUCERCEAU waren die ersten Meister.

Seit dem 17. Jh. bevorzugten die hervorragendsten Künstler die Radierung. Der K. behielt seine Bedeutung für den Ornamentstich, für die Illustration wiss. Traktate und Topographien sowie für das Titelblatt (Titelkupfer) und die Vignetten vieler literar. Werke. Im 20. Jh. haben einzelne Künstler den K. wieder aufgenommen (z. B. P. PICASSO), in der Buchillustration der jüngsten Zeit ist BALDWIN ZETTL (*1943) zu nennen.

Kupferstich:
Baldwin Zettl,
›Der falsche
Antonius‹; 1989

F. LIPPMANN: Der K. (^{7}1963); F. VAN DER LINDEN: DuMont's Hb. der graph. Techniken (1983); Das gestochene Bild. Von der Zeichnung zum K., bearb. v. C. VON HEUSINGER u. a., Ausst.-Kat. (1987); W. KOSCHATZKY: Die Kunst der Graphik. Technik, Gesch., Meisterwerke (^{10}1988).

Kupferstichkabinett, grafische Sammlung, Aufbewahrungsort von allem auf Papier oder Pergament Gemaltem, Gezeichnetem oder Gedrucktem (wie Aquarelle, Gouachen, Handzeichnungen, Originalgrafik und Reproduktionsgrafik), das bes. geschützt aufbewahrt werden muss. Die meisten Kunstmuseen verfügen über eine solche Abteilung. Zu den bedeutendsten K. gehören das ›Rijksprentenkabinet‹ in Amsterdam, das K. in Berlin, das K. in Dresden, das ›Gabinetto Disegni e Stampe degli Uffizi‹ in Florenz, das ›Department of Prints and Drawings‹ des Brit. Museums in London, das ›Cabinet des Estampes‹ in Paris und die ›Albertina‹ in Wien.

Kupfer|uranglimmer, Bez. für die Minerale →Torbernit und →Zeunerit.

Kupferverbindungen. Kupfer tritt in seinen Verbindungen v. a. mit den Oxidationszahlen +2 und (weniger häufig) +1 auf; daneben sind auch K. mit den Wertigkeitsstufen +3 und +4 bekannt. **Kupfer(I)-oxid,** Cu_2O, in der Natur als Mineral →Cuprit vorkommend, entsteht beim Erhitzen von Kupfer an der Luft als roter Beschlag. Reines Kupfer(I)-oxid ist eine karminrote bis gelbe kristalline Substanz, die sich bei Oxidation von fein verteiltem Kupfer, bei der Reaktion von Kupfer(I)-chlorid mit Alkalilaugen sowie z. B. bei der Reduktion alkal. Kupfer(II)-Salzlösungen bildet; es wird als Algen abtötendes Mittel in Schiffsbodenanstrichen und zur Rotfärbung von Glas und Email verwendet. Das dunkelbraune bis schwarze, amorphe oder kristalline **Kupfer(II)-oxid,** CuO, bildet sich beim Glühen von Kupfer, beim Erhitzen von Kupfer(I)-oxid oder Kupfer(II)-hydroxid an der Luft; es findet Verwendung als Oxidationsmittel in der Elementaranalyse, als Ausgangsmaterial zur Herstellung anderer Kupferverbindungen, zur Schwarz-, Grün- und Blaufärbung von Glas, Email u. a., als Katalysator sowie zum Entschwefeln von Erdöl. **Kupfer(II)-hydroxid,** $Cu(OH)_2$, fällt aus Lösungen der Kupfer(II)-Salze mit Alkalilauge als flockiger, blauer Niederschlag aus, der langsam (schneller beim Erwärmen) in CuO übergeht. Kupfer(II)-hydroxid ist eine in Wasser unlösl. Verbindung, die mit konzentrierten Alkalilaugen **Cuprate(II),** Salze mit dem Anion $[Cu(OH)_4]^{2-}$, bildet. In wässriger Ammoniaklösung löst sich Kupfer(II)-hydroxid unter Bildung von tiefblauem **Tetraamminkupfer(II)-hydroxid,** $Cu(NH_3)_4(OH)_2 \cdot 3 H_2O$ (Schweizers Reagenz), dessen ammoniakal. Lösung Cellulose löst, die beim Ansäuern aus dieser Lösung wieder ausgefällt wird. Kupfer(II)-hydroxid wird für Unterwasseranstrichfarben und als Beizmittel verwendet.

Die wichtigste K. ist das **Kupfer(II)-sulfat,** das aus Kupfer und verdünnter heißer Schwefelsäure unter Luftzutritt entsteht und aus wässriger Lösung als lasurblaues Pentahydrat, $CuSO_4 \cdot 5 H_2O$, **Kupfervitriol,** kristallisiert. Es geht beim Erwärmen in kristallwasserfreies Kupfer(II)-sulfat, $CuSO_4$, eine grauweiße kristalline Substanz, über. Kupfervitriol wird z. B. durch Auslaugen von Kupfermineralen mit Schwefelsäure gewonnen; es kommt auch als Mineral →Chalkanthit vor. Kupfervitriol wird v. a. in der Schädlingsbekämpfung, als Algenbekämpfungsmittel, für galvan. Bäder u. a. verwendet. **Kupfer(I)-sulfid,** Cu_2S, und **Kupfer(II)-sulfid,** CuS, sind schwarze, unlösl. Verbindungen, die beim Einleiten von Schwefelwasserstoff, H_2S, in die Lösungen von Kupfersalzen entstehen.

Die **Kupfer(I)-halogenide** sind weiße, schwer lösliche Verbindungen. **Kupfer(I)-chlorid,** CuCl, löst sich in konzentrierter Salzsäure oder konzentrierter Ammoniaklösung unter Komplexbildung, $H[CuCl_2]$, $[Cu(NH_3)_2]Cl$ bzw. $[Cu(NH_3)_4]Cl$. Diese Lösungen absorbieren viel Kohlenmonoxid, CO, unter Bildung des Komplexions $[Cu(CO)Cl(H_2O)_2]^+$, wovon man in der Gasanalyse (CO-Bestimmung) und in der Technik Gebrauch macht. **Kupfer(I)-jodid** löst sich unter Komplexbildung z. B. in Kaliumcyanid-, Kaliumjodid- und Ammoniaklösung. Mit HgJ_2 bildet es Doppelsalze, z. B. **Kupfer(I)-tetrajodomercurat(II),** $Cu_2[HgJ_4]$, das bei 70 °C reversibel seine Farbe von Rot nach Schwarz ändert (→Thermochromie). **Kupfer(II)-chlorid,** $CuCl_2$, ist in wasserfreiem Zustand ein gelbes, als Hydrat, $CuCl_2 \cdot 2 H_2O$, ein grünes, wasserlösliches Salz. Verdünnte Lösungen sind infolge Bildung von $[Cu(H_2O)_4]^{2+}$-Ionen hellblau gefärbt. Eine technisch wichtige K. ist das **Kupfer(II)-hydroxidchlorid,** $Cu_2(OH)_3Cl$ oder $3Cu(OH)_2 \cdot CuCl_2$, eine blassgrüne, kristalline Substanz, die im Weinbau als Mittel gegen Schadpilze (Fungizid) verwendet wird.

Aus Lösungen von Kupfer in Salpetersäure kristallisiert beim Eindampfen blaues **Kupfer(II)-nitrat,** $Cu(NO_3)_2$ aus. In Wasser bildet es das Hexahydrat $Cu(NO_3)_2 \cdot 6 H_2O$ oder $[Cu(H_2O)_4](NO_3)_2 \cdot 2 H_2O$. Wasserfreies Kupfer(II)-nitrat lässt sich im Vakuum unzersetzt destillieren. **Basische Kupfercarbonate** entstehen aus Kupfer(II)-Salzlösungen mit Alkalicarbonaten; sie sind auch Bestandteil der Minerale →Malachit und →Azurit sowie der →Patina.

Von den Kupfer(II)-Salzen der Essigsäure wird vor allem das dunkelgrüne, **neutrale Kupfer(II)-acetat,** $Cu(CH_3COO)_2 \cdot H_2O$, in der Galvanotechnik verwendet. Der →Grünspan enthält dagegen grün bis blau gefärbte **basische Kupfer(II)-acetate** mit wechselnden Mengen an Kupfer(II)-hydroxid. Die Kupfersalze der Naphthensäuren und der Stearinsäure dienen als Konservierungsmittel für Holz und Gewebe. Das tiefdunkelblaue **Kupferphthalocyanin** ist eines der wichtigsten blauen Pigmente (→Phthalocyanine).

Kupfervergiftung, Kuprismus, akute Vergiftung durch orale Aufnahme von lösl. Kupfersalzen (z. B. Kupfersulfat, bas. Kupferacetat); erzeugt Ätz- und Reizwirkungen, Schmerzen in den Verdauungsorganen (Kupferkolik), Kreislaufschwäche, Hämolyse und Anämie. Da die Kupferverbindungen Erbrechen und Durchfall bewirken und somit rasch wieder ausgeschieden werden, sind sie weniger gefährlich. Nahrungsmittelvergiftungen (z. B. nach Kochen von säurehaltigen Nahrungsmitteln in Kupferkesseln) sind sehr selten, weil sich Kupfer schon in weit kleineren als schädigenden Konzentrationen durch seinen metall. Geschmack verrät. – Bei Tieren (Schafen und Kälbern) kommt es nach längerer Aufnahme größerer Kupfermengen mit dem Futter zur Hämolyse (oft tödlich).

Kupfervitriol, →Kupferverbindungen.
Kupferzeit, Steinkupferzeit, Aeneolithikum, überholte Bez. für den Zeitabschnitt zw. Stein- und

Bronzezeit, in dem unlegiertes Kupfer zur Herstellung von Waffen, Geräte und Schmuck verwendet wurde. Heute Bez. für die Zeit jungneolith. Kupfer führender Kulturen. (→ Chalkolithikum)

Kupffer-Sternzellen [nach dem Anatomen KARL W. VON KUPFFER, *1829, †1902], mit langen Fortsätzen versehene Bindegewebezellen in der Leber der Wirbeltiere, die befähigt sind, durch →Phagozytose dem Pfortaderkreislauf körpereigene (z. B. Erythrozyten) und körperfremde Zellen (z. B. Bakterien) zu entnehmen und abzubauen. Sie sind Bestandteil des →Monozyten-Makrophagen-Systems.

kupieren [von frz. couper ›abschneiden‹], **1)** *Medizin:* die volle Entfaltung von Infektionskrankheiten durch frühzeitige Behandlungsmaßnahmen (z. B. Anwendung von Antibiotika) verhindern.

2) *Obstbau:* die Triebe kürzen.

3) bei *Tieren* (v. a. bei bestimmten Hunderassen) den Schwanz unvollständig amputieren; das Kupieren der Ohren ist seit 1. 1. 1987 gesetzlich verboten. Bei gefangen gehaltenen Vögeln (z. B. Hausgans) bezeichnet Kupieren das Stutzen der Flugfedern.

František Kupka: Plans par couleur; 1910/11 (Paris, Musée National d'Art Moderne im Centre Pompidou)

Kupka, František, auch **Frank K.,** tschech. Maler und Grafiker, *Opočno (bei Nachod) 23. 9. 1871, †Puteaux 21. 6. 1957; übersiedelte 1895 nach Paris, wo er zunächst v. a. als Modezeichner und Illustrator tätig war. Ausgehend von symbolist., dem Jugendstil nahe stehenden Kompositionen, wandte er sich um 1910/11 der abstrakten Malerei zu, deren musikalischrhythm. Richtung er mitbegründete. G. APOLLINAIRE zählte ihn 1912 mit zu den Vertretern des →Orphismus. 1919–39 war er Prof. an der Akad. in Prag. BILD →abstrakte Kunst

F. K., bearb. v. M. ROWELL, Ausst.-Kat. (New York 1975); F. K., bearb. v. E. GYSLING-BILLETER, Ausst.-Kat. (Zürich 1976); Frank K., Ausst.-Kat. (1981); S. FAUCHEREAU: K. (New York 1989).

Kupkovič [-vitʃ], Ladislav, slowak. Komponist und Dirigent, *Preßburg 17. 3. 1936; war Dirigent des Philharmon. Orchesters Bratislava, übersiedelte 1969 in die BRD und ist seit 1976 Prof. für Komposition an der Musikhochschule in Hannover. Bes. bekannt wurde er durch die Form des ›Wandelkonzerts‹ (erstmals auf Schloss Smolenice 1968), gleichzeitige musiziert ›Echos‹ für 31 Spieler (1966), ›Klanginvasion‹ (Makrokomposition für die Stadt Bonn, 1970), Klavierkonzert (1980), ›Sinfonie in D‹ (1981), Orchestervariationen (1982), ›Rokoko-Symphonie‹ (1982), Oper ›Die Maske‹ (1984), ›24 Caprices‹ für Violine (1990), ›Katinkas Geheimnis‹, Kindermärchen für einen Sprecher und kleines Orchester (1992).

Kupol|ofen, zylindr., mit feuerfesten Steinen ausgemauerter und von Stahlblech umkleideter Schachtofen zum Erschmelzen von Gusseisen in Gießereien. Die Beschickung (Roheisen, Gussbruch, Schrott, Koks, Zuschläge) wird an der Gicht aufgegeben, das flüssige Eisen unten abgestochen. Es läuft entweder sofort in die Gießpfanne oder zunächst in einen Vorherd. Die Verbrennungsluft wird einem Windring unter Druck zugeführt und durch mehrere Blasformen in den Ofen geblasen. Durch Verbrennung der Gichtgase im Winderhitzer zur Vorerwärmung der Verbrennungsluft des K. verringert sich der Verbrauch an Koks, ebenso durch die zusätzliche Anwendung von Gasbrennern.

Kupon [-'pɔŋ, österr. -'po:n; frz., zu couper ›abschneiden‹] *der, -s/-s,* **Coupon** [kuˈpɔ̃ː], **1)** *allg.:* 1) abtrennbarer Zettel (z. B. als Gutschein); 2) abgemessenes Stück Stoff.

2) *Bankwesen:* die den festverzinsl. Wertpapieren und den Aktien als Gutschein für die künftig fällig werdenden Zinsen oder Dividenden in Form von Bogen **(Zinsbogen, K.-Bogen)** beigegebenen gedruckten Quittungsformulare **(Zins-K., Dividenden-K., Zinsscheine, Dividendenscheine).** Die K. werden bei Auszahlung der Zinsen oder Dividenden als Beleg an der Auszahlungsstelle zurückgegeben. Beigegeben ist gewöhnlich auch der **Erneuerungsschein (Talon),** durch den ein neuer K.-Bogen bezogen werden kann, wenn alle K. eingelöst sind. Ist ein Talon nicht beigegeben, so wird der neue Zinsbogen gegen Vorzeigen der Wertpapierurkunde **(Mantel,** weil er den Zinsbogen einhüllt) geliefert. Der losgetrennte K. wird Inhaberpapier mit allen daraus folgenden Rechten; dabei verkörpert der Zins-K. eine Nebenforderung aus einem Darlehen, der Dividendenschein eine selbstständige Hauptforderung aus der Aktienbeteiligung. Bei Fälligkeit wird der K. abgeschnitten und über eine Bank eingelöst. I. d. R. übernehmen die Banken im Rahmen der Depotverwaltung die Einziehung der K. und die Gutschrift der entsprechenden Beträge.

Kuponsteuer [-'pɔŋ-], →Kapitalertragsteuer.

Kuppe [wohl von lat. cup(p)a ›Tonne‹], **1)** *Geomorphologie:* der oberste, deutlich rundlich geformte Teil eines Gipfels (z. B. Schneekoppe, Wasserkuppe). Häufen sich K. in einem Gebirge, so nennt man es **Kuppengebirge** (z. B. Fichtelgebirge).

2) *Ozeanographie:* untermeer. Erhebung; im Weltmeer gibt es mehrere tausend K.; oft mit ebenem Gipfelplateau (→Guyot).

Kuppel [ital. cupola, von lat. cupula, Verkleinerung von cup(p)a ›Tonne‹], *Bauwesen:* einfaches sphär. Gewölbe aus Werk- oder Backstein, Beton oder Stahlbeton, Holz oder Stahl zur Überspannung eines kreisförmigen, quadrat. oder polygonalen Raumes. Ihre Wölbfläche entsteht durch Drehung eines Halbkreises, Ellipsen-, Parabel- oder Spitzbogens um eine Vertikalachse oder aus einem Vieleck von Walmkappen. Bei eckigen Zentralräumen kann der Fußkreis der K. dem Grundriss entweder umbeschrieben sein, sodass die K.-Schale vertikal angeschnitten wird (bei der **Hänge-K.** schneidet der Fußkreis die Ecken des Grundrisses, bei der **böhmischen Kappe** oder **Stutz-K.** liegt er außerhalb des Grundrisses), oder der Fußkreis ist dem Grundriss einbeschrieben. Im letzteren Fall bedarf es Hilfskonstruktionen über den Ecken, die auf halben, liegenden Hohlkegeln (Trompen) oder sphär. Dreiecken (Hängezwickel, Pendentif) basieren **(Pendentif-K.).** Die K.-Beleuchtung kann durch eine Scheitelöffnung (Opaion, Auge) erfolgen, der meist

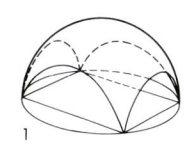

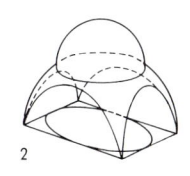

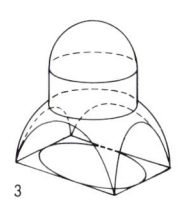

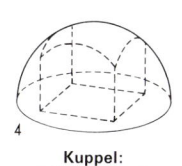

Kuppel:
1 Hängekuppel;
2 Pendentifkuppel;
3 Kuppel über Pendentifs und Tambour;
4 Böhmische Kappe oder Stutzkuppel

Kuppel: Halbkugelkuppel des Pantheons in Rom; Durchmesser 43,3 m, 118/119 bis 125–128 n.Chr.

ein zylindr. Türmchen mit Fensterkranz (Laterne) aufgesetzt ist, oder durch eingeschnittene Öffnungen in ihrer Schale. Oft ruht die K. auf einem durchfensterten Zylinder (Tambour).

Vorformen der K. entstanden über runden Räumen durch Vorkragen waagrecht verlegter Steinschichten in Spitzbogenform, so bei assyr. und myken. Gräbern (3300 v. Chr. bzw. 14. Jh. v. Chr.). Der K.-Bau aus Keilsteinen ist seit etrusk. und hellenist. Zeit nachweisbar und erreichte seinen Höhepunkt in der Halbkugel-K. des Pantheons in Rom (118/119 bis 125–128, Durchmesser 43,3 m). In der frühbyzantin. Baukunst trat neben die aus einzelnen sphär. Wölbsegmenten gebildete **Schirm-** oder **Segel-K.** die Pendentif-K. (Hagia Sophia, 563 vollendet, Durchmesser zw. 31,9 m und 30,87 m). Eine Weiterentwicklung erfuhr sie im Bereich des islam. Baukunst, in der Zellenwerk und Stalaktiten (Mukarnas) an die Stelle der Hängezwickel traten. F. BRUNELLESCHIS K. des Florentiner Doms (1419/20–36, Durchmesser 42 m) und MICHELANGELOS K. der Peterskirche in Rom (Entwurf 1547, Durchmesser 42,34 m) mit innerer Raumschale und äußerer Schutzschale wurden zum Vorbild für viele K. des Barock, in dem auch K. über ellipsenförmigem Grundriss errichtet wurden. Im 19. Jh. wurden Rippen-K. aus Holz- oder Stahlbindern konstruiert, im 20. Jh. fand die dünnwandige Schalenbauweise Anwendung, die nach 1945 unter Ausnutzung des Spannbetons zu kühnen K.-Formen führte.

M. RUMPLER: La coupole dans l'architecture byzantine et musulmane (Straßburg 1956); R. ROHLFS: Primitive K.-Bauten in Europa (1957); J. FINK: Die K. über dem Viereck (1958); F. HART: Kunst u. Technik der Wölbung (1965); S. ÖGEL: Der K.-Raum in der türk. Architektur (Istanbul 1972); K. aller Zeiten – aller Kulturen, Beitrr. v. E. HEINLE u. J. SCHLAICH (1996).

Kuppelei, allg. die strafbare Förderung zwischenmenschl. sexueller Handlungen. Seit dem 4. Strafrechtsreform-Ges. vom 23. 11. 1973 wird in Dtl. nur noch die →Förderung sexueller Handlungen Minderjähriger (§ 180 StGB) sowie die Förderung der →Prostitution (§ 180 a StGB) bestraft.

Kuppelgrab, monumentale Form des Fürstengrabes der myken. Kultur seit dem späten 16. Jh. v. Chr. Die unterird. runde Gruft war durch Kraggewölbe mit Deckplatte geschlossen; z.T. sind rechteckige Grabkammern zugefügt. Der Zugang zum K. war durch eine Tür verschlossen, zu der ein oft mit Quadern verkleideter, oben offener Korridor (Dromos) führte. Bei Mykene wurden neun K. gefunden, das stattlichste ist das ›Schatzhaus des Atreus‹; andere K. liegen bei Volos, in Orchomenos, Menidi (Attika), im Heraion bei Argos, in Tiryns, Vaphio und Pylos, in Kolophon (an der W-Küste Kleinasiens), auf Kreta (bei Archanes) und Zypern. Der Typus hat wahrscheinlich das →Tholosgrab zum Vorbild. Die myken. Form des K. hat sich stellenweise bis ins 8./7. Jh. v. Chr. gehalten (Lydien), in SO-Europa (z. B. Kasanlak, Verjina) und in S-Russland (z. B. skyth. Kurgane, Kurgane am Kuban) bis in hellenist. Zeit. Die mittelmeer. K. wurden in W-Europa in der ausgehenden Stein- und frühen Bronzezeit mit primitiveren Mitteln nachgeahmt (z. B. kelt. →Fürstengräber). K. wurden auch von den Etruskern errichtet. (→Grabmal)

Kuppelhütte, Bienenkorbhütte, Rundbau mit halbkugelförmigem Aufriss, aus Lehm (regional in Afrika), Bruchstein (→Trullo), Firnschnee (→Iglu), Walknochen oder biegsamem Holz (→Wigwam) errichtet. K. aus pflanzl. Material sind leicht auf- und abzubauen; ihr Stützgerüst ist zerlegbar und kann wieder verwendet werden; es wird mit Häuten, Gras, Blättern, Rinde o. Ä. abgedeckt.

Kuppelproduktion, Koppelproduktion, Verbundproduktion, die material- oder verfahrensmäßig zwangsläufig miteinander verbundene Herstellung von zwei oder mehreren Gütern (Kuppelprodukte, Jointproducts). Dabei können gemeinsam verschiedenartige Hauptprodukte (z.B. Benzin, Heizöl, Schweröl bei der Verarbeitung von Mineralöl) und auch Nebenprodukte (Rückstände) anfallen (z.B. Schlacken, Teer, Schwefel). Die meisten K.-Prozesse (z. B. in Kokereien, Eisenhütten, chem. Werken, Erdölraffinerien, Zuckerfabriken, Sägewerken) sind zweistufig und umfassen eine (im Mischungsverhältnis starre oder elast.) Zerlegung der Ausgangsstoffe in ihre Bestandteile. Bei der Optimierung von K.-Prozessen geht es v.a. um die Ausnutzung alternativer Produktions- und Aufspaltungsverfahren der Ausgangsstoffe.

Da die verursachungsgerechte Aufteilung der Gesamtkosten bei K. nicht möglich ist, wurden als Näherungslösung zwei Methoden der **Kuppelkalkulation** entwickelt. Bei der Restwert- oder Subtraktionsmethode werden die Erlöse der Nebenprodukte von den Gesamtkosten des K.-Prozesses abgezogen, danach werden in Anlehnung an die Divisionskalkulation die restl. Kosten durch die Menge des Hauptprodukts geteilt. Dem Verteilungsverfahren liegen Äquivalenzziffern zugrunde, die sich im Unterschied zur Äquivalenzziffernrechnung am Verhältnis der Erlöse für die einzelnen Produkte zum Gesamterlös orientieren (Kostentragfähigkeit).

Kuppenheim, Stadt im Landkreis Rastatt, Bad.-Württ., am Austritt des Murgtales aus dem Schwarz-

Kuppelgrab: Seitenansicht (oben) und Grundriss (unten) vom Schatzhaus des Atreus bei Mykene; Ende des 14. Jh. v. Chr.

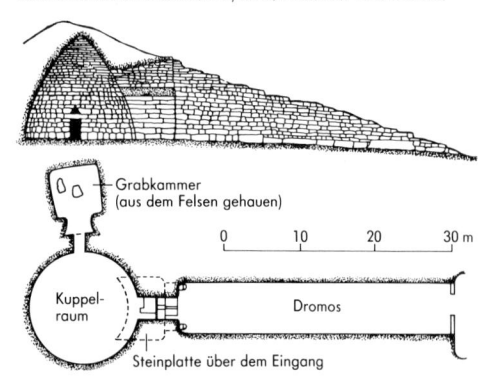

wald in die Oberrhein. Tiefebene, 127 m ü. M., 7500 Ew.; Chemie- und Papierindustrie. – K., Ende des 11. Jh. gegründet, kam 1281 an Baden; 1950 Stadt.

Kupper, Annelies Gabriele, Sängerin (lyr. Sopran), * Glatz 21. 7. 1906, † München 8. 12. 1987; debütierte 1935, war 1940–45 Mitgl. der Staatsoper Hamburg, 1946–66 der Bayer. Staatsoper in München und sang auch bei Festspielen (Bayreuth, Salzburg). Ab 1956 an der Münchener Musikhochschule; v. a. als Mozart- und Strauss-Interpretin bekannt.

Kuppler, Farbkuppler, Farbbildner, Farbkomponenten, *Fotografie:* Bez. für Phenole, Naphthole und Verbindungen mit aktivierten Methylengruppen, die durch Reaktion (Kupplung) mit oxidiertem Farbentwickler (p-Phenylendiaminderivaten) Bildfarbstoffe ergeben (→Farbfotografie).

Kupplung, 1) *Elektrotechnik:* K.-Steckvorrichtung, Bez. für eine Steckvorrichtung zur lösbaren Verbindung (Verlängerung) flexibler elektr. Leitungen.
2) *Fahrzeugtechnik:* Einrichtung zur lösbaren Verbindung von Schienen- (→Eisenbahnkupplungen) oder von Straßenfahrzeugen (z. B. Anhänger-K.).

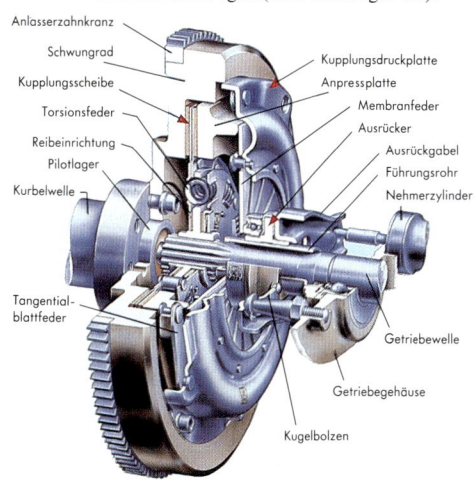

Anlasserzahnkranz
Schwungrad
Kupplungsscheibe
Torsionsfeder
Reibeinrichtung
Pilotlager
Kurbelwelle
Tangentialblattfeder
Kupplungsdruckplatte
Anpressplatte
Membranfeder
Ausrücker
Ausrückgabel
Führungsrohr
Nehmerzylinder
Getriebewelle
Getriebegehäuse
Kugelbolzen

Kupplung 3): Schnittzeichnung einer bei Kraftfahrzeugen verwendeten Einscheibentrockenkupplung

3) *Maschinenbau:* Vorrichtung zur (lösbaren) drehstarren oder elast. Verbindung zweier (mehr oder weniger) fluchtender Maschinenteile, meist zweier Wellenenden (**Wellen-K.**), zur Übertragung eines Drehmomentes vom treibenden auf das getriebene Teil. Man unterscheidet **nichtschaltbare K.**, bei denen eine Unterbrechung der Drehmomentübertragung im Normalfall nicht bzw. nur nach Ab- oder Ausbau der K. möglich ist, und **schaltbare K.**, bei denen durch geeignete Betätigungsglieder die treibende Welle von der getriebenen getrennt oder mit ihr verbunden werden kann, teilweise ohne Anhalten der treibenden Welle. Zu den nichtschaltbaren K. zählen die festen K., die die beiden Wellenenden starr miteinander verbinden, und die Ausgleichs-K.; zu den schaltbaren K. zählen alle durch äußeren Eingriff (**fremdgeschaltete K.** oder **Schalt-K.**) mechanisch, elektrisch, hydraulisch und pneumatisch betätigten form- und kraftschlüssigen K. einschließlich der – abhängig von Drehmoment, Drehzahl oder Drehrichtung – **selbsttätig schaltenden K.**, der Induktions-K. sowie die hydrodynam. K. (→Strömungskupplung).

Feste K. setzen ein genaues Fluchten der zu kuppelnden Wellen voraus. Wegen der ungedämpften Übertragung des Drehmomentes sind sie nur stoßfreien Betrieb oder geringe Drehmomentschwankungen geeignet. Hierzu gehören v. a. die **Stirnzahn-K.** (z. B. mit Hirth-Verzahnung), die das Drehmoment formschlüssig, sowie die **Scheiben-K.** und die **Schalen-K.**, die es form- und kraftschlüssig weiterleiten.

Ausgleichs-K. lassen entweder axiale, radiale winklige oder gleichzeitig parallele und winklige Wellenverlagerungen zu; in Längsrichtung bewegliche Ausgleichs-K. stellen außer der Wellenverbindung auch einen Längenausgleich her (**Ausdehnungs-K.**). Bei drehstarren Ausgleichs-K. wird das Drehmoment je nach Bauart durch Klauen (**Klauen-K.**), Innen- und Außenverzahnung (**Zahn-K.**), elastische Membranen (**Membran-K.**) oder Ringe (**Ring-K.**, z. B. Hardy-Scheibe) übertragen. Zur Verbindung nicht fluchtender oder während der Drehmomentübertragung ortsveränderl. und/oder stark winkelveränderl. Wellen werden →Gelenkwellen verwendet. Bei drehnachgiebigen (elast.), formschlüssigen Ausgleichs-K. sind zw. An- und Abtriebsnabe federnde Elemente aus Metall, Gummi oder Kunststoff angeordnet. **Metallelastische K.** verwenden z. B. schlangenförmig gewundenes Stahlband am äußeren Umfang der K.-Hälften (**Schlangenfeder-K., Bibby-K.**) oder auf Stahlbolzen sitzende Kunststoffbuchsen, die in Bohrungen der flanschartigen K.-Hälften eingreifen (**Bolzen-K.**).

Formschlüssige Schalt-K. sind nur im Stillstand, bei Drehzahlgleichheit oder bei geringen Relativdrehzahlen beider Wellen schaltbar; sie können nur in diskreten Stellungen von An- zu Abtriebswelle arbeiten. Als Schaltelemente dienen Bolzen, Klauen oder Zähne. Für das Kuppeln von Zahnrädern werden bevorzugt (meist elektromagnetisch) schaltbare **Zahn-K.** verwendet (z. B. in Werkzeugmaschinen). **Kraftschlüssige Schalt-K.** sind v. a. die **Reibungs-K.** Hier wird der Kraftfluss durch Anpressen von Reibflächen, die mit der einen Welle drehfest, aber verschiebbar verbunden sind, an entsprechende Gegenflächen der anderen Welle hergestellt. Sie sind während des Betriebs schaltbar. Müssen die Reibflächen der K. geölt werden, spricht man von einer **Nass-K.**, ist dies nicht nötig, von einer **Trocken-K.** Bei der in der Kfz-Technik am häufigsten verwendeten **Einscheibentrocken-K.** erfolgen Kraftschluss und Drehmomentwandlung bzw. Drehzahlanpassung in der Weise, dass eine axial verschiebbare, mit der Getriebewelle drehfest verbundene **K.-Scheibe** durch Federkraft mehr oder weniger stark gegen das Schwungrad des Motors gepresst und von diesem mit oder ohne entsprechenden Schlupf durch Reibung mitgenommen wird. Zur Lösung der K. wird die K.-Scheibe über das **K.-Pedal**, ein mechan. Gestänge (auch über Seilzug oder hydraulisch) und die an K.-Ausrücklager anlenkende Ausrückgabel vom Schwungrad getrennt. Die übertragbaren Drehmomente sind abhängig vom Durchmesser der K.-Scheibe und von der Anpresskraft der K.-Federn. Wo sehr hohe Drehmomente zu übertragen sind (Lkw, Rennwagen) oder die K. nur kleine Dimensionen annehmen kann (Kraftrad, automat. Getriebe), werden **Zweischeiben-** und **Mehrscheiben-K. (Lamellen-K.)** verwendet. Hier sitzen mehrere K.-Scheiben hintereinander auf der Getriebewelle, denen ebenso viele von der Motorwelle angetriebene, axial verschiebbare und zum so genannten **K.-Korb** verbundene Außenlamellen gegenüberstehen. Zur automat. Verteilung der Antriebskräfte zw. Vorder- und Hinterachsantrieb bei Kfz mit Allradantrieb werden häufig gekapselte Lamellen-K. mit einer hochviskosen Siliconfüllung (**Visco-K.**) verwendet.

Im Ggs. zu den fremdbetätigten K. leiten die **selbsttätig drehzahlgeschalteten K. (Anlauf-K.)** den Schalt-

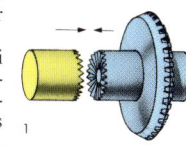

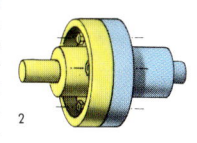

Schraubverbindungen

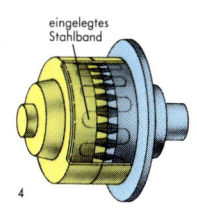

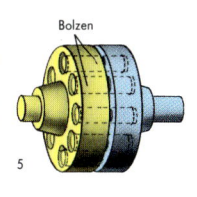

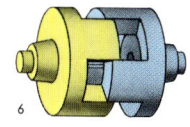

eingelegtes Stahlband

Bolzen

Kupplung 3): 1 Stirnzahnkupplung mit Hirth-Verzahnung; 2 Scheibenkupplung; 3 Schalenkupplung; 4 Bibby-Kupplung; 5 elastische Bolzenkupplung; 6 Klauenkupplung

Wörter, die man unter K vermisst, suche man unter C, Ch, G, H oder Q

vorgang erst nach Erreichen einer bestimmten Drehzahl ein. Dafür besitzen sie K.-Elemente, die im Ruhestand durch Federn nach innen gezogen werden und erst bei einer bestimmten Drehzahl, die von der eingestellten Federkraft abhängt, durch die Fliehkraft (**Fliehkraft-K.**) nach außen getrieben werden und dabei an abtriebsseitigen K.-Teil zum Anliegen kommen und dann die Antriebswelle mitnehmen. Bei **drehmomentgeschalteten K.**, meist Lamellen-K., also Reibungs-K., ist der Anpressdruck der Federn auf die Reibscheiben so gewählt, dass ab einer bestimmten Grenzbelastung die K. ›durchrutscht‹ (**Rutsch-K.**) und somit als **Sicherheits-K.** wirkt. **Drehrichtungsgeschaltete K.** sind formschlüssige Gesperre oder kraftschlüssige **Klemmkörper-K.**, bei denen sich Rollen, Kugeln, gekrümmte Regelflächen u. a. zw. die K.-Teile klemmen, solange die Antriebsseite treibt. Wird die Antriebsseite vom Abtrieb überholt (**Überhol-K.**), entfällt die Klemmwirkung, An- und Abtrieb sind entkuppelt (z. B. Freilauf in Fahrrädern).

Bei den **Induktions-K.** erfolgt die Übertragung des Drehmomentes verschleißfrei und ohne mechan. Berührung der beiden K.-Hälften durch die Wirkung eines elektromagnet. Kraftfeldes; sie bestehen aus einem gleichstromerregten Polrad als Innenläufer auf der einen Welle und einem Kurzschlusskäfiganker als Außenläufer auf der anderen Welle.

Kupplungsreaktionen, chem. Reaktionen, die zur Ausbildung von Bindungen zw. Kohlenstoffatomen oder einem Kohlenstoff- und einem Heteroatom führen. Besondere Bedeutung für die Herstellung von Azofarbstoffen haben K. von Diazoniumverbindungen mit aromat. Aminen oder Phenolen (Azokupplung).

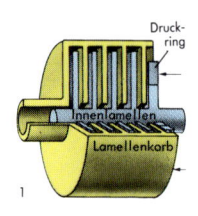

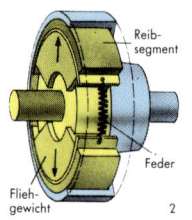

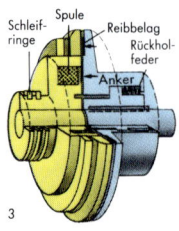

Kupplung 3): 1 Lamellenkupplung; 2 Fliehkraftkupplung; 3 elektromagnetische Reibscheibenkupplung

Kuprin, Aleksandr Iwanowitsch, russ. Schriftsteller, * Narowtschat (Gebiet Pensa) 7. 9. 1870, † Leningrad 25. 8. 1938; Offizier, stand vor der Revolution dem sozialkritisch orientierten Kreis um M. GORKIJ nahe; lebte als Gegner des bolschewist. Systems seit 1919 in der Emigration, meist in Paris; erhielt 1937 die Genehmigung zur Rückkehr. K., ein Meister der lebendigen Charakterzeichnung, brandmarkt in seinen besten Werken (Romanen) gesellschaftl. Missstände der Zeit: den Preis der industriellen Entwicklung (›Moloch‹, 1896; dt. ›Der Moloch‹), den Stumpfsinn im Militärdienst und die Brutalität der Offiziere (›Poedinok‹, 1905; dt. ›Das Duell‹) sowie die Prostitution (›Jama‹, 3 Tle., 1909–15; dt. ›Die Gruft‹).

Weitere Werke: Erzählungen: Olesja (1898; dt. Olessja); Gambrinus (1907; dt. Smaragd); Granatovyj braslet (1911; dt. Das Granatarmband).

Ausgabe: Sobranie sočinenij, 9 Bde. (1970–73).

N. J. LUKER: A. K. (Neuausg. Boston, Mass., 1978).

Kuprismus [zu spätlat. cuprum ›Kupfer‹] *der, -,* die →Kupfervergiftung.

Kuqa [-tʃ-], **Kucha, Kutscha,** Oasenstadt im Autonomen Gebiet Sinkiang, China, am nördl. Rand des Tarimbeckens. – Die Kunst der Höhlentempel und Klöster (etwa 500–700) im Umkreis von K., durch das die nördl. Seidenstraße verlief, bildet einen eigenen Kunstkreis in der →zentralasiatischen Kunst. – Die Oase K. war Mittelpunkt eines Königreichs, das seit den Han unter dem Namen **Quci** bekannt war; vom 5. bis 7. Jh. wichtigstes westl. Kulturzentrum O-Turkestans mit den Haupttorten Kizil und Kumtura.

Kur [lat. cura ›(Für)sorge‹, ›Pflege‹], Heilverfahren mit planmäßiger Anwendung spezifisch zusammengestellter Heilmittel (physikal. Therapie, →Badekur) und/oder Diät. Die Durchführung erfolgt meist in Heilbädern und Kurorten.

Kur [ahd. kuri ›Wahl‹], Wahl, bes. die des Röm. Königs durch die Kurfürsten; auch Bez. für Kurfürstenwürde und Kurfürstentum.

Kür [ahd. kuri ›Wahl‹], **Kür|übung,** *Sport:* eine beim Wettkampf in versch. Sportarten teils mit musikal. Begleitung vom Wettkämpfer frei zusammengestellte Übung. In einigen Sportarten (z. B. beim Kunstturnen) werden bei einer K. bestimmte Übungsteile verlangt. Die K. ist Teil des Wettkampfprogramms mit je nach Sportart unterschiedl. (meist höherer) Gewichtung gegenüber der (oft bereits abgeschafften) Pflichtübung. Die Kampfrichter bewerten die Schwierigkeit der Bewegungsfolgen, die techn. Qualität der Durchführung und den künstler. Eindruck.

Kupplungsreaktionen: Beispiel

Kura *die,* georg. **Mtkwari,** größter Fluss Transkaukasiens, 1 364 km lang, entspringt in der Türkei im Ararathochland, durchbricht in Georgien den Kleinen Kaukasus und fließt dann in Aserbaidschan, wo er durch die K.-Araks-Niederung strömt und mit einem Delta ins Kasp. Meer mündet. Zur Regulierung der Wasserführung, zur Bewässerung und Energiegewinnung ist die K. mehrmals gestaut, u. a. zum **Mingetschaurer Stausee** (605 km^2, 16,1 Mrd. m^3; Kraftwerk mit 359 MW).

Kuraisch, mekkan. Stamm, →Koraisch.

Kurangun, Felsen über dem Fluss Fahliun in Iran, nordwestlich von Persepolis. Ein großes Relief der elam. Kunst zeigt einen sitzenden Gott und eine Göttin zw. Adoranten (13./12. Jh. v. Chr.); später (8./7. Jh. v. Chr.) wurde auf einem zweiten Relief eine Prozession von 21 Männern hinzugefügt.

Kurant [frz., zu courir ›laufen‹] *das, -(e)s/-e,* **Kurantgeld,** zum gesetzl. Zahlungsmittel erklärte Geldzeichen (früher Gold- oder Silbermünzen, jetzt Banknoten). Sie müssen vom Gläubiger in jeder Menge zur Einlösung von Schulden entgegengenommen werden (obligator. und definitives Geld) im Ggs. zu den Scheidemünzen. Früher hieß K. die Währungsmünze eines Landes, die dort unbeschränkte Zahlkraft hatte und ihren Wert (Metallwert) vollständig in ihrem Stoff trug (z. B. Reichsgoldmünzen).

Kurare, *das* →Curare.

Kurarzt, *der* →Badearzt.

Kurashiki [-ʃ-], Stadt auf Honshū, Japan, Präfektur Okayama, 422 000 Ew.; Ōhara-Galerie (A. RODIN, P. GAUGUIN, P. PICASSO), volkskundl., archäolog., histor. Museum u. a. Museen; astronom. Observatorium, biolog. Forschungsinstitut; chem., Metall verarbeitende, Textil-, Baustoffindustrie, Holzverarbeitung, Eisenerzverhüttung; im südl. Vorortbereich, an der Küste, zwei Erdölraffinerien (Mizushima). – Weite Bereiche der histor. Stadtanlage (18. Jh.) sind erhalten.

Küraß [frz. cuirasse, eigtl. ›Lederpanzer‹, zu spätlat. coriaceus ›ledern‹] *der, -es/-e, Militärwesen:* urspr. Bez. für ein zum Schutz des Oberkörpers gegen Waffenwirkung dienendes Lederkoller, seit Ende des 17. Jh. dann für die dem Halbharnisch des 16./17. Jh. ähnelnde Schutzrüstung der Soldaten der Kavallerie (der Kürassiere); sie bestand entweder nur aus einem Brustpanzer (daher auch als ›Brustharnisch‹ bezeichnet) oder aus einem Brust- und Rückenpanzer (**Doppel-K.**), bei dem die Teile durch zwei über die Schultern gelegte Lederriemen zusammengehalten wurden.

Kürassiere [frz. cuirassier ›mit einem Kürass ausgestatteter Reiter‹], *Sg.* **Kürassier** *der, -s, Militärwesen:* schwere Kavallerietruppengattung vom 17. bis zum Beginn des 20. Jh. Unmittelbare Vorläufer der K. waren die erstmals 1481 namentlich genannten, bis zum Beginn des 17. Jh. noch fast vollkommen gepanzerten **Kyrisser** oder **Kürisser**, die gegen Ende des 16. Jh. die Kampfweise der →deutschen Reiter, den Angriff in Form der →Caracole übernahmen; Hauptwaffe zu dieser Zeit war die Reiterpistole. Ab Mitte des 17. Jh. setzte sich als neue Kampfweise der schweren Reiter – nun allg. K. genannt – die Attacke mit blanker Waffe im Galopp durch, als Hauptwaffe diente dementsprechend der →Pallasch (K.-Degen), neben dem der K.-Karabiner mitgeführt wurde. Nachdem im 17. Jh. zwecks Erhöhung der Beweglichkeit bei der schweren Kavallerie z. T. auf den Panzerschutz verzichtet worden war, wurde Ende des 17./Anfang des 18. Jh. die Ausstattung mit einer Rüstung in Form des Kürass allg. üblich. Im Zuge der Entwicklung der Einheitskavallerie Ende des 19. Jh. legten die K. in fast allen europ. Armeen den Kürass endgültig ab, nur zu Paradezwecken wurde und wird er heute noch getragen.

Kurat [mlat., zu lat. cura ›(Für)sorge‹, ›Pflege‹] *der, -en/-en, kath. Kirchenrecht:* ein Seelsorgegeistlicher mit einer dem Pfarrer vergleichbaren Stellung und eigenem Seelsorgebezirk (**Kuratie**).

Kuratel [mlat.] *die, -/-en,* veraltet für: Vormundschaft, Pflegschaft; im österr. ABGB noch (§§ 187 f.) verwendet.

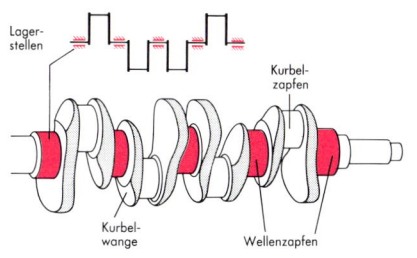

Kurbelwelle: Schematische Darstellung einer fünffach gelagerten Kurbelwelle in einem Vierzylindermotor

Kurator [lat. ›Bevollmächtigter‹, ›Vormund‹] *der, -s/...'toren,* **1)** *Hochschulwesen:* Aufsichtsbeamter des Staates an Hochschulen zur Verwaltung des Vermögens und der Kassen sowie zur Wahrnehmung der Rechtsgeschäfte; im 18./19. Jh. in Preußen zur Dezentralisierung der Univ.-Verwaltung eingeführt; heute vereinzelt noch an traditionsreichen Universitäten.
2) *Recht:* Vormund, Pfleger; Treuhänder einer Stiftung o. Ä.; im österr. Recht derjenige, der (im Ggs. zum Vormund) Angelegenheiten von (volljährigen) Personen besorgt, die dazu selbst nicht fähig sind. (→Entmündigung, →Pflegschaft)

Kuratorium [zu lat. curatorius ›zum Amt eines Kurators gehörend‹] *das, -s/...ri|en,* Aufsichtsgremium, z. B. einer öffentl. Körperschaft, Anstalt oder Stiftung; auch (gemeinnützige) Vereinigung.

Kuratorium Unteilbares Deutschland, überparteil. Vereinigung, gegr. in Bad Neuenahr am 17. 6. 1954 zur Förderung der Wiedervereinigung Dtl.s, Sitz: Bonn; (in West-Dtl.) auf Bundes-, Landes- und Kreisebene organisiert, Mitgl. waren Persönlichkeiten des öffentl. Lebens; Vors.: P. LÖBE (1954–67), W. W. SCHÜTZ (1967–72), J. B. GRADL (1973–88) und D. HAACK (seit 1988). 1992 aufgelöst.

Kurbe, *Tiermedizin:* →Hasenhacke.

Kurbel [ahd. churba, zu lat. curvus ›gekrümmt‹], einarmiger Hebel zur Drehung einer Welle; auch ein Glied in einem →Gelenkgetriebe (K.-Getriebe).

Kurbelgehäuse, bei Kolbenmaschinen das Gehäuse, das die Kurbelwelle mit ihrer Lagerung aufnimmt. Bei kleinen Motoren ist das K. mit den Zylindern zu einem Zylinder-K. vereinigt. K. können aus Grauguss oder Leichtmetall (dann auch im Druckgießverfahren) hergestellt werden; seltener sind aus Stahl geschweißte K. (z. B. bei Großmotoren).

Kurbelgetriebe, Kurbeltrieb, ein →Gelenkgetriebe mit wenigstens einem als Kurbel umlaufenden Glied. Bekanntestes K. ist das **Schub-K.,** das in Hubkolbenmaschinen zur Umwandlung hin- und hergehender Kolbenbewegungen in Drehbewegungen (oder umgekehrt) verwendet wird. Der Kolben ist mit dem Kreuzkopf, der in Gleitbahnen geführt wird, fest verbunden, von diesem wird die Kraft über die Pleuelstange auf den Kurbelzapfen der Kurbelwelle übertragen. Bei kleinen, schnell laufenden Maschinen entfällt der Kreuzkopf, die Pleuelstange ist durch den Kolbenbolzen direkt mit dem Kolben verbunden.

Kurbel|induktor, kleiner, über ein Getriebe handbetriebener Generator zur Erzeugung von Wechsel- oder Gleichstrom für fernmeldetechn. oder messtechn. Zwecke (z. B. Isolationsprüfung).

Kurbelkastenspülung, Ladungswechselverfahren bei Zweitaktmotoren, bei dem das gasdicht verschlossene Kurbelgehäuse zusammen mit dem Kolben als Ladepumpe bei der Versorgung des Motors mit Frischgas dient. Da das Kurbelgehäuse nicht als Ölbehälter mitbenutzt werden kann, wird bei Motoren mit K. die einfachere →Gemischschmierung angewendet.

Kurbelwelle, mehrfach gekröpfte Welle in einem Kurbelgetriebe. Die exzentrisch zum Wellenzapfen liegenden **Kurbelzapfen** übertragen über die **Kurbelwangen** die auf die Kröpfung einwirkende schwingende Bewegung eines Gestänges (meist einer Pleuelstange) auf die Welle und wandeln so eine oszillierende in eine rotierende Bewegung um oder umgekehrt. In Kolbenmaschinen mit mehreren Zylindern müssen die Kröpfungen so gegeneinander versetzt sein, dass eine gleichmäßige Arbeitsfolge der Zylinder erreicht wird und die rotierenden und oszillierenden Massenkräfte möglichst vollständig ausgeglichen sind. Dazu werden an den Kurbelwangen Gegengewichte angebracht. Kleine und mittelgroße Kurbelwellen werden aus Stahl im Gesenk geschmiedet, seltener aus Sondergusseisen gegossen. Große K. sind oft aus mehreren Schmiedeteilen zusammengesetzt. Eine Sonderbauform der K. ist die **Scheiben-K.,** die man sich durch Vergrößerung der zentr. Grundlagerzapfen aus der normalen K. entstanden denken kann.

Kurbette, Courbette [kur'bɛt(ə); frz. ›Bogensprung‹] *die, -/-n, Pferdesport:* Schulsprung der →hohen Schule.

Kürbis [ahd. kurbiz, von lat. cucurbita ›Kürbis‹], **Cucurbita,** Gattung der K.-Gewächse mit etwa 27 in der Neuen Welt beheimateten Arten, heute z. T. in vielen Gebieten der Erde kultiviert; liegende oder kletternde Kräuter mit Blattranken, großen, gelben Blüten und fleischigen, oft sehr großen, in Form und Farbe versch. Beerenfrüchten (›Panzerbeeren‹). Bekannte Arten mit jeweils einer Vielzahl von Varietäten sind: **1) Speise-K. (Garten-K.,** Cucurbita pepo), aus dem südl. Nordamerika; mit kriechenden, kantigen Stängeln, 15–30 cm langen, fünflappigen Blättern und einzeln stehenden, großen, gelben bis orangefarbenen Blüten. Die ganze Pflanze ist borstig behaart. Die unreifen Früchte werden als Gemüse oder Salat geges-

Kürbis: Kürbispflanze mit männlichen Blüten (oben), weiblicher Blüte (Mitte) und junger Frucht (unten)

Kürbis: Früchte des Speise- (oben) und des Riesenkürbisses (unten)

Wörter, die man unter K vermisst, suche man unter C, Ch, G, H oder Q

Kürb Kürbisgewächse – Kurden

sen. Eine beliebte Zuchtform ist die **Zucchinipflanze** (Cucurbita pepo convarians giromontiina) mit über 40 cm langen, gurkenähnl. Früchten **(Zucchini, Courgettes, Zucchetti).** Kleinfrüchtige Formen sind als Zierpflanzen in Kultur. 2) **Riesen-K. (Zentner-K.,** Cucurbita maxima), aus dem trop. Südamerika; mit über 4 m langen Stängeln und meist sehr großen, bis 50 kg schweren Früchten, die v. a. für Kompott und Marmelade Verwendung finden. – Die Samen des Speise- und des Riesen-K. sowie einiger anderer K.-Arten enthalten bis zu 40% fettes Öl, das abgepresst und v. a. in Russland, Rumänien und Österreich als Speiseöl **(Kürbiskernöl)** verwendet wird. (→Flaschenkürbis)

Kürbis:
Frucht der Zucchinipflanze

Kürbisgewächse, Cucurbitaceae, Familie der Zweikeimblättrigen mit etwa 750 Arten in 120 Gattungen (Verbreitungsschwerpunkt in wärmeren Gebieten). Bekannte Gattungen sind u. a. →Kürbis, →Cucumis (mit →Gurke und →Melone) und →Luffa.

Kurbskij, Andrej Michajlowitsch Fürst, russ. Feldherr und Historiker, *1528, †1583; gehörte zum engsten Kreis um IWAN IV., nahm an den Feldzügen gegen Kasan (1545–52) teil und wurde 1561 Oberbefehlshaber der russ. Truppen in Livland. 1564 flüchtete er als Gegner der Innenpolitik IWANS nach Litauen, wo er vom poln. König SIGISMUND II. AUGUST ehrenvoll aufgenommen wurde. In Litauen schrieb er eine Geschichte des Großfürstentums Moskau (›Istorija o velikom knjaze Moskovskom‹, 1573) und führte einen Briefwechsel mit IWAN. Er vertrat gegenüber IWANS Absolutismus die Rechte des alten Adels und setzte sich für die Rechte seiner orth. Glaubensbrüder ein. Die in den 1970er-Jahren von dem amerikan. Historiker EDWARD LOUIS KEENAN (*1935) geäußerten Zweifel an der Echtheit des Briefwechsels lösten eine wiss. Diskussion aus.

Ausgabe: Perepiska Ivana Groznogo s A. K. (1979).

E. L. KEENAN: The Kurbskii-Groznyi apocrypha (Cambridge, Mass., 1971); N. ROSSING u. B. RØNNE: Apocryphal – not apocryphal? A critical analysis of the discussion concerning the correspondence between Tsar Ivan IV Groznyj and Prince A. K. (Kopenhagen 1980); I. AUERBACH: A. M. K. Leben in osteurop. Adelsgesellschaften des 16. Jh. (1985).

Kurden, Volk mit einer iran. Sprache in Vorderasien, das in einem zusammenhängenden Verbreitungsgebiet (etwa 200 000 km²) im Grenzbereich Türkei/Irak/Iran sowie in NO-Syrien lebt. Durch Migrationen und Umsiedlungen gelangten K. auch nach Jordanien, in den Libanon, in andere Teile Syriens, nach Zentralanatolien, in östl. iran. Provinzen, nach Armenien und Georgien und von dort bis nach Zentralasien. Rezente Arbeitsmigrationen ließen größere kurd. Populationen in den Städten Istanbul und Adana sowie in Westeuropa (u. a. in Dtl.) entstehen. Die Zahl der K. kann nur grob geschätzt werden, da entsprechende Volkszählungsergebnisse fehlen oder nicht veröffentlicht werden; Schätzungen schwanken zw. 12 und 30 Mio., wobei die Zahl von 22,5 Mio. wahrscheinlich ist. Trotz gemeinsamer Sprache, Geschichte und Kultur konnten die K. keinen eigenen Nationalstaat errichten; sie bilden Minderheiten in der Türkei (12 Mio.), in Iran (5,5 Mio.), in Irak (3,7 Mio.), in Syrien (0,5 Mio.), in der GUS (0,15 Mio.) sowie in Westeuropa (0,62 Mio.).

Ackerbau und Viehhaltung (Schafe, Ziegen) spielen eine bedeutende Rolle. Der Anteil von Nomaden ist heute gering. Die vorderorientalisch-kurd. Agrargesellschaft wird noch immer durch das Klanwesen geprägt. 75–80% der K. sind sunnit. Muslime. Der Rest gehört zu meist extremen Richtungen des schiit. Islams (Alewi, Ahl-e Hakk). Aufgrund histor. Erfahrungen mit sunnit. Muslimen identifizieren sich die →Jesiden trotz kurd. Muttersprache nicht vorbehaltlos mit den Kurden.

Geschichte

In MA. und Neuzeit lebten die K. in zahlr. feudalen Lokalfürstentümern und Stammeslehen. Kurd. Ursprungs war die von SALADIN begründete Dynastie der Aijubiden, die in der Zeit der Kreuzzüge eine wichtige Rolle spielte. Im Frieden zw. dem Osman. und dem Pers. Reich 1639 gelangte der größte Teil des K.-Gebiets an das Osman. Reich. Die Zugehörigkeit kurd. Fürstentümer zu einem der beiden Reiche war selten mehr als nominell. Im Zuge der sich ausbreitenden Zentralstaatlichkeit wurden die letzten kurd. Emire bis zur Mitte des 19. Jh. durch Gouv. ersetzt. Nach dem Zusammenbruch des Osman. Reichs (Oktober 1918) sprach der Friedensvertrag von Sèvres (10. 8. 1920, nicht in Kraft getreten) zw. den Ententemächten und der Reg. Sultan MOHAMMEDS VI. den K. des Reiches erstmals ein Recht auf Eigenstaatlichkeit zu und führte damit zu einem Erwachen der kurd. Nationalbewegung. Durch die Staatenneubildungen nach dem Ersten Weltkrieg wurde das osman. K.-Gebiet jedoch auf die Länder Türkei, Irak und Syrien verteilt.

Die *Türkei* erkennt die K. nicht als nat. Minderheit an. Im Friedensvertrag von Lausanne (24. 7. 1923) waren die K. als Muslime nicht unter den für nichtmuslim. Minderheiten garantierten Minderheitenschutz gefallen. Zw. 1925 und 1937 schlug die türk. Armee mehrere größere Aufstände nieder. Seitdem verfolgen die türk. Reg. mit unterschiedl. Intensität eine Politik der Türkisierung (Verleugnung einer eigenen Identität der K. als Volk aufgrund der These von ›iranisierten Proto-‹ oder ›Bergtürken‹, Verbot der öffentl. Meinungsäußerung in Kurdisch durch das Sprachengesetz vom 22. 10. 1983 [1991 Teilaufhebung des Sprachverbots]). Das rigorose Vorgehen der Sicherheitskräfte gegen jedes Bekenntnis zum Kurdentum nach dem Militärputsch (1980) steigerte unter den K. die Bereitschaft zu einer Radikalisierung der Autonomiebestrebungen. Angesichts der militanten Aktivitäten der 1978 gegründeten Kurd. Arbeiterpartei (türk. Partîya Karkerên Kurdistan, Abk. PKK), die 1984 den bewaffneten Guerillakampf für eine eigenen kurd. Staat auf türk. Boden begann (seit 1994 offizielles Eintreten für kurd. Autonomie), verkündete die türk. Reg. 1987 den Ausnahmezustand in zahlr. Prov. SO-Anatoliens. Den terrorist. Anschlägen der PKK auf wirtschaftl. und tourist. Ziele in der SO-Türkei sowie in Ankara und Istanbul suchten die türk. Sicherheitskräfte mit zunehmender Waffengewalt zu begegnen. In den 90er-Jahren wurden darüber hinaus das türk. Militär grenzüberschreitende Angriffe in nordirak. Gebiet gegen Guerillakämpfer der PKK, die dort ihre Rückzugsstandorte aufgebaut hatten. Im Juni 1994 verbot das türk. Verf.-Gericht die prokurd. Demokrat. Partei (DEP) wegen separatist. Tendenzen; im Dezember 1994 verurteilte das Staatssicher-

Kurden: Verbreitungsgebiet

heitsgericht kurd. Mitgl. des türk. Parlaments zu hohen Haftstrafen wegen Unterstützung der PKK. – Im April 1995 konstituierte sich in Den Haag ein kurd. Exilparlament.

In *Iran* wurden die K. unter den Pahlewi-Schahs (1925–79) ihrer Sprache wegen als Teil der staatstragenden iran. (Völker-)Gemeinschaft ohne Anspruch auf Minderheitenrechte angesehen. Während des Zweiten Weltkriegs ermöglichte die Anwesenheit sowjet. Truppen in NW-Iran (1941–46) die Ausbreitung des Nationalgedankens im iran. K.-Gebiet. Im Januar 1946 rief GHASI MOHAMMED die ›Kurd. Rep. Mahabad‹ ins Leben (bis Dezember 1946). 1979 belebte der Widerstand gegen den Schah auch den kurd. Nationalgedanken in Iran neu, und kurd. Organisationen begannen wieder aktiv zu werden. Anfang der 80er-Jahre kam es zu massiven Kämpfen kurd. Widerstandsorganisationen gegen die neuen Machthaber. In der ›Islam. Rep. Iran‹ stellen Forderungen von muslim. Bev.-Gruppen nach Minderheitenrechten bzw. Autonomie einen Widerspruch zur Staatsauffassung dar, da im islam. Staat keinem Muslim Sonderrechte eingeräumt werden. Aufgrund von Verfolgungen befanden sich 1993 etwa 30 000 kurd. Flüchtlinge aus Iran im grenznahen irak. K.-Gebiet; von dort führten kurd. und Oppositionsgruppen immer wieder Aktionen gegen das fundamentalistisch-islam. Reg.-System in Iran durch. Zu ihrer Bekämpfung stießen 1993 iran. Streitkräfte auf irak. Gebiet vor.

In *Irak* unterstützten die K. 1958 den Sturz der Monarchie und die Errichtung der Rep., deren Verf. ihnen nat. Rechte garantierte. Als sie sich jedoch in der prakt. Umsetzung enttäuscht sahen, führten sie unter MULLAH MUSTAFA BARSANI 1961–70 (mit Unterbrechungen) einen erbitterten Krieg gegen den Staat. Sie wurden hierbei von Iran und auch von Israel mit Waffen für ihre Kämpfer (Peschmerga) beliefert. Eine Verf.-Änderung 1970 erkannte die K. als zweite Nation (neben den Arabern) in Irak an. 1974 setzte die Reg. einseitig einen Autonomiestatus für die Prov. Dohuk, Erbil und Sulaimaniya in Kraft. Dies führte zu einem erneuten Aufstand unter M. M. BARSANI († 1979), der unmittelbar nach der Verständigung zw. Iran und Irak im März 1975 zusammenbrach. Im 1. Golfkrieg (1980–88) kämpften irak. K. mit iran. und syr. Unterstützung gegen Irak, während Irak die aufständ. iran. K. unterstützte. Nach dem Waffenstillstand (1988) gingen irak. Truppen gegen die K. in NO-Irak vor und setzten hierbei auch Giftgas ein. Viele K. flohen in die Türkei, andere nach Iran. Nach der Niederlage Iraks im 2. Golfkrieg (Januar–Februar 1991) erhoben sich die irak. K. im März 1991 gegen das diktator. Regime Präs. S. HUSAINS, der jedoch den Aufstand niederschlug. Dies löste einen Strom kurd. Flüchtlinge (auf seinem Höhepunkt etwa 1,5–2 Mio. Menschen) nach Iran und in das irakisch-türk. Grenzgebiet aus. Um die kurd. Flüchtlinge vor irak. Verfolgung zu schützen, richteten amerikan., brit. und frz. Truppen im April 1991 in N-Irak (nördlich des 36. Breitengrads) eine Sicherheitszone ein, in deren Schutz entstand – ohne Zustimmung Iraks – ein faktisch autonomes Gebiet. Am 4. 10. 1992 verabschiedete ein gewähltes kurd. Regionalparlament in Erbil eine Resolution über die Bildung eines kurd. Teilstaates innerhalb Iraks (Proklamation eines konföderativen ›Kurdistans‹). Seit 1993/94 kam es dort wiederholt zu blutigen innerkurd. Machtkämpfen, insbesondere zw. der von M. BARSANI geführten Demokrat. Partei Kurdistans (Abk. DPK) und der Patriot. Union Kurdistans (Abk. PUK) unter J. TALABANI (→Irak, Geschichte).

In *Syrien* verfolgten die versch. Reg. zw. 1961 und 1976 eine radikale Arabisierungspolitik gegenüber den K. Aus außenpolit. Gründen duldete Syrien seit 1976 die Anwesenheit kurd. Oppositionsgruppen aus Irak (seit 1981 auch aus der Türkei). Dies führte u. a. zu einer Milderung des Assimilationsdrucks gegenüber der eigenen kurd. Minderheit.

In *Georgien* und *Armenien* geht die kurd. Minderheit auf Flüchtlinge (Jesiden) zurück, die im 19. und frühen 20. Jh. z. T. aus Glaubensgründen aus dem Osman. Reich abgewandert waren. 1937/38 wurden K. aus den kaukas. Gebieten nach Kasachstan und Kirgistan umgesiedelt.

Vor dem Hintergrund eines hohen Anteils der K. unter den ausländ. Arbeitnehmern (zw. 350 000 und 550 000) geriet auch Dtl. in den Sog der K.-Problematik, zumal bekannt wurde, dass dt. Waffen, die die Türkei im Rahmen von NATO-Absprachen erhielt, von der türk. Armee bei der Bekämpfung der PKK eingesetzt worden sind. Anhänger der auch in Dtl. seit 1993 verbotenen PKK veranstalteten Demonstrationen, die z. T. zu gewalttätigen Zwischenfällen führten; auch Anschläge auf türk. Geschäfte und Einrichtungen werden der PKK zugerechnet.

Kurdische Sprache und Literatur

Die Sprache der K., die zu den →iranischen Sprachen gehört, besteht aus mehreren z. T. stark voneinander abweichenden Dialekten. Am weitesten verbreitet ist jedoch zum einen der nordkurd. Dialekt Kurmandschi, der v. a. in der Türkei und in den Grenzgebieten zu Irak und Iran, in Armenien, Georgien, Aserbaidschan, Kasachstan, Kirgistan, Turkmenistan sowie in Syrien gesprochen und in lat., z. T. in kyrill. Schrift geschrieben wird, zum anderen der südkurd. Dialekt Kurdi, der v. a. in Iran und Irak gesprochen und in arab. Schrift geschrieben wird.

Die K. besitzen einen reichen Schatz an Volksmärchen, Liedern und Epen. Ein kurd. Dichter, AHMED CHANI (* 1650, † 1707?), fasste nach klassisch-pers. Muster das romant. Liebesepos ›Mem und Zin‹ in Verse. Er formulierte auch zum ersten Mal den Gedanken einer national kurd. Einheit. Während des 19. Jh. wirkten im Gebiet der lolaken Fürstentümer Ardelan (um Sanandaj/Iran) und Baban (um Sulaimaniya) mehrere namhafte kurd. Dichter, u. a. in Ardilan MEWLEWI (* 1806, † 1882), dessen Literatursprache Gurani war, in Baban der Dichter NALI (* 1806, † 1856), der revolutionäre HADJI KADIR (* 1817, † 1896/97) und auch der derbe Scheich RESA TALEBANI (* 1837, † 1919), die in ihren Werken den Dialekt von Sulaimaniya (Slemani) verwendeten.

Nach dem Ersten Weltkrieg entstand ein breit gefächertes kurd. Schrifttum unter Verwendung sowohl des lat., des arabisch-pers. als auch, in Armenien, des kyrill. Alphabets. In ihm wurden sowohl traditionelle als auch sozialrealist. Themen behandelt. Bekannt wurden u. a. die Publizisten TOFIK PIRAMERD (* 1867, † 1950, Irak), DJELADET ALI BEDIR KHAN (* 1887, † 1951, Syrien), ARAB SCHAMILOW (* 1898, † 1979, Armenien). Unter den zahlr. Dichtern traten bes. der politisch links orientierte SCHEICHMUS DJEGERCHUN (* 1903, † 1984, Syrien) und der Romantiker, später Realist ABDULLAH GORAN (* 1904, † 1962, Irak) hervor.

Scheref-nameh. Ou, Histoire des Kourdes, hg. v. V. VÉLIAMINOF-ZERNOF, 2 Bde. (Petersburg 1860–62); Kurdistan u. die K., hg. v. G. CHALIAND u. a., 3 Bde. (a.d. Frz., 1984–88); F. IBRAHIM: Die kurd. Nationalbewegung im Irak. Eine Fallstudie zur Problematik ethn. Konflikte in der Dritten Welt (1983); Mémoire du Kurdistan, bearb. v. J. BLAU (Paris 1984); C. MORE: Les Kourdes aujourd'hui. Mouvement national et partis politiques (Paris 1984); S. C. PELLETIERE: The Kurds. An unstable element in the Gulf (Boulder, Col., 1984); E. FRANZ: K. u. Kurdentum. Zeitgesch. eines Volkes u. seiner Nationalbewegungen (1986); Z. AL-DAHOODI: Die K. Gesch., Kultur u. Überlebenskampf (1987); M. VAN BRUINESSEN: Agha, Scheich u. Staat. Politik u. Gesellschaft Kurdistans (a.d.

Kurfürsten: oben Markgraf Joachim von Brandenburg im Kurfürstenornat (Holzschnitt von Niklas Stoer; 1544); unten Kurhut

Engl., 1989); D. L. SWEETNAM: Kurdish culture. A cross-cultural guide (Bonn 1994); E. FEIGL: Die K. Gesch. u. Schicksal eines Volkes (1995).

Kurdistan, Kordestạn, 1) das von →Kurden geschlossen oder überwiegend bewohnte Gebiet in Vorderasien; der Schwerpunkt liegt im gebirgigen Grenzgebiet Türkei/Irak/Iran. K. ist keine geographisch klar begrenzbare Einheit und bildete historisch auch nie eine polit. Einheit. Es umfasst v.a. das Ararathochland, den Ottaurus, sein südl. Vorland (als Hauptstadt des türk. K. gilt Diyarbakır), das nördl. Zagrosgebirge und den gebirgigen NO Iraks.
2) früher **Ardilạn,** Prov. in Iran, 27 858 km², (1991) 1,23 Mio. Ew., umfasst etwa ein Drittel des von Kurden bewohnten iran. Gebiets; Verw.-Sitz ist Sanandaj.
3) seit 1991/92 de facto autonome Region in Irak (→Kurden, Geschichte).

Kure, Stadt auf Honshū, Japan, Präfektur Hiroshima, an der Inlandsee, 211 600 Ew.; Werften, Stahlwerke, Maschinen-, Elektrogerätebau, Papierindustrie; Hafen.

Kurẹlla, Alfred, Politiker und Publizist; * Brieg 2. 5. 1895, † Berlin (Ost) 12. 6. 1975; seit 1919 Mitgl. der KPD, u.a. 1919–24 Sekr. der Kommunist. Jugendinternationale (KJI); 1934–54 publizistisch-propagandist. Arbeit in der Sowjetunion; lebte seit 1954 in der DDR. Als einer der führenden Kulturfunktionäre der SED (u.a. Leiter des Literaturinstituts ›J. R. Becher‹ in Leipzig 1954–57, Mitgl. des ZK der SED ab 1958, Vize-Präs. der Akademie der Künste 1965–74) war er maßgeblich verantwortlich für die dogmat. Kulturpolitik der DDR, bes. während der →Formalismusdebatte. Verfasser zahlr. Schriften, die seine polit. Überzeugungen illustrieren (u.a. Autobiographie ›Ich lebe in Moskau‹, 1947).

Kürenberg, Der von K., Der Kürenberger, mhd. Lyriker der Mitte des 12. Jh. In der Manessischen Handschrift sind unter diesem Namen 15 Strophen überliefert, neun von ihnen auch in einer erst 1985 bekannt gewordenen Budapester Handschrift. Der Dichter wird als ältester Vertreter des ›donauländ. Minnesangs‹ (ohne Sicherheit) einem österr. Ministerialengeschlecht zugewiesen. Die einstrophigen Lieder sind in zwei Strophenformen abgefasst, von denen die eine, dreizehnmal verwendete, im Grundriss mit der Nibelungenstrophe identisch ist. Thematisch handelt es sich um unterschiedl. Situationen der Liebe, über die unbefangen gesprochen wird, auch in den als Rollenlyrik aufzufassenden Frauenstrophen. Sein bekanntestes Lied ist das zweistrophige ›Falkenlied‹, das in der germanist. Forschungsgesch. wiederholt unterschiedlich interpretiert wurde, dessen Deutung als Klage einer Frau um den Geliebten aber am wahrscheinlichsten ist.

Ausgabe: Des Minnesangs Frühling, hg. v. H. MOSER u.a., Bd. 1 (³⁸1988).

H. TERVOOREN: Bibliogr. zum Minnesang u. zu den Dichtern aus ›Des Minnesangs Frühling‹ (1969); B. WEIL: Das Falkenlied des Kürenbergers (1985).

Kuressaare, 1952–88 **Kingisepp,** früher dt. und schwed. **Arensburg,** Stadt in Estland, Hauptort der Insel Ösel, an deren S-Küste, 16 400 Ew.; See- und Schlammbad, Fischverarbeitung; Anlegeplatz und Fischereihafen am Rigaischen Meerbusen. – Bischofsburg (13.–15. Jh.).

Kureten, vorgriech., in Kreta beheimatete Fruchtbarkeitsdämonen. Um den kleinen Zeus, den sein Vater Kronos aus Furcht vor dem Verlust der Herrschaft durch den Sohn zu verschlingen drohte, zu schützen, führten sie zur Täuschung des Kronos wilde Waffentänze auf. Sie waren der →Korybanten wesensähnlich und wurden ihnen vielfach gleichgesetzt.

Kürettage [-'taʒə; frz., zu Kürette] *die, -/-n,* die →Ausschabung.

Kürette [frz., zu curer ›reinigen‹, von lat. curare, eigtl. ›pflegen‹] *die, -/-n,* gynäkolog. Instrument zur →Ausschabung.

Kurfürsten [zu ahd. kuri ›Wahl‹], lat. **Electores,** im Heiligen Röm. Reich die seit dem Ende des 12. Jh. bis 1806 zur Wahl des Röm. Königs berechtigten Reichsfürsten. Konnten zunächst alle anwesenden Freien, dann alle anwesenden Reichsfürsten an der Königswahl teilnehmen, so setzte sich nach 1198 die im welfisch-stauf. Thronstreit von Papst INNOZENZ III. vertretene Auffassung durch, dass an einer gültigen Königswahl die Erzbischöfe von Köln, Mainz und Trier sowie der Pfalzgraf bei Rhein beteiligt sein müssten (→König). Seit der Wahl von 1257 galten sieben K. als alleinige Königswähler: die vier genannten Fürsten, der Herzog von Sachsen (endgültig seit 1356 von Sachsen-Wittenberg), der Markgraf von Brandenburg und der König von Böhmen, den der Sachsenspiegel 1230 noch als ›nicht deutsch‹ ausgeschlossen hatte. Bei der Wahl RUDOLFS I. VON HABSBURG (1273) trat das K.-Kollegium (Kurkolleg) erstmals als geschlossener Wahlkörper auf. LUDWIG IV., DER BAYER (1314/28–47), verfocht den Grundsatz, dass die Mehrheit der sieben K. zur rechtsgültigen Königswahl genüge. Dies wurde 1338 vom →Kurverein von Rhense anerkannt und 1356 Reichsgrundgesetz durch die Goldene Bulle, die auch die Stimmabgabe regelte, die Unteilbarkeit der Kurlande und die Primogenitur bei den weltl. Fürsten festsetzte sowie den K. für ihre Territorien die unbeschränkte Gerichtsbarkeit gab. Das Recht, sich zu Beratungen in Reichsangelegenheiten zu versammeln, wurde in Kurvereinen (u.a. Binger Kurverein, 1424; Regensburger K.-Tag, 1630) wahrgenommen.

Der Sachsenspiegel erklärte *Entstehung und Zusammensetzung des Kurkollegs* aus der Tatsache, dass die (hier: sechs) K. – als ›Vorwähler‹ – Inhaber der →Erzämter waren. Am wahrscheinlichsten ist jedoch, das Zusammenwirken mehrerer zeitbedingter Umstände v.a. während des Interregnums (1256–73) anzunehmen, wodurch es den Königswählern gelang, die erbl. Thronfolge einer Dynastie zu verhindern und gleichzeitig sich selbst wichtige Reichsrechte sowie Reichsgüter zu verschaffen.

Seit den Hussitenkriegen (15. Jh.) ruhte die böhm. *Kurwürde* bis 1708. Im Dreißigjährigen Krieg wurde 1623 die pfälz. Kur auf Bayern übertragen, 1648 eine achte Kur für die Pfalz geschaffen (1777 wieder mit der bayer. vereinigt). Der Herzog von Braunschweig-Lüneburg (Hannover) hatte seit 1692 eine neunte

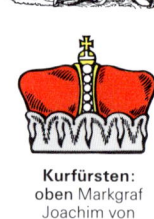

Der von Kürenberg: Der Dichter im Gespräch mit einer Fürstin; Miniatur aus der Manessischen Handschrift; 1. Hälfte des 14. Jh. (Heidelberg, Universitätsbibliothek)

(1708 bestätigt; seit 1778 die achte) Kurwürde inne. Der Reichsdeputationshauptschluss (1803) hob die Kurstimmen von Trier und Köln auf und übertrug die Mainzer Kur auf Regensburg-Aschaffenburg. Neu geschaffen wurden die **Kurfürstentümer** Salzburg (1805 auf Würzburg übertragen), Württemberg, Baden und Hessen-Kassel (insgesamt zehn K.). Nach 1806 behielt nur der K. von Hessen-Kassel den Titel (bis 1866 [Kurhessen]).

Die *Tracht* der K. **(K.-Ornat)** bildete sich seit dem 13. Jh. heraus und bestand 1519–1806 aus einem breiten, mantelartigen, mit Hermelin ausgeschlagenen Rock mit weiten Ärmeln oder Armschlitzen, dazu ein breiter Hermelinkragen, violette Handschuhe und eine Mütze mit Hermelinumrandung (K.-Hut, **Kurhut**). Die vier weltl. Fürsten trugen Ärmelrock und runde Mütze aus dunkelkarmesinrotem Samt, die drei geistl. Armschlitzrock und viereckige Mütze aus dunkelscharlachfarbenem Tuch.

H. MITTEIS: Die dt. Königswahl (²1944, Nachdr. 1977); B. CASTORPH: Die Ausbildung des röm. Königswahlrechts (1978).

Kurfürstendamm, volkstümlich **Kudamm,** rd. 3,5 km lange Straße in Berlin, in den Verw.-Bezirken Charlottenburg und Wilmersdorf, einer der großen weltstädt. Boulevards; urspr. ein im 16. Jh. von Kurfürst JOACHIM II. angelegter Dammweg zu seinem Jagdschloss im Grunewald, von BISMARCK 1881 ausgebaut (53 m breit).

Kurfürstengläser, Kurfürstenhumpen, gläserne Humpen von oft beträchtl. Größe, die v. a. in Böhmen Ende des 16. und im 17. Jh. hergestellt wurden. Auf ihnen waren der Kaiser und die sieben Kurfürsten in Emailmalerei dargestellt.

Kurfürstenkollegium, Kurkolleg, *Geschichte:* 1) Bez. für die Gesamtheit der →Kurfürsten; 2) Bez. für die seit 1498 bestehende erste Kurie des Reichstags (unter der Führung von Mainz gebildet).

Kurgan [türk. kurgan] *der, -s/-e,* vorgeschichtl. Großgrabhügel in O-Europa und W-Sibirien.

Kurgan, Gebietshauptstadt in Russland, am Tobol in W-Sibirien, 363 000 Ew.; Maschinenbau-, pädagog. und landwirtschaftl. Hochschule; Omnibuswerke, Maschinenbau, pharmazeut. Industrie; Bahnknotenpunkt an der Transsibir. Eisenbahn. – K., 1553 als befestigte Siedlung **Zarjowo Gorodischtsche** gegründet, seit 1782 Stadt (Umbenennung in K.), ist eine der ältesten Städte Sibiriens.

Kurgan-Tjube, tadschik. **Qurghonteppa,** Gebietshauptstadt in Tadschikistan, im Tal des Wachsch, 58 400 Ew.; Baumwoll-, Lebensmittelindustrie.

Kurhessen, Bez. für das 1803–07 und 1813–66 bestehende Kurfürstentum Hessen. 1944 wurde Hessen-Nassau in die Prov. K. und Nassau aufgeteilt, die 1945 in ›Großhessen‹ aufgingen (→Hessen, Geschichte).

Kuriale *die,* in der röm. Kurie seit Ende des 8. Jh. gebrauchte, nach der spätröm. Kursive gebildete Schrift mit feierl. Formen; Ende des 11. Jh. durch die **Kurialminuskel** abgelöst.
2) *kath. Kirche: der, -n/-n,* Beamter der röm. Kurie.

Kuria-Muria-Inseln, Gruppe von fünf wüstenhaften Felseninseln vor der SO-Küste der Arab. Halbinsel, zu Oman gehörend, 76,2 km². Die etwa 100 Bewohner leben auf der Hauptinsel Hallanija. – 1854–1967 britisch.

Kuriatstimme [lat. curiatus ›zur Kurie gehörend‹], andere Bez. für →Gesamtstimme.

Kurie *die, -/-n,* lat. **Curia, 1)** *Geschichte:* 1) älteste Gliederungsform der röm. Bürgerschaft in 30 Körperschaften, politisch wirksam in den →Komitien. Ebenfalls K. hieß das Versammlungshaus, bes. das des Senats (→Curia); 2) im Hl. Röm. Reich Bez. für die auf Reichs- bzw. Landtagen getrennt beratenden Stände, meist in drei Bänke mit je einer →Gesamtstimme eingeteilt (Reichsstände: Kurfürstenkoll[egium] als erste K. [Kurfürstenbank], Reichsfürstenrat [geistl. und weltl. Bank], Reichsstädtekollegium [Städtebank]; Landstände: Geistlichkeit, Ritterschaft, Städte). Auch der Gerichtshof oder eine andere Behörde sowie deren Sitz wurden als K. bezeichnet. – **Curia Regis** bezeichnete im Hl. Röm. Reich a) i. w. S. den →Hoftag (oder auch den Hof des Königs), i. e. S. die königl. Verwaltungsbehörde; b) (seit Ende des 15. Jh.) den →Reichstag.
2) *kath. Kirche:* →römische Kurie.

Kurienkongregationen, früher **Kardinalskongregationen,** die für die gesamte kath. Kirche zuständigen höchsten Behörden der röm. Kurie. Kollegial verfasst, werden die K. durch Kardinalpräfekten geleitet; Mitgl. sind Kardinäle und Diözesanbischöfe. Jeder K. ist außerdem ein Kreis von Konsultoren zugeordnet. Schwerwiegende und ungewöhnl. Entscheidungen der K. bedürfen der Zustimmung des Papstes. Zurzeit (1997) bestehen neun K.: die Kongregation für die Glaubenslehre, zuständig für Fragen der Glaubens- und Sittenlehre; ihr obliegt u. a. die Prüfung und ggf. Zurückweisung neuer Lehrmeinungen, die Verurteilung von Glaubensirrtümern sowie die Durchführung von Laisierungsverfahren; die Kongregation für die Ostkirchen, zuständig für Personalfragen, Disziplin und Ritus der mit der kath. Kirche unierten Ostkirchen; die Kongregation für den Gottesdienst und die Sakramente, zuständig für Liturgie, Ritus, pastorale Fragen und Dispense; die Kongregation für die Evangelisation der Völker, zuständig für die Mission; ferner Kongregationen für die Bischöfe, den Klerus, die Ordensleute und Säkularinstitute, das kath. Bildungswesen und die Selig- und Heiligsprechungsverfahren.

Kurier [frz. courrier, von ital. corriere, zu correre, lat. currere ›laufen‹, ›rennen‹] *der, -s/-e,* Eilbote zur Übermittlung wichtiger, zumeist geheimer Nachrichten, Schriftstücke o. Ä., bes. im diplomat. Dienst oder beim Militär. Postreiter auf den Postlinien wurden vom 16. bis ins 18. Jh. ebenfalls K. genannt.
Völkerrecht: Im diplomat. und konsular. Verkehr darf das amtl. und als solches der Kennzeichnungspflicht unterliegende K.-Gepäck durch den Empfangsstaat weder geöffnet noch zurückgehalten werden. Der K. selbst genießt persönl. Unverletzlichkeit und darf weder festgenommen noch in sonstiger Weise inhaftiert werden.

Kurier, österreich. Tageszeitung, gegr. 1954 in Wien als ›Neuer K.‹; gehört zu 50,48 % der Printmedienbeteiligungsgesellschaft, zu 49,4 % der Westdeutschen Allgemeinen Zeitung und zu 0,12 % Kleinaktionären. Der in vier Bundesländerausgaben erscheinende K. hat (1996) eine Gesamtauflage von 334 204.

Kurierdienste, Dienstleistungsunternehmen, die auf den weltweiten, sehr schnellen Haus-zu-Haus-Transport, v. a. von Dokumenten (z. B. Verträge) und Warensendungen (Computerbänder) sowie die elektron. Dokumentenübertragung spezialisiert sind.

E. KAUFER: Die Bedeutung internat. K. im internat. Handel (1985).

kurieren [lat. curare ›pflegen‹, ›heilen‹], eine Krankheit, Verletzung o. Ä. erfolgreich behandeln, heilen.

Kurigha, Bergbaustadt in Marokko, →Khouribga.

Kurilen [von kur, kuru, in der Ainusprache ›Mensch‹] *Pl.,* jap. **Chishima** [tʃiʃima], 1 270 km langer Inselbogen zw. Kamtschatka und Hokkaidō, gehört heute zum Gebiet Sachalin, Russland, 15 600 km². Die Inselkette besteht aus 30 größeren und vielen kleinen Inseln und Riffen vulkan. Ursprungs, sie trennt das Ochotsk. Meer vom offenen Pazifik. Hauptinseln der nördl. Gruppe sind: Schumschu, **Paramuschir** (zweitgrößte Insel der K., 2 042 km²), Onekotan und Schiaschkotan; der mittleren: Matua, Rasschua und Simuschir; der südl. Gruppe: Urup, **Iturup** (jap. **Etorofu;** größte Insel, 3 139 km²) und **Kunaschir** (jap. **Kunashiri;** drittgrößte Insel, 1 500 km²). Nicht zu den K. zählen die →Habomai-Inseln und Shikotan. Mehr als 30 Vulkane der K. sind noch aktiv. Erd- und Seebeben sind häufig, begleitet von plötzlich auftretenden Meereswellen (Tsunamis). Das raue Klima mit dichten Sommernebeln lässt nur mäßige Vegetation aufkommen, im N Strauch- und Moostundra, im mittleren Bereich Legföhre, Weißbirke, Erle, im S Lärche, Eiche, Ahorn, an geschützten Stellen Bambus. Haupterwerbszweig ist die Fischerei (bes. Krabbenfang). Die K. bilden eine Sonderwirtschaftszone.

Nach Entdeckung der Inseln 1643 durch den Niederländer MARTIN DE VRIES drangen die Russen von N und die Japaner von S auf die K. vor. Ab 1855 reichte die russ. Einflusssphäre von N bis zur Insel Urup, die jap. begann auf der Insel Iturup. 1875 fielen die gesamten K. an Japan. Nachdem der UdSSR auf der Jalta-Konferenz (4.–11. 2. 1945) in einem Geheimabkommen u. a. die K. zugesprochen wurden (bestätigt durch die Potsdamer Konferenz 1945), besetzte die UdSSR im August 1945 diese Inselgruppe. Japan verzichtete auf die K. im Friedensvertrag von San Francisco (1951), den die UdSSR jedoch nicht unterzeichnete. Die von Japan geforderte Rückgabe der (dort ›Nördl. Territorien‹ genannten) Inseln Iturup, Kunaschir, Shikotan und der Habomai-Inseln verweigerte die UdSSR; nunmehr wird eine Lösung des K.-Problems auf dem Verhandlungsweg mit Russland angestrebt.

Kurilen-Kamtschatka-Graben, Tiefseegraben im Pazif. Ozean mit max. 10 542 m Tiefe (Witjastiefe III).

Kürinisch, →kaukasische Sprachen.

Kurion, Kourion, lat. **Curium,** griech. Stadt des Altertums an der S-Küste Zyperns, 15 km westlich von Limassol. Durch Ausgrabungen wurde nahebei auf einer Landzunge eine spätbronzezeitl. Vorläufersiedlung festgestellt sowie ein Friedhof mit Kammergräbern mit Dromos, darunter ein Königsgrab mit Zepter (11. Jh. v. Chr.). Die griech. Siedlung entstand im 7. Jh. v. Chr. auf einer Klippe (v. a. Terrakottafiguren der archaischen Zeit). Die freigelegten Baureste sind v. a. römerzeitlich; das Theater stammt aus dem 2. Jh. v. Chr. und wurde im 3. Jh. n. Chr. erneuert. In Thermen und dem ›Haus des Eustolios‹ kamen Mosaikböden des 5. Jh. n. Chr. zum Vorschein. Das Stadion (2. Jh. v. Chr.) befand sich außerhalb der Stadtmauer. Etwa 5 km westlich lag das alte Heiligtum des Apollon Hylates (gegr. im 8. Jh. v. Chr.) Der Bezirk war ummauert und umschloss außer dem Tempel (die erhaltenen bedeutenden Reste sind römerzeitlich) Priester- und Schatzhaus, Gästehaus, Palästra, Bäder u. a.

kurios [lat.-frz.], *bildungssprachlich:* auf unverständliche, fast spaßig anmutende Weise sonderbar, merkwürdig.

Kurische Nehrung, russ. **Kurschskaja kossa,** litauisch **Kuršių nerija** [ˈkurʃiuˌ-], schmaler Dünenstreifen zw. dem →Kurischen Haff und der Ostsee, im Gebiet Kaliningrad, Russland, ehem. Ostpreußen, und in Litauen, 98 km lang, 0,4–3,8 km breit. Die Landzunge setzt im S im Samland an und endet gegenüber der Stadt Memel am Memeler Tief. Die bis 70 m hohen Dünen auf der Haffseite wandern oder sind befestigt. An der Seeseite finden sich vielfach feuchte Niederungen, aber auch befestigte Dünen. Die K. N. ist z. T. bewaldet. Auf litauischer Seite ist das Gebiet Nationalpark, auf russischer Naturschutzgebiet. In →Rossitten arbeitet eine biolog. Station der Russ. Akad. der Wiss.en. Fischfang, -verarbeitung und der Bäderverkehr sind die Hauptwirtschaftszweige.

Kurisches Haff, russ. **Kurschskij saliw,** litauisch **Kuršių marios** [ˈkurʃiuˌ-], Strandsee an der Ostseeküste, der südl. Teil im russ. Gebiet Kaliningrad (früher Ostpreußen), der nördl. in Litauen, 1 610 km², bis 6,5 m tief, liegt zw. der →Kurischen Nehrung im W, dem Samland im S und der Memelniederung im O. Einzige Verbindung zw. dem K. H. und der Ostsee ist das schmale Memeler Tief. Das K. H. entstand durch eine Landsenkung in der Litorinazeit und die dadurch bewirkte Eintreten von Meerwasser in eine bereits im pleistozänen Eiszeitalter angelegte Senke. Im Winter ist das K. H. eisbedeckt (bis April).

Kurkolleg, das →Kurfürstenkollegium.

Kurland, lett. **Kurzeme** [-z-], histor. Landschaft im W Lettlands, zw. Ostsee, Rigaer Bucht und Düna; entlang der Küste eine meist sandige und bewaldete Niederung mit Mooren, Sümpfen, Strandseen und Dünen, im Inneren fruchtbares Hügelland.

Geschichte: K., im MA. Siedlungsgebiet der westfinn. Kuren, wurde im 13. Jh. vom Dt. Orden erobert und christianisiert. Es entstand eine zahlr. dt. Ritterschaft, sodass der Großgrundbesitz bis ins 20. Jh. überwiegend deutsch war. 1561 wurde K. weltl. Herzogtum unter poln. Lehnshoheit, das das westlich und südlich der Düna gelegene Ordensgebiet, d. h. das eigentl. K. mit Goldingen und Tuckum, Semgallen mit Mitau und Selburg, nicht aber das in drei Teile zerrissene Stiftsgebiet (das Stift Pilten) des ehemaligen Bistums K. umfasste (dessen letzter Bischof hatte es 1559 Dänemark überlassen, von dem es Polen 1585 erwarb). Durch die Kurländ. Statuten von 1617 wurde K. eine Adels-Rep. mit fürstl. Spitze. Bedeutendster Herzog von K. war JAKOB (1642–82), der Handel und Gewerbe förderte, Kolonien auf Tobago und in Westafrika (am Gambia) gründete und während des schwedisch-poln. Krieges Neutralität zu wahren suchte (dennoch 1658 Einmarsch der Schweden). Nach der russ. Eroberung Estlands und Livlands geriet K. unter russ. Einfluss, und nach dem Aussterben der von GOTTHARD KETTLER begründeten Dynastie (1737) erhob die russ. Kaiserin ANNA ihren Günstling E. J. BIRON zum Herzog von K. Nach der 3. Poln. Teilung (1795) fiel K. an Russland und war eines der drei Ostsee-Gouv. Das 1915–19 von dt. Truppen besetzte K. wurde 1918 Bestandteil der Rep. Lettland (bis 1940 Prov.). 1941–45 erneut von dt. Truppen besetzt, war K. am Ende des Krieges Schauplatz schwerer Kämpfe (dt. ›Heeresgruppe K.‹). 1940–91 im Rahmen der Lett. SSR Territorium der Sowjetunion, gehört K. seitdem zum wieder unabhängigen Lettland.

Das Herzogtum K. 1561–1795. Polit., Wirtschaft, Gesellschaft, hg. v. E. OBERLÄNDER u. I. MISANS (1993).

Kurlande, Reichslehngebiete, an die die Kurwürde der →Kurfürsten geknüpft war (endgültig geregelt in der Goldenen Bulle 1356).

Kurmark, ehem. Hauptteil der Mark Brandenburg (Altmark, Mittelmark, Prignitz u. a.), mit dem die Kurwürde verknüpft war.

Kürnberger, Ferdinand, österr. Schriftsteller, *Wien 3. 7. 1821, †München 14. 10. 1879; floh wegen seiner liberalen Anschauungen 1848 nach Dtl., wurde dort wegen Teilnahme am Aufstand in Dresden zu Festungshaft verurteilt und lebte seit 1864 wieder in Österreich. 1867–70 war er Sekr. der Dt. Schillerstiftung. K. schrieb geistreiche, oft satir. Feuilletons und Kritiken sowie Romane, Novellen und Dramen. Bekannt sind v. a. sein Erstlingswerk um N. LENAU, ›Der Amerika-Müde‹ (1855), und die Feuilletonsammlung ›Siegelringe‹ (1874).

Ausgaben: Dramen (1907); Novellen (1907).

Kurnik, poln. **Kórnik** [ˈkur-], Stadt in der Wwschaft Poznań (Posen), Polen, 6 000 Ew. – Schloss (16. Jh.) der Familie Górka, das nach Plänen von K. F. SCHINKEL (1829) und des Bauherrn für die Familie Działyński zu einer neugot., romantisierenden Burg umgestaltet wurde; heute Museum und Bibliothek der Poln. Akad. der Wissenschaften; Parkanlagen (dendrolog. Garten).

Kurion: Spätbronzezeitliches Zepter aus einem Königsgrab; 11. Jh. v. Chr.

Ferdinand Kürnberger

Akira Kurosawa

Kurokawa Kishō: Nagakin-Hochhaus in Tokio; 1971–72

Kurnool [kəˈnuːl], Stadt im Bundesstaat Andhra Pradesh, Indien, auf dem südl. Dekhan, 236 800 Ew.; kath. Bischofssitz; Verarbeitung landwirtschaftlicher Produkte.

Kurokawa, Kishō Noriaki, jap. Architekt, *Nagoya 8. 4. 1934; bis zur Gründung eines eigenen Büros in Tokio (1961) Mitarbeiter von TANGE KENZŌ, Mitbegründer des →Metabolismus. Er trat 1961 mit dem Projekt Helix City hervor. Bei seinen Ausstellungsbauten für die Expo 70 in Ōsaka realisierte er erstmals seine Idee von den Wohnkapseln, containerartigen Wohneinheiten, die er bei dem Nagakin-Hochhaus in Tokio (1971–72) an zwei Kernen (Stahl- und Stahlbetonkonstruktionen) befestigte.
Weitere Bauten: Fabrikationsgebäude der Nitto-Sususkin Company (1964); Hawaii Dreamland in Yamagata (1966–67); Fukuoka Bank in Tokio (1975); Sony Tower in Ōsaka (1976); Museum für zeitgenöss. Kunst in Hiroshima (1988).
Schriften: Metabolism in architecture (1977); Architecture de la symbiose (1987).
K. K. From Metabolism to Symbiosis (New York 1992); K. K. (Paris 1995).

Kurol, ein →Rackenvogel.

Kuroń [-rɔnj], Jacek, poln. Politiker und Publizist, *Lemberg 3. 3. 1934; studierte Geschichte, war 1953 und 1956–64 (zweimaliger Ausschluss) Mitgl. der kommunist. Poln. Vereinigten Arbeiterpartei. K. entwickelte sich zu einem scharfen Kritiker des kommunist. Gesellschaftssystems (u. a. 1964 Charakterisierung als ›Monopolsozialismus‹ sowjet. Prägung in einer zus. mit KAROL MODZELEWSKI erarbeiteten Analyse). Nach den Unruhen von 1976 gründete er das ›Komitee zur Verteidigung der Arbeiter‹ (Abk. KOR). Seit 1980 beriet er die Gewerkschaftsorganisation ›Solidarność‹ und beteiligte sich maßgeblich an den Verhandlungen am ›Runden Tisch‹ mit der kommunist. Reg. 1989. K. war mehrfach in Haft, zuletzt 1981–84. 1989 wurde er Abg. des Sejms und war 1989–90 und 1992–93 Arbeits- und Sozialminister.

Kur|ort, behördlich zu genehmigende Bez. für einen Ort oder Ortsteil, in dem durch natürl. Gegebenheiten und zweckmäßige therapeut. Einrichtungen bestimmte Krankheiten behandelt werden können oder deren Entstehung vorgebeugt wird.

Kuros [griech. kóros ›Jüngling‹ der, -/...roi, nackte Jünglingsgestalt der archaischen griech. Kunst (Grabstatue, Weihgeschenk, die der Stifter darstellt, Standbild eines Heros oder Götterbild). Zum Schema der K.-Plastik gehören die Schrittstellung, betonte Schenkel und Gesäß, Kopfbinde, große mandelförmige Augen, Buckellockenfrisur, herabhängende Arme und zur Faust geballte Hände.

Kurosawa, Akira, jap. Filmregisseur, *Tokio 23. 3. 1910; seit 1936 beim Film; führte 1943 erstmals Regie; Meister des jap. Films, der ab 1950 internat. Ruhm genießt; schrieb ›Something like an autobiography‹ (1982; dt. ›So etwas wie eine Autobiographie‹).
Filme: Die Männer, die auf des Tigers Schwanz traten (1945); Engel der Verlorenen (1948); Rashomon (1950); Einmal wirklich leben (1952); Die sieben Samurai (1953); Ein Leben in Furcht (1955); Das Schloß im Spinnwebwald (1957); Nachtasyl (1957); Die verborgene Festung (1958); Yojimbo – Der Leibwächter (1960); Sanjuro (1962); Uzala, der Kirgise (1975); Kagemusha (1980); Ran (1985); Rhapsodie im August (1991); Madadayo (1993).
A. TASSONE: A. K. (Florenz 1981); D. RICHIE: The films of A. K. (Neuausg. Berkeley, Calif., 1984); A. K., hg. v. P. W. JANSEN u. a. (1988); S. PRINCE: The warrior's camera. The cinema of A. K. (Princeton, N. J., 1991).

Kuroshio [-ʃ-; jap. ›schwarzer Strom‹, nach der tiefblauen Wasserfarbe], warme Meeresströmung im Pazif. Ozean auf der Ostseite der jap. Inseln. In seiner Struktur und Dynamik dem →Golfstrom ähnlich. (KARTE →Meeresströmungen)

Kurotschkin, Kuročkin [-tʃ-], Wassilij Stepanowitsch, russ. Schriftsteller und Journalist, *Sankt Petersburg 9. 8. 1831, †ebd. 27. 8. 1875; gab 1859–73 die von ihm und dem Karikaturisten NIKOLAJ ALEKSANDROWITSCH STEPANOW (*1807, †1877) gegründete, schon nach kurzer Zeit in dieser Gattung führende satir. Zeitschrift ›Iskra‹ (= Der Funke) heraus und trug durch eigene satir. Epigramme, Feuilletons in Versen sowie durch die Übersetzung (1858) der Lieder P. J. DE BÉRANGERS wesentlich zur Entwicklung der gesellschaftl. und polit. Satire in Russland bei.

Kurpfalz, das ehem. Kurfürstentum →Pfalz.

Kurpfuscher, Person, die Kranke behandelt oder behandelt, ohne eine →Approbation zu besitzen oder ohne die Erlaubnis, als →Heilpraktiker tätig zu sein. Der K. wird nach §§ 6, 13 Bundesärzteordnung, § 5 Heilpraktiker-Ges. mit Freiheitsstrafe bis zu einem Jahr oder mit Geldstrafe bedroht. – In *Österreich* ist K., wer ohne abgeschlossene ärztliche Ausbildung Kranke behandelt; auf die Approbation kommt es nicht an (§ 184 StGB). In der *Schweiz* bestehen kantonale Strafvorschriften.

Kurre [niederdt., von altfries. koer ›Korb‹], kleines Grundschleppnetz der Kutterfischerei zum Fang von Bodenfischen u. a.

Kurrende [zu lat. currere ›laufen‹] die, -/-n, urspr. an den mittelalterl. Lateinschulen, bis ins 18. Jh. dann v. a. an prot. Schulen gebildete Knabenchöre, die auf den Straßen gegen Gaben und Geldspenden geistl. Lieder sangen (**Kurrendesingen**); seit dem 19. Jh. häufige Bez. für ev. Kinder- und Jugendchöre.

Kurrentschrift [zu lat. currere ›laufen‹], **Schreibschrift,** eine Schrift, bei der die einzelnen Buchstaben nach rechts geneigt und miteinander verbunden sind.

Kur|rheinischer Kreis, im Heiligen Röm. Reich seit 1512 (bis 1806) einer der zehn →Reichskreise; umfasste die vier rhein. Kurfürstentümer (Mainz, Trier, Köln, Pfalz) und einige kleinere Territorien.

Kurrleine [zu Kurre], Trosse aus Stahldraht oder Fasermaterial zum Aussetzen, Schleppen und Einholen eines geschleppten Fanggeräts auf Fischereifahrzeugen.

Kurs [z. T. durch Vermittlung von frz. course, ital. corso, von lat. cursus ›Verlauf‹, ›Reihenfolge‹] *der, -es/-e,* **1)** *allg.:* Richtung, Weg, Route.
2) *Börsenwesen:* der Preis für Wertpapiere, Devisen und Waren, die an einer Börse gehandelt werden, wobei der Begriff Börsen-K. gemäß § 11 Börsen-Ges. offiziell durch die Bez. Börsenpreis ersetzt wurde. Er

Kuros: Vorder- und Rückseite eines stehenden Jünglings; Attika, Marmor, Höhe 1,93 m; um 600 v. Chr. (New York, Metropolitan Museum)

Wörter, die man unter K vermisst, suche man unter C, Ch, G, H oder Q

ergibt sich aus dem im Zeitpunkt der K.-Bildung vorhandenen Verhältnis von Angebot und Nachfrage, wobei die K.-Veränderung von versch. Einflüssen abhängig sein kann, z. B. von wirtschaftl., bes. konjunkturellen und Branchenerwartungen, polit. und militär. Vorgängen, Interessenkämpfen, Gerüchten, ferner von der Lage am Geld- und Kapitalmarkt oder von der steuerl. Behandlung der Börsengeschäfte. Neben dem an einer Börse festgestellten **amtlichen K.**, dem K. auf dem geregelten Markt und im Freiverkehr **(Freiverkehrs-K.)** sind auch K.-Bildungen in elektron. Handelssystemen (z. B. →IBIS) möglich. Die K. werden im →Kurszettel veröffentlicht und dabei mit entsprechenden K.-Zusätzen, die die jeweiligen Marktverhältnisse dokumentieren, versehen.

Die K.-Bildung an der Börse vollzieht sich am Kassamarkt im Wesentlichen nach zwei Verfahren: Der **Einheits-K. (Kassa-K., Einheitsnotierung)** kommt jeweils für einen ganzen Börsentag einheitlich zur Notiz. Er ist der Preis, bei dem anhand der vorliegenden Aufträge der größte Umsatz erzielt werden kann, womit er ›der wirkl. Geschäftslage des Handels an der Börse entspricht‹ (§ 29 Börsen-Ges.). Dazu trägt jeder **K.-Makler** alle erteilten Kauf- und Verkaufsaufträge in sein Börsenbuch (Skontro) ein; man unterscheidet dabei limitierte Aufträge und solche ohne Angabe einer Preisvorgabe (›billigst‹, ›bestens‹). Der K. wird durch Skontration errechnet. In gewissen Fällen kann der Makler durch Selbsteintritt einen Spitzenausgleich vornehmen.

Der **variable, schwankende** oder **fortlaufende K. (fortlaufende Notierung)** gilt meist für umsatzstarke Wertpapiere und wird zu Beginn (Eröffnungs-K., Anfangs-K.), im Verlauf und zum Schluss (Schluss-K.) der Börse ermittelt, sodass die K.-Bewegung während des Börsentages ersichtlich ist. Je Auftrag müssen dabei mindestens 50 (100) Aktien mit einem Nennwert von 50 DM (5 DM) bzw. bei Rentenwerten ein Nennbetrag von mindestens 1 Mio. DM gehandelt werden. Auch für variabel notierte Wertpapiere kann ein Kassa-K. für Spitzenbeträge und unter dem Mindestvolumen liegende Aufträge festgesetzt werden.

An ausländ. Börsen kennt man auch K., die durch das Auktionsverfahren (Tenderverfahren) gebildet werden: Auf die durch Makler aufgerufenen einzelnen Wertpapiere erfolgen Gebote; Abschlüsse werden getätigt durch Zuruf in versch. Sprachen. K. (→Criée) oder durch Abstimmung von Angebot und Nachfrage zu einem Einheits-K. Ist eine Einigung nicht möglich, wird das Wertpapier nicht notiert.

K. werden i. d. R. in der jeweiligen Landeswährung festgestellt: In Dtl. ist seit 1. 8. 1989 auch eine Notierung in fremder Währung oder in Rechnungseinheiten (z. B. in ECU) möglich. An dt. Börsen werden Aktien in DM je Stück (Stücknotierung), festverzinsl. Wertpapiere in Prozent des Nennwerts (Prozentnotierung) notiert. Der Ggs. zum Nenn- oder Nominalwert ist der **K.-Wert**, er ist der sich aufgrund des Börsen-K. ergebende Wert eines Wertpapiers (der ›wirkliche‹, ›effektive‹ Wert). Bei Notierung in Prozenten des Nominalbetrages errechnet sich der K.-Wert aus

$$\frac{\text{Nominalbetrag} \times \text{Kurs}}{100}.$$

Wenn K.-Wert und Nominalwert gleich sind, steht der K. pari. Bei Notierung je Stück sind K. und K.-Wert identisch. K. können auch um techn. Einflussfaktoren (z. B. bei Aktien: Dividenden, Bezugsrechte) berichtigt werden (Adjustierung, K.-Abschläge).

Bei →**Devisen (Devisen-K., Wechsel-K.)** wird der K. meist für 100 Einheiten der Auslandswährung notiert (z. B. 100 sfr = 123,50 DM), z. T. auch nur für eine Einheit (z. B. Dollar, Pfund, ECU). Diese **Preisnotierung (direkte Notierung)** steht im Ggs. zur **Mengennotierung (Quantitätsnotierung)** oder **indirekten Notierung,** bei der die feste Währung im Inland liegt. Der **Mengen-K.** gibt an, wie viel Einheiten der ausländ. Währung dem festbleibenden Betrag der inländ. Währung entsprechen, sodass ein Sinken des K. im Steigen des fremden Wertes bedeutet und umgekehrt; bes. üblich in London (z. B. 1 £ = 2,31 DM). Bei Waren wird der K. gewöhnlich für eine bestimmte Menge festgestellt. Bes. gilt das für Waren, die nach Typen und Durchschnittsmustern, d. h. in vertretbarer Form, gehandelt werden. Doch gibt es auch Waren, die nur in wirklich vorliegendem ›effektivem Material‹ umgesetzt werden können, entweder aus überkommenen Gewohnheiten oder weil eine klassenmäßige Einteilung kaum möglich ist (z. B. Häute, Rauchwaren, Tabak). Die für den Marktverlauf gewählte Form der Versteigerung (Auktion) weist börsenähnl. Züge auf.

Unter **K.-Regulierung** versteht man die Einflussnahme auf die K.-Bildung eines Wertpapiers durch Kauf- oder Verkaufsorders, um entweder überhaupt eine K.-Notierung zu ermöglichen, größere K.-Schwankungen zu verhindern **(K.-Stabilisierung)** oder ein bestimmtes K.-Niveau zu halten **(K.-Stützung).** Sie wird v. a. von den an einem Papier interessierten Kreisen betrieben, bes. von Emissionsbanken oder -konsortien für die von ihnen selbst an der Börse eingeführten Papiere. Ihr Ziel ist es, durch Ankäufe des Wertpapiers entweder ein allzu großes Angebot aufzunehmen und so einen K.-Sturz zu verhindern (Auffangkonsortium) oder auch einen sachlich ungerechtfertigten Tiefstand des Papiers zu verbessern. Andererseits können unbegründete oder rein spekulativ bedingte K.-Steigerungen durch Verkäufe unterbunden werden (K.-Intervention, z. B. von Notenbanken am Devisenmarkt bes. bei festen Wechselkursen). Die dauernde K.-Regulierung heißt **K.-Pflege;** sie wird – i. d. R. für Rechnung der Emittenten – bes. von Hypothekenbanken bei Pfandbriefen und der Dt. Bundesbank bei öffentl. Anleihen durchgeführt. Sind K.-Stützung und K.-Pflege nicht erfolgreich und sind erhebl. K.-Veränderungen bei einem Wertpapier zu erwarten, muss der Makler darauf an der K.-Tafel hinweisen (→Minusankündigung, →Plusankündigung). Ein **K.-Schnitt** ist eine vom Kommissionär zuungunsten seines Kommittenten vorgenommene (strafbare) Ausnutzung von K.-Schwankungen, indem er seinem Auftraggeber für ein Wertpapier, das mehrere K. notiert werden, einen ungünstigeren K. berechnet als den, zu dem er selbst abgeschlossen hat. Im internat. Zahlungsverkehr sind bes. für den Außenhandel Maßnahmen der →Kurssicherung für Devisen üblich.

Kurs 3): Grafische Darstellung der verschiedenen Kursarten beim Magnetkompass; KN Kompass-Nord, mwN missweisend Nord, rwN rechtweisend Nord (Meridianrichtung), wK wahrer Kurs, rw rechtweisender Kurs, mwK missweisender Kurs, KK Kompasskurs, FW Fehlweisung, α Windabdrift, β Stromdrift, δ Deviation

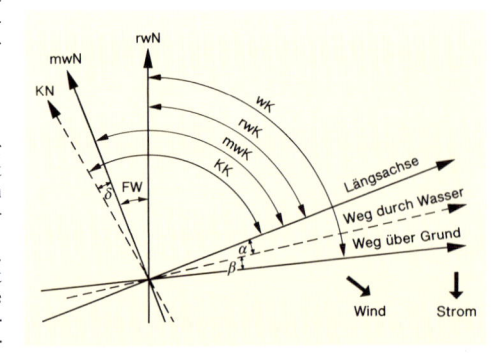

3) *See- und Luftfahrt:* Winkel zw. der Längsachse eines Schiffes oder Luftfahrzeugs und der Nordrichtung. Je nach dem Bezugspunkt unterscheidet man den **rechtweisenden K.** (Richtung nach dem geograph. Nordpol), den **missweisenden K.** (Richtung nach dem nördl. Magnetpol) und den **Kompass-K.** (missweisender K. + Deviation, d. h. Abweichung durch das Magnetfeld des Fahrzeuges). Durch seitl. Versetzung infolge Wind- oder Strömungseinfluss (→Abdrift) wird der Kompass-(Steuer-)K. zum **K. über Grund (wahrer oder Karten-K.).**

4) *Unterrichtswesen:* 1) **Kursus,** allg. eine zusammengehörende Folge von Unterrichtsstunden, Lehrgang (z. B. Sprach-K., Zeichen-K.). 2) In der Schulpädagogik werden →Grundkurse und →Leistungskurse unterschieden, soweit →Kursunterricht eingeführt ist.

Kur|sachsen, das wettin. (ab 1485 ernestin., ab 1547 albertin.) Kurfürstentum →Sachsen (1423–1806; Kurland bis 1547; Kurkreis Wittenberg).

Kursan, Kurszán [-sa:-], ungar. Fürst des 9. Jh., wohl der letzte ›sakrale König‹ der landnehmenden Magyaren. Nach seiner Ermordung durch bayer. Herren bei einem Gastmahl in Preßburg (904) ging das sakrale Königtum im Heerkönigtum ARPÁDS auf.

Kursbuch, seit 1965 in der Bundesrepublik Dtl. erscheinende Kulturzeitschrift mit jährlich etwa vier Nummern; 1965–75 von H. M. ENZENSBERGER, seit 1980 von K. M. MICHEL und T. SPENGLER unter Mitarbeit von ENZENSBERGER herausgegeben; urspr. von ENZENSBERGER als ›Organ der Neuen Linken‹ konzipiert; bezieht sich hauptsächlich auf Themen der internat. Kultur- und Zeitgeschichte.

Kürsch [ahd. kursin(n)a ›Pelzrock‹, aus dem Slaw.] *das, -(e)s,* eine Art des heraldʳ. Pelzwerks (neben Feh und Hermelin). Dargestellt wird es in schuppenförmigen, gekräuselten Abteilungen, die die Fläche mit gewellten, ineinander greifenden Linien bedecken.

Kürschner, Handwerker, der Tierfelle nach eigenen Entwürfen zu Kleidungsstücken verarbeitet; die Näharbeiten werden von Pelzwerkern ausgeführt.

Kürschner, Joseph, Lexikograph, *Gotha 20. 9. 1853, †Windischmatrei (heute Matrei in Osttirol) 29. 7. 1902; Herausgeber und Redakteur zahlr. Zeitschriften, Nachschlagewerke, Handbücher, literar. Reihen und Sammelwerke sowie zeitgeschichtl. Publikationen, u. a. der historisch-krit. Sammlung ›Dt. National-Litteratur‹ (1882–99, 220 Bde., 1 Erg.-Bd. und 1 Reg.-Bd.). Von 1883 bis 1902 war K. Herausgeber des 1879 von den Brüdern H. und J. HART begründeten ›Allg. dt. Literaturkalenders‹ (später u. d. T. ›K.s Dt. Literatur-Kalender‹, zuletzt Jg. 60, 1988), eines biobibliogr. Nachschlagewerks. – Nach K. benannt sind ferner: ›K.s Dt. Gelehrtenkalender‹ (1925 ff.; zuletzt 16. Ausg. 1992, 3 Bde.), ›K.s Dt. Musiker-Kalender‹ (1954), ›K.s Biogr. Theater-Handbuch‹ (1956), ›K.s Graphiker-Handbuch‹ (1959, ²1967), ›K.s Volkshandbuch Dt. Bundestag‹ (56. Aufl. 1989; urspr. u. d. T. ›Der neue Reichstag‹, 1890 ff.).

Kursfeuer, Scheinwerfer mit gerichtet sendendes Funkfeuer, dessen Strahlenbündel die geographische Richtung einer Luft- oder Schifffahrtsstraße markiert.

Kurs-Gewinn-Verhältnis, Abk. **KGV,** engl. **Price-Earnings-Ratio** [ˈpraɪs ˈɜːnɪŋz ˈreɪʃɪəʊ], Abk. **p/e** [piːˈiː], **PER** [piːiːˈɑː], als Quotient aus dem Börsenkurs einer Aktie und dem (auch zukunftsbezogen) geschätzten Gewinn (Jahresüberschuss) der Aktiengesellschaft (AG) pro Aktie errechnete Rentabilitätskennziffer. Das KGV zeigt, mit welchem Vielfachen des Gewinns eine Aktie bezahlt werden muss. Mithilfe des KGV wird versucht, die Vorteilhaftigkeit von Aktienkursen zu beurteilen, indem man das KGV einer Aktie (Einzel-KGV) mit dem KGV der Aktien von Unternehmen derselben Branche oder mit dem durchschnittl. KGV aller an der Börse gehandelten Aktien (Gesamtmarkt-KGV) vergleicht. Aktien mit einem relativ niedrigen (unter dem Durchschnitt des Gesamtmarkts liegenden) KGV gelten danach als preiswerte Aktien. Für verlässl. Vergleiche hat die Dt. Vereinigung für Finanzanalyse und Anlageberatung (DVFA) eine Formel zur Ermittlung des Gewinns entwickelt. Bei diesem ›Ergebnis je Aktie‹ wird versucht, den ausgewiesenen Jahresüberschuss um außerordentl., nicht regelmäßige und durch aktien- und steuerrechtl. Ermessensspielräume bedingte Einflüsse zu bereinigen. Als Alternative zum Gewinn je Aktie wird auch der Cashflow je Aktie zum Börsenkurs in Beziehung gesetzt **(Kurs-Cashflow-Verhältnis).**

Kursgleiche, die →Loxodrome.

Kursivschrift [mlat. cursiva (littera), eigtl. ›laufende (Schrift)‹], **Kursive** *die, -/-n,* schräg nach rechts geneigte →Antiqua; im Buchdruck erstmals Anfang des 16. Jh. von A. MANUTIUS verwendet.

Kursk, Gebietshauptstadt in Russland, am Sejm, (1993) 437 000 Ew. (1939: 120 000 Ew.); vier Hochschulen, Gemäldegalerie; Maschinenbau, chem., Leder-, Nahrungsmittelindustrie. Das Kernkraftwerk K. (vier Blöcke, fünfter im Bau; 3 800 MW) liegt am Sejm unterhalb von Kursk. – K., im 10. Jh. als Grenzfestung des Kiewer Reiches gegr., 1032 erstmals erwähnt, wurde 1238 von den Tataren zerstört. Im 14. Jh. von Litauen erobert, kam 1508 an Russland (seit 1586 zur Festung gegen die Krimtataren ausgebaut). Im 18. Jh. bed. Handelsplatz, wurde K. 1797 Gouv.-Hauptstadt. – Im Zweiten Weltkrieg wurde K. am 3. 11. 1941 von dt. Truppen eingenommen; bei der Rückeroberung der Stadt durch die Rote Armee am 8. 2. 1943 entstand ein weit nach W vorspringender Frontbogen. Die Wehrmachtsführung plante, die dort stehenden sowjet. Truppen durch eine dt. Offensive (Unternehmen ›Zitadelle‹) im Juli 1943 einzukesseln und zu vernichten. Die **Schlacht am Kursker Bogen** (5. 7.–23. 8. 1943), in der sich im Raum Orel-K.-Belgorod ca. 900 000 dt. Soldaten mit rund 2 700 Panzern sowie 200 Flugzeugen (Heeresgruppe Mitte mit der 9. Armee und Heeresgruppe Süd mit der 4. Panzerarmee) sowie auf sowjet. Seite etwa 1,3 Mio. Mann mit 3 600 Panzern und 2 600 Flugzeugen gegenüberstanden (Woronesch- und Zentralfront, im weiteren Verlauf zusätzl. Beteiligung von Brjansker, West- und Südwestfront), war die größte Panzerschlacht des Zweiten Weltkrieges. Der dt. Angriff kam angesichts der tief gestaffelten sowjet. Verteidigungslinien und des hartnäckigen Widerstandes bereits nach wenigen Tagen zum Erliegen; am 12. 7. gingen die sowjet. Truppen zur Gegenoffensive über, in deren Verlauf die dt. Truppen am 5. 8. 1943 Orel und am 23. 8. 1943 Charkow räumen mussten. Damit hatte die Wehrmacht im Russlandfeldzug definitiv die militär. Initiative verloren; die Schlacht leitete den endgültigen Rückzug der dt. Truppen ein.

Kursker Magnet|anomalie, Abk. **KMA,** größte →magnetische Anomalie der Erde, verursacht durch eine der größten Eisenerzlagerstätten der Erde im mittleren europ. Teil von Russland. Der Eisengehalt beträgt 32–62 %, stellenweise bis 69 %. Der Abbau begann 1952 in Gubkin. Er erfolgt heute an weiteren Orten im Gebiet Belgorod sowie in den Gebieten Kursk und Orel, meist im Tagebau; Erzverhüttung in →Staryj Oskol. Die KMA wurde Ende des 18. Jh. bei Vermessungsarbeiten entdeckt.

Kurskreisel, zur Kursüberwachung von Flugzeugen und Flugkörpern verwendetes Kreiselgerät. Hauptbauelement ist ein kardanisch gelagerter →Kreisel mit horizontaler Achse. Der Kardanrahmen trägt eine Kursskala mit Gradeinteilung; da die Kreiselachse unabhängig von der Drehung des Flugzeugs um die Hochachse ihre Lage beibehält, ist der jeweilige Kurs an der Kursskala ablesbar. Im Ggs. zum Kreiselkompass (→Kompass), der die Nordrichtung

Kürsch

selbsttätig aufsucht, muss der K. auf die Nordrichtung eingestellt werden.

Kursmanipulation, *schweizer. Strafrecht:* die erhebl. Beeinflussung von Börsenkursen durch Verbreitung von Falschangaben oder durch Scheingeschäfte, um dadurch für sich oder für Dritte einen unrechtmäßigen Vermögensvorteil zu erzielen; strafbar nach Art. 161bis StGB. – Das *dt.* Börsen-Ges. i. d. F. v. 17. 7. 1996 (§ 88) regelt entsprechende Strafbestimmungen.

kursorisch [spätlat. cursorius ›zum Laufen gehörend‹], fortlaufend, hintereinander, rasch.

Kurssicherung, Maßnahme im internat. Zahlungsverkehr zur Ausschaltung oder Begrenzung des Risikos, dass bei Fälligkeit einer Zahlung der Rücktausch in heim. Währung zu einem ungünstigen Devisenkurs stattfinden könnte (Kursänderungsrisiko). Die K. ist bes. wichtig bei Außenhandelsgeschäften in fremder Währung, im internat. Wertpapier- und Devisenhandel sowie generell bei der Kapitalanlage im Ausland. Werden künftig anfallende Zahlungseingänge bzw. -ausgänge abgesichert, spricht man von Covering-Transaktionen, bei Absicherung bereits bestehender Fremdwährungspositionen von Hedging (→Hedgegeschäft). Übl. **K.-Geschäfte** sind Termin- und Optionsgeschäfte mit Devisen, bei Fremdwährungswechseln auch eine **Kursklausel** (Zahlungsklausel, durch die das Risiko von Kursschwankungen auf den Bezogenen überwälzt wird), weiterhin die Diskontierung von Fremdwährungswechseln, der Verkauf von Fremdwährungsforderungen im Rahmen des Factoring oder der Forfaitierung, die Wechselkursversicherung über die Hermes Kreditversicherungs-AG sowie bei Hedgegeschäften. Durch die K. werden allerdings auch mögl. Währungsgewinne begrenzt oder ausgeschlossen. Je höher die Kosten der K.-Geschäfte sind, umso unattraktiver ist der Geldexport. Ist die Notenbank an einem verstärkten Geldexport interessiert **(K.-Politik),** kann sie K.-Geschäfte u. a. fördern. Bankgeschäften zu günstigeren Konditionen anbieten, als sie der Markt hergibt (Swapsatzpolitik, →Swapgeschäft).

Kurs|unterricht, Kurssystem, der Aufbau des Schulunterrichts in Kursen, meist in der gymnasialen Oberstufe an Schulformen der Sekundarstufe II (Gymnasium, Gesamtschule, Kollegschule), in der jeweils halbjährige Grund- und Leistungskurse unterschieden werden; seltener im Rahmen der Wahldifferenzierung, die ab Klasse sieben an allen Schulformen zur Unterscheidung von K. (Wahlbereich) und Kernunterricht (obligatorisch) durchgeführt wird.

Kursus [lat. ›Verlauf‹, ›Reihenfolge‹, zu currere ›laufen‹] *der, -/Kurse,* **1)** *antike Rhetorik:* **Cursus** *der, -/-,* der akzentuierende rhythm. Schluss eines Satzes oder einer Periode in der spätantiken griech. und lat. Kunstprosa. Der K. ist aus dem quantitierenden →Klauseln hervorgegangen. Typen des K. sind: **Cursus planus** (x́xxx), **Cursus tardus** (x́xxxx), **Cursus velox** (x́xxxxx) und **Cursus trispondiacus** (x́xxxxx).
2) *Unterrichtswesen:* gleichbedeutend mit →Kurs.

Kurswagen, *Eisenbahnverkehr:* ein Reisezugwagen, der auf dem Weg vom Ausgangsbahnhof zum Bestimmungsbahnhof verschiedenen Zügen angehängt wird, bes. im internat. Zugverkehr.

Kurszán [-sa:-], *ungar. Fürst,* →Kursan.

Kurszettel, Kursbericht, Kursblatt, *Börsenwesen:* eine regelmäßig (börsentäglich) veröffentlichte Liste der →Kurse. In **amtlichen K.** (von der Maklerkammer, Industrie- und Handelskammer, dem Börsenvorstand herausgegeben) werden neben anderen Bekanntmachungen Wertpapiere und Waren notiert, die zum Handel an der Börse offiziell zugelassen sind. K. vom geregelten Markt und Freiverkehr enthalten Kurse von Wertpapieren und Waren, die entweder zum amtl. Börsenhandel nicht zugelassen sind oder außerhalb der amtl. Börsenzeiten gehandelt werden und im amtl. K. nicht erscheinen.

Der **Effekten-K.** enthält die Notierungen, die Kursbewegungen sowie andere Börsenvorgänge in abgekürzter Form, die jeweils den Einzelnotierungen als Erläuterungen beigefügt sind (Kurszusätze). Man unterscheidet zw. Kursen, zu denen Abschlüsse (Umsätze) zustande gekommen sind (bezahlte Kurse), und Kursen, zu denen Angebot und Nachfrage vorlag, ohne dass Abschlüsse getätigt wurden. Steht dem Angebot keine Nachfrage gegenüber, spricht man von Briefkurs, ist zwar Nachfrage vorhanden, aber kein Angebot, so spricht man von Geldkurs. Ungeachtet börsenspezif. Gestaltungsunterschiede gliedert sich der K. im Wesentlichen nach der gattungsbezogenen Einteilung börsengängiger Wertpapiere:

I. Aktien (unterteilt nach fortlaufenden Notierungen und Einheitskursen)
  1) deutsche Aktien, gegliedert nach den Wirtschaftszweigen: Industrie, Banken, Verkehr, Versicherungen
  2) ausländische Aktien
  3) Wandelschuldverschreibungen und Optionsscheine

II. festverzinsliche Wertpapiere
  1) deutsche Anleihen, gegliedert nach den Emittenten: Bund und Sondervermögen des Bundes, Länder, Städte und Kommunalverbände, Kreditinstitute und andere Finanzinstitute mit Sonderaufgaben
  2) internationale Anleihen
  3) Schuldverschreibungen der Industrie
  4) Optionsanleihen

III. aktuelle Übersichten
  1) Devisen- und Edelmetallkurse
  2) Leitzinssätze (der Deutschen Bundesbank)
  3) Hauptversammlungskalender
  4) Bezugsrechtsinformationen (Termine und Notierungen)
  5) Auslosungskalender
  6) sonstige Bekanntmachungen von Börsenvorstand, Zulassungsstelle oder Maklerkammer

---

Der K. gibt nicht nur Aufschluss über die am Tag und am Vortag festgestellten Kurse, sondern enthält auch die Merkmale der dort aufgeführten Papiere. Die Wertpapiere sind nach ihren Börsennamen aufgeführt. Das gilt bes. für Schuldverschreibungen, denen Gattungsnamen, z. B. der Jahrgang der Ausgabe oder Litera, Reihe, Serie und Emission, beigefügt sind. Die den einzelnen Aktien vorgeordneten Spalten geben Aufschluss über die Höhe des Aktienkapitals in Mio. DM und über Kapitalveränderungen, über die letzte Dividende sowie den Tag der Hauptversammlung. In einer anderen Spalte ist das Geschäftsjahr des betreffenden Papieres vermerkt; hierdurch lässt sich ungefähr bestimmen, wann die nächste Hauptversammlung stattfinden muss (gemäß § 175 Aktien-Ges. spätestens acht Monate nach Schluss des Geschäftsjahres). Ferner sind von Bedeutung die Angaben über die Art der Stückelung der Aktien, über die Ausgabe von Berichtigungs- bzw. Zusatzaktien, über die zum Handel zugelassenen Nummern sowie die Angaben darüber, mit welchem Gewinnanteilschein die Aktien jeweils lieferbar sind.

Der **Devisen-K.** enthält die Notierungen für Devisen. Den internat. Überblick vermitteln die Zusammenstellungen über Wechsel- und Notenkurse an einigen Börsen. In Verbindung mit dem Devisen-K. werden häufig die von den Zentralnotenbanken für die Diskontierung bestimmten Handelswechsel festgelegten amtl. Diskontsätze und außerdem die Zinssätze für kurzfristiges Kreditgeld (Tagesgeld) sowie für Darlehen in der zeitlich länger befristeten Form der Termingelder (Monats-, Vierteljahres-, Halbjahres-, Jahresgeld) mit veröffentlicht. Daneben werden regelmäßig die Ankaufskurse für Auslandswechsel, die No-

Die wichtigsten Kurszusätze und Kurshinweise auf dem Kurszettel

bez., bz., b = bezahlt; zum angegebenen Kurs sind Abschlüsse erzielt worden, Angebot und Nachfrage haben sich ausgeglichen.
G, g = Geld; zum angegebenen Preis war Nachfrage vorhanden, doch stand kein Angebot gegenüber, sodass es nicht zu Abschlüssen kam. Gleichbedeutend mit G ist ›gefragt‹ oder ›gesucht‹.
B, Br = Brief; zum angegebenen Preis bestand Angebot, aber keine Nachfrage, daher auch keine Abschlüsse. Für Brief werden auch die Abk. P (Papier) oder W (Ware) verwandt.
bez. G, bz. G, bG = bezahlt Geld; Abschlüsse erfolgten, doch konnte ein Teil der Nachfrage nicht befriedigt werden.
bez. B, bz. B, bB = bezahlt Brief; Abschlüsse erfolgten, doch konnte ein Teil des Angebots nicht untergebracht werden, sodass noch Material verfügbar blieb.
etw., et., e = etwas; zum angegebenen Preis sind nur kleine Posten gehandelt worden; wird besonders vermerkt, um dem Kurs keine der Sachlage nicht entsprechende Wichtigkeit beizulegen.
etw. bz, = etwas bezahlt; nur kleinere Abschlüsse erfolgten.
etw. bz. G = etwas bezahlt Geld; kleinere Abschlüsse erfolgten, relativ viel Nachfrage blieb unbefriedigt.
etw. bz. B = etwas bezahlt Brief; kleinere Abschlüsse erfolgten, doch konnte verhältnismäßig viel Angebot nicht untergebracht werden. Entsprechend: etw. bz. P = etwas bezahlt Papier.
E = beim Kurs: Einheitsnotierung; beim Aktienkapital: Kapitalentwertungskonto.
F = zur fortlaufenden Notierung zugelassen (Berlin, Frankfurt am Main).
J = Jungscheine.

N = neue Aktien ausgegeben, aber noch nicht lieferbar.
n = nur bestimmte Nummern oder Serien lieferbar.
T = Taxkurs, geschätzter Kurs, keine Umsätze.
V = Verlosung oder variable Notierung.
– = zurzeit ohne Notiz; gestrichen aus wichtigem Grund auf Anordnung des Börsenvorstandes oder der Zulassungsstelle; keine Abschlüsse (man kennt hier auch:
 – m. N. = gestrichen mangels Nachfrage; – m. M. = gestrichen mangels Material; oder – G = gestrichen Geld, wegen überwiegenden Angebots; – B = gestrichen Brief, wegen überwiegenden Angebots; – T = gestrichen Taxe, mangels Kursfeststellung nur geschätzter Preis).
* = kleine Beträge ohne Umsatz (Düsseldorf).
o. U. = ohne Umsatz (Berlin).
■ = der Kurs wurde berichtigt.
◐, + = Stücknotiz in DM je Aktie.
● = zum Optionshandel zugelassen.
X = Kapitalzusammenlegung. Kurs bezieht sich noch auf die alten Aktien.
□, r, rat., rep. = rationiert oder repartiert; das Angebot (ratB) oder die Nachfrage (ratG) konnte im Einzelnen nicht befriedigt werden, sondern nur in bestimmtem Verhältnis zum bekundeten Bedarf oder zum vorhandenen Material.
△ = Gesellschaften mit Vorzugsaktien, die an der Börse nicht amtlich gehandelt werden.
exDiv, exD = im Kurs ist die Dividende für das letztvergangene Geschäftsjahr nicht mehr enthalten.
exB = nach Kursabschlag für Bezugsrecht (auch exBR, exBez) oder für Berichtigungsaktien (auch exBA).
Kl. = Kleinigkeiten; Hamburger Börse; Zusatz bei Umsätzen, die unter den börsenmäßigen Schlüssen lagen.

tenkurse sowie die wichtigsten Edelmetall- und Goldmünzenpreise bekannt gegeben.
Beim **Waren-K.** unterscheidet man Lokonotierungen, wobei die Ware am gleichen oder am nächsten Tag zu liefern oder abzunehmen ist (Kassageschäft), und Terminnotierungen, für die die Ware bis zu einem Jahr später zu liefern und abzunehmen ist; hierbei sind Fungibilität (Vertretbarkeit) der Ware und Usancen ausschlaggebend, die sich für alle Termingeschäfte in einer genauen Umgrenzung von Liefermenge, -qualität, -termin und -ort ausdrücken. Wichtig ist die Feststellung, auf welche Warenmenge und -qualität sich die jeweils vorliegenden Notierungen beziehen, wobei Abweichungen von Warengattungen und von Börsenplatz zu Börsenplatz aus den Notizveröffentlichungen nicht immer ersichtlich sind. Meist wird eine Reihe von Typen- oder Standardqualitäten festgelegt, nach denen z. B. die einzelnen Warengattungen in Haupt- und Unterklassen eingeteilt werden.

Kurt, Khan der Protobulgaren, →Kuvrat.

Kurtág [-ta:g], György, ungar. Komponist, *Lugosch (Rumänien) 19. 2. 1926; studierte in Budapest bei S. VERESS und F. FARKAS sowie ab 1957 bei O. MESSIAEN und D. MILHAUD in Paris. Urspr. von B. BARTÓK beeinflusst, fand K. seinen Stil in der Auseinandersetzung mit A. WEBERN. Er schrieb vorwiegend Werke für kammermusikal. Besetzungen, u. a. ein Streichquartett (1958), Concerto ›Die Sprüche des Péter Bornemicza‹ (1968, für Sopran und Klavier), ›Die Botschaften des verstorbenen Fräulein Troussowa‹ (1980, für Sopran und Ensemble), ›Kafka-Fragmente‹ (1987, für Sopran und Violine). Ende der 1980er-Jahre wandte er sich wieder der größeren Instrumentalmusik zu, u. a. ›Grabstein für Stephan‹ (1991), ›Orchesterskizzen‹ (1994).

Kurtage [-ʒə], →Courtage, →Makler.

Kur|taxe, in Heilbädern und Kurorten von den Gemeinden erhobene Abgabe (nach Aufenthaltszeit berechnet) für die Nutzung der Kureinrichtungen; dient der Deckung der im Interesse der Besucher getätigten höheren Haushaltsausgaben.

Kürten, Gem. im Rheinisch-Berg. Kreis, NRW, nordöstlich von Köln, 168 m ü. M., 19 200 Ew.; heilpädagogisch-therapeut. Zentrum; vielseitiges Gewerbe, Grünlandwirtschaft; Naherholungsverkehr.

Kurth [kyrt], Godefroid, belg. Historiker, *Arlon 11. 5. 1847, †Asse (bei Brüssel) 4. 1. 1916; wurde 1872 Prof. in Lüttich, 1907 Direktor des Institut historique belge in Rom; einer der Begründer der belg. kritischen Geschichtsforschung. Von K. ging Ende des 19. Jh. der Anstoß zur christlich-demokrat. Bewegung in Belgien aus.
Werke: Les origines de la civilisation moderne, 2 Bde. (1886); La frontière linguistique en Belgique et dans le nord de la France, 2 Bde. (1895–98); La cité de Liège au moyen-âge, 3 Bde. (1909–10).

Kurtisane [frz., von ital. cortigiana, weibl. Form von cortigiano ›Höfling‹, zu corte ›(Fürsten)hof‹] *die, -/-n,* (urspr.) Geliebte eines Adligen, vom 16. bis zum 19. Jh. ein Weiblichkeitstypus, der erot. Raffinement mit geistvoller Unterhaltung verband. Berühmte K. wie z. B. TULLIA D'ARAGONA (*um 1508, †1556) spielten eine wichtige Rolle bei der Entstehung der höf. Geselligkeitskultur der Renaissance. Im 17. und 18. Jh. wuchs die Zahl der K. in dem Maße, in dem es für die Männer der europ. Oberschicht üblich wurde, neben oder statt der Ehefrau eine Geliebte aus dem Bereich von Theater, Ballett oder Oper auszuhalten. Im 19. Jh. bildete Paris zur Zeit des Zweiten Kaiserreichs eine Metropole der eleganten K.-Welt. Seit der Romantik wurde die K. zu einem zentralen Thema der Literatur (z. B. ›La dame aux camélias‹, 2 Bde., 1848, von A. DUMAS FILS) und der Malerei (z. B. ›Nana‹, 1877, von É. MANET).

Kurtschatow, Kurčatov [-tʃ-], Igor Wassiljewitsch, sowjet. Physiker, *Sim (Gebiet Tscheljabinsk) 12. 1. 1903, †Moskau 7. 2. 1960; interpretierte 1929 die Ferroelektrizität und entdeckte 1935 die Kernisomerie künstlich radioaktiver Elemente. K. war maßgeblich an der Entwicklung der sowjet. Atombombe beteiligt. Später wirkte er am Kernforschungszentrum in Dubna.

Kurt-Schumacher-Stiftung e. V., eine 1986 in Hannover durch Privatinitiative gegründete Stiftung; 1987 wurde der Freiheitspreis der K.-S.-S. in Würdigung des gewaltlosen Widerstands gegen ein totalitäres System an die poln. Gewerkschaft Solidarność vergeben.

Kurtz, Melchior, Pseud. des Schriftstellers Erich →Kästner.

Kurukh, Volk in Indien, →Oraon.

Kuru|krankheit, Kuru, erstmals in Neuguinea beobachtete Erkrankung, die durch rituellen Kannibalismus übertragen wurde. Es handelt sich um eine durch Prionen übertragbare, tödlich verlaufende Erkrankung des Zentralnervensystems mit Gangunsicherheit, Wesensänderung und Demenz. Das Verbot des Kannibalismus 1957 bewirkte einen drast. Rückgang.

kurulische Ämter [lat. zu currus ›Wagen‹], im antiken Rom die Ämter der höheren (›kurul.‹) Beamten, der Konsuln, Prätoren, Zensoren und kurul. →Ädilen. Ihr Amtsabzeichen war der **kurulische Stuhl** (lat. **Sella curulis**), ein tragbarer Klappstuhl ohne Rücken- und Seitenlehnen.

Kurumba, mit den Grusi verwandtes altnigrit. Restvolk. Die K. siedeln verstreut im N von Burkina Faso und in O-Mali; viele sind in den Mosi, Songhai und Fulbe aufgegangen. Sie betreiben Feldbau (Hirse) in der Savanne und wohnen in Kegeldachhäusern. Von ihren Figuren und Masken wurden bes. die abstrakt gestalteten, großen Aufsatzmasken bekannt.

A. SCHWEEGER-HEFEL u. W. STAUDE: Die K. von Lurum (Wien 1972).

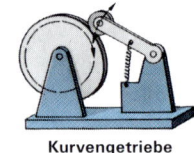

Kurume, Stadt im N der Insel Kyūshū, Japan, Präfektur Fukuoka, 232 800 Ew.; Baumwoll-, Papier-, Gummiindustrie, Herstellung von Lack und Korbwaren.

Kurupedion [griech. ›Ebene des Kyros‹], in der Antike Ebene in Lydien nördlich von Magnesia (heute Manisa) am Fluss Hermos (Gediz), das Schlachtfeld, auf dem 281 v. Chr. der Diadoche LYSIMACHOS von SELEUKOS I. geschlagen wurde und fiel.

Kuruş [kuˈruʃ] der, -/-, urspr. türk. Name des Groschens, seit 1933 Währungseinheit in der Türkei, 100 K. = 1 Türk. Lira.

Kuruzen, Kuruzzen, Kurutzen, ungar. **Kuruczok** [-tsɔk], urspr. Bez. für Kreuzzugsteilnehmer (lat. cruciatus), im 16. Jh. für aufständische ungar. Bauern gegen die Türken und ungar. Magnaten, im 17./18. Jh. für die antihabsburg. Verfechter der ungar. Unabhängigkeit (K.-Aufstände unter I. Graf TÖKÖLY, 1671–80, und Fürst FRANZ II. RÁKÓCZI, 1703–11).

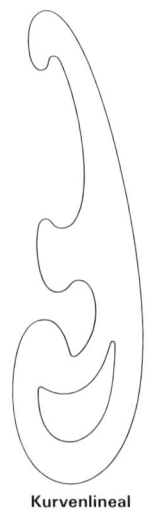

Kurvatur [lat.] die, -/-en, **1)** *Anatomie:* **Curvatura,** Krümmung, gekrümmter Teil eines Organs; z. B. große und kleine K. des Magens.

2) in der griech. *Baukunst* die Aufkrümmung der Horizontalen zur Mitte hin, anscheinend war sie auch schon ein Element der minoischen und myken. Baukunst, da erhaltene Stufen, Treppen und Wandverkleidungen ebenfalls K. aufweisen. Der griech. Tempel zeigt K. in allen Schichten vom Fundament bis zum Dach. Die Krümmungskurve bestimmte man mithilfe eines flach durchhängenden Seils, dessen Kurve zeichnerisch nach oben geschlagen wurde. Parallel zur K. der untersten Schicht wurden dann alle weiteren Schichten gearbeitet.

Kurve [lat. curva (linea) ›gekrümmte (Linie)‹], *Geometrie:* eine Linie, die man ohne abzusetzen durchlaufen kann. K. in der Ebene sind **ebene K.,** solche im Raum **räumliche K.** oder →**Raumkurven.** Eine K. heißt **einfach,** wenn sie keine Doppelpunkte besitzt, d. h. sich selbst weder schneidet noch berührt; **geschlossen,** wenn man beim Durchlaufen der ganzen K. wieder an den Anfangspunkt gelangt; **rektifizierbar,** wenn sie eine →Bogenlänge besitzt; **algebraisch,** wenn die Koordinaten der K.-Punkte einer algebraischen Gleichung genügen (→algebraische Kurve).

In der Analysis kann eine K. durch eine stetige Abbildung eines endl. oder unendl. Intervalls in die Ebene oder in den Raum dargestellt werden. Dem entsprechend die Parameterdarstellungen

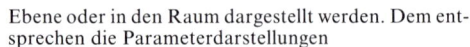

$$\begin{pmatrix}x\\y\end{pmatrix}=\begin{pmatrix}f(t)\\g(t)\end{pmatrix} \text{ bzw. } \begin{pmatrix}x\\y\\z\end{pmatrix}=\begin{pmatrix}f(t)\\g(t)\\h(t)\end{pmatrix}$$

einer ebenen bzw. einer räuml. K., wobei f, g und h stetige Funktionen sind und t ein Element des Intervalls ist.

Beispiele: Durch

$$\begin{pmatrix}x\\y\end{pmatrix}=\begin{pmatrix}a\cos t\\b\sin t\end{pmatrix}$$

mit $t \in [0; 2\pi]$ und $a, b > 0$ wird eine Ellipse mit den Halbachsen a und b dargestellt; durch

$$\begin{pmatrix}x\\y\\z\end{pmatrix}=\begin{pmatrix}a\cos t\\a\sin t\\bt\end{pmatrix}$$

mit $t \in [0; 2\pi]$ eine Schraubenlinie.

Kurvendiskussion, Untersuchung von Funktionsgraphen (→Funktion), v. a. mit den Hilfsmitteln der Differenzialrechnung. Gegenstand der K. sind bes. Symmetrieeigenschaften, Nullstellen, Extremalpunkte, Krümmung, Wendepunkte, Definitionslücken der Funktion und asymptot. Verhalten.

Kurvengetriebe, Kurventrieb, ein Getriebe zur Bewegungsübertragung mit mindestens einem als **Kurvenglied** ausgeführten Getriebeglied, das mit einem benachbarten Getriebeglied in Form eines Kurvengelenks form- oder kraftschlüssig verbunden ist (Sonderformen: Nocken, Exzenter). Durch entsprechende Kurvengestaltung können beliebige Bewegungszusammenhänge leicht verwirklicht werden. K. werden bes. da angewendet, wo zw. den Bewegungszeiten vollkommener Stillstand des Eingriffsgliedes verlangt wird. Eine besondere Form des K. ist das **Wälz-K.** mit zwei miteinander in linienförmiger Berührung stehenden Wälzkurven.

Kurven|integral, →Integralrechnung.

Kurvenlineal, mathemat. Zeichengerät, dessen Berandung aus Kurvenstücken unterschiedl. Krümmung zusammengesetzt ist, oder das in die gewünschte Form gebogen werden kann, und mit dessen Hilfe punktweise konstruierte Kurven nachgezogen werden können.

Kurvenmesser, Kurvimeter, Gerät zur Längenmessung von Kurven, z. B. in topograph. Karten ein Messrädchen, das längs der Kurve gerollt wird, seine Umdrehungen auf einen Zeiger überträgt und die Kurvenlänge in der Natur an mehreren, den Landkartenmaßstäben entsprechenden Skalen anzeigt.

Kurvenschar, Familie ebener →Kurven, für die es eine Gleichung $F(x, y, c) = 0$ (**Schargleichung**) gibt, die bei festem c die Gleichung einer dieser Kurven ist. Man spricht genauer von einer **einparametrischen K.,** c heißt der **Parameter (Scharparameter)** der K.; er durchläuft i. Allg. ein Intervall. Jedem c soll genau eine Kurve der Schar und jeder dieser Kurven genau ein Parameterwert c entsprechen. Allg. wird durch eine Gleichung der Form $F(x, y, c_1, ..., c_n) = 0$ eine **n-parametrische K.** definiert.

Kurverein von Rhense, Zusammenschluss von sechs Kurfürsten am 16. 7. 1338 im heutigen Rhens zur Verteidigung des Reichsrechts und ihres Wahlrechts gegen jedermann, bes. aber gegen päpstl. Ansprüche; der nicht anwesende König von Böhmen gab später seine Zustimmung. Mit der gesetzl. Erklärung, dass die Königswahl allein durch die Kurfürstenmehrheit rechtens sei und dass der Gewählte der päpstl. Anerkennung oder Bestätigung nicht bedürfe, nahmen die Kurfürsten auf Betreiben von Erzbischof und Kurfürst BALDUIN VON LUXEMBURG zugunsten Kaiser

LUDWIGS IV., DES BAYERN, gegen das Papsttum von Avignon (JOHANNES XXII.) Stellung (›Weistum von Rhense‹; →König).
E. E. STENGEL: Avignon u. Rhens (1930); E. SCHUBERT: Kurfürsten u. Wahlkönigtum, in: Balduin von Luxemburg, hg. v. J. MÖTSCH u. a. (1985).

Kuryłowicz [kuriˈuɔvitʃ], Jerzy, poln. Sprachwissenschaftler, * Stanisław 26. 8. 1895, † Krakau 28. 1. 1978; war 1929–45 Prof. in Lemberg, 1946–48 in Breslau und ab 1948 in Krakau; gilt als einer der Begründer einer strukturalist. Sprachwissenschaft; Arbeiten zu Phonetik und Morphologie der indogerman. Sprachen, zum Akzent im Indogermanischen, zum Ablaut in den indogerman. und semit. Sprachen.
Werke: L'accentuation des langues indo-européennes (1952); L'apophonie en indo-européen (1956); Esquisses linguistiques (1960); Indogerman. Grammatik, Bd. 2: Akzent, Ablaut (1968); Studies in Semitic grammar and metrics (1972); Metrik u. Sprachgesch. (1975); Problèmes de linguistique indo-européenne (1977).

Kurz, 1) Hermann, bis 1848 H. **Kurtz**, Schriftsteller, Journalist und Übersetzer, * Reutlingen 30. 11. 1813, † Tübingen 10. 10. 1873, Vater von 2); studierte Theologie, war 1835/36 Vikar, 1845–54 Redakteur zunächst in Karlsruhe, dann in Stuttgart, wo er 1850 wegen ›freisinniger Veröffentlichungen‹ im liberaldemokrat. ›Beobachter‹, dessen Chefredakteur er ein Jahr darauf wurde, zu einer Haft von drei Monaten auf dem Hohenasperg verurteilt wurde. Danach freier Schriftsteller; seit 1863 Univ.-Bibliothekar in Tübingen, zuletzt Mitherausgeber von P. HEYSES ›Dt. Novellenschatz‹ (1871–75, 21 Bde.). Lyriker der schwäb. Schule, volkstüml. Übersetzer und Verfasser literaturwiss. Abhandlungen, u. a. zu GOTTFRIED VON STRASSBURG, SHAKESPEARE und dem mittelalterl. Fastnachtsspiel, und volkstüml. Erzähler, so v. a. in seinen Romanen ›Schillers Heimathjahre‹ (1843, 3 Tle.; 1847 u. d. T. ›Heinrich Roller oder Schiller's Heimathjahre‹) und ›Der Sonnenwirth‹ (1854).
Ausgaben: Ges. Werke, hg. v. P. HEYSE, 10 Bde. (1874); Sämtl. Werke, hg. v. H. FISCHER, 12 Bde. (1904).
I. KURZ: Das Leben meines Vaters (³1929).

2) Maria Clara Isolde, Schriftstellerin und Übersetzerin, * Stuttgart 21. 12. 1853, † Tübingen 5. 4. 1944, Tochter von 1); mit Mutter und Brüdern lebte sie 1877–1913 in Florenz im Kreise A. BÖCKLINS, A. VON HILDEBRANDS, H. VON MARÉES' und K. HILLEBRANDS und in Forte dei Marmi, der Sommerresidenz der Florentiner Künstlerkolonie. K. schrieb aus der Tradition der schwäb. Romantik und mit klass. Formbewusstsein, beeinflusst v. a. von J. BURCKHARDT und G. DE MAUPASSANT. Vom Italienerlebnis sind ihre Novellen und Erzählungen (›Florentiner Novellen‹, 1890; ›Die Stunde des Unsichtbaren‹, 1927; ›Die Nacht im Teppichsaal‹, 1933) bestimmt, deren beste ihre Stoffe aus der ital. Renaissance nehmen. Im Alter überwiegen die autobiograph. Werke (›Die Pilgerfahrt nach dem Unerreichlichen‹, 1938).
Ausgabe: Ges. Werke, 6 Bde. (1925).
M. ONODI: I. K. Leben u. Prosawerk ... (1989).

3) Joseph Felix von, gen. **Bernardon** [-ˈdõ], österr. Schauspieler und Komödiendichter, * Wien 22. 2. 1717, † ebd. 3. 2. 1784; Autor des Wiener Volkstheaters; schuf die dem Hanswurst ähnl. Gestalt des Bernardon und verkörperte sie auch auf der Bühne.
U. BIRBAUMER: Das Werk des J. F. v. K.-Bernardon u. seine szen. Realisierung, 2 Bde. (Wien 1971).

Kurz|arbeit, eine strukturell oder konjunkturell bedingte zeitlich begrenzte Form verminderter Beschäftigung im Betrieb (Arbeitszeitverkürzung). Zweck der K. ist die Erhaltung von Arbeitsplätzen trotz fehlender Kapazitätsauslastung infolge Auftragsmangels. Soll mit der Einführung von K. eine Lohnkürzung einhergehen und bestehen keine tarifvertragl. Vereinbarungen für diesen Fall, so muss entweder eine Betriebsvereinbarung mit dem Betriebsrat oder eine entsprechende Vereinbarung mit den Arbeitnehmern getroffen werden oder eine Änderungskündigung erfolgen. Bei dem Arbeitsamt angezeigter K. besteht unter bestimmten Voraussetzungen Anspruch auf →Kurzarbeitergeld für die Ausfallstunden aus der Arbeitslosenversicherung (§§ 63 ff. AFG). K. kann nicht eingeführt werden in Unternehmen mit unregelmäßiger Arbeitszeit sowie z. B. in Theater-, Lichtspiel- und Konzertunternehmen sowie wenn andere als wirtschaftl. Gründe für den Arbeitsmangel vorliegen. Branchenüblicher, betriebsüblicher, saisonbedingter und betriebsorganisatorisch verursachter Arbeitsausfall schließen K. ebenfalls aus. Einseitig kann der Arbeitgeber K. einführen, wenn er zu anzeigepflichtigen Entlassungen gezwungen ist, er die Arbeitnehmer vorübergehend nicht voll beschäftigen kann und das Landesarbeitsamt es zulässt (§ 19 Kündigungsschutz-Ges.). Für Arbeitnehmer, deren Anspruch auf Kurzarbeitergeld ab 1. 1. 1998 entsteht, gelten die §§ 169 ff. Sozialgesetzbuch III. Die Zahl der Kurzarbeiter ist ein wichtiger Konjunkturindikator. Von K. betroffene Arbeitnehmer gab es in den alten Bundesländern 1960: 3 000, 1970: 10 000, 1975: 773 000, 1980: 137 000, 1985: 235 000, 1990: 56 000, 1993: 767 000, 1995: 128 000; in den neuen Ländern und Berlin-Ost 1991: 1 616 000 (bis Ende 1991 war zur Vermeidung von Entlassungen der Anspruch auf K. erheblich erweitert), 1993: 181 000, 1995: 71 000.

Kurz|arbeitergeld, Leistung der Arbeitslosenversicherung nach dem Arbeitsförderungs-Ges. (AFG, §§ 63 ff.) an Kurzarbeiter. Voraussetzungen für die Gewährung: Antrag beim Arbeitsamt; mindestens ein Drittel der gesamten Betriebsbelegschaft muss wenigstens vier Wochen lang von einem Arbeitsausfall von mehr als 10 % betroffen sein (bei Heimarbeit eine Einbuße von mindestens 20 % des durchschnittl. monatl. Entgelts der letzten sechs Kalendermonate); rein wirtschaftl. Ursache; keine Möglichkeit der Vermittlung der betroffenen Belegschaft in zumutbare andere Arbeitsverhältnisse; begründete Aussicht auf ungekündigte Weiterbeschäftigung; bestehende Beitragspflicht für die Bundesanstalt für Arbeit (BA). Überstunden im gleichen Betrieb werden mit Arbeitsausfall verrechnet. Das K. beträgt seit 1. 1. 1994 67 % des zuletzt pauschalierten Nettolohns der Ausfallzeit (60 % für Leistungsempfänger ohne Kinder). Gewährungsdauer: nach § 67 Abs. 1 AFG i. d. R. bis zu sechs Monaten (unter bestimmten Voraussetzungen befristete Verlängerung möglich). In der am 1. 1. 1998 in Kraft tretenden neuen gesetzl. Regelung der Arbeitsförderung (die entsprechenden Vorschriften werden in das III. Buch des Sozialgesetzbuches eingegliedert) wird das K. in den §§ 169 ff. behandelt. An K. wurden in Dtl. gezahlt: altes Bundesgebiet 1975: 2,21 Mrd. DM, 1980: 0,47 Mrd. DM, 1985: 1,23 Mrd. DM, 1990: 0,24 Mrd. DM, 1995: 0,61 Mrd. DM; neue Länder und Berlin-Ost 1990: 1,17 Mrd. DM, 1991: 10,01 Mrd. DM (in den neuen Ländern war bis Ende 1991 zur Vermeidung von Entlassungen der Anspruch auf Kurzarbeit erheblich erweitert), 1995: 0,42 Mrd. DM.

Kurz|atmigkeit, Medizin: die →Atemnot.

Kurzbahn, 25-m-Bahn, Sport: →Schwimmen.

Kürze, Metrik: in der quantitierenden Metrik der mit einer kurzen Silbe gefüllte Versteil; in der akzentuierenden Metrik entspricht ihr die Senkung. – Ggs.: Länge.

Kurzeme [-z-], lett. Name für →Kurland.

kürzen, Zähler und Nenner eines →Bruches durch einen ihrer gemeinsamen Teiler dividieren.

Kurzfilm, Film, der nach seiner Dauer (wenige Sekunden bis eine Stunde), nicht aber nach Intention (Werbung/Propaganda, Information/Lehrfilm, Unterhaltung, Bewusstseinsschärfung), Inhalt oder film.

Hermann Kurz

Isolde Kurz

Kurz Kurzfingrigkeit – Kurzschlusshandlung

Form (Dokumentar-, Trick- oder Spielfilm) beschrieben ist, weil seine Verwendung im Kino, in der Bildung und im Fernsehen durch die Länge bedingt ist (→Wochenschau). Bis etwa 1914 gab es fast nur K. von rund 15 Minuten (berühmt bis heute C. CHAPLIN, auch G. MÉLIÈS, E. LUBITSCH), noch in den 20er- bis 30er-Jahren, v. a. als Serienfilm (→Fortsetzungsfilm), viele Spielfilme von weniger als einer Stunde. Manche Regisseure (R. CLAIR, R. POLANSKI, A. RESNAIS, A. KLUGE) haben sich zunächst in dieser schwieriger Form versucht; experimentelle Filme (V. EGGELING, W. NEKES, H. RICHTER) und Trickfilme (W. DISNEY, N. MCLAREN) sind meist Kurzfilme. Im Kino hat sich die Nutzung von K. erheblich (vom ›Kultur‹- zum Werbefilm) gewandelt, im Fernsehen entsprechen viele Sendungen der klass. K.-Länge. Festivals, die sich dem K. bes. widmen, gibt es in Leipzig, Oberhausen, Mannheim–Heidelberg (Dokumentarfilm), Annecy (Zeichentrick), Cannes (Werbefilm), Mailand (Industriefilm).

Kurzfingrigkeit, →Brachydaktylie-Syndrom.

Kurzflügler, Raubkäfer, Staphylinidae, Familie der Käfer mit rd. 28 000 Arten (in Mitteleuropa 2 000 Arten), 1–35 mm lang, Flügeldecken stark verkürzt, meist flinke Läufer. Sie leben u. a. in oder unter faulenden pflanzl. Abfällen, Falllaub, Baummulm, unter loser Borke, an Pilzen, Exkrementen, Kadavern, gerne auch an Gewässerufern. Viele Arten sind Bewohner der Nester von Termiten, Hornissen, Ameisen, Vögeln, Säugetieren, einige blinde K. leben unterirdisch. Larven von Arten der Gattung Aleochara parasitieren in Fliegenpuppen.

Kurzfühlerschrecken, Caelifera, Ordnung der →Springschrecken mit über 10 000 Arten (in Mitteleuropa knapp 80) mit kurzen, borstenförmigen, manchmal am Ende verdickten Fühlern; die Weibchen besitzen einen kurzen Eilegeapparat (Legebohrer). Die Lauterzeugung geschieht i. d. R. durch Vorbeistreichen entweder eines Rippelfeldes der Hinterschenkel an einer Schrillkante der Vorderflügel oder eines kammartigen Gebildes im Mittelfeld der Vorderflügel an einer scharfen Kante der Hinterschenkel. Trop. Arten sind zuweilen sehr bizarr gestaltet. Zu den K. gehören u. a. die Feldheuschrecken.

Kurzgeschichte, Lehnübersetzung des amerikan. Gattungsbegriffs →Shortstory, mit diesem jedoch nicht deckungsgleich, da in der dt. Literatur die K. von anderen Formen der Kurzprosa, v. a. Anekdote, Kalendergeschichte, Novelle und Skizze zu unterscheiden ist. Kennzeichen der K. sind u. a. ihre kompositor. Verdichtung, die Typisierung der Personen und die Reduktion auf einen Wirklichkeitsausschnitt als Schilderung eines Moments inmitten alltägl. Begebenheiten, denen aber sehr oft über dies hinausgerichtete Verweisfunktionen zukommen, sowie ein offener Schluss. Geprägt durch traditionelle Formen der dt. Kurzprosa (H. VON KLEIST, J. P. HEBEL) sowie Werke von E. A. POE, MARK TWAIN, O. HENRY, G. DE MAUPASSANT, N. W. GOGOL, L. N. TOLSTOJ und A. P. TSCHECHOW, erfuhr die K. Ende des 19. Jh. ihre Förderung v. a. durch die Zeitschriften ›Simplicissimus‹ (G. MEYRINK) und ›Jugend‹. Besondere Bedeutung gewann nach dem Zweiten Weltkrieg, v. a. unter dem Einfluss der Shortstory, die K. als Mittel zur Aufarbeitung der Vergangenheit u. a. im Werk von H. BÖLL, W. BORCHERT und ELISABETH LANGGÄSSER. Im Anschluss daran bestimmten bes. die Eindrücke und Probleme der modernen Industrie- und Massengesellschaft die K. (ILSE AICHINGER, G. EICH, MARIE LUISE KASCHNITZ, W. SCHNURRE u. a.), wobei oft auch psycholog. Handlungsmomente im Mittelpunkt standen. Die neuere Entwicklung der K. nähert sich dem Fantastischen (W. HILDESHEIMER, G. KUNERT, F. DÜRRENMATT, G. EICH) oder dem Grenzverlauf zw. Fantasie und Realität (T. BERNHARD).

Kurzkopfwespen:
Deutsche Wespe
(Körperlänge
10–19 mm)

G. JÄCKEL u. U. ROISCH: Große Form in kleiner Form. Zur sozialist. K. (Halle 1974); L. ROHNER: Theorie der K. (^{2}1976); R. J. KILCHENMANN: Die K. Formen u. Entwicklungen (^{5}1978); K. DODERER: Die K. in Dtl. Ihre Form u. ihre Entwicklung (^{6}1980); E. K. NEUSE: Die dt. K. (1980); D. GILOI: Short story u. K. Ein Vergleich Hemingways mit dt. Autoren nach 1945 (1983); L. MARX: Die dt. K. (1985); M. DURZAK: Die Kunst der K. (^{2}1994).

Kurzgrasprärie, Kurzgrassteppe, trockenere Steppe (v. a. in Nordamerika, in Zentralasien und S-Russland), in der Büschelgräser und xerophyt., oft tief wurzelnde Halbsträucher vorherrschen.

Kurzhubmotor, Verbrennungsmotor, bei dem der Hub kleiner als der Zylinderdurchmesser ist. K. haben geringere Kolbengeschwindigkeiten und erlauben die Verwendung größerer Ventile; werden meist in Pkw eingesetzt.

Kurzköpfe, Breviceps, Gattung der Engmaulfrösche in Halbwüsten und Trockenwäldern des südl. Afrika. Der Körper ist ballonartig aufgetrieben, die Schnauze extrem kurz. K. sind grabende Bodenbewohner und ernähren sich vorwiegend von Termiten und Ameisen. Die Eier werden vom Weibchen in einer selbst gegrabenen Erdhöhle abgelegt und bewacht. Beim Schlüpfen sind die Jungen häufig bereits zu fertigen Fröschen umgewandelt.

Kurzköpfigkeit, Kurzschädeligkeit, die →Brachyzephalie.

Kurzkopfwespen, Paravespula, Gattung der Faltenwespen mit volkreichen Nestern (bis zu 10 000 Individuen). Häufige Art ist die **Deutsche Wespe** (Paravespula germanica), die auch an und in menschl. Behausungen anzutreffen ist.

Kurzläufer, im Börsenwesen Bez. für Schuldverschreibungen mit kurzer Laufzeit, i. d. R. bis zu vier Jahren. Als K. gelten auch (ursprüngl.) Langläufer, die nur noch eine kurze Restlaufzeit aufweisen. Als **K.-Fonds** werden geldmarktnahe Wertpapierfonds bezeichnet, deren Anlageschwerpunkt in kurz laufenden Schuldverschreibungen, variabel oder festverzinsl. Wertpapieren mit kurzen Restlaufzeiten, Bankguthaben, unverzinsl. Schatzanweisungen und Schatzwechseln besteht.

kurzlebige Wirtschaftsgüter, *betriebl. Rechnungswesen:* →geringwertige Wirtschaftsgüter.

Kurzlibellen, die Segellibellen (→Großlibellen).

Kurzschluss, durch eine schadhaft gewordene Isolation oder durch einen Schaltfehler in elektr. Stromkreisen bzw. Anlagen entstehende, nahezu widerstandslos leitende Verbindung zw. betriebsmäßig unter Spannung stehenden Leitern oder einem Leiter und der Erde (Erdschluss), auch bei leitender Verbindung von Polen einer Stromquelle, wenn die kurzschließende Verbindung keinen Nutzwiderstand enthält. Man unterscheidet bei Drehstromnetzen zw. **einpoligem K.** (Erd-K.) und zwei- und dreipoligem K., die auch als **unsymmetrische K.** bezeichnet werden, sowie **Doppelerdschluss** (leitende Verbindung zweier örtlich getrennter K.-Stellen über den Erdboden). Der über die K.-Stelle fließende **K.-Strom** kann zu Anfang einen mehrhundertfach über der normalen Betriebsstromstärke liegenden Wert haben und starke Zerstörungen bewirken; der nach wenigen Sekunden fließende **Dauerkurzschlussstrom** geringerer Stromstärke kann durch seine Joulewärme Brände verursachen. In Niederspannungsanlagen sorgen elektr. Sicherungen und Sicherungsautomaten (z. B. im Haushalt) oder Schutzschalter (z. B. bei Elektromotoren), bei großen Leistungen und in Hochspannungsanlagen Leistungsschalter und Schutzrelais für eine Abschaltung.

Kurzschlusshandlung, rational unkontrollierte, unmittelbar durch starke emotionale Impulse (Affekte, Triebe, Verstimmungen) ausgelöste reaktive Handlung; kommt in psych. Belastungssituationen bes. bei labilen Persönlichkeiten vor, z. T. auch symptomatisch bei Psychosen oder unter Alkohol und nach Rauschmitteleinnahme.

Kurzschlussläufermotor, *Elektrotechnik:* ein Asynchronmotor (→Elektromotor).

Kurzschrift, dt. Bez. für die →Stenografie.

Kurzschwanz|affen, mit den →Schweifaffen Unterfamilie der →Kapuzinerartigen Affen.

Kurzschwanzkrebse, die →Krabben.

Kurzsichtigkeit, Myopie, Fehlsichtigkeit, bei der es schon vor der Netzhautebene zu einer Vereinigung der annähernd parallel von entfernten Gegenständen in das Auge fallenden Strahlen kommt, wodurch auf der Netzhaut ein unscharfes Bild entsteht. Je nach dem Grad der K. werden Objekte lediglich in einer Entfernung bis zu einem Meter oder unmittelbar vor dem Auge scharf gesehen.

Bei der **Achsen-K. (Achsenmyopie)** liegt die Ursache in einer meist erbl. Überlänge des Augapfels, bei der selteneren **Brechungs-K. (Brechungsmyopie)** besteht bei normal gebautem Auge eine zu starke Brechkraft der opt. Medien, z. B. der Augenlinse und bei Keratokonus oder -globus der Hornhaut, zuweilen bei Diabetes mellitus oder beginnendem Katarakt (Kernstar).

Meist bleibt die K. als **gutartige Myopie** auf mäßige Grade (etwa −6 bis −7 Dioptrien) beschränkt und schreitet nach der Pubertät selten fort; dagegen nimmt die **maligne Myopie** unaufhaltsam zu und kann Werte von −20 Dioptrien und mehr erreichen. Sie ist außerdem mit Dehnungsveränderungen des Augenhintergrundes (Netzhaut, Aderhaut) und Glaskörpertrübungen verbunden. Als Ursache wird eine erhöhte Produktion von Wachstumsfaktoren des Auges angenommen. Der Korrektur der K. dienen Brillen mit Minusgläsern (konkav geschliffen) oder entsprechende Kontaktlinsen; auch eine Korrektur an der Hornhaut durch Laseroperation ist möglich.

Kurzstartflugzeuge, STOL-Flugzeuge [STOL Abk. für engl. **s**hort **t**ake **o**ff and **l**anding], für kurze Anroll- bzw. Ausrollstrecken beim Starten und Landen (etwa bis 300 m, nicht eindeutig festgelegt) und großen Bahnneigungswinkel beim Steigen und Landeanflug entworfene Zivil- oder Militärflugzeuge zum Einsatz auf kleinen Flugplätzen. Kurzstarteignung wird erreicht durch Verwendung von Hochauftriebsmitteln (→Auftriebserhöhung), geringe →Flächenbelastung sowie hohen Startschub der Triebwerke.

O. E. PABST: Kurzstarter u. Senkrechtstarter (1984).

Kurzstreckenlauf, Sprint, *Leichtathletik:* die Laufwettbewerbe über 100, 200 und 400 m bei den Männern und Frauen. K. ist auch Teil der Mehrkämpfe. Rekorde müssen (seit 1976) elektronisch gestoppt werden, Rekordverbesserungen mindestens $^2/_{100}$ Sekunden Unterschied aufweisen. – K. ist olymp. Disziplin seit 1896 (Männer) bzw. 1928 (Frauen). Europameisterschaften werden seit 1934 (Männer) bzw. 1936 (Frauen) und Weltmeisterschaften seit 1983 (Männer, Frauen) ausgetragen.

Kurztagpflanzen, Pflanzen, bei denen bestimmte Gestaltungsprozesse (z. B. Blütenbildung) bei Unterschreiten einer artspezifischen maximalen krit. Tageslänge ausgelöst werden. (→Photoperiodismus)

Kurztriebe, Stauchsprosse, pflanzl. Sprossachsenglieder (meist Seitenzweige der Holzgewächse), die im Unterschied zu den →Langtrieben durch frühzeitige Einstellung des Längenwachstums gestaucht bleiben und häufig nur beschränkte Lebensdauer haben. Bei manchen Holzgewächsen ist die Ausbildung von Blattorganen (z. B. Kiefer, Berberitze) oder Blüten und Früchten (z. B. Kirsche, Birne) auf die K. beschränkt. K. können auch zu Dornen (z. B. Weißdorn) oder →Flachsprossen umgebildet sein.

Kurzwellen, Abk. **KW,** engl. **High Frequency** [haɪ ˈfriːkwənsi], Abk. **HF** [eɪtʃef], **Dekameterwel-**

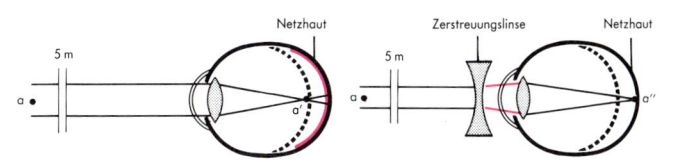

Kurzsichtigkeit: Strahlengang bei Achsenkurzsichtigkeit (links) und nach Korrektur durch eine Zerstreuungslinse (rechts); a Gegenstand, a' Brennpunkt (unkorrigiert), a" Brennpunkt (korrigiert)

len, elektromagnet. Wellen mit Wellenlängen von 10–100 m und entsprechend Frequenzen von 30–3 MHz. Der K.-Bereich ist der wichtigste Frequenzbereich für funktechn. Fernverbindungen. K. können gerichtet gesendet und empfangen werden, da die Wellenlänge mit der Antennengröße vergleichbar sein kann. Während die →Bodenwelle infolge starker Absorption nur etwa 10 bis 100 km weit empfangbar ist, erhält man wegen des Auftretens einer an der Ionosphäre gespiegelten Raumwelle eine extrem große Reichweite der K. Hierdurch ist der brauchbare Frequenzbereich definiert: über einer oberen Grenzfrequenz (**MUF,** engl. **m**aximum **u**sable **f**requency) reicht die Brechung in der ionosphär. E- und den F-Schichten nicht mehr zur Reflexion aus, die Welle entweicht in den Raum; bei einer tieferen als der unteren Grenzfrequenz (**LUF,** engl. **l**owest **u**sable **f**requency) wird die Absorption in der D-Schicht zu stark. Das zw. Boden- und Raumwellenempfang liegende Gebiet nennt man tote Zone. Wegen der sich tages- und jahreszeitlich sowie langperiodisch (elfjähriger Zyklus der Sonnenaktivität) ändernden Ionosphärenbedingungen muss zur Aufrechterhaltung einer ständigen K.-Verbindung die Betriebsfrequenz häufig gewechselt werden. Eine Prognose aller Einflüsse gestaltet sich immer noch schwierig; i. Allg. ergeben tagsüber kürzere (13–25 m), nachts längere Wellen besseren Empfang. Intensitätsschwankungen und Wiedergabeverzerrungen (→Fading) durch kurzzeitige Änderungen in der Ionosphäre versucht man elektronisch aufzufangen. Dem K.-Rundfunk sind folgende Bänder zugeteilt (Bandbreite 200–500 kHz): 13-, 16-, 19-, 25-, 31-, 41- und 49-m-Band. Für den Amateurisn stehen die 10-, 15-, 20-, 40- und 80-m-Band zur Verfügung. Eine Sendegenehmigung für Amateure wird (nach bestandener Prüfung) durch die Dt. Telekom AG erteilt.

G. BRAUN: Planung u. Berechnung von K.-Verbindungen (^{2}1986); W. SIEBEL: Weltweit Radio hören. Die Anleitung zum K.-Empfang (^{8}1992).

Kurzwellenbehandlung, Hochfrequenzwärmebehandlung, Anwendung von elektromagnet. Wellen (Wechselstrom mit einer Frequenz von mehr als 0,5 MHz) zur elektrotherapeut. Behandlung, urspr. eine Form der Hochfrequenzbehandlung. Zur Kurzwellendurchflutung des zu behandelnden Körperteils verwendet man entweder verstellbare Kondensatorelektroden, die auf einen bestimmten Hautabstand eingestellt werden, oder man legt induktiv wirkende Spulenelektroden an, die individuell angepasst werden. – Die therapeut. Wirkung beruht auf der im Innern des menschl. Körpers entstehenden Wärme, bes. in der Muskulatur und dem angrenzenden Fett- und Bindegewebe, weniger aber in der Haut. Die Wärme verursacht Durchblutungssteigerung, der Stoffwechsel wird angeregt, die Muskeln entspannen sich, und eine schmerzstillende Wirkung tritt ein. Die K. hat eine Heilwirkung bei Krankheiten der Bewegungsorgane, bei Neuralgien, Durchblutungsstörungen und anderen chron. Leiden, bes. im Gelenkbereich.

W. RENTSCH: Tb. der Kurzwellentherapie einschließlich Dezimeterwellentherapie (Jena ^{3}1976).

Kurz Kurzwellenlupe – Kusenberg

Kusair Amra: Ansicht des Jagdschlosses bei Amman; um 715 n. Chr.

Polykarp Kusch

Kurzwellenlupe, Bez. für eine Schaltung in Rundfunkempfängern zur Feinabstimmung im Kurzwellenbereich durch Spreizung der Bänder.

Kurzzeile, Kurzvers, rhythm. Periode mit bis zu vier Hebungen (im Unterschied zum Langvers); K. werden entweder zu Reimpaaren oder Strophen geordnet oder in einer →Langzeile zu einer höheren rhythm. Einheit zusammengefaßt wie in der altdt. Dichtung.

Kurzzeitgedächtnis, →Gedächtnis.

Kurzzeitmeßtechnik, die Gesamtheit der Verfahren und Geräte zur Untersuchung (sehr) schnell ablaufender Vorgänge und zur Messung der dabei auftretenden Zeiten (zw. 1 s und weniger als 1 ns). **Mechanische Kurzzeitmeßgeräte** sind z. B. Stoppuhr und Geräte, die nach dem Prinzip des →Chronographen arbeiten. – In **elektrischen Kurzzeitmeßgeräten** können u. a. die Ladespannung eines Kondensators, die Ausschlagweite eines ballist. Galvanometers oder die Ablenkung eines Kathodenstrahls als Zeitmaß dienen. **Elektronische Zähler** arbeiten mit Impulsgeneratoren, die von dem zu messenden Vorgang gestartet und gestoppt werden. Die Anzahl der in dem Zeitintervall gelieferten Impulse stellt ein Maß für die Zeitdauer dar. Mit Elektronenstrahloszillographen können durch Vergleich mit einer bekannten Frequenz Zeiten von 10^{-9} s, bei period. Vorgängen mithilfe punktweiser Abtastung (Sampling-Oszillograph) sogar von 10^{-11} s gemessen werden. Durch Kombination von fotograf. und optischen Methoden können (z. B. mit der Streakkamera) noch Vorgänge im Bereich von 10^{-12} s zeitaufgelöst untersucht werden (→Hochgeschwindigkeitsfotografie).

Durch die Entwicklung von Lasern, die intensive ultrakurze Lichtimpulse im Piko (10^{-12})- und Femto (10^{-15})-Sekundenbereich erzeugen können, und die Entwicklung spektroskop. Untersuchungsmethoden (**Ultrakurzzeitspektroskopie**) sind Zeitdifferenzen von weniger als 10^{-13} s meßbar. Solche Messungen sind v. a. in der Physik (**Kurzzeitphysik**), Chemie und Biologie erforderlich, da Relaxations- und Energieaustauschprozesse in Atomen, Molekülen oder Festkörpern sowie die elementaren Schritte bei chem. Reaktionen und biolog. Lebensvorgängen (wie bestimmte Abläufe bei der Photosynthese) ultrakurze Vorgänge darstellen.

Kus, Qus, Kous [-kus-], Stadt in der Prov. Kena, rechts des Nils, Ägypten, etwa 30 000 Ew.; Zuckerfabrik. – K., altägypt. **Kos,** hieß zur Römerzeit **Apollinopolis Parva;** im 14. Jh. war K. wichtigste Stadt Oberägyptens mit Handel bis Zentralafrika und Jemen sowie (kopt.) theolog. Schulen.

Kuṣadası [ˈkuʃadəsə], Stadt in der Prov. Aydın, Türkei, an der Ägäisküste südlich von İzmir, 21 200 Ew.; bedeutendes Seebad. Nordöstlich von K. das antike → Ephesos.

Kusaie, Insel der Karolinen, →Kosrae.

Kusair Amra, Qasr Amra [kasr-], kleines omaijad. Jagdschloß östlich von Amman (um 715 n. Chr.) mit Audienzhalle und Baderäumen in reicher Ausstattung, bedeutende Zeugnisse der islam. Kunst.

Kusbass, →Kusnezker Steinkohlenbecken.

Kusch, altägypt. und hebr. Name für →Nubien. (→Äthiopien)

Kusch [kuːʃ], Polykarp, amerikan. Physiker dt. Herkunft, *Blankenburg (Harz) 26. 1. 1911, †Dallas (Tex.) 20. 3. 1993; Prof. an der Columbia University in New York, war als Mitarbeiter von I. I. RABI an der Entwicklung der →Atomstrahlresonanzmethode beteiligt; dabei wies er 1947 die Anomalie des magnet. Moments des Elektrons nach. Für diese für die Quantenelektrodynamik grundlegende Präzisionsmessung erhielt K. mit W. E. LAMB 1955 den Nobelpreis für Physik.

Kusche, Benno, Sänger (Baßbariton), *Freiburg im Breisgau 30. 1. 1916; debütierte 1938 in Heidelberg und wurde 1946 an die Münchner Staatsoper engagiert. Er wirkte bei Festspielen (Glyndebourne, Salzburg) mit und wurde bes. als Mozart-Interpret bekannt; Operetten- und Musicalsänger.

Kuschitensprachen, Gruppe der →hamitosemitischen Sprachen, die in Äthiopien, Somalia, Djibouti, im östl. Sudan, in N-Kenia und in Tansania verbreitet ist. Ihre Sprecher (**Kuschiten**) gehören zu den äthiopiden Völkern und bilden keine kulturelle Einheit. Zu den K. zählen u. a. Bedauye, Oromo, Agau, Afar, Saho und Sidamo. Ungeklärt ist die Zugehörigkeit der omot. Sprachen, die von einigen Afrikanisten den westkuschit. Sprachen zugeordnet, von anderen von den K. unterschieden werden. Die Unterschiede zw. den K. sind beträchtlich; ein älterer Sprachzustand ist im N des Verbreitungsgebiets bewahrt.

M. A. BRYAN: The distribution of the Semitic and Cushitic languages of Africa (London 1947); A. ZABORSKI: Studies in Hamito-Semitic, auf mehrere Bde. ber. (Krakau 1975 ff.); H.-J. SASSE: Die kuschit. Sprachen, in: Die Sprachen Afrikas, hg. v. B. HEINE (1981).

Kuschner, Kušner [-ʃ-], Aleksandr Semjonowitsch, russ. Lyriker, *Leningrad 14. 9. 1936; schreibt, der Tradition der Akmeisten verbunden, unpolit., schlichte, ernste Gedankenlyrik.

Werke: Pervaja vstreča (1957); Pervoe vpečatlenie (1962); Nočnoj dozor (1966); Primety (1969); Pisʼmo (1974); Prjamaja rečʼ (1975); Gorod v podarok (1976); Golos (1978); Živaja izgorodʼ (1988). – Kanva (A1981, Slg.).

Kusel, 1) Kreisstadt in Rheinl.-Pf., 239 m ü. M., im Nordpfälzer Bergland, 5 800 Ew.; Heimatmuseum; Bau von Druckmaschinen, Brauerei; Fremdenverkehr; Bundeswehrstandort. – Die ev. Pfarrkirche ist ein spätklassizist. Bau (1829–31). 1988 wurden Mauern und Reste der Fußbodenheizung einer röm. Villa (3./4. Jh.) gefunden. – Das auf einen fränk. Königshof des 5./6. Jh. zurückreichende K. wurde 1347 erstmals urkundlich als Stadt erwähnt.

2) Landkreis im Reg.-Bez. Rheinhessen-Pfalz, Rheinl.-Pf., 573 km², 79 400 Ew.; liegt im Nordpfälzer Bergland an Glan und Lauter. Städte des schwach industrialisierten Kreises sind Kusel, Lauterecken und Wolfstein.

Kusenberg, Kurt, Pseudonyme **Hans Ohl, Simplex,** Schriftsteller, *Göteborg 24. 6. 1904, †Hamburg 3. 10. 1983; war Kunstkritiker und Redakteur in Berlin, nach 1945 Lektor und freier Schriftsteller, ab 1958 Herausgeber von ›rowohlts monographien‹. K.s Vorliebe für das Groteske kommt bes. in seinen Kurzgeschichten zum Ausdruck; schrieb auch Essays, Übersetzungen und Hörspiele.

Werke: *Kurzgeschichten:* La Botella u. a. seltsame Geschichten (1940); Der blaue Traum (1942); Die Sonnenblumen (1951); Wein auf Lebenszeit (1955); Lob des Bettes (1956); Im falschen Zug (1960); Heiter bis tückisch (1974).

Kushana [-ʃ-], **Kushan,** Dynastie in Zentralasien und Indien, die aus den Führern eines Klans der nomad. →Tocharer (in chin. Quellen Yuezhi, Yüeh-chih) hervorging. Diese, um 170 v. Chr. von den ebenfalls nomad. →Xiongnu aus ihren Weidegebieten in NW-China verdrängt, ließen sich um 128 v. Chr. am mittleren Oxus (Amudarja) nieder, eroberten Baktrien und teilten das Gebiet in fünf Herrschaftsbezirke, darunter das Fürstentum der K. Im frühen 1. Jh. n. Chr. unterwarf KUJALA KADPHISES, Fürst (Yabghu) der K., die vier übrigen Fürsten und schuf ein geeinetes Reich, das sich über den Hindukusch nach S auszudehnen begann (Eroberung des ersten der →indoskythischen Reiche) und unter KANISHKA weite Teile Zentralasiens und N-Indien bis ins östl. Gangestal umfasste. Es löste sich seit dem 3. Jh. (Verlust Baktriens) unter dem Druck des Sassanidenreiches auf; lokale K.-Fürsten hielten sich bis ins 5. Jahrhundert.

B. CHATTOPADHYAY: Kushāna state and Indian society (Kalkutta 1975); B. N. PURI: Kusana bibliography (ebd. 1977).

Kushanakunst [-ʃ-], Periode (2.–3. Jh.) der →indischen Kunst, an deren Beginn die beiden Kunstzentren Gandhara und Mathura standen, denen der für die ganze spätere ind. Kunst typ. Gebrauch einer formalisierten Gestensprache (→Mudra) und Symbolik gemeinsam ist. (→Gandharakunst, →Mathurakunst)

J. M. ROSENFIELD: The dynastic arts of the Kushans (Berkeley, Calif., 1967); B. STAWISKI: Kunst der Kuschan (a. d. Russ., Leipzig 1979); V. M. MASSON: Das Land der 1000 Städte (a. d. Russ., 1982); S. J. CZUMA: Kushan sculpture, Ausst.-Kat. (Cleveland, Oh., 1985).

Kushiro [-ʃ-], Hafenstadt an der O-Küste von Hokkaidō, Japan, 202 300 Ew.; Museum; für die Hochseefischerei wichtiger eisfreier Hafen; Fischkonservenherstellung, Holzverarbeitung, Papier-, chem. Industrie; Bahnknotenpunkt, Flugplatz.

Kusimansen [afrikan.], *Sg.* **Kusimanse** *der, -en,* Bez. für einige Arten der Schleichkatzen (→Mangusten).

Kuskokwim River [ˈkʌskəkwɪm ˈrɪvə], Fluss in Alaska, USA, 1165 km lang, entspringt in der Alaskakette, durchbricht die **Kuskokwim Mountains** (bis 1374 m ü. M.), mündet in die **Kuskokwim Bay** des Beringmeeres; etwa zur Hälfte schiffbar.

Kuskus [arab.-frz.] *das, -/-,* das nordafrikan. Gericht →Couscous.

Kuskuse [indones.], *Sg.* **Kuskus** *der, -,* Gattung der →Kletterbeutler.

Kusmin, Kuzmin, [-z-], Michail Alekseiewitsch, russ. Schriftsteller, * Jaroslawl 5. 10. 1875, † Leningrad 3. 3. 1936; entwickelte in Abkehr vom dunklen Stil des Symbolisten und deren Neigung zum Mystizismus eine mehr dem Konkreten zugewandte, formal klar gebaute Poesie (›klarizm‹, dt. Klarismus; Manifest: ›O prekrasnoj jasnosti‹, 1910), die bes. im metrisch-rhythm. Bereich neue Möglichkeiten erschloss und wachsende Neigung zu surrealist. Manier zeigte. Vorbild seiner Dichtung war die Formkunst des Klassizismus. Sein Erzählwerk ist von zielstrebiger Handlungsführung, Intrigenspiel und Abenteuer geprägt.

Werke: *Romane:* Kryl'ja (1907; dt. Flügel); Priključenija Ème-Lebefa (1907; dt. Aimé Lebœufs Abenteuer); Čudesnaja žizn' Iosifa Bal'zamo, grafa Kaliostro (1919; dt. Das wunderl. Leben des Joseph Balsamo, Grafen Cagliostro); Tichij straž (1924; dt. Der stille Hüter). – *Lyrik:* Aleksandrijskie pesni (in: Seti, 1908; dt. Alexandrin. Gesänge); Kuranty ljubvi (1910; dt. Spieluhr der Liebe).

Ausgaben: Proza, 7 Bde. (1910–23, Nachdr. 1984–87); Sobranie stichov, 3 Bde. (1977–78).

Küsnacht (ZH), Stadt im Kt. Zürich, Schweiz, erstreckt sich vom O-Ufer des unteren Zürichsees (südlich von Zollikon; 415 m ü. M.) bis auf den Küsnachter Berg (Ortsteil Forch), 12 300 Ew.; internat. Lehr- und Forschungsinstitut für Psychologie (C.-G.-Jung-Institut im Seehof), Museum; Betriebe der Textilveredlung und der Verpackungsindustrie, Dienstleistungsunternehmen. – Ref. Kirche (12.–15. Jh.), ehemalige Johanniterkomturei (im Chor Fresken von 1482); Bürgerhäuser des 17.–19. Jh., Gasthaus ›Sonne‹ von 1650.

Kusnezk, Kuzneck [kuzˈnetsk], **1)** Stadt im Gebiet Pensa, Russland, zw. Pensa und der Wolga, 101 000 Ew.; Textilindustrie, Maschinen- und Gerätebau, Schuhherstellung.

2) Stadt in Russland, →Nowokusnezk.

Kusnezker Steinkohlenbecken, russ. Kurzform **Kusbass,** wichtigstes Steinkohlenrevier Russlands, im SO Westsibiriens, im Gebiet Kemerowo; 26 700 km², geschätzter Gesamtvorrat 725 Mrd. t. Der Steinkohlenabbau erbringt etwa 35 % der russ. Steinkohlenförderung. Auf der Grundlage des Kohlebergbaus entwickelten sich Elektroenergieerzeugung, chem. Industrie und Metallurgie sowie Maschinenbau und Metallverarbeitung. Die wichtigsten Bergbau- und Industriestädte im K. S. sind: Nowokusnezk, Kemerowo, Prokopjewsk, Leninsk-Kusnezkij, Kisseljowsk, Belowo, Anschero-Sudschensk und Meschduretschensk. (→Ural-Kusnezker Kombinat)

Kusnezow, Kuznecov [kuzneˈtsɔf], Anatolij Wassiljewitsch, russ. Schriftsteller, * Kiew 18. 8. 1929, † London 13. 6. 1979; lebte seit 1969 in England; beschrieb in dem Roman ›Prodolženie legenda‹ (1957; dt. ›Im Gepäcknetz nach Sibirien‹) seine Erfahrungen als Bauarbeiter in Sibirien. Bekannt wurde er v. a. durch den dokumentar. Roman ›Babij Jar‹ (1966, dt.; überarbeitete Fassung 1970 unter dem Pseud. **A. Anatolij**) über die Vernichtung der Kiewer Juden im Zweiten Weltkrieg. (→Babij Jar)

Kuśniewicz [kuɕˈɲevitʃ], Andrzej, poln. Schriftsteller, * Kowenice (bei Lemberg) 30. 11. 1904, † Warschau 14. 5. 1993; war 1943–45 im KZ; gestaltete in Romanen Vergänglichkeit und Verfall menschl. Lebens und kultureller Werte vor dem histor. Hintergrund der österr.-ungar. Monarchie. In einigen Werken behandelte er auch dt.-poln. Beziehungen.

Werke: *Romane:* Eroica (1963); Król obojga Sycylii (1970; dt. König beider Sizilien); Strefy (1971; Tl. 1 dt. u. d. T. Tierkreiszeichen); Stan nieważności (1973); Trzecie królestwo (1975); Lekcja martwego języka (1977; dt. Lektion in einer toten Sprache); Nawrócenie (1987). – *Erinnerungen:* Mieszaniny obyczajowe (1985).

H.-P. HOELSCHER-OBERMAIER: A. K.' synkretist. Romanpoetik (1988).

Kuśnica [russ. ›Schmiede‹], **Kuznica** [-ts-], Vereinigung russ. proletarischer Schriftsteller, v. a. Lyriker, die sich 1920 in Moskau vom Proletkult abspaltete, um unabhängig über die Kunstmittel entscheiden zu können. K. beanspruchte die führende Rolle bei der Entwicklung der neuen proletar. Kultur, verlor jedoch schon 1922 an Bedeutung; 1932 aufgelöst.

G. KRATZ: Die Gesch. der ›Kuźnica‹, 1920–1932 (1979).

Kuss, Berühren eines Menschen oder Gegenstandes mit den Lippen. – Der K. leitet sich möglicherweise von der Mund-zu-Mund-Fütterung, wie sie bei vielen Tieren üblich ist, ab. Als K. gilt auch der bei einigen Völkern verbreitete →Nasengruß. – Neben der Funktion des Bezeugens von Zuneigung und Verehrung oder der Begrüßung und Verabschiedung (als **Wangen-K.**) hat der K. auch erotisch-sexuelle Bedeutung (als **Zungen-K.**). Symbol. Bedeutung gewann er v. a. bei Verlöbnis- und Eheschließungsritualen. Grundlage der *religiösen Symbolik* des K. ist der Austausch von Kraft durch die enge Berührung und die Begegnung des Atems (Hauchseele). Durch das Küssen von Kultbildern oder sakralen Gegenständen (Kaaba in Mekka, Kreuz, Altar, Bibel, Bischofsring) soll göttl. Kraft und Segen übertragen, durch den ehrerbietigen →Handkuss oder K. des →Fußes Unterwer-

Kuss Kusser – Küste

Küssnacht am Rigi: Gesamtansicht des Stadtgebiets zwischen Vierwaldstätter See (Vordergrund) und Zuger See

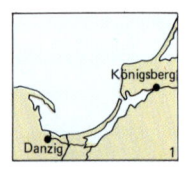

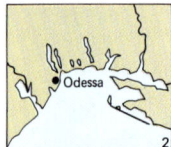

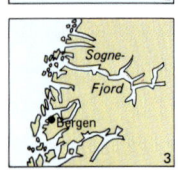

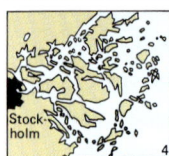

Küste: 1 Haffküste; 2 Limanküste; 3 Fjordküste; 4 Schärenküste; 5 Riaküste; 6 Boddenküste

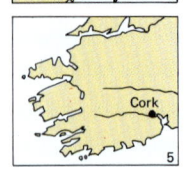

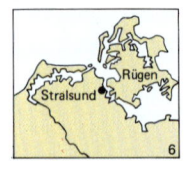

fung oder gnädige Zulassung zu Trägern sakraler Würde (Priester, Bischöfe, Papst, Könige) erreicht werden. Der Sühne- oder →Friedenskuss ist ein Zeichen der Versöhnung. Er wurde im altfries. Recht zum Zeichen der Beendigung einer Fehde. Der K. des Lehnsherrn (bei Belehnung der Vasallen) sowie das Küssen hl. Gegenstände bei Vertragsschluss besaßen einst Rechtskraft. – Der *Missbrauch des K.* wird in allen Kulturen negativ gewertet (so der Judas-K. als Zeichen des Verrats). – In *Märchen* ist der erlösende K. bekannt (→Dornröschen).

C. NYROP: The kiss and its history (a. d. Dän., London 1901, Nachdr. Detroit, Mich., 1968); T. SIEBS: Zur vergleichenden Betrachtung volkstüml. Brauches: Der Kuß, in: Mitt. der Schles. Gesellschaft für Volkskunde, Jg. 5 (1903), H. 10; N. J. PERELLA: The kiss sacred and profane (Berkeley, Calif., 1969); A kiss still a kiss. Küssen in alten Photographien, hg. v. MELISSA MÜLLER (Wien 1994).

Kusser, Cousser [ˈku-], Johann Sigismund, Komponist, getauft Preßburg 13. 2. 1660, †Dublin Ende November 1727; studierte bei J.-B. LULLY in Paris; war 1694–96 Leiter der Oper in Hamburg, 1698–1704 Kapellmeister an der Stuttgarter Oper, nach 1710 im Dienst des brit. Vizekönigs in Irland. Nach dem Vorbild frz. Opernsuiten gab er als Erster Tanzstücke und Ouvertüren als Konzertwerke heraus (›Composition de musique suivant la méthode françoise‹, 1682, sechs Suiten). Von seinen elf Opern (darunter ›Ariadne‹, 1692, ›Erindo‹, 1693) sind nur einzelne Arien erhalten.

Kussewizkij, Kusevickij [-tski], Sergej Aleksandrowitsch, auch **Sergey Koussevitzky** [ku-], amerikan. Dirigent russ. Herkunft, *Wyschnij Wolotschok (Gebiet Iwer) 26. 7. 1874, †Boston (Mass.) 4. 6. 1951; gründete 1909 in Moskau ein eigenes Orchester und den Russ. Musikverlag, in dem Werke u. a. von A. N. SKRJABIN, I. F. STRAWINSKY, S. W. RACHMANINOW und S. S. PROKOFJEW erschienen. Nach der Oktoberrevolution lebte er in Paris (Leitung der Concerts Koussevitzky); 1924–49 Chefdirigent des Boston Symphony Orchestra. K. setzte sich bes. für den Ausbau eines modernen Musiklebens in den USA ein.

Kußmaul, Adolf, Arzt, *Graben (heute Graben-Neudorf, Landkreis Karlsruhe) 22. 2. 1822, †Heidelberg 27. 5. 1902; war 1850–53 prakt. Arzt in Kandern, dann Dozent in Heidelberg, ab 1859 Prof. in Erlangen, ab 1863 in Freiburg im Breisgau und 1876–88 in Straß-

burg. K. beschäftigte sich mit physiolog., psycholog. und entwicklungsgeschichtl. Themen, Letztere bes. aus der inneren Medizin und der Neurologie. 1869 führte er die ›Magenpumpe‹ zur Behandlung von Magenkrankheiten ein, die später auch für die Diagnostik wertvoll wurde. Nach ihm ist die **K.-Atmung** (›große Atmung‹) benannt, gekennzeichnet durch wenig gesteigerte Atemfrequenz bei stark vergrößertem Atemzugvolumen (Vorkommen im diabet. Koma, in großen Höhen, während des Schlafs). – Prägte mit L. EICHRODT den Begriff des →Biedermeier.

Werke: Jugenderinnerungen eines alten Arztes (1889); Aus meiner Dozentenzeit in Heidelberg, hg. v. V. CZERNY (1903).

W. FLEINER in: Dt. Archiv für klin. Medizin, Bd. 72 (1902); DERS. in: Münchner medizin. Wochenschr., Jg. 69 (1922); A. CAHN in: Klin. Wochenschr., Jg. 1 (1922); T. H. BAST in: Annals of medical history, Jg. 8 (New York 1926).

Küssnacht am Rigi, Stadt und Bez. (36 km²) im Kt. Schwyz, Schweiz, an der N-Spitze des Vierwaldstätter Sees (Küssnachter See), 441 m ü. M., 10 300 Ew.; die Stadt erstreckt sich bis an den Zuger See (Stadtteil Immensee) und auf den Rigi; Heimatmuseum; Kalenderfabrik, Käserei, Obstbau, Fremdenverkehr. – Kath. Pfarrkirche St. Peter und Paul (1708–10 über einem Vorgängerbau errichtet, reiche Ausstattung); Gasthaus ›Engel‹ (Fachwerkgiebelfront von 1552). Über der Stadt die ›Geßlerburg‹, 1263 erstmals erwähnt. Nördlich des Zentrums die Hohle Gasse mit der Tellskapelle (1954–58 restauriert, Bilder von 1905); Seilbahn auf die Seebodenalp am Hang des Rigi. Im ehem. Dorfkern von Merlischachen sind alte Bauernhäuser (Innerschweizer Blockhaus) erhalten.

Kustanaj, kasach. **Qostanaj,** Gebietshauptstadt im N von Kasachstan, am Tobol, 233 900 Ew.; Chemiefaser-, Motoren-, Kammgarnwerk, Bekleidungs-, Schuhindustrie; Eisenbahnknotenpunkt, Flughafen.

Küste [über niederländ. von altfrz. coste, lat. costa ›Rippe‹, ›Seite‹, ›Abhang‹; ›Küste‹], **Litoral,** Grenzraum zw. Meer und Land, von stark wechselnder Breite (1 m bis viele km). Die Berührungslinie im Mittelwasserniveau an gezeitenlosen K. oder im Mittelhochwasserniveau an Gezeiten-K. ist die **Ufer-** oder **Strandlinie.** Sie trennt die Hauptzonen der K.: das landwärts bis zur obersten gegenwärtigen Meereswirkung reichende **Ufer** (sofern es von Sand oder Geröll bedeckt ist, auch **Strand**) und die sich meerwärts bis zur äußersten gegenwärtigen Brandung ausdehnende **Schorre.** Brandung, Gezeiten, Meeresströmungen, Hebungs- und Senkungserscheinungen, Meeresspiegelschwankungen und Ablagerungen der Flüsse verändern die K. und führen zu versch. Küstentypen.

Deskriptive Küstentypen: Nach dem Aufriss werden Steil- und Flach-K. unterschieden; die **Steil-K.** ist das Ergebnis der marinen →Abrasion, bei der **Flach-K.** läuft die Brandung an flachen Ufer aus und bildet durch Materialanschwemmung einen Strand. Nach dem Grundriss lassen sich **glatte** (geradlinige) von **gebuchteten K.** unterscheiden. Nach dem Verhältnis des K.-Verlaufs zum Streichen der Landreliefs oder der geolog. Strukturen unterscheidet man **Längs-K.** (pazif. Typ), **Schräg-K.** und **Quer-K.** (atlant. Typ).

Genet. Küstentypen: Die Gestalt einer K. wird zunächst durch Vertikalbewegungen des K.-Landes und des Meeresspiegels bedingt. Beide sind in ihrer absoluten Höhenlage keineswegs konstant; z.B. sanken Meeresspiegel und inlandeisbedeckte Landmassen in Eiszeiten, dagegen stiegen sie in Warmzeiten wie auch in der Nacheiszeit wieder empor (→eustatische Meeresspiegelschwankungen). Es hing vom Stärkeverhältnis zw. dem nacheiszeitl. Meeresspiegelanstieg und den regionalen Krustenbewegungen ab, ob unteroder aufgetauchte K. entstanden.

1) An den meisten K. der Erde war der Meeresspiegelanstieg größer als eine eventuelle K.-Hebung (re-

gional sogar durch K.-Senkung verstärkt). Daher sind fast alle K. ertrunkene Festlandsränder, in deren Hohlformen das Meer drang und stark gebuchtete **untergetauchte K.** schuf: **Fjord-K.** (Norwegen, Grönland, S-Alaska, S-Chile) sind ertrunkene glaziale Trogtäler; **Schären-K.** (Schweden, Finnland) entstanden um die Rundhöcker glazialer Ausraumgebiete. Aus Subglazialrinnen und Zungenbecken glazialer Aufschüttungsgebiete wurden **Förden-K.** (O-Seite Jütlands und Schleswig-Holsteins) sowie **Bodden-K.** (Meckl.-Vorp.). Ertrunkene Flusstäler alter Faltenrümpfe bilden die **Ria-K.** (NW-Spanien, Bretagne, S-China); Flussmündungen und Talungen junger Kettengebirge die **Cala-K.** (westl. Mittelmeer) sowie **Canale-K.** (Dalmatien); Flusstäler flacher Tafelländer die **Liman-K.** (S-Russland).

2) War dagegen die Landhebung stärker als der Meeresspiegelanstieg, bildet heute einförmiger Meeresboden eine zumeist glatte **aufgetauchte K.** (**Meeresboden-K.;** nördl. Bottn. Meerbusen, SW-Seite der Hudsonbai). Spuren vorzeitl. Auftauchens finden sich in Form von K.- oder Strandterrassen an heutigen untergetauchten Küsten.

Die *gestaltenden Vorgänge* an den K. sind fast überall gleich, aber in der Wirkung unterschiedlich nach Baumaterial des K.-Landes, Klima, Stärke von Brandung und Gezeiten usw.: 1) Zerstörung aller Vorsprünge durch Brandung unter Bildung eines Kliffs mit Brandungskehlen, -höhlen, -gassen, -toren und -pfeilern sowie einer Brandungs- oder Abrasionsplatte (**Kliff-K.** Helgolands oder der Normandie); 2) seitl. Transport der entstandenen Gerölle und Sande (**K.-Versetzung**) durch die schräg auf-, aber senkrecht vom Ufer ablaufenden Wellen im Zickzackkurs, durch Brandungsströme oder K.-Strömungen; 3) Aufbau dieses Materials in Form von Strandwällen oder Sandriffen v. a. hinter Eckpfeilern der K. oder vor Buchten. Die ihr wachsenden Haken können sich an K. mit schwachen Gezeiten zu lang gestreckten Nehrungen entwickeln; diese schnüren Haffe oder Strandseen ab (**Haff-, Nehrungs-** oder **Ausgleichs-K.** der südöstl. Ostsee oder S-Brasiliens). An K. mit starken Gezeiten kommt es dagegen nur zur Bildung einer Reihe von Nehrungsinseln, zw. denen Tiefs durch den einlaufenden Flut- und den auslaufenden Ebbestrom offen gehalten werden. Landwärts von ihnen füllt sich das in regelmäßiger Wechsel überflutete, bald trockenfallende →Watt auf, das sich unter Mitwirkung der Pflanzen zur →Marsch erhöht (**Watt-Nehrungsinselreihen-K.** der südöstl. Nordsee oder südöstl. USA). Aus dem Strand, v. a. auf Haken, Nehrungen und Nehrungsinseln, weht der Wind den feineren Sand heraus und häuft ihn zu K.-Dünen auf (**Dünen-K.** in W-Jütland oder SW-Frankreich). Von sinkstoffreichen Flüssen aufgeschüttet, wachsen →Deltas (**Delta-K.:** Nil, Po u. a.). In den Tropen wird ihr Wachstum durch die Mangrovevegetation begünstigt (**Mangrove-K.** von O-Sumatra oder S-Kolumbien), während seitlich daneben (Saumriff, K.-Riff), weiter draußen (Wallriff) oder mitten im Meer (Atoll) die →Korallenbauten im klaren Salzwasser gedeihen (**Korallen-K.** des mittleren Pazif., des Ind. Ozeans sowie der Karibik).

H. VALENTIN: Die K. der Erde (Gotha ²1954); The encyclopedia of beaches and coastal environments, hg. v. M. L. SCHWARTZ (Strondsburg, Pa., 1982); R. E. SNEAD: Coastal landforms and surface features (ebd. 1982); Beitr. zum 1. Essener Symposium zur K.-Forschung, hg. v. D. KELLETAT (1983); D. KELLETAT: Internat. Bibliogr. zur regionalen u. allg. K.-Morphologie, auf mehrere Bde. ber. (1983ff.); DERS.: Phys. Geographie der Meere u. K. (1989); H. KLUG: Flutwellen u. Risiken der K. (1986); Klimaänderung u. K. Einblick ins Treibhaus, hg. v. H.-J. SCHELLNHUBER u. H. STERR (1993).

Küstenabstand, →Meerferne.

Küstenfahrt, der Fahrtbereich der Schifffahrt in küstennahen Gewässern oder in Randmeeren mit geringer Ausdehnung (z. B. Ostsee) mit Einschluss vorgelagerter Inseln (z. B. Helgoland). In der Sportschifffahrt i. Allg. bis zu einem Abstand von 12 sm von der Küste. Nicht zu verwechseln mit →Küstenschifffahrt.

Küstenfieber, afrikanisches Küstenfieber, Ostküstenfieber, rhodesisches Fieber, durch das Sporentierchen Theileria parva verursachte, wegen der hohen Sterblichkeit gefährlichste Piroplasmose der Rinder, bes. im O und W Afrikas; kommt außerdem bei Zebu, Wasserbüffel und Bison vor. Die Übertragung erfolgt durch Zecken. Symptome sind Fieber, Pansenatonie, Nasenausfluss und blutiger Durchfall. Eine spezif. Chemotherapie ist nicht möglich.

Küstenfischerei, Teilbereich der Fischerei, in Küstennähe. Die K. wird mit Küstenkuttern, mit offenen oder teilweise gedeckten Fischereibooten und ohne Fahrzeug vom Ufer aus ausgeübt.

Küstengebirge, Bez. für die →Coast Ranges an der Pazifikküste Nordamerikas.

Küstengewässer, die vor der Küste liegenden Meeresteile, die zur Gebietshoheit des Uferstaates gehören (→Territorialgewässer).

Küste: Steilküste; Kliff mit Brandungsplatte in schräg gestellten Schichten bei Saint-Jean-de-Luz, SW-Frankreich

Adolf Kußmaul

Küste: Flachküste; ehemaliger Meeresboden (nacheiszeitlich gehoben) mit eiszeitlichen Geschieben bei Kalajoki, NW-Finnland

Wörter, die man unter K vermisst, suche man unter C, Ch, G, H oder Q

Küstenhüpfer, zu den →Strandflöhen gehörende Flohkrebsart der Nordseeküste.

Küstenkanal, Schifffahrtskanal in Ndsachs., von der Ems bei Dörpen zur Hunte bei Oldenburg (Oldenburg), die zur Weser fließt, 69,6 km lang, urspr. Entwässerungskanal der oldenburg. Moore, 1922–35 für 750-t-Schiffe ausgebaut, heute für 1 500-t-Schiffe befahrbar. Der K. hat für den Verkehr vom Ruhrgebiet zur Unterweser Bedeutung.

Küstenkordillere [-kɔrdɪljerə], span. **Cordillera de la Costa** [kɔrdij-], Gebirgszüge der Anden in Südamerika. Die K. Venezuelas (auch **Cordillera del Norte**), an der karib. Küste, ist die Fortsetzung der Cordillera de Mérida. Sie setzt sich in der Península de Araya und der Península de Paria sowie dem südlich vorgelagerten Bergland von Sucre z. T. bis in die Northern Range Trinidads fort. Das Kernstück ist durch eine von O nach W gerichtete Hochbeckenzone in die zur Küste steil abfallende **Cordillera de la Costa** (bis 2 766 m ü. M.) und die **Serranía del Interior** (bis 1930 m ü. M.) gegliedert. An der W-Küste Kolumbiens ist nur im N, in der **Serranía de Baudó** (bis 1 000 m ü. M.), eine K. ausgebildet.

Weiter südlich entspricht ihr im W des Küstenlandes Ecuadors ein Höhenzug (in der Kordillere von Chongón-Colonche über 800 m ü. M.). In Peru fehlt eine K., die K. von Chile (bis 2 500 m ü. M.) löst sich in Höhe der Insel Chiloé in zahlr. Inseln und Halbinseln auf.

Küstenland, von 1849 bis 1918 die als gemeinsames Verw.-Gebiet dem kaiserl. Statthalter in Triest unterstellten österr. Kronländer Görz und Gradisca, Istrien sowie Triest, die jedoch weiterhin eigene Landesvertretungen besaßen. Mit den Verträgen 1919 fiel das K. an Italien, mit dem Frieden von Paris 1947 – vermindert um Triest und Teile von Görz und Gradisca – an Jugoslawien (Slowenien bzw. Kroatien). (→Adriafrage)

Küstenlini|e, wasserseitige Grenzlinie des Küstengebietes auf dem Festland sowie der Dünen- und Geestgebiete auf den Inseln; sie wird durch den der unteren Windflutgrenze zugehörigen Tidewasserstand bestimmt.

Küstenmammutbaum, Küstensequoia, Eibenzypresse, Sequoia sempervirens, einzige, in den Coast Ranges Nordamerikas (Kalifornien, Oregon) vorkommende Art der Sumpfzypressengewächsgattung Sequoia; etwa 400–1 300 Jahre alt werdender, →Redwood liefernder Baum mit rissiger Borke und eibenähnl., zweireihig gestellten Nadeln; Höhe bis etwa 110 m. (→Mammutbaum)

Küstenmeer, seit 1994 amtl. Bez. für die →Territorialgewässer eines Staates.

Küstenmotorschiff, Abk. **Kümo,** kleines Frachtschiff für den Einsatz in der Küstenschifffahrt.

Küstenschifffahrt, Seeschifffahrt entlang der Küste, i. e. S. die →Kabotage, meist Küstenmotorschiffen des Küstenstaates vorbehalten. Die **kleine** und die **große K.** sind dagegen international. Nicht zu verwechseln mit ›Küstenfahrt‹.

Küstenschutz, Maßnahmen zur Sicherung der Küsten des Festlandes und der Inseln gegen die zerstörenden Einwirkungen des Meeres. Man unterscheidet zw. Maßnahmen des Hochwasserschutzes (→Deich, →Sperrwerk) und des Erosionsschutzes, bei Letzterem zw. passiven und aktiven Maßnahmen. Zu den passiven zählen Baumaßnahmen zur Verteidigung der Küstenlinie (Buhnen, Ufermauern, Deckwerke, Wellenbrecher und Dünenbau).

Bereits um 1930 begann man in den USA, durch gezielte Verklappungen die Erosion an rückschreitenden Stränden rückgängig zu machen. Seit etwa 1950 wird dazu i. d. R. die **Vorspültechnik** angewendet. Dabei wird der Strand durch Saugbagger über Rohrleitungen mit Sand aufgespült und verbreitert und so die Küstenlinie seewärts verlagert. Die im Laufe der Jahre wieder verloren gehenden Sandmassen müssen erneuert werden. Die Strände der meisten dt. Nordseeinseln, v. a. umfangreichsten die von Norderney und Sylt, werden heute auf diese Weise geschützt.

Auf Langeoog wurde 1971 eine Strandaufspülung zuvor mit Längs- und Querriegeln aus sandgefüllten Gewebeschläuchen stabilisiert. 1972 spülte man bei Westerland auf Sylt ein Sanddepot von 1 Mio. m³ in Form einer unbefestigten Buhne seewärts vor den Strand. Der nachfolgende Sandverlust war aber deutlich größer als der einer flächenhaften Vorspülung. Zu den aktiven Maßnahmen des K. zählt ferner auch die Gewinnung von Vorland (→Landgewinnung) vor einem Schardeich, um diesen bei Sturmflut zu entlasten. – Passive K.-Maßnahmen kommen heute nur noch in Sonderfällen zur Anwendung. Der K. ist eine der →Gemeinschaftsaufgaben von Bund und Ländern.

J. KRAMER: Kein Deich – Kein Land – Kein Leben. Gesch. des K. an der Nordsee (1989); DERS.: Sturmfluten. K. zw. Ems u. Weser (⁷1993).

Küster [ahd. kustor, von mlat. custor ›Hüter (des Kirchenschatzes)‹, zu lat. custos ›Wächter‹, ›Aufseher‹], **Kirchner, Glöckner,** in Süd-Dtl. **Mesner,** früher **Kustos,** kirchl. Angestellter, dem die äußere Vorbereitung des Gottesdienstes und die Aufsicht über das Kirchengebäude obliegt.

Kusti, Stadt in der Rep. Sudan, →Kosti.

Küstner, 1) Karl Friedrich, Astronom, * Görlitz 22. 8. 1856, † Mehlem (heute zu Bonn) 15. 10. 1936; ab 1891 Prof. in Bonn und Direktor der dortigen Sternwarte, entdeckte 1884/85 die Schwankungen der Polhöhen, bestimmte die Aberrationskonstante und die Sonnenparallaxe (1905) und erstellte einen umfangreichen Sternkatalog (1908).

2) Karl Theodor von (seit 1837), Theaterdirektor, * Leipzig 26. 11. 1784, † ebd. 27. 10. 1864; Theaterleiter in Leipzig (Schaffung einer Pensionskasse für die Ensemble-Mitgl.), Darmstadt, München, 1842–51 Generalintendant der Königl. Schauspiele zu Berlin; 1845 Durchsetzung der Tantieme für Autoren; 1846 Mitbegründer des Dt. Bühnenvereins; schrieb u. a. ›34 Jahre meiner Theaterleitung ...‹ (1853).

Kustode [lat. custos, custodis ›Wächter‹, ›Aufseher‹], **1)** *die, -/-n, früher:* Buchstabe oder Zahl als Kennzeichen für die einzelnen Lagen einer Handschrift (auf der letzten Seite unten). – Im Buchdruck der →Kustos.

2) *der, -n/-n,* an Museen der →Kustos.

Kustodie [zu lat. custodia ›Bewachung‹, ›Obhut‹] *die, -/...'di|en,* **1)** wiss. Einrichtung an Univ. zur Inventarisierung, Aufbewahrung und Pflege sowie wiss. Erschließung von im Besitz der Univ. befindl. Kunst- und Kulturgütern.

2) *kath. Kirche:* im Franziskanerorden Bez. für die Vereinigung mehrerer Klöster.

Kustodijew, Kustodiev [-dijɛf], Boris Michajlowitsch, russ. Maler, Grafiker, Bühnenbildner und Bildhauer, * Astrachan 7. 3. 1878, † Leningrad (Sankt Petersburg) 26. 5. 1927; studierte an der Akademie in Sankt Petersburg, Mitgl. des Mir Iskusstwa; gestaltete Themen des russ. Dorflebens in vereinfachender Stilisierung und leuchtendem Kolorit; ferner Porträts.

Kustos [lat. ›Wächter‹, ›Aufseher‹] *der, -/...'toden,* **1) Kustode** *der, -n/-n,* wiss. Sachbearbeiter bes. an Museen.

2) *Buchdruck:* **Kustode** *die, -/-n,* früher das erste Wort oder die erste Silbe der folgenden Seite am Schluss der vorhergehenden Seite, durch die die Reihenfolge der Seiten kenntlich gemacht wurde; bei Handschriften als ›Reklamante‹ bezeichnet.

3) *kath. Kirche:* **1) Dom-K.,** der mit der Oberaufsicht über einen Dom beauftragte Domkapitular oder

Küstenmammutbaum
(Höhe bis 110m)

-vikar; 2) der Vorsteher einer →Kustodie des Franziskanerordens.

Küstrin, poln. **Kostrzyn** [ˈkɔstʃin], Stadt in der Wwschaft Gorzów (Landsberg [Warthe]), Polen, an der Mündung der Warthe in die Oder, am Rand des Oderbruchs nahe der Grenze zu Dtl., 16 700 Ew.; Papierfabrik, Maschinenbau, Bekleidungs-, Lebensmittelindustrie; Flusshafen, Eisenbahnknotenpunkt und -grenzübergang (seit 1992) nach K.-Kietz (Bbg.) – Erhalten sind Reste der Stadtbefestigung (nach 1537). – K., 1232 erstmals erwähnt, fiel 1252 an die Markgrafen von Brandenburg und gewann 1535–71 als Residenz des Markgrafen JOHANN VON NEUMARK (gen. HANS VON K., *1513, †1571) Bedeutung. In der zur Sicherung des Oderübergangs mehrfach ausgebauten Festung wurde 1730 der spätere König FRIEDRICH II., D. GR., nach einem gescheiterten Fluchtversuch auf Befehl seines Vaters FRIEDRICH WILHELM I. gefangen gehalten und musste der Hinrichtung seines Freundes H. H. KATTE zusehen. 1806–14 stand K. unter frz. Besatzung. Das im Zweiten Weltkrieg fast völlig zerstörte K. kam 1945 unter poln. Verwaltung; seine Zugehörigkeit zu Polen wurde durch den Dt.-Poln. Grenzvertrag vom 14. 11. 1990 anerkannt (in Kraft seit 16. 1.1992). – Der Stadtteil Kietz am linken Oderufer heißt nach Umbenennungen seit 1991 wieder K.-Kietz, er ist eine Gem. im Landkreis Märkisch-Oderland in Bbg. mit 960 Einwohnern.

Kustul, archäolog. Fundstätte im Bereich des heutigen Assuanstausees, einst am O-Ufer des Nils in Unternubien gelegen. Hier und gegenüber am W-Ufer, in **Ballana,** lagen eine Reihe großer Grabhügel mit aus Ziegeln gemauerten Grabkammern, in denen nub. Herrscher des 4.–6. Jh., vermutlich Fürsten der Blemyer, mit reichen Grabbeigaben und großen Gefolgebestattungen beigesetzt waren. Die Funde zeigen sowohl meroit. wie spätantike ägypt. Einflüsse.

Kusturica [-tsa], Emir, bosn. Filmregisseur, *Sarajevo 24. 11. 1954; studierte in Prag. K. beeindruckte mit kunstvoll poet., durch surreale Bildkompositionen charakterisierten Spielfilmen; vielfach preisgekrönt. Im Film ›Underground‹ (1995) beschäftigte er sich mit der Geschichte und dem Zerfall Jugoslawiens.
Weitere Filme: Papa ist auf Dienstreise (1984); Time of the Gypsies (1989); Arizona Dream (1992).

Kusus, Sg. **Kusu** der, -s, Gattung der →Kletterbeutler.

Kusz [kuʃ], Fitzgerald, eigtl. **Rüdiger K.,** Schriftsteller, *Nürnberg 17. 11. 1944; gebraucht in seinen Arbeiten, beeinflusst durch die Auseinandersetzung mit der →Wiener Gruppe, den Dialekt als zentrales Gestaltungsmittel. Neben Theaterstücken – bes. be-

Boris Michajlowitsch Kustodijew: Moskauer Wirtshaus; 1916 (Moskau, Tretjakow-Galerie)

Kutaissi: Ruinen der Bagratkirche, einer Kreuzkuppelanlage; erbaut 1003, zerstört 1691

kannt wurde sein fränk. Volksstück ›Schweig, Bub!‹ (1979) – schreibt er v. a. Hörspiele.

Kut, früher **Kut al-Amara, Kut el-Imara,** Handelsstadt in O-Irak, Verw.-Sitz der Prov. Wasit, am unteren Tigris, von dem hier der Nebenarm Schatt el-Gharraf zum Euphrat abzweigt, 19 m ü. M., 183 200 Ew.; Baumwollverarbeitung. Oberhalb von K. Bewässerungsstaudamm im Tigris (K.-Barrage).

Kütahya [kyˈtahja], Prov.-Hauptstadt im westl. Inneranatolien, Türkei, 980 m ü. M., 131 300 Ew.; keram. Gewerbe (u. a. Fliesenproduktion), Zuckerfabrik, Stickstoffwerk. Westlich von K. bedeutender Braunkohlentagebau. – Über der Stadt steht die Ruine einer mittelalterl. Zitadelle aus der Zeit, als K. Hauptstadt des turkmen. Emirats Germijan (14./Anfang 15. Jh.) war. Aus dieser Zeit stammt auch die Kuppelmedrese Vacidiye (heute Museum für türk. Kunstgewerbe), das älteste erhaltene Bauwerk der Stadt. Die Große Moschee (Ulu Camii) wurde wohl 1411/12 gestiftet. Etwa 50 km südwestlich liegt das Ruinenfeld von →Aizanoi.

Kutai, Landschaft, früher Sultanat am →Mahakam in O-Borneo, Indonesien; Hauptort und Hafen ist →Samarinda; stromaufwärts Steinkohlenvorkommen, stromabwärts Erdölförderung.

Kutaissi, Kutaisi, zweitgrößte Stadt von Georgien, am Austritt des Rioni aus dem Großen Kaukasus, 238 200 Ew.; Univ. und TU; Lastkraftwagen-, Traktorenwerk, Herstellung von Bergbauausrüstungen, Textil-, Leder-, Nahrungsmittelindustrie; Verkehrsknoten. – Ruinen der Bagratkirche, einer 1003 errichteten Kreuzkuppelanlage (zerstört 1691). Historisch-ethnograph. Museum Georgiens, zu dem auch der Kloster- und Akademiekomplex in →Gelati gehört. – K. gehörte vom 6. bis 3. Jh. v. Chr. zum Reich Kolchis und war seit dem 10. Jh. bis 1122 Residenz der georg. Fürsten; seit dem 15. Jh. Hauptstadt von Imeretien; in den 60er-Jahren des 17. Jh. von den Türken erobert, 1770 befreit. 1810 kam es an Russland und wurde 1846 Gouv.-Hauptstadt.

kutan [lat.], die Haut (Cutis) betreffend.

Kutanreaktion, örtlich begrenzte Reaktion der Haut auf Antigene mit Rötung, auch Quaddelbildung beim Hauttest (→Epikutantest, →Intrakutantest).

Kutaradja [-dʒa], ehem. Name der indones. Stadt →Banda Aceh.

Kutb, charismatürk. Dichter des 14. Jh. Seine unter Einfluss der kiptschak. Volkssprache 1341/42 verfasste Nachdichtung von NISAMIS ›Chosrau und Schirin‹ gilt als eines der wichtigsten Denkmäler der mittelasiatisch-türk. epischen Dichtung.

Kutch, Golf von K. [-kʌtʃ], Bucht des Arab. Meeres an der nördl. W-Küste Indiens, zw. der Halbinsel

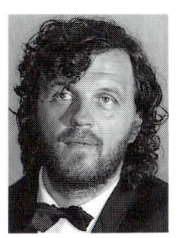

Emir Kusturica

Wörter, die man unter K vermisst, suche man unter C, Ch, G, H oder Q

Kathiawar und der Landschaft **Rann von Kutch,** einem ausgedehnten, periodisch überfluteten Salzsumpf an der Grenze zu Pakistan. Hier befand sich urspr. das Mündungsgebiet des Indus. Am Golf liegt der Überseehafen Kandla.

Kutikula [lat. ›Häutchen‹] *die, -/-s* und ...*lae,* **Cuticula,** bei *Pflanzen* nach außen abgeschiedener Wachsüberzug auf Blättern, der aus einem Netzwerk untereinander veresterter, gesättigter und ungesättigter Hydroxyfettsäuren (**Cutin**) besteht. Die K. dient v. a. dem Schutz des pflanzl. Gewebes vor Wasserverlusten durch zu starke Verdunstung. – Die K. der *Tiere* ist eine meist von der Epidermis abgeschiedene, nichtzelluläre Schutzschicht, die aus Skleroproteinen, Polysacchariden (z. B. Chitin) oder Cellulose (z. B. bei den Manteltieren) besteht und die als Schleim (Mukopolysaccharide) oder feste Lagen, durch Kalk gehärtet oder zu hartem Sklerotin gegerbt, als Außenskelett dient. Die Gelenkhäute bleiben weich oder polsterartig elastisch. Die K. der Arthropoden ist i. d. R. mindestens zweischichtig; die äußere, dünnere Schicht (**Epikutikula**) besteht ihrerseits ebenfalls aus zwei Schichten, einer Lipoproteinschicht (**Cuticulin**), die als Verdunstungsschutz dient, und einer Proteinschicht. Wichtigste Bestandteile der darunter liegenden **Prokutikula** sind Chitin und Proteine; auch die Prokutikula besteht aus mindestens zwei Schichten, der an die Epikutikula anschließenden **Exokutikula** und der **Endokutikula.** Eine K. ist im Tierreich weit verbreitet; sie kommt u. a. vor bei Hydrozoen (hier als Periderm bezeichnet), bei Rädertierchen, Fadenwürmern, einigen Weichtieren und Gliedertieren.

kutiviszeraler Reflex, jede Art von reflektor. Beeinflussung der Bewegung, Sekretion und Durchblutung von Eingeweideorganen durch mechan., therm. und chem. Reize, die auf die Haut (bes. in den entwicklungsgeschichtlich zugeordneten Rückenmarksegmenten) ausgeübt werden. Die Reize können durch Massage, heiße oder kalte Auflagen (Kataplasmen) sowie durch Salben u. a. Einreibemittel (Kampfer, Menthol, Cantharidin u. a.) gesetzt werden.

Kutná Hora [ˈkutnaː-], Stadt in der Tschech. Rep., →Kuttenberg.

Kutno, Stadt in der Wwschaft Płock, Polen, nördlich von Lodz, 51 100 Ew.; Eisengießerei, Landmaschinenbau, elektrotechn., Lebensmittel-, pharmazeut. Industrie; Eisenbahnknotenpunkt.

Kutscha, Oasenstadt in China, →Kuqa.

Kutsche [aus ungar. kocsi, eigtl. ›Wagen (aus dem Ort Kocs)‹], Reisewagen, der aus einem auf gefedertem Unterwagen ruhenden Kutschkasten besteht und ein (festes oder zurückschlagbares) Verdeck hat. Aus der im 15. Jh. aufgekommenen und im 16. Jh üblichen K. haben sich viele Wagenformen (z. B. Berline, Droschke, Landauer) entwickelt.

Kutscher, Artur, Literatur- und Theaterwissenschaftler, * Hannover 17. 7. 1878, † München 29. 8. 1960; seit 1915 Prof. in München; las als einer der Ersten auch über lebende Autoren; als Grundlage des Theatralischen sah er nicht das Literarische, sondern das Mimische.
Werke: Frank Wedekind, sein Leben u. seine Werke, 3 Bde. (1922–31); Grundr. der Theaterwiss., 2 Bde. (1932–36). – *Autobiographie:* Der Theaterprofessor (1960).

Kutschera, Franz von, Philosoph, * Hannover 3. 3. 1932; seit 1968 Prof. in Regensburg. Aus dem Kreis um W. STEGMÜLLER hervorgegangener Vertreter der analytisch orientierten Wissenschaftstheorie, deren Methoden er z. B. auch in der Ethik (›Grundlagen der Ethik‹, 1982), anzuwenden versucht. Seine mit ALFRED BREITKOPF (* 1942) verfasste ›Einführung in die moderne Logik‹ (1971) fand weite Verbreitung.
Weitere Werke: Sprachphilosophie (1971); Wissenschaftstheorie, 2 Bde. (1972); Ästhetik (1989).

Leonid Danilowitsch Kutschma

Kuttenberg: Sankt-Barbara-Kirche; begonnen um 1380

Kutschma, Leonid Danilowitsch, ukrain. Politiker, * Tschajkino (Gebiet Tschernigow) 9. 8. 1938; Ingenieur, arbeitete seit 1960 im Maschinenbaukombinat Piwdennyi (damals größtes Unternehmen der sowjet. Rüstungsindustrie), wurde 1982 dessen KP-Sekr. und war 1986–92 Generaldirektor des Unternehmens. 1990 Wahl in das ukrain. Parlament, 1992–93 Min.-Präs. (Rücktritt wegen Blockierens seiner wirtschaftl. Reformvorhaben). Bei den Präsidentschaftswahlen 1994 setzte er sich gegenüber dem bisherigen Staatsoberhaupt L. M. KRAWTSCHUK durch (Amtsantritt als Staatspräs. im Juli 1994).

Kütschük Kainardschi, türk. **Küçük Kaynarca** [kyˈtʃyk kainarˈdʒa], in türk. Zeit Name des heutigen bulgar. Dorfes **Kajnardscha** in der Dobrudscha, südöstlich von Silistra. Hier wurde am 21. 7. 1774 der Frieden zur Beendigung des Russisch-Türk. Krieges von 1768–74 unterzeichnet. Der Vertrag räumte Russland bedeutende Gebietsgewinne ein (Asow, Kertsch, Küstengebiet zw. Südl. Bug und Dnjepr), freie Schifffahrt im Schwarzen Meer und freie Durchfahrt der Handelsschiffe durch die Meerengen, andererseits wurde der Sultan ausdrücklich als →Kalif aller (sunnit.) Muslime anerkannt, er musste jedoch den Schutz der christl. Religion garantieren. Das Khanat der Krimtataren erhielt den Status eines unabhängigen Staates.

Kuttar *der, -s/-e,* **Khuttar, Katar,** ind. Stoßdolch mit gerader, dreieckförmiger Klinge. Der Griff besteht aus zwei Seitenstangen mit einem Quergriff.

Kutte [von mlat. cotta ›Mönchsgewand‹], urspr. der grobe Wollstoff, aus dem das Mönchsgewand angefertigt wurde, dann dieses selbst.

Kuttel Daddeldu, Gedichtsammlung von J. RINGELNATZ; Erstausgabe 1920, erweitert 1923.

Kutteln, die →Flecke.

Kuttenberg, tschech. **Kutná Hora** [ˈkutnaː-], Stadt im Mittelböhm. Gebiet, Tschech. Rep., 21 700 Ew.; Maschinenbau, Textil-, Tabak-, Nahrungsmittelindustrie. In der Nähe Blei- und Zinkerzbergbau, ferner die jungsteinzeitl. Ausgrabungsstätte →Bylany. – Das histor. Stadtzentrum (UNESCO Weltkulturerbe) beherrscht v. a. die spätgot. St.-Barbara-Kirche (um 1380 begonnen, Bauplan aus der Parler-Hütte), ein fünfschiffiger Bau mit Querschiff und Chorumgang mit Kapellenkranz; im Innern got. Wandmalereien, got. Chorgestühl und reich figuriertes Mittelschiffgewölbe (1540–48) nach Entwurf von B. RIED. Der ›Welsche Hof‹ (urspr. vor 1300), ehem. Königshof und Münze, wurde im 14. Jh. und Ende 15. Jh. umgebaut (heute Museum). Die Erzdekanatskirche St. Jakob (1330–1420) ist ein dreischiffiger Hallenbau mit reicher Ausstattung. Unweit westlich davon der Herrensitz ›Hrádek‹ (14./15. Jh., heute Museum). Das frühere Jesuitenkolleg stammt aus dem 17. Jh. Zahlr. Bürgerhäuser aus Gotik, Renaissance und Barock sind erhalten. – Unter Beteiligung sächs. Kaufleute entwickelte sich K. nach 1283 zur bedeutendsten Bergstadt Böhmens; sie war Residenz der Könige sowie Tagungsort des Landtags von Böhmen. Den Niedergang in den Hussitenkriegen und im Dreißigjährigen Krieg überwand K. rasch. Im 18. Jh. versiegte der Bergbau auf Silber.

Kutter [zu engl. to cut ›schneiden‹], 1) einmastiges Segelschiff mit Gaffel-, Toppsegel und drei Vorsegeln; heute auch Bez. für Jachten mit einem Großsegel und zwei Vorsegeln (K.-Takelung); 2) Beiboot eines Kriegsschiffs zum Pullen (Rudern) für 10–14 Mann (**Riemen-K.**) und/oder mit meist zwei Masten mit Gaffelsegeln und einem Vorsegel; 3) →Fischereifahrzeug.

Kutter, Hermann, schweizer. ev. Theologe, * Bern 18. 9. 1863, † St. Gallen 22. 3. 1931; war 1898–1926 Pfarrer in Zürich. Bes. durch C. F. BLUMHARDT geprägt, befürwortete K. die Sozialdemokratie als Ausdruck des Willens Gottes angesichts der sozialen Not breiter Teile der Arbeiterschaft. K. wurde über sein Engagement in der religiös-sozialen Bewegung zum führenden Vertreter des religiösen Sozialismus in der Schweiz mit starkem Einfluss auch auf K. BARTH.

Werke: Sie müssen. Ein offenes Wort an die christl. Gemeinschaft (1904); Die Revolution des Christentums (1908); Im Anfang war die Tat (1924).

H. KUTTER (Jr.): H. K.s Lebenswerk (Zürich 1965); H. K. in seinen Briefen, 1883–1931, hg. v. M. GEIGER u. a. (1983).

Kuvasz
(Schulterhöhe
66–75 cm)

Kuttner, Stephan George, amerikan. Kanonist und Rechtshistoriker dt. Herkunft, * Bonn 24. 3. 1907, † Berkeley (Calif.) 1. 8. 1996; emigrierte 1933 nach Italien, wo er an der Vatikan. Bibliothek tätig war; seit 1940 in den USA; 1940–64 Prof. für Geschichte des kanon. Rechts an der kath. Univ. in Washington (D. C.), 1964–70 an der Yale University, Gründer und Präs. des Institute of Medieval Canon Law (New Haven, Conn.), seit 1970 in Berkeley (Calif.), 1975 emeritiert; seit 1966 Mitgl. des päpstl. Rats für die histor. Wissenschaften, 1967–83 Mitgl. der päpstl. Kommission für die Revision des Codex Iuris Canonici; Mitgl. des Ordens Pour le Mérite für Wissenschaften und Künste.

Werke: Kanonist. Schuldlehre von Gratian bis auf die Dekretalen Gregors IX. (1935); Repertorium der Kanonistik (1937); The history of ideas and doctrines of canon law in the Middle Ages (1980).

Kuttrolf, Kutterolf, Guttrolf, Angster, bes. im 16./17. Jh. beliebtes Vexierglas mit zwiebelförmigem Bauch und einem Hals aus umeinander geschlungenen Röhren, durch die die Flüssigkeit nur tropfenweise oder mit gluckerndem Geräusch fließen kann.

Kutusow, Kutuzov [-z-], **Golenischtschew-K.,** Michail Illarionowitsch, Fürst **Smolenskij** (seit 1812), russ. Generalfeldmarschall, * Sankt Petersburg 16. 9. 1745, † Bunzlau 28. 4. 1813; war 1792–94 Gesandter in Konstantinopel, 1795–99 Inspektor der Truppen in Finnland, 1799–1801 Militär-Gouv. von Litauen und 1801–02 von Sankt Petersburg. In der Schlacht bei Austerlitz (2. 12. 1805) befehligte er das österr.-russ. Heer. Ab 1811 war er Oberfehlshaber der russ. Truppen gegen die Türken und schloss 1812 den Bukarester Frieden. Im Krieg gegen NAPOLEON I. (→Russischer Feldzug von 1812) leistete er an der Spitze des russ. Heeres am 7. 9. 1812 in der Schlacht bei Borodino den frz. Truppen hartnäckig Widerstand und schwächte diese entscheidend auf ihrem Rückzug im November 1812 in Krasnyj bei Smolensk und bei ihrem Übergang über die Beresina. Er starb als Oberbefehlshaber der russisch-preuß. Armee in Schlesien.

Kutz, Kazimierz, poln. Filmregisseur, * Szopienice (bei Kattowitz) 16. 2. 1929; befasst sich mit dem Krieg, mit psycholog. Zusammenhängen, auch mit den Problemen Oberschlesiens.

Filme: Die Schuld (1963); Wer kennt diese Frau? (1966); Eine Perle in der Krone (1971); Wie Perlen im Rosenkranz (1979); Ich werde auf meinem Posten stehen (1985, poln.); Zawrócony (1994).

Kuusankoski, Stadt (seit 1973) in der Prov. Kymi, Finnland, an Stromschnellen der Kymijoki zusammengewachsener Industrieort (seit 1957 Marktflecken), 21 600 Ew.; Zellstofffabriken.

Kuusinen, Otto Wilgelmowitsch, sowjet. Politiker finn. Herkunft, * Laukaa (Prov. Keski-Suomi) 4. 10. 1881, † Moskau 17. 5. 1964; beteiligte sich führend am kommunist. Aufstand in Finnland (Januar–Mai 1918); emigrierte nach dem Sieg der ›Weißen‹ im finn. Bürgerkrieg nach Sowjetrussland. Im August 1918 einer der Gründer der finn. KP, war K. 1921–39 Sekr. des Exekutivkomitees der Komintern. Zu Beginn des Finnisch-Sowjet. Winterkrieges 1939 bildete er eine von der UdSSR gestützte finn. Gegen-Reg. 1940–58 war er Vors. des Präsidiums des Obersten Sowjets der Karelo-Finn. SSR, 1952–53 und 1957–64 Sekr. des ZK und Mitgl. des Parteipräsidiums der KPdSU.

Kuvasz ['kuvɔs; ungar., von älter kovacz, türk. Ursprungs, urspr. wohl ›Sicherheitswächter‹] der, -/-, alte ungar. Hirtenhunderasse, die auch heute noch als Hirtenhund, aber auch als Schutz- und Wachhund sowie als Haus- und Begleithund gehalten wird. Das Fell ist weiß mit kurzen und v. a. an der Rutenunterseite längeren Haaren. Schulterhöhe 66–75 cm.

Kuvert [ku've:r, ku'vɛ:r, landschaftlich auch ku'vɛrt; frz. à couvrir ›bedecken‹] das, -s/-s und (bei dt. Aussprache) -(e)s/-e, **Couvert** [ku've:r], 1) Briefumschlag; 2) (Tafel-)Gedeck für eine Person.

Kuverwasser ['ku:vər-], örtlich begrenztes, an der Binneseite eines Hauptdeiches austretendes Wasser; wird durch einen zweiten Deich (**Kuverdeich**) abgeriegelt.

Küvette [frz. cuvette ›Napf‹] die, -/-n, Chemie: kleines Gefäß mit plan geschliffenen Wänden aus Glas, Quarz, durchsichtigem Kunststoff oder anderem Material für opt. Untersuchungen z. B. von Lösungen chem. Substanzen.

Kuvrat, Kubrat, Kovrat, Kurt, Khan der Protobulgaren, † um 642; Vater des ASPARUCH. In Konstantinopel nach 610 Christ geworden, übernahm K. vor 635 die Herrschaft über die nördlich des Schwarzen Meeres lebende protobulgar. Onogur-Bulgaren, schüttelte 635 die Oberherrschaft der Awaren ab und errichtete als Verbündeter von Byzanz in den pont. Steppengebieten (zw. Kuban, Wolga und Dnepr) ein Reich, das sich bis zur Donaumündung erstreckte. – Der 1912 gefundene ›Schatz‹ von Malaja Pereschtschepina (Malaja Pereščepina) bei Poltawa in der Ukraine, der als der reichste frühmittelalterl. Grabfund Europas gilt (u. a. goldene Waffen und Gürtelbeschläge, byzantin. und sassanid. Gold- und Silbergeschirr), wird als Grablege des K. gedeutet.

J. WERNER: Der Grabfund von Malaja Pereščepina u. K., Kagan der Bulgaren (1984).

Kuttrolf

Michail Illarionowitsch Kutusow

Kuwa Kuwait

Kuwait
Fläche 17 818 km²
Einwohner (1996) 1,65 Mio.
Hauptstadt Kuwait
Amtssprache Arabisch
Nationalfeiertag 25. 2.
Währung 1 Kuwait-Dinar
(KD.) = 1000 Fils
Uhrzeit 14⁰⁰ Kuwait =
12⁰⁰ MEZ

Kuwait

Staatswappen

Staatsflagge

KWT
Internationales
Kfz-Kennzeichen

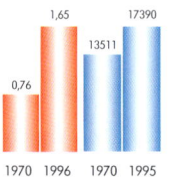

1970 1996 Bevölkerung (in Mio.)
0,76 — 1,65
1970 1995 Bruttosozialprodukt je Ew. (in US-$)
13511 — 17390

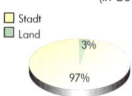

Stadt / Land
Bevölkerungsverteilung 1994
3% / 97%

Industrie / Landwirtschaft / Dienstleistung
Bruttoinlandsprodukt 1994
53% / 47%

Kuwait, Kuweit, amtlich arab. **Daulat al-Kuwait,** dt. **Staat K.,** Staat am Pers. Golf, umfasst seit Aufteilung der ›neutralen Zone‹ zw. Saudi-Arabien und K. 17 818 km² (amtl. Angaben, endgültige Grenzfestlegung durch UNO-Kommission 1992), mit (1996) rd. 1,65 Mio. Ew., davon 41% Staatsangehörige, 7% Beduinen ohne Staatsangehörigkeit und 52% Ausländer. Hauptstadt: Kuwait. Amtssprache: Arabisch. Währung: 1 Kuwait-Dinar (KD.) = 1 000 Fils (100 Fils = 1 Dirham). Uhrzeit: 14⁰⁰ Kuwait = 12⁰⁰ MEZ.

STAAT · RECHT

Verfassung: Nach der Verf. vom 11. 11. 1962 ist K. eine Erbmonarchie (Emirat). Staatsoberhaupt und oberster Inhaber der Exekutivgewalt ist der von der herrschenden Familie gewählte Emir. Er ernennt den Premier-Min. und auf dessen Vorschlag die übrigen Mitgl. des Kabinetts. Die Legislative liegt bei der Nationalversammlung (75 Abg., davon 50 auf vier Jahre gewählt und 25 vom Emir ernannt). Wahlberechtigt sind nur die männl. Staatsangehörigen ab 21 Jahren, deren Familien seit 1920 in Land ansässig sind. Das Recht, den Reg.-Chef zu entlassen und das Parlament aufzulösen, ist dem Emir vorbehalten; das Parlament kann einzelnen Min. das Misstrauen aussprechen.

Parteien: Polit. Parteien sind offiziell nicht zugelassen.

Wappen: Das Wappen (seit 1963) zeigt einen Falken (Symbol der Freiheit), auf dessen Brustschild die Flagge des Landes, um 90° nach rechts gedreht, dargestellt ist; seine Flügel umschließen einen Kreis mit einer schwarzen Dau (Hinweis auf die bedeutende Rolle der Schifffahrt des Landes) auf blauweißen Wellen unter einem Schriftband mit dem Landesnamen.

Nationalfeiertag: Nationalfeiertag ist der 25. 2.

Verwaltung: Es bestehen fünf Verw.-Bez. (›muhafazat‹).

Recht: Nach der Neuordnung (1960) verfügt K. über ein differenziertes Gerichtswesen mit dem Verfassungsgerichtshof, einem Kassations- und einem Appellationsgerichtshof sowie einem Gerichtshof erster Instanz, einem Staatssicherheits- und einem Verkehrsgericht. In den einzelnen Verw.-Bez. gibt es Untergerichte mit versch. Eingangszuständigkeit. Das Rechtswesen folgt weitgehend ägyptisch-europ. Vorbild, das Personen- und Familienrecht jedoch islam. Recht. Die Todesstrafe wird bei Landes- und Hochverrat verhängt.

Streitkräfte: Die Gesamtstärke der nach dem 2. Golfkrieg von 1991 völlig neu aufgebauten Armee beträgt rd. 18 000 Mann (bis 2002 sind etwa 40 000 Mann geplant). Das Heer (15 000 Soldaten) gliedert sich in eine Panzerbrigade und zwei mechanisierte Brigaden sowie ein Bataillon Spezialkräfte. Die Luftwaffe hat 2 000, die Marine 1 000 Mann. Die Ausrüstung besteht im Wesentlichen aus etwa 300 Kampfpanzern, rd. 80 Kampfflugzeugen sowie 18 Kleinen Kampfschiffen. – Das Emirat verwendet etwa 20% der Staatsausgaben für die Verteidigung.

LANDESNATUR · BEVÖLKERUNG

K. umfasst eine sanft nach W ansteigende Küstenebene am NW-Ende des Pers. Golfes, daneben die Schwemmlandinseln Warbah und Bubian vor dem Schatt el-Arab. NO–SW verlaufende Hügelketten gliedern die sonst eintönige Sand- und Schotterwüsten. Trinkwasser wird durch Meerwasserentsalzung gewonnen. Das Klima ist mit Ausnahme der Wintermonate heiß und regenlos, an der Küste sehr schwül. Die geringen Niederschläge (durchschnittlich 100 mm im Jahr) fallen im Winter. Im Januar können die Temperaturen unter den Gefrierpunkt sinken. Klima und Böden bedingen einen Wüstenraum, rd. 10% des Landes sind Steppengebiete, die als nomad. Weideflächen genutzt werden. Die während des 2. →Golfkrieges (1991) ausgelösten über 700 Brände von Erdöl- und Erdgasquellen sowie Förderanlagen verursachten schwere Umweltschäden, konnten aber mit internat. Hilfe bis Ende 1991 gelöscht werden. Histor. Ansatz der Besiedlung war der außerhalb des Verlandungsbereiches des Schatt el-Arab in einer geschützten Bucht gelegene Hafen Kuwait.

Bevölkerung: Die Einwohner des Landes leben zu 90% in der Hauptstadt Kuwait und den unmittelbar im S (Hawalli, Ahmadi, Farwaniya) und W (Jahra) angrenzenden Vororten. Seit Beginn des Erdölexportes (Burgan-Feld, 1946) wuchs die Bev. durch Zustrom ausländ. Arbeitskräfte (1989: 84% der Erwerbstätigen) stetig an. Die prägende Gruppe der Palästinenser (1989: 0,4 Mio.) musste jedoch als angebl. Sympathisanten Iraks 1991 mehrheitlich das Land verlassen. Ägypter, Syrer, Süd- und Ostasiaten nehmen jetzt ihre Stellen ein; man strebt eine höhere Aktivitätsrate der Kuwaiter (1989: nur 21%) und eine bessere Integration auch für Kuwaiti in den Arbeitsmarkt an. Die Nachwirkungen der irak. Invasion belasten heute den ersten arab. Wohlfahrtsstaat, in dem Infrastruktur, Energie, Grundnahrungsmittel, Kultur und Ausbildung auch für Kuwaiti nicht mehr in gleichem Maße wie früher subventioniert bleiben können. Als Kuwaiti gelten die ausschließlich muslim. Staatsbürger, deren Familien seit 1920 in K. ansässig sein müssen.

Religion: Rd. 93% der Bev. sind Muslime. Etwa 70% bekennen sich zum sunnit. Islam, der eine wahhabit. Prägung hat; rd. 23% sind Schiiten. Die Verf. bestimmt K. als ›islam. Staat‹, wobei jedoch die Religionsausübung der in K. lebenden Ausländer toleriert wird, die anderen Religionen angehören. Das Herrscherhaus bekennt sich zum sunnit. Islam. Die Mehrheit der rd. 5,3% Christen gehört der kath. Kirche (Apostol. Vikariat K.) und dem mit der kath. Kirche unierten melkit. ›Patriarchat von Antiochia und dem ganzen Orient, Alexandria und Jerusalem‹ (Vikariat K.) an, die Übrigen versch. Ostkirchen (koptisch-, syrisch-, griechisch-orth., armenisch) sowie der anglikan. Kirche und prot. Kirchen (v. a. der ›Nat. Ev. Kirche in K.‹). Weiterhin bestehen zahlenmäßig kleine religiöse Minderheiten der Hindus (rd. 2%), Bahais und Buddhisten (aus Sri Lanka).

Bildungswesen: Es besteht allgemeine Schulpflicht, an den staatl. Schulen (von über 80% der Schüler besucht) Schulgeld- und Lehrmittelfreiheit. Jungen und Mädchen werden i. Allg. getrennt unterrichtet. Unterrichtssprache ist Arabisch. Neben dem allgemein bildenden Schulwesen (Grundschule 7.–11., Mittelschule 11.–15., Oberstufe 15.–19. Lebensjahr) sind auch Kindergärten, das Sonderschulwesen und das berufliche Schulwesen gut ausgebaut, ebenso die Erwachsenenbildung. Die Analphabetenquote ist rückläufig (21,4%). In der Univ. (1966 eröffnet) sind auch die Ingenieurwiss.en integriert. Ferner gibt es eine Hochschule für Technologie und Fernmeldewesen.

Publizistik: Die Tageszeitungen in arab. Sprache (›As-Siyasa‹, ›Al-Qabas‹, ›Al-Ray al-Amm‹, ›Al-Anba‹) erreichen Auflagen bis 120 000 Exemplare; in Englisch erscheinen die ›Kuwait Times‹ (gegr. 1963) und die ›Arab Times‹ (gegr. 1977). – *Nachrichtenagentur:* ›Kuwait News Agency‹ (KUNA, gegr. 1976, öffentl. Körperschaft), Sitz: Kuwait. – *Rundfunk:* Die staatl. Rundfunkgesellschaft ›Kuwait Broadcasting SCE‹ (gegr. 1951) verbreitet zwei Inlandprogramme und einen Auslandsdienst in Arabisch, ferner besondere Inlandprogramme in Englisch, Urdu und Persisch. ›Kuwait Television‹ (gegr. 1957 als Privatgesellschaft, 1961 verstaatlicht) sendet auf fünf Kanälen in Arabisch, seit 1979 ein Programm in Englisch.

WIRTSCHAFT · VERKEHR

Seit Beginn der Erdölförderung im Jahr 1946 ist das Land vom Erdölexport geprägt. Zwar ging das Bruttosozialprodukt (BSP) pro Ew. von (1980) 19 830 US-$ auf (1995) rd. 17 390 US-$ relativ zurück, doch ist K. immer noch einer der reichsten Staaten der Dritten Welt.

Landwirtschaft: Knapp 2% der Erwerbstätigen erwirtschaften in diesem Bereich (1994) 0,3% des Bruttoinlandsprodukts (BIP). Da nur 0,3% des Landes agrarisch genutzt werden können (Bewässerung der Anbauflächen mit entsalztem Meerwasser, z. T. in Treib-/Kühlhäusern) werden 80% der Lebensmittel importiert (z. B. 1992 Getreide für 132 Mio. US-$). Die Bodenzerstörung 1990/91 durch austretendes Rohöl und Ruß behinderte die Erreichung des Vorkriegsstandes (80 000 t Gemüse). Auch die Viehbestände (Rinderstallhaltung, Hühner, Schafe) erholen sich nur langsam.

Fischerei: Die Fischerei erreicht mit 125 000 t (1994) das Vorkriegsniveau und deckt den einheim. Bedarf, daneben geringe Exporte.

Bodenschätze: Die Erdölwirtschaft ist mit einem Anteil am BIP von (1994) 49% bei weitem der wichtigste Wirtschaftszweig. Nach der Rekordförderung 1972 von 140 Mio. t und der fast völligen Zerstörung der Anlagen 1990/91 (Produktion 1991: 9,5 Mio. t) wurden 1994 wieder 99 Mio. t Erdöl (3,3% der Weltproduktion, dort an 11. Stelle) gefördert. Mit 13 Mrd. t verfügt K. weltweit über die viertgrößten sicheren Erdölreserven. Die Vorräte des mit Erdöl assoziierten Erdgases schätzt die OPEC für ihr Mitglied auf 1 500 Mrd. m³, wovon 1993 5,2 Mrd. m³ gefördert wurden. Mit Erdgas werden die heim. Industrie-, Elektrizitäts- und Meerwasserentsalzungsanlagen versorgt, daneben auch 2,7 Mio. t Flüssiggas per Tanker exportiert. Dachgesellschaft ist seit 1977 staatl. K. Petroleum Corporation und Arab Oil Company (ehem. neutrale Zone) ist die staatl. K. Petroleum Corporation (KPC, seit 1980).

Industrie: Die drei staatl. Raffinerien in Mina Abdulla, Ahmadi und Schuaiba sind bis 1995 wieder aufgebaut worden und verarbeiten bei einer Kapazität von 42 Mio. t/Jahr rd. 50% des geförderten Rohöls. Auch die Düngemittelwerke von Schuaiba produzieren nach Rekonstruktion wieder 1 Mio. t Ammoniak und 0,9 Mio. t Harnstoff. Chlorfabriken verarbeiten die Abfälle der Meerwasserentsalzungsanlagen zu Chlor, Soda und Industriesalzen. In Anbetracht der polit. Situation investiert jedoch die K. Investment Authority weltweit im Bereich Raffinerien (40 Mio. t Kapazität in Europa und Asien), petrochem. Betriebe und der Erdölexploration außerhalb des Landes. In K. selbst sind nur noch Konsum- und Baustoffgüterindustrie (Zement) von Bedeutung.

Außenwirtschaft: Mit der Wiederinbetriebnahme aller Erdölfelder bestehen die Exporte (1994: 7,9 Mrd. US-$) wie vor dem Krieg zu 93% aus Erdöl (roh und raffiniert). Der durch die geringeren Importe (3,3 Mrd. US-$) entstehende Außenhandelsüberschuss kann aber die negative Kapitalbilanz (Gastarbeiterüberweisungen, Zahlungen an USA) nicht ausgleichen. Handelspartner sind die EU und die USA, Energieexporte gehen zu 46% nach Ostasien (Japan), zu 32% nach Europa und zu 25% nach den USA. Die Haupteinkünfte des derzeit defizitären Staatshaushaltes kommen zu 85% aus den Einnahmen der Erdölwirtschaft. Die Zinseinkünfte aus den Kapitalanlagen im Ausland gingen zurück, die Verluste während und nach dem Krieg (Zahlungen an die USA) haben Reserven und Anlagenkapital von 100 Mrd. US-$ weltweit auf 35 Mrd. US-$ schrumpfen lassen. Das K. Investment Office (KIO, Sitz: London) verwaltet die Auslandsanlagen, die u. a. aus Minderheitsbeteiligungen an Industriebetrieben (z. B. in Dtl. an Hoechst, Daimler-Benz, Siemens) bestehen. An den auf 170 Mrd. US-$ geschätzten Schäden der irak. Invasion und den rd. 38 Mrd. US-$ hohen Kosten für die militär. Befreiung (insbesondere an die USA) hat K. noch lange zu tragen. Die bisher großzügig gewährleistete Wirtschaftshilfe und der weitere Aufbau des 1976 für die Zeit nach der Erdölwirtschaft von der Reg. gegründeten Fonds für künftige Generationen (Fund of Future Generations), dem jährlich 10% der Erdöleinnahmen zuzuführen sind, müssen in Zukunft wohl reduziert werden.

Verkehr: Das vorbildl. Straßennetz mit 4500 km Länge wird von der voll motorisierten Bev. (800 000 Kfz) intensiv im Binnenverkehr genutzt. Landverbindungen gibt es derzeit nur zu Saudi-Arabien (zwei Übergänge). Internat. Verbindungen bietet der Flugverkehr (Flughafen K.) sowie ein hervorragendes Telefonnetz (550 000 Leitungen). Die Häfen von Schuwaich (südwestlich der City) und Schuaiba versorgen das Land mit Importen, die Erdölexporte nutzen Ahmadi und Mina Abdulla, z. T. mit eigener Tankerflotte (Kapazität: 1,6 Mio. BRT).

GESCHICHTE

Das Gebiet des heutigen K. war bereits in der Mittelsteinzeit besiedelt. Ab 636 gehörte es zum Kalifat. Im 16. Jh. fassten die Portugiesen Fuß im Pers. Golf und errichteten bei K., das bis ins 19. Jh. eher unter dem Namen Grain bekannt war, ein Fort. Um 1716 ließen sich Angehörige des arab. Stammes Kutub in K. nieder, deren Scheichs aus der Familie Al Sabah seit 1756 in K. regieren. 1829 erkannte K. die osman. Oberheit an, die 1871 (durch administrative Maßnahmen) vorübergehend ausgebaut wurde. Von ihr suchte K. sich durch einen Schutzvertrag mit Großbritannien (23. 1. 1899) zu lösen, doch erst durch die britisch-türk. Konvention vom 29. 7. 1913 (nicht ratifiziert)

Klimadaten von Kuwait (Flughafen: 45 m ü. M.)

Monat	Mittleres tägl. Temperaturmaximum in °C	Mittlere Niederschlagsmenge in mm	Mittlere Anzahl der Tage mit Niederschlag	Mittlere tägl. Sonnenscheindauer in Stunden	Relative Luftfeuchtigkeit nachmittags in %
I	18,5	24	6	8	61
II	20,7	11	4	9	61
III	26,1	10	4	9	61
IV	31,2	18	4	8	55
V	38,2	4	1	10	55
VI	43,4	<1	0,1	10	49
VII	44,8	0	0	10	41
VIII	44,7	0	0	11	46
IX	41,4	<1	<0,1	10	51
X	35,5	1	0,3	10	60
XI	26,5	17	3	8	59
XII	20,0	15	3	7	65
I–XII	32,6	100	25	9,2	55

Kuwait
Hauptstadt des
gleichnamigen
Emirats
·
am NW-Ende des
Persischen Golfs
·
193 000 Ew.
·
Bankenzentrum
·
Universität (1966
eröffnet)
·
ein Wahrzeichen
sind die
Wassertürme an der
Küstenstraße
·
Entwicklung der
modernen Stadt seit
1965

Kuwait Airways Corporation

wurde es als autonomes Gebiet innerhalb des Osman. Reiches bestätigt. Nach dem Ausbruch des Ersten Weltkrieges kam K. unter brit. Protektorat; 1921 legte Großbritannien nach Grenzstreitigkeiten mit Saudi-Arabien und Irak die kuwait. Grenzen neu fest.

Zw. den beiden Weltkriegen wurden in K. Erdölfunde gemacht (1938 Entdeckung des Erdölfeldes von Burgan). Die planmäßige Erdölförderung (seit 1946 Erdölexport, seit 1960 auch Erdgasexport) führte nicht allein zu einer Modernisierung der Wirtschaft, sondern auch zu Veränderungen in der sozialen Struktur des Landes. Mit der Aufhebung des Schutzvertrages von 1899 durch Großbritannien (19. 6. 1961) gewann K. unter Scheich ABDULLAH AS-SALIM AL SABAH (1950–65) seine volle staatl. Unabhängigkeit. Im Juli 1961 wurde es Mitgl. der Arab. Liga, im Mai 1963 der UNO. 1963 verzichtete Irak auf seine Ansprüche auf K. und erkannte dessen Unabhängigkeit an; 1967 und 1973 brachen die Grenzstreitigkeiten mit Irak erneut aus. 1974/75 wurden die im ausländ. Besitz befindl. Erdölfördergesellschaften verstaatlicht. Nachfolger von Scheich SABAH AS-SALIM AL SABAH (1965–77) wurde 1978 JABIR AL-AHMAD AL SABAH. Unter dem Eindruck der islam. Revolution in Iran (1979) und der Möglichkeit ihres Übergreifens auf die Nachbarländer wuchsen die Spannungen zw. K. und Iran. K. beteiligte sich 1981 an der Gründung des Golfrates und unterstützte im 1. Golfkrieg (1980–88) die irak. Seite (v. a. politisch und wirtschaftlich). Im Anschluss an Streitigkeiten zw. Irak und K. über die beiderseitige Erdölförderpolitik sowie über gegenseitige Grenzverletzungen (bei der Erdölförderung) marschierten irak. Truppen am 2. 8. 1990 in K. ein. Unter Berufung auf (umstrittene) histor. Ansprüche annektierte Irak am 8. 8. 1990 K. und erklärte es am 28. 8. 1990 zu seiner ›19. Provinz‹. Unter dem Druck seiner militär. Niederlage im 2. →Golfkrieg (17. 1.–28. 2. 1991) annullierte Irak Anfang März 1991 die Annexion K.s, in dem der Krieg schwere Zerstörungen und Umweltschäden (bes. durch in Brand gesetzte Ölquellen) angerichtet hatte. Im selben Monat kehrte Scheich JABIR AL-AHMAD AL SABAH aus seinem Exil in Saudi-Arabien (seit 2. 8. 1990) zurück. Im April 1991 beschloss der Sicherheitsrat der UNO, nach K. eine Friedenstruppe zur Überwachung der kuwaitisch-irak. Grenze zu entsenden (UNIKOM).

Nach dem Rückzug der irak. Truppen ging die kuwait. Reg. ihrerseits – auch unter Verletzung von Menschenrechten – gegen Sympathisanten Iraks (gegen Iraker oder in K. arbeitende Palästinenser) vor. Durch ein Sicherheitsabkommen mit den USA (September 1991) und ein Verteidigungsabkommen mit Russland (November 1993) suchte K. seine Sicherheit nach außen zu verbessern. Am 5. 10. 1992 fanden die ersten Parlamentswahlen seit 1986 statt. Im Mai 1993 bestätigte der Sicherheitsrat der UNO die Verschiebung der irakisch-kuwait. Grenze im Bereich der irak. Hafenstadt Umm Kasr zugunsten K.s; die neue Grenze weitete auch die kuwait. Souveränität im Gebiet der Ölfelder von Rumaila aus. Aus den Parlamentswahlen vom 7. 10. 1996 gingen islamist. Gruppen gestärkt hervor.

H. R. P. DICKSON: K. and her neighbours (London ²1968); F. H. KOCHWASSER: K. Gesch., Wesen u. Funktion eines modernen arab. Staates (²1975); A. M. ABŪ-HĀKIMA: The modern history of K. 1750–1965 (London 1983); Die kleinen Golfstaaten, hg. v. F. SCHOLZ (1985); A. AL-MUSA u. K. MCLACHLAN: Immigrant labour in K. (London 1985); H.-U. SCHWEDLER: Arbeitsmigration u. urbaner Wechsel. Eine Studie über Arbeitskräftewanderung ... am Beispiel K.s (1985); B. J. SLOT: The origins of K. (Leiden 1991); J. CRYSTAL: K. The transformation of an oil state (Boulder, Colo., 1992); C. J. STOEGER: K. Geburt u. Wiedergeburt eines Wüstenstaates (Mödling 1992); Iraq and K., hg. v. M. WELLER (Cambridge 1993).

Kuwait: Die Wassertürme an der Küstenstraße, ein Wahrzeichen der Stadt

Kuwait, Kuweit, Hauptstadt von Kuwait am NW-Ende des Persischen Golfs, in geschützter Lage am S-Ufer der Bucht von K. gelegen; K. City (Capital Area) hat nach Kriegszerstörungen (1995) 193 000 Ew. (50% Ausländer), baulich eng verflochten sind die unmittelbar angrenzenden Vororte Hawalli (467 000 Ew.), Ahmadi (264 000 Ew.) und Farwaniya (430 000 Ew.). Als Handelsplatz und Zentrum von Perlenfischerei und Bootsbau hatte K. 1914 rd. 25 000 Ew. Aus der unscheinbaren Hafenstadt mit ungepflasterten Straßen und eingeschossigen Lehmziegelhäusern ist seit 1950 eine moderne Großstadt mit Univ., internat. Banken, Stahlbeton-Geschäftshäusern in der City und großzügig geplanten Villenvierteln in den Außenbezirken entstanden. – Ein Wahrzeichen sind seit 1979 die ›K. Towers‹ (Wassertürme). Der Wiederaufbau des Nationalmuseums (1976–81 nach Entwurf von M. ECOCHARD erbaut, 1991 ausgebrannt) ist geplant. Die Gebäude des Flughafens (1981) sind ein Werk von TANGE KENZŌ, das Parlamentsgebäude (1983) schuf J. UTZON.

Kuwait Airways Corporation [kʊˈweɪt ˈɛəweɪz kɔːpəˈreɪʃn, engl.], Abk. **KAC** [keɪeɪˈsiː], staatl. Luftverkehrsgesellschaft Kuwaits, gegr. 1954; Sitz: Kuwait. Sie verbindet Kuwait mit 41 Städten in 38 Ländern in Asien, Nordamerika, Europa und Nordafrika. Die KAC beförderte 1996 mit 21 Flugzeugen und 6 200 Beschäftigten über 2 Mio. Passagiere.

Kuwatli, Schukri al-K., syr. Politiker, *Damaskus 1886 (1891 ?), †Beirut 30. 6. 1967; nahm seit 1926 als Vors. der Nationalpartei führend am Unabhängigkeitskampf gegen Frankreich teil. 1943–49 und 1955–58 war er Staatspräs. Am 1. 2. 1958 verkündete er in Kairo den Eintritt Syriens in die Vereinigte Arab. Rep. (VAR).

Kux [wohl aus dem Slaw.] der, -es/-e, Anteilsrecht am Eigenkapital einer bergrechtl. Gewerkschaft. Der K. lautet nicht auf einen festen Nennbetrag (wie die Aktie), sonden verbrieft eine Quote am Gesamtvermögen der Gewerkschaft. Über den K. wird auf Antrag ein Rektapapier (**K.-Schein**) ausgestellt. Die Namen der **K.-Inhaber (Gewerken)** sind im Gewerkenbuch eingetragen, die Übertragung erfolgt durch Zession (Abtretung) und Umschreibung im Gewerkenbuch. Der auf die K. verteilte Gewinn heißt Ausbeute. Seit 1970 werden K. nicht mehr an der Börse gehandelt; infolge der Auflösung und Umwandlung der bergrechtl. Gewerkschaften zum 1. 1. 1986 (§ 163 Bundesberg-Ges.) haben sie keine prakt. Bedeutung mehr.

Kuyper [ˈkœjpər], Abraham, niederländ. ref. Theologe und Politiker, * Maassluis 29. 10. 1837, † Den Haag 8. 11. 1920; seit 1863 Pfarrer, seit 1872 Herausgeber der Tageszeitung ›De Standaard‹; 1874–77, erneut ab 1894 Abg. der Zweiten Kammer; begründete 1879 die ›Anti-Revolutionäre Partei‹ und wurde deren Führer; 1880–1901 Prof. an der von ihm 1880 errichteten Freien Univ. in Amsterdam; 1901–05 niederländ. Min.-Präs. Theologisch und politisch wandte sich K. gegen liberalist. und modernist. Tendenzen mit dem Ziel einer streng kalvinistisch begründeten Gestaltung von Gesellschaft und Kultur. 1892 gründete er die ›Gereformeerde Kerken‹.

K'ü Yüan, chin. Dichter, →Qu Yuan.

Kuzneck [kuzˈnjɛtsk], Städte in Russland, →Kusnezk.

Kuznets [ˈkʊznɛts], Simon Smith, amerikan. Volkswirtschaftler russ. Herkunft, * Charkow 30. 4. 1901, † Cambridge (Mass.) 8. 7. 1985; Prof. an der University of Pennsylvania (1936–54), an der Johns Hopkins University (1954–60) und an der Harvard University (1960–71). K. erhielt 1971 den Nobelpreis für Wirtschaftswiss. für seine empir. Forschungen in der Konjunktur- und Wachstumsanalyse.
Werke: Secular movements in production and prices (1930); Seasonal variation in industry and trade (1933); Capital in American economy (1961); Postwar economic growth (1964); Modern economic growth (1966); Toward a theory of economic growth (1968); Economic growth of nations (1971); Population, capital, and growth (1973); Growth, population, and income distribution (1979).

kV, Einheitenzeichen für **K**ilo**v**olt (→Volt).

KV, 1) Abk. für →**K**artell-**V**erband katholischer deutscher Studentenvereine.
2) Abk. für →**K**assenärztliche **V**ereinigung.
3) Abk. für →**K**öchel**v**erzeichnis.

kVA, Einheitenzeichen für **K**ilo**v**olt**a**mpere (→Voltampere).

KVAE, Abk. für →**K**onferenz über **v**ertrauens- und sicherheitsbildende Maßnahmen und **A**brüstung in **E**uropa.

Kvaløy [ˈkvaːløj], mit 737 km² fünftgrößte Insel Norwegens, vor der Stadt Tromsø, bis 1044 m ü. M.; die Besiedlung konzentriert sich auf die Küsten.

Kvant [zu Quant], Bez. für Module der bemannten sowjet. Raumstation →Mir. K.-1, ein astrophysikal. Modul, wurde im April 1987 am Heck von Mir angekoppelt. Am 6. 12. 1989 wurde K.-2, über 19 t schwer, als zweiter Ausbauschritt am Bug von Mir verankert.

Kvapil, Jaroslav, tschech. Schriftsteller, * Chudenice 25. 9. 1868, † Prag 10. 1. 1950; anfangs von der frz. Dekadenz beeinflusst; schrieb dann neuromant. Liebeslyrik und z. T. symbolhafte oder allegor. Märchendramen (›Princezna Pampeliška‹, 1897) sowie Libretti (u. a. zu A. DVOŘÁKS Oper ›Rusalka‹, 1901); übersetzte u. a. Werke von H. IBSEN. – K. hatte große Bedeutung als Regisseur am Prager Nationaltheater (1900–18, wieder ab 1929), 1918–20 Direktor des Schauspielensembles ebd.; auch Kritiker.

kvar, Einheitenzeichen für **K**ilo**var** (→Var).

Kvaran, Einar Hjörleifsson, isländ. Schriftsteller und Journalist, * Vallanes 6. 12. 1859, † Reykjavík 21. 3. 1938; lebte 1885–95 in Kanada. Nach der ersten erfolgreichen Novelle ›Vonir‹ (1890) schrieb er meist gesellschaftskrit. Geschichten, Romane und Dramen. Seit 1904 wandte er sich dem Spiritismus zu.
Ausgabe: Ritsafn, 6 Bde. (1943–44).

Kvark, Name für die Engen des Bottn. Meerbusens in der Ostsee: **Süd-K.** nordwestlich der Ålandinseln; **Nord-K.** zw. Umeå und Vaasa, geteilt in **West-K.** und **Ostkvark.**

Kvarner *der,* ital. **Quarnero,** Meeresteil des Adriat. Meeres zw. Istrien und der Insel Cres, Kroatien; i. w. S. die ganze Bucht zw. Istrien und dem Festland mit dem **Golf von Rijeka,** dem **Vinodol-** und dem anschließenden **Velebitkanal** sowie dem **Kvarnerić** (zw. den Inseln Krk, Cres, Lošinj, Rab und Pag).

Kvasir, Kwasir, altnord. *Mythologie:* aus dem Speichel der Asen und der Vanen geschaffenes göttl. Wesen von besonderer Weisheit, das von den Riesen Fjallar und Gallar getötet wurde. Aus seinem mit Honig gemischten Blut ging der Dichtermet hervor.

kW, Einheitenzeichen für **K**ilo**w**att (→Watt).

KW, Abk. für →**K**urz**w**ellen.

Kwa *der,* der Unterlauf des →Kasai in der Demokrat. Rep. Kongo.

Kwacha [-tʃa], Währungseinheit in Sambia und in Malawi.

Kwai *der,* Fluss in Thailand, →Khwae Noi.

Kwajalein [ˈkwɔdʒəlɪn], **Kwajalong,** Atoll der Ralikgruppe der Marshallinseln, im westl. Pazifik, 29 km², 9300 Ew.; Kokospalmenkulturen; Militärstützpunkt der USA.

Kwakiutl, nordamerikan. Indianerstamm im NO der Insel Vancouver und auf dem gegenüberliegenden Festland von British Columbia, Kanada (etwa 4500), einschließlich nahe verwandter Stämme und der weiter nördlich wohnenden Haisla und Heiltsuk (Bellabella u. a.) insgesamt 7500 Angehörige. Sie leben in kleinen Reservationen. Sprache: Wakash. Die Kultur der K., jahrzehntelang von F. BOAS untersucht, gilt als exemplarisch für die der →Nordwestküstenindianer. – In neuerer Zeit sind die K. durch die Wiederbelebung traditioneller Kunstformen in Holzschnitzerei (Masken und Wappenpfähle) und in der Malerei international bekannt geworden. Aus ihrem reichen Ritualwesen – lange Zeit von der kanad. Regierung verboten – wurden →Potlach und Winterzeremoniell wieder aufgenommen. Polit. Rückhalt gegenüber den Assimilierungsbestrebungen der Regierung finden sie in der ›Native Brotherhood of British Columbia‹. Die K. leben heute überwiegend von der Lohnarbeit in der Fischverarbeitungsindustrie; zunehmend wenden sie sich dem Kunsthandwerk zu.
F. BOAS: Ethnology of the K., in: U. S. Bureau of American Ethnology. Annual report, Jg. 35 (Washington, D. C., 1921);

Abraham Kuyper

Simon S. Kuznets

Kwakiutl: Bemalte Matte aus Zedernrindenbast (Köln, Rautenstrauch-Joest-Museum)

R. P. u. E. C. ROHNER: The K. Indians of British Columbia (ebd. 1970); M. BRUGGMANN u. P. R. GERBER: Indianer der Nordwestküste (Zürich 1987).

KwaNdebele, ehem. →Homeland der Ndebele in der Rep. Südafrika, heute Teil der Prov. Mpumalanga.

Kwangju [-dʒu], Stadt im Rang einer Prov. in Süd-Korea, 501 km², 1,27 Mio. Ew.; kath. Erzbischofssitz; zwei Univ., mehrere Colleges; Textil-, chem., Nahrungsmittelindustrie; nahebei Steinkohlenbergbau; Bahnknotenpunkt, Flughafen. – Als **Hansŏng** erste Hauptstadt des Reiches →Paekche; seit dem 19. Jh. Prov.-Hauptstadt; vom 15. Jh. bis zum Anfang des 20. Jh. bedeutendes Zentrum für die Herstellung von weißem Porzellan. – Am 27. 5. 1980 schlug das Militär in der Stadt einen am 18. 5. ausgebrochenen Volksaufstand gegen das von der Reg. verhängte Kriegsrecht und für Demokratisierung blutig nieder (mehrere Hundert Tote und Verletzte).

Kwango *der,* **Kuango,** port. **Cuango** [-u], linker Nebenfluss des Kasai, 1 100 km lang, entspringt auf dem Hochland von Angola, bildet im Mittellauf die Grenze Angola/Demokrat. Rep. Kongo, mündet unterhalb von Bandundu.

Kwangsi-Tschuang [guaŋçi dʒ-], autonomes Gebiet in S-China, →Guangxi Zhuang.

Kwangtung, Prov. in China, →Guangdong.

Kwanmo *der,* höchster Berg der Halbinsel Korea, im NO Nord-Koreas, 2 541 m ü. M.

Kwanza Reajustado [-ʒuʃˈtadu], Abk. **Kzr,** Währungseinheit in Angola (seit 1996); löste den Neuen Kwanza (NKz) ab.

Kwara, Bundesstaat von →Nigeria.

Kwararafa, ehem. Reich in W-Afrika, →Jukun.

Kwarta *die, -/-s,* alte poln. Volumeneinheit für Flüssigkeiten, 1 K. = 0,951 Liter.

Kwartnik, poln. Halbgroschenstück, das unter KASIMIR III. (1333–70) eingeführt wurde und ¼ Skot (daher der Name) = 1,55 g wog.

Kwashiorkor [-ʃ-, afrikan.] *der, -(s),* **Kwaschiorkor,** ernährungsbedingter Eiweiß- und Vitaminmangelzustand im Kleinkindalter, der v. a. in Entwicklungsländern auftritt und durch einseitige Ernährung mit Kohlenhydraten nach dem Abstillen hervorgerufen wird; Form des Mehlnährschadens. Zu den Symptomen gehören neben einer allgemeinen →Dystrophie bes. Ödeme, Anämie, pellagraähnl. Hautveränderungen, Fettleber, Wachstumshemmungen, Infektanfälligkeit. K. kann zum Tod führen. Die *Behandlung* besteht in der Zufuhr eiweißhaltiger Nahrungsmittel.

Kwaśniewski [kvac-], Aleksander, poln. Politiker, * Belgard 15. 11. 1954; 1985–87 Jugend-Min.; 1988–89 Vors. eines gesellschaftspolit. Reg.-Komitees, das mit der Erarbeitung eines umfassenden Reformprogramms beauftragt war. 1989 nahm er an den Gesprächen am ›Runden Tisch‹ mit der Solidarność teil. Zunächst Mitgl. der kommunist. Poln. Vereinigten Arbeiterpartei (poln. Abk. PZPR), übernahm K. 1990 den Vorsitz der aus ihr hervorgegangenen Sozialdemokratie der Rep. Polen (SdRP). Bei den Präsidentschaftswahlen 1995 siegte er als Kandidat der Linksallianz über L. WAŁĘSA; anschließend trat er aus der SdRP aus. Als Staatspräs. orientiert er auf einen baldigen Beitritt seines Landes zur EU und NATO.

Kwa-Sprachen, Bez. für eine Gruppe von etwa 35 gesprochenen Sprachen in Nigeria, Benin, Togo, Ghana, der Rep. Elfenbeinküste und in Liberia; sie werden als eine Familie der →Niger-Kongo-Sprachen klassifiziert. Die K.-S. sind Tonsprachen, denen fast alle morpholog. Elemente wie nominale Klassenzeichen (→Klassensprachen) oder verbale Flexions- und Ableitungsformen fehlen. Die K.-S. zeigen ausgeprägte, mit den Benue-Kongo-Sprachen verwandte Züge. Zu den K.-S. gehören u. a. das Akan, Ewe, Yoruba und Baule.

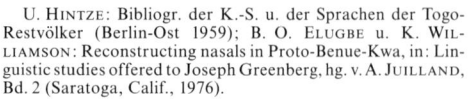

Aleksander Kwaśniewski

U. HINTZE: Bibliogr. der K.-S. u. der Sprachen der Togo-Restvölker (Berlin-Ost 1959); B. O. ELUGBE u. K. WILLIAMSON: Reconstructing nasals in Proto-Benue-Kwa, in: Linguistic studies offered to Joseph Greenberg, hg. v. A. JUILLAND, Bd. 2 (Saratoga, Calif., 1976).

Kwass *der, -* und *-es,* **Kwas,** russ. Volksgetränk aus Mehl oder zerkleinertem Brot, mit heißem Wasser verrührt, mit Malz, auch Zucker, Pfefferminzblättern, Rosinen. K. wird 1–3 Tage vergoren und enthält etwa 0,5 Vol.-% Alkohol, 0,4 % Milchsäure, 0,03 % Essigsäure, 2 % Glucose und 5 % Extraktstoffe. In anderen slaw. Ländern werden ähnl. Getränke u. a. **Geiselitz, Braga** (aus Hirse) oder **Kwascha** genannt.

KwaZulu [-ˈzuːluː], ehem. →Homeland der Zulu in der Rep. Südafrika; heute Teil der Prov. →KwaZulu/Natal.

KwaZulu/Natal [-ˈnaːtal, engl. nəˈtæl], Prov. und Königreich in der Rep. Südafrika, 91 482 km², 9,18 Mio. Ew.; Hauptstadt ist Pietermaritzburg; Residenz des Zulukönigs ist Ulundi. Die Prov. erstreckt sich an der O-Küste Südafrikas, grenzt im N an Moçambique und Swasiland, im W an Lesotho und hat gemeinsame Grenzen mit den Prov. Mpumalanga, Freistaat und Ost-Kap.

Landesnatur: Im O erstrecken sich hinter der bes. im N breiten Küstenebene am Ind. Ozean mit Strandseen, Lagunen und hohen bewaldeten Dünen landeinwärts die hügeligen Natal Midlands (800–1 200 m ü. M.), im W von den →Drakensbergen begrenzt. Das Klima ist subtropisch bis gemäßigt; ausreichende Niederschläge (im Jahresmittel 700 mm, im Küstengebiet 1 270 mm, in den Drakensbergen 1 500 mm).

Bevölkerung: Auf nur 7,5 % der Gesamtfläche Südafrikas leben hier 21 % seiner Bev.; K. ist daher mit 100 Ew./km² die nach Gauteng am dichtesten besiedelte Prov. des Landes. 80 % der Bev. sprechen Zulu, 15 % Englisch, 5 % Afrikaans u. a. Sprachen; v. a. Durban ist noch stark von den Bewohnern ind. Abstammung geprägt (z. B. durch zahlr. Hindutempel und Moscheen). Die Alphabetisierungsrate liegt mit 65 % etwas über dem Landesdurchschnitt.

Wirtschaft: Der Anbau von Zuckerrohr sowie von subtrop. Früchten im Küstenbereich ist eine der Hauptstützen der Wirtschaft. Die Forstwirtschaft erzeugt rasch wachsendes Holz (v. a. Akazien, Eukalyptus, Kiefern) für die Zellstoffproduktion. An Bodenschätzen wird Kohle im Gebiet von Newcastle und Dundee abgebaut, bei Richards Bay Titan. Durban, die größte Stadt der Prov., ist der wichtigste Handelshafen Südafrikas; seine Umschlagmenge wird jedoch vom Hafen Richards Bay übertroffen, der für den Export von Kohle gebaut wurde. Neben Durban und Pietermaritzburg hat sich auch hier nennenswerte Industrie angesiedelt. Die Arbeitslosigkeit ist mit über 25 % die höchste des Landes; auch zw. dem Einkommen der ländl. und städt. Bev. besteht ein großer Unterschied, daher ist die Abwanderung v. a. nach Gauteng sehr groß. Der Tourismus ist zu einem bedeutenden Wirtschaftsfaktor geworden; wichtigste Anziehungspunkte sind die subtrop. Küste mit ihren Ferienorten, die Drakensberge zum Wandern und Bergsteigen sowie das Zululand im NO mit zahlr. Wildreservaten (darunter Hluhluwe-Umfolozi Park und der Greater St. Lucia Wetland Park, beide 1897 gegr.).

Geschichte: Der port. Seefahrer VASCO DA GAMA sichtete am 25. 12. 1497 erstmals die Küste des heutigen K./N. und gab dem bereits von Rinderhirten der Nguni-Volksgruppe bewohnten Land den Namen Terra natalis (port. natal ›Weihnachten‹). 1816–28 schuf der Nguni-Heerführer CHAKA die neue Staatsnation der →Zulu. 1824 siedelten sich die ersten Europäer an der brit. Kapkolonie an. 1839 riefen die 1837 unter der Führung von PIETER RETIEF (* 1780, † 1838) und GERRIT MARITZ (* 1797, † 1838) auf dem

Großen Treck eingewanderten Buren eine Rep. aus, die 1843 von Großbritannien annektiert wurde. Am 22. 1. 1879 schlugen die Zulu bei Isandlwana eine brit. Truppe, wurden jedoch im selben Jahr unterworfen. Dennoch blieb die Monarchie erhalten. Die weißen Einwohner Natals erhielten 1893 Selbstregierung. 1910 wurde Natal Teil der Südafrikan. Union.

Im Rahmen der Apartheidpolitik errichtete die Rep. Südafrika 1970 auf etwa 36% der Fläche Natals für die Zulu das aus versch., nicht zusammenhängenden Landstücken bestehende Homeland KwaZulu, das 1977 Teilautonomie erhielt. Nach dem Ende der Apartheidpolitik und im Zuge der territorialen Neugliederung der Rep. Südafrika entstand 1994 die neue Prov. K./N. durch Vereinigung der ehem. Prov. Natal mit dem Homeland KwaZulu. Die Monarchie unter dem Zulukönig wurde verfassungsrechtlich garantiert. Bei den Parlamentswahlen vom April 1994 siegte die Inkatha. Im Vorfeld der Kommunalwahlen 1996 in der Rep. Südafrika, die in K./N. die Inkatha gewann, kam es in der Prov. wiederholt zu polit. Gewalttaten, die seit Beginn der Auseinandersetzungen zw. ANC und Inkatha in den 80er-Jahren insgesamt etwa 20 000 Menschenleben forderten.

M. HORRELL: The African homelands of South Africa (Johannesburg 1973); New frontiers. The KwaZulu/N. debates, hg. v. K. ROBERTS u. G. HOWE (Durban 1987).

Kweichow [gweɪdʒou], **Kweitschou,** Prov. in China, →Guizhou.

Kweijang [gweijaŋ], Stadt in China, →Guiyang.

Kweilin, Stadt in China, →Guilin.

Kwekwe [kweɪkweɪ], bis 1982 **Que Que,** Bergbau- und Industriestadt im zentralen Simbabwe, 1 210 m ü. M., 75 000 Ew.; Eisen- und Stahlwerk, Chromgewinnung, Düngemittelfabrik; in der Umgebung Goldgewinnung und Eisenerzabbau.

k-Wert, 1) die →Konturenschärfe.
2) →Wärmedurchgang.

kWh, Einheitenzeichen für →Kilowattstunde.

Kwidzyn [ˈkfidzɪn], Stadt in Polen, →Marienwerder.

Kwilu der, port. **Cuilo** [kuˈilu], rechter Nebenfluss des Kwango, etwa 1 000 km lang, entspringt auf dem Hochland von Angola, ist ab Kikwit schiffbar, mündet bei Bandundu in der Demokrat. Rep. Kongo.

Kwisa, Fluss in Polen, →Queis.

Kwitka-Osnowjanenko, Hryhori Fedorowytsch, eigtl. **H. F. Kwitka,** Pseud. **Hryzko Osnowjanenko,** ukrain. Schriftsteller, * Osnowa (bei Charkow) 29. 11. 1778, † Charkow 20. 8. 1843; gilt, u. a. mit seinen satirischen Novellen ›Malorossyjskye povesty‹ (1834–37, 2 Bde.), als Begründer der neuen ukrain. Prosa; Verfasser zahlr. Komödien über das Leben des weißruss. Adels; schrieb auch in russ. Sprache, v. a. den humorist. Roman ›Pan Chaljavskij‹ (1839; dt. ›Die guten alten Zeiten‹) sowie die Komödie ›Priezžij iz stolicy‹ (1840), die wahrscheinlich auf N. W. GOGOLS ›Revisor‹ gewirkt hat.

Ausgaben: Tvory, 8 Bde. (1968–70); Zibrannja tvoriv, 7 Bde. (1979–81).

Kwoma, Stammesgruppe in Papua-Neuguinea, in der Nähe des mittleren Sepik, mit stark ausgeprägten Traditionen der Schnitzerei, Malerei und Töpferei.

C. KAUFMANN: Das Töpferhandwerk der K. ... (Basel 1972).

KW-Stoffe, Kurz-Bez. für →Kohlenwasserstoffe.

KWT, Nationalitätszeichen für Kuwait.

Kwuzah [-z-; hebr. ›Kollektiv‹] die, -/...ʾzot, freiwillige landwirtschaftl. Gemeinwirtschaft in Israel, Kleinform des →Kibbuz.

-ky [-ki], Pseud. des Soziologen und Schriftstellers Horst →Bosetzky.

Ky., postamtlich **KY,** Abk. für den Bundesstaat Kentucky, USA.

Kyanit [zu griech. kýanos ›Blaustein‹] der, -s/-e, das Mineral →Disthen.

Kyat [ˈkiːɑːt], Währungseinheit Birmas, 1 K. (K) = 100 Pyas (P).

Kyathos [griech.] der, -/-, in der griech. Antike 1) Schöpfkelle aus Metall; auch der Schöpfbecher aus Ton mit hochgezogenem Schlaufenhenkel (v. a. in Etrurien); 2) Hohlmaß, 1 att. K. = $^1/_6$ Kotyle = 0,046 Liter.

Kyaxares, altpers. **Chwachschtra** [x-], König der Meder, folgte seinem um 623 v. Chr. in Assyrien gefallenen Vater PHRAORTES. Nach dem Sieg über die Skythen zerstörte er als Verbündeter Babylons Ninive und erhielt bei der Teilung des assyr. Reiches alle Länder östlich des Tigris. Bald darauf geriet er in einen fünfjährigen Krieg mit dem lyd. König ALYATTES. Nach einer Schlacht, bei der eine Sonnenfinsternis (28. 5. 585 v. Chr.) eintrat, wurde durch babylon. Vermittlung der Fluss Halys als Grenze zw. Medien und Lydien festgelegt. K. starb bald darauf.

Kybele, lat. **Cybele,** auch **Magna Mater** [lat. ›Große Mutter‹], vorgriech., aus Kleinasien stammende Mutter- und Vegetationsgöttin, deren Kult schon in spätarchaischer Zeit in Athen verbreitet war; K. wurde den großen griech. Muttergottheiten Demeter und Rhea angeglichen. Als unnahbare Gestalt wurde sie bes. auf Bergen verehrt. Die Mauerkrone, die sie auf vielen Darstellungen trägt, weist sie als Schützerin der Städte und der Kultur aus (weitere Attribute: Löwe, Spiegel, Granatapfel). K. teilt viele Züge mit der syr. →Atargatis, wie sie hat K. einen Begleiter, den in der hellenist. Welt verehrten →Attis.

K.s Gefolge waren die Korybanten, die wie sie selbst die Gläubigen mit der göttl. Kraft der Besessenheit, auch mit wildem Wahnsinn erfüllten; ihre Priester waren die entmannten Galloi. In Form eines (Meteor-)Steins wurde die Göttin 204 v. Chr. aus Pessinus in Phrygien nach Rom gebracht; sie wurde hier mit dem Fest der Megalesia und einem Tempel auf dem Palatin (191 v. Chr. vollendet) geehrt (in Rom meist als Idäische Mutter, lat. Magna Mater Deum Idaea bezeichnet). In der röm. Kaiserzeit verbreitete sich ihr orgiast. Kult im ganzen Reich; in ihren Mysterien spielten bes. Taurobolien und Kriobolien, d. h. Taufen mit Stier- und Widderblut, eine Rolle. Zahlreiche röm. Votivstatuetten und -reliefs zeigen K., meist mit Attis, mit Schleiertuch, Tympanon (Handpauke), Löwe und Mauerkrone. – Die neuzeitl. Kunst stellte sie u. a. als Personifizierung der Erde (P. P. RUBENS) und im Zusammenhang mit römisch-histor. Szenen (A. MANTEGNA) dar.

Kybele: Orthostatenrelief der hethitischen Göttin Kubaba, auf dem Rücken einer Löwin thronend, aus Karkemisch; Basalt, Höhe 0,90 m; 9. Jh. v. Chr. (Ankara, Archäologisches Museum)

Kyber, Carl Manfred, Schriftsteller, * Riga 1. 3. 1890, † Löwenstein (bei Heilbronn) 10. 3. 1933; war 1918/19 Leiter der dt. Volksbühne in Riga, später Theaterkritiker in Stuttgart, ab 1923 freier Schriftsteller. Bes. bekannt wurde er durch seine feinfühlig gestalteten Tiererzählungen (›Unter Tieren‹, 1912; ›Neue Tiergeschichten‹, 1926). Daneben schrieb K. Gedichte, Satiren, Dramen und Märchen.

Ausgabe: Das M.-K.-Buch. Tiergeschichten u. Märchen (Neuausg. 154.–158. Tsd. 1996).

Kybernetik [engl., zu griech. kybernētikḗ (téchnē) ›Steuermannskunst‹] die, -, formale, fächerübergreifende Wiss., die sich mit der mathemat. Beschreibung und modellartigen Erklärung dynamischer (komplexer) Systeme befasst, die gewisse allgemeine Eigenschaften und Verhaltensweisen realer Systeme aus den verschiedensten Bereichen der Wirklichkeit widerspiegeln. Die in den realen Systemen ablaufenden Prozesse werden vorzugsweise unter dem Gesichtspunkt der Aufnahme, Übertragung sowie Rückübertragung (→Rückkopplung) von Informationen betrachtet,

Kybe Kybernetik

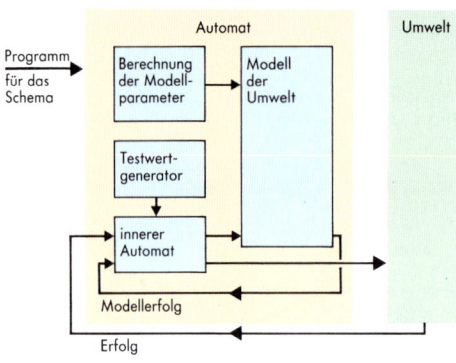

Kybernetik: Blockdarstellung eines lernenden Automaten mit innerem Modell der Umwelt; die Pfeile geben die Richtungen der wichtigsten Informationsflüsse an

während von den gleichzeitig beteiligten Vorgängen materieller und energet. Art weitgehend abgesehen wird. Auf diese Weise wird aus gleichartigen oder ähnl. Erscheinungen in ganz unterschiedl. Bereichen ein abstraktes **kybernetisches System** gewonnen. Die anhand solcher Modells gewonnenen Erkenntnisse können in sehr allgemeiner Weise zur Beschreibung und Untersuchung des Verhaltens techn. oder natürl. Systeme verwendet werden, v. a. auch solcher, die nur so einer mathemat. Behandlung zugänglich werden. Als mathemat. Grundlagen dienen bes. Methoden der Stochastik, Analysis, mathemat. Logik (Aussagenkalkül, Entscheidbarkeit und Berechenbarkeit), Algebra und Topologie.

Die **allgemeine K.** untersucht die grundlegenden Strukturen und Funktionen von Regelsystemen; Hauptdisziplinen sind Systemtheorie, Steuerungs- und Regelungstheorie, Informations- und Automatentheorie sowie Zuverlässigkeits-, Algorithmen-, Spieltheorie und künstl. Intelligenz. Zu ihren Hauptmethoden zählen Analogie- und Modellverfahren (z. B. die Blackboxmethode). Die allgemeine K. stellt mit der **speziellen K.**, zu der die Theorie und Konstruktion von Automaten, von lernenden (sich selbst organisierenden) oder sich selbst reproduzierenden Maschinen, von Informationssystemen, Modellen u. Ä. gehören, ein Lehrgebäude dar, das auch als ›reine‹ K. bezeichnet wird. Die **angewandte K.** umfasst diejenigen wiss. Teildisziplinen bzw. -bereiche, die sich v. a. in Technik, Ökonomie, Biologie (→Bionik), Ökologie, Medizin, Soziologie, Pädagogik, Psychologie und Linguistik zur Erklärung empirischer Sachverhalte kybernetischer Begriffe und Theorien bedienen. – Eine inhaltlich prägnantere Beschreibung der K. und ihrer Ziele ist anhand des von ihr entwickelten Begriffssystems möglich; zentrale Begriffe sind v. a. →System, →Information, →Steuerung und →Regelung.

Kybernet. Systeme nehmen über Eingangskanäle Informationen auf, verarbeiten sie und führen enntsprechend dieser Informationsverarbeitung eine Aktion herbei oder geben über Ausgangskanäle Informationen an die Umwelt. Wenn die Reaktion eines Systems durch die Eingangsinformation vollständig bestimmt ist, wird es als **deterministisch** bezeichnet, im andern Fall, d. h., wenn es über mehr Freiheitsgrade verfügt als durch die Eingangsinformation bestimmt sind, als **probabilistisch** oder **stochastisch**. Hängt der Wert der Ausgrößgröße und somit das Verhalten eines Systems nur von den augenblickl. Eingangsinformationen (ggf. mit einer gewissen zeitl. Verzögerung) ab, so wird das System als **speicherfrei** oder **gedächtnislos** bezeichnet. Andernfalls, d. h., wenn auch frühere Eingangsinformationen für das aktuelle Verhalten von Bedeutung sind, handelt es sich um ein **dynamisches System.** Kybernet. Systeme können unterschiedlich komplex sein. Beispiele äußerst komplexer (probabilist.) Systeme sind ein Organismus, das menschl. Gehirn aber auch ein einzelnes wirtschaftl. Unternehmen; eine Rechenanlage und eine vollautomatisierte Fabrik sind Beispiele komplexer (determinist.) Systeme. Je nach Art ihrer Konstruktion sind kybernet. Systeme in unterschiedl. Grad in der Lage, auf Eingangsinformationen zu reagieren, ein vorgegebenes Ziel zu erreichen oder sich der Umwelt anzupassen. Wichtige Mechanismen hierbei sind das Auslösen, das Steuern, das Regeln und das Anpassen.

Von **Auslösen** spricht man, wenn eine Eingangsinformation bei einem Empfänger ein bestimmtes Verhalten auslöst, entweder unmittelbar oder nach Verarbeiten der Information (z. B. das Ingangsetzen einer Instinkthandlung). Spezielle Formen des Auslösens sind das Ein- und Ausschalten.

Im Unterschied zum Auslösen handelt es sich beim **Steuern** (wie auch beim Regeln) um eine zielgerichtete Beeinflussung eines Verhaltens (z. B. das Steuern eines Energieflusses). Wichtig für das Verständnis der Steuerungen sind die energet. Verhältnisse, die so liegen, dass große Energien durch kleine gesteuert werden können. Steuern heißt demnach Ändern bzw. Kontrollieren von Kausalbedingungen eines Vorgangs, die nicht durch Energieübertragung wirksam werden. Von Bedeutung ist ferner, dass das Verhalten des gesteuerten Systems ohne Wirkung auf das Steuerungsprinzip bleibt, dass es sich bei Steuerungen also um offene Ketten handelt. Ein besonderer Fall von Steuerung ist das Abfangen einer Störung, das im Unterschied zu einer Regelung präventiv geschieht.

Das Prinzip des **Regelns** beruht im Ggs. dazu darauf, dass eine Störung des Systems eingetreten und mit einem Istwertfühler (als Abweichung von einem vorgegebenen Ziel, dem Sollwert) gemessen worden ist. Diejenige Größe eines Systems, die durch Regelung an einen Sollwert angepasst werden soll, heißt Regelgröße. Ist der Sollwert veränderbar, d. h. steuerbar, wird die ihn steuernde Größe als Führungsgröße bezeichnet. Bei der Regel- bzw. Führungsgröße kann es sich z. B. um die Füllhöhe eines Gefäßes, eine Durchflussmenge oder die Körpertemperatur handeln. Der Mechanismus des Regelns beruht darauf, dass z. B. die Differenz zw. Ist- und Sollwert in ein passendes Signal umgewandelt und als Information zum Eingang des Systems zurückgeführt wird. Mit dieser Rückkopplung (›feedback‹) wird ein so genannter Regelkreis geschlossen. In einem Regelsystem ist diese Rückkopplung negativ, weil durch sie die durch Störung hervorgerufene Änderung im Zustand des Systems rückgängig gemacht werden soll. Die negative Rückkopplung ist in natürl. und techn. Systemen sehr verbreitet. Ihre Grundlage ist meine Nachrichten- bzw. Informationsverarbeitung; sie ist für die K. von so zentraler Bedeutung, dass diese bisweilen als ›Wiss. von der Regelung‹ angesehen wird.

Während bei der Steuerung und der Regelung einem System ein Ziel von außen gesetzt und dessen Erreichen im ersten Fall von außen dirigiert, im anderen Fall durch selbstständige Verhaltensänderung herbeigeführt wird, liegt dem Prozess der **Anpassung** eine Systemverhaltensweise zugrunde, durch die ein Gleichgewicht mit der Umwelt angestrebt wird. Das System entwickelt hier selbst einen Sollwert und legt diesen der künftigen Regelung zugrunde. Ein Beispiel ist die Anpassung von Tieren an die Umwelt. Tiere haben, wenigstens innerhalb gewisser Grenzen, kein festes ›inneres Milieu‹, sondern stehen mit ihrer jeweiligen Umwelt im Gleichgewicht, d. h., sie passen ihre inneren Sollwerte den jeweiligen Umweltbedingungen an. In der Physiologie wird diese Erscheinung als Homöostase bezeichnet. Eine bes. wichtige Form der Anpassung ist das Lernen. Voraussetzung dafür ist, dass das System über einen Speicher oder ein Gedächtnis verfügt (→lernfähiges System). Formen des Lernens sind u. a. der bedingte Reflex, das Lernen durch Erfolg (›trial and error‹) sowie das assoziative Lernen. Besitzt ein kybernet. System (Automat) einen Erfahrungsspeicher, mit dessen Hilfe die gemachten Erfahrungen für künftiges Verhalten genutzt werden können, dann liegt ein Lernmodell mit Optimierung vor. Ein Automat mit einem internen Modell der Umwelt kann mögl. Reaktionen auf die Umwelt durchspielen und die voraussichtlich optimale Reaktion ermitteln. Er kann so die direkte Auseinandersetzung mit der Umwelt weitgehend vermeiden und durch Hypothesenbildung ersetzen. Das interne Modell der Umwelt braucht dabei nicht fest programmiert zu sein, sondern es kann so strukturiert sein, dass es aufgrund von Lernprozessen aus der Umwelt anpassungs- und verbesserungsfähig ist.

Obwohl die Wurzeln der K. z. T. weit in die Vergangenheit reichen, wird als Ursprung der K. allg. das Erscheinen des Buches ›Cybernetics – or control and communication in the animal and the machine‹ von N. WIENER im Jahre 1948 angesehen, von dem auch die Namensgebung der Wiss. stammt. WIENER beruft sich dabei ausdrücklich auf J. C. MAXWELL, der 1868 mit der Theorie des wattschen Dampfmaschinenregulators die erste bedeutende Theorie eines Rückkopplungsmechanismus geliefert hat. Die engl. Bez. ›governor‹ für diesen Regulator geht ebenfalls auf die Bedeutung ›Steuermann‹ zurück. Ein Vorläufer war in gewissem Sinne auch A. M. AMPÈRE, der die Idee einer Verfahrenslehre des Regierens entwickelte, die er ›Cybernétique‹ nannte.

K. STEINBUCH: Automat u. Mensch (⁴1971); N. WIENER: Mensch u. Menschmaschine (a. d. Amerikan., ⁴1972); DERS.: K. Regelung u. Nachrichtenübertragung im Lebewesen u. in der Maschine (a. d. Amerikan., Neuausg. 1992); C. E. SHANNON u. W. WEAVER: Mathemat. Grundlagen der Informationstheorie (a. d. Engl., 1976); H.-J. FLECHTNER: Grundbegriffe der K. (1984); W. R. ASHBY: Einf. in die K., bearb. v. W. L. BAUER u. a. (a. d. Engl., ²1985).

kybernetische Pädagogik, technizist. Ansatz innerhalb der Pädagogik der 1960er- und 70er-Jahre, in dem Belehrung und Verhaltensbeeinflussung beim Lernen als Regelprozess im Sinne der Kybernetik aufgefasst wird. Im Hinblick auf Ziele (›Sollwert‹) werden aufgrund von Informationen über den Schüler (›Istwert‹) Maßnahmen eingeleitet, um den Schüler (›Regelgröße‹) zu beeinflussen. Dabei dienen standardisierte Lernkontrollen als ›Messfühler‹, deren Ergebnisse mit dem Regelprozess rückgekoppelt werden. Die wichtigsten Anwendungsgebiete sind der programmierte Unterricht und der computergestützte bzw. -geleitete Unterricht.

kybernetische Psychologie, die →Psychokybernetik.

Kyburg, Gem. im Kt. Zürich, Schweiz, südlich von Winterthur, 625 m ü. M., 370 Ew. – Das Schloss, über der Burg des 11./12. Jh. errichtet, ist heute ein Museum; in der roman. Burgkapelle Fresken des 14./15. Jh.; im Grafenhaus ein Festsaal von 1685. – Die seit 1027 bezeugte Burg samt der mittelalterl. Stadt K. fiel 1065 an die Grafen von Dillingen (seither Grafen von K.), 1264 an die Habsburger. Zürich erwarb 1424 die Grafschaft K. durch Kauf.

Kyd [kɪd], Thomas, engl. Dramatiker, getauft London 6. 11. 1558, †ebd. Ende 1594; befreundet mit C. MARLOWE, mit dem er wegen Atheismus angeklagt wurde. K. begründete mit dem ihm zugeschriebenen Drama ›The Spanish tragedy‹ (entstanden um 1587, Uraufführung 1592; dt. ›Die span. Tragödie‹) in Nachahmung der Tragödien SENECAS die Gattung der Rachetragödie; SHAKESPEARES ›Hamlet‹ soll sich auf

Kyburg: Schloss; 11.–13. Jh.

einen allerdings nicht überlieferten ›Ur-Hamlet‹ K.s stützen.

Ausgabe: The works, hg. v. F. S. BOAS (1901, Nachdr. 1967). P. B. MURRAY: T. K. (New York 1969); F. R. ARDOLINO: T. K.s mystery play. Myth and ritual in ›The Spanish tragedy‹ (ebd. 1985).

Kydippe, Gestalten der griech. Mythologie:
1) eine Priesterin der Hera in Argos, Mutter von →Kleobis und Biton.
2) eine Jungfrau aus Naxos, die sich in den armen Akontios verliebte. Dieser warf ihr im Tempel der Artemis einen Apfel mit der Inschrift ›Bei Artemis, ich werde den Akontios heiraten‹ zu; K. hob den Apfel auf, las laut die Inschrift und war damit durch einen Schwur gebunden.

Kyffhäuser [ˈkɪf-] *der,* kleines Waldgebirge südlich des Unterharzes, in Thür., 19 km lang, bis 7 km breit, 477 m ü. M. (Kulpenberg). Der N-Rand der paläozoischen Pultscholle bricht steil gegen die bis 300 m tiefer liegende →Goldene Aue ab, nach S flache Abdachung zur Bucht von Frankenhausen. Im südl. K., wo Zechsteingipse anliegen, liegt die →Barbarossahöhle, um die sich die K.-Sagen (→Kaisersage) ranken. 1891–96 wurde auf dem K. von B. SCHMITZ das 81 m hohe K.-Denkmal (Kaiser-Wilhelm-Nationaldenkmal) errichtet. Der K. hatte im Hoch-MA. vier Burgen. Die ehem. Reichsburg Kyffhausen (erbaut um 1110) zum Schutz der Pfalz Tilleda war eine der größten dt. Burgen im Hoch-MA. (seit dem 16. Jh. Ruine). Auf der nördlichsten Kuppe des K.s liegt die Ruine der Rothenburg aus dem 13. Jh., die im 16. Jh. verfiel.

Kyffhäuserbund [ˈkɪf-], →Soldatenverbände.

Kyffhäuserkreis [ˈkɪf-], Landkreis im N und NW von Thür., grenzt im NO und O an Sa.-Anh., 1 035

Kyffhäuser: Kyffhäuserdenkmal (1891–96), links die Rothenburg

Kykladen: Insel Melos

km², 98 100 Ew.; Kreisstadt ist Sondershausen. Der K., von den Flüssen Unstrut, Wipper, Helme und Helbe durchquert, umfasst im N die bewaldeten Höhenzüge Kyffhäuser sowie Windleite und Hainleite (beide durch das Wippertal getrennt) und westlich der Hainleite den Dün. In den S-Teil reicht das fruchtbare, von der Landwirtschaft geprägte Thüringer Becken, dessen von Hainleite und Schmücke gebildete Randschwelle die Unstrut in der Thüringer Pforte durchbricht. Industrie ist nur wenig entwickelt. Der Kalisalzbergbau in Sondershausen und Roßleben wurde 1991 stillgelegt. Wegen der landschaftl. Schönheiten und der zahlr. histor. Baudenkmäler gewinnt der Fremdenverkehr zunehmend an Bedeutung. Größte Stadt ist Sondershausen, weitere Städte sind Artern/Unstrut, Bad Frankenhausen/Kyffhäuser (Kurort), Clingen, Ebeleben, Greußen, Großenehrich, Heldrungen und Wiehe. – Der K. wurde am 1. 7. 1994 aus dem überwiegenden Teil der früheren Kreise Sondershausen und Artern gebildet.

Kyhn [ky:n], Vilhelm, dän. Maler, *Kopenhagen 30. 3. 1819, †ebd. 11. 5. 1903; studierte an der Kopenhagener Akademie, 1850–52 hielt er sich in Italien und Frankreich auf. K. gehört mit seinen von einem tiefen Naturgefühl geprägten Landschaftsbildern, häufig mit jütländ. Motiven, zu den Hauptvertretern der dän. nationalen Romantik.

Kyïv, ukrain. Name für →Kiew.

Kykladen [griech. ›Kreisinseln‹, d. h. im Kreis um Delos], griech. **Kyklades,** Inselgruppe im südl. Ägäischen Meer, bildet den griech. Verw.-Bez. (Nomos) K., 2 572 km², 94 000 Ew., Hauptstadt ist Hermupolis (auf Syros). Die gebirgigen (bis 1002 m ü. M.), aus paläozoischen Gneisen und Marmoren der K.-Masse sowie alt- und jungvulkan. Bildungen aufgebauten Inseln sind die Gipfelflur eines seit dem Tertiär zerstückelten und versunkenen Landes. Sie sind überwiegend kahl und felsig; in geschützten Becken, Ebenen und auf Terrassen Anbau (z. T. mit Bewässerung) von Wein, Oliven, Obst, Gemüse und Getreide. Die größten Inseln sind Naxos (428 km²), Andros (380 km²), Paros (195 km²), Tenos (194 km²), Melos, Kea, Amorgos, Ios, Kythnos, Mykonos, Syros, Thera (Santorin), Seriphos und Siphnos. Wichtigster Wirtschaftszweig ist der Tourismus; Bergbau auf Pyrit, Baryt, Bentonit, Schmirgel, Puzzolanerde und Marmor.

Geschichte: Die Inseln, im Altertum wichtige Zwischenstation für den Schiffs- und Handelsverkehr im Ägäischen Meer, waren urspr. von einer vorgriech. ›karischen‹ Bev. bewohnt, den Trägern der vorgeschichtl. →Kykladenkultur. Seit dem Ende des 2. Jt. v. Chr. wurden die K. von Griechen (Ioniern, Dorern) besiedelt. Mit anderen Inseln und Küstenstädten bildeten die nördl. und mittleren K. eine Amphiktyonie (Mittelpunkt Delos). Dann gehörten die K. zum ersten und in der Mehrzahl auch zum zweiten Att. Seebund. Später kamen sie, z. T. zu einem Bund der Inselgriechen (Nesioten-Koinon) vereinigt, wechselweise unter die Oberhoheit der makedon. Könige und der Ptolemäer. In röm. Zeit gehörten sie mehrheitlich zur Prov. Asia und kamen 395 zum Oström. (Byzantin.) Reich. Nach 1204 bestanden z. T. selbstständige venezian. Herrschaften (→Archipelagos). 1579 wurden die K. türkisch und kamen 1830 zu Griechenland.

Kykladenkultur, prähistorische bronzezeitl. Kultur der Kykladen; ihre Hauptblüte lag in der frühen Bronzezeit (3. Jt. v. Chr.). – Der Handel mit Obsidian von Melos ist durch Funde von Steinwerkzeugen aus melischem Obsidian auf Kreta und dem griech. Festland bereits für das späte 7. Jt. v. Chr. bezeugt. Vermutlich wanderte die Bev. im 7. und 6. Jt. aus Anatolien ein; Siedlungen sind auf den Kykladen schon im frühen 5. Jt. nachgewiesen; Lebensgrundlage waren Ackerbau (Gerste), Tierhaltung, Jagd und Fischfang. Aus der jungsteinzeitl. Epoche kamen neben Keramik einige Schalen, kegelförmige Becher und thessal. oder anatol. Idolen ähnelnde kleine, sitzende oder stehende, fettleibige weibl. Idole aus Marmor zutage; zum sitzenden Typ gehören auch die aufs Äußerste vereinfachten Violinidole. In diese jüngste Phase der Jungsteinzeit reicht die älteste Gruppe der bronzezeitl. K. zurück, die nach Grabtypen, Bestattungsgewohnheiten, Gefäßformen, Motiven und Technik der Dekorationen und den Formen der Kykladenidole wiederum in Gruppen unterschieden wird. Die älteste wird nach ihren Hauptfundorten auf Naxos Grotta-Pelos-Gruppe genannt (oder Frühkykladisch I), 3200–2700 anzusetzen, jedoch schwanken die Datierungen in der Forschung. Es folgt (nach zwei Inseln benannt) die Keos-Syros-Gruppe (oder Frühkykladisch II), nach diesem Ansatz 2700–2400/2300, die Blütezeit der K.; teilweise wird die Kastrigruppe abgegrenzt; schließlich folgt die nach einem Ort auf Melos benannte Phylakopi-I-Gruppe (oder Frühkykladisch III), 2400/2300–2200/2100. Die einzelnen Kulturgruppen lösten einander nicht überall gleichzeitig ab. Die Funde kommen i. d. R. aus Gräbern (Steinkistengräber, kleine Tholosgräber und Kammergräber) in kleineren oder größeren Gräberfeldern. Steingefäße und Idole wurden aber v. a. in der Blütezeit auch exportiert. Abgesehen von Phylakopi auf Melos sowie

Kykladenkultur: links So genanntes Violinidol, gefunden auf Despotiko; Marmor, Höhe 12 cm; zw. 3200 und 2700 v. Chr.; rechts Griffschale, so genannte Kykladonpfanne, mit eingeritztem und eingestempeltem Dekor; Terrakotta, Höhe 28 cm; zw. 2700 und 2400 v. Chr.
(beide Athen, Archäologisches Nationalmuseum)

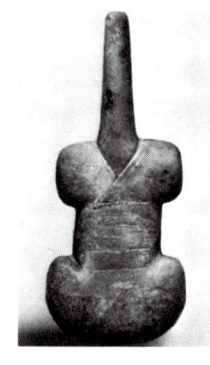

auf Kea sind die Siedlungen nur wenig bekannt. Außer mit dem melischen Obsidian handelten die seefahrenden Träger der K. mit dem weißen Inselmarmor (Paros, Naxos). Die hohe Kunstfertigkeit in der Bearbeitung des Marmors führte zum Ausbau von Kontakten mit Attika, Euböa, Kleinasien (Troja, Karien) und Kreta; die Händler unterhielten auch auswärtige Handelsniederlassungen. Sie handelten auch mit Metall (eigene Kupfer-, Silber- und Bleivorkommen), das auf den Kykladen schon vor 3000 v. Chr. verarbeitet wurde.

Kykladenkultur: Harfenspieleridol, gefunden auf Keros; Marmor, Höhe 22,5 cm; zw. 2700 und 2500 v. Chr. (Athen, Archäologisches Nationalmuseum)

Typisch für die Grotta-Pelos-Gruppe sind mit Ösen versehene Gefäße in Ton und Marmor (Kegelhalsgefäße mit und ohne Fuß, Schälchen, steile Becher und zylindr. Pyxiden [→Pyxis] mit Tondeckeln sowie Pyxiden in Tierform). Auch Schmuck kommt vor (z. B. Muschelketten). Die Idole, nur ausnahmsweise über 30 cm hoch, sind jetzt i. d. R. von schlanker, gereckter Gestalt. In der Keos-Syros-Gruppe tritt die kanon. Form des Kykladenidols auf, dem offenbar ein Proportionsschema zugrunde liegt. Bei dem liegend gedachten weibl. Idol sind die Arme über dem Leib verschränkt, der nach hinten ausladende Kopf hat ein flaches Gesicht mit hervortretender Nase, das Schamdreieck oder eine Linie ist eingeritzt. Sie waren schwarz oder rot bemalt. Dank Metallwerkzeugen wurden nun 45–60 cm, auch 70–90 cm lange oder vereinzelt lebensgroße (148 cm) Figuren gearbeitet. Unter der Marmorgefäßen werden weite Schalen häufiger. Andere Schalen haben Ausgusstülle oder sind an den Ecken perforiert (Palettenschalen zum Anreiben vom Schminkfarbe), walzenförmige Pyxiden dienten zur Aufnahme von Schmuck oder Schminkfarbe. Neben dem Marmor treten in der Keos-Syros-Gruppe für relief- und ritzverzierte Steingefäße Steatit und grünl. Chloritschiefer. Bei den flachen Griffschalen (oder ›Kykladenpfannen‹) handelt es sich um auf der Unterseite oft reich verzierte Kultgefäße (meist aus Ton), deren Eigenart durch die gelegentl. Markierung der weibl. Scham gegeben ist; der i. d. R. zweiteilige Griff ist als Angabe von Beinen zu verstehen. Unter den Darstellungen sind die von Fischen und Schiffen hervorzuheben, die auf den wirtschaftl. Hintergrund der K. verweisen. Der Keramikdekor ist geritzt oder eingestempelt und weiß inkrustiert oder aufgemalt. Bei den Formen der Keramik fällt v. a. die Schnabeltasse (Sauciere) auf, die auch für die hellad. Kultur charakteristisch ist und Metallgefäße nachahmt. Der Schmuck ist aus Kupfer (z. B. Nadeln), Stein, Bein oder Muscheln, Werkzeuge und Dolche sind aus Bronze. Im letzten Drittel des 2. Jt. zeichnet sich noch eine Kulturgruppe der K. mit eigenen Idoltypen ab,

die nach der ältesten Schicht von Phylakopi bezeichnet wird. In der mittleren und späten Bronzezeit (mittel- und spätkykladisch) wurde die Eigenständigkeit der K. zunächst durch minoischen, dann myken. Einfluss überlagert.

A. PHILIPPSON: Die griech. Landschaften, Bd. 4 (1959); E. KIRSTEN u. W. KRAIKER: Griechenlandkunde, Bd. 2 (^{5}1967); P. M. WARREN: The Aegean civilisations (ebd. 1975); Kunst u. Kultur der Kykladeninseln im 3. Jt. v. Chr., hg. v. J. THIMME (^{4}1977); S. HOOD: The arts in prehistoric Greece (Harmondsworth 1978); H. EBERHARD-KIPPER: Kykladen. Inseln der Ägäis (Olten ^{3}1982); W. EKSCHMITT: Kunst u. Kultur der Kykladen, 2 Bde. (1986).

Kyklopen, Zyklopen, *griech. Mythos:* bei HOMER einäugige Riesen, u. a. →Polyphem. Bei HESIOD sind es die Söhne des Uranos und der Gaia (Brontes, Steropes, Arges), die Zeus im Kampf gegen Kronos unterstützen und ihm die Donnerkeile schmieden. Später waren die K. die Schmiedegesellen des Hephaistos und galten als Erbauer der kyklop. Mauern.

kyklopische Mauern, zyklopische Mauern, aus großen Steinblöcken ohne Mörtelbindung verzahnt aufgeschichtetes Mauerwerk. In der Ägäis dem myken. Kulturbereich zuzurechnen (z. B. Mykene, Tiryns, Troja). K. M. errichteten auch die Etrusker, in Vorderasien sind sie ein Merkmal von Urartu und der Hethiter (Hattusa). Die k. M. gehören bronzezeitl. Kulturen an. Die Mauertechnik der Inka und megalith. Anlagen werden i. w. S. als k. M. bezeichnet.

Kyklos, *griech. Literatur:* →zyklische Dichter.

Kyknos [griech. ›Schwan‹], lat. **Cygnus,** Gestalten der griech. Mythologie:
1) Sohn des Ares, der die Reisenden in Thessalien beraubte und umbrachte; von Herakles getötet.
2) Sohn des Poseidon, der, unverwundbar, von Achill im Trojan. Krieg mit einem Steinwurf betäubt, aber von Poseidon gerettet und in einen Schwan verwandelt wurde.

Kylián [ˈkiljan], Jiří, tschech. Tänzer, Choreograph und Ballettdirektor, * Prag 21. 3. 1947; kam 1968 als Tänzer zum Stuttgarter Ballett und debütierte dort 1970 als Choreograph; 1975 wurde er Ko-Direktor, 1978 alleiniger Direktor des Nederlands Dans Theater in Den Haag, das unter seiner Leitung seine Führungsposition durch zusätzl. Gruppierungen (Nederlands Dans Theater 2 und 3) und ein festes Haus weiter festigte. Seine Choreographien zeichnen sich durch besondere Musikalität und starke tänzer. Dynamik aus.

Choreographien: Rückkehr ins fremde Land (1974); Verklärte Nacht (1975); Sinfonietta (1978); L'Enfant et les sortilè-

Kykladenkultur: Weibliches Idol, gefunden auf Amorgos; Marmor, Höhe 43 cm; zw. 2500 und 2300 v. Chr. (Berlin, Antikensammlung)

kyklopische Mauern in Tiryns; im Vordergrund ein Teil des Mauerwerks der Oberburg; nach Mitte des 13. Jh. v. Chr.

ges (1984); Kaguyahime (1988); No More Play (1988); Tantz-Schul (1989); Stepping Stones (1991); Tiger Lily (1994); Arcimboldo (1995); Anna and Ostriches (1996).

Kylix [griech.] *die, -/...likes,* flache Trinkschale der griech. Antike mit zwei waagerechten Henkeln, deren Fuß immer höher und schlanker ausgebildet wurde.

Kyll [kɪl] *die,* linker Nebenfluss der Mosel, in NRW und Rheinl.-Pf., 142 km lang, entspringt in der Schnee-Eifel, mündet nahe Trier.

Kyllburg ['kɪl-], Stadt im Landkreis Bitburg-Prüm, Rheinl.-Pf., auf einem von der Kyll umflossenen Bergsporn, 1 200 Ew.; Kneippkurort. – Vollständig erhaltenes ehem. Kollegiatsstift aus dem 14. Jh.; im Chor der einschiffigen Stiftskirche Glasgemälde (1534 gestiftet). – Das 800 erstmals erwähnte K. erhielt 1236 eine Burg und wurde 1256, vermutlich unter Verleihung des Stadtrechts, ausgebaut. In der Zeit der Frz. Revolution ging das Stadtrecht verloren und wurde erst 1956 erneut verliehen.

Kylon, vornehmer Athener des 7. Jh. v. Chr.; versuchte um 632 v. Chr. vergeblich, in Athen durch Besetzung der Akropolis die Tyrannis zu gewinnen. Einer Belagerung entzog er sich durch die Flucht. Seine Anhänger ließ der Archon MEGAKLES an den Altären, an denen sie Schutz gesucht hatten, töten. MEGAKLES und sein Geschlecht, die →Alkmaioniden, büßten diesen **Kylonischen Frevel** mit zeitweiliger Verbannung.

Kymation [griech. kŷma, kymátion, eigtl. ›Welle‹] *das, -/s* und *...tilen,* **Kyma** *das, -s/-s,* aus Hüllblättern entwickelte Schmuckleiste in der antiken Baukunst mit den Typen: **dorisches K.** (Hohlkehle), **ionisches K.** (Eierstab) und **lesbisches K.** (Herzlaub).

Kymation:
Lesbisches (oben) und ionisches Kymation (unten)

Kymbala [griech.], Schlaginstrument, →Cymbala.

Kyme, 1) antike Stadt in Kampanien, Italien, →Cumae.

2) wichtigste Stadt des äolischen Zwölfstädtebundes, an der W-Küste Kleinasiens.

Kymi, schwed. **Kymmene,** Prov. in SO-Finnland; 12 824 km², 333 400 Ew., Verw.-Sitz Kotka. K. besteht aus der Küstenebene, dem östl. Teil des Endmoränenzuges Salpausselkä und Teilen des Saimaaseensystems.

Kymijoki *der,* schwed. **Kymmene,** wasserreicher Strom in S-Finnland, Abfluss des Päijännesystems, 204 km lang, 37 000 km² Einzugsgebiet, mündet bei Kotka in den Finn. Meerbusen. Sein Tal bildet mit zahlr. Werken der Holz verarbeitenden Industrie (Holzschliff, Sulfit- und Sulfatzellulose, Papier) und Kraftwerken eine wichtige Industrieachse; Flößerei.

Kymographie [zu griech. kŷma ›Welle‹, ›Woge‹] *die, -/...'philen,* fortlaufende Aufzeichnung von physikal. und physiolog. Zustandsänderungen in Kurvenform **(Kymogramm).** In der Medizin wurde die K. zur Röntgendarstellung von Organwandbewegungen und Gefäßpulsationen (Herz, große Blutgefäße) verwendet; ersetzt durch →Echokardiographie, →Computertomographie, nuklearmedizin. Verfahren (→Nuklearmedizin) und →Kernspintomographie.

Kymren, kelt. **Cymry** ['kəmri], *die,* kelt. Bewohner von Wales, ein auf eine besondere Einwanderungswelle zurückgehender Zweig der Kelten mit eigener Sprache (→kymrische Sprache und Literatur) und eigenem, noch heute bewahrten Volkstum (→Waliser).

kymrische Sprache und Literatur, walisische Sprache und Literatur. Sprachgeschichtlich unterscheidet man (nach der Ausgliederung aus dem Westbritischen) **Urkymrisch** (seit Ende des 6. Jh.), **Mittelkymrisch** (seit der 2. Hälfte des 12. Jh.) und **Neukymrisch** (seit dem 14./15. Jh.). Zwischen der heutigen Schrift- und Kirchensprache und den gesprochenen Dialekten bestehen große Unterschiede. Das Kymrische gehört zu den →britannischen Sprachen. Typolog. Charakteristika sind u. a. der Verlust nominaler Flexionsendungen in vorliterar. Zeit und Bezeichnung von Kasusbeziehungen durch präpositionale Fügungen sowie durch die Wortstellung.

Literatur in kymr. Sprache ist aus fast 1 300 Jahren erhalten, die ältesten Zeugnisse v. a. in fünf (aus späterer Zeit stammenden) Handschriften: ›The black book of Carmarthen‹ (um 1200), ›The book of Aneirin‹ (um 1250), ›The book of Taliesin‹ (um 1275), ›The red book of Hergest‹ (um 1400) und ›The white book of Rhydderch‹ (um 1300/25). Von den vier Dichtern, denen diese Handschriften traditionell zugeschrieben werden, sind nur ANEIRIN und TALIESIN (6./7. Jh.) historisch bezeugt.

Die Zeit der bard. Hofdichtung setzte um 1100 ein; im Dienste der Landesfürsten wurden v. a. (zur Instrumentalbegleitung vorgetragene) Lob- und Klagelieder verfasst. Die bedeutendsten Zeugnisse der kymr. Prosa dieser Epoche sind die Gesetzeskodifikationen des HYWEL DDA (1. Hälfte des 10. Jh.) und die Sammlung →Mabinogion (11.–13. Jh.).

Zum Wegbereiter der modernen kymr. Poesie wurde DAFYDD AP GWILYM (14. Jh.). Die im Zusammenhang mit Reformation und Gegenreformation entstandene religiöse Prosa und bes. die Übersetzung der Bibel ins Kymrische (1588) durch WILLIAM MORGAN (* um 1545, † 1604) schufen die sprachl. Grundlagen für eine moderne Prosa. Die Pflege der Bardendichtung fand nach der von den Engländern geförderten Emigration des walis. Adels nach England und der Unterdrückung der kymr. Sprache (17. Jh.) ein Ende.

Erst um die Mitte des 18. Jh. setzte wieder eine Erneuerungsbewegung innerhalb der kymr. Literatur ein. Der Traditionalist GORONWY OWEN (* 1723, † 1769) knüpfte an die klass. Bardendichtung an. Die Prosa erlebte u. a. in den polit. Schriften von SAMUEL ROBERTS (* 1800, † 1885) und in den Werken des mit C. DICKENS vergleichbaren D. OWEN einen neuen Aufschwung. Im Zusammenhang mit der Gründung der Univ. von Wales (1893) begann ein weiterer Abschnitt der kymr. Literatur, in dessen Rahmen alle literar. Gattungen neue Impulse erfuhren. Als Lyriker traten u. a. THOMAS GWYNN JONES (* 1871, † 1949), W. J. GRUFFYDD und ROBERT WILLIAMS PARRY (* 1884, † 1956), als Prosaschriftsteller u. a. TEGLA DAVIES (* 1880, † 1967), T. ROWLAND HUGHES (* 1903, † 1949) und KATE ROBERTS (* 1891, † 1985), als Dramatiker DAVID IVOR DAVIES (* 1893, † 1951), SAUNDERS LEWIS (* 1893, † 1985) und GWILYM RICHARD JONES (* 1903) hervor.

Vor dem stets präsenten Hintergrund von Wales hat sich die gegenwärtige Literatur auch Themen zugewandt, die über Wales hinausgreifen und den Zustand der menschl. Gesellschaft kritisch beschreiben.

J. MORRIS-JONES: An elementary Welsh grammar (Oxford 1913, Nachdr. ebd. 1955); Geiriadur Prifysgol Cymru. A dictionary of the Welsh language, auf mehrere Bde. ber. (Caerdydd 1950ff.); T. PARRY: A history of Welsh literature (a. d. Walis., Oxford 1955); H. M. EVANS u. W. O. THOMAS: Y geiriadur mawr. The complete welsh-english english-welsh dictionary (Llandybïe ¹⁵1989); H. LEWIS: Die kymr. Sprache. Grundzüge ihrer geschichtl. Entwicklung, bearb. v. W. MEID (a. d. Kymr., Innsbruck 1989); M. STEPHENS: The Oxford companion to the literature of Wales (Neudr. Oxford 1990).

Kynast ['kiː-] *der,* poln. **Chojnik** ['xɔjnik], Bergkegel mit gleichnamiger Burgruine im Vorland des Riesengebirges, in der Wwschaft Jelenia Góra (Hirschberg), Polen, 627 m ü. M. – Die wohl von Herzog BOLKO II. von Schweidnitz um 1355 erbaute Burg, seit Ende des 14. Jh. von den Herren von Schaffgotsch ausgebaut, brannte nach Blitzschlag 1675 aus.

Kyniker [griech., zu kynikós ›hündisch‹, zu kýon ›Hund‹] *der, -s/-,* **Zyniker,** Bez. für die Vertreter der griech. Philosophenschule des **Kynismus (Zynismus).** Auf ANTISTHENES, einen Schüler des SOKRATES, zurückgeführt, wurde die Schule im eigentl. Sinne durch DIOGENES VON SINOPE (Beiname Kyon) begründet.

Kynurenin

Weitere Vertreter waren u. a. KRATES VON THEBEN, dessen Frau HIPPARCHA, MONIMOS VON KYRENE. Das sokrat. Ideal erwerb- und lehrbarer Tugend und darin zu erreichenden Glücks (Eudaimonia) sahen die K. in einem Leben der Selbstgenügsamkeit (Autarkie) und Bedürfnislosigkeit. Ihre damit verbundene radikale Kritik gesellschaftl. Konventionen verachtete zuweilen jegl. Anstand, daher wohl ihr Name.

Kynismus *der, -,* **Zynismus,** von den →Kynikern begründete Schule der griech. Philosophie.

Kynologie [zu griech. kýōn, kynós ›Hund‹] *die, -,* die Lehre von Rassen, Zucht, Dressur und Krankheiten der Hunde.

Kynoskephalai [griech. ›Hundsköpfe‹], im Altertum Name eines Bergzugs südöstlich von Larissa in Thessalien, heute Mavrovuni (höchste Erhebung 726 m ü. M.). Bei K. fiel 364 v. Chr. der Thebaner PELOPIDAS im Kampf gegen den thessal. Tyrannen ALEXANDER VON PHERAI. Hier schlugen auch die Römer unter T. QUINCTIUS FLAMININUS 197 v. Chr. den Makedonenkönig PHILIPP V. im 2. Makedon. Krieg. (→Makedonische Kriege)

Kynstute, litauischer Fürst, →Kęstutis.

Kyn|urenin [zu griech. kýōn, kynós ›Hund‹ und oûron ›Harn‹] *das, -s,* im Stoffwechsel beim Abbau des Tryptophans entstehende Verbindung, chemisch das 3-Anthraniloylalanin (α-Amino-β-anthranoylpropionsäure). K. ist Zwischenprodukt bei der Bildung des Nicotinamids aus Tryptophan und bei der Bildung der bei Insekten und Krebsen vorkommenden Farbstoffe, der Ommochrome.

KYODO, Kurz-Bez. für **Kyōdō Tsūshinsha** [-tsuʃinʃa], jap. Nachrichtenagentur mit internat. Text- und Bilderdiensten, gegr. 1945 in Tokio als Genossenschaft von Presse- und Rundfunkunternehmen.

Kyōgen *das, -s,* mittelalterl. Posse des jap. Theaters, die, in volkstüml. Sprache zw. den Nō-Spielen aufgeführt, oft derb und satirisch gegen menschl. und soziale Schwächen gerichtet ist; meist 2–3 Spieler.

D. KENNY: A guide to K. (Tokio 1968); R. N. KINNON: Selected plays of K. (ebd. 1968).

Kyokutei, Bakin, jap. Schriftsteller, * Edo (heute Tokio) 9. 6. 1767, † ebd. 6. 11. 1848; populärster Erzähler des vormodernen Japan. Im Mittelpunkt seines umfangreichen Romanwerks (etwa 260 Titel) stehen die konfuzian. Grundtugenden, Schuld und Sühne in buddhist. Sicht (Karma) sowie die ritterl. Ethik (Bushidō). Seine unterhaltsam-didakt. Werke wurden bis in die Meijizeit häufig gelesen.

Kyomipo, Stadt in Nord-Korea, →Songnim.

Kyŏngju [kjʌndʒu], Stadt in Süd-Korea, nordnordöstlich von Pusan, 141 900 Ew.; Marktort; bedeutender Fremdenverkehr; Mittelpunkt eines Nationalparks (gegr. 1954); Bahnknotenpunkt. – Erhalten sind aus der Sillazeit die Überreste der Palastanlage, u. a. Anapji (Teich der Gänse und Enten) und Posŏkjŏng (Avalonenpavillon), sowie die 647 vollendete Sternwarte Ch'ŏmsŏngdae. Am Stadtrand liegen zahlr. Hügelgräber (Tumuli) der Fürsten von Silla (Grabbeigaben im Nationalmuseum von K.). 3 km entfernt steht am Fuß des Tohamsan der aus der Zeit des Vereinigten Königreichs stammende buddhist. Tempel Pulguksa (UNESCO-Weltkulturerbe), dessen zwei Pagoden (2. Hälfte des 8. Jh.) zu den schönsten Koreas zählen (BILD koreanische Kunst). Auf der Spitze des Berges befindet sich der Höhlentempel →Sŏkkuram (ebenfalls UNESCO-Weltkulturerbe). – K., die ›Goldene Stadt‹, war Hauptstadt des altkorean. Sillareiches (→Silla) bis zu dessen Untergang 935 n. Chr. Angelegt nach den Plänen der Tanghauptstadt Chang'an (heute Xi'an), war K. das polit., wirtschaftl. und kulturelle Zentrum dieses vom Buddhismus geprägten ersten korean. Einheitsreiches.

Kyōto: Blick über die Stadt mit dem Kyōto Tower in der Bildmitte

Kyōto, Kioto, Stadt auf Honshū, Japan, in einem Becken im zentralen Teil der Insel, Verw.-Sitz der Stadtpräfektur; (1994) 1,391 Mio. Ew.; 15 Univ., zahlr. Museen, botan. Garten; Maschinenbau, chem., Textil-, Nahrungsmittel-, Elektro-, Elektronik-, opt., Porzellanindustrie, traditionelles Kunsthandwerk; als Hauptzentrum der jap. Kultur und des Buddhismus in Japan einer der wichtigsten Anziehungspunkte des Landes für den Fremdenverkehr; Verkehrsknotenpunkt, U-Bahn.

Stadtbild: Das rechtwinklige Straßennetz wurde nach dem Vorbild der Tanghauptstadt Chang'an (heute Xi'an) symmetrisch angelegt. Vom Kaiserpalast aus dem 8. Jh. ist nur noch ein Teil des (außerhalb davon gelegenen Shinsenen-)Gartens erhalten, die heutige Anlage ist im Übrigen aus dem 19. Jahrhundert.

Der Palast des Nijōschlosses (1603) besteht aus fünf stufenförmig aneinander gereihten Gebäuden, die durch äußere Gänge verbunden sind. Im SW von K. liegt die kaiserl. Villa Katsura (1620–24), ein bedeutendes Beispiel jap. Wohn- und Gartenarchitektur, im NO die kaiserl. Villa Shūgakuin (1659), die von drei Gärten mit Teepavillons umgeben ist.

In K. gibt es etwa 1 500 buddhist. Tempelanlagen. Im N der Stadt, in den Bergen und am Fuß der Berge, befinden sich (von W nach O): der Seiryōji (mit einer Sandelholzplastik des Sakyamuni-Buddha, angeblich 987 geschnitzt und aus Indien über China nach Japan gebracht); die große Tempelanlage Ninnaji (886, Gebäude aus dem 17. Jh.), mit fünfstöckiger Pagode und fünf Nebentempeln; Myōshinji (1337), eine axiale Anlage, umgeben von kleinen Klöstern mit Gärten; Ryōanji, 1473 erbaut, mit einem von SŌAMI angelegten Steingarten; Daitokuji (1324, Gebäude aus versch. Epochen seit 1479); um die axiale Anlage mit Torgebäude, Buddhahalle und Lesehalle gruppieren sich Nebentempel und Klöster mit Zengärten.

Im O, vom äußersten N bis zum äußersten S, liegen u. a. die Tempel Sanzenin (um 800, Haupttempel mit bemalter Decke), umgeben von Landschaftsgärten des 17. Jh.; die Tempelanlage Enryakuji (788) auf dem Berg Hiei; die im 16. Jh. zerstörte Anlage wurde im 17. Jh. z. T. wieder errichtet; der Ginkakuji (›Silberpavillon‹, 1482) aus der Muromachizeit wurde aus einem Wohnhausbau entwickelt; leichte Veranden öffnen

---

Kyōto

Stadt in Japan, auf Honshū

1,391 Mio. Ew.

15 Universitäten

traditionelles Kunsthandwerk

Zentrum der japanischen Kultur und des Buddhismus in Japan

zahlreiche buddhistische Tempel und Klöster, Shintōschreine und Gartenanlagen

Kaiserpaläste und Shōgunatresidenzen

bis 1869 kaiserliche Residenz

den Bau zu einer Gartenanlage; Chionin (1234 oder 1211, Torgebäude aus dem 17. Jh.), mit der größten Tempelglocke Japans; Nanzenji (1293, Gebäude aus dem 17. und 19. Jh.), umgeben von zwölf Nebentempeln; Malereien der Kanōschule; Kiyomizudera (798 oder 805), die Haupthalle (1633) ist ein Holzbau mit weit geschwungenem Zedernrindendach; Daigoji (874; die Pagode wurde 951, die übrigen Tempelgebäude im 17. Jh. errichtet) mit Landschaftsgarten.

Südlich des Zentrums, von W nach O, folgen: der Tōji (796); er stellt den östl. Eingangstempel der Kaiserstadt dar; die Gebäude (mit der höchsten fünfstöckigen Pagode der Erde) sind aus dem 16./17. Jh.; Nishi Honganji (13. Jh.); die große Tempelanlage gilt als bestes Beispiel buddhist. Tempelarchitektur, die z.T. hierher versetzten Bauten sind aus dem 17.–19. Jh., älteste Nō-Bühne in Japan; Sanjūsangendō (wieder gegründet 1266), die 119 m lange und 55 m breite Halle des Tempels ist eingeteilt in 33 Felder, symbolisch für die 33 Erscheinungsformen Kannons, mit einer tausendarmigen sitzenden und 1000 stehenden Kannonstatuen.

Im W (von N nach S) die Tempel Kōryūji (622, Lesehalle von 1165), eine oktogonale Halle mit Statue des Prinzen SHŌTOKU; Saihōji (›Moostempel‹, vermutl. im 12. Jh. gegr.), im 14. Jh. erneuert); Landschaftsgarten mit 40 Moosarten.

In K. befinden sich über 200 shintoist. Schreinanlagen. Bedeutend sind u.a. (von N nach S) der Kamigamo- und der Shimogamoschrein: Die zwei etwa 3 km voneinander entfernten Anlagen stellen das Shintōheiligtum aus der Zeit vor der Stadtgründung (mit dem Berg Kōyama als Heiligtum) dar. Die Bauten wurden alle 21 Jahre erneuert, zuletzt 1863; der Heianschrein (1895 im Fujiwarastil erbaut) ist das Heiligtum zu Ehren der Kaiser KAMMU und KŌMEI; der Inarischrein ist ein Bergheiligtum mit verzweigtem Wegesystem, das durch dicht aneinander gestellte rote Torii zu einem ›Tunnelgangsystem‹ von 4 km Länge wird; am Fuß des Berges die Schreinbauten (15. Jh.), in denen als Hauptgottheit die Reisgöttin verehrt wird. – Die histor. Baudenkmäler und Gärten von K. wurden von der UNESCO zum Weltkulturerbe erklärt.

In der 2. Hälfte des 20. Jh. hat der Bauboom die Stadt sehr verändert. Zu den modernen Bauten führender jap. Architekten gehören u.a. das Nationalmuseum für moderne Kunst von MAKI FUMIHIKO (1986), das Modehaus Syntax (1990) und das Städt. Kunstmuseum (1995) von TAKAMATSU SHIN sowie die Konzerthalle von ISOZAKI ARATA (1995).

Geschichte: K. (der ›Residenzstadt‹ bedeutende Name wurde in der Meijizeit üblich) ging hervor aus der auf Befehl von Kaiser KAMMU gegründeten und 794 vom kaiserl. Hof bezogenen Residenzstadt Heiankyō (Hauptstadt des Friedens); sie war für 500 000 Ew. geplant. Nach ihr wurde die Ära bis 1185 bezeichnet. Die Stadt, im Wesentlichen wohl 805 vollendet, häufig auch ›Miyako‹ (Kaiserl. Residenz) gen., blieb bis 1869 Kaisersitz. Mit der Verlegung des Kaiserhofs nach dem heutigen Tokio schwand K.s polit. Bedeutung. – Nach dem Stadtbezirk Muromachi, 1338–1573 Sitz der Shōgunat-Reg., wurde eine weitere Epoche der jap. Geschichte benannt.

Kyōtoschule, Nishidaschule [niʃ-], umfasst die Philosophen, die von NISHIDA KITARŌ (* 1870, † 1945) beeinflusst, dessen Philosophie weiterentwickelt und, z.T. wie ihr Meister, an der Univ. von Kyōto tätig waren. Unter ihnen ragen v.a. TANABE HAJIME (* 1885, † 1962), KŌSAKA MASAAKI (* 1900, † 1969), NISHITANI KEIJI (* 1900), MIKI KIYOSHI (* 1897, † 1945), MUTAI RISAKU (* 1890, † 1974) und TAKAHASHI SATOMI (* 1886, † 1964) hervor.

J. HAMADA: Nishida-Schule, in: Japan-Hb., hg. v. H. HAMMITZSCH (²1984).

Kyphose [zu griech. kȳphós ›gebückt‹, ›gekrümmt‹] *die, -/-n,* Ausbiegung der Wirbelsäule nach hinten, im Bereich der Brustwirbelsäule ist sie physiologisch. Krankhaft sind Hals- oder Lendenwirbelsäulen-K. sowie Verstärkungen der Brustwirbelsäulen-K. (Rundrücken). Lockere K. sind durch Muskelanspannung und Krankengymnastik spontan zu korrigieren, kontrakte (feste) K. bestenfalls durch lang dauernde Behandlung, eventuell auch mit einem Korsett. Ursachen krankhafter K. (Buckel) sind angeborene Fehlbildungen, Rachitis (führt im Kindesalter zum Sitzbuckel), die im Wachstumsalter auftretende Scheuermann-Krankheit, fehlverheilte Knochenbrüche nach Unfällen (führen bevorzugt zum Spitzbuckel oder Gibbus) oder auch Osteoporose sowie Bandscheibendegeneration im höheren Alter. Eine bes. stark ausgeprägte kyphot. Fehlhaltung kann bei der Bechterew-Krankheit auftreten.

kyprische Kunst, die →zyprische Kunst.

kyprische Silbenschrift, die auf Zypern bis gegen Ende des 3. Jh. v. Chr. verwendete Schrift. Die k. S. ist eine rein phonet. Silbenschrift mit 56 Zeichen (lokale Unterschiede) und nach anderen Regeln als die verwandte Schrift Linear B von Knossos, Pylos u.a. geschrieben. Die Mehrzahl der Texte ist in einem altgriech. (dem Arkadischen nahe verwandten) Dialekt, einige Texte sind in eteokypr. Sprache verfasst. Im 2. Jt. v. Chr. existierte eine Vorstufe der k. S. in Form der →kyprominoischen Schriften. Die k. S. wurde 1871–75 entziffert.

E. Grumach in: Allg. Grundlagen der Archäologie, hg. v. U. HAUSMANN (1969); O. MASSON: Les inscriptions chypriotes syllabiques (Neuausg. Paris 1983).

kyprominoische Schriften, die vom 16./15. Jh. bis ins 11. Jh. v. Chr. auf Zypern sowie auf einigen Dokumenten aus Ugarit bezeugten Silbenschriften. Sie sind einerseits mit den Linearschriften Kretas (speziell mit Linear A), andererseits mit der →kyprischen Silbenschrift verwandt. Die Bez. k. S. nimmt Bezug auf ihre Herkunft aus den in mittel- und spätminoischer Zeit auf Kreta gebräuchl. Schriftsystemen (→kretische Schriften). Zwei der drei nahe verwandten Varianten finden sich auf Zypern selbst; davon ist die erste vom 16./15. bis 11. Jh. v. Chr. an mehreren Orten der Insel sowie auf versch. Gegenständen bezeugt und weist vermutlich Beziehungen zu jener einheim. Sprache auf. Eteokyprisch gen. wird; die zweite, auf großen Tontafeln belegte Schrift ist nur aus Enkomi und der Zeit vom 13. bis 12. Jh. v. Chr. bekannt. Die dritte Variante ist in Ras Schamra (dem alten Ugarit) an der syr. Küste östlich von Zypern bezeugt. Die Entzifferung der k. S. hat begonnen.

Kypros, griech. Name von →Zypern.

Kypselos, korinth. Adliger des 7. Jh. v. Chr., errichtete um 657 (620?) v. Chr. die Tyrannis über Korinth, die er um 627 (590?) v. Chr. seinem Sohn PERIANDER vererbte. – Eine von K. (oder seinem Nachfolger) um 600 v. Chr. gestiftete Zedernholztruhe (**K.-Lade**), die im Heraion von Olympia stand, war nach Beschreibung von PAUSANIAS mit fünf Figurenfriesen aus Gold und Elfenbein geschmückt.

G. ZÖRNER: K. u. Pheidon von Argos. Unters. zur frühen griech. Tyrannis (Diss. Marburg 1971).

Kyptschak, türk. Volksgruppe, →Kiptschak.

Kyrenaiker, Bez. für die Vertreter der von ARISTIPPOS aus Kyrene begründeten Schule der griech. Philosophie, die aus der sokrat. Tugendlehre Konsequenzen zieht, die der Kyniker entgegengesetzt sind. Zu den K. zählten u.a. THEODOROS ATHEOS, HEGESIAS und ANNIKERIS. (→Hedonismus)

Kyrene, lat. **Cyrene,** antike Hauptstadt der →Cyrenaika, heute **Schahhat** in NO-Libyen, nahe der Mittelmeerküste; auch Name der umgebenden Landschaft, der heutigen Cyrenaika. Die von Griechen aus Thera unter Führung des späteren ersten Königs von K., BATTOS I., 631 v. Chr. gegründete Stadt kam rasch zu wirtschaftl. Blüte (wichtigste Exportgüter: Getreide und Silphion). 331 v. Chr. wurde K. von ALEXANDER D. GR., 322 von PTOLEMAIOS I. unterworfen. 96 v. Chr. fiel es an Rom, 74 wurde es Hauptstadt der röm. Provinz Cyrene. AUGUSTUS ordnete das Gerichtswesen in K. neu. HADRIAN baute die bei dem jüd. Aufstand von 114–117 n.Chr. verwüstete Stadt wieder auf. Bei der Teilung des Röm. Reiches fiel K. wie die gesamte Cyrenaika an das Oström. (Byzantin.) Reich, 643 wurde es von den Arabern erobert. Aus K. stammten der Mathematiker THEODOROS, die Philosophen ARISTIPPOS und KARNEADES, der Dichter KALLIMACHOS, der Polyhistor ERATOSTHENES sowie der Bischof und Gelehrte SYNESIOS. – Die meisten Baureste stammen aus der Zeit HADRIANS. K. hatte sich auf zwei Terrassen nordöstlich und südöstlich der Akropolis entwickelt. Auf der nordöstl. Terrasse lagen v. a. die Tempel des Apoll (um 600 v.Chr., um 340 v.Chr. erneuert) und der Artemis (400 v.Chr.) sowie röm. Thermen und das griech. Theater unter HADRIAN zu einem Amphitheater umgebaut). Auf der südöstl. Terrasse wurden seit hellenist. Zeit u. a. Agora, Demeter-(Isis-)Tempel, Prytaneion (Verwaltungsgebäude), Kapitol, Wohnviertel und eine röm. Platzanlage (Caesareum) erbaut. Auf einem nordöstlich der beiden Terrassen gelegenen Hügel erhob sich der Zeustempel (ältester Bau aus spätarchaisch-frühklass. Zeit, versch. Erneuerungen bis in die röm. Zeit, heute z. T. wieder aufgebaut). An der Straße zur Küste befindet sich eine ausgedehnte Nekropole mit verschiedenen Grabbauten. Die Ruinen von K. wurden von der UNESCO zum Weltkulturerbe erklärt.

R. G. GOODCHILD: K. u. Apollonia (a.d.Engl., Zürich 1971); S. APPLEBAUM: Jews and Greeks in ancient Cyrene (a.d.Hebr., Leiden 1979); Cirene e i Libyi, hg. v. S. STUCCHI u.a. (Rom 1987); D. ROQUES: Synésios de Cyrène et la Cyrénaique du Bas-Empire (Paris 1987).

Kyrenia, türk. **Girne,** Stadt an der N-Küste Zyperns, 7 000 Ew.; am Fuße der küstenparallel verlaufenden, rd. 130 km langen **K.-Kette** (im W bis 1 024 m ü. M.) gelegen; Hochschule; bis zur türk. Besetzung (1974) wichtiger Fremdenverkehrsort. – Südöstlich der Stadt, ebenfalls in der K.-Kette, finden sich die Reste der ehemaligen Prämonstratenserabtei **Bellapais** (Ende des 12. Jh. gegr., im Stil der frz. Gotik erbaut), deren Kirche (wohl 13. Jh.), Refektorium, Dormitorium und Kreuzgang (alle 14. Jh.) erhalten sind. Sie ist das bedeutendste Zeugnis lat. Mönchstums auf Zypern. – Bei K. wurde 1967 das bislang älteste griech. Handelsschiff (4. Jh. v. Chr.) geborgen, es war 14,75 m lang, konnte bis zu 30 Tonnen Fracht befördern, hatte ein viereckiges Segel und eine Besatzung von vier Mann (heute im Schiffswrackmuseum des Kastells). – K., eine antike Gründung **(Keryneia),** war im MA. unter den Lusignans Residenz. Das Kastell sowie die in der K.-Kette liegende Festungsruine St. Hilarion (700 m ü. M.) wurden in byzantin. Zeit angelegt und im 13. Jh. unter den Lusignans ausgebaut, das Kastell unter den Venezianern im 16. Jh. weiter befestigt. 1570 wurde K. von den Osmanen erobert.

Kyrgysstan, Kyrgyzstan, Staat in Mittelasien, →Kirgistan.

Kyrie eleison [griech. ›Herr, erbarme dich!‹], in der vorchristl. Antike ein Huldigungsruf an den Herrscher oder eine Gottheit; wurde im Christentum durch den JESUS CHRISTUS beigegebenen Titel ›Kyrios‹ zum Ruf der Gemeinde, mit dem das Bekenntnis zu JESUS als Herrn zum Ausdruck gebracht wurde. Das K. e. war zunächst nur im Osten als Antwort des Volkes bei den Ektenien, seit etwa 500 auch in Rom üblich. Im 6. Jh. wurde es von GREGOR I. auf die Neunzahl der Rufe (je dreimal Kyrie, Christe, Kyrie

Kyrenia: Blick vom Kastell auf den Hafen und die Stadt

eleison) beschränkt. Mit der Zeit verstand man die Kyrierufe zunehmend als Bittrufe, seit der Aufklärung, v. a. in der ev. Liturgie, als Bußgebet und Sündenbekenntnis. Heute ist das K. e. Bestandteil des Eröffnungsteils der Messe und des ev. Gottesdienstes. – Die Ostkirchen kennen die vierzig- und hundertfache Wiederholung des K. e. als Volksgebet.

Kyrill, K. von Alexandria, Kirchenlehrer, †27. 6. 444; seit 412 Patriarch von Alexandria; ging radikal gegen Andersgläubige vor (Schließung novatian. Kirchen, Enteignung und Vertreibung der Juden, Ermordung der Philosophin HYPATIA). In der Auseinandersetzung um die Christologie war er der Gegner des NESTORIUS. Ausgehend von einer monophysit. Betonung der Einheit von göttl. und menschl. Natur in JESUS CHRISTUS wurde K. auf dem Konzil von Ephesos (431) zum Vertreter der ›hypostat. Union‹. Er erwirkte eine Verurteilung des NESTORIUS in Abwesenheit und verursachte dadurch das Entstehen einer antiochen. Gegensynode. Erst 433 unterzeichnete K. eine Kompromissformel, die den Konflikt beilegte.

Sein umfangreiches literar. Werk umfasst Kommentare zum A. T. und N. T., apologet. Schriften gegen JULIAN, ARIUS und v. a. NESTORIUS sowie Predigten und eine Vielzahl dogmatisch bedeutsamer Briefe. – Heiliger (Tag: 27. 6.; in der orth. Kirche: 9. 6.).

Ausgaben: Opera quae reperiri potuerunt omnia, hg. v. J.-P. MIGNE, 10 Bde. (1859–64). – Ausgew. Schriften, übers. v. O. BARDENHEWER (1935).

Kyrill, K. von Jerusalem, Kirchenlehrer, *um 313, †386; wurde um 350 Bischof von Jerusalem. K. vertrat in der Trinitätslehre einen gemäßigten Subordinatianismus und wurde in den arian. Streitigkeiten mehrfach verurteilt und verbannt, stimmte aber später dem vom 2. ökum. Konzil in Konstantinopel 381 (dessen Teilnehmer er war) beschlossenen nicänokonstantinopolitan. Glaubensbekenntnis zu. Von K.s Schriften wurden neben seinen Predigten die 24 Katechesen von Bedeutung für Liturgik, Katechetik und Sakramentenlehre. – Heiliger (Tag: 18. 3.).

Ausgabe: Opera quae extant omnia, hg. v. J.-P. MIGNE (1857); Opera quae supersunt omnia, hg. v. W. C. REISCHL, 2 Bde. (1848–60, Nachdr. 1967); Katechesen, bearb. v. P. HÄUSER u. a. (1922).

Kyrilliza, Kirilica [-tsa], **kyrillische Schrift,** eine Form der kirchenslaw. Schrift, die ab dem 10. Jh. die ältere →Glagoliza verdrängte und zur alleinigen Schrift der griechisch-orth. Slawen wurde; wahrscheinlich zu Unrecht mit dem Slawenapostel KYRILLOS in Verbindung gebracht; die Ausarbeitung des Alphabets wird KLIMENT OCHRIDSKI zugeschrieben. Die K. beruht auf der griech. Unzialschrift, doch wur-

Wörter, die man unter K vermisst, suche man unter C, Ch, G, H oder Q

den die Grapheme für die spezifisch slaw. Laute der Glagoliza entnommen. Durch die Schriftreform PETERS D. GR. (→Asbuka) vereinfacht, wird sie bis heute (mit Abwandlungen) von Russen, Bulgaren, Weißrussen, Ukrainern, Serben und Makedoniern verwendet. In Russland wurde die K. 1917/18 weiter vereinfacht (Abschaffung der Buchstaben Θ, ѣ, ї und ъ am Wortende). Die auf lat. Grundlage begonnene Schaffung der Alphabete für die urspr. schriftlosen nichtslaw. Sprachen der ehem. UdSSR wurde seit Mitte der 1930er-Jahre auf die Grundlage der K. umgestellt; nicht kyrillisch sind die Schriften der Georgier, Armenier, Esten, Litauer und Letten. Für die nichtslaw. Sprachen sind aus den russisch-kyrill. Graphemen etwa 50 neue Grapheme (meist mit diakrit. Zeichen über den herkömmlichen kyrill. Graphemen) entwickelt worden. Für das Mongolische wurde 1941–46 die kyrill. Schrift eingeführt. (→russische Schrift)

E. F. KARSKIJ: Slavjanskaja kirillovskaja paleografija (Leningrad 1928, Nachdr. Moskau 1979); P. ĐORĐIĆ: Istoria srpske ćirilice (Belgrad 1971); H. SCHELESNIKER: Schriftsysteme bei den Slawen (Innsbruck 1972); P. ILČEV: Azbuki, in: Kirilo-metodievska enciklopedija, hg. v. P. DINEKOV u.a., Bd. 1 (Sofia 1985); T. ECKHARDT: Azbuka. Versuch einer Einf. in das Studium der slav. Paläographie (Wien 1990).

Kyrillos Lukaris, griechisch-orth. Theologe, *Kreta 13. 11. 1572, †(erdrosselt auf einem Schiff im Bosporus) 27. 6. 1638; wurde nach Studien in Italien und Polen 1602 Patriarch von Alexandria, 1620 von Konstantinopel. Durch seinen Briefwechsel mit ref. Theologen in England, in den Niederlanden und in der Schweiz lernte er kalvinist. Gedankengut kennen und versuchte, dieses in die Reform der orth. Kirche einzubringen. Sein 1629 in Genf erschienenes lat. Glaubensbekenntnis ›Confessio fidei‹ (lat. und griech. 1633) erregte unter den Orthodoxen heftigen Widerspruch. K. L. wurde beim Sultan denunziert und auf dessen Befehl hingerichtet. – In Auseinandersetzung mit seinen Vorstellungen stellten die Synoden von Jassy (1642) sowie von Jerusalem und Konstantinopel (1672) deutlich die Abgrenzung der orth. gegenüber den westl. Kirchen heraus.

Kyrillos und Methodios, Apostel der Slawen, griech. Brüder aus Saloniki: KYRILLOS, eigtl. KONSTANTINOS, Geistlicher und Gelehrter (*826/827, †Rom 14. 2. 869) und METHODIOS (ursprünglich MICHAEL?), hoher Beamter, später Mönch und Erzbischof (*um 815, †in Mähren (Welehrad?) 6. 4. 885). – Auf Ersuchen des Fürsten RASTISLAW (*846, †870) vom byzantin. Kaiser MICHAEL III. 863 mit der volkssprachl. Mission im →Großmährischen Reich beauftragt, hatten die Brüder wohl schon Jahre vorher die notwendigen liturg. und pastoralen Texte übersetzt und für die später →Kirchenslawisch genannte Sprache ein Alphabet (→Glagoliza) geschaffen und den slaw. Heimatdialekt zu einer Schriftsprache ausgestaltet. In Mähren kam es zu kirchenrechtl. Auseinandersetzungen mit den bayer. Bischöfen, die auch die slaw. Liturgie bekämpften. Über Venedig reisten die Brüder 867 nach Rom zur Legitimierung ihres Werkes. Unterwegs verankerten sie die kirchenslaw. Liturgie bei den zur Westkirche gehörenden Kroaten, wo sie sich bis ins 20. Jh. hielt (→Glagolismus). 869 ernannte Papst HADRIAN II. METHODIOS zum Erzbischof von Mähren und Pannonien, was zu Gewaltakten der bayer. Bischöfe führte. 870–873 war METHODIOS eingekerkert, wurde jedoch von Papst JOHANNES VIII. in seine Rechte restituiert. Nach seinem Tod ließ Fürst SWATOPLUK I. dessen Schüler aus Mähren vertreiben. Sie fanden jedoch in Bulgarien freundl. Aufnahme. Von dort verbreiteten sich die slaw. Liturgie und die später autokephalen Nationalkirchen nach Serbien, Rumänien und Russland. – Die Viten der hl. Brüder sind die ältesten slaw. Literaturdenkmäler. – Heilige;

Willy Kyrklund

1980 von Papst JOHANNES PAUL II. zu Patronen Europas erklärt und als solche dem hl. BENEDIKT (Patron Europas seit 1964) an die Seite gestellt. (Tag: 14. 2.; in der orth. Kirche: 11. 5.).

F. DVORNIK: Byzantine missions among the Slavs (New Brunswick, N. J., 1970); Kirilo-Metodievska enciklopedija, hg. v. P. DINEKOV, auf 3 Bde. ber. (ebd. 1985ff.); Die Lehrer der Slawen Kyrill u. Method, hg. v. J. SCHÜTZ (1985).

Kyrios [griech. ›Herr‹], bibl. Hoheitstitel; in der Septuaginta Übersetzung des alttestamentl. Gottesnamens →Jahwe; im N. T. die wichtigste Bez. JESU CHRISTI als des von Gott eingesetzten Herrn über Welt und Kirche (1. Kor. 8,6; Phil. 2,11). PAULUS übernahm den Titel K. von der hellenist. Gemeinde, die ihrerseits an den Ruf der aramäischsprachigen palästin. Gemeinde ›Marana tha‹ (›Unser Herr, komm!‹) anschloss, mit dem die Erwartung der Wiederkunft und Herrschaft JESU CHRISTI (Parusie) zum Ausdruck gebracht wurde.

W. BOUSSET: K. Christos (⁶1967); F. HAHN: Christolog. Hoheitstitel (⁴1974).

Kyritz, Stadt im Landkreis Ostprignitz-Ruppin, Bbg., 45 m ü. M., in der östl. Prignitz, westlich der Kyritzer Seenkette, 9600 Ew.; Stärkefabrik. – Trotz zahlr. Brände ist das Stadtbild des 17./18. Jh. weitgehend erhalten; das Rathaus (1879) wurde in historisierendem Stil mit Uhrturm errichtet, St. Marien, eine Hallenkirche des 15. Jh., wurde 1708–14 barockisiert (Turm von 1849). – Die um 1200 regelmäßig angelegte Siedlung K. erhielt 1237 Stadtrecht. Seit 1259 gehörte K. als Immediatstadt den Markgrafen von Brandenburg. K. war bis 1993 Kreisstadt.

Kyrklund [ˈtɕyrklʊnd], Willy, eigtl. **Paul Wilhelm K.,** finnisch-schwed. Schriftsteller, *Helsinki 27. 2. 1921; lebt seit Ende der 40er-Jahre in Schweden. K.s Stil ist melancholisch, oft mit beißend-iron. Unterton, geprägt auch durch seine Kennerschaft der oriental. und chin. Kultur wie in der Erzählung ›Mästaren Ma‹ (1952; dt. ›Meister Ma‹).

Weitere Werke: Erzählungen und Romane: Tvåsam (1949); Polyfem förvandlad (1964); Åtta variationer (1982); Om godheten (1988; dt. Vom Guten). – *Dramen:* Från bröllopet till Medea (1967).

Kyros, lat. **Cyrus,** altpers. **Kurusch,** babylon. und elam. **Kurasch,** in der Bibel **Koresch,** Angehörige des pers. Herrscherhauses der Achaimeniden. Bedeutende Vertreter:

1) Kyros II., d. Gr., König der Perser (seit 559 v. Chr.) und Gründer des altpers. Großreichs, †530 v. Chr.; war zunächst Vasall der Meder, konnte aber um 550 v. Chr. die Herrschaft über das Mederreich erringen. Nach dem Bericht HERODOTS ging der Heerführer des ASTYAGES, HARPAGOS, zu K. über, ASTYAGES wurde an K. ausgeliefert. Hierauf wandte sich K. gegen Lydien, um 546 fiel Sardes, der Lyderkönig KROISOS (›Krösus‹) wurde entthront. K.' Feldherren unterwarfen die griech. Städte in Kleinasien. Die dritte Großmacht, Babylonien, wurde von K. sieben Jahre später beseitigt, begünstigt durch die Missstimmung der heim. Priesterschaft gegen König NABONID. Babylon fiel im Oktober 539, NABONID wurde gefangen genommen. Um seine Herrschaft in Phönikien und Syrien zu sichern, verpflichtete sich K. 538 die im →Babylonischen Exil lebenden Juden durch die Erlaubnis zur Rückkehr nach Jerusalem. Bei den Kämpfen gegen die Saken (Massageten) gefallen, wurde K. in Pasargadai bestattet. Er hinterließ zwei Söhne, KAMBYSES (II.) und SMERDIS, auch mehrere Töchter, darunter ATOSSA. Eine Bildungsgeschichte des K. gibt XENOPHON in seiner ›Kyrupädie‹.

2) Kyros d. J., pers. Prinz, *423 v. Chr., †401 v. Chr.; der jüngste Sohn DAREIOS' II. und der PARYSATIS. Als nach seines Vaters Tod sein älterer Bruder ARTAXERXES II. den Thron bestieg, versuchte K., ihn zu stürzen. In der Ebene von Kunaxa stießen im September 401 v. Chr. die feindl. Brüder aufeinander; K. wurde getötet. Über sein missglücktes Unternehmen berichtet XENOPHON in der ›Anabasis‹.

Kystadenom *das, -s/-e,* **Adenokystom, Kystom, Cystadenom,** ein- oder mehrkammrige, durch eine Kapsel abgeschlossene sackartige Geschwulst, die innen glatt sein oder warzenartige (papilläre) Auflagerungen aufweisen kann. Die Wandauskleidung besteht aus einem Drüsenepithel, das je nach Art der Epithelausbildung einen dünnflüssigen (serösen), schleimigen (muzinösen) oder dickflüssig-breiigen Inhalt bildet. Durch die Sekretion des Epithels vergrößert sich die Geschwulst. K. sind primär gutartig, können aber, bes. bei papillären Formen, bösartig werden.

Am häufigsten treten K. im Eierstock auf, können eine beachtl. Größe erreichen und den gesamten Bauchraum ausfüllen. Selten kommen K. in Brustdrüse, Niere, Lunge, Hoden oder Schilddrüse vor.

Kysyl, Volksgruppe in Südsibirien, →Chakassen.

Kysyl, Kyzyl [-z-], Hauptstadt von Tuwinien (Russ. Föderation), in S-Sibirien nahe dem Zusammenfluss von Großem und Kleinem Jenissej, 88 000 Ew.; Forschungsinstitut für Sprache, Literatur und Geschichte der Tuwinen; Möbel-, Leder-, Bekleidungs-, Nahrungsmittelindustrie. Ein Obelisk kennzeichnet den Mittelpunkt Asiens. – K. wurde 1914 gegründet.

Kysylbąsch, →Kisilbasch.

Kysylkum [türk. ›roter Sand‹] *die,* **Kyzylkum** [-z-], Sandwüste in Usbekistan, Kasachstan und randlich in Turkmenistan, im Tiefland von Turan, zw. Amudarja und Syrdarja, rd. 300 000 km². Die K. fällt sanft vom Vorland des Tienschan (300 m ü. M.) nach N zum Aralsee (53 m ü. M.) ein. Ihre Sande sind i. Allg. mit Saxaul bestanden und liegen daher fest. In der K. gibt es Inselberge (bis 922 m ü. M.) und Senken (Mynbulak-Depression 12 m u. M.), in den Salztonebenen; im SO erstreckt sich die Südl. →Hungersteppe. Das Klima ist extrem kontinental. Die K. ist z. T. Weidegebiet (Karakulschafe, Kamele, Pferde), in den wenigen Oasen auch Bewässerungsfeldbau. Bedeutend sind die Erdgasförderung im Gebiet Buchara und der Goldbergbau (Tagebau) bei Muruntau im Gebiet Nawoj.

Kysylsu, Hauptquellfluss des →Wachsch.

Kythera, altgriech. **Kythera,** neugriech. **Kythira** [ˈkiθira], griech. Insel vor dem SO-Kap der Peloponnes, 278 km², 3 000 Ew. – Phönik. Purpurfischer sollen hier den Kult der Göttin Aphrodite begründet haben, doch schon 2000–1450 v. Chr. bestand eine Handelsniederlassung des minoischen Kreta. K. wurde dann von Dorern besiedelt und gehörte im Altertum zum Gebiet Spartas, im MA. (seit 1363) den Venezianern (von diesen **Cerigo** gen.) und kam 1864 mit den →Ionischen Inseln an Griechenland.

A. PHILIPPSON: Die griech. Landschaften, Bd. 3 (1959).
K. Excavations and studies, hg. v. J. N. COLDSTREAM u. a. (London 1972).

Kythnos [neugriech. ˈkiθnɔs], Insel im W der Kykladen, Griechenland, 99 km², 1 600 Ew.; wegen der warmen Quellen an der O-Küste seit dem MA. auch **Thermia** genannt.

Kyu [jap., kjū ›vorherig(e Stufe)‹] *der, -s/-s,* Budosport: in den jap. Kampfsportarten die sechs (Karate, Aikido) oder fünf (Judo, Jujutsu) Grade der Schüler bis zur Erlangung des 1. Meistergrades (→Dan); sie werden durch die versch. Farben der über dem Kimono getragenen Gürtel angezeigt: 6. K. (**Rok-K.**), weißer Gürtel; 5. K. (**Go-K.**), gelber Gürtel; 4. K. (**Shi-K.**), orange Gürtel; 3. K. (**San-K.**), grüner Gürtel; 2. K. (**Ni-K.**), blauer Gürtel; 1. K. (**Ik-K.**), brauner Gürtel. Der 1. K. ist der ranghöchste.

Kyudo [jap. ›Weg des Bogens‹] *das, -s,* zu den Budosportarten (→Budo) zählende jap. Form des Bogenschießens, die sich aus der Waffenkunst der jap. Ritter (→Samurai), auch vom →Zen adaptiert, zu einer sportl. Übung gewandelt hat (**Kyujutsu**). Sportgerät ist ein asymmetrisch gegriffener Langbogen. Die Pfeile sind zur Flugstabilisierung gefiedert. Die Kleidung der K.-Sportler (**Kyudoka**) besteht aus Hosenrock (›Hakama‹), Hemd (›Gi‹) oder Kimono und Füßlingen (›Tabis‹). – In Dtl. wird K. vom Dt. K. Bund (DKyuB e. V.; gegr. 1993, Sitz: Hamburg) organisiert (14 Landesverbände, rd. 800 Mitgl.). Dt. Meisterschaften (Einzel und Mannschaft) werden seit 1978 ausgetragen.

F. F. HOFF: K. Die Kunst des jap. Bogenschießens (⁸1996).

Kyung-Wha Chung [-tʃ-], südkorean. Violinistin, *Seoul 26. 3. 1948; debütierte 1957 in Seoul, gab 1970 ihr Europadebüt und trat mit großen Sinfonieorchestern und bei Festspielen (Salzburg, Edinburgh) auf. Sie wurde bes. als Interpretin zeitgenöss. Violinkompositionen bekannt.

Kyūshū [jap. ›neun Provinzen‹], **Kiuschu,** südwestlichste der vier Hauptinseln Japans, durch die Straße von Shimonoseki von Honshū getrennt, 42 163 km² (mit Nebeninseln), (1993) 13,34 Mio. Ew. Berg- und Hügelländer (im Vulkan Kujūsan des Aso-Nationalparks bis 1 788 m ü. M.) nehmen den größten Teil K.s ein; von den z. T. stark gegliederten Küsten her reichen Ebenen in das Inselinnere. Das Klima mit einer Jahresmitteltemperatur von 15–16 °C ist mild und niederschlagsreich (1 500–3 000 mm Niederschlag pro Jahr; im SO z. T. über 4 000 mm); im Jahresdurchschnitt gibt es etwa 15 Taifune.

Auf der Grundlage des Chikuhō-Kohlenfeldes (im NW) entwickelte sich eine der großen jap. Industrieregionen um →Kitakyushū und →Fukuoka. Weitere Industriestandorte sind u. a. die Werftstädte Sasebo, Nagasaki, Usuki und Saiki, ferner Ōita (Erdölraffinerie) und Saganoseki (Schwerindustrie), Hyūga (chem., Kunstfaserindustrie), Kagoshima und Kumamoto. Hauptgebiete der Landwirtschaft sind die Ebenen der W-Seite sowie der S; neben dem Anbau von Tabak und Obst (im SO v. a. Zitrusfrüchte) hat die Schweine- und Rinderhaltung Bedeutung. K. ist bei Kitakyushū durch den untermeer. →Kammontunnel sowie durch eine Hochbrücke bei Kitakyushū (Moji; 1 068 m lang, 61 m ü. M., für Schiffe bis 100 000 BRT passierbar) mit Honshū verbunden. (BILD →Japan).

Kyzikos, lat. **Cyzicus,** antike Hafenstadt am Südufer des Marmarameeres, zw. Erdek und Bandırma, Türkei. – Im 8. oder 7. Jh. v. Chr. von Griechen aus Milet gegründet, nach lyd. und pers. Herrschaft Mitgl. des 1. und 2. Att. Seebundes (bis 357/355 v. Chr.). 281 fiel K. an die Seleukiden, erlangte 218 wieder die Selbstständigkeit und behielt diese, bis es 25 n. Chr. unter röm. Herrschaft kam; vom 4. bis zum 6. Jh. Mittelpunkt der Prov. Hellespontos, eine der reichsten Städte Kleinasiens in röm. Zeit. 543 wurde K. durch ein Erdbeben fast völlig zerstört.

Kyzil [kiˈzil], Ort im Autonomen Gebiet Sinkiang, China, mit buddhist. Höhlenkomplex, →Kizil.

KZ, 1) (allgemein übl.) Abk. für →**K**onzentrationslager.
2) Nationalitätszeichen für Kasachstan.

KZBV, Abk. für **K**assen**z**ahnärztliche **B**undes**v**ereinigung.

KZG, Abk. für **K**urz**z**eit**g**edächtnis, →Gedächtnis.

Kzr, Abk. für die Währungseinheit →**K**wanza **R**eajustado.

KZV, Abk. für **K**assen**z**ahnärztliche **V**ereinigung.

Kzyl-Ordạ [kz-], Stadt in Kasachstan, →Ksyl-Orda.

L

L, l, 1) der zwölfte Buchstabe des dt. u. a. Alphabete, ein Konsonant mit dem Lautwert eines dentalen Laterals. Der Buchstabe kommt auch in Verbindung mit diakrit. Zeichen vor, z. B. als ł [u̯] im Polnischen.
2) L oder L., bei röm. Namen Abk. für den Vornamen Lucius.
3) *Einheitenzeichen:* l für Liter.
4) *Formelzeichen:* l für die Länge (dim l oder L für deren Dimension) und die Bahndrehimpulsquantenzahl (→Quantenzahl); *L* für →Induktivität und →Leuchtdichte; *L* für →Drehimpuls.
5) *Münzwesen:* L, Kennbuchstabe des Prägeortes: auf frz. Münzen 1540–1837 für Bayonne, mit einer Krone 1686–1707 für Lille, auf kursächs. und poln. Münzen 1753–62 für Leipzig.
6) *Nationalitätszeichen:* L für Luxemburg.
7) *Waffenwesen:* L (mit dahinter stehender Ziffer) Kaliberlänge bei Geschützen (→Kaliber).
8) *Währungszeichen:* £ oder L für Pfund; L für Lira und Lempira; l für Leu.
9) röm. *Zahlzeichen:* L für 50.
L-, l-, *Chemie:* Vorsatz (Abk. für →lävogyr) vor Namen von optisch aktiven Verbindungen. (→Stereochemie)
la, La, in der →Solmisation die 6. Silbe des Hexachords; in den roman. Sprachen Bez. für den Ton A.
l. a., Abk. für →lege artis.
La, chem. Symbol für das Element →Lanthan.
La., Abk. für den Bundesstaat Louisiana, USA.
Laa an der Thaya, Stadt im Bez. Mistelbach im nördl. Weinviertel, Niederösterreich, an der Grenze zur Tschech. Rep. 183 m ü. M., umfasst 73 km², mit 6200 Ew.; Biermuseum, Südmährer Heimatmuseum ›Thayaland‹; Fahrzeugbau, Textilindustrie, Brauerei; Fremdenverkehr; Grenzübergang. – Die kath. Pfarrkirche St. Veit wurde vor 1290 errichtet (bedeutender Hochaltar); Spitalbau und -kirche aus dem 15. Jh. Die 1413 erwähnte Burg wurde im 15./16. Jh. zur Wohnburg ausgebaut. – Neben einem 1148 erstmals bezeugten Dorf wurde um 1200 in regelmäßiger Anlage die heutige Stadt gegründet. Als Grenzfeste gegen Mähren war Laa im 13./14. Jh. häufig umkämpft.
Laacher See, See in Rheinl.-Pf., in dem quartären Vulkangebiet der O-Eifel, 275 m ü. M., 3,32 km², bis 53 m tief. Der L. S. befindet sich in einer Caldera (nicht in einem Maar). Durch die gewaltige Explosion des L.-S.-Vulkans im Sommer des Jahres 9080 v. Chr. wurde ein bereits vorhandenes tekton. Einbruchbecken erweitert. Das Gesamtvolumen des ausgeworfenen Materials (Trass, Bimsstein) war wesentlich größer als das bei gewaltigen Vulkanausbrüchen in histor. Zeit. Der See überstaut den Krater des L.-S.-Vulkans vollständig. Die Seeumwallung wird von einem Kranz selbstständiger Vulkanberge gebildet. Der Vulkanismus im Gebiet des L. S.s ruht seit etwa 11 000 Jahren. – Gespeist wird der See von einem starken Grundwasserstrom. Um 1160 wurde an seiner S-Seite ein Abflussstollen gegraben, 1842–45 der Seespiegel um 6,5 m gesenkt. Seit 1926 steht der L. S. unter Naturschutz, Wassersport ist erlaubt. An das Naturschutzgebiet (1742,54 ha) rückt der Bimssteinabbau immer näher heran. Am SW-Ufer steht die Abtei →Maria Laach.

H.-U. SCHMINCKE: Vulkane im L. S.-Gebiet (1988).
Laage, Stadt im Landkreis Güstrow, Meckl.-Vorp., etwa 20 km südöstlich von Rostock, 6300 Ew.; Gasgeneratorenbau für die Airbag-Produktion; Militärflugplatz, im Gemeindeteil Kronskamp Flughafen Rostock-Laage. – 1216 wurde eine slaw. Burg, ausgangs des 12. Jh. ein Dorf angelegt. 1309 Stadtrecht.
Laage, Wilhelm, Grafiker, *Stellingen (heute zu Hamburg) 16. 5. 1868, †Reutlingen 3. 1. 1930; schuf unter dem Eindruck der Grafik E. MUNCHS um 1900 eine Reihe ausdrucksstarker Holzschnitte.

A. HAGENLOCHER: W. L. Das graph. Werk (1969).
La Aguada, archäolog. Fundort im Tal des Hualfin, Argentinien, nach dem die Kultur der Mittleren Periode (600–1000; mit Pflanzenanbau und Keramik) des südl. Andengebietes benannt ist. Die Dörfer, etwa 2500 m ü. M. entlang der Flussläufe gelegen, setzten sich aus verstreuten Hauskomplexen zus.; die Häuser selbst waren aus Lehm mit einem Holz- oder Strohdach. Erdhügel – einige mit Steinfundamenten – werden als Plattformen für Gebäude mit religiöser oder polit. Bedeutung gedeutet. Die Metalltechnik war bereits gut entwickelt, wie Geräte und Schmuckstücke bezeugen (frühestes Auftreten von Bronzegeräten und -schmuck in Amerika); figürl. Keramikbemalung.
Laakirchen, Markt-Gem. im Bez. Gmunden, Oberösterreich, am rechten Ufer der Traun nördlich von Gmunden, 440 m ü. M., umfasst 32 km², mit 8600 Ew.; Papierherstellung, Motorenbau, Metallindustrie. – Got. Hallenkirche mit Wandmalereien von 1463. – L. wird im 12. Jh. als **Lochchirchen** erwähnt.
Laari *der, -/-,* Abk. **L,** kleine Währungseinheit auf den Malediven, 100 L. = 1 Rufiyaa. Urspr. vom 16. bis 19. Jh. ein pers. Zahlungsmittel (**Lari, Larin**), das auch in Indien und auf Ceylon beliebt war.
Laasphe [ˈlaːsfə, ›Lachs-Fluss‹], **Bad L.,** Stadt und Kneipp-Heilbad im Kreis Siegen-Wittgenstein, NRW, im Wittgensteiner Bergland an der S-Abdachung des Rothaargebirges (Naturpark), 333 m ü. M., 15 600 Ew.; Maschinen-, Metall- und Holzindustrie; Fremdenverkehr. – L. wird überragt vom Schloss Wittgenstein (17.–18. Jh.); Pfarrkirche (um 1200, im 13. Jh. erweitert); im Ort Fachwerkhäuser des 17. und 18. Jh. L., 780 erstmals erwähnt, erhielt 1277 Stadtrecht.
Laatzen, Stadt im Landkreis Hannover, Ndsachs., am südl. Stadtrand von Hannover, an der Leine, 37 200 Ew.; Landesversicherungsanstalt Hannover; L. hat Industrie- und Landwirtschaftsbetriebe und ist Wohnort für Pendler. – L., 1259 erstmals erwähnt, wurde nach Zusammenschluss (1964) mit der Nachbargemeinde Grasdorf 1968 Stadt; 1974 weitere Eingemeindungen. Das Gelände der Hannover-Messe gehörte bis 1974 zu Laatzen.
Laâyoune [-ˈjuːn], Hauptstadt von Westsahara, →El-Aaiún.
Labadie, Jean de, frz. Pietist, *Bourg (bei Bordeaux) 13. 2. 1610, †Altona (heute zu Hamburg) 13. 2. 1674; Ausbildung im Jesuiten-Kolleg von Bordeaux; verließ 1639 den Jesuitenorden, trat 1650 zur ref. Kirche über und wirkte bis 1657 in Montauban als Pfarrer und Prof. der Theologie; seit 1659 in Genf (u. a. Einfluss auf P. J. SPENER), seit 1666 in Middelburg. Als er

dort eine ›urchristliche‹ separatist. Gemeinde gründete, wurde er 1669 suspendiert und ausgewiesen. L. ging nach Amsterdam und gründete dort eine pietist. Gemeinschaft, die Vorbild für ähnl. Gründungen v. a. am Niederrhein wurde. Durch Vermittlung ANNA MARIA VON SCHÜRMANNS (*1607, †1678), einer in den Niederlanden wegen ihrer wiss. Kenntnisse berühmten Frau, zog er 1670 in das Stift Herford; seit 1672 lebte er in Altona. Die Gemeinschaft der **Labadisten** bestand in Wieuwerd (Prov. Friesland) bis 1732.

Werk: La réformation de l'église par le pastorat, 2 Bde. (1667–68).

Laban, Gestalt des A. T.; nach 1. Mos. 25, 20 der aramäische Schwiegervater des JAKOB, Bruder der REBEKKA. Die Erzählungen über ihn spiegeln die Zugehörigkeit der Israeliten zur Aramäergruppe (1. Mos. 24, 29 f. und 50 f.; 29, 10 ff.) und die Trennung beider (1. Mos. 31).

Laban, Rudolf von, eigtl. **L. von Váraljas,** Tänzer, Tanzpädagoge und -theoretiker, *Preßburg 15. 12. 1879, †Weybridge (England) 1. 7. 1958; studierte in Paris, lehrte und choreographierte 1910–14 in München, 1914–18 in Zürich und Ascona (Schweiz). 1923 gründete er in Hamburg ein eigenes Kammertanztheater und in mehreren dt. Städten Ausbildungsschulen. 1930 wurde er Ballettdirektor der Berliner Staatsoper und gründete 1934 die ›Dt. Tanzbühne‹ als Fortbildungsstätte für Tänzer. 1938 emigrierte L. nach Großbritannien zu seinem Schüler K. JOOSS; 1946 gründete er in Manchester das ›Studio Art of Movement‹, 1953 ein Lehrerseminar. – L. schuf die Grundlagen des modernen, freien Kunsttanzes. Er sah im klass. Ballett eine erstarrte histor. Form und ließ den Tanz aus Improvisation und individueller Gestaltung zum Ausdruck seel. Erlebens werden. Er entwickelte eine raumrhythm. Bewegungslehre und erfand eine viel gebrauchte Tanzschrift (→Choreographie).

Schriften: Die Welt des Tänzers (1920); Choreographie (1926); Schrifttanz (1928); Ein Leben für den Tanz (1935); Modern educational dance (1948; dt. Der moderne Ausdruckstanz); The mastery of movements on the stage (1950); Principles of dance and movement notation (1956); Choreutics (1966).

Laband, Paul, Staatsrechtslehrer, *Breslau 24. 5. 1838, †Straßburg 23. 3. 1918; führender Staatsrechtler im dt. Kaiserreich. L. begründete die ›Wiss. des Reichsstaatsrechts‹ und entwickelte auf der Grundlage der Reichs-Verf. von 1871 eine Dogmatik, die die einzelnen Rechtssätze der Verf. auf allgemeine Begriffe zurückführte und in einem systemat. Zusammenhang stellt; histor., ökonom. und polit. Bezüge blendete er aus der Dogmatik aus. Er ist damit der Hauptvertreter des staatsrechtl. Positivismus.

Werk: Das Staatsrecht des Dt. Reiches, 3 Bde. (1876–82).

Labarna II., hethit. König, →Hattusili I.

Labarum [lat.] *das, -s,* seit KONSTANTIN D. GR. Kaiserstandarte. Das L. trug an der Spitze des Längsschaftes das →Christusmonogramm von einem Lorbeerkranz umschlossen, am kurzen Querschaft ein quadrat. Tuch, an dem Medaillons mit den Bildern des Kaisers und seiner Söhne befestigt waren.

Labastide [-'tid], Höhle bei dem gleichnamigen Ort im Tal der Neste (Nebenfluss der Garonne) in den Zentralpyrenäen, Dép. Hautes-Pyrénées, Frankreich; hier wurden Wandbilder eiszeitl. Tiere und geschnitzte Steinbockköpfchen aus Knochen entdeckt.

La Baule-Escoublac [-bo:l ɛsku'blak], einer der größten Badeorte Frankreichs an der Atlantikküste, Dép. Loire-Atlantique, an der Mündung der Loire, 14 800 Ew.; mit 7 km langem Sandstrand.

Labe, tschech. Name der →Elbe.

Labé, Stadt in Guinea, 1 052 m ü. M., 110 000 Ew.; Handels- und Verwaltungszentrum des Fouta-Djalon (Mittelguinea).

Laacher See: Senkrechtluftaufnahme; am linken Bildrand ein Teil der Klosteranlage Maria Laach

Labé, Louise, eigtl. **L. Charly** [ʃar'li], frz. Dichterin, *Parcieux (bei Lyon) um 1526, †ebd. 25. 4. 1566; stammte aus einer begüterten Familie, erhielt eine humanist. Ausbildung und wurde um 1540 mit einem reichen Seiler verheiratet (daher ihr Beiname **La belle cordière,** ›Die schöne Seilerin‹). Ihr Haus wurde zum Treffpunkt der gebildeten Gesellschaft von Lyon und der Dichter der ›École lyonnaise‹, deren bedeutendstes Mitgl. sie neben M. SCÈVE war. Sie verfasste den platonisierenden Dialog ›Débat de folie et d'amour‹ (1555) sowie Elegien und 24 von der idealistisch überhöhten Liebesauffassung PETRARCAS geprägte Sonette, die einer unerfüllten Liebe leidenschaftlich-schmerzl. Ausdruck verleihen.

Ausgaben: Œuvres complètes, hg. v. E. GIUDICI (1981). – Die vierundzwanzig Sonette, dt. Nachdichtung v. R. M. RILKE (Neuausg. 1979); Sonette u. Elegien, übers. v. M. FAHRENBACH-WACHENDORFF (1981).

E. GIUDICI: L. L. e l'École Lyonnaise. Studi e ricerche con documenti inediti (Neapel 1964); K. CAMERON: L. L. Renaissance poet and feminist (New York 1990).

Label [leɪbl, engl.] *das, -s/-s,* **1)** *allg.:* Etikett, das auf ein Produkt oder dessen Verpackung aufgeklebt wird; 2) Etikett einer Schallplatte bzw. CD. **Independent-L.,** Etikett einer Plattenfirma, die unabhängig von den großen, marktbeherrschenden Konzernen produziert.

2) *Datenverarbeitung:* die →Marke.

Labellum [lat. ›kleine Lippe‹] *das, -s/...len* und *...la,* **Lippe, 1)** *Botanik:* das durch Größe und Zeichnung auffallende mediane Blütenblatt von Orchideen und Ingwergewächsen.

2) *Zoologie:* →Mundgliedmaßen.

Labenwolf, Pankraz, Erzgießer, *Nürnberg 1492, †ebd. 20. 9. 1563; vermutlich Schüler von P. VISCHER, seit 1523 Leiter einer eigenen Werkstatt, ab 1537 einer Gießerei.

Werke: Epitaph des Grafen Wernher von Zimmern (1551; Meßkirch, Stadtpfarrkirche); Rathausbrunnen in Nürnberg (1557; Innenhof).

Laberius, Decimus, röm. Dichter, *um 106 v. Chr., †43 v. Chr.; gehörte dem Ritterstand an, Verfasser volkstüml. Theaterszenen (→Mimus), von denen nur Bruchstücke, darunter ein Prolog, erhalten sind.

Jean de Labadie

Rudolf von Laban

Louise Labé

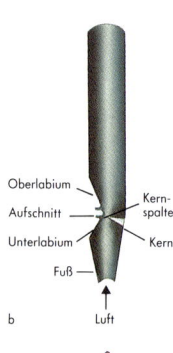

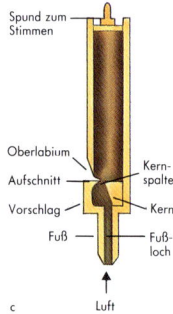

Labialpfeife
aus Metall von vorn (a) und von der Seite gesehen (Querschnitt, b); gedackte Labialpfeife aus Holz, von der Seite gesehen (Querschnitt, c)

Eugène Labiche

M. SCHANZ u. a.: Gesch. der röm. Lit., Bd. 1 (⁴1927, Nachdr. 1979).

Labes, poln. **Łobez** [ˈʊɔbɛs], Stadt in der Wwschaft Szczecin (Stettin), Polen, an der Rega, 11 000 Ew.; Kartoffel-, Milch-, Metallverarbeitung, Mischfutterwerk. – L., eine slaw. Gründung, erhielt vor 1295 Stadtrecht. 1945 kam L. unter poln. Verwaltung; die Zugehörigkeit zu Polen wurde durch den Dt.-Poln. Grenzvertrag vom 14. 11. 1990 (in Kraft seit 16. 1. 1992) anerkannt.

Labferment, Lab, Rennin, Chymosin, aus dem Labmagen von Kälbern gewonnenes Enzym, das in den Mägen wahrscheinlich aller jungen Säugetiere, auch des Säuglings und Kleinkindes, vorkommt. L. ist ein proteolyt. Enzym, das Kasein der Milch in Parakasein und ein Glykopeptid spaltet; diese fallen in Gegenwart von Calciumionen, die in der Milch enthalten sind, aus, die Milch gerinnt. Das L. hat große Bedeutung für die Käseherstellung (Süßmilchkäse); jedoch werden mittlerweile vermehrt Mischungen aus L. und Pepsin sowie mikrobielle Enzyme **(Labaustauschstoffe),** v. a. aus bestimmten Schimmelpilzen, zur Käseherstellung verwendet.

Labial [mlat. labialis ›mündlich‹, zu lat. labium ›Lippe‹] *der, -s/-e,* mit den Lippen artikulierter →Laut.

Labialdrüse, bei Insekten eine Anhangdrüse der Unterlippe (Labium), die an deren Basis in den Mundraum mündet. Sie fungiert als Speicheldrüse oder auch als Spinndrüse (Schmetterlingsraupen).

labialisierte Reihe, Folge von labialisierten (u-haltigen) Konsonanten (z. B. in lat. quid, quod). Der Gegensatz zw. labialisierten und neutralen Konsonanten ist u. a. charakteristisch für die indogerman. Grundsprache sowie für die kaukas. Sprachen (z. B. qu-, gu-, ghu-).

Labialisierung, Rundung, 1) *Phonetik:* Aussprache von Konsonanten mit Lippenrundung, z. B. in dt. sch [ʃ] im Unterschied zu s [s], oder von [o], [u], [ø] und [y] im Unterschied zu [i] und [e].
2) *Sprachwissenschaft:* Wandel urspr. ungerundeter Vokale zu gerundeten Vokalen, z. B. von mhd. ›triegen‹ zu nhd. ›trügen‹. (→Entlabialisierung)

Labialpfeife, Lippenpfeife, in der Orgel die häufigste Art der Pfeifen. L. haben in ihrem unteren Teil über dem Fuß einen schmalen Aufschnitt in der Pfeifenwand mit scharf abgekantetem Labium (Ober- und Unterlabium) und enthalten einen Kern, der nur eine schmale Spalte offen lässt. Die Luft strömt durch die Kernspalte, bricht sich an der Kante des Oberlabiums und bringt die Luftsäule im Pfeifenkörper zum Schwingen. Die L. sind aus Holz oder Metall und können am oberen Ende offen, halb oder ganz verschlossen (gedackt) sein. (→Lingualpfeife)

Labiatae, wiss. Name der →Lippenblütler.

Labiau, russ. **Polessk,** Stadt im Gebiet Kaliningrad (Königsberg), Russland, im ehem. Ostpreußen, an der Deime, 2 km vor deren Mündung ins Kurische Haff, 6 900 Ew.; Fischverarbeitung. – L. kam 1258 an den Dt. Orden. Die 1277 zerstörte Ordensburg wurde 1280 neu errichtet und 1657 zur Festung umgebaut. Bereits im 13. Jh. entwickelte sich bei der Burg eine Siedlung. 1642 erhielt L. Stadtrecht und war bis 1809 Immediatstadt. 1945 kam L. unter sowjet. Verwaltung; 1990 wurde seine Zugehörigkeit zur Sowjetunion völkerrechtlich endgültig anerkannt (Rechtsnachfolger Russland).
Der **Vertrag von L.,** geschlossen am 20. 11. 1656 zw. Kurbrandenburg und Schweden, hob den →Königsberger Vertrag auf. Schweden sicherte Kurbrandenburg die volle Souveränität über das Herzogtum Preußen und das Fürstentum Ermland zu. Beide Vertragspartner vereinbarten gegenseitige militär. Unterstützung, Handels- und Zollerleichterungen sowie Über-

einstimmung beim Abschluss von Bündnissen und Friedensverträgen.
Kurbrandenburgs Staatsverträge von 1601–1700, bearb. v. T. VON MOERNER (1867, Nachdr. 1965).

Labiche [laˈbiʃ], Eugène, frz. Schriftsteller, * Paris 5. 5. 1815, † ebd. 23. 1. 1888; verfasste (häufig in Zusammenarbeit mit anderen Autoren) zahlr. Sittenkomödien und Vaudevilles, in denen er Konventionen des (klein-)bürgerl. Lebens lächerlich macht.
Werke: Un chapeau de paille d'Italie (1851; dt. Ein Florentinerhut); Le voyage de Monsieur Perrichon (1860; dt. Herrn Perrichons Reise); La poudre aux yeux (1861; dt. Sand in die Augen); La cagnotte (1864; dt. Das Sparschwein).
Ausgabe: Œuvres complètes, hg. v. G. SIGAUD u. a., 8 Bde. (1966–68).

Labid Ibn Rabia, arab. Dichter, † um 660; seine Jagdgedichte (auf Wildesel und Antilopen) gehören zu den schönsten und dramatischsten der Beduinenpoesie.
Ausgaben: Diwan, übers. v. A. HUBER (1891); Fünf Mo'allaqāt, übers. v. T. NÖLDECKE, 3 Tle. (1899–1901).

Labienus, Name eines röm. Geschlechts. – Bedeutende Vertreter:
1) Quintus L. **(Parthicus),** Heerführer, † 39 v. Chr., Sohn von 2). Als Gesandter der Caesarmörder BRUTUS und CASSIUS 43/42 v. Chr. zum Partherkönig geschickt, blieb er nach der Schlacht von Philippi dort und bewog die Parther zum Krieg gegen ANTONIUS. Er fiel an der Spitze eines parth. Heeres in Syrien und Kleinasien ein, wurde 39 v. Chr. von den Römern besiegt und bald darauf getötet.
2) Titus L., Offizier, † (gefallen) bei Munda (heute Montilla, bei Córdoba, Spanien) 45 v. Chr., Vater von 1); unterstützte 63 v. Chr. als Volkstribun CAESAR und nahm in führender Stellung am Gall. Krieg teil. Nach Ausbruch des Bürgerkriegs (49) ging er auf die Seite des POMPEIUS über und kämpfte in dessen Reihen.
3) Titus L., Gerichtsredner und Geschichtsschreiber der augusteischen Zeit. Da er sich in einem zeitgenöss. Werk als Anhänger des POMPEIUS gab, wurden seine Werke auf Senatsbeschluss verbrannt, woraufhin sich L. das Leben nahm.

labil [spätlat. labilis ›leicht gleitend‹, zu lat. labi ›gleiten‹], 1) schwankend, unbeständig, leicht störbar; 2) für Krankheiten anfällig; seelisch nicht gefestigt, leicht zu beeinflussen.

labiles Gleichgewicht, *Physik:* →Gleichgewicht.

Labilität, 1) **vegetative** L., das →psychovegetative Syndrom.
2) *Meteorologie:* Zustand der Atmosphäre, bei dem die vertikale Temperaturabnahme in nicht feuchtegesättigter Luft größer ist, als es der Trockenadiabate entspricht, also größer als 1 °C pro 100 m Höhendifferenz. Wird ein Luftquantum, das die Temperatur seiner Umgebung besitzt, aus diesem Zustand verschoben, so ist es beim Aufsteigen immer wärmer, beim Absteigen ständig kälter als seine Umgebung und hat das Bestreben, sich weiter von seiner Ausgangslage zu entfernen.

Labio|dental, mithilfe der gegen die oberen Zähne gepressten Unterlippe gebildeter →Laut.

Labio|velar, mit Lippen und Gaumen zugleich artikulierter →Laut.

Labium [lat. ›Lippe‹] *das, -s/...bi|en* und *...bia,* 1) *Anatomie:* 1) lippenförmiger Rand oder Wulst einer anatom. Struktur (z. B. eines Hohlorgans oder eines Knochens); 2) i. e. S. gleichbedeutend mit →Lippe; 3) (bes. im Pl.) gleichbedeutend mit Schamlippen.
2) *Musik:* bei →Blockflöte und →Labialpfeife der Orgel Bez. für die an der Öffnung (Aufschnitt) befindl. angeschrägte Fläche.
3) *Zoologie:* bei den Insekten die Unterlippe der →Mundgliedmaßen.

Labkraut, Galium, Gattung der Rötegewächse mit weltweit etwa 400 Arten (nur Kräuter), davon in Eu-

Labná: Der aus überkragenden Mauern entstandene Bogen; Höhe 5 m, Tiefe 3 m; 600–900 n. Chr.

Laborant *der, -en/-en,* i. w. S. Bez. für einen in einem Laboratorium Beschäftigten, i. e. S. Oberbegriff für versch. Ausbildungsberufe; z. B. Chemie-L., Textil-L., Fotolaborant.

Laboratorium [mlat., zu lat. laborare ›arbeiten‹] *das, -s/...ri̯en,* Kurz-Bez. **Labor,** Arbeitsraum für wiss. und techn. Versuche, Messungen usw., mit den dazu erforderl. Einrichtungen, z. B. chem. L., physikal. L., Weltraum-, Tiefseelabor; auch Arbeits- und Geräteraum für bestimmte wiss. oder techn. Routinearbeiten, z. B. Fotolabor, Prüflabor.

Laborem exercens [lat. ›die Arbeit verrichtend‹], nach ihren Anfangsworten benannte Sozialenzyklika JOHANNES PAULS II. vom 14. 9. 1981, anlässlich des 90-jährigen Jubiläums der Enzyklika ›Rerum novarum‹ LEOS XIII. Sie betont in Analogie zum ›Prinzip des Primats der Personen über die Sachen‹ das ›Prinzip des Vorrangs der Arbeit gegenüber dem Kapital‹ und unterstreicht die Bedeutung von Solidarität sowie das Recht des arbeitenden Menschen auf gerechten Lohn und (gewerkschaftl.) Zusammenschluss. Formuliert als Zusammenfassung der christl. Lehre über die Arbeit, beschreibt L. e. die Arbeit als Berufung und als Recht des Menschen, wobei der Maßstab für jede Arbeit, gleich welcher Bedeutung und Zwecksetzung, die Würde dessen ist, der sie verrichtet.

Laborgeräte, chemische Geräte, im chem. Laboratorium verwendete Arbeitsgeräte und Apparate, möglichst aus chemisch und thermisch widerstandsfähigen Materialien (v. a. Glas, Porzellan, Platin, Blei, Kunststoffe). Zu den L. zählen Kolben, Messzylinder, Pipetten und Büretten (die für die Verwendung als Messgeräte bei der chem. Analyse entsprechend geeicht sind), ferner Stative mit Zubehör, Bunsenbrenner, Drahtnetze, Filtereinrichtungen, Analysenwaagen, Pumpen, Mühlen, Rührwerke, Schüttelapparate, Zentrifugen, Trockenschränke, Muffelöfen u. a.

laborieren [lat. laborare ›sich anstrengen‹; ›arbeiten‹], *umgangssprachlich* für: 1) sich lange mit etwas abmühen; 2) an einer Krankheit leiden und ohne viel Erfolg allerlei versuchen, um sie zu überwinden.

Labor Party [ˈleɪbə ˈpɑːti], **Australian Labor Party** [ɔːˈstreɪljn-; engl. ›Australische Arbeiterpartei‹], Abk. **ALP,** 1891 in Australien gegründete Partei; bekennt sich zu den Prinzipien des demokrat. Sozialismus. Aus ihren Reihen kam 1904 mit JOHN CHRISTIAN WATSON (* 1867, † 1941) erstmals der Premier-Min. Die von der L. P. gebildeten Reg. unter J. CURTIN (1941–45) und J. B. CHIFLY (1945–49) bauten die Sozialgesetzgebung aus. Mit E. G. WHITLAM (1972–75), R. J. L. HAWKE (1983–91) und P. J. KEATING (1991–96) stellte sie erneut den Premierminister. – Als Absplitterung von der ALP entstand 1956 die **Australian Democratic Labor Party** (›Austral. Demokrat. Arbeiterpartei‹).

Labor Service Units [ˈleɪbə ˈsəːvɪs ˈjuːnɪts, engl.], →Dienstgruppen.

Laborsystem, Laborkoordinatensystem, *Physik:* ein bezüglich des Labors, in dem der betreffende Versuch durchgeführt wird, festes Koordinatensystem. Im L. befindet sich der Schwerpunkt eines mechan. Systems, z. B. eines Stoßsystems, das aus einem bewegten Projektil (Geschossteilchen) und einem ruhenden Target (Zielteilchen) besteht, i. d. R. nicht in Ruhe. Daher entfällt ein Teil der mechan. Gesamtenergie des Systems (beim Stoßsystem der des Projektils) auf die Bewegung des Schwerpunkts und steht daher nicht als Wechselwirkungsenergie der Systemteile untereinander zur Verfügung. (→Schwerpunktsystem)

Labourd [laˈbuːr], Landschaft und ehemalige Prov. in den Westpyrenäen, Teil des frz. →Baskenlandes (mit dem Zentrum Bayonne).

Labour-Force-Konzept [ˈleɪbə fɔːs-; engl. ›Arbeitnehmerschaft‹], in den USA entwickeltes, durch die OECD in den Mitgliedsländern eingeführtes Konzept

ropa etwa 45 Arten. Am bekanntesten sind folgende Arten: das 15–60 cm hohe, auf trockenen Wiesen und an Wegrainen vorkommende **Echte L.** (Galium verum) mit schmallineal., zu 8–12 in Quirlen stehenden Blättern und zitronengelben Blüten in Rispen; das 30–130 cm hohe, auf Äckern, Schutt, in Hecken und Auenwäldern verbreitete **Klebkraut (Kletten-L., Klebriges L., Klimmendes L.,** Galium aparine) mit weißen oder grünlich weißen Blüten, vierkantigen, mittels Hafthaaren kletternden Stängeln, länglich-keilförmigen, stachelspitzigen Blättern (zu 6–8 in Quirlen) und Klettfrüchten; der 10–30 cm hohe, v. a. in Laub- und Mischwäldern vorkommende, ebenfalls weiß blühende **Waldmeister (Wohlriechendes L., Maikraut,** Galium odoratum) mit vierkantigen, glänzenden Stängeln und lanzettl., zu 6–9 quirlig angeordneten Blättern. – Das Echte L. und andere L.-Arten enthalten labähnl. Verbindungen, die Milch gerinnen lassen. Der Waldmeister wird wegen seines Gehaltes an →Cumarin als Aromastoff (u. a. für Maibowle) verwendet, wobei in hohen Konzentrationen Vergiftungserscheinungen auftreten können.

Lablab, die →Helmbohne.

Labmagen, dritter Magenabschnitt der Wiederkäuer (→Magen).

Labná, Ruinenstätte der Mayakultur im Bundesstaat Yucatán, Mexiko, aus spätklass. Zeit (600–900). Die Anlage zeigt Ähnlichkeiten mit der in der Nähe gelegenen Ruinenstätte Uxmal. Architektonisch interessant ist ein Durchgang, der einst zwei Palasthöfe miteinander verband. Der monumentale Bogen ist 5 m hoch und 3 m tief. Die Dekoration der Bogenfassaden zeigt versch. Muster; wie im Puucstil üblich, sind nur die obere Hälfte der Mauern und der Dachkamm mit Mosaikdekor versehen. Ähnl. Dekoration (dazu Chacmasken) weist auch der ›Palast‹ auf, ein etwa 135 m langes Bauwerk.

Laboe [laˈbøː], Gem. im Kr. Plön, Schlesw.-Holst., am O-Ufer der Kieler Außenförde, 5 000 Ew.; Ostseebad mit Fischerei- und Jachthafen; Meerwasserhallenbad; Werften; Lotsenstation. – Marineehrenmal (G. A. MUNZER) mit 72 m hohem Turm; U-Boot des Zweiten Weltkriegs (Museum). (BILD S. 706)

La Boétie [laboeˈsi], Étienne de, frz. Schriftsteller, * Sarlat (heute Sarlat-la-Canéda, Dép. Dordogne) 1. 11. 1530, † Germignan (heute zu Le Taillan-Médoc, Dép. Gironde) 18. 8. 1563; wurde bes. bekannt durch seine politisch-religiöse Schrift ›Le discours de la servitude volontaire‹ (hg. 1576; dt. ›Über freiwillige Knechtschaft‹), worin er in Anlehnung an antike Schriftsteller die Frage des Widerstandsrechts gegen den Tyrannen erörtert; das Werk wurde von den Hugenotten als Manifest gegen die kath. Kirche verwendet (u. d. T. ›Contr'un‹) und danach als Dokument revolutionärer republikan. Staatsauffassung angesehen.

Labkraut: oben Echtes Labkraut (Höhe 15–60 cm); unten Waldmeister (Höhe 10–30 cm)

Laboe: Marineehrenmal von Gustav August Munzer; 1927–36

zur statist. Erfassung der Erwerbsbevölkerung. Erhebungstatbestände sind Arbeitskräftevolumen und Arbeitskraftreserven innerhalb eines Berichtszeitraums, d. h. die Erwerbsbevölkerung wird nicht nach der überwiegenden Quelle des Lebensunterhalts oder nach Art der Tätigkeit erfasst, sondern nach Erwerbsintensität und Beschäftigungsgrad.

Labour Party [ˈleɪbə ˈpaːti; engl. ›Arbeiterpartei‹], Name polit. Parteien im Commonwealth, v. a. in Großbritannien, Australien (dort →Labor Party) und Neuseeland:

1) Großbritannien: **L. P.**, gegr. 1900 als **Labour Representation Committee** [-reprɪzenˈteɪʃn kəˈmɪti]; heutiger Name seit 1906.

In ihrer *Programmatik* versteht sich die L. P. als Verfechterin eines Sozialismus, der seine Ziele auf demokrat. Weg durch den Staat verwirklichen will. In ihrer programmat. Entwicklung wurde sie stark von der →Fabian Society geprägt. In dem von S. Webb verfassten Manifest ›Labour and the new social order‹ (1918) forderte die Partei u. a. 1) die staatl. Garantie der Vollbeschäftigung bei garantierten Mindestlöhnen; 2) Kontrolle der Industrie und Verstaatlichung der Produktionsmittel; 3) Besteuerung von Grund und Boden, großen Vermögen und Einkommen; 4) Verwendung des Überschusses für das Gemeinwohl (bes. für die öffentl. Erziehung). Weiterentwickelt wurden diese Positionen z. B. in dem Manifest ›Labour and the nation‹ (1928–29). In ihrer Wahlplattform ›Labour and the new society‹ (1950) räumte die L. P. der Privatinitiative im Wirtschaftsleben stärkeren Raum ein; im Rahmen einer grundlegenden Reform des Parteiprogramms rückte sie 1995 von dem ursprüngl. Ziel einer Verstaatlichung der Produktionsmittel ab und bekannte sich zur sozialen Marktwirtschaft.

Die *Organisationsstruktur* der L. P. wurde stark von ihrer engen histor. Verbindung mit den Gewerkschaften geprägt. Neben Einzelpersonen, die auf Wahlkreisebene organisiert sind, gehören ihr Gewerkschaften und bestimmte Gesellschaften (z. B. die Fabian Society) korporativ an. Oberstes Organ der Willensbildung ist die jährlich zusammentretende Parteikonferenz. Auf ihr nahmen die großen Gewerkschaften bis in die 90er-Jahre eine oft beherrschende Stellung ein, da bis dahin den Mitgl.-Organisationen je nach ihrer Stärke ein bestimmtes Quantum an Stimmen zur Verfügung stand und sie diese als Block (d. h. als Stimmeinheit) abgaben; erst 1993 wurde zwecks innerparteil. Demokratisierung das System der Blockstimmen abgeschafft (nunmehr Grundsatz ›One member, one vote‹). Führendes Organ zw. den Parteikonferenzen ist das National Executive Committee (NEC), dem neben dem Parteiführer und seinem Stellv. nach einem bestimmten Verteilungsschlüssel Repräsentanten der Gewerkschaften und anderer sozialist. Mitgl.-Verbände sowie Vertreter der Wahlkreise und eine festgelegte Zahl von Frauen angehören.

Geschichte: Die gesellschaftl. Wurzeln und geistigen Ursprünge der L. P. liegen im →Chartismus, der Bewegung zur Reform des Wahlrechts in den 1860er-Jahren sowie in zahlr. Gruppierungen des radikalen Liberalismus um die Wende zum 20. Jh. Die wachsende Unzufriedenheit in der brit. Arbeiterbewegung mit der mangelnden Vertretung ihrer Interessen im parlamentar. Raum führte zu ersten Parteigründungen: die Democratic Federation (gegr. 1881; 1884 in Social Democratic Federation umbenannt), die Scottish L. P. (gegr. 1888) und die Independent L. P. (gegr. 1893, mit sozialist. Langzeit- und sozialpolit. Sofortprogramm).

Auf Initiative des Trades Union Congress (TUC), des Dachverbandes der Gewerkschaften, gründeten am 27. 2. 1900 Vertreter der Gewerkschaften, der Fabian Society, der Independent L. P. und der Social Democratic Federation das Labour Representation Committee (LRC). Parteisekretär wurde R. MacDonald. Dank eines Wahlbündnisses mit den Liberalen (1903–10) stieg die Zahl der Mandate im Unterhaus von (1900) 2 auf (1910) 40. Während des Ausbruch des Ersten Weltkriegs eine Minderheitsgruppe um MacDonald pazifist. Positionen vertrat, unterstützte die Parteimehrheit um A. Henderson die Kriegspolitik der Reg.; 1915–18 gehörte die Partei den Koalitionskabinetten Asquith und Lloyd George an.

Mit dem Organisationsstatut von 1918 vollzog sie die – schon vor 1914 einsetzende – politisch-ideolog. Trennung von den Liberalen, auf deren Kosten sie sich in den 20er-Jahren zu einer Massenpartei entwickelte. Nach den Wahlen von 1923 (191 Sitze) und 1929 (287 Sitze; erstmals stärkste Partei im Unterhaus) bildete sie unter MacDonald als Premier-Min. 1924 und 1929–31 eine Minderheits-Reg. Als MacDonald unter dem Eindruck der Weltwirtschaftskrise seine Reg. 1931 in eine Allparteien-Reg. umwandelte, versagte ihm die Mehrheit der Partei – v. a. auf Initiative der Gewerkschaften – die Gefolgschaft. 1931 erlitt die L. P. eine schwere Wahlniederlage. 1932 übernahm G. Landsbury die Führung der Unterhausfraktion. Auf dem linken Flügel der Partei spielte v. a. in den 30er-Jahren S. Cripps als Vors. der ›Socialist League‹ eine einflussreiche Rolle. 1935 trat Landsbury als Führer der L. P. zugunsten von C. Attlee zurück. Im Zweiten Weltkrieg beteiligte sich die Partei am Koalitionskabinett Churchill (1940–45).

Nach ihrem Wahlsieg 1945 führte die von der L. P. gestellte Reg. Attlee (1945–51) ein weit greifendes Programm gesellschaftl. Reformen aus (u. a. Schaffung eines Rentenversicherungssystems und eines unentgeltl. Gesundheitsdienstes; Verstaatlichung von Schlüsselindustrien). Mit Ausnahme der Politik der Entkolonialisierung war die außenpolit. Linie innerparteilich oft heftig umstritten, v. a. nach Ausscheiden der Partei aus der Regierungsverantwortung (1951); der linke Flügel um A. Bevan bekämpfte v. a. die rüstungspolit. Linie der L. P. 1955 übernahm H. Gaitskell, 1963 H. Wilson, 1976 J. Callaghan die Führung der Partei. Mit Wilson stellte sie 1964–70 und 1974–76, mit Callaghan 1976–79 den Premier-Min.; die rigorose Preis-, Lohn- und Steuerpolitik zur Sanierung der Wirtschaft brachte diese Reg. wiederholt in Ggs. zu den Gewerkschaften. Mit einer Politik des Social Contract (1973–77) suchte die Parteiführung diese Spannungen abzubauen. Seit 1970 kam es darüber hinaus zu innerparteil. Auseinandersetzungen um die brit. Mitgliedschaft in der EG.

1979–97 stand die L. P. in der Opposition. 1979 und 1980 setzte der linke Flügel um A. N. W. Benn organisator. Reformen durch, bes. um die Parteiorganisation gegenüber der Unterhausfraktion der Partei zu stärken; zugleich legte er die Linie der Partei – im Falle einer Regierungsbildung durch sie – auf die einseitige nukleare Abrüstung Großbritanniens und dessen sofortigen Austritt aus der EG fest; diese Entwicklung führte 1981 zur Abspaltung der Social Democratic Party (SDP). Nach Callaghans Rücktritt als Parteiführer (1980) folgte ihm M. Foot. Unter Führung von N. Kinnock (seit 1983) modifizierte die L. P. – v. a. seit ihrer schweren Niederlage 1987 – ihre Ziele. Sie forderte in ihrem Programm von 1989 nunmehr eine auf Gegenseitigkeit angelegte Abrüstung und bekannte sich zur EG. Mit dem Ziel, breitere Wählerschichten anzusprechen und Regierungsfähigkeit zu zeigen, wurden der Dauerkonflikt zw. rechtem und linkem Parteiflügel im Wesentlichen beseitigt, der Einfluss der Gewerkschaften zurückgedrängt und das Wirtschaftsprogramm auf einen demokrat. Sozialismus hin orientiert. Nach der unerwarteten Wahlniederlage der L. P. im April 1992 (34,4 %) trat Kinnock als Parteiführer zurück. Sein Nachfolger war 1992–94 J. SMITH, der die innerparteil. Reform weiterführte. Nach dem Tod SMITHS wurde im Juli 1994 T. BLAIR zum neuen Parteiführer gewählt. Er leitete eine grundlegende Modernisierung der L. P. und ihre Öffnung hin zur bürgerl. Mitte ein. Gegen den Widerstand des linken Parteiflügels und der Gewerkschaften setzte er im März/April 1995 die Abkehr vom in der Klausel 4 (engl. Clause Four) des Parteiprogramms genannten Ziel des Staatseigentums an allen Produktionsmitteln durch. In der Neufassung der Klausel 4 bezeichnet sich die L. P. als ›demokrat. sozialist. Partei‹. Als zentrale Ziele fixierte das reformierte Parteiprogramm eine dynam. Wirtschaft, eine ›offene Demokratie‹ und die Schaffung einer gesunden Umwelt. Durch eine schriftl. Urabstimmung billigte im November 1996 die Mehrheit der Mitgl. das Wahlmanifest ›New Labour – New Life for Britain‹. Mit ihrem deutl. Erfolg bei den Unterhauswahlen am 1. 5. 1997, bei denen die L. P. 419 von 659 Abg.-Sitzen gewann, erreichte die Partei das bisher beste Wahlergebnis ihrer Geschichte. Die von BLAIR gebildete Reg. kündigte eine konstruktive Rolle ihres Landes in der Europ. Union an.

H. PELLING: A short history of the L. P. (London ⁸1986); W. E. PATERSON u. a.: The European policies of Labour and Conservative Party in Great Britain (Sankt Augustin 1995); P. MANDELSON u. R. LIDDLE: The Blair revolution. Can New Labour deliver? (London 1996).

2) *Neuseeland:* **L. P.,** gegr. 1916, vertritt ähnlich der brit. L. P. das Ziel, auf parlamentarisch-demokrat. Wege Reformen in der Gesellschaft durchzusetzen. Sie schränkte Interventionismus ein und privatisierte Staatsunternehmen. Außenpolitisch für eine Anlehnung an die westl. Industriestaaten, trat sie aber nur für eine begrenzte militär. Zusammenarbeit ein (Ablehnung von Kernwaffen). Mit M. J. SAVAGE stellte sie 1935–40 zum ersten Mal den Min.-Präs.; sie wechselte sich seitdem mit der National Party in der Regierungsführung ab; zuletzt war die L. P. 1984–90 Regierungspartei. – 1989 entstand eine **New Labour Party.**

Labrador [engl. ˈlæbrədɔ:, frz. labraˈdɔːr], Halbinsel im O Kanadas, zw. Hudsonbai, Hudsonstraße, Atlantik (Labradorsee) und Sankt-Lorenz-Golf, etwa 1,4 Mio. km². Der größere Teil der Halbinsel gehört zur Prov. Quebec, eine atlant. Küstenregion (bis 700 km landeinwärts reichend) zur Prov. Newfoundland; v. a. in Kanada wird i. e. S. unter L. nur der zur Prov. Newfoundland gehörende Teil der Halbinsel verstanden. Das eiszeitlich überformte Plateau des Kanad. Schildes steigt am O-Rand (Fjordküste) in den Torngat Mountains bis 1 652 m ü. M. an. L. hat boreales Klima mit langen, kalten Wintern. Die Nadelwälder im S gehen nach N in Tundra über. Seit 1954 werden reiche Eisenerzlager abgebaut. Die Förderung hat sich auf den Raum Labrador City/Wabush konzentriert, der Abbau um Schefferville wurde in den 80er-Jahren eingestellt; das Erz wird über Stichbahnen zum Sankt-Lorenz-Strom transportiert. La →Grande-Rivière und →Churchill River werden zur Energiegewinnung genutzt, wodurch Jagd und Fischerei der hier lebenden Inuit und Cree-Indianer stark eingeschränkt werden. Es gibt nur wenige kleinere Siedlungen. 1941 wurde der Luftstützpunkt Goose Bay angelegt.

Geschichte: L., wohl das ›Markland‹ (Waldland) der Islandsagas, wurde um 1000 von LEIF ERIKSSON entdeckt und 1497 von G. und S. CABOTO, 1500/01 von dem Portugiesen G. CORTE REAL aufgesucht. Der Name L., der anfangs die Küste Grönlands bezeichnete, bevor er in der 2. Hälfte des 16. Jh. auf die amerikan. Festlandsküste übertragen wurde, geht wohl auf den port. Entdecker JOÃO FERNANDES zurück, einen Guts- oder Landbesitzer (port. lavrador, span. labrador) auf den Azoren, der 1500 nach Grönland gesegelt sein soll. Bevor J. CARTIER nach 1534 Teile von L. im Namen der frz. Krone in Besitz nahm, hatten schon bask. Fischer an der NO-Küste der Belle-Isle-Straße einen Walfangplatz eingerichtet. 1610 erkundete H. HUDSON Teile der Küstengebiete, die 1670 gegründete Hudson's Bay Company erhielt einen Freibrief für Land- und Handelsrechte. Seit 1763 britisch, gehörte L. abwechselnd zu Newfoundland und zu Quebec (endgültige Festlegung der Grenze 1927).

B. G. HOFFMAN: Cabot to Cartier. Sources for a historical ethnography of northeastern North America, 1497–1550 (Toronto 1961); E. TREUDE: Nord-L. Entwicklung u. Struktur von Siedlung u. Wirtschaft in einem polaren Grenzraum der Ökumene (1974); F. W. ROWE: A history of Newfoundland and L. (Toronto 1980).

Labradorit [nach der kanad. Halbinsel Labrador] *der, -s/-e,* **1) Labrador, Labradorstein,** Mineral aus der Reihe der Kalknatronfeldspäte (→Feldspäte); z. T. mit metall., grünblauem bis braunem oder violettem Farbenspiel **(Labradorisieren),** Schmuckstein.

2) Labradorfels, Labrador|an|orthosit, zur Diorit-Gabbro-Gruppe der magmat. Gesteine gehörendes, fast nur aus dem Mineral L. bestehendes bas. Tiefengestein, eine Varietät des →Anorthosits.

Labradorsee, Teil des Nordatlantiks, zw. Labrador und Grönland, bis 3 804 m tief.

Labradorstrom, kalte Meeresströmung des Atlant. Ozeans vor Labrador und Neufundland, trifft im Bereich der Großen Neufundlandbank mit dem Golfstrom zusammen (häufige Nebel). Vom L. mitgeführte Eisberge gefährden dort den Schiffsverkehr. (KARTE →Meeresströmungen)

Labranda, Labraunda, Labraynda, antike Stätte in Kleinasien am SO-Ausläufer des Latmosgebirges, mit hl. Bezirk des karischen Zeus, durch eine gepflasterte hl. Straße mit dem antiken →Mylasa verbunden. Die aus Zeustempel, gut erhaltenem Andron (›Männerhaus‹) mit zehn Fenstern, Wohnräumen, Stoa, Propyläen u. a. Gebäuden bestehende Anlage liegt auf mehreren Terrassen und ist v. a. unter König MAUSOLOS (377–353 v. Chr.) errichtet worden.

La Brea [lɑːˈbriːə], **1)** Ort im SW der Insel Trinidad (Trinidad und Tobago), am Golf von Paria; nahebei der **Pitch Lake** (Asphaltsee), das größte natürliche Vorkommen von →Asphalt, 44 ha, etwa 80 m tief; Asphaltgewinnung und -export.

2) ehemaliger Asphaltsee im Stadtgebiet von Los Angeles, Kalifornien (USA), im Hancockpark, mit Museum der daraus geborgenen pleistozänen Fossilien (u. a. Mammut, Mastodon).

La Bresse [laˈbrɛs], Wintersportort im Département Vosges, Frankreich, in den Vogesen, 750 m ü. M., 5 200 Ew.; Sprungschanze; Textilindustrie, Metallverarbeitung.

Labriola, Antonio, ital. Philosoph und Politiker, * Cassino 2. 7. 1843, † Rom 2. 2. 1904; war seit 1874 Prof. in Rom; kam in der Auseinandersetzung mit G. W. F. HEGEL und J. F. HERBART zum Marxismus; hatte wesentl. Anteil an der Einführung der marxist. Philosophie in den zunächst syndikalist. Sozialismus Italiens.

Werke: Della libertà morale (1873); Morale e religione (1873); Dell'insegnamento della storia (1876); Del concetto della libertà (1878); Del socialismo (1889); In memoria del Manifesto dei comunisti (1895; dt. Zum Gedächtnis des kommunist. Manifestes); Del materialismo storico (1896; dt. Über den histor. Materialismus).

Labrouste [laˈbrust], Henri, frz. Architekt, * Paris 11. 5. 1801, † Fontainebleau 24. 6. 1875; studierte in Paris und 1824–30 an der Académie de France in Rom. Ab 1830 lehrte er in einem eigenen Atelier in Paris in Abkehr vom gängigen Eklektizismus form- und funktionsgerechtes Denken in der Architektur. Als einer der Ersten verwendete er Eisen als Baustoff und

Labradorit 1)

Henri Labrouste: Lesesaal der Bibliothèque Nationale in Paris; 1854 ff.

Gestaltungselement. Sein Hauptwerk ist die Bibliothèque Sainte-Geneviève in Paris (1843–50).

P. SADDY: H. L. architecte 1801–1875 (Paris 1977).

La Broye [laˈbrwa], Bez. im Kt. Freiburg, Schweiz, 227 km², 19 900 Ew., Hauptort: Estavayer-le-Lac.

Labrum [lat. ›Lippe‹, ›Lefze‹] *das, -s/...bren* und *...bra,* die Oberlippe der →Mundgliedmaßen der Insekten.

La Bruyère [labryˈjɛːr], Jean de, frz. Schriftsteller, * Paris 16. 8. 1645, † Versailles 10. oder 11. 5. 1696; war kurze Zeit Advokat, seit 1684 Erzieher eines Enkels des Fürsten LOUIS II. DE CONDÉ, und widmete sich später ganz seinen literar. Studien. Als ein Höhepunkt der Moralistik und der literar. Porträtkunst gilt sein Hauptwerk ›Les caractères de Théophraste, traduits du grec, avec des caractères ou les mœurs de ce siècle‹ (1688; dt. ›Die Charaktere oder die Sitten im Zeitalter Ludwigs XIV.‹). Urspr. als Übersetzung von THEOPHRASTS Werk angelegt, trat diese in den späteren Auflagen zunehmend hinter den eigenen Charakterbildern, Maximen und Reflexionen zurück, die ein lebendiges Bild der Pariser Gesellschaft gegen Ende der Herrschaft LUDWIGS XIV. vermitteln und die – ohne die Grundlagen absolutist. Ordnung anzutasten – bei

Jean de La Bruyère

Labyrinth 3): Irrgarten bei Longleat House, County Wiltshire, Großbritannien

insgesamt pessimist. Grundhaltung z. T. scharfe und psychologisch subtile Zeit- und Sozialkritik erkennen lassen. Neuartig ist dabei die Wiedergabe des Details, das mit seiner hintergründigen Anschaulichkeit an die Stelle des ausgesparten begriffl. Urteils tritt.

Ausgaben: Œuvres complètes, hg. v. J. BENDA (Neuausg. 1984). – Die Charaktere oder die Sitten des Jh., hg. v. G. HESS (⁵1978).

P. RICHARD: La B. et ses ›Caractères‹. Essai biographique et critique (Neuausg. Paris 1965); Recueil des textes et des documents contemporains relatifs à La B., hg. v. G. MONGRÉDIEN (Paris 1979); J. BRODY: Du style à la pensée. Trois études sur ›Les Caractères‹ de La B. (Lexington, Ky., 1980).

Labskaus [niederländ.-engl.] *das, -,* Seemannsgericht aus gepökeltem Rindfleisch, Stampfkartoffeln und Roten Beten, mit Spiegelei und Gewürzgurke angerichtet; manchmal auch mit Salzheringen (Matjes) oder Rollmops serviert.

Labuan, zu Sabah, Ostmalaysia, gehörende Insel im Südchin. Meer, 10 km vor der NW-Küste Borneos, 91 km², 54 300 Ew.; Kokospalmen-, Sagopalmen- und Kautschukkulturen, Reisanbau; Fischerei; Kohlevorkommen; Marinebasis. Hauptort: Victoria (5000 Ew.): Werft; Hauptumschlagplatz für Brunei und Teile von Sabah; Flugplatz. – Der ehemalige Piratenstützpunkt L., 1846 vom Sultan von Brunei an Großbritannien abgetreten, wurde 1946 Britisch-Nordborneo, dem heutigen Sabah, angeschlossen.

Laburnum [lat.] *das, -s,* wiss. Name der Pflanzengattung →Goldregen.

Labyrinth [griech.] *das, -(e)s/-e,* **1)** *allg.:* Irrgarten. **2)** *Anatomie:* das Innenohr der Wirbeltiere (einschließlich des Menschen), das sowohl als Hörorgan als auch als Gleichgewichtsorgan und Organ des Drehsinns fungiert (→Ohr).

3) *graf.* Figur mit verschachteltem Linienbild; es gibt nur einen Zugang ins Zentrum, bis zu dem zahlr. Gänge durchlaufen werden müssen. In der *griech. Sage* trug die von Daidalos erbaute Behausung des Minotaurus diesen Namen. Ursprung der Bez. ist das schon vorgriechische Wort ›labrys‹ für die Doppelaxt, minoisches Kultsymbol, das u. a. an den Wänden des Palasts von Knossos mehrfach vorkommt. Obwohl der Palast von Knossos als Wohnsitz des Königs Minos und zugleich des Minotaurus oft als L. gedeutet wurde, handelt es sich beim L. vermutlich um einen der Ariadne gewidmeten kult. Tanzplatz. Die graf. Figur, die aus dem Mäander und/oder der Spirale entwickelt ist, kann zuerst auf einem Tontäfelchen und Freskenfragmenten aus Pylos belegt werden (13. Jh. v. Chr.). Sie symbolisiert den (gefahrvollen) Weg des Theseus zu Minotaurus und zugleich dessen Tötung. Die L.-Figur konnte aber auch Troja bedeuten, der erste Beleg dafür findet sich auf einer Vase aus Etrurien (Oinochoe von Traghatella, 7. oder 6. Jh. v. Chr.), auch VERGIL kannte diese Verbindung; in N- und W-Europa hießen manche Steinsetzungen oder Torfanlagen Trojaburgen (von Tänzen in solchen Anlagen wird noch im 19. Jh. berichtet). Seit dem 4. Jh. v. Chr. erschien die Figur häufig auf kret. Münzen; sie ist bezeugt als Motiv in Bodenmosaiken röm. Villen, mit und ohne Theseus im Zentrum (u. a. Paphos, Zypern), auch z. B. als röm. Graffito in Pompeji, als Mosaik in Salzburg und Sousse. – In Kirchen kam das L. seit dem frühen Christentum als Bodenmosaik vor (ältestes Beispiel in El-Asnam, 325), es war v. a. in Italien verbreitet und im 12. Jh. bes. in Frankreich (z. B. Chartres, Bayeux). Es sind sogar Tänze auf diesen Fliesen-L. bezeugt. Das Motiv tritt auch in der Buchmalerei auf. Die Mitte des L. bedeutete die Ecclesia (Kirche) oder sogar den Himmel, das himml. Jerusalem, auch den Altar oder die Auferstehung, es konnte auch der Bußweg des Gläubigen nach Jerusalem gemeint sein, die Passion CHRISTI, sein Sieg über den Teufel, die Verstrickung in den Irrgarten Welt. Erst seit dem 16. Jh. werden Kreuzungen und Sackgassen in die Figur des L. aufgenommen, die dann auch den Irrgarten in der Gartenarchitektur seit dem Barock charakterisieren. Die ersten Garten-L. sind in manierist. Stichwerken belegt (H. VREDEMAN DE VRIES, ›Hortarum ...‹, 1583), in den Gärten des 17. und 18. Jh. stellt der Irrgarten eine Sonderform des Boskett dar.

H. KERN: L. Erscheinungsformen u. Deutungen (1982); J. L. KOERNER: Die Suche nach dem L. (1983); N. PENNICK: Das Geheimnis der L. Eine Reise in die Welt der Irrgärten (a.d. Engl., 1992); F. HALLMAN: Das Rätsel der L. (1994); H. JASKOLSKI: Das L. Symbol für Angst, Wiedergeburt u. Befreiung (1994).

Labyrinthfische, Anabantoidei, Unterordnung der Barschartigen Fische, die in teilweise oder ganz austrocknenden Süßgewässern der afrikan. und asiat. Tropen und Subtropen verbreitet sind. Als Anpassung an diese extremen Lebensbedingungen sind die paarig ausgebildeten, zusätzl. Atmungsorgane (Labyrinthorgane) anzusehen, die aus stark durchbluteten Schleimhautfalten bestehen und die in je einen (über den Kiemen gelegenen) Hohlraum hineinragen. Diese Labyrinthorgane dienen dem L. zur Luftatmung an der Wasseroberfläche. Die artenreichste Familie sind die →Kletterfische. Als Aquarienfische beliebt sind u.a. viele Arten der →Kampffische, weiterhin der **Großflosser** oder **Paradiesfisch** (Macropodus opercularis) sowie viele Arten der **Fadenfische** oder **Guramis** (Gattung Trichogaster), die überwiegend Schaumnester bauen und Brutpflege betreiben, so z.B. der **Blaue Fadenfisch** (Trichogaster trichopterus sumatranus; Länge bis 15 cm), der →Mosaikfadenfisch und der →Zwergfadenfisch.

Labyrinthitis die, -/...'thiden, die Innenohrentzündung (→Ohrenkrankheiten).

Labyrinthodontia [griech.], **Labyrinthodontiler, Labyrinthzähner,** seit dem Oberdevon, seit rd. 370 Mio. Jahren existierende, aus den →Quastenflossern hervorgegangene Unterklasse kriechtierähnl. Lurche, die in der Oberen Trias ausstarben; benannt nach der im Querschnitt labyrinthartig gefalteten Schmelzschicht der Zähne. Die bekannteste Ordnung sind die Fischschädellurche oder Ichtyostegalia (→Ichthyostega). Weitere Ordnungen sind die →Temnospondyli (u.a. mit den Gattungen →Branchiosaurus und →Mastodonsaurus) und die **Anthracosauria** (Unterkarbon bis Unterperm, in Europa und Nordamerika, aalförmige, aquat. Fischräuber mit kurzen Extremitäten und krokodilähnl. Schädel). Die meisten L. werden auch **Dachschädler** (wegen des stark verknöcherten, mit dem Schultergürtel verbundenen Schädeldaches), **Stegocephalia** oder **Panzerlurche** genannt. Sie lebten im Jugendstadium, mit Kiemen atmend, im Wasser und wechselten später, lungenatmend, zw. Wasser und Land.

Labyrinthschwindel, Schwindelgefühl mit Drehempfindungen (wie beim Karussellfahren), das nach starker aktiver oder passiver Drehung des Körpers auftritt und durch Reizung der Bogengänge im Ohr hervorgerufen wird. Der L. tritt außerdem bei Erkrankungen des Labyrinths (Innenohr), bestimmten Formen von Schädelbrüchen, die sich auf das Labyrinth erstrecken, und bei der Ménière-Krankheit auf.

Labyrinthspinnen, Agelena, in Eurasien und Afrika verbreitete Gattung der Trichterspinnen, mit weit ausladenden Trichternetzen am Boden und auf niedrigem Gestrüpp. In Mitteleuropa existieren nur zwei sehr ähnl. Arten, darunter die 8–12 mm große **Agelena labyrinthica.** In Afrika sind zwei soziale Arten bekannt, die mit über tausend Individuen in mehrere Kubikmeter großen Gemeinschaftsnetzen leben.

Labyrinthversuch, *Verhaltensforschung:* Experiment zur Erforschung tier. Lernleistung. Beim L. führt in einem System von Gängen nur ein einziger Gang zum Ziel, an dem eine Belohnung geboten wird. Gemessen wird die Lernleistung daran, wie viele Durchgänge ein Tier benötigt, bis es fehlerfrei (d.h. unter Auslassung der Sackgassen) das Ziel erreicht.

Lac, lat. Bez. für Milch, z.B. L. sulfuris (Schwefelmilch).

Lacaille [la'kɑ:j], Nicolas-Louis de, frz. Mathematiker und Astronom, *Paris 15. 5. 1713, †ebd. 21. 3. 1762; Abt, ab 1746 Prof. in Paris, beobachtete rd. 10 000 Sterne der südl. Halbkugel und bestimmte die Mond- und die Sonnenparallaxe.

Lacalahorra [lakala'ɔrra], festungsartiger Palast mit vier mächtigen Ecktürmen, 17 km südlich von Guadix in der span. Provinz Granada, 1509–13 für RODRIGO MENDOZA von ital. Künstlern unter Verwendung von in Italien vorgefertigten Bauteilen (Carraramarmor) errichtet.

La Calprenède [lakalprǝ'nɛd], Gautier (Gaulthier) de Coste (Costes), Sieur de, frz. Schriftsteller, *Schloss Toulgou-en-Périgord (bei Sarlat-la-Canéda) zw. 1609 und 1614, †Le Grand-Andely (heute Les Andelys, Dép. Eure) im Oktober 1663; verfasste Tragödien und wurde bes. durch seine heroisch-galanten Romane bekannt (›Cassandre‹, 10 Bde., 1642–60, dt. ›Kassandra‹; ›Cléopâtre‹, 12 Bde., 1647–63, dt. ›Der vortreffl. Egyptischen Königin Cleopatra Curiöse Staats- und Liebes-Geschicht‹; ›Faramond ou l'histoire de France‹, 12 Bde., 1661–70).

Lacan [la'kɑ̃], Jacques Marie, frz. Psychiater, Psychoanalytiker und Schriftsteller, *Paris 13. 4. 1901, †ebd. 9. 9. 1981; wirkte als Arzt für Neurologie und Psychiatrie; 1964 begründete er die École freudienne in Paris (die er 1980 auflöste). L. fasste die Psychoanalyse als hermeneut. und histor. Wiss. auf und bemühte sich um eine neue Konzeption der Theorie des Unbewussten, das er als von der Sprache hervorgebrachtes und nach Art einer Sprache strukturiertes (symbol.) Ordnungssystem verstand; er forderte eine Orientierung der Psychoanalyse an der Linguistik und wandte seine psychoanalyt. Theorie auch auf literar. Texte (u.a. von E. A. POE und MARGUERITE DURAS) an. Sie prägte maßgeblich den frz. Strukturalismus.

Werke: De la psychose paranoïaque dans ses rapports avec la personnalité (1932); Fonction et champ de la parole et du langage en psychanalyse (1953, Vortrag; dt. Funktion u. Feld des Sprechens u. der Sprache in der Psychoanalyse); Télévision (1974; dt. Radiophonie/Television).

Ausgaben: Das Seminar, hg. v. N. HAAS u.a., auf 20 Bde. ber. (¹⁻⁴1991 ff.); Schrr., hg. v. DEMS., 3 Bde. ³⁻⁴1991–96).

H. LANG: Die Sprache u. das Unbewußte. J. L s Grundlegung der Psychoanalyse (1973); L. ALTHUSSER u. M. TORT: Freud u. L. Die Psychoanalyse im histor. Materialismus (a.d. Frz., 1976); S. M. WEBER: Rückkehr zu Freud. J. L s Entstellung der Psychoanalyse (1978); W. SEITTER: J. L. u. ... (1984); C. CLÉMENT: Vies et légendes de L. (Neuausg. Paris 1985); M. MARINI: J. L. (ebd. 1986); E. RAGLAND-SULLIVAN: J. L. u. die Philosophie der Psychoanalyse (a.d. Engl., 1989); A. JURANVILLE: L. u. die Philosophie (a.d. Frz., 1990); E. ROUDINESCO: J. L. Bericht über ein Leben, Gesch. eines Denksystems (a.d. Frz., 1996).

Lacandonen, Indianergruppe, →Lakandonen.

La Carolina, Stadt in der Prov. Jaén, Spanien, Niederandalusien, am S-Abfall der Sierra Morena, 595 m ü. M., 15 200 Ew.; in der Umgebung silberhaltige Bleigruben. – In La C. zeigen sich städtebaul. Einflüsse des europ. Spätbarock und Klassizismus mit für Spanien z.T. neuen Perspektiven: schachbrettartiger Grundriss, polygonale und runde Plätze, klare Trennung gleich großer privater Siedlerparzellen und -häuser von zentralen öffentl. Gebäuden. – La C. wurde 1768 auf Veranlassung KARLS III. als Hauptort eines groß angelegten Besiedlungs- und Befriedungsplans (›Nuevas Poblaciones‹) der Sierra Morena gegründet und mit angeworbenen kath. süddt. und schweizer.

Labyrinth 3) auf einer kretischen Münze, gefunden in Knossos; 4. Jh. v. Chr. oder später, Durchmesser 24 mm

Labyrinthspinnen: Agelena labyrinthica (Größe 8–12 mm)

Lacc Laccadive Islands – Lachen

Bauern und Handwerkern sowie span. Zuzüglern besiedelt, deren Nachkommen bis heute ihre Traditionen und Sprachen bewahrt haben. – 2 km im NO, beim heutigen Ortsteil Navas de Tolosa, fand die Schlacht von →Las Navas de Tolosa statt.

Laccadive Islands ['lækədaɪv 'aɪləndz], Inselgruppe Indiens, →Lakkadiven.

Laccainsäure [zu lat. lacca (eine Pflanze)], aus mehreren farbigen (der Karminsäure ähnl.) Substanzen bestehender roter Anthrachinonfarbstoff, der aus der Lackschildlaus extrahiert wird; dient zum Färben von Lebensmitteln und Kosmetika.

La Ceiba [la'seɪba], Hauptstadt des Dep. Atlántida, Honduras, am Karib. Meer, 68 800 Ew.; Bananenexporthafen, Nahrungsmittel- u. a. Industrie; Flugplatz.

Lacerna [lat.] *die, -/...nen,* der griech. →Chlamys verwandter Mantel der Römer, auf der Schulter mit einer Fibel geschlossen, unten mit Fransen besetzt. Im 1. Jh. v. Chr. in der Soldatenkleidung aufgekommen, danach in unterschiedl. Ausführungen von allen Bevölkerungsschichten getragen.

Lacerta [lat.], Abk. **Lac**, das Sternbild →Eidechse.

Lacertidae [lat.], die →Eidechsen.

Lacertiden [zu lat. lacerta ›Eidechse‹], *Astronomie:* gelegentlich verwendete Bez. der →BL-Lacertae-Objekte.

Lachaise [læˈʃɛz], Gaston, amerikan. Bildhauer frz. Herkunft, * Paris 9. 5. 1882, † New York 10. 10. 1935; emigrierte 1906 in die USA, wo er u. a. Reliefs für das Telephone Building (1921) und das Rockefeller Center (1931 und 1935) in New York schuf. Bekannt wurde er v. a. durch seine voluminösen weibl. Akte, in die er Anregungen der ind. Plastik und A. MAILLOLS einfließen ließ.

G. NORDLAND: G. L. (New York 1974).

La Chaise [laˈʃɛːz], **La Chaize,** François de, gen. **Père de La Chaise** [pɛːr də-], frz. kath. Theologe, *Aix-la-Fayette (Dép. Puy-de-Dôme) 25. 8. 1624, † Paris 20. 1. 1709; seit 1639 Jesuit, seit 1675 Berater und Beichtvater LUDWIGS XIV., den er u. a. im Vorgehen gegen den Jansenismus bestärkte. Ohne Erfolg blieben seine Bemühungen, die Widerrufung des Edikts von Nantes zu verhindern. La C. stand auch in enger Verbindung mit Protestanten (u. a. Korrespondenz mit G. W. LEIBNIZ). – Das den Jesuiten vom König für La C. geschenkte Landgut bei Paris wurde 1804 in den Friedhof **Père-Lachaise** umgewandelt.

G. GUITTON: Le père de la Chaize, confesseur de Louis XIV, 2 Bde. (Paris 1959).

La Chaussée [laʃoˈse], Pierre Claude **Nivelle de** [niˈvɛl-], frz. Dramatiker, * Paris 1692, † ebd. 14. 3. 1754; begründete – nach Vorstufen bei P. N. DESTOUCHES – die Gattung der →Comédie larmoyante.

Werke. *Dramen:* L'école des amis (1737; dt. Die Schule der Freunde); Le préjugé à la mode (1734; dt. Darf man seine Frau lieben?); Mélanide (1741); L'école des mères (1744); La gouvernante (1747).

La Chaux-de-Fonds [laʃoˈdfɔ̃; von chaz de fonz ›Weide (an) der Quelle‹], **1)** Bezirksstadt im Kt. Neuenburg, Schweiz, erstreckt sich über 10,5 km in einem Hochtal des Kettenjura, um 1 000 m ü. M., 56 km², 37 200 Ew. (Chaux-de-Fonniers gen.); höhere Handelsschule, Berufsschulzentrum des Jura Neuchâtelois (mit mehreren Berufsfachschulen), Hotelfachschule; internat. Uhrenmuseum ›L'Homme et le Temps‹ (Bau von P. ZOELLY und G. HAEFELI, 1974), Kunst-, naturhistor., stadtgeschichtl. Museum sowie das Bauern-und-Uhrenheimindustrie-Museum in einem restaurierten Haus des 17. Jh. Die Stadt ist ein Zentrum der Uhrenindustrie mit zahlr. Zuliefererbetrieben der feinmechan. Industrie; in den letzten Jahren hat sich elektron. Industrie stark entwickelt; daneben gibt es Nahrungsmittelindustrie; außerdem ist La C.-de-F. eine der wichtigsten landwirtschaftlich orientierten Städte der Schweiz und ein viel besuchtes Fremdenverkehrszentrum; Flugplatz. – Gut erhaltenes Ortsbild des 19. Jh. mit ref. Kirche (1794–96) und Rathaus (1803). Bedeutende Bauten aus der Frühzeit von LE CORBUSIER sind die Villa Turque (1906–16), die Villa Favre (1912) sowie die Villa Schwob (1916). – Der Mitte des 14. Jh. erstmals erwähnte Ort (14 Ew.) entwickelte sich seit der 2. Hälfte des 17. Jh. zu einem Zentrum der schweizer. Uhrenindustrie. Nach dem Brand von 1794 erfolgte ein planmäßiger Aufbau als ›Musterstadt des Geistes‹ des 18. Jh. (Vernunft und Fortschritt).

C. THOMANN: L'histoire de la C.-de-F. inscrite dans le rues (Neuchâtel 1965); DERS.: Chronique de la communauté de La C.-de-F. sous la domination du roi de Prusse, 1707–1848 (ebd. 1970); La C.-de-F., bearb. v. L.-A. ZBINDEN u. a. (ebd. 1983).

2) Bez. im Kt. Neuenburg, Schweiz, 93 km², 38 300 Einwohner.

Lachen, ererbte menschl. Ausdrucksbewegung (→Gebärde), der eine gehobene Stimmungslage zugrunde liegt und die bes. als Sozialverhalten von Bedeutung ist. Entsprechend der Vielfältigkeit der auslösenden Momente sind die Formen des L. vom Lächeln bis zum (nichtpatholog.) Lachkrampf zahlreich. Von besonderer sozialer Bedeutung ist das **Lächeln** als ›Artgebärde sozialer Begrüßung‹ (bei den Menschenaffen kann es reflektorisch, z. B. durch Kitzeln, ausgelöst werden), Sympathiebekundung und Beschwichtigung. Entwicklungsphysiologisch übt der Säugling schon zw. dem 3. und 6. Monat das erste Lächeln als angeborene Antwort bei der Wahrnehmung eines menschl. Gesichts aus; das Lächeln des Erkennens bezeichnet ein erstes Stadium in der Entwicklung der Intelligenz. Störungen des L. treten symptomatisch bei Neurosen, Psychosen, Hirnerkrankungen auf. Die versch. Intentionen des L. (bei ARISTOTELES Selbstironie und Verspottung des Gegners), die auslösenden Faktoren (bei CICERO die Diskrepanz zw. Schein und Wirklichkeit), die Beschaffenheit des belachten Objektes, des **Lächerlichen** (bei PLATON mit dem Schlechten, bei J. DE LA BRUYÈRE mit der intellektuellen Fehlleistung gleichgesetzt), die Bedeutungsüberlagerung mit dem Komischen (→Komik) sowie das sich im Standpunkt des Lachenden widerspiegelnde normative System waren Gegenstand unterschiedlichster philosophisch-ästhet. und psycholog. Theorien. Einen genet. Ansatz vertrat E. BERGSON, der von den ›infantilen Wurzeln‹ des L. ausging. Auch S. FREUD sah in der Produktion des Komischen das ›wiedergewonnene Kinder-L.‹, dessen Funktion zunächst im beim sprachl. Spiel erzielten Lustgewinn, dann v. a. in der intellektuellen Sinngebung und -entdeckung liegt. Für H. PLESSNER ist das L. in erster Linie eine Reaktion auf den drohenden Verlust sozialer Orientierung.

Nach K. LORENZ gehörte L. zunächst zum Repertoire des Drohverhaltens; das Zähnezeigen stand hierbei im Vordergrund. Lächeln dagegen, dem durch das weniger ausgeprägte Zähnezeigen sowie durch das Ausbleiben der Lautäußerung die aggressive Komponente weitgehend fehlt, wurde zur beschwichtigenden Kontaktgebärde. Es wirkt spannungslösend, entwaffnend, entschuldigend.

H. HELMERS: Sprache u. Humor des Kindes (²1971); H. BERGSON: Das L. (a.d.Frz., Neuausg. Zürich 1972); S. FREUD: Der Witz u. seine Beziehung zum Unbewußten (Neuausg. 1972); M. GROTJAHN: Vom Sinn des L. (a.d. Amerikan., 1974); Semiotik, Rhetorik u. Soziologie des L., hg. v. L. FIETZ u. a. (1996).

Lachen, älterer Name der →Polen.

Lachen, Hauptort des Bez. March im Kt. Schwyz, Schweiz, am oberen Zürichsee (Obersee), 417 m ü. M., 6 100 Ew.; Regionalspital; Textilmaschinenbau, Metallverarbeitung, Herstellung von Kosmetika, Schuhen, Teppichen. – Spätbarocke kath. Pfarrkirche (1708–11).

François de La Chaise

La Chaux-de-Fonds 1) Stadtwappen

Lachender Hans, Riesenseisvogel, Kookaburra ['kʊkəbʌrə, engl.], **Daceloͅ gigas,** bis 47 cm langer, braun, grau und weißlich gefärbter Eisvogel in Australien, Tasmanien und Neuguinea. Sein Ruf klingt wie lautes Lachen. Die Vögel leben paarweise oder in einzelnen Gruppen in offenem Waldgelände, kommen aber auch in die Parks der Städte. Neben Insekten und kleinen Reptilien töten und verzehren sie auch Giftschlangen. (→Lieste)

Lachenmann, Helmut, Komponist, *Stuttgart 27. 11. 1935; studierte 1955–58 an der Musikhochschule in Stuttgart u. a. bei J. N. DAVID sowie 1958–60 in Venedig bei L. NONO. L. wurde 1976 Prof. an der Musikhochschule in Hannover, 1981 an der Musikhochschule in Stuttgart. Orientiert an seriellen Techniken und der experimentellen Musik nahe stehend, versuchte L., gesellschaftspolitisch engagiert, Bewusstseinsbildung durch ästhet. Prozesse zu fördern.

Werke: *Vokalwerk:* temA (1968, für Flöte, Mezzosopran und Violoncello). – *Orchesterwerke:* Air (1969, für Orchester u. Schlagzeugsolo; revidiert 1994); Kontrakadenz (1971); Klangschatten – mein Saitenspiel (1972, für 48 Streicher u. 3 Konzertflügel); Tanzsuite mit Deutschlandlied (1980, für Orchester mit Streichquartett); Mouvement (1984, für Kammerensemble); Ausklang (1985, für Klavier u. Orchester); Staub (1987), Tableau (1989). – *Kammermusik:* 2. Streichquartett ›Reigen seliger Geister‹ (1989). – *Oper:* Das Mädchen mit den Schwefelhölzern (1997).

H. L., hg. v. H.-K. METZGER u. a. (1988).

Lachesis, *griechischer Mythos:* eine der Moiren (→Moira).

Lachgas, das Distickstoffmonoxid, N_2O (→Stickstoffverbindungen). L. ist in Kombination mit Sauerstoff (70% L., 30% Sauerstoff) ein häufig angewendetes Inhalationsnarkotikum mit stark schmerzaufhebender Wirkung bei geringer Giftigkeit.

Lachis, Lakisch, bedeutende Stadt des Altertums in SW-Palästina, an der Stelle des 25 km nordnordwestlich von Hebron gelegenen **Tell ed-Duweir.** Bibl. und außerbibl. Quellen, dazu die 1932–38, 1966–68 und seit 1973 durchgeführten Ausgrabungen gestatten, die Geschichte der Siedlung vom 4. Jt. v. Chr. (Siedlungsschichten von chalkolith. Höhlen) bis in die hellenist. Zeit zu verfolgen. Die älteste Befestigungsanlage ist kurz nach 1700 v. Chr. nachgewiesen. Seit der Mitte des 15. Jh. v. Chr. stand der Stadtstaat von L. unter ägypt. Oberherrschaft. Nach 1500 entstand der kanaanäische Tempel, von dem drei Bauphasen, die bis 1200 v. Chr. zurückreichen, bekannt sind. Vermutlich unter SALOMO wurde L. wieder aufgebaut, wobei ein freigelegter Palast auf die Funktion einer Prov.-Hauptstadt weist. 701 v. Chr. wurde L. durch SANHERIB zerstört (2. Kön. 18, 14 und 17; 19, 8). Im Verlauf des 7. Jh. wieder judäisch geworden, wurde L. durch NEBUKADNEZAR II. erneut zerstört. 18 im Brandschutt eines Torraums gefundene Ostraka, meist Briefe an den Kommandanten, sowie Jer. 34, 7 geben Einblick in diesen Schlusskampf um L. und damit um ganz Judäa. In nachexil. Zeit wohl von Judäern neu besiedelt (Neh. 11, 30), war L. Sitz eines pers. Verwaltungsbeamten (Hyparchen).

Lachish, bearb. v. H. TORCZYNER u. a., 6 Bde. (Oxford 1938–58); O. TUFNELL u. a.: Lachish II. The fosse temple (London 1940); DIES. u. a.: The Bronze Age, 2 Bde. (ebd. 1958); Y. AHARONI: Investigations at Lachish (Tel Aviv 1975); D. USSISHKIN: Excavations at Tel Lachish, 1973–1983, in: Tel Aviv, Jg. 5 u. Jg. 10 (ebd. 1978–83).

Lachkrampf, Lachanfall, Gelaͅsma, lang anhaltendes oder unstillbares Zwangslachen ohne adäquate Ursache; u. a. bei Hysterie, Epilepsie.

Lachlan River ['læklən 'rɪvə], wichtigster (rechter) Nebenfluss des Murrumbidgee River in New South Wales, Australien; entspringt in der Great Dividing Range, mündet westlich von Hay, 1480 km lang; im Oberlauf zu Bewässerungszwecken durch den **Wyangala-Damm** gestaut (375 Mio. m³ Fassungsvermögen).

Laͅchmann, 1) Johann, Reformator, *Heilbronn um 1490, †ebd. 1538; war nach Studium in Heidelberg seit 1514 Pfarrer in Heilbronn und führte dort im Sinne von J. BRENZ die Reformation ein.

M. VON RAUCH: J. L., der Reformator Heilbronns (1923); 450 Jahre Reformation in Heilbronn ..., bearb. v. H. SCHMOLZ u. a. (1980).

2) Karl, Altphilologe und Germanist, *Braunschweig 4. 3. 1793, †Berlin 13. 3. 1851; habilitierte sich 1816 an der Univ. Berlin mit der Abhandlung ›Über die ursprüngl. Gestalt des Gedichts von der Nibelungen Noth‹ (1816); 1818–25 Prof. in Königsberg, danach in Berlin und 1830 Mitgl. der Akad. der Wissenschaften. L. ist der Begründer der philolog. Textkritik und Edition in der antiken und altdt. Literatur. Indem er die von ihm zunächst für die Altphilologie entwickelten Methoden auf altdt. Texte übertrug, leistete er einen entscheidenden Beitrag zur Kenntnis der mittelhochdt. Dichtung, deren nach L. ›normalisierte‹ Sprachform bis heute gebräuchlich ist. L. forschte insbesondere zu WOLFRAM VON ESCHENBACH, WALTHER VON DER VOGELWEIDE, zum Minnesang und dem L. als Beleg für die →Liedertheorie geltenden →Nibelungenlied (Ausg. erstmals 1826). L. wandte seine Methodik der Textkritik auch auf die Bibel und auf die Werke G. E. LESSINGS an, wodurch er den heutigen historisch-krit. Editionstechniken den Weg wies.

Weitere Werke: Über althochdt. Betonung u. Verskunst (1831); Über das Hildebrandslied (1833); Betrachtungen über Homers Ilias (1847).

Hg.: Properz: Carmina (1816); Ausw. aus den hochdt. Dichtern des 13. Jh. (1820); Hartmanns ›Iwein‹ (1827, mit G. F. BENECKE); Walther von der Vogelweide: Gedichte (1827); Catull: Carmina (1829); Wolfram von Eschenbach (1833); Des Minnesangs Frühling (1857, mit M. HAUPT).

Ausgaben: Kleinere Schr., hg. v. K. MÜHLENHOFF u. a., 2 Bde. (1876, Nachdr. 1969–74); Briefwechsel mit J. u. W. Grimm, hg. v. A. LEITZMANN (1927).

lachmannsche Regel, von K. LACHMANN formuliertes Gesetz, wonach ein stimmhafter Wurzelauslaut im lat. Partizip Perfekt stimmlos und der Wurzelvokal gelängt wird (z. B. lat. ago ›ich treibe‹, lat. āctus ›getrieben‹).

lachmannsches Betonungsgesetz, ein von K. LACHMANN formuliertes Gesetz, wonach im Westgermanischen der Ausfall eines mittelsilbigen kurzen Vokals nach Langvokal (z. B. ahd. lōsta ›löste‹ im Unterschied zu got. lausida) auf den Nebenton zurückgeführt wird. Heute wird als Ursache für den Vokalausfall der Akzent in benachbarten Kurzsilben angenommen.

Lachmiden, arab. Dynastie (3. Jh. – 602), die unter sassanid. Oberhoheit die pers. Grenze nach S sicherte (Residenz: Hira, südlich von Kufa, Irak). Ihre Rivalen waren die →Ghassaniden. Angehörige der L. bekannten sich zum nestorian. Christentum, so AN-NU'MAN III. (um 580 – 602).

G. ROTHSTEIN: Die Dynastie der Lahmiden in al-Ilīra (1899).

Lachmöwe, Larus ridibundus, etwa 40 cm große, in Kolonien brütende Möwe; v. a. an Flüssen, Seen, in Sümpfen und auf Wiesen der nördl. und gemäßigten Regionen Eurasiens; Körper weiß, Flügel grau, mit dunklem Hinteraugenfleck (Ruhe-, Jugendkleid) oder schwarzbraunem Kopf (Brutkleid); häufigste im Binnenland vorkommende Möwe.

Lachner, 1) Franz Paul, Komponist, *Rain (bei Donauwörth) 2. 4. 1803, †München 20. 1. 1890, Bruder von 2); ging 1823 nach Wien, wo er 1827 Vize- und 1828 1. Kapellmeister am Kärntnertortheater wurde, war dann Hofkapellmeister in Mannheim (1834–36) und München (1836–65), leitete dort auch die Konzerte der Musikal. Akad. und die Hofoper. Er komponierte u. a. Opern, Sinfonien, Kammermusik und Lieder.

G. WAGNER: F. L. als Liederkomponist (1970).

Karl Lachmann

Lachmöwe (Größe etwa 40 cm)

Franz Lachner

2) Ignaz, Komponist, * Rain (bei Donauwörth) 11. 9. 1807, † Hannover 24. 2. 1895, Bruder von 1); wurde 1831 Hofmusikdirektor in Stuttgart, 1836 in München, dort 1842 neben seinem Bruder 2. Kapellmeister. Seine weitere Tätigkeit als Kapellmeister führte ihn nach Hamburg (1853), Stockholm (1858) und Frankfurt am Main (1861–75). L. schrieb Opern, Orchester-, Kammer- und Kirchenmusik.

Wilhelm Lachnit: Der Tod von Dresden; 1945 (Dresden, Staatliche Kunstsammlungen)

Lachnit, Wilhelm, Maler und Grafiker, * Gittersee (heute zu Dresden) 12. 11. 1899, † Dresden 14. 11. 1962; Mitgl. der Dresdner Sezession und der →Asso. Er arbeitete in kommunist. Gruppen mit und wurde von den Nationalsozialisten verfolgt. 1947–54 war er Prof. an der Akademie in Dresden. Das Frühwerk ist durch einen sozial bestimmten Verismus, das Spätwerk durch eine stille Bildlyrik gekennzeichnet. Neben dem maler. Œuvre entstand ein umfangreiches graf. Werk von großer Virtuosität.

W. L. 1899–1962. Gemälde, Graphik, Zeichnungen, bearb. v. K. KRENZLIN, Ausst.-Kat. Akademie-Galerie, Berlin (Berlin-Ost 1990).

Lachs|artige Fische, Salmonoịdeị, Unterordnung der Lachsverwandten mit insgesamt 151 Arten in den Familien Lachsfische, Renken, Äschen und Stinte.

Lachschlag, →Geoplegie.

Lachse [ahd. lahs, urspr. vielleicht ›der Gefleckte‹], Sammel-Bez. für einige Arten der Lachsfische. Wirtschaftlich von Bedeutung ist der **Europäische** oder **Atlantische L.** (Salmo salar), ein bis 1,5 m langer und bis 36 kg schwerer anadromer Wanderfisch, der bei seinen Laichwanderungen bis in die Oberläufe der Flüsse aufsteigt. Dort werden im Herbst/Winter im kiesigen Grund etwa 1 m große Laichgruben angelegt und bis zu 30 000 Eier abgelegt.

Lachse: Blanklachs (Länge bis 1,5 m)

Die meisten Europ. L. sterben vor Erschöpfung nach dem Ablaichen. Nach 1–5 Jahren Aufenthalt im Süßwasser, wo seine Nahrung erst aus Kleinkrebsen und Insekten, später aus Fischen (Elritzen) besteht, wandert der **Sälmling** (Jung-L.) ins Meer. Kehrt er nach einem Jahr in den Fluss zurück, heißt er **Jakobs-L.,** nach 2–5 Jahren **Salm.** Die im Meer lebenden L. haben eine silbrige Färbung **(Blank-L.),** die laichreifen Tiere nehmen eine rote Tönung an. Beim männl. Salm bildet sich am Unterkiefer ein hakenförmiger, knorpeliger Fortsatz **(Haken-L.).** – L. können bis zu 10 Jahre alt werden. – Der Europ. L. zählt aufgrund von Wasserverschmutzung und der Errichtung von unüberwindbaren Staustufen zu den vom Aussterben bedrohten Arten. Nicht wandernde Binnen-L. der Art Salmo salar sind z. B. der **Saimaa-L.** in finn. und schwed. Seen und der **Ouananiche** in Ostkanada und Neu-England.

Die Fangmenge für den Europ. L. betrug (1994) weltweit 305 808 t. Auf Norwegen entfielen davon allein 206 367 t. Ein Großteil der norweg. L. wird in küstennahen Aquakulturbetrieben aufgezogen. Neben Kanada produzieren auch Großbritannien, Island und Chile seit längerem L. in Aquakulturen. Die meisten L. werden als kalt geräucherte Ware verkauft.

Lachs|ersatz, lachsähnl. Fischfleisch, z. B. das rot gefärbte, in Öl eingelegte und unter der Handels-Bez. ›Seelachs‹ vertriebene Fleisch des Köhlers (→Dorsche).

Lachsfische, Salmọnidae, Familie der Lachsverwandten mit 68 Arten, z. B. der Europ. Lachs. Besonderes Kennzeichen der L. ist der Besitz einer zw. Rücken und Schwanzflosse befindl. ›Fettflosse‹. – Die **Pazifiklachse** (Gattung Oncorhynchus) leben entlang der nordamerikan. und asiat. Küste, so der rd. 50 cm lange **Buckellachs** (Oncorhynchus gorbuscha) und der etwa 1 m lange **Ketalachs** (Oncorhynchus keta). Im Stromgebiet der Donau ist der bis 1,2 m lange **Huchen** oder **Donaulachs** (Hucho hucho) beheimatet, ein reiner Süßwasserbewohner. Zu den L. gehören auch die →Forellen.

Lachsfische: Huchen (Länge bis 1,2 m)

Lachsforelle, die Meerforelle (→Forellen).

Lachsverwandte, Salmoniformes, Ordnung der Knochenfische mit 24 Familien und 508 Arten; zu den L. gehören u. a. die Großmäuler, Leuchtsardinen, Lachsartigen Fische, Lachsfische, Hechte, Hechtlinge.

Lachtaube, Streptopelia roseogrisea, bis 26 cm lange, überwiegend gelblich braune Taube mit schmalem schwarzem, vorn offenem Halsring (ähnlich der verwandten Türkentaube), verbreitet in der Sahelzone Afrikas und in SW-Arabien. Einer ihrer Rufe erinnert an menschl. Kichern. Sie ist die Stammform der seit Jahrhunderten domestizierten L., die in vielen Farbschlägen gezüchtet wird.

La Ciotat [la sio'ta], Hafenstadt und Seebad in Dép. Bouches-du-Rhône, Frankreich, an der Mittelmeerküste südöstlich von Marseille, 30 600 Ew.; Fischereihafen, Werften (großes Trockendock).

Lackbaum, 1) Aleurites, Gattung der Wolfsmilchgewächse mit sechs Arten im indomalaiischen und westpazif. Raum; bis 12 m hohe, Milchsaft führende Bäume mit eingeschlechtigen Blüten. Wirtschaftlich wichtige Arten sind der **Kerzennussbaum** (Aleurites moluccana), aus dessen Samen das als Brennöl und zur Firnisherstellung verwendete **Kerzennussöl** ge-

Lachtaube: (Größe 26 cm)

wonnen wird, und der **Tungbaum** (Aleurites fordii), der →Holzöl liefert.

2) die Schmetterlingsblütlergattung →Palasabaum.

Lacke [mlat.-ital. lacca, über pers. lāk und arab. lakk von altind. lākṣā ›Lack‹], Sammel-Bez. für Beschichtungsstoffe auf Basis organ. Bindemittel. L. können außerdem Lösungsmittel, unlösl. Farbträger (Pigmente), Füllstoffe u. a. Zusätze enthalten. Die mithilfe von L. auf einem Untergrund hergestellten Schichten (**Lackierungen**) sind bis zu 0,4 mm dick. Sie haben die Aufgabe, die Oberfläche von Holz, Metall, Kunststoff, Papier, Karton u. a. Materialien vor Witterungseinflüssen, Chemikalien oder mechan. Belastungen zu schützen. Darüber hinaus können sie dekorative Wirkung haben oder zur farbl. Kennzeichnung der lackierten Objekte (z. B. Feuerwehrfahrzeuge, Briefkästen) dienen. Als Bindemittel wird der nichtflüchtige Anteil eines L. ohne Pigmente und Füllstoffe bezeichnet. Es besteht aus →Filmbildnern (z. B. Kunst- und Naturharze) und ggf. →Weichmachern, →Trockenstoffen u. a. Hilfsstoffen (z. B. Hautverhinderungsmittel, Verlaufmittel, Ausschwimmverhütungsmittel). Ein L. ohne Deckvermögen, der seine Farbe nur der Eigenschaft des Bindemittels verdankt, heißt **Klar-L.**; ein pigmentierter L. wird als **L.-Farbe** bezeichnet. Wichtige L.-Pigmente sind Titandioxid (weiß), Ruß (schwarz), Eisenoxide (rot, gelb, braun) und Aluminiumflitter für Metalliclacke. Lösungsmittel sind flüchtige L.-Komponenten, die das Bindemittel auflösen und auf eine verarbeitbare Konsistenz überführen. Je nach Art des Bindemittels und der Anwendung werden unterschiedl. Mischungen aus Leichtsiedern (z. B. Äthylacetat), Mittelsiedern (z. B. Butanol, Butylacetat, Testbenzin) und Hochsiedern (z. B. Glykoläther) angewendet. Aus Gründen des Umweltschutzes werden seit einiger Zeit möglichst niedrige Gehalte an organ. Lösungsmitteln in den L. angestrebt. Das kann erreicht werden durch Erhöhung des Feststoffanteils in den L. (High-solid-L.), lösungsmittelfreie L. (Pulver-L.), durch die Verwendung von Wasser als Lösungsmittel (z. B. bei der Elektrotauchlackierung zur Grundierung von Autokarosserien) oder von reaktiven Lösungsmitteln (Reaktivverdünnern), die mit dem Bindemittel eine chem. Reaktion eingehen und damit Bestandteil der Beschichtung werden.

Die *Kennzeichnung* von L. kann nach dem Filmbildner erfolgen, z. B. Alkydharz-L., Nitro-L.; sie wird aber auch nach dem Lösungsmittel (z. B. Spiritus-L., Wasser-L.), nach der Reihenfolge im Anstrichaufbau (z. B. Deck-L.), nach Art der Trocknung (z. B. →Einbrennlacke), nach Art der Anwendung (z. B. Tauch-L.) oder nach dem Lackierobjekt (z. B. Auto-L., Boots-L.) vorgenommen.

Die *Filmbildung* (Trocknung) kann durch Verdampfen des Lösungsmittels (z. B. bei Nitro-L.), durch Verdampfen von Wasser aus Dispersionen polymerer Stoffe oder durch Abkühlung geschmolzener Stoffe (z. B. bei Pulver-L.) auf physikal. Weise erfolgen. Bei der chem. Trocknung bilden sich vernetzte Molekülstrukturen, die in Lösungsmitteln zwar noch quellbar, aber nicht mehr löslich sind. Zu den oxidativ trocknenden L. gehören die klass. Öl-L. und mit trocknenden Ölen modifizierte Alkydharz-L. Die Vernetzung kommt durch die Einwirkung von Luftsauerstoff auf die Doppelbindungen der ungesättigten Fettsäuren und die dadurch ausgelösten Polymerisationsreaktionen zustande. Der Vorgang wird durch Trockenstoffe beschleunigt. Durch Polykondensation härten z. B. Mischungen von Alkydharzen und Melaminharzen, die als Einbrennbindemittel für die industrielle Metalllackierung (z. B. Autokarosserien) große Bedeutung haben. Bei UV-härtenden L. werden zw. Bindemittelvorstufen (Prepolymeren) und einem Reaktivverdünner durch UV-Strahlung Polymerisationsreaktionen ausgelöst, die in Bruchteilen von Sekunden zur Filmbildung führen.

Pigmente u. Farbstoffe für die Lackindustrie. Eigenschaften u. prakt. Anwendungen, bearb. v. G. BENZING u. a. (²1992); L., Anstrichstoffe u. ähnl. Beschichtungsstoffe, hg. vom Dt. Inst. für Normung, 4 Bde. (¹⁻⁷1996); Lackharze. Chemie, Eigenschaften u. Anwendungen, hg. v. D. STOYE u. W. FREITAG (1996).

Lackierverfahren, Verfahren zum Aufbringen von →Lacken. Ältestes L. ist das Streichen mit dem Pinsel; heute wird überwiegend Rollenwerkzeug (z. B. aus Lammfell) verwendet. Weniger Zeit, aber größeren apparativen Aufwand erfordern die Spritzverfahren. V. a. in der Kraftfahrzeugindustrie sind L. ein wesentl. Anwendungsgebiet von Industrierobotern. Gebräuchlichstes L. in der Gerätetechnik ist das **Druckluftspritzen (pneumatisches Spritzlackieren)** mit der Lackier- oder Spritzpistole, wobei die Druckluft (0,2–0,6 MPa) gleichzeitig Transport- und Zerstäubungsmittel ist. Unter **luftlosem Spritzen (hydraulisches Spritzlackieren, Höchstdruckspritzen)** versteht man die Lackzerstäubung unter sehr hohem Druck von 18–24 MPa, wobei die Druckluft nur als Drucküberträger dient. **Elektrostatisches Spritzlackieren** ist das Verspritzen eines Lackes aus einer als Elektrode geschalteten Sprühdüse und das Abscheiden der elektrisch geladenen Lackteilchen auf dem geerdeten Lackiergut. Zu lackierende Gegenstände ohne leitfähige Oberfläche (z. B. Holz, Glas) müssen zuvor mit einer leitfähigen Lösung behandelt werden. Einfachstes industrielles L. ist das konventionelle **Tauchlackieren**, dessen Anwendung sich jedoch auf Grundierungen und Vorlackierungen beschränkt, ebenso wie das **Elektrotauchlackieren (Elektrophorese-L.)**, bei dem die im wässrigen Lack vorhandenen Pigmente und Bindemittel mithilfe einer angelegten Gleichspannung zu dem als Gegenelektrode geschalteten Lackiergut transportiert, entladen und abgeschieden werden.

Lackkunst: Schale mit Rankenornamenten auf schwarzem Lackgrund; chinesische Arbeit, Durchmesser 31 cm; um 300 v. Chr. (Washington, Freer Gallery of Art)

Lackkunst, kunsthandwerkl. Technik, mit deren Hilfe Gegenstände (Möbel, Geräte, Kästen, Schalen, Plastiken) mit Lack überzogen werden; bes. charakteristisch für das Kunsthandwerk des Fernen Ostens. Die L. gelangte von Ostasien nach Hinter- und Vorderindien und Persien.

In *China* sind Lackarbeiten seit frühgeschichtl. Zeit bekannt (Lackeinlagen auf Anyang-Bronzen, 1300 v. Chr.). Die aus dem Saft des in Ostasien heim. Lacksumachs (Rhus verniciflua) gewonnene Substanz, der Japanlack, wird in zahlr. dünnen Schichten aufgetra-

Lack Lackkunst

Lackkunst: Feld eines zwölfteiligen Stellschirms; Koromandellack, chinesische Arbeit; spätes 17. Jh. (Köln, Museum für Ostasiatische Kunst)

gen, von denen jede erst in feuchtwarmer Luft trocknen und geschliffen werden muss; die letzte wird dann auch poliert. Als Basis dienen u. a. Metall, Leder, Rohrgeflecht, Papiermaschee, Keramik, am häufigsten jedoch Holz, meist mit einem Stück Stoff oder Papier bespannt, um das Reißen der Lackhaut durch das witterungsbedingte ›Arbeiten‹ des Holzgrundes zu verhindern. Eine eigene, schon durch zhouzeitl. Funde belegte Gruppe ostasiat. Lackarbeiten bilden die Hohl- oder Trockenlackarbeiten aus lackgetränkten Tüchern, bei denen das Leergerüst aus Holz oder Ton nach dem Erstarren der Lackmasse wieder entfernt worden ist. Die früheste Form des Dekorierens ist die Bemalung schwarzer Lackgründe mit Rotlack oder umgekehrt, später treten Weiß, Gelb und Grün als Farben hinzu. Auch Einlagen von Edelmetall und Perlmutt sind schon früh bekannt. Signierte Funde (Noin Ula, 200 n. Chr.) bezeugen eine blühende L. der Hanzeit mit linearer Rankenornamentik oder figürl. Malereien (Bambuskorb von Lolang, 1. Jh. n. Chr.; Pjöngjang, Histor. Museum). Zu Beginn der Tangzeit wird den öl- und lackgebundenen Farben Bleiglätte zugesetzt (ältestes erhaltenes Beispiel in Japan: →Tamamushischrein, Hōryūji bei Nara, um 600), seit dem 8. Jh. auch Gold- und Silberschlamm, mit Lackmasse vermischt, als Malmittel verwendet. In der Yuan- und Mingzeit herrscht der Schnitzlack vor, bei dem in eine oft zentimeterdicke Schicht aus Rotlack ein entweder figürlich-floraler oder abstrakt-kurviger Dekor eingeschnitten wird. Technisch verwandt ist der seit der Qingzeit als Ausfuhrartikel nach Europa beliebte und nach seinen Umschlaghäfen an der SO-Küste Indiens benannte Koromandellack, v. a. auf großen Flächen wie Möbelstücken und Setzschirmen, mit figurenreichen, aus einer schwarzen Lackschicht herausgeschnittenen Szenen; die bis auf eine Kreidegrundierung freigelegten Zwischenflächen sind in kräftigen Farben bemalt.

Die über Korea vermittelten chin. Lacktechniken wurden in *Japan* mit besonderer handwerkl. Sorgfalt und neuen Techniken zu einem unverwechselbaren Stil ausgebildet. Eine bedeutende Rolle spielt hier der seit der Heianzeit entwickelte Streulack aus Gold- und Silberpulver, das, in feiner Körnung gleichmäßig in den feuchten Lack eingestreut und mit Transparentlack überfangen, den schillernden Aventurinlack des Nashiji, in gröberen Partikeln das Hirame und Okibirame oder, als feinster Staub satt aufgetragen und zu einer geschlossenen Metalldecke abgeschliffen, den Gold- bzw. Silbergrund des Kinji ergibt. Diese Techniken dienen nicht nur zur Flächendekoration, sondern auch zur Ausführung des eigentl. Maki-e (Streubild) in seinen drei Grundformen des flach überstehenden Hiramaki-e (Flachstreubild), des reliefartig aufmodellierten Takamaki-e (Hochstreubild) oder des bis auf die Ebene des Lackgrundes abgeschliffenen Togidashi (versenkter Lack). Neben den längst bekannten Einlagen wie Perlmutt und Edelmetall kommen nun solche aus Zinn, Blei, Schildpatt oder glasiertem Ton hinzu. Bei dem seit dem 14. Jh. weit verbreiteten Kamakurabori ist nicht nur die Lackkruste, sondern schon der Holzgrund reliefartig beschnitzt und zuerst mit schwarzem, dann mit rotem Lack überzogen, dessen obere Schicht so abgerieben wird, dass an einigen Stellen der Schwarzlack wieder zum Vorschein kommt. Ein ähnl. Verfahren gilt auch für die marmorierten Lacke mit verschiedenfarbigen, übereinander aufgetragenen, aber ungleichmäßig wieder abgeschliffenen Lackschichten. Marksteine in der Geschichte der jap. L. bilden die Higashiyama-Lacke (1474–90, im Higashiyama-Palast, Kyōto) mit literarisch inspirierten Kompositionen, Landschaften und Schriftzeichen sowie die Kōdaiji-Lacke (um 1600), deren Dekor aus selbstständigen Naturformen und

Lackkunst: Schreibkästchen mit floralem Dekor; Takamaki-e in Gold, japanische Arbeit; 18. Jh. (Privatbesitz)

herald. Elementen besteht. Ihren künstlerisch hohen Stand verdanken die jap. Lackarbeiten v. a. der großen handwerkl. Tradition der Lackmeisterfamilien wie der Koma, Kajikawa, Kōami und Igarashi.

Die im 17. Jh. nach Europa gelangten ostasiat. Lackarbeiten wurden hoch geschätzt und bald imitiert, zunächst mit fernöstl. Motiven. Die ersten Manufakturen entstanden in den Niederlanden und in England. Weltgeltung erlangten neben der ›Manufacture royale‹ der Familie Martin in Paris (18. Jh.), die auch durch den von ihnen erfundenen Lack (Vernis Martin) bekannt wurde, v. a. die dt. Betriebe der Familie Stobwasser in Braunschweig (18./19. Jh.).

O. KÜMMEL: Kunstgewerbe in Japan (³1922); M. JOURDAIN u. S. JENYNS: Chinese export art in the eighteenth century (London 1950); K. HERBERTS: Das Buch der ostasiat. L. (1959); W. SPEISER: L. in Ostasien (1965); B. VON RAGUÉ:

Lackkunst: Martin Schnell, Lackschrank (geöffnet), Innenfeld der Tür; Dresden, um 1730 (Frankfurt am Main, Museum für Kunsthandwerk)

Gesch. der jap. L. (1967); H. HUTH: Lacquer of the West (Chicago, Ill., 1971); Y.-K. LEE: Oriental lacquer art (Neuausg. New York 1972); H. M. GARNER: Chinese lacquer (London 1979); W. HOLZHAUSEN: L. in Europa (²1982); K. J. BRANDT: Chin. Lackarbeiten (1988); Ostasiat. Lackarbeiten sowie Arbeiten aus Europa, Thailand u. Indien, bearb. v. G. R. DIESINGER, Kat. der Slg. des Herzog Anton Ulrich-Museums Braunschweig (1990).

Lackleder, mit einer spiegelglatten, meist schwarz pigmentierten Lackschicht (überwiegend synthet. Polyurethanlacke) überzogenes Leder.

Lackmus [niederländ.] *das* oder *der*, -, blauer Pflanzenfarbstoff, der aus L.-Flechten (v. a. Rocella tinctoria und Rocella fuciformis) durch Gärung in Gegenwart von Ammoniumcarbonat, Kaliumcarbonat, Kalk und Wasser gewonnen wird. Als Indikatorfarbstoff (z. B. im **L.-Papier**) für Säuren (Rotfärbung bei pH 5) und Basen (Blaufärbung bei pH 8) hat L. kaum noch Bedeutung.

Lackmuskraut, Chrozophora tinctoria, einjähriges, im Mittelmeergebiet verbreitetes Wolfsmilchgewächs, das blauen oder roten Farbstoff liefert.

Lackpilz, Lacktrichterling, Laccaria, Gattung der Lamellenpilze mit etwa zehn rötl. bis violetten, oft in Gruppen stehenden Arten. Essbare und relativ häufig in Wäldern vorkommende Arten sind der **Violette L.** (Laccaria amethystea) und der **Rötliche L.** (Laccaria laccata).

Lackschildläuse, Lacciferidae, Familie der Schildläuse, die aus Drüsen Lack abscheiden, der mit dem der Nachbartiere zusammenfließt und um die L. und den Zweig, auf dem sie sitzen (z. B. auf Feigen), 1–2 mm dicke, rotbraune Krusten bildet. Wichtigste Arten sind die aus Indien stammenden **Lakshadia indica** und **Laccifer lacca (Asiatische L.),** deren Lackhüllen zur Schellackgewinnung verwendet werden.

Laclos [la'klo], Pierre Ambroise François **Choderlos de** [ʃɔdɛr'lo də], frz. Schriftsteller, * Amiens 18. 10. 1741, † Tarent 5. 9. 1803; war Offizier und Privat-Sekr. des Herzogs LOUIS PHILIPPE von Orléans, während der Frz. Revolution Jakobiner, dann Artillerieoffizier NAPOLEONS I. Bekannt wurde er mit seinem Briefroman ›Les liaisons dangereuses‹ (4 Bde., 1782; dt. ›Gefährl. Liebschaften‹); formal in der Tradition S. RICHARDSONS und J.-J. ROUSSEAUS stehend, setzt das Werk die scharfe psycholog. Analyse der frz. moralist. Literatur fort. Gegenstand ist die Manipulation der Gefühle als zyn. Gesellschaftsspiel in der Aristokratie des Ancien Régime. Obwohl in der Vorrede des Werkes dessen moral. Absicht (im Sinne eines mahnenden Exempels) hervorgehoben wird, übte der Roman – außer durch seine nuancierte Psychologie – durch die Darstellung der Perfektion und Faszination des Bösen großen Einfluss auf die Literatur des 19. und 20. Jh. aus.

Ausgaben: Œuvres complètes, hg. v. M. ALLEM (Neuausg. 1967); Œuvres complètes, hg. v. L. VERSINI (Neuausg. 1979).

H. KNUFMANN: Das Böse in den Liaisons dangereuses des C. de L. (1965); M. DELON: P.-A. C. de L.: ›Les liaisons dangereuses‹ (Paris 1986).

Lacock ['lækɔk], Ort 12 km nordöstlich von Bradford-on-Avon in der Cty. Wiltshire, S-England, 1 300 Ew. – L. mit seinen zahlr. mittelalterl. Bürgerhäusern (v. a. aus grauem Sandstein) gilt als eines der schönsten engl. Dörfer. **L. Abbey** ist ein aus der Anlage einer 1229 gegründeten Augustinerinnenabtei hervorgegangenes Herrenhaus (bis 1549 in Frührenaissanceformen errichtet); Talbot-Museum.

La Condamine [lakɔ̃da'min], Teil von →Monaco.

La Condamine [lakɔ̃da'min], Charles Marie de, frz. Physiker und Astronom, * Paris 28. 1. 1701, † ebd. 4. 2. 1774; bekannt geworden durch seine Gradmessungen in Südamerika (Peru, Ecuador). La C. schuf die erste wiss. Karte des Amazonasgebietes und versuchte vergeblich, die Länge des Sekundenpendels am Äquator als Meternormal durchzusetzen.

Lacordaire [lakɔr'dɛːr], Dominique, eigtl. **Jean-Baptiste-Henri L.,** frz. kath. Theologe, * Recey-sur-Ource (Dép. Côte-d'Or) 12. 5. 1802, † Sorèze (Dép. Tarn) 2. 11. 1861; zunächst Jurist, seit 1828 Priester. 1830 schloss er sich H.-F.-R. DE LAMENNAIS an und arbeitete an der Zeitschrift ›L'Avenir‹ mit, wandte sich aber von LAMENNAIS ab, als dessen Lehren verurteilt wurden. Seit 1834 wirkte L. v. a. als Prediger und setzte sich für die Stärkung der frz. Kirche in Unabhängigkeit vom Staat ein. Seit 1838 Dominikaner, gelang es ihm 1843, den Orden nach dem Verbot von 1790 in Frankreich wieder neu zu begründen; 1850–54 war L. Oberer der frz. Ordensprovinz. 1860 wurde er in die Académie française aufgenommen.

Ausgabe: Œuvres, 9 Bde. (Neuausg. 1920–29).

La Coruña [lako'ruɲa], **1)** Hauptstadt der Prov. La C. in Galicien, Spanien, 252 500 Ew.; Handels-, Erdöl-, Fischerei- und Passagierhafen an der verzweigten, gut geschützten Bucht von La C.; Univ., Schifffahrts- und Landwirtschaftsschule, techn. Institute, Theater. Die Stadt ist ein Industriestandort mit Erdölraffinerie, Wärmekraftwerk, Aluminiumhütte, Graphitproduktion, Chemiewerken (Kunstdünger, pharmazeut. Produkte), Metallverarbeitung, Fischverarbeitung (Sardinen, Schellfische; Miesmuschelzucht); Flughafen. La C. ist Urlaubszentrum v. a. für Spanier (Badestrände, Wassersport, Segelklub). – In der höher gelegenen Altstadt, z. T. von Mauern (drei Tore aus dem 16./17. Jh.) umgeben, befinden sich die Kollegiatskirche Santa Maria del Campo (12.–15. Jh.), die Klosteranlage Convento de las Bárbaras (15. Jh., im Kern Synagoge des 11. Jh.), Santo Domingo und San Nicolás (beide 18. Jh.), die Ruine des Klosters San Francisco (1214 erbaut, im 17. Jh. z. T. zerstört, Nationaldenkmal) und zahlr. Adelspaläste (18. Jh.); an der Hafenseite vielstöckige Häuser des 19. Jh. mit hohen, verglasten Balkonfronten (Galerias de cristales); auf einer Felskuppe im NW steht der 58 m hohe Torre de Hércules (röm. Kernbau aus dem 2. Jh., Oberteil 1693), der einzige erhaltene Leuchtturm der Antike (Nationaldenkmal). ISOZAKI ARATA erbaute den ›Domus‹, Museum der Wissenschaften, Kultur und Künste (1995 eröffnet). – La C., urspr. eine iber. Gründung, wurde von den Phönikern als Hafenplatz benutzt und hieß in röm. Zeit zunächst **Flavium Brigantium,** dann **Ardobirium Coronium.** 713 kam es unter arab. Herrschaft und wurde Ende des 10. Jh. von MANSUR (ALMANSOR) zerstört. 1369 wurde die Stadt

Lackpilz: Violetter Lackpilz (Hutbreite 5–8 cm)

Pierre Ambroise François Choderlos de Laclos

Lacock: Lacock Abbey; 13.–16. Jh.

La Coruña 1)
- Industrie- und Hafenstadt in Galicien
- an der NW-Küste Spaniens
- 252 500 Ew.
- bedeutende Fischerei und Muschelzucht
- Leuchtturm aus der Antike erhalten
- charakteristische Hausfassaden mit verglasten Balkonfronten (Galerias de cristales)
- schon von den Phönikern als Hafen genutzt
- in wechselvoller Geschichte mehrfach zerstört

von Portugal, 1386 von Kastilien erobert; im April 1520 tagten hier unter KARL V. die span. Cortes. Die Armada PHILIPPS II. brach von hier gegen England auf; 1589 widerstand die Stadt den Engländern unter F. DRAKE. 1805 und 1808 fanden vor La C. britisch-frz. Seegefechte statt; 1809–12 war die Stadt von napoleon. Truppen besetzt, 1823 von denen LUDWIGS XVIII. von Frankreich, der im Auftrag der Hl. Allianz König FERDINAND VII. gegen die liberale Revolution unterstützte.
   2) Prov. an der NW-Küste Spaniens, in Galicien, 7951 km², 1,12 Mio. Ew.; relativ dicht besiedelt (141 Ew./km²); gebirgig; ozeanisch-gemäßigtes Klima mit 1000–1600 mm Jahresniederschlägen; Laub- und Mischwälder, Heideflächen und Wiesen. Wirtschaftl. Grundlagen sind Landwirtschaft mit bäuerl. Kleinbesitz (Rinder-, Schweinehaltung, Anbau von Roggen, Bohnen, Mais, Wein), Fischfang und -verarbeitung in zahlr. Häfen, Schiffbau, Bergbau (Eisen-, Wolfram-, Zinnerz). Religiös-kulturelles Zentrum ist →Santiago de Compostela. Traditionelles Auswanderungs- und ländl. Abwanderungsgebiet.
   La Côte [la'ko:t], Weinbaugebiet in der Waadt, Schweiz, →Côte 2).
   La Cour [la'ku:r], Paul, dän. Schriftsteller, *Rislev (bei Næstved) 9. 11. 1902, †Hvalsø (bei Roskilde) 20. 9. 1956. Stark französisch beeinflusst, entwickelte er sich von pantheist. Naturästhetizismus zu politisch betonter sozialer Brüderlichkeit, von einer Sprache der sinnl. Impressionen zu freieren Bildern tieferer Bedeutung. Bedeutend sind auch La C.s kunstkrit. Arbeiten, v. a. die ›Fragmenter af en dagbog‹ (1948; dt. ›Fragmente eines Tagebuchs‹).
   Ausgabe: Udvalgte Digte, 1928–1951 (1951).
   Lacq [lak], Gem. im Dép. Pyrénées-Atlantiques, Frankreich, im südl. Aquitan. Becken nordwestlich von Pau am Gave de Pau, 650 Ew. Bei L. wurde 1951 das größte Erdgasvorkommen Frankreichs entdeckt (200 Mrd. m³; Förderung seit 1957). Bedeutende chem. Industrie; Wärmekraftwerk Artix, Aluminiumwerk; Erdgasleitungen führen in alle Teile Frankreichs.
   Lacrima Christi [lat. ›Träne Christi‹], *Weinbereitung:* Bez. für versch. ital. Weine (rot, rosé, weiß) unterschiedl. Herkunft und Qualität. Der rote Lacrima di Morro hat seit 1985 DOC-Status.
   lacrimoso [ital.], **lagrimoso,** musikal. Vortrags-Bez.: tränenvoll, klagend.
   Lacroix [la'krwa], Christian, frz. Modeschöpfer, *Arles 17. 5. 1951; studierte in Montpellier Kunstgeschichte und Kostümkunde; kam 1973 nach Paris, um eine Ausbildung zum Museumskurator aufzunehmen, entschloss sich dann jedoch Modedesigner zu werden und begann 1978 im Designerteam vom Modehaus ›Hermès‹; zwei Jahre arbeitete er als Assistent von GUY PAULIN; 1981–87 war er künstler. Direktor des Salons ›Jean Patou‹; im April 1987 eröffnete er sein eigenes Modehaus in Paris. L. kreiert, u. a. inspiriert vom Flair der heimatl. Provence, eine sehr farbenfreudige, z. T. exot. Haute Couture, die durch unkonventionellen Mustermix und theatral. Überladenheit charakterisiert wird.
   Lacrosse [la'krɔs, frz.] *das,* v. a. in Nordamerika, Großbritannien und Australien betriebenes Mannschaftsballspiel. Männer-L. (mit Ausrüstung und Körperkontakt) ähnelt dem Eishockey, Frauen-L. (ohne Ausrüstung und Körperkontakt) dem Feldhockey.

Zwei Mannschaften (darunter je ein Torhüter) fangen mit einem am Ende leicht gekrümmten dreieckigen Netzschläger (›Crosse‹) den farbigen Gummiball und versuchen, ihn damit ins gegner. Tor zu schleudern. Die Männer tragen Helm, Armschutz, Handschuhe und Schulterpolster, Torhüter zusätzlich Brustschutz (Torhüterinnen Körper- und Beinschutz). – L. wird in Dtl. vom Dt. L. Verband (DLAXV [X als Symbol für engl. cross ›Kreuz‹]; gegr. 1994, Sitz: Berlin) organisiert, dem (1997) elf Vereine mit rd. 300 Mitgl. angehören.
   Der Ursprung des L. liegt bei den nordamerikan. Indianern (erstmals 1630 erwähnt), verbreitet v. a. bei den Stämmen im SO von Nordamerika. Betrieben wurde es u. a. als spirituelles Spiel, als Kriegsersatz und bei Stammesfehden. L. war bei den Männern olymp. Disziplin in Saint Louis (1904) und London (1908) sowie Demonstrationssportart bei den Olymp. Spielen in Amsterdam (1928), Los Angeles (1932) und London (1948).
   lact..., Wortbildungselement, →lakto...
   Lactame, *Sg.* **Lactam** *das, -s,* aus Aminosäuren durch intramolekulare Wasserabspaltung entstehende, meist feste und farblose chem. Verbindungen (zykl. innere Amide von Aminosäuren). Je nach Stellung der Aminogruppe in den Aminosäuren unterscheidet man α-, β-, γ-L. usw. L. sind zu den Lactimen tautomer. Technisch bes. wichtig sind das →Caprolactam und das →Laurinlactam. Ein Lactamring liegt auch im Penicillin vor.
   Lactam-Lactim-Tautomerie, →Lactime.
   Lactantius, Laktanz, eigtl. **Lucius Caecilius Firminianus,** Kirchenschriftsteller, *in Nordafrika um 250, †nach 317; war als Lehrer der Rhetorik von DIOKLETIAN nach Nikomedia berufen worden, musste aber, nachdem er zum Christentum übergetreten war, das Land unter der diokletian. Verfolgung zeitweilig verlassen und lebte in äußerster Armut; 317 wurde er von KONSTANTIN D. GR. zur Erziehung seines Sohnes CRISPUS nach Trier berufen. Die nur teilweise erhaltenen, stilistisch ausgefeilten Schriften des ›christl. Cicero‹ zeigen dualist. Tendenzen und Züge von Kreationismus und Chiliasmus. Neben seiner Anthropologie ›De opificio Dei‹ und der Darstellung der diokletian. Christenverfolgung ›De mortibus persecutorum‹ kommt seiner Apologie ›Divinae institutiones‹ als Versuch einer systemat. Gesamtdarstellung des Christentums in lat. Sprache besondere Bedeutung zu.
   Ausgaben: Opera omnia, hg. v. S. BRANDT u. a., 3 Bde. (1890–97, Nachdr. 1965). – Ausgew. Schr. (1919; Bibliothek der Kirchenväter, Bd. 36).
   Lactatdehydrogenase, Abk. **LDH,** eine in Bakterien, Hefen und tier. Geweben vorkommende Dehydrogenase, von der fünf Isoenzyme (nur in tier. Geweben) bekannt sind; katalysiert die Reduktion von Pyruvat zu Lactat (BILD →Glykolyse); erhöhter Serumgehalt an L. tritt u. a. nach Herzinfarkt, bei akuter Hepatitis sowie perniziöser und hämolyt. Anämie auf.
   Lactate, *Sg.* **Lactat** *das, -s,* Salze oder Ester der →Milchsäure.
   Lactid *das, -s,* **Dilactid,** durch intermolekulare Wasserabspaltung aus zwei Molekülen Milchsäure gebildete zykl. Verbindung (in zweifacher innerer Ester); chemisch das 3,6-Dimethyl-1,4-dioxan-2,5-dion). L. ist eine farb- und geruchlose kristalline Substanz, die als Zwischenprodukt bei organ. Synthesen verwendet wird. Homologe Verbindungen, die durch intermolekulare Wasserabspaltung aus zwei Molekülen anderer α-Hydroxycarbonsäuren entstehen, werden zusammenfassend **Lactide** genannt.
   Lactime, *Sg.* **Lactim** *das, -s,* zu den →Lactamen tautomere chem. Verbindungen, die aus diesen dadurch hervorgehen, dass in den Lactammolekülen ein Wasserstoffatom vom Stickstoff- zum Kohlenstoff-

atom der zyklisch gebundenen Gruppe −NH−CO− wandert und die Gruppierung −N=C(OH)− ergibt (**Lactam-Lactim-Tautomerie**).

Lactit, *der, -s,* **Lactitol, Lactosit,** durch Hydrierung von Lactose in Gegenwart von Nickelkatalysatoren gewonnener Zuckeralkohol. L. ist eine kristalline, süß schmeckende Substanz, die im menschl. und tier. Stoffwechsel nicht abgebaut und verwertet wird. Er gehört zu den Zusatzstoffen (E 966).

lacto..., Wortbildungselement, →lakto...

Lactobacillus, eine Bakteriengattung (→Milchsäurebakterien).

Lactobiose, die →Lactose.

Lactoflavin, das →Riboflavin.

Lactone, *Sg.* **Lacton** *das, -s,* aus Hydroxycarbonsäuren durch intramolekulare Wasserabspaltung entstehende, meist flüssige oder niedrigschmelzende Verbindungen (zykl. innere Ester der Hydroxycarbonsäuren). Je nach Stellung der Hydroxylgruppe in den Hydroxycarbonsäuren unterscheidet man α-, β-, γ-L. usw. L. reagieren neutral und sind unzersetzt destillierbar; durch Alkali werden sie wieder zu den Salzen der entsprechenden Hydroxycarbonsäuren aufgespalten. Beispiele für L. sind die →Butyrolactone und verschiedene natürl. und synthet., nach Moschus riechende L. mit 15 bis 18 Ringgliedern, die in der Riechstoffindustrie verwendet werden (→Makrolide).

β-Lactose (4-O-β-D-Galaktosyl-β-D-Glucose)

Lactose

Lactose *die, -,* **Laktose, Lactobiose, Milchzucker,** aus einem Molekül D-Galaktose und einem Molekül D-Glucose, die in 1,4-Stellung glykosidisch miteinander verknüpft sind, aufgebautes Disaccharid, das zu 5–7% in Muttermilch und zu 4–5% in Kuhmilch enthalten ist. Je nachdem, ob α- oder β-D-Glucose am Aufbau des Moleküls beteiligt ist, entsteht α- oder β-L. Beide Formen wandeln sich in wässriger Lösung bis zu einem Gleichgewicht ineinander um. Aus der Lösung (z. B. Molke) kristallisiert unterhalb von 93,6°C α-L. als Hydrat. Bei höheren Temperaturen kann β-L. in wasserfreier Form (Anhydrid) gewonnen werden. – L. bildet farblose Kristalle mit etwa der halben Süßkraft der Saccharose (Rüben- oder Rohrzucker). Durch Säuren oder durch Enzyme (β-Galaktosidasen) wird L. in ihre beiden Bestandteile gespalten. Beim Sauerwerden der Milch findet ein bakterieller Abbau der L. zu Milchsäure statt.

Lacus Curtius, altröm. Kultmal auf dem Forum Romanum, urspr. wohl ein Sumpfsee, später eine umfriedete Opfergrube. Zu der mit dem L. C. verbundenen Sage →Curtius.

Lacy, 1) [ˈlasi, ˈlaːsi], Franz Moritz Graf von, auch **F. M. Graf von Lascy,** österr. Feldmarschall, * Sankt Petersburg 21. 10. 1725, † Wien 24. 11. 1801; zeichnete sich u. a. im Siebenjährigen Krieg (1756–63) als Chef des 1757/58 geschaffenen Generalquartiermeisterstabs aus (20. 2. 1758 bis 1760); 1765 wurde er Generalinspektor der gesamten Armee. Seit 1763 Hofkriegsrat, war er als Präs. des Hofkriegsrats (1766–74) v. a. mit der Vereinheitlichung und Straffung der inneren Organisation des Heeres befasst und begründete die Staatstopographie in Österreich. Ab 1774 war L. Mitgl. des Staatsrats.

2) [ˈleɪsɪ], Steve, eigtl. **Steven Lackritz,** amerikan. Jazzmusiker (Sopransaxophonist), * New York 23. 7. 1934; stieß 1956 zur Gruppe des Pianisten C. TAYLOR und entwickelte sich in der Folgezeit zu einem der eigenständigsten Improvisatoren des Freejazz.

Ladakh [engl. ləˈdɑːk], Hochgebirgslandschaft in Kaschmir, beiderseits des oberen Indus; auf das gesamte Gebiet von L. (rd. 96 000 km²) erhebt Indien Anspruch, de facto bilden jedoch nur 45 100 km² mit (1991) rd. 90 000 Ew. den Distrikt L. des ind. Bundesstaates Jammu and Kashmir (L. im heutigen engeren Sinne). Der NW-Teil L.s, nämlich →Baltistan, dessen Bev. bereits um 1400 islamisiert wurde, ist von Pakistan, der kaum besiedelte NO-Teil L.s, der sich im Hochland von Tibet erstreckt, von China besetzt (eingegliedert in die autonomen Gebiete Tibet und Sinkiang).

Die Siedlungen im ind. Distrikt L. finden sich in den Tälern in 3 000–4 000 m ü. M., v. a. im Zanskartal zw. Hauptkamm (bis 7 135 m ü. M.) und Zanskarkette des Himalaja, im Industal zwischen Zanskar- und Ladakhkette (5 000 m bis mehr als 6 000 m ü. M.), im Shyoktal zw. der Ladakhkette des Himalaja und dem stark vergletscherten Karakorum (hier im Saser Kangri 7 672 m ü. M.). Der Distrikt L. liegt im Regenschatten des Himalaja, er wird von Halbwüste und Wüste eingenommen. Die mittlere jährl. Niederschlagsmenge liegt bei 80 mm; teil der kurzen Sommer ist relativ heiß, die Winter kalt. Mithilfe künstl. Bewässerung (Terrassenfeldbau) werden Weizen, Buchweizen, Gerste und Obst (Aprikosen, Äpfel) angebaut. Die Ladakhi des ind. Distrikts L. sind i. Allg. Anhänger des Lamaismus, daher wird L. auch ›Klein-Tibet‹ genannt. Nur im Raum der Ortschaft Kargil (im W von L.) überwiegen die Muslime. Distriktshauptstadt und Marktort ist Leh (9 000 Ew.). Verkehrsmäßig ist L. durch die 1962–74 erbaute, im Winter aber unpassierbare Straße von Srinagar nach Leh erschlossen, seit 1981 auch durch regelmäßige Flugverbindungen nach Leh. Dadurch gewinnt der Fremdenverkehr an den lamaist. Klöstern in L. an Bedeutung. Klöster mit reicher Ausstattung (Wandgemälde, Thangkas, Statuen, Gesichtsmasken) sind u. a. →Alchi, Likir (15. Jh.), das hoch gelegene Lamayuru (v. a. 16. Jh.; gegr. im 11. Jh.) und bei Leh Spituk (Anfang 15. Jh.), Fiang (15. Jh.), Shey (16. Jh.), Tikse (15. Jh.), das Höhenkloster Tak Tak und als größtes Hemis (gegr. um 1637), außerdem Sani in Zanskar.

Geschichte: L. war Teil des ersten tibet. Reiches bis zu dessen Zerfall im 9./10. Jh. und wurde dann selbstständiges Königreich. Seit dem 11. Jh. vom Lamaismus geprägt, musste L. im 15. und 16. Jh. mehrfach Invasionen des muslimisch gewordenen Nachbarstaates Kaschmir hinnehmen und stand seit dem 17. Jh. im Spannungsfeld zw. dem ind. Mogulreich und Tibet. 1834–42 wurde es vom Raja von Jammu, GULAB SINGH, erobert. Nach Festlegung der Demarkationslinie in →Kaschmir (1949) kam der größere Teil von L. an die Ind. Union, der kleinere an Pakistan. Im indisch-chin. Grenzkonflikt (1962) eroberten chin. Truppen den nordöstl. Teil von Ladakh.

A. H. FRANCKE: A history of L. (Neuausg. Delhi 1977); H. NISSEL: L. Eine landeskundl. Skizze, in: Erdkunde, Bd. 31 (1977); L. PETECH: The kingdom of L., c. 950–1842 (Rom 1977); M. BRAUEN: Feste in L. (Graz 1980); Recent research on L., hg. v. D. KANTOWSKI u. a. (1983); H. HIRSCHBERG: L. – Mit Zanskar (Zürich 1987); A. u. P. KEILHAUER: L. u. Zanskar (⁴1987).

Ladangwirtschaft, Bez. für Brandrodungsfeldbau in Indonesien und Malaysia.

Ladby, Dorf im NO von Fünen, Dänemark. – Nördlich von L. wurde 1935 in einem Hügel ein Schiffsgrab mit Resten eines etwa 22 m langen Wikingerschiffes, vielen prunkvollen Beigaben und Tier-

Franz Moritz Graf von Lacy

opfern aus der Mitte des 10. Jh. entdeckt. Über der Fundstelle (Ladbyskibet) errichtete man eine Halle (Museum).

H. H. ANDERSEN: Vorchristl. Königsgräber in Dänemark u. ihre Hintergründe, in: Germania, Bd. 65 (1987).

Lade, *Textiltechnik:* Teil der Webmaschine, auf der das →Riet und die Schusseintragselemente (→Schuss) angeordnet sind. Durch die oszillierende Bewegung der L. wird das über die Webbreite eingetragene Schussgarn angeschlagen.

Lade, im Altertum Insel vor dem Hafen von Milet, wurde durch die Anschwemmungen des Mäander (heute Menderes) zu einer etwa 3 km langen Hügelkette, 2 km vom Meer entfernt, in der Küstenebene Westanatoliens. Im Ionischen Aufstand wurde die griech. Flotte 496 v. Chr. von den Persern bei L. geschlagen.

Ladebaum, *Schiff:* bordeigenes Hebezeug als gebräuchlichster Teil des Ladegeschirrs von Frachtschiffen; erfüllt die Funktion eines Krans. An einem Mast (Lademast) oder Pfosten ist ein Stahlrohr (früher Rundholz) als Ausleger beweglich angebracht; seine Schrägstellung (Ausladung) lässt sich durch von Winden betriebene Hanger (Hangerseile) verändern. Seitwärts wird der L. durch Geitaue über Taljen geschwenkt. Normale L. haben eine Tragfähigkeit bis zu 10 t, Schwergut-L. von 100 t und mehr.

Ladegast, Friedrich, Orgelbauer, *Hermsdorf (heute zu Zettlitz, Landkreis Mittweida) 30. 8. 1818, †Weißenfels 30. 6. 1906; lernte u. a. bei A. CAVAILLÉ-COLL in Paris, ließ sich 1846 in Weißenfels nieder und baute u. a. mit seinem Sohn OSKAR (*1859, †1944) über 200 Orgeln, u. a. im Merseburger Dom (Umbau 1853–55), in St. Nikolai in Leipzig (1858–62), im Dom zu Schwerin (1871), im Konzerthaus der Musikfreunde in Wien (1872) und im Dom in Reval (1878).

Ladegeschirr, die Gesamtheit der an Bord eines Schiffes vorhandenen Einrichtungen zum Laden und Löschen der Ladung. (→Ladebaum)

Lade Gottes, Lade Jahwes, →Bundeslade.

Lądek Zdrój ['lɔndɛk 'zdruj], Stadt in Polen, →Landeck.

Ladeluftkühler, Wärmetauscher, der bei der →Aufladung von Verbrennungsmotoren der Kühlung der vorverdichteten Ladeluft dient; meist als Wellrippenkühler aus Aluminium ausgeführt.

Lademarke, Ladelinie, die Freibordmarke an beiden Seiten eines Seeschiffes (→Freibord).

Lademaß, die Begrenzungslinie in Breite und Höhe, die eine Ladung eines offenen Güterwagens im (geraden) Gleis nicht überragen darf (→Lichtraumprofil). Außergewöhnl. Sendungen dürfen unter besonderen Bedingungen mit L.-Überschreitung befördert werden.

Laden, Einkaufsstätte, Ladenlokal, Verkaufslokal, als Gebäude oder Gebäudeteil mit einem Grundstück verbundener Verkaufsraum eines **L.-Geschäfts,** im Sinne des Handelsrechts auch Verkaufsstand auf einer Ausstellung. Nach der Gewerbeordnung (§ 15a) ist der Inhaber eines L. verpflichtet, seinen Familiennamen mit mindestens einem ausgeschriebenen Vornamen an der Außenseite oder am Eingang des L. in deutlich lesbarer Schrift anzubringen. (→Einzelhandel)

Ladenburg, Stadt im Rhein-Neckar-Kreis, Bad.-Württ., im Oberrhein. Tiefland am rechten Ufer des Neckars, 96–106 m ü. M., 12 000 Ew.; Max-Planck-Institut für Zellbiologie, Museen; chem., elektrotechn. und Metall verarbeitende Industrie, Herstellung von wärme-, kälte- und schallschutztechn. Erzeugnissen

Ladenburg: Stadtwappen

Ladebaum: a Lademast, b Ladebaum, c Hanger, d Läufer mit Ladehaken, e Geer (Gei) zum Schwenken des Ladebaums, f Lümmellager (Drehpunkt des Ladebaums beim Schwenken)

Ladenburg: Marktplatz mit Marienbrunnen; im Hintergrund der Turm der Stadtpfarrkirche Sankt Gallus

sowie Feuerlöschgeräten; Baumschulen. – Freigelegt wurden röm. Mauerreste von Kastelltor, Marktbasilika und Wohnbauten. Aus dem MA. stammen Reste der Stadtmauer mit Martinstor (›L.-Reiter‹, ein reitender St. Martin, Ende 13. Jh.), Hexenturm und Resten des Pfaffenturms; ehem. bischöfl. Hofkapelle St. Sebastian (12.–15. Jh., mit Resten aus karoling. Zeit; Wandmalereien des 14.–17. Jh. freigelegt). Über der Marktbasilika wurde nach versch. Vorgängerbauten (roman. Krypta erhalten) der got. Bau der kath. Stadtpfarrkirche St. Gallus errichtet (13.–15. Jh.; 19. Jh.). Der Wormser Bischofshof (12.–17. Jh.), im Kern spätgotisch, war ursprl. ein fränk. Königshof (heute Lobdengau-Museum). Mehrere Adelshöfe und Fachwerkhäuser (14.–18. Jh.); Altes Rathaus mit ursprl. drei offenen Arkadenbögen im Erdgeschoss (1730); Wohnhaus von C. F. BENZ (heute Museum). – L., auf die kelt. Siedlung **Lokwodunon** (um 200 v. Chr.) zurückgehend, ist ab 74 n. Chr. als Lagerdorf eines röm. Kastells und ab 98 unter dem Namen **Lopodunum** als städt. Siedlung bezeugt. Um 500 fränk. Königshof, wurde in der Folge als **Lobdenburg** Hauptort des fränk. Lobdengaus. 628 schenkte König DAGOBERT I. Stadt und Gau den Bischöfen von Worms, die in L. bis 1705 eine rechtsrhein. Nebenresidenz unterhielten (den Bischofshof). 1705 fiel L. an die Kurpfalz, 1802/1803 an das Großherzogtum Baden.

L. Die Altstadt als Denkmal, hg. v. J. CRAMER (1982).

Ladenburg, Albert, Chemiker, *Mannheim 2. 7. 1842, †Breslau 15. 8. 1911; war seit 1874 Prof. in Kiel, 1889–1909 in Breslau. L. arbeitete über organ. Verbindungen des Siliciums und Zinns, über Alkaloide (1879 Konstitutionsermittlung des Atropins, 1886 Synthese des Coniins), über Derivate des Pyridins und stellte 1869 eine prismat. Formel für Benzol auf.

Laden, Der, Roman von ERWIN STRITTMATTER, 3 Bde., 1983–92.

Ladendiebstahl, gebräuchl. Bez. für einen Diebstahl in einer Einkaufsstätte, bes. einem Selbstbedienungsladen. Vollendeter Diebstahl liegt schon vor, wenn der Täter die Ware bei sich verborgen hat, sich aber noch in den Verkaufsräumen befindet. Der L. wird, wenn er geringwertige Sachen betrifft, nur auf Antrag des Geschädigten verfolgt, es sei denn, dass ein besonderes öffentl. Interesse an der Strafverfolgung besteht (§ 248 a StGB).

Ladenpreis, *Handel:* der Verkaufspreis einer Ware im Einzelhandel. Die Höhe des L. wird vom Verkäufer festgesetzt (→Preisauszeichnung); z. T. empfehlen Hersteller einen bestimmten L. (→Preisempfehlung). Für Verlagserzeugnisse gilt der vom Verleger festgesetzte Wiederverkaufspreis (fester L.), zu dessen Einhaltung sich die Einzelhändler verpflichtet haben (vertikale →Preisbindung).

Ladenschluss, gesetzlich fixierter Zeitpunkt, zu dem Verkaufslokale (Läden) schließen; geregelt durch das zum Gewerberecht gehörende, mehrfach, zuletzt mit Wirkung vom 1. 11. 1996 geänderte L.-Gesetz vom 28. 11. 1956. Danach müssen Verkaufsstellen an Sonn- und Feiertagen ganztägig, montags bis freitags bis 6 Uhr (für Bäckereiwaren bis 5^{30} Uhr) und ab 20 Uhr sowie samstags ab 16 Uhr, an den vier aufeinander folgenden Samstagen vor dem 24. 12. ab 18 Uhr, am 24. 12., wenn dieser auf einen Werktag fällt, ab 14 Uhr geschlossen sein. Die bei L. anwesenden Kunden dürfen noch bedient werden. Das Nachtbackverbot für Bäckereien wurde aufgehoben. Der lange Donnerstag bis 20^{30} Uhr und der lange Samstag bis 18 Uhr am ersten Wochenende im Monat sind entfallen. Ausnahmen von den allgemeinen L.-Zeiten gelten für Apotheken, Zeitungskioske, Tankstellen (seit der Gesetzesänderung von 1996 besteht die ›offizielle‹ Erlaubnis, Reisebedarf zu verkaufen), Warenautomaten sowie für Verkaufsstellen auf Personenbahnhöfen, Flug- und Fährhäfen. Abweichende L.-Zeiten an Wochenenden sind für bestimmte Orte (Kur-, Ausflugs-, Wallfahrts-, Grenzorte) und bestimmte Waren (Frischmilch, Bäcker- und Konditorwaren, Blumen, Zeitungen, VO vom 21. 12. 1957) vorgesehen. Ausnahmen können auch aus Anlass von Märkten und Messen zugelassen werden. Für die Arbeitnehmer bestehen besondere Schutzvorschriften (Ausgleichsansprüche u. a.). Das L.-Gesetz findet auch Anwendung auf Friseurbetriebe, den Marktverkehr und auf Verkaufsstellen für Blumen und Pflanzen auf Friedhöfen (§§ 18–19).

In *Österreich* wird durch das Öffnungszeiten-Ges. 1991 der Kleinverkauf von Waren an Werktagen zw. 19^{30} Uhr und 6 Uhr (für Bäckereibetriebe 5^{30} Uhr) verboten. Einmal in der Woche (außer Samstag) kann bis 21 Uhr offen gehalten werden sowie an Samstagen bis 13 Uhr und an einem Samstag im Monat bis 17 Uhr. An den letzten drei Samstagen vor dem 24. 12. dürfen Verkaufsstellen bis 18 Uhr offen gehalten werden. Sonderregelungen gelten für Verkaufsstellen besonderer Art, wie z. B. in Bahnhöfen, Flughäfen, Theatern, und für Messen. Durch das Sonn-und-Feiertags-Betriebszeiten-Ges. von 1984 wird die Sonn- und Feiertagsruhe festgelegt, gleichzeitig werden bestimmte gewerbl. Tätigkeiten an diesen Tagen erlaubt (z. B. im Gastgewerbe). Die Landeshauptleute können durch Ausnahme-VO vielfach abweichende Sperr- und Öffnungszeiten (z. B. bei besonderem regionalen Bedarf) festlegen.

In der *Schweiz* ist die Regelung der L.-Ordnung Sache der Kantone. Die entsprechenden Gesetze haben sich jedoch an den Grundsätzen der Handels- und Gewerbefreiheit sowie an der einschlägigen Rechtsprechung des Bundesgerichtes zu orientieren. Die Kantone untersagen i. d. R. das Offenhalten der Verkaufsgeschäfte an Sonn- und Feiertagen, wobei für bestimmte Geschäfte oder Regionen Ausnahmen vorgesehen werden. Der abendl. L. an Werktagen ist meist auf die Zeit zw. 18^{30} Uhr und 19 Uhr festgesetzt.

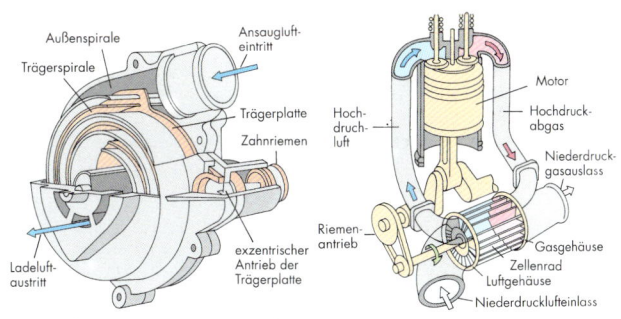

Lader 1): Prinzip eines Spiralladers (links) und eines Druckwellenladers (rechts)

Lader, 1) *Fördertechnik:* Fördermittel zur Aufnahme und zum Verladen oder zum Abtransport von losem Schüttgut. Bei stetig arbeitenden L. erfolgen die Aufnahme und Abgabe des Gutes gleichzeitig und kontinuierlich (z. B. beim Kugelschaufler), bei unstetig arbeitenden getrennt und nacheinander (z. B. Schaufellader).
2) *Informatik:* **Programm-L.,** zum Betriebssystem eines Computers gehörendes Dienstprogramm zum Laden ablauffähiger Programme in den Arbeitsspeicher. Dabei können die zu ladenden Programme z. B. von Festplatten oder CD-ROMs übernommen werden. Der L. erhält dazu vom Betriebssystem die entsprechende Ladeadresse im Arbeitsspeicher. (→Urlader)
3) *Kraftfahrzeugtechnik:* Luftverdichter zur →Aufladung von Verbrennungsmotoren. Nach ihrem Funktionsprinzip werden die L. in Abgasturbo-L., Druckwellen-L. und mechan. L. unterschieden. Beim **Abgasturbo-L.** wird durch die kinet. Energie des Abgasstromes ein Turbinenrad angetrieben. Das auf der gleichen Welle befindl. Verdichterrad mit einer bestimmten Schaufelgeometrie bewirkt bei Rotation eine Vorverdichtung der Ansaugluft. **Druckwellen-L. (Comprex-L.)** verfügen über ein von der Kurbelwelle angetriebenes Zellenrad. Die Geometrie der Einlass- und Auslasskanäle auf der Abgas- und Frischluftseite, die Anzahl der Zellen und die Länge des L. sind so abgestimmt, dass das unter Druck stehende Abgas die in einer Zelle befindl. Frischluft verdichtet und in die Verbrennungsräume drückt. Die Schwierigkeit bei der Abstimmung von Druckwellen-L. besteht u. a. darin, eine Durchmischung der Luftströme zu verhindern. **Mechanische L.** werden vom Motor direkt oder über ein Getriebe angetrieben. Hauptbauformen sind Roots-L., Flügelzellen-L. und Spiral-L. Beim Roots-L. verdrängen zwei Läufer, ähnlich einer Zahnradpumpe, die Frischluft an der Gehäusewand entlang. Beim Flügelzellen-L. erfolgt die Verdichtung durch die Rotation eines exzentrisch gelagerten Rotors mit meist drei Flügeln. Spiral-L. weisen je eine Gehäuse- und eine Verdrängerspirale auf, zw. denen sich sichelförmige Arbeitsräume befinden. Bei exzentr. Bewegung des Verdrängers verändert sich die Form und Lage der Arbeitsräume so, dass eine Verdichtung erfolgt.

Lade|rampe, *Eisenbahn:* feste oder höhenverstellbare Anlage in Bahnhöfen zur Überwindung der Höhendifferenz zw. der Ladestraße und dem Wagenboden des Eisenbahnfahrzeuges: eine mit 1:10 bis 1:20 geneigte Fahrbahnfläche (›Anrampung‹).

Ladeschein, Urkunde, die der Frachtführer über seine Verpflichtung zur Auslieferung des Gutes an den Empfänger ausstellen kann (§§ 444 ff. HGB und ergänzend §§ 72 ff. Binnenschifffahrts-Ges.). Der L. ist nur in der Binnenschifffahrt gebräuchlich; er entspricht dem Konnossement bei der Seefracht (daher auch als Binnen- oder Flusskonnossement bezeichnet); er kann Namenspapier, Order- (§§ 343 ff. HGB) oder Inhaberpapier sein.

Ladestock, dem Durchmesser des Gewehrlaufes entsprechender Stab (anfangs aus Holz, später aus Eisen oder Stahl), mit dem beim Vorderlader die Ladung in den Lauf hineingestoßen wird.

Ladewig, Paul, Bibliothekar, *Brest-Litowsk (heute Brest) 25. 10. 1858, †Berlin 30. 3. 1940; Mitbegründer der →Bücherhallenbewegung in Dtl. Seine Theorien, mit denen er die Entwicklung von einfachen Volksbüchereien hin zu allgemeinen öffentl. Bibliotheken betrieb, legte er u. a. in seinen Schriften ›Politik der Bücherei‹ (1912) und ›Katechismus der Bücherei‹ (1914) dar.

Ladies Baseball [ˈleɪdɪz ˈbeɪsbɔːl; engl.], frühere Bez. für →Softball.

Ladik *der, -(s)/-s,* nach dem türk. Ort Lâdik (nordwestlich von Konya) benannter rot- oder blaugrundiger Teppich, i. Allg. Gebetsteppich: im Fond ein Mihrab mit abgetrepptem Giebel und stilisierten Lilien.

Ladikije, Stadt in Syrien, →Latakia.

Ladin [nach den Ladinern] *das, -(s),* 1) *Geologie:* **Ladinien** [-ˈnjɛ̃], **Ladinium,** Stufe der alpinen →Trias. 2) *Sprache:* →Ladinisch.

Ladiner, die ein rätoroman. Idiom (→Ladinisch) sprechende Bev. in den Dolomiten, Italien, v. a. in einem geschlossenen Gebiet um die Sellagruppe: im Grödener Tal und im Gadertal (einschließlich Seitentälern) in Südtirol (seit 1927 Prov. Bozen), im Fassatal (seit 1927 Prov. Trient) sowie im oberen Cordevoletal (Buchenstein und Colle Santa Lucia) und im Ampezzo (seit 1923 Prov. Belluno); insgesamt rd. 30 000 Menschen. Die L. Südtirols sind seit dem zweiten Autonomiestatut (1972) als Volksgruppe anerkannt – sie müssen im Bozener Landtag und im Trientiner Regionalrat mit zwei Abg. vertreten sein und haben Anspruch auf eine bestimmte Zahl staatl. Stellen der Prov. - und genießen kulturelle Autonomie (seit 1977 Kulturinstitut ›Micurà de Rü‹ in Sankt Martin in Thurn im Gadertal); seit 1989 ist Ladinisch auch als örtl. und regionale Verw.-Sprache anerkannt. Für die rd. 8 000 L. des Fassatals erreichten die Schaffung des ›ladin. Bez. Fassa-Moena‹ (1977), während die etwa 1 300 Buchensteiner und die Ampezzaner weiterhin auf die offizielle Anerkennung eines rechtl. Sonderstatus warten.

Die *Volkskultur* der L. ist eng mit der deutsch-tirol. Kultur verzahnt. In Sitte, Brauch und Sachkultur gibt es lange Kontinuitäten. Die Armut des Bodens zwang früh zur Ausbildung von Hausindustrien. Spitzenklöppelei und v. a. im Grödener Tal eine hoch entwickelte Schnitzkunst bieten neben dem Fremdenverkehr zusätzl. Einnahmequellen.

H. MENARA: Ladinien im Bild (Bozen 1985).

Ladinisch, 1) dt. Adaptation von ital. ›ladino‹, das von G. I. ASCOLI zur Bez. der roman. Mundarten zw. dem Sankt Gotthard und der Adria, die außerhalb Italiens traditionellerweise Rätoromanisch genannt werden, geprägt wurde; 2) Kurzform für Dolomiten-L. (auch Zentral-L. oder Sella-L.). – **Ladin** ist die einheim. Benennung der engadin. Varianten (Vallader und Putér) des →Bündnerromanischen sowie der Name des roman. Idioms des mittleren Gadertales.

Unter **Dolomiten-L.** versteht man die vier Mundarten, die um die Sellagruppe gesprochen werden, nämlich Gadertalisch (unterteilt in Abteilanisch und Ennebergisch) sowie Grödenerisch in Südtirol, Fassanisch im Trentino und Buchensteinisch in der Prov. Belluno; im weiteren Sinne rechnet man bisweilen auch Mundarten des Cadore, v. a. den Dialekt von Cortina d'Ampezzo, zum Dolomiten-L. Wahrscheinlich handelt es sich beim Dolomiten-L. um den Rest der Romanität des Eisack- und Pustertales, die dort bei der bayer. Landnahme in die Hochtäler abgedrängt wurde und so in der Sprache fortleben konnte.

Das Dolomiten-L. weist einige phonet. (Palatalisierung von c vor a, Erhaltung von nachkonsonant. l. Erhaltung von Auslaut -s, starke Synkopierungstendenz), morpholog. (s-Plurale neben i-Pluralen, 2. Pers. auf -s) und syntakt. (obligator. Subjektpersonalpronomen, adverbiale Verbabtönung) Eigentümlichkeiten auf, die Parallelen einerseits im Bündnerromanischen, andererseits im →Friaulischen finden. Parallelen zu den ital. Mundarten des Trentino und des Veneto werden bes. im Wortschatz sichtbar. Seit 1989 besteht eine Schreibnorm. – Seit dem 19. Jh. gibt es Ansätze zu einer Literatur, die sich nicht als Dialektliteratur des Italienischen betrachtet.

J. KRAMER: Etymolog. Wb. des Dolomitenladinischen, auf 8 Bde. ber. (1988 ff.); Lex. der romanist. Linguistik (LRL), hg. v. G. HOLTUS u. a., Bd. 3 (1989).

Ladino [amerikan.-span., eigtl. ›spanisch Sprechender‹] *der, -s/-s,* in Lateinamerika Bez. für eine nichtindianische einheim. Person. In Zentralamerika, bes. in Guatemala, El Salvador und Honduras, und in Mexiko wird auch ein Mischling zw. Weißem und Indianer (also ein Mestize) sowie der Indianer, der seine traditionellen Lebensweise aufgegeben hat, L. genannt.

Ladino, Judenspanisch, Jüdisch-Spanisch, Spaniolisch, Sefardisch, Sephardisch, allgemeine Bez. für das Spanische, das von den in Spanien lebenden Juden verwendet und nach ihrer Vertreibung aus Spanien (1492) im damaligen Exil, bes. im Osman. Reich (Zentren: Saloniki und Smyrna), aber auch in Amsterdam, Ferrara, Livorno und in Marokko gebraucht wurde. Grundsätzlich sind folgende Varietäten zu unterscheiden: 1) das **Ladino.** Der (früher allgemeine Ober-)Begriff dient heute nur noch zur Bez. für die spätmittelalterl. Hilfssprache, mit der die des Hebräischen unkundigen span. Juden an die hebr. Kulttexte herangeführt wurden. Es handelt sich um ein ›Hebräisch im span. Gewand‹; Wort-für-Wort-Übersetzungen unter strikter Wahrung der hebr. Syntax und z. T. der Morphologie im Spanischen; eine reine ›Calque‹-Sprache ohne Funktion außerhalb des religiösen Kultes. 2) Varietäten des **Judenspanischen,** die als muttersprachl. Koine im Mittelmeerraum heute noch verwendet werden, i. d. R. jedoch nur als Zweitsprache. Je nach Siedlungsgebiet ist das Judenspanische stark von arab., türk. oder griech. Elementen, v. a. in der Lexik, durchsetzt. Zu unterscheiden sind: a) ein westl. Judenspanisch, bes. in Marokko (**Haketija**), das stark arabisiert ist, seit 1860 rekastilianisiert wurde und heute praktisch ausgestorben ist; b) ein östl. Judenspanisch (**Djudesmo**), das noch bes. in Israel, in der Türkei, in Frankreich (als französisiertes **Judéofragnol**) und in Amerika gesprochen wird. Die früher starken Sprachgemeinschaften auf dem Balkan (Griechenland, Bosnien, Makedonien, Bulgarien, Rumänien) wurden während des Zweiten Weltkrieges unter dt. Besatzung (so bes. in Saloniki) weitgehend vernichtet. Das heute auch als fortgehende Djudesmo wird aber noch z. T. als Literatursprache verwendet.

Als allgemeines Kennzeichen des Judenspanischen gilt die Bewahrung archaischer Elemente, so die Unterscheidung zw. [z] und [s], die Bewahrung des anlautenden f- (statt h-), der Lautwert [ʃ] für x und j, die es jedoch z. T. mit anderen span. Dialekten teilt. Das Judenspanische weist auch Neubildungen gegenüber dem Spanischen auf (Umschreibung des Futurs mit ›ando a‹ + Infinitiv). Bis ins 19. Jh. wurde ausschließlich das hebr. Alphabet in Raschi-Schrift (→Raschi), später auch die hebr. Kursivschrift, im 20. Jh. immer mehr die Lateinschrift zur Aufzeichnung der Texte benutzt. Im Judenspanischen wurde v. a. die spätmittelalterl. orale Literatur Spaniens bis in die Gegenwart bewahrt, so die Romanzen und Sprichwörter. Neben die im Wesentlichen religiöse Literatur des 19. Jh. (Bibelübersetzungen) trat im 20. Jh. eine weltl. Literatur (Theaterstücke, Romane, Novellen).

M. STUDEMUND: Bibliogr. zum Judenspanischen (1975); M. SALA: Le judéo-espagnol (Den Haag 1976); J. NEHAMA: Dictionnaire du Judéo-Espagnol (Madrid 1977); E. ROMERO: El teatro de los Sefardíes orientales, 3 Bde. (Madrid 1979); H. V. SEPHIHA: L'agonie des Judéo-Espagnols (Paris ²1979); S. G. ARMISTEAD u. J. H. SILVERMAN: En torno al romancero sefardí (Madrid 1982); Judeo-Romance languages, hg. v. J. BENABU u. a. (Jerusalem 1985); G. BOSSONG: Sprachmischung u. Sprachausbau im Judenspanischen, in: Iberoromania, Bd. 25 (1987).

Ladislaus, polnisch **Władysław** [wua'disuaf], ungarisch **László** ['laːsloː], Herrscher:
Ungarn: 1) **Ladislaus I., der Heilige,** König (seit 1077), * in Polen um 1040/46, † Neutra 29. 7. 1095, Dynastie der Arpaden, Sohn BÉLAS I.; führte das gesetzgeberische Werk STEPHANS I. fort (Synode von Szabolcz 1092) und förderte die Umgestaltung Ungarns nach westlichem Vorbild. Neben der Abwehr kumanischer Raubzüge leitete er nach 1088 die Eroberung Kroatiens und Dalmatiens ein, konnte sich aber dauerhaft nur in Slawonien festsetzen; 1192 wurde er heilig gesprochen.
2) **Ladislaus IV.,** gen. **der Kumane** (wegen der Herkunft seiner Mutter), König (seit 1272), * 1262, † Kőrösszeg 10. 7. 1290, Dynastie der Arpaden, Sohn STEPHANS V.; unterstützte trotz großer Wirren im eigenen Land König RUDOLF I. VON HABSBURG gegen den auch Ungarn bedrohenden OTTOKAR II. PŘEMYSL von Böhmen und trug entscheidend zum Sieg bei Dürnkrut auf dem Marchfeld (1278) bei. Im Kampf gegen die magnat. Oligarchie verband er sich mit Mongolen und Kumanen, wurde aber von seinen Bundesgenossen ermordet.
3) **Ladislaus V. Postumus** [lat. ›der Nachgeborene‹], König von Ungarn (seit 1440 bzw. 1444) und Böhmen (seit 1453), * Komárom 22. 2. 1440, † Prag 23. 11. 1457; Habsburger, nachgeborener Sohn des Röm. Königs ALBRECHT II.; bereits am 15. 5. 1440 mit der entführten Stephanskrone gekrönt (bis 1452 unter Vormundschaft seiner Mutter und des Röm. Königs FRIEDRICH III.), wurde erst nach dem Tod des Gegenkönigs WŁADYSŁAW I./III. 1444 anerkannt, während J. HUNYADI als Reichsverweser amtierte (1446–52), während in Böhmen ab 1452 GEORG VON PODIEBRAD UND KUNŠTÁT die Reg.-Geschäfte für den 1452 gewählten und am 28. 10. 1453 gekrönten L. führte. L. war in beiden Ländern um die Konsolidierung und die Abwehr der Türkengefahr bemüht; er musste nach der von ihm veranlassten Hinrichtung des Sohnes von HUNYADI nach Prag fliehen.

Ladogasee, russ. **Ladoschskoje osero,** finn. **Laatokka,** größter See Europas, im NW des europ. Teils von Russland, 17 700 km² (mit den rd. 660 Inseln 18 135 km²), 5 m ü. M., durchschnittlich 51 m, max. 230 m tief. Mit Ausnahme des einheitlichen, stark gegliederten NW-Ufers herrschen flache, sandige, von weiten Buchten geprägte Uferlinien vor. Hauptzuflüsse sind der Wolchow vom Ilmensee, der Swir vom Onegasee, der Vuoksi von der finn. Seenplatte. Sein Abfluss zum Finn. Meerbusen ist die Newa. Der fischreiche See ist von Dezember bis April zugefroren. Durch alte Umgehungskanäle im S und neuere Wasserbauten erlangte der L. für die Binnenschifffahrt als Teil des →Wolga-Ostsee-Wasserwegs große Bedeutung. – Bis 1940 verlief durch die L. die Grenze zw. Finnland und der UdSSR.

Ladronen [zu span. ladrón ›Dieb‹], **Diebs|inseln,** 1) chin. **Wanshan Qundao** [wanʃan tʃundao], Gruppe von vier Berginseln (je 100 km²) und 10 kleineren Inseln an der südchin. Küste vor der Mündung des Xi Jiang, gehören zur Prov. Guangdong, China.
2) früherer Name der →Marianen.

Ladung, 1) *Güterverkehr:* Bez. für das mit einem Fahrzeug transportierte Gut **(Ladegut),** meist in t angegeben; i. e. S. Bez. für eine Abfertigungsart im Güterverkehr (Ggs.: **Stückgut**), bei der der gesamte Laderaum eines Nutzfahrzeuges zum Transport in Anspruch genommen wird (z. B. im Eisenbahnverkehr **Wagen-L.**). Im Schiffsverkehr heißt L. auch **Kargo (Cargo)** und wird je nach Form, Konsistenz und Gewicht unterschieden in Trocken-L. und Nass-L., Schwergut-L. und Leichtgut-L., Stückgut-L. und Massengut- oder Bulk-L.; im Luftverkehr wird die L. als **Luftfracht,** international auch als Cargo bezeichnet.
2) *Kraftfahrzeugtechnik:* das im Zylinder befindl. Gemisch aus Kraftstoff und Luft bei Verbrennungsmotoren.
3) *Physik:* 1) **elektrische L., Elektrizitätsmenge,** Formelzeichen Q, fundamentale Eigenschaft bestimmter materieller Teilchen (der →Ladungsträger), die die Ursache des elektromagnet. Feldes und damit der elektromagnet. Wechselwirkung ist (→Elektrizität). Die L. ist eine additive physikal. Größe, sie tritt mit positivem oder negativem Vorzeichen auf. Gleich große Mengen positiver und negativer L. ergänzen sich zur **Gesamt-L.** null; es liegt dann äußerlich ein ladungsfreier oder elektrisch neutraler Zustand vor. In diesem Sinn ist die L. eine Erhaltungsgröße: Die in eine Reaktion eingebrachte Gesamt-L. bleibt stets erhalten, L. können weder erzeugt noch vernichtet werden; es können nur vorhandene L. getrennt werden. Positive L. sind Quellen, negative L. Senken der →elektrischen Flussdichte, d. h., elektr. Feldlinien verlaufen definitionsgemäß von den positiven zu den negativen Ladungen. L. üben Kräfte aufeinander aus: Gleichnamige L. stoßen einander ab, ungleichnamige ziehen sich an (→coulombsches Gesetz). Diese Kraftwirkungen werden zur L.-Messung, z. B. mit →Elektrometern oder →Galvanometern, ausgenutzt. Die natürl. Einheit der L. ist die elektr. →Elementarladung e, deren ganzzahlige Vielfache auch mit Ze angegeben werden (Der experimentelle Nachweis von freien →Quarks, deren L. $1/3$ und $2/3$ der Elementar-L. betragen sollen, ist bislang nicht gelungen). SI-Einheit der L. ist das Coulomb (C). – 2) In der *Elementarteilchenphysik* gleichbedeutend mit **L.-Zahl,** d. h. der L. von Elementarteilchen in Einheiten der elektr. Elementarladung. Quantenzahlen der Elementarteilchen, die wie die elektr. L. additiv sind, bezeichnet man als →ladungsartige Quantenzahlen.
4) *Recht:* förml. Aufforderung, vor einer Behörde, insbesondere vor einem Gericht, zu einem bestimmten Termin zu erscheinen. Im Zivilprozess erfolgt die L. stets von Amts wegen durch Zustellung an die Parteien oder, wenn sie durch Prozessbevollmächtigte (bes. Rechtsanwälte) vertreten sind, an diese. Eine L. ist nur entbehrlich, wenn der Termin in einer bereits verkündeten Entscheidung bestimmt ist. Zw. der L. und dem Termin muss ein bestimmter Zeitraum liegen; diese L.-Frist beträgt im Anwaltsprozess mindestens eine Woche, sonst drei Tage, in Mess- und Marktsachen mindestens 24 Stunden. Von der L.-Frist ist die Einlassungsfrist (→Einlassung) zu unterscheiden. Besondere Vorschriften gelten für die L. von Zeugen und Sachverständigen, die regelmäßig zunächst durch formlose Mitteilung erfolgt, es sei denn das Gericht Zustellung anordnet (§§ 214 ff. ZPO). – Im Strafprozess werden der Beschuldigte oder Angeklagte, sein Verteidiger, Zeugen und Sachverständige geladen. Die L. erfolgen im Ermittlungsverfahren durch die Polizei, die Staatsanwaltschaft oder das Gericht, zur Hauptverhandlung durch den Vors. des Gerichts

(§ 214 StPO). Auch die Staatsanwaltschaft, der Angeklagte, der Privat- und der Nebenkläger können Personen unmittelbar zur Hauptverhandlung laden (§§ 220, 386 Abs. 2 StPO). Der Angeklagte muss, wenn er auf freiem Fuß ist, schriftlich zur Hauptverhandlung geladen werden; in der L. muss ihm mitgeteilt werden, in welchen Fällen in seiner Abwesenheit verhandelt werden kann (§ 232 StPO). Die L.-Frist beträgt bei der L. des Angeklagten und Verteidigers zur Hauptverhandlung mindestens eine Woche (§ 217 StPO). Wird die Frist nicht eingehalten, kann die Aussetzung der Verhandlung verlangt werden.

In Verwaltungs- und Finanzgerichtssachen beträgt die L.-Frist zwei, vor dem Bundesverwaltungsgericht und dem Bundesfinanzhof vier Wochen (§ 102 Verwaltungsgerichtsordnung, § 91 Finanzgerichtsordnung). →Beiladung.

5) *Waffenwesen:* bei Schusswaffen die als Treibmittel für das Geschoss erforderl. Pulvermenge, bei allen modernen Waffen bis 120 mm Kaliber in der Patronen- oder Treibladungshülse enthalten. Bei schweren Geschützen werden aus mehreren Teil-L. bestehende L. verwendet. Der **L.-Raum** von Geschützen, der hintere, glatte, nicht gezogene Teil des Rohres, wird durch den Verschluss nach hinten verriegelt.

ladungs|artige Quantenzahlen, additive innere →Quantenzahlen von Elementarteilchen. L. Q. lassen sich bei Systemen, die aus mehreren Teilchen bestehen, zusammenfassen und wechseln beim Übergang von einem Teilchen zu dessen Antiteilchen das Vorzeichen. Die Erhaltungssätze für l. Q. folgen aus der Invarianz gegenüber der entsprechenden globalen Symmetrietransformation. Wichtige l. Q., die z. T. nicht unabhängig voneinander sind, sind neben der elektr. Ladung (→Ladung) Q u. a. die Baryonenzahl B und die Leptonenzahl L, die Color- oder Farbladungszahl (→Color) c, die Hyperladung Y, die dritte Komponente des Isospins I_3, die Strangeness S und die Charmquantenzahl (→Charm) C.

Ladungsdichte, Quotient aus elektr. Ladung Q und Volumen (**Raum-L.** ϱ; →Raumladung), Fläche (→Flächenladungsdichte) oder Länge (**Linien-L.**).

ladungsgekoppelte Schaltung, ladungsgekoppeltes Bauelement, →CCD.

Ladungskonjugation, *Quantenfeldtheorie:* eine durch einen unitären Operator $C(\hat{C})$ vermittelte Transformation im Hilbert-Raum der Zustandsvektoren eines Teilchensystems, die jedem Teilchen das entgegengesetzt geladene Teilchen zuordnet; zus. mit Paritätsoperation P und Zeitumkehr T (→CPT-Theorem) werden einander jeweils Teilchen und Antiteilchen zugeordnet. Dabei ändern alle →ladungsartigen Quantenzahlen bzw. Größen sowie elektr. und magnet. Momente ihr Vorzeichen, während Masse und Drehimpulse sowie Lebensdauer unverändert bleiben. Die mit einem Erhaltungssatz für die **Ladungsparität** (Eigenwert von C) verbundene Invarianz eines Teilchensystems der Gesamtladung null gegenüber L. wird als →C-Invarianz bezeichnet.

Ladungsschichtung, die örtlich unterschiedl. Zusammensetzung des Luft-Kraftstoff-Gemischs im Brennraum von Verbrennungsmotoren, z. B. gut zündfähiges Gemisch an der Zündkerze, kraftstoffarmes Gemisch im übrigen Raum. Ziel ist die Senkung von Kraftstoffverbrauch und Abgasemission.

Ladungsträger, allg. alle elektrisch geladenen Teilchen, bes. die (sub)atomaren Träger von Elementarladungen (alle geladenen Elementarteilchen, wie Elektronen und Protonen, sowie die Ionen der versch. Atome bzw. Moleküle); i. e. S. diejenigen elektrisch geladenen Teilchen, die sich unter der Wirkung eines elektr. Feldes bewegen können und dadurch elektr. Leitfähigkeit hervorrufen, z. B. die Leitungselektronen in Metallen, die Leitungs- und die Defektelektronen (Löcher) in Halbleitern, die Kationen und Anionen in Elektrolyten sowie die freien Ionen und Elektronen eines Gases, die z. B. durch ionisierende Strahlung oder durch Stoßionisation gebildet werden.

Ladungsverschiebeschaltung, spezielle Halbleiterschaltung in MOS-Technik mit hohem Integrationsgrad zur taktgebundenen Verarbeitung analoger Signale (Darstellung, Übertragung und Speicherung). Man unterscheidet zwei Grundformen: ladungsgekoppelte Schaltungen (→CCD) und Eimerkettenschaltungen (→BBD). Ein Signalwert wird durch die analoge Größe einer Ladung dargestellt, aber zeitdiskret (taktgebunden) verarbeitet. Die Anwendung von L. erstreckt sich auf die gesamte analoge und digitale Signalverarbeitung: u. a. Filtertechnik (CCD-Filter), Bildsensoren, Schieberegister und Datenspeicher.

Ladungswechsel, das Ansaugen frischer Ladung (Luft oder Kraftstoff-Luft-Gemisch) und Ausschieben der Abgase bei Verbrennungsmotoren. Bei Viertaktmotoren werden beide Vorgänge durch den Kolben in Zusammenwirken mit den Ventilen ausgeführt. Bei Zweitaktmotoren ist ein Spülgebläse erforderlich, da der Ladungswechsel im unteren Totpunkt der Kolbenbewegung stattfinden muss. Als Spülgebläse wird bei kleinen Motoren der Kurbelkasten (Kurbelkastenspülung) verwendet, große Zweitaktmotoren haben eigene Spülgebläse oder Turbolader.

Ladungszustand, die Zahl der positiven oder negativen Überschuss-Elementarladungen eines Atoms oder Moleküls, das entsprechend als mehrfach positiv oder negativ geladen (oder ggf. neutral) bezeichnet wird. (→Ionen)

Lady [ˈleːdi, engl. ˈleɪdi; von altengl. hlæfdige ›Herrin‹, ›Frau‹, eigtl. ›Brotkneterin‹] *die, -/-s, engl. ...dies,*
1) im *angelsächs.* Sprachbereich Bez. für: Dame (entsprechend dem Gentleman) und v. a. in Wortverbindungen für Frau.
2) ohne Pl., in Großbritannien Titel der Gattin eines Peers sowie der Peeress im eigenen Recht; auch, in Verbindung mit dem Vornamen, Anrede für die Tochter eines Peers (der drei oberen Ränge) sowie die Gattin des Inhabers eines hohen Staatsamtes (z. B. Lady Mayoress).

Lady Chapel [ˈleɪdi ˈtʃæpl], engl. für Marienkapelle, v. a. an südwestengl. Kathedralen; meist ein rechteckiges, dem Ostchor angefügtes Bauwerk.

Lady Chatterley [ˈleɪdi ˈtʃætəli], engl. ›Lady Chatterley's lover‹, Roman von D. H. LAWRENCE; engl. 1928.

Ladysmith [ˈleɪdɪsmɪθ], Stadt in der Prov. KwaZulu/Natal, Rep. Südafrika, vor der Drakensberge, am Klip River, 1 000 m ü. M., 115 500 Ew.; Bahnknotenpunkt, Handelszentrum eines fruchtbaren Landwirtschaftsgebiets: Rinder- und Pferdezucht, Anbau von Mais, Sojabohnen, Gemüse, Obst. – Die 1850 von den Briten als Verw.-Zentrum gegründete Stadt spielte 1899/1900 im Burenkrieg eine bedeutende Rolle.

Lae [ˈlɑːɪ], Hafenstadt am Huongolf, Papua-Neuguinea, 79 600 Ew.; Zentrum der luther. Mission, kath. Bischofssitz; botan. Garten; Fabrikation von Glasbehältern und Pappe; größter Umschlagplatz in Neuguinea (Ausfuhr von Kaffee u. a. Agrarprodukten); Flugplatz.

Laederach, Jürg, schweizer. Schriftsteller, * Basel 20. 12. 1945; studierte u. a. Mathematik und Musikwiss., seit den 70er-Jahren freier Schriftsteller, auch Jazzmusiker und -kritiker. L.s Erzählungen und Romane fordern die Mitarbeit des Lesers, ihr Spielcharakter erweist sich in Sprachexperimenten, in der Montage verschiedener Textsorten, unerwarteten Brüchen in einer scheinbar konventionellen Handlung. Die von ihm erfundenen Kunstfiguren wechseln ihre Identitäten und vermischen sie mit der Biographie des Autors (›Emanuel. Wörterbuch des hingerissenen Flaneurs‹, 1990; Roman). Seine von Chaosforschung und den Protagonisten der Postmoderne beeinflusste Poetik erläuterte er in Gastvorlesungen 1986/87 an der Universität Graz (›Der zweite Sinn oder unsentimentale Reise durch ein Feld Literatur‹, 1988).

Weitere Werke: Erzählungen: Einfall der Dämmerung (1974); Das Buch der Klagen (1980); Laederachs 69 Arten, den Blues zu spielen (1984); Schattenmänner (1994). – *Romane:* Im Verlauf einer langen Erinnerung (1977); Das ganze Leben (1978); Flugelmeyers Wahn (1986); Passion. Ein Geständnis (1993). – *Stücke:* Wittgenstein in Graz (1979); Körper Brennen (UA 1986, mit A. MÜRY); Rost oder Denken ist immer (UA 1989). – *Essays:* Vor Schrecken starr. Fixierungen, Stechblicke, Obsessionen (1988); Eccentric, Kunst u. Leben: Figuren der Seltsamkeit (1994).

Laelia [wohl nach dem röm. Frauennamen L.] *die, -/...li|en,* **Läli|e,** Orchideengattung mit etwa 50 Arten im trop. Amerika; auf anderen Pflanzen lebende oder erdbewohnende Pflanzen mit längl., mehr oder weniger hohlen Pseudobulben, 1–2 ledrigen oder fleischigen Blättern und endständigen, meist traubigen Blütenständen. Mehrere Arten werden als Zierpflanzen kultiviert; vielfach Kreuzungspartner bei der Hybridzüchtung.

Laelius, Gaius L. **Sapi|ens,** röm. Konsul (140 v. Chr.), *um 190 v. Chr., †wahrscheinlich vor 123 v. Chr.; Freund des jüngeren SCIPIO AFRICANUS, stand in Verbindung zu den Dichtern TERENZ und LUCILIUS und den Stoikern DIOGENES VON SELEUKIA und PANAITIOS; später wurde er auch als Redner berühmt. 147/146 trat er als Legat SCIPIOS im 3. Pun. Krieg bei der Eroberung Karthagos auch militärisch hervor. Als Konsul suchte er ein Ackergesetz zugunsten des Bauernstandes einzubringen, das er aber vor dem Widerstand des Senats zurückzog. Das Bild des L. wurde von CICERO in einigen Schriften verklärt.

Laemmle ['lɛmlə], Carl, amerikan. Filmproduzent dt. Herkunft, *Laupheim 17. 1. 1867, †Los Angeles (Calif.) 24. 9. 1939; ab 1884 in den USA, 1912 Begründer der Universal Pictures Company (bis 1936 Direktor), die ihren Sitz in Hollywood nahm. L., dessen großes Studio sich 1915 zu Universal City entwickelte, war einer der einflussreichsten Produzenten des amerikan. Films; er etablierte das Starsystem.

J. DRINKWATER: The life and adventures of C. L. (New York 1931).

Laemodipodea [lat.-griech.], die →Kehlfüßer.

Laennec [lae'nɛk], René Théophile Hyacinthe, frz. Mediziner, *Quimper 17. 2. 1781, †Kerlouan

Laelia: Laelia purpurata, Blütenbreite 16–18 cm

Pieter van Laer: L'Accampamento (Privatbesitz)

(Dép. Finistère) 13. 8. 1826; Prof. in Paris, führte die Auskultation mit dem Stethoskop ein.

H. DUCLOS: L. (Paris 1932); R. KERVRAN: L., his life and times (a. d. Frz., Oxford 1960).

Laer, Bad L. [-la:r], Gem. im Landkreis Osnabrück, Ndsachs., 100 m ü. M., vor dem S-Hang des Teutoburger Waldes, 7 900 Ew.; Soleheilbad.

Laer [la:r], **Laar,** Pieter Jacobsz. van, eigtl. **P. Bo̧ddink,** niederländ. Maler, getauft Haarlem 14. 12. 1599, †ebd. 30. 6. 1642; lebte 1624–38 in Rom, malte, angeregt durch die an CARAVAGGIO anknüpfenden Maler, Szenen aus dem Volksleben vor Ruinen u. a. Baulichkeiten in scharfem Helldunkel, die nach L.s Spottnamen →Bambocciaden genannt wurden.

Lærdal ['lærdaːl], Talschaft in W-Norwegen, vom inneren Ende des L.-Fjords (Arm des Sognefjords) bis zum Fillefjell; auf der breiten Talsohle Landwirtschaft (Bewässerung), sommerl. Fremdenverkehr (v. a. nach →Borgund).

Laermans ['la:rmans], Eugène Jules Joseph, auch **Eugeen J. Jozef L.,** belg. Maler und Radierer, *Molenbeek-Saint-Jean 21. 10. 1864, †Brüssel 22. 2. 1940; Vertreter des Expressionismus, griff v. a. Motive aus dem Milieu der Bauern und Arbeiter auf.

F. MARET: E. L. (Brüssel 1959).

Laẹrtes, 1) bei HOMER König von Ithaka, Vater des →Odysseus.

2) in SHAKESPEARES ›Hamlet‹ der Bruder der Ophelia, der im Zweikampf mit Hamlet fällt.

Laẹrtios, griech. Philosoph des 3. Jh., →Diogenes, D. Laertios.

Læsø ['lɛːsøː], Insel im nördl. Kattegat, Dänemark, östlich von Frederikshavn, 101 km², 2 400 Ew.; Hauptort Byrum; im N Naturschutzgebiet.

Laetạre, *Kirchenjahr:* →Lätare.

Laẹten, *Sg.* **Laẹte** *der, -n,* lat. **Laẹti,** auf röm. Staatsländereien seit dem 3. Jh. zwangsangesiedelte Landfremde, meist german. Herkunft. Im Ggs. zu den →Foederaten spielten sie kaum eine Rolle bei der Ausbildung des Fränk. Reiches.

Laẹtoli, Laẹtolil, Ausgrabungsstätte in der südl. Serengeti, Tansania; 1974–80 wurden hier fossile Menschenreste gefunden sowie 1978/79 Fußspuren mehrerer auf zwei Füßen gehender Individuen versch. Größe (Entdecker P. ABELL, beschrieben von M. D. LEAKEY). Die menschl. Hinterlassenschaften von L.,

Max Laeuger: Vase; 1908 (Darmstadt, Hessisches Landesmuseum)

Marie Joseph Motier de La Fayette

Marie-Madeleine de La Fayette

die die Existenz von Australopithecinen dokumentieren, sind mit 3,5–3,7 Mio. Jahren etwa ebenso alt wie Funde aus →Hadar (Äthiopien).

M. D. Leakey u. J. M. Harris: L. (Oxford 1987).

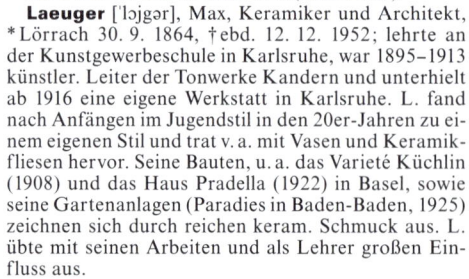

Laeuger [ˈlɔjgər], Max, Keramiker und Architekt, *Lörrach 30. 9. 1864, †ebd. 12. 12. 1952; lehrte an der Kunstgewerbeschule in Karlsruhe, war 1895–1913 künstler. Leiter der Tonwerke Kandern und unterhielt ab 1916 eine eigene Werkstatt in Karlsruhe. L. fand nach Anfängen im Jugendstil in den 20er-Jahren zu einem eigenen Stil und trat v. a. mit Vasen und Keramikfliesen hervor. Seine Bauten, u. a. das Varieté Küchlin (1908) und das Haus Pradella (1922) in Basel, sowie seine Gartenanlagen (Paradies in Baden-Baden, 1925) zeichnen sich durch reichen keram. Schmuck aus. L. übte mit seinen Arbeiten und als Lehrer großen Einfluss aus.

K. Kessler-Slotta: M. L. (1985); M. L., hg. vom Museum am Burghof, Lörrach, Ausst.-Kat. (1989).

Lafage [laˈfaːʒ], Raymond, frz. Zeichner und Radierer, *Lisle (Dép. Tarn) 1. 10. 1656, †Lyon 4. 11. 1690; war 1679–80 in Rom, wo er von den ital. Barockmalern beeinflusst wurde. Seine Feder- und Kreidezeichnungen, meist mytholog. oder bibl. Szenen, waren sehr begehrt und wurden schon zu seinen Lebzeiten in Stichen reproduziert.

La Farge [ləˈfaːdʒ], **1)** John, amerikan. Maler frz. Abstammung, *New York 31. 3. 1835, †Providence (R. I.) 14. 11. 1910; ausgebildet bei T. Couture in Paris, bes. beeinflusst von den →Präraffaeliten; schuf Wandgemälde (Trinity Church in Boston, Mass.; Church of Ascension in New York), zahlr. Glasmalereien in einer von ihm selbst entwickelten Technik sowie Figuren- und Landschaftsbilder, nach einer Südseereise mit exot. Motiven.

2) Oliver Hazard Perry, amerikan. Ethnologe und Schriftsteller, *New York 19. 12. 1901, †Albuquerque (N. Mex.) 2. 8. 1963; widmete sich v. a. der Erforschung und Beschreibung der Kultur der nordamerikan. Indianer.

Werke: *Romane:* Laughing boy (1929; dt. Der große Nachtgesang). – *Histor. Darstellung:* A pictorial history of the American Indian (1956; dt. Die Welt der Indianer, auch u.d.T. Die große Jagd). – *Erzählungen:* A pause in the desert (1957; dt. Die letzte Flasche Whisky).

D'A. McNickle: Indian man. A life of O. La F. (Bloomington, Ind., 1971).

Lafargue [laˈfarg], Paul, frz. Sozialist, *Santiago de Cuba 15. 1. 1842, †(Selbstmord) Draveil (Dép. Essonne) 25. 11. 1911, ∞mit Laura Marx, einer Tochter von K. Marx; an führender Stelle in der Ersten Internationale tätig. Mit J. Guesde gründete er 1879 die marxistisch ausgerichtete frz. Arbeiterpartei (1891–93 Abg.). L. gab Werke von Marx und F. Engels in frz. Sprache heraus und trug durch eigene theoret. Schriften zur Verbreitung ihrer Lehre bei.

Ausgabe: Vom Ursprung der Ideen. Eine Ausw. seiner Schr. von 1886–1900, hg. v. K. Scheinfuss (Dresden 1970).

Lafayette [lɑːfeiˈet], Stadt in Louisiana, USA, westlich von Baton Rouge, 94 400 Ew.; kath. Bischofssitz; Univ. (gegr. 1898); Nahrungsmittelindustrie; liegt in einem Gebiet mit Erdöl-, Erdgas-, Schwefel- und Steinsalzförderung. – L. wurde 1824 als Vermilionville gegründet; 1884 in L. umbenannt.

La Fayette [lafaˈjɛt], **Lafayette, 1)** Marie Joseph Motier [mɔˈtje], Marquis de, frz. General und Politiker, *Schloss Chavaniac (Dép. Haute-Loire) 6. 9. 1757, †Paris 20. 5. 1834; nahm seit 1777 am amerikan. Unabhängigkeitskampf teil und trug wesentlich zur Kapitulation der Briten bei Yorktown (19. 10. 1781) bei. 1789 wurde er Mitgl. der Generalstände; als leidenschaftl. Anhänger des Freiheitsgedankens reichte er der Nationalversammlung am 11. 7. 1789 einen Vorschlag zur Erklärung der Menschen- und Bürgerrechte (→Déclaration des droits de l'homme et du citoyen) ein; nach dem Sturm auf die Bastille befehligte er die Pariser Nationalgarde, die das wohlhabende Bürgertum organisierte; auf einen Vorschlag La F.s wird die dreifarbige Nationalkokarde (→Trikolore) zurückgeführt. Eine Zeit lang war La F. einer der führenden Politiker der Revolution, gelangte aber aus persönl. Gründen nicht zu einer erfolgreichen Zusammenarbeit mit Graf Mirabeau. Sein Bemühen, die Radikalisierung der Revolution aufzuhalten, scheiterte u. a. an der Flucht Ludwigs XVI. (Juni 1791). Das ›Marsfeldmassaker‹ der Nationalgarde vom 17. 7. 1791 untergrub seine Popularität. Nach dem Sturm auf die Tuilerien (10. 8. 1792) wollte er als General einer Armee auf Paris marschieren, musste aber am 19. 8. zu den Österreichern fliehen. Unter der Herrschaft Napoleons lebte er zurückgezogen auf seinen Gütern in Frankreich. Seit 1818 war La F. liberaler Abg. In der Julirevolution von 1830 führte er wieder die Nationalgarden. Er unterstützte die Thronbesteigung Louis Philippes, ging aber bald in die Opposition, da er die Revision der ›Charte constitutionelle‹ Ludwigs XVIII. ablehnte.

Ausgaben: Mémoires, correspondance et manuscrits du général Lafayette, 6 Bde. (1837–38); Correspondance inédite de La F. 1793–1801, hg. v. J. Thomas (1903).

L. Gottschalk u. M. Maddox: L. in the French Revolution, 2 Bde. (Chicago, Ill., 1969–73); L. Gottschalk: L. between the American and French Revolution (Neuausg. ebd. 1974).

2) Marie-Madeleine Comtesse de, geb. **Pioche de la Vergne** [pjɔʃdəlaˈvɛrɲ], frz. Schriftstellerin, getauft Paris 18. (16. ?) 3. 1634, †ebd. 25. 5. 1693; verkehrte früh im Salon der Marquise de Rambouillet, heiratete 1655 den Comte François de La F. (†1683), den sie 1658 wieder verließ. In Paris eröffnete sie einen eigenen Salon, war u. a. mit J. R. de Segrais (unter dessen Namen sie z. T. veröffentlichte) und bes. mit La Rochefoucauld befreundet, nach dessen Tod sie ein zurückgezogenes Leben führte. Ihr wichtigstes Werk ist der Roman ›La princesse de Clèves‹ (1678; dt. ›Die Prinzessin von Clèves‹), der mit der Tradition des heroisch-galanten Romans bricht. An die Stelle idealisierter Handlungen und wirklichkeitsferner, stereotyper Figuren tritt ein zeitlich und räumlich genau fixiertes Geschehen und – bei völligem Verzicht auf äußere Motivation – eine subtile psycholog. Darstellung. Im Mittelpunkt steht die seel. Verfassung einer die Liebe nicht als galantes Abenteuer, sondern als schicksalhafte Tragödie erlebende Gestalt im Widerstreit zw. Pflicht und Leidenschaft. Die Psychologisierung der Handlung setzte neue Maßstäbe für die bis dahin als minderwertig geltende Gattung, damit steht das Werk am Beginn des modernen europ. Romans.

Weitere Werke: *Romane:* La princesse de Montpensier (1662; dt. Die Prinzessin von Montpensier); Zayde, 2 Bde. (1670–71; dt. Zaida); La comtesse de Tende (hg. 1724).

Ausgaben: Correspondance, hg. v. A. BEAUNIER, 2 Bde. (1942); Romans et nouvelles, hg. v. É. MAGNE (Neuausg. 1963).

E. KÖHLER: Madame de Lafayettes ›La princesse de Clèves‹. Studien zur Form des klass. Romans (1959); R. FRANCILLON: L'œuvre romanesque de Madame de La F. (Paris 1973); A. NIDERST: ›La princesse de Clèves‹, le roman paradoxal (ebd. 1973); P. MALANDAIN: Madame de La F. ›La princesse de Clèves‹ (ebd. 1985); R. DUCHÊNE: Madame de La F. (ebd. 1988).

La Ferrassie [lafɛraˈsi], altsteinzeitl. Höhlenfundstelle im frz. Dép. Dordogne mit Kulturschichten des Moustérien, Aurignacien und Gravettien. In der Moustérienschicht fand man 1909–1921 Reste der Skelette von zwei erwachsenen Neandertalern und vier Kindern, die wahrscheinlich 70 000 Jahre alt sind (regelrechte Bestattung erkennbar); in der Aurignacienschicht Gravierungen auf Felsstücken (Vulva, Zeichen, Tiere).

Lafette [älter Laffete, von frz. l'affût, zu fût, älter: fust ›Schaft‹] *die, -/-n,* Bez. für den Teil des Geschützes, der als Rohrauflage und Schießgestell, ggf. auch als Fahrgestell dient. Die L. nimmt die beim Abschuss auftretenden Kräfte auf und überträgt sie in den Erdboden oder in die Fundamentierung. Grundsätzlich unterscheidet man zw. starren und elast. L. Bei den **starren L.** ist das Rohr fest mit der L. verbunden (so beim Granatwerfer, den Leichtgeschützen und fast allen Geschützen bis zu Beginn des 20. Jh.), bei den **elastischen L.** führt das Rohr beim Schuss – bezogen auf die L. – eine Eigenbewegung aus. Bei modernen Geschützen besteht die (elast.) L. aus Ober- und Unter-L. Zu der auf der Unter-L. schwenkbar angebrachten **Ober-L.** gehören das Rohrwiege (führt das Rohr bei seiner Rück- und Vorlaufbewegung, Rohrrücklaufeinrichtung mit Rohrbremse und -vorholer, Ausgleicher (hebt die Vorderlastigkeit der vertikal bewegl. Geschützteile auf) sowie Höhen- und Seitenrichtmaschine. Hinzu kommt die Zieleinrichtung und mitunter der Schutzschild. Die **Unter-L.** gewährleistet die Standfestigkeit und dient ggf. – anhängbar an ein Zugfahrzeug – dem Transport. Üblich sind heute bei Artilleriegeschützen v. a. die zweiholmige Spreiz-L., bei Flugabwehrgeschützen die vierholmige Kreuz-L., die ein Rundumschwenken des Rohres ermöglicht. Ortsfeste Geschütze haben keine Unter-L., sie sind mit ihrem Standort mittels Standsockel oder Drehrahmen verbunden. Unter-L. mit vollwertigem Eigenantrieb werden als Selbstfahr-L. bezeichnet.

Laffer-Kurve [ˈlæfə-], graf. Darstellung der von dem amerikan. Wirtschaftswissenschaftler ARTHUR B. LAFFER (* 1940) popularisierten Hypothese, dass Steuersatzsenkungen in bestimmten Fällen zu steigenden Steuereinnahmen führen und sich quasi selbst finanzieren. Die Hypothese, die in den 80er-Jahren in den USA eine Rolle in der Wirtschaftspolitik von Präs. R. REAGAN (›Reaganomics‹) spielte, beruht auf der Annahme, dass wachsende Steuersätze ab einer bestimmten Höhe (t*) die Leistungsmotivation der Wirtschaftssubjekte hemmen und dadurch das Aufkommen einzelner Steuern sinkt. Die generelle Aussage der L.-K. ist trivial. Da bei der Einkommensbesteuerung bei einem Steuersatz von 0 % und bei einem Steuersatz von 100 % die Steuereinnahmen jeweils null sein werden, muss dazwischen (mindestens) ein Extremwert des Steueraufkommens liegen, jenseits dessen die Steuereinnahmen sinken. Der Sachverhalt, dass zu hohe Steuerbelastungen dem Fiskus schaden können, ist schon sehr früh erkannt worden, z. B. im Kameralismus und bei J. SWIFT (1728) als →Steuereinmaleins.

Fraglich ist die jeweilige Gestalt der L.-K., die keineswegs symmetrisch (t* = 50%) und für alle Volkswirtschaften gleich sein muss, die sich im Zeitablauf ändern kann und die wegen der Vielzahl der mögl. sonstigen Einflüsse (z. B. Veränderungen der Staatsausgaben) nicht etwa durch eine einfache Gegenüberstellung von Steuerbelastung und Steuereinnahmen versch. Jahre empirisch ermittelt werden kann.

Laffitte [laˈfit], **1)** *Jacques,* frz. Bankier und Politiker, * Bayonne 24. 10. 1767, † Paris 26. 5. 1844; war 1809–13 und 1814–19 Gouv. der Bank von Frankreich; nach 1815 einer der Führer der Opposition gegen die Bourbonen, betrieb 1830 die Thronerhebung LOUIS PHILIPPES; 1830–31 Finanz-Min. und Ministerpräsident.

2) *Louis,* frz. Schriftsteller, →Curtis, Jean-Louis.

Lafitau [lafiˈto], *Joseph François,* frz. Missionar (Jesuit) und Ethnograph, * Bordeaux 31. 5. 1681, † ebd. 3. 7. 1746; war 1712–17 in der Irokesenmission Sault-Saint Louis (bei Montreal, Kanada) tätig, gilt als einer der Begründer der vergleichenden Völkerkunde.

Werk: Mœurs des sauvages ameriquains, comparées aux mœurs des premiers temps, 2 Bde. (1724; dt. Die Sitten der amerikan. Wilden. Im Vergleich zu den Sitten der Frühzeit).

La Flèche [laˈflɛːʃ], Stadt im Dép. Sarthe, Frankreich, am Loir, 14 900 Ew. – Textil- und Lederindustrie, wichtiger Agrarmarkt. – Im Schloss (urspr. 1537) richtete HEINRICH IV. ein Jesuitenkolleg ein, an dem u. a. R. DESCARTES, Prinz EUGEN und J. PICARD studierten; seit NAPOLEON I. militär. Eliteschule.

Lafnitz [ˈlaːfnits] *die,* linker Nebenfluss der Raab, 114 km lang, entspringt im Joglland, Steiermark, Österreich, bildet in ihrem stark mäandrierenden Mittellauf die Grenze gegen das Burgenland, mündet bei Sankt Gotthard, Ungarn.

La Follette [ləˈfɔlɪt], *Robert Marion,* amerikan. Politiker, * Primrose (Wis.) 14. 6. 1855, † Washington (D. C.) 18. 6. 1925; Rechtsanwalt, Republikaner; machte als Gouv. (1901–06) und Senator (1906–25) Wisconsin zum Musterstaat der →Progressive Movement. 1917 ein Hauptgegner des Kriegseintritts der USA und 1919 des Eintritts der USA in den Völkerbund, gewann er 1924 als Kandidat der Progressiven bei den Präsidentschaftswahlen etwa 4,8 Mio. Stimmen.

D. P. THELEN: R. M. La F. and the insurgent spirit (Boston, Mass., 1976).

Lafontaine [lafɔ̃ˈtɛn], **1)** *August Heinrich Julius,* Pseudonyme **Gustav Freier, Miltenberg, Selchow,** Schriftsteller, * Braunschweig 5. 10. 1758, † Halle (Saale) 20. 4. 1831; aus frz. Emigrantenfamilie; studierte 1777–80 in Helmstedt Theologie, war Hauslehrer u. a. in Halle (Saale), 1790–1800 Feldprediger; zog sich dann auf ein Landgut zurück und wurde durch die Gunst FRIEDRICH WILHELMS III. Kanonikus am Magdeburger Domstift. Wie A. KOTZEBUE im Bereich des Dramas, so wirkte L. als viel gelesener Verf. trivial-sentimentaler Familienromane (etwa 160 Bde.) auf das dt. Publikum der Goethezeit sowie durch zahlr. Übersetzungen in Frankreich.

Ausgaben: Familiengeschichten, 12 Bde. (1801–04); Kleine Romane u. moral. Erzählungen, 12 Bde. (1801–10); Dramat. Werke (1806).

2) *Marie-Jo,* belg. Medienkünstlerin, * Antwerpen 17. 11. 1950; seit 1991 Prof. am Zentrum für Kunst- und Medientechnologie in Karlsruhe. Ihre Themen behandeln Liebe, Gewalt und Tod. In den perfekten und kühlen Bild-Objekt-Inszenierungen analysiert sie mithilfe der Videokamera Bewegungsabläufe von Mensch und Tier sowie Gesten und Gesichtsausdrücke. Durch die Auswahl geeigneter Wiederholungen, Zeitlupen, Nahaufnahmen und durch eine kalkulierte Platzierung der Monitore isoliert sie körperl. Ausdrucksfragmente und kann sie so als Äquivalente von

Robert M. La Follette

Marie-Jo Lafontaine: Die Sizilianische Eröffnung; Videoinstallation 1987/92

techn. Abläufen bei Maschinen und Robotern behandeln. Sie kombiniert auch Malerei und Fotografie.

M.-Jo L., hg. v. F. McLeod, Ausst.-Kat. The Fruitmarket Gallery Edinburgh, u. a. (Edinburgh 1989); M.-Jo L., bearb. v. Werner Meyer, Ausst.-Kat. Städt. Galerie Göppingen (1990); M.-Jo L. Immaculata, Ausst.-Kat. Ric Urmel Gallery, Gent (Stuttgart 1992).

3) [lafɔn'tɛn], Oskar, Politiker, *Saarbrücken 16. 9. 1943; Dipl.-Physiker, seit 1966 Mitgl. der SPD; MdL im Saarland (1970–75, seit 1985), 1976–85 Oberbürgermeister von Saarbrücken, seit 1977 Landes-Vors. der SPD im Saarland, wurde dort 1985 nach dem Wahlsieg seiner Partei Min.-Präs. (1990 und 1994 bestätigt). An der Seite der Friedensbewegung wandte sich L. Anfang der 80er-Jahre gegen die Durchführung des NATO-Doppelbeschlusses von 1979. Immer wieder löste er mit versch. Vorschlägen zur Lösung von brisanten wirtschaftl. und sozialen Problemen innenpolit. Diskussionen aus. Ab 1987 auch stellv. Bundes-Vors. der SPD, betonte L. als Kanzlerkandidat der SPD bei den ersten gesamtdt. Bundestagswahlen vom 2. 12. 1990 die finanziellen Belastungen und die damit verbundenen sozialen Risiken beim dt. Einigungsprozess; er unterlag H. Kohl. – Im Wahlkampf war L. bei einem Attentat (25. 4. 1990) schwer verletzt worden. – Bei den Bundestagswahlen vom 16. 10. 1994 gehörte L. im Wahlkampf mit G. Schröder der SPD-Führungsgruppe um R. Scharping an. Am 16. 11. 1995 wählte ihn der SPD-Parteitag in Mannheim zum Bundesvorsitzenden.

Oskar Lafontaine

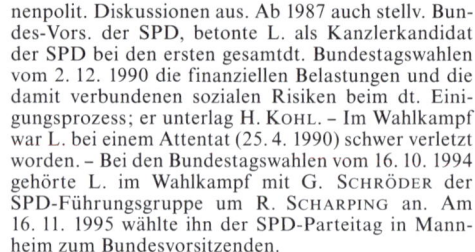

Jean de La Fontaine: Porträt von Nicolas Largillière (Versailles, Nationalmuseum des Schlosses)

La Fontaine [lafɔ̃'tɛn], Jean de, frz. Dichter, *Château-Thierry 8. 7. 1621, †Paris 13. 4. 1695; studierte in Reims Theologie und Jurisprudenz, wurde 1647 Forstmeister in Château-Thierry und lebte seit 1658 in Paris, wo er u. a. von N. Fouquet, Marguerite de la Sablière und Anne Marie Louise d'Orléans (*1627, †1693) gefördert wurde und u. a. mit J. Racine, Molière und N. Boileau-Despréaux befreundet war. 1684 wurde er Mitgl. der Académie française.

Schon in der u. a. an Ovid orientierten Idylle ›Adonis‹ (1656, letzte Fassung 1671) zeigt sich seine subtile Verskunst. Seine frivol-galanten ›Contes et nouvelles en vers‹ (5 Tle., 1665–86; dt. ›Schwänke und Märchen‹) beziehen ihre Motive aus antiken Vorbildern (Anakreon, Petronius, Apuleius) sowie aus der ital. (Boccaccio, Ariosto u. a.) und frz. Literatur (Margarete von Navarra, F. Rabelais u. a.), verfahren jedoch relativ frei mit den jeweiligen Vorlagen und zeigen – bei skeptisch-libertinist. Grundhaltung – durch Abwandlung und Ausschmückung der Themen den Geist des 17. Jh. Durch seine ›Fables‹ (12 Bücher, 1668–78/79 und 1694; dt. ›Fabeln‹), die seinen literar. Ruhm begründeten, wurde er zum Erneuerer dieser Gattung. Urspr. als Übertragung und Imitation antiker Muster (Aisopos, Phaedrus, Avianus, Horaz, Ovid) und der gerade in Europa bekannt gewordenen oriental. Märchen angelegt, entwickelten sich die Fabeln vor dem Hintergrund der Naturbeschreibung zu einer subtilen und psychologisch vertieften Darstellung menschl. Zusammenlebens, z. T. können sie auch als Satire auf die Gesellschaft des 17. Jh. gelesen werden. Die Vermittlung prakt. Lebens- und Menschenkenntnis tritt dabei in den Hintergrund; oft wird die moral. Bewertung dem Leser überlassen, z. T. fehlt das belehrende Moment ganz. Insgesamt lassen die Fabeln eine epikureisch-pessimist. Weltsicht erkennen. Der bildhaft knappen Aussage entspricht eine anschaulich-pointierte Sprache, die die unterschiedlichsten Stilelemente verbindet, umgangssprachl. Elemente, Provinzialismen, Neologismen und Archaismen einbezieht und im Versbau durch z. T. freien Umgang mit der klass. Metrik gekennzeichnet ist.

Weitere Werke: *Lyrik:* Élégie aux nymphes de Vaux (1661). – *Roman:* Les amours de Psyché et de Cupidon (1669; dt. Amor u. Psyche).

Ausgaben: Œuvres, hg. v. H. Regnier, 11 Bde. u. 1 Album (Neuausg. 1883–97); Œuvres complètes, hg. v. R. Groos u. a., 2 Bde. (Neuausg. 1978–79). – Fabeln, übers. v. M. Remané (Neuausg. 1984).

K. Vossler: La F. u. sein Fabelwerk (1919); R. Jasinski: La F. et le premier recueil des ›Fables‹, 2 Bde. (Paris 1965–66); J. P. Collinet: Le monde littéraire de La F. (ebd. 1970); J. Grimm: La F.s Fabeln (1976); J. Orieux: La F., ou la vie est un conte (Paris 1976); P. Clarac: La F. (Neuausg. ebd. 1981); R. Duchêne: La F. (ebd. 1990).

Laforet [lafɔ'ret], Carmen, span. Schriftstellerin, *Barcelona 6. 9. 1921. Ihre Romane und Erzählungen kontrastieren die beängstigende Realität im Spanien der Zeit nach dem Bürgerkrieg mit einer feminin idealisierten Welt der verlorenen Kindheit. Themen sind, neben Angst und Enttäuschung, Hoffnung sowie Zuflucht zur Natur, später zur Religion. L.s erster, weitgehend autobiograph. Roman ›Nada‹ (1945; dt.), der den Weg der Studentin Andrea vom Glück auf den Kanar. Inseln in das zerstörte Barcelona und ihre Flucht aus der feindseligen großelterl. Familie nach Madrid schildert, erhielt 1944 den ersten Premio Nadal. Die Vorgeschichte des Werkes erzählt der Roman ›La isla y los demonios‹ (1952), es wurde fortgesetzt mit dem Roman ›La mujer nueva‹ (1955; dt. ›Die Wandlung der Pauline Goya‹), der die 1951 erfolgte Konversion der Autorin zum Katholizismus spiegelt.

Weitere Werke: Novellen und Erzählungen: La llamada (1954); La niña (1970). – Fünfundzwanzig Peseten u. a. Erzählungen (1961; dt. Ausw.). – *Romane:* La insolación (1963); Paralelo 35 (1967).

A. CEREZALES: C. L. (Madrid 1982).

Laforgue [laˈfɔrg], Jules, frz. Dichter, *Montevideo 16. 8. 1860, †Paris 20. 8. 1887; schrieb Lyrik im Stil des Symbolismus und Décadence und war mit G. KAHN der erste Vertreter des →Vers libre. In seinen Prosastücken (›Moralités légendaires‹, 1887; dt. ›Sagenhafte Singspiele‹) deutete er antike Mythen und Sagen modern um.

Weitere Werke: Lyrik: Les complaintes (1885); Le concile féerique (1886); L'imitation de Notre-Dame la lune (1886); Les derniers vers (hg. 1890).

Ausgaben: Œuvres complètes, hg. v. G. J. AUBRY, 6 Bde. (Neuausg. 1922–30, Nachdr. 1979); Poésies complètes, hg. v. P. PIA (Neuausg. 1979).

Charles de La Fosse: Errettung des Mosesknaben; um 1701 (Paris, Louvre)

La Fosse [laˈfoːs], **Lafosse, 1)** Charles de, frz. Maler, *Paris 15. 6. 1636, †ebd. 13. 12. 1716; Schüler von C. LE BRUN, hielt sich 1658–63 in Rom und Venedig auf. Er war v. a. von der venezian. Malerei, P. P. RUBENS und CORREGGIO beeinflusst. Ab 1670 erhielt er zahlr. Aufträge für Fresken und Tafelbilder.

Werke: Deckenmalerei im Salon d'Apollon u. Gemälde im Salon de Diane in Versailles (1671–82); Tempelgang Mariä (1682; Toulouse, Musée des Augustins); Apoll u. Thetis (1688; Versailles, Grand Trianon); Kuppelfresko im Invalidendom in Paris (1702–05); Fresko in der Schlosskapelle von Versailles (1710).

2) *Louis Rémy de,* frz. Baumeister, *um 1659, †Darmstadt 17. 9. 1726; wurde 1706 Hofbaumeister des Kurfürsten GEORG LUDWIG von Hannover, für den er 1710–12 das Landständehaus in typisch frz. Formen errichtete. Als Oberbaumeister des Landgrafen ERNST LUDWIG von Hessen-Darmstadt entwarf er den Plan für das Darmstädter Schloss (1716–26, nur teilweise ausgeführt), bei dem er Anregungen des ital. Barock aufnahm. Er erbaute auch die Orangerie in Darmstadt (1719 ff.).

Lafourcade [lafurˈkade], Enrique, chilen. Schriftsteller, *Santiago 14. 10. 1927; war Journalist und zeitweise Diplomat; Prof. für Lit.; einer der vielseitigsten und erfolgreichsten Autoren der ›Generation von 1950‹; behandelt in seinen anfangs vom frz. Existenzialismus beeinflussten Romanen und Erzählungen soziale und polit. Probleme Lateinamerikas; bekannt wurde v. a. sein satir. Roman ›La fiesta del rey Acab‹ (1959; dt. ›Das Fest des Königs Ahab‹), dessen Modell die Diktatur R. L. TRUJILLO Y MOLINAS ist.

Weitere Werke: Romane: Pena de muerte (1953); Para subir al cielo (1958); El principe y las ovejas (1961); Invención a dos voces (1963); Pronombres personales (1967); Frecuencia modulada (1968); Palomita blanca (1971); En el fondo (1973); Variaciones sobre el tema de Nastasia Filippovna y el príncipe Mishkin (1975). – *Bericht:* Animales literarios de Chile (1980).

Lafrensen, Niclas d. J., gen. **Nicolas Lavreince** [laˈvrɛns], schwed. Maler, *Stockholm 30. 10. 1737, †ebd. 6. 12. 1807; Hofminiaturmaler GUSTAVS III., lebte 1762–69 und 1774–91 in Paris. Seine elegantfrivolen Schilderungen der vornehmen Gesellschaft (Gouache und Aquarell) fanden durch Kupferstiche weite Verbreitung. Nach seiner Rückkehr nach Schweden widmete er sich hauptsächlich der Porträtminiatur.

La Fresnaye [lafrɛˈnɛ], Roger-Noël-François de, frz. Maler, *Le Mans 11. 7. 1885, †Grasse 27. 11. 1925; Schüler von M. DENIS und P. SÉRUSIER, beeinflusst von P. CÉZANNE. Er näherte sich seit 1910 dem Kubismus und fand den Weg zu einer in hohem Grad eigenständigen Form der Abstraktion. 1912 schloss er sich der →Section d'Or an. Das Spätwerk (v. a. Gouachen und Zeichnungen) umfasst gegenständl. Kompositionen.

Lag [læg; engl. ›Rückstand‹, ›Verzögerung‹] *der,* -s/-s, **1)** *allg.:* Verzögerung zw. dem Eintritt eines Ereignisses und seinen Folgen (z. B. Cultural Lag).

2) *Medizin:* **Jetlag** [dʒet-], verspätete Anpassung oder Störung des biolog. Rhythmus eines Menschen aufgrund der mit weiten Flugreisen verbundenen Zeit- oder auch Klimasprünge.

3) *Volkswirtschaftslehre:* **Timelag** [taim-], Bez. für die zeitl. Verschiebung zw. der Änderung wirtschaftl. Größen und der dadurch bewirkten Änderung anderer ökonom. Größen. L. unterschiedl. Länge bestehen z. B. zw. Marktpreisänderungen und der Reaktion darauf seitens der Anbieter (Cobweb-Theorem) sowie zw. einer Zunahme des Sozialproduktes und der Reaktion der Unternehmer in Form gesteigerter Investitionen (Akzelerator). Derartige durch einen L. gekennzeichnete Beziehungen lassen sich nur im Rahmen einer dynam. Theorie darstellen.

L. sind bes. auch beim Einsatz konjunkturpolit. Instrumente zu beachten: Von der Feststellung, dass ein konjunkturpolit. Eingriff notwendig ist, bis zum Eintreten der gewünschten Wirkung vergehen unterschiedlich lange Zeiträume. So braucht es Zeit, bis eine konjunkturelle Lage richtig diagnostiziert und die konjunkturelle Entwicklung prognostiziert ist (Recognition-L., Erkennungsverzögerung), bis ein Beschluss politisch gefasst ist (Decision-L., Entscheidungsverzögerung) und bis dieser Beschluss administrativ umgesetzt wird (Instrumental Lag, Durchführungsverzögerung). Diesen L. bei den Trägern der Wirtschaftspolitik (›Innenverzögerung‹) schließen sich Wirkungsverzögerungen an (›Außenverzögerung‹). Das sind die Zeiträume, bis die Wirtschaftssubjekte ihre Ausgabenplanung der Datenvariation

Paul Anton de Lagarde

angepasst haben (Operational Lag) und die Träger der Wirtschaftspolitik diagnostiziert haben, dass diese Anpassung in der gewünschten Richtung und im beabsichtigten Ausmaß vorgenommen wurde. Die Verzögerungen begründen sich in ihrem Zusammenwirken die Gefahr, dass ein Instrument seine Wirkung erst entfaltet, wenn sich die konjunkturelle Lage längst verändert hat.

LAG, *Recht:* Abk. für 1) Lastenausgleichsgesetz (→Lastenausgleich); 2) Landesarbeitsgericht.

Lagae [laˈxa:], Jules, belg. Bildhauer, * Roeselare 15. 3. 1862, † Brügge 2. 6. 1931; ausgebildet an der Brüsseler Akad. und in Italien; schuf große Marmor- und Bronzegruppen, u. a. die des Kongressdenkmals in Buenos Aires (1911–14), ferner Medaillen.

Lagarde [laˈgard], Paul Anton de, eigtl. **P. A. Bötticher**, Orientalist und Kulturphilosoph, * Berlin 2. 11. 1827, † Göttingen 22. 12. 1891; befasste sich v. a. mit der Erforschung der Septuaginta und veröffentlichte seit 1847 syr., kopt., arab., lat. und griech. Handschriften aus der alten Kirche. 1869 wurde L. Prof. für Orientalistik in Göttingen. Neben seinen Studien zur Entstehung der Septuaginta, widmete er sich polit. und kulturhistor. Fragen. Er kritisierte die Kirche seiner Zeit, die sich von den Idealen Jesu entfernt habe, und plädierte für eine nat., die Konfessionen überwindende Kirche. Daher rührte auch seine Abneigung gegen das Judentum: In einer Nation dürfe ›nur eine Seele vorhanden sein‹; die Juden könnten allerdings durch eine nat. Einstellung ihre ›religiöse und volkstumsmäßige Andersheit‹ kompensieren. Das Werk L.s stand im Nationalsozialismus in hohem Ansehen, wobei bes. sein Antijudaismus Bestandteil der natsoz. Ideologie (A. Rosenberg) wurde.

Werke: Ges. Abh. (1866); Symmicta, 2 Bde. (1877–80); Semitica, 2 Tle. (1878–79); Dt. Schrift., 2 Bde. (1878–81); Orientalia, 2 Bde. (1879–80); Mitteilungen, 4 Bde. (1884–91).

J. Favrat: La pensée de P. de L. (Diss. Paris 1976); F. Stern: Kulturpessimismus als polit. Gefahr. Eine Analyse nat. Ideologie in Dtl. (Neuausg. 1986).

Lagardère-Groupe [lagarˈdɛːr ˈgrup], frz. Medienkonzern, →Hachette.

Lagasch, altoriental. Stadt, heute der Ruinenhügel El-Hiba, S-Irak; urspr. Zentrum eines gleichnamigen Staates, dessen Hauptstadt seit etwa 2400 v. Chr. die Stadt Girsu (mit heute Tello) war. Im 24.–23. Jh. v. Chr. kämpften die Herrscher der 1. Dynastie von L. immer wieder gegen die Nachbarstadt Umma und erlangten unter Eannatum um 2340 v. Chr. die Vorherrschaft in Sumer. Der Reformer Uruinimgina wurde um 2250 v. Chr. von Lugalzaggesi von Umma besiegt. Eine neue Blüte erlebte L. unter der 2. Dynastie von L., bes. unter dem Priesterfürsten Gudea (um 2080–2060 v. Chr.), unter dem es weit reichende Handelsbeziehungen (bis zum Mündungsgebiet des Indus) unterhielt. Nach 2000 v. Chr. verlor die Stadt an Bedeutung. – Amerikan. Ausgrabungen (1968 ff.) legten Teile eines frühen Tempelkomplexes des Gottes Ningirsu (mit Tempeloval, um 2500 v. Chr.) frei sowie ein Trinkwassersystem (Reservoir, um 2100 v. Chr.). Zu den Kleinfunden zählen Bronzestatuetten und Steininschriften. – In der älteren wiss. Literatur wird die Bez. L. auch auf Tello angewendet, da dieses lange als Stätte des alten L. galt.

Lage [ahd. laga ›Hinterhalt‹, ›Nachstellung‹], **1)** *allg.:* Position, Stellung; Situation.
2) *Buchbinderei:* ein gefalzter Bogen oder mehrere gefalzte und ineinander gesteckte Bogenteile, auch als **Heftlage** bezeichnet.
3) *Geographie:* Bestimmung eines Ortes nach geograph. →Länge und geograph. →Breite, nach örtl. Gegebenheiten (z. B. Hang, Tal) oder regionalen Beziehungen (regionale oder Verkehrslage, z. B. an Flussmündungen). →geographische Lage.
4) *Militärwesen:* Gesamtheit aller Faktoren, die auf eine Truppe in einem bestimmten Raum in einer bestimmten Zeit einwirken und die Vorbereitung, den Verlauf und den Ausgang von Operationen beeinflussen können. Dem Umfang der Kampfhandlungen nach werden strateg., operative und takt. L. unterschieden. Die takt. L. wird vielfach als Gefechts-L. bzw. L.-Bild bezeichnet.
5) *Musik:* 1) der Ausschnitt der Töne innerhalb eines Tonvorrats: hohe, tiefe, mittlere L.; 2) in der Harmonielehre die Stellung der Töne eines Stammakkords (Dreiklang, Septakkord usw.): in enger L. stehen die Töne (außer dem Basston) innerhalb eines Oktavumfangs, in weiter L. sind sie über ihn hinaus auseinander gelegt. Beim Dreiklang unterscheidet man überdies Oktav-L., Terz-L. und Quint-L., je nachdem, ob die Oktave, Terz oder Quinte den obersten Ton des Akkordes bildet; 3) bei Streich- und Zupfinstrumenten die Spiel-L. der linken Hand, d. h. der Abstand des ersten (Zeige-)Fingers vom Saitenende (Sattel), zugleich der Tonraum, der mit dieser Position der Hand zur Verfügung steht. Die Sekunde über der leeren Saite ist in der 1. L. der Platz des 1. Fingers, auf der Terz steht die 2. L., auf der Quarte die 3. L. usw. In der halben L. unter der 1. L. steht der 1. Finger auf dem um einen Halbton erhöhten Ton der leeren Saite.

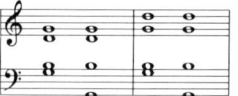

Lage 5):
links enge Lage;
rechts weite Lage

6) *Weinbau:* 1) Einzel-L., gesetzlich definierte Rebfläche, deren Name in der Lagenrolle eingetragen und damit geschützt ist; i. d. R. über 5 ha groß. 2) Groß-L., Zusammenfassung mehrerer benachbarter Einzel-L. (die im gleichen Bereich des gleichen Weinbaugebietes liegen).

Lage, Stadt im Kr. Lippe, NRW, an der Werre im nordöstl. Vorland des Lipp. Waldes, 103 m ü. M., 35 900 Ew.; Holz-, Möbel-, Textil-, Kunststoff- und Nahrungsmittelindustrie, Zuckerfabrik und Eisenverarbeitung. – Die ev.-ref. Pfarrkirche im Ortsteil Heiden, eine urspr. roman. Anlage, wurde im 14./15. Jh. zu einer got. Hallenkirche erweitert; im Chor Wandmalereien. Die ev. Kirche in Stapelage ist ein barocker Saalbau (um 1760), der W-Turm wurde um 1100 errichtet. – Das 1274 erstmals urkundlich erwähnte L. erstritt sich 1791 städt. Rechte, die durch die Städteordnung von 1843 bestätigt wurden; 1970 Bildung der städt. Großgemeinde.

Lagebericht, Bericht, der von einer Kapitalgesellschaft ergänzend zum Jahresabschluss im ersten Quartal des Geschäftsjahres für das vergangene Geschäftsjahr aufzustellen ist. Im L. sind gemäß § 289 HGB (§ 315 für den Konzern-L.) zumindest der Geschäftsverlauf und die Lage der Kapitalgesellschaft so darzustellen, dass ein den tatsächl. Verhältnissen entsprechendes Bild vermittelt wird. Er soll auch eingehen auf Vorgänge von besonderer Bedeutung, die nach dem Schluss des Geschäftsjahres eingetreten sind, die voraussichtl. Entwicklung der Kapitalgesellschaft, den Bereich Forschung und Entwicklung sowie bestehende Zweigniederlassungen der Gesellschaft.

Lägel [ahd. lage(l)la, über lat. laguena von griech. lágynos ›(kleines) Gefäß‹] *der* oder *das, -s/-,* 1) alte Volumeneinheit für Flüssigkeiten im Tessin, 1 L. = 45,193 l.
2) frühere Masseneinheit im steiermärk. Eisen- und Stahlhandel, 1 L. = 70 kg.

Lågen [ˈloːgən], Namenskurzform für die Flüsse Gudbrandsdals-L. (→Gudbrandsdal) und Numedals-L. (→Numedal).

Lagenholz, Oberbegriff für vorwiegend plattenförmige Holzwerkstoffe, die aus mehreren aufeinander geleimten Furnieren aufgebaut sind. Im →Schichtholz sind die Furnierlagen in Faserrichtung parallel zueinander, im →Furniersperrholz ist die Faserrichtung der Einzellagen meist um 90° versetzt angeordnet. Spezielle L.-Arten sind Diagonalsperrholz oder Sternholz. Hoch verdichtetes L. wird als Kunstharz-Pressholz bezeichnet. – Die L.-Arten weisen eine geringere Inhomogenität als die zu ihrer Herstellung eingesetzten Holzarten auf. Durch die kreuzweise Verleimung, eine Art des →Absperrens, wird das Quellen und Schwinden des Holzes bei Sperrholz wesentlich reduziert.

Lagenschwimmen, Einzel- oder Mannschaftswettbewerb im Schwimmen, bei dem vier versch. Stilarten (›Lagen‹) geschwommen werden. Im Einzelwettbewerb werden über 200 m und 400 m jeweils gleich lange Teilstrecken in der Reihenfolge Schmetterlings-, Rücken-, Brust- und Kraulschwimmen zurückgelegt; beim Mannschaftswettbewerb, der **Lagenstaffel** über 4 × 100 m, schwimmt jedes Staffel-Mitgl. nur eine Disziplin, die Reihenfolge ist Rücken-, Brust-, Schmetterlings- und Kraulschwimmen.

Lager, 1) *Betriebswirtschaftslehre:* Bez. für den Ort der geordneten Verwaltung (Aufnahme, Verwahrung, Abgabe, Verrechnung und Kontrolle) der zur Betriebsführung erforderl. Bestände an Waren; auch Bez. für den Gesamtbestand der auf Vorrat gehaltenen Werkstoffe (Roh-, Hilfs- und Betriebsstoffe), Betriebsmittel sowie der unfertigen und fertigen Erzeugnisse bis zum Verbrauch oder zur Benutzung im Unternehmen oder zum Verkauf in Menge und Wert sowie für die mit der Lagerung befasste Betriebsabteilung. L.-Haltung ist die zw. Beschaffung und Absatz, zw. Beschaffung und Produktion oder zw. Produktion und Absatz liegende Phase des Güterdurchlaufs.

Aufgaben: 1) Ausgleich von Unregelmäßigkeiten beim Beschaffungsvorgang und bei Störungen (z. B. durch Lieferengpässe, verkehrsbedingte Verzögerungen), zeitl. Ausgleich (z. B. beim Materialeingangs-L. der Ausgleich zw. unterschiedl. Beschaffungs- und Fertigungsrhythmen), räuml. Ausgleich zw. Ort der Produktion und Ort der Verwendung (Versandlager), quantitativer Ausgleich zw. Beschaffungs- oder Produktionsmengen und Verwendungsmengen; 2) Überbrückung der Zeit zw. Beschaffungs- und Verwendungszeitpunkt, wenn größere Mengen beschafft als sofort verbraucht werden; 3) Einhaltung der für einen Reifeprozess erforderl. Lagerzeit (z. B. bei Wein); 4) Umpacken angelieferter Ladeeinheiten in betriebsverwendungs- oder verkaufsfähige Einheiten; 5) dauernde Bereithaltung eines umfangreichen Sortiments, das den Abnehmern eine entsprechende Auswahl ermöglicht; 6) Ausgleich von Absatzschwankungen zur Sicherung einer gleichmäßigen Beschäftigung.

Der **L.-Bestand** ist ein Teil des Vermögens von Unternehmen. Er sichert den ununterbrochenen, reibungslosen Fortgang der Produktion und die fortgesetzte Lieferbereitschaft. Man unterscheidet: 1) durchschnittl. L.-Bestand (bei jährl. Bestandserfassung wird die Summe aus dem Jahresanfangsbestand und dem Jahresendbestand durch 2 dividiert); 2) Mindest- oder Reservebestand (eiserner Bestand); 3) Meldebestand, bei dessen Erreichen nachbestellt werden muss; 4) Höchstbestand, der nach Eingang einer Lieferung erreicht wird (Mindestbestand plus Bestellmenge). Die **L.-Kosten** (Kosten der L.-Haltung) zählen zu den Materialgemeinkosten; sie umfassen: 1) Kosten für L.-Raum und L.-Bestände, z. B. Abschreibung und Instandhaltung der L.-Räume, Nebenkosten (Heizung, Beleuchtung, Reinigung), Verzinsung des in den L.-Räumen und L.-Einrichtungen gebundenen Kapitals sowie des in den L.-Beständen gebundenen Kapitals (L.-Zins), Versicherungen des L.-Bestandes, Ansatz kalkulator. Wagnisse für Schwund, Verderb, Diebstahl, Nachfrageveränderungen; 2) am L.-Gut selbst anfallende Kosten, z. B. für Ein-, Aus- und Umlagern, für Probenentnahme zur Qualitätskontrolle, für Wiegen, Zählen, Auszeichnen; 3) Kosten der L.-Verwaltung, z. B. Personalkosten für L.-Verwalter, Büromaterial. Aufgrund dieser Kosten soll der L.-Bestand nicht größer als unbedingt erforderlich sein. Hierzu wird z. B. der **L.-Umschlag** ermittelt. Dieser ergibt sich aus dem Verhältnis zw. dem Umsatz und dem durchschnittl. Lagerbestand eines Zeitraumes (Jahr oder Monat), beide Größen werden entweder zu Einkaufs- oder zu Verkaufspreisen berechnet. Je höher die Umschlagsziffer, desto günstiger ist das Ergebnis der L.-Haltung. Mithilfe des L.-Umschlags (Umschlagshäufigkeit) kann auch die **L.-Dauer** (Umschlagsdauer), die Zeitspanne zw. dem Eintreffen eines Gutes und seiner Weiterveräußerung bzw. Weiterverwendung, berechnet werden. Die tatsächl. L.-Dauer hängt u. a. von der natürl. Lagerfähigkeit der Ware sowie den Beschaffungs- und Absatzmöglichkeiten ab. Wareneingänge und -ausgänge werden in der **L.-Kartei** festgehalten, die in der **L.-Verwaltung** (**L.-Buchhaltung**), einem Teil des betriebl. Rechnungswesens, geführt wird. Das **L.-Buch** ist ein Nebenbuch der Buchführung, in dem die vorhandenen, ein- und ausgehenden Materialien und Produkte des L. art-, mengen- und wertmäßig nachgewiesen werden. Es dient u. a. der Überwachung und Fortschreibung der einzelnen Lägerbestände (Voraussetzung für die permanente Inventur) sowie dem Nachweis des Materialverbrauchs für Zwecke der Kostenrechnung. Der L.-Bestand wird in der Bilanz zum Niederstwert bewertet. Sind im Verlauf eines Geschäftsjahres Roh-, Hilfs- oder Betriebsstoffe oder Handelswaren zu versch. hohen Preisen eingekauft worden, so gilt der Durchschnittspreis (→Bewertung). Da jeder L.-Bestand Kapital bindet und Kosten verursacht, ergibt sich für die Lagerhaltungspolitik eines Unternehmens die Notwendigkeit, den Sicherheitsbestand nicht größer als unbedingt erforderlich zu halten (→optimale Bestellmenge).

⇨ *Beschaffung · Just-in-time-Fertigung · Logistik · Materialwirtschaft*

R. WEBER: Zeitgemäße Materialwirtschaft mit L.-Haltung (³1994); H.-C. PFOHL: Logistiksysteme. Betriebswirtschaftl. Grundlagen (⁵1996); K. BICHLER: Beschaffungs- u. L.-Wirtschaft (⁷1997).

2) *Botanik:* der →Thallus.

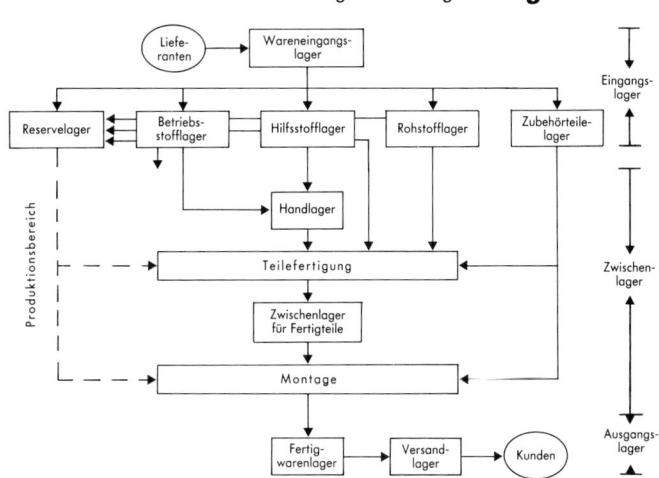

Lager 1): Verschiedene Lagerstufen in einem Industriebetrieb

Lage Lager

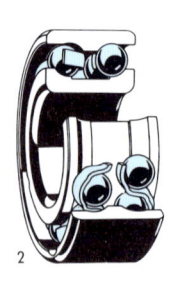

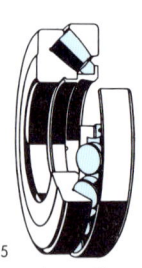

Lager 4):
1 Radialrillenkugellager;
2 Schrägkugellager;
3 Axialrillenkugellager;
4 Pendelrollenlager;
5 Axialpendelrollenlager

3) *Geologie:* in andersartige Gesteinsmassen oder -schichten eingelagerte Erz- u. a. Mineral- und Gesteinskörper, bes. von plattiger Form; auch Bez. für →Flöz.

4) *Maschinenbau:* Maschinenelement zum Tragen oder Führen relativ zueinander bewegl. Maschinenteile in Maschinen, Geräten oder Bauteilen, wobei es die auftretenden Kräfte aufnimmt und auf das Gehäuse, Bauteil oder Fundament ableitet (Drehführung). Nach der Bewegungsverhältnisse unterscheidet man Gleit-L. und Wälz-L.; beide können als **Radial-L. (Quer-L.)** mit zur Achse senkrechter Lastrichtung oder **Axial-L. (Längs-L.)** mit der Last in Achsrichtung ausgeführt werden. Während Fest-L. nur eine Drehbewegung zulassen, erlauben **Los-L.** auch eine axiale Verschiebung. Hänge-, Bock-, Wand-, Konsol-L. bezeichnen versch. Einbauformen.

Gleit-L. bestehen aus einem bewegten Teil (meist eine Welle oder ein Wellenzapfen, ›L.-Zapfen‹) und einem fest stehenden Teil (L.-Schale oder in Gehäusen L.-Buchse) beim Radial-L. oder einem mit der Welle drehenden Laufring auf einem fest stehenden L.-Ring beim Axial-L. Daneben gibt es noch zu Baueinheiten zusammengefasste Kombinationen von Axial-L. und Radiallagern.

Die Bewegung der L.-Teile gegeneinander ist gleitend, die Reibung wird durch Schmierstoffe und besondere Gestaltung herabgesetzt. Nach dem Reibungszustand lassen sich die Gleit-L. in Verschleiß-L. und verschleißlose L. einteilen. In einem **Verschleiß-L.** ruht oder bewegt sich die Welle relativ zu Lagerschale sehr langsam und die L.-Teile berühren sich ständig, dadurch tritt Trocken- oder Festkörperreibung mit hohem Verlust und hohem Verschleiß auf. Angestrebt werden daher **verschleißlose Gleit-L.**, das sind alle Gleit-L., die mit Vollschmierung bei Flüssigkeitsreibung laufen. Hierzu muss in der Schmierschicht ein so hoher Druck erzeugt werden, dass Welle und L.-Schale vollständig voneinander getrennt werden. Beim meistens verwendeten **hydrodynamischen Gleit-L.** wird der Druck von selbst durch Bildung eines Schmierstoffkeils erzeugt, in den das zugeführte Öl bei entsprechend hoher Relativgeschwindigkeit zw. den L.-Teilen so hineingezogen wird, dass sich Welle und L.-Schale durch den entstehenden Druckanstieg vollkommen voneinander trennen. Bei **hydrostatischen Gleit-L.** wird der Schmierstoff unter so hohem Druck zugeführt, dass in jedem Betriebszustand, also auch beim An- und Auslaufen, die Gleitflächen getrennt sind, d. h. nur Flüssigkeitsreibung auftritt.

Wegen der Trocken- und Mischreibung (mäßige Relativbewegung mit geringem Druckaufbau; teilweise Berührung) bei An- und Auslauf sowie der erforderl. Pumpwirkung bei hydrodynam. L. ist die Werkstoffpaarung der L.-Teile von Bedeutung. Die L.-Werkstoffe müssen gute Affinität zum Schmierstoff sowie Notlaufeigenschaften aufweisen, d. h. die Fähigkeit besitzen, auch bei Mangelschmierung das L. kurzzeitig betriebsfähig zu halten, sodass kein Fressen (Reibungsschweißen) auftritt. Feste Schmierstoffe (Graphit, Molybdändisulfid u. a.) mindern bei L. mit Mangelschmierung Reibverluste und Verschleiß. I. d. R. dienen als **L.-Werkstoffe** sowohl →Lagermetalle als auch Nichtmetalle (Kunststoffe, Gummi, Holz u. a.). Gesinterte L.-Schalenwerkstoffe können durch ihre Porosität Schmiermittel aufsaugen; solche L. bedürfen nur in langen Zeitabständen einer Nachschmierung. Bei Verwendung bestimmter Kunststoffe (z. B. Polytetrafluoräthylen) oder von Graphitzusätzen im L.-Schalenwerkstoff ist teilweise bei kleinen Belastungen und kleinen Drehzahlen eine Schmierung nicht erforderlich (**öllose L.**).

Von der normalen vollrunden Gleit-L. für radiale Belastungen mit geringer oder zu leichteren Montage mehrteiligen L.-Schalen unterscheiden sich die **Mehrflächengleit-L.** durch Aufteilung der L.-Schale in mehrere exzentrisch angeordnete Gleitflächen, die das Eintreten der Schwimmreibung begünstigen sollen. Für die Gestaltung der Radialgleit-L. sind die Art der Anordnung und die betriebl. Verhältnisse maßgebend; genormte Ausführungen sind Augen-, Steh-, Flansch- und Deckellager. – Axial-L. nehmen nur axiale Kräfte auf. Die einfachste Form ist das **Vollspur-L.**, dieses benutzt die Stirnfläche des Wellenendes zur Aufnahme der axialen Belastung. Bei größeren Kräften werden sie als **Kippsegment-L.** (Schmierkeilbildung) gebaut. **Spitzen-L. (Stein-L.)** sind bes. in der Feinwerktechnik (Uhren, Messgeräte u. a.) üblich; bei ihnen ist die Spitze des kegeligen oder kugeligen Wellenendes in einer kegeligen Vertiefung, oft in einem Edelstein, gelagert (→Lagersteine).

Wälz-L. bestehen grundsätzlich aus zwei Ringen (beim Radial-L.) oder Scheiben (beim Axial-L.), zw. denen sich auf Rollbahnen oder Laufrillen metall. Wälzkörper (gehärtete, geschliffene und polierte Kugeln, Zylinderrollen, Nadeln, Kegel- oder Tonnenrollen) befinden; diese werden i. d. R. durch Führungselemente (Käfig) an der gegenseitigen Berührung gehindert, seltener laufen sie ohne Käfig (käfiglose L.). Die L.-Last wird durch die Wälzkörper von dem einen auf das andere L.-Teil übertragen; sie beansprucht die sie übertragenden Elemente je nach L.-Bauart auf Pressung mit Punkt- oder Linienberührung. Durch ständige Be- und Entlastung im Betrieb tritt Zerstörung des L. durch Werkstoffermüdung ein. Die höchstzulässige Drehzahl von Wälz-L. ist v. a. durch die Festigkeit des Käfigs bestimmt. Vorteile der Wälz-L. sind geringe, von der Drehzahl wenig abhängige Reibung, kleines Einbauvolumen, geringer Schmierstoffbedarf, weitgehende Wartungsfreiheit, Lieferung in einbaufertigem Zustand mit großer Variationsbreite in den Bauformen. Nachteilig können sich L.-Spiel, Empfindlichkeit gegen Schmutz, Laufgeräusch, Schwingungsübertragung und Drehzahlgrenze auswirken.

Nach der Form der Wälzkörper unterteilt man Wälz-L. v. a. in Kugel-L. und Rollen-L. Die meisten **Kugel-L.** sind vorwiegend zur Aufnahme radialer Lasten geeignet. Das für alle Gebiete des Maschinen- und Fahrzeugbaus am meisten verwendete Kugel-L. ist das **Radialrillenkugel-L.**; es nimmt neben Radial- auch Axialkräfte auf, ist für höchste Drehzahlen geeignet und wird mit eingebauten Dichtungen gefertigt. Das Schulterkugel-L. ist im Aufbau dem Rillenkugel-L. ähnlich; dem Außenring fehlt eine Schulter, sodass das L. zerlegbar ist. Es ist nur bis 30 mm Bohrungsdurchmesser genormt und wird z. B. in kleinen Elektromotoren verwendet. Beim **einreihigen Schrägkugel-L.** fehlt dem Innen- und dem Außenring eine Schulter; es ist durch Laufbahngestaltung nicht nur radial, sondern auch einseitig axial hoch belastbar. Einreihige Schrägkugel-L. werden oft paarweise zum Ausgleich der einseitigen axialen Belastbarkeit eingebaut. **Zweireihige Schrägkugel-L.** (mit parallelen Reihen von Wälzkörpern) sind für axial starre Führung geeignet. Eine Sonderbauform ist das einreihige, zweiseitig wirkende Schrägkugel-L. mit geteiltem Innenring (**Vierpunkt-L.**). Das **Pendelkugel-L.** ist ein zweireihiges L.; die Laufbahn des Außenringes ist hohlkugelförmig, dadurch ist es winkeleinstellbar, unempfindlich gegen Fluchtfehler und Wellendurchbiegung. Ein Kugel-L. zur Aufnahme hoher axialer Kräfte ist das **Axialrillenkugel-L.**; es ist zur Aufnahme radialer Kräfte nicht geeignet. Zur Wälzkörperführung auch bei höheren Drehzahlen ist eine ständige axiale Mindestlast erforderlich.

Zu den wichtigsten **Rollen-L.** gehören zunächst die **Zylinderrollen-L.** Diese haben durch Linienberührung zw. Ringen und Wälzkörpern hohe radiale, jedoch nur sehr geringe axiale Belastbarkeit. Mit tonnenförmigen Wälzkörpern sind sie als einreihiges **Tonnen-L.** winkeleinstellbar. **Nadel-L.** sind dem Zylinderrollen-L. ähnlich; sie haben im Verhältnis zum Durchmesser lange Wälzkörper. **Kegelrollen-L.** haben kegelstumpfförmige Wälzkörper, die Laufbahnen sind Kegelmantelflächen. Sie sind für radiale und einseitig axiale Kräfte geeignet, sind zerlegbar und werden paarweise eingebaut. Das **Pendelrollen-L.** ist ein zweireihiges L. mit tonnenförmigen Wälzkörpern und hohlkugelförmiger Laufbahn des Außenringes für schwere Belastungen; es ist winkeleinstellbar. **Axialzylinderrollen-L.** nehmen nur Axialkräfte in einer Richtung auf. Wie beim Axialrillenkugel-L. ist eine ständige Mindestbelastung erforderlich. Beim **Axialpendelrollen-L.** sind die Wälzkörper tonnenförmig. Die Gehäusescheibe hat eine hohlkugelige Laufbahn. Durch gute Schmiegung von Wälzkörpern und Laufbahnen ist hohe axiale Belastbarkeit möglich, es nimmt als einziges Axial-L. geringe Radialkräfte auf und ist winkeleinstellbar.

Geschichte: Eiserne Zapfen und L. gab es bereits in der Antike. Im MA. überwog das Holz-L. Allerdings verwendete man im 15. Jh. mehr und mehr hölzerne Wellen, die in eisernen L.-Zapfen endeten. Um 1500 beschrieb LEONARDO DA VINCI Rollen-, Kugel- und Scheiben-L. Gut durchgebildete L. zeigten seit dem 17. Jh. die Drehbänke und seit der Mitte des 18. Jh. die großen Wasserräder und Mühlwerke. Mit dem Ausgang des 18. Jh. machte die Ausbildung metallener L. große Fortschritte. Das älteste Kugellagerpatent ist ein brit. Privileg von 1794. Doch wurden Rollen- und Kugel-L. erst seit der Wende vom 19. zum 20. Jh. in wirklich brauchbarer Form hergestellt.

Lagerbier, untergäriges Bier, bei dessen Gärung die Hefe nach unten sinkt. Die L. müssen mehrere Monate reifen, sich dabei klären und geschmacklich entwickeln.

Lagercrantz, Olof Gustav Hugo, schwed. Schriftsteller, Kritiker und Essayist, * Stockholm 10. 3. 1911; war 1940–51 Literaturredakteur beim ›Svenska Dagbladet‹, dann bei ›Dagens Nyheter‹, 1960–75 deren Chefredakteur. Er trat zunächst als Verfasser einer von traditionellen Formvorstellungen geprägten natursymbol. Lyrik hervor, die sich durch einen oft wehmütigen, auch myst. Ton auszeichnet (›Den döda ängeln‹, 1935; ›Den enda sommaren‹, 1937; ›Dikter från mossen‹, 1943). Später treten diese Stilmittel zugunsten einer eher improvisiert wirkenden, intellektuell engagierten Lyrik in den Hintergrund (›Linjer‹, 1962). Internat. bekannt wurde L. v. a. durch seine Studien zu A. STRINDBERG, E. E. KARLFELDT, AGNES VON KRUSENSTJERNA, DANTE, J. JOYCE und NELLY SACHS.

Weitere Werke: Prosa: Ett år på sextiotalet (1990); Att läsa Proust (1992; dt. Marcel Proust oder vom Glück des Lesens). – *Lyrik:* En blödande ros (1991). – *Essay:* Jag bor i en annan värld men du bor i samma. Gunnar Ekelöf (1994). – *Studien:* Den pågående skapelsen (1966; dt. Versuch über die Lyrik der Nelly Sachs); Strindberg (1979; dt.); Färd med mörkrets hjärta (1987; dt. Reise ins Herz der Finsternis). – *Autobiographie:* Min första krets (1982; dt. Mein erster Kreis).

Lage|rente, Form der →Grundrente.

Lagerfäule, Bez. für von Mikroorganismen an gelagerten pflanzl. Produkten, bes. an Knollen und Früchten sowie Gemüse, verursachte Nass- oder Trockenfäulen. (→Fruchtfäule)

Lagerfeld, Karl Otto, Modeschöpfer und Unternehmer, * Hamburg 10. 9. 1938; arbeitete 1955–63 als Modellist bei P. BALMAIN, später künstler. Direktor im Salon ›Jean Patou‹, seit 1963 freier Designer. 1965 begann er für den Salon ›Fendi‹ Pelzkollektionen zu entwerfen und war 1963–83 und erneut seit 1993 verantwortlicher Prêt-à-porter-Designer der Modefirma

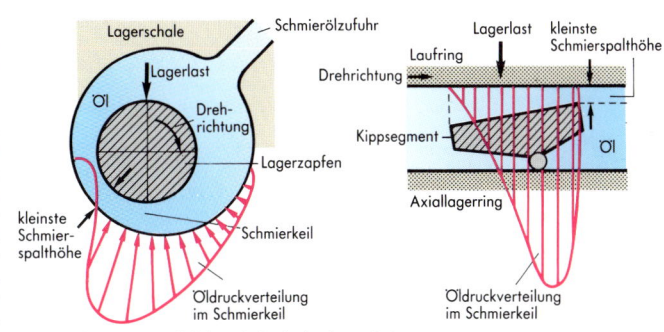

Lager 4): Schmierkeilbildung beim hydrodynamischen Radialgleitlager (links) und beim hydrodynamischen Axialgleitlager (rechts)

›Chloé‹ in Paris. 1974 gründete er die dt. Firma ›K.-L.-Impression‹, 1979–81 war er als Prof. an der Hochschule für angewandte Kunst in Wien tätig, seit 1983 Designer für die Haute-Couture-Kollektion und seit 1984 für das Prêt-à-porter des Hauses ›Chanel‹. 1983 richtete er ›K. L.‹-Studios in New York und Paris ein. 1987–95 arbeitete er mit der dt. Modefirma ›Klaus Steilmann‹ zusammen. L. kreiert einen ideenreichen, jugendlich-frischen Modestil. Es gelang ihm, durch fantasievolle Variationen von Traditionellem den Chanel-Stil neu zu beleben. L., der ein Kunststudium absolvierte, entwarf auch Kostüme für Filme und Opern, trat als Modezeichner und Fotograf (Fotoband ›K. L., off the record‹, 1994) hervor, ist u. a. erfolgreich mit seinen Kreationen mod. Accessoires und Parfüms sowie von Möbeln und Porzellangeschirr.

Lagergeschäft, ein Rechtsgeschäft, das der gewerbsmäßigen Lagerung und Aufbewahrung von fremden Gütern durch einen Lagerhalter dient (§§ 416 ff. HGB, ergänzend gelten die §§ 688–699 BGB über die Verwahrung; von großer prakt. Bedeutung sind die in allgemeinen Geschäftsbedingungen, z. B. den Allgemeinen Dt. Spediteurbedingungen, Abk. ADSp, enthaltenen Regelungen). Als Gegenleistung ist das **Lagergeld** zu entrichten. Das L. wird in Verbindung mit einem Speditions- oder Transportunternehmen oder durch eine selbstständige Lagerhausgesellschaft betrieben.

Der Lagerhalter ist stets Kaufmann im Sinne des HGB. Er haftet für Verlust und Beschädigung des eingelagerten Gutes, kann sich aber durch den Nachweis der Sorgfalt eines ordentl. Kaufmanns befreien. Zur Sicherung der Lagerkosten hat er ein gesetzl. Pfandrecht am Lagergut.

Jedes Gut muss grundsätzlich getrennt von den Gütern anderer Einlagerer gehalten werden (Sonderlagerung). Vermischung der Güter versch. Einlagerer, Sammellagerung, z. B. Getreide, setzt ausdrückl. Erlaubnis aller Beteiligten und Lagergut gleicher Art und Güte voraus. Dann entsteht Miteigentum der Einlagerer am ganzen Sammellagerbestand im Verhältnis der eingelagerten Teilmengen. Einlagerung dergestalt, dass das Eigentum auf den Lagerhalter übergeht und er nur gleichartiges Gut zurückzugeben braucht (Summenlagerung, § 419 Abs. 3 HGB), ist zwar möglich, unterliegt aber anderen Regeln. Der Lagerhalter kann über die eingelagerte Ware einen **Lagerschein** ausstellen. Hierbei handelt es sich um eine Urkunde, die den Lagerhalter verpflichtet, das eingelagerte Gut gegen Aushändigung des Scheines herauszugeben. Der Lagerschein ist ein Wertpapier; ist er in Form eines Orderlagerscheins (also durch →Indossament übertragbar) ausgestellt, bedarf dies staatl. Ermächtigung (VO über die Orderlagerscheine vom 16. 12. 1931). Der Lagerhalter hat dem Einlager die Besichtigung des Gutes während der übl. Geschäftszeiten jederzeit zu gestatten. Der Einlagerer kann das Lagergut jederzeit zurücknehmen. Eine Kündigung des Lagerhalters ist bei unbestimmter Lagerzeit frühestens nach drei Monaten und einer Frist von einem Monat zulässig.

In *Österreich* gilt Entsprechendes; in der *Schweiz* sind die Art. 482ff. OR mit im Wesentlichen gleichen Vorschriften anwendbar.

Lagerhaltungsmodelle, Teilgebiet des Operations-Research. Mithilfe von L. können für Dienstleistungs-, Handels- und Produktionsbetriebe diejenigen Bestell- bzw. Produktionsrhythmen ermittelt werden, die zu kostenminimalen Lagerbeständen führen. Dazu sind mathemat. Funktionen zu entwickeln, in denen der zeitl. Nachfrageverlauf, die Auffüllgeschwindigkeit für das betreffende Gut, die Kosten für im Lager gebundenes Kapital und die Bestell- oder Rüstkosten miteinander verknüpft sind. In einfachen Fällen mit stetigem Nachfrageverlauf ergibt sich die Andler-Formel zur Berechnung der →optimalen Bestellmenge als Lösung; in Fällen mit diskreten Nachfrageimpulsen kann für die Lösungsfindung u. a. die lineare Programmierung (→mathematische Programmierung) eingesetzt werden. Vielfach werden L. mit Methoden der markowschen Entscheidungsprozesse behandelt. In komplexen Produktionsprozessen muss bei Entscheidungen über optimale Bestände in Lagern für Vor-, Zwischen- und Fertigprodukte i. d. R. zugleich über Reihenfolgen der Auftragsabwicklung entschieden werden. In solchen, auch der Logistik zuzurechnenden Problemstellungen kommen Simulationsmethoden für die Lösungsfindung zum Einsatz.

MANFRED MEYER u. K. HANSEN: Planungsverfahren des Operations-Research (⁴1996).

Lagerkvist, Pär Fabian, schwed. Schriftsteller, *Växjö 23. 5. 1891, †Lidingö 11. 7. 1974. L.s Kindheit und Jugend waren vom ländl. Charakter seiner Heimat und dem strenggläubigen Elternhaus geprägt. Der unter dem Eindruck des Darwinismus vollzogene Bruch mit dieser Welt stellt den Beginn seines zw. Illusionslosigkeit, humanistischen Engagement und Glaubenssuche angesiedelten literar. Schaffens dar. 1911/12 studierte L. Philosophie in Uppsala, 1913 Kunst in Paris. Während dieser Zeit war L. Mitarbeiter sozialist. Blätter wie ›Fram‹ und ›Sturmklocken‹. 1913 entwickelte er, v. a. beeinflusst durch die kunsttheoret. Schriften G. APOLLINAIRES und der Malerei des Kubismus, in ›Ordkonst och bildkonst‹ ein gegen zeitgenössische literar. Entwicklungen gerichtetes, antinaturalist. und antipsycholog. Programm der Vereinfachung und Konzentration, das Eingang fand in die Gedichtsammlung ›Motiv‹ (1914). Die Katastrophenstimmung des Ersten Weltkrieges bestimmte wesentlich sein lyr. und erzähler. Frühwerk und dessen expressionist. Bildhaftigkeit (›Ångest‹, 1916; ›Kaos‹, 1919). Von 1930 an lebte L. zurückgezogen auf der Insel Lidingö; mit Nachdruck trat er angesichts der heraufziehenden polit. Gefahren und bes. der faschist. Bedrohung Europas mit Erzählungen (›Bödeln‹, 1933; dt. ›Der Henker‹) und Dramen (›Mannen utan själ‹, 1936) für humanist. Ideale ein. Trotz versch. Strömungen und Einflüsse durchzieht L.s Werk eine immer wieder aufgenommene Suche nach religiöser Gewissheit. Bes. sein Alterswerk mit dem Roman ›Barabbas‹ (1950; dt.), für den L., seit 1940 Mitgl. der Schwed. Akad., 1951 den Nobelpreis für Literatur erhielt, ist hiervon geprägt.

Weitere Werke: *Romane:* Dvärgen (1944; dt. Der Zwerg); Sibyllan (1956; dt. Die Sibylle); Ahasverus (1960; dt. Der Tod Ahasvers); Mariamne (1967; dt.); Onda sagor (hg. 1992; dt. Schlimme Geschichten).

Ausgaben: Prosa, 5 Bde. (1949–65); Dikter (Neuausg. 1954); Dramatik, 3 Bde. (1956).

U. WILLERS: P. L.s bibliografi på sextio årsdagen 23 maj 1951 (Stockholm 1951); O. OBERHOLZER: P. L. (1958); A. RYBERG: P. L. in translation. A bibliography (Stockholm 1964); A. CIENKOWSKA-SCHMIDT: Sehnsucht nach dem Hl. Land. Eine Studie zu P. L.s später Prosa (1985); I. SCHÖIER: P. L. In biografi (Stockholm 1987); R. SCHÖNSTRÖM: Dikten som besvärjelse. Begärets dialektik i P. L.s författarskap (ebd. 1987).

Lagerlöf, Selma Ottiliana Lovisa, schwedische Schriftstellerin, *Gut Mårbacka (Verw.-Bez. Värmland) 20. 11. 1858, †ebd. 16. 3. 1940; Tochter eines Gutsbesitzers, war 1892–95 Lehrerin in Landskrona, reiste 1895/96 nach Italien, 1899/1900 durch Palästina. L. lebte als freie Schriftstellerin 1897 zunächst in Falun, ab 1909 wieder auf Mårbacka. 1909 erhielt sie den Nobelpreis für Literatur, 1914 wurde sie als erste Frau in die Schwed. Akad. aufgenommen. L. ist eine der Hauptvertreterinnen der schwed. Neuromantik, der sie mit ihrem Roman ›Gösta Berlings saga‹ (1891; dt. ›Gösta Berling‹) auf dem Gebiet der Prosa zum Durchbruch verhalf. Ein subjektiver, lyr. Erzählstil, der gleichzeitig die fiktiven Figuren mit fast tiefenpsycholog. Schärfe ausleuchtete, die Vermischung realist. und fantast. Elemente sowie eine der schwed. Provinz, oft ihrer värmländ. Heimat, entnommene Thematik sind kennzeichnend für ihre Werke (›En herrgårdssägen‹, 1899, dt. ›Eine Herrenhofsage‹; ›Herr Arnes penningar‹, 1904, dt. ›Herrn Arnes Schatz‹; ›Kristuslegender‹, 1904, dt. ›Christuslegenden‹; ›Körkarlen‹, 1912, dt. ›Der Fuhrmann des Todes‹). Wichtig ist auch der Einfluss der altnord. Sagaliteratur, wie er bes. in dem durch die Frage nach Schuld und Verantwortung (Thema vieler Werke L.s) geprägten Romanwerk ›Jerusalem‹ (1901–02, 2 Bde.; dt.) deutlich wird. Mit dem Kinderbuch ›Nils Holgerssons underbara resa genom Sverige‹ (1906–07, 2 Bde.; dt. ›Wunderbare Reise des kleinen Nils Holgersson mit den Wildgänsen‹), urspr. eine Auftragsarbeit und als Lesebuch für den Schulunterricht bestimmt, gibt L. in fantast. Form einen umfassenden Überblick über Geographie, Wirtschaftsleben, Flora und Fauna Schwedens zu Anfang des 20. Jh. Nach einer durch den Ersten Weltkrieg bedingten Schaffenskrise schrieb sie in den 20er-Jahren neben Erinnerungen den unvollendet gebliebenen ›Löwenskölzyklus‹ (›Löwenskölda ringen‹, 1925, dt. ›Der Ring der Generals‹; ›Charlotte Löwensköld‹, 1925, dt.; ›Anna Svärd‹, 1928, dt. ›Anna, das Mädchen aus Dalarne‹), in dem L.s ethisch-religiöses Weltbild erneut zum Ausdruck gebracht und stilistisch zu einem Höhepunkt ihres Spätwerkes geführt wird.

Ausgaben: Skrifter, 12 Bde. (Neuausg. 1959–60). – Ges. Werke, 12 Bde. (1928).

W. A. BERENDSOHN: S. L. (1927); E. LAGERROTH: Landskap och natur i Gösta Berlings saga och Nils Holgersson (Stockholm 1958); DERS.: S. L. och Bohuslän (Lund 1963); U.-B. LAGERROTH: Körkarlen och Bannlyst. Motiv- och idéstudier i S. L.s 10-talsdiktning (Stockholm 1963); B. HOLM: S. L. och ursprungets roman (ebd. 1984); S. SCHWEITZER u. a.: S. L. Eine Biliogr. (1990); H. WIVEL: Snedronningen. En bok om S. L.s kærlighed (Kopenhagen ²1990).

Lagermetalle, Metalle und Legierungen für Lauf- und Gleitflächen in →Lagern. Sie sollen gute Gleit- und Notlaufeigenschaften, hohe Verschleißfestigkeit, geringe Deformation bei hohen Belastungen und gute Haftfähigkeit für das Schmiermittel aufweisen. Bei Wälzlagern bevorzugt man mit Chrom, Mangan und Molybdän legierte Stähle, für Gleitlager Blei-, Zinn-, Aluminium- und Kupferlegierungen sowie Sintermetalle.

Lägern, östlichster Ausläufer des Kettenjura, zw. Baden, Kt. Aargau und Dielsdorf, Kt. Zürich, Schweiz, im Burghorn 859 m ü. M. Die L. gilt in tekton. Hinsicht als klass. Gebiet der Jurageologie. Über 200 Jahre bis Mitte des 20. Jh. Gipsabbau.

Lagerpflanzen, die →Thallophyten.

Lagerschalen, *Maschinenbau:* fest stehender Teil eines radial belasteten Gleitlagers. Die L. von Einstofflagern (Volllager) bestehen aus nur einem Lagerwerkstoff (z. B. Gusseisen mit Lamellengraphit, Rotguss, Bronze, Aluminiumlegierungen, Sintereisen oder Kunststoff). Verbundlager (Mehrstofflager) bestehen aus einer Stützschale, mit der das Lagermetall in dünner Schicht möglichst unlösbar verbunden ist (z. B. Stützschale aus Stahl, Zwischenschicht zur Erhöhung der Bindung aus Zinn, Ausgussschicht aus Lagermetall).

Lagerschein, →Lagergeschäft.

Lagerspiel, Differenz zw. (größerem) Bohrungsdurchmesser und (kleinerem) Zapfendurchmesser eines Lagers. Das L. hat maßgebl. Einfluss auf die Bildung eines tragenden Schmierfilms und das Auftreten von reiner Flüssigkeitsreibung im Gleitlager (→Lager). Man unterscheidet **Kaltspiel** (bei Raumtemperatur) und **Warmspiel** (im Betrieb).

Lagerstätten, alle nutzbaren Anreicherungen natürl. Mineral- (v. a. Erze), Kohle-, Erdöl- und Erdgasvorkommen in der Erdkruste. Die Nutzbarkeit hängt nicht nur von der Konzentration der betreffenden Stoffe, sondern auch von wirtschaftl. und techn. Faktoren ab. Die wichtigsten Anreicherungsvorgänge sind Trennung von Mineralgemischen im Zuge der Abtragung (→Seifen), chem. Abtrennung beim Auskristallisieren aus Schmelzen, heißen Lösungen oder Dämpfen, Absinken von spezifisch schweren Frühabscheidungen in Gesteinsschmelzen (→Erzlagerstätten, →Differenziation, örtlich günstige Wachstums- und Einbettungsbedingungen der später in Kohle umgewandelten Pflanzen, Wanderung von Erdöl und Erdgas in geeignete Speichergesteine. L. können gleichzeitig (syngenetisch) mit dem umgebenden Gestein oder später (epigenetisch) entstanden sein.

Recht: Nach dem L.-Gesetz vom 4. 12. 1934, das in Dtl. fortgilt, ist der Bundeswirtschafts-Min. mit der Durchforschung des Bundesgebiets nach nutzbaren Mineral-L. beauftragt und ermächtigt, mit der Untersuchung sowie der Sammlung und Bearbeitung ihrer Ergebnisse die geolog. Anstalten der Länder zu beauftragen. Das Gesetz erlaubt die Inanspruchnahme von Grundstücken; es lässt die Bestimmungen des Bergrechts unberührt.

Lagerstättenkunde, Teilgebiet der angewandten Geologie, die Lehre von den Lagerstätten, ihrer Entstehung, Lagerung und Auffindung. Die L. erforscht in ihren versch. Fachrichtungen Erzlagerstätten, Lagerstätten von Industriemineralen (Graphit, Talk, Magnesit, Feldspat, Quarz und Quarzit, Kaolin, Glimmer, Asbest, Gips, Schwerspat, Flussspat, Diamant, Salpeter und Borate u. a.), Lagerstätten der Steine und Erden (Ton, Bentonit, Kieselgur, Trass, Perlit, Kalkstein und Dolomit, Schleifmittel, Farberden, Phosphate u. a.), Salzlagerstätten (Stein- und Kalisalze) sowie Kohle- und Erdöllagerstätten (mit Erdgas und Erdwachs). Sie bedient sich geolog., geophysikal., bergmänn., geochem., mineralog. und paläontolog. Methoden zur Erkundung (Prospektieren) und Erschließung (Explorieren) der Lagerstätten. Erstes Ziel ist die Vorratsberechnung, der eine sorgfältige Probenentnahme (Schürfgräben, Bohrungen, Versuchsstollen) vorausgeht.

Lagersteine, verschleißfeste →Lager aus Korund, Rubin oder Saphir in Uhren und Messgeräten.

Lagertechnik, *Logistik:* 1) Bereich, der sich mit den techn., wirtschaftl. und organisator. Problemen der Aufbewahrung von Gütern aller Art (Rohstoffe, Halbzeuge, Fertigprodukte u. a.) befasst. 2) Gesamtheit aller techn. Anlagen eines Lagersystems, die dazu dienen, die versch. Arbeitsabläufe innerhalb eines Lagers so zu gestalten, dass der zeitl. und räuml. Ablauf für die Lagerhaltung und Bereitstellung der Güter mit möglichst geringem Kostenaufwand gewährleistet ist. Die L. umfasst bes. die Lagerbauweise, die durch die Anforderungen des Lagergutes sowie durch die eventuell eingesetzten Fördermittel bestimmt wird (Flachlager, Blocklager, Hochregallager, Bunker, Silo u. a.), und die Lagermittel (Lagerregale und Bodenflächen, ggf. gemeinsam mit den Fördermitteln in einem dynam. Lager).

Lagerung, 1) *Geologie:* die Form der Einordnung eines geolog. Körpers (Schichten, Gänge u. a.) in den Gesteinsverband; sie kann **söhlig** (mit flach liegenden Schichtgrenzen), **geneigt** oder **saiger** (seiger; senkrecht), **konkordant** (mit untereinander parallelen Schichtgrenzen) oder **diskordant übergreifend** (über geneigte Schichtgrenzen im Untergrund greift eine flach liegende, obere Schichtfolge unvermittelt hinweg), **invers** (ältere Schichten auf jüngeren) **ungestört** oder **gestört** (d. h. aus dem ursprüngl. Schichtverband gerissen, v. a. durch tekton. Vorgänge, aber auch durch Massenbewegungen unter Schwerkrafteinfluss) sein. Magmat. Gesteine zeigen vielfach stock-, gang-, kuppen- oder deckenartige Lagerung. (→Streichen und Fallen)

2) *Maschinenbau:* die Lagefixierung von Maschinen oder Maschinenteilen; sie kann starr oder elastisch erfolgen. Elast. L. (z. B. durch Gummielemente) verhindert die Übertragung von Schwingungen. Rotierende Bauteile (z. B. Wellen) werden in Gleit- oder Wälzlagern fixiert (→Lager).

Lagerungsdrainage [-drɛnaːʒə], Verfahren der →Drainage, das v. a. der Entfernung (Abhusten, Absaugen) von übermäßigem Lungen- und Bronchialsekret dient; dazu liegt der Patient je nach den zu entleerenden Abschnitten auf der Brustkorbseite oder dem Bauch; unterstützend wirken Klopfmassagen und die Anwendung von Sekretolytika.

Lagerverkehr, Begriff in der →Außenhandelsstatistik.

Lagerzyklus, Bez. für period. Schwankungen in der Haltung von Vorräten, durch die Konjunkturschwankungen mitverursacht werden. (→Konjunktur)

Laghi, Pio, ital. kath. Theologe, *Castiglione (Prov. Forlì) 21. 5. 1922; wurde 1946 zum Priester, 1969 zum Bischof geweiht (Titularerzbischof von Mauriana); war ab 1952 in verschiedenen Funktionen im päpstl. diplomat. Dienst tätig, u. a. in Indien, Jerusalem und Palästina, Argentinien und in den USA; wurde 1990 Propräfekt und nach seiner Ernennung zum Kardinal (1991) Präfekt der Kurienkongregation für das Bildungswesen.

Laghouat [la'gwat; arab. ›der Garten‹], **Laguat,** Oasenstadt in Mittelalgerien, am S-Abfall des Saharaatlas, 752 m ü. M., 71 800 Ew.; Verw.-, Markt- und Handelszentrum mit Kunsthandwerk (Teppiche, Decken, Metallarbeiten) und Metallindustrie; Fremdenverkehr; Flugplatz; Straßenknotenpunkt an der Transsaharastraße Algier–Hoggar–Sudan, an den Erdöl- und Erdgas-Pipelines Hassi R'Mel–Arzew. Die Flussoase (etwa 1 000 ha Bewässerungsland) ist durch Flugsand bedroht. – Der berber. Ort weist eine bedeutende jüd. Kolonie auf. – L. wurde im 11. Jh. von den Beni Hilal gegründet, hatte eine Blütezeit im 17. Jh., und war 1852–1962 von den Franzosen besetzt.

Hinweise für den Benutzer

Ausführliche Hinweise für den Benutzer finden sich am Ende des ersten Bandes.

Reihenfolge der Stichwörter

Die Stichwörter sind in alphabetischer Reihenfolge angeordnet, sie stehen am Anfang eines Artikels. Alphabetisiert werden alle fett gedruckten Buchstaben des Hauptstichworts, auch wenn es aus mehreren Wörtern besteht. Umlaute (ä, ö, ü) werden wie einfache Vokale eingeordnet, z. B. folgen aufeinander: **Bruck, Brück, Bruck an der Leitha, Brücke;** ß steht vor ss, also **Reuß, Reuss.** Buchstaben mit diakritischen Zeichen (z. B. mit einem Akzent) werden behandelt wie die Buchstaben ohne dieses Zeichen, z. B. folgen aufeinander: **Acinetobacter, Ačinsk, Acinus.** Unterscheiden sich mehrere Stichwörter nur durch ein diakritisches Zeichen oder durch einen Umlaut, so wird das Stichwort mit Zusatzzeichen nachgestellt; so folgen z. B. aufeinander: **Abbe, Abbé.** Unterscheiden sich mehrere Stichwörter nur durch Groß- und Kleinschreibung, so steht das kleingeschriebene Stichwort voran.

Gleich lautende Hauptstichwörter werden in der Reihenfolge: Sachstichwörter, geographische Namen, Personennamen angeordnet.

Gleich lautende geographische Namen mit und ohne Namenszusatz werden zu einem Artikel ›Name von geographischen Objekten‹ zusammengefasst.

Gleich lautende **Personennamen** erscheinen in dieser Reihenfolge: biblische Personen, Herrscher, Päpste, Vornamen (mit Zusatz), Nachnamen.

Herrschernamen werden alphabetisch nach Territorien angeordnet, das Heilige Römische Reich und das Deutsche Reich werden vorangestellt. Innerhalb der Territorien erscheinen die Herrscherbiographien in chronologischer Reihenfolge. Vornamen mit Zusatz (z. B. Adam von Bremen) werden unter dem Vornamen eingeordnet, der abgekürzte Vorname wird zusammen mit dem Zusatz nachgestellt, z. B.: **Adam, A. von Bremen.** Vornamen mit Zusatz werden nach den Zusätzen alphabetisch angeordnet, so folgen z. B. aufeinander: **Adam, A. de la Halle; Adam, A. von Bremen; Adam, A. von Fulda.**

Angaben zur Betonung und Aussprache

Fremdwörtliche und fremdsprachliche Stichwörter erhalten als Betonungshilfe einen Punkt (Kürze) oder einen Strich (Länge) unter dem betonten Laut. Weiterhin wird bei Personennamen sowie bei geographischen Namen die Betonung angegeben.

Die getrennte Aussprache von üblicherweise zusammen gesprochenen Lauten wird durch einen senkrechten Strich angezeigt, z. B. **Ais|chylos, Li̇li|e.**

Weicht die Aussprache eines Stichwortes von der deutschen ab, so wird in der dem Stichwort folgenden eckigen Klammer die korrekte Aussprache in phonetischer Umschrift angegeben. Diese folgt dem Internationalen Lautschriftsystem der Association Phonétique Internationale. Die verwendeten Zeichen bedeuten:

a = helles a, dt. Blatt, frz. patte
ɑ = dunkles a, dt. war, engl. rather
ã = nasales a, frz. grand
ʌ = dumpfes a, engl. but
β = halboffener Reibelaut b, span. Habanera
ç = Ich-Laut, dt. mich
ć = sj-Laut (stimmlos), poln. Sienkiewicz
ð = stimmhaftes engl. th, engl. the
æ = breites ä, dt. Äther
ɛ = offenes e, dt. fett
e = geschlossenes e, engl. egg, dt. Beet
ə = dumpfes e, dt. alle
ɛ̃ = nasales e, frz. fin
ɣ = geriebenes g, span. Tarragona, niederländ. Gogh
i = geschlossenes i, dt. Wiese
ɪ = offenes i, dt. bitte
ĩ = nasales i, port. Infante
ʎ = lj, span. Sevilla
ŋ = ng-Laut, dt. Hang
ɲ = nj-Laut, Champagner
ɔ = offenes o, dt. Kopf
o = geschlossenes o, dt. Tor
õ = nasales o, frz. bon
ø = geschlossenes ö, dt. Höhle
œ = offenes ö, dt. Hölle
œ̃ = nasales ö, frz. parfum
s = stimmloses s, dt. was
z = stimmhaftes s, dt. singen
ź = zj-Laut (stimmhaft), poln. Zielona Gora
ʃ = stimmloses sch, dt. Schuh
ʒ = stimmhaftes sch, Garage
θ = stimmloses th, engl. thing
u = geschlossenes u, dt. Kuh
ʊ = offenes u, dt. bunt
ũ = nasales u, port. Atum
v = stimmhaftes w, dt. Wald
w = halbvokalisches w, engl. well
x = Ach-Laut, dt. Krach
y = geschlossenes ü, dt. Mütze
ɣ = konsonantisches y, frz. Suisse
: = bezeichnet Länge des vorhergehenden Vokals
' = bezeichnet Betonung und steht vor der betonten Silbe, z. B. 'ætlɪ = Attlee
˘ = unter Vokalen, gibt an, dass der Vokal unsilbisch ist

b d f g h j k l m n p r t geben in den meisten Sprachen etwa den Lautwert wieder, den sie im Deutschen haben. Im Englischen wird ›r‹ weder wie ein deutsches Zäpfchen-r noch wie ein gerolltes Zungenspitzen-r gesprochen, sondern mit der Zungenspitze an den oberen Vorderzähnen oder am Gaumen gebildet.

Abkürzungen

Außer den im Abkürzungsverzeichnis aufgeführten Abkürzungen werden die Adjektivendungen ...lich und ...isch abgekürzt sowie allgemein gebräuchliche Einheiten mit bekannten Einheitenzeichen (wie km für Kilometer, s für Sekunde).

Das Hauptstichwort wird im Text des jeweiligen Artikels mit seinem Anfangsbuchstaben wiedergegeben. Bei Stichwörtern, die aus mehreren Wörtern bestehen, wird jedes Wort mit dem jeweils ersten Buchstaben abgekürzt. Dies gilt auch für Stichwörter, die mit Bindestrich gekoppelt sind.

Alle Abkürzungen und Anfangsbuchstaben der Hauptstichwörter gelten auch für flektierte Formen (z. B. auch für Pluralformen) des abgekürzten Wortes. Bei abgekürzten Hauptstichwörtern, die aus Personennamen oder Namen von geographischen Objekten bestehen, wird die Genitivendung nach dem Abkürzungspunkt wiedergegeben.

Benennung und Abkürzung der biblischen Bücher können der Übersicht ›Bücher der Bibel‹ beim Stichwort ›Bibel‹ entnommen werden.

Abg.	Abgeordnete(r)
ABGB	Allgemeines Bürgerliches Gesetzbuch (Österreich)
Abh(h).	Abhandlung(en)
Abk.	Abkürzung
Abs.	Absatz
Abt(t).	Abteilung(en)
a. d.	aus dem
AG	Aktiengesellschaft
ags.	angelsächsisch
ahd.	althochdeutsch
Akad.	Akademie
Ala.	Alabama
Alas.	Alaska
allg.	allgemein
Anh.	Anhang
Anm(m).	Anmerkung(en)
Anth.	Anthologie
AO	Abgabenordnung
Ariz.	Arizona
Ark.	Arkansas
Art.	Artikel
ASSR	Autonome Sozialistische Sowjetrepublik
A. T.	Altes Testament
Aufl(l).	Auflage(n)
ausgew.	ausgewählt
Ausg(g).	Ausgabe(n)
Ausst.	Ausstellung
Ausw.	Auswahl
autobiogr.	autobiographisch
...b.	...buch
Bad.-Württ.	Baden-Württemberg
Bbg.	Brandenburg
Bd., Bde.	Band, Bände
bearb.	bearbeitet
begr.	begründet
Beitr(r).	Beitrag/Beiträge
ber.	berechnet
bes.	besonders
Bev.	Bevölkerung
Bez.	Bezeichnung; Bezirk
BGB	Bürgerliches Gesetzbuch
BGH	Bundesgerichtshof
bibliogr.	bibliographisch
Bibliogr(r).	Bibliographie(n)
Biogr.	Biographie
BRD	Bundesrepublik Deutschland
Bull.	Bulletin
BWV	Bach-Werke-Verzeichnis
bzw.	beziehungsweise
Calif.	Kalifornien
chin.	chinesisch
Colo.	Colorado
Conn.	Connecticut
ČR	Tschechische Republik
ČSFR	Tschechoslowakei (1990–1992)
ČSSR	Tschechoslowakei (bis 1990)
Cty.	County
D	Deutsch-Verzeichnis
d. Ä.	der (die) Ältere
dargest.	dargestellt
Darst.	Darstellung
D. C.	District of Columbia
DDR	Deutsche Demokratische Republik
Del.	Delaware
Dep.	Departamento
Dép.	Département
ders.	derselbe
dgl.	dergleichen, desgleichen
d. Gr.	der (die) Große
d. h.	das heißt
d. i.	das ist
dies.	dieselbe(n)
Diss.	Dissertation
Distr.	Distrikt
d. J.	der (die) Jüngere
DM	Deutsche Mark
Dr(n).	Drama/Dramen
dt.	deutsch
Dtl.	Deutschland
EA	Erstausgabe
ebd.	ebenda
EG	Europäische Gemeinschaft
ehem.	ehemalig; ehemals
eigtl.	eigentlich
Einf.	Einführung
Einl.	Einleitung
entst.	entstanden
Enzykl.	Enzyklopädie
Erg(g).	Ergänzung(en)
Erl(l).	Erläuterung(en)
ersch.	erschienen
erw.	erweitert
Erz(n).	Erzählung(en)
Es(s).	Essay(s)
EStG	Einkommensteuergesetz
EU	Europäische Union
europ.	europäisch
ev.	evangelisch
e. V.	eingetragener Verein
Ew.	Einwohner
f., ff.	folgende..., folgende
Fasz.	Faszikel
Festschr.	Festschrift
FH	Fachhochschule
Fla.	Florida
fortgef.	fortgeführt
fortges.	fortgesetzt
Forts.	Fortsetzung
frz.	französisch
Ga.	Georgia
geb.	geborene(r)
Ged(e).	Gedicht(e)
gedr.	gedruckt
gegr.	gegründet
Gem.	Gemeinde
gen.	genannt
Gen.-Gouv.	Generalgouverneur; Generalgouvernement
Gen.-Sekr.	Generalsekretär
ges.	gesammelt
Ges.	Gesetz
...gesch.	...geschichte
Gesch.	Geschichte
Gew.-%	Gewichtsprozent
GG	Grundgesetz
ggf.	gegebenenfalls
Ggs.	Gegensatz
gleichbed.	gleichbedeutend
GmbH	Gesellschaft mit beschränkter Haftung
Gouv.	Gouverneur; Gouvernement
Gramm.	Grammatik
Grundl.	Grundlage
Grundr.	Grundriß (bei Buchtitel)
...h.	...heft
H.	Heft
Ha.	Hawaii
Habil.	Habilitationsschrift
Hb.	Handbuch
hebr.	hebräisch
Hg.	Herausgeber(in)
HGB	Handelsgesetzbuch
hg. v.	herausgegeben von
hl., Hl.	heilig; Heilige(r)
Hob.	Hoboken-Verzeichnis
Hörsp(e).	Hörspiel(e)
Hs(s).	Handschrift(en)
Hwb.	Handwörterbuch
Ia.	Iowa
i. Allg.	im Allgemeinen
Id.	Idaho
i. d. F. v.	in der Fassung von
idg.	indogermanisch
i. d. R.	in der Regel
i. e. S.	im engeren Sinn
Ill.	Illinois
Ind.	Indiana; Industrie
Inst.	Institut
internat.	international
ital.	italienisch
i. w. S.	im weiteren Sinn
jap.	japanisch
Jb.	Jahrbuch
Jg.	Jahrgang
Jh.	Jahrhundert
jr.	junior
Jt.	Jahrtausend
Kans.	Kansas
Kap.	Kapitel
Kat.	Katalog
kath.	katholisch
Kfz	Kraftfahrzeug
KG	Kommanditgesellschaft
Kl.	Klasse
Komm.	Kommentar
Kom(n).	Komödie(n)
Kr.	Kreis
Krst.	Kreisstadt
Kt.	Kanton
KV	Köchelverzeichnis
Kw.	Kunstwort; Kurzwort
Ky.	Kentucky
La.	Louisiana
lat.	lateinisch
Lb.	Lehrbuch
Leitf.	Leitfaden
Lex.	Lexikon
Lfg(g).	Lieferung(en)
LG	Landgericht
Lit.	Literatur
Losebl.	Loseblattausgabe, -sammlung
Lw.	Lehnwort
MA.	Mittelalter
magy.	magyarisch
Masch.	Maschinenschrift
Mass.	Massachusetts
max.	maximal
Md.	Maryland
MdB	Mitglied des Bundestags
MdEP	Mitglied des Europäischen Parlaments
MdL	Mitglied des Landtags
MdR	Mitglied des Reichstags
Me.	Maine
Meckl.-Vorp.	Mecklenburg-Vorpommern
Metrop. Area	Metropolitan Area
Metrop. Cty.	Metropolitan County
MGG	Die Musik in Geschichte und Gegenwart, hg. v. F. Blume
mhd.	mittelhochdeutsch
Mich.	Michigan
min.	minimal
Min.	Minister
Minn.	Minnesota
Min.-Präs.	Ministerpräsident
Mio.	Million(en)
Miss.	Mississippi
Mitarb.	Mitarbeit
Mitgl.	Mitglied
Mitt.	Mitteilung
mlat.	mittellateinisch
mnd.	mittelniederdeutsch
m. n. e.	mehr nicht erschienen
Mo.	Missouri
Mont.	Montana
Mrd.	Milliarde(n)
Mschr.	Monatsschrift
Ms(s).	Manuskript(e)
N	Nord(en)

Nachdr. .... Nachdruck	Pseud. .... Pseudonym	u. d. T. .... unter dem Titel
Nachr(r). .... Nachricht(en)	R. .... Reihe	u. M. .... unter dem Meeresspiegel
nat. .... national	R(e). .... Roman(e)	
natsoz. .... nationalsozialistisch	rd. .... rund	ü. M. .... über dem Meeresspiegel
n. Br. .... nördliche Breite	ref. .... reformiert	
N. C. .... North Carolina	Reg. .... Regierung	Univ. .... Universität
n. Chr. .... nach Christi Geburt	Reg.-Bez. .... Regierungsbezirk	Unters(s). .... Untersuchung(en)
N. D. .... North Dakota	Reg.-Präs. .... Regierungspräsident	urspr. .... ursprünglich
NDB .... Neue Deutsche Biographie, hg. v. der Histor. Kommission bei der Bayer. Akademie der Wissenschaften, Berlin	Rep. .... Republik	USA .... United States of America (Vereinigte Staaten von Amerika)
	rev. .... revidiert	
	Rheinl.-Pf. .... Rheinland-Pfalz	
	R. I. .... Rhode Island	
	RSFSR .... Russische Sozialistische Föderative Sowjetrepublik	
		usw. .... und so weiter
Ndsachs. .... Niedersachsen		Ut. .... Utah
Nebr. .... Nebraska	S. .... Süd(en)	u. U. .... unter Umständen
Neuaufl. .... Neuauflage	S. .... Seite; Spalte	u. v. a. .... und viele(s) andere
Neuausg. .... Neuausgabe	Sa. .... Sachsen	v. .... von
Nev. .... Nevada	Sa.-Anh. .... Sachsen-Anhalt	Va. .... Virginia
N. F. .... Neue Folge	Sb. .... Sitzungsberichte	v. a. .... vor allem
N. H. .... New Hampshire	s. Br. .... südliche Breite	v. Chr. .... vor Christi Geburt
nhd. .... neuhochdeutsch	S. C. .... South Carolina	verb. .... verbessert
niederdt. .... niederdeutsch	Schlesw.-Holst. .. Schleswig-Holstein	Verf. .... Verfasser; Verfassung
N. J. .... New Jersey	Schr. .... Schrift	verh. .... verheiratete(r)
nlat. .... neulateinisch	Schsp(e). .... Schauspiel(e)	Verh(h). .... Verhandlung(en)
N. Mex. .... New Mexico	S. D. .... South Dakota	Veröff. .... Veröffentlichung
NO .... Nordost(en)	Sekr. .... Sekretär	versch. .... verschieden
NÖ .... Niederösterreich	Sg. .... Singular	Verw. .... Verwaltung
Nov(n). .... Novelle(n)	Slg(g). .... Sammlung(en)	Verz. .... Verzeichnis
Nr. .... Nummer	SO .... Südost(en)	vgl. .... vergleiche
N. R. .... Neue Reihe	SSR .... Sozialistische Sowjetrepublik	Vjbll. .... Vierteljahresblätter
NRW .... Nordrhein-Westfalen		Vjh. .... Vierteljahresheft
N. S. .... Neue Serie		Vjschr. .... Vierteljahresschrift
N. T. .... Neues Testament	St. .... Sankt	VO .... Verordnung
NW .... Nordwest(en)	Staatspräs. ...... Staatspräsident	Vol.-% .... Volumenprozent
N. Y. .... New York	stellv. .... stellvertretende(r)	Vors. .... Vorsitzende(r)
O .... Ost(en)	Stellv. .... Stellvertreter(in)	VR .... Volksrepublik
o. Ä. .... oder Ähnliches	StGB .... Strafgesetzbuch	Vt. .... Vermont
oberdt. .... oberdeutsch	StPO .... Strafprozessordnung	W .... West(en)
Oh. .... Ohio	Suppl. .... Supplement	Wash. .... Washington
OHG .... Offene Handelsgesellschaft	svw. .... so viel wie	Wb. .... Wörterbuch
	SW .... Südwest(en)	Wis. .... Wisconsin
o. J. .... ohne Jahr	Tab(b). .... Tabelle(n)	wiss. .... wissenschaftlich
Okla. .... Oklahoma	Tb(b). .... Taschenbuch/ Taschenbücher	...wiss.(en) ....wissenschaft(en)
ö. L. .... östliche Länge		Wiss.(en) .... Wissenschaft(en)
OLG .... Oberlandesgericht	Tenn. .... Tennessee	w. L. .... westliche Länge
OÖ .... Oberösterreich	Tex. .... Texas	W. Va. .... West Virginia
o. O. .... ohne Ort	TH .... Technische Hochschule	Wwschaft .... Woiwodschaft
op. .... Opus		Wyo. .... Wyoming
OR .... Obligationenrecht (Schweiz)	Thür. .... Thüringen	zahlr. .... zahlreich
	Tl., Tle. .... Teil, Teile	z. B. .... zum Beispiel
Ordn. .... Ordnung	tlw. .... teilweise	Zbl. .... Zentralblatt
Oreg. .... Oregon	Trag(n). .... Tragödie(n)	ZGB .... Zivilgesetzbuch
orth. .... orthodox	TRE .... Theologische Realenzyklopädie, hg. v. G. Krause u. a.	ZK .... Zentralkomitee
österr. .... österreichisch		ZPO .... Zivilprozessordnung
Pa. .... Pennsylvania		z. T. .... zum Teil
Pauly-Wissowa .. Pauly Realencyclopädie der classischen Altertumswissenschaft, neu bearb. v. G. Wissowa u. a.	Tsd. .... Tausend	Ztschr. .... Zeitschrift
	TU .... Technische Universität	zus. .... zusammen
	UA .... Uraufführung	zw. .... zwischen
	u. a. .... und andere, unter anderem	zz. .... zurzeit
		z. Z. .... zur Zeit
	u. Ä. .... und Ähnliches	
PH .... Pädagogische Hochschule	u. a. T. .... unter anderem Titel/ unter anderen Titeln	* geboren
		† gestorben
Pl. .... Plural	übers. .... übersetzt	∞ verheiratet
port. .... portugiesisch	Übers. .... Übersetzung	→ siehe
Präs. .... Präsident	UdSSR .... Union der Sozialistischen Sowjetrepubliken (Sowjetunion)	⇨ siehe
Prof. .... Professor		® Warenzeichen (steht bei fett und halbfett gesetzten Wörtern. – Siehe auch Impressum)
prot. .... protestantisch		
Prov. .... Provinz		

Das Bildquellenverzeichnis für alle Bände befindet sich am Ende des letzten Bandes.